MANUEL
DU LIBRAIRE

ET

DE L'AMATEUR DE LIVRES

CONTENANT

1° UN NOUVEAU DICTIONNAIRE BIBLIOGRAPHIQUE

Dans lequel sont décrits les Livres rares, précieux, singuliers, et aussi les ouvrages les plus estimés en tout genre, qui ont paru tant dans les langues anciennes que dans les principales langues modernes, depuis l'origine de l'imprimerie jusqu'à nos jours; avec l'histoire des différentes éditions qui en ont été faites; des renseignements nécessaires pour reconnaître les contrefaçons, et collationner les anciens livres. On y a joint une concordance des prix auxquels une partie de ces objets ont été portés dans les ventes publiques faites en France, en Angleterre et ailleurs, depuis près d'un siècle, ainsi que l'appréciation approximative des livres anciens qui se rencontrent fréquemment dans le commerce;

2° UNE TABLE EN FORME DE CATALOGUE RAISONNÉ

Où sont classés, selon l'ordre des matières, tous les ouvrages portés dans le Dictionnaire, et un grand nombre d'autres ouvrages utiles, mais d'un prix ordinaire, qui n'ont pas dû être placés au rang des livres ou rares ou précieux;

PAR JACQUES-CHARLES BRUNET

Chevalier de la Légion d'honneur

CINQUIÈME ÉDITION ORIGINALE ENTIÈREMENT REFONDUE ET AUGMENTÉE D'UN TIERS
PAR L'AUTEUR

TOME CINQUIÈME

PARIS

LIBRAIRIE DE FIRMIN DIDOT FRÈRES, FILS ET Cⁱᵉ

IMPRIMEURS DE L'INSTITUT, RUE JACOB, 56

1864

MANUEL

DU LIBRAIRE

ET

DE L'AMATEUR DE LIVRES

—

TOME V

—

SA' — ZYL

AVIS AUX SOUSCRIPTEURS.

———

Les Additions et Corrections pour les cinq tomes de ce Dictionnaire, qui devront être placées à la fin du présent volume, seront livrées vers le milieu de cette année, en même temps que l'ancienne préface revue et augmentée, et que la première partie de la Table méthodique actuellement sous presse. Cette Table, suivie de plusieurs notices accessoires, sera entièrement imprimée avant la fin de cette même année ; et ce ne sera qu'alors qu'on pourra faire relier l'ouvrage.

Paris. — Typographie de Firmin Didot frères, fils et Cᵉ, rue Jacob, 56.

NOUVEAU

DICTIONNAIRE

BIBLIOGRAPHIQUE

———————

S

SA' — SAAVEDRA

SA' e Miranda (*Francisco* de). As Obras, com la sua calidade e vida. *Lisboa, Vicente Alvarez,* 1614, pet. in-4. [15346]

Poëte portugais célèbre, mort en 1558. La première édition de ses œuvres est de Lisbonne, *por Manoel de Lyra,* 1595, in-4., vend. 1 liv. et 1 liv. 6 sh. Heber. Celle de 1614 est plus complète, et l'Académie de Lisbonne la cite. Il y en a deux de *Lisbonne, Craesbeeck,* 1632, et 1651, in-24. On a du même poëte : *Comedia, Vilhalpandos,* Coimbra, 1569, et *Comedia os Estrangeiros,* Coimbra, 1580, réimpr. ensemble : *Lisboa, Vicente Alvez*, 1622, in-4. [16809] ; et dans les *Obras poeticas* de l'auteur, *nova ediçaõ correcta, emendada et augmentada com a su vida,* Lisboa, Roland, 1784, 2 vol. pet. in-8. 9 fr.

SA e Menezes (*Franc.* de). Malaca conquistada pelo grande Affonso de Albuquerque, poema heroico, com os argumentos de Bernarda Ferreira. Edic. IIIa mais correcta. *Liboa,* 1779, pet. in-4. [15374]

Les deux premières éditions de ce poëme, *Lisbonne, Rodriguez,* 1634, in-16, et *Lisbonne, Craesbceck,* 1658, pet. in-4., offrent de grandes différences entre elles, et n'ont point les arguments qui sont dans la dernière.

SAADI. Voyez SADI.

SAAS (*J.*). Voyez LETTRES d'un académicien.

— Pouillé du diocèse de Rouen, 21432.

SAAVEDRA (*Pedro* Venegas de). De los Remedios de amor en dos libros, juntamente con varias rimas de Fr. de Medrano. *Palermo, Ang. Orlandi,* 1617, pet. in-8. [15237]

Ce volume rare est moins recherché pour le poëme de Saavedra, qui est imité d'Ovide, que pour les poésies de Medrano, productions d'une beauté remarquable.

SAAVEDRA Faxardo (D. *Diego*). Las Obras. *Amberes,* 1708, 3 vol. in-fol. fig. 24 à 30 fr. [19270]

Vend. 36 fr. La Serna.

Les mêmes œuvres ont été réimpr. à *Anvers,* 1739, aussi en 3 vol. in-fol., et à *Madrid, Cano,* 1789-90, en 11 vol. pet. in-8. 30 à 40 fr. Cette dernière édit. contient : *Corona gotica, castellana y austriaca,* 4 part. en 7 vol. [25989] *Empresas politicas,* 3 vol., et *Republica literaria,* 1 vol. Chacun des ouvrages ci-dessus avait déjà été impr. séparément, savoir : la *Corona gotica,* à Madrid, 1670, 3 vol. in-4., et depuis avec des augmentations ; l'*Idea de un principe politico christiano, representada en cien empresas...* Valencia, 1675, in-4. — *Republica literaria,* Madrid, 1759, in-4.

— Obras de D. Diego Saavedra Fajardo, y del licenciado Pedro Fernandez de Navarrete. *Madrid, Rivadeneyra,* 1853, gr. in-8. à 2 col. 15 fr.

Ce volume renferme les ouvrages suivants de Diego

Saavedra (*Angel.* de), duc de Rivas. Poesias, 15318. Floranda, El Moro exposito, même n°.— Insurrection de Naples, 25749.

———————

Saalschütz (*Jos.-Lev.*). Mosaisches Recht, 2227.

Saavedra : *Las Empresas politicas, República literaria, Locuras de Europa, Política y razon de cstado del rey católico don Fernando;* et de Fernandez de Navarrete : *La Conservacion de monarquias, y la carta de Lelio Peregrino á Estanislao Borbio.*

— Idea de un Principe político christiano : va aumentada esta edicion con la República literaria y las Locuras de Europa del mismo autor. *Madrid,* 1819, 4 vol. in-8. fig. sur bois. 24 fr. [3994]

— Le Prince chrétien et politique, traduit de l'espagnol de D. Diegue Saavedra Faxardo, par J. Rou. *Suivant la copie de Paris* (Amsterd.), 1669, 2 part. en 1 vol. pet. in-12, figures.

Ce livre se place dans la collection des Elsevier (10 fr. 50 c. Bérard), ainsi que le texte latin du même ouvrage, sous ce titre : *Symbola christiana politica,* Amstelod., 1659, pet. in-12, fig.

— Locura de Europa, sale a luz segun una copia ms... *Anno* 1748, in-8.

Cette édition a été faite hors d'Espagne; elle y était si peu connue en 1787, qu'à cette époque Ant. Valladares fit imprimer l'ouvrage comme inédit, d'après un manuscrit, dans le 6e volume du *Semenario erudito.*

SAAVEDRA (*Guzman*). Voy. Guzman.

SABADINO overo Sabbadino de gli Arienti (*Giovanni*). Joannis Sabadini de orientis Bononiensis ad illustrissimum et inclytum Herculem esteusem Ferrarie ducem, compatrem ac dominum suum unicum et pium benefactorem faceciarum poretanarum opus. — *Impressa nella illustre cita de Bologna, per Henrico de Colonia, negli anni de la eterna salute* MCCCCLXXXIII. *l'ultimo de Aprile,* in-fol. [17422]

Première édition, fort rare; elle a 177 ff. en tout. La souscription ci-dessus est au verso du 172e, et la table occupe les 5 dern. ff. Vend. (quoique imparfait depuis la signature Z.) 2 liv. 18 sh. Pinelli; et un exempl. *très-rogné,* 5 liv. 15 sh. 6 d. Wilbraham, en 1829.

—Settanta novelle, dette le Porrettane, con moralissimi documenti. *Venezia, per Battista de Tortis,* 1484, in-fol.

Édition également rare; elle est citée par Panzer, sur le témoignage de l'abbé Morelli de Venise, mais il est à remarquer que cette date 1484 est aussi celle d'une édition des *Novelle di Masuccio,* donnée par le même B. de Tortis.

— Le stesse settanta novelle. — *Qui finiscono le dolce et amorose settanta novelle... nouamente historiade et correcte pel... Sebastiano manilio, Et..... in Venetia stampate per Bartholomeo de Zanni da Portese nel* MCCCCC. IIII. *adi xx de Marzo,* in-fol. de 64 ff. à 2 col., sign. A—L par six, avec fig. sur bois. Les 2 prem. ff. contiennent le titre et la table.

Vend. 20 fr. Pâris de Meyzieu ; 9 liv. Wilbraham.

—Settanta nouelle. *In Venetia stampate, nel* M. CCCCCX. *a di xyi. di marzo,* in-

fol. de LXV ff. à 2 col., lettres rondes, fig. sur bois.

Autre édition précieuse, laquelle commence aussi par 2 ff. contenant le titre accompagné d'une figure en bois, et la table des nouvelles. Le texte est précédé d'une dédicace à Hercule d'Este, et il se termine au dernier f. verso, 2e col., par une souscription en 8 lignes qui est en grande partie copiée sur celle de l'édition de 1504. Vend. en *mar.* 72 fr. Gaignat; 72 fr. La Valliere; 6 liv. 10 sh. Hibbert; 7 liv. 7 sh. Heber; 180 fr. *mar. olive* Libri, en 1847. — Une édition de Venise, 1515, in-fol. fig., a été vend. 8 liv. Wilbraham.

— Settanta novelle del famoso misser Zoanni Sabadino... intitulate Porretane. *Venetia, per Gregorio de Gregorii,* 1525, 10 *aprile,* pet. in-8.

Édition rare. Vend. 5 liv. 5 sh. Borromeo.

— Porretane di M. Sabadino bolognese doue si narra nouelle settanta una, con moralissimi documenti e dichiaratione de l' anima. (in fine) : *Jmpresse in Venetia per Merchio Sessa nel Anno.* M. D. XXXI. *Adi xxi Ottobrio,* pet. in-8. de 204 ff. chiffr.

Cette édition et celle de 1540 sont bonnes et assez rares. On trouve des exemplaires de la première qui finissent au 199e f., et que l'on pourrait croire complets si le registre placé au 7e f. du cahier з n'indiquait pas une feuille p. Vend. 25 fr. *mar.* Jeliot ; 18 fr. 60 c. en 1829 ; 1 liv. 16 sh. Heber ; 24 fr. *mar.* Libri.

— Le medesime Porrettane. *Verona, per Ant. Putteletto,* 1540, in-8. 15 à 18 fr.

Quoique les frontispices de toutes ces éditions indiquent 70 ou même 71 nouvelles, il n'y en a que 61 dans l'ouvrage.

SABÆUS. Fausti Sabæi brixiani, custodis bibliothecæ vaticanæ, libri V ad Henricum Galliæ regem : Primus de Diis; secundus de Heroibus; tertius de Amicis; quartus de Amoribus; quintus de Miscellaneis. *Romæ, apud Valerium et Aloisium Doricos fratres,* 1556, in-8. [12773]

Volume rare, composé de 872 pp., non compris les deux derniers ff. pour l'errata. Le cardinal Quirini en a donné un extrait très-ample dans son *Specimen variæ litteraturæ, etc.,* imprimé à Brescia, en 1739, in-4., tome II, pp. 167 à 192.

SABATELLI. Raccolta di X vedute rappresentanti la Villa d'Orazio o la sua abitazione di campagna ed i siti circonvicini, con una carta topografica e le figure allegoriche al poeta, d' invenzione di Luigi Sabatelli, incisi a bulino da F. Morel. *Roma, Franzetti* (senz' anno), in-4. obl. [29452]

Vend. 22 fr. Morel-Vindé ; 32 fr. 50 c. Hurtault.

SABATIER (*J.*). Iconographie d'une collec-

Sabatier (*R.-B.*). Médecine opératoire, 7493.
Sabatier (*Esprit*). Avignon, 24828.
Sabatier (*J.-C.*). Faculté de médecine de Paris 30249.

tion choisie de cinq mille médailles romaines, byzantines et celtibériennes. *Saint-Pétersbourg et Paris*, 1847-1860, gr. in-fol. [29759]

Ce beau volume contient ce qui suit : *Introduction*, 112 pp., dont on trouve le résumé détaillé dans la table générale. Ire partie : *Description des as*, 4 pl. — IIe partie : *Familles romaines*, 15 pl. — IIIe partie : *Romaines impériales et impériales grecques*, 98 pl. plus 11 pl. supplémentaires. — IVe partie : *Byzantines*, 29 et 24 pl., *Plombs et sceaux*, 3 pl. — V^e partie : *Celtibériennes*, 10 pl. et tableaux. Ces planches, au nombre de 195, donnent les dessins de 6000 médailles en partie inédites, dont environ 2000 byzantines ; chacune est accompagnée d'une feuille de texte explicatif, placée en regard et d'un résumé. Il y a plusieurs tables destinées à faciliter les recherches. Le prix de souscription (pour les 20 livraisons) qui était de 240 fr. a été réduit à 160 fr.
— Souvenirs de Kertsch, etc., 27797.

SABAUDIÆ decreta. Voy. DECRETA.

SABBADINO. Voy. SABADINO.

SABBATHIER (*Franç.*). Dictionnaire pour l'intelligence des auteurs classiques grecs et latins. *Châlons*, 1766-1815, 37 vol. in-8. 80 à 120 fr. [18143]

Cet ouvrage, rempli de recherches savantes, n'a pas été achevé comme il devait l'être, car la fin du manuscrit de l'auteur a été tellement abrégée par le compilateur Sérieys, que le dernier volume contient à lui seul les lettres depuis S jusqu'à Z. Le texte de ce grand dictionnaire devait être accompagné de 16 livrais. de gravures, mais il n'y en a eu de publiées que huit, de 25 pl. chacune.
— Recueil de dissertations, 23327. — Exercices du corps, 29028.

SABBATI. Voy. BONELLI.

SABBATINI d' Anfora (*Lodovico*). Il vetusto calendario napoletano, novamente scoverto e con varie note illustrato. *Napoli*, 1744-68, 12 vol. in-4. [22046]

En 1742 on découvrit dans l'église de S. Jean, à Naples, deux tables de marbre sur lesquelles étaient inscrits, pour chaque jour du mois, les noms des saints qui avaient été en vénération dans l'ancienne église de Naples. Cette découverte donna lieu au grand ouvrage ci-dessus, dans lequel l'auteur a réfuté plusieurs passages de celui que venait de faire paraître sur le même sujet, le savant Alex.-Sym. Mazochi, sous le titre de *Commentarius in vetus marmoreum S. Neapolitanæ ecclesiæ kalendarium*, Neapoli, 1744-55, 3 vol. in-4. fig.

SABBATINI (*Lod.-Ant.*). Elementi teorici della musica. *Roma*, 1789, in-4. obl. [10170]

Vend. 19 fr. 50 c. Reina.
On a du même musicien :
LA VERA idea delle musicali numeriche. *Venezia*, 1795, in-4.
TRATTATO sopra le fughe musicali di L.-A. Sabba-

Sabatier (*E.*). Hist. de la ville et des évêques de Béziers, 24767.
Sabatier de Castres (*Antoine*). Dictionnaire, 18128. — Trois siècles, 30557.
Sabbagh (*M.*). Colombe messagère, 28994.
Sabbatini (*Nic.*). Pratica di fabricar machine ne' teatri, 9796.

tini, corredato da copiosi sagg del suo antecessore P. Francesco-Antonio Vallotti. *Venezia*, 1802, 2 vol. in-4. [10171] — Vend. 25 fr. Reina ; 30 fr. Gaspari.

SABELLICUS (*M.-Ant.* Coccius). Epistolæ familiares, necnon orationes et poemata. *Venetiis, per Albert. de Lisona*, 1502, in-fol. 10 à 12 fr.

Édition peu commune (1 liv. Pinelli), mais beaucoup moins complète et moins correcte que le recueil des ouvrages du même auteur, publié par Cœlius Secundus Curio, sous le titre d'*Opera omnia, cum supplemento rhapsodiæ historiarum ab orbe condito ad hæc usque tempora*, Basileæ, Hervagius, 1560, 4 vol. in-fol., recueil qui néanmoins se donne à très-bas prix. [18966]

Les *Enneades, seu rhapsodiæ historiar.* de Sabellicus, ont été impr. à Venise, de 1498 à 1504, en 2 vol. gr. in-fol. ; aussi *Parisiis, prelo Ascensiano*, 1508-1509 et encore 1516-17, in-fol., et depuis trad. en portugais, *Coimbra*, 1550-52, 2 vol. in-fol.

— Rerum venetiarum ab urbe condita lib. XXXIII. *Venetiis, Andræas de Toresanis de Asula*, 1487, gr. in-fol. de 238 ff. ou 240 en tout, selon Hain, n° 14053. [25448]

Première édition. Vend. 31 fr. *mar. bl.* Lauraguais ; 15 fr. *v. f.* La Vallière ; 1 liv. 1 sh. Hibbert, et quelquefois moins.
Un bel exemplaire imprimé sur VÉLIN et décoré d'une miniature, 42 liv. Pinelli ; 510 fr. Mac-Carthy ; 32 liv. Sykes ; 30 liv. 9 sh. Butler.
L'Histoire de Sabellicus a été traduite en italien et publiée sans nom de traducteur à Venise, chez Comin da Trino, 1554, et *ibid.*, chez Savioni, 1668, in-4. (Molini).

— De venetis magistratibus. *Venetiis, Antonius de Strata*, 1488, in-4. de 26 ff.

L'exemplaire impr. sur VÉLIN et porté à 400 paoli (220 fr.), sur un catal. de Molini de Florence, a été acquis pour la Bibliothèque impériale.
Hain, qui décrit plusieurs autres ouvrages de Sabellicus, donne à celui-ci 34 ff.

SABINO. Le vite de gli re di Francia : et de.gli duca di Milano, et de le loro guerre sino alla presa del re Francesco primo, oue sono espresse le ragioni quali sua maiesta pretendeua in Milano, Napoli, Sicilia : et quelle che la maiesta de re d'Inghilterra pretende nel Regno di Francia, ridotte in brevissimo compendio (da Victorio Sabino). — *Impressum Romæ*, 1525, in-8. de 24 ff. non chiffr., sign. A—F, caract. romains. [23338]

Rare, mais sans grande importance.

SABINUS. Angeli Sabini paradoxa in Juvenalem. — *Paradoxa hec..... in alma vrbe Roma impressa sunt..... arte..... Georgii Sachsel de Reichenhal et Bartholomei Golsch..... Anno domini millesimo quadringentesimo septuage-*

Sabine (*E.*). Observations made at Toronto, 4292. — Experiments on the figure of the Earth, 8378. — Expedition to the Polar Sea, 20909.

simo quarto, die vero IX *mensis Augusti, etc.* in-fol. [12546]

Première édition. On doit trouver sur le 1ᵉʳ feuillet deux épîtres de Sabinus à Nic. Perottus, l'une impr. au recto, l'autre au verso, et une troisième épître du même sur le 126ᵉ et dernier f. après la souscription. Vend. 99 fr. (exempl. piqué des vers et sans la troisième épître) La Vallière.

SABINUS (*M.-Andrea-Fulvius*). M. Andree Fulvii Sabini ars metrica ad domĭnŭ ‖ Dionorum Leolam discipulum ‖ Ne tibi multiplices moueant fastidia chartæ : etc. (au verso du premier f.) : *De origine carminŭ* ‖ (*S*)*Atis constat primŭ metri genus fuisse Heroi :* ‖ *etc.* (et au verso du dernier f.) : *Finis* (absque nota), in-4. de 10 ff. à 26 lign. par page, caract. rom.

Nous plaçons ici cet opuscule, impr. vers la fin du XVᵉ siècle, pour dire qu'il ne faut pas le confondre, comme l'a fait Panzer dans sa table, avec l'*Ars metrica*, sans nom d'auteur, que nous avons décrit dans notre premier volume, col. 501, et ne pas le donner à *Angelus Sabinus*, comme l'ont fait et Panzer et l'auteur de l'article Sabino, supplément de la *Biographie universelle*, tome LXXX, p. 230.

SABINUS (*Georg.*). Poemata, et numero librorum aucta et emendatius impressa quam antea fuerunt. *Lipsiæ, in officina Valent. Papæ,* 1558, *sive in officina voegeliana* (1563), pet. in-8. [13015]

Deux des meilleures éditions des poésies de Sabin, lesquelles se trouvent assez souvent réunies à celles de Phil. Melanchthon, son beau-père. 3 à 5 fr.

SABINUS. Francisci Floridi Sabini in M. Accii Plauti aliorumque latinæ linguæ scriptorum calumniatores Apologia, nunc primum ab autore aucta atque recognita. *Apud inclitam Basilæam,* anno a Christo nato M. D. XL, in-fol. [18174]

Un exemplaire rel. pour Grolier, en *mar. br.* compart. 1000 fr. Solar : sans cette reliure il eût été donné pour moins de 10 fr. — L'ouvrage avait déjà été impr. à *Lyon, apud Sebast. Gryphium,* en 1537, in-4.

— Floridi Sabini adversus Steph. Doleti calumnias liber : accessit ejusdem Sabini ad Jac. Spiegelium epistola. *Romæ, Ant. Bladus,* 1541, in-4.

Réponse à l'ouvrage de Dolet qui a pour titre : *De imitatione ciceroniana, adversus Floridum Sabinum liber;* Lugduni, Steph. Doletus, 1540, in-4. [10837], et qui est lui-même une réponse à l'*Apologia* de Floridus, ci-dessus.

SABIO (*Etienne* de). Introduttorio nuovo intitolato Corona preciosa, p̄ imparare, legere, scriuere, parlare, & intendere la lingua greca uolgare literale, & la lingua latina, & il uolgare italico cō molto facilita e prestezza sanza precettore (cosa molto utile ad ogni cōditione di persone o literate, o nō literate) cōpilato p̄ lo ingenioso huomo Stephano da Sabio stampatore da libri greci & latini nella inclita

citta di Vineggia (suivent les traductions de ce titre en grec et en latin). (au recto du dernier f.) : *Impressum est hoc opusculum per Ioan. Antonium et fratres de Sabio, impensis uero Domini Andreæ de Turresanis de Asula, cum gratia et priuilegio, sub pena excommunicationis, prout in breui continetur. Venetiis,* M. D. XXVII. *mense Augusto,* in-8., ff. non chiffr., sign. A—H par huit, à 4 col. [10731]

16 fr. 50 c. Riva; 1 liv. 12 sh. Libri, en 1859 (sous le titre d'*Introductorium...*).

Livre rare et qui, ayant été impr. aux frais d'André Turresan, appartient à la collection Aldine. Nous le décrivons ici d'autant plus volontiers que Renouard a négligé de le faire. Les quatre premiers feuillets contiennent le titre ci-dessus, une épître italienne d'Etienne de Sabio à André Gritto, suivie de 14 vers adressés au lecteur; l'alphabet grec, avec des observations sur les lettres; le Pater et la Salutation angélique en grec littéral et vulgaire, en latin et en italien. Vient ensuite le Vocabulaire en ces quatre langues, et sur autant de colonnes; il finit au recto du 6ᵉ f. du cahier H; le verso du même f. est blanc; le recto du 7ᵉ contient la souscription rapportée ci-dessus, et le verso le privilège accordé à Sabio par le légat du pape dans les Etats de Venise.

Pour d'autres éditions du même Vocabulaire, voyez l'article CORONA.

SABLE (*Guill.* du). Voy. Du SABLE.

SABLÉ (*Magdeleine* de Souvré, marquise de). Maximes de madame la marquise de Sablé. *Paris, Sebastien Mabre-Cramoisy,* 1678, in-12. [3716]

Première édition de ces Maximes à la suite desquelles sont imprimées des Pensées diverses de M. L. D. (l'abbé d'Ailly, chanoine de Lisieux). Dans une partie des exemplaires de cette édition le frontispice porte seulement *Maximes et pensées diverses,* sans aucune autre différence. Tels étaient les exemplaires vend. 21 fr. 50 c. Monmerqué, et 11 fr. 50 c. Walckenaer; d'autres avec les *Pensées diverses,* et rel. en *mar. vert,*43 fr. Giraud; 70 fr. Solar.

Ces Maximes et Pensées ont été réimpr. à *La Haye, Hagen,* en 1679, in-12, aussi avec les Maximes de La Rochefoucauld, soit dans l'édit. d'*Amsterdam, P. Mortier,* 1705, pet. in-12, soit dans les différentes édit. du même moraliste, avec les remarques d'Amelot de la Houssaye. Voy. LA ROCHEFOUCAULD.

M. Victor Cousin nous a donné sous le titre de : *Madame de Sablé, étude sur les femmes illustres et la société du* XVIIᵉ *siècle (Paris, Didier,* 1854, in-8.), un ouvrage fort intéressant qui a fait rechercher vivement les Maximes de cette dame, lesquelles ont été traduites en italien sous ce titre : *Massime della marchesa di Sablé, colle note di A. M. F.* (*Ang.-Mar. Fabbroni*), 1756, in-12.

SABLIÈRE (La). Voyez LASABLIÈRE.

SABLON (*Pierre*). Abregé de l'histoire des roys de France, depuis Pharamond jusqu'à Louis XIII. *Paris, R. Sara,* 1631, pet. in-8. de 32 pp.

Ce petit ouvrage est en vers, et c'est tout ce qu'il a de remarquable. 7 fr. Rob. Dumesnil.

SABLON (*Vincent*). Voy. dans notre t. IV, col. 1418, l'article ROULLIARD, ou Rouillard.

SABOLY (*Nicolas*). Recueil de Noëls provençaux; nouvelle édition, augmentée du Noël fait à la mémoire de Saboly, et de celui des rois, fait par J.-F. D***. (Domergue). *Avignon, F.-J. Domergue*, 1763, in-12. [14405]

Les Noëls provençaux de Saboly ont paru pour la première fois séparément à *Avignon*, de 1669 à 1674, in-12. Ils ont été réimpr. collectivement, même lieu, en 1699, en 1724, en 1737 (8 fr. en 1832), etc. : aussi en 1820, en 1824 et en 1829, in-12, et enfin sous ce titre :

RECUEIL de Noëls composés en langue provençale; nouvelle édition plus complète et plus correcte que les précédentes, publiée pour la première fois avec les airs notés, recueillis, pour le piano ou l'orgue, par Fr. Seguin. *Avignon, Seguin aîné*, 1856, in-4.

Il existe aussi des *Cantiques spirituels à l'usage des missions, en langue vulgaire provençale*, Avignon, 1734, in-12, avec la musique; un *Recueil de cantiques en langue vulgaire provençale*, Avignon, 1735, in-12 : 7 fr. en 1832; des *Chansons spirituelles en provençau*, Marseille, 1711, pet. in-8.; et enfin un *Recueil de Noëls provençaux*, par P. Peirol. *Avignon*, 1791, in-12.

SABOUREUX de La Bonneterie. Voyez SCRIPTORES rei rusticæ.

SABUCO Barrera de Nantes (Doña *Oliva*). Nueva filosofia de la naturaleza del hombre, no conocida ni alcançada de los grandes filosofos antiguos..... *Madrid, P. Madrigal*, 1587, pet. in-8. [3591]

Première édition : vend. 21 fr. Gohier. Celle de *Madrid*, 1588, in-8., n'a été vendue que 1 fr. 50 c. Santander. Il y en a une autre de 1622, et une quatrième de 1728, pet. in-4.

SABUNDE ou Sebon (*Raymundus*). Theologia naturalis, sive liber creaturarum, specialiter de homine et natura ejus... *Daventriæ, per Richardum Paffroed.* (absque anno), in-fol. de 255 ff. non chiffrés, à 2 col. de 39 lign. [1233]

Cette édition, impr. vers 1484, est une des plus anciennes de cet ouvrage, longtemps célèbre, et que recommandent encore les éloges qu'en ont faits Montaigne, Bayle et même Leibniz. 15 fr. La Valliere et Brienne-Laire ; 42 fr. Borluut. — Une autre édition, sans lieu ni date, pet. in-fol. ou gr. in-4. goth. à 2 col. de 37 lignes et à la même époque, commence par une table en 8 ff. ; le texte, qui, suivant Hain, a 256 ff. mal chiffrés (par exemple cclxv au lieu de cclxvi), y est coté de I-cclv, et l'auteur y est nommé *Sebeydem*. — Panzer en cite une de 1487, in-fol., sans lieu d'impression, et Hain, 14069, une de Strasbourg, *per Martinum Flach*, 1496, in-fol. goth. de 162 ff. à 2 col. de 50 lign. avec notes marginales. Il en existe un grand nombre d'autres qui n'ont point de valeur, et que, par ce motif, nous nous dispenserons de citer. Dans une partie de ces éditions, on a retranché le prologue, morceau curieux qui a été mis à l'index. Voir la *Biogr. univers.*, première édition, XXXIX, p. 444.

— A l'honneur de Dieu et de sa benoiste mere est imprime le liure pour lhomme par lequel toute nature humaine peult congnoistre quelle elle est sans auoir auctre liure aprins... Et a este imprime a Lyon sur le Rosne : et requiert bien : auec priuilege a la requeste et depens de Claude daulphin. (à la fin) : Et ainsi est finy et acompli le liure des creatures ou le liure de lhomme pour lequel sont crees les autres creatures compile par reuerend Raymond Sebeide (*sic*).....*Nouuellement imprime a Lyon par Bernard lescuyer aux depens de Claude daulphin ; fut acheue le viie iour du mois de Decembre Mil. cccc. et xix*, pet. in-fol. ou gr. in-4. goth.

Ce gros volume es assez rare. 34 fr, 50 c. Cailhava; 51 fr. mar. r. Coste.

— La Théologie naturelle de Raymon Sebon, docteur excellent entre les modernes, en laquelle par l'ordre de nature est demontrée la verité de la foy chrestienne et catholique; traduicte nouuellement de latin en françois (par Michel de Montaigne). *Paris, Michel Sonnius*, 1569, pet. in-8.

Première édition de cette traduction que Montaigne a faite d'après le conseil de son père, comme il le dit dans une épitre adressée à celui-ci, en date du 18 juin 1568, laquelle est imprimée au commencement du livre. Ce vol. a 2 ff. prélim. pour le titre et la dédicace, et un sonnet de François d'Amboise, parisien escolier du roy (ce sonnet ne se trouve pas dans l'édition de 1611), 496 ff. chiffrés, plus la table, sous le signat. S à X. On y trouve des exemplaires sous la même date, dont le titre est à l'adresse de *Gabr. Buon*; mais le privilége ne nomme que les trois libraires : *Courbin* (sic), *Sonnius* et *Chaudière*.

Vend. 101 fr. bel exempl. en mar. v., avec le chiffre de Sully, Coislin; 55 fr. mar. v. Giraud; 57 fr. mar. br. Solar, et quelquefois moins.

— THÉOLOGIE naturelle de Raymon Sebon, traduite en françois par messire Michel seigneur de Montaigne. *Paris, Guillaume Chaudiere, ou Gilles Corbin*, 1581, in-8.

Vend. 5 fr. Courtois; 8 fr. 50 c. Monmerqué; 32 fr. Bergeret.

Cette traduction a été réimpr. à *Rouen* en 1603 et en 1641, à *Tournon, chez Soubron et Cl. Michel*, en 1605, in-8.; à *Paris, pour la veufue Guillemot*, 1611, in-8., 8 à 12 fr. et même 35 fr. mar. r. Giraud. On en a donné un extrait dans le tome V^e des Essais de Montaigne, *Paris, Lefèvre*, 1818, in-8., pp. 315-354. C'est la *Théologie naturelle* qui forme le fond de l'ouvrage de l'abbé de Labouderie, intitulé le *Christianisme de Montaigne*.

La *Théologie naturelle* de D. R. Sebon....., mise de latin en françois suivant le commandement de Madame Leonore, royne douairiere de France, par Ian Martin, *Paris, Vascosan*, 1551, in-4., belle édition (14 fr. 50 c. Bergeret), et 1566, in-8. de 40 et 283 ff., n'est que la traduction d'un abrégé du grand ouvrag ci-dessus, fait par l'auteur lui-même, et en six dialogues, sous le titre suivant :

VIOLA ANIME per modum dialogi inter Raymundum Sabundium... et dominum Dominicum seminiverbium de hominis natura tractans; ad cognoscendum se, Deum et hominem. — *In alma Toletani civitate... anno Millesimo quingentesimo die ultima mensis Augusti*, in-4. goth. de 4 et cxxxv ff. [1234]

Vend. 20 fr. 50 c. Librairie De Bure.

Ce dernier ouvrage a été réimpr. à Cologne, aux frais d'Henri Quentell, 1499, in-4. goth. de 104 ff.;

aussi à *Milan, apud fratres Jac. et Jo. de Lignano,* 1517, pet. in-8. goth., et plusieurs fois à Lyon; et enfin sous ce titre :

RÆMUNDI Sebundii de natura hominis dialogi, nunc demum aucti et recogniti, *Lugduni, Theod. Paganus,* 1650 et aussi 1668, in-16 ou pet. in-12.

La seconde de ces deux éditions, 6 fr. Monmerqué.

N'oublions pas de citer une autre traduction française de la *Viola animæ,* moins connue que celle de Jean Martin :

LA VIOLETTE de l'âme, composée en forme de dialogue par Raymond Sebon, ancien théologien, où est très-doctement traicté de la nature de l'homme pour l'amour duquel toutes choses sont creez. Par ce traicté l'homme pourra parvenir à une parfaite connoissance tant de son createur, comme de soye mesme, le tout mis en françois par D. Charles Blendecq, religieux de Marchiennes. *Arras, Guillaume de La Rivière,* 1600 (ou nouveau titre 1616), pet. in-12 de 479 pp.

SAC et pièces pour le pape de Rome, ses cardinaux, euesques, etc., contre J.-C. fils de Dieu, et ses apôtres; aveq ce est insérée la sentence donnée entre les deux partis, laquelle est extraite des registres du parlement de paradis, 1561, in-8. de 111 pp. [2094]

Opuscule rare, à la fin duquel sont placées plusieurs pièces de vers ; il se trouve quelquefois relié avec d'autres du même genre. Vend. (avec une autre pièce, et rel. en *mar.*) 35 fr. Nodier, et 28 fr. Bignon. C'est probablement à ce pamphlet que Th. Beauxamis fait allusion dans son ouvrage qui a pour titre :

ENQUESTE et griefs sur le sac et pièces, et dépositions des témoigns produicts par les favoriz de la nouvelle eglise, contre le Pape, etc. *Paris,* 1572, pet. in-8.

Le même opuscule (*Sac et pièces*) a été réimpr. sous le titre de *La Sentence et condamnation du procès du Pape, etc.* (voy. SENTENCE).

SACCENTI (*Gio.-Santi*). Poesie. *In Cerreto Guidi (Livorno),* 1781, 2 vol. pet. in-8. 6 fr. [14598]

Édition plus correcte et plus complète que celle de *Roveredo,* 1761, 2 vol. pet. in-4. Il en existe plusieurs autres. Celle de Florence, *Ferd. Guazzini,* 1825, 4 vol. in-12, est une des dernières. Alberti a emprunté de ce poëte nombre de mots pour son Dictionnaire.

SACCHETTI (*Franco*). Novelle. *Firenze (Napoli),* 1724, 2 vol. gr. in-8. 10 à 12 fr. [17413]

Production de la fin du XIVᵉ siècle. Il y a deux réimpressions de cette édition faites sous la même date ; mais comme le prix en est à peu près le même, il n'est pas nécessaire de signaler les différences qui caractérisent ces trois éditions, et qui sont rapportées dans la *Bibliografia delle novelle* de Gamba.

— LE MEDESIME novelle. *Londra (Livorno),* 1795, 3 vol. pet. in-8.

Édition correcte et dont les nouvelles ne sont pas mutilées comme dans la précédente : 15 fr. On en a tiré 4 exemplaires sur pap. bleu: vend. 4 liv. Borromeo; et un seul sur VÉLIN.

— LE MEDESIME novelle. *Milano,* 1804, 3 vol. in-8. 15 fr.

— NOVELLE. *Milano, Silvestri,* 1815, 3 vol. gr. in-16. portr. 9 fr.

— LA BATTAGLIA delle vecchie con le giovani, canti due pubblicati per la prima volta ed illustrati da Basilio Anati. *Bologna, Masi,* 1819, gr. in-8. 4 fr. [14909]

Il y a des exemplaires en pap. fin, 5 fr., et en pap. vél., 7 fr. Ce poëme comique a été réimprimé à *Imola, co' tipi del seminario,* 1819, in-8.; mais il en a paru un meilleur texte, d'après un manuscrit de la bibliothèque Magliabechi, dans le *Saggio di rime di diversi buoni autori,* Firenze, 1825, in-8. (voy. SAGGIO).

— SONETTI e lettere di Franco Sacchetti et Michele Guinigi. *Lucca,* 1855, in-8. 2 fr.

— LE BALLATE e canzone a ballo, i madrigali e le cacce di Franco Sacchetti; testo di lingua. *Lucca,* 1853, in-8. 3 fr.

SACCHI (*J.-B.*). Voy. PLATINA.

SACCHINO da Mudiana. Historia come el duca Valentino fugi tre volte di prigione composta per messer Francesco Sacchino da Mudiana. — *In Bologna, per Alexandro Lippo* (s. d.), in-4. de 4 ff. à 2 col., caract. rom.

Opuscule en vers imprimé au commencement du XVIᵉ siècle. Chaque colonne contient 5 octaves (Molini, *Operette,* p. 113).

— OPERA de Ninphe jocundissima : nella quale si contiene lo inamoramento di Tirento pastore : e della adriada Florinda : et tutti li suoi gesti, et acti : e nel fine la miserabil morte di luno et laltro : nouamente composta per il cultissimo giouene Francesco Maria de Sachino da Mudina F. A. L. (in fine) : *Impresso in Bologna ad instantia di Marc Antonio Venetiano del* VII (sic) *adi* XX *decembre,* in-4. à 2 col. caract. rom.

Poëme en octave dont la date peut être de 1507 ou de 1517, ou même 1527. L'auteur est mort en 1557 (Molini, *Operette,* p. 134, nᵒ 86).

SACCHINUS (*Fr.*). Voy. ORLANDINUS.

SACHS (*Hans*). Sehr herrliche schöne vnd warhaffte gedicht. *Nürnberg, Heussler,* tome I, 1558 ou 1570 et 90. Tome II, 1560, ou 1570 et 90. Tome III, 1561 ou 1577 et 88. Tome IV, 1578. Tome V, 1579; en tout 5 vol. in-fol. [15513]

Poëte allemand du XVIᵉ siècle, très-fécond et d'un certain mérite. On trouve difficilement les 5 vol. de la première édition réunis. Un exemplaire ayant le premier volume sous la date de 1570, est porté à 56 thl. dans le catal. de T.-O. Weigel, de 1858; un autre, 125 fr, catal. Asher. — Ce recueil a été réimprimé à *Kempten,* 1612-16, en 5 vol. in-4., et aussi à *Augsbourg,* 1712, 5 vol. in-4. — Il existe une édition d'une partie des productions de Sachs, retouchée et publiée par J.-Gust. Büsching, *Nürnb., Schrag,* 1816-24, in-8., tom. I à III (il devait y en avoir 6) ; et aussi un autre choix sous ce titre : *Hans Sachs, eine Auswahl für Freunde d. älteren vaterländ. Dichtkunst,* von J.-A. Göz. *Nürnb., Bauer,* 1829-30, 4 vol. in-12, avec le portrait.

Si l'on veut bien connaitre en détail les œuvres de Hans Sachs il faut consulter Karl Gœdecke, *Grund-*

---

riss zur Geschichte der deutschen Dichtung; Dresden, Ehlermann, 1862-63, in-8., tome Ier, 342-358, où elles sont classées par dates, et au nombre dé 588.

— Eygentliche Beschreibung aller Stände auff Erden, etc. *Franckfurt a. M., Sigm. Feyerabent, 1568,* in-4. fig. sur bois.

Vend. 1 liv. 18 sh. Hibbert; 12 sh. Heber.

— Hans Sachs im Gewande seiner Zeit, oder Gedichte dieses Meistersängers... *Gotha, in der Becker'schen Buchhand-lung,* 1821, gr. in-fol. de 27 ff., y com-pris les tables.

Réimpression faite avec les planches originales de ces gravures sur bois, conservées dans la biblio-thèque de Gotha.

SACHSENSPIEGEL. (à la fin) : *Explicit der sassen spiegel, den der erwirdige in Got vater vnde herre Theodoricus von Bockstorf, Bischoff zue Nuenburg, seliger gecorrigieret hat. Basel, Bh. Richel,* 1474, in-fol. [3031]

La première et la plus rare édition du *Sachsenspiegel,* en haut allemand, ouvrage dont Ebert (19700-714) cite plusieurs réimpressions, parmi lesquelles nous remarquons celle d'*Augsb., Ant. Sorg,* 1481, in-fol. de 232 ff.; celles d'*Augsbourg,* 1482, 1484 et 1496, in-fol., ainsi que celle de *Leipzig,* 1490, in-fol.; mais la meilleure est l'édit. de *Leipzig, Lanckisch,* 1732, in-fol. sous le titre d'*Eykens von Repgow Sachsenspiegel, oder das Sächsische Landrecht, in dreyen Büchern...,* avec des variantes et un commentaire allemand, publiée par C.-W. Gürtner : 11 flor. 50 c. Meerman.

Une édition du *Sachsenspiegel,* production du com-mencement du XIIIe siècle, a été donnée par le Dr C.-G. Homeyer, d'après un manuscrit de Berlin, de l'an 1369, avec les variantes de dix-sept autres textes, *Berlin, Dümmler,* 1835-44, 2 tom. en 3 vol. in-8. 27 fr.

Livre dont la 1e partie a été réimprimée pour la troisième fois en 1861, et avec des changements.

— Speygel der Sassen. (au recto du 237e f. 2e col.) : *itē explicit... speculū saxonie cū glosa sua. z illa ē Impssa Colonie p̄ me Bartholomeū de Vnckel Anno.... Mcccclxxx,* in-fol. de 274 ff. à 2 col. de 38 lign.

Première édition de cette traduction en bas allemand; elle est fort rare; et celle de *Stendal, Joachim Westfael,* 1488, in-fol. de 218 ff. à 2 col. de 47 lign., ne l'est pas moins. Ebert les a décrites l'une et l'au-tre sous les n°s 19715 et 19716 de son Dictionnaire, ainsi qu'une 3e également rare, de *Leipzig,* 1848, sans nom d'imprimeur, in-fol. de 216 ff., et plu-sieurs autres.

— Dat Boec der Keyserrechten, gheheten die Spieghel van Sassen. *Goude in Hol-lant, Geraert Leeu,* 20 *apr.* 1479, pet. in-4. goth. de 4 ff. non chiffrés et 62 ff. chiffrés.

C'est d'après cette édition très-rare, la première de la version hollandaise du *Sachsenspiegel* par Eychen von Repgow, qu'a été faite celle de *Francf.* et *Leipzig,* 1763, in-4., avec des avertissements de G.-V. Grupen et Meerman. — Celles de *Delft,* 1480, in-4., et de *Goude, Geraert Leeu,* 5 sept. 1482, in-fol., peuvent encore être citées comme livres rares (Huin, 1485-90).

SACHSENSPIEGEL, oder sächsisches Landrecht, zusammengestellt mit dem Schwäbischen nach dem cod. Pal. 167, unter Vergleichung des cod. pict. 164, mit Uebersetzung und reichhaltigem Reperto-rium von Carl-Rob. Sachsse. *Heidelberg, Winter,* 1848, in-8. 10 fr.

— Juris provincialis, quod Speculum saxo-nicum vulgo nuncupatur, libri tres, opera vigilanti in correctiorem redacti materiam : adjectis simul glossis aliisque additionibus noviter recollectis (edidit N. Jaskerus). *Cracoviæ, Hier. Vietor,* 1535, in-fol.

Traduction de l'ouvrage précédent. Elle a été réimpr. sous le même titre : *Samosci,* 1602, in-fol., par les soins d'Ad. Bursius; et d'après cette dernière édit. dans *Melch. Goldasti collectio consuetudinum et legum imperialium,* Franc.-ad-Mœn., 1613, in-fol., pp. 126-167.

SACKEN (*Ed.* Frhr. von). Die vorzüglich sten Rüstungen und Waffen der K. K. Ambraser-Sammlung in Original-Photo-graphien von And. Groll. Mit histori-schem und beschreibendem Texte von Ed. Frhr. von Sacken. *Wien, Braumül-ler,* 1857-62, gr. in-fol. [8677]

Cet ouvrage a été publié en 16 livraisons de 8 pl. chacune. Prix de la livraison : 20 fr.

— Voy. l'art. SCHRENCK.

SACKVILLE (*Thom.*), lord Buckhurst, earl of Dorset. The tragedie of Ferrex and Porrex set fort without addition or alteration but altogether as the same was shewed on stage before the queenes maiestie about nine yeares past, vz. the xviij daie of Januarie, 1561, by the gent-lemen of the Inner Temple. *London, by John Daye* (no date), pet.-8. goth. de 31 ff. [16872]

Cette tragédie, une des premières qui aient paru sur le théâtre anglais, a mérité les éloges de plusieurs savants critiques. L'édition que nous citons est rare; elle a été payée 3 liv. 3 sh. Heber, et même jusqu'à 13 liv. White Knights. Toutefois, il en existe une autre plus rare encore, laquelle a paru sans le consentement des auteurs, sous ce titre : *The tragedie of Gorboduc...* London, William Grif-feth, 1565, in-4. C'est Th. Nortone qui a com-posé les trois premiers actes, et Sackville n'a fait que les deux derniers. L'ouvrage a été réimprimé à Londres, en 1590, in-4.; en 1736, in-8., avec une préface de Jos. Spence; aussi en 1859, pet. in-8. et dans les collections d'Hawkins et de Dodsley.

— THE POETICAL works, with life and various rea-dings. *London,* 1820, pet. in-8.

— Voy. MIROUR for magistrates.

SACONAY (*Gabriel* de). Du vray corps de Jesu Christ au S. Sacrement de l'autel par les propres paroles d'iceluy, conte-nues au sixième chapitre de l'euangile S. Jean, par Gabr. de Saconay. *Lyon, Guill. Rouille,* 1567, in-4. de 309 pp. [1442]

Long sermon. 9 fr. Coste.

Sack (*B.-A.* von). Reisen nach Surinam, 21113.

— La Vraye Idolatrie de nostre temps, par Gabr. de Saconay. *Lyon, Mich. Jove,* 1568, in-8. de 74 pp. [vers 1836]

Vendu **10 fr.** Coste, avec la pièce intitulée :

DISCOURS catholique sur les causes et remedes des malheurs intentés au Roy, eschus à son peuple, par les rebelles calvinistes. *Lyon, M. Jove,* 1568, in-8. de 95 pp.

— Discours des premiers troubles advenus à Lyon (en 1562), avec l'apologie pour la ville de Lyon, contre le libelle faucement intitulé : la juste et saincte défense de la ville de Lyon, *Lyon, Michel Iove,* 1569, in-8. de 8 ff. prélimin. et 269 pp., avec une fig. très-singulière au verso du 8e f. prélimin. [23507]

Vend. **10 fr.** *mar. bl.* La Vallière ; **11 fr.** Méon ; **9 fr.** *v. f.* Duriez ; **26 fr. 50 c.** *mar. bl.,* en 1841.

La juste et saincte deffense de la ville de Lyon, a été impr. à *Lyon,* en 1563, pet. in-8., et réimprimée dans la même ville, chez Nigon, en 1848, in-12 de 29 pp., par les soins de P.-M. Gonon, à qui l'on doit la réimpression de plusieurs autres pièces rares sur les troubles arrivés à Lyon pour cause de religion, avant et après la Ligue. Voy. DISCOURS du massacre.

— Genealogie et la fin des huguenaux, et decouverte du calvinisme, où est sommairement decrite l'histoire des troubles excités en France par lesdits huguenaux. *Lyon, Ben. Rigaud,* 1572, in-8. de 20 ff. prélim. et 156 ff. de texte. [23521]

Ouvrage singulier et où se trouve, au verso du frontispice, la figure indiquée à l'article précédent, fig. qui représente des singes, dont un est en chaire à prêcher. Une deuxième figure se voit après la dédicace au roi, et une troisième après le privilége. Cette dernière représente une idole entourée par des singes. 24 fr. *mar. r.* La Vallière ; 18 fr. Méon ; 29 fr. 50 c. *mar. bl.* en 1841, et 63 fr. Coste ; en *mar. r.* par Derome, 140 fr. Solar.

— DE LA PROVIDENCE de Dieu sur les rois de France, par laquelle la saincte religion catholique ne défaudra en leur royaume, et comme les Goths, Ariens et les Albigeois en ont esté par icelle dechassés. *Lyon, Mich. Jove,* 1568, in-4. de 16 ff. prélim. et 181 pp. Autre ouvrage de Gabr. de Saconay, plus rare encore que les deux précédents. 15 fr. 50 c. Coste.

— DU PRINCIPAL et presque seul différent qui est à présent en la religion chrestienne, et diversité des heresies... *Lyon, Ben. Rigaud,* 1575, pet. in-8. de 216 pp.

— TRAITÉ tres utile, demonstrant si l'église qu'on dit calviniste peut être la vraye Eglise de Dieu, par le jugement de Calvin même. *Lyon, par Ben. Rigaud,* 1577, pet. in-8. de 123 ff. Un exemplaire en *mar. v.* 40 fr. Bergeret.

SACRES DES ROIS ET DES REINES DE FRANCE.

I. *Sous Charles VIII.*

SACRE (Sensuit le) de la tres crestienne Royne de france lequel fut fait a saint denis en france auecques le couronnement dicelle. Et aussi lentree de la

---

Sacre royal, 24027.

dicte dame en la bonne ville de paris (*Paris, avec la marque de Jehan Trepperel, vers* 1492), in-4. goth. de 8 ff. non chiffr. [23420]

Cette pièce est la plus ancienne de ce genre que nous connaissions (*Biblioth. impériale*).

II. *Sous Louis XII.*

SACRE (le) du Roy tres crestien Loys douziesme de ce nom, fait a Reims Lan. M. CCCC. iiii xx. τ. xvIII. Le xxvII. iour de may. Et cōment les douze pers de France doiuent et sont tenus estre, ou leurs commis au dit sacre en la dicte ville de reims chacun faisant son office. Et to' les ducz, et contes du dit royaume de frāce. τ les quelz sont qui tiennent nuement et sans moyen du Roy nostre sire. τ les quelz sont qui tiēnent par le moyen dautruy : ainsi que plus a plain cy apres sera declare. (*sans lieu d'impression, vers* 1498), in-4. goth. de 6 ff. à longues lignes. [23428]

Pièce mêlée de vers et de prose. Derrière le premier f. se voit une gravure sur bois qui représente le sacre du roi, et au verso du dernier f. une autre gravure représentant l'entrée du même monarque. Vendu 64 fr. non relié, en avril 1861.

Dans un recueil de pièces conservé à la bibliothèque de Sainte-Geneviève, à Paris, se trouve une autre édition de cette relation, in-4. goth. de 5 ff. sous un titre un peu différent, et commençant ainsi :

Le sacre du ‖ Roy Loys treschrestien fait a reims Lan mil quatre ‖ cens quatre vingtz τ xvIIj, Le xxvII. iour de may. ‖ Et comment... Sur ce titre se voit une vignette représentant le sacre. Le verso du dernier f. contient un *dit* en 13 vers.

N'oublions pas de citer une autre pièce qui semble être une suite de celle-ci.

LENTREE du roi de France tres chrestien Loys douziesme de ce nom a sa bonne ville de paris, Auec la reception de luniversite de paris τ aussi de monssr de paris, le souper qui fut fait au palais. Faicte lan mil cccc. iiiixx τ xviii. le lundi. ii. iour de iuillet, pet. in-4. goth. de 6 ff.

En prose et en vers, avec une grav. sur bois au premier f., représentant l'entrée.

LETREE du ‖ tres chrestien Roy de France Loys douziesme ‖ de ce nom a sa bonne ville de Paris (*sans lieu ni date*), in-4. goth. de 6 ff.

Autre édition de la pièce ci-dessus : elle fait partie, ainsi que celle dont le titre suit, du recueil que nous venons de citer.

LES IOUSTES ‖ faictes a Paris en la rue saint anthoine huyt iours ‖ apres lentree du roy Loys douziesme de ce nom ‖ Lan mil cccc. quatre vingtz τ dix huyt (*sans. lieu d'impression*), in-4. goth. de 4 ff. Sur le titre une vignette représentant la jouste.

Édition différente de celle dont nous avons parlé au mot JOUSTES.

III. *Sous François Ier.*

LORDRE du sacre τ couronnement du Roy tres chrestien : nostre Sire Francoys de Valoys Premier de ce nom. fait en leglise Nostre dame de Reins : le jeudy. xxv. iour de iāuier. Lan de grace. Mil cinq cēs τ quatorze (*sans lieu d'impression*), pet. in-8. goth. de 12 ff. [23448]

LE SACRE et corōnement de la Royne, Imprime par le Commandemēt du Roy nostre Sire. On les vend a Paris en la rue Sainct Iacques... (à la fin) : *Ce present'Liure fut acheue dimprimer le xvi. iour de mars M. D. XXX, Et .est a vêdre a Paris par Maistre Geoffroy Tory de Bourges....* in-4. de 12 ff. non chiffrés, dont un pour la souscription ci-dessus. [23456]

On lit au recto du 2ᵉ f. : *Cest Lordre & forme qui a este faicte et tenue... au Sacre et Corõnemèt de la Royne... lequel... a este mis et redige par escript au vray par moy Guillaume Bochetel.* Ce même Bochetel a écrit aussi *l'Entrée de la Royne dans la ville de Paris,* impr. en 1531 (voy. BOCHETEL).

Il a été fait une édition de la même relation, sans date, in-8. goth. de 8 ff. non chiffrés.

LE SACRE et couronnement de la royne de France dame Léonore seur ainsee de lempereur Charles V. *On les vend a Gand deuant le Chasteau au conte pres leglise saincte pharault, par Pierre Caesar libraire et imprimeur* (vers 1531), in-4. goth. Édition plus rare encore que les deux précédentes. On voit sur le titre la marque typogr. de P. Cæsar, et à la fin : *Ganda Virgo,* gravure sur bois (Panzer, IX, p. 465).

IV. *Sous Henri II.*

— SACRE et couronnement du Roy Henry deuxieme de ce nom. *De l'imprimerie de Rob. Estienne (sans date),* in-8. de 20 ff. avec une fig. sur bois [23473]

16 fr. Coste ; 42 fr. Libri, en 1857, et serait plus cher aujourd'hui.

Il existe deux éditions de cet opuscule ; l'une avec la marque donnée t. II, col. 1074, l'autre avec marque sans ‡. La première est en caractères un peu plus maigres que la seconde. Ces deux éditions sont à la Bibliothèque impériale.

Le SACRE et couronnement de tres-auguste, tres-puissant et tres-chrestien roy Henry deuxiesme de ce nom : a Reims, l'an M. D. XLVII. en juillet, avec la harangue faicte au roy par monseigneur le cardinal de Guyse, archeuesque de Reims, et la reponse. *Paris, André Roffet, dict le Faucheux,* 1549, in-4. de 28 feuillets.

Cette relation en vers est de Claude Chappuys. Les exemplaires en sont fort rares ; celui qui est porté sous le nᵒ 828 du catalogue d'Eug. P., 1862, a été payé 335 fr.

DE ADEPTIONE regni, consecratione, et coronatione regis, deque ingressu illius in ciuitate Rhemensi Ecphrasis, per Jac. Chichon, Jurisconsultum Segusianum. *Parisiis, e typogr. Mat. David,* 1547, in-4. de 88 pp.

C'EST l'ordre et forme qui a été tenu au sacre et couronnement de tres haulte et tres illustre Dame Madame Catherine de Medicis, Royne de France, faict en l'eglise Monseigneur sainct Denys en France, le x iour de Iuin M. D. XLIX. *Paris, Iean Dallier* (s. d.), in-4. de 10 ff. [23474] 20 fr. *mar.* r. Coste.

Cette pièce est ordinairement jointe à l'Ordre de l'entrée de Henry II à Paris (voyez l'article ENTRÉES). Les deux pièces (éditions de Dallier), rel. en *m. v.* 56 fr. Nodier ; 60 fr. Baudelocque.

V. *Sous Charles IX.*

— Voy. dans notre 2ᵉ vol., col. 1009, au mot ENTRÉES.

C'EST l'ordre qui a este tenu au sacre et couronnement de... Madame Elizabet d'Austriche roine de France : faict en l'Eglise de l'Abbaie Sainct Denis en France. le vingt cinquiesme iour de mars, 1571, *Paris, Oliv. Codoré,* 1571, in-4. [23517]

Cette relation est ordinairement accompagnée des deux pièces suivantes :

L'ORDRE tenu a l'Entree de... madame Elisabet d'Austriche... (par Simon Bouquet).

AU ROY congratulation de la paix faite par Sa Maiesté entre ses subjetz l'unziesme iour d'Aoust 1570, in-4.

Cette dernière pièce ne fait pas partie de l'édition des deux premières, *Paris, Gilles Robinot,* 1610, in-8.

VI. *Sous Henri III.*

— SACRE (le) et couronnement du roy de France, auec toutes les ceremonies, prieres et oraisons, qui se font ausdits sacre et couronnement, en l'eglise... de Rheims (par Jean de Foigny). *Rheims, J. de Foigny,* 1575, in-8. [23538]

Le même de Foigny, imprimeur, a publié à Reims, en 1575, les trois pièces suivantes relatives au sacre d'Henri III :

L'ENTRÉE triomphante et magnifique du tres chrestien roy de France et de Pologne, Henry III, en sa ville et citée de Rheims, venant en son sacre et couronnement, in-8.

BRIEF et sommaire discours de l'entrée, sacre et couronnement de Henry III, in-8.

DISCOURS du sacre et couronnement du tres chrestien roy de France, en forme d'epistre ; avec l'exposition des cérémonies du dit sacre... par F.-Jean Champagne, in-8.

L'ORDRE et les Ceremonies du sacre et couronnement du roy de France, Henry III, par René Benoist. *Paris, Chesneau,* 1575, in-8., en latin et en francois.

— ADVERTISSEMENT venu de Rheims, du sacre, couronnement et mariage de Henry III.... Avec un Epithalame (par F. R., parisien). *Paris, Denis du Pré,* 1575, pet. in-8. de 31 pp. 22 fr. non rel. Veinant.

VII. *Sous Henri IV.*

— Les Cérémonies obseruées au sacre et coronement du tres chrestien et tres valeureux Henry IV, roy de France et de Nauarre, ensemble en la réception de l'ordre du St-Esprit en l'église de Chartres ès 27 et 28 fevrier 1594. *Paris, Jamet Mettayer et Pierre l'Huillier,* 1594, in-4. de 63 ff. [23626]

50 fr. *mar.* de Soleinne ; 31 fr. *mar.* r. Coste.

Cette relation est de Nicolas de Thou, évêque de Chartres, officiant. Elle a été réimprimée à *Paris,* pour Jamet Mettayer et P. l'Huillier, en 1594, in-8., et dans la même ville, pour *F. Bourriquant,* en 1610, in-8.

La partie de ce livre qui se rapporte au sacre avait d'abord été imprimée sous ce titre :

L'ORDRE des ceremonies du sacre et couronnement du tres chrestien roy de France et de Nauarre, Henri IIII du nom fait en l'eglise de Nostre-Dame de Chartres, le dimanche 27 fevrier 1594. *Chartres, Cottereau,* 1594, in-4. — A Rouen sur la copie imprimée à Chartres, 1594, in-4., et aussi *Tours, Jamet Mettayer,* 1594, in-8. ; à Lyon, par Guichard Jullieron et Th. Ancelin, 1594, in-8. de 24 ff. (29 fr. en 1862) ; et enfin à *Tours, Jamet Mettayer,* in-8. sous la date M D C XIIII au lieu de M. D. XCIIII.

Il a paru à *Lyon, chez Guichard Jullieron,* en 1594, une pièce pet. in-8., intitulée : *Au roy sur le sacre de Sa Majesté* (où il est traité des miracles de la saincte Ampoulle enuoyée par l'Ange a sainct Martin de Tours. Chartres, le 25 feurier 1594, par frère Mathieu Giron, religieux de l'abbaye de Marmoutier). Auec l'espystre synodale des prelats de l'Eglise de France, assemblés en la ville d'Orleans : 13 fr. en 1862.

LES CEREMONIES et ordre tenu au sacre et couronnement de la royne Marie de Medicis, royne de France et de Navarre dans l'eglise de Sainct Denys, le 13 may, 1610; ensemble la mort du Roy, et comme Monsieur le Dauphin a este declaré Roy, et la Royne regente par la cour de Parlement. (*sans lieu*), M. DC. X, in-8. de 19 pp. [23634]

VIII. *Sous Louis XIII.*

SACRE (le) et couronnement du roi de France (Louis XIII) avec toutes les cérémonies qui se sont faites audit sacre et couronnement en l'église... de Reims; ensemble les noms des princes et grands seigneurs qui y ont assisté. *Orléans, suivant la copie impr. à Reims et à Troyes par J. Berthier*, 1610, in-8. [23672]

— LES CEREMONIES du sacre et couronnement du Tres-Chrestien Roy de France & de Navarre, Loys XIII. Plus son Entrée dans la ville de Rheims, et son retour à Paris. A *Lyon, Par Jean Poyet*, M. DC. X. in-8. de 27 pp. chiffr., 2 ff. blancs.
Copie de l'édition de *Paris, Jean Richer*, 1610, pet. in-8.

INSCRIPTIONS principales des Portes & Arcs de Triomphe, faicts pour l'Entrée, Sacre, & Couronnement du Roy Lovys treiziesme, en sa ville de Reims. A *Lyon, par Barthelemy Ancelin*, M. DCX. 16 pp. chiffrées.
Pour d'autres relations du même sacre, consultez le nouv. catalogue de la Biblioth. impér., *Histoire de France*, I, pp. 434 et 435, nᵒˢ 102 et suiv.

IX. *Sous Louis XIV.*

— La pompeuse et magnifique cérémonie du sacre du roi Louis XIV, fait à Rheims, le 7 Juin 1654, representée au naturel par ordre de leurs Majestés (par le chevalier Avice). *Paris, impr. de Edme Martin*, 1655, in-fol. fig. 24 à 36 fr. [23737]

Un exemplaire en *mar. r.*, aux armes de Colbert, 160 fr. Gilbert, en 1858.
LE SACRE et couronnement de Louis XIV... dans l'église de Reims..... où toutes les cérémonies, stances des cardinaux, prélats, officiers de la couronne et autres, avec leurs fonctions, sont fidèlement décrites, par l'ordre du chapitre de l'église métropolitaine de Reims. *Reims, Vᵉ Fr. Bernard*, 1656, in-8.
Cette relation doit être accompagnée des deux pièces suivantes :
PROCÈS-VERBAL du sacre de Louis quatorze... fait par monseig. Simon Le Gras, évèque de Soissons. *Soissons, N. Hannisset*, 1694, in-8.
PROTESTATION des prévôt, doyens... de l'église métropol. de Notre-Dame de Reims, contre un prétendu procès-verbal du sacre du roi Louis XIV, fait par Mgr Simon Le Gras. *Reims, Vᵉ J. Multeau*, 1695, in-8.
Les trois opuscules ci-dessus ont été réimprimés ensemble, en 1 vol. in-12, à *Paris, chez J. Chardon*, en 1717 (aussi *chez J.-M. Garnier*, 1720).
Pour d'autres pièces qui se rattachent au sacre de Louis XIV, consultez le catalogue de la Biblioth. impér., *Histoire de France*, II, pp. 194 et 195.

X. *Sous Louis XV et Louis XVI.*

— Sacre de Louis XV (le) dans l'église de Reims, le 25 octobre 1722 (rédigé par Danchet). Très-gr. in-fol. fig. [23884]
Ce volume est recherché à cause des belles planches

qu'il renferme. 66 fr. *v. m.* Libri; 91 fr. *mar. r.* Rebillot; en pap. de Hollande, et rel. en *mar. vert, dent.*, 290 fr. en 1861. Il y a des exemplaires en pap. de Hollande, avec fig. enluminées.

—Le Sacre et couronnement de Louis XVI, dans l'église de Reims, le 11 juin 1775 (par l'abbé Pichon), précédé de recherches sur le sacre des rois de France (par Gobet). *Paris*, 1775, gr. in-8. fig. 12 à 15 fr. — In-4. 18 à 24 fr. [23915]
Un exemplaire encadré, de format gr. in-fol. *cuir de Russie*, avec une grande estampe ajoutée, vend. 92 fr. Lamy.

XI. *Sous Napoléon Iᵉʳ.*

—Le Sacre de S. M. l'empereur Napoléon, le dimanche 2 décembre 1804 (avec des inscript. en style lapidaire par M. Louis Petit-Radel, et la description des tableaux et explications des costumes par Etienne Aignan). *Paris (imprim. impériale)*, in-fol. max. [23989]
Ouvrage orné de 39 belles planches gravées d'après les dessins de MM. Isabey, Percier et Fontaine. Il n'était pas encore publié au moment de la chute de Napoléon, et alors l'édition presque entière fut mise sous le séquestre, en sorte qu'il ne se trouva en circulation que quelques exemplaires d'artistes, et ceux qui avaient déjà été offerts à plusieurs grands personnages du gouvernement impérial, ce qui leur donnait un grand prix. Plus tard d'autres exempl. furent distribués, d'abord en secret à quelques personnes attachées à la maison du roi; ensuite répandus en assez grand nombre pour en alimenter le commerce et en faire tomber sensiblement le prix. Aussi après avoir été payé jusqu'à 1800 fr. en décembre 1822, et même jusqu'à 1865 fr. chez l'architecte Hurtault en 1825, ce livre s'est donné pour 651 fr. en octobre 1825, et pour 350 fr. à la première vente de Ch. Nodier en 1827. Un bel exempl. en *mar. citr.* a été vendu 265 fr. de Soleinne, et revendu 180 fr. Borluut. Un autre, en *demi-mar.*, 95 fr. en 1856, et 87 fr. Rebillot.

XII. *Sous Charles X.*

— Sacre de Charles X dans la métropole de Reims, le 25 mai 1825. *Paris, Sazerac*, 1825, gr. in-fol. fig.
En *demi-mar.* 29 fr. Louis-Philippe.
Un recueil de 30 planches représentant les cérémonies et costumes du sacre, grav. par Lefèvre, Lignon, Muller, etc., in-fol., 55 fr. Rebillot. — Ce recueil, dont plusieurs planches n'ont pas été terminées, fait partie de la Calcographie du musée du Louvre.

SACRIFICE (le) d'Abrahame par personnaiges. *Paris, Veuve Jehan Treperel et Jehan Jehannot* (sans date), in fol. goth. format d'agenda [16211]
Édition fort rare, imprimée dans le même format que la *Vendition de Joseph* (voy. *Moralité*) et que les *Blasphemateurs*. C'est probablement la plus ancienne que l'on ait de cette pièce. Elle a des sign. A—C par 4 ff. Le dernier porte la souscription.

— Le Sacrifice de Abraham a huyt personnages : cest assauoir Dieu, Misericorde, Raphael, Abraham, Sarra, Isaac,

Jsmael et Eliezer. nouuellement corrige et augmente, et ioue deuāt le Roi en lhostel de Flandres a Paris lan Mil. D. xxxix. *On les vēd a Paris en la rue neufue nostre dame a lenseigne de la Rose rouge ɛ sainct Jehan leuangeliste deuant saincte Geneuiefue des Ardens. Auec priuilege* (en date du 14 juin 1539, accordé à Gilles Paquot), pet. in-8. de 42 ff. non chiffrés, caract. goth., avec quelques fig. sur bois.

Un exemplaire ayant les deux derniers ff. manuscrits, 12 fr. La Vallière ; 80 fr. de Soleinne ; 59 fr. Bertin.

— Le Sacrifice de Abraham a huyt personnaiges (comme ci-dessus). nouuellement corrige et augmente, et ioue deuāt le roy en lhostel de Flandres a Paris et depuis a Lyon. Lan Mil. D. xxxix, pet. in-8. goth. de 43 ff. non chiffrés.

Sur le premier feuillet de cette édition, qui paraît avoir été imprimée à Lyon, se voit une planche gravée sur bois, représentant le sacrifiçe. Vend. 80 fr. m. r. La Vallière.
Les auteurs de la *Bibliothèque du théâtre françois*, connue sous le nom du duc de La Vallière (I, p. 110), disent que ce mystère est bien écrit et passablement versifié, et ils ajoutent que les frères Parfait n'en ont point parlé ; ce qui est inexact, car non-seulement ces auteurs l'ont cité à la page 284 du 2e vol. de leur *Histoire du théâtre françois* (édition de Holl.), mais encore ils ont fait remarquer que, à quelques vers près, qui ont été retouchés et que l'on retrouve aussi dans l'édition de 1542, c'est la même chose que la VIIe section du mystère du Vieux Testament, dont ils donnent l'analyse (voy. VIEIL TESTAMENT). Dans sa Bibliographie, De Bure a annoncé l'édition de 1539 comme étant in-4., mais il s'est probablement trompé ; à moins qu'il n'ait voulu parler d'une autre édit. que celle du duc de La Vallière.

— Voy. BEZE.

SACRO Arsenale overo Prattica dell' Officio della santa Inquisitione. *Genova et Perugia, nella stamperia camerale,* 1653, in-4. [3210]

Un exemplaire de ce livre, en *mar. r., avec les armes du pape Clément XI,* est porté à 10 livres dans le catalogue Libri, 1859, n° 1308, où il est dit que l'édition presque entière a été détruite par ordre du S. Office.

SACROBUSTO seu Bosco, anglici (*Joan.* de). Spaera (*sic*) mundi. — *Explcit* (sic) *Spaera mūdi... emendata p... Petrum bonū Avogarium Ferrariensem. Impressi Andreas hoc opus : cui Francia nomen tradidit : At civis Ferrariensis ego...* M. CCCC. LXXII, in-4. de 24 ff. à 27 lignes par page, caract. rom. [8360]

Édition fort rare. La place des figures y a été laissée en blanc, comme dans la *Theoria Planetarum,* donnée par le même imprimeur en 1471 (voy. GERARDUS cremonensis).
Il existe nombre d'éditions de cet ouvrage faites à la fin du XVe siècle, soit séparément, soit avec d'autres traités du même genre (Hain en décrit 26), mais aucune n'a beaucoup de valeur.
L'édition de Venise, *per Franciscum Renner de Hailbrun,* 1478, in-4. de 48 ff. avec des figures as-

tronomiques, a été vend. 21 fr., et 41 fr. exempl. non rogné, Libri, 1857 ; elle contient la *Theoria planetarum* de Gerard de Crémone, qui se trouve aussi dans l'édition de Bologne, *per Fuscum Ariminensem,* 1480, in-4., vend. 10 fr. Boutourlin. — Celles de Venise, par Erhard Ratdolt, 1482, in-4. de 60 ff. — ou 1485, in-4. de 58 ff. ; — ou 1488, in-4. de 69 ff., ont également des figures astronomiques, et elles renferment des opuscules de George Purbach et de Regiomontanus. Celle de Venise, par Bevilaqua, 1499, in-fol., *cum tribus commentis Cicchi Esculani, F. Capuani et Jo. Fabri Stapulensis,* 30 fr. Libri, en 1857.

— Uberrimum sphere mundi (Joannis de Sacrobusto) commentum (Petri Crivelli), intersertis etiam quæstionibus dñi Petri de Aliaco. — *Parisius, in campo gaillardo opera atque impensis magistri Guidonis Mercatoris, anno* 1468, *in mense februarii,* pet. in-fol. goth.

Il y a deux sortes d'exemplaires de ce livre : les uns ont la fausse date de 1468, et portent la marque de Jean Petit (*Johannes Parvus*) ; les autres, avec la marque de Guy Marchand, sont datés de 1498. Vend. 6 fr. Labey.
Panzer, II, p. 305, cite une édit. de Paris, *per Wolfgangum Hopyl,* 1494, in-fol., avec le même commentaire. — Il y en a une autre, *nunc recenter correcta a suo autore, intersertis etiam egregiis quæstionibus domini Petri de Aliaco* ; Compluti, 1526, in-fol.

— Sphere mundi opusculum Johannis de Sacro busto (*sic*) cum additamentis mathematicis figuris descentibus explicatis ... per magistrum Joannem Guyion astronomum. — *Avenione impressus arte et solertia Joannis de Channey* (absque anno), pet. in-4. goth. de 32 ff. à 36 lign. par page, avec fig. sur bois. Le 32e f. est blanc.

Édition imprimée de 1520 à 1530.

Nous n'avons rien à dire des autres édit. latines, ni même des traductions de la *Sphæra mundi,* parce qu'elles ne conservent guère d'intérêt. Nous citerons pourtant la traduction italienne, par Pierre Vincent Dante de' Renaldi, dont la meilleure édition est celle de Florence, par les Giunti, 1579, in-4.

On y joint :

ANNOTATIONI sopra la lettione della Sfera del Sacrobosco, da M. Mauro fiorentino. *Firenze (Torrentino),* 1550, in-4., ouvrage dont l'auteur avait déjà donné une traduction italienne de la Sfera ; *Venezia, Zanetti,* ou *Stef. di Sabbio,* 1537, in-4.

SACRUM lateranense concilium. Voyez le mot LATERANENSE.

SACY (*L.-Is.* Le Maître de). Voy. BIBLES françoises, et ROYAUMONT.

SACY (*Louis* de). Traité de l'amitié. *Rouen,* 1779, in-12. [3801]

Vend., exemplaire tiré in-4. sur pap. de Hollande, 26 fr. Le Febvre, et beaucoup moins depuis.

— Recueil de mémoires, factums et harangues, 2748.

SACY (*Silvestre* de). Voy. SILVESTRE.

Sacy (*Claude-Louis-Mich.* de). L'Honneur françois, 23276. — Histoire de Hongrie, 26521.
Sacy (*S.-U.* Silvestre de). Voy. Silvestre.

SADE (l'abbé de). Voy. Mémoires pour la vie de Pétrarque.

SADELER (*Ægidius*). Theatrum morum. Artliche gespräch der Thier mit wahren historien den menschen zur lehr. *Praga,* 1608, in-4. de 277 pp., avec de belles gravures. [18571]

Un exempl. rel. en *mar.*, 1 liv. 11 sh. 6 d. Hibbert; et l'édition de 1609, en *cuir de Russie*, 1 liv. 3 sh. le même. — Voy. Æsopus ; Typotius.

SADELER (*Marco*). Vestigi delle antichità di Roma, Tivoli, Pozzuolo et altri luoghi. *Stampati in Praga da Ægidio Sadeler,* 1606, pet. in-fol. contenant 50 pl. et un frontispice. 12 à 15 fr. [29397]

Un exemplaire en *m. bl.*, 21 fr. La Valliere.
Gravé de nouveau à Rome (de Rossi), 1660, in-fol. obl.

SADELER (*Raph.* et *Joan.*). Solitudo, sive vitæ patrum eremicolarum, per Divum Hieronymum olim conscripta, jam vero primum æneis laminis sculpta a fratribus Joanne et Raphaele Sadeler, in-4. 29 pièces. [22052]

Sylvæ sacræ, monumenta sanctioris philosophiæ, quam severa anachoretarum disciplina vitæ, et religio docuit. *Sculps. J. et R. Sadeleri,* 1594, in-4. 25 pièces.
Trophæum vitæ solitariæ. *J. et R. Sadeleri sculps. Venet.,* 1598, in-4. 29 pièces.
Oraculum anachoreticum. *J. et R. Sadeleri sculps. Venet.,* 1600, in-4. 25 pièces.
Solitudo, sive vitæ fœminarum anachoreticarum, ab Adriano Collaerto collectæ atque expressæ. In-4. 24 pièces.
Ces cinq articles forment la collection des PP. du Désert, gravés par les frères Sadeler et Adrien Collaert, mais sans texte ; on ne les trouve pas souvent ainsi réunis : 36 fr. La Serna ; 95 fr. Saint-Vves ; 38 fr. Hurtault.

— Recueil d'estampes, d'après Raphaël, Titien, Carrache, etc., et principalement d'après Martin Devos, gravées par les frères Sadeler, contenant plus de 500 estampes. *Paris, Laurent Cars,* 1748, 2 vol. in-fol. max. [9590]

Vend. 110 fr. Lamy.

SADEUR. La Terre australe connue, c'est-à-dire la description de ce pays inconnu jusqu'ici, de ses mœurs et de ses coutumes, par M. Sadeur, avec les aventures qui le conduisirent en ce continent..... réduites et mises en lumière par les soins et la conduite de G. de F. *Vannes, par Jacques Vernevil, rue Saint-Gilles,* 1676, in-12. [17324]

Édition originale de ce voyage imaginaire composé par Gabriel de Foigny, ex-cordelier, qui le fit imprimer à Genève sous le nom de Sadeur, et sous la rubrique de *Vannes*. L'ouvrage a été réimpr. sous ce nouveau titre :
Les Aventures de Jacques Sadeur, dans la découverte et le voyage de la terre australe, *Paris,*

Sade (le chev. de). Tydologie, 8515.

Barbin, 1692 (et aussi *Paris, Cavelier,* 1705), pet. in-12, et encore en Hollande.

SADI de Schiraz (Musladini ou Mosli-eddin Saadi, ou). The persian and arabick works of Sâdee, in two vol. I. containing Risalehs, Goolistân, Bostân and Pundnâmeh ; II Devan or book of poems, consisting of idyls, elegies, odes and other miscellaneous pieces, but chiefly of lyrick and moral poetry. *Calcutta, oriental India company's press,* 1791 and 1795, 2 vol. pet. in-fol. [15980]

Édition rare en France. Vend. 114 fr. Langlès, quoique l'exemplaire eût deux feuillets du 2e vol. refaits à la plume, 109 fr. 3e vente Quatremère. Le 1er vol. seul 21 fr. de Sacy.

— Musladini Sadi rosarium politicum, sive amœnum sortis humanæ theatrum, de persico in latinum versum, necessariisque notis illustratum a Geor. Gentio. *Amstelodami, Blaeu,* 1651, pet. in-fol. 12 à 18 fr. [3961]

Édition qui a beaucoup perdu de son ancien prix.
L'exemplaire daté de 1654 et porté à 40 fr. dans le catal. de Langlès, était de cette même édition, seulement on y avait ajouté un v après le dernier chiffre de la date : M. VC LI. Il y a des exemplaires en Gr. Pap.

— The Gulistan of Sâdy, with an english translation and notes by Fr. Gladwin. *Calcutta, hindoostanee press,* 1806, 2 vol. gr. in-4.

Édition peu commune. Le second volume renferme les notes : 131 fr. Langlès ; 50 fr. de Sacy.
Le premier titre porte *Persian classicks.*
La traduction de Galdwin a été réimpr. à Londres, en 1822, in-8.

— The Gulistan, or rose garden, by Musle-Hudden Shaik Sâdy of Sheeraz, translated from the original, by Francis Gladwin. *London, reprinted for Black, etc., by W. Bulmer,* 1808-9, 2 vol. in-8.

Cette édition a été imprimée sur la précédente, mais avec nombre de fautes dans le texte et en caractères défectueux. Le premier volume renferme la traduction anglaise, et le second le texte persan.

— The Goolistân of the celebrated Musleh-und-Deen of Shirauz, surnamed Sheikh Sâdi, with an english translation, embellished with notes critical and explanatory by James Dumoulin. *Calcutta, Patrick Crichton,* 1807, gr. in-4. 3 liv. 13 sh. 6 d.

Dans cette édition, le texte est impr. en caractères *taalik,* autrement *nestaalik.* Vend. 120 fr. Langlès ; 30 fr. de Sacy.
Le Gulistan de Sadi, en persan, impr. à Boulak, l'an de l'hégire 1243 (1828), pet. in-4.
Le Parterre de fleurs du Cheekh-Moslih-Eddin Sadi de Chiraz (en persan), édition autographique, publiée par M. N. Semelet. *Paris, imprim. lithographique de Cluis,* 1828, in-4. 10 fr.
Silvestre de Sacy (*Biogr. univers.,* XXXIX, article *Saadi*) a parlé, en 1825, d'une édition in-8. du texte du Gulistan, impr. à *Tauris* ou *Tébriz,* sans date (en 1824), et qu'il regardait comme le premier

fruit de la typographie en Perse. Elle n'a été vendue que 10 fr. 50 c. Quatremère.

— LE MÊME Gulistan (en caractères taalik), *Boulaq*, 1249 (1834), pet. in-4. de 279 pp. 10 fr. de Sacy. Réimpr. à Boulaq, 1257 (1841), in-8.

Dans le même catal. de Silvestre de Sacy se trouvait une édition du Gulistan, impr. à Calcutta, 1827, *at the asiatic lithographic comp. press*, in-16 de 337 pp. caractères taalick. — Et une autre de *Londres*, *chez Parbury*, 1827, in-8. de 251 pp. en caract. neskhy, plus le titre anglais et le titre persan.

— THE GOLISTAN, third lithographic edition, printed and published at the asiatic lithographic comp. press. *Calcutta and Cawnpoor*, 1830, in-8. 12 fr.

— GULISTAN, a new edition of the persian text, with a vocabulary by Edw.-B. Eastwick. *Hertford, Austin*, 1850, in-8. 15 fr.

— THE ROSE garden of Hindoostan, translated from Shykh Sadee's original nursery; or persian Goolistan, of Sheeraz, by meer Sher Ulee Ufsos, under the direction of John Gilchrist. *Calcutta, hindoostanee press*, 1802, 2 vol. gr. in-8.

Traduction en hindoustani, dont le deuxième titre porte : *Baghi Oordoo : or an hindoostani version of persian Goolistan.*

— GULISTAN, ou l'Empire des roses, traduit du persan par l'abbé Gaudin. *Paris*, 1791, in-8.

Cette traduction avait d'abord paru en 1789, sous le titre d'*Essai historique sur la législation de la Perse.*

Il y a aussi une traduction du Gulistan (par d'Alègre), *Paris*, 1704 ou 1737, in-12, et une plus ancienne d'André du Ryer, imprimée en 1634, in-8.

— GULISTAN, ou le Parterre de fleurs du cheikh Moslih-Eddin, Sadi de Chiraz. Traduit littéralement sur l'édition autographique du texte, publiée en 1828, avec des notes historiques et grammaticales, par N. Semelet. *Paris, Dondey-Dupré (imprim. royale)*, 1834, in-4. 12 fr.

— GULISTAN, ou le Parterre des roses, par Sadi, traduit du persan sur les meilleurs textes, et accompagné de notes par Ch. Defremery. *Paris, Didot frères*, 1858, gr. in-18.

Pour un commentaire turc du Gulistan, voy. SOUDI.

— ROSENGARTEN, nach dem Texte und dem arabischen Commentare Sururi's, aus dem persischen übersetzt und mit Anmerkungen und Zugaben von K.-H. Graf. *Leipzig*, 1846, in-12.

— THE GULISTAN, or Flower-garden, of Shaikh Sadi of Shiraz; translated into english by James Ross, from the persian text of Gentius, together, with an essay on Sadi's life and genius, *London, Richardson*, 1823, in-8. 10 sh.

— THE GULISTAN... translated from the original by Fr. Gladwin, a new edition. *London*, 1822, in-8.

— THE GULISTAN, or rose Garden, translated for the first time into prose and verse, with an introduction, preface and a life of the author from the Atis Kadah, by Edw.-B. Eastwick. *Hertford, printed and published by Stephen Austin*, 1852, in-8. 25 fr. Titre imprimé en or.

Volume qui se recommande et par son élégance typographique et par les illustrations en or et en couleur dont il est enrichi.

— The Boostan by sheik Muslahuddeen Saudee of Scheraz, to which is added a compendious commentary together with a dictionary of such words as are hard of meaning, now first compiled expressely for this edition by Moolvy Jumnuzuddy. *Calcutta, asiatic. lithogr. press*, 1828, in-4. de 228 pp. et le titre.

20 fr. de Sacy.

— Le Boustân de Sadî, texte persan, avec un commentaire dans la même langue; publié sous les auspices de la Société orientale d'Allemagne, par Ch.-H. Graf. *Vienne*, 1858, gr. in-4. de VIII et 480 pp. avec un encadrement.

Belle édition avec un titre persan, impr. en or et en couleur, 26 fr. — En Gr. Pap. vél., avec encadrement en or, 40 fr.

— PUNDNAMEH, a compendium of ethics, translated from the Persian of Sheikh Sady of Shiraz, into english (by Gladwin). *Calcutta, printed by Stuart and Cooper*, 1788, pet. in-8. [15980]

Ce petit Manuel d'instructions morales est en persan et en anglais. 8 fr. Langlès.

A la suite de sa trad. franç. de l'exposition de la foi musulmane d'Elberkevi (*Paris*, 1822), M. Garcin de Tassy en a donné une du *Pend Nameh* de Sadi, poëme qu'il ne faut pas confondre avec le *Pend Nameh* de Ferid-Eddin Attar (voy. FERID EDDIN).

SADIK. The geographical works of Sadik Isfahani; and a critical essay on various manuscript works arabic and persian, translated by J. C. from original mss. in the collection of sir Will. Ouseley, the editor. *London, Murray*, 1831, in-8. 10 sh. [19601]

SADLER (*Ralph*). The state papers and letters of sir Ralph Sadler, edited by Arthur Clifford : to which is added a memoir of the life of Ralph Sadler and historical notes by Walter Scott. *Edinburgh*, 1809, 2 vol. in-4. fig. 2 liv. 2 sh. [27461]

Recueil intéressant pour l'histoire d'Écosse. Vendu en Gr. Pap. impérial relié en 3 vol. 5 liv. 12 sh. 6 d. Hibbert.

SADOLETUS (*Jacobus*). Opera omnia. *Veronæ, Tumermani*, 1737-38, 4 vol in-4. 21 à 24 fr. [18992]

— Duo tum gravissima, tum lepidissima poemata heroica Jacobi Sadoleti et Francisci Sfondrati; quorum alterum inscribitur Curtius, alterum vero de Raptu Helenæ. *In Academia Veneta*, 1559, in-4. de 4 et 24 ff., dont un bl. [12773]

Opuscule peu commun : 14 sh. Heber; *non rogné* et accompagné d'une bulle de Léon X, avec la signat. de Sadolet, 4 liv. Butler.

— Epistre de Jacques Sadolet, cardinal, envoyée au senat et peuple de Genève, par laquelle il tasche les reduire soubz la puissance de l'evesque de Romme, avec la responce de Jehan Calvin, translatees de latin en francoys. *Geneve, Michel du Bois*, 1540, in-8.

Cette épître est devenue fort rare, mais elle vient d'être réimpr. par les soins de M. Revilliod, à *Genève, chez J.-G. Fick*, 1860.

Pour différents recueils de lettres et autres ouvrages

Sadius (*J.-J.* Costius). Latinæ orationis particulæ, 10840.

Sadler (*P.*). Grammaire anglaise, 11321.

de [ce savant prélat, consultez notre table méthodique, n°ˢ 3290, 3884 et 18742-43.

SÆMUND. Voy. EDDA.

SAENZ, card. de Aguire. Voy. AGUIRE.

SAENZ. La Thomasiada al sol de la iglesia, y su doctor santo Thomas de Aquino... por el padre Fray Diego Saenz. *Impressa en Guatemala, por Ios. de Pineda Ybarra,* 1667, in-4. [15288]

Poëme peu connu, mais dont, nous le croyons, la rareté fait tout le mérite.

SAEZ (*Fr.* Liciniano). Apéndice a la crónica nuevamente impresa del Rey Don Juan el II, en que se da noticias de todas las monedas, de sus valores, y del precio que tuvieron varios géneros en su reynado. *Madrid, Ibarra,* 1786, pet. in-fol. 12 fr. [26025]

Se joint à la chronique de Jean II, impr. à Valence, chez Montfort. Voy. GUZMAN (Perez de).

— Demostracion histórica del verdadero valor de todas las monedas que corrian en Castilla durante el reynado del señor Don Enrique III, y de su correspondencia con las del Sʳ D. Carlos IV. *Madrid,* 1796, pet. in-fol. fig. 30 fr. [26124]

— Demostracion histórica del verdadero valor de todas las monedas que corrian en Castilla durante el reynado de Don Enrique IV, y de su correspondencia con las de D. Carlos IV. Publicala la real Academia de la historia. *Madrid, Sancha,* 1805, in-4. fig. 30 fr.; — Gr. Pap., 40 fr. [26125]

SAFRAN (le) de la Rochefoucault. *Poitiers, de Marnef,* 1568, in-4. de 40 pp. Rare. [5440]

Vend. en *mar. r.* 40 fr. Nodier; 25 fr. Bignon; 20 fr. 50 c. de Jussieu, en 1857.

SAGA. Fornemenna Sögur, etc. (Sagas des anciens, publiées d'après d'anciens manuscrits par la Société des antiquaires du Nord, en islandois). *Copenhague, Gyldendal,* 1826 et ann. suiv., 12 vol. in-8. 100 fr. [27709]

Collection des Sagas historiques islandaises. Les trois premiers renferment la Saga du roi norvégien Olaf Tryggveson, et plusieurs petites Sagas concernant des personnages qui ont vécu dans le même temps. — La Saga d'Olaf Tyggvason ou Trygveson avait déjà été publiée à *Skalholt,* en Islande, chez *Jone Snorrasyne,* 1689-90, 2 tom. en 1 vol. in-4. (1 liv. 2 sh. Heber), et traduit en suédois et en latin par Jac. Reenhielm, *Upsal,* 1691, in-4. (Ebert, 19779-19780).

Indépendamment du texte islandais des Sagas, la Société des antiquaires du Nord en a fait publier une traduction danoise (*Oldnordiske Sagaer, etc.*), par le professeur C.-C. Rafn, *Copenhague,* 1826-37, 12 vol. in-8. 80 fr. La même Société a confié à M. Egilson le soin de donner une version latine

Safarick. Voy. Schafack.

sous le titre de *Scripta historica Islandorum de rebus gestis veterum bórealium* (voyez SCRIPTA). Une seconde série de la même collection renferme les Sagas relatives au Danemark, mais également écrites en islandais.

N'oublions pas de citer les deux ouvrages suivants, trad. et publ. par C.-C. Rafn :

FORNALDAR Sögur Nordrlanda. *Kaup.,* 1829-30, 3 vol. in-8. 40 fr.

NORDISKE Fortids Sagaer. *Ibid.,* 1829-30, 3 vol. in-8. 24 fr.

Citons encore :

SAGA-BIBLIOTHEK, med Anmærkningar, af P.-E. Müller. *Copenhague,* 1817, 3 vol. in-8. [27716]

Vend. 32 fr. Chaumette.

Pour l'histoire des Sagas en général, et celle des collections ci-dessus, en particulier, consultez l'introduction placée par Müller en tête de sa *Saga-Bibliothek* et de son édition du *Lexicon* de Biorn Haldorson et la *Revue encycl.,* XXXVI, pp. 22-29, et XXXIX, p. 408. — On trouve dans le *Bibliogr. Lexikon* d'Ebert, numéros 19757-93, la liste des différentes Sagas. Nous en faisons connaître une partie aux mots : EGILS-SAGA, — HERVARAR-SAGA, — ISLANDS Landmaboek, — PERIGSKIOLD, — NIAL-SAGA, — SNORRO, — VERELIUS, etc., à quoi nous ajouterons encore les articles suivants :

SAGAN, fran Gamla Islandskan öfwersatt. island. et suec. (Saga des Islandais, traduite en suédois, précédée de recherches sur l'antiquité des pierres runiques). *Stockholm,* 1762, in-4. [27709] — Vend. 27 fr. Chaumette.

CHRISTENDOMS Saga hliodande um thad kvornenn Christen Tru kom fyrst a Island, at forlage thess haloflega Herra Olafs Tryggvason ar Noregs kongs. *Skalhollte, Hendrick Kruse,* 1688, in-4. de 2 ff., 26 pp. et 1 f. à la fin. [vers 21532]

Vend. 31 fr. Rætzel.

Histoire de l'établissement du christianisme en Islande (islandais), publiée par Thdr. Thorlacius, à qui l'on doit probablement aussi l'Histoire ecclésiastique de l'Islande (*Ara scheda prests Froda*), en islandais, également impr. à Skalhollte, en 1688, in-4., et vend. 20 fr. Rætzel.

GRÖNLANDIA edur Grönlandz Saga, ur Islendskum Sagna Bookum og Anfalum samanfitekin og a Latinsk maal af Arngrime Jonssine, est a Norraenu utlogd af Einare Eiolfssine. *Skalhollte, Hendrick Kruse,* 1688, in-4. [vers 27726] — Vend. 26 fr. Rætzel.

Cet ouvrage a été traduit en danois par Bussæus, *Copenhague,* 1732, in-8.

SAGA. Story of Burnt Nyal, or life in Iceland at the end of the tenth century, translated from the icelandic by G.-W. Dasent, with introduction. *London,* 1861, 2 vol. in-8., cartes et pl., 1 liv. 8 sh.

SAGAN af Gunnlaugi Ormstunga ok Skalld-Rafni, sive Gunnlaugi Vermilinguis et Rafnis poetæ vita. Ex mss., cum interpretatione lat., notis, tabulis et indicib. (edentibus Luxdorph, Suhm, Kall, Möllman, Langebeck, Erichsen). *Hafniæ,* 1775, in-4. [30982]

Vend. 10 flor. Meerman.

SAGART THEODAT (frère *Gabriel*). Le grand voyage du pays des Hurons, situé en l'Amérique vers la mer douce des derniers confins du Canada, avec un dictionnaire de la langue huronne. *Paris, Denis Moreau,* 1632, in-8. [21015]

Ce voyage est curieux, et les exemplaires en sont fort rares ; mais c'est seulement depuis quelques années que le prix s'en est élevé d'une manière extraordinaire. Nous le trouvons vendu à peine 25 sous

(1 fr. 25 c.) chez Barré, en 1743; 50 sous chez Courtanvaux, en 1783; 8 fr. Lebrun, en 1807, puis 8 liv. 8 sh. Hibbert; 8 liv. 12 sh. 6 d. Hanrott; 5 liv. 15 sh. Heber; 85 fr., quoique taché, Klaproth; 77 fr. Eyries; 320 fr. *mar. r.*, par Bauzonnet, vente Solar. Voici la description de l'un de ces exemplaires : 11 ff. prélim. (sans faux titre), texte, 380 pp., 2 ff. bl.; *Dictionnaire de la langue huronne*, 72 ff. non chiffr., sign. a—i, y compris le titre, enfin la table de l'ouvrage en 7 ff., sign. k.
On trouve quelquefois séparément le dictionnaire de la langue huronne : 20 fr. de Sacy. Nous citerons du même auteur :

HISTOIRE du Canada et voyages que les frères recollects y ont faicts, depuis l'an 1615. *Paris*, 1636, pet. in-8. de 1005 pp. chiffr., suivies de 23 ff. qui contiennent différentes pièces et la table de l'ouvrage. [28510]
Vend. 6 fr. Thierry; 19 sh. Hibbert; 12 sh. Heber, et beaucoup plus cher depuis.

SAGE (Le). Voyez LE SAGE.

SAGES (les) enseignemens tirez des philosophes Pythagoras, Aristote, Caton et Plutarque, avec les quatrains du sieur de Pibrac, Mathieu, président Faure (du sieur de la Valbonne). *Rouen, Cailloué*, 1629, in-16 obl. [13932]
9 fr. 50 c. Monmerqué.

SAGGI di dissertazioni accademiche lette nella Accademia etrusca di Cortona. *Roma e Firenze*, 1755-91, 9 tom. en en 10 vol. in-4. fig. [30324]
Cette collection estimée, et dont on trouve peu d'exemplaires complets, coûtait 100 fr. Le premier volume est en deux parties.

SAGGI di naturali esperienze, fatti nell'Accademia del Cimento, sotto la protezione del principe Leopoldo di Toscana, e descritti dal segretario di essa Accademia. *Firenze, Gius. Cocchini*, 1666, in-fol. fig. 10 à 15 fr. [4330]
Cet ouvrage estimé a été écrit par *Lorenzo Magalotti* dit *il Sollevato*, secrétaire de l'Académie *del Cimento*. L'édition que nous indiquons est la plus rare, surtout avec le titre daté de 1666, car dans la plupart des exemplaires ce titre porte la date de 1667, et le beau portr. du grand-duc Ferdinand II ne se trouve pas. Il y a une seconde édit. de *Florence, Gio.-Filippo Cecchi*, 1691, in-fol., dont il existe des exemplaires en Gr. Pap. (voir, sur les différences qui existent entre certains exemplaires de ces deux éditions, Gamba, 4ᵉ édition, n° 853). Ce recueil a encore été réimpr. à Venise, en 1710, in-4.; à Naples, en 1714, in-fol.; à Venise, en 1761, in-8., avec la vie de Magalotti par Manni, et augmenté de beaucoup d'autres expériences et observations dans le 3ᵉ vol. des *Notizie degli aggrandimenti delle scienze fisiche, etc.* Firenze, 1780, in-4.
— SAGGI... terza edizione fiorentina, preceduta da notizie storiche dell' Accademia del Cimento, e seguita da alcune aggiunte da Vincenzio Antinori. *Firenze, Tipografia Galileiana*, 1841, in-4., fig. 15 fr.
Belle édition imprimée aux frais de Léopold II, grand-duc de Toscane, à l'occasion du congrès scientifique réuni à Florence en septembre 1841, et présentée à tous les savans qui ont assisté à cette assemblée. Le travail de l'éditeur est très-recommandable.

Sageret. Pomologie, 6481.

Van Musschenbroeck a donné une traduction latine de la seconde édition de ces *Saggi*, sous le titre de *Tentamina experimentorum natural.*, Lugd.-Batav., 1731, in-4.

SAGGI di prose e poesie de' più celebri scrittori d' ogni secolo. *Londra*, 1796-98, 6 vol. gr. in-8. pap. vélin. [19435]
Ce recueil contient des morceaux composés depuis le XIIIᵉ siècle jusqu'au XVIIIᵉ inclusivement : 30 à 40 fr.

SAGGIO di rime di diversi buoni autori che fiorirono dal XIV fino al XVIII secolo. *Firenze, Ronchi*, 1825, in-8. 8 fr. [14441]
Il y a des exemplaires en pap. vélin blanc, et en pap. de différentes couleurs.

SAGON (*François* de). La complaincte des troyz gentilzhommes françoys, occiz et mortz au voyage de Carrignan, bataille et journee de Cirizolles. *Paris, de l'imprimerie de Denys Janot*, 1544, pet. in-8. de 44 ff. lettres italiques. [13647]
Vend. 12 fr. *m. bl.* Lauraguais, et 4 liv. 16 sh. Heber. Nous pouvons encore citer de ce mauvais poëte les pièces suivantes, auxquelles leur rareté donne quelque prix :
1° RECUEIL des étrennes de Fr. Sagon pour l'an présent 1538. *Paris*, 1538, in-8. de 28 ff. lettres rondes, fig. sur bois.
2° LE TRIVMPHE de Grace, et prerogatiue d'innocence originelle, sur la conception et trespas de la vierge esleue mere de Dieu. 1544. *On les vend a Paris en la grand salle du palais, par Jehan André, libraire iuré.* (à la fin): *Imprimé a Paris par Benoist Preuost... fait le ix iour d'aoust pour Jehan André libraire...* pet. in-8. de 51 ff. non chiffrés. [13647] Au 3ᵉ f. de la sign. A se lit ce sommaire : *Recueil moral daucuns chantz Royaulx, Balades et Rondeaulx de Sagon*, presentez et premiez a Rouen, a Dieppe et a Caen, par luy adressé *a venerable religieux Domp Richard Ango*, prieur de Beaumont, son oncle.
Ce volume est le plus rare peut-être de ceux qu'a publiés l'auteur. Il y en a un exemplaire porté dans le catal. de La Vallière, par Nyon, IV, n° 14065; un autre est décrit par M. Frère, *Manuel du bibliographe normand*, II, p. 493.
3° DISCOURS de la vie et mort accidentelle de noble homme Guy Morin. *Paris, Denys Janot*, 1544, in-8.
Cette pièce a aussi été imprim. avec le Préparatif à la mort, traduit d'Erasme par Guy Morin. Voy. la col. 1045 de notre 1ᵉʳ vol., article ERASME.
4° APOLOGIE en défense du roi François Iᵉʳ, fondée sur texte d'évangile. *Paris, Denys Janot*, 1544, in-8.
5° LE CHANT de la paix de France et d'Angleterre, chanté par les trois estatz, composé par l'indigent de sapience (Fr. Sagon). *Paris, Nic. Buffet*, 1549, in-8. de 12 ff. lettres rondes, fig. sur bois.

— Voyez PLUSIEURS traités.

SAGRA (D. Ramon de la). Voy. RAMON.

SAGREDO (Giov.). Voy. VACALERIO.

SAGREDO (*Diego* de). Raison d'architecture antique, extraicte de Vitruve et autres anciens architecteurs, trad. de l'espagnol. *Paris, Simon de Colines*, 1539, pet. in-4. fig. sur bois. [9728]

Cette édition de 1539 est prisée 36 fr. sous le n° 1760 du catal. de Techener, publié en 1855. Le même livre est indiqué sous la date de *Paris, Sim. de Colines*, 1542, in-4., fig. sur bois, dans le catal. de M. Goddé, n° 1453, et sous le même titre que l'édition suivante :

    RAISON d'architecture antique extraite de Vitruve et autres anciens architectes, nouvellement traduit d'espaignol en francoys, à l'utilité de ceulx qui se délectent en édifices. *Paris, Regnaud Chaudiere*, 1550, in-4. fig.

Réimpr. sous cet autre titre :

    DIEGO DE SAGREDO. De l'Architecture antique démontrée par raisons très-faciles, pour l'utilité tant de ceux qui se délectent en édifices, que des architectes, portraicteurs, maçons et tous autres qui se servent de l'esquierre, règle et compas, traduit d'espagnol en françois. *Paris, Denise Cavellat*, 1608, pet. in-4. fig.

Antonio, article *Didacus Sagredo*, donne ainsi le titre de ce traité espagnol de ce traité :

    MEDIDAS del Romano, o Vitruvio, nuevamente impresas, y añadidas muchas piezas, y figuras necesarias a los oficiales que quieren saber las formaciones de las basas, colunas, capiteles, y otras cosas de los edificios antiguos. *Madrid, Lod. Rodriguez*, 1542, et aussi *Toledo*, 1549, in-4.

Une édition de *Lisbonne, Rodriguez*, 1542, in-4., peut-être la même que celle de Madrid, sous la même date, 20 fr. *Costabili*.

Il doit en exister une édition plus ancienne que la traduction imprimée en 1539.

SAHAGUN (Fr. *Bernardino* de). Historia general de las cosas de Nueva España en doce libros y en lengua española, compuesta y compilada por el M. R. P. Fr. Bernardino de Sahagun, de l'orden de los frailes menores de la Observancia. *Mexico*, 1829, 3 vol. pet. in-4. [28601]

Ouvrage publié par Ch.-M. de Bustamente qui l'a enrichi d'un appendice sur l'ancienne histoire du Mexique et d'une vie de Montezuma II. Vendu 48 fr. en novembre 1857.

Une réimpression de cette histoire, faite à Londres en 1830, forme le 7ᵉ vol. des *Antiquities of Mexico*, publiées par lord Kingsborough (voy. ce nom).

SAI an sinsin, sive Liber metempsychosis veterum Ægyptiorum. E duobus papyris funebribus hieraticis signis exaratisnunc primum edidit, latine vertit, notas adjecit Henr. Brugsch. Cum tabula multisque contextui impressis signis. *Berolini, Gaertner*, 1851, in-4. 18 fr. [29088]

SAIGE (*Jacq.* Le). Voyez LE SAIGE.

SAILLANS (de). Trois livres de Gaspar de Saillans, gentilhomme de Dauphiné; le premier livre traite de son mariage; le second de ses fiançailles, et le troisième de ses noces. *Lyon, Jacques de la Planche*, 1569, pet. in-8. [18093]

Vend. en *mar. r.* 9 fr. 50 c. Lauraguais, en 1770, et jusqu'à 100 fr. Cailhava.

Selon Du Verdier, la 2ᵉ et la 3ᵉ partie de ce livre auraient été réimpr. à Lyon, chez Jean d'Ogerolles, en 1575.

Sahlstedt (*Abr.*). Grammaire suédoise, 11280. — Dictionarium suecicum, 11282. — Dictionnaire suédois, 11283.

SAILLY (*Thomas*). Guidon et praticque spirituelle du soldat chrestien, reueu et augmenté pour l'armée de sa majesté catholicque au Pays-Bas, par le P. Th. Sailly, prestre de la compagnie de Jésus, auec vn calendrier historial. *Anvers, de l'imprimerie plantinienne, chez la Vefue de Ian Mourentor*, 1590, in-16. [1755]

Ce petit livre est orné de jolies figures gravées, *dit-on*, sur des planches d'argent par P. Vande Borcht; mais, à en juger par le titre, ce n'est pas la première édition. On a du P. Sailly plusieurs autres ouvrages écrits soit en latin, soit en flamand, dont le plus répandu a pour titre :

    THESAURUS litaniarum ac orationum sacer, cum suis adversus sectarios apologiis. *Bruxellis, Rutgerius Velpius*, pet. in-8. de 397 pp. avec fig. en taille-douce.

Recueil souvent réimprimé, quoiqu'il ait été mis à l'index à Rome, le 7 août 1603, selon Paquot, IV, p. 319. Ce bibliographe donne les titres des différents écrits de l'auteur.

SAINCT. Voy. SAINT, etc., col. 33 et suiv.

SAINCTES (*Claudius* de). Liturgiæ, sive missæ SS. Patrum Jacobi apostoli, Basilii magni, e vetusto codice latinæ tralationis Joannis Chrysostomi, interprete Leone Thuseo; de ritu missæ et eucharistia (latine) : quibus accessit ad calcem ex libris Joannis Chrysostomi, locorum annotatio, et initio aliquot capita, unde liturgica comprobantur, auctore fr. Claudio de Sainctes. *Antuerpiæ, ex officina Christ. Plantini*, 1560, pet. in-8. 14 ff. prélim., texte ff. 14 à 210, plus le privilége et l'approbation, 1 f. [670]

Cette édition, qui n'est pas commune, était fort recherchée autrefois : vend. en *mar.* 36 fr. Gaignat; 40 fr. La Valliere; mais elle est entièrement tombée de prix, ainsi que celle d'*Anvers, Joan. Stelsius*, 1562, in-8. Cette dernière, en *mar. r.*, 4 fr. MacCarthy; 8 fr. Chardin.

La belle édition de ces liturgies, en grec et en latin, impr. à *Paris, chez Guill. Morel*, 1560, in-fol., quoique bien préférable à la précédente, est également à très-bas prix.

— Discours sur le saccagement des églises catholiques par les hérétiques anciens et nouveaux calvinistes en 1562; plus l'ancien naturel des François en la religion chrestienne; par fr. Cl. de Sainctes. *Paris, Claude Fremy*, 1567, pet. in-8. [22443]

Un exemplaire rel. en *mar. r.* par Derome, qui n'avait été vendu que 5 fr. 65 c. chez Méon, a été payé 45 fr. Chateaugiron; 30 fr. Pixerécourt.

La première édition de ce discours est de *Verdun, Nic. Bacquenois*, 1562, in-8., et la seconde de *Paris, Cl. Fremy*, 1563, in-8.

Il y en a aussi une de *Paris, Vᵉ Jehan Ruelle*, 1587, in-8. de 7 ff. prélim. et 68 ff. chiffrés.

— LE CONCILE provincial des dioceses de Normandie, tenu a Roüen, l'an M. D. LXXXI, par Mgr... cardinal

Sainclair (*J.*). Voy. Sinclair.

de Bourbon, archeuesque du dict lieu, corrigé et confirmé par notre S. P. le pape Gregoire XIII ; les statuts des séminaires établis en Normandie ; les difficultez proposées de la part du concile à N. S. P. le pape, et les responses sur icelles. Le tout mis en françois par F. Claude de Sainctes, euesque d'Eureux, et l'un des assistants du dict concile. *Paris , P. L'Huillier,* 1582, aussi 1583 et 1585, pet. in-8. de 151 ff.

Le texte latin de cet ouvrage a paru également en 1582, chez P. L'Huillier, in-8. Il a été réimprimé plusieurs fois séparément, et aussi dans les *Concilia rothomag. ecclesiæ* du P. Bessin (voy. ce nom).

— BREF aduertissement de Mgr l'euesque d'Eureux à ses diocesains contre vn pretendu arrest donné à Caen, le 28 mars dernier, par lequel il appert de l'introduction et establissement en France du schisme, hérésie et tyrannie d'Angleterre, etc. *Paris, Bichon,* 1591, in-8. de 30 pp.

— LEÇONS aux Ligueurs, avec les 56, 57 et 58 articles extraits de la Confession de foy que les docteurs en theologie de Sorbonne firent adresser au peuple de France, etc. *(sans lieu d'impression),* 1593, in-8.

On a du même auteur : *Confession de la foy catholique* (contre celle des ministres calvinistes, au colloque de Poissy). *Paris, Cl. Frémy,* 1561, pet. in-8. — *Epistre au roy tres chrestien de France et de Pologne, Henry III.* Paris, 1575, in-8.

SAINCTYON. Histoire du grand Tamerlan, tirée d'un excellent manuscrit et de quelques autres originaux : très-propres à former un grand capitaine ; par le sieur de Sainctyon. *Amsterdam, Abraham Wolfgang,* 1678, pet. in-12 de 394 pp., y compris la table. 6 à 9 fr. [28266]

L'édition originale de cet ouvrage, imprimée à *Paris, chez André Pralard,* 1677, in-12, n'a point de valeur ; mais la contrefaçon hollandaise de 1678, dont nous venons de donner le titre, a quelquefois été payée 20 fr. et plus (63 fr. *m. bl. non rogné,* Renouard, en 1829), parce qu'elle se joint à la collection des Elsevier. L'édition d'*Utrecht* , 1679, n'ayant pas la même destination, ne s'est vendue que 3 fr. 95 c. Bérard.

SAINES (des) affections. *(sans nom de lieu ni de libraire),* 1591, pet. in-8. de 4 ff. prélim., 83 pp. et 1 f. non chiffré. [3826]

Cet ouvrage est d'une femme, et même M. Paul Lacroix, qui le qualifie de *chef-d'œuvre de philosophie,* l'attribue à Mlle de Gournay. M. le docteur Payen ne le croit pas de la fille d'alliance de Montaigne, et dit même qu'il vaut mieux qu'aucun de ceux qu'elle ait jamais écrits *(Bulletin du Bibliophile,* juin 1860, p. 1288).

SAINOVICS. Jo. Sajnovics demonstratio idioma Ungarorum et Laponum idem esse. *Tyrnaviæ, typogr. collegii Soc. Jesus,* 1770, pet. in-fol. 12 à 15 fr. [11453]

Un exemplaire *mar. citr.* 43 fr. Langlès. — Autre édition, *Hafniæ,* 1770, in-4. 5 fr. librairie De Bure.

SAINT-ALAIS (*Nicolas* Viton de). Nobiliaire universel de France, ou recueil des généalogies historiques des maisons nobles de ce royaume, faisant suite au Dictionnaire de la noblesse. *Paris, Arthus Bertrand,* 1814-43, 21 vol. in-8. avec blasons. [28839]

Ce répertoire généalogique n'est sans doute pas exempt d'erreurs, pourtant il a été fait avec plus de critique que le Dictionnaire de La Chesnaye Desbois. Comme il se trouve rarement complet, et qu'il est fort recherché, on le paye aujourd'hui beaucoup au-dessus du prix de souscription, qui n'était que de 7 fr. par volume. Les tomes XVII à XIX sont de M. Jullien de Courcelles et le XXe de M. Ducas. Le XXIe renferme la table générale des 19 premiers. L'abbé de Lespine a fourni plusieurs généalogies qui sont regardées comme les meilleures de ce recueil. Vend. sans le 19e vol., 400 fr. de Martainville ; les 18 premiers vol. 305 fr. en 1861.

— DICTIONNAIRE encyclopédique de la noblesse de France. *Paris, A. Bertrand,* 1816, 3 tom. en 2 vol. in-8. [28793] — 54 fr. de Martainville.

— L'ancienne France, 24005. — La France législative, etc., 24052. — Maison d'Autriche, 26424. — Maison de Bade, 26596. — Maison de Würtemberg, 26601. — Ordres de chevalerie, 28750.

SAINT-AMABLE (le P. *Bonaventure* de). Histoire de Saint Martial, apôtre des Gaules de l'Aquitaine et du Limousin, ou Défense de l'apostolat de S. Martial et autres contre les critiques de ce temps. *Clermont et Limoges* , 1676-83-85, 3 vol. in-fol. [22222]

Le troisième vol. de cet ouvrage contient une histoire du Limousin depuis S. Martial jusqu'en 1682. Les 3 vol. 50 fr. Pressac.

SAINT-AMAND (*Marc-Antoine* de Girard, sieur de). Ses Œuvres. *Paris, Toussaint Quinet,* 1651, 3 part. in-4. [14012]

Dernière édition des trois premières parties des œuvres de Saint-Amand, impr. du vivant de l'auteur. La première partie a 12 ff. prélim. et 353 pp. ; la seconde, 6 ff. prél. et 197 pp. ; la troisième, sous la date de 1649, a 8 ff. prél., 134 pp. et le privilège. Les 3 part. en 1 vol. *mar. bl.* 40 fr. de Coislin ; *v. tr. d.* 35 fr. Giraud. Il faut y joindre :

DERNIER recueil de diverses poésies du S. de Saint-Amand, *impr. à Rouen et se vend à Paris, chez Ant. de Sommaville,* 1658, in-4. de 8 ff. prél., 194 pp. et 3 ff. pour la table.

LA GÉNÉRATION, seconde idylle héroïque, *impr. à Rouen et se vend à Paris, chez Ant. de Sommaville,* 1658, in-4. de 8 ff. prél., 58 pp. et le privilège.

LA SEINE extravagante. *(sans date)* , in-4. de 16 pp.

ROME ridicule, caprice. *(sans date)* , in-4. de 55 pp.

Pour compléter cette édition in-4., dont toutes les parties se trouvent rarement réunies, on peut y joindre le *Moyse sauvé,* édit. de *Paris, Courbé,* 1653, in-4. de 276 pp.

La première partie des œuvres de Saint-Amand a paru d'abord à *Paris, de l'imprimerie de Rob. Estienne,* pour Fr. Pomeray et Touss. Quinet, 1629, in-4. de 4 ff. prélim. et 255 pp. ; elle est accompagnée d'une préface de Faret, qui a été reproduite dans les autres éditions in-4. — Suite, *Paris, Fr. Pomeray,* 1632, in-4. de 68 pp.

Dans l'édit. de *Paris, Touss. Quinet,* 1642, in-4., cette suite est jointe à la première partie. La seconde partie est de *Paris, Touss. Quinet,* 1643, in-4. On y trouve le *Passage de Gibraltar* , caprice héroïque, déjà publié séparément par le même libraire *(sans date),* in-4. de 8 ff. prél. et 55 pp., non compris le privilège, à la date de 1640. La troisième partie n'a qu'une seule édition in-4., celle de 1649.

Saint-Amand *(P.-Ch.).* Des Colonies, 28670.
Saint-Amand (de). Voyage en Californie, 21071.

Les autres éditions des œuvres de Saint-Amand, sont :
1° *Paris*, *Nic. Bessin*, 1647, pet. in-8. C'est la première avec sa suite contenant *le Soleil levant*, *le Melon*, *le Poëte crotté*, *la Crevaille*, *Orgye*, *etc*.
2° *Rouen*, *Rob. Dari*, 1649, in-8.
3° *Imprimées à Orléans et se vendent à Paris*, *chez Guil. de Luyne*, 1661, pet. in-12 de 2 ff. et 466 pp. Quoique le titre porte *reveues*, *corrigées et de beaucoup augmentées en cette dernière édition*, elle ne contient que les trois premières parties, sans les épitres dédicatoires de l'auteur et sans la préface de Faret. Cette préface se trouve, à la vérité, dans l'édition *augmentée de nouveau*, Lyon, J.-B. de Ville, 1668, in-12 de 12 ff. prél. et 240 pp.; mais cette dernière ne reproduit que les 250 premières pages de l'édit. de 1661, c'est-à-dire la première partie. Tel était l'exemplaire en *mar. bl.* vendu 32 fr. Coste. Un exemplaire de l'édit. de 1661, in-12, en *maroquin*, qui ne valait pas plus de 20 fr., a été vendu 55 fr. Veinant.
L'édition de *Rouen*, *P. Amiot*, *ou Fr. Vaultier*, *ou Gilles Bellier*, 1668, in-12, divisée en trois parties, est la dernière qui ait été faite avant celle dont le titre suit :
> OEUVRES complètes de Saint-Amant, nouvelle édition publiée sur les manuscrits inédits et les éditions anciennes, précédée d'une notice par M. Ch. Livet. *Paris*, *P. Janet*, 1855, 2 vol. in-16 de plus de 500 pp. chacun.

Cette édition, la seule complète, justifie amplement, et trop amplement, peut-être, les promesses du titre.

— **Moyse sauvé**, idyle héroïque. *Leyde*, *Jean Sambix* (*Elzevier*), 1654, pet. in-12, frontispice gravé. [14107]

Jolie édition faite sur celle de *Paris*, *Courbé*, 1653, in-4., laquelle est à très-bas prix. Vend. 17 fr. *vél*. Chénier; en *mar*. 18 fr. Bérard; 20 fr. Bignon; 1 liv. 8 sh. *mar. citr*. Libri, 1859.
Il y a sous la même date de 1654, une contrefaçon très-mal imprimée. C'est une édition de 1659 qu'a suivie le dernier éditeur des œuvres de ce poëte.

— **Le même**. *Amsterdam*, *chez Pierre Le Grand*, 1664, pet. in-12.

Autre édition elsevirienne, mais un peu moins belle que la précédente : 9 fr. Mazoyer; 12 fr. en 1829; en *mar*. 25 et 39 fr. Veinant. Il s'en trouve des exemplaires avec un titre impr. portant : *Amsterdam*, *chez Jean Malherbe*, 1700; le frontispice gravé y conserve la date de 1664.

— **La Rome ridicule du sieur de Saint-Amant**. Roma contrafatta del signore Saint-Amant. (*sans lieu ni date*), pet. in-12 de 103 pp.

Édition elsevirienne impr. avec les mêmes caractères que le *Pastissier françois*, sans ornements ni lettres grises. La version italienne y est placée en regard du texte. M. Pieters suppose que ce volume rare a été impr. en 1662 ou en 1663. Nous l'avons trouvé relié avec *la Roma piangente* imprim. à Leyde en 1666.
Il a été fait mention ci-dessus de la première édition de ce petit poëme, in-4., sans date. L'ouvrage a été réimpr. en 1643, in-8. L'édition de 1649, pet. in-12, que M. Bérard attribue aux Elsevier, est fort douteuse; mais en voici une plus ancienne qui est portée dans le catalogue d'A. Cigogne, n° 1175, sous ce titre : *La Rome ridicule caprice* (anonyme). 1649 (*Hollande*, *Elsevier*), pet. in-12 de 46 pages.
La ROME ridicule du sieur de Saint-Amant, travestie à la nouvèle ortografe, pure invention de Simon Moinèt, parisien ; *a Amsterdam*, *aus dépans é de l'imprimerie de Simon Moinèt*, 1663, pet. in-8. 15 à 24 fr.

Édition curieuse à cause de la singulière orthographe de l'éditeur : 2 liv. 10 sh. *mar*. Libri, en 1859.

— **Rome ridicule**, par S.-Amant ; Paris ridicule, par Petit ; ensemble Madrid ridicule, avec des remarques et un recueil de poésies choisies, par M. de B. (Blainville). *Paris*, *Pierre Le Grand* (*Hollande*), 1713, in-12. 4 à 5 fr.

Vend. 10 fr. *mar*. Bignon.
Une réimpression de ce volume se trouve quelquefois réunie aux Œuvres diverses du sieur D***, *Amsterd*., 1714, in-12, recueil attribué au sieur de Blainville, et dont il existe une première édition. *Paris* (*Hollande*), 1713, pet. in-8. Vend. en pap. fort, 12 fr. Mac-Carthy.

SAINT-AMOUR (de). Le Trésor des plus belles chansons et airs de Court, tant pastorales que musicales... par le sieur de Saint-Amour et autres beaux esprits de ce temps. *Paris*, *Ve de Jean Promé* (vers 1670), pet. in-12. [14293]

Volume assez recherché, dont un exemplaire en *mar. bl.* a été vendu 70 fr. Veinant, quoique d'autres aient été donnés plus d'une fois pour moins de 12 fr.
Une édition plus ancienne de ce chansonnier porte le titre suivant :
> TRESOR et triomphe des plus belles chansons et airs de cour, par les sieurs de St-Amour et de St-Estienne. *Paris*, *Rolin Baragues*, 1624, in-12. (La Vallière-Nyon, 15029.)

— LE TRESOR des plus belles chansons et airs de Cour, tant pastorales que musicales, propres à danser et joüer sur toutes sortes d'instruments, par le sieur de Saint-Amour et autres beaux esprits de ce temps. Sur la mort de M. de Turenne et de Madame de Brinvilliers. *Troyes*, *Jacq. Oudot*, 1699, in-12. [14293]

Réimpression de l'édition donnée par la veuve Promé. L'exemplaire en *mar. r.* vendu 75 fr. Duplessis était accompagné d'un *Nouveau recueil des plus belles chansons et airs de Cour*, impr. également à *Troyes chez Jacq. Oudot*, mais sans date, et renfermant un certain nombre de petits cahiers, réunis sous un titre commun.
Pour d'autres recueils de chansons impr. par les Oudot, voy. RECUEIL des plus belles chansons.

SAINCT-AULAIRE. La Fauconnerie de François de Sainct-Aulaire sieur de la Renaudie de Perigord, gentilhomme Limosin, divisée en VIII parties, avec un bref discours sur la louange de la chasse et exhortation aux chasseurs. *Paris*, *Rob. Fouët*, 1619, in-4. fig. [10458]

Cet ouvrage n'a point été réimprimé, et il est devenu d'autant plus rare, qu'on ne l'avait jamais signalé comme un livre précieux : 175 fr. Huzard ; 249 fr. *mar. r*. Pressac, et 142 fr. Veinant.

SAINT-BALMON (*Barbe* d'Ernecourt, dame de). Les Jumeaux martyrs, tragé-

---

die (en 5 actes en vers). *Paris, Aug. Courbé*, 1650, in-4. [16445]

Il y a de cette pièce une autre édition, *sur l'imprimé de Paris, chez Aug. Courbé*, 1651, pet. in-8. de 108 pp. Vend. 20 fr. 50 c. de Soleinne. L'avis de l'imprimeur a été supprimé dans une partie des exemplaires.

La Fille généreuse, tragédie en cinq actes et en vers du même auteur, ne nous est parvenue qu'en manuscrit.

La vie de cette dame lorraine, célèbre à plus d'un titre, a été donnée dans l'ouvrage suivant :

     L'AMAZONNE chrétienne, ou les avantures de Madame de S. Balmon, qui a joint une admirable dévotion, et la pratique de toutes les vertus, avec l'exercice des armes et de la guerre, par L, P. J. M. D. V. (le P. Jean-Marie de Vernon). *Paris, Meturas*, 1678, in-12.

Le P. Des Billons en a publié une nouvelle édition refondue, *Liége*, 1773, in-8.

SAINT-CYRAN (*J*. du Verger de Hauranne). Voy. QUESTION royale.

SAINCT-DIDIER (*Henry* de). Traicté contenant les secrets de l'espée pour se défendre et offenser. *Paris, Mettayer*, 1573, in-4. fig. [10307]

Traité rare et assez recherché : vendu 7 fr. 75 c. *mar. r*. Gaignat, et jusqu'à 66 fr. *m. v*. (annoncé sans nom d'auteur) Mac-Carthy, 1 liv. 10 sh. Heber; 29 fr. 50 c. en 1841.

SAINT-DIDIER (*Alex.-Toussaint* de Limojon sieur de). Le Triomphe hermétique, ou la pierre philosophale victorieuse ; traité très complet touchant le magistère hermétique (anonyme). *Amsterdam, Wetstein*, 1689 et aussi 1699, in-12. 3 à 5 fr. [8984]

Vend. 9 fr. Mac-Carthy ; 6 fr. *mar*. Duriez.

— La Ville et la république de Venise, par le sieur T. L. É. D. M. S. de Saint-Didier. Troisième édition reveuë et corrigée par l'Autheur. *Amsterdam, Dan. Elsevier*, 1680, pet. in-12. [25467]

Réimpression d'un ouvrage qui avait été déjà imprimé deux fois à Paris (chez De Luynes et chez Billaine), en 1680, in-12.

Adrian Moetjens, libraire à La Haye, ayant acquis le fonds des exemplaires de la troisième édition, qui restaient à la mort de Daniel Elsevier, en réimprima les feuillets préliminaires pour jeter quelques variantes dans l'avertissement et la préface, et ensuite fit reparaître l'ouvrage sous le titre suivant : *La Ville et la république de Venise par M*r. *le chevalier de S*t-*Didier. Quatrième édition reveuë et corrigée par l'Autheur;* La Haye, chez Adrian Moetjens, 1685. Ainsi, à un carton près, cette prétendue quatrième édition est la même que celle de 1680, et elle n'a ni plus ni moins de mérite que cette dernière. Cependant le même exemplaire, *non rogné*, qui, sous le nom de *Moetjens*, s'était donné pour 5 fr. à la vente de Mazoyer en 1825, ayant été annoncé depuis comme impr. chez Daniel Elsevier, s'est vendu 126 fr. 5 c. chez Ch. Nodier, en 1830, et 40 fr. Pixerécourt ; un autre 97 fr. Chalabre ; 52 fr. 50 c. en 1839. Au reste, même avec le titre de 1680, ce livre ne se vend ordinairement que de 6 à 9 fr.,

quoiqu'un exempl. rel. en *mar. r*. par Derome ait été payé 30 fr. chez Duriez, et *non rogné*, 81 fr. Mac-Carthy.

SAINT-EVREMOND ou Saint-Evremont (*Charles* Margotelle de Saint-Denys, Sr de). OEuvres meslées. *Paris, Claude Barbin*, 1668, pet. in-12. [[19087]

Première publication sous le titre d'*OEuvres de St-Evremont*. Elle est dédiée au marquis de Berny. Un exemplaire en *mar. r*. a été payé jusqu'à 100 fr. à la vente de M. Ch. Giraud et à celle de Solar, mais, malgré la rareté du livre, ce prix excessif ne doit pas servir de règle.

Saint-Evremont n'a attaché son nom à aucun ouvrage important, mais presque tous ses écrits se distinguent par un style original, par des aperçus pleins de finesse et par des critiques piquantes. Par malheur toutes les éditions qui ont paru de son vivant ont été faites sans sa participation et sur des copies plus ou moins infidèles ; et ce n'est que bien peu de temps avant sa mort, arrivée le 20 septembre 1703, qu'il s'est occupé de préparer une édition complète de ses œuvres, que même il n'a pas eu le temps d'achever. L'édition publiée de son vivant *à Paris, chez Cl. Barbin*, en 1670 et ann. suiv. se compose d'au moins 11 part. pet. in-12, qui se relient en 3 ou 4 vol. Celle de *Paris, chez Cl. Barbin* (Hollande, à la Sphère), 1688, 12 tom. en 4 vol. pet. in-12, en *mar. r*. a été vendue 20 fr. Ch. Giraud.

Il y en a une de *Paris, Cl. Barbin*, 1689-92, en 2 vol. in-4. — Une de *Paris*, 1697, et d'*Amsterd., Mortier*, 1698 (aussi en 1699), 8 tom. en 4 vol. in-8. Depuis il a paru des *Nouvelles OEuvres meslées de M. de Saint-Evremont, Paris, V*e *de Cl. Barbin*, 1700, in-12, dont une partie seulement est de ce philosophe. L'abbé Raguenet en a écrit la préface. — Un *Nouveau recueil d'ouvrages* du même auteur, *qui n'ont pas encore été publiés, Paris, Anisson*, 1701, in-12, a été donné par l'abbé Pic ; mais il n'y a là de Saint-Evremont que le commencement du Parallèle de M. le Prince et de M. de Turenne.

Charles Cotolendi ayant publié sous le nom de *Du Mont* une *Dissertation sur les ouvrages de M. de Saint-Evremont, avec l'examen du factum qu'il a fait pour la duchesse de Mazarin contre le duc son mari, Paris, N. Le Clerc*, 1698, in-12, M. B. D. R. (Royer de La Rivière), y répondit par 1 vol. in-12, intitulé : *Apologie des OEuvres de M. de Saint-Evremont, avec son éloge et son portrait, et un discours sur les critiques, Paris, Jacq. Collombat*, 1698, in-12.

Un peu avant cette date on avait fait paraître, sous le nom de Saint-Evremont, l'ouvrage suivant, qui est généralement attribué à l'abbé de Villiers.

LES MÉMOIRES de la vie du comte D*** avant sa retraite... redigez par M. de Saint-Evremont. *Paris, Mich. Brunet*, 1696, 2 vol. in-12, et aussi la *Défense des Dames, ou Mémoires de Madame la comtesse de ***. Paris, Cl. Barbin*, 1697, 2 vol. in-12. Réimpr. sous ce titre :

MÉMOIRES de la comtesse D***, avant sa retraite, servant de réponse aux Mémoires du comte D***, attribués à M. de Saint-Evremont. *Amsterdam, De Lorme*, 1698, pet. in-8.

Ce dernier ouvrage est de la comtesse de Murat. L'un et l'autre ont été réimprimés dans les deux dernières éditions des OEuvres de Saint-Evremond, dont il sera parlé ci-dessous.

— OEuvres meslées de M. de Saint-Evremont; seconde édition, augmentée de la vie de l'auteur (par Des Maizeaux). *Londres, Jacq. Tonson*, 1709, 3 vol. gr. in-4. portr.

Belle édition, qui toutefois n'est pas chère, même en grand papier. En *mar. v.* 22 fr. Ch. Giraud, et bel exempl. en *mar. r.* 50 fr. Chateaugiron. C'est une réimpression augmentée de celle de *Londres, Jacq. Tonson*, 1705, 2 vol. in. gr. in-4. (le 2ᵉ volume est en 2 part. dont les pages se suivent), publiée sur les manuscrits de l'auteur, par MM. Silvestre et Des Maizeaux, et d'après laquelle avait été faite celle d'*Amsterdam, P. Mortier*, 1706, 5 vol. in-12, augmentée de nouvelles remarques, et accompagnée de deux autres vol. in-12 sous le titre de *Mélanges curieux des meilleures pièces attribuées à M. de Saint-Evremond, et de plusieurs autres ouvrages rares et nouveaux*. La vie de Saint-Evremond, qui en fait partie, a été impr. séparément sous la date de *La Haye*, 1711, in-12. — Ces sept vol. ont reparu à *Londres, chez Vaillant*, 1708, in-12; mais l'édit. que l'on préfère est la quatrième, revue, corrigée et augmentée, et enrichie de fig. par B. Picard, *Amsterd., Covens et Mortier*, 1726, 5 vol. in-12, avec la troisième édition des *Mélanges curieux, où l'on a retranché plusieurs pièces pour en ajouter de plus intéressantes*, 2 vol. in-12, même date.

— OEuvres de M. de Saint-Evremond, avec la vie de l'auteur, par M. Des Maizeaux; nouv. édition (*Paris*), 1740, 10 vol. in-12, fig. de B. Picart.

Réimpression des sept vol. ci-dessus, auxquels on a ajouté les *Mémoires de la vie du comte D****, en 2 vol., et ceux de *Madame la comtesse de M.* en 1 vol., deux ouvrages attribués à tort à Saint-Evremond, et dont il a été déjà question ci-dessus. Ces dix vol. n'ont qu'un prix ordinaire, mais un exemplaire en Gr. Pap., *mar. r.*, a été vend. 55 fr. de Soleinne et 180 fr. Baudelocque.
C'est sur cette édition qu'a été faite celle de (Paris) 1753, en 12 vol. pet. in-12, également d'un prix ordinaire, bien qu'un exempl. en Gr. Pap. fin et rel. en *mar. r.* ait été vend. 90 fr. en 1811.

— La Comédie des académistes, pour la réformation de la langue françoise, pièce comique (en cinq actes, en vers), avec le rôle des présentations faites aux grands jours de ladite Académie. *Imprimé l'an de la réforme* (1650), pet. in-8. de 4 ff. et 72 pp. [16441]

Cette pièce, composée en 1643, est de Saint-Evremont, qui s'est caché sous le nom de des Cavenets. L'auteur, après l'avoir réduite en trois actes, l'a fait paraître dans ses œuvres, en 1680, sous le titre des *Académiciens*, mais avec de si grands changements, que c'est une pièce presque toute nouvelle : voilà pourquoi l'édition originale sera toujours une curiosité. Vend. 9 fr. Morel-Vindé; 10 fr. 50 c. de Soleine; 25 fr. Le Prevost, en 1857.

— Reflexions sur les divers génies du peuple romain dans les divers temps de la république. *Dijon, Causse* (ou *à Paris chez Renouard*), an III (1795), in-8. pap. vél. et pap. de Hollande. Prix ordinaire. [22932]

Assez belle édition dont il a été tiré huit exemplaires sur grand papier vélin, 14 fr. Renouard, et deux sur VÉLIN, format pet. in-4., 70 fr. le même.
La première édition doit être de 1664 ou 1665.
— MÉMOIRES de M. D. L. M. Voy. MÉMOIRES.

SAINT-FOIX (*Germ.-Franç.* Poullain

Saint-Félix (*A.-J.-M.* de), marquis de Mauremont, etc. Traité des ordres d'architecture. — Architecture rurale, 9808.

de). Ses OEuvres complètes. *Paris, Vᵉ Duchesne*, 1778, 6 vol. in-8. fig. 15 à 18 fr. — Pap. de Holl., 36 à 48 fr. [19113]

Vend. beaux exemplaires, 90 fr. *mar. bl.* Duriez; 125 fr. *mar. r.* par Derome, Labédoyère.
— Essai sur Paris, 24130-31. — Ordre du Saint-Esprit, 28763.

SAINT-GABRIEL. Le Mérite des dames; avec le resultat du conseil des Héroïnes, par le Sʳ de Saint-Gabriel. *Paris, aux depens de l'autheur et se donnent aux dames chez lui*, 1657, pet. in-8. [18053]

Ce livre singulier a paru d'abord *à Paris, chez Le Gras* en 1655; on a ajouté aux exemplaires datés de 1657 : *Le Ciel des beautés héroïnes, donnant la liste de cent et une dames choisies et désignées par le conseil inconnu des héroïnes*, et parmi lesquelles on remarque les femmes les plus célèbres de la haute société parisienne. 30 fr. *mar. v.* Monmerqué, et 89 fr. Giraud.

SAINT-GELAIS (*Octavien* ou *Octovien* de). La Chasse et le depart damours faict et compose par reuerend pere en dieu messire Octouien de sainct gelaiz euesque dangoulesme et par noble homme blaise dauriol bachelier en chascun droit demourant a Thoulouze cum priuilegio. (au verso du dernier f.) : *Cy fine la chasse et depart damours nouuellement imprime a paris le XIIIIᵉ iour dauril mil cinq cens et neuf pour Anthoyne verard marchāt libraire*... in-fol. goth. de 150 ff. à 2 col. de 39 à 44 lign. sign. *a—ffiij*. fig. sur bois. [13283]

Édition fort rare; 11 fr. La Valliere; 6 liv. 15 sh. Heber; 325 fr. *mar. r.* d'Essling.
Un exemplaire imprimé sur VÉLIN, avec les figures peintes, 240 fr. La Valliere; 450 fr. Mac-Carthy. Un autre exemplaire du même genre que celui-ci et qui provient de la bibliothèque de Saint-Germain des Prés, se conserve à la bibliothèque impériale.

— Sensuyt la chasse τ le depart Damours. nouuellemēt imprimée a Paris. Ou il y a de toutes les tailles de Rimes que lon pourroit trouuer. Cōposee par Reuerend pere en dieu messire Octouien de saīct gelaiz et par... Blaise dauriol Bachelier en chascun droit· demourāt a Thoulouse. (à la fin) : *Imprime A Paris par la veufue feu Iehan treperel et Iehan iehannot Imprimeur et libraire*... (sans date), in-4. goth. à 2 col. signat. A—I, seconde signature, avec fig. sur bois. (Bibliothèque impér.)

21 fr. Lefèvre, en 1797; 3 liv. 6 sh. Heber.
Indépendamment de cette édition, il y en a une de même format, avec le seul nom de la Vᵉ Treperel.

— Sensuyt la chasse et le depart damours nouellemēt Imprimee a Paris : ou il y a de toutes les tailles de rimes q̄ lon pourroit trouuer. Composee par Reuerend pere en dieu messire Octouien de sainct gelaiz euesque Dangoulesme. xxxvi. On

les vend a Paris..... (à la fin) : *Cy fine
la chasse : et deppart damours. Ou
sont au long contenues toutes les sortes
de Rithmes* (sic) *que lon peult trouver,
avec tres grant nombre de Rondeaulx
et Ballades que Lamant parfaict en-
uoie a sa dame par amours. Nouuellement Imprime a Paris par Phelippe le
Noir libraire et relieur... rue saint
Iacques a l'enseigne de la Rose blanche
couronnee*, in-4. goth. de 158 ff. non
chiffrés, à 2 col. fig. sur bois, titre rouge
et noir. (Bibliothèque impér.)

Vend. 6 fr. La Vallière ; 2 liv. 13 sh. Heber.

Quoiqu'elle soit annoncée sous la date de 1536 dans le
catal. de La Vallière, en 3 vol., n° 2876, cette édit.
n'est pas datée. Le chiffre xxxvi qui est sur le titre
indique le nombre des cahiers, et non pas l'année
de l'impression. Au reste, ce chiffre n'est point
exact, car le vol. a xxxviij cah., ainsi qu'on le voit
au-dessus de la marque de Le Noir, qui est au verso
du dernier feuillet et que nous reproduisons ci-
dessous.

Au fol. F commence une pièce qui porte ce titre en
sommaire :

*La departie damours par personnaiges plans
en toutes les facons de rimes que lŏ pourroit
trouuer la ou il y a d' toutes les sciĕces du mŏde
ɀ de leurs acteurs faicte et composee p noble
hŏme blaise dauriol bachelier en chascun droit
natif et chanoyne de Chastelnaudarin, ɀ prieur
de Denisan, lãn de grace m. v. cĕlɀ ɓt viii a
Thoulouse.*

Goujet, en parlant de la *Departie damours* (Biblioth.
franç., tome X, p. 308), s'exprime ainsi : « La plus
grande partie de cet ouvrage est ou copiée mot à
mot, ou servilement imitée des poésies de Charles
d'Orléans, comme je l'ai vérifié. »

Nous ne connaissons pas l'édition de *Toulouse*, 1508,
que cite le très-inexact Rigoley de Juvigny dans sa
note sur l'article *Blaise d'Auriol* de Du Verdier ; et
il est à remarquer que Goujet ne dit pas que l'ouvrage ait été imprimé à Toulouse, mais seulement
qu'il a été composé dans cette ville en 1508.

— Le sejour dhonneur compose par messire Octouien de saint gelaiz lors prote-
notaire ɀ depuis euesque dangoulesme.
(à la fin) : *Cy finist le seiour dhonneur
nouuellement imprime pour anthoyne
verard marchant librayre demourant
a paris deuant la rue neufue nostre
dame ou au palais...*, pet. in-4. goth.
de 180 ff. non chiffr., avec fig. sur bois,
à longues lignes, au nombre de 30 par
page ; le dernier f. ne contient que la
marque de Verard (voyez aux Heures
gothiques, à la fin de ce volume).

Ouvrage mêlé de prose et de vers ; en tête est un
prologue de l'auteur adressé à Charles VIII. —Vend.
6 fr. La Vallière ; 12 fr. Picart, et serait heaucoup
plus cher maintenant. Deux exemplaires imprimés
surVÉLIN, et décorés de miniatures différentes, se
conservent à la Bibliothèque Impériale.

— Le sejour dhonneur compose par reuerend pere eu dieu messire Octouien de
sainct gelaiz Euesque dangoulesme Nouuellement imprime a Paris pour Anthoyne verard. Ilz se vendĕt a Paris deuãt la rue neufue nostre dame a lymage
sainct Iehan leuangeliste, ou au Palays.
(à la fin) : *Cy finist le seiour dhoñeur
nouuellement imprime a Paris pour
Anthoyne verard..... Et fut acheue le
xxvᵉ iour Daoust Mil. cccc. et xix*,
pet. in-4. goth. de 164 ff. non chiffrés,
à longues lignes, sign. a—Ciiij du second alphabet.

Édition sans gravures, et dont le titre est impr. en
rouge et bleu. Elle n'est guère plus commune que
la précédente : vend. 8 fr. La Vallière ; 11 fr. Méon ;
60 fr. en mars 1815 ; 2 liv. 4 sh. et 3 liv. Heber ;
101 fr. Revoil ; 100 fr., *cuir de Russie*, en 1841 ;
168 fr., à cause d'une rel. en *mar.* richement dorée,
en 1830, et 610 fr. Solar.

Un autre (annoncé in-8.), *mar. v.* à compart., reliure
moderne imitant celles que faisait faire *Henri II*,
395 fr. Veinant.

— Le Seiour dhonneur. *nouuellement
impr. a Paris, par la veufue feu Jean
Trepperel* (sans date), pet. in-4. goth.,
avec des signat. de a—C. du second
alphabet.

Vend. 2 liv. 5 sh. (piqué de vers) Heber ; 70 fr. *mar.
r.* Giraud ; en *mar. bl.* 200 fr., en 1861.

— Le Seiour dhonneur cŏpose par reue-
rĕd pere en Dieu ṃessire Octouiĕ de
saĩct gelaiz. xxvi. (au recto du dernier
f.) : *Cy.... finyst.... imprime a Paris
par la veufue iehan trepperel et Jehan iehãnot*, pet. in-4. goth. sign. a—B.
du second alphabet.

Cette édition diffère de celle de la Vᵉ Trepperel, qui
est décrite ci-dessus ; elle se termine au 4ᵉ f. du

cah. B, par une gravure sur bois, laquelle est placée au-dessous de la souscription. Elle doit avoir paru vers 1520. — Vend. 2 liv. 5 sh. Heber, et rel. en *mar. r.* par Trautz, 325 fr. Solar.

— La complainte et epitaphe du feu Roy ‖ Charles dernier trespasse Cŏposee ‖ par Messire Octouian de saint ge‖lais euesque Dangoulesme (*sans lieu ni date, mais Paris, vers* 1500), in-4. de 6 ff. à 2 col., car. goth.

Ces poésies ont été réimprimées dans le Vergier d'honneur, mais l'édition ici décrite est fort rare. On remarque sur son titre une grande L historiée, et au verso de ce titre une vignette représentant un roi assis sur son trône, le sceptre en main; deux figures qui ont été aussi employées dans la pièce intitulée *Les Lettres nouvelles envoyées de Naples* (voyez ENTRÉE du roi à Rome), impr. sans date vers 1494, et que l'on croit sortie des presses lyonnaises. Le verso du dernier feuillet est tout blanc.

— Le Vergier dhonneur nouuellement imprime a Paris. De lentreprise et voyage de Napples. Auquel est compris commĕt le roy Charles huitiesme de ce nom..... passa et repassa de iournee en iournee depuis Lyon iusques a Napples, etc., ensemble plusieurs aultres choses faictes et composees par Octouien de Sainct Gelais..... et par maistre Andry de la vigne secretaire de monsieur le duc de Savoye Avec aultres. In-fol. goth. à 2 col. de 49 à 51 lign., fig. sur bois. [13285]

Belle édition, sans indication d'imprimeur ni de date. Elle commence par le titre ci-dessus, et à des signatures de a—v et A—Piii, seconde signat. Vend. 20 fr. Gaignat; 31 fr. de Fontette; 33 fr. Boutin; 6 liv. 12 sh. Heber. Un bel exemplaire portant les armes du comte de Toulouse, 595 fr. Rebillot, en 1856.

Cet ouvrage est un recueil fort curieux de pièces presque toutes en vers, dont la première est la plus considérable, et aussi la seule à qui le titre de Vergier d'honneur convient particulièrement; nous le plaçons ici sous le nom de Saint-Gelais, parce que cet auteur est le premier nommé sur le titre; mais il est certain qu'il n'y a de lui, dans tout le recueil, qu'une complainte d'environ 800 vers, sur la mort de Charles VIII, laquelle a été imprimée séparément, comme on vient de le voir ci-dessus.

— Le Vergier dŏneur nouuellemĕnt imprime a paris. De lentreprise τ voyage de naples. Auquel est comprins commĕt le roy Charles huytiesme de ce nom a banyere desployee, passa τ repassa de iournee en iournee depuys Lyon iusques a Napples. et de napples iusques a lyon Ensemble plusieurs autres choses faictes et cŏposees Par reuereud pere en dieu monsieur Octouien de saint Gelais, etc. (*sans lieu ni date*), pet. in-4. goth. de 236 ff. non chiffrés, à 2 col. de 42 lign. chacune, avec fig. sur bois.

Cette édition paraît avoir été faite pour Ant. Verard, vers 1500. La Bibliothèque impér. en possède un exemplaire sur VÉLIN, qui a été vendu 79 fr. chez le comte d'Hoym.

— Le vergier dŏneur uounellement (*sic*)

imprime a paris. De l'entreprinse τ voyage de uaples (*sic*). Auquel est comprins (comme ci-dessus; et à la fin) : *Cy fine le vergier dhonneur nouuellement imprime a Paris par iehan trepperel libraire demourant a paris en la rue neufue nostre dame a l'enseigne de lescu de France* (sans date), gr. in-4. goth. à 2 col. de 45 lign. non chiffrées, avec fig. sur bois, sign. ai—Fiij du second alphabet.

La première lettre du titre est une gravure sur bois historiée, où sont représentées plusieurs têtes, et un homme et une femme qui se baisent sur la bouche. Le dernier f. présente sur le recto une gravure sur bois, et au verso la marque de Jean Trepperel, et dans d'autres exemplaires celle de Verard. Vend. 9 fr. La Valliere ; 37 fr. 50 c. Labey; 82 fr. *m. r.* en 1841; 160 fr. Jolly. — Maittaire, et d'après lui Panzer, donnent à cette édition la date de 1495, mais elle n'en porte pas; et même, à en juger par l'adresse du libraire, elle doit être postérieure à l'année 1499.

— Le même recueil. *Paris, rue Saint-Jacques a lenseigne de la rose blanche couronnée* (chez Philippe le Noir), in-fol. goth. à 2 col. de 53 lign. fig. sur bois, ff. sign. A—X et AA, par 6 ff. non chiffrés.

Le titre de cette édition est entouré d'un encadrement historié, et il a une grande planche sur son verso. La souscription est au revers du dernier feuillet. Vend. 4 fr. La Valliere; 36 fr. Lair ; 62 fr. Dacier; 61 fr. *mar. r.* Saint-Mauris, en 1840; 280 fr. d'Essling ; 215 fr. *mar. bl.* Giraud; 147 fr. *mar. v.* Coste; 125 fr. Salmon ; 4 liv. 4 sh. Libri , en 1859.

— Vergier dhonneur (*sans lieu ni date*), pet. in-fol. goth. à 2 col. fig. sur bois, sign. a—gij du second alphabet.

◦❖◦IEHAN◦❖◦DETIT◦

Le titre de cette édition porte le nom et la marque de Jehan Petit, libraire à Paris, vers la fin du XVe siècle et le commencement du XVIe (voyez ci-dessous). Vend. 25 fr. 50 c. Duriez; 32 flor. Meerman.

Le nom et la marque de Jehan Petit se trouvent aussi au verso du dernier f. d'une édition in-fol. à 2 col., caract. goth. sign. a—Aiiij du 2e alphabet, dont le titre porte : *On les vend a Paris en la rue neuue nostre dame a lenseigne de saint Jehan leuangeliste*, tandis que la souscription finale est ainsi : *nouuellement imprime a Paris par Philippe le Noir... a lenseigne de la Rose blanche couronnée*. Cette dernière édition, qui ne doit pas être antérieure à l'année 1521, a été vend. 51 fr. m. r. Morel-Vindé; 91 fr. Revoil, et 20 fr. de Soleinne.

— Le tresor de noblesse fait et compose par Octouien De sainct gelaiz euesque Dangoulesme imprime nouuellement a paris. (sur le dernier f.) : *Cy fine ce present liure intitule le tresor de noblesse imprime pour anthoine Verard libraire demourant a paris Deuant la rue neufue nostre dame...*, in-4. goth. à longues lign. au nombre de 35 par page. [3871]

Six ff. prélim. pour le titre, le prologue et la table des chapitres, texte, f. J—Cxx, plus 4 autres ff. de texte, non chiffrés. Sur le dernier se lit la souscription disposée en six lignes. Vend. 11 fr. La Vallière. Un exemplaire imprimé sur VÉLIN est indiqué dans la *Bibliographie instruct.*, n° 5663.

— Livre des persécutions des Chrestiens. Voy. SIMONETA.

SAINT-GELAIS (*Charles* de). Les excellêtes magnifiques et triumphantes croniques de tres louables et moult vertueux faictz de la saincte hystoire de bible du tres preux et valeureux prince Judas machabeus vng des IX preux tresuaillant iuif. Et aussy de ses quatre freres... filz du bienheureux prince et grand pontif Mathias... Ce present volume contenant les deux liures des Machabees nouuellemêt translate de latin en françois, et imprime par Anthoine bonnemer marchant libraire... (au recto du dern. f.) : *Cy fine le II. liure... Jmprime a Paris... pour Anthoine bon mere Jmprimeur demorât en la rue sainct Jehan de Beauluais a lenseigne sainct Martin..... τ acomply ou moys Daoust. Lan de salut Mil cinq cens et xiiii*, pet. in-fol. goth. de xcvi ff. chiffrés, le titre et 1 f. prélimin. indiquant le contenu de l'ouvrage, fig. sur bois. [17053]

Cette histoire de Machabée (l'un des neuf preux) se place parmi les romans de chevalerie, quoique ce ne soit qu'une traduction de deux livres de la Bible. Le traducteur, *Charles de Sainct Gelays, chanoine et esleu de Angoulesme*, est nommé dans le prologue, au 3e f., coté 1. Vend. 10 fr. Filheul; 3 liv. 5 sh. Hibbert; 135 fr. d'Essling; 126 fr. *mar. bl.* De Bure; 230 fr. Giraud; 300 fr. Solar, et 12 liv. Libri, en 1859.

J. Van Praet indique trois exemplaires imprimés sur VÉLIN, avec figures peintes. Il y en a deux à la Biblioth. impériale, dont un, auquel il manque le 3e f., a été vendu 105 fr. Gaignat; 135 fr. La Vallière; 147 fr. Mac-Carthy.

Ce livre a été réimprimé sous le titre de *Cronicques et vertueux faictz de Judas Machabeus, et de ses quatre freres...* Paris, Boursette, 1556, pet. in-8. de 5 et 174 ff. Vend. 14 fr. Leduc; 14 sh. Heber. — Deux exemplaires, l'un à l'adresse d'*Arnoul l'Angelter*, 110 fr. d'Essling; 41 fr. Libri, en 1857; l'autre à l'adresse de *Richard Roux*, 40 fr. *mar. r.* même vente.

— Le politicque de la chose publique — *Cest la fin de ce petit oeuure nõme le Politicque compille par maistre Charles de saît gelays chanoyne τ esleu euesque Dangolesme, en lhõneur et reuerence de... frãcoys roy des francoys premier de ce nom. Nouuellement imprime a Paris pour Hemon le feure marchant libraire..... a lenseigne du croissant..... Et fut acheue en Octobre le xxiii. iour Mil cinq cens xxii*, in-8., caract. goth. [3950]

Ouvrage peu connu, et dont ni La Croix du Maine, ni Du Verdier n'ont parlé. L'exemplaire que nous avons eu sous les yeux (celui de la bibliothèque de l'Arsenal) a liiii ff. chiffrés, plus un f. pour la souscription. Il y manque le cah. *a* qui contient probablement le frontispice et les pièces liminaires.

SAINT-GELAIS (*Mellin* de). Saingelais (*sic*) Oeuures de luy tant en composition, que translation, ou allusion aux Auteurs Grecs, & Latins. *A Lyon par Pierre de Tours deuant nostre Dame de Confort*. M. D. XLVII, pet. in-8. de 79 pp., signat. A—E, caract. ronds. [13691]

Édition qui était restée longtemps inconnue. A la p. 49 commence : *Elegie, ou chanson lamentable de Venus sur la mort du bel Adonis; par S. G.* avec plusieurs compositions, tant de *B. des Perriers, que d'autres poetes françois*. Quoique beaucoup moins complète que celle de 1574, cette édition est précieuse à cause de sa grande rareté, car nous n'en connaissons qu'un seul exemplaire, lequel, rel. en *mar. v.* à riche compart., a été vend. 258 fr. en 1853; revendu 820 fr. en 1854, et enfin acheté 1600 fr. à la vente Solar par M. Léop. Double.

— OEuvres poétiques. *Lyon, Antoine de Harsy*, 1574, pet. in-8. de 8 ff. prélim. et 253 pp. 24 à 36 fr.

Vend. 10 fr. *mar. citr. doub.* de *mar. viol. l. r.* La Vallière; exemplaire qui vaudrait bien davantage aujourd'hui; autre, *m. r.* 33 fr. en 1841; 70 fr. Veinant; 71 fr. Solar.

Cette édition est en lettres italiques. Il y en a une autre sous la même date, in-12 de 9 ff. prélim. et 246 pp. en lettres rondes, mais moins belle que l'original, et probablement un peu moins ancienne.

On recherche encore l'édition de *Lyon, Benoît Rigaud*, 1582, in-16 (1 liv. 7 sh. m. r. Heber); mais moins celle de *Paris, Guill. de Luynes*, 1656, in-12, dont il se trouve des exempl. avec la date de 1574.

L'édition de *Paris* (sans nom de libraire), 1719, pet. in-12 (4 à 6 fr.), est augmentée d'un certain nombre de pièces lat. et franç., pp. 225 à 275. Il est à regretter que Bernard de La Monnoye n'y ait pas donné ses soins, comme il avait eu le projet de le faire, ainsi que le prouve un exemplaire de l'édit. de 1574, avec un commentaire perpétuel, écrit de sa main, lequel se trouvait dans la bibliothèque de mon bien regrettable ami Parison, et a été acheté 460 fr. par M. P. Jannet.

Bernard de La Monnoye, dans une note sur l'article *Advertissemens* de Du Verdier (édition in-4., I, p. 186), dit que l'ouvrage suivant passe pour être de Mellin de Saint-Gelais.

ADVERTISSEMENS sur les jugemens d'Astrologie, à une studieuse damoiselle. *Lyon, par Iean de Tournes*, 1546, in-8.

— Sophonisbe. Voy. TRISSINO.

Une notice littéraire sur la famille Saint-Gelais, par J.-F. Eusèbe Castaigne, a été impr. à Angoulême, chez Lacombe, 1836, in-18 de 30 pp.

SAINT-GENOIS (le comte *Joseph* de). Monuments anciens essentiellement utiles à la France, aux provinces de Hainaut, Flandre, Brabant, Artois, Liége, Hollande, Zélande, etc. *Paris, Saillant*, 1782, et *Lille, Daniel*, diverses années, 2 vol. gr. in-fol. avec la table générale du premier vol. [24967]

Cet ouvrage est la copie textuelle d'une partie des inventaires de la Chambre des comptes de Lille, de Godefroy, et donne l'analyse de plusieurs milliers de chartes d'un grand intérêt pour l'histoire des familles, et même pour l'histoire générale. Le premier volume (*Droits primitifs*), en 2 part., a été publié en 15 cahiers, et va jusqu'à la page 1071. Le second (*Inventaire chronologique*), imprimé à Bruxelles en 1806, n'est pas achevé. Il n'en a paru que 16 livraisons, avec une table provisoire des noms des villes, villages, etc., qui se trouvent dans les six premiers cahiers.

M. Guigard, *Bibliothèque héraldique* n° 3109, cite, d'après l'ouvrage allemand de Chr.-S.-Theodor Bernd, *Amusemens généalogiques* (*par le comte J. de Saint-Genois*), Vienne, 1788, in-fol. C'est à tort que le même bibliographe attribue au comte de Saint-Genois des *Fragments généalogiques*, en 4 vol. in-12, qui sont d'un sieur Dumont, official de la Chambre des comptes, à Bruxelles, et ont 6 vol. — Voir le n° 2890 de notre table.

— MÉMOIRES généalogiques pour servir à l'histoire des familles des Pays-Bas, par le comte de Saint-Genois. *Amsterdam*, 1780-81, 2 vol. grand in-8. [28893]

Livre devenu rare, surtout à trouver complet. Au premier volume se trouve quelquefois ajouté : *Précis généalogique et historique de la maison de Carondelet*, 96 pp. et 1 f. avec les armes grav. 39 fr. Borluut ; 132 fr. Th. de Jonghe, en autre exempl. contenant de plus 18 feuilles d'un 3e vol., dont il n'a été tiré que quelques épreuves, 451 fr. même vente.

SAINT-GENOIS (le baron *Jules* de). Inventaire analytique des chartes des comtes de Flandre avant l'avénement des princes de la maison de Bourgogne, autrefois déposées au château de Rupelmonde, et conservées aujourd'hui aux archives de la Flandre orientale, précédé d'une notice historique sur l'ancienne trésorerie des chartes de Rupelmonde et suivi d'un glossaire, de notes et d'éclaircissements. *Gand, van Ryckegem-Hovare*, 1843-46, in-4. [25084]

Publié en 3 livraisons, dont la dernière contient les pp. 425 à 573, x pp. pour une nouvelle préface, qui doit remplacer la première, et 6 pl. représentant des sceaux.

— Catalogue des manuscrits de la bibliothèque de Gand, 31384.

SAINT-GERMAIN, ou les amours de Mme D. M. T. P. (de Montespan) avec quelques autres galanteries. (*sans lieu ni date*), pet. in-12 de 128 pp. [17287]

Ce livre contient, sous un autre titre, la *Lupanie* (voy. ce nom), roman satirique qui a aussi paru sous le titre d'*Alosie, ou les amours de Mad. de M. T. P.*, dans le recueil intitulé *Amours des dames illustres*, édition de 1680 (voy. AMOURS); toutefois l'épître dédicatoire a été supprimée, et à partir de la page 114 se trouvent des vers orduriers qui ne sont pas dans l'édit. primitive. L'exemplaire vend. 9 fr. chez La Valliere finissait par une réclame, et semblait appartenir à quelque recueil de pièces du même genre. Un autre exemplaire *non rogné* et rel. en *mar.* s'est vendu 21 fr. 50 c. Pixerécourt.

SAINT-GIR. Voy. GIRAULT (*Sim.*).

SAINT-GRAAL. Le roman du Saint-Graal, publié pour la première fois d'après un manuscrit de la Bibliothèque royale, par Francisque Michel. *Bordeaux, imprim. de Faye*, 1841, in-12. [13187]

Texte en vers, impr. à 300 exemplaires.

— Lhystoire du sainct greaal Qui est le premier liure de la table ronde lequel traicte de plusieurs matieres recreatiues. Ensemble la queste du dict sainct greaal. faicte par Lancelot, Galaad, Boors et Perceual, qui est le dernier liure de la table ronde, lesõlz liures ne furent iamais imprimez iusques a present. (à la fin du dernier f. recto): *Cy fine le derrenier volume de la queste du sainct greaal faisant mention de plusieurs merueilleuses aduētures faictes et mises a fin par les cõpaignons de la table ronde et principallement de par Galaad filz de Lancelot du lac, qui a este la derreniere branche de cestuy liure venue et yssue de la semence de Ioseph darimathie. Nouuellement imprime a Paris, par Iehan petit, Galiot du pre et Michel le noir libraires demourans a Paris le xxv. iour de Septembre mil cinq cens et seize*, 2 tom. en 1 vol. pet. in-fol. goth. à 2 col. fig. sur bois. [17007]

Parmi les romans appartenant à la classe de la Table ronde, celui-ci est un des plus rares et des plus recherchés. Le traducteur est nommé plusieurs fois dans le courant de l'ouvrage, mais avec des différences dans l'orthographe ; ainsi on lit Robert de *Besron* au f. 84, et Robert de *Bosron* au f. 109.

Au commencement de l'édition de 1516 sont quatre ff. contenant le titre, sur lequel se voit la marque de Mich. le Noir (voyez t. Ier, col. 1093) ; le privilége accordé pour trois ans à Galiot du Pré, en date de Paris, 27 janvier 1514, et la table des chapitres du premier volume. Ensuite vient le texte, f. 1—cxvi (pour cxxii). Le second volume a aussi 4 ff. préliminaires pour le titre et la table des chapitres. Le texte recommence au f. cxxiij, et continue jusqu'à ccxxxi, où finit l'ouvrage. Vend. 52 fr. Lauraguais ; 24 fr. La Valliere ; 17 liv. 17 sh. Roxburghe ;

11 liv. Hibbert; 32 liv. Hanrott; 49 liv. Heber; 1000 fr. *mar. v. doublé de mar.* d'Essling; 1550 fr. Ch. Giraud.

— Cest lhystoire du Sainct Greaal..... (au recto du dernier f.) : ...*Nouuellement imprime a Paris. Par Phelippe le noir ... Et fut acheue le .xxiiii. iour Doctobre Mil cinq cens vingt et troys*, 2 tom. en 1 vol. pet. in-fol. goth. à 2 col. fig. sur bois.

Édition non moins rare que la précédente, et presque également recherchée; elle se compose du même nombre de ff., disposés dans le même ordre; le dernier f. du texte du tome Ier y est aussi coté cxvi (pour cxxii), et la marque ci-dessus, au lieu d'être au recto du titre du premier volume, occupe le verso du dernier f. du tome second. Vend. 73 fr. *m. bl.* Gaignat; 48 fr. Belin; 36 fr. Bonnier; 12 liv. 12 sh. Heber; 433 fr. *m. r.* (mais lavé et avec des feuillets raccommodés) Crozet; 400 fr. *mar. n.* d'Essling.

— La Demanda del sancto Grial, con los maravillosos fechos de Lançarote y de Galaz su hijo. 1535. (au verso du 194° f.): *A qui se acaba el segundo y postero libro de la demanda del Sancto Grial con el baladro del famosissimo profeta y negromante Merlin, con sus profecias. Ay por consiguente todo el libro de la demanda del Sancto Grial en el qual se contiene el principio y fin de la tabla redonda y acabamiento y vidas de ciento y cinquenta cavalleros compañeros della. El qual fue empresso en la imperial cibdad de Toledo por Juan de Villaquiran. Acabose a diez dias del mes de octubre, Año... mill y quinientos y quinze años*, in-fol. goth.

Édition excessivement rare. Le texte commence au f. 2 et se termine au f. 194. Il est précédé d'un titre et de 8 ff. de table. L'exemplaire décrit dans la *Biblioth. heber.*, IX, n° 1369, n'a été vendu que 6 liv., parce qu'il y manquait un f. et que trois autres feuillets étaient endommagés.

Bien que l'exemplaire ici décrit porte la date de 1515 en toutes lettres, nous avions cru cette date fautive; mais elle doit pourtant être exacte, car, selon M. de Gayangos, il existe une édition de Séville, datée du 12 octobre 1535, en toutes lettres, et qui, comme celle de 1515, se compose de 194 ff. et de 8 ff. de table. Il y a une édition de cette dernière dans la bibliothèque du collége des avocats à Édimbourg (précédemment dans la collection du marquis d'Astorga). — Voy. l'art. ESCHENBACH.

SAINT-HILAIRE. La Découverte des nouveaux mondes, ou l'astrologue curieux, par le sieur de Saint-Hilaire (le P. Porphyre-Marie d'Aix, capucin). *Rouen, Barthelier*, 1667, in-12. [4355]

« Il n'existe peut-être qu'un exempl. de cet ouvrage; les supérieurs de l'auteur le firent supprimer à cause de l'idée de la pluralité des mondes qui s'y trouve développée ; il présente aussi l'idée des glo-

bes aérostatiques, et du magnétisme animal. » (*Dictionnaire des hommes illustres de la Provence*, Marseille, 1786, in-4., tome II, et Barbier, *Anonymes*, n° 3316.)

SAINT-HILAIRE (Geoffroy). Voy. GEOFFROY.

SAINT-HILAIRE (Jaume de). V. JAUME.

SAINT-HILAIRE (*François-César Prouvensal*, nommé vulgairement *Auguste* de). Flora Brasiliæ meridionalis auctoribus Augusto de St-Hilaire, Adriano de Jussieu, Jacobo Cambessedes. *Paris., A. Belin*, 1825-34, in-4. [5298]

Ouvrage non terminé. Il en a paru 24 livr., avec 192 planches gravées, formant 3 vol., dont le prix a été réduit à 150 fr., et l'in-fol. à 500 fr. chez J.-B. Baillière.

Les mêmes auteurs ont mis au jour :
> HISTOIRE des plantes les plus remarquables du Brésil et du Paraguay. *Paris, Belin*, 1824-26, in-4. fig. en 6 livraisons. 48 fr. ; — Pap. vél. 90 fr.
> PLANTES usuelles des Brasiliens. *Paris, Grimbert*, 1824-28, in-4. avec 70 pl.
> Ouvrage non terminé. 36 fr.

— VOYAGE dans les provinces de Rio de Janeiro et de Minas Geraes, dans le district des Diamans et sur le littoral du Brésil; suivi de notes sur quelques plantes caractéristiques, et d'un précis de l'histoire des révolutions de l'empire brésilien, par Auguste de Saint-Hilaire. *Paris, Gide*, 1830-33, 4 vol. in-8. 20 fr. [21108]

— Leçon de botanique, 4830.

SAINT-IGNY. Elemens de povrtraitvre ou la metode de representer & pourtraire toutes les parties du corps humain par le sieur de S. Igny. *A Paris, chez l'autheur...* (privilége daté de Lyon, 18 octobre 1630), in-8. [9189]

D'après la description détaillée qu'en a donnée M. Robert Dumesnil (VIII, pp. 176-188), ce livre doit être composé de quatre suites: 1° de celle dont on vient de lire le titre, et qui a 13 pièces; 2° de six pièces anonymes non chiffrées; 3° de 25 pièces, sous le titre d'*Elémens de povrtraitvre inuantée par le sieur de S. Igny*; 4° de 26 estampes numérotées 1 à 26, représentant des figures anatomiques, des figures d'enfants, etc., lesquelles ne paraissent pas être du même graveur que les deux premières suites. Dans le second tirage de la première, le nom et l'adresse de *François l'Anglois, dit Chartres*, ont été substitués sur le frontispice à l'adresse de l'auteur. Cette seconde édit. a, comme la première, 43 pp. avec 13 gravures dans le texte, et à la p. 21 une planche tirée à part, mais elle a de plus une grav. en regard du titre. Les épreuves du troisième recueil qui n'ont pas de numéros se rapportent à l'édition que vendait ce même artiste ; celles qui ont des chiffres appartiennent à l'édition de François Langlois. Un exemplaire du premier tirage, 79 fr. De Bure; un autre, 47 fr. Riva.

SAINT-JEAN. Voy. COSTUMES de la cour.

SAINT-JOSEPH (*Gilles* de). La Trompette

---

de l'Union, par Gilles de Saint-Joseph, solitaire en l'hermitage de St. Gerbold, au diocèse de Coustances, en la paroisse Grastot. *Coustances, Robert de Coquerel* (approbation en date du 25 août 1651), pet. in-4. non paginé.

Ce poëme divisé en quatrains est rare (Frère, *Manuel*, II, p. 110).
— Voir SAN JOSEPH.

SAINT-JULIEN de la maison de Balleure (*Pier.* de). Gemelles, ou pareilles, recueillies de divers auteurs, tant grecs, latins, que françois. *Lyon, Ch. Pesnot*, 1584, in-8. [31824]

Vend. 8 fr. mar. r. Méon, et quelquefois plus cher.

—Meslanges historiques et recueils de diverses matieres pour la pluspart paradoxalles, et neanmoins vrayes... *Lyon, Ben. Rigaud*, 1589, pet. in-8. [23309]

Recueil de dissertations curieuses, relatives à l'histoire de France. On y a réimpr. le *Discours et paradoxe de l'origine de Hugues Capet*, publié d'abord séparément à Paris, en 1585, et sous le titre de *Paradoxe*, 1586, in-8. — Voyez VIGNIER (*Nicolas*).

— De l'origine des Bourgongnons et antiquité des estats de Bourgongne, II livres; des antiquitez d'Autun, I livre; de Chalon, III livres; de Mascon, III livres; de l'abbaÿe et ville de Tournus, I livre. *Paris, Nic. Chesneau*, 1581-82, 4 part. en 1 vol. in-fol. [24521]

Vend. 17 fr. en 1841.
La *Bibliothèque de la France*, du P. Lelong, n° 28512, attribue à P. de Saint-Julien le DISCOURS par lequel il apparoistra que le royaume de France est électif et non héréditaire. (*sans lieu d'impression*), 1591, in-8. de 61 pp. Vend. en mar. r. et annoncé sous la date de 1571, 18 fr. Coste.
— INSTRUCTION de reprimer couroux, etc. Voy. l'article PLUTARQUE, ci-dessus, IV, col. 745.

SAINT-JUST (*Mérard* de). Voy. MÉRARD.

SAINT-JUST (*Antoine*). Fragmens sur les institutions républicaines, ouvrage posthume. *Paris, Fayolle* (vers 1800), in-8. de 88 pp. [3960]

Si l'on devait ajouter foi à l'anecdote rapportée dans les *Mélanges tirés d'une petite bibliothèque*, p. 319, cet opuscule auroit été publié par M. Briot de Besançon, qui, après en avoir fait tirer 300 exemplaires, les auroit livrés presque tous à un relieur; et celui-ci ayant fini par les mettre à la rame, ces fragments seraient devenus une véritable et insigne rareté; mais, il faut bien le dire, le bon Nodier était dans l'erreur, car cette pièce n'a jamais été rare, et même, à la mort du libraire Fayolle, il s'en est trouvé encore 75 exempl. qui furent achetés par Crozet, et vendus par lui au prix de 10 fr. pièce. Un exemplaire rel. en mar. r. a été payé 40 fr. à la vente Nodier en 1830. Ces fragments, tout à fait dignes

des grands réformateurs de notre époque, ont été réimpr. à Paris, en 1831, in-8., chez *Techener*.

— Organt, poëme en vingt chants (par Saint-Just). *Au Vatican* (*Paris*), 1789, 2 part. en 1 vol. in-18. [14156]

Poëme licencieux, dont les exempl. sont devenus peu communs : la clef des personnages est impr. à la fin du vol. Au moyen d'une note, fort hasardée, où il est dit que l'édition de ce poëme a été détruite par l'auteur, on est parvenu à tirer 29 fr. 50 c. de l'exemplaire (rel. en *basane*) de M. Pixerécourt. Celui de M. de Chateaugiron, quoique rel. en *mar. bl.*, n'avait été vendu que 7 fr. 40 c.; un troisième a encore été payé 13 fr. en 1839. — *Le Nouvel Organt*, impr. en 1792, a eu peu de succès.

SAINT-LAMBERT (*Ch.-Fr.* de). OEuvres philosophiques. *Paris, Agasse, an* VI et *an* IX (1801), 5 vol. in-8. 20 fr. [3480]

Au sujet de ce recueil dont fait partie le *Catéchisme universel*, nous rapporterons la note suivante extraite de la *Biogr. univers.*, tome XL, p. 65, au bas de la deuxième col. : « Outre les 5 vol. du *Catéchisme universel* (il fallait dire *des OEuvres philosophiques*), il existe de cet ouvrage un tome VI (*Paris, Agasse*, 1797, in-8. de 388 pp.) avec le faux titre : OEuvres philosophiques de Saint-Lambert. Ce volume (qui n'est point le 6e, puisqu'il a été imprimé avant les 5 autres), contient : 1° les treize articles que cet écrivain avait fournis à l'Encyclopédie (le premier est *Fantaisie*, et le dernier *Transfuge*); 2° son discours de réception à l'Académie française, avec la réponse de l'évêque de Limoges, et celle de Saint-Lambert au discours de réception de Vicq d'Azyr; 3° ses *Mémoires pour servir à la vie du maréchal de Beauvau* (p. 233-386). Madame de Beauvau ne voulant pas, en 1797, que l'on parlât d'elle ni en bien ni en mal, acheta et détruisit la totalité de l'édition de ce 6e vol. On croit (mais à tort) qu'il n'existe que trois ou quatre exempl. de cette rareté bibliographique. » Les 6 vol. 55 fr. 50 c. St-Mauris, en 1840, 60 fr. Baudelocque.

— Poésies. *Paris, de l'imprimerie de Didot l'aîné*, 1795, 2 vol. in-18, pap. vél. 6 fr.; — Gr. Pap., 12 fr.

— Les Saisons, poëme. *Amsterdam* (*Paris*), 1775, gr. in-8. fig. 5 à 6 fr. [14134]

Vend. en Gr. Pap. de Holl. et rel. en mar. r., 18 fr. 50 c. Labédoyère.
— LES SAISONS. *Paris, Didot jeune*, 1795, gr. in-8. pap. vél. fig. de Le Barbier. 5 à 6 fr.; — fig. avant la lettre, 6 à 7 fr.
— LES SAISONS. *Paris, imprim. de P. Didot l'aîné*, 1796, gr. in-4. fig. pap. vél. 12 à 15 fr.; — fig. avant la lettre, 20 à 25 fr.
Un exemplaire unique, imprimé sur VÉLIN, enrichi des dessins de Chaudet, 400 fr., vente du prince Michel Galitzin, en 1825.
— LES SAISONS. *Paris, Janet et Cotelle* (*imprimerie de J. Didot*), 1822, in-8., avec une vignette grav. par Roger, d'après Desenne, 4 fr.; — pap. d'Annonay, 5 fr.
Il y a des exemplaires en Gr. Pap. vél., vignette avant la lettre, avec ou sans l'eau-forte, 10 à 12 fr. Il en a aussi été tiré 4 sur des papiers de couleur, avec la gravure quadruple, savoir : avant la lettre, pap. de Chine, pap. de la couleur du volume et eau-forte.

SAINT-LONG. Voy. AMOURS de Colas.

SAINT-LOUIS (*Pierre* de). Voy. LOUIS.

Saint-Julien (*Ch.* de). Voyage pittoresque en Russie, 20399.

Saint-Jure (*J.-B.* de). Amour de J.-C., 1658. — L'homme spirituel, 1659; — religieux, 1660. — Livre des élus, 1660. — Vie de M. de Renti, 21929.

Saint-Léon. Sténochorégraphie, 10382.

SAINT-LUC (*Toussaint* Le Bigot, nommé en religion le P. Toussaint de). Histoire de Conan Meriadec, qui fait le premier règne de l'histoire générale des souverains de la Bretagne gauloise, ditte Armorique, avec la première partie des recherches générales de cette province. *Paris, Cl. Calleville*, 1664, pet. in-8. [24437]

Volume peu commun.

— Mémoires sur l'état du clergé et de la noblesse de Bretagne. *Paris*, 1691, 3 tom. en 2 vol. pet. in-8. fig. [28860]

Cet ouvrage, qui est très-recherché en Bretagne, était devenu rare (35 fr. Chateaugiron) ; mais on en a donné une réimpression en fac-simile, *Rennes, J.-M. Gauche*, 1858, en 2 vol. in-8. avec 103 pl. d'armoiries grav., 25 fr. Il n'en a été tiré que 200 exempl.

— Mémoires sur l'ordre de N.-D. du Mont-Carmel, 28765.

SAINT-MARTIN (*Michel* de). Moiens faciles et eprouvez dont M. de Lorme, premier médecin de trois de nos rois, s'est servi pour vivre près de cent ans, revu, corrigé et augmenté par l'auteur, de plusieurs chapitres ; seconde édition. *Caen, Marin Yvon*, 1683, pet. in-12. 6 à 9 fr. [7018]

Vend. 15 fr. Pixerécourt.

Ouvrage curieux et assez rare : à la fin de quelques exempl. se trouve une liste des livres que *Michel de Saint-Martin, ecuier, prêtre, seigneur de la Mare du desert... a fait imprimer à ses frais et donner à ses amis et autres, depuis trente-quatre ans qu'il s'est retiré à Caen.* La même liste est toujours dans la prem. édition des *Moiens faciles,* dont le titre porte : *Imprimé à Caen et se vend à Paris chez C. Blageart,* 1683, et qui est moins complète que la seconde.

— VOYAGE fait au Mont Saint-Michel par la confrairie de l'église de saint Pierre de Caen, etc. *Caen, Cl. Leblanc* (sans date), in-4. de 12 ff.

L'exemplaire de cette pièce, qui a été payé 18 fr. à la vente de Pluquet de Bayeux, portait la note suivante de cet amateur : « L'abbé de St-Martin, qui était roi du pèlerinage, est auteur de ce singulier ouvrage, dont je n'ai vu que ce seul exemplaire. »

— LE GOUVERNEMENT de Rome, où il est traité de la religion, de la justice et de la police. *Caen, Cavelier*, 1652 (ou *Caen, Cl. Leblanc,* 1659), pet. in-8.

— RELATION d'un voyage fait en Flandre, Brabant, Haynaut, Artois, Cambrésis, etc., en l'an 1661... où il est traité de la religion, de la justice, de la police, des universitez de Louvain et de Douay, des fortifications plus remarquables, des divertissemens publics et de ce qu'on y voit de plus considérable, par Michel de St-Martin, escuyer. *Caen*,

---

Saint-Marc (*M.* de). OEuvres, 19131.

Saint-Marc (Le Febvre de). Abrégé de l'histoire d'Italie, 25251.

Saint-Martin d'Arennes. Tables généalog., 28842.

Saint-Martin (l'abbé de). Établissements de Saint-Louis, 2632.

Saint-Martin (*L.-Cl.* de). Des Erreurs et de la vérité, 2207. — Dieu, l'homme et l'univers, 2208. — L'Esprit des choses, 2209. — L'Homme de désir, 2210. OEuvres posthumes, 2211. — Le Crocodile, 14125. — Correspondance inédite, 18851.

Saint-Martin (*A.-F.-C.* de). Rage, 7328.

Martin Yvon, 1667, pet. in-12 de 17 ff. prélim., 471 pp. et 15 ff. non chiffrés. [20264]

Rare comme le sont presque tous les écrits de l'auteur.

— TRAITÉ des images en bosse qui sont dans les places de Caen, où l'on voit plusieurs épitaphes des parens et amis de M. de Saint-Martin, autheur de ce traicté, la description de sa belle chapelle, de son cabinet doré et autres matières curieuses. *Caen, Jean Briard*, 1678, in-12 de 140 pp.

Il serait bien difficile de former, aujourd'hui, la collection de tous les ouvrages du seigneur de La Mare, dont il a lui-même donné la liste, ouvrages qui d'ailleurs n'ont d'intérêt que pour la ville de Caen.

C'est, comme on sait, le souvenir d'une mystification faite à l'auteur des ouvrages ci-dessus qui a donné lieu à une facétie de Ch.-Gabr. Porée, de l'Oratoire, publiée sous le nom de Censorinus Philalethes, et dont voici le titre : *La Mandarinade, ou histoire comique du mandarinat de l'abbé de Saint-Martin.* La Haye (Caen), Paupie, 1738, 3 part. en 2 vol. in-12. La première partie, qui a été réimpr. à Caen, en 1769, in-12, contient un long avertissement et la *Mandarinade ;* les deux autres renferment nombre de pièces en prose et en vers qui servent de preuves aux faits avancés dans la Mandarinade, ou qui se rapportent à l'abbé de Saint-Martin et à ses ouvrages.

SAINT-MARTIN (*M.-J.*). Mémoires histor. et géogr. sur l'Arménie, suivis du texte arménien de l'histoire des princes Orpélians, par Etienne Orpélian, archevêque de Siounie, et de celui des géographies attribuées à Moyse de Khoren et au docteur Vartan, le tout accompagné d'une traduction françoise et de notes explicatives (par de Saint-Martin). *Paris, Impr. roy.*,1818-19, 2 vol. gr. in-8. [28035]

Ouvrage recherché et dont l'édition est épuisée, 19 fr. 50 c. de Sancy. Il en a été tiré des exemplaires en papier vélin.

Les ouvrages suivants de M. J. Saint-Martin n'ont paru qu'après sa mort :

RECHERCHES sur l'histoire et la géographie de la Mesène et de la Characène. *Paris, Impr. roy.*, 1838, in-8. 5 fr.

HISTOIRE de l'Arménie, par le patriarche Jean VI, dit Jean Catholicos, trad. de l'arménien en françois. *Paris, Imprimerie roy.*, 1841, in-8. 7 fr. 50 c. [28035]

FRAGMENT d'une histoire des Arsacides, ouvrage posthume. *Paris, Imprimerie nation.*, 1850, 2 vol. in-8. avec 3 tableaux. 18 fr. [22764]

SAINT-MICHEL (le P. *Antoine* de). Le Triomphe de Malte, ou traicté de plusieurs beaux mystères concernant ce saint ordre, avec l'explication de toutes les cérémonies observées en la réception des chevaliers... le tout par un dialogue entre un docteur et un chevalier. *Lyon, L. Muguet*, 1628, in-12. 6 à 9 fr. [21983]

Volume peu commun. 28 fr. Bergeret.

SAINT-MORIS (de). Voy. VOYAGE pittoresque de Scandinavie.

Saint-Mauris (*Ch.-Em.-Polycarpe*, marquis de). Généalogie de sa maison, 28887.

Saint-Mauris (*Vict.*). Études sur l'ancienne Lorraine, 24888.

SAINT-NON (*J.-Cl.* Richard, abbé de). Voyage pittoresque ou description du royaume de Naples et de Sicile. *Paris, Lafosse,* 1781-86, 4 tom. en 5 vol., très-gr. in-fol. fig. [20223]

Ce livre est un des premiers beaux ouvrages de ce genre qui ait paru en France, et il a eu beaucoup de succès ; cependant il bien reconnu maintenant que si les nombreuses figures qui le décorent sont assez bien gravées, les dessins manquent d'exactitude. Voilà pourquoi ces grands volumes sont peu recherchés aujourd'hui, et se donnent pour environ 150 à 250 fr., après avoir été vendus jadis de 500 à 600 fr.

Un exempl. *m. r. dent.* fig. avant la lettre, 1300 fr., Clos ; un autre avec presque toutes les figures avant la lettre, les eaux-fortes, et 60 figures qui ne s'y trouvent pas ordinairement, 1650 fr. Le Gendre, en 1798 ; et en reliure fatiguée, 400 fr. Pixerécourt.

On ne connaît pas d'exemplaires dans lesquels les gravures de plans géométraux soient avant la lettre.

Dans son second catalogue des livres imprim. sur VÉLIN (III, n° 89), M. Van Praet a fait mention d'un exemplaire imprimé sur VÉLIN, enrichi des dessins originaux, que possédait M. de Laborde, et qui, à ce qu'il paraît, n'existe plus.

Il faut voir s'il se trouve à la page 52 du tome II une planche qui représente des *phallus* antiques ; et à la fin de la seconde partie du tome IV, si l'on a placé les 14 planches de médailles des anciennes villes de Sicile, que l'on appelle *doubles médailles.*

Description des cinq volumes.

Tome I : faux titre et titre, épître dédicatoire gravée, avant-propos, table, etc., p. I à XV ; texte, p. 1 à 252 ; les planches, au nombre de 47, dont 22 représentent deux suites, sont numérotées et rangées dans l'ordre suivant : n°⁸ 16, 17, 47, 48, 33, 41, 42, 40, 94, 60, 39, 57, 37, 15, 52, 89, 67, 92, 71, 70, 8, 20, 1, 9, 2, 10, 18, 26, 34, 56, 58, 66, 106, 30, 93, 31, 32, 35, 25, 64, 43, 44, 53, 117, 111, 103 et 102 ; il y a de plus une carte sans numéro ; deux autres cartes n°⁸ 118 et 110, et un plan n° 46. — Tome II : faux titre et titre, avant-propos et table des chapitres, p. I à XXVIII ; texte, p. 1 à 283 ; plus un feuillet marqué * entre les pp. 78 et 79, et 3 ff. supplémentaires entre les pp. 108 et 109 ; les planches sont au nombre de 83, savoir : 2 cartes, l'une n° 96, et l'autre sans numéro (placée p. 226) ; 81 estampes, dont 28 offrent 2 sujets. Voici l'ordre dans lequel elles sont rangées : n°⁸ 36, 30, 91, 61, 54, 62, 68, 38, 21, 22, 55, 100, 109, 99, 104, 65, 114, 115, 3 et 4, 13, 45, 101, 108, 107, planche sans numéro (*Phallus,* p. 52), 95, 28, 29, 1 à 8 *bis,* 73, 74, 75, 75 *bis,* 76 à 88, 72, 63, 69, 5, 7, 6, 112, 113, 105, 19, 59, 51, 27, 90, 49, 97, 14, 23, 50, 116, 123, 125 (marqué *bis*), 126, 124, 119 à 122. — Tome III : faux titre et titre, avant-propos, pp. I à IV ; discours préliminaire, pp. I à XL ; texte, pp. 1 à 201. On doit trouver entre les pp. 130 et 131 les cartons suivants : 1° 3 ff. chiffr. 1 à 6 ; 2° une feuille marquée * ; 3° 1 f. marqué ** ; 4° 8 ff. marqués 7 à 22. Les pl. sont chiffr. de 1 à 100, y compris 3 cartes ; il y a de plus, à la page 184, la carte théodosienne sans numéro. — Dans les premières épreuves, les pl. 87 et 88 du tome III sont marquées 15 et 24 *bis.* — Tome IV, 1ʳᵉ partie : faux titre et titre, 1 f. d'avant-propos marqué *, introduction, pp. I à XVIII ; texte, pp. 1 à 266 ; table des chapitres, 2 ff. marqués **. Les pl. sont chiffr. de 2 à 106 ; les n°⁸ 1, 39 et 81 sont des cartes. — Tome IV, 2ᵉ partie, contient : faux titre et titre, avant-propos sur une feuille marquée *, table des chapitres sur une demi-feuille ; texte, pp. 267 à 411 ; table des matières, pp. 412 à 429. Les pl. sont chiffr. de 107 à 140. Les 14 pl., dites *doubles médailles,* qui se placent aux pp. 372 à 411, sont les mêmes que celles qui se trouvent, comme

culs-de-lampe, à la fin de chacun des 14 chapitres du tome IV ; on les répète ainsi, afin de les placer à côté de leur explication. Nous n'indiquons pas les fleurons, vignettes et culs-de-lampe, parce qu'ils sont impr. avec le texte. — Chamfort est l'auteur du Précis historique sur Naples et la Sicile, qui fait partie du premier volume de cet ouvrage ; et c'est en grande partie à Denon qu'est due la description de la Sicile.

— VOYAGE pittoresque ou description des royaumes de Naples et de Sicile ; nouvelle édition, revue, corrigée, et à laquelle on a joint des notes historiques et géographiques. *Paris, Dufour,* 1829, 4 vol. in-8., et atlas en 3 part. in-fol., bas prix.

Cette réimpression contient les mêmes planches que l'édition en 5 vol. in-fol. On a joint à quelques exemplaires la notice sur Saint-Non par Brizard, tirée à 25 exemplaires.

— **Recueil de griffonis de vues, paysages, fragments antiques et sujets historiques, gravés à l'eau-forte et au lavis, au nombre de 296 pl. en 158 pièces, gr. in-fol. [5980]**

Collection médiocre et peu recherchée : 24 à 30 fr.; vend. 50 fr. Bozerian.

SAINT-PAUL (*François* de), pasteur de Genève. Discours brief et familier svr le fait de la seule vraye et ancienne religion. *Pour Estienne Martin, libraire demourant à Dieppe,* 1565, pet. in-8. carré de 111 pp. et 2 ff. prélim. [1936]

Ce discours, devenu fort rare, est décrit dans le Manuel de M. Frère, II, p. 498, d'après l'exemplaire appartenant à M. le comte d'Auffray, et avec lequel se trouvent reliées les trois pièces suivantes qui sont peut-être du même auteur, savoir :

L'Vsage de la religion chrestienne, ou les offices et devoir des chrestiens, auec vne briefue remonstrance sur l'impunité des contempteurs de Dieu. Dieppe, Estienne Martin, 1566, in-8. de 138 pp. plus 1 f. blanc au recto, et ayant au verso quelques versets des psaumes d'Ezechiel. En tête de l'ouvrage est une épître *aux fidelles de Dieppe,* en vers.

Brieue remonstrance sur la pernicieuse impunité des athéistes, épicuriens et libertins, et sur l'énormité dangereuse de ceux qui se reuoltent de la profession du pur Euangile. (sans lieu ni date), in-8. de 25 pp., plus l'errata et un f. au verso duquel est imprimé un verset de Timothée.

Brief discours sur l'empirement du monde, singulierement depuis que le Seigneur luy a esclairé de son pur Euuangile ; auec le souuerain remede pour s'en garentir, 1556, pet. in-8. de 36 pp.

Ces quatre pièces, qui se vendaient à Dieppe, n'ont pas été imprimées dans cette ville, où l'imprimerie ne fut introduite qu'à la fin du XVIᵉ siècle ; on suppose qu'elles sont sorties des presses de Jehan Petit ou de George Loyselet, à Rouen. Elles sont d'une jolie exécution.

SAINT-PERÉS. Voy. VRAI trésor.

SAINT-PIERRE (*Jacq.-Bernardin-Henri*

---

de). Ses Œuvres complètes, mises en ordre et précédées de la vie de l'auteur, par M. Louis-Aimé Martin. *Paris, Méquignon-Marvis*, 1818, 12 vol. in-8. fig. 36 à 48 fr., et plus en pap. vél. [19160]

Cette édition n'a répondu, ni pour le papier, ni pour les gravures, aux promesses des éditeurs. Il y a quelques exemplaires en Gr. raisin vél., avec fig. triples (eaux-fortes, épreuves noires et épreuves coloriées) : 120 à 150 fr.

Une édition en 19 vol. in-18 a paru chez le même libraire, en 1820, et avec de nouveaux titres à l'adresse d'*Aimé André*, en 1823. — Citons encore les éditions de *Paris, P. Dupont*, 1826, 12 vol. in-8. fig., dont il y a des exempl. en pap. cavalier vélin ; — de *Paris, Lequien fils*, 1830, 12 vol. in-8. ; — et celle de *Paris, Lefèvre*, 1833, 2 vol. gr. in-8. à 2 col. pap. vélin. (22 fr.). On peut joindre à ces différentes éditions la *Correspondance de Bern. de Saint-Pierre*, publiée par L.-Aimé Martin, avec des Mémoires de ce dernier sur la vie et les ouvrages de l'auteur, *Paris, Ladvocat*, 1826, 4 vol. in-8. Recueil d'un faible intérêt.

— ÉTUDES de la nature, nouv. édition, conforme à celle publiée par M. Aimé Martin. *Paris, Aimé André*, 1825, 5 vol. in-8., avec 13 pl. 15 à 18 fr., et plus en Gr. Pap. vél. [4480]

On a ajouté à cette édition : *Étude littéraire sur la partie historique du roman de Paul et Virginie*, par *P.-L. Lémontey*, morceau curieux, publié d'abord en 1823, in-8. et in-18.

Les Études de la nature parurent pour la première fois à *Paris, chez Didot jeune*, de 1784-92, en 5 vol. in-12. Elles ont été souvent réimpr., notamment, *Paris, Deterville*, an XII (1804), 5 vol. in-8. fig. en pap. ordin. et en pap. vél.; — chez *Lefèvre*, 1837, in-8., etc. — Les *Harmonies de la nature*, ouvrage posthume du même auteur, ont été publ. en 1815, par les soins de M. Aimé Martin, et forment 3 vol. in-8. et in-12. [4481]

— Paul et Virginie, édition augmentée d'un nouveau préambule. *Paris, de l'impr. de P. Didot l'aîné*, 1806, gr. in-4. pap. vél. [17246]

Cette édition, ornée de sept belles gravures d'après Prud'hon, Lafitte, Girodet, Gerard, Isabey père et Moreau jeune, a coûté aux souscripteurs 72 fr.; — avant la lettre 120 fr.; — avec figures peintes, 240 fr.; — tirée de format in-fol., 120 fr. — in-fol. avant la lettre, 168 fr. — in-fol. fig. color., 288 fr. Elle ne conserve pas le quart de ces prix beaucoup trop élevés. Le seul exemplaire que l'on ait tiré sur VÉLIN, 211 fr. Renouard.

Les six grands dessins faits pour cette édition, auxquels étaient réunis un grand nombre d'autres dessins plus petits faits pour les différents ouvrages de Saint-Pierre, sont décrits sous le n° 2039 du dernier catalogue Renouard, et le lot a été porté à 1510 fr. Il est à croire que le dessin de Prud'hon, à lui seul, a dû compter pour 1000 ou 1200 fr. dans cette enchère.

Avant cette édition in-4., la plus jolie était celle de *Paris, de l'imprimerie de Didot jeune*, 1789, in-18, avec quatre gravures d'après Moreau jeune, pap. vél. 4 à 6 fr., épreuves avant la lettre, 6 à 9 fr. Il en a été tiré plusieurs exemplaires sur VÉLIN, et l'un d'eux, avec les quatre fig. peintes, s'est vendu 207 fr. en 1841.

— PAUL ET VIRGINIE. *Paris, Deterville* et *Lefèvre*, 1819, in-18, avec 4 fig. pap. ordin. et pap. vél. Édition imprimée par P. Didot. Il en a été tiré deux exemplaires sur VÉLIN.

— PAUL ET VIRGINIE, suivi de la Chaumière indienne, du Café de Surate, du Voyage en Silésie, de l'Éloge de mon ami, et du Vieux Paysan polonais. *Paris, Méquignon-Marvis* (*imprimerie de Cellot*), 1823, in-8. fig.

Ce joli volume est orné de cinq gravures et d'une carte : 6 à 7 fr. — Gr. Pap. raisin vél., épreuves avant la lettre, 12 à 18 fr.; — épreuves avant la lettre sur pap. de Chine, 20 fr.; — épreuves avant la lettre sur pap. de Chine et eaux-fortes, 25 fr.

— PAUL ET VIRGINIE, suivi de la Chaumière indienne. *Paris, L. Janet* (*imprim. de J. Didot*), 1823, in-18, pap. jésus, avec 5 vignettes, 3 fr. — Pap. vél. 5 fr. — fig. avant la lettre, 6 fr.

— PAUL ET VIRGINIE, avec une notice sur la vie de l'auteur, écrite par lui-même. *Paris, Lefèvre* (*imprimerie de F. Didot*), 1828, in-18, avec un frontispice gravé et 3 vignettes de Corbould, 3 fr.; — Gr. Pap. vél. 6 fr.

— PAUL ET VIRGINIE, précédé de la même notice. *Paris, Werdet* et *Lequien fils*, 1828, gr. in-32, avec 2 vignettes. — LA CHAUMIÈRE INDIENNE, suivie du Café de Surate et autres opuscules. *Paris, Werdet*, 1828, gr. in-32, avec 2 vignettes.

— PAUL ET VIRGINIE. La Chaumière indienne. *Paris, L. Curmer*, 1838, gr. in-8. 40 à 50 fr.

Dans cette édition extraordinaire, qu'ILLUSTRENT cinq cents vignettes, gravures, portraits, etc., par Tony Johannot, le texte n'est guère qu'un accessoire ; car les pages les moins remplies ont autant de dessins que de lignes ; et il y a même telle page de ce grand in-8. qui ne contient que trois lignes composées chacune de trois mots. Les exemplaires tirés sur papier de Chine sont fort recherchés.

— PAUL ET VIRGINIE, suivi de la Chaumière indienne ; illustré d'un grand nombre de vignettes sur bois de Meissonnier, Français, Isabey, Tony Johannot, etc., de sept portr. gravés sur acier et d'une carte de l'île de France ; précédé d'une notice sur Bernardin de Saint-Pierre, par M. Sainte-Beuve ; nouvelle édition augmentée de la Flore de l'île de France. *Paris, Furne*, 1852, gr. in-8. 15 fr.

Il a paru à Paris, chez Walder, en 1856, une traduction arménienne de Paul et Virginie, in-8. et il y en a des exemplaires avec le texte français en regard.

Il existe une traduction italienne du même roman, impr. à *Paris*, en 1796, in-18, dont un exempl. sur VÉLIN a été vendu 40 fr. Chardin.

— PAUL ET VIRGINIE, la Chaumière indienne, le Café de Surate et le Voyage en Silésie, trad. en grec moderne, par M. Piccolos. *Paris, F. Didot*, 1841, in-8. 15 fr.

— LA CHAUMIÈRE indienne. *Paris, de l'imprimerie de Didot jeune*, 1791, in-18. pap. vél. fig. 2 à 3 fr. [17247]

Réimprimé avec le *Café de Surate* et le *Voyage en Silésie*, Paris, Didot l'aîné, 1808, in-18, pap. vél., et plusieurs fois avec *Paul et Virginie*.

— L'ARCADIE. *Paris, an II*, in-18.

Édition contrefaite, dont on a tiré 2 exemplaires sur VÉLIN : 40 fr. Chardin.

Ces deux morceaux font partie des *Études de la nature*.

Le *Voyage à l'isle de France et à l'isle de Bourbon, au cap de Bonne-Espérance, par un officier françois*, Paris, 1773, 2 vol. in-8. fig. [20927], ouvrage anonyme de Jacq.-Bern.-Henri de Saint-Pierre, était devenu rare ; mais il a été réimprimé dans la collection des œuvres de l'auteur.

SAINT-PREST. Voyez DUMONT (*Jean*).

SAINT-RÉAL (*César* Vichard de). Ses

OEuvres. *Paris, Nyon,* 1745, 3 vol. in-4.
10 à 12 fr.; — Gr. Pap. 12 à 15 fr. [19089]

L'édition d'*Amsterdam, Fr. L'Honoré,* 1740, 6 vol.
in-12, fig., est jolie, et l'on en recherche les beaux
exempl. : 12 à 20 fr. — celle de *Paris,* 1757, 8 vol.
pet. in-12, n'a qu'un prix inférieur.

— Conjurations des Espagnols contre la république de Venise, en l'année 1618
(anonyme). *Paris, Cl. Barbin,* 1674,
in-12. [25470]

Édition originale de cet ouvrage sur lequel est fondée
la réputation de l'auteur. 7 fr. 75 c. Walckenaer;
31 fr. *mar. r.* Giraud; 30 fr. *cuir de Russie,* Le
Chevalier, en 1857; 40 fr. *mar. bl.,* par Trautz,
Veinant.

— CONJURATION des Espagnols contre Venise, en
1618. *Paris, imprim. de Monsieur,* 1781, in-18.
2 à 3 fr. [25470]

Jolie édition dont il a été tiré 25 exemplaires sur pap.
de Hollande.

Réimprimé à *Londres, Dulau,* 1800, gr. in-8., pap.
vélin.

— LA MÊME, avec la Conjuration des Gracques, par
le même auteur. *Dijon, Causse, an* III (1795), pet.
in-fol. pap. vél.

Édition tirée à 65 exemplaires, dont 4 sur un pap. supérieur (très-bas prix). Il y a de plus 5 exemplaires
sur VÉLIN, dont un 60 fr. Renouard.

— LES DEUX MÊMES ouvrages. *Paris, Renouard,*
1803, in-12 et in-18. Prix ordinaire.

On a tiré un exemplaire de l'in-12 sur VÉLIN : 80 fr.
Renouard.

— OEUVRES choisies de Saint-Réal, précédées d'une
notice sur sa vie. *Paris, L. Janet (imprim. de P.
Didot),* 1819, in-8. 3 fr., et plus en pap. vél.

SAINT-SILVESTRE (*P.* de). Chefs-d'œuvre de l'art antique, avec un texte explicatif. *Paris, Parent-Desbarres,* 1860,
in-fol. de 96 pp. et 46 pl. [29262]

SAINT-SIMON (*Gaspard* de). Discours de
la guerre spirituelle d'entre l'ame raisonnable et les trois ennemis d'icelle, la
chair, le monde et le diable. *Paris, à
l'Olivier,* 1579, pet. in-12, 11 ff. prélim.,
texte ff. 1 à 114. [1335]

Le même auteur a donné *Le Chemin de la vertu et
des vices,* Paris, Olivier de Harsy, 1582, in-16 et
un *Traité de l'aumône et des œuvres de charité,*
Paris, Th. Brumen, 1583, in-16. Ces trois ouvrages
sont peu communs.

SAINT-SIMON (*Louis* de). Mémoires complets et authentiques du duc de Saint-
Simon, publiés pour la première fois sur
le manuscrit original entièrement écrit
de la main de l'auteur, par M. le marquis de Saint-Simon, pair de France.
Paris, Sautelet, 1829-31, 21 vol. in-8.
[23821]

Ces mémoires ont placé le duc de Saint-Simon parmi
nos grands écrivains, bien que le style en soit
souvent incorrect; les récits de l'auteur sont pleins
d'intérêt, et ses portraits sont tracés de main de

maître; mais il faut se défier des louanges qu'il prodigue à ses amis, et plus encore des accusations
passionnées qu'il dirige contre ses énnemis.

L'édition de 1829, quoiqu'elle ne soit pas entièrement
conforme au manuscrit de l'auteur, a eu un grand
succès, et le prix s'en était élevé à 200 fr. avant la
publication de celle dont voici le titre :

MÉMOIRES complets et authentiques du duc de
Saint-Simon sur le siècle de Louis XIV et la régence,
collationnés sur le manuscrit original par M. Che-
ruel, et précédés d'une notice par M. Sainte-Beuve.
Paris, L. Hachette et Cie, 1856-58, 20 vol. in-8.,
avec le portr. de l'auteur et un fac-simile de son
écriture : 80 fr.

Il a été tiré de cette bonne édition 100 exemplaires
en Gr. Pap. superfin collé, au prix de 20 fr. par
volume. Le dernier volume est terminé par une
table analytique des matières. Une édition, en
13 vol. gr. in-18, a paru en même temps que l'in-8.
26 fr.

Les précédentes éditions (de *Paris,* 1788-89, 7 vol.
in-8.; — *Strasb.,* 1791, 13 vol. in-8.; — *Paris,*
1818, 6 vol. in-8.), ne contenaient que des extraits
plus ou moins étendus de l'ouvrage. Celle de *Paris,
Delloye,* 1840, en 40 vol. gr. in-18, est conforme à
celle de 1829.

GALERIE des Mémoires du duc de Saint-Simon.
Collection de 180 portraits de personnages histor.
des XVIIe et XVIIIe siècles, extraits des antiquités du
palais de Versailles, et gravés sur acier. *Paris,
Hachette, Bossange,* 1858, in-8.

Cette suite est destinée à orner les différentes édit. des
Mémoires de Saint-Simon, de format in-8.; elle renferme les portraits de tous les personnages cités
dans la table alphabétique qui termine le 20e vol.
de l'édition éditée par la librairie Hachette. 50 fr.;
sur pap. de Chine, 80 fr.

— PROJET de gouvernement du duc de Bourgogne,
dauphin, mémoire attribué au duc de Saint-Simon,
et publié pour la première fois, d'après un manuscrit de la Bibliothèque impériale, par M. P. Mesnard. *Paris, L. Hachette et Cie,* 1861, in-8. de
CXIX et 291 pp. 6 fr.

SAINT-SIMON (le Mis de). Histoire de la
guerre des Alpes, ou campagne de 1744
par les armées combinées d'Espagne et
de France, commandées par l'Infant D.
Philippe et le prince de Conti. *Amsterdam,* 1769 et 1770, in-4. fig. 8 à 12 fr.;
— in-fol. 15 à 18 fr. [8730]

— HISTOIRE de la guerre des Bataves et des Romains, d'après César, Tacite, etc., rédigée par le
marquis de Saint-Simon, avec fig. grav. par Tempesta. *Amsterdam,* 1770, gr. in-fol. 10 à 12 fr.
[25133]

— Voy. NYCTOLOGUES.

SAINT-SORLIN. Voyez DESMARETS.

SAINT-THOMAS (*Fr.* de). La vray forme
de bien et heureusement regir et gouverner un royaume ou monarchie : ensemble le vray office d'un bon prince,
par Francoys de Saint-Thomas. *Lyon,
pour Jean Saugrain, commis (impr.
par Jean Marcorelle),* 1569, pet. in-8.
de 12 ff. prélim., 149 pp. et la table.
[3944]

Vendu 14 fr. Coste; 28 fr. rel. en vél., en 1861.

— Voy. CÉSAR renouvellé.

SAINT - VICTOR (*Jac. - Max. - Benj.*
Beinsse de). Tableau historique et pitto-

resque de Paris, depuis les Gaulois jusqu'à nos jours, par J.-B. de Saint-Victor ; seconde édition, revue, corrigée et
augmentée. *Paris, Ch. Gosselin,* 1822-
27, 4 tom. en 8 vol. in-8. et atlas in-4.
40 à 50 fr. [24138]

Il y a des exemplaires en Pap. Gr. raisin vél., avec
l'atlas sur pap. vél. fig. avec la lettre blanche : 60 à
80 fr.
La première édition, *Paris, Nicolle,* 1808-11, 3 vol.
gr. in-4. fig. : 50 à 60 fr.; et plus en pap. vél.

— Musée des antiques. Voy. MUSÉE.

SAINTE-ANNE (*Richard* de). Publication
des lettres du Bienheureux frere Richard
de Sainte-Anne, profès du couvent des
Recollects de Nivelles, respirante son
martyre : avec l'histoire de 104 Martyrs
de divers ordres religieux et de nouveaux
chrestiens au Japon. Le tout de mot a
mot hors des originaux au dit couvent
sans déguiser le langage, à fin qu'il paroisse que ce ne sont les plus sçavans,
moins les curieux de langage qui ont le
courage au Martyre. *Imprime au couvent des Recollects de Namur* (sans
date), in-12 de 47 pp. [21584]

Opuscule peu commun.

SAINTE-CLAIRE DEVILLE (*Ch.*).Voyage
géologique aux Antilles et aux îles de
Ténérif et de Foge. *Paris, Imprim. impér.,* gr. in-4. avec une belle carte
[4616]

En 1860, il paraissait 6 livr. de cet ouvrage, au prix de
12 fr. 50 c. chacune.

SAINTE-COLOMBE. Voyez MARTIAL de
Brives.

SAINTE-CROIX (*Guil.-Emman.-Joseph*
Guilhem de Clermont-Lodève de). L'E-
zour-Vedam, ou ancien commentaire du
Vedam, traduit du Samscretan par un
Brame, revu et publié avec des notes.
Yverdon, 1778, 2 vol. in-12. 5 à 6 fr.
[2250]

Vend. en pap. de Holl., 23 fr. Anquetil; 36 fr. d'Ourches, et moins depuis. Cet ouvrage est apocryphe.

— Examen critique des anciens historiens d'Alexandre le Grand, 2ᵉ édition. *Paris,* 1805 (ou avec un nouveau
titre daté de 1810), in-4. avec cartes. 12
à 15 fr. — Pap. vél. 20 à 25 fr. [22861]

La première édition de cet excellent ouvrage parut en
1775, in-4.; elle est beaucoup moins étendue que
celle-ci. Les exemplaires de la seconde, avec le
titre daté de 1810, ont une planche de plus que les
autres.

— RECHERCHES historiques et critiques sur les mys-

tères du Paganisme ; seconde édition revue et corrigée par le baron Silvestre de Sacy. *Paris, De
Bure,* 1817, 2 vol. in-8. 8 à 10 fr. — Pap. vél., 15
à 20 fr. [22582]

Cet ouvrage curieux parut d'abord sous le titre de
*Mémoires pour servir à l'histoire de la religion
secrète des anciens peuples,* Paris, 1784, in-8.
D'Ansse de Villoison, qui en fut l'éditeur, y avait fait
des additions considérables.

On a encore du même savant :

HISTOIRE des progrès de la puissance navale de
l'Angleterre. *Paris,* 1786, 2 vol. in-12. [27050]

DE l'ÉTAT et du sort des colonies des anciens
peuples. *Philadelphie (Paris),* 1779, in-8. 3 à 4 fr.
[22720]

DES ANCIENS gouvernemens fédératifs, et de la législation de Crète. *Paris,* 1799, in-8. 5 fr. [22870]

SAINTE-GARDE (Carel de). Voy. CAREL.

SAINTE-GEMME (*Pierre* de). La première
partie du grand Roy amoureux, dans laquelle est contenue la généalogie de la
race de Bourbon, et les louanges du
Roy et du comte de Soissons, auxquelles
sont joints les mérites de M. le chancelier, de Rhosny, et de Villeroy (en prose
et en vers). *Lyon, Carret,* 1603, in-12.
[23633]

Volume assez rare.

SAINTE-MARTHE (*Charles* de). La poésie francoise divisee en trois livres plus
un livre a ses amys. *Lyon, Le Prince,*
1540, pet. in-8. de 237 pp. en italique.
[13657]

Ce volume se trouve difficilement : 16 fr. 50 c. Labey ; 80 fr. mar. r. Crozet.

— Oraison funèbre de l'incomparable Marguerite, royne de Navarre ;... composee
en latin par Charles de Saincte-Marthe ;
et traduicte par luy en langue françoise,
plus epitaphes de ladicte dame, par aul-
cuns poètes françois..... *Paris, Regnault Chauldiere,* 1550, in-4. [12164]

18 fr. Monmerqué ; m. r. 51 fr. Giraud, et jusqu'à
251 fr. Solar.

Le texte latin de cette oraison funèbre et des épitaphes a été également impr. à *Paris, chez R. Chaudiere,* en 1550, in-4.

— Oraison funèbre sur le trespas de tres
illustre dame et princesse Francoise
d'Alençon, duchesse de Beaumont, etc.
Paris, Reg. Chaudiere, 1550, in-8.

11 fr. Monmerqué.

SAINTE-MARTHE (*Scévole* de). Opera latina et gallica, tum soluta oratione,
tum versu scripta. *Parisiis, Jac. Vil-
lery,* 1633, in-4. [12921]

Dans cette édition, les poésies latines d'Abel de Sainte-Marthe sont réunies aux ouvrages de son père, ce qui n'est pas dans les éditions des œuvres latines de ce dernier, *Paris, P. Durand*, 1616, in-8.

Ouvrages latins de Scévole de Sainte-Marthe.

PÆDOTROPHIÆ libri tres ad Henricum Galliæ et Poloniæ regem. *Lutetiæ, apud Mamertum Patissonium...* 1584, in-4. Prix ordinaire.

Belle édition de ce poëme en vers héroïques, qui a été souvent réimprimée. Elle se trouve assez ordinairement réunie à l'*Hieracosophion* de J.-A. de Thou, impr. dans la même année et par le même typographe. Il y a des exemplaires en Gr. Pap.

LA MANIÈRE de nourrir les enfants à la mamelle, trad. du latin par Abel de Scev. de Sainte-Marthe. *Paris*, 1698, in-8.

— SC. SAMMARTHANI poemata. *Lutetiæ, apud Mamertum Patissonium*, 1587, in-8. [12922]

— EJUSDEM poemata, recens aucta et in libros XV distributa. *Augustoriti-Pictonum, Joan. Blancetus*, 1596, in-8. [30554]

— GALLORUM doctrina illustrium, qui nostra patrumque floruerunt elogia. *Augustoriti-Pictonum, ex officina Blanceti*, 1602, pet. in-4.

Cette édition est en deux livres. La première de Poitiers, 1598, in-8., n'en a qu'un seul. Celle de *Poitiers, chez la Ve de J. Blancet*, 1606, in-12, est accompagnée de poésies lat. de l'auteur. L'ouvrage fait partie du recueil de ses œuvres, édit. de 1616 et de 1633, ci-dessus. Il a été réimprimé séparément, avec une préface et des notes de Christ.-Aug. Heumann, *Isenaci*, 1722, in-8. — Guil. Colletet en a donné une traduction française sous le titre d'*Eloges des hommes illustres qui ont fleuri en France dans la profession des lettres*. Paris, 1644, in-4.

Ouvrages français.

— Les premieres OEuvres de Scevole de Sainte-Marthe qui contiennent ses imitations et ses traductions recueillies de divers poëtes grecs et latins, le tout divisé en quatre livres, etc. *Paris, Feder. Morel*, 1569, in-8. 15 à 20 fr. [13857]

32 fr. mar. viol. Nodier ; 80 fr. Salmon.
L'édition de *Paris, Fed. Morel*, 1571, in-8., rel. en mar. vert par Trautz, 59 fr. Gancia.

— Les OEuvres poétiques du même. *Paris, Mamert Patisson*, 1579, in-4.

En Gr. Pap. mar. bl. 61 fr. Bertin ; 100 fr. Solar.
Réimpr. à *Poitiers, chez Jean Blanchet*, 1600, pet. in-8. ; 47 fr. 50 c. mar. v. d. de mar. Nodier; en v. m. 12 fr. Salmon.

— LA LOUANGE de la ville de Poitiers. *Poitiers*, 1573, pet. in-8.

SAINTE-MARTHE (*Scévole* et *Louis* de). Histoire généalogique de la maison de France, augmentée en cette édition des deux précédentes maisons royales, avec les illustres familles qui sortent des reines et des princesses du sang. *Paris, Cramoisy*, 1628, 2 vol. in-fol. [24013]

Cet ouvrage ne passe pas pour fort exact (27 fr. Bergeret). La première édition de 1619, in-4., ne traite que de la troisième race. Quant à la troisième édition, *revue et augmentée, Paris, Seb. Cramoisy*, 1647, 2 vol. in-fol., on n'y trouve pas les *illustres familles qui sortent des reines*, etc. Cette partie

qu'annonce le titre devait former un troisième volume qui n'a pas été donné.

— Histoire généalogique de la maison de Beauvau justifiée par tiltres, avec la figure des armes et leur blason. *Paris, Jean Laquehay*, 1626, in-fol. [28878]

Ce volume peu commun a été payé 103 fr. à la vente de M. de Martainville, mais il s'est donné plusieurs fois à des prix beaucoup moins élevés.

— Gallia christiana, qua series omnium archiepiscoporum, episcoporum et abbatum Franciæ vicinarumque ditionum, ab origine ecclesiarum ad nostra usque tempora per quatuor tomos deducitur. *Lutetiæ-Parisiorum, Joan. Guignard*, 1656, 4 vol. in-fol.

Première édition de cet important ouvrage rédigé par les deux frères Scévole et Louis de Sainte-Marthe, achevé et publié par Nic. de Sainte-Marthe, fils de Louis. Quoiqu'elle ait été entièrement effacée par l'édition suivante, elle doit être conservée parce qu'elle contient des parties qui manquent encore dans cette dernière. 101 fr. Libri-Carucci, et 50 fr. le même, en 1857.

— Gallia christiana, seu series omnium archiepiscoporum, episcoporum et abbatum Franciæ, etc., aucta opera et studio Dion. Sammarthani et aliorum monachorum ex ordine S. Benedicti. *Parisiis, e typ. reg.*, 1715-85, 13 vol. in-fol. [21410]

Cette collection est restée interrompue après la publication du 13e vol. Le 14e était sous la presse en 1789, mais on s'est arrêté à la seconde feuille, et ce n'est que depuis peu que ce vaste travail a été repris par un savant qui en a heureusement commencé et achevé à lui seul le 14e vol., ce qui lui a mérité le grand prix Gobert, au jugement de l'Académie des inscriptions et belles-lettres. Ce 14e vol. a pour titre :

GALLIA christiana... a monachis congregationis S. Mauri ad tertium decimum tomum opere perducto, tomum quartum decimum ubi provincia Turonensi agitur, condidit Bartholomæus Hauréau. *Parisiis, F. Didot*, in-fol. de 1592 pp. et une carte. 48 fr.

Ce volume, terminé en 1859, contient les douze diocèses qui composent la province ecclésiastique de Tours ; il faudrait encore plusieurs volumes pour achever entièrement l'ouvrage. Les treize premiers volumes, et surtout le treizième, se trouvent difficilement. L'ouvrage complet (sans le 14e vol.) 480 fr. Monmerqué ; 450 fr. Libri ; 490 fr. Léon Leclerc ; en v. éc. tr. d. 735 fr. Solar. — Il y a des exemplaires en Gr. Pap.

L'*État du clergé*, etc., Paris, 1774-75, 4 vol. in-8. [21415], ouvrage de l'abbé Hugues du Temps, est un abrégé des 4 premiers vol. de la *Gallia christiana*. Voir, sur cette grande collection, une note curieuse de l'abbé Boulliot, impr. sous le n° 20478 du *Dictionn. des anonymes* de Barbier.

SAINTE-MARTHE (*Abel*). Discours au roi sur le retablissement de la bibliotheque de Fontainebleau, 1668, in-4.

Cet opuscule n'est pas commun, mais l'auteur l'a fait réimprimer à la suite des Plaidoyers de Nic. de Corberon, son beau-père, et de ceux d'Abel de Sainte-Marthe, son père. *Paris*, 1693, in-4.

SAINTE - MARTHE (*Pierre - Scévole*).

Traité historique des armes de France et de Navarre, et de leur origine. *Paris, Lambert Roulland*, 1673, in-12. [28804]

Vendu 26 fr. Gilbert, et 4 fr. 50 c. seulement Bergeret.

— HISTOIRE généalogique de la maison de la Trémoille, tirée d'un manuscrit de Messieurs de Sainte-Marthe. *Paris, Sim. Piget*, 1668, in-12. 6 fr. 50 c. de Martainville. [28886]

SAINTE-PALAYE (de La Curne de). Mémoires sur l'ancienne chevalerie, considérée comme un établissement politique et militaire. *Paris, Duchesne*, 1759-81 (ou nouv. édit., *Paris*, 1781), 3 vol. in-12. 9 à 12 fr. [28718]

La première édition des tom. I et II est plus belle que la seconde.

— MÉMOIRES sur l'ancienne chevalerie. Nouvelle édition, avec une introduction et des notes historiques, par M. Ch. Nodier. *Paris, Girard*, 1826, 2 vol. in-8., avec 2 pl. color. 15 fr.—Pap. vél. 25 fr.

Ces mémoires très-curieux, et un autre bon mémoire sur Froissart, inséré dans le recueil de l'Académie des inscriptions et belles-lettres, sont les ouvrages les plus connus que nous ayons de Sainte-Palaye ; mais ce ne sont pas là les seuls titres qu'il ait à la reconnaissance des savants, car on lui est encore redevable, indépendamment de plusieurs autres mémoires, d'un recueil manuscrit en 40 vol. in-fol., dans lequel il avait déposé le fruit de près de cinquante années de recherches relatives aux antiquités de la France en général, et à notre ancien langage en particulier. C'est avec le secours de ces précieux matériaux qu'il se proposait de publier le *Glossaire françois*, dont il fit paraître, en 1756, le *projet* (brochure in-4. de 32 pages), et dont il abandonna depuis la rédaction à Georges-Jean Mouchet, savant laborieux, qui se chargea de mettre l'ouvrage au jour, sous le titre de *Glossaire de l'ancienne langue françoise, depuis son origine jusqu'au siècle de Louis XIV*, en 10 ou 12 vol. in-fol. Malheureusement l'impression de ce beau travail, commencée du vivant de Sainte-Palaye, et continuée depuis, n'a pas été conduite au delà du mot *Asseureté*, colonne 1470 ou page 735 du tome Ier ; mais ce fragment, dont par bonheur quelques exemplaires ont échappé à la destruction, fait juger trop avantageusement de l'ouvrage pour qu'on ne regrette pas vivement qu'il n'ait pas été achevé : 31 fr. 50 c. Heber ; 65 fr. Parison ; 56 fr. Léon Leclerc.

L'HISTOIRE des troubadours, publiée par l'abbé Millot, *Paris*, 1774, 3 vol. in-12, est tirée des Mémoires de Sainte-Palaye. [30569]

SAINCTE vie (la) et veritable legende de madame saincte Catherine, Vierge et martyre, et speciale amye de nostre seigneur et triumphe dhonneur fait a la memoire delle a Rome, le iour de sa feste xxv de decembre lan mil cinq centz XL. par les vierges et filles bourgeoises romaines. *Troyes, Jean Lecoq*, 1543, pet. in-8. goth. de 20 ff. [13586]

La Vie est en vers de 10 syllabes, et le Triomphe en prose : 8 fr. 5 c. m. r. La Valliere, et serait beaucoup plus cher aujourd'hui.

SAINCTE vie (la) et Legĕde du tres glorieux amy de Dieu Monseigneur Sainct Joseph espoux de la tressacree Vierge Marie ; ueue ꭓ diligentemĕt accordée par tres sciĕtifiques personnes expertz

en Theologie : Et consequĕment imprime, auec le service diceluy glorieux sainct..... (à la fin) : *Jmprime a Troyes chez Jehan Lecoq, lan mil cinq centz quarante trois*, pet. in-8. goth. de 44 ff. [327]

Ouvrage singulier, mêlé de prose et de vers : 9 fr. mar. r. La Valliere ; 20 fr. Lair ; 1 liv. 17 sh. Heber.

SAINTE (la) vie et les hauts faits de monseigneur saint Louis. *Paris, Rob. Ballard*, 1666, gr. in-8. [23365]

Vend. 10 fr. mar. r. Méon, et 30 fr. d'Ourches ; 40 fr. magnifique exemplaire m. bl. dent. Lamy. Le même ouvrage, sous le titre de *Vie de S. Louis*, (sans lieu ni date), in-8. fig., s'est vendu 21 fr. Monmerqué. Dans le catalogue de ce savant bibliophile, on rapporte, d'après le P. Lelong, que cette Vie a été imprimée en 1666 pour les maistres et gardes du corps des marchands merciers de Paris, sur un manuscrit ancien. L'auteur était contemporain de saint Louis ; il dit même à la page 164 de son livre qu'il était son filleul ; mais c'est à l'édition de Ballard que s'applique la note du P. Lelong. Les exemplaires dont le titre ne porte ni lieu ni date sont probablement ceux qui ont été tirés pour la corporation des merciers.

L'édition de *Paris*, 1684, pet. in-8., a la même valeur à peu près que celle de Ballard. 37 fr. mar. bl. tab. Delaleu ; 7 fr. v. br. A. Martin.

SAIX (du). Voy. DU SAIX.

SAJNOVICS (*Jo.*). Voy. SAINOVICS.

SALA di Malagigi (poema romanzesco, in ottava rima). In-4. [14729]

Édition très-rare de ce poëme ; elle est sans indication de lieu et sans date, mais les caractères paraissent être ceux dont se servait Azzoguidi à Bologne, vers 1471. Le volume commence par ce vers :

> *Splendor Superno di somo fatore*

et finit par ceux-ci :

> *Cossi e compiuta questa lizadra storia*
> *Di mal vi guardi lalto re di gloria.*

Panzer, IV, p. 186, cite une autre édition in-4. du même ouvrage, également sans lieu ni date, qu'il croit aussi impr. à Bologne, mais plus tard que la précédente ; on peut la distinguer par les deux derniers vers qui sont ainsi :

> *Di mal vi guardi lalto re di gloria*
> *Al vostro onore finita e questa storia.*

Cette édit., décrite par Panzer, ne doit pas être la même que celle que décrit M. Melzi, p. 49, sous le titre de *Sala de malagise e uãto di palladin*, in-4. de 6 ff. à 2 col., caract. rom., sans lieu ni date, mais impr. à Bologne vers la fin du XVe siècle, avec les caract. de *Plato de Benedictis*, et portant à la fin la marque de cet imprimeur.

— La sala di Malagigi. *A instantia di Bernardino ciurmatore*. (senz' anno), in-4.

Édition peu connue, exécutée dans le couvent de S. Jacques de Ripoli, et en société avec Lorenzo Veneto, de 1483 à 1484 (Melzi, 50).

—La sala di Malagigi. (*senz' alcuna data*), in-4. de 6 ff. à 2 col. de 36 lign.

Édition de la fin du XVe siècle ou du commencement du XVIe, en caract. rom. ; sur la première page, l'intitulé ci-dessus en une ligne, 1 vignette sur bois et 4 octaves. Au verso du dern. f., deux octaves, et ces mots : *Finita la sala di Malagigi*.
150 fr. *mar. r.* Libri, en 1847.

G. Melzi cite encore les édit. suivantes du même poëme :

1° *Sans lieu ni date* (vers 1500), in-4. de 4 ff. caract. demi-goth., avec une gravure sur bois au commencement, et à la fin : *Finita la Sala di Malagisi*.

2° Sous ce titre : *Questa sie la historia di Lucretia e Malagise. — impressum Mediolani per Antonium Parmensem Anno... M. CCCC. i. die ii. mensis Iunii*, in-4. de 4 ff., avec la marque de Jean Legnano.

3° La stessa, *impressa ad instantia di maestro Fracesco di Giouani Benuenuto*, in-4. de 6 ff. à 2 col. caract. ronds, avec le monogramme représentant un dragon et les initiales A. A., ce que l'on sait être la marque d'*Antonio Tubini* et d'*Andrea da Pistoia*, imprimeurs à Florence, au commencement du XVIe siècle.

Ces différentes éditions commencent comme la première que nous avons décrite. Ebert, 19891, en fait connaître une autre (sans lieu ni date), in-4. de 6 ff. à 2 col. de 36 lign. sign. A. finissant au 6e f. recto, 2e col., par les deux vers *da mal vi guardi...* (Il la croit imprimée à Florence, vers 1566.)

4° La stessa, *stampata in Firenze appresso Giovanni Baleni*, 1585, in-4. de 6 ff.

5° Sala di Malagigi. *Firenze alle scale della Badia*, 1616, in-4.

L'édition de 1606 (*Sienna, alla loggia del Papa*), in-4., et celle-ci, sont corrigées, et on y a changé deux octaves qui commencent :

Lettor gentile e giovanette belle.

Ces deux éditions se composent de 92 stances seulement, et non de 96, comme celles de Benedetti et de Benvenuto. Il y manque les 18e, 19e et 40e octaves, ainsi que les octaves 79 à 89. Ces dernières ont été remplacées par 9 strophes qui n'appartiennent point à ce poëme, mais qui sont extraites du *Morgante* de Pulci, XXVIIe chant, où elles forment les octaves 54 à 62 (Melzi, 52).

6° La stessa, nella quale si legge l'astuzie che egli usò per goder Lucrezia figliuola del lte Baldachino, composta per Andrea Piloto intagliatore. *In Fiorenza, al insegna della stella* (senz' anno), in-4. de 8 ff. à 2 col., y compris le titre.
Édition du XVIIe siècle. Chaque page contient 13 octaves et demie.

7° La stessa..... composta per Andrea Piloto intagliatore. *In Trevigi ed in Bassano per Gio. Antonio Remondini* (senz' anno), in-4.
Édition d'une exécution grossière, imprimée vers le milieu du XVIIe siècle. Elle ne contient, comme la précédente, que 93 octaves. L'une et l'autre présentent dans les premières octaves, et surtout dans la troisième, des variantes que G. Melzi a fait remarquer.
Le Quadrio, VI, p. 567, pense que ce poëme peut être de *Francesco Cieco fiorentino*, parce qu'il a été imprimé avec la *Descrizione delle Giostre fatte in Bologna nel 1470*, du même auteur (voyez CIECO); mais cela est fort douteux.

SALA (*Nicolò*). Regole del contrapunto pratico. *Napoli*, 1794, in-fol. [10174]

Production très-estimée et devenue rare; Alex. Choron en a fait usage dans l'ouvrage intitulé :

PRINCIPES de composition de l'école d'Italie, formés de la réunion des modèles de Sala, Martini et autres. *Paris*, 1809, 3 vol. in-fol. qui coûtaient 90 fr.; — Jésus vél., 135 fr.; — Gr. Colombier vél., 180 fr. [10175]

SALADE (la). Voy. LA SALE (*Ant.* de).

SALAM (*Abd*). Voyez JACKSON (*James*).

SALAMESCH ben Condogdi, arabice. (in fine) : *Romæ, ex typographia Dominichi Bassæ*, MDLXXXV, in-4. de 106 ff.

Ouvrage historique et arabe. L'édition est si rare qu'on en connaît seulement deux exemplaires : le premier à Florence, dans la Biblioth. laurent. ; le second faisant partie de la *Biblioteca naniana*, à Venise. Au bas du frontispice de ce livre se lit la souscription suivante, en arabe : *Imprimé a Roma-la-Grande par Robert Granion* (ou plutôt *Granjon*) *de Paris, en l'année* 1584 *de l'incarnation*. M. Silvestre de Sacy a donné des renseignements curieux sur cette rareté typographique, dans le *Magas. encycl.*, 1814, I, 192.

SALAS Barbadillo (*Alonso Geron.* de). Rimas castellanas a D. Juan Andres Hurtado de Mendoza. *Madrid, Viuda de Alonso Martin*, 1616, pet. in-8. [15252]

Réimprimé à *Madrid*, 1618, pet. in-8., titre gravé.
— LA SABIA flora malsabidilla. *Madrid*, *L. Sanchez*, 1621, pet. in-8., en vers. 7 fr. Gohier.
— EL CAVALLERO perfecto. *Madrid*, *Juan de la Cuesta*, 1620, pet. in-8. Ouvrage qui se trouve quelquefois réuni aux deux suivants :
   EL SUTIL Cordoves Pedro de Urdemalas. *Madrid*, 1620, pet. in-8. en prose et en vers.
   EL GALLARDO Escarraman, comedia. *Madrid*, 1620, pet. in-8.
— CORONAS del Parnaso, y Platos de las Musas. *Madrid*, impr. del Reino, 1635, pet. in-8.
En vers et en prose, avec une comédie en vers intitulée : *El galan tramposo y pobre*.
— FIESTAS de la boda de la incasable mal casada. *Madrid*, 1623, pet. in-8. 10 fr. Rætzel.
— DON DIEGO de Noche. *Barcelona*, *Estevan Liberos*, 1624, in-8.
— PATRONA de Madrid, restituida, poema heroyco. *Madrid*, 1750, pet. in-8. frontispice gravé.
Imprimé d'abord en 1620.

— La Hyja de Celestina, impressa por la diligencia y cuydado del Alferez Francisco de Segura. *Çaragoça, Biuda de Lucas Sanchez*, 1612, pet. in-12 allongé. [16780]

Édition rare et recherchée : 32 fr. *mar. bl.* Nodier, et en *mar. v.*, par Trautz, 181 fr. Solar. L'auteur y est nommé *Barnadillo* et non *Barbadillo*. Antonio en cite une de *Lerida*, *Luis Manescal*, 1612, in-12. Il y en a une autre de *Milan*, *J.-B. Bidelo*, 1616, pet. in-12. Vend. 12 fr. Gohier.
— LA INGENIOSA Elena hyja de Celestina, ilustrada y corregida. *Madrid*, *Juan de Herrera*, 1614, in-12.

Réimprimé à *Madrid*, 1737, pet. in-8.

— LA ESCUELA de Celestina, y el Hidalgo presumido. *Madrid, Andres de Porras*, 1620, pet. in-4.

— EL SAGAZ estatico murido examinado, comedia : autor Al.-Geron. de Salas Barbadillo. *Madrid; Juan de la Cuesta*, 1620, in-12. [16781]

Cette pièce a été imitée en français par un anonyme, sous ce titre :

LE MATOIS, mary, ou la courtizanne attrapée, comédie en prose, imitée d'un livre espagnol... et appropriée aux pratiques de Paris. *Paris, Pierre Billaine*, 1634, in-8. de 4 ff. et 278 pp.

Vend. 11 fr. de Soleinne ; 20 fr. Bertin.

Nic. Antonio cite plusieurs autres ouvrages de ce même auteur.

SALAS (Yague de). Voyez YAGUE.

SALAYA (*Sancho* de). Repertorio de tiempos y Kalendario. *Granada,* 1542, in-8. goth. avec des fig. sur bois. [8380]

19 sh. Libri, en 1859.

SALAZAR (*Pedro*). Coronica del emperador D. Carlos quinto, en la qual se trata la guerra que tuvo contra los rebeldes del imperio. *Sevilla,* 1552, in-fol. goth. [26046]

Vend. 30 fr. La Serna ; 9 sh. Heber.

— Hispania victrix, historia en la qual se cuentan muchas guerras succedidas entre christianos y infideles, asi en mar como en tierra, desde el año 1546-1565, con las guerras acontecidas en la Berberia entre el Xarife y los reyes de Marruecos, Fez y Velez, compuesta por Pedro de Salazar. *Medina del Campo, Vincente de Millis,* 1570, in-fol. [26062]

24 fr. La Serna ; 29 fr. De Bure.

Antonio, qui cite inexactement cette histoire sous la date de 1550, indique l'ouvrage suivant du même auteur :

HISTORIA de la guerra y presa de Africa, con la destruycion de la villa de Monazter y ysla del Gozo, y perdida de Tripol de Berberia. *Napoli,* 1552, in-fol. — Voyez HISTORIA.

SALAZAR de Mendoza (*Pedro*). Monarquía de España, escrita por el doctor D. Pedro Salazar de Mendoza ; publicala D. Barth. Ulloa. *Madrid, Ibarra,* 1770-71, 3 vol. pet. in-fol. 30 à 36 fr. [26063]

Ouvrage important pour l'histoire d'Espagne.

— Origen de las dignidades seglares de Castilla y Leon ; con relacion sumaria de los reyes de estos reynos, de sus acciones, casamientos, hijos, muertes, sepulturas, etc. *Toledo, Diego Rodriguez,* 1618, in-fol. [26113]

Réimpr. à *Madrid, impr. real,* 1657, in-fol., augmenté d'un *Resumen de las mercedes que su magestad ha hecho de marqueses y condes, desde el año de 1621 hasta fin del 1656* ; et de nouveau à *Madrid,* 1794, pet. in-4, fort épais.

Salazar (*Jo.-Tomayo* [de]). Martyrolog. hispan., 22043.

— Crónica de el gran cardenal de España, Don Pedro Gonçalez de Mendoça. *Toledo, en la imprenta de doña María Ortiz de Saravia,* 1625, in-fol. [26078]

Vend. 2 liv. 5 sh. *mar.* Heber, et en *vél.,* 3 sh. seulement, le même ; 15 fr. 50 c., *v. f.,* Sampayo.

— D. Juan Tavera, 26077.

SALAZAR (*Ambr.* de). Las Clavellinas de recreation : Les OEuillets de récréation. *Bruxelles, Pepermans,* 1626, in-12. [15246]

Imprimé d'abord à *Rouen, chez Adrien Morront,* 1614, in-12.

SALAZAR y Castro (*Luis* de). Historia genealogica de la casa de Silva. *Madrid, Melch. Alvares,* 1685, 2 vol. in-fol. [28918]

35 fr. 2e vente Quatremère.

— HISTORIA genealogica de la casa de Lara. *Madrid,* 1694-97, 4 vol. in-fol. [28919]

La maison de Lara a possédé le vicomté de Narbonne dès avant 1200 jusqu'en 1424, et a formé plusieurs branches en Languedoc, dont la dernière a été éteinte en 1705. (Guigard, *Bibliothèque hérald.,* n° 4122.)

— La casa de Farnes, 25351 ou 28905.

SALAZAR y Torres (D. *Augustin* de). Comedias. *Madrid, Ant. de Gonçalez de Reyes,* 1681 ou 1694, 2 vol. in-4. [16797]

Auteur assez distingué. La seconde partie de ses ouvrages a pour titre général : *Cythara de Apolo, loas, y comedias,* et se compose de deux tomes intitulés : *Varias poesias divinas y humanas* et *Loas y comedias, saca a luz J. de Vera Tasis y Villaroel.*

SALAZAR (Lobon de). Historia de fray Gerundio. Voyez ISLA (de).

SALDANHA (*Manoel* de). V. ESTATUTOS.

SALDENUS (*Guil.*). De libris variorque eorum usu et abusu libri duo. *Amstel.,* 1688, pet. in-8. 3 à 4 fr. [31132]

SALDIS (*Hermannus* de). Incipit speculum clarum nobile et pciosuz iporum sacerdotum in quo refulget et repsentatur aliqua vtilia speculada circa tria. baptismi. scz eucaristie. et penitentie sacramenta. — *Speculum..... editum maguntiez impssum feliciter finit,* in-4. goth. [1318]

Opuscule de 16 ff., sans chiffres, récl. ni signat., vend. 50 flor. Meerman. Fischer, qui l'attribue à Gutenberg, en a donné la description, avec un fac-simile du caractère. Voyez *Essai sur les monumens typographiques de Gutenberg,* p. 79.

SALE (*Flaminio* da). Fundamenti principali della lingua retica, o griggiona,..... all' uso di due delle principali valli della Rezia, cioe di Sopraselva e di Sorset, coll' aggiunta d' un vocabolario italiano e reto di due lingue romancie, fatica del P. Flaminio da Sale. *Stamp., nel principale monastero di Disentis, da F.-Ant. Binn,* 1729, pet. in-4. [11141]

Vend. 27 fr. Rémusat ; 35 fr. Klaproth.

SALE (*Georg.*). Voy. MAHOMET.

SALECETO (*Guil.* Placentinus de). Voy. SALICETO.

SALEL (*Hugues*). Les OEvvres de Hugues Salel, valet de chambre ordinaire du Roy, ïprimees par cōmandement dudict Seigneur. *Imprime à Paris pour Estienne Roffet, dit le faulcheur, Relieur du Roy & libraire en ceste ville de Paris, demourant sur le Pont s. Michel à Lanseigne* (sic) *de la Roze blanche.* (sans date), pet. in-8. de 64 ff. y compris le titre qui est dans un encadrement gr. sur bois. Le privilége qui se trouve au verso du titre est daté du 23 juin 1539. [13670]

Vend. 9 fr. A. Martin; 1 liv. 6 sh. Heber; 20 fr. 50 c. Labey; 71 fr. *mar. r.* Nodier; 345 fr. *mar. doublé de mar.* Bertin; 100 fr. *mar. v.* Veinant, et en *mar. v.* par Duru, 370 fr. Solar pour la bibliothèque impériale.

Réimprimées à *Lyon, Ben. Rigaud*, 1573, in-16.

On ne trouve ni dans l'une ni dans l'autre édition un ouvrage du même auteur, qui a pour titre :

DIALOGUE non moins utile que delectable, auquel sont introduits les dieux Jupiter et Cupidon disputant de leur puissance, et par fin un antidote et remede pour obvier aux dangiers amoureux, in-8., sans lieu d'impression, mais avec une épître dédicatoire datée de Lyon, 1538. — Voy. DUPRÉ.

— Voy. aussi HOMÈRE; MAGNY (*Olivier* de).

SALEMONIS (sic) ecclesie constantiensis episcopi glosse ex illustrissimis collecte auctoribus incipiunt feliciter. (*Augustæ, in monasterio SS. Uldarici et Afræ, circa* 1475), in-fol. [10854]

Cet ouvrage est un dictionnaire latin peu connu; il se compose de 286 ff. imprimés à 2 col. de 55 lignes, en lettres rondes, sans chiffres, récl. ni sign. Vend. 32 fr. d'Ourches. 35 fr. 2ᵉ vente Quatremère.

SALERNE (Eschole de). Voy. VILLANOVA.

SALERNE (*Franç.*). L'histoire naturelle éclaircie dans une de ses parties principales, l'ornithologie, traduite du latin de Ray. *Paris,* 1767, in-4. fig. [5744]

Les exemplaires ordinaires de ce livre sont à très-bas prix; mais on recherche encore un peu ceux dont les pl. sont coloriées : 37 fr. *mar. bl.* Caillard, et de 15 à 25 fr. Librairie De Bure.

SALES (S. *François* de). OEuvres complètes, publiées d'après les éditions les plus correctes, ornées de son portrait et d'un modèle de son écriture. *Paris, Blaise* (*imprim. de Didot aîné*), 1821-23, 14 vol. in-8. [1562]

Édition la plus belle, et jusqu'alors la plus complète. Il faut y réunir :

NOUVELLES lettres inédites du même saint, publ. par M. le ch. P.-L. Datta. *Ibid.*, 1835, 2 vol. in-8., et un vol. de tables, publ. par le libraire Blaise, en 1835, en même temps qu'une édition des œuvres, en 16 vol. in-8.

A l'édition de 1821, de laquelle il a été tiré des exemplaires sur pap. vél., on joint encore les articles suivants :

ESPRIT de S. François de Sales, extrait de divers écrits de Camus, évêque de Belley, par P. C. (Collot). *Paris, Blaise,* 1821, in-8. [1568]

VIE du même saint, par Marsollier. *Ibid.*, 1822, 2 vol. in-8.

LETTRES de sainte Chantal, édition augmentée de lettres inédites. *Paris, Blaise,* 1823, 2 vol. in-8.

Indépendamment de plusieurs éditions des œuvres du saint évêque de Genève, en 16 vol. in-8., il en a été donné une en 4 vol. gr. in-8.; et une autre augmentée des lettres de sainte Chantal, des lettres inédites de S. François de Sales. *Lyon et Paris, Périsse frères,* 1860, 5 vol. gr. in-8. à 2 col., avec un portrait et 6 pl. 50 fr.

Enfin une autre sous ce titre :

ŒUVRES complètes. Édition seule complète, exécutée d'après les manuscrits autographes possédés par les monastères de la Visitation, enrichie de nombreux opuscules inédits du saint prélat, ainsi que de documents et de notes multipliées, par M. l'abbé de Baudry; précédée de la vie du saint par Fr. Pérennès, etc.; suivie des œuvres complètes de sainte Chantal; publiée par l'abbé Migne. *Paris, Migne,* 1861-62, 8 vol. gr. in-8. à 2 col. 55 fr.

Les anciennes éditions des OEuvres de S. François de Sales sont celles de *Toulouse, Bosc,* 1637, 2 vol. in-fol.; — de *Paris, Cottinet,* 1641, 2 vol. in-fol., revues par le P. Nic. Talon; — de *Paris, Séb. Huré,* 1652 (aussi 1663), 2 vol. in-fol.

Le premier ouvrage publié par ce saint évêque a pour titre :

L'*Etendart de la sainte Croix,* Annecy, 1597, pet. in-8. Il a été réimpr. à *Paris, chez Rigaud,* en 1613, même format, sous cet autre titre : *Panthologie, ou Trésor précieux de la sainte Croix.*

— ORAISON funèbre sur le trespas de Philippe-Emmanuel de Lorraine, duc de Mercœur et de Pentheure, faicte et prononcée en la grande église de Nostre-Dame de Paris, le 27 avril 1602, par messire François de Sales, esleu euesque de Geneue. *Paris, Rolin Thierry,* 1602, pet. in-8.

— SERMON fait et prononcé par saint François de Sales le jour de l'Assomption de la sainte Vierge en 1602, en l'église paroissiale de Saint-Jean-en-Grève, dont l'original, écrit de sa propre main, se conserve dans un cadre de vermeil dans ladite paroisse. *Paris* (sans date), in-8. [1444]

Publié par F..., curé de Saint-Jean. 20 fr. 50 c. Monmerqué.

— **Introduction à la vie devote du bienheureux François de Sales.** *Paris, impr. roy. du Louvre,* 1641, in-fol. avec portrait gravé par Huret. [1562]

C'est la plus belle édition que l'on eût alors de cet ouvrage, si souvent réimprimé. 15 fr. De Buré; 160 fr. *mar. v., armes de la duchesse d'Aiguillon,* Giraud. La plus ancienne de toutes est celle de *Lyon, Pierre Rigaud,* 1608, in-8.

Un exemplaire de celle de *Paris, Imprim. royale,* 1651, in-8., fig., en *mar. r. dent.*, provenant de la reine Anne d'Autriche, avec le chiffre de cette princesse sur les plats, a été payé 605 fr. à la vente De Bure. Un exemplaire ordinaire ne vaut pas plus de 6 à 9 fr.

— INTRODVCTION à la vie dévote dv bien-hevreux François de Sales... reuueue par l'autheur auant son deceds, et augmentée de la maniere de dire deuotement le chapelet et bien seruir la Vierge Marie. Nouvelle édition, revue et corrigée par M. Silvestre de Sacy. *Paris, Techener,* 1855, gr. in-16, 8 fr. — pap. de Holl. 16 fr.

Bonne reproduction du texte primitif. — Impr. de nouveau en 1860, in-16 de LXXXVIII, et 777 pp., divisé en 2 vol., dont on a tiré aussi cent exemplaires sur pap. vergé de Hollande.

Salerno (*N.-M.*). Novelle, 17496.

— LA MÊME Introduction à la vie dévote, augmentée de la manière de dire dévotemènt le chapelet et de bien servir la messe. *Paris, Curmer*, 1856-58, 3 vol. gr. in-8.

Édition de luxe dont toutes les pages sont entourées de dessins au trait. Elle a été publiée en 67 livraisons, au prix de 1 fr. 50 c. chacune.

Le style de ce livre ayant beaucoup vieilli, le P. Brignon l'a rajeuni pour l'édition de Paris, 1709, in-12, et c'est ce dernier texte qui a été souvent réimprimé depuis ; mais aujourd'hui on préfère le texte primitif.

SAN FRANCES de Sales, Genevaco ipizpicauaren, *Philothea*, eta chapeletaren Andredena Mariaren ohoretan devocionerequin erraiteco Antcea. Silvain Pouvreau apeçac escaraz emana. *Parisen, chez Claude Audinet*, 1664, in-8. de 14 ff. prélim., 557 pages et 2 pour les approbations.

Traduct. basque de l'*Introduction à la vie dévote*; les exemplaires se trouvent difficilement. 80 fr. *mar. r.* Pressac.

L'auteur de cette traduction en a donné, dans la même langue, une de la *Doctrine chrétienne*, composée par le cardinal de Richelieu. *Paris, Jean Roger*, 1656, in-8. de 8 ff. prélim., 307 pp. chiffrées et 5 non chiffrées, et une autre du *Combat spirituel* de Lorant Scuopoli. *Paris*, 1665, in-12 (catal. Falconet, n° 11735).

Une meilleure traduction basque de l'*Introduction à la vie dévote*, est celle de Jean de Haraneder ; elle a paru sous ce titre : *Philotea, edo devocioneraco bide erakuscaillea...* Tolosan, Joan. Franses Robert... 1749, in-12 de XIV pp. prélim. et de 568 pp. y compris la table.

J. Haraneder est aussi l'auteur d'une traduct. basque du *Combat spirituel* (*Gudu izpirituala*), impr. à Toulouse, chez J.-Fr. Robert, en 1750, pet. in-12, avec les initiales du nom de l'auteur sur le titre.
— Réimpr. à Bayonne, chez L.-M. Cluzeau, en 1827, in-24.

Les autres ouvrages de S. François de Sales, qui ont été le plus souvent réimprimés, sont :

LE TRAITÉ DE L'AMOUR DE DIEU, *Lyon, P. Rigaud*, 1616, in-12, ou 1617, in-8. [1566], qui est regardé comme le chef-d'œuvre de l'auteur. On en a un abrégé en style moderne, par Tricalet, *Paris*, 1756, in-12.

LES EPISTRES SPIRITUELLES, quatrième édition, revue, corrigée et augmentée, *Lyon, Vincent de Cœursilly*, 1632, 2 vol. in-8. La première édition de Lyon, in-8., a une approbation datée de 1625 ; elle ne contient que 529 lettres, mais les éditions plus récentes ont été successivement augmentées. Celle de 1821 n'a pas moins de 881 lettres. [1564]

SERMONS, seconde édition. *Paris*, 1643, in-4. [1445]

SALES (*Ch.-Aug.* de). Le Pourpris historique de la maison de Sales de Thorenc en Genevois, commencé sur un traict oriental de quatre cents pieds, par Ch. Auguste de Sales, évêque et prince de Genève. *Annecy, Jac. Clerc*, 1659, in-4. [28904]

Livre singulier est assez rare : 20 fr. catalogue Potier, 1860, n° 2949. L'auteur était neveu de S. François de Sales, dont il a écrit la vie sous le titre de *De Vita et rebus gestis... Francisci Salesii, episcopi et principis, libri X*, Lugduni, 1634, in-8., et l'a traduite en français sous celui d'*Histoire du bienheureux François de Sales*, Lyon, 1634, in-4.

Le même évêque, n'ayant encore que vingt ans, a fait imprimer des poésies latines ayant pour titre : *Præcociorum Quasillus*, anno M.DC.XXVII, pet. in-4., sans nom de lieu, mais publié à Lyon. Il a fait paraître depuis l'*Oraison funèbre de la mère de Chantal*, prononcée en 1642, et impr. à An-

necy en 1644 ; l'*Oraison funèbre du duc de Genevois*, 1659, et plusieurs autres ouvrages.

SALES (Delisle de). Voyez DELISLE DE SALES.

SALESBURY (*Wyllyam*). A dictionary in Englyshe and Welshe : whereynto is prefixed a little treatyse of the englyshe pronunciation of the letters... moche necessary to all suche Welshemen as will spedely learne the englishe tongue. *London, by John Waley* (1547), in-4. sign. A—C et A—S. [11352]

Livre rare, qui a été présenté au roi Henry VIII. Vend. 7 liv. 7 sh. Maddison, en 1809 ; 11 liv. 15 sh. Inglis ; 6 liv. 18 sh. Dent.

— A PLAYNE and a familiar introduction teaching how to pronounce the letters in the Brytishe tongue now commonly called Welshe set forth by W. Salesbury 1550, and now augmented by the same. *London, H. Denham for Humfrey Toy*, 1567, in-4.

SALEUR (*Jacques*). La Clef ducalle de la maison de Lorraine... avec un catalogue des saincts et sainctes de Lorraine, etc. *Nancy, Anthoine et Charlot*, 1663, pet. in-fol. [24891]

Ce volume assez rare est curieux pour la généalogie de la maison de Lorraine. 40 fr. de Martainville. Après la table des matières il doit se trouver : *L'explication de l'écu de Lorraine* ; *Généalogie des rois d'Austrasie* ; *Généalogie des comtes de Barcelone, des sirs de Joinville et de Vaucouleur* ; *Question apologétique au censeur* ; en tout 136 pp.

SALGADO de Somaza (*Fr.*). Tractatus de supplicatione ad sanctissimum a bullis et litteris apostolicis nequam et importune impetratis in perniciem reipublicæ, regni, aut regis, aut juris tertii præjudicium, et de earum retentione interim in senatu. *Matriti, Man. de Quiñones*, 1639, in-fol. [3211]

Édition rare, la première de cet ouvrage, et qui n'a pas éprouvé les mutilations qu'on dit exister dans celles de Lyon, 1664 et 1758, in-fol. Elle a été vend. 34 flor. 50 c. Meerman, sans avoir cette valeur.

SALIAT. Declamation contenant la maniere de bien instruire les enfans des leur commencement auec vng petit traicte de la ciuilite puerile et honneste. Le tout translate nouuellement du latin en francoys, par Pierre Saliat. *On les vend à Paris en la maison de Simon Colines*, M.D.XXXVII, pet. in-8. de VI et 73 ff. [3885 ou 3898]

Ce petit livre curieux et rare n'est porté qu'à 20 deniers dans le catal. de H. Estienne. Il a été vendu 20 fr. du Roure, en 1849, et serait plus cher aujourd'hui. C'est par erreur que Maittaire, et d'après lui Panzer, l'ont annoncé sous la date de 1527 ; mais le marquis du Roure l'a exactement décrit dans ses *Analecta Biblion*, I, p. 333, où il en a donné

Salgues (*J.-B.*). Erreurs, 3733. — Mémoires, 23977.
Salianus (*Jac.*). Annales Vet. Testamenti, 21350.

une courte analyse. Du Verdier, III, p. 344, en cite
une autre édition sous le titre suivant :

L'ENTRÉE de jeunesse en la maison d'honneur,
déclamation contenant la mànière de bien instruire les enfans..... *Lyon, Olivier Arnoullet,*
1538, in-16.

Saliat n'a pas nommé l'auteur dont il a fait passer
l'ouvrage dans notre langue. Ne serait-ce pas Jac.
Sadolet, de qui l'on a effectivement un traité intitulé : *De Liberis recte instituendis*, impr. d'abord
à Lyon, chez Gryphius, en 1533 ; ensuite à Paris,
chez Sim. Colines, en 1534, et plusieurs fois depuis ?
Quant au petit *Traité de civilité puérile et honneste*, qui fait partie de ce livre, c'est le premier
de ce genre qui ait paru en français (voy. CIVILITÉ).
Nous présumons que c'est une traduction du traité
d'Erasme (voy. notre 2ᵉ vol., col. 1036) : *De ciuili-
tate morum puerilium*, imprimé à Bâle, en 1530,
qui a été souvent réimprimé. Ajoutons qu'un autre
traité du même genre, versifié en latin, sur les préceptes de S. Jean Chrysostôme et d'Erasme, porte
le titre suivant :

DE DISCIPLINA et institutionum puerorum, Othonis Brunsfelij paranesis, *Antuerpiæ, apud Martinum Cæsarem,* 1529, *mense Martio,* in-8. de
32 pp., lettres ital., et a été réimpr. *Coloniæ, apud
Joannem Ruremundanum,* anno 1541, in-8. de
30 pp. non chiffrées.

SALICETUS placentinus (*Gulielmus*).
Liber Magistri Gulielmi Placentini de
saleceto In scientia medicinali & specialiter perfectis incipit : qui summa con-
seruationis & curatiõis appellatur et sic
incipit... (à la fin) : Explicit opus magr̃i
gulielmi placentini de saleceto ĩ scia
medicinali qđ s̃uma curationis et cõsua-
tionis appellat. *Placetie impressum ad
exemplar originalis ipsi' magri gulielmi Anno...* M. cccc. lxxvi. in-fol.
signat. a—n par 5, excepté g qui est
par 4 ; puis :a—:d par 5, :e par 4, :f
par 3, in-fol. [6613]

Ce volume rare réunit deux traités qui ne doivent
pas être séparés (puisque les signatures se suivent)
comme l'a fait Hain sous les nᵒˢ 14144 et 14146 en
donnant au premier traité la date de 1475. Le second traité commence au feuillet :gi , de cette
manière : Incipit Cyrvgia (sic) magistri Gulielmi d'
saleceto placétini. (à la fin) : *Explicit opus... ĩ cy-
rugia.... ĩpressum.... anno* M. CCCC. LXXVI. *Die
xxv Maii.* Signat. :g par 4, :h et :i par 5, :k par 4,
:l par 3, :m par 4. [7463]

La Bibliothèque impériale possède deux exemplaires
de cette édition dont l'un a les capitales et les majuscules ajoutées à la main.

Il existe une édition du premier ouvrage faite à Venise, en 1490, *die vuj mensis Maii,* in-fol. de 177 ff.
à 2 col. de 72 lig. et, selon Hain, nᵒ 14149 , une
des deux ouvrages réunis, *Venetiis, per Octavium
Scotum,* 1489, in-fol. Le second ouvrage a paru
d'abord en italien, et Panzer l'indique sous ce titre :
*La Ciroxia de Maistro Guilielmo di Piaxenca
vulgarmente fatta ;* c'est un in-fol. à la fin duquel
se lit : *Impressa per Maistro de Piero nel gianni
del signore* M. CCCC. LXXIIII, etc. Un exemplaire
rel. en vél. 6 liv. 3 sh. Libri, en 1859.

—GUILELMO vulgar in Cirurgia. (In fine) : *Qui finisse
la cirurgia di maestro Guielmo da Piacenza
divisa in cinque libri vulgarmente. Impressa in
la inclita cita di Venesia, neli anno del nostro
signor,* 1504, *Adi xxvj de Aprile,* in-fol.

La meilleure édition que l'on ait du texte latin de
Guil. Salicet est celle qui fait partie du Recueil de
chirurgiens anciens (*Ars chirurgica*), imprimé à
Venise, chez les Juntes, en 1546, in-fol.

— La cyrurgie de maistre Guillaume de
Salicet dit de Placentia, trad. du latin,
par honorable homme maistre Nicole
Prevost, docteur en medecine. *Lyon,
maistre Mathieu Huss,* 1492, *le xxᵉ
jour de novembre,* in-4. goth.

Bien qu'elle soit très-rare, cette édition n'a été vendue
que 10 fr. Andry. — Une autre de *Paris, Guill. de
Marnef,* 1505, in-4. goth., est portée dans le catal.
de Falconet, nᵒ 7446, et dans celui de Dezeimeris,
nᵒ 915. — Celle de *Paris, Fr. Regnault,* in-4.
goth, sans date, dans le catal. de Hallé, nᵒ 1482.

— De salute corporis. Voy. II , col. 283,
article HOMERI ilias.

SALIER (le P. *Jacq.*). V. CACOCEPHALUS.

SALIGNAC (*Bertrand* de). Le siége de
Metz, en l'an M. D. LII. *Paris, Ch. Estienne,* 1552, pet. in-4. de 88 ff., avec
un plan de Metz. [24874]

Vend. 7 fr. Méon ; 73 fr., 4ᵉ vente Quatremère, et
en *mar. br.* 127 fr. Solar.

Un exemplaire imprimé sur VÉLIN, *m. r.*, 12 fr. de
Selle ; 73 fr. La Valliere ; 240 fr. Mac-Carthy ; un
autre, avec les armes de Gontaut-Biron, 1000 fr.
Hebbelynck.

Réimpr. à Metz, chez P. Collignon, 1665, in-4., avec
un plan de Metz et des environs, par Sébastien Le
Clerc. Réimprimé encore dans le recueil suivant :

JOURNAL du siège de Metz, en 1552. Documents
relatifs à l'organisation de l'armée de l'empereur
Charles-Quint et à ses travaux devant cette place.
— Description des médailles frappées à l'occasion
de la levée du siége. Recueillis et publiés par
M.-F.-M. Chabert. *Metz, Rousseau-Pallez,* 1856,
in-4. de XXIV et 155 pp. avec 3 pl.

L'ouvrage suivant trouve naturellement sa place ici :

BRIEF discours du siége de Metz, en Lorraine,
avec la figure de l'assiette de la ville, et parti
de la campagne, du cours des rivieres, et des lieux
auxquelz camperent les imperialistes, traduit de l'italien en françois par Hubert Philippe, dit de Villiers,
Lyon, Thib. Payen et Philibert Rollet, 1553, in-4.
[24875]

Le texte italien de cet opuscule, qui a paru à Lyon
chez les mêmes libraires, en 1553, in-4., est probablement celui qui a pour titre : *Metz diffesa da
Francesco da Lorena duca di Ghiza ,* Firenze,
Onofrio, 1553, in-4., et à Lyon, en 1553, in-4., chez
les mêmes libraires qui vendaient la traduction
ci-dessus. — Il existe une réimpression de la version française, *Metz, Lecouteux,* 1846, in-12, tirée
à 60 exemplaires seulement, ainsi que les écrits
suivants relatifs au même siége, et impr. à Metz,
en 1847.

EPHEMERIDES du siege et saillyes de Metz, par
Y. L. Des Chagnatz, in-12, imprimé à la suite de la
Chronique de la ville de Metz (voir la col. 1871 de
notre premier volume).

EXTRAIT de Jean Carion sur le siège de Metz,
en 1552, in-18.

RELATION du siege de Metz, en 1552, par Ambroise Paré, in-18.

Citons encore :

LE DISCOURS de la guerre de Metz, en Lorraine,
contenant les assaux et alarmes faitz par l'Empereur, avec la defense et victoire des Francois...
une chanson à la fin, faite par un soudart estant à
Metz. *Lyon, T. Payen,* 1553, in-8. (Bibliothèque
impériale).

— Voyage du roy (Henri II) au Pays-Bas
de l'empereur en l'an MDLIIII, brefve-
ment récité par lettres missives que Ber-

nard de Salignac escripvoit du camp du
roy à M⟨gr⟩ le cardinal de Ferrare. *Paris,
Ch. Estienne,* 1554, in-4. de 30 ff.,
signat. A—G.

Vendu 23 flor. Butsch, et 88 fr. *rel.* par Capé, en *mar.
bl.* Solar.

Réimpr. à Rouen, chez Le Megissier, en 1555, in-8.

SALIGNAC-Fénelon. Voy. FÉNELON.

SALIGNACO (*Bartholomæus* a). Itinerarium terræ sanctæ : in ibique sacrorum
locorum : ac rerum clarissima descriptio.
*Lugduni, in ædibus Gilberti de Vil-
liers,* 1525, in-8. goth., avec figures sur
bois. [20524]

Vend. 19 sh. *mar.* Heber ; 30 fr. en 1836 ; 39 fr. 50 c.
Eyriès ; 71 fr. *mar. r.* 4⟨e⟩ vente Quatremère, et
38 fr., quoique taché, en 1860.

Volume de 79 ff., dont les neuf derniers ne sont pas
chiffrés ; il est rare, mais l'ouvrage a été réimprimé
avec celui de Brochard ou Brocard, moine allemand
du XIII⟨e⟩ siècle, sous le titre suivant :

BROCHARDI descriptio terræ sanctæ... et Bartholomæi de Saligniaco itinerarium hierosolymitanum,
edit. cura et studio Reineri Reineccii. *Magdeburgi,*
1587, pet. in-4.

SALIIS (*Hier.* de). Voy. ARTICELLA.

SALINA (*Fr.*). De musica libri VII, in
quibus ejus doctrinæ veritas, tam quæ
ad harmoniam, quam quæ ad rhythmum
pertinet, juxta sensus et rationis judicium
ostenditur et demonstratur. *Salmanticæ, Gastius,* 1577, in-fol. fig. [10151]

Ouvrage rare et estimé : 19 fr. Boisgelou ; 12 fr. salle.
Silvestre, en 1806 ; 2 liv. 4 sh. et 1 liv. 10 sh. Heber. L'édition de 1592, in-fol., a la même valeur
que la première.

SALISBURY (*Rich.-Antonio*). Prodromus
stirpium in horto ad Chapel Allerton
vigentium. *Londini,* 1796, in-8. de VIII
et 422 pp. [5339]

Imprimé pour l'auteur, et non destiné au commerce.
Vend. 1 liv. 2 sh. Hibbert.

— Paradisus londinensis, containing coloured figures of plants cultivated in the
vicinity of the metropolis, by Hooker,
with descriptions by R.-A. Salisbury.
London, 1806-7, in-4. fig. color. [5186]

Il n'a paru de cet ouvrage que le 1⟨er⟩ volume, avec
70 pl., et la prem. partie du 2⟨e⟩ vol., contenant les
pl. 71 à 117 seulement, quoiqu'on y trouve les
explications des pl. 118 à 122. Vend. 2 liv. 7 sh.
Hibbert. Lowndes l'annonce en 40 numéros, et il
cite l'ouvrage suivant du même botaniste :

ICONES stirpium rariorum, descriptionibus illustratæ. *Londini,* 1791, in-fol. de 20 pp. et 10 pl.

SALISBURY (*William*). Hortus siccus
gramineus ; or, a collection of dried specimens of british grapes, with botanical illustration. *London, Harding,* 1812,
in-fol. 3 liv. 3 sh. [5425]

SALLAIRE (*B.* de). Les Plaintes du Grand

Turc au roy. Ensemble sa iustification
touchant ce qui s'est passé entre les
François et les Anglois. Traduit de langue Turque en François par Baltazar de
Sallaire Provençal truchement de l'Ambassadeur du Grand Turc. *A Lyon,
pour François Yvrard.* M. DC. XX., in-8.
de 15 pp. chiffr.

Cette pièce existe aussi sous ce titre : *Plaintes et
justifications du Grand Turc... Paris, jouxte la
copie impr. à Poictiers par P. Poyrier,* 1620,
in-8.

SALLE ou Sale (de La). Voy. LA SALE.

SALLENGRE (*Alb.-Henri* de). Histoire
de Pierre de Montmaur. *La Haye,*
1715, 2 vol. pet. in-8. fig. 4 à 6 fr.
[18420]

Vend. en Gr. Pap., 14 fr. Méon ; 30 fr. *mar. bl.*
Caillard.

— Voyez MÉMOIRES de littérature.

— Novus thesaurus antiquitatum romanarum, congestus ab Alb.-Henr. de Sallengre. *Hagæ-Comit.,* 1716, 3 vol. in-
fol. fig. 30 à 36 fr. — Gr. Pap., 36 à
48 fr. [29160]

Ces trois vol. font suite aux Antiquités romaines de
Grævius (voy. GRÆVIUS).

— JOURNAL littéraire. Voy. l'article JOURNAUX à la
fin de notre dernier volume.

SALLIER (*Claude*). Voyez CATALOGUS
bibliothecæ regiæ.

SALLO (*Denys* de). Journal des Savans.
Voyez l'article des JOURNAUX, à la fin
de notre dernier volume.

SALLUSTIUS philosophus, De diis et
mundo (gr. et lat.). Leo Allatius nunc
primus e tenebris eruit et latine vertit.
Romæ, Mascardus, 1638, in-12. [3413]

Édition peu commune. On trouve ordinairement
dans le même volume :

DEMOPHILI, Democratis et Secundi Sententiæ
morales, gr. et lat., ex versione Lucæ Holstenii.
Romæ, 1638, in-12. Les deux tomes : 5 à 7 fr.

Les deux parties ont été réimprimées à *Leyde,* chez
J. Maire, en 1639, pet. in-12 ; et cette réimpression
se trouve facilement : 3 à 4 fr.

— Idem opus, juxta exemplar Romæ impressum. *Cantabr., ex offic. J. Hayes,
impensis J. Creed,* 1670, in-8. de 46 pp.

Simple réimpression de l'édition de Rome, avec quelques notes de Th. Gale, pp. 43 à 46. C'est un opuscule rare, mais qui a été reproduit, mot pour mot,
dans les *Opuscula mythologica* (voy. OPUSCULA).

— Salustii, philosophi, libellus de diis et
mundo, gr. et lat., emendatius edidit,
Lucæ Holstenii et Th. Galei annotatio-

Salis (*Gaudenz* von). Gedichte, 15596.

Sallé (*Cl.*). Abbaye de S. André-aux-Bois, 21802.
Sallentin de l'Oise, l'improvisateur, 18528.
Sattler (*Guy-Marie*). Introduction à l'histoire de la
révolution française, et Annales françaises, 23916.
Sallusti (*Gius.*). Missioni apostol. dello stato del
Chile, 21595.

nibus integris, Formeii autem selectis aliorumque et suis, necnon locis e scriptis Platonicorum excerptis illustravit J.-Corn. Orellius. *Turici, Orell*, 1821, pet. in-8. de XVI et 210 pp. pap. vélin. 6 fr.

TRAITÉ des dieux et du monde, traduit du grec, avec (le texte et) des réflexions philosophiques et critiques (par J.-H. Sam. Formey). *Berlin*, 1748, pet. in-8. 3 à 5 fr. — Réimpr. à *Paris, chez Patris*, 1796, in-12.

SALLUST on the gods and the world, and the Pythagoric sentences of Demophylus, translated from the greek, and five hymns by Proclus, in the original greek, with a poetical version (by Th. Taylor). *London, Jeffrey*, 1793, in-8. 6 fr.

SALLUSTIUS Crispus (*Caius*). Bellum Catilinarium et Jugurthinum. — *Explicit* M. CCCC. LXX (*Venetiis, Vindelinus de Spira*), gr. in-4. de 71 ff. non chiffrés, à 30 lignes par page. [22890]

Quoiqu'elle ait été tirée à 400 exemplaires, cette édition est devenue très-rare, et elle est beaucoup plus belle que l'édition suivante, laquelle, portant la même date, peut disputer à celle-ci la qualification de première édition de Salluste. Vend. 185 fr. m. r. Gaignat; 14 liv. 3 sh. Askew; 165 flor. Crevenna; 20 liv. 10 sh. Sykes.

Le volume commence par cette ligne du texte des Catilinaires, impr. en lettres capitales : (O)*mnis homines*, et il finit au recto du 71e et dernier f. par la date (M. C. C. C. L. X. X.), suivie d'une souscription de six vers, dont voici les premiers mots :

Qui cupis ignotum Iugurthe...

Selon Dibdin, *Bibliomania*, p. 424, un exempl. de cette édition, imprimé sur VÉLIN, serait conservé dans la bibliothèque du château de Blenheim.

— Sallustius. 1470, gr. in-4. de 55 ff. non chiffrés, à 34 lignes par page.

Autre édition très-précieuse, dans laquelle on reconnaît les caractères qui, plus tard, ont servi à un *Servius* sur Virgile, impr. à Milan, en 1475, sans nom d'imprimeur ; elle commence ainsi :

C. SALVSTII CRISPI DE CONIVRA-TIONE CATILINE. PROEMIVM.

et elle finit au verso du 55e et dernier f., qui n'a que 32 lignes, de cette manière :

LAUS . DEO.
M. CCCC. LXX.

Vend. 92 fr. mar. r. Gaignat; 50 flor. Rover ; et susceptible d'une plus haute valeur.

— Sallustius. — *Explicit*. M. CCCC. LXXI. (*Venetiis, Vindelinus de Spira*), in-fol. ou gr. in-4. de 60 ff., à 32 lign. par page.

Édition encore très-rare, qui commence aussi sans intitulé, par le texte de Salluste : (O)MNIS HOMINES Qui sese. La souscription *Qui cupis ignotum*, etc., est au verso du 63e f., et elle est suivie de 6 ff., contenant trois opuscules dont le premier a pour intitulé : *Crispi Sallustii oratoris clarissimi vita*, On lit au verso du dernier f. la date M. CCCC. LXXI.

— Sallustius. (*circa* 1473), in-fol., lettres rondes.

Cette édition, sans lieu ni date, et aussi sans chiffres, récl. ni signat., est de la plus grande rareté. Elle se compose de 58 ff., dont les pages entières portent 34 lign. ; le texte commence au recto du 1er f. sans intitulé. La Conjuration de Catilina finit au recto du 20e f., par ces mots :

In catilinam salustius finit

La Guerre de Jugurtha commence au recto du f. suivant, et on lit à la fin :

In Iugurtham Salustius Finit Feliciter :
A. :. R. :.

Maittaire a cru, mais sans fondement, que ces deux lettres désignaient *Adam Rot* : la vérité est qu'on ne sait encore de quel imprimeur elles sont le monogramme. Voy. cependant ci-devant, t. III, col. 735, article LACTANTIUS.

— Caii Crispi Salustii, de Lucii Catilinæ coniuratione liber fœliciter incipit. (*absque nota*), in-4.

Ancienne édition, à longues lignes, au nombre de 23 sur les pages entières, sans chiffres, récl. ni signat.; les caractères sont ceux que Udalric Gering, Martin Crantz et Friburger ont employés à Paris, au commencement de leur établissement, de 1470 à 1471. Vend. 230 fr. mar. r. La Valliere ; 176 fr. en octobre 1825.

Il y a des exemplaires de cette même édition, dont le premier f. a été réimpr., et porte pour intitulé : *Caii Crispi Salustii, nobilissimi ciuis ac consularis romani, de Lucii Catilinæ coniuratione liber, fœliciter incipit.*

Le volume a 105 ff., y compris le 36e tout blanc, qui se trouve entre la Conjuration de Catilina et la Guerre de Jugurtha. La souscription de huit vers, qui est au bas du dernier feuillet recto, commence ainsi :

Nunc parat arma.....

Ces vers font allusion aux préparatifs de guerre que Louis XI faisait à la fin de l'année 1470, et indiquent ainsi la date de l'impression.

Un exemplaire imprimé sur VÉLIN se conserve à la Bibliothèque impériale.

Pour une édition de Salluste, avec le nom de Gering, voy. ci-dessous, à la suite de l'édition de 1479.

— Caij Crispi Sallustij, de Lucij Catiline conjuratione liber felicit. incipit. (in fine) : *C. Crispi Sallustij de bello Jugurthino liber feliciter finit.* (en suite) : *de morte Jugurthe disticon*, in-fol. goth. de 60 ff.

Édition très-ancienne, à longues lignes, au nombre de 33 ou 34 sur les pages entières, sans chiffres, récl. ni signat. ; mêmes caractères que dans le *Speculum vitæ humanæ*, impr. en 1475, par Martin Flachen, de Strasbourg. Vend. 230 fr. m, r. La Valliere ; 170 fr. Brienne-Laire ; 21 fr. bel exempl., en 1811 ; 18 liv. 5 sh. Sykes, et un exempl. médiocre, 1 liv. 3 sh. Heber.

— Historiæ de conjuratione Catilinæ et de bello Jugurthino. *Venetiis fuere impressa : ductu et impensa Johañis Colonie agripinēsis : necnon Johañis manthen de gherretshem.... anno* M. CCCC. *lxxiiij, die xxiij Martij*, pet. in-fol. ou gr. in-4. de 75 ff. non chiffr. à 32 lign. par page.

Édition non moins rare que les précédentes; elle commence par le texte de l'auteur sans aucun intitulé (MNIS HOMINES QVI). La Conjuration de Catilina finit au verso du 21e f., et la Guerre de Jugurtha au verso du 63e, après quoi est la souscription, suivie de 12 ff. qui contiennent la vie de Salluste, et les *Invectivæ* de Salluste, de Cicéron et de Catilina. Vend. 5 liv. 15 sh. Pinelli; 260 fr. Brienne-Laire; 60 fr. Costabili.

— Crispi Salvstii de Conivratione Catilinae Liber Incipit, 1474, pet. in-fol.

Cette édition rare a en tout 67 ff. à 35 lign. par page, en caractères ronds. La Conjuration de Catilina finit au verso du 20ᵉ f.; il y a ensuite 1 f. blanc. La Guerre de Jugurtha commence au recto du 22ᵉ f., sans intitulé, et finit au verso du 60ᵉ : le 61ᵉ est blanc. La vie de Salluste, son Invective contre Cicéron, et la réponse de ce dernier occupent 6 autres ff., et se terminent au recto du 67ᵉ par cette ligne :

FINIS M. CCCC. LXXIIII.

— Libri de Bello Catilinario et Jugurtino : acced. quarta invectiva M. T. Ciceronis in Lucium Catilinam. (absque nota), pet. in-4. de 118 ff., caract. presque ronds, in-4.

Édition bien exécutée et très-rare, sans signat., chiffres ni récl.; les pages entières ont 24, 25 et quelquefois jusqu'à 26 lign.; les caractères sont les mêmes que ceux du Manipulus curatorum, impr. en 1473 par Pierre de Cæsaris et J. Stoll. Le premier feuillet commence ainsi : Caii Crispi Salustii, de bello Catilinario liber incipit. Cette partie finit au verso du 28ᵉ par huit vers latins. Le livre De bello jugurtino commence avec le feuillet suivant, et se termine au recto du 86ᵉ où se lisent 14 autres vers; les 32 derniers feuillets sont occupés par les Invectivæ Ciceronis, terminées ainsi :

Et in hoc finitur quarta invectiva Marci Tullii Ciceronis in Lucili Catilinam.

Vend. 100 fr. m. v. Brienne-Laire.

La Bibliothèque impériale possède un opuscule de 11 ff. imprimé avec les mêmes caractères et de même justification que le livre précédent, auquel il semble devoir faire suite. Ce morceau commence ainsi :

Caii Crispi Salustii in M. Tullium inuectiua incipit,

et il finit au verso du dernier f., qui a 24 lignes, par les deux suivantes :

dcat confiteri; Inuectiuarum Finis.

La Biblioth. spencer., II, p. 328 et suiv., décrit une autre édition de Salluste, in-4., impr. aussi avec les caractères de P. de Cæsaris et J. Stoll, sans chiffres, réclames ni signatures, laquelle contient 101 ff. et a 24 lignes par page; la Conjuration de Catilina commence ainsi : Caii Crispi Salustii, de Lucii Catiline coniuratione liber feliciter incipit. Cette partie occupe 31 ff., et la Guerre de Jugurtha 61 ff. Le restant du vol. contient les Invectivæ Tullii Ciceronis, et les répliques; le tout finissant par ces mots : Inuectiuarum finis.

— De Catilinæ conjuratione et de bello Jugurthino. Mediolani, per Ant. Zarotum Parmensem, 1474, die 4 Augusti, pet. in-fol. ou gr. in-4.

Vend. 4 liv. 15 sh. Pinelli.

61 ff. non chiffrés, à 32 lign. par page, en beaux çaractères ronds. La souscription est au recto du dernier feuillet. Le premier commence ainsi :

Salustii Crispi Historici clarissimi de Catilīæ Cōiuratione Liber.

— Sallustii Bellum Catilinarium et Jugurthinum. — Explicit..... per me Eustaciũ gallum Brixiæ fœliciter impssus,

die xxvi Augusti M. CCCC. LXXV, pet. in-fol. avec des signatures à l'angle inférieur des marges.

Édition en beaux caractères ronds, contenant 54 ff. non chiffrés à 35 lign. par page. La première commence ainsi (en une ligne) :

C. Salvstii Crispi de coniuratione Catilinæ proemiũ.

M. Lechi fait mention, d'après Mauro Boni, d'une édition de Salluste, in-4, qui porterait la souscription : Brixiæ, Th. Ferrando auctore.

— Sallustius. (absque loci et typogr. nomine), 1475, pet. in-fol. de 86 ff. à 32 lign. par page (Bibliothèque impériale).

L'imprimeur anonyme de cette édition rare est le même qui a donné, à Milan, en 1475, le Servius in Virgilium, et en 1477 le Dictys Cretensis. Le Salluste commence par cette ligne, en capitales : mnis homines qui se se. La Guerre de Jugurtha commence au recto du 20ᵉ f.; au recto du 56ᵉ se lit Explicit M. CCCC. LXX. V., suivi des deux vers : Qui cupis ignotũ Iugurthæ...; 30 autres feuillets contiennent : la vie de Salluste; Invectivæ in Ciceronem; Responsio Cicer. (partie de 6 ff. terminée par la date); Invectivæ IV in Catilinam. On lit au verso du dernier feuillet ces mots formant cinq lignes en capit. Explicivnt invectivæ. | M. T. C. qvatvor. | in catilinam. | fœliciter. | finis.

— Bellum Catilinarium et Jugurthinum. Vita Sallustii. Invectiva in Ciceronem et Ciceronis in illum. Oratio Lucii Catilinæ responsiva in Marcum Tullium Ciceronem. — Hec Crispi Salustii opera q̃ optime emendata Valentiæ impressa, anno M. CCCC. LXXV, die xiii Julii (per Alonsum Fernandez de Cordova et Lambertum Pulmart) finiunt feliciter, pet. in-4.

Édition en caractères romains, sans chiffres, récl. ni signat. C'est un des plus anciens livres impr. dans le royaume de Valence, et l'on n'en cite que deux exemplaires, l'un dans la Bibliothèque royale de Madrid (décrit par Mendez, p. 61); l'autre dans celle de Barberini, à Rome (décrit par Caballero, p. 5). Dans ce volume précieux la Conjuration de Catilina commence sans aucun intitulé, et elle occupe 61 pp. La Guerre de Jugurtha remplit 161 pp., que termine la souscription ci-dessus; ensuite viennent la vie de Salluste, l'Invective de cet historien, celle de Cicéron et la réponse de Catilina.

— Sallustius. — Hæc Crispi Salustii opera q̃ optime emendata Mediolani fuere impressa : ductu & impensa Philippi Lauanii Anno... M.CCCC.LXXVI quinto kl'as. Decembres, gr. in-4. de 68 ff. à 35 lign. par page, avec signat.; le registre des cahiers est au verso du dernier feuillet.

— Sallustius. — Hæc..... Mediolani fuere impressa ductu et impensa magistri Iacobi Marliani, anno M.CCCC.LXXVII. vigessimo secundo kalendas decembres, in-fol.

— Sallustius. — finis. Opera & impēsa magistri Philippi petri : magna cũ diligētia : atq̃ arte impressi anno dñi. Millesimo. cccc lxx viii die xx Iu-

nii... pet. in-fol. de 51 ff. à 36 lign. par page, caractères romains, avec signat.

Vend. 15 sh. Pinelli.

Hain, *Repertorium*, n° 14187, décrit une édition de Salluste, in-fol. sans lieu ni date, mais qui, pour le nombre des feuillets et celui des lignes, paraît se rapporter à celle de 1478, ci-dessus. L'une et l'autre commencent également par la vie de Salluste, et finissent par cette ligne en capitales :

Explicit invectiva. M. T. C. in salvstivm.

— Sallustius. — *Impressvm. Florentiæ, apvd sanctvm. Iacobvm. de Ripoli* M. CCCC. LXXVIII, pet. in-fol. de 47 ff. à 35 lign. par page, sign. a—f.

Cette belle édition ne renferme que la Conjuration de Catilina et la Guerre de Jugurtha.

— Sallustius. — *Impressus parisius ĩ vico sancti iacobi in intersignio follis viridis.* M. cccc. lxxix, pet. in-4. de 86 ff. à 25 lign. par page, avec signat.

Édition impr. en caractères presque ronds, par les successeurs de Cæsaris et Stoll. L'exemplaire de la bibliothèque de Sainte-Geneviève n'a que 86 ff., mais celui qu'a décrit Maittaire contenait de plus les Catilinaires de Cicéron et le discours de Salluste contre ce consul.

Pour terminer la liste des éditions de Salluste, antérieures à l'année 1480, nous en citerons une de Milan, par Ant. Zarot, *die* III *nouembris* 1479, in-fol., et enfin une édition de Paris, Gering, sans date, in-4. de 90 ff. à 27 lignes par page, en caractères romains, sign. *aij* jusqu'à *ovi*, laquelle commence par une épître intitulée : *Phillipus* (sic) *Beroaldus Bononiensis Gulietmo Franco salutem*, et se termine au recto du 90° f. par quatre distiques, précédés d'une souscription ainsi conçue : *Impressusqₛ Parisius p ma | gistrum Vdalricũ, cognomento Gering.* Ensuite se trouvent les *Invectivæ Ciceronis in Catilinam, etc.* Vend. 30 fr. *mar. r.* Mac-Carthy ; 43 fr. en octobre 1825 ; 50 fr. Andry ; 1 liv. 12 sh. Heber.

D'autres éditions de cet historien, faites dans le XVᵉ siècle, depuis 1480, sont décrites dans le *Repertorium* d'Hain, n°ˢ 14211 à 14233, mais elles n'ont que fort peu de valeur. Nous citerons pourtant l'édit. de *Lyon, per Joannem de Vingle,* 1496, in-4. goth. de 63 ff. chiffrés, et celle de *Paris,* 1497, pet. in-fol., impr. par André Bocard pour Jean Alexandre et Jean Petit.

— Sallustii opera. — *Opus hoc impressum Florentiæ, opera et impensa Philippi Giuntæ*, M. CCCCC. III. *sexto calendas februarias,* in-8.

Ce livre n'a d'autre intitulé que l'épigraphe suivante, tirée de Martial :

Hic erit, ut perhibent, doctorum corda virorum Primus romana Crispus in historia.

Il y a sous cette même date, dit Renouard, deux éditions de Salluste bien distinctes : l'une de 80 ff., avec la souscription au recto du dernier ; l'autre, ayant la souscription au verso du 79° f., et le 80° f. tout blanc. — Toutes deux sont fort rares, et l'une d'elles a été payée 39 fr. à la vente Renouard. Ebert, n° 19963, décrit un exempl. en 82 ff., sign. *a—k,* avec une préface de *Benedictus Philologus :* 8 flor. 50 c. *mar.* Meerman.

Une 3ᵉ édition de cet historien a été donnée par le même imprimeur, en 1513, in-8. de CLVIII ff., non compris la préface de 7 ff.

— Salvstivs. — *Opus Crispi Salustij feliciter finit impressum Anno... mille-*

simo quingentesimo quartò. Die vero quinta nouembris, pet. in-8. signat. *a—p,* ff. non chiffrés, lettres italiques.

Édition lyonnaise, faite à l'imitation des impressions aldines. Au verso du titre est une préface de l'éditeur, *Balthasar Fidelis Ju. U. D. et Modoenciensis ecclesie archipresbiter ad lectorem.* Vend. 2 liv. 15 sh. Renouard, à Londres, en 1828 ; 4 sh. Butler.

— Salvstivs. *(absque nota),* pet. in-8., ff. non chiffrés.

Autre édition lyonnaise, avec une préface de Thomas Murchius Genuensis, datée de Blois. (*Blesis*), *quarto nonas Junij* .M .CCCCC IIIJ : vend. 4 liv. 14 sh. 6 d. Renouard, en 1828 ; 15 sh. Butler ; 101 fr. Lefèvre Dallerange.

— De conivratione Catilinæ, de bello Jvgvrthino, oratio contra M. T. Ciceronem, M. T. Ciceronis oratio contra C. Crispũ Sallustium, etc. *Venetiis, in ædibus Aldi, et Andreæ Asulani soceri mense Aprili.* M D IX, in-8.

Ce volume a 8 ff. non chiffrés et 279 pp. chiffrées les exempl. en sont rares : 20 fr. Chardin ; même prix Costabili ; 58 fr. (grand de marges) Riva, et un exempl. avec une rel. aux armes de François Iᵉʳ, 9 liv. 9 sh. Heber ; autre *m. bl.* 2 liv. 10 sh. Butler.

— C. Crispi Sallvstii de conivratione Catilinæ. Eivsdem de Bello Ivgvrthino..... (*Lugduni mense aprili* .M.D.X.), in-8., avec chiffres ; lis rouge sur le titre.

Copie de l'édition aldine de 1509, et avec la même préface que l'on a datée de 1510, au lieu de 1509. C'est un livre beaucoup plus rare que l'original : 1 liv. 7 sh. *mar. r.* Butler.

— Opuscula cum plusculis additamentis. *Parrhisiis, per Guil. le Rouge, pro Dionysio Roce,* 1512, in-8.

Les éditions de le Rouge sont peu communes, et c'est ce qui leur donne quelque prix.

— C. Crispi Sallustii, de conjurat. Catiline, de Bello jugurtino, etc. — *In Ædibus Alex. de Paganinis Tusculani. Die xxiii mens. maii* MDXXI, in-32 de 8 ff. prélim., 134 ff. chiffrés, plus un autre pour la souscription et un dernier tout blanc.

Petite édition fort rare (Lechi, *Tipografia bresciana,* p. 108).

— De conjuratione Catilinæ, de bello Jugurthino, etc. *Venetiis, in ædibus Aldi et Andreæ soceri,* 1521, in-8. de 8 et 142 ff., plus un f. blanc et un autre pour l'ancre.

Édition mieux exécutée et plus correcte que celle de 1509 : 22 fr. 50 c. bel exempl. Renouard, en 1805, et 31 fr. *m, bl. tab,* en 1811 ; 1 liv. 1 sh. Heber ; 1 liv. Butler ; et en pap. fort, 4 liv. 18 sh. le même, et 20 fr. Costabili.

Un exempl. en Gr. Pap. allongé et en forme d'agenda, 360 fr. Riva, et ensuite 32 liv. sterl. Libri, en 1859. Un autre exemplaire en Gr. Pap. doit se trouver dans la bibliothèque de M. Trivulzio, à Milan ; un exemplaire impr. sur VÉLIN (*in membrana*) est indiqué dans le *Catal. Imperiali,* p. 438.

On cite une copie de cette édition, imprimée sans

date, et que l'on attribue à Gregorio de Gregoriis, à Venise.

— Sallustius. (*Lugduni*), 1523, pet. in-8.

Annoncé comme une contrefaçon aldine que n'a pas indiquée Renouard : 5 liv. 7 sh. 6 d. Heber ; 3 liv. 3 sh. Butler.

Les édit. de Lyon, *Seb. Gryphius*, 1529, 1536, etc., in-8. (avec la marque que nous avons donnée tome II, col. 795) qui valent probablement beaucoup mieux que cette édition si rare de 1523, se donnent à bas prix, ainsi que les éditions de Paris, Sim. de Colines, 1523, 1536, 1543, in-8., et de *Rob. Stephanus*, 1544, in-8. Pourtant un exemplaire de l'édition de 1543, in-8., rel. en *mar. bl. aux armes du comte d'Hoym*, a été payé 160 fr. à la vente Parison, à cause de la beauté et de la belle conservation de la reliure : il n'avait été porté qu'à 72 fr. à la vente De Cure-Milly.

Sébastien Gryphius a aussi employé quelquefois la marque suivante :

— Sallustius, ex recensione P. Manutii. *Venetiis, Aldus*, 1557, in-8. de 8 ff. prélim., 140 ff. de texte et 8 ff. d'index.

Les autres éditions de Salluste, sorties des presses aldines postérieurement à celle-ci, sont celles de 1560 (8 ff. prélim., 128 ff. de texte et 8 d'index), de 1563 (12 ff. prélim., 128 ff. et 44 à la fin, dont un blanc et un pour l'ancre) ; de Rome, *apud Paulum Manutium*, 1563 (à la fin 1564), copie de la précédente (8 ff. prélim., 178 ff. de texte, plus 17 de table et un bl.) ; de 1567 (8 ff. prélim., 189 ff. ; 18 ff. pour l'index et un autre pour la date et l'ancre) ; de 1573, de 1577, de 1588, *ex Biblioth. aldina ; — Venetiis, apud Ioan. Garam* (8 ff. prélim., 282 pp. et 13 ff. de table).

— C. Sallustius Crispus, cum veterum historicorum fragmentis. *Lugd.-Batavorum, ex officina elzeviriana*, 1634, pet. in-12.

Jolie édition, peu commune : 12 à 20 fr. ; vend. 54 fr. très-bel exempl. *m. r. l. r.* de Cotte ; 60 fr. Caillard et Larcher, et un exempl. *non rogné*, mais mal conservé, 78 fr. de Chalabre.

On sait généralement qu'il a été fait, sous la même date, deux réimpressions du Salluste, qui ont l'une et l'autre 310 pp. de texte. Il est facile de les reconnaître, parce que les pièces prélim., imprim. en plus petits caractères que dans l'édition originale, y occupent seulement 8 ff. au lieu de 12, et que le *Florilegium* et l'*Index* n'ont que 17 ff. au lieu de 19. Celle de ces deux réimpressions qui approche le plus de l'original pour la beauté des caractères, a, pour fleuron, à la p. 216, une tête de Méduse qui n'est pas à la même page dans la réimpression la plus médiocre. Outre cette double réimpression, nous en pouvons signaler une troisième, qui a également 8 ff. prélim. et 17 ff. pour le *Florilegium* et l'*Index*. La tête de Méduse s'y voit à la p. 216, mais on y lit au haut de la dernière page de l'Index : *Index rer. memorabilium*, tandis que dans l'autre édition, avec la Méduse, il y a *Index rerum memorabilium*, sans abréviation : ainsi voilà, de compte fait, quatre édit. sous la même date. La dernière est dans le catalogue Duriez, n° 3979 bis, et portée à 8 fr.

L'édition d'*Amsterdam, ex offic. elsevir.*, 1658, pet. in-12, est moins belle que celle de 1634, dont elle est aussi une copie.

— SALLUSTII quæ extant, in usum Delphini, diligenter recensuit et notulas addidit Daniel. Crispinus. *Paris., Leonard.*, 1674, in-4.

Ce volume, assez commun, a été réimpr. à *Paris*, en 1726 : 6 à 8 fr. Il l'a été aussi plusieurs fois à *Londres*, de format in-8.

— SALLUSTII quæ extant, cum notis varior., accedunt huic editioni Jani Melleri Palmerii spicilegia in eundem auctorem. *Amstelodami, H. Boom*, 1690, in-8.

Bonne édition pour l'ancienne collection des *Variorum :* 6 à 12 fr.

L'édition de *Leyde*, 1677, in-8., quoique moins recherchée que celle de 1690, a encore quelque valeur : 3 à 5 fr.

— EÆDEM, cum notis variorum : accedunt Julius Exsuperantius, Porcius Latro et fragmenta historicorum veter. cum notis Ausonii Popmæ. Recensuit, notas perpetuas et indices adjecit Jos. Wasse. *Cantabrigiæ, typis academ.*, 1710, in-4.

Belle édition, estimée à cause des notes qu'elle contient : 6 à 10 fr. ; il y a des exemplaires en Gr. Pap. vend. 20 fr. F. Didot ; 35 fr. *m. v.* Mac-Carthy ; 1 liv. 19 sh. Drury.

— EÆDEM, cum indice (edente Mich. Maittaire). *Londini, Tonson*, 1713, in-12. 3 à 4 fr. et plus en Gr. Pap.

— QUÆ EXTANT ; accedunt Julius Exsuperantius, Porcius Latro et fragmenta historicorum veterum (edente Gaetano Volpi). *Paduæ, Comino*, 1722, in-8. 3 à 4 fr.

— EÆDEM, etc. Recensuit et adnotationibus illustravit Gottlob. Cortius : accedunt fragmenta ; Constantinus Felicius Durantinus de conjuratione Catilinæ et index. *Lipsiæ*, 1724, 2 tom. pet. in-4.

Édition savante et très-estimée, mais impr. sur du pap. fort mauvais : 8 à 10 fr. Il y a des exempl. tirés sur un papier un peu plus grand et plus blanc que le pap. ordinaire ; ils sont peu communs : vend. 29 fr. Larcher.

La réimpression faite à Venise, chez Pasquali, en 1737, in-4., n'a de prix qu'en Gr. Pap., lequel s'est vendu 39 fr. La Valliere ; 36 fr. Mirabeau ; 24 fr. de Cotte ; 1 liv. 19 sh. Hibbert.

— Belli Catilinarii et Jugurthini historiæ. *Edimburgi, Guil. Ged, aurifaber edinensis non typis mobilibus, ut vulgo fieri solet, sed tabellis seu laminis fusis excudebat*, 1739 ou 1744, pet. in-12.

Imprimé avec des formes solides, que l'on nomme aujourd'hui *stéréotypes*. Vend. 9 fr. (exemplaire gâté) Mercier de Saint-Léger ; 56 fr. Renouard. —

Les exemplaires datés de 1744 sont, ou d'un nouveau tirage, ou du même tirage, avec un nouveau titre, ce qui est fort indifférent, car les uns et les autres sont également rares et de même valeur : La dernière 46 fr. Renouard.

— Sallustii quæ extant; cum notis integris Glareani, Rivii, Ciacconi, Urcini, Carrionis, Manutii, Coleri, C. et A. Popmæ, Palmerii, Putschii, Douzæ, Gruteri, Ruperti, Graswinckelii et Jos. Wasse, atque selectis Castilionei, Zanchii, J.-F. Gronovii, Jani Broukhusii, etc. Accedunt Jul. Exsuperantius et Porcius Latro ut et fragmenta historicorum, cum notis integris A. Popmæ, Coleri, etc., cura Sigeb. Havercampi. *Amstelodami* et *Hagæ-Comitum, F. Changuion,* 1742, 2 vol. in-4.

Édition fort estimée, parce que le texte en a été revu sur plusieurs manuscrits et sur l'édition princeps, et qu'elle réunit de nombreuses notes : 20 à 30 fr. ; et en Gr. Pap. vend. 150 fr. *m. r.* F. Didot ; 108 fr. Jourdan ; 200 fr. Mac-Carthy ; 220 fr. Labédoyère ; 69 fr. *vél.* en 1824.

Les commentaires sur Salluste, réunis par Havercamp, ont été réimpr. à Leipzig, de 1828 à 1830, en 3 vol. in-8., pour être joints à une édition du texte de cet historien, avec les notes de divers commentateurs, donnée par C.-H. Frotscher, dans la même ville en 1825, in-8., mais dont il n'a paru que le premier volume.

— OPERA. *Londini, Brindley,* 1744, in-18. 2 à 3 fr.
— EADEM, ex recens. Steph.-Andr. Philippe. *Lutetiæ-Parisior., David,* 1744 (vel *Barbou,* 1754), in-12. 2 à 3 fr.
Un exempl. en pap. de Holl., rel. en *mar. r. dent.* 18 fr. F. Didot.
Barbou a réimprimé *Salluste* en 1761 et en 1774, in-12. 3 à 5 fr.
— SALLUSTIUS ; curante Hawkey. *Dublini,* typis *academicis,* 1747, pet. in-8.
Édition assez jolie et réputée correcte. Vend. en Gr. Pap. et rel. en *mar.* 1 liv. 6 sh. Drury ; 19 sh. Williams.
— IDEM, ex recens. Guil. Cortii. *Glasguæ, Foulis,* 1749 vel 1751, vel 1777, in-8. 3 à 4 fr.
— IDEM. *Edinburgi, Hamilton et Balfour,* 1755, pet. in-8.
Édition assez jolie et correcte, sans être entièrement exempte de fautes : 4 à 6 fr. ; vend. en *vél. bl. tab.* 14 fr. Renouard. Il y a des exemplaires en Gr. Pap. Vend. *non rogné,* 80 fr. Mac-Carthy ; 24 fr. *mar. r.* en 1816.

— Sallustius et L. An. Florus. *Birminghamiæ, typis Joannis Baskerville,* 1773, gr. in-4.

Belle édition : 10 à 15 fr.
L'édition in-12, sortie des mêmes presses, en 1774, 4 à 6 fr.
— OPERA omnia, excusa ad editionem Cortii, cum edit. Havercampi et Gabr. Antonii collatam. *Londini, Payne,* 1789, in-8. pap. vél. 6 fr.
Cette édition, soignée par Henri Homer, est belle et assez correcte : vend. beaux exempl. en Gr. Pap. rel. en *mar.* 24 fr. Caillard ; 30 fr. Larcher.
— EADEM, accedunt recensio novissimæ versionis hispanicæ, etc. (edente Guil.-Abr. Teller). *Berolini, Unger,* 1790, in-8.
Quoique faite avec un grand appareil d'érudition, cette édition est cependant peu correcte ; il y en a des exemplaires sur Gr. Pap. vél. qui coûtaient 15 fr., mais ils ne conservent pas ce prix.

— EADEM, cum Ciceronis et P. Latronis in Catilinam orationibus. *Parisiis, Renouard,* 1796, 3 vol. in-18, pap. vél., 4 à 6 fr. ; — pap. de Hollande, 8 fr.
On a tiré deux exemplaires sur VÉLIN, dont un a été vendu 43 fr. Renouard.

— Sallustii Opera. *Parmæ, Bodoni,* 1799, 2 vol. très gr. in-4.

Le prix était de 100 fr. et de 160 fr. pour le pap. vél. ; ce dernier, 25 fr. Boutourlin. Un exemplaire imprimé sur VÉLIN a été vendu 108 fr. en 1839.
— SALLUSTIUS. *Mediolani, e typographæo mussiano,* 1813, 2 vol. in-fol.
Édition tirée à un très-petit nombre d'exemplaires. Elle est fort peu remarquable comme livre de luxe, aussi ne conserve-t-elle pas de prix dans le commerce.
— SALLUSTIUS, ex editione Cortii, et Justinus ex edit. Gronovii. *Londini, Rodwell et Martin,* 1818, gr. in-18. 4 fr.
De la collection du Régent.

— C. Crispi Sallustii catilinaria et jugurthina bella. *Parisiis, excudebat Firm. Didot,* 1819, in-fol. pap. vél.

Édition de luxe, tirée à très-petit nombre, mais qui est peu recherchée.

— Sallustii Opera. *Florentiæ, e typogr. Ancoræ, Marini,* 1820, 2 part. en 1 vol. in-fol. max. fig.

Autre édition de luxe qui coûtait 120 fr. La traduction italienne d'Alfieri y précède le texte latin.
— OPERA omnia, ex edit. Guil. Cortii, cum notis et interpretatione ad usum Delphini, variis lectt., notis varior. et indice locupletiss. *Londini, Valpy,* 1820, 2 vol. in-8.
Formant la fin du nº 14, le nº 15 et le commencement du nº 16 de la collection de Valpy.
— SALLUSTII Catilina et Jugurtha ; recognovit et illustravit annotationibus O.-M. Muller. *Lipsiæ et Zullichav, Darmann,* 1821, in-8. 5 fr.

— C. Sallustius, ad codices parisinos recensitus, cum varietate lectionum et novis commentariis : item Julius Exsuperantius e còdice nondum explorato emendatus, curante J.-L. Burnouf. *Parisiis, Lemaire (typogr. J. Didot),* 1821, in-8. 16 fr.

Cette édition est une des meilleures, et la plus recherchée de toutes celles qui composent la trop volumineuse collection des classiques latins publiés par Lemaire. Elle a été reproduite dans une autre collection d'auteurs latins imprimés à Turin chez Pomba, in-8.
— SALLUSTII quæ extant, collatis invicem Cortio, Havercampo, J.-L. Burnouf, etc. *Paris., Lefèvre (typis J. Didot),* 1822, gr. in-32. 2 fr.
— SALLUSTIUS ; recensuit et emendavit F.-G. Pottier. *Parisiis, Malepeyre (typogr. Didot),* 1823, gr. in-8., pap. vél., 3 fr., et plus en très Gr. Pap.

— Sallustii quæ extant, recognovit, varias lectiones e codd. basileens., bernens., turicens., parisinis, ceterisque quos Wassius, Havercampius, Cortius aliique editores contulerunt, collectas ; commentarios atque indices locuplett. adjecit F.-D. Gerlach. *Basileæ, typis Wielandi,* 1823-25-31, 3 vol. in-4. 30 fr., et plus en papier vélin.

Cette édition réunit un grand nombre de variantes, dont une partie paraît là pour la première fois : c'est un travail savant et consciencieux.

— SALLUSTIUS, ex Burnouf, Pottier et aliorum editionibus recensitus, cum selectis variorum interpretum notis ac novis etiam additis : item Julius Exsuperantius, curante J. Planche. *Parisiis, Ch. Gosselin*, 1825, 2 vol. in-12. 5 fr.

— SALLUSTII quæ supersunt : ad fidem codd. mss. recensuit, cum selectis Cortii notis suisque commentariis edidit et indicem adjecit Frid. Kritzius. *Lipsiæ, Lehnhold*, 1834, 2 vol. in-8. 3 thl.

— CATILINA, Jugurtha, Historiarum reliquiæ. Incertorum auctorum epistolæ, ad Cæsarem invectivæ, declamatio in Catilinam. Recensuit, adnotatione critica, indicibus historicis et grammaticis instruxit Fr.-Dor. Gerlach : accedunt historicorum romanorum reliquiæ a Car.-Rud. Roth collectæ et dispositæ. *Basilcæ, Schweighäuser*, 1852, 2 vol. gr. in-8. 5 thl.

— QUÆ SUPERSUNT. Recensuit Rud. Dietsch. *Lipsiæ, Teubner*, 1858-59, 2 vol. in-8. 5 thl.

Nous citerons encore les éditions allemandes de Jaumann, *München*, 1831; de Fabri, *Nürnberg*, 1831-32, 2 vol.; de Herzog, *Leipzig*, 1828-40, 2 vol.; de Dietsch, *Leipzig*, 1844, 2 vol.

Extraits de Salluste.

— Ex libris historiarum C. Crispi Sallustii orationes V et epistolæ III. — *Impressus Rome : in domo nobilis viri Petri & Maximis Per Arnoldum pannartz, Alamanum. Anno salutis.* M. CCCC. LXXV. *die xxv. mêsis septembris,* etc. in-8.

Opuscule très-rare, composé de 32 ff., dont le premier et le dernier sont entièrement blancs. Le premier catalogue de Crevenna n'annonce que 28 ff., mais le P. Audiffredi, *Catal. roman. edit.*, p. 188, a rectifié ce chiffre : vend. 2 liv. 6 sh. Pinelli; 69 flor. Crevenna.

— Bellum Catelinarum (*sic*) Salusti. — *C. Crispi Salustii de coniuratione Catiline liber feliciter finit. Zvollis opera et impensis Petri Os de Breda emendate impressus,* in-4. goth. 21 ff., signat. a—d.

Vend. 20 fr. La Serna Santander.

—Excerptæ orationes ex libris historiarum C. Crispi Sallustii. (*absque nota*), in-4.

Cette édition est imprimée avec les caractères gothiques dont J. Schall se servait à Mantoue, vers 1475. Elle a 32 ff. à 24 lign. par page, avec des signatures jusqu'à DIV; elle commence par l'*Oratio Lepidi consulis ad R. P.*, et finit par quatre vers, dont voici le premier :

Christe Deus, vere sancte genitricis amore.

— Crispi Salustij in Tulliú oracio incipit dicta in Senatu. M. Tullij Ciceronis Inuectiua iu eundē Salustium incipit. (*absque nota*), in-4. goth. de 8 ff. (le dernier blanc), à 26 lign. par page.

Imprimé avec les caractères d'Ulric Zell, à Cologne. Dans une autre édition in-4. de 8 ff. impr. à 27 lignes par page, se trouvent de plus *Epistola enee siluii contra vernandum...*, et *Leonardi Aretine epitaphium.*

Traductions.

— Salluste aucteur romain. De la guerre que les Romains feirent a lencontre de Iugurtha roy de Numidie. De la guerre Catilinaire. 1539... *A Paris... par Ambroyse Girault,* in-8. de 8 ff. prélim., y compris le titre. cxlvi ff.

On lit au bas du dernier feuillet... *acheuees d'imprimer le* III *iour de Iuing, l'an.* M. D. XXXIX. Le titre porte la marque d'Ambroise Girault, que nous avons donnée tome III, col. 451.

M. Taschereau a remarqué que la dédicace de ce volume était adressée, comme celle du Suétone traduit par Guillaume Michel, dit de Tours, à Charles duc de Vendosmois, et dans les mêmes termes quant à l'intitulé, ce qui confirme l'attribution faite par Barbier, *Dictionnaire des anonymes,* n° 16770.

— L'histoire catilinaire composee par Saluste, translatee par forme d'interpretation en francoys par Jehan Parmentier de Dieppe. *On les vend a Paris, par Denys Janot,* 1539, pet. in-8. ou in-16.

Traduction devenue rare. Du Verdier en cite une édition de *Paris, Symon du Boys,* 1528, in-8.

— L'HISTOIRE de C. Crispe Saluste, touchant la conjuration de L. Serge Catilin, auec la premiere harengue de Marc Tulle Cicero contre luy; ensemble la guerre Jugurthine et la harangue de Portius Latro catelin, traduitte en francois par Loys Meigret, lyonnois. *Paris, Chr. Wechel,* 1547, in-8. de 295 pp.

18 fr. Monmerqué; 6 fr. Coste.

La même traduction, *Lion, par Ian de Tournes,* 1556, in-16 de 346 pp. 3 fr. 50 c. Coste, et en *mar. r.,* par Bauzonnet, 40 fr. Veinant.

— LES ŒUVRES de Salluste, traduction nouvelle par Dureau de la Malle. *Paris, Giguet et Michaud,* 1808 (ou 3ᵉ édit. 1823), in-8. 4 fr. — Pap. vél. 6 fr. — Les mêmes, 2 vol. in-12, 3 fr.

— SALLUSTE, traduction de C.-L. Mollevaut; 3ᵉ édition. *Paris,* 1813, in-8. 5 fr. — In-12, 3 fr. 50 c.

— ŒUVRES de Salluste, traduction nouvelle par M. Charles Du Rozoir (avec texte). *Paris, Panckoucke,* 1829-33, 2 vol. in-8. 14 fr., ou *Paris,* 1856, 2 vol. gr. in-18.

— CATILINA et Jugurtha, par Salluste. Traduction française, avec le texte latin et des notes par P.Croiset. *Paris, Hachette,* 1861, in-12.

La traduction de Salluste par Dotteville, 3ᵉ édition, *Paris,* 1769 ou 1807, in-12, et celle de Beauzée, *Paris,* 1775 ou 1788, in-12 (9ᵉ édit., *Paris, Delalain,* 1823), sont encore assez estimées; plusieurs personnes même préfèrent celle de Dotteville à presque toutes les autres.

— Histoire de la république romaine, dans le cours du VIIᵉ siècle, par Salluste, en partie trad. du lat., en partie rétablie et composée sur les fragmens qui sont restés de ses livres perdus (par le prés. Ch. de Brosses). *Dijon,* 1777, 3 vol. gr. in-4. fig.

Ouvrage assez estimé, mais dont les exemplaires sont communs : 18 à 30 fr., et moins quand les fragments qui doivent être à la fin du tome III ne s'y trouvent pas. Il y avait originairement aux pages 467 à 470 du premier volume une note contre Voltaire, qui a été supprimée. Les 2 ff. qui la contiennent se trouvaient conservés dans l'exemplaire vendu 21 fr. 50 c. Boulard.

— Römische Geschichte, ergänzt nach de Brosses mit Anmerkungen von J.-Casp. Schlüter. *Leipzig*, 1799-1804. (neue Aufl. 1811-15), 6 vol. in-8.

Salluste a été traduit en allemand par Schlüter, *Münster*, 1806-7 et 1818, 2 vol.; par Woltmann, *Prag*, 1814; par Strombeck, *Göttingen*, 1817; par Höch, 3e Aufl. *Francfurt*, 1818, par J.-H.-M. Ernesti, *München*, 1829-31, 2 vol.., et par plusieurs autres.

— **Salvstio con alcune altre belle cose, volgareggiato per Agostino Ortica della Porta genovese.** — *Impresso in Vinegia per Bernardino Vinitiano de Vitali nel anno* M. D. XVIII *a di xxiii di Aprile*, 1518, in-4.

Belle édition, en caractères romains, sans chiffres de pag., sign. A—T. Le dernier feuillet contient le privilége. (Molini, *Operette*.)

Paitoni cite une autre édition de cette traduction, dont la souscription finale porte : *Impresso in Vinegia per Zonzi de Rusconi milanese nell' anno...* M. D. XVIII. adi xxiij *di aprile*, in-4.; peut-être est-ce la même que la précédente avec un autre nom d'imprimeur. Cette même traduction a été réimpr. à Venise, en 1523, en 1531, etc., in-8.

— **L'historia di Sallustio nuovamente per Lelio Carani tradotta.** *Fiorenza, Torrentino*, 1550, in-8. de 10 ff. prélimin., 281 pp. et 1 f. pour la dàte.

Quoiqu'elle soit peu fidèle, cette traduction est assez recherchée : 3 à 5 fr. — Réimpr. à *Venise, Giov. Griffio*, 1556, in-8.

— SALLUSTIO, della congiura catilinaria e della guerra giugurtina libri due volgarizzati da Fr. Bartolommeo da S. Concordio. *Firenze, Grazioli*, 1790, in-8. 3 à 4 fr., et plus en Gr. Pap.

Cette traduction estimée, et que citent les académiciens de La Crusca, était restée longtemps inédite : c'est Jean Cioni qui l'a publiée.

— SALLUSTIO volgarizzato da Matt. Dandolo, col. testo lat. emendato. *Venez.*, 1802, 3 vol. in-8.

— SALLUSTIO, tradotto da Vitt. Alfieri. *Firenze, Ciardetti*, 1823, in-8. avec 2 portraits.

Il y a des exemplaires en Gr. Pap. vél. anglais.

— **El Salustio Cathilinario e Jugurtha en romance (por Francisco Vidal de Noya).** — *Fue la presente obra acabada e de nuevo emendada por industria e expensa de Paulo de Hurus de Constancia Aleman en la insigne ciudad de Saragoza Año mil quatrocientos e lxxxxiiij*, in-fol. goth., à 2 col. avec une gravure sur bois derrière le titre.

Édition fort rare, mais qui, à en juger par les mots *de nuevo emendada* que porte la souscription, ne doit pas être la première de cette traduction, laquelle a été réimpr. à Valladolid, par Jean de Burgos, en 1500, et en 1519, in-fol.; à Logrofio, en 1529, in-fol.; à Medina del Campo, en 1548, et sans le nom du traducteur, *Anvers, Mart. Nucio*, 1554, in-12.

— SALUSTIO, traducido en castellano por Manuel Sueyro; Van añadidas las IV oraliones de Ciceron contra Catilina traduzidas por Andres Laguna. *Madrid*, 1786, in-4. 5 à 6 fr.

Troisième édition. La première est d'*Anvers*, 1615, in-8., et la deuxième de *Madrid*, 1631, in-fol.

— **La conjuracion de Catilina y la guerra de Jugurta, por Cayo Salustio Crispo.** *Madrid, Ibarra*, 1772, in-fol. fig.

Cette édition de la traduction de Salluste, faite par l'infant Don Gabriel, sous la direction de Fr. Perez Bayer, son précepteur, est regardée avec raison comme un chef-d'œuvre typographique. Les exemplaires ont été, pour la plupart, distribués en présent, mais ils ne sont pas bien rares : 50 à 60 fr.; et beaux exemplaires rel. en *mar.*, 80 à 120 fr., et beaucoup plus cher autrefois.

Les exemplaires imprimés sur papier partie blanc et partie azurés, tels qu'on les trouve le plus souvent, ne valent guère que de 40 à 50 fr.

— OBRAS de Salustio, traduciqas por el señor infante D. Gabriel. *Madrid, en la imprenta real*, 1804, 2 vol. pet. in-8., avec le texte latin.

Très-jolie édition, mais dans laquelle n'est pas réimprimée la dissertation de Fr. Perez Bayer sur l'alphabet et la langue des Phéniciens, morceau très-curieux qui fait partie de l'édit. in-fol.

— **The Works of Sallust, translated into english, with political discourses upon that author (by Th. Gordon).** *London*, 1744 or 1769, in-4. 12 à 15 fr.

Les discours de Gordon sur Salluste ont été traduits en français par Silhouette, 1759, 2 vol. in-12.

— THE HISTORY of Catiline's conspiracy, and the Jugurthine war, by Sallust, with a new translation of Cicero's four orations against Catiline : to which is prefixed the life of Sallust (by Will. Rose). *London*, 1751, in-8.

Bonne traduction : réimpr. en 1757 et en 1813, in-8.

— THE WORKS of Sallust, translated into english, with notes by H. Steuart. *London*, 1805, 2 vol. gr. in-4. Traduction fidèle et élégante.

— THE WORKS of Sallust, translated by Arth. Murphy. *London*, 1807, in-8. 6 sh.

— THE SAME, translated by Edward Peacock. *London*, 1845, pet. in-8.

Une ancienne traduction anglaise de la Guerre de Jugurtha, par Alex. Barclay (avec le texte latin), imprimée à Londres par R. Pynson, in-fol. de 8 ff. prélimin., 92 ff. chiffrés et 1 f. pour la souscription, a été vend. 23 liv. 2 sh. Roxburghe, et revendue 8 liv. 12 sh. 6 d. Sykes; ensuite 5 liv. 15 sh. 6 d. Heber, et 10 liv. en avril 1857.

SALM-REIFFERSCHEID-DYCK (*Josephus* princeps de). Monographia generum Aloes et Mesembryanthemi. *Düsseldorpii, Arnz & Comp.*, 1836 *et ann. suiv.*, gr. in-4. pap. vél. fig. lithogr. [5436]

Chaque cah. de cet ouvrage se compose de 25 pl. et d'autant de feuillets de texte, et coûte 25 fr. Il en a paru au moins treize; mais en 1855 on n'avait pas encore donné les frontispices des volumes : 280 pl. avec le texte y correspondant n'ont été vend. que 70 fr. de Jussieu.

— HORTUS Dyckensis, ou Catalogue des plantes cultivées dans les jardins de Dyck. *Düsseldorf, Arnz*, 1834, in-8. de VIII et 376 pp. avec 4 pl.

— CACTÆ in horto dyckensi cultæ anno 1841, additis tribuum generumque characteribus emondatis. *Paris, typis Crapelet*, 1845, gr. in-8. de 51 pp. avec une pl.

SALMASIUS (*Claudius*). Plinianæ exercitationes in C.-Jul. Solini Polyhistora. Item Solini Polyhistor, ex veter. libris

_____

emendatus : accesserunt huic editioni de homonymis Hyles iatricæ exercitationes antehac ineditæ et de mana et saccharo. *Trajecti-ad-Rhenum, J. Van den Water,* 1689, 2 vol. in-fol. 20 à 24 fr. [19568]

Ouvrage estimé : vend. en Gr. Pap. 52 fr. *vélin,* Caillard. L'édition de Paris, 1629, 2 vol. in-fol., est à bas prix.

— Defensio regia pro Carolo I, ad serenissimum Magnæ Britanniæ regem Carolum II filium natu majorem, heredem et successorem legitimum. *Sumptibus regiis, anno* 1649, pet. in-12 de 720 pp., y compris le titre. [26966]

Édition elsevirienne, faite (à Leyde) sur une édit. in-fol. portant la même date : 3 à 5 fr. — Celle de 1650, *typis regiis,* pet. in-12 de 472 pp., non compris la préface, ne nous paraît pas être sortie des presses des Elsevier; mais M. Pieters attribue à Louis Elsevier d'Amsterdam l'édit. de 1652, pet. in-12 de 499 pp. — Voy. MILTON.
— De hellenistica, 10665. — Funus linguæ hellenisticæ, 10666. — Epistolæ, 18777. — Epistola, 29019.

SALMI (i). Voyez PSALTERIUM.

SALMIGONDIS (le), ou le manége du genre humain. *Liége, chez Louis Lefort,* 1698, pet. in-12 de 347 pp. [17833]

Vend. en *mar. r.* 10 fr. La Vallière; 9 fr. salle Silvestre, en 1806, et en *mar. citr.* par Bauzonnet, 96 fr. Solar. Ce volume n'est autre chose que le *Moyen de parvenir,* dont on a changé l'intitulé. Il a aussi paru sous le titre de *Coupe-cul' de la mélancolie.* — Voy. dans notre tome 1ᵉʳ, col. 806, article BEROALDE de Verville.

SALMON (*Nathaniel*). History and antiquities of Essex. *London,* 1740, in-fol. fig. [27164]

Ouvrage non terminé, et qui s'arrête à la p. 460 (avec lacune des pp. 429-32). Il vaut cependant environ 2 liv. en Angleterre.
Le même auteur a donné : *History of Hertfordshire,* London, 1728, in-fol. fig. [27192], et plusieurs autres ouvrages sur la topographie de l'Angleterre.

SALMON (*Th.*). Universal traveller, or a compleat description of the several foreign nations of the world. *Lond.,* 1755, 2 vol. in-fol. fig. [19630]

Livre fort peu recherché maintenant.

SALMON (*Nic.*). Stemata latinitatis, or an etymological latin dictionary. *London,* 1796, 2 vol. gr. in-8. 24 fr. [10848]

SALNOVE (*Rob.* de). La Vénerie royale, divisée en IV parties qui contiennent les chasses du cerf, du lièvre, du chevreuil, du sanglier, du loup et du renard, avec le dictionnaire des chasseurs. *Paris, De*

Sommaville, 1655 ou 1665, in-4. 20 à 25 fr. [10418]

L'édit. de 1665, 30 fr. Libri, et en *mar. v.* 100 fr. Solar.
Il y a aussi de cet ouvrage une édition de *Paris, Mille de Beaujeu,* 1672, 2 tom. en 1 vol. pet. in-12. 6 fr. Huzard; en *mar. v.* 37 fr. Veinant, et 85 fr. Solar.

SALOMON. Salomonis Proverbia, hebr., versionem integram ad hebræum fontem expressit, atque commentarium adjecit Albert. Schultens. *Ludg.-Batav., Luzac,* 1748, in-4. [145]

Vend. 26 fr. Langlès; 4 fr. 25 c. de Sacy.
— ODÆ gnosticæ Salomoni tributæ, thebaice et latine (interprete C.-G. Woidio), præfatione et adnotationibus philol. illustratæ (edente F. Muntero). *Hauniæ, Schultz,* 1812, in-4. de 32 pp.

SALOMON. Les Cantiques de Salomon tranlatez de latin en francois. imprime nouuellement a Paris. (à la fin): *On les vent a Paris en la rue Neufue Nostre-Dame, a lenseigne de lescu de France* (sans date), pet. in-8. goth. de 80 ff. non chiffrés.

Texte latin avec la paraphrase en vers français. Le titre, en noir et en rouge, est suivi d'un f. portant au recto et au verso une figure sur bois. Cette édition, peu connue, paraît avoir été imprimée ou vers 1530, par le second Jean Treperel, ou un peu plus tard, pour Alain Lotrian. Un exemplaire rel. par Trautz-Bauzonnet, en *vél. blanc, avec de riches dorures à petits fers,* et dont la reliure avait coûté 200 fr., a été payé 528 fr. à la vente de M. Hebbelynck, en 1856, ce qui est un prix excessif.
Pour une autre paraphrase de ces Cantiques, voy. DUPLESSIS (Acasse d'Albiac).

SALOMON et Marcolphus collocutores. (*absque nota*), in-4. goth. [18617]

Opuscule de 12 ff. non chiffrés, signat. *a,* 32 lignes par page, imprim. en rouge et noir, le titre ci-dessus est en rouge, et placé au milieu du recto du premier f., au verso duquel se voit une très-jolie gravure sur bois représentant les deux interlocuteurs. Vend. 17 fr. 50 c. Boutourlin.
Une édition in-4. de 12 ff. à 34 lignes par page, sans signatures, 50 fr. *mar. r.* Libri, en 1847.
Il existe nombre d'éditions de cet opuscule, sous différents titres, et impr. à la fin du XVᵉ siècle, et, quoique aucune d'elles n'ait une grande valeur, nous allons en décrire plusieurs :
1° Sous le titre de *Dyalogus Salomonis et Marcolfi.* (Eustadii, typis Reyserianis), in-4. goth. de 11 ff.Vend. 16 fr. d'Ourches.
2° SALOMONIS et Marcolphi dyalogus. (au verso du dern. f., en deux lignes) : *Finita est hoc opusculū antwerpie per me Gerardum leeu,* in-4. goth. de 10 ff., avec une fig. sur bois, représentant Esope au recto et au verso du titre. C'est l'édition qui, réunie à l'Esope donné par le même imprimeur, en 1488, s'est vendue 17 fr. *m. r.* Gaignat, et 60 fr. La Vallière.— On cite une édition de 1487, par le même Gerard Leeu.— Une de 1482, in-4., sans lieu d'impression ni nom d'imprimeur.
3° COLLATIONES, quas dicuntur fecisse mutüo

rex Salomon sapientissimus et Marcolphus, facie
deformis et turpissimus, tamen, ut, fertur, elo-
quentissimus. — *Finit dialogus….. impressus*,
A. D. 1488, *vicesima novembris*, in-4. de 12 ff.

4° DIALOGUS Salomonis et Marcolphi. (au recto
du dern. f.) : *Impressum Rhotomagi solerti cura
Johĩs mauditier impensis honesti viri Petri regnault univer̆sitat. cadomẽsis librarii* (absque anno), pet. in-8. goth. de 11 ff. non chiffrés, sign. *a*
et *b*. Sur le titre la marque de P. Regnault.

On connaît plusieurs autres édit. sous ce même titre,
en 8, en 10 et en 12 ff., in-4., sans lieu ni date. —
Voy. LIBRI duo.

— Salomon. Et Marcon. (au verso du dernier f., en 3 lign.) : *Cy finissent les ditz
de Salomon et de Marcon* (sans lieu ni
date), petit in-8. goth. de 7 ff., avec une
figure en bois sur le titre. [13474]

Édition du commencement du XVI° siècle. Vend. 37 fr.
mar. r. Gaignat ; 9 fr. 65 c. La Vallière ; 92 fr.
Ch. Nodier.

— Les Ditz de Salomõ auecques les res-
põces đ Marcõ fort ioyeuses. *(sans lieu
ni date)*, pet. in-8. de 4 ff., à 27 lignes
par page, caract. goth., avec une fig. en
bois sur le titre.

Opuscule renfermant 46 strophes de trois vers, et
dont voici la première et la dernière :

> *Salomon*
> *Qui veult mesurer*
> *le eau de la mer*
> *il est plain de raige*
> *Marcon*
> *Putain trasse voye*
> *Quant elle scet sa proye*
> *Pour trouuer ribaulx*
> *Finis.*

Cette édition, non moins rare que la précédente, était
chez La Vallière, n° 3346 du catalogue en 3 vol. Il
en a été fait, à Paris, en 1833, une réimpression
fac-simile, tirée à 15 exemplaires seulement.

— Les Ditz de Salomon et de Marcul‖
phus, translatez du latin en francois a‖
uec ung dictz des sept sages et daultres
philo‖sophes de grece traduitz de grec
en francoys par ‖ Maistre iehan diury.
(Paris, Guillaume Eustace, 1509), pet.
in-8. goth. à 25 lign. par page, sans
chiffres ni réclames ; sur le frontispice
la marque et le nom de Guil. Eustace.

M. Hubaud, de l'Académie de Marseille, possède un
exemplaire de cette édition très-rare, que nous
avions citée d'après Du Verdier, et il a bien voulu
nous en communiquer une description fort détaillée, dont nous allons donner ici un extrait.

La première partie de ce petit volume (les Ditz de
Salomon), a des sign. de A—G. Les six prem. cah.
sont de 8 ff. chacun, et le septième cah. de 4 ff.
seulement. Au bas du titre rapporté ci-dessus se lit
un huitain où il est dit :

> *Maistre iehan Divery de Manthoys*
> *Ne dhincourt en beauvoisin*
> *A traduit ce livre en francois*
> *Combien qu'il fust mieux en latin.*

Le texte commence ainsi : *Au temps que Salomon
estoit au siege de David son pere.* Le dernier f.
finit au recto, de cette manière : *Cy finent les ditz
de Salomon ‖ et de Marculphus.* — La seconde
partie, dont nous avons reproduit l'intitulé ci-dessus, n'a que deux cah. de 8 ff. chacun, sign. A et
B. Le texte commence par ces vers :

> *Enfans ie vous fais assauoir*
> *De plaire a tous pour auoir*

Le recto du dernier f. est terminé par ces deux
lignes :

> *Sit laus summo*
> *Meus adiutor deus*

et le verso contient l'extrait d'un privilége ainsi
conçu : « *De par le preuost de paris il est def-
fendu ‖ a tous libraires et imprimeurs de imprimer ‖ ou faire imprimer cestuy liure intitule
les ‖ ditz de salomon et de marcolphus trãslate
de ‖ latin en francoys auec ung petit traicte des
sept ‖ saiges et daulcuns philosophes de grece ‖
traduitz de grec en languaige francoys par ‖
maistre iehan diury bachilier en medecine ‖ de
la pasque prochainement venant iusque ‖ a vng
an finy et accomply a la pasque ensuy ‖ uant
que sera lan mil cinq centz et dix sur pei ‖ ne
damande arbitraire.* »

Ce privilége nous donne la date de l'impression et
nous prouve que les deux ouvrages doivent se trouver nécessairement réunis. Les Ditz de Salomon, en
vers, n'ont rien, selon M. Hubaud, de plus licencieux que le livre italien de Bertoldo, dont ils sont
l'original ; la marche des deux ouvrages est la
même ; dans tous les deux le héros échappe au châ-
timent auquel il est condamné, en obtenant que
n'être pendu qu'à l'arbre qui lui plairait, et n'en
trouvant, comme de raison, aucun à son gré.

— DUALOGO de Salomone e Marcolpho. *Venetia*,
Sessa, 1502, in-4. de 8 ff. avec la fig. de Marcolfo
sur le titre.

— PROVERBIOS in rimo del Sabio Salomon, rey de
israel : tracta o fabla de la recordança de la muerte
e menospreciamiento del mundo. *(sans lieu ni
date)*, in-4. goth. de 4 ff.

— FRAG vnd antwort Salomonis vnd marcolfj.
Nürnberg, M. Ayrer, 1487, in-4. de 15 ff., avec
15 gravures sur bois.

Cette pièce a été réimprimée plusieurs fois, et notamment sous ce titre : *Red vnd widerred*, Augsbourg,
J. Schosser, 1490, in-4., avec fig. sur bois (Ebert,
4927).

Le catalogue de Tott, t. II, n° 212, indique une traduction en haut allemand : Marcolphus myt synem
wive *(sans lieu ni date)*, in-4. de 16 ff.

SALOMON.(*Jean*), dit Montflory. Briefve
doctrine. Voy. MARGUERITE de France,
reine de Navarre.

SALOMONIS Glosse. Voy. SALEMONIS.

SALT (*Henry*). Voyage to Abyssinia, and
travels into the interior part of that
country, in the years 1809 and 1810.
Lond., 1814, gr. in-4. fig. 24 à 30 fr.,
et plus en pap. impérial. [20813]

P.-F. Henry a donné une traduction française de ce
voyage, *Paris*, 1816, 2 vol. in-8. et atlas in-4.

— Views in S. Helena, etc. Voy. VALENTIA.

— EGYPT, a descriptive poem, with notes by a traveller. *Alexandria, printed for the author, by
Alexander Draghi, at the european press,* 1824,
in-8. de 55 pp. [15869]

Ce petit poëme d'Henry Salt, le voyageur, n'a été
tiré qu'à *cinquante exemplaires*. C'est le premier ouvrage anglais qu'aient produit les presses
d'Alexandrie, et, sous ce rapport, nous pouvons
le citer comme une curiosité typographique aussi
rare que peu connue en France.

Salomone Fiorentino. Poesie, 14607.
Salomoni (*A.*). Memorie, 25375.

— An Essay on Dr Young's and M. Champollion's phonetic system of hieroglyphics. *London, Longman,* 1825, in-8. 7 sh. 6 d. [29115]

— Essai sur le système des hiéroglyphes phonétiques du Dr Young et de M. Champollion ; avec quelques découvertes additionnelles qui le rendent applicable à la lecture des noms des anciens rois d'Égypte et d'Ethiopie ; traduit de l'anglais de Henri Salt, et augmenté de notes par M. L. Devère. *Paris, Treuttel et Würtz,* 1827, gr. in-8. fig. pap. vélin. Tiré à 300 exemplaires.

The Life and correspondence of Henry Salt, consul general in Egypt, by J.-J. Halls. *London,* 1834, 2 vol. in-8. 1 liv. [30960]

SALTHENIUS (*Dn.*). Bibliothecæ Dn. Salthenii libri rariores et rarissimi. *Regiomonti, Hartung,* 1751, in-8. [31546]

Catalogue d'une collection qui a été achetée en entier par le comte Jablonowski, polonais. Il est devenu très-rare, et, selon Ebert (n° 20137), il mérite d'être conservé.

SALUSTE (*Guillaume* de), seigneur du Bartas. Ses OEuvres poetiques et chrestiennes : En ceste nouvelle édition est constenu tout ce qui a esté mis en lumiere dudit autheur, tant avant qu'apres son decez. *Lyon, Thibaud Ancelin,* 1607, iu-24 de 396 ff. chiffrés. [13858]

Jolie édition, en très-petits caractères : 20 fr. Duplessis. Ce doit être une réimpression de celle de 1598, *par Gabriel Cartier* (à Genève), in-16, comme celle de *Rouen, Adr. Ovyn,* 1610, pet. in-12, doit être la reproduction de celle de 1607. Elle est plus complète que celle de Lyon, *par Louis Cloquemin,* 1580, pet. in-12, dont le titre porte : *revue et augmentée par l'autheur, et divisée en trois parties ;* et que celle de *Jean Durant,* 1582, in-8. — Un bel exemplaire de l'édition de 1582, *par Guillaume de Leimarie pour Jacques Chouet* (à Genève), in-8., rel. en *mar. r.,* 48 fr. Gancia. A la même vente on a payé 11 fr. l'édition de 1601, in-12, dont le titre porte : *pour Jacques Chouet.* L'exemplaire était rel. en *vélin.*

L'édition des OEuvres de Du Bartas, *La Rochelle, H. Haultin,* 1591, pet. in-8., est divisée en cinq parties qui ont chacune leur titre et leur pagination particulière. 14 fr. 50 c. Hebbelynck.

— Les mêmes OEuvres, revues, corrigées et augmentées de nouveaux commentaires, annotations en marge, et embelies de figures sur tous les jours de la sepmaine : plus a esté adjousté la premiere et la seconde partie de la suite, avec l'argument general et amples sommaires (par Simon Goulart, senlisien). *Paris, Claude Rigaud,* 1611, ou *Toussaint Du Bray,* 1614, in-fol.

Édition plus complète que les précédentes ; on y a réimprimé parmi les pièces préliminaires un *Brief avertissement* de l'auteur sur quelques points de sa première et seconde semaine, morceau publié d'abord séparément à *Paris, chez P. L'Huillier,* 1584, in-4.

Les deux Semaines et les autres poésies de Du Bartas ont encore été réimprim. à *Rouen, Th. Mallard,* ou *Raph. du Petit-Val,* 1616-17, en 2 vol. pet. in-12, et aussi à *Genève, Sam. Crespin,* en 1601 et

1615, in-24 ; et à *Genève, P. Chouet,* 1632, in-24, sous le titre d'*OEuvres poétiques et chrestiennes.*

Le premier ouvrage publié par Saluste Du Bartas a pour titre :

La Muse chrestienne de G. de Saluste, seigneur du Bartas, à *Bourdeaus, par Simon Mjllanges,* M. D. LXXIII, in-4. en lettres ital., feuillets non chiffrés, sign. A — X (A et B en un seul cah. de 4 ff. comme les autres ; X n'a que 2 ff.).

Belle édition contenant la Judith, le Triumphe de la foi, l'Uranie, et des sonnets. 40 fr. *mar. bl.* Giraud.

Ce premier recueil a été réimprimé à la suite de la Semaine dans presque toutes les éditions de ce poëme.

La Semaine, ou *Création du Monde,* est la plus célèbre production de l'auteur ; nous n'en avons pas trouvé d'édition antérieure à celle de *Paris, Mich. Gadoulleau,* 1578, in-4. ; cependant, à en juger par la date de la traduction latine ci-dessous, il doit y en avoir une plus ancienne de quelques années. Cette traduction a pour titre :

Guillelmi Salustii Bartassii hebdomas, opus gallicum a Gabriele Lermeo Volca latinitate donatum, *Parisiis, Mich. Gadoulleau,* 1573 (aussi 1584), pet. in-12.

Le texte français a été réimprimé à *Paris, chez Michel Gadoulleau,* 1580, pet. in-12, et une année plus tôt à *Blois, chez Barth. Gomat,* en 1579, in-8., avec les autres œuvres poétiques et chrestiennes de l'auteur ; ensuite avec un *commentaire sur la sepmaine, propre pour l'intelligence des mots et matieres y contenus,* par S. G. (Sim. Goulart), *Paris, Timothée Jouan,* 1582, in-12 ; avec la Judith et autres poëmes, sous le titre d'*OEuvres, Paris, Jean Fevrier,* ou *Mich. Gadoulleau,* 1580 ou 1583, pet. in-12 ; *Paris, pour Abel L'angelier* (impr. par Pierre Chevillot), 1583, in-4. — *Caen, P. Le Chandelier,* 1585, pet. in-12, etc.

L'édition de la *Sepmaine, Paris, Hier. de Marnef, et la veuve de Guil. Cavellat,* 1585, in-4., avec fig. sur bois, est *illustrée* des commentaires de Pantaleon, Thevenin, Lorrain. Un exempl. en *mar. r.* 40 fr. Nodier.

La Seconde Semaine, premier et second jour, a été imprimée deux fois à *Paris, chez L'Huillier,* en 1584, in-4., et même il a été tiré sur vélin plusieurs exemplaires de la première édition. Celui de la vente d'Ourches, qui était revêtu d'une belle reliure ancienne en *mar. r. à compart.,* a été porté à 120 fr., et à 60 fr. seulement chez Mac-Carthy. Elle a été reproduite à *Anvers, chez Jacq. Henric,* 1584, in-8., et aussi à *Paris* et à *Rouen,* en pet. in-12. Le catal. de la Bibl. du roi, Y, n° 4758, indique une édition du *premier jour,* reveue par l'auteur, *Nevers, Pierre Roussin,* 1591, in-4. ; cependant, selon ses biographes, ce poëte était mort en juillet 1590.

La première (et la seconde) Semaine, avec des annotations et explications par S. G. (Simon Goulard), *Paris, J. Gesselin,* 1603, 2 vol. pet. in-12.

Aucun ouvrage n'eut alors plus de succès que ce poëme, car il s'en fit, en peu d'années, une trentaine d'éditions, tant à Paris qu'à Rouen, à Lyon et à Genève ; et non-seulement on le traduisit en vers latins (voyez Du Monin), mais encore en diverses langues modernes ; en sorte qu'un catalogue de toutes ces éditions pourrait remplir plusieurs pages.

L'illustre Goethe avait en grande estime la *Semaine* de Du Bartas, et il trouvait les vers de ce poëte dignes de figurer dans les bibliothèques, à côté de ceux qui font le plus d'honneur aux muses françaises ; il les préférait même à des productions plus récentes et bien autrement vantées (*Des hommes célèbres en France au XVIIIe siècle,* trad. de l'allem., *Paris,* 1823, p. 102). Malheureusement cet honorable suffrage n'est pas confirmé par les critiques français, qui regardent Du Bartas comme manquant essentiellement de goût, bien qu'il eût de la grandeur dans les idées et une certaine verve poétique.

Saluces (*A.* de). Hist. militaire du Piémont, 25310.

Christofle de Gamon a écrit, aussi en vers, *La Semaine, ou Création du monde*, contre celle de Du Bartas, *Genève, Petit*, 1609, ou *Niort, Lambert*, 1615, in-12. 9 fr. Monmerqué.

— CANTIQUE sur la victoire d'Ivry. *Lyon, Tholosan*, 1594, pet. in-8.

La bataille d'Ivry, à laquelle Du Bartas avait assisté, ayant eu lieu le 14 mai 1590, il est probable qu'il existe une édition de ce cantique antérieure à celle de 1594, qui, d'ailleurs, est postérieure à la mort de l'auteur.

— LE MÊME cantique, avec sommaire et annotations (Genève) *pour Jaques Chouët*, 1596, in-12 de 21 pp. 72 fr. *mar. v.* Veinant, en 1860, sans avoir réellement cette valeur.

— L'URANIA, la Judith, la Lepanthe, la Victoire d'Yvry, etc., en françois et en allemand. *Cöthen*, 1623, in-4.

L'auteur de cette version allemande se félicite d'avoir rendu le texte de Du Bartas non-seulement dans le même nombre de syllabes, mais encore en terminant chaque vers par une rime semblable. 14 sh. Libri, en 1859.

Les poésies de Du Bartas ont été fort goûtées en Angleterre, où il en a été fait différentes traductions dont Lowndes (2e édit., p. 679) nous fait connaître les titres. Nous nous bornerons à celui-ci :

DU BARTAS his diuine Weekes and Workes with a compleat collection of all the other most delightfull Workes, translated and written by yt famous Philomusus, Josvah Sylvester, Gent. *London*, 1641, in-fol.

SALUSTIUS. Voy. SALLUSTIUS.

SALVA (*Vincent*). A Catalogue of spanish and portuguese books, with occasional literary and bibliographical remarks. *London, M. Calero, spanish printer*, 1826, and 1829, 2 part. en 1 vol. in-8. 9 sh. [31662]

Ce catalogue, de 4252 articles, est rédigé avec soin, et il mérite d'être conservé à cause de sa spécialité. Toutefois, en le consultant, il ne faut pas perdre de vue que c'est l'ouvrage d'un libraire qui cherchait à vendre avantageusement ses propres livres.

SALVAGE. Anatomie du gladiateur combattant. *Paris, Le Normant*, 1812, gr. in-fol. [6757]

Ce bel ouvrage renferme 22 pl., dont 15 coloriées : 80 fr.; — avec contre-épreuves, 100 fr.; — Pap. vél., 160 fr.; — Pap. vél., avec contre-épreuves, 200 fr. Prix qui ne se soutiennent point.

SALVAGNIUS. Voy. BOESSIUS.

SALVARDI. Collezione scelta dei monumenti sepolcrali del comune cimitero di Bologna, intagl. per cura di Natali Salvardi. *Bologna*, 1825 e segg. in-fol. [9887]

Cet ouvrage, qui devait contenir cent monuments, s'est publié par livrais., au prix de 6 fr. 50 c., et en pap. fort, 11 fr. En 1830, il paraissait 49 pl. avec texte, formant ensemble 10 livraisons.

Saluzzo-Roero. Novelle, 17506.

Salvador (*Jos.*). Institutions de Moïse, 2227. — Jésus-Christ, 21362. — Domination romaine en Judée, 22739.

Salvan (l'abbé). Histoire de l'Église de Toulouse, 21457.

Salvandy (*N.-A.* de). Révolution de 1830, 23999. — Hist. de Pologne, 27833.

SALVATOR ROSA. Voy. ROSA.

SALVE. Le salue Dalkimie

Pource que ignorans ont resue
A calciner tout talk en myes
Lon a cy fait sur Lalkimie
Une rime par le salue.

Imprime a Dijon (sans date), in-8. goth. de 8 ff. [18587]

Pièce fort rare, qui a dû paraître vers 1530 : vend. 27 fr. Courtois.

SALVE. Le salue regina en francoys fait a la louenge de la glorieuse ẏge marie. (au recto du dernier f.) : *Imprime a paris par maistre nicole de la barre*. (sans date), pet. in-4. goth. [13588]

Opuscule de 6 ff. en vers, avec une gravure sur bois (l'Annonciation) au recto du premier f., et au verso du dernier f. la marque suivante. Vend. 31 fr. salle Silvestre, en mai 1824 ; 16 fr. 50 c. Nugent.

— Le Salve regina... *Nouuellement imprime a Paris, par Alain Lotrian* (s. d.), pet. in-8. goth. de 8 ff.

Nous avons vu un exemplaire de cette pièce auquel en était jointe un autre, sous ce titre :

SENSUYT une tres belle salutation faicte sur les sept fêtes de Notre-Dame, laquelle lon chante au salut a Saint-Innocent : a Paris, et la fist et composa frere Jehan Tissarran (*sans lieu ni date*), in-8. goth. de 8 ff. avec fig. sur bois.

SALVE REGINA des prisonniers, adressé à la royne, mere du roy. (sans lieu ni date), pet. in-8. de 8 pp.

Cette pièce, en vers, se rapporte au règne de Louis XIII et non à celui de François II, comme l'a dit le P. Lelong; elle est ordinairement accompagnée des deux pièces suivantes, également en vers, et qui forment un cah. de 16 pp. sous les signatures A et B : *Le purgatoire des prisonniers envoyé au roy...; L'Emprisonnement de M. le C.. c....* envoyé au roy. Toutes les trois sont réimprimées dans le VIIIᵉ vol. des *Variétés* publiées par M. Ed. Fournier.

SALVI (*Jacopo*). Novella, novellamente stampata et posta in luce. *Bologna* (*senza nome di stampatore*), 1547, in-8. [17468]

Nouvelle galante fort rare, composée de 8 ff. seulement. La date de 1547 est au commencement, et l'indication de Bologne à la fin.

SALVI (*Mich.-Ang.*). Istoria di Pistoja e delle fazioni d'Italia. Tom. I, *Roma, Lazari,* 1656. Tom. II, *Pistoja, Fortunati,* 1657. Tom. III, *Venezia, Valvasense,* 1662; en tout 3 vol. in-4. [25553]

Ces trois volumes se trouvent rarement réunis : 67 fr. 50 c. Boutourlin.

SALVIANUS. De vero judicio et providentia Dei libri VIII. Maximi taurinensis homiliæ. Paciani de pœnitentia et confessione. Sulpicii Severi sacræ historiæ libri duo, etc. *Romæ, apud Paulum Manutium,* 1564, in-fol.

Recueil difficile à trouver, et cependant peu recherché : 6 sh. 6 d. Butler.

— SS. SALVIANI, Massiliensis et Vincentii Lirinensis Opera, ad fidem codd. mss. emendata et illustrata studio et labore Steph. Baluzii. *Parisiis, Fr. Muguet,* 1669, in-8. [1066]

Seconde édition de ces deux écrivains sacrés, donnée par Baluze. La première est de 1663; il y en a une 3ᵉ de 1684, in-8. 6 à 7 fr. — 1 liv. *mar. r.* Libri, en 1859.

— S. SALVIAN euesque de Marseille, du vray jugement et prouidence de Dieu, traduit du latin en françois par B. B. D. S. (Nicolas de Baufremont), baron de Senescey. *Lyon, Guill. Rouille,* 1575, in-8. Dédié à Henri III. 5 à 6 fr.

24 fr., mal annoncé sous la date de 1555, Bergeret.

— ŒUVRES de Salvien, traduction nouvelle, avec le texte en regard, par J.-F. Grégoire et F.-Z. Collombet. *Lyon, Sauvignet,* 1833-34, 2 vol. in-8. 12 fr.

Pour d'autres traductions de Salvien, voyez les nᵒˢ 1067 et 68 de notre table.

SALVIANUS (*Hippolytus*). Aquatilium animalium historiæ, cum eorumdem formis, ære excusis. *Romæ* (*apud Hippol. Salvianum*), 1554, gr. in-fol. 15 à 24 fr. [5859]

Ouvrage bien exécuté, et qui est encore assez estimé, malgré les immenses progrès que l'ichthyologie a faits depuis le XVIᵉ siècle. Vend. beaux exempl. rel. en *mar.* 115 fr. de Limare : 72 fr. Belin; 86 fr. Caillard, et même prix en 1836; avec les figures enluminées, 200 à 210 fr. Gaignat, Mariette et La Valliere. Un exempl. en Gr. Pap. rel. en *mar.* et *aux armes de De Thou,* 30 liv. 10 sh. Edwards.

Il y a des exemplaires qui finissent au 255ᵉ f. (coté par erreur 257); d'autres ont un 256ᵉ f., qui contient au recto les errata, le registre des cahiers, et une souscription ainsi conçue : *Romæ, apud eun-*

dem *Hippolytum Salvianum, mense octobri* M. D. LVII. Nous en avons vu un dans lequel cette souscription était ainsi terminée : *Mense januario,* M. D. LVIII ; mais, nous en sommes convaincu, ces trois sortes d'exemplaires se rapportent à une seule édition.

On trouve quelquefois les 99 figures de ce livre tirées séparément sans texte, et formant 82 ff., pet. in-fol., avec le frontispice daté de 1554, et un avis (en italien) d'*Antonio Lafreri,* graveur des planches, daté *di Roma il giorno 20 di Marzo,* 1559. Ces gravures sont estimées des amateurs d'estampes.

SALVIATI (cav. *Lionardo*). Avvertimenti della lingua sopra il Decamerone. *Venezia, Fratelli Guerra,* 1584, et *Firenze, Giunti,* 1586, 2 vol. in-4. 15 à 18 fr. [17409]

Cet ouvrage estimé a été réimprimé à *Naples,* 1712, 2 vol. in-4. ; et au sujet de cette nouvelle édition nous ferons observer que la feuille *Nn,* dernière du tome 1ᵉʳ, est sujette à manquer.

— IL GRANCHIO, e la Spina, comedie ; e un dialogo dell' amicizia. *Firenze, Cosimo Giunti,* 1606, in-8. 5 à 6 fr. [16707]

La première édit. du *Granchio,* Florence, *figliuoli di Lor. Torrentino,* 1566, in-8., est rare, et plus chère en Italie que la précédente. La *Spina* parut d'abord à *Ferrare, Bened. Mammarelli,* 1592, in-8. La Crusca cite ces deux pièces.

— IL LASCA, dialogo, Cruscata, ouuero Paradosso d'Ormannozzo Rigogoli, reuisto e ampliato da Panico Granacci... nel quale si mostra, che non importa, che la storia sia uera, e quistionasi per incidenza alcuna cosa contro la poesia. *Firenze, Domenico Manzani* (in fine : *Nella stamperia di Giorgio Marescotti,* 1584), in-8. de 50 pp. et un f. portant la souscription.

Cet ouvrage paradoxal est de Leonard Salviati, mais ne porte pas son nom. Il y en a une édition de Florence, *Dom. Manzoni,* 1606, in-8. Vend. en *mar. r.* 26 fr. Libri.

Le recueil des ouvrages de Salviati, impr. à *Milan,* 1809-10, en 5 vol. in-8., pour la collection des classiques [19209], n'est pas tout à fait complet. Gamba (nᵒ 856 et suiv.) fait connaître les édit. originales des différents opuscules de cet auteur.

Sept des *Orazioni* de Salviati , in-4. [12209], parmi lesquels on remarquait les discours prononcés après la mort de Garcia de Medici, 1562 ; aux obsèques de Michel-Ange, 1562, et à celles de Cosme de Medici, 1574, ont été vendus ensemble 67 fr. Riva.

— Comedie, 16706.

SALVINI (*Ant.-Mar.*). Discorsi accademici sopra alcuni dubbj proposti nell'Accademia degli Apatisti. *Firenze,* 1695-1712-1733, 3 vol. in-4. 12 à 15 fr. [18353]

Le premier volume de cette collection a été réimprimé sans augmentations à Florence, en 1713, et avec des augmentations, en 1725.

— I medesimi. *Napoli,* 1786, 6 vol. in-8. Edition médiocre. — Autre, *Bologna,* 1821, 11 vol. pet. in-8.

— Prose toscane. *Firenze,* 1715-35, 2 vol. in-4. 10 à 12 fr. [19221]

Le premier vol. a été imprimé deux fois sous la même date.

— Sonetti, 14994.

Salverte (*Anne-Jos.-Eusèbe* de Baconnière). Sciences occultes, 8853. — Noms d'hommes, 21324.

Salvetat (*A.*). Leçons de céramique, 10247.

Salviat (de). Parlement de Bordeaux, 2718.

— Prose sacre. *Firenze,* 1716, in-4.; —
4e édit., *Milano, Silvestri,* 1820, in-16.

SALVIO (*Alessandro*). Trattato dell' inventione et arte liberale del gioco di
scacchi. *Napoli, Sottile,* 1604, pet.
in-4. de 4 ff. et 186 pp., plus 1 f. pour
l'errata. [10484]

Livre peu commun.

SALVOLINI (*François - Pellegrin - Jo-*
seph-Gaspard). Analyse grammaticale
et raisonnée de différens textes anciens
égyptiens. *Paris, chez l'auteur,* 1836,
in-4., avec 14 pl. [29122]

Première partie du tome Ier, laquelle contient le texte
hiéroglyphique et démotique de la pierre de Rosette. Elle n'a été vendue que 9 fr., Quatremère,
quoique primitivement elle eût coûté 35 fr. La suite
n'a pas paru.

Il a été constaté que Salvolini, après avoir été admis
à l'intimité de Champollion jeune, était parvenu à
dérober des manuscrits importants, composés par
ce savant, et qu'il s'en était servi pour rédiger son
Analyse grammaticale. On peut consulter à ce
sujet l'opuscule intitulé : *Notice sur les manuscrits*
de Champollion le jeune, perdus en l'année 1832,
et retrouvés en 1840, par M. Champollion-Fi-
geac, Paris, typogr. de F. Didot, mars 1842, in-8.
de 47 pp. avec un fac-simile.

— Pour les autres ouvrages de Salvolini, voyez les
nos 29121 à 29123 de notre Table méthodique.

SALVUCCI (*Salvuccio*). Novelle, distinte
particolarmente in dodici mesi del-
l'anno, cominciando a Gennaio, dette le
Mesate. *Firenze, Francesco Tosi alle*
scalee di Badia, 1591, in-4. [17469]

Opuscule fort rare, lequel a une seconde partie, intitulée *Novella seconda...* sous la même date (Gamba, p. 157). Ces deux nouvelles ont été réimpr. dans
les *Novelle d' alcuni autori fiorentini,* en 1795
(voy. NOVELLE).

SALY. Vasa inventa atque studii causa
delineata et incisa a Jacobo Saly. 1746,
in-fol. [9578]

Suite de 30 pièces, non compris le titre. Vend. 16 fr.
La Valliere, 40 fr. en avril 1859.

SALZEDO (*Garcia* de). Christales de He-
licona : Rimas. *Madrid, Diego Diaz de*
la Carrera, 1650, pet. in-4. [15269]

Ce volume, vend. 9 fr. Gohier, forme la seconde partie des poésies de l'auteur. La première a paru à
Madrid, en 1624, selon Antonio, qui date celle-ci
de 1649.

SALZENBERG (*W.*). Alt-christliche Bau-
denkmale Constantinopels vom v. bis
XII. Jahrhundert. Auf Befehl S. Maj.
des Königs aufgenommen und erläutert.
Im Anhange des Silentiarius Paulus
Beschreibung der Agia Sophia und des
Ambon. Metrisch übersetzt und mit
Anmerkungen versehen von C.-W.
Kortüm. *Berlin, Ernst und Korn,* 1854,
gr. in-fol. 40 pl., dont 14 color. [9787]

Ouvrage de luxe publié aux frais du gouvernement
prussien, orné de 39 pl. dont 13 en couleur. Il n'en
a été tiré qu'un petit nombre d'exemplaires qui
coûtaient 240 fr. chacun, et en grand pap. vél.
300 fr. Un de ces derniers est offert pour 200 fr.
dans le 58e catal. d'Asher.

SALZMANN (*Auguste*). Jerusalem : étude
et reproduction photographique des
monuments de la ville sainte, depuis
l'époque judaïque jusqu'à nos jours.
Paris, Gide et J. Baudry, 1855-57,
pet. in-fol., illustré de 50 grav. sur bois
et accompagné de 3 pl. 30 fr. [28026]

A ce texte se joint un atlas publié en deux éditions
de formats différents, savoir : 1o grand in-fol. contenant 174 photographies, en 58 livr. au prix de
24 fr. par livr.; chaque planche prise séparément,
10 fr. ; 2o pet. in-fol. contenant 40 photographies
choisies parmi les plus intéressantes, en 10 livr. à
12 fr.

SAMACHSCHARII Lexicon arabicum
persicum ex codd. mss. lepsiensibus,
oxoniensibus, vindobonensi et berilo-
nensi edidit atque indicem arabicum
adjecit Joann.-Godofr. Wetzstein. *Lip-*
siæ, Barth, 1850, in-4. 33 fr. [11618]

SAMANIEGO (D. *Felix-Maria*). Fabulas
en verso castellano. *Madrid, Vega,*
1804, 3 parties pet. in-8. fig., à chaque
page. 24 fr. [15314]

L'édition de *Madrid,* 1814, 2 part. en 1 vol. in-8.,
6 fr. 50 c. Rodriguez.

SAMBIGUCIUS. Sambigucii Sardi Sassa-
riensis (*Gavini*) in Hermathenam Boc-
chiam interpretatio. *Bononiæ, apud*
Ant. Manutium Aldi filium, 1556,
in-4. de 161 pp., avec trois tables.
[18564]

Commentaire sur le 102e emblème du recueil d'Achille
Bocchius (voyez BOCCHIUS). C'est un livre rare,
mais qui n'a d'intérêt que pour la collection aldine :
1 liv. 9 sh. Butler.

SAMBIN ou SAMBYN (*Hugues*). OEuvre
de la diversité des termes dont on use
en architecture, reduict en ordre par
maistre Hugues Sambin, architecteur
en la ville de Dijon. *Lyon, Jean Du-*
rant, 1572, pet. in-fol. avec fig. grav.
sur bois. 20 à 30 fr. [10042]

SAMBUCA (*Ant.*). Memorie istorico-cri-
tiche intorno all' antico stato de' Ceno-
mani, e loro confini. *Brescia,* 1750,
in-fol. fig. 12 à 20 fr. [15394]

SAMBUCUS (*Joannes*). Emblemata et
aliquot nummi antiqui operis, tertia
editio emendata et aucta. *Antuerpiæ,*
Chr. Plantinus, 1569, in-16, fig. sur
bois. [18567]

Vend. 6 sh. m. bl. Heber.

Il existe au moins cinq éditions de ces Emblèmes,

toutes impr. chez Plantin ; la première en 1564, in-8. (8 sh. Heber ; 30 fr. Riva); la seconde avec des augmentations, en 1566, in-8.; une autre, en 1576, in-16 ; et la 4ᵉ, de 1584. Les dernières sont les plus recherchées : dans les exemplaires qu'on en rencontre se trouvent ordinairement réunis les Emblèmes d'Hadr. Junius ou le Jeune (voy. ce nom). La gravure de la page 179, dans l'édit. de 1584, représente une *guillotine*, presque semblable à celle qui se trouve dans les *Quæstiones symbolicæ* de Bocchius.

— LES EMBLÈMES de Jehan Sambucus, trad. du latin en vers françois. *Anvers, Plantin*, 1567, in-16, fig. 3 à 4 fr.

Vend. en *m. bl.* 7 fr. Méon ; 16 fr. Morel-Vindé; 10 fr. 50 c. Pixerécourt.

Cette traduction est plus recherchée chez nous que le texte latin.

— Icones veterum aliquot ac recentium medicorum philosophorumque cum elegiolis suis editæ, opera J. Sambuci. *Antuerpiæ, Chr. Plantin.,* 1574, in-fol. [30394]

Ce recueil renferme 2 ff. prélim. et 67 portr. gravés en taille-douce, avec un distique au-dessous de chacun. Les pl. 42, 49, 57 et 60 n'ont pas été remplies. Les portraits sont d'une exécution très-médiocre, mais ceux des contemporains, qui en font partie, peuvent être regardés comme authentiques. Il y a des exemplaires sous un titre différent, *ex officina Plantiniana-Raphelengii*, 1603, lesquels renferment 6 ff. prélimin. et ont à la fin 5 ff. non chiffr. contenant des éloges. Ce sont les mêmes 67 pl. et le même tirage que dans les exemplaires de 1574 : 32 fr. Borluut. — L'édition d'Amsterd., *ex offic. Gul. Janssonii*, 1612, in-fol., présente un nouveau tirage des mêmes planches, lesquelles ont encore servi pour l'édition d'Amsterdam, 1613, sous un titre hollandais.

SAMMARTHANI, pater et filius. Voyez SAINTE-MARTHE.

SAMMICHELI (*Michele*). I cinque ordini dell' architettura civile, rilevati dalle sue fabbriche, descritti e pubblicati con quelli di Vitruvio, Alberti, Palladio, Scamozzi, Serlio, Vignola, dal Co. Alessandro Pompei. *Verona*, 1735, in-fol. fig. [9748]

Sanmicheli ou Sammicheli est un architecte célèbre de la première moitié du XVIᵉ siècle. Les dessins des édifices construits sous sa direction ont été recueillis dans plusieurs ouvrages. Celui de Pompéi est un des plus utiles. 15 fr. Hurtault ; 17 fr. Reina.

— Le Fabriche civili, ecclesiastiche e militari di Mich. Sanmicheli, disegnate ed incise da Francisco Ronzani e Girolamo Luciolli, etc. *Verona, Moroni*, 1823-30, in-fol. fig.

Reproduit à Venise, en 1836, in-fol., avec la vie et le portrait de l'artiste, 80 fr.

— Capella della famiglia Pellegrini, esistente nella chiesa di S. Bernardino, pubblicata ed illustrata dal conte Giuliari. *Verona*, 1816, gr. in-fol.

36 pl. gravées par Mercoli.
— Voy. ALBERTOLLI.

SAMMLUNG von Minnesingern. Voyez MANESSE.

SAMPER (*Hipp.* de). Montesa ilustrada, origen, fundacion, progressos... heroes, y varones ilustres de la religion militar de S. Maria de Monesa y S. George de Alfama. *Valencia, Hier. Vilagrassa*, 1669, 2 vol. in-fol. [22008]

Ouvrage peu commun : 40 fr. Sampayo.

SAMSON (*P.-A.*). Histoire de Guillaume III, roi de la Grande-Bretagne, contenant les actions les plus mémorables de sa vie, et ce qui s'est passé de plus remarquable depuis sa naissance jusqu'à sa mort. *La Haye et Amsterd., P. Mortier*, 1703-6, 3 vol. pet. in-8. fig. [27013]

Cet ouvrage devait avoir un 4ᵉ vol., mais l'impression en fut arrêtée à la page 96, sur la demande du gouvernement anglais, et les feuilles composées furent en grande partie détruites. Ce fragment faisait partie de l'exemplaire porté à 2 liv. 10 sh. dans le catal. de J.-C. Stewart, libraire, *Lond.*, 1852, nº 1671. Les trois vol. n'ont que fort peu de valeur.

SAMUEL. Incipit Epistola Rabi samuelis israhelite oriundi de Fer (*sic*) ciuitate Regis marochitani : missa Rabi ysaac... translata de arabico in latinū per fratrem Alfonsum boni hominis hispanum..... (*absque nota*), in-4. [1814]

Édition peu connue, exécutée à Naples par *Francesco di Dino Fiorentino*, et exactement conforme, pour le caract. et la justification des pages, aux *Rudimenta grammatices* de Perotti, donnés par cet imprimeur, en 1479 (voy. PENOTTUS). Il y a en tout 40 ff. (dont le premier et le dernier sont blancs), sans chiffres, réclames ni signatures, 26 lignes par page. Au verso du 39ᵉ f., après la deuxième ligne, se lit la souscription : *Explicit epistola Rabi samuelis missa Rabi ysaac ut supra prohemio continetur..... Deo gratias.* Vend. 2 fr. 60 c. Boutourlin.

Il existe une autre édition non datée, de la même lettre, in-4. de 38 ff., dont le premier est blanc, sans signat., chiffres ni récl., à 27 et 28 lign. par page, caract. rond très-menu de Bartholomæus Cremonensis, imprimeur à Venise. 3 fr. Boutourlin. Une autre édit. in-4., en caract. rom., également sans lieu ni date, et sans chiffres ni signat., composée de 27 ff. plus 1 bl., à 28 lign. par page, est décrite sous le nº 14263 du *Repertorium* de Hain ; on l'a supposée imprimée à Trévise, par Mich. Manzol) : 31 fr. 2ᵉ vente Quatremère.

Une édition de la même épître, imprimée à Mantoue par Jean Schallus, en 1475, se trouve à la suite du *Scrutinium Scripturarum* de Paul de Sancta Maria, sorti des mêmes presses en 1475, et elle forme les cahiers M et N de ce volume. — Voy. PAULUS.

L'édition d'Anvers, par Gerard Leeu, 1486, in-4. goth. de 20 ff. 20 fr. Borluut.

— Tractato de requisitione dubiose et argomenti circa il fondamento della vera fede, cum la dichiaratione de le profetie, composti e facti per lo sapientissimo hebreo maestro Samuel israelitano sotto il gran re Manchochyta. Mandati al grand' raby Isac maestro della synagoga nel decto regno, dove se prova per lo dicto de' propheti lo advenimento di Jesu-Christo vero Messia contra la durecia et incredulitate di tutti li Hebrei. *Bologna (senza nome di stampatore)*, 1475, in-4. de 38 ff. non chiffrés.

Edition fort rare, à la fin de laquelle se lit cette souscription en lettres capitales : *Finis? Amen. Deo gratias? Bononia.* M. CCCC. LXXV. *die* XVII *Junii.*

— Samuel Rabbi israhelita, epistola tradotta da Bastiano Salviano, studioso della vera phylosophia de cristiani, Cugino di Marsilio Ficino... *x octob. m. cccc. lxxvij. in agro mugellano*, pet. in-4., sign. a—i.

Volume rare, vend. 29 fr. 50 c. Boutourlin, 1 liv. 9 sh. Libri en 1859.

SAMUEL. Voy. GRANT et vraye pronostication.

SAMWER (*C.*). Voy. MARTENS.

SAN ANTONIO (*Al.* de). Gloriosos titulos apostolicos y reales, originarios y primativos de S. Religion discalça y calcada de la SS. Trinidad de redençion de cautivos. *Madrid*, 1661, 2 part. en 1 vol. in-fol. [21851]

Un exemplaire imprimé sur VÉLIN est porté à 10 liv. 10 sh. dans le catal. de C.-J. Stewart, *Lond.*, 1852, n° 1672.

SAN ANTONIO (*Gabriel* de). Voyez ANTONIO.

SAN ANTONIO (P. Fr. *J.-Francisco*). Chronicas de la apostolica provincia de S. Gregorio de religiosos descalzos de S. Francisco en las Islas Philipinas, China, Japon, etc. *Manila (Sampaloc)*, 1738-44, 3 vol. pet. in-fol. [21587]

Imprimé sur papier du Japon. Les deux premiers vol. 46 fr. 4ᵉ vente Quatremère. Le 3ᵉ vol., qui contient la mission du Japon, a 20 ff., dont un titre gravé, 839 pp. à 2 col., et 56 ff. pour la table ; il est porté, seul, à 100 fr. dans le catal. de Tross, 1861, n° V, art. 922.
— Chronica de la provincia de S. Pablo, 21592.

SAN AUGUSTIN (Fray *Gaspar* de). Compendio de la arte de la lengua tagala. *Manila*, 1703, in-4. [11910]

Catal. Marsden.

— Conquista de las islas Philipinas. *Madrid*, 1698, in-fol. [28222]

Vend. 23 fr. Fleurieu.

SAN BERNARDINO (Fr. *Gaspar* de). Itinerario da India por terra atè este reino de Portugal, com a descripção de Hierusalem. *Lisboa, Vicente Alvares*, 1611, 3 part. en 1 vol. in-4. [20646]

Une analyse de cet ouvrage, devenu fort rare, se trouve dans la *Bibliotheca hist. de Portugal*, in-4., p. 156 et suiv.
Vend. 5 liv. Heber, et avec 2 feuillets défectueux, 2 liv. 1 sh. le même. — L'auteur est nommé *Gaspar de Sa, o Bernardino* dans la *Biblioth. grenvil.*, p. 628.

SAN BONAVENTURA (*Franç.-Gabriel* de). Arte de l'idioma Maya. *Mexico*, 1560, in-8.

Ce livre est cité par Ludwig, *Literature of american language*, p. 103. Peut-être n'existe-t-il qu'en manuscrit.

SAN CHIRICO. Capitulo del Giuoco della Primeira col commento di Pietro Paolo da San Chirico. *Roma*, *F. Minitio Calvo*, 1526, in-4. [10505]

Ce commentaire sur *un Capitolo* du Berni est rempli de documents et d'anecdotes sur les jeux, et principalement sur le jeu de cartes. Il y en a une seconde édition, *Venetiis, per Bernardinum de Bendonis*, 1534, pet. in-8. 13 fr. 50 c. mar. r. Leber.

SAN FRANCISCO (*Diego* de). Relacion verdadera, y breve de la persecucion, y martirios que padecieron por la confession de nuestra Santa Fee catholica en Japon, quinze religiosos de la provincia de S. Gregorio de los descalcos del orden de S. Francisco de las islas Philipinas. Adonde tambien se trata de otros muchos Martires religiosos de otras religiones, y seculares de diferentes estados, todos los quales padecieron en Japon desde el año de 1613 hasta el de 1624. *Manila, por Thomas Pimpin*, 1625, in-4. [22310]

Edition originale, et qui certainement ne doit pas être commune.

SAN GERMANO. A description of the Burmese empire, compiled chiefly from native documents, by the rev. father San Germano, and translated from his ms. by William Tandy. *Rome*, 1833, in-4. 15 sh. [28202]

Imprimé aux frais du comité des traductions orientales.

SAN GREGORIO. Mysterios principales de nuestra Santa Fe, compuesto por fray Antonio de San Gregorio, sale a luz tercera vez a diligencias del hermano Fr. Francisco de Santa Rosa. *En el convento de Nra. Sra de Loreto en el Pueblo de Sampaloc*, 1760, in-4. [1399]

15 ff. préliminaires, y compris la figure de sainte Marie Majeure. Texte, 161 ff. chiffrés (le dernier coté 13). A la suite : *Libro ang Pangalan ay Caolayao nang Calolova*, 4ᵉ édit., 1760, composé de 3 et 22 ff. (le 21ᵉ coté 25).

SAN JOSEPH (el P. fray *Fr.* de). Arte y regla de la lengua tagala, por el Padre F. fray Francisco de San Joseph de la

---

San-Bertolo (il cav.). Architettura statica e idraulica, 8803.

orde de San Domingo. *En el Partido de Bataan por Thomas Pinpin Tagalo. Año de* 1610, in-4. de 310 pp., sans les préliminaires. [11908]

Livre rare, 5 liv. 7 sh. 6 d, Heber, VI, 1441 et porté à 160 fr. dans un des catal. de Tross, C'est la plus ancienne production connue de la presse établie au monastère de Bataan, ordre de Saint-François, dans l'île de Luçon. Antonio n'en a pas fait mention, mais il a cité deux ouvrages ascétiques du même religieux, lequel, en entrant en religion, quitta le nom de Blanco qu'il portait pour prendre celui de San Joseph.

— Arte y reglas de la lengua tagala, por el P. fr. Francisco de San Josef. (*Manila) de la imprenta de D. Jose-Mar. Dayot*, 1832, in-8. de 919 pp.

SAN JUAN (*Francisco* de). Mission historial de Marruecos, en que se trata de los martiros, persecuciones, y trabajos que han padecido los missionarios, y frutos que han cogido las missiones, que desde sus principios tuvo la orden seraphica en el imperio de Marruecos... *Sevilla*, 1708, in-fol. [21588]

Rare et curieux.

SANKHIA (la). Voy. CAPILA et KRISHNA.

SAN MAIOLO (il conte Fassola di). Historia della guerra d'Olanda, nell' anno 1672. *Parigi*, 1682, in-12, avec une carte. [25170]

Ce volume ne contient que les deux premiers livres de l'histoire de la campagne de Louis XIV en Hollande en 1672. Une traduction française de l'ouvrage fut imprimée en même temps que le texte original, mais les deux éditions ont été supprimées et mises au pilon, parce que l'auteur, J.-B. Primi-Ammonio, intrigant connu sous le nom de Visconti, comte de San Majoli, y faisait mention du traité de Douvres. On prétend qu'il n'y eut de débités avant la saisie que soixante-sept exemplaires du texte italien, et quatre-vingt-huit de la version française. L'auteur fut mis pour quelques jours à la Bastille. (*Biblioth. choisie* de Leclerc, tome XV, et *Biblioth. de la France*, du P. Lelong, II, 23996, aussi l'art. *Primi-Ammonio*, dans le supplément de la *Biogr. univers.*, tome LXXVIII.) Un exemplaire du texte italien, 14 flor. 95 c. Meermann.

Nous trouvons sous le n° 5185 du catal. Floncel :

IL SALVAMENTO del conte Fassola di San Maiolo, regente generale di Valsesia, lettera intercetta. 1685, in-16.

SAN MICHELI. Voy. SAMMICHELI.

SAN MARTINO (*Matteo* conte de). Pescatoria, et Egloghe. (*Venezia, per il Giolito senz' anno*), pet. in-8. [14934]

Cette édition ne porte ni lieu d'impression ni nom d'imprimeur, mais elle a sur le frontispice le Phénix, marque de *Giolito* de Venise.

SAN PEDRO ou Sant Pedro (*Diego* de). La Passion de nostro redemptor y salvador Jesu xp̄o trobada, pet. in-4. goth. de 20 ff. à 2 col., sign. *a—e*, fig. [15332]

Ce petit volume ne porte ni date ni lieu d'impression, mais il paraît avoir été impr. à Valence, vers 1520. Il renferme un poëme catalan, lequel commence au 2° f. sign. Aiiij. de cette manière : *Comienza la passion trobada por el dicho Diego de Sant Pedro*. Vend. 100 fr. Mac-Carthy ; 2 liv. 5 sh. *Heber*, IX, 1032.

— El siguiente tratado fue hecho a pedimento del señor Diego Hernandes Alcaide de los Donceles, y de otros caballeros cortesanos : llamase Carcel de amor compusolo San Pedro. — *Acabose esta obra... en la..... cibdad de Sevilla a tres dias de marzo año de* 1492, *por quatro compañeros alemanos*, in-4. goth. [17561]

La plus ancienne édition connue de ce petit roman, qui a été si souvent réimprimé pendant tout le XVI° siècle. Mendez l'a décrit d'après l'exemplaire de la Bibliothèque royale de Madrid, et il en nomme les quatre imprimeurs : *Paolo de Colonia, Juan de Nuremberg, Magno,* et *Thomas.*

— Carcel de amor, por Diego de San Pedro, decurione de Valladolid, al señor don Diego Hernandez, Alcayde de los Donceles. *Burgos, por Frederigo Aleman*, 1496, in-4. goth. fig. sur bois.

Édition fort rare, qu'indique Maittaire, sur le seul témoignage de Prosper Marchand.

M. Gayangos cite une édition de ce roman, in-4. de 45 ff., sous la date de 1508.

— Carcel de amor. (au recto du dernier f.): *Fue empremido el presente tractado : intitulado car‖cel de amor : con otro tratadillo añadido por nico‖las nuñez : ſecho en Çaragoça por Jorge coci ‖ y acabo se a seys dias de octubre año ‖ de mill z quinientos z xj. años*(1511), in-4. goth. ff. non chiffrés, sign. A—f par huit, avec fig. sur bois, tant au titre que dans le courant du livre, mais qui y sont reproduites plusieurs fois.

Cette édition rare m'a été communiquée par M. Payne, ancien libraire, à Londres.

— Carcel de amor (compuso lo Diego de Sant Pedro). — *Fenesce el present tratado intitulado Carcel de amor. Con otro tratadillo añadido que hizo Nicolas nuñez. Fue impresso en... Burgos : por Alōso de Melgar enel Año de mil z quinientos z veynte z dos*(1522). *A veynte z cinco dias del mes de Febrero*, in-4. goth. 48 ff. fig. sur bois, sign. *a—fv.*

Autre édition rare. La Bibliothèque impér. en conserve un exemplaire réuni à d'autres pièces. Au verso du 7° f. du cahier *e* commence : *Tractado que hizo Nicolas nuñez sobre el que diego de sant pedro compuso de Leriano y Laureola : llamado Carcel de amor*, pièce qui, probablement, fait aussi partie des éditions suivantes. On a relié dans le même volume l'opuscule intitulé : *Sermon ordenado por Diego de Sant Pedro : porque dixeron unas señoras, que le desseauan oyr predicar*, également en caract. goth. et qui n'a que 4 ff.

— Carcel de amor Compuesto por Diego

de San Pedro a pedimiëto del señor don Diego Hernandez... (à la fin) : *Fue empremido el presente tractado : intitulado carcel de amor : con otro tratadillo añadido por Nicolas nuñez, fecho en çaragoça por Jorge coci y acabo se à seys dias de Agosto año de mill τ q̃niẽtos τ veynte tres años*, pet. in-8. goth. de 48 ff. non chiffr., sign. A—M, fig. sur bois.

Vend. 8 fr. Reina ; 25 fr. *mar. r.* Nodier.

— Carcel de amor, con otro tratadillo añadido que hizo Nicolas Nuñez sobre el que Sant Pedro compuso... *Sevilla, Jacobo Cromberger,* 1525, pet. in-4. goth. fig. sur bois.

Catal. Meerman, tome II, p. 59, n° 198.
— CARCEL de Amor. *Venecia,* 1531, in-8. (*Biblioth. pinell.,* tom. V, p. 203.)
— CARCEL de amor. — Sermon de amores. *Medina del Campo, Pedro de Castro,* 1544, pet. in-4. goth. Catalogue de la bibliothèque de Rouen, belles-lettres, n° 2205. Pour la *Question de amor,* impr. à *Medina del Campo,* en 1545, voy. QUESTION.
— CARCEL de amor hecha por Hernando de Sanct Pedro con otras obras suyas. Va agora añadido el sermon que hizo à unas señoras que dixeron que le desseauan ver predicar, corregida y emmendada por el señor Alonso de Ulloa. — Tratado que hizo Nicolas Nuñez sobre el que Diego de San Pedro compuso de Leriano y Laureola. *Venetia, Gabr. Giolito,* 1553, pet. in-8. de 68 ff. 6 à 9 fr.
— QUESTION de amor, y Carcel de amor. *En Anvers, Martin Nucio,* 1556 ; *en casa de Philippo Nucio,* 1576, aussi *en casa de Martin Nucio,* 1598, pet. in-12. 6 à 9 fr.
De ces trois éditions, la première est la plus jolie et la plus rare : elles sont toutes les trois en 2 part., et même dans la troisième la pagination recommence après la première partie, que l'on trouve quelquefois séparément, et qui a pour titre : *Carcel de amor, del cumplimento de Nicolas Nuñez.* C'est ce dernier titre que porte l'édition de *Louvain, Roger Velpio,* pet. in-12, sans date. L'édit. de 1576 a été vend. 9 sh. 6 d. Libri.
Il existe une édition des deux ouvrages ci-dessus : *Salamanca,* 1580, in-12. La *Question d'amor* a d'abord paru séparément (voy. QUESTION).

— Obra intitulada lo Carcer d'Amor. Compo̍sta y hordenada por Diego de Sant Pedro... traduit de lengua castellana, en estil de valenciana prosa por Bernardi vallmanya secretari del spectable conte doliva. *Fon acabat lo present libre en la insigne ciutat de Barchelona por maestre Johan Rosenbach, a XVIII. dies del mes de setembre Any Mil* CCCCXCIII, in-4. goth. fig. sur bois.

Cette édition très-rare est décrite dans la *Biblioth. grenvil.,* p. 639.

— La prison da-mours laquelle traicte de lamour de Leriano τ Laureole : faict en Espaignol : puis translate en tusquan : et nagueres en langage francois. Ensemble plusieurs choses singulieres a la louëge des dames Imprime nouuellement. (au recto du dernier f.) : *Cy fine*

ce present liure... *Imprime nouuellement a Paris Lan mil cinq cens vingt et sept Et fut acheue dimprimer le vingt et unisme* (sic) *iour de may,* in-8. goth. de lx· ff. chiffrés, figures sur bois.

Nous avons eu sous les yeux cette édition in-8.; c'est, nous le croyons bien, la même que celle qui est indiquée comme in-4. dans le catal. de La Valliere, en 3 vol. n° 4194, où elle est portée à 7 liv. 19 s. et dans celui de Solar, 2088, où le même exemplaire est coté 136 fr.

— La prison damours, la quelle traicte de lamour de Leriano et Laureole ; faite en espagnol (par Diego Hernandez de San Pedro), puis translatee en tusquan, et depuis en langage francois. *Paris, Galliot du Pré,* 1526, in-8. goth. de IV et 87 ff. fig. sur bois.

— La prison damours laquelle traicte de lamour de Leriano τ Laureole fait en Espaignol puis translate en Tuscan, et nagueres eu lãgaige francoy. ensemble plusieurs choses singulieres a la louenge des dames. On les vend a Lyon sur le rosne... cheulx Oliuier Arnoullet : — *Cy finist ce present liure... imprime a Lyon p Oliuier Arnoullet. Lã mil ccccc. xxviij. le xi Dauril,* in-4. goth. de 32 ff. fig. sur bois. [10749]

Édition à longues lignes, et en caract. très-serrés. Celle de *Paris,* 1533, in-12, 1 liv. Heber.

— La prison d'amour... rendue en langage françois (par Gilles Corrozet). *Paris, Corrozet,* 1552, in-16.

Réimprimé avec le texte espagnol, *Anvers, Richart Steele,* 1556 et 1560, pet. in-12. — à *Paris,* chez *Corrozet,* 1567, ensuite chez *Magnier,* 1581, chez *Nic. Bonfons,* 1594, chez *Gal. Corrozet,* 1595, et à *Lyon, Rigaud,* 1583, cinq éditions, pet. in-12 ou in-16. 5 à 8 fr.

— Carcer d'amore tradotto da Lelio Manfredi dal idioma spagnuolo in lingua materna. *Vinegia per Zorzi di Rusconi,* M. CCCCC. XIII, in-8.

C'est la plus ancienne édition que nous connaissions de cette traduction (*Bibl. crofts,* n° 4682). Il y en a une de Venise, par le même imprimeur, 1514, *adi primo de Luio,* pet. in-8., sign. A—Q en lettres rondes (Molini, *Operette,* p. 159), et une autre de Venise, 1515, in-8. dans le catalogue de Crevenna, n° 4966.

— Carcer d' amore... *Venet., Bernardino de Viano,* 1521, in-8.

Réimprimé à Venise, en 1525, 1530, 1533, 1537, 1546, 1553, etc., pet. in-8 Plusieurs de ces éditions ont des gravures sur bois, mais aucune n'est chère. Celle de 1537 est un vol. de 48 ff. en tout : 5 fr. La Valliere ; celle de 1553, 21 fr. Riva.
— CARCELL de amor, oder Gefängniss der Lieb. Aus span. Sprache in Hochteutsch gebracht durch Hans L. Khulffsteinern. Zum 5. Mal gedruckt. *Leipzig, Ochte,* 1635, in-8.
La première édition est de 1625.

— Arnalte y Lucenda. *Burgos, por Fa-*

drique Aleman, 25 nov. 1491, in-4. goth. sans pagination et sans réclames. [17563]

Édition décrite par M. de Gayangos.

— Arnalte y Lucenda. Tratado de Arnalte : y Lucenda por elegãte y muy gentil estilo, hecho por Diego de sant pedro, y endereçado a las damas de la... reyna doña Ysabel. Enel qual hallará cartas y razonamiẽtos de amores de mucho primo y gẽtileza segũ que por el veran. Impresso en B. por A. D. M. Año 1522. — *A qui se acaba el libro de Arnalte y Lucẽda... fue agora postreramente impresso en... Burgos, por Alonso de Melgar,* in-4. goth. de 28 ff. en tout.

Petit livre fort rare, qui renferme quelques passages en vers. On en conserve un exemplaire à la Bibliothèque impériale; un autre faisait partie d'un recueil vendu 79 flor. chez Meerman, et 5 liv. 5 sh. Heber; 160 fr. Salle Silvestre, en juillet 1858. Une édit. de Burgos, 1527, est indiquée (selon M. G. B., *Bulletin du Bibliophile,* 1861, p. 276) dans un traité impr. à Saragosse, en 1794, et qui a pour titre : *De libris quibusdam rarioribus in Hispania.* Une autre de Séville, 1527, in-4., l'est par le Quadrio.

— Lamant mal traicte de sa mye. *On les vend au Pallais en la gallerie ou on va a la chancellerie, en la boutique de Vincent Sertenas* (1539), in-8. fig. sur bois dans le texte.

Première édition de cette traduction du roman espagnol ci-dessus, par Nic. Herberay, sieur des Essars, qui s'est désigné à la fin par ces deux vers :

Au patis des essars yrai
Et au printemps m'y herberay.

La date est celle du privilége. 94 fr. *mar. olive* Ch. Nodier.
— L'AMANT mal traicte de s'amye, reneu & amendé, oultre les precedentes impressions. *On les vend à Tholose, à la Porterie, chez Iehan de Fleurs, Librayre,* 1546, in-16 de 60 ff. non chiffrés, sign. A—IIii, lettres rondes.
Le dernier feuillet (blanc au recto) porte au verso la marque ci-dessous qui est celle de l'imprimeur Guyon Boudeville, au nom duquel le privilége est concédé. Vendu 23 fr. 50 cent. salle Silvestre en 1844.

Réimprimé à *Paris, chez Jeanne de Marnef,* 1546, in-16.
— PETIT traite de Arnalte et Lucenda autreffois traduit de langue espaignole en la francoyse, et intitulé l'amant maltraité de sa mye; par le seigneur des Essars Nicolas de Herberay. acuerdo Oluido. *Paris, Estienne Groulleau,* 1548, in-16.

19 fr. 50 c. *mar. v.* Nodier.

— AUTRE édition. *Paris, à l'enseigne de l'Elephant,* 1551, in-16; — *à Lyon, Eust. Barricat,* 1550, in-16 (selon Du Verdier) ; — *Gand, Salenson,* 1556, pet. in-12. — Il y en a aussi une de *Paris,* 1556, in-16, laquelle contient de plus que plusieurs des précédentes : *Discours d'un chapitre de Primaleon,* morceau déjà impr. séparément (voy. HERBERAY).
— PETIT traité d'Arnalte et Lucenda, traduit de l'espagnol (de D. de San Pedro) en françois (par Nic. de Herberay, sieur des Essars), avec une traduction italienne par Barthel. Maraffi. *Lyon, Ben. Rigaud,* 1583, in-16. 6 à 12 fr.
— THE PRETIE and wittie historie of Arnalte and Lucenda, with certain rules and dialogues set foorth for the learner of th' Italian tong. *London,* 1575, in-16.

Traduction faite par Claudius Hollyband, avec le texte italien en regard, 3 liv. Inglis; elle a été réimprimée plusieurs fois. Il existe une autre traduction anglaise du même roman, par Leon. Lawrence, *Lond.,* 1639, in-4., mais elle en est vers.

SAN PEDRO (*Hieronymo* de). Libro de Cavalleria celestial del Pie de la Rosa fragante, dedicado al ilustrissimo señor don Pedro Luys Galceran de Borja... composto por Hieronymo de Sanpedro. *Anvers en casa de Martin Nucio,* MDLIIII, in-8. de 367 pp. [17556]

Ouvrage dans lequel la Bible est travestie en roman de chevalerie. La présente édition est celle qui, par je ne sais quel hasard, est mal annoncée sous le nom de *Caldayco,* dans la *Biblioth. heber.,* VI, n° 494, où un exemplaire en *mar. v.* est porté 2 liv. 15 sh. Ce même exempl. a été revendu 2 liv. 19 sh.

Antonio, *Bibl. nova,* I, p. 596 (article Hieronymus de San Pedro), attribue ce roman à Pedro de Alba ; mais, au lieu de citer l'édition d'Anvers, il se contente de donner le titre suivant :

SEGUNDA parte de la cavalleria celestial de las hojas de la Rosa fragante. *Valencia, por Juan Mey Flandro,* 1554, in-fol. goth. à 2 col., ce qui fait supposer une première partie, également impr. à Valence, et dont l'édition d'Anvers serait la réimpression.

— Militia celeste del pie della Rosa fragrante il cui soavissimo odore insegna la maravigliosa fabrica delle tavole rotonde del cielo e della terra, insieme con la creatione di tutti i cavalieri e soldati celesti e terrestri, che e a quelli hanno goduto, tradotta di lingua spagnuola in italiana dal S. Alfonso Ulloa. *Venetia, Giovan Battista et Marchio Sessa fratelli,* 1556. (à la fin) : *Venetia per Comin da Trino di Monferrato,* MDLVI, in-8.

Traduction de l'ouvrage précédent. Un bel exempl. en *mar. r.* a été vendu 3 liv. 19 sh. Libri, en 1859, et à la même vente une autre édition de la *Militia celeste, Venetia, Domenico Farri,* 1590, in-8., rel. en vélin, 1 liv.

SAN PHELIPPE. Voy. BACALLAR.

SAN ROMAN. Historia general de la Yndia oriental, los descubrimientos, y conquistas que han hecho las armas de Portugal en el Brasil, y en otras partes de Africa y de la Asia; y de la dilatacion del S. Euangelio por aquellas grandes provincias, desde sus principios hast' en año de 1557; compuesta por Ant. de San Roman. *Valladolid, Luis Sanchez*, 1603, pet. in-fol. [27950]

Vend. 30 fr. Walckenaer; 26 fr. 2ᵉ vente Quatremère, et 40 fr. 4ᵉ vente du même.
— Jornada del rey D. Sebastian, 26300.

SAN THOMAS (*Domingo* de). Grammatica, o arte de la lengua general de los Indios de los reynos del Peru. Nueuamente compuesto, por el maestro fray Domingo de S. Thomas, de la orden de S. Domingo, morador en los dichos Reynos. *Impresso en Valladolid por Francisco Fernandez de Cordoua*. (à la fin) : *Acabose a diez dias del mes de henero. Año de* 1560, pet. in-8. de 8 et 96 ff. [11994]

A la suite de cette grammaire se trouve un *Lexicon, o Vocabolario de la lengua general del Peru*, par le même auteur, et également imprimé à Valladolid, en 1560, partie de 8 et 179 ff., au verso du dernier desquels est une souscription accompagnée de la marque de l'imprimeur. Ce volume très-rare a été vend. 111 fr. Chaumette.

Nous n'avons pas pu vérifier si ces deux ouvrages sont les mêmes qui ont paru depuis réunis sous le titre suivant :

ARTE Y VOCABULARIO en la lengua general del Perù, llamada Quichua. *En la ciudad de los Reyes, por Ant. Ricardo*, 1586, pet. in-8. (Catalogue de la Bibliothèque du roi, X, n° 1617).
— Voy. VOCABULARIO.

SANCHEZ (*Diego*). Recopilacion en metro de diferentes obras morales. *Sevilla,* 1544, in-8. [15119]
Cité par Antonio.

SANCHEZ de la Ballesta (*Alonso*). Dictionario de vocablos castellanos, aplicados a la propriedad latina. *Salamanca, J. y Ant. Renaut*, 1587, pet. in-4. [11164]
Vend. 12 fr. Gohier.

SANCHEZ (*Thomas*). Disputationes de S. matrimonii sacramento. *Antuerpiæ, Mat. Nutius*, 1607, 3 tom. en 1 vol. in-fol. 15 à 20 fr. [1295]

Bonne édition d'un ouvrage célèbre, à cause de quelques passages singuliers qui s'y trouvent (31 fr. *v. f. tr. d.* Labédoyère, en 1862); la plus ancienne est celle de Gênes (Madrid), 1602, et Madrid, *impensis, Lud. Sanchez*, 1605, 3 vol. in-fol. Ce deuxieme livre a été réimprimé à Anvers, en 1614, en 1626, en 1652, et aussi plusieurs fois à Lyon et à Venise. On en a dès extraits sous le titre d'*Aphorismi Th. Sanchez, Græcii*, 1641, ou *Francof.*,

San Vallardi (*Fr.*). Manuale del raccoglitore di stampe, 9521.
Sanadon (*N.-Steph.*). Carmina, 12923.

1612, in-8. — Sous celui de *Eman. L. Soares compendium tractatus de S. matrimonii sacramento, Colon.-Agripp.*, 1623, in-12.

SANCHEZ (*Matheo*). Vocabulario de la lengua bisaya, compuesto por el P. Matheo Sanchez, de la S. Comp. de Jesus, y aumentado por otros PP. de la misma compania. *Impresso en el collegio de la S. Comp. de Jesus de la ciudad de Manila, por G. Aquino de Belen*, 1711, in-fol. [11918]

Volume d'une grande rareté. Le corps du texte, précédé de 5 ff. liminaires, a 551 ff. chiffrés. Il est suivi d'une partie de 41 ff. chiffrés, ayant pour titre : *Indice hispano-bisaya*. Vend. 261 fr. salle Silvestre, en mai 1826; 6 liv. 6 sh. Heber; 249 fr. Rætzel.

SANCHEZ (*Jos.-Ant.* de Villa Señor y). Theatro americano, descripcion general de los reynos y provincias de la Nueva España, y sus jurisdicciones. *En Mexico*, 1746-48, 2 vol. pet. in-fol. [28504]
Vend. 46 fr. 50 c. Chaumette; 41 fr. Rætzel.

SANCHEZ (*Th.-Ant.*). Coleccion de poesías castellanas anteriores al siglo XV. *Madrid, Sancha*, 1779-90, 4 vol. in-8. 24 à 30 fr. [15052]

Collection fort bien faite et d'une belle exécution typographique. Elle a été réimprimée à *Paris*, pour Baudry, 1842, en un seul volume in-8. à 2 col. avec un *Vocabulario de voces anticuadas*. 12 fr.

SANCHEZ de Vercial (*Clemente*), bachiller en leyes, Arcediano de Valderas. Sacramental. (à la fin) : *Los... maestros Anton martinez e bartholome segura e alfonso del puerto ynprimieron esta obra en la.... cibdad de sevilla la qual fue.... acabada jueves xxvuj de mayo Año del nascimiento de Mill e quatrocientos e setèta e ocho Años*, pet. in-fol. goth. de 183 ff. non chiffrés, dont huit pour l'elenchus et pour le prologue. [7390]

Édition fort rare, au sujet de laquelle Mendez donne de longs détails, pp. 162 à 169 de sa *Typographia española*. Selon ce bibliographe, ce n'est là que la troisième du Sacramental. La première a été faite en 1476 ou plus tard ; la seconde est de 1477. Un exempl. ayant 5 ff. de la table refaits à la plume, et les 5 derniers du texte piqués et endommagés, a été vendu 1 liv. 12 sh. Libri.

SANCHONIATHON. Sanchoniatho's phœnician history translated from the first book of Eusebius de præparatione evangelica; with a continuation by Erastosthenes's canon, etc., by R. Cumberland; illustrated with many histor. and chronolog. remarks, and a preface, giving a brief account of the life, character, and writings of the author, by S. Payne. *London*, 1720, in-8. 6 à 9 fr. [22744]

SANCHONIATHONIS Berytii, quæ feruntur fragmenta de cosmogonia et theologia Phœnicum :

græce versa a Philone Byblio, servata ab Eusebio (gr. et lat.); recognovit, emendavit, notis select. Scaligeri, Bocharti, G.-J. Vossii, Cumberlandi aliorumque permultorum suisque animadversionibus illustravit J.-C. Orellius. *Lipsiæ, Hinrichs*, 1826, in-8. 2 fr. 50 c.

— SANCHONIATHONIS historiarum Phœniciæ libros novem, græce versos a Philone Byblio, edidit latinaque versione donavit F. Wagenfeld. *Bremæ, Schuneman*, 1836, in-8. de 205 pp. 6 fr.

— A DISCOURSE concerning Sanchoniathon's phœnician history, by H. Dodwell; edition 3th corrected and improved. *London*, 1691, in-8.

SANCIUS, vel Sanchez de Arevalo. Voyez RODERICUS Sancius zamorensis.

SANCLEMENTE. Le Muse siciliane, overo scelta di tutte le canzoni della Sicilia, raccolta da Pier.-Gius. Sanclemente. *Palermo*, 1645-52, 5 vol. in-12. [15037]

Recueil de poésies en dialecte sicilien, avec une petite grammaire et un lexique abrégé du même dialecte : 20 à 25 fr. L'ouvrage a été réimprimé à *Palerme*, en 1662, en 5 vol. in-12. On peut y réunir l'article suivant :

NUOVA scelta di rime siciliane (per Gaetano M. Bentivenga). *Palermo*, 1770, 2 vol. in-8. [15038]

SANCLEMENTIUS (*Henr.*). De vulgaris æræ emendatione. *Romæ*, 1790, gr. in-fol. 15 à 20 fr. [21247]

— Voy. MUSÆI Sanclementiani numismata.
— Series episcoporum cremonens., 21482. — De Nummo Ciceronis, 29879.

SANCTA-CATALINA (*Pedro Lopez* de). Voy. ESPEJO de Cavalleria.

SANCTA Croce. Voy. SANTA.

SANCTA-MARIA. Voy. SANTA MARIA, et PAULUS.

SANCTARELLUS (*Antonius*), societatis Jesu. Tractatus de hæresi, schismate, apostasia, sollicitatione in sacramento pœnitentiæ, et de potestate romani Pontificis in his delictis puniendis. *Romæ, typis Barth. Zanetti*, 1625, in-4. de 12 fl. prélimin., 644 pp. et 14 ff. pour l'index et l'errata. [3223]

Cet ouvrage, dans lequel l'auteur avançait que le pape peut déposer les rois, les punir de peines temporelles, et dispenser, pour de justes causes, du serment de fidélité, fut déféré en même temps au Parlement et à la Sorbonne, et condamné à être lacéré et brûlé par la main du bourreau ; bien plus, les jésuites de France eux-mêmes se déterminèrent à désavouer les doctrines de leur confrère de Rome. Cette affaire ayant fait alors beaucoup de bruit, le livre supprimé fut recherché et acquit quelque valeur.

Des exemplaires rel. en *m. bl.* ont été vend. 23 fr. Gaignat et 18 fr. La Valliere. Ce dernier exempl. contenait de plus que le premier une pièce intitulée : *Conclusio et censura S. facultatis theologicæ parisiensis in Franc. Malagola et ejus doctrinam, cum censura jam olim lata in librum Ant. Sanctarelli*. Parisiis, Mabre-Cramoisy, 1682.

Le livre de Santarelli a donné naissance aux deux écrits suivants, savoir : *Gallicinium in aliquot falsas damnatasque Ant. Santarelli assertiones; pro rege christianissimo*, Paris., 1626, in-8. de 135 pp., par Raoul Boutrays ; et *Libre discours contre la grandeur et puissance temporelle du Pape*, pour la défense du roi très-chrestien, et des libertés de l'Eglise gallicane, contre le livre de Santarel (*sans lieu ni date*), in-8., anonyme. 7 fr. Gaignat.

SANCTI (*Severi*) carmen. Voyez SEVERI carmen.

SANCTIO pragmatica. Voz. PRAGMATICA.

SANCTIONES Siculæ nunc primum excusæ, aut extra corpus juris municipalis hactenus vagantes, digestæ atque in unum redactæ. *Panormi, Petrus Bentivenga,* 1750-54, 5 vol. in-fol. [2984]

SANCTIUS Raphaël. Voy. RAPHAEL.

SANCTIUS (*Franc.*). Minerva, seu de causis linguæ latinæ commentarius, cui inserta sunt, uncis inclusa, quæ addidit Casp. Scioppius, et subjectæ suis paginis notæ Jac. Perizonii. *Amstelodami*, 1754, vel 1761, in-8. 5 à 6 fr. [10812]

Ouvrage estimé, dont la première édition a paru à Salamanque, en 1587, in-8.

— EDITIO alia, cum notis Jac. Perizonii, et animadversionibus Ever. Scheidii. Traj.-ad-Rhen., 1795, in-8. 9 fr.

Édition augmentée. Elle a été réimpr. à Amsterd., 1809, in-8.

— EDITIO alia, cum notis Jac. Perizonii, recensuit, suas notas adjecit C.-L. Bauer. *Lipsiæ*, 1793-1801, seu 1804, 2 vol. in-8. 10 à 12 fr.

— OPERA omnia, cum auctoris vita (a Gr. Majansio scripta). Genevæ, 1766, 4 vol. in-8. [19013]

SANCTO BARTHOLOMEO (*Paulinus* a). Voyez PAULINUS.

SANCTO BLASIO (*Benedictus* de). Tractatus de actionibus. *Venetiis, Erhardus Ratdolt*, 1481, in-fol. goth. de 25 ff. à 2 col. [2573]

Un exemplaire imprimé sur VÉLIN est dans la Bibliothèque royale de Munich.

SANCTO GEORGIO (*Joannes-Anton.* de), dictus de Placentia. Tractatus appellationum. — *Comi impressa per magistros Ambroxium de Orcho et Dionysium de parauesino quinto idus augustas* M. CCCC. LXXIIII, in-fol. de 192 ff. à 2 col., caract. romains. [2573]

Édition très-rare, et premier livre imprimé à Como. L'existence en est bien constatée par deux exemplaires, dont l'un se conservait il y a quelques années dans une bibliothèque à Milan, et l'autre chez le marquis Rovelli, à Como.

SANCTO-GRIAL. Voy. SAINCT-GRAAL.

Sancta Maria (*Fr.* de), etc. Historia de la reforma de los descalcos de N. Señor del Carmen, 21838.
Sancta Maria (*R. a.*). Flavia Papia sacra, 21480.

Sanctis (*D.* de). Villa d'Orazio, 29451.
Sancto Antonio (*J.* a). Bibliotheca . franciscana, 31617.
Sancto Felice (*Joan.* a). Annales provinciæ Sancti Josephi, 21851.

SANCTO JOSEPHO (*Angelus* a). Voyez LABROSSE.

SANCTO NAZARIO (Do. *Jo. Francisci* de), alias de Ripa, ad cives Avenionenses, de peste libri tres. *Impressum fuit presens opus in civitate Avenionensi, per solertem impressorem Johannem de Chaney*, 1522, pet. in-4. goth. avec la marque de l'imprimeur au verso du 162e feuillet. [7192]

Cette édition, qui malgré sa rareté n'a été vend. que 6 fr. Daguesseau, n'est pas indiquée par Panzer; mais ce bibliographe (IX, p. 519) en cite une de Lyon, par Jacq. Sacon, 1522, die 17 decembris in-4. L'ouvrage tient plus au droit qu'à la médecine.

SANCTO PAULO (*Car.* a). Voy. PAULO.

SANCTO STEPHANO (*Christ.* de). Voy. SANTI STEVON.

SANCTO VINCENTIO (*Gregorius* a). Opus geometricum quadraturæ circuli et sectionum coni, decem libris comprehensum. *Antuerp.*, 1647, in-fol. [7971]

Vend. 25 fr. Labey; 15 fr. Libri en 1857.

SANCTO VINCULO (*Claudius* a). De pronuntiatione linguæ gallicæ libri duo: De resurrectione domini, ad consulem et consulares vrbanos, ceterosque conscios londinenses, oratio. *Londini, excudebat Tho. Vautrollerius*, 1580, in-8. de 199 pp. [10974]

Le traité grammatical écrit en latin et en français que renferme ce volume, est dédié à la reine Elisabeth; c'est un des plus rares que nous ayons sur cette matière.

SANCTUS Pagninus. Voy. SANTES.

SANDBERG. Galerie des savants et des artistes célèbres en Suède, publiée par J. G. Sandberg. *Stockholm, Fritze,* 1844, gr. in-fol. 100 pl. lith. et texte. 260 fr. [30523]

SANDBERGER (*Guido* und *Fridolin*). Systematische Beschreibung und Abbildung der Versteinerungen des Rheinischen Schichtensystems in Nassau. *Wiesbaden, Kreidel*, 1850-52, 4 livr. gr. in-4. 20 pl. lith. et illustr. 42 fr. [4609]

SANDBY (*Paul*). Recueil de 150 vues choisies en Angleterre, le pays de Galles, l'Ecosse et l'Irlande, grav. par Rooker, Watts, etc. *Londres, Boydell,* 1783, 2 vol. in-4. obl. [26745]

Vend. 133 fr. Saint-Céran; de format in-fol., 90 fr. Morel-Vindé, et moins depuis.

Publié d'abord sous le titre suivant:
THE VIRTUOSIS MUSEUM: containing select views in England, Scotland and Ireland, drawn by P. Sandby, engraved by Fittler, Rooker, Chesham, Angus, etc. *London*, 1778-81, in-4. obl. Vend. 5 liv. 5 sh. *cuir de Russie*, Dent.
Paul Sandby avait déjà mis au jour: *Thirty-six views in Wales*, London, 1775, in-4. obl.

— Recueil des vues de l'Amérique septentrionale et des Indes occidentales, grav. d'après les dessins pris sur les lieux par Sandby, Grignon, etc., avec l'explication en anglois et en françois. *Londres*, 1768, in-fol. obl. [28517]

Ce volume, qui renferme 27 planches bien exécutées, a coûté 100 fr.; vend. 67 fr. de Fleurieu, et moins depuis.

SANDE (*Ed.*). De missione legatorum japonensium ad romanam curiam, rebusque in Europa, ac toto itinere animadversis dialogus; ex ephemeride ipsorum legatorum collectus, et in sermonem latinum versus ab Eduardo Sande de Soc. Jesu. *In Macaensi portu Sinici regni, in domo Soc. Jesu*, 1590, in-4. [21584]

Livre très-rare, le premier qui ait été imprimé à Macao: 6 liv. 6 sh. *mar. bl.* Hanrott.
M. Ternaux en cite un texte portugais, sous le titre d'*Itinerario de quatro principes japoneses a Gregorio XIII*, Macao, 1590, in-4.

SANDERS (capt. *Thomas*). True description and briefe discourse of a most lamentable voyage made lately to Tripolis in Barbarie; with the barbarous vsage of our Men there. *London*, 1587, in-4.

SANDERUS (*Nicolaus*). De origine ac progressu schismatis anglicani libri tres, aucti per Edovardum Rishtonum, Romæq; impressi: nunc vero in Germania iterum locupletius et castigatius editi. *Ingolstadii, ex officina typogr. Wolfgangi Ederi*, 1588, pet. in-8., sign. A—Bb plus 8 ff. prélim. [22471]

Cette édition est celle que Bayle a eue sous les yeux: vend. 16 sh. *mar.* Hibbert. On y trouve une épître dédicatoire de l'imprimeur, datée du 5 novembre 1586.
La première édition de cette histoire, la seule à laquelle Rishton ait eu part, a été imprimée à Cologne, en 1585, pet. in-8. La réimpression qui en a été faite à Rome, typis Barth. Bonfadini, en 1586, pet. in-8., présente de grandes différences dans le texte. C'est celle qu'a suivie l'imprimeur d'Ingoldstadt. Vend. 1 liv. 6 sh. Hibbert. — L'édition de Cologne, sumptibus Petri Henningi, 1610, pet. in-8.,

16 sh. Heber. — Celle de 1628, pet. in-8., est, selon Bayle, la plus ample de toutes, car on y a joint plusieurs choses tirées d'un ouvrage de Ribadeneira sur le même sujet.,

— Les trois livres du docteur Nicolas Sanderus, contenant l'origine et progrez du scisme d'Angleterre, esquels est descrite une narration ou histoire ecclesiastique depuis le temps de soixante ans, pitoyable certes et calamiteuse : augmentez par Edouard Rishton, et trad. en françois. (sans lieu d'impression), impr. en 1587, pet. in-8.

Cette traduction est rare, et même ce serait un livre précieux s'il fallait s'en rapporter au prix d'un exempl. qui, à cause de sa belle reliure en mar. cilr. à riches compartiments, a été vendu 36 fr. vente Morel-Vindé, et 105 fr. De Bure.

Bayle [Dict., au mot Sanderus (Nic.), remarque C] nous apprend qu'il existe deux traductions françaises de cet ouvrage, publiées dans la même année 1587 : l'une, qu'il trouve un peu moins mauvaise que l'autre, a été imprimée par le commandement du cardinal de Vaudemond à la requeste de certains gentilhommes anglois refugiez pour la foi catholique. C'est un volume de 281 ff., où il se trouve un avertissement du traducteur en date du 9 juillet 1587, et signé J. T. A. C. La seconde traduction, quoique imprimée en plus petits caractères que l'autre, a 296 ff., et l'avertissement ci-dessus ne s'y trouve pas. Bayle ne donne le titre de l'une ni de l'autre, en sorte qu'on ne peut les distinguer que par la description des feuillets. Cette dernière serait-elle celle qui est portée dans le catal. de d'Estrées, n° 18068, sous le titre suivant :

TRAITÉ touchant l'origine et le progrès du schisme d'Angleterre, trad. de Nic. Sander. Augsbourg, 1587, in-8?

Une traduction beaucoup meilleure de l'Histoire du schisme d'Angleterre est celle qu'a donnée de Maucroix, Paris, 1676, in-12, et dont il existe trois éditions de Paris et une de Hollande. Le traducteur y a ajouté un 2e vol. en 1685.

Cette même histoire a été traduite en italien par Gerome Pollini, sous le titre de Storia ecclesiastica della revoluzion d'Inghilterra, Bologna, 1591, (aussi Roma, 1594), in-4.

Les écrits anglais de Nic. Sanders, impr. à Louvain, sont indiqués par Lowndes, 2e édit., pp. 2185-86.

SANDERUS (Ant.). Flandria illustrata, sive descriptio comitatus istius. Colon.-Agripp. (Amstelod., J. Blaeu), 1641-44, 2 vol. gr. in-fol. fig. [25073]

Édit. originale, préférée à la réimpression, à cause de la beauté des gravures : vend. 75 fr. La Serna ; 15 flor. Meerman ; 3 liv. 13 sh. 6 d. Heber ; 113 fr. Borluut.

Le 3e vol. de cet ouvrage n'a point paru, mais les dessins des gravures qui devaient en faire partie ont été conservés, et sont aujourd'hui dans la Biblioth. de Bruxelles (voyez à ce sujet Bibliotheca hulthemiana, VI, pp. 179-80).

L'édition de La Haye, 1730 ou 1735, 3 vol. in-fol. fig., se paye de 30 à 36 fr., et plus en Gr. Pap. Il y en a aussi une de Leyde, 1735, 3 vol. in-fol., avec un texte en flamand.

— Chorographia sacra Brabantiæ. Bruxellæ, 1659, 2 vol. gr. in-fol. fig. [25046]

Édition originale d'un ouvrage estimé pour son exactitude. Le premier volume se trouve assez facilement pour 12 ou 15 fr. ; mais le second est tellement rare, que l'existence en a été ignorée de presque tous les bibliographes, et que l'on en connaît à

peine une douzaine d'exemplaires. La Biblioth. impériale de Paris en possède un. Ce dernier volume est composé de parties séparées, impr. à Bruxelles, de 1659-63, et à Anvers, de 1664-69, et qui sont bien décrites dans la 2e part. du catalogue Borluut, n° 3735. Il passe pour certain que, à peine terminée, l'édition entière en fut séquestrée, et qu'après une suite de circonstances dont les bornes de cet ouvrage ne nous permettent pas de faire le récit, elle se trouvait, en 1695, dans le magasin d'un libraire de Bruxelles, où elle fut réduite en cendres lors du bombardement de cette ville par les Français. Il n'a donc pu se conserver que les exempl. que l'auteur avait distribués à quelques personnes. Un de ces exempl. a été vend. 16 liv. 10 sh. Heber ; 326 fr., à Gand, en 1827, et avec le prem. vol., 530 fr. Borluut.

L'édition de La Haye, 1726-27, 3 vol. in-fol. fig., contient des augmentations : 30 à 36 fr. ; vend. 42 fr. de Servais, et en Gr. Pap. 105 fr. Borluut.

On peut lire dans le Bibliophile belge, tome III, 1846, pp. 97 à 124, une notice inédite de Ch.-Ant. de La Serna Santander, sur la première édition de la Chorographia sacra Brabantiæ, d'Ant. Sanderus, comparée avec la seconde, impr. à La Haye, en 1726 ; et d'après ce document il sera facile d'apprécier le mérite de cette première, laquelle, indépendamment de sa rareté excessive, a l'avantage de renfermer plusieurs pièces importantes supprimées dans la seconde, dont les prétendues additions se réduisent, pour la plupart, à quelques extraits sans importance de l'Historia archiepiscopatus Mechlinensis, etc.

— Gandavum, 25086. — De Eruditione Brugensium, 25090.

SANDEUS (Felinus). Epitoma de regno Apulie et Sicilie reducens summatim in unum quecunque de eo tangunt historici incidenter et sparsim dum universaliter rerum omnium gesta describunt. (absque nota), in-4. de 46 ff. non chiffrés, mais avec signat., caract. rom. [25817]

Cet epitoma, qui s'étend de 537 à 1494, est de Felino Sandeo, jurisconsulte, duquel on a des commentaires sur le droit romain, imprimés plusieurs fois à la fin du XVe siècle et au commencement du XVIe (voy. les Tables de Panzer). Il a été publié par Michel Ferno, avec une lettre de cet éditeur adressée à Pomponius Lætus, à la date des ides d'avril 1495. Cette date doit être celle de l'impression du volume, qui paraît avoir été faite avec les caractères de Jean Besicken et Sigism. Mayr, à Rome (Audiffredi, Edit. rom., p. 332).

SANDFORT (Fr.). History of the coronation of James II, king of England. (London), in the Savoy, printed by T. Newcomb, 1687, in-fol. fig. [26995]

Le principal auteur de ce magnifique ouvrage, donné sous le nom de Sandfort, est Grégoire King, qui a eu aussi beaucoup de part au livre dont l'article suit celui-ci : 2 à 3 liv., et quelquefois plus.

— Genealogical history of the kings and queens of England, and monarchs of Great Britain, from the conquest to the year 1707 ; continued, with many new sculptures, additions and annotations... by Samuel Stebbing. London, 1707, in-fol. [28923]

De nombreuses gravures décorent cet important ouvrage, qui vaut de 6 à 9 liv. en Angleterre. — Il a été tiré vingt-quatre exempl. en Gr. Pap. : vend.

52 liv. 10 sh. Edwards; 40 liv. 8 sh. 6 d. Sykes; 30 liv. Hibbert; 32 liv. Besboro.

L'édition, *London, in the Savoy*, 1677, a l'avantage de contenir les premières épreuves des gravures, mais elle est moins complète que la seconde : 2 à 3 liv. ; vend. en pap. fort, 6 liv. 10 sh. Sykes.

SANDIFORT (*Eduard.*). Musæum anatomicum Academiæ lugduno-batavæ. *Lugd.-Batav.*, 1793-1835, 4 vol. in-fol. max. 400 fr. [6730]

Cet ouvrage estimé est orné de 197 pl. bien exécutées. Les tom. III et IV sont de Gérard Sandifort.

— THESAURUS dissertationum, programmatum, aliorumque opusculorum ad omnem medicinam pertinentium. *Roterod.*, 1768-69, et *Lugd.-Batav.*, 1778, 3 vol. in-4. [7434]

Ce recueil étant composé de pièces séparées, se trouve plus ou moins complet; vend. 42 fr. Le Monnier; 25 fr. Béclard, et moins depuis.

— OBSERVATIONES anatomico-pathologicæ. *Lugd.-Batavor.*, 1777-79, 4 tom. en 2 vol. in-4. fig. 12 à 15 fr. [6846]

Une partie des dissertations qui composent ce recueil ont été reproduites sous le titre d'*Opuscula anatomica*, 1784, in-4. fig.

— EXERCITATIONES anatomico-academicæ. *Lugd.-Batavor.*, 1783-85, 2 part. in-4. fig. 15 fr. [6846]

On a du même auteur plusieurs opuscules anatomiques, imprimés de format in-4., mais qui ne sont pas chers.

— TABULÆ craniorum diversarum nationum. Delineavit et descripsit G. Sandifort. *Lugd.-Batav.*, 1838-39-40, in-fol. avec 18 pl. en 3 fascicules. 55 fr.

SANDIS ou Sandys (*Edwin*). Relation de l'estat de la religion, et par quels desseins, et artifices, elle a été forgée, et gouvernée en divers Estats de ces parties occidentales du monde ; tirée de l'anglois, avec des additions notables (extraites de Paolo Sarpi, le tout trad. en françois, d'après l'édition italienne de Genève, 1625, in-4., par Jean Diodati). 1641, pet. in-12. [21409]

Réimpression de l'édition de Genève, P. Aubert, 1626, in-8. Elle a été faite par Louis Elzevier, à Amsterdam, ce qui lui donne quelque prix. On doit trouver à la fin du vol. cet autre ouvrage :

LA SAINCTE CHOROGRAPHIE, ou description des lieux où réside l'Eglise chrestienne par tout l'univers, par P. Geslin. *Amsterdam, Louys Elzevier*, 1641, pet. in-12 de 101 pp.

Les deux ouvrages réunis ont quelquefois été vendus 20 fr. et plus, mais on les trouve ordinairement pour 6 ou 9 fr. Le second est rarement détaché du premier. Il avait déjà été imprimé à *Saumur*, en 1629, in-8.

L'édition la meilleure et la plus complète du texte anglais de la *Relation* (*Europæ Speculum, or a view or survey of the state of religion*) est celle de Londres, 1637, in-4. On n'en a pas fait usage pour la traduction française.

SANDOVAL (*Alonso* de). Tomo primero de instauranda Æthiopum salute. Historia de Æthiopia, naturaleça, policia, sagrada y profana... dividido en dos tomos, illustrados de nuevo en esta segunda impresion... *Madrid, Alonso de Paredes*, 1647, in-fol. [28415]

Ouvrage peu commun. 30 fr. 2e vente Quatremère. La première édition est de 1627, in-4.

SANDOVAL. Historia de los reyes de Castilla y de Leon D. Fernando el Magno; D. Sancho que murio sobre Zamora; D. Alonso VI; doña Urraca hija de D. Alonso VI; D. Alonso VII. sacada de los privilegios, libros antiguos, memorias, etc., por D. Fr. Prudencio de Sandoval. *Pamplona*, 1615 et (*titulo mutato*) 1634, in-fol. [26007]

Ouvrage estimé, qui se trouve ordinairement réuni à l'article suivant publié par le même Sandoval :

HISTORIAS de Idacio obispo, que escrivio poco antes que España se perdiesse, de Isidoro obispo de Badajoz, de Sebastian obispo de Salamanca, de Sampiro obispo de Astorga, de Palagio obispo de Oviedo : nunca hasta agora impressas, con otras notas... recogidas, por Sandoval. *Pamplona*, 1615 et (titre changé) 1634, in-fol.

Les deux vol. en un, 28 fr. La Serna ; 72 fr. 95 c. Rodriguez, et quelquefois de 24 à 36 fr.

Le premier de ces deux vol. a été réimprimé à *Madrid, Cano*, 1792, 2 vol. pet. in-4. (voyez OCAMPO).

— Chronica del inclito emperador de España don Alonso VII, y de doña Hurraca, reyna proprietaria de Castilla. Sacada de un libro muy antigo escrito de mano con letras de los Godos, por relacion de los mismos que lo vieron... *En Madrid, Sanchez*, 1600, pet. in-fol. [26010]

Vend. 31 fr. La Serna, et de 25 à 30 fr. Rodriguez.

— La Vida y hechos del emperador Carlos V. *Pampelona*, 1618, 2 vol. in-fol. fig. 24 à 30 fr. [26048]

Ouvrage estimé, dont il y a plusieurs éditions, également bonnes, en 2 vol. in-fol. ; la plus ancienne que je connaisse est celle de *Valladolid*, 1604.

Un bel exemplaire de l'édit. de *Pampelune*, 1634, annoncé Gr. Pap. 79 fr. La Serna ; un autre de l'édition d'*Anvers*, 1681, 21 fr. de Servais.

— HISTORIA captivitatis Francisci I, Galliarum regis, nec non vita Caroli V. in monasterio : addita est ratio vitæ mortisque Caroli infantis Philippi II filii. Authoribus Prudentio de Sandoval, et Ludovico de Cabrera de Cordoua. *Mediolani*, 1715, pet. in-8. 6 à 9 fr. [26052]

Livre peu commun, impr. en Hollande, quoique sous l'indication de Milan : vend. 10 fr. La Serna. Il ne contient au reste que des extraits traduits des deux historiens espagnols cités dans le titre.

— Antiguedad de Tuy, 26206.

Prud. de Sandoval a publié plusieurs autres histoires écrites en espagnol, mais elles sont fort peu recherchées en France.

SANDRART (*Joach.* von). L'Academia tedesca della architettura, scultura, e pittura, oder teutsche Academie der edeln Bau-, Bild- und Mahlerey-Künste. *Nürnberg*, 1675-79, 4 tom. en 2 vol. in-fol. fig. 60 à 100 fr. [9108]

Vend. 70 flor. Meerman.

— ACADEMIA nobilissimæ artis pictoriæ, sive de veris et genuinis hujusdem proprietatibus, etc. a J. Sandrart. *Norimbergæ*, 1683, in-fol. fig. [0241]
Traduction d'une partie de l'ouvrage précédent : vend. 48 fr. de Servais; 18 flor. Meerman; 29 fr. Reina.

— ICONOLOGIA Deorum, qui ab antiquis colebantur (germanice). *Norimb.*, 1680, in-fol. fig. [9592]

— ADMIRANDA sculpturæ veteris, sive delineatio vera perfectissimarum statuarum. *Norimb.*, 1680, in-fol. fig. 24 à 30 fr. [29519]

— INSIGNIA Romæ templorum prospectus exteriores et interiores. *Norimbergæ* (absque anno), in-fol., contenant 73 pl.

— ROMÆ antiquæ et novæ theatrum, sive genuina ac vera urbis, juxta varios ejusdem status, delineatio topographica, etc. *Norimbergæ*, 1684, in-fol. 59 pl. et le frontispice. 15 à 18 fr. [29401]
Il doit se trouver dans ce volume un grand plan de Rome.

— ROMANORUM fontinalia, sive intra et extra urbem Romam fontium delineatio. *Norimbergæ*, 1685, in-fol. fig. 15 à 18 fr. [29438]
Ces différents ouvrages de Sandrart sont recherchés, mais il est difficile de les trouver réunis. Vend., en collection , 270 fr. Gaignat; 440 fr. Camus de Limare ; 216 fr. Mel de Saint-Céran; en 8 vol. *mar. r.* 40 liv. Sykes, et moins cher depuis.

— DEUTSCHE Akademie etc.; *c'est-à-dire*, Académie allemande d'architecture, sculpture et peinture, améliorée par J.-Jac. Volkmann (en allemand). *Nürnb.*, *Endtner*, 1769-75, 8 vol. in-fol. fig.
Cette nouvelle édition des ouvrages de Sandrart, peu répandue en France, coûtait 160 fr. chez l'éditeur; elle n'a pas fait tomber le prix de la première. 100 fr. Quatremère.

SANDWICH (the earl of). Voyage performed round the Mediterranean in the years 1738-39, written by himself, to which are prefixed memoirs of the author's life by J. Cooke. *London*, 1799, or 1807, gr. in-4. fig. 12 à 15 fr. [20460]

SANDYS (*George*). Travels containing an history of turkish empire, a description of Constantinople, also of Greece, of Ægypt, of Armenia, Grand Cairio, etc., a description of Holy Land; lastly Italy described and the islands adjoining. *London*, *William Junior*, 1673, pet. in-fol. fig. 12 à 15 fr. [19911]
Septième édition d'un ouvrage intéressant, bien écrit, et qui passe pour être fort exact. Le frontispice gravé porte : *A Relation of a journey begun an. Dom.* 1610, *foure bookes containing a description of the turkishe empire*, etc.; Lond., Phil. Chetwin, 1670. La première édition est de *Lond.*, *for W. Barrett*, 1615, in-fol. Il y en a aussi une de 1621, in-fol.

— Voyez SANDIS.

SANFTL (P. *Colomannus*). Dissertatio in aureum ac pervetustum SS. Evangeliorum codicem ms. monasterii S. Emerami. *Ex typogr. Mich. Englerth*, 1786, in-4. fig. 6 à 9 fr. [31414]
Vend. 19 fr. (bel exemplaire) Méon.

SANGENESII (*Joan.*) Poemata. *Parisiis*, *Courbé*, 1654, in-4. 6 à 8 fr. [12924]

SANGEORGIUS (*Bonav.*). Montisferati marchionum et principum regiæ Propaginis successionumque series nuper elucidata per Benevenutum Sangeorgium Blandrutæ comitem... *Impressa in oppido Tridini domini Bonif. Marchionis Montisferrati* MCCCCCXXI *die* XII *mensis Martii impensis Domini Joannis de Ferrariis alias de Jolitis...* in-4. [25320]
Une édit. de la *Series Monteferrati ducum... Astæ per Franciscum de Silva*, 1519, in-4., est portée dans la *Biblioth. pinell.*, II, p. 154. L'une et l'autre sont également rares.

— Cronica del Monferrato, 25321.

— DE EXITIALIUM factionum origine Guelphorum et Gibellinorum quibus olim Germania, nunc Italia exardet, Libellus eruditus in quo ostenditur quantum hac in re Bartholus, Panormitanus, Blondus, Platina et Georgius Merula a veritate aberraverunt (autore Benv. de Sancto Georgio). *Venetiis, per Guil. Fontanetensem*, 1531, in-8. [25280]

SANGRINUS (*Angelus*). Vita beatissimi P. Benedicti monachorum patriarchæ sanctiss. per Ang. Sangrinum abbatem congregationis casinensis carmine conscripta. *Florentiæ, apud Barthol. Sermatellium*, 1586, in-4. fig. [21740]
Édition imprimée sous le patronage du card. Alex. Farnèse , protecteur de la congrégation du Mont Cassin; elle est ornée de deux frontispices et de plusieurs autres planches gravées sur cuivre. Il y a une édit. de Rome, 1587, in-4., sous le titre de *Speculum et exemplar christicolarum, Vita P. Benedicti*, suite de 52 fig. à l'eau-forte.

SANGUINET. La Dodécade de l'Evangile, par Estienne de Sanguinet, gentilhomme gascon. *Bergerac, par Gilbert Vernoy*, 1614, in-8.
Il faut bien donner place ici à ce poëme de Sanguinet, huguenot de l'école de d'Aubigné, puisqu'en raison de sa rareté un exemplaire, qui a donné lieu à une bonne notice de M. le vicomte de G., est porté à 40 fr. dans le *Bulletin du Bibliophile*, 1858, p. 904, n° 463.

SANGUINOSI (i) successi di tutte le guerre occorse in Italia : principiando dal 1509 fino a nostri tempi 1569 : opera dilettevole e bella et in buonissima forma ridotta, con nuovi argomenti nel principio d'ogni canto. *Venetia, per Dominico de Franceschi*, 1569, pet. in-8. de 135 ff. chiffrés, et un f. blanc, fig. sur bois. [14676]
Poëme divisé en 26 chants; il est curieux, et les exemplaires en sont assez rares : 50 fr. *mar. r.* Libri, en 1847.

SANNAZARIUS (*Actius Syncerus*). De Partu Virginis libri III, eclogæ V, Salices, de morte Christi. *Neapoli, per Antonium Fretiam Corinaldinum,*

1526, *maio mense*, pet. in-fol. de 70 ff.
[12776]

Un exempl. sur VÉLIN, enrichi d'ornements peints en or et en couleur, a été acheté 501 fr. Brienne, en 1792, pour la Bibliothèque du roi. Un autre, en *mar. r.* a été porté à 1000 fr. vente Libri, en 1847; un autre à 28 liv. sterl. vente du même spéculateur, en 1859 ; celui de Renouard a été donné pour 300 fr.

Réimprimé à Rome, 1526, *in œdibus F. Minitii Calvi*, in-8.

— Opera (De Partu Virginis, etc., acced. alia aliorum carmina). *Venetiis, fratres de Sabio*, 1528, pet. in-8. de 84 ff. 4 à 6 fr.

Un exemplaire sur VÉLIN, 2 liv. 15 sh. Pinelli, et 94 fr. Mac-Carthy.

— De Partu Virginis, Lamentatio de morte Christi : Piscatoria. Petri Bembi Benacus. Aug. Beatiani Verona. *Venetiis, in œdib. Aldi, etc.*, 1527, in-8. de 8 ff. prélim., 47 ff. de texte, 1 f. pour l'ancre.

Première édition aldine de ce poëte. 15 fr. Costabili. L'édition de 1528 contient quelques augmentations (elle a 67 ff. de texte) ; mais celle de 1533 (de 4 en 100 ff.) en renferme davantage. Cependant elles ne sont chères ni les unes ni les autres. La dernière, 10 fr. Renouard. La Biblioth. impériale en possède un exemplaire en Gr. Pap., et qui a été rel. pour Grolier.

— Saunazarii Opera omnia latine scripta, nuper edita. *Venetiis, in œdib. hæredum Aldi Manutii, etc.*, 1535, in-8. 6 à 12 fr. [12775]

Édition plus complète que les trois précédentes; elle a 40 ff. chiffrés, précédés du titre et d'une préface de P. Manuce, plus 63 autres ff. et un 64e pour la souscription. L'exemplaire de Grolier, 13 liv. Dent, et vendu depuis 2700 fr. à M. Double, en 1858 ; autre, 30 fr. *mar. r.* Jourdan. M. Renouard en cite un exemplaire en Gr. Pap.

L'édition de Venise, *ex Bibliotheca aldina*, 1570, in-8. de 104 ff., paraît être une copie de celle de 1535.

— OPERA omnia. *Lugduni, apud Seb. Gryphium*, 1547, in-16. 2 à 4 fr.

Vendu 23 fr. *mar. v.* exempl. de de Thou, d'Ourches.

— OPERA latina omnia et integra, acced. notæ ad eclogas, elegias, etc. *Amstelodami*, 1689 , pet. in-12. 3 à 4 fr.

— OPERA, latine scripta, ex secundis curis Jani Broukhusii : acced. Gab. Altilii, D. Cereti et fratrum Amaltheorum carmina, vitæ sannazarianæ et notæ P. Vlamingii. *Amstelodami*, 1728, in-8.

Bonne édition qu'on annexe à la collection *Variorum :* 6 à 9 fr. ; vend. en Gr. Pap., 28 fr. Gouttard; 50 fr. *mar. r.* F. Didot; 40 fr. *mar. r.* Caillard; 17 fr. Courtois.

— POEMATA ; item Gabr. Altilii et Honorati Fascitelli carmina nonnulla (stud. Vulpiorum fratrum). *Patavii, Cominus*, 1719, vel 1731, in-4. 6 à 10 fr.

Ces deux éditions sont bonnes, mais la seconde est la plus complète.

Comino a donné, en 1751, une 3e édition de ces poésies, in-8., à laquelle il a joint trois livres *De Vate maximo*, de Capece, poëte napolitain du XVIe siècle. On trouve des exemplaires de cette dernière sur papier bleu.

— De Partu Virginis libri tres , etrusco carmine redditi a J.-B. Casaregio, nunc primum cum vaticano et mediceo co-dice collati cura et studio Ant.-Fr. Gori. *Florentiæ, Albizinus*, 1740, in-4. 5 à 6 fr., et plus en Gr. Pap.

Jean Giolito de' Ferrari, fils de Gabriel, célèbre imprimeur, a traduit ce poëme en vers italiens, *Venetia, Gioliti*, 1588, et réimprimé à Vérone, 1732, in-4.

Une autre traduction en vers italiens par Bern. Trento, a été imprimée avec le texte latin, à Padoue, 1818, in-8. Nous citerons encore :

LES COUCHES sacrées de la Vierge, poëme héroïque de Sannazar, mis en prose françoise par G. Colletet, reveu et corrigé sur le latin par le R. P. P. L. J. *Paris*, 1645, in-12. 3 à 4 fr. Imprimé pour la première fois à *Paris, J. Camusat*, 1634, in-12. Goujet attribue au P. Lemoyne la révision de la seconde édition.

ENFANTEMENT DE LA VIERGE, poëme traduit du latin de Sannazar ; précédé d'une préface sur la vie et les ouvrages de cet auteur, et suivi de l'hymne de Vida à la Vierge, par le traducteur de la Christiade (l'abbé S. Delatour), *Paris, Merlin*, 1830, in-18 (avec le texte en regard).

— Sannazarii odæ ; ejusdem elegia de malo punico, J. Cottæ carmina ; M. Ant. Flaminii carmina. *Venetiis* (absque typogr. nomine), *mense Decemb.* 1529, in-8. de 32 ff. sign. A—H.

Édition rare, même en Italie. C'est à tort que Maittaire, dans son Index (article Cotta), l'a donnée pour une production des presses aldines. 1 liv. 2 sh. Butler.

— Arcadia del Sannazaro tutta fornita et tratta emendatissima dal suo originale et novamente *in Napoli restampata*, pet. in-4. de 104 ff. non chiffrés à 25 lign. par page, lettres rondes. [14929]

Vend. 27 fr. La Valliere, et 17 sh. Pinelli. Plusieurs bibliographes ont cité cette édition comme la première de ces poésies, en en faisant remonter la date jusqu'à 1480 ; mais ils se sont trompés, car il paraît qu'elle a été faite sur celle de *Naples*, 1504, in-4., qui est la première édition complète.

— LIBRO pastorale nominato Arcadico de Iacopo Sanazaro neapolitano. *Venetia, per Bernardino de Vercelli*, MCCCCCII, *die xxii Iunii*, in-4.

Indépendamment de cette édition, l'imprimeur Bernardino da Vercelli en a donné une seconde à la date du 22 nov. 1502, et une 3e en 1504, in-4. Elles sont toutes les trois rares, mais incomplètes et très-fautives.

— ARCADIA del Sannazaro tutta fornita e tratta emendatissima dal suo originale. — *Impressa in Napoli per Maestro Sigismundo Mayer : con somma & assidua diligenza di Pietro Summontio nel anno MDIIII, del mese di Marzo*, pet. in-4. de 2 et 96 ff., sign. A—N, lettr. rondes.

Première bonne édition de ce poëme. Elle est revêtue d'un privilège du roi de Naples, pour dix ans ; ce qui n'a empêché ni la réimpression faite à Milan, par Scinzenzeler, en 1504, in-4., ni les autres réimpressions qui ont paru à la même époque. Un bel exemplaire de l'édition de Naples a été vendu 1 liv. 8 sh. chez Paris, à Londres, Un autre impr. sur VÉLIN a été acheté 279 fr. chez Mac-Carthy pour la Bibliothèque du roi.

L'édition de Venise, *Giov. Rosso*, 1512, in-4., 12 fr. Floncel.

— ARCADIA del Sannazaro. *Vinegia, nelle case d' Aldo romano*, 1514, *nel mese di settembre*, in-8. de 90 ff., y compris l'ancre. 6 à 8 fr.

Un bel exemplaire tiré sur *pap. bleu*, avec des cadres peints en or autour des pages, et rel. en *mar. antiq.*, a été vendu 44 fr. Gaignat ; 15 liv. 15 sh.

Heber, et 16 liv. 10 sh. Butler. — Un autre en Gr.
Pap. blanc, à la reliure de Grolier, se conserve à la
Biblioth. impér. Renouard indique 4 exemplaires
du même livre imprimé sur VÉLIN : il en a été
vendu un 16 liv. 16 sh. Pinelli ; 21 liv. Pâris.

— ARCADIA del Sannazaro. *Florentia, per Phil. di
Giunta*, 1514, *mense martio*, in-8. de 84 ff. chiffr.
par erreur jusqu'à 94. 5 à 6 fr.

L'édition de 1519, in-8. de 80 ff., a le même prix à peu
près que celle de 1514. Toutes les deux sont citées
par les académiciens de la Crusca. Il faut joindre
à l'une et à l'autre le volume suivant :

LE RIME di Giacopo Sannazaro con la gionta, dal
suo proprio originale cavata. *Stampate per Bernardo Giunta*, 1533, in-8. de 56 ff. [14511]

— ARCADIA. *Venezia, Alessandro Paganino*, 1515,
in-32.

Une des éditions les plus rares de ce poëme ; elle a
été corrigée par *Ottavio degli Stefani*. Les frères
Volpi l'ont qualifiée de *libretto galante e per que'
tempi corretto.*

— ARCADIA del dignissimo homo Messer Iacomo Sannazar... nouamente stampata; et diligentemente correcta. — *Venetia ad instantia de Gregorio de Rusconi milanese Nel.* M. D. XV., pet. in-4. (Molini,
Operette, p. 160.)

— ARCADIA... *Stampata in Bologna per Francesco
da Bologna, a dì 3 ottobre* 1516, in-32.

Édition faite à l'instar de celle de Paganino, mais en
caractères plus nets.

Nous pouvons encore citer, comme rare, l'édition avec
commentaire, *Milano, per August. da Vimercha*,
1518, in-8., Vend. 19 sh. mar. citr., Hibbert; et
celle de Bologne, *per Maestro Hieronymo de Benedetti*, 1520, in-8., que n'ont point connue les frères Volpi ; elle a échappé aux recherches de Panzer, ainsi que les trois précédentes, et celle de Venise, *Zoa. Fr. et Ant. fratelli de Rusconi*, 1522,
pet. in-8.

— ARCADIA. *Vinegia, nelle case delli heredi d' Aldo
romano, etc.*, 1534, in-8. de 92 ff., y compris l'ancre. 5 à 6 fr. — Sonetti e canzoni del Sannazaro,
*Vinegia nelle case delli heredi d' Aldo Romano,
etc.*, 1534, in-8., de 48 ff. et 4 à la fin.

Ces deux volumes, que l'on trouve ordinairement
réunis en un seul, forment la meilleure édition des
poésies italiennes de Sannazar, donnée par les Alde :
vend. 1 liv. 1 sh. Pinelli ; 1 liv. 16 sh. anc. rel.
mar. Heber, et l'exemplaire de Grolier, 16 liv. Dent.
Il existe des exempl. en Gr. Pap.

— ARCADIA, di nuovo ristampata e ritornata alla sua
vera lezione da Lod. Dolce, con le rime del medesimo Sannazaro. *Vinegia, Gabr. Giolito da Ferrari*, 1556, ovvero 1562, in-8. 4 à 6 fr.

— LE TRE ARCADIE di Giac. Sannazaro , di B. Menzini e di Melch. Gius. Morci, raccolte per la prima
volta. *Venezia, Poletti*, 1746, in-8.

— L'ARCADIA, con annotazioni. *Milano , tipogr.
de' classici*, 1808, in-8. 5 fr.

— L'ARCADIA. *Milano*, 1827, gr. in-32, portr. pap.
fin et pap. vél. 3 et 5 fr.

Il y a d'autres éditions de ces poésies, mais elles n'ont
qu'un prix ordinaire.

— L'ARCADIE de Sannazar, mise d'italien en françoys par J. Martin. *Paris, Mich. Vascosan*, 1544,
in-8.

10 fr. mar. bl. Gaignat et Bonnier; en mar. v. par
Trautz, 58 fr. Solar.

Ce poëme a aussi été traduit en français par Pecquet,
Paris, 1737, in-12.

— Sonetti e canzoni di M. Jacopo Sannazaro...—*Impressa in Napoli per Maestro Joanne Sultzbach Alemano nel
anno* M. D. XXX. *del mese di Novembre*,
in-4.

Édition originale de ces poésies ; elle est rare, ainsi

que la réimpr. qui en a été faite à Rome, par Ant.
Blado d'Asola, *adi xx del mese di Decembre*, 1530,
in-8. (ou in-4.) de 48 ff. en lettres italiques.

— Le Opere volgari del Sannazaro, cioè
l'Arcadia, colle annotazioni del Porcacchi, e d'altri : le rime, e lettere aggiunte;
il tutto da Gio.-Ant. Volpi e da Gaetano
di lui fratello corretto ed illustrato. *Padoua, Giuseppe Comino*, 1723, in-4.

Bonne édition peu commune : 10 à 12 fr.

Ce volume se joint aux poésies latines de Sannazar,
édit. de *Comino*, 1731, in-4. Il en existe des exemplaires tirés sur un papier supérieur.

SANREY (*Agnus Benignus*). Paracletus,
seu de recta illius nominis pronuntiatione tractatus. *Parisiis, Le Bouc*,
1643, in-8. 3 à 5 fr. [18208]

Ouvrage curieux, quoique son titre semble n'annoncer qu'une dissertation d'un intérêt bien faible. On
y trouve de savantes recherches sur plusieurs points
d'érudition relatifs aux langues en général, et à la
langue grecque en particulier. La rareté de ce volume est attestée par le pseudonyme Vigneul de
Marville, *Mémoires de littérature*, édition de 1725,
tome II, p. 251, et par l'abbé Rive, dans la note manuscrite qu'il a consignée sur un exemplaire du *Paracletus*, que nous avons en ce moment sous les
yeux. J.-B. Thiers a écrit sur le même sujet un ouvrage intitulé : *De retinenda in ecclesiasticis libris voce Paracletus*, Lugduni, 1669, in-12.

SANSON (*Nic.*). Geographia sacra. Voyez
PAULO (Car. a S.).

— Antiquités d'Abbeville, 24245.

SANSON (*Jacq.*). Voy. HISTOIRE généalogique des comtes de Ponthieu.

SANSOVINO (*Francisco*). Del governo et
amministratione di diverse regni e re-
publiche cosi antiche come moderne,
libri XXI. *Venetia*, 1578, in-4. [3944]

Cette édition est au moins la troisième de l'ouvrage ;
elle a été vend. 40 fr. Libri, en 1857, et quelquefois
beaucoup moins ; celle de Venise , 1561, in-4., ne
contient que 18 livres. Il y en a une autre de Venise, Sessa, 1567, in-4.

Fr. Sansovino a été l'éditeur d'un recueil de traités
de politique ayant pour titre :

PROPOSITIONI, overo considerationi in materia di
cose di stato, sotto titolo di Auvertimenti, auvedi-
menti civili e concetti politici di Fr. Guicciardini,
Fr. Lottini et Fr. Sansovini, di nuovo poste insieme,
ampliati et corretti..... *Vinegia, Altobello Salicato*,
1588 (aussi 1598 et 1608), in-4.

Les deux premiers ouvrages réunis dans ce recueil
avaient déjà été imprimés séparément, savoir :

1° celui de Fr. Guicciardini sous ce titre :

PIU CONSIGLI et auvertimenti, in materia di republica e di privata. *Parigi, Federigo Morello*,
1576, in-4. La même année parut la traduction
française intitulée :

PLUSIEURS advis et conseils de Fr. Guicciardin...
trad. par A. de Laval. *Paris, Rob. le Mangnier*,
1576, in-4.

2° celui de Lottini sous cet autre titre :

AUVENDIMENTI civili di M. Giov. Franc. Lottini,
per Giral. Lottini suo fratello in luce dati. *Firenze,
Bartol. Sermartelli*, 1574, in-4.

La traduction française est intitulée :

ADVIS civils contenant plusieurs enseignements,
tant pour la vie politique, que pour les conseils et
gouvernement des estats et républiques. *Paris,
Abel l'Angelier*, 1584, in-8.

— Le Cento novelle scelte da' più nobili scrittori, nelle quali piacevoli et aspri casi d' amore et altri notabili avenimenti si leggono. *Venetia, appresso Francesco Sansovino*, 1561, in-8., fig. sur bois. 24 à 36 fr. [17394]

Cette édition, la première de ce recueil, est rare ; plusieurs bibliographes en ont annoncé une de 1560, qui, selon toute apparence, n'existe pas; ils auront été induits en erreur par un exempl. de l'édition de 1561 qui se sera trouvé dépourvu du frontispice, et où ils n'auront vu de date que celle de l'épître dédicatoire. *Description :* 4 ff. prélim. contenant le frontispice ; la dédicace *Alla maestà serenissima d'Isabella regina d'Inghilterra*, datée de Venise, *alli* XXVI *di settembre* MDLX ; l'avis de Sansovino au lecteur ; le texte suivi de la table, laquelle a le premier f. chiffré 92 au lieu de 392. Cette table occupe 7 ff. de la signature DDIIII, et est suivie d'un 8ᵉ f. pour le registre et la date.

— Le stesse novelle... di nuovo ampliate, riformate, rivedute e corrette. *Venezia* (senza nome di stampatore), 1562, in-8.

Seconde édition, également rare. Elle est décorée de jolies vignettes sur bois, différentes de celles de la première édition. L'épître dédicatoire est adressée *Al Clarissimo M. Sigismondo de' Cavalli eletto oratore al serenissimo duca di Savoja*. On trouve à la fin du volume six sonnets, savoir : 2 du Veniero, 2 du Dolce, et 2 du Tasse *in morte della signora Irene*. Après le registre se lit la souscription : *in Venetia appresso Francesco Sansovino*, MDLXII; le verso du dernier f. suivant porte l'emblème de Sansovino. 18 sh. Wilbraham ; 5 sh. Hibbert.

— Edizione terza. Nelle quali... di nuovo ampliate, ecc. (au verso du dernier f.) : *In Venetia appresso Rampazetto*, M. D. LXIII, in-8. fig.

8 ff. prélimin. non chiffr.; texte 421 pp. chiffr.; au verso du dernier commence la table qui comprend 17 pp., ensuite *Le rime varie*, le registre et la date, en 2 ff.; le dernier f. est tout blanc. Cette édition reproduit la même dédicace que la précédente, mais elle renferme deux nouvelles de plus. Vend. 1 liv. 2 sh. Borromeo; 11 sh. Hibbert.
— LE STESSE novelle. *Venezia* (senza nome di stampatore), 1566, in-4. fig. sur bois. 18 à 24 fr.
Première édition de format in-4. Elle contient l'épître dédicatoire à Sigismondo de' Cavalli. 4 ff. prélimin., texte 238 ff. chiffr. et 2 ff. pour la table. Vend. 39 fr. v. f. armes du C. d'Hoym, salle Silvestre, en 1803 ; 70 fr. mar. r. en 1825, et 54 fr. Pixerécourt.
— LE STESSE. *Venetia, heredi di Marchiò Sessa*, 1571, in-4. fig. sur bois. 24 à 30 fr.
Cette édition est, comme on voit, la 5ᵉ, bien que le titre porte *quarta impressione*. Apostolo Zeno et Haym la disent mutilée, et néanmoins elle est assez recherchée, parce que indépendamment des *Ciento Novelle antike* qui y sont réunies, on y a ajouté un *Discorso sopra il Decamerone*. Le volume a 14 ff. prélim. non chiffr., 245 ff. chiffr. et un blanc, plus 5 pour la table et un autre f. blanc, 67 fr. mar. r. Libri. Les *Novelle antike* forment une partie séparée de 31 ff. chiffrés et un blanc.
Les éditions de Venise, 1598, 1603 et 1610, in-4., sont toutes les trois semblables entre elles, mais très-différentes des autres, et sont peu recherchées.
Le recueil de Sansovino se compose de nouvelles choisies de différents auteurs, mais qui n'y sont pas nommés. Il est à remarquer que l'éditeur a changé dans chacune de ses éditions l'ordre des nouvelles, et qu'il en a successivement retranché plusieurs en les remplaçant par d'autres ; ce qui a été fait également dans l'édition de 1598 : en sorte que pour avoir toutes les nouvelles que renferment les différentes éditions, et qui sont alors au nombre de 165 au lieu de 100, il faut réunir les édit. de 1561, 1562, 1563, 1566 ou 1571 (les deux dernières renferment les mêmes nouvelles du Recueil de Sansovino), et 1598. Gamba, dans sa *Bibliografia delle novelle*, a donné un tableau qui présente, en sept colonnes, le commencement de chacune de ces 165 nouvelles, le nom de l'auteur, et le numéro d'ordre que chacune d'elles occupe dans les cinq classes d'éditions où elle se trouve. — Dans les éditions de 1598, 1603, et 1610, on a omis cinq nouvelles indiquées dans la table ; ce sont les 4ᵉ et 7ᵉ de la 3ᵉ journée ; la 8ᵉ de la 6ᵉ journée, et les 3ᵉ et 4ᵉ de la 8ᵉ journée ; mais elles y ont été remplacées par cinq autres, sous les nᵒˢ 24, 27, 58 (répétée sous le nᵒ 82), 73 et 74.

— Ordine di cavalieri del Tosone. — *Nell'academia venetiana*, 1558, in-4. de 22 ff. dont un blanc. [28760]

Cet opuscule, devenu fort rare, est de Fr. Sansovino, qui a mis son nom à la préface. Vend. 50 fr. à Paris, en 1825, et moins depuis.
— Orazione, 12204. — Venetia descritta, 25429.

SANTA ou Sancta Croce (la) che se insegna alli putti in terza rima. Lalphabeto nel qual se trouano li errori che regnano nel mondo a questi tëpi. (in fine) : *Per el Benali sul capo de San Stephano* (*Venezia*), in-4. de 4 ff. à 44 vers par page.

Bien peu d'exemplaires de cet opuscule ont dû se conserver jusqu'à nous. Molini, *Operette*, p. 128, nᵒ 63, le place parmi les édit. de la fin du XVᵉ siècle.

SANTA CRUZ de Dueñas (*Melchior* de). Floresta española de apothegmas, o sentencias sabia y graciosamente dichas de algunos Españoles. *Toledo, Fran. de Guzman*, 1574, in-8. [18497]

Édition la plus ancienne que l'on connaisse de ce recueil qui a été très-souvent réimprimé, tant en Espagne qu'à Bruxelles. (*Bruxelles, Rutger Velpius*, 1598 (aussi 1605), pet. in-12, de IV et 198 ff.).
— FLORESTA española de apothegmas o sentencias, sabia y graciosamente dichas de algunos Españoles, colligidas por Melchior de Santa Cruz de Dueñas... *Barcelona, por Hieronymo Margarit*, 1606, in-12. 8 à 12 fr.
30 fr. 50 c. mar. bl. Duplessis.
L'ouvrage a été reproduit, avec des augmentations, sous le titre suivant :
FLORESTA española... recogidas por Melch. de Santa Cruz, y continuadas por Fr. Asensio. *Madrid, Ibarra*, 1771, réimprimé en 1790, 3 vol. pet. in-12.

— La Floresta spagnola, ou le plaisant bocage, contenant plusieurs comptes, gosseries, brocards, cassades et graves sentences de personnes de tous états. *Lyon, J. Didier*, 1600, in-12.

Vend. 8 fr. mar. r. Brienne ; 6 fr. Méon ; 5 sh. Hibbert.
— FLORESTA española de apothegmas... —La Floresta española, ou le Plaisant Bocage, contenant plusieurs comptes (*sic*), gosseries, brocards, cassades, et graves sentences de personnes de tous estats. *Bruxelles, par Rutger Velpius et Hubert Anthoine*, 1614, pet. in-8. 12 à 15 fr.

Santa-Cruz. Réflexions militaires, 8591.

Dans cette édition la traduction est en regard du texte ;
40 fr. *mar. v.* Duplessis.

Selon le catal. de La Vallière, par Nyon, n°* 10896 et
12480, le traducteur se serait nommé *Pissevin* ou
Pissivin.

— Libro primo (y segundo) de los cien
tratados ; recopilado por Melchior de
Sancta Cruz de Dueñas : De notables
sentencias, asi morales como naturales... en tercetos castellanos. *Toledo,
Diego de Ayala*, 1576, 2 part. in-12
allongé, de VIII, 151, IV et 203 ff.

SANTAFIORE (*Giuseppe*). Lode delle nobili ed illustri donne romane , raccolte
e composte in ottava rima. *Roma, per
M. Ant. Blado Asulano,* 1551, in-8.
de 27 ff. lettres rondes, avec fig. sur
bois. [14942]

Poëme en trois chants, et *in ottava rima :* vend.
9 fr. *mar. r.* La Vallière.

— La Testugine, comedia d'invidia et ge-
losia, di Joseph Santa-Fiore. — *Roma,
Antonio Blado d'Asola,* 1535, pet.
in-8., sign. A—K. [16651]

Pièce en 5 actes et en vers, avec un prologue ; elle
est rare parce qu'il n'en existe , dit-on, qu'une
seule édition : 28 fr. *mar. r.* de Soleinne.

SANTA MARIA (*Alonso de*). Voy. ALONSO
de Cartagena.

SANTA MARIA carmelitano (P. *Angiol.
Gabriello* di). Biblioteca e storia di
quei scrittori della città come del terri-
torio di Vicenza. *Vicenza,* 1772-82 ,
6 vol. in-4. 24 à 30 fr. [30674]

Cet ouvrage est par ordre chronologique, et ne va
que jusqu'à 1700. 37 fr. Libri, en 1857.

SANTA MARIA (el P. *Fernando* de).
Manual de medicinas caseras para con-
suelo de los pobres indios en las provincias, y pueblos donde no ay medicos ni
botanico. (*St. Thomas de Manila*) ,
1815, pet. in-8. de 6 ff. et 343 pp.
[7386]

Ouvrage rare en France. Ce qui le recommande
particulièrement, c'est une table générale du nom
des plantes, animaux, et autres objets naturels qui
peuvent s'employer contre les maladies, avec la
synonymie de ces noms dans tous les dialectes des
Philippines. Ce morceau commence à la p. 316.
Vend. 12 fr. Nodier, en 1827 ; 35 fr. salle Silvestre,
en 1842.

SANTA ROSA MARIA (P. *Pedro Bel-
tran* de). Arte de el Idioma Maya reducido a succinctas regulas y semi-lexicon
Yucateco. *Mexico, Bernardo de Hogal,* 1746, in-4. [11991]

SANTA ROSA (*Joachim* de) de Viterbo.

Elucidario das palavras, termos, e fra-
zes, que em Portugal, antiguamente se
usarão, e que hoje regularmente se
ignora. *Lisboa,* 1798-99, 2 part. pet.
in-fol. [11177]

Vend. 3 liv. 3 sh. Heber ; 47 fr. 2e vente Quatremère.

SANTAREM (*Manoel-Franc.* de Barros
y Souza, vicomte de). Recherches sur
la priorité de la découverte des pays
situés sur la côte occidentale d'Afrique,
au delà du cap Bojador, et sur les progrès de la science géographique, après
la navigation des Portugais, au xve siècle. *Paris, Dondey-Dupré,* 1842, in-8.
10 fr. [28423]

— ATLAS composé de mappemondes et de cartes
hydrographiques et historiques, depuis le ve jusqu'au XVIIe siècle, pour la plupart inédites et tirées
de plusieurs bibliothèques de l'Europe... recueillies
et gravées sous la direction du vicomte de Santarem. *Paris,* 1842 et ann. suiv., gr. in-fol. [19637]

Cette précieuse collection, publiée aux frais du gouvernement portugais, n'était pas encore achevée
en 1853. L'exemplaire vendu 210 fr. Walckenaer
contenait 55 pièces format grand aigle et grand
monde.

— ESSAI sur l'histoire de la cosmographie et de la
cartographie pendant le moyen âge, et sur les progrès de la géographie après les grandes découvertes
du xve siècle, pour servir d'introduction et d'explication à l'atlas composé de mappemondes et de
portulans, et d'autres monuments géographiques,
depuis le VIe siècle de notre ère jusqu'au XVIIe, par
le vicomte de Santarem. *Paris, Maulde et Renou,*
1849-52, 3 vol. in-8., 30 fr. [19595]

— Quadro elementar das relações politicas e diplomaticas de Portugal, com as
diversas potencias do mundo, desde o
principio da monarchia portugueza até
aos nossos dias ; ordenado e composto
pelo visconde de Santarem. *Paris,
Aillaud ,* 1842 et ann. suiv. , in-8.
[26319]

Ouvrage imprimé par ordre du gouvernement portugais. Il en paraissait 17 volumes en 1862 ; mais
l'auteur étant mort en janvier 1856 les derniers
volumes sont posthumes.

— Memorias das Cortes em... Portugal, 26271.

SANTE BARTOLI (*Pietro*). V. BARTOLI.

SANTES Pagninus. Voy. PAGNINUS.

SANTILLANA. Voy. LOPEZ de Mendoça.

SANTISTEVAN (*Christophorus*). Tratado de las sucesiones de los reynos de

Gerusalem, Naples, Sicilia, y Provincias
de Pulla y Calabri, y del derecho, que a
elle tienen los reyes catholicos don Fernando y donna Isabella. *En Saragossa*,
MDIII, in-4. [26037]

·Ce livre est indiqué par Antonio, et après lui par
Meusel et par Panzer. Il est relatif à la succession
des Etats de René d'Anjou, et, sous ce rapport, appartient autant à l'histoire de France qu'à celle
d'Espagne.

SANTIUS de Arevalo. Voy. RODERICUS.

SANTOLII (*J.-B.*) Victorini selecta Carmina ad illustriss. v. D. P. Bellevræum.
Parisiis, apud Dionys. Thierry, 1670,
pet. in-8.

·Premier recueil que Santeul ait donné d'une partie de
ses poésies. Quoiqu'il soit d'un prix très-médiocre,
un exemplaire en *mar. r.* a été vendu 36 fr.
Ch. Giraud, et à la même vente un exemplaire de
l'édit. de 1694, rel. en *mar. r. doublé de mar.*, a
été payé 46 fr.

— Operum omnium editio tertia (cum
not. cura And.-Fr. Bilhard). *Parisiis,*
1729, 3 vol. in-12. 8 à 12 fr. [12925]

Édition la plus complète de ces poésies latines, auxquelles se trouve réunie la traduction française des
principales pièces. La première édition, sous le
titre d'*Opera*, est celle de *Paris, Dionys. Thierry,*
1694, in-12; la seconde, donnée par le même
libraire en 1698, in-12, avec portrait, est la dernière
qui ait paru du vivant de l'auteur; il faut y joindre
un 2e vol. de 268 pp., publié après sa mort. Une
partie des pièces qui composent ce recueil avaient
d'abord paru séparément par feuilles volantes in-fol.,
in-4. ou in-8., depuis l'année 1654 jusqu'en 1696.
Aujourd'hui il serait bien difficile d'en former la
collection. Celle qui est portée dans l'ancien catalogue de la Bibl. du roi, Y, nos 2697 à 2720, n'est pas
complète; il y manque particulièrement : *Salpetria,
nympha Cantalliaca*, avec la traduction en prose
de cette pièce par le duc du Maine, et le remerci-
ment de Santeul à ce prince, en latin et en françois
(*sans lieu ni date*, mais de 1696), in-8. Vend.
15 fr. 50 c. *m. r.* Monmerqué. Morceau qui a été
réimpr. dans le supplément de l'édition de 1698, et
·dans l'édition en 3 vol. in-12.

Il faut joindre à cette dernière :

HYMNI sacri, *Parisiis*, 1698, in-12.

Les hymnes de Santeul ont été traduites en franç. par
l'abbé Saurin, *Paris,* 1699, in-12, et par l'abbé J.-P.
(J. Poupin), *Paris*, 1760, in-12.
— Santoliana, 18539.

SANTO BRASCA. Voy. BRASCA.

SANTONINI (*Agostino*). Viaggio al regno
d'Amore. *Padova,* 1592, in-4. [14890]

Poëme peu connu : vend. 33 fr. en mars 1825.

SANTORINI (*Jo.-Domin.*) XVII tabulæ,
quas nunc primum edit atque explicat
Michaël Gerardi. *Parmæ, ex typ. reg.,*
1775, pet. in-fol. fig. 10 à 12 fr. [6689]

SANTOS (fr. *Joao* dos), da orden de S.-
Domingos. Primeira parte da Ethiopia
oriental, em que se da relacam dos
principaes reynos desta região, dos cus-

tumes, ritos et abusos de seus habita-
dores, dos animaes, bichos et feras...
de varias guerras entre Christianos,
Mouros et Gentios. *Lisboa,* 1609, pet.
in-fol. [28416]

— Varia historia de cousas notaveis de
oriente e da christandade que os religiosos da orde dos Pregadores nelle
fizerão. Segunda parte composta pollo
P. Fr. Joam dos Santos. *Impressa no
convento de S. Domingos de Evora,
por Manoel de Lyra,* 1609, pet. in-fol.

Ces deux articles, qui doivent être réunis, ont été
vendus séparément 32 et 34 fr. Langlès; le premier
20 fr. Walckenaer; le second 2 liv. Heber.

— Histoire de l'Éthiopie orientale, traduite du
portugais par Gaëtan Charpy. *Paris*, 1684 ou 1688,
in-12. 3 à 4 fr.

SANTOS (*Francisco* de los). Descripcion
breve del monasterio de S. Lorenzo del
Escorial, fabrica del rey Philippo II,
aora nuevamente coronada por el rey
Philippo IV, con la magestuosa obra de
la capilla insigne del Pantheon, y tras-
lacion a ella de los cuerpos reales. *Madrid, impr. real,* 1657, pet. in-fol. fig.
[26132]

Ouvrage curieux : vend. 22 fr. 95 c. Hurtault. Il a
été réimprimé à *Madrid, Villa Diego*, 1681, et en
1698, pet. in-fol.

SANTOS (*Dom.* de los). Vocabolario de la
lengua tagala, primera y segunda parte :
compuesto por N.-H. fray Domingo de
los Santos *Toyabas* (*Filipinas*), 1703,
in-fol. [11913]

Catalogue Marsden.

— Vocabulario de la lengua tagala : compuesto por fray Domingo de los Santos.
(*Manila*) *reimpresso en la imprenta
de Loreto del Pueblo de Sampaloc,
por Balthasar Mariano Donano,
franciscano,* 1794, in-fol.

Ces deux édit. sont rares en Europe. La seconde a été
vend. 90 fr. salle Silvestre, en 1822. — Le même
vocabulaire *Reimpreso en la imprenta de D. Jose
Maria Dayot, por Tomas Oliva, Manila,* 1835,
in-fol. de 740 et 118 pp. 3 liv. 3 sh. Catal. Trübner.
Nous n'avons pas vérifié si le *Vocabulario de la
lengua tagala... corregido por Juan de Noceda*
est le même que celui-ci. Voyez NOCEDA.

SANTOS (*Francisco*). Obras en prosa y
en verso. *Madrid,* 1723, 4 vol. pet.
in-4. [19271]

Cette collection contient quinze nouvelles qui avaient
déjà été imprimées séparément pendant la seconde
moitié du XVIIe siècle.

SANUTO (*M. Livio*). Geographia distincta
in XII libri. *Vinegia, D. Zenaro,* 1588,
in-fol. avec XII cartes. [28340]

Description de l'Afrique, précédée d'une introduction.
M. Walckenaer en a fait remarquer l'importance
dans ses *Recherches géographiques sur l'Afrique*,
publiées en 1821, et cela a fait porter son exemplaire à 41 fr.

Santos (*Man.* dos). Historia sebastica, 26297.
Santos Silva (*Ant.* dos). Brasiliada, 15420.

SANXAY (*Jac.*). Lexicon aristophanicum græco-anglicum. *Londini*, 1754, in-8. 6 à 7 fr. [16080]

Ce petit lexique a été réimpr. à *Oxford*, en 1811, in-8., pour former le 5e vol. de la seconde édit. de l'*Aristophane* de Brunck, impr. en 1810. Voyez ARISTOPHANIS comœdiæ.

SANZ (*Ped.-Luiz*). Trezientos prouerbios y auisos muy prouechosos para el discurso de nuestra humana vida : compuestos por muy breue estillo por el noble Don Pedro Luyz Sanz. (*sans lieu ni date*), pet. in-8. goth. de 28 ff. dont le dernier est bl. [15125 ou 18490]

Maximes morales écrites en vers espagnols.

Une édition de Valence (vers 1550), in-8., est portée dans la *Biblioth. heber.*, VI, recueil formant le nº 2924.

SANZ (*Hippolyto*). La Maltea, en que se trata la famosa defensa de la religion de Sant Joan en la isla de Malta. *Valencia, Juan Navarro*, 1582, pet. in-8. [15180]

Poëme en octaves : 1 liv. 11 sh. 6 d. Salvá.

SAONA (*Laurencius Guilelmus* de). Rhetorica nova. — *Impressum fuit presens opus rhetorice facultatis apud villā Sancti Albani. Anno domini* M. CCCC. LXXX, in-4. goth. [12051]

Livre très-rare, et l'un des premiers imprimés à *Saint-Alban*, avec date ; il a des signatures depuis *a* jusqu'à *z* ; chaque cahier est de 8 ff., à l'exception du dernier qui n'en a que 5 impr. Le f. a i est tout bl. Vend. 79 liv. 16 sh. Willett ; 110 liv. 5 sh. Sotheby, en mai 1862.

Plusieurs bibliographes anglais citent une édition du même ouvrage, imprimée à Cambridge, en 1478, in-fol., sans chiffres, récl. ni signat.; nous ne la connaissons pas autrement, mais nous avons remarqué que la souscription de celle de Saint-Alban, 1480, commence ainsi : *Compilatum autem fuit hoc opus in alma universitate cantabrigie, anno domini* 1478, *die* 6 *julii*, ce qui a peut-être donné lieu d'annoncer une édition de Cambridge sous cette même date.

SAPET (*P.* de). Les Enthousiasmes, ou eprises amoureuses. *Paris, Jean Dallier*, 1556, pet. in-8. de XII et 76 ff. non chiffrés. [17997]

Ce livre singulier, mais assez curieux, contient vingt-trois *eprises*, plus morales, ou même philologiques, qu'érotiques. On le trouve difficilement : vend. 8 sh. *mar. v.* Heber, mais il vaut davantage.

SAPIDI (*Joannis*) Anabion, sive Lazarus redivivus. comœdia : item historia de divite et de egeno Lazaro, redditā versibus a quodam studioso. *Argentorati, Mylius*, 1540, pet. in-8. [16150]

Vend. 12 fr. *mar. r.* Courtois.

SAPIENCIA (*Otavio*). Nuevo tratado de Turquia, con una descripcion del sito, y ciudad de Constantinopla, costumbres del gran Turco, de su modo de govierno, de su palacio, consejo, martyrios de algunos martyres, y de otras cosas notables. *Madrid*, 1622, pet. in-4. [27870]

Ouvrage d'un auteur qui a résidé douze années en Turquie. Il est rare et d'une certaine valeur.

SAPIENTIA evangelica. Voyez SWEDENBORGIUS.

SAPPHUS Lesbiæ Carmina et fragmenta, gr. et lat., recensuit, comment. illustravit, schemata musica adjecit, et ind. confecit H.-F.-M. Vogler. *Lipsiæ, Weidmann*, 1810, in-8. 5 fr. — Pap. fin, 7 fr. — Pap. vél., 9 fr. [12356]

Édition faite sans critique et surchargée de notes insignifiantes. Le meilleur texte que l'on eût jusqu'alors de ces fragments fait partie du 1er volume du *Museum criticum*, Cambridge, 1813, in-8.

— ODEN, griech. und deutsch, mit erklär. Anmerkk. von E.-Ant.-L. Möbius. *Hannover, Hahn*, 1815, in-8. 3 fr.

— SAPPHONIS Mytilinææ fragmenta, specimen operæ in omnibus artis Græcorum lyricæ reliquiis excepto Pindaro collocandæ proposuit Ch.-F. Neue. *Berolini, Nauck*, 1827, in-4. de 106 pp. 4 fr.

La meilleure édition que l'on ait de ces fragments.

— LES HYMNES de Sapho, nouvellement découvertes et traduites pour la première fois en français, avec des notes et une version italienne, par J.-B. Grainville. *Paris, Roland, an V* (1797), in-12.

Traduction des cinq hymnes et des cinq odes composées par D. Vinc. Imperiali (sous le nom de *Sosare Itonieio, pastore arcado*), à l'aide des fragments recueillis par Chr. Wolf. Cette imitation a paru sous le titre de la *Faoniade di Saffo*, Crisopoli (Parma), Bodoni, 1792, in-8., et 1801, in-12, etc.

A FRAGMENT of an ode of Sappho from Longinus : also an ode of Sappho from Dionysius halicarn., edited by Fr.-H. Egerton. *Paris*, 1814, gr. in-8. de 26 pp.

— Voy. ANACREON ; SELECTA ; WOLFIUS (*J.-Chr.*).

SARACENICA, sive Moametica, gr. et lat., nunc primum edita, cum annotationibus, opera Frid. Sylburgii. (*Heidelb.*), *ex typ. H. Commelini*, 1595, in-8. 4 à 6 fr. [2232]

SARASIN ou Sarrasin (*Jean-François*). OEuvres de M. Sarasin. *Paris, Aug. Courbé*, 1656 (aussi 1657), in-4. [14009]

Cette première édition des OEuvres de Sarasin a été donnée par Ménage, et elle contient un long discours de Pellisson. 10 à 12 fr. Un bel exempl. en *mar. r.*, avec le portr. de l'auteur gravé par Nanteuil, 49 fr. Giraud ; un autre en *v. f. tr. d.*, 29 fr. vente du même.

Le même recueil a été réimprimé à *Rouen*, et se vendait à *Paris*, chez *Aug. Courbé*, en 1658, in-12, en 2 part., et dans la même ville, pour *L. Billaine et Th. Jolly*, 1663, in-12 (avec portr.), et souvent depuis avec des augmentations (comme dans l'édition de *Paris, Legras*, 1685, 2 vol. in-12, et celle d'*Amsterdam*, 1694, in-12). Il faut réunir à toutes ces éditions les *Nouvelles œuvres de Sarasin*, Paris, Cl. Barbin, 1674, 2 vol. in-12, donnée par Fleury, ancien secrétaire de Ménage, et qui n'ont été imprimées que cette seule fois. Les 3 vol. édit. de 1663 et 1674, en *v. f. tr. d.* 42 fr. Giraud. — Les *Œuvres choisies* de ce poëte aimable, *Paris, Delangle*, 1826, in-16, font partie de la collection de petitsclassiques décrite dans notre tom. II, col. 138.

— POÉSIES de Sarasin, édition dédiée à la ville de Caen, par MM. Trébutien et Richomme. *Caen, G.- S. Trébutien* , et *Paris, Lecointe*, 1824, in-8. portr. 4 fr.

SARAYNA (*Torello*). De origine et amplitudine civitatis Veronæ; ejusdem de viris illustribus antiquis veronensibus; de his qui potiti fuerunt dominio civitatis Veronæ; de monumentis antiquis urbis et agri veronensis; de interpretatione litterarum antiquarum. *Veronæ*, 1540, *ex officina Ant. Putteleti*, in-fol. [25423]

Toutes les planches de ce livre sont grav. sur bois par J. Carotto, peintre véronais. La première est le portrait de Torello Sarayna, auteur de l'ouvrage; les 29 autres représentent des antiquités de Vérone, parmi lesquelles doit se trouver le théâtre de cette ville, grande pl. qui a été enlevée de plusieurs exemplaires. Cette première édition est la plus rare et la plus recherchée : 8 fr. 50 c. Boutourlin ; 41 fr. Riva. Il y en a une seconde de *Vérone*, 1560; et on a donné, en 1586, une traduction italienne de l'ouvrage, mais incomplète et avec moins de planches. — Les planches de Carotto ont servi dans le dernier siècle à une nouvelle édition intitulée : *Antichità di Verona disegnate da Giov. Caroto, e nuovamente date in luce*. Roma, fratelli Merlo, 1746, in-fol.

SARBIEVIUS, vel Sarbiewski (*Matthæus-Casim.*). Lyricorum lib. IV, epodon lib. unus, alterque epigrammatum. *Antuerpiæ, Moretus*, 1632, in-4. 5 à 6 fr. [13121]

— Elegia itineraria ex ms. edita a L. Gotth. Langbein. *Dresdæ*, 1754, in-4.

Cette pièce a été supprimée et est devenue rare.

— POEMATA ex vetustiss. mss. et variis codicilibus olim ab auctore dissimulato nomine editis deprompta et in unum collecta : quibus accedit oratio ab eodem habita in translatione corporis D. Casimiri : item epistolæ ad Stanislaum Lubienski, episcopi Plocens. *Vilnæ, typogr. regia*, 1757, in-4. Rare.

— CARMINA. *Paris, Barbou*, 1759, in-12. 3 à 5 fr.

Bonne édition. Réimpr. *Paris, Barbou*, 1791, in-12; et *Argentor., Treuttel, an XI* (1803), in-8.; — *Leipz.*, 1842, in-16.

SARCÉ (F. F. de), docteur en théologie et religieux de l'ordre de Saint-François. Cantiques de noëls nouveaux, composé (*sic*) par lui. *Au Muns, chez la refue Hierosme Olivier*, 1612, pet. in-8. [14342]

SARCOMOROS. Voy. PROGNOSTICATION.

SARCOTIS Carmina. Voy. MASENIUS.

SARDI (*Guasp.*). Libro delle historie ferraresi, con una nuova aggiunta del autore; aggiuntivi di più quattro libri del Dot. Faustini. *Ferrara*, 1646, in-4. fig.

Vend. 9 fr. Floncel; 12 fr. Libri, en 1857.

La première édition, *Ferrare*, 1556, est moins complète que celle-ci.

SARDINI (*Simone*). Cerbero inuoco, composto per Simone Sardini vocato Sauiozo. El contrario di Cerbero che comincia *certo Iesu intendo di chiamare*. La disperata composta da Antonio di Tibaldi ferrarese. — *Stampata in Turino per magistro Francisco de Silua* (senz' anno), pet. in-4. de 4 ff. à 2 col., lettres rondes. [14879]

Pièces en vers, impr. au commencement du xvie siècle (La Valliere, 3548, art. 10).

SAREBERIENSIS, sive Salisberiensis (*Joannes*). Voy. JOANNES.

SAREBRUCHE (*S. de*). Journal du voyage fait à Hierusalem, et autres lieux de dévotion, tant en la Terre Sainte qu'en Egypte. *Troyes, Moreau*, 1621, in-12. [20558]

Peu commun.

SARMIENTO da Gamboa (*Pedro*). Viage al estrecho de Magallanes, en los años de 1579-80; y noticia de la expedicion que despues hizo para poblarle. *Madrid, imprenta real*, 1768, in-4. fig. 6 à 9 fr. [21139]

Édition faite sur un manuscrit de la Biblioth. royale de Madrid, qui n'avait pas encore été publié.

SARMIENTO (el P. *Mart.*). Memorias para la historia de la poesia, y poetas españoles. *Madrid, Ibarra*, 1775, in-4. 8 à 12 fr. [15045]

Cet ouvrage intéressant, publié après la mort de l'auteur, porte le titre d'*Obras posthumas, tomo primero*.

SARNELLI (*Pompeo*). Antica basilicografia. *Napoli*, 1686, in-4. [22322]

Ce livre est plus rare que les autres ouvrages du même auteur. 47 fr. Libri, en 1857.

SARNICIUS (*Stanisl.*). Annales, sive de origine et rebus gestis Polonorum et Lithuanorum libri octo. (*Cracoviæ*), 1587, in-fol. [27825]

Ouvrage fort rare en France : 76 fr. d'Ourches. On a du même auteur : *Descriptio veteris et novæ Poloniæ*, Cracoviæ, 1585, in-fol. Ces deux vol. ont été réimpr. en 1712, avec la suite des histoires de Dlugosz (voir le n° 27818 de notre table méthodique).

SARPEDONII (*Mirtisbi*) Dissertatio de vera Atticorum pronunciatione ad Græcos intra urbem. *Romæ*, 1750, in-4. 4 à 6 fr. [10649]

Le véritable nom de l'auteur de cette dissertation est Frédér. Reiffenberg.

SARPI (Fra *Paolo*). Tutte le sue Opere, con un supplimento. *Helmstad.* (*Verona*), 1761-68, 8 vol. in-4. [19212]

40 fr. demi-rel. en 1805.

— Le medesime opere compite. *Napoli,* 1789-90, 24 vol. in-8. 48 fr.

— Istoria del concilio tridentino di Pietro Soave Polano (Paolo Sarpi). *Londra, Giovanni Billio*, 1619, in-fol. 12 à 15 fr. [21695]

Édition originale, assez recherchée : vend. en Gr. Pap. dont les exemplaires sont rares : 49 fr. v. f. de Cotte, et quelquefois beaucoup moins.

— Histoire du concile de Trente, trad. en franç., avec des notes histor. par P.-Fr. Le Courayer. *Londres, Idle,* 1736, 2 vol. in-fol.

Bonne édition de cette traduction estimée : 15 à 20 fr., et en Gr. Pap., 20 à 30 fr. Vend. très-bel exemplaire, mar. viol. l. r. 178 fr. La Vallière; 42 fr. v. m. de Cotte; 36 fr. mar. r. dent. Mac-Carthy. Les éditions d'*Amsterdam*, 1736, 2 vol. in-4., ou d'*Amsterdam* (*Paris*), 1751, 3 vol. in-4., n'ont qu'un prix médiocre. Cette dernière est augmentée de la défense de la traduction de Le Courayer, déjà impr. séparément à *Amsterdam*, en 1742, in-12.

SARRACHUS. Voy. ASSARACHUS.

SARRATT (*J.-H.*). A Treatise on the game of chess ; a new edition, with additional notes and remarks by W. Lewis. *London*, 1822, in-8. 12 sh. [10492]

Un des meilleurs traités sur ce jeu. L'auteur a traduit en anglais les ouvrages de *Damiano, Rui Lopez* et *Salvio* sur le même sujet. *Lond.*, 1813, in-8., et également ceux de *Gianntio* et de *Gustave Selenus, Lond.*, 1817, 2 vol. in-8.

SARS (*M.*). Fauna littoralis Norvegiæ, oder Beschreibung und Abbildung neuer oder wenig bekannter Seethiere, etc. *Christiania, Dahl,* 1846-56, 2 cah. in-fol., 42 pl. color. 56 fr. [5626]

SARSII (*Lotharii*) Libra astronomica ac philosophica qua Galilæi opiniones de cometis examinantur. *Perusiæ*, 1619, in-4. [8311]

Ouvrage attribué à H. Grassi. Galilée y a répondu dans son *Saggiatore* (voy. GALILEI). 45 fr. Libri, en 1857.
Voici le titre d'une autre réponse faite au même livre :

SCANDALIO sopra la Libra astronomica di Lothario Sarsi nella controversia delle comete, da Gio.-Batt. Stelluti. *Terni*, 1622, in-4. 33 fr. Libri.
SARSII Ratio ponderum libræ et simbellæ, in qua quid e L. Sarsio, quidque e Galileo de cometis statuendum sit, proponitur. *Lutetiæ-Parisiorum*, 1626, in-4. 30 fr. Libri.

SARTO (*Andrea* Vannucchi del). Pitture a fresco esistenti nella compagnia dello Scalzo in Firenze. *Firenze* (*Molini*), tipografia all' insegna di Dante, 1830, in-fol. max. [9314]

Quinze planches et un portrait, avec 41 pp. de texte, 60 fr. — Avec la lettre grise, 80 fr. — Pap. vél. angl., épreuves avant la lettre, 120 fr. (21 fr. Boutourlin).

— PITTURE a fresco di Andrea del Sarto, e di altri celebri autori, disegnate e incise a contorni da Alessandro Chiari. *Firenze*, 1840, in-fol. 20 fr.

Ce volume, qui peut se réunir au précédent, contient un frontispice, une préface en italien et en français, 12 pl. gravées et un index.

SARTORI (*Jos.* de). Voyez CATALOGUS bibliogr. bibliothecæ theresianæ.

SARTORIUS de Waltershausen (*Wilh.*). Atlas de l'Etna, par Sartorius de Waltershausen, assisté de C. Cavallari, C.-F. Peters et C. Roos. *Weimar, Geograph. Institut*, et *Götting., Vandenhoeck*, 1848, et ann. suiv., gr. in-fol. oblong, avec 7 cartes et pl. [4643]

A la fin de 1861 il paraissait huit livraisons de ce bel ouvrage. Chaque livr. de 5 ou 6 pl., avec texte, coûte environ 40 fr.

— ÜBER die vulkanischen Gesteine in Sicilien und Island und ihre submarine Umbildung. *Göttingen*, 1853, in-8. avec une pl.

— GEOLOGISCHER Atlas von Island, mit Erläuterungen. *Göttingen, Dietrich,* 1853, gr. in-fol. 25 pl. gr. in-fol. obl. 36 fr. [4643]

SASSO (*Camillo-Napoleone*). Napoli monumentále, ossia storia dei monumenti di Napoli della fondazione della monarchia sino ai nostri giorni. *Napoli*, 1861, 2 vol. in-4. et atlas in-fol. 50 fr. [25706]

SASSO. Voy. SAXI.

SATANIS litigatio. Voy. LOTHARIUS.

SATCHWELL (*R.*). Scripture Costume exhibited in a series of engravings, representing the principal personages mentioned in the sacred writings, with biographical sketches and historical remarks on the manners and customs of eastern nations. *London, Leigh*, 1819, très-gr. in-4. [631]

Les dessins ont été faits sous la direction de Benj. West. 30 à 40 fr.

SATYRÆ duæ : Hercules tuam fidem, sive Munsterus hypobolymæus : Et virgula divina. Cum brevibus annotatiunculis quibus nonnulla in rudiorum gratiam illustrantur (a Dan. Heinsio). Accessit his accurata Burdonum fabulæ confutatio (per J. Rutgersium), quibus alia nonnulla hac editione accedunt. *Lugduni-Batavor. apud Ludov. Elzevirium (typis Is. Elzevirii)*, 1617, pet. in-12. 4 à 6 fr. [18405]

Recueil de pièces écrites contre Scioppius, et dont Dan. Hensius fut l'éditeur. Celle qui a pour titre *Munsterus hypobolymæus* a été composée par Joseph Scaliger, en représailles du *Scaliger hypobolymæus* de Scioppius : on croit que l'*accurata Burdonum fabulæ confutatio* est aussi de Scaliger (voy. notre article *Scioppius*). Le corps du volume que nous décrivons s'étend jusqu'à la page 619, mais il y a de 509 à 603 une lacune qui n'est remplie que par un faux titre : indépendamment de ces pages on trouve 22 ff. non cotés, dont 12 préliminaires.

SATYRE d'un curé picard sur les vérités du temps. *Avignon, chez Cl. Lenclume*, 1754, in-12. [18422]

13 fr. Veinant.

SATYRE menippée de la vertu du catholicon d'Espagne, et de la tenue des états de Paris (par P. le Roy, Gillot, Passerat, Rapin, Florent-Chrétien et P. Pithou). *A Paris*, M.D.XCIII, pet. in-8. [23621]

Vend. 7 fr. 60 c. *mar. r.* La Vallière; 11 fr. Méon, et un exemplaire dont chaque feuillet était accompagné d'un feuillet de papier blanc, chargé de notes manuscrites de J. Gillot, l'un des auteurs de cette satire, 160 fr. *mar. r.* Renouard, et 200 fr. Solar. Cette édition se compose de 255 pp., précédées de 2 ff. pour le titre et l'*Avis de l'imprimeur au lecteur*. C'est la plus ancienne que nous connaissions de ce recueil sous le titre de *Satyre ménippée*; toutefois elle est certainement postérieure à la date qu'elle porte, puisqu'il y a dans l'ouvrage des choses qui se rapportent à l'année 1594. Elle contient la *Vertu du catholicon*; l'*Abrégé des états de la ligue* et l'*Epître d'Angoulevent*, suivie de plusieurs pièces de vers. On attribue le *Catholicon* à Pierre Le Roy, les vers à Passerat et à Pierre Rapin, et les harangues à J. Gillot, qui aurait eu pour collaborateurs Flor. Chrestien et P. Pithou. La première pièce de ce recueil a d'abord été impr. à Tours, chez Jamet Mettayer, véritablement en 1593, sous le titre de *Vertu du Catholicon d'Espagne*. Cette édition originale (et les réimpressions qui peuvent en exister), n'aurait que 18 ff. selon M. Leber (Catalogue, n° 4228) qui dit en avoir vu un exemplaire. Quelques mois plus tard on ajouta au *Catholicon* l'*Abrégé des états de la ligue*, et successivement plusieurs autres morceaux. Ce pamphlet, plein d'esprit, eut tout d'abord le plus grand succès, et il en fut fait coup sur coup plusieurs éditions, sous le premier titre, et sous la date de 1593. Dans une de celles qui portent la date de 1594, l'imprimeur, en parlant de cet ouvrage, s'exprime ainsi : *Qu'à la vérité je l'avois imprimée à Tours, mais que je ne l'avois pu acheuer au temps où il fallut plier bagage, pour s'en venir en cette ville* (Paris). Dans le discours de l'imprimeur sur l'explication du mot: *Higuiero d'Inferno*, il est dit : *la copie françoise m'en fut premièrement donnée à Chartres au sacre du roi* (qui n'avait eu lieu que le 27 février 1594). Plus bas on lit : *C'est

une œuvre... que j'ai imprimée... je n'en fis au commencement à Tours que sept ou huit cents exemplaires; mais sitôt qu'il a été veu à Paris, où je l'ai apporté avec mes presses et mes meubles... il a fallu que je l'aie imprimé en trois semaines quatre fois. Une des premières éditions données sous la fausse date de 1593, porte le titre suivant :

LA VERTU du catholicon d'Espagne, avec un abrégé de la tenue des estatz de Paris, convoquez au 10 de février 1593 par les chefs de la ligue, tiré des mémoires de Madem. de La Lande, alias la Bayonnoise, et des secrètes confabulations d'elle et du P. Cammelaid, 1593, pet. in-8. de 88 ff., avec la figure du charlatan Lorrain. (Vend. 15 fr. Coste.)

Quoiqu'elle n'ait que 88 ff., elle est aussi complète que celle en 255 pp. que nous avons décrite ci-dessus, excepté pourtant dans les vers qui suivent l'épître d'Engoulevent, et qui n'occupent que 4 pp.

Le catalogue de M. Leber décrit deux autres éditions sous le titre de *Satyre ménippée*, avec la date de 1593, l'une in-12 en 371 pp., conforme, pour le contenu, à l'édition de 255 pp.; l'autre aussi pet. in-12, mais de 414 pp., et qui est peut-être la première où se trouve l'*Ane ligueur*, de Passerat. Il en a été vendu un exemplaire 125 fr. à la vente Solar, parce qu'on l'avait annoncé sans fondement comme la première et la plus rare de toutes les éditions de cette satire.

— Le Catholicon d'Espagne, et la tenue des Estats de Paris par Messieurs de la S. Union : avec le testament d'icelle. le tout reveu et augmenté de nouveau. *Turin, par T. Carabiaco*, 1594, in-8. de 184 pp.

Dav. Clément (VI, p. 451) a soigneusement décrit cette édition et a fait remarquer les passages qu'on en a retranchés et ceux qu'on y a ajoutés; toutefois la supposition du lieu de l'impression et du nom de l'imprimeur n'a été remarquée ni par ce bibliographe, ni par Le Duchat. Ce dernier, en parlant de cette même édition, en indique plusieurs autres sous la même date, savoir : une aussi in-8., de 88 ff., où le charlatan espagnol, au lieu d'être assis et de jouer des régales, est debout et tient en main une espèce de luth ; et une autre, pareillement in-8., de 159 pp., en lettres assez menues.

Parmi les éditions de la Satyre ménippée, imprimées sous la date de 1595, il y en a une in-8. de 244 pp. en tout, *augmentée de plusieurs notables recherches et observations qui découvrent de plus les secrets de la ligue* ; une autre contient le *Supplément à la Satyre ménippée*, morceau in-8. de 108 pp., qui avait déjà été imprimé sous le titre suivant :

NOUVELLES des régions de la lune, où se voyent depeints les beaux faictz d'armes de feu Jean de Lagni (le duc de Parme) sur aucunes bourgades de France. (sans indication de lieu), 1595, très-pet. in-8. de 113 pp., titre encadré.

Dans une édition du même *Supplément*, 1595, in-16, indiquée sous le n° 22480 du catal. de La Vallière, par Nyon , le titre porte : *Dédié à la majesté espagnole par un Jésuite, n'agueres sorty de Paris* ; ce qui, comme on peut bien le croire, est une plaisanterie.

— Satyre ménippée de la vertu du Catholicon d'Espagne ; et de la tenue des estatz de Paris. A laquelle est adjousté un discours sur l'interpretation du mot *Higuiero d'Inferno*, et qui en est l'autheur : plus le regret sur la mort de l'asne ligueur d'une damoyselle, qui mourut durant le siège de Paris. (sans *lieu d'impression*), 1649, pet. in-12 de 206 pp. en tout.

Jolie édition, en petits caract., les mêmes que ceux dont s'est servi Guil. de Hoeve, à Goude. Elle renferme une préface qui n'est pas dans l'édit. de 1664; on l'a vend. 40 fr. 50 c. mar. r. Renouard, en 1829; 10 fr. 50 c. Bérard; 20 fr. mar. Nodier, en 1830; 30 fr. mar. v. Cailhava; 40 fr. 50 c. mar. bl. Veinant, 15 fr. mar. r. Salmon.

— Satyre ménippée (avec les notes de Pierre Dupuy). *Ratisbonne, Math. Kerner,* 1664, pet. in-12, fig. 6 à 9 fr.

Jolie édition impr. à Bruxelles, chez Fr. Foppens, et que pourtant l'on fait entrer dans la collection des Elsevier; vend. 16 fr. mar. bl. Mazoyer; 10 fr. Bérard; très-bel exempl. mar. r. rel. de Derome, 40 fr. Labédoyère.

Il y a deux éditions sous la même date : la 1re a un errata de 8 lignes au verso du 4e f. des pièces prélimin.; la 2e, dans laquelle on a corrigé les fautes, n'a point d'errata. Indépendamment de la fig. de la *Procession*, il y en a quelquefois 2 autres : le *Charlatan espagnol*, et le *Charlatan lorrain*.

L'édition de la même satire : *Ratisbonne, Mathias Kerner,* 1677, pet. in-12, avec 3 fig., qui s'annexe aussi à la collection des Elsevier, et qui passe pour être plus correcte que celle de 1664, n'est point un livre cher; cependant il s'en est vendu des exempl. *non rognés* jusqu'à 74 fr. Motteley; 50 fr. Duriez; 59 fr. Sensier; 40 fr. en 1836.

— Satyre ménippée... édition enrichie de figures, augmentée de nouvelles remarques (par Le Duchat) et de plusieurs pièces qui servent à prouver et à éclaircir les endroits les plus difficiles. *Ratisbonne, les heritiers de Mathias Kerner (Bruxelles, Foppens),* 1709, 3 vol. pet. in-8. fig. 15 à 20 fr.

Le Duchat, à qui l'on doit cette grande édition, en avait déjà donné une (*Hollande*), en 1696, in-12, en un seul vol., mais il a ajouté à celle-ci de nombreuses remarques et plusieurs pièces du temps qui en augmentent l'intérêt. Vend. beaux exempl. rel. en mar. 24 fr. Patu de Mello; 52 fr. Caillard, et jusqu'à 205 fr. exempl. rel. par Padeloup, Labédoyère; et br. *non rogné*, 32 fr., vente du même en 1862, et en mar. r. par Duru, 180 fr. 50 c.

Les autres éditions en 3 vol. ont moins de valeur. Cependant l'édit. de *Ratisbonne* (*Rouen*), 1711, est augmentée des notes de J. Godefroy, et celle de 1726 (réimpr. en 1752) a quelques additions de Prosp. Marchand, qui en fut l'éditeur.

— Satyre ménippée de la vertu du catholicon d'Espagne et de la tenue des états de Paris; augmentée de notes tirées des éditions de Dupuy et de Le Duchat, par V. Verger; et d'un commentaire historique, littéraire et philosophique, par Ch. Nodier. *Paris, Dalibon (impr. de J. Didot l'aîné),* 1824 et 1825, 2 vol. gr. in-8. pap. vélin.

Belle édition ornée de trois vignettes et de cinq gravures à l'eau-forte, 15 à 20 fr. Il y a 50 exemplaires Gr. Pap. Jésus vélin qui se vendaient chacun 60 fr.; 10 exemplaires très Gr. Pap. de Hollande, fig. doubles, 100 fr. (80 fr. Boulle; 75 fr. Labédoyère); exemplaire en très-grand format in-8. sur pap. de Chine, mar. r. par Trautz, 120 fr. Solar; les dessins seuls 195 fr. Labédoyère, en 1862; autre exemplaire avec neuf dessins originaux de Devéria, et triple épreuve des vignettes, avant et avec la lettre,

sur pap. de Chine, et eaux-fortes, 300 fr. vente de Ch. Nodier en 1827. Il y a une nouvelle édition avec une notice par M. Ch. Labitte, *Paris, Charpentier,* 1841 (aussi 1860), gr. in-18.

SATYRE sur le luxe et la vanité des femmes et des filles au sujet des modes, de leurs coëffures, guêpes, fard, postiches, boute-en-train, jardinieres, tatez-y, coëffures à la culbutte, galante ou à la doguine, nompareilles, abbatants, rayons, maris, collinettes, cremones, sourcils de hannetons, mousquetaires, souris, battans pouce, battans l'œil, assassins, suffoquans, favoris, bouquets, stinquerques, bagnolettes, et autres modes sans bornes, avec l'infidélité des amans. *Paris,* 1724, pet. in-8. [14206]

Opuscule en vers dont le titre est ce qu'il a de plus piquant : on y réunit :

   SATYRE nouvelle, reponse des femmes a celle qui a été faite sur les doguines, bagnolettes et oreilles de chien, contre les mœurs et les modes des hommes, perruques de crin et de cheveux, quarnées, financières, espagnolles, chevalieres, allonges, toupet et barbe de bouc, pet. in-8.

Ces deux satires ont été payées 32 fr. à la vente Bergeret, avec une troisième ayant pour titre :

   SATYRE nouvelle, l'homme déguisé ou le véritable portrait et caractère des faux amis, et des femmes qui trompent leurs maris.

SATYRE sur les cerceaux, paniers, criardes et manteaux volans des femmes, et sur leurs autres ajustemens; avec la réponse des femmes. *Paris, Thiboust,* 1727, pet. in-12. [14207]

Une de ces pièces singulières dont le titre et la rareté font tout le prix : on l'attribue à l'auteur des *Satyres sur les femmes bourgeoises* (ci-dessous) : vend. 15 fr. Duquesnoy; 13 fr. Labédoyère; 25 fr. Bergeret.

SATYRES amoureuses et galantes, et l'ambition de certains courtisans nouveaux venus et gens de fortune. *Amsterdam, Moetjens,* 1721, in-12. [18420]

10 fr. mar. r. catalogue de M. Mars, n° 1111.

SATYRES chrestiennes de la cuisine papale. *Imprimé par Conrad Badius,* 1560 (*à Genève*), in-8. de 131 pp. [13975]

Pièce rare, où se trouve un *Colloque, en notte duquel sont interlocuteurs, M. nostre maistre Friquandouille, Frere Thibauld, et messire Nicaise.* Vend. 100 fr. mar bl. La Valliere; 49 fr. mar. v. tab. Méon; 83 fr. d'Ourches; 151 fr. Coulon; 82 fr. en 1839, et un exempl. mar. citr. 36 fr. Pixerécourt.

— LES MÊMES satyres, réimpression faite à *Genève, pour M. Gustave Revillod, par Jules Guillaume Fick,* MDCCCLVII, pet. in-8. de 132 pp. avec un titre orné d'un fleuron encadré. 7 fr. Tiré à petit nombre.

Plusieurs bibliographes ont supposé que cette satire était de P. Viret, mais, selon M. Gaullieur, *Typographie genevoise,* elle serait de Conrad Badius.

SATYRES sur les femmes bourgeoises qui se font appeler Madame, avec une distinction qui sépare les véritables d'avec celles qui ne le sont que par le caprice de la fortune, bizarrerie et la vanité du siècle, par le chevalier J. Felieur D. *Paris, Damien Beugné*, 1713, pet. in-8. fig. [14206]

Satires très-mal versifiées, mais cependant assez recherchées à cause du sujet qui les a inspirées. Il s'en trouve des exempl. dont le litre porte : à *La Haye, chez Henry Frik*, 1713; ils ont un second tire après la page 277. Un exempl. sous la date de *La Haye*, 9 fr. *mar. r.* Méon, et plus cher depuis; un autre sous la date de *Paris*, 15 fr. Walckenaer, et jusqu'à 150 fr. (rel. par Bauzonnet) Berlin, ce qui est excessif. (Voir sur ces satires le *Bulletin du Bibliophile*, 1857, p. 511-27.) L'auteur se nommait non pas De Nisart, mais d'Henissart, ainsi qu'on le peut voir sur les exempl. dont le titre n'est pas mutilé et qui portent sa signature autographe.

SATYRIQUE (le) de la court. (*Paris*), 1624, pet. in-8. [13975]

Cet opuscule contient deux pièces en vers. La première avait déjà paru sous le titre de *Discours nouveau sur la mode, à Paris, chez Pierre Ramier*, 1613, pet. in-8. M. Eus. Castaigne l'a reproduite sous ce même titre dans le *Bulletin de la Charente* (tome IV) et dans un tirage fait à part à 100 exempl. La seconde, intitulée *Pasquil de la Cour*, fut d'abord impr. séparément à Paris, en 1611, pet. in-8. de 11 pp. Elles se trouvent toutes les deux sous le titre de *Satyrique de la Court*, dans les *Variétés* de M. Ed. Fournier, III, p. 241 à 271, avec des notes.

SAUCE au Verjus (la). *Strasbourg (Hollande, Elsevier)*, 1674, pet. in-12 de 83 pp. 4 à 6 fr. [26449]

Pamphlet anonyme attribué à Franç.-Paul, baron de Lisola. C'est une réponse à une lettre supposée de Louis de Verjus, comte de Crécy, négociateur français, contre la politique de l'empereur d'Allemagne. Vend. 16 fr. A. Martin ; 33 fr. *mar. citr.* par Duru, Solar.

Il existe une autre édition de cette pièce (pet. in-12) sous la date de *Strasbourg*, 1675, au commencement de laquelle est une lettre de 16 pp., sous le nom de Verjus, et qui a pour titre : *Raison politique touchant la guerre d'Allemagne des années* 1673, 74 et 75, pièce non comprise dans l'édition de 1674.

Dans une *Recueil de pièces nouvelles de ce temps* (Hollande, la Sphère), 1674, pet. in-12, relatif à l'enlèvement du prince de Fürstemberg, se trouve l'*Avis au plénipotentiaire cuisinier, son excellence Lisola*, réfutation de la Sauce au Verjus, attribuée à de Verjus lui-même, et qui est probablement l'écrit cité par le P. Le Long sous le titre suivant :

RÉFUTATION d'un libelle adressé à M. le prince d'Osnabrug, sur une lettre qu'on suppose faussement lui avoir été écrite, et avoir été publiée par M. Verjus. 1674, pet. in-12.

SAUCE (La) Robert. Voy. l'art. THIERS.

SAUDEC. Voy. SADI.

SAUER (*Mart.*). An Account of a geographical and astronomical expedition to the northern parts of Russia... performed by commodore Jos. Billings. *London*, 1802, in-4. fig. 10 à 12 fr., et plus en Gr. Pap. [20037]

La traduct. française de cet ouvrage, par J. Castera, a été imprimée à *Paris*, 1802, 2 vol. in-8. et atlas in-4.

SAULAT (*Jac.*). Voyez ALTUS.

SAULCY (*Louis-Félicien-Joseph* Caignart de). Voyage autour de la Mer Morte et dans les terres bibliques, exécuté de décembre 1850 à avril 1851, par F. de Saulcy. *Paris, Gide et Baudry*, 1852-54, 2 vol. gr. in-8. et atlas gr. in-4. 200 fr. [20578]

Cet ouvrage s'est publié en 16 livr. au prix de 12 fr. chacune. Il se compose de trois parties qui se vendaient séparément, savoir : *Relation du voyage*, 2 vol. in-8.; carte et 13 pl. d'*Itinéraire*, 36 fr.; *Architecture, Sculpture, Sites archéologiques et Vues pittoresques*, 27 pl. gr. in-4. 135 fr. *Malacologie,.Entomologie et Botanique*, gr. in-4. 24 fr.

— Essai de classification des suites monétaires byzantines, par F. de Saulcy. *Metz, Lamort*, 1836, gr. in-8. et atlas de 33 pl. in-4. 35 fr. [29830]

— Dictionnaire des antiquités bibliques, 603. — Recherches sur les monnaies de la cité de Metz et celles de ses évêques, 24875. — Sur les monnaies des ducs de Lorraine, et sur celles des comtes de Bar, 24895. — De la classification des monnaies d'Espagne, 26123. — L'Art judaïque, 29231. — Numismatique judaïque, 29763. — Numismatique des croisades, 29891. — Analyse du décret de Rosette, 29109. — Avec M. Huguenin, Siége de Metz, 24873.

SAULIH (Mirza *Mohammed*). Voy. PRICE (*Will.*).

SAULO Phantino. Trastullo delle.donne da far ridere la Brigata compilato per el culto giouane Pier Saulo Phantino da Tredotio, castello di Romagna del anno Mccccclxxxxii. — FINIS. (*senza nota*), in-4. de 6 ff. à 2 col. de 40 lign., sans chiffres ni signat., caract. rom.

Opuscule en octaves, imprimé vers 1500 (Molini, *Operette*, n° 323).

SAULSAYE. Voy. SCEVE.

SAULUS (*Philip*). Voy. EUTHYMIUS.

SAULVAIGE. Sensuit leschelle damour diuine, composee par frere Jehan Saulvaige. *Nouuellement imprime par la veufue feu Jehan Trepperel et Jehan Jehannot, demeurant rue Neufue Nostre dame a lenseigne de lescu de France* (vers 1520), pet. in-8. goth. de 36 ff. non chiffrés. [1556]

Un exempl. en *mar. r.* par Duru 50 fr. Gancia.

SAULX (*Gaspard* de), seigneur de Tavannes, maréchal de France. Ses Mémoires (depuis l'an 1530 jusqu'à sa mort en 1573, dressés par son second fils Jean de Saulx, vicomte de Tavannes, avec les mémoires de ce dernier, depuis 1573 jusqu'en 1596), in-fol. [23470]

Ces mémoires ont été recueillis par Ch. de Neufchaise, neveu de Gasp. de Saulx, et impr. plus tard non à Sully, en 1617, comme l'ont prétendu plusieurs bibliographes, mais en 1653, au château de Lugny, près d'Autun, appartenant à la maison de Tavannes. Le titre ne porte ni date ni nom de ville, et il paraît que l'éditeur, n'ayant pu obtenir de privilége, ne fit point mettre l'ouvrage en vente. Les exemplaires de ce livre ne sont pas ordinairement fort chers ; vend. cependant 42 fr. Boulard. Les mémoires de G. de Saulx font partie des diverses collections de mémoires sur l'histoire de France.

SAULX (*Jacques* de) , comte de Tavannes. Ses Mémoires, suivis de l'histoire de la guerre de Guyenne, par Balthasar ; nouvelle édition, revue et annotée par Moreau. *Paris, P. Jannet*, 1859, in-16. [23778]

Les mémoires de Jac. de Saulx ont paru pour la première fois à Paris, chez J.-B. Langlois, en 1691, in-12, et ils ont été réimpr. la même année à *Cologne* (*Hollande*) in-12. D'après une note de Van Tol, rapportée par Barbier, ils auraient été recueillis et donnés au public par N.-J. Bindot, avocat. Pour la première édition de l'ouvrage de Balthazar, voyez HISTOIRE de la guerre.

SAULX (Le). Voy. LE SAULX.

SAUNIER (*Louis*). Les Hiero-poëmes ou sacrez sonets, odes, huictains et quatrains de Loys Saunier, provençal, docteur ès droit, extraits des livres de son Ecclesiade. *Lyon, Benoist Rigaud*, 1584, pet. in-8. [13847]

Les vers de ce poëte formé à l'école de Ronsard sont presque inintelligibles.

SAUNIER (*Jean* et *Gasp.* de). La parfaite connaissance des chevaux, leur anatomie, par J. de Saunier, continuée et donnée au public par son fils Gasp. de Saunier. *La Haye*, 1734, gr. in-fol. fig. avec 61 pl. 10 à 15 fr. [10347]

SAUNIER (*Gaspard* de). L'Art de cavalerie, ou la manière de devenir bon écuyer... *Amsterd.*, 1756, in-fol. avec 27 pl. 8 à 10 fr.

Il y a des exemplaires dont le titre porte : *Paris, Jombert*, 1756. On a du même auteur : *Les vrais principes de la cavalerie*, Amsterd., 1749, in-12.

SAUNIER (*Jean*). Voy. CASTAGNE.

SAURIUS (*And.*). Conflagratio Sodomæ, drama novum tragicum Andreæ Saurii, cotbusiani, lusati. *Argentorati, excudebat Conr. Scher*, 1607, pet. in-8. de 4 ff. prélimin. , 51 ff. et 9 ff. pour les chœurs allemands et la musique. [16169]

Pièce en 5 actes et en vers, qui est assez rare : 9 fr. mar. viol. Méon ; 15 fr. 50 c. Courtois ; 22 fr. mar. n. de Soleinne, et 28 fr. Riva.

SAURIN (*Jacques*). Discours historiques, critiques, théologiques et moraux, sur les événemens les plus mémorables du V. et du N. Testament. *Amsterdam* et *La Haye*, 1728-39, 6 vol. in-fol. fig. [282]

Ouvrage orné de belles gravures, exécutées sur les dessins de *Ger. Hoet, Houbraken* et *B. Picart*. Saurin n'a guère écrit que les discours des deux premiers volumes ; la suite de l'Ancien Testament est de Roques, pasteur de Bâle, et c'est C.-S. de Beausobre fils qui est auteur du Nouveau Testament. Les exemplaires ont été tirés sur quatre sortes de papier, dont la qualité est indiquée au bas des titres de chaque volume ; le papier ordinaire ou médian, se vend de 80 à 100 fr. — Le pap. roy., de 120 à 150 fr. — Le pap. super-royal (qui a la réputation de contenir de bonnes épreuves, quoique cela ne soit vrai que pour quelques exemplaires), de 150 à 200 fr. — Le pap. impérial, de 200 à 250 fr., vend. en *mar.* 400 fr. La Vallière ; 450 fr. Rosny.

Dans presque tous les exemplaires de ces discours, le premier volume est daté d'*Amsterdam* ou de *La Haye*, 1728 ; cependant ce même tome avait d'abord paru à *Amsterdam*, chez *B. Picart*, 1720, ainsi que le prouvent assez les exemplaires qui ont cette dernière date sur leur titre imprimé.

Les planches, au nombre de 212, qui font partie de ce livre, et dont plusieurs sont fort belles, ont été gravées de 1705 à 1720, et elles ont paru séparément, avant qu'on songeât à les insérer dans les discours de Saurin. Il s'en trouve de recueils en 1 vol. gr. in-fol., que les amateurs recherchent beaucoup à cause de la beauté des épreuves. Ebert, n° 20371, en cite un exemplaire portant un titre hollandais, sous la date de 1706, Nous en avons vu un autre avec titre hollandais ainsi conçu : *Taferelen der voornaamste geschiedenissen van het Oude en Nieuwe Testament*, etc., Amsterdam, Fr. Halma (une bande collée sur ces derniers mots portait *Bernard Picart*), 1718. Vend. 200 fr. Caillard, et 211 fr. Labédoyère. Il s'est trouvé à la vente Crevenna un semblable recueil, avec un titre hollandais conçu de la même manière que dans le précédent, mais avec cette adresse : *'S Gravenhage by Pieter de Hondt*, 1728. — Nous avons eu sous les yeux un exemplaire du recueil avec le titre français suivant : *Les Figures de la Bible*, Amsterdam, B. Picart, 1720. Vend. 172 fr. v. f. tr. d. Cr..., en 1813. — Enfin, avant que la Bible de Saurin fût terminée, les mêmes planches avaient paru en 1728, avec une courte description en hollandais, en 3 vol. gr. in-fol. Vend. 160 fr. salle Silvestre en 1802 ; 120 fr. Chardin.

— Ses Sermons. *Rotterdam*, 1749, 12 vol. in-8. 30 à 36 fr. [1945]

Il y a plusieurs éditions de ces sermons estimés, mais celle-ci est une des meilleures.

SAUSSURE (*Horace-Benedict* de). Voyages dans les Alpes, précédés d'un essai sur l'histoire naturelle des environs de Genève. *Neuchâtel*, 1780-96, 4 vol. in-4. fig. 36 à 42 fr. [20190]

Les deux premiers volumes de cet excellent ouvrage

se trouvent quelquefois séparément. Ils ont été réimprimés en 1804. — Les mêmes voyages, *Genève*, 1787-96, 8 vol. in-8. fig. 30 à 40 fr.
— Hygrométrie, 4301.

SAUVAGE (*Denis*). Voy. t. I, col. 1862, article CHRONIQUE de Flandre.

SAUVAGE des Marches (*A.*). Voy. PAL-LIOT.

SAUVAGÈRE (de La). Voy. LA SAUVA-GÈRE.

SAUVAGES (*Fr.* Boissier de). Nosologia methodica sistens morborum classes juxta Sydenhami mentem et botanicorum ordinem. *Amstelod.*, 1768, 2 vol. in-4. [7093]

Cet ouvrage a été longtemps fort estimé, mais aujourd'hui on le recherche peu ; il faut y joindre :
APPARATUS ad nosologiam methodicam, auctore Guil. Cullen, quinta parte auctus a J.-B.-M. Sagar. *Amstelod.*, 1775, in-4.
L'édition d'*Amsterdam*, 1763, est en 5 vol. in-8. Celle de *Leipzig*, 1797, 5 vol. in-8., a été augmentée par G.-F. Daniel.
Il y a deux traductions françaises de cette Nosologie : l'une par Nicolas, *Paris*, 1771, 3 vol. in-8.; l'autre par Gouvion, à laquelle on a joint les *Genera morborum* de Linnæus, en latin et en français, *Lyon*, 1772, 10 vol. in-12.
— Methodus foliorum, 5080. — Vers à soie, 6457.

SAUVAL (*Henri*). Histoire et recherches des antiquités de la ville de Paris. *Paris*, 1724, ou nouveaux titres, sous les dates de 1733 et de 1750, avec les noms de *Charles Moette* et *Jacq. Chardon*, 3 vol. in-fol. 30 à 36 fr., et plus en Gr. Pap. [24127]

Il faut voir si l'on trouve à la fin du tome III de cet ouvrage, l'*Histoire des amours des rois de France*, petite partie qui manque quelquefois, et qui a été réimprimée à la suite des Galanteries des rois de France, édition de 1738. Voyez GALAN-TERIES.
L'auteur de ce grand ouvrage mourut à Paris vers 1673, sans l'avoir fait imprimer ; mais il en laissa le manuscrit à Claude-Bernard Rousseau, auditeur des comptes, son ami, qui l'avait aidé dans son travail pendant sa vie, et qui, après sa mort, continua l'œuvre et l'augmenta de ses propres recherches. Toutefois, ce ne fut qu'en 1724 que des éditeurs anonymes firent paraître cette histoire, après avoir fait des changements dans le manuscrit laissé par Sauval, ainsi que nous l'apprend M. Le Roux de Lincy dans un volume qu'il vient de faire paraître sous ce titre : *Mémoires critiques sur la vie et les manuscrits de Henri Sauval, historien de Paris, suivi de quatre discours inédits composés par cet écrivain.*

SAUVAN (*J.-B.-Balthas.*). Picturesque tour from Paris to the sea, with particulars historical and descriptive, by Sauvan ; illustrated with XXIV highly finished and coloured engravings from drawings by A. Pugin and J. Gendell. *London, Ackermann*, 1821, gr. in-4. 1 liv. 1 sh.—Gr. Pap. 2 liv. 2 sh. [20114]

Outre les 24 vues, qui sont d'une exécution médiocre, il y a une carte géographique. Vend. 102 fr. Hurtault ; 34 fr. salle Silvestre, en 1833.
— HISTOIRE et description pittoresque du Palais-de-Justice, de la Conciergerie et de la Sainte-Chapelle de Paris, par B. Sauvan et J.-P. Smith. *Paris, Engelmann*, 1825 et 1828, in-fol. pap. vél. 12 à 15 fr.;
— Pap. de Chine, 15 à 20 fr. [9939]
Trois livraisons de cinq dessins et une vignette, avec texte.
— LE RHONE. Description historique et pittoresque de son cours, depuis sa source jusqu'à la mer. *Paris, Ostervald*, 1829-37, gr. in-8. fig. — Let-
Publié en 14 livraisons de 4 pl. avec un texte. Chaque livraison, 20 fr. — Gr. Pap. 25 fr. Ces prix sont réduits de plus des trois quarts.

SAUVIGNY (*Ed.-L.* Billardon de). Essais historiques sur les mœurs des François (contenant vie, ouvrages et Histoire de France de saint Grégoire de Tours, et autres anciennes histoires trad. en françois). *Paris*, 1785, 5 vol. gr. in-8. fig. [23282]

Cet ouvrage est ordinairement accompagné des 5 volumes suivants : *Constitutions des rois de France, première dynastie*, gr. in-8. fig. — *Lettres des rois, reines, grands, etc.; première race, pour servir de suite aux Essais sur les mœurs des François*, 2 vol. gr. in-8. — *OEuvres de Sollius Sidonius Apollinaris*, Paris, 1787, 2 vol. gr. in-8. fig. — On ne trouve que difficilement cette collection complète, avec les figures qui en dépendent ; mais elle n'est nullement estimée : 30 à 40 fr. Il y a des exempl. tirés in-4. fig. color., et quelques-uns sur pap. vélin.

SAUVIGNY (de). Histoire naturelle des dorades de la Chine, gravée par M.-F.-N. Martinet, accompagnée d'observations. *Paris*, 1780, gr. in-fol. fig. col. [5886]

Il n'a paru de cet ouvrage que 24 pages avec un frontispice et 48 pl. coloriées.

SAVAGE (*William*). Practical hints on decorative printing with illustrations engraved on wood, and printed in colours at the type press. *London*, 1822, 2 tom. en 1 vol. pet. in-4., avec 50 pl. [9092]

Un des plus beaux ouvrages que l'on ait publiés en ce genre. Il a coûté 5 liv. 15 sh. 6 d., et en très Gr. Pap. format in-fol., 11 liv. 11 sh.; mais ces prix ne se soutiennent pas. Le pap. ordinaire n'a été vendu que 26 fr. Le Prevost, en 1857, et le Gr. Pap. n'est porté qu'à 3 liv. 3 sh. dans le catal. de Bohn.
W. Savage a aussi donné : *A Dictionary of the art of printing*, London, Longman, 1841, in-8. fig. 1 liv. 6 sh.

SAVARIA (*Gabriel* de). Disbarates de gabriel de savaria, muy graciosos y apazibles, para cantar, glosando muchos viejos Romances : Otras coplas del mismo

autor. (*sans lieu ni date*), in-4. goth.
de 4 ff. (*Biblioth. grenvil.*, II, p. 617.)

SAVARON (*Jean*, sieur de Villars). Traicté
contre les duels, avec l'édict de Philippe le Bel, de l'an 1306. *Paris, Adrien
Périer*, 1610, pet. in-8. 5 à 6 fr. [2612]

On trouve ordinairement réunis à ce traité d'autres
ouvrages du même auteur, tels que le *Traité
contre les masques*, 1610, ou 3e édition augmentée,
1611, pet. in-8. de 53 pp. — *Traité de l'espée
françoise*, 1610. — *Discours abrégé avec l'ordonnance de saint Louis contre les duels*, 1614, pet.
in-8.

— Traité (et second traité) de la souveraineté du roy et de son royaume. *Paris,
Pierre Chevalier*, 1615, 2 part. en
1 vol. pet. in-8. [24003]

Ces deux traités ont été réimprimés à *Lyon*, en 1615,
in-8.; le premier chez Cl. Chastellard ; le second
chez J.-B. César. Il faut y réunir :
EXAMEN du traicté de J. Savaron de la souveraineté... (par Jean Le Coq ou peut-être, sous ce nom,
le cardinal Du Perron). 1615, pet. in-8.
LES ERREURS et impostures de l'examen du
traicté de J. Savaron de la souveraineté... *Paris,
P. Chevalier*, 1616, in-8. Réponse de Savaron.
DE LA SOUVERAINETÉ du roy, et que S. M. ne la
peut souzmettre à qui que ce soit, ny aliéner son
domaine à perpétuité ; avec les preuves et authoritez
contre un auteur incogneu, par Savaron. *Paris,
P. Mettayer*, 1620, pet. in-8.
C'est une réponse à l'écrit intitulé :
CENSURE de la réplique de Savaron sur l'examen
fait de son traité de la souveraineté du roy (par
J. Le Coq). *Milan, Marc-Antoine* (*Paris*), 1617,
in-4.

—De la Saincteté du roy Louys, dict Clovis, avec les preuves et auctoritez, et un
abrégé de sa vie remplie de miracles,
par J. Savaron; troisième édition, reveue et augmentée. *Lyon, Nic. Jullieron*, 1622, in-4. [23343]

Cet opuscule avait déjà été imprimé séparément à
Paris, en 1620, in-4., et avec les *Annales de Belleforest* (voy. ce nom).

— Chronologie des Estats généraux où le
tiers estat est compris depuis l'an 422
jusqu'à 1615. *Paris, P. Chevalier*,
1615, pet. in-8. [24055]

— Les Origines de la ville de Clermont,
par le président Savaron, augmentées
de remarques et de recherches curieuses, et la généalogie de la famille de Se-
necterre et autres, justifiées par chartres, titres et preuves authentiques, et
enrichies de portraits, par P. Durand.
Paris, Fr. Muguet, 1662, in-fol. [24660]

Vend. 27 fr. Delaleu ; 17 fr. 50 c. Crozet, et quelquefois plus. La première édition, *Clermont*, 1609, pet.
in-8., est beaucoup moins complète que celle-ci.

SAVARY de Breves. Voy. BREVES.

SAVARY (*Jac.*). Album Hipponæ sive

hippodromi leges. *Cadomi, Cl. Le
Blanc*, 1662, in-4. [12931]

Poëme difficile à trouver : 6 à 8 fr. Vend. 28 fr. m. bl.
dent. Le Blond, et 20 fr. Courtois. On a encore du
même auteur :
ALBUM Dianæ leporicidæ, sive venationis lepo-
rinæ leges. *Cadomi*, 1655 , in-12 , assez rare.
[12928]
VENATIO vulpina et melina. *Cadomi*, 1658, in-12,
pièce rare. [12929]
Les deux, 13 fr. 50 c. mar. bl. Huzard.
VENATIONIS cervinæ, capreolinæ et lupinæ leges.
Cadomi, 1659, in-4. [12960]

SAVARY des Bruslons (*Jac.*). Dictionnaire universel de commerce (édition
augmentée par Cl. Philibert). *Copenhague*, 1759-66, 5 vol. in-fol. [4150]

Édition la plus complète de cet ouvrage, aujourd'hui
fort arriéré. Celle de *Paris*, 1741 (nouv. titre 1748),
3 vol. in-fol., est à très-bas prix, ainsi que le *Parfait négociant*, du même auteur, traité dont la dernière édition, *Paris, an* VIII (1800), 2 vol. in-4.,
est beaucoup moins bien impr. que celle de 1777,
également en 2 vol. in-4. [4158]

SAVARY (*Claude*). Morale de Mahomet,
ou recueil des pures maximes du Coran.
Paris, Lamy, 1784, in-18. 2 fr. — Gr.
Pap. vél. 3 à 4 fr. [2234]

Un exemplaire sur VÉLIN, 72 fr. mar. r. Mel de Saint-
Céran; 43 fr. en feuilles, Lamy.
—GRAMMAIRE de la langue arabe vulgaire et littéraire,
ouvrage posthume de Savary (avec une interprétation latine), augmenté de quelques contes arabes,
par l'éditeur (L. Langlès). *Paris, imprim. impér.*,
1813, in-4. 12 fr. [11613]
Ouvrage très-imparfait.
Les *Œuvres de Savary*, Paris, an VII (1798), 7 vol.
in-8., dont il y a des exemplaires en Gr. Pap. vél.,
sont peu recherchées maintenant : elles contiennent
les *Lettres sur l'Egypte et sur la Grèce*, 4 vol.,
la traduction du *Coran*, 2 vol., et les *Amours
d'Etoujoud*, 1 vol.

SAVÉLIEFF (*P.*). Mouchamédanskaïa
noumismatika v otnochénii k rousskoï
istorii. La numismatique mahométane
mise en rapport avec l'histoire russe.
*St-Pétersb., impr. des écoles militai-
res*, 1847, in-8. [27784]

SAVÉRIEN (*Alex.*). Histoire des philosophes modernes, avec leurs portraits,
gravés dans le goût du crayon. *Paris*,
1760-69. 8 parties en 4 vol. gr. in-4.
15 à 24 fr. [30542]

Le même ouvrage a été imprimé de 1762 à 1769, en
8 vol. in-12 avec portraits ; on y ajoute l'*Histoire
des philosophes anciens, par Savérien*, Paris, 1771,
5 vol. in-12, fig. Prix ordinaire. [30420]
— Progrès de l'esprit humain, 30222.

SAVI (*Gaetano*). Materia medica vegetabile toscana. *Firenze*, 1805, in-fol. avec
60 pl. 20 fr.; — color. 40 fr. [5550]

— Flora italiana, ossia raccolta delle piante
più belle che si coltivano nei giardini
d'Italia. *Pisa*, 1818-24, 3 part. in-fol.
fig. pap. vél. [5097]

Chaque partie de cet ouvrage renferme 40 pl. color.
avec soin et un texte.
— Botanicum etruscum, 5101. — Flora pisana, 5101.

Savart. Cours de fortification, 8653.
Savary (*Anne-Jean-Mar.-René*), duc de Rovigo.
Mémoires (donnés sous son nom), 23993.

SAVIGNY (*Christofle de*). Tableaux accomplis de tous les arts libéraux conte-
nans brievement et clerement (*sic*) par
singuliere methode de doctrine, une generale et sommaire partition des dits arts,
amassez et reduicts par ordre pour le soulagement et profit de la ieunesse. *Paris,
Iean et François de Gourmont freres*,
1587, in-fol. atlant. de 37 ff., dont 19
gravés sur bois. [31846]

Cet ouvrage, auquel Nic. Bergeron a eu part, ainsi
que le reconnaît l'auteur lui-même dans son quatorzième tableau, n'est pas un livre cher (vend.
seulement 15 fr. Morel-Vindé); cependant il est
rare, et certainement il mérite d'être conservé,
moins peut-être encore pour les planches sur bois
qu'il contient, planches dont Papillon attribue une
partie des dessins au célèbre Jean Cousin, que
parce que ces *Tableaux accomplis* semblent avoir
donné à François Bacon l'idée de l'*arbre encyclopédique* qu'il a fait paraître dans la première fois
en 1605, dans son traité intitulé : *Two bookes of
the proficence and aduancement of learning diuine and humane*, London, in-4. L'ouvrage de Savigny a 4 ff. prélimin., savoir : un frontispice au
verso duquel se lit un avis des imprimeurs, une
dédicace de l'auteur à Ludovic de Gonzague, duc
de Nivernois et de Rethelois, prince de Mantoue;
un grand tableau où l'on voit l'auteur debout présentant son livre au prince; une planche intitulée :
*Encyclopédie ou suite et liaison de tous les arts
et sciences* (La Croix du Maine a attribué ce tableau à Nic. Bergeron). Ensuite viennent 16 tables
gravées sur bois, avec autant de feuillets d'explication. La 16e est *la table théologique*, par M. B. A.
(M. Bergeron, avocat); elle est suivie d'un f. encadré où sont imprim. divers quatrains et distiques
latins, et enfin l'extrait du privilége en date du
27 juillet 1584.
Une seconde édition des *Tableaux accomplis*, portant le même titre que la première, a été publiée à
Paris, chez Jean Libert, 1619, in-fol. atl. On y a
fait quelques changements dans les pièces préliminaires, et aussi dans le tableau intitulé *Encyclopédie, ou suite et liaison de tous les arts et sciences*, où l'on a ajouté la *Poésie* et la *Chronologie...*
Voir sur cet ouvrage et les autres productions du
même auteur un excellent article de la *Biographie
ardennaise* de l'abbé Boulliot, tome II, pp. 362-77.

SAVIGNY. Collection of engravings representing the most modern and approved
instruments used in the practice of sur-
gery, with explanations. *London*, 1798,
in-fol. fig. [7634]

Des collections du même genre et plus récentes ont
fait tomber le prix de celle dont nous venons de
donner le titre.

SAVIGNY (*Fried.-Karl* von). Geschichte
des römischen Rechts im Mittelalter. *Heidelberg, Mohr*, 1850-51, 7 vol. in-8.
60 fr. [2433]

Seconde édition d'un ouvrage d'un grand mérite. Les
trois premiers volumes ont paru d'abord en 1820,
et ils ont été réimpr. en 1834; le 7e contient l'histoire du droit romain pendant les XIVe et XVe siècles, et la table générale de l'ouvrage.
HISTOIRE du droit romain au moyen âge, par

F.-C. de Savigny, traduite de l'allemand, et précédée d'une notice sur la vie et les écrits de l'auteur,
par M. Ch. Guenoux. *Paris, Ch. Hingray*, 1839,
4 part. en 3 vol. in-8. Cette traduction avait déjà
paru en 1830; les quatre derniers volumes du texte
allemand y sont réduits à deux.
— STORIA di diritto Romano nel medio evo, prima
versione dal tedesco dall' avvocato Emanuel Bollati,
con note e giunte inedite. *Torino, Giannini e
Fiore*, 1854-58, 3 vol. gr. in-8.
On a du même auteur :
SYSTEM des heutigen römischen Rechts, *Berlin*,
1840-49, 8 vol. in-8., y compris *Das Obligationen-
recht*. 60 fr. — Traduit en français par M. Ch.
Guenoux, sous le titre de *Traité du droit romain*,
Paris, F. Didot, 1842-52, 8 vol. in-8. 60 fr.
Il faut y joindre : *Sachen- und Quellen-Register*,
herausgegeb. von O.-L. Heuser. Berlin, 1851, in-8.
— VERMISCHTE Schriften von Fr.-Karl von Savi-
gny. *Berlin, Veit*, 1850, 5 part. in-8.

SAVILII (*N.*) Commentarii in Tacitum.
Voy. TACITUS.

SAVILIUS (*Henricus*). Rerum anglicarum
Scriptores post Bedam præcipui, in lucem editi ab H. Savilio; scilicet Willelmus monachus Malmesburiensis, etc.
Londini, 1596, in-fol. [26819]

En Angleterre, cette collection vaut de 2 à 3 liv., et
plus en Gr. Pap. — L'édition de Francfort, 1601,
in-fol., est en mauvais papier, et les noms propres
y sont incorrectement imprimés; mais, comme on
y a ajouté un index, elle est aussi chère que l'original.

SAVIO (el) romano et labici disposta, con
un capitolo de danari e un sonetto sopra
la honesta delle donne. (*senza luogo ed
anno*), in-4. de 3 ff. à 2 col., avec une
fig. au premier feuillet. [14961]

Ce recueil, qu'on suppose avoir été imprimé vers
1500, reproduit en grande partie celui que nous
avons décrit sous le titre de *Proverbii de lo Schiavo
de Baro* (voy. PROVERBII). Le catal. Libri, 1847
(n° 1492), où un exempl. en mar. r. est porté à 41 fr.,
en annonce deux autres éditions dont l'une in-4.
de 4 ff. à 2 col., avec une fig., a, dit-on, été impr. à
Florence, au commencement du XVIe siècle : vend.
en m. r. 80 fr. L'autre, quoique plus complète, n'a
été payée que 20 fr. 50 c. Elle porte le titre suivant :
EL SAVIO romano, et A. B. C. disposta, con una
bella canzona contro a qualli che promettono de
sodifare... al sabato... et un capitolo de danari dove
dimostrarsi chi non ha danari essere un gran Bar-
begianni. Firenze, all' insegna della testuggine
(senz' anno), in-4.

SAVIOLI (*Lodovico - Vittorio*). Amori.
Crisopoli, co'tipi bodoniani, 1795, gr.
in-4. [14604]

Bodoni a donné, en 1793, une édition in-16 de ces
poésies, dont il a tiré un exemplaire sur VÉLIN, et
en 1802, il en a fait une réimpression gr. in-4. De
son côté, le libraire Molini a publié à *Paris*, en
1795, le même recueil en 1 vol. in-12, sous le titre
d'*Amori, poesia anacreontiche del conte Lodovico
Savioli-Fontana, nuova edizione*. Il a été tiré de
cette dernière édition plusieurs exempl. sur un VÉ-
LIN de Rome fort vilain. Vendu tel et rel. en mar.
bl. dent. tab. 54 fr. Renouard; 15 fr. Chateaugiron.
Les mêmes poésies ont été réimpr. à Pavie, en 1817,
in-8., et à Florence, en 1818 et 1819, pet. in-12 encadré. Cette dernière édit. est augmentée de quelques
morceaux du même poëte, ainsi qu'on peut le voir
dans un article intitulé *Notice sur Savioli, et tra-*

Savi (*Paolo*). Osservazioni concernenti la geologia
della Toscana, 4609. — Ornitologia toscana, 5751.
Savigny (*M.-F.-C.* Le Lorgne de). L'Ibis, 5814. —
Mémoires, 5904. — De la Possession, 2570.

duction de ses poésies intitulées : Gli Amori , par M. A. G. Ballin. Rouen, 1862, in-8. de 21 pp.

On doit encore au comte Savioli la traduction italienne du premier livre des Annales de Tacite, impr. par Bodoni, de format in-4., en 1806. Nous citons dans notre catalogue, n° 25632, son *Istoria di Bologna*.

SAVIOLO (*Vincentio*). Vincentio Saviolo his practise ; in two Bookes : the first intreating of the Vse of the Rapier and Dagger : the second, of Honor and honorable Quarrels. *London , printed by Iohn Wolfe* , 1593 , in-4. , avec figures sur bois. [10307 ou 18740]

Cet ouvrage, dédié à Robert comte d'Essex, fait connaître les manières affectées des galants d'Angleterre à l'époque de la reine Elisabeth , et éclaircit divers passages de Shakespeare et de Ben Jonson. C'est un volume de 152 ff., sign. A—Mm, par 4, excepté les cah. A à Mm , qui n'ont que 3 ff. chacun. Entre les cah. II et I il y a 3 cah. aussi par 4, et qui sont distingués par une espèce de fleur, et entre Gg et Hh deux ff. distingués par un pied de mouche. Le titre du second volume est daté de 1594. Vendu 2 liv. 6 sh. Reed ; 14 liv. 3 sh. 6 d. Stanley ; 9 liv. Utterson : 11 liv. Halliwell, en 1859. Le second livre seul, 1 liv. Jadis.,

SAVONAROLA (*Joan.-Mich.*). Savonarolæ ad dom. Borsium Estensem opus de Balneis et termis naturalibus omnibus ytaliæ sicque totius orbis. *Ferrariæ, per Magistrum Andream Gallum*, 1485, *die x mensis novembris*, in-fol. goth. [4659]

Édition fort rare, contenant 39 ff. seulement, à 2 col., signat. *a—f*. Il y en a eu plusieurs autres depuis celle-ci.

—Practica de ægritudinibus.—*Hoc opus... Bonus Gallus... sua impensa imprimendum curavit in Collæ opido municipio Florentino anno... M. CCCC. LXX VIIII... Idibus sextilis*, in-fol. gothique à 2 col. de 62 lignes, sign. *a–i, l—y*, A—I, L—V. [7103]

Édition rare, à la fin de laquelle se trouve un registre des cahiers. Elle est décrite par Fossi, II, col. 550, et aussi par Hain, n° 1448, lequel décrit ensuite différentes édit. de ce traité de médecine, et de plusieurs autres du même docteur.

SAVONAROLA (*Hieronymo*) ou Girolamo da Ferrara, vulgairement Jérôme Savonarole.

Les écrits de ce célèbre théologien réformateur et mystique étant devenus dans toute l'Europe, depuis un demi-siècle, l'objet d'études sérieuses chez un certain nombre de savants et de bibliophiles , nous avons cru devoir leur consacrer ici un article de quelque étendue, tout en nous bornant aux indications les plus essentielles. Nous diviserons ce petit travail en six paragraphes :

1° Expositions de différentes parties de l'Ecriture sainte ;

2° Ouvrages de théologie dogmatique, ou de théologie mystique et morale ;

3° Sermons et révélations ; écrits sur les prophéties et contre l'astrologie ;

4° Lettres et écrits divers ;

5° Recueils réunissant plusieurs ouvrages ;

6° Ecrits relatifs à la personne et aux ouvrages de Savonarola.

I. *Expositions de différentes parties de l'Ecriture sainte.*

— EXPOSITIONES in psalmos : *Qui regis Israel; Miserere mei Deus ; In te speravi*. Item Regulæ quædam ad omnes religiosos attinentes. Oratio uel psalmus : Diligam te Domine. (in fine) : *Finiunt Expositiones... recognitæ impressæque... per Cæsarem Arriuabenum venetum, anno* M. D. XVII, in-8.

— EXPOSITIONE di Frate Hieronymo da Ferrara... sopra il psalmo XXX. *In te domine speravi :* quando era in charcere del mese di Maggio 1498, di poie stata tradocta di latino in uulgare (*senz' alcuna nota*), pet. in-4. de 30 ff. à 28 lign. par page, sign. a—CI. Au verso du dernier f. se trouve le Christ en croix, gravure sur bois.

Hain décrit, sous les n°° 14414-14417 de son *Repertorium*, quatre éditions in-4. de la même *Expositione*, sans date, également de la fin du XVe siècle. Autre édition. *Regii, per Franciscum de Mazalis*, M CCCC L XXXX VIIII, *die xxi Marzii*, pet. in-4. (Crevenna, n° 247.)

— EXPOSITIO vel meditatio fratris ‖ Hieronymi Sauonarole de Ferraria ordinis sacri ‖ predicator in psalmum *In te domini speravi*. Quam in ulti‖mis diebus dum vite suc finem prestolaret edidit (absque nota), in-4. goth. de 9 ff. à 2 col. de 36 ou 37 lign.

Cette traduction latine du texte italien ci-dessus est sans date, mais on y reconnaît les caractères de Froschauer, d'Ausbourg. Le texte y finit à la 2e col. du dernier f., par ces mots : *quas morte preuentus ex ‖ plere non potuit*, qui prouve que l'édit. est postérieure à la mort de l'auteur.

— EXPOSITIO vel meditatio fratris Hieronimi Sauonarole de Ferraria... in Psalmum, *In te Domine speravi*, quam vltimis diebus dum vite suc finem prestolaretur edit. (in fine) : *Impressa in ciuitate Londiniarum per Winandum de Worde in platea vulgariter nuncupata fletstrete in intersignio solis (absque anno)*, in-4. goth.

Édition plus rare que les précédents.

— A GOODLY exposition upon the xxx psalme : *In te Domini speraui*, by Jerom Ferrarie. *Imprented at London in Flcte strete by John Byddel, for William Marshall, the yere of our lorde god* 1535, *the xvi daye of june*, in-4. goth.

Seconde partie d'un livre dont la première a pour titre : *A goodly prymer the english newly corrected and printed, with certeyne goodly meditacions and prayers*, etc. Un exemplaire des deux parties imprimées sur VÉLIN, orné de trois miniatures, 172 fr. Mac-Carthy.

Cette exposition a été plusieurs fois impr. à Londres dans le XVIe siècle, et se trouve fréquemment jointe au livre intitulé *Primer*.

— AIN AUSLEGUNG der dreyen versz des dreyssigsten Psalmen *In te domine speravi*, etc., durch bruder Iheronimum. *Gedruckt an dem vierten tag des hewmonats...* 1522, in-4. de 16 ff.

Le titre est dans un encadrement gr. sur bois.

— REUEREND Pfis F. Hieronymi Sauonarolæ Ferr. ordis predicator expositio in ps. L. dū erat in ulculis. (à la fin) : *Posanza sopra di me* AMEN. (absque nota), in-4. de 16 ff. à 30 lignes, sign. a—b, avec la marque typographique de *Lorenzo Rossi da Valenza*, imprimeur à Ferrare. 25 fr. Costabili.

Cette édition est peut-être la plus ancienne de cet opuscule qui a été si souvent réimprimé.

— EXPOSITIO in Psalmum L. dum erat in vinculis. (absque nota), in-4. demi-goth.

Édition de la fin du XVe siècle, avec la prière, *Poi che fu condemnato a la morte*, en italien. Il en existe plusieurs autres de la même époque, savoir : 1° *Impressum Regii per me Franciscû de Mazelis anno M. cccc. lxxxxviiii, die xxi Marzii*, in-4. de 16 ff. à 30 lign., en caract. rom. ; 2° *Impressum*

Auguste p Johannè Froschauer, 1499, in-4. goth.
de 12 ff. à 2 col. de 38 lign. Payé 37 fr. à la 2ᵉ vente
Quatremère. Autre par le même imprimeur, sous
la date inexacte de cccc (pour 1500), même nombre
de feuillets, Libri, en 1861 ; 3° *Impressum Magdeburg* (absque anno), pet in-4. goth. de 12 ff. à
2 col. à 40 lign., signat. a – b.

— REVERENDI patris Jer. Savonarole, præd. Expositio in Psalmum *Miserere mei Deus secundum
magnam.* — Expositio ac meditatio in psalmum
In te domine speravi, 2 part. in-4.
Deux opuscules impr. sans date et sans nom de ville
ni d'imprimeur, mais qui sont sortis des presses
de Martins d'Alost. 26 fr. Borluut, n° 52.

— AUTRE édition. *Parisiis, impensis Joan.-Ant. Veneti,* 1502, in-12 goth. (Crevenna, n° 248).

— FRATRIS Hieronymi Sauonarole de Ferrariis...
Expositio in Psalmos *Miserere mei, Deus, Qui
regis Israel,* et tres versus Psalmi *In te, Domine.*
Parisiis, J. Badius, circa 1510, in-8. goth.

— EXPOSITIO..... sopra el Psalmo L. *Miserere mei
Deus;* quando era in prigione del mese di maggio
M. CCCC. LXXXXVII. Tradocta de latino in vulgare
ad instancia di certe deuote Donne, oratione adi
xxiij di maggio M CCCC LXXXXVIII audita la Massa.
(*senz' alcuna nota*), pet. in-4. de 14 ff. dont 1 bl.,
sign. a et b, 42 lign. par page. 1 liv. 12 sh. Libri.

— AUTRE édition : *Impressum Bononie per Benedictum Hectoris, die xiiij martii* M. CCCC
LXXXXVIIII, pet. in-4. car., sign. a–c.

— AUTRE édition in-4., à la fin de laquelle on lit :
Finis, 1499.

— EXPOSITIONE di frate Hieronymo da Ferrara sopra el psalmo L. *Miserere mei deus:* quãdo era I
prigione del mese dimaggio 1498, tradocta di latino in uulgare ad instantia di certe deuote donne.
(*senza alcuna nota*), in-4. de 26 ff. à 28 lign.,
sign. a–c, avec une gravure sur bois au verso du
dernier f.
Imprimé avec les beaux caractères ronds de Dino, à
Florence. On lit à la fin du feuillet 25 : Finis, 1499.

— AUTRE édit. (*sans lieu ni date*) in-4. de 14 ff. de
42 lign., le dernier blanc.

— EXPOSITIONE del P. Hieronimo Savonarola sopra
il salmo *Miserere mei Deus,* et sopra il psalmo *In
te Domine speravi,* et *Qui regis Israel, intende :*
Dialogo del medesimo della verita prophetica, et alcune altre cose. *In Venetia,* 1548, in-8. 20 fr. 50 c.
Quatremère.

— AIN ÜBERAUSS Schön über all schöne Ausslegung
des lieblichen Psalmen *Miserere mei deus,* durch
den allerbewertesten (mit seinem Blut) hieroni-
mum Savonarolam Ferrariensem, do er gefangen
war inn aynem grewlichen Kercker Inn dem Flo-
rentiner Sal, widerumb zu ernewerung im truck
gefördert durch den hochgelerten doctor Vrbanum
Regium. Anno 1524, in-4.

— EYN ANDECHTIGE vnd Kunstreyche betrachtung
odder ausslegung hieronimi Savonarole von bapst
Verbrand vber den eyn funfftigisten Psalm, *Gott
erbarm dich meyn.* Tröstlich allen Christen...
Wittemberg, 1524, in-8.

— MEDITATIONES in Psalmos LI et XXXI quas in ultimis vitæ suæ diebus scripsit Hier. Savonarola.
Edid. F.-G.-P. Schapff. *Dresdæ,* 1857, in-8.

— AN EXPOSICYON after the Maner of a Contempla-
cyon vpon the lj Psalme called Miserere mei Dñe.
(Also) a Meditacyon vpon the Psalme of In the (sic)
Dñe. speraui. *Parys,* 1538, in-8., sign. A–H, par
8. Les ff. bii et biiij sont cotés Sii et Siiij. Vend, en
mar. 1 liv. 17 ch. Towneley ; 6 liv. 12 sh. 6 d. en
déc. 1854.

— INCIPIT EXPOSITIO Fratris Hieronymi Ferrariensis psalmi L xxviiii, *Qui regis Israel,* per modum
orationis. — Impressum *Florëtiæ per Franciscum
de Bonaccursiis inpensis Ser Petri Pacini de
Pescia Anno salutis* M. CCCC LXXXXVI, *quarto Kalen. Maias,* in-4. de 14 ff. à 35 lign., sign. a et b,
avec l'écusson de P. Pacini.

Réimprimé *Mutinæ, per Dominicum Roccociolum,*
1496, in-4.

— PROEMIO di Frate Hieronymo de Ferrara... nella
expositione del psalmo lxxviiij (*Qui regis Israel*)
tradocto in lingua fiorentina da uno suo familiare.
— *Impresso in Firenze apresso a sancta Maria
maggiore A di. viij. di Giugno.* M CCCC LXXXXVI,
in-4. de 16 ff. dont un bl., sign. a et b, 36 lign. à la p.
1 liv. 10 sh. (annoncé par erreur sous la date de
1486) Libri, en 1859 et 16 fr. à Paris en janv. 1863.

— PROEMIO..... (au verso du dernier f.) : *Impresso
in Firenze, Adi . viii. di Giugno* M CCCC LXXXXVI,
in-4. de 14 ff., sign. a et b, 38 lign. par page. Au
prem. f. une gravure sur bois représentant David.

— PROEMIO di frate Hieronymo da Ferrara dellor-
dine de pdicatori nella expositione del psalmo
lxxix. Tradocto in lingua fiorentina da uno suo familiare. (A la fin) : AMEN. In-4. de 10 ff. à 45 ou
46 lign., sign. a–b, avec une petite vignette au
commencement et une grande à la fin. 16 fr. Costabili.

— AUTRE édition, *sans lieu ni date,* in-4. de 10 ff.,
signat. a–b, grav. s. b. avant l'intit., et au verso
du dern. feuillet.

— PREDICHE sopra il psalmo *Quam bonus Israel,*
etc., predicate in uno advento l'anno 1493, poi in
latina lingua raccolte et da Fra Girol. Gianotti da
Pistoia, in lingua volgare tradotte, reviste et emen-
date, et in toscha impresse. *Vinegia, Agostino de
Zanni,* 1528, in-4.
Réimprimé in Venetia, per Bernardino et Ottaviano
Scoto, 1539, pet. in-8. 15 fr. 2ᵉ catal. Quatremère.

— AUSSI *Vinegia, Bernardino de Bindoni,* 1544, in-8.

— EXPOSITO orationis Dominicæ. (au commencement) : Frater Hyeronymus Savonarola Ferrariensis Ordinis prædicatorum Philippo S. D. (età la fin) :
FINIIS (sic) DEO GRATIAS (*absque nota*), pet. in-4.
en caract. rom., sign. a–c.

— EXPOSITIO orationis dñice Hieronymi Sauonarole,
Et sermo eiusdem in vigilia natiuitatis domini coram patribus habita. *In œdibus magistri Ber-
tholdi Rembolt et Jodoci Badii Ascensii,* 1510,
pet. in-8. goth., feuillets non chiffrés.

— AUTRE édition. *Parisiis...,* M CCCC XIII, *die xxiij
mensis nouembris,* pet. in-8. goth.

— AUTRE édition sans nom de ville, sous la date de
M. D XVII, pet. in-8. en lettres rondes, sign. a–d,
avec la presse ascensienne sur le titre. A cet opuscule
se trouve joint : *Expositio in psalmo Miserere
mei deus,* etc., in-8. en lettres rondes, sign. a–e,
et ayant également sur le titre la presse ascens.

— LA EXPOSITIONE del pater noster Compo ‖ sta per
frate Girolamo da Ferrara (*senz' alcuna nota*),
in-4. de 24 ff., sign. a–c, 34 lign. par page ; la
dernière n'en a que 26 avec le mot Finis à la dernière page, titre en goth., et au-dessous une fig.
sur bois.
16 fr. Costabili ; 1 liv. 10 sh. Libri. A la fin de cette
édit. et de plusieurs de celles que nous citons se
trouve *Epistola di frata Hieronymo a una devota
donna Bolognese sopra la communione.*

— PROHEMIO sopra la expositione del Pater Nostro
cõposta in latino da fra Hieronymo da Ferrara...
& traduca p glideuoti cõtemplatori da uno suo
maico in uulgare (a la fin) : *Firenze, per Maestro
Antonio Mischomini Anno* M. CCCC LXXXX IIII, pet.
in-4. de 26 ff., sign. a–d. 1 liv. 7 sh. Libri.

— LA EXPOSITIONE Del pater noster Composta per ‖
Frate Girolamo da Ferrara. (*Sans lieu ni date*), in-4.
de 24 ff. à 36 lign. au verso du titre, sign. aii–c,
avec 4 grandes planches et 14 petites, dont plusieurs
sont répétées.
Cette édit. contient aussi l'*Epistola...* qui se termine
par les mots LAVS DEO.

— LA EXPOSITIONE Del pater noster Composta per ‖
Frate Girolamo da Ferrara. (*s. l. n. d.*), in-4. de
20 ff., signat. a–c. 15 grav. s. b. dont 3 grandes.

— EXPOSITIONE del Reuerendissimo in Christo padre
Frate Hieronymo da Ferrara... sopra la oratione

della Vergine gloriosa, composta da lui in lingua uulgare ad instantia di certe devote suore Ferrarese. *(senz' alcuna nota)*, pet. in-4. de 12 ff. à 28 lign., sign. a et b, caract. rom. de Dino. 1 liv. 13 sh. Libri.

— SALMO di fra Girolamo Savonarola, recato in italiano da Niccolo Tommaseo, col testo a fronte, corretto secondo il codice Magliabecchiano, 90 cl. xxxv. *Firenze*, 1862, gr. in-8., pap. vél., tiré à 150 exemplaires. 4 fr.

II. *Ouvrages de théologie dogmatique et de théologie mystique ou morale.*

— Fratris Hiéronymi de Ferraria Triumphus Crucis ‖ De ueritate fidei. *(absque nota)*, pet. in-fol. de 98 ff. non chiffrés (y compris le titre et la table), à 34 lignes par page, 2 ff. prélimin. et signat. a-m par 8. [1234]

Édition imprimée avec les caractères ronds d'Ant. Miscominus, à Florence, vers la fin du xv⁰ siècle. Van Praet en cite trois exempl. impr. sur VÉLIN, dont un, avec un frontispice peint, une miniature et un beau dessin du couronnement d'épines, a été retiré à 151 fr. et offert à 200 fr. Mac-Carthy; un autre, 102 fr. Boutourlin.

Cet ouvrage est regardé comme un bon abrégé de la philosophie catholique, et le succès qu'il a obtenu dans sa nouveauté s'est soutenu jusqu'à ce jour. L'édition que nous venons de décrire est la plus ancienne connue, car celle de 1481, que cite Panzer, n'existe pas; elle a paru vers 1497, et cette date est aussi celle d'une édition de Florence, 1497, in-4., citée par Panzer.

— DE VERITATE fidei in dominicæ crucis triumphum libri IV. *(absque nota)*, in-8. de 140 ff. non chiffr., sign. a—s, à 29 lign. par page. Edition de la fin du xv⁰ siècle. 6 fr. Boutourlin.

— TRIUMPHUS crucis. *Venetiis, O' Lazario de Soardis*, 1504, in-8.

— FRATRIS Hiéronymi triumphus crucis, de fidei ueritate; Post nouissimâ impressionem alias Venetiis excussam, denuo... recognitus cunctisq̃ mendis expurgatus. — *Finit... opusculum... impressum Venetiis per Lucam olchincsem artium et legum professorem. Anno dñi* M. CCCC. XVII, *die vero octauo mēsis Iunii*, pet. in-8. de 112 ff. chiffr., avec une gravure sur bois au titre.

— TRIUMPHUS crucis. *Venundatur in œdibus ascēsianis; — Rursum in typographia ascensiana, calendis septembris*, M. DXXIII, pet. in-8., sign. A—P, lettres rondes, 19 fr. (annoncé *sans date*), Perret en 1860.

— LIBRO di frate Hieronymo de Ferrara... della verità della fede christiana sopra el Glorioso triumpho della croce, pet. in-fol. de 84 ff., sign. a—l, à 35, 36 et 37 lign. par page, lettres rondes.

Cette traduction a probablement été imprimée à Florence, à la fin du xv⁰ siècle, le commencement du volume contenant la table et la préface de Domenico Benivieni. 9 fr. La Valliere; 10 fr. Costabili; 32 fr. janv. 1863. Elle a été plusieurs fois réimprimée. On en cite une édition sous ce titre, qui évidemment est factice :

— IL TRIOMPHO della Croce composto in latino da fra Hieronimo Savonarola e da se stesso in lingua volgare transportato con proemio nella laude a defensione del medesimo da Domenico Benivieni canonico e di san Lorenzo di Firenza. *Firenza*, 1497, in-4.

— LO SOTTILISSIMO & deuotissimo libro della Verita della Fede Christiana dimandato Triũpho della Croce di Christo, composto in latino per el Reuerendo... E dapoi traducto in uulgare per esso Frate Hieronymo a consolatione delle person litterate. (à la fin) : ... *In Venetia per Lazaro di Soardi Nel ãno*

del 1505 *Adi* 21 *di Febraro*, in-8. de 116 ff. chiffr., gr. en b. sur le titre.

— LIBRO di frate Hieronymo da Ferrara... delle uerità della fede christiana sopra il glorioso triompho della croce di Christo. *Firenze, per Stefano di Carlo da Pavia*, 1516, pet. in-4., ff. non chiffr., sigr. a—k, caractères rom.

Traduction du *Triumphus crucis* faite, dit-on, par l'auteur lui-même.

— DE LA VERITE de la foy, soubz le triomphe de la croix de Iesus-Christ, trad. par Paul du Mont, Dovysien. *Douay, J. Bogart*, 1588, pet. in-8.

— DECLARATIONE del Mysterio della croce qui descripta, in-4. de 4 ff., signat. a.

Cette pièce ne porte ni nom d'auteur, ni date, ni lieu d'impression.

— OPERETTA molta deuota cõposta da fra Girolamo da Ferrara... sopra edieci comãdamenti di dio diritta alla Madonna o uero Badessa del munistero delle Murate di Firẽze nellaquale sicontiene laexamina de peccati dogni & qualũche peccatore : che e utile & perfecta confessione. (à la fin) : *Impressa in Firenze per Ser Lorenzo morgiani & Giouanni di Maganza* (senz' anno), pet. in-4. de 28 ff. à 38 lig., sign. a—d, avec une grav. sur bois.

— AUTRE édition. (à la fin) : *Impresso ĩ Firenze ad̃i xxiiii doctobre M.* cccc lxxxv, in-4. de 30 ff. à 34 lign., sign. a—d, avec des récl. et deux vignettes sur bois différentes de celles de l'édition précédente.

— TRACTATO del sacramento z de mysterij della ‖ messa et regola utile composta da frate Gi ‖ rolamo da Ferrara. — (à la fin) : LAUS DEO *(senz' alcuna nota)*, in-4. de 4 ff. à 33 lign. par p., le premier avec un titre en caract. goth., et une vignette sur bois. 16 fr. Costabili.

—TRACTATO del sacramento & de mysterii della messa & ‖ Regola... in-4. de 4 ff. à 34 lign., sans signat., à la première page une gravure sur bois, la même que celle qui se voit au *Tractato dello amore di Iesu Christo*, édit. de Florence, par Ant. Miscomini, mais avec un cadre.

— TRACTATO del sacramento & de mysterii della messa ‖ & regola utile cõposta da frate Hieronimo da Ferrata. *(s. l. n. d.)*, in-4. de 4 ff. à 34 lign., sans signatures, titre en caractères ronds, avec une gravure différente des précédentes ; les initiales sont gothiques.

— TRACTATO diuoto & tutto spirituale di frate Hieronymo de Ferrara..... in defensione & cõmendatione dell'oratione mentale composto ad instructione, confirmatione, & consolatione delle anime deuote. *(senz' alcuna nota)*, in-4. de 10 ff., à 37 lign. sign. a—b, avec une grande grav. sur le titre. (à la fin) : LAVS DEO.

— TRACTATO ouero Sermõe della oratione composto da frate Hieronymo da ferrara. — (à la fin) : DEO GRATIAS. in-4. de 14 ff. à 34 lign., sign. a—b, et initiale goth. avec une grav. sur bois au commencement et une autre à la fin. 16 fr. 50 c. Costabili.

— TRACTATO... in defensione Et commendatione Della Oratione Mentale (à la fin) : *Impresso in Firenze p Maestro Antonio Miscomini (senz' anno)*, in-4. de 16 ff. à 27 lign., sign. a et b, titre en lettres capitales.

— OPERETTA di Frate Girolamo da Ferrara della oratione mentale. *Fiorenza, per Antonio Mischomini*, 1492, in-4. de 14 ff. 1 liv. 9 sh. Libri, en 1859. On a payé 1 liv. 18 sh., à la même vente (n⁰ 2442), une édition de cet opuscule annoncée sous ce titre : *Sermone della Oratione a M. A. d. S. composto da Frate Hieronymo da Ferrara (senz' alcuna nota)*, in-4. de 14 ff. à 34 lign., sign. a—b, avec la figure du Christ en prière dans le jardin des Olives ; autre exemplaire 22 fr. en janvier 1863.

— OPERETTA... della oratione mentale. *(senza nota)*, in-4. de 12 ff. à 33 lignes, signat. a et b, titre et initiales goth., avec une fig. au titre et une autre au verso du dernier feuillet.

— TRATTATI due diversi dell' orazione; dieci regole convenienti da orare nel tempo della tribulatione, e regole del ben vivere christiano, a suoi discepoli. *Firenze, appresso Antonio Miscomino*, 1495, in-4.

— FRATE HIERONYMO da Ferrara seruo Iutile di Iesu Xpo a tutti li electi di Dio & figliuoli del padre eterno desidera gratia pace & consolatione del spirito sancto. (*senza alcuna nota*), in-4. de 40 ff. à 28 lign., sign. a—f, une fig. en tête, au bas du verso du 14e f. et une autre au verso du dernier, caract. de François Dino, de Florence.

La pièce qui finit feuillet 32 se termine ainsi : « Ex conuentu sancti Marie di Florentia In Vigilia Assumptionis donute nostre virginis Marie matris Dei M CCCC LXXXXVII. »

Ce volume est annoncé sous le titre factice d'*Epistole, orationi e rigole religiose*, dans le catal. Boutourlin, édit. de Florence, p. 109, nº 854.

— FRA HIERONYMO da ferrara seruo inutile di Iesu christo alle suore del tertio ordine di san Domenico decte uulgarmēte di annalena che habitano nel monasterio di sancto uincentio in Firēze & atucte le altre suore & personne diuote & desiderose di hauere da lui lettere exhortatorie, gratia & pace & gaudio in spirito sancto. — (Au verso du fol. 3) : Data in Firenze in san Marco Addi XVII. doctobre. M CCCC LXXXXVII. *Amen.* (vient ensuite) : *Queste sono dieci Regole da obseruare al tempo delle grāde tribulationi*, etc., in-4. de 4 ff. à 33 lign. sans sign.

— FRATE Hieronymo da Ferrara... a suoi dilecti Fratelli in Christo Iesu Gratia Pace & Consolatione. (à la 3e p.) : In conuentu sancti Marci Florentie, XV Iulii. M. CCCC LXXXX VII, pet. in-4. de 2 ff. avec une *laude*, et à la fin le mot FINIS, mais sans souscription de l'imprimeur. 1 liv. 12 sh. Libri.

— EPISTOLA di frate Hieronymo... a tucti li electi di Dio z fedeli Christiani. — (A la fin) : Data i sancto Marcho di Firenze el di della apparitione di Sēo Michele archangelo M CCCC LXXXXVII, in-4. de 4 ff. à 36 lign., titre gothique.

— OPERETTE composte dal reverendo padre frate Hieronymo del ordine de frate predicatori. Regola a tutti religiosi. Tractato del sacramento, & de mysteriis della messa. Regola del ben viver composta del prefato frate Hieronymo, mentre era in carcere, ad instantia dun tauolaccino che loguerna va. (*senz' alcuna nota*), pet. in-4. 1 liv. 10 sh. Libri.

— FRATER Hieronymus de Ferraria ordinis Predicatot Magnifico Equiti Iurisᵱ consulto Domino Agamennoni Marscoto de Caluis patritio Bononiensi, etc. (in fine) : LAVS DEO (*sans lieu ni date*), in-4. de 8 ff. à 34 lign. par page.

La traduction italienne de ce morceau, qui commence au fol. 4, est de Filippo Cioni; elle lui donne cet intitulé : *Tracto di septe gradi, per li quali si ascende alla sōmità della uita spirituale composto in lingua latina*, et porte la date de 1497, *del mese de febraio*. Le dernier feuillet contient la *lauda* : *Viua viua in nostro core...* 24 fr. 50 c. Costabili.

— OPERETTE del amore di Iesu, Composta da frate Hieronymo da Ferrara. (*sans lieu ni date*), in-4. de 22 ff. à 33 lign., sign. a—c.

Le titre et les initiales en goth., gravures sur bois au recto du prem. et du 17e f., et au verso du dernier. Les deux derniers ff. contiennent deux *laude*, et un *oratione brieue*, en vers.

23 fr. Costabili; 1 liv. 10 sh. Libri.

— AUTRE édition également sans date, in-4. de 22 ff. à 33 lign., sign. a—c, titre et initiales en goth.; sur la prem. page la même gravure qu'à l'édition cidessus, mais celle du 17e f. est plus grande, et il n'y en a point à la fin.

— AUTRE édition, avec le titre disposé en forme de croix. (à la fin) : *Impresso in Firenze per Antonio Mischomini. A di xxvi di giugno.* M. CCCC LXXXXI, in-4. de 28 ff. à 27 lign., sign. a—d. avec l'écusson de l'imprimeur à la fin et au revers du titre le Christ sur la croix, sans cadre.

— AUTRE édition, par le même imprimeur, portant la date *Adi xvii. di maggio* M. CCCC LXXXII; c'est aussi un in-4. de 28 ff. à 27 lign., sign. a—d, et avec le même écusson.

— OPERETTE dell' amore di Jesu. — *Impresso in Firenza per gli heredi di Philippo di Giunta nell'anno del signore* M.D.XXIX *mese de Giugno*, in-4. (Deux éditions sous la même date).

— TRACTATUS de simplicitate vitæ christianæ. *Florentiæ per Laurentium Morgian & Johannem de Magonza*, 1495, in-4. (Hain, 14356).

— EPISTOLA Fratris Hieronymi de Ferrara ordinis Prædicatorum in libros de simplicitate christianæ vitæ. — (A la fin) : *Impressum Florentiæ impensis Ser Petri Pacini, Anno dñi* M CCCC LXXXXVI, *quinto kls septembris*, pet. in-4. de 48 ff., sign. a—f. Il y a une vignette au-dessous du titre, et au dern. f. la marque de l'imprimeur. 37 fr. Costabili.

Un exempl. imprimé sur VÉLIN, 21 fr. Gaignat, 79 fr. Mac-Carthy.

— LIBRI Fratris Hieronymi de Ferrara... de simplicitate Christiane vite. *Venundantur ab Joanne paruo Henrico iacobi z ipsorū impressore Ascensio*. — (A la fin) : *Impressum est hoc opus Parrhisiis in chalcographia Ascensiana, anno* M D XI, pet. in-8. goth., sign. A—H. 16 fr. Perret en 1860.

— LIBBO di Frate Hieronymo da Ferrara. Della Semplicita della vita christiana tradocto in volgare. (A la fin) : *Impresso in Firenze per ser Lorenzo Morgiani ad instantia di Ser Piero Pacini. Adi ultimo doctobre* M CCCCLXXXX VI, in-4. de 60 ff. à 37 lign., sign. a—g, avec une gravure sur bois au-dessous du titre et la marque de l'imprimeur au verso du dern. feuillet. 33 fr. Costabili.

— DELLA SEMPLICITA della vita christiana. *Venetia, al segno della Speranza*, 1547, pet. in-8.

18 fr. 50 c., 2e catal. Quatremère; 10 fr. Tross.

— DE LA SIMPLICITÉ de la vie chrestienne, faict en latin par R. P. frère Hierosme Savonarola, et trad. en françois par Paul Du Mont, Douysien. *Douay, chez Iean Bogart*, 1588, pet. in-8.

Ce même traité et quelques autres œuvres spirituelles de Savonarole ont encore été trad. en français par P. C., Jesuite. *Paris, Seb. Mabre Cramoisy*, 1672.

— FRATER Hieronymus de Ferraria Agamemnoni Marscoto de Calvis, etc. Philippo Cioni Notaio fiorentino alle devote monache di sancta Lucia dello ordine di sancto Domenico di Firenze. Tractato di septi Gradi per liquali si ascende alla sommita della vita spirituali composto in lingua latina da F. Hieronymo ad instantia del magnifico cavalieri & doctore Miser Agamemnone Marscoto de Calvi patricio Bologuese & dal docto Philippo in vulgar lingua tradocto, con una laude senz' alcuna nota (*Firenze*, 1497), pet. in-4. 1 liv. 10 sh. Libri, 2450.

— TRACTATO composto per frate Hieronimo da Ferrara (A la fin) : FINIS (*sans lieu ni date*), in-4. de 10 ff. à 34 lign., titre et initiales en goth., au recto du prem. et du second f. une vignette sur bois. 17 fr. Costabili.

— TRACTATO diuoto et utile della Humilita composto per frate Hieronymo da Ferrata. (*sans lieu ni date*), in-4. de 10 ff. à 36 lign., sign. a et b avec une fig. au commencement, une autre au 3e f., à la fin, après le mot FINIS, entre six étoiles répétées.

— TRACTATO della Humilita cōposto per frate Hieronymo da Ferrara. (*sans lieu ni date*), in-4. de 10 ff., 32 lign. au verso du second feuillet, avec le mot *Finis*, sans étoiles.

— AUTRE édition (*sans lieu ni date*), titre et initiales goth., deux gravures différentes des précédentes. Hain décrit une édition à 33 lign. par page, et une autre sous le titre suivant : *Breve et utile tractato della Humilita* (senz' alcuna nota), pet. in-4., à 38 lign.

— HIER. SAVONAROLÆ de humilitate : et in Psalmos In te, Domine, et Miserere, *opuscula excusa Compluti in ædibus Michaelis de Eguia*, 1530, in-8.

— LOQUI prohibeor et tacere non possum, etc. (*absque nota*), in-4. de 6 ff. à 29 lign., sign. a.

Ce discours de Savonarola sur la correction des mœurs, adressé à toutes les classes, est une pièce rare et curieuse. Elle est imprimée avec les caract. ronds de Dino de Florence (catal. Boutourlin, édit. de Florence, p. 110, n° 860).

— LIBRO della uita uiduale (di Frate Hieronymo da Ferrara). — Finis (sans lieu ni date), in-4. de 22 ff. le dernier bl., à 33 lign., sign. a—c, le titre et les initiales en goth.; au recto du prem. f. une grav. sur bois. 16 et 16 fr. 50 c. Costabili.

— COMINCIA il libro della vita viduale composto da frate Hieronymo da Ferrara... ad instantia & contemplatione di molte diuote Vedoue & Vedoui. (à la fin) : Impresso in Firenze per Ser Lorenzo Morgiani ad instantia di Ser Piero Pacini Anno M. CCCC LXXXXVI, Adi xxxvi del mese di Nouèbre, in-4. de 20 ff. à 36 lign., sign. a—e, avec deux gravures sur bois.

— AUTRE édition. (à la fin) : Impressum Firenze per Francesco Bonacchorsi nel M CCCC LXXXXI, pet. in-4., sign. a—d.

La date 1491, que donne Hain (n° 14369), ne doit pas être exacte. Le même bibliographe cite Tractatus de vita viduati, Florentiæ, 1495, in-4., que nous ne connaissons que par lui.

— ERUDITORIUM confessorum, fratris Hier. Savonarolæ. Venundatur ab Joanne Paruo, Henrico Jacobi et Ascensio. (in fine) : Finem cepit in ædibus ascensianis ad xiiii cal. Octob. anno M. D. X. ad calculum romanum, in-8. goth.

— IDEM. Venûdatur ab Joanne paruo & Ascensio. (à la fin) : — In ædibus ascensianis, decimo calendas april. M. D. XVII, pet. in-8., sign. a—y, lettres rondes.

Nous avons trouvé les deux opuscules suivants rel. avec celui-ci, savoir : Expositio orationis dñice... Et sermo in vigilia nativitatis domini coram fratribus habitis. M. DXVII, sign. a—d. — Expositio in psalmo miserere mei, etc. (absque nota), sign. a—e avec la presse d'Ascensius sur le titre de chaque pièce.

— CONFESSIONALE Hieron. Savonarolæ... Jubente Hippolito de Rubeis, episcopo Papiensi, impressum et auctum. Brixiæ, Petr. Maria Marchettus, 1596, in-12.

— IDEM, editum jussu Alexii Saulii, episcopi Papiensis. Placentiæ, Jo. Bazachius, 1598, in-8.

III. Sermons (Prediche) et Révélations ; Écrits sur les prophéties et contre l'astrologie.

— PREDICHE di Fra Girolamo Savonarola. Firenze, tipografia galileiana, 1845, in-8. de VIII et 640 pp. [1500]

Premier recueil qui réunisse les Prediche de Savonarole.

Il paraît qu'on imprimait à Florence les prédications de ce célèbre réformiste immédiatement après qu'elles avaient été prononcées, et toujours de format in-4. Hain cite ces opuscules dans l'ordre suivant : 1° Predica della renovatione della chiesa facta in sancta Maria del Fiore in Firenze adi XIII. di Gennaio 1494, sign. a—b; — 2° Predica facta adi VIII di Giugno, 1495, de 8 ff., sign. a; — 3° Predica facta adi x doctobre, 1495, de 8 ff., dont un bl. 30 fr. en janvier 1863; — 4° Predica fatta adi x octobris, 1495, sign. a; — 5° Predica di XXVIII di ottobre 1496; — 6° Predica dell arte de ben morire fatta adi II di nouembre, 1496; — 7° Predica di XI Febbraio, 1497, sign. a et b; — 8° Lectione overo sermone facto adi XV di Febraio, 1497, signat. a—c; — 9° Predica raccolta adi XVIII di febbraio , 1497, sign. a et b; — 10° Predica fatia adi XXV Febraio, 1497; — 11° Predica fatta adi XVIII di marzo, 1497; — 12° Predica facta la matina dellascensione, 1497 (plusieurs éditions, deux en caract. rom., et une en caract. goth. en 8 ff. dont le dern. blanc, sign. a—aIIII. 17 fr. Costabili); —

13° Oratio quam monti addictus ad sacrum Christi corpus habuit, die 23 maii 1498, Florentiæ, 1498, in-4. en italien.

Nous allons donner des notices d'une partie des éditions de ces Prediche, en suivant l'ordre chronologique des années pendant lesquelles elles ont été prononcées.

— PREDICHE... sopra il Salmo Quam bonus Israel Deus, predicate in uno Aduento nel 1493. Voy. plus haut, col. 159.

— PREDICHE sopra Job, fatte in Firenze l'anno 1494, nouamente venute in luce; con una lettera mandata a suo Padre, quando entrò nella religione. Venetia, Nicolao Bascarini, 1545, in-8. 6 fr. Boutourlin.

— PREDICHA z reuelationi di frate hieronimo da Ferrara. (au verso du dernier f.) : Predicha di Frate Hieronymo da Ferrara ricorrecta. Stampata in Firenza a di V di Septembre M. CCCC. LXXXXV, in-4. de 46 ff. non chiffrés, sign. a—h, lettres rondes.

Il y a sur le titre de ce livre une excellente figure sur bois représentant des religieux et des religieuses. Un bel exemplaire annoncé, par erreur typographique, sous la date de 1485 a été vendu 86 fr. Riva.

— SERMO fratris Hieronymi de Ferraria, in vigilia nativitatis domini, coram fratribus suis recitatus, translated from the italian by Bartholomeus Gallus Mutilanensis. (à la fin) : B. Gallus Mutilan. erudito ac honesto viro Thome Strow... amicorum optimo, S.-D.-P.-Vale et ora pro me. Ex London, VIII sept. 1502, LAUS DEO (avec la petite marque de Rich. Pynson), pet. in-4. de 4 ff.

Cet opuscule commence par une dédicace latine datée : Ex London, VIII octobris, anno domini 1509; il ne peut donc pas avoir été imprimé avant cette dernière année. C'est, à ce qu'il nous semble, le même sermon qui avait déjà été imprimé à Florence vers 1495, sous ce titre : Predica del reuerèdo Padre frate Hieronymo de Ferrara; facto a suoi Fratri nella uigilia delle Pasque di natale, sopra la natalitate di nostro signore Iesu Christo, in-4. de 4 ff. à 38 lign. par page, sans lieu ni date, vend. 1 liv. 10 sh. Libri, en 1859. Le catal. Boutourlin, n° 819, donne un titre semblable mais commençant par Sermone.

— PREDICHE quadragesimale di fra Jreonimo (sic) sopra Amos profeta, et sopra Zacharia, sopra li evangelii correte, e molti salmi (predicate l'anno 1495). In Vinegia, Alouixe de Tortis, 1544, in-8.

— PREDICHE quadragesimale di fra Ieronimo Savonarola sopra Amos, e Zacharia, e parte sopra li evangelii, e molte salmi David (predicate in Firenze l'anno 1495). Vinegia, ad instantia di T. Bottietta, per Venturino Roffinelli, 1543, in-8.

— PREDICHE... Sopra Ezechiel propheta Facte in Sancta Maria del Fiore lanno 1496. Comminciado la prima Domenica dello aduento Adi 27 di Nouembre. Raccolte per Ser Lorenzo uiuuoli dalla uiua uoce del predicante. (A la fin) : Stampato in Bologna, Per Benedetto Di Hector Nettano del Signore. M. D. XV. A Di II di Maggio , in-4. (Bibl. impér.)

— AUTRE édition : in Venetia, Zuan. Ant. di Valpini, 1541, in-8.

— PREDICHE di Frati Hieronimo da Ferrara. (au recto du dernier f. 2° col., et en capitales) : Impresso Nella Cipta di Firenze ‖ ad instantia di ser Loren‖zo Vinuoli Lano M. CCCC. LXXXXVI ‖ adi octo di Feb‖braio, pet. in-fol. de 220 ff. à 2 col. de 44 à 49 lign.

Édition précieuse de ces sermons prêchés depuis le 1er jour du carême jusqu'au 17 février 1495. Les deux premiers feuillets contiennent : le titre ci-dessus; le Prohemio Lorenzo Vinuoli..., et l'Epistola du même ad quelli che le leggerano. Le texte commence au 3e f., sign. a, par cet intitulé, impr. en lettres capitales : Prediche raccolti per ‖ ser Lorenzo Violi (sic) da viva voce del reueren‖

do padre frate Hiero‖nymo da Ferrara Giorno per Gior‖no mentre che le pre‖dica‖va. 9 fr. La Valliere; 83 fr. Costabili.

— PREDICHE del reverendo Padre Frate Hieronymo da Ferrara fatte lanno 1496, ne giorni delle Feste, finito che ebbe la Quaresima, etc. (à la fin) : Fine delle Prediche che R. Padre Frate Hieronymo da Ferrara... fatte nè delle Feste dalla Pasqua di Resurrezione isno all' Avendo di detto anno e raccolte per ser Lorenzo Violi dalla viva voce de predicante. LAUS DEO (*senz' alcuna nota*), pet. in-fol.

Ce volume paraît avoir été impr. à Florence comme le précédent et comme celui qui est porté dans le Catalogue de M. H. D. L. (*Paris, Potier,* 1862), nº 94, sous le titre suivant :

PREDICHE del reverendo Padre Frate Hieronymo de Ferrara facte lanno del 1496, ne giorni delle feste finite che hebbe la quaresima et prima ripasotosi circa uno mese ricomencio el di di Sco Michele. Adi VIII di Maggio M. CCCC. LXXXXVI. (à la fin) : *Fine delle prediche del Reueren Hieronymo da Ferra... facte lanno 1496 ne di delle feste della pasqua della resurectione isino allo aduèto di decto anno et raccolte per Ser. Lorenzo Violi dalla uiua uoce del predicante.* Laus deo. (*sans lieu ni date*), in-4. de 161 pp. à 2 col. L'exemplaire, auquel étaient ajoutés 3 ff. mss. d'une écriture contemporaine, a été vendu 113 fr. en janvier 1863.

— PREDICA del Reuerendo padre frate Hieronymo da Ferrara, facta il dì Sancto Symone & Iuda Adi XXVIII di octobre 1496 (*sans lieu d'impression*), in-4. de 14 ff. à 36 lign., sign. a—b, le dernier f. est blanc. 15 fr. 50 c. Costabili.

— PREDICA dellarte del Benemorire facta dal reuerendo padre frate Hieronymo da Ferrara adi II di Nouèbre M. CCCC. LXXXXVI, & racolta da Ser Lorenzo Violi dalla uiua voce... (à la fin) : LAVS ‖ DE ‖ O, en 3 lignes, in-4. de 18 ff. à 34 lignes, sign. a—c, avec 4 vignettes sur bois. Le titre ne se trouve complet qu'au verso du f. 1. Vend. 1 liv. 17 sh. Libri.

— PREDICHE raccolte per ser Lorenzo Violi parte in Sancta Maria del Fiore & parte nella chiesa di Sco Marco di Firenze dalla uiua uoce del Reuerendo Padre Frate Hieronymo da Ferrara mentre che predicaua. & prima in Sca Maria del Fiore adi XI di Febraio. M. CCCC. LXXXXVII. secondo lo uso fiorentino : et fu la Domenica della septuagesima : lequali furono le ultime sue prediche : nel quale di ricomencio ad predicare eldecto Frate Hieronymo che era stato molti mesi che non haueua predicate per rispetto della excommunica : ma atteso ad giustificarsi col Pontefice & facto uno libretto delle iustificationi sue et mandatolo fuori & dipoi decto di rientrato in pergamo comincio cosi. (*senza alcuna nota*), in-fol. (Hain, 14385).

— LECTIONE o uero sermone facto da il Reuerendo padre Hieronymo da Ferrara a molti Sacerdoti Religiosi & seculari in sancto Marco di Firenze Adi XV di Febraio M. CCCC. LXXXXVII (*sans lieu d'impression*), in-4. de 18 ff. à 36 uo 37 lignes, sign. a—c. Le dernier f. est blanc. 17 fr. Costabili.

— PREDICA del Reverendo padre frate Hieronymo da Ferrara; facta il sabbato dopo la seconda Domenica di quaresima lanno M. CCCC. LXXXXVII (*senza alcuna nota*), in-4. de 14 ff. à 34 lignes, sign. a et b. 26 fr. en janvier 1863.

Hain ne parle pas de cette édition, qui est décrite par Fossi, et dans le catal. de Boutourlin, édition de Florence; mais il en indique une autre impr. également sans note de lieu et sans date, in-4. de 16 ff. à la fin de laquelle se lit ce qui suit : *Nota che il padre predicatore era uenuto qui in tanto spirito : et similmente li audienti in tanto feruore : et in tante lacryme che non potendo piu contenersi : commenciarono a gridare con altissime voci misericordia Misericordia Dio : et il padre decte la benedictione : et partissi.*

— PREDICA del uenerado P. Frate Hieronymo da Ferrara facta la mattina della ascensione 1497 (*sans lieu ni date, mais impr. à Florence vers* 1497), in-4. grav. sur bois. Voy. ci-dessus, col. 165.

— CONCIONES triginta (in Ruth et Micha (en italien). *Florentiæ,* 1497, in-4.

— CONCIONES in Exodum et Psalmum I. (en italien). *Florentiæ,* 1498, in-4.

Deux opuscules cités par Hain, nºˢ 14406 et 14407.

— PREDICHE sopra l'Esodo & aliquanti Salmi, con una esortatione fatta al popolo fiorentino contre prediche sopra la historia di Gedeone. *In Venetia, Giov. Antonio de Volpini detto il Rizo stampadore,* 1540, in-8.

— PREDICHE utilissime per la quadragesima... sopra Ezechiel propheta & etiam sopra lo sacro Euangelio. (à la fin) : *Stampato in Venetia, Bern. Benalio,* 1517, in-4. fig. sur bois au frontispice. 25 fr. Quatremère.

— PREDICHE de fra Hieronymo per quadragesima Prediche utilissime.... Sopra Amos propheta et sopra Zacharia... & parte etiam sopra li euangelii occorèti & molti psalmi de dauid.... (A la fin) : nouamente reuiste con molti antichi exemplari & reposto ai suo luoghi le cose trùchade per la impression de lazaro facta del 1514. Stampate in Venetia... per Cesaro arriuabene.... 1519 adi uinti auosto, in-4. de 4 ff. prélim. et CCLII ff. numér., grande gravure sur bois au titre, caractères ronds.

Bibliothèque impér., ancien catalogue D, 5582, et aussi dans le catalogue de La Valliere, par Nyon, nº 1029. Ce dernier catalogue (nºˢ 1027-28) donne les titres de plusieurs *Prediche* de Savonarola, impr. à Venise par Lazaro di Soardi et par Cesaro Arrivabene, de 1515 à 1520, in-4. La Bibliothèque impér. possède l'édition d'Arrivabene, datée de 1520 a di 22 luio, in-4. en car. rom. de 4 ff. prélim. non chiffrés (y compris le titre) et CXV ff. chiffrés.

— PREDICHE XXX dette fra l'anno sopra Joel, Job, egli Evangeli tradotti dal latino in italiano. *Venetia, Lazaro di Soardi,* 1514, in-4.

— PREDICHE nouissimamente con diligentia corrette. *Vinegia, Tomaso Bottietta,* 1544, ou *Venetiis, Alouze de Tortis,* 1544, in-8.

— TABULA sopra le prediche del Reuerèdo. P. frate Hieronymo Sauonarola.... sopra diuersi Psalmi & Euangelii comminciando el giorno della Epiphania.... (A la fin) : *Stampata in Venetia per Bernardino Benalio....* M CCCCC XVII Adi XII de Februaro, in-4. à 2 ff. prélim., y compris le titre, et 108 ff. chiffrés.

— PREDICHE sopra li psalmi et molte altre materie. *In Venetia, Bernardino de Viana,* 1543, in-8.

— PREDICHE sopra aliquanti salmi et sopra Aggeo profeta. *Vineggia, Bern. de Bindoni,* 1544, pet. in-8. 53 fr. 2ᵉ catal. Quatremère.

— AUTRE édition, *Venise, Bindoni,* 1539, in-8. 5 fr. Boutourlin.

— SERMONES in primum D. Johannis epistolam et in aliæ scripturæ sacræ verba. *Venetiis, per Bernard. Stagninum,* 1536, in-8.

— NELLA prima epistola di San Giovanni et altri luoghi della Sacra Scrittura sermoni XIX, di marviglioso artificio ad infocarne nell' amore di Jesu-Christo. *Venetia, al segno della speranza,* 1537, in-8. 40 fr. en janvier 1863.

— PREDICA dello amore divino, sopra la Passione di Christo. *In Siena, Nic. di Piero di Guccio da Cortona,* 1543, in-8.

— SERMONES in aduentu super Archam Noe, nusquam antehac impressi. *Venetis, Bernard. Stagninus di Tridino Montisferrati,* 1536, in-8.

— PREDICHE per tutto l'anno. *In Vinegia, Giov. Ant. di Valpini,* 1540, in-8.

— COMPENDIO di Revelatione dello inutile Servo di Iesu Christo Frate Hieronymo da Ferrara... (à la fin) : *Impsso i Firenze p ser Frācescho Bonaccorsi nel* M. CCCC. LXXXXV *Adi* XVIII *di Agosto,* in-4. de 55 ff., 34 lign. par page, sign. a—h.

Dans l'exemplaire décrit au catal. Boutourlin (édit.

de Florence, n° 862), se trouvait, indépendamment
des 54 ff., un f. séparé sur lequel était impr. une
couronne allégorique gravée en taille-douce.

— AUTRE édition. (à la fin) : *Impresso in Firenze per
ser Lorenzo Morgiani et Giovanni de Moguntia
Anno* M. CCCC. LXXXXV *die primo septembris*, pet.
in-4. sign. a—f.

— COMPENDIO di Revelatione dello inutile Servo di
Jesu Christo Frate Hieronymo da Ferrara. *Firenze,
ad instantia di ser Piero Pacini da Pescia*, 1496,
pet. in-4. fig. sur bois. 3 liv. Libri.

— LAMENTATIO sponsæ Christi adversus tepidos et
exhortatio ad fideles Christi, ut precentur pro revelatione ecclesiæ. *Florentiæ, per Laurentium de
Morgianis*, 1497, in-4.

— TRATTATO delle revelatione e della reformatione
della chiesa, divinitus fatte dal R. P. Hieron. Savonarola. *Vinegia, M.-Bern. Stagnino*, 1536, pet.
in-8. à 2 col. 100 fr. 2° vente Quatremère.

— COMPENDIUM revelationum... Fratris Hieronymi
de Ferrario. — *Impressit Florentiæ ser Franciscus Bonaccursius... M. cccc lxxxxij, v. nonas
mensis octobris*, in-4. de 50 ff., sign. a—g.
Un exemplaire imprimé sur VÉLIN et rel. en m. bl.
24 fr. Gaignat; 76 fr. Mac-Carthy.

— COMPENDIUM reuelationis serui Iesu Christi fratris Hieronimi de ferraria... (au recto du dernier
f.) : *Impensis Vlme per Conradū Dinckmut Anno
salutis* M cccc lxxxxvj. *In Vigilia Bartholomei*,
in-4. goth. de 54 ff., à 32 lign. 50 fr. 2° catal. Quatremère.
Le titre ci-dessus est au 3° f. Le premier contient
probablement un autre titre, et sur le second se
lit : *Hieronimus Beniventus ciuis Floren‖tiæ...
Ad librum.*

— REVELATIO de tribulationibus nostrorum temporum, de reformatione universæ Dei Ecclesiæ autore Deo, et de conversione Turcorum et infide-
lium ad fidem nostram cito et velociter : Ostensa
Hieron. Savonarolæ de Ferrara. *Parisiis, apud
Guidonem Mercatoris retro Gymnasium navarr.
ad collegium Atrebatense*, 1496, in-4.

— DYALOGO della verita prophetica composto in lingua latina dal venerando in Christo Padre Frate
Hieronymo da Ferrara... Qui tradocto in lingua
volgare da uno suo discepolo ad utilita di tutti li
serui & ancelle di Christo Iesu. (in fine) : Sit laus
Deo patri, summo Christo decus, Spiritui sancto
tribus honor unus (*senz' alcuna nota*), in-4., sign.
a—f.

— FRATRIS Hieronymi Savonarolæ... de veritate prophetica dialogus. (in fine) : Laus omnipotenti Deo
finis (*absque nota*), in-4., sign. a—f. Les cah. e, f,
sont par 6, les autres par 8 ff. Biblioth. impér.
anc. catalogue D, 5812.
Cette édition se compose de neuf livres.
Hain, n° 1434, en décrit une autre dont il donne ainsi
le titre : *De veritate prophetica libri seu dialogi IX*; Florentiæ, 1497, in-fol.

— TRACTATO contra li Astrologi. — Finite il tractato contra li astrologi (*senz' alcuna data*), in-4.
de 34 ff. à 35 lign., sign. a—d. Une vignette sur
bois au premier f. 20 fr. 50 c. Costabili.
Hain, n° 14379, indique une édition de Florence, 1495,
in-4., sous ce titre : *Trattato contra all' Astrologia divinatrice in tre libri e parti.*

— OPERA singolare contra l'astrologia diuinatrice :
in corroboratione delle refutatione astrologice del
conte Joan. Pico de la Mirandola; con alcune cose
del medesimo di nuouo aggionte. *In vinegia (per
M.-Bernardino Stagnino)*, 1536, pet. in-8. de 38 ff.
à 2 col. demi-goth. 20 fr. 2° catalogue Quatremère.

— ADVERSUS astrologiam divinatoriam cum præfatione et scholiis Thomæ Boninsegnii. *Florentiæ*,
1581, in-8.

IV. Lettres et écrits divers.

— EPISTOLA di frate Hieronymo da Ferrare del-
l'ordine de frati predicatori a uno amico. (à la fin) :

LAVS DEO. In-4. de 6 ff. à 35 lig., sign. a., avec une
vignette sur bois. 30 fr. Costabili; autre 10 fr.
Il existe au moins deux autres éditions in-4. de cet
opuscule de 6 ff.; l'une a 38 lig. par page avec une
seule fig., et l'autre a 36 lig. avec 3 fig.
Hain en cite une sous ce titre : *Epistola ad un suo
amico, ma vacillante, per le persecutioni*. Firenze, 1497, in-4.

— EPISTOLA responsiva a frate Hieronymo de Ferrara da l'amico suo. — FINIS (*senz' alcuna nota*),
in-4. goth. de 10 ff.

— CONTRA la epistola de fra Hieronymo de Ferrara.
Italia quondam rerum Domina et provinciarum rec-
trix Fratri Hieronymo Ferrariensi S. (au verso de
f. 8) : *Vale ex arce capitollina Idibus Juliis*
MCCCCLXXXXV, (et à la suite) : Epistola responsiva
a frate Hieronymo de Ferrara di frati predicatori
e da l'amico suo (*senz' alcuna nota*), in-4. de 16 ff.
en tout, en caract. rom.

— COPIA d'una epistola laquale mãda il uenerabil
frate Hieronymo da Ferrara... a madõna Magdalena
contessa della Mirandola, laquale uolea intrare in
monasterio. (à la fin) : *In secula seculorum Amen.*
In-4. de 4 ff. à 45 et 46 lign., car. rom., avec une
gravure au commencement et une autre à la fin.
16 fr. Costabili; 1 liv. 10 sh. Libri.
On connaît deux autres éditions in-4. de cette lettre,
l'une de 4 ff. à 42 lign., avec initiales en gothique;
l'autre, de 4 ff. à 38 lignes, sign. a et a2, avec deux
initiales en blanc sur fond noir; et une troisième,
également in-4., de 4 ff., sur le titre de laquelle le
mot *uenerabile* a été remplacé par *reuerendo*.

— LETTERE al Re di Francia data in S. Marco ai 26
Maggio 1495 (*senz' alcuna nota*), in-4.
Cité par Panzer d'après Denis, Suppl., p. 659.

— EPISTOLÆ spirituales et asceticæ. Voir ci-dessous
dans le VI° paragraphe.

— HIER. SAVONAROLÆ Epistola ad quendam N. Fratrem adversus sententiam excommunicationis
contra se nuper injuste latam. Florentiæ, 1497,
in-4.

— EPISTOLA fratris Hieronymi Ferrariensis ordinis
predicatoų contra sententiam excommunicationis
cõtra se nuper iniuste latã. (*s. l. n. d.*), in-4. goth.
6 ff. dont le dern. est bl., signat a1—a11.

— EPISTOLA contra la excommunicatione subreptitia
nuouamente facta. (in fine) : Data in sancto Marco
in Firenze adi xix di Giugno MCCCCLXXXXVII, in-4.
de 2 ff.

— EPISTOLA di frate Hieronymo da Ferrara... a tucti
li elecii di Dio 9 fedeli christiani. (A la fin) : Data T
sancto Marcho di Firenze el di della apparitione de
Scõ Michele archangelo. M. CCCC LXXXXVII, in-4. de
4 ff. Le titre est en goth. Voy. ci-dessus, col. 163.

— APOLOGIA del R. P. Fra Tommaso Neri in difesa
della dottrina del R. P. F. Girolamo Savonarola,
data nuouamente in luce. *Fiorenza, i Giunti*, 1564,
in-8. 2 fr. 50 c. Boutourlin.

— DE DIVISIONE omnium Scientiarum. (in fine) :
Amen (*absque nota*), pet. in-4. goth., sign. a—b.
Cet opuscule, imprimé avec les caractères employés
dans le *Compendium logice* ci-dessous, n'est pas
un des moins curieux et des moins rares qui nous
sont restés de Savonarola.

— COMPENDIUM totius philosophiæ. *Venetiis, apud
Juntas*, 1542, in-8.

— UNIVERSÆ philosophiæ epitome, etc., per Jo.
Jessemium a Jessen edita. *Vittebergæ*, 1596, in-8.

— COMPENDIUM logice fratris Hieronymi Savonerole
(*sic*) de feraria... — Explicit compendium logyce
ffris Hierony. Savonerole. *Impressum Piscie*,
M.CCCC.LXXXXII. *die XXIII msis Aug...* in-4. goth.,
sign. a—f.

— IDEM. *Impressum Florentiæ per Bartholomeum
de libris anno* M.CCCC.LXXXXVII, *die vero septima
Junii*, in-fol., caract. goth. et caract. rom. avec
des signatures.

— APOLOGIA de Frati dela congregatione di sancto

Marco di Firenze. (*senz' alcuna nota*), pet. in-4.
1 liv. 17 sh. Libri.

— SAVONAROLA. Dialogus cui titulus solatium itineris
mei, nunc primum impressus. *Venetiis, per Joannem Patavinum et Venturinum de Ruffinellis*,
1535, pet. in-12.

Réimpr. à Venise, en 1537, et à Milan, *Jacobus Pi-
calia*, 1588, in-16; aussi à Leyde, en 1633, avec
Meditationes in psalmos (voir au bas de cette col.).

— DIALOGUS inter spiritum et animam. *Januæ*,
1536, in-8. (*Bibliot. Thuan.*, I, p. 67).

— TRACTATO di Frate Hieronymo da Ferrara... circa
el reggimento & gouerno della citta di Firenze
cõposto ad Istãtia delli excelsi Signori al tempo di
Givliano Saluiati Gonfaloniere di Iustitia (*sans
lieu ni date*, mais à la fin LAUS DEO), in-4. de 28 ff.
à 29 lig., sign. a—d. Cet opuscule paraît avoir été
impr. à Florence, vers 1494.

— TRACTATO del frate Hieronymo da Ferrara...
circa al reggimento & gouerno della citta Firēze
cõposto al istãtia delli excelsi signori al tempo di
Giuliano Saluiati Gonfaloniere di Iustitia. LAUZ
DEO (*sic*), in-4. de 20 ff., y compris le dernier qui
est bl., 34 à 35 lign. par page, sign. a—c. 17 fr.
Costabili.

— DISCORSO di Girolamo Savonarola circa el reggimento e Governo della citta di Firenze, etc. *Londra, Roberto Wilson*, 1765, in-4.

Quoiqu'elle soit datée de Londres, cette édition a été
faite à Florence par Migliorotto Maccioni.

— DEL REGGIMENTO degli stati, ec. *Pisa, Capurro*,
1818, in-8., portr.

Dans cette édition se trouvent, indépendamment
d'une vie de l'auteur, deux opuscules de Guicciardini et l'*Apologia scritta da Lorenzino de Medici*.

— AUTRE édition, *Firenze, Stamperia di Tom. Ba-
racchi*, 1847, in-8. de 2 ff. et 56 pp.

— POESIE di Girolamo Savonarola tratte dall' autografo, corredate del fac-simile di alcune sue poesie
autografe scritte nel proprio Breviario, e della
biografia del medesimo, testo di lingua citato degli
Accademici della Crusca. *Firenze, Stamperia Galileiana*, 1862, in-8., tiré à 250 exemplaires seulement. 8 fr.

V. Recueils réunissant plusieurs ouvrages.

— MOLTI divotissimi trattati. *Venetia, al segno
della Speranza*, 1536, pet. in-8. 33 fr. 2ᵉ cat. Quatremère, 1230.

— MOLTI devotissimi trattati del R. P. Hieronymo
Savonarole ad esortatione de i fideli christiani : ne
i quali vi sono state aggionte le sue quattro esposi-
tioni del Pater noster, & una sua predica dell' arte
del ben morire, & una espositione del Pater noster,
& alcuni sermoni di Ludovico Pittorio da Ferrara.
Venetia, 1547, in-8.

— LIBRI quinque de simplicitate vitæ christianæ;
accesserunt ejusdem expositio Dominicæ orationis,
et sermo in vigilia nativitatis domini habitus...
omnia edita cura Chr. Besoldi. *Argentorati, Laz.
Zetznerus*, 1615, in-12.

— OBRAS que se hallan romançadas del Savonarola.
En Anvers, Martin Nucio (sans date, mais vers
1550), pet. in-8.

Volume peu commun contenant *La expositione sobre
el Pater noster; In te Domine speravi; Miserere;
Qui regis Israel; El triumpho della cruz*. Porté à
160 fr. catal. de Tross, 1862, n° IV, article 712.

J. Dalesdens a été l'éditeur anonyme d'une collection
d'ouvrages de Savonarola, écrits ou traduits en
latin. Cette collection, impr. à Leyde (*Lugduni-
Batavorum*), en 1633, en 6 vol. pet. in-12, contient :

1° *Triumphus crucis*; 2° *Expositio Orationis Dominicæ*; 3° *Orationis Dominicæ pia et erudita
explanatio, etc.*; 4° *Meditationes in Psalmos Miserere, etc.*; 5° *Dialogus cui titulus Solatium
itineris mei*; 6° *De simplicitate vitæ christianæ
libri V.*

VI. *Écrits relatifs à la personne et aux ouvrages
de Savonarola.*

— PROCESSO de Fra Hieronymo Savonarola da Ferrara. (*senz' alcuna nota*), in-4.

— POGGII florentini contra fratrem Hieronymum
(Savonarolam) heresiarcham libellus et processus.
(*absque loco et anno*), in-4. de 28 ff. avec une fig.
en bois sur le premier. 37 fr. 2ᵉ vente Quatremère.

— CONTRA delirantes qui volunt adhuc Fratrem
Hieronymum rite et recte damnatum defendere.
(*sans lieu ni date, mais Florence*, 1498), in-4.

Pièce rare adressée à Joachim Turriano, général des
Dominicains, par un anonyme qui prend le titre
de *Præpositus omnium sanctorum decretorum
doctor*.

— CONTRA fratrem Hieronymum [] Heresiacà libellus
et pcessus. (*absque nota*), in-4. goth. de 28 ff. à
33 lig. par page.

Édition qui paraît avoir été impr. par Erh. Oglin a
Augsbourg, après l'année 1498. Le verso du dernier f.
finit par cette ligne : *Theodoricus vlsenius frisius
medicus cecinit*.

— REFUGATORIUM errorum fratris Hieronymi Savonarolæ qui concionando ad populum Florentie in
templo del summo Pontifici insurrexit. — *Impressum Liptzick per Iacobum Abiegnum Anno
salutis* MCCCCXCVIII, in-4. (Hain, 13722).

— IOANNIS FRANCISCI Pici Mirandulæ Opusculum De
Sententia Excommunicationis Iniusta Pro Hieronymi Sauonarolæ Viri Prophetæ Innocentia. — Defensio Hieronymi Sauonarolæ Ferrariensis... Ad-
uersus Samuelem Cassinensem. Per... Picum Mi-
randulam edita. Ad Hieronymū Torneilium ordinis
fratrū minorᵲ Generalis Vicariū. (*s. l. n. d.*), in-fol.
de 22 ff., signat. AA—EE. Fragment.

— HIERONYMI SAVONAROLÆ defensio authore Ioanne
Francisco Pico Mirandulano. *Florentiæ, per Laurentium de Morgiants*, 1497, in-4.

— APOLOGIA Joan. Franc. Pici Mirandulæ pro
Hieron. Savonarolæ viri prophetæ innocentia. De-
fensio Hieron. Savonarolæ adversus Samuelem
Cassinensem, edita per Jo.-Fr. Picum Mirandulum.
Typis Got. Voëgelinii, 1615, in-8.

Ces deux apologies se trouvent à la suite du traité de
Jo.-Fr. Pic de la Mirandole, intitulé : *Liber de
providentia Dei contra philosophastros*, également impr. en 1615.

— IO. POGGIUS Florentinus Apostolice sedi devotus.
Fratri Hieronymo Sauonarole Spiritum sanioris
concilii... *Impressum Rome in campo Flore* (1498),
in-4. (Hain, 13209).

Lettre écrite à Savonarola par le fils de l'auteur des
Facéties. Catal. Libri de 1861, n° 6504.

— HABES hic Dialogum de Fratre Hieronymo Nicolai
Savonarola ordinis predicatorum Florent. laqueo
suspenso, igne atque aqua consumpto. — Epistolam
Joachimi Turrani & Francisci Ramalici ad Alex :
VI de Hiero : & Sylvestro Floren : & Dominico de
Pisia complicibus damnatis. — Epistolam Alexandri
Papæ approbantis conciones in Hiero : factas, lepore
refertam, 1521, in-4.

2 liv. 15 sh. Cat. Libri, 1859, n° 2453, avec une longue
note sur Savonarola.

— APOLOGIA del R. P. fra Neri in defesa della
dottrina di Girolamo Savonarola. *Firenze, Giunti*,
1564, in-8.

2 fr. 50 c. Boutourlin, 5 fr. janvier 1863.

— VITA Hier. Savonarolæ, authore Joan.-Pico Miran-
dula, notis, stematibus, actis, diplomatibus, epistolis illustrata, et adjecto compendio revelationum
ejusdem Savonarolæ, studio Jac. Quetif. *Parisiis,
Lud. Billaine*, 1674, 2 vol. in-12.

On réunit à ces deux volumes un troisième tome qui
a pour titre :

HIERON. SAVONAROLÆ epistolæ spirituales et
asceticæ; nunc primum collectæ, et ex italico in
latinum versæ a Jac. Quetif. *Parisiis, Lud. Billaine*, 1674, in-12.

— SAVONAROLA und seine Zeit von Andr. Glo. Rudel-
bach. *Hamburg, Perthes*, 1835, in-8.

Le poëte Niembsch von Strehlenau, connu sous le
pseudonyme de Nikol Lenau, a publié en allemand
une histoire poétique du sort et des idées de Savonarole. 2ᵉ édit. *Stuttgart, Cotta*, 1844, in-8.; la
première est de 1837.

— DIE ERWECKLICHEN Schriften des Martyrers... Zur
Belebung christlichen und kirchlichen Sinnes übertragen von Georg Rapp. *Stuttgart*, 1839, in-8.

— THE LIFE and martyrdom of Savonarola, by R. R.
Madden, 1853, 2 vol. in-8. 1 liv. 8 sh.

— JÉRÔME SAVONAROLE, précurseur de la Réforme,
d'après les ouvrages originaux et les principaux
historiens, par Théodore Paul. *Genève, Cherbuliez*,
1856, in-8. 7 fr.

— JÉRÔME SAVONAROLE d'après les documents originaux, et avec des pièces justificatives en grande
partie inédites, par F.-T. Perrens, 3ᵉ édition. *Paris,
L. Hachette*, 1859, gr. in-18. 3 fr. 50 c.

La première édition de cet ouvrage, couronné par
l'Académie française, a pour titre : *Jérôme Savonarole, sa vie, ses écrits*, Montpellier, Martel
aîné, 1854, 2 vol. in-8. Le second volume contient
des analyses et des détails d'histoire littéraire que
l'auteur n'a pas cru devoir reproduire dans les deux
autres éditions, en quoi, selon nous, il a eu grand
tort.

— LA STORIA di Girolamo Savonarola e de' suoi
tempi, narrata da Pasquale Villari, con l'aiuto di
nuovi documenti. *Firenze, Fel. Le Monnier*,
1860, in-8. [30719]

M. le Dʳ Moser a donné une description très-détaillée
des éditions originales (80 environ) de Savonarole qui se trouvent dans la bibliothèque royale
de Stuttgart (voy. le *Serapeum*, Leipzig, T.-O.
Weigel, 1842, t. III, in-8.). Avant cette publication
on avait déjà pu lire dans le catalogue du comte
Boutourlin, impr. à Florence en 1831 (nᵒˢ 782 et 812
à 1864), la description d'une partie des éditions
originales des opuscules du prédicateur prophète.
Ces pièces, au nombre de 53, et rel. en 5 vol. in-4.,
mar. r., ont été vend. ensemble 415 fr. à Paris
en 1840 et acquises alors par la Bibliothèque royale.
Depuis, M. Audin, rédacteur du catalogue que nous
venons de citer, a placé à la suite de deux opuscules in-8. de Savonarola, imprimés à Florence en
1847, une *Bibliografia* de ce dominicain, en 12 ff.
non chiffrés, signat. X, XX, XXX. C'est celle à laquelle se réfère le Catalogue Costabili.

SAVONAROLA (*Mich.*). Libretto de lo
excellentissimo physico maistro Michele
Savonarola : de tutte le cose che se manzano communamente piu che comune ;
e di quelle se bevono per Italia... quale
sono contrarie e quale al proposito : e
come se apparechiano e de sei cose non
naturale : & le regule per conservare la
sanita de li corpi humani, con dubii no-
tabilissimi. Novamente stampato. *Venetia per Simone de Luere*, 1508, in-4.
goth. [7039]

1 liv. 9 sh. Libri, en 1859.

Réimprimé à Venise, *per Bernardino Benalio*, 1515,
in-4. goth. 64 fr. Riva, et 50 fr. en avril 1859, parce
qu'il était placé parmi les ouvrages sur l'art culi-
naire, et 17 sh. seulement Libri.

SAVONNE dit TALON (*Pierre*). L'arithmétique en laquelle sont contenues plusieurs règles brieves et suptiles pour les
trafiques de plusieurs pays ; avec la différence des poids, aunages et monnoies de
chacun des dits lieux, alliages des métaux..... avec le fait et maniment des

changes et banques qui se font journelle-
ment à Lyon et par les places accoutu-
mées, comme Flandres, Angleterre,
Espagne, Italie. *Paris, Nicolas Du
Chemin*, 1565, in-4. [4180]

Nous empruntons à Du Verdier ce titre d'un ouvrage
qui conserve un certain intérêt historique, et qui,
d'ailleurs, est devenu rare, ainsi que les deux articles suivants du même auteur, également cités par
Du Verdier :

INSTRUCTION et manière de tenir livres de raison
ou de comptes par parties doubles, avec le moyen
de dresser carnet, pour virement et rencontre des
parties qui se font aux foires ès paiement de Lyon
et autres lieux. *Imprimé à Paris, pour Christ.
Plantin d'Anvers*, 1567, in-4.

— INSTRUCTION de l'ordre militaire traitant des ba-
taillons carrés d'hommes, et second livre des ba-
taillons carrés de terrein... *Lyon, imprimerie de
Thibaud Ancelin*, 1583, in-4. [8601]

SAVORGNANO (*Mario*). Arte militare e
maritima, secondo la ragione, e l'uso di
più valorosi capitani antichi e moderni,
già descritta, e divisa in quattro libri da
Mario Savorgnano, conte Belgrado, per
istruttione di suoi nepoti, & hora ridotta
alla sua integrita & politezza da Cesare
Campana, da esso data in luce, con un as-
satissimo trattato, a parte dell'artigliere.
*Venetia, per gli heredi di Francesco
de Franceschi*, 1599, in-fol. fig. sur bois.
[8586]

Cet ouvrage a eu du succès, car il a été réimpr. à Venise, *per Sebastiano Combi*, 1614, in-fol. fig.

SAVOT (*Louis*). Discours sur le subject du
colosse du grand roy Henry, posé sur le
milieu du Pont-Neuf de Paris (par Louis
Savot). *Paris, Nic. de Montrœil* (sans
date), in-8. [24165]

Un exemplaire rel. en vélin, provenant de la bibliothèque du cardinal de Vendôme, 99 fr. Labédoyère,
en 1862.

— Architecture française, 9766. — Discours sur les
médailles, 29665.

SAXE (*Maurice* comte de). Mes Rêveries,
ouvrage posthume, augmenté d'une histoire de sa vie, etc., par l'abbé Perau.
Paris, Desaint, 1757, 2 vol. gr. in-4. fig.
[8592]

Bonne édition de cet ouvrage estimé : 24 à 30 fr., et
plus cher avec les fig. color. Des exemplaires en
très Gr. Pap. et rel. en *mar.* ont quelquefois été
payés 60 fr. et plus.

L'ouvrage fut d'abord publié par Zach. de Pazzi de
Bonneville, sous le titre *Les Reveries, ou Mémoires
sur l'art de la guerre, de Maurice, comte de Saxe*,
La Haye (Paris), 1756, 2 vol. in-8., avec un supplément, par le baron D. P. N., 1757, in-8.

Le *Traité des légions*, dont il existe trois édit. sous
le nom de Maurice de Saxe, n'est pas de ce maréchal, dont le nom ne se trouve plus sur le titre de
la 4ᵉ édit. La Haye et Paris (Prault), 1757, pet.
in-12. On sait que ce traité est de Antoine de
Ricouart, marquis d'Hérouville.

Savouré (*E.*). Administration communale, 2927.
Savyon (*J.*). Annales de Genève, 25935.

— Lettres et mémoires du maréchal de Saxe, 8734.

BIOGRAPHIE et maximes de Maurice de Saxe, par Ed. de La Barre Duparcq. *Paris, Corréard,* 1851, in-8.

SAXI. Voy. SAXUS.

SAXIUS (*Jos.-Ant.*). Historia litter. mediolanensis. Voy. ARGELATI.

SAXIUS (*Christophorus*). Onomasticon literarium, sive nomenclator historico-criticus præstantissimorum scriptorum, ab orbe condito usque ad sæculi, quod vivimus, tempora digestus; editio nova. *Trajecti-ad-Rhenum,* 1775-1803, 8 vol. in-8. [30016]

Ouvrage d'une grande utilité pour les recherches relatives à l'histoire littéraire : 60 à 72 fr. Le dernier vol. est un supplément. Il existe un abrégé des deux premiers vol. jusqu'en 1499, sous le titre d'*Epitome onomastici litterarii,* Trajecti, 1792, in-8. 4 fr.

SAXO grammaticus. Danorum regum heroumque historiæ stilo eleganti a Saxone grammatico natione sialandico... abhinc supra trecentos annos conscriptæ et nunc primum... impressæ. — *Impressit in inclyta Parrhisiorum academia Jodocus Badius Ascensius Idibus martiis,* M D XIIII, pet. in-fol. [27577]

Première édit. de ce célèbre historien : 12 à 15 fr.; vend. 1 liv. 4 sh. *cuir de Russie,* Heber; 4 liv. 14 sh. *mar. olive,* Hanrott. — Les réimpressions, *Bâle, J. Bebel,* 1534, et *Francf., Wechel,* 1576, in-fol., sont à très-bas prix.

— Saxonis grammatici historiæ danicæ lib. XVI, Steph.-Joan. Stephanius recognovit notisque illustravit. *Soræ, Moltkenius,* 1644, in-fol.

Texte revu, mais sans le secours de manuscrits : 12 à 18 fr.; vend. 10 flor. Meerman. Les notes forment une partie séparée. Une réimpression de ce même texte, mais sans les notes de Stephanius, a été publiée par C.-A. Klotz, *cum prolegomenis et lectionis varietate,* Lipsiæ, Hollius, 1771, in-4. 3 thl.

— Historia danica. Recensuit et commentariis illustravit P.-E. Müller; opus morte Mülleri interruptum absolvit J.-M. Velschow. *Hafniæ,* 1839-1858, vol. gr. in-8. 25 fr.

La première partie en 2 vol. contient le texte et de courtes notes; la seconde renferme les *prolegomena* et des notes étendues, avec 5 pl.

— Dyt is de denske Kroneke de Saxo grammaticus de poeta ersten gheschreef in dat latine unde daer na in dat dudesck ghesettet is unde in holt dat van Abrahams tiden is dennemarken eyn honninkyrke ghewezen... (*absque nota*), pet. in-4.

Traduction, non de la grande chronique de Saxo, mais du *Compendium Thomæ Gheysmeri,* lequel est continué jusqu'à la mort de Christian I, en 1481. L'édit. doit avoir paru peu après cette date.

Saxius (*J.-A.*). Archiepiscopi mediolan., 21472.

— DANMARKS krönike af Saxo grammaticus, fordansket ved N.-F. Severin Grundtvig. *Kobenh.,* 1818-19, 2 vol. in-4.

Ces deux volumes contiennent la traduction danoise des 10 premiers livres de Saxo. Le 3ᵉ vol. doit avoir paru depuis 1819. — Il existait déjà une traduction danoise de cette chronique, par And. Soffrinson Wedel, impr. à Copenhague, en 1575, in-fol., et réimpr. dans la même ville, en 1610, in-fol.

— Saxo Grammaticus, den danske Kronike, oversat af A.-S. Vedel, tilligemed Vedels Levnet af C.-F. Wegener, samt et Glossarium af C. E. Secher, udgivet af Samfundet til den danske literaturs Fremme. *Kopenh.,* 1845-51, gr. in-8. 15 fr.

SAXO-FERRATO (Olimpo). V. OLIMPO.

SAXON chronicle. Voy. CHRONICLE.

SAXUS ou Sasso. Pamphili Saxi epigrammatum libri quattuor, distichorum libri duo, de bello gallico, de laudibus Veronæ, et elegiarum liber unus (edente Joan. Taberio). — *Bernardinus Misinta impressit : impetrato privilegio... Brixiæ, pridie nonas Quintiles.* M. ID., pet. in-4. de 189 ff. non chiffrés, lettres rondes. [12777]

Livre peu commun. La date qui se lit dans la souscription placée à la fin du second livre des distiques (au recto du 133ᵉ f.) est celle du privilége, mais l'impression est probablement de la même année. Comme l'édition finit sans autre souscription par les mots *Finis Elegia* (sic), on l'a quelquefois annoncée sans date. Il faut remarquer que ce volume a des signat. de *a* jusqu'à *r,* mais que, entre les signat. *q* et *r,* l'imprimeur en a intercalé huit, marquées A—H. Par une faute d'impression le f. *q iiii* est coté a iiii (Hain indique 192 ff.). Vend. 15 fr. *m. bl.* Gaignat; 16 sh. Pinelli; 11 flor. (relié avec un autre ouvrage) Meerman; 1 liv. 1 sh. Heber. L'exemplaire impr. sur VÉLIN vend. 16 liv. Smith, en 1773, et 401 fr. Mac-Carthy, appartient maintenant à la Bibliothèque impériale.

— Pamphilo Sasso sonetti CCCVII, capituli XXXVIII, Eclogæ V. *Venetiis, B. Vercellese,* 1500, in-4. (Catal. de la partie réservée de la collection Libri, 1862, n° 489.)

— Pamphilo Sasso modenese, sonetti, capitoli, etc. — Opera et impensa Bern. Misintæ *impressum est hoc opusculum Brixiæ sub... trecentesima christianorum olympiade* (1500), cum gratia et privilegio, pet. in-4. de 428 ff. et 2 pour l'errata, à la fin duquel se trouve le registre des cahiers.

Édition en caractères romains, avec un titre en lettres goth. Voy. Lechi, *Tipogr. bresc.,* p. 72, et aussi p. 78, où sont décrits les deux opuscules suivants du même poëte :

STRAMBOTI del clarissimo professore de lo bone arte misser Sasso modenese. (à la fin) : *Impresso in Milano per Ioanne Maria di Farre Ad Instatia de Ioaniacobe & i fratelli da Legnano nel anno del signore. M. cccc yi.* (1506) *a di xxyiii. de Decembre,* pet. in-4. de 16 ff. non chiffrés.

Opuscule rare, qui est dans le catal. La Valliere, n° 3675. On en connaît aussi une édition in-4. goth. de 4 ff. à 2 col., sans lieu ni date.

OPERE del poeta miser Pamphilo Sasso, modenese, sonetti CCCCVII, capituli XXVIII, egloghe V. *Vene-*

*tiis, per Guillelmum de Fontaneto , de Monfer-
rato*, 1519, in-4. à 2 col. [14487]
Un exempl. sous la date de 1509 et rel. en vélin
40 fr. Gancia.

Il existe de ce recueil une autre édition (sans lieu ni
date), in-4. de 36 ff. à 2 col., lettres rondes, et Tiraboschi en cite une de Venise, 1504, in-4.

— Voy. PAMPHILIUS.

SAXUS (*Petr.*). Pontificivm arelatense seu
historia primatvm sanctæ Arelatensis
ecclesiæ... authore Petro Saxo. *Aquis-
Sextiis, J. Roize*, 1620, in-4. avec les
armoiries des prélats. [21458]

Ce savant ouvrage a été réimprimé dans le tome Ier
du recueil des *Scriptores rerum germanicarum*,
publ. par Menckenius (voy. ce nom).

SAY (*Thom.*). American entomology, or
description of insects of the North America. *Philadelphia, J.-A. Mitchell*,
1824-28, 3 vol. gr. in-8. avec 18 pl. fig.
color. [5014]

Cet ouvrage devait être composé de 5 volumes. L'auteur a publié séparément : *Description of new
species of North American insects*, New-Harmony,
1829-33, in-8. de 65 pp. — *Descript. of new North
American insects* , 1832-36 , in-4. de 96 pp., et
d'autres écrits sur l'histoire naturelle, dont M. Trübner donne la liste aux pp. 180-81 de son *Bibliographical Guide*.

— The complete writing of Th. Say, on
the entomology of the United States,
edited by J. Leconte. *New-York*, 1859,
2 vol. in-8. avec 54 pl. gr. et color.
100 fr. [6014]

— The complete writing on the conchology of the United States, edited by W.
G. Binney. *New-York*, 1858, in-8. avec
75 pl. 36 fr.; — fig. color. 80 fr. [6144]

SAY (*Jean-Bapt.*). Traité d'économie politique , ou simple exposition de la manière dont se forment et se consomment
les richesses. Cinquième édition, augmentée d'un volume, et à laquelle se
trouvent joints un épitome des principes
fondamentaux de l'économie politique
et un index raisonné des matières. *Paris, Rapilly*, 1826 , 3 vol. in-8. 15 fr.
[4047]

Ouvrage qui a été longtemps classique. La 6e édit.,
Paris, Guillaumin, en un seul vol. gr. in-8., forme
le tome IX de la collection des principaux économistes, et la 3e édit. du *Cours complet d'économie
pratique* , de Say, en 2 vol. gr. in-8. les tom. X et
XI de la même collection. [4048]

— MÉLANGES et correspondance d'économie poli-
tique, ouvrage posthume... publié par Ch. Comte.
Paris , Chamerot, 1833, in-8. 7 fr. 50 c. [4049]
— Voyage en Suisse , 20248.

SAYAGO (*Pedro*). Romances imperiales
de todos los emperadores romanos desde

Say (*Hor.*). Relations commerc. entre la France et
le Brésil , 4177. — Administration de la ville de
Paris, 24153. — Statistique de l'industrie de Paris,
24168.

Julio Cesar hasta el emperador Maximi-
liano. *Sevilla, Alonso de Coca*, 1565,
in-8. [15139]

Ces romances sont écrites d'un si mauvais style,
que le nom de l'auteur est devenu proverbe en
Espagne pour désigner un langage rude et gros-
sier. En voilà, sans doute, plus qu'il n'en faut pour
faire aujourd'hui la fortune de ce livre, resté d'ailleurs extrêmement rare.

SAZERAC. Un mois en Suisse, ou souvenirs d'un voyageur, recueillis et publiés
par M. Hilaire Sazerac, et ornés de cro-
quis lithographiés d'après nature, par
M. Edouard Pingret. *Paris, Sazerac et
Duval*, 1825-26 , in-fol. 20 à 24 fr., et
plus cher en pap. de Chine. [20252]

Publié en 4 livraisons de 10 planches, avec texte.

SCAINO. Trattato del giuoco della palla
di messer Antonio Scaino da Salò, diviso
in tre parti. *Vinegia, Gabriel Giolito
de' Ferrari e fratelli*, 1555, pet. in-8.
fig. [10505]

Malgré la qualification de *très-rare* , si libéralement
donnée à ce traité par Haym, et dans le catal. de
M. Leber , il n'a jamais eu qu'une valeur des plus
minimes , et pour qu'il atteignît le prix de *trente
sols*, à la vente Floncel, où, certes, les connaisseurs
de curiosités italiennes n'ont pas fait défaut, il a
fallu qu'on y joignît un autre ouvrage du même
genre ; enfin il a été donné pour 1 fr. à la vente
licina.

SCALA (*Bartholomæus*). De historia Florentinorum quæ extant in Bibliotheca
medicea , editæ ab Oligero Jacobæo.
Romæ, Tinassi, 1677, in-4. de 12 ff. prél.
160 pp. et 4 ff. pour l'index. [25508]

Livre rare et fort recherché en Toscane. On doit
trouver après l'index un opuscule de 42 pp. ayant
pour titre : *Barth. Scalæ vita Vitaliani Borrho-
mæi ex Biblioth. medicea* , sous la même date,
avec l'arbre généalogique de la famille Scala (Molini, *Operette*, p. 325).

Les ouvrages suivants de Barth. Scala ont été impr.
à la fin du XVe siècle :

1° APOLOGIA contra vituperatores civitatis Florentiæ. (au verso de l'avant-dernier f.) : *Impressum
Florentiæ ex archetypo* XI kal. octobris M. CCCC.
LXXXXVI, in-4. de 12 ff. à 36 lig. par page en caract. rom. Le dernier f. contient les *corrigenda*.

2° EXCUSATIO Florentinorum cum italica confessione Io.-Baptista de Monte Sicco pro documento
inserto, editio ab eodem utpote Florentinæ Reipublicæ consilario ob pœnas sumptas de coniuratis
post Pactianam in Medices aggressionem. (in fine) :
Florentiæ, die undecima mensis augusti M. CCCC.
LXXVIII, in-4. de 8 ff. en caract. rom.

3° ORATIO Bartholomei Scale Florentini oratoris
ad summum Pontificum Innocentium octauum.
Quod inter res omnes , etc. (*absque nota*), in-4.

Sayer (le capit.). History of Gibraltar, 26241.
Sayous (*Pierre-André*). Études littér. sur les écri-
vains français de la réformation, 30065. — Le
XVIIIe siècle à l'étranger, 30067.
Sayve (*A.*). Voyage en Sicile, 20235.
Sazavo-Emmauntium, 217.
Sbaralea. Bullarium franciscanum, 21836.
Scaccius (*Fort.*). Myrothecia (sive Thesaurus), 662.
Scaglione (*P.*). Storia di Locri e Gerace, 22872.

Trois éditions différentes : la première de 8 ff. en caract. rom. qui paraît avoir été impr. à Florence ; la seconde de 5 ff. à 32 et 33 lign. caract. d'Est. Plannck, à Rome ; la troisième, de 4 ff. à 35 lign. en caract. rom.

4° ORATIO Bartholomei Scale pro imperatoriis militaribus signis dandis Constantio Sfortie imperatori. *Anno D.* M. CCCC. LXXX. *die* III *octobris*, in-4, de 6 ff. caract. rom.

SCALA COELI. Voy. JUNIOR (*Joan.*).

SCALBERG. Traité des causes naturelles du flux et du reflux de la mer. *Chartres,* 1680, in-4. fig. [4248]

Traité singulier et peu connu. 14 fr. 50 c. Arago. Il a été donné pour 30 sous à la vente Falconet.

SCALIGER hypobolimæus. V. SCIOPPIUS.

SCALIGERI (*Camillo*). Il Scacciasonno l'estate all' ombra, e il verno presso al fuoco, opera scenica (in prosa) onesta, morale, civile e dilettevole : curiosità copiose di novelle, rime, motti, proverbi, ecc. *Bologna, Ant.-Maria Magnani,* 1623, in-8. [19213]

Cet ouvrage a été réimpr. *in Milano, Pand. Malatesta*, 1624, et *in Venetia, Ang. Salvadori*, 1637, in-8. L'auteur, nommé ici Camillo Scaligeri, est Adrien Banchieri, lequel a donné sous le même pseudonyme la *Compagnia de' briganti* (voy. ATTABALIPPA), et les ouvrages suivants :

I TRASTULLI della villa, distinti in sette giornate. *Bologna, Mascheroni*, 1627, in-8. (deux éditions sous la même date).

DISCORSO di Cam. Scaligeri della Fratta qual prova che la favella naturale di Bologna precede et eccede la toscana in prosa et in rima. *Bologna, Girol. Mascheroni*, 1626, in-8. — Réimprimé avec des augmentations, *Bologna, Ferroni*, 1630, in-8. Voici le titre d'un autre ouvrage qu'on lui a attribué peut-être sans fondement :

DI SULPIZIA Romana trionfante trattenimenti cinque, ecc. con trenta novelle per Estivo Truffi, lo zio di Camillo Scaligeri della Fratta. *Bologna, Gio Batt. Ferroni*, 1668, in-12. 14 fr. 50 c. m. r. Libri.

— IL FURTO amoroso, comedia onesta, et spassevole, dal sig. Camillo Scaligeri della Fratta. *Venetia, Giacomo Vencenti*, 1613, pet. in-8. de 118 pp. et 1 f. non chiffré. [16711]

Pièce en dialectes vénitien et de la campagne des environs de Bologne. 7 fr. 50 c. de Soleinne ; elle a été réimpr. en 1622.

— LA PAZZIA senile ragionamenti vaghi, e dilettevoli nuovamente composti, e dati in luce colla musica di Adriano Banchieri, ecc. *Venezia, Amadino*, 1598, in-4.

Drame en trois actes.

SCALIGERUS (*Julius-Cæsar*). Poemata omnia. *Ex bibliop. commeliniano,* 1600, seu 1621, 2 tom. en 1 vol. in-8. 3 à 4 fr. [12778]

L'édition suivante mérite d'être citée :

JUL.-CÆS. SCALIGERI Poemata in duas partes divisa ; Sophoclis Ajax a Jos. Scaligero Julii fil. translatus. (*absque loco*), M. D. LXXIIII, in-8. de 663, 337 et 70 pp.

— Epistolæ, 18746.

SCALIGERUS (*Jos.-Justus*). Poemata omnia ; ex museo Pet. Scriverii. *Ex offic. Plantin. Raphelengii,* 1615, pet. in-12. 3 à 4 fr. [12932]

—Opus de emendatione temporum : addita veterum Græcorum fragmenta selecta. *Genevæ,* 1629, in-fol. 9 à 12 fr. [21202]

Bonne édition, corrigée et augmentée d'après les mss. de l'auteur. L'ouvrage, publié d'abord à Paris, chez Patisson, en 1583, avait déjà été réimpr. à Francf., en 1593, et à Leyde, en 1598, in-fol.

— De arte critica, 18136. — In locos controversos, 18185. — Epistolæ, 18740. — Opuscula, 19013-14. — De Olympiadum recensu, 21203. — Scaligerana, 18532.

— Voy. CATALECTA, et EPISTRES familières.

SCALION de Virbluneau. Ses loyalles et pudicques amours. *Paris, Jamet Mettayer,* 1599, pet. in-12 de 6 et 134 ff. fig. [13890]

Recueil divisé en trois livres. Le dernier a pour titre : *Les prosperes et parfaictes amours.* Dans ce volume sans intérêt se trouvent le portrait de l'auteur et plusieurs emblèmes d'amour assez mal gravés. Vend. 6 fr. Crozet ; 13 fr. 50 c. Viollet Le Duc.

SCAMOZZI (*Vicenzo*). Idea dell' architettura universale. *Venezia,* 1615, 2 vol. pet. in-fol. fig. [9751]

Édition rare : 24 fr. Soubise ; 27 fr. 50 c. Reina ; 22 fr. 50 c. Boutourlin.

L'ouvrage a été réimprimé : *Piazzola*, 1687, in-fol.; *Venezia, Albrizzi*, 1694, et *Venez.*, 1714, in-fol.; mais dans ces trois réimpressions les figures sont inférieures à celles de l'original ; néanmoins l'édition de Piazzola s'est vend. 35 fr. Reina.

Les livres IV, V, IX et X n'ont point été publiés.

— L' IDEA dell' architettura universale data per cura di Stef. Ticozzi e di Luigi Masieri. *Milano*, 1838, 2 vol. in-8., avec portr. et un atlas de 38 pl. coûte 25 fr.

— OEuvres d'architecture, trad. par Aug.-Ch. d'Aviler et S. Dury. *Leyde,* 1713, ou *La Haye,* 1736, in-fol. fig. 15 à 20 fr. [9752]

Les planches de ces deux éditions sont plus nombreuses que dans l'original, mais elles ne se rapportent pas toujours au texte. Le 6e livre, le seul qu'ait traduit d'Aviler, a été imprimé séparément à Paris, en 1685, in-fol.

— OEUVRES d'architecture de Vinc. Scamozzi (édition abrégée par Jombert). *Paris*, 1764, gr. in-8. fig. 6 fr.

— DISCORSI sopra l' antichità di Roma. *Venezia, Ziletti*, 1582 (nouv. titre 1583), in-fol., avec 40 pl. par B. Pitoni. [29394]

Édition rare : vend. 16 fr. Floncel ; 8 flor. Crevenna.

SCANAROLI (*Anton.*). Disputatio utilis de morbo gallico, et opiniõis Nicolai Leõiceni cõfirmatio, cõtra aduersarium eandẽ opiniõẽ oppugnantem. *Bononiæ* (*per Benedictum Hectoris*) *die uero .xxvi. Martii* .M. CCCC. LXXXX. VIII, in-4. de 16 ff. à 36 lign. par page. [7256]

Cet opuscule, difficile à trouver, doit être joint à l'ouvrage de Leonicenus, décrit tome III, col. 986, article LEONICENUS.

SCANDIANESE (*Tito Giovanni*). Voyez GIOVANNI.

SCAPPI (*Bartolomeo*). Opere ; aggiontovi

Scapinelli (*L.*). Opere, 19213.

il Trinciante di Vincenzo Cervio, ampliato e ridotto a perfettione dal cavalier
Reale Fusorito da Narni, ed il Maestro
di casa, di Cesare Pandini. *Venetia, de
Vecchi*, 1622, ovvero *Venetia, Combi*,
1643, in-4. fig. 8 à 12 fr. [10277]

Ces deux éditions, et celle de Venise, *Vecchi*, 1605,
in-4., réunissent trois ouvrages qui avaient déjà
été publiés séparément, et qui paraissent avoir été
d'un grand usage, en Italie, pendant près d'un
siècle. Le premier de ces traités, celui de Scappi,
cuisinier particulier du pape Pie V, avait d'abord
paru à Florence et à Venise, en 1570, in-4.; 26 fr.
en avril 1859; 18 sh. Libri, et aussi en 1600 (17 fr.
50 c. Revoil). Le *Trinciante* de Cervio, dont on a
une édition de Venise, 1581, et une de Rome,
1593, in-4. obl. fig., est à peu près de la même
époque, ainsi que le *Maestro di casa*.

SCAPULA (*Joan.*). Lexicon græco-latinum, cum indicibus; accedunt auctarium dialectorum, lexicon etymologicum
et Joannis Meursii glossarium contractum. *Lugd.-Batavor., Elzevir.*, 1652,
in-fol. [10704]

Édition très-bien exécutée et qui a été longtemps la
meilleure que l'on eût de ce Dictionnaire (publié
pour la prem. fois en 1580), 20 à 25 fr., et plus cher
avant les dernières réimpressions. On a mis à un
certain nombre d'exemplaires un nouveau frontispice daté de *Londres*, avec l'adresse de *Kerton* et
Thompson, libraires de cette ville.

Parmi les éditions antérieures à celle-ci, celle de
Londres, 1637, est la seule qui conserve quelque
prix.

APPENDIX ad lexicon græco-lat. a Jo. Scapula
constructum et ad alia lexica græca. *Londini*, 1789,
in-8. 6 à 8 fr. [10705]

L'auteur de cet ouvrage est inconnu : le manuscrit
s'est trouvé chez le docteur Askew. Cet *Appendix*
a été inséré dans l'édition du *Scapula* impr. à Glascow, chez Duncan, 1816, 2 vol. gr. in-4., et dans les
éditions suivantes.

— LEXICON græco-latinum, e probatis auctoribus lo-
cupletatum, cum indicibus auctis et correctis : Item
lexicon etymologicum cum thematibus investigatu
difficilioribus et anomalis et Jo. Meursii glossarium
contractum. Indici græco inseruntur aliquot verborum millia e Scotto, Bastio, aliisque : accedunt
Prisciani libri XVII pars posterior, et Ammonii Περὶ
ὁμοίων καὶ διαφόρων λέξεων e cod. ms. reg. musei
britannici emendatus ; cum opusculis grammaticis
ex edit. Walckenaerii. *Oxonii, typogr. clarend.*,
1820, in-fol.

Belle édition qui remplace avantageusement celle des
Elsevier : 24 à 30 fr.

— LEXICON græco-latinum... Additum auctarium dialectorum in tabulas compendiose redactorum : accedunt lexicon etymologicum cum thematibus investigatu difficilioribus et anomalis, et J. Meursii
glossarium contractum, hactenus desideratum. Editio nova accurata, cui accesserunt, præter alia subsidia, D'Orvillii animadversiones nunc primum vulgatæ, selectissimæ etiam D. Scotti, et appendix as-
kewiana dicta, additamentis cunctis in unum corpus
cum lexico redactis ; consilio et cura J. Bailey ; opera
et studio J.-R. Major. *Londini, typis Dove, veneunt
apud Priestley*, 1820, gr. in-4. 40 à 50 fr.

Édition non moins belle que celle d'Oxford, et d'un
format plus commode. Le titre ci-dessus, quoique
fort étendu, ne fait pas entièrement connaître le
contenu du volume, auquel on a ajouté une partie
intitulée : *Jo.-Dan. a Lennep etymologicum linguæ græcæ, ex edit. Schedii*, et qui se vendait séparément.

SCARAMELLI (*Baldassare*). Due canti
del poema eroico di Scanderbec, con
altre rime e prose. *Carmagnola, per
Marc' Antonio Bellone*, 1585, in-8.
[14555]

Volume de 128 pp. chiffr., dont les deux dernières
renferment deux lettres. On y remarque trois nouvelles qui ont été réimprimées depuis séparément.
Dans une grande partie des exempl. que l'on conserve de ce livre se trouve de plus un petit poème
intitulé : *Il giuditio di un nuovo Paride di Baldassar Scaramelli all' illustrissimo et eccellentissimo signor Alessandro Aragona d' Appiano,
signor di Piombino*, Carmagnola, sous la même
date. Un exempl. a été payé jusqu'à 8 liv. 8 sh. Borromeo ; d'autres en *mar.*, 103 fr. Riva ; 3 liv. 3 sh.
Libri, en 1859 ; d'autres ont été donnés pour 8 sh.
Heber, et 6 fr. Reina ; ce qui prouve que ce volume
n'est pas à beaucoup près aussi rare qu'on pourrait
le croire ; *il Giuditio* seul, 9 sh. Libri.

— THE NOVELLE di Baldassar Scaramelli, tratte dalla
rarissima edizione di Carmagnola 1585. *Napoli, per
Felice Mosca (Milano)*, 1721 (pour 1821), in-12 de
53 pp. gr. pap. vél. [17469]

Réimpression tirée à 100 exempl. dont quelques-uns
sur pap. bleu ; plus deux sur VÉLIN.

SCARANUS (*Lucius*). Scenophylax : Dialogus in quo tragœdiis et comœdiis anti-
quus carminum usus restituitur, recentiorum quorundam injuria interceptus.
Venetiis, Ciotti, 1601, in-4. [16032]

Ouvrage peu connu, qui mérite cependant l'attention
des savants.

SCARFO (*G.-Cris.*). Voyez MARTIRANO
(*Coriol.*).

SCARINI (*Silvestre*). Discours sur l'érec-
tion des monts-de-piété, avec déclaration
des œuvres charitables qui en provien-
dront, outre ce que le peuple sera dé-
chargé des excessives usures qui se payent
pour le présent aux lombards des pays de
par deça. *Douay, Jean Bogart*, 1585,
in-4. de 4 et 16 ff. [4090]

Opuscule rare, et le plus ancien écrit français sur
les monts-de-piété que nous ayons eu occasion de
rencontrer. En voici un autre (si ce n'est le même
que le précédent sous un titre différent) également
sous le nom de Scarini, et aussi à la date de 1585 :

DISCOURS sur les Monts-de-Piété, qui en ces Pays-
Bas pourroient estre dressez au grand soulagement
des excessives usures que l'on y paye présentement
à ceux communement appelez les lombards, etc.,
composé par S. Scarini. *Anvers*, 1585, in-4. Vend.
16 flor. Meerman.

Le même discours a été publié en langue flamande,
à Anvers, chez B. de Nuyt, en 1586, in-4.

C'est à Padoue, et vers 1491, que les monts-de-piété
ont pris naissance, après avoir eu à surmonter l'op-
position des théologiens. On peut consulter à ce
sujet les ouvrages suivants, qui sont à la Biblioth.
impériale (D, 4520 et suiv.).

PRO MONTE PIETATIS consilia sacrorum theologorum ac collegiorum Patavii et Perusii, clarissimo-
rumque doctorum Jo.-Bapt. Rozelli et Joan. Cam-
pegii : cum bulla ac brevi dato fratri Bernardino
feltrensi, sanctissimi pape Innocentii Octavi (cum
Joan. Nanis seu Annii Viterbensis questionibus...
datis Viterbii 8 maii 1492), in-4. de 46 ff.

***

Scardeonus (*B.*). Antiquitas Patavii, 25415.

Fr. Nicolai Bariani tractatus de monte impietatis. *Cremonæ*, 1496, *nonis octobris*, in-4. de 34 ff.

Defensorium montis pietatis, contra figmenta omnia æmulæ falsitatis (præcipue in Nic. Barianum) per Bernardinum de Bussi (vel Busti). *Mediolani (per Uldalricum Scinzenzeler)*, in-4.

La *Biblioth. hulthem.* (n°⁸ 24857 et suiv.) indique plusieurs ouvrages sur l'introduction des monts-depiété dans-les Pays-Bas.

SCARPA (*Christophorus*). Orthographia brevis et utilis fœliciter incipit. (*absque nota*), in-4. de 39 ff. [10822]

Traité curieux et d'un certain intérêt; il paraît appartenir aux presses de Trévise, à la fin du xvᵉ siècle. Federici le cite comme imprimé *per Gerardum de Flandria*, 1493, in-fol.

SCARPA (*Antonius*). Tabulæ nevrologicæ. *Ticini*, 1794, gr. in-fol., avec 7 pl. doubles. 50 fr. [6794]

Ouvrage estimé. Vend. 87 fr. Béclard ; 85 fr. Hallé.

— Riflessioni ed osservazioni anatomico-chirurgiche sull' aneurisma. *Pavia*, 1804, in-fol. max. fig. 80 fr. [7506]

Ces observations ont été traduites en français et augmentées de deux mémoires par J. Delpech, *Paris, Méquignon*, 1809 ou 1813, in-8. et atlas de 10 pl. 25 fr.

— Anatomicæ disquisitiones de auditu et olfactu. *Ticini*, 1789, sive *Mediolani*, 1794, in-fol., avec 8 pl. 15 fr. [6826]

— Anatomicæ annotationes de gangliis et plexubus nervorum et de organo olfactus præcipuo. *Ticini et Mediolani*, 1792, 2 vol. in-4. fig. 15 fr. [6812]

— Trattato delle principali malattie degli occhi; edizione quinta. *Pavia*, 1816, 2 vol. in-8. fig. (point in-4.). 12 fr. [7527]

Le même traité, trad. en franç. avec des notes par Fournier et Begin, *Paris*, 1821, 2 vol. in-8. fig. — Le Dʳ Leveillé avait déjà donné en 1802 une traduction française de cet excellent ouvrage (en 2 vol. in-8.), d'après l'édition ital. de 1801, en 1 vol. in-4.

— Sull' ernie memorie anatomico-chirurgiche : edizione accresciuta dall' autore di molte osservazioni anatomiche e patologiche. *Pavia, Fusi*, 1819, gr. in-fol., avec 22 pl. 40 fr. [7552]

La première édition, *Milano*, 1809, in-fol., avec un cah. de pl., coûtait 100 fr. Elle n'a été vend. que 20 fr. chez Hallé.
— Traité pratique des hernies, trad. de l'ital. par M. Cayol, avec une note de M. Laennec sur une nouvelle espèce de hernies ; augmenté d'un supplément, trad. de l'italien par P.-C. Ollivier, *Paris, Gabon*, 1812-23, in-8. et atlas in-fol. 25 fr. Le supplément est la traduction des *Memorie sull' ernia del perineo*, Pavia, 1821, in-4 fig.; ouvrage qui coûtait 10 fr.
— Opuscoli di chirurgia. *Pavia*, 1825-32, 3 vol. gr. in-4. fig. 30 fr. [7478]
— De anatome et pathologia ossium commentarii. *Pavia*, 1827, in-4. fig. 20 fr. [6764]

Une édition des œuvres de Scarpa, en italien, gr. in-8. à 2 col., avec fig., s'est publiée à Florence, chez Vinc. Batelli, sous le titre suivant :

Opere del cav. Ant. Scarpa, prima edizione completa in cinque parti divisa, colla traduzione delle opere latine e francesi, e con aggiunte e annotazioni tratte dai Vaccà, Betti, Laennec, Ollivier, Manec ed altri.

Chaque cah. de 48 à 56 pp. in-8., avec une ou deux planch. lithogr., in-fol., coûtait 2 liv. de Florence. Il en paraissait 24 en 1838.

SCARPELLA-bergomasco. Voyez Calmo.

SCARRON(*Paul*). Ses OEuvres. *Amsterd., Wetstein*, 1737, 9 tom. en 10 vol. pet. in-12, fig. 20 à 30 fr. [19704]

— Les mêmes. *Amst., Wetstein*, 1752, 7 vol. pet. in-12. fig.

Édition préférée à la précédente, qui a cependant l'avantage de contenir le premier tirage des gravures, lesquelles sont les mêmes pour les deux éditions : 18 à 21 fr. Vend. rel. en *mar.* de 60 à 100 fr.

L'édition de *Paris, Bastien*, 1786, 7 vol. in-8., vaut de 24 à 35 fr. On a prétendu à tort que la *Mazarinade* ne s'y trouvait point ; elle est à la fin du tome Iᵉʳ.

— Le Virgile travesty en vers burlesques. *Paris, Toussaint Quinet*, 1648 et ann. suiv., in-4. [12498]

Ce sont les sept premiers livres, publiés d'abord séparément, et avec une épître dédicatoire différente, à la tête de chacun d'eux. Il y en a une édition de *Paris, Guil. de Luyne*, 1653-55, 7 part. in-4., titre gravé, dont un bel exempl. en *mar. orange* s'est vendu 50 fr. Bertin, et 197 fr. Salmon. Le huitième livre, qui est aussi de Scarron, n'a paru, nous le croyons, qu'après sa mort. Il doit être dans l'édition de *Paris, Guil. de Luyne*, 1662, en 2 vol. in-12.

Les livres IX à XII sont de Moreau de Brasei (ou Brassei); ils forment un troisième volume, qui ne vaut pas les premiers.

Scarron ayant mis en vogue le burlesque, nombre de poëtes s'exercèrent sans de ce genre, et l'on vit paraître successivement un *second livre de l'Enéide*, par Du Fresnoy, *Paris, Sommaville*, 1649, in-4.; un *quatrième livre*, par Ant. Furetière, *Paris, Courbé*, 1649, in-4.; *La Guerre d'Enée en Italie*, par Barciet, 1650, in-12; *L'Enfer burlesque*, ou le *sixième livre de l'Enéide travestie, par C. M. C. P. D.* Paris, 1649, in-4. et in-12; *Le Virgile Goguenard, ou le sixième livre de l'Enéide travestie, par L. D. L.* Paris, de Sommaville, 1652, in-4., que le Catal. de la Biblioth. du roi, Y 957, attribue à Claude Petit Jehan, avocat. *La suite du Virgile travesty, par M. J.* Bordeaux, Guil. de La Cour, 1674, in-12.

Scarron avait fait paraître à *Paris, chez Touss. Quinet*, dès l'année 1643, un Recueil de quelques vers burlesques, auquel il joignit une 2ᵉ part. en 1650, et une 3ᵉ en 1651. Un exemplaire sous la date de 1648, réunissant à ces trois parties d'autres pièces burlesques du même auteur, en 1 vol. in-4., rel. en *mar. orange*, est porté à 61 fr. 50 c. dans le catal. d'Arm. Bertin.

Le Virgile travesti, en vers burlesques, avec la suite de Moreau de Brasei; nouvelle édition revue, annotée et précédée d'une étude sur le burlesque, par Victor Fournel. *Paris, Delahays*, 1858, gr. in-18 et aussi in-16.

Voici deux opuscules qui se rattachent au Burlesque de Scarron :

Le Burlesque malade, ou les colporteurs affligés des nouvelles de la maladie de Scarron. *Paris, Est. Loyson*, 1660, in-12, en vers.

La Pompe funèbre de M. Scarron (par Boucher). *Paris, J. Ribou*, 1660, pet. in-12 de 55 pp. et le privilége. La citation curieuse de quelques passages de cette pièce qui a été faite sous le n° 507 du cinquième tome du catal. de M. de Soleinne a fait

---

porter à 11 fr. 50 c. l'exempl. qui y avait donné lieu.

— Le Virgile travesty en vers burlesques, reveu & corrigé. *Suivant la copie imprimée à Paris*, 1668, 2 part. en 1 vol. pet. in-12.

Cette édition, qui se joint à la collection des Elsevier, contient seulement huit livres, c'est-à-dire tout ce que Scarron a donné de l'ouvrage. Vend. 17 fr. en 1818; 20 fr. A. Martin; 12 fr. Gancia. Il y a deux autres éditions du même genre, desquelles les titres portent *Suivant la copie imprimée à Paris* : l'une de 1650-51, et qui ne renferme que 5 livres : vend. 30 fr. en 1819, et 38 fr. *mar. bl.* par Duru, vente Gancia ; l'autre de 1652, en 8 livres ; mais elles le cèdent en rareté à l'édition : *Suivant la copie imprimée à Paris*, 1648, pet. in-12 contenant seulement les deux premiers livres en 170 pp., avec 18 ff. prélim. 15 fr. 60 c. Duriez, et en 5 livres, 41 fr. *m.* Bérard ; 40 fr. *mar. citr.* Lechevalier en 1857.

Pour compléter les œuvres de Scarron, de l'édit. qui fait partie de la collection des Elsevier, il faut joindre au *Virgile travesti*, édition de 1668, les ouvrages suivants :

1° LE ROMMANT comique. *Suivant la copie imprimée à Paris*, 1662 et 1663, 2 part. en 1 vol. pet. in-12. Vend. 26 fr. bel exempl. *mar. v.* en 1818 ; un autre, 6 fr. en 1829.

Il y a une autre édition toute semblable, de 1668, et une troisième de 1678, avec la 3e partie datée de 1680 ; cette dernière partie peut servir à compléter les deux éditions précédentes : 25 fr. *mar. rouge* Bérard ; 30.fr. *mar. bl.* Mazoyer.

La première partie, édit. de *Leiden, Jean Sambix*, 1655, pet. in-12 de 4 ff. et 400 pp. 11 fr. Crozet, et seulement 2 fr. 25 c. Sensier.

2° LES ŒUVRES de Scarron. *Suivant la copie imprimée à Paris*, 1668, 2 part. pet. in-12. 15 fr. 60 c. *m. r.* Bérard.

Il avait déjà paru des *OEuvres burlesques de Scarron* : *jouxte la copie, à Paris, Toussaint Quinet* (*Bruxelles, Foppens*), 1655, pet. in-12, lettres ital.; 40 fr. A. Martin ; 57 fr. Renouard ; 37 fr. Bérard, avec un frontispice gravé à la date de 1654, et un titre imprimé sous celle de 1655.

3° LES DERNIÈRES ŒUvres de Scarron. *Suivant la copie imprimée à Paris*, 1668, pet. in-12. 3 fr. en 1829.

4° LES NOUVELLES ŒUvres tragi-comiques de Scarron. *Amsterd., Abraham Wolfganck*, 1668, pet. in-12 : 13 fr. 60 c. Desjoberts ; 30 fr. A. Martin. — Autre édition, 1675, pet. in-12. [16434]

Il est très-difficile de réunir cette collection ; un exempl. composé de 8 des vol. indiqués ci-dessus a été vend. 141 fr. en 1817 ; un autre en 9 vol., 25 fr. seulement Duriez.

— Le Romant comique de M. Scarron. *Paris, Toussaint Quinet*, 1651, 2 vol. in-8., avec un frontispice gravé. [17178]

Édition originale des deux premières parties de cet ingénieux roman, les seules qui soient de Scarron. 57 fr. bel exemplaire en *v. f.* Bertin.

Le troisième livre, composé par A. Offray, est ordinairement imprimé à la suite des deux premiers ; mais nous ne saurions dire en quelle année il a paru pour la première fois ; toutefois nous en connaissons une édition de 1680, imprimée en Hollande, pour faire suite à l'édition elsevirienne des deux premiers livres, sous la date de 1678.

Preschac, romancier fécond, a donné une autre suite du Roman comique, *Paris, Cl. Barbin*, 1679, pet. in-12, qui se joint aux deux premières part., édit. de *Paris, Guill. de Luynes*, 1677, in-12. Les deux suites se trouvent réunies à l'ouvrage de Scarron dans plusieurs éditions des œuvres de ce poëte, et notamment dans celle d'*Amsterdam*, 1752.

— Le Roman comique, par Scarron (avec la 3e partie par A. Offray). *Paris, de l'imprim. de Didot jeune, an* IV (1796), 3 vol. in-8. fig. de Le Barbier. 12 à 18 fr. [17178]

En Gr. Pap. vél. fig. avant la lettre et eaux-fortes, 79 fr. *mar. bl.* Chateaugiron ; 47 fr. 50 c. *mar. r.* Crozet ; avec les *dessins originaux*, 440 fr. Labédoyère.

— LE MÊME Roman comique, édition revue et annotée par Victor Fournel. *Paris, P. Jannet*, 1857, 2 vol. in-16, 10 fr.

— LETTRE en vers sur les mariages de mademoiselle de Rohan avec M. de Chabot, de mademoiselle de Rambouillet avec M. de Montausier, et de mademoiselle de Brissac avec Sabatier, 1645, publiée avec une préface et des notes par M. W. M. *Paris, Aug. Aubry*, 1862, pet. in-8. de IX et 51 pp.

Cette pièce de Scarron ne se trouve dans aucune des éditions de ses œuvres. 2 fr. 50 c. Pap. vergé, 4 fr.

SCARRON apparu à Mme de Maintenon, et les reproches qu'il lui fait sur ses amours. *Cologne, Jean Le Blanc* (Hollande), 1694, in-12 de 136 pp., y compris la fig. [17290]

Vend. 20 fr. 50 c. *mar. bl.* Bignon, et un exemplaire *non rogné*, 35 fr. en 1860.

Voici une anecdote qui se rapporte soit à ce pamphlet, soit à un autre sur le même sujet :

« Extrait du journal manuscrit d'Ant. Bruneau, avocat, 1694. Le vendredi 19 novembre, sur les 6 heures du soir, par sentence de M. de La Reynie, lieutenant de police au souverain, furent pendus à la Grève un compagnon imprimeur de chez la veuve Charmot, rue de la Vieille-Bouclerie, nommé Rambault, de Lyon, et un garçon relieur de chez Bourdon, bedeau de la communauté des libraires, nommé Larcher.— Deux à être conduits aux galères, et sursis au jugement de cinq jusqu'après l'exécution. Les deux pendus, ayant eu la question ordinaire et extraordinaire pour avoir révélation des auteurs, pour avoir imprimé, relié, vendu et débité des libelles infâmes contre le roi, qui est, dit-on, son Mariage secret avec madame de Maintenon, et l'*Ombre de M. Scarron*, qui étoit son mari, avec une planche gravée de la statue de la place des Victoires ; mais au lieu des quatre figures qui sont aux angles du piédestal, c'étoient quatre femmes qui tenoient le roi enchaîné, et les noms gravés : madame de La Vallière, madame de Fontanges, madame de Montespan et madame de Maintenon ; le graveur est en fuite. J'estime, ajoute naïgnement notre avocat, qu'on ne peut assez punir ces insolences contre le souverain, puisque, par les ordonnances, le moindre particulier est en droit de demander réparation des libelles diffamatoires qui seroient faits contre lui. On a trouvé des paquets de ce libelle jetés la nuit dans la rivière, entre le pont Notre-Dame et le pont au Change. — Décembre : le lundi 20, le nommé Chavance, garçon libraire, natif de Lyon, fut condamné, par sentence de M. de La Reynie, à être pendu et à la question, pour l'affaire des livres mentionnés en novembre ; il eut la question et jasa, accusant des moines. La potence fut plantée à la Grève et la charrette menée au Châtelet ; survint un ordre de surseoir à l'exécution et au jugement de La Roque, autre accusé, fils d'un ministre de Vitré et de Rouen, qui a fait la préface de ces impudents livres. On dit que Chavance est parent ou allié du P. La Chaize, confesseur du roi, qui a obtenu la surséance. La veuve Cailloué, imprimeur de Rouen, est morte dans la Bastille, où elle étoit pour cette affaire. La veuve Charmot et son fils ont été criés à ban à leur porte, rue de la Vieille-Bouclerie, pour raison de ces impressions. »

SCARUFFI (*Gasparo*). L'Alitonfo per far ragione e concordanza d' oro e d' argento. *Reggio, per Hercoliano Bartoli*, 1582, in-fol. de 5 ff. prélimin., 60 ff. de texte et 5 ff. pour la table. [4130]

Vend. 33 fr. Floncel. Dans l'exemplaire vendu 18 fr. *m. r.* La Valliere, se trouvaient les deux pièces suivantes : 1° *Breve instruttione sopra il discorso fatto da Gasparo Scaruffi*, Reggio, 1582, 10 ff.— 2° *Considerationi di Bernardino Prastivoli sopra l' Alitonfo.......*, Reggio, 1604, de 7 ff. prélimin. et 46 ff. de texte.

SCATABRONDA, coumedia noubelo et histouriquo, coumpusade per M. V. B. D. *A Roterdam, chez Pierre Marteau, rue du Bouc, à la Grande Corne d'abondance*, 1687, pet. in-12 de 4 ff. et 42 pp. [16591]

Pièce rare de cette édition imprimée à Cahors. Elle est dédiée à madame La Mote-Pis, par Souques de Laroque, mais ce sont là, probablement, des noms supposés comme celui du libraire nommé sur le titre. D'ailleurs, M. Champollion-Figeac (*Charte de commune*, 1829, p. 11) a nommé l'auteur de cette comédie, lequel serait, selon lui, un abbé Fabre, du séminaire de Cahors.

Vend. 59 fr. *mar. v.* Nodier; 13 sh. Libri, en 1859.

Il existe plusieurs réimpressions de la *Scatabronda* sous la même date. J'en ai vu une de 12 ff. préliminaires et 42 pp. de texte, qui m'a paru avoir été impr. à Avignon, au commencement du XVIII° siècle. On y trouve, à la page 7 des préliminaires, une approbation des docteurs, datée du 1er janvier 1697, laquelle n'a certainement rien de sérieux. Cette même édition est mal annoncée en 31 pages dans le catal. du *Pseudo-Canazar*, n° 700; on l'a confondue avec une autre réimpression plus moderne, in-8. de VIII et 31 pages.

SCATTAGLIA (*Innocente-Aless. e Piet.*). Animali quadrupedi dal naturale disegnati, incisi, e miniati con i loro veri colori. *Venezia*, 1771-75, 4 tom. en 2 vol. gr. in-fol., avec 200 fig. color. [5599]

Ouvrage d'une exécution très-médiocre : vend. 250 fr. *m. r.* La Valliere; mais seulement 72 fr. *v. d. s. tr.* Le Gendre, et 51 fr. Caillard.

SCELTA di facezie, tratti, ecc. Voy. Arlotto, et Domenichi.

SCELTA di prose et poesie italiane; prima edizione. *Londra, Gio. Nourse*, 1765, in-8. [19436]

Ce recueil a probablement été impr. à Paris, et, quoique d'une date récente, il est rare, parce qu'il a été prohibé par décret spécial *de la S. Congregazione de' Riti*, en date du 26 janvier 1767. On y trouve *La Novella della Giulleria*, sans nom d'auteur, qui a été tirée d'un manuscrit de la Biblioth. Gaddiane; cette nouvelle est du Lasca, sous le nom duquel on l'a réimprimée avec celles du même auteur, à Milan, 1815 (voy. LASCA), mais d'après un autre manuscrit et avec des différences de leçons. Les autres morceaux insérés dans le volume de 1765 sont : *Il Gazettino del Gigli*; *La Epistola di Elisa ad Abelardo*, trad. da Ant. Conti; *Il Panegirico sopra la carità pelosa dell' ab. Mancini*, autres *Capitoli*, et quelques odes de différents auteurs. Voir sur ce recueil un article de M. Molini, *Biblio-*

Scelta di rare tragedie, 16605.

---

teca italiana, Milano, 1833, p. 239, et Gamba, *Bibliografia delle novelle*, p. 146. Vend. 29 fr. *m. r.* Libri, en 1857, et rel. en *veau*, 17 sh. en 1859.

SCELTA di sonetti e canzoni de' più eccellenti rimatori d' ogni secolo; terza edizione. *Venezia, Baseggio*, 1727, 5 vol. in-12. [14971]

La rédaction de ce recueil a été commencée par Augustin Gobbi, qui en a donné les 2 premiers volumes à *Bologne*, en 1709. La suite est due à d'autres éditeurs. Les 5 vol. ont été réimpr. à *Venise*, en 1739, et encore depuis.

SCELTA di XXIV vedute delle principali contrade, piazze, palazzi, ecc., della città di Firenze. *Firenze, Allegrini*, in-fol. [25486]

Vend. 20 fr. Mirabeau.

SCELTA nuova di Villanelle di diversi autori, con la canzon della Catarinou. *Torino, Bern. Grasso*, 1594, in-8. de 4 ff. [15015]

Pièces libres en espagnol et en italien. 28 fr. 50 c. Libri. A la même vente se trouvait un autre opuscule libre imprimé également à Turin, sous ce titre :
CANZONE amorose, *Torino, Bern. Grasso*, 1593, in-8. de 4 ff. vend. en *mar. v.* 17 fr. 50 c.

SCENERY. Voy. Batty, Cockburn.

SCEPPERUS (*Cornelius*). Illustriss. et invictiss. principis D. Christierni II, Daniæ, Suetiæ, etc, regis... ad emissos contra se Lubicensium articulos quibus suscepti adversus eum belli rationem prescribunt, Cornelio Sceppero noviportuensi, illius vicecancellario authore... responsio. *Impress. per Melchiorem Lotherum* (*Lipsiæ*), 1524, in-4. de 84 ff. [27605]

A cette apologie doit être jointe celle dont le titre suit et qui n'est pas moins rare que la première :
ILLUSTRISS. et potentiss. principis Christierni... ad duas epistolas, quibus rationem belli adversus illum suscepti illustriss. Holsatiæ dux D. Fridericus illius patruus reddere conatur, itemq. rationem cur eumdem expulerit et regnis et ducatibus spoliarit, subjungit, Cornelio Sceppero... illius vicecancellario authore, responsio. *Impressum per Melch. Lotherum*, 1524, in-4.

SCEPTRE (le) de France en quenouille par les régences des reynes, faisant voir par naifves representations d'histoire : I. Les desordres du pouvoir absolu des femmes en France ; II. La mauvaise éducation des roys; III. La pernicieuse conduite de l'Estat; IV. Les horribles factions qui s'y sont eslevées et qui ont souvent mis cette monarchie à deux doigts de sa ruine; V, et le moyen infaillible de remedier à tous ces désordres si l'on veut s'en servir efficacement et dans l'usage des loix fondamentales. (*sans lieu d'impression*), 1652, in-4.

Ce pamphlet, qui se rattache aux mazarinades, a été composé par Du Bosc de Montandré pour répondre à l'ouvrage de Robert Luyts, prédicateur du roi, publié à Paris en 1651, sous ce titre : *La Régence des reynes de France, ou les régentes depuis sainte Clotilde jusqu'au règne d'Anne d'Autriche.* Voir sur ce livre une note curieuse de M. P. L. dans le *Bulletin du Bibliophile*, 1857, p. 509, nº 251.

SCEVE (*Maurice*). Delie, object de plus haulte vertu. *A Lyon, chez Sulpice Sabon pour Antoine Constantin*, 1544, pet. in-8., fig. sur bois. [13722]

Recueil de 458 dizains sur l'amour. L'auteur, Maurice Sceve, ne s'est pas nommé, mais il s'est suffisamment désigné par sa devise : *Souffrir non souffrir*, qui se lit au bas de la pièce intitulée : *A sa Delie*, pièce au verso de laquelle se voit le portrait du poëte, surmonté des deux lettres S. M. L'édition, qui est bien imprimée, et en lettres rondes, contient 204 pp., y compris le titre, 2 ff. pour l'ordre de 50 fig., 7 ff. pour la table des dizains, et un 8ᵉ f. dont la vignette présente le même sujet qu'au frontispice, mais réduit à une plus petite proportion, avec la devise : *Adversis duro.* Vend. 1 liv. m. v. Heber ; 49 fr. Labédoyère, et plus cher depuis.

L'édition de *Paris, Nic. Duchemin*, ou *Gilles Robinet*, 1564, in-16, en lettres italiq., aussi avec fig. sur bois, contient 126 ff. chiffrés, plus 14 ff. non chiffrés pour l'ordre des fig. et la table des dizains. Quoiqu'elle soit moins rare que l'édition de 1544, elle a quelquefois été vend. plus cher : 30 fr. Coulon ; 2 liv. 13 sh. Heber ; 24 fr. 50 c. Crozet ; 50 fr. Nodier ; 45 fr. *mar.* Giraud ; 58 fr. Solar.

Une réimpression de la *Délie*, précédée d'une notice biographique sur l'auteur, a été faite à Lyon chez L. Perrin, en 1862, in-8·, sur pap. teinté, d'après l'édition de 1544, et également ornée de vignettes sur bois. Il en a été tiré 200 exemplaires au prix de 25 fr. chacun.

— Savlsaye. Eglogve de la vie solitaire. *Lyon, par Iean de Tournes*, 1547, pet. in-8. de 32 pp., avec fig. sur bois. [13723]

La présente églogue, de Maurice Sceve, est rare de cette édition (229 fr. *mar. v.,* par Bauzonnet, Nodier, et 300 fr. Solar) ; mais elle a été insérée, sous le même titre, dans le *Livre de plusieurs pièces,* édition de *Paris*, 1548, in-16 (voyez LIVRE), et sous le seul titre d'*Eglogue de la vie solitaire,* dans la 2ᵉ édition du même recueil, faite à Lyon, en 1549. Enfin il a été fait une réimpression de la *Savlsaye*, en fac-similé : *Aix, de l'imprimerie de Ponthier fils aîné*, 16 mars 1829, pet. in-8., tiré à 50 exemplaires, pap. ordinaire ; — 20 sur pap. vélin d'Annonay ; — 8 sur pap. bleu ; — autant sur pap. rose, et un sur PEAU-VÉLIN.

Arion, églogue du même auteur, sur la mort de François, dauphin de France, fils de François Iᵉʳ, *Lyon, par François Juste*, 1536, pet. in-8., est une pièce plus rare encore que la précédente. [13721]

— Microcosme (par Maurice de Sceve). *Lyon, Iean de Tournes*, 1562, in-4. [13724]

Ce poëme, en vers alexandrins, est le meilleur ouvrage de l'auteur. On ne sait pourquoi La Croix du Maine l'attribue à Jean Desmontiers.

SCHAAB (*C.-A.*). Die Geschichte der Erfindung der Buchdruckerkunst durch Johann Gensfleisch, genannt Gutenberg, zu Mainz, pragmatisch aus den Quellen bearbeitet, mit mehr als dritthalb hundert noch ungedruckten Urkunden, welche die Genealogie Gutenberg's, Fust's und Schöffer's in ein neues Licht stellen, von C.-A. Schaab. *Mainz*, 1830 et 1831, *auf Kosten des Verfassers,* 3 vol. in-8. de XII et 631, VI et 582, XVI et 548 pp., avec 3 portraits et 3 tableaux. 27 fr. [31199]

Cet ouvrage savant est le fruit de longues et soigneuses recherches ; et s'il ne doit ajouter que peu de chose aux connaissances historiques et bibliographiques déjà acquises sur l'origine de l'imprimerie, s'il prouve même la fausseté de deux pièces importantes alléguées par Fischer, il confirme du moins, par l'autorité d'une saine critique, l'opinion presque généralement reçue en faveur de Gutenberg. L'auteur commence par l'éloge de ce célèbre inventeur ; ensuite il classe, analyse et discute minutieusement les nombreux documents, tant manuscrits qu'imprimés, qui servent de base à l'histoire de la grande découverte qu'il lui attribue avec tant de fondement. De là, passant à l'histoire même de l'origine de l'imprimerie, M. Schaab s'étend particulièrement sur les premiers monuments typographiques déjà connus, tels que les Abécédaires, les Donat, la Bible sans date, le Bref de Nicolas V, le Psautier de 1457, etc., et il donne le catal., ou moins raisonné, des productions de l'imprimerie de Mayence jusqu'en 1552 ; ce qui ne forme pas moins de 350 articles, et occupe une grande partie du premier vol. Le second tome, tout entier, est consacré à l'histoire, ou plutôt à la généalogie des familles *Gensfleisch, Gutenberg, Fust, etc.,* et il contient un grand nombre·de titres ou documents relatifs à ces familles. Ces pièces, qui remontent jusqu'à l'année 1210, à l'égard de Gutenberg, sont, sans doute, la partie neuve des recherches de M. Schaab ; mais c'est aussi celle qui intéresse le moins, parce qu'elle n'a pas un rapport direct avec l'origine de l'imprimerie, objet particulier de l'attente du lecteur. La tradition, fort accréditée en Hollande, qui attribue l'invention de l'imprimerie à Laurent Coster d'Harlem, et la réfutation de deux écrits de MM. Köning et Ebert, qui sont favorables à ce Coster, occupent une grande partie du 3ᵉ volume, lequel est terminé par des tables chronologiques et alphabétiques pour l'ouvrage entier. On a annoncé en 1855 une nouvelle édition qui ne coûte que 20 fr.

DIE GESCHICHTE der Bundesfestung Mainz, historisch und militärisch nach den Quellen bearbeitet von C.-A. Schaab. *Mainz*, 1835, in-8.

SCHACHT (*Herm.*). Physiologische Botanik. Die Pflanzenzelle, der innere Bau und das Leben der Gewächse. *Berlin, Müller*, 1852, gr. in-8., 20 pl. lithogr. 26 fr. [4841]

Nous indiquons, sous le nº 4841 de notre table, deux autres ouvrages du même auteur sur l'organisation des plantes.

SCHADOW. Polyclet, oder von den Maassen des Menschen, nach dem Geschlechte und Alter mit Angabe der wirklichen Naturgrösse nach dem Rheinländ. Zollstocke, nebst Abhandl. von d. Unterschieden der Gesichtszüge und Kopfbildung der Völker des Erdbodens ; als Fortsetzung des Werkes von Peter

Camper, etc., von G. Schadow. *Berlin,* 1834-35, 2 part. in-4. et in-fol., contenant 58 lithogr., avec un texte. 19 thl. 8 gr. [6221]

SCHAEFFER (*Jac.-Christ.*). Erläuterte Vorschläge zur Ausbesserung...; *c'est-à-dire*, Essai sur l'avancement et la perfection de la connoissance des choses naturelles (en allemand). *Regensburg,* 1763, in-4. fig. color.

› Pièce de 4 et 35 pp. annoncée, dans le Dictionnaire de Fournier, comme un ouvrage en 3 vol., parce qu'elle se sera probablement trouvée placée en tête d'un recueil d'opuscules de Schaeffer, en 3 vol. Il y a une 2ᵉ édition de 1764, augmentée de 3 pp. Nous conservons cet article Schaeffer à peu près comme il était dans notre 4ᵉ édit., mais nous devons prévenir que les ouvrages de ce naturaliste ont aujourd'hui peu d'importance, et que la valeur en est tombée de beaucoup.

— Opuscula varia ad historiam naturalem spectantia (partim latine, partim germanice). *Norimbergæ* et *Ratisbonæ,* 1752-70, 3 vol. in-4. fig. color. [6215]

Ce recueil d'opuscules a été vendu 64 flor. Crevenna; 62 fr. Belin. Comme il est difficile d'en déterminer le contenu d'une manière bien positive, nous dirons seulement que nous en avons vu un exemplaire composé de 23 pièces, imprimées de 1755-78, et que plusieurs de ces pièces ont été imprim. deux fois.

— Fungorum qui in Bavaria et Palatinatu circa Ratisbonam nascuntur icones et descriptiones, germ. et lat. *Ratisbonæ,* 1762-74, 4 tom. en 2 vol. in-4. avec 330 pl. color. [5374]

Vend. en *mar. r.* 129 fr. Patu de Mello; 102 fr. Lemonnier; 60 fr. *cart.* L'Héritier, et quelquefois plus cher. Il y a des exemplaires dont les frontispices sont datés de 1772.

On peut ajouter à cet ouvrage le *Commentaire écrit en latin*, par C.-N. Persoon, *Erlang*, 1800, in-4. de 130 pp., plus la préface et la table.

— ELEMENTA ornithologica. *Ratisbonæ,* 1774, seu 1779, in-4., avec 70 fig. color. et le portrait de Schæffer. 12 à 18 fr. [5732]

— MUSEUM ornithologicum, exhibens enumerationem et descriptionem avium. *Ratisbonæ,* 1778, in-4. fig. color. 10 à 12 fr. [5794]

L'édition d'*Erlangen*, 1790, in-4., avec 52 pl. color., était un peu plus chère que la première.

— ELEMENTA entomologica; CXXXV tabulæ ære excusæ floridisque coloribus distinctæ (latine et germanice). *Regensburg*, 1766, in-4. [5946]

Il faut joindre à cet ouvrage l'*Appendix quinque insectorum genera exhibens.*

— ELEMENTORUM entomologicorum editio tertia, cum appendice. *Ratisbonæ,* 1780, gr. in-4., avec 140 pl. color. et le portrait. Ainsi complet 17 fr. 50 c. Huzard, et la 3ᵉ édition, *Ratisbonne*, 1780, in-4. 18 fr. même vente.

— ABHANDLUNGEN von Insecten (explication des insectes). *Regensburg*, 1764-79, 3 vol. in-4., avec 16, 18 et 14 pl. color. [5962] — 19 fr. 50 c. Huzard.

— Icones insectorum circa Ratisbonam indigenorum coloribus naturam referen-

tibus expressæ. *Regensburg* (1766 et ann. seq.), 5 part. en 3 vol. gr. in-4. cum 280 fig. color. 45 fr. Huzard, et plus cher autrefois. [5987]

Cette édition originale contient une préface, plusieurs dédicaces, et un portrait de l'auteur, qui ne sont pas dans celle de 1779, laquelle, pour cette raison, vaut quelque chose de moins. 51 fr. Huzard.

— EÆDEM, methodo system. illustratæ et indice systematico locupletatæ a G.-W.-Fr. Panzero, germ. et lat. *Erlangæ*, 1804, 3 vol. in-4. fig. color.

Cette édition est faite avec les mêmes planches que la précédente; mais, pour économiser le papier, on y a tiré les figures des deux côtés des feuillets : vend. 99 fr. Tourneisen, avec le volume suivant, qui peut également être joint aux anciennes éditions.

ICONUM insectorum circa Ratisbonam indigenorum enumeratio systematica, opera et stud. G.-W.-F. Panzer. *Erlangæ*, 1804, in-4.

— FAUNA insectorum. Voy. PANZER.

— Neue Versuche und Muster, etc.; *c'est-à-dire*, Nouveaux essais et échantillons pour faire le papier de toutes sortes d'étoffes et écorces de bois. *Regensburg*, 1765-71, 3 part. in-4. fig. color. [10250]

Livre curieux, auquel on a adapté les échantillons des différentes sortes de papier; 11 flor. Crevenna; 42 fr. L'Héritier. Il y a une seconde édit. de *Ratisbonne*, 1772, sous le titre de *Sämmtliche Papierversuche* (6 part. en 1 vol.), qui contient 81 échantillons de papier, avec 13 pl. tant en noir qu'enluminées.

SCHAMIR. Le Restant de l'histoire de l'Arménie et de la Géorgie (en arménien). *Madras*, 1775, in-4. de 148 pp. [28041]

Ce volume rare contient une Histoire abrégée de la Géorgie et de l'Arménie, par Etienne Orbelien, et l'Histoire de saint Nersès par Mesrob Eretz; Schamir n'en est que l'éditeur (*Notices et extraits des mss. de la Biblioth. du roi*, tome IX, 1ʳᵉ part., p. 278).

SCHANNAT. Concilia Germaniæ (usque ad annum 1747), quorum collectionem Jo.-Frid. Schannat primum cœpit; Jos. Hartzheim continuavit; Herman. Schöll evolvit, auxit, etc., cum indicibus digestis ab Amando-Ant.-Jos. Hesselmann. *Coloniæ - Aug. - Agrippin.*, 1769 - 90, 11 vol. in-fol. [795]

Cette collection a coûté 40 thl., mais elle ne conserve pas ce prix.

— VINDEMIÆ litterariæ, h. e. veterum monumentorum ad Germaniam sacram præcipue spectantium collectio I et II. *Fuldæ et Lipsiæ,* 1723-24, in-fol. 10 à 12 fr. [26378]

— Historia fuldensis, 21762-64. — Hist. episcopatus wormatiensis, 26573. — Maison palatine, 26584.

SCHARDIUS redivivus, sive rerum germanicarum scriptores varii, olim a Simone Schardio, in IV tomos collecti, hactenus diu desiderati. Opus... nunc

Schæfferner (*W.*). Rechtsverfassung Frankr., 2590.
Schærer (*L.-E.*). Lichen. helvet. spicilegium, 5392.
Schafarik (*P.-J.*). Slavische Alterthümer, 26546.
Schaler (*W.*). Language of the Berber, 11949.

Schæfer (*Geor.*). Histoire de Hohenzollern, 28921.
Schæfer (*A.*). Demosthenes und seine Zeit, 22836.

primum varietate typorum…distinctum, et vitiis repurgatum. Adjectus est cuilibet tomo index autorum, et in fine index ad IV tomos universalis, opera Hier. Thomæ. *Giessæ, ex offic. seileriana,* 1673, 4 part. in-fol. 24 à 36 fr. [26353]

Seconde édition de cette collection, qui est amplement décrite, sous la date inexacte de 1763, dans le *Bibliographical essay on the Scriptores rerum Germanicarum*, de A. Asher (*London and Berlin*, 1843, in-4., tiré à 120 exempl.). La première édition (*Historicum opus in quatuor tomis divisum*) a été donnée après la mort de Schardius, par N. Cisner, et impr. à Bâle, *ex officina Henric.-Petriana*, en 1574, in-fol. Elle est plus belle que la seconde.

SCHATEN (*N.*). Opera, hoc est historia wesphalica et annales paderbornenses. *Monasterii,* 1773-75, 3 vol. in-fol. [26689]

La première édition de l'*Historica wesphalica* a paru *Neuhusii*, 1690, in-fol.; celle des *Annales paderbornenses, Neuhusii*, 1693-98 et *Paderborn.*, 1741, 3 vol. in-fol. On la trouve difficilement complète.

SCHATZBEHALTER (der), oder schrein der waren reichthümer des Heils. *Nürnberg, Ant. Koburger,* 1491, in-fol. goth. de 352 ff. à 2 col. [1618]

Ce livre ascétique est rare, et les 95 belles gravures sur bois de Melch. Wohlgemuth dont il est orné le font rechercher ; il est exactement décrit par Hain, 14507, d'après Panzer. Un exemplaire dans son ancienne rel. en bois a été vendu 140 fr. Bearzi, et 120 fr. salle Silvestre en novembre 1857 ; et 3 exemplaires différents, 71 flor., 58 flor. et 40 flor. Butsch.

SCHAUFELBERGER (*Joan.*). Nova clavis homerica. *Turici*, 1761-68, 8 vol. in-8. 40 à 50 fr. [12326]

Rare et très-recherché.

SCHAUFELEIN (*Hans*). Voy. DOCTRINA, PINDER, TEWRDANNCKH.

SCHEDEL (*Hart.*). Voy. CHRONICARUM liber.

SCHEDII (*Elix*) De diis germanis, sive veteri Germanorum, Gallorum, etc., religione, syntagmata IV; nova editio cum notis et observat. Joh. Jarkii, edente Jo.-Alb. Fabricio. *Halæ,* 1728, in-8. fig. 4 à 6 fr. [22654]

Préféré à l'édit. d'*Amsterdam*, 1648, pet. in-8.

SCHEEL (*Henri-Othon* de). Mémoires d'artillerie, contenant les changements faits dans l'artillerie françoise, en 1765. *Copenhague,* 1777, in-4. avec 28 pl. grav. par l'auteur. [8701]

Cet ouvrage estimé a été réimpr. à *Paris, an III*, in-4. fig. 20 fr.

SCHEFFER (*Jean*). Histoire de la Laponie, contenant sa description, l'origine, les mœurs de ses habitans, etc., trad. du latin par L. P. A. L. (Aug. Lubin). *Paris,* 1678, in-4. fig. 4 à 6 fr. [27699]

L'édition latine, *Francfort*, 1673, pet. in-4. fig., est moins chère encore.

L'ouvrage suivant du même auteur est rare et assez curieux :

UPSALIA, cujus occasione plurima in religione, sacris, festis, regum electionibus, funerationibus et similibus, olim per septentrionem et vicinos Germanos, Gallos, Britannos, omnemque pene occidentem usurpata explicantur, etc. *Upsaliæ, excudit H. Curio*, 1666, pet. in-8. [27693]

— De Re vehiculari, 29030. — De Militia navali, 29051.

SCHEFFER (*Ary*). Son Œuvre reproduit en photographie par Bingham, accompagné d'une notice sur la vie et les ouvrages d'Ary Scheffer, par L. Vitet. *Paris, Goupil et Cie,* 1860, in-fol. de 32 pp. avec 60 pl. [9350]

Publié en 15 livraisons, au prix de 20 fr. chacune.

SCHEIDIUS (*Christ.-Lud.*). Origines guelficæ, quibus tum veterum Aldorfii comitum…tum Guelforum recentiorum ducum vitæ, propagines et res gestæ explicantur. *Hanoveræ,* 1750-53, et 1780, 5 vol. in-fol. 50 à 75 fr. [26609]

Ouvrage dont on rencontre rarement les 5 vol. réunis. Le 5e tome, donné par J.-Henr. Jung, ne se trouve plus séparément.

— Schediasma de regibus Vandalor., 27571.

SCHEIDIUS (*Jacob.*). Glossarium arabico-latinum manuale, maximam partem, e lexico goliano excerptum, editio altera. *Lugd.-Batav.,* 1787, in-4. 15 à 20 fr. [11622]

La première édition de 1769 est moins complète que celle-ci.

SCHEIDIUS (*Ever.*). Lexicon hebraicum et chaldaicum manuale in codicem sacrum Veteris Testamenti, cura Everardi Scheidii et J.-J. Grœnewoud. *Leydæ, Luchtmans,* 1805-10, 2 vol. in-4. 36 fr. [11545]

SCHEINER (*Christ.*). Rosa ursina, sive sol ex admirando facularum et macularum suarum phænomeno varius. *Bracciani,* 1626 seu 1630, in-fol. fig. [8286]

Vend. 20 fr. de Lalande ; 2 fr. Delambre ; 20 fr. Labey ; 11 sh. Libri, en 1859.

— Refractiones cœlestes, 8286. — De Maculis solaribus, 8287. — Pantographice, seu ars delineandi, 9188.

SCHELANDRE (*Jean* de). Tyr et Sidon,

tragédie, ou les funestes amours de Belcar et Meliane, avec autres mélanges poétiques, par Daniel d'Ancheres, gentilhomme verdunois. *Paris, Jean Micard*, 1608, in-12 de 14 ff. préliminaires, 99 et 72 pp. [16409]

Ce volume est dédié à Jacques 1er, roi d'Angleterre. Vend. 31 fr. 50 c. de Soleinne.

Daniel d'Anchères est l'anagramme sous lequel s'est caché Jean de Schelandre, auteur de cette pièce. Son véritable nom se trouve dans la préface de la seconde édition publiée, avec un nouveau dénoûment, sous ce titre :

TYR et Sidon, tragi-comédie, divisée en deux journées, par Jean de Schelandre. *Paris, Robert Estienne*, 1628, in-8. de 20 ff. et 247 pp., titre gravé.

Cette seconde édition, fort augmentée, a une préface remarquable, signée O. F. P. (François Oger, Parisien), qui traite de l'art dramatique, et qui, selon M. Paul Lacroix, n'est pas sans analogie avec la célèbre préface de M. Victor Hugo. Toutefois, il n'y est pas question de la première édition de *Tyr et Sidon*, décrite ci-dessus. 39 fr. 50 c. de Soleinne.

Cette pièce, qui est écrite avec un certain talent, a été réimprimée dans le huitième volume de l'*Ancien Théâtre français*.

— LA STUARTIDE, trois livres, *Paris*, 1611, in-4., poëme dont il n'a achevé que les deux premiers livres.

— LES SEPT excellents tableaux de la pénitence de saint Pierre. *Sedan*, 1636. Ce dernier ouvrage doit être posthume, puisque l'auteur mourut en 1635, après en avoir publié lui-même les trois premiers livres à Paris, en 1609, in-4. Le Musée britannique en conserve un exemplaire dont le titre, fait à la main, est écrit en lettres d'or sur VÉLIN, et porte les initiales J. R. (*Jacobus rex*).

Ces deux derniers ouvrages sont cités dans l'opuscule intitulé :

NOTICE sur Jean Schelandre, poëte verdunois (1585-1635), par Ch. Asselineau. *Alençon*, 1856, in-8. de 72 pp., tiré à 120 exemplaires.

SCHELHORN (*Jo.-Georg.*). Amœnitates literariæ, quibus variæ observationes, scripta item quædam anecdota et rariora opuscula exhibentur. *Francofurti*, 1730-31, 14 tom. en 7 ou 4 vol. pet. in-8. 18 à 24 fr. [19400]

Les *Amœnitates historiæ ecclesiasticæ et litterariæ*, du même, *Francofurti*, 1737-38, 4 tom. en 2 vol. in-8., n'ont aussi qu'un prix médiocre.

— DE ANTIQUISSIMA latinorum bibliorum editione, ceu primo artis typographicæ fœtu et rariorum librorum phœnice, diatribe. *Ulmæ*, 1760, pet. in-4. de 36 pp. [31316]

Pièce peu commune : 3 à 4 fr. Vend. 10 fr. 55 c. La Serna.

SCHELLENBERG (*J.-R.*). Entomologie helvétique, ou catalogue des insectes de la Suisse. *Zurich*, 1798-1806, 2 vol. in-8. fig. color. [5983]

e texte de cet ouvrage est de M. de Clairville. Vend. 42 fr. Dejean. Il y a des exempl. en pap. vélin.

— GENRES des mouches diptères représentés en XLII pl. projetées et dessinées par J.-R. Schellenberg, et expliquées par deux amateurs (en français

et en allemand). *Zurich*, 1803, in-8. fig. color. 15 fr.; — pap. vél. 24 fr. [6099]

— CIMICUM in Helvetiæ aquis et terris degentium genus in familias redactum... *Turici*, 1800, gr. in-8. 14 fig. color. 12 fr. [6056]

— FREUND Heins Erscheinungen, in Holbeins Manier von J.-R. Schellenberger. *Winterthur, Steiner*, 1788, in-8., 25 pl. [9587]

Suite vendue 85 fr. en 1860. Les planches dont elle se compose ont servi pour une édition postérieure faite à Mannheim.

SCHELLER (*Im.-Jo.-Gerh.*). Ausführliches und möglichst vollständiges lat.-deutsches und deutsch-lateinisches Wörterbuch; 3e Aufl. *Leipzig, Fritsch*, 1804-5, 7 vol. in-8. 42 fr. [10894]

— LEXICON latino-belgicum auctorum classicorum, curante Dav. Ruhnkenio. *Hagæ-Comit.*, 1799, 2 vol. in-4. [10896] Vend. 13 flor. Meerman.

— LEXICON linguæ latinæ, with the german explanations translated in english by J.-E. Riddle. *Oxford, university press*, 1835, in-fol. 2 liv.

SCHELLIG. In pustulas malas, morbum, quem malum de Francia vulgus appellat, quæ sunt de genere formicarum; salubre consilium Conradi Schellig Heidelberg. illustrissimi clarissimique principis Philippi comitis Rheni Palatini, Bavariæ ducis et electoris physici expertissimi. (*absque nota*), in-4. goth. [7263]

Panzer (IX, p. 192, no 331) a placé cet opuscule parmi les éditions du commencement du XVIe siècle, qui ne portent ni date, ni lieu d'impression; mais, comme il l'a fort bien remarqué, l'ouvrage est précédé d'une préface de Jacques Wimpheling au lecteur, et l'on sait que cet auteur fécond est mort en 1528. Vend. 16 sh. Libri, en 1859.

SCHELLING (*F.-W.-J.* von). Sämmtliche Werke. *Stuttgart, Cotta*, 1856-61, 14 vol. in-8. [3492]

Première série, 10 vol.; seconde série, 4 vol.; le tout, 40 th.

— Idéalisme et autres écrits philosophiques, 3492.

SCHELSTRAT. Antiquitates ecclesiæ dissertationibus, monimentis ac notis illustratæ, opera et studio Emman. a Schelstrate. *Romæ, typ. de propaganda fide*, 1692-97, 2 vol. in-fol. [21354]

37 fr. Libri.

— Acta ecclesiæ orientalis contra Lutheri hæresim, 21535.

SCHEMS-EDINUS. Voy. HAFIS.

SCHENCKIUS a Grafenberg (*Joannes-Geor.*). Monstrorum historia memorabilis, monstrosa humanorum partuum miracula, etc., referens. *Francofurti*, 1609, pet. in-4. fig. 6 à 9 fr. [6247]

Scheller (*J.-G.-J.*). Præcepta styli, 10838. — Observationes in priscos scriptores, 18262.
Scheller (*K.-F.-A.*). Sässische Bücher, 31666.
Schemerling ou Schmerling. Ossements fossiles, 5685.
Schenckels de Bolduc (*Lamb.*). Traité de la mémoire, 9037.

Vend. 13 fr. By, avec un traité du même auteur, intitulé :

LITHOGENESIA, sive de membris petrefactis, etc., *Francof.*, 1608, in-4.

SCHENK (*Joan.*). Voy. VAN ZYL.

SCHERER (*Georg.*). Preces ac meditationes piæ in mysteria passionis ac resurrectionis domini Jesu Christi, collectæ per Georgium Scherer, figuris æneis ab Alberto Durero olim artificiose sculptis ornatæ. *Bruxellæ, Rutgerius Velpius*, 1612, pet. in-12. 10 à 12 fr. [1538]

Recherché à cause des gravures, ainsi que l'édition du même ouvrage sous la date : *Coloniæ-Agrippinæ*, 1680, in-16, avec les mêmes fig. L'édit. de 1612, rel. en *mar. r.* par Trautz, 45 fr. Veinant, et en *mar. v.* par Duru, 58 fr. même vente.

SCHERER (*Jos.* von). Tabulæ anatomicæ; quæ exhibent musei anatom. academiæ cæsareæ reg. Josephinæ præparata cerea. Perlustratæ et commentatæ a Jos. a Scherer, delineatæ et æri incisæ a P.-J. Weindl. *Vindobonæ, Gerold*, 1817-21, 5 vol. gr. in-fol. avec suppl., pl. color. 170 thl. 16 gr. [6701]

Bel ouvrage, avec un texte en latin et en allemand. Le titre allemand porte : *Anatomische Tabellen nach der Wachspräparaten-Sammlung der K. K. Josephin. Akademie zu Wien*. Le prem. vol. renferme la Syndesmologie, les quatre autres la Myologie. Le 6ᵉ est un supplément.

SCHERZI poetici e pittorici sopra amore (da Gio.-Gher. Rossi). *Parma, nella stamp. reale (Bodoni)*, 1795, in-4., avec 41 fig. [14613]

Les exemplaires de ce livre sont de trois sortes : 1° avec fig. au trait, vend. 30 fr. salle Silvestre, en 1805; 2° avec fig. au bistre, vend. 45 fr. même salle (16 fr. 50 c. Boutourlin); 3° avec fig. color. dans le genre étrusque, vend. 72 fr., et beaucoup moins depuis.

Il y a une édition in-8. dont les exempl., aussi de trois sortes, valent à peu près moitié du prix de l'édition in-4.

Les gravures de cet ouvrage ont été exécutées par Fr. Rosaspina, d'après les planches gravées au simple trait par le Portugais Tekeira, pour l'édition de Rome, 1794, gr. in-8. On les a fait servir pour un vol. gr. in-4. dont voici le titre :

CIMELIO tipografico-pittorico offerto agli augustissimi genitori del re di Roma da Giambattista Bodoni. *Parma, co' tipi Bodoniani*, 1811, avec deux épîtres dédicatoires aux personnes désignées sur le titre du livre. 7 fr. Boutourlin.

L'auteur de la vie de Bodoni fait encore mention d'une édition pet. in-8. des *Scherzi poetici*, à 100 exempl. à laquelle sont jointes les 40 pl. de Tekeira (4 fr. 30 c. Boutourlin).

SCHERZII (*Joh.-Georg.*) Glossarium germanicum medii ævi, potissimum dialecti suevici, edidit, illustravit, supple-

vit Jer.-Jac. Oberlinus. *Argentorati*, 1781-84, 2 vol. in-fol. 36 à 40 fr. [11224]

Ouvrage le plus ample et le plus commode que l'on eût jusqu'alors pour étudier les anciens dialectes dont a été formée la langue allemande. C'est une suite au *Glossarium linguæ francicæ* qui fait partie du 3ᵉ vol. du *Thesaurus* de Schilter (voy. ce nom).

SCHETUS (*Casp.*). Voy. VIRI... clarissimi dialogus de pace.

SCHEUCHZER (*Jo.-Jac.*). Physica sacra, iconibus illustrata; procurante Joh.-And. Pfeffel. *Augustæ-Vindelicorum*, 1731-35, 4 vol. in-fol. [615]

Parmi les 750 gravures assez belles dont ce livre est orné, et qui en font le principal mérite, il s'en trouve beaucoup de tout à fait inutiles; mais une autre partie de ces planches offre des sujets qui n'ont pas été gravés ailleurs; et c'en est assez pour rendre ce grand ouvrage indispensable aux naturalistes : 100 à 120 fr.; vend. 181 fr. *mar. citr.* Patu de Mello; — en Gr. Pap. (rare), 200 à 250 fr.; vend. bel exemplaire en *m. r. dent.* 407 fr. Lecoq, et 785 fr. Labédoyère.

— Physique sacrée, ou histoire naturelle de la Bible, trad. du lat. (par de Varenne). *Amst., Schenk*, 1732-37, 8 vol. in-fol. fig. 150 à 180 fr.

Vend. en *mar.* 215 fr. Patu de Mello; et quelquefois plus cher.

Cette édition contient les mêmes gravures que la précédente.

Celle d'*Augsbourg*, 1731-35, 8 tom. en 4 vol. in-fol., avec le texte allemand, est recherchée des curieux, parce qu'ils supposent qu'elle renferme les premières épreuves des gravures : vend. 200 fr. Trudaine; 162 fr. Lamy; 50 fr. Huzard. Nous ferons pourtant observer que l'édition latine a été faite en même temps que celle-ci, et qu'il est peu probable que l'on ait tiré les figures pour l'édition entière du texte allemand, avant de tirer celles de la version latine. Nous avons d'ailleurs eu sous les yeux des exemplaires de cette version, dont les épreuves étaient plus belles que dans certains exempl. du texte allemand; d'où il est naturel de conclure que le même tirage servait pour les deux éditions. — Il existe aussi une édition de la Physique sacrée, avec un texte hollandais. *Amsterd.*, 1735, 8 vol. in-fol.

— Itinera per Helvetiæ alpinas regiones facta, annis 1702-11. *Lugd.-Batavor.*, 1723, 4 tom. en 2 vol. in-4. fig. 15 à 20 fr. [4497]

Vend. en Gr. Pap. *mar. bl.* 40 fr. St-Céran. — Cet ouvrage, dont la première édition fut impr. à Londres, en 1708, 2 tom. en 1 vol. in-4., existe aussi en allemand , sous ce titre : *Naturhistorie des Schweizerlandes*, Zürich, 1716-18, ou 1746 et 1752, pet. in-4. fig.

— Herbarium diluvianum, 4793. — Sciagraphia, 4794. Piscium querelæ, 25892.

SCHEUCHZER (*Joannes*). Agrostographia sive graminum, juncorum, etc., historiâ; accesserunt Alberti von Haller synonyma nuperiora, graminum 70 species, etc. *Tiguri*, 1775, pet. in-4. fig. 8 à 10 fr. [5412]

Ouvrage estimé. La prem. édit. de *Zurich*, 1719, pet. in-4. fig., est moins chère. J. Scheuchzer avait d'abord publié :

— OPERIS agrostographici idea. *Tiguri*, 1719, pet. in-8.

Schenk (*C.-F.*). Ministère public, 2896.
Schepperus (*C.*). Res a Carolo V gestæ, 26060.
Scherer (*J.-B.*). Ann. de la petite Russie, 27793.
Scherzer (*Karl*). Narration of the circumnavigation, 19896.

SCHEULT. Recueil d'architecture, dessiné et mesuré en Italie, dans les années 1791, 1792 et 1793, par F.-L. Scheult, architecte à Nantes, contenant un choix de maisons, fabriques, basiliques, portes, croisées, sarcophages, fontaines, décorations de jardins, et divers fragmens d'architecture, ouvrage composé de 72 pl., avec un discours préliminaire. *Paris, Bance aîné,* 1821, gr. in-fol. [9868]

Vend. 34 fr. 95 c. Hurtault.

Ouvrage publié à Nantes et à Paris, de 1811 à 1819, et ensuite, avec un nouveau titre. Il en a été tiré des exempl. sur pap. vél., quelques-uns avec les fig. lavées et coloriées.

SCHEYB (*Fr.-Chr.* de). Voy. PEUTINGER.

SCHIATTA (la) de Reali di Francia (e Nerbonesi discesi del sangue di chiaramonte & di Mongrana. (*senza luogo, anno, stampatore*), in-4. de 6 ff. à 2 col. de 32 lign. sign. *a.* [14713]

Petit poëme composé de 84 stances, et commençant par ce vers :

 Hvmana carne della virgo pia

La dernière page contient 4 octaves en une seule colonne. L'édition citée paraît appartenir à la fin du xve siècle. C'est celle qui est mal indiquée sous le titre de *La sciatta...* dans le catalogue de La Valliere, en 3 vol., n° 3735, article 3. Le frontispice a une assez bonne figure sur bois. 200 fr. *mar.* r. Libri.

L'édition de 1557, *Firenze,* sans nom d'imprimeur, in-4. de 4 ff. à 2 col., a pour titre : *La geonologia e discendentia de Reali e Paladini di Francia, ecc.*

SCHIEPATI (*Gius.*). Descrizione di alcune monete cufiche del museo di Stef. Mainoni. *Milano, Giusti,* 1820, gr. in-4. fig. 15 fr. [29854]

Vend. 32 fr. Boutourlin ; 30 fr. *mar.* r. Reina.

SCHILDBERGER (*Hans*). Hie vachet an d'schildberger der vil wunders erfaren hatt in der heydenschafft vnd in d'türckey. In-fol. fig. sur bois. [20469]

Édition précieuse, sans lieu ni date, mais qui, probablement, a été imprimée à Ulm, par Jean Zainer, vers 1473. L'ouvrage contient la relation des voyages faits dans les Etats du Mogol et en Perse, de 1394 à 1427.

Une autre édition, in-fol. de 47 ff., avec 14 planches gravées sur bois, sans titre, sans lieu, ni nom d'imprimeur, ni date, et sans chiffres, récl. ni signat., a été vend. 4 liv. 11 sh. Heber, VI, n° 3309. Elle commence ainsi : *Ich Schildtberger zoche ausz von meiner heimet mit Namen ausz der stat München gelegen in Bayern.....* et elle finit par le *Pater noster* dans les langues arménienne et tartare. Ebert, qui cite la première de ces deux éditions, indique aussi celles de *Francfort-sur-le-Mein, Gülfferich,* 1549, in-4. — *Nuremb., J. vom Berg und Ulr. Neuber,* sans année, in-4. fig. en bois. — *Francfort-sur-le-Mein, Wigand Han* (vers 1554), in-4. fig. en bois. — *Magdebourg,*

J. Francke, 1606, in-8. — *Munich,* 1813, in-8., donnée par Abr.-Jac. Penzel, mais sans aucun nouveau travail.

SCHILDIS (*Hermanus* de). Incipit speculum clarum nobile et p̄ciosum ‖ ipsoᷓ sacerdotū in quo refulget et rep̄sentantur ‖ aliᷓ valde vtilia speculāda circa p̄incipalia ‖ Baptismi Eukaristie et Penitēcie sacramēta... (in fine) : *Impressum Treueris. Anno domini Mil ‖ lesimo quadringentesimo octuagesimo primo Cir ‖ ca festum assumptōis marie virgīns gloriose,* in-4. goth. de 16 ff. non chiffrés, à 30 lig. par page. [1267]

Nous citons cette édition parce qu'elle est regardée comme la plus ancienne production typographique de la ville de Trèves ; mais ce n'est pas la première de cet opuscule, car, indépendamment de plusieurs éditions sans date qui peuvent avoir précédé celle-ci, il y en a deux de Nuremberg, 1479 et 1480, décrites par Hain, 14521-22.

SCHILLER (*Friedrich* von). Sämmtliche Schriften. *Stuttgart und Tübingen, Cotta,* 1862, 12 vol. in-8. 36 fr. [19306]

Édition la meilleure des œuvres de ce poète célèbre. La même collection a été réimprimée plusieurs fois, soit à Stuttgart, soit à Vienne, en 12 et en 18 vol. in-8., ou en 12 et en 18 vol. in-16 ; pap. ordinaire et pap. vélin.

— Sämmtliche Werke, in einem Bande. *Stuttgart,* 1840, gr. in-8. pap. vél. 20 fr.

C'est la troisième édition en un seul volume. La première avait paru dans la même ville en 1830, et la deuxième en 1834. Une édition des mêmes œuvres, en 2 vol. gr. in-8. à 2 col., a été publiée à Paris, chez Locquin, 1835 (aussi 1837), et se vendait 20 fr. Elle est fort incorrecte.

— OEuvres de Schiller, traduction nouvelle par Ad. Regnier. *Paris, L. Hachette,* 1859-61, 8 vol. gr. in-8. 48 fr. ; — en grand papier vélin collé, tiré à 100 exemplaires, 120 fr.

— GEDICHTE. *Leipzig, Crusius,* 1800-1803, 2 part. in-8. [15593]

— GEDICHTE in allen Beziehungen erläutert und auf ihre Quellen zurückgeführt, nebst einer vollständigen Nachlese und Varianten - Sammlung zu denselben, von H. Viehoff. *Stuttgart, Balz,* 1839, 4 tomes en 5 livrais. in-12.

— SCHILLER's Dichtungen nach ihren historischen Beziehungen und nach ihrem inneren Zusammenhange, von H.-F.-W. Hinrichs. *Leipzig, Hinrichs,* 1837-39, 2 part. en 3 vol.

— SCHILLERS Gedichte. Jubiläums - Prachtausgabe. *Stuttgart, Cotta,* 1859 et ann. suiv., in-4.

Belle édition ornée de nombreuses photographies et de grav. sur bois d'après les dessins de Kirchner, Carl Piloty, Ferd. Piloty, v. Ramberg, v. Schwind et J. Schnorr. Elle doit être publiée en 16 cahiers dont 12 paraissaient en janvier 1863.

— POÉSIES de Schiller, traduction nouvelle et complète, par M. P.-F. Müller. *Montpellier,* et *Paris, Durand,* 1858, in-12. 3 fr. 50 c.

Traduction plus complète que celle qu'a donnée M. X. Marmier, à Paris, en 1840.

Schiavo (*D.*). Memorie per servire alla storia di Sicilia, 25835 ou 30103.

Schier (*Ch.*) Grammaire arabe, 11612.

Schildener (*K.*). Gutha-Lagh., 3112.

— THEATER. *Stuttgart und Tübingen*, 1805-8, 5 vol. in-8., avec ou sans fig. 15 à 20 fr. [16825]
Voici l'indication des premières éditions des principales productions dramatiques de Schiller :
— DIE RÄUBER. Ein Schauspiel. *Francfurt und Leipzig*, 1781, in-8. de 8 ff., 222 pp. et 1 f. bl.
Cette édition étant rare et recherchée a quelquefois été payée de 30 à 40 thl. en Allemagne.
— DIE VERSCHWÖRUNG des Fiesko zu Genua. Ein republikanisches Trauerspiel. *Mannheim, Schwan*, 1783, in-8. de 4 ff. et 184 pp.
— KABALE und Liebe, ein bürgerliches Trauerspiel in fünf Aufzügen. *Mannheim, Schwan*, 1784, in-8. de 3 ff. et 167 pp.
— DON KARLOS, Infant von Spanien. *Leipzig, Göschen*, 1787, in-8. de 505 pp.
L'auteur après avoir fait des changements à cette pièce, et en avoir retranché plusieurs passages, la fit réimprimer sous une nouvelle forme. C'est en cet état qu'est la belle édition de *Leipzig, Göschen*, 1802, gr. in-8. pap. vél., orné de 5 gravures.
— WALLENSTEIN, ein dramatisches Gedicht. *Tübingen, Cotta*, 1800, 2 vol. in-8.
— MARIA Stuart. *Tübingen, Cotta*, 1801, in-8. de 1 f. et 237 pp.
— DIE JUNGFRAU von Orleans. Eine romantische Tragödie. *Berlin, J.-Fr. Unger*, in-16. On lit sur le titre, en tête : *Kalender auf das Jahr* 1802.
— WILHELM Tell. Zum Neujahrsgeschenk auf 1805. *Tübingen, Cotta*, 1804, in-8. de 241 pp.
— ŒUVRES dramatiques de F. Schiller, trad. de l'allemand ; précédées d'une notice biographique et littéraire sur Schiller (par M. de Barante). *Paris, Ladvocat*, 1821, 6 vol. in-8. portr. 25 fr.—Gr. Pap. vél., 50 fr. Réimprimé, *Paris, Marchant*, 1844, en 1 vol. gr. in-8., et *Paris, Didier*, 1863, in-8. en cours de publication.
Les mêmes œuvres dramatiques, traduct. nouvelle par M. Mayer, *Paris, Saintin*, 1835, gr. in-8. à 2 col. — Et sous le titre de Théâtre de Schiller, traduction nouvelle, par M. X. Marmier, *Paris, Charpentier*, 1841 (aussi 1849), 2 vol. gr. in-18, ou 1855, 3 vol. gr. in-18. Cette quatrième édition est préférable aux deux premières.
— BRIEFWECHSEL zwischen Schiller und Göthe in den Jahren 1794 bis 1805. *Stuttg., Cotta*, 1829, 6 vol. in-8. 25 fr. [18908]
Il y a une édit. de 1856, qui, quoique réduite à 2 vol. in-8., est plus complète que celle-ci.
— SCHILLER und Lotte, 1788-89 (herausgegeben von Emilie von Gleichen-Russwurm, geb. von Schiller). *Stuttgart*, 1856, in-8. avec 2 portr. et 1 fac-simile. 10 fr.
— GESCHICHTE des Abfalls der vereinigten Niederlande von der span. Regierung. *Leipzig, Crusius*, 1788, in-8. de 4 ff. et 548 pp. — ou *Neue ganz umgearbeitete und vermehrte Auflage*, Leipzig, 1801, tome 1er, en 2 part. in-8. [25002]
Schiller n'a point terminé cet ouvrage, mais Ch. Curths en a donné la suite, *Leipzig*, 1808, en 3 vol. in-8.
— HISTOIRE du soulèvement des Pays-Bas sous Philippe II, trad. de l'allem. par le marquis de Chateaugiron. *Paris, Sautelet*, 1827, 2 vol. in-8.
Traduction plus fidèle et moins correcte que celle que J.-J. Cloet a donnée, à peu près sous le même titre, à *Bruxelles*, 1821, in-8. L'*Histoire militaire de la révolution des Pays-Bas* par Ch. Curths a été traduite en français par le même J.-J. Cloet, *Bruxelles*, 1823, 3 vol. in-8.
— GESCHICHTE des dreissigjährigen Krieges. *Frankenthal in der Gegelischen Buchdruckerei und Buchhandlung*, 1791-92, 3 vol. in-8. avec la continuation par Woltmann, in-8.
— HISTOIRE de la guerre de Trente Ans, par Schiller, et de la paix de Westphalie, par M.-C.-L. de Woltmann, trad. de l'allemand et accompagné de notes, par M. A. Mailher de Chassat. *Paris*, 1820, 2 vol. in-8. 13 fr. 50 c. [26442]

Nous avions déjà une bonne traduction française de l'*Histoire de la guerre de Trente Ans*, par M. Ch. (Chaméu), *Paris*, 1803, 2 vol. in-8.

—Allgemeine Sammlung historischer Memoirs vom zwölften Jahrhundert an bis auf die neuesten Zeiten. *Jena, Mauke*, 1790-1806, 33 vol. in-8. 43 thl. [23026]
— MÉLANGES philosophiques, esthétiques et littéraires de F. Schiller, traduits pour la première fois par F. Wege. *Paris, Hachette*, 1840, in-8.
Parmi les nombreux écrits qui ont paru en Allemagne à l'occasion du premier jubilé séculaire de Schiller, nous remarquons l'ouvrage suivant :
     WURZBACH von Tannenberg (Dr Constant). Das Schiller-Buch. Festgabe zur ersten Säcular-Feier von Schillers Geburt, 1859 (*Wien, Gerold's Sohn*, 1859), gr. in-4. de XXIV et 324 pp. avec 40 pl. 13 thl. 1/3.
Magnifique produit des presses de l'imprimerie impériale, à Vienne.
— SCHILLER-GALERIE. Charaktere aus Schiller's Werken gezeichnet von Friedr. Pecht und Arthur von Ramberg. *Leipzig, Brockhaus*, 1859, gr. in-8. 54 fr. Cinquante gravures accompagnées d'un texte par M. Friedr. Pecht.
Pour plus de détails bibliographiques sur les écrits de Schiller, il faut consulter *Schiller-Literatur in Deutschland*. Cassel, Balde, 1851, in-8.; Gödeke, *Grundriss zur Geschichte der deutschen Dichtung*. Dresden, Ehlermann, 1862, in-8., pp. 1007-1036 ; et le *Serapeum*, tomes II et III, 1841, 1842, où M. Moser a donné une Bibliographie des traductions de Schiller faites en différentes langues.

SCHILLING (*Diebold*). Beschreibung der Burgundischen Kriege und einiger anderer in der Schweiz und sonderlich zu Bern um selbige Zeit vorgefallenen merkwürdigen Begebenheiten. *Bern, Fätscheryn*, 1743, in-fol., avec 7 pl. [25914]
Bouterweck a recommandé cet ouvrage, à cause des anciens chants populaires de guerre, peu connus, qui y sont recueillis. Les planches ne se trouvent pas dans tous les exemplaires.

SCHILTERUS (*Joan.*). Thesaurus antiquitatum teutonicarum ecclesiasticarum, civilium, literariarum, exhibens monumenta veterum Francorum Alemannorum vernacula et latina, cum emendationibus et notis Joan.-Geor. Scherzii ac variorum : præfationem generalem præmisit J. Frickius. *Ulmæ*, 1727-28, 3 vol. in-fol. fig. [26345]
Recueil rempli de documents précieux pour l'histoire civile et littéraire de l'Allemagne à l'époque carlovingienne. Le 3e vol. renferme un *Glossarium ad scriptores linguæ francicæ et alemanicæ veteris*, auquel fait suite le Glossaire de Scherz (voy. SCHERZII Glossarium). Vend. 30 fr. Soubise ; 60 fr. Langlès ; 4 liv. 4 sh. Heber ; 125 fr. en 1835. Les exemplaires en Gr. Pap. sont plus chers.

SCHINKEL (*Karl-Friedr.*). Sammlung architektonischer Entwürfe. *Potsdam, Riegel, 1841-52, 28 livr.* in-fol., 102 pl. 217 fr. [9983]

C'est la seconde édition d'un ouvrage qui a commencé à paraître en 1819.

— WERKE der höheren Baukunst für die Ausführung erfunden. I. Abtheilung : Die Akropolis. *Potsdam, Riegel, 1850, gr.* in-fol. avec 10 pl. 32 fr. — II. Abtheilung, enthaltend den Entwurf zu dem kaiserl. Palaste Orianda in der Krimm. *Potsdam, Riegel, 1846-49, 5 livr. gr.* in-fol. 27 pl. 160 fr.

SCHINTZ (*Sal.*). Voy. GESNERUS (*Joh.*).

SCHINZ (*Heinr.-Rud.*). Naturgeschichte der Vögel. Mit kolorirten Abbildungen nach der Natur und den vorzüglichsten naturwissenschaftlichen Werken gezeichnet. *Zürich, Hanke, 1846-53, gr.* in-4., 126 pl. color. en 21 livr. 142 fr. [5738]

Nouvelle édition. La première est de 1830-33, en 24 livr. de 6 pl. chacune.

— MONOGRAPHIEN der Säugethiere. Mit Abbildungen nach der Natur und den vorzüglichsten natur-historischen Werken von J. Kull. *Zürich, Meyer et Zeller, 1843-53, 31 liv. gr.* in-4., 195 pl. lith. et color., 155 fr. [5677]

Publié d'abord en 1830 et ann. suiv., de format in-fol.

— BESCHREIBUNG und Abbildung der Eier und künstl. Nester der Vögel, welche in der Schweiz, in Deutschland und den angränzenden Ländern brüten. *Zürich, Orell, 1830,* in-4., avec 78 pl. color. 32 fr. [5752]

Publié en 13 cahiers.

SCHIOPPALALBA (*Jo.-Bapt.*). Dissertatio in perantiquam sacram tabulam græcam S. Mariæ, Caritati Venetiarum a Card. Bessarione datam. *Venetiis, 1767, gr.* in-4. fig. 6 à 9 fr. [22325]

Vend. 18 fr. Librairie De Bure.

SCHIOPPI (*Giov.-Aurelio*). Comedia nomata Ramnusia. *Vineggia, per Pietro Giouanmaria fratelli dei Nicolini da Sabio, 1550,* in-8. [16669]

Une partie de cette pièce est en dialecte vénitien. 1 liv. 6 sh. Libri, en 1859.

SCHKUHR (*Christ.*). Beschreibung und Abbildung der theils bekannten theils noch nicht beschriebenen Arten von Riedgräsern. *Wittenb. und Leipzig, Fleischer, 1801 et suppl. 1806 (nouv. titre 1812), 2 vol. gr.* in-8., avec 54 et 39 pl. 16 thl. [5410]

La première partie de cet ouvrage a été traduite en français sous ce titre :

HISTOIRE des carex ou laiches, traduite de l'allemand et augmentée par G.-F. de La Vigne. *Leipzig, 1802,* pet. in-4., avec le portrait de l'auteur et 54 pl. color.

— Vier und zwanzigste Klasse des Linnéschen Pflanzensystems, oder Kryptogamische Gewächse : erster Band... *Wittenberg, bei dem Verfasser, 1809,* in-4. de XIV et 212 pp., plus 219 pl. color. et le portr. de l'auteur.—Zweiter Theil... *Leipzig, 1810-47,* in-4. de X, 88 pp. et 42 pl. color. cotées de 1 à 39. [5352]

Cet ouvrage ainsi complet a coûté 55 thl. Il y a des exemplaires du 1er vol. avec un titre en français, avec une dédicace à l'impératrice Joséphine.

— BOTANISCHES Handbuch der mehrentheils in Deutschland wildwachsenden, theils ausländ. in Deutschland unter freiem Himmel ausdauernden Gewächse, 2e mit den Riedergräsern verm. Ausg. *Wittenb. und Leipzig, Fleischer, 1804-12, 4 vol.* in-8., avec 400 figures color., chiffrées de 1 à 358. [5131]

Ce manuel a été publié de nouveau, de 1809 à 1814, en 40 cahiers; et en 1815 on y a ajouté un 41e cahier, contenant la 24e classe ou *Cryptogamid*, prem. part., avec 25 pl. color.

La première édition avait paru à *Wittemb.,* 1791-93, en 3 vol. in-8., avec 307 pl.

SCHLAGINWEIT (*Adolph*) und Herm. Schlaginweit. Neuere Untersuchungen über die physicalische Geographie und die Geologie der Alpen. *Leipzig, Weigel, 1854,* in-4., avec atlas de 22 pl., 8 pl. des vues lithogr. 96 fr. [4609]

Ces deux naturalistes avaient déjà publié :

UNTERSUCHUNGEN über die physicalische Geographie der Alpen in ihren Beziehungen zu den Phänomenen der Gletscher, zur Geologie, Meteorologie und Pflanzengeographie. *Leipzig, Barth, 1850, gr.* in-8., avec 11 pl. lith. in-4. et 2 cartes obl. 48 fr.

— Results of a scientific mission to India and high Asia, undertaken between the years 1854 and 1858, by order of the court of directors of the honourable East India company. *London, gr.* in-4. [20696]

Cet important ouvrage formera 9 vol. Le premier, annoncé en 1861, a XV et 494 pp., avec un atlas in-fol. obl., coûte environ 100 fr.

SCHLEGEL (*Ch.-Wilh.-Friedr.* von). Sämmtliche Werke. *Wien, Klang, 1845-46, 15 vol.* in-8., portr. et facsimile. 60 fr. [19319]

Seconde édition plus complète que celle de Vienne, 1821-25, en 10 vol. in-8., à laquelle ôn réunissait les ouvrages suivants du même auteur : *Philosophie der Geschichte,* ibid., 1828, 2 vol. in-8. — *Philosophie des Lebens,* ibid., 1830, 1 vol. — *Philosophische Vorlesungen, insbesondere über Philo-*

sophie der Sprache und des Wortes, 1 vol.
On a donné en français *La Philosophie de l'histoire*, trad. par M. l'abbé Le Chat, *Paris*, 1836, 2 vol. in-8. [19505] — *La Philosophie de la vie*, trad. par M. l'abbé Guenot, *Paris*, 1838, 2 vol. in-8. [19505] — *Essai sur la langue et la philosophie des Indiens*, trad. par M.-A. Mazure, *Paris*, 1837, in-8. [11730] Citons encore :

HISTOIRE de la littérature ancienne et moderne; traduite de l'allemand de F. Schlegel sur la dernière édition par W. Duckett (qui, depuis, a désavoué cette traduction). *Paris, Baltimore*, 1829, 2 vol. in-8. 12 fr. [30022]

SCHLEGEL (*Aug.-Wilh.* von). Sämmtliche Werke, herausgegeben von Ed. Böcking. *Leipzig, Weidmann*, 1846-47, 12 vol. in-8. 48 fr. Pap. vél. 72 fr. [19319]

— ESSAIS littéraires et historiques. *Bonn*, 1842, in-8. 12 fr. [18344]
— ŒUVRES écrites en français et publiées par Ed. Böcking. *Leipzig*, 1846, 3 vol. in-12. 12 fr.
— LE COURONNEMENT de la sainte Vierge et les miracles de saint Dominique, en 15 pl. dessinées par Guill. Ternite, d'après Jean de Fiesole, avec une notice sur la vie du peintre, etc., par A.-G. de Schlegel. *Paris, libr. grecque et allem.*, 1817, in-fol. de 26 pp., avec 15 pl. [9293]
Cet ouvrage a paru en même temps, soit avec un texte allemand, soit avec un texte traduit en français. Il coûtait 30 fr.
— Théorie des Beaux-arts, 9121. — Langue et littérature provençale, 11046. — Etudes des langues asiatiques, 11473. — Gedichte, 15599. — Cours de littérature dramatique, 16028.

SCHLEGEL (*J.*). Essai sur la physionomie des serpents. *La Haye, Van Stochum*, 1838, 2 vol. in-8. et atlas de 21 pl., 3 cartes et 2 tableaux. 40 fr. [5843]

— Abhandlungen aus dem Gebiete der Zoologie und vergleichenden Anatomie. *Leiden, Arnz et C.*, 1841-51, 3 cah. in-4. 15 pl. lith. et color. 22 fr. [5581]

— ABBILDUNGEN neuer oder unvollständig bekannter Amphibien, nach der Natur oder dem Leben entworfen und mit einem erläuternden Texte begleitet. *Düsseldorf, Arnz et C.*, 1845, 5 décades, in-fol. 50 pl. lith. et color. 60 fr. [5821]

SCHLEGEL (*H.*) et J.-A. Verster van Wulverhorst. Traité de fauconnerie, ouvrage orné de 17 pl., etc. *Leyde, Arnz et C.*, 1845-53, 3 livr. gr. in-fol. 220 fr. [10460]

SCHLEIERMACHER. De l'Influence de l'écriture sur le langage, mémoire qui, en 1828, a partagé le prix fondé par le comte de Volney, suivi d'une grammaire burmane et malaie, et d'un aperçu de l'alphabet harmonique pour les langues asiatiques, par M. A.-A.-E. Schleiermacher. *Darmstadt, imprim. de Stahl et Bekker*, 1835, in-8. de XXXII, 712 et 32 pp. [10508]

M. Silvestre de Sacy a rendu un compte avantageux de ce savant ouvrage. *Journal des savants*, 1836, p. 167 et suiv.

SCHLEIERMACHER (*Friedr.*). Sämmtliche Werke. *Berlin, Reimer*, 1847-50, 30 vol. in-8. 222 fr. — Pap. fin, 235 fr. [1909]

Les ouvrages réunis dans cette collection se rapportent à la théologie et à la philosophie.
— Predigten, 1909.

SCHLEUSNER (*Joan.-Frieder.*). Novum lexicon græco-latinum in Novum Testamentum ; editio quarta emendatior et auctior. *Lipsiæ, Weidmann*, 1819, 2 vol. in-8. [590]

Cette édition a coûté 8 thl. — Pap. collé, 10 thl. 12 gr. — Pap. vél. 12 thl.; *mais ces prix ont été dernièrement réduits de moitié.*—Dans l'édition de *Glascow* et *Londres, Priestley*, 1822, en 2 vol. in-8., faite d'après celle-ci, mais mieux imprimée, les mots allemands sont trad. en anglais. Cette dernière coûtait 3 liv., et tirée in-4., 3 liv. 18 sh. 6 d.
La première édition de cet ouvrage utile a paru en 1792, en 2 vol. in-8., auxquels un vol. de supplément a été joint en 1801. — Il y en a une autre de *Leipzig*, 1808, en 2 vol. in-8., d'après laquelle a été faite celle d'Edimbourg, 1814, 4 vol. in-8., augmentée par Jacques Smith, J. Strauchon et Adr. Dickinson.

— Novus thesaurus philologico - criticus, sive lexicon in LXX et reliquos interpretes græcos ac scriptores apocryphos Veteris Testamenti ; post Bielium et alios viros doctos congessit et edidit J.-Fried. Schleusner. *Lipsiæ, Weidmann*, 1820-21, 5 vol. in-8. [582]

Ce lexique est d'un grand usage en Allemagne et en Angleterre, où l'on s'occupe beaucoup de l'étude de l'Écriture sainte, sous le double rapport religieux et philologique. Le prix était de 11 thl. 12 gr.; — Pap. blanc. 12 thl. 18 gr. — Pap. à écrire, 15 thl. 12 gr. — Pap. vél., 19 thl., 6 gr. Il a été réduit de près de moitié.
— EDITIO altera. *Glasguæ, et Londini, Priestley*, 1822, 3 vol. in-8. 4 liv. 4 sh.
Cette édition est plus belle que celle de Leipzig ; les citations grecques et latines y ont été rectifiées, et les explications des mots données en allemand par l'auteur, traduites en anglais; enfin on a ajouté au 3e volume un index général des mots qui se trouvent dans l'ouvrage, ce qui forme un appendice de près de 300 pp.
Le savant Schleusner a publié plusieurs autres ouvrages de philologie sacrée, dont on trouvera le catalogue à la fin de ses *Opuscula critica ad versiones græcas Veteris Testamenti pertinentia*, Lipsiæ, 1812, in-8.

SCHLICHTEGROLL. Turnierbuch Herzogs Wilhelm IV. von Baiern, von 1510-

45. Nach einem gleichzeit. Manuscript der königl. Biblioth. zu München treu in Steindruck nachgebild. von Theob. und Clem. Senefelder, mit Erklärr. begl. von F. von Schlichtegroll. *München, Thienemann,* 1817-29, gr. in-fol. obl. [28741]

Ce bel ouvrage renferme 31 pl. peintes en couleur, en or et en argent, à l'imitation des miniatures d'un ancien manuscrit de la Bibliothèque royale de Munich. Il a paru en huit livrais., du prix de 20 flor. chacune. Vend. 198 fr. en 1841.

— Voy. STOSCH.

SCHLICK (*Arnold*). Tabulaturen Etlicher Lob‖ gesang und lidlein vff die orgeln und lau‖ten, ein theil mit zweien stimen zu zwicken‖und die drite dartzu singen, etlich on gesank‖mit drein, von Arnolt Schlicken Pfaltz ‖ grauischen Churfürstlichem Organisten ‖ tabulirt, und in dem Truck in d'vrsprungk‖lichen stat der truckerei zu Meintz wie hie‖noch volgt verordnet. (au 83e f.) : *Getruckt zu Mentz durch Peter Schöffer, vff sant Matheis abent. Anno* M. D. X ij. pet. in-4. de 83 ff. [vers 10194]

Pierre Schöffer, second fils du célèbre imprimeur mayençais du même nom, est, à ce qu'il paraît, le second Allemand qui ait appliqué les procédés typographiques à la notation musicale (voyez l'article TRITONIUS). Sa plus ancienne production en ce genre est le livre très-rare dont nous venons de donner le titre, d'après M. Schmid, p. 172. A l'article GEYSTLICHE Gesangbücklin, nous citons un autre livre de musique impr. par lui en 1525. Après avoir exercé son art à Worms, de 1527 à 1529, P. Schöffer alla s'établir à Strasbourg, où, plus tard, il s'associa avec Mathias Apiarius; enfin nous le trouvons à Venise en 1541.

SCHLOSSER (*Joan.-Alb.*). V. BODDAERT.

SCHLOSSER (*Friedr.-Christ.*). Weltgeschichte für das deutsche Volk. Unter Mitwirkung des Verfassers bearbeitet von G.-L. Kriegk. *Frankfurt am Main,* 1844-57, 19 vol. in-8. [21315]

La première édition de cet ouvrage estimé a paru de 1815 à 1841, en 4 tom. formant 8 vol. in-8.

—UNIVERSAL-HISTORISCHE Uebersicht der alten Welt und ihrer Cultur. *Francf. am Main, Varrentrapp,* 1826-37, 3 tom. en 9 vol. in-8. 19 thl. [22701]

Ouvrage important, dont les premiers tomes ont été traduits en français, sous le titre d'*Histoire universelle de l'antiquité,* par M. P.-A. de Golbéry, *Strasbourg, Levrault,* 1828, in-8., vol. I à III. 21 fr.

— GESCHICHTE des XVIII. Jahrhunderts und des XIX. bis zum Sturze des französischen Kaiserreichs. Mit besonderer Rücksicht auf geistige Bildung. *Heidelberg, Mohr,* 1853-57, vol. I-VI, in-8. 60 fr. [23086]

Quatrième édition. La 3e, *Heidelberg,* 1843-49, est en 8 vol. in-8.

Les premiers volumes ont été trad. en français par W. de Suckau, *Paris, Brière,* 1825, 2 vol. in-8.

SCHLUTTER (*Christ.-And.*). De la Fonte

des mines, des fonderies, etc., trad. de l'allem., publié par Hellot. *Paris,* 1750-53, 2 vol. in-4. fig. 15 à 20 fr. [10226]

Cet ouvrage a beaucoup vieilli.

SCHLYTER (*Ch.-J.*). Corpus juris Sueo-Gothorum antiqui. Voy. CORPUS.

SCHMETTAU (*F.-G.-C.* comte de). Mémoires raisonnés sur la campagne de 1778, en Bohême, par l'armée prussienne aux ordres de S. M. le roi. *Berlin,* 1789, gr. in-4. fig. 10 à 15 fr. [8743]

— Carte de Mecklembourg, 19691.

SCHMID (*Erasmus*). Novi Testamenti græci, hoc est originalis linguæ ταμεῖον, alias concordantiæ græcæ : opera Erasmi Schmidii editæ; editio revisa atque repurgata, cum nova præfatione Ern.-Salom. Cypriani. *Gothæ et Lipsiæ,* 1717, in-fol. [264]

Bonne concordance, mais beaucoup moins en usage parmi les catholiques que chez les protestants. La première édition, imprimée à *Wittemberg,* en 1638, in-fol., ne vaut pas celle de 1717. Il y en a une nouvelle, *Glasguæ,* typogr. Univers., 1819, 2 vol. in-8., 30 sh.; et enfin une de *Lond.,* 1830, in-32 de 727 pages, arrangée par Guillaume Greenfield.

SCHMID (*Anton*). Ottaviano dei Petrucci da Fossombrone, der erste Erfinder des Musiknotendruckes mit beweglichen Metalltypen, und seine Nachfolger im sechzehnten Jahrhunderte; mit steter Rücksicht auf die vorzüglichsten Leistungen derselben, und auf die Erstlinge des Musiknotendruckes. *Wien, bei P. Rohrman,* 1845, gr. in-8. fig. [31116 ou 31262]

Ouvrage fort curieux dont nous avons fait un fréquent usage, et que nous citons souvent dans ce Manuel; il est orné de 21 fac-simile des marques typographiques et des notes musicales des imprimeurs de musique au XVIe siècle. 12 fr.

— LITERATUR des Schachspiels, gesammelt, geordnet und mit Anmerkungen herausgegeben von Anton Schmid. *Wien, C. Gerold,* 1847, in-8. de x et 402 pp. [31747]

— Chr. Wilh. Ritter von Gluck, 31118.

SCHMIDEL. Vera historia admirandæ cujusdam navigationis quam Huldericus Schmidel... ab anno 1534, ad ann. 1554, in Americam juxta Brasiliam et Rio della Plata confecit... ab ipso Schmidelio germanice descripta, nunc vero in hanc formam reducta (a Levinio Hulsio). *Noribergæ impensis Hulsii,* 1599, in-4. de 101 pp., avec 17 pl. [21094]

Schlosser (*J.-F.-H.*). Die Kirche, 658.
Schlotheim (*Ern.-Fr.* von). Flora der Vorwelt, 5014.

Schmalz (*Th.*). Économie politique, 4064.
Schmalzgrueber (*Fr.*). Jus ecclesiasticum, 3160.
Schmeller (*J.-A.*). Bayerisches Wörterbuch, 11245.
Schmerling. Voy. Schemerling.
Schmid (*R.*). Leges anglo-saxon., 3044.
Schmid (*L.*). Geschichte der Pfalzgrafen von Tübingen, 26592.
Schmidberger (*J.*). Beiträge, 6020.

Cette traduction est très-préférable à celle que l'on a donnée dans la septième partie des Grands Voyages des De Bry. Les exemplaires n'en sont pas communs. Il s'en est vendu un 72 fr. à la 2ᵉ vente de M. de Fleurieu, tandis que celui de la première vente de ce géographe avait été donné pour 6 fr., et de même l'exemplaire en *mar. r.* que R. Heber avait payé 4 liv. 4 sh. en 1819, avait été adjugé pour 12 sh. à la vente de ce grand bibliophile. Deux exemplaires ont été portés à 30 et 38 fr. chez Eyriès; un autre à 42 fr. en 1862.

Quelquefois à la suite de cette relation se trouve une autre pièce intitulée :

BREVIS et admiranda descriptio regni Guianæ, auri abundantissimi, in America seu novo orbe, sub linea æquinoctilia siti, quod nuper admodum, annis nimirum 1594, 1595 et 1596, per Generosum D. D. Gualter Ralegh, equitem anglum, detectum est; paulo post jussu ejus duobus libellis comprehensa, ex quibus Jodocus Hondius tabulam geographicam adornavit, addita explicatione belgico sermone scripta; nunc vero in latinum sermonem translata et ex variis authoribus hinc inde declarata. *Nurembergæ, impensis Levini Hulsii,* 1599, in-4. de 10 ff. avec 7 pl., dont une est la moitié de la carte géographique.

Le voyage de Schmidel ci-dessus (Camus, p. 98) est la traduction de la 5ᵉ partie de la collection d'Hulsius. Un exemplaire avec 2 pl. et une carte, 31 fr. en nov. 1857; 45 fr. et 36 fr. (deux exemplaires en 1862).

— Voy. RALEGH (*Walter*).

La première édition de la relation des voyages de Schmidel, en allemand, forme la 2ᵉ partie d'un volume très-rare dont voici le titre :

NEUWE WELT: das ist, Warhafftige Beschreibunge aller Schönen Historien von erfindung viler vnbekanten Königreichen..... (Part. II.) Warhafftige und liebliche Beschreibunge etlicher fürnemen Indianischen Lendschafften und Insulen, die vormals in keiner Chronicken gedacht, und erstlich in der Schiffart Ulrici Schmidels von Straubingen, mit grosser. gefahr erkundigt, und von ihm selber auff fleissigst beschrieben und dargethan. *Franckfurt, bey Martin Lechler,* 1567, in-fol.

La réimpression de ce texte allemand, faite en 1599, in-4., forme la 4ᵉ part. de la collection des voyages en celte langue, publiée par Levinus Hulsius (voy. HULSIUS); le même texte a encore été impr. à Nuremberg, en 1602, et à Francfort chez la veuve d'Hulsius, en 1612, in-4.

SCHMIDEL ou SCHMIEDEL (*D.-Casim.-Christ.*). Fossilium metalla et res metallicas concernentium glebæ suis coloribus expressæ, quas descripsit et digessit Schmidel (lat. et germ.). *Norimbergæ,* 1753, in-4., cum 42 fig. color. 12 à 15 fr. [4697]

— Icones plantarum et analyses partium, curante et edente Bischoff. *Erlangæ,* 1793-1797, 3 part. in-fol., avec 75 fig. color. 40 à 50 fr. [4933]

Ces trois parties peuvent être reliées en 1 vol. Vend. (en 65 pl.) 36 fr. L'Héritier, et (en 75 pl.) 95 fr. Ventenat; 68 fr. Pappenheim. L'ouvrage a coûté 36 thl.

La première édition, *curante et edente Geor.-Wolf. Knorr,* a paru à Nuremberg, en 1747, in-fol. de 197 pp. avec 50 pl. color.; et de nouveau, *curante Jo.-Christ. Keller,* dans la même ville, en 1762, in-fol., même contenu; elle se complète par la 3ᵉ partie publiée en 1797.

— DESCRIPTIO itineris per Helvetiam, Galliam et Germaniæ partem, ann. 1773 et 1774, instituti. *Erlangæ,* 1794, in-4. fig. color. 10 à 12 fr. [4498]

SCHMIDT (*Jo.-And.*). Voy. MADERUS.

SCHMIDT (*Frédéric-Samuel* de). Recueil d'antiquités trouvées à Avanches, à Culm et en d'autres lieux de la Suisse. *Berne, Abr. Wagner fils,* 1760, pet. in-4., avec 35 pl. 8 à 10 fr. [29279]

Un des meilleurs ouvrages qu'on eût publiés jusqu'alors sur les antiquités de la Suisse. Il a été réimpr. ou tout au moins reproduit sous le titre de *Recueil d'antiquités de la Suisse, contenant celles d'Avanches et de Culm,* Francfort-sur-le-Mein, J.-G. Fleischer, 1771, in-4.

— OPUSCULA quibus res antiquæ præcipue ægyptiacæ explanantur. *Carolsruhæ,* 1765, pet. in-8. [29081]

— DISSERTATIO de sacerdotibus et sacrificiis Ægyptiorum. *Tubingæ,* 1768, pet. in-8. [22626]

Ces deux volumes peu communs ont été fort recherchés, à la fin du XVIIIᵉ siècle, lors de la formation de la commission d'Egypte. Vendus ensemble 31 fr. Villoison, et 6 fr. seulement Clavier.

SCHMIDT (*Fr.*). Oesterreichs allgemeine Baumzucht, etc.; *c'est-à-dire,* Culture générale des arbres d'Autriche, ou représentation des arbres et arbustes indigènes et exotiques qui se cultivent en Autriche. *Vienne,* 1792-1822, 4 part. in-fol., avec 240 pl. color. [4979]

Le 4ᵉ volume, daté de 1822, n'a été terminé qu'en 1845, après la mort de l'auteur, arrivée en 1834, et c'est Léopold Trattinick qui l'a achevé. Il a coûté 48 fr.

SCHMIDT (*Melch.-Ign.*). Geschichte der Deutschen bis auf das Jahr 1544. *Ulm, Stettin* (1778-85, et réimpr.), 1785-88, 5 vol. in-8., avec une table; ou *Wien,* 1783-93, 8 vol. in-8. [26387]

— NEUERE Geschichte der Deutschen (vom 7. Bde. an fortges. von Jos. Milbiller). *Ulm,* 1785-1808, 17 vol. in-8., avec table.

Reproduit à Vienne, sous les mêmes dates, en 17 vol. in-8.

— DRESCH'S Fortsetzung von Schmidt's Geschichte. *Ulm,* 1824-30, in-8., tom. I à IV.

J.-Ch. de Laveaux a donné une traduction française de la première série de l'*Histoire des Allemands,* par Schmidt, Liége, 1784-89, 8 vol. in-8., devenue rare.

SCHMIDT (*J.-J.*). Mongolisch-Deutsch-Russisches Wörterbuch. *Saint-Péters-*

Schmidt (*J.*). Historia Soc. Jesu provinciæ Bohemiæ, 21884.

Schmidt (*Ant.*). Thesaurus, 3191.

Schmidt (*J.-A.-E.*). Dictionnaire français-grec moderne, 10750. — Dictionnaire polonais-russe, 11440.

Schmidt (*J.-F.*). Gedichte, 15560.

Schmidt (*Ad.*). Der Geschlechtsapparat..., 4841.

Schmidt (*A.-F.*). Handbuch der Bibliothekwissenschaft, 31162.

Schmidt (*Ch.*). Hist. du chapitre de S.-Thomas de Strasbourg, 21464. — La Société civile dans le monde romain, 22941. — Secte des cathares, 22400.

Schmidt (*Chr.*). Die Grabmäler des Häuser..., 9689.

Schmidt (*Jul.*). Geschichte der deutschen Nationalliteratur, 30119. — Die französische Literatur, 30073.

bourg, Graff et Glazounoff, 1835, in-4. de VIII et 613 pp. 12 fr. [11890]

33 fr. de Sacy.

Le même auteur avait déjà publié une grammaire mongole pour les Allemands et les Russes. *Saint-Pétersbourg,* 1831, in-4. de XII et 179 pp. 9 fr. [11889]

— Tibetisch-Deutsches Wörterbuch, nebst deutschem Wortregister. *Saint-Pétersbourg,* 1841, in-4. de XI et 784 pp., pap. vél. 30 fr. [11831]

Publié par l'Académie impériale des sciences.

20 fr. Burnouf. A la même vente se trouvait, sous le n° 609 :

GRAMMATIK der Tibetischen Sprache, von J.-J. Schmidt. *Saint-Pétersbourg,* 1839, in-4. de XV et 320 pp. qui coûte 15 fr. et a été vendu 18 fr., sous le n° 613. [11829]

— DER WEISE und der Thor, aus dem Tibetischen übersetzt und mit dem Originaltext herausgegeben, von J.-J. Schmidt. *Saint-Pétersbourg,* 1843, 2 tomes en 1 vol. in-4., savoir : tome I⁰ʳ, XXXVIII et 325 pp. pour la préface et le texte tibétain, et tom. II, IV et 404 pp. pour la traduction. 19 fr. — Voy. DSANGLUN et THATEN.

— DER INDEX des Kandjur (Tibetisch), herausgegeben von der Kais. Akademie der Wissenschaften und bevorwortet von J.-J. Schmidt. *Saint-Pétersbourg,* 1845, in-4. de II et 215 pp., avec fac-simile lithogr. 9 fr. [11831]

— Forschungen im Gebiete der älteren Religion, etc. 25232.

SCHMIDTMEYER (*Peter.*). Travels into Chile over the Andes, in the years 1820 and 1821. *London, Longman,* 1824. in-4., avec 30 pl. 15 à 18 fr. [21129]

Exact et intéressant.

SCHMIEDEL. Voy. SCHMIDEL.

SCHNAASE (*Karl*). Geschichte der bildenden Künste. *Düsseldorf, Buddeus,* 1843-61, 6 vol. in-8. avec illustrations. 100 fr. [9670]

SCHNEBBELIE (*Jacob*). The antiquaries Museum, illustrating the ancient architecture, painting and sculpture of Great Britain, from the time of the Saxons to the introduction of the grecian and roman architecture by Inigo Jones, in the reign of James I. *London,* 1791-1800, in-4. avec 58 pl. et un texte par Gough. [26800]

Publié en 13 numéros. Les planches et ce qui restait du texte de cet ouvrage ont été en partie détruits lors de l'incendie de l'imprimerie de Nichols.

SCHNEEVOOGT. Icones plantarum, delineavit et in æs incidit H. Schwegman, edidit et descriptionem addidit G. Woorhelm Schneevoogt, scriptionem inspexit S.-J. Van Geuns. *Harlemi,* 1793 et 1794, in-fol., 42 pl. color. [4945]

Tome premier, en 12 fasc., et les 13ᵉ et 14ᵉ fasc. formant le commencement d'un second volume qui n'a pas été continué. Le texte est en latin, en hollandais et en français. 21 fr. Pappenheim ; 5 flor. Meerman.

SCHNEIDER (*Jo.-Gottl.*). Kritisches griechisch-deutsches Handwörterbuch, 3ᵉ Ausg. *Leipzig, Hahn,* 1819, 2 vol. gr. in-4. 7 thl. 16 gr. [10728]

On ajoute à cette 3ᵉ édition de l'excellent dictionnaire grec de Schneider un supplément in-4., et un autre supplément publié par J.-Gottl. Pressel. *Tübingen,* 1822, in-8. de XXIV et 128 pp.
La première édition est de 1797, en 2 vol. in-8. et la seconde d'Iéna, 1805, en 2 vol. in-4.

— Voy. PASSAW (*Fr.*).

SCHNEIDER (*Ludw.*). Geschichte der Oper und des Königl. Opernhauses in Berlin. Mit den architektonischen Plänen des 1740 vom Frhrn. von Knobelsdorf und des 1844 vom K. Ober-Bau-Rath-Langhaus neu erbauten Berliner Opernhauses. *Berlin, Duncker et H.,* 1845-52, 5 livr. in-fol.11 pl. lith. et illust. 80 fr. [9795]

SCHNEIDER (*Wilh.-Theænus*). Symbolæ ad monographiam generis Chrysopæ, Leach. *Vratislaviæ, Hirt,* 1851, gr. in-8., 60 pl. lith. 26 fr. [6101]

SCHNITZLEIN (*Adalb.*). Iconographia familiarum naturalium regni vegetabilis, delineata atque adjectis famil. characteribus et adnotat. variis tum scientiam tum usum spectantibus exornata. *Bonn, Henry et Cohen,* 1843-57, in-4., avec 55 pl. lith. et color. 88 fr. [4882]

SCHNURRER (*Christian.-Frid.*). Bibliotheca arabica ; auctam nunc atque integram edidit C.-F. Schnurrer. *Halæ ad Salam,* 1811, in-8. 12 fr. [31686]

Les 7 parties dont cet ouvrage se compose avaient d'abord paru séparément de 1799 à 1806 ; elles sont ici revues et augmentées ; mais comme l'auteur n'en a pas relu les épreuves, il s'y est glissé un si grand nombre de fautes d'impression, qu'il a fallu un errata de 9 pp. pour les corriger. D'autres erreurs et omissions ont été signalées par M. Silvestre de Sacy dans le *Magasin encyclopédique*, 1814, tome I, pp. 183-211.

— Slavischer Bücherdruck, 31297.

SCHOELL (*Max.-Samson-F.*). Histoire de la littérature grecque profane, depuis son origine jusqu'à la prise de Constantinople par les Turcs; suivie d'un précis de l'histoire de la transplantation de la littérature grecque en Occident. Seconde édition entièrement refondue sur un nouveau plan et enrichie de la partie bibliographique. *Paris, Gide fils*, 1823-25, 8 vol. in-8. 48 fr. [30040]

Cet ouvrage est assez bien fait, mais ayant été imprimé loin des yeux de l'auteur, il s'y est malheureusement glissé de nombreuses fautes typographiques que les errata n'ont pas suffisamment corrigées. La partie bibliographique n'est pas non plus toujours fort exacte, surtout pour les éditions anciennes.

La première édit. de cette histoire, *Paris*, 1813, 2 vol. in-8., n'est qu'un simple abrégé, mais qui peut toujours être consulté pour la littérature sacrée et ecclésiastique formant le second volume. Cette partie n'ayant pas été traitée dans l'édition en 8 vol., on l'a réimprimée séparément et sans aucun changement. *Paris, Gide*, en 1832, in-8. 7 fr.

La grande histoire a été traduite en allemand et en italien. — Le même auteur a donné une *Histoire abrégée de la littérature romaine*, depuis son origine jusqu'à la chute de l'empire d'Occident. *Paris, Gide*, 1815, 4 vol. in-8. 20 fr. [30046]

— Cours d'histoire des États européens, depuis le bouleversement de l'empire romain d'Occident jusqu'en 1789. *Paris, chez l'auteur*, 1830-34, 46 vol. in-8. 7 fr. le vol. [23020]

Cette grande composition se divise en quatre parties, et chaque partie contient une table particulière. La première partie embrasse les ann. 476 à 1453; la deuxième, les ann. 1453 à 1618 (dans le IIe tome de cette partie se trouvent des observations du baron de Zach sur les volumes précédents; la troisième va de 1618 à 1713, et la quatrième s'arrête à 1789. L'auteur a refondu, dans ces deux dernières parties, son *Histoire des traités de paix*, en 15 vol. in-8. (voy. Koch). Le tome XLVI est en 2 part., dont la seconde renferme une *Notice littéraire*, servant de complément à la notice sur la vie de l'auteur, par M. Pihan Delaforest, qui est placée à la tête du 40e vol.

— Pièces officielles, 23991. — Répertoire, 31629.

SCHOENHERR (*C.-J.*). Synonymia insectorum, oder Versuch einer Synonymie aller bisher bekannten Insecten; nach Fabricii systema Eleutheratorum geordnet. *Stockholm*, 1806-8, et *Upsala*, et *Scaris*, 1817, in-8., tome Ier en 4 part., fig. color. 30 fr. [6028]

Ce volume ne contient que les *Eleutherata*, en 3 part. (XXXII et 294 pp., avec 3 pl.; x et 424 pp., plus une pl.; XI et 506 pp.), avec un appendix en latin (266 pp.

Schoeffer (*H.*). Hist. de Portugal depuis la séparation..., 26263.
Schoels (*Adolf*). Die Tetralogie des attischen Theaters, 16043.

et 2 pl.). Il faut y joindre une 4e partie sous ce titre :

CURCULIONIDUM dispositio methodica, sive prodromus ad vol. IV Synonymiæ insectorum. *Lipsiæ*, 1826, in-8. 9 fr.

— Genera et Species curculionidum, cum synonymia hujus familiæ a C.-J. Schoenherr : Species novæ aut hactenus minus cognitæ, descriptionibus a. dom. Leonardo Gyllenhal, C.-H. Boheman, et entomologis aliis illustratæ. *Lutetiæ-Parisior., Roret*, 1833 et ann. sqq., 8 vol. en 16 parties in-8. 144 fr. [6040]

Ouvrage terminé.

SCHOENVIESNER (*Steph.*). Notitia hungaricæ rei numariæ, ab origine ad præsens tempus. *Budæ*, 1801, in-4., fig. [26529]

Vend. 20 fr. Millin.

SCHOEPF (*Joan.-Dav.*). Historia testudinum, iconibus illustrata. *Erlangæ*, 1792-1801, in-4., fig. color. [5836]

Cet ouvrage, composé de six fascicules, dont le dernier est de 1801, contient 136 pp. de texte et 31 pl.; il n'est point terminé. Il y en a aussi une édit. avec un texte allemand : le prix était de 60 fr.

SCHOEPFLINUS (*Joan.-Dan.*). Alsatia illustrata, celtica, romana, francica. *Colmariæ, typogr. regia*, 1751-61, 2 vol. in-fol. fig. 24 à 36 fr. [24912]

ALSATIA ævi merovingici, carolingici, saxonici salici et suevici diplomatica. *Manhemii*, 1772-75, in-fol.

ALSACIA periodi regum et imperatorum Habsburgicæ, Luzelburgicæ, Austriacæ, tandemque Gallicæ diplomatica : operis pars altera, edidit Andreus Lamey. *Manhemii*, 1775, in-fol.

Ces trois ouvrages sont ordinairement réunis : 30 thl. vend. 79 fr. 50 c. Soubise; 44 fr. le duc de Feltre; 63 fr. 50 c. Heber.

— L'ALSACE illustrée, ou Recherches sur l'Alsace pendant la domination des Celtes, des Romains, des Francs, des Allemands et des Français, par J.-D. Schoepflin, traduction de M. L. W. Ravenez. *Mulhouse, Fr. Perrin; Strasbourg, Schmidt; Colmar, Alery; Paris, Lecoffre*, 1852-53, in-8., cartes, dessins, etc. tom. I—V. 42 fr.

— Historia zäringo-badensis. *Carolsruhæ*, 1763-66, 7 vol. in-4. [26595]

Vend. 36 fr. St.-Céran, et 40 fr. Gr. Pap. Dutheil.

Schoepflin n'a composé que le premier volume de cet ouvrage ; les six autres, quoique publiés sous son nom, sont de Chr.-Guill. de Koch, selon les biographes de ce dernier.

— Vindiciæ celticæ, 23165. — Vindiciæ typogr., 31180.

SCHOEPPERUS (*Jac.*). Tentatus Abrahamus, actio sacra comice descripta. *Tremoniæ*, 1551, pet. in-8. de 25 ff. [16156]

Vend. 5 fr. Méon ; 5 sh. Heber ; 3 fr. de Soleinne.

— EUPHEMUS, seu felicitatus Jacob, actio nova et sacra, descripta historice; item Ovis perdita, parabola evangelica, comice descripta. *Antuerpiæ, Jo. Latius*, 1553, pet. in-8. de 55 pp. [16157]

Schœmann (*G.-Frid.*). Opuscula academica, 18289.
— Jus publicum Græcorum, 29136.

Vendu 5 fr. 25 c. de Soleinne, et avec la pièce précédente, 24 fr. Courtois.

On a du même poète :

VOLUPTATIS et virtutis pugna, comœdia tragica et nova et pia. *Coloniæ, Mart. Gymnicus*, 1546, pet. in-8. de 52 ff.

Pièce assez rare, quoiqu'elle ait été réimprimée à Cologne, en 1563, pet. in-8. de 52 ff.

EXTRACHELISTE, sive Johannes decolatus, tragœdia nova et sacra. *Coloniæ, Marth. Gymnicus*, 1546, pet. in-8.

MONOMACHIA Davidis et Goliæ, tragi-comœdia nova et sacra. *Antuerpiæ, Joan. Latius*, 1551, pet. in-8. de 43 ff. 5 fr. de Soleinne.

SCHOETTGENIUS (*Christ.*). Horæ hebraicæ et tamuldicæ. *Dresdæ et Lipsiæ*, 1733, 2 vol. in-4. portr.

40 fr. 3ᵉ vente Quatremère.

SCHOETTGENIUS (*Christ.*) et G.-Casp. Kreysigius. Diplomataria et scriptores historiæ Germaniæ medii ævi. *Altenb.*, 1753-60, 3 vol. in-fol. fig. [26638]

Vend. 52 fr. Gayot ; 82 fr. Reina, et quelquefois beaucoup moins.

SCHOLA Salerni. Voy. VILLANOVANUS.

SCHOLASTICA historia. Voy. COMESTOR.

SCHOLIA græca in Euripidem. Voyez EURIPIDIS tragœdiæ.

SCHOLTZ (*Chr.*). Grammatica ægyptiaca utriusque dialecti quam breviavit, illustravit Car.-Godof. Woide. *Oxonii, e typ. clarend.*, 1778, in-4. 18 fr. [11931]

Vend. 30 fr. Klaproth.

—Lexicon ægyptiaco-latinum. V. LA CROZE (Veyssière).

SCHOLTZII (*Fr.* Roth) Thesaurus symbolorum. Voy. ROTH-SCHOLTZII Thesaurus.

SCHOMBURGK (*Rich.*). Reisen in Britisch-Guiana in den Jahren 1840-44, im Auftrage des Königs von Preussen ausgeführt. Nebst einer Fauna und Flora Guiana's nach Vorlagen von Joh. Müller, Ehrenberg, Erichson, Troschel und Anderen. *Leipzig, Weber*, 1848, 3 vol. in-4. fig. et cart. 80 fr. [21114]

REISEN von R.-H. Schomburgk in Guiana und am Orinoko, während der Jahre 1835-39. *Leipzig*, 1841, in-8.

SCHONÆUS (*Cornelius* de Schoon, latine). Terentius christianus : seu comœdiæ sacræ, tribus partibus distinctæ, terentiano stylo a C. Schonæo conscriptæ : nunc demum magna ejus diligentia et labore emendatæ atque recognitæ. *Amstelod.*, 1629, in-8. [16172]

Scholler (*Fr.-Ad.*). Flora barbiensis, 5156.
Scholz (*Aug.*). Handbuch, 577.
Scholz (*J.-M.-A.*). Travels, 20024.
Schomberg (*Al.-C.*). Précis, 2428.
Schomburgh (*Rob.*). History of Barbados, 28653.
Schön (*J.-Fred.*). Vocabulary of the Haussa language, 11957.

Edition la meilleure de ce recueil, qui contient les 17 comédies, les élégies et les épigrammes de l'auteur. — Ce volume a été réimprimé, *Lipsiæ*, 1648, 3 part. in-8. Vend. 12 fr. *mar. r.* Courtois. — *Coloniæ-Agripp., Kalcovius*, 1652, in-8., et *Francof.-ad-Mœnum*, 1712, 2 vol. in-8.

SCHONER (*Joan.*). Opera mathematica. *Norimb.*, 1561, in-fol. fig. sur bois. [7801]

Un exempl. en 2 vol. *mar.* (sous la date de 1551), 51 fr. 50 c. Labey.

— ALGORITHMUS demonstratus. Habes in hoc libello, studiose lector, mathematicas demonstrationis in eam calculandi artem, quam vulgo Algorithmum vocat, quibus fons et origo item caussæ et certitudo eius clarissime , tibi ob oculos ponatur, etc., que eme, lege et iuvaberis (editore Joan. Schonero). *Impressum Norimbergæ apud Joh. Petreium anno* MDXXXIIII, in-4. [7865]

— LUCULENTISSIMA quædam terræ totius Descriptio, cum multis utilissimis Cosmographiæ initiis, novaque et quam ante fuit verior Europæ nostræ formatio, præterea fluviorum, montium... nomina recentioribus admixta vocabulis : impressum *Nurembergæ, in excusoria officina Joannis Stuchsen*, 1515, in-4. [19605]

La dédicace à George, évêque de Bamberg, est au nom de *Joannes Schoner carolipolitanus, sacerdos bambergensis et mathematicus.*

Deux exempl. chacun 12 flor. Butsch.

Pour les autres ouvrages de ce savant, voy. Panzer, XI, à la table, p. 111.

SCHONER (*Andr.*). Gnomonicæ. *Norimbergæ, Montanus*, 1562, in-fol. [8385]

Traité fort étendu : vend. 36 fr. (*v. f.*, armes de De Thou) Labey.

SCHÖNING (*Gerh.*). Norges Riiger historie. Tom. I et II. *Soroë*, 1771-73, et tome III. *Kiöbenh.*, 1781, 3 vol, in-4. [27616]

Vend. 10 flor. Meermann.

Pour d'autres ouvrages du même auteur sur la Norwége, consultez le catalogue Meerman, III, p. 301, nᵒˢ 945 et 946 des in-4.

SCHONINGK (*Steph.*). Harmonia phrasium verbi *facio*, e præstantissimis latinæ linguæ autoribus collecta. *Franequeræ, Balck*, 1611, pet. in-8. de 234 pp. [10844]

Livre assez rare, au sujet duquel il faut consulter *Ulfenbachs Reisen*, II, 297. On peut juger par cette monographie, qu'une phraséologie latine universelle, travaillée sur le même plan, remplirait des corps de bibliothèques tout entiers.

SCHOOL-BOEK , Singaleesch. *Colombo*, 1742, in-8.

Catéchisme singalais, imprimé avec les caractères propres à cette langue, mais sous un titre hollandais.

Schönaich (le baron de). Hermann oder d. befreyte Deutschland, 15550. — Arminius, 15551.
Schonbornerus (*G.*). Politica, 3924.
Schönemann (*Car.-Phil.-Chr.*). Zur vaterländischen Münzkunde vom XI-XV. Jahrhundert, 26399.
Schonevelde (*S.* a). Ichthyologia, 5878.
Schöning (*Kurd-Wolfg.* von). Der siebenjährige Krieg, 26457.
Schonleben (*Jo.-Lud.*).Carniola, 26543.
Schoockius (*Mart.*). De Ciconiis, 5805. — De Butyro, 7068. — Exercitationes variæ, 28961.

SCHOOLCRAFT (*Henry-Rowe*). Historical and statistical informations respecting the history, condition, and prospects of the Indian tribes of the United
States, collected and prepared by Henry
R. Schoolcraft, illustrated by S. East-
man ; new and cheaper edition. *Philadelphia* and *Washington*, 1856-1857.
6 vol. gr. in-4. fig. et cartes. [28585]

Publié, par ordre du congrès, sous la direction du département de *l'Interior-Indian Bureau.* La prem.
édition du prem. vol. est de 1851. Le 6ᵉ est sous ce
titre :
*History of the Indian tribes of the United Sta-
tes, the present conditions and prospects, and
a sketch of their ancient states.* Chaque volume
coûte 4 liv. 4 sh.

Autres ouvrages d'H.-R. Schoolcraft.

NARRATIVE Journal of travels through the north
western regions of the United States, extending from
detroit through the great chain of amerikan lakes
to the sources of the Mississippi River in 1820. *Albany*, 1821, in-8. [21036]
TRAVELS in the central portions of the Mississippi
valley : comprising observations on its mineral
geography, internal resources, and aboriginal population. *New-York*, 1825, in-8. [21034]
NARRATIVE of an expedition through the Upper
Mississippi to Itasca lake, the actual source of this
river, embracing an explanatory trip through the
St. Croix and Burntwood or Broule rivers, in 1832,
on the direction of H.-R. Schoolcraft. *New-York.*
1834, in-8. [21035]
NOTES on the Iroquois, or contributions to American history, antiquities and ethnology. *New-York*,
1846, in-8. 18 sh.
SUMMARY narrative of an exploration to the sources of the Mississippi River in 1820; resumed and
completed by the discovery of its origin in Itasca
Lake, in 1832. *Philadelphia*, 1854, in-8. de 600 pp.
16 sh.
SCENES and adventures in Semi-Alpine region of
the Ozark mountains of Missouri and Arkansas,
which were first discovered by de Soto in 1541. *Philadelphia*, 1853, in-8. 12 sh.
PERSONAL memoirs of a residence of thirty years
with the Indian tribes of the American frontiers, with
brief notices of passing events, facts, and opinions.
A. D. 1812 to 1842. *Philadelphia*, 1853, in-8. 1 liv.
1 sh.

SCHOONEBEECK. (*Adr.*). Voy. HISTOIRE
des ordres religieux..

SCHOONHOVIUS (*Florentius*). Emble·
mata, partim moralia, partim etiam civilia, cum latiori eorumdem interpretatione : accedunt et alia quædam poe-
matia. *Goudæ*, 1618, pet. in-4. 12 à 15 fr.
[18573]

Volume orné de 74 gravures, assez belles, non compris
le frontispice ni le portrait de l'auteur. Il y a une
seconde édition, *Lugd.-Batavor.*, 1626, *ex officina
elzeviriana*, in-4., avec un titre gravé, des figures
dans le texte, et le portrait de l'auteur ; et une troisième, *Amstelod.*, *Jansson.*, 1648, inférieure à la
première pour les épreuves des planches, mais imprimée en plus beaux caractères.

SCHOPPERUS (*Hartm.*). Πανοπλία, omnium illiberalium, mechanicarum, aut
sedentariarum artium genera continens,
carminibus expressa, cum venustissimis
imaginibus omnium artificum negociatio-
nes ad vivum repræsentantibus. (in fine) :
*Impressum Francofurti-ad - Mœnum
apud Georgium Corvinum, impensis
Sigismundi Feyrabenti*, 1568, pet.
in-8. de 8 ff. prélim. et texte non chiffrés,
sign. A—SIII. [13016]

Livre curieux, et que recommandent particulièrement
130 jolies gravures sur bois par Jost Ammon. On en
recherche beaucoup les exempl. bien conservés :
vend. 40 fr. *mar. citr.* Morel-Vindé ; 56 fr. *mar.
bl.* Baudelocque, et 110 fr. Veinant. L'édition de
Francfort, 1573 et 1584, sous ce titre : *De omnibus
illiberalibus sive mechanicis artibus ad nostram
ætatem ad inventis liber,* a sur le frontispice une
vignette représentant la Renommée embouchant
deux trompettes, ce qui n'est pas dans la première ;
du reste celle-ci reproduit les mêmes planches, et
conserve à peu près les mêmes prix : vend. 18 fr.
Mac-Carthy ; 11 fr. Courtois ; 40 fr. *mar. bl.* Baudelocque. Ces planches figurent également dans une
édition allemande ayant pour titre :
EYGENTLICHE Beschreibung Aller Stände auff Erden, Hoher und Nidgriger, Geistlicher und Weltli-
cher, aller Künsten, Handwerken und Händlen, etc.
Vom grösten bis zum kleinesten, auch von ihrem
Ursprung, Erfindung und Gebrauchen. Durch den
weitberümpten Hans Sachsen Gantz fleissig beschrieben und in Teutsche Reimen gefasset... (à la
fin) : *Frankfurt am Mayn, Sig. Feyrabend*, 1568,
in-8. ou pet. in-4. de 4 ff. prélim., 114 ff. non chiffrés, avec fig. sur bois, et un f. final.
Il en existe une réimpression faite à Francfort, en
1574, pet. in-4. avec 100 gr. sur bois. 50 fr. *mar. v.*
Cailhava.

— De fallacia Reinikes. Voy. RENART.

SCHOTT (*Petrus*). Petri Schotti Argentiñ
Patricii Iuris vtriusღ doctoris, oratoris et poetæ.:. græcღ linguæ probe
æruditi lucubrationculæ ornatissime. (au
recto du 188ᵉ f. chiffré CLXXVII) : *Impressa a Martino Schotto ciue Argeñ
Sexto Nonas Octobres Anno Christi
M. CCCC. LXXXXVIII, in-4. de 191 ff. y
compris la table. [18163]

SCHOTT (*Andr.*). Hispaniæ illustratæ, seu
rerum urbiumque Hispaniæ, Lusitaniæ,
Æthiopiæ et Indiæ Scriptores varii in
unum collecti. *Francofurti, Marnius,
1603-1608*, 4 vol. in-fol., quelquefois
rel. en 3 vol. [25972]

Cette collection est fort importante, et l'on s'en pro-
cure difficilement des exemplaires complets. Le P.
André Schott n'en a donné que les deux premiers
volumes ; le troisième a été publié par J. Pistorius,
et le dernier par Fr. Schott, frère d'André. Il faut
avoir soin de vérifier si, dans le tome IV, se trou-

Schoppner (*A.*). Sagenbuch der bayerischen Lande,
26608.
Schötensack (*H.-A.*). Grammatik der neuhoch-
deutschen Sprache, 11240.
Schott (*W.*). Chinesische Sprachlehre, 11870. —
Tartarische Sprachen, 11880.

Schopenhauer (*Johanna*). Van Eyck, 31086.
Schopenhauer (*Arthur*). Die Welt als Wille,
3505. — Parerga, 3505.

vent les dix derniers livres de l'Histoire d'Espagne de Mariana, en latin; ces dix livres, qui forment une partie séparée, avec un titre particulier daté de 1606, manquent souvent, ce qui diminue alors le prix des exemplaires : vend. complet, 102 fr. Soubise; 50 fr. La Serna; 40 flor. Meerman; 45 fr. Reina; 42 flor. Butsch.

— Hispaniæ Bibliotheca, seu de academiis ac bibliothecis, item elogia et nomenclator clarorum Hispaniæ scriptorum, qui latine disciplinas omnes illustrarunt, tomis tribus distincta. *Francofurti, 1608*, 3 part. en 1 vol. in-4. de 649 pp. [30766]

Cet ouvrage a été en partie effacé par la *Bibliotheca hispan.* d'Antonio; cependant il contient quelques articles étendus que ce dernier n'a pas reproduits. A. Schott n'y a pas mis son nom, mais il a signé l'épître dédicatoire par ses initiales A. S., en y ajoutant le mot *Peregrinus*, pour indiquer qu'il était étranger en Espagne. Ce volume est rare et assez recherché; mais, quoiqu'il ait été porté à 200 fr. à la vente du chevalier Bearzi, à peine vaut-il le dixième de ce prix.
— Observations, 18597.
— Voyez ADAGIA.

SCHOTT (*Casparis*) Magia universalis naturæ et artis, sive recondita naturalium et artificialium rerum scientia. *Herbipoli, 1657-59*, 4 vol. in-4. [4376]

Réimprimé en 1677, sans augmentations.

— Physica curiosa, sive mirabilia naturæ et artis. *Herbipoli, 1667*, vel 1697, 1 tom. en 2 vol. in-4. fig. [4377]

Ces deux éditions sont préférables à la première, beaucoup moins complète, qui parut en 1662.

— Technica curiosa, sive mirabilia artis. *Norimbergæ, 1664*, seu 1687, in-4. fig. [4377]

Pour former la collection complète des ouvrages de Schott, il faut réunir à ces trois articles les suivants :

CURSUS mathematicus. *Herbipoli, 1661*, in-fol. fig. [7761]
Il y a un abrégé de cet ouvrage, *Herbipoli, 1663*, in-8.
MATHESIS cæsarea sive amussis ferdinandea. *Herbipoli, 1622*, in-4., fig.
Nouvelle édition, augmentée par Schott, d'un ouvrage composé par un autre jésuite.
ORGANUM mathematicum libris IX explicatum. *Herbipoli, 1668*, 1 tome en 2 vol. in-4. [8048]
PANTOMETRUM kircherianum, hoc est instrumentum geometricum novum ab Athanasio Kirchero inventum, nunc decem libris..... explicatum, a G. Schotto. *Herbipoli, 1660*, in-4. fig. [8049]
Il y a des exemplaires de cette édition dont le frontispice gravé a pour souscription : *Apud Joannem Arnoldum Cholinum, 1668.*
Schott a aussi donné une édition de l'*Iter extaticum cœleste* de Kircher, avec des augmentations, *Herbipoli, 1660*, in-4.
ANATOMIA physico-hydrostatica fontium ac fluminum explicata : accedit appendix de vera origine Nili. *Herbipoli, 1663*, in-8., fig. [8122]
MECHANICA hydraulico-pneumatica. *Herbipoli, 1657*, in-4., avec 56 planches. [8141]
SCHOLA steganographica, in classes octo distributa. *Norimb., 1665*, seu 1680, in-4., fig. [9068]
JOCOSERIORUM naturæ et artis sive magiæ naturalis centuriæ tres (auctore Casp. Schott); accessit diatribe (Ath. Kircheri) de prodigiosis crucibus. (*Herbipoli*), 1666, in-4., fig. [4378]

Il y a des exemplaires dont le titre porte : *auctore Aspasio Caramueli*; ce qui n'empêche pas que l'ouvrage ne soit bien véritablement de Schott, comme l'a prouvé Mercier de Saint-Léger.

La plupart des ouvrages de Schott sont curieux, et ils étaient jadis fort recherchés; mais comme très-peu de personnes s'en occupent aujourd'hui, ils ne conservent qu'une faible valeur dans le commerce, même lorsqu'ils se trouvent réunis, ce qui est rare. Vend. bel exemplaire en 20 vol. in-4. et in-8., 225 fr. Patu de Mello; et en 15 vol. in-4. mal conditionnés, 50 fr. Méon; en 14 vol.,. 60 fr. La Serna, et moins cher depuis.

Il est essentiel de joindre à cette collection la *Notice des ouvrages de Gasp. Schott, par M*** (Mercier de Saint-Léger)*, Paris, 1785, in-8., morceau fort curieux, et dont l'auteur a laissé un exemplaire chargé de corrections et d'augmentations destinées à une nouvelle édition.

SCHOTT (*Alb.*). Die deutschen Kaiser. Voyez KAISER.

SCHOTT (*Henricus*) et Steph. Endlicher. Meletemata botanica. *Vindobonæ, typ. Car. Gerold, 1832*, in-fol. de 35 pp. et 5 pl. [5011]

Il existe à peine une soixantaine d'exemplaires de cet ouvrage, et ils n'ont pas été mis dans le commerce. Pritzel, qui en parle sous le n° 9238 de son *Thesaurus*, cite deux autres opuscules des mêmes auteurs, savoir :
RUSTACEÆ, fragmenta botanica. *Vindob., Wallishauser, 1834*, in-fol. de 14 pp. avec 7 pl.
GENERA filicum. *Ibid., 1834*, in-4. obl. de 44 pp. et 20 pl.

SCHOTTEL (*Dr.*). Embassy of the earl of Portland. Voy. PORTLAND.

SCHOTTENIUS. Ludus imperatorius, continens umbraticam imaginem horum temporum, regnante divo Carlo quinto, illiusque Cæsaris divinas victorias, imperii felicem exitum et laudem, auctore Hermanno Schottenio Hesso : cui accedit, et Ludus Martius, de discordia Principum et rusticorum Germaniæ, anni 1525. *Coloniæ - Ubiorum (in ædibus Quentelianis), 1527*, pet. in-8 de 56 ff. [16132]

Deux pièces en prose et sans distinction d'actes ni de scènes. 20 fr. de Soleinne. La première pièce seule, mais d'une autre édition sous la même date, 20 fr. m. r. Duplessis. Panzer, qui cite deux autres ouvrages de Schottenius, n'a pas connu ceux-ci, dont la seconde pièce a été traduite en français sous ce titre :
LE JEU DE MARS ou de la guerre, contenant le simulacre, l'origine, la fable, la fin du débat intervenu entre les rustiques et les princes d'Allemagne orientale, l'an 1525, in-4.
Le duc de La Valliere (*Biblioth. du théâtre franç.*, I, p. 141) donne l'analyse de cette pièce d'après un exemplaire in-4., qui n'était qu'un fragment du troisième volume d'un ouvrage dont il n'a pas rapporté le titre. Ce fragment commence à la page 631, sign. Iiij. Comme dans le titre rapporté dans le *Biblioth. du théâtre françois* on a imprimé 1552 au lieu de 1525, la pièce a été portée sous l'année 1552, ce qui a été suivi dans le catalogue de La Valliere, 3390, quoique l'on y ait bien mis 1525.

SCHOUTEN (*Guillaume - Cornelisien*). Journal ou relation exacte du voyage de Guillaume Schouten dans les Indes par un nouveau détroit. *Amsterdam, la veuve Michel de Groot*, 1617, in-4. [21137]

Cette première édition française du Journal de Schouten est portée dans le Catal. des livres curieux, *New-York*, 1854, in-8., p. 32.

Il en existe plusieurs autres :

1° Sous le titre de :

JOURNAL ou description du merveilleux voyage de Guil. Schouten, Hollandois, fait ès années 1615, 1616 et 1617 : comme (en circumnaviguant le globe terrestre) il a descouvert vers le Zud du destroit de Magellan un nouveau passage, jusqu'à la grande Mer de Zud ; ensemble des avantures admirables qui lui sont advenues en descouvrant plusieurs Isles et peuples estranges. *Amsterdam, chez Harmanz Janson*, 1619, in-4.

2° Sous celui de *Journal ou description de l'admirable voyage...* Amsterdam, Guil. Janson (*sans date*, aussi 1618), in-4. de 88 pp. et 8 pl. 11 fr. 50 c. Eyriès.

3° Sous celui de *Journal ou relation exacte du voyage de Guil. Schouten dans les Indes... par un nouveau détroit et par les grandes mers qu'il a découverts vers le pôle antarctique.....* Paris, M. Gobert, 1618 (aussi 1619), pet. in-8. de 232 pp. et 8 pl. 11 fr. 50 c. Eyriès.

Reproduit à *Paris, chez J. Guignard et H. Le Gras*, en 1630, in-8., même nombre de pages. L'exemplaire décrit par Camus n'avait que 3 pl.

Le texte hollandais de cette relation a paru pour la première fois sous le titre de *Journal ofte Beschryving van de ... Voyagie ghedaen door Willem Cornelisz Schouten* (rédigé par Aris Classen). *Amsterdam, bey veuve Michel de Groot*, 1617, in-4. — Il a été réimprimé plusieurs fois depuis avec quelques changements. L'édit. d'*Amsterdam*, 1648, in-4., a été vend. 12 fr. Eyriès ; il y en a une d'*Amsterdam*, 1676, in-4.

Camus cite une version allemande impr. à *Harnheim*, en 1618, in-4.

L'indication d'une édition de ce Journal, en français, sous la date de 1617, et celle que nous avons donnée ci-dessus d'une édition du texte hollandais du même Journal, également sous cette date, semblent être infirmées par une note imprimée dans la *Bibliothèque américaine*, en vente chez F.-A. Brockhaus, à Leipzig, p. x (*additions et corrections*), où il est dit qu'il n'existe pas d'édit. de 1617, et que la première est celle de 1619, en hollandais. Il paraît cependant certain qu'une première édit. du Journal a effectivement paru en 1617 dans les deux langues, et que plus tard on a mis au jour une seconde relation, différente de la première. Pour se bien rendre compte de ce fait, il faut savoir que l'un des deux journaux a été publié par Schouten lui-même, et l'autre par le père de Jacques Le Maire, son compagnon de voyage, mort pendant l'expédition.

— Diarium, vel descriptio laboriosissimi et molestissimi itineris facti a Guilielmo-Corn. Schoutenio Hornano, annis 1615, 1616 et 1617 ; cum a parte australi detexit, totumque orbem terrarum circumnavigavit, quas insulas et regiones et populos viderit et quæ pericula subierit, etc. *Amstelodami, apud Petrum Kœrium*, 1619, in-4. de 71 pp. avec 4 pl.

Il est probable que cette édition, où se trouve une épître dédicatoire, signée par Guil. Janson, n'aura paru qu'après celle qui porte le titre suivant :

— Novi freti, a parte meridionali freti Magellanici in magnum mare australe, detectio facta a Schoutenio. *Amstelod.*, *Janson*, 1619, in-4., fig.

Cette édition de la relation de Schouten présente les mêmes faits et dans le même ordre que l'édition précédente : mais la rédaction, ou plutôt la latinité, en est différente du commencement à la fin. Vend. 1 liv. 13 sh. bel exempl. Heber, VI, 3264.

L'édition d'*Amsterdam*, 1648, in-4., se vendait chez Louis van Bloem, qui y a conservé l'ancienne épître dédicatoire, en substituant son nom à celui de G. Janson. Elle a le même nombre de pages que l'édit. de 1619, avec trois planches de plus. Il s'en trouve des exemplaires dont le titre porte *Docceti* (Dordrecht), 1648, et l'adjonction des mots *editio altera*.

— GIORNALE di G.-C. Scoutenio, overo descrittione del viaggio fatto... gli anni 1615, 1616 et 1617, quando dalla parte australe del mare Magellanico scopri un nuovo condotto, overo Mare verso il gran Mare australe et navigò tutt' il mondo intorno, tradotto di latino in volgare. *Venetia, Santo Grillo*, 1621, in-8.

Une traduction anglaise du même Journal (*The relation of a wonderful voiege made by Will. Cornelison Schouten of Horne*) a été impr. à Londres, *by T. D. for Nathanaell Newbery*, 1619, in-4.

Citons encore :

RELACION diaria del viage de Jacobo de Mayre y Guil. Cornelio Schouten, en que descubieron nuevo estrecho y passage del mar del Norte al mar de Sud, a la parte austral del estrecho de Magellanes. *Madrid, por Bernardino de Guzman*, 1619, in-4.

— Voy. SPILBERGE.

SCHOUTEN (*Gautier*). Voy. RECUEIL des voyages de la Compagnie des Indes.

SCHOW (*Nic.*). Charta papyracea græce scripta musæi Borgiani Velitris, qua series incolarum Ptolemaidis Arsinoiticæ in aggeribus et fossis operantium exhibetur. *Romæ*, 1788, gr. in-4. [30201]

Vend. 18 fr. Larcher ; 10 fr. Clavier.

SCHRADER (*Henr.* ab). Sertum hannoveranum, seu plantæ rariores quæ in hortis regiis Hannoveræ vicinis coluntur. *Goettingæ*, 1795-98, in-fol. fig. color. [5332]

Il n'a paru de cet ouvrage que 4 fascicules de 6 pl., formant le premier volume, dont le prix était de 48 fr. Le nom de J.-Chr. Wendland se trouve au verso du titre du 4e fascicule. Voy. WENDLAND.

Schrader a aussi donné la première partie d'un ouvrage intitulé : *Nova genera plantarum , pars prima*, Lipsiæ, 1797, in-fol., et *Hortus gottingensis*, Gottingæ, 1809, in-fol., 2 fasc., avec 16 pl. color.

SCHRADIN. c Ronigk diss Kiergs (*sic*) gegen dem allerdurchlüchtigisten hern Romschen Konig, als ertzrhertzogen zu Osterich vnd dem schwebyschen pundt dero sich das heylig Romisch Rich an-

---

Schottus (*A.-F.*). Institutiones, 3033.

Schrader (*J.*). Observationes et emendationes, 18255-56.

genome hat, eins teilss. vñ stett vñ len-
der. gemeiner eidgenosschafft des andern. (à la fin) : *Gedrugkt vnd volendet
inn der löblichen Statt Surse im Er-
gow, vff Zinstag vor sant Anthengen
tag, im XC* (1500) *Jar.* In-4. avec fig.
sur bois. [15495]

L'auteur de ce poëme devenu fort rare est Nicolas
Schradin. Son ouvrage occupe 56 ff. non chiffr., à
30 lign. sur les pages entières, sign. a—n. La souscript. est au recto du dern. f. Dans l'exemplaire de
la bibliothèque de Wolfenbüttel il se trouve de plus
deux autres ff. sans signat., mais impr. avec les
mêmes caract., et qui commencent par cette ligne :
Der bischoff von mentz genant Bechtold (Panzer,
Annales typogr. allem., suppl., p. 92, n° 503; et
Ebert, n° 20652). C'est le premier livre imprimé à
Surse ou *Sursé*, en Argaw, petite ville à deux lieues
de Munster, canton de Lucerne (*Beronensis Villa*).

SCHRANK. Flora monacensis, seu plantæ
sponte circa Monachium nascentes,
quas pinxit et in lapide delineavit J.-N.
Mayrhoffer; commentarium perpetuum
addidit Fr. de Paula Schrank. *Monachii,
Fleischmann,* 1811-18, 4 vol. gr. in-fol.
[5140]

400 planches avec autant de feuillets de texte. Elles
ont coûté 141 thl., et coloriées, 250 thl.

— Plantæ rariores horti academici monacensis , descriptæ et observationibus illustratæ. *Monachii et Lipsiæ,* 1817-22,
gr. in-fol. fig. color. [5325]

Publié en X cah. de 10 pl. chacun (avec un texte), qui
ont coûté ensemble 40 thl.

SCHREBER (*Jos.-Christ.-Dan.*).Beschrei-
bung der Gräser. *Lipsiæ,* 1769-1810, 3
part. in-fol. fig. [5413]

On trouve rarement les trois parties de cet ouvrage
réunies. La première a 154 pp. et les pl. 1 à 20 ; la
seconde, 88 pp. et les pl. 21 à 40 ; la troisième, les
pp. 89 à 160, avec les pl. 41 à 54. Les exempl. en
pap. ordin. avec fig. noires coûtaient 8 thl. 12 gr.;
— avec fig color., 19 thl. 8 gr.

—Die Säugethiere in Abbildungen nach der
Natur. *Erlangen, Walther,* 1775, etc.
8 vol. in-4. [5669]

Cet ouvrage a été publié par livraisons, et reproduit
depuis sous le titre suivant :

NATURGESCHICHTE der Säugethiere. (Aussi sous
celui-ci) : Die Säugethiere in Abbildungen nach
der Natur mit Beschreibungen. Fortgesetzt von A.
Goldfuss und J.-A. Wagner). *Erlangen* (*Weigel,
in Leipzig*), 1826-53, 7 vol. in-4., 700 pl. color.,
plus un volume supplémentaire. 190 thl.

Le 5e supplément par J.-A. Wagner, 1855, in-4., a
pour titre :

DIE SÄUGETHIERE in Abbildungen nach der Natur. Eine Zusammenstellung der neuesten Entdek-
kungen und Forschungen auf diesem Gebiete. Il
s'est vendu séparément 22 thl. 20 gr.; — color.,
34 thl.

HISTOIRE naturelle des quadrupèdes , représentés

d'après nature (avec l'explication traduite de l'allemand, par Isenflamm). *Erlang., Wolf, Walther,*
1775-80, 4 vol. in-4., avec 385 pl. color.

Traduction de l'ouvrage précédent, laquelle n'a pas
été continuée. On l'a donnée pour 25 fr. 50 c. à la
vente Huzard.

SCHREIBER (*Al.*). Handbuch für Reisende
am Rhein von Schafhausen bis Holland.
Heidelberg, Engelmann, 1818, in-8.
avec 2 cartes. 3 thl. 8 gr. [20285]

On réunit à cet ouvrage 72 vues dessinées et grav.
d'après nature par F. Roux, avec une courte description par Schreiber, *Heidelberg,* 1818, gr. in-fol.
Publ. en 12 cah. qui coûtaient ensemble 32 thl., et
avant la lettre 48 thl.

— DESCRIPTION générale et particulière des pays du
Rhin, depuis Schafhouse jusqu'en Hollande, avec
le guide des baigneurs à Bade, la vallée de Murg
et à la forêt Noire, par A. Schreiber, trad. par
Henry. *Heidelberg, Engelmann,* gr. in-4. pap.
vél., avec 40 vues par Roux.

Annoncé en 1822, ainsi que l'ouvrage suivant :

VOYAGE pittoresque du Rhin, depuis les Vosges
jusqu'aux Sept-Monts , par A. Schreiber ; avec les
vues dessinées et grav. d'après nature par le prof.
Roux. *Heidelb., Engelmann,* in-fol. [20286]

SCHRENCK (*Jac.*). Augustissimorum imperatorum, regum atque archiducum,
illustrissimorum principum, necnon comitum, baronum, nobilium, clarissimorum virorum verissimæ imagines et rerum ab ipsis gestarum descriptiones,
quorum arma in Ambrosianæ arcis ar-
mamentario conspiciuntur. *Œnisponti,
Joan. Agricola,* 1601, gr. in-fol. [26409]

Ce volume représente les armures anciennes de la
collection appartenant alors à l'archiduc Ferdinand
d'Autriche, et réunie dans l'arsenal de la citadelle
d'Ambras près d'Insprück, aujourd'hui conservées
à Dresde. Il se compose de 128 ff. et contient un
frontispice et 126 portr. en pied, gravés sur cuivre
par Dom. Custodis d'après les dessins de J.-A. Fontana. Ces portraits sont imprimés au verso d'un
texte encadré de belles bordures sur bois. Ce sont
ceux des plus célèbres personnages du XVIe siècle ;
ils passent pour être exacts et l'exécution en est
satisfaisante. Il paraît que les exemplaires n'ont
pas tous le même nombre de planches. Celui de la
vente Bearzi, qui en contenait 125, a été vendu
120 fr. ; un autre annoncé comme contenant 120
portr., 140 fr. Riva.

Il existe une édition des mêmes planches, avec un
texte allemand , par Engelbert Noyse , *Inspruck,*
1603, in-fol. — On ne fait aucun cas de l'édition de
J.-D. Koeler, *Nürnb.,* 1735, in-4., avec un texte
latin.

SCHRENK (*Alex.-Gust.*). Reise nach dem
Nordosten des europäischen Russlands,
durch die Tundren der Samojeden, zum
arktischen Uralgebirge, auf aller höchsten Befehl für den K. botanischen
Garten zu St.-Petersburg im Jahre
1837 ausgeführt. *Dorpat,* 1848-54,
2 vol. gr. in-8., 7 pl. lith. 32 fr. [20778]

SCHREVELIUS (*Theodorus*). Palæmon

Schram (le comte de). Album des manœuvres de
l'infanterie, 6602.
Schram (*G.*). Langue danoise, 11887.
Schramm (*J.-M.*). Vita Vanini, 30745.

Schrettinger (*Mt.*). Bibliothek-Wissenschaft, 31159.
Schreuder (*H.-P.*). Grammatik for Zulu Sproget,
11957.

sive diatribæ scholasticæ, continentes quæ ad laudem et commendationem scholarum spectant... *Lugd.-Batavor., ex officina Bonav. et Abr. Elzevir.*, 1626, pet. in-8. [18201]

Ce livre peu commun, et qui date de l'année même où commença l'association des deux Elsevier, a quelque importance pour les personnes qui forment la collection des édit. de ces imprimeurs célèbres. Il s'en est vendu un exemplaire 79 fr. 95 c. en mai 1824, et un autre (rel. par Lewis), en *cuir de Russie*, 48 fr. en mars 1829 ; mais d'autres ont été quelquefois donnés pour moins de 10 fr.
L'édit. de *Leyde*, 1643, in-4., en 2 part., augmentée de plusieurs autres ouvrages de l'auteur, est sans doute bien préférable à la précédente ; cependant on n'en trouverait peut-être pas 5 fr. dans une vente.

SCHREVELIUS (*Corn.*). Lexicon manuale græco-lat. et latino-gr. utrumque hac ultima editione multo auctius (cura Jac. Facciolati). *Patavii, typis seminarii,* 1715 (réimpr. en 1752, 1769 et 1806), in-fol. [10706]

Le Lexique de Schrevelius, impr. d'abord à *Leyde*, en 1670, in-8., fut aussitôt adopté en Italie, en France, et ensuite en Angleterre, où souvent il a été réimpr. avec des augmentations; mais on en fait beaucoup moins d'usage maintenant. Nous avons cité ci-dessus les éditions italiennes. Parmi les éditions françaises, il nous suffira d'indiquer celle de *Paris*, 1767, et celle de 1820, in-8., donnée par M. Fleury-Lecluse. L'édition de *Londres*, 1781, in-8., augmentée par Jos. Hill et Guill. Bowyer, a été plusieurs fois réimprimée. Les premières éditions faites à Leyde contiennent, de plus que nos éditions françaises, un *Lexicon latino-græcum.*

SCHRICH (*Mich.*). Hienach volget eyn nützliche Materi von manigerley ausgeprannten Wassern wie man die nützen vnd prauchen soll zu gesuntheyt der menschen..... *getruckt und vollendet Johannes Bämler zu Augspurg Am freytag vor sant. Urbans tag Anno dñi zc. In dem L. yyiy* (1479), in-fol. [20660]

Première édit. d'un ouvrage qui a été souvent réimprimé. Voir Hain (nos 14528-36) qui décrit cette édition et d'autres de 1491, 1492, etc. en 12 ff., et celle de Ulm par Jean Zouer, 1498, in-4. en 14 ff., etc.

SCHRIFTEN (die) der römischen Feldmesser, herausgegeben und erläutert von F. Blume, K. Lachmann und A. Rudorff, etc. *Berlin, Reimer,* 1848-52, 2 vol. in-8., 40 pl. lith. 26 fr. [6298 ou 29187]

SCHRÖCKH (*J.-Math.*). Christliche Kirchengeschichte. *Leipzig, Schwickert,* 1768-1802, 35 vol. in-8. = Kirchengeschichte seit der Reformation. *Ibid.*, 1804-11, 10 vol. in-8. [21397]

Les deux derniers vol. de ce grand ouvrage sont de H.-G. Tzschirner. Les 45 volumes coûtaient 67 th. 16 gr. — Une nouvelle édit. des 12 prem. volumes a paru de 1772-95.

SCHRÖDER (*J.-F.*). Talmud der rabbinisch..., 2212.

SCHROEDER (*Joh.-Joach.*). Thesaurus linguæ armenicæ, antiquæ et hodiernæ, cum varia praxeos materia. *Amstelod.*, 1711, in-4. 12 à 15 fr. [11710]

SCHROEER (*Sam.*). Dissertatio theologica de sanctificatione seminis Mariæ Virginis, in actu conceptionis Christi. *Lipsiæ,* 1709, in-4. [1219]

Ouvrage singulier, dont il y a deux éditions, faites sous la même date et dans le même format : 5 à 6 fr.

SCHROETER (*J.-H.*). Selenotopographische Fragmente zur genauern Kenntniss der Mondfläche, ihrer erlittnen Veränderung und Atmosphäre. *Götting.,* bei dem *Verfasser,* 1791-1802, in-4., avec 43 pl. et une carte. 12 thl. 12 gr. [8294]

— Aphroditographische Fragmente zur genauen Kenntniss des Planeten Venus. *Helmstädt*, *Flekkeisen*, 1796, in-4. 6 th. [8289]
Cet ouvrage a été précédé des *Cythereographische Fragmente* du même auteur, *Erfurt*, 1793, in-4. avec 3 pl.

SCHROETER (*Fred.-Chr.-Gotth.*). A Dictionary of the Bhotanta or Boutan language, printed from a manuscript copy made by the late rev. Schroeter, edited by J. Marshman; to which is prefixed a grammar of the Bhotanta language, by Schroeter, edited by W. Carey. *Serampore,* 1826, in-4. de 4 et 475 pp. [11831]

Vend. 75 fr. Rémusat; 36 fr. Klaproth.

SCHROTERUS (*J.-H.*). Charta lusoria. Voy. l'art. Amman (*Jost.*).

SCHROETTER (*F.-Fred.* de). Collectio dissertationum historiam imperii romano-germanici illustrantium. *Vindobonæ et Lipsiæ, Jahn,* 1776-77, 2 vol. in-8. 2 thl. 16 gr. [26402]

Collection non terminée, et qui se rapporte seulement à l'époque carlovingienne.

SCHUBERT (*Fréd.-Théod.*). Traité d'astronomie théorique. *Saint-Pétersbourg,* 1822, 3 vol. in-4. 45 fr. [8241]

Ce Traité, écrit d'abord en allemand (1798), 3 vol. in-4., fig., a été rectifié et augmenté dans l'édition française que nous indiquons. L'auteur a donné aussi une Astronomie populaire (en allemand), dont la 2e édit. est de 1810, in-8., et il a écrit un assez grand nombre de mémoires, qui sont indiqués dans le 81ᵉ vol. de la première édit. de la Biographie universelle.

SCHUBERT (General-Leitenant *F.*). Opissanïe rousskich monet i médalei. Description des monnaies et médailles russes dont se compose la collection de l'auteur. Tome Iᵉʳ. *St-Pétersb., impr. de la marine*, 1843, in-8. 8 roubles. [27784]

Travail remarquable, surtout par rapport aux monnaies frappées sous Pierre le Grand.

— Monnaies russes des trois derniers siècles, depuis le czar Jean Wasiliewicz Groznyi jusqu'à l'empereur Alexandre II, 1547-1855. *Leipzig, Schæfer,* 1857, gr. in-8. de 331 pp., avec un atlas in-4. obl. 96 fr. [27783]

L'atlas se compose de 37 pl. y compris le titre impr. en or et une pl. lithogr. contenant des tranches. Les autres pl. donnent des copies galvanoplastiques de monnaies russes.

SCHUCKFORD (*Samuel*). V. SHUCKFORD.

SCHUEREN (*Gerardus* de). Incipit vocabularius qui intitulatur Teuthonista. — *Explicit presens vocabularium... Colonie Arnold. Ther Hoernen,* M. CCCC. LXXVII, *die ultimo mensis maii,* in-fol. goth. [11221]

Cet ouvrage, très-rare, est divisé en deux parties, dont la 1ʳᵉ (sign. A—V) commence par les mots allemands, et la 2ᵉ (sign. a—u) par les mots latins. Le Dictionnaire est suivi de 9 ff., contenant *Libellus de partibus indeclinabilibus.* Vend. (en mauvais état) 51 fr. de Servais; 30 fr. Heber. — Réimpr. à *Utrecht,* 1777, 2 part. in-4. La première partie de ce vocabulaire a été réimpr. sous le titre de *Teuthonista of Duytschlender,* Leyde, 1804, in-4., par les soins de C. Boonzajer, avec une préface de J.-A. Clignett; édition tirée à 180 exemplaires seulement.

SCHULCHAN Arucii Jore Deha. Ad commentarios editionum priorum accesserunt annotationes R. Elisa Wilna, R. Jos. Teomim, R. Akiba Eger et filii Salomonis R. Jehuda Bacharach. *Berolini,* 1859, in-fol., 2 part. de XI et 1044 pp., avec un portr. 10 thl.

SCHULTENS (*Alb.*). Origines hebrææ, sive hebrææ linguæ antiquissima natura et indoles, ex Arabiæ penetralibus revocata; editio altera cui adjectum opus de defectibus hodiernæ linguæ hebrææ. *Lugd.-Batavor.,* 1761, 2 part. in-4. 10 à 12 fr. [11498]

La première édition de ces origines, *Franekeræ,* 1724-38, 2 part. in-4., a la même valeur à peu près. Voici d'autres ouvrages du même auteur :

INSTITUTIONES ad fundamenta linguæ hebrææ, etc. *Lugduni-Batavorum*, 1737, seu 1756, in-4. 6 à 8 fr. [11513]

SYLLOGE dissertationum philologico-exegeticarum, a diversis auctoribus editarum, sub præsidio Alb. Schultens, etc. *Leidæ*, 1772-75, 2 vol. in-4. [18259] Vend. 12 fr. Langlès.

OPERA minora, animadversiones ejus in Jobum et ad varia loca V. T. necnon varias dissertationes et orationes complectentia, antehac seorsum in lucem emissa, nunc in unum corpus collecta et conjunctim edita, una cum indicibus. *Lugduni-Batavor., Lemaire,* 1769, in-4. [19044] Vend. 11 fr. Langlès.

MONUMENTA vetustiora Arabiæ, ex mss. codd. *Lugduni-Batavorum,* 1740, in-4.

Alb. Schultens est aussi l'auteur des *Institutiones linguæ aramæcæ,* in-4., dont il n'y a eu d'imprimé que 232 pp.

— PROVERBIA Salomonis. Voyez SALOMON. Voyez aussi JOBI liber.

— De defectibus linguæ haicæ, 11525. — Epistola, 11593.

SCHULTENS (*Henr.-Alb.*). Anthologia sententiarum arabicarum, cum scholiis Zamachsjarii, arab. et lat. edidit Henr.-Alb. Schultens. *Lugd.-Batavor.,* 1772, in-4. 10 à 12 fr. [18518]

SCHULTINGIUS (*Ant.*). Jurisprudentia vetus ante-Justinianea, ex recensione et cum notis Schultingii. *Lipsiæ,* 1737, in-4. 10 à 15 fr. [2447]

Édition plus complète que celle de *Leyde,* 1717, in-4. L'ouvrage est fort estimé.

— Notæ ad Digesta seu Pandectas : edidit atque animadversiones suas adjecit Nicolaus Smallenburg. *Lugd.-Batavorum,* 1805 (seu 1820)-35, 8 vol. in-8. 100 fr. [2497]

SCHULTZE ou Schulz (*Benj.*). Orientalischer und occidentalischer Sprachmeister, etc.; *c'est-à-dire,* Le maître de langues orientales et occidentales, contenant les alphabets de 100 langues des quatre parties du monde, des tableaux polyglottes comparatifs, et l'Oraison dominicale en 200 langues et dialectes, dans leurs différens caractères (en allemand). *Leipzig, Gesner,* 1748, pet. in-8. [10577]

Volume peu commun : 15 à 20 fr.; vend. 30 fr. d'Ourches; 50 fr. Langlès; 24 fr. 50 c. de Sacy.

— EJUSDEM Grammatica hindostanica (Madrastæ, 1741), edidit et præfatus est Joan.-Henr. Callenberg. *Halæ-Saxon.,* 1745, in-4. 6 à 9 fr. [11763]

— CONSPECTUS literaturæ telugicæ, vulgo warugicæ. *Halæ-Magdeb.,* 1747, in-4. 5 à 6 fr. [11823]

SCHULTZE (*Max.-Sigm.*). Ueber den Organismus der Polythalamien (Foraminiferen), nebst Bemerkungen über

---

Schuchardt (*Chr.*). Lucas Cranach, 31077.
Schuderoff (*R.*). Predigten, 1908.
Schuegraf (*Jos.-Rud.*). Geschichte des Doms von Regensburg, 26623.
Schufner. Heldensagen der minussinschen Tartaren, 16019.

Schulthess-Rechberg (*K.-G.* Ritter). Thaler-Cabinet, 26399.
Schultz (*K.-H.*). Die Cyklose des Lebenssaftes..., 4843. — Sur la Circulation dans les plantes, 4848.
Schulze (*Ern.*). Poet. Schriften, 15582.

die Rhizopoden im allgemeinen. *Leipzig, Engelmann,* 1854, in-fol., 7 pl. color. 32 fr. [6155]

SCHULZ. Lexicon et commentarius sermonis hebraici et chaldaici, post Jo. Cocceium et Jo.-H. Maium emendatius edidit Jo.-Chr.-Frid. Schulz ; editio V^a, quæ ipsa est novæ recognitionis II^a. *Lipsiæ,* 1793-95, 2 vol. in-8. 30 à 40 fr. [11540]

— In V. Testamentum, 432.

SCHULZ (*Heinr.-Wilh.*). Die Amazonen-Vase von Ruvo, erklärt und in kunsthistorischer Beziehung betrachtet. *Leipzig, G. Wigand,* 1851, in-fol. 3 pl. 27 fr. [29634]

— Denkmäler der Kunst des Mittelalters in Unteritalien, von Heinrich-Wilhelm Schulz ; nach dem Tode des Verfassers herausgegeben von Ferdinand von Quast. *Dresden,* 1860, 3 vol. gr. in-4. avec des vignettes en bois, et un atlas in-fol. contenant 100 grav. avec le portr. d'H.-W. Schulz par G. Weinhold. 120 thl. [9186]

SCHULZ (*J.-L.*). Histoire romaine, éclaircie par les médailles. Voyez HISTOIRE universelle.

SCHULZE (*Ernst*). Gothisches Glossar. Mit einer Vorrede von Jac. Grimm. *Magdeburg, Bänsch,* 1848, in-4. 28 fr. [11275]

SCHULZE (*H.*). Chronique de tous les ordres et marques d'honneur de chevalerie accordés par des souverains et des régences, avec les dessins des décorations, par le lieutenant H. Schulze (en allemand et en français). *Berlin, Möser,* 1853-55, in-4., avec 33 pl. lithochromes et un titre lithogr. 320 fr. [28752]

SCHUMACHER. Beskrivelse af guineiske Planter, etc. ; *c'est-à-dire,* Description des plantes trouvées sur la côte de Guinée par des naturalistes danois et principalement par M. Thonning, publiée par M. F.-G. Schumacher. *Copenhague, Gyldendahl,* 1827, in-4. de 466 pp. [5256]

Cet ouvrage, classé d'après le système de Linné, renferme la descript., en danois, de 505 espèces, dont 300 sont regardées comme nouvelles (*Revue encyclopédique,* 1829, sept., p. 137).

— ESSAI d'un nouveau système des habitations des vers testacées. *Copenhague, Gyldendahl,* 1817, in-4., avec 22 pl. [6129]

Annoncé au prix de 13 thl. 16 gr. Vend. 59 fr. à Paris, en 1839.

SCHURIGIUS (*Martinus*). Spermatologia historico-medica, h. e. seminis humani consideratio. Item, de hermaphroditis et sexum mutantibus. *Francof-ad-Mœn.,* 1720, in-4. 5 à 6 fr. [6922]

On a encore du même auteur les neuf articles suivants, qui sont peu recherchés maintenant :
SIALOLOGIA historico-medica. *Dresdæ,* 1723, in-4. [6901]

CHYLOLOGIA historico-medica. *Dresdæ,* 1725, in-4. [6900]

MULIEBRIA, hoc est, partium genitalium muliebrium consideratio. *Dresdæ,* 1729, in-4. 19 fr. 50 c. Duplessis. [6920]

PARTHENOLOGIA, hoc est virginitatis consideratio. *Dresdæ,* 1729, in-4. [6921]

GYNÆCOLOGIA historico-medica, id est congressus muliebris consideratio. *Dresdæ,* 1730, in-4. [6923]

SYLLEPSILOGIA. *Dresdæ,* 1731, in-4. [6924]

EMBRYOLOGIA. *Dresdæ,* 1732, in-4. [6925]

HÆMATOLOGIA. *Dresdæ,* 1744, in-4. [6899]

LITHOLOGIA. *Dresdæ,* 1744, in-4. [7562]

Les 10 volumes réunis : vend. 36 fr. La Serna, et plus cher autrefois.

SCHURMAN (*Anna-Mar.* a). Dissertatio de ingenii muliebris ad doctrinam et meliores litteras aptitudine ; accedunt quædam epistolæ ejusdem argumenti. *Lugd.-Batavor., ex officina elzeviriana,* 1641, pet. in-8. [18040]

— OPUSCULA hebræa, græca, latina, gallica, prosaica et metrica. *Lugduni-Batavorum, Elzevirii,* 1648, pet. in-8. 4 à 6 fr. [19028]

Ce recueil, qui renferme la dissertation précédente, a été réimpr. par les Elsevier, en 1650, et à *Utrecht,* en 1652, pet. in-8., avec quelques augmentations. Les trois éditions sont ornées du portrait de Mlle de Schurman, dessiné et gravé par elle-même : ainsi, comme on le voit, cette savante fille savait allier la culture des arts à l'érudition.

— QUESTION célèbre, si il est nécessaire ou non que les filles soient savantes ? agitée de part et d'autre par Marie-Anne de Schurman et André Rivet, trad. du latin par Guil. Colletet. *Paris, Rollet Le Duc,* 1646, in-8.

SCHUTZ. Collection de (46) vues de la ville de Vienne, de ses faubourgs et de quelques environs, grav. par Ch. Schutz et J. Ziegler. *Vienne, Artaria* (1784), gr. in-fol. obl. fig. color. [9596]

Recueil assez bien exécuté : vend. 101 fr. Lamy.

SCHUZ (*P.-Henr.*). Commentarius criticus de scriptis et scriptoribus historicis, tam antiquis, quam novis. *Ingolstadii,* 1761, in-4. [19491]

Vend. 12 fr. La Serna Santander.

SCHWABENSPIEGEL. Der Spiegel keiserlicher vnd gemeiner lantrecht (*sans lieu ni date*). In-fol. à 2 col.,sans sign., chiffres ni récl. [3031 ou 26592]

Édition sortie des presses de Gunther Zainer, à Augsbourg, et vraisemblablement la plus ancienne que l'on ait du *Schwaben-Landrecht*. Elle a 6 ff. prélimin., lesquels commencent par cette ligne : *In dem Namen des höchsten richters Cristi vnsers herrn;* ensuite commence le texte qui occupe 103 ff. Il existe une autre ancienne édition des mêmes Statuts, sans lieu ni date, in-fol. de 8 ff. prélim. non chiffrés, et de 149 ff. à longues lignes, sans sign. ni récl. Celle d'Heidelberg, 1472, que citePanzer (*Deutsche Ann.*, I, 69), est fort douteuse, et l'on regarde comme la première, avec date, celle d'Augsbourg, Ant. Sorg, 1480, in-fol.

Deux nouvelles éditions de cet ancien ouvrage ont été publ. en 1840; l'une à *Tübingen*, par F.-L.-A. von Lassberg, in-8., d'après un manuscrit daté de 1287; l'autre à *Zürich,* par W. Wackernagel, gr. in-8., tome 1er.

— Le Miroir de Souabe, d'après le manuscrit français de la bibliothèque de la ville de Berne, publié par M. Mutele. *Neuchâtel*, 1843, in-fol.

SCHWÆGRICHEN (*Frid.*). V. Hedwig.

SCHWAN (*C.-F.*). Abbildungen aller geistlichen und weltlichen Orden... Représentation de tous les ordres réguliers et séculiers et des ordres de chevalerie, avec leur histoire abrégée (par Schwan). *Manheim, Schwan*, 1779-94, 3 vol. gr. in-4. fig. color. [21719]

Ouvrage non terminé, dont il a paru 46 cah. de 4 pl. color. chacun. Ce n'est guère qu'une copie du recueil publié par Bar (voy. Bar). Le prix, qui était d'environ 200 fr., ne s'est pas soutenu.

Pour le Dictionnaire de Schwan, voy. le n° 11247.

SCHWANDTNER. Voyez Belius.

SCHWARTZ (*Jo.-Conr.*). Voy. Carmina familiæ cæsareæ.

SCHWARTZE. Das alte Ægypten, oder Sprache, Geschichte, Religion und Verfassung des alten Ægyptens. Vol. I, Darstellung und Entzifferung der vornehmsten Entzifferungs-Systeme der drei altägyptischen Schriftarten, in 2 Theilen (nebst 2 Anhängen : I. Champollion's Grammaire égyptienne ; II. Paläographisches Alphabet der koptischen Schrift); herausgegeben von M. G. Schwartze. *Leipzig, Barth,* 1843, 2 vol. in-4. de 2226 pp. [29120]

Cet ouvrage, qui a coûté 40 thl., n'a pas été terminé.

— Koptische Grammatik. Herausgegeben nach des Verfassers Tode von H. Steinthal. *Berlin, Dümmler*, 1850, in-8. 20 fr. [11935]

SCHWEIGGER (*Salom.*). Newe Reyssbeschreibung auss Teutschland nach Con-

stantinopel und Jerusalem. *Nürnberg*, 1608, in-4. fig. sur bois. [20553]

Réimprimé à Nuremb., en 1613, 1619 et 1664, in-4. Les planches manquent souvent. — Un abrégé du même ouvrage a paru à Nuremb., en 1665, in-8. oblong.

SCHWEITZER (*Fréd.*). Serie delle monete d'Aquileja e di Venezia. *Trieste*, 1848-52, 2 vol. gr. in-4., 105 pl. 36 fr. [25473]

— Histoire des comtes de Gorice, 26546.

SCHWENCKFELD. Voy. Suenckfeld.

SCIARRA. Stanze del poeta Sciarra fiorentino (Pietro Strozzi) sopra la rabbia di Macone, testo di lingua recato a buona lezione dall' Ab. Iacopo Morelli. *Bassano, dalla tipogr. remondiniana*, 1806, in-8. de 12 ff. en tout; lettres majuscules. [15019]

Tiré à un petit nombre d'exemplaires, sur pap. vél. et sur pap. de Hollande, et à cinq exempl. sur vélin. Un de ces derniers 15 fr. 50 c. Reina.

Ces stances (du célèbre Maréchal Strozzi), que cite l'Académie de La Crusca, avaient déjà paru dans le livre intitulé : *Compagnia della Lesina*, et plusieurs fois séparément; mais les anciennes édit., au sujet desquelles voyez Gamba, *Serie*, n° 898, sont fort inférieures aux nouvelles.

C'est d'après l'édition de 1806, ci-dessus, que Renouard en a fait imprimer une à Paris, chez P. Didot, vers 1810, gr. in-8. de 5 ff. prélim., 16 pp. de texte, et un f. sous la date : *Constantinopoli*, 1550. De cette dernière il n'a été tiré que 12 exempl., tous sur vélin, pour être réunis au *Lamento di Cecco da Varlungo*, impr. de même (voyez Baldovini).

Les deux opuscules 40 fr. Renouard.

— Stanze del poeta Sciarra sopra la rabbia di Macone. *Venezia, Picotti*, 1822, in-8.

Édition donnée par Jos. Pasquali, qui y a fait usage des variantes indiquées par Poggiali dans sa *Serie de' testi di lingua*. Il en a été tiré deux exempl. sur vélin, un sur pap. de Chine, deux sur très Gr. Pap. et vingt sur différents papiers.

— Stanze del poeta Sciarra sopra la rabbia di Macone, testo di lingua estratto da un mss. esistente nella magliabechiana, con varie lezioni. *Firenze, Audin*, 1822, in-8.

Il y a des exemplaires tirés sur des papiers de couleur, et quatre sur vélin.

Cette petite pièce a été insérée dans le *Saggio di rime*, impr. à Florence, en 1825, in-8.

SCIATTA (la). Voyez Schiatta.

SCIELTA (della nvova) di lettere di diversi nobilissimi hvomini, et excell. ingegni,

Schwartner. Statistique de Hongrie, 26506.
Schwartz ou Swarz (*E.-G.*). Opuscula, 19047. — De Ornamentis libr., 31133. — Documenta, 31176.
Schwechten (*F.-W.*). Der Dom zu Maissen, 9967.
Schweiger (*F.-L.-A.*). Handbuch, 31632.

Schweighæuser (*Jo.*). Opuscula, 18286.
Schweizer-Liederbuch, 15510 et 15511-12.
Schwelingius (*H.*). Microcosmus, 13073.
Schwenckfelt (*Cas.*). Catalogus, 4514. — Theriotropheum, 5619.
Schwenk (*Kr.*). Mythologie, 22564.
Schweppe (*A.*). Das römische Privatrecht, 2433.
Schwerz. Préceptes d'agriculture, 6321.
Schwetschke (*G.*). Vorakademische Buchdruckergeschichte der Stadt Halle, etc., 31291.
Schwiedland (*F.-A.*). Vie populaire en Hongrie, 26506.

scritte in diverse materie, fatta da tutti i libri sin' hora stampati, libro primo (secondo, terzo, et quarto); con un discorso della commodità dello scrivere, di M. Bernardino Pino. *In Venetia,* ∞ DLXXIIII (1574), 4 vol. in-8. [18859]

Il existe des exemplaires de cette collection avec l'ancre aldine sur le titre du premier volume (les trois derniers volumes n'ont qu'un faux titre), et d'autres où se voit, au lieu de cette marque, une gravure sur bois, dont les Alde se sont servis dans plusieurs de leurs éditions, et où est représentée Rome, avec la Louve qui allaite Romulus et Rémus : vend. 3 liv. 10 sh. bel exemplaire *m. v.* Butler ; et quelquefois de 10 à 12 fr. Un exemplaire des 4 vol. en Gr. Pap. se conservait dans la bibliothèque de M. Melzi, à Milan.

SCIENCE des médailles. Voyez JOBERT.

SCILLA (*August.*). De Corporibus marinis lapidescentibus quæ defossa reperiuntur : addita dissertatione Fabii Columnæ, de Glossopetris. *Romæ, Monaldini,* 1752, seu 1759, in-4., avec 28 fig. 5 à 7 fr. [5890]

Ces deux éditions sont également complètes, mais celle de 1747 ne contient que 14 pl. au lieu de 28.

SCIOPPIUS (*Gaspar*). De Aragoniæ regum origine, posteritate et cum primariis orbis Christiani familiis consanguinitate. *Mediolani,* 1628, in-8 de 72 pp. [26166]

.Ce petit ouvrage a été vendu 3 flor. Meerman, et 1 liv. 12 sh. Heber ; or, à en juger par ces derniers prix, ce doit être un des plus rares et des plus recherchés parmi les nombreux écrits du trop fécond Scioppius, écrits dont Niceron, dans sa notice très-curieuse sur ce savant critique (tome XXXV), porte le nombre à plus de cent. Le même biographe a donné la liste de seize noms empruntés, sous lesquels Scioppius a voilé le sien à la tête de plusieurs de ses libelles.

— Scaliger hypobolymæus, hoc est, elenchus epistolæ Josephi Burdonis pseudoscaligeri de vetustate et splendore gentis Scaligeræ... *Moguntiæ,* 1607, in-4. [18404]

Premier acte d'hostilité dans la guerre littér. que se firent, avec tant d'animosité, Scioppius et Jos. Scaliger. Quoique le titre porte l'indication de Mayence, ce volume, peu commun, a certainement été imprimé en Hollande. Vend. 2 flor. 50 c. Meerman ; 1 liv. 17 sh. Heber.

L'ouvrage auquel cet *Elenchus* se rattache a pour titre :

JOS. SCALIGERI Jul.-Cæs. F. epistola de vetustate et splendore gentis Scaligeræ, et Jul.-Cæs. Scaligeri vita ; Jul.-Cæs. Scaligeri oratio in luctu filioli Audecti ; item testimonia de genti Scaligera et J.-C. Scaligero. *Lugd.-Batavor., ex. offic. plantin.,* 1594, in-4.

Voici le titre de la réplique que J.-J. Scaliger a faite à la diatribe de Scioppius, sous un nom emprunté :

CONFUTATIO stultissimæ Burdonum fabulæ, au-

tore J.-R. (Jano Rutgersio) Batavo, juris studioso. *Lugd.-Batavor.,* 1608, in-12.

— Voy. BARTHIUS (*Gasp.*), BAUDII amores, PRIAPEIA et SATYRÆ duæ.

SCLARICINO. Silvano de misser Thomaso Sclaricino gammaro doctore in leze da Bologna. (in fine): *Finisce li sonetti composti p M. T. Sclaricino Gāmaro doctore in lege impressa ne l' alma et inclyta citta di Bologna a comune spesa de Benedetto de Hector libraro et de Plato di Benedetti stampatore,... nel M. cccclxxxxxi, a di xi Luglio,* in-4. de 44 ff., y compris le dernier tout blanc, avec signat., caract. ronds. [14977]

Édition fort rare, dédiée par l'auteur à Antoine Galeaz Bentivolo, protonotaire apostolique. Les poésies commencent au f. 3 par ce sommaire : *Qui comincia li soneti amorosi p M. Lucina da Thomase Sclaricino Gāmaro.* Le dernier feuillet imprimé contient un avis de l'auteur, en latin, l'errata, la souscription ci-dessus et le registre des signatures. Vend. 1 liv. 13 sh. *mar. citr.* Hibbert ; 16 sh. Heber.

La pièce suivante, relative au poète Sclaricino, nous paraît devoir être indiquée ici :

ORATIO funebris (faceta) Thomæ Sclaricini Gammari adverso Gallifato a Boazano habita ; Epistola Asini ad Asinos ; dialogi duo, I, inter Bellinam et Amphrosinam. II, inter psaltriam et tribadem. *Impressum Bononiæ per Benedictum Hectoris Bibliopolam...* MDX. *die ii Octob.,* in-4.

SCOHIER (*Jean*), beaumontois. L'estat et comportement des armes, contenant l'institution des armoiries et methode de dresser les genealogies. *Bruxelles, Mommart,* 1597, pet. in-fol.

Cet ouvrage, que d'autres du même genre et plus modernes ont rendu à peu près inutile, a été réimprimé à Bruxelles en 1629, in-4., et à Paris en 1630, in-fol. (quelquefois rel. avec d'autres traités analogues à celui-ci, voir le numéro 28801 de notre table). A la colonne 1115 de notre 3e volume (article LIVRE contenant...), nous avons cité la *Généalogie de la maison de Croy,* par le même Scohier ; ajoutons que c'est un volume de 4 ff. préliminaires et 74 pp., plus 9 feuilles de généalogie, et qu'il a été vendu 15 fr. de Martainville.

SCONIN (*A.*). Hector, tragedie (5 act. en vers). *Soissons, Louis Mauroy,* 1675, in-8 de 3 ff. et 71 pp. [16468]

16 fr. *m. r.* de Soleinne, 1466.

SCOPOLI (*Jo.-Ant.*). Deliciæ floræ et faunæ insubricæ, seu novæ, aut minus cognitæ species plantarum et animalium, quas in Insubria austriaca vidit, et descripsit J.-A. Scopoli. *Ticini,* 1786-88, 3 part. en 1 vol. in-fol., avec 75 pl. [4512]

Ouvrage le plus considérable de l'auteur, mais qui n'est pas terminé : 20 à 24 fr. Vend. 41 fr. Ventenat. Nous indiquons d'autres productions de Sco-

---

poli sous les n°ˢ 4729, 4860, 5147, 6219 de notre table.

SCOPPA Parthenopeus (*Lutius-Joannes*). In varios authores collectanea. *Neapoli, per Sigismundum Mayr*..... M. D. VII, in-4. [18164]

— Grammatices institutiones, et in calce epitome cum metrorum arte pro pueris. (*Neapoli*, 1508), in-8. [10799]

Grammaire fort rare de cette édition. Vend. 1 liv. 17 sh. Heber, I, 6273; mais réimpr. à Venise, *apud hæredes Petri Ravani*, 1543, et dans la même ville en 1558, in-8.

SCORESBY (*Will.*). An Account of the arctic regions, with a history and description of the northern whale fishery, by Will. Scoresby jun. *Edinburgh, Constable*, 1820, 2 vol. in-8. avec 24 pl. [20981]

Ouvrage intéressant : 1 liv. 10 sh.
JOURNAL of a voyage to northern whale fishery : including researches and discoveries on the eastern coast of west Greenland made in the summer of 1822, in the ship Baffin. *Edinburg, Constable*, 1823, in-8., avec 8 pl. 10 sh. [20982]

SCOTLAND.

La dernière édition du *Manual* de Lowndes, part. VIII, pp. 2208-2219, contient une notice étendue sur les ouvrages anonymes relatifs à l'Écosse, parmi lesquels un des plus rares et des plus précieux est celui qui a pour titre : The late expedicion in Scotland made... en 1544, pet. in-8. Nous l'avons déjà cité (t. IV, col. 443, article PATTEN). Nous y reviendrons dans nos additions, sous le mot EXPEDICION, et nous porterons dans notre table méthodique l'*Histoire d'Ecosse* (n°ˢ 27381 et suiv.) et plusieurs autres articles curieux décrits par Lowndes, mais dont nous ne parlons pas dans notre Dictionnaire.

SCOTO (*Geron.*). Madrigali a quatro voci di Geronimo Scotto, con alcuni a la misura breve, et altri a voci pari, nouamente posti in luce : libro primo. *Venetiis apud ipsum authorem*, 1542, pet. in-4. oblong. [vers 10192 ou 14495]

Quatre parties de chants de 20 ff. chiffrés chacune, savoir : *Cantus*, sign. A—E; *Tenor*, sign. a—e; *Altus*, sign. Aa—Ee, et *Bassus*, sign. AA—EE. Elles contiennent 38 morceaux.
Jérôme Scot ou Scoto était, on le voit, en même temps compositeur et imprimeur de musique. On cite de lui : *Madrigali a doi voci*, Venet., 1541, contenant 44 morceaux, et *Madrigali a tre voci*, même date, contenant 56 morceaux.
Il a imprimé, de 1539 à 1544, différents recueils de musique, dont M. Ant. Schmid nous a conservé les titres. Nous en citons plusieurs à l'article ARCHADELT, et aussi aux articles GOMBERT et ROTTA.

SCOTO (*Fran.*). Nuovo itinerario d'Italia. *Padova*, 1654-57, 3 part. en 1 vol. in-8. [25218]

Cette édition est ornée de plans de ville, de vues et d'autres gravures de Fr. Bertelli qui la font rechercher : parmi ces planches se trouvent quelquefois celles qui représentent des processions et les fêtes

du carnaval. L'ouvrage, qui avait d'abord été impr. sous le nom d'André Scoto, à Venise, par Bolzetta, en 1618, in-8., a été réimpr. sous le titre d'*Itinerario, overo Nova descrittione de' viaggi principali d'Italia*. A Padoue, chez M. Cadorin, 1670, pet. in-8., fig., augmenté de l'*Origine della città, e molte antichità di Roma*.

SCOTT (*Edmund*). An exact discourse of the subtilties, fashions, pollicies, religion, and ceremonies of the East-Indians, as well Chyneses as Ianuans, there abyding and dwelling; together with the manner of trading with those people, as well by vs English, as by the Hollanders : as also what hat happened to the english nation at Bantam in the East-Indies, since the 2 of february, 1602, vntill the 6 of october 1605 : Whereunto is added a briefe Description of Iaua Maïor. Written by Edmund Scott, resident there, and in other places neer adioying, the space of three yeeres and a halfe. *London, by W. W., for Walter Burre*, 1606, in-4., sign. A—N par 4 y compris le titre et la dédicace. [28092]

Livre rare et curieux, décrit dans la *Biblioth. grenvil.*, p. 649-50.

SCOTT (*Dan.*). Appendix ad Thesaurum græcæ linguæ, ab Henr. Stephano constructum, et ad Lexica Constantini et Scapulæ. *Londini*, 1745-46, 2 vol. in-fol. [10703]

Cet ouvrage n'est pas fort estimé, mais les exempl. en sont rares en France. Le prix, qui s'était élevé à 100 fr. et plus, est réduit à 20 ou 30 fr. depuis que cet appendice a été refondu dans la nouvelle édition du Trésor de Henri Estienne.

SCOTT (*John*). The Sportsman's cabinet. Voy. SPORTMAN's cabinet.

SCOTT (*Jonathan*). Voy. t. II, col. 1224, article FERISTHA.

SCOTT-WARING. Voy. WARING.

SCOTT (*John*). Tableaux pittoresques de Paris et de ses environs, d'après des dessins originaux de Fréd. Nash; le texte par J. Scott, trad. en français par M. P.-B. de La Boissière. *London, Longman*, 1820-23, 2 vol. gr. in-4. [24151]

60 gravures très-bien exécutées par G. Cook, J. Pye, S. Middiman, etc., avec un texte en anglais et en français. L'ouvrage a coûté 8 liv. 8 sh.;— Pap. impér., 16 liv. 16 sh.;— avec prem. épreuves sur pap. de Chine. 24 liv. 4 sh. (10 liv. 15 sh. m. r. Hibbert, et seulement 80 fr. Labedoyère); mais ces prix ont été depuis sensiblement réduits.

SCOTT (*Walter*). Poetical Works, with the author's Introductions and notes. *Edinburgh*, 1833, 12 vol. pet. in-8. avec

---

24 pl. sur les dessins de Turner. 3 liv. 3 sh. [15871]

Reproduit en 1848-49, en 1854, et de nouveau en 1861, également en 12 vol. pet. in-8. Cette dernière édition 1 liv. 16 sh.

La première édition de ces *Poetical Works*, Edinburgh, 1815, en 10 vol. gr. in-8., a coûté 10 liv. 10 sh. Celle d'Édimbourg, 1825, 10 vol. in-8., avec portr. et frontispices gravés, 6 liv. 6 sh.; une autre, de 1830, en 11 vol. in-18, 3 liv. 3 sh. Mais les nombreuses éditions qui ont paru depuis ont fait tomber le prix des anciennes. Celle de 1845, gr. in-8., accompagne ordinairement les *Novels*, en 5 vol. gr. in-8. (*People's edition*).

L'édition de 1846, en 1 vol. in-8., pap. impérial, avec 26 gravures, est celle qui se joint à l'édition des Nouvelles, dite d'*Abbotsford*; elle a été reproduite en 1851. On peut encore citer l'édition d'*Edinb.*, 1856, gr. in-8., avec des notes, et ornée de 60 pl., et qui coûtait 1 liv. 11 sh. 6 d. Les autres sont communes et à bas prix.

Les éditions originales de chaque ouvrage poétique de Walter Scott ont d'abord paru séparément à Edimbourg ou à Londres, dans les formats in-4. et in-8. Voici les principaux : *Minstrelsy of scottish Border*, 1802-3, 3 vol. in-8. — *Sir Tristram*, 1804, gr. in-8. et pet. in-4. — *The lay of the last Minstrel*, 1804. — *Marmion*, 1808, in-4. — *The Lady of the lake*, 1810, in-4. — *The Vision of don Roderick*, 1811. — *Rokeby*, 1813, in-4. — *The Lord of the Isles*, 1814. — *The Ettricke Garland*, 1815, in-4., etc. On a pu réunir à chacune de ces premières éditions des planches (*illustrations*) gravées par Heath, et autres publiées séparément dans le format in-8., et dont il a été tiré des épreuves avant la lettre sur pap. de Chine. Ces dernières, qui sont encore assez recherchées, se payaient de 6 à 7 fr. la pièce. Citons encore les deux suites qui se rapportent aux *Poetical Works*, savoir : *Illustrations, Landscape historical and antiquitarian, by Rob. Turner*, etc., *with descriptions by John Martin*, London, Tilt, 1834, gr. in-8., et *india proofs*, gr. in-4., 40 pl. — *Illustrations to the Poetical Works, after J.-M.-W. Turner, by Goodall, Miller*, etc., Edinburgh, 1833 (aussi 1852), 24 pl. in-4. roy. 1 liv. 15 sh., et premières épreuves in-4. impér. 2 liv. 8 sh.

— The Waverley Novels, Tales and Romances. *Edinburgh and London*, 1829-33 (réimpr. en 1849), 48 vol. gr. in-18. [17751]

Édition en partie revue par l'auteur, qui y a ajouté des introductions pour plusieurs romans et des notes historiques et explicatives. Chaque vol., orné d'une vignette et d'un frontispice gravé, coûtait 5 sh. Les vignettes et frontispices se vendaient séparément par cah. de 16 pl., savoir : tiré in-8., 12 sh. ; — *French proofs*, in-4., 1 liv. ; — *India proofs*, in-4., 1 liv. 4 sh. ; — *Colombier*, in-4. avant la lettre, 1 liv. 15 sh. — eaux-fortes, 1 liv.

— Wawerley Novels, Tales and Romances. *Edinburgh*, 1842-46 (réimpr. en 1852). 12 vol. in-8. impér. 10 liv. 16 sh.

Belle édition, connue sous la désignation d'*Abbotsford edition*. Elle est ornée de 120 gravures sur acier et de près de 2000 bois. On y réunit les autres ouvrages de W. Scott, impr. dans le même format, savoir : *Poetical Works*, 1 vol. — *Miscellaneous prose Works*, 3 vol. — *Life of Napoleon*, 1 vol. — *Tales of a Grandfather*, 1 vol. — Et de plus *Lockhart's Life of Scott*, 1 vol. Le tout est coté à 17 liv. 17 sh.

— THE NOVELS, edition containing all the latest corrections and additions of the author, *Edinburgh*, 1852-54, 25 vol. in-8. fig. 11 liv. 5 sh.

L'édition d'*Edinb.*, 1844, en 5 vol. in-8., avec portr.

et vignettes, 11 sh. — On y joint *The Poetical Works*, en 1 seul vol. in-8., 6 sh. ; les *Miscellaneous prose Works*, en 3 vol. in-8., 1 liv. 1 d. ; et *Lockhart's Life of Scott*, en 1 seul vol. gr. in-8.

Citons encore l'édition de *Waverley Novels* (*cabinet edition*), *Edinb.*, 1841-43, 25 vol. in-8., frontispices et vignettes, réimpr. en 1860, 3 liv. 10 sh. — Celle d'*Edinb.*, 1858-60, 48 vol. in-12, à 4 sh. 6 d. le volume.

Les romans qui forment cette série des œuvres de W. Scott, à commencer par *Waverley*, ont été publiés séparément à Edimbourg, de 1814 à 1831, chacun en 3 ou 4 vol. de format in-12 et pet. in-8.

Nous ne devons pas omettre l'édition des *Novels*, *Paris*, *Galignani*, 1838, 5 vol. gr. in-8., à laquelle se joignent les *Poetical Works*, en 2 vol. gr. in-8., données par le même libraire.

— THE MISCELLANEOUS prose Works, accompanied with notes. *Edinburgh*, 1834-36, 28 vol. in-12, avec frontispices, d'après Turner. Le prix, qui était de 7 liv., a été réduit à 4 liv. 4 sh. pour la réimpression faite de 1842-46, et à moins encore pour celle de 1851 et 1861. Il a été fait plusieurs autres éditions de cette collection. Celle de 1841-42 (et réimprimée en 1846 et en 1854), en 3 vol. in-8., se réunit aux *Novels* (*People's edition*), et celle de 1846, également en 3 vol. gr. in-8., se place à côté des *Novels* et des *Poetical Works*, édition dite d'*Abbotsford*.

— THE LIFE of Napoleon Buonaparte with a preliminary view of the french revolution. *Edinburgh*, 1827, 9 vol. pet. in-8 ; aussi *Paris*, 9 vol. in-8. ou in-12.

Quoique cette histoire soit une production tout à fait indigne du célèbre auteur de *Wawerley*, elle a été plusieurs fois réimprimée, soit en 9, soit en 5, ou même en 1 seul vol. in-8.

On réunit à tous ces ouvrages *The Life of Walter Scott, by M. Lockhart*, London, 1837-38, 7 vol. pet. in-8., portr. Cette biographie a été reproduite en différents formats. L'édition d'Édimbourg, 1843 (aussi 1850), est en 10 vol. pet. in-8., et celle de 1853, en 1 seul volume pet. in-8., avec 12 gravures.

— NARRATIVE of the life of W. Scott, begun by himself and continued by J.-G. Lockhart. *Edinburgh*, 1851, 2 vol. pet. in-8. avec 4 pl. Il y a dans ce livre de nouveaux renseignements sur la famille de Walter Scott.

— THE BORDER Antiquities of England and Scotland; comprising specimens of architecture and sculpture, and other vestiges of former ages; accompanied by descriptions, together with illustrations of remarkable incidents in Border History and tradition by Walter Scott; illustrated by nearly one hundred engravings of the most interesting subjects of antiquity still remaining on the Borders. *London*, *Longman*, 1814-17, 2 vol. in-4. avec 94 pl. 2 à 3 liv. [26799]

Il y a des exemplaires sur pap. impérial qui coûtaient 13 liv. 13 sh., et aussi avec les premières épreuves tirées sur pap. de Chine. On a fait une réimpression sous la même date, mais dont les épreuves des planches sont médiocres ; elle ne vaut pas plus de 2 liv.

— PROVINCIAL antiquities, and picturesque scenery of Scotland, with descriptive illustrations, by Walter Scott. *Edinb.*, *Blackwood, and London*, *Rodwell, Arch*, etc., 1826, 2 vol. gr. in-4., avec 52 pl. 3 liv. 3 sh. [27403]

Cet ouvrage, commencé en 1819, s'est publié en dix livraisons, dont la dernière est de 1826. Le prix des deux parties, ornées de frontispices gravés d'après les dessins de Turner, était de 8 liv. ; — Gr. Pap. 15 liv. ; — avec fig. sur pap. de Chine, 21 liv. ; — et avec les eaux-fortes, 26 liv. Mais aujourd'hui il est bien moins élevé.

— OEuvres de Walter Scott, trad. de l'anglais (par M. Defauconpret). *Paris, Gos-*

selin, 1822-30, 60 vol. in-8. fig. 120 à 150 fr., et plus en pap. vél.

L'Histoire de Napoléon fait partie de cette édition, mais *Robert de Paris,* dernier roman de l'auteur, ne s'y trouve pas. — Les mêmes, *Paris, Gosselin et Sautelet,* 1826 et ann. suiv., 84 vol. gr. in-18, figures.

— LES MÊMES. *Paris, Furne,* 1829-32, 32 vol. in-8. 80 fr. — Autre édition, 30 vol. in-8. fig. 90 fr.

Ces éditions ne comprennent pas les ouvrages mêlés, en prose. On a pu placer dans la collection en 30 vol. *trente-trois vignettes,* d'après les tableaux de MM. Alfred et Tony Johannot, gravées par MM. Blanchard, Cousin, Lecomte, Lemaître, Mauduit, Pourvoyeur, Revel, Tavernier (*Paris, Furne,* 1830 à 1832), suite annoncée d'abord à 40 fr. pour les souscripteurs, et depuis à 22 fr. Il y a des épreuves tirées sur pap. de Chine.

La librairie Furne a donné, en 1858 et 1859, une édit. des mêmes traductions, en 25 vol. in-8., avec des vignettes par Raffet, 75 fr.; — et aussi une édit. en 15 vol. gr. in-8., illustrés de 50 vignettes et portraits, 67 fr. 50 c.

— Life of Dryden, etc., 30907.

Principales suites de gravures anglaises pour les ouvrages de Walter Scott.

ILLUSTRATIONS to the Novels and Poetical Works of sir Walter Scott, by Wilkie, Turner, Bonington, Landseer, Stephanoff, Leslie, Stanfield and others. *London,* 1830-34, in-8. 104 planches, dont il y a des premières épreuves sur pap. de Chine, in-4.

FINDEN's illustrations of sir Walter Scott Works. *London,* 1834, 4 vol. gr. in-8.

Ces gravures ont été faites sur les dessins de Turner, Robert, Callcott, Prout, Leslie, Etty, Landseer, Stanfield, Cattermole, etc. Elles sont ainsi réparties : 1° *Landscape illustrations of the Waverley Novels,* 80 pl. en 2 vol.; 2° *Portrait illustrations,* 40 pl. en 1 vol.; 3° *Illustrations of the Poetical Works,* 40 pl. en 1 vol. Les quatre volumes ont coûté ensemble 9 liv. 9 sh., et sur pap. de Chine, roy. in-4., 13 liv. 10 sh. Les nouveaux tirages qui ont été faits de ces trois suites, sous leur ancienne date, sont fort inférieurs aux premiers, et d'un prix beaucoup moindre.

LANDSCAPE historical illustrations of the Waverley Novels. *London, Fisher,* sans date, in-8. impérial, 108 pl. avec leur explication en anglais et en français.

Réédité par P. Jackson, 1840, en 2 vol. in-8. 2 liv. 2 sh.

PORTRAITS of the principal female characters mentioned in the Waverley Novels. *London,* 1832-33, in-8. royal, 40 pl., dont il y a des épreuves sur pap. de Chine, in-4.

THE WAVERLEY Gallery of the principal female characters in the romances and poems of Walter Scott, engraved by Ch. Heath, etc. *London, Bogue,* 1840-41, gr. in-8, 36 pl. 1 liv. 11 sh. 6 d.; — coloriées, 3 liv.

Reproduit de 1848 à 1855.

SCOTT and Scotland, illustrated in a series of engravings after Turner, M' Clise, Harding, and George Cruikshank, with biographical and descriptive Letterpress by G.-N. Wright. *London,* 1838, 2 vol. in-4. avec 104 planches, 3 liv. 3 sh.

SCOTUS (*Joannes* Duns). Opera omnia, collecta, recognita, scholiis et commentariis illustrata a Patribus Hibernis, collegii romani S. Isidori professoribus.

Lugduni, Durand, 1639, 12 tom. en 13 vol. in-fol. [1189]

Cette collection, à laquelle Luc Wadding a donné ses soins et ajouté une vie de l'auteur, se trouve difficilement, 240 à 300 fr. Lowndes la porte même à 15 liv. 15 sh.

— Questiones super primo sententiarum. *Quod opus..... Venetiis impressum anno Jesu Christi...* M°CCCC° LXXII° *xiii kal. decembres* 3 (*per Albertum Stendael*), in-fol. de 247 ff. à 2 col. [1190]

Édition rare : 150 fr. La Vallière; 24 fr. seulement m. r. Brienne ; 21 fr. Costabili.

On cite aussi deux autres éditions de cet ouvrage, impr. à *Venise,* durant cette même année 1472; mais, quoique rares, elles sont aussi peu recherchées les unes que les autres. M. Van Praet a fait mention d'un exemplaire de celle de Vindelin de Spire, impr. sur VÉLIN.

Nous indiquerons encore les quatre ouvrages suivants du même théologien :

SCRIPTUM super secundum sententiarum. — *Impresse (Venetiis) per Albertum de Stendael,* 1474, in-fol. [1191] — Vend. 30 fr. m. r. Brienne-Laire.

SUPER libro tertio sententiarum. — *Magister Johannes de Beno impressit* M. CCCC. LXXIII, in-fol.

IN QUARTUM librum sententiarum, opus anglicanum. — *Explicit numerus et ordo questionum huius operis anno, etc.,* LXXIIII (Norimbergæ, Ant. Koberger), in-fol. goth. de 288 ff. — Vend. en m. r. 48 fr. La Vallière.

QUESTIONES quodlibeticæ purgatæ per Th. Penketh. — *Explicit feliciter.* M. CCCC. LXXIIII. *Hæc Albertus ego Stendael Quodlibeta... pressi (Venetiis),* in-fol. — Edition rare, commençant par ces mots : *Et cuncta res difficiles, etc.,* et finissant par un index de 5 ff. Vend. 80 fr. m. r. La Vallière : 2 liv. 2 sh. Pinelli, et moins depuis, car en général toutes ces anciennes éditions des théologiens scolastiques sont à très-bas prix.

— APOLOGIA. Apologiæ pro Joanne Duns Scoto.... per Hugonem Magnesium (Mac Caghwell), hibernum. *Paris., apud Mich. Sonnium,* 1623, in-8. Curieux et rare. — Voir l'article PONCIUS.

— DE MODO significandi. Voy. ADAMUS.

SCOTUS (*Michael*). Incipit liber phisionomiæ : quē compilavit magister Michael Scotus...—*Michaelis Scoti de procreatione & hominis phisionomia opus feliciter finit,* M. CCCC. LXXVII, in-4. de 77 ff. non chiffrés, sig. A—KIII. [6916]

Édition rare qui commence par 3 ff. de tables, Vend. 37 fr. Brienne-Laire.

Il existe plusieurs éditions du même ouvrage impr., avec ou sans date, dans le XVe siècle (Hain, 14542-55), mais elles ont peu de valeur. Pour celle de Besançon, voy. VILLANOVANUS (*Arnoldus*); voy. aussi l'art. MENSA philosophica.

SCOTUS (*Romoaldus*). Summarium rationum, quibus cancellarius Angliæ et prolocutor Puckeringius Elisabethæ Angliæ reginæ persuaserunt occidendam esse... Mariam Stuartam Scotiæ reginam : una cum responsionibus reginæ Angliæ et sententia mortis : his additum est supplicium et mors reginæ Scotiæ, una cum succinctis quibusdam animadversionibus et confutationibus eorum, quæ ei objecta sunt. Opera Romoaldi Scoti. (*sine loco*), 1588, in-4. de 37 ff., sign. A—K. [27452]

Pièce rare, réimpr. à Ingoldstadt, *ex offic. Wolfgangi Ederi*, 1588, in-8. de 134 pp. non compris le titre, et aussi à Cologne, *sumptibus Petri Henningii*, 1627, in-8., édition à la fin de laquelle se trouve : *Maria Stuarta innocens a cæde Darleana, vindice Oberto Barnestapolio.*

SCOUNDREL. The Scoundrel's Dictionary, or an explanation of the cant words used by Thieves, etc., to which are prefixed some curious dissertations of the art of Wheedling and a collection of their songs, with a proper glossary. *London*, 1754, in-8. [11349]

Ouvrage curieux. 1 liv. 19 sh., vente Sotheby, en 1858.

SCRIBANARIUS. Iudicium Marci Scribanarii Bononiensis de dispositione añi M. CCCC LXXXI. (au verso du dernier f.): *Bononie editum kal. Ianuarii*, M. CCCC. LXXXII, in-4. de 8 ff. à 34 lign. car. rom. [9021]

On a du même astronome des Prognostications, pour les années 1486 et 1494, impr. à Rome sous ces mêmes dates. (Ces deux opuscules in-4. ont, l'un, 8 ff. à 33 lign., et l'autre 7 ff. à 43 lign. Hain, 14556-58.)

SCRIBONIUS Largus. Compositiones medicæ ; Jo. Rhodius recensuit, notis illustravit, lexicon scribonianum adjecit. *Patavii*, 1655, in-4. fig. 6 à 8 fr. [6597]

La première édition de cet ancien médecin a été donnée à Paris, par Simon Dubois (*Silvius*), en 1528, in-fol., sous ce titre : *Scribonii Largi de compositionibus medicamentorum liber unus, antehac nusquam excusus : Joanne Ruellio doctore medico castigatore.* Elle est ordinairement réunie au *Celsus, etc.*, publié à Paris, *apud Christianum Wechel*, 1529. Ensuite a paru le recueil intitulé : *Scribonii* Largi de compositione medicamentorū liber, jampridem Jo. Ruellii opera e tenebris erutus et a situ vindicatus, Antonii Benivenii libellus, etc. (*Basileæ*) *apud Andream Cratandrum*, 1529, in-8.

— COMPOSITIONES medicamentorum, denuo ad editionem rhodianam editæ a J.-M. Bernhold. *Argentorati*, 1786, in-8. 3 fr.

SCRIECK ou SCHRIECK (*Adr.* van). Van t'beghin der eerster Volcken van Europen, insonderheyt van den Oorspronck ende Saacken der Nederlandren, XXIII boecken, met betoon vande dwalinghen der Griecken ende Latinen op t' selue beghin ende de ghemeynen Oorspronck. *Ypre, Fr. Bellet*, 1614, in-fol. de 560 pp. et 2 index formant 324 pp. non chiff., sans compter les pièces liminaires. [24955]

Quoiqu'il ait paru sous un titre flamand, cet ouvrage est écrit en latin, et le frontis. gravé porte : *Originum rerumque celticarum et belgicarum libri.* L'auteur s'est proposé de prouver que les Flamands

ont une langue et une origine beaucoup plus ancienne que les Grecs et les Romains. A l'appui de son système, il a entassé dans ce gros volume les étymologies les plus absurdes et les plus singulières, et il a fait de même dans les deux ouvrages suivants qu'il faut joindre à celui-ci :

ADR. SCRIECKII monitorum secundorum libri V quibus originum rerumque celticarum et belgicarum opus suum nuper editum, altius et auctius e fontibus hebraicis, ipsaque rerum origine deducit, probat firmatque. Ad Teutones, Belgas, Gallos, Italos, Iberos, Britannos, Danos et Aquilonares. Admirandæ Celtarum antiquitatis, et hactenus inauditæ et inanimadversæ observationis de vera et falsa origine monimentum, sive Europa rediviva. *Ipris, Fr. Belletus*, 1615, in-fol. de 63 pp. sans la préface, et une table raisonnée de 57 pp., qui se rapporte à l'ouvrage précédent.

ADVERSARIORUM libri IV, de lingua hebr., de lingua teuton., dialecto tantum ab illo distante. *Ipris, Belletus*, 1620, in-fol.

Il est difficile de trouver réunies les trois parties de ce livre singulier et vraiment curieux ; Ebert n'a pas connu la troisième (consultez Paquot, II, pp. 170 et suiv.). Vend. 12 flor. 25 c. Meerman, et quelquefois moins.

SCRIPTA historica Islandorum de rebus gestis veterum Borealium, latine reddita (a Sveinbjorn Egilson), et apparatu critico instructa, curante Societate regia antiquariorum septentrional. *Hafniæ, Popp*, 1828-46, 12 vol. in-8. 100 fr. [27707]

Traduction du texte islandais imprimé sous le titre de *Forumanna Sögur...* Copenhague, 1826 et ann. suiv. 12 vol. in-8. Le même texte traduit en danois (Copenhague, 1826-37) a pour titre : *Oldnardiske Sagaer*, et forme aussi 12 vol. in-8.
La Société savante à laquelle on doit cette collection a publié aussi :

ANNALEN und Memoiren der königl. Gesellschaft für nordische Alterthumskunde, erste Reihe : Annaler for nordisk Oldkyndighed, *Copenh.*, 1836-40, in-8.

NORDISK Tidskrift for oldkynighed, undgivet af den K. nordiske Oldskrift-Selskab. *Copenh.*, 1832 à 1840, 4 vol. in-8. [27548] Voyez SAGA.

ANTIQUARISK Tidskrift, undgivet af den kgl. Nordiske Oldskrift-Selskab. *Copenh.*, 1843-54, 4 vol. in-8. avec 14 pl.

SCRIPTA quædam in Academia witembergensi a rectoribus, decanis et aliis eruditis quibusdam viris publice proposita ab anno 1544 (edidit J. Marcellus). *Witteb.*, 1545-51, 4 vol. in-8. [19404]

— SCRIPTORUM publice propositorum a professoribus in Academia witembergensi ab anno 1540 ad ann. 1569. *Witteb.*, 1553-72, 7 vol. in-8. [19405]
Deux recueils intéressants et devenus rares. Le second a été publié par P. Eber (pour le 1er vol.), et par M. Majus. Les trois prem. volumes ont été réimprimés deux fois (Ebert, 20723-24).

SCRIPTORES antiqui (parabilium medicamentorum) : Sex. Placiti Papyriensis de medicamentis ex animalibus liber; L. Apuleii de medicaminibus herbarum lib., ex recensione, et cum notis Joan.-

Scrafani (*Saverio*). Dominazione degli stranieri in Sicilia, 25836.
Scribe (*Eug.*). Théâtre, 16538.

Scriptores rerum brandenburgensium, 26665.
Scriptores ophthalmologici, 7523.
Scriptores historiæ helvet., 25903.

Christ.-Gottl. Ackermann.*Norimbergæ*, 1788, in-8. 6 fr. [7361]

La première édition de Sextus Placitus a été publiée avec *Ant. Musæ de bona valetudine conservanda instructio* , et *De natura et usu lactis D. Hieronymi Acoromboni Eugubii*, par Fr. Emeric. Oppavianus, *Norimbergæ, apud Joh. Petrium*, 1538, pet. in-4. de 18 et 36 ff.

SCRIPTORES artis cabalisticæ , hoc est reconditæ theologiæ et philosophiæ Scriptores, ex bibliotheca Ioan. Pistorii. *Basileæ*, *Henricpetrus*, 1587, in-fol. 15 à 20 fr. [8855]

Tome premier, le seul publié : 29 fr. 3e vente Quatremère.

SCRIPTORES de chirurgia. Voyez CHIRURGIA.

SCRIPTORES erotici græci, gr. et lat., curante Mitscherlisch. *Biponti* et *Argentorati*, 1792-94, 4 part. en 3 vol. in-8. 15 à 18 fr. [16970]

Ce recueil contient *Achilles Tatius, Heliodorus, Longus* et *Xenophon*. Vend. en pap. de Holl. *mar. citr. dent.* 140 fr. Caillard.

— Erotici scriptores. Parthenius, Achilles Tatius, Longus, Xenophon Ephesius, Heliodorus , Chariton Aphrodisiensis, Antonius Diogenes, Iamblicus, ex nova recensione Guil. Hirschig; Eumathius ex recensione Phil. Le Bas ; Apollonii Tyrii historia ex cod. Paris. edita a J. Lapaume ; Nicetas Eugenianus ex nova recensione Boissonadii, gr. et lat. cum indice historico. *Paris, F. Didot*, 1856, gr. in-8. 15 fr.

Ce volume renferme la collection la plus complète que l'on ait des romans grecs.
— EROTICI scriptores græci, recognovit Rud. Hercher, *Lipsiæ, Teubner*, 1859, 2 vol. pet. in-8, 10 fr.; — Pap. vél. 15 fr.

— Erotici greci tradotti in volgare. *Crisopoli (Firenze*, overo *Pisa)*, 1814-1817, 6 vol. in-8.

Recueil des meilleures traductions italiennes des romans grecs, savoir : *Achilles Tatius*, par Fr.-Ang. Coccio ; *Longus*, par Ann. Caro, avec le suppl. par Ciampi ; *Xenophon*, par Salvini ; *Chariton*, par Ang. Cincomelli ; *Eusthate*, par Lolio Carani ; *Aristenete*, par Perini ; *Heliodore*, par Léonard Ghini. Il en a été tiré quelques exemplaires en Gr. Pap. vélin.

— Voy. BIBLIOTHÈQUE des romans grecs.

SCRIPTORES geoponici. V. GEOPONICA.

SCRIPTORES gnomici. Voy. GNOMÆ.

SCRIPTORES græci minores, quorum reliquias, fere omnium melioris notæ, ex editionibus variis excerpsit J.-A. Giles; græce. *Oxonii, Tabboys, et Londini, Whittaker,*1831, 2 part. pet. in-8. 16 sh. [19391]

Réunion de tout ce qui nous reste des fragments de cinquante auteurs grecs.

SCRIPTORES (varii historiæ romanæ) partim græci, partim latini, in unum velut corpus redacti de rebus gestis ab urbe condita usque ad imperii Constantinopolim translati tempora. *Excudebat Henr. Stephanus*, 1568, 4 vol. in-8. 18 à 20 fr. [22876]

Edition peu commune : les trois derniers volumes n'ont pas de frontispices séparés, et la pagination y suit de 1 à 2048. A la fin du 4e doit se trouver, après un index non chiffré, une partie de 68 pp., contenant *Ausonii carmina de Cæsaribus, etc.*,

— Historiæ romanæ Scriptores latini minores : addita variantis scripturæ notatio, græcorum interpretatio et rerum verborumque index (cum notis varior.). Opera F. Sylburgii. *Francof., heredes Andr. Wecheli*, 1588-90, 3 vol. in-fol.

Quoiqu'elle soit peu commune et d'un mérite réel, cette collection se donne à bas prix. Le 3e vol. contient les *Scriptores græci minores, etc.*

— Scriptores historiæ romanæ latini veteres, qui extant omnes, notis varior. illustrati , a Car.-Henr. de Klettenberg et Wildeck in unum redacti corpus, edente et accurante Bennone Casp. Haurisio. *Heidelbergæ , Heiner*, 1743-48, 3 vol. in-fol. fig.

Bonne édition de cette collection : 50 à 60 fr.; vend. en pap. fin, 161 fr. *mar. r.* Barthélemy. Les autres édit. in-fol. de ce recueil (*Coloniæ-Allobr.*, 1609 ; *Genevæ*, 1623, etc.) n'ont que très-peu de valeur.

SCRIPTORES historiæ anglicanæ. Voyez TWYSDEN. — Augustæ. Voy. HISTORIÆ Augustæ scriptores. — britannicæ. Voy. GALE. — poeticæ. Voy. HISTORIÆ.

SCRIPTORES latini rei metricæ ; manuscriptorum ope subinde refinxit Th. Gaisford. *Oxonii*, 1837, in-8. 20 fr. [12444]

SCRIPTORES logarithmici, or a collection of several curious tracts on the nature and construction of logarithms mentioned in Hutton's introduction to the mathematical tables (by Francis Maseres). *London*, 1791-1807, 6 vol. gr. in-4. [80021]

Cet ouvrage important coûtait 300 fr., mais aujourd'hui il est un peu moins cher.

SCRIPTORES physiognomoniæ veteres, gr. et lat., cum notis variorum, recensuit, suasque adspersit notas Jo.-Geor.-Frid. Franzius. *Altenburgi*, 1780; in-8. 10 fr. [6987]

SCRIPTORES post Theophanem. Voyez BYZANTINA, n° 8.

SCRIPTORES. Rei accipitrariæ Scriptores nunc primum editi : accessit KYNOCOΦION. Liber de cura canum ex biblioth. regia medicea (gr. et lat. edidit Nic. Rigaltius). *Lutetiæ, typis regiis excudebat C. Morellius,*1612, 3 tom. en 1 vol. in-4. [10448].

Recueil recherché et dont les exemplaires sont rares ; la première partie contient 8 ff. prélimin., 278 pp. de texte grec et 8 ff. de table ; la deuxième partie 6 ff. préliminaires et 211 pp. pour les versions latines ; la troisième partie de 120 pp. renferme le poëme de de Thou : *De Re accipitraria* ; 15 à 24 fr. ; vend. 45 fr. pap. fort, Villoison ; 57 fr. Bosquillon.

Il y a des exemplaires de cette même édition dont le titre porte : *Lutetiæ, ex officina nivelliana, sumptibus Sebastiani Cramoisy,* 1612. Ces exemplaires sont tirés sur du papier plus blanc et plus fort que celui des autres. Nous en avons vu un sur le titre duquel on lisait : *Sumptibus Hieronymi Drouart.*

SCRIPTORES de re militari veteres. Voy. VETERES.

SCRIPTORES. Rei rusticæ scriptores (scilicet : Marcus Priscus Cato, Marcus Terentius Varro, et Luc. Junius Moderatus Columella, ex recens. Georgii Alexandrini. Palladius Rutilius Taurus Æmilianus, studio Franc. Coluciæ verzinensis). *Venetiis, Nicolaus Jenson,* 1472, in-fol. à 40 lign. par page. [6295]

Première édition de ce recueil ; elle est d'une très-belle exécution, et les exemplaires complets et bien conservés en sont assez rares. On trouve, en tête du volume, 20 ff. prélim. commençant par *Georgii Alexandrini ad Petrum Priolum M. Fil. epistola.* Le corps du vol. est divisé comme il suit : *Caton,* ff. 21 à 42 recto ; *Varron,* précédé de la table des chapitres, ff. 42 verso à 86 ; *Columelle,* précédé aussi de la table des chapitres, ff. 87 à 238 ; *Palladius,* ff. 239 à 298. On lit au recto du dernier f. : *Palladii Rutilii Tauri Æmiliani viri illustris de re rustica libri impressi Venetiis opera et impensa Nicolai Jenson gallici,* M. CCCC. LXXII.

Selon la *Biblioth. spencer.,* nᵒ 533, ce vol. n'aurait que 292 ff. en tout ; nous sommes pourtant certain d'en avoir compté 298.

Vend. 360 fr. La Vallière ; 1500 fr. très-bel exempl., Brienne-Laire ; 361 fr., exemplaire défectueux, Salle Silvestre, en 1809 ; 27 liv. 6 sh. Roxburghe ; 11 liv. Sykes ; 7 liv. 17 sh. 6 d. et 7 liv. 15 sh. (deux exemplaires) Heber ; 75 fr. Huzard ; 549 fr. (avec des notes autogr. de Politien) Boutourlin. *Columelle* et *Palladius,* séparément, 120 fr. La Serna.

— Rei rusticæ authores. — *Regii, opera et impensis Bartholomei Bruschi Al' Botoni Regiensis,* M. CCCCLXXXII *nonis Iunii,* in-fol. de 302 ff. à 40 lign. par page (les ff. 1, 15, 86, 87, 212 et 242 sont tout blancs).

Belle édition faite sur la précédente : vend. 29 fr. (imparfait) La Vallière ; 4 liv. 5 sh. Pinelli ; 65 flor., bel exemplaires *mar. r.,* Crevenna ; 72 fr. Bosquillon ; 5 liv. 15 sh. 6 d. Sykes ; 15 fr. Huzard.

— OPERA agricolationum : Columellæ : Varronis : Catonisq : necnon Palladii : cũ exscriptionibus D. Philippi Beroaldi : et commentariis quæ in aliis impressionibus non extãt... *Impressa Bonon. impensis Benedicti hectoris bononiensis.* M CCCC LXXXXIIII. XIII calen. octob..., in-fol. de 274 ff., sign. *a—qq*III.

Autre édition peu commune. Le dernier feuillet contient au recto : *D. Vgerii... ad lectorem carmen.* 30 fr. Soubisé.

— EADEM. — *Impressa Regii impêsis Dionysii Berttochi Regieñ.* MCCCCLXXXXVI. XIIII *kalend. octobris,* in-fol.

On trouve, au verso de l'avant-dernier feuillet, le registre des cahiers, et au recto du dernier f. : *D. Vgerii... ad lectorem carmen.*

— EADEM. — *Impressa Regii impêsis Frãcisci Ma-*

zali Regieñ... MCCCCLXXXXVIIII. *Die* XX *nouembris,* in-fol.

Volume composé de 244 ff. avec des commentaires en marges. Le recto du dernier contient : *Vgerii carmen,* et le registre des cahiers.

— Libri de re rustica (cum Georgii alexandrini enarrationibus priscarum dictionum). *Venetiis, in ædibus Aldi et Andreæ soceri, mense maio* M. D. XIIII, pet. in-4. ou gr. in-8. 12 à 18 fr.

Ce volume a 308 ff. chiffrés, précédés de 34 ff. non chiffrés ; sur le 9ᵉ f. est un titre ayant aussi l'ancre ; le 34ᵉ est bl. Vend. 1 liv. 1 sh. Pinelli ; 51 fr. 50 c. *m. tab. dent.* Renouard ; 35 fr. L'Héritier. Il existe des exemplaires en *papier bleu.*

— LIBRI de re rustica a Nic. Angelio nuper maxima diligentia recogniti... cum indice, et expositione omnium dictionum, etc. *Florentiæ, Phil. Junta,* 1515, pet. in-4. de 20 et 339 ff.

Édition rare, mais d'un prix médiocre.

Le même imprimeur a redonné cette collection avec quelques augmentations, en 1521, in-4. de 20, 218 et 125 ff. : vend. 9 flor. *mar. r.* Crevenna ; 10 fr. *v. br.* d'Ourches.

— LIBRI de re rustica. — *Venet., in ædibus hæredum Aldi et Andreæ soceri,* 1533, pet. in-4. 8 à 10 fr.

Ce volume se compose de 295 ff., suivis d'un f. bl. sur lequel est l'ancre ; on trouve de plus, au commencement, 4 ff. non chiffr., occupés par le titre et la préface, et enfin 50 autres ff. non chiffr. commençant aussi par un titre. Vendu 19 fr. L'Héritier ; 35 fr., bel exempl., *m. r.* Rover et d'Ourches.

— M. CATONIS, ac M. Terentii Varronis de re rustica libri. = Jun.-Moder. Columellæ de re rustica libri XIII. = Palladii de re rustica lib. XIIII. = Enarrationes vocum priscarum... per Georgium Alexandrinum, etc. = Petri Victorii explicationes suarum in Catonem, Varronem, Columellam castigationum. *Apud Seb. Gryphium, Lugduni,* 1541, 5 part. en 1 vol. pet. in-8. 5 à 6 fr. 10 fr. Huzard.

On trouve difficilement ces 5 part. réunies. Elles ont été réimpr. en 1548-49, par le même Gryphius, qui avait déjà publ. les 4 prem. en 1535 et 1537. Sur le titre de l'édit. de 1541, ci-dessus décrite, se voit 1ᵒ l'une des marques de *Seb. Gryphius,* déjà reproduite (la première) col. 795 du tome II ; 2ᵒ à la fin du *Columella,* la marque suivante :

3ᵒ à la fin du *Palladius,* une autre marque du même imprim. que nous avons donnée t. II, col. 795.

— IIDEM libri, per Petrum Victorium.... integritate restitui. *Parisiis, ex officina Rob. Stephani,* 1543, 5 part. en 1 vol. in-8.

Belle édit. peu commune : 11 flor. Crevenna ; 21 fr. *mar.* Giraud, et quelquefois de 5 à 6 fr.

Le *Palladius,* formant la 4ᵉ partie de cette édition :

44 fr. (bel exempl. de de Thou, rel. en *mar. r. à compart.*) L'Héritier. M. Double a possédé les autres parties de la même édition, également en *mar. r. à compart.* et aux armes de de Thou.

— Scriptores rei rusticæ veteres latini, quibus nunc accedit Vegetius de mulomedicina, etc., adjectæ notæ virorum clariss. integræ et lexicon rei rusticæ, curante Jo.-Matth. Gesnero. *Lipsiæ, Fritsch,* 1735, 2 vol. in-4. fig.

Bonne édition : 24 à 36 fr.
Il en a été tiré un très-petit nombre d'exemplaires sur Gr. Pap. 21 liv. Dent., en 1827.
— IIDEM... curante Jo. Mattheo Gesnero, editio secunda. *Lipsiæ, Fritsch,* 1773-74, 2 vol. in-4. fig.
Cette réimpression de l'édition précédente est augmentée d'une préface d'Ernesti, son nouvel éditeur : 24 à 30 fr. Il y a des exempl. en pap. fin.
C'est aussi sur l'édition de Gesner qu'a été faite celle de *Manheim,* 1781, 5 vol. pet. in-8.; celle de *Deux-Ponts,* 1787, 4 vol. in-8., et celle de *Venise,* 1783-85, 5 vol. pet. in-8.

— Scriptores rei rusticæ; correxit, atque interpretum omnium collectis et excerptis commentariis, suisque illustravit Jo.-Gottlob Schneider. *Lipsiæ,* 1794-1797, 4 tom. en 7 vol. in-8. 40 à 50 fr.

Un bel exempl. pap. fin, *mar. r. tab.,* 150 fr. Jourdan, et 59 fr. Quatremère.
— TRADUCTION d'anciens ouvrages latins relatifs à l'agriculture et à la médecine vétérinaire, avec des notes par Saboureux de La Bonnetrie. *Paris,* 1771-75, 6 vol. in-8. 24 à 30 fr.
Il y a des exemplaires avec de nouveaux titres datés de 1793.
— LES AGRONOMES latins, avec la traduction en françois (savoir : Caton, par Antoine; Varron, par M. Wolff; Columella, par Saboureux de La Bonnetrie; de Palladius, par un anonyme), publiés sous la direction de M. Nisard. *Paris,* F. Didot, 1844, gr. in-8. 12 fr.
— RUSTICI latini volgarizzati (col testo latino), cioè : Catone, Terenzio Varrone, e Columella dell' agricoltura, con note, traduzione del dot. Giangirolamo Pagani, P. Virgilio delle georgiche libri quattro, traduzione del P.-D. Franc. Soave. *Venezia,* 1792 à 1799, 18 vol. in-8.
Caton occupe 3 vol.; Varron, 4; Columelle, 10; et Virgile, 1. Cette collection a été complétée par les livres de Pline relatifs à l'agriculture, 3 vol. in-8.

SCRIPTORES rerum anglicarum. Voy. RERUM anglicarum.—germanicarum. Voy. PISTORIUS. — mirabilium. Voyez ANTIGONUS et au mot ΠΑΡΑΔΟΞΟΓΡΑΦΟΙ.

SCRIPTORES rerum britannicarum medii ævi. Voyez, dans nos additions, l'article CHRONICLE of Great Britain.

SCRIPTORES rerum gestarum Wilhelmi Conquestoris. In unum collecti ab J.-C.-A. Giles. *Londini,* 1845, in-8. 12 fr. [26886]

SCRIPTORES rerum mythicarum latini tres Romæ nuper reperti, ad fidem codd. mss, integriores edidit ac scholiis illus-

travit Geo.-Henr. Bode. *Cellis, Schulze,* 1834, 2 vol. in-8. 2 thl. 21 gr. [22534]

SCRIPTORUM arabum de rebus indicis loci et opuscula inedita; ad codd. parisinorum, leidanorum, gothanorum fidem recensuit et illustravit Joan. Gildemeister. *Bonæ,* 1838, in-8. de XIV et 224 pp. plus 80 pp. pour le texte arabe. 2 thl. 16 gr. [28130]

Première partie, et la seule publiée.

SCRIPTORUM Arabum loci de Abbadidis nunc primum editi a R. P. A. Dozy. *Lugduni-Batav.,* Brill, 1846-52. 2 vol. in-4. 30 fr. [28010]

Aussi sous ce titre :
HISTORIA Abbadiarum præmissis scriptorum arabum de dynastia locis nunc primum editis.

SCRIPTORUM rerum polonicarum et prussicarum Collectio nova. *Dantisci,* 1753, 15 part. en 4 vol. in-4. 24 à 30 fr. [27812]

SCRIPTORUM veterum Collectio. V. MAI.

SCRITTORI classici italiani di economia politica. *Milano,* 1803-17, 50 vol. in-8. 150 à 200 fr. [4036]

Cette collection est divisée en 2 séries :
1° *Parte antica,* contenant, tom. I, *Serra, Turbolo;* tom. II, *Davanzati, Scaruffi;* tom. III, *Montanari;* tom. IV et V, *Broggia;* tom. VI et VII, *Neri.*
2° *Parte moderna,* tom. I, *Bandini et Algarotti;* tom. II, *Bellini et Pagnini;* tom. III à VI, *Galiani;* tom. VII à X, *Genovesi;* tom. XI et XII, *Beccaria;* tom. XIII et XIV, *Carli;* tom. XV à XVII, *Verri;* tom. XVIII et XIX, *Zannoni;* tom. XX, *Paoletti;* tom. XXI à XXVII, *Ortes;* tom. XXVIII et XXIX, *Briganti;* tom. XXX et XXXI, *d'Arco;* tom. XXXII, *Filangieri;* tom. XXXIII à XXXV, *Vasco;* tom. XXXVI, *Mengotti;* tom. XXXVII et XXXVIII, *Palmieri;* tom. XXXIX, *Delfico, Corniani et Solera;* tom. XL, *Cantalupo, Caraccioli et Scrofani;* tom. XLI, *Ricci;* tom. XLII et XLIII, *tavola.*

SCRIVA (*Lud.*). Voy. VENERIS tribunal.

SCRIVERIUS (*Petr.*). Collectanea veterum tragicorum, Livii Andronici, Q. Ennii, Cn. Nævii aliorumque fragmenta; quibus accedunt castigationes et notæ Ger.-Jo. Vossii. *Lugd.-Batav.,* 1620, 2 tom. en 1 vol. in-8. 5 à 6 fr. [16110]

Ce recueil doit être joint aux tragédies de Sénèque, imprimées en même temps. — Voyez SENECÆ tragœdiæ.

— Principes Hollandiæ, Zelandiæ et Westfrisiæ, ab anno Christi 863 usque ad ultimum Philippum, æri omnes incisi et fideliter descripti auspiciis P. Scriverii. *Harlemi,* 1650, gr. in-fol., avec 38 portraits. 12 à 15 fr. [25157]

Vend. 22 fr. de Servais; 25 fr. Borluut; 28 fr. Solar. — Opera, 19026. — Batavia illustrata, 25126.

SCROPE (*G. Poulett*). Memoir on the geology of central France, including

Scriptores rerum basiliensium, 25926. — rerum bohemicarum, 26482. — rerum transylvanar., 26535. — rerum polonicarum, 27810. — rerum prussicarum, 26701. — rerum silesicarum, 26683.

Scriverius (*P.*). Gedichte, 15628.

the volcanic formations of Auvergne, the Velay and the Vivarais. *London, Longman,* 1827, in-4. de 182 pp., avec 19 pl. in-fol. 3 liv. 3 sh. [4602]

Bon ouvrage dont il y a une seconde édition, sous le titre de : *The Geology and extinct volcanoes of central France,* London, 1858; in-8. avec les pl. réduites et des grav. sur bois. 1 liv. 10 sh.
L'auteur avait déjà donné, en 1825 : *Considerations on volcanoes; the probable causes of the phenomena... with the present state and past history of the globe, leading to establishment of a new theory of the earth,* in-8. avec pl. — Nouv. édition, 1862, in-8. 15 sh.
— HISTORY of the manor and ancient barony of Castle Combe, Wilts, from original mss., etc., 1852, in-4. de x et 404 pp. avec 4 pl.; tiré à 150 exempl. et seulement *for private circulation* (la carte annoncée sur le titre ne se trouve pas dans le livre). 2 liv. 17 sh. Sotheby, en 1860, et avec le portrait et les armes de Poulett rehaussés d'or, 4 liv. 17 sh. en 1862.
Pour les autres ouvr. de Poulett Scrope, voy. Lowndes, p. 2232.

SCROPE (*W*.). Days of Deer-Stalking, with an account of the nature and habits of Red Deer, and a description of the scottish forests; legends, superstitions, stories of poachers, etc. *Edinburgh and London,* 1839, gr. in-8. 2 liv. [10438]

Ouvrage fort curieux sur la chasse au cerf. Il est orné de gravures et de lithographies, d'après E. et C. Landseer. Il y en a une 5e édit. pet. in-8. avec fig. sur bois.

SCUDERY (*George* de). Alaric, ou Rome vaincue, poëme héroïque. *Jouxte la copie imprimée à Paris chez Augustin Courbé (Hollande),* 1655, in-12, fig. [14110]

Edition elsevirienne différente de celle de *Bruxelles,* 1656, que nous allons citer. Vend. 25 fr. Sensier, 25 fr. 50 c. *m. r.* Berard; 12 fr. de Chalabre; 13 fr. *vél.* Pixérécourt.

— Alaric... *Impr. à Bruxelles, et se vend à Paris, chez Augustin Courbé,* 1656, in-12, fig.

Cette édition nous paraît avoir été impr. par Franç. Foppens, quoique les caractères aient beaucoup de conformité avec ceux des Elsevier. C'est, au reste, une des plus belles et des plus recherchées que l'on ait de ce poëme tant ridiculisé par Boileau, et regardé comme le pendant de la Pucelle de Chapelain : 8 à 12 fr.; vend. 20 fr. *mar. bl.* A. Martin, et même prix Giraud. Il y a des exemplaires dont le titre porte : *Jouxte la copie, à Paris, etc.* L'ouvrage parut d'abord dans cette ville, *chez Aug. Courbé,* en 1654, in-fol. fig. de Chauveau : 12 à 18 fr.; en Gr. Pap. *mar. v.* 60 fr. A. Bertin. Il y en a une édition de *Leyde, Jean Sambix* (à la Sphère), 1654, in-12, fort mauvaise, et qui paraît avoir été imprimée à Rouen, vendue 10 fr. Pixérécourt ; une de *Paris* (imprimée à *Rouen, chez Laurent Maurry*), 1659, in-12, fig., beaucoup meilleure, et enfin une autre plus belle encore, de *La Haye,* 1685, in-12, fig., vend. 7 fr. Méon; 13 fr. *mar.* en 1823; en *mar. bl.,* 48 fr. Labédoyère, en 1862.

— Théâtre de Scudery, contenant 16 piè-

ces. *Paris,* 1631-44, 7 pièces in-8. et 9 in-4. [16439]

Vend., en 16 pièces, 30 fr. Méon; en 17 pièces, 42 fr. de Soleinne.
Les sept premières pièces sont in-8. et les autres in-4.; toutes ont été imprimées à Paris. En voici les titres : 1. Ligdamon et Lidias, ou la ressemblance, *Fr. Targa,* 1631. — 2. Le Trompeur puny (avec une préface de Chandeville), *chez P. Billaine,* 1633. — 3. La Comédie des comédiens, poëme de nouvelle invention (les deux prem. actes en prose, les trois autres en vers, sous ce titre : *L'Amour caché par l'Amour*), *Aug. Courbé,* 1635. — 4. Orante, tragicomédie, 1636. — 5. Le Vassal généreux, poëme tragicomique, 1636. — 6. Le Prince déguisé, tragi-comédie, 1636. — 7. Le Fils supposé, comédie, 1636. — 8. La Mort de Cæsar, 2e édit., 1637. — 9. Didon, 1637. — 10. L'Amant libéral, tragi-comédie, 1638. — 11. L'Amour tyrannique, tragi-comédie (précédée d'un Discours sur la tragédie, par J.-F. Sarrasin, sous le masque de Sillac d'Arbois), 1640. — 12. Eudoxe, tragi-comédie, 1641. — 13. Andromire, tragi-comédie, 1641. — 14. Ibrahim, ou l'illustre Bassa, tragi-comédie, 1643. — 15. Arminius, ou les frères ennemis, 1644. — 16. Axiane, tragi-comédie, 1644. — 17. Poésies diverses, *Paris, Aug. Courbé,* 1649, volume de 10 ff. et 328 pp. [14023] Un exemplaire de cette dernière partie, relié en *v. f. tr. d.,* a été vendu seul 37 fr. 50 c. Giraud.
Plusieurs de ces pièces, principalement l'*Amour tyrannique,* ont obtenu un grand succès. Cette dernière a été réimpr. en 1643, in-12, et en 1645, in-4. Nous citerons encore :
LE CABINET de M. Scudery... première partie. *Paris, Aug. Courbé,* 1646, in-4. de 7 ff. et 229 pp. avec fig.
L'APOLOGIE du théâtre, par le même. *Paris, Aug. Courbé,* 1639, in-4.
OBSERVATIONS (du même) sur le Cid. *Paris, aux despens de l'autheur,* 1637, pet. in-8. de 96 pp. — Ou sous cet autre titre : *Les Fautes remarquées en la tragi-comédie du Cid,* 1637, même format.
LA PREUVE des passages alleguez dans les observations sur le Cid, à Messieurs de l'Académie, par M. de Scudery. *Paris, Ant. de Sommaville,* 1637, pet. in-8.

— Les Femmes illustres, ou les Harangues héroïques de M. de Scudery, avec les véritables portraits de ces héroïnes tirés des médailles antiques. *Paris, Ant. de Sommaville,* 1642, in-4. [30399]

Cet ouvrage est de Mlle de Scudery, qui l'a publié sous le nom de son frère. 28 fr. *mar. r.* De Bure, mais quelquefois beaucoup moins.

SCUDERY (*Magdeleine* de). Clélie, histoire romaine. *Paris, Augustin Courbé,* 1654-61 (ou nouv. édition, 1666), 10 vol. pet. in-8. 30 à 50 fr. [17171]

Un exempl. en *mar. r.* 80 fr. Labedoyère, 141 fr. Saint-Mauris, et un autre également en *mar.* 299 fr. De Bure; et sous la date de 1656, 10 tom. en 5 vol., *mar. v. dent.,* par Bauzonnet-Trautz, 675 fr. Bertin; 390 fr. *mar. marbré* Renouard, et revendu 266 fr. Solar.

— Artamène, ou le grand Cyrus. *Paris,* 1650 (ou 3e édition, revue et corrigée, 1653) et suiv., 10 vol. pet. in-8. fig. de Fr. Chauveau. 40 à 60 fr. [17170]

Un exemplaire relié en 30 vol. *mar. bl.* 200 fr. Labédoyère, et 460 fr. dernière vente du même.
Deux romans qu'on ne lit plus, mais dont le succès, qui fut d'abord très-grand, s'est soutenu pendant

---

Scrofani (*Xav.*). Voyage, 20442.
Scudamore (*Ch.*). Sur la goutte, 7222.

près d'un siècle, et tend à se relever de nos jours, grâce à l'élégant commentaire de M. Cousin. On en trouve difficilement des exemplaires bien conservés. Les premiers vol. de la Clélie ont paru sous le nom de Geor. de Scudery, frère de l'auteur. Le même nom se lit sur le titre d'*Ibrahim, ou l'illustre Bassa*, Paris, 1641 (aussi 1665), 4 vol. in-8. [17169], autre production de Mlle de Scudery (voy. l'art. ZAESIEN). Cette spirituelle demoiselle est également l'auteur de : *Almahide, ou l'esclave reyne*. Paris, 1661-63, 3 part. en 8 vol. pet. in-8. 24 à 30 fr. [17172], roman qu'on a attribué, mal à propos, à son frère. Une traduction anglaise de ces quatre ouvrages a été impr. à Londres, de 1653 à 1677, de format in-fol.

— LA PROMENADE de Versailles, *Paris, Cl. Barbin*, ou *Den. Thierry*, 1669, in-8. [17172], roman anonyme de Mlle de Scudery, a été inexactement attribuée à Mme de Verrue dans le dernier catalogue de Renouard, publié en 1853 (n° 1958), et par Barbier (*Diction. des Anonymes*, n° 14980) à la mère de cette dame. Il est vrai que sur le titre de l'exempl. de ce roman qui a appartenu à Renouard, et qui porte les armes de Mme de Verrue (et a été vendu 69 fr.), se lit cette note manuscrite : *par la comtesse de Verüe;* mais il est évident que cette dame, née en 1670, ne peut être l'auteur d'un roman publié en 1669; et quant à sa mère, Anne de Rohan, femme de Charles Honoré d'Albert, duc de Luynes, elle n'a jamais été comtesse de Verrue, et par conséquent la note citée ne saurait lui être appliquée. Un exempl. relié en *mar. bl.* fleurdelisé, par Trautz, 119 fr. Solar.

Les bains des Thermopyles, à la princesse de Milet, par Mlle de Scudery. Paris, *V° Pierre Ribou*, 1732, in-8., portés dans le catal. de la Bibl. du roi, Belles-lettres, II, n° 268, pourraient bien n'être qu'un extrait du Grand Cyrus.

Autres ouvrages de mademoiselle de Scudery.

CONVERSATIONS sur divers sujets. *Amsterdam, Dufresne*, 1682, 2 tom. en 1 vol. pet. in-12. [18630] Vend. 15 fr. Renouard, en 1829; 7 fr. Bérard. Impr. d'abord à Paris, 1680, en 2 vol. in-12.

CONVERSATIONS nouvelles sur divers sujets. *Amsterdam, Wetstein*, 1685, pet. in-12. [18631] Réimpression de l'édit. de *Paris*, 1684, 2 vol. in-12. Deux recueils curieux. Il faut y joindre les trois articles suivants, sortis de la même plume :

CONVERSATIONS morales. *Paris*, 1686, 2 vol. in-12. NOUVELLES conversations morales. *Ibid.*, 1688, 2 vol. in-12. [18632]

ENTRETIENS de morale. *Ibid.*, 1692, 2 vol. in-12.

Ces dix volumes, qui se trouvent difficilement réunis, sont, au jugement d'un homme de goût (*Biogr. univers.*, XLI, p. 392), les meilleurs ouvrages de Mlle de Scudery. Un exemplaire de l'édition de Paris, rel. en *v. f.*, aux armes du comte d'Hoym, 230 fr. De Bure. On attribue encore à Magdeleine de Scudery : *Célinte*, Paris, Aug. Courbé, 1661, pet. in-8., et *Mathilde* (*d'Aguilar*), Paris, Edme Martin, 1667, pet. in-8. 20 fr. Solar.

— Lettres de Mlle de Scudery, 18828.

SCULTET (*Jean*). L'Arsenal de chirurgie, traduit par Fr. Deboze, enrichi de 50 figures où sont représentés tous les instruments de chirurgie anciens et modernes, avec la manière de faire les observations. *Lyon*, 1712, in-4. fig. [7632]

Seconde édition de cette traduction, dont la première est de Lyon, 1672, in-4. : elle contient des augmentations. 12 fr. de Jussieu. Le texte latin sous le titre de : *Armamentarium chirurgicum*, a été imprimé à Ulm, en 1655, in-fol. avec 43 pl.; ensuite à *Amsterdam*, en 1669 et en 1672, pet. in-8. fig., avec un appendice de J.-B. von Lamzweerde.

SCULTURE del palazzo della villa Borghese, detta Pinciana, brevemente descritte. *Roma*, 1796, 2 vol. gr. in-8. fig. [29527]

Ouvrage composé de 258 planches, au trait, et auquel il faut joindre :
MONUMENTI Gabinj della villa Pinciana, descritti da En.-Quir. Visconti. *Roma*, 1797, gr. in-8., avec 59 pl. [29528]
Ces trois vol. ont été impr. aux frais du prince Marc.-Ant. Borghèse, et pour faire des présents; mais on en a publié une nouvelle édition, *Rome*, 1808 et 1810, 4 vol. in-8. 36 à 40 fr., et plus en pap. vél.
Le texte abrégé du premier ouvrage est extrait d'un plus grand travail préparé par l'illustre En.-Quir. Visconti pour une édit. projetée du même recueil, de format in-fol., et qui n'a paru qu'en 1821 (voy. VISCONTI).

SCULTURE e pitture sagre; estratte dai cimiterj di Roma, pubblicate dagli autori della Roma sotterranea, colle spiegazioni (di Giov.-Gaet. Bottari). *Roma*, 1737-54, 3 vol. in-fol. fig. 22321]

Vend. 40 fr. Millin; 36 fr. Hurtault; 130 fr. Boutourlin.

SCYDELIUS (*Jo.-Mic.*). Nonnulla de linguarum divisione Babyloneæ turris ædificatores dispellente. *Annæbergæ*, 1720, in-4. 5 à 6 fr. [10611]

SCYLACIS Periplus maris mediterranei. Voyez GEOGRAPHIA antiqua.

SCYLLACIUS (*Nicolaus*) de insulis Meridiani atque Indici maris nuper inventis. (*absque nota*), in-4.

Cet opuscule, que cite Panzer, IX, p. 193, n° 334, d'après la *Biblioth. thott.*, V, p. 223, est le même que nous avons décrit, II, col. 163, à l'article COLUMBUS.

SCYMNI Chii Periegesis et Dionysii descriptio Græciæ, emendavit Aug. Meineke. *Berolini, Nicolai*, 1846, in-12. 4 fr. [19539]

— FRAGMENTS des poëmes géographiques de Scymnus de Chio et du faux Dicéarque, restitués d'après un manuscrit de la Biblioth. royale, précédés d'observations littér. et critiq., par Letronne. *Paris*, 1840, in-8.

— Voy. GEOGRAPHI græci minores.

SEBA (*Albertus*). Locupletissimi rerum naturalium Thesauri accurata descriptio, et iconibus artificiosissimis expressio, per universam physices historiam (lat. et gallice). *Amstelod.*, 1734-65, 4 vol. gr. in-fol. fig. [6269]

Livre beaucoup plus estimé pour les belles planches dont il est orné, et que citent souvent les meilleurs naturalistes modernes, que pour le texte qui les accompagne. Ces pl. sont ainsi distribuées : Tom. I,

Scuopoli (*Lor.*). Opere, 1603. — Combat spirituel, 1604.

Séa. Fortification permanente, 8659.

Seaman (*Guil.*). Grammat. turcica, 11683.

Séances des écoles normales, 30253.

111; — II, 114; — III, 116; — IV, 108. Quant au texte, il a été rédigé par Gaubius, Musschenbroëke et Massuet; et la traduction française est en partie due à L. de Jaucourt.

Ce grand et bel ouvrage n'a pas conservé son ancienne valeur (250 à 300 fr.), car il se donne aujourd'hui pour moins de 150 fr.; vend. en *mar. r.* 162 fr. Hallé. Les exempl. avec le texte en latin et en hollandais, ont encore moins de prix. Ceux dont les figures ont été anciennement et soigneusement coloriées, méritent d'être recherchés : vend. 1550 fr. La Valliere; 420 flor. Meerman; 37 liv. 10 sh. Hibbert, et un exemplaire dont les figures peintes ont servi de modèle pour colorier les autres, jusqu'à 4600 fr. Camus de Limare. On a quelquefois donné pour 400 fr., et pour moins encore, des exemplaires nouvellement enluminés à Paris, et qui se vendaient 1800 fr. chez l'éditeur.

Les planches du cabinet de Seba ont été publiées de nouveau à Paris et à Strasbourg, chez Levrault, en 1827 et ann. suiv., en 45 livraisons de 10 pl. au prix de 4 fr. par livraison. Le texte explicatif que devait y joindre M. E. Guérin n'a pas paru.

SEBALD ou Sibald Beham (*Hans*). Bi-blische historien figürlich fürbildet durch den wolberümten Sebald Beham, von Nürnberg. (à la fin) : *Zu franckfurt, bei Christian Egenolff.* M. D. XXX VI, pet. in-4. de 40 ff., sign. A-H. [335]

Ces jolies gravures sur bois, au nombre de 82, sont devenues rares : vend. 52 fr. Revoil; 50 fr. Salmon. Il n'y a qu'une planche à chaque page, à l'exception des deux avant-dernières, qui en ont deux chacune.

Les mêmes planches ont été reproduites sous le titre suivant :

     Biblicæ historiæ, magno artificio depictæ, et latinis epigrammatibus a Geor. Æmylio illustratæ. *Francofurti, Christ. Egenolphus,* 1539, 2 part. en 1 vol. pet. in-4. fig. sur bois.

On joint à ce volume le recueil intitulé :

     Imaginum in Apocalypsi Johannis descriptio, cum enarratione vera, pia et apta quæ potest esse vice justi commentarii, elegiaco carmine condita, autore Geor. Æmylio. *Francof., Chr. Egenolphus,* 1540, pet. in-4. fig.

Les trois parties réunies peuvent être estimées de 120 à 200 fr.

Un exemplaire de cette dernière partie sous le titre de : *Typi in Apocalypsi Joannis depicti ut clarius vaticinia Joannis intelligi possint. Francofurti, Chr. Egenolphus excudebat.* M. D. XXX IX, pet. in-4. contenant 27 fig. sur bois. 36 flor. Butsch ; 80 fr. nouv. catal. de L. Potier, 1860.

Une édition de cette suite biblique, présentée comme étant la première et inconnue à M. Brunet, est portée sous le titre suivant, et au prix de 130 fr., dans le catal. de Tross, 1862, article 1655 :

     Bibliæ historiæ, artificissimis picturis effigiatæ per Sebaldum Behem, pictorem francofortensem. (*absque nota*), pet. in-8.

Pour une autre suite de gravures du même genre que celle-ci, voy. Brosamer (*Hans*).

SEBASTIANUS (*Claudius*). Bellum musicale inter plani et mensuralis cantus reges, de principatu in musicæ provincia obtinendo contendentes Claudio Sebastiani, metensi organista, authore... Opus suis figuris et notis illustratum quale antehac necg visum, necg auditum. *Argentorati, ex offic. Pauli Machæ-*

ropæi, 1563, pet. in-4. de 4 ff. prélim. et texte, sign. A—X3, plus un f. sur lequel est une grande figure sur bois. [10148]

Livre singulier et rare. On en trouve l'analyse dans le deuxième volume du *Dict. des musiciens,* de Fayolle, au mot *Sebastiani.* Vend. 19 sh. Hibbert; 17 sh. *mar. r.* Heber; 41 fr. en 1860.

SEBERUS SULANUS (*M.-Wolfg.*). Index vocabulorum in Homeri Iliade, Odyssea et ceteris poematis. *In bibliopol. commeliniano,* 1604, in-4. 6 à 10 fr. [12323]

Ouvrage utile pour la lecture d'Homère; il est rare de cette édition. Ebert en cite une autre d'*Amsterd.,* 1649, in-4.

— Index vocabulorum Homeri, studio M.-Wolfg. Seberi. *Oxonii, e typogr. clarendon.,* 1780, gr. in-8.

Ce volume est ordinairement réuni à l'Homère d'*Oxford,* 1780, 4 part. en 2 vol. in-8.; on y joint un appendice imprimé en 1782.

— Voyez Homerus.

SEBON (*Raym.*). Voyez Sabunde.

SECCHI (*Nic.*). Il Beffa, comedia di Nicolò Secchi, data in luce per Antonio Maria Garofani. *Parma, heredi di S. Viotti,* 1584, pet. in-8. de 112 pp. [16696]

Comédie en prose dans laquelle deux personnages parlent le langage bergamasque. 8 fr. 50 c. de Soleinne.

SECONDE apologie des vrais chretiens contre les calomnies impudentes des ennemis de l'Eglise catholique, où il est respondu aux diffames redoublez par un nomme Democheres docteur de la Sorbonne, acheué d'imprimer le quinziesme iour de fevrier 1559, pet. in-8. de 80 pp.

Cette seconde apologie a été vend. 25 fr. en juin 1860; elle en suppose une première que nous ne connaissons pas. Du Verdier cite : *Apologie, ou defense des bons chrestiens, contre les ennemis de l'Eglise catholique,* Lyon, Mich. Jove, 1563, in-16.

SECONDO. Bradamante gelosa, di M. Secondo Tarentino. *Veneggia, Gio.-Andrea Valvassore,* 1552, in-8. [14784]

Poëme en cinq chants, rare de cette édition citée dans le catal. de Molini de Florence, de l'année 1807. Il a été réimpr., *Venez., Domenico Imberti,* en 1608 et en 1619, in-8. (*Melzi,* p. 253).

SECOUSSE (*Denis-Franç.*). Mémoires pour servir à l'histoire de Charles II, roi de Navarre, surnommé le Mauvais. *Paris, Durand,* 1755-58, 2 vol. in-4. [23375]

Excellent recueil. Les preuves qui forment le second vol. ont paru avant les Mémoires. Vend. 27 fr. 50 c. en 1841, et 32 fr. Léon Leclerc.

— Voyez Laurière (de). — Vie du maréchal de Bellegarde, 23544.

SECRET (Cest le) de lhistoire naturelle, contenant les merueilles et choses memorables du monde... *Paris, Thielman Kerver,* 1504, in-4. goth. [4472]

Edition la plus ancienne que nous connaissions de cet ouvrage plus curieux qu'utile : vend. 15 fr. 5 c. Méon.

Une édition de *Paris, pour Jehan Treperel, le xvij. iour du mois daoust* 1510, in-4. goth. de 114 ff., est portée dans le catalogue Boulard, 1, n° 3787.

— Cest le secret de lhistoire naturelle cõtenant les merueilles et choses memorables du monde, et signamment les choses monstrueuses qui sont trouuees en nature humaine selon la diuersite des pays, contrees ꞇ regiõs, ensemble de toutes maniers de bestes terrestres, volatiles ꞇ aquatiq̃s, et aussi des arbres herbes fruitz pierres fontaines riuieres, ꞇ ingenieux laberinthz, et diuers tresors caches (in cauernia terre) p̃ lastuce ꞇ cautelle diaboliq̃ ainsi que le tout est amplement escript et recite par les tres excellens ꞇ experimẽtez philosophes naturelz, pline, solin, democrite, herodote, orose, ysidoire, et le docteur Geruaise et tous autres. xxviii. (à la fin) : *Cy finist ce present liure moult excellent et recreatif appelle le liure des Merueilles du monde et des choses memorables a plusieurs incongneues Nouuellement Jmprime a Paris par Philippe le noir libraire...* (sans date), in-4. goth. de 12 ff. prélimin. et cv ff. de texte, plus un f. pour la souscription, titre rouge et noir dans une bordure.

Cette édition sans date a été annoncée inexactement sous l'année 1528, à cause du chiffre xxviii qui est sur le titre, et qui indique le nombre des cahiers du volume.

— CEST LE SECRET de lhystoire naturelle contenant les merueilles et choses memorables du monde (comme ci-dessus), XXVII. (au verso de l'avant-dernier f.) : *Jcy prent fin le liure moult excellent... nouuellement imprime a Paris par Philippe le noir... le xiiii. iour du moys de Juing. Mil. v°. et .xxiiii* (1524), in-4. goth. à longues lignes.

Quoique cette édition contienne absolument le même nombre de ff. que la précédente, le titre n'indique que XXVII cahiers. Il y a à la fin un f. séparé, contenant au recto une gravure sur bois représentant une roue, et au verso la marque de Le Noir. 20 fr. Huzard.

— CEST LE SECRET de lhistoire naturelle... (au verso du dern f.) : *Jmprime a Paris pour Jehan treperel Demourant... en la rue neufue nostre dame... le xvii iour du moys daoust Mil v c. et xxvii,* pet. in-4. goth. de 12 ff. prélim. et cv ff. chiffrés.

Nous avons vu un exemplaire de cette édition de 1527, dont le frontispice porte aussi le chiffre xxvij. Il est à remarquer qu'elle a la même date de mois que l'édition de 1510 ci-dessus. 11 fr. 50 c. Huzard.

— Les Merueilles du Monde ou le Secret de l'histoire naturelle. *Lyon, Olivier Arnoullet,* 1529, in-4. goth.

Édition dont un exemplaire en *mar. r.* n'a été payé que 15 liv. 12 sols à la vente du comte de Lauraguais, en 1770.

Nous pouvons encore citer l'édition de *Lyon, Olivier Arnoullet,* 1534, in-8., en ajoutant qu'il en existe plusieurs autres.

SECRETA mulierum. Voy. à la fin de l'article ALBERTUS magnus.

SECRETARIA (la) di Apollo. Voy. BOCCALINI.

SECRETTES (les) ruses d'Amour. ou est monstré le vray moyen de faire les approches, et entrer aux plus fortes places de son empire. Par le S. D. M. A. P. *à Paris, Anthoine du Brueil,* 1611, pet. in-12. [18001]

Ce petit volume est divisé en trois parties. La première contient les *Secrettes ruses,* en 34 ff. (le dernier chiffré 33) ; la seconde, les *Paradoxes d'amour, par le sieur de La Valletrie,* 23 ff. (plus le faux titre et la table, 2 ff.) ; la troisième, *Dialogue de l'Arétin, où sont déduites les vies, mœurs et desportemens de Laïs et Lamia, courtisanes de Rome. Traduict d'italien en françois,* en 72 ff., y compris *La maquerelle ou vieille courtisane de Rome,* morceau en vers, commençant au f. 60 par celui-ci :

Bien que du mal duquel je suis atteint.

Les trois parties sont réunies sous une seule série de signat. de A—Y. Vend. (sous la date de 1610) 6 fr. *m. r.* Méon ; 10 fr. Bignon ; et sous celle de *Rouen,* 1610, et rel. en *mar. v.* 43 fr. Veinant.

Le *Messager d'amour* et la *Messagère d'amour,* qui, à ce qu'il paraît, font partie de l'édition de *Rouen,* 1618 (intitulée *Le Cabinet des secrètes ruses d'amour*), ne semblent pas appartenir à l'édition de 1611, comme nous l'avons dit dans les *Nouvelles recherches,* d'après une note équivoque du catalogue de La Valliere-Nyon, n° 9639.

SECRETZ et loix du mariage. Voy. DIVRY (*Jean*).

SECTANUS (*Q.*) [*Lud.* Sergardius]. Satyræ XIX, in Philodemum (Gravinam), cum notis variorum. *Coloniæ, Sebilla,* 1698, pet. in-8. de 164 pp. [12779]

Édition peu commune : 9 flor. Crevenna, mais ordinairement 3 à 6 fr. Celle de 1696, *apud Triphonem* (*Neapoli*), pet. in-8., ne renferme que 10 satires.

— Satyræ, numero auctæ, mendis purgatæ et singulæ locupletiores ; accedunt argumenta, indices necnon commentaria ex notis anonymi, concinnante P. Antoniano [Emman. Martino]. *Amstelodami, apud Elzevirios* (*Neapoli*), 1700, 2 tom. gr. in-8.

Il est à remarquer que, dans cette édition, les satires, bien loin d'être *numero auctæ,* ainsi que le porte le titre, ne sont qu'au nombre de huit : 6 à 10 fr. Vend. 20 fr. Caillard.

Secrets des arts et métiers, 10218.
Secretan (*L.*). Mycographie suisse, 5371.

— LUDOV. SERGARDII, antehac Q. Sectani, satyræ et alia opera. *Lucæ*, 1783, 4 vol. in-8. 15 à 20 fr.

Cette édition a été donnée par Léon Janelli, qui y a joint une notice sur la vie de l'auteur et de nombreuses notes. Le tome IV contient d'autres ouvrages de Sergardi et sa correspondance avec Mabillon.

— LE SATIRE di Q. Settano, ridotte da Sesto Settimio. *Palermo, D. Cortese*, 1707, in-8. — Contenant 18 satires.

— SATIRE, ridotte in terza rima. *Zurigo*, 1760, in-8.—Réimpr. *Amstelod. (Firenze)*, 1783, et *Londra (Livorno)*, 1786, in-12.

SECTANUS, Q. fil. (*L.*). [Pompeius Venturus Soc. Jesu]. De tota græculorum hujus ætatis litteratura, ad Gaium Salmorium sermones IV, accessere ad eorum defensionem, quintus et sextus. *Hagæ-Comit.*, 1752, in-8. [12780]

Ouvrage recherché, dont les notes, sous le nom de Philocardius, sont du jésuite Jérôme Lagomarsini : 5 à 6 fr.; 15 fr. v. f. Caillard ; les autres édit. sont moins chères. Selon Barbier, *Dict. des anonymes*, le vrai nom de cet auteur pseudonyme serait *Jul.-Cæs. Cordara*.

SECUNDUS [Everardus] (*Nicol.-Joh.*). Poetica opera, accurate recognita, ex museo Pet. Scriverii. *Lugd.-Batav., Fr. Hegerus*, 1631, pet. in-12 de 384 pp. 4 à 5 fr. [13074]

Il y a des exemplaires auxquels on a mis, au bas du titre, le nom du libraire *Wyngaerden*, et la date 1641. La première édition de Secundus a paru à Utrecht, chez Borculous, en 1541, pet. in-8.; celle de Leyde, 1619, in-8., donnée par P. Scriverius, a 301 et 71 pp., non compris les préliminaires.

— Opera omnia, emendatius et cum notis adhuc ineditis Pet. Burmanni sec. denuo edita cura Petri Bosscha. *Lugd.-Batav., Luchtmans*, 1821, 2 vol. in-8. 12 à 15 fr.

Bonne édition de ce poëte élégant. Le commentaire indique les imitations des anciens. Il y a des exemplaires en pap. de Hollande.

— LES BAISERS de Jean Second, traduction franç., accompagnée du texte latin, par M. C. (Moutonnet-Clairfons). *Paris*, 1771, in-8.

— BAISERS et élégies de Jean Second, avec le texte latin, accompagnés de plusieurs morceaux de Théocrite et d'Anacréon, de Guarini et du Tasse, traduits en vers français par P. l. Tissot. *Paris*, 1806, in-12.

On a aussi une *Traduction libre des odes, des Baisers, du premier livre des élégies, et des trois élégies solennelles de Jean Second, en vers, avec le texte latin par M. Mich. Loraux*. Paris, 1812, in-12.

SEDANO (D. Lopez). V. PARNASO español.

SEDEÑO (*J.*) et non *Seño*, Calixte et Melibea. Voy. I, col. 1720.

SEDEÑO (*Juan*). Summa de varones ilustres ; en la qual se contienen muchas sentencias y grandes hazañas y cosas memorabiles de dozientos y veynte y

cuerta famosos Emperadores, Reyes, y Capitanes de todas naciones, y las fundaciones de muchos reynos y provin-. cias. *Arevallo*, 1551, in-fol. [31812]

Compilation par ordre alphabétique qui a été réimpr. à Tolède, en 1590, pet. in-fol. 1 liv. 11 sh. 6 d. Salvá.

— Voy. à la fin de l'article CELESTINA, en espagnol.

SEDULIUS (*Cœlius*). In librum evangeliorum. In-fol. goth. de 36 ff. à 30 lign. par page. [12584]

Première édition, très-rare, impr. avec les caract. de Ketelaer d'Utrecht, vers 1473-75. Elle n'a ni chiffres, ni récl., ni signat., et elle commence par ces mots :

in note prīs et filij et spūs scī incipit seduli' in librū euangelioᴣ.

Il y a à la fin, au verso du 36e et dernier f. :

explicit sedulius in librū euangelioᴣ.

Voy. *Biblioth. spencer.*, tom. II, p. 336.

— Preclarissimuᴣ diui Sedulij opus iuxta seriem totius euangelij metrice congestum, atꝗ paschale carmen. — *Impressum Liptzk per Iacobum Thanner... Anno domini* 1.4.99, 7 *kalendas augusti*, in-4. goth. de 53 ff. à 18 lig. par page.

Première édition avec date. Elle a été faite sur un ms. de la biblioth. de Marie, à Hall. Le même imprimeur a aussi donné, en 1499, *Sedulii exhortatorium ad fideles*, in-4.

— SEDULII carmen paschale. Aurelii Prudentii poemata (cura Jani Parrhasii). *Mediolani, sumptibus Jani et Catelliani Cottæ, dexteritate Guillermorum le Signerre fratrum* (1501), in-8. de 116 ff.

Édition peu-commune : 7 flor. Crevenna.

On en connaît plusieurs exemplaires imprimés sur VÉLIN.

— CARMEN paschale. *Spiræ, a Conrado Hist.*, 1501, in-4., signat. A—J. 5 à 6 fr.

— CARMEN paschale, cum commento Antonii Nebrissensis. *Cæsar-Augustæ, C. Coci*, 6 non. sept., 1515, in-4.

Édition rare, dont le commentaire avait déjà été imprimé à Lyon, chez Mareschal et Chaussard, en 1512, in-4.

— CARMINIS paschalis lib. V, et hymni II, cum not. var. quibus accedunt Th. Wopkensii adversaria emendatiora, curante Henr.-Joan. Arntzenio qui adnotationes adjecit. *Leovardiæ*, 1761, in-8. 5 à 6 fr.

— Opera omnia, recognita, prolegomenis, scholiis et append. illustrata a Fr. Arevalo. *Romæ*, 1794, in-4. 15 à 18 fr.

— Voy. POETÆ CHRISTIANI.

Sédillot (*C.*). Médecine opératoire, 7497.— De l'Évidement des os, 7517.

Sédillot. Recueil périodique, 7445.

Sédillot (*L.-A.*). Mémoires sur les instruments astronomiques des Arabes, 8367.

Sedley (*C.*). Works, 15815.

Sedulius (*H.*). Apologeticus, 21824.

Seed (*Jér.*). Sermons, 2031.

Seel (*H.*). Die Mithragcheimnisse, 22605.

Seely (*J.-B.*). Road book of India, 20700.

Sedaine (*Mich.*). Poésies, 14072. — Œuvres dramatiques, 16557.

Sedgwick (the rev.). British palæozoic Rocks..., 4808.

SEELEN-WURZGARTEN. (au recto du dernier f.) : *Gedrucket und seliglichen vollendet dieses buch von Conrado Dinckmut zu Ulm am nechsten samstag nach sant Michelstag. Anno domini* .M. cccc. lyyyiij iar. ꝛc., in-fol. de 173 ff. avec fig. sur bois.

Pour cette édition et trois autres du même livre, également imprimées à Augsbourg et ornées de figures sur bois, voy. Hain, n°⁸ 14584-87.

SEEMILLER (*Seb.*). Bibliothecæ Academiæ ingolstadiensis incunabula typographica. *Ingolstadii*, 1787-92, 4 part. en 2 vol. in-4. 12 à 18 fr. [31529]

Ce livre contient la description de plus de 1400 éditions du XV° siècle. On a du même auteur plusieurs dissertations bibliographiques, et entre autres : *De latinorum Bibliorum cum nota anni* 1462, duplici editione, Ingolstadii, 1785, in-4. — *De Bibliis polyglottis complutensibus*, Ingolstadii, 1785, in-4. [31318 et 31319]

SEGAR (*Will.*). Baronagium genealogicum, or the Pedigrees of the english Peers, deduced from the earliest times of which there are any attested accounts, including as well collateral as lineal descents, originally compiled from the public records and most authentic evidences, by sir William Segar, and continued to the present time by Joseph Edmondson. *Engraved and printed for the author* (London), 1764, 5 vol. in-fol. [28926]

Cet ouvrage est le résultat d'un grand travail, mais il ne passe pas pour être fort exact. Les gravures sont bien exécutées; plusieurs même sont de la main de Fr. Bartolozzi. Les 5 vol. ont coûté 25 guinées. Ils ont été suivis, en 1786, d'un 6° vol. contenant les nouvelles créations, par Edmondson. Will. Segar, d'après les manuscrits duquel Edmondson a compilé ce grand ouvrage, est mort en 1632. Les six vol. se donnent aujourd'hui pour 10 ou 12 liv. en Angleterre. Les 5 premiers ont été portés à 458 fr. La Valliere. — Voy. EDMONDSON.

Voici les titres de deux ouvrages de Will. Segar, aujourd'hui fort rares :

THE BOOKE of honor and armes, where in is discoursed the causes of quarrell and nature of injuries with their repulses. *Lond.*, *printed by Richard Johnes*, 1590, in-4. de 4 ff. prélim., y compris deux titres ; *boocks* I à IV, 104 pp.; *boock* V, 75 pp. C'est à tort que l'ouvrage a été attribué à l'imprimeur Johnes.

HONOR, military and civil, contained in foure bookes. Viz. 1. Justice and juridiction military; II. Knhighthood in generall, and particular; III. Combats for life and triumph; IV. Precedencie of great estates and others. *London, by Rob. Barker*, 1602, in-fol. fig. (256 pp. et les prélimin.). 2 à 3 liv. — Il y a quelques exemplaires en Gr. Pap.

— Original Institutions of the princely orders of collars. *Edinburgh*, 1823,

in-4., pl. blasonnées en or et en couleurs, en imitation du manuscrit original. 1 liv. 11 sh. 6 d.

Un exemplaire impr. sur VÉLIN est conservé dans la bibliothèque Signet, à Edimbourg.

SEGHELYN. Die historie van Seghelyn van Iherusalem. *Antwerp.*, *Claes van den Wouvere*, 1564, in-fol. goth.

L'édition d'Anvers, *H. Peterssen*, sans date, in-fo goth., est plus ancienne que celle de 1564 (Ebert 20804).

SEGHEZZI (*Ant.-Feder.*). Opere volgari e latine; aggiuntevi alcune rime di Nicolò suo fratello. *Venezia*, 1749, in-8. 4 à 5 fr. [14588]

L'exemplaire sur VÉLIN, et décoré de miniatures, vend. 10 liv. Pinelli, 200 fr. Mac-Carthy, est à la Bibliothèque impériale.

— Vita del C. Annibal Caro, 30735.

SEGLA (*Guil.* de). Voy. HISTOIRE tragique.

SEGNERI (P. *Paolo*). Opere. *Venezia, P. Baglioni*, 1712, 4 vol. in-4. 18 à 24 fr., et plus en Italie. [1600]

Les ouvrages du P. Segneri sont fort estimés en Italie, et même plusieurs de ses productions sont citées dans le Dictionnaire de l'Académie de La Crusca. — La collection de ses œuvres a été réimpr. *Parma*, *per Paolo Monti*, 1714 (ou nouv. titre 1720), en 3 vol. in-fol. (édit. accompagnée de bons index), et aussi à Venise, chez les Baglioni, en 1728 et en 1758, en 4 vol. in-4. Cette dernière édition renferme *Tre lettere su la materia del probabile*, qui manquent dans les précédentes, et qui avaient paru séparément sous la date de *Colonia*, 1732, in-12. Ces mêmes lettres font partie de l'édition de Milan, 1837-38, en 3 vol. gr. in-8, à 2 col. 30 fr. Les principaux ouvrages de cet écrivain ascétique sont :

1° PREDICHE o sia Quaresimale. *Firenze, Iacopo Sabatini*, 1679, in-fol., avec portr. Edition citée, et dont il existe de beaux exemplaires en Gr. Pap.

Au jugement de Gamba, l'édition de Padoue, *alla Minerva*, 1826, 3 vol. in-8., donnée par *Angelo Sicca*, doit être préférée à toutes les autres, sans en excepter la magnifique édition de Rome, *Pagliarini*, 1752, in-4. Il en a été tiré quelques exemplaires sur pap. vél. [1501]

2° IL CRISTIANO istruito nella sua legge, raggionamenti morali. *Firenze*, 1686, 3 part. in-4. [1601]

3° LA MANNA dell' anima. *Parma, Gius. Paganino*, 1822, 13 vol. in-32.

Imprimé d'abord à Venise, en 1689, ensuite à Udine, 1723-24, aussi en 13 vol. in-32. — Pour plus de détails, consultez Gamba, n°⁸ 903 à 910, et 2085-89.

MÉDITATIONS sur les passages choisis de l'Ecriture sainte, trad. du P. Segneri. *Paris*, 1757, 5 vol. in-12. [1602]

SEGNI. Scelta di varii poemi volgari e latini composti nella partenza di G.-A. Papio della citta di Bologna, raccolta da G. Segni. *Bologna*, 1583, in-4. [14445]

Ce volume contient des poésies de 52 auteurs parmi lesquels se font remarquer les noms du Tasse et d'Alde Manuce le jeune. 20 fr. Libri, en 1857.

SEGNI (*Bernardo*). Storie fiorentine,

Seerig (*A.-W.-H.*). Armamentarium chirurgicum, 7637.

Seetzen (*U. Jasper*). Reisen durch Syrien, Palästina, etc., 19981.

Ségalas (*P.-S.*). Sur la Gravelle, 7565.

Ségaud (le P.). Sermons, 1461.

dall' anno 1527 al anno 1555, colla vita di Nic. Capponi, descritta dal medesimo Segni. *Augusta*, *Ph. Mertz*, 1723, in-fol., avec 2 portr. 10 à 15 fr., et plus en Gr. Pap. [25525]

Cet ouvrage est ordinairement réuni à l'Histoire de Florence de Varchi, qui va de 1527 à 1536. Il a été réimprimé à *Palerme*, 1778, 2 vol. in-4., et à *Milan*, 1805, en 3 vol. in-8.

A la page 304 (de l'in-fol.) se trouve une lacune de plusieurs lignes; c'est la place que doit occuper le récit d'une action horrible de P.-L. Farnèse, duc de Parme, racontée plus au long par Varchi. Dans quelques exemplaires, ce qui manque au texte a été impr. sur une bande de papier qu'on a collée à l'endroit de cette lacune : en Gr. Pap. avec la bande, 43 fr. Riva.

SEGOING (*Charles*), avocat. Le Trésor héraldique ou Mercure armorial, où sont démonstrées toutes les choses nécessaires pour acquérir une parfaite connoissance de l'art de blasonner; enrichy de figures et du blason des maisons nobles et considérables de France et autres royaumes et estats de l'Europe, avec deux tables fort amples. *Paris, Clouzier*, 1657 (aussi 1670), in-fol. fig. [28802]

31 fr. (avec des notes manuscrites) de Martainville.

Il existe deux autres éditions de cet ouvrage sous le titre de *Mercure armorial;* la première, Paris, 1648 (aussi 1649 et 1650), in-4., la seconde revue et augmentée, Paris, 1652, in-4. On a aussi une édition du *Trésor*, retouchée par (Jean Royer, sieur) de Prade, *Paris*, 1672, in-4.

— Armorial universel, contenant les armes des principales maisons, estatz et dignitez des plus considerables royaumes de l'Europe, blazonnées de leurs métaux et couleurs, et enrichies de leurs ornemens extérieurs; corrigé et mis en ordre par Ch. Segoing. *Paris, Nic. de Sercy*, 1654 (aussi 1660), pet. in-fol. fig. [28819]

15 fr. 50 c. Du Roure; 33 fr. de Martainville ; 59 fr. Solar.

Le même ouvrage sous le titre de *Nouvel armorial universel..., revu, corrigé et augmenté d'un discours pour trouver et expliquer le nom de chaque famille* (par Claude Le Cellyer), Paris, 1663, in-fol. — Une édit. de *Paris*, 1679, in-4., est portée à 19 fr. dans le catal. du marquis Du Roure. Les planches des armoiries sont de P. Nolen ; le nombre en varie selon les éditions.

SEGRAIS (*Jean-Renaud* de). Segresiana, ou mélange d'histoire et de littérature, recueilli des entretiens de Segrais (par Ant. Galland, et publié par Fremont, avec une préface et des notes par La Monnoye, et d'autres notes par Bordelon et Moreau de Mautour). *Paris, par la compagnie des libraires associés* (*Prault, etc.*), 1721, 2 vol. in-12. [18340 ou 19683]

Ce livre est rare sous cette date, parce que l'édit. a été saisie avant sa publication, à la requête du duc de Noailles, à cause de quelques passages où, dans l'opinion de ce seigneur, Mme de Maintenon n'était pas traitée avec assez de respect. Mais le libraire Prault, étant parvenu à soustraire à la destruction environ 200 exemplaires de cet ouvrage, les fit paraître plus tard sous la rubrique de *La Haye*, 1722. L'édition d'*Amsterdam*, 1723, in-12, reproduit page pour page le texte de celle de Paris, et une table y est ajoutée. Un exemplaire (de 1721) rel. en *mar. bl.*, et ayant de plus que les autres *huit cartons* qui sont restés en épreuves, et une notice manuscrite sur les circonstances qui s'opposèrent à la publication de l'ouvrage : 60 fr. Pixerécourt.

— OEuvres diverses. *Paris* (*Amsterdam*), *Franc. Changuyon*, 1723, 2 vol. in-12. 5 à 6 fr.

Réimpression sous un autre titre du recueil intitulé *Segresiana*. Les *OEuvres de M. de Segrais, Paris, Durand, etc.*, 1755, 2 vol. pet. in-12, ne sont également que ce même recueil, avec une vie de l'auteur. Le premier volume renferme les poésies, le second le Segresiana sous le titre de *Mémoires et anecdotes*, la Relation de l'Isle imaginaire (voy. Relation), la Princesse de Paphlagonie (voy. Montpensier), et l'Amour guéri par le temps, tragédie lyrique.

— Poésies de Segrais, précédées d'un essai sur les poëtes bucoliques, par un professeur de l'Académie royale de Caen. *Caen, Chalopin*, et *Paris, Lance*, 1823, in-8. pap. ordinaire et pap. vél. [14045]

— Les Nouvelles françoises, ou les divertissemens de la princesse Aurélie. *Paris, Ant. de Sommaville*, 1656-57, 2 vol. in-8. [17348]

Historiettes racontées par plusieurs personnes qui composaient la société de Mlle de Montpensier, à Saint-Fargeau. Segrais, qui les a publiées, dit lui-même qu'il n'en est que le rédacteur. L'édition originale est rare. 31 fr. Walckenaer; 73 fr. Giraud. Mais l'ouvrage a été réimpr. à Paris, *Den. Mouchet*, 1720, en 2 vol. in-12 fig.

Le titre de *Nouvelles, ou les divertissements de la princesse Alcidiane*, que La Calprenède a donné à un volume publié par lui, sous le nom de sa femme, à *Paris, chez de Sercy*, en 1661, in-8., est évidemment calqué sur celui du recueil ci-dessus.

— Bérénice (anonyme). *Paris, Touss. Quinet*, 1648 (aussi 1651), 4 tom. en 2 vol. pet. in-8. 14 fr. Solar.

Plusieurs éditions de *Zayde* et de *La Princesse de Clèves* ont été impr. sous le nom de Segrais qui n'en est pas l'auteur (voy. La Fayette).

SEGUIERIUS (*J.-Fr.*). Plantæ veronenses, seu stirpium quæ in agro veronensi reperiuntur methodica synopsis. *Veronæ*, 1745-54, 3 vol. in-8. fig. 9 à 12 fr. [5104]

Ouvrage estimé et qui se trouve rarement avec le supplément. La *Flora veronensis* de Pollini en a fait tomber le prix.

— Bibliotheca botanica, 31719.

SEGUIN (*Jos.*). Les Antiquités d'Arles,

traitées en manière d'entretiens et d'itinéraire, où sont décrites plusieurs nouvelles découvertes qui n'ont pas encore vu le jour. *Arles, Claude Mesnier,* 1687, in-4. fig. [24806]

Peu commun : 15 à 20 fr.

SEGUNDA Celestina. Voy. SILVA.

SÉGUR (*Louis-Philippe* comte de). Ses Œuvres completes, ornées de son portrait et d'un fac-simile de son écriture. *Paris, Eymery,* 1824-30, 33 vol. in-8. de 3 à 4 fr. le vol., et plus en pap. vél. [19176]

Cette collection n'est point terminée. Le dernier volume publié est le 9ᵉ tome de l'*Histoire de France* qui finit à la mort de Louis XI. L'auteur a reproduit dans ses œuvres les divers ouvrages qu'il avait déjà fait imprimer, et notamment son *Histoire universelle* (Paris, 1821), en 10 vol. et atlas in-4. (avec une table analytique impr. en 1823); ouvrage qui n'est qu'un simple abrégé des histoires ancienne, romaine et du Bas-Empire, à l'usage de la jeunesse, mais qui a eu du succès, et que l'on a impr. plusieurs fois dans le format in-18. Il y en a une édition de *Paris, Furne,* 1839, 12 vol. in-8., avec 68 gravures. 60 fr. [22700] Les 3 premiers volumes des œuvres de M. de Ségur renferment ses *Mémoires ou souvenirs et anecdotes,* ouvrage fort intéressant, mais qu'on regrette de n'avoir pas complet. [30652]

— Histoire de Frédéric-Guillaume II, 26677.

SÉGUR (*Joseph.-Alex.* vicomte de). Les Femmes, leur condition et leur influence dans l'ordre social chez les différens peuples anciens et modernes; nouv. édition augmentée de l'influence des femmes sous l'Empire, et de notes historiques (par M. Ch. Nodier). *Paris, Raymond,* 1820, 2 vol. in-8. fig. 8 à 10 fr. [3868]

Il y a des exempl. en pap. vél., avec les fig. avant la lettre : 15 à 20 fr.; vend. (avec les 4 dessins de Chasselat) 88 fr. salle Silvestre, en 1823.
L'ouvrage a été plusieurs fois réimpr. en 3 ou en 4 vol. in-12 et in-18. Le 4ᵉ vol. de l'édit. de 1822, in-16, a pour titre : *De la Condition des femmes sous l'Empire et la Restauration,* par S. R. (Mar.-Stanislas Rattier), avocat.
Les *Œuvres diverses* du même auteur, *Paris, Dalibon,* 1819, in-8., ne contiennent rien de fort remarquable. [19150]

— Mémoires de Besenval, 23912.

SÉGUR (le général comte *Philippe* de). Histoire de Napoléon et de la Grande Armée pendant l'année 1812; IXᵉ édition. *Paris, Baudouin (impr. de Jules Didot aîné),* 1827 (réimpr. plusieurs fois depuis), 2 vol. in-8., avec un atlas. 12 fr. [23990]

Un exemplaire de l'édition de 1826, imprimé sur pap. de Chine, 22 fr. Nodier.
La première édition de cet ouvrage a paru en 1824, en 2 vol. in-8. Il faut y joindre :
NAPOLÉON et la Grande Armée en Russie, ou examen critique de l'ouvrage de M. le comte Phil. de Ségur, par le général Gourgaud. *Paris, Bossange frères,* 1825, in-8.; ou 4ᵉ édition augmentée d'un grand nombre de pièces officielles inédites, *ibid.,* 1826, 2 vol. in-8. 8 fr.

OBSERVATIONS sur l'ouvrage de M. le comte Phil. de Ségur..., par le baron de Voelderndorff, *Munich,* 1826, in-8.
— Hist. de Charles VIII, 23419. — de Pierre le Grand, 27764.

SEGURA (*Juan* de). Processo de cartas de amores, que entre dos amantes passaron, y una quexa y aviso contra amor, traduzido del estilo griego en nuestro pulido castellano. *Toledo,* 1548, in-4. goth. [15123 ou 18007]

Vend. 10 sh. 6 d. Heber, IX, 2709. — Ce dialogue a été réimpr. avec un opuscule de Castillejo, à Venise, en 1553. — Voyez PROCESSO.

SEGURA (*Alferez Francesco* de). Romancero historiado trata de los hazañosos hechos de los christianissimos Reyes de Portugal. *Lisboa,* 1610, pet. in-8. [15365]

Annoncé comme fort rare dans la *Biblioth. heber.,* I, nᵒ 6289, et vendu 1 liv. 5 sh. — Antonio cite plusieurs ouvrages du même auteur, et entre autres : *Archimusas de varias rimas,* Çaragoça, 1614, in-8.

SEGUSIE (*Fr.* de). Voy. HISTOIRE notable d'un jésuite.

SEHIR Eddin. Voy. au mot QUELLEN.

SEID Moustapha (Diatribe de l'ingénieur) sur l'état actuel de l'art militaire, du génie et des sciences à Constantinople. *Dans la nouvelle typographie de Scutar, fondée par Sélim III,* 1805, in-8. max. de 33 pp. [8631]

Édition originale : vend. 27 fr. Langlès; 16 fr. Kieffer. Une réimpression littérale de cet opuscule, *avec quelques notes qui ont paru nécessaires pour l'intelligence de l'ouvrage,* par M. L. Langlès, avait été faite à l'imprimerie impér. de Paris, 1807, gr. in-8. de XII et 36 pp., mais elle est restée en épreuves, et n'a point été tirée. Un exemplaire de ces mêmes épreuves, annoncé comme le seul qui existe, 50 fr. 5 c. mar. r. Langlès.
Ce même opuscule a été publié avec des notes de Langlès. *Paris, Ferra,* 1810, in-8.

SEIDEL (*Math.-F.*). Icones et elogia virorum aliquot præstantium, qui Marchiam olim juverunt ac illustrarunt. (*absque loco*), in-fol., avec 100 pl. [30510]

Ces gravures sont si médiocres, qu'elles ressemblent moins à de véritables portraits qu'à des caricatures. Les 75 prem. pl. avaient déjà paru en 1670. L'édition de *Berlin,* 1751, in-fol., avec 100 pl., n'est un peu recherchée qu'à cause du texte de G.-Gf. Kuster qui y est joint.

SEIDLER (*A.*). De Versibus dochimacis græcis. *Lipsiæ, Fleischer,* 1811-12, 2 part. en 1 vol. in-8. 10 fr. [12257]

SEIFFERT (*Jean*). Tables généalogiques des savants (en allemand). *Ratisbonne,*

Sehlng (*H.-Rud.*). Verzeichniss aller Säugethiere, 5663.

Seidel (*C.*). Charimenes, 9103.

Seigneux de Correvon. Découvertes d'Herculanum, 29326.

édité par l'auteur, 1717, 1723 et 1728, 3 part. in-fol. [28921]

Ces trois parties contiennent les tables généalogiques de 102 familles, quelques-unes avec les armoiries gravées en taille-douce. Comme l'ouvrage n'a pas été mis dans le commerce, il est rare et on le recherche beaucoup en Allemagne. Heinsius n'en fait pas mention, à moins que ce ne soit le même livre qu'il cite sous ce titre :

GRÄFLICHE Ahnentabelle. *Augsburg*, 1716-19, 3 part. in-fol.

SEIR MUTAQHARIN (a translation of the), or view of modern times, being an history of India, from 1118 to 1195 of the Hidjrah (these years answer to 1705-82); containing in general the reigns of the seven last emperors of Hindostan; and in particular, an account of the english wars in Bengal, with a circonstantial detail of the rise and fall of the families of Seradj-ed-Döwlah, and Shudjah-ed-Döwlah, the last sovereings of Bengal and Owd; to which the author has added a critical examination of the english government and policy in those countries, down to the year 1783; the whole written in persian by Seid Gholam-Hossein Khan. *Calcutta, White*, 1789, 3 vol. gr. in-4. [28146]

Le premier volume de cette traduction a 780 pp. et des errata; le deuxième, 612 pp., non compris les errata, plus un appendice de 38 pp.; le troisième, 453 pp. et des errata. L'ouvrage, *best patna paper*, coûtait 64 roupies; vend. 150 fr. Langlès; 7 liv. 7 sh. Sykes; 8 liv. 8 sh. Heber, et moins cher depuis. Une partie de l'édition a péri en mer pendant la traversée de Calcutta en Angleterre. On a le commencement d'une traduction anglaise de cette histoire sous le titre suivant :

THE SIYAR-UL-MUTAKHERIN, a history of the Mahommedan power in India, during the last century, by Mir Gholam Hussein-khan; revised from the translation of Haji Mustafa, and collated with the persian original, by lieut. col. John Briggs. *Lond., Murray*, 1831, in-8. Tome Ier, 14 sh.

Elle est meilleure que la précédente qu'on a attribuée à un Français.

SEISSEL. Voy. SEYSSEL.

SÉJOUR (le) des muses, ou la cresme des bons vers; tirez du meslange et cabinet des sieurs de Ronsard, Du Perron, Aubigny (*sic*) père et fils, de Malherbe, de Lingendes, Motin, Meynard, Théophile, de Bellan, et autres bons auteurs. *Rouen, Th. Doré*, 1626, in-12. [13645]

Ce recueil ne peut guère être recherché que parce qu'il s'y trouve quelques vers qui ne sont pas dans les autres collections du même genre. Il a été réimprimé à *Rouen, chez Martin de La Motte*, 1630, in-8.

SEJOUR (le) salutaire. Ce liure est tres utile et necessaire a tous les gens pour occuper et employer le temps fructueusement, et non pas en oeuures inutiles et illicites comme plusieurs le font : et mesmement aux jour et nuytee de Nouel. Duquel liure sont contenus plusieurs choses tres dignes de scauoir, et non accoustumees de lyre en francoys. — Cy fine ce petit liure lequel a este compose et finy en la paroisse de sainct Poul de Poictiers, lan mil cinq cens et treze. *Nouuellement imprime p Jehan Mesnage de Paris le iiie iour de decembre*, in-4. goth. [3708]

Opuscule de 26 ff., y compris le titre sur lequel se trouve la marque de l'imprimeur, avec cette devise : *Gemma animi virtus*. Le seul exemplaire de ce petit livre qu'on ait encore signalé s'est trouvé relié avec la *Cronique de Clotaire* de Jean Bouchet, édit. de Poitiers (voy. BOUCHET). Vend. 200 fr. Pressac, en 1857.

SÉJOURS de Charles VIII et Loys XII à Lyon sur le Rosne. Publiés par P.-M. Gonon, jouxte la copie des Faictz, Gestes et Victoires des Roys Charles VIII et Loys XII. *Lyon (impr. de Charvin et Nigon)*, 1841, in-8. de 4 ff. prélim., 64 pp. et 2 fac-simile. [24601]

Cette réimpression a été tirée à 100 exempl., 10 sur pap. de couleur et 1 sur VÉLIN; l'un des fac-simile représente la marque suivante du libraire *Jaques Huguetan* :

M. P.-M. Gonon a publié aussi (d'après les éditions originales, imprimées à Lyon, en 1594) l'opuscule intitulé :

DISCOURS sur la réduction de la ville de Lyon à l'obéissance de Henry IV, par A. Du Verdier; nouvelle édition, suivie d'une lettre adressée à l'auteur du discours, d'une réponse, et de cinq lettres de Henry IV adressées aux Lyonnais. *Lyon, impr. Dumoulin, Bonet et Sibuet,* 1843, in-8. de 38 pp., plus un frontispice, avec bordure impr. en rouge, et le portrait d'A. Du Verdier. (Il y en a un tirage en 28 pp., sans le frontispice et sans les lettres de Henry IV.) [24603]

SELBY (*Prideaux John*). Illustrations of british ornithology. *Edinburgh, Constable,* and *Dan. Lizars,* 1821-1834, (aussi 1841) in-fol. max. [5768]

Magnifique ouvrage, qui s'est publié par cahiers de 12 pl., avec un texte provisoire, in-8. ; il est divisé en deux séries : 1° *Land birds;* 2° *Water birds;* le tout formant 220 pl. color. (et 4 en noir pour l'anatomie), où sont représentées 383 fig. Chaque cahier coûtait une liv. 11 sh. 6 d., et avec les planches coloriées soigneusement, 5 liv. 5 sh. ; mais l'ouvrage entier, en 19 cahiers, fig. color., n'est plus coté qu'à 25 ou 30 liv. — Voyez JARDINE. Une seconde édition du texte, en 2 vol. in-8., a paru en 1833.

— HISTORY of british forest-trees, indigenous and introduced. *London,* 1842, in-8., avec des gravures sur bois. 1 liv. 8 sh.; — Gr. Pap. 1 liv. 16 sh. [4984]

SELDEN (*Joan.*). Opera omnia : collegit ac recensuit, vitam auctoris, præfationes et indices adjecit Dav. Wilkins. *Londini,* 1726, 3 vol. in-fol. portr. [19025]

Collection recherchée, et qui vaut de 4 à 5 liv. en Angleterre. Vend. en Gr. Pap. *v. f.* 65 fr. La Valliere ; 67 fr. Boutourlin ; 6 liv. 8 sh. Sykes, et 5 liv. 10 sh. Heber.

— Syntagmata II de Diis syris, edente Andr. Beyero. *Amstelodami,* 1680, in-8. 3 à 4 fr. [22630]

L'édition de *Leyde,* 1629, in-8., n'a point les notes de Beyer.

— TITLES of honour by the late famous and learned antiquary John Selden; the third edition with additions. *London, E. Tyler,* 1672, in-fol., fig. et portraits, 24 à 30 fr. [28787]

Cet ouvrage est regardé comme le meilleur que l'on ait sur ce sujet. La première édition, *Lond.,* 1614, in-4., est beaucoup moins chère que la troisième. La traduction latine a pour titre : *Tituli honorum, auctore Joan. Seldenio ; editio emendata, aucta et notis illustrata a Sim.-Jo. Arnold,* Francofurti, 1696, in-4.

— Mare clausum, 2290. — Uxor hebraica, 29075. — Pour ses autres ouvrages, voy. LOWNDES, nouvelle édition, pp. 2237-38.

SELECT (a) collection of old plays (publish. by Dodsley); 2d edition, with notes critical and explanatory (by Is. Reed). *Lond.,* 1780, 12 vol. pet. in-8. [16853]

Très-bonne collection, qui ne renferme pas moins de soixante anciennes pièces de théâtre, impr. selon leur vieille orthographe : 48 à 60 fr., et plus cher en Angleterre. On a tiré six exempl. en Gr. Pap. ; vend. tel et rel. en *cuir de Russie,* 12 liv. 12 sh. Steevens; 15 liv. 13 sh. *mar.* Dent. La première édition de ce recueil, formé par Dodsley, est de *Londres,* 1744, 12 vol. in-12.

— Select collection of old plays (by Robert Dodsley) with additional notes and corrections by Isaac Reed, Octavius Gilchrist and the editor (John Payne Collier). *Lond., Prowett,* 1826, 12 vol. pet. in-8. 5 liv. 5 sh. — Gr. Pap., 8 liv. 8 sh.

Bonne édition.

Il a paru à Londres, en 1814 et 1816, *Old plays, being a continuation of Dodsley's collection,* 6 vol. pet. in-8., contenant vingt-quatre pièces : 3 liv. — Gr. Pap., 5 liv. [16854]

SELECT fables. Voyez ÆSOPE.

SELECT Papyri. Voy. PAPYRI.

SELECT views of London and its environs : containing a collection of highly finished engravings from original paintings and drawings, accompanied by copious letterpress descriptions of such objects in the metropolis and the surrounding county as are most remarkable for the antiquity, architectural grandeur, or picturesque beauty. *London, publised by Vernor and Hood, Poultry, J. Storer and J. Greig,* 1805, 2 part. in-4. 2 liv. 2 sh. [27095]

La première partie renferme 39 pl., non compris le titre, et 145 ff. de texte. La seconde, 32 pl., un titre, 71 ff. de texte, table des pl. de chaque vol., 2 ff. et direction pour placer les pl. Les n°s 21 et 22, *Burnham Abbey,* ne sont pas compris dans la liste des pl. Il y a des exemplaires en Gr. Pap. et un petit nombre avec les épreuves avant la lettre (*proofs*) et les eaux-fortes.

SELECTA emblemata et symbola rossica, latina, gallica, germanica et anglica linguis exposita, olim Amstelodami edita (anno 1705) denique Petropoli (anno 1788) recusa, aucta et emendata, typis edi curavit Nestor.-Max. Ambodik. *Petropoli, typis Cesareæ typographiæ,* 1811, in-4., contenant plus de 100 pl.

SELECTA poemata Anglorum. Voyez POPHAM.

SELECTA poemata Italorum qui latine scripserunt, cura cujusdam anonymi (Gr. Atterbury, Roffensis episcopi) anno 1684 congesta, iterum in lucem data, una, cum alior. Italorum operibus, accurante Al. Pope. *Londini, Knapton,* 1740, 2 vol. pet. in-8. 10 à 12 fr. [12620]

SELECTA poetriarum græcarum carmina et fragmenta, edidit, earum vitas, animadvers. et indices adjecit A. Schneider. *Giessæ,* 1802, in-8. 7 fr. 50 c. [12278]

Recueil fait sur celui qui a pour titre : *Poetriarum octo fragmenta;* on y a ajouté quelques nouveaux

---

Sekendorf ou Seckendorf (*Vit.-Louis*). Réformation de l'Eglise chrét. en Allemagne, 22412.

Selchow (*J.-H.-Ch.* de). Elementa juris germanici, 5025.

Selecta carmina, 12933.

fragments qui ne dédommagent pas de ceux qu'on a supprimés. — Voy. WOLFIUS.

SELECTA principum historicorum. Voy. WYTTENBACH.

SELECTÆ PP. Soc. Jesu tragœdiæ. *Antuerpiæ, apud Joan. Cnobbarum,* 1634, 2 vol. in-24. [16116]

La seconde partie de ce recueil est plus rare que la première, mais elle ne paraît pas avoir été achevée. Vend. 9 fr. 15 c. Courtois: 6 fr. de Soleinne.

SELECTION of wiew in Lincoln. Voyez HOWLETT.

SELECTIONS for the use of the students of the persian class. Voy. LUMSDEN.

SELECTIORA numismata musei de Camps. Voy. VAILLANT.

SELECTISSIMÆ necnon familiarissimæ cantiones ultra centum, vario idiomate vocum, tam multiplicium quam etiam paucarum. Fugæ quoque ut vocantur, a sex usque ad duas voces : singulæ tum artificiose, tum etiam mire iucunditatis... cum gratia et priuilegio imperatoriæ regiæque Ro. Maiestatis quinquennali. *Augustæ - Vindelicorum. Anno Domini* M.D.XL. (à la fin, sous la marque de l'imprimeur) : *Augustæ Vindelicorum, Melchior Kriesstein excudebat...,* pet. in-8. oblong. [10192]

Recueil précieux contenant 105 morceaux, dont une partie sont des motets latins, et le surplus des cantiques, soit en français, soit en italien, ou même en hollandais et en allemand, le tout mis en musique par des compositeurs plus ou moins célèbres, dont M. Schmid a donné les noms. A la suite de 8 ff. prélim. se trouvent le *Tenor,* sign. A—L ; le *Discantus,* sign. a—k ; le *Contra tenor,* sign. aa—kk ; le *Bassus,* sign. AA—KK, et les *Quinta* et *Sexta partes,* sign. Aa—Hh. (Pour plus de détails sur ce recueil et pour les autres livres de musique imprimés à Augsbourg par Melch. Kriesstein, par Phil. Ulhard, etc., consultez Ant. Schmid, pp. 162 et suiv.)

SELECTISSIMORUM tricinorum libri tres (bassus). *Noribergæ, Ioan. Montanus, et Vbr. Neuber,* 1559-1560, 3 tom. en 1 vol. in-12 obl.

Recueil contenant 141 chansons en latin, en français, en allemand, en flamand et en italien, par Stoltzer, Sampson, Ben Ducis, Isaac Unterholzer, Geronimo, Jacotin, Willart, etc. Les paroles latines sont de Mélanchthon, de S. Bernard, etc. Porté à 1 liv. 7 sh. dans le catalogue de la partie réservée de la collection Libri, 1862, n° 672.

SELEN TROST. Hyr begynnet de tafel dysses boyches vnd war eyn stypchen steyt vor dem tzail dat ys in der eyrstē sijt des blaitz vñ dat stipchē na steyt dat ys in der anderen sijt des blades. f. 6a. (cum sign. a 2) Deer selen trost lycht an heillygher lere vnde an betrachtynghe der hyllígher scryfft, etc. (In fine) : *Impressa ē hec materia Colonie ꝑ me Johañem Coil-*

hoff Anno dñi 1474, in-4. goth.
—Cleyner Selen Trost. f. 1a. Hyr begynnet dat gulden aue maria. (Ici huit vers commençant ainsi :)

Got groysse dych moder maget fyn.

f. 2 a (cum sign. a 2) Hyr na volget der cleyne selen troyst vnde leret vns van den seuen sacramenten der hyllighen Kyrchen. (*sans lieu ni date, mais également impr. à Cologne par Jean Coilhoff*), 40 ff. in-4. goth. [1617]

Ces deux ouvrages en bas allemand, sortis évidemment des presses du même imprimeur, sont inconnus à tous les bibliographes. Ils ont le double intérêt linguistique et poétique. (LVIII° catalogue d'Asher, de Berlin, ann. 1858, n° 3306, où un exemplaire défectueux est porté à 140 fr.)

— Das ist der sele trost genannt. (au verso du 174° f.) : Hie endet sich der selen trost mit manigē hübschen Exempeln durch die zehen gebot und mit and guten lere. *Getruckt vnd volendet in der keyserlichen Stat Augspurg von Anthoni sorgen. Au* (sic) *freytag nach Elisabeth. Anno ꝛc. lyyvuj. jar,* in-fol. de 169 ff. chiffrés et 5 non chiffrés, pour la préface et la table, avec fig. sur bois.

Édition décrite par Hain (n° 14582), ainsi que celle de 1483, également sortie des presses d'Ant. Sorg, et qui a le même nombre de feuillets que celle de 1478. Le texte commence au 6° f. par le sommaire dont nous avons fait le titre ci-dessus.

SELENUS (*Gust.*). [August, Herzog von Braunschweig und Lüneburg]. Das Schach oder Königspiel. *Leipzig, Gross,* 1616, in-fol. fig. [10485]

Cet ouvrage sur les échecs a reparu avec un nouveau titre : *Leipzig, Kober,* 1617, in-fol. Il en existe des exemplaires en pap. collé, et quelques-uns en Gr. Pap. On en a fait un abrégé sous le titre de *Selenus contractus,* Ulm, 1722, in-12 ; et il s'en trouve une traduction anglaise dans le livre intitulé :

THE WORKS of Gianutio and Gustavus Selenus on chess, translated by J.-H. Sarratt. Lond., 1816, 2 vol. in-8. 1 liv. 1 sh.
— Voy. SARRATT.

—Gust. Seleni cryptomenytices et cryptographiæ lib. IX, in quibus plenissima steganographiæ a Joh. Trithemio olim conscriptæ, enodatio traditur. *Luneburgi, Sternii,* 1624, pet in-fol. fig. 12 à 15 fr. [9061]

Ouvrage curieux.

SELIGMANN (*Jo.-Mich.*). Die Nahrungsgefässe in den Blättern der Bäume nach ihrer unterschiedlichen Austheilung und Zusammenfügung. *Nürnberg, Fleischmann,* 1748, gr. in-fol. [4852]

L'ouvrage a été interrompu à la mort de l'auteur, et

Selenus (*Gust.*). De Ludo latrunculorum, 29036.

les exemplaires en ayant été séquestrés par suite d'un procès qui s'éleva entre les héritiers, sont devenus rares. Ils contiennent 8 pp. de texte, 2 pl. en noir et 29 en rouge, et même l'exemplaire de la bibliothèque de Göttingue renferme 33 pl. tirées en rouge, et aussi les pl. I* et II* en noir (Ebert, 20820).

— Recueil de divers oiseaux étrangers et peu communs qui se trouvent dans les ouvrages d'Edwards et Catesby (trad. de l'allemand de Geor.-Leon. Huth). *Nuremberg*, 1768-76, 8 part. in-fol. avec 421 pl. color. [5775]

Ouvrage bien inférieur pour l'exécution à ceux d'Edwards et de Catesby, desquels il n'est qu'une copie infidèle : 120 fr. salle Silvestre ; 50 fr. Huzard.
Le texte allemand a paru en 9 parties , *Nürnberg*, 1749-76, avec 472 pl. color. sous le titre de *Sammlung verschiedener ausländischer und seltener Vögel...* 75 flor. Crevenna; 132 fr. (les 7 premières part.) Mérigot, et moins depuis. Nous ne croyons pas que la 9e partie de l'édition française ait été publiée.

— Hortus nitidissimus. Voy. Trew.

SELINCOURT (de). Le parfait chasseur, pour l'instruction des personnes qui aiment la chasse, pour rendre capable de cet exercice, apprendre aux veneurs, piqueurs, fauconniers et valets de chiens à servir dans les grands équipages. *Paris, Gabr. Quinet*, 1683, in-12. [10411]

9 fr. Huzard ; et rel. en *mar. v.* 35 fr. 50 c. Pressac ; 80 fr. Veinant, et jusqu'à 140 fr. Solar.

SELKIOUTI. Les Gloses de Sekiouti sur le Moutavvel, ou le grand traité de rhétorique de Teftasani, en arabe. *Constantinople*, en 1227 (1812), in-4. [12086]

SELL COTMAN. Voy. Cotman.

SELLIER. Les Lundis du réparateur des brodequins d'Apollon, ou essais de poésie, contenant les caractères de la maison royale, et de quelques autres seigneurs de la cour, par Henri Sellier, savetier. *Paris, Nic. Devaux*, 1701, in-4. [14251]

La Saisie des brodequins d'Apollon par l'huissier du Parnasse, ou satire contre la pièce intitulée *Les Lundis...* Paris, Ve Louis Vangon, 1702, in-8.
Le Réparateur des brodequins d'Apollon à la cour (mélange de prose et de vers), par H. Sellier, où sont contenues sa réception et ses diverses rencontres. *Paris, Ve d'Estienne Chardon*, 1702, in-8. [14252]
Ces trois pièces singulières se trouvent difficilement. La troisième est la plus curieuse.

En voici une quatrième :
Le Fleuriste du Parnasse, entretiens au sujet du Réparateur des brodequins d'Apollon, avec les rondeaux prophétiques. *Paris, Martin et Jeorge Jouvenel*, 1702, in-12.

Sella (*V.-Gius.*). Plico del fotografo, 9213.
Selle (*Ch.-C.*). Medicina clinica, 7139. — Rudimenta pyretologiæ, 7171.
Seiller (*M.-F.-M.*). Manuel des notaires, 2945.

SELLIUS. Voy. Histoire des Provinces-Unies.

SELVA (*Lorenzo*). Della metamorfosi, cioè trasformazione del virtuoso libri quattro. *Orvieto, apresso Rosato Tintinnassi*, 1582, in-4. de iv et 319 ff. [17470]

Ouvrage recherché à cause des 13 nouvelles qui y sont contenues.
Cette édition, aujourd'hui fort rare, a été désavouée par l'auteur, parce qu'elle fourmille de fautes. — Celle de Florence, *Stamperia de' Giunti*, 1583, in-8., est belle, et, quoique assez peu correcte, très-préférable à la précédente. Elle a 331 ff. chiffrés, un 332e f. bl., ensuite 6 ff. non chiffrés, qui renferment la table, l'errata, le registre, la date, etc. La marque des Junte est sur le dernier f. Un exemplaire en pap. fort se conserve dans la bibliothèque Trivulzio.
Une édition de Florence, *Giunti*, 1591, in-8., est portée au prix de 40 lire (20 fr.), dans un catal. de Molini de Florence, daté de 1807.

— La stessa. *Firenze, Filippo Giunti*, 1598, in-8.

Quatrième édition que néanmoins le titre n'indique que comme la troisième. L'ouvrage y a été revu et corrigé par l'auteur, qui en a amélioré les notes marginales ainsi que la table. Par ce motif on doit préférer cette édition à toutes les autres. Elle a 8 ff. prélimin. Le texte commence à la p. 17 et se termine à la p. 350. Ensuite se trouvent 16 ff. non chiffrés, contenant la table, le registre, la date et la marque des Junte. — L'édition de Florence, *Stamperia de' Giunti*, 1608, in-8., et celle de Venise, *Pietro Farri*, 1616, même format, sont des copies pures et simples de la précédente (Gamba, p. 159). Jean Baudouin a mis en français *La Métamorphose du vertueux*, tirée de l'italien de Laur. Selva, *Paris, Sevestre*, 1611, pet. in-8.

SELVES (*George* de). Voy. Plutarque.

SEMANARIO erudito. Voy. Sotomayor.

SEMMEDO ou Semedo (el *P. Alvarado*). Imperio de China, i cultura evangelica en él por los religiosos de la compañia de Jesus. *Madrid, Jean Sanchez*, 1642, in-4. [28289]

Cet ouvrage, qui passe pour être exact, a été écrit par Manuel de Faria y Sousa, d'après les Mémoires du P. Semedo. On en a une traduction italienne sous ce titre : *Historia relatione del gran regno della Cina*. Roma, Herm. Schens, 1643, ou chez Vitale Mascardi, 1653, in-4., et une traduction française sous celui d'*Histoire universelle du grand royaume de la Chine, composée en italien par le P. Alvarez, portugais ; traduite en notre langue par Louis Coulon*. Paris , Seb. Cramoisy, 1645, in-4.

Seltius (*G.*). Histor. teredinis, 6158.
Sellon (*Maurice*). Mémorial de l'ingénieur militaire, 8639. — Essai sur la fortification moderne, et Etudes sur les fortifications de Mayence, 8659.
Selvagius (*L.*). Antiquitatum christianarum institutiones, 21354.
Selvatico (*P.*). Sulla capellina de gli Scrovegni..., 9293. — Sulla architettura, 9905.
Semainville (le comte *P.* de). Code de la noblesse française, 2842.
Semichon (*Ern.*). Histoire de la ville d'Aumale, 24346.
Semper (*G.*). Der Styl in den technischen Künsten, 9122. — Das K. Hoftheater zu Dresden, 9967.

SEMPERE y Guarinos (*J.*). Historia del luxo y de las leyes suntuarias de España. *Madrid, impr. real,* 1788, 2 part. en 1 vol. pet. in-8. 6 fr. [26118]

— ENSAYO de una biblioteca española de los mejores escritores del reynado de Carlos III. *Madrid,* 1785-89, 6 vol. pet. in-8. [30770]

Histoire fort curieuse de l'époque la plus florissante de la littérature moderne en Espagne : 24 à 30 fr.

— BIBLIOTECA española económico-política. *Madrid,* 1801-21, 4 vol. pet. in-8. 20 fr. [4059]

Il a paru à *Madrid,* en 1821, une notice littéraire sur la vie et les écrits de Sempere, pet. in-8.

— Direcho español, 2986.

SEMPILL (*Robert*). The Siege of the castle of Edinburgh. *Edinb., be Robert Lekpreuik,* 1573, in-4. goth.

Opuscule contenant *The Description of the siege,* en 34 stances de 8 vers; *The Lennoy to the regent,* en 5 stances de 9 vers, et *Lannoy to the ambassade,* en 7 autres stances. Il en a été fait un fac-similé à Londres, 1812, tiré à 25 exempl., et dont un, impr. sur VÉLIN, a été payé 10 liv. à la vente de G. Chalmers, et un second 8 liv. 15 sh. Sotheby, en 1860. Lowndes, p. 2240, indique plusieurs autres opuscules de R. Sempill, auteur qu'il ne faut pas confondre avec sir James Sempill de Beltries que cite également Lowndes en parlant d'un volume intitulé : *Poems, now first collected, with notes, and biographical notices by James Paterson,* Edinburgh, T.-G. Stevenson, 1849, pet. in-8., et qui contient *The Packman's Pater noster,* par J. Sempill, avec d'autres pièces par R. et Francis Sempill.

SENAC (*Pierre* de). Traité de la structure du cœur, de son action et de ses maladies; 2ᵉ édition, augmentée par l'auteur (et publiée par Portal). *Paris,* 1783, 2 vol. in-4. fig. 15 à 18 fr. [6887]

La première édition de 1749, 2 vol. in-4., est à très-bas prix.

— Causes de la peste, 7198.

SENAR emazte santuac necazuri escondu, etc., *c'est-à-dire,* Les saints époux; vie, vertus et miracles de saint Isidore le laboureur, ainsi que de sainte Marie son épouse, en basque. *Iruñean (Pampelune),* 1766, in-8. portr. [22200]

43 fr. Fr. Michel.

SENARCLÆUS. Historia vera de morte sancti viri Joannis Diazii hispani, quem eius frater germanus Alphonsus Diazius, exemplum sequutus primi parricidæ Cain, velut alterum Abelem, nefarie interfecit : per Claudium Senarclæum; cum præfatione D. Martini Buceri, in qua de præsenti statu Germaniæ multa continentur lectu imprimis digna. (*abs-*

Semple (*R.*). Observations on a journey through Spain, 19961.

Senac de Meilhan. Considérations sur l'esprit et les mœurs, 3726. — sur la richesse, 4106. — Du Gouvernement, 24042.

Sénancour (de). Rêveries, 3598. — Obermann, 17262. — De l'Amour, 17998.

----

que loco), M. D. XLVI, in-12 de 24 ff. prél., 178 pp. et 11 ff. [22432]

Ce petit livre, imprimé en Allemagne, est décrit dans le second catalogue de M. Van Praet, d'après l'exemplaire sur VÉLIN appartenant à la bibliothèque de Sainte-Geneviève, à Paris. Il ne faut pas, en prenant à la lettre le mot *Sancti,* qui se lit sur le frontispice de ce volume, placer l'ouvrage parmi les vies des saints; car Jean Diaz était luthérien, et ce fut pour ce motif que son frère, catholique fanatique, le fit assassiner.

M. Graesse, à la p. 382 du 2ᵉ vol. de son *Trésor,* cite deux ouvrages allemands sur le même sujet, l'un écrit par Phil. Mélanchthon, en 1546, in-4., sans lieu d'impression, et l'autre, également in-4., impr. à *Erffurd, par Merten von Dolgen,* avec une préface de Jean Lange.

SENARII græci. Voy. STOBÆUS.

SENATO (*Fr.*). Operetta noua di Francesco Senato Anconitano et altri autori, zoe Sonetti xxiiij. stanzia j, etc. — *Venetianellanno del ñrò signore* M. CCCCC. XXV *adi xix de Decebre.* In-8., sign. A—D, caract. rom. (Molini, *Operette,* p. 204).

Deux éditions de ce recueil, plus anciennes que celle-ci, sont portées dans la *Biblioth. pinell.,* la première, de Venise, 1506, in-8., à la p. 327 du tome IV; la seconde, de Venise, 1515, in-4., à la p. 363 du même volume.

SENAULT. Heures burinées. V. HEURES.

SENAULT (le P. *J.-Fr.*). De l'Usage des passions. *Suivant la copie imprimée à Paris (Leyde, Elsevier),* 1643, pet. in-12. 10 à 15 fr. [3795]

— Autre édition. *Leyde, J. Elsevier,* 1658, pet. in-12. 8 à 12 fr.

Vend. en *mar.* par Derome, 12 fr. Mac-Carthy 27 fr. 50 c. Bignon; en *mar. v.* par Trautz, 71 fr. Solar.

L'édition de *Paris, Journel,* sans date, pet. in-12, n'est pas moins belle que celle des Elsevier, mais elle n'a pas la même valeur aux yeux des curieux. De tous les ouvrages de l'auteur celui-ci est le plus répandu. Publié d'abord à Paris, chez Jean Camusat, en 1641, in-4., en 1645 il était déjà parvenu à sa 6ᵉ édition; il a été réimpr. à Paris, en 1653, en 1661 et en 1669, in-12, et à Rouen, en 1651, in-12.

— L'Homme criminel, ou la corruption de la nature par le péché selon les sentiments de saint Augustin. *Paris, J. Camusat,* 1644 (aussi 1656), in-4. [1241 ou 1372]

— L'Homme chrétien, ou la réparation de la nature par la grâce. *Paris, J. Camusat,* 1648 (aussi 1654), in-4.

Ces deux ouvrages ont été réimprimés à *Amsterdam, chez Pierre Le Grand,* en 1655, chacun en 1 vol. pet. in-12. Quelques personnes les annexent à la collection elsevirienne.

Le P. Senault a écrit beaucoup d'autres ouvrages. Sa *Paraphrase sur Job,* impr. pour la première fois en 1637, a eu au moins neuf éditions. La dernière est celle de Rouen, 1667, in-12. — Il a prononcé plusieurs oraisons funèbres, et notamment celles de Marie de Médicis et de Louis XIII *dit* le Juste, impr. à *Paris,* en 1643 et 1644, in-4. L'épître dédicatoire à Gaston d'Orléans, qu'il y a jointe, est, au jugement de M. Tabaraud, un modèle de délicatesse. [12189] — Sa *Vie de Catherine de Montholon, veuve de M. de Sanzelle, fondatrice des religieuses ursulines de Dijon,* Paris, Le Petit, 1653, in-4., est accompagnée de la généalogie de la famille de Montholon. [21964] — On a imprimé ses Panégyriques des saints, *Paris, Le Petit,* 1656-58, en 3 vol. in-4. [1446], mais ses Sermons ne l'ont pas été.

Le Monarque, ou les devoirs d'un souverain, ouvrage de ce célèbre oratorien, a été publié à *Paris, chez Le Petit,* en 1661, in-4., et réimpr. en 1662 et en 1664, in-12. [3993]

— L'HOROSCOPE de Mgr le Dauphin, par le R. P. J.-Fr. Senault; ensemble diverses pièces de poésies sur sa naissance. *Amsterdam, chez Louis et Dan. Elsevier,* 1662, pet. in-12, 8 ff. prélim. et 80 pp.

Le nom des Elsevier a été frauduleusement mis sur le titre de ce livre qui n'a pas été imprimé par eux, mais qu'on annexe à leur collection. Les exemplaires sont rares.

SENDEBAD ou SENDEBAR. Voy. MILLE et une nuits, et SEPTEM sapientes Romæ.

SENDELIUS (*Nathanael*). Historia succinorum corpora aliena involventium. *Lipsiæ,* 1742, in-fol. cum 13 fig. [4703]

Ouvrage assez estimé; 6 à 9 fr. — En Gr. Pap. *m. r.,* 24 fr. La Valliere, et plus cher autrefois.

SENECA (*Luc.-Ann.*). Opera omnia. *Neapoli, Moravus,* 1475, in-fol. à 46 lignes par page. [3428]

Première édition de Sénèque, fort recherchée des curieux : 200 fr. Gaignat; 800 fr. (bel exempl. *mar. r. tab.*) La Valliere; 300 flor. Crevenna; 212 fr. (gâté) Brienne; 300 fr. *m. r.* F. Didot; 10 liv. 10 sh. Sykes; 300 flor. Meerman; 15 liv. 15 sh. Hibbert; en *mar. r.,* initiales peintes, 520 fr. Libri, en 1847, et 35 liv. 10 sh. en 1859.

Ce volume est divisé en deux parties, dont la première commence ainsi : *Incipit Lucii Annæi Senecæ Cordubensis liber de moribus...* et consiste en 144 ff., sur le dernier desquels on trouve, au recto, après les mots *Expliciunt proverbia Senecæ,* six vers intitulés : *Gabrielis Carchanii Mediolanensis doctoris eximii in artificem carmen laudatorium;* puis la souscription : *Sub Domno Blasio Romero... est impressum hoc opus in civitate Neapolis anno Domini M. (CCCC.) lxxiiii...* Le verso du même f. est occupé par le registre des cahiers, sur 4 colonnes. Dans plusieurs exempl. de cette édition on trouve ce dernier f. réimpr. avec des différences qui consistent en ce que la souscript. est placée avant les 6 vers à la louange de l'imprimeur, et que l'on a ajouté à la suite du registre la table du contenu de cette partie. La seconde partie contient les épîtres puis intitulés sur le 107e f., de cette manière : *Explicit liber epistolarum Senecæ.* Sur le 108e et dern. f. se trouve, au recto, le registre des feuilles de cette seconde partie.

— Opera moralia : Marcii declamationes et Lucii epistolæ. *Tarvisii, per Bernardum de Colonia,* 1478, in-fol. goth. de 212 ff., sign. a2—bb4, plus un f. bl. au commencem. et un autre à la fin.

Réimpression de l'édition précédente : 38 fr. *m. r.* La Valliere; 30 flor. Crevenna; 2 liv. 3 sh. Sykes; 9 sh. Heber; 7 fr. 20 c. Boutourlin; 1 liv. 16 sh. Libri; 121 fr. Renouard.

L'édition de Venise, *per Bernardinum de Cremona et Simonem de Luere,* die v. Octobris. MCCCCXC., in-fol., a 3 ff. prélim., 147 et 65 ff. chiffrés. — Celle de Venise, *M. cccc. xcii, die ultima octobris, per Bernardinû de Coris,* in-fol. de 2 et CCVIII ff. chiffrés, est la première (selon Denis) où se trouvent les questions naturelles. Comme la date est au verso du premier f., les exempl. qui n'ont pas ce feuillet paraissent être sans date. Ces deux éditions se donnent à bas prix.

— L.-Ann. Seneca a M. Ant. Mureto correctus et notis illustratus. *Romæ, apud B. Grassium,* 1585, in-fol.

Cette édition a été reproduite à Paris, en 1587 et en 1598, in-fol.

— LUC. ET M.-ANN. SENECÆ Opera, cum commentariis et notis diversorum; accedunt loci communes ex utroque Seneca facti. *Lutetiæ-Parisiorum,* 1607, seu 1619, seu 1627, in-fol., 6 à 9 fr., et plus cher en Gr. Pap.

Ces trois éditions ont l'avantage de renfermer en entier des notes qui ne se trouvent que par extraits dans l'édition *Variorum,* in-8.

— EORUMDEM Opera omnia, ex J. Lipsii emendatione. *Amstel., Cæsius (Blaeu),* 1628, pet. in-12, 4 à 6 fr.

L'édition de 1634 est moins jolie que celle-ci.

— EORUMDEM Opera, ex editione J. Lipsii. *Parisiis, Vitrey,* 1637, 3 vol. pet. in-12. 6 à 9 fr.

Édition assez jolie.

— Eorumdem quæ exstant, ex ult. J. Lipsii emendatione et Andr. Schotti recens. *Lugd.-Batav., apud Elzevirios,* 1640, 3 vol. pet. in-12.

Belle édition, dont les exempl. grands de marges et bien conservés ne sont pas communs : 24 à 36 fr. Les frontispices imprimés des tom. II et III sont datés de 1639 et portent la marque *Non solus.*

Vend. 83 fr. (bel exemplaire *m. r. l. r.*) La Valliere; 63 fr. en 1813; 60 fr. Bignon.

Un exemplaire *non rogné* a été vendu 216 fr. salle Silvestre, en 1797; et avec le 4e vol. de 1658, 435 fr. F. Didot; 500 fr. de Chalabre, et 999 fr. Sebastiani.

— OPERA omnia, ex ult. J. Lipsii et J.-F. Gronovii emendatione; et Senecæ rhetoris quæ exstant, ex And. Schotti recens. *Lugd.-Batav., apud Elzevirios,* 1649, 4 vol. pet. in-12. 18 à 24 fr.

Édition assez bien imprimée.

Le 4e vol., qui contient les notes de Gronovius, se joint à l'édition précédente; il vaut séparément de 5 à 6 fr., et en pap. fin de 6 à 10 fr. Les Elsevier en ont fait une réimpression à *Amsterdam,* 1658, dont un exempl. *broché* a été vend. 24 fr. de Cotte. Les mêmes imprimeurs ont aussi réimpr. à *Amsterdam,* en 1659, *Opera Senecæ,* 3 vol. pet. in-12 : 15 à 20 fr. les 4 volumes. Les 3 vol. *non rognés,* 120 fr. Riva; 6 liv. 10 sh. Libri. Il a été fait un tirage à part des *Epistolæ Senecæ,* pet. in-12, sous la date de 1649.

— Opera, a Justo Lipsio emendata et scholiis illustrata; editio quarta atque ab ultima aucta Liberti Fromondi scholiis ad Quæstiones naturales et ludum de morte Claudii Cæsaris, quibus in hac editione accedunt ejusdem Liberti ad Quæstiones natur. excursus novi. *Antuerpiæ, ex officina plantin. Balth. Moreti,* 1652, in-fol.

Édition estimée : 8 à 10 fr. — Gr. Pap. 15 à 20 fr.

Les trois premières éditions, *Antuerpiæ, ex offic. plantiniana*, 1605, 1615 et 1632, in-fol., sont moins complètes : 6 à 9 fr. ; cette dernière a cependant été vend. 15 fr. La Serna.

—Senecæ Opera quæ extant, integris Justi Lipsii, J.-Fred. Gronovii et selectis variorum commentariis illustrata. *Amst.*, *D. Elzevirius*, 1672, 3 vol. in-8.

Cette belle édition est devenue une des moins communes de la collection des *Variorum* : 30 à 40 fr. ; en *mar. r.*, 150 fr. De Bure, et en 5 vol. *mar. r.*, 160 fr. Giraud ; 130 fr. Solar. — Il y a des exempl. datés de 1673.

— OPERA omnia : accessit a viris doctis ad Senecam annotatorum delectus. *Lipsiæ*, *Fritsch*, 1702, 2 vol. in-8.

Texte de l'édition de 1672. L'édition de *Leipzig, Weid-man*, 1770, in-8., est une réimpression incorrecte de la précédente.

— OPERA omnia, recognovit et illustr. F.-E. Ruhkopf. *Lipsiæ*, 1797-1811, 5 vol. in-8.

Cette édition assez médiocre n'est pas terminée : 20 fr., et plus en papier fin ou en papier de Hollande.

Dans l'édition de *Strasbourg*, 1809, en 5 vol. in-8., se trouvent des notes de Schweighæuser pour les lettres.

— L.-Annæi Senecæ pars prima, sive Opera philosophica, quæ recognovit et selectis tum J. Lipsii, Gronovii, Gruteri, B. Rhenani, Ruhkopfii, aliorumque commentariis, tum suis illustravit M.-N. Bouillet. *Parisiis, Lemaire*, 1827-32, 5 vol. in-8. (Le 5e vol. est en 2 part.). — Pars secunda, sive declamatoria quæ recognovit et selectis Fabri, Schotti, Schultingii aliorumque commentariis illustravit M.-N. Bouillet, volumen unicum. *Paris., Lemaire*, 1832, in-8. 30 à 35 fr.

— OPERA ad libros manuscriptos et impressos recensuit, commentarios criticos subjecit, disputationes et indicem addidit Car.-Rud. Fickert. *Lipsiæ*, *Weidmann*, 1842-45, in-8., tom. I et III. 6 thl.

—Les OEuvres de Senecque translateez de latin en françoys par maistre Laurens de premier fait. (au verso du dern. f.) : *Imprimes a paris pour Anthoine verard marchant et libraire Demourant a paris en la rue sainct iacques pres petit pont... pet. in-fol. goth. à 2 col. de 40 lign.* contenant 4 ff. prélim. et texte ff. vii à Cxxi.

Cette édition est sans date, mais, d'après l'adresse que porte la souscription, elle doit avoir paru entre l'année 1500 et le 20 septembre 1503. Ce n'est qu'une portion des œuvres de Sénèque, avec les passages latins en marge. Un exempl. imp. sur VÉLIN, avec miniatures, mais auquel le dernier f. manquait, a été retiré à 555 fr., et ensuite offert à 500 fr. Mac-Carthy.

LES OEUVRES de Sénèque, trad. en franç. par La Grange (publiées par Naigeon). *Paris*, 1778, 6 vol. in-12. — Essai sur la vie de Sénèque et sur le règne de Claude et de Néron, par Diderot. *Paris*, 1779, in-12. 12 à 15 fr.

Bonne édition de cette traduction estimée. Dans quelques exempl. seulement se trouve, tome VI, pp. 92 et suiv., la traduction du 16e chapitre du livre premier des Questions naturelles, connu sous le nom du *Miroir ;* ce morceau obscène n'a pu être

inséré dans les exempl. ordinaires, où l'on a mis en place le même passage en latin. Vend. 100 fr. *mar. viol. tab.* Naigeon, et moins cher depuis.

Cette traduction a été réimpr. à *Paris*, en 6 vol. in-8., et à *Tours*, an III (1795), 8 tom. en 7 vol. in-8. Il y a des exempl. de cette dernière édition en pap. vél. : vend. tel et rel. en *mar. r.* 72 fr. salle Silvestre, en 1807.

LA MÊME traduction, avec le texte en regard. *Paris, Delalain*, 1819, 13 vol. in-12, y compris 1 vol. de table, 45 fr. On y joint un 14e vol. contenant *La vie de Sénèque*, par Diderot, *avec des notes inédites de Naigeon*. Il a été tiré des exemplaires de la traduction en 6 vol. sans le texte.

— ŒUVRES complètes de Sénèque le philosophe, traduct. nouvelle par MM. Baillard, Charpentier, Cabaret-Dupaty, Du Rozoir, Héron de Villefosse, Naudet, etc., publiées par M. Ch. Du Rozoir. *Paris, Panckoucke*, 1832 et ann. suiv., 8 vol. in-8.

Une autre traduction française de ce philosophe fait partie de la collection des auteurs latins, publiée par M. Nisard (voir la col. 141 de notre 2e volume).

SELECTA opera, latine et gallice, a F.-X. D. (Denis). *Parisiis, Barbou*, 1761 seu 1790, in-12. 2 à 3 fr.

— The Works both moral and natural of Lucius Annæus Seneca, done into english by Thomas Lodge. *London*, 1614, in-fol.

Seule traduction anglaise des œuvres de Sénèque qui existe ; elle a été réimpr. dans le même format, *London*, 1620 et 1632. Pour la traduction anglaise de divers ouvrages de ce philosophe, consultez Lowndes, nouv. édition, page 2241.

Les œuvres complètes de Sénèque ont été traduites en allemand par J.-M. Moser et A. Pauly. *Stuttgart, Metzler*, 1828-36, 15 part. in-12. 10 fr.

Traités séparés et leurs versions.

—Senecæ opuscula (*Coloniæ, per Ulricum Zell, circa* 1470), pet. in-4. goth.

Cette édition, qui consiste en 29 ff., et dont les pages entières renferment 27 lignes, est décrite dans la *Biblioth. spencer.*, tom. II, p. 341 .Elle compte les traités *De Remediis fortuitorum*, 8 ff.; *De quatuor virtutibus*, 5 ff. et demi ; *De Moribus*, 8 pp., après quoi se trouvent quatre oraisons d'Eschine, une de Demades et deux de Démosthène, l'*Epistola Bernardi Silvestris, etc.* : 12 liv. Sykes ; 4 liv. 14 sh. 6 d. Heber (sans le traité *De Remediis*).

—Senecæ opuscula quædam. (*absque nota*), pet. in-4. goth. de 30 ff. à 28 lig. par page, avec des signat. *a—d*.

Cette édition, qui doit avoir paru de 1472 à 1475, est une réimpression de celle d'Ulric Zell, que nous venons de décrire, et elle renferme les mêmes opuscules. La première ligne du premier f. recto est ainsi : (*H*) *Unc librum composuit Seneca nobi-*. La dernière page, 30e f. verso, n'a que 18 lignes, et renferme 11 vers d'*Architrenius* (Ebert, d'après l'exempl. de la bibliothèque de Wolfenbüttel). Le même bibliographe décrit une édition différente des mêmes opuscules, impr. sans lieu ni date, in-4. goth. de 38 ff., à 24 lign. par page.

— Liber de moribus, proverbia et liber de remediis fortuitorum. (in fine) : *Annei Lucii Senece de remediis fortuitorum liber explicit feliciter, per me magistrum Bartholomeu Guldinbeck de Sultz. laus deo (circa* 1475), in-4. goth. de 14 ff. non chiffr., à 35 lign. par page.

— Las obras de Seneca. — *Imprimidas en... Seuilla, por Meynardo Ungut Alemano & Stanislao Polono : compañeros. En el año... Mill quatrocietos et nonanta e uno* (1491) *años, a veinte et ocho dias des mes de Mayo*, pet. in-fol. goth.

Contenant seulement : *De la vida bienauenturada; Las siete artes liberales; De amonestamientos e doctrinas; De prouidencia de dios*, en 2 livres; le tout traduit par Alonso de Cartagena.

Réimpr. à Tolède, en 1510, in-fol. goth. 27 fr. Solar.

— Naturalium quæstionum lib. VII, Matthæi Fortunati in eosdem libros annotationes. *Venetiis, in ædibus Aldi et Andr. Asulani, mense februario* 1522, pet. in-4. [3429]

Ce volume, sans être, comme on l'a souvent répété, un des plus rares de ceux qu'ont imprimés les Alde, ne se trouve pas très-facilement; il contient 130 ff. chiffrés, précédés et suivis de 6 ff. non chiffrés. Vend. 40 fr. *m. r.* Chardin; vél. 30 fr. Riva; en *m. br.*, par Thompson, 70 fr. Solar.

Une édition du traité *De Quæstionibus naturalibus*, imprimée à Leipzig, *per Arnoldum de Colonia*, sans date, in-4. de 101 ff., caractères goth., est placée par Hain, n° 14613, parmi les éditions du XV° siècle.

— NATURALIUM quæstionum libri VII. Recognovit, emendavit atque commentario perpetuo illustravit G.-D. Koeler. *Gottingæ*, 1818, in-8. 2 thl.

— De quatuor virtutibus cardinalibus; de remediis fortuitorum. Pet. in-4.

Ces deux opuscules sont d'une très-ancienne édition, impr. en caract. romains, sans chiffres, récl. ni signat.; les pages entières ont 22 lignes. On lit à la fin du premier traité : *Explicit liber Senecæ de quatuor virtutibus cardinalibus; alias de formula honeste vite*; et à la fin du 2° : *Explicit liber Senecæ de remediis fortunæ*. Vend. 1 liv. 6 sh. Pinelli. — Hain décrit, sous les n°° 14614 à 14632, dix-neuf éditions différentes du traité *De quatuor virtutibus*, impr. dans le XV° siècle, avec ou sans date; mais aucune n'a assez de valeur pour que nous nous en occupions ici.

Pour une traduction française de ce traité, par Conav. Des Periers, voy. l'article TERENTIUS.

— Seneca de remediis fortuitorum, de quatuor virtutibus cardinalibus; epistola Bernardi super gubernatione rei familiaris. *(absque nota)*, in-4. goth.

Cette édition est portée à 125 fr. sous le n° 887 du catalogue du chevalier de Bearzi, où elle est présentée comme une production des presses parisiennes, vers 1475, et à la fin de laquelle on lit :

*Exoritur tandem locus. altera regia phebi
Parisius cirrea viris, crisea metallis
Greca libris...*

— Seneca moralissimus philosophus de quatuor virtutibus cardinalibus, optimo commento illustratus. *Londini, W. de Worde*, 1516, in-4. goth. de 14 ff., sign. A—B, fig. sur bois au titre.

W. de Worde a réimpr. cet opuscule en 1523, en 1525 et en 1529, in-4.

— Seneca de forma et honestate vitæ et remediis fortuitorum. In-fol. goth.

Opuscule de 10 ff., exécuté avec des caract. sembla-

bles à ceux de l'*Henricus Ariminensis*, impr. à *Strasbourg*, vers 1472. La dernière page est de 17 lignes : 45 fr. *mar. r.* Brienne-Laire. Hain, n° 14633, décrit une édition du même opuscule, in-fol. de 10 ff. à 33 lignes par page, sans chiffr., récl. ni sign., où il a reconnu les caract. de Fr. Creussner, à Nuremberg. Peut-être est-ce la même que la précédente.

— Senecæ lib. II de clementia, Jo. Calvini commentariis illustrati. *Paris., apud Ludovicum Cyaneum*, 1532, in-4. [3815]

Première édition de ce commentaire, lequel a été réimpr. dans le 8° vol. des œuvres lat. de Calvin, édit. d'Amsterdam, in-fol. vend. 7 fr. Bover; 13 fr. 50 c. Lamy; 31 fr. *mar. r.* Renouard. Sur le titre de cette édition se voit la marque suivante :

TECVM HABITA.

L'imprimeur nommé Cyaneus sur ce titre est le même que Louis Blaublom, de Gand, dit Ganeus; il a imprimé, en 1529, pour Simon de Colines; il demeurait *sub duobus gallis in via Jacobæa*.

— ANALYSE des traités des Bienfaits et de la Clémence de Sénèque, précédée d'une vie de ce philosophe (par Ansquer de Pouçol). *Paris, Barbou*, 1776, in-12.

Le traité des Bienfaits de Sénèque a aussi été trad. par Dureau de Lamalle, *Paris, Pissot*, 1776, in-12.

— I LIBRI de' benefici, tradotti da Benedetto Varchi. *Firenze, Torrentino*, 1554, in-4. 5 à 6 fr.

Cette traduction estimée a été réimpr. à *Venise*, chez Giolito, 1564, in-12; ensuite augmentée d'une vie de Sénèque, à *Florence, Giunti*, 1574, in-8.; et enfin à *Venise*, 1738, in-8.

— Senèque. Des remèdes contre toutes perturbations de l'âme et passions du corps, avec un dialogue non moins facétieux que de subtile invention; plus l'institution du serviteur domestique; le tout mis en françois par Guillaume de la Taysonnière. *Lyon, Benoist Rigaud et Jean Saugrain*, 1558, in-12.

Le dialogue facétieux que renferme ce petit volume est la traduction d'un dialogue italien de L. Pulci, *L'Homme et le Pou*. 30 fr. *mar. r.* n° 29 du catal. in-18, publ. chez L. Potier, en 1859.

— Ludus in mortem Claudii Cæsaris, a Fr.-Eug. Guasco illustratus. *Vercellis*, 1787, in-4. 3 à 5 fr. [18388]

L'édition que nous regardons comme la première de ce fragment est un in-4. de 12 ff., sign. a—c, sans date, mais avec une épître dédicatoire de C. Sylva-

nus Germanicus, datée de Rome, 4 non. Aug. 1513.
Elle a été bien décrite par Ebert, n° 20879.

— Incipiunt proverbia Senece, secundum ordinem alphabeti. In-4. de 8 ff. à 31 lig. par page, caract. rom.

Une particularité caractérise cette édition, citée par M. Beloe (*Anecdotes of literature*, tom. V, p. 360), c'est qu'on y a réimpr. à la fin les six vers de Gabr. Carchanius, à la louange de l'imprimeur Moravus de Naples, qui se lisent dans la première partie de la première édition des œuvres de Sénèque, mise au jour en 1475; de manière que si la forme du caractère ne prouvait le contraire, on pourrait prendre ce petit volume pour une édition de Moravus. Cette méthode de copier dans une édition la souscription ou les vers caractéristiques qui appartiennent à une autre, a souvent donné le change aux bibliographes, et a fait attribuer à des imprimeurs des livres qui ne sont pas sortis de leurs presses.

— Proverbia Senece. — *Expliciunt proverbia Senece*. (absque nota), in-4. goth. de 11 ff. à 27 lig. par page; sans chiffres, récl. ni signat.

Une des onze éditions des *Proverbia Senecæ*, sans date, qui sont décrites par Hain, n° 14634 et suiv., mais qui n'ont guère de valeur ni les unes, ni les autres, à l'exception, peut-être, de celle qu'indique le n° 14635 sous ce titre : *Proverbia secundum ordinem alphabeti cum tractatu de moribus.* (Parisiis, Ulric Gering). In-4. de 15 ff., sans date.

— Seneque, Les motz dorez; des quatre vertus cardinales, compose par messire Claude de Seissel. (à la fin) : *Jmprime a Paris par Simon Dubois, pour la ueufue feu Antoine Verard le xx iour de apuril Mil. cccc. xxvij*, pet. in-8. goth., sign. *a—s*.

Ce livre est la réimpression d'un morceau qui se trouve à la suite de l'Orose, édition de Verard (voy. OROSIUS). L'exemplaire que nous avons vu était sans frontispice, mais il s'y trouvait (à la fin) un f. séparé, contenant un privilége accordé pour une année à *Germaine Guyart veufue de feu Antoine Verard*, veuve dont Lottin n'a pas fait mention.

— Seneque des motz dorez : des quatre vertus cardinales, compose par messire Claude de Seissel... De latin translate en francoys. Et oultre les precedentes impressions correctement Jmprime a Paris nouuellement. xx. On les vend a Paris en la rue nostre dame a lenseigne sainct Nicolas pour Jehan Sainct Denys. (au recto du dern. f.) : *Cy fine Seneque les motz dorez... imprime a Paris p̃ Pierre Leber, pour Jean saĩct Denis* (sans date), in-4. goth. de 86 ff. non chiffrés, sign. a—u.

Vend. 8 fr. 50 c. *m. r.* La Valliere.

Quoique dans ces deux éditions la traduction du livre des quatre vertus porte le nom de Cl. de Seyssel, elle est de Jean de Courte-Cuisse, et Seyssel n'a fait qu'en retoucher le style.

— SENÈQUE des mots dorez, des quatre vertus cardinales, de latin träslate en françoys. — Cy finist Seneque des mots dorez... composé par Claude de Seyssel. *Nouuellement imprime a Lyon, par Denys de Harsy*, 1530, in-12, lettres rondes, fig. sur bois.

L'exemplaire annoncé sous cette date dans le catal. de Jos. Paelinck, n° 645, était relié avec le *Tresor de sapience et fleur de toute bonté...*, même imprimeur et même date (voy. l'article Jacobus MAGNUS).

— Les authoritez, sentences et singuliers enseignemens du grant censeur, poëte, orateur et philosophe moral Seneque, tant en latin comme en françois... On les vend... en la boutique de Denis Ianot. — Cy finent les authoritez, etc., *nouuellement imprimees par Denys Ianot, pour Pierre Sergent et Iehan Longis (fut acheue d'imprimer le 2° de may Mil cinq cens* XXXIIII), pet. in-8., lettres rondes.

6 fr. *m. citr.* Méon et 19 fr. 50 c. mal annoncé sous la date de 1524, Cailhava; 1 liv. 3 sh. Libri, en 1859.
Ce recueil est ordinairement accompagné de la traduction des Tragédies de Sénèque par P. Grosnet, imprimée également en 1534 (voy. ci-après); les deux part. rel. en 1 vol. *mar. bl.* 50 fr. Veinant.

— Los Proverbios de Seneca, é el libro que compuso que intitula de las costumbres e fechos. E asy mesmo ciertas autoridades notables de la filosofia moral de Aristoteles.— *Esta obra se acabo en la cibdad de Çamora a tres dias del mes de agosto año del señor de mill e quatrocientos e ochenta e dos años* (1482). *Anton de Centeneria*, pet. in-fol. goth.

Vend. 20 fr. Rætzel.

Édition très-rare, et en même temps un des plus anciens livres impr. à Zamora. La traduct. qu'elle contient est celle de *Pero Diaz de Toledo*, auteur que cite Antonio dans sa *Bibliotheca vetus*, et dont le nom se trouve sur le titre de l'édition de *Medina del Campo*, 1555 (à la fin 1552), pet. in-fol. goth. M. Salvá fait observer que ces proverbes ne sont point traduits de Sénèque, mais de la *Formula vitæ honestæ* de Martin de Braga.
Il y en a une édition de Séville, *por Menardo Ungut et Stanislas Polono*, 1495, in-fol., et une autre de Tolède, *por Pedro Hagenbac*, 1500, in-4.
Une autre de Séville, *por Juan Cromberger*, 1535, in-fol. de 66 ff. à 2 col. caract. goth. avec initiales, gr. sur bois. 120 fr. 2° vente Quatremère, et en *mar. r.* par Capé. 240 fr. Solar.
— FLORES de L.-Anneo Seneca, traduzidas de latin en romance castellano, por Juan Martin Cordero Valenciano y dirigidas al señor Martin Lopez. *En Anvers, en casa de Christoforo Plantino*, 1555, pet. in-8. de 8 ff. prélim. et 165 ff. chiffrés.

— Lucii-Annei Senece Cordubensis ad Lucillium epi|stole feliciter incipiunt. In-fol. [18686]

Édition fort ancienne, et probablement la première de ces lettres; elle consiste en 210 ff. de 35 lign. à la page, impr. sans chiffres, récl. ni signat., avec les caractères ronds, attribués à J. Mentelin, et que l'on reconnaît à la lettre R capitale d'une forme singulière. Elle commence par le sommaire ci-dessus, en deux lignes. On lit au recto du dernier f., après la 10° ligne, une épitaphe en six vers, commençant ainsi :

> *Epitaphium Senece*
> *Cura labor meritum sumpti...*

Vend. 72 fr. *mar. bl.* La Valliere, 142 fr. LaSerna ;

120 fr. en 1811 ; 11 liv. 11 sh. Sykes ; 80 fr. *m. bl.* Chardin ; 3 liv. 3 sh. Heber (exemplaire avec la date 1477, écrite par le rubriqueur) ; en *mar. r.* 80 fr. Libri.

L'exemplaire annoncé : *editio vetustissima in membranis*, dans le catal. de Rothelin, n° 2721, et qui n'a été vendu que 12 fr., était-il véritablement impr. sur VÉLIN? il est permis d'en douter.

— Epistolarum Senecæ ad Lucilium libri XXV. *Romæ, per Arnoldum Pannartz, anno salutis* M. CCCC. LXXV. *die uero Primo mensis Februarii,* gr. in-4. caract. ronds, 36 lign. par page.

Première édition, avec date : vend. 500 fr. bel exemplaire *mar. r.* La Valliere ; 72 fr. Brienne-Laire ; 130 fr. en 1823 ; 54 fr. *mar. bl.* Chardin ; 120 fr. *mar. r.* Libri, en 1847, et 14 liv. sterl. en 1859. Le volume renferme en tout 179 ff. (point 167, comme le dit Ebert), y compris le dernier, au recto duquel est le registre des réclames. Les 8 prem. ff. contiennent : 1° un prologue de saint Jérôme, intitulé : *Incipit prologus beati Ieronimi...;* 2° les épitres supposées de saint Paul à Sénèque ; les réponses ; 3° l'épitaphe de Sénèque et la table. Le texte suit, et finit par la souscription (en 10 lign.) : *Præsens hæc epistolarum Senecæ ad Lucilium impressio... p magistᵤ Arnoldũ Panartz alamanũ est cõsumatũ anno salutis* M. CCCC. LXXV.

— Eædem epistolæ. *Paris.,* 1475, in-4. à 25 lign. par page, sans chiffr., récl. ni signat.

On lit au verso du 202ᵉ f., dernier des épitres, cette souscription : *Expliciunt Epistole Senece ad Lucilium. Impresse Parisius anno Domini* M. CCCC LXX. V. Il y a ensuite 5 ff. qui renferment une vie de Sénèque, la correspondance supposée de ce philosophe avec saint Paul, et une épitaphe de Sénèque, en six vers. Il doit se trouver au commencement du vol. 4 ff. de table, non compris dans le nombre ci-dessus. Les caractères de cette édition sont ceux de P. Cæsaris et de Jean Stol : vend. 2 liv. 2 sh. Askew ; 60 fr. *mar. r.* en octobre 1825 ; et 1 liv. 17 sh. (exempl. dont une page est restée en blanc) Heber.

— Epistolarum Opus de viuẽdi ratiõe præclaᵣ ᵣ auro ᵣ iaspide p̃ciosius. Itẽ Uita Senece ab Hermaño Buscio recenter digesta. (*absque nota*), in-4. goth., contenant un titre, 62 ff. chiffrés et 6 non chiffrés, sign. A—M (*Ebert,* 20878).

Hain n'a point indiqué cette édition, mais il en a décrit une autre de 78 ff. chiffrés, et également sans lieu ni date.

— Pistole del moralissimo Seneca, nuovamente fatte volgare (da Sebastiano Manilio). — *Impresse nella inclita citta di Venetia negli anni...* M. CCCC. LXXXXIIII. *a di* XIV. *di aprile (per) Stefano e Bernardino Dinali fratelli.* In-fol. de 6 ff. prélim. et 170 ff. de texte.

Vend. 28 fr. La Valliere ; 25 fr. Riva.

Il y a une traduct. italienne des épitres de Sénèque (et du traité de la Providence de Dieu), écrite vers le commencement du XIIIᵉ siècle, et qui a été impr. à *Florence,* 1717, in-4., avec une préface de Bottari, puis réimprim. à Palerme, en 1817, in-8. Gamba cite aussi : *Volgarizzamento delle pistole secondo il testo Guicciardini...* impr. à Venise et à Udine, de 1820 à 1833, en 7 part. in-8., contenant seulement 30 lettres, publiées par les soins d'Emmanuele Cicogna.

Enfin, une autre traduction italienne des Epitres du même philosophe , par Annibal Caro , a été publiée pour la première fois à *Venise,* 1802, in-4., par les soins d'Angelo Dalmistro : il en a été tiré des exempl. en Gr. Pap. et en pap. bleu. On y a joint une 31ᵉ lettre imprimée à Venise , en 1820, et de nouveau en 1821, in-4.

— Las epistolas de Seneca, con una sũma siquier introductiõ de Philosophia moral : en romance. — *Empremidas en... Çaragoça de Aragon, a instãcia y expensas de Juan thomas fauario de Lumelo... a iij del mes de março. El año* M. cccc. xcvj (1496). Pet. in-fol. goth.

Première édition de cette traduction. La Serna Santander, n° 1224, l'attribue à Fernan Perez de Guzman, ce que ne contredit pas, comme le dit M. Salvá, le passage qui se lit ainsi au f. LXXV de la présente édition : *Fecha por el muy exellente orador Leonardo Arietino,* puisque ce Léonard Arietino, qui est *Leonardus Brunus Aretinus,* a écrit en latin , et qu'il s'agit ici d'une traduction espagnole.

THE EPISTLES of Lucius-Annæus Seneca ; with large annotations, wherein, particularly, the tenets of the ancient philosophers are contrasted with the divine precepts of gospel, with regard to the moral duties of mankind ; by Th. Morell. *London* , 1786, 2 vol. in-4. 18 à 24 fr.

Travail estimé.

———————

— L.-Ann. Senecæ Tragœdiæ. (*Ferrariæ*), *per Andream Gallicum* (circa 1484), in-fol. de 174 ff. non chiffrés, sign. *a—u,* et 34 lign. par page. [16109]

Cette édition, très-rare, que l'on regarde comme la première de ces tragédies , commence ainsi :

Lucii Anæi Senecæ cordubensis : Hercules furens tragedia prima incipit.

Il y a à la fin le mot τελος , suivi de quatre vers, dont voici les deux premiers :

Longa iterum Senecæ tribuisti sæcula : regum Cum premis Andrea Gallice mortis opus.

Vend. 5 liv. 8 sh. Askew ; 300 fr. F. Didot ; 17 liv. 7 sh. 6 d. Talleyrand ; 4 liv. 18 sh. Heber.

L'exemplaire de la Biblioth. impér. est fort grand de marges, et nous y avons remarqué, à l'extrémité inférieure des feuilles des 12 premiers cahiers et d'une partie du 13e cahier, des signatures qui y ont été apposées après l'impression, avec des caractères d'imprimerie, tandis qu'à partir du 113ᵉ f., signé N⁴, les signatures paraissent avoir été imprimées en même temps que le texte, et sont placées immédiatement au-dessous du texte, comme à l'ordinaire.

— Tragœdiæ, cum epistola Caroli Fernandi. — *Impressũ Parisius, in vico clauso brunelli per Johannẽ higman vuilhelmũ ꝓpositi et vuolfgangum hopyl socios,* in-4. à 26 lign. par page,

Vend. 330 fr. *mar. r.* La Valliere.

Cette édition est précieuse, non seulement à cause de sa grande rareté et du soin qu'a pris Jér. Balbus d'en corriger les fautes, mais encore à cause des arguments en vers hexamètres latins que ce poëte a mis en tête de chaque tragédie. Balbus était à Paris dès l'année 1485, et c'est peu de temps après son arrivée dans cette ville qu'il a dû s'occuper de la correction de ce Sénèque, puisqu'il est qualifié de *Studiosissimus adolescens,* dans la lettre de

Charles Fernand à Pierre Cohard, qui occupe 2 ff. à la tête de ce livre. Cette circonstance, jointe à ce qu'on sait que les deux imprimeurs nommés dans la souscription exerçaient ensemble dès 1484, nous fait placer cette édit. parisienne avant celle de 1491. C'est un livre imprimé en beaux caractères ronds, avec des signat. de *a* jusqu'à E, seconde signature, mais sans chiffres de pagination. Le premier f. est tout blanc, les deux suivants renferment la lettre de Fernand, déjà citée, à la fin de laquelle on lit : *Hoc tam utile tamque magnificandum opus ex incorrectissimo penitusque mutilato et emendatissimum et integerrimum noster Balbus reddidit, adeo ut jam decori pristino restitutum esse videatur, bene de quam plurimis (mea quidem sententia) meritus, qui hac ipsa lectione... et politiores sunt et meliores evasuri. Quod si hoc pactum emendandis tum interpretandis majorum nostrorum voluminibus studiosissimus perget adolescens, futurum nihil ambigo quin Balbum tuum... magis in dies magisque probandum arbitrerc.* Après cette lettre, la tragédie *Hercules furens* commence au f. a iiij, par l'argument de Balbus. La 10e tragédie, *Hercules Octeus*, finit au f. 5e, recto de la signature E, par les 5 distiques de Charles Fernand, rapportés dans le catal. La Valliere. Au verso du même feuillet se lit la souscription suivie du registre des signatures, lequel occupe le recto du feuillet suivant, dont le verso est tout blanc.

—Tragœdiæ Senecæ, cum commento (Gellii Bern. Marmitæ parmiensis). *Lugduni per Anthonium lambillon et Martinū sarazin socios. Explicit feltciter die noūebris* XXVIII. *Anno millesimo* CCCC. lxxxxi. In-4. de 240 ff. non chiffr., caractères rom.

Première édition connue, avec date certaine; elle est très-rare, sans avoir une grande valeur : 25 fr. de Soleinne. Au verso du dernier cahier est placé un registre des signatures, et au-dessous la marque des deux imprimeurs. — Les édit. de *Venise*, 1492 ou 1493, in-fol., l'une de 140 ff., et l'autre de 3 et 136 ff. à 2 col., sont moins chères encore.

—Senecæ Tragœdiæ. *Florentiæ, studio et impensa Phil. de Giunta*, M.D.VI, *tertio nonas aprilis*, in-8. de 223 ff. et 1 bl.

Vend. 6 flor. 10 sh. Crevenna; 10 flor. Rover, et quelquefois moins.

— Tragœdiæ, figuris antea nō impressis, annotamentisq3 ad modvm necessariis insignite... Hunc ere paruo Paruus Ioānes dabit. — *Impressum (Parisiis)... in ædibus Ioānis Mercatoris... anno dñi M. quīgentesimo. xi. nonis·vero Februariis*, in-fol. de 6 et 187 ff., texte en lettres rondes, fig. sur bois.

Édition publiée par Gilles Desmares (*Ægid. Maseriensis*). Le titre porte la marque de Jean Petit. Van Praet indique deux exemplaires imprimés sur VÉLIN. Celui de Mac-Carthy (mal annoncé sous la date de 1500) a été acquis au prix de 960 fr. pour la Biblioth. du roi; les figures en sont peintes.

— Senece tragedię diligenter recognitæ. *Venundant Parrhisiis ab Jodoco Badio Ascensio qui eas impressit3 et Gandani a Petro Cæsare pro Rostris*, 1512, pet. in-8. de 8 ff. prélim. et 274 ff.

Un exemplaire en *mar. r.* par Duru, 40 fr. Gancia.

—Eædem. *Florentiæ, sumptibus Phil. de Giunta*, 1513, *mense Iulio*, in-8. de 215 ff., 1 bl. et 8 au commencement.

Copie de l'édit. de 1506 : vend. 4 flor. Meerman.

—Scenecæ (*sic*) tragœdiæ (ex recens. Hier. Avantii). *Venetiis, in ædib. Aldi et Andreæ soceri, mense octobri*, 1517, in-8. 8 à 12 fr.

Ce volume consiste en 216 ff., dont 4 non chiffrés, au commencement, et 5 à la fin : vend. bel exemplaire, avec lettres initiales peintes, 2 liv. 2 sh. Askew; autres, 20 fr. salle Silvestre, en 1808; 2 liv. 2 sh. Sykes; 16 flor. 50 c. Meerman; et exemplaire aux armes de François Ier, 8 liv. 18 sh. 6 d. Heber. Un exemplaire imprimé sur VÉLIN, mais trop rogné, 152 fr. La Vallière; il vaudrait beaucoup plus maintenant.

— Tragœdiæ X, cum commentariis. Ex bibliotheca M. Ant. Delrio. *Antuerpiæ, Chr. Plantinus*, 1576, in-4.

Texte revu et accompagné d'un savant commentaire. — Chr. Plantin a imprimé en 1588, une édition in-8. de ces tragédies, à laquelle, en 1589, son successeur a joint les notes de Fr. Raphelenge et Juste Lipse.

—Senecæ Tragœdiæ, cum not. var., edente P. Scriverio. *Lugd.-Batav., J. Maire*, 1620 (nouv. titre, 1651), 3 tom. en 1 vol. in-8. 5 à 6 fr.

Cette édition, dont le verso du titre indique le contenu, n'a de valeur que lorsque les *Collectanea veterum tragicorum*, publiés séparément par le même *Scriverius*, en 1620, y sont réunis.

— EÆDEM, cum notis Th. Farnabii. *Amst., apud Dan. Elzevirium*, 1678, in-24. 3 à 4 fr.

8 fr. *mar. r.* Courtois; 31 fr. *non rogné*, Bignon. La première édition, avec les notes de Farnabe, est celle de *Londres*, 1613, pet. in-12.

— EÆDEM, cum notis Jo.-Fred. Gronovii et variorum. *Amstelodami*, 1682, in-8. 8 à 12 fr.

La meilleure des trois édit., *cum notis variorum :* vend. en *m. r.* doublé de *m. r.* 60 fr. F. Didot ; 100 fr. en 1838. Les éditions de *Leyde*, 1651, et *Amstel.*, 1662, in-8., 4 à 5 fr.

— TRAGŒDIÆ, ad edit. Gronovii emendatæ; cum notis Th. Farnabii : acc. Hier. Avantius et G. Fabricius de generibus carminum apud Senecam tragicum. *Amstel., Janssonio-Waesbergius*, 1713, pet. in-12. 3 fr.

— TRAGŒDIÆ, cum notis integris J.-F. Gronovii et selectis varior., itemque observationibus nonnullis Hug. Grotii : omnia recensuit, notas, animadversiones atque indicem nov. adjecit Jos.-Casp. Schröderus. *Delphis*, 1728, 2 tom. en 1 vol. in-4. 12 à 16 fr.

Quoique cette édition ait été sévèrement critiquée par plusieurs savants, elle ne laisse pas que d'être encore recherchée.

Vend. en Gr. Pap. 73 fr. *mar. r.* de Cotte; 90 fr. *m. r.* F. Didot; 54 fr. *mar. bl.* Caillard; 120 fr. Mac-Carthy; 3 liv. 7 sh. *m. r.* Drury.

On peut y ajouter l'opuscule suivant :

J.-CASP. SCHRŒDERI notarum et animadvers. ad L.-A. Senecæ tragœdias vindiciæ a distortionibus, mendaciis et calumniis alicujus ex editoribus actorum lipsiensium ad ann. 1728 (Gottl. Cortii), *Delphis*, 1730, in-4.

— TRAGŒDIÆ : penitus excussis membranis florentinis, adhibitisque cod. ms. ultrajectino, editione prima C. Fernandi et aliis spectatæ fidei libris, item Jo.-Frid. et Jac. Gronoviorum notis ined. recognovit F.-H. Bothe. *Lipsiæ, Hahn*, 1819, 2 vol. in-8. 3 thl.

— SENECÆ Tragœdiæ: recensuit Torkill Baden. *Lip-siæ, Fleischer*, 1821, 2 vol. in-8. 5 thl.

Cette édition donne les principales variantes de 17 manuscrits. Le premier volume avait d'abord paru à Copenhague, en 1819. Sur cette édition et sur celle de Bothe, de 1819, consultez la *Revue encycl.*, 1825, XXVI, pp. 489 et suiv. Une seconde édition du texte de Bothe a été impr. à Halberstat, 1821, in-8. 6 fr.

— SENECÆ Tragœdiæ: recensuit et accuravit Joan. Carey. *Londini, Rodwell et Martin*, 1824, gr. in-18. 4 à 5 fr.

— L. ANNÆI SENECÆ pars tertia, sive opera tragica quæ ad parisinos codices nondum collatos recensuit novisque commentariis illustravit J. Pierrot. *Parisiis, Lemaire (typogr. F. Didot)*, 1829-32, 2 vol. in-8.

Édition recommandable.

— Les tragédies de Seneque, desquelles sont extraictz plusieurs... sentences tant en latin comme en francoys, et en la fin est adjoustee la vie et trespassement du dit Seneque, ensemble aucuns epitaphes, epigrammes et dictz moraux extraicts de Floret, des parabolles de M⁰ Alain et de Thobie (par maistre Pierre Grosnet). *Paris, Denys Janot*, 1534, in-8.

Ce livre se trouve ordinairement à la suite de celui qui a pour titre: *Les Authoritez...* du grant Seneque (voir ci-dessus, col. 282).

Un exemplaire sans titre, mais qui paraît être d'une édition différente, est porté à 51 fr. dans le cat. de Soleinne, nº 151. C'est un in-8. de 56 ff., signat. A—Gij, avec cette souscription: *Imprimez nouuellement par Denys Janot pour Jegan* (sic) *Longis et Pierre Sergent* (sans date).

— TRAGÉDIES de L.-A. Sénèque. Traduction nouvelle par M. E. Greslou. *Paris, Panckoucke*, 1833-34, 3 vol. in-8.

Avant cette traduction on prenait celle de Coupé, *Paris, an IV* (1795), 2 vol. in-8., mal impr. et sans le texte latin que le titre annonce, ou une autre de J.-B. Levée, *Paris*, 1823, 3 vol. in-8. très-médiocre, et qui forme les trois derniers vol. du *Théâtre des latins* (voy. THÉATRE).

Pour des imitations françaises des tragédies de Sénèque, voy. BRISSET (*Roland*), LA PERUSE et TOUTAIN.

— LE TRAGEDIE di Seneca, tradotte da Lod. Dolce. *Venetia, Sessa*, 1560, in-12. 3 à 4 fr.

Vend. 10 fr. mar. r. de Boisset.

— LE TRAGEDIE di Seneca, trasportate in verso sciolto da Hettore Nini. *Venetia, Marco Ginami*, 1622, in-8. 4 à 5 fr.

Bonne traduction, mais imprimée peu correctement. La réimpression, *Pisa, Capurro*, 1822, 2 vol. in-8., est beaucoup moins incorrecte.

— Tragedia quarta. *Stampata in Venetia per Cristofolo di Pensa da Mandello Nel. M. CCCC. LXXXXVII. Adi. II. Hotubrio Laus Deo*, in-4. de 24 ff. à 36 lign. par page, sign. a—e.

Traduction italienne peu connue. Sur le recto du premier feuillet se lit le titre, avec le nom du traducteur *Pythius*. La souscription est au verso du 5e f. du cahier *e*. Quelques vers italiens du traducteur et les errata occupent le recto du f. suivant, qui est le dernier. Cet opuscule rare et le suivant sont décrits dans la *Biblioth. spencer.*, tome VII, nᵒˢ 162 et 163.

— La tragedia dita Agamēnone in vulgare cōposta per... frate Euāgelista Fossa da

Cremona. *Impssa ĩ Venesia p Maestro piero bergamascho a le spese de zuan antonio de Mõfera. Nel anno. M. CCCC lxxxxvii. adi. xxviii. zenaro... in-4.* de 14 ff., sign. a—c.

Traduction *in terza rima*.

— TRAGÖDIEN, nebst den Fragmenten der übrigen römischen Tragiker; übersetzt und mit Einleitungen verseh. von Wenz.-Alo. Swoboda. *Wien*, 1821-25 (nouv. titre, 1828-30), 3 vol. in-8.

— Seneca his tenne tragedies, translated into Englysh. *London, Th. Marsh*, 1581, in-4.

Cette édition contient les traductions des tragédies de Sénèque, déjà publiées séparément par Jaspar Heywood, John Studley, Alex. Nevile, auxquelles est réunie celle de la Thébaïde, par Th. Newton. Ce dernier a signé la dédicace du volume à Th. Henneage. On l'a payé depuis 2 jusqu'à 4 liv. en Angleterre, où les éditions séparées de ces mêmes pièces, impr. de 1560 à 1566, conservent une assez haute valeur.

Il existe une traduction des dix tragédies de Sénèque en vers anglais, par Edward Sherburne, *London*, 1702, in-8., fig. 6 à 8 sh.

— Senecæ (*L.-An.*) et P. Syri mimi, forsan etiam aliorum, sententiæ centum aliquot versibus auctæ et correctæ studio et opera Jani Gruteri cum notis ejusdem: accedunt ejusdem notæ postumæ, ut et nova versio græca Jos. Scaligeri (ediderunt Sig. Haverkamp et Abr. Preyger). *Lugd.-Batav.*, 1708, in-8. 5 à 6 fr. [18445]

Il y a des exemplaires qui ont un nouveau titre daté de 1727, quoique le titre gravé porte toujours 1708.
— Voy. SYRUS.

— ANNÆI Senecæ oratorum et rhetorum sententiæ divisiones colores. Recensuit et emendavit Conr. Bursian. *Lipsiæ, Breitkopf et Haertel*, 1857, in-8. de XX et 466 pp. 10 fr.

SENECÉ (*Antoine Bauderon seigneur de*). OEuvres choisies (et œuvres posthumes). Édition publiée par MM. Émile Chasles et P.-A. Cap, précédée d'une monographie de la famille Bauderon de Senescey par M. Émile Chasles. *Paris, P. Jannet*, 1855, 2 vol. in-16. [14053]

Cette édition, dont le second volume tout entier est consacré aux *OEuvres posthumes*, efface entièrement celles qu'Auger, de l'Académie française, a publiées (à Paris, chez Léop. Collin) en 1805 et en 1806, d'abord sous le titre d'*OEuvres complètes*, ensuite sous celui d'*OEuvres diverses*, in-12; cependant, comme elle ne renferme pas tout ce qui avait déjà été imprimé de l'auteur, nous allons donner la date des éditions originales dans l'ordre de leur publication.

LETTRE de Cl. Marot à M. D***, touchant ce qui s'est passé à l'arrivée de J.-B. Lulli aux champs Elisées (anonyme). *Cologne, Pierre Marteau*, 1688, pet. in-12 de 119 pp. [18447]

Réimprimé à Lyon, 1825, in-8. de 64 pp. à 100 exemplaires, par les soins de M. P. A. C. (Cap), comme spécimen d'une édit. projetée des OEuvres de Senecé, mais qui n'a pas été faite.

SATYRES nouvelles (anonyme). *Paris, A. Auboyn*, etc., 1695, in-12. 6 fr. Monmerqué; 8 fr. Giraud.

LES EPIGRAMMES et autres pièces de M. de

Senecé, avec un traité sur la composition de l'épigramme. *Paris, Giffart*, 1717, in-12. Publié par le P. Du Cerceau.

PARAPHRASE des psaumes de David. *Mâcon, Desaint*, 1722, in-4.

On attribue à Senecé, dans le catal. de M. de Soleinne, n° 4431, une traduction en vers libres du premier acte de la *Philis de Sciro* de Bonarelli, impr. avec le texte ital. à *Paris, chez Est. Loyson*, 1667, in-12 de 5 ff. et 95 pp.; c'est qu'effectivement il a signé avec les lettres A. B. D. S., initiales de ses noms, la dédicace de ce livre à la duchesse de Bouillon.

Brice de Bauderon, père de notre poëte, est lui-même auteur d'un ouvrage rempli de devises, lequel a pour titre :

L'APOLLON françois, ou le parallele des vertus héroïques de Louis le Grand, XIVe de ce nom, avec les propriétés et les qualités du soleil... *Mascon, Sim. Bonard*, 1681, in-12.

Le Nouv. Lelong, sous le n° 24331, en cite une édit. de 1693. On a vendu 25 fr. un exempl. en *mar. r.* d'un ouvrage intitulé : *Le Coq royal, ou le blason mysterieux des armes, par Bauderon de Senecy*, Mascon, 1687, in-12.

SENEFELDER (*Aloys*). L'art de la lithographie , ou instruction pratique contenant la description des différents procédés à suivre pour dessiner, graver et imprimer sur pierre, etc. *Paris, Treuttel*, 1819, in-4., avec un cah. de 30 pl. 15 fr.; — Gr. pap., 20 fr. [9214]

Cet ouvrage de l'inventeur de la lithographie est traduit de l'allemand. L'original, accompagné d'une préface de M. M. F. de Schlichtegroll, a paru à *München*, en 1818, in-4., sous le titre de *Vollständiges Lehrbuch*, etc.

SÉNÈQUE. Voy. SENECA.

SENFEL vel SENFL (*Lud.*). Varia cantionum genera, quibus tum Horatius, tum alii egregii poetæ græci et latini, veteres et recentiores, sacri et profani usi sunt, suavissimis harmoniis composita, authore Ludovico Senfelio. *Norimbergæ, apud Hieron. Formschneider*, 1534, pet. in-4. oblong. Cité par M. Schmid, et vendu 3 liv. 18 sh. Libri.

L'imprimeur, nommé dans le titre ci-dessus Hieronymus Formschneider, se nommait Andræ ou Andreæ, et, selon d'autres, Resch ; il a pris le nom de Formschneider à cause de l'art qu'il exerçait, et même, pour le même motif, plus tard, en tournant ce nom en grec il en a fait *Graphæus*, comme on peut le voir sur les titres de plusieurs des livres imprimés par lui. — Voy. NOVUM et insigne opus.

SENILIA , sive poetica aliquot in argumentis varii generis tentamina (auct. Mich. Maittaire). *Londini*, 1742, in-4. 4 à 6 fr. [13107]

Vend. 10 fr. Gr. Pap. de Cotte.

SENKENBERG (*H.-Ch.* von). Corpus juris germanici publici ac privati hactenus ineditum, e bibliotheca senkenbergiana

emissum , cura Guil. - Gust. König de Königsthal. *Francofurti - ad - Mœnum, Hermann*, 1760 - 1766, 2 vol. in-fol. 10 thl. [3027]

Recueil de coutumes suivies au moyen âge en diverses parties de l'Allemagne.

SENKOWSKI (M. *Jos.*). Supplément à l'histoire des Huns, des Turcs et des Mogols, contenant un abrégé de l'histoire et de la domination des Uzbeks dans la grande Bukharie , depuis leur établissement dans ce pays jusqu'à l'an 1709, et une continuation de l'histoire de Kharezm, depuis la mort d'Aboul-Ghazi-Khan jusqu'à la même époque. *Saint-Pétersbourg*, 1824, in-4. de 132 pp. et 24 pp. de texte persan. [27980]

Vend. 25 fr. 95 c. Saint-Martin ; 17 fr. 50 c. Klaproth ; 46 fr. Chaumette.

Voir, sur cet ouvrage, *Journal des Savants*, Juillet 1825, article de M. de Sacy.

SENNERT (*Andr.*). Schediasma de linguis orientalibus. 1° adamæa ; 2° noachica ; 3° phœnicea ; 4° cananæa ; 5° hebræo-samaritana, etc. *Wittembergæ*, 1681, in-4. [11479]

Volume peu commun.

SENONNES (*Alexandre* de La Motte Baracé, vicomte de). Choix de vues pittoresques d'Italie , de Suisse et d'Espagne. *Paris, Chalcographie royale (imprimerie de Firm. Didot)*, 1820 et ann. suiv., gr. in-fol. 20 à 25 fr. [9472]

Publié par livraisons de 6 planches. Il devait y en avoir 30, mais il n'en a paru que 7 avec 42 pl.

— PROMENADES au pays des Grisons, ou choix des vues les plus remarquables de ce canton, dessinées d'après nature par Ed. Pingret; accompagnées d'un texte historique et descriptif, par M. de Senonnes. *Paris, Henri Gaugain*, 1829, in-fol. [9473]

Cinq livraisons de 6 pl. avec texte. Le prix de chacune était de 12 fr.; — Pap. de Chine, 18 fr.

SENSI (*Lodovico*). La historia del l'huomo di Lod. Sensi, con le rime del medesimo autore. *Perugia, Baldo Salviani*, 1577, in-4.

Un exempl. en *mar. r.* aux armes d'un cardinal de la Rovère, 2 liv. 12 sh. Libri; autrement le livre a peu de valeur.

SENTENCE décrétale , et condemnatoire au fait de la paillarde papauté, et punition de ses démérites et forfaits, sous la sommaire narration de longues procédures. *Imprimée nouvellement*, 1561, pet. in-8. de 23 ff. en lettres rondes. [2089]

Vend. 10 fr. La Vallière; 21 fr. Leduc; 7 fr. *m. v.* Bignon, 24 fr. Saint-Mauris en 1840.

Senff (*C.-J.*). Die Domkirche zu St. Veit, 997.
Senft (*Fd.*). Classification der Felsarten, 4770.
Senguerdus (*Wolf.*). Catalogus biblioth. lugduno-batavæ, 31496.

Sennert (*D.*). Opera medica, 6624.
Sensaric (*D.*). Sermons, 1467. — L'Art de peindre à l'esprit, 12066.

SENTENCE (la) et condamnation du procès du pape de Rome, ses cardinaux, évêques, abbés, moynes, etc., contre Jésus-Christ, ses apostres, etc. *Imprim. en* 1563, in-8. de 110 pp. [2095]

Ouvrage satirique, dans lequel on trouve plusieurs pièces en vers. C'est la réimpression du livre intitulé *Sac et pièces pour le Pape de Rome* (voy. SAC). 57 fr. Gaignat; 24 fr. La Valliere; 9 fr. Bonnier; 35 fr. *m. v.* Haillet de Couronne.

SENTENCE redoutable et arrests rigoureux du iugement de dieu, à l'encontre de l'impiété des Tyrans, recueillis tant des saintes escritures, comme de toutes autres histoires, 1564, pet. in-8. de 26 pp., y compris le titre, plus 2 ff. à la fin. [23510]

Il y a au commencement de cet opuscule une épître dédicatoire de I.-R.-C.-D. adressée à Charles de Lorraine, duc de Guise, et à la fin plusieurs épitaphes sur Fr. de Guise. Vend. 9 fr. 25 c. *m. bl.* La Valliere.

SENTENCES... des sept Sages. Voy. au mot CONSEIL.

SENTENTIÆ singulis versibus contentæ, juxta ordinem literarum ex diversis poetis græcis, quibus ex adverso respondet latina versio. *Parisiis, Rob. Stephanus,* 1566, in-8. 3 à 6 fr. [18442]

Réimpression d'un recueil imprimé d'abord par Robert Estienne Ier, en 1540, in-8.

SENTENTIÆ et proverbia, ex Plauto, Terentio, Virgilio, Ovidio, Horatio, etc. *Parisiis, Rob. Stephanus,* 1536, pet. in-8. 3 à 4 fr. [18447]

Rob. Estienne avait déjà impr. ce livre en 1534; mais l'édition de 1536 est augmentée d'un index qui se trouve également dans les éditions de 1540 et 1548, données par ce célèbre imprimeur.

SENTIER (le) *z* ladresse de deuotion, et côtemplation intellectuelle. Jadis côpose en latin et nouuellemĕt trãslate en francoys a ledificatiõ et instructiõ de tous bons *z* loyaulx chrestiens. (au verso du 4e f.): *Jmprime a Tholose par maistre Jacques Colomies Demourãt en la rue Dagullheres Deuãt les monges* (moines) *de sainct Sarnin a lenseigne de limprimerie.* (sans date), in-4. goth. de lxxxvj ff. chiffrés. [1630]

On lit à la 5e page de la préface que *ce pũt petit traicte a este trãslate de latin en frãcoys par... frere Nicole caling...* (pour les seurs de notre dame de Fargues en la cite et ville Dolby). Au verso du dernier feuillet se trouve un fleuron renfermant les lettres J. li. Ce volume rare a été vend. 6 liv. Lang.

Jacques Colomies, imprimeur et libraire à Toulouse, depuis l'année 1514, à peu près, a quelquefois fait usage de la marque que nous avons donnée tome II, col. 251.

SEPOLCRO (il) di Winckelmann. Voyez WINKELMANN.

SEPP (*J.-Chr.*). Représentation des bois,

des arbres et arbrisseaux rassemblés dans les cabinets, avec des explications en latin, françois, anglois, allemand et holland., avec le supplém. *Amst., Sepp,* 1773-95, in-4., 106 pl. color. [4973]

Nous plaçons ici sous le nom de Sepp cet ouvrage, dont il a gravé les planches et publié l'édition; pourtant la préface, datée de 1791, porte le nom de Martin Houttuyn, qu'on peut regarder comme l'auteur ou tout au moins comme le continuateur du texte. Le volume a été publié en 18 cahiers, avec un supplément au prix de 81 flor.; mais on le trouve rarement complet. Il y en a des exemplaires contenant 100 et LVIII pl. avec 101 planches. Celui qui a été vendu 30 fr. chez L'Héritier n'avait que 84 planches.

Il existe une contrefaçon d'une partie de cet ouvrage sous le titre suivant:

ICONES lignorum exoticorum et germanicorum, ex arboribus, etc., collectorum. *Norimbergæ,* 1773-74-75-78, pet. in-fol. contenant 40 pp. de texte en latin et en allemand, avec 48 pl. color. Il n'en a pas paru davantage.

— Flora batava. Voy. KOPS.

— Beschouwing der wonderen Gods in de mindsgeachte Sichepselen of Nederlandsche Insecten; *c'est-à-dire,* Considération sur les merveilles de Dieu dans ses créatures les moins estimées, ou insectes des Pays-Bas (en hollandais). *Amsterdam,* 1762 et ann. suiv., 5 part. in-4. [5984]

Ces 5 parties renferment environ 250 pl. color. Vend., en 4 part., 201 fr. Labouchère, en 1830. Un exemplaire en 3 vol., avec 203 pl., 102 flor. Meerman. Un autre en 5 part., avec ce qui avait paru de la 6e, en 1836, est porté à 12 liv. 12 sh. dans le catalogue de H. Bohn, pour 1841.

— Histoire naturelle des papillons de Surinam avec leurs métamorphoses. *Amsterdam, Sepp,* 1848-52, 3 vol. in-4. [6092]

Cent cinquante-deux planches coloriées, avec la description en français et en hollandais. 300 fr. (Catalogue de J.-B. Baillière et fils).

— Nederlandsche Vogelen. Voy. NOZEMAN et à l'article REPRÉSENTATION des marbres.

SEPT Marchans de naples (les). Cestassauoir Laduenturier, Le Religieux, Lescolier, Laueugle, Le Vilageois, Le Marchant, Et le Bragart. (*sans lieu ni date, mais de* 1520 à 1530), pet. in-8. goth. de 8 ff. sign. *a—b.* [13589]

Dialogue en vers, fort rare, quoiqu'il en existe plusieurs éditions. Celle-ci a été vend. 72 fr. Heber, à Paris, et ensuite (rel. en *mar.* par Bauzonnet) 800 fr. Crozet. — Une autre, sous le même titre, pet. in-8. de 8 ff., impr. en lettres rondes, a été payée 11 liv. 5 sh. chez Heber, à Londres. — Une copie figurée, écrite sur VÉLIN, 40 fr. Leduc. La réimpression de l'édition gothique, qu'a donnée M. Silvestre, en 1838, forme la première livraison d'une *Collection de poésies, romans, chroniques,*

Sepp (*Jean-Népomucène*). Vie de Jésus-Christ, 311.

publiée par le même éditeur (voy. la col. 138 de notre deuxième volume). — Une autre réimpr. fait partie du 2ᵉ vol. du recueil de M. A. de Montaiglon.

SEPT psaumes (les). Cy commencent les sept pseaulmes en franzoys. (au verso du dern. f.) : *Cy finissent les sept pseaulmes penitēciaulx z la letanie en frāczois.* (*Lantenac, Jean Cres*), pet. in-4. goth. de 18 ff. à longues lignes. [13590]

Édition fort rare. Le verso du premier f. porte une gravure sur bois représentant David. Le 2ᵉ feuillet commence par le titre ci-dessus; et au verso du dernier, au-dessous de la souscription, se voit la même marque de *Jean Cres* qui est à la fin du *Doctrinal des nouvelles mariées,* impr. à Lantenac, en 1491 (voy. DOCTRINAL, tome II, col. 782). Les psaumes sont traduits en 119 strophes de 4 vers de 6 syllabes; chaque strophe est précédée du texte latin. On trouve à la suite des psaumes la litanie de tous les saints, en français, le *Pater,* l'*Ave Maria,* une oraison en français, enfin les VIII vers de saint Bernard, *moult deuotz et ꝓfitables,* et deux oraisons, l'une à Dieu, l'autre à Nostre dame.

— Les sept pseaulmes en francoys. — Cy finist les sept pseaulmes en francois, *imprime a Vienne par maistre pierre Schenck. Amen,* in-4. goth. de 24 ff. non chiffrés, signat. A—C, à 24 lig. par page.

Édition d'une grande rareté et qui est peut-être antérieure à celle de Lantenac. Le premier f. ne contient autre chose que le titre ci-dessus en une seule ligne. Le verso du dernier f. est tout blanc. Vend. en *mar. v.,* 114 fr. Cailhava.

— Les sept pseaulmes penitēciaulx et letanies en francoys. (*sans lieu ni date*), pet. in-4. goth. de 14 ff. non chiffrés, à 23 lig. par page.

Édition imprimée vers 1500 avec les caractères de Guillaume Le Roi, à Lyon. Au premier f. est une vignette sur bois surmontée du titre ci-dessus. Cette vignette est répétée au verso du même titre; le verso du dernier f. est terminé par le mot *Amen.* 40 fr. Libri Carucci, exemplaire lavé et restauré.

SEPT sages de la Grèce. Voy. CONSEIL.

SEPT sages de Rome. Voyez SEPTEM Sapientes.

SEPTALIUS (*Ludovicus*). De Ratione instituendæ et gubernandæ familiæ libri V. Senator F. edidit, et Julio Aresio senatus mediolanensis principi dicavit. *Mediolani, apud J.-B. Bidellium,* 1626, in-8. de 414 pp. [3859]

Livre fort rare, au sujet duquel il faut consulter Vogt, *Catalogus libror. rar.,* édit. de 1753, p. 621.

SEPTEM horæ canonicæ, arabice. Voy. PRECATIO.

SEPTEM illustrium virorum poemata. *Antuerpiæ, ex offic. plantiniana Balthazaris Moreti,* 1660, in-8. de 480 pp., sans les pièces liminaires. 3 à 4 fr. [12594]

Cette édition, qui est fort belle, a reparu avec un frontispice rafraîchi, à la date de 1662. Il y en a

une seconde, *auctior et emendatior,* Amstel., Dan. Elzevirius, 1672, in-8. de 504 pp., très-belle aussi. La dédicace de la première, par Moret au cardinal Chisi, y est remplacée par une autre dédicace de Daniel Elsevier au prince Ferdin. de Furstemberg, évêque de Paderborn, et le premier poëte du recueil y est nommé Alexander Pollinus Florentinus, au lieu d'Apollonius Florens, comme il est appelé dans la première édition. 4 à 6 fr. ; vend. 9 fr. 50 c. *m. citr.* Courtois. Les exemplaires en Gr Pap. sont fort rares. Celui de Mac-Carthy a été vend. 240 fr., sans que ce prix extraordinaire puisse servir de règle.

SEPTEM sapientes. Incipit historia septem sapientū Rome. (*absque nota*), in-4. goth. de 71 ff. à 26 lign. par page. [16984]

Cette édition, qui paraît avoir été faite à Cologne, par Jean Veldener, vers 1475, n'a ni chiffres, ni signatures, ni récl., et les lettres initiales y ont été laissées en blanc; elle commence par l'intitulé ci-dessus. On lit à l'avant-dernier feuillet la souscription suivante :

*Explicit historia septem sapiētū rome
Honorem dei et marie semperqs cole.*

Le dernier f. (dont le verso est blanc) contient la table des histoires comprises dans ce roman. La bibliothèque Mazarine (nᵒ 16478) possède cette édit., ainsi qu'une autre édition du même ouvrage, moins ancienne que celle-ci ; cette dernière est in-4., en menus caractères goth., sous les signat. de *a—e,* avec le titre suivant sur le premier f. dont le verso est tout blanc :

*In hoc opusculo sunt subtilitates
Septē sapientū rome valde putiles*

L'ouvrage commence au second f. par cet autre titre : *Incipit hystoria septem sapientū rome,* et il finit au 5ᵉ f. verso de la signat. *e* par les mots *Deo gratias.* Le recto du dernier f. contient la table des histoires.

La première des deux éditions ci-dessus est probablement du nombre de celles qui sont inscrites sous les nᵒˢ 3735 et 3736 du catal. des livres de *White Knights,* et qui ont été portées chacune au prix excessif de 10 liv. 15 sh. Un exemplaire de la première décrite a été vend. 60 fr. Borluut, dans le catalogue duquel il est dit que quoique ce livre ait été attribué aux presses de Veldener, il présente exactement les même caractère et la même justification que le volume intitulé *Sermo de presentatione Beatæ Mariæ Virginis,* qui porte le nom de Goswinus Gops de Euskyrchen, imprimeur à Cologne. Une des deux éditions ci-dessus a 72 ff., y compris le premier où se voit un Hercule et une cotte d'armes gravés sur bois (*Biblioth. grenvil.*). Toutefois, une édition in-4., *sine ulla nota* (sed *Antuerpiæ,* circa 1480), n'a été vend. que 11 sh. Heber; une autre (*circa* 1496), in-4., 9 sh., le même.

On suppose que ce roman a été trad. ou plutôt imité des Paraboles de Sandabar, ouvrage hébreu, lequel est lui-même tiré de la version arabe d'un ouvrage originairement composé dans l'Inde ; ce serait aussi de la même source que proviendrait le roman grec dont nous parlerons au mot SYNTIPAS, de même que l'*Histoire d'Erastus* (voy. HISTOIRE pitoyable) serait une reproduction des *Sept sages de Rome.* Le texte latin de ce dernier ouvrage a été écrit au commencement du XIIᵉ siècle par Dam Jehans, moine de l'abbaye de Haute-Selve. Quant à la rédaction hébraïque (*Misclè* ou *Parabole de Sandabar*) qui en est le type, elle a paru pour la première fois dans un recueil d'opuscules hébraïques, pet. in-4. impr. à Constantinople, l'an du monde 5277 ou de J.-C. 1516, recueil dont de Rossi (*Annales hebræo-typogr. ab anno 1501 ad 1540*) donne la description. On en cite aussi des éditions impr. à Venise, en 1544, 1568 et 1605. La mention que nous venons de faire des paraboles de Sandabar nous rappelle le volume qui a pour titre : *Paraboles de Sendabar sur les ruses des femmes, trad. de l'hébreu, par M. Carmoly*. Paris, P. Jannet, 1849, in-8. de 160 pp.

— Historia septem sapientum Romæ. *Anno salutis* M. CCCC. XC, *per me Johannem Koelhof de Lubeck Colonie ciuem impressus*, in-4. goth.

L'édition de Delft, *per Christianum Snellaert*, 1495, in-4., avec fig. sur bois, est peut-être encore plus rare que la précédente.

— Incipit historia septem sapientum Rome. — *Explicit historia septem sapientum Albie impressa ad morum mulierum virorumque emendationem.* (absque anno), pet. in-fol. de 46 ff., en lettres rondes, sans chiffres, réclames ni signatures.

Cette édition, impr. à Albie, en Savoie, vers 1480, est rare. La bibliothèque de l'Arsenal, à Paris, en possède un exemplaire.

— Historia calumnie nouercalis que septem sapientũ inscribitur quod ab iis sit refutata. — *Impressa antuerpie per me Gerardũ leeu. Anno domini* MCCCC. xc. vi die mensis nouembris, in-4. goth. de 55 ff., sign. A—i.

Même ouvrage que l'*Historia septem sapientum*, mais avec des corrections dans le style et la suppression des noms qui ne convenaient pas au temps où ils étaient placés, comme l'éditeur a soin d'en prévenir le lecteur dans une courte préface qui occupe le recto du premier feuillet. Les changements faits à cette édition, et les grandes différences qui existent entre le texte imprimé de l'*Historia septem sapientum* et la version en vers connue sous le titre de *Dolopathos*, ainsi qu'avec la version en prose publiée par M. Le Roux de Lincy, ont fait supposer qu'il avait existé un texte latin antérieur à la rédaction que nous possédons.

L'édition d'Anvers, ici décrite, est un livre orné de gravures sur bois, dont les *Ædes althorp.*, tome II, pp. 148 et 149, donnent deux fac-simile.

Une autre version latine des *Sept sages* a paru sous le titre suivant :

LUDUS SEPTEM SAPIENTUM de Astrei regii adolescentis educatione, periculis, liberatione insigni, exemplorum amœnitate iconumque elegantia illustratus. *Francof. ad Mœn. apud Paulum Reffeler inpensis Sigismundi Feyerabent* (absque anno, sed circa 1560), pet. in-8. sign. A—N, avec fig. sur bois.

Cette dernière version a été faite sur une ancienne traduction allemande de la fin du xive siècle, plusieurs fois imprimée depuis sous le titre de *Die sieben weisen Meister* (voy. ci-dessous) ; Modius, qui en est l'auteur, ignorait probablement l'existence de l'*Historia septem sapientum*, puisque le titre de son livre porte ces mots : *antehac latino idiomate nunquam in lucem editus*.

Les Sept sages en français.

— Li Romans des Sept Sages, nach der pariser Handschrift herausgegeben von Heinrich-Adelbert Keller. *Tübingen, Ludwig Friedrich Fues*, 1836, in-8. de ccxlvj et 197 pp. 12 fr. [13203]

Cette traduction assez fidèle de l'*Historia septem*

sapientum se compose de 5062 vers français : elle a été écrite au xiiie siècle par un trouvère anonyme. L'éditeur allemand l'a fait précéder de longs préliminaires, où il donne une histoire complète des différentes transformations de cette ingénieuse fiction qui a été si célèbre au moyen âge. Cette version métrique est toute différente d'un grand poëme composé à peu près à la même époque par Hébers ou Herbers, et qui est connu sous le nom de *Dolopathos*. Ce dernier ouvrage est beaucoup plus long que celui qu'a publié M. Keller, et ce n'est guère qu'une paraphrase d'une partie de l'original latin. M. Le Roux de Lincy en a donné des extraits étendus (voir le volume qu'il a publié en commun avec M. Loiseleur-Deslongchamps, sous le titre suivant):

ESSAI sur les fables indiennes et sur leur introduction en Europe, par A. Loiseleur-Deslongchamps, suivi du Roman des sept sages de Rome, en prose, publié pour la première fois d'après un manuscrit de la Bibliothèque royale, avec une analyse et des extraits du Dolopathos, par Le Roux de Lincy. *Paris, Techener*, 1838, in-8., avec fac-simile du manuscrit. 10 fr.; — Pap. vél., 20 fr. [16952]

Depuis la publication de cet Essai le Dolopathos a été imprimé sous le titre suivant :

LI ROMANS de Dolopathos, publié pour la première fois en entier d'après les deux manuscrits de la Bibliothèque impériale, par MM. Charles Brunet et Anatole de Montaiglon. *Paris, P. Jannet*, 1856, pet. in-16 de xxxii et 432 pp. contenant 12901 vers. [13203]

La préface de cette bonne édition donne l'histoire de ce poëme, et explique en quoi il diffère du Roman des sept sages.

— Les Sept sages de Rome. *Sy finist le present liure des sept sages de Romme, imprime a Geneue lan* M. CCCC. LXXXXII. *le xxiii iour de may. Deo gratias*, pet. in-fol. goth. fig. sur bois. [16985]

Édition fort rare ; elle commence par un titre séparé, et contient 61 ff., signat. AI—KIII. — Les caractères sont les mêmes que ceux d'*Olivier de Castille*, sans date, que l'on sait avoir été impr. à Genève par Loys Garbin (voir 1V, col. 183), et il est donc probable que la présente édition des *Sept sages* est sortie de la même presse. Maittaire et Panzer en indiquent une de Genève, 1490.

M. Gaullieur cite, à la page 40 de sa *Typographie genevoise*, une édit. de Genève, 1483, qu'on ne connaît pas, mais ne dit rien de l'édit. de 1498 ; et à la page 51 il donne à la première édition la date de 1482 au lieu de 1492.

— Le même roman. *Imprime a Geneve lan* M. CCCC. XCIIII. *le xxi iour de iuillet*, in-fol. goth. de 51 ff., avec fig. sur bois (*Biblioth. de l'Arsenal*).

— Les Sept sages de Rome. (au recto du dernier feuillet): *Cy finist le present liure des sept sages de romme. Imprime a geneue Lan* M. cccc *nonante* τ *huit. Le .xxi iour de iuillet*, in-fol. goth. de 50 ff. non chiffrés, à longues lign., sign. a—h, avec fig. sur bois.

Edition peu connue, mais qui se trouvait à la quatrième vente de la librairie De Bure, où elle a été vendue 307 fr. L'exemplaire, dont les deux derniers feuillets sont raccommodés, a été revendu 199 fr. d'Essling. Le titre est en lettres ornées, et porte une vignette sur bois.

Ces différentes éditions des *Sept sages de Rome*, faites à Genève contiennent la traduction assez exacte du texte imprimé, qui a été décrit ci-dessus. Mait-

taire (1, 528), en faisant mention d'une édition de
1490, en avait attribué l'impression à Jacques Arnollet, qui exerçait en cette même année à Genève,
mais qui s'est établi un peu plus tard à Lyon. De
son côté, Panzer (I, 441) ayant mal compris Maittaire, a fait de Jacques Arnollet le traducteur de ce
roman ; ce que Hain (n° 8735) n'a pas manqué de
répéter. Au reste, nous n'avons pas vu cette édition
de 1490.

— **Les sept saiges de romme.** ‖ Sensuyt
lhistoire de Poncia ‖ nus lépereur qui
nauoit que ung seul filz qui auoit a nõ
Dyoclecian, lequel il bailla aux sept saiges de Romme pour le gouuerner et
instruyre en sciences. On les vend a
Lyon... cheulx Oliuier Arnoullet. (au
verso du dern. f.) : *Cy finist le present
liure... Imprime a Lyon par Oliuier
Arnoullet* (sans date), gr. in-4. goth. de
40 ff., sign. a—k, à 45 lig. par page,
avec fig. sur bois.

Vend. 485 fr. (exempl. taché, annoncé in-fol.) de
Bearzi : c'est beaucoup plus qu'il ne valait.

— LES SEPT sages de Rome, histoire d'Honcianus
(*sic* pour Poncianus) et de son fils unique, nommé
Dyoclecian. *Lyon, Jean d'Ogerolles*, 1577, in-12.

Texte rajeuni. Il l'est également dans les réimpressions faites à *Lyon*, en 1610 et en 1649, in-8., et
aussi à *Troyes, Oudot*, 1662, in-8.

Une autre traduction en prose française, moins exacte
que celle-ci, mais beaucoup plus ancienne, a été
impr. pour la première fois, en 1838, dans le vol.
publié par MM. Loiseleur-Deslongchamps et Le Roux
de Lincy (voir ci-dessus).

Traductions espagnoles, allemandes, etc.

— **Los siete sabios de Roma.** *Burgos, por
Juan de Junta,* 1530, in-4. goth. de
44 ff. non chiffrés.

Cette édition, décrite par M. de Gayangos, est probablement la plus ancienne que l'on ait de cette traduction. Elle est fort rare, ainsi que celle de 1538 qui
est à la bibliothèque de Vienne.

— LIBRO de los siete sabios de Roma. *Barcelona en
casa de Francisco Trinxer et en casa de Pedro
Malo*, 1583, in-4. goth.

Vend. 19 sh. Heber. Nous trouvons dans la *Biblioth.
Sora*, f. III b., le titre suivant :

SIETE SABIOS de Roma, con el libro del Infante
Don Pedro de Portugal, que anduuo las quatro partidas del mundo. *Barcelona*, 1595, in-4.

Pour une traduction espagnole de la rédaction italienne de ce roman, où le principal personnage est
nommé Erasto, voyez HISTOIRE pitoyable.

— **Hienach volget ein gar schöne Cronick
vñ hystori auss den Geschichten der
Römern.** (à la fin): *Hystori von den syben weysen meystern. Augspurg, J.
Bämler,* 1473, in-fol. de 65 ff. non
chiffrés, et sans signat.

Première édition, avec date, de cette ancienne traduction allemande de l'*Historia septem sapientum*, du
moine de Hauteselves. Le premier feuillet est blanc
au recto ; mais au verso se voit une grande figure
sur bois. Le recto du 2e f. commence par la première partie du titre ci-dessus (150 fr. en 1856).
Ebert, qui nous fournit cette description, cite, au
mot *Meister*, n° 13572, une édition du même livre,
sans lieu ni date, in-fol. de 38 ff., avec fig. sur bois,

et qu'il place avant celle de 1473. Il indique aussi
(n°° 13574-80) plusieurs autres éditions anciennes
de cet ouvrage; mais il ne parle pas de celles de
1480 et 1497, qu'a décrites Hain, n°° 8730 et 8733-34.

L'édition d'*Augspurg, Alex. Weissenhorn*, 1540, avec
beaucoup de vignettes sur bois, 63 fr. 2e vente Quatremère.

— **Die hystorie uan die seuen wise man-
nen van Romen.** *Te Delf in Hollant,*
1483, in-4. fig. sur bois.

On cite aussi une édit. de cette traduction hollandaise :
Antwerpen, Niclas de Leeu, 11 Apr., 1488, in-4.,
et une autre de *Delf*, 1493, in-4. fig.

— **Hystory of the seuen Maysters of Rome.**
—*Thus endeth the treatyse of the
seuen sages or wyse Maysters of Rome.
Imprinted at London in Flete strete
at the sygne of the Rose Garland, by
me William Copland,* in-4.

Cette édition est indiquée dans les *Typogr. antiquities*, édit. de Dibdin, III, p. 170, d'après un exempl.
dépourvu de titre. La date n'en est pas donnée,
mais on sait que W. Copland n'a exercé que de
1548 à 1561.

H. Weber a publié, dans le 3e vol. des *Metrical Romances* (voy. WEBER), une ancienne traduct. des
Sept sages de Rome, en vers anglais, qui paraît
avoir été faite d'après la version en vers français,
écrite au XIIIe siècle par un anonyme.

— **The hystorie of the seven wise Maisters
of Rome.** *London, Purfoot,* 1633 (ou
1663) in-8. goth. fig. sur bois.

Vend. 4 liv. White Knights (Blandford) ; 4 liv. 7 sh.
mar. bl. Hibbert. Réimpr. en 1661, en 1674, et en
1684, in-8.

Dans un vol. in-4. imprimé à Westminster, par Will.
Caxton, vers 1496, et dont la souscription porte :
*Thus endeth this present book, composed of di-
vers fruytful ghostly matters... il se trouve trois
traités en anglais, dont le premier est trad. du latin
de l'*Horologium sapienciœ* (voy. ORLOGE de Sapience), et le second a pour titre : *Here begynneth
a lytill shorte treatyse that tellyth how there
were. vii maysters assembled togydre euery-
cheone asked other what thynge they myghte
best speke of that myght plese good, and were
moost profitable to the people. And all they were
accorded to speke of tribulacyon.*

C'est ce second traité qu'Ebert, n° 13590, donne
comme une traduction des *Sept sages de Rome*, en
quoi il nous paraît être dans l'erreur. Quoi qu'il en
soit, ce livre est une des productions les plus rares de Will. Caxton, et l'exemplaire décrit dans la
Biblioth. spencer., IV, 329, a été acheté 194 liv. 5 sh.
à la vente Willett.

— **The sevin seages, translatit out of prois
into scottis meiter, by John Rolland.**
Edinb., John Ros, 1575 (or 1578?), in-4.

Vend. 30 liv. 10 sh. Ritson ; 37 liv. 5 sh. 6 d. Roxburghe. — Réimpr. dans la même ville, en 1592, en
1620 et en 1631, in-8.

Nous citerons encore : *Les sept sages de Rome, en
danois* : De siu sive mestere, *Copenh.*, 1673, in-8.,
réimpr., *ibid.*, 1707, in-8.

SEPTEM sapientum et eorum qui cum iis
adnumerantur, scite dicta, consilia et
præcepta nimirum, Cleobuli, Pittaci,
etc., gr. et lat. *Parisiis, Guil. More-
lius,* 1551-53, in-8. 3 à 5 fr. [3666]

SEPULCHRAL monuments. V. GOUGH.

SEPULCRALIA carmina, ex Anthologia ms. græcor. epigram. delecta, cum vers. lat. et notis, cura Jo.-Henr. Leichii. *Lipsiæ*, 1745, in-4. 5 à 9 fr. [12297]

SEPULVEDA cordubensis (*Joan.-Genesius*). Opera cum edita, tum inedita, accurate regia historiæ Academia (edente Fr. Cerda y Rico). *Matriti, ex typogr. reg. de la Gazeta*, 1780, 4 vol. in-4. 36 à 48 fr. [19002]

Belle édition, dont les 2 premiers volumes contiennent une histoire de Charles-Quint, qui était restée inédite.

— DE RITU nuptiarum et dispensatione libri III. *Londini, J. Cawodi*, 1558, in-4. 1 liv. 4 sh. Saviles, à Londres, en 1860.

SEPULVEDA (*Laur.*). Romances nueuamente sacados de historias antiguas de la cronica de España compuestos por Lorenço de Sepulueda; Añadiose el Romance de la conquista de la ciudad de Africa en Berueria, en el año MDL. y otros diuersos. *Anvers, en casa de Juan Steelsio*, 1551, pet. in-12 allongé; 259 ff. chiffr., et 4 ff. pour la table et la marque de l'imprimeur. [15127]

Recueil de 149 romances pour intéressantes composées par Sepulveda. L'édition de 1551 est fort rare : 62 fr. en mars 1829, 6 liv. 10 sh. Hibbert ; 7 liv. 17 sh. 6 d. *mar. citr.* Hanrott ; 3 liv. 19 sh. Heber ; 467 fr. *mar. r.* par Niedrée, vente Solar.

L'édition d'Anvers, *por Pedro Bellero*, 1580, pet. in-12, n'est guère moins rare que la précédente : 3 liv., et 3 liv. 3 sh. Heber ; 9 liv. Libri, en 1859, et *piqué de vers*, 27 fr. Le Prevost, en 1857 ; 170 fr. Solar. — Une autre faite chez *Phil. Nucio*, dans la même ville, en 1566, pet. in-12, n'a été vendue que 17 sh. Heber, mais probablement nueue persones était en mauvais état, comme celui qui n'a été payé que 66 fr. Le Prevost. — Nous trouvons dans la *Biblioth. heber.*, V, n° 3496, une édition d'Anvers, sans date, in-12, portée à 1 liv. 2 sh.

— Recopilacion de romances viejos, sacados de las coronicas españolas, romanas y troyanas. Agoro (*sic*) nueuamente : por Lorenço de Sepulveda. *Alcala, Fr. de Cormellas y Pedro de Robles*, 1563, in-12 allongé; de 4 ff. prélim. et 169 ff. chiffrés.

Ce recueil est encore plus rare que le précédent ; il se compose de 112 romances, dont quelques morceaux seulement font partie de la collection ci-dessus (impr. à Anvers), où ils sont placés dans un autre ordre. Nous supposons que l'édition annoncée sous la date de 1553, dans le *Répertoire bibliographique* anglais, p. 284, est la même que celle-ci. L'exemplaire acheté 16 liv. 16 sh. chez le colonel Stanley n'a été revendu que 4 liv. 4 sh. chez Heber.

— Cancionero de Romances sacados de las coronicas antiguas de España con otros hechos por Sepulveda, y algunos

sacados de los cuaranta cantos que compuso Alonso de Fuentes. *Impressa en la noble villa de Medina del Campo, por Francisco del Canto, año* 1570, in-16 goth. (Biblioth. de Vienne).

Ce volume a 4 ff. prélim. pour les autorisations et la table. Le texte occupe les ff. v. à CC.II., signatures Av—Rx. Il ne contient aucune romance qui ne se trouve pas dans les *Cancionero* et les *Silvas;* mais, circonstance commune à toutes ces collections, les textes qu'il donne diffèrent parfois de ceux que présentent d'autres recueils analogues.

M. Wolf a démontré que ce recueil était une réimpression de celui qui a pour titre *Recopilacion de romances* (ci-dessus). Il en existe une édition de *Alcala de Henarez*, 1571, également sous le titre de *Cancionero*.

Outre les romances indiquées ci-dessus, Antonio cite encore (à l'article *Laur. Sepulveda*) deux autres recueils fort rares intitulés :

ROMANCES sacados de la historia de España del rey D. Alonso. *Medina del Campo, por Franc. del Canto*, 1562, in-8.

ROMANCES sacados de la Historia de los quarenta cantos de Alonso de Fuentes. *Burgos, Filippo Junta*, 1579, in-12.

SEQUESTER. Voyez VIBIUS.

SERA (*D.* de). Livre de lingerie, composé par Dominique de Sera, italien, enseignant le noble et gentil art de l'eguille, pour besongner en tous points, utile à toutes Dames et Damoiselles, pour éviter oisiveté. *Paris, Jerosme de Marnef*, 1583, in-4. [10264]

Du Verdier, I, p. 466.

SERAFINA, Ypolita, Thebaida. *Valencia, por George Costilla*, 1521 et 1524, in-fol. goth. [16761]

Trois pièces fort rares, portées dans le catalogue de Pont-de-Vesle, n° 1541, mais qui ne se trouvèrent pas dans la collection de cet amateur, lorsque M. de Soleinne en fit l'acquisition. Les deux premières sont en prose, et la troisième en prose et en vers ; elles sont divisées par scènes, et non par actes. L'exempl. de ces trois pièces porté dans la *Biblioth. grenvill.*, p. 160, au mot *Comedias*, y est décrit sous le titre suivant :

SIGUESE la comedia llamada Thebayda nueuamente compuesta dirigida al... Duque de Candia. — Siguese la comedia llamada ypolita nueuamente compuesta en metro (52 ff. avec fig. sur bois). — Comedia nueuamente compuesta llamada Serafina en que se introduzen nueue persones las quales en estilo comienço ya vezes en metro van razonando hasta dar fin a la comedia. *Fue impresa la presente obra en la insigne Cibdad de Valencia, por mastre George Costilla... acabose a xv. del mes d'hebrero del año mil y D y XXI.* (14 ff. avec fig. sur bois), in-4. goth.

Pour une édition de 1546, voy. THEBAYDA.

SERAPHINIS (de). Floridum compendium Sinonimorum venerabilis Presbiteri Dominici de Seraphinis viri doctissimi (in fine *explicit*). in-4.

Cette édition a été imprimée à Turin par Jean de Lingon, vers 1477, ainsi que l'indiquent les quatre

---

Septier (*Armand*). Manuscrits de la bibliothèque d'Orléans, 31379.

Seran de La Tour. L'Art de sentir, 18294. — Tribunat de Rome, 29207.

vers suivants placés à la fin du volume, après l'*explicit* :

> *Ne sine profectu redolens flos iste periret*
> *Sed potius valeat fructificare satis*
> *Hunc voluit formis Fabri fecisse Johannes,*
> *Cui servat proprios Lingonii alta Lares.*

Panzer, XI, 339.

SERAPHINO Aquilano. Voy. AQUILANO, et LE MAIRE de Belges.

SERAPIONIS (liber) agregatus ī medicīis semplicib'; trāslatio Symmōis Ianuēsis, interprete Abraā Iudeo Tortuosiēsi de arabico in latinū. — *Opus impressum Ml' per Antōum Zarotum Parmēsem anno Domini M. cccc. lxxiij. Die Mercuri. iiii August.,* in-fol. de 185 ff. à 2 col. de 41 lign. [6604]

Vend. 149 fr. La Vallière ; 72 fr. Brienne-Laire ; 100 fr. *m. citr.* L'Héritier ; 1 liv. 1 sh. Libri, en 1859.

— Opus de simplicibus. *Venetiis, per Rainaldumde Novimagio,* 1479, in-fol. goth. de 149 ff. à 2 col. de 52 lign.

Vend. 40 fr. Brienne-Laire ; 15 fr. L'Héritier.
Réimpr. avec *Serapionis practica, ab And. Alpago in latinum translata,* Venetiis, heredes L.-A. Juntæ, 1550, in-fol.

— Voy. BULCHASIM.

SERARIUS. S. Kiliani Franciæ orientalis, quæ et Franconia dicitur, apostoli, gesta variis cum notationibus historicis et dogmaticis, quas ad Joan.-Wilhelmum Gantzhornium, etc., scribebat Nicolaus Serarius. *Wirceburgæ, e typogr. Georgii Fleischmanni,* 1598, in-4. portr.

Cette légende d'un saint que se disputent l'Écosse et l'Irlande est d'un certain intérêt. Les exemplaires en sont rares et chers.

SERASSI (l'abate *P.-A.*). La Vita di Torquato Tasso. *Bergamo,* 1791, 2 vol. in-4. 12 à 15 fr. [30739]

La prem. édition de cette biographie a paru à Rome, 1785, en 1 seul vol. in-4., et elle passe pour être plus correcte que celle de *Bergame.* Le même auteur a donné *Vita di Jacopo Mazzoni,* Roma, 1790, in-4.

SERCAMBI (*Giov.*). Novelle di Giovanni Sercambi lucchese, ora per la prima volta pubblicate. *Venezia, tipogr. di Alvisopoli,* 1816, pet. in-8. [17427]

Édition publiée par Gamba. Il en a été tiré 100 exemplaires sur papier commun, six *in carta reale,* six sur VÉLIN d'Italie, et un seul sur VÉLIN d'Augsbourg. Un de ces exempl. sur VÉLIN s'est vendu 154 fr. en 1825, et 81 fr. De Bure ; un autre a été acquis par la Bibliothèque impériale, où se conserve aussi un exemplaire sur VÉLIN de l'opuscule de 16 ff. intitulé :
TEOFILATO, novella di Luigi Lollino, vescovo di Belluna. *Venez., tipogr. di Alvisopoli,* 1816, in-8. [7455]
— ALCUNE novelle di Giovanni Sercambi, che non si leggono nella edizione veneziana colla vita dell'autore scritta da Carlo Minutoli. *Lucca,* 1855, in-8. tiré à 105 exempl. 6 fr.

Serce (*Jacq.*). Traité sur les miracles, 8898.

SERCHIUS (*Horatius*). Candidi amores, comœdia. *Ticini, P. Bartolus,* 1618, in-24. [16171]

Vend. 13 fr. 60 c. *m. r.* Courtois.

SERCLIER (*Jude*). Le grand tombeau du monde (poëme sacré en VI livres), dans lequel, avec un merveilleux artifice, sont descriptes les principales circonstances de tout ce qui doit arriver au jugement final. *Lyon, Pillehotte,* 1606, et *Paris, Mathur. Henault,* 1628, in-8. [14099]

L'extrême bizarrerie de ce poëme singulier peut seule le tirer de l'oubli auquel sa nullité semble l'avoir condamné. Il est dédié *à très haute, très puissante et très noble dame la sacrée vierge Marie mère de Dieu, royne des anges, emperière du ciel, thrésorière de grace, advocate des pecheurs, etc.,* et l'auteur souscrit son épître : *De votre majesté le vil et abject vermisseau, J. Serclier.*
— L'ANTIDEMON historial, où les sacriléges, larcins, ruses et fraudes du prince des ténèbres pour usurper la divinité sont amplement traictez... par Jude Serclier, chanoine de l'ordre de S. Rufs, dauphinois. *Lyon, Pierre Rigaud,* 1609, in-8. de 11 ff. prélim. y compris le portrait de l'auteur ; 552 pp. et 8 ff. pour la table. [8897]
15 fr. *v. f. tr. d.* Coste.

SERÉ (*Ferd.*). Histoire du costume et de l'ameublement en Europe, et des arts et industries qui s'y rattachent, par Ferdinand Seré, édition illustrée par 300 miniatures. *Paris,* 1852 et ann. suiv., gr. in-4. fig. [9614]

L'ouvrage annoncé sous ce titre, et comme faisant suite aux cinq volumes intitulés *Le Moyen âge et la renaissance* (voy. Paul LACROIX), a été interrompu après la mort de l'éditeur, et publié depuis sous ce titre : *Les Arts somptuaires* (voy. tome III, col. 1181, article LOUANDRE).

SERENA Opera. Voy. OPERA.

SERENUS Sammonicus. Liber de medicina. (*absque nota*), in-4. 26 ff. à 25 lign. par page, sans chiffr., récl. ni signat. [12555]

Édition imprimée en caract. rom., et publiée par Sulpitius Verulanus, qui en a rempli le prem. f. par des vers et une courte notice sur le poëte Serenus. Le texte commence au recto du 2e f. et se termine au verso du 25e, où il est suivi du registre (*ordo foliorum*). Le recto du 26e et dern. f. contient des *emendanda.* Comme l'éditeur a fait imprimer plusieurs de ses ouvrages à Venise, avant 1490, il est probable que celui-ci, qui d'ailleurs n'a point de signat., a paru de 1480 à 1484, et peut-être dans la même ville. C'est la plus ancienne édition connue de ce petit poëme (lequel se trouve impr. à la suite de l'*Avienus,* édition de Venise, 1488 ; voyez AVIENUS). Elle n'a pourtant été vend. que 5 fr. chez Brienne. Le P. Audiffredi (*Catal. edit. rom.,* 379) en indique une autre, in-4. de 16 ff., impr. sans lieu ni date, mais qu'il attribue aux presses romaines (Laire, *Index libr.,* II, p. 21 ; et *Biblioth. spencer.,* II, p. 351).
Parmi les éditions de ce petit poëme faites dans le XVIe siècle, on distingue celle de Zurich (*Tiguri*), 1540, in-4., avec un commentaire de Gabr. Humelberg ; elle a été réimpr. dans la même ville en 1581, in-4.
— Q. SERENUS Sammonicus. De medicina præcepta saluberrima. Rob. Keuchenius restituit, emendavit, illustravit. *Amstelodami,* 1662, pet. in-8. 3 à 5 fr.

Un exempl. en Gr. Pap. 11 fr. Caillard.

— DE MEDICINA præcepta saluberrima; textum recensuit, lectionis varietatem, notas interpretum selectas suasque adjecit Jo.-Christ.-Gott. Ackermann. *Lipsiæ,* 1786, in-8. 3 fr.

L'opuscule de Serenus fait partie des *Poetæ minores* de Burmann, etc.

SERENUS Monopolitanus (*Aurelius*). Opuscula. *Romæ,* 1512, *die 8 mensis Marcii* (absque typographi nomine), in-4. de 22 ff. non chiffrés, sign. A—F. [12781]

Petit recueil très-rare, contenant plusieurs opuscules en vers et en prose, qui sont indiqués sur le titre du livre. Le premier : *De festis et stationibus totius anni,* est écrit en vers élégiaques ; le second est un discours *in laudem Virgilii,* en vers.

— Theatrum capitolinum magnifico Juliano institutum per Aurelium Serenum Monopolitanum, et de elephante carmen ejusdem. *Romæ, in ædibus majochianis,* 1514, in-4. de 22 ff. [12782]

Deux petits poëmes en vers hexamètres, dont le premier est divisé en trois livres. Panzer n'a connu ni ce dernier opuscule, ni le précédent.

SERGARDII satyræ. Voyez SECTANUS.

SERGENT (*Ambr.*). Voy. ATILA.

SERGENT (*Dominique*). Du baptême des hérétiques, livres 2; montrant si on le doit réiterer, pourquoi et comment, avec indice des lieux èsquels certaines questions de Pierre Viret, calviniste, sont resolues, par Dominique Sergent, de l'ordre des freres precheurs. *Avignon, Pierre Roux,* 1566, in-4. [1837]

D'après Du Verdier.

SERGIO (*Giannantonio*). Componimenti varj per la morte di Domenico Jannaccone carnefice della G. C. della vicaria. *Napoli,* 1749, in-4. [14960]

Pièce satirique de laquelle l'abbé Galiani passe pour être le principal auteur : ce qui aurait été le motif de son exil; comme elle a été sévèrement supprimée, les exemplaires en sont rares. Celui qui a été payé 1 liv. 11 sh. à la vente Libri, en 1859, était accompagné d'une clef manuscrite.

SERIA et joci. Voy. LE MYRRRE.

SERIE degli uomini più illustri nella pittura, scultura, ed architettura, con i loro elogi e ritratti incisi in rame, dalla sua prima restaurazione sino ai tempi presenti. *Fiorenza,* 1769-75, 12 vol. in-4. [31008]

Vend. 5 liv. 5 sh. Pinelli; 64 fr. Millin, et 14 tom. en 7 vol., 60 fr. Boutourlin.

Ouvrage médiocre, auquel on ajoute, comme supplément, une nouvelle édition de l'*Abecedario pittorico* continué jusqu'en 1776, par F. Fuga, 2 part. in-4. — Voyez ORLANDI.

SERIE di ritratti d' uomini illustri toscani,

con gli elogi istorici dei medesimi (da Giuseppe Allogrini). *Firenze,* 1766-73, 4 vol. gr. in-fol. 50 à 60 fr. [30499]

Vend. 160 fr. *mar. r. dent.* Brienne, en 1792; et sous les dates de 1775-76, seulement 20 fr. Boutourlin. — Ces 4 volumes, dont les portraits sont fort beaux, se joignent quelquefois au *Museum florentinum.* — Voyez GORI.

SERIE di trecento tavole. Voy. RACCOLTA di pitture.

SERIE di vite e ritratti dei più celebri personaggi degli ultimi tempi. *Milano, Battelli,* 1814, ed ann. segg., 3 vol. gr. in-4. [30469]

Recueil contenant 308 portr. publiés en 77 livraisons. Vend. 231 fr. salle Silvestre, en 1822, et moins depuis.

SERIES chronologica. Voyez CHONOLOGICA series.

SERINGUE spirituelle. V. MOUTARDIER.

SERLIO (*Seb.*). Libri cinque d' architettura. *Venetia, Nicolini da Sabio,* 1551 ou 1559, in-fol. fig. [9743]

Vend. 28 fr. Boutourlin.

Cette édition n'est pas complète; il faut y joindre le 6e livre, qui a paru sous le titre d'*Estraordinario libro d'architettura, nel quale si dimostrano trenta porte, etc.* Lione, G. de Tournes, 1551, ou Venezia, 1557, 1559, 1561 ou 1568, in-fol., fig.; et de plus : *Il settimo libro d'architettura, nel qual si tratta di molti accidenti, che possono occurrer' al architetto, etc.* (ital. et lat.), *ex musæo Jac. de Strada,* Francofurti, 1575, in-fol. fig. Ce dernier, 41 fr. 1re vente Quatremère.

Chacun des livres d'architecture de Serlio avait d'abord paru séparément, imprimé avec luxe, de format in-fol. fig. Le 4e livre, traitant des cinq ordres, a été publ. le premier, en 1537 (*Venetia, Marcolini*), comme étant le plus élémentaire; il a été réimprimé en 1540, en 1544, et depuis. Le 3e, contenant les antiquités romaines, etc., parut à *Venise, chez Fr. Marcolini,* en 1540, 1544 et 1551. Les deux premiers, qui ont pour objet la géométrie et la perspective, ont paru sous ce titre :

IL PRIMO (ed il secondo) libro d'Architettura. *Venetia per Cornelio de Niccolini da Forli a instantia di Marco Sessa (senz' anno),* in-fol., fig. sur bois, 26 et 31 ff., plus un f. blanc avec la devise de Sessa.

Cette édition sans date est très-probablement antérieure à celle de *Paris, Jean Barbé,* avec la version française de Jean Martin.

Le 5e livre, où il est traité des temples chrétiens, sortit des presses de *Vascosan, à Paris,* en 1547, et fut aussi imprimé à *Venise,* en 1551. Voyez *Biblioth. ital. di Fontanini,* édition de 1753, tome II, pp. 399-402.

Nous avons vu une édition des trois premiers livres, imprimée à Venise ; les deux premiers sous la date de 1560, le troisième de 1561, les *Regole generali* (ou quatrième livre), sans date, et le cinquième livre de 1559 ; et aussi un exemplaire des 3e et 4e livres, Venise, 1540, gr. in-fol. imprimé sur papier bleu (exempl. de Grolier, en *mar. bl.*); mais nous doutons que les autres livres aient été tirés sur un semblable papier. Un second exemplaire du 3e livre (*le Antichità di Roma*), également sur pap. bleu, 100 fr. Riva, et un autre du 4e livre (*Regole generali di Architettura*), même papier, 1 liv. 15 sh. Libri ; il avait été annoncé comme 5e livre dans le Bulletin de M. Techener, 1855, n° 1761.

Il y a une édition des six premiers livres, *Venet., Fr. Senese*, 1566, et une autre, *Venise, Francesco de' Franceschi*, 1572, in-4., à laquelle il faut ajouter le 7e livre, imprimé à Venise, en 1584 et en 1600, in-4.

La traduction française des cinq premiers livres, par J. Martin, a été imprimée, livre par livre, à *Paris, chez Jean Barbé*, et à *Anvers*, en 1545, 47 et 50, in-fol., fig. On y ajoute le 6e livre, sous ce titre :

LIVRE extraordinaire d'Architecture de Seb. Serlio, auquel sont demonstrées trente portes rustiques meslées de divers ordres, et vingt autres d'œuvres delicates en diverses especes. *Lyon, Iean de Tournes*, 1551, in-fol., fig.

Il existe une édition du 4e livre, sous ce titre :

REGLES generales d'architecture sur les cincq manieres d'edifices, Thuscane, Doricq, Ionicq, Corinthe et Composite, avec les exemples d'antiquitez selon la doctrine de Vitruve, 1542. (à la fin) : *Imprime a Anuers, par Pierre Van Aelst*, in-fol. La date de 1542 se trouve dans les ornements du titre.

— Tutte l'opere d'architettura di Serlio, con un indice copiosissimo, raccolte da Gio.-Dom. Scamozzi. *Venetia, Francesco de' Franceschi*, 1584, gr. in-4. fig.

Bonne édition, complète et peu commune : vend. 32 fr. 50 c. en 1819 ; 90 fr. Hurtault.

Il paraît que les différents livres qui composent ce volume se sont vendus séparément, car nous avons vu les livres III, IV, V et VII sous cette même date, avec des titres particuliers et des paginations à part.

— SEBAST. SERLII de architectura libri V. a Joan. C. Saraceno ex italico in linguam latinam nunc primum translati atque conversi. *Venetiis*, 1569, in-fol., fig. sur bois.

Les réimpressions de *Venise*, 1600 et 1619, in-4., contiennent de plus que la précédente, *Breve discorso di G.-D. Scamozzi* ; celle de 1600 a été vend. 25 fr. m. r. Hubert ; la dernière, 39 fr. Reina.

— ARCHITETTURA in sei libri divisa (en ital. et en lat.). *Venez., Combi*, 1663, in-fol. fig. sur bois.

Vend. 19 fr. en 1810.

Les cinq premiers livres de Serlio, trad. en flamand par Pierre Coeck, peintre, architecte et graveur à Alost, figurent sous le n° 1045 du catal. de Borluut, et ont été vendus ensemble le n° 1045 du catal. de Borluut ; ils sont tous de format in-fol., avec fig., et ont paru à Anvers, chez le traducteur, savoir : les deux premiers livres sans date, le 3e en 1546, le 4e en 1549, et le 5e en 1553, par les soins de Marie Verhulst, veuve du traducteur.

Une autre édition de la même traduction, *Amsterdam*, 1606, in-fol., fig. 36 fr. Borluut.

SERMO ad populum predicabilis in festo p̄sentationis Beatissime marie semper virginis noviter... *Per impressionē multiplicatus, sub hoc currente anno Domini M° cccc° lxx°*, pet. in-4. [1416]

Il y a deux éditions de ce livre, imprimées avec les mêmes caractères et sous la même date, l'une et l'autre composées de 12 ff., dont les pages entières portent 27 lign. Malgré leur apparente conformité, les deux éditions sont cependant bien différentes, car dans l'une on lit au verso du frontispice une préface de 27 lignes, dans laquelle le lieu d'impression et le nom de l'imprimeur sont indiqués de la manière suivante : *In civitate colōiēsi, per discretū vip̄ Arnoldū therhoernē*, et dans l'autre, le verso du frontispice est tout blanc.

Ce petit volume rare a le double mérite d'être en

même temps le premier livre connu, avec date, sorti des presses de *Therhoernen, à Cologne*, et le premier livre aussi dont les pages soient chiffrées (il n'est cependant pas d'un grand prix). Santander s'est trompé lorsque, dans son Dictionnaire bibliographique du XVe siècle, il donne comme la première production de *Therhoernen*, avec date, et comme le premier livre avec des chiffres, une édition de 1471. — Voyez LIBER de remediis.

SERMON (ung notable). Voy. NOTABLE.

SERMON da far in Maschera ad una sposa in lengua bergamasca, con due canzonetti in lengua venetiana. (*Venise*, vers 1550), in-8. Frontispice gravé.

14 sh. Partie réservée de la collection Libri, 1852, n° 196.

SERMON de Jesus enfant, translate en françois par l'Amoureux de vertu, champenois, auec le songe du combat entre le corps et l'esprit, en rhythme françoise, composé par ledict Amoureux de Vertu. *Lyon, I. de Tournes*, 1543, in-16.

L'Amoureux de vertu, traducteur de ce sermon, et auteur de la pièce en 500 vers qui l'accompagne, révèle son nom dans un huitain acrostiche, placé avant le Sermon, et dont les premières lettres imprimées en capitales forment le mot Devienne ou de Vienne. C'est effectivement sous le nom de Philippe de Vienne, Champenois, que Du Verdier a placé ce Sermon, dont il cite une édition de *Paris, Galiot du Pré*, 1542, in-16. — Voy. VIENNE (*Phil. de*).

SERMON (sensuit le) de saint Raisin. (*sans lieu ni date*), pet. in-8. goth. de 4 ff. à 25 lig. par page, et une vignette au frontispice.

Pièce en vers fort rare. 89 fr. Monmerqué.

Elle a été reproduite en fac-simile autographique à 40 exemplaires, plus un sur VÉLIN : 7 fr. Monmerqué. M. de Montaiglon l'a donnée dans le 2e vol. de son Recueil de poésies, p. 112.

SERMON (sensuit le) des frappe culz noueueau et fort ioyeulx. Auec la responce de la Dame. Sus : Je me repens de vous auoir aymee (et les Estrenes des filles de Paris). *Paris* (*imprim. de Pinard*, 1830), pet. in-8. de 32 pp. en tout, caract. goth. [13591]

En vers de 8 syllabes.

Réimpression tirée à 60 exemplaires, 4 fr.

L'édition originale, *sans lieu ni date*, mais qui doit avoir paru de 1520 à 1530, n'a que 4 ff. sans les *Estrenes*. Elle s'est vend. 2 liv. 19 sh. Lang, et avec les *Estrenes des filles de Paris*, 64 fr. (*mar. viol.*) Nodier.

SERMON du cordelier aux soldats, ensemble la reponse des soldats au cordelier : recueillis de plusieurs bons auteurs catholiques (par V. C. C.), lisez hardiment, car il n'y a point d'heresie. *Paris, imprime pour Nicolas Lefranc*, 1612, in-8. de 16 pp.

Opuscule en vers, où les moines sont fort mal traités. Il avait déjà été imprimé en 1590, après la page 74 d'un in-8. ayant pour titre :

LE PACIFIQVE, colloque de deux François, auquel il est monstré combien est deplorable l'horrible effusion du sang chrestien, qui se fait par toute l'Europe, passé tant d'années sous le titre de Religion... Et combien il seroit necessaire... de penser aux moyens de reunir la chrestienté de conuertir unanimement leurs forces à reduire ou reprimer les turcs et autres enemis ouuerts de Iesus Christ et de son eglise chrestienne et catholique : recueilli de diuers auteurs par Theophile Friderick. (*sans lieu d'impression*), 1590.

Feu G. Duplessis l'a fait réimprimer à Chartres, chez Garnier fils, en 1833, pet. in-8., tiré à 30 exemplaires, et depuis M. Ed. Fournier a inséré ce même Sermon dans ses *Variétés*, t. II, p. 333 et suiv.

SERMON joyeux. Sēsuyt ung ‖ sermõ fort ‖ ioyeulx pour len ‖ tree de table. A‖uec graces molt ‖ fort ioyeuses. ‖ *On les vend a Paris en la rue neuf ‖ ue nr̄e dame alēseigne de lescu de Frāce,* pet. in-8. de 4 ff. avec 3 vignettes sur bois.

Dans une autre édition dont le titre ne porte ni le mot *molt*, ni le nom de ville, et le recto de la dernière page a cinq vers, tandis que dans l'autre il n'en a que deux. Cette édition, sans nom de ville, a quatre vignettes.

A la suite de l'exempl. de l'édit. de Paris que nous avons vu, se trouvait une autre pièce en vers, sous ce titre :

SERMON ioy ‖ eux de tous ‖ les foulx qui sont au monde, pour rire ‖ compose nouuellement. *B.* (au recto du dernier f.) : *Fin du sermon des foulx‖ imprime nouuellement à Lyon*, pet. in-8. goth. de 12 ff., avec la fig. d'un fol impr. sur le titre et répétée au verso du dern. f. Les deux premières lignes du titre sont en gros caract. rom. La lettre B. qui se voit sur le titre indique que cet opuscule est la suite d'un autre (probablement le précédent). Effectivement les ff. de celui-ci sont sous les sign. *b, c, d.*

Vend. rel., avec *Sermon ioyeux de tous les foux qui sont au monde, pour rire,* Lyon, pet. in-8. goth., avec fig. sur bois, 2 liv. 19 sh. Lang. Il a été fait à *Paris,* en 1830, une réimpression de la première pièce, par le procédé de la lithographie, et tirée à 40 exemplaires seulement. C'est une copie parfaitement exacte tant du texte que des gravures. La même pièce est reproduite dans le Recueil de M. de Montaiglon, t. II, p. 164.

SERMON joyeux de bien boire, a deux personnages. (*sans lieu ni date*), format d'agenda, in-4. de 6 pp. dont la dernière est blanche, 46 lign. par page.

SERMON joyeux de grande valeur. (*Lyon, Chaussard*), sans date, format d'agenda, in-4. de 12 pp. à 47 lig.

Ces deux Sermons font partie du Recueil de farces conservé au Musée britannique, et dont M. Jannet nous a donné une réimpression complète en 3 vol. in-16. — Voy. ANCIEN THÉATRE.

Tous ces Sermons joyeux doivent se placer sous les n⁰ˢ 13591 et 13592 de notre table.

SERMON joyeux de saint Raisin. Voy. ci-dessus SERMON de saint Raisin.

SERMON ioyeux de M. de Sainct Velu. (*sans lieu ni date*), pet. in-8. goth. de 4 ff. Edition originale.

Cet opuscule a été réimprimé à *Rouen, Nic. Lescuyer* (fin du XVIᵉ siècle), pet. in-8. de 4 ff. — Voir l'article RECUEIL de pièces facétieuses.

SERMON ioyeux dung despuceleur de nourisses. (*sans lieu ni date*), pet. in-8. goth. de 4 ff. à 29 lign. par page.

En vers de 8 syllabes.
— Voy. GRANDE et veritable.

SERMON. Sermõ ioyeux de la Pacience des Femmes obstinees contre leurs marys : fort ioyeulx et recreatif a toutes gens. (*sans lieu ni date*), pet. in-8. goth. de 4 ff., avec une figure sur bois au commencement.

Pièce composée de 104 vers de 8 syllabes. Il y a plusieurs éditions faites à la même époque, c'est-à-dire de 1520 à 1530, et qui varient entre elles dans l'orthographe des mots. Ce sermon a été parfaitement reproduit à Paris, en 1830, par le moyen de la lithographie, et tiré à 40 exempl. seulement, ainsi que le *Sermon de la vie de saint ongnon.*

L'édition de *Rouen, Loys Costé*, sans date, pet. in-8. de 4 ff., a pour titre : *Discours joyeux...* la même pièce fait partie du Recueil de M. de Montaiglon, t. III, p. 261.

SERMON ioyeulx de la vie saint ongnon. Comment nabuzarden le maistre cuisinier le fist martirer; auec les miracles q̃ fait chascun iour. (*sans lieu ni date*), pet. in-8. goth. de 4 ff. à 24 lign. par page.

Pièce en vers, fort rare.

SERMON. Sermõ ioyeulx de monsieur sainct haren : nouuellement imprime.— *Cy fine le Sermon ioyeulx de monsieur sainct haren. Nouuellement faict et imprime* (sans lieu ni date), pet. in-8. goth. de 4 ff. à 23 lign. par page.

En vers de 8 syllabes.

Cette édition, du commencement du XVIᵉ siècle, était chez La Valliere, catal. en 3 vol., n⁰ 3095, article 12; elle contient 13 vers de plus que celle qui porte le titre de *La vie de sainct harenc...* (voy. VIE). Il en a été fait une réimpression à laquelle est jointe une autre facétie en vers intitulée : *Monologue des nouueaux sots de la ioyeuse bande.* — Voy. POÉSIES, et aussi le 1ᵉʳ vol. du Recueil de M. de Montaiglon.

SERMON ioyeulx dung fiance qui empronte ung pain sur la fournee a rabattre sur le temps aduenir. (*sans lieu ni date*), pet. in-8. goth. de 4 ff. à 22 lign. par page. 52 fr. Nodier.

Réimpr. à *Paris*, *chez Pinard pour Techener*, 1829, pet. in-8. de 13 pp., caract. goth. (tiré à 60 exempl.), et dans le 3ᵉ vol. de M. de Montaiglon.

SERMON joyeulx dung verd galant Et d'une bergiere jolye Que peut nommer chacun lisant Damour la fortune ou follye. (*sans lieu ni date*), pet. in-8.

Pièce rare qui se trouvait reliée avec le *De profundis des amoureux*, dans l'exemple inscrit au catalogue Lang, n⁰ 51.

SERMON joyeulx d'un Ramonneur de cheminees. (*sans lieu ni date*), pet. in-8. goth. de 4 ff. à 19 lign. par page.

Pièce graveleuse, en vers (Recueil de M. de Montaiglon, t. I, p. 235).

SERMON ioyeulx et de grande value a tous les foulx qui sont dessoubz la nue, pour leur monstrer a saiges deuenir, etc. — *Fine du sermon des foulx, nouuel-*

lemēt imprime a Lyon, chez Jehan Lābany, pet. in-8. goth. de 12 ff.

Pièce rare : le titre se compose de huit vers : vend. 10 fr. Courtois.

Une autre édition de cet opuscule, également de 12 ff. en caractères goth., est portée sous le titre suivant dans le catalogue Cigongne, n° 713 : *Sermon joyeux de tous les foulx qui sont au monde, pour rire compose nouuellement*. — *Fin du Sermon des foulx, imprime nouuellement à Lyon.*

SERMON notable | pour le iour de la | dedicace | *nouuellement imprime.* | 1539, pet. in-8. ou in-16 de 8 ff., caract. goth.

Sermon en vers contre les rits de l'Église catholique. L'exemplaire que nous avons vu était relié à la suite des Œuvres de Marot, *impr. à Lyon, par Jehan Barbou*, en 1539, avec les mêmes caractères que le Sermon.

SERMON nouueau et fort ioyeulx auquel est contenu tous les maulx que lhomme a en mariage. *nouuellement compose a Paris*, pet. in-8. goth. de 8 ff., sign. A et B.

Pièce du commencement du XVI° siècle, en vers de huit syllabes. Elle a été réimpr. en 1830, et dans le Recueil de M. de Montaiglon. — Voy. POÉSIES.

SERMON pour la consolation des cocus, suivi de plusieurs autres, comme celui du curé de Colignac; celui de R.-P. Zorobabel, capucin. *Amboise, J. Coucou, à la Corne de Cerf*, 1751. — Sermon d'un cordelier à des voleurs, qui lui demandoient de l'argent ou la vie, 1752. — Le Cocu consolateur (par Caron), l'an du cocuage 5810, in-12. [18102]

Réimpression faite à *Paris*, vers 1820, de plusieurs pièces devenues assez rares. 9 fr. 20 c. Chateaugiron; 9 fr. 50 c. Barbier; Pap. vél. 10 fr. Duriez; Pap. vél. couleur terre d'Égypte, 14 fr. 50 c. le même; Pap. vél. jaune, et rel. en *mar.*, 46 fr. Nodier. — Le *Sermon pour la consolation des cocus* est une pièce qui date de l'an 1624 environ : du moins se trouve-t-elle placée dans le catalogue Barré, n° 7006, entre deux opuscules imprim. en 1623 et 1624. Il existe aussi un livret intitulé :

SERMONS en faveur des cocus, et des enfans de Bacchus, avec la doctrine amoureuse, ou le catéchisme d'amour. *Cologne*, 1697, in-12. 4 à 6 fr.

Pour d'autres facéties du même genre, voyez ALMANACH des cocus. — HISTOIRE des cocus. — ORDRE de chevallerie des cocus.—PRIVILÈGES du cocuage. — RECUEIL de plusieurs Sermons.

SERMON (le) Saint Billouart nouuellement imprimé *à Rouen* (vers 1580), pet. in-8.

Opuscule rare dont un exemplaire faisait partie d'un vol. rel. en *mar. v.* qui a été vendu 376 fr. Venant et qui contenait, indépendamment de la pièce cidessus, trois autres, également impr. à Rouen, et sans date, savoir : 1° *Sermon dun fiance, Rouen, Nic. Lescuyer*, sans date ; 2° *Sermon joyeux pour avertir la nouvelle mariée* ; 3° *Sermon fort joyeux de saint Raisin.*

SERMONS des commandemens de Dieu. (*sans lieu ni date*), pet. in-8. goth., avec un bois au vers du dernier f. [1434]

Un exemplaire de ces Sermons prêchés sous Louis XII (rel. en *mar. r.* par Trautz), est porté à 92 fr. dans le catal. Solar, 192, où il est dit que l'édition a probablement été imprimée à Rouen, vers 1518, et qu'elle a des signat. de A1 à C8 en capit., ce qui semblerait indiquer un second alphabet qui ferait suite à un premier.

SERMONES discipuli (Joannis Herolt). (in fine) : *Nos fratres, presbiteri et clerici viridis horti in Rostoch... virum hunc preclarum apud paucos in conclavis latitantem foras eduximus arte impressoria... Anno* MCCCC LXXVI : *tertio Kalendas Nouembris*, in-fol. [1418]

Édition fort rare, et la plus ancienne avec date que l'on connaisse de ces sermons, qui ont été réimprimés plus de cinquante fois dans le XV° siècle, et presque autant de fois dans les premières années du XVI° siècle. Comme ils ont été souvent cités par Warton dans son histoire de la poésie anglaise, et par Douce, dans ses illustrations de Shakspeare, on les recherche assez en Angleterre.

Parmi les premières éditions qui ne portent pas de date, il y en a une in-fol. de 434 ff. à 2 col. de 54 et 56 lign. en caract. goth. sans chiffres, récl. ni signatures, qu'on croit être sortie des presses de Strasbourg, après 1470. La dernière que cite Panzer est celle de Lyon, J. Huguetan, 1520, in-4. Ce bibliographe n'a pas connu celle de Londres, *in œdib. J. Notharii*, 1510, 2 vol. in-4., portée dans la *Biblioth. grenvil.*, p. 656.

SERMONI funebri di varj autori (d'Ortensio Lando) nella morte di diversi animali. *Venegia, Giolito*, 1548, in-8. [17962]

Vend. 15 fr. Floncel.

L'édition de *Gênes*, 1559, in-8. de 36 ff. chiffrés: vend. 7 sh. Pinelli, 14 fr. 50 c. *mar. r.* Libri.

Cet opuscule singulier a été réimpr. sous le titre de *Dilettevoli orationi nella morte di diversi animali*, à la suite de deux autres ouvrages intitulés : I. *Consigli degli animali, cioè ragionamenti civili, di Agnolo Firenzuola fiorentino*. II. *Discorso di F. Jeronimo Capugnano domenichino, ove prova che gli animali ragionano insieme*, Venetia, appresso Barezzo Barezzi, 1604, pet. in-12, et aussi à Venise par le même Barezzo, en 1622, in-8. Les *Sermoni funebri* ont été traduits en français sous ce titre :

HARANGUES lamentables sur la mort de divers animaux, extraictes du tuscan, rendues et amplitées en nostre vulgaire (par Cl. Pontoux)... avec une rhétorique gaillarde. Livre fort plaisant et facétieux. *Lyon, Ben. Rigaud*, 1569, in-16 de 160 pp. fig. en bois, contenant seulement la traduction de huit harangues sur les onze que renferme l'original, et qui sont toutes dans une autre traduction intitulée :

REGRETS facetieux, et plaisantes harangues funebres sur la mort de divers animaux, pour passer le temps et resveiller les esprits melancholiques, non moins remplies d'éloquence que d'utilité et gaillardise ; traduictes de Toscan en francoys, par Thierri de Timofille (ou plutôt François d'Amboise), *Paris, Nic. Chesneau, et Jean Poupy*, 1576, in-16 de 6 ff. prélim. et 98 ff. chiffrés. Jolie édition vendue 10 fr. 95 c. La Mesangère. — Réimpr. à *Paris, Nic. Bonfons*, 1583, in-16, même nombre de feuillets et sous ce titre :

HARANGUES facetieuses remplies de doctrines et sentences sur la mort... trad. d'italien en françois par P. R. L. *Lyon, Pierre Roussin*, 1618, pet. in-12, fig. sur bois, 25 fr. 50 c. Coste.

— Voy. HARANGUES burlesques, PLAISANT et facétieux discours, et au mot THOMASSIN.

SEROUX D'AGINCOURT. Histoire de l'art par les monumens, depuis sa décadence au IVe siècle jusqu'à son renouvellement au XVIe, pour servir de suite à l'Histoire de l'art chez les anciens. *Paris, Treuttel et Würtz* (aujourd'hui chez Rapilly), 1823, 6 vol. gr. in-fol., avec 325 pl. 300 fr. et plus en pap. vél. [9184]

Ouvrage d'un grand mérite, malgré la petite dimension des fig. et l'inexactitude de plusieurs dessins. La publication en a été commencée en 1811, mais la 24e et dernière livrais., renfermant les pièces limin. et les tables, n'a paru qu'en mai 1823 (vend. 189 fr. Busche; 390 fr. demi-mar. Borluut; 450 fr. Pap. vél., Labédoyère). — M. Étienne Ticozi a publié à Prato, chez les frères Giachetti, de 1826 à 1830, une traduction italienne de cette importante production, sous le titre de *Storia dell' arte dimostrata co' monumenti, ecc.*, avec des notes, 6 vol. in-8. pour le texte, et 3 vol. in-fol. en 30 livraisons pour les planches, 250 fr. Il a paru en même temps, à Milan et à Mantoue (1825 et ann. suiv.), une autre édition du même livre, sous ce titre : *Storia dell' arte col mezzo dei monumenti, dalla sua decadenza nel IV secolo fino al suo risorgimento nel secolo XVI*, 7 vol. in-fol. fig. 160 fr. Cette dernière est inférieure à celle de Prato, et elle n'a d'autre texte que celui de l'explication des planches. Il en est de même dans les éditions anglaises et allemandes pour lesquelles on a fait usage des planches de celle de Milan.

— Recueil de fragmens de sculpture antique en terre cuite. *Paris, Pillet*, 1814, gr. in-4., avec 39 pl. 12 fr., et plus cher en pap. vél. [29566]

SERRADIFALCO (*Domenico Lo Faso Pietrasanta* duca di). Le antichità della Sicilia esposte ed illustrate. *Palermo*, 1835-42. 5 vol. in-fol., avec des pl. lithogr. [25815]

Bel ouvrage, dont les 5 vol. se payent environ 200 fr. Le premier contient les antiquités de Ségeste; le second celles de Sélinonte; le troisième celles d'Agrigente; le 4e celles de Syracuse, et le 5e celles de Catane, de Tauromenio, de Tindari et de Solunto.

— Del duomo di Monreale e di altre chiese siculo-normane ragionamenti tre. *Palermo*, 1838, in-fol., avec 28 pl. 60 fr. [9909]

— Vues pittoresques des anciens monuments de la Sicile, d'après les dessins du duc de Serradifalco (texte italien et français). *Naples*, 1843, gr. in-fol. obl., 24 pl. lithogr. [25815]

En mar. bl. 101 fr. Louis-Philippe; en demi-rel. 36 fr. 50 c. Raoul Rochette.

SERRARIUS (*Nic.*). Rerum moguntiacarum libri V, cum supplemento et indicibus Georg.-Christ. Joannis. *Francofurti-*

ad-Mœnum, 1722-27, 3 vol. in-fol. 30 à 40 fr. [26575]
— Syntagma, 2212.

SERRE (Puget de La). Voy. LA SERRE.

SERRES (*Jean* de). Voy. COMMENTARIORUM partes V. — RECUEIL de choses.
— Inventaire général, 23242.

SERRES, Sr du Pradel (*Olivier* de). Le Théâtre d'agriculture et mesnage des champs; nouvelle édition, augmentée de notes et d'un vocabulaire; publiée par la Société d'agriculture du département de la Seine. *Paris, Mme Huzard*, 1804-5, 2 vol. in-4. fig. [6305]

Très-bonne édition de cet ouvrage estimé : 20 à 24 fr. Il y a des exemplaires en Gr. Pap. vél., qui se divisent en 4 volumes. En mar. r. 79 fr. Huzard. Il résulte de la notice bibliographique de J.-B. Huzard, placée au commencement du tome II de cette édition, qu'il y a eu 20 éditions du *Théâtre d'agriculture*, dont la 1re de *Paris, Jamet Mettayer*, 1600, in-fol., ne contient ni *La cueillette de la soye*, ni *La seconde richesse du meurier blanc*, qui sont dans les autres. On l'a donnée pour 13 fr. à la vente Huzard, mais elle a été payée 88 fr. à celle de de Jussieu, ce qui prouve qu'elle est toujours recherchée. Cependant nous ne nous étendrons pas au sujet des anciennes éditions que la nouvelle a fort avantageusement remplacées.
On ne fait aucun cas de l'édit. remise en français par A.-M. Gisors, *Paris*, 1802, 4 vol. in-8., parce qu'elle a été faite sur la première qui n'est pas complète, et parce qu'on en a retranché la table, les figures du 6e livre, etc.
— La CUEILLETTE de la soye, par la nourriture des vers qui la font; échantillon du Théâtre d'agriculture d'Olivier de Serres. *Paris, J. Mettayer*, 1599, in-8. de 118 pp., non compris les 6 ff. prélim. et le f. de la souscription.
— La SECONDE richesse du meurier blanc, etc.; échantillon de la 2e édition du Théâtre d'agriculture d'Olivier de Serres. *Paris, Abr. Saugrain*, 1603, in-8. de 28 pp. en tout. 3 fr. 50 c. Huzard.
Ces deux opuscules sont assez difficiles à trouver séparément; mais comme ils ont été réimpr. dans les différentes éditions du Théâtre d'agriculture, postérieures à 1600 (celle de 1802 en 4 vol. exceptée), ils n'ont pas une grande valeur : 3 à 4 fr. chacun. Le second a été réimpr. à la suite des *Opuscules de P. Richer de Belleval*, par les soins de Broussonet, *Paris*, 1785, in-8., tiré à petit nombre.
— PERFECT use of Silk-Wormes and their benefit done out of the french original of Olivier de Serres lord of Pradel into englished by Nic. Greffe, with an annexed Discourse of his owne of the meanes and sufficiencie of England to have abundance of fine silke by feeding of Silke-Wormes. *London, F. Kyngstone*, 1607, pet. in-4. fig. sur bois, sign. A—Q. 16 sh. Heber. 1 liv. 2 sh. Libri, en 1859.
Le même traité a été trad. en allemand par Jacob Rathgeben, *Tubingen, Erh. Cellio*, 1603, in-4.

SERRES (*Ant.-Et.-Renaud-Augustin*). Anatomie comparée transcendante; principes d'embryogénie, de zoogénie et

de tératogénie, par M. Serres. *Paris,*
imprim. de F. Didot, 1860, in-4. de
XV ét 943 pp. [6671]

Tirage particulier du tome XXV des *Mémoires de*
l'Académie des sciences. 25 fr.
— Recherches d'anatomie, 6744. — Anatomie du
cerveau, 6800. — De la Réunion immédiate, 7513. —
L'Art de restaurer les difformités de la face, 7513.

SERRURE (*L.*). La Tour de l'église de
Notre-Dame, ou ancienne cathédrale
d'Anvers, mesurée et dessinée par L. Serrure, dessin réduit par Eskes, son élève,
avec une notice historique. *Anvers,*
1840, gr. in-fol. 7 pl. 50 fr. [9954]

SERRURE (*C.-A.*). Histoire de la souveraineté de 'SHeerenberg. *La Haye,*
Martinus Nijport, 1860. — Seconde
partie, contenant la généalogie de la
maison de Breda, des comtes souverains
de 'S Heerenberg. *Gand,* 1859, 2 tom.
en 1 vol. in-4. [25208]

M. Guigard (*Bibliothèque héraldique*) trouve ce travail intéressant sous le triple rapport de l'histoire,
de la géographie et de la numismatique. Chaque
partie a une pagination spéciale, et le volume est
accompagné de pièces justificatives, et de planches
de sceaux, dessinées et gravées par G. Lavalette.

SERTORIUS Ursatus. Voy. URSATUS.

SERVACII legenda. Voy. LEGENDA.

SERVENTOIS et sottes chansons, couronnés à Valenciennes, tirés des manuscrits de la Bibliothèque du roi (publiés
avec la traduction des mots hors d'usage,
par M. Gabr.-Ant.-Jos. Hécart); troisième
édition, revue, corrigée avec soin sur le
manuscrit, et augmentée d'un dialogue
en dialecte rouchi du XVIᵉ siècle. *Va-*
lenciennes, imprimerie de Prignet,
1834, in-8. pap. vél. 8 fr. [13593]

La première édit. de ces Serventois (*Valenciennes,*
1827), pet. in-4. de xxiij et 27 pp., n'a été tirée
qu'à 46 exempl.; mais on a tiré 102 exemplaires
d'une seconde édition (*Valenciennes, Prignet,*
1833), in-8., où se trouve une longue énumération
des divers ouvrages de M. Hécart, presque tous
tirés à très-petit nombre. Le plus remarquable est
un *Dictionnaire rouchi-français*, 1826, in-18, tiré
à 300 exemplaires, et dont une nouvelle édition en
1 vol. in-8. de plus de 500 pp. a paru à Valenciennes, en 1833, au prix de 8 fr.

SERVET (*Mich.*) alias REVES. De trinitatis erroribus libri septem. *Anno* M. D.
xxxj. = Dialogorum de trinitate libri

duo; de justicia regni Christi capitula
quatuor. *Anno* M. D. *xxxij*, 2 tom. en
1 vol. pet. in-8., lettres italiques. [2039]

Deux ouvrages très-rares, qui doivent être réunis.
Le 1ᵉʳ contient 120 ff., sur le dernier desquels est
l'errata; le 2ᵉ ne consiste qu'en 48 ff.; mais il est
encore plus rare que le premier : vend. beaux
exempl. en *mar.* 605 fr. Gaignat; 700 fr. La Vallière; 180 flor. Crevenna; 10 liv. 15 sh. Pâris;
215 fr. Mac-Carthy; et revendu 6 liv. 10 sh. Hibbert; autre exemplaire, 10 flor. 50 c. Meerman;
2 liv. 3 sh. Heber; 40 fr. Librairie De Bure.
La 1ʳᵉ part. 68 fr. Renouard; 45 fr. *mar. r.* 2ᵉ vente
Quatremère; 150 fr. Solar.
Ces deux volumes ont été réimprimés, l'un et
l'autre en Allemagne, vers le milieu du XVIIIᵉ siècle,
sous la même date et dans le même format que
l'édition originale; mais cette réimpression, qui
vaut moins de 12 fr., se reconnaît facilement à la
remarque suivante : sur le frontispice de l'édition
originale, le mot *trinitatis* est coupé d'une ligne
à l'autre par deux divisions placées ainsi : *Trini-,*
au lieu que dans la réimpression la double division
est de cette manière : *Trini-.* La même différence
se remarque aussi sur le frontispice du second
ouvrage, ou le mot *Dialogorum* est encore partagé. Cette remarque, au sujet du mot *trinitatis,*
est empruntée de la *Bibliogr.* de De Bure; mais si
elle est exacte, il faut qu'il y ait deux contrefaçons
différentes de ce volume, car nous en avons vu une
à la vente de Mac-Carthy, où le mot *Trinitatis* est
coupé par une seule division de cette manière :
Trini-.
La traduction hollandaise par R. T. (Regnier Telle),
impr. en 1620, in-4., est plus rare que recherchée :
vend. 20 fr. *mar. r.* Gaignat; 18 fr. Daguesseau.

— Christianismi restitutio. Totius ecclesiæ
apostolicæ est ad sua limina vocatio, in
integrum restituta cognitione Dei, fidei
Christi, etc. (per Mich. Servet). M.D.LIII,
in-8. de 734 pp. et 1 f. d'errata. [2040]

Cet ouvrage célèbre a été imprimé à Vienne, en Dauphiné, chez Balthazar Arnollet, et aux frais de
l'auteur. Il en fut tiré 800 exemplaires, lesquels,
à trois ou quatre près, ont tous été livrés aux
flammes, soit au moment de l'exécution en effigie
de l'auteur, à Vienne, soit plus tard. C'est donc un
livre d'une excessive rareté, et d'un prix fort considérable. Vendu, quoique endommagé en plusieurs
endroits par la pourriture, 3800 fr. Gaignat; 4120 fr.
La Vallière.
Il en existe une réimpression sous la même date
(*Nuremberg,* chez Rau, 1791), dans le même format, et faite page pour page, que l'édition originale :
vend. 18 fr. Mercier de Saint-Léger; il s'en est
trouvé trois exempl. à la vente du chevalier Bearzi,
où ils ont été payés 45 fr., 25 fr. et 22 fr.; un autre
30 fr. Perret, en 1860.
Le docteur Mead avait fait commencer l'impression
d'un exemplaire (*un seul exemplaire*) de ce livre
dans un format in-4.; mais cette réimpression n'a
été conduite que jusqu'à la p. 252; elle est restée
sans frontispice, et ce qui y manque a été achevé
à la main. Le tout forme 2 vol. in-4., qui furent
vendus 425 fr. Pâris de Meyzieu, et 1700 fr. La Vallière.

— Michaelis Villanovani [Serveti] Syrupo-
rum universa ratio, ad Galeni censuram
diligenter expolita. *Paris., ex offic.* Sim.
Colinæi, 1537, in-8. [7670]

Ce volume, peu commun, a été vendu autrefois de
20 à 40 fr. chez Gaignat, La Vallière, etc.; mais il
vaut beaucoup moins aujourd'hui : 11 fr. 50 c.
mar. r. Mac-Carthy. — L'ouvrage est une réponse
aux *Castigationes* de Symph. Champier (voir à la

col. 1777 de notre 1ᵉʳ vol.). Il y en a une édition de *Venise*, 1545, et une autre de *Lyon*, 1546, in-8.

SERVIAN minstrelsy. Translations from the servian minstrelsy, to which are added some specimens of anglo-norman romances. *London*, 1826, in-4. [15911]

Quoique cet ouvrage n'ait pas été mis dans le commerce, il en a paru une critique dans le *Quarterly Review*, XXXV, pp. 66-86.
Il existe, sous le titre de *Serbische Volkslieder*, un recueil de chansons populaires des Serviens, publ. par Wuk Stephanowitch, *Berlin*, 1824-33, 4 vol. in-8.

SERVIN (*Louis*). Plaidoyé de monsieur Servin, advocat général du roy, faict au parlement séant à Tours, sur la condamnation poursuivie de la mémoire d'un homicide de soy-mesme, prétendu furieux à cause du noûment d'esguillette, lequel avoit tué sa femme en la baisant, en l'an 1592, pet. in-8. de 12 pp. [2738]

Nous citons cette pièce à cause de sa singularité : elle a été vendue 12 fr. Fr. Michel, plus cher, nous le croyons, que le serait la dernière édition des *Actions notables et plaidoyers* de L. Servin, impr. à Paris, en 1640, in-fol.

SERVIUS. Servii Honorati libellus de ultimis syllabis et centimetrum. (*absque nota*), in-8. de 17 ff. à 20 lign. par page. [12451]

Édition sans chiffres, récl. ni signat., mais impr. avec les mêmes caract. ronds qui ont servi pour un Horace sans date, et pour *Basilius de officiis vitæ solitariæ*, daté de 1471 (voyez BASILIUS), Le premier f. commence ainsi :

SERVIUS MAVRVS HONORA
TVS AQV ILINO SALVTEM

A la suite de cet opuscule, dans l'exempl. décrit par Van Praet, à la p. 406 de son catalogue in-fol., se trouvait *Donatus de barbarismo*, opuscule de 12 ff., impr. avec les mêmes caractères et de la même justification.

— Servii Honorati libellus de ultimis syllabis, et centimetrum, ex recens. Laurentii Abstemii. — *Robertus de Fano et Bernardinus de Bergomo. plura opera cum hoc impressere. Calii. Anno salutis.* M. CCCC. LXXVI. XV *octobris*, in-4.

Édition très-rare, vend. 2 liv. 15 sh. Pinelli, avec l'ouvrage intitulé :
JO.-ANT. CAMPANI funebris oratio pro Baptista Sphortia Urbini comitissa; *Calii*, *Kal. Martii*, 1476, in-4. (premier livre imprimé à Cagli, dans le duché d'Urbin).
Le traité de Servius commence par l'épître dédicatoire de *Laurent Abstemius* au prince Octavien, et il finit par une souscription de 6 vers, dont voici les premiers mots : *Servius hæc fecit, etc.* La dernière page contient le registre.
Les deux opuscules de Servius avaient déjà été impr. avec *Beda de schemate ac tropo*, à Milan, chez Zarot, en 1473 (voyez BEDA).
Le *Centimetrum* a été réimpr. à *La Haye*, 1788, in-8 de 26 pp., par les soins de van Santen.

Serviez. Les Impératrices romaines, 22961.
Servin. Histoire de Rouen, 24335.

— Mauri Servii Honorati commentarii in bucolica, georgica et æneidem Virgilii, ex recensione Guarini veronensis, edente Baptista Guarini filio. (*Venetiis*), *per Christ. Valdarfer*, 1471, in-fol. en caractères ronds, 40 lign. par page.[12493]

On connaît deux éditions de ce commentaire, imprimées en 1471, par le même Valdarfer. La plus rare des deux est terminée par une souscription de 10 vers, dont voici le premier :

Si quis in Italia bene pressa volumina querit.

Vend. 9 liv. 9 sh. Pinelli.
Dans l'autre, on lit, au verso du dern. f., huit vers commençant ainsi :

In commune bonum mandasti plurima formis.

Cette dernière consiste en 347 ff. (dans l'exempl. que nous avons vu, ou en 345, d'après la *Bibl. spencer.*, ou 344, selon Van Praet), et commence, sans intitulé, par la vie de Virgile, de Donat, qui occupe 7 ff., et dont la première ligne, en capitales, est ainsi conçue :

irgilivs. maro. parenti.

Dans l'une et l'autre édition, les vers servant de souscription sont accompagnés de la date M CCCC LXXI. La seconde a été vend. 51 fr. *mar. bl.* La Valliere, en 1767; 7 liv. 2 sh. Askew; 72 fr. *mar. r.* David, en 1803.

— Mavri Servii Honorati grammatici in tria Virgilii opera expositio incipit. et primo in bvcolica. (*Romæ, per Udalricum Gallum*), in-fol. de 321 ff., à 41 lign. par page, sans chiffres, récl. ni signatures.

Cette édition du commentaire de Servius est belle et rare. Elle commence par l'intitulé ci-dessus, formant 3 lignes, en capitales; et elle finit au recto du 320ᵉ f. (ou 319ᵉ, selon Van Praet), par la souscription de six vers :

Anser Tarpeii custos Iovis, etc.

laquelle est suivie d'un f. contenant un registre des cahiers, sous ce titre : *Tabula Servii super operibus Virgilii*. Ce dernier f. manque dans une partie des exemplaires qui nous restent de ce livre précieux. Vend. 81 fr. *m. r.* La Valliere, en 1767; 65 fr. Gaignat.

D'après ce que nous avons dit à la col. 37 de notre 2ᵉ vol., article *Ciceronis orationes philippicæ*, cette édition pourrait être de l'année 1469 ou 1470; cependant, comme il y est fait un fréquent usage du caract. grec qu'Ulric Gallus n'employait pas encore en 1470, elle doit avoir paru un peu plus tard.

— Mauri Seruii Honorati grãmatici ɔmĕtarius in bucolica (Georgica et Æneidem) Virgilii incipit. Gr. in-fol.

Ancienne édition, imprimée de 1470 à 1472, sans chiffr., récl. ni signat., à 2 col., dont celles qui sont entières ont 56 lignes; les caract. sont ceux que l'on attribue à Mentelin, et que l'on distingue par la lettre R capitale, d'une forme singulière. Le volume commence par l'intitulé ci-dessus, en deux lignes, suivies du prologue; le commentaire sur l'Énéide finit au recto du 159ᵉ f. (1ʳᵉ col., lign. 19) par le mot *Amen*; il y a ensuite un index de 22 ff., finissant aussi par le même mot *Amen* : 80 fr. *m. r.* La Valliere; 250 flor. Meerman; 35 fr. Giraud; 32 fr. Solar.

— Iidem commentarii. (in fine) : *Absolvtvm opvs nonis octobrivs* M. CCCC. LXXII. *Florentix* (*per Bernardum*

Cenninum), in-fol. de 237 ff. à 43 lig. par page, ettres rondes.

Édition précieuse par sa rareté, et parce que c'est un des premiers livres imprimés à Florence. Le volume commence sans intitulé, de cette manière :

(B)VCOLICA VT FERVNT DICTA SVNT A CV STODIA BOVM ID EST...

Le nombre des ff. est, pour les Bucoliques, de 20 ; pour les Géorgiques, de 35; pour l'Enéide, de 180 (non de 130 comme on l'a plusieurs fois répété d'après Audiffredi); enfin de 2 ff. pour le traité *De natura syllabarum*, lequel est accompagné de la souscription *ad lectorem. Bernardus Cennius aurifex....* que termine la date rapportée ci-dessus. Deux autres dates, l'une : *vii Idvs novembres.* M. CCCC LXXI ; l'autre : *v Idvs Ianvarias.* M. CCCC LXXI, se lisent à la fin des Bucoliques et à la fin des Géorgiques.

— Iidem commentarii. — *Anno... millesimo quadrigentesimo septuagesimo quinto Kalendis decēbribus... Mediolani... hoc opus non indiligenter est impressum*, in-fol. de 318 ff. à 41 lign. par page, caract. ronds.

Cette édition commence par la vie de Virgile, qui occupe 6 ff. , les Bucoliques commencent au 7ᵉ f. ; les Géorgiques au recto du 31ᵉ, et l'Enéide occupe depuis le f. 90 recto jusqu'au verso du dern. f., où se lit la souscript. : *Anno a natali christiano.....* ci-dessus. Vend. 230 fr. La Valliere; 5 liv. 15 sh. Pinelli ; 30 flor. Meerman.

Il est à remarquer que ce volume a des réclames au verso de quelques feuillets, lesquelles sont placées tantôt du côté droit, à la fin de la dernière ligne, tantôt au milieu de la page, au-dessous de la dernière ligne. Les caract. ne sont point ceux de Zarot, et l'on ignore le nom de l'imprimeur auquel ils ont appartenu.

Ces cinq éditions du commentaire de Servius ne contiennent pas le texte entier de Virgile. Pour les éditions où le texte se trouve, voy. VIRGILIUS.

— COMMENTARIUS in Virgilium ; ad fidem codd. Guelferbyt. aliorumque recensuit, var. lectt. indd. copiosiss. instruxit H.-A. Lion, accedunt Virgilii interpr. a Majo primum editi, Philargirius et Probus. *Gœttingœ, Vandenhoeck*, 1825-26, 2 vol. in-8. 16 fr. Giraud.

SESTINI (abate *Dom.*). Lettere scritte dalla Sicilia e dalla Turchia a diversi sui amici in Toscana. *Firenze e Livorno,* 1779-84, 7 vol. in-12. [20227]

Édition tirée à 250 exemplaires, dont une partie a péri en mer. Vend. 29 fr. Villoison, et quelquefois moins.

Ces lettres ont été traduites en français, avec quelques additions, par Pingeron, *Paris*, 1789, 3 vol. in-8. fig.

— LETTERE odeporiche, osia viaggio per la penisola Cizico, per Brussa e Nicea, fatto l' anno 1779. *Livorno,* 1785, 2 vol. gr. in-8. [20502]

— VIAGGIO da Constantinopoli a Bukoresti, fatto l' anno 1779, con l' aggiunta di diverse lettere relative a varie produzioni, ed osservazioni asiatiche. *Roma*, 1794, in-8. [20430]

— VIAGGIO da Constantinopoli a Bassora. *Yverdon* (*Livorno*), 1786, in-8. [20504]

— VIAGGIO di ritorno da Bassora a Constantinopoli. *Livorno,* 1788, in-8. [20505]

Ces quatre ouvrages de Sestini ne se trouvent pas facilement en France, et ils sont assez estimés.

Sestier (*F.*). De l'Angine laryngée, 7333.

Le *Voyage de Constantinople à Bassora*, et celui de *Bassora à Constantinople*, ont été traduits en français (par le C. de Fleury), *Paris*, 1798, in-8. ; ou sous le titre de *Nouveau voyage, etc.*, Paris, 1800. — On a aussi une traduct. française du *Voyage dans la Grèce asiatique, à Brusse et Nicée*, Paris, 1789, in-8.

— VIAGGIO curioso-scientifico-antiquario per la Valachia, Transilvania ed Ungheria fino a Vienna. *Firenze*, 1815, in-8.

— Lettere e dissertazioni numismatiche , sopra alcune medaglie rare della collezione ainslieana, ecc. *Livorno*, 1789-90, 4 vol. in-4., et *Roma*, 1794, 1 vol. in-4. fig.

Ce dernier volume a été réimpr. avec des augmentations, *Firenze, Piatti*, 1821, in-4.

Il faut joindre à ces 5 vol. les quatre articles suivants du même auteur, imprimés à Berlin, savoir :

LETTERE e dissertazioni numismatiche, ossia descrizione di alcune medaglie rare del museo knobelsdorfiano, 1804, tom. VI.

DESCRIZIONI di alcune medaglie del museo nazionale di Francia, 1805, tom. VII.

DESCRIZIONE di alcune medaglie rare del museo reg. di Berlino, ecc., 1805, tom. VIII.

DESCRIZIONE di alcune medaglie del museo ducale di Gotha, 1806, tom. IX.

On trouve difficilement les 9 parties réunies : 29 fr. Boutourlin ; 32 fr. Mionnet; 40 fr. Raoul Rochette, et quelquefois plus cher.

— Lettere e dissertazioni numismatiche le quali servir possono di continuazione a i nove tomi già editi. *Milano*, 1813, *Pisa*, 1817, *Milano*, 1817, *Firenze*, 1818-20, 9 part. in-4. 54 fr. [29705]

Vend. 31 fr. Mionnet; même prix Raoul Rochette. — Il y a une 2ᵉ édition du tome V, sous la date de 1821.

— Descriptio numorum veterum ex museis Aiuslie, Bellini, Bondacca, etc., cum animadvers. in opus eckhelianum cui titulus Doctrina numorum veterum. *Lipsiæ*, 1796, in-4. fig. [29706]

Vend. 17 fr. Millin ; 10 fr. Raoul Rochette.

— Descrizione delle medaglie antiche del museo hedervariano. *Firenze, Piatti*, 1818-30, 3 part. en 5 vol. in-4. fig. [29732]

Vend. 50 fr. Boutourlin; 45 fr. Mionnet; 29 fr. Raoul Rochette.

On trouve séparément : *Descrizione delle medaglie ispane appartenenti alla Lusitania, alla Betica ed alla Tarragonese,* Firenze, 1818, in-4.

— Descrizione delle medaglie antiche del museo di Carlo d' Ottavio Fontana. *Firenze, Piatti*, 1822-27, 4 vol. in-4. fig. 27 fr. [29733]

Il y a des exempl. de ces deux ouvrages en Gr. Pap.

— Descrizione di alcune medaglie rare (greche) del museo del barone Stanislao di Chaudoir. *Firenze, Piatti*, 1831, in-4. fig. de viij et 126 pp. 8 fr. [29734]

En pap. vél. vend. 20 fr. 50 c. Boutourlin.

CORRECTIONS et additions à l'ouvrage du chevalier Sestini, intitulé : Descrizione d' alcune medaglie greche del museo del S. barone de Chaudoir, imprimé à Florence, en 1831. *Paris, Bellizard*, 1836, in-4., avec un supplém. 10 fr.

— Descriptio selectiorum numismatum in ære maximi moduli e museo olim abbatis de Camps, posteaque mareschalii d'Estrées, etc., tabulas æneas CCXXVI continens, vel CCCCLXIII numismata maxima tam græca quam romana typis æneis impressa. *Berolini, Quien*, 1808, in-4. [29713]
— Voy. VAILLANT.

— Classes generales, seu moneta vetus urbium, populorum et regum, ordine geographico et chronologico descripta ; editio secunda emendatior et completior. *Florentiæ, Piatti*, 1821, in-4. fig. 10 fr. [29686]

La prem. édition a été impr. à Leipzig, 1797, 2 tom. en 1 vol. in-4. ; elle ne coûtait que 7 fr.

Autes ouvrages de l'abbé Sestini, mort en 1832.

DESCRIZIONE delle medaglie greche e romane del fù Benkowitz. *Berolini, Amelang*, 1809, in-4. avec une planche. 6 fr. [29749]
ILLUSTRAZIONE di un antica medaglia di piombo appartenente a Velletri. *Roma*, 1796, in-4.
DESCRIZIONE degli stateri antichi, illustrati con le medaglie. *Firenze*, 1818, in-4. fig. 9 fr. [29868 ou 29652]
DISSERTAZIONI sopra le medaglie antiche relative alla confederazione degli Achei. *Milano, Stella*, 1817, in-4. fig. 5 fr. [29796]
DESCRIZIONE d' alcune medaglie greche del museo particolare di S. A. R. Crist. Federicho princ. eredit. di Danimarca. *Firenze, Piatti*, 1821, in-4. fig. 3 fr.
ILLUSTRAZIONE di un vaso antico di vetro trovato in Piombino. *Firenze, Piatti*, 1812 (ou 1821), in-4. fig. 9 fr.
SOPRA i moderni falsificatori di medaglie greche antiche nei tre metalli, e descrizione di tutte quelle prodotti dai medesimi nello spazio di pochi anni. *Firenze, Tofani*, 1826, in-4., avec 4 pl. 4 fr. [29690]
DESCRIZIONE di molte medaglie antiche greche esistenti in più musei, comprese in 41 tavole incise in rame, e distribuite secondo il sistema geografico numismatico, per Domenico Sestini. *Firenze, G. Piatti*, 1828, 2 vol. in-4. Vend. 11 fr. 50 c. Raoul Rochette, et en pap. vél. 55 fr. 50 c. Boutourlin. [29791]
Les ouvrages de numismatique de ce fécond antiquaire sont assez recherchés.
— CATALOGUS musei arigoniani. Voyez NUMISMATA.

SESTRENCEWICZ (*Stanisl.*). Voy. SIESTRENCEWICZ.

SETHOS. Voy. TERRASSON.

SETHUS antiochenus (*Simeo*). Volumen de alimentorum facultatibus juxta ordinem literar. digestum (gr.)..... emendatum, auctum, et latina versione donatum, cum difficilium locorum explicatione a Mart. Bogdano. *Lut.-Parisior., Bechet*, 1658, in-8. 3 à 4 fr. [7039]

Settala (*L.*). Viaggio di un dilettante, 20828.

SETTE libri de' Cathalogi. Voy. LANDO (*Ortensio*).

SETTE libri di satire, di Lod. Ariosto, ecc. Voy. ARIOSTO.

SETTIMONTANO Squilla. Voy. CAMPANELLA, dans nos additions.

SETTLE (*D.*). Voy. FROBISHER.

SEUR (*Jean* de). La Flandre illustrée par l'institution de la chambre du roi, à Lille, l'an 1385, par Philippe le Hardi, duc de Bourgogne... laquelle avoit sous sa jurisdiction les provinces de Flandres, de Hainau, d'Artois, de Namur, le Tournesis, le Cambresis et la seigneurie de Malines, et fut transférée à Bruges, l'an 1667 et de Bruges à Bruxelles, en 1680 ; Avec les ordonnances, règlemens et instructions de la dite chambre ; avec les noms des présidents, maîtres, auditeurs, greffiers et huissiers, etc., d'icelle... les érections des terres et personnes titrées, les lettres de chevalerie, décorations d'armoiries, supports et tenans ; de déclaration et confirmation de noblesse... enregistrées en la dite cour depuis l'an 1424 jusqu'en 1723. *Lille*, 1723, in-8., et autre édit. in-fol. [24937]

SEVELENBERG (*Andr.*), Lignicensis, Silesius. Bironius, tragœdia politica, ex opere historico, quod Petrus Matthæ (Matthieu) gallice edidit, ut plurimum expressa, cum notis. *Vratislaviæ, sumpt. Esaiæ Fellgibeli*, 1658, pet. in-8. de 70 ff. [16183]
En mar. bl. 30 fr. 50 c. de Soleinne.

SEVEN champions of christendome (the). Voy. JOHNSON (*Richard*).

SEVERIANI, sive Seberiani Gabalorum episcopi emesensis, Homiliæ nunc primum editæ, ex antiqua versione armena, in latinum sermonem translatæ per J.-B. Aucher. *Venetiis, typis cœnobii PP. Armenorum*, 1827, in-8. [1055]
Belle édition avec le texte arménien en regard de la traduction. 5 fr. Saint-Martin.

SEVERIANUS (*Jul.*). Voy. CELSUS (*Aur.-Corn.*).

SEVERITANUS. Magistri Policarpi Severitani Sibinicensis Dalmatæ predicatoris... Feretreidos libri tres. — Venetiis per Joan. Franciscum et Joan. Anton.

Seume (*J.-G.*). Werke, 15601 et 19293.
Sevelinges (*Ch.-Louis* de). Mémoires de Dubois, 23891.
Sevelinges (*J.-B.* de). Histoire de la ville de Charlieu, 24584.
Severin (le R. P.). Hist. de saint Hyacinthe, 22199.
Severinus (*Marc-Ant.*). Vipera, 5851. — De abscessum natura, 7278.

fratres de Rusconibus, 1532, die XXIIII Julii. — Ejusdem Solimaidos libri tres. *Venetiis, etc.*, 1532, *die v. Augusti*, 2 tom. eu 1 vol. pet. in-8. [12782]

Deux poëmes peu communs qui doivent être réunis dans un seul volume.

SÉVERNY Oural i bérégovoï khrébet Paï-Khoï. L'Oural septentrional et la chaîne riveraine de Paï-Khoï ; recherches faites en 1847, 1848 et 1850 par une expédition de la Société géographique de St-Pétersbourg. *St-Pétersb.*, 1853-1856, 2 vol. in-4. 7 roubles argent. [26006]

SEVERT (*Jac.*). Chronologia historica successionis hierarchicæ illustrissimorum archiantistitum lugdinensis archiepiscopatus, Galliarum primatus, necnon latior illustrissimæ ecclesiæ cathedralis et ecclesiarum diœceseos lugdunensis historia. *Lugduni, Sim. Rigaud,* 1628, in-fol. [21448]

Édition beaucoup plus complète que celle de *Lyon*, *Cl. Armand*, 1607 (aussi 1608), in-4.

SEVERUS. L'Etna de L.-Corn. Severus et les sentences de Publ. Syrus, trad. en franç., avec des remarques (le latin à côté, par Accarias de Sérionne). *Paris*, 1736, in-12. [12531]

— Voy. LUCILIUS, PEDO Albinovanus.

SEVERUS (*Sulpicius*). Sacræ historiæ, a mundi exordio ad sua usque tempora deductæ, lib. II, nunc primum in lucem editi, cum præfatione Mathiæ (Francowitz) Flacii Illyrici. *Basilex, Oporinus* (1556), pet. in-8. de 192 pp. [21349]

Cette première édition est rare, et est recherchée, à cause du traité qui concerne les anciennes liturgies latines, qui peut servir d'*appendice* au livre de Flaccus Illyricus, intitulé *Missa latina*. L'*Index rerum et verborum*, annoncé sur le titre, ne se trouve pas dans le volume : vend. beaux exemplaires en *mar.*, 66 fr. Gaignat ; 100 fr. La Vallière ; 36 fr. Detune ; 40 fr. d'Ourches ; 20 fr. Coulon, et moins cher depuis.

— SULPITII Severi sacra historia continuata ex Johannis Seldeni libro de Quatuor summis imperiis, cum optimis primisque editionibus accurate collata et recognita. *Lugduni Batavor.*, *ex officina Bonav. et Abr. Elzevir.*, 1626, pet. in-8.

— Opera. *Lugd.-Batav., ex officina elzeviriana,* 1635, pet. in-12.

De toutes les éditions de cet auteur qu'ont données les Elsevier, celle-ci est sans contredit la plus belle ; mais il en existe deux sortes d'exemplaires sous la même date ; les uns avec le titre d'*Historia sacra*, ne renferment que cet ouvrage, avec la continuation de Sleidan, terminée à la page 306, et ont ordinairement une épitre dédicatoire à Abrah. Heydan, laquelle est quelquefois remplacée par un avis au lecteur ; les autres avec le titre d'*Opera quæ extant*, renferment de plus quelques opuscules de l'auteur, et se composent de 352 pages, y compris les 10 dernières qui ne sont pas chiffrées. Ces derniers exemplaires sont les plus recherchés : 6 à 12 fr.

— Opera omnia quæ extant. *Lugd.-Ba-*

tav., ex officina elzeviriana, 1643, pet. in-12. 6 à 10 fr.

Cette édition, imprimée en petits caractères, est plus complète que la précédente ; on doit y trouver, après la page 212, la Vie de saint Martin, et autres opuscules (annoncés derrière le frontispice), qui vont jusqu'à la page 329, où commence la *Chronologia V. Giselini*, laquelle occupe 9 autres pages non chiffrées : vend. 25 fr. *mar. r.* Mac-Carthy ; 30 fr. *mar. bl.* Coulon ; 32 fr. *mar. bl.* Renouard.

Il y a aussi des exemplaires qui, au lieu du frontispice gravé, en ont un imprimé portant : *Historia sacra*, et qui ne vont que jusqu'à la page 212 : en place de l'épitre à Abrah. Heydan, datée de 1634, qui se trouve au commencement du volume dans les exemplaires complets, ceux-ci ont un avis au lecteur.

L'édition de 1656 n'est guère moins belle que celle de 1643, sur laquelle elle a été copiée ligne pour ligne : 3 à 6 fr. ; vend., bel exemplaire *m. bl. tab.*, 17 fr. Renouard.

— SULPICII SEVERI Opera omnia, cum lectissimis commentariis, accurante Georg. Hornio ; editio 3[a] auctior et emendatior. *Amstelod., Elzevir.*, 1665, in-8. 5 à 7 fr.

Troisième édition, avec les notes dites *Variorum*. Vend., bel exemplaire *mar. viol. doublé de mar. citr. l.*, 33 fr. Gouttard, et en *mar. r. doublé de mar.* 71 fr. Giraud. Les deux premières, *Lugd.-Batav.*, 1647 et 1654, in-8., sont à très-bas prix.

— QUÆ EXTANT opera omnia, in duos tomos distributa, quorum prior continet antehac edita cum notis J. Vorstii ; alter epistolas, ex recens. et cum notis J. Clerici (curante Ch. Schöttegen). *Lipsiæ*, 1709, in-8. 4 à 5 fr.

Édition estimée ; elle est plus complète que la précédente, puisqu'on y a joint les 7 lettres de *Severus* découvertes par Emeric Bigot et par Baluze.

— Opera, ad mss. codd. emendata, notisque observationibus et dissertationibus illustrata studio Hieron. de Prato. *Veronæ, typ. Seminarii*, 1741-54, 2 vol. gr. in-4. 30 à 36 fr.

Cette édition, peu commune, présente le meilleur texte que l'on ait encore donné de cet écrivain ; mais le 3e volume, qui aurait contenu les lettres et la suite des notes, n'a pas paru : 41 fr. *v. f.*, annoncé Gr. Pap. Gouttard ; 67 fr. de Courbonne ; 45 fr. Giraud.

— Sulpitius Severus de vita et obitu S. Martini episcopi Turonensis. Beati Nicolai myrensis vita, e græco in latinum translata per Leonardum Justinianum. (*absque nota*), in-4. de 72 ff. à 37 lign. par page, avec signat. [22223]

Édition de la fin du XVe siècle, imprimée en caractères romains, et probablement à Venise. Elle commence par *Epistola Severi Sulpitii ad Desiderium*. La Vie de saint Martin finit au recto du 52e f. ; celle de saint Nicolas commence au recto du 53e f. sign. H. par une épitre du traducteur, et se termine au verso du dernier feuillet par le mot FINIS.

— Vita Martini Turonensis archiepisc. cum tribus opusculis dyalogorum perscripta a Severo Sulpitio. (*absque nota*), in-4. goth.

Édition imprimée à la fin du XVe siècle, avec les caractères de Pierre Os, de Breda, à Zwoll. Panzer en cite une d'Utrecht, 1514, in-4. Celle de Paris, par Jean Marchand et J. Petit, 1511, pet. in-4., renferme différents opuscules relatifs au saint archevêque de Tours. Elle a été donnée par Jérôme Clichtove (voy. GREGORIUS turonensis). — Pour une ancienne traduction française de cette vie, voy. VIE et miracles de saint Martin.

— ŒUVRES de Sulpice Sévère, traduction nouvelle, par M. Hebert; Lettres attribuées à Sulpice Sévère, trad. par M. Riton; poëmes de Paulin de Périgueux et de Fortunat, sur la vie de S. Martin, trad. par E.-F. Corpet. *Paris, Panckoucke*, 1848-49, 2 vol. in-8. 14 fr.

SEVERUS. D. Severi Alexandrini quondam patriarchæ de ritibus baptismi et sacræ synaxis apud Suros christianos receptis liber ; nunc primum in lucem editus : Guidone Fabricio Boderiano excriptore et interprete. *Antuerpiæ, ex offic. Chr. Plantini,* 1572, in-4. de 132 pp.

Livre peu commun, contenant les textes syriaque et hébreu avec la version latine; on y trouve ordinairement joint l'ouvrage suivant, publié par Lefèvre de La Boderie :

SYRIACÆ linguæ prima elementa. *Antuerpiæ, Chr. Plantin,* 1572, in-4. de 23 pp.

SEVERUS Sanctus. Severi Sancti, id est Endeleichi rhetoris de mortibus boum, carmen; ab Elia Vineto et P. Pithœo, servatum, cum notis Joh. Weitzii et Wolfg. Seberi. *Lugd.-Batav., Vander Aa,* 1715, in-8. de 18 et 40 pp. 3 à 4 fr. [12561]

Il existe des exemplaires de cette édition au bas du frontispice desquels est collé une bande de papier portant : *apud Samuelem Luchtmans,* 1745, ce qui a fait indiquer mal à propos une édition sous cette date.

— CARMEN bucolicum de mortibus boum, ex bibliothecæ patrum tomo octavo recusum. Novam præfationem de autore, editionibus et argumento hujus carminis præmisit D. Richter. *Hamburgi et Lipsiæ, Willich* (1747), in-4.

Édition rare, même en Allemagne. Elle renferme quelques nouvelles remarques; mais l'éditeur n'a pas profité de l'édition de Leyde (voy. ci-dessus).

SÉVIGNÉ (*Mar.* de Rabutin-Chantal, marquise de). Lettres de mad. de Sévigné, de sa famille et de ses amis. Nouvelle édition (publiée par M. Monmerqué, avec une notice par M. Saint-Surin). *Paris, Blaise, de l'imprimerie de Didot l'aîné,* 1818, 10 vol. in-8. fig. 80 à 100 fr. [18827]

Édition la meilleure que l'on eût jusqu'alors de cette immortelle correspondance : il y manque cependant les *Lettres inédites de madame de Sévigné,* publiées à *Paris,* 1814, en 1 vol. in-8. Elle est ornée de 8 portraits, de 13 vues et de 10 fac-simile. — Il y a des exemplaires en Pap. vél., avec fig., *lettre grise,* 150 à 200 fr., et 15 en Pap. vél. carré double, avec les eaux-fortes. Le libraire a publié séparément 20 portraits de personnages du siècle de Louis XIV, que l'on peut insérer dans les lettres de Mme de Sévigné. Il est convenable de réunir à cette édition le volume intitulé :

MÉMOIRES de M. de Coulanges ; suivis de lettres inédites de Mme de Sévigné, de son fils, de l'abbé de Coulanges, d'Arnauld d'Andilly, d'Arnauld de Pomponne, de Jean de La Fontaine et d'autres personnages du même siècle ; publiés par M. Monmerqué. *Paris, Blaise, de l'imprim. de P. Didot,* 1820, in-8. fig. 10 fr., et plus cher en pap. vélin.

Les opuscules de La Fontaine qui font partie de ce dernier vol., sont : une *Epître,* en vers, *à M. le duc de Bouillon, Suite de la relation du voyage de Limoges,* en deux lettres à Mme La Fontaine, trois *lettres à M. Jannart;* ils forment 3 feuilles trois quarts, avec un fac-simile, et il en a été tiré des exempl. séparément pour compléter les édit. in-8. de ce poëte : 6 fr. — Les *Mémoires de Coulanges, etc.,* sont aussi de format in-12 : 4 fr.

Un des trois exempl. des 12 vol. ci-dessus, qui ont été tirés sur pap. de Hollande, a été vendu 300 fr. St-Mauris, en 1840, un des 15 exempl. en pap. vél. supérieur, avec fig. ajoutées et les lettres inédites publiées en 1814, 600 fr. Renouard.

—LETTRES de Mme de Sévigné, de sa famille et de ses amis. *Paris, Blaise* (imprim. de *Didot l'aîné*), 1820-21, 10 vol. in-8., avec 8 portraits, 13 vues et 10 fac-simile. 50 à 60 fr.

Réimpression de l'édition précédente. On y réunit : 1° les *Mémoires de Coulanges* (comme ci-dessus), 1820, in-8. portr. et fac-simile; 2° *Lettres inédites de Mme de Sévigné, de sa famille et de ses amis* (1826 et 1827), in-8., avec 2 portr., 2 vues et 1 fac-simile, plus un éventail, en 2 planches.

Le même libraire a donné une autre édition de ces lettres (*Paris,* 1818), en 12 vol. in-12, et aussi des Mémoires de Coulanges, en 1 vol. in-12; le tout avec 5 portr. et 5 fac-simile.

Il existe des exempl. en pap. vél. dans l'un et dans l'autre format. Malgré l'avantage que ces deux éditions peuvent avoir sur les deux éditions suivantes, le prix ne s'est pas soutenu.

— LETTRES de Mme de Sévigné, de sa famille et de ses amis, édition ornée de vingt-cinq portraits dessinés par Devéria, augmentée de plusieurs lettres inédites, des 105 lettres publiées en 1814, des notes et notices de Grouvelle, et des réflexions de l'abbé de Vauxcelles ; précédées d'une nouvelle notice biographique sur Mme de Sévigné, accompagnées de notes géographiques et historiques, par M. Gault de Saint-Germain, *Paris, Dalibon,* 1823-24, 12 vol. in-8.

Cette édition contient des *lettres* qui n'ont point été insérées dans la collection précédente, mais on n'y trouve pas celles que M. Monmerqué a publiées séparément. Il y a des exempl. en pap. ordinaire, 30 à 36 fr.;— en Papier fin, 42 à 48 fr.;— en Pap. carré vélin, 48 à 60 fr. — Gr. raisin vélin, portr. avant la lettre, 96 à 120 fr., et enfin en Gr. Pap. vél., avec portr. avant la lettre sur pap. de Chine et les eaux-fortes, 120 à 150 fr. Il a été tiré de plus deux exempl. sur Pap. gr. raisin vélin fort, et un exemplaire sur Gr. Pap. de Chine, auquel on a joint les dessins originaux. Ce dernier s'est vendu 880 fr. chez Ch. Nodier, en 1830, et 300 fr. Pixérécourt.

— Les mêmes lettres , édition précédée d'un essai biographique et littéraire(par Campenon), et ornée de 2 portr. *Paris, Janet et Cotelle* (impr. *de Didot aîné*), 1822-23, 12 vol. in-8. 30 fr.;— Pap. fin, 42 fr., et plus en pap. vélin.

On n'a inséré dans cette édition ni les lettres publiées en 1814, ni les nouvelles lettres inédites. Il se trouve des exemplaires avec de nouveaux titres, portant *Paris, Sautelet,* 1826, et ces mots : *avec les notes de tous les commentateurs.*

— Lettres de Mme de Sévigné , de sa famille et de ses amis, recueillies et annotées par M. Monmerqué. Nouvelle édition, revue et augmentée de lettres inédites, d'une nouvelle notice, d'un lexi-

Sevestre (l'abbé *A.*). Dictionnaire de patrologie, 31704.

que des mots et locutions remarquables, de portraits, vues et fac-simile. *Paris, L. Hachette et C*ᶦᵉ, 1862 , 12 vol. in-8. Chaque vol. 7 fr. 50 , et en gr. raisin vélin collé, dont il a été tiré 150 exemplaires, 20 fr.

Très-bonne édit. publiée sous la direction de M. Ad. Regnier, avec la collaboration de M. Rochebilière, qui avait travaillé directement avec M. Monmerqué.

— Lettres de Mᵐᵉ. de Sévigné, nouvelle édition, revue et annotée par M. Silvestre de Sacy. *Paris , Techener*, 1861, 11 vol. in-18 jésus, dont sept parais-, saient (février 1863).

Edition que recommande le nom de son annotateur. Chaque vol. 5 fr. — Pap. vergé de Hollande, 10 fr.

Le plus ancien recueil des lettres de madame de Sévigné que nous connaissions a paru sous ce titre :

LETTRES choisies de madame la marquise de Sévigné à madame de Grignan sa fille, qui contient beaucoup de particularités de l'histoire de Louis XIV. (*sans nom de lieu ni d'imprimeur*), M. DCCXXV, pet. in-12 de 75 pp. avec une sphère sur le titre :

Selon M. Corrard de Bréban (*Essai sur la typogr. troyenne*) ce petit volume serait sorti des presses de Jacq. Le Fèvre, imprimeur à Troyes; il ne contient que 31 lettres ou fragments de lettres.

Un autre recueil un peu plus complet a pour titre :

LETTRES de Marie de Rabutin-Chantal, marquise de Sévigné à madame la comtesse de Grignan sa fille. (*sans nom de lieu ni d'imprimeur*), 1726, 2 vol. in-12 de 381 et 324 pp. 16 fr. Giraud.

Réimprimé deux fois dans la même année, également sans nom de lieu ni d'imprimeur, en 2 vol. in-12, le premier de 271 pp., et le second de 220 pp. L'une de ces deux éditions est en plus petits caractères que l'autre. La première de ces réimpressions, 20 fr. Giraud ; la seconde, en mar. vert, 40 fr. le même, et 36 fr. Solar.

L'édit. de *La Haye, Pierre Gosse et Jean Neaulme*, 1726, 2 vol. in-12 de 345 et 105 pp. avec 7 ff. de table non chiffr., contient 43 lettres de plus que les trois précédentes : 45 fr. Walckenaer ; 109 fr. *mar. vert* Giraud, et 110 fr. Solar.

Une édition beaucoup plus complète que cette dernière, et en même temps la première qu'on puisse regarder comme authentique, fut imprimée publiée à *Paris, Simart et Rollin*, 1734-37, en 6 vol. in-12, par les soins du chevalier Perrin, qui, en 1754, y ajouta 2 vol. de supplément (les 8 vol. en *mar. vert*, 107 fr. Solar). Dans cette même année 1754, le chevalier Perrin donna aussi une belle édition (*Paris, Desaint et Saillant*) en 8 vol. in-12, dont il y a des exemplaires en papier fort. On peut joindre à l'une et à l'autre édition, à celle de 1763, le *Recueil de lettres choisies* pour servir de suite aux lettres de madame de Sévigné, vol. in-12, impr. deux fois en 1751. Ces *lettres choisies* ont été insérées dans les édit. d'*Amsterd.*, 1756, et de *Paris*, 1774 et 1785, 8 vol. in-12, ou 1775 et 1786, 8 vol. pet. in-12. Il existe aussi des *Lettres nouvelles* de cette femme célèbre au président de Moulceau, précédées des lettres de la même à M. de Pomponne, etc., *Paris, Lacombe*, 1773, in-12; ce volume fut suivi en 1775, d'un Recueil des lettres de madame de Sévigné, qui se trouvent dans la collection des lettres de Bussy-Rabutin. Tout cela a été réimpr. dans les édit. de *Maestricht*, 1779, et de *Rouen*, 1784 et 1790, en 10 vol. in-12, dans l'édition de de Vauxcelles, dans celles de Grouvelle, et dans l'édition stéréotype, *Paris*, 1811, 12 vol. in-18, et 1819, 12 vol. in-12, avec les *lettres inédites* ajoutées.

L'édition de *Paris, Bossange*, 1801, 10 vol. in-12,

avec la vie de madame de Sévigné et des réflexions sur ses lettres, par Bourlet de Vauxcelles, est meilleure que les-éditions antérieures à sa date; mais elle ne vaut pas celle que le même libraire a donnée en 1808, en 8 vol. in-8. et en 11 vol. in-12. Cette dernière, qui est *augmentée de lettres* (alors) *inédites, et enrichie de notes et de dissertations, par Grouvelle*, est bien imprimée, mais elle a été effacée par celle de M. Monmerqué. Les exemplaires en pap. vélin sont ordinairement ornés de 20 portr. des principaux personnages dont il est fait mention dans ces lettres. — L'édition de *Paris, Lavigne*, 1836, 2 vol. gr. in-8. à 2 col., est accompagnée d'une notice sur la vie et les ouvrages de madame de Sévigné, par Ch. Nodier.

Une autre édition, avec les notes de tous les commentateurs, a paru chez Lefèvre, à Paris, en 1843, en 6 vol. gr. in-18, et aussi en 6 vol. in-8.

MÉMOIRES touchant la vie et les écrits de Marie de Rabutin-Chantal, dame de Bourbilly, marquise de Sévigné, durant le ministère du card. Mazarin et la jeunesse de Louis XIV; suivis de notes et d'éclaircissements, par M. le baron Walckenaer. *Paris, F. Didot*, 1842-52 (2ᵉ édit. 1845), 5 vol. gr. in-18. Ouvrage curieux, mais assez mal rédigé. 18 fr.

SEVILLA. La hystoria de la reyna Seuilla. Agora nueuamente impressa. M. D. L I. — *en Burgos en casa de Joan de Junta año de* M. D. Lj (1551), in-4. goth. de 36 ff., sign. a—h. [17571]

Roman peu connu, précieux à cause de sa rareté. Toutefois, selon M. Wolf (*Ueber die neuesten Leistungen der Franzosen*, Wien, 1833, in-8., p. 124), il en existe une édition de Séville, *Juan Cromberger*, 1532, in-4. goth., pour le moins aussi rare que celle de 1551.

SEVILLE (*Jean de*). Brief discovrs svr la bonne et ioyeuse reception faicte à la maieste dv Roy par ses très fidelles et obeissants sujects de la ville de Rouen; ensemble tout ce qui s'est faict et passé depuis son arriuée le 13ᵉ jour de juin 1588, jusques à l'édict de paix, & departemét de sa Majesté le 21 jour de juillet. Recueilly par Jean de Seuille professeur de bonnes lettres et sciences mathematiques au dit Rouen. *Rouen, chez Pierre Courant, imprimeur demeurant rue Denanderie , pres de pôt de Cuyure*, 1588, pet. in-8. de 16 pp. [24339]

L'auteur de cette relation l'est aussi d'un *Compost manuel almanach et calendrier perpetuel*, Rouen, 1587, in-8.

SEVIN (*Pierre*). La legende des Onze mille vierges auecq̃s plusieurs aultres saictz et saictes. (au recto de l'avant-dernier f.): *Frere pierre Seuin: celestin a escript ce liure;* (et au verso): *Imprime nouuellemét a Paris en la rue neufue nostre dame a lenseigne de lescu de France.* Pet. in-8. goth. de 28 ff. dont le dernier ne contient qu'une grav. sur bois. [22081]

Sevillanus (*Nicasius*). Primatus Hispaniarum vindicatus, 21490.

Il y a au commencement de ce petit volume une dédicace *Aux deuottes vierges de lordre de Saincte Clere a paris...* morceau qui se termine par ces mots : *Escript de par le plus ĝ vostre scruiteur et orateur humble docteur, frere Jehan Capet.* Vend. 9 sh. 6 d. Hibbert.

SEVIN (the) seages. V. ROLLAND (*John*).

SEWS ou de SUSO (*H.* de). Voy. ORLOGE de sapience.

SEXTESSENCE diallactique. Voy. DE MONS.

SEXTUS Empiricus. Opera, græce et lat., Pyrrhoniarum institutionum libri III. cum H. Stephani versione et notis; contra mathematicos libri VI, contra philosophos libri V, cum versione Gentiani Herveti; græca ex mss. codd. castigavit, versiones emendavit supplevitque, et toti operi notas addidit Jo.-Alb. Fabricius. *Lipsiæ*, *Gleditsch*, 1718, in-fol. 24 à 30 fr., et plus en pap. fin. [3397]

Edition très-recherchée et devenue peu commune; elle s'est vendue jusqu'à 54 fr. Courbonne, en 1842; mais les nouvelles éditions en ont réduit le prix. On fait beaucoup moins de cas de celle de *Paris*, *Pacard*, 1621, in-fol., dont une partie des exempl. ont des titres sous l'indication d'*Aurelianæ*, ou de *Genevæ*, ou de *Coloniæ-Allobr.*, *Chouet*. C'est néanmoins la 1re qui ait paru d'une partie du texte grec de ce philosophe.
On a donné à Halle en Saxe, en 1796, la première partie du prem. vol. pet. in-4. d'une édition de Sextus Empiricus, qui devait être accompagnée d'un commentaire par J.-G. Mund. Cette première partie renferme seulement le texte des Hypotyposes. La suite n'a pas paru.

— SEXTUS Empiricus, gr., ex recensione Emmanuelis Bekkeri. *Berolini*, *Reimer*, 1842, in-8. 3 thl.

— OPERA, gr. et lat., editio emendatior; cum indicibus. *Lipsiæ*, *sumptu librariæ kuehnianæ*, 1842, 2 vol. in-8. 4 thl.; Pap. collé, 6 thl.; Pap. vél. 8 thl.
Réimpression mesquine de l'édit. de J.-A. Fabricius ci-dessus.

— Pyrrhoniarum hypotyposeon lib. III, græce, nunquam latine nunc primum editi, interprete Henr. Stephano (cum ejusdem annotationibus). *Excudebat H. Stephanus*, 1562, in-8. 4 à 5 fr.

— HIPOTIPOSES, ou institutions pirroniennes de Sextus Empiricus, trad. du grec, avec des notes (par Huart). *Imprim.* (à *Amsterd.*) en 1725, ou à *Londres*, 1735, in-12. 3 à 4 fr. [3398]

— SEXTUS Empiricus, oder Skepticismus der Griechen ; aus dem griech. mit Anmerkk. und Abhandlungen herausgegeben von J.-Guil. Buhle. *Lemeio*, *Meyer*, 1801, in-8.
Tom. I et unique, contenant seulement la traduction allemande des Hypotyposes.

SEXTUS Placitus. Contenta in hoc opere : Sextus philosophus platonicus de medicina animalium, bestiarum, pecorum et avium ; cum scholiis Gabrielis Humelbergii. Omnia jam primo edita.(*Tiguri*), 1539, pet. in-4. Rare. [7688]

Un exempl. annoncé sous la date de 1549, et comme in-8., mais dont la reliure à *compart*. portait le nom et la devise de Grolier, s'est vend. 140 fr. Hallé, c'est-à-dire au moins vingt fois le prix d'un exemplaire ordinaire. Aujourd'hui on le payerait encore plus cher.

— Voy. SCRIPTORES antiqui.

SEXTUS decretalium liber. Voyez BONIFACIUS.

SEYFFARTH (*Gust.*). De Sonis literarum græcarum tum genuinis tum adoptivis libri duo, auctore G. Seyffarth : accedunt commentatio de literis Græcorum subinde usitatis, dissertationes, index et tabulæ duæ, cum epistola Godofr. Hermanni. *Lipsiæ, Vogel*, 1824, in-8. 12 à 15 fr. [10651]

Nouveau système de prononciation grecque.

— Rudimenta hieroglyphices : accedunt explicationes XVII speciminum hieroglyphicorum, glossarium atque alphabeta, cum XXXVI tab. lithogr. *Lipsiæ, Barth,* 1826, in-4. 30 fr. [29119]

L'auteur adopte dans cet ouvrage les idées du professeur Spohn dont il a été le continuateur. — Voy. SPOHN.
M. Seyffarth a aussi publié : *Beiträge zur Kenntniss der Literatur, Kunst, Mythologie und Geschichte des alten Egyptens*, Leipzig, Barth, 1826 à 1840, en sept cah. in-4., contenant des notices sur les papyri égyptiens qui se trouvent à la Bibliothèque roy. de Berlin : 14 thl. — Pap. vél. 18 thl. [50202]
Il a écrit *Brevis defensio hieroglyphices inventæ a Fr.-Aug.-Guil. Spohn et G. Seyffarth*, Lipsiæ, 1827, in-4. de 24 pp., et *Réplique aux objections de M. Champollion contre le même système*, Leipzig, 1827, in-8. de 32 pp. (en français).
— Astronomia ægyptiaca, 8191. — Berichtigungen der romanischen... Geschichte, etc., 22564. —Theologische Schriften. —Grammatica ægyptiaca, 29119.

SEYMOUR. A Survey of the cities of London and Westminster, borough of Southwark , and parts adjacent..... the whole being an improvement of Stow's, and other surveys... by Rob. Seymour. *London*, 1734-35, 2 vol. in-fol. fig. [27089]

Seymour est un nom supposé; l'auteur de cet ouvrage se nommait John Motley. Cette édition de son livre a paru avec un nouveau titre, en 1753, sous le nom d'un *Gentleman of the Inner Temple*, et augmentée, dans le prem. vol., de 12 pl. tirées de l'histoire de l'église de Saint-Paul, par Dugdale, et dans le 2e vol., de 11 autres pl. tirées du même ouvrage. En 1754 on a de nouveau changé le titre pour y rétablir le nom de R. Seymour, auquel fut ajouté celui de J. Marchant (voy. Upcott, tome II, pp. 620-22).

SEYSSEL (*Claude*). Explanatio in primum caput Evangelii divi Lucæ. *Parisiis, in ædibus Jodoci Badii Ascensii*, 1515, pet. in-4. de 2 et cxviii ff. [493]

L'exemplaire imprimé sur VÉLIN, qui a été offert à

Léon X, se conserve dans la biblioth. de Maglia-
becchi, à Florence.

— De divina providentia tractatus tres.
Paris., Regnault Chauldiere, 1518, et
aussi 1520, in-4.

Selon Du Verdier, ce *Traité de la Providence* a été
traduit en français par l'auteur lui-même, et impr.
à *Paris, par Jean Petit,* sans date, in-4. de 65 ff.
[1215]

— Adversus errores et sectam Valden-
sium disputationes perquam eruditæ ac
piæ. *Prostant in ædibus Reginaldi
Chauldiere.* — *Parisiis,* M. D. XX, in-4.
de 12 et xc ff. [1823]

Un exemplaire imprimé sur VÉLIN se conserve à la
Bibliothèque impériale.

Du Verdier cite une traduction française de ce traité,
faite par Seyssel, sous ce titre : *Disputation contre
les erreurs et sectes des Vauldois,* impr. à *Lyon,*
par *Pierre Mareschal* (sans date), in-fol. de 50 ff. ;
livre très-rare. En voici un autre qui ne l'est guère
moins :
LA DOCTRINE des Vaudois, représentée par Cl.
Seyssel, archevêque de Turin, et Cl. Coussord, avec
notes dressées par Jacques Cappel. *Sedan, J. Jannon,* 1618, pet. in-8.

— La victoire du roy contre les Veniciens
(par Cl. Seyssel). — *Acheue dimprimer
le xii⁰ iour de may mil cinq cẽs z dix.
Pour anthoine verard libraire,* pet.
in-4. goth. de 47 ff. [23436]

Vend. 18 fr. de Fontette ; 2 liv. 10 sh. et 3 liv. 1 sh.
Heber. Un exemplaire impr. sur VÉLIN, 35 fr. Gaignat ; 55 fr. La Valliere ; 95 fr. Mac-Carthy ; 161 fr.
Chardin, et jusqu'à 450 fr., bel exempl., en *mar.,*
en novembre 1856.

— La victore (sic) du roy cõ | tre les veni-
ciens. *(sans lieu ni date),* in-4. goth.
de 32 ff., sign. a—d, à 36 lign. par page.

Cette édition est aussi rare que la précédente, mais
un peu moins ancienne et moins belle. Le titre
porte une vignette sur bois représentant un combat
sur mer. Le verso du dernier f. est tout blanc.
(*Biblioth. Sainte-Geneviève,* dans un recueil provenant de De Thou et de Le Tellier).

— Les louenges du roy Louys xij⁰ de ce
nom, nouuellemẽt composees en latin par
maistre Claude de Seyssel... et translatees par luy de latin en francois. *Imprime a Paris par Anthoine Verard...
le xxiiii⁰ iour de decembre mil cinq
cens et huyt,* in-4. goth. de 57 ff. [13424]

Ouvrage non moins rare que le précédent, auquel il
est quelquefois réuni. Vend. les deux ensemble,
30 fr. Thierry, et le dernier séparément, 15 fr.
Hibbert ; 216 fr. Libri-Carucci.

Un exemplaire impr. sur VÉLIN, 50 fr. Mac-Carthy.
Dans les exemplaires de ce genre la souscription
finale ne se trouve pas.

— Histoire singulière du roy Loys XII de
ce nom, faicte au parangon des regnes
des autres roys de France... *Paris, Vincent Sertenas,* ou *Gilles Corrozet,*
1558, pet. in-8. 10 à 12 fr.

Vend. 24 fr. Gouttard ; 16 fr. en *m. r.* Méon, et 40 fr.
d'Ourches.
L'édition de *Paris, Du Puys,* 1587, in-8., a le même

prix à peu près. Vend. 23 fr. *mar. marbré tab.*
Renouard ; 6 fr. *vél.* Morel-Vindé ; 31 fr. *mar. bl.*
Giraud ; 54 fr. Solar.

Cet ouvrage, le même que le précédent (les *Louenges*) avec quelques corrections de style, a été réimprimé avec l'histoire de Louis XII, par Jean d'Au-
ton, et autres pièces du temps, mises en lumière
par Théod. Godefroy, *Paris,* 1615 et 1620, in-4.

— La grant monarchie de France. — *Imprimee a Paris pour Regnault chaudiere... le xxi. iour de iuillet lan Mil
cinq cens dix neuf,* pet. in-4. goth. de
8 ff. prélim. et LXVIII ff. [24043]

Édition originale dont la Bibliothèque impériale possède un exempl. impr. sur VÉLIN. Un autre sur papier, et rel. en *mar. bl.,* 40 fr. Veinant, et 150 fr.
Solar.

— La grand monarchie de France et la loy
salique, première loy des Françoys. *Paris, Denys Janot, pour Galliot du
Pré,* 1540 et 1541, pet. in-8.

Vend. 16 fr. 60 c. Duriez, et beaux exempl. *mar. r.*
50 fr. Gouttard ; *m. v. tab.* 36 fr. d'Ourches, et
39 fr. 50 c. Labédoyère ; 45 fr. *mar. r.* Hebbelynck.

L'édition de *Denys Janot,* sans date, in-8., a été vend.
11 fr. 80 c. *m. r.* Méon.

Celle de *Paris, Galliot du Pré,* ou *Vinc. Sertenas,*
1557 (nouv. titre, *Paris, Est. Groulleau,* 1558),
pet. in-8. de 8 et 153 ff., est également bonne : 12 à
18 fr., et en *mar. v.* par Derome, 34 fr. 50 c. Bignon ; en *mar. r. doublé de mar.,* par Boyet, 60 fr.
De Bure, et 114 fr. Solar.

La *Loy salique,* ajoutée aux édit. in-8. ci-dessus,
avait d'abord été impr. séparément (voy. LOY SALI-
QUE, et dans nos additions, où est indiquée une édit.
de *Paris,* 1507, que nous avions omise) ; il n'est
pas certain que Seyssel en soit l'auteur.

— Histoire des successeurs d'Alexandre.
Voy. DIODORUS Siculus.

— La proposition et harengue translatee
de latin en francoys par messire Claude
de Scesel, conseiller et ambassadeur du
roy tres crestien Loyz douxiesme de ce
nom au roy dangleterre Henry septiesme
de ce nom pour le mariage de madame
Claude de frence, auecque monsieur le
duc de Valois. *(sans lieu ni date, vers
1514),* in-4. de 6 ff. en caract. goth.
[23443]

On trouve dans l'ancien catal. de la Biblioth. du roi,
X, 2347 : *Claudii de Seissello, Ludovici XII, oratoris, ad Angliæ regem Henricum VII, oratio
cum versione latina,* in-4. Le n⁰ 2770 du même
catalogue contient *Oratio in conventu Turonis
habita,* de notre Seyssel.

Hain, n⁰ 14713, donne le titre suivant : *Claudius de
Seysello alias de Aquis Sabaudiensis, christianissimi Francorum regis consiliarius Lectura
in primam infortiati,* (in fine) : *Et per hec deo
propitio sit finis ordinarie Anno domini* M CCCC
LXXXXI, in-fol. goth. ; et au n⁰ 14714, il cite sous
le même nom : *Commentarius in Digesta et codicem cum tractatu de Feudis.* Mediolani, 1495,
in-fol. Edition que Panzer dit douteuse.

SFORTUNATI da Siena (*Giovan.*). Nuovo
lume, libro di arithmetica intitulato

Sezille (*Cl.*). Siéges de Noyon, 24212.

Nuovo lume, imperoche molte proporzioni che per altri autori sono falsa-
mente concluse, in questo si emenda-
no... *Venetia, Nicolao Zopino*, 1534,
pet. in-4. de 129 ff. caract. rom., avec
fig. géométriques. [7868]

Cette édition est décrite par Molini (*Operette*), p. 326;
une autre, annoncée sous la date de *Siena*, 1534,
et comme in-8., a été payée 60 fr. à la vente de Fr.
Arago; et sous la date de *Venise, Nicolo d'Aristotele*, 10 fr. 50 c., en 1851. Haym ne les cite pas,
mais il en indique deux autres de Venise, la première sans date, et la seconde de 1545.

SFORTUNATO (*Lodovico*). Rime diverse.
(in fine) : *Impressum Venetiis per magistrum Andream de papia Calabreñ.
Mcccclxxxviiij, idibus Decembris*, in-4.
goth. de 16 ff. non chiffr., sign. *a* et *b*,
38 lign. par colonne. [14472]

Cette pièce n'a point de frontispice, mais le verso du
premier f., dont le recto est blanc, porte le titre
suivant : *Ludovicus Sfortunatus artib' studě scolis
domini martii Magnifici domini Orsati manu-
lessi*, après lequel commence la première pièce en
quatrains. La plupart de ces pièces, assez courtes,
sont des sonnets avec des titres latins. La dernière
du recueil, adressée *ad amicam*, est en tercets, et
elle finit au recto du dernier f. par la souscription latine copiée ci-dessus. Le verso de ce dernier
f. est tout blanc. Panzer n'a pas indiqué cet opuscule rare, que nous avons vu jadis à la bibliothèque
Mazarine, (1934. Vend. 98 fr. *mar. r.* Libri.

SFORZA (*Isab.*). Della vera tranquillita
dell' animo, opera utilissima, et nuovamente composta dalla illustrissima signora la signora Isabella Sforza. *In Venetia, in casa de' figliuoli di Aldo*,
1544, in-4. de 53 ff. et un pour l'ancre.
[3828]

Opuscule publié par Ortensio Lando, sous le nom
supposé de Tranquillo. Voici le titre de la traduction française :
DE LA VRAIE tranquillité de l'esprit..., composée
en langue thuscane, par illustre dame Ysabelle
Sforce. *Lyon, Jean de Tournes*, 1546, pet. in-8.
Cette édition est portée dans la bibliothèque Crofts,
n° 4857. Du Verdier en cite une de 1549, in-16, par
le même imprimeur.

SFORZINO da Carcano (*Francisco*). I tre
libri degli uccelli da rapina nel quali si
contiene la vera cognitione dell' arte
de' Stroccieri, e il modo di conoscere,
ammestrare, reggere e medicare tutti
gli augelli rapaci ; con un trattato de'
cani di caccia. *Vinegia, G. Giolito*,
1568, pet. in-8. fig. sur bois. 10 à 12 fr.
[10454]

Un exempl. en *n. f.* par Koehler, 30 fr., en 1860.
Réimpr. *Vicenza, il Magietti*, 1622, pet. in-8., 4 fl.
25 c. Huzard, et aussi sous ce titre : *Dell' arte del
Strucciero*, Milano, Ghisolfi, 1645, in-12, fig.

SGANZIN. Programme ou résumé des
leçons d'un cours de construction, avec
des applications tirées spécialement de
l'art de l'ingénieur des ponts et chaus-
sées, ouvrage de feu Sganzin; 4e édition
entièrement refondue et augmentée,

avec les notes et papiers de l'auteur, ceux
de M. Lamblardie, et divers autres documens par M. Reibell. *Paris, Cari-
lian-Gœury*, 1839-41, 3 vol. in-4., plus
un atlas in-fol. de 180 pl. 108 fr. [8803]

On a publié en 1842 un Appendice, n° 4, au t. 1er.

SGROPPO. Royaume des Deux-Siciles.
Costumes dessinés sur les lieux par
Sgroppo. *Chez P. Marino, à Paris*
(1826), gr. in-4. [9636]

Recueil de lithographies coloriées, au nombre de 100
pour les Deux-Siciles et de 30 pour les Etats du
Pape.

SHAFTESBURY (*Anthony* Ashley Cooper, earl of). The Life of the first earl of
Shaftesbury, from original documents
in the possession of the family; by M. B.
Martyn and Dr. Kippis; edited by G.-
W. Coocke. *London, Bentley*, 1836,
2 vol. in-8. avec portr. 1 liv. 14 sh.

Une première édition (*privately printed*) de ces mémoires, rédigée par Benj. Martyn, et revue par les
docteurs Gregory Sharpe et Kippis, a été imprimée
de format in-4.; mais à peine l'ouvrage et l'introduction du Dr Kippis furent-ils sortis de la presse
qu'il s'éleva entre ce dernier et la famille du comte
un différend par suite duquel l'édition entière fut
détruite, avant que le titre eût été tiré. Cependant
il en échappa un exemplaire qui fut payé 21 liv.,
en 1830, dans une vente faite par Evans.

— MEMOIRS, letters, and speeches of the first earl
of Shaftesbury by W.-D. Christie. *London*, 1860,
in-8. 10 sh.

SHAFTESBURY (*Anthony* Ashley Cooper, earl of). Characteristics of men,
manners, opinions and times. *Birmingham, J. Baskerville*, 1773, 3 vol. gr.
in-8. [3747]

Bonne édition, mais dont presque tous les exemplaires
ont plus ou moins de taches dans le papier : 20 à
25 fr.; vend. 36 fr. 50 c. *m. r.* F. Didot, en 1808;
3 liv. 3 sh. Willet Eyton.
La première édition de cet ouvrage est celle de Londres, 1711-14, 3 vol. in-8. Les sept traités qui la
composent ont paru d'abord séparément de 1708 à
1714. On les a ensuite réunis dans différentes édit.
en 3 vol. in-8., impr. en 1723 et 1727. La 5e édit.,
celle de 1732, 3 vol. in-8., avec portrait et vignettes, contient de plus que les premières *The letter
concerning design*. Celle de Londres, Tonson,
1737, aussi en 3 vol. in-8., est la sixième; il en a
été tiré des exemplaires en Gr. Pap. Plusieurs autres
éditions ont paru depuis en 3 vol. pet. in-12 ou
in-18, mais elles n'ont qu'un prix médiocre.
Les Charactéristiques de Shaftesbury, ses lettres et
autres ouvrages ont été trad. en franç. (par Van Effen et Samson), *Genève*, 1769, 3 vol. in-8.

SHAKESPEAR (*John*). Grammar of the
hindustani language; fourth edition to
which is added a short grammar of the
Dakhani. *London, Cox*, 1843, in-4.
20 fr. [11769]

La première édition est de Londres, 1813, in-4.; la
5e de 1846, et la 6e de 1855, gr. in-8. 14 sh.

Sguropulus (*S.*). Concilii florentini narratio, 21693.
Shadwell (*Th.*). Dramatic works, 16899.

—A Dictionary hindustani and english with a copious index, fitting the work to serve also as dictionary english and hindoustani... third edition much enlarged. *London, Parbury*, 1834, gr. in-4. [11780]

Travail estimé auquel le Dictionnaire de Jos. Taylor (voy. ce nom) a servi de base. La première édition de 1813, et la seconde, de 1820, sont moins complètes que celle-ci. Vend. 102 fr. de Sacy; 28 fr. Burnouf; 52 fr. *mar. v.* 2e vente Quatremère.

La quatrième édition, *to which is added* (en place de l'index) *a Dictionary english and hindustany, entierely new*, *London, Richardson*, 1849, in-4., a été reproduite avec un nouveau titre, en 1861, et le prix en a été réduit de 5 liv. 5 sh. à 3 liv. 3 sh.

— INTRODUCTIO to the hindostani tongue, comprising a grammar and vocabulary english and hindustani. *London, Richardson*, 1845, gr. in-8. 1 liv. 1 sh.

—Muntakhabat-i-Hindi, or selections in Hindustani, with a verbal translation and grammatical analysis of some part, for the use of students of that language by John Shakespear. *London*, 1817-18 (ou 2e édition, 1824-25), 2 vol. in-4. [11771]

La 5e édition, *London, Richardson*, 1846, 2 vol. in-4. 1 liv. 16 sh.

SHAKESPEARE (*William*).

M. Henry G. Bohn a enrichi la huitième partie de la nouvelle édition du *Manual* de Lowndes, dont il est éditeur, d'une excellente notice sur les ouvrages de Shakespeare et sur les écrits qui s'y rapportent. Ce travail remarquable n'occupe pas moins de 114 pp. (2253-2366), non compris un index des matières. Après avoir donné un catalogue des édit. collectives de l'auteur, dans un ordre critique, où sont groupés ensemble les textes qui proviennent d'un même éditeur, il y a ajouté une liste chronologique de toutes les éditions complètes qu'il a pu connaître, depuis celle publiée en 1709 jusqu'à celles qui ont paru en 1861 ; elles sont au nombre de 260, savoir : 62 pour le XVIIIe siècle', 133 pour les années 1801 à 1849, et 65 pour les années 1851 à 1861 ; à cette liste succède un catalogue des éditions des pièces impr. séparément, soit en anglais, soit en différentes langues. Pour nous, sans chercher à reproduire ici tous les détails que M. Bohn a eu raison d'admettre dans sa Monographie, nous profiterons de son travail pour donner au nôtre tout l'intérêt dont peut être susceptible une notice succincte.

M. Bohn a fait imprimer à part 42 exemplaires de sa notice de format in-4., pour la *Philobiblon Society*, dont il est membre. Ces exemplaires ont reçu quelques additions préliminaires, et sont ornés d'un ou deux portraits.

I. *Éditions de ses Œuvres réunies.*

— Mr. William Shakespeares Comedies, Histories & Tragedies. Published according to the true originall copies. *London, Printed by Isaac Iaggard and Edward Blount*, 1623. (à la fin) : *Printed at the Charges of W. Iaggard, Ed. Blount, I. Smithweeke, and W. Aspley*, 1623, in-fol. [16876]

Première édition collective des pièces de théâtre de ce grand poëte. Elle a été donnée d'après les copies

manuscrites que possédaient Heminge et Condell, anciens camarades de l'auteur, et alors retirés du théâtre ; elle renferme 35 pièces seulement, la 36e (*Périclès*), qui, peut-être, n'est pas de Shakespeare, n'ayant commencé à être réunie à ses œuvres que dans la 3e édition, in-fol., bien qu'elle eût déjà été impr. séparément en 1609. Dans le nombre de ces pièces on en compte 17 qui n'avaient pas encore été publiées, et quatre, *The Merry Wives, Henry V* et *Henry VI, part. II et III*, dont on n'avait pas encore un texte exact. Cette édition est un livre fort rare et très-recherché, surtout en Angleterre. En voici la description : 9 ff. prélim., savoir : un titre sur lequel se trouve un portrait de Shakespeare, par Martin Droeshout ; et vis-à-vis ce titre un feuillet contenant les vers suivants de Ben Johnson, imprimés ainsi :

> To the Reader.
> This Figure, that thou here seest put,
> It was for gentle Shakespeare cut;
> Wherein the Grauer had a strife
> vvith Nature, to out-doo the life :
> O, could he but haue drawne his vvit
> As well in brasse, as he hath hit
> His face ; the Print vvould then surpasse
> All, that vvas euer vvrit in brasse.
> But, since he cannot, Reader, looke
> Not on his Picture, but his Booke.
> B. I.

Les mêmes vers sont reproduits dans la seconde édition, mais avec des différences typographiques à la quatrième et à la cinquième ligne, où le mot *vvit* est comme ci-dessous :

> VVith Nature, to out-doo the life :
> O, could he but have drawne his VVit

Ces vers sont également répétés dans la troisième et dans la quatrième édition, mais plusieurs mots y sont imprimés en italique, ce qui n'est pas dans les deux premières. On a remarqué de plus que, dans la quatrième, le nom de Shakespeare n'a pas l'e final.

A la suite de ce second feuillet se trouve 1° une dédicace, *to William Earle of Pembroke..., Philip Earle of Montgomery*, signée *Iohn Heminge and Henry Condell*, en 2 pp. (au mot *like*, qui est au commencement de la première page dans l'édit. de 1623, est substitué le mot *same* dans celle de 1632); 2° *To the great variety of Readers*, 1 f. dont le verso est blanc ; 3° *To the memory of my beloved the Author, Mr William Shakespeare*, 2 pp. de vers, signés *Ben Ionson*; 4° *Vpon the Lines and Life of the Famous scenicke Poet*, master *William Shakespeare*, signé *Hvgh Holland*, 1 f. dont le verso est blanc ; 5° *To the memorie of the deceased Authour, Maister W. Shakespeare*, 22 lignes, signées *L. Digges*, et *To the Memorie of M. W. Shake-speare*, 8 lignes, sign. *I. M.*, ensemble 1 f. dont le revers est blanc ; 6° *The Workes of William Shakespeare*, sorte de titre suivi de *The Names of the Principall Actors in all these Playes*, autre feuillet dont le verso est blanc ; 7° *A Catalogve of the seuerall Comedies, Histories and Tragedies contained in this Volume*, 1 f. ayant le verso blanc. Il est à remarquer que la pièce intitulée *Troylus and Cressida* n'est pas indiquée dans cette table, quoiqu'elle fasse partie du volume. A la suite de ces préliminaires se trouvent les pièces divisées en 3 part. La première, depuis *The Tempest* jusqu'à *The Winters tale*, a 304 pp., dont la dernière blanche, sign. A—Cc 2 par 6. La seconde partie, depuis the *King John*, jusques et y compris *Richard the third*, pp. 1 à 204, sign. a—g, par 6 ; gg, par 8 ; h—x et ¶—¶¶, par 6 ; ¶¶¶, 1 f. *Henry the eight*, pp. 205 à 232, suivies du Prologue et de la première page de *Troylus et Cressida*, non chiffrés, après quoi viennent les pp. 79 et 80, et 25 pp. sur 13 ff. non chiffr. (le verso du dernier est blanc). La troisième partie (depuis *Coriolanus* jusqu'à *Cymbeline*, 399 pp. ; les pp. 379

et 399 sont cotées 389 et 993) ; sign. aa—ff, par 6 ; gg, par 8 ; hh, kk—vv, x, yy jusqu'à bbb, par 6. Le portrait, gr. par Droeshout, a servi dans les quatre éditions in-fol., mais la planche a reçu successivement des retouches, qui sont surtout sensibles dans la quatrième.

M. Henry-G. Bohn a donné, dans la VIIIe partie de la nouvelle édit. du *Manual* de Lowndes, la description détaillée des quatre éditions in-fol. de Shakespeare, où il indique les nombreuses fautes de pagination qu'il y a remarquées. Il n'a pas négligé de faire usage d'un opuscule qu'un bibliophile américain bien connu, M. Lenox, de New-York, a fait imprimer sous le titre de *Shakespeare's Plays*, et dont l'objet était de rectifier et de compléter, d'après ses propres exemplaires, la description que le *Manual* avait donnée de ces quatre mêmes édit. in-fol., en 1834.

Dans le petit nombre d'exemplaires qui existent encore de cette précieuse édition, la plupart sont défectueux, soit qu'il y manque des feuillets, soit qu'on y ait substitué au titre original et aux vers qui doivent l'accompagner, un titre et un feuillet tirés d'une autre édition, ou reproduits en fac-simile. Voilà pourquoi les quelques exemplaires conservés dans leur intégrité primitive ont acquis un si haut prix dans ces derniers temps, et que même ceux dont les défectuosités sont légères, ou ont été habilement réparées, se payent encore assez cher. Voici le prix de beaux exemplaires complets, cités dans le nouveau Lowndes : en *cuir de Russie*, par Montague, 85 liv. 1 sh. Hibbert, et revendu 155 liv. Wilks, en 1847, et ensuite 250 liv. Gardener, en 1854. Il porte 12 p. 3/8 sur 8 pouces ; avec les dix vers, mais ayant 2 cartons dans la pièce intitulée *As you like it*, 163 liv. 16 sh. en mai 1855 (acheté pour M. Lenox, de New-York) ; celui de M. Ellis, qui mesure 12 p. 5/8 sur 8 p. 1/8, est estimé 200 guinées ; celui du duc de Devonshire, payé 100 liv. à la vente Roxburghe, porte 13 p. 1/8 sur 8 p. 1/8, mais il avait le portrait et les vers montés ; celui de la collection Grenville, qui est un peu moins haut, a été payé 121 liv. 16 sh. vente Sunders, en 1819. L'exemplaire appartenant à R. S. Turner porte 13 p. 1/8 sur 8 p. 1/2 (toujours mesure anglaise) ; enfin, celui de M. Robert Holford, presque aussi grand de marges que le précédent, lui a coûté 250 liv. Quant aux exemplaires plus ou moins défectueux, on les cote depuis 30 jusqu'à 100 liv., et même au-dessus. L'exemplaire du Dr Richard Wright fut donné pour 10 liv. en 1787 ; on n'en cite pas de plus anciennes adjudications.

Il a paru en 1807 une réimpression du texte de l'édit. in-fol. de 1623, au prix de 5 liv. 5 sh. Un exemplaire a été vendu 3 liv. 6 sh. Hawtrey, en 1863. On en a tiré sur papier de Chine trois exemplaires dont un s'est vendu 4 liv. Sotheby, en mars 1847. En comparant cette réimpression avec l'original, M. W. Upcott a trouvé à y corriger 368 fautes d'impression sur son exemplaire, qui, à cause de ces corrections, s'est vendu 12 liv. 1 sh. 6 d. à son encan.

Une seconde réimpression est maintenant (1863) en cours de publication, sous la direction de M. Lionel Booth, à Londres. C'est un fac-simile de celle de 1623, quant au texte, mais dans le format pet. in-4., et au prix de 1 liv. 10 sh. Il y aura aussi une édit. de format in-8. impérial, dont quelques exemplaires dans le format pet. in-fol. de l'original, et deux impr. sur VÉLIN. La première partie, qui a été mise au jour, et qui renferme les comédies, donne un fac-simile photographique du portrait de Shakespeare, par Droeshout.

On annonce comme devant être publié par souscription, au prix de 10 liv. au moins, un véritable fac-simile de l'édit. de 1623, qui sera exécuté par le procédé photo-zincographique, sous la direction de M. Howard Staunton, au bureau du *Her majesty's Ordonnance Survey*.

— Mr. WILLIAM SHAKESPEARES Comedies, Histories and Tragedies, Published according to the true originall copies. The second Impression. *London, printed by Tho. Cotes, for Robert Allot...*, 1632, in-fol. Ce volume contient 8 ff. prélim., y compris le titre sur lequel est le portrait de Shakespeare, par Martin Droeshout, et le f. où sont imprimés les 10 vers de Ben Johnson ; ensuite, 1° les pièces, depuis *The Tempest* jusques et y compris *The Winters tale*, pp. 1 à 303 ; le verso de la dernière est blanc ; 2° *King John* jusqu'à *Henry IV*, part. 2, pp. 1 à 100, plus *Epilogve* et *the actors names* ; 3° *Henry V* à *Henry VIII*, pp. 69 à 232 ; 4° *Troilus and Cressida* à *Cymbeline*, pp. 1 à 168, ensuite 269 à 419. A la fin du volume se trouve cette souscription : *Printed at London by Thomas Cotes, for John Smethwick, William Aspley, Richard Hawkins, Richard Meighen and Robert Allot*, 1632. Les quatre libraires qui y sont nommés ont fait imprimer des titres particuliers qui ne portent que le nom de l'un d'eux. Des exemplaires ont été vendus 3 liv. 3 sh. Garrick ; 5 liv. 10 sh. Field ; 9 liv. Bindley ; 15 liv. (*mar.*) Dent ; 10 liv. 5 sh. Heber ; autre en *mar.*, et grand de marges, 28 liv. Crawford, en 1854, et dans la première reliure en veau, et également grand de marges, 36 liv. Holland, en 1862.

N'oublions pas de parler d'un exemplaire de cette seconde édit., que recommandent les particularités suivantes : il a appartenu à l'infortuné Charles Ier, qui y a écrit cette devise : *Dum spiro spero*, C. R. ; ensuite à Thomas Herbert, valet de chambre du même prince, comme le prouve l'*Ex dono serenissimi Regis Car. servo suo humiliss. T. Herbert*, écrit sur le livre. C'est d'ailleurs le même dont Milton a parlé dans ses *Iconoclastes*, et de plus il porte la signature de Ben Johnson et celle du roi George III. Ce livre, si précieux pour l'Angleterre, a été payé successivement 2 liv. 12 sh. à la vente du Dr. Mead ; 5 liv. 10 sh. à celle du Dr. Askew, et acheté 18 sh. à la vente Steevens pour le roi George III. Mais quoique l'exemplaire soit inscrit dans le catalogue de la magnifique donation faite par George IV au *British Museum*, il n'est pas dans cet établissement ; il se conserve aujourd'hui, avec d'autres livres réservés, dans la collection royale de Windsor.

— Mr. WILLIAM SHAKESPEAR's Comedies, Histories and Tragedies, Published according to the true Original Copies. The third Impression. And unto this impression is added seven Playes, never before printed in folio, viz. : Pericles prince of Tyre ; the London Prodigall ; the History of Thomas L^d. Cromwell ; Sir John Oldcastle Lord Cobham ; the Pvritan Widow ; a Yorkshire Tragedy ; the Tragedy of Locrine. *London, Printed for P. C.*, 1664, in-fol. Cette troisième édition, ainsi que son titre l'annonce, contient sept pièces qui ne se trouvent pas dans les deux précédentes. De ces sept pièces, la première, *Pericles*, en 20 pp., a été admise dans toutes les éditions qui ont paru depuis celle-ci ; mais les six autres, qui occupent ensemble 100 pp., ont été écartées comme n'étant pas réellement de Shakespeare, à qui on a voulu les attribuer. Mais avant que le volume n'eût reçu ces additions, on en avait mis en vente des exemplaires moins complets, et dont les titres portent : *London, printed for Philip Chetwinde*, 1663, ce qui constate bien deux sortes d'exemplaires de la même édition, mais non pas deux éditions différentes. Dans une partie des exemplaires, sous la date de 1663, la place du portrait, gr. par Martin Droeshout, qui doit se trouver sur le titre, est restée en blanc, et les vers de Ben Johnson sont impr. en gros caractères sur le f. opposé au titre, ce qui donne aux pièces liminaires 10 ff. au lieu de 8, lorsque le titre est double, c'est-à-dire avec et sans le portrait. Le corps du volume est coté de 1 à 877, plus ou moins inexactement, selon que les erreurs de pagination ont été plus ou moins corrigées pendant le cours du tirage. Ces premiers exemplaires sont encore plus rares que les seconds ; mais ceux-ci sont préférables à cause des sept pièces ajoutées.

Un exemplaire à la date de 1663 n'a été payé que
1 liv. 8 sh. à la vente de Richard Wright, en 1787;
ensuite vendu 6 liv. 12 sh. 6 d. Field; 10 liv. 10 sh.
Utterson; avec le double titre de 1663 et 1666,
16 liv. 5 sh. 3 d. Nassau; sous la date de 1663, avec
le portrait sur le titre, 22 liv. 1 sh. Rhodes; avec
le double titre et le portrait, 24 liv. Hibbert, et
25 liv. 10 sh. Wilks, en 1847; 35 liv. Roxburghe;
sous la date de 1664, 26 liv. 10 sh. Heber; sous la
date de 1664, avec quelques défauts, 35 liv. Stowe,
en 1849, et 20 liv. Hawtrey, en 1853; un exemplaire de 1664, avec double titre de 1663, rel. en
cuir de Russie par Hering, et portant, en mesure
anglaise, 13 pouces sur 8 1/2, 50 liv. Sotheby, en
décembre 1854; autre en *mar.*, 51 liv. Bliss, en
juin 1858; autre bel exempl. de 1664, ayant en
double titre de 1663, et les vers en gros caractères, 50 liv. lord Stuart de Rothsay. Enfin, un exemplaire de 1664, dans sa première rel. en veau, et
ayant de grandes marges, 43 liv. 10 sh. miss Currer,
en août 1862.

— Mr. WILLIAM SHAKESPEAR's Comedies, Histories and Tragedies. Published according to the true
original copies. Unto which is added, seven Plays
(comme dans la 3e édit.). The Fourth Edition.
London, Printed for H. Herringman, E. Brew-
ster, R. Chiswell, and R. Bentley..., 1685, in-fol.

Vis-à-vis du titre de cette édition se trouve un f. au
haut duquel est une épreuve retouchée du portrait
de Shakespeare, avec les vers de Ben Johnson
impr. au-dessous. Les pièces préliminaires sont les
mêmes que dans la seconde édition, mais n'occupant que 4 ff.; ensuite le texte *The Tempest to*
Winter's tale, pp. 1 à 272, suivies d'un f. pour les
noms des acteurs; 2o *King John to Romeo and Ju-*
liet, pp. 1 à 328; 3o *Timon of Athens to Locrine*,
pp. 1 à 303. Vend. 2 liv. 2 sh. Field; 2 liv. 12 sh. 6 d.
Steevens; 3 liv. 9 sh. Hibbert; en *mar.* 7 liv. 10 sh.
Dent; 4 liv. 14 sh. Hawtrey, en 1853; en *cuir de*
Russie, 6 liv. 18 sh. Sotheby, en 1857, et 8 liv. 10 sh.
chez le même, en 1860.

— Plays revised and corrected on the former editions by Th. Hanmer; with a
Glossary. *Oxford*, 1744-46, 6 vol. in-4.,
avec fig. d'après Heyman. 50 à 60 fr.

Édition originale de ce texte: vend. 185 fr. *mar. r.*
dent. Mac-Carthy. Réimpr. à Oxford, 1770-1, en
6 vol. in-4., fig., et plusieurs fois dans les formats
in-8., in-12 et in-18, en 6 et en 9 vol.

Les principales éditions de ce grand poëte, données
dans le XVIIIe siècle, antérieurement à celles de
Steevens, sont, outre celles d'Hanmer, dont nous
venons de parler, les suivantes:

1o — Works of W. Shakespeare revised and corrected
with an account of his life and writings by Nicholas
Rowe : to which are added his poems; with critical
remarks, etc. (by Ch. Gildon). *London, Tonson,*
1709-10, 7 vol. in-8.

Première édition en petit format et avec des gravures.
Les *Poems* forment le 7e volume. Dans la 2e édit.,
London, 1714, 9 vol. in-12, se trouvent les remar-
ques de Ch. Gildon sur les pièces de Shakespeare.
La Vie du poëte, par Rowe, est encore une des plus
exactes que l'on ait.

2o — Collated and corrected by Alex. Pope. *London,*
Tonson, 1725, 6 vol. in-4., portrait par Vertue
(plusieurs volumes sont datés de 1723). On y a
ajouté un septième volume imprimé en 1725, contenant : *Venus and Adonis, Tarquin and Lucrece*
and Mr Shakespear's miscellany poems, etc.,
avec une préface par le Dr Sewell. Ce texte a été
réimpr. plusieurs fois en différents formats. L'édition de *Birmingham, Rob. Martin*, 1768, 9 vol.
in-12, est le produit des presses de Baskerville.

3o — Collated with the oldest copies, and corrected
with notes by Lewis Theobald. *London, Tonson,*

1733, 7 vol. in-8., avec des figures où les personnages sont représentés sous les costumes du temps.
Édition d'un mérite reconnu. Elle a été réimprimée
sept fois de 1740 à 1777, en 8 ou 12 vol. in-12, et,
en 1757, en 8 vol. in-8., avec des figures de Gravelot. Les registres de Tonson constatent que les différentes éditions de ce texte ont produit un total
de 12860 exemplaires, et que Theobald a touché
652 liv. pour sa part des bénéfices qui en sont résultés. Rowe n'avait reçu que 36 liv. 10 sh., et
Pope, seulement 217 liv.

4o — With a comment. and notes by Pope and Warburton. *London, Knapton*, 1747, 8 vol. in-8., avec
le portrait de Shakespeare gravé par Vertue.
Édition peu estimée.

5o — Works, in which the beauties observed by Pope,
Warburton and Dodd are pointed out, together
with the author's life, a glossary and various readings. *Edinburgh, Sands, Hamilton, Balfour, &,*
1753, 8 vol. in-12.
Cette édition, qui passe pour correcte, a eu pour éditeur le Dr Hugues Blair; elle a été reproduite dans
la même ville, en 1761, en 1769 et en 1795, également en 8 vol. in-12.

6o — Plays with the corrections and illustrations of
various commentators : to which are added notes
and preface by Sam. Johnson. *London, Tonson,*
1765 (2e édit., 1768), 8 vol. in-8.

7o — Comedies, histories and tragedies, set out by
himself in Quarto, or by the players his fellows
in-fol., and now faithfully republished from those
editions; with an introduction. *London, J. and R.*
Tonson (1767-68), 10 vol. pet. in-8., édition publiée par Edward Capell, auteur de l'ouvrage intitulé : *Notes and various readings to Shakespeare*,
1779-80, 3 vol. in-4., dont le troisième a pour
titre : *The School of Shakespeare, or authentic*
extracts from divers english books, that ware in
print in that Author's times evidently shewing
from whence his fables were taken.

— THE PLAYS, from the text of S. Johnson, with the
prefaces, notes, etc., of Rowe, Pope, Theobald, Hanmer, Warburton, Johnson, and select notes from
many other critics; also the introduction of the
last editor, M. Capell; and a table, shewing his various readings. *Dublin, Th. Ewing*, 1771, 12 vol.
in-12, avec un 13e vol. contenant les Poëmes.
Cette édition *Variorum* conserve encore quelque valeur en Angleterre.

— PLAYS, as they are now performed at the theatres
royal in London, regulated from the prompt books
of each house, by permission, with notes critical and
illustrative, by the authors of the dramatic Censor
(Francis); with an introduction containing an essay
on oratory and dramatic performances. *London,*
John Bell, 1773-75, 8 vol. in-12, portrait et planches grav. par Sherwin et Grignion; plus la vie du
poëte et ses poëmes formant un 9e vol.
Cette édition du texte conforme à la représentation
est, au jugement des critiques anglais, la plus mauvaise qui eût encore paru. Cependant, on prétend
qu'il s'en est vendu 8000 exempl. en une semaine.

— The Plays of W. Shakespeare, with the
corrections and illustrations of various
commentators; to which are added
notes by Sam. Johnson and George
Steevens. *London*, 1778, 10 vol. in-8. fig.

Seconde édition (*revised and augmented*) du Shakespeare de Steevens. La première avait paru à Londres, 1773, en 10 vol. in-8. On peut joindre à l'une
et à l'autre un *Supplément* contenant *Additional*
observations by several of the former commen-
tators; the genuine poems de Shakespeare, et les
sept pièces qui lui ont été attribuées (dans l'édit.
de 1664), avec des notes de l'éditeur (Th. Malone)
et autres, *Lond.*, 1780, 2 vol. in-8. — Et aussi :
A SECOND appendix to Mr Malone's supplement,
Lond., 1783, in-8., tiré à 50 exempl.

La troisième édition du même texte de Steevens, *Lond.*,1785, 10 vol. in-8., a été donnée par l'éditeur de la *Collection of old plays* (Isaac Reed). Nous parlerons ci-dessous des autres éditions de ce même texte, qui est le meilleur qu'on eût encore donné de Shakespeare.

— DRAMATIC writings, with the prolegomena and notes of all the various commentators, printed complete from the best editions of S. Johnson and G. Steevens. *London, Bell,* 1788 (le premier vol. a paru en 1786), 76 part. gr. in-18, pap. vél.

Cette jolie édition, ornée de portraits et de vignettes, se relie en 20 ou 22 vol. Elle a coûté 3 liv. 16 sh., et en pap. fin 7 liv. 12 sh., mais ces prix ne se sont pas soutenus. On l'a réimpr. en 1804, en 20 vol.

— THE DRAMATIC works, with notes by the rev. Jos. Rann. *Oxford,* 1786-94, 6 vol. in-8.

— PLAYS accurately printed from Steevens' text, with glossarial notes. *London,* 1803, 10 vol. in-18. 2 liv. 5 sh. ou pet. in-8. 3 liv. 10 sh.

— DRAMATIC works, with short explanatory notes by S. Ayscough. *London, Stockdale,* 1784, in-8. à 2 col.

Cette édition de Shakespeare est la première qu'on ait réduite en un seul volume. Elle a été réimpr. (*London, Stockdale*) en 1790, et accompagnée de l'*index* d'Ayscough, gr. in-8., qui en facilite l'usage : 30 à 36 fr. les 2 vol. — Il y a aussi une édition de 1806, 2 tom. en 1 vol. gr. in-8., avec l'*index* d'Ayscough, 1 vol.

— THE PLAYS and poems of W. Shakespeare; collated verbatim with the most authentic copies, and revised; with the corrections and illustrations of various commentators; to which are added an essay on the chronological order of his plays, an essay relative to Shakespeare and Ben Jonson; a dissertation on the three parts of King Henry VI; an historical account of the english stage, and notes by Edmund Malone. *London,* 1790, 10 tom. en 11 vol. pet. in-8. 60 à 75 fr.

Édition estimée, dont il y a des exemplaires en pap. fin. — Réimpr. à Dublin, 1794, 16 vol. in-12, portr. et planches.

— The Plays, etc., with notes by Johnson and Steevens. *London,* 1793, 15 vol. gr. in-8. 90 à 120 fr.

Cette quatrième édition du Shakespeare de Steevens est encore aujourd'hui une des meilleures de ce poëte. Is. Reed en a été l'éditeur et y a joint un excellent index. Les exempl. en Gr. Pap., qui, dit-on, ne sont qu'au nombre de 25, ont quelquefois été vend 20 liv., et plus cher avec les pl. d'Harding ajoutées.

La 5e et la 6e édition du Shakespeare de Steevens et Reed, impr. en 1803 et en 1813, l'une et l'autre en 21 vol. in-8., ne se vendent guère que de 100 à 120 fr., quoique la dernière ait coûté 12 liv. 12 sh., et en Gr. Pap. 18 liv. 18 sh. On peut y joindre l'article suivant :

REMARKS, critical, conjectural and explanatory, upon the plays of Shakespeare, resulting from a collation of the early copies with that of Johnson and Steevens, edited by Is. Reed, together with some valuable extracts from the mss. of the late John lord Chedworth. *London,* 1805, 2 vol. in-8. Il y a des exempl. en pap. roy.

— Dramatic works, revised by G. Steevens. *London, printed by Bulmer for Boydell,* (1791) 1802, 18 tom. en 9 vol. gr. in-fol. pap. vél. fig.

Magnifique édition, ornée de belles gravures d'après Westall, Hamilton, Smirke, Stothard et autres. L'éditeur (Boydell) la vendait 37 liv. 16 sh. avec les 95 gravures insérées dans le texte et ensuite 66 liv. de plus en y ajoutant (en 1802 et 1803) un recueil de 100 grandes planches additionnelles d'après les dessins de Fuseli, Northcote, Opie, Hamilton et Sto-

thard, et formant 2 vol. in-fol. Dans ce nombre de 100 pl. sont compris les Sept âges, Shakespeare peint par Smirke, le portrait de George III et celui de la reine Charlotte.

Lowndes parle de deux exemplaires de cette grande édition illustrée: l'un rel. en 20 vol. mar. bl. et renfermant 2300 portr. ou planches et une suite de dessins par des artistes célèbres, a été payé 556 liv. 10 sh. à la vente Hanrott; l'autre, contenant 3000 portr. et planches, 740 dessins, et de plus des avis et des billets de spectacle, le tout rel. en 44 vol. mar. r. vendu 495 fr. en juin 1860. Maintenant on trouve l'ouvrage complet pour 25 ou 30 liv., selon la reliure, et les grandes planches seules pour 8 ou 10 liv. Quelques exemplaires des premières livraisons du texte ont été tirés sur du pap. colombier de la même dimension que les grandes planches, mais ce tirage n'a pas été continué.

———

Avant de passer aux éditions imprim. au XIXe siècle, citons encore celles de *Lond., Robinson,* 1797, 7 vol. gr. in-8., avec un glossaire; — de *Lond., Bensley for Harding,* 1800, 12 vol. gr. in-18, avec gravures de Stothard.

———

— PLAYS accurately printed from the text of Johnson and Steevens. *London, printed by Bensley for Wallis,* 1803-1805, 10 vol. in-8. portrait.

Belle édition ornée de vignettes gr. sur bois d'après les dessins de Thurston. Elle a coûté 5 liv. 5 sh. et en Gr. Pap. 10 liv. 10 sh. Les deux derniers vol. sont un supplément contenant des variantes et des notes de différents commentateurs. Un exemplaire en 8 vol. impr. sur VÉLIN s'est vendu 44 liv. 12 sh. 6 d. en 1816. — Les 10 vol. ont été réimpr. en 1807.

— PLAYS, printed from the text of S. Johnson, G. Steevens and I. Reed. *Edinburgh, Ballantyne,* 1807, 12 vol. in-8. avec le portr. et des vignettes à chaque pièce, par Smirke, Fittler et autres. Prix de publication 6 liv. 6 sh. et en Gr. Pap. 10 liv. 16 sh., mais réduits depuis.

— THE SAME, accurately printed from the text of the corrected copy left by the late Steevens, with a selection of explanatory and historical notes from the most eminent commentators, a history of the stages, notes, and a life of Shakspeare by Alex. Chalmers. *London, Trade,* 1805, 9 vol. gr. in-8. avec planches d'après Henri Fuseli. 60 à 72 fr., et plus en très Gr. Pap.

Cette même édition existe aussi en 9 vol. pet. in-8. pap. fin, avec fig., et pap. commun sans fig.

Il en a été fait depuis plusieurs autres, savoir en 1811 et en 1818, en 9 vol. in-8.; en 1823, 8 vol. in-8. avec ou sans gravures; enfin, en 1837, en 1847 et en 1856, aussi en 8 vol. in-8. avec le seul portrait, 5 à 6 fr. par volume.

— PLAYS, *London, Miller, printed by Ballantyne,* 1806, 2 vol. gr. in-8. à 2 col., avec un frontisp. d'après Smirke. 15 à 20 fr.

Édition imprimée comme la collection des *Ancient and modern british Drama,* sortie des mêmes presses. (Voy. BRITISH Drama.) On y réunit le recueil de planches publié sous ce titre :

ILLUSTRATIONS of Shakespeare and other dramatists, after Smirke, Stothard and Richard Cook, engraved by Heath, Neagle, Warren and others, printed off separately from Ballantyne's edition of Shakespeare, etc. *Edinburgh* (1807), in-4. 48 pl. Évans proofs, 6 liv. 6 sh.

— PLAYS, with notes of various commentators, edited by Manley Wood. *London, Kearsley,* 1806, 14 vol. in-12. fig. 45 à 54 fr., et plus en Gr. Pap.

— PLAYS, from the corrected text of Johnson and Steevens. *London,* 1807, 6 vol. très-gr. in-4.

Édition ornée de pl. grav. par Heath, d'après Stothard, Fuseli and Hamilton. Elle a coûté 15 liv., mais on la trouve pour 3 ou 4 liv.

— THE DRAMATIC works, embellished with 230 wood engravings by Thurston; to which is prefixed a life of Shakespeare by John Britton. *Chiswick, by Whittingham for Sherwood*, 1814 (aussi 1818), 7 vol. in-18. 2 liv. 2 sh.

— Plays and poems, with the corrections and illustrations of various commentators : comprehinding a life of the poet and an enlarged history of the stage, by Edmund Malone, with a new glossarial index : by James Boswell. *London, Rivington,* 1821, 21 vol. in-8. avec portr. 8 liv. 4 sh.

La meilleure édition *Variorum* de ce grand poëte.
Il a été tiré de chacune de ces édit. 25 exempl. avec les vignettes sur papier de Chine.

— THE WORKS, with notes, critical, historical and explanatory, selected from the most eminent commentators; to which is prefixed a life of the author, by the rev. William Harness. *London, Dove*, 1825, 8 vol. in-8. avec portr. par J. Swaine. Publié à 4 liv. 4 sh. et en Gr. Pap. à 6 liv. 6 sh.

L'édition publiée par Harness a été réimprimée pour Rob. Saunders, 1830, 8 vol. in-8. avec fig. à 3 liv. 12 sh. et avec 40 pl. par Heath, en 1833, en 8 vol. in-8.

L'édition du même texte, en un vol. très-gr. in-4. publiée en 1830, est illustrée de 100 pl. qui avaient déjà figuré dans la grande édit. de Boydell, mais comme les cuivres en sont fatigués, elle se donne pour 3 liv. 3 sh. au lieu de 10 liv. 10 sh. Il y en a aussi une de *Londres, Scott and Webster*, 1836, in-8. dans laquelle on insère les 40 pl. d'Heath.

— DRAMATIC works, with glossary, in one pocket volume, diamond type. *London, printed by Corrall for Pickering*, 1825, nouv. titre 1831, in-12, portr. et vignettes. Publié à 1 liv. 1 sh. et avec 37 gravures d'après Stothard, 2 liv. 2 sh.

Il a été tiré 50 exemplaires entièrement sur papier de Chine, 3 liv. 3 sh.

— THE DRAMATIC works; with notes original and selected, by Sam. Weller Singer, and a life of the poet, by Ch. Symmons. *Chiswick, Whittingham*, 1826, 10 vol. gr. in-18, avec 60 vignettes en bois par John Thompson d'après Stothard et autres. 25 à 35 fr.

— THE SAME. *Printed by Corrall for Pickering*, 1822-25-28, 9 vol. in-48, avec portr. et 37 vignettes. 2 liv. 2 sh.

Édition qui, malgré l'exiguïté de ses caractères, est assez lisible. Il en a été tiré quelques exempl. entièrement sur pap. de Chine qui se vendaient 4 liv. 4 sh.

— THE SAME, with a life of the poet by Dr Symmons, and a glossary. *Chiswick, Whittingham*, 1827, roy. in-12. 13 sh.

Édition supérieure à celle que les mêmes presses ont produite en 1823, en 1 vol. in-12, et qui était alors ce qu'on avait fait de mieux dans ce genre. Elle est décorée de 50 gravures déjà employées dans l'édition de M. Singer (voyez ci-dessus).

— THE PLAYS and poems. *London, Pickering, Talboys and Nattali*, 1825, 11 vol. pet. in-8.; prix réduit 2 liv. 2 sh.

Cette édition contient les pièces douteuses.

— DRAMATIC works, from the text of Johnson and Steevens, with Johnson's preface and a glossary, glossarial notes and life. *London*, 1830, très-gr. in-4.

Édition ornée de 100 gravures faites pour l'édit. in-fol. de Boydell et de vignettes gravées sur bois par Thurston. 3 liv. 3 sh.

— PLAYS and poems, with life and select notes of the best commentators, the prefaces of Rowe, Johnson, etc. *London*, 1833, 8 vol. in-8. avec portraits et 40 gravures de Heath et autres, épreuves sur pap. de Chine, 3 liv. 3 sh.

Ce doit être une réimpression de l'édit. donnée par Alex. Chalmers (voy. ci-dessus, col. 340).

— PLAYS and poems of Shakespeare, edited, printed and published by A.-J. Valpy. *London*, 1832-34, 15 vol. gr. in-18.

Orné de 171 pl. au trait, d'après les belles grav. de l'édition de Boydell. Cette édition de Valpy, qui coûtait 3 liv. 5 sh., a été plusieurs fois réimpr. pour H. Bohn de 1840 à 1857, et à prix réduit à 2 liv. 5 sh.

— PICTORIAL Shakspeare : plays, poems, doubtful plays and biography, edited by C. Knight. *London*, 1838-43, 8 vol. gr. in-8. 4 liv. 10 sh. — Le 8e vol., qui contient la biographie, s'est vendu séparément 18 sh.

Belle édition et qui a été dirigée par un bon critique. 80 à 120 fr. — Réimpr. à Londres, 1842-44, en 12 vol. in-8. avec fig., même prix, et en 1859, en un seul vol. gr. in-8. avec 40 gravures, 12 sh.; et en 1860, 6 vol. pet. in-8.

— DRAMATIC and poetical works of Shakespeare, revised from the best authorities; wit a memoir and essay in his genius by Barry Cornwall, and illustrated with nearly 1000 wood engravings from designs by Kenny Meadows. *London, Tyas*, 1839-43, 3 vol. in-8. 3 liv. 3 sh.

Il y a des exemplaires entièrement impr. sur pap. de Chine et sur un seul côté des feuillets : 5 liv. 5 sh.
— Réimprimé en 1846 et en 1849, également en 3 vol. gr. in-8., et aussi en 1852, 2 vol. gr. in-8. avec 35 pl. sur acier et un choix des bois.

— COMPLETE works, illustrated with many valuable literary notes from the distinguished commentators, with large introductory notices prefixed to each play, and new life. *Paris, Baudry*, 1842, 10 vol. in-8. 40 fr.

On peut insérer dans cette édition une suite de 80 gravures publ. chez le même libraire, savoir : 42 pl. gravées sur acier et 38 grands sujets sur bois : 25 fr.; — sur papier de Chine, gr. in-4., premières épreuves, 50 fr.

Baudry a donné, en 1838 et depuis, une édition de Shakespeare en 2 vol. gr. in-8., avec des notes et des fig. 24 fr.

— THE WORKS; the text formed from an entirely new collation of the old editions, with the various readings, notes, a life of the poet, and a history of the early english stage, by Payne Collier. *London, Whittaker*, 1841-44, 8 vol. in-8. — Seconde édition, *London*, 1853, 8 vol. in-8.

Ces deux éditions coûtaient 4 liv. 16 sh. chacune; la troisième, *London*, 1858, 6 vol. in-8. 4 liv. Les changements proposés par l'éditeur n'ont pas eu une approbation générale (voy. ci-après, col. 358).

— DRAMATIC works, revised from the original editions, with historical and analytical introductions to each play, also notes explanatory and critical, and a life of the poet by J.-O. Halliwell. *London, Tallis*, 1851-53, 4 vol. très-gr. in-8.

Édition ornée de 100 planches y compris les photographies des acteurs Ch. Kean, Phelps, Harley, Buckstone et autres dans le costume de leurs rôles.

Réimprimé à *New-York*, en 1856, gr. in-8.

— The works of W. Shakespeare, the text formed from a new collation of the early editions, to which are added the original novels and tales on which the plays are founded, copious archæological annotations on each play, an essay on the formation of the text, and a life of the poet. By J.-O. Halliwell; the illustrations and wood engravings by F.-W. Fairholt. *London, printed for the editor by J.-E. Adlard*, 1853-61, in-fol., tomes I à X.

Cette édition, tirée à 150 exemplaires seulement, sera composée de 15 vol. Prix de souscription 63 liv. et avec les gravures sur pap. de Chine 84 liv. Toutes les planches seront détruites après la publication de l'ouvrage.

— SHAKESPEARE's Werke, herausgegeben von Dr. N. Delius, mit englischem Text und deutschen Anmerkungen, kritischer und erklärender Art. *Elberfeld*, 1854-61, 7 vol. in-8.
Cette édition du texte anglais avec des notes allemandes et un index est une publication remarquable. 60 fr.

— DRAMATIC works, the text carefully revised with notes by S.-W. Singer, and the life of the poet and critical essays by W.-W. Lloyd. *London, Bell and Daldy*, 1856, 10 vol. in-12. 3 liv.; — Gr. Pap. (*post* in-8.), 4 liv. 10 sh.

— DRAMATIC works and poems, the text revised by rev. Alexander Dyce. *London, Moxon*, 1857, 6 vol. in-8. 4 liv. 4 sh., et réduit à 2 liv. 8 sh.

— WORKS, with life, glossary and notes, by Howard Staunton. *London, Routledge*, 1858-60, 3 vol. gr. in-8., avec de nombreuses gravures sur bois par les frères Dalziel, d'après J. Gilbert. 2 liv. 16 sh.

— SHAKESPEARE's Works (the plays edited from the folio of 1623) with various readings from all editions, introductory remarks and historical sketch of the text, memoir, etc., by Richard Grant White. *Boston, America*, 1857-60, 12 vol. pet. in-8. 4 liv. 10 sh.
On a fait usage dans cette édition de 117 corrections faites par J. P. Collier sur l'in-fol. de 1623. Il avait déjà paru à *Boston and Cambridge* (Etats-Unis), 1852-57, une édition des mêmes œuvres, *with introductory notes, original and selected, and a life of the poet by the rev. H.-N. Hudson*, en 11 vol. in-12.

— DRAMATIC works, edited by Carruthers and W. Chambers, 1861, pet. in-8. fig. sur bois, vol. I à VI. En cours de publication sous la désignation de *Chambers' Household edition.*

— TWENTY of the plays of Shakespeare, being the whole number printed in quarto, during his lifetime, or before the restoration; collated where there were different copies, and publish'd from the originals, by Geor. Steevens. *London*, 1766, 4 vol. in-8. 40 à 50 fr.
Il a été tiré douze exemplaires sur Gr. Pap., ou plutôt sur Pap. fin : 5 liv. 15 sh. 6 d. Steevens ; 11 liv. 11 sh. *mar.* Grafton.

II. *The Family Shakespeare.*

La première édition du *Family Shakespeare* de Bowdler a été impr. à Bath, by *R. Cruttwell for Hatchard, London*, 1807, en 4 vol. in-12 et ne contient que 20 pièces. La seconde, complète en 10 vol. gr. in-18, porte pour titre : *The family Shakespeare; in which nothing is added to the original text, but those words and expressions are omitted which cannot with propriety be read aloud in a family, by Th. Bowdler*, London, Longman, 1818. Ce Shakespeare *expurgatus* a été souvent réimprimé; et il y en a plusieurs édit. en un seul volume, gr. in-8.

III. *Pièces de Shakespeare imprimées de format in-4., avant la publication du recueil in-fol. de 1623.* — *Nous les avons placées par ordre alphabétique, l'ordre chronologique étant fort incertain.*

— THE TRAGICALL HISTORIE OF HAMLET Prince of Denmarke. By William Shake-speare. As it hath beene diuerse times acted by his Highnesse seruants in the Cittie of London : as also in the two Vniuersities of Cambridge and Oxford, and else-where. *At London*

printed for *N. L. and Iohn Trundell*, 1603, in-4. de 33 ff. y compris le titre.
Première édition, présentant un texte beaucoup plus exact que dans les réimpressions. On n'en connaît que deux exempl. : le premier, dans lequel manque le dern. feuillet, appartient au duc de Devonshire; il a fait partie d'un recueil de 12 éditions des pièces anciennes de Shakespeare, acquis, en 1825, des libraires Payne et Foss, au prix de 250 liv. sterl.; le second, où le titre seul manque, a été vendu 120 livres à M. Halliwell, par M. Boone qui l'avait payé 70 liv. Il se conserve aujourd'hui au British Museum. Ce premier texte a été réimprimé, *London, Payne and Foss*, 1825, in-8., et, en septembre 1858, il a été donné un fac-simile photographique de l'original, tiré à 40 exemplaires seulement. Vendu 6 liv. 6 sh. en décembre 1861.

— THE TRAGICALL HISTORIE OF HAMLET, Prince of Denmarke, by William Shakespeare. Newly imprinted and enlarged to almost as much againe as it was, according to the true and perfect coppie. *At London, Printed by I. R. for N. L. and are to be sold at his shoppe vnder Saint Dunstons Church in Fleetstreet*, 1604; in-4. de 51 ff., titre compris.
Edition presque aussi rare que la précédente, puisqu'on n'en cite que trois exemplaires. On y remarque quelques passages qui ne se trouvent pas dans l'édition des œuvres de Shakespeare in-fol. de 1623. Il en a aussi été fait, en 1859, une reproduction fac-simile tirée à 40 exempl. pour les amis du duc de Devonshire. 8 liv. en décembre 1861.
L'édition de Londres, sous la date de 1605, est, à ce qu'il paraît, la même que celle de 1604, et il n'y n'y aurait que la date de changée. Un fac-simile d'un exemplaire de 1605, in-4., a été fait, en 1860, sous la direction de M. Halliwell, dans le but de démontrer la similitude des deux sortes d'exemplaires. Il n'a été tiré que 26 exempl. de ce fac-simile.

— HAMLET, 1603 and 1604; being exact reprints of the first and second editions from the originals in the possession of the Duke of Devonshire; the text printed on opposite pages; with a bibliographical preface by S. Timmins. *London, Sampson Low*, 1859, in-8. 12 sh. 6 d.
Nous citerons encore une édit. d'Hamlet, in-4. de 51 ff., sans date, que l'on a supposé être celle qui a été enregistrée à la chambre des Stationers, le 19 nov. 1607, mais qui, selon Heber, serait seulement de 1636 ou 1637. Elle a été vendue 5 liv. 5 sh., et revendue 24 liv. 10 sh. en 1858. Une autre de Londres, 1611, in-4. de 51 ff. 8 liv. 15 sh. Steevens ; 9 liv. 9 sh. Heber ; 18 liv. en 1858 ; 31 liv. Bandinel en 1861.

— THE HISTORY OF HENRIE THE FOVRTH; with the battell at Shrewsburie, betweene the King and Lord Henry Percy, surnamed Henrie Hotspur of the North. With the humorous conceits of Sir Iohn Falstalffe. *At London, Printed by P. S. for Andrew Wise, dwelling in Paules Churchyard at the signe of the Angell*, 1598, in-4. de 40 ff. Lowndes n'en cite que trois exemplaires.

— The same. Newly corrected by W. Shakespeare. *At London* (comme ci-dessus) 1599, in-4. de 40 ff. 3 liv. 10 sh. Steevens; 6 liv. 6 sh. Roxburghe, 21 liv. 10 sh. en mars 1856; 14 liv. Utterson; 75 liv. Halliwell en mai 1857. On en connaît quatre autres exemplaires.
En 1861, M. E.-W. Ashbie a produit un fac-simile photographique de cette édit. de 1599, in-4., tiré à 31 exemplaires pour M. Halliwell.

— Autre édition. *London, printed by Valentine Simes for Mathew Law*, 1604, in-4. de 40 ff. On n'en connaît que deux exemplaires, l'un desquels est incomplet.

— Autre édition. *At London* (comme ci-dessus), 1608, in-4. de 40 ff. 1 liv. 7 sh. Steevens; 15 liv. 10 sh. Rhodes; 12 liv. 12 sh. Heber.
Les éditions de *Lond.*, 1613, 1622, 1632 et 1639, in-4., et surtout les deux premières, ont encore une certaine valeur en Angleterre.

— THE SECOND PART OF HENRIE THE FOURTH, continuing to his death, and coronation of Henrie the fift. With the humours of Sir John Falstaffe , and swaggering Pistoll. As it hath bene sundrie times publikely acted by the right honourable, the Lord Chamberlaine, his seruants. Written by· William Shakespeare. *London, Printed by V. S. for Andrew Wise, and William Aspley*, 1600, in-4. de 43 ff., sign. a-l. Il y a des exemplaires qui n'ont que 41 ff., parce qu'on avait d'abord omis la première scène du 3e acte en entier, que l'on a rétablie ensuite en imprimant un carton de 2 ff. pour le cah. E, qui, par ce moyen, se trouve avoir 6 ff. au lieu de 4. Les exemplaires complets sont d'un grand prix, 40 liv. Heber ; 100 liv. Halliwell, en 1857 ; les autres sont beaucoup moins chers.'

— THE CHRONICLE HISTORY OF HENRY THE FIFT, With his battell fought at Agin Court in France. Togither with auntient Pistoll. As it hath bene sundry times playd by the Right honorable the lord Chamberlaine his seruants. *London, Printed by Thomas Creede, for Tho. Millington and Iohn Busby*, 1600, in-4. de 27 ff.; le dernier est coté G 3, et à le verso blanc. L'exemplaire, avec des feuillets remontés, vendu. 27 liv. 6 sh. Steevens, et 24 liv. 3 sh. Heber, est, à ce qu'il paraît, le seul qui ait paru dans un encan, mais on en connaît quatre autres.

— Autre édit. *London, Printed by Th. Creede, for Th. Pauier*, 1602, in-4. de 26 ff., le dernier côté G 2.

— Autre édition. *Printed for T. P.*, 1608, in-4. de 27 ff., le dernier coté G 3 au verso. Vend. plusieurs fois de 2 à 8 liv. On a remarqué que le texte de ces trois éditions (1600, 1601, et 1608), diffère beaucoup de celui de l'édit. in-fol. de 1623.

La pièce suivante paraît avoir fourni à Shakespeare le canevas de ses deux parties d'Henry IV, et de son Henry V ; elle a pour titre : *The famous victories of Henry the Fifth, containing the honourable baltel of Agin Court*, London, 1598, in-4. On n'en connaît plus un seul exempl.; mais elle a été réimpr., *London, Barnard Alsop, and are to be sould by Timothy Barlow*, 1617, in-4. de 26 ff. Vend. 36 liv. 10 sh. Wilks, en 1847 ; 10 liv. 5 sh. Sotheby, en 1856. Il en a été fait un fac-simile photographique tiré à 10 exempl. pour M. Halliwell.

— HENRY THE SIXTH. Les part. I et II de cette pièce ont paru, pour la première fois, dans l'édit. des Œuvres de Shakespeare, in-fol. en 1623, mais dès l'année 1594 on possédait la pièce suivante qui a été le fondement de la seconde partie d'Henry VI : *The first part of the contention betwixt the two famous houses of Yorke and Lancaster, with the Death of the good Duke Humphey, and the Banishment and Death of the Duke of Suffoelk, and the Tragicall End of the proud Cardinall of Winchester, with notable Rebellion of Jack Cade, and the Duke of Yorkes first Claime unto the Crowne.* Printed by Thomas Creede for Thomas Millington, 1594, in-4. de 32 ff. (la date est répétée à la fin de la pièce). L'exemplaire vendu 38 liv. 17 sh. Tyssen en 1801, revendu 64 liv. Heber, passe pour être le seul connu. Il appartient aujourd'hui à la Bodleian Library. M. Halliwell en a fait faire une réimpression pour le compte de la *Shakespeare Society.*

Il existe deux autres éditions de cette même pièce sous la date de 1600 : l'une *Printed by W. W. for Thomas Millington*; l'autre *Printed by Valentine Simmes, for Th. Millington*, et en 32 ff. chacune. Un exemplaire de la première, ayant un f. en manuscrit, a été vend. 5 liv. 7 sh. 6 d. Rhodes, et un de la seconde, 32 liv. en 1853. Lowndes décrit une autre édition sous le titre de : *The whole contention of two famous Houses Lancaster and Yorke... Diuided into two Parts, and newly corrected and enlarged. Written by William Shakespeare, Gent.* Printed at London, for T. P. (*sans date*, mais de 1619), in-4. de 64 ff., sign. A à Q. Par une particularité typographique la seconde partie, qui commence à la signat. I, finit, sans être achevée, à la sign. Q 4 ; ensuite, sans qu'il y ait un nouveau ti-

tre, commence *The History of Pericles, Prince of Tyre.* Vendu plusieurs fois de 2 à 6 sh. à Londres, et même 11 liv. 5 sh. vente Loscombe en 1854.

— THE FIRST AND SECOND PART OF THE TROUBLESOME RAIGNE OF JOHN KING of England. *London, for Sampson Clarke*, 1591, in-4. goth. Edition fort rare, dont il y a un exemplaire dans la collection de Capell. Elle ne porte pas le nom de Shakespeare, mais son titre, que nous allons donner en entier, est le même que dans l'édition suivante :

— THE FIRST AND SECOND PART OF THE TROUBLESOME RAIGNE OF JOHN KING of England. With the Discouerie of King Richard Cordelions Base sonne (vulgarly named the Bastard Fawconbridge) : Also the Death of King Iohn at Swinstead Abbey. As they were (sundry times) lately acted by the Queenes Maiesties Players. Written by W. Sh. *Imprinted at London by Valentine Simmes for Iohn Helme, and are to be sold at his shop in Saint Dunston's Churchyard in Fleete street*, 1611, in-4. sign. A—L par 4 et M d'un seul feuillet. 1 liv. 18 sh. Steevens ; 10 liv. 10 sh. Loscombe en 1854 ; 17 liv. 10 sh. Halliwell, en 1857, 10 liv. en 1858. — L'édition de *Lond., by Aug. Mathewes for Th. Dewe*, 1622, in-4., sign. A—M2, reproduction de celle de 1611, est un peu moins chère. La première édit., véritablement authentique, qui ait paru du texte de cette pièce, est celle qui fait partie du Shakespeare de 1623.

— M. WILLIAM SHAK-SPEARE : HIS TRUE CHRONICLE HISTORIE OF THE LIFE AND DEATH OF KING LEAR and his three Daughters. With the vnfortunate life of Edgar, sonne and heire to the Earle of Gloster, and his sullen and assumed humor of Tom of Bedlam. As it was played before the Kings Maiestie at Whitehall vpon S. Stephens night in Christmas Holidayes. By his Maiesties seruants playing vsually at the Gloabe on the Bancke-side. *London, Printed for Nathaniel Butter and are to be sold at his shop in Paul's Churchyard...* 1608, in-4. de 41 ff. non compris le titre.

On a constaté des variantes entre différents exempl. de cette édition ; par exemple, au verso du f. H, dans le discours de Gonerill, où on lit ordinairement : *A foole usurps my bed*, l'exemplaire de G. Steevens porte : *My foote usurps my head*. Des exempl. ont été vendus 14 liv. 5 sh. Dent ; 28 liv. Steevens ; 32 liv. Heber ; 19 liv. 5 sh. Loscombe, en 1854 ; 22 liv. 10 sh. Halliwell, en 1856.

Il existe une seconde édition, in-4. de 44 ff., sign. A—L par 4, sous la même date, et par le même imprimeur que la première. Le nom de l'auteur y est écrit *Shake-speare* au lieu de *Shak-speare*, et dans la souscription on a omis l'adresse du vendeur ; prix : 2 liv. 2 sh. Steevens ; 8 liv. 8 sh. Jolley ; 20 liv. Gardner ; 16 liv. 16 sh. Puttick, en 1860. Il y a une autre édition, *printed for N. Butter*, sous la date de 1608, mais qui, ainsi que celle qu'a publiée J. Bell, en 1655, in-4., sign. A—L, n'est qu'une copie de la première, et reproduit les mêmes fautes. L'édition de 1655 a été vendue 4 liv. 18 sh. Rhodes ; 2 liv. 2 sh. Heber ; 11 liv. Halliwell, en 1857.

Voici le titre d'une pièce en vers qu'on suppose avoir fourni à Shakespeare le fond de sa tragédie du Roi Lear : *The true chronicle history of King Lear and his three Daughters, Gonorill, Ragon, and Cordella. As it hath been divers and sundry times lately acted.* London printed by Simon Stafford for John Wright, 1605, in-4. (British Museum). G. Steevens l'a fait réimprimer, en 1766, dans le 4e vol. de ses *Twenty Plays of Shakespeare* (ci-dessus, col. 343).

— A PLEASANT CONCIETED COMEDIE CALLED, LOUES LABORS LOST. As it vvas presented before her Highness this last Christmas. Newly corrected and augmented By W. Shakespere. *Imprinted at London by w. w. for Cutbert Burby*, 1598, in-4. de 38 ff., sign. A—I par 4, et K par 2. La dernière page est au verso de K2.

Cette édition est si rare que G. Steevens n'avait pu se la procurer lorsqu'il donna, en 1766, une édition des 20 pièces in-4. Elle a été vendue 26 liv. Dent ; 47 liv. 5 sh. Jadis ; 53 liv. 11 sh. Rhodes ; 40 liv. Heber.

—LOVE LABOURS LOST. A Wittie and Pleasant Comedie, As it was Acted by his Maiesties Seruants at the Blacke-Friers and the Globe. Written by William Shakespeare. *London printed by w. S. for Iohn Smethwicke*, 1631, in-4., sign. A—K2. 7 liv. 7 sh. Rhodes; 9 liv. et 3 liv. Halliwell, en 1856; 4 liv. 6 sh. Libri, en 1862.

—THE EXCELLENT HISTORY OF THE MERCHANT OF VENICE. With the extreme cruelty of Shylocke the Iew towards the saide Merchant, in cutting a iust pound of his flesh. And the obtaining of Portia by the choyse of three Caskets. Written by W. Shakespeare. *Printed by J. Roberts*, 1600, in-4. de 40 ff., sign. A—K4. 2 liv. 14 sh. Roxburghe, exempl. revendu 6 liv. 6 sh. Jadis, et 15 liv. Holland, en 1860. Autres exemplaires 6 liv. Dent; 12 liv. Heber; 16 liv. Utterson; 21 liv. Halliwell, en 1859.

—The same. As it hath beene diuers times acted by the lord Chamberlaine his Seruants... *At London Printed by I. R. for Thomas Heyes*..... 1600, in-4. de 38 ff., la dern. page cotée K2. 10 liv. Roxburghe; 16 liv. Dent; 33 liv. 10 sh. et 17 liv. 17 sh. Heber; 32 liv. Gardner, en 1854; 37 liv. Halliwell, en 1856.

Deux éditions distinctes, mais présentant fort peu de différences. Celles de Londres, 1637 et 1652, in-4., se payent de 2 à 3 liv.

—A MOST PLEASANT AND EXCELLENT CONCEITED COMEDIE, of Syr Iohn Falstaffe, and the MERRIE WIUES OF WINDSOR. Entermixed with sundrie variable and pleasing humors, of Syr Hugh the Welch Knight, Justice Shallow, and his wise consin M. Slender. With the swaggering vaine of auncient Pistoll, and Corporal Nym. By Wm. Shakespeare. As it hath beene diuers times Acted by the Right Honourable my lord Chamberlaines seruants. Both before her Maiestie, and else-where. *London, Printed by T. C. for Arthur Iohnson*... 1602, in-4. de 27 ff., la dernière page cotée G4. Vend. 18 liv. Bindley; 28 liv. Steevens, et revendu 10 liv. Heber.

—The same. *Printed, for Arthur Johnson*... 1619, in-4. de 28 ff., la dernière page cotée G 4 au verso. 1 liv. 4 sh. Steevens; 4 liv. Jadis; 7 liv. et 3 liv. 3 sh. Heber; 16 liv. et 14 liv. 5 sh. Halliwell, en 1856 et 1858.

Le texte de ces deux éditions in-4. contient presque deux fois moins de vers que celui qui a paru depuis dans l'in-fol. de 1623, et que M. Booth a fait réimprimer à Londres, en 1862, en un pet. in-4., avec une notice des éditions de la même pièce connues et antérieurement publiées. 5 sh.

—A MIDSOMMER NIGHT'S DREAME. As it hath beene sundry times publikely acted, by the Right Honourable, the lord Chamberlaine his seruants. Written by William Shakespeare. *Printed by James Roberts*, 1600, in-4. de 32 ff., le dernier coté H4. Vend. 1 liv. 15 sh. Steevens; 3 liv. 3 sh. Roxburghe; 4 liv. 8 sh. Field; 5 liv. 5 sh. Jadis; 7 liv. Heber; 12 liv. 15 sh. Gardner, en 1854; 9 liv. Utterson; 18 liv. 5 sh. Crawford; 21 liv. Sotheby, en 1857; 15 liv. 15 sh. Holland, en 1860.

—A MIDSOMMER NIGHT'S DREAME... *Imprinted at London for Thomas Fischer*....., 1600, in-4. de 32 ff., le dernier coté H4 au verso. 22 liv. 10 sh. Bindley; 25 liv. 10 sh. (partie d'un feuillet manquant) Steevens; un bel exemplaire 36 liv., et un autre moins beau 21 liv. 10 sh. 6 d. Heber.

Cette édition était regardée comme la première des deux sous la même date, jusqu'à ce que M. Halliwell eût prouvé qu'elle n'était que la seconde. Le texte en est d'ailleurs plus correct que celui de la précédente.

La partie comique de cette pièce a été imprimée séparément, sous le titre de : *The Merry conceited humours of Bottom, the Weaver*. By Robert Cox. London (vers 1646), in-4. — Autre édition, 1661, in-4. — Réimprimé en 1860 à 30 exemplaires, format in-16, par les soins de M. Halliwell.

—MUCH ADOE ABOUT NOTHING. As it hath been sundrie times publikely acted by the right honourable, the lord Chamberlaine his seruants. Written by William Shakespeare. *London, printed by V. S. for Andrew Wise and William Aspley*, 1600, in-4. Le texte commence à la sign. A 2, et le dernier f. verso est coté I 4. Vend. 2 liv. 12 sh. 6 d. Steevens; 17 liv. 17 sh. Bindley; 18 liv. Heber; même prix Loscombe, en 1854; 65 liv. Halliwell, en 1857.

—THE TRAGOEDY OF OTHELLO, the Moore of Venice. As it hath beene diuerse times acted at the Globe, and at the Black-Friers, by his Maiesties Seruants. Written by William Shakespeare. *London, printed by N. O. for Thomas Walkley, and are to be sold, at his shop, at the Eagle and Child, in Brittans Bursse*, 1622, in-4. de 48 ff. inexactement paginés. Le cah. A est de 2 ff., et le texte occupe les signat. B à N2 par 4. Vend. 19 liv. 10 sh. Gilchrist; 22 liv. Dent. ; 29 liv. 8 sh., exempl. avec notes et variantes manuscrites, Steevens; 42 liv. Rhodes; 56 liv. rel. en *mar*. par Roger Payne, vente Bindley, et revendu seulement 28 liv. Heber.

Cette édition de 1622, la plus ancienne que l'on connaisse de cette belle tragédie, n'a paru que six années après la mort de l'auteur. Cependant, selon Malone, elle avait été jouée dès l'année 1604. Dix-sept autres pièces de Shakespeare, parmi lesquelles on compte plusieurs de ses chefs-d'œuvre (*Macbeth, the King Lear, Julius Cesar, Timon*, et même *the Tempest*), furent imprimées pour la première fois dans l'édition collective des œuvres de ce poëte, en 1623. Cela prouve que ce puissant génie, satisfait de livrer ses chefs-d'œuvre au théâtre, ne songeait guère à en assurer la publicité par l'impression.

— Autre édition. *London, printed by A. M. for Richard Hawkins*, 1630, in-4., sign. A—M par 4, dont le dernier f. est blanc. On l'a vendue plusieurs fois de 3 à 5 liv. Elle présente quelques bonnes variantes. Celle de *London, printed for William Leak*, 1655, in-4., sign. A—M, reproduction de la précédente, a à peu près la même valeur.

—THE LATE AND MUCH ADMIRED PLAY, CALLED PERICLES, PRINCE OF TYRE. With the true Relation of the whole Historie, aduentures and fortunes of the said Prince : As also, the no lesse strange, and worthy accidents in the Birth and Life of his daughter Mariana. As it hath been diuers and sundry times acted by his Maiesties seruants at the Globe on the Banck-side. By William Shakespeare. *Imprented at London, for Henry Gosson, and are to be sold at the signe of the Sunne in Pater-noster row*, etc., 1609, in-4. de 35 ff., sign. A par 4; le dernier f. est blanc. 2 liv. 5 sh. White Knights; 9 liv. 9 sh. Rhodes; 18 liv. Heber; 21 liv. (avec le titre fac-simile par Harris) vente Gardner. Le British Museum conserve deux exempl. de cette édit: parfaitement conformes pour le titre, mais dont l'un présente maintes variantes dans le texte, et de nombreuses corrections. Un fac-simile lithographié in-4. de cette édition de 1609 a été fait par E. W. Ashbee, 1862, pour M. Halliwell, et tiré à 31 exemplaires.

Le nouveau Lowndes, p. 2292, fait mention d'une édition de Périclès, imprimée par T. Pavier, qui se trouvait dans la collection de Garrick, et que l'on suppose être la première de cette pièce.

— Autre édition. *Printed at London by S. S.*, 1611, in-4., finissant au f. I 3 verso. Vend. 14 liv. 3 sh. 6 d. Edwards, en 1804.

Les éditions de Londres, 1619, 1630 et 1635, in-4., conservent encore un certain prix.

Cette pièce n'a pas été imprimée dans les deux premières éditions in-fol. de Shakespeare, parce qu'a lors on doutait qu'elle fût véritablement de lui.

Il existe une Nouvelle fondée sur la pièce de Shakespeare, et qui a pour titre : *The Painful Aduentures of Pericles, Prince of Tyre: Being the true History of the Play of Pericles, as it was lately presented by the worthy and ancient Poet Iohn Gower. At London, printed by T. P. for Nat. Butter*, 1608. C'est un in-4. de 38 ff., sign. A—K2, dont le frontispice présente la figure de Gower. Vend. 22 liv. 11 sh. 6 d. Nassau, revendu 21 liv. 1 sh. Heber, et acheté depuis par le British Museum. L'exemplaire conservé dans la bibliothèque de Zurich a 40 ff., y compris une dédicace *to Maister H. Fermor*, par Geor. Wilkins, auteur de l'ouvrage, formant deux feuillets impr. avec un caractère différent de celui du texte, auquel ils auront été ajoutés postérieurement.

— THE TRUE TRAGEDIE OF RICHARD DUKE OF YORKE, and the Death of good King Henry the Sixt, with the whole contention betweene the two Houses Lancaster and Yorke, as it was sundrie times acted by the Right honorable the Earle of Pembrooke his seruants. *Printed at London by P. S. for Thomas Millington*, 1595, in-4. de 40 ff. 131 liv. catalogue Chalmers, part. I.

Réimpr. pour la *Shakespeare Society*, par les soins du baron Field.

Cette pièce forme la troisième partie de la tragédie de Henri VI (voy. ci-dessus, col. 345).

— Autre édition. *Printed at London, by W. W. for Thomas Millington*, 1600, in-4., sign. A—H par 4. 10 liv. 10 sh. Jolley, et 60 liv. Halliwell, en 1857, et avec un f. mss. 5 liv. 7 sh. 6 d. Rhodes.

L'édition de Lond., *Printed for T. P.* (1619), in-4., a été publiée avec la seconde partie d'Henry VI, dont nous avons donné le titre ci-dessus.

— THE TRAGEDIE OF KING RICHARD THE SECOND. As it hath beene publikely acted by the right Honourable the Lorde Chamberlaine his seruants. *London, printed by Valentine Simmes for Androw Wise, and are to be sold at his shop in Paules church yard at the signe of the Angel*, 1597, in-4. de 37 ff., la dernière page est signée K 2.

On ne connaît que deux exemplaires de cette édition : l'un dans la collection de Capell, à Cambridge ; l'autre appartenant à M. George Daniel. Le nom de Shakespeare ne se trouve pas sur leur titre.

— Autre édition, dont le titre porte *by William Shakespeare*. London, Printed by Valentine Simmes..., 1598, in-4. de 36 ff., sign. A—I par 4. 4 liv. 14 sh. 6 d. Steevens ; 7 liv. 7 sh. Roxburghe ; 4 liv. 14 sh. 6 d. Heber : 12 liv. 10 sh. Bright.

— Autre édition. *London, Printed by W. W. for Mathew Law...*, 1608, in-4. de 39 ff., le verso du dernier coté K 3. Vend. 10 liv. Steevens : 19 liv. Loscombe ; 30 liv. 10 sh. Halliwell, en 1857.

— THE TRUE TRAGEDIE OF RICHARD THE THIRD, whereunto is shown the Death of Edward the Fourth, with the Smothering of the young Princes in the Tower. With a lamentable Ende of Shore's Wife, etc., and lastly the conjunction of the two noble Houses of Lancaster and Yorke. As it was played by the Queene's Maiesties Players. *London, by Creede*, 1594, in-4.

C'est d'après cette pièce que Shakespeare a composé son *Richard III*. Le seul exemplaire complet qu'on en connaisse appartient à F. Perkins, et a été payé 69 liv. 6 sh. dans une vente faite par Evans en 1825. Un autre, auquel manquaient 2 ff., a été vendu 30 liv. Rhodes, et avec les 2 ff. suppléés en manuscrit, 14 liv. 3 sh. 6 d. Dent, et revendu 25 liv. 10 sh. Evans, en 1832.

Réimprimé pour la *Shakespeare Society*, avec la pièce latine intitulée *Richardus tertius*, une introduction et des notes par B. Field, esq. ; *London*, 1844, in-8.

— THE TRAGEDY OF KING RICHARD THE THIRD. Containing His treacherous Plots against his brother Clarence : the pittiefull murther of his innocent nephewes : his tyrannical vsurpation ; with the whole course of his detested life and most deserued death ; As it hath been lately Acted by the Right Honourable the Lord Chamberlaine his seruants. *At London. Printed by Valentine Sims, for Andrew Wise, dwelling in Paules Church-yard, at the signe of the Angell*, 1597, in-4. de 47 ff.

Première édition de Richard III, de Shakespeare : 33 liv. Nixon, en 1818 ; revendu 41 liv. 9 sh. 6 d. Heber. Il y en a un exemplaire dans la collection de Capell, à Cambridge, et un autre à la Bodléiane.

Un fac-simile lithographique de cette édit. de 1597 a été exécuté par E.-N. Ashbee, pour M. Halliwell, et tiré à 31 exemplaires.

— Autre édition de cette pièce : As it hath beene lately Acted by the Right honourable the Lord Chamberlaine his seruants. By William Shake-speare. *London, Printed by Thomas Creede, for Andrew Wise...*, 1598, in-4. de 47 ff., sign. A—M par 4. Le dernier f. est blanc. 17 liv. 17 sh. Jolley.

— Autre édition, newly augmented by William Shakespeare. *Lond., Printed by Thomas Creede*, 1602, in-4., de 46 ff., signat. A—M par 4. La dernière page finit au verso de M 2. — Edition non moins rare que la précédente. Il y en a un exemplaire au British Museum, et un second dans la collection de Capell à Cambridge. Un troisième, qui avait le titre et plusieurs ff., refaits en fac-simile par Harris, a été payé 18 liv. 5 sh. à la vente Halliwell, en 1856.

Deux autres édit., impr. à Londres, par Thomas Creede, en 1605 et 1612, in-4. de 46 ff., ont encore de la valeur, ainsi que celle de *Lond. Printed by Thomas Purfoot*, en 1622, in-4., sign. A—M par 4, dont la dernière page est au verso du f. M2.

Ainsi, il existait déjà au moins six éditions de Richard III, avant celle qui a paru, en 1623, dans les œuvres de l'auteur.

— AN EXCELLENT CONCEITED TRAGEDIE OF ROMEO AND IULIET. As it hath been often (with great applause) plaid publiquely, by the right Honourable the L. of Hundson, his Seruants. *Lond. Printed by Iohn Danter*, 1597, in-4. de 39 ff., sign. A—K par 4. Le cah. A n'a que 3 ff.

L'exemplaire de cette édition, qui appartient aujourd'hui au duc de Devonshire, avait coûté 30 liv. à John Kemble. Trois autres sont conservés au British Museum, dans la bibliothèque Bodléienne, et dans la collection de Capell. La traduction anglaise d'une Nouvelle italienne de Bandel, impr. à Londres en 1562, a fourni à Shakespeare le sujet de cette admirable tragédie (voy. la col. 639 de notre 1er volume).

— THE MOST EXCELLENT AND LAMENTABLE TRAGEDIE OF ROMEO AND IULIET, newly corrected, augmented and amended : As it hath bene sundry times publiquely acted, by the right Honourable the Lord Chamberlaine his seruants. *Lond. Printed by Thomas Creede, for Cuthbert Burby...*, 1599, in-4. de 46 ff. La dernière page est cotée M 2. 6 liv. Steevens ; 7 liv. 10 sh. Roxburghe ; 5 liv. 15 sh. 6 d. Heber.

— Autre édition. *London, Printed for Iohn Smethwick...*, 1609, in-4. de 46 ff. à 47 liv. 18 sh. Edwards, en 1804 ; 6 liv. 18 sh. Jadis ; et, selon Lowndes, 86 liv. Halliwell, le 14 juin 1858.

— Autre édition. *Lond., Printed for Iohn Smethwicke, and are to bee sold at his Shop in Saint Dunstanes Church-yard, in Fleetestreete, under the Dyall* (sans date), in-4. dont la dernière page est signée L 4. Vend. 4 liv. 4 sh. Jadis ; 19 liv. Utterson ; 23 liv. en mars 1856. Cette édition présente, dit-on, quelques bonnes variantes.

L'édition de Lond. *Printed by R. Young for Iohn Smethwicke*, 1637, in-4., sign. A—L 4, porte le nom de *Shake-speare* (sic), qui n'est pas sur le titre des précédentes ; elle a été plusieurs fois donnée pour moins d'une livre, mais elle s'est vendue 7 liv. 7 sh. Rhodes ; 6 liv. 15 sh. *non rognée*, Halliwell, en 1859 ; et 8 liv. 15 sh. Mitford, en 1860.

— ROMEO AND JULIET. A critical edition of the two first Editions (1597 et 1599) on opposite pages, with various readings to the time of Rowe ; with an introduction (en allemand) by Dr T. Mommsen. *Oldenburg*, 1859, gr. in-8.

On peut comparer à cette pièce de Shakespeare celle que Lopez de Vega, son contemporain, a composée sur le même sujet, et qui a été traduite sous ce titre : *Romeo and Juliet, a comedy written originally in spanish*, London, 1770, in-8.

— A WITTIE AND PLEASANT COMEDIE CALLED THE THAMING OF THE SHREW. As it was acted by his maiesties seruants at the Blacke Friers and the Globe.

Written by Will. Shakespeare. *Lond. Printed by
W. S. for Iohn Smethwicke...*, 1631, in-4., sign.
A—I 4. 1 liv. 1 sh. Rhodes; 3 liv. 6 sh. Sotheby, en
1856; 5 liv. 5 sh. Halliwell, en 1857, et 5 liv. 17 sh.
6 d. en 1859.

Cette pièce de Shakespeare a paru imprimée pour la
première fois dans les œuvres de ce poëte, édit.
in-fol. de 1623; aussi n'en parlons-nous ici que
pour avoir occasion de citer une autre pièce portant le même titre que la sienne, et que l'on suppose lui en avoir donné l'idée. En voici l'intitulé :
*A pleasant conceited Historie called the Taming
of a Shrew. As it was sundry times acted by the
Hight Honorable Earle of Pembrook his ser-
vants.* Printed at London by Peter Short..., 1594,
in-4. Un exempl. supposé unique a été vendu 21 liv.
Inglis' Old Plays, et ensuite payé 94 liv. à la vente
Heber (part. IV, n° 2024) pour le duc de Devonshire. Réimpr. à Londres, en 1596, in-4. 5 liv. 5 sh.
Roxburghe; et encore à Londres (*Printed by V. S.
for Nich. Ling*), 1607, in-4. 20 liv. Steevens.

—THE MOST LAMENTABLE ROMAINE TRAGEDIE OF TITUS
ANDRONICUS. As it hath sundry times beene playde
by the Right Honourable Earle of Pembrooke, the
Earle of Darbie, the Earle of Sussex, and the Lorde
Chamberlaine theyr seruants. *At Lond. printed by
I. R. for Edward White, and are to bee solde
at his shoppe, at the little North-doore of Pau-
les, at the signe of the Gun,* 1600, in-4. de 40 ff.

Cette pièce a été enregistrée à la chambre des Station-
ners, le 6 févr. 1593, sous le titre de *Booke intitled,
A noble Roman Historie of Titus Andronicus*, et
Langbaine dit que la première édition doit avoir
été impr. en 1594, mais qu'on n'en connaît pas
d'exemplaires. Celle de 1600 ne doit pas être moins
rare, puisque Lowndes n'en cite pas non plus. L'é-
dition de *Lond.*, 1611, in-4. de 40 ff., impr. également pour Edward White, a été vend. 1 liv. 12 sh.
Roxburghe; 2 liv. 12 sh. 6 d. Steevens; 7 liv.
10 sh. Jadis, et 30 liv. à M. G. Daniel, par défunt
M. Rodd. M. Knight a fait remarquer qu'il n'y avait
que fort peu de différence pour le texte entre l'é-
dit. de 1600 et celle de 1611, mais qu'entre ces
deux édit. et l'in-fol. de 1623 les variantes avaient
de l'importance.

Il existe une imitation allemande de cette tragédie
(voir ci-après, col. 356), et aussi une imitation
libre, hollandaise, par J. Vos, impr. à Amsterdam,
en 1641, in-4., et pour la 7e fois, dans la même
ville, en 1661.

— THE FAMOUS HISTORIE OF TROYLUS AND CRESSEID.
Excellently expressing the beginning of their loues,
with conceited wooing of Pandarus Prince of Licia.
Written by William Shakespeare. *Lond. Imprinted
by G. Eld for R. Bonian and H. Walley...,*
1609, in-4. de 46 ff. Vend. 5 liv. 5 sh. Roxburghe;
7 liv. 10 sh. Jadis; 5 liv. 10 sh. Steevens; 16 liv.
Heber.

Il existe une autre édition in-4. sous la même date et
par le même imprimeur, mais elle est sans aucune
préface. Or, la préface de la première est curieuse
en ce qu'elle fait connaître que ces in-4. ne se
vendaient qu'a *Tester* (six pence). L'exemplaire
avec préface que possède M. Daniel lui a coûté
50 liv.

—THE HISTORIE OF TROYLUS AND CRESSEIDA. As it was
acted by the King's Maiesties seruants at the Globe...
(le reste comme ci-dessus) et sous la même date,
in-4. de 45 ff. Dans cette seconde édition le mot
famous ne se trouve plus sur le titre. 5 liv. 10 sh.
Steevens; 15 liv. 10 sh., *non rogné,* Heber.

IV. Pièces attribuées à Shakespeare dans l'édit. de 1664.

— THE LAMENTABLE TRAGEDIE OF LOCRINE, the eld-
est sonne of King Brutus, discoursing the warres of the Britaines and the Hunnes, with their Dis-
comfiture : the Britaines victorie with their Accidents, and the death of Albanact. No lesse pleasant

than profitable. Newly set foorth, ouerseene and
corrected by W. S. *Lond., printed by Thomas
Creede,* 1595, in-4., sign. A—K par 4; le f. A1 est
blanc. 3 liv. 5 sh. Steevens; 6 liv. 6 sh. Roxburghe;
11 liv. 11 sh. Heber.

— THE LONDON PRODIGALL. As it was plaide by the
Kings Maiesties seruants, by William Shakespeare.
Lond., Printed by T. C. for Nathaniel Butter,
etc., 1605, in-4., sign. A—G par 4. 2 liv. Rhodes;
5 liv. 5 sh. Strettell; même prix Heber.

— THE TRUE CHRONICLE HISTORIE OF THE WHOLE
LIFE AND DEATH OF THOMAS LORD CROMWELL. As it
hath beene sundry times publikely acted. Written
by W. S. *London, for William Jones,* 1602, in-4.
5 liv. 10 sh. Roxburghe.

— Autre édition. *London, printed by Thomas Snod-
ham,* 1613, in-4., sign. A—G par 4. Le dernier f.
est blanc. 1 liv. 1 sh. Inglis; 5 liv. 10 sh. Heber.

— THE FIRST PART OF THE TRUE & HONORABLE HIS-
TORY OF THE LIFE OF SIR IOHN OLD-CASTLE, the
good Lord Cobham. As it hath bene lately acted...
Written by William Shakespeare. *London, printed
for T. P.,* 1600, in-4., sign. A—K par 4. Vend. 1 liv.
15 sh. Dent; 4 liv. 14 sh. 6 d. Jadis; 5 liv. 15 sh.
Heber, et même prix Halliwell, en 1859.

— Autre édition. *London, printed by V. S. for Thomas Pauier,* 1600, in-4.

Cette édition, dont le titre ne porte pas le nom de
Shakespeare, contient diverses bonnes variantes et
des vers qui ne sont pas dans la première, sous la
même date.

— THE PVRITAINE, or the Widdow of Watling-
streete. Acted by the Children of Paules; Written
by W. S. *Imprinted at London by G. Eld,* 1607,
in-4., sign. A—H par 4. Le texte commence à A 3.
Le titre courant porte: *The Pvritaine Widdow.*
2 liv. 15 sh. Rhodes; 13 liv. 13 sh. bel exemplaire
Heber; un autre, 18 liv. 15 sh. Halliwell, en 1856.

— A YORKSHIRE TRAGEDY. Not so New as Lamentable
and true. Acted by his Maiesties Players at the Globe.
Written by W. Shakespeare. *London, printed by
R. B. for Thomas Pauier,* etc., 1608, in-4., signat.
A—D par 4.

Cette pièce commence au f. A 2 par cet intitulé : *All's
One, or One of the foure Plaies in one, called,
a York-shire Tragedy, at it was plaid by the
Kings Maiesties Plaiers.* Vend 17 liv. Evans, en
1825.

— Autre édition. Printed for T. P. 1619, in-4., sign.
A à D 2, non compris le titre : 17 sh. Roxburghe;
2 liv. 2 sh. Rhodes; même prix, Field ; 2 liv. 15 sh.
Evans; 5 liv. 5 sh. Heber; 9 liv. 9 sh. Halliwell,
en 1856.

V. Poésies diverses.

VENUS and Adonis.

> Vilia miretur vulgus : mihi flauus Apollo
> Pocula Castalia plena ministret aqua.

*London, Imprinted by Rich. Field, and are to be
sold at the signe of the white Greyhound in Paules
Church-yard,* 1593, pet. in-4. de 27 ff., sur le titre
l'ancre, devise de Field.

Première édition de ce poëme. L'exemplaire de la Bibliothèque Bodléienne, le seul cité, avait coûté 25 liv.
sterl. à M. Malone.

— Autre édition (avec les deux vers d'Ovide rapportés
ci-dessus). *London, imprinted by Richard Field,
and are to be sold at the signe of the white Greyhound in the Paules Church-yard,* 1594, pet. in-4.
de 2 ff. prélim. pour le titre et la dédicace, et texte
cah. B—G par 4 et H 1. Cette seconde édition n'est
guère moins rare que la première. L'exemplaire décrit dans la *Biblioth. grenv.*, III, p. 401, fut payé
116 liv. à la vente de M. Jolley en 1844 pour M. Grenville ; un autre a été vendu 63 liv.

Les éditions de Londres, *by R. F. for Iohn Harison,*
1596 et 1600, pet. in-8., ont 27 ff. chacune. La pre-

mière des deux : 91 liv. vente Bolland en 1840, et 90 liv. 10 sh. Bright. Celle de Londres, *Imprented, by William Leake*, 1602, in-16, a aussi 27 ff. ; on n'en connaît que deux exempl. dont l'un a été vendu successivement 1 liv. 11 sh. 6 d. Steevens ; 42 liv. Bindley et 26 liv. Strettell ; l'autre acheté 40 liv. par M. Daniel, qui l'a cédé au British Museum. — Réimprimé encore : *London, for W. B.*, 1617, in-12. — *London, for I. P.*, 1620, in-16. — *Edinbvrgh, printed by John Wreittoun*, 1627, pet. in-8., titre et pp. 5-46, la dernière cotée 47. Le seul exemplaire connu a é'é vend. 35 liv. Bright et 37 liv. 10 sh. Chalmers. Il se trouve au British Museum.

— Autre édition. *London, printed by I. H. and are to be sold by Francis Coules*, 1636, in-32 de 27 ff., sign. A—C par 8, et D par 3. Sur le titre un Cupidon gravé sur bois. 49 liv. 10 sh. en 1856, revendu 56 liv. en 1857. Le bel exemplaire conservé au British Museum n'a été payé que 1 liv. 14 sh. à la vente Hibbert.

— RAPE OF LUCRECE. *London, by Richard Field for Iohn Harrison*, 1594, pet. in-4. de 47 ff., sign. A—F. 58 liv. avec le haut des marges réparé, Bright. L'exemplaire de M. Geor. Holford lui a, dit-on, coûté 100 liv.

— LUCRECE. *At London, Printed by P. S. for Iohn Harrison*, 1598, in-16 de 38 ff. en tout, signat. A—Eiii.

Le seul exemplaire connu est dans la collection Capell, à Cambridge.

— Autre édition pour le même libraire, 1600, in-24 de 36 ff. (*Bodleian Library*).

— Autre, *At London printed by N. O. for Iohn Harison*, 1607, pet. in-8. de 32 ff. (dans la collection Capell et Bridgwater).

— THE RAPE of Lucrece. By Mr. William Shakespeare. Newly Reuised. *London : Printed by T. S. for Roger Iackson...*, 1616, pet. in-8. de 32 ff., sign. A—D par 8. Le feuillet A 4 est coté B 4.

Un exemplaire ayant le dernier f. incomplet, 23 liv. 10 sh. en mai 1856.

— Autre édition sous le même titre. *London, Printed by I. B. for Roger Iackson*, 1624, in-16, sign. A—D par 8. Vend. 3 liv. 3 sh. Jadis ; 9 liv. Bindley ; 6 liv. 8 sh. Lloyd.

— THE RAPE of Lucrece, committed by Tarquin the Sixt ; and the remarkable judgments that befel him for it. By the incomparable Master of our English Poetry, Will. Shakespeare Gent. Whereunto is annexed the Banishment of Tarquin ; Or, the Reward of Lust. By J. Quarles. *London. Printed by J. G. for John Stafford and Will. Gilbertson*, 1655, in-16. Sur le frontispice un portrait de Shakespeare en médaillon.

Le corps de ce petit volume a des sign. de B—F par 8, et G par 4. Les pièces liminaires sont un frontispice, un titre sign. A 2, la dédicace à N. Massey, par J. Quarles, 1 f., et l'argument 1 f. ; il y a un second titre sur le f. F 5 : un exemplaire sans frontispice et ayant les premières lignes du titre coupées, 3 liv. 19 sh. Utterson ; avec le frontispice, 25 liv. 10 sh. Halliwell, en mai 1856.

— THE PASSIONATE PELGRIME. By W. Shakespeare. *At London Printed for W. Iaggard and are to be sold by W. Leake, at the Greyhound in Paules Churchyard*, 1599, in-16 de 30 ff. sur le 18e desquels on lit ce titre : SONNETS TO SUNDRY NOTES OF MUSICKE.

Première édition. Le seul exemplaire connu est celui de la collection Capell ; il est relié avec *Venus and Adonis*, de 1620 ; et une ancienne note conservée à la fin du volume nous apprend que, quoiqu'un coin du f. C7, dans *Vénus et Adonis*, soit endommagé, il a coûté *three half-pence* à son premier possesseur ; à quoi, le nouveau Lowndes, p. 2306, ajoute qu'on en donnerait bien 100 liv. aujourd'hui, ce qui serait encore fort inférieur au premier prix d'achat, puisque l'intérêt composé de

3 demi-pence, à raison de 5 p. 100 par année, à partir de 1620, produirait la somme de 995 liv. 14 sh. 6 d.

Ce volume rare renferme trois petits poëmes, savoir : *As it fell upon a day, If music and Sweet poetry agree*, et *Whilst as fickle fortune smiled*, lesquels ont été inexactement attribués à Richard Barnfield, parce qu'ils ont paru dans son *Encomium of Lady Pecunia*, en 1598, mais que M. Payne Collier a nouvellement restitués à Shakespeare. On suppose qu'entre cette première édition de 1599 et la troisième (de 1612) il en a dû paraître une seconde, dont on ne connaît pas d'exemplaires.

— THE PASSIONATE PILGRIME. Or certaine Amorous Sonnets, betweene Venvs and Adonis, newly corrected and augmented. By W. Shakespere. The third Edition. Where-vnto is newly added two Loue-Epistles, the first from Paris to Hellen, and Hellens answere backe againe to Paris. *Printed by W. Iaggard*, 1612, in-16 de 62 ff. (*Bodleian Library*). Le titre de ce livre a été réimprimé sans autre différence que l'omission du nom de Shakespeare. *Les Loue-Epistles* sont d'Heywood.

— SHAKE-SPEARE's sonnets. Neuer before Imprinted. *At London by G. Eld for T. T., and are to be solde by Iohn Wright, dwelling at Christ Church gate* (et dans quelques exemplaires : *are to be solde by William Aspley*), 1609, in-4. de 40 ff., sign. A et L de 2 ff. chacune et B à K par quatre.

A la suite de cette collection de 154 sonnets est ajoutée *A Louers complaint, by William Shakespeare*. Vend. 3 liv. 19 sh. Stevens ; 21 liv. Roxburghe ; 38 liv. 17 sh. Boswell ; 57 liv. duc de Marlborough en 1819 ; 105 liv. Chalmers en 1842 ; 24 liv. (le titre et la dédicace manquant) Bright ; 33 liv. (le titre et la dédicace en fac-similé) Jolley, et revendu 41 liv. Halliwell, en 1856 ; enfin un exempl. complet a été vendu par Sotheby 154 liv. 7 sh. en juin 1858 et acheté pour M. Huth.

Reproduit en fac-simile par le nouveau procédé de la photo-zincographie (sous la direction du col. sir Henry James, à Southampton), d'après l'exemplaire original. *London, Lovell Reeve*, 1862, pet. in-4. 10 sh. 6 d.

— POÈMES. Written by Wil. Shake-speare Gent. *Printed at London by Tho. Cotes and are to be sold by Iohn Benson*, 1640, in-12 avec un portrait de Shakespeare par W. M (Marshall).

Ce petit volume renferme principalement des traductions qui, très-probablement, ne sont pas sorties de la plume du grand poëte auquel on les attribue. En voici la description : titre, 1 f. ; avis au lecteur, signé I. B., 2 pp. ; vers de L. Digges, 3 pp. ; autres de J. Warren, 1 p. ; les poëmes avec un second titre semblable au premier, mais sans date, sign. A—L par 8, et M par 4. Au f. L 2 commence *An addition of some excellent poems to those precedent of Renowned Shakespeare, by other Gentlemen*. Vend. 3 liv. 13 sh. Nassau ; 5 liv. 15 sh. Bindley ; 2 liv. (sans le titre daté) Héber ; 20 liv. (avec le titre daté seulement) Singer, et 10 liv. 10 sh. Jolley ; 15 liv. Bright, et quelquefois moins.

— COLLECTION of Poems, being all the Miscellanies of Mr W. Shakespeare (edited by Charles Gildon). *London, for B. Lintot* (1709), pet. in-8.

Ce volume forme le 7e tome du Shakespeare de Rowe, impr. en 1709 (voy. col. 341). On y trouve réunis pour la première fois : I. *Venus and Adonis* ; II. *The Rape of Lucrece* ; III. *The Passionate Pilgrim* ; IV. *Sonnets to sundry Notes of Musick* ; mais, selon Edmond Malone, ce texte est plein de fautes. Ce recueil de poésies a été souvent réimpr. depuis, soit séparément, soit dans diverses édit. des œuvres complètes du même poëte.

Citons encore : *Shakespeare's Songs and Ballads*, illustrated by the *Etching Club*, London, 1843, gr. in-4. 17 pl. 1 liv. — in-fol. *India proofs*, 3 liv. — Le texte y est imprimé en rouge. — Reproduit en 1852.

Songs and Sonnets of W. Shakespeare illustrated by John Gilbert. London (Cundall), Low and Co. 1861, in-fol. 2 liv. 2 sh.

VI. *Traductions françaises et italiennes.*

— OEuvres complètes de Shakspeare, traduites de l'anglais par Letourneur ; nouvelle édition, revue et corrigée par F.
Guizot et A.-P. (Pichot), précédées d'une
notice biographique et littéraire sur
Shakspeare par M. Guizot. *Paris, Ladvocat*, 1821, 13 vol. in-8. portr. 50 fr.
et plus en Grand Papier vélin.

La traduction faite par Letourneur et ses collaborateurs (le comte de Catuelan et Fontaine-Malherbe)
a paru, pour la première fois, à *Paris*, 1776-82, en
20 vol. in-8., et aussi tirée in-4. Elle ne fait connaître que bien imparfaitement Shakespeare, qui y
est plus souvent imité que traduit ; mais alors une
traduction littérale de ce grand poëte n'aurait eu
aucun succès parmi nous.

— OEuvres complètes, traduction de M. Guizot, nouvelle édition entièrement revue, avec une étude sur
Shakespeare. *Paris, Didier et Cⁱᵉ*, 1860-62, 8 vol.
in-8. 40 fr.

— OEuvres complètes traduites par Benj. Laroche,
avec une introduction sur le génie de l'auteur, par
Alex. Dumas. *Paris, Marchant*, 1838-39 (aussi
Paris, Dondey-Dupré, 1844), 2 vol. gr. in-8. à
2 col.; — troisième et quatrième édition. *Paris,
Charpentier*, 1854 et 1859, 6 vol. gr. in-8. 18 fr.

— OEuvres complètes de Shakspeare, traduction entièrement revue sur le texte anglais, par M. Francisque Michel, et précédée de la vie de Shakspeare,
par T. Campbell. *Paris, F. Didot*, 1839-40 (nouveaux titres, 1855, avec le nom de Woodswork
substitué à celui de Campbell), 3 vol. gr. in-8. 30 fr.

— OEuvres complètes du même, trad. par F.-Victor
Hugo fils. *Paris, Pagnerre*, 1860-62, 12 vol. in-8.
à 3 fr. 50 c. chacun.

— CHEFS-D'OEUVRE de Shakespeare (Othello, Hamlet,
Macbeth, Richard III, Roméo et Juliette, le Marchand de Venise), traduction française par divers
auteurs ; avec des notes critiques et historiques par
D. O' Sullivan. *Paris*, 1837-38, 2 vol. in-8. (texte
angl. et traduction en regard).

— MACBETH, traduction littérale en vers français par
Jules La Croix, publié par le bibliophile Jacob
(Paul Lacroix). *Paris*, 1840, in-8. Représenté en
1863.

— LE MARCHAND de Venise, et Othello, traduits en vers
français par Alfred de Vigny. *Paris*, 1830 (aussi
1839), 2 part. in-8.

— POËMES et sonnets de Shakespeare, trad. en vers par
Ernest Lafont. *Paris*, 1856, in-8., avec le texte anglais.

— LES SONNETS de W. Shakespeare, trad. pour la
première fois en entier par F.-Victor Hugo. *Paris*,
1857, in-12.

— TRAGEDIE di Shakespeare recate in versi italiani
da Michele Leoni. *Verona*, 1819-22, 14 vol. in-8.
44 fr.

Traduction complète. L'édition de *Pise* et *Florence*,
1814-15, en 8 vol. in-8., ne l'est pas. Les différentes
pièces composant ces deux éditions ont été imprimées séparément.

— TEATRO completo tradotto dell' originale inglese in
prosa italiana da Carlo Rusconi. *Padova*, 1839-40,
2 vol. in-8. C'est la 3ᵉ édition, la première est de
1831.

— TEATRO scelto, tradotto in versi da Giulio Carcano.
Firenze, 1843, 3 vol. in-12. 12 fr.

VII. *Traductions allemandes, hollandaises,
danoises et suédoises.*

— SHAKESPEARE'S sämmtliche Werke, übersetzt von
A.-W. von Schlegel (auch Agnes Tieck und Wolf,

Graf von Baudissen). *Berlin, Reimer*, 1825-34,
9 vol. pet. in-8.

Cette traduction est regardée comme la meilleure de
toutes celles qui ont été faites dans la même langue.
A.-W. von Schlegel n'a donné que les seize pièces
imprimées d'abord à Berlin, de 1797-1810, en 9 vol.
pet. in-8., les autres sont de ses continuateurs ; elles
font partie de l'édit. de 1828, et de celles qui ont
paru depuis en 12 vol. La sixième édition, *Berlin*,
1853-54, 9 vol. in-12 carré, avec fig., a été revue
sur le texte de J. Payne Collier. La septième édit. *Berlin*, 1856-59, est en 12 vol. avec portr., et ne coûte
que 24 fr. On peut ajouter à l'édition in-8. de 1811
la traduction des pièces qui ont été attribuées
à Shakespeare sans certitude. Elle a pour titre :
*Altenglisches Theater oder Supplemente zum
Shakespeare, übersetzt und herausgegeben von
T. Tieck.* Berlin, 1811, 2 vol. in-8.

Les autres traductions allemandes de ce grand poëte
sont :

1° Celle qui a paru d'abord sous le nom de C.-M.
Wieland, *Zurich*, 1762-66, en 8 vol. in-8., et a été
ensuite publiée par J.-J. Eschenburg, *Zurich*,
1775-82, en 12 vol. in-8., auxquels est ajouté un
13ᵉ tome, contenant les pièces douteuses, volume qui
peut être également réuni à l'édit. de la même traduction, revue de nouveau, *Zurich*, 1798-1806,
12 vol. in-8. avec un Appendice critique, et des vignettes. L'édition de Mannheim, 1780-88, 12 vol.
in-8., n'est qu'une contrefaçon de celle de Zurich,
1775-82, que nous venons de citer. N'oublions pas
d'indiquer ici *Eschenburg über Shakespeare's
Leben und Schriften.*

2° Par H. et A. Voss, *Leipzig, Brockhaus*, 1818-29,
9 vol. in-8. ;

3° Par J.-W.-O. Binda. *Leipzig*, 1825-26, 19 vol. in-16 ;

4° Traduction libre par Jos. Meyer (et H. Döring),
Gotha, 1824-34, 52 part. in-8., avec une vignette
à chaque partie ;

5° Traduction dans le même mètre que l'original.
Wien, 1826, en 1 seul vol. in-8, avec un supplément contenant une Vie de Shakespeare. La même
traduction a été réimpr. en 43 cahiers in-18 ;

6° Par divers, et publiée par Julius Kœrner, *Wien*,
1836, en 1 vol. gr. in-8. avec portrait, — ou seconde
édit. *Leipzig*, 1838-39, gr. in-8. avec portrait et
40 vignettes sur bois ;

7° Traduit par A. Böttiger, H. Döring, A. Fischer,
L. Petz et autres. *Leipzig und Berlin*, 1836-39, en
12 vol. in-16. Réimpr. plusieurs fois soit en 12 vol.
in-16, soit en 1 seul vol. gr. in-8. ;

8° Trad. par E. Ortlepp. *Stuttgart*, 1838-39, 16 vol.
in-16, ou 1842-43, 8 vol. avec 16 ou 40 vignettes sur
acier ;

9° Trad. par A. Keller et M. Rapp. *Stuttgart, Metzler*, 1843-47 (2ᵉ édit. 1854, 8 vol. in-16).

Indépendamment de ces traductions allemandes du
Théâtre complet de Shakespeare, il a paru, dans la
même langue, de nombreuses traductions de ses
pièces séparées et de ses poëmes ; on en trouvera
l'indication détaillée dans l'excellente notice bibliographique insérée dans le VIIIᵉ part. de la nouvelle
édit. du Manuel de Lowndes, augmentée par H.-G.
Bohn, pp. 2346-57. La multiplicité de ces traductions
témoigne de la grande estime que les Allemands
ont pour les productions du poëte anglais dont
la langue a tant d'analogie avec la leur, et
dont le système dramatique s'adapte si bien à leur
propre scène. Au reste, le goût prononcé des Allemands pour l'auteur de tant de belles conceptions
dramatiques n'est pas nouveau, car dès l'année
1620 il avait été fait en Allemagne une traduction ou
plutôt une imitation du Titus Andronicus, de Shakespeare, laquelle se trouve dans un volume rare
intitulé : *Englis Comedien, vnd Tragedien* (voy. la
col. 984 de notre 2ᵉ vol.).

Il existe une traduct. hollandaise de 14 pièces (*Toon-
eelspelen*) de Shakespeare, par B. Brunius et autres. *Amsterd.*, 1778-82, 5 vol. in-8., et plusieurs

traductions de ses meilleures pièces, entre autres
une imitation de Roméo et Juliette, par Jacob
Struys, 1634, in-4. avec un frontispice.

Le même Théâtre a été trad. en danois (*Dramatiske
Waerker*) par R. Foerson et P.-F. Wulff, *Kiöben-
havn*, 1805-25, 9 vol. in-8.; seconde édition
1846-50, 11 vol. in-8.; ou troisième édit. dont il paraissait 5 parties en 1860.

Il l'a été également en suédois par C.-A. Hogeber,
Lund, 1847-51, 12 vol. in-8.

— En bohémien, par Fr. Doucha, J.-J. Kollar, J. Ce-
lakovsky, J. Maly, etc. *Prague*, 1855 et ann. suiv.
37 part. in-8.

— En polonais. *Wilna*, 1842, 3 vol. in-8. Les deux premiers par Ignez Kefalinski, et le troisième par
J. von Dykalp.

On a dix pièces trad. dans la même langue, par Ig.
Kefalinski. *Wilna*, 1840, 3 vol. in-8., et aussi
une trad. en hongrois, par Dobrettei, *Kaschau*,
1824, in-8.

On peut encore citer les tomes I à V, d'une traduction
russe, par H. Kemrepa, impr. à Moscou, de 1840-50,
in-12, mais dont la suite n'a pas paru; une traduction d'Hamlet, et de la Tempête, en grec moderne,
Athènes, 1858, in-8., — enfin une traduction du Marchand de Venise, en bengali, par Hara Chandra
Ghose, impr. à *Calcutta*, et une traduction de Roméo et Juliette dans la même langue.

VIII. *Shakespeariana, ou Ouvrages qui servent à
l'intelligence du texte de Shakespeare, et ceux
qui se rapportent directement à sa personne et
à ses écrits.*

A COMPLETE verbal index to the plays of Shakspeare, adapted to all the editions, comprehending
every substantive, adjective, verb, participle, and
adverb, used by Shakspeare, with a distinct reference to every individual passage in which each
word occurs; by Fr. Twiss. *London*, 1805, 2 vol.
in-8.

Ce livre est devenu rare, parce qu'une partie de l'é-
dition a péri dans un incendie : 3 à 4 liv. — Pour
l'index d'Ayscough, impr. en 1790, voyez ci-dessus,
col. 339. — Pour les notes de Capell, voyez col. 338.

— A COMPLETE concordance to Shakespeare, being a
verbal index to all the passages in his dramatic
works (by Mrs Cowden Clarke). *London, C. Knight*,
1844-45 (ou 2ᵉ édit. 1848), gr. in-8. 1 liv. 11 sh.
Autre édition, *London, Kent and Cᵒ* (sans date,
mais 1860), gr. in-8. même prix.

— A critical examination of the text of
Shakespeare; with remarks on his language, and that of his contemporaries,
together with notes on his plays and
poems, by the late Will. Sidney Walker; edited by W.-N. Lettsom. *London*, 1859, 3 vol. pet. in-8. 18 sh.

— MISCELLANEOUS papers and legal instruments under the hand and seal of William Shakspeare : including the tragedy of King Lear, and a small fragment of Hamlet, from the original MSS. in the possession of Samuel Ireland, of Norfolk street, with
fac-similes, etc., *Lond.*, 1796 (ou mieux déc. 1795),
gr. in-fol.

Les manuscrits annoncés dans ce volume n'étaient
nullement authentiques, et Sam. Ireland, qui les a
produits, a été convaincu d'imposture. On prétend
qu'il n'a été distribué que 133 exemplaires de son
édition, et que les autres, au nombre de 230, ont été
détruits, ainsi que les planches gravées dépendant de
l'ouvrage. Malgré cela le prix de ce livre, qui avait été
originairement de 4 liv., ne s'est pas soutenu, car
l'exempl. de la vente Puttick, faite en juin 1860, a
été donné pour 1 liv. 4 sh. La seconde édition de
ces *Miscellaneous papers*, impr. en 1796, dans le
format in-8., n'a été rendue publique qu'en sep-

tembre 1814. Quant aux faux manuscrits qui ont
été l'objet de cette publication, ils ont été adjugés
pour 46 liv. 4 sh. à la vente Dent, faite en 1827.
Ce bibliophile les avait payés 300 liv.

Cette imposture a fait naître une controverse à laquelle Edmond Malone a pris la principale part
(voir son *Inquiry into the authenticity of certain miscellaneous papers, etc.* London, 1796,
in-8. avec 8 pl. d'autographes).

Pour plus de détails consultez le nouveau Lowndes,
part. VIII, p. 2322-24. Nous renvoyons également à
la page 2335 du même volume pour la controverse
à laquelle donna lieu un supplément, ajouté par
M. J. Payne Collier, à l'édition de Shakespeare,
dont nous avons parlé ci-dessus (col. 342), et qui a
pour titre : *Notes and emendations to the text of
Shakespeare's plays from the early manuscript
corrections in a copy of the folio, 1632, in the pos-
sesion of J. Payne Collier*, London, 1852, in-8. de
512 pp. — *Second edition revised and enlarged*,
1853, in-8. de 528 pp. avec un fac-simile, auquel
M. Collier en a ajouté 18 autres, en 4 pp. qu'il n'a
fait tirer que pour *private distributions*. Cet écrit de
M. Collier a donné lieu à l'ouvrage suivant :

A COMPLETE view of the Shakespeare controversy
concerning the authenticity and genuiness o fmscr.
matter affecting the works and biography o fShak-
speare published by J. Payne Collier as the fruits of
his researches, by C.-M. Ingleby. *London, Nattali*, 1860, in-8. de 360 pp. 15 sh.

— AN ESSAY on the writings and genius of Shakspeare, compared with greek and french dramatic poets, by Elizabeth Montagu. *Lond.*, 1810, in-8.,
6ᵉ édition. La première est de 1769. — Trad. en
franç. sous le titre d'*Apologie de Sakespeart* (sic)
en réponse à la critique de Voltaire, Paris, 1777,
in-8. [16877]

— ESSAYS on some of Shakespeare's dramatic characters of Richard the third, king Lear, and Timon of Athens (and of sir James Falstaff, etc.) : to
which is added an essay on the faults of Shakespeare
and observations on the character of Hamlet, by
Will. Richardson. *Lond.*, 1797, in-8., 5ᵉ édition (ou
6ᵉ édit., 1812).

— THE CHARACTERS of Shakespeare's plays, by Will.
Hazlitt. *London*, 1817, or 1818, in-8. — 5ᵉ édit.,
1854, in-12.

— ILLUSTRATIONS of Shakespeare and of ancient manners : with dissertations on the clowns, and fools of
Shakespeare : on the collection of popular tales en-
titled Gesta Romanorum; and on the english Morris Dance, by Fr. Douce. *Lond.*, 1807, 2 vol. in-8.
fig. — Réimpr. à Lond., 1839, en un seul vol. in-8.
fig. [16878]

— SHAKESPEARE'S Library... a collection of the novels,
tales and romances used by Shakespeare in the fabrication of his Dramas; now first collected and
printed from the early editions, with introductory
notes by J. Payne Collier. *Lond., Th. Rodd*, 1843
(nouv. titre Bohn, 1850), 2 vol. in-8. 12 sh., et plus
en pap. fort.

— SHAKSPEARE'S Jest Book. Part 1 : Tales and
quicke Answeres very mery and pleasant to rede,
with a preface and a glossary. Part. II : A. C. mery
talys, with a preface and a glossary. Part III : Supplement to the tales and quicke answeres, being :
mery tales..... very pleasant to be readde, 1567.
Chiswick, 1814-15-16, 3 part. en 1 vol. pet. in-8.

Réimpression de trois opuscules qu'on suppose avoir
paru avant l'époque où vivait Shakespeare, et que
ce poëte paraît avoir mis à profit. Il n'en a été tiré
que 250 exempl. L'éditeur, M. Singer, y a placé un
avis au lecteur. 2 liv. à 2 liv. 10 sh.—Un des 6 exemplaires impr. sur pap. bleu, 3 liv. 3 sh. Sotheby, en
1857; un autre entièrement sur pap. de Chine, et
rel. en *maroquin*, 4 liv. 4 sh. en 1855; 5 liv. 5 sh.
en 1861.

Avant que ce recueil fût publié il en avait déjà paru
un du même genre, sous ce titre : *Shakespeare's
Jests, or the Jubilee Jester, being a curious col-*

lection of *Funny Jokes*, *Merry stories*, *Droll Adventures*, *Frolicksome tales*, *Witty Quibles*, *Youthful pranks*, *Ridiculous bulls*, etc., *with joveal songs*, *facetious dialogues*, *toasts and hob nobs*. London (1750), in-8. avec un frontispice gravé. Réimpr. (en 1769) in-8. en 1770, in-12 de 152 pp., et London, 1795, in-8.

Les deux recueils sont placés sous le paragraphe *Shakespeariana*, dans la VIII° partie du nouveau Lowndes, p. 2312 et 2315; paragraphe curieux où sont les titres des ouvrages qui se rapportent directement ou indirectement au poëte, à ses ouvrages, aux sources où il a puisé, et à ses éditeurs.

— SHAKESPEARE and his times, including the biography of the poet, criticisms on his genius and writings; a new chronology of his plays; and a history of the manners, customs, and amusements, etc., of his age; by Nathan Drake. *Lond.*, 1817, 2 vol. in-4. fig. 2 liv. 2 sh., et plus en Gr. Pap. [16879]

Réimprimé, *Paris*, *Baudry*, 1838, gr. in-8. 10 fr.

— SHAKSPEARIANA. Catalogue of all the books, pamphlets, etc., relating to Shakspeare : to which are subjoined an account of the early quarto editions of the great dramatist's plays and poems, etc. *London*, *for John Wilson*, 1827, pet. in-8. de xlii et 69 pp. 5 sh. ; — Gr. Pap., 7 sh. 6 d.

— SHAKESPEARE Relics ; a Catalogue with descriptions of coins, manuscripts, rare books, ancient documents and other reliques illustrative of the life and works of Shakspeare in possession of J.-O. Halliwell. *Brixton Hill*, ·*Privately printed*, 1852, in-4. avec de nombreux fac-simile et autres illustrations.

Volume tiré à 80 exemplaires seulement. Il faut y joindre les quatre opuscules suivants du même collecteur qui n'ont été tirés qu'à 25 ou 30 exemplaires chacun :

A *Garland of Shakespeariana*, *recently added to the library and Museum of J.-O. Halliwell;* Brixton Hill, 1854, in-4.

A *lyttle Boke, gevinge a true and brief accounte of some reliques and curiosities added of late to M* *Halliwell's Shakespeare collection*, 1856, in-4. fac-simile.

Brief Hand-list of books mss., etc., illustrative of the life and writings of Shakespeare, collected between 1842 and 1859. London, 1859, pet. in-8. tiré à 30 exemplaires.

A *Hand-list of upwards of a thousand volumes of Shakespeariana added to the three previous collections of a similar kind formed by J.-O. Halliwell and of wich lists have been previously printed;* London, 1862, pet. in-4. de 264 pp. tiré à 25 exemplaires.

M. Halliwell, célèbre éditeur et commentateur de Shakespeare (voy. ci-dessus, col. 342), a donné une vie. de ce grand poëte sous ce titre :

LIFE of Shakespeare, including many particulars respecting the poet and his family, never before published. *London*, *J.-R. Smith*, 1848, in-4. avec 76 vignettes sur bois d'après Fairholt et des fac-simile d'autographes. 15 sh.

Il a aussi donné : *Shakesperiana*, *or catalogue of the early editions of Shakespeare's Plays, commentators, and other publications illustrative of his works*, London, 1841, in-8. dont on a tiré des exemplaires sur papier de Chine, et un seul sur VÉLIN, lequel a été vendu 1 liv. 14 sh. Eyton. Pour les autres opuscules de M. Halliwell relatifs à son auteur favori, nous renvoyons au *Shakespeariana* donné dans la dernière édition de Lowndes.

— Shakespeare' Society's publications. *London*, 1841-53, 48 parties qui peuvent être reliées en 19.

La Société shakespearienne, établie en 1841, s'est dissoute en 1853, après avoir publié 48 opuscules *illustrative* de son ·illustre patron, et consistant en anciennes pièces, poëmes, morceaux curieux, mémoires, etc., dont le nouveau Lowndes (VIII, p. 2341-

42) donne les titres, ainsi que l'ordre de leur répartition, en 20 vol. Le prix, qui était originairement de 18 liv., a été réduit à 6 ou 7 liv.

IX. *Gravures relatives à Shakespeare et à ses pièces.*

PICTURESQUE beauties of Shakespeare, being a selection of scenes from his works, engraved under the direction of Ch. Taylor, from designs of Smirke, Stothard and others. *London*, 1783, in-4. 40 pl. (Lowndes.)

— A SERIES of prints illustrative of various interesting scenes in plays of Shakspeare, engraved from drawings by W.-H. Bunbury. *Lond.*, 1792-96, in-fol. obl. 22 pl. 2 liv. 2 sh.

— SHAKESPEARE illustrated by an assemblage of portraits and views appropriate to the whole suite of our author's historical dramas, by S. and E. Harding. *Lond.*, 1793, in-8.

150 planches, dont on a tiré des épreuves de format in-4. et in-fol. pour orner différentes éditions de Shakespeare. Les portraits sont au nombre de 107. En 1811 on a donné une édition des mêmes planches en 2 vol. in-8.

— Pictorial Shakespeare. V. Lowndes, 2° édit., part. Voir article KNIGHT (*Ch.*).

— Shakespeare Portfolio, a series of ninety-six graphic illustrations of the plays of Shakespeare, after designs by the most eminent british artist, including Smirke, Stothard, Westall, Hilton, Leslie, Briggs, Stephanoff, Cooper, etc., beautifully engraved, in the line manner, by Heath, Greatbach, Robinson, Pye, Finden, Engleheart, Armstrong, Rolls and others. *London* (1821-29), gr. in-8.

Ce recueil se compose de plusieurs suites de gravures exécutées pour Joshua Walmesley qui se proposait de publier une édition de Shakespeare avec de nombreuses illustrations, mais qui mourut avant d'avoir réalisé son projet. Prix réduits, 1 liv. 5 sh. — *French proofs*, in-fol. 2 liv. 2 sh. — India proofs, in-fol. 3 liv. 3 sh. Plusieurs des séries dont se compose ce volume avaient déjà été publiées séparément.

— MORITZ RETZCH. Outline illustrations to Shakespeare's plays, a new edition, from the original plates, with english and german explanations. *Leipzig and London*, 1847, in-4. obl., 100 pl. 1 liv. 11 sh. 6 d.

Nouveau tirage de huit suites de 13 pl. chacune, déjà publiées séparément à Leipzig et à Londres, de 1828 à 1845, pour *Macbeth*, *Hamlet*, *Romeo and Juliet*, *King Lear*, *Tempest*, *Othello*, *Merry Wives of Windsor* et *Henry the fourth*.

— SHAKESPEARE illustrated in a series of landscape and architectural designs; with notices of the several localities from various authors; by G.-F. Sargent. *London*, 1842, gr. in-8. avec 45 pl. — Reproduit sous le titre de *Book of Shakespeare Gems*, London, H.-G. Bohn, 1854, in-8. 14 sh.

— SEVEN ages of man, illustrated with woodcuts from the designs of Mulready, Callcott, Landseer, Wilkie, etc.; the text (by J. Martin) in ornamental borders. *London*, *Van Voorst*, 1840, in-8. 6 sh. — Gr. Pap. in-4. 15 sh.

— SEVEN ages of man, etched by E. Goodall after original designs by D. Maclise. *For the Art-Union of London*, 1850, in-4. obl. et *proofs*, in-fol. impér.

— GALERIE des personnages de Shakespeare, avec texte, par Am. Pichot, et une Vie de Shakespeare, par Old Nick (E. Forgues), *Paris* (1837), gr. in-8. 42 pl. ·sur acier, et 38 bois.

— GALLERIE zu Shakspeare's dramatischen Werken. In Umrissen. Mit Erläuterungen von G.-A. Böttiger,

C. Borrom. von Miltitz und Herm. Ulrici. *Leipzig,*
E. Fleischer, 1847, in-4. obl. Texte allemand et
anglais. 40 fr.

— THE HEROINES of Shakespeare, comprising the
principal female characters in his plays, 45 portr.
engraved by Ch. Heath, from paintings by Kenny
Meadows, Hayter, etc., with select letter-press.
London, Bogue, 1848, in-8. impérial.

Ce volume coûtait 2 liv. 2 sh.; color. 3 liv. 3 sh.; *In-*
dia proofs, 4 liv. 3 sh. — Il a été reproduit sous le
titre de *Neue Gallerie*, Leipzig, Friedlain, 1849,
ou seconde édit., 1858, gr. in-8. avec un texte allemand ; et avec un texte français sous ce titre : *Les*
Héroïnes de Shakespeare, collection de 45 portr.
gravés par Heath, avec un texte par B. Laroche.
Paris (1848), in-8. impér.

— LES FEMMES de Shakespeare, précédées de la vie de
l'illustre poëte anglais, enrichies de notices et illustrées de portraits. *Paris, Krabb,* 1851, 2 vol. gr.
in-8. avec 45 vign. 25 fr.

Les pl. de ces 2 vol. sont celles de l'édition anglaise
ci-dessus. Elles avaient déjà servi à une édit. avec
texte en anglais et en français, imprimée à Berlin,
en 1836-38, gr. in-8., sous le titre de *Shakespeare's*
Frauenbilder.

— THE SPIRIT of the plays of Shakspeare : exhibited
in a series of outline plates illustrative of the story
of each play, drawn and engraved by Frank Howard
with Quotations and descriptions. *London, T. Ca-*
dell, etc., 1827-33, 5 vol. in-8.

Cette suite contient 483 pl. 2 liv. 10 sh. et in-4.,
épreuves sur papier de Chine, 5 liv. 10 sh.

— THE SHAKSPEARE Gallery, containing the principal female characters in the plays of the great poet,
engraved on the direction of Ch. Heath. *London,*
Tilt, 1836, gr. in-4.

La première édit. est de 1813, in-4., et la sixième, de
1855, gr. in-8., coûte 14 sh.

———

SHAMS-AL-DIN. The Jam'i-Al-Romooz.
A Commentary on the Noqayah by
Shams-Al-Din Mohammad of Khora-
san, prepared by order of W. Nassau
Lees, for the use of the Calcutta Ma-
drassah, and edited from the collation
of ten old and accurate Mss. By Mawlawi Kabir-Al-Din Ahmad, Sirrishta-
hear, college of Fort William ; and
Mawlawi Fuzlooruhman Qadhi Al Qodh-
dhat of the Sadr Diwani Adalat, etc.
Published with the aid of the government of Bengal by Mawlawi Kabir-Al-
Din Ahmad. *Calcutta, printed by the*
same at the Muzhurool Ujauyeb press,
1858, in-4. 2 liv. 5 sh.

SHARP (*Thomas*). A Dissertation on the
pageants or dramatic mysteries, an-
ciently performed at Coventry, by the
trading compagnies of that city : with a
dissertation illustrative of the vehicle,
characters and dresses of the actors... to
which are added the pageant of the
shearmen, the taylor's company and
other municipal entertainements of a

public nature, an essay on minstrels and
waits, and a glossary. *Coventry, Mer-*
ridew and son, 1825, in-4. 1 liv. 10 sh.,
et plus en Gr. Pap. avec fig. sur pap.
de Chine. [16849]

Édit. tirée à 250 exemplaires. Elle est ornée de 10 pl.
Th. Sharp avait déjà fait paraître sous le voile de l'a-
nonyme un premier essai sur le même sujet, volume
tiré à 12 exempl. seulement. En voici le titre :
THE PAGEANT of the company of shearemen and
taylor, in Coventry, as performed by them on the
festivals of Corpus Christi ; together with other pageants, exhibited on occasion of several royal visits
to that city : and two specimens of ancient local
poetry. *Coventry,* 1817, in-4. — Voy. ANCIENT Mysteries.

SHARP (*Thomas*). Catalogue of provincial copper coins, tokens, tickets and
medalets issued in Great Britain, Ireland, and the colonies, during the 18th
and 19th centuries, described from the
collection of George Chetwynd. *Lon-*
don, 1834, gr. in-4. [27076]

Privately printed, à 60 exemplaires seulement : 5 liv.
5 sh. en mar. Eyton.

SHARPE (*Roger*). More fooles yet. *Lon-*
don, printed for Thomas Castleton,
1610, in-4.

Recueil de poésies. 9 liv. 8 sh. Farmer. 7 liv. 5 sh.
Heber.

SHAW (*Thomas*). Travels, or observations
relating to several parts of Barbary and
the Levant. *Oxford,* 1738-46, 2 vol.
in-fol. [20010]

Relation fort intéressante, et qui est encore très-recherchée. Le 2e vol. est un supplément dans lequel
l'auteur répond aux attaques du savant Pococke :
30 à 36 fr., et plus cher en Angleterre.
L'édition de *Londres,* 1757, in-4. fig., est également
bonne : 15 à 20 fr. Il y a une 3e édition, avec une
notice sur la vie de l'auteur, *Edinburgh,* 1808,
2 vol. in-8. fig. 15 fr. — Réimpr. en entier dans le
15e vol. de la collection de voyages publiée par Pinkerton (voy. ce nom).
— VOYAGE de Shaw dans plusieurs provinces de la
Barbarie et du Levant, traduit de l'anglois (avec des
notes et des corrections fournies par l'auteur). *La*
Haye, 1743, 2 vol. in-4. fig. 10 à 12 fr.

SHAW (*Will.*). Gallic and english dictionary : containing all the words in the
scotch and irish dialects of the celtic.
London, 1780, 2 vol. in-4., 24 à 30 fr.
[11357]

Le même auteur avait déjà donné *An Analysis of the*
gaelic language, London, 1778, in-8. et in-4.

SHAW (*George*). General zoology, or
systematic natural history. *London,*
1800-19, 22 tom. en 11 vol. gr. in-8.
[5603]

Ouvrage remarquable, surtout pour ses gravures ; il a
été continué à partir du 9e vol. par James-F. Ste-

———

Shaler (*W.*). Sketches of Algiers, 28408.
Sharp. British Gazetteer, 26743.
Sharp (*J.*). Works, 1989.

Sharpe (*Samuel*). History of Egypt, 22752.
Sharswood (*Guil.*). Bibliographia librorum ento-
mologic., 31724.
Shaw (Stebbing). History of Staffordshire, 27299.

phens. En voici la distribution : tom. I et II, *Mammalia*, 232 pl. — III, *Amphibia*, 140 pl. — IV et V, *Pisces*, 182 pl. — VI, *Insecta*, 137 pl. — VII à XI, *Aves* (savoir : VII, 71 pl.; VIII, 84 pl.; IX, 70 pl.; X, 60 pl.; XI, 49 pl.). On joint à ces 11 vol. *Shaw's zoological lectures, delivered at the royal institution in the years 1806 and 1807, London, Kearstley*, 1809, 2 vol. gr. in-8., avec 163 pl. 2 liv. 12 sh. 6 d. [5571] — Enfin un vol. XIV, en 2 part., contenant un *Index* général qui termine l'ouvrage, a paru à Londres, chez Arch, Longman, etc., en 1826, in-8., au prix de 2 liv., et en Gr. Pap. 3 liv. 16 sh. — Les 28 part. ont coûté 34 liv., mais le prix en est réduit à 14 liv. 14 sh. dans le catalogue de Bohn ; vend. 198 fr. Boutourlin.

— Museum leverianum, containing select specimens from the museum of the late sir Ashton Lever, with description in lat. and engl. (*London*), 1792-96, 2 vol. in-4. fig. color. [5646]

Il y a 65 pl. dans le prem. vol. et 12 dans le second : vend. 2 liv. 10 sh. Hibbert.

— Vivarium naturæ; or the naturalist's Miscellany, by George Shaw and Frederick P. Nodder. *London* (1789-1813), 24 vol. gr. in-8. [6203]

Ces mélanges ont été publiés en 267 numéros, et renferment 1064 pl. color., sans titre général. Chaque volume est accompagné d'une dédicace particulière. Les planches qui devaient former le cahier 268 existent, mais la mort soudaine du Dr Shaw ne lui a pas laissé le temps d'en faire la description. A dater du mois de février 1814, l'ouvrage a été continué par le Dr Leach, sous le titre de *Zoological Miscellany*, 3 vol. gr. in-8. Les 24 vol., qui coûtaient 33 liv. 17 sh., sont portés à environ 10 liv. 10 sh. dans les catalogues des libraires.

— Cimelia physica. Voyez MILLER.

SHAW (*Henry*). The History and antiquities of the chapel at Luton Park, a seat of the marquis of Bute. *London, Carpenter*, 1829, imper. in-fol. avec 20 pl. 1 liv. 2 sh.; —épreuves sur pap. de Chine, 3 liv. 3 sh. [27112]

La dédicace de ce bel ouvrage est datée de janvier 1830.

— Specimens of the details of Elisabethan architecture with descriptions by T. Moule. *London, Pickering*, 1839, in-4. avec 70 pl. 1 liv. 12 sh.; — Gr. Pap. in-fol. pl. sur pap. de Chine, 3 liv. 3 sh. [9984]

Autres productions du même artiste.

SPECIMENS of ancient furniture, 75 plates, drawn from existing authorities by H. Schaw, with descriptions by Samuel Meyrick. *London, Bohn*, 1836, in-4. [10058]

Ce volume coûtait avec une partie des pl. color., 2 liv. 12 sh. 6 d.; — in-4. impér. avec toutes les pl. color., 5 liv. 5 sh. ; — avec les planches retouchées au pinceau, 6 liv. 6 sh.

— THE ENCYCLOPÆDIA of ornament : select examples from the purest and best specimens of all kinds and all ages. *London, Pickering* (*Bohn*), 1842, in-4., avec 39 pl., 1 liv. 5 sh. ; — Gr. Pap., planches color., 2 liv. 12 sh.

— DRESSES and decorations of the middle ages, from the seventh to the seventeeth century, with histo-

rical introduction, and descriptive letter-press. *London, Pickering*, 1840-43, 2 vol. imper. in-8., avec 85 pl. color., 5 liv. 5 sh.; — Gr. Pap. impér., in-4., fig. color., 10 liv. 10 sh. ; aussi *second edition*, London, Bohn, 1858, 2 vol. imper. in-8., même prix à peu près ; il y a 12 exempl. avec peintures plus fines, et les initiales en or, 24 liv.

— EXAMPLES of ornamental metal work. *London*, 1836, in-4., 50 pl. 1 liv. 1 sh.

— BRIDGENS Designs for furniture, with candelabra and interior decoration in the Elisabethan and Gothic styles, by Bridgen, completed and edited by H. Shaw. *London* (*Bohn*), 1838, in-4. royal, 60 pl. 1 liv. 11 sh. 6 d.; — in-4. impérial, 3 liv. 3 sh.

— DECORATIVE arts of the middle ages, ecclesiastical and civil, exhibiting beautiful specimens of ancient enamel, metal works, painting on stained glass, embroidery, book-binding and other ornamental textures, etc. *London, Pickering*, 1851, imper. in-8., 41 pl., 1 liv. 16 sh. ; — impér. in-4., avec une partie des pl. color., 3 liv. 10 sh.; — avec toutes les pl. color., 6 liv. 6 sh.

—.ILLUSTRATED ornaments. Voy. MADDEN (*H.*).

— ALPHABETS, numerals, and devices of the middle ages; selected from the finest existing specimens. *London, Pickering*, 1845, in-8. impérial, 48 pl. dont 26 en couleurs, 1 liv. 11 sh. 6 d. ; — in-4. impér., avec les planches en couleur, retouchées et rehaussées d'or, 3 liv. 3 sh.

— HAND-BOOK of mediæval alphabets and devices, being a selection of 20 plates of alphabets, and 17 plates of original specimens of labels, monograms, heraldic devices, etc., not heretofore figured. *London*, sans date, ou *Pickering*, 1853, in-8. impér., fig. en couleurs, 15 sh.

— ARMS of the colleges of Oxford, with historical notices of the colleges; by the rev. John W. Burgon. *Oxford*, 1858, gr. in-4. avec 20 pl. peintes en or et en couleurs, 4 liv. 14 sh. 6 d.

— SPECIMEN of ornamental tile pavements, drawn from existing authorities. *London, Pickering*, 1858, gr. in-4. avec 47 pl. teintées ou color., 2 liv. 2 sh. Tiré à 200 exemplaires.

SHELDRAKE (*Timothy*). Botanicum medicinale, an herbal of medical plants on the college of physicians list. *London* (circa 1759), in-fol. 117 pl. color. [5536]

30 fr. (en 93 pl.) L'Héritier ; 1 liv. 8 sh. Hibbert.

SHELVOCKE (*George*). Voyage round the world, by the way of the great South-Sea, in the years 1718-22. *London*, 1723, 1726, or 1757, in-8. fig. 6 à 9 fr. [19845]

Réimpr. dans le 1er vol. de la collection d'Harris.

SHENSTONE (*William*). Poems upon various occasions, written for the entertainment of the author, and printed for the amusement of a few friends, prejudic'd in his favour. *Oxford*, 1737, pet. in-8. [15827]

Ce volume, imprimé seulement pour les amis de l'auteur, est devenu fort rare, parce que celui-ci en a retiré et détruit les exempl. autant qu'il a pu. L'ou-

Shea (*J. Gilmary*). A French Onondago dictionary, 11963. — Catholic missions among the indian tribes of the United States, 21589.

Shearjashub Spooner. Dictionary of painters, etc., 31002.

Shee (sir *Martin* Archer). His Life, 31094.

Sheffield (*J.*). Voy. Buckingham.

Sheld (*Will.*). Introduction to harmony, 10178.

Shelley (*Percy* Bysshe). Poetical Works, 15882.

vrage est porté à 9 liv. 9 sh. dans le catal. de Longman, pour 1816, mais seulement à 2 liv. Nassau.
Les Œuvres de Shenstone ont été publ. plusieurs fois
à *Londres*, en 3 vol. pet. in-8. La 5e édition est
de 1777.

SHEPHERD (*A.*). Voy. TABLES.

SHEPHERD (*William*). The Life of Poggio
Bracciolini. *Liverpool*, 1802, in-4. 15 à
20 fr. [30712]

Cet ouvrage estimé a été réimpr. à *Liverpool*, en
1837, in-8., et trad. en français par le comte Emm.
de Laubespin, *Paris*, *Verdière*, 1819, in-8. ; ensuite en italien, par Thom. Tonelli, *Firenze, Ricci*,
1825, 2 vol. in-8., portr. Cette dernière traduction
est accompagnée de notes et augmentée de plusieurs
lettres inédites de Poggio.

SHEPHERDS kalendar. Voy. COMPOST.

SHERIDAN (*Richard* Brinsley). The dramatic Works, now first collected, with a
preface (by Th. Moore). *London, Murray*, 1821, 2 vol. gr. in-8. 1 liv. 8 sh.
[16913]

Réimpr. à *Paris, Baudry*, 1828, en-4 vol. gr. in-32.
Autre édition, with biographical sketche by Leigh
Hunt. *London, Moxon*, 1840, in-8.
— LE THÉATRE complet de Sheridan, précédé d'une
notice sur sa vie, trad. de l'anglais par F. Bonnet.
Paris, Fournier, 1836, 2 vol. in-8. 10 fr. ; ou sous
le titre d'*Œuvres complètes*..... traduction nouvelle par Benj. Laroche. *Paris, Ch. Gosselin*, 1841,
gr. in-18.
— PARLIAMENTARY and other speeches and memoirs.
London, 1816, 5 vol. in-8., ou *London, Bohn*,
1842, 3 vol. in-8. portr. 1 liv. [12220]
Th. Moore a donné des *Memoirs of the life of R.-B.
Sheridan*, Lond., Longman, 1825, in-4., avec portr. :
1 liv. 5 sh.; réimpr. à *Londres*, en 2 vol. in-8. :
1 liv. — à *Paris, Galignani*, 1825, 2 vol. in-12; et
trad. en français par J.-T. Parisot, *Paris*, 1826,
2 vol. in-8. [30948] — John Watkins avait déjà
publié : *Memoirs of R.-B. Sheridan*, Lond., 1816,
2 vol. in-4., ou 1817, 2 vol. in-8.

SHERLEY. A true report of sir Ant. Shier-
lies (*sic*) journey overland to Venice, from
thence by sea to Antioch, Aleppo and Ba-
bilon, and so to Casbine in Persia. *London, printed by R. B. for J. J.*, 1600,
in-4. goth. de 6 ff.

Vend. 5 liv. 5 sh. Heber, VII, 5514.

— A new and large discourse of sir Ant.
Sherley's travels by sea and over land to
the persian empire, wherein are related
many straung and woundfull accidents,
and also description and conditions of
these countries and people he possed,
written by William Parry, who accompanied sir Anthony in his travels. *London, by Valentine Simmes for Felix*

Shepherd (*Ch.*). History of the island of S. Vincent,
28646.
Shepherd (*H.-J.*). Law on the election of members
of Parliament, 3085.
Sheridan (*Th.*). English dictionary, 11328. — Life
of J. Swift, 30915.
Shéridan (*Rich.*). Révolution de Suède, 27687.
Sheringham (*R.*). De Anglorum origine, 26773.

Norton, 1601, in-4. de 22 ff. en lett. goth.
[20609]

Un exempl. de cette relation, devenue fort rare, a été
payé jusqu'à 8 liv. 5 sh. à la vente Jadis, et 7 liv.
en 1856.
— RELATION of his travels into Persia. *London*, 1613,
in-4. de 74 ff.
Vend. 4 liv. 2 sh. Bindley; 1 liv. 11 sh. Hibbert;
1 liv. 7 sh. Heber.
— THE THREE english brothers, sir Tho. Sherley
his travels, with his three years imprisonment in
Turkie. Sir Anth. Sherley his embassage. Master
Rob. Sherley his wars against the Turkes, with his
marriage to the emperor's of Persia neece. *Lond.*,
by Hodgets, 1607, in-4. de 40 ff. signat. A—K.
[20498]
Vend. jusqu'à 10 liv. 15 sh. Jadis, et 14 liv. Bindley ;
4 liv. Heber.
— THE THREE brothers : or the travels and adven-
tures of sir Anthony, sir Robert, and sir Thomas
Sherley, in Persia, Russia, Turkey, Spain, etc.
Lond., 1825, pet. in-8. avec portr. 5 sh.
— THE TRAVAILES of the three english brothers, sir
Thomas, sir Anthony and Mr. Robert Sherley. At
it is now play'd by her Maiesties seruants. *London*,
for Iohn Wright, 1607, in-4. de 33 ff., sign. A—H.
Pièce rare. 1 liv. 17 sh. Mitford, en 1860.

SHERLEY (*Rob.*). Sir Robert Sherley sent
ambassadour in the name of the king of
Persia, to Sigismond the third, king of
Poland and Swecia, etc. *London, by J.
Windet*, 1609, in-4. goth. de 22 pp.

Vend. 3 liv. 8 sh. Bindley. — Réimpr. dans le 5e vol.
de l'*Harleian miscellany*.

SHIRLEY (*James*). The Plays and Poems
of Shirley, now first collected and chronologically arranged, and the text carefully collated and restored ; with occasional notes, biographical and critical ;
by Will. Gifford : to which is prefixed
some account of the life of Shirley and
of his writings by the rev. Alexander
Dyce. *London, Murray*, 1833, 6 vol.
in-8. portr. [16886]

Édition imprimée pour faire collection avec celles
des œuvres de Ford, Massinger et Ben Johnson,
données par le même éditeur : 1 liv. 16 sh.; — Gr.
Pap. 2 liv. 16 sh.
On trouve dans la nouvelle édit. du *Manual* de Lowndes, part. VIII, pp. 2384-87, le catalogue par ordre
chronologique de 39 pièces de théâtre de James Shirley, impr. à Londres de 1633 à 1660, et dont 31 réunies ont été vendues ensemble 4 liv. 18 sh. Heber ;
ensuite, rel. en veau, par Clarck, 14 liv. On y trouve
aussi les indications des poëmes du même auteur
et de ses ouvrages relatifs à la grammaire.

SHIRLEY Family : Stemmata Sherleiana,
or the Annals of the Shirley family,
lords of Nether Etindon in the county
of Warwick and of Shirley in the county
of Derby. *London*, 1841, in-4. avec vignettes sur bois. [28939]

Privately printed, à cent exemplaires : 3 liv. Eyton;
4 liv. 14 sh. Puttick, en 1858.

Sherlock (*Guill.*). Immortalité de l'âme, 2020. — De
la Mort, 2021. — Discourses, 2032.
Sherlock (*Th.*). Works, 1999. — Usage des prophéties, 2000. — Témoins de la résurrection, 2001. —
Sermons, 2033.

SHIRWOD. Ad reverendiss..... dominum Marcum cardinalem Sancti Marci vulgariter nuncupatum, J. Shirwod, quod latine interpretatur Limpida Silva, sedis apostolicæ ptonot. Anglici, præfatio in epitomen de Ludo arithmomachiæ feliciter incipit. In-4. [7854]

Opuscule très-rare et assez curieux, imprimé sans lieu ni date, ni nom d'imprimeur. Le morceau qui est à la fin se termine ainsi : *Romæ, ipsis kalendis aprilibus anno Domini* M. CCCCLXXXII, etc., et il est à présumer que l'impression du livre a été faite à la même époque. Une table explicative du *Ludus arithnomachiæ* suit le huitième feuillet.

Vend. 7 liv. 10 sh. Sykes, 3ᵉ part., nᵒ 414; 2 liv. 12 sh. 6 d. Heber.

SHOBERL (*Fréd.*). Voy. LORY.

SHREE LULLOO. General principles of inflection and conjugation in the Bruj B, hak, ha or the language spoken by the Hindoos in the country of Bruj, in the district of Go, alivur, in the dominions of the Raja of B, hurutpoor, as also in the extensive countries of Bueswara, B, hudawur, Untur Bed and Boondelk, hund, by Shree Lulloo Lal Kuvy. *Calcutta*, 1811, gr. in-4. [11809]

Vend. 27 fr. Langlès; 25 fr. 50 c. Klaproth.

— THE NEW CYCLOPÆDIA hindoostanica of wit, containing a choice collection of humorous stories in the persian and nagree characters, interpersed with appropriate proverbs, anti-bilious jests, brillant bonmots, and rallying repartees in the Rekhtu and Brij B, hasha dialects; to which is added a vocabulary of the principal words in hindoostance and english : by Shree Lulloo Lal Kub, B, hasha moonshee. *Calcutta*, 1810, gr. in-8. [11783]

Vend. 39 fr. 50 c. Langlès.—Cet ouvrage a été réimpr. (en grande partie) sous le titre suivant :

THE LUTAIFI hindee, or hindoostanee jest book, containing a choice collection of humorous stories in the arabic and roman characters, edited by W. Carmichael Smyth. *London , Richardson*, 1811, in-8. 10 sh. 6 d.

— Voy. NARAYUN Pondit.

SHUCKFORD (*Samuel*). The sacred and profane history of the world, connected from the creation of the world to the dissolution of the assyrian empire; third edition. *Lond.*, 1743, 4 vol. in-8. [22729]

Bonne édition de cet ouvrage estimé, et qui se réunit à celui de Prideaux (voy. ce nom). Vend. en Gr. Pap. *m. r.* 4 liv. 9 sh. Williams. La première est de *Lond.*, 1728, 4 tom. en 2 vol. in-8. — Réimpr. par les soins d'Adam Clarke, *Lond.*, 1808, 4 vol. in-8.; par ceux du Dʳ Creighton, *London*, 1819, 4 vol. in-8., et aussi à *Oxford*, 1810, en 2 vol. in-8., et with notes and analysis by J.-T. Wheeler, *London*, *Tegg*, 1858, 2 vol. in-8.

— HISTOIRE du monde, sacrée et profane, pour servir d'introduction à l'histoire des Juifs de Prideaux, par Shuckford, traduite de l'anglois (le prem. vol.) par J.-F. Bernard (le tome II par Chaufepié, le tome III par Toussaint). *Leyde*, 1738, 3 vol. in-12, prix ordinaire.

SHUEKH Uhmud. Voy. UHMUD.

SHUMS-OOD-DEEN. The Bowers of eloquence being a treatise on the rhetoric, poetry, and rhyme of the Persians, by meer Shums-ood-deen Fukeer of Dehlee, corrected for the press and published by Mouluvees Jan Alee and Abdoor Ruheem. *Calcutta*, *Mouluvee Shookr - oolah*, 1814, gr. in-8. 18 sh. [12086]

Vend. 10 fr. 50 c. de Sacy; 10 fr. Quatremère.

SIBBALD (*Rob.*). Scotia illustrata, sive prodromus historiæ naturalis (Scotiæ). *Edimburgi*, 1684, in-fol., avec 22 pl. 18 à 20 fr., et plus cher en gr. papier. [27382]

Il y a des exempl. datés de 1696, au moyen d'une petite bande de papier collée sur l'ancienne date.

Lowndes (nouvelle édition, pp. 2391-92) donne le catalogue des différents ouvrages de Sibbald qui concernent l'Ecosse.

SIBBALD (*J.*). Cronicle of scottish poetry; from the thirteenth century to the union of the crowns; to which is added a glossary. *Edimb.*, 1802, 4 vol. in-8. [15897]

Recueil de productions de l'ancienne poésie écossaise, avec des remarques explicatives. Le 4ᵉ vol. renferme un glossaire qui ne réunit pas moins de 6000 mots. 36 à 48 fr.

— THE AUTOBIOGRAPHY of sir Robert Sibbald , to which is prefixed some account of his mss. *Edinburgh*, 1833, in-8.

Un exemplaire imprimé sur VÉLIN est porté dans la *Biblioth. grenvil.*, p. 664.

SIBILET ou Sibillet (*Th.*). Art poétique francoys pour l'instruction des jeunes studieux, et encore peu auancez en la poesie francoyse (par Th. Sibilet), auec le Quintil Horatian sur la defense et illustration de la langue francoyse (de Joach. du Bellay, par Ch. Fontaine), auquel est inseré à la fin vn recueil de poesies francoyses pour plus facilement entendre le dit art. *Paris*, *veuve Fr. Regnault*, 1555, in-16. [13159]

15 fr. 50 c. Viollet Le Duc.

— L'Art poëtique françois, pour l'instruction des jeunes studieux, et encore peu auancez en la poëtique françoise (par Th. Sibillet) ; avec le Quintil Horatian, sur la defense et illustration de la langue françoise (de Joach. du Bellay, par Ch. Fontaine), reueus et augmentés. *Lyon*, *Jean Temporal*, 1556, in-16 de 292 pp. et 6 ff. pour la table.

46 fr. *mar. r.* Coste, et même prix Solar ; 35 fr. *mar. citr.* Veinant.

Cette édition est, nous le supposons, la même que celle dont le titre porte l'adresse de *Lyon*, *Th. Payen*, 1556, et qui a également 292 pp. et 6 ff. Elle contient, outre les deux ouvrages indiqués, les traités de Dolet *De la ponctuation de la lan-*

---

que françoise et de ses accents. La première édition de l'Art poétique est anonyme, et a paru à *Paris, chez Gilles Corrozet, et chez Arn. l'Angelier,* 1548, pet. in-8., 35 fr. *non rel.* Salmon. L'ouvrage a été réimprimé avec le *Quintil Horatian,* et revu et augmenté, *Paris, Jean Ruelle,* 1564, in-16. Cette dernière contient un autre Art poétique abrégé, et les deux traités de Dolet; ce qui se trouve aussi dans l'édition de *Paris, Vᵉ Jean Ruelle,* 1573, in-16 (vend. 19 fr. *mar. v.* Chardin). Enfin nous connaissons encore une édition du même recueil, de *Lyon, Ben. Rigaud,* 1576, in-16 de 292 pp. et 6 ff. 22 fr. Coste.

— Iphigénie. Voy. t. II, col. 1105, article EURIPIDES.

SIBTHORP (*Joannes*). Flora græca : sive plantarum rariorum historia, quas in provinciis aut insulis Græciæ legit, investigavit, et depingi curavit Joh. Sibthorp : characteres omnium, descriptiones et synonyma elaboraverunt Jac.-Ed. Smith et Joh. Lindley. *Lond., typ. Rich. Taylor,* 1806-40, 10 vol. gr. in-fol.

Ce grand ouvrage, dont chaque vol. se compose de 100 pl. (hors le Xᵉ qui n'en a que 66), est entièrement terminé. Tous les frais en avaient été assurés tant par une somme léguée à cet effet par le Dʳ Sibthorp lui-même, que par le contingent de *trente souscripteurs,* nombre égal à celui des exemplaires que l'on a tirés de ce livre magnifique.

Une nouvelle édition, strictement calquée sur la première, et avec les mêmes planches, a été donnée de 1845 à 1846 par les soins du savant Ch. Daubeny, professeur de l'Université d'Oxford, aussi en 10 vol. in-fol. Elle se vend à Londres, chez H.-G. Bohn, au prix de 63 liv. sterl. [5214]

— FLORÆ græcæ prodromus, sive plantarum omnium enumeratio, quas in provinciis aut insulis Græciæ invenit Joh. Sibthorp: characteres et synonyma omnium cum annotationibus Jac.-Edv. Smith. *Londini, typ. Rich. Taylor,* 1806-16, 4 part. en 2 vol. gr. in-8. 1 liv. 5 sh.

— Flora oxoniensis, 5187.

SIBYLLA (*Barthol.*). Speculum peregrinātium quæstionum... (au 13ᵉ f.) : Ad invictissimum ac illustrissimum principem Alfonsum de Aragonia ducem Calabriæ : fratris Bartholomei Sybille monopolitani... Prefatio in animarum rationabilium in coniuncto et separatarum : bonorum et malorum demonum Tres decades. (in fine) : *Impressum Romæ per Eucharium Silber alias Franck natione Alemanum. Año ñre salutis* 1493, *die 27 mensis Augusti,* in-4. de 12 ff. prélim. non chiffr. et 280 ff. chiffr., caract. rom. [1234]

Le titre ci-dessus se lit au premier f. du texte de ce livre, lequel a été réimprimé (*Argentorati*) *opera & expensis Johannis Grüninger... anno salutis post Millesimū quadringentesimū nonagesimo nono,* in-4. de 10 ff. non chiffrés et 254 ff. chiffrés, caract. rom.

Réimprimé encore *Lugduni, Jacob. Myt,* en 1516 et en 1521, in-8., et dans la même ville, *chez Scipio de Gabiano,* 1534, in-8.

Sibille. Essai sur les vieilles filles, 18087.
Sibil (*Ebenazer*). Astrologia, 9007.

SIBYLLA francica, seu de admirabili Puella Jòanna lotharinga dissertationes; omnia ex biblioth. Melch. Goldasti eruta. *Ursellis,* 1606, in-4. 8 à 12 fr. [23392]

SIBYLLA capitolina. Voyez à la suite de l'article VIRGILIUS.

SIBYLLINA Oracula ex vett. codd. aucta, renovata et notis illustrata a J. Opsopœo, cum interpretatione latina Sebast. Castalionis et indice; præmissus est Onuphrii Panvini de Sibyllis et carminibus sibyllinis liber. *Paris.,* 1599, in-8. fig. 8 ff. prélim., 524 et 71 pp.; plus 1 f. = Oracula metrica Jovis, Apollinis, Hecatès, Serapidis et alior. deorum ac vatum tam virorum quam feminarum, a J. Opsopœo collecta : item Astrampsychi oneirocriticon a Jos. Scaligero digestum et castigatum, gr. et lat. *Paris.,* 1599, in-8., pp. VII à XXIV, 1 à 114 et 3 ff. = Oracula magica Zoroastris, cum scholiis Plethonis et Pselli nunc primum editis, e bibliotheca regia, studio J. Opsopœi. *Paris.,* 1599, in-8., 1 f. de titre et texte, pp. 7 à 144. 6 à 9 fr. [22613]

L'édition de *Paris,* 1607, in-8., correspond page pour page à la précédente, dont il n'y a peut-être de réimprimé qu'une partie. Les exemplaires de l'une et de l'autre, qui sont dans leur première reliure, ont ordinairement de grandes marges, et c'est là sans doute ce qui a donné lieu à annoncer du Gr. Papier.

Des fragments des vers sibyllins ont été impr. pour la première fois dans les *Miscellanea* d'Ang. Politien, édition de Florence, 1489 (voy. POLITIANUS); ensuite dans l'édition de Théocrite, sortie des presses aldines, en 1495. Plus tard, Xystus Betuleius a donné chez Jo. Oporin, à Bâle, en 1545, un recueil des *Oracula sibyllina,* en huit livres (en grec), vol. in-4. de 8 ff. et 104 pp.; réimpr. avec la version latine de Séhast. Castalion, *Basileæ, per Joan. Oporinum,* 1555, in-8. de 1 f. et 333 pp. Les mêmes vers, en grec seulement, ont paru à Paris, *apud viduam Guil. Morelii,* 1566, in-8. Pour une édition plus complète que celles de 1599 et 1607, voy. GALLÆUS.

— ORACULA sibyllina, textu ad codices manuscriptos recognito, Majanis supplementis aucto, cum Castalionis versione metrica innumeris pæne, locis emendata, et ubi opus fuit suppleta, commentario perpetuo, excursibus et indicibus; curante C. Alexander. *Parisiis, Firm. Didot fratres,* 1841-53-56, 2 tom. en 3 part. in-8. 25 fr.

— ORACULA sibyllina ad fidem codd. mscr. quotquot extant recensuit, prætextis prolegomenis illustravit, versione germanica instruxit, annotationes criticas et rerum indicem adjecit Jos.-Henr. Friedlieb. *Lipsiæ, Weigel,* 1852, in-8. 10 fr.

— SIBYLLÆ liber XIV (gr. et lat.), editore et interprete Ang. Maio : additur sextus liber et pars octavi cum multa vocum et versuum varietate. *Mediolani, regiis typis,* 1817, in-8. de 56 pages. [22614]

Ce fragment, dont il a été tiré des exemplaires in-4., et même un exemplaire sur VÉLIN (vend. 27 fr. Reina), doit être joint aux anciennes éditions des *Sibyllina oracula.* Il a été réimpr. à la suite d'autres fragments formant les livres XI à XIV des Sibylles, dans le 3ᵉ vol. de la *Nova collectio scriptorum,* du card. Mai (voy. ce nom). — Voy. aussi RABEL, et ZOROASTER.

SICARDO (*Jos.*). Christiandad del Japon:
memorias sacras de los martyres de las
ilustres religiones de S. Domingo,
S. Francisco, compañia de Jesus, etc.,
y con especialidad dos religiosos del orden de N. P. S. Augustin. *Madrid, Fr.
Sanz*, 1698, in-fol. [21584]

Vend. 26 fr. et 24 fr. 2ᵉ vente et 4ᵉ vente Quatremère.

SICCAMA (*Sibrand*). Lex Frisionum, seu
antiquæ Frisionum leges, notis illustratæ
a Sibr. Siccama : accedunt statuta opstal-
bomica, Saxonum leges tres et Caroli Magni capitularia duo de rebus Saxoniæ.
Omnia, cum notis G.-Guil. Gaertneri.
Lipsiæ, 1730, in-4. [3021]

Imprimé d'abord à *Franeker*, en 1617, in-4.

SICCUS. De origine pilæ majoris, et cin-
guli militaris, quo flumina superantur,
Nicolai Sicci, justitiæ mediolanen. præ-
fecti carmen. (*absque anno*), in-8. de
16 pp. [12783]

Cette pièce, sans titre et sans souscription, a été
inexactement indiquée comme une édition aldine;
mais M. Renouard la croit impr. à Venise, par Vincent Valgrise, avec les mêmes caractères que les
Pignæ carmina, donnés en 1553 par cet imprimeur : 1 liv. 2 sh. *mar. bl.* Butler ; 101 fr. Costabili.

SICHEL (*J.*). Iconographie ophthalmolo-
gique, ou description et figures coloriées
des maladies de l'organe de la vue, comprenant l'anatomie pathologique, la pa-
thologie et la thérapeutique médico-
chirurgicale. *Paris, J.-B. Baillière*,
1852-59, in-4. de xx et 820 pp., avec
un atlas de 80 pl. avec explication. [7532]

Publié en 20 livraisons, plus les 17ᵉ, 18ᵉ et 20ᵉ *bis*.
Chaque livraison, 7 fr. 50 c.; les 23 ensemble,
172 fr. 50 c.

SICILE. Voy. BLAZON des couleurs.

SICILIÆ inscriptiones. Voy. TORREMUZZA.

SICKEL (*Th.*). Voyez MONUMENTA gra-
phica (et ajoutez qu'il en a paru quatre
livraisons, qui coûtent ensemble 250 fr.).

SICKLER (*J.-B.*). Der teutsche Obstgärt-
ner, etc. Le Jardinier fruitier allemand,
ou Magasin général pour les jardiniers
fruitiers, dans les divers climats de l'Allemagne. *Weimar*, 1794-1804, 20 vol.
in-8. fig. color. et portr. [6483]

Cet ouvrage allemand s'est publié par cahiers. Vend.
95 fr. Pappenheim. — Voy. FRUCHTGARTEN.

SICKLER (*C.-L.*). Die heilige Priester-
sprache der alten Ægyptier....; *c'est-à-*

dire, La langue sacrée des prêtres chez
les anciens Égyptiens, comme dialecte
tirant son origine de l'ancienne langue
sémitique, démontrée par des documents
historiques. *Hildburghausen, Kesser-
ling*, 1822-24-25-26, in-4. [29117]

Dissertation en 4 parties, où l'auteur soutient que
les hiéroglyphes sont une écriture phonétique.

SICO Polentonus. Voy. POLENTONUS.

SICULORUM proverbiorum sicularumque
cantionum latina traductio. *Missanæ*,
1744, in-12. [18488]

17 fr. *mar. bl.* Duplessis.

SICULUS (*Joan.*). Voy. SIMO.

SICETA. Voy. MARCELLUS.

SIDHANTA Kaumudi sanskrit grammar.
Calcutta, 1812, gr. in-4. [11746]

Vend. 50 fr. Langlès.

SIDNEY ou Sydeney (*H.*). Letters and
memorial of state in the reigns of queen
Mary, queen Elisabeth, etc., written and
collected by H. Sydney, Phil. Sydney
and Rob. Sydney; published by Arthur
Collins. *Lond., Osborne*, 1746, 2 vol.
in-fol. [26927]

Vend. 37 fr. le duc de Feltre; 2 liv. 1 sh. Hibbert;
2 liv. 1 sh. Holland, en 1860; et en Gr. Pap., 139 fr.
Mac-Carthy ; 4 liv. 4 sh. Sotheby, en 1859.

SIDNEY ou Sydney (*Phil.*). The miscellaneous Works of Ph. S., with the life of
the author and illustrative notes by W.
Gray. *Oxford, Talboys*, 1829, pet. in-8.
12 sh., et plus en Gr. Pap. [15755]

Ce volume contient *Sidney's sonnets, masque, de-
fence of poesy*, et quelques lettres restées jusqu'a-
lors inédites. Il a été réimprimé à *Boston*, en 1860,
in-8. Les poésies de Sydney ont paru pour la première fois sous le titre de *Syr P. S. his Astrophel
and Stella, wherein the excellence of sweete
poesie is concluded...* London, Th. Newman, 1591,
in-4. de 32 ff., sign. A—H. 11 liv. 11 sh. Evans, en
1831 ; 28 liv. Bright; ensuite le même recueil, *to
the end of which are added, sundry other rare
sonnets of divers noblemen or gentlemen*,
London, for Th. Newman, 1591, in-4. de 44 ff. Seconde édition : 17 liv. 10 sh. Caldecott. Les mêmes
poésies ont été réimprim., ainsi que d'autres morceaux du même poëte, dans les différentes éditions
de l'*Arcadia*, à dater de celle de 1593.

— The Countesse of Pembroke's Arcadia,
written by sir Philip Sidney; now the
ninth time published, with a two-fold
supplement of a defect in the third book,
the one by W.-A. Knight, the others by
Ja. Johnstoun... and now annexed to
this work for the reader benefit whereunto is also added a sixth booke. *London*, 1638, in-fol. de 3 ff. prélim. 624 et
suppl. portr. [17719]

Neuvième édition de ce roman célèbre, lequel est en

Sicard (*R.-Ambr.*). Instruction des sourds-muets,
3657-58. — Grammaire, 10548.
Sicard (*Fr.*). Institutions militaires des Français,
24087.
Sichterman (*G.*). De Pœnis militar., 29222.

Sidi Khalil. Jurisprudence musulmane, 3129.

prose et en vers; elle contient deux suppléments pour le troisième livre, l'un par W.-A. Knight, et l'autre par Ja. Johnstoun : on y trouve aussi un sixième livre par R. B. (Richard Beling). L'édition de Londres, 1662, in-fol., renferme de plus : *A Remedie for love*, poëme omis dans les précédentes; elle est *plus complète*, à ce que dit Lowndes, que la 14e édition donnée sous le titre de *The works of sir Ph. Sidney, in prose and verse*, Lond., 1725, 3 vol. in-8. Ajoutons que la première édition de l'Arcadia, *London, printed for William Ponsonbie*, 1590, in-4. de 32 ff., divisée en 3 livres seulement, est un livre fort rare, dont un exempl., qui n'était pas sans défauts, a été vendu 14 liv. 5 sh. Heber; un autre, en ancienne reliure, *mar. r.* 34 liv. Gardner, en 1854.

La traduction française de l'Arcadia, par Baudouin, *Paris*, 1624, 3 vol. in-8., n'a pas de valeur.

— A MEMOIR of sir Phil. Sidney, by R. Fox Bourne. *London*, 1862, in-8. 15 sh.

Pour les autres ouvrages de Phil. Sidney, consultez Lowndes, 2e édition, p. 2397.

— Correspondence with Hubert Languet, 18753.

SIDNEY ou Sydney (*Algernon*). Discourses concerning government, with his letters, etc. (publish. by Th. Hollis). *London*, 1763 (réimpr. 1772), gr. in-4. portr. 18 à 20 fr. [3945]

Ces deux éditions et celle de *Londres*, 1751, pet. in-fol., ont la même valeur à peu près. La première de toutes est celle de Londres, 1698, in-fol.

— DISCOURS sur le gouvernement, traduits de l'anglois par P.-A. Samson. *La Haye*, 1702, 3 vol. pet. in-8. 5 à 6 fr. Vend. 29 fr. *mar. viol. dent.* Labédoyère.

Édition préférée aux réimpressions faites à *Paris*, en 4 vol. in-12, ou 3 vol. in-8.

— SYDNEY papers, consisting of a journal of the carl of Leicester and original letters of Algernon Sydney; edited with notes by R.-V. Blencowe. *London*, 1825, in-8.

— BRIEF MEMOIRS of Algernon Sidney, by R. Chase Sidney. *London*, 1835, in-8.

SIDONIUS Apollinaris. Opera. In-fol. de 151 ff. goth. [12567]

Édition exécutée à longues lignes, au nombre de 32 à la page, sans chiffres, signat. ni récl.; on la croit sortie des presses de Nic. Ketelaer et Ger. de Leempt, à Utrecht, vers 1473, et par conséquent la première édition de cet auteur : elle commence par cet intitulé : *Caij Solij Appollinaris Sidonij Aruernoɔ episcopi Epistolarum liber primus Jncipit*, et elle finit, sans aucune souscription, par ce vers :

Expediä series quos tenet imperij.

Vend. 86 fr. Brienne-Laire; 43 fr. de Servais; 120 fr. La Serna; 150 fr. *m. r.* d'Ourches; 7 liv. Heber.

— Poema aureum ejusdemque epistolæ (cum comment. Joan.-Bapt. Pii). *Mediolani, per magistrum Uldericum Scinzenzeler*, M. CCCC. LXXXXVIII. *Quarto Nonas maias*, in-fol. de 4 ff. prélim. et 144 ff. de texte, caractères romains.

Première édition avec date : vend. en *mar. r.* 21 fr. Gaignat; 45 fr. La Valliere; 1 liv. 8 sh. *m. r.* Heber; en *mar. r.* 69 fr. Coste; 76 fr. Borluut; 3 liv. Libri, en 1859; autre 24 fr. Riva, et un très bel exempl., 12 liv. 12 sh. Roxburghe.

— SIDONII Apollinaris Opera, castigata, restituta et edita studio Eliæ Vineti. *Lugd., Joan. Tornæsius*, 1552, pet. in-8. 3 à 4 fr.

— OPERA, Jo. Savaro recognovit et librum commen-

tar. adjecit. *Parisiis, Andr. Perier*, 1599 (seu editio secunda emendata, *Ibid.*, 1609), in-4. 4 à 6 fr.

— OPERA, Jac. Sirmondi cura et studio recognita notisque illustrata, editio secunda (curante Ph. Labbeo). *Parisiis, Cramoisy*, 1652, in-4. 8 à 9 fr.

Bonne édition, dont il y a du Gr. Pap. La première, donnée par le P. Sirmond, est de Paris, 1614, in-8. L'ouvrage a été réimprimé dans le 1er vol. des œuvres de ce savant jésuite.

— ŒUVRES de C. Sollius Apollinaris Sidonius, traduites en français, avec le texte en regard et des notes, par J.-F. Grégoire et F.-Z. Collombet. *Lyon, Rusand*, 1836, 3 vol. in-8. 15 fr.

Pour une autre traduction, voyez SAUVIGNY.

SIDRAC. Voy. SYDRAC.

SIEBMACHER (*J.*). Das grosse und vollständige, anfangs Siebmacherische, hernacher Fürtische und Helmerische, nun aber Weigelische Wappenbuch in 6 Theilen, mit einer Vorr. von J.-D. Köhler. *Nürnb., Weigel*, 1734, 6 vol. in-fol. — Supplément, 12 part. en 2 vol. in-fol. [28820]

Voici le nombre des planches contenues dans ce grand ouvrage héraldique : Tome I, 226; II, 164; III, 200; IV, 200; V, 312 et 56; VI, 25 et 5. — *Supplément* : Part. I, 36; II, 35; III, 21; IV, 30; V, 30; VI, 30; VII, 30; VIII, 31; IX, 31; X, 33; XI, 26; XII, 28. (Ebert, 21198.)

— Das grosse und allgemeine Wappenbuch weyland J. Siebmachers, neu herausgeben, geordnet und vervollständigt, dann mit heraldischen und historich-genealogischen Erläuterungen begleitet, von O. Titan von Hefner. *Nürnberg, Bauer et Raspe*, 1854-57. 42 livraisons gr. in-4. fig. 260 fr.

SIEBOLD (*Ph.-Fr.* de). Epitome linguæ japonicæ. *Oosaka*, in-8., tome Ier. [11852]

Ce premier volume, qui traite des caractères, de la prononciation et de l'étymologie de la langue japonaise, a été rédigé par M. de Siebold, à l'île Dezima, près de Nangasaki, en 1824, et imprimé dans la ville d'Oosaka. (Note extraite du *Journ. de la littér. étrang.*, 1828, p. 152, où sont indiqués deux autres ouvrages impr. à Oosaka, en 1818, et à *M'jako*, en 1819.)

Réimprimé à Leyde, avec 4 pl. lithogr.

— Nippon. Archiv zur Beschreibung von Japan und dessen Neben- und Schutzländern : Jezo mit den südlichen Kurilen, Krafto, Kooraï und den Liukin-Inseln, nach japan. und europ. Schriften und eigenen Beobachtungen bearbeitet von Ritter Dr Fr. von Siebold. *Leyden und Amsterdam, Müller*, 1832, gr. in-4. fig. [28308]

Ouvrage fort curieux, dont il paraissait 20 cahiers en 1851. Le tout contenant 471 planches et

Siebenkees (*J.-C.*). Materialien, 26628.

Siebenkees (*J.-Ph.*). Anecdota græca, 3349. — Handbuch der Archäologie, 29226.

Sieber. Reise nach Kreta, 20434.

10 cartes lithogr., ainsi distribuées : *Mammalei*, 37 pl. color. — *Aves*, 117 pl. color. par C.-J. Temminck et H. Schlegel, 1845-49. — *Pisces*, 161 pl. color. par les mêmes, 1843-47. — *Chelonii*, 9 pl. — *Ophidii*, 10 pl. — *Saurii*, 19 pl. — *Crustacea*, 41 pl. en noir, par W. de Haan, 1842-51. Chaque décade ou cah. de 10 pl. a coûté en noir 6 thl. et color. 8 thl.

Le même ouvrage se publie en français, sous le titre suivant :

VOYAGE au Japon, exécuté pendant les années 1823 à 1830, ou description physique, géographique et historique de l'empire japonais, de Jezo, des îles Kurieles méridionales, de Krafto, de la Corée, des îles Liu-Kiu, etc. ; édition française, rédigée par MM. A. de Montry et E. Frayssinet. *Paris, Arthus Bertrand*, 1838, gr. in-8. et atlas gr. in-fol. de 130 pl.

— MONITEUR des Indes. Recueil des mémoires et des notices scientifiques concernant les possessions néerlandaises de l'Asie, etc., publiés par de Siebold et P. Melville. *La Haye*, 1846-50, 4 vol. in-4. avec cartes et vues. 150 fr. (Catal. William et Norgates, p. 46).

— Atlas von Land- und Seekarten vom japanischen Reiche, mit 16 Blättern. Gr. in-fol. 30 thl.

— Bibliotheca japonica, sive selecta quædam opera sinico-japonica, in usum eorum qui literis japonicis vacant, in lapide exarata a sinensi Ko-Tsching-Dschang, et edita curantibus Ph.-Fr. de Siebold et J. Hoffmann libri sex. *Lugduni-Batavor., ex Officina editoris*, 1833-41, gr. in-4. et in-fol. [19479]

Voici le contenu et les prix de ces six livres, lesquels n'ont été tirés qu'à 100 ou 125 exempl. chacun.

LIBER PRIMUS. *Sin zoo zi lin gjok ben*, novus et auctus literarum ideographicarum thesaurus, sive collectio omnium literarum sinensium secundum radices disposita, pronuntiatione japonica adscripta. 1 vol. in-4. (cum pag. lithogr. 164). 36 thl. 83 fr. Klaproth ; 36 fr. Clerc de Landresse.

LIBER SECUNDUS. *Wa Kan won seki sjo gen zi ko*, thesaurus linguæ japonicæ, sive illustratio omnium, quæ libris recepta sunt, verborum ac dictionum loquelæ tam japonicæ quam sinensis. Addita synonymarum literarum ideographicarum copia, opus japonicum in lapide exaratum a sinensi Ko Tsching Dschang, editum curante de Siebold, 1835. 1 vol. in-4. (cum pag. lithogr. 227 ac tab. IV). 70 thl. Vendu 77 fr. Clerc de Landresse.

LIBER TERTIUS. *Tsiän dsü wen*, sive mille literæ ideographicæ ; opus sinicum origine cum interpretatione japonica, in peninsula Kôraï impressum. Annexo systemate scripturæ kôraianæ ac versione japonica, germanica et anglica, cui titulus inscriptus : Tsiän dsü wen, oder Buch von tausend Wörtern, aus dem chinesischen, mit Berücksichtigung der kôraischen und japanischen Uebersetzung, ins deutsche übertragen von Dr. J. Hoffmann. 1 vol. in-4. (cum pag. lithogr. 18 et tab. 1). 10 thl.

LIBER QUARTUS. *Lui ho*, sive vocabularium sinense in Kôraianum conversum, opus sinicum origine in peninsula Kôraï impressum. (Annexa appendice vocabulorum kôraïanorum, japonicorum et sinensium comparativa nec non interpretatione germanica.) 1 vol. in-4. (cum pag. lithogr. 18). 6 thl.

LIBER QUINTUS. Insularum japonicarum tabulæ geographicæ secundum opus *Nippon jo tsi no tei sen tsu*. Tab. lithogr. IV, in-fol. (grand colombier). 6 thl.

LIBER SEXTUS. *Wa nen kei*, sive succincti An-

nales japonici. (Opus originale cum interpretatione germanica.) 1 vol. in-4. (cum pag. lithogr. 25 ac tab. V). 10 thl.

On réunit à ces 6 vol. les deux articles suivants :

ISAGOGE in Bibliothecam japonicam et studium literarum japonicarum. *Lugduni-Bat.*, 1841, in-4. 3 thl.

— CATALOGUS librorum et manuscriptorum japonicorum, annexa enumeratione illorum qui in museo regio hagano servantur. Libros descripsit J. Hoffmann. *Lugduni-Batavorum*, 1845, in-4. 16 pl. lith. 6 thl. [31495]

— Flora japonica, sive plantæ quas in imperio japonico collegit, descripsit ex parte in ipsis locis pingendas curavit P.-Fr. Siebold. Sectio Iª. Plantæ ornatui inservientes digessit J.-G. Zaccarini. *Lugduni-Batavor.*, 1835 et ann. seq. In-fol. pl.

Cette première partie contient 100 pl. en 20 livraisons ; il a paru depuis 10 livr. d'une seconde centurie. Chaque livraison 2 thl. et avec pl. color. 4 thl.

— Fauna japonica, sive descriptio animalium quæ in itinere per Japoniam suscepto, annis 1823-1830, collegit, notis, observationibus et adumbrationibus illustravit Ph.-Fr. de Siebold ; conjunctis studiis C.-J. Temminck et H. Schlegel pro vertebratis atque W. de Haan pro invertebratis elaborata. *Lugd.-Batavor., Arnz et Cⁱᵉ*, 1840 et *ann. seqq.* in-fol. [5637]

Cette faune est divisée par genres, et chaque genre par fascicules.

SIEBOLD (*Carl-Theodor*) und Alb. Kölliker. Zeitschrift für wissenschaftliche Zoologie. *Leipzig*, 1848-61, 11 vol. in-8. fig. 200 fr. [5612]

— LEHRBUCH der vergleichenden Anatomie der wirbellosen Thiere. *Berlin*, 1846, gr. in-8. [5905]

SIÈCLE d'or. Voy. LA TOUR.

SIÈCLE d'or (le) de Cupidon, ou les heureuses aventures d'amour. *Cologne, P. Marteau* (*Holl.*, sans date), pet. in-12. [17206]

Petit livre un peu libre. Vend. 9 fr. Filheul ; 18 fr. 50 c. Ch. Nodier.

SIÉGE (le) de la ville de Vienne en Autriche tenu par l'empereur de Turquie en 1529. *Anvers, Michiel de Hoochstrate*, 1529, in-4. fig. [26474]

Ce livre rare est porté dans le catal. de La Valliere par Nyon, n° 25794, mais il ne se trouve pas à l'Arsenal.

SIÉGE (le) et la prinse de la ville de Saint-Quentin, et du chasteau de Gouy, auec aultres choses memorables en Italie, Angleterre et Escosse. *Ypres, Sestrez*, 1557, pet. in-8. goth. [24228]

Opuscule fort rare. En voici un autre qui ne l'est pas moins.

Siége de Bomarsund, 8671.
Siége de Rome en 1849, 8671.

DESCRIPTION de la victoire que Phillippe a remportée à Graveline le 13 juillet. *Ypres*, 1558, pet. in-8.

SIEMIENOWICZ (*Casimiri*) Ars magna artilleriæ. *Amst.*, 1650, in-fol. fig. [8680]

Volume difficile à trouver, mais peu recherché maintenant : 12 à 15 fr. Vend. 22 fr. Soubise. La traduction française par P. Noiset, *Amst.*, 1651, in-fol. fig., n'est pas beaucoup plus chère.

SIERAKOWSKI (*Sebast.*). Architektura obeymuiaca wszelki gatunek murowania i budowania. *Krakau*, 1812, 2 vol. in-fol. [9783]

Traité d'architecture très-estimé en Pologne, où il coûte 200 flor. Le prem. vol. contient 387 pp. de texte, et le 2e 116 pl. (Ebert, n° 21202).

SIESTRENCEWICZ de Bohusz (*Stanisl.*). Histoire de la Tauride. *Brunswick, Fauche*, 1800, 2 vol. in-8. [27797]

Ouvrage fort peu répandu. Il s'y trouve une carte de la Scythique d'après Hérodote, contenant les changements successifs jusqu'en 1800, et une carte de la Tauride d'après celle de Hablitz. Vend. 25 fr. 10 c. Chateaugiron.

Réimprimé sous le titre d'*Histoire de la Chersonèse taurique*; 2e édition, Pétersbourg, imprimerie de l'Académie impériale, 1824, in-4. de 436 pp., avec 2 cartes.

— Recherches historiques sur l'origine des Sarmates, des Esclavons et des Slaves, et sur les époques de la conversion de ce peuple au christianisme. *Saint-Pétersb., Pluchart*, 1812 (nouveau titre, 1814), 3 vol. in-8. dont les pages se suivent, avec 3 cartes. [27802]

Vend. 24 fr. 50 c. Rémusat; 2 liv. 6 sh. Heber.

La *Table des noms propres*, morceau de 72 pp., a été publiée séparément, avec un titre daté de 1813, et l'ouvrage entier réimpr. à Saint-Pétersbourg, en 1833, 4 vol. in-8.

— PRÉCIS des recherches historiques sur l'origine des Esclavons ou Slaves et Sarmates; 2e édit. *Pétersbourg*, imprim. de l'*Acad. impériale*, 1824, in-4. de 230 pp., avec 2 cartes géogr.

SIETE (Los) infantes de Lara, voy. FERNANDO (*Manuel*) dans les additions, et ci-après, VÆNIUS (*Otho*).

SIETE PARTIDAS(las) cotejadas con varios codices antiguos por la real Academia de la historia. *Madrid, imprenta real*, 1807, 3 vol. in-4. avec portr. [2989]

La meilleure édition du texte de cos célèbres. Vend. en Gr. Pap. 68 fr. en janvier 1829; 48 fr. Sampayo. Nous citerons encore comme une des bonnes éditions du même texte celle de *Valence*, 1758, 6 vol. in-8., donnée *por diligencia del Doct. D. Josef Berni y Catala*; on y a suivi la première édit. de Salamanque, et les corrections faites par D. Diego de Morales y Villamayor. La première édit. des *Siete Partidas* fut impr. à Séville, *por Maestro Pablo de Colonia, e Johanes Pegnizer de Nuremberga, e Magno, e Thomas compañeros*

atemanes..., 25 octobre 1491, pet. in-fol. goth. Les mêmes imprimeurs en donnèrent une seconde, achevée le 24 décembre 1491, pet. in-fol. goth.

— Las Siete Partidas del rey D. Alonzo el Sabio glosadas por Gregorio Lopez. = Indice de las leyes y glosas de las Siete Partidas. *Madrid, Benito Cano*, 1789, 4 tom. en 5 vol. gr. in-fol.

Édition la plus belle que l'on ait de cet ancien corps de droit espagnol. Il en a été tiré des exempl. en Gr. Pap. La réimpression, *Madrid*, 1829-31, 8 tom. en 4 vol. in-fol., coûte 120 fr. Le commentaire de Gregorio Lopez a paru pour la première fois à Salamanque, *Andreas de Portonariis*, 1555, 4 vol. in-fol. goth., dont un pour l'index [2990], et il a été souvent réimprimé.

— LAS SIETE partidas del rey don Alfonso el Sabio, cotejadas con varios codices antiguos por la real Academia de la historia, y glosadas por el lic. Lopez; nueva edicion, precedida del elogio del rey Alonso por D. J. de Vargas y Ponce, y enriquecida con su testamento politico. *Paris, Laserre*, 1847, 5 vol. gr. in-8., portrait. 60 fr.

SIGÆA Toletana (*Aloysia*). Voy. MEURSIUS.

SIGANDUS (*Albertus*). Voy. ALBERTUS.

SIGEBERTI Gemblacensis cœnobitæ Chronicon ab anno 381 ad 1113 : cum insertionibus ex historia Galfredi et additionibus Roberti abbatis Montis, centum et tres sequentes annos complectentibus promovente egregio patre D. G. Parvo, doctore theologo, confessore regio; nunc primum in lucem emissum. Venales habentur in officina Henrici Stephani. — *Absolutum est Parisiis hoc Sigeberti Chronicon... per Henricum Stephanum artis literarum excusoriæ industrium opificem, in sua officina e regione scholæ Decretorum expensis ejusdem et Joannis Parvi bibliopolæ insignis. Anno Dñi.* M. D. XIII, in-4 [23032]

Il y a dans ce volume un second titre, ainsi conçu :

ROBERTI abbatis S. Michaelis de Monte in periculo maris chronicon ab ann. 1112 ad ann. 1220, in quo præsertim de rebus normanicis et anglicis tum ecclesiasticis quam sæcularibus agitur 1512.

Cette chronique a été réimpr. à la suite des Œuvres de Guibert de Nogent (voy. GUIBERTI Opera), et dans le tome XIII de la collection des *Historiens de France*, commencée par D. Bouquet.

SIGLARIUM romanum. Voy. GERRARD.

SIGNAC (*Fr.* de). Le Trépas et l'ordre des obseques, funerailles et enterrement du roy Henry II, l'an 1559, par le seigneur de La Borde, François de Signac, roy d'armes de Dauphiné. *Paris, de l'impr. de Rob. Estienne*, 1559, in-4. [23481]

Cette relation se trouve ordinairement avec les deux sermons funebres faicts et prononcez par messire Jerosme de La Rovere (voy. LA ROVERE).

SIGNES (les) precedens le grant jugement general de nostre redempteur Jesu Christ. *Sans date, nom de lieu ni d'impri-meur (Paris, Verard ou Trepperel,* vers 1500), in-4. caract. goth., ff. non chiffrés, mais avec signat. depuis *a* jus-qu'à *e* inclusiv., fig. sur bois. [1249]

Cet opuscule est un traité des 15 signes qui doivent précéder le jugement dernier, composé par un ano-nyme d'après saint Jérôme. En tête de chacun de ces signes est une gravure très-grossière qui l'indique. Par exemple, le premier des signes étant que la mer s'élèvera par-dessus les montagnes, on voit en tête de ce prem. chapitre une montagne fort élevée, toute lardée de poissons, pour montrer que les eaux couvrent cette montagne. Le 15ᵉ signe étant la résurrection générale, le graveur, en tête de ce dernier signe, a représenté à sa manière cette résurrection. Après le 15ᵉ signe, on voit dans ce livre *Comment apres les dits signes dieu le crea-teur viendra faire son jugement*, chapitre qui commence au f. *d* par une grande gravure du juge-ment dernier. Ce dernier chapitre de l'ouvrage finit au 8ᵉ f. recto de la signature *e*, et le verso de ce même f. est rempli par une gravure sur bois de tous les instruments de la Passion de Jésus-Christ. (Note de l'abbé de Saint-Léger, d'après l'exempl. de la Bibliothèque du roi, D, nᵒ 3782.) Ces mêmes signes sont impr. avec *l'Aduenement de l'Ante-christ*, qui se place à la suite de l'*Art de bien vivre*, édition de 1492 (voy. ART de bien vivre).

SIGNORE (*P.-L.* del). Marmi riccardiani. Voy. MAFFEI (*Scip.*).

SIGNOT (*Jacques*). Description des pas-sages pour aller en Italie. Voy. TOTALE Description.

SIGOLI. Viaggio al monte Sinai, di Simone Sigoli ; testo di lingua, per la prima volta pubblicato. *Firenze, all' insegna di Dante,* 1829, in-8. portr. [20534]

Édition enrichie de notes par Fr. Poggi et Louis Fiacchi. 7 fr. — Pap. fin, 14 fr. — Pap. bleu, 21 fr. — Celle de Naples, *tipografia nella Pietà de' Tur-chini,* 1831, in-8., a été donnée par Basile Puoti, qui a abrégé les notes des premiers éditeurs.

SIGONGNES (de). Le Balet des Quolibets, dansé au Louvre et à la maison de ville, par monseigneur frere du roy, le qua-triesme janvier 1627, compose par le sieur de Sigongnes. *Paris, Aug. Courbé et Anth. de Sommaville,* 1627, in-8. de 16 pp. [10387]

Ouvrage du même genre et du même style que le Balet des Andouilles (voy. BALET). Il n'est pas moins rare que ce dernier. 30 fr. de Soleinne ; 57 fr. Dertin ; 70 fr. mar. bl. Voinant.

SIGONIUS (*Carolus*). Opera omnia, cum notis varior. et ejusdem vita a Lud.-Ant. Muratorio conscripta, Phil. Argelatus

collegit. *Mediolani,* 1732-37, 6 vol. gr. in-fol. 75 à 90 fr. [19009]

Collection fort recherchée : vend. Gr. Pap. 151 fr. Soubise.

— Regum, consulum, dictatorum ac cen-sorum romanorum fasti, una cum trium-phis actis a Romulo rege usque ad Ti. Cæsarem, C. Sigonio autore. Ejusdem de nominibus Romanorum liber, etc. *Ve-netiis,* M. D. L. V. *apud Paulum Ma-nutium, Aldi F.,* in-fol. de 34 ff. [22910]

Première édition, rare mais sans valeur. Celle de 1556, in-fol., sortie des mêmes presses, est beau-coup plus complète ; elle contient *Fasti et Trium-phi,* 16 ff., avec une épître de Sigonius à Her-cule II ; de plus, le commentaire ajouté à cette édi-tion, et le traité *De nominibus Romanorum,* for-mant ensemble 165 ff. (cotés jusqu'à 169, parce que les chiffres 162 à 165 sont omis), avec un titre particulier et une préface de l'auteur ; à la fin est un feuillet d'errata : 10 à 15 fr.

Il existe des exemplaires de cette édition de 1556, dont les titres portent : *Ex officina Stellæ Gior-danis Ziletti.*

— FASTI consulares, et triumphi acti a Romulo rege usque ad Cæsarem, cum commentariis. *Oxonii,* 1802, in-12.

Ce volume se joint au *Tite-Live,* édition d'*Oxford,* 1802.

— Caroli Sigonii de antiquo jure Italiæ libri tres, ad senatum populumque romanum. *Venetiis, apud Jordanum Ziletum,* 1560, in-4. [2969]

Un exemplaire de dédicace, en Grand Papier, et re-vêtu d'une belle reliure italienne du XVIᵉ siècle, en mar. r., portant sur les plats les armes du Sénat de Venise peintes en or et en couleurs, 280 fr. Eug. Piot en 1862 ; en condition ordinaire l'ouvrage n'a qu'une faible valeur.

Nous n'indiquons pas les autres traités de Sigonius, imprimés chez Paul Manuce, parce qu'ils n'ont qu'un prix fort mediocre dans le commerce.

SIGUENZA (Fr. *Joseph* de). La vida de S. Geronimo dotor de la santa Iglesia. *Madrid, Th. Junti,* 1595, pet. in-4. ═ Segunda y tercera parte de la historia de la orden de San Geronimo. *Madrid, Juan Flamenco,* 1600 et 1605, 2 vol. pet. in-fol. [22194]

Sigüenza est réputé pour un des meilleurs écrivains espagnols, et son ouvrage se trouve rarement com-plet. Salvá le porte à 4 liv. 4 sh. Il en existe une quatrième partie ou continuation, par Francisco de los Santos, *Madrid,* 1680, in-fol. Les quatre volumes sont cotés 6 l. 6 sh. sous le nᵒ 1792 du catal. de C.-J. Stewart, *London,* 1852. On cite aussi une autre continuation par Herménégilde de San Pa-blo, impr. à Madrid, en 1669, in-fol., sous ce titre : *Origen y continuaccion de el Instituto y Religion hieronimiana.*

SIGURA. Voy. RUYLOPEZ.

SIHR-OOL-BUYAN, or Musnuvee of Meer Husen, being a history of the prince Be

Signorelli (*P.*). Storia de' teatri antichi, 16022. — Opuscoli e lezioni, 19248. — Vicende della coltura nelle due Sicilie, 25756.

Sigourney (mistress *Lydia* Huntley). Poems, 15883.

Sigrais (*Cl.-G.* Bourdon de). Considérations, 23193, 23194 et 26348.

Sigurdsson (*J.*). Lovsamling over Island, 3114.

Nuzeer, in hindoostanee verse published under the patronage of the college of fort William in Bengal. *Calcutta, Hindoostanee press*, 1805, in-4. [16009]

Vend. 30 fr. Langlès. Une traduction en prose du même ouvrage, par Gilchrist, a été imprimée à *Calcutta*, en 1803, in-4. 16 sh.

SIKE (*Henr.*). Evangelium infantiæ, vel liber apocryphus de infantia salvatoris, arab. edidit ac latina versione et notis illustravit H. Sike. *Traj.-ad-Rhen.*, 1697, pet. in-8. 5 à 6 fr. [254]

Vend. 10 fr. Langlès.

SILHON (*Jean* de). Le Ministre d'État, avec le véritable usage de la politique moderne. *Suivant la copie imprimée à Paris (Leyde, les Elsevier)*, 1641-43, 2 vol. pet. in-12. [4016]

- A ces deux volumes impr. par les Elsevier, de Leyde, il faut en joindre un troisième, *Amsterd., Ant. Michiels*, 1662. Le premier vol. avait déjà été impr. par les Elsevier (*jouxte la copie à Paris*), 1639. Il a été réimprimé en 1648, et à *Amsterd., Ant. Michiels* (ou plutôt à Bruxelles, Fr. Foppens), 1661 et 1664 (avec le 2e vol.). Il n'y a qu'une seule édition du 3e vol. Les 3 vol., édition de 1661 et aussi 1662, 25 fr. 50 c. *mar. r.* Duriez ; 30 fr. Mazoyer ; 29 fr. *m. citr.* Sensier ; 17 fr. Bérard.
Description de l'édit. d'Amsterdam, 1661-62, en 3 vol. Tome I, 12 ff. prélim., 384 pp. — II, 12 ff. prélim. et 485 pp. — III, sous ce titre : *Le Ministre d'Estat*, 3e *partie. De la Certitude des connoissances humaines, où sont particulièrement expliquez les principes et les fondements de la morale et de la politique*, 12 ff. prélim., 488 pp. de texte et 5 ff. pour la table.
La première édit. du Ministre d'Estat de de Silhon a été impr. à *Paris, Touss. Du Bray*, en 1631, 1643 et 1661, en 3 vol. in-4. Le 3e, qui se trouve rarement, porte pour titre : *De la Certitude des connoissances humaines... Paris, impr. royale*, 1661.
Le Conseil d'estat, qu'on attribue à de Silhon dans l'ancien catalogue imprimé de la Bibl. du roi, Jurisprudence, 2e p., n° 1286, est de Phil. de Béthune. Nous en parlons à l'article CONSEILLER.
— ECLAIRCISSEMENT de quelques difficultés touchant l'administration du cardinal Mazarin. *Jouxte la copie à Paris de l'impr. royale (Hollande, Elsevier)*, 1651, pet. in-12. 4 à 6 fr. [23764]
Première édit., la seule publiée.
L'édition de *Paris*, 1651, est in-fol. Il y en a une de *Rouen*, in-4., sous la même date.

SILIUS Italicus. Caii Silii Italici punicorum liber primus incipit (et sequentes XVI, ex recognitione Joan.-Andreæ episc. Aleriensis). — *Anno dñici Natalis* M. CCCC. LXXI. *die* V. *mensis Aprilis... Cõradus Suueynheym: Arnoldus pãnartzq₃ magistri Rome impresserunt...* in-fol. de 161 ff. en tout, à 38 lign. par page. [12539]

Première et très-rare édition, à laquelle se trouve quelquefois joint le *Calphurnius*, in-fol. de 15 ff.; et l'*Hésiode*, in-fol. de 13 ff., dont nous avons parlé dans notre prem. vol. (voy. CALPHURNIUS).
Le Silius Italicus commence par cette ligne :

Silberschlag. Théorie des fleuves, 8135.

Silii Italici Punicorum

La souscription est au verso du dernier feuillet.
Vend. 350 flor. Crevenna ; 48 liv., très-bel exemplaire, Pinelli, et avec le *Calphurnius*, 1160 fr. La Vallière ; 801 fr. La Serna ; 810 fr. *mar. bl.* F. Didot ; 901 fr. d'Ourches ; 18 liv. 18 sh., et 15 liv. *mar. r.* Heber.

— Punicorum libri XVII. — *Opus iã Neglectã Pomponius recognovit Anno domini.* M. CCCC. LXXI. *vi. Calẽd. Mai* (sic). *Rome, George Laver*, gr. in-4.

Édition moins belle que la précédente, mais plus rare encore. La prem. page, qui n'a que 28 lign., commence, sans aucune pièce préliminaire, par le poème dont les deux premiers vers sont imprimés en quatre lignes ; le volume a en totalité 181 ff. (à 34 lignes par page), au verso du dernier desquels on trouve un abrégé de la vie de Silius Italicus, suivi de la souscription rapportée dans l'intitulé ci-dessus. 200 flor. Crevenna.
Plusieurs bibliographes ont cité une édition de *Rome*, 1474, in-fol.; mais l'existence en est très-incertaine.

— Punicorum lib. XVII. *Anno...* M. CCCC. LXXXI, *die xvi mensis Novembris, Parmæ*, pet. in-fol. lett. rondes.

Volume de 172 ff. à 36 lignes par page (le 1er f. tout blanc), signat. *a—x* (*a* et *x* par 10 ff., les autres cahiers par 8 ff.). La souscription est placée au verso de l'avant-dernier f. Suit *Auctoris vita*, qui finit au recto du dernier feuillet.
5 liv. 17 sh. Askew ; 150 fr. Pâris de Meyzieu ; 41 flor. Crevenna ; 4 liv. 14 sh. Pinelli ; 30 fr. en 1809.

— Punicorum libri XVII. — *Hic codex Syllii Italici... recognitus est ab Petro Justino Philelpho... Septimo Idus Novembres impressit autem Mediolani Antonius Zarotus.....* anno M. CCCC. LXXXI, in-fol.

Édition bien exécutée et plus rare encore que cell de *Parme*.

— Iidem libri, cum comment. Petri Marsi. *Venetiis, per Baptistam de Tortis, M. cccc. lxxxiii. die vi mai*, in-fol. de 178 ff. dont 3 préliminaires.

Première édition avec commentaire : 40 fr. La Vallière ; 1 liv. 3 sh. Pinelli ; 34 fr. en 1829.
Réimpr. à Venise, *Bonetus Locatellus*, 15 *cal. Junii*, 1492, in-fol. de 166 ff. (selon Ebert, 156 selon Hain), sign. a—u. 30 fr. Costabili, et dans la même ville, sans nom d'imprimeur, 12 *cal. octob.* 1493, in-fol., et aussi *Per Iacobum de Paganinis Brixiensem* (circa 1490), in-4.; enfin, *Venetiis, Octavianus Scotus*, 1492, in-4. de 156 ff.

— Opus de secundo bello punico. (in fine): *Lugduni, expensis Barth. Troth*, M. D. XIII, in-8.

Édition donnée par Damiano Benessa, avec une préface de J.-B. Soderini ; les feuillets n'en sont pas chiffrés, mais le verso du dernier feuillet donne un registre des cahiers : a—BB.
Vend. 5 flor. *mar. citr.* Rover ; 1 liv. 7 sh. et 1 liv. 8 sh. Heber ; 19 sh. Butler.

— Idem opus, summa cura Ambrosii Nicandri castigatum. *Florentiæ, opera et sumptu Ph. Juntæ*, 1515, in-8. de 208 ff.

Le texte de cette édition passe pour très-inexact.

Vend. 7 flor. Rover; 6 flor. 25 c. *mar. bl.* Meerman; 1 liv. 11 sh., *ancien mar.*, Heber.

— Silii Italici de bello punico secundo
XVII libri. *Venetiis, in æd. Aldi, etc.*,
1523, in-8. de 212 ff.

Édition faite sur celle de Junte; on y a ajouté au
8ᵉ livre 84 vers qui avaient déjà paru dans *Jacobi
Constantii collectaneorum Hecatostis,* Fani, apud
Soncinum, 1508, in-4. Vend. 48 fr. (bel exemplaire)
Soubise; 36 fr. *m. r.* Jourdan; 12 flor. 25 c. Meer-
mann; 1 liv. 2 sh. Heber; 1 liv. Butler; 18 fr.
Riva.

— IIDEM libri XVII, cum argumentis et scholiis Herm.
Buschii. *Parisiis, Sim. Colinæus,* 1531, in-8. 3 à
5 fr.

— Punicorum libri XVII, cum notis variorum (Fr. Modii, Casp. Barthii, Dan. et
Nic. Heinsii), curante Arn. Drakenborch.
Traj.-ad-Rhenum, Van de Water, 1717,
in-4. fig.

Les améliorations du texte et l'ensemble des notes
font de cette édition une des meilleures que l'on
ait de ce poëme : 18 à 24 fr.; et en Gr. Pap.,
dont les exemplaires sont très-rares, vend. 114 fr.
Gouttard; 100 fr. *m. r.* Caillard; 147 fr. *m. r. tab.*
F. Didot, 32 flor. *vél.* Meerman, et 57 fr. Coulon ;
95 fr. *mar. r.* Labédoyère.

— IIDEM, e recensione Arn. Drakenborch; curavit
et glossarium latinitatis adjecit J.-P. Schmidius.
Milaviæ, 1775, in-8. 6 fr. et plus, en pap. fin.

— IIDEM libri XVII; varietate lectionis et commentario perpetuo illustravit Jo.-Chr.-Theoph. Ernesti.
Lipsiæ, 1791-92, 2 vol. in-8. 15 fr. — Pap. fin,
15 fr.

— IIDEM lib. XVII. *Londini, Bulmer, impensis R.
Faulder,* 1792, 2 vol. in-12, pap. vél. 8 à 10 fr.

Jolie édition imprimée par les soins du célèbre bibliophile R. Heber, à l'âge de 18 ans : 14 fr. *mar.
r.* Chateaugiron.

— PUNICORUM lib. XVII, varietate lectionis, perpetua
annotatione illustrati a Geor.-Alex. Ruperti [præfatus est Ch.-G. Heyne). *Lipsiæ,* 1795-98, 2 vol.
in-8. 14 fr.

Édition estimée.

— PUNICORUM libri septemdecim, ad optimas editiones collati, cum varietate lectionum, perpetuis
commentariis, præfationibus, argumentis et indicibus; curante N.-E. Lemaire. *Parisiis, Lemaire*
(e *typogr. Julii Didot),* 1823, 2 vol. in-8. 10 fr.

— PUNICORUM. libri XVII; recensuit et accuravit J.
Carey. *Londini, Rodwell et Martin,* 1824, gr.
in-18. 4 à 5 fr.

De la collection du Régent.

— LA SECONDE guerre punique, poëme traduit en
français par Le Febvre de Villebrune, avec le texte
latin. *Paris,* 1781, 3 vol. in-12. 6 fr.

Le Febvre de Villebrune a donné en même temps une
édition séparée du texte de Silius Italicus, en 1 vol.
in-12.

— SILIUS ITALICUS. Les Puniques, traduction nouvelle par E.-F. Corpet et N.-A. Dubois. *Paris,
Panckoucke,* 1837, 3 vol. in-8.

SILLIG (*Carolus-Julius*). Catalogus artificum, sive architecti, statuarii, sculptores, pictores, cælatores et sculptores Græcorum et Romanorum, literarum ordine
dispositi a Julio Sillig: accedunt tres tabulæ synchrosticæ. *Dresdæ, Arnold,*
1827, in-8. 3 thl. [29236]

Il faut réunir à cet ouvrage la lettre de M. RAOUL
ROCHETTE à M. Schorn (voy. RAOUL-ROCHETTE, et
nº 29236).

SILVA (*Feliciano* de). Segunda comedia
de la Celestina, en laqual se trata de los
amores de un cauallero llamado Felides;
y de una donzella de clara sangre llamada
Polădria, por Feliciano de Silua, laqual
comedia fue corregida y emendada por
Pedro de Mercado. — *Acabose la presente obra en la villa de Medina del'
Campo, en casa de Pedro touàs en el
coral de boeys, año de M.D. xxxiiij a
xxix de octobre,* in-4. goth., sign. *a—q,*
ff. non chiffrés. [16758]

Édition fort rare, dont nous n'avons vu qu'un exemplaire incomplet. Il y manquait le cah. *d* et le premier f. du cah. *e,* en sorte qu'il y restait 118 ff.
seulement.

— Segunda comedia de Celestina...·(à la
fin) : *Salamanca por Pedro de Castro...
Año de* M. D. XXXVI *a doze dias del
mes de junio,* in-4. goth., signat. a—o,
ff. non chiffrés, avec fig. sur bois.

Nous avons eu aussi sous les yeux cette édition non
moins rare que la précédente. Dans celle-ci se
trouvent les stances de l'éditeur Pedro de Mercado, où il dit que l'auteur de l'ouvrage est Feliciano de Silva, à qui l'on doit *D. Florisel de Ni-
quea,* et d'autres suites du roman des *Amadis*
(voy. AMADIS).

— La segunda comedia de la famosa Celestina, en la qual se trata de la resurec-
tion de la dicha Celestina, y de los amores de un cauallero llamado Felides : y
de una donzella de clara sangre llamada
Polădria, corregida y enmendada por
Domingo de Gaztelu. *Venecia, reimpresso por maestro Stephano da Sabio,*
1536, *a dias diez de zuño,* pet. in-8.
goth., sign. A—X par 8.

Édition un peu moins rare que les deux précédentes,
mais qui conserve encore de la valeur : 14 fr.
Reina; 100 fr. *mar. r.* de Soleinne; 63 fr. Baudelocque.

— La misma. Agora nuevamente impressa
y corrigida. *Vendese la presente obra
en la ciudad de Anuers, a la enseña
de la polla grassa, y en Paris a la
enseña de la samaritana, cabe sanct
Benito* (sans année). In-16. de 227 ff. non
chiffr., mais avec des signat. de A—f2,
2ᵉ signat.

Autre édition peu commune, imprimée vers 1550.
On y a conservé les vers de Pedro de Mercado.
Vend. 45 fr. 50 c. Gohier; 38 fr. 25 c. de Nugent
et Rœtzel; 32 fr. Pressac.

SILVA (*Antonio*). Primeras tragedias españolas (Nise lastimosa y Nise laureada,
Doña Ines de Castro y Valladares princesa de Portugal). *Madrid, Fr. Sanchez,*

1577, pet. in-8. de 8 et 107 ff. y compris la souscription. [16773]

Selon Bouterwek, Geronymo Bermudez, dominicain de Galice, est l'auteur de ces tragédies, qu'il publia sous le nom supposé d'Antonio Silva. Elles sont devenues fort rares : 7 sh. 6 d. Heber.

SILVA (*Juan* de). Historia famosa del principe don Policisne de Boecia, hijo y unico heredero de los reyes de Boecia Minandro y Grumedela, y de sus ilustres hechos, y memorables hazañas y altas cauallerias. Aora nueuamente sacado a luz por don Juan de Silva y de Toledo. *En Valladolid, por los herederos de Juan Iñiguez de Lequerica. año de* 1602, *vendese en la libreria de Antonio Garcia,* in-fol. de iv et 200 ff. à 2 col., lett. rondes. [17555]

Un des derniers romans de chevalerie qui aient paru en Espagne : 12 fr. Girardot de Préfond.

SILVA (*Mathias Pereira* da). Feniz renacida : obras poeticas dos melhores engenhos portuguezes, publicadas por M. P. da Silva. *Lisboa, Ferreira e Rodrigues,* 1717-46, 5 vol. pet. in-8. [15340]

Ce recueil renferme les meilleurs poëtes portugais du xvii° siècle.

SILVA (*Jean* de), comte de Portalègre. Voy. CONESTAGGIO.

SILVA (Moraes). Voy. MORAES.

SILVA ou Sylva (*Jose* Soares de). Memorias para a historia de Portugal, que comprehendem o governo del rey D. Joaõ I, de 1383 até 1433. *Lisboa, Sylva,* 1730-32, 3 vol. gr. in-4. — Collecçam dos documentos. *Ibid.,* 1734, gr. in-4. [26281]

Vend. en *mar. r.* 29 fr. Peinier ; 23 fr. Lecouteulx ; *demi-rel.* 50 fr. Sampayo.

SILVA ou Sylva (Seabra de). Deduccaõ chronologica, e analytica, na qual se manifestão pela successiva serie de cada hum dos reynados da monarquia portugueza, desde o governo do João III, a té o presente 3 de setembro 1759, dada a luz pelo Dr Jos. Seabra de Sylva. *Lisboa,* 1767-68, 3 vol. gr. in-4. [26294]

Le premier vol. porte le titre ci-dessus ; le second est relatif à la censure et à la prohibition des livres ; et le troisième contient *Collecção da provas.* Vend. 25 fr. 50 c. salle Silvestre, en 1826.

SILVA (*Ignacio* Accioli de Cerqueira e). Voy. ACCIOLI.

SILVA. Silua de varios romances, en que estan recopilados la mayor parte de los romances castellanos que hasta agora se han compuesto. hay al fin algunas canciones : coplas graciosas y sentidas. *Impressa en Çaragoça por Stevan G. de Nagera, en este año de* M. D. L.,

2 vol. in-16 ou in-24, goth., avec fig. sur bois. [15064]

Édition très-rare, dont la première partie a ccxxi ff. chiffr., et 5 ff. prél. ; la seconde ccij ff. chiffrés et 12 ff. non chiffrés. Vend. 17 liv. 5 sh. White Knights ; 9 liv. 15 sh. (4 ff. manquant dans la 2e part.) Heber.
Une première édition, impr. *à Barcelone, chez Pedro Borin,* en 1550, a été récemment découverte en Allemagne. L'éditeur du premier volume de celle de *Saragosse,* 1550, ci-dessus, et celui d'un *Cancionero de romances,* impr. à Anvers, sans date (voy. CANCIONERO), n'ont guère fait que reproduire l'édition du *Cancionero* d'Anvers, 1550, en faisant toutefois chacun de leur côté, et indépendamment l'un de l'autre, des suppressions et des additions notables, ainsi que des changements dans l'ordre des pièces. Nous empruntons ces détails et quelques autres qui se rapportent au même recueil à un article de M. Gust. Brunet, de Bordeaux, inséré dans le *Bulletin du Bibliophile,* XIIe série, 1856, p. 848, et qui est lui-même extrait des notes de la nouvelle édition de la *Primavera,* publiée par M. Wolf. Voy. ci-dessous.

— Silua de varios romances : En que estan recopilados la mayor parte de los romances castellanos, y agora nueuamente añadidos en esta segunda impresion que nunca an sido estampados. Hay al fin algunas cãciones villãcicos y coplas, y tambien sean añadido en esta impresion algunas cosas sentidas, sacadas de diuersos auctores. (*Barcelona*), *Jaume Cortey,* 1557, in-12 allongé, caract. goth., 210 ff. chiffr. et 4 ff. de table.

Édition tout aussi rare que la première partie de la précédente, qu'elle suit littéralement, en ce qu'elle reproduit jusqu'aux fautes d'impression et aux erreurs de pagination.

— Silva de varios romances recopilados, y con diligencia escogidos de los mejores romances de los tres libros de la Silva. y agora nuevemente añadidos cinco romances de la armada de la Liga y quatro de la sentencia de don Alvaro de Luna... y otros muchos. *Barcelona, en casa de Joan Corten,* 1578, pet. in-12 allongé, de 192 ff. en tout.

Porté à 80 fr. dans le Bulletin de Techener, 2e série, n° 1564.

— Silva de varios romances... *Barcelona, Jayme Sandart,* 1582, in-12 de 172 ff. (Bibl. impér. de Vienne).

Choix de pièces tirées des éditions antérieures. Dans celle-ci, il est question d'un troisième livre qui n'est pas connu.

— Silva de varios romances. Agora de nuevo recopilados los mejores romances de los tres libros de la Sylva, y añadidos de la Liga. *Barcelona,* 1602, in-12.

Vend. 1 liv. 9 sh. Heber.
Une édition de *Barcelone, Sebast. de Cormellas,* 1611, pet. in-8, est portée dans le Catalogue de la Bibliothèque du roi, Y, 6390 A, où l'éditeur est nommé Juan Tiarte. Une autre, sous le titre de Sylva (comme l'édition de 1636, ci-dessous)...... *Barcelone, Gabr. Graells,* 1612, in-12 allongé, de 168 ff. en tout, a été vendu 2 liv. 17 sh. Hanrott ; 2 liv. 9 sh. Heber.

— AUTRE édition. *Zaragoça, Juan de Larumbe*, 1617, in-12 allongé, de 168 pp. et 2 ff. pour la table.
La même, avec un titre portant : *Y en esta ultima impression van añadidos el de la muerte del rey, y el despedimiento y desembarcacion de la Infanta doña Isabel de la Paz; compuesto por Juan Tiarte.* Barcelona, en casa Sebastian de Cormelas, 1617, in-12.

— Sylva de varios romances. Agora de nuevo recopilados los mejores romances de los tres libros de la Sylua, y añadidos de los de la Liga. y en esta vltima impression uan añadidos el de la muerte del Rey D. Felipe II..... *Barcelona, en casa de Sebastian y Iayme Matevad,* 1636, in-12 allongé, de 168 ff., y compris le titre et la table.

Une édition de Barcelone, 1645, in-12, a été vend. 1 liv. 12 sh. *mar. bl.* Hanrott.

— Silva de varios romances, agora nuevamente recopilados por graves autores de los tres libros de la Silva, con ciertas canciones y chistes nuevos. *Zaragoça, por los herederos de Pedro Lanaja,* 1673, in-12 allongé, 2 ff. prélim., 141 ff. chiffrés et 1 f. de table.

Vend. 14 fr. 50 c. Rætzel.
On a réimprimé au commencement de ce volume une permission datée de *Zaragoça*, 1604, et une autre de *Huesca*, 1623 ; ce qui fait supposer deux éditions sous ces dates-là.

-— Primavera y flor de Romances, o' colleccion de los mas viejos y mas populares Romances castellanos , publicada con una introduccion y notas por Don Fern. José Wolf y Don Conrado Hoffman. *Berlin, Asher,* 1856, 2 vol. in-16. 20 fr. ; — pap. vélin, 30 fr.

Édition faite d'après les meilleurs textes que donnent les anciennes éditions du *Cancionero* et de la *Silva de romances*, et plusieurs autres recueils du même genre, dont les éditeurs de celui-ci font connaître les éditions. Le premier volume est consacré aux romances historiques, et le second aux romances chevaleresques et *novelescos.*

SILVATICUS. Matthæi Silvatici, medici de Salerno, liber cibalis et medicinalis Pandectarum , Roberto (Ferdinando) regi Siciliæ inscriptus. — *Explicit liber Pandectarum quem Angelus Cato Supinas... imprimendum curavit... in civitate Neapoli...* M. CCCC. LXXIIII, gr. in-fol. à 2 col. de 50 lig. [7039]

Vend. 57 fr. *mar. bl.* Gaignat; 72 fr. La Vallière; 120 fr. Mac-Carthy. Ce vol. est composé de 337 ff. (ou 338) en tout; il commence par un index de 5 ff., suivis de 3 autres ff. qui contiennent une épître dédicatoire de Angelus Cato Supinas à Ferdinand, roi de Naples, et un avis au lecteur ; le texte vient après, terminé par la souscription *Explicit liber Pandectarum, etc.*, suivie de six vers latins ; sur un dernier f. impr. seulement au recto est un registre pour l'ordre des cahiers. Cette édit., publiée au mois d'avril 1474 (par Arnold de Bruxelles), peut être regardée comme la première de cet ouvrage. Panzer en cite une autre de la même année, qu'il dit imprim. à Mantoue, quoique Saxius la mette au rang des éditions de Milan, que Tiraboschi

la croie impr. à Modène, et que d'autres enfin la revendiquent pour Bologne; cette dernière est également de format gr. in-fol., sans chiffres, récl. ni signat. : elle consiste en 355 ff. (Ebert ne compte que 348 ff. à 2 col. de 49 lign.), dont les 5 premiers renferment l'épître de Matheus Moretus, *ad Francisc. Gonzagam cardinal.*, et la table, laquelle est suivie d'un f. blanc. On lit au recto du dern. f., avant le registre, cette souscription : *Opus pandectarum medicine emēdatū per eximium artiū et medicine doctorē dominū et magistrū Matheum Moretū brixianū Bononie in medicina et astronomia legētē Et impressum p magistrū Iohannem Vurster de Kampidona. Anno Domini,* M. CCCC. LXXIIII.
Le nom de l'imprimeur ne peut pas établir d'une manière positive le lieu de l'impression de ce volume ; car si Jean Wurster de Campidona, sous le nom de *Burster*, imprimait à Mantoue, en 1472, le *Conciliator d'Abano*, en société avec Thomas Septem Castrensis, il est certain qu'il imprimait seul, à Modène, en 1475, une édition de Virgile.
Hain, n° 5193, décrit une édition du même ouvrage, sans date, in-fol. goth. de 321 ff. à 2 col. de 54 et 56 lignes, laquelle commence aussi par l'épître de Moretus, en 5 ff., et porte à la fin une souscription semblable à la précédente, jusqu'au mot *impressum*, après lequel on lit : *p Hermanum lichtenstein coloniensem probatissimum librariæ artis exactorē Uicentie.* — Une autre édition, in-fol. goth. de 307 ff. à 2 col. de 55 lignes, sans lieu ni date, sans chiffr., récl. ni signat., est décrite par le même bibliographe, qui l'attribue aux presses de Strasbourg. Elle commence par l'épître de Moretus, et elle se termine au recto du dernier f., à la 54ᵉ ligne de la 2ᵉ col., ainsi : *pdisi quid est. legc literam condes.*

— Opus pandectarum medicinæ. (fol. ultimo, recto) : *Explicit singulare pandectarum opus... cuiusq; fideles impressores fuere. Magister martinus husz. et Io. siber. Anno... millesimo cccc. lxx viÿ Aƥlis luce xxxvÿ. in lugduno...* gr. in-fol. goth. de 356 ff. à 2 col. de 60 lign.

Naudé, dans ses Additions à l'Histoire de Louis XI, cite cette édition comme le plus ancien livre impr. à Lyon : on en connaît aujourd'hui un certain nombre de plus anciens, et même un de 1473.
— Voyez LOTHARII compendium.

SILVERA (*Miguel* de). El Machabeo, poema heroico. *Napoles, Longo,* 1638, pet. in-4. fig. [15257]

Réimprimé à *Madrid*, 1731, pet. in-8.

SILVESTER (*Jacobus*). Opus novum, præfectis artium, imperatoribus exercituum, exploratoribus... utilissimum pro cipharis, lingua latina, græca, italica et quavis alia multiformiter describentibus, interpretandisque. Inventa a Jacobo Silvestro florentino. *Impressum Romæ anno* MDXXV, in-4. [9062]

Ouvrage peu commun, écrit en latin et en italien. 20 fr. Libri, en 1857.
— OPERA nuova utilissima a signori, mercanti, et ad ogni altra qualita di persone la quale insegna a fare di molte sorte di cifare, e a deciferare cifare, per Jacobo Silvestro. *Roma*, 1526, pet. in-4. 27 fr. même vente.

SILVESTER (*Gregorio*). V. SYLVESTER.

SILVESTER Siculus. Carmen de concordia servanda inter Papam et Imperatorem. *Romæ, Bladus,* 1550, in-4. [12784]

Vend. 1 liv. 7 sh., quoique gâté, Heber.

SILVESTRE (*Israël*). Recueil d'un grand nombre de vues des plus belles villes, palais, châteaux, maisons de plaisance de France, d'Italie, etc., dessinées et grav. par Isr. Silvestre. *Paris, Laur. Cars,* 1750, 4 vol. in-fol. obl. [9565]

Vend. 81 fr. Trudaine.

Cette édition de l'œuvre d'Israël Silvestre est peu estimée, parce que les épreuves en sont fatiguées. Quant aux anciens recueils d'estampes gravées d'après cet artiste, qui peuvent se rencontrer dans le commerce, ils sont fort recherchés, mais le prix en varie selon la beauté des épreuves et le nombre des pièces. Vend. en 3 vol. in-fol., annoncé complet, 200 fr. Lamy (on y trouvait les *Paysages d'Isr. Silvestre, mis en lumière par Is. Henriet*); en 5 vol., *Paris,* 1654, etc., 14 liv. 14 sh. Heber; autre recueil en 193 pièces, sous la date de 1654, 145 fr. Hérisson.

— LEÇONS données aux pages du Roy, par le sieur Silvestre, pour apprendre à dessigner la fortification, le paysage, etc. *A Paris, chez N. Langlois* (sans date), in-4. obl. [9190]

Recueil de 79 planches gravées par Perelle : en *mar. r.*, 50 fr., *Nouveau catal. de L. Potier,* 1860, n° 627.

Pour plus de détails sur les productions de cet artiste, consultez le *Catalogue de l'œuvre d'Israël Silvestre,* par L.-E. F. (Faucheux). *Nancy, Lepage,* 1857, in-8. de 388 pp. — Extrait, *Paris, Vᵉ Renouard,* 1857, in-8. de 44 pp.

SILVESTRE (Fr. *Antonio*). Fundacion historica de los hospitales que la religion de la santissima Trinidad, redempcion de cautivos, de calçados, tiene en la ciudad de Argel. *Madrid,* 1690, pet. in-4. [21851]

20 fr. 2ᵉ vente Quatremère.

SILVESTRE (*L.-C.*). Marques typographiques, ou Recueil des monogrammes, chiffres, enseignes, emblèmes, devises, rébus et fleurons des libraires et imprimeurs qui ont exercé en France, depuis l'introduction de l'imprimerie en 1470, jusqu'à la fin du XVIᵉ siècle : à ces marques sont jointes celles des libraires et imprimeurs qui, pendant la même période, ont publié hors de France des livres en langue française. *Paris, P. Jannet, L. Potier et J. Techener,* 1853-1863, gr. in-8. [31313]

Ce recueil se publie par livraisons. Les douze qui paraissaient en mars 1863 contiennent 976 marques. Chaque livraison, 4 fr., et en pap. vél., 6 fr.

— Voy. CATALOGUE de M. de Labédoyère ; CATALOGUE du prince d'Essling ; COLLECTION de poésies.

SILVESTRE de Sacy (M. le baron). Grammaire arabe, à l'usage des élèves de l'Ecole spéciale des langues orientales, par M. le baron Silvestre de Sacy. Seconde édition corrigée et augmentée, à

laquelle on a ajouté un traité de la prosodie et de la métrique des Arabes. *Paris, De Bure frères* (Impr. royale), 1831, 2 vol. gr. in-8. 42 fr. — Pap. vél., 65 fr. [11606]

Le *Traité de la prosodie et de la métrique des Arabes* se vend séparément 4 fr., et peut se joindre à la première édition de cette excellente grammaire, imprimée en 1810.

— Chrestomathie arabe, ou extraits de divers écrivains arabes, tant en prose qu'en vers, avec une traduction française et des notes ; 2ᵉ édition corrigée et augmentée. *Paris, Imprim. royale,* 1827, 3 vol. gr. in-8. 63 fr. — Pap. vél., 100 fr. [19471]

Le 3ᵉ volume se vend séparément 21 fr.

La 1ʳᵉ édition, aussi en 3 vol., a paru en 1806.

— Anthologie grammaticale arabe, ou morceaux choisis de divers auteurs arabes, avec une traduct. française et des notes. *Paris, Imprim. royale* (*De Bure frères*), 1829, gr. in-8. 25 fr. — Pap. vél., 36 fr. [11607]

Suite de l'ouvrage précédent.

— MÉMOIRES sur diverses antiquités de la Perse, et sur les médailles des rois de la dynastie des Sassanides ; suivis de l'hist. de cette dynastie ; trad. du persan de Mirkhond. *Paris, imprim. du Louvre,* 1793, in-4. fig. 10 à 15 fr. [29078]

— EXPOSÉ de la religion des Druzes, tiré des livres religieux de cette secte, et précédé d'une introduction et de la vie du khalife Hakem-Biamr-Allah, par Silvestre de Sacy. *Paris, Imprim. royale,* 1838, 2 vol. in-8. 20 fr. [2239]

— Voyez ABDOLLATIPHUS ; BIDPAI ; EDDIN ; HARIRI, etc.

— Grammaire générale, 10547. — Inscription de Rosette, 29103.

Nous ne devons pas oublier de citer ici le catalogue de la bibliothèque de cet illustre savant, rédigé par M. R. Merlin, avec un soin tout particulier. Il a pour titre :

BIBLIOTHÈQUE de M. le baron Silvestre de Sacy. *Paris, Imprim. royale,* 1842-47, 3 vol. in-8.

C'est une véritable bibliographie de la littérature orientale, et particulièrement des langues hébraïque, arabe et persane. Les titres des livres y sont rendus avec une grande exactitude, et plusieurs sont accompagnés de notes fort intéressantes. Les notices des manuscrits sont dues à feu M. G. de Lagrange, orientaliste distingué. Il est à regretter que cet excellent catalogue n'ait pas été complété par une bonne table des auteurs et des livres anonymes qui eût facilité les recherches, chose d'autant plus nécessaire que le classement imaginé par M. Merlin s'écarte entièrement de celui qui est depuis longtemps adopté en France et dans une partie de l'Europe. Il a été tiré quelques exemplaires de ces 3 vol. sur pap. vél. et sur pap. de Hollande.

SILVESTRE (*J.-B.*). Paléographie universelle. Collection de fac-simile d'écritures de tous les peuples et de tous les temps, tirés des plus authentiques documens de l'art graphique, chartes et manuscrits existant dans les archives et les bibliothèques de France, d'Italie, d'Allemagne et d'Angleterre, publiés d'après les modèles écrits, dessinés et peints sur les lieux mêmes par M. Silvestre et accompagnés d'explications historiques et descriptives par MM. Champollion-Figeac et Aimé Champollion fils. *Paris, typogr. de Firmin Didot frères*, 1839-41, 4 vol. in-fol. max. pap. vél. [30198]

Cet ouvrage capital, exécuté avec le plus grand luxe, a été publié en 51 livraisons; au prix de 30 fr. chacune (un exemplaire complet, dos de *mar.* 920 fr. Busche; 1095 fr. Lechaude d'Anisy, en 1861). Le tome Ier traite de la paléographie des *Peuples orientaux;* le 2e, de celle des *Grecs et des Latins;* le 3e se rapporte à l'*Europe moderne, région méridionale;* et le 4e, à l'*Europe moderne, région septentrionale.*
Pour faciliter aux amis de la littérature et des beaux-arts l'acquisition de l'une ou de plusieurs parties de la *Paléographie universelle*, l'auteur, dans une seconde souscription, a divisé son ouvrage en huit parties qui se vendent séparément, savoir : *Paléographie orientale,* 56 pl. et 43 feuilles de texte, 120 fr., et color. 270 fr. — *grecque,* 41 pl. et 41 feuilles de texte, 100 fr., et color. 250 fr. — *latine,* 40 pl. et 42 feuilles, 100 fr., et color. 200 fr. — *italienne, espagnole, etc.,* 35 pl. et 32 feuilles, 80 fr., et color. 200 fr. — *française,* 41 pl. et 40 feuilles, 100 fr., et color. 270 fr. — *anglo-saxonne,* 23 pl. et 20 feuilles, 80 fr., et color. 150 fr. — *slavonne,* 17 pl. et 12 feuilles, 40 fr., et color. 100 fr. — *allemande,* 40 pl. et 43 feuilles, 100 fr., et color. 250 fr.
— Le MÊME ouvrage, texte traduit en anglais. *London, H. Bohn*, 1850, in-fol., avec une description par Fred. Madden, 2 vol. in-4., 800 fr. Bertin; 605 fr., en 1861.

SILVESTRIS Pisaurensis (*Guidi Posthumi*) Elegiarum libri II. — *Impressum Bononiæ per Hieronymum de Benedictis...* M. D. XXIII, *Calen. Jul.*, pet. in-4. [12784]

Édition dédiée à Pierre Gonzaga, protonotaire romain, par Louis Siderostomo. La rareté des exemplaires de ce livre fait conjecturer que l'édition a bien pu être supprimée par le fait de quelque personnage puissant, personnellement blessé du style satirique et mordant de l'auteur; et il est vraisemblable que cette suppression doit surtout être attribuée à la liberté avec laquelle Silvestri a parlé du prédécesseur de Léon X au siége pontifical. Voy. *Roscoe's Life of Leo the tenth*, cap. XVII. Vend. rel. en *mar.* par Lewis, 1 liv. 7 sh. Heber.

— Voy. SILVESTER.

SILVIUS Æneas. Voy. ÆNEAS.

SIMANCAS (*Jacobus*). Praxis hæreseos, sive enchiridion judicum violatæ religionis, nunc primum in lucem edita. *Venetiis, ex officina Jordani Ziletti*, 1568, in-8. [3210]

Un exemplaire imprimé sur VÉLIN et qui a été offert au pape Pie V, s'est vendu (sous le nom de *Simacas*) 13 liv. Hanrott, et depuis 7 liv. 17 sh. 6 d. Butler.

SIMEON (*Symon*). Itineraria Symonis Simeonis et Willelmi de Worcestre : qui-

bus accedit tractatus de metro in quo traduntur regulæ a scriptoribus medii ævi in versibus leoninis observatæ. E codd. mss. in bibliotheca coll. Corp. Christi Cantabr. asservatis primus eruit ediditque Jacobus Nasmith. *Catabrigiæ*, 1778, in-8. 8 à 10 fr., et plus en Gr: Pap. [26724]

SIMEONI ou Symeoni (*Gabr.*). Le satire alla berniesca, con una elegia sopra la morte del re Francesco primo, & altre rime a diverse persone. — *In Turino, Mart. Crauotto*, 1549, in-4. [14953]

Petit volume assez rare contenant seulement 49 ff. non chiffrés, signat. a—l, plus un feuillet blanc. Vendu en *m. bl. dent.* 63 fr. Gaignat; 50 fr. MacCarthy, et même exemplaire, 2 liv. 7 sh. Heber. Autre 50 fr. Coste; 90 fr. *mar. r.* Libri, en 1847; 113 fr. *mar. r.* Cailhava, en 1862.

— Le tre parte del Campo de primi studii di Gabr. Symeoni, fiorentino (in versi e prosa). *Vinegia, Comino da Trino di Monferrato*, 1546, in-8.

— Dialogo pio et speculativo, con diverse sentenze latine e volgari, di Gabr. Symeoni fiorentino. *In Lione, Gugl. Roviglio*, 1560, in-4. fig. sur bois. [18643]

15 fr. *m. v.*, titre remmargé, Coste.

— Les Devises et emblêmes heroiques et Morales, inventées par le seigneur Gabriel Symeon. *Lyon, Guil. Roville*, 1559, in-4. de 50 pp. avec de jolies fig. sur bois. [18603]

Le texte italien de ces devises, sous le titre d'*Imprese heroiche*, a également été impr. à Lyon, en 1559, in-4. de 51 pp. avec les mêmes figures. Les deux textes sont quelquefois réunis en un seul volume. 21 fr. *m. v.* Coste, et quelquefois plus cher.
Les Devises de Simeoni ont été réimpr. avec celles de Guil. Paradin (voy. PARADIN).

— Description de la Limagne d'Auvergne, trad. du liure ital. de Gabr. Symeon en langue francoyse par Ant. Chappuys. *Lyon, Guill. Roville*, 1561, in-4. fig. de 144 pp., y compris 3 ff. prélimin., avec une grande carte de la Limagne. 15 à 24 fr. [24653]

En *mar. bl.* 131 fr. Cailhava, en 1862.

— Les illustres observations antiques de Gabr. Symeon en son dernier voyage d'Italie, l'an 1557. *Lyon, Ian de Tournes*, 1558, pet. in-4. de 8 ff. prélim. et 134 pp., fig. sur bois. [29250]

Vend. 11 fr. Morel-Vindé; 13 fr. en 1839.
Cet ouvrage a paru aussi en italien sous ce titre : *Illustratione degli epitaffi et medaglie antiche, Lione, per Giov. de Tournes*, 1558, in-4. de 8 ff. prélim., 174 pp. et 1 f. d'errata.
— LE PRÉSAGE du triumphe des Gaulois, declaré et envoyé par le seigneur Gabriel Symeon a tres chrestien et invincible prince Henri II de ce nom roy de France (en françois et en italien). *Lion, Gabr. Cotier*, 1555, in-8. de 13 ff., plus le Triumphe des Gaulois, un feuillet. [23481]

Silvius (A.). Historia franco-merovingicæ synopsis, 23333.
Simeon (Ch.). Works, 2013.

39 fr. *m. r.* Coste, 100 fr. Cailhava, en 1802, et quelquefois beaucoup moins.

— INTERPRÉTATION grecque, latine, tuscane & françoise, du Monstre, ou enigme d'Italie. Sol et Lucina parentes. *Lyon, par Antoine Volant*, 1555. (à la fin) : *Imprime a Lyon par Ian Brotot*, pet. in-8., 10 ff. prélim. ; texte, pages 17 à 80, la dernière non cotée (en lettres italiques). 15 à 20 fr. en *mar. r.*; 62 fr. Coste ; 91 fr., en 1862.

Dans les pièces préliminaires, il y a une dédicace de Gabriel Symeonus ΕΥΔΟΚΊΑΣ au pape Paul IV, datée de *Lyon, idus Iulii*. L'auteur a voulu prouver les droits de la France sur l'Italie. (Pour plus de détails, consultez le *Bulletin du Bibliophile*, 1861, p. 572, où se trouve aussi une note sur le *Presage du triumphe des Gaulois*, et une autre plus étendue concernant l'*Epitome* ci-dessous.)

— EPITOME de l'origine et succession de la duché de Ferrare, composé en langue toscane par Gabr. Symeon, et traduict en françois par lui-même, avec certaines epistres à divers personnages et aucuns épigrammes sur la propriété de la lune, par les douze signes du ciel. *Paris, Guil. Cavellat*, 1555, in-8. 49 fr. Cailhava, en 1862. [25634]

Guill. Cavellat a quelquefois fait usage de la marque que nous avons donnée t. I, col. 1073.

— Livre premier de César. Voy. à la fin de l'article CÆSAR ; voy. aussi notre tome IV, col. 287, article OVIDE.

SIMLER (*Georg.*). De Arte grammatica. Voy. GUARINI erotemata.

SIMMS (*F.-W.*). Public works of Great-Britain, consisting of railways, embankments, tunnels, viaducts, bridges, and other engineering, with descriptions and specifications. *London, Weale*, 1838, in-fol. 153 pl. 3 liv. [8848]

SIMO Socraticus. Voy. PLATO.

SIMO. Voy. SIMONIS.

SIMO (*Jul.*). Captivitas Rhodi per Julium Simonem, Siculum. *Impressum Romæ in campo Flore apud magistrum Marcellum Silber alias Franck anno millesimo quingentesimo vicesimo tertio, die Aprilis* XVI, in-4. fig. [12884]

Opuscule en vers dont un exemplaire imprimé sur VÉLIN a été payé 350 fr. dans une vente faite à Paris, en mars et avril 1859, par M. Potier, libraire, et 224 fr. Solar (pour la bibliothèque impériale). Porté sous le seul nom de *Siculus (per Siculum)* dans la Bibliothèque héraldique, n° 395.

Le même poëte est auteur des deux opuscules suivants :

　IDYLLION, gesta Julii II. Pontif. Max. continens, interlocutores Virtus et Fortuna. *Romæ*, MDXII, in-4.

　ORATIO de Poeticæ et Musarum triumpho Romæ in die Sancti Lucæ in templo divi Eustachii habita per Julium Simonem. *Romæ, per Jacob. Mazochium*, 1518, *die sexto Februarii*, in-4.

SIMOLACRI. Voy. HOLBEIN.

SIMON (*Pedro*). Primera parte de las no-

ticias historiales de las conquistas de Tierra firme en las Indias occidentales. *Cuenca, Domingo de Iglesia*, 1626 (à la fin 1627), pet. in-fol. [28448]

Il n'a paru que cette première partie, laquelle est devenue rare. 30 fr. en novembre 1857.

SIMON (*E.*). La vraye et ancienne ortographe françoise, restaurée par E. Simon, docteur en médecine. *Paris, Jean Gesselin*, 1609, in-4. [10985]

Ancien Catalogue de la Bibliothèque du roi, X, 1273.

SIMON (*Richard*). Histoire critique du Vieux Testament. (*Paris, veuve Billaine*), 1678, in-4. [549]

Édition originale, devenue très-rare parce qu'elle a été saisie chez l'imprimeur par ordre du chancelier, avant qu'elle fût entièrement terminée. Presque tous les exemplaires ont été détruits, et le très-petit nombre de ceux que l'on a pu conserver est resté sans frontispice. Vendu 161 fr. Gaignat ; 67 fr. Mel de Saint-Céran ; 133 fr. Duquesnoy ; 51 fr. Hérisson.

Ce volume précieux ne renferme que les trois premiers livres de l'ouvrage, avec le catalogue des principales éditions de la Bible ; en voici la description : 10 ff. pour la préface, et 4 pour la table des chapitres, 680 pp. de texte, suivies d'une table des matières qui occupe 7 ff.; un faux titre probablement ajouté après coup.

— La même histoire critique du Vieux Testament. *Suivant la copie impr. à Paris*, 1680, in-4.

Cette édition, faite à *Amsterdam, par Daniel Elsevier*, d'après une copie manuscrite inexacte, n'a presque aucune valeur, et nous ne l'indiquons ici que pour faire remarquer que, dans certains exemplaires, le véritable frontispice se trouve placé après l'avertissement et la table des chapitres, et qu'alors le volume commence par un titre particulier ainsi conçu :

　HISTOIRE de la religion des Juifs et de leur établissement en Espagne, et autres parties de l'Europe..... écrite par Rabbi Mozès Levi, *Amsterd., Pierre de la Faille*, 1680. — Voy. *Dictionnaire des anonymes*, tome II, n° 7586.

Un exemplaire sous ce dernier titre : 24 fr. *m. r.* La Vallière.

L'Histoire critique du V. Testament a été réimprimée plus exactement, et avec des augmentations, à *Amsterdam*, 1685, in-4. — Voyez dans le catalogue qui forme le 6e vol. de ce Manuel, n° 549.

— Bibliothèque critique, 18310. — Lettres, 18332.

SIMON (*Denis*). Voy. LOUVET (*Pierre*).

SIMON (*Th.*). Medals. Voy. VERTU.

SIMON (*Henry*), graveur. Armorial général de l'Empire (français), contenant les armes de l'Empereur et Roi, des princes de sa famille, des grands dignitaires, princes, ducs, comtes, barons, chevaliers, celles des villes de 1re, 2e et 3e classe. *Paris, l'auteur*, 1812-13, 2 vol. in-fol., avec 140 pl. [28824]

Ce sont les tom. I et II. L'ouvrage, qui devait en avoir quatre, n'a pas été continué. 30 fr.; — Pap. vél. 60 fr., et avec les fig. color. 120 fr.; un de ces-derniers exempl. 90 fr. de Martainville.

SIMONEAU (*Louis*). Recueil d'estampes pour servir à l'histoire de l'art de l'imprimerie et de la gravure. 1694, in-fol. [9573]

RECUEIL d'estampes pour servir à l'histoire des arts et métiers, gravées de 1694-1710, in-fol. max. [9572]

Ces deux recueils, dont on n'a tiré qu'un petit nombre d'exemplaires pour faire des présents, sont peu communs; ils doivent contenir 168 pièces exécutées par ordre de Louis XIV, sous la direction de Simoneau. Vend. 40 fr. mar. r. Chardin, en 1806, et quelquefois moins.

SIMONETA (*Joan.*). Rerum gestarum Franc. Sphortiæ libri XXXI. — *Antonius Zarotus impressit Mediolani decimo kalendas februarias* (1480), in-fol. de 290 ff., lettres rondes. [25381]

Première édition, la seule de cette histoire qui soit un peu recherchée; elle est terminée par une lettre de Philelphe à l'auteur, datée de Milan, *sexto idus Iunias*, 1479. Vend. en m. bl. 50 fr. Gaignat; 60 fr. La Valliere; 12 fr. Boutourlin.

Un exemplaire imprimé sur VÉLIN, avec une épître dédicatoire à Louis XI (datée de 1482), à la place d'une autre, adressée à Louis Sforce, qui est ordinairement en tête du volume, a été vendu 1500 fr. Soubise; 1401 fr. Mac-Carthy, et acquis pour la Biblioth. du roi (voir le *Catal. des livres imprimés sur vélin*, par Van Praet, V, p. 76).

— Rerum gestarum Francisci Sphortiæ mediolanensis ducis libri XXXI. — *Antonius Zarotus impressit Mediolani nono kalendas Octobres. M.ccclxxxvi*, in-fol. de 188 ff. à 54 lig. par page, en caract. ronds. 1 liv. 8 sh. Libri, en 1859.

On cite deux exemplaires imprimés sur VÉLIN : l'un à Paris, dans la Bibliothèque impériale; l'autre à Florence, dans la Riccardienne.

— Historia delle cose facte dallo invictissimo duca Fr. Sforza, scritta in lat. da Giov. Simoneta, trad. in lingua fiorentina da Christof. Landino. *Milano, Ant. Zarotto*, 1490, in-fol. de 200 ff., dont 5 prélim., lettres rondes.

Traduction dont on fait quelque cas : 27 fr. m. r. La Valliere; 5 fr. Boutourlin. — Un exemplaire sur VÉLIN, avec miniature, 2022 fr. Soubise; 1910 fr. Mac-Carthy; 168 liv. Hibbert; 150 liv. Hanrott. Un autre, non moins magnifique, se conserve à la Bibliothèque impériale.

La traduction de Landino a été réimprimée à Venise per *B. l'Imperador*, 1544, in-8. On a aussi la *Sfortiade fatta italiana* (da Seb. Fausto), Venet., Curtio Trojano di Navo, 1543 (à la fin le nom de Roffinello et la date 1544), in-8.

SIMONETTA (*Boniface*). Le livre des per-

secucõs des crestiens de latin en francoys par octouien de saint gelais euesque Dangoulesme. Jmprime nouuellement a Paris. (au verso du dern. f.) : *Cy finist ce present liure... translate de latin en frãcoys par messire octouian* (sic) *de sainct gelays... Imprime pour Anthoine verard libraire marchant demourant a Paris deuant la rue neufue nostre dame.....* in-4. goth. de 232 ff., dont 8 prélim. [21383]

Cette édition, vend. 10 fr. La Valliere, 40 fr. en 1839, paraît n'être pas la même que celle dont Van Praet (V, n°° 47) décrit un exemplaire pet. in-fol. goth. de 229 ff. imprimé sur VÉLIN, où se lit une note de la main de François Ier.

Le texte latin de cet ouvrage a été imprimé à Milan, par Ant. Zarot, 1492, in-fol. 22 fr. Costabili.

SIMONIDIS Carmen de mulieribus, gr.; recensuit atque animadversionibus illustravit G.-D. Kœlerus. *Gœttingæ*, 1781, in-8. 3 fr. [12363]

SIMONIS genuensis synonyma. — *Opus impssũ Ml'i p Antoniũ Zarotũ Parmsem, año dñi M. cccc. lxxiii, die Martis iii Augusti*, in-fol. de 157 ff. à 2 col. de 41 lignes. [7364]

Première édition. Vend. 104 fr. Brienne-Laire; 32 fr. L'Héritier.

Cet ouvrage est tout autre chose que ce que semble indiquer son titre; car c'est un dictionnaire de botanique médicale, lequel a été réimprimé plusieurs fois dans le XVe siècle, et depuis sous le titre de *Clavis sanationis*.

— Incipit clavis sanationis... — *Anno Domini millesimo quadringentesimo septuagesimo quarto, die vigesima mensis Aprilis, in civitate Patavina ad finem usque perducta sunt... per me Petrum Maufer, etc.*, in-fol. de 162 ff. à 2 col. de 40 lign.

Edition encore assez précieuse : 2 liv. 2 sh. Pinelli; 18 fr. en 1809.

La notice que Daunou a consacrée à Simon de Gênes, dans le 21e vol. de l'*Histoire littéraire de la France*, p. 240 et suivantes, donne des renseignements curieux sur ce médecin. Pour sa version latine de Sérapion, voy. SERAPIONIS liber.

SIMONIS (*Joh.*) Arcanum formarum nominum hebrææ linguæ, sive de significatione formali tractatus philologicus. *Halæ-Magdeb.*, 1735, 2 vol. in-4. 10 à 12 fr. [11524]

— Lexicon manuale hebraicum et chaldaicum in Veteris Testamenti libros, post J.-G. Eichhornii curas denuo castigavit, emendavit multisque modis auxit G.-B. Winer; editio quarta. *Lipsiæ, Fleischer*, 1828, in-8. de plus de 1100 pp. 20 fr. — Pap. vél. 30 fr. [583 ou 11540]

La 3e édition, 1793, in-8., coûtait le même prix.

SIMONIS Simonii lucensis, primum ro-

mani, tum calviniani, deinde lutheriani,
denuo romani, semper autem athei,
summa religio, authore D. M. S. P.
Cracoviæ, typis Alex. Roderici, 1588,
in-4. [2045]

Satire contre le socinien Simon Simonius, attribuée à
Marcellus Squarcialupus. C'est une pièce de 23 pp.,
qui, vu son peu d'étendue et le lieu de l'impression,
a dû naturellement rester fort rare dans le midi de
l'Europe, sans qu'il soit nécessaire d'attribuer sa
rareté à la suppression. Bayle, à l'article *Simon Simonius,* conjecture qu'en composant cet ouvrage
l'auteur a eu l'intention de le faire passer pour un
écrit de *Simon Simonius,* et ce que Bayle présente
simplement comme un doute, paraît un fait certain
à l'auteur de la *Bibliographie instructive.* Il nous
semble cependant que le titre même de cette satire
prouve assez le contraire; car il serait étrange d'attribuer à un homme une pièce qui n'a d'autre but
que de le diffamer. Vend. 1 liv. 17 sh. Hanrott.

SIMPLICIEN (*Lucas-Pierre,* dit le P.).
Voy. ANSELME (le P.).

SIMPLICIUS. Simplicii hypomnemata in
Aristotelis categorias, græce. *Venetiis,
sumptibus Nicolai Blasti Cretensis
opera et industria Zachariæ Calliergi,* 26 *Octobris,* 1499, in-fol. [3539]

Première édition, très-rare et fort belle. Vend. 52 flor.
Crevenna; 29 flor. Rover; 78 fr. salle Silvestre, en
1809; 4 liv. 4 sh. Sykes; 56 flor. Meermann; 30 fr.
Boutourlin; 36 fr. *mar. r.* 2º vente Quatremère.
C'est un vol. de 21 cah., sous les lettres A—Φ, de 8 ff.
chacun, à l'exception du premier qui a 10 ff., et du
dernier qui n'en a que 6, ce qui fait en tout 168 ff.
Le prem. f. contient l'intitulé suivant, imprimé en
rouge :

ΣΙΜΠΛΙΚΙΟΥ   ΜΕΓΑΛΟΥ   ΔΙΔΑΣΚΑΛΟΥ
ΥΠΟΜΝΗΜΑ ΕΙΣ ΤΑΣ ΔΕ ΚΑΤΗΓΟΡΙΑΣ
ΤΟΥ ΑΡΙΣΤΟΤΕΛΟΥΣ.

Dans quelques exemplaires le même intitulé est imprimé en or.
On lit au verso de l'avant-dernier f. une souscription
grecque de 6 lignes, commençant ainsi : Τὸ Σιμ-
πλικίου ὑπόμνημα εἰς τὰς δὲ κατηγορίας... Le
dern. f. contient le registre des signatures.

— In Categorias sive prædicamenta Aristotelis commentaria (græce), Justi Velsii in
easdem latina scholia sive summa capita
et quæstiones. *Basileæ, Isingrinius,*
1551, in-fol.

Édition estimée et peu commune. Vend. 43 fr. *m. r.*
Larcher ; 17 flor. 50 c. Meerman , et quelquefois
beaucoup moins.

— COMMENTARIA in X categorias Aristotelis, cum VI
principiis ab eodem editis, lat. Guil. Dorotheo interprete. *Venetiis, apud Hier. Scotum,* 1540,
in-fol. goth.
Vend. 7 flor. 50 c. Meerman. — Réimpr. à Venise, en
1550 et 1557.
Nous pouvons citer deux traductions latines de ce
commentaire : l'une par J. Faseolus, *Venetiis,* 1543
ou 1549, in-fol.; l'autre par Evangelista Lungus
Asulanus, *Venetiis,* 1554 ou 1564, in-fol.

— Commentaria in tres libros Aristotelis
de anima ; Alexandri Aphrodisiei commentar. in librum de sensu et sensibili ;

Michaelis Ephesii annotat. in librum de
memoria et reminiscentia ; de somno et
vigilia; de somniis, etc. (gr.). *Venetiis,
in ædibus Aldi,* 1527, in-fol. [3541]

Volume de 192 ff., dont 4 prélim. et un pour l'ancre ;
60 fr. *m. r.* de Cotte; 20 flor. Meerman; 46 fr.
m. r. Larcher ; 15 sh. Butler ; 30 fr. Costabili.

— Commentarii in quatuor Aristotelis libros
de cœlo, cum textu ejusd. (gr.). *Venetiis,
in ædibus Aldi,* 1526, in-fol. [4196]

4 ff. prélim. dont 1 bl., texte, 172 ff. chiffr. jusqu'à
178, parce que les chiffres 85 à 88 et 135 et 136 ont
été omis. Vend. 41 fr. *m. r.* de Cotte; 45 fr. *m. r.*
Larcher; 20 fr. 50 c. Clavier ; 34 flor. Meerman ;
34 fr. Quatremère, et' en Gr. Pap., 139 fr. Mac-
Carthy, et 1 liv. 10 sh. Libri, en 1859.
— COMMENTARIA in quatuor libros de cœlo Aristotelis (lat.), Guil. Morbeto interprete. *Venet., Hier.
Scotus,* 1540, in-fol. goth. — Vend. 19 flor. Meerman, sans avoir cette valeur.
— COMMENTARIA in IV libros de cœlo Aristotelis
(lat.), noviter fere de integro interpretata, ac cum
fidissimis codd. græcis recens collata. *Venetiis,
Hier. Scotus,* 1544, in-fol.
Traduction attribuée à Guil. Dorotheus. Elle a été
revue de nouveau et réimpr. en 1548, et ensuite en
1555 et en 1584, in-fol.
— COMMENTARII in octo libros Aristotelis de physico auditu (lat.), Lucilio Philaltheo interprete.
Parisiis, Joan. Roigny (et *L. Tiletanus*), 1544,
in-fol. — Vend. 3 flor. 25 c. Meerman.

— Commentarii in octo Aristotelis physicæ
auscultationis libros, cum ipso Aristotelis
textu (gr.). *Venet., in ædibus Aldi,* 1526,
in-fol. de 324 ff. chiffr. jusqu'à 322 (le
chiffre 254 étant répété trois fois), et 4 ff.
prélim. [4201]

Vend. 20 flor. Crevenna; 78 fr. *mar. v.* de Cotte ;
16 flor. Meerman; 44 fr. Costabili. — On trouve
quelquefois ce commentaire relié avec le précédent, sous la même date (1 liv. 15 sh. Butler), et
il en existe aussi des exemplaires en Gr. Pap.
— COMMENTARII in Epictetum. Voy. EPICTETI Enchiridion.

SIMPSON. Illustrations of the war in the
East, from its commencement to the its
close. *London,* 1856, in-fol. impér.
[8796]

Quatre-vingt-une planches représentent les événements du siége de Sébastopol, et l'aspect du pays.
5 liv. 10 sh.; — avec les pl. color. 8 liv. 8 sh.
— CAMPAIGNE in Crimea, with description by G.
Brackenbury. *London,* 1856, 2 vol. gr. in-8., avec
81 pl., publiés au prix de 2 liv. 2 sh.

SIMROCK (*Karl*). Voy. HELDENBUCH.
— Legenden, 15484. — Die Edda, 15656.

SIMSON (*Edw.*). Chronicon, historiam ca-
tholicam complectens, ab exordio mundi
ad ann. Christi LXXI, ex recens. et cum
animadv. P. Wesselingii. *Lugd.-Batav.,*
1729, seu (titulo renovato), 1752, in-fol.
[21211]

Simonnin (*M.*). Molière commenté, 16453.
Simonon. Nomenclature des Couleurs, 9666.

Simpson (*Th.*). Mathematical works, 7828-29. --
Fluxions, 7591. — Géométrie, 7935.
Simpson (*Steph.*). Washington and Jefferson ,
28543.
Simpson (*G.*). Narrative of a journey round the
world, by G., 19896.

Cet ouvrage (publié d'abord à Oxford, 1650, in-fol.) est estimé; mais il n'est ni rare ni cher : 10 à 15 fr., et un peu plus en Gr. Pap.

SIMSON (*Rob.*). Sectionum conicarum libri V. *Edimburgi*, 1750, in-4. [7976]

Seconde édition de ce bon ouvrage : 10 à 15 fr.; la première est de 1735.

— ROBERTI SIMSON Opera quædam reliqua, scilicet : I. Apollonii Pergæi de sectione determinata libri II, restituti, duobus insuper libris aucti. II. Porismatum liber, quo doctrinam hanc veterum geometrarum et oblivione vindicare et ad captum hodiernorum adumbrare constitutum est. III. De logarithmis liber : IV. De limitibus quantitatum et rationum fragmentum. V. Appendix pauca continens problemata·ad illustrandum præcipue veterum geometrarum analysin; nunc primum post auctoris mortem in lucem edita impensis Philippi, comitis Stanhope, cura vero Jacobi Clow... *Glasguæ*, *excudebant R. et A. Foulis*, 1776, gr. in-4. [7832]

Ce beau volume, qui n'a pas été imprimé pour le commerce, contient 594 pp., *De Logarithmis*, 34 pp., *De Limitibus*, 33 pp., *Appendix*, 23 pp. Vend. 10 sh. Hibbert; 21 fr. Labey.

SIMULACHRES de la mort. V. HOLBEIN.

SINBIRSKI·sbornik. Recueil de Simbirsk. Partie historique, t. Ier. *Moscou, Sémen*, 1845, in-8. [27759]

Les éditeurs de ce recueil sont Valouïeff, Khomiakoff et les frères Jazykoff. Le premier a fourni, entre autres, son excellent traité *O mestnitchestvé*, mot qui signifie les disputes de rang et de prépondérance qui s'élevaient jadis fréquemment entre les familles nobiliaires en Russie.

SINCLAIR (*Geor.*). Hortus gramineus Woburnensis, by George Sinclair, gardener to his grace the duke of Bedford. *London, printed by B. M. M' Millan*, 1816, gr. in-fol. de 316 pp. et l'index. [5424]

Ouvrage magnifique et d'un certain intérêt. Il a été imprimé aux frais du duc de Bedford, qui en a lui-même distribué les exemplaires. C'est le compte rendu du résultat des expériences sur le produit et la qualité nutritive des herbages et autres plantes alimentaires en usage pour les animaux domestiques les plus utiles, avec des échantillons en nature de ces mêmes plantes, et les observations qui s'y rapportent. Voyez *Ædes althorp.*, tom. I, 189, et notre article BEDFORD Marbles.

HORTUS gramineus Woburnensis, or an account of the result of various experiments, etc., *London, Ridgway*, 1825, in-8. avec 60 pl. 1 liv. 1 sh.; — color. 1 liv. 10 sh.

Réimpression de l'ouvrage précédent. Une 4e édit. a paru à Londres, en 1838.

SINGER (*Samuel*Weller). Researches into the history of playing cards; with illustrations of the origin of printing and engraving in wood. *London, printed by Bensley*, 1816, gr. in-4. fig. 3 liv. 3 sh. [30237]

Ouvrage tiré à 250 exemplaires seulement, qui ont tous été placés par souscription; l'opinion de l'auteur est que les cartes à jouer ont été introduites

en Europe par les Arabes, qui eux-mêmes les tenaient des Orientaux, ainsi que les échecs.

— SOME ACCOUNT of the book printed at Oxford in 1468, under the title of Exposicio Sancti Hieronymi in Simbolo apostolorum. *London (printed by Ballantine and Byworthe)*, 1812, in-8. de 2 ff. prélim., 44 pp. et 3 pl. [31306]

Tiré à un très-petit nombre d'exemplaires. L'auteur, après avoir soutenu dans cette brochure l'authenticité de la date du livre qu'il décrit, est revenu à l'opinion générale sur l'inexactitude de cette même date.

— Voy. ci-dessus, col. 358, SHAKESPEARE's Jest Book.

SINGERIES (les) des femmes de ce temps descouvertes. *Paris*, 1623, pet. in-8. de 16 pp. 6 à 9 fr. [18078]

40 fr. mar. citr. Solar.

SINIBALDI Leonissensis (*Jo.-Bened.*). Geneanthropeiæ, sive de hominis generatione, decateuchon. *Romæ, typogr. Fr. Caballi*, 1642, in-fol. [6919]

Traité curieux à cause des détails singuliers qu'on y trouve : 8 fr. Baron ; 15 fr. le bibliophile Jacob. L'édition de *Francf.*, *Zubrodt*, 1669, qui est moins belle que celle de Rome, contient de plus *Historia fœtus Mussipontani*.

SINNER (*Joan.-Rodolphus* de). Catalogus codd. mss. bibliothecæ bernensis, annotationibus criticis illustratus. *Bernæ*, 1760-72, 3 vol. in-8. fig. 18 à 24 fr. [31411]

Catalogue fort intéressant à cause des extraits étendus d'anciens manuscrits français qu'il renferme. A la fin du 3e vol. doit se trouver une table occupant 116 pp., et qui a paru séparément sous ce titre : *Bibliothecæ bernensis codicum mss. syllabus*, 1773. Un exemplaire ainsi complet. 30 fr. Heber.

BIBLIOTHECÆ bernensis librorum typis editor. catalogus; nova editio aucta et emendata, *Bernæ*, 1812, 3 vol. in-8. (la 1re édition, 1764, est en 2 vol. in-8.).

— Métempsycose, 2254. — Voyage dans la Suisse, 20244.

SINOPSIS' ili kratkoe sobranie... Synopsis, ou Recueil abrégé de diverses annales sur le commencement de la nation slavorusse et les premiers princes de la ville de Kief, sur la vie du grand prince de Kief, Wladimir et ses successeurs, jusqu'au tzar Théodore Alexiewitch... *Imprimé dans le monastère des grottes de Kief, par autorisation de l'archimandrite... Innocent Iziel*, *l'an* 1680, in-4. fig. sur bois. [27744]

Porté à 150 fr. dans le *Thesaurus* de Tross, n° 1755.

SJÖGREN (*Andr.-Joh.*). IPOH ÆB3ATAXYP das ist Ossetische Sprachlehre, nebst kurzem ossetisch-deutschen und deutsch-ossetischen Worterbuche. *Saint-Petersburg*, 1844, in-4. de XLIX et 543 pp. 14 fr. [11729]

SIONITA (*Gabr.*) et *Joannes* Hesronita. Grammatica arabica Maronitarum : primum edita munificentia Fr. Savary de Breves. *Parisiis, typ. savarianis*, 1616, in-4. 5 à 6 fr. [11587]

L'exempl. en *mar. r.*, armes de de Thou, vendu 15 fr. Soubise, a été revendu 70 fr. Morel-Vindé.

— Voy. GEOGRAPHIA nubiensis.

SIPERIS (ou Syperis) de Vineuaux. Lhystoire plaisante et recreatiue faisant mētion des prouesses et vaillāces du noble Sypperis de Vineuaulx et de ses dix sept filz nouuellement imprime. — On les vēd a Paris en la rue neufue nostre dame a lenseigne sainct Nycolas. — *Imprime par Claude veufue de feu Iehan sainct denys*, in-4. goth. de 26 ff., sign. A—F. [17090]

La plus ancienne édition que l'on connaisse de ce petit roman, très-rare.

— Syperis de Vineuaulx. Lhystoire plaisante *τ* re | creatiue faisant mention des prouesses et vaillances du noble Sy | peris de Vineuaulx. Et de ses dixsept filz. Nouuellement impri | mee. VI ca. (au verso du dern. f.) : *Jcy fine lhistoire... Nouuellement imprime a Paris par Nicolas Chrestien Jmprimeur et Libraire demourant en la rue neufue nostre dame a lenseigne de Lescu de France* (sans date), in-4. goth. de 24 ff. à 2 col., sign. A—F, par cah. de 4 et de 6 ff.

Le texte commence au verso du titre, sur lequel est une vignette sur bois représentant Syperis à cheval.

A la vente de R. Heber (IX, n° 2895) on a payé 36 liv. 10 sh. un exemplaire de cette édition qui était criblé de piqûres de vers, et par R. Heber avait eu pour 3 liv. 10 sh. chez Roxburghe. Ce même exemplaire a été revendu 370 fr. d'Esseling, et, après avoir été restauré et rel. en *mar. n.* 600 fr. Berlin. — L'édition de *Paris, Jehan Bonfons* (sans date), pet. in-4. goth., n'est pas moins rare que les deux précédentes. Une réimpression de ce roman forme la XIV° livraison de la collection publiée chez Silvestre (voir la col. 139 de notre 2° vol.).

SIPTABINA Pisano. Itinerario asyatico di Siptabina Pisano poeta celeberrimo. M. D. XXVI. (au verso de l'avant-dern. f.) : *Finisse lo Itinerario....... nouamente stampato in Vineggia, per Helisabetta de Ruschoni,... M. D. XXVI, Adi.* 24. *del mese di nouembre*, in-8. de 104 ff., sign. a—n, et à la fin une grav. sur un f. séparé. Lettres italiques. [14850]

Poëme rare : vend. en *mar.* 19 fr. Gaignat ; 17 fr. La Valliere ; 5 liv. 12 sh. 6 d. *vél.* Hibbert ; 3 liv. 5 sh. *mar. r.* Heber ; 75 fr. *mar. r.* Renouard.

SIRÈNES (les), ou discours sur leur forme

et figure (par Cl. Nicaise). *Paris*, 1691, in-4. 5 à 6 fr. [6351]

Vend. en Gr. Pap. *mar.* 18 fr. Tolosan.

SIRES de Gavres (les). V. GACHET (*Émile*).

SIREULDE (*Jacq.*). Le Thrésor immortel trouvé et tiré de l'escriture saincte, par maistre Jacques Sireulde, n'aguères huissier du roy nostre sire en la cour du parlement de Rouen ; à la fin duquel sont adjoustés plusieurs chants royaulx, ballades et rondeaux, faicts et composez par aucuns poëtes francoys et presentez au Puy des paovres du dict Rouen. *Rouen, chez Martin le Megissier*, 1556, pet. in-8. [13754]

Ce *Thrésor immortel* est un petit poëme en vers de dix syllabes , ayant pour but de prouver la nécessité de faire l'aumône : on y a joint des poésies de seize auteurs presque tous normands, et dont Goujet (XV, p. 107) nous a conservé les noms. Cette addition est ce qui donne le plus de prix à ce livret de 28 feuillets, devenu fort rare.

— Les abus et superfluitez du monde, par Jacques Sireulde huissier en la court du parlement de Rouen ; avec une pronostication véritable pour ceste année. *Rouen, Abrah. Cousturier* (sans date), pet. in-8. de 16 ff. [13891]

Opuscule non moins rare que le précédent. L'édition citée doit être de la fin du XVI° siècle, mais ce n'est peut-être que la réimpression d'une plus ancienne. Les Abus sont en vers, et la Pronostication, commençant avec le 14° f., en prose. Vend 80 fr. *m. r.* Crozet ; 112 fr. Nodier.

SIRI (*Vittorio*). Memorie recondite dal-l'anno 1601 al 1640. Tom. I et II, *Ronco*, 1677 (ou *Lyone*, 1679); t. III et IV, *Parigi*, 1677 ; t. V-VIII, *Lyone*, 1679 : ensemble 8 vol. in-4. [23074]

IL MERCURIO, ovvero historia de' correnti tempi (1635-1655). Tome I, *Casale*, 1644, ou 1646, ou *Geneva*, 1649 ; t. II, *ibid.*, 1647 et 1648, ou *Geneva*, 1649 ; t. III, *Lione*, 1652 ; t. IV et V, *Casale*, 1655 (en 2 part. chacun) ; t. VI-IX, *Casale*, 1667 ; t. X, *Casale*, 1668 ; t. XI, XII et XIII, *Parigi*, 1670-72-74 ; t. XIV et XV, *Firenze*, 1682 ; ensemble 15 tom. en 18, 21 ou 22 vol. in-4. [23075]

MERCURIO veridico, ovvero annali universali d'Europa del dottor Giov.-Bat. Birago Avogadro. *Venetia*, 1648, in-4.

BOLLO di Vitt. Siri, nel Mercurio veridico del sig. Birago. *Modena*, 1653, in-4.

Ces quatre articles, qui doivent être réunis, forment une collection qui était fort recherchée autrefois, et qui se trouve difficilement. Le 8° vol. des *Memorie recondite*, et les tomes XIII, XIV et XV du *Mercurio* sont les plus rares : vend. 450 fr. Gayot ; 360 fr. La Valliere ; et en 32 vol., presque tous en Gr. Pap. (on n'en connait point de complet sur ce papier), 400 fr. de Boisset ; 550 fr. Gaignat ; 403 fr. (presque tous les vol. en Gr. Pap., avec *Delle turbolenze civili di Francia, sotto il regno del re*

Sirand (*A.-M.-Alex.*). Cours archéol. de l'Ain, et Antiquités de l'Ain, 24619. — Bibliographie de l'Ain, 31651.

Siret (*Adolphe*). Dictionnaire histor. des peintres, 21024.

Sirey (*J.-B.*). Les Codes annotés, 2826. — Jurisprudence de la cour de cassation, 2903. — du conseil d'Etat, 2916.

Luigi XIV, manuscritto di Vitt. Siri, 2 vol. in-4.)
Saint-Céran; en 28 vol. 205 fr. Libri, en 1857, et
quelquefois moins. Les *Memorie recondite* ont été
trad. en français par J.-B. Requier, sous ce titre :
  MÉMOIRES secrets, tirés des archives des souverains de l'Europe, sous les règnes de Henri IV et
  de Louis XIII. *Paris*, 1766 et ann. suiv., 50 part.
  in-12.
Le même Requier a donné en 3 vol. in-4. ou 18 vol.
in-12, la traduction abrégée d'une partie du *Mercure* de Siri.

SIRMOND (*Jacq.*). Concilia antiqua Galliæ, tres in tomos ordine digesta... opera et studio Sirmondi. *Lutetiæ-Parisiorum, Seb. Cramoisy*, 1629, 3 vol.
in-fol. [787]
Il faut réunir à ces trois volumes les deux articles
suivants :
  SUPPLEMENTA conciliorum antiquorum Galliæ :...
  primum emissa opera et studio P. de Lalande. *Lutetiæ-Parisiorum*, 1666, in-fol.
  CONCILIA novissima Galliæ, a tempore Concilii
  tridentini celebrata, in editionibus paris. et colon.
  omissa, quæ nunc in unum prodeunt, opera et studio Ludov. Odespun de La Meschiniere. *Paris., D.
  Bechet*, 1646, in-fol.
Les 5 volumes, 60 fr. Abrial, et plus cher depuis.

— Opera varia, nunc primum collecta (edidit Jac. de La Baune). *Parisiis, typogr.
reg.*, 1696, 5 vol. in-fol. [817]
Cette importante collection renferme un grand nombre d'opuscules des saints Pères et d'autres écrivains ecclésiastiques, que le P. Sirmond avait déjà,
en partie, publiés séparément. L'édit. de Venise,
Javarina, 1728, aussi en 5 vol. in-fol., est moins
belle que celle de Paris, mais elle contient quelques
augmentations. Elles ne sont fort chères ni l'une
ni l'autre.

SIRTURI (*Hieronymi*), mediolanensis,
Telescopium, sive ars perficiendi novum
illud Galilæi visorium instrumentum ad
sidera, in tres partes divisa : quarum
prima exactissimam perspicillorum artem tradit; secunda, telescopii Galilæi
absolutam constructionem et artem
aperte docet; tertia, alterius telescopii
faciliorem usum, et admirandi sui ad inventi arcanum patefacit. *Francofurti,
typis Pauli Jacobi*, 1618, pet. in-4.
[8418]
Traité curieux, dont un exemplaire, enrichi de notes
marginales de l'illustre Galilée, a été porté à 310 fr.
à la vente de Fr. Arago. Sans ce précieux accessoire, ce livre eût peut-être été donné pour 10 ou
12 fr.

SISGOREI Sibenicensis dalmatæ (*Georgii*)
elegiarum et carminum libri tres. *Venet.,
per Adam de Rodeuil*, 1. 4. 77., in-4.
goth. de 32 ff. non chiffrés et sans sign.
[12785]

Sirigatti (L.). Prospettiva, 8424.
Sirmond (*Joan.*). Carmina, 12934.
Sirot (*Cl.* de Letouf, baron). Ses mémoires et sa vie,
23726.
Sirtema de Grovestins (le baron *C.-F.*). Luttes
entre les puissances maritimes et la France, 23086.
— Notices et souvenirs du comte Van der Duyn de
Maasden, etc., 25179.

SISMONDI (*J.-C.-L.* Simonde de). Histoire des républiques italiennes du moyen
âge. *Paris, Furne*, 1840-44, 10 vol. in-8.
50 fr. [25270]
Cinquième édition de ce bon ouvrage ; elle ne contient
rien de plus que celle de 1818 et 1826, en 16 vol.
in-8. — Il y a une traduction italienne par Ticozzi,
Milano, 1810-20, 16 vol. in-8., ou 1818-20, 16 vol.
in-12.
On peut joindre à cette histoire celle *de la renaissance de la liberté en Italie, de ses progrès, de
sa décadence et de sa chute*, par le même auteur,
Paris, Treuttel et Würtz, 1831, 2 vol. in-8. 12 fr.

— Histoire des Français. *Paris, Treuttel
et Würtz*, 1821-44, 31 vol. in-8., 100
à 120 fr., et plus en pap. vél. [23267]
Cet ouvrage, systématique et écrit avec négligence, a
eu d'abord beaucoup de succès, mais il est peu recherché maintenant. On a remarqué que les neuf
premiers vol. ne vont que jusqu'à l'année 1328, où
s'arrête le 7e vol. in-12 de Velly. La suite est plus
resserrée.

— DE LA LITTÉRATURE du midi de l'Europe. Nouvelle
édition, revue et corrigée. *Paris, Treuttel et
Würtz*, 1829, 4 vol. in-8. 24 fr. [30076]
C'est la 3e édition. La 1re a paru en 1813.

— Études, 2399. — Économie politique, 4053. —
Sciences sociales, 4054. — Richesse commerciale,
4161. — Chute de l'empire romain, 22975.

SIVRIANO (frate *Francesco*). Itinerario
de Hierusalem. *Venetia, Fr. Bindoni*,
1524, pet. in-8. goth. de 144 ff. chiffrés.
[20539]
Porté à 10 liv. 5 sh. dans le catalogue de la partie réservée de la collection Libri, 1862, n° 510, où il est
dit que l'ouvrage est très-curieux.

SIX (*Jean*). Medea, treuspel. *Amsterdam,
by Abraham de Vees, an Jacob Les-
caille*, 1648, in-4. [16839]
Première édition de cette tragédie, et la meilleure
production du bourgmestre Six. Elle est ornée de
l'estampe de Rembrandt intitulée le *Mariage de
Jason*. Un exemplaire rel. en *vél. tr. d.*, et avec la
gravure, épreuve dans le deuxième état, 98 fr.
Solar.

SIXTUS II. Enchiridion, juxta codicem
B. Rhenani edit, observationibus illustrat
et vindicat Urb.-Gottfr. Siber. *Lipsiæ,
Weidmann*, 1725, in-4. [976]
Publié pour la première fois dans *Symph. Champe-
rius de quadruplici vita*, Lugd., 1507, in-4. (voy.
I, col. 1765, article CHAMPIER) ; ensuite séparément
par L. Hillesemius, *Coloniæ*, 1574, in-8.

SIXTUS IV. Regule : ordinationes : & cõs-
titutiões Cancellarie Sanctissimi domini
Nostri : domini Sixti diuina prouidentia
Pape Quarti : scripte & correcte ĩ cãcellaria apl'ica. (in ultimo folio, verso) *Lecte
& publicate fuerũt supra scripte regule Ro. in Cãcellaria apostolica die
Martis. xxvii. mẽsis augusti Anno. d.
M. cccc. lxxi...* in-4. de 9 ff. à 35 lign.
par page, sans chiffres, signat. ni récl.,
caractères ronds. [3212]

Siti pittoreschi delle lagune venete, 25439.

Opuscule décrit dans la *Biblioth. spencer.*, III, p. 448, où il est donné comme la prem. édition des taxes de la chancellerie romaine, et comme un des livres les plus rares qui existent. Toutefois, à en juger par les abréviations, ce n'est pas la même édition dont parle Prosper Marchand à la note (A) ·de son curieux article intitulé : *Taxæ sacræ cancellariæ...* (*Dict. histor.*, II, p. 270). Ce n'est pas non plus l'édition in-4. de 16 ff. à 28 lign. par page, également sans chiffr., récl. ni signat., et en caract. romains, qui est décrite dans le *Repertorium* de Hain, n° 14820, où elle est attribuée aux presses romaines : en sorte qu'il est difficile de savoir bien positivement si l'édit. conservée dans la biblioth. de lord Spencer est véritablement la première de toutes. Quant à celles qui portent une date postérieure à 1471, quoique plus complètes que les premières, elles ont fort peu d'importance. Hain en décrit plusieurs sous les n°⁵ 15349 à 15362 de son *Repertorium* (voy. ci-après, TAXE des parties casuelles...).

— Voyez LA ROVERE (*Fr.* de).

Pour les *Regule* cancellarie Pauli II, voy. ci-dessus, col. 450.

SIXTUS V. Sixti V Papæ Declaratio contra Henricum Borbonium assertum regem Navarræ, et Henricum item Borbonium, prætensum principem Condensem hæreticos, eorumque posteros et successores, ac liberatio subditorum ab omni fidelitatis et obsequii debito. *Romæ, hæredes Bladii*, 1585, pet. in-8. [23555]

Édition originale de cette fameuse bulle, qui a été traduite en français sous le titre de *Declaration du nostre sainct Pere le Pape sixtus cinquiesme à l'encontre de Henry de Bourbon, soidisant roy de Navarre, etc.* (Toulouse), 1585, pet. in-8. de 16 pp., lettres rondes.

Il faut y joindre :

BRUTUM fulmen papæ Sixti V, adversus Henricum seren. regem Navarræ et illustr. Henricum Borbonium principem Condæum, una cum protestatione multiplicis nullitatis. (*absque loco*), 1585, pet. in-8.

Une autre édition porte ce titre : *P. Sixti V. Fulmen brutum in Henricum sereniss. regem Navarræ et illustriss. Henricum Borbonium, principem olim Condæum, evibratum, cujus multiplex nullitas ex protestatione patet.* (absque nota), pet. in-8. de 7 ff. prélim., suivis d'un tableau, 231 pp. et 4 ff. pour l'index. Elle paraît avoir été impr. en Allemagne. 10 fr. *mar. citr.* Coste.

Cette réponse de Fr. Hotman, célèbre jurisconsulte, est écrite avec chaleur, mais non pas sans passion. Elle a été réimpr. à *Leyde*, en 1586, avec des augmentations, et aussi traduite en français sous le titre de *Protestation et défense pour le roy de Navarre, et Henri, prince de Condé, contre l'injuste et tyrannique bulle de Sixte V...* (sans nom de ville), 1587, pet. in-8. Le texte latin et la traduction ont été réimpr. in-8., sans date, avec les mots *quarta editio*, sur le titre latin, et de nouveau, avec d'autres pièces, en 1602, en 1603 et en 1604, in-12 (voy. *Biblioth. de la France*, du P. Le Long, vol. I, pp. 484 et suiv.). — Pour une autre réponse à la bulle de Sixte V, voyez MOYEN d'abus, et aussi au mot AVISO.

— Bulla Sixti Papæ V, contra Henricum Valesium et alios criminum ejus conscios, participes et fautores, qua si intra decem dies card. Borbonium et Archiep. Lugdunensem liberos non dimittent, excommunicati declarantur : simulque coram ipso citantur, ut respondeant de nece cardinalis Guysii, et eorumdem card. Borbonii et Archiep. Lugdunensis incarceratione. (*absque loco*), 1589, in-8.

— Bulle de N. S. P. le pape Sixte V contre Henry de Valois et ses complices. (*sans indication de lieu*), 1589, in-8. de 20 pp.

Cette bulle de Sixte V contre Henri III, après le meurtre des Guyse, a été impr. en latin et aussi en français, à *Paris, chez Nivelle*, en 1589 (1590), in-8., et probablement encore ailleurs. Voici l'indication des pièces qui s'y rattachent :

HARANGUE prononcée par N. S. Pere..., contenant le JUGEMENT de S. S. touchant la mort de Henry de Valois, et l'acte de frere Jacques Clement. *Lyon, J. Pillehotte*, 1589, in-8. de 30 pp. et l'approbation. Opuscule déjà cité à l'article FULMINANTE.

PROPOSITION faicte par Notre S. P. le pape, au consistoire tenu à Rome, sur le sacrilege et assassinat commis en la personne du deffunt cardinal de Guise. *Paris, Guill. Boyau, relieur*, 1589, pet. in-8. de 8 ff.

SIXTUS, an oration of Pope Sixtus V. upon the death of the late french King Henrie III, with Anti-Sixtus, translated out of latin by A. P. *London, by John Wolfe*, 1590, in-4.

— Voy. ANTI-SIXTUS.

SIXTUS senensis. Bibliotheca sancta, criticis ac theologicis animadversionibus necnon duplici adjecto sacror. scriptorum eleucho adaucta et illustrata a Pio Th. Milante. *Neapoli*, 1742, 2 vol. in-fol. 30 à 36 fr. [521]

La première édition de ce bon ouvrage est de *Venise*, 1566, in-fol. Celle de *Naples* est beaucoup plus complète.

SJÖBORG (*N.-H.*). Samlingar för Nordens fornälskare, c'est-à-dire, Recueil pour les amateurs des antiquités du Nord, contenant des inscriptions, des figures, des ruines, des outils, des tertres, des pierres tumulaires, etc. *Stockholm, impr. de Nestius*, 1822-30, in-4. fig. 50 à 60 fr. [27547]

SKALKOFSKI. Istoriia novoï sétchi. Histoire de la nouvelle sétcha (campement des cosaques zaporogues). *Odessa, impr. de la ville*, 1846, 3 vol. in-8. [27795]

La première édition de cette histoire a paru à Odessa, en 1841.

SKARLATOS. Dictionnaire de la langue grecque moderne. *Athènes*, 1852, 3 tom. en 1 vol. in-4. de 1592 pp. [10748]

Porté à 4 liv. 4 sh. dans un catalogue de Trübner à Londres.

SKELTON (*John*). Poetical works, with notes and account of the author and his writing by the rev. A. Dyce. *London*, 1843, 2 vol. in-8. [15747]

Première édition complète.

Ce poëte, qui a vécu à la fin du XVᵉ siècle et au commencement du XVIᵉ, a quelquefois été comparé à Fr. Rabelais, avec lequel il a effectivement plus

Skandinaviska, 27544.

d'un rapport. Dans plusieurs de ses pièces il a mêlé ensemble des mots latins, français et anglais, et il a légué son nom à un genre de vers que l'on appelle encore aujourd'hui en Angleterre *skeltoniens*, ainsi que l'a dit M. Delepierre dans ses *Macaronea*, p. 35.

Les différents opuscules de Skelton ont d'abord été publiés séparément en in-4. et en in-8., et ces éditions originales, devenues fort rares, ont un haut prix en Angleterre, comme on peut le voir en consultant le Manuel de Lowndes, pp. 1687 et 1688.

Le premier recueil qu'on ait formé des ouvrages de notre poëte a pour titre :

PITHY, pleasaunt and profitable Workes of Maister Skelton, poet laureate : nowe collected, and newly published, anno 1568, *London*, *by Th. Marsh*, in-8. goth. Vendu plusieurs fois de 20 à 30 liv. sterl.

SKELTON (*Joseph*). Oxonia antiqua restaurata, containing representations of buildings in Oxford, now either altered or demolished. *Oxford* and *London*, *Arch*, 1823, 2 vol. gr. in-4. fig. 4 liv. [30274]

Il y a des exemplaires en très Gr. Pap. avec les premières épreuves sur pap. de Chine. Vend. en *mar*. 16 liv. 16 sh. Hibbert ; 5 liv. 17 sh. Heber.

— Engraved illustrations of the principal antiquities of Oxfordshire, from drawings by the T. Mackensie. *Oxford*, 1823, in-4. 2 liv. 2 sh.

Vend. (épreuves sur pap. de Chine) 4 liv. Heber.

— Pietas oxoniensis, or Records of Oxford founders. *Oxford*, 1828, in-4. fig. 1 liv. 10 sh. [30275]

Vend. en Gr. Pap. (épreuves sur pap. de Chine) 2 liv. 10 sh. Heber.

— Engraved illustrations (by Joseph Skelton) of ancient arms and armour, from the collection of Dr Meyrick, with descriptions by him. *Oxford*, 1830, in-4. impér. [26816]

Publié en 25 livrais. à 9 sh. 6 d. chacune (*Lowndes*).
— Voyez MEYRICK.

SKENE (*Joh.*). Veteres leges et constitutiones collectæ et illustratæ. *Edimburgi*, *Finlason*, 1609 (seu titulo mutato, *Londini*, *Billius*, 1613), 3 part. en 1 vol. in-fol. 2 à 3 liv. [3041]

SKETCHES chiefly relating to the Hindoos. Voy. CRAUFURD.

SKETCHES in Persia. Voyez MALCOLM (*John*).

SKETCHES of the history of man (by Henry Home, lord Kames). *Edinburgh*, 1774, 2 vol. in-4., ou 1778, 4 vol. in-8., ou 1813, 3 vol. in-8. 20 à 24 fr. [5393]

SKINNER (*Stephani*) Etymologicon linguæ anglicanæ, seu explicatio vocum

anglicarum etymologica ex propriis fontibus, scilicet ex linguis duodecim. *Londini*, *Roycroft*, 1671, in-fol. 20 à 30 fr., et plus cher en Gr. Pap. [11310]

SKINNER (*J.*). V. PRESENT state of Peru.

SKIZZENBUCH, architektonisches. Eine Sammlung von Landhäusern, Villen, ländlichen Gebäuden, Gartenhäusern, etc. Mit Details. *Berlin, Ernst und Korner*, 1852-62, gr. in-4. [9802]

Cet ouvrage se publie par livraisons de 4 ff. de texte et 6 pl. au prix de 1 th. par livr. Il en paraissait 58 en 1862.

SKJOLDEBRAND (*A.-F.*). Voyage pittoresque au Cap-Nord. *Stockholm*, 1801-2, 4 cah. en 2 vol. in-fol. obl. [20386]

Ouvrage orné de 60 planches assez bien exécutées : vend. 198 fr. Caillard ; 60 fr. en 1839. Il y a une autre édition in-8. et atlas in-fol., faite en 1805 : vend. 131 fr. Lecouteulx. Les dessins de Skjoldebrand ont été copiés en petit pour le voyage d'Acerbi (voy. ACERBI).

— DESCRIPTION des cataractes et canal de Trollhätta, en Suède ; avec un précis historique. *Stockholm*, 1804, in-4. de 48 pp. et 12 pl. au bistre. 10 à 12 fr. ; vend. 14 flor. 50 c. Meerman.

ΣΚΟΛΙΑ, hoc est carmina convivalia Græcorum, metris suis restituta et animadversionibus illustrata... edidit Car.-Dav. Ilgen. *Jenæ*, 1798, pet. in-8. 5 à 6 fr. [12300]

SKRIFTER som udi det Kiobenhavnske Selskab, c.-à-d., Mémoires de la Société royale de Danemark (années 1743-69, et 1774-78). *Copenhague*, 1745-1779, 12 vol. in-4. fig. = Nye Samling..... Nouveau recueil des mémoires..... *Copenh.*, 1781-99, 5 vol. in-4. fig. = Det kongelige danske... Nouvelle suite... (1800-1813) *Copenhague*, 1801-1818, 6 vol. in-4. fig. = Philosophiske og historiske Afhandlinger..... Mémoires philos. et histor... *Copenhague*, 1823-58, 7 vol. in-4., et suite, 2 vol., fig. = Naturvidenskabelige og mathematiske Afhandlinger... Mémoires des sciences naturelles et mathématiques. *Copenhague*, 1824-46, 12 vol. in-4., fig. Suite, 1849-56, vol. I à IV. [30356]

SLATARICHIV (*Dominkv*). Elektra, tragedia. Glivbmir pripovius pastirska. I Glivbav, I smart Pirama i Tisbe. Is vechie Tugiehiesiká ù Harvackij i sloxene. K'tomusu pristavgliene niekolik Piesni ù smart od Raslizieh. Po Dominkv Slatarichiv. *V' Bnezieh, Polak Alda*, clɔ. lɔ. xcIIx (1598), in-4. fig. sur bois. [16917]

Ce recueil de pièces, traduites en langue illyrienne, est fort rare. Il comprend 102 ff. chiffr., suivis d'un catalogue d'Alde sur 4 pp., avec la date de 1597. Le titre et les pièces prélim. occupent 12 pp. ; on trouve de plus 4 ff. non chiffr. après le f. 36, au commencement de *Glivbmir*. — Voyez *Annales des Alde*, 3e édit., p. 254.

SLEIDANUS (*Jo.*). De statu religionis et reipublicæ, Carolo quinto cæsare, commentarii. *Argentorati, Wendelin Rihelius*, 1555, in-fol. [22411]

Édition originale de cet ouvrage estimé : 8 à 12 fr. Vend. en Gr. Pap. *mar. r.* 42 fr. La Valliere, et moins cher depuis. Dans la même année 1555 il en a paru une autre édition in-fol. (*apud heredes Rihelii*), et deux de format in-8. Toutes sont inférieures à celle de *Francfort*, 1785-86, 3 vol. in-8., *delineata a Jo.-Gottlob Boehmio, adornata, multisque annotationibus illustrata a Christ.-Carolo Am Ende*, ainsi que le porte le titre.
La première édition de 1555 ne contient que vingt-cinq livres, mais dans l'édition de 1559 les héritiers de l'imprimeur Wend. Rihel ont ajouté un vingt-sixième livre posthume et l'apologie de Sleidan composée par lui-même.
Niceron, XXXIX, pp. 33 et suiv., donne des détails curieux sur les différences que présentent entre elles les premières éditions du texte latin de cette histoire.
Une première traduction française a paru sous ce titre : *Histoire de l'estat de la religion et republique sous l'empereur Charles cinquiesme*. (Genève), *chez Jean Crespin*, 1557, in-8. ; ensuite avec la traduction des trois livres des quatre Empires, *Strasbourg*, 1558, in-8. à 2 col., et dans le recueil suivant :

HISTOIRE *entière deduite depuis le deluge jusqu'au temps present, en 29 livres, par Jean Sleidan ; en laquelle est premierement compris l'Estat des quatre Empires souuerains ; puis de la religion et republique jusqu'à la mort de Charles V, auec les argumens et sommaires sur chaque liure ; plus deux oraisons du même Sleidan, l'une à tous les princes d'Allemagne et les Estats de l'Empire, l'autre à l'empereur Charles quint : au commencement il y a une apologie de l'auteur, laquelle il fit peu deuant sa mort pour rendre raison de son histoire, le tout traduit par Robert Le Prevost*, Genève, Jean Crespin, 1561 et 1563, in-fol. — Réimpr. à *Genève, chez Eust. Vignon*, en 1574, in-fol. Plusieurs personnes préfèrent cette ancienne traduction à celle de Le Courayer, sous le titre d'*Histoire de la réformation, etc.*, La Haye, 1767, 3 vol. in-4., laquelle n'a qu'un prix médiocre.

— Opuscula, edente Elia Putschio. *Hanoviæ, Antonius*, 1608, in-8. [18995]

Ce recueil, dont nous donnons sommairement le titre, renferme : 1o *De quatuor summis imperiis libri tres*, avec le commentaire de Guil. Xylander ; 2o *Cl. Sesselii de republica Gallorum libri duo latine redditi* ; 3o *Summa doctrinæ Platonis de republica et legibus* ; 4o *Orationes duæ*. Ces quatre articles avaient déjà paru séparément, savoir le premier, dont il sera parlé ci-dessous, plusieurs fois avant la mort de l'auteur et souvent depuis ; le second à Strasbourg, en 1548, in-8. ; le troisième également en 1548, et le quatrième, contenant deux discours, sous le nom de Baptiste Lasden, d'abord

en allemand, en 1542 et 1544, puis en latin, à *Strasbourg*, en 1544, in-4.
Le traité *De quatuor summis imperiis* est, de tous les écrits de l'auteur, celui qui a été le plus souvent réimprimé : les Elsevier de Leyde et d'Amsterdam en ont donné plusieurs éditions in-24, qui font partie de la collection dite des *Petites républiques* ; quatre savants ont ajouté successivement à l'ouvrage des continuations, dont trois se trouvent réunies dans l'édition publiée sous ce titre :

JOH. SLEIDANI de quatuor summis imperiis libri tres, olim ab Henrico Meibomio materiarum sedibus illustrati, nunc vero cum continuatione Ægidii Strauchii, Conr. Sam. Schurtzfleischii, et Christiani Junckeri usque ad finem XVII sæculi denuo editi, *Francofurti*, 1711, in-8.

— TROIS livres des quatre Empires souverains, a sçavoir de Babylone, Perse, Grece, Rome. *Genève, J. Crespin*, 1557, in-8.
Cette traduction est de Rob. Le Prevost, déjà nommé ci-dessus ; elle a été réimprimée plusieurs fois. Ant. Teissier en a donné une autre sous le titre d'*Abrégé de l'histoire des quatre monarchies du monde*, Berlin, 1700, in-12.

SLEZER (capt. *John*). Theatrum Scotiæ. containing the prospectus of His Majestie's castles and palaces, together with those of the most considerable towns and colleges, the ruins of abbeys, churches, etc., with a short description of each place. *London, Swalle*, 1693, in-fol. 60 à 72 fr. [27383]

Édition originale, contenant 5 ff. prélim., 65 pp. de texte, le frontispice gravé pour les pl., 57 pl. et un f. avec les mots : *the end of the prospects*. — Reproduit en 1710, avec des augmentations dans le texte.

SLOANE (*Hans*). A Voyage to the islands Madera, Barbados, Nieves, St. Christopher's and Jamaica, with the natural history of the herbs and trees, fourfooted beasts, etc... of the last of those islands. *London*, 1707-25, 2 vol. in-fol. fig. [4552]

Cet ouvrage, dont les exemplaires sont peu communs, a été beaucoup plus recherché autrefois qu'il ne l'est aujourd'hui. Le tome premier contient les pl. I–IV et 1–156 ; le tome second, les p. V–XI et 157–274. Vend. en *m. r.* 360 fr. Saint-Céran ; 250 fr., *cuir de Russie*, L'Héritier, et même prix Pappenheim ; en *v. br.* 120 fr. Hallé ; 5 liv. 5 sh. Heber ; *cuir de Russie*, 110 fr. Boutourlin, et moins cher depuis. Les exemplaires avec les planches color. sont très-rares et ont plus de valeur que les autres.

SLOTH. Wang Keaou Lwan pih nëen chang hân, or the lasting resentment of miss Keaou Lwan Wang, a chinese tale : founded on fact ; translated from the original by Sloth. *Canton*, 1839, *printed at the Canton press office*, pet. in-4. de VIII et 66 pp. [17793]

Petit volume orné d'une lithographie exécutée à Canton. Le nom du traducteur est supposé.

SLOVTZOFF (*Petr.*). Istoritcheskoe obozrénie Sibiri. Coup d'œil historique sur la Sibérie depuis 1585 jusqu'en 1823. *Moscow, Sémen*, 1838, et *St-Pétersb., Kray*, 1844, 2 vol. in-8. [28321]

SLUPERIUS. Omnium fere gentium, nostræque ætatis nationum habitus, et effigies : Joan. Sluperii Herzelensis in eosdem epigrammata; adjecta ad singulas icones gallica tetrastica. *Antuerpiæ, Jo. Bellerus,* 1572, pet. in-8. de 135 ff. [9602]

Livre curieux et assez rare, renfermant 121 belles planches gravées sur bois, qui sont, en grande partie, la reproduction de celles de l'ouvrage dont nous avons parlé ci-dessus, à l'article Recueil *de la diversité.* Il a été vend. 21 fr. m. *bl.* Nodier, en 1827, et il serait plus cher maintenant.

SLYTERHOUEN (*Hermani* Knuyt de) Comœdia salebrosa atq; lepidissima cui titulus Scorretta. (in fine) : *Impressum Bononiæ per me Hieronimũ de Benedictis Anno domini* M cccc L xxxxvii, in-4. de 8 ff., signat. a, caract. rom. [16122]

Opuscule peu connu, dont le premier f. commence ainsi : *Illustrissimi ac inuictisshni Philippi ducis Burgundiæ, Brabantiæ, comitisq; Flandriæ, Hollandiæ, Zelandiæ,* etc. *Medico accuratissimo magistro Nicolao Stael : Hermani Slyterhoũe de Vyana germãæ peruitiæ Elegia.* Ce titre est donné par Panzer, IX, p. 216, par Hain, 9785, et par Molini (*Operette,* p. 112). Ce dernier, qui paraît avoir eu sous les yeux la pièce qu'il décrit, la nomme *Scorretta* et non *Scornetta,* comme ses deux prédécesseurs. Pour nous, en lisant *Scornetta,* nous avions pensé que ce pourrait bien être le même sujet que la *Farce de la cornette de Jehan d'Abundance,* dont nous avons parlé, I, col. 21.

SMEATHMAN (*H.-M.*). Some account of the termites, which are found in Africa and other hot climates. *London,* 1781, gr. in-4., avec 3 pl. color. [6061]

Vend. 22 fr. L'Héritier, et moins depuis.

Ce mémoire fait partie du 71ᵉ vol. in-4. des *Philosophical transactions of the royal Society of London.* Il a été traduit en français par Cyrille Rigaud, *Paris,* 1786, in-8. fig.

SMEATON (*John*). Narrative of the building, and description of the construction of the edystone, lighthouse with stone ; to which is subjoined an appendix ; second edition corrected (by M. Aubert). *London,* 1793, gr. in-fol. fig. [9989]

Seconde édition d'un fort bon ouvrage. Elle contient 23 pl., comme la première édition publiée en 1791. La troisième édition, *London,* 1813, in-fol., faite sur la seconde, coûte 2 liv. 2 sh. Vend. 43 fr. Hurtault.

On a du même auteur un autre ouvrage curieux intitulé :

REPORTS, estimates, and treatises, embracing the several subjects of canals, navigable rivers, harbours, piers, bridges, draining, embanking, lighthouse, etc., with other miscellaneous papers.

Lond., 1812, 3 vol. in-4. fig.; ou 2ᵉ édition, 1837, 2 vol. in-4., avec 74 pl. [8844] — On y ajoute: *The miscellaneous papers of John Smeaton,* London, 1814, in-4. [8845]

La dernière édition de 1845, in-4., qui est plus complète que les précédentes, coûtait 3 liv. 3 sh.

SMELLIUS. Thesaurus medicus, sive disputationum in Academia edinensi ad rem medicam pertinentium delectus a Guil. Smellio habitus. *Edimburgi,* 1778-82, 4 vol. in-8. 20 à 24 fr. [7427]

SMIDS (*Lud.*). Pictura loquens, sive heroicarum fabularum enarratio et explicatio. *Amstelod., Hadr. Schoonebeek,* 1695, pet. in-8. fig. de Schoonebeek. [22563]

Ouvrage recherché à cause des gravures dont il est orné : 5 à 7 fr. Vend. 9 fr. *m. r.* Trudaine; et en Gr. Pap., dont les exempl. sont rares, 10 à 12 fr. Vend. 17 fr. *m. citr.* Morel-Vindé; 46 fr. 55 c. Caillard. — Les mêmes gravures se retrouvent dans *l'Histoire mythol. des dieux et des héros de l'antiquité,* Amsterdam, 1715, in-12.

SMITH (*John*). A Description of New England, or the Observations, and Discoueries of captain John Smith (Admirall of that Country) in the Nort of America in 1614 ; with the Successe of sixe Ships, that went the next yeare 1615, etc. *London, by Humfrey Lownes,* 1616, in-4. de 8 ff. prélim., 61 pp., plus *Complimentary verse,* 2 pp. A la p. 1 doit se trouver une carte gr. par S. Passæus, laquelle contient un portrait de J. Smith. [21001]

2 liv. 3 sh. vente Jadis.

La dixième partie des Grands voyages renferme une traduction latine de cette relation, dont Camus n'a pas connu le texte original. Voici le titre d'un autre opuscule du capitaine Smith qui n'est pas moins rare que le précédent.

A MAP OF VIRGINIA, with a Description of the Covntrey, the Commodities, People, Government and Religion, written by Capt. Smith... Whereunto is added the proceedings of these colonies, etc. *Oxford,* 1612, in-4. avec une carte. 3 liv. 3 sh. vente Jadis. Ce dernier volume contient : *The Proceeding of the English colonies of Virginia,* pp. 1 à 110, non compris le titre, ni l'avis au lecteur signé T. *Abbay,* 2 ff. — Titre, the *Dictionary of words,* 4 ff.; Description, pp. 1—39.

Cette carte et sa description sont reproduites dans la 13ᵉ partie des Grands voyages, pp. 12 et suiv.

—The generall historie of Virginia, New-England and the Summer Isles, with the names of the adventurers, planters

---

---

and governours from their first beginning An° 1584 to their present 1626;
divided into sixe bookes; by capt. John
Smith. *Lond.*, 1626, in-fol. de 6 ff.
prélim. texte, pp. 1-96 et 105-248, plus
6 pl., tant portraits que vues et cartes.
[28580]

Ouvrage toujours recherché, et qui a été en partie
réimprimé dans le 13ᵉ volume de la collection de
Pinkerton. Il se trouve au commencement un frontispice gravé par John Barra, dans lequel se voient
le portrait de la reine Elisabeth et ceux des rois
Jacques Iᵉʳ et Charles Iᵉʳ. Il y a des exemplaires
de l'édition de 1626, avec un frontispice daté de
1627.
L'édition de Londres, 1624, in-fol., est un peu moins
complète que celle-ci, mais elle renferme les premières épreuves. Les exemplaires en Gr. Pap. sont
fort rares; il en a été vendu un 27 liv. 6 sh. Hunter; un autre, 13 liv. 13 sh. Hibbert. — Quant à
l'édition de *Lond.*, 1632, in-fol., elle n'est pas moins
chère que les deux autres, qui se payent de 15 à
24 liv. en Angleterre.
— THE TRUE travels, adventures and observations
of capt. John Smith in Europe, Asia, Affrica, and
America, from 1593 to 1629: together with a continuation of his general history of Virginia, Sum-
mer-Iles, New-England, and their proceedings,
since 1624 to this present 1629. *Lond.*, *Th. Slater*,
1630, in-fol. de 6 ff. et 59 pp., avec une grande
pl. pliée, qui forme huit compartiments. [19899]
Volume rare, qui se vend presque aussi cher que le précédent, auquel il se joint. Pourtant on ne l'a payé que
3 liv. à la vente Heber. Il a été réimprimé dans le
2ᵉ volume de la collection de *Churchill*, et aussi
avec l'*Historyc of Virginia*, à Richemond (Nouv.-
Angleterre), en 1819, 2 vol. in-8. Lowndes indique
plusieurs autres ouvrages de ce navigateur. Voir
aussi *Biblioth. grenvil.*, pp. 669-70.

SMITH (*Will.*) and Will. Webb. Voyez
KING (*Daniel*).

SMITH (*Rob.*). Compleate system of op-
ticks, in four books. *Cambridge*, 1738,
gr. in-4. fig. 10 à 12 fr. [8411]

— TRAITÉ d'optique, traduit de l'anglois (par Duval
Le Roy). *Brest* et *Paris*, 1767, in-4. fig.
Traduction estimée, à laquelle il faut joindre:
SUPPLÉMENT à l'optique de Smith, contenant
une théorie générale des instruments de dioptrique
(par Duval Le Roy). *Brest*, 1784, in-4. — Les 2 vol.
12 à 15 fr.
La traduction de l'*Optique de Smith*, par Pezenas,
Avignon, 1767, 2 vol. in-4. fig., quoique augmentée
par le traducteur, est moins bonne que celle de
Le Roy.

SMITH (*Jos.*). Voyez BIBLIOTHECA smi-
thiana.

SMITH (*Th.*). Recueil de 40 vues du Pic
de Derby et autres lieux, peintes par
Smith, et gravées par Vivares et autres,
avec une explication en anglois et en
françois. *Londres, Boydell,* 1760, in-
fol. 30 à 40 fr. [27146]

Vend. 61 fr. La Valliere.

SMITH (*John*). Gallic antiquities consist-

ing of an history of the Druids, particularly those of Caledonia; a dissertation of the authenticity of Ossian, etc.
Edinburgh, 1780, gr. in-4. fig. 12 à
15 fr. [27396]

— Choir Gaur, the grant Orrery of the
ancient Druids, commonly called Sto-
nehenge, on Salisbury plain, astronomi-
cally explained, and mathematically
proved to be a temple erected in the
earliest ages, for observing the motions
of the heavenly bodies. *Salisbury*, 1771,
in-4. de VI et 74 pp. [26782]

Vend. 21 fr. 50 c. Millin, et avec plusieurs vues ajoutées, 1 liv. 2 sh. Hibbert.

SMITH (*Adam*). An Inquiry on the nature and causes of the wealth of nations,
with notes and an additional volume,
by David Buchanan; second edition.
Edinburgh, 1817, 4 vol. in-8. 2 liv.
2 sh. [4040]

Ouvrage classique en économie politique. Il a été publié pour la première fois, *Lond.*, 1776, 2 vol. in-4.,
et souvent réimprimé depuis en différents formats.
— THE SAME, new edition by J.-R. M'Culloch. *Edinburgh* and *London, Longman*, 1822 or 1828, 4 vol.
in-8. portr. 2 liv. 12 sh. 6 d.
Avec une introduction, des notes supplémentaires et
des dissertations. — Réimpr. à *Lond.*, 1828 (et aussi
1855), en un seul volume gr. in-8. portr. 20 fr.
— RECHERCHES sur la nature et les causes de la richesse des nations; seconde édition, avec des notes
et observations nouvelles par Germ. Garnier. *Paris*,
Vᵉ *Agasse*, 1822, 6 vol. in-8. 18 à 24 fr.
Cette traduction, dont la première édition parut en
1802 (en 5 vol. in-8.), est justement préférée à celle
de Blavet, *Paris*, 1801, 4 vol. in-8., et à celle de
Roucher, *Paris*, an II et an III (1794), 5 vol. in-8.
Il y en a une nouvelle édition, avec des notes de
différents auteurs, *Paris*, 1842-43, 2 vol. gr. in-8.
20 fr.
— THE THEORY of moral sentiments; the sixth edit.
with considerable additions and corrections. *London*, 1790 or 1801, 2 vol. gr. in-8. 12 à 15 fr.
[3766]
La *Théorie des sentiments moraux de Smith* a été
trad. en français par madame Grouchy, veuve Condorcet, *Paris*, 1798 (nouv. édition, 1830), 2 vol.
in-8.
— ESSAYS on philosophical subjects, with an account
of the life and writings of the author, by Dugald
Stewart. *Lond.*, 1795, in-4. 10 à 15 fr. [3767]
P. Prévost a donné une traduction française de cet
ouvrage, *Paris*, 1797, 2 vol. in-8.
Il existe une édition des œuvres d'Adam Smith, en
anglais, avec sa vie par Dugald Stewart, *Edimbourg*, 1812, 5 vol. in-8., qui coûtait 3 liv.
— Formation des langues, 10532.

SMITH (*Jac.-Edw.*). An Introduction to
the physiological and systematical botany. *London*, 1836, in-8. pap. vél.
avec 15 pl. 12 sh. [4822]

Édition revue par W.-J. Hooker.

— Plantarum icones hactenus ineditæ, plerumque ad plantas in herbario linnæano conservatas delineatæ. *Londini,* 1789-91, tres fasciculi, in-fol. 75 pl. [4939]

Ouvrage non terminé. Vend. 30 fr. L'Héritier; 61 fr. Ventenat, et moins depuis.

— Exotic botany, consisting of coloured figures and scientific descriptions of such new, beautiful, or rare plants, as are worthy of cultivation in the gardens of Britain, by J.-Ed. Smith, the fig. by J. Sowerby. *London,* 1804-5, 2 vol. gr. in-8. pap. vél. fig. color. [4942]

Chaque volume, orné de 60 pl., a coûté 3 liv. 3 sh.
— ICONES pictæ plantarum rariorum, descriptionibus illustratæ. *Londini,* 1790-93, in-fol. max. fig. color. [4940]
Trois fascicules, contenant ensemble 18 belles pl. color.: 1 liv. 1 sh. Vend. 50 fr. Pappenheim.
— GLEANINGS of botany. *London,* 1791-92, gr. in-fol. [4941]
Il n'a paru de cet ouvrage que 2 fascicules, contenant 24 pl. color. Vend. 26 fr. L'Héritier, et moins depuis.

— The english flora; new edition. *London, Longman,* 1824, 4 vol. in-8. 20 à 24 fr. [5177]

Cette Flore se complète par un 5ᵉ vol. publié en 1833-36, et qui contient *Cryptogamia* et *Fungi,* par W. Hooker et M. J. Berkeley; en 2 part., au prix de 12 sh. chacune (voy. BERKELEY).

— English botany, or coloured figures of british plants, with their essential characters, synonyms and places of growth, with occasional remarks, the figures by J. Sowerby. *London,* 1790-1814, 36 vol. gr. in-8. [5177]

Cet ouvrage, composé de 2592 pl. en tout, a été publié en 267 cah., y compris l'index impr. en 1820. Le prix de chaque cahier était, pour les nᵒˢ 1-24, 1 sh.; les nᵒˢ 25-69, 2 sh. 6 d.; les nᵒˢ 70-258, 5 sh.; les nᵒˢ 259-66, 2 sh. 6 d.; et le 267 (index), 5 sh.; en tout, 55 liv. 4 sh. — Vend. 550 fr. Pappenheim, et moins depuis.
Il a été tiré, de format in-4., des exempl. des pl. color., qui se vendaient séparément 1 sh. chacune, en 1831. Sowerby et Hooker ont commencé la publication d'un supplément (de l'*English botany*), dont il a paru au moins LXV cahiers, contenant les pl. 2593 à 2905.
— SPECIMEN of the botany of New-Holland, by J.-Edw. Smith, the fig. by J. Sowerby. *London,* 1793, in-4. de 54 pp. pap. vél., avec 16 pl. color. [5303] — Vend. 10 fr. Pappenheim.

— Histoire naturelle des lépidoptères les plus rares de Géorgie, avec les plantes qui leur servent d'aliment, composée d'après les observations de J. Abbot (en anglais et en français). *Londres, imprimé par Bensley,* 1797, 2 vol. in-fol. de forme carrée. [6095]

Cet ouvrage, imprimé magnifiquement et orné de 104 pl. color., n'est cependant pas fort estimé, parce que les figures manquent de vérité. Il a coûté 25 liv., mais il se donne maintenant pour 5 ou 6 liv. au plus. Vend. 300 fr. m. r. d'Ourches.

— A Tour to Hafod, in Cardiganshire, the seat of Th. Johnes, by James-Edw. Smith. *London, White,* 1810, gr. in-fol. [20380]

Ce volume, sorti des presses de Bensley, n'a été tiré qu'à 100 exemplaires. Il est orné de 15 vues gravées et color. par Stadler. Le prix, qui était de 12 guinées, est réduit à moins de 2. Voyez, au sujet d'Hafod, notre article FROISSART.

— MEMOIRS and correspondence of the late sir James-Edw. Smith... edited by lady Smith. *London, Longman,* 1832, 2 vol. in-8. portr. et pl. 15 sh. [30958]
— Voyez RUDBEKIUS filius.

SMITH (*John*). Select views in Italy, engraved by Byrne, with topographical and historical descriptions in english and french. *London,* 1792-96, 2 tom. en 1 vol. in-fol. obl. [25222]

Cette suite renfermant 72 pl. gravées avec soin, et sur des dessins exacts. Les exemplaires rel. en *mar.* se payent de 2 à 3 liv. en Angleterre; mais les épreuves avant la lettre, auxquelles sont jointes les eaux-fortes, ont plus de prix.

SMITH (*Geor.*). A Collection of designs for household furniture and interior decoration in the most approved and elegant taste. *London,* 1808, 2 vol. in-4., avec 150 pl. color. 24 à 30 fr. [10056]

Ce recueil a beaucoup vieilli.

SMITH (*John-Thomas*). Antiquities of London and its environs. *London* (1791-1800), gr. in-4. 96 pl. 24 à 30 fr. [27085]

— ANCIENT topography of London. *London,* 1815, in-4. impér. de 84 pp. et 32 pl., non compris les titres ni la préface. 24 à 30 fr. [27086]
Le frontispice gravé porte la date de 1810.
— THE ANTIQUITIES of the city of Westminster, the old palace, St. Stephen's chapel, with a supplement by J.-Th. Smith (and J. Sidney Hawkins). *London, Bensley,* 1807, 2 vol. gr. in-4. fig. [27109]
Cet ouvrage a coûté 300 fr., mais il se donne aujourd'hui pour 60 fr. environ. Le supplément, publié en 1809, renferme 62 pl., et *Smith's vindication,* 16 pp.
— VAGABONDIANA; or etchings of remarkable beggars, itinerant traders, and other persons of notoriety in London and its environs (with an introduction by Francis Douce). *London,* 1815-17, imper. in-4. 24 à 30 fr.
Ouvrage dont le titre indique assez le genre singulier.
— Nolleken and his times, 31105.

SMITH (*Ch.* Hamilton). Voy. MEYRICK.

SMITH (*Jos.*). Catalogue raisonné of the work of the most eminent dutch, flemish and french painters, with biographical notices of the artists, a copious description of their principal pictures, a statement of the price at which they have been sold, and the galeries or collections in which they are at present.

London, Smith and son, 1829-42, 17 tom. en 9 vol. gr. in-8. portr. 10 liv. 10 sh. [31071]

SMITH (Andrew). Illustrations of the zoology of south Africa. London, 1841-49, 5 tom. en 3 vol. in-4. fig. color. [5639]

Ces cinq volumes comprennent les *mammalia*, les oiseaux, les reptiles, les poissons et les invertébrés, le tout renfermant environ 250 planches color. 15 liv. 15 sh.

SMITH (Ch.-J.). Historical and literary curiosities, consisting of fac similes of original documents : scenes of remarkable events and interesting localities, and the birth places, residences, portraits, and monuments of eminent literary characters, with the same subjects selected and engraved by the late Ch.-John Smith. London, H. Bohn, 1840, gr. in-4. [18382]

Cet ouvrage contient 57 vignettes et fac-simile, 3 portr. 27 pl. grav., vues et monuments, et 9 pl. color. 2 liv. 2 sh.
La *Bibliotheca historico - geographica* de Gust. Schmidt, 1860, p. 72, donne le titre suivant, qui paraît être celui d'une suite des *Curiosities* ci-dessus.
    SMITH (*John-J.*). American historical and literary curiosities : copsisting-of fac simile of some plates, etc., relating to Columbus, and original documents of the revolution... with a variety of reliques, antiquities and autographs; with assistance of several autograph collectors; second series complete in itself. *New-York* (1859), 64 pl. in-fol., 94 sh. 6 d.; in-4., 42 sh.

SMITH (C.-R.). Collectanea antiqua, etching and notices of ancient remains illustrative of the habits, customs and history of past ages. London, 1848-61, 5 vol. in-8. fig. [26778]

Ouvrage dont il n'y a eu d'exemplaires tirés que pour les souscripteurs. Il est porté à 6 liv. 6 sh. sous le n° 12703 du catalogue de la librairie de Willis et Sotheran, 1862, où se trouve porté à 1 liv. 5 sh. une autre production, également imprimée pour les seuls souscripteurs, et qui a pour titre : *Illustrations of roman*; London, 1859, in-4., avec 41 pl. et des vignettes sur bois. M. C.-R. Smith avait déjà fait imprimer, en 1854, en 1 vol. gr. in-8., avec figures sur bois, le catalogue de son *Museum of London antiquities.*

SMITHSONIAN contributions to knowledge. New-York and Washington, 1848-62, in-4., vol. I à XIII. [31849]

En exécution du legs universel que sir James Smithson, riche Anglais, fit à la république des Etats-Unis, et qui fut accepté par le congrès en 1846, il a été fondé à Washington un vaste établissement littéraire et scientifique sous le nom de *Smithsonian Institution for the increase and diffusion of knowledge among men*. Dans ce grand édifice sont réunis une riche bibliothèque, un musée d'histoire naturelle, une collection d'objets d'art, et des cours publics. Cet institut fait imprimer à ses frais des ouvrages scientifiques d'un mérite reconnu, qu'il distribue libéralement aux établissements scientifiques des Amériques, de l'Europe et du Levant, ou qu'il met à la disposition du public, à des prix à peine suffisants pour couvrir les déboursés. C'est la collection des ouvrages ainsi publiés qui porte le titre de *Smithsonian Contributions*. Les volumes qui la composent renferment ordinairement des mémoires sur différents sujets. Pourtant le tome premier et le quatrième ne contiennent chacun qu'un seul ouvrage, savoir : *Ancient monuments of the Mississipi Valley, by Squier and Davis*, 1848, de 346 pp. avec 48 pl. et 207 bois. 3 liv. 13 sh. 6 d., et *a Grammar and Dictionary of the Dakota language, edited by S.-R. Riggs*, 1852, de 416 pp. 30 sh. Le 2e vol. (1851), en 464 pp., avec 24 pl., coûte 30 sh. ; le 3e (1852), de 564 pp., avec 35 pl., manque ; le 5e (1853), de 538 pp., avec 60 pl. color., 60 sh. ; — non color., 36 sh. ; le 6e (1854) contient 7 mémoires sous des paginations séparées, et dont le dernier : *On the winds of the Northern Hemisphere*, a 200 pp. et 13 pl. ; le 7e (1855) a 272 pp. et 73 pl. 36 sh. ; le 8e, xl et 528 pp. avec 9 pl., sous des paginations séparées. Pour la suite de cette description consultez le *Catalogue of publications of the Smithsonian, corrected to June 1862*, Washington, 1862, in-8. de VIII et 44 pp.

SMOLLETT (Tobias). Works, with memoirs of his life; to which is prefixed a view of the commencement and progress of romance, by J. Moore. London, 1797, 8 vol. gr. in-8. pap. vél. 50 à 60 fr. [19353]

La 6e édition de ce recueil a paru à *Edimbourg*, 1820, en 6 vol. in-8. 36 fr. — Il y en a une de 1841, en un seul vol. in-8.
Les romans de Smollett ont été trad. en français, savoir : *Les Aventures de Roderic Random* (faussement attribuées à Fielding), par Hernandez et Puisieux, *Paris*, 1761, 3 vol. in-12; — l'*Histoire et les aventures de sir William Pickle*, par Toussaint, *Paris*, 1753, 4 vol. in-12; — *Fathom et Melvil*, par un anonyme, 1798, 4 vol. in-12; — *les Aventures de sir Launcelot Greaves*, par M. de F., *Paris*, 1824, 4 vol. in-12.
— COMPLETE history of England, from the descent of Jul. Cæsar, to the peace of Aix-la-Chapelle, with the continuation. *London*, 1757, 6 vol. in-4. 30 à 36 fr. [26859]
La même histoire, avec la continuation jusqu'en 1765, a été imprim. de 1758-65, en 16 vol. in-8. Elle est peu estimée; aussi la traduction française, *Paris*, 1759, en 19 vol. in-12, à laquelle on ajoute 5 vol. de continuation, par Targe, est-elle à bas prix. Toutefois la partie de cette histoire qui commence à la révolution de 1688, et s'arrête à la mort de George II, a été imprimée plusieurs fois séparément, en 5 vol. in-8., pour faire suite à l'ouvrage de Hume (voy. HUME).

SMYLL. Tactique des jeux de hasard. Recherches sur les meilleures manières d'y jouer, et de jouer avec assurance de gain, démontrées mathématiquement par la théorie et la pratique : avec un atlas de 16 pl. color. et de 40 tableaux de calculs spéculatifs; suivies d'observations sur la prohibition et la tolérance des jeux de hasard, et les moyens d'empêcher qu'on en abuse, par J. Smyll, ingénieur. Leipzig, Hinrichs, 1820, 2 vol. in-8. [8059]

Annoncé sous ce titre français dans le *Journal de la littérature étrangère*, 1820, p. 262.

SMYTH (W.-Carmichael). Hindoostanee

Smits (*Dirk*). Gedichte, 15637.
Smyth (*W.*) and T. Lowe. Journey, 21128.

interpreter, containing the rudiments of hindoostanee grammar, a vocabulary, etc. *London, Richardson*, 1824, in-8. 10 sh. 6 d. [11774]

— Dictionary. Voyez TAYLOR. — Lutaifi hindee. Voy. SHREE-LULLOO.

SMYTH (capt. *W.-H.*). The Hydrography of Sicily, Malta, and the adjacent islands; surveyed in 1815, 1816 and 1817. *Lond., printed in the hydrographical office of the admiralty*, gr. in-fol. 2 liv. [19750]

32 feuilles d'une très-belle exécution, publiées de 1823 à 1827.

Ces cartes, réunies à 31 autres dressées par le même ingénieur et par plusieurs autres officiers, ont aussi paru sous le titre d'*Hydrographical atlas of the Mediterranean sea*. Vend. 51 fr. Rossel.

— MEMOIR descriptive of the resources, inhabitants and hydrography of Sicily and its islands, interspersed with antiquarian and other notices. *Lond., Murray*, 1824, in-4. de 370 pp., avec 14 pl. par Daniell. 20 à 25 fr. [25809]

On a du même auteur :

SKETCH of the present state of Sardinia. *Lond.*, 1828, in-8., avec 14 pl. [25868]

DESCRIPTIVE catalogue of a cabinet of roman imperial large brass medals. *Bedford*, 1834, in-4., *privately printed*. [29806]

SMYTH (*Colle*). Souvenir of the bal costume given by queene Victoria at Buckingham Palace in may 1842, with descriptions by Planché. *London*, 1842, in-fol. impér., 44 portr. exécutés en or et en couleurs. [10389]

Cet ouvrage présente les portraits de l'élite de l'aristocratie anglaise, dans le costume en usage sous le règne d'Edouard III. 2 liv. 10 sh. Catal. de Willis et Sotheran.

SNÉGHIREFF (*J.*). Pamiatniki moskofskoï drevnosti. Les monuments anciens de Moscou. *Moscou, Sémen*, 1842-45, in-4., avec 3 plans de la ville, 23 vues coloriées, d'après les dessins de Solntzoff, et 18 gravures. [27788]

SNÉGHIREFF (*J.*) i Martynoff (*A.*). Rousskaïa starina. La Russie d'autrefois dans ses monuments ecclésiastiques et civils. *Moscou, Sémen*, 1846-55, 18 cahiers in-fol., accompagnés chacun de 6 pl. [10025]

Une partie de cet ouvrage a paru aussi in-8., également avec planches, 1848-53, 4 vol.

SNELLING (*Thomas*). A View of the silver coin and coinage of England, from the norman conquest to the present time, consider'd with regard to type, legend, sorts, rarity, weight, finess, and

value. *London*, 1762, pet. in-fol. de 55 pp., avec 17 pl. [27071]

A ce volume se réunissent les articles suivants :

A VIEW of gold coin and coinage of England, from Henry III to the present time. *Lond.*, 1763, in-fol. de IV et 38 pp., avec 7 pl.

A VIEW of the copper coin and coinage of England, including the leaden, tin and laton tokens made by tradesmen during the reigns of Elizabeth and James I, the farthing tokens of James I and Charles I, those of towns and corporations, etc. *London*, 1766, in-fol. de 45 pp., non compris 2 ff. prélim. et un appendice en 6 pp. (avec 8 pl., non compris celle qui représente « Farthings and halfpennies from Charles II to George II. » La pl. 8e est sur la p. 43, et les pl. 3 et 4 sont sur un même feuillet.

Les trois parties, réunies en un seul vol., 18 fr. D'Ennery ; 63 fr. Millin, et environ 3 liv. en Angleterre.

A VIEW of the'origin, nature and use of jettons or counters ; especially those commonly known by the name of black money, and Abbey-pieces... *Lond.*, 1769, in-fol. de 16 pp. et 2 ff. prélim., plus 7 planch. chiffrées inexactement.

MISCELLANEOUS views of the coins struck by english princes in France, counterfeit sterlings, coins struck by the East-India company, those in the West-India colonies, and in the isle of Man : also of pattern pieces for gold and silver coins, and gold nobles struck abroad in imitation of english. *London*, 1769, in-fol. de 2 ff. et 54 pp., avec 7 planch. [27072]

Cette partie seule, 24 fr. St-Céran ; 60 fr. Millin.

A VIEW of the silver coin and coinage of Scotland from Alexander the first tô the union of the two kingdoms. *London*, 1774, in-fol. de 2 ff. et 20 pp., plus 6, 3 et 1 pl.

THIRTY-THREE plates of english medals. *Lond.*, 1776, in-fol., avec un frontispice, où se voit le portrait de Snelling.

La collection des ouvrages de numismatique par Snelling est très-recherchée, et s'est plusieurs fois payée de 8 à 10 liv. en Angleterre. Il faut y comprendre 3 opuscules in-8. publiés par le même auteur, et que Lowndes décrit sous ces titres :

SEVENTY-TWO plates of gold and silver coin, mostly english, some never before published : supposed to be engraved about the year 1650. *London, for T. Snelling*, 1757, gr. in-8., 36 ff. et un frontispice.

THE DOCTRINE of gold and silver computations, in which is included that of the par of money... *London*, 1766, in-8. de 4 ff., 144 pp. et 10 pl.

A VIEW of the coins at this time current throughout Europe. *London*, 1766, in-8. de 28 ff., avec 25 pl.

SNELLIUS (*Villebrordus*) a Royen, doctrinæ triangulorum canonicæ libri IV, ex edit. Mart. Hortensii. *Lugd.-Batav.*, 1627, in-8. 5 à 6 fr. [7991]

Vend. 10 fr. De Lalande.

— TYPHIS batavus, sive histiodromica de navium cursibus et re navali. *Lugd.-Batav.*, Elzevir., 1624, pet. in-4. [8459]

Vend. 6 fr. De Lalande.

— ERATOSTHENES batavus, sive de terræ ambitus vera quantitate. *Lugd.-Batavor.*, 1617, pet. in-4. 5 à 6 fr.

Ces trois ouvrages de Snell sont peu communs, mais on ne les recherche guère.

SNORRO Sturleson. Heimskringla... seu historiæ regum septentrionalium a Snorrone Sturlonide ante secula quinque patrio sermone antiquo conscriptæ, quas e mss. codd. edidit, versione gemina (suec. et lat.) notisque brevioribus, indice poetico vel rerum illustravit Joan. Peringskiold. *Stockholmiæ, literis wankiwianis, anno* 1697, 2 vol. in-fol.

Cette édition renferme le texte islandais de l'*Heimskringla*, mais imprimé d'après des manuscrits fautifs. La version suédoise qui l'accompagne et qui est de Gudmund Olafson, passe pour être plus exacte que la traduction latine de Peringskiold. Vend. 50 flor. Meerman ; 49 fr. Librairie De Bure. Le premier volume a 12 ff. préliminaires et 830 pp. de texte ; le second, sans date, se compose de 486 pp. de texte et de 64 ff. non chiffrés pour la table.

— Snorrii Sturlæ filii historia regum Norwegiæ ; islandice, danice et lat. *Hauniæ, Stein,* 1777-18-83, et 1813-26, 6 vol. in-fol. [27615]

Collection rare en France, où elle revient à plus de 200 fr. Les trois premiers volumes, publiés par Ger. Schöning et Skulius Théod. Thorlacius, renferment une nouvelle édition de l'Heimskringla, plus correcte que la précédente, et où l'on a substitué la version danoise à la traduction suédoise. Ils manquent chez les éditeurs. Les tomes IV et V ont été donnés par MM. Birg. Thorlacius et Eric-Ch. Werlauff. Le 6e et dern. vol. renferme une dissertation de M. P.-E. Müller, publiée d'abord séparément avec une version latine de Thorlacius, sous le titre de *Disquisitio de Snorronis fontibus et auctoritate,* Hauniæ, 1820, in-fol.

M. Séverin Gruntvig a donné une nouvelle traduction danoise de l'*Heimskringla,* Copenh., 1819, 2 vol. in-4., que l'on dit préférable à celle qui fait partie de la grande édition ci-dessus.

Il existe aussi : *Heimskringla Konunga Sögur,* ou Histoire des anciens rois par Snorro-Sturleson, en suédois. *Stockholm,* 1816, 3 vol. in-8. (vend. en 4 vol. 31 fr. 50 c. Chaumette).

THE HEIMSKRINGLA, or chronicle of the Norway, from the earliest period to the twelfth century, translated from the Icelandie of Snorro Sturleson, with a dissertation and notes by S. Laing. *London,* 1844, 3 vol. in-8. 1 liv. 5 sh.

— Snorre Sturlesons norske Kongers Sagaer, overfatte af Jacob Aall. *Christiania,* 1838-40, 5 vol. gr. in-4. pap. vél. portr. [27616]

80 fr. *mar. r.* Louis-Philippe.
— Norske Kongers Segaer, 27626.

— La Fascination de Gulfi (Gylfa Ginning). Traité de mythologie scandinave, composé par Snorri, fils de Sturla, traduit du texte norrain en français et expliqué dans une introduction et dans un commentaire critique perpétuel, par F. Bergman. *Strasbourg, Treuttel et Würtz,* 1862, in-8. de XII et 343 pp.

SOANE (*John*). Plans, elevations, sections, and buildings executed in the counties of Norfolk, Suffolk, Yorkshire, Staffordshire, Warwickshire, etc. *London,* 1789, in-fol. atl., avec 47 pl. 20 à 25 fr.

On a du même artiste :

SKETCHES in architecture, containing plans and elevations of cottages, villas and other useful buildings, with characteristic scenery. *London, Taylor,* 1793, in-fol. pap. vél., avec 43 pl. 20 à 24 fr. [9805]

DESIGNS for public and private buildings. *London, Priestley,* 1828, in-fol. contenant 54 pl., le frontispice et un texte. [9995]

A BRIEF statement of the proceedings respecting the new Law-courts at Westminster, the Board of trade and the new privy Council-Office, etc. *Lond., Priestley,* 1828, in-fol. contenant 25 pl. au trait, un frontispice et un texte.

CIVIL architecture. Designs for completing some of the public buildings in Westminster, and for correcting defects in others. *London,* 1829, in-fol., avec 9 pl.

DESCRIPTION of the house and museum of sir John Soane, with graphic illustrations. *London,* 1835, in-4., avec 38 pl. et 11 vignettes. Tiré à 150 exemplaires seulement et non publié.

SOARES da Sylva. Voyez SILVA ; — Alarçon. Voy. SUAREZ.

SOAVE (*P.*). Voy. SARPI.

SOBIESKI (*John*), Stolberg Stuard and Ch. Edward Stuard. The costumes and History of the clans. *Edinb.* (*Lond., H. Bohn*), 1845, gr. in-fol. de 240 pp., avec 36 lithographies. 3 liv. 3 sh., et avec les pl. color., 8 liv. 8 sh. [27466]

— Voyez LOGAN.

SOBORNIK, ou les Menées, rédaction serbe, en caractères cyrilliques. *Venise,* 1538, 2 vol. in-fol. fig. sur bois.

Ces Menées ont été publiées par ordre du voïévode Bodjidar Voukovitch, et par les soins de Moyse, moine du couvent de Detcha, et natif de Boudimle, sous le doge André. Les exemplaires en sont très-rares. Catal. de M. Perret, 1860, n° 75, où le 1er volume, incomplet de deux ff., est porté à 40 fr.

SOBRANÏE drevnich gramot i aktof gorodof Vilny, Kovna, Trok, pravoslavnych monastyrei, etc. Recueil d'anciennes chartes et actes de villes de Vilna, Kovno et Troki, des monastères orthodoxes (grecs), églises, etc. *Vilna, Martinofski,* 1843, 2 vol. in-4. [27859]

SOBRANÏE drevnich gramot, etc. Minskoï goubernii. Recueil d'anciennes chartes et actes des villes du gouvernement de Minsk, des couvents, etc. *Minsk, impr. du gouvernement,* 1848, in-4. [27859]

—SOBRANÏE raznych zapissok, etc., sloujastchich k dostavléniiou polnavo svédéniia o jisni, etc. G.-J. Petra

Snow (*Wil. Parker*). Missionary voyages to tierra del Fuego, etc., 21140.
Soames (*H.*). Reformation of the church of England ; 22482.

Soares Toscano (*Fr.*). Parallelos, 28919.
Soave (*Franç.*). Novelle, 17493.
Sobieski de Janina (*Vict.-Sev.*). Reconnaissances militaires, 8624.
Sobolewski (*Greg.*). Flora petropolitana, 5208.

Vélikavo'. Recueil de différents mémoires et traités servant à procurer une connaissance complète de la vie et des gestes de l'empereur Pierre le Grand, mis au jour par les soins de F. Toumanski. *St-Pétersb., Schorr,* 1787-1788, 10 vol. in-8. [27772]
Ce recueil est devenu très-rare.

SOCCI. Rappresentatione di Barlaam et Josafat composta per il Socci Perrettano. *Firenze, alle scalee di Badia* (sans date), in-4.

Il existe deux pièces italiennes sous le même titre. L'une de Bernardo Pulci, l'autre de Socci, qui vivait au milieu du XVe siècle. Cette dernière, 1 liv. 10 sh. Libri, en 1859.

SOCIÉTÉ des bibliophiles. V. MÉLANGES.

SOCIÉTÉ des bibliophiles de Mons. Collection de ses publications. *Mons, Hoyois-Derely,* 1835-54, 22 vol. in-8. [19430]

Cette collection, dont il n'a été tiré que 100 exempl., indépendamment de ceux qui sont destinés aux membres de la société, se compose des ouvrages suivants :
1. Gouvernement du pays de Hainaut, depuis le trépas de l'archiduc Albert, 1621 ; 2. Rimes et refrains tournésiens, pièces couronnées par le jury d'escole de rhétorique de Tournay (1477-1491) ; 3. La Chronique du bon chevalier messire Gilles de Chin ; 4. Vision de Tondalus, récit mystique du XIIe siècle, mis en françois, pour la première fois, par Oct. Delepierre ; 5. La Défense de messir Antoine de Lalaing, d'après l'édition originale de 1568 ; 6. Particularités curieuses sur Jacqueline de Bavière, comtesse de Hainaut ; 7. Le Vœu du Héron ; 8. Mémoires du comte de Mérode d'Ongnies, 1665 ; 9. Voyages et ambassades de messire Guillebert de Lannoy, 1399 à 1450 ; 10. Les Mémoires de messire Jean, seigneur de Haynin et de Louvegnies, 1465-77, 2 part. ; 11. Livre de la trésorerie des chartes de Hainaut, 1455. Inventaire des meubles de l'hôtel de Guillaume IV, duc de Bavière, à Paris, 1409 ; 12. Documents inédits sur les églises de Saint-Waudru et de Saint-Germain, à Mons ; 13. Tableau des troubles et révolutions arrivées en Flandre depuis 1500 jusqu'en 1585, par Baucourt de Noortvelde ; 14. Al-

bum et œuvres poétiques de Marguerite d'Autriche ; 15. Notice sur H. Delmotte ; 16. Annales du Hainaut, par François Vinchant, contenant les choses les plus remarquables advenues dans ceste province depuis l'entrée de Jules César jusqu'à la mort de l'infante Isabelle.
Ces pièces sont numérotées de 1 à 17, non compris la Notice sur Delmotte, mais il n'y a pas de n° 2. Un exemplaire rel. à dos de *mar.* 110 fr. M. Borluut de Noortdonck, n° 4763.

SOCIETY (English historical).

Cette société a publié à Londres, de 1838 à 1856, une suite d'anciens historiens anglais, formant 31 vol. in-8., dont elle a fait tirer 200 exemplaires royal in-8., sur un papier particulier, pour les membres de la société. Ceux de ces exemplaires qui n'avaient pas encore été distribués en 1856, et qui n'étaient qu'au nombre de 41, ont été annoncés au prix de 18 liv. dans le catal. de David Nutt, impr. en 1857, n° 2981. Voici l'indication des auteurs contenus dans cette collection :
Bedæ historia ecclesiastica et opera historica, chronologica et bibliographica, 1841, 2 vol. in-8., J. Stevenson, éditeur. — Gildas, Nennius, Richardus Diviensis, 1838, 3 vol., même éditeur. — Wilhelmus Malmesbiriensis, 1840, 2 vol., T.-D. Hardy, éditeur. — Roger de Wendover et Mathieu Paris, 1841, 5 vol., H.-O. Coxe, éditeur. — Florent de Wigorne, 1848-49, 2 vol., B. Thorpe, éditeur. — Walter de Hemingburgh, 1848-49, 2 vol. H.-C. Hamilton, éditeur. — Wilhelmus Parvus, 1856, 2 vol., même éditeur. — Nic. Trivet et Adam de Murimont, 1845-46, 2 vol. in-8., Th. Hog, éditeur. — Anonymi Gesta Stephani, 1846, 1 vol. R.-C. Sewell, éditeur. — Anonymi Henrici V res gestæ, avec la Chronique de Geor. Chatelin, en français et en anglais, 1850, 1 vol., B. Williams, éditeur. — Chronique de la trahison, et mort de Richard II, 1846, même éditeur. — Codex diplomaticus ævi saxonici, studio et labore Jo.-M. Kemble, 1839-48, 6 vol. in-8.
Il est à remarquer que la plupart des auteurs ci-dessus font partie de la collection en 41 vol. in-8., que nous décrivons à l'article HISTORICI scriptores.
Le *Chronicon Wintonense ab anno 1344 ad ann.* 1377, d'un anonyme, avec une introduction par Will. Gunner, était annoncé sous presse en 1857.

SOCIO (*Nobile*). Le miserie degli amanti. *Vinegia, Bern. de Vitali,* 1533, in-4. de 92 ff., sign. a—z. [17384]

Roman peu connu, mêlé de prose et de vers ; 13 sh. Lambert ; 1 liv. *mar.* Heber.

SOCRATES. Socratis, Antisthenis et aliorum Socraticorum epistolæ ; Leo Allatius primus græce vulgavit, lat. vertit et notas adjecit. *Parisiis, Seb. Cramoisy,* 1637, in-4. 6 à 9 fr. [18661]

— Socratis et Socraticorum, Pythagoræ et Pythagoreorum quæ feruntur epistolæ, græce, ad fidem codicis quondam helmstadiensis, nunc goettingensis; recensuit, notis Allatii, Stanleii, Olearii, Hemsterhusii, Valkenarii, aliorumque et suis illustravit, versiones lat. emend. Allatii, Pearsonii, Olearii, etc., dissertationes

---

---

et judicia de epistolis socraticis et indicem adjecit J.-C.-Conr. Orellius. *Lipsiæ, Weidman*, 1815, in-8. 8 fr. — Pap. fin, 10 fr. — Gr. Pap., 14 fr.

Le même ouvrage a paru aussi sous le titre de *Collectio epistolarum græcarum*, tome 1er.

SOCRATIS scholastici ecclesiastica historia, gr. et lat. edidit R. Hussey. *Oxonii, H. Parker*, 1853, 3 vol. in-8. 36 fr. [21354]

—EADEM, gr., ex recensione H. Valesii. *Oxonii, Parker*, 1844, in-8. 9 sh.
— SOCRATIS scholastici, Hermiæ Sozomeni Historia ecclesiastica. Henr. Valesius græcum textum collatis mss. codicibus emendavit, latine vertit, notis illustravit, cujus editionem criticis observationibus locupletavit Guil. Reading; accurante et denuo recognoscente J.-P. Migne. *Petit-Montrouge*, 1859, gr. in-8. à 2 col. 12 fr. 67e vol. de la *Patrologie grecque*.

— Voy. EUSEBIUS.

SODERINI (*Giovan-Vettorio*). Trattato della coltivazione delle viti, la coltivazione toscana delle viti, e d'alcuni arbori di Bern. Davanzati Bostichi, etc. *Fiorenza, Giunti*, 1600, in-4. [6367]

Bonne édition de ce recueil estimé : 8 à 12 fr.; elle est citée par l'Académie de La Crusca, ainsi que celle de *Florence*, 1734, in-4., donnée par D.-M. Manni, mais où ne se trouvent ni le traité de Davazzati ni la *Lettera apologetica di Leonardo Giacchini*, qui font partie de la première. -
L'imprimeur Giunti a donné à Florence, en 1610, une réimpression du traité de Soderini, in-4., et une autre en 1622, aussi in-4. Dans cette dernière, le traité de Pierre Vettori est réuni aux deux traités de Soderini et Davanzati sur le même sujet.
La *Coltivazione delle viti* fait partie d'un volumineux ouvrage de Soderini, dont le manuscrit autographe se conserve dans la biblioth. Magliabechi. C'est sur ce manuscrit précieux qu'ont été publiés les trois traités suivants de cet auteur..
    TRATTATO di agricoltura. *Firenze, Gius. Vigiani*, 1811, in-4. 6 fr.
    DELLA CULTURA degli orti e giardini. *Firenze, stamp. del Giglio*, 1814, in-4. 18 fr.
    TRATTATO degli arbori, parte prima. *Firenze, stamp. del Giglio*, 1817, in-4., 12 fr.
Il a été tiré des exemplaires de ces trois volumes sur Gr. Pap.

SODOMITA. R. D. G. M. Ad peccatorem Sodomitam vt cognoscat quam ceteris criminibus crimen sodomiticum sit detestabilius. Capita VIII. (*sine loci, anni et typogr. nomine*), in-4. goth. [1342]

Opuscule de 9 ff. décrit par Hain, IV, no 14869. C'est probablement le même qu'indique Panzer , IX, p. 193, d'après la *Biblioth. thott.*, sous le titre de *Tractatus de peccato sodomitico*.

SOEMMERRING (*Sam.-Thom.* von). Vom Bau des menschlichen Körpers. Neue umgearbeitete und vervollständigte Originalausgabe besorgt von W.-Tr. Bischoff, J. Henle, E. Huschke, F.-W. Theile, G. Valentin, J. Vogel und R.

Wagner. *Leipzig, Voss*, 1841-45, 8 vol. in-8. fig. 100 fr.

Le texte latin de cet ouvrage a paru sous le titre de *De corporis humani fabrica*, Trajecti-ad-Mœn., 1794-1801, en 6 vol. in-8., bas prix. [6693]

— Icones oculi humani. *Francofurti*, 1804, in-fol., avec 16 pl. [6830]

Vend. 30 fr. Béclard.
— DESCRIPTION figurée de l'œil humain, trad. par Demours. *Paris*, 1818, in-4. avec 13 pl. 8 fr.

— Icones organi auditus humani. *Francofurti*, 1806, in-fol., avec 9 pl. 9 thl. [6827]

Vend. 27 fr. Béclard.
— ICONOLOGIE de l'organe de l'ouïe, trad. du latin par A. Rivallié. *Paris*, 1825, in-8. et atlas de 17 pl. lithogr. 7 fr.
— Icones embryonum, 6931.

SOIRÉES (les) des auberges. *Paris, Loyson*, 1665 ou 1669, in-12. 3 à 5 fr. [17349]

Recueil de quatre nouvelles, dont deux (*Les Soirées des auberges* et l'*Apothicaire de qualité*) avaient déjà paru dans les *Diversités galantes*, Paris, Barbin, 1664 (ou *La Haye*, 1665), in-12. On les a réimpr. toutes les quatre sous le titre de *Galanteries diverses, arrivées pour la plupart en France*, Nuremberg, Tauber, 1685, in-12, avec la traduction allemande. L'*Apothicaire de qualité* (par de Villiers) a été impr. séparément en Hollande sous la date de Cologne, *P. du Marteau*, 1670, pet. in-12 de 48 pp. (voyez VILLIERS).

SOIRÉES (les) littéraires, ou mélanges de traductions, etc. (par M.-L. Coupé). *Paris, ans IV-VIII* (1796-1800), 20 tom. en 10 vol. in-8. 30 à 40 fr. [18331]

Quoique l'abbé Coupé n'ait pas toujours fait preuve de goût dans le choix de ses matériaux, ni d'une érudition bien profonde dans ses notes sur les écrivains dont il a parlé, ses mélanges sont assez curieux, et comme les derniers volumes se sont peu vendus, on trouve rarement le recueil complet; il faut y joindre le *Spicilége de littérature ancienne et moderne* du même auteur, *Paris*, 1801, 2 vol. in-8.

SOISSON (*Robert*). Alfabet nouveau de la vrée et pure ortographe Fransoize et Modèle sus iscelui en forme de Dixionére dédié au Roi de Franse et de Navarre Henri IV, par Robert Poisson, équier (Auvile) de Valonnes en Normandie. *Paris, Jaqes Planchon*, 1609, pet. in-8.

Livre singulier cité par M. E. Frère sous le nom de SOISSON et déjà indiqué par nous au mot POISSON, véritable nom de l'auteur. Nous en rétablissons ici le titre, comme erratum au *Manuel du bibliophile normand*, t. II, p. 537.

SOLACIUM ludi schacorum. Voy. JACOBUS de Cessolis.

SOLANA (*Alvaro* de). Coplas de Madalenica. Otras de tambuen ganadico anadidas por Jaques normante. Otros fieros que hizo un rufian en çamora con

---

Soglia (*Jo.-Card.*). Jus ecclesiasticum, 3158.
Sohet. Jurisprudence des pays de Liége, Luxembourg, etc., 3016.

una puta, por Alonso de Solana. (*sans lieu ni date*), in-4. goth. de 4 ff. (*Bibl. grenv.*, II, p. 618.)

SOLDANI (*Ambros.*). Testaceographia et zoophytographia parva ac microscopica. *Senis*, 1789-98, 2 vol. in-fol. 80 à 100 fr. [6162]

Description de l'ouvrage : tome I, part. I, 1789; part. II, 1791; part. III, 1795, xxxII et 290 pp., pl. 1—129. Tome II et appendice, 1798, vIII et 148 pp., pl. 1—26; Appendice, I—xxxIII. Cet appendice, qui contient des notices intéressantes sur les coquilles les plus rares, se trouve difficilement parce qu'il n'y en a eu qu'un petit nombre d'exemplaires de distribués.

SOLDINI (*Franciscus*). De Anima brutorum commentaria. *Florentiæ, Cajetan. Cambiagi,* 1776, gr. in-8. fig. 5 à 7 fr. [3625].

Les figures et vignettes de cet ouvrage sont tirées en rouge et en bleu.

SOLDUS (*Jacobus*), burgensis opus insigne de peste. (au recto du dernier f.) : *Īp̄ssuȝ Bononie p̄ mg̃r̃m Iohȝ schriffber de Annũtiata... Anno salutis* M. cccc lyyvıɪɪᶜ. In-4. goth. de 36 ff. à 2 col. [7191]

Volume rare dont les 2 premiers ff. contiennent une épître de l'auteur commençant au verso. L'ouvrage a été réimprimé à Florence, en 1490, in-4.

SOLE (*Will.*). Menthæ britannicæ, being a new botanical arrangement of all the british mints hitherto discovered. *Bath,* 1798, in-fol. avec 24 pl. 1 liv. 5 sh. [5462]

Vendu 23 fr. Pappenheim.

SOLEMNIA electionis et inaugurationis Leopoldi, Romanorum imperatoris, seu descriptio et repræsentatio eorum omnium quæ anno 1658, ante, in et post electionem regio-imperatoriam, apud Mœno-Francofurtanos spectatu notata atque relatu venerunt, cum serie imperatorum romanor. a C.-J. Cæsare usque ad Leopoldum, gallice et latine. *Francofurti-ad-Mœnum,* 1660, in-fol. fig. [26450]

Ouvrage curieux : 26 fr. Boulard, et quelquefois plus ou moins.

SOLIER (*Jul.-Raym.* de). Les Antiquités de la ville de Marseille, où il est traité

de l'ancienne république des Marseillais, translatées de latin en françois, par Ch.-Annibal Fabrot (et publ. par Hector de Solier fils). *Lyon, et se vendent à Marseille par Ant. de Bussi,* 1632, pet. in-8. de 253 pp. [24816]

Ce livre n'est qu'une partie d'un grand ouvrage en latin sur la Provence, que l'auteur a laissé en manuscrit. Le nouveau Le Long, III, 38214, cite une édition des *Antiquités de Marseille, par Solier,* Marseille, Coligny, 1615, in-8.; mais cette édition n'a pas été impr. à Marseille, et le titre porte : *Cologny, par Alexandre Pernet.* Le volume a 224 pp. en tout. A ce sujet, M. Ant. Henricy (*Notice sur l'origine de l'imprimerie en Provence,* p. 31) a fait observer qu'il n'est point vraisemblable que cet livre, dont l'épître dédicatoire a une date d'Aix, le 7 juin 1613, ait été impr. à Cologny ; que d'ailleurs il n'a pu connaître jusqu'à présent qu'une imprimerie ait jamais existé dans aucun bourg ou village de ce nom. Nous répondrons à cet estimable bibliothécaire qu'on a souvent imprimé des livres à *Cologny,* village situé à une petite lieue de Genève, près du lac Léman, et que c'est là où a paru l'édition de 1615, de l'ouvrage de Solier. Il y en a une autre de *Genève, Alexandre Pernet,* 1620, in-8., portée dans le catalogue de La Valliere-Nyon, nº 23902. Un exemplaire de l'édit. de 1632, rel. en mar. citr. par Derome, 45 fr. Solar.

SOLIERS ou Souliers l'Hermite. Voyez LHERMITE.

SOLINUS (*Julius*). De Situ orbis terrarum, et memorabilibus quæ mundi ambitu continentur liber. — *Impressus Venetiis, per Nicolaum Ienson Gallicum,* M.CCCC.LXXIII, gr. in-4. [19562]

Première édition avec date. Elle a en tout 68 ff. (à 33 lign. par page), dont le 1ᵉʳ, le 4ᵉ et le dern. sont tout blancs. Le second et le 3ᵉ f. renferment la table des chapitres : *Iutii Solini de situ et me-|.* Le texte commence au 5ᵉ f. par cette ligne : *Iutii solini de situ orbis terra-|.* La souscription est imprimée en 5 lign., au verso du 67ᵉ f. — 36 fr. Gaignat; 10 liv. Pinelli; 121 fr. Mac-Carthy; 105 fr. *m. r.* en 1823 ; 11 liv. 11 sh. 6 d. Heber; 28 fr. 50 c. Boutourlin, 3 liv. 15 sh. Libri, en 1859. — On en connaît trois exempl. impr. sur VÉLIN. Celui de lord Spencer a été acheté 850 fr. à la vente Soubise.

— Caii Julii Solini ad adventum polihistor, sive de situ orbis ac mundi mirabilibus liber (ex recensione Guil. Tardivi). In-4. de 108 ff. à 25 lign. par page.

Imprimé (à *Paris,* de 1472 à 1475) avec les caract. de Pierre de Cæsaris et de Jean Stol, sans chiffres, récl. ni signat. Le prem. f., impr. au verso, contient deux pièces de vers (la première intitulée : *Lodoicus xantonensis episcopus Guillermo tardiuo aniciensi*), et les trois suivants, la table des chapitres. Le texte commence par un sommaire en 4 lign., impr. en capitales, et il finit au recto du 108ᵉ f. par cette ligne : *de situ orbis ac mūdi mirabilibus liber finit.* Vend. 178 fr. *m. r.* La Valliere ; 216 fr. *mar. viol.* Larcher ; 100 fr. *v. br.* Mac-Carthy; 1 liv. 2 sh. Heber.

— Cai Iulii Solini rerum memorabilium collectanee. (*absque nota*), gr. in-8. ou pet. in-4. de 120 ff. à 26 lign. par page, sans chiffres, récl. ni signat.

Édition fort rare, qui paraît avoir été imprimée à Rome, vers 1473, avec les caract. rom. grossièrement gravés dont se servait *Jean Schurener de Bopardia.* Le premier f. commence ainsi :

> *Cai. Iulii. Solini reŗ memorabiliŭ collectanee. Solinus Auĕlino. Salutĕ.*

Il est suivi de la table, qui finit au verso du 4e f. Le texte commence au 5e f., et se termine au recto du dernier, à la 17e ligne, par le mot *qualitatem,*, suivi de ceux-ci : *Finis. Laus Deo.* — Vend. 1 liv. 3 sh. Pinelli ; 52 fr. en 1823, et jusqu'à 15 liv. 18 sh. *mar.* Heber ; 8 fr. seulement Boutourlin. Nous ferons remarquer que cette édition ne contient que 50 chapitres, tandis que celle de *Venise*, 1473, qui est beaucoup plus belle, en renferme 70.

— Rerum memorabilium collectanea, edente Bonino Mombritio. (*absque nota, sed Mediolani,* circa 1473), in-4. de 122 ff. à 26 lignes par page, sans chiffres, récl. ni signat., caract. ronds.

Sur le prem. f. se lisent 4 vers de l'éditeur à Ant. Trivulce, dont voici le premier :

> *Accipe primitias nostri vir summe laboris.*

Or, Boninus Mombritius ayant publié à *Milan*, en 1474, *Pauli Veneti Summulæ*, il est certain que l'édition de Solin, qu'il nomme son coup d'essai, ne peut être postérieure à cette date. Les 6 prem. ff. renferment la dédicace de Mombritius, la préface et la table. Au 7e f. commence le texte, lequel finit à la 17e ligne (*insularum qualitatem*) du 122e f. recto, suivie du mot FINIS. Un exempl. médiocre a été vendu 45 fr. à Paris, en 1823.

— Cai Iulii Solini rerŭ memorabilium collectaneae. — *Impressum parmæ per Andream Portilam año dñi* M CCCC. *lxxx. xiii. kaleñ. Ianuariis,* in-4. de 102 ff. (le 1er bl.), sign. a—n, caract. romains.

Les anciennes éditions de Solin postérieures à cette date n'ont qu'un prix très-médiocre. On en trouvera la liste dans les prolégomènes de l'édition imprimée à Deux-Ponts, en 1794, in-8., et qui est jusqu'ici la plus usuelle que nous ayons.—Voir aussi Ebert, n°s 21391-21414.

— Voy. SALMASII exercitationes.

— CAIUS JULIUS SOLIN : Polyhistor, traduit pour la première fois en français, par M. A. Agnant. *Paris, Panckoucke,* 1847, in-8., texte en regard.

SOLIS (*Vergil*). Newe Figuren des newen Testaments, durch Vergilium Solis aufs künstlichest gerissen. *Franc.-ad-Mœn., J. Wolff.,* 1565, in-8. de 127 pp. [366]

Recueil de 125 pl. grav. sur bois, qui se rapportent aux évangiles des dimanches et des fêtes, à la passion et à l'Apocalypse. — V. l'art. FREYDANG (*Jac.*). Ce sont probablement les mêmes gravures sur bois dont une édition in-4. obl., sous la date de 1560, est annoncée comme *édition originale* dans le catal. Solar, 43, où l'exemplaire, rel. en *mar. r.* par Trautz, est porté à 253 fr. — Un autre exemplaire, sous la date de 1562, in-4. obl., en *mar. vert,* par Trautz, a été payé 160 fr. à la vente d'Arm. Bertin. — EIN NEW kunstlichs betbuchlein :... Durch den weit berhümbten Virgilium Solis... *Nurnberg, bey Pet. Goldtschmieds,* 1568, in-16 de 82 ff. non chiffrés. [366]

Petit livre rare orné de jolies vignettes de Virgile de Solis, sur les mêmes sujets que dans le volume ci-dessus. L'exempl. en *mar. bl.* vendu 41 fr. Beaudeloque avait coûté 114 fr.

— EFFIGIES regum. Voy. AMMAN.

SOLIS (*Diego* Muxet de). Comedias humanas, y divinas y rimas morales. *Brusselas, Fernando de Hoeymaker,* 1624, in-4. de 4, 354 et 64 pp. [16789]

Volume peu commun. Antonio le cite, mais comme imprimé à Francfort.

SOLIS (*Antonio* de). Varias poesias sagradas y profanas, que dexó escritas (aunque no juntas, ni retocadas), y fueron recogidas y dadas a luz por D. Juan de Goyeneche. *Madrid,* 1692, pet. in-4. [15290]

Réimprimé à *Madrid*, en 1716 et en 1732, pet. in-4. 6 à 9 fr.

—Comedias, *Madrid, Melch. Alvarez,* 1681, et aussi 1687, in-4. [16797]

Un des bons auteurs comiques espagnols.

— Historia de la conquista de Mexico. *Madrid, D. Ant. de Sancha,* 1783-84, 2 vol. gr. in-4. fig. 40 à 50 fr. [28596]

Très-belle édition d'un ouvrage fort estimé : elle ne se trouve pas communément. Vend. 60 fr. *mar. r.* Trudaine ; 99 fr. *mar. r.* Caillard ; 79 fr. Morel-Vindé ; 131 fr. *non rogné,* Labédoyère.

La première édition de cette histoire a paru à *Madrid,* en 1684, in-fol. Elle n'est pas chère, non plus que les nombreuses réimpressions qui en ont été faites à Barcelone, à Bruxelles, à Cordoue, etc., et dont nous croyons inutile de donner ici les dates.

On a joint depuis à l'ouvrage de Solis une seconde partie par don Ignacio de Salazar y Olarte, imprim. à Cordoue, en 1743, par Gonzalo-Antonio Serrano, pour Fernand de Rios (Piebusque, *Histoire comparée,* I, p. 538).

— LA MISMA historia. *Madrid, Cano,* 1798, 5 vol. pet. in-12, fig. 15 à 18 fr.

— HISTORIA de la conquista de Mexico, ilustrada con notas geographicas, históricas y literarias. *Madrid,* 1828, 4 vol. in-8. fig. 30 fr.

Édition belle et correcte. Elle fait partie de la collection indiquée, II, 589, 2e colonne.

— LA MISMA, nueva edicion, ilustrada con notas por Wenceslo de Linares y Pacheco. *Barcelona,* 1840, 2 vol. in-8. avec le portr. de Cortes. 10 fr.

— LA MISMA, nueva edicion, augmenta con un resumen histórico desde la rendicion de Mejico, e ilustrada con notas, por don Jose de la Revilla. *Paris, Veuve Baudry,* 1858, in-8.

Nous citerons encore les éditions de *Londres,* 1809, 3 vol. in-8., et de *Paris,* imprim. de Didot, 1826, 3 vol. in-32, pap. vélin, 10 fr.

— HISTOIRE de la conquête du Mexique, ou de la Nouvelle-Espagne, traduite de l'espagnol de Solis, par l'auteur du Triumvirat (Bon-André, comte de Broé, seigneur de Citri et de La Guette). *Paris,* 1691, in-4. fig. Bas prix.

Les éditions de cette traduction en 2 vol. in-12 n'ont aussi qu'un prix ordinaire, mais elles sont plus recherchées que l'in-4.

SOLITAIRE premier. Voyez THYARD (Pontus de).

SOLLECITO. Voy. CAPPONI.

SOLLIOLIS (de). Problemata magistri Bartholomei de Solliolis viuariensis medici : τ bonarum artium magistri : nec

Sollerius (*J.-B.*). Acta S. Romualdi, 22263.
Solleysel (*J.* de). Parfait maréchal, 7724.

non in facultate medicine ex alma mŏ-
tispesulani vniuersitate merito graduati :
super sexagenarium astronomie ad mo-
dũ vtile et profecto admirabile instrumentum : subsequenter incipiunt. (au
bas du verso du dernier f.) : *Impressum
fuit opus p̄sens.* 150 *p̄blematũ magistri Bartholomei de solliolis : sup sexa-
genariũ : in ciuitate diui Pŏtii tho-
meriaꝛ : p̄ magtm Joãe de guerlins
impssorie artis mirificũ artificē. Anno
christi.* 500 *et.* 16. *sup :* 1000 *año aũt
mundi.* 6860. *die ẙo.* 28. *aprilis. sole*
18. *gdũ tauri : luna ẙo.* 10. *g̃dũ
arieꝉ pegrãte,* in-4. de 32 ff. chiffrés
jusqu'à 31, sign. a—d, à 47 lignes par
page. [8358]

Ce livret se recommande et par le sujet qu'il traite,
et par sa grande rareté, et aussi comme la plus ancienne production typographique connue d'une
petite ville du Languedoc (*Saint-Pons-de-Tomiers*),
que ni Panzer, ni Cotton n'ont placée dans leurs
listes. Il est imprimé en caract. goth. fort menus,
mais très-nets, et le papier en est excellent. Le titre
présente une assez bonne gravure sur bois, où figurent deux hommes occupés d'observations astronomiques, l'un d'eux tenant en main le sextant. On
lit au verso : *Ad lectorem Guilhermi Romasei Sa-
gieñ Epigramma in honorem astronomie.* Le second feuillet contient une épître dédicatoire de l'auteur adressée *D. D. M. Alexandro... Cardinali
Zarnesio.* La souscription de l'imprimeur, que nous
avons rapportée en entier, est fort singulière (*biblioth. Mazarine,* n° 15831). Cet imprimeur exerçait à Toulouse en 1519, et y donna un opuscule
in-4. sous ce titre :
CONSPICUA est adprime frugifera dividui et indi-
vidui arbor ; per D. Martinum Sancium, vulgo Bas-
coletum, nuper edita. *Tholose, Johannes de Guerlins,* 1519 (Bibl. impér.), E, dans le recueil porté
sous la lettre F, n° 1139 de l'ancien catalogue,
impr. et non publié).

SOLON. Solonis atheniensis carminum
quæ supersunt, græce, præmissa commentatione de Solone poeta, disposuit
emendavit atque annotationibus instruxit
Nic. Bachius. *Bonnæ, impensis Weber,*
1825, in-8. de VI et 116 pp. 3 fr. [12357]

Bonne édition critique.

SOLON de Voge, Adages. Voy. LEBON.

SOLORZANO Pereira (*Joannes* de). Dis
quisitiones de Indiarum jure, sive de
justa Indorum occidentalium inquisitione, acquisitione et retentione : editio
novissima, a mendis enucleata, opera et
studio Fr. Mariæ de Vallarna. *Matriti,
typis reg.,* 1777, 2 vol. in-fol. [28499]

Édition la meilleure de cet ouvrage. La première est
de *Madrid, Fr. Martinez,* 1629-39, 2 vol. in-fol.
(20 fr. La Serna) ; réimpr. *Lugd., Laur. Anisson,*
1672, 2 vol. in-fol., avec le traité *De Parricidio*
ajouté.

— Politica indiana, en la que se trata y
resuelve todo lo relativo al descubrimiento, descripcion, adquisicion y re-
tencion de las mismas Indias occidentales... corregida é ilustrada con notas

por D. Fr. Ramiro de Valenzuela. *Madrid, impr. real,* 1776, 2 vol. in-fol.

Cet ouvrage n'est qu'une sorte de traduct. abrégée du
précédent, avec des augmentations. Il a été impr.
pour la première fois à Madrid, *Pedro Diaz de la
Carrera,* 1648, in-fol. de 22 ff., 1040 pp. et 52 ff.
Les éditions nouvelles de ces deux traités coûtent
chacune de 40 à 50 fr. en Espagne. Vend. 17 fr. 50 c.
et 19 fr. 60 c. Gohier ; 25 fr. chacune, Rœtzel.

SOLORZANO (D. *Alonso* Castillo de).
Voy. CASTILLO.

SOLOVIEFF (*Sergheï*) Istoriia Rossii s
drevneichich vremen. Histoire de la
Russie depuis les temps les plus anciens.
*Moscou, impr. de l'univ. et de Kat-
koff,* 1854-57, in-8., tomes I à VII.
18 roubles. [27762]

Ouvrage très-estimé, qui se continue. L'auteur a profité de toutes les recherches nouvelles.

SOLTYKOFF ou Soltikoff (le prince).
Voyage dans l'Inde, composé de trente-
six lithographies à deux teintes, exécutées par de Rudder, d'après les dessins
du prince Alexis Soltikoff. *Paris, H. Gache, éditeur d'estampes,* gr. in-fol.
[20696]

Ces lithographies se vendaient 640 fr. avec les deux
vol. de texte publiés sous ce titre :
VOYAGE dans l'Inde, par le prince Alexis Soltykoff ; 2ᵉ édit. *Paris, Curmer,* 1850-52, 2 vol. gr.
in-8. 24 fr. — 3ᵉ édit. *Paris, Garnier frères,*
1858, gr. in-8., fig. 20 fr.
LES HABITANTS de l'Inde, dessinés d'après nature, par le prince A. Soltykoff, lithographiés à
deux teintes, par Prayer. *Paris, Gache,* 1853,
in-fol., 42 pl. 105 fr.
Il a encore paru sous le nom de ce prince un *Voyage
en Perse, illustré d'après ses dessins, lithogr.
par de Rudder ;* 3ᵉ édition, *Paris, Lecou,* 1853,
gr. in-8., avec 22 pl. 10 fr. [20622]

SOLVYNS (*Balthazar*). Les Hindous,
ou description de leurs mœurs, coutumes, cérémonies, etc., dessinés d'après
nature dans le Bengale, et représentés
en 292 planches, avec le texte en anglais et en français. *Paris, chez l'auteur,* 1808-1812, 4 vol. gr. in-fol. [28113]

Ouvrage curieux, et dont les gravures imprimées en
couleur se font plutôt remarquer par un certain
caractère de vérité que par leur exécution, qui, véritablement, sous le rapport artistique, est au-dessous du médiocre ; il a été publié en 48 livraisons :
prix, 1728 fr. ; et avec les pl. color., retouchées
par l'auteur, 2600 fr. Vend. 376 fr. A. Martin ;
310 fr. Rosny ; 100 fr. en 1841 ; 138 fr. Busche ;
103 fr. Borluut. L'édition in-4. n'a point été continuée. B. Solvyns avait d'abord publié à Calcutta
quelques exempl. d'un ouvrage du même genre
que celui-ci, et qui a pour titre :
A COLLECTION of two hundred and fifty coloured
etchings descriptive of the manners, customs and
dresses of the Hindoos. *Calcutta,* 1799, gr. in-fol.
Vend. 600 fr. Langlès, et beaucoup moins depuis.
Cet in-fol. doit être accompagné de l'art. suivant :

Soltau (*D.-W.*). Geschichte der Entdeckungen,
19797.
Solvet (*P.-L.*). Études sur La Fontaine, 14165.

A CATALOGUE of 250 couloured etchings descriptive of the manners, etc., in the Hindoos, by Balt. Solvyns. *Calcutta, Mirror press*, 1799, gr. in-8. Vend. 10 fr. Langlès.

C'est d'après les planches publiées à Calcutta, qu'on a fait paraître à Londres :

THE COSTUME of Hindustan, elucided by sixty coloured engravings, with description by Balt. Solvyns of Calcutta. *London*, 1804, gr. in-4. Vend. 71 fr. Suard.

SOMADEWA Bhatta. Kathâ sarit sâgara. Die Mährchensammlung des Sri Somadeva Bhatta aus Kaschmir. Sanscrit und Deutsch herausgegeben von Hermann Brockhaus. *Leipzig, Brockhaus*, 1839, in-8. de XIV, 469 et 157 pp. (livres I à V). 24 fr. [16006]

SOMAIZE (*Ant.* Baudeau ou Bodeau de). Les veritables précieuses. *Paris, J. Ribou*, 1660, in-12. [16446]

Comédie en prose, au-dessous du médiocre, et qui contient contre Molière une préface insultante, dont Ch. Nodier a fait bonne justice dans ses *Mélanges* publiés en 1829. Comme ouvrage de circonstance, cette pièce eut assez de succès lorsqu'elle parut, pour qu'on ait dû en faire trois éditions dans la même année. Celle qui a conservé le plus de prix a été impr. en Hollande, *suivant la copie de Paris, chez Jean Ribou*, 1660, pet. in-12 de 56 pp. L'auteur des *Mélanges* l'attribue aux Elsevier, et cela en a fait vendre un exemplaire en *mar. citr.* 40 fr. Nodier.

L'édit. de *Ribou*, 1660, avec *le Procès des Précieuses*, 25 fr. de Soleinne; seule, 11 fr. Walckenaer; 25 fr. *mar. v.* Solar.

Il faut encore citer la seconde édition, *Paris, Etienne Loyson*, 1660, in-12. On en a retranché *La Mort de l'Eussestu-cru*, lapidé *aux femmes*, mais il s'y trouve de plus que dans la première un *Dialogue de deux précieuses sur les affaires de leur communauté*.

Le sieur de Somaize, non content d'insulter l'auteur des *Précieuses ridicules*, eut la témérité de mettre en vers cette jolie comédie, et de la faire imprimer ainsi, à *Paris, chez Est. Loyson*, ou *J. Ribou*, en 1661, in-12. Il a aussi donné, ou du moins on lui attribue :

LE PROCEZ des prétieuses, en vers burlesques, comédie (anonyme), *Paris, Jean Guignard*, ou *Est. Loyson*, 1660; ou seconde édition, *Paris, J. Guignard*, 1661, in-12 de 8 ff., 74 pp. et 3 ff. pour le privilège et l'errata. [16446]

16 fr. 50 c. de Soleinne; 15 fr. 50 c. Walckenaer. — L'édit. de 1660, *mar. r.*, 25 fr. Giraud; 26 fr. Solar.

Les trois pièces ci-dessus, avec le Grand Dictionnaire, in-12, 40 fr. de Soleinne; en *mar. bl.* par Niedrée, 125 fr. Solar.

Pour le récit de la farce des Précieuses, voy. l'article MOLIÈRE.

— Le grand Dictionnaire des prétieuses, historique, poétique, géographique, cosmographique, chronologique et armoirique, où l'on verra leur antiquité, costume, devises, etc., par le sieur de Somaize. *Paris, Jean Ribou*, 1661, 2 vol. pet. in-8. [18411]

Ouvrage satirique, dont la présente édition, devenue assez rare, est encore assez recherchée, surtout quand la *Clef*, opuscule de 46 pp. y compris le titre, également daté de 1661, s'y trouve jointe. Vend. ainsi complet, 33 fr. *mar. r.* Labédoyère; en *mar. bl.*, 39 fr. 50 c. en 1841; 85 fr. *v. f.* De Bure, et un très-bel exempl. avec la clef, *mar. citr.* par Trautz, 215 fr. Eug. Piot en 1862. Avant de publier ce livre,

l'auteur en avait fait paraître un autre du même genre, sous ce titre :

LE GRAND Dictionnaire des prétieuses, ou la clef de la langue des ruelles (anonyme). *Paris, J. Ribou*, 1660, pet. in-12 de 4 ff. prélim. et 84 pp. 5 fr. de Soleinne; 20 fr. Walckenaer; 30 fr. *mar. bl.* Solar. — Seconde édition, revue et augmentée de quantité de mots, *Paris, Est. Loyson*, 1660, pet. in-12.

— LE DICTIONNAIRE des précieuses, par le sieur de Somaize; nouvelle édition, augmentée de divers opuscules du même auteur relatifs aux précieuses, et d'une clef historique et anecdotique, par M. Ch. L. Livet. *Paris, P. Jannet*, 1856, 2 vol. in-16.

Cette nouvelle édition est sous tous les rapports fort préférable aux anciennes; elle contient une préface curieuse de l'éditeur; *le Grand Dictionnaire... ou la clef de la langue des ruelles*, d'après la seconde édition; *le Grand Dictionnaire des précieuses, historique*, etc., où l'on a mis au bas des pages les mots de la *clef*, qui avait été impr. séparément; — *les véritables précieuses, comédie; l'épître dédicatoire et la préface des Précieuses ridicules*, mises en vers par de Somaize; *le Procès des Précieuses*, et enfin *la Clef histor. et anecdotique du Grand Dictionnaire*, morceau nouveau et très-remarquable, qui occupe les pages 123 à 403 du 2e volume.

Autres ouvrages du sieur de Somaize.

REMARQUES sur la Théodore, tragi-comédie de l'autheur de Cassandre (Boisrobert), par A. B., sieur de Sommaize. *Paris, aux depens de l'autheur*, 1658, in-8. de 155 pp. y compris le titre.

ALCIPPE, ou le Choix des galants. *Paris, Ribou*, 1661, in-12.

LE SECRET d'être toujours belle (par le même). *Paris, Cl. Barbin*, 1666, in-12, 5 fr. Monmerqué.

SOMAL (*Placido* Sukias). Quadro della storia letteraria di Armenia. *Venezia*, 1829, gr. in-8. 5 à 6 fr. [30150]

Vend. 11 fr. Saint-Martin.

SOMAVERA (*Alessio* da). Voy. ALESSIO.

SOMERS. Collection of scarce and valuable tracts on the most interesting subjects, selected in the public and private libraries, particularly that of lord Somers. *London*, 1748-52, 16 vol. in-4. [26827]

Cette collection importante pour l'histoire d'Angleterre, était devenue rare et se payait jusqu'à 80 liv., mais la nouvelle édition en a fait tomber le prix à 5 ou 6 liv. Cette seconde édition, revue et augmentée par Walter Scott, *London*, 1809-15, 13 vol. in-4., publiée d'abord au prix de 36 liv., ne conserve pas ce prix élevé. Les pièces y sont distribuées par ordre de matières et rangées chronologiquement. Il a été tiré six exemplaires sur pap. fort. On avait donné précédemment un choix des mêmes pièces à *Londres*, 1795, en un vol. in-4. — La Vie de Somers a été écrite en anglais par Rich. Cooksey, 1791, in-4., et par Henry Maddock, 1812, in-4.

SOMERVILLE (*Will.*). The Chase, a poem. *London, printed by Bulmer*, 1796, gr. in-4. pap. vél. 12 à 15 fr. [15814]

Somerville. History from the restoration to the death of king William. — Reign of queen Anne, 26981.

Somerville (*Marie* Fairfax, dame). Connection of the physical sciences, 4194. — Mechanism of the heavens, 8280.

Belle édition ornée de jolies gravures sur bois, exécutées par les frères Bewick : 40 fr. F. Didot ; 30 fr. Labédoyère.

On en a tiré trois exemplaires sur VÉLIN, dont un a été payé 7 liv. à la vente Brockett.

L'édition de 1802, pet. in-4., avec les mêmes fig., mais beaucoup moins bien imprimée : 10 à 12 fr. Il y a plusieurs autres éditions du même poëme, in-8. et in-12, qui n'ont qu'un prix ordinaire ; nous devons cependant distinguer encore celle de *Londres*, 1796, pet. in-8. fig. pap. vél., à laquelle est joint un essai critique, par J. Aikin. 5 à 6 fr.

— HOBBINOL, field sports, and the Bowling Green. *London, Will. Bulmer*, 1813, in-4. fig. sur bois, par Nesbit. [15815]

Ce poëme burlesque est réuni au poëme sur la chasse, dans l'édit. de *Londres*, 1766, pet. in-8.

SOMMAIRE annotation. Voy. GALLÆUS.

SOMMAIRE (le) de l'œconomie de la despence, comme il faut regler la despence selon le revenu et sçavoir ce qu'on peut despenser, soit par an ou par jour particulierement pour chasque espèce de despence. (*sans lieu d'impression*), 1624, in-4. de 61 pp. [4141]

Ce livre, imprimé à Bordeaux, est curieux parce qu'il fait connaître le prix des denrées et des vêtements dans les provinces du Midi, au commencement du XVIIe siècle. 23 fr. Catal. Francisque Michel, nᵒ 541.

SOMMAIRE discours du notable martyre de deux vénérables prestres et deux hommes lais, aduenu en l'Vniuersite d'Oxonio en Angleterre... souz la tyrannie et cruauté de la seconde Iesabel à présent regnant en Angleterre. *Lyon, Patrasson*, 1590, pet. in-8. de 24 pp.

Pièce rare et peu connue.

SOMMAIRE historial de France. Voyez GAGUIN.

SOMMAIRE recueil des signes sacrez, sacrifices et sacremens instituez de Dieu depuis la création du monde. Et de la vraye origine du sacrifice de la messe. (*sans nom de lieu ni d'imprim.*), 1561, in-8. de 80 ff. [2061]

Satire contre l'Église romaine, qui a été attribuée à Théodore de Beze. 32 fr. mar. r. Bergeret. Il y en a une autre édition de *Lyon*, 1562, pet. in-8. vend. 5 fr. Chardin. Le titre porte cette marque :

Somis de Chavrie. Giunta torinesi, 11098.

SOMMAIRES de tous les recueils des chansons tant amoureuses, rustiques que musicales, comprinses en deux livres. Adiousté plusieurs chansons nouuelles, non encore mises en lumière. *Paris, Nic. Bonfons*, 1578, 2 part. in-16 de 112 ff. chacun, y compris les tables. Les ff. 38 à 47 de la seconde étant répétés, le f. 110 se trouve coté 100. [14274]

Une édition de *Paris, Nic. Bonfons*, 1576, in-16, même titre que ci-dessus : 34 fr. en 1816 ; 10 fr. Leduc. Une autre, en trois livres, *Paris, Nic. Bonfons*, 1582. Le 1ᵉʳ et le 3ᵉ livre sont portés dans le catal. d'Arm. Cigongne, nᵒ 1207.

Les livres trois et quatre du même recueil ont été publiés chez Nic. Bonfons, en 1581 et 1582, in-16, savoir : le 3ᵉ en 64 ff., y compris la table, et le 4ᵉ en 96 ff., dont 2 pour la table. Ce livre 4 a pour titre : *Le Recueil des chansons amoureuses de divers poëtes françois, non encore imprimées*. Le même libraire a donné également, en 1582, une nouvelle édition des deux premiers livres faite page pour page sur celle de 1578, et dont le titre indique seulement trois livres. On cite aussi une édition de 1588, in-16, en trois livres.

Nous avons vu une édition de la première partie du *Sommaire* (même titre que ci-dessus), *impr. à Lyon par Benoist Rigaud*, sans date (vers 1580), in-16 de 111 ff., y compris la table. Il existe aussi un recueil ayant pour titre :

SOMMAIRE de tous les recueils des plus excellentes chansons, tant amoureuses, rustiques que musicales, comprinses en deux livres. Aiousté plusieurs chansons nouvelles. *Paris, pour Antoine Houic*, sans date, 2 vol. in-16 de 128 et 71 ff., y compris les tables.

Ce dernier est imprimé en plus gros caractères que le précédent, aussi ne renferme-t-il qu'une partie des chansons des trois livres ci-dessus.

SOMMARIVA. Voy. SUMMA RIPA.

SOMMATION faicte par le roy à ceulx qui se sont assemblez en arme en la ville de sainct Denys en France et aultres lieux circonuoisins ; auec aduertissement à tous bons et loyaux subjects du Roy... pour n'estre surprins et circonuenuz par les propositions colorees, impostures des conspirateurs et adherens à la pernitieuse et damnée entreprise faicte et machinée contre le Roy et son Estat. *Lyon, Michel Jove*, 1567, pet. in-8. [23514]

L'Advertissement, qui suit ici la Sommation, a été composé à l'occasion de la prise d'armes de 1567 ; c'est un morceau remarquable par la vigueur du style, et qui a été imprimé plusieurs fois, tant en latin qu'en français, cette même année ; mais l'édit. de Lyon, ci-dessus, est préférable à celles qui ne contiennent pas la Sommation.

SOMME (la) des vices et vertus (composée par un docteur de l'ordre des prêcheurs, nommé Lorens ou Laurent, mort vers la fin du XIIIe siècle. (au verso de l'avant-dernier f.) : *Cy finist la somme des vices et vertus Jmprime a paris pour Anthoine verard marchant libraire demourant a Paris en la rue sainct iaques pres petit pont* (sans date), pet. in-4. goth. [1335]

Volume de 103 ff. non chiffrés, à longues lignes, au nombre de 34 sur les pages, sign. *a—ritii*, y compris le titre, au verso duquel est une gravure sur bois ; à la fin la marque de Verard sur un f. séparé. L'édition est de l'an 1502 environ.

Il existe une traduction flamande ou hollandaise de cet ouvrage dont les annalistes de l'imprimerie au xve siècle citent quatre éditions faites à cette époque-là sous le titre de *Summe le Roy, of des Conincs Summe*, etc. 1° *Delf in Hollant*, 1481 ; 2° 1481 (sans lieu d'impression); 3° *Hasselt*, 1481 ; 4° *Harlem*, 1484, toutes les quatre de format in-4. La dernière, 30 fr. Borluut.

SOMME rurale. Voy. **BOUTILLIER.**

SÖMMERING. Voy. **SOEMMERING.**

SOMNER (*Guil.*). Dictionarium saxonico-latino-anglicum voces phrasesque præcipuas anglo-saxonicas,... magna diligentia collectas, cum latina et anglica vocum interpretatione complectens : Adjectis interdum exemplis, vocum etymologiis, et cum cognatis linguis collationibus, plurimisque observationibus ; opera et studio Guliel. Somneri. Accesserunt Ælfrici abbatis grammatica latino-saxonica, cum glossario suo ejusdem generis. *Oxonii, excudebat Guliel. Hall, et Londini, Dan. White*, 1659, in-fol. [11307]

Rare et assez recherché : 4 à 5 liv. en Angleterre. Vend. 50 flor. 10 c. Meerman ; 44 fr. 50 c. Chaumette. — La Grammaire de l'abbé Ælfric forme une partie séparée de 80 pp., avec son titre particulier. — JULII CÆSARIS Portus Iccius illustratus, sive, 1° Gul. Somneri ad Chiffletii librum de Portu Iccio responsio ; 2° Caroli Du Fresne dissertatio de Portu Iccio. Tractatum utrumque latine vertit et nova dissertatione auxit Edm. Gibson. *Oxonii, e Theat. sheld.*, 1694, pet. in-8. fig. 4 à 6 fr. [23119]

— Antiquities of Canterbury, enlarged by Nic. Battely, with the supplement. *London*, 1703, 2 tom. en 1 vol. in-fol. 20 à 25 fr., et plus en Gr. Pap. [27204]

Édition la plus complète de ce bon ouvrage. Celles de Londres, 1640 ou 1662, in-4., sont moins chères.

SOMPTUEUSE entrée. Voy. **ENTRÉE.**

SONAN (*Arth.* Biard, sieur de). Le Roman de Chrysérionte de Gaule, histoire mémorable, nouvellement trouvée en la terre sainte. *Lyon*, 1620, in-8. 6 à 9 fr. [17156]

Vend. en *mar. bl.* 16 fr. Gaignat, et 1 liv. Heber.

SONETS. Voy. **SONNETS.**

SONETTI degli academici trasformati di Milano. *Milano, Ant. Borgi*, 1548, in-8. 5 à 6 fr. [14987]

Vend. 6 sh. *mar. r.* Heber.

Sommersberg (*Wilh.*). Res silesiacæ, 26682.
Sommery (Mlle de). Doutes, 3725.
Somorrostro (*Andr.* Gomez de). El Acueducto de Segovia, 26140.

SONETTI e canzoni di diversi antichi autori toscani in dieci (undici) libri raccolte : di Dante Alighieri libri quattro ; di M. Cino da Pistoja, libro uno ; di Guido Cavalcanti, I, di Dante da Maiano, I, di fra Guittone d'Arezzo, I, di diversi, Canzoni e Sonetti senza nome di autore, I, ecc. *Firenze, per li heredi di Ph. di Giunta*, 1527, in-8. de 4 ff. prélim. et 148 ff. chiffrés. [14437]

Recueil recherché et difficile à trouver : 64 fr. *mar. r.*, annoncé *pap. fort*, Libri ; 60 fr. vél. Riva ; même condition, 56 fr. Libri, en 1857, et 1 liv. 7 sh., en 1859 ; 12 fr. Boutourlin ; 10 sh. Heber.

La réimpression de *Venise, per Jo.-Ant. e fratelli de Sabbio*, 1532, in-8. de 148 ff. chiffrés, y compris le titre : *Rime di diversi antichi autori....* moins belle, mais un peu plus correcte que la précédente, a été vendue 15 fr. *m. r.* Mac-Carthy ; 7 fr. Boutourlin ; 10 fr. Riva ; 1 liv. 6 sh. Libri. Il y a aussi une édition de *Venise, Chr. Zane*, 1731, in-8., augmentée de divers morceaux, et enrichie d'une préface intéressante d'Ant.-Fréd. Seghezzi. Cette dernière édition a reparu avec un nouveau titre daté de 1740, et au nom de *Simone Occhi*. Il en a été tiré des exemplaires sur Gr. Pap.

Pour un recueil du même genre, sous la date de 1518, voy. à la fin de l'article DANTE.

SONETTI lussuriosi ovvero la Corona dei cazzi (di P. Aretino). Voy. **ARETINO.**

SONETTI (*Bartholomeo* de). Voy. **BARTHOLOMEO.**

SONGE de la pucelle (Cy commence le).— *Cy finist le songe de la pucelle, impr. par Robin Foucquet et Jehan Cres, au mois de janvier mil* IIII^c IIII *vingts et quatre*, in-4. [15394]

Opuscule de 8 ff., très-rare, imprimé à *Brehant Lodeac*, en Bretagne. L'exemplaire de ce poëme que possède la Bibliothèque impér., était anciennement relié avec d'autres poésies françaises, impr. dans la même année et dont voici le détail :

1° L'ORAISON de P. de Nesson. — *Cy finist loraison faicte par P. de Nesson, imprime par Robin Foucquet et Jehan Cres, a Brehant Lodeac, le* XXVIIe *iour de ianvier de lan mil* IIII^c *quatre-vingt et quatre, in-4. de 6 ff.*

Opuscule commençant par ce vers :

Ma doulce nourrisse pucelle

2° LE TREPASSEMENT Notre Dame. — *Cy finist... imprime par Robin Foucquet, etc., au moys de decembre, lan mil* IIII^c IIII *vingt et quatre*, in-4. de 7 ff.

Ce petit poëme commence ainsi :

Benoiste soit leure et le jour

3° LE BREUIAIRE des nobles. — *Cy finist le Breuiaire des nobles, imprime par Robin Foucquet, etc., le* XXVe *iour de ianvier lan mil* IIII^c *quatre vingt et quatre*, in-4. de 12 ff., y compris un titre séparé.

4° LA PATIENCE de Griselidis. Voyez PÉTRARQUE, à la fin de l'article.

Ces différents opuscules impr. à *Brehant Lodeac*, sont très-remarquables par leur date, mais ils ne seraient pas les plus anciens monuments typographiques des presses bretonnes, si, comme l'a avancé sans preuve positive M. Villenave, dans la *Biographie universelle*, tome VII (article *Chaffault*), il existait réellement un Bréviaire impr. à Vannes (*Venetiis*), en 1480, et dans lequel on aurait employé des chiffres arabes.

— Le songe dore de la pucelle, in-4, ou gr. in-8. goth.

Opuscule de 14 ff. (le dernier est blanc), sans lieu ni date, sign. A –ij, probablement impr. à *Lyon*, vers 1500. On y voit une gravure sur bois représentant l'Amour et la Pudeur qui apparaissent en songe à la pucelle. Ce poëme en vers de huit syllabes et en stances de sept vers, est à la Biblioth. impér., Y, n° 6156 ²; il a été réimpr. dans le *Conservateur*, juin 1758, pp. 81-99, mais sans la ballade qui est à la fin, et qui porte le titre de *Ballade faite a la rescripcion de sa dame.*

— Les songes de la pucelle, auec la fontaine damours ι se commence. *Nescio quid sit amor :—imprime en auignon par maistre Jehan de Channey* (de 1525 à 1530), pet. in-8. goth. de 16 ff.

Édition fort rare et peu connue; il est à remarquer qu'on y trouve, après la souscription, la représentation d'une ancre, à l'instar de celle des Alde (voy. cette marque à la col. 1616 de notre t. II). 90 fr. Nodier ; 149 fr. Baudelocque.

Jehan Channey, dont Panzer ne parle pas dans son article *Avenioni* (où il ne cite aucun livre impr. à *Avignon*, plus ancien que 1525), a impr. dès 1516, selon Du Verdier : *Historia dedicationis ecclesiæ Podii Aniciensis in Vallavia* (le Puy en Velay), *per Jacobum David*, Avenioni, in-4. et selon le même, article Jean Columbi, *Confession générale*, par ledit Columbi, 1517, in-8. — Voy. VIE DE J.-C.

— Le Songe de la pucelle. (*sans lieu ni date*), pet. in-8. goth. de 8 ff. à 26 lig. par page, avec une vignette au frontispice, représentant deux guerriers agenouillés devant une femme. [3220]

En comparant cette édition à l'in-4., en 14 ff., on s'aperçoit que l'éditeur y a fait de nombreuses coupures, et des changements considérables. Les variantes des deux éditions ont été soigneusement recueillies dans la réimpression qui fait partie du 3ᵉ vol. du Recueil de M. de Montaiglon.
On a fait à Paris, en 1831, une réimpression du *Songe doré de la Pucelle* (et de la ballade). — Voy. III, col. 754, article POÉSIES.

SONGE (le) du Vergier, qui parle de la disputation du clerc et du cheualier. *Imprime (à Lyon) par Jac. Maillet, lan mil cccc. quatre vings et unze, vingtieme iour de mars*, pet. in-fol. goth. de 127 ff. non chiffr., à 2 col. de 51 lign., sign. *a—viiii*, y compris le frontispice, au verso duquel est une grande pl. en bois. [3220]

Quoique Du Verdier, La Caille, Maittaire et De Bure citent cette édition comme impr. à *Paris*, il est certain qu'elle ne porte pas de nom de lieu d'impression; d'ailleurs Jacques Maillet a constamment imprimé à *Lyon*, de 1489 à 1494, et l'on ne voit pas qu'il ait eu d'établissement à Paris durant cet intervalle. Vend. 23 fr. 50 c. Librairie De Bure ; 20 fr. 50 c. Bignon ; 121 fr. Cailhava ; 159 fr. bel exempl. *mar. r.* Coste ; 200 fr. Solar ; 70 fr. *v. br.* Giraud.

— Le songe du vergier... (à la fin) : *Imprime a paris par le Petit Laurent pour..... Jehan Petit libraire demourant... a la rue saint Jacques a lenseigne du Lyon dargent* (vers 1500), in-fol. goth.

Cette édition, un peu plus belle que la précédente,

se compose de 144 ff. non chiffr., à 2 col., y compris le frontispice et une gravure sur bois qui occupe le dernier feuillet. Vend. 38 fr. 50 c. *mar. v.* de Nugent ; 66 fr. Heber ; 1 liv. 6 sh. le même, et 42 fr. Clicquot ; 75 fr. Cailhava ; en *mar. viol.* 90 fr. Giraud.

Il y a des exemplaires de cette même édition dont la souscription porte, au lieu du nom et de l'adresse de Jehan Petit, *Jehan alisot libraire demourant à Angier* : 27 fr. *m. r.* en 1841.

Le Songe du Vergier est un ouvrage très-remarquable, qui a été composé vers l'année 1374 ou 1376, dans le but de défendre la juridiction royale contre les entreprises de la juridiction ecclésiastique. Il a paru en deux langues, savoir : en latin et en français ; mais comme le texte français a été imprimé vingt ans avant le latin, cela a fait supposer que l'ouvrage avait d'abord été écrit en français, et ensuite traduit en latin. Pourtant, l'opinion contraire semble avoir prévalu. On sait d'ailleurs que la rédaction latine est plus ample que la française, et que les deux textes diffèrent sensiblement entre eux pour le nombre et l'arrangement des chapitres. Le Songe du Vergier a été attribué à six ou sept auteurs différents, dont trois, surtout, paraissent avoir le plus de droits à cette attribution. Ce sont : 1º Raoul de Presle ; 2º Philippe de Mezieres, auteur du *Songe du vieil Pellerin*, ouvrage resté en manuscrit ; 3º Charles de Louviers, en faveur duquel un de ses compatriotes, l'honorable M. Léopold Marcel, notaire honoraire à Louviers, vient de publier une Dissertation, insérée d'abord dans la *Revue de législation et jurisprudence* (1862-63), tom. XXI et XXII, ensuite tirée à part (sous le titre d'*Analyse du Songe du Vergier, suivie d'une Dissertation sur l'auteur de cet ouvrage célèbre, avec conclusion en faveur de Charles de Louviers*, in-8. de VIII et 103 pp.), à 175 exemplaires, qui ne sont pas mis dans le commerce. Dans cet opuscule, après avoir fait bien connaître l'ouvrage, et exposé d'une manière fort lucide, la question relative à l'auteur, M. Marcel conclut en faveur de Charles de Louviers, et produit, à l'appui de cette opinion, des arguments, sinon tout à fait décisifs, au moins assez forts pour balancer ceux qu'on pourrait lui opposer (voir sur cette même question les *Nouvelles recherches* de M. Paulin Paris, imprimées en 1842, in-4.). Outre les deux éditions du texte français dont nous venons de parler, il en existe une troisième qui fait partie du 2ᵉ volume des *Traitez des droits de l'Église gallicane*, 1731, in-fol. J.-B. Brunet, avocat canoniste, qui en fut l'éditeur anonyme, y a joint une dissertation tendant à prouver que l'auteur du Songe est Jean de Vertus. Quant au texte latin, beaucoup moins recherché que le français, il a paru sous le titre suivant :

AUREUS libellus (de utraque potestate, temporali scilicet et spirituali), ad hunc usque diem non visus : Somnium Viridarii vulgariter nuncupatus; formam tenens dyalogi, ac jamdiu Caroto V. Francorum regi, dum vlueret, dedicatus, in quo quidem libello miles et clericus de utraque iurisditione latissime disserentes tanquam aduocati introducuntur, etc..... *Venundantur parisius apud Galliotum du pre.* (à la fin) : *Impressum autem hoc Parisius opera et diligentia Jacobi Pouchin, sumptibus vero et expensis Galioti du Pre*, in-4. goth. de 8 ff. pour le titre, et 132 ff. chiffr. Sur le titre la marque de Galliot du Pré, et, au verso, le privilége du Parlement, daté du XXVII *iour de may lan mil cinq cens XVI*.

Ensuite il a été réimprimé sous le nom de Philothæus Achillinus, dans le t. I de la *Monarchia romani imperii*, publiée en 1611 par Melchior Goldast, in-fol.

SONGE (le) et preuisiõ de la paix de france. (*sans lieu ni date*), pet. in-8. goth. de 4 ff., avec une fig. sur bois au commencement. [13595]

C'est un dialogue entre l'Acteur, France, Division et Trahison, en vers de dix syllabes. Commencement du XVIe siècle.

SONGE prophétique des futures victoires du roy de france & de Nauare, Loys XIII. disposé par personnages, par M. P. D. S. *Imprimé à Paris, pour l'autheur,* 1624, pet. in-8. de 56 pp., dont 4 ff. prélim., le dernier desquels contient le portrait de Louis XIII, gravé sur bois. [16398]

Pièce en vers, sans distinction d'actes ni de scènes. Elle faisait partie du recueil n° 3497 du catal. de La Vallière, en 3 vol.

SONGES (les) de Daniel le prophete translatez de latin en francoys. (*sans lieu ni date*), pet. in-8. goth. de 7 ff. et peut-être un 8e tout blanc. [8923]

Cet opuscule en prose, qui donne l'explication des songes, a été réimpr. plusieurs fois en 4 ff. in-8. (voyez VRAIE medecine). On la trouve ordinairement réuni à d'autres pièces du même genre et de la même époque (1520-1530), telles que les deux suivantes :

LES JOURS et heures perilleux de lannee, reuelez par l'âge au bon sainct Job, pet. in-8. goth. de 4 ff.

LA REUELACION ou pnosticacio du sainct prophete Edras laquelle nostre seigneur luy reuela par l'âge, scauoir et cognoistre les annees fertiles, pet. in-8. goth. de 4 ff.

Parmi les éditions du texte latin de ces Songes, on en remarque plusieurs, savoir :

DANIELIS somniorum expositoris ‖ veridici libellus incipit. ‖ Ego sum daniel ppha vnus de israhelitis qui, etc. — Finis (*absque nota*), in-4. goth. de 8 ff. à 29 lign. par page, sans chiffr., récl. ni signatures.

Édition qui paraît avoir été impr. à Strasbourg vers 1472. Hain (5923) la décrit, ainsi que plusieurs autres du même opuscule, également in-4. de 8 ou de 6 ff., sans date, mais appartenant à la typographie du XVe siècle. Il décrit aussi une édit. d'Augsbourg, *per Johannem Schaur,* 1497, in-4 goth. de 10 ff. avec une vignette sur bois.

— INTERPRETATIŌES som‖niorum Danielis prophete reuelate ab angelo ‖ a deo. Et primo de diebus lune. — Somnia Danielis prophete finiunt feliciter (*absque nota*), in-4. goth. de 10 ff. à 35 lign. par page.

Hain, n°° 5930 et 5931, décrit deux éditions de cet opuscule de 10 ff. chacune, et sous les n°° 5932 et 5933, des éditions de Leipzig, 1499 et 1500, in-4.

Les mêmes songes de Daniel existent en italien sous ce titre :

I SOGNI di Daniel propheta. (*senza luogo ed anno*), in-4. de 6 ff. à 2 col. avec une fig. sur bois. Edition imprimée vers 1500. Vend. en *m. r.* 37 fr. Libri.

Ils existent aussi en anglais sous ce titre :

THE DREAMES of Daniell, with the exposycion of the XII sygnes, devyded by the XII monthes of the yeare, etc. *Imprented by me Robert Wyer* (no date), in-16, sign. a—f, par 4.

Et enfin en allemand sous cet autre titre :

DY AUSLEGUNGE ‖ der Traume Da ‖ dis des ppheten. (in fine) : *Gedruckt im lxxxvij iare der mindern zal xpi,* in-4. de 8 ff. avec une gravure sur bois au premier.

SONGES drolatiques de Pantagruel. Voy. RABELAIS.

SONGECREUX. Voy. à l'article GRINGORE, et au mot PRENOSTICATION.

SONGEUR (le). Memoire et Epytaphe de feu de bonne memoire tres hault, tres puissant et tres redoubte Prince Domp Fernande Roy de Castille, de Leon, de Grenade, Darragon, etc., faict par Le Songeur. *Imprime a Anuers par Michiel de Hoochstraten* (sans date), pet. in-fol. goth., avec fig. sur bois. [13310]

Opuscule en vers, qui doit avoir été imprimé vers l'année 1516, époque de la mort de Ferdinand. Il est porté à 4 liv. 19 sh. dans la *Biblioth. heber.,* I, n° 6524. — L'auteur eut plus tard le titre de *Herault d'armes de l'empereur Charles d'Autriche,* ainsi qu'on le voit au commencement de la pièce suivante :

LE DOUBLE des lettres que le grand Turc escript à monsieur le grand maistre de Rotes. Compose par Songeur dit Bethune, pour Anthoine membru, libraire qui fait le libraire. (*sans date*), in-4. goth. de 4 ff. fig. sur bois.

Pièce en vers (20 fr. 50 c. mar. en 1841), portée dans la *Biblioth. heber.,* IX, n° 2644, ainsi que les deux opuscules suivants du même auteur :

EPITAPHE de feu... tres illustre empereur Maximilien d'Autriche. (à la fin) : *Par le Songeur* (sans lieu ni date, vers 1519), in-4. de 2 ff. 22 fr. 50 c. mar. en 1841.

LE JOYEAUX recueil de le election imperialle au magnifique honneur de tres hault... prinche Charles V. Roy des Espaignes. (sans date, vers 1519). *Imprime pour Antoine Membru, libraire de la Croix sainct Andrieu,* in-4. goth. de 4 ff. ; sur le titre les armes de Charles, alors roi d'Espagne, etc.

Ce sont quatorze strophes de huit vers chacune, composées à l'occasion de l'élection de Charles-Quint au trône impérial. La dernière porte la date du 30 juin 1519, et le nom de Béthune, auteur de la pièce. Les deux opuscules réunis, 80 fr. Libri, en 1857.

Le versificateur qui, dans ces différents opuscules, a pris le surnom de *Songeur,* est Nicaise Ladam ou L'Adam, auteur d'une chronique abrégée en rime, pour les années 1488 à 1542, restée en manuscrit, et au sujet de laquelle M. Aimé Le Roy a donné une notice fort curieuse, dans le 3e volume des *Archives du nord de la France,* nouvelle série, septembre 1842.

SONNERAT. Voyage aux Indes orientales et à la Chine, fait depuis 1774 jusqu'en 1781. *Paris,* 1782, 2 vol. in-4. fig. [20680]

Pour la beauté des épreuves, cette édition est préférable à celle de 1806 : 20 à 25 fr.; — fig. color., 36 à 40 fr.; — Gr. Pap. de Holl. fig. en noir, 40 à 50 fr. Vend. 140 fr. *m. r.* Patu de Mello ; et avec les fig. enlumin., vend. en *m. r.* 140 fr. Morel-Vindé ; 80 fr. 50 c. Labedoyère.

L'édition de *Paris,* 1782, 3 vol. gr. in-8., contient beaucoup moins de figures que l'édition in-4.; aussi est-elle d'un prix très-modique. On peut joindre à cet ouvrage la critique intitulée :

LETTRE à M. Sonnerat, par Charpentier de Cossigny. *A l'Ile de France, de l'imprim. roy.,* 1782, in-4. de 112 pp., avec 7 ff. séparés à la fin.

C'est un volume aussi curieux que rare.

SUPPLÉMENT au Voyage de Sonnerat dans les Indes orientales et à la Chine, par un ancien marin (Foucher d'Obsonville). *Amsterdam* (Paris), 1785, in-8. de 31 pp.

Sonklar, Edler von Innstädten. Graphische Darstellung der Geschichte der Malerei, 9921.

Sonnenberg (Fr. von). Gedichte, 15570. — Donatoa, 15571.

L'édition du même voyage, augmentée d'un précis historique sur l'Inde depuis 1778, de notes, etc., par Sonnini, *Paris, Dentu*, 1806, 4 vol. in-8. et atl. in-4. de 140 pl., a coûté 60 fr. — Pap. vélin, 120 fr. — La même, 2 vol. in-4., 90 fr. — Pap. vél. fig. color., 300 fr. Prix qui sont réduits à moins de moitié.

— Voyage à la Nouvelle-Guinée (en 1771) par Sonnerat, enrichi de 125 fig. *Paris*, 1776, in-4. 10 à 15 fr. [21152]

SONNET (*Thomas* de). Les Œuvres satyriques du sieur de Courval-Sonnet, Gentilhomme virois, dédiées à la reine mère du Roi ; seconde édition revue, corrigée et augmentée par l'auteur. *Paris, Rolet Boutonné*, 1622, in-8. [13934]

Ce recueil renferme douze satires et plusieurs autres pièces ; les cinq premières sont celles qui ont été réimpr. sous le titre de *Satyres contre les abus et desordres de la France* ; les sept autres reproduisent une grande partie des vers de la *Satyre ménippée contre les femmes*.

La première édition des douze satires a paru chez le même libraire en 1621, sous ce titre : *Les satyres du Sr Thomas de Courval-Sonnet et Satyre ménippée sur poignantes traverses du mariage*, in-8. portr. en *mar. v.*, par Trautz, 160 fr. Veinant, en 1860, mais plusieurs fois beaucoup moins.

L'édition de *Rouen, Guillaume de La Haye*, 1627, in-8., annoncée comme la 4e, est plus complète que la précédente ; elle renferme, indépendamment des cinq *satires contre les désordres et abus de la France*, sous le titre d'*Exercices de ce temps* (sous la date de 1626), douze autres satires, savoir : *le Bal, la Mortification, la Fête de Village, le Pelerinage, la Pourmenade, le Cousinage, Lucine, l'Affligé, le Debauché, l'Ignorant, le Gentilhomme* et *le Poëte*. La suite des *Exercices de ce temps* (1627), contenant plusieurs satires contre le joug nuptial et fascheuses traverses du mariage, par S. D. C. V., forment les satires six à douze dans le recueil de 1622, lequel ne contient pas les douze satires de la première partie des *Exercices de ce temps*, à moins qu'on ne les ait réunies à l'exemplaire.

Un exemplaire de l'édition de 1627, 3 part. en 1 vol. rel. en *mar. bl.*, par Niedrée, 79 fr. Gancia.

— Satyre Menippée contre les femmes sur les poignantes traverses et incommoditez du mariage. *Lyon, Vincent de Cœursilly*, 1623, in-8. de 12 ff. prélim. et 193 pp.

Il y a deux titres : le premier est celui que nous avons rapporté, et on y voit un portrait de l'auteur, en médaillon, gravé en taille-douce ; l'autre annonce, indépendamment de la satire contre les femmes, les autres pièces réunies dans le volume. 14 fr. Méon ; 48 fr. *mar.* Ch. Nodier ; 16 fr. *v. f.* Coste.

Quatrième édition de cet ouvrage, qui a été en grande partie conservé dans les satires 6 à 12 des recueils ci-dessus. Les trois premières éditions sont de *Paris, Jean Millot*, 1609, et (3e édit.) 1610, in-8. Elles contiennent *Thimophelie ou censure des femmes*, *satyre seconde en laquelle sont amplement descrites les maladies qui arrivent ordinairement à ceux qui vont trop souvent à l'escarmouche soubs la cornette de Venus ; — Defense apologetique contre les censeurs de la satyre du mariage ; — Reponce à la contre satyre* (impr. séparément en 1609). Cette édition de 1610, avec la *Responce* de 1609, rel. en *mar. v.*, par Trautz, 68 fr. Veinant. Les quatre parties sont réunies sous une seule série de pages dans l'édition

de 1623 ; les deux derniers sont en prose, ainsi que l'ouvrage suivant :

SATYRE contre les charlatans, et pseudo-medecins empyriques, en laquelle sont decouvertes les ruses et tromperies de tous thericleurs, alchymistes, chymistes, paracelsistes, distillateurs, extracteurs de quintessences, fondeurs d'or potable, etc., en laquelle d'ailleurs sont refutés les erreurs, abus, impiétés des iatromages ou magiciens, qui usent des charmes, billets, paroles, invocations des démons, en la cure des maladies, par Thomas Sonnet. *Paris, Jean Millot*, 1610, in-8. En *mar. r.*, par Trautz-Bauzonnet, 50 fr. Veinant, en 1860.

Dans le catalogue de M. Lambert (*Paris, De Bure*, 1780), n° 647, à la suite du titre de cette satire, on donne celui de l'ouvrage suivant qui était relié avec l'opuscule de Sonnet : *Les tromperies des charlatans découvertes*, par *le même*, Paris, Rousset, 1619.

Il est à remarquer que dans la *Defense apologétique* impr. en 1609, dont il a été question ci-dessus, l'auteur dit « avoir pris la défense des femmes vertueuses dans une Apologie n'aguerre imprimée à Caen, contre un Poëtastre qui voulait ternir le lustre et l'esmail de leur pudicité. »

— Les EXERCICES de ce temps, contenant plusieurs satyres contre les mauvaises mœurs, reveues et corrigez par l'autheur en cette dernière édition. *Rouen, de l'imprimerie de Laurens Maury*, 1631, in-4.

Vend. 19 fr. Veinant, et en *mar. citr.*, par Trautz, offert à 100 fr. dans le catalogue in-18 publié chez M. Potier, en 1859.

Ces quinze satires, qui ne sont pas sans mérite, ont été attribuées mal à propos à Rob. Angot, parce qu'on les a confondues avec les *Nouveaux satyres et exercices gaillards de ce temps*, ouvrage de ce poëte (voy. ANGOT) ; mais elles sont de Courval-Sonnet, et se trouvent même (sous la date de 1626 et 1627) impr. à la suite des satires de ce dernier, édition de Rouen, G. de La Haye, 1627, in-8. (voy. ci-dessus).

— Les EXERCICES de ce temps, contenant plusieurs satyres contre les mauvaises mœurs. *Rouen, de La Mare*, 1645, in-8.

Ce doit être une réimpression du livre dont nous venons de parler. Il y en a une des *Rouen, David Ferrand*, 1657, in-8., et chez le même David Ferrand (*sans date*), pet. in-12.

SONETS des grands exploicts victorieux de Hault et Puissant Seigneur Maurice, Prince d'Orange, Comte de Nassau, etc., Admiral general de la Mer des Prouinces unies, depuis son aduenement ausdicts gouuernements, jusques au commencement de cest an present M. D. XCVIII. Sur la fin sont adioustez certains Poëmes Latin et François de la deffaite miraculeuse de l'Armade Nauale (escriee inuincible) de Philippes, Roy de Castille, l'an 1588. Et d'aucunes autres choses aduenues au dit an, Et joincts quelques sonets particuliers. Par I. F. L. P. G. D. B. (*sans nom de ville ou d'imprimeur*), *Anno* 1598, in-4. de 87 ff. non chiffrés, lettres rondes. [13886]

Poésies historiques peu connues, parmi lesquelles plusieurs pièces se rapportent à l'assassinat des Guises et aux troubles de la Ligue. Le nom de l'auteur n'avait pu jusqu'ici être deviné, mais, au moyen de son anagramme *l'aten ci la fin et repos*, un bibliophile belge, M. Lekine, a expliqué ainsi les lettres initiales du frontispice : Jean-François Le Petit, greffier de Bethune. Porté à 28 fr. dans le catalogue de Claudin, Paris, 1856, n° 844.

SONNETS et quatrains d'admiration, ou sonnettes et sornettes dignes de risée. *Montpellier, Blanc,* 1611, in-4.

Autre recueil rare, même catalogue, 15936.

SONNETS exotériques. Voy. IMBERT.

SONNETS, prieres et devises en forme de Pasquins, pour l'assemblée de MM. les prélats et docteurs, tenue à Poissy. *Paris,* 1562, pet. in-8. [3784]

Vend. 9 fr. *mar. r.* Méon. — Ces sonnets sont de sœur Anne de Marquetz, qui en a signé l'épître dédicatoire. — Voy. FLAMINIUS.

SONNINI (*C.-S.*). Voyage en Grèce et en Turquie, fait par ordre de Louis XVI. *Paris, an* IX (1801), 2 vol. in-8. et atl. in-4. 10 à 12 fr.; — Pap. vél., 15 à 18 fr. [20441]

— Voyage dans la haute et basse Égypte. *Paris, an* VII (1800), 3 vol. in-8. et atl. in-4. de 40 pl. 15 à 18 fr. [20794]

Vend. en pap. vél. *m. v. tab.* 68 fr. Renouard, et 22 fr. 50 c. librairie De Bure.

SONTA PAGNALMINO (*Gio.*). Carrozza da Nolo, overo del vestire e usanze alla moda. *Venetia, Giac. Bortoli,* 1654, in-12. [17483]

On peut annexer à la collection des *Novellieri* ce petit ouvrage dans lequel, à propos des modes du XVIIᵉ siècle, l'auteur raconte plusieurs nouvelles. 25 fr. *non rogné, m. r.* Libri.

SOORAH (the). Voyez JUMAL.

SOORUT Kubeeshwur. Buetal Pucheesee, being a collection of twenty-five stories, related by the demon Buetal to the Raja Bikrumajeet; translated into hindoostanee from the Brij Bhakha, of Soorut Kubeeshwur by Muzhur Ulee Khani Vila, and Shree Lulloo Lal Kub, moonshees in the college of fort William. *Calcutta, Hindoostanee press,* 1805, gr. in-4. de 179 pp., plus le titre. 1 liv. 11 sh. 6 d. [16008]

On a donné pour 7 fr., à la vente de Silvestre de Sacy, ce livre qui avait été follement payé 210 fr. à celle de Langlès. L'ouvrage a été trad. en anglais par le rajah Kalee-Krishen Behadur, *Calcutta,* 1834, pet. in-8. 4 fr. de Sacy.

SOPHOCLES. Sophoclis tragaediae (*sic*) septem cvm commentariis (græce). — *Venetiis, in Aldi romani academia mense Augusto.* M. DII (1502), in-8. de 196 ff. non chiffrés, y compris le dernier, sur lequel est l'ancre, et les ff. 27, 58 et 168 qui sont tout blancs. [16056]

Première édition de ce poëte : elle est rare, et passe pour très-bonne; les commentaires annoncés sur le titre ne se trouvent pas dans le volume. Vend. 36 fr. Soubise; 3 liv. 11 sh. Heber; 80 fr. *mar. v.*

Sophocles (*E.-A.*). Glossary of byzantine greek, 10742.

Caillard ; 120 fr. Larcher ; 130 fr. (bel exemplaire) Chardin ; 50 flor. Meerman, et jusqu'à 160 fr. *mar. bl.* bel exemplaire Mac-Carthy ; 2 liv. 2 sh. Butler ; 130 fr. Salmon ; 69 fr. Giraud ; 60 et 54 fr. 2 exemplaires Bearzi ; 75 fr. Costabili ; 3 liv. 15 sh. Libri, en 1859; 110 fr. *mar. d. de mar. olive,* et très-grandes marges, en 1860. Lord Spencer possède un exemplaire des cinq dernières pièces, imprimé sur VÉLIN, et chacune reliée séparément.

Nous avons sous les yeux un exempl. de ce Sophocle d'Alde à peu près semblable à celui de Porson, dont parle Renouard, à la p. 35 de la 3ᵉ édition de ses Annales, et dans lequel la première page ne contient que les quatre lignes formant le titre, en grec et en latin, sans les noms des pièces ; le verso de ce même titre est tout blanc, ainsi que le recto du feuillet suivant. C'est, du reste, l'exemplaire le plus grand de marges et le mieux conservé que nous ayons vu. Ces sortes d'exemplaires, sans la préface d'Alde à Lascaris, peuvent être considérés comme un premier tirage, offrant quelques différences dans le texte, et que, pour ce motif, il faut avoir dans une collection aldine, à côté d'un exemplaire ordinaire, ou du second tirage : un exemplaire de ce genre, avec la première feuille réimprimée, 1 liv. 14 sh. Heber ; 1 liv. 13 sh. Butler.

— Tragœdiæ septem, græce, cum interpretationibus vetustis et valde utilibus (græce, edente Francino Varchiensi). *Florentiæ, per hæredes Ph. Juntæ,* 1522, in-4. de IV et 194 ff. y compris la marque juntine.

Autre édition difficile à trouver : c'est la première qui renferme les scolies déjà publiées séparément à Rome, en 1518 (voir ci-après, col. 453) ; vend. 20 fr. *m. r.* Gaignat; 40 fr. d'Ourches; 89 fr. *m. bl.* Larcher ; 30 flor. Meerman ; 1 liv. Heber.

La réimpression sortie des mêmes presses en 1547, in-4. de 198 ff., n'est pas moins rare que l'édition de 1522, et elle est fort améliorée : vend. 8 flor. Rover, et jusqu'à 111 fr. *mar. bl.* (bel exemplaire) Mac-Carthy ; revendu 41 fr. en 1838, et 15 fr. seulement Giraud.

— Tragœdiæ septem, gr. *Lutet.-Paris., Sim. Colinæus,* 1528, in-8.

Édition peu commune et assez recherchée, dans laquelle doivent se trouver 4 ff. de corrections qui ne sont pas dans tous les exemplaires. Sur le recto du premier feuillet se voit l'une des marques employées par Simon de Colines (que nous avons donnée, t. I, col. 665). Vend. 16 fr. *mar. r.* Caillard ; 3 flor. Meerman ; 8 sh. Heber.

Ces trois dernières éditions ont été faites d'après le texte d'Alde.

— SOPHOCLIS tragœdiæ VII (gr.), cum commentariis interpretationum argumenti Thebaidos fabularum Sophoclis, authore Jo. Camerario, jam recens nasis atque æditis. *Haganoæ, ex officina seceriana,* 3 id. Martii, 1534, in-8. de 228 ff. chiffrés et 95 non chiffrés.

Édition sans scolies, et plus rare que recherchée. Les notes de Camerarius y portent un titre particulier.

— TRAGOEDIÆ VII, cum interpretationibus vetustis et valde utilibus. *Francofurti, ex officina Petri Brubachii,* 1544, in-4. de 2 ff. prélimin., 193 ff. chiffr., et 1 f. pour la marque de l'imprimeur.

Réimpression de l'édition de Junte, 1522, avec quelques changements du nouvel éditeur : 13 sh. Heber. Elle a été copiée page pour page, à *Francf.,* 1555, in-4., sans nom d'imprim. — L'édit. de Francfort, par le même imprim., 1550, in-8. de 427 pp. et un f. pour la marque de l'impr., est une réimpression de celle de 1544, mais sans les scolies.

— Tragœdiæ VII, græce. *Typis regiis, Parisiis* M. D. LIII *apud Adr. Turne-*

bum. — Demetrii Triclinii in Sophoclem comment. *Parisiis*, 1553, 2 tom. en 1 vol. in-4. de 4 ff., 400 pp., 2 ff., 147 pp. et 8 ff.

Belle édition, dont les exemplaires bien conservés et avec le commentaire, ont de la valeur : elle offre un nouveau texte bien moins exact que celui d'Alde, mais qui a été copié dans toutes les éditions suivantes, jusqu'à celle de Brunck : toutefois il s'y est glissé une singulière transposition de vers dans l'Œdipe à Colone, ff. 129 et 130 (coté 136). Vendu 13 sh. Heber; 10 fr. Librairie De Bure, et rel. en mar. 34 fr. Caillard; 20 fr. 50 c. Larcher.

Le commentaire de Triclinius se trouve quelquefois séparément : 5 à 6 fr.

— Tragœdiæ VII, græce (et Ajax atque Electra, latine), una cum omnibus græcis scholiis, et cum latinis Joach. Camerarii. *H. Stephanus*, 1568, gr. in-4. de 4 ff., 461 pp. et 242 pp. pour les scolies.

Édition bien exécutée et réputée correcte : 10 à 15 fr.; vend. très-beaux exemplaires, 40 fr. m. bl. Gouttard ; 2 liv. Pinelli ; 36 fr. mar. r. d'Ourches; 24 fr. Clavier.

Les notes de H. Estienne sur Sophocle et sur Euripide ont paru séparément cette même année 1568, en 1 vol. in-8., et c'est pourquoi le titre du Sophocle de 1568 porte *Annotationes Henr. Stephani in Sophoclem et Euripidem, seorsum excusæ, simul prodeunt.* — Voyez ESTIENNE (H.), vers la fin de l'article.

— Tragœdiæ VII (gr.), in quibus præter multa menda sublata, carminum omnium ratio, hactenus obscurior, nunc apertior proditur, opera Guil. Canteri. *Antuerp. Plantinus*, 1579 (in fine 1580), in-16 de 446 pp. chiffrées jusqu'à 431.

Petite édition correcte, assez bien imprimée, et dont les beaux exemplaires se trouvent difficilement : 27 fr. mar. v. exemplaire du C. d'Hoym, Le Blond et 30 fr. Heber; 50 fr. m. doublé de m. Larcher, et 46 fr. Solar; mais ordinairement 3 à 5 fr.

La réimpression, *Lugd.-Batav.*, *Fr. Rapheleng.*, 1593, in-16, est encore recherchée : 3 à 4 fr. Vend. 11 fr. mar. v. Caillard; 24 fr. 50 c. Mac-Carthy; 15 fr. mar. r. Giraud.

— Tragœdiæ VII; una cum omnibus græc. schol. et latina Viti Winsemii ad verbum interpretatione; quibus accesserunt Joach. Camerarii necnon et H. Stephani annotationes. *(Genevæ). Excudebat Paul. Stephanus*, 1603, in-4.

On fait beaucoup de cas de cette édition, quoiqu'elle soit en mauvais papier; elle renferme la version latine de Winsemius et les notes de H. Estienne, qui ne sont pas dans l'édition de 1568 : ainsi ce n'est pas une simple réimpression de cette dernière : 10 à 15 fr. Vend. 30 fr. bel exemplaire v. f. F. Didot, et 16 fr. 60 c. Coulon.

Ce volume doit contenir 4 ff. prélim., 794 pp. et 13 ff. non chiffrés; *Notæ Stephani*, 51 pp.; *Notæ Camerarii*, 202 pp.; *Index sententiar.*, 3 ff.

— TRAGOEDIÆ VII (gr. et lat.), cum scholiis græcis. *Cantabrigiæ, J. Field*, 1665-68, 2 tom. en 1 vol. pet. in-8. 4 à 6 fr.

Cette édition, peu recherchée, a reparu avec de nouveaux titres datés de 1669 ou de 1673.

— TRAGOEDIÆ Ajax et Electra (gr.), nova versione donatæ scholiisque veteribus illustratæ : accedunt notæ perpetuæ et variæ lectiones, opera Th. Johnson. *Oxonii*, *e Theatro sheldon.*, 1705, in-8.

— TRAGOEDIÆ Antigone et Trachiniæ (gr.), nova versione donatæ, etc., opera Th. Johnson. *Oxonii, e Theatro sheldon.*, 1708, in-8.

Il faut joindre à ces 2 vol. le 3e de l'édit. de 1746, ce qui forme alors un exemplaire complet de Sophocle. L'édition passe pour très-correcte, et il est difficile d'en trouver les 3 vol. réunis : 24 à 30 fr.; les deux premiers volumes séparément, 12 à 15 fr. Vend. 33 fr. Caillard.

— TRAGOEDIÆ VII (gr. et lat.), cum selectis variis lectionibus. *Lond., Tonson*, 1722, 2 vol. in-12. 6 à 8 fr.

Texte d'Estienne, sans scolies (réimpr. à Londres, Tonson et Watts, en 1747).

Maittaire a publiquement désavoué cette édition, qu'on lui attribuait à tort.

— TRAGOEDIÆ VII (gr. et lat.) : additæ sunt lectiones, variantes et notæ Th. Johnson in quatuor tragœdias. *Glasguæ, Foulis*, 1745, 2 vol. pet. in-8. 10 à 12 fr.

Assez jolie édition, mais à laquelle on reproche d'être peu correcte : vend. en pap. fin, 24 fr. v. f. de Cotte.

— TRAGOEDIÆ VII (græce): additæ sunt lectiones, etc. *Glasguæ, Foulis*, 1745, pet. in-4. 8 à 10 fr.

Édition imprimée plus correctement que la précédente : 16 fr. mar. r. de Cotte, et 41 fr. 95 c. (annoncé Gr. Pap.) Mac-Carthy.

— TRAGOEDIÆ VII (gr.), nova versione donatæ, scholiis veteribus notisque perpetuis et variis lectionibus illustratæ : opera Th. Johnson. *Londini, et Etonæ*, 1746, 3 vol. in-8. 15 à 20 fr.

Les deux premiers volumes de cette édition sont une réimpression des deux mêmes volumes, imprimés à Oxford, en 1705 et 1708 (voyez ci-dessus). L'ouvrage entier a été réimprimé à Londres, en 1758, et depuis à Eton, en 1775, en 1788, en 1799, etc., en 2 vol. in-8.; mais ces réimpressions sont moins estimées que l'édition de 1746.

— Tragœdiæ VII (gr.), cum interpretatione lat. et scholiis veteribus ac novis. Editionem curavit Joan. Capperonnier, eo defuncto edidit, notas, præfationem et indicem adjecit Jo.-Fr. Vauvilliers. *Parisiis, De Bure*, 1781, 2 vol. in-4.

Cette édition, pour laquelle les éditeurs ont adopté le texte, la version et les scolies de Johnson, ne s'est point concilié l'estime des savants : 18 à 24 fr., et plus en Gr. Pap.

— EÆDEM tragœdiæ, græce. *Etonæ*, 1786, in-4. 8 à 10 fr.

Le texte de cette édition a été corrigé par Harwood; il est accompagné de variantes tirées des édit. d'Alde et de Turnèbe, et de quelques courtes notes. L'index de Morell, qui termine le vol., est, au jugement de M. Dibdin, *Introduction to the knowledge of the classics*, le plus ample et le meilleur qui ait jamais accompagné un auteur classique : 17 sh. Drury.

— Quæ extant omnia, cum veterum grammaticorum scholiis. Superstites tragœdias VII. ad optimorum exemplarium fidem recensuit, versione et notis illustravit, deperditarum fragmenta collegit Rich.-Franc.-Phil. Brunck. *Argentorati, apud Jo.-Geor. Treuttel*, 1786, 2 vol. in-4.

Édition belle, correcte et fort estimée, laquelle présente un bon texte ayant pour base celui de l'édit. aldine : 24 à 36 fr. Vend. en m. r. dent. 72 fr. Caillard; 95 fr. Larcher; 51 fr. Giraud.

L'exemplaire de lord Spencer est qualifié ainsi dans les *Ædes althorp.*, tom. I, p. 135 : *One of the six copies upon large (writing) paper;* et un exemplaire annoncé en très Gr. Pap. magnifiquement rel. en *m. bl.* par Hering, a été vendu 43 liv. 1 sh. chez Dent, en 1827. D'après cela il n'est pas permis de révoquer en doute l'existence de ce très Gr. Pap. lequel est fort difficile à reconnaître, quand on n'a point d'objet de comparaison sous les yeux, parce que le papier employé pour une grande partie de l'édition est du grand-raisin collé, et qu'il n'existe qu'un petit nombre d'exemplaires sur papier carré et d'une qualité inférieure à celui qui se trouve le plus ordinairement. Deux exempl. de ce beau livre ont été tirés sur VÉLIN: l'un d'eux a été vendu 400 fr. Renouard, l'autre est à la Bibliothèque impériale.

— Tragœdiæ VII, gr., cum versione lat. et notis R.-F.-Ph. Brunck. *Argentor., Treuttel,* 1786-89, 4 vol. in-8. pap. commun, 20 à 24 fr.; — Gr. Pap. 30 à 40 fr.

Les deux premiers volumes qui paraissent être faits sur l'édition précédente renferment le texte, la version latine et les notes; le troisième contient les scolies, et le quatrième les index.

Un exemplaire en Gr. Pap. d'Annonay; vend. 83 fr. *mar. bl. tab.* Renouard; 87 fr. Caillard.

— EÆDEM, gr., cum versione lat. et notis, ex editione ejusd. Brunck. *Argentorati,* 1788, 3 vol. gr. in-8.

Cette édition, dont il n'a été tiré que 250 exemplaires, renferme quelques notes de plus que les deux précédentes, et présente un texte revu de nouveau. On y a omis les scolies de Triclinius, ainsi que l'index; malgré ce désavantage, elle est assez recherchée : 21 à 27 fr. Vend. 84 fr. *m. r.* Courtois, et rel. par Derome, 161 fr. Parison.

— EÆDEM, græce, cum animadversionibus Sam. Musgravii: accedunt præter variantes lectiones editionum optimarum, Sophoclis fragmenta, ex editione brunckiana, necnon index verborum. *Oxonii, e typogr. clarend.,* 1801, 2 vol. in-8. = Scholia græca in Sophoclem. *Ibid.,* 1801, in-8. Les 3 vol. 15 à 18 fr.; — Gr. Pap. 20 à 30 fr.

Vend. en Gr. Pap. et magnifiquement rel. en *mar.* à Londres; 160 fr. Larcher; 78 fr. Chardin; 2 liv. 5 sh. Drury.

— SOPHOCLIS dramata quæ supersunt et deperditorum fragmenta, gr. et lat., denuo recens. et Brunckii annotatione integra, aliorum et sua selecta illustravit F.-H. Bothe. *Lipsiæ,* 1806, 2 vol. in-8. 15 à 18 fr. — Pap. fin, 21 fr., et plus en pap. de Hollande ou en pap. vél.

— Tragœdiæ VII ac deperdita fragmenta; emendavit, variet. lectionis, scholia notasque tum alior. tum suas adjecit C.-G.-A. Erfurdt; acced. lexicon sophocleum, etc. *Lipsiæ,* 1802-25, 7 vol. in-8. 28 à 42 fr., et plus en pap. fin.

Le septième volume a été publié après la mort de l'éditeur, par les soins de L. Heller et de L. Doederlin. Il reste toujours à publier le 8e vol., qui devait contenir le *Lexicon sophocleum* et l'index.

— TRAGŒDIÆ septem, cum scholiis veteribus, versione latina et notis; accedunt deperditorum dramatum fragmenta : ex editione R.-F.-P. Brunck. *Oxonii, Bliss,* 1808 et 1814, 2 vol. in-8. 12 à 15 fr. Ces deux éditions ne sont point aussi belles que celle de Strasbourg. (Il y en a des exemplaires en Gr. Pap.) — Celle du texte gr. de Brunck, *Oxonii, Bliss,* 1809, 2 vol. in-32, est assez jolie.

— TRAGŒDIÆ VII, cum veterum grammaticorum scholiis; versione lat. et notis edit. Brunck: accedunt excerpta ex varietate lectionis quam continet editio C.-G.-A. Erfurdt, Demetrii Triclinii scholia

metrica, et notæ ineditæ Caroli Burneii. *Londini, Priestley,* 1819, 3 vol. in-8. 25 fr. ; — Gr. Pap., 39 fr.

— TRAGŒDIÆ (gr.), ad optimorum librorum fidem iterum recensuit et brevibus notis instruxit C.-G.-A. Erfurdt; editio secunda, cum annotat. G. Hermanni. *Lipsiæ, Fleischer,* 1809-25, 7 vol. pet. in-8.

Petite édition à l'usage des étudiants; chaque pièce s'est vendue séparément de 3 à 4 fr. Il y en a une autre de 1823-25, aussi en sept parties, augmentée des notes d'Hermann (7 thl.). Une troisième édition du premier volume a paru en 1830, et la suite de 1848 à 1851.

— TRAGŒDIÆ, gr. et lat., ex editt. Brunckii et Schæferi: accedunt notæ Erfurdtii. *Oxonii,* 1820, 3 vol. in-8. 15 à 20 fr.

— TRAGŒDIÆ VII, gr., cum lectionis varietate et annotationibus a Rich.-Fr.-Phil. Brunck. *Londini, Wittaker,* 1822, in-8. 5 fr.

Édition peu correcte.

— TRAGŒDIÆ VII, ex editionibus Brunckii et Schæferi, gr. *Oxonii, Buxter,* 1823, 2 vol. in-32. 6 fr.

— SOPHOCLES, gr., curante Jo.-Fr. Boissonade. *Paris., Lefèvre (typis J. Didot),* 1824, 2 vol. gr. in-32, pap. vél., 6 fr., et plus en Gr. Pap.

— QUÆ EXTANT OMNIA, cum veterum grammaticorum scholiis: superstites tragœdias VII ad optimorum exemplarium fidem recensuit, versione et notis illustravit, deperditarum fragmenta collegit Rich.-Fr.-Ph. Brunck : excerpta ex varietate lectionis quam continet editio Car.-Gottl.-Aug. Erfurdtii; Demetrii Triclinii scholia metrica; notæ ineditæ Caroli Burneii; et Godofr.-Henr. Schæferi annotatio integra : accedunt C.-G.-A. Erfurdtii annotationes integræ, cum notis Hermanni et aliorum. *Londini, excudebat Valpy, sumptibus Ric. Priestley,* 1824, 4 vol. in-8. 36 à 40 fr., et plus en Gr. Pap.

Belle édition. Les deux premiers vol. contiennent le texte; le troisième renferme la version latine et les scolies, et le quatrième les notes d'Erfurdt et des autres commentateurs.

— TRAGŒDIÆ VII (gr.), ad optimor. librorum fidem recensuit Ed. Wunder: accedit brevis annotatio et conspectus metrorum. *Lipsiæ, Hartmann,* 1825, in-8., 5 à 6 fr., et plus en pap. fin.

La partie de ce volume, intitulée : *Sophoclis metra, seu conspectus metrorum quibus Sophocles in septem quas habemus tragœdias usus est,* a été tirée à part.

— TRAGŒDIÆ septem; ad optimorum librorum recensuit et brevibus notis instruxit C.-G.-A. Erfurdt: editio nova, cum annotationibus et indicibus Godofredi Hermanni: accedunt Schneider de dialecto Sophoclis, et Wunderi conspectus metrorum Sophoclis. *Londini, Black, etc.,* 1826, 2 vol. in-8. 12 à 15 fr.

— TRAGŒDIÆ septem; ad optimorum exemplar. fidem ac præcipue codicis vetustissimi florentini emendatæ, cum annotatione tantum non integra Brunckii et Schæferi, et aliorum selecta : accedunt deperditarum tragœdiarum fragmenta. *Oxonii, Collingwood,* 1826, 2 vol. in-8. 21 à 24 fr.

M. Gaisford a présidé à cette édition, dont il y a des exempl. en Gr. Pap., et 25 en papier impérial.

— TRAGŒDIÆ septem (græce), ad optimorum exemplarium fidem ac præcipue codicis vetustissimi florentini a Petro Elmsleio collati emendatæ, cum annotatione tantum non integra Brunckii, Schæferi et aliorum selecta: accedunt deperditarum tragœdiarum fragmenta. *Lipsiæ, Hartmann,* 1827, 8 part. en 2 vol. in-8. 10 à 12 fr.

Chacune des sept tragédies de Sophocle forme une partie avec un titre séparé, et les *Fragmenta* et le *Lexicon sophocleum* composent la 8e partie. On réunit à l'édition les *Scholia antiqua* et les *Scholia romana,* en 2 part. publ. chez le même libraire, en 1826.

— TRAGŒDIÆ, gr., recensuit et annotationibus in-

15

struxit Fr.-Henr. Bothe. *Lipsiæ, Hahn*, 1827-28, 2 vol. in-8. 12 fr.

Partie des *Poetæ scenici Græcorum*, publ. par le même éditeur.

— SOPHOCLIS Tragödien, griechisch, mit kurzen deutschen Anmerkungen von Gottl.-Carl-Wilh. Schneider. *Weimar, Hoffmann*, 1823-30, 10 vol. pet. in-8. 10 thl.

Les deux derniers volumes de cette édition renferment un *vollständiges Sophokleisches Wörterverzeichniss*. Le premier vol. (*Elektra*) a été réimpr. en 1837.

— TRAGOEDIÆ et fragmenta, græce, ex recensione G. Dindorfii. *Oxonii, Parker*, 1833, pet. in-8. 5 sh.
AD SOPHOCLIS tragœdias annotationes G. Dindorfii. *Oxonii, Parker*, 1836, in-8. 9 sh.

— ÆSCHYLI et Sophoclis tragœdiæ et fragmenta, gr. et lat., cum indicibus. *Paris., F. Didot*, 1842, gr. in-8. 19 fr.

— TRAGOEDIÆ. Recensuit et explanavit Ed. Wunderus; editio tertia. *Gothæ et Erfordiæ*, 1845-48, 2 vol. in-8. 5 thl.

— TRAGOEDIÆ, gr. et lat., ex recensione Guil. Dindorfii. *Oxonii, Parker*, 1849, 2 vol. in-8. 20 fr.
SCHOLIA in Sophoclis tragœdias VII ex codicibus aucta et emendata, edidit Dindorfius. *Oxonii, Parker*, 1852, 2 part. in-8. 20 fr.

— Sophocles, with annotations, introduction, etc., by E. Wunder; new edition with the notes literally translated, and a collation of Dindorf's text. *London*, 1855, 2 vol. in-8. 1 liv. 1 sh.

— Voy. TRAGOEDIARUM delectus.

Traductions complètes.

— Tragœdiæ VII, latino carmine redditæ et annotationibus illustratæ per Th. Naogeorgum; accesserunt etiam dicta proverbialia, ex hisce tragœdiis excerpta, gr. et lat. *Basileæ, Oporinus* (1558), in-8. 6 à 9 fr.

Volume peu commun et assez recherché : 16 fr. *mar. r.* Mac-Carthy ; 10 sh. et 5 sh. Heber.

Jean Lalemant a donné aussi une traduction des sept tragédies de Sophocle, en vers latins, *Paris, Mich. Vascosan*, 1558, in-8.; l'épître dédicatoire est datée du 1er décembre 1555.

THÉATRE de Sophocle, traduit en entier, avec des remarques par Guil. de Rochefort. *Paris*, 1788, 2 vol. in-8.

Il y a des exempl. en Gr. Pap. et d'autres tirés in-4. sur pap. ordinaire et sur pap. vélin; mais ni les uns ni les autres ne sont recherchés, parce que ce livre devient presque inutile pour ceux qui ont le Théâtre des Grecs en 13 vol. in-8. On l'a cependant réimprimé, *Paris, Delalain*, 1824, 2 vol. in-12.

TRAGÉDIES de Sophocle, traduites du grec par M. Artaud. *Paris, Aimé André*, 1827, 3 vol. gr. in-18 ; 2e édit. et 3e édit., *Paris, Lefèvre*, 1841 et 1842, gr. in-18. 4e et 5e édition, *Paris, Charpentier*, 1845 et 1857, gr. in-18. 3 fr. 50.

Traduction estimée.

THÉATRE de Sophocle, trad. en vers par Victor Faguet. *Poitiers* et *Paris*, 1849, 2 vol. in-12.

THÉATRE complet de Sophocle, traduction nouvelle, en vers français, par Théod. Guiardo. *Paris, Dezobry*, 1852, in-8.

TRAGEDIE di Sofocle, tradotte da Felice Bellotti. *Milano, Mussi*, 1813, 2 vol. in-8. 12 fr.

Traduction en vers, réimprimée à *Turin*, 1829, en 3 vol. in-16.

TRAGEDIE, recate in versi italiani da Massimi-

liano Angelelli, con note e dichiarazioni. *Bologna, Nobili*, 1823-24, 2 vol. in-4. 30 fr.

TRAGÖDIEN, im versmaass des Orig. übers. von C.-W.-Fd. Solger, 2 Aufl. *Berlin, Reimer*, 1824, 2 vol. in-8.

Cette traduction, dont la première édition a paru en 1808, a été réimprimée à Berlin, en 1837, en 2 part. in-8. Les Allemands possèdent plusieurs autres traductions de Sophocle, parmi lesquelles on distingue celle du comte Chr. de Stolberg, *Leipzig*, 1787, ou *Hamburg*, 1824, 2 vol. ; — celle de George Thudichum, *Darmst.*, 1827-38, 2 vol. in-8.; — celle de J.-J.-C. Donner, *Heidelb.*, 1838 et années suiv. (seconde édition, 1842), in-8. (chaque pièce publiée séparément) ; — et enfin celle de W. Jordan, *Berlin, Reimer*, 2 vol. in-8., dont le second est de 1862.

THE TRAGEDIES of Sophocles, translated from the greek, by Th. Francklin. *London*, 1809, in-8. 12 fr., et plus en Gr. Pap.

La prem. édit. a paru à *Londres*, en 1758-9, en 2 part. in-4.; la seconde, en 1766, 2 vol. in-8., et la troisième, en 1788, in-8.

THE SAME translated (by Rob. Potter). *London*, 1788, in-4. 10 à 12 fr. — Réimpr. à Oxford, 1808, et en 1813, in-8.

THE TRAGEDIES of Sophocles, literally translated into english prose, with notes. *Oxford, printed for Talboys*, 1824, 2 vol. in-8. 15 sh.

THE TRAGEDIES of Sophocles, translated into english verse; by the rev. Thom. Dale. *London*, 1824, 2 vol. in-8. 1 liv. 5 sh.

Pièces séparées.

PRIMÆ Sophoclis tragœdiæ duæ, Ajax et Electra (gr.), cum præfatione Cl. Theræi. *Argentor., Wendel. Rihelius*, 1540, in-8. de 125 pp.

Réimprimé *Argentor., Josias Rihelius*, 1562, in-8.

— AJAX flagellifer, græce. *Paris., apud collegium Sorbonæ (per Gerardum Morrhium)*, 1530, in-8. (Maittaire).

— AJAX flagellifer (gr. et lat.); Callimachi hymni in Jovem et Apollinem (lat.), J. Leonicero interprete. *Basileæ, Hervagius, m. Aug.*, 1533, in-4. de 129 pp. et 1 f.

On trouve dans le catalogue d'Askew, no 2956, l'art. suivant :

AJAX, Electra, Antigone et Œdipus, græce. *Parisiis, apud Morel. et Lambert*, 1620, in-4. Veud. 1 liv. 13 sh.

C'est probablement d'après cette source que Dibdin (*Introduction to the gr. and lat. classics*, édition de 1827, vol. II, p. 418) indique *Electra*, impr. par Morel, en 1586, in-4., livre rare.

AJAX, gr., cum scholiis et commentario perpetuo edidit Ch.-A. Lobeck. *Lipsiæ, Weidmann*, 1809, in-8, 1 thl. 16 gr — Pap. col. 2 thl. — Pap. vél. 3 thl. — *seu* novis curis elaborata, *Lipsiæ, Weidmann*, 1835, in-8., 2 thl. 12 gr.

— ANTIGONE, græce. *Paris., apud Ioan.-Lodoic. Tiletanum*, 1540, in-4. (Maittaire).

— ANTIGONA : codd. mss. omniumque exemplar. scripturæ discrepantia enotata integra, cum scholiis vetustis virorumque doctorum curis presse subnotatis emendatior atque explanatior edita a F.-C. Wex. *Lipsiæ, Vogel*, 1829-31, 2 vol. in-8. 3 thl, 8 gr.

— SOPHOCLIS Antigone, interprete Thom. Watsono : huic adduntur pompæ quædam, ex singulis tragœdiæ actis derivatæ; et post eas, totidem themata sententiis refertissima. *Londini, excudebat Joh. Wolfius*, 1581, in-4.

Cette pièce est annoncée comme extrêmement rare, et portée à 1 liv. 1 sh. dans la *Biblioth. heber.*, VI, no 3445. — Pour d'autres ouvrages du traducteur, voyez WATSON.

— TRAGÉDIE de Sophocle intitulée : Electra..... traduicte du grec en rythme françoise (par Lazare de Baïf). *Paris, pour Est. Roffet*, 1537, pet. in-8. de 44 ff.

Traduction qui suit le texte vers pour vers. Le nom du traducteur est donné par acrostiche, dans une pièce de dix vers adressée *Au lecteur*. Vend. 9 fr. *mar. r.* La Vallière; 41 fr. 50 c. de Soleinne.

— L'Elettra, tragedia di Sofocle volgarizzata (in versi da Mich.-Ang. Giacomelli). *Roma*, 1754, in-4. avec le texte grec. 5 fr.

— Œdipus tyrannus, ex recensione P. Emsley, qui et annotationes suas adjecit; editio auctior indicibusque locupletiens. instructa (cum præfatione G. Dindorfii). *Lipsiæ, Hartmann*, 1821, in-8. 12 gr.

M. Elmsley, qui avait donné sa première édition de cette pièce en 1812, en a publié une troisième à *Oxford*, en 1825, in-8., avec des augmentations. Le volume suivant se joint à l'édition de Leipzig :

— Scholia antiqua in Sophoclis Œdipum tyrannum, ex codice laurentiano denuo descripsit et edidit P. Elmsley : præmissa est Elmsleii præfatio ad editionem tertiam Œdipi tyranni. *Lipsiæ*, 1825, in-8.

— Œdipus in Colono, cum scholiis vetustis et suis commentariis, tum emendatius, tum explanatius edidit C. Reisig. *Jenæ, Cröker*, 1820, in-8. 18 gr.

Le commentaire a paru séparément à *Jena*, en 1822-1828, in-8. 2 thl.

— Œdipus colonæus, gr., recensuit et illustravit P. Elmsley. *Oxonii, ex typis clarend.*, 1823, in-8. 10 sh.

Texte revu sur dix manuscrits.

— Œdipus colonæus, gr., ex recens. P. Elmsley : accedit Brunckii et aliorum annotatio selecta, cui et suam addidit editor. *Lipsiæ, Hartmann*, 1824, in-8. 2 thl.

Édition donnée par M. Dindorf, qui y a ajouté des index.

— Œdipus colonæus, gr., ad optimorum librorum fidem recensuit et brevibus notis instruxit Godofr. Hermannus. *Lipsiæ, Fleischer*, 1824, in-8. 1 thl.

— Philoctetes, recognovit et commentariis in usum juventutis conscriptis illustravit J.-P. Matthæi. *Altonæ, Hammerich*, 1822, in-8. 1 thl.

— Trachiniæ, gr.; e recens. Brunckii, varia lectione adjecta illustravit H.-L.-Jul. Billerbeck. *Hildesh., Gerstenberg*, 1801, in-8. 1 thl.

— Trachiniæ. Recognovit et adversariis enarravit Jo. Apitzius. *Halæ*, 1833, in-8. 1 th. 4 gr.

Scolies, Commentaires, etc.

— Commentarii (græci) in septem tragœdias Sophoclis.... (præmisso Lascaris epigrammate). *Opus..... in gymnasio mediceo Caballini montis... recognitum* (1518), pet. in-4. de 102 ff. non chiffr., y compris le dernier qui est blanc. [16057]

Première édition de ce scoliaste; elle a été impr. à Rome, avec les caractères de Calliergi. Les exemplaires bien conservés en sont rares. Vend. en *mar. r.* 27 fr. La Vallière; 24 fr. *v. f.* de Cotte; 16 flor. 50 c. Meermann; 1 liv. 16 sh. (bel exemplaire) *mar. bl.* Hibbert; autre, 20 fr. Riva.

Ce volume se compose de vingt-six cahiers sous les signat. α—ω et A—B de 8 ff. chacun, à l'exception d'α qui n'en a que 6, de π qui n'en a que 4. La souscription et le registre sont au verso du dernier feuillet.

— Scholia in Sophoclem, quæ vulgo Romana appellantur, gr. e cod. ms. bibliothecæ laurentianæ denuo descripsit et

edidit P. Elmsley. *Oxonii, ex typ. clarend.*, 1825, in-8. 8 sh.

Seconde partie de scolies sur Sophocle. Réimpr. à *Leipzig, chez Hartmann*, 1826, ainsi que les anciennes scolies, le tout en 2 part. in-8. 2 thl. et 8 gr. Cette réimpression se joint au Sophocle publié chez le même libraire, en 1827 (voyez cidessus).

— Hoc libello hæc continentur Sophoclis tragici poetæ vita non prius in lucem edita (gr. et lat.); ejusdem poetæ sententiæ pulcherrimæ, interprete Bartholomeo Marliano. *Romæ, per Ant. Bladum*, 1545, in-8.

Petit volume très-rare et peu connu. Il est porté dans le catalogue de Crofts et dans celui de Renouard (en 4 vol.).

Traug.-F. Benedicti Observationes in IV Sophoclis tragœdias. *Lipsiæ, Weidmann*, 1820, in-8. pap. collé, 1 thl. 12 gr.; — pap. vél. 2 thl. 8 gr. [16059]

G.-A. Heigl, über die Antigone und die Elektra. *Passau*, 1828, in-8. 2 thl. [16061]

Aug.-Lud.-Guil. Jacob. Sophocleæ quæstiones : præmittuntur disputationes de tragœdiæ origine et de tragicorum græcorum cum republica necessitudine. *Varsoviæ, impensis auctoris*, 1821, in-8., 2 thl. [16061]

Tome 1er, le seul publié.

C. Matthiæ Quæstiones sophocleæ. *Lipsiæ, Weidmann*, 1831, in-8. 1 thl.

— Lexicon sophocleum. Voy. Ellendt.

SOPHOLOGE Damours, oeuure plaisante z recreative. Dirigee a tres illustre et Magnifique Prince et seigneur Monseigneur le Daulphin. *On les vend a Lyon en la maison de Claude nourry dict Leprince* (sans date), pet. in-8. goth. de 22 ff., avec une gravure sur bois au f. Aiii. [13596]

Opuscule rare de cette édition. L'auteur, Antoine Vias, licencié ès lois, natif des pays d'Auvergne, se nomme dans le prologue, où il dit qu'il a tiré ce petit livre de plusieurs volumes tant latins et italiens que françois. Le *Sophologe d'amours* a été réimpr. en 1542, à la suite d'un traité intitulé *La difinition & perfection d'amour* (voyez Difinition).

SOPHRONIUS. Le Pré spirituel du S. Pere Sophronius, patriarche de Jherusalem, escript en grec, puis translaté de grec en latin par le Pere Ambroise, moine de Camaldule, et du latin en francois par T. Pasquier Dorenye. *Lovain, Jehan Maes*, 1598, in-8. [1512]

Arnauld d'Andilly a donné, à la suite de ses Vies des SS. Pères, un abrégé d'un autre *Pré spirituel* de Jean, surnommé Mosc.

SOPIKOFF (*W.*) Opyt rossiskoï bibliografii. Essai d'une bibliographie russe, ou dictionnaire complet des livres imprimés en slavon ou en russe depuis le xve siècle jusqu'à l'année 1813. *Saint-Pétersbourg, impr. des théâtres*, 1813-1821, 5 vol. in-8. [31678]

Unic ae Manuel général de la bibliographie russe.

SOPRANI (*Raff.*). Vite de' pittori, scultori, ed architetti genovesi, in questa seconda edizione accresciute ed illustrate da Carlo-Gius. Ratti. *Genova*, 1768, 2 vol. in-4. fig. 20 à 24 fr. [31009]

L'ancienne édition de *Gènes*, 1674, in-4. fig., est à bas prix.

L'ouvrage du même auteur, intitulé *Li scrittori della Liguria*, Genova, 1667, in-4., a été réimpr. en 1778, in-4. [30663]

SORANUS Ephesius, de arte obstetricia morbisque mulierum quæ supersunt, ex apographo Fried.-Reinh. Dietz, nuper facto perfuncti primum edita. *Regimontii-Prussor.*, 1838, in-8. de VIII et 300 pp. 8 fr. [7585]

— Voyez RUFFUS.

SORANZO (*Giovanni*). I duo primi libri del Adamo. *Bergamo, per Comin Ventura*, 1606, in-4. [16433]

Ce poëme, devenu fort rare, et l'*Adamo* d'Andreini, auraient, dit-on, suggéré à Milton l'idée de son *Paradis perdu.* Soranzo a composé plusieurs autres ouvrages, et entre autres *Lo Armidoro*, poëme héroïque en 42 chants, *Milano, Como*, 1611, in-4., qui n'a pas beaucoup de valeur.

SORAPAN de Rieros. Medicina española, contenida en proverbios vulgares de nostra lengua, compuesto por el doctor Juan Sorapan de Rieros, medico y familiar de el sancto officio de la inquisicion de Llerena, y de Granada y de su real chancilleria. *Granada, Juan Muños*, 1615, 2 part. en 1 vol. pet. in-4. [7106]

Livre singulier au sujet duquel on peut consulter la *Bibliographie parémiologique* de M. G. Duplessis, où ce philologue a transcrit la liste des proverbes que l'auteur a pris pour texte de ses observations.

SORBIÈRE (*Samuel* de). Relation d'un voyage en Angleterre, où sont touchées plusieurs choses qui regardent l'estat des sciences et de la religion, et autres matières curieuses. *Cologne, Pierre Michel (Amsterdam)*, 1666, pet. in-12. 6 à 9 fr. [20301]

Il y a deux éditions sous la même date, et qui paraissent également appartenir aux presses elseviriennes : l'une de 4 ff. préliminaires, 180 pp. de texte, et 3 pour la table; l'autre de 192 pp. de texte.

Cette relation a été imprimée pour la première fois à *Paris, chez Billaine*, 1664, in-12, sans nom d'auteur sur le titre, mais avec une épître au roi, signée de Sorbière : ce qui se remarque aussi dans les éditions de 1666. Celle de 1667, dont le titre porte le nom de l'auteur, et qui n'a que 4 ff. préliminaires, 167 pp. de texte, plus la table, est moins belle que ces deux dernières. L'article suivant peut être réuni à chacune de ces éditions.

RÉPONSE aux faussetés et aux invectives qui se lisent dans la relation du voyage de Sorbière en Angleterre. *Amsterdam, Jean Maximilian Lucas*, 1675, pet. in-12 de IV ff. et 136 pp.

Sorber (*J.-J.*). De Comitiis, 26351.
Sorberiana, 18537.

— LES VRAYES causes des derniers troubles d'Angleterre, abrégé de l'histoire, où sont les droicts du Roy et ceux du Parlement et du peuple sont naïfvement représentés par le sieur de Sorbière. *Orange, Édouard Raban*, 1653, pet. in-8.

SORBIN (*Arnaud*), dit de Saincte Foy. Huict sermons de la resurrection de la chair, prononcez au chasteau du bois de Vincennes durant le temps de parade et de deuil de Charles IX, roy de France, vrayement piteux et debonnaire, propugnateur de la foy, et amateur des bons esprits. *Paris, Guill. Chaudière*, 1574, pet. in-8. [1444]

Ce volume est rare, et nous croyons devoir l'indiquer ici comme un exemple de l'éloquence de A. Sorbin, célèbre prédicateur et grand ligueur. Nous citerons aussi les oraisons funèbres prononcées par ce prélat, savoir : 1° celles d'Anne de Montmorency, connétable de France, prononcées, l'une à Notre-Dame, et l'autre à Montmorency, *Paris, Chaudière*, 1567 et 1568, in-8. — 2° celles de Charles IX, prononcées, l'une à Notre-Dame, l'autre à Saint-Denis, en 1574, *Paris, Chaudière*, 1579, in-8. — 3° de Cosme de Médicis, *ibid.*, 1574, in-8. — 4° de Marguerite de France, duchesse de Savoye, *ibid.*, 1575, in-8. — 5° de Claude de France, duchesse de Lorraine et de Bar, *ibid.*, 1575. — 6° de Marie-Isabelle de France, *ibid.*, 1578. — 7° de Jacques de Levis, comte de Caylus, *ibid.*, 1578. — 8° de Paul de Caussard, seigneur de Saint-Maigrin, *ibid.*, 1578. — 9° de Charles de Bourbon, *Nevers*, 1595, in-8. — 10° de Louis de Gonzague, duc de Nivernois et de Rethelois, *Paris*, 1596, in-8. — 11° de Marie de Clèves, princesse de Condé, *Nevers*, 1601, in-8. [12188]

— La description de la source, continuation et triomphe d'erreur, où est contenu le pourtraict du vray polytique moderne. *Paris, Guil. Chaudière*, 1572, in-4. [13867]

Écrit en vers, dont il existe une première édition de *Paris*, 1570, in-8., à laquelle se trouvent quelquefois réunis deux autres opuscules rimés du même auteur, savoir :

ALLÉGRESSE de la France pour l'heureuse victoire obtenue entre Coignac et Chasteauneuf, le 13 mars 1569, contre les rebelles calvinistes. *Ibid.*, Guil. Chaudière, 1569, in-8. de 8 ff.

REGRETS de la France sur les misères des troubles. *Ibid.*, 1568 (ou 1578), in-8.

— Histoire contenant un abrégé de la vie, mœurs et vertus du roy tres chrestien et debonnaire Charles IX, vrayement piteux propugnateur de la foy catholique, et amateur des bons esprits, où sont contenües plusieurs choses merueilleuses, aduenues durant son regne, à bon droit dit le regne des merueilles. *Paris, Guill. Chaudière*, 1574, pet. in-8. [28505]

11 fr. Monmerqué; 48 fr. *mar. bl.* par Duru, vente Solar.

Cet ouvrage, dont le titre est assez remarquable, a été réimprimé à *Lyon, chez Benoist Rigaud*, 1574, pet. in-8. de 100 ff., dont 5 pour la table et le privilége : 12 fr. *mar. r.* Coste.

— TRACE du ministère visible de l'Église catholique romaine, prouvée par l'ordre des pasteurs et pères qui ont escrit et presché en icelle : auecq la remarque des algarades que l'heresie calbinesque luy a données en diuers temps. *Paris, Chaudière*, 1568, pet. in-8.

Un exemplaire en *mar. bl.*, par Duru, 32 fr. Gancia.

— Conciles de Tolose et Histoire des Albigeois. Voyez l'article PETRUS monachus; — Vrai réveil-matin des Calvinistes. Voy. l'art. PHILADELPHE.

SORCELLERIES (les) de Henri de Valois, et les oblations qu'il faisoit au diable, dans le bois de Vincennes : avec la figure des démons d'argent doré, auxquels il faisoit offrandes, et les quels se voyent encore en cette ville. *Suivant la copie imprimée chez Didier Millot (à Paris)*, 1589, pet. in-8. de 15 pp., avec la fig. [23567]

Pièce rare de cette édition, mais réimprimée dans le 3ᵉ vol. du *Journal de Henri III*, édition de 1744, pp. 369 et suiv., où se trouve aussi la figure. Un exemplaire de l'édition originale auquel était jointe une autre pièce intitulée : *Advertissement des nouvelles cruautez et inhumanitez, desseignées par le tyran de la France*, Paris, Rollin Thierry, 1589, petit in-8. de 11 ff. 65 fr. *mar. r.* Nodier.

Dans l'exemplaire en *mar. r.* vendu 47 fr. Coste se trouvaient ajoutées les deux pièces suivantes : *L'adjournement fait à Henri de Valois pour assister aux états tenus aux enfers*, grande pièce in-fol. représentant Henri III et le diable, avec un texte en vers au-dessous de la figure ; 2° *Charmes et caractères de sorcellerie de Henri de Valois, trouvés en la maison de Miron, son médecin*, Paris, J. Parant, 1589, in-8. de 20 pp. avec une grande planche pliée donnant la figure des charmes, etc. Voici le titre d'une autre pièce du même genre que les deux précédentes :

LA MAGIE des favoris, 1589, pet. in-8.

SOREL (*Pierre*), charterin. Ses œuvres, où sont contenuz : les complaintes d'amour, l'ambition à la royne, l'aduertissement du monstre du Danube au senat romain, les fantasies et paraphrase du premier liure de l'œuure et iour d'Hesiode, la paraphrase sur la sagesse de Salomon. *Paris, Gabriel Buon*, 1566, in-4. de 2 ff. prélim. et 82 ff. chiffrés. [13765]

Opuscule peu connu, mais qui l'était cependant avant que M. Eusèbe Castaigne en eût fait ressortir l'importance dans le *Bulletin du Bibliophile* de février 1858, puisqu'il en a été vendu un exemplaire 56 fr. chez M. Duplessis, en 1856 (n° 390 de son catalogue). Dès lors on a pu connaître, par le titre même du recueil, qu'il contenait une traduction versifiée de la *Harangue du paysan du Danube*, antérieure à celle de Nic. Clément (voyez ce nom) et à celle de Gabr. Fourmennois, dont nous parlons à l'article GUEVARA, et par conséquent à celle de La Fontaine.

SOREL (*Charles*). Le Berger extravagant, ou parmi des fantaisies amoureuses on voit les impertinences des romans et de la poésie (par Ch. Sorel). *Paris, Touss. du Bray*, 1627 ou 1628, 3 vol. pet. in-8. fig. [17158]

Critique du genre pastoral que le succès de l'*Astrée*

avait mis alors en vogue ; elle a été réimprimée sous le même titre *à Rouen, chez Jean Osmont*, en 1639, 3 vol. in-8. fig. 19 fr. Giraud ; 1646, 4 part. en 2 vol. in-8. ; et aussi sous cet autre titre :

L'ANTI-ROMAN, ou histoire du berger Lysis, accompagné de ses remarques, par Jean de La Lande. *Paris, Touss. Du Bray*, 1633 (aussi 1657), 4 tom. en 2 vol. in-8.

Au jugement de Niceron les remarques sont ce qu'il y a de meilleur dans ce roman.

— Les nouvelles choisies, où se trouvent divers incidents d'amour et de fortune (par Ch. Sorel). *Paris, David*, 1645, 2 vol. in-8. [17348]

La première édition de ce recueil, sous le titre de *Nouvelles françoises*, Paris, 1623, in-8., est moins complète que celle-ci :

— La Maison de jeux, où se trouvent les divertissemens d'une compagnie, par des narrations agréables et par des jeux d'esprit et autres entretiens d'une honneste conversation (par Ch. Sorel). *Paris, Nic. de Sercy*, 1642, 2 vol. pet. in-8. [17348]

On trouve difficilement réunis les deux volumes de cet ouvrage : 15 à 20 fr. ; 69 fr. *mar. r.* Giraud, et 41 fr. Solar. Ils ont reparu avec de nouveaux titres portant les initiales C. D. M. S., et l'indication de *Paris, de Sommaville*, 1657.

Ch. Sorel a fait paraître à *Paris, chez Nic. de Sercy*, en 1644, un vol. in-8. sous ce titre :

NOUVEAU recueil des pièces les plus agréables de ce temps, en suite des Jeux de l'inconnu (voy. DE VAUX) et de la Maison de jeux.

— La vraye histoire de Francion. Voyez MOULINET (de).

La *Bibliothèque françoise*, ou le choix et l'examen des livres françois, par Sorel, en 1 vol. in-12, a eu deux éditions : la première à *Paris*, en 1664 ; la seconde, revue et augmentée en 1667. [31606] L'auteur s'est proposé d'y faire connaître les meilleurs ouvrages en tous les genres qui peuvent entrer dans une bibliothèque choisie, entièrement composée de livres français ; mais malheureusement son choix a été fait sans discernement ; comme on peut bien le croire, il n'y a pas oublié ses propres ouvrages, dont il a donné la liste sous ce titre : *L'ordre et l'examen des livres attribués à l'auteur de la Bibliothèque françoise*. Son traité *De la Connoissance des bons livres, ou examen de plusieurs auteurs*, Paris, 1671, ou Amsterd., 1672, in-12, contient quelques particularités plus ou moins curieuses qui le font encore rechercher. On en peut dire autant de son *Discours sur l'Academie françoise*, établie pour la correction et l'embellissement du langage, pour savoir si elle est de quelque utilité aux particuliers et au public, Paris, 1654, in-12. [30287]

Dans une note du *Bulletin du Bibliophile*, 1858, p. 903, n° 462, M. P. L. attribue, avec beaucoup de vraisemblance, à Ch. Sorel un ouvrage allégorique dont la dédicace est signée S., et qui a pour titre :

RELATION de ce qui s'est passé dans la nouvelle découverte du royaume de Frisquemore, *Paris, Th. Jolly*, 1662, in-12 de 5 ff. et 118 pp., avec une carte.

Niceron (XXXI, pp. 393 et suiv.) donne le catalogue de 39 ouvrages écrits ou publiés par cet écrivain fécond. Presque tous sont anonymes ou portent seulement les initiales de l'auteur C. S. S. ou M. C. S. S. D. S. (M. Charles Sorel, sieur de Souvigny), ou comme dans son traité *Des Talismans* (1636) *par le sieur de l'Isle*. — Voy. GAFFAREL.

Sorbinus (*Ar.*). De Monstris, 6246.

SORET (*Nicolas*). La Ceciliade, ou le martyre sanglant de sainte Cecile, patrone des musiciens..... *Paris, Rezé*, 1606. = Chœurs mis en musique par Abraham Blondet. *Paris, P. Rezé*, 1606, 2 tom. en 1 vol. in-8. [16396]

Pièce rare, 49 fr. *mar. r.* de Soleinne. La 2ᵉ partie contient les chœurs avec la musique notée. 23 fr. 50 c. même vente.

On a du même auteur une autre pièce plus rare encore, dont le titre porte : *L'élection divine de S. Nicolas à l'archevêché de Myre, avec un sommaire de sa vie en poëme dramatique sententieux et moral, P. N. S. R.* (*par Nic. Soret, Rémois*), Reims, Nic. Constant, 1624, pet. in-12. de 87 pp. ; elle est en prose et sans distinction d'acte. [16397]

Un exemplaire encadré en gr. in-8., *mar. r.*, a été vendu 26 fr. Lair ; 16 fr. Librairie De Bure, et 31 fr. de Soleinne.

— EGLOGUES royales sur l'heureuse naissance de l'Achille françois, duc d'Orléans. *Paris, P. Rezé*, 1607, pet. in-8. [13923]

Ce volume renferme, indépendamment de cinq églogues dédiées à la reine, plusieurs pièces tant latines que françoises de Soret et des amis.

SORIA (el padre fray *Alonso* de). Historia y milicia christiana del cavallero Peregrino conquistador del cielo ; metaphora y symbolo de qualquier Santo, que peleando en los vicios, gano la victoria. *Cuenca, Corn. Bodan*, 1601, in-4.

— HISTORIA de la gloriosa vergene S. Catalina de Alexandria. *Cuenca, Mich. Servano*, 1599, in-8.

SORIN de Lessey (*Tanneguy*). Voy. COUTUMES DE NORMANDIE.

SORREGUIETA. Semana hispano-bascongada, la unica de la Europa, y la mas antigua del orbe : con dos supplementos de otros cielos, y etimologias bascongadas ; primera parte. — Monumentos del bascuence, ó prosecucion de los precedentes del Astea, Eguna, Illa, Urtea, y demas : segunda parte. *Pamplona*, 1804, 2 tom. en 1 vol. pet. in-4. [26153]

Cet ouvrage est, selon Salvá, qui l'estime 2 liv., un des livres modernes les plus rares et les plus curieux que l'on ait sur le langage et les antiquités de la Biscaye. 16 fr. 50 c. Michel.

SORTE (*Casp.*). Osservazioni nella pittura, edizione 2ª, con l' aggiunta di una chronichetta dell' origine della città di Verona. *Venetia, Rampazetto*, 1594, in-4. de 34 ff. [9237]

Petit traité devenu fort rare, même en Italie. La chronique qui y est ajoutée a été écrite en 1388 ; elle manque dans la première édition de *Venise, Zanaro*, 1580, in-4., non moins rare que celle-ci (Ebert, 21537).

Soresi (*Dom.*). Novelle, 17494.

Soresina (*Bas.*). Vocabolario degl' ingegneri ed architetti, 8798.

Sorià (*Fr.*). Memorie, 31770.

Soris (le P.), Dissertation, 21936.

ΣΩΖΟΜΕΝΑ (τὰ) τῶν ἐλεγειακῶν, etc., id est fragmenta elegiacorum et lyricorum poetarum (cum notis). *Oxoniæ, e Th. sheld.*, 1759, in-8. [12274]

Recueil recherché et peu commun, dont le titre est tout grec : 8 à 10 fr.

SOSTEGNO di Zanobi. Voy. SPAGNA.

SOTER. Epigrammata græca veterum selecta, eaque latine a viris doctiss. versa, et collecta per Joannem Soterem (*alias* Heil). *Coloniæ*, 1528, pet. in-8. 4 à 6 fr. [12292]

Seconde édition de cette collection ; la première, aussi de *Cologne*, est de 1525, pet. in-8. ; il y en a une 3ᵉ, avec des augmentations : *Fribourg en Brisgaw, chez Et. Melechus*, 1544, in-8. ; vend. 3 flor. Crevenna.

Le recueil de Soter a servi de base à celui que Janus Cornarius a publié à Bâle, en 1529, in-8., sous le titre suivant :

SELECTA epigrammata græca latine versa ex VII epigrammatum græcorum libris. Accesserunt... plusquam quingenta epigrammata, recens versa ab Andrea Alciato, Othomaro Luscinio, ac Jano Cornario.

SOTHEBY. Principia typographica. The Block-Books, or Xylographic delineations of scripture history, issued in Holland, Flanders, and Germany, during the fifteenth century, exemplified and considered in connexion with the origin of printing : to which is added an attempt to elucidate the character of the paper-marks of the period. A work contemplated by the late Samuel Sotheby, and carried out by his son, Samuel Leigh Sotheby. *London, printed for the authors by Walter Mᶜ Dowall*, 1858, 3 vol. imper. in-4., avec fac-simile et fig. [31194]

Cet ouvrage, fruit des recherches et des observations de MM. Sotheby père et fils, est très-remarquable pour les nombreux et exacts fac-simile qu'il donne des anciens livres xylographiés, et qu'accompagnent de bonnes descriptions : 260 fr. Il y manque pourtant la description d'un certain nombre de monuments xylographiques du même genre que renferment la bibliothèque de Munich et celles de plusieurs autres villes d'Allemagne ou de Hollande.

Avant de publier ces trois magnifiques volumes M. Leigh Sotheby avait mis au jour sous le titre suivant une partie des planches qui y sont contenues :

THE TYPOGRAPHY of the fifteenth century being specimens of the production of the early continental printers, exemplified in a collection of fac-similes from one hundred works, together with their water marks ; arranged and edited from the bibliographical collection of the late Samuel Sotheby, by his son S. Leigh Sotheby. *London, Thomas Rodd*, 1845, in-fol. de 65 pp. avec 43 et 26 pl.

— OBSERVATION on the Handwriting of Philip Melanchthon. Voy. MELANCHTHON.

Sota (*Fr.*). Cronica de los principes de Asturia, 26141.

Sotchinenlla... *c'est-à-dire :* Traités concernant la grammaire de la langue votiek ; — tchouvache ; — tchérémisse, 11384.

SOTHEBY (*S.* Leigh). Ramblings in the elucidation of the autograph of Milton. *London*, 1861, in-4. impér.

Ce volume curieux renferme des portraits de Milton photographiés, 27 autographes et autres fac-simile du même poëte, exactement rendus par le procédé de *the electro-printing block company*, 3 liv. 3 sh.

SOTISE à huit personnages. Voy. GRIN-GORE.

SOTISIER ou recueil de B. S. et F. *Paris* (*Hollande*), 1717, pet. in-8. [14230]

Vendu 5 fr. Méon; 9 fr. Morel-Vindé; 44 fr. *mar. r.* et *non rogné*, Nodier.

Il y a des exemplaires de ce recueil sous le titre de *Rapsodie, Billevesées, Rogatons*, et à la date de 1721. Vend., avec les deux titres et rel. en *m. v.*, 52 fr. Nodier, et 20 fr. Pixérécourt.

SOTO (Barahona de). Voy. BARAHONA.

SOTO (*Fr.-Juan* de). Margaritas precio-sas de la Iglesia, la Virgen y Martir; la llamada Pelagio Monge ; la serenissima Reyna de Escocia, en tres libros, cada qual del texto de su vida, y las virtudes y excelencias, que dellas saco la señora Reyna Dona Margarita de Austria. *Al-cala, Andres Sanchez*, 1617, pet. in-4.

Le nom de la reine d'Écosse donne du prix à ce petit volume, qui, d'ailleurs, est assez rare.

SOTO de Roxas (*Pedro*). El Desengaño de amor en rimas. *Madrid*, 1623, pet. in-8. [15247]

Annoncé comme première édition, et comme rare, au prix de 1 liv. 1 sh., par Salvá. — Cependant Antonio cite une édition de *Madrid, Veuve d'Alphonse Martin*, 1623, in-4., et aussi *Los Raios de Phaeton*, 1639, in-4., du même auteur.

SOTOMAYOR. Semanario erudito que comprehende varias obras ineditas criticas, morales, instructivas, políticas, históricas, satíricas y jocosas de nuestros mejores autores antiguos y modernos, dalas a luz D.-Ant. de Valládares y Sotomayor. *Madrid*, 1784-91, 34 vol. pet. in-4. [19449]

Collection intéressante; portée à 250 fr. dans le catal. de Salvá, et vend. 103 fr. Sampayo.

HISTORIA geográfica, civil y política de la isla de S. Juan Bautista de Puerto Rico (por D. Iñigo Abbad), dala a luz D.-Ant. Valládares de Sotomayor. *Madrid*, 1788, pet. in-4. 8 à 10 fr. [28643]

SOTTIE à 10 personnages, jouée à Genè-ve, en la place du Molard, le dimanche des Bordes, l'an 1523. — Sottie à 9 personnages, jouée le dimanche d'après les Bordes, en 1524, en la justice. (*sans lieu d'impression*), in-12. [16279]

Voyez *Biblioth. du théâtre françois*, tome I, p. 90. Une réimpression de la prem. de ces deux pièces, faite vers le milieu du dernier siècle, sous l'indication de *Lyon, P. Rigaud*, pet. in-12, de 41 pp., vend. 13 fr. 50 c. *mar. r.* La Valliere, et 12 fr. Lair. —

Soto (*Hern.* de). Emblemas, 18609.

Cette pièce a été aussi réimprim. à *Paris*, vers 1802. — Voyez CARON.

SOTTIE nouvelle (du roi des Sotz), à six personnages. (*sans lieu ni date*), format d'agenda in-4. de 12 pp. à 46 lign. [16279]

SOTTIE nouvelle des trompeurs, à cinq personnages (*sans lieu ni date*), format d'agenda in-4. de 12 pp. à 46 lig.

Ces deux pièces font partie du Recueil de Farces conservées au Musée britannique, et que M. P. Jannet a publié à Paris. — Voy. ANCIEN Théâtre.

SOTVEL (*Nath.*). Voy. RIBADENEIRA.

SOUDI. Cherhi-Soudi, Commentaire turc du Gulistan de Sadi, composé par Soudi. *Impr. à Constantinople en* 1249 (1834), in-fol. de 4 et 514 pp. [3961]

Voir sur cette édition le n° 1931 du catal. Silvestre de Sacy, où elle est portée à 65 fr.

SOUDOKHODNY dorojenik europeiskoï Rossii. Itinéraire de la navigation dans la Russie d'Europe. *St-Pétersb., impr. du département des voies de communication*, 1854-56, in-8., avec une carte. [27733]

On trouve dans cet ouvrage la description exacte du cours du Volga, ainsi que des trois systèmes de canaux qui conduisent à la mer Baltique, avec un aperçu historique des travaux entrepris pour effectuer ces routes navigables.

SOUFFRAND (le P.). Le victorieux et triomphant combat de Gédéon, repré-senté à Paris, au jour de la Passion du fils de Dieu, l'an 1612, en l'église de Saint-Séverin, en présence de la royne Marguerite; dernière édition, corrigée des fautes prises de celle de Bordeaux. *Paris,* 1626, pet. in-12. 5 à 6 fr.

Vend. 9 fr. Lambert. Ce livre singulier n'est pas un ouvrage dramatique, comme le titre pourrait le faire croire. — L'édition de *Bordeaux*, 1616, in-12, vend. 2 fr. Bignon; 29 fr. *mar. bl.* Gancia.

SOUHAIT (du). Voy. DUSOUHAIT.

SOUHAITS. Les souhaits des hommes. — *Cy finët les souhaitz des hommes*. (sans date), pet. in-4. goth. de 5 ff. à longues lignes, avec la marque de Le Noir sur le 1er f. [13597]

Opuscule composé de 34 stances de 4 vers de 8 sylla-bes, suivies d'une ballade. Il se trouve sept strophes de plus dans une autre édition du même opuscule, pet. in-4. goth. de 6 ff., dont le premier porte au recto la marque de J. Trepperel, et au verso une gravure sur bois.

Soubeiran (*E.*). Pharmacie, 7657.

Souche ou Souchu de Rennefort (*V.*). Mémoires sur l'Inde, 20669. — Voyage à Madagascar, 20932.

Souchet (*Et.*). Coutumes d'Angoumois, 2637.

Souclet (le P.). Observations, 7826. — Dissertations, 21249.

Souffrain (*J.-B.-Alex.*). Essais sur la ville de Li-bourne, 24687.

— Les souhais des | hommes. — *Cy finẽt les souhaitz des hommes* (sans lieu ni date), in-4. goth. de 6 ff. (*Biblioth. impér.*)

Le titre de cette édit. rare porte la marque que nous avons donnée dans notre second vol., col. 551, à l'occasion d'une édition du *Debat du vin et de l'eau,* imprimée à Provins, par Guil. Tavernier. Cette marque semble prouver que les *Souhais des hommes* (ci-dessus), quoiqu'ils portent seulement le nom de *Macé Panthoul,* ont été aussi impr. à Provins, par ce même Guillaume Tavernier, dont il a déjà été question à l'art. Règle des marchands.

— Les souhaitz des hommes (en vers). Pet. in-8. goth.

Petite pièce de huit ff. seulement, à la fin de laquelle se lit : *Cy finent les souhaitz des hommes.*

— Les ‖ souhaitz des hommes et des femmes. (*sans lieu ni date*), pet. in-4. goth. de 10 ff. à 23 lig. par page.

Mêmes caractères que dans le livre des Quatre choses, impr. à Lyon, vers 1500, mar. r. 170 fr. Coilhava.

Ces deux pièces ont été reproduites dans le 3ᵉ vol. du Recueil de M. de Montaiglon, d'après d'anciennes édit. in-4. goth., la première pièce, en 6 ff., et la seconde en 5 ff. Dans toutes les deux la page du titre porte une grande L bizarre et chargée dans les entrelacements de ses traits de quatre singes dont un joue de la musette.

SOUHAIZ (les) et beautes des dames auec la fille comparee a la vigne. (à la fin) : *Explicit la comparaison de la fille a la vigne ɀ selon le bon vin,* pet. in-4. goth. de 6 ff. [13598]

Pièce libre. Les souhaits des dames, consistant en 30 strophes de 4 vers de 8 syllabes, sont suivis d'une ballade. La marque de Trepperel est sur le premier feuillet.

— Les Souhaitz des dames. Pet. in-4. goth.

Pièce de 4 ff. Vend. 31 fr. en 1824, et le même exemplaire, dont on avait retiré un f., 80 fr. en mars 1825. L'édit. précédente, qui ne vaut certainement pas moins que celle-ci, s'était donnée pour 3 fr. 5 c. chez La Valliere.

SOUHAIZ (les) du monde. Pet. in-8. goth. de 6 ff. [13599]

Dialogue en vers de 8 et de 10 syllabes, qui paraît avoir été écrit vers la fin du règne de Louis XII. Vend. 57 fr. 50 c. en mars 1829.

— Les Souhaiz du ‖ monde. Pet. in-8. de 4 ff. à 35 lig. par page.

Edition en petits caractères goth. avec une vignette sur le titre. Un exemplaire rel. en *mar. bl.* par Duru, 151 fr. 2ᵉ vente Veinant.

Réimprimé en 1831 (voy. Poésies), et en 1855 dans le 1ᵉʳ vol. du Recueil de M. de Montaiglon.

SOULIERS (l'hermite). Voy. Lhermite.

SOUMAROKOFF (*Alex.*). Sinave et Trouvore, tragédie russe, en vers, faite par Soumarokoff, et trad. en françois par le prince Alexandre Dolgorouky. *St-Pétersbourg, de l'imprim. de l'Académie des sciences,* 1751, in-8.

Impr. à petit nombre et pour des présents. Vendu 16 fr. 15 c. pap. de Holl., *m. bl.* Chateaugiron.

Man.-Léon. Pappadopoulo a donné une traduction franç. du *Théâtre tragique de Soumarocow* (sic), Paris, Renouard, 1801, 2 vol. in-8., dont il y a du pap. vélin. [16919]

SOUPERS (les) de Daphné et les dortoirs de Lacédémone, anecdotes grecques, ou fragments historiques, publiés et traduits sur la version arabe imprimée à Constantinople l'an de l'hégire 1110 et de notre ère 1731. *Oxford (Paris),* 1740, in-12 de 96 pp. [17304]

Satire sur les *Soupers de Marly,* composée par Meunier de Querlon, d'après les anecdotes fournies par Moret, ou peut-être par J. Monnet : 9 fr. By; 20 fr. *cuir de Russie,* Chateaugiron ; 17 fr. *mar. r.* A. Martin, et ordinairement de 3 à 5 fr.

Il y a une réimpression, sous le titre de *Soupers de Daphene,* pet. in-8., sous la même date et avec la clef des noms en 1 f. — Une autre réimpression des *Soupers de Daphenc* (sic), Oxford, 1746, pet. in-8., n'a que 78 pp., y compris la clef. Une clef différente se trouve dans le *Dictionnaire des anonymes* de Barbier, n° 17203.

SOUPIRS (les) de la France esclave, qui aspire après la liberté (divisé en 15 mémoires, qui sont attribués à Jurieu ou avec plus de probabilité à Michel Le Vassor). 1689, in-4. de 238 pp. [23850]

Edition originale, exécutée en grosses lettres. Il est difficile de le trouver complète, chaque mémoire ayant paru séparément ; le dernier est daté du 15 septembre 1690. Vend. en *m. r.* 19 fr. de Boissy ; 17 fr. *mar. bl.* Chénier ; 15 fr. 50 c. *mar. puce,* De Bure, et plus cher autrefois.

L'édition d'*Amsterd.,* 1690, in-4. de 228 pp., a moins de valeur. — Les 13 premiers mémoires ont été réimprimés sous le titre de *Vœux d'un patriote,* Amsterd., 1788, in-8.

SOURCE (la) des malheurs d'Angleterre et de tous les maux dont ce royaume a été affligé depuis le règne de Jacques I, et qui ont causé la perte de Charles I, et la désertion de Jacques II. *Cologne, P. Marteau,* 1689, pet. in-12. 6 à 9 fr. [27005]

Ouvrage de circonstance, devenu rare, comme tant d'autres du même genre que l'on n'a pas réimprimés. 20 fr. 50 c. *mar. bl.* par Duru, vente Gancia.

SOURCE d'honneur (la) pour maintenir la corporelle elegance des dames en vigueur fleurissant, et pris inestimable,

---

Soulange-Bodin. Annales de Fromont, 6474.

Soulavie (*Giraud*). Histoire naturelle de la France méridionale, 4487.

Soulavie (*J.-L.*). Pièces inédites, 23883. — Règne de Louis XVI, 23916.

Soulié (*Melchior-Fréd.*). Ses romans, 17270.

Soult, duc de Dalmatie. Mémoires, 8759.

Soultrait (le comte *George*). Numismatique nivernaise et bourbonnaise, 24477. — Notice sur les sceaux du cabinet de Mad. Fevre, 24477. — Armorial du Nivernais et du Bourbonnais, 28828.

Soumet (*Alex.*). Jeanne d'Arc, 14121. — Ses tragédies, 16537.

Soupers de la cour. Voy. Menon.

Souquet (*J.-B.*). Diction. des temps légaux, 2893.

auec une belle epistre dune noble dame
a son seigneur et amy. nouuellement
imprime. *On les vend a Lyon, en la
boutique de Romain Morin, libraire
demourant à la rue Merciere,* 1531,
pet. in-8. goth. fig. sur bois. [13600]

En vers et en prose. Vend. 15 fr. Picart; en *mar. r.*
56 fr. Andry, et 106 fr. Ch. Nodier.

— La Source d'honneur (comme ci-dessus). (à la fin) : *Imprime a Lyon par
Denys de Harsy, pour Romain Morin,*
1532, pet. in-8. goth. de lxxıı ff. chiffrés,
fig. sur bois.

C'est, à ce qu'il paraît, la même édition que la précédente, avec un nouveau titre : 29 fr. *mar. bl.*
Coste.

— La Source dhonneur pour maintenir la
corporelle Elegãce des dames en vigueur
fleurissant *z* pris inestimable. auec une
belle Epistre dune noble dame a son seigneur *t* amy. (au verso du dernier f.) :
*Cy fine la source dhonneur... Imprime
a Lyõ nouuellemẽt par Oliuier Arnoullet le x de Januier. Mil. cccc.
xliij.,* pet. iu-8. goth. de lxxxviij ff.
chiffrés. [13600]

Vend. 1 liv. 3 sh. (titre ms.) Heber.
Niceron a donné cet ouvrage à Olivier de La Marche,
parce qu'il a cru que c'était la même chose que le
Parement des dames de ce poëte; mais il s'est
trompé.

SOURCE (la) et origine des C... sauvages,
et la manière de les apprivoiser...; plus,
la cruelle bataille - de messer Bidault-
Culbute et ses compagnons, contre le
révérend Moufflard...; plus, enrichy du
bail à ferme desdits C..... avec les cens
et rentes, etc. *Lyon, Jean de la Montagne,* 1610, in-8. de 12 ff. [18017]

Cette édition originale est rare; mais il y a une réimpression sous la même date, que l'on trouve plus
facilement. Elle est ordinairement jointe à d'autres
pièces du même genre, au nombre de huit. — Voy.
Procès et amples examinations, etc.; Grande et
véritable pronostication, et Pronostication.

SOUSA (*Luiz* de). Historia de S. Domin-
gos particular de Reino e conquistas de
Portugal..... Part. I. *Bemfica, Vinha,*
1623. Part. II. *Lisboa, Oliveira,* 1626.
Part. III. *Lisboa, Carneiro,* 1678.
Part. IV, por Lucas de S. Catharina.
Lisboa, Silva, 1733. En tout 4 vol. in-
fol. [22157]

Édition dont il est difficile de trouver les 4 vol. réunis.
L'ouvrage a été réimpr.: *Lisboa,* 1767, 4 vol. in-fol.
60 fr.

SOUSA (P. *Fran.* de). Oriente conquis-

tado a Jesu Christo pelos padres da
comp. de Jesu da provincia de Goa,
primera parte, na qual se contem os
primeiros vinte e dous annos desta provincia. — Segunda parte, na qual se
contem o que se obrou o anno de 1564
até à anno de 1585. *Lisboa, Deslandes,*
1710, 2 vol. in-fol. [21573]

Ouvrage recommandable pour les bons renseigne-
ments historiques et chronologiques qu'il contient.
Vend. 51 fr. *mar.* Reina; 50 fr. *v. br.* 4e vente
Quatremère. — Le 3e vol. est resté en manuscrit.

SOUSA (*Ant.-Caetano* de). Historia genealogica da casa real portugueza desde
a sua origem até o prezente, com as familias illustres. *Lisboa, Silva,* 1735-49,
13 tom. en 14 vol: pet. in-fol. [26317]

Le 14e vol. est un index.

— Provas de Historia genealogica da casa
real portugueza, tiradas dos instrumen-
tos dos archives da Torré do Tombo,
etc. *Lisboa, Silva,* 1739-48, 6 vol. pet.
in-fol.

Ouvrage capital dans son genre. Les 20 vol. ont été
vend. 210 fr. Brito, en 1827; 13 liv. 13 sh. Heber;
190 fr. Sampayo, sans les portraits qui se trouvent
dans d'autres exempl., et qui ont été publiés à
part, sous ce titre :
Serie dos reis de Portugal. *Lisboa, Silva,* 1743.

SOUSA (*José-Carlo-Pinto* de). Bibliotheca historica de Portugal, e seus do-
minios ultramarinos : na qual se contém
varias historias daquelle, e destes ms. e
impressas em prosa, e em verso, só, e
juntas com as de outros estados, escritas
por authores portuguezes, e estrangeiros... dividida em quatro partes... nova
ediçaõ, correcta e amplamente augmentada. *Lisboa,* 1801, pet. in-4. 8 à 10 fr.
[31773]

L'auteur a signé l'épître dédicatoire, mais son nom
ne se lit pas sur le titre de l'ouvrage.

SOUSA (*Faria* y). Voy. Faria.

SOUSNOR (*Jean*), sieur de la Nichelière.
Dialogue de trois vignerons du pays du
Maine sur les miseres de ce temps.(*sans
lieu*), 1624, pet. in-8. [23687]

Ce dialogue, en dialecte manceau, se rapporte aux
événements de l'année 1624. L'édition du *Mans,*
in-12, 1567, annoncée dans le catal. de Villenave, ne
pouvait donc pas porter cette date. Celle de *Rouen,*
1630, in-8., exempl. en *mar. r.* 9 fr. Morel-Vindé.
Il y en a aussi une de *Rouen, Lallemant,* 1668, pet.
in-8., et probablement d'autres encore. Toutefois
il existe bien une édit. du *Mans, Gervais Olivier,*
1629, pet. in-8. Quant au nom de La Nicheliere,
c'est évidemment un pseudonyme, et même quelques personnes supposent que c'est le masque de
Jean Rousson.

SOUZA (*Pero-Lopes* de). Diario da nave-
gação da armada que foi á terra do Brasil, em 1530, sob a capitania-mor de
Martim Affonso de Souza, escripto por
seu irmão Pero Lopes de Souza; publi-

cado por Francisco Adolfo de Varnhagen. *Lisboa, typographia da Sociedade propagadora dos conhecimentos uteis*, 1839, in-8. de 11 ff. prél., 130 pp. et le portrait de *Martim Affonso de Souza*.

Ce journal est publié pour la première fois d'après le manuscrit de la Biblioth. roy. d'Ajuda; l'éditeur, M. de Varnhagen, y a ajouté des notes et des documents curieux. M. le vicomte de Santarem, ce savant qu'il faut toujours citer lorsqu'il s'agit d'ouvrages relatifs à la géographie et aux voyages, a donné l'analyse de cette publication dans les *Nouvelles annales des voyages* (mars 1840), et séparément sous le titre suivant:

ANALYSE du journal de la navigation de la flotte qui est allée à la terre du Brésil, en 1530-1532, par Pedro Lopes de Sousa, publié pour la première fois à Lisbonne, par M. de Varnhagen. *Paris, impr. de Fain*, 1840, in-8. de 47 pp.

SOUTHEY (*Robert*). Poetical Works, collected by himself. *London, Murray*, 1850, 10 vol. in-8. 2 liv. 2 sh. [15872]

Il y a une édit. de ces poésies, *Lond.*, 1853, complète en un seul vol. gr. in-8.

— LIFE and correspondence of R. Southey, edited by his son-in-law Cutbert Southey. *London*, 1849, 6 vol. pet. in-8.

— COMMON Place, Book, by R. Southey, edited by his son-in-law. *London*, 1849-51, 4 vol. in-8. 2 liv. 18 sh.

— HISTORY of the Peninsular war. *London, Murray*, 1823-26-32, 3 vol. in-4. 1 liv. 10 sh. [8782]

Réimpr. à *Lond., Murray*, 1828-32, 6 vol. in-8.: 2 liv. 2 sh. Trad. en franç. par M. Lardier, sous le titre d'*Histoire de la guerre de la Péninsule sous Napoléon*, Paris Dondey-Dupré, 1828, in-8. tom. I et II.

— HISTORY of Brasil. *London*, 1810-17-19, 3 vol. in-4. 4 liv. 4 sh. Le 1er vol. a été réimpr. en 1821. [28659]

— HISTORIA da Brazil, traduzida do inglez de Roberto Southey pelo Dr Luiz Joaquim d'Oliveira e Castro, e annotada pelo conego Dr J.-C.-Fernandes Pinheiro, 6 vol. in-8.

Le 6e vol. de cette traduction a été publié par la librairie Garnier, à Paris, en janvier 1863.

— Life of Nelson, 27034. — of Wesley, 30931.

— CHRONICLE of the Cid. Voy. notre tome premier, col. 1883.

SOUTHWELL. S. Peters complaint and Saint Mary Magdalens funerall teares, with other works of the author R. S. (Robert Southell). *London, for W. Barrett*, 1620, in-12 de 518 pp. [15776]

Les poésies de ce jésuite, mort martyr de la foi en 1591, ne sont pas sans quelque mérite, et elles ont été souvent réimprimées. L'édition de 1620, in-12 de 176 pp., sans lieu d'impression, mais donnée *cum permissu superiorum*, contient un poëme (*The christians manna*) qui n'est pas dans les autres. Le *Saint Peters complaynt* parut pour la première fois à Londres, chez J. Wolfe, en 1595, in-4., et Lowndes en indique plus de douze éditions; toutes assez rares. Celle qui a été faite à Londres, vers 1817, porte le titre suivant:

ST. PETERS complaint and other poems..... with important additions from an original ms. and a sketch of the author's life, by W.-Jos. Walter, in-12. Il y a 50 exempl. en Gr. Pap.

On a donné plus tard un autre recueil dont voici le titre:

THE PROSE works of R. Southwell, containing Mary Magdalen's funeral tears; the triumphe over death, and epistle of comfort, etc., edited by W.-Jos. Walter. *Lond.*, 1828, in-12.

SOUVERAIN. Voy. PLATONISME.

SOUVERAINETE des roys, poëme épique divisé en trois livres, à la reine mère du roy, régente de France (par P. Nancel), 1610 (*Paris*), pet. in-8. [13976]

Volume peù commun à ajouter à l'article NANCEL, tome IV, col. 4.

SOUZA (*J.-G.*). Anthologie universelle, choix des meilleures poésies lyriques de diverses nations dans les langues originales, par Joaquim Gomes de Souza. *Leipzig, F.-A. Brockhaus*, 1859, pet. in-8. de XXVIII et 944 pp. 15 fr. [12233]

SOUZA. Voy. SOUSA. — Souza Beristain. Voy. BERISTAIN.

SOWERBY (*James*). English Fungi: or coloured figures of english fungi or mushrooms, with description. *London*, 1797-1803, 3 vol. in-fol. [5356]

Indépendamment des 400 pl. publiées au prix de 11 liv. 6 sh. 6 d., il faut deux cahiers de suite, publiés en 1809 et 1815, et renfermant les pl. 401 à 439. Vend. ainsi complet, 410 fr. Pappenheim: Bohn ne porte l'ouvrage qu'à 7 liv. 7 sh.

— BRITISH wild flowers illustrated, with descriptions, an introduction, and a key to the natural orders, by C.-P. Johnson. *London*, 1860, 2 vol. in-8. avec fig. color. 2 liv. 10 sh. et avec un supplément, 1863.

— ENGLISH botany. Voy. SMITH (*J.-E.*).

— British mineralogy, or (550) coloured figures, with descriptions, to elucidate the mineralogy of Great Britain. *London*, 1804-17, 5 vol. in-8. [4731]

Publié en 84 numéros qui ont coûté ensemble 17 liv. 5 sh. Vend. 6 liv. 10 sh. Hibbert.

Sowerby a aussi donné: *Exotic mineralogy*, Lond., 1811, 1 vol. gr. in-8. contenant 100 pl. 2 liv.

— The mineral conchology of Great Britain, or coloured figures and descriptions of those remains of testaceous animals or shells, which have been preserved at various times and depths in the earth. *London*, 1812-30, 6 vol. gr. in-8., avec 609 pl. 17 liv. 17 sh. [6150]

Publié en 104 cahiers, à 5 sh. chacun.

— Conchyliologie minéralogique de la Grande-Bretagne, ou figures coloriées et descriptions des débris de testacées ou de coquilles qui se sont conservés à diverses époques et à différentes profondeurs; traduction française, revue, corrigée et augmentée par L. Agassiz. *Soleure et Neuchâtel*, 1838-45, en 20 livr. in-8.

Ouvrage complet, contenant, en 395 pl. color., les 609 pl. de l'édition anglaise. 200 fr.

SOWERBY (*George Brettingham*). A Catalogue of the shells contained in the collection of the late earl of Tankerville, arranged according to the Lamarkian conchological system; together with an appendix, containing descriptions of many new species. *London, Sowerby*, 1825, in-8., avec 8 pl. 1 liv. [6147]

— The Genera of recent and fossil shells, for the use of students in conchology and geology... illustrated with original plates, by James Sowerby; conducted by G.-Br. Sowerby. *London, the author*, 1823, *and following years*, in-8. fig. [6107]

Publié par cahiers de 6 planches, à 4 sh., et color. 6 sh. Il en paraissait 42 en 1834, contenant 264 planches en tout.

Le même auteur a commencé, en 1832, une publication dont il paraissait toutes les semaines un cahier (à 1 sh. 6 d.), sous le titre suivant: *The conchological illustrations, or coloured figures of all the hithertho unfigured recent shells* (200 cahiers en tout). [6127]

— Thesaurus conchyliorum, or figures and descriptions of shells. *London*, 1842-59, gr. in-8. part. I à XX, contenant 235 fig. color. 15 à 18 liv. [61172]

— Genera of recent and fossil shells. *London*, 1834, 2 vol. in-8. avec 260 pl. en partie color. 4 liv. 4 sh.

— Conchological Manual, containing a complete introduction to the science. *London*, 1842, in-8. avec 28 pl. contenant 650 fig. 1 liv. 8 sh. [6112]

— Conchological illustrations, arranged with catalogue and indices. *London*, 1841, 2 vol. in-8. avec 200 pl. color. 4 liv. 4 sh.

SOZZINI (*Alessandro*). Raccolta di burle, facetie, motti e buffonerie di tre uomini senesi, ecc. (*senz' anno, ma sec.* XVI), in-8. [17893]

De ce livret assez rare Poggiali a extrait cinq petites nouvelles, qu'il a placées dans le 2e vol. des *Novelle di autori senesi*.

SPACCIO de la bestia trionfante. Voyez BRUNO.

SPACH (*Edouard*). Histoire naturelle des végétaux phanérogames. *Paris, Roret*, 1834-48, 14 vol. in-8. avec 152 pl. 136 fr., pl. color. 181 fr. [54019]

Partie des suites à Buffon publiées chez le même libraire; voyez la fin de l'article BUFFON.

— Icones plantarum orientalium. Voy. JAUBERT (*Hippol.-Franç.*).

SPACHIUS (*Israel*). Gynæciorum, sive de mulierum affectibus et morbis libri Græcorum, Arabum, etc., opus ex multis autoribus congestum. *Argentinæ*, 1597, in-fol. fig. sur bois. [7608]

Ce livre est rare, et il a été longtemps recherché; 35 fr. Baron; 29 fr. By, et beaucoup moins depuis.

SPADARIUS seu Spatarius. B.-M. Johannis Spadarii in musica professoris, musices ac Bartolomei Rami honesta defensio in Nicolai Burtii parmensis opusculum (italice). *Bologna, per Platonem de Benedictis*, 1491, *adi xvi de Marzo*, in-4. [10114]

Opuscule fort rare. — Voy. BURTIUS.

— Tractato di Mùsica di Gioanni Spataro, musico bolognese, nel quale se tracta de la perfectione de la sesqualtera producta in la musica mensurata, etc. (in fine): *Venezia, per Bernardino de Vitali*, 1531, in-fol. [10133]

Cet ouvrage est devenu rare: vend. 38 fr. salle Silvestre, en 1842. — Spataro a écrit contre Gaffori, en 1519, ce qui donna lieu à l'apologie de celui-ci, impr. à Turin, en 1520, sous le patronage de Jean Grolier. — Voyez GAFFORI.

SPAGNA (la), poema. *Bologna, Ugo de Rugerii*, 1487, pet. in-fol. de 64 ff. [14726]

Édition la plus ancienne, avec date, que l'on connaisse de ce poëme chevaleresque, composé au XIVe siècle. Elle est imprimée à 2 col. de 56 lign. chacune (ou 7 octaves), en caractères gothiques, sans chiffres ni réclames, mais avec des signatures de *a—hh*, par cahiers de 8 ff. Le premier feuillet est tout blanc, et le texte du poëme commence au recto du second feuillet, coté *a2*, par ce sommaire: Questo e il libro chia | mato la Spagna diuisa | in trentasette cantare | doue se contene le ba | taglie fece re Carlo in | la prouîcia di spagna. | Primo cantare. Au-dessous de ces lignes, dans la même colonne, se lisent cinq octaves, dont la première a les quatre premiers vers coupés en deux lignes, à cause de l'espace laissé en blanc pour peindre l'a majuscule qui commence le poëme. Un plus petit espace, de la hauteur de trois lignes d'impression, est également demeuré en blanc, au commencement de chaque chant, pour peindre la lettre initiale; et c'est là la seule séparation qui marque la division des chants. Le poëme se termine au recto du 7e f. du dernier cahier à la cinquième octave de la seconde colonne; et après cette dernière octave se trouve la souscription suivante: Impresso ne lalma z'inclita cita de bo | logna per mi Ugo di rugerij sotto al diuo | z illustro signore messer Çoanne secondo | bentiuoglio sforcia di vesconti daragona. | Ne li anni del nostro signor miser Ihesu | christo. Mccccclxxxvij. a di. xvij. di luglio. | et plus bas Laus deo omnipotenti. Le verso de ce même feuillet est blanc, ainsi que le 8e et dernier feuillet du cahier h.

Cette édition précieuse est divisée en 37 chants, comme on le voit dans le sommaire ci-dessus; celle de Venise, 1488, quoique annoncée en 40 chants, n'en a que 38, et ce sont les mêmes que ceux de la précédente, avec quelque différence dans leur division. La dernière octave, rapportée par le Quadrio (VI, p. 548), celle où *Sostegno di Zanobi da Fiorenza* est désigné comme l'auteur du poëme, ne se trouve pas dans l'édit. de 1487; elle est cependant dans celle de 1488, laquelle offre d'ailleurs un texte tellement corrompu, qu'à peine peut-on le comprendre. La leçon que présente l'édition de Bologne est beaucoup meilleure. Consultez, à ce sujet, la notice intitulée :

NOTIZIA di una edizione sconosciuta del poema romanzesco La Spagna ; colla descrizione di un opuscolo impresso da Aldo Manuzio nell' anno M. CCCC. XCIX, di Paolo-Antonio Tosi, *Milano, dalla tipografia di Felice Rusconi, 1835*, in-8. de 32 pp. en tout. Il n'en a été tiré que 100 exempl. en pap. vél., huit en Gr. Pap. de Hollande et un seul sur VÉLIN. Ce dernier pour Gaetano Melzi, à qui l'opuscule est dédié.

Depuis la publication de cette notice, Melzi a donné, dans la 2e édition de sa *Bibliografia dei Romanzi*, p. 44, la description d'une édition de *La Spagna*, fort ancienne, dont la Bibliothèque royale de Naples conserve un exemplaire incomplet au commencement et à la fin. C'est un in-fol. à 2 col. de 64 lign. ou huit stances, sans chiffr. ni signat., impr. avec des caractères demi-goth. (conformes au modèle que donne Melzi, p. 45). Les chants y sont au nombre de XXXVIIII, et commencent tous par une initiale fleuronnée, gravée sur bois avec une certaine élégance, et de la hauteur de quatre lignes d'impression. Entre chaque octave se trouve un espace vide équivalant à trois lignes. Comme l'édition n'a point de signatures, elle paraît être antérieure à celle de 1487.

— La Spagna. *Venesia, Bartholomio de Zani*, 1488, in-4. à 2 col. de 36 lign. chacune, sans chiffres, ni récl., mais avec des signat. de *a—n*, par 8 ff., caractères romains.

Édition non moins rare que les trois précédentes. Le premier feuillet est blanc, et au recto du second commence le poëme précédé de ce sommaire : *Incomincia il libro vulgare decto | laspagna in quaranta cantare diuiso | doue se tracta le bataglie fe carlo ma | gno in la prouincia de spagna.* Au recto du 8e f. du dernier cahier, première colonne, se lit la dernière octave, suivie du mot AMEN, et sur la seconde colonne la souscription que voici : *Finito il libro chiamato la spagnia* (sic) | *Impresso in Venesia per Bartholo | mio de zani de portisto dellaño de | la natiuita del nostro signore Iesu | Cristo. M. cccc. lxxxviii. adi. tii del | mese de Septembrio. Deo gratias.* Ensuite le registre (*Notizia* di Tosi).

— Incomincia il libro vulgare dicto la Spagna..... (à la fin) : *Impresso nela iclita citta di Milano per Ioanne Angelo Scinzenzeler A instantia de Ioanne Iacobo & fratelli de Legnano. nel* M. CCCC. XII. *Adi iiij de mese de Zugno*, in-4. de 102 ff. non chiffrés à 2 col., lettres rondes, avec fig. sur bois.

Vend. 19 fr. Floncel; 15 fr. La Vallière; et serait plus cher aujourd'hui.

Edition rare. Au premier feuillet est une gravure sur bois, au-dessous de laquelle on lit cet intitulé : *Questa sie la Spagna historiata;* au recto du second commence le poëme, précédé du sommaire *incomincia il libro...* Sur le dern. sont la souscription, le registre et le fleuron de l'imprimeur. Le nom de l'auteur ne se trouve que dans ces vers de la dernière octave... *A voi signor' ho rimato tutto questo — Sootognio di Zanobi da Fiorenza.*

— Incomincia il libro vulgar ditto la Spagna... *Venetia, per Guielmo da Fontane, nel* M.CCCC.xiiii *a di ix de Septembrio*, in-4. fig. sur bois.

Réimpression du texte de 1488, et avec les mêmes inexactitudes. Vend. 5 liv. 10 sh. Hibbert; 4 liv. 14 sh. 6 d. Heber.

Il y a à la Bibliothèque impér. une édition in-4. de *La Spagna*, en caractères ronds, avec des signat. de Aii à Niii, un frontispice historié, et d'autres gravures sur bois, à la fin de laquelle se lisent les mots : *Questo sie Gano Traditore;* mais peut-être manque-t-il à l'exemplaire le dernier feuillet portant la souscription.

— La Spagna. *Impresso... Milano in libraria Minutiana A istãtia di Ioanne lacobo z fratelli de Legnano..... Nel* M. CCCC. xviiij (1519), *adi ij. del mese de Marzo*, in-4. à 2 col., sign. A—L, caract. demi-goth., fig. sur bois.

— La Spagna. — *Stampata in Vinegia per Aluise de Tortis*, 1534, *adi viii. Decembrio*, in-8., lettres rondes, à 2 col. fig. sur bois.

— LA SPAGNA. *Venezia, Bartolomeo detto l'Imperatore et Francesco genero*, 1557, in-8. fig. sur bois. 1 liv. 4 sh. Heber; 11 sh. Libri.
— LA SPAGNA. *Venezia, per Alessandro de Viano*, 1564, in-8., demi-goth. fig. sur bois.

Quoiqu'au jugement de Ginguené, ce long poëme soit au-dessous du médiocre, il a été réimprimé à Venise, en 1568, 1570, 1580, 1610, 1615, et depuis, dans le format in-8., et même en 1783, de format in-12.

SPALATIN (*Georg*). Historia Magelonæ, spiel weiss in deutsche reimlen gebracht durch einen studenten | mit einem nutzlichen unterricht | Georgii Spalatini (*Gedruckt bey Michael Blum*, 1539), pet. in-8. goth., sign. A—Ev.

31 fr. v. f. tr. d. de Soleinne.

SPALLANZANI (*Laz.*). Opere scelte. *Milano, tipogr. de' classici ital.*, 1825-26, 6 vol. in-8. portr. 24 à 30 fr. [19239]

VOYAGE dans les Deux-Siciles et dans quelques parties des Apennins ; traduit de l'italien par Toscan, avec des notes de Faujas Saint-Fond. *Paris, an* VIII (1799), 6 vol. in-8. fig. 18 à 20 fr. [20230]
Le texte original en italien a paru à *Pavie*, 1792-97, 6 vol. in-8. fig. 18 à 24 fr.
— Opuscules de physique, 4348. — Expériences, 4349.
— Circulation, 6889. — Respiration, 6890.

SPALLART (*Robert* de). Tableau historique des costumes, des mœurs et des usages des principaux peuples de l'antiquité et du moyen âge (trad. de l'allemand par L. de Jaubert et M. Breton). *Metz, Collignon*, 1804-9, 7 vol. in-8. et 7 cahiers in-fol. obl. 200 fr. [28974]

Vend. 151 fr. Boutourlin.
Cet ouvrage a d'abord paru en allemand, avec les mêmes figures : *Vienne*, 1804-11, 8 vol. in-8. et atlas in-fol. Il devait être porté à 10 vol.

SPALOWSKI (*Joach.-Joh.*). Beytrag zur Naturgeschichte der Vögel ; *c'est-à-dire*, Contribution à l'histoire naturelle des oiseaux. *Vienne*, 1790 et ann. suiv., 6 part. in-4., avec pl. color. [5795]

Cet ouvrage a coûté 180 fr. — Pap. fin, 300 fr. — Pap. de Hollande, 600 fr.; mais il ne conserve pas ces prix.

On a du même auteur plusieurs autres ouvrages d'histoire naturelle, parmi lesquels nous citerons :
1° une *Histoire naturelle des animaux à ma-*

melles, en allemand, *Vienne*, in-4., tomes I et II, avec 108 pl., 60 fr. — Pap. fin, 108 fr. — Pap. de Hollande, 216 fr. 2° Un autre traité en allemand, intitulé : *Prodromus in systema hist. testaceorum*, Viennæ, 1795, in-fol., tome I, avec 155 pl., 108 fr.

SPANGENBERG (*Cyr.*). Adelsspiegel. *Schmalkalden, Schmück*, 1591 - 94 , 2 vol. in-fol. [26633]

Ouvrage intéressant. Le dernier volume surtout est très-rare.

— Mansfeldische Chronica. *Eisleb., Petri*, 1572, in-fol. [26643]

Tome premier, le seul publié ; il a reparu sous le titre de *Sächsische Chronica*, Frankf., 1576 et 1585, in-fol. (Ebert, 21563 et 21564).

SPANGENBERG. Juris romani tabulæ negotiorum solemnium modo in ære, modo in marmore, modo in charta superstites : collegit, post Gruteri, Maffeii, Donati, Marini, aliorumque curas, iterum recensuit, illustravit, notitiam literariam et commentariolum de modo conficiendi instrumenta apud Romanos præmisit E. Spangenberg. *Lipsiæ, Cnobloch*, 1822, in-8. fig. 11 fr. [2436]

SPANHEMIUS (*Ezech.*). Dissertationes de præstantia et usu numismatum antiquorum. *Londini*, 1706 (aussi 1717), et *Amstelodami*, 1717, 2 vol. in-fol. fig. [29666]

Ouvrage estimé : 36 à 42 fr., et en Gr. Pap., dont les exempl. sont rares ; vend. en *mar.* 97 fr. Barthélemy ; 72 fr. Caillard ; 120 fr. Mac-Carthy.

— Voy. JULIANI Cæsares.

SPANHEMIUS (*Frid.*). Opera, quatenus complectuntur geographiam, chronologiam et historiam sacram et ecclesiasticam. *Lugd.-Bat.*, 1701-3, 3 vol. in-fol. fig. 18 à 24 fr. [19037]

— Elenchus, 1959. — Papesse Jeanne, 21633.

SPANNACHEL (le baron de). Notizia della vera liberta fiorentina. Voy., NOTIZIA.

SPANO. Ortografia sarda nazionale ossia gramatica della lingua logudorese paragonata all' italiana, di Giovanni Spano. *Cagliari*, 1840, 2 vol. in-8. [11138]

Sur cet ouvrage important consultez le catalogue de M. Libri, 1847, n° 168, où il est porté à 58 fr.

— VOCABOLARIO sardo italiano, e italiano sardo. *Cagliari*, 1852-55, 2 vol. gr. in-8. 30 fr. [11139]

SPANO (*Piero*). Tesoro de' Poveri. Voy. PETRUS hispanus.

SPARKE (*Jos.*). Historiæ anglicanæ scriptores varii, ex codicibus mss. nunc primum editi (a Jos. Sparke). *Londini*, 1723, in-fol. 24 à 36 fr. [26823]

Collection d'un médiocre intérêt. Les exempl. sont de trois sortes, en papier ordinaire, en Gr. Pap. et en

très Gr. Pap. Ces derniers ne sont, dit-on, qu'au nombre de 25. Vend. 3 liv. 5 sh. Sykes ; 2 liv. 12 sh. 6 d. Dent.

SPARRMANN (*Andreas*). Museum carlsonianum in quo novas et selectas aves coloribus ad vivum brevique descriptione illustratas exhibet Andr. Sparrmann. *Holmiæ*, 1786-89, gr. in-fol. [5776]

Cet ouvrage est divisé en 4 fascicules, et contient 100 pl. color. avec soin : 60 fr. (broché en 1798 ; en *mar. r.* 100 fr. Morel-Vindé. Il y a des exemplaires de format pet. in-fol.

— Voyage to the cape of Good Hope, towards the antarctic polar circle, and round the world, but chiefly into the country of the Hottentots and Caffres. *London*, 1786, 2 tom. in-4. fig. 15 à 20 fr. [19857]

Le texte suédois a paru à *Stockholm*, 1783, en 1 vol. in-8. de 766 pp. Il devait y avoir une 2° part., mais elle n'a pas été publiée.
Ce *Voyage au cap de Bonne-Espérance, etc.*, a été traduit en français, sur la version anglaise, par Letourneur, *Paris*, 1787, 2 vol. in-4. fig., ou 3 vol. in-8. 10 à 12 fr. Il y a une contrefaçon in-8., en petits caractères.

SPASSKI. Archéologo-numismatitcheski sbornik, etc., otnossitelno Tavridy. Recueil archéologico-numismatique, contenant des dissertations, tant originales que traduites, qui concernent la Tauride en général et, plus particulièrement, le Bosphore cimmérien ; publié par Grégoire Spasski. *Moscou, impr. de l'univ.*, 1850, in-4. [27784 ou 27797]

SPATARO. Voyez SPADARIUS.

SPAVENTE. Voy. ANDREINI.

SPECCHIO (il) di pensieri delle belle e virtuose donne dove si vede varie sorti de ponti, cioe ponti tagliati, ponti groposi, ponti in rede e ponti in stiora. *Venetia, Pagan*, 1548, in-4. fig. [10263]

Rare et recherché comme le sont tous les traités du même genre publiés à cette époque : 230 fr. Libri, en 1847.

SPÉCIMEN typographique de l'imprimerie royale. *Paris, imprimerie roy.*, 1845, in-fol. [9094]

Ce beau spécimen constate la richesse de l'imprim. impér. en caractères tant nationaux qu'exotiques, et en ornements typographiques, impr. en or et en couleur ; aujourd'hui on pourrait y ajouter plusieurs nouvelles fontes, et particulièrement un caractère persépolitain, gravé, en 1846, pour le grand ouvr. sur les ruines de Ninive, et d'autres caractères exotiques. 150 fr. et 125 fr. Louis-Philippe.

SPECIMENS of the ancient sculpture Egyptian, Etruscan. Greek and Roman : se-

---

Spangenberger (*A.-C.*). Exposition, 1952.
Spano-Bolani (*Dom.*). Storia di Reggio, 25804.

Sparks (*Jared*). Diplomatic correspondence, 28537.
— American biography, 28539. — Life of Gouverneur Morris, 28547.
Specimen of an etymological vocabulary, 11315.

lected from different collections in Great Britain, by the Society of Dilettanti (with description by R. Payne Knight). *London*, 1809 and 1836, 2 vol. très-gr. in-fol. [29533]

Le prem. vol. de ce livre magnifique renferme 75 pl. et a coûté 15 liv. 15 sh. (réduit à 5 liv.); et le 2ᵉ, qui n'a que 58 pl., se vendait 10 liv. 10 sh.

SPECIMENS of british minerais. Voyez RASHLEIGH.

SPECIMENS of editions of the sacred Scriptures in the eastern languages, translated by the brethren of the Serampore mission and of several others, printed at the mission press. *Serampore*, 1818, pet. in-4. de 22 pp. [232]

Cet opuscule renferme l'Oraison dominicale en 52 langues orientales. Il est d'autant plus curieux, que 51 de ces langues sont exprimées dans leurs propres caractères, et que 40 d'entre elles ne se trouvent ni dans le recueil de Chamberlayne, de 1715, ni dans celui qu'a donné Marcel en 1805, ni enfin dans celui de Bodoni. Cette rareté typographique a été vendue 131 fr. Langlès, et 25 fr. 50 c. Klaproth.

SPECIMENS of the early english poets. *London*, 1790, in-8. pap. vél. 5 à 6 fr.

Première édit. d'un recueil qui a été successivement augmenté (voy. ELLIS). Il en a été tiré 2 exempl. sur VÉLIN : 225 fr. Mac-Carthy ; 67 fr. Chardin.

SPECIMENS of macaronic poetry. *London, R. Berckley*, 1831, in-8. [13129]

Cité dans les *Macaronea*, p. 211.

SPECIMENS of the popular poetry of Persia, as found in the adventures and improvisations of Kurroglon, the banditminstrel, of northern Persia, and in the songs of the people inhabiting the shores of the Caspian sea, orally collected and translated, with philological and historical notes, by Alex. Chodzko. *London, printed for the oriental translation fund*, 1842, gr. in-8. 18 sh. [15986]

SPECTATEUR (le). Voy. STEELE.

SPECULE des pécheurs. Voyez CASTEL (Jean de).

SPECULUM anabaptici furoris, vivis quorundam Enthysiastarum... iconibus variegatum, et historicis descriptionibus illustratum : addita Mich. Serveti effigies et ejus hæresis. *Lugd.-Batavor.*, 1608, pet. in-8. [22459]

Ce petit volume, qui est orné de portraits, se trouve difficilement ; 3 flor. 75 c. Meerman. — En voici un autre du même genre, également publié en 1608 :

APOCALYPSIS insignium aliquot hæresiarcharum, qua visiones et insomnia ipsis per somnia patefactæ, blasphemias puta inauditas, ac deliramenta enthysiastica revelantur ; superadd. XVII eorum qui insigni supra reliquos temeritate ac depudendi audacia eminere visi, icones æri expressæ, interprete

H. S. F. D. M. D. *Lugduni Batavorum, ex typographia Henrici ab Haestens*, 1608, pet. in-8. portr.

Les portr. des anabaptistes de Munster, qui se trouvent dans ce livre, lui donnent quelque prix. 8 à 12 fr., et en *mar. v.* (non rogné) 30 fr. Veinant, en 1860.

SPECULUM conscientiæ. V. GHEYLOVEN.

SPECULUM datum nobile et preciosum ipsorum sacerdotum... (in fine) : *Explicit speculum Sacerdotum. Impressum Treueris, anno Domini millesimo quadringentesimo octogesimo primo*..... Pet. in-4. de 16 ff. [1318]

Livre très-rare, le premier impr. à Trèves, ville que ni Panzer, ni Santander n'ont mise au nombre de celles où l'art typographique a été exercé pendant le XVᵉ siècle. C'est M. Jean Hugo Wyttenbach qui l'a fait connaître dans son *Versuch einer Geschichte von Trier*, tom. II, 168. Voyez aussi l'*Essai philolog.* de M. Teissier, p. 260.

À la suite du *Speculum* il se trouve, dans l'exempl. décrit, deux opuscules imprimés avec les mêmes caractères : le premier intitulé : *Incipit expositio fructuosa symboli Athanasii* (5 feuilles), le second : *Sequitur devotus modus dicendi Pater noster* (1 feuille). L'imprimeur de ce volume ne s'est point nommé, et il paraît qu'il n'a pas formé d'établissement fixe à Trèves, car on ne cite aucun autre livre imprimé dans cette ville avant 1517, et même l'ouvrage qu'indique Panzer sous cette date (VII, 317) a-t-il été imprimé à Metz (voy. ENEN).

Nous avons déjà décrit (ci-dessus, col. 200) cet opuscule, sous le nom de son auteur, *Hermanus de* SCHILDIS ; nous le reproduisons ici comme anonyme, en ajoutant de nouveaux détails à ceux que nous avons donnés, et qui ne feront pas double emploi.

SPECULUM exemplorum ex diversis libris in unum laboriose collectum.—*Finitum et completum est hoc speculum exemplorum per me Richardum paefroed ciuem dauenteriensem*..... *Anno dñi* M. CCCCLXXXI, in-fol. goth. [31811]

Compilation du même genre à peu près que les *Gesta Romanorum*. Ce qui doit la faire rechercher, c'est qu'elle nous conserve des passages d'ouvrages encore inédits. Elle a été réimprimée à Cologne, *per Iohanñe Koelhof*... M. CCCCLYYYV (1485), in-fol. goth. de 444 ff. à 2 col.; et aussi à Strasbourg, en 1487, 1490, 1495, etc., in-fol.

SPECULUM humanæ salvationis. *(absque nota)*, pet. in-fol. [367]

Poëme ascétique, en vers rimés, d'une latinité barbare, sur des sujets bibliques. Plusieurs manuscrits portent la date de 1324, qui est peut-être aussi celle de la composition de l'ouvrage, lequel, dans les manuscrits cités, est divisé en 45 chapitres et orné de 192 figures. Le texte imprimé, qui fait l'objet de cet article, contient seulement 29 chapitres, et dans chaque chapitre 4 fig. Selon le système favorable à la ville d'Harlem, ce texte aurait été imprimé dans cette ville, dès l'année 1420, ou au plus tard de 1430 à 1439. Dans le système contraire, l'impression de ce même texte serait postérieure à 1450, et il aurait existé un tirage antérieur des planches (tirage dont, à la vérité, il ne reste aucune trace). De ces deux opinions la première, selon nous, est celle qui réunit en sa faveur le plus de probabilités ; toutefois elle a besoin d'être encore examinée avec impartialité, car elle laisse des doutes. Ce qui, à nos yeux, est mieux démontré, c'est l'existence de plusieurs éditions de cet ancien monument de la xylo-

graphie unie à la typographie, éditions faites avec
les mêmes planches de fig., et dont Will. Young
Ottley (*History of engraving*) a établi un ordre de
publication fondé sur la détérioration successive
des pl., ordre que M. Samuel Leigh Sotheby a
également adopté dans ses *Principia typographica*, et que voici : 1° L'édition latine (avec texte
entièrement imprimé en caractères mobiles, vers
1439), que Heinecken et Köning regardent comme
la seconde, et qui, selon Meerman, serait la quatrième ; 2° l'édition avec texte hollandais, impr.
vers 1441 ; la quatrième, selon Heinecken et Mœr-
mann, et la troisième selon Köning ; 3° l'édition
latine impr. en partie xylographiquement, vers 1442;
la première selon Heinecken, la seconde selon Meerman, et, au dire de Köning, la quatrième ; 4° L'édition, avec texte hollandais, impr. de 1460 à 1470,
qui serait la troisième, au dire de Heinecken, ou,
au contraire, la première selon Meerman et Köning;
5° l'édition in-4. de 1483, avec texte hollandais.
Sans chercher à discuter ici les différentes opinions,
qu'on ne peut bien juger qu'après avoir examiné
et comparé minutieusement les pièces sur lesquelles
elles sont fondées, nous nous contenterons de ren-
voyer nos lecteurs aux deux ouvrages d'Ottley et
de Sotheby, que nous venons de citer : ils y trouveront, et surtout dans le second, de curieux détails
accompagnés de nombreux fac-simile, soit des
planches, soit du texte, accessoires indispensables
pour bien étudier la question.
Le *Speculum* dont nous venons de parler se compose de 63 ff. impr. d'un seul côté, avec des caractères mobiles. Les 5 premiers ff., qui contiennent
la préface, sont à longues lign. ; les 58 autres ff.
renferment chacun une gravure sur bois, en deux
compartiments séparés l'un de l'autre par un pilier
de forme ogiv. Au bas de chaque compartiment est
gravée une ligne de texte latin, indiquant le sujet
de la fig. Le texte du poëme est impr. à 2 col. au
bas de chaque pl. Les ff. ne sont pas chiffr., mais
l'ordre des chapitres est indiqué dans la préface
qui, dans la première édit. commence ainsi :

Rohemiũ cui'dam incipit nove cõpilationis
Cui' nomẽ et titul' ẽ speculũ huãne salvacõis.

Les fig. sont impr. avec de l'encre grise ; le texte
est en encre d'une teinte plus foncée.
La première édition (texte latin), dans le système de
Ottley et Sotheby, est fort rare, car on n'en connaît
guère que trois exemplaires ; celui de la Valliere
a été acheté 1600 fr. pour la Bibliothèque impériale de Vienne. La seconde édition latine a également 63 ff. ; mais 20 ff. du texte (savoir les ff. 6,
7, 9 à 16, 18, 19, 21, 22, 26, 27, 31, 32, 51 et 60) y
sont imprimés avec des planches de bois, tandis que
les 43 autres ff. sont en caract. mobiles. Du reste
la distribution du livre est la même que dans l'édit.
réputée la première. De cette seconde édition il se
conserve encore une djzaine d'exemplaires, dont
deux à la Bibliothèque impériale de Paris ; les autres ont été vend. 1600 fr. Gaignat ; 1320 fr. Mac-
Carthy, et jusqu'à 315 liv. Willett (acheté pour le
marquis de Blandford, depuis duc de Marlborough,
à la vente duquel l'article n'a plus été porté qu'à
42 liv.).
Lesclabart, calligraphe très-habile à imiter les anciennes impressions et les grav. sur bois, a exécuté
à Paris, vers 1780, plusieurs copies à la plume de
l'une des deux éditions précédentes. Une de ces
copies, rel. en *mar. r.*, a été payée 8 liv. 8 sh. à la
vente Pâris, et une autre, 300 fr. à la vente Lair.
Mais ce qui vaut mieux que des copies à la plume
c'est l'exact fac-simile, en 63 pl. pet. in-fol., qu'a
publié dernièrement, à Londres, M. J.-Ph. Bargeau,
et dont il n'a été tiré que 155 exemplaires ; ajoutons
que M. J.-W. Holtrop a donné, dans ses *Monuments typographiques des Pays-Bas du XVe siècle*, des fac-simile de quatre éditions différentes du
Speculum humanæ salvationis (voir les pl. 1, 7,
14, 19, 25 et 31).
Après avoir décrit ces deux édit. latines, nous devons

parler des deux édit. hollandaises (*Spieghel onser
Behoudenisse*), également de format pet. in-fol.,
qui reproduisent les mêmes planches de figures, avec
la ligne explicative en latin. Celle que nous plaçons
la première a 62 ff. imprim. avec des caract. mobiles et d'un seul côté des feuillets. Les 4 prem. ff.
pour la préface, les 58 autres pour les planches,
avec le texte à 2 col., en mêmes caract. goth. que
dans l'édition latine, à l'exception des ff. 49 et 60,
dont les caractères sont plus petits, et où 27 lignes
n'occupent pas plus d'espace que 25 dans les autres
pages. La préface commence ainsi : *Dit is die plo-
ghe vand' speghel onser behoudenisse.* On connaît
une dizaine d'exempl. de ce livre : vend. 310 flor.
Crevenna ; 252 liv. Willett, acquis par lord Spencer.
La seconde édit. hollandaise, aussi en 62 ff., est
une reproduction de l'édit. précédente ; cependant
les caract., également goth., en sont plus petits, et
par ce motif 20 lignes tiennent dans le même espace qui, dans les éditions ci-dessus, n'en contient
que 19. Voici la première ligne de la préface : *Dit
is die prologhe vâder spieghel onser behoudenisse.* On ne cite que deux exemplaires de ce tirage.
La troisième édit. hollandaise du même *Speculum*
(sous la date de 1483), est un pet. in-4. imprimé
en caract. mobiles et des deux côtés des feuillets.
L'imprimeur y a fait usage des planches des fig.
déjà employées dans les éditions ci-dessus; mais,
pour les adapter au format du livre, il a été obligé
de les scier par le milieu du pilier qui séparait les
deux compartiments. On distingue de cette édition
de 1483 deux sortes d'exemplaires. Les premiers
ne donnent que les 29 chapitres et les 116 fig. des
éditions précédentes ; les autres sont augmentés
de trois chapitres (les XXVe, XXVIIIe et XXIXe des
manuscrits du *Speculum*), et de douze nouvelles
figures, assez conformes aux autres, tant pour
le style que pour les dessins : peut-être sont-elles
l'ouvrage de l'imprimeur Veldener, qui, on le sait,
était à la fois typographe, dessinateur et graveur.
Les exempl. en 29 chapitres portent cette souscription finale : *De spiegel onser behoudenisse : van
Culemburch by my Johan Veldener in't jaer ons
heren M. CCCC. ende LXXXIII. des Zaterdaghes
post Matthei apostoli.* Les exemplaires en 32 chapitres finissent de cette manière : *Dit boeck is vol-
maect in die goede stede van culenburch by my
iohan veldener Intiaer ons heren M. CCCC. ende
LXXXIII. des saterdaghes post mathei apostoli.*

— Speculum humanæ salvationis latino-
germanicum, cum speculo Sanctæ Mariæ editum a fratre Johanne. (*absque
nota*), in-fol. goth. de 269 ff. à 33 ou
même 35 lign. par page complète, sans
chiffres, récl. ni signatures, avec fig.
sur bois (*Bibliothèque impériale*).
Cette compilation, imprimée avec les caractères de
Gunther Zainer, à Augsbourg, vers 1471, contient :
1° les 43 chapitres du *Speculum humanæ salvationis*, en latin, avec la copie sur bois des 192 fig.
qui se voient dans les manuscr. ; 2° une traduction
du même ouvrage en prose allemande ; 3° les 34
chapitres du *Speculum Sanctæ Mariæ*, en latin,
sans figures et sans traduction. Les chapitres des
deux ouvrages sont intercalés les uns dans les autres. Le premier f. commence par ces deux lignes :
*Incipit phemium libri sequentis | (A)Ndreas na-
tône ytalus. officio p̃spiter. mini-* | Les deux ou-
vrages se terminent au verso du 261e f. par les
mots *Deo gratias;* suivent huit autres ff., où sont
réunies une double préface, une double dédicace et
une table des chapitres du *Speculum humanæ salvationis;* enfin on lit au verso du dernier f. cette
souscription :

Explicit humaneqs salutis sũmula plane
a me fratre Johanne tui pater ordinis alme
vir bñdicte puto quasi minimo monacho.

Vendu 125 fr. Bearzi ; 110 flor. Butsch ; en *mar. r.*

610 fr. salle Silvestre, en novembre 1857; 18 liv. sterl. Libri, en 1859.

Nous trouvons dans l'*Index librorum*, par le P. Laire, I, p. 4, la description d'une édition du *Speculum*, in-fol., en 33 ff., contenant chacun (à l'exception du dernier) quatre figures sur bois de chaque côté. Ces figures, qui n'ont ni signatures ni chiffres, ressemblent beaucoup (quoique plus grossièrement gravées) à celles du *Miroir de la redemption*, impr. quatre fois à Lyon, de 1478 à 1483, et elles sont disposées de même que dans ces éditions. L'explication, tantôt en latin et tantôt en allemand, est manuscrite. L'exemplaire décrit était relié avec un manuscrit (décoré de miniatures) annoncé sous ce titre : *Compilatio librorum historialium totius Bibliæ, etc.*, manuscrit que dans son épître dédicatoire l'auteur dit avoir écrit à Udine, en 1344, au mois de janvier. Ces deux ouvrages, ainsi réunis, ont été achetés 700 fr. pour l'Angleterre.

— Spiegel menschlicher Behaltnisse. *Bâle, Bernard Richel,* 1476, gr. in-fol. de 235 ff. à 2 col. de 47 ou 48 lignes, sans chiffres, signat. ni récl., fig. sur bois.

Rédaction allemande du *Speculum*, différente des textes latins déjà décrits, et de la traduction allemande jointe au texte latin de l'édition sans date attribuée à Günther Zainer (voir ci-dessus). Elle renferme les différents morceaux que plus bas nous décrirons à l'occasion de la traduction française imprimée en 1478, et elle est ornée de 278 petites figures grav. sur bois, très-inférieures à celles des éditions précédentes. Les quatre prem. ff. contiennent le prologue du traducteur et trois tables. Le texte de l'ouvrage commence sur le recto du 5e f. par ces deux lignes : *Lutzifers val | Lutzifer sprach ich stige uff in den hym-* | Au verso du 34e f., 2e col., se lit la souscription suivante, en lettres capitales, formant cinq lignes : *Getrvcket dvrch bern | hart richel zv basel do | man zalt von cristvs ge | bvrt.* M. CCCC. LXXVI. *vf sa | nt gilgen obent.* Cette description est celle que donne Guichard ; mais Hain (14936), qui ne compte que 3 ff. prélimin., a trouvé dans l'exempl. par. lui décrit, trois autres ff. à la fin du livre, savoir : deux contenant : *Von eime bichtiger das ewägelium schri | bet sanctus Lucas am yij capitel,* et le 3e pour le registre des cahiers. Ce bibliographe fait remarquer qu'à la suite de la souscription se trouve la marque typographique de l'imprimeur, tirée en rouge, avec les lettres BR.

Nous allons citer plusieurs autres édit. anciennes du
• *Spiegel der menschen behaltnis :*

1° In-fol. de 235 ff. à 2 col. de 47 lign., avec 277 fig. sur bois. Elle commence par un f. non chiffré ; il y a ensuite 4 ff. de table, 1 f. pour le titre, 228 ff. chiffrés, et un dern. f. finissant à la 2e col. par les mots : *Deo gratias,* et par l'écusson de Pierre Drach, impr. à Spire (un dragon ailé et un arbre). Cette description est conforme à celle de Hain, n° 14935. Guichard n'a donné que 230 ff. au même volume, qui est, pour le texte, la reproduction de l'édition de 1476.

2° *Augsbourg, Pierre Berger,* 1489, in-fol. de 6 ff. prélimin. et 229 ff. chiffrés, à 2 col. de 45 lign., avec fig. sur bois. Autre reproduction du texte de 1476.

3° *Reutlingen, Michel Greif,* 1492, in-fol. figures sur bois.

4° *Augsbourg, Hans Schönsperger,* 1492, in-fol. de 288 ff. chiffrés, plus 1 et 6 ff. non chiffrés, à 2 col. de 42 lignes, fig. sur bois. — Réimpr. par le même Schönsperger, en 1500, in-fol. de 2 et 288 ff. à 2 col. de 40 lign., avec fig sur bois.

Hain, qui décrit ces différentes éditions du texte allemand, en décrit aussi une *sans indication de lieu et sans date,* in-fol. de 229 ff. chiffrés, à 2 col. avec fig. sur bois ; une autre, également *sans lieu ni date,* in-fol. de 226 ff. chiffrés, avec 7 ff. non chiffrés pour la table, fig. sur bois ; et aussi une édition

in-4. de 460 ff., avec fig. sur bois, texte en dialecte bas-saxon, conforme, pour le contenu, aux éditions de 1476, 1489, etc. Ensuite, sous le n° 14942, il donne le titre suivant : *Spiegel des Menschen,* qui est celui d'un in-fol. de 160 ff. à 40 lign. par page, avec fig. sur bois, à la fin duquel on lit cette souscription : *Hye enndet sich das buchlein gennant der ‖ menschen spiegel, mit einer hübschen auszle ‖ gung des Pater nosters. unnd mit dem ‖ Passion. Das hat gedruckt vnd volenn ‖ det Anthonius Sorg zu Augsburg An ‖ sant Laurétzen ab ent Anno dñi M. CCCC, vnd in dem Sechsz vndsiebentzi ‖ gisten Jare* (1476).

— *Cy commence le mirouer de la redemp‖ tion de lumain lignage trãslate de latin en | francoys selon lintenciõ de la sainte escrip | ture... — Cy finist le liure du mirouer de la re | dempcion de lumain lygnage transla | te de latin en francoys selon lintenci | on de la saincte escripture veu et cor | rige et trãslate par reuerẽd docteur | en theologye frere iulyen (Macho) des au | gustins de lyon... et a este impri | me. Lan de lincarnacion ñre seigneur | courrant .mille.cccc.lxxviij. le. xxvi. | iour daoust. Gr.* in-fol. goth. à 2 col. de 46 et 47 lign., avec fig. sur bois au simple trait, sans chiffres ni réclames.

Cette édition précieuse contient les 42 premiers chapitres du *Speculum,* les quinze signes qui précéderont le jugement dernier, les prédications de l'Antechrist, les épîtres et évangiles des dimanches et des fêtes de l'année, et diverses histoires tirées de l'Anc. et du Nouv. Testament. Ainsi, malgré ce qu'on vient de lire dans le titre ci-dessus, il paraît que le *Mirouer de la redemption* est moins la traduction littérale du *Speculum vitæ humanæ* latin, qu'une imitation de la compilation allemande impr. à Bâle, 1476. De plus, comme l'a déjà fait remarquer Guichard, les 256 figures de la traduction française ont été imprim. avec les mêmes planches que les figures de ladite édition de 1476, qui, d'ailleurs, en renferme 21 de plus que celle de 1478. Cette dernière, la plus ancienne que l'on ait de la version française, est fort rare. Elle a, selon toute apparence, été imprimée à Lyon, et probablement par Mathias Husz. Les trois ff. prélimin. contiennent une préface dont voici les premiers mots : (T)*Ous ceux qui enseigne | ront les hommes a fai- | re iustice...* et une table par ordre alphabétique. Le texte commence au 4e f. coté Aij (*Cy commence le mirouer...*), et se termine à la 2e col. du 7e f. recto du cahier B, seconde signature, par la souscription *Cy finist.....* L'exemplaire de la Biblioth. impériale, qui est fort beau, a 201 ff. chiffrés avec la plume, mais inexactement jusqu'à 211. Un exemplaire auquel le premier feuillet manquait, 130 fr. Le Prevost, en 1857.

La seconde édition de 1479, également de format gr. in-fol. de 195 ff. à 2 col. de 47 et 48 lignes, est copiée sur la précédente, et contient les mêmes gravures qui ont encore servi pour les éditions de 1482, 1483, 1486 et 1488 ; elle ne porte ni lieu d'impression ni nom d'imprimeur, mais évidemment elle a été imprimée à Lyon, par Math. Husz. Il y a 3 ff. préliminaires comme ci-dessus. Le texte commence au f. Aj, et finit au verso du 9e f. du cahier A, seconde signature, par la souscription : *Cy finist le liure du mirouer de la redēpcion..... imprime lan de lincarnation nostre seigneur courãt. Mille. cccc. lxxix. le xxviii. iour daoust.* Vend. 40 fr. mar r. Brienne-Laire.

— Cy commance le mirouer de la redemptiŏ de lumain lignage... — *Cy finist le mirouer, etc..... a este imprime lã de grace mil cccc. lxxxii. le .xii. iour de may* (*à Lyon, par Mathias Husz*). Gr. in-fol. goth. fig. sur bois.

Édition non moins rare que les précédentes, et impr. à 2 col. de 46 lignes. Elle commence par 3 ff. préliminaires pour la préface et la table; ensuite vient le texte qui occupe CCI ff. chiffrés. Vend. 156 fr. Scherer.

La quatrième édition du *Miroir de la redemption*, impr. en 1483, est semblable à la précédente, à la souscript. près, qui porte : *Imprime p maistre mathis huz*. Le format est un peu plus petit; les grandes lettres initiales sont gravées sur bois, et les pages sont à 2 col. de 46 lignes. Vend. 54 fr. *mar. bl.* La Valliere; 29 fr. Brienne-Laire.

— Le même Mirouer de la redempcion de lumain lignaige... (au verso du *Clxix*ᵉ feuillet): *Imprime a Lyon par maistre Mathieu Hutz, lan de grace mil quatre cens quatre vingz six le xxii de mars*, pet. in-fol. goth. à 2 col. de 51 lig., fig. sur bois.

Cette édition, dont nous n'avions pas encore fait mention, a 169 ff. suivis de trois ou quatre ff. de table. Plusieurs de ces derniers manquaient à l'exemplaire de M. Le Prévost (*Catalogue d'un choix de livres anciens*, décembre 1857, n° 13).

— Cy commence le mirouer de la redēpcion. (au verso du 169ᵉ f. 2ᵉ col.): *Cy finist le mirouer de la redempcion de lumain lignaige... Et puys apres corrige et mys plus au vray par reuerēt docteur en theologie frere Guillaume lemenãd de lordre des freres mineurs de lobseruance. Lan mil. cccc. et lxxxviii*, in-fol. goth. de clxxii ff. à 2 col. de 50 lign., sign. *a—y* IIII, avec fig. sur bois.

Autre édition impr. à Lyon, par Math. Husz, qui ne s'est pas nommé, mais dont la marque ci-dessus se voit à la fin de la table. L'exemplaire que nous avons eu sous les yeux commence au f. 11, parce qu'il y manque le prologue. Les 3 derniers ff. renferment la table, qui finit au recto.

— Le miroir de la redēpcion de lumain lignaige... *Imprime a Lyon sur le rosne p maistre Mathieu Husz, lan mil cccc et xciij. et le xij iour doctobre*, in-fol. goth. à 2 col. fig.

Cette édition a aussi clxxii ff. chiffrés. La souscription *Cy finist le miroir...* est placée au bas de la seconde col. du f. 169, et y occupe 13 lign. Au verso du dernier f. se trouve une des marques de Mat. Husz.

Une édition de Paris, in-fol., sous la même date, est portée dans le catalogue du Muséum britannique, in-8., vol. IV.

Il y a à la Bibliothèque impériale un exemplaire sur VÉLIN d'une édit. du même ouvrage, pet. in-fol. à 2 col. de 41 lignes, impr. sans lieu ni date, mais qui paraît avoir été faite pour Ant. Verard. Elle a 211 ff., dont les XXXVII premiers sont chiffrés. Il est à remarquer que cette édition commence et finit comme les cinq éditions de Lyon, mais qu'elle renferme 231 fig. sur bois, grav. de nouveau et plus petites que les précédentes. Jos. Van Praet, qui a décrit cet exemplaire précieux, orné de fig. peintes, sous le titre de : *Le miroir de lhumaine saluation*, pense que l'édit. a pu paraître vers 1500. Il en cite une autre faite aux frais du même Verard, lorsqu'il demeurait dans la *rue Saint-Jacques*, *près le Petit-Pont*, et il présume que c'est celle-là dont on voit au Musée de Londres un exempl. sur VÉLIN. Cette dernière contient ccxxi ff. chiffrés et 4 ff. de table. Elle est à 2 col. de 41 lignes.

— Le miroir de la redemption humaine imprime a paris. (au recto du dernier f. chiffré, 1ʳᵉ col.) : *Cy fine le miroir de la redemption humaine imprime a paris par Nicolas desprez demourant deuant le| petit huys sainct estienne des gres Pour iehan petit marchant libraire... demourant en la grant rue sainct iacques a lenseigne du lion dargent*, pet. in-fol. goth. de clxxxxi ff. chiffrés et 4 ff. pour la table des chapitres, avec fig. sur bois.

Édition de la fin du XVᵉ siècle : elle contient la même traduction que les précédentes.

— Le miroir de la redemption humaine, lequel est utile et profitable a toutes gens pour la saluation de leurs ames. (au recto du 181ᵉ f.) : *Imprime a Paris pour Michel le noir demourant en la rue sainct Jacques,...* pet. in-fol. goth. à 2 col. fig. sur bois.

Édition postérieure à l'année 1505. Elle a clxxxi ff. chiffrés, suivis de 4 autres ff. non chiffr., contenant la table. Les planches, grossièrement gravées, qui en font partie, ont également servi pour l'édition de Paris, Ph. le Noir, 1531, pet. in-fol. que cite Du Verdier.

Nous ne terminerons pas cet article sans citer un ouvrage que nous avons consulté avec fruit. Il a pour titre : *Notice sur le Speculum humanæ salvationis, par J.-Marie Guichard*, Paris, Techener, 1840, in-8. de 131 pp. C'est un mémoire fort curieux, mais dont plusieurs assertions, peut-être contestables, ont été vivement réfutées par M. de

Vries (voy. ce nom), qui toutefois, il faut bien le reconnaître, a donné souvent de simples conjectures pour des faits positifs.

Citons encore ;

ESSAI *bibliographique sur le Speculum humanæ salvationis*, par *J. Bergeau.* Londres, Stewart, 1862, in-4. [31322]

SPECULUM intellectuale felicitatis humane... (à la fin de ce Speculum) : *Per egregium virum... Udalricum Pinder litteraria incude excussum ac illustrissimo principi domino Friderico duci Saxonie dedicatum.* (ensuite) : Compendium breve de bone valetudinis cura, quod et Regimen sanitatis, atque dieta poterit nuncupari. Speculum phlebothomie. Tractatus simplicium medicinarum. (*Norimbergæ*), in-fol., avec deux portraits du prince Frédéric, gravés sur bois et différant l'un de l'autre.

Un exemplaire en vieux *mar.* à compartiments, avec la devise et le nom de Grolier, mais en mauvais état, a été porté à 18 liv. 10 sh. dans le catalogue Libri, n° 2048, où l'ouvrage est annoncé sous le nom de Udalric Pinder, qui en a été seulement l'imprimeur (voir Panzer, IX, p. 543).

SPECULUM justitiæ. Spiegel der Gerechtigkeit dorch den hilligen Geist der Lieften Iesu Christi vnde den vorgodeden Minsch; ...*c'est-à-dire*, Miroir de justice, mis en lumière par H. N. *Anno* 1580, in-4. [1619]

Un exemplaire impr. sur VÉLIN, en 3 vol. 72 fr. La Valliere, et en 5 vol., 180 fr. Mac-Carthy.

SPECULUM passionis. Voy. PINDER.

SPECULUM romanæ magnificentiæ. Voy. LAFRERY.

SPECULUM rosarium. Voy. ROSARIUM.

SPECULUM saxonicum. Voy. SACHSEN-SPIEGEL.

SPECULUM vitæ beati Francisci et sociorum ejus. — *Impressum metis per Jasparem Hochffender, anno dñi* 1509, pet. in-8. goth. de 240 ff. chiffrés. [21826]

Vend. 40 fr., avec une autre légende de S. François, Bearzi.

Nous'citons ce livre parce que les éditions imprimées à Metz, au commencement du XVIᵉ siècle, sont très-recherchées des bibliophiles lorrains; l'exemplaire que nous avons ne porte certainement le titre ci-dessus; mais Panzer, IX, p. 538, donne à l'ouvrage cet autre titre :

SPECULUM status perfectionis cum regula minorum fratrum, continens historiam vitæ S. Francisci et sociorum, ut et ordinis usque ad annum impressionis.

Cette légende avait déjà paru sous le premier titre ci-dessus : (*Venetiis* (*expensis dñi Jordani de Dinslaken*), *per Sim. de Luere,* 30 *januarii* 1504, pet. in-8. goth. de 240 ff. chiffrés.

Citons encore : *Opus cui titulus : Speculum minorum, continens Privilegia et alia ad ordinem minorum spectantia, impressum Rothomagi per Martinum Morin,* MDIX, in-4.

SPECULUM vitæ humanæ. Voy. RODE-RICUS ZAMORENSIS.

SPEGEL (*Hacq.*). Glossarium suecogothicum, seu dictionarium suecico-latino-anglo-gallicum. *Lunden,* 1712, in-4. [11276]

Vend. 18 flor. Meerman.

SPELEN vä sinne byden XIX gheconfirmeerden cameren van Rhetorycken, binnen der stede van Ghendt comparerende... *Ghedruckt int jaer* 1539..... *Ende men vinste te coope Tantwerpen binnen de Camerpoort-brugghe int huys van Delft,* pet. in-8. [15609]

Édition rare, ainsi que celle dont la souscription porte : *Ghedruct ende voleynt in jaer* M. D. LXIIII, *den* XII *mey, ende men vintse to Coope te Wesel op de Marct teghen over Stadthuys, by my Hans de Backer,* pet. in-8. goth. Cette dernière, 55 fr. Borluut.

SPELEN van sinne waerinne alle oirboirlycke ende eerlijcke handwercken ghepresen ende verhaelt woorden, tot grooter stechtinghe ende oederwijsinghe van eenen yeghelijcken van wat staten hy is. Ghespeelt... met octroy... by de vier cameren van Rhetorijcke... in jaer ons Heeren 1561. Op de questie : Welck handtwerck, oirboirlycste is van doene, en eerlyckste, nochtans seer cleyn gheacht? — *Tot Antwerpen, by M. Willem Silvius...* M.D.LXII, in-4. de 60 ff. non chiffrés, sign. aⁱⁱⁱⱼ—Pⁱⁱⱼ, fig. sur bois impr. dans le texte.

26 fr. Borluut.

SPELEN van sinne vol scoone moralisacien... ghespeelt met octroy der..... stadt van Andtwerpen op d'lanttjuweel by die veerthien cameren van retorycken die hen daer ghepresenteert hebben den derden dach augusti in jaer ons Heeren MDLXI, op die questie : Wat den mensch aldermeest to conste verwect. *Tot Antwerpen, by M. Willem Silvius,* 1562, in-4. de 317 ff. non chiffrés et dont le 311ᵉ est blanc, sign. A2—Pij et diij—dvj, au vᵒ du dernier f. plusieurs fig. et la date de 1561.

Vend. 12 flor. 50 c. Meerman ; 100 fr. Borluut.

Ce volume est orné de figures sur bois intercalées dans le texte, et de 2 planches séparées. On y voit les armoiries des diverses sociétés de rhétorique qui concoururent alors à Anvers. Pour l'histoire de ces anciennes associations poétiques, consultez la dissertation de M. N. Cornelissen, intitulée :

DE L'ORIGINE, des progrès et de la décadence des chambres de rhétorique établies en Flandre, avec une notice historique sur Jacques van Artevelde. Gand, J. Begyn (1812), in-8.

SPELMAN (*Joan.*). Alfredi Magni, Anglor. regis, vita, tribus libris comprehensa, a Jo. Spelman primum anglice conscripta, dein lat. reddita et annota-

Spee (*Fr.*). Trutznachtigall, 15521.

tionibus illustrata. *Oxonii, e Theatro sheld.*, 1678, in-fol. fig. 15 à 20 fr., et plus cher en Gr. Pap. [26883]

Il y a une édition de cette vie d'Alfred, en anglais, *Oxford*, 1709, in-8., de la collection de Th. Hearne.

SPELMAN (*Henr.*). Concilia Magnæ Britanniæ et Hiberniæ, nunc edita cum illustrationibus Dav. Wilkins. *Londini*, 1737, 4 vol. in-fol. [799]

Collection recherchée : 4 liv. 4 sh. Sykes ; 10 liv. 7 sh. 6 d. Heber ; 166 flor. Butsch ; 28 liv. sterl. cat. de Stewart, *Lond.*, 1852. Elle a effacé entièrement celle que H. Spelman avait donnée lui-même en 2 vol. in-fol. (*Londini*, 1639-64), dont le 2e est rare.

— Glossarium archaiologicum : continens latino-barbara, peregrina, obsoleta et novatæ significationis vocabula ; editio 3ª, auctior. *Londini, Braddyl*, 1687, in-fol. portr. [10871]

. Cette édition est celle que l'on préfère, parce qu'elle est la plus complète ; elle se vend de 2 à 3 liv., et plus cher en Gr. Pap. — Celle de 1664, in-fol., 23 fr. Langlès ; 36 fr. Abrial.

— Spelman's english Works, published in his life time ; together with his posthumous works relating to the law and antiquities of England. *London, Browne*, 1723 (aussi 1727), in-fol. portr. 20 à 25 fr., et plus cher en Gr. Pap. [19335]

SPELTA (*Ant.-Mar.*). La sage-folie, fontaine d'allégresse, mère des plaisirs, reine des belles humeurs pour la defense des personnes iouiales, à la confusion des archisages et protomaistres : œuvre morale... faite italienne par Ant.-Marie Spelte, et trad. en françois par Louis Garon. *Lyon, Cl. Larjot*, 1628, 2 part. en 1 vol. pet. in-12, avec frontispice gravé. 12 à 15 fr. [17905]

Livre de morale facétieuse dans le genre des sermons de Barlette. La seconde partie a pour titre : *La delectable folie, support des capricieux, soulas des fantastiques, etc.* — Dans l'édition de *Rouen, Jacq. Calloué*, 1635, 2 tom. en 1 vol. pet. in-12, on n'a pas réimprimé les tables qui sont dans la première ; cependant un exempl. en *mar. v.* par Derome a été payé 38 fr. à la vente de Ch. Nodier. — AUTRE édition des deux parties, *Toul, par Simon de Martel et Gerard Perin*, 1631, pet. in-12. — Première partie, 8 ff. prélim., 176 pp. de texte, et 8 ff. pour l'index ; la seconde partie, 3 ff. prélim. 360 pp. et 8 ff. d'index.

Il y a une autre traduction par J. Marcel, *Lyon, Nic. Gay*, 1649 ou 1650, in-8. (avec les approbations datées de 1628). M. Péricaud (*Variétés*, p. 88) la dit pitoyable. — L'édition originale de cet ouvrage, en italien, sous le titre de *La saggia pazzia*, est de *Pavie*, 1606, in-4.

— HISTORIA de' fatti notabili occorsi nell' universo. [25267]

SPENCE (*Jos.*). Polymetis ; or an enquiry concerning the agreement between the works of the roman poets, and the remains of the ancient artists. *London*, 1747, in-fol. fig. [9100]

Édition la plus recherchée de cet ouvrage estimé :

elle vaut de 1 liv. à 1 liv. 10 sh. en Angleterre : vend. 62 fr. *m. bl.* d'Holbach, et 68 fr. Suard.

Il y a une autre édition in-fol. de 1755, un peu moins chère, et aussi une de 1774 avec 40 portr., et du même prix à peu près que la première. Dans cette dernière on a remplacé par un Hermès le portrait caricature du Dr Cooke, qui se trouvait à la fin du 17e dialogue.

— PARALLEL, in the manner of Plutarch, between a most celebrated man of Florence (Magliabechi), and one, scarce ever heard of, in England (Rob. Hill.). *Strawberry-Hill*, 1758, pet. in-8. [30751]

Jolie édition peu commune. quoique tirée à 700 exemplaires. L'ouvrage a été réimpr. à *Lond.*, 1759, pet. in-8., et aussi dans le 2e vol. de la *Collection of fugitive pieces*, de Dodsley.

— ANECDOTES, observations and characters of books and men, collected from the conversation of Mr Pope and others ; with notes and a life of the author by S. Weler Singer. *London, Carpenter*, 1820, in-8. portrait. 10 à 12 sh. [18375]

On a tiré de ce volume curieux 50 exemplaires sur Gr. Pap., format in-fol., destinés à recevoir les illustrations graphiques dont il est susceptible. Une autre édition des mêmes anecdotes, préparée par Edm. Malone, a été publiée à la même époque que celle-ci, en 1 vol. pet. in-8. ; mais on préfère la première.

SPENCER (*Joannes*). De Legibus Hebræorum ritualibus et earum rationibus libri IV, accessit dissertatio de Phylacteriis Judæorum, recensuit et indices adjecit Leonardus Chappelow. *Cantabrigiæ*, 1727, 2 vol. in-fol. portr. 24 à 30 fr., et plus en Gr. Pap. [2221]

Bonne édition de ce savant ouvrage, lequel a été réimpr. à Tubingue, 1732, aussi en 2 vol. in-fol., par les soins de Gasp.-Math. Pfaff. La première édition, Cambridge, 1685, in-fol., ne contient que 3 livres ; elle a été réimpr. à La Haye, en 1686, in-4., et à Leipzig, en 1705, 2 vol. in-4.

SPENCER Stanhope. Voy. STANHOPE.

SPENERUS (*Phil.-Jacobus*). Historia insignium illustrium. *Francof.-ad-Mœn., per Jo.-Theod. Fridgenium*, 1680, in-fol. fig. [28819]

Vend. 20 fr. Crozet, en 1841, et quelquefois moins.

L'auteur de ce livre l'est également d'une *Theoria insignium illustrium*. Les deux ouvrages ont reparu à Francf., en 1690 et aussi en 1717, sous le titre général d'*Opus heraldicum*, 2 vol. in-fol. On y trouve quelquefois réuni un troisième volume du même auteur sous le titre suivant :

ILLUSTRIORES Galliæ stirpes, tabulis genealogicis comprehensæ, et nunc primum in lucem editæ. *Francofurti-ad-Mœnum*, 1689, in-fol. — A la fin de ce volume doivent se trouver six tables supplémentaires.

SPENSER (*Edm.*). Faerie Queen, to which are now added a new life of the author (by Dr Birch) and also a Glossary. *London, Brindley*, 1751, 3 vol. gr. in-4., avec 32 pl. par Kent. [15759]

Belle édition : 60 à 80 fr., et plus en Gr. Pap.

Les trois premiers livres de cet ouvrage célèbre ont paru pour la première fois à *Londres*, en 1590, in-4.; la suite est de 1596, in-4. (les 2 vol., édition de 1596, vend. 8 liv. Heber), et l'édition de Londres, 1609, in-fol., renferme douze livres. Antérieurement à cette époque, l'auteur avait déjà publié différents poëmes, imprimés de format in-4., dont la collection, en 3 vol., a été vendue 30 liv. Roxburghe (voir Lowndes, 1ʳᵉ édition, p. 1722).

Parmi les anciennes éditions des œuvres de ce poëte, nous citerons celle de *Londres*, 1611, in-fol. Vend. 25 fr. *m. r.* La Serna ; — de *Londres*, 1675, in-fol., avec la vie de l'auteur ; — de *Londres*, 1715, 6 vol. in-8., publiée par Hughes ; — de *Londres*, 1750, 6 vol. pet. in-12, lesquelles ont toutes été effacées par les éditions nouvelles.

— The poetical works of Edm. Spenser, from the text of J. Upton, with critical and biographical preface by J. Aikin. *London*, 1802, 6 vol. in-8. fig. 36 fr., et plus en Gr. Pap.

L'édition de J. Upton, dont celle-ci reproduit le texte, a paru à Londres, 1758, en 2 vol. in-4., avec des notes et un glossaire. Il y a des exemplaires en Gr. Pap.

— The same, with the principal illustrations of various commentators; to which are added notes, some account of the life of Spenser, and a glossarial and other indexes by H.-J. Todd. *London*, 1805, 8 vol. in-8. 100 à 125 fr. [15758]

Édition la meilleure et la plus belle de ce poëte; il y a des exemplaires en Gr. Pap.

— THE POETICAL works of Ed. Spenser (with an essay on his life by G. Robinson). *London, Pickering*, 1825 (aussi 1839), 5 vol. pet. in-8. portrait. 35 à 40 fr.

— THE SAME, with glossary and life by Mitford. *London, Pickering*, 1852, 5 vol. pet. in-8. portr. 2 liv. 2 sh.

Il y a une édition de *Londres*, 1840, et une autre de 1852, en un seul vol. gr. in-8.

— THE POETICAL and prose Works of Edm. Spenser. First american edition ; with introductory observations on the Fairie-Queene; and notes by the editor (George Hillard). *Boston*, 1819, 5 vol. in-8. 1 liv. 10 sh.

L'*Athenœum* anglais, 1857, n° 623, annonce, avec éloge, une édition des œuvres de Spenser, éditée par A.-B. Child, à *Boston*, en 1857.

Les anciennes éditions de *The Shepheardes calender* du même poëte, contenant 12 églogues, sont fort chères en Angleterre. Celle de Lond., *printed by Hugh Singleton*, 1579, in-4. goth. fig. sur bois, la première et la plus rare de toutes, a été vendue 10 liv. chez Heber.

SPERA (la). Voy. DATI.

SPERBERI (*Julii*) kabalisticæ Precationes, sive selectiores sacrosancti nominis divini glorificationes e S. Bibliorum fontibus, et præsertim ex medulla psalmorum Davidis haustæ, etc. *Magdeburgi, apud Jo. Francum*, 1600, in-8. de 8 ff. et 296 pp. 5 à 6 fr. [8865]

Vend. 24 fr. *mar. r.* La Valliere.

SPERLING (*Ottho*). De crepidis veterum, nunc vulgo pantoffeln dictis, diatribe. *Hauniæ, typis laufrentinis*, 1698, pet. in-8. [29021]

Cette dissertation sur les pantoufles des anciens a été réimpr. dans le 9ᵉ vol. des *Antiquités grecques*, recueillies par Grævius. Nous la citons de préférence à d'autres du même auteur, à cause de la singularité du sujet.

SPERLINGEN. Icones biblicæ Veteris et Novi Testamenti a Cath. Sperlingen delineatæ. *Augsbourg*, 2 vol. in-4. obl.

Porté à 70 fr. sous le n° 20 du dern. catal. Renouard, avec cette note : « Rarement complet, le Nouveau Testament étant plus rare que l'Ancien. »

SPERONI Sperone. I dialoghi di messer Speron Sperone. *Vinegia, in casa de' figlivoli di Aldo*, 1542, in-8. [18643]

Volume dont les Alde ont donné six éditions consécutives, en 1542, 43, 44, 46 (deux fois), 50 et 52, qui ne sont chères ni les unes ni les autres : 6 à 9 fr. Vend. cependant, édit. de 1542, 1 liv. 2 sh. Libri, en 1859 ; en *mar. bl.* par Trautz, 52 fr. Solar ; de 1544, *m. bl. tab.*, 30 fr. Le Blond, et 1 liv. 7 sh. Hibbert.

Voici la description de l'édition de 1542 : 175 ff. chiffrés, y compris le titre, plus, après le titre, 2 ff. non chiffrés qui contiennent une épître de Dan. Barbaro, adressée à Ferdinand Sanseverino, prince de Salerne.

L'édit. de Venise, Giolito, 1558, pet. in-8., exempl. sur pap. bleu, et rel. en *mar.* 17 sh. Libri ; celle de Venise, *Rob. Meietti*, 1596, in-4., est plus complète.

Il y a une traduction française des *Dialogues de Speroni*, par Cl. Gruget, *Paris, Groulleau pour Jean Longis et Sertenas*, 1551, in-8., dans laquelle l'éditeur a inséré le dialogue de la *Cure familière*, et celui de *La dignité des femmes*, qu'un traducteur anonyme avait déjà publiés à *Paris*, en 1548, in-16. Vend. 9 fr. en 1840 ; 42 fr. *mar. bl.* par Capé, vente Solar.

— Canace, tragedia. *Vinegia, Vincenzo Valgrisi*, 1546, in-8. de 39 ff. chiffrés et un à la fin. [16655]

Une autre édition de cette même pièce a paru à Florence, chez Doni, en 1546, in-8. — Dans celle de Lucques, *Busdrago*, 1550, in-8., se trouve de plus : *Giuditio sopra la medesima tragedia, e molte considerationi circa l'arte tragica*, attribués à Barth. Cavalcanti. L'édition de Venise, *Gio. Alberti*, 1597, in-4., publiée par Ingolfo de' Conti, est augmentée de plusieurs morceaux analogues.

— Opere, tratte da' mss. originali. *Venez., Dom. Occhi*, 1740, 5 vol. in-4. 15 à 20 fr. [19209]

Edition donnée par l'abbé Ant. Conti.
— Orazioni, 12208.

SPEUY. Pseaumes de David mis en tablature sur l'instrument des orgues et de l'épinette, à 2 parties composées par Henri Speuy, organiste à Dordrecht. *Dordrecht*, 1610, in-fol.

2 liv. 3 sh. Libri, en 1859.

SPHÆRÆ atque astrorum cœlestium ratio, natura et motus.(Jos. Zieglerus de solidæ Sphæræ constructione ; Proclus de Sphæra, gr. et lat., de canonica per Sphæram operatione : Hemicyclium Berosi, ex Ziegleri traditione; Aratus de siderum natura, cum comment. Theonis, gr.; Planisphærium Ptolemæi et Jordani). (*Basileæ*), *Valderus*, 1536, in-4. 8 à 12 fr. [8198]

SPICILEGIUM solesmense, complectens sanctorum Patrum scriptorumque ecclesiasticorum anecdota hactenus opera, selecta e græcis orientalibusque et latinis codicibus, publici juris facta curante domno J.-B. Pitra. *Parisiis, apud F. Didot*, 1852 *et ann. seqq.*, gr. in-8., tome I à IV. [839]

Cet important Spicilége, publié par les soins des religieux bénédictins de Solesmes, doit être divisé en deux séries de 5 vol. chacune; il s'arrêtera au XIIᵉ siècle, et le premier vol. contient les écrivains du IIᵉ au IVᵉ siècle. Chaque tome coûte 15 fr.

SPJEYGEL der Leyen. *Lübeck (sans nom d'imprim.*), 1496, in-4. goth. avec fig. sur bois. [3032]

Volume de 62 ff. chiffrés, avec des signat. A—H, et 30 lignes sur les pp. entières. L'imprimeur est le même que celui du *Reinecke Fuchs*, de 1498 (voy. RENART, t. IV, col. 1224).

SPIEGEL. Glück und Unglück Spiegel, *zu finden in Nürnberg bei Paulus Fursten, Kunsthändlern*. 1652, in-4. obl. [18612]

Recueil curieux et rare de 124 figures emblématiques d'une exécution remarquable, dans le goût des vieux maitres allemands. Chaque gravure est accompagnée d'une courte indication en allemand, avec des vers allemands et latins au bas. L'idée de l'ouvrage parait avoir été empruntée au traité *De Remediis utriusque fortunæ* de Pétrarque. On voit d'ailleurs le portrait de ce poëte en tête du volume. (Communiqué par M. G. Duplessis.)

SPIEGEL (*Friedr.*). Einleitung in die traditionellen Schriften der Parsen. *Leipzig, W. Engelmann*, 2 parties in-8. [11647]

La première partie se compose de *Grammatik der Huzvarêsch-Sprache*, 1856; la seconde, de *Die traditionelle Literatur der Parsen in ihrem Zusammenhange mit den angränzenden Literaturen dargestellt*, 1860. Les deux ensemble, 7 thl. 20 gr.

— Grammatik der Parsissprache. *Leipzig, Engelmann*, 1851, in-8. 2 thl. [11647]

Pour son édition et sa traduction de Zend Avesta, voy. ZOROASTRE.
— Kammavakya, 2260. — Chrestomath. persica, 19479.

SPIEGEL der Gerechtigkeit. Voy. SPECULUM justitiæ. — Der menschelicher Behaltnisse. Voy. SPECULUM humanæ salvationis.

SPIEGHEL (Den) der duecht ende der eerbaerheyt vol schoone historien ende exempelen. (à la fin) : *Gheprint in de*

princelyke stat van Bussele, bi mi *Thomas Van der Noot, int jaer ons Heeren duysent vyf hondert ende vyfthiene* (1515), in-4. goth. avec une gravure sur bois au titre· et une autre au verso du dernier feuillet. [1619]

48 fr. Borluut.

SPIEL. Ein lieblich vnd nvtzbarlich Spiel von dem Patriarchen Jacob vnd seinen Zwölff Sönen | aus dem ersten buch Mosi gezogen ι vnd zu Magdeburg auff dem Schützenhoff | im 1535. iar gehalten. Dabey ein kurtz vnd seer schon Spiel | von der Susanna | jetzund erst gedruckt (*Magdeburg, donnerstag nach Laurentii,* 1535), pet. in-8. goth., sign. A—Hii.

En 4 actes avec prologue, en vers. 31 fr. 50 c. *v. f. t. d.* de Soleinne.

Autres pièces allemandes.

EIN SEER schön | lieblich | nützlich und tröstlich Spiel, aus der heiligen schrifft vnd dem buch Esther, inn kurtze reim gesetzt | darinn angezeigt wird | wie Gott allezeit die hoffart vnd den eigenwil | die demut und gottfürchtigkeit | der bösen und fromen menner vnd weiber gestrafft und belonet hat. *Gedruckt zu Magdeburg durch Michael Lotther*. M. D. XXXVII, pet. in-8. goth., sign. A—D 5.
Cinq actes avec un prologue, en vers. 32 fr. *v. f.* de Soleinne.
— EIN GAR schön Spyl von dem gloubigen vatter Abraham wie Gott mit im | und er usz sim befelch ghandlet. Von einer Burgerschafft zu Lantzburg in Ergouw uff den 29 mayens Gespilt | unnd neuwlich usgangen. *Getruckt zü Zürichen by Christopel Froschouer* (sans date), pet. in-8. goth., sign. A—KIII, vign. sur le titre. [vers 16812]
En 5 actes, avec prologue, en vers : 29 fr. 50 c. *v. f. tr. d.* de Soleinne.
— ZWEN SCHÖNE und nützliche Spil in reimen verfaszt | inhaltend vie guter leer und underweisung. Nemlich : Diezchen alter des Menschen | warinn ein jedes strafflich. Die siben hochweisen inn Griechenland | sampt jren weisen sprüchen und leren. *Francfort, bei Christian Egenolff*, M. D. XLVIII, pet. in-8. goth., sign. A—CIII, avec fig. sur bois.
Plusieurs des figures de ce vol. rare ont du rapport aux sujets de la Danse de la mort. Vend. 131 fr. de Soleinne.

SPIFAME (*Rad.*). Voy. DICÆARCHIÆ.

SPIFAME (*Martin*). Ses premières œuvres poétiques (avec une harangue en prose de la parfaite amitié, etc.). *Paris, Vᵉ de Lucas Brayer*, 1583, pet. in-12. [13836]

Recueil devenu assez rare. 40 fr. Nodier; et en *m. bl.* par Duru, 60 fr. Solar.
— CINQUANTE sonnets et autres poëmes, composés par M. Spifame, Sʳ du Grand-Hostel et d'Azy. *Paris*, 1577, in-12. [13836]
Catalogue de La Valliere-Nyon, 13050.

SPILBERGEN (*Georgius* a). Speculum orientalis·occidentalisque Indiæ navigationum, quarum una Georgii a Spilbergen, altera Jac. Le Maire auspiciis imperioque directa annis 1614-18. *Lugd.-Batavor., Nic. a Geelkercken*, 1619, in-4. obl. fig. 12 à 15 fr. [20032]

Édition originale de cette relation; la pl. 19 ne s'y trouve pas toujours. Vend. 20 fr. de Fleurieu; 22 fr. Langlès. La même relation forme l'appendice de la onzième partie des Grands voyages publiés par les de Bry.

MIROIR Oost and West-Indical, auquel sont décrites les deux dernières navigations faites ès-années 1614-18, l'une par G. de Spilbergen, par le détroit de Magellan, et ainsi tout autour de toute la terre, avec toutes les batailles données tant par terre que par eau : ici sont aussi adioustées deux histoires, l'une des Indes orientales, l'autre des Indes occidentales. L'autre faicte par Jacob Le Maire, lequel au costé du Zud du destroict de Magellan a découvert un nouveau destroict. *Amsterd., chez Jean Jansz*, 1621, in-4. obl., cartes et fig.

Ce texte français est plus rare et plus recherché que le latin. On y indique la mort de Le Maire, le 16 décembre 1616; et le journal de ce navigateur, qui, dans la première édit., s'arrête au 2 novembre de la même année, est continué dans celle-ci jusqu'au 1er juillet 1617. Les pl. sont les mêmes dans les deux éditions. Vend. 21 fr. L'Héritier, et quelquefois plus ou moins cher.

— Voy. t. III, col. 199, HISTOIRE du Spitzberghe.

SPILSBURY (*John*). Collection of fifty prints from antique gems in the collection of earl Percy, C.-F. Greville, and T.-M. Slade. *London*, 1785, in-4. [29603]

Vend. 36 fr. Mel de Saint-Céran; 37 fr. Renouard; 18 sh. Dent.

SPILSBURY (*J.-B.*). Picturesque scenery in the Holy-Land and Syria, delineated during the campaings of 1799 and 1800. *London*, 1803, in-fol. 20 pl. [28026]

SPINA (*Alph.* de). Voy. FORTALICIUM.

SPINA (*Jean* de). Voy. LESPINE.

SPINELLI (el principe di). Monete cufiche battute da' principi longobardi, normanni et suevi nel regno delle Due Sicilie, interpretate dal principe di S. Giorgio Dom. Spinelli, e pubblicate per cura di Mich. Tariefi. *Napoli*, 1844, gr. in-4., avec 30 pl. 24 à 30 fr. [29857]

49 fr. mar. r. dent. Louis-Philippe.

SPINO. Vita di Bartolomeo Coglione famoso gueriero. Opera di Piero Spino (adjecta est in fine Guilielmi Paielli, equitis vicentini, oratio in funere ejusdem). *In Vicenza*, M. CCCC. LXXVI, in-4.

Panzer, IX, p. 302, d'après Faccioli, Catalogo ecc., p. 105, n° 1.

SPINOLA. Insectorum Liguriæ species novæ aut rariores, quas in agro ligustico nuper detexit, descripsit et iconibus illustravit Maximil. Spinola... *Genuæ, Gravier*, 1806 et 1808, 2 vol. in-4. fig. [5981]

Cet ouvrage devait être continué : 12 à 18 fr.
— Sur les Clérites, 6043.

SPINOSA (*Joan.* de). Dialogo en laude de las mugeres, intitulado Ginæcepænos, diviso en cinque partes, interloquitores Philalethes y Philodoxo. *Milano, Mich. Tini*, 1580, in-4. de 8 et 103 ff., plus la table. [18065]

Vend. 12 fr. La Serna; 8 sh. Heber.

SPINOSA (*Benedictus* de). Tractatus theologico-politicus. *Hamburgi*, 1670, in-4. 6 à 9 fr. [2290]

— B. D. S. opera posthuma (cura Jarrig Jellis). 1677, 2 part. en 1 vol. in-4. 6 à 9 fr., et plus cher en Gr. Pap. [2292]

Ces deux volumes étaient chers et recherchés autrefois, mais ils le sont moins aujourd'hui. Vend. (les deux vol. r.) 20 fr. F. Didot.

On peut y joindre l'article suivant : *Ben. de Spinoza adnotationes ad tractatum theologico-politicum : ex autographo edidit ac præfatus est Christ.-Theoph. de Murr*. Hagæ-Comitum, 1802, in-4. fig. [2291]

Il existe une réimpression in-8. du *Tractatus theologico-politicus*, aux exemplaires de laquelle, pour les faire circuler librement, on a mis des titres ainsi conçus : *Heinsii operum historicorum collectio I et II*, Lugd.-Bat., 1673, ou *Fr. Henriquez de Villacorta opera chirurgica omnia*, Amstelodami, 1673.

— BENEDICTI de Spinoza Opera quæ supersunt omnia, iterum edenda curavit, præfationes, vitam auctoris, necnon notitias, quæ ad historiam scriptorum pertinent, addidit H.-Eberh.-Glo. Paulus. *Ienæ*, 1802-3, 2 vol. gr. in-8. 24 fr. [3466]

— B. de SPINOZA opera philosophica omnia, edidit A. Gfrœrer. *Stuttgartiæ*, 1830, in-8. 12 fr.

— BENEDICTI de Spinoza Opera quæ supersunt omnia, ex editionibus principibus denuo edidit Car.-Her. Bruder. *Lipsiæ, Tauchnitz*, 1843-1846, 3 vol. in-16. 10 fr.

— ŒUVRES de Spinosa, traduites pour la première fois par Emile Saisset, avec une introduction critique; nouvelle édition, revue et augmentée. *Paris, Charpentier*, 1861, 3 vol. gr. in-8. 10 fr. 50 c.

Une traduction allemande des œuvres de Spinosa, avec sa vie, par Berthold Auerbach, a été impr. à Stuttgart, librairie de Scheible, 1841, en 5 vol. in-16.

— Traité des cérémonies superstitieuses des Juifs (traduction du *Tractatus theologico-politicus* de Spinosa, attribuée à St-Glain). *Amsterd.*, 1678, pet. in-12.

Cette traduction avait d'abord paru sous le titre de *Clef du sanctuaire;* mais, l'ouvrage ayant fait trop de bruit, on fut obligé d'en changer l'intitulé ; c'est pourquoi on vit reparaître ce volume, tantôt sous le titre de *Traité des cérémonies superstitieuses des Juifs*, tantôt sous celui de *Réflexions curieuses d'un esprit désintéressé*. Les exemplaires dans lesquels ces trois différents titres sont réunis valent de 6 à 12 fr.; autrement ce livre n'a que peu de valeur. Le titre le plus rare est le premier (*Clef du sanctuaire*). Renouard dit que c'est au contraire

---

le second : ce qui est vrai s'il ne veut parler que d'une réimpression de l'ouvrage faite sous l'ancienne date, avec deux titres ; réimpression plus belle que l'original, et en caract. plus neufs, mais où l'on a suivi ligne pour ligne la première édit. On réunit ordinairement à cet ouvrage la *Réfutation des erreurs de Spinosa* (voy. FÉNELON). Vend. 30 fr. les 2 vol. (avec les trois titres), By ; 25 fr. *mar. r.* Caillard, et 51 fr. 50 c. *m. r.* en 1842 ; 17 fr. *non rogné* Mac-Carthy ; et 30 fr. Renouard.

TRAITÉ politique de B. de Spinosa, traduit en français pour la première fois, annoté, suivi d'un index analytique et accompagné de trois plans des trois différentes formes de gouvernements, par J.-G. Prat. *Impr. à Corbeil*, 1860, in-18 avec 3 tableaux.

TRACTATUS theologico-politicus : a critical inquiry into the history, purpose, and authenticity of the hebrew scriptures; with the right to free discussion asserted, and shown to be not only consistent, but necessarily bound up with true piety and good government, from the latin of Benedict de Spinosa with an introduction and notes by editor. *London, Trübner*, 1862, in-8. 10 sh. 6 d.

Il a paru à Amsterdam, chez Fréd. Müller, en 1859, un vol. in-8. contenant le premier essai de l'*Ethica* de Spinosa, inconnu jusqu'alors ; une édition augmentée et améliorée de plusieurs de ses lettres, d'après les autographes ; une nouvelle biographie écrite par un contemporain de Spinosa ; le tout publié en hollandais et traduit en latin par M.-J. van Vloten.

SPIRIDOFF (*M.*). Sokrastchennoïe opissanïe sloujeb blagorodnych rossiskich dvorian, etc. Précis du service des gentilshommes russes. *Moscou, impr. de l'université et de Sélivanofski*, 1810, 2 vol. in-4. [28948]

Cet ouvrage sert de complément à l'essai de renseignements historiques sur la noblesse russe (*Opit istoritcheskavo izvestia o rossiskom dvorianstve*) publié en 1804. On y trouve l'origine des familles nobles du pays qui ont servi l'Etat, ainsi que celle des étrangers qui ont été attachés au service de la Russie. Les derniers volumes de ce précis généalogique, dont la publication a été interrompue par la mort de l'auteur, n'existent qu'en manuscrit ; ils se conservent à la Bibliothèque impériale publique de St-Pétersbourg. Les deux volumes imprimés sont devenus très-rares, parce que l'édition a été détruite, en grande partie, par l'incendie de Moscou en 1812.

SPIRITO (*Lorenzo*). Delle sorti. (*Vicenza, Leonardo di Basilea*, senz' anno), pet. in-fol. [10476]

Cette édition, fort rare, et probablement la plus ancienne de cet ouvrage, paraît être un essai des presses de Leonardo di Basilea, avant 1474. Federici (cité plus bas) pense que c'est le premier livre impr. à Vicence, en 1473. Les pages y sont alternativement imprimées en caractères mobiles, pour le texte, *in terza rima*, et en pl. de bois, pour les figures ; ces dernières sont tellement dans le genre de celles des Bibles des pauvres, et des autres productions xylographiques qui ont précédé l'usage des caractères fondus, que si la préface qui fait connaître l'auteur, n'indiquait pas aussi le lieu d'impression et le nom de l'imprimeur, les planches de ce vol. pourraient être rangées dans la même classe que les livres d'images dont nous avons parlé ci-dessus, col. 460. Le premier f. est blanc au recto, mais sur le verso se lit un sonnet dont voici la fin :

> *El vero compositore*
> *Di Basilea fu mastro Leonardo*
> *Qual di farlo in Vicenza non fu tardo.*

Quant au nom de l'auteur, on le trouve dans ces trois vers :

> *Chi avesse disio di voler sentire*
> *Chi fu di questo sorte lo inventore*
> *Lorenzo Spirito fu senza fallire.*

L'exemplaire de ce livre précieux qui a appartenu autrefois à Joseph Gradenigo, à Venise, est décrit par Federici dans ses *Memorie trevigiane* (Venezia, 1805), p. 205. C'est probablement le même dont a fait mention Panzer, XI, p. 345, d'après l'abbé Morelli.

Nous trouvons à la page 20 d'un catalogue des livres doubles *der Stadt-Bibliothek zu Ulm*, qui ont été vendus dans cette ville le 28 sept. 1842, le titre d'une édition des *Sorti* de Lor. Spirito, sous l'indication d'*Augusta Perusia, Steph. Arendes de Hembroch, et Paul Mechter et per Gherardo Thome de Alamia compagni*, 1482, in-fol. fig. sur bois. Elle doit être rare, car nous ne la connaissons que par cette annonce, à laquelle on a adapté le n° 21618 d'Ebert, quoique ce bibliographe ne l'ait pas indiquée.

— Sorte composite per lo nobile ingegno di Lor. Spirito Perugino [Gualtieri]. — *Impresso nella augusta cita de Brixa (Brescia), per Boninum de Boninis* M. CCCC. LXXXVIIII, *pridie id. februarii*, in-fol.

Autre édition rare de cet ouvrage singulier, où se trouvent des réponses à différentes questions proposées sur l'avenir ; lesquelles sont en vers, et se font par le moyen des dés, dont les diverses chances sont figurées dans le volume (Panzer, tome Ier, p. 246, et Hain, n° 14958, la datent mal de 1484). Ce livre a été réimprimé à *Milan, Guillermo le Signerre*, 1497, et à *Milan, Petro Martyro de Montegasi*, 1500, in-fol. Nous en avons vu une édition sous ce titre :

LIBRO la Ventura o vero De Le Sorte. (à la fin) : *Stampato in millão per Zanoto* ‖ *de Castellion Fatto ale spese de Iohã*‖*ne Iabo de Legnão & fratelli. Nel* ‖ M. cccc viii. *a di xxiu. de agosto*, in-fol. de 35 ff. à 3 col. avec fig. (chez M. Ambr. Didot).

Il en a été fait plusieurs autres dans le XVIe siècle, savoir : à *Bologne*, 1508, et à *Pérouse*, 1532, in-fol. Il y en a une autre sous ce titre :

LIBRO della ventura di Lorenzo Spirito, con somma diligentia revisto e corretto e novamente ristampato. *Roma, Ant. Blado de Asola*, 1535, pet. in-fol. de 38 ff. dont 24 se composent de fig. sur bois (porté à 60 fr. dans le catalogue de Techener, 1855, n° 1420). L'édition de *Brescia, Ludovico Britannico*, 1553, in-fol. de 39 ff. en tout, se prend de préférence à d'autres plus anciennes.

Le catalogue de Soubise, n° 2716, donne l'indication d'une édition de *Venise*, 1544, in-fol., sous le titre de *Libro de la ventura*, porté à 21 fr. 50 c. Une autre, sous le même titre : *In Brosa, per Lodov. Britannico*, 1544, in-4. fig., a été vendue 12 fr. Mac-Carthy.

— Le liure de Passe-temps de la fortune des dez ingenieusement compile par maistre Laurent Lesperit, pour responce de vingt questions par plusieurs souuentes fois faictes et desirees a scauoir, qui sont specifiees au retour de ce feuillet en la roue de fortune, desquelles, selon le nombre des poincts dung trait de trois dez, les responses sont par subtilles calculations, selon lordonnance de praticquer ce petit volume apres le renuoy des signes aux spheres de ce present

liure, mis en profeties, situes apres les-
dictes spheres comme se peult facilement apperceuoir. Translate ditalien en
francoys par maistre Anthitus Faure,
lequel a este nouuellement visite et diligemment corrige de plusieurs faultes
qui estoient en icelui. (*sans nom de
lieu ni d'imprimeur*), 1528, pet. in-4.
goth. de 44 ff., sign. A—L.

Livre singulier et très-rare de cette édition : vend.
en *mar. r.* 15 fr. Méon ; 35 fr. Morel-Vindé ; 61 fr.
en 1829 ; 20 fr. en 1840.

On voit, par le titre ci-dessus, qu'il doit avoir paru
une édition de ce livre antérieurement à celle de
1528, et effectivement Panzer (IV, p. 126) en indique une, sans date, qu'il place parmi les éditions
du xvᵉ siècle, sous cet autre titre :

L'ESPERIT LAURENS. Livre de passe temps, etc. (à
la fin) : *Cy est la fin du passe temps de la fortune
des dez au quel sont donnees subtillement par
calculation responses a vingt folles questions ou
demandes que communement font simples gens,*
in-4.

Il s'est trouvé à la vente Libri-Carucci (n° 578 du catalogue) une autre édition du *Livre de Passe temps*
in-fol., probablement plus ancienne que celle de
1528 ; la première page porte cinq octaves dont la
première commence par ces deux vers :

> *Par manier de passer le temps
> Et en lieu quasi de rien faire.*

La seconde octave par ceux-ci :

> *Loran lesprit sans fiction
> Feust inventeur de cest art cy
> Pour doner recreation
> A un signeurs et dames auxi*

. . . .

et la troisième de cette manière :

> *De lombard ie lai translate
> En francois ainsy que jay seu.*

Sur le verso de ce feuillet est impr. la première des
planches sur bois qui forment la principale partie
de ce livre singulier ; les autres planches sont imprimées au recto et au verso de 23 autres feuillets.
Ensuite se trouve le texte impr. à 2 col. en caract.
goth. sur 20 ff. non chiffrés, sign. A—d 2. Au verso
du dernier, à la 2ᵉ col. : *Et sic est finis.*

Cet exemplaire acquis à Londres (catalogue Payne et
Foss, pour 1837, n° 2160) n'ayant pas conservé son
3ᵉ feuillet, n'a été vendu que 19 fr.

—Le Passetemps de la fortune de Dez,
ingenieusement compile par maistre
Laurent l'Esprit, pour responses de
vingt questions par plusieurs coustu-
mierement faites, et desirees scauoir.
Lyon, Benoist Rigaud, 1583, in-4. de
44 ff., avec fig. sur bois.

Vend. en *m. r.* 20 fr. Lauraguais ; 11 fr. La Valliere ;
22 fr. Coste, et 2 liv. 6 sh. Libri, en 1859.

Cette édition a subi des changements, et ne porte pas
le nom du traducteur, non plus que celles de *Paris, Jean d'Ongoys*, 1574, et de *Lyon*, 1576 et
1582, in-4. Nous citerons encore trois autres éditions de *Paris*, l'une de 1585, la 2ᵉ de 1634, *chez
Ch. Sevestre*, 1 liv. 4 sh. Libri, et la 3ᵉ de 1637,
chez *Jacq. Dallin*, in-4. Cette dernière 15 fr. Veinant.

— (C) omincia il libro chiamato Altro Marte
de la vita *e* gesti de lo illuxtrissimo… Nicolo Picinino….. (in fine) : *Composto
escripto per mano de me Lorēzo Spi-*

---

*rito… Stampata in Uicenza adi viiij
de aprile del M. cccc. lxxxviiii,* in-fol.
de 87 ff. à 2 col. de 62 lig., sign. a—o.
[14662]

Livre rare, vend. 1 liv. 3 sh. Pinelli ; jusqu'à 676 fr.
exemplaire *non rogné*, en 1829, et un autre, en
cuir de Russie, 155 fr. Riva ; en mar. 159 fr. Libri,
en 1855, et 6 liv. 12 sh. en 1859. Ce dernier exemplaire n'avait que 2 ff. prélimin. occupés par la
table ; cependant le registre placé au-dessous de la
souscription indique 4 ff. prélim., dont le premier
tout blanc, ce qui donne 88 ff. au volume quand il
est complet.

Ce poëme *in terza rima* n'est pas sans mérite. Le
poëte y célèbre la vie et les exploits de Braccio di
Montone, et des trois Piccinini, fameux *condot-
tieri.*

SPITZNER (*Fr.*). De Versu Græcorum
heroico, maxime homerico ; acced.
ejusdem mantissa observationum crit.
et grammat. in Q. Smyrnæi Posthome-
ricorum libros XIV. et F.-T. Friedman-
ni dissertatio de media syllaba penta-
metri Græcorum elegiaci. *Lipsiæ, Weidmann*, 1816, in-8. 1 thl. 16 gr. — Pap.
collé, 2 thl. — Pap. vél., 4 thl. [12256]

SPIX (*J.-Bapt.* de). Cephalogenesis, sive
capitis ossei structura, formatio et signi-
ficatio per omnes animalium classes, familias, genera et ætates digesta atque
tabb. illustrata, legesque simul psycholo-
giæ, cranioscop. et physiognomiæ inde
derivatæ. *Monachii, Hübschmann,*
1815, gr. in-fol., avec 18 pl. [6767]

Ce bel ouvrage a coûté 200 fr., et en pap. vél. avec
fig. doubles, au trait et terminées, 240 fr.

L'auteur avait déjà publié à Nuremberg, en 1811,
Geschichte aller Systeme der Zoologie, in-8. 3 thl.
15 gr.

— Reise in Brasilien in den Jahren 1817
bis 1820, gemacht und beschrieben von
Dʳ J.-B. von Spix und Dʳ Carl-Friedr.-
Phil. von Martius. *München und Leipzig*, 1823-31, 3 vol. gr. in-4., avec une
carte. [21101]

Relation intéressante. Le texte contient 1388 pp. et
un mémoire additionnel de géographie en 40 pp.
Le pap. ordinaire se vendait sans atlas, 40 fr. Aux
exemplaires en pap. vélin royal et en pap. vélin
impérial se joint un atlas pittoresque gr. in-fol. de
40 feuilles lithographiées, dont quelques-unes sont
coloriées. Il y a de plus 2 ff. de musique, et un
atlas géographique contenant 8 cartes en 11 ff. Le
tout ensemble, 216 fr., et en pap. impérial, 285 fr.
— Traduit en anglais, *Lond.*, 1824, 2 vol. in-8.

Les publications suivantes, d'un grand intérêt pour
la botanique et la zoologie, se rattachent à ce
voyage au Brésil.

Botanique.

I. NOVA GENERA et species plantarum, quas…
collegit et descripsit C.-F.-Ph. de Martius, pingendas curavit et secundum auctoris schedulas digessit
J.-G. Zuccarini. *Monachii*, 1823-32, 3 vol. très-gr.
in-4., avec 300 pl. lithogr. [5296]

Le premier vol. a paru en 4 cahiers, le second en
2 cahiers et le troisième en 3 cahiers. L'ouvrage se
vendait 500 fr., et avec les pl. color., 900 fr.

II. Icones selectæ plantarum cryptogamicarum, quas collegit et descripsit Dʳ de Martius. *Monachii,* 1827-34, très-gr. in-4. ou in-fol. de 138 pp., avec 76 pl. color. 250 fr.

III. Genera et species palmarum quas in itinere per Brasiliam collegit, descripsit et icon. illustravit de Martius. *Monachii,* 1823-50, 3 vol. in-fol. impér. [5296]

Magnifique ouvrage publié en 10 part. contenant ensemble 245 pl. color. et les portraits des auteurs. Prix 196 thl. et avec pl. color. 328 thl. Il a paru en 1854 une 11ᵉ part. qui porte à 168 le nombre des planches.

IV. Flora brasiliensis, sive enumeratio plantarum in Brasilia hactenus detectarum, quas cura musei Cæs. Vindobonensis suis aliorumque studiis descriptas ediderunt Steph. Endlicher et C.-F.-Ph. de Martius (Hornschuch et Spring, Nees van Esenbeck, Griesbach, etc.). *Vindobonæ et Lipsiæ,* 1840 et ann. suiv. in-fol.

Ce bel ouvrage, continué par M. Ed. Fenzl, se publie maintenant à Leipzig, chez Fr. Fleischer. En 1863, il en paraissait 32 fascicules coûtant ensemble environ 1250 fr.

Les ouvrages de botanique de Martius eussent été bien placés sous son nom, mais nous n'avons pas voulu les séparer de ceux de Spix.

Zoologie.

I. Simiarum et Vespertilionum brasiliensium species novæ, curante J.-B. de Spix. *Monachii,* 1824, in-fol. de VIII et 72 pp., avec 34 pl. lithogr. et color., texte latin et français. Publié en 6 livraisons. 144 fr. [5724]

II. Avium species novæ quas in itinere per... Brasiliam collegit et descripsit J.-B. de Spix. *Monachii,* 1824-26, 2 vol. très-gr. in-4., avec 104 et 118 pl. lithogr. color. 568 fr. [5789]

III. Serpentum brasiliensium species novæ, curante J. Wagler. *Monachii,* 1824, très-gr. in-4. de 75 pp., avec 26 pl. color. 120 fr. texte latin et français. [5849]

IV. Animalia nova; sive species novæ lacertarum. *Monachii,* 1825, gr. in-4. de 26 pp., avec 28 pl. color. en 6 livraisons, 76 fr. [5825]

Nouvelle édition augmentée par les soins du Dʳ Martius, 1840, avec 30 pl.

V. Testacea fluviatilia quæ... collegit et pingenda curavit J.-B. von Spix, digessit, descripsit et observationibus illustravit J.-A. Wagler; ediderunt Fr. Schrank et C.-F.-P. de Martius. *Monachii,* 1827, très gr. in-4. de 2 et 36 pp., avec 29 pl. color. 54 fr. [6144]

VI. Species novæ testudinum et ranarum quas... collegit et descripsit de Spix. *Monachii,* 1824, gr. in-4. de 53 pp., avec 17 et 22 pl. color. 98 fr. [5839]

VII. Selecta genera et species piscium brasiliensium collegit et pingenda curavit de Spix, digessit, descripsit et observationibus anatom. illustravit L. Agassiz, præfatus est et edidit Dʳ de Martius. *Monachii,* 1829-32, très-gr. in-4. de 138 pp. avec 84, 7 et 5 pl. color. (en 2 fasc.). 249 fr. [5888]

VIII. Delectus animalium articulatorum, quæ in itinere per Brasiliam collegerunt J.-B. de Spix et de Martius. Digessit, descripsit, pingendas curavit Man. Perty. *Monachii,* 1830-34, très-gr. in-4. de 240 pp. et 40 pl. color. 164 fr. [6017]

On réunit encore à cette collection:

Die Pflanzen und Thiere des tropisch. Amerika, par de Martius. *München,* 1831; in-4., avec 4 pl. 2 th. 8 gr.

Brasilien in seiner Entwickelung; par de Spix, 1817, in-4.

Die Physiognomie des Pflanzenreichs in Brasilien, par de Martius, 1824, in-4. 9 fr.

Specimen materiæ medicæ brasiliensis; auct. de

Martius; Pars Iᵃ Emetica. 1824, in-4., avec 9 pl. 7 fr.

Von dem Rechtszustande unter den Ureinwohnern Brasiliens; eine Abhandlung, von Dʳ Martius. *München,* 1832, in-4. de 85 et 20 pp., avec une pl. 7 fr.

———

SPOHN (*F.-A.-G.*). De lingua et literis veterum Ægyptiorum cum permultis tabulis lithographicis literas Ægyptiorum tum vulgari tum sacerdotali ratione scriptas explicantibus atque interpret. Rosettanæ aliarumque inscriptionum..... exhibentibus. Accedunt grammatica atque glossaria ægypt.; edidit et absolvit G. Seyffarth. *Lipsiæ, Weidmann,* 1825 et 1831, 2 part. gr. in-4. [29118]

Cet ouvrage n'a point rempli l'attente des savants, et il n'a eu que fort peu de résultat. La prem. partie a coûté 1 thl. 16 gr., et la seconde avec ses 12 pl. 7 thl. 8 gr., et en pap. vél. 8 thl.

— Commentatio in Odysseam. Voy. Homerus.

SPOLVERINI (*Gian.-Bat.*). La Coltivazione del riso. *Verona,* 1758, ovvero *Venezia,* 1763, in-4. fig. 6 à 9 fr. [14865]

Ce poëme n'est guère moins estimé en Italie que ceux d'Alamanni et de Rucellai. Il y en a une édition de *Bergame,* 1764, pet. in-8., et une fort belle de *Vérone,* Giulari, 1796, in-4., qui vaut 6 ou 9 fr.; enfin, cet ouvrage a été réimpr. pour la huitième fois à *Padoue,* 1810, in-8., par les soins d'*Hilaire Casarotti,* qui y a joint ses observations et un éloge de l'auteur par Hippol. Pindemonte.

SPON (*Jacob*) et *George* Wheler. Voyage d'Italie, de Dalmatie, de Grèce et du Levant, fait aux années 1675 et 1676. *Amsterdam, Boom,* 1679, 2 vol. pet. in-12, fig. [20436]

Cette relation a été rédigée par Spon, tout seul. Wheler en a publié une différente, écrite en anglais (voy. Wheler). L'édition qui fait l'objet de cet article est jolie, et les exempl. n'en sont pas communs: 6 à 10 fr.; vend. 15 fr. Detune; 34 fr. mar. r. Chateaugiron.

La première édition du voyage de Spon parut à *Lyon,* 1678, 3 vol. in-12, fig., et occasionna la critique intitulée:

Lettres écrites sur une dissertation d'un voyage de Grèce, publiée par Spon, avec des remarques sur les médailles, etc., par Guillet. *Paris,* 1679, in-12.

Spon opposa à ces lettres une *Réponse à la critique de M. Guillet, sur le voyage de la Grèce...* Lyon, 1679, in-12.

— Le même voyage. La Haye, 1724, 2 vol. in-12, fig. 5 à 6 fr.

— Recherches des antiquités et curiosités de la ville de Lyon, ancienne colonie des Romains et capitale de la Gaule celtique, avec un mémoire des principaux antiquaires et curieux de l'Europe. *Lyon, Jacques Faeton,* 1673, in-8. de 234 pp. et 2 ff. de table, avec fig. [24597]

Recherché et peu commun. Il y a des exemplaires dont le titre porte l'adresse du libraire *Antoine Cellier fils* et la date 1675. Il y en a aussi à la fin

. desquels se trouve un opuscule in-12 de 32 pp. avec fig. sous ce titre : *Discours sur une pièce antique et curieuse du cabinet de Jacob Spon..... représentée dans la planche suivante,* Lyon, 1674, de l'imprimerie de Jacq. Faeton.

— Les mêmes recherches... nouvelle édition, augmentée de notes et de recherches sur l'administration romaine dans la Gaule lyonnaise, d'après les inscriptions par L. Renier, des additions et corrections écrites de la main de Spon sur l'exemplaire de la Bibliothèque impér. et d'une étude sur la vie et les ouvrages de cet antiquaire; par J.-B. Monfalcon. *Lyon, imprim. de L. Perrin,* 1858, in-8. de CLXII et 404 pp. avec portrait, fac-simile et grav. 22 fr.

Imprimée au nom de la ville de Lyon.
— Histoire de Genève, 25930.

— De l'Origine des étrennes. *Paris, de l'imprimerie de Didot aîné,* 1781, in-18. 2 à 3 fr. [28099]

Un exemplaire impr. sur VÉLIN : 72 fr. d'Hangard et Duquesnoy; 100 fr. d'Ourches; 52 fr. Chateaugiron, 50 fr. Pixerécourt, et 99 fr. Le Chevalier, en 1857.
La 1re édition de ce petit discours, impr. à *Lyon,* 1673, in-12, ne porte que les initiales du nom et de la profession de l'auteur J. S. D. M. L'ouvrage a été reproduit élagué et sous une autre forme, avec des notes nouvelles dans les *Recherches curieuses* du même auteur, édition de 1683. Ces additions font partie de la réimpression de l'*Origine des étrennes* que M. Leber a placée dans un des volumes de sa *Collection de dissertations,* volume dont il a été tiré à part deux exemplaires sur pap. vél., sous ce titre :
    RECUEIL de quelques pièces curieuses sur l'origine des étrennes, et diverses particularités de cette coutume chez les Français (par Spon, le P. Tournemine, etc.). *Paris, de l'imprimerie de Dentu* (sans date), in-8. Un de ces exemplaires rel. en *mar. r.* 40 fr. Nodier.
L'ouvrage de Spon a encore été réimpr. sous le titre de *Dissertation sur l'origine des étrennes, avec des notes par M***.* Lyon, impr. de Barret, 1828, in-8. de 28 pp.
— RECHERCHES curieuses d'antiquités contenues en plusieurs dissertations sur des médailles, bas-reliefs, statues, mosaïques et inscriptions antiques. *Lyon, Th. Amaulry,* 1683, in-4. fig. 6 à 9 fr. [29251]
On a inexactement attribué à J. Spon l'ouvrage suivant, dont il n'a écrit que la préface; le reste est du P. Babin:
    RELATION de l'état présent de la ville d'Athènes, ancienne capitale de la Grèce, bâtie depuis 3400 ans, avec un abrégé de son histoire et de ses antiquités. *Lyon, Louis Pascal,* 1674, in-12 avec une carte. [27936]
Cette relation est un de ces livres qui, n'ayant eu qu'un faible débit dans leur nouveauté, sont peu répandus, et qu'on a bien de la peine à trouver lorsqu'on les cherche. La rareté en est cependant plutôt relative qu'absolue. M. de La Borde, n'ayant pu se procurer ce petit volume à Paris, l'a fait réimprimer en 1854, parce qu'il n'en connaissait que deux exemplaires existant en Europe; et pourtant M. Monfalcon lui a fait savoir depuis que la bibliothèque de Lyon en possédait, à elle seule, trois exemplaires en parfait état. Il en est souvent de même pour des livres qui sont introuvables en un moment donné, et dont on rencontre facilement des exemplaires quand on ne les cherche plus

(*Nouv. Spon,* p. 174). Au reste, le tirage de l'édit. annoté et publiée par M. de La Borde a été limité à un très-petit nombre d'exemplaires.
— MISCELLANEA eruditæ antiquitatis in quibus marmora, statuæ, etc., huc usque inedita referuntur ac illustrantur. *Lugduni,* 1685, in-fol. fig. 10 à 12 fr. [29252]
Vend. 20 fr. *m. r.* d'Ennery. — Il y a des exempl. sous la date de 1679.

SPONTONE (*Ciro*). Historia della Transilvania registrata dal cavalier Ferdinando Donno. *Venetia, Sarzina,* 1638, in-4. [26435]

15 flor. Butsch.

SPORTSMAN's Cabinet (the); or a correct delineation of the various dogs used in the sports of the field, including the canine race in general : consisting of a series of engravings of every distinct breed (by John Scott) from original paintings, taken from life (by P. Reinagle); to which is added a scientific disquisition upon the distemper, etc., by a veteran Sportsman. *London, Hurst,* 1803, 2 vol. gr. in-4. fig. 40 à 50 fr. [10433]

Les planches de cet ouvrage sont bien exécutées. Vend. 32 fr. 50 c. Huzard, et plus cher avec les premières épreuves.

SPRENGEL (*Kurt - Polycarp - Joach.*). Versuch einer pragmat. Geschichte der Arzneykunde, dritte Aufl. *Halle,* 1821-28, 5 vol. in-8. 30 fr. [6493]

La première édition de ce bon ouvrage a paru de 1801 à 1803. Il y en a une traduction française par A.-J.-L. Jourdan, *Paris,* 1815-20, 9 vol. in-8. y compris la traduction de l'histoire de la chirurgie (réannoncée en 1832), 36 fr.; et aussi en italien, par Arrigioni, *Venise,* 1812-16, 11 vol. in-8., ou nouvelle édition, avec une continuation, par Fr. Freschi, *Florence,* 1839-42, 6 vol. in-8.
Il existe une continuation du texte allemand par le Dr Burkard Eble. *Vienne,* 1821-39, 2 part. in-8.
— GESCHICHTE der Chirurgie. *Halle,* 1805-19, 2 vol. in-8. 20 fr. [7447]
— Historia rei herbariæ, 4813. — Zur Kenntniss der Gewächse, 4821. — Von dem Baue und der Natur der Gewächse, 4822 (voy. l'article LINNÆUS). — Institutiones medicæ, 7077.

SPRETI (*Desider.*). De amplitudine, eversione et restauratione urbis Ravennæ libri III, a Camillo Spreti in ital. idioma

---

versi et notis illustrati. *Ravenna*, 1793-96, 3 vol. gr. in-4. fig. 24 à 36 fr. [25652]

La première édition du texte latin de cet ouvrage a été imprimée à Venise, *per Mattheum Capcasam*, M. CCCC. LXXXIX, *die quarto septembris*, in-4. de 24 ff. non chiffrés, signat. a—c. Le recto du premier f. est blanc, le verso contient une dédicace à Nicolao Foscaro. 6 fr. La Valliere, et annoncé sous la date de 1488, et en *mar. r.* 30 fr. Libri. — Il y en a une autre de *Venise, Guerra*, 1588, in-4.

SPRINGER (*A.*). Paris au XIIIᵉ siècle, traduit librement de l'allemand, avec introduction et notes, par un membre de l'édilité de Paris. *Paris, A. Aubry*, 1860, pet. in-8. 5. fr. [24143]

Dix-septième volume du *Trésor des pièces rares ou inédites*. Il en a été tiré 400 exemplaires dont 22 sur pap. de couleur ou vélin, 8 fr. ; 6 sur pap. de Chine, 10 fr., et 2 sur peau VÉLIN.

SPRY Bartlet. Autels, tabernacles et monuments sépulcraux des XIVᵉ et XVᵉ siècles existant à Rome, publiés par MM. Tosi et Becchio, avec un texte français, italien et anglais, par M. Spry Bartlet. *Paris, Giroux et Vialat*, 1843, gr. in-fol. avec 52 pl. gr. au trait. [9881]

SPURZHEIM (*Gaspard*). Voy. GALL (*F.-Jos.*).

— Phrénologie, 7002.

SQUIER. The ancient monuments of the Mississipi Valley; comprising the results of extensive original survey and explorations, by E.-G. Squier and E.-H. Davis. *New-York*, 1848, in-4. fig. [28567]

Ce volume se vendait 84 fr.

— Collection of rare and original documents and relations, concerning the discovery and conquest of America. Chiefly from the spanish archives published in the original, with translations, illustrative notes, maps and biographical sketches by E.-G. Squier. *New-York, B. Norton*, 1860, pet. in-4. [20938]

Cette collection pourra contenir plus de cent ouvrages. La première publication se compose de *Carta dirijida al rey de España por el dr Don Diego de Palacio, Oydor de la Real audiencia de Guatemala. Año 1576; Being a description of the ancient provinces of Guazacapan, Izalco, Cuscatlan...*

— MONOGRAPH of authors who have written of the languages of central America, and collected Vocabulary or composed works in the native dialects of that country. *New-York*, 1860, in-8. [31750]

Il n'a été tiré que 100 exemplaires de cet ouvrage curieux.

— Notes on central America, 21091. — Antiquities of the state of New-York, 28577.

Spruner (*W.* de). Historisch-geographischer Hand-Atlas, 19648.

Spry (*W.*) and W.-E. Shuckard. British Coleoptera, 6037.

SQUITINIO della libertà veneta, nel quale si adducono anchè le ragioni dell' Imperio romano sopra la città e signoria di Venetia. *Mirandola, per Giov. Benincasa*, 1612, in-4. [25471]

Cet ouvrage fit beaucoup de bruit lorsqu'il parut, et le sénat de Venise, l'ayant qualifié de séditieux, le condamna au feu. On est peu d'accord sur son véritable auteur; car tandis que les uns attribuent le *Squitinio* à D. Alphonse de la Cueva, alors ambassadeur de la cour d'Espagne à Venise, Placcius le donne à Marc Vesler, et Gassendo à Ant. Albrizzi. Vend. 2 fr. 60 c. Gaignat; 40 fr. Chateaugiron; 17 fr. en 1829; 1 liv. 11 sh. 6 d. Heber; 3 fr. 75 c. Boutourlin; 19 et 13 fr. Libri, en 1857. — L'ouvrage a été réimprimé en 1619, in-4., et ensuite avec une autre pièce. sous la date de *Colonia, Martello*, 1681, pet. in-12. On en a même une traduction française sous le titre d'*Examen de la liberté originaire de Venise*, par Amelot de La Houssaye, qui y a joint la traduction d'une harangue latine de Louis Helian, contre les Vénitiens, prononcée en 1510, le tout imprimé sous la date de *Ratisbonne*, 1677, in-12, ou *Amsterd.*, 1683, et ensuite avec l'*Histoire du gouvernement de Venise* du même Amelot, *Paris, Léonard*, 1685, 2 tomes en 1 vol. in-8.

Le *Squitinio* a donné lieu aux deux écrits suivants :

THEODORI GRASWINCKELII libertas veneta, sive Venetorum in se ac suos imperandi jus assertum contra anonymum Scrutinii scriptorem. *Lugd.-Batav.*, 1634, in-4.

SQUITINIO della republica di Venetia, d'autore incognito, squitinato da Rafaelo della Torre. *Genova, Guasco*, 1653, in-12.

SREE ou Shree Lulloo. Voy. NARAYUN.

SRI DANDI. Datá Kumára Charita, or adventures of ten princes; a series of tales in the original sanscrit. Edited by H.-H. Wilson. *London*, 1846, in-4. de 23 et 202 pp. 20 fr. [16005]

— Voy. HARSHA (Sri).

SSANANG Ssetsen. Geschichte der Ost-Mongolen und ihres Fürstenhauses, verfasst von Ssanang Ssetsen Chungtaidschi der Ordus; aus dem Mongolischen übersetzt und mit dem Originaltexte, nebst Anmerkungen, Erläuterungen und Citaten aus anderen unedirten Originalwerken herausgegeben von J.-J. Schmidt. *Saint-Pétersbourg, Gretsch*, 1829, in-4. de XXII, 509 pp. et 1 f. d'errata. [28269]

Vend. 43 fr. 50 c. Rémusat; 20 fr. Klaproth.

Ouvrage auquel M. Abel Rémusat a consacré quatre articles dans le *Journal des Savants*, 1831. L'édition a été faite aux frais du gouvernement russe, et elle contient les textes mongols impr. en leurs propres caractères.

Nous citerons encore les *Observations de M. Rémusat sur le même ouvrage*, 1832, in-8. de 88 pp. extraites du Journal asiatique ; l'*Examen des extraits de l'histoire des Kans mongols*, par M. Klaproth, 24 pp., et l'*Extrait d'une lettre de M. Schmidt* à ce dernier, 8 pp. également tirées du Journal asiatique.

Staal (Mme de), née de Launay. Lettres, 18841. — Mémoires, 25899.

STABAT (le) mater dolorosa, translate en françoys selon le latin.

A Paris en la rue sainct Jacques
Translatay pour œuvres condignes
Ceste oraison le iour de Paques
Attendant qu'on sonnast matines.

¯ pet. in-8. de 8 ff. [13600]

Vend. 17 fr. en mai 1824; 19 fr. Nugent; 30 fr. *mar. r.* en 1841; 120 fr. *mar. n.* Nodier.

STABILI d'Ascoli (*Fr.* de). Voyez CECCO d'Ascoli.

STABILIMENTA Rhodionum militum. (absque anni et loci indicatione impressa), in-fol. goth. [21979]

Ce volume, qui paraît avoir été imprimé vers le commencement du XVIᵉ siècle, contient, sous un titre ou sommaire latin, la traduction française des *Stabilimenta* rédigés en latin par CAOURSIN (voy. ce nom).

Cette traduction est précédée de deux pièces latines, savoir : 1° un arrêté de Pierre d'Aubusson, daté de Rhodes, le 5 août 1493, par lequel il ordonne la traduction françoise des *Stabilimenta;* 2° une bulle du pape approuvant cette traduction; et enfin la table des statuts. L'exemplaire vu par nous se compose de 125 ff. non chiffrés, sous les signat. A—P par 8 et Q par 5. La première page est entourée d'une jolie bordure gravée sur bois, sans autre intitulé que ces deux lignes : *Exordium in volumen stabilimentori Rhodionū mili‖tū sacri ordinis hospitalis sācti iohānis iherosolimitani.* Le verso du dernier f. porte 33 lign. suivies du mot *Finis,* au-dessous duquel sont les lettres P. L., qui sont probablement les initiales de l'imprimeur Petit Laurens, à Paris, ou celles de Pierre Levet.

Un exemplaire aux armes du duc de Roxburghe a été vend. 1 liv. 1 sh. R. Heber, et 100 fr. Giraud.

Ce recueil doit être le même chose que le *Livre des establissements et statuts des chevaliers Rhodiens, traduit du latin,* que Du Verdier cite deux fois (I, pp. 48 et 205), et qu'ont cité d'après lui Maittaire, Panzer et autres.

— STABILIMENTA militum sacri ordinis divi Joannis Hierosolymitani. *Impressa Salamanticæ, a Jo. Junta,* 1534, in-fol. Vend. 16 sh. Heber.

STACKELBERG (*O.-M.* baron de). Vues pittoresques et topographiques de la Grèce, dessinées par lui, et lithographiées par les meilleurs artistes. *Paris, Ostervald,* 1829-38, 2 vol. in-fol. 324 fr. — Pl. sur pap. de Chine, 450 fr. Prix qui ne se soutiennent pas. [20452]

La première partie de cet ouvrage est consacrée au *Péloponèse,* et renferme 68 vues dont 15 doubles et 11 vignettes; la seconde, qui a pour objet la *Grèce septentrionale,* se compose de 61 vues, dont 12 doubles et 11 vignettes. Le texte a paru de deux manières, savoir, en allemand et en français. Ce dernier est une traduction du premier (de M. de Stackelberg), il a été retouché par plusieurs personnes. L'auteur avait déjà publié :

DER APOLLO-TEMPEL zu Bassae in Arkadien, etc.; *c'est-à-dire,* Le temple d'Apollon à Bassai en Arcadie, et les sculptures qui y ont été trouvées par le baron de Stackelberg. *Rome,* 1826, gr. in-fol. de 147 pp., avec 31 pl. et 6 vignettes. 44 thl. [29371]

Le premier volume du grand ouvrage du baron de Stackelberg a été critiqué dans deux articles ano-nymes de Raoul Rochette, insérés dans le Journal *l'Univers* du 6 janvier et du 16 mars 1829, et la même année il a paru une réponse à ces critiques sous ce titre : *Quelques mots sur une diatribe anonyme intitulée : De quelques voyages récents dans la Grèce...,* Paris, H. Féret, 1829, gr. in-8. de 23 pp. avec une figure allégorique sur le titre. Cette réponse serait du baron lui-même, ou de M. de Brönidsted, selon M. Quérard, qui en a donné un extrait dans sa *France littéraire,* tome VIII, p. 99.

— Die Gräber der Hellenen, in Bildwerken und Vasengemälden, mit 80 Kupfertafeln, von Stackelberg. *Berlin, Reimer,* 1837, gr. in-fol. de 80 planch. 24 thl.

101 fr. Raoul Rochette, n° 2511.

STACKELBERG (*Ern.*). Le Caucase pittoresque, dessiné d'après nature par le prince Grégoire Gagarine, avec une introduction et un texte explicatif par le comte Ernest Stackelberg. *Paris, Gide et Baudry,* 1857, gr. in-fol. [28051]

Album composé de cent pl. lithogr. à deux teintes, en couleur et sur pap. de Chine. Il a paru en vingt livraisons, au prix de 20 fr. chacune.

STACKHOUSE (*Th.*). New history of the holy Bible. *London,* 1744, or 1752, or 1773, 2 vol. in-fol., avec 104 fig. [283]

Quoique fort estimé, cet ouvrage n'est pas cher parce qu'il a été plusieurs fois réimprimé : 24 à 30 fr. La nouvelle édition de Londres, 1817, en 3 vol. in-4., augmentée par l'évêque Gleig, n'a d'autres planches que des cartes.

STACKHOUSE (*John*). Nereis britannica, continens species omnes fucorum in insulis britannicis crescentium; cum descriptione latina et anglica neenon iconibus ad vivum depictis. *Bathoniæ,* 1801, in-fol., avec 24 pl. 20 à 30 fr. [5380]

Lowndes donne à cette monographie la date de 1795; le texte est en latin et en anglais. Il y a du même ouvrage une édition d'*Oxford typis Collingwood,* 1816, in-4. avec 20 pl.

STADEN (*Hans*). Warhaftig Historia (*sic*) und Beschreibung eyner Landschafft der wilden, nacketen, grimmigen, Menschenfresser Leuthen, in der newen Welt America gelegen... im land zu Hessen unbekant... da sie Hans Staden von Homberg auss Hessen durch seine eygne Erfarung erkant und yetzo durch den Truck an Tag gibt. *Marburg, bei Andres Kolben,* 1557, in-4. de 8 ff. prélimin. et 81 ff. non chiffrés, sign. a—v, fig. sur bois. [21084]

Relation curieuse et authentique ornée de figures sur bois et d'une carte du Brésil. On doit trouver à la fin la description des mœurs et usages des Tupin Inbas, desquels l'auteur a été le prisonnier; morceau qui manque quelquefois. Vend. 21 fr. *mar.* Rætzel. L'édition (dont il y a des exemplaires datés de *Francf.-am-Mayn durch Weygand Han,* 1556), fut publiée avec une préface du professeur Jean Dryander, vulgairement nommé Eychman, qui avait été chargé d'en retoucher le style. (Por-

---

Stack (*G.*). Grammar of the sindhi language, et Dictionary enghish and sindhi, 11681.

tée à 200 fr. dans le catal. de Tross, 1861, n° V, article 856, et à 90 fr. dans le catal. du même, en 1862) On en donna ensuite une traduction flamande. *Anvers*, 1563, in-8. fig. sur bois. Vend. 19 sh. *mar. bl.* Heber. Enfin, en 1592, les frères de Bry ont insérèrent une traduction latine dans la troisième partie de leur collection des Grands voyages, où l'auteur de cette traduction (dont le vrai nom est Adam Leonicer) est nommé *Teucrius Annœus Privatus Colchantes, po. et med.* (poète et médecin). Voy. Struvius-Meusel, *Biblioth. histor.*, tome III, part. II, pp. 49-50; *Mémoire de Camus*, pp. 56-61, et *Biblioth. heber.*, t. VI, n° 442.

STADZLAGH. Swerikes Riges Stadzlagh. *Stockholm, Ign. Meurer,* 1617 (in fine 1618), in-fol. de 95 ff. [3120]

Édition rare, dont Ebert cite trois exemplaires sur VÉLIN. — Notre Bibliothèque impériale possède un exempl. impr. sur VÉLIN des *Swerikes Landz-Lagh*, publ. en 1608 par ordre du roi Charles IX, et impr. à Stockholm par Ign. Meurer, en 1621, in-fol. de 3 et 96 ff. — Ces deux recueils de lois suédoises ont été trad. en lat., et expliqués par Jean Loccen ou Loccenius, *Holmiœ*, 1672, 2 part. en 1 vol. in-fol. Vend. 16 flor. Meerman.

STAEL-HOLSTEIN (*Anne-Louise-Germaine* Necker, baronne de). Ses OEuvres complètes, publiées par son fils, précédées d'une notice sur le caractère et les écrits de Mme de Staël, par Mme Necker de Saussure. *Paris, Treuttel, de l'imprim. de Crapelet,* 1820, 17 vol. in-8. 40 à 50 fr., et plus en pap. vél. [19162]

Il s'est fait dans le même temps une autre édition en 17 vol. in-12.

— OEUVRES complètes et œuvres posthumes de la même. *Paris, F. Didot,* 1836, 3 vol. gr. in-8. 28 fr.

Nous indiquons dans notre table (3799, 17252, 17253, 18113, 23938, 26398) les principaux ouvrages de cette femme célèbre. Les œuvres de son fils ont paru sous le titre suivant :

OEUVRES diverses de M. le baron de Staël, précédées d'une notice sur sa vie, par Mme la duchesse de Broglie, sa sœur, et suivies de quelques lettres inédites sur l'Angleterre. *Paris, Treuttel et Würtz,* 1829, 3 vol. in-8.

STAFFORD (*Thomas*). Pacata Hibernia. Ireland appeased and reduced, or an historie of the late warres of Ireland... under the government of George Carew, knight, etc. (1599-1602). *London, by Aug. Mathewes,* 1633, in-fol. de 6 ff. et 391 pp. [27515]

Édition rare et recherchée, qui doit contenir 2 portr. (la reine Elisabeth et G. Carew), et plusieurs cartes, dont la première (*Munster*) manque souvent, ou est remplacée par une copie moderne. Ce volume se paye de 5 à 6 liv. en Angleterre, et l'exempl. de Mac-Carthy, quoique imparfait, a été vend. 51 fr. — Réimpr. à Dublin, en 1810, en 2 vol. gr. in-8. (et aussi in-4.), avec la copie des deux portr. et des cartes.

STAGI anconitano (*Andrea*). Opera intitolata Amazonida, la qual tracta le grã

Bataglie e Triumphi che fece (*sic*) Queste Doñe Amazone. *Venetia (senza stampatore),* 1503, in-8. [14697]

Édition fort rare, dont un exemplaire en *mar. r.*, d'abord mal annoncé sous la date de 1502, a été vend. 5 liv. 5 sh. Hibbert; ensuite, sous sa véritable date, 4 liv. 6 sh. Heber; 196 fr. Nodier; 201 fr. Libri; 39 fr., avec le titre refait, Riva.

Ce volume est de format in-8. et non pas in-4., comme nous l'avions dit, et comme le répète Molini, p. 156. Il a effectivement 125 ff., car le chiffre LXXX est répété. Ces feuillets sont cotés de I à CXXIV, sous les sign. A—Qiii. Le titre ci-dessus est imprimé en lettres rondes, et le texte en caractères romains. A la fin se lit cette souscription : *Qui finisse le Aspre .Bataglie de le Doñe Amazone. Stampato in Venetia..... Nel Anno del Signore* M. CCCCC. III. *Adi* XVIII *Zenaro.* Il y a au commencement une fig. sur bois représentant les Amazones et les guerriers les combattant.

— La Amazonida. *Venetia, Matt. Pagano* (senz' anno), in-8., sign. A—E, fig. sur bois.

Édition à 2 col., impr. avec des caract. demi-goth. et d'une forme singulière. Elle doit être un peu moins ancienne que la précédente, car le texte en a été corrigé par l'auteur et offre des différences sensibles avec le texte primitif. 12 fr. salle Silvestre, en 1842, et en *mar. r.*, avec quelques feuillets raccommodés, 40 fr. Libri.

STAHL (*Geor.-Ern.*). Theoria medica vera, physiologiam et pathologiam e naturæ et artis fundamentis sistens, cum præfatione Junkeri. *Halæ,* 1737, in-4. [6638]

Bonne édition de cet ouvrage estimé; es exempl. en sont très-rares : 36 fr. Bosquillon, mais moins depuis. — L'édition de Halle, 1708, in-4., a la même valeur à peu près. — Celle de Leipzig, 1831, 3 vol. in-12, donnée par L. Choulant, coûte 12 fr. 50 c.

La *Theoria medica* a été traduite en allemand par Ideler. *Berlin,* 1831-33, 3 vol. in-8.

— SILENI Alcibiadis, i. e. Ars sanandi cum expectatione, opposita arti curandi nuda expectatione : satyra harveana, etc. *Offenbaci,* 1730, pet. in-8. [7127]

On place ordinairement à côté de ce volume : *Gedeonis Harvei ars curandi morbos expectatione*, Offenbaci, 1730, pet. in-8. Les deux, 10 à 12 fr.

L'*Ars sanandi cum expectatione* a été réimprimé à Paris, 1730, pet. in-8.

— COLLEGIUM casuale, sic dictum minus, etc. *Svidnitii,* 1734, in-4. [6639]

Volume recherché et devenu rare. 15 fr. Baillière.

— DISSERTATIONES medicæ, tum epistolares, tum academicæ. *Halæ-Magd.,* 1707 *et ann. seqq.*, in-4. [6640]

Recueil composé d'un grand nombre de thèses et autres pièces séparées. Vend. en 8 vol. 48 fr. Baron; en 4 très-gros vol., 56 fr. 50 c. Le Clerc, en 1808; en 11 vol., 103 fr. 50 c. Bosquillon, et moins depuis.

— Fundamenta chymiæ, 4388.

— OEUVRES médico-philosophiques et pratiques de G.-E. Stahl, traduites et commentées par T. Blondin, soigneusement revues sur le texte, augmentées d'arguments et de réflexions philosophiques et médicales, par M. L. Boyer, contenant enfin de remarquables travaux inédits de M. Tissot. *Montpellier, Patras, et Paris, J.-B. Baillière,* 1859 et ann. suiv., in-8.

Stadlin (*Fr.-K.*). Topographie des Cantons Zug, 25929.

Stæhlin. Anecdotes originales de Pierre le Grand, 27771.

Stagnelli (*E.-J.*) Samlade Skrifter, 15694 et 19327.

Cette traduction devait former huit volumes, mais il n'en a encore paru que trois (le 2e, le 3e et le 4e). Le t. 1er sera publié le dernier.

STAHL (J. Hetzel, sous le nom de). Scènes de la vie privée et publique des animaux ; vignettes par Grandville : études de mœurs contemporaines, publiées sous la direction de M. P.-S. Stahl, avec la collaboration de MM. de Balzac, L'Héritier (de l'Ain), Alfred de Musset, Paul de Musset, Ch. Nodier, etc. *Paris, J. Hetzel,* 1842, 2 vol. gr. in-8. [3736 ou 17959]

Ouvrage d'une originalité piquante. 30 fr.

STALKARTT (*Marmaduke*). Naval architecture, or the rudiments and rules of ship building, exemplified in a series of draughts and plans, with observations tending to the further improvement of that important art. Third edition. *London, Jos. Taylor* (1829 ?), pet. in-fol., et un atlas pour les pl. [8473],

Les deux premières éditions de cet ouvrage arriéré sont de 1781 et 1787, in-fol. Elles ont peu de valeur.

STAMFORD-Raffles. Voy. RAFFLES.

STAMLER. Dyalogus in modum comici dramatis formatus a Johanne Stamler prespitero (*sic*) succinte digestus, de Tartarorum, Saracenorum, Turcorum, Judeorum, et gentilium sectis et religionibus, ac eorumdem confutatione. (au verso du 32e f.) : *Impressum Augustæ; per Erhardium Oglin et Jeorgium Nadler, cura, correctione et diligentia... Wolfgangi Alttinger presbiteri, anno...* 1.50 & 8 *die* 22 *mensis maij...* in-fol. de XXXII ff. chiffrés, non compris le titre, plus 2 ff. de table. [16129]

Ouvrage en prose sur le frontispice duquel se lisent des vers de Locher. 15 fr. *non rel.* Libri-Carucci, et 1 liv. 10 sh. le même, en 1859.

STAMLERNO (*Giov.*). Dialogo de le sette de diverse genti, e de le diverse religioni del mondo. *Vinegia* (senz' anno), pet. in-8. [19629]

Ce livre est un traité de géographie dialogué, divisé en 12 actes, mais qui n'appartient cependant pas au théâtre. 31 fr. *m. olive,* Libri.

STAMPA (*Gaspara*). Rime. *Venetia, Plinio Pietrasanta,* 1554, in-8. [14541]

Édition rare, et surtout en Gr. Pap. Ces poésies estimées ont été réimprimées *con altre alcune di Collaltino e di Vinciguera Collalto, e di Baldassarc Stampa,* par les soins de Louisa Bergalli, *Venezia, Piacentini,* 1738, in-8., avec portr. ; volume dont il y a des exempl. tirés in-4.

STAMPART et *Ant.* de Brenner. Prodromus, sive præambulum reserati magnificentiæ theatri picturæ imperatoris, etc. *Viennæ,* 1735, in-fol. [9418]

Recueil de 30 feuilles de gravures, contenant le catalogue figuré des tableaux de l'empereur d'Autriche, avec une préface latine et allemande. Vend. 102 fr. Mariette; 25 fr. Hubert.

STANFIELD (*Clarkston*). Views on the Moselle, the Rhine and the Meuse. *London,* 1838, gr. in-fol. [26568]

Trente lithographies : 2 liv. 5 sh. ; — color. et montées, 5 liv. 5 sh. et plus.

— Scotland delineated by Stanfield, D. Roberts, G. Cattermole, Harding, Nash, etc., with description by Lawson. *London,* 1854, 2 vol., atlas in-fol. [27388]

Quatre-vingt-dix lithographies teintées. 10 liv. 10 sh.

STANHOPE (*John* Spencer). Topography illustrative of the battle of Platea. *London, Murray,* 1817, in-8., avec un cah. de pl. in-fol. 12 à 18 fr. [22848]

— OLYMPIA, or topography illustrative of the plain of Olympia, and of the ruins of the city of Elis. *London, Rodwell,* 1824, in-fol. max. de 76 pp., avec 17 pl. et cartes. 24 à 30 fr., et plus avec les pl. sur pap. de Chine. [22849]

— TOPOGRAPHICAL sketches of Megalopolis, Tanagra, Aulis and Eretria. *Leeds,* 1831, in-fol., fig. [22850]

STANIHURSTUS (*Richardus*). De rebus in Hibernia gestis libri quatuor: accessit his libris hibernicarum rerum appendix, ex Silvestro Giraldo Cambrensi collecta, cum ejusdem Stanihursti adnotationibus. *Antuerpiæ, Chr. Plantinus,* 1584, in-4. [27500]

Livre peu commun, et qui est recherché en Angleterre : 21 fr. 50 c. Saint-Martin ; 2 liv. *mar.* Hanrott ; 10 sh. 6 d. Heber ; 1 liv. 10 sh. Libri, en 1859.

DE VITA S. Patricii, Hiberniæ apostoli, libri duo, nunc primum in lucem editi, auctore Richardo Stanihurs. *Antuerpiæ, ex offic. Christ. Plantini,* 1587, pet. in-8. de 86 pp. et 1 f. pour le privilége. [22238]

Un exemplaire en *mar.* et annoncé comme extrêmement rare, 4 liv. 4 sh. Hanrott.

STANLEY (*Th.*). The History of philosophy. *London,* 1743, in-4. portr. 12 à 15 fr. [3203]

C'est la quatrième et la meilleure édition d'un ouvrage qui a été longtemps fort estimé, mais qui maintenant est moins recherché : vend. 1 liv. 13 sh. Heber. On en cite une édition de Lond., 1784, in-4. La première, *Lond.,* 1659-60, 4 part. en 1 vol. in-fol., et la 2e et la 3e de 1687 et 1701, aussi in-fol., sont à peu près du même prix que la quatrième. — On l'a fait traduire en latin sous ce titre :

HISTORIA philosophiæ, ex anglico sermone in

latinum translata, emendata et aucta (a G. Olea-
rio). *Lipsiæ*, 1711, 2 vol. in-4. 10 à 12 fr.

STANLEY (*H.*). Rouman anthology, selections of rouman poetry, ancient and
modern. *Hertfort*, 1857, in-8., avec
illustrations. 24 fr. [15911]

STANNEFORD. Voy. STAUNDFORDE.

STANZE di diversi illustri poeti, novamente raccolte da Lod. Dolce. *Vinegia,
Gabr. Giolito*, 1553, in-12. [14445]

Première édition de ce recueil, dans laquelle se
trouve, pp. 272 et suiv., le poëme de Transillo,
intitulé : *Il Vendemmiatore*, que l'on a omis dans
plusieurs réimpressions : vend. 10 sh. Pinelli.

— Parte prima delle stanze di diversi poeti, raccolte da Lod. Dolce. *Vinegia,
Giolito*, 1556, ovvero 1563. = Stanze
di diversi, ecc., parte seconda, raccolte
da Ant. Terminio. *Vinegia, Giolito*,
1564, ovvero 1572, 2 vol. in-12. 8 à
12 fr.

Il y a plusieurs réimpressions de ces deux volumes
qui ont à peu près le même prix ; cependant l'édition de 1590 est la moins complète.

STANZE amorose sopra gli horti delle
donne, ed in lode della menta : la caccia
d'amore del Bernia ; ed altre stanze di
diversi autori. *Venetia*, 1574, pet. in-12
de 48 ff., dont les deux derniers sont
blancs, avec fig. sur bois. [14940]

Volume rare, dont le premier ouvrage n'est autre
chose que le petit poëme connu sous le nom d'*Il
Vendemmiatore* (voy. TANSILLO). Vend. en m. r.
12 fr. Bonnier ; 30 fr. Mac-Carthy ; 47 fr. Nodier ;
16 sh. *mar. bl.* Heber ; 29 fr. *mar. v.* Libri ; 70 fr.
mar. viol. Riva.

Les deux premières pièces de ce recueil ont d'abord
été impr. séparément sous les titres suivants :

STANZE di cultura sopra gli horti de le donne,
stampate nuovamente, et historiate. (*senza luogo
e nome di stampatore*), M. D. XXXVII, pet. in-8. de
16 ff. non chiffrés, lettres italiques, fig. sur bois.

STANZE in lode de la menta, a le belle e cortesi
donne. (*senza luogo e stampatore*) , M. D. xxxviij,
pet. in-8. de 16 ff. non chiffrés, dont un blanc,
sign. A—D, lettres italiques, fig. sur bois.

Les figures de ces deux opuscules, soit comme dessin, soit comme gravure, sont d'une exécution remarquable ; voilà pourquoi, peut-être, un exemplaire a été vendu 55 fr. en 1843. Le second opuscule seul, 18 fr. 50 c. *mar. r.* Libri ; 20 fr. Riva.

— Voy. DIALOGO dove si ragiona, ecc. Voy. SCIARRA.

STANZE della festa di Ottaviano imperadore finita (*senza nota*), in-4. de 4 ff. à
2 col. de 42 lig.

Opuscule en octave impr. en caractères romains vers
1500. Il est orné de plusieurs bonnes gravures sur
bois (Molini, n° 327). 60 fr. *mar.* r. Libri. Il en a
été fait plusieurs réimpressions (voy. col. 1117 de
notre 4ᵉ vol.).

STAPFER (*Phil.-Alb.*). Voyez VOYAGE
pittoresque de l'Oberland.

STAPLETONI (*Thomæ*) Opera quæ extant
omnia, partim antea anglice scripta,
nunc primum studio doctorum virorum
anglorum latine reddita, cum vita auctoris a Henr. Hollando scripta. *Parisiis*, 1620, 4 vol. in-fol. [1203]

Ces quatre volumes de controverses sont rares, et
les catalogues anglais les portent à 10 ou même
à 12 liv. sterl.

— TRES THOMÆ, seu de S. Thomæ apostoli rebus
gestis, de S. Thoma (Becket) et de Thoma Moro.
Duaci, 1688, pet. in-8. avec un portr. de Th.
Morus. Livre recherché en Angleterre, 12 à 15 fr.

— Mélanges, 19193.

STAPPAERTS (*F.*). Voy. STROOBAN.

STARCKIUS. Specimen sapientiæ Indorum veterum, id est, Liber ethico-poli-
ticus pervetustus ; nuncprimum græce
prodit, cum versione latina, opera Seb.-
Gott. Starkio. *Berolini*, 1697, pet. in-8.,
4 à 6 fr. [3781]

Imitation des fables de Bidpay. Vend. 10 fr. *mar. r.*
d'Hangard.

STARICONIUS (*Joannes*). Voy. HOMERI
Batrachomyomachia.

STAROVOLSCI (*Sim.*) monumenta Sar-
matarum. *Cracov.*, 1655, in-fol. [27816]

Recueil d'épitaphes qui se trouvaient dans les églises
de Pologne au temps où vivait l'auteur. C'est un
ouvrage très-estimé, et dont les exemplaires sont
rares : vend. 30 fr. Le Marié.

STATE (the) of France. Voy. EVELYN.

STATIUS (*Publius Papinius*) Opera, id
est, Thebais, cum interpr. Placidii Lactantii ; Achilleis, cum recollectis tradi-
tis a Domino Francisco Maturantio (seu
Matarancio) perusino ; Sylvarum lib. V,
cum commentario Domitii Calderini.
Romæ, 1475, in-fol. [12541]

Quoique Orlandi, Maittaire, et d'autres bibliographes,
aient indiqué cette édition comme exécutée à
Rome en 1475, il est très-douteux qu'elle ait été
impr. dans cette ville, à cette époque ; et nous
croyons, au contraire, que ces auteurs ont voulu
parler d'une édition sans date, impr. vers 1480 (indiquée et décrite dans le 1ᵉʳ catalogue de Crevenna, tome III, p. 234), avec signat. de a—q, pour
la Thébaïde, et de A—L, pour l'Achilléide et les
Sylves ; cela est d'autant plus vraisemblable, qu'on
voit, en effet, à la fin de cette dernière, deux souscriptions datées de Rome, *Calendis sextilibus*
M. CCCC. LXXV ; souscriptions relatives à la composition du commentaire de Calderin, et non point à

Stapleton (*A.-G.*). Life of Canning, 27050.

Stapleton (*Th.*). Magni Rotuli Scaccarii Normaniæ,
24318. — History of Th. Moore, 30888.

Starck (le B. de). Entretiens philos. sur la réunion
des communions chrétiennes, 2135.

Starckie (*T.*). Laws of evidence, 3070.

Stark (*Carl.-Ben.*). Geschichte... des hellenischen
Orients, 22841.

Stassart (le baron de). Œuvres complètes, 19187.

State papers, 26905. — of the United States, 28538.

Statistical view of the public library, 31143.

Statistique de la France, 23153.

Stanley (*A.-P.*). Sinai and Palestine, 28026.

l'époque de l'impression de l'ouvrage. De Bure, en reproduisant cette annonce inexacte dans sa Bibliographie, n° 2800, y a ajouté la souscription de l'édition des Sylves de Stace, avec les commentaires de Calderin, véritablement impr. à Rome, par Pannartz, en 1475, et il a confondu de cette manière les Sylves de 1475 avec l'édition sans date du Stace entier. D'après ce que nous venons de dire, l'édition de 1483, in-fol., serait la première, avec date, dans laquelle les trois ouvrages de Stace se trouvent réunis. L'édition, sans date, qui fait l'objet de cet article, a été vend. 20 flor. Meerman.

— Statii Thebaidos libri XII, et Achilleidos libri II. (*absque nota*), in-fol.

Édition très-ancienne, exécutée en caract. romains, sans chiffres, récl. ni signat., à longues lignes, au nombre de 37 (dans la Thébaïde; 36 dans l'Achilléide) sur les pages qui sont entières. On trouve en tête du vol. 11 ff., dont le premier commence ainsi : (T)*hebe, ut ait ysydorus & solinus de regionibus, etc.* Vient ensuite la Thébaïde (qui commence après un préambule de 12 vers), ff. 12-149; puis l'Achilléide (en 16 ff.), précédée de 8 ff. qui contiennent une espèce de commentaire commençant par cette ligne : q; *litigium super pomo aureo inter deas fuerit*, ff. 150-173. Le volume finit au 32e vers du dernier f. verso, de cette manière :

Et memini meminisse iuuat scit cetera mater.

Cette description est celle de l'exempl. vendu 480 fr. La Vallière; elle se rapporte à celle qu'on donne du même livre dans la *Biblioth. spencer.*, II, n° 439, excepté que dans l'exemplaire du noble bibliophile anglais, le morceau de 8 ff. qui se rattache à l'Achilléide est placé au commencement du volume, et qu'il y a de plus un f. blanc après ces 8 ff. et deux autres ff. blancs entre la Thébaïde et le second poëme. M. Dibdin a fait les observations suivantes sur cette édition : les caractères en sont rudes et peu usités, tenant le milieu entre ceux de Sweynheym et Pannartz et ceux de G. Laver; les i manquent généralement de points, la lettre capitale Q (avec un point au milieu) est d'une forme singulière; enfin l'aspect de ce livre accuse l'enfance de l'art et l'inexpérience de l'imprimeur.

— Thebaidos libri XII et Achilleidos lib. duo. (*absque nota*), in-fol.

Autre édition, ancienne et très-rare, imprimée en caractères romains, sans chiffr., récl. ni signat.; elle commence au verso du 1er f. par les 12 vers, qui sont aussi à l'édition précédente : sur le recto du second f. commence la Thébaïde, avec un intitulé en lettres capitales ainsi conçu :

P. Papinii. Statii. Svrcvli. thebaidos liber primvs incipit.

Les deux premiers vers sont imprimés en 4 lignes, à cause de l'espace blanc laissé pour la première grande lettre.

Le premier poëme finit au recto du 139e f. par les mots : *Deo gratias.* L'Achilléide commence sur le recto du f. suivant, après 12 vers prélimin., par un intitulé d'une ligne, en capitales; les deux premiers vers y sont aussi impr. en 4 lignes. Ce dernier poëme est terminé sur le recto du 26e f. par les trois vers :

*Hactenus annoy comites elementa meorum
Et memini : & meminisse iuuat, scit cœtera mater.
Aura silet. puppis currens ad litora uenit.*

Chaque page entière a 36 lig. (*Biblioth. spencer.*, t. II, p. 368).

La Thébaïde seule, vend. 3 liv. 15 sh. Heber.

— P. Papinii Statii Thebais, cum Placidii Lactantii interpretatione : Achilleis,

cum recollectis Fr. Mataracii : Sylvæ, cum commentario Domitii Calderini, Domitii commentarius in Sappho Ovidii, etc. *Venetiis, Octavius Scotus*, 4 *non. Dec.* 1483, in-fol. de 230 ff. non chiffrés (le 1er en blanc), sign. A—T et a—n.

Première édition, avec date, où les trois ouvrages de Stace se trouvent réunis : 1 liv. 10 sh. m. r. Heber. Celle de *Venise, Jac. de Paganinis*, 24 décembre 1490, in-fol. (12 fr. La Valliere), en est la réimpression. Dans l'une comme dans l'autre se retrouve la date de Rome, 1475.

Les autres éditions de Stace, imprimées à la fin du XVe siècle, sont à bas prix. — Celle de Venise, *per Barth. de Zanis*, 1494, in-fol. de 203 ff., a cependant été vend. 1 liv. 10 sh. (*m. bl.*) Heber.

— Sylvarum libri quinque; Thebaidos libri duodecim; Achilleidos duo. *Venetiis, in ædibus Aldi, mense Avgvsto*, M. DII. in-8.

Édition dont on trouve difficilement des exemplaires bien conservés. Elle contient 256 ff. non chiffrés (le 72e blanc), pour *Stace*, et 39 ff. pour la partie intitulée : *Orthographia et flexus dictionum græcarum apud Statium*, plus un f. pour l'ancre. Vend. 18 fr. mar. r. La Valliere; 48 fr. mar. r. Chénier; 1 liv. 3 sh. Sykes; 1 liv. 4 sh. Libri, en 1859; et un bel exemplaire avec ornements peints, 80 fr. Costabili; un autre en *mar. r.*, avec le nom et la devise de M. Laurin, 195 fr. Solar. Un exemplaire sur VÉLIN se conserve au *British Museum*.

— SYLVARUM lib. V, etc. *Venetiis, in ædib. Aldi, etc.*, 1519, in-8. de 294 ff. et 2 pour la souscription et l'ancre.

Réimpression de l'édition de 1502, corrigée, et avec une nouvelle préface de Fr. d'Asola. Vend. 8 sh. Pinelli; 20 fr. *mar. bl.* Chardin; *rel. à compart.*, 2 liv. Hibbert; autres, 12 sh. et 16 sh. Heber; 15 fr. Renouard.

— STATII Opera. *Parisiis, Sim. Colinæus*, 1530, in-8. de 263 et 36 ff.

Copie de la seconde édition aldine, avec *Orthographia et flexus dictionum* : 3 à 4 fr. en 1804.

Vend. 10 fr. mar. bl. dent. Renouard; 5 flor. Meerman.

— OPERA, ex recens. et cum notis J.-Fred. Gronovii. *Amstelod., Lud. Elzevirius*, 1653, in-24. 3 à 6 fr.

— QUÆ EXTANT : Casp. Barthius recensuit et animadversionibus locupletissimis illustravit : inspersis ad Thebaida et Achilleida commentariis ac glossis veterum, hactenus bonam.partem ineditis, et scholiaste Lutatio multis locis corruptis castigato; cum quatuor indicibus. *Cygneæ, J. Scheibius*, 1664, 8 tom. en 4 vol. in-4.

Quoique cette édition soit imprimée sur fort mauvais papier, on la recherche à cause du commentaire qui l'accompagne : 20 à 25 fr.; vend. 35 fr. Villoison, et en pap. fin 1 liv. 17 sh. Heber.

— OPERA, cum notis variorum, illustr. a Joh. Veenhusen. *Lugd.-Batavor., ex officina hackiana*, 1671, in-8.

Édition assez recherchée : 10 à 15 fr.; vend. 48 fr. broché Firmin Didot; 51 fr. m. doublé de mar. Larcher.

— Opera, interpretatione et notis illustravit Claud. Beraldus, ad usum Delphini. *Lutetiæ-Parisior., L. Roulland*, 1685, 2 vol. in-4.

Cette édition qui, sous le rapport littéraire, a peu de mérite, est, après *Ciceronis opera philosophica* (édition originale), le livre le plus rare de la collection *Ad usum*; et cela provient sans doute de ce

que les libraires, n'en trouvant point le débit, auront mis dans le temps une grande partie des exemplaires à la rame. Le premier volume contient la
Thébaïde, 715 pp. précédées de 15 ff. séparés de
pièces préliminaires, y compris celui du titre, et
suivies d'un errata sur un feuillet à part; le second renferme le surplus des œuvres de Stace; il a
un titre, 488 pp. de texte, un index de 243 pp., et
un feuillet d'errata. Vend. 580 fr. mar. r. La Valliere; 21 liv. 10 sh. Pinelli; 551 fr. (exemplaire
trop rogné) salle Silvestre, en 1817; 30 liv. mar.
Drury.

— OPERA, sedula recensione accurata (a Joan. Carey). Londini, Rodwell et Martin, 1822, gr. in-18,
pap. vél. 3 à 5 fr.

De la collection du Régent.

— OPERA, ex editione bipontina, cum notis et interpretatione in usum Delphini, variis lectt., notis variorum et indice locupletissimo. Londini, Valpy,
1824, 4 vol. in-8.

Numéros 61 à 64 de la collection des classiques latins
publiée par Valpy; l'index occupe le 4e vol.

— LIBRI quinque Sylvarum, cum varietate lectionum
et selectis Marklandi aliorumque notis, quibus suas
addiderunt J.-A. Amar et N.-E. Lemaire. — Thebais et Achilleis, cum varietate lectionum et selectis
variorum adnotationibus, quibus suas addiderunt
J.-A. Amar et N.-E. Lemaire; cum indice. Parisiis, Lemaire, 1825-30, 4 vol. in-8.

L'index occupe tout le 4e volume.

Il y a une édition donnée par M. Dübner, Paris, 1827,
2 vol. in-8., dans la Nova bibliotheca scriptor.
latinor., colligente Charpentier.

— LES ŒUVRES de Stace, traduction nouvelle par
P.-M. Cormiliolle; 2e édition, revue et corrigée par
l'auteur, avec le texte en regard. Paris, Delalain,
1820, 5 vol. in-12. 15 fr.

— ŒUVRES complètes de Stace, traduction nouvelle
par MM. Rinn, Achaintre et L. Boutteville (avec le
texte). Paris, Panckoucke, 1829-32, 4 vol. in-8.
28 fr.

———

— Statii Thebaidos libri XII, ex récens.
Bonini Mombritii, gr. in-4.

Édition à longues lignes, au nombre de 34 sur les
pages entières, et contenant 147 ff. sans chiffr. ni
récl., mais avec des signatures de ai–tiij, non
compris le premier feuillet qui contient au verso
32 vers de l'éditeur, avec ce sommaire en deux lignes : Boninus Monbritius M.-D. Bartholomeo
Chalco Ill'. ducū Ml' i Secretario S. D. — Les
caractères sont ceux de Zarot, et le volume a été
imprimé à Milan vers 1478. Il est terminé par une
souscription qui commence ainsi :

Bon. Mombr. M. D. Barth. Calco. S. D.
Accipis impressam Beloueside Thebain urbe.

Vend. 200 fr. La Valliere ; 10 liv. 15 sh. Pinelli ; 300 fr.
mar. bl. en 1823.

— Placidi Lactantii interpretatio in XII
libros Thebaidos Statii ; præmittuntur
Bonini Mombritii Mediolan. versus. Gr.
in-4.

Ce commentaire est imprimé avec les mêmes caractères ronds que le volume précédent, auquel nous
croyons qu'il doit être joint; il a également 34 lignes par page pleine ; il ne porte ni chiffres ni récl.,
mais il a aussi des signat. depuis aij jusqu'à t. Le
premier feuillet, qui devait être aj, n'a point de signature; il contient au recto 12 vers de Bonus
Mombritius au lecteur, suivis d'une notice de 18 lignes sur Stace. Le texte du commentaire commence
au verso de ce premier feuillet, et se termine au
verso du 6e f. du cah, t par le mot Finis. Vend.
16 flor. quoique gâté, Rover. Les 2 vol. 8 liv.
mar. bl. Heber.

— La Tebaide di Stazio, trad. in versi da
Selvaggio Porpora. Roma, 1729, pet.
in-fol. 10 à 12 fr.

Cette traduction, qui tient un rang distingué dans la
poésie italienne, est du cardinal Cornelio Bentivoglio, ici sous un nom supposé; elle a été réimprimée à Milan, dans le Corpus poetarum, in-4. (voy.
CORPUS poetarum).

— LA TEBAIDE di Stazio, tradotta dal Card. Cornelio
Bentivoglio. Milano, tipogr. de' class. ital., 1821,
in-8, portr. 7 fr.

Bonne réimpression. Il y en a une autre de Florence,
Ciardetti, 1823, 2 vol. in-8., dont il a été tiré des
exemplaires en Gr. Pap. vél.

— THE THEBAID, translated into english verse,
with notes and observations (by W.-L. Lewis), Oxford, 1767 (or Lond., 1773), 2 vol. in-8.

———

— Achilleis. Ferrariæ, per Andream
Gallum, 1472, in-4. de 22 ff. à 27 lign.
par page, sans chiffres, récl. ni signat.

L'existence de cette édition précieuse est aujourd'hui
bien constatée, soit par les Ædes altorp., II,
n° 1318, soit par les Ricerche de M. Antonelli, pp. 8
et 9.

L'ouvrage commence ainsi au recto du 1er f. :

PVBLII PAPINII STATII ACHILLEIDOS
LIBER PRIMVS INCIPIT.

Au recto du dernier feuillet et au-dessous des cinq
derniers vers du texte, se lit la souscription suivante :

I mpressi Andreas hoc opus : cui Francia nomë
Tradidit : At ciuis Ferrariensis ego.
H erculeo felix ferraria tuta manebat
Numine : perfectus cum liber iste fuit :
M. CCCC. LXXII.

— Achilleis. — Papinii Statii Svrcvli
Achilleidos finis M. CCCC. LXXII. Nicolao Trono principe Venetiis, in-4. de
24 ff. à 24 lign. par page.

Édition décrite dans la Biblioth. spencer., tom. II,
n° 441, où l'on dit que les caractères ressemblent
à ceux de Jean de Colonia, imprimeur à Venise.
Vend. 6 liv. 2 sh. 6. d. Heber.

— Achilleis. Parmæ, 1473, in-4.

Maittaire (I, 329) a placé dans la classe des livres qu'il
a vus depuis la publication de son premier volume,
cette édition dont il rapporte la souscription suivante : Si quas, optime lector, hoc in opere
lituras inveneris, nasum ponito, nam Stephanus Corallus Lugdunensis invidorum quorundam malivolentia lacessitus, qui idem imprimere
tentarunt, citius quam asparagi coquantur, id
absolvit, ac summo studio emendatum litterarum
studiosis legendum tradidit. x Cal. April. Et c'est
d'après ce bibliographe que De Bure, Panzer,
Hain, etc., ont parlé de ce livre.

— Achilleidos libri, cum comment. Joan.
Britannici Brixiani. Brixiæ, per Jacobum Britannicum, 1485, die xxi maii,
in-fol. de 4 ff. prél. et 24 ff., sign. a—d.

Un exemplaire impr. sur VÉLIN : 480 fr. Mac-Carthy.

— Achilleidos libri duo. Parisiis, mira
arte ac diligentia Alexandri Aliate
de Mediolano, 1497; inveniuntur in
vico Sancti Jacobi ad insignium
Sanctæ Barbaræ, in-4.

Vend. 13 fr. 20 c. La Valliere.

— STATIUS in achilleide. (absque anno), pet. in-4.
goth. de 28 ff. sign. A — D, 22 lignes à la page.
Édition de la fin du XVe siècle, faite à Paris, par Jehan
Bouyer et Guillaume Bouchet; au recto du 1er f. se
voit la marque de ces imprimeurs, telle que nous
la donnons ci-dessous.

— Statii Silvarum, libri V, (absque nota),
gr. in-4. [12542]
Édition sans chiffres ni réclames, mais avec des signatures de A—H, placées à l'extrémité des marges.
On y compte 60 ff. dont le dernier est tout blanc.
Le verso de l'avant-dernier feuillet ne contient que
20 vers, au-dessous desquels se lit cette ligne :
P. Papinii Statii Silvae liber ultimus, mais les
autres pages qui sont entières renferment 35 vers.
Le recto du premier feuillet commence par le texte
de l'auteur, précédé de ce sommaire en lettres capitales :

　　　P. Papinii Statii Syrcvli Silva —
　　　rum liber primus —
　　　Prohoemivm ad Stellam.

Cette édition est très-probablement la même que
celle qui est portée sous le n° 4027 du second catalogue de Crevenna, et qui a été vend. 32 flor.; cependant elle est annoncée dans ce catalogue comme
in-fol. sans signatures, et de l'an 1473 environ.
— Voir, pour plus de détails, Catalogue biblioth.
magliab., II, col. 616. Ajoutons que le volume décrit ci-dessus paraît avoir été copié ligne pour ligne
sur l'édition des Sylves, qui termine le Catulle imprimé en 1472, aux cinq dernières lignes et à la
date près; que l'on n'a pas reproduites ici. Ces
Sylves de 1472 ont été vend. séparément 102 fr.
Gaignat, mais elles ne sont qu'un fragment du livre
décrit à l'article CATULLUS. Nous aurions pu dire la
même chose de l'édition de Parme, 1473, laquelle est
également une suite nécessaire du Catulle, impr.
sous la même date (voir la col. 1682 de notre 1er vol.).

— Sylvarum lib. V, cum commentario

Domitii Calderini. — Impressit Romæ
Arnoldus Pannartz..., anno M. CCCC.
LXXV, idibus sextilibus, in-4.
Volume rare, composé de 171 ff. en tout, à 35 lign.
— par page; il commence par un feuillet séparé, blanc
au recto, et renfermant au verso la table du contenu
(ἐπωπίσων, Hoc volumine Domitius inservit...);
ensuite vient la préface occupant 3 ff., et portant
l'intitulé : DOMITII CALDERINI... AD AUGUSTUM
VERONEN..... IN SYLVAS STATII PAPINI. Cette préface est suivie du commentaire, dans lequel est
compris le texte, ff. 5-138 (le verso du 138e finit
avec Papinii vita); puis, après un feuillet blanc,
on trouve le commentaire sur la Sappho d'Ovide,
les éclaircissements sur quelques passages de Properce, et différentes observations, ff. 140 à 170;
cette dernière part. commence par l'inscription :
Ad Franciscum Aragonium Ferdinandi regis
Neap. F., et elle se termine au verso du 170e f.
par la souscription de l'imprimeur; enfin, le dernier feuillet contient au recto le registre des cahiers. Vend. 14 liv. 3 sh. 6 d. Pinelli; 8 liv. 15 sh.
Hibbert.
Voyez à la col. 510 ce que nous avons déjà dit au
sujet de cette édition mal annoncée par De Bure.
— Il existe une édition du commentaire de Domitius
Calderin sur les Sylves de Stace, suivi des Elucu-
brationes in Sappho Ovidii, in quædam Propertii
loca; et des Excerpta ex tertio libro observationum Domitii, avec cette souscription à la fin de la
2e partie : Magister Henricus de colonia Brixiæ
fœliciter impressit. M. cccc. lxxvi. die Iunii. vm.
C'est un in-8. ou pet. in-4. goth. de 112 et 38 ff.
à 31 lign. par page, sign. a–o et a–e.

— Silvæ. Florentiæ, apud S. Jacobum
de Ripoli, 1480, pet. in-fol.
Cette édition a 60 ff. (le dernier blanc), des signatures de a–g, et 35 vers sur les pages; elle commence au verso du premier feuillet de cette manière : PAPINII STATII NEAPOLITANI, SIVARVM (sic)
LIBER PRIMVS, AD. STELLAM, et on lit à la fin :

　　IMPRESSVM FLORENTIÆ APVD
　　SANCTVM IACOBVM DE RIPOLI
　　　　M. CCCC. LXXX.

— Silvarum lib. V, ex vetustis exemplaribus recensuit, et notas atque emendationes adjecit Jer. Markland. Londini,
J. Bowyer, 1728, gr. in-4.
Édition très-estimée : 12 à 18 fr.
Il y a 25 exemplaires tirés en très Gr. Pap., qui sont
fort rares. Vend. 271 fr. Mac-Carthy; 208 fr. m. v.
en 1829; 10 liv. 10 sh. Drury.

— Statii Carmina, antiquis libris adhibitis, recensuit
et comment. illustravit Ferd. Hand. Lipsiæ, Goeschen, 1817, in-8. 2 thl.
Ce volume ne contient que les Sylves. Le texte, revu
d'après des manuscrits et d'anciennes éditions, est
accompagné d'un bon Apparatus criticus. Le
prem. vol. de la Thébaïde, publié par le même savant, a été annoncé en 1818, chez Hartmann, à
Leipzig.

— Libri quinque Silvarum, ex vetustis exemplaribus
recensuit, notas atque emendationes adjecit J. Markland; editio auctior indicibusque instructa (cura
K.-Jul. Sillig). Dresdæ, Wagner, 1827, in-4. 2 thl.
est plus cher en pap. vél.

— LES SILVES, traduites d'après les corrections de
J. Markland, avec le texte et des notes par M. S.
Delatour. Paris, an XI (1803), in-8. 4 fr.
IN SILVARVM libros diatribe. Voy. GRONOVIUS
(Jo. Fred.).

STATO presente degli antichi monumenti
—siciliani (da Andr. Pigonati), 1767, gr.
in-fol. fig. [29386]
Vend. 16 fr. br. Belin; 36 fr. Millin.

STATUE antiche greche e romane. Voyez ANTICHE.

STATUTA anglica : Statuta noua (Eduardi III, Richardi II, Henrici V, Henrici VI, Eduardi IV, cum anno 22 (1483) desinunt. (*Londini.*) in-fol. goth. de 310 ff. [3048]

Ces statuts, la plupart en anglo-normand, sont précédés d'une table alphabétique.

— STATUTA ap'd Westmonasterium edita Anno primo Regis Ricardi tercij. (*absque nota*), in-fol. goth. de 16 ff. non chiffrés. [3048]

Ces statuts, en ancien langage français, ont été imprimés par Will. Caxton, vers 1484. Le 1er f. est bl., et le texte commence au 2e f., côté a II. Pour d'autres édit. des *Statuta, anglica*, imprim. dans le XVe siècle, et qui renferment aussi des textes franç, consultez Lowndes, ancienne édition, pp. 1733 et suivantes.

— VIEUX Abrigement des statutes. (*sans lieu ni date*, mais impr. avec les caractères de J. Lettou et W. de Machlinia, vers 1481), pet. in-fol. goth. —

Statuts en langue française disposés par ordre alphabétique. 27 liv. 6 sh. 6 d. vente Alchron, et 4 liv. 4 sh. seulement Libri, en 1859.

— STATUTA Delphilania: Voy. l'article GUIDO-PAPA.

STATUTA antiqua urbis (Romæ), in-fol. [2973]

Édition sans lieu ni date, mais impr. à Rome, de 1467 à 1470, avec le plus gros caractère d'Ulric Han. Le volume, divisé en 4 part., doit avoir en tout 165 ff., y compris 7 ff. contenant *Ordinationes nuptiarum dotium funeralii, etc.*, lesquels manquent à l'exemplaire décrit dans le 7e vol. de la *Biblioth. spencer.*, n° 168, mais sont indiqués par le P. Audiffredi, *Catalog. rom. edit.*, p. 70. C'est un livre fort rare.

STATUTA communis Brixiæ. FINIS. *Brix. Thoma Ferrando auctore.* N. CCCC. LXXIII, *tertio Kl'Julii*, in-fol. [2975]

Édition très-rare, dont le plus grand mérite est d'être une des premières impressions connues faites à Brescia; la totalité du vol. est de 310 ff., divisés en 6 parties. On en trouve la description détaillée dans la *Bibloth. spencer.* tome IV, n° 782. Les bibliographes qui ont désigné ce livre comme le premier impr. à Brescia, n'ont pas fait attention au Virgile du même imprimeur, dont la souscription porte *die vigesimo primo aprilis* M. CCCC lxxij. M. Lechi décrit, dans sa *Tipografia bresciana*, p. 48, une édition des *Leges brixianæ*, in-fol. avec la souscription suivante : *Impressa fuerunt, hec statuta valde correcta per Jac, Brita* (sic) *de palazzolo, anno dni* MCCCCLXXXX *die VIII mensis decembris*. Les archives municipales de Brescia en conservent un exemplaire imprimé sur VELIN.

Le même bibliographe, à la p. 74 de l'ouvrage cité, a également décrit le livre, intitulé : *Pacta generalia omnium daciorum civitatis Brixiæ, etc.— FINIS.* Th. *Ferando auctore in Brixia*, in-fol., lequel, semblable, tant pour le caractère que pour le papier, aux *Statuta* de 1473, se compose de 23 cah., savoir : de 21 de 8 ff., d'un de 6 et d'un

Statuta ord. carthusiensis, 5262.
Statuta populi florentini, 25544.

---

autre de 4, en tout 178 ff., y compris 2 ff. pour l'index et 2 ff. blancs qui précèdent le texte. La souscription est placée au verso du 90e f.

STATUTA civitatis Ferrariæ.—*Laus deo anno dñi* M. CCCC. LXXVI. *Sevér. Ferr.* (*Severinus Ferrariensis*), in-fol. goth.

Vend. 92 fr. Brienne-Laire.

Ce volume est très-minutieusement décrit par Antonelli (*Ricerche*, édit. de 1830), qui y compte 230 ff., dont plusieurs sont tout bl., et de plus 11 ff. pour la table placée au commencement du livre.

Autres statuts des provinces et villes d'Italie, impr. dans le XVe siècle.

Ces Statuts doivent être placés dans notre table méthodique soit au *Droit italien*, vers le n° 2970, soit dans l'*Histoire des villes d'Italie* auxquelles ils se rapportent.

STATUTA civitatis asculanæ. Questi sono Statuti vulgarmente tracti dell'Statuti literali del commune de la cipta d'Ascoli. (à la fin): *Li supradicti statuti sono stampati p. le venerabile Frate Ioanni da Therano. In la ecclesia di Sca. Maria d de Sotisiano d. la Cita d'Ascolo... in l'anno* M. CCCC. LXXXVI. *die vero vim aprilis,* in-fol. à 2 col. de 30 lign.

STATUTA communitatis Bergami. (à la fin): *Brixie per Angelum et Iacobum fratres de britannicis omni cura ac diligentia impressa sunt. Anno Domini Iesu Christi,* 1491, XV kal. Ianuarii, in-fol. caractères rom.

STATUTA Boiardi. Statuta terrarum et locorum magnifici et potentis Domini Domini Comitis & Equitis Domini Ioannis Boiardi, videlicet Arceti, Casalgrandi, Dinazzani, Salvaterræ & Montisbule, etc. *Impressum quidem opus Scandiani per Peregrinum de Pasqualibus anno domini* MCCCCXCIX *die vero octauo Martii* (in-4.).

Cité par Tiraboschi, *Biblioth. moden.*, IV, p. 380, qui n'en désigne pas le format.

STATUTA Bononiæ. (à la fin): Explicit liber tertius causarum civilium, etc. (*absque nota*), in-fol. caractères romains de Balthasar Azoguido, à Bologne.

Ce volume est terminé par la table de tout ce qu'il contient: (à la fin): *Statuta criminalia cois bononte sumpta ab originali existente, archiuo publico, cois bon.*

STATUTA Cremonæ. *Impressa Brixiæ, pen Boninum de Boninis, de Raguxia,* 1485, *die* XVIII *Nouembris,* in-fol. caractères rom.

STATUTA et decreta communis Gennæ. (à la fin): *Vale, qui legeris.* M. CCCC. LXXXXIIII. *die* XVII *Augusti,* in-fol.

— AUTRE édition. Bononiæ, ab Caligula Bazalerio, 1498, in-fol., 46 à 47 lign. par page, caract. rom.

Édition exactement décrite par Hain, n° 15007. Elle a 6 ff. non chiffrés, 87 ff. chiffrés, 1 f. blanc, 29 autres ff. chiffrés et un second f. blanc.

STATUTA lucensia. (à la fin): *Impressum in inclita ciuitate, Luc, per Henricum de Colonia,* 1490, XVIII *mens. Aug.,* in-fol.

STATUTA Mediolani criminalia civilia.— *Impress. opera et impensa Pauli de Suardis anno domini* MCCCCLXXX. *die* XXI *Decembris,* in-fol. goth. en rouge et en noir. [2971]

Première édition de ces statuts; il faut y joindre *Tabula statutorum,* impr. à Milan, 1482 (ou 1492), *die ultimo nouembris.* Ainsi complet, 66 fr. Riva.

Les *Statuta civilia Mediolani reformata à Ludovico M. Sfortia Duce,* ont été impr. à Milan, *die decimo mensis Novembris,* 1498, in-fol. en caractères romains.

STATUTA gabellarum ciuitatis Mutinæ. *Impressa Mutinæ opera et impensis Antonii Mischomini et Dominici Ruchozoli,* 1487, *die* XX *aprilis,* in-fol.

STATUTA communis Paduæ. (au recto du dernier
f.) : *Impresso in Vicenzia per maistro leonardo·
de basilea die xxvi iulii.* M.cccc lxxxii, in-fol. de
158 ff. à 42 lignes, car. rom.

STATUTA magnificæ civitatis Parme. (à la fin): *Impressa Angeli Ugoleti ciuis Parmensis Hilarii
Ugolelii filii diligenti cura et opera solerti, Olim-
piade* DLXVIII, *id est anno a natiuitate Christi,*
·MCCCC.XCIIII, *xvi kal. octob.*

STATUTA magnificæ communitatis Regii. *Ferrariæ*, 1480, in-fol.

STATUTA Sabaudiæ. Voy. DECRETA.

STATUTA communitatis rippariæ Salodii et Bri-
nensis. (à la fin) : *Actum Portesii opera Bartholomæi Zanni impressoris et impensa Angeli
cozalii...* 1489, in-fol. caractères rom.

STATUTI et ordeni de li jnclita citta de Venesia
. cum le soe correction, traducti cum ogni diligentia
di Latino in vulgare. — Finisce li statuti et ordeni
de uenesia *stampadi per magistro Philippo a di
xxiiij de aprile* MCCCCLXXVII, in-fol. car. rom.

STATUTA Venetorum. *Venetiis per Dionysium
bertochum impressa Anno* M. VIIID. (1492), *die
ult. octob.*, pet. in-fol. goth. à 2 col., chiffr. de 11 à
LXXXV.
En latin et èn italien.

— STATUTA civitatis Veronæ, et civitatis Viçentiæ.
Voy. tome III, col. 942, au mot LEGES.

Statuts synodaux.

STATUTA synodalia diœcesis Belvacensis, a Carolo episcopo sancita. *Parisiis,
per Ludovicum Cyaneum*, 1531, in-4.
[3252]. Sous ce même n° doivent être
placés les autres statuts synodaux.

STATUTA ecclesiæ coloniensis, a domino
Conrado , archiepisc. coloniensi edita.
— *Per Joh'em Guldeschaiff... impssu;
Ac anno dñi* M. cccc. *lxxviij*, in-fol.
[21494]
Ce livre est rare, et les singularités qu'il contient le
rendent assez curieux pour que lord Spencer l'ait
regardé comme un des objets les plus remarquables
de sa riche bibliothèque. Nous ne pensons pas cependant qu'il acquière jamais beaucoup de valeur
dans le commerce. — Voyez *Biblioth. spencer.*,
tom. IV, n° 783.

STATUTA Synodalia diœcesis Claromon-
tensis a Guillermo de Prato, episcopo
. Claromontensi, de novo ordinata, anno
M D XXXVII. *Clermont, Nic. Petit,
1538, in-4.* [après 3252]
Catalogue de la Bibl. du roi, B. 1505, troisième pièce
du recueil. Nous ne connaissons pas de livre plus
anciennement imprimé à Clermont.

STATUTA provincialis Ernesti. *In nova
Plzna*, 1476, in-4. de 60 ff., sans chiffr.
réel, ni signat.
Ce livre, impr. à Pilsen, en Bohême, est une curiosité
typographique des plus rares, puisqu'on n'en connaît pas d'autre exemplaire que celui de la Biblioth.
de l'Université de Prague (Ebert, 21722).
Pour d'autres statuts synodaux, ou provinciaux d'é-
glisés allemands, voyez la table du 11e volume de
Panzer.

STATUTA synodalia noua‖Episcopatus Grationo-
polis (*absque nota*), in-4. demi-goth., sign. a—i,
par cahiers de 8 et 4 ff.
Cette édition ne porte pas de date, mais elle doit
avoir été imprimée à Grenoble ou à Lyon, en l'année 1495, qui est celle de la publication de ces

Statuta noua. Le titre ci-dessus est impr. en
rouge au recto du 1er f., dont le verso porte deux
planches en bois présentant les armes de l'évêque
placées entre une Vierge et la figure du saint patron de Grenoble, et au bas les armes de la ville
(d'après l'exemplaire de M. de Terrebasse).

STATUTA synodalia diœcesis Suessionensis, sanc-
tita a Symphor. de Bullioud, episcopo. *Paris., Reginaldus Chaudiere*, 1532, in-4.

STATUTA synodalia civitatis et diœcesis Tholo-
sanæ per Joan. d'Orléans episcopum. *Tholosæ*,
1531, in-8.

STATVTA synodalia ciuitatis 2 diœcesis
treceñ. Impressa ex ordinatione reuerēdi
in Christo patris et domini dñi Jacobi
treceñ. episcopi. — *Ces presens syno-
daulx a lusaige de Troye furēt acheuez a Paris Lan mil cinq cens et ung.
le.xxv iour de Jāuier, pour Mace
panthoul libraire : demourāt a Troyes
a la grāt ruę a lenseigne saīct Jehan
Leuāgeliste au pres du pellican*, pet.
in-fol. goth. de 63 ff. chiffrés, plus 4 ff.
pour la table. [3252]
En latin et en françois. La marque de Macé Panthoul,
dans une jolie bordure, est placée au-dessous du
titre.
— STATUTA synodalia civitatis et diœcesis Treceñ
Nouiter impressa ex ordinatione Reuerēdi... Domini Odoardi henequin Trecensis episcopi. Impressum Trecis in edibus Johannis Le Coq. (à la fin) :
Expliciunt... Statuta seu precepta synodalia treceñ... cum glosis seu apostillis Johānis Coleti...
*Impressa Trecis prelo Johannis Lecoq die li mē-
sis Julii Anno Domini* M. CCCC. XXX., in-4. de
CXXXV ff. chiffrés, y compris le titre dans une bordure et avec la marque de Le Coq, plus un f. pour
la permission de l'évêque, et 16 ff., sign. A –B, contenant *Oratio synodalis* et la table.
Belle impression du texte accompagné d'une glose.
On y remarque nombre de jolies lettres initiales
fleuronnées. Il n'y a qu'une partie du texte qui soit
en français.
STATUTA synodalia olim per Tullenses Præsules
edita, et per Hugonem de Hazardis episcopum innovata, reformata et aucta. *Parisiis, per Simon.
Vostre*, M. DXV. in-4.

STATUTA. Incipiunt Statuta provincialia ‖ concilii Viennensis. (*absque nota*),
pet. in-4. de 56 ff., à longues lignes, au
nombre de 25 dans les pages qui sont
entières, caractères demi-goth., sans
chiffrés, récl. ni sign. [790 ou 3252]
Ce volume contient les Statuts provinciaux arrêtés au
concile de Vienne, en Dauphiné, en l'an 1289, sous
le révérend Guillaume de Valence, renouvelés et
publiés à la fin de l'année 1478, par Guy de Poisiaco,
archevêque de Vienne. Les deux premiers feuillets
contiennent une ordonnance en date
du 4 novembre 1478, par laquelle il est enjoint aux
curés et vicaires de son diocèse d'avoir à se procurer ces Statuts avant Noël. Cette pièce commence
au verso du premier f., dont le recto est blanc, par
cette ligne :

> '(G) *Vido de Poysiac. miseratione*'

elle est suivie du texte des Statuts dont le sommaire en deux lignes est conforme au titre ci-dessus. Le recto du 56e f. du volume contient seize
lignes et la souscription suivante :

> *Expliciunt statuta provin-
> cialia concilii viennensis.*

Le verso est tout blanc.

La date de l'ordonnance de l'archevêque de Vienne prouve que le livre qui la contient a dû être impr. en 1478 avant Noël ; et l'on peut voir par la note ci-dessous, que les exemplaires en étaient distribués dans le courant de l'année suivante. Cette note, écrite d'une main contemporaine, s'est trouvée conservée au verso du dernier f. d'un exemplaire appartenant à M. l'abbé Naquin, vicaire à Saint-Marcelin (1856); elle est ainsi conçue : *Anno Dñi M.IIIIe LXXIX et die XI mensis Maii, ego subsignatus expectivi presentem libellum Statuta provincialia Consilii Viennensis Venerabili viro Dño Bartholomeo de Chenyto curato Sti Clementis, teste signeto meo hic apposito, die et anno supradicto. Chartin.*

Nous sommes donc autorisé à croire que ce livre a été imprimé à Vienne, en Dauphiné, par Jehan Solidi, le même dont le nom se trouve consigné dans la souscription du 5e livré du *Compendium breve* du pape Innocent III (voir notre article LOTHARIUS), souscription portant la date : *Anno M.CCCC.LXXVII*. L'abbé de Saint-Léger a parlé, à la page 97 de son *Supplément à l'Histoire de l'Imprimerie*, de l'exemplaire de ces Statuts qui se conservait alors dans la bibliothèque de Genève; mais, comme il n'avait pas vu le livre, il doutait qu'il fût effectivement de 1478, comme on le lui annonçait. Plus heureux que lui, cette fois, c'est en ayant sous les yeux le bel exemplaire de ce précieux incunable qui appartient à M. de Terrebasse que nous écrivons cette note.

STATUTI della corte de Mercanti di Luca. (in fine) : *Tandem finit gli statuti della corte de Mercadanti con le addicioni suoi per mi maestro righo di colonia* M.CCCC XC, *die xii novembr*, in-fol. goth. avec signat.

Ce volume rare commence ainsi : *Incipit prologus in nome di dio amen ad reverentia & laude de la sanctissima & indiuidua Trinita... & Sancto Martino protectore della nostra magnifica citta di Lucha & de lo sto cristofano protectore del Collègio & uniuersita de mercadanti.*

STATUTI e provisioni degli signori dei creditori del credito delli Morelli, Gualchiere et Gabella grossa della città di Bologna. *Bologna, per Antonio Manutio,* 1557, in-fol.

Pièce de 6 ff., avec l'ancre aldine; elle a été découverte par Tosi, libraire de Milan, qui l'a cédée au prix du 10 sequins d'or à M. Costabili, à la vente duquel elle a été portée à 109 fr. Le même exemplaire s'est vendu 6 liv. 6 sh. Libri, en 1859.

Ces anciens recueils de statuts particuliers à certaines provinces, à certaines villes, ou à quelques églises, ont non-seulement un intérêt local qui doit les faire conserver dans les lieux où ils ont pris naissance, mais encore ils offrent, sur les mœurs et usages du moyen âge, de précieux documents qu'on chercherait vainement ailleurs, et qui leur donnent une importance réelle pour l'histoire de ces époques reculées. Toutefois, notre plan ne nous permet pas d'en donner en entier la trop longue nomenclature.

STATUTS (les) de l'Oratoire de Nostre-Dame-de-Vie-saine, institué par Henry troisieme, roy de France et de Pologne. *Paris, Jamet Mettayer,* 1586, in-8. de 160 pp. et le privilége. [après 3279]

Ces statuts sont remarquables par la singularité des pratiques et de la discipline dont ils établissent la règle (voir le catal. Leber, II, 4021); 50 fr. *m. bl.* Coste.

A côté de ce livre rare se place naturellement le suivant qui, peut-être, ne l'est pas moins :

LES STATUTS de la congregation des penitens de l'annonciation de Nostre Dame, par le commandement d'Henri III. *Paris, Jamet Mettayer,* 1583, in-4. et pet. in-8. [après 5279]

Ces statuts ont donné naissance aux deux ouvrages suivants :

APOLOGIE de la confrairie des pénitens, érigée et instituée en la ville de Paris par le roy; par C. de Cheffontaines, archevesque de Cesarée. *Paris,* 1583, in-8.

METANOCOLOGIE sur le sujet de l'archicongregation des penitens de l'annonciation de Nostre Dame, et autres deuotieuses assemblées (par le P. Edmond Auger). *Paris, Mettayer,* 1584, in-4. On trouve dans ce dernier un discours que Henri III fit lire à sa noblesse, au Louvre, quand il dressa sa congrégation des Pénitents. 10 fr. 50 c. Monmerqué.

STATUTS (les) de l'ordre du Saint-Esprit, établi par Henry III en 1579. *Paris, Imprim. roy.,* 1703, in-4. [28764]

Un exempl. en *mar. r.* avec les armes de France, 16 fr. Giraud; 1 liv. 9 sh. Libri.

Un exemplaire imprimé sur VÉLIN et relié en *mar. viol.,* 151 fr. La Vallière.

— Voy. LIVRE des Statuts, et VIEL-CASTEL (le comte *Horace* de).

STATUTS, ordonnances et réglement de la communauté des maistres de l'art de peinture et sculpture, graveure et enlumineure de cette ville et fauxbourg de Paris, tant anciens que nouveaux. Imprimez suivant les originaux en parchemin, et scellez du grand sceau et reimprimez en l'an 1698, étant en charge de jurande de Henry Bonnard, etc. Avec les sentences et arrests donnés en consequence tant de la jonction de l'Académie, contrats passez que vérification d'iceux. *Paris, Colin,* 1698, in-4. de 154 pp., plus 4 pp. pour la table, avec un frontispice allégorique gravé. [2623]

L'exemplaire de ce livre devenu fort rare, qui est porté dans le catal. de Jules Goddé (1850), n° 933, a été vendu 60 fr. Il était accompagné d'un arrêt rendu en faveur de la demoiselle Eléonore Parent, 8 pp., et d'un arrêt du Parlement rendu en faveur de la communauté des arts de peinture et sculpture contre celle des éventaillistes, 19 pp. A la même vente se trouvent (n° 934 du catalogue) :

ESTABLISSEMENT de l'Académie royale de peinture et sculpture... *Paris, Coignard,* 1693, in-4. de 112 pp., suivies de deux lettres patentes, de 8 pp. chacune. Vendu, en *mar. r.,* 31 fr. — Et le même *Etablissement* et lettres patentes, seconde édition, avec quelques additions et changements. *Paris, Collombat,* 1725.

Ajoutons que depuis quelques années on recherche beaucoup les statuts et réglements des différents corps de métiers établis jadis à Paris, pièces devenues assez rares, mais dont nous nous abstenons de donner ici le catalogue.

STATUTZ et ordonnances faietz entre les seigneurs gouuerneurs de la noble et imperialle cité de Metz et les bourgeois (quon dict en langue vulgaire du pais, le grand Atour de la Cite) par lesquelz est notoire a tous combien grande et honneste liberte ont eu du passe, les bourgeois de la dicte Cite de Metz. il est demonstre au commencement, comment tres lourdement ont tresbuchez en leur office, ceulx qui auoient le gouuernement des cytoiens, deuant que ces statutz et ordonnances fussent faictz. *Imprime nouuellement (Metz, Jean Pallier)*, 1542, in-8. [24875]

Pièce rare, et très-curieuse pour l'histoire de Metz. (Teissier, *Essai philolog.*, 53-37).

STATUZ. Los ‖ Estatuz de la Tresque deuota No ‖ bla z̄ Antiqua Confrayria de la sa- ‖ grada Conception de Nostra dama ‖ Mayre de nostre señior dieu Jhesu ‖ xp̄t. fundada en la deuota et Anti- ‖ quissima Gleysa de la Daurada de ‖ Tholosa, in-4. goth. de 39 ff. non chiffrés, sign. A—K par 4. (le cah. K n'a que 3 ff.), 26 lign. par page. [3279] (*Biblioth. impér. de Paris.*)

Édition précieuse de ces Statuts en langue toulousaine. Le titre ci-dessus est imprimé en rouge et noir. La lettre initiale L du mot *Los* est une grande capitale ornée, et tirée en rouge. Au verso du frontispice se voit une grande pl. gravée sur bois qui contient deux sujets. Le second f. recto commence par un long sommaire qui donne le nom du libraire et la date de l'impression de cette manière : *Sjecse la tenor de le Statutz... Et nouelament emprenmitz per mestre Johan gran Johan libraire de Tolosa. En lan mil·v. c. et xv. et lo. XIII. jour del mes de Jenier.*

L'ouvrage finit au recto du quatrième f. du cah. j, avec la bulle latine du pape Alexandre en date de l'an 1500, *quarto decimo kl. nouembris;* le verso du même f. est tout blanc; la planche placée au verso du frontispice est répétée au recto du cah. K. Au verso du même feuillet commence une *exortation en forme de ballade,* contenant quarante-deux vers, laquelle est suivie d'une *Oration a la vierge marie,* en forme de ballade, également de quarante-deux vers français. Le verso du troisième et dernier f. est tout blanc.

Ce volume est fort bien imprimé et l'on y remarque de jolies lettres majuscules fleuronnées, tirées alternativement en rouge et en noir. Ce qu'il a de curieux pour la ville de Toulouse, c'est qu'il donne les noms, qualités et professions des membres, au nombre de soixante et douze, qui composaient la confrérie de Nostre-Dame de la Dorade, fondée en 1452. Les statuts, au nombre de trente-six, sont en langage toulousain, ainsi qu'une partie des autres pièces de ce volume. Le surplus est en latin.

Jean Gran Johan exerçait déjà la typographie à Toulouse en 1504. Voy. l'article Roye (*Guy de*).

— LES STATUTZ, ordonnances, et establissemetz de la saincte z tres deuote confrairie dédiée a l'honneur de la glorieuse vierge Marie, fondee en la saincte et anticque Eglise de la Daurade de Tholose, ensemble la teneur de lauctorisation et confirmation dyceulx. (*Toulouse, sans nom d'imprimeur,* 1533), pet. in-4. goth. de 56 ff. dont le dernier est blanc, sign. A—J par 4, avec un filet autour des pages.

Traduction française du texte toulousain de ces statuts, avec les approbations en latin. Le titre, imprimé en rouge et en noir, est dans une bordure gravée sur bois. Au verso se voit la planche déjà employée deux fois dans l'édition de 1515. Le second feuillet contient un long sommaire commen-

çant ainsi : *Sensuyt la teneur des Statuts vieulx et nouueaulx...* et dans lequel il est dit : *Et a este imprime le present liure lan de grace Mil cccce xxxiij.* Au verso de cette page commence la liste des protecteurs et des membres de la confrairie. La bulle latine du pape Alexandre, qui finit au verso du f. J, porte la date de 1501, *quarto decimo kal. Nouembris;* elle est suivie de l'indication des jours fériés de la confrairie, imprimée en rouge, et de l'*Oraison à la vierge Marie,* en forme de ballade, et enfin d'une *Oraison à nostre Dame, du promoteur de cette träslatiõ,* en 14 vers.

Une autre édition de ces Statuts (en françois), *nouuellement reueuz et redigez, par ordre, par titres et chapitres,* a été imprimée à Tolose, par *Jacques Colomiès,* 1568, in-4.; on y trouve la liste des confrères pour l'année 1567, et à la suite un chant royal de la conception de la Vierge Marie, plus un second chant royal sur le même sujet.

Les mêmes Statuts ont dû être réimpr. plusieurs fois depuis 1567, et avec la liste renouvelée des confrères. Du Verdier qui, dans sa Bibliothèque, article *Confrairie,* fait mention de *Los estatutz,* imprim. en 1515, donne les titres de trois autres statuts analogues à ceux-ci :

1° STATUTS de la confrairie de Nostre Dame, vierge, mere de Jesu-Christ, instituée en l'eglise metropolitaine Saint Estienne de Tholose. *Tholose, par Guyon Boudeville,* 1553, in-4.

2° STATUTS et ordonnances de la noble confrairie dédiée à l'honneur de Jésus-Christ et de Madame saincte Anne, fondée d'ancienneté en l'eglise Nostre-Dame de Taur, à Tholose, redigés par ordres, titres et chapitres. *Tholose, G. Boudeville,* 1552, in-4.

3° PRELUDE sur les status de la venerable confrairie des confrères du merite de la passion de nostre Seigneur Jesus Christ, instituée en la deuote eglise de Saint-Saturnin, en la chapelle du Crucifix, dite de Saint-Gilles, à Toulouse. *Ibid.,* 1559.

STAUFFENBERG. Die gantz warlich legend von dem thüren vnd strengē ouenthürlichen ritter genandt her Peter diemeringer geborē von stauffeberg auss der ortenowe. (*sans lieu ni date*); in-fol. goth. de 14 ff. avec 18 fig. sur bois. [15466]

Édition très-rare de ce poème, attribué à Hartmann von Owe. Elle a été imprimée avec les caractères de Martin Schott à Strasbourg, vers 1482. Le prem. f., dont le recto est blanc, porte au verso des armes gravées sur bois. Au recto du 2e f. se lit le titre ci-dessus, en 9 lignes. Le poème commence à la 10e ligne, de cette manière : *Wer hat bescheidenheit, also vil, dass er ouenthürei will,* et il se termine avec la 15e ligne du 14e f. recto : *theni amen offenbor* (Ebert, 21725). Voir notre article RITTER, auquel il faut ajouter l'indication d'une nouvelle édition donnée par M. F. Culemann, sous ce titre : *Die Legende vom Ritter Herrn Peter Diemringer von Stauffenberg in der Ortenau, Hannover,* 1849, in-8.

STAUNFORDE ou Steunforde. Les Plees del Coron : diuisees in plusiours titles & common lieux, per queux home plus redement et plenairement trouuera, quelque chose que il quira, touchant les dits plees, composées par le tres reuerend Iudge Guiliaulme Staunforde Chiuauler. *Anno domini* 1560, in *œdibus Rich. Totteli, London,* in-4. goth. de

Statz (*V.*). Kirchliche Bauwerke in gothischem Style, 9852.

14 ff. prélim. et texte, ff. cotés de 1 à 198. [3049].

Cet ancien traité de pratique du droit anglais a été souvent réimprimé. Quoiqu'il ne soit plus d'usage en Angleterre, il doit être conservé à cause des passages en vieux français normand qu'il contient. Vendu 16 fr. Hérisson.

—Autre édition : *Anno domini, 1574, in œdibus Richardi Tottelti*, même nombre de ff.; mais le dernier mal coté, 193. — Une édit. de *Lond.*, R. *Tottel*, 1557, in-4., est citée par Lowndes. A la suite de l'exemplaire de l'édit. de 1574, que nous avons vu, se trouvait le livre intitulé : *An exposition of the King prerogative collecteit out of the great Abridgement of Justice Fitzebert and other old writers of the lawes of England*, by *William Stanneforde*, 1573. *London*, printed by *Rich. Tottle (sic)*, in-4. avec une épître dédicatoire à Nicolas Bacon, en date du 6 novembre 1558, ce qui fait supposer une édition sous cette date.

Il est à remarquer que le Stanneforde ou Steunforde, porte dans ce titre, est la même personne que Staunforde ci-dessus. L'édition de ces deux ouvrages, *London*, *R. Tottel*, 1583-90, 2 tom. en 1 vol. pet. in-4., 13 sh. Libri, en 1859.

STAUNTON (*Geor.-Thom.*). Ta Tsing Leu Lee : being the fundamental laws, and a selection from the supplementary statutes of the penal code of China, translated from the chinese, and accompanied with an appendix, etc., by George-Th. Staunton. *Lond.*, 1810, in-4., 20 à 24 fr. [3142].

Ce code pénal de la Chine, est traduit sur l'édition originale du texte, impr. à Péking en 1811, et c'est d'après la version anglaise qu'à été faite la traduction française par M. Félix Renouard, de Sainte-Croix, *Paris*, 1811, 2 vol. in-8.

—Authentic account of lord Macartney's embassy, from the king of Great-Britain to the emperor of China, in the years 1792-94. *London*, 1797, 2 vol. gr. in-4. et un atlas de 44 pl. [20750].

Relation très-intéressante : 80 à 90 fr., et plus en Gr. Pap. La seconde édition, de 1798, est moins chère. — Il y a une édition de *Londres*, 1797, 3 vol. in-8. fig. 15 à 18 fr.

VOYAGE dans l'intérieur de la Chine et en Tartarie, fait par lord Macartney, rédigé par G. Staunton, trad. de l'angl. par J. Castéra; édition augmentée du voyage en Chine et en Tartarie par J.-C. Huttner, traduit de l'allemand. *Paris*, an XII (1804), 5 vol. in-8. et atl. in-4. 20 à 30 fr. — Pap. vél. 40 fr.

NARRATIVE of the chinese embassy to the khan of the Tourgouth Tartars in 1712, 13, 14 and 15, by the chinese ambassador, and published by the emperor's authority at Pekin ; translated from the chineseland accompanied by an appendix of miscellaneous translations, by George-Thom. Staunton, *London*, *Murray*, 1821, in-8. de XXXIX et 330 pp., avec une carte : 12 à 15 fr. [20730].

Tiré à petit nombre.

MISCELLANEOUS notices, relating to China, and our commercial intercourse with that country, including a few translation from the chinese language, by G.-T. Staunton (the second edit.) enlarged. *London*, *Murray*, 1822-28, 2 vol. in-8. 1 liv. 2 sh. [28286].

Le second volume renferme des textes chinois.

—NOTES of proceedings and occurrences during the british embassy to Pekin, in 1816 (by G.-T. Staunton). *Havant Press : printed by H. Skelton*, 1824 in-8. de 480 pp. 18 sh. Willis. [20757].

Cet ouvrage de sir George Staunton n'a été impr. que pour les amis de l'auteur, lequel a encore publié l'article suiv., ayant la même destination :

—MEMOIR of the life and family of the late sir George Leonard Staunton, Bart., with an appendix, consisting of illustrations and authorities ; and a copious selection from his private correspondence. *Havant Press, printed by H. Skelton*, 1823, in-8. de XIII et 400 pp., avec un portrait.

—MEMOIRS of the chief incidents of public life of sir G. Staunton. *London*, 1856, in-8. portr.

STAVEREN (*Aug. van*). Voy. AUCTORES mythographi.

STAZIO (*Andr.*). Voy. STAGI.

STAZONI (Gli) e perdonanze che sono la quaresima et l'octava della Pasqua di Resurrexo in Roma che sono a cinquanta quattro chiese. — Limiti gli stazoni indulgentie, et reliquie, della inclita et alma, capita di Roma (senz' anno), in-4. de 8 ff. à 2 col. de 40 lig., sign. a avec une fig. sur bois. [14966].

Opuscule en vers qui paraît avoir été impr. à Rome à la fin du XVe siècle, 55 fr. m. r. Libri, en 1847.

STCHÉKATOFF (*A.*). Slovar géographitcheski rossiskavo gossoudarstva. — Dictionnaire géographique de l'empire de Russie. *Moscou, impr. de l'Université*, in 1801-1809, 7 vol. in-4. [27727].

C'est jusqu'à présent l'unique dictionnaire qui contienne la géographie russe en détail et où l'on rencontre en même temps des renseignements historiques importants.

STEBER. A Malafranczos morbo Gallorum preservatio ac cura a Bartholomeo Steber, Uiennensi artium et medicine doctore nuper edita. (in fine) Impressum Uienne per Jo. w. id est Johannem Winterburg), absque anno, in-4. goth. [7260].

Comme cet opuscule, très rare est dédié à Bricius, recteur de l'université de Vienne, qui n'a exercé cette charge que depuis le mois d'octobre 1497 jusqu'au mois d'avril 1498, il est très probable que l'édition n'est pas postérieure à cette dernière date. Sur le titre du livre se trouve une figure représentant un vénérien, et au bas : *Hieronymi Balbi ad lectorem, epigramma*, en six vers. 1 liv. 6 sh. Libri, en 1859.

STECHITO (lo). Comedia nuova et ridiculosa, intitulata il Farfalla, composta dallo Stechito da Siena (Antonio-Maria-Cartajo). *Roma, Valerio Dorico e Luigi fratelli*, 1549, in-8. de 8 ff. en caract. demi-goth. [16675].

Pièce singulière et fort interlocuteurs. La présente édition, qui est rare et peu connue, n'a pourtant été tirée que 6 réunion reliée Solennie. On en cite d'autres de Sienne, 1551 et 1580, et de Florence, 1572.

Stavorinus. Voyage à Samarang, 20081 ; à Batavia, 20082.

Stay (*Ben.*). Philosophia, 12786.

Stecchi (*G.-L.*). Delle Meteore, 14858.

STEDMAN (*J.-G.*). A narrative of a five years' expedition against the revolted negroes of Surinam, etc. *London,* 1796 or 1806, 2 vol. gr. in-4., avec 80 pl. 30 fr.

Il y a des exemplaires en Gr. Pap. et dont les planches sont coloriées.

Cet ouvrage a été traduit en français par P.-F. Henry, sous le titre de *Voyage à Surinam et dans l'intérieur de la Guiane,* Paris, an VII (1799), 3 vol. in-8. et atlas in-4. de 44 pl. 28 fr. [21112]

STEELE (*Rich.*). The Spectator (by R. Steele and Jos. Addison), with illustrative notes by Rob. Bisset. *London,* 1797 et 1801, 8 vol. gr. in-8. pap. vél. 48 à 60 fr. [3752]

Deux des meilleures édit. de cet ouvrage célèbre qui parut d'abord périodiquement en feuilles in-fol., de 1711 à 1712. Il en existe un grand nombre de réimpressions en différents formats. Celle de *Lond.,* 1747, en 8 vol. in-8., avec des frontispices gravés, se vendait jadis assez cher : vend. 155 fr. *cuir de Russie,* Bertrand ; en Gr. Pap. *m. r.* 14 liv. 14 sh. Williams ; mais maintenant elle a moins de prix. Nous citerons encore la jolie édition de *Londres, Sharpe,* 1803, 8 vol. pet. in-8., fig., à laquelle on ajoute le *Tatler,* 4 vol., et le *Guardian,* 2 vol., impr. de la même manière. Les 14 vol. 60 à 80 fr., et plus cher en Gr. Pap. On y a réuni d'autres ouvrages du même genre : voyez BRITISH classics.

— THE SAME, with preface historical and biographical by Chalmers. *Lond.,* 1806, 8 vol. gr. in-8. 40 à 50 fr. — 1822, 6 vol. in-8. L'édition de *Londres,* 1811, et celle de *Londres, Jones,* 1830 (et aussi de 1857) gr. in-8., complètes en un seul vol., sont assez bien imprimées. 10 à 12 fr.

— LE SPECTATEUR, ou le Socrate moderne, trad. de l'anglois. *Paris,* 1754-55, 9 vol. in-12 ou 3 vol. in-4. Prix ordinaire.

Cette traduct. ne contient qu'une partie des 635 discours qui se trouvent dans les dernières édit. de l'original. L'édition de *Hollande,* en 8 vol. in-12, n'a rien de moins que celle de *Paris,* en 9 vol.

— THE GUARDIAN. *Lond.,* 1797, 2 vol. gr. in-8. 10 à 12 fr. [3753]

— THE TATLER. *London,* 1797, 4 vol. gr. in-8. pap. vél. 20 à 24 fr. [3754]

Il y a aussi plusieurs édit. de ces deux ouvrages. Le dernier a été trad. en français sous ce titre : *Le Babillard ou le philosophe naturaliste* (par Armand de La Chapelle), *Amsterdam,* 1734 ou 1735, 2 vol. in-12.

Le Tatler a paru d'abord sous ce titre : *The Lucubrations of Isaac Bickerstaff, esq.,* depuis le 12 avril 1709 jusqu'au 4 janvier 1711, en 273 numéros in-fol.

STEFANI (*Feder.*). Le Antechità dei Bonaparte, con uno studio storico sulla Marca Trivigiani. *Venezia, co' tipi, Cecchini,* 1857, pet. in-fol. de XIII et 166 pp., avec une planche de blasons en or et en couleurs. [25431]

Tiré à 100 exemplaires non mis en vente. La préface est de M. Lucien Beretta.

STEFANO (*Giov.*) Voy. CIMBRIACI.

STEFONI ou Stephonius (*Bernardino*).

Crispus, tragœdia. *Neapoli, per Tarquinium Longum,* 1604, in-12. [16168]

Cette tragédie, dont la première édition est de Rome, 1601, a eu un grand succès, et a été plusieurs fois réimpr. à Lyon, à Anvers et ailleurs. C'est le meilleur ouvrage de l'auteur, à qui l'on doit aussi : *Flavia, tragœdia diu antea, vivente auctore, flagitata : posthuma nunc tandem prodit;* Mussiponti, apud Sebastianum Cramoisy, 1622, in-16, déjà impr. à Rome, en 1621, in-16. Ces deux tragédies ont été reproduites dans le premier vol. des *Selectæ PP. Soc. Jesu Tragœdiæ,* Antuerpiæ, 1631, in-16.

STEHELIN (*J.-P.*). Rabbinical literature, or the traditions of the Jews contained in the Talmud and other mystical writings. *London,* 1748, 2 vol. in-8. [2212]

Cet ouvrage rare est porté à 3 liv. 10 sh. sous le n° 13129 du catal. de Willis et Sotheran, de 1862.

STEIN (*Friedr.*). Vergleichende Anatomie und Physiologie der Insecten in Monographien bearbeitet. I. Monographie : Die weiblichen Geschlechts-Organe der Käfer. *Berlin, Duncker,* 1847, gr. in-4. 9 pl. 20 fr. [5926]

— DIE INFUSIONSTHIERE auf ihre Entwickelungsgeschichte untersucht. *Leipzig, Engelmann,* 1854, in-4. 6 pl. 24 fr. [6178]

STEINBÜCHEL (*A.*). Notice sur les médaillons romains en or du Musée impérial de Vienne, trouvés en Hongrie, dans les années 1797 et 1805; par A. Steinbüchel. *Vienne, Heubner,* 1826, in-4., avec 4 pl. et vign. 12 fr. [29742]

Un des médaillons décrits dans cette notice est du poids de soixante-deux et nos pièces de 20 fr. (voir le *Journal des Savants,* 1827, p. 59).

— Scarabées égyptiens figurés du Musée des antiques de S. M. l'empereur, à Vienne. *Vienne, Heubner,* 1826, in-4. fig. 8 fr. [29612]

STEINGELIUS (*F.-Car.*). Josephus, hoc est sanctissimi educatoris Christi... ac æternæ Virginis Mariæ sponsi vitæ historia. *Monachi,* 1616, pet. in-8. fig. de J. Sadeler. [328]

Livre peu commun, dont les fig. font tout le mérite : 6 à 8 fr. On a du même auteur un ouvrage plus important, qui a pour titre : *Monasteriologia, in qua insignium monasteriorum familiæ sancti Benedicti in Germania origines, fundatores clarique viri... ære incisæ oculis subjiciuntur,* Augustæ, 1619-38, 2 vol. in-fol. dont les deux volumes se trouvent rarement réunis. [21760]

STEINHÖRE d'Eyran. Voy. THORKELIN.

STEINSCHNEIDER. Catalogus librorum hebræorum in bibliotheca Bodleiana jussu curatorum digessit et notis instruxit M. Steinschneider. *Berolini, Asher,* 1852-60, gr. in-4. de CXXXII et 3304 col. 120 fr. [31557]

— Codices hebræi biblioth. Lugd.-Batav., 31385.

STELLA (*Joannes*). Vitæ ducentorum et triginta summorum pontificum a beato Petro apostolo : usque ad Julium secundum.... — *Impressum Venetiis per Bernardinum venetum de Vitalibus. Anno...... millesimo quingentesimo quinto X. Kl. februarias,* in-4. [21604]

Dans sa nouveauté cet ouvrage parut assez curieux pour qu'il s'en fît, en 1507, deux réimpressions dans la ville de Bâle : l'une, *per Jacobum de pfortzheim,* datée *æ kal. Marcii;* l'autre, *per Michaelem Furter.....* pridie kal. Septemb., toutes les deux in-4. goth. De Bure, *Bibliogr. instr.* (Hist. I, n° 4477), a consacré deux pages à cette dernière, qui pourtant n'a été vend. que 3 fr. chez la Valliere. Il n'a rien dit de l'ouvrage suivant du même auteur :

JOANNIS STELLÆ Vita romanorum Imperatorum, *Venetiis per Bernardinum venetum de Vitalibus,* 1503, in-4. (Panzer, VIII, p. 359).

STELLA (*Jacques*), peintre du roi. Diuers ornemens d'Architecture, recueillis et dessegues (*sic*) apres l'antique, par M. Stella. *Paris,* 1658, gr. in-fol. [10042]

— Livre premier et second des vases inventés par M. Stella. *Paris, Claudine Stella, Francoise Bouzonnet sculps.,* 1667, gr. in-fol. [après 10042]

Un exemplaire de ces deux recueils qui ne contenait du premier que les pl. 1 à 4, 8 à 23, 26 à 49, 55 à 66, et du second que les pl. 1 à 24, 26, 28, 31 à 47 et 50, a été vend. 75 fr. Bearzi, ce qui prouve que les productions de Stella sont plus recherchées aujourd'hui qu'elles ne l'étaient autrefois, quand on donna pour 92 fr. à la vente de Mariette, en 1775, un Recueil de 460 pièces formant les Œuvres de Jacq. Stella, d'Ant. Bouzonnet, son neveu, et de Claudine et Antoinette Bouzonnet, ses nièces; ensemble un autre vol. in-fol. contenant 104 différents sujets gravés en clair-obscur par J. Stella.

— LES JEUX et plaisirs de l'enfance, inventés par Stella, et gravés par Claudine Bouzonnet Stella.. *Paris, aux galeries du Louvre, chez ladite Stella,* 1057, in-4. obl. fig. 50 pièces, plus le titre gravé, la dédicace imprimée, et le privilége accordé à Claudine Bouzonnet Stella de la ville de Lyon. [9564]

Les premières épreuves de ces jolies planches méritent d'être recherchées. 33 fr. Solar.

STELLADORO. La famosa historia di Stelladoro prencipe d'Inghilterra, nella quale si trattano diversi avenimenti d'arme et d'amori di molti valorosi cavalieri, et particolarmente di Oridano di Norvegia padre di Stelladoro : nuovamente ritrovato et di lingua gothica et inglese tradotto in questa nostra lingua, da Ludov. Ferrari parmegiano. *Vene-*

tia, Giov. Alberti, 1607, pet. in-8. [17374]

Ce n'est qu'une première partie; mais on n'en connaît pas de suite.

STELLINI (*Jac.*). Opera omnia. *Patavii, Penada,* 1778-79, 4 vol. in-4. [19048]

Recueil publié par les PP. Barbarigo et Ant. Evangelii. On doit aussi à ce dernier : *Opere varie, e lettere di Jac. Stellini,* Padova, Penada, 1781-84, 6 vol. pet. in-4. [19230] L'ouvrage le plus célèbre de Jac. Stellini est son traité *De Ortu et progressu morum, atque opinionum ad mores pertinentium,* 1740, lequel a été traduit en italien par L. Valeriani, sous le titre de *Saggio sopra l' origine e il progresso de' costumi,* Milano, 1806, in-8., aussi 1827, in-16, et de nouveau par Melchior Spada, *Bassano,* 1816, in-8. [3705] Le meilleur écrit à consulter sur ce moraliste a pour titre : *Lettere stelliniane di Luigi Mabil,* Milano, 1811, in-8.

STELLUTI (*Francesco*). Trattato del legno fossile minerale nuovamente scoperto. *Roma, Mascardi,* 1637, pet. in-fol. de 12 pp. et 13 pl. [5014]

Dissertation curieuse et rare : vend. 50 fr. *mar. r.* Gaignat ; mais seulement 18 fr. Floncel, et 20 fr. Bonnier.

STENGELIUS. Voy. STEINGELIUS.

STEPHANI (*Ludolf*). Der ausruhende Herakles, ein Relief der Villa Albani, erläutert von Lud. Stephani. *St-Petersb.,* 1854, in-4. de 288 pp. avec 7 pl. 18 fr.

STEPHANONIUS (*Petrus*). Gemmæ antiquitus sculptæ, a P. Stephanonio collectæ et declarationibus illustratæ. *Romæ,* 1627, in-4. [29585]

Recueil de 51 pl. médiocrement gravées par Valeriano Regnart, et qui n'ont d'autre texte que les distiques latins qui accompagnent les figures. La présente édition est rare, et Ebert rapporte que l'exempl. de la Biblioth. royale de Dresde fut payé 14 thl. 3 gr. (environ 55 fr.) à Leipzig, en 1734 ; mais les mêmes pl. ont été reproduites à Padoue, *apud Mathæum Bolzetta de Calderinis,* en 1646, pet. in-4., avec une dédicace, de Jac. Stephanonio, fils de Pierre, à Henri, comte d'Arundel, et depuis avec un texte, sous ce titre :

HIEROGLYPHICA, sive antiqua schemata gemmarum annularium, explicata a Fortunio Liceto. *Patavii, Sebast. Sardus,* 1653, in-fol.

Voyez le catal. de Cicognara, n° 3215, où l'édit. de 1646 est mal datée de 1616.

STEPHANUS (byzantinus). de urbibus (græce). *Venetiis, apud Aldum romanum,* 1502, in-fol. de 80 ff. [19545]

Première édition, assez rare ; le dernier f. ne porte point l'ancre aldine : vend. 1 liv. 16 sh. Pinelli ; 88 fr. *m. viol.* Mac-Carthy ; 13 flor. Meerman ; 1 liv. 6 sh. Heber ; 30 fr. *mar. r.* Giraud.

Stemer (*Nic.-Fr.-Xav.*). Traité du département de Metz, 24867.

Stender (*G.-Fr.*). Lettische Grammatik, 11380. — Lettisches Lexikon, 11380.

Stendhal. Voy. Beyle (*H.*).

Stengelius (*Geor.*). De Monstris, 6248.

Stenon (*Nic.*). De Solido, 8099.

— De urbibus (græce). *Florentiæ, per hæredes Phil. Juntæ*, 1521, in-fol. de 70 ff. dont un pour la marque des Junte.

Vend. 9 sh. Pinelli ; 10 flor. Meerman.

— De urbibus (gr. et lat.), quem primus Th. Pinedo Latii jure donabat et observationibus illustrabat: his additæ præter ejusdem Stephani fragmentum collationes, Jac. Gronovii cum codice perusino, una cum gemino rerum et verborum indice. *Amstelod.*, 1678, pet. in-fol. 8 à 12 fr.

La même édition a reparu avec un nouveau frontispice daté de 1725. Vend. en Gr. Pap. cuir de Russie 90 fr. Caillard.

— DE URBIBUS (gr. et lat.), quæ ex mss. codd. restituit, supplevit ac lat. versione et integro commentario illustravit Abr. Berkelius : accod. collectæ ab Jac. Gronovio variæ lectiones et admixtæ ejusdem notæ. *Lugduni-Batavorum*, 1688, pet. in-fol. 10 à 15 fr.

Il y a des exemplaires avec un nouveau titre daté de 1694, et dans lesquels, après la p. 772, sont ajoutés 2 ff. qui renferment des remarques et une réponse à Gronovius.

On prend ordinairement l'édit. de Gronovius et celle de Pinedo, parce qu'elles présentent un travail différent; il est bon d'y joindre aussi le volume intitulé :

LUCÆ HOLSTENII notæ et castigationes posthumæ in Stephanum byzantinum. Ἐθνικά, edita a Theod. Ryckio, qui Scymni Chii fragmenta hactenus non edita, item dissertationem de primis Italiæ colonis et Æneæ adventu, et alia nonnulla addidit. *Lugd.-Bataporum*, 1684, et (autre titre) 1692, vel *Ultrajecti*, 1691, pet. in-fol. [19546]

Ces 3 vol. ainsi réunis valent de 30 à 40 fr. ; vend. 73 fr. Villoison ; et un bel exempl. ayant les 2 prem. vol., en Gr. Pap., 201 fr., de Cotte. — Les notes d'Holstenius n'existent pas en Gr. Pap.

— STEPHANUS byzantinus (græce), cum annotationibus L. Holstenii, A. Berkelii, et Th. Pinedo : cum Guil. Dindorfii præfatione, cui insunt lectiones libri vratislav. *Lipsiæ, in libraria kühniana (Weigel)*, 1825, 4 vol. in-8. 30 thl.; — Pap. collé, 45 thl. — Pap. vél., 60 thl.

Le prix élevé de cette édition peu remarquable, ne s'est pas soutenu.

— STEPHANI byzantini ΕΘΝΙΚΩΝ quæ supersunt, gr. edidit Ant. Westermann. *Lipsiæ, Taubner*, 1839, in-8. de XXIV et 334 pp. 1 th. 18 gr.

— STEPHANI Byzantini Ethnicorum quæ supersunt, ex recensione Aug. Meinekii. *Berolini, G. Reimer*, 1849, in-8. 3 thl.

Tome premier et le seul publié.

STEPHANUS de Gaieta de Neapoli. Sacramentale neapolitanum perutile. — *Anno.... M°. CCCC°. LXXV. die vero XIIII mas. Septembris... Neapoli... per me Iodocum Hauestain... Neapoli impressum feliciter explicit*, in-fol. de 227 ff. non chiffrés à 2 col. de 51 lign.; caractères romains. [1293]

Volume en tête duquel on doit trouver 7 ff. prél., qui renferment l'épître dédicatoire : (F) Vseus Seuerinus Illustrissimo Toanni de Aragonia, la table et le registre des cahiers ; le 8° f. est tout blanc.

STEPHANUS (*Robertus* et aussi *Carolus* et *Henricus*). Voyez ESTIENNE.

STEPHENS (*James - Francis*). Illustrations of british entomology, or a synopsis of indigenous insects, containing their generic and specific distinctions. *London, Bladwin*, 1828-46, 12 vol. gr. in-8. fig. color. [5998]

Cet ouvrage, publié par livrais., est revenu à 12 liv. 12 sh., mais il est réduit à 6 liv. 6 sh., et ne s'est vendu que 112 fr. Léon Leclerc.

STEPHENS (*J.-L.*). Views in America. Voy. CATHERWOOD.

STEPHENSON. Medical botany, or illustrations and descriptions of the medical plants of the London, Edinburgh, and Dublin Pharmacopœias ; comprising a popular and scientific account of all those poisonous vegetables which are indigenous to Great Britain : by John Stephenson and James Morss Churchill ; edited by G. Burnett. *London, John Churchill*, 1834-36, 4 vol. gr. in-8. fig. [5557]

Le meilleur ouvrage de botanique médicale qui eût paru jusqu'alors en Angleterre. Il contient 185 pl. coloriées d'après nature. 4 liv. 4 sh.

— MEDICAL zoology, and mineralogy including an account of animal and mineral poisons. *London*, 1838, in-8. color. 1 liv. 1 sh.

STEPLING (*Jos.*). Differentiarum minimarum quantitatum variantium calculus directus, vulgo differentialis. *VeteroPragæ*, 1774, in-4. [7900]

Vend. 14 fr. De Lalande.

STERFBOECK (de), of die Couste van Sterven. Ars moriendi. *Zwoll, Pt. van Os*, 1488 et 1491, in-fol. goth. avec fig. sur bois. [1730]

Deux éditions différentes.

STERLINE (*William-Alexander, earl of*). Recreations with the muses. *London, Th. Harper*, 1637, in-fol. [15785]

Ce volume n'a rien de remarquable par lui-même, mais nous en citerons un exemplaire porté à 45 liv. dans le catal. de Longman pour 1816, à cause d'un portrait très-rare de Sterline, par Marshall, qui y était joint. Un exempl., sans le portrait, n'a été vendu que 16 sh. Heber.

Les autres ouvrages du même poète sont décrits dans la Biblioth. grenvill. p. 689.

STERN (*Gio.*). Piante, elevazioni, profili e spaccati degli edificj della villa suburbana di Giulio III, misurati e delineati da G. Stern. *Roma, Fulgoni,* 1784, in-fol. max. 30 pl. [9884]

Vend. 63 fr. Hurtault; 19 fr. Boutourlin.

STERNBERG (*Casp.*, comte de). Revisio saxifragarum. *Ratisbonæ,* 1810, gr. in-fol. cum 31 tab. color. [5493]

Vend. 72 fr. Pappenheim.
Revisio saxifragarum... supplementa I et II. *Ratisbonæ et Pragæ,* 1822-31, in-fol. 26 pl.
L'ouvrage complet contient 57 pl.; il contient 48 ihl. 1 —

— Essai d'un exposé géognostico-botanique de la flore du monde primitif, par Casp. comte de Sternberg; traduit en français par M. le comte de Bray. *Prague et Leipzig,* 1820-27, gr. in-fol., avec 64 planches color. [5012]

Ce bel ouvrage a été publié en 4 cahiers, au prix de 8 thl. pour chacun des trois prem., et de 10 thl. pour le 4e, qui renferme 25 pl., dont une en noir.
— Il en a paru en même temps une édition avec texte allemand, sous le titre de *Versuch einer geognostisch-botanischen Darstellung der Flora der Vorwelt.* Cette dernière a été continuée, et en 1838. elle formait 2 vol. dont le premier, a 90 pl., et le second 70 pl. 130 fr. Baillière.

STERNE (*Laurence*). Works, with a life of the author, written by himself. *London,* 1780, 10 vol. pet. in-8. 30 à 40 fr. [19352]

Il y a de cette collection plusieurs éditions, in-8. et in-12 d'un prix ordinaire, proportionné au format: celles de 1803, de 1808 et de 1819 sont en 4 vol. in-8.
— LES ŒUVRES de Sterne, traduites en français (par de Frenais, de Bonnai et Solaville). *Paris, Bastien, an xi* (1803), 6 vol. in-8. fig.
Cette édition, dont il y a des exemplaires en pap. vél., est fort incorrecte. Il en a paru une nouvelle, *Paris,* 1818, 4 vol. in-8., avec 16 gravures, 16 fr.; et en même temps une autre en 6 vol. in-18.

— Voyage sentimental, en anglais et en français, suivi des "lettres" d'Yorick à Elisa. *Paris, Dufour, an vii* (1799), 2 vol. très-gr. in-4. pap. vél. fig. [17731]

Assez belle édition: 15 à 20 fr., et plus cher avec les fig. avant la lettre.
Ce charmant ouvrage a paru pour la première fois en anglais, à Londres, 1768, in-12. Parmi les nombreuses éditions qui en ont été faites, nous citerons celle de Londres, 1792, in-8., avec 6 pl. d'après Stothard, et dont il y a des exemplaires en Gr. Pap. Il a été tiré sur VÉLIN deux exemplaires de l'édit. stéréot. de Didot, 1800, in-18, et de celle de *Paris, Renouard,* 1802.
— VOYAGE sentimental de Sterne, traduction nouvelle par M. Moreau-Christophe, accompagnée de notes histor., crit. et littéraires. *Paris, Dentu,* 1828, gr. in-8. 4 fr.
Traduction la moins défectueuse que l'on eût jusqu'à lors de cet ouvrage si difficile à bien traduire.
— VOYAGE sentimental. Traduction nouv., précédée d'un essai sur la vie et les ouvrages de Sterne, par J. Janin. *Paris, L. Bourdin,* 1854, gr. in-8. 10 fr.
Édition illustrée par Tony Johannot et Jacq. Grandjean.
— THE LIFE and opinion of Tristram Shandy. *London, Walker,* 1817, in-24. fig. [17731]
Jolie édition. Celle de *Paris, Baudry,* 1832, in-8., 5 fr., est bonne aussi. — Ce roman a été traduit en français, *Paris, Cazin,* 4 vol. in-18.

STESICHORUS. Stesichori himerensis fragmenta, collegit, dissertationem de vita et poesi, auctoris præmisit, O. F. Kleine. *Berolini, Reimer,* 1828, in-8. de xii et 140 pp. 3 fr. — Pap. fin, 4 fr. [12359]

Cette édition est préférable à celle des mêmes fragments publiée par Jo. And. Sochlfort, à Göttingue, en 1771, in-4. de 42 pp.

STEUART (*James*). An Inquiry into the principles of political œconomy. *Lond.,* 1767, 2 vol. gr. in-4. [4039]

Cet ouvrage, aujourd'hui fort arriéré, se donne à très-bas prix. Il a été réimprimé à Dublin, en 1770, 3 vol. in-8. et dans *The Works political, metaphysical and chronological of James Steuart,* Lond., 1805, 6 vol. in-8. — RECHERCHES des principes de l'économie politique, trad. de l'anglais (par Senovert). *Paris,* 1789, 5 vol. in-8.

STEUCHUS Eugubinus (*Augustinus*). Recognitio Veteris Testamenti ad hebraicam veritatem, collata etiam editione septuaginta interprete cum ipsa veritate hebraica, nostraq; translatione cum expositione Hebræorum, ac Græcorum, qui passim toto opere citantur, per August. (Steuchum Eugubinum). — *Venetiis, in ædibus Aldi et Andreæ soceri,* 1529, in-4. [542]

Volume rare, composé de 211 ff. chiffr. non compris 2m prélim. et à la fin une page d'errata, dont le verso est blanc. Ce livre est impr. avec un petit caract. rom., mêlé de grec et d'hébreu. Vend. 49 fr. mar. bl. (Chardin; 1 liv. 9 sh. Drury; 7 sh. Butler; 14 fr. Costabili...). L'édition de Lyon, 1531, in-4. n'a point de valeur.

STEUDEL (*E.-G.*). Synopsis plantarum glumacearum. *Stuttgartiæ, Metzler,* 1854-55, 2 part. in-4. 36 fr. [5427]

STEVART. Tomus singularis insignium auctorum tam græcorum quam latinor., ex variis bibliothecis nunc primum editorum, studio et labore Petri Stevartii. *Ingolstadii, e typogr. Ederiana,* 1616, in-4. [816]

Recueil intéressant d'écrits ecclésiastiques, lequel peut être annexé à la collection de Canisius. (À ce volume se trouve quelquefois réuni l'article suivant, dont la publication est due au même Stevart) :
— D. MAURICIUS Thebææ legionis dux, seu S. Mauricii martyrium, à S. Eucherio conscriptum, nunc iterum editum, cum notis; accessit etiam officium S. Mauricii. *Ingolst.,* 1617, in-4.

STEVENS (*J.*). Ancient abbeis. Voy. DUGDALE.

STEVENSON (*Will.*). Journal of a tour

through part of France, Flanders, and Holland ; including a visit to Paris, and a walk over the field of Waterloo ; made in the summer of 1816, by Seth William Stevenson. *Norwich, printed (not for sale) by Stevenson,* 1817, in-8. [20085]

Vend. 2 liv. 10 sh. Hanrott.

STEVIN (*Simon*). Ses œuvres mathématiques, revues et corrigées par Alb. Girard. *Leyde, Bonav. et Abr. Elzevier,* 1634, 2 tom. en 1 vol. in-fol. [7805]

Vend. (exemplaire de de Thou, *v. f.*) 12 fr. 50 c. l'atu de Mello; 30 fr. 50 c. Labey.

Ni cette traduction française, ni la version latine que Snellius avait déjà donnée sous le titre d'*Hypomnemata mathematica,* Lugd.-Batavor., 1608, 3 part. in-fol., ne sont complètes. Simon Stevin a écrit en flamand ses ouvrages de mathématiques, dont la collection a été imprimée à Leyde, chez Jean Boriwenz, de 1605 à 1608, en 2 vol. in-fol.

— ARITHMÉTIQUE de Simon Stevin, revue, corrigée et augmentée de plusieurs traittez et annotations, par Albert Girard. *Leide, de l'imprim. des Elsevier,* 1625, pet. in-8. de 885 pp. sans la table. [7870]

— LA CASTRAMÉTATION descripte par Symon Stevin, selon l'ordonnance et usage de... Maurice, prince d'Orange ; seconde édition, reveue et corrigée. *Leyden, Matth. et Bonav. Elzevier,* 1618, in-fol. de 54 pp. avec fig. et le portr. du prince d'Orange. [8608]

— NOUVELLE manière de fortification et écluse, descrite par S. Stevin. *Leyde, M. et B. Elzevier,* 1618, in-fol. de 61 pp. avec fig. sur bois.

Ces deux ouvrages se trouvent ordinairement réunis dans un seul volume.

STEWART (*Dugald*). Elements of philosophy of the human mind, vol. I et II, *London,* 1792 and 1814 ; vol. the third, with additions to vol. the first. *London, Murray,* 1827, en tout 3 vol. in-4. [3637]

Les deux premiers vol. de cet ouvrage ont été réimprimés à Edimbourg, 1802 et 1816, et plusieurs fois depuis, in-8., ainsi que le 3e vol. Nous en avons une traduction française par P. Prevost, sous le titre d'*Elémens de la philosophie de l'esprit humain,* Genève, 1808, 2 vol. in-8. On y réunit la traduction du 3e vol. (par M. Farcy), *Genève,* 1826, in-8. — Autre édition revue par L. Peisse, *Paris,* 1843, 3 vol. gr. in-18.

— PHILOSOPHICAL essays ; third edit. *Edinb.,* 1818, gr. in-8. 6 sh. [3638]

Publié d'abord en 1810, in-4.

— ESSAIS philosophiques sur les systèmes de Locke, Berkeley, Priestley, Horne-Tooke, traduits de l'anglais par Ch. Huret. *Paris, Johanneau,* 1828, in-8.

— OUTLINES of moral philosophy ; the fourth edition. *Edinburgh,* 1818, (or 1829), gr. in-8. 8 sh. [3768]

— ESQUISSES de philosophie morale, trad. de l'anglais par Th. Jouffroy. *Paris, Johanneau,* 1826, in-8., avec une préface remarquable du traducteur, laquelle occupe 152 pp. — 2e édit., 1833, in-8.

— PHILOSOPHY of the active and moral powers of man. *Edinburgh,* 1828, 2 vol. gr. in-8. 1 liv. 1 sh. [3639]

Bonne édition. L'ouvrage a été réimprimé à Londres, en 1854, en un seul volume in-8. avec des notes par Wright.

— PHILOSOPHIE des facultés actives et morales, trad. de l'anglais par le Dr Léon Simon. *Paris, Johanneau,* 1834, 2 vol. in-8., 15 fr.

— DISSERTATIONS (two), exhibiting a general view of the progress of metaphysical, ethical and political philosophy, since the revival of letters in Europe. *Edinburgh,* 1815-22, 2 vol. in-8. 2 liv. [3316]

Ces deux dissertations ont paru d'abord dans l'*Encyclopedia britannica* (tom. I, et supplém., tom. V). On les a trad. sous le titre suivant :

HISTOIRE abrégée des sciences métaphysiques, morales et politiques, depuis la renaissance des lettres, traduite de l'anglais, et précédée d'un discours préliminaire par J.-A. Buchon. *Paris, et Strasb., Levrault,* 1820-23, 3 vol. in-8. 18 fr.

— BIOGRAPHICAL memoirs of Dr Adam Smith, Will. Robertson, and Th. Reid. *Edinb.,* 1811, in-4. avec portr. [30936]

Ces trois biographies ont aussi été imprimées séparément in-8., et réimprimées avec les ouvrages des hommes célèbres qu'elles font connaître.

Il existe une édition des ouvrages réunis, de Dugald Stewart, publiée par sir Will. Hamilton, et impr. à Edimbourg, chez Constable, de 1854 à 1858, 10 vol. in-8. Le dixième vol. contient les *Biographical memoirs,* par John Veitch.

STEWART (*Charles*). Original persian letters and other documents, with fac similes ; compiled and translated by Charles Stewart. *London,* 1825, in-4. [19479]

— The History of Bengal, from the first mohammedan invasion until the virtual conquest of that country by the english A. D. 1747. *London, Black,* 1813, gr. in-4. [28195]

Ce volume est enrichi d'une belle carte du Bengale : vend. 40 fr. et 51 fr. Langlès ; 20 fr. 50 c. Klaproth.

— Descriptive catalogue of the oriental library of the late Tippoo sultan of Mysore, to wich are prefixed memoirs of Hyder Aly Khan, and his son Tippoo sultan. *Cambridge, University press,* 1809, gr. in-4. [31443]

Cet ouvrage, intéressant pour les amateurs de la littérature orientale, n'a été tiré qu'à 250 exempl. : 25 fr. 10 c. Langlès, même prix de Sacy.

— Voyez HUSSEIN, et TIMUR.

STEWART (*C.-J.*), bookseller. Catalogue of the library collected by miss Richardson Currer, at Eshton Hall, Caven, Yorkshire. *London, printed for private circulation only,* 1833, gr. in-8., avec 4 pl. [31585]

Un premier catalogue de la bibliothèque de cette savante demoiselle (rédigé par Rob. Triphook) avait déjà été imprimé à Londres, en 1820, en 1 vol. in-8. de 308 pp., et tiré à 50 exemplaires seulement. Celui-ci est fort augmenté et fait connaître une collection curieuse, dont le Dr Dibdin a parlé avec éloge dans ses *Reminiscences* (voy. DIBDIN). Il a été vendu 5 liv. 10 sh., 6 d. chez Heber.

STEWART (*Rob.*). A Description of some ancient monuments, with inscriptions, still existing in Lydia and Phrygia, several of which are supposed to be tombé of the early kings. *London*, 1842, gr. in-fol. avec 17 pl. [29568]

32 fr. 50 c. Raoul-Rochette.

STIBORIUS (*Andr.*). Libellus Linconiensis de phisicis lineis angulis et figuris per quas omnes acciones naturales complentur. (in fine) : Tractatus iste omni cum diligentia laboratus atque *Impressus Nurenbergæ anno salutis* M. CCCCC. III. *Quarta Augusti*, in-4. de 5 ff.

Au verso du premier f. de cet opuscule peu connu se lit la dédicace *Johanni fuxmagono*, souscrite *Andreas Stiborius Boius... professor mathematice*. (Panzer, XI, p. 408-69.)

STIEGLITZ (*Christ.-L.*). Plans et dessins tirés de la belle architecture, avec 113 pl. *Leipzig*, 1800, in-fol. pap. vél. 20 à 25 fr. [9847]

Livre médiocre, dont 100 exemplaires datés de *Paris*, 1801, ont une préface de deux pages, qui n'est pas dans les autres.

— Ueber altdeutsche Baukunst. *Leipzig*, *Fleischer*, 1820, in-4., avec 34 pl. in-fol. 20 thl. [9959]

— Geschichte der Baukunst, 9691.

STIEPAN. Annibale d'Albanie à Frédéric-Guillaume de Prusse.... ou l'Alcoran des princes destinés au trône... par MAIN DE MAÎTRE. *Pétersbourg, imprimerie impériale*, 1783, pet. in-8. [3994]

Opuscule attribué à Catherine II, d'après une note de Ch. Nodier : 30 fr. Leber, en 1860.

STIFELIUS (*Mich.*). Arithmetica integra cum præfatione Phil. Melanchthonis. *Norimb., apud Joan. Petreium*, 1544, in-4. [7870]

Au jugement de Montucla, ce traité contient les germes de nombreuses inventions, telles que celles des logarithmes et divers autres ; c'est par ce motif qu'on le conserve dans les bibliothèques. Vend. 40 fr. exemplaire de de Thou, Labey. La *Biblioth. thuana*, tome II, p. 51, en indique une édition de *Nurimb.*, 1586, in-4.

STILL (*John*). A ryght pithy, pleasaunt and merie comedie, intytuled Gammer Gurton's Nedle, played on stage not longe

ago in Christes colledge in Cambridge, made by Mr. S. Mr. of arts. *Imprynted at London in Fleetestreat, beneth the conduit..., by Thomas Colwell*, 1575, in-4. [16873]

Édition originale et fort rare d'une des plus anciennes comédies anglaises : 8 liv. 8 sh. (Roxburghe ; 19 liv. 19 sh. Bindley ; 11 liv. Heber. Elle a été réimpr. à Londres, en 1661, in-4., et aussi dans *Hawkin's origin of the english drama*, ainsi que dans la collection de Dodsley.

STILLE (le) de parlement auec linstruction et stilles des requestes, la declaration des pays et prouinces subiects a la dicte court. Et les noms des procureurs en icelle. — *Imprime a Paris par Jehan Treperel demourant en la rue neufve Nostre Dame a lescu de France.* (sans date). — Le Stille du Chastellet pour monstrer a ung chascun a aprendre quelle ordre est en court laye de proceder en la ville et viconte de Paris par la coustume notoirement garder pour droit. Et comment aucun pourra estre procureur et puis apres aduocat. — *Icy finist le stille de Chastelet...* 2 tom. en 1 vol. in-4. goth. [2709]

Ces deux opuscules portent la marque de Jean Treperel.

— LE STILLE de Parlemēt. Auec linstructiō z stille des reģstes la declaratiō des pays z prouinces subietz a la d court. Et les noms des procureurs en icelle. — *Imprime a paris p Guille Nyverd demourant au Palays a la premiere porte*, pet. in-8. goth. de 28 ff. non chiffrés, signat. a—d.

Sur le titre une vignette sur bois représentant trois magistrats assis. A la suite de cette partie se trouve :

LE STILLE *de chastellet pour monstrer a ung chacun ĝlle ordre est en court laye de pceder en la ville z vicôte de Paris p la coustume notoiremēt gardee pour droit Et ĝ mèt aucū pourra estre pcureur z apres aduocat.* (sans lieu ni date ; mais avec la marque de Guill. Nyverd au verso du dernier f.), pet. in-8. goth. de 50 ff. non chiffrés, signat. a—d.

Sur le titre une vignette sur bois représentant un avocat qui présente requête à un juge assis et assisté de son greffier.

Dans un volume que possède la Bibliothèque impériale, ces deux pièces sont accompagnées d'une troisième sous ce titre : *Les ordonnances des generaulx touchet le fait de la iustice des Aydes en langue de Ouy.* (en date du xxvi nouembre mil cinq cens huit), pet. in-8. goth. de 16 ff. non chiffrés, avec la marque de Guill. Nyverd au verso p. du dernier.

Cette dernière pièce peut bien avoir été imprimée quelques années après la date qu'elle porte. Sur le titre se voit un personnage assis devant un pupitre. Les trois pièces sont imprimées avec les mêmes caractères.

Il y a une édition du *Stille de Parlement....* Paris, Jehan Real, 1538, pet. in-8. goth., à laquelle se joint le *Stille observe et garde par deuant le preuost de Paris...., ensemble le priuilege donne aux bourgeois de Paris, auec l'ordonnance des painures gens oisifs et vagabonds....* 1538, pet. in-8. goth.

Chacune de ces deux parties est portée à 45 fr. dans un catal. de Techener, 1855, nos 5196-97.

Citons encore :

LE VRAY STILE de la cour souueraine de Parlement, et forme de pláider et procéder à icelle, tant es causes ciuiles que criminelles; reueu, corrige et reduict par titre. *Paris, Gilles Corrozet*, 1563, pet. in-8.

— Pour le texte latin voy. STILUS.

STILLE (Le grant) et prothocolle de la Chancellerie de france... (*A la fin*) : Cy finist, le grant prothocole e stille de la chancellerie de france; nouuellement veu et corrige oultre la premiere impression. auec plusieurs additions, cest assauoir les homaiges, anoblissemes, legitimatios, cõfirmatiõs e autres choses singulieres qui defailloyet en la premiere impression. *Et a reste acheue de imprimer le xviii iour de feburier mil cinq cens xiiii Pour Galiot dupre.....* in-4. goth. de 10 ff. prélim. dont le dernier est blanc, et clxxix ff. plus 1 f. pour la marque de Galliot Dupré que nous avons donnée t. I, col. 1148 (Bibliothèque impériale).

Cet ouvrage qui, comme tant d'autres du même genre, ne conserve plus aujourd'hui qu'un intérêt de curiosité, a eu de nombreuses éditions. Celle-ci est, probablement une des plus anciennes. Voici le titre d'autres qui le sont, peut-être un peu moins.

— SENSCIT le grát stille et prothocolle de la chancellerie de France, nouuellement corrige, et additionne de plusieurs lettres..... auecle Guidon des secretaires... (à la fin) : *Imprime p. la vefue. feu Jehan Trepperel et Jehan ichannat imprimeur et libraire iure.... demourant en la rue neufue nostredame...* in-4. goth. de 6 ff. prél. et cxxiii ff. chiffrés, à 2 col. [Avant 2709]

Celle-ci est portée sous la date de 1533 dans le catal. de la Bibliothèque du roi, F. 5584 (ensuite 2702), parce que le chiffre xxxij placé au verso du dernier feuillet, pour indiquer le nombre des cah., du volume, a été pris pour une date; elle ne doit pas être postérieure à 1520.

— LE GRAND stille et prothocolle de la chancellerie de France..... auec le Guidon des secretaires, restigés et instruction des finances. *Imprime a Paris par Anthoine Bonhemere,* m.d.xviii; pet. in-4. goth. de Clvij ff. chiffrés, plus 10 ff. pour de titre (avec la marque de Jehan Petit) et la table. [Avant 2709]

— LE MÊME *Grant stille*... corrige oultre les precedentes impressions... a été reimprimé à Paris par *Nicolas Cousteau, pour Galiot du Pré,* en 1527, in-4. goth. de 10 ff. non chiffrés et clv ff. chiffrés, plus un pour la marque de Galliot du Pré. Vendu 41 fr. Monmerqué.

Le même livre a paru aussi sous le titre suivant :

LE GUIDON des secretaires. (au recto du dernier f.) : *Cy finist le grant pro|thocolle e stille de la chancellerie de france nouuellement veu e cor|rige oultre les premieres impressions | auec plusieurs additions: cestassauoir les homaiges, anoblissemens, legitimations, e autres choses singulieres qui defailloyent es premieres,| impressions, Imprime par Jacques Nyuerd demou| rant a paris en la rue de la rue|la sainct Pierre...* (vers 1530); au verso la marque de J. Nyverd; Pet. in-8. de clxxxvij ff. chiffrés. — Vend. en mar. rouge, 24 fr. Coste.

— LE GRANT stille e prothocollé de france, additionné de plusieurs lettres singulieres. Auec le Guidon des secretaires... nouuellement imprime a Paris Mil cinq cens xxxii, pet. in-8. goth. de 16 ff. non chiffrés et cc lxviii ff. chiffrés (pour Jehan Petit).

— AUTRE édit. Mil cinq centz xxxv. (A la fin) : ...*Imprime nouuellement par Denis ianot pour Iehan Longis, e pierre Serget. libraires demourás a Paris.* In-8. goth. de 18 ff. prélim. et 268 ff.

Le verso du dernier feuillet porte la marque de Jean Sainct Denis que nous avons donnée t. II, col. 1373.

— AUTRE édition... corrige oultre les precedentes impressions faictes iusques en lan mil cinq cens xxxix... (A la fin) : ... *Imprime a Paris par Estienne caueiller le xviii iour de Ianuier Mil cinq cens xxxix.* In-8. goth. de 8 ff. prélim. et 247 ff. chiffr. plus 1 f. blanc. (Biblioth. impér.)

— AUTRE édition. *Paris,* 1542 (nouv. titre 1543), in-8. goth. de 18 ff. non chiffrés et cclxviij ff. chiffrés.

L'ouvrage suivant se trouve quelquefois réuni à celui-ci :

FORME et ordre de plaidoirie, en toutes les cours royales, et subalternes du royaulme, regies par coustumes, styles et ordonnances royaulx. La forme d'expedier les criminelz. On les vend a Paris, en la rue neufue nostre Dame a l'ymage sainct Nicolas, 1544. (à la fin) : Iuiprimé a Paris par Guillaume Thiboust, demourant en la rue du bon puys, à lenseigne des cinq miroyers, in-16 de 8 ff. prélim. et 222 ff. chiffrés, lettres rondes.

— AUTRE édition... 1548. *A Paris en la rue sainct Iacques a lenseigne de la queue de regnart par Iehan ruelle.* (A la fin) : ... *Imprime nouuellement a Paris par Iehan real demourát en la Ruc trauersine, a lenseigne du cheual blanc.* In-8. goth. de 18 ff. et 268 ff. chiffr. (Biblioth. impér.)

Les éditions du *Stile de la chancellerie,* faites au commencement du XVII siècle, sont plus complètes que les précédentes, ainsi que le prouve le titre de l'édition de 1614, ainsi conçu :

LE TRESON ou stile et protocolle de la chancellerie de France et des chancelleries establies par les Parlements : auec les reglements des dites chancelleries faictz par le roy Henri IV, depuis confirmez par le roy Loys XIII. Le style et reglement de proceder au conseil priué; Reiglements et instructions pour proceder au conseil priué; Traictez ou instructions des finances; le Guidon des secretaires; les archeueschez, eueschez, parlements, chambres des comptes, cours des aydes, bailliages, seneschaussées; generalitez, elections et greniers à sel de France. Paris, Jean Richer, 1614, in-8.

STILLE (le) et maniere de composer, dicter et escrire toute sorte d'epistres ou lettres missiues... auec epitome de la poinctuation (*sic*) et accentz de la langue françoise. *Lyon, par Iean Temporal,* 1555, in-16. [18809]

Édition portée à 12 fr. *Archives du Bibliophile* de Claudin, 1860, n° 8994.

— AUTRE édition. *Lyon, Estienne Michel,* 1579, in-16.

STILLE ou Style (le) et reglement sur le faict de la iustice, et abpreviation de procès et moderation des fraiz d'iceulx, dressé par la court du parlement de Savoye. *Lyon, Pierre de Portonaris,* 1553, in-4. [2970]

Dans la feuille périodique intitulée l'Ami des livres, 2° année, sept. 1860, n° 7, p. 6, on cite : Apologie de Marc-Claude de Bullet pour la Sauoye contre les injures et calomnies de Barthelemy Ançau. Imprimé à Lyon chez Augustin Benoit, 1554.

Cet ouvrage de M. Cl. de Buttet fut composé et mis en lumière à l'occasion d'un écrit injurieux que Ancau avait publié contre le Stille et Réglement de Savoie; ouvrage assez rare que le Sénat de Chambéry venait de faire imprimer. Toutefois, ni La Croix du Maine ni Du Verdier ne font mention de cet écrit injurieux.

Voy. STILLES.

STILLE observe, et garde par deuant le Preuost de Paris, tant es matieres beneficiales, prophanes, ciuilles, mixtes, que personneles, et la, maniere de proceder es criees, etc. *Paris*, *Galliot du Pré*, 1521, pet. in-4. goth. de 63 ff. [2709]

STILLFRIED-RATTONITZ (*Rud'*. Frhr. von). Alterthümer und Kunstdenkmale des erlauchten Hauses Hohenzollern. *Berlin*, 1841-62, 8 cah. gr. in-fol. 30 pl. lithogr. Chaque cah. 15 fr. [26665]

Il y a des exemplaires avec les planches peintes en or et en couleur, qui coûtent 50 fr. par cahier.

— STILLFRIED und Traug. Maercker. Monumenta Zollerana, 26665.

STILLING (Baillieu). Disquisitiones de structura et functionibus cerebri. *Ienæ*, 1846, in-fol. avec 22 pl. 50 fr. [6893]

STILLFLEET (*Edw*.). Works, with his life and character. *London*, 1710, 6 vol. in-fol. 6 à 9 liv. sterl. [1984]

L'ouvrage de ce savant évêque le plus généralement connu, et qui est une excellente défense de la religion révélée, a pour titre : Origines sacræ, or rational, account of the grounds of the christian faith, publié d'abord en 1662, in-4. Il était déjà à sa septième édition en 1702, et on l'a réimprimé maintes et maintes fois depuis. L'édition de 1709, in-fol., a été donnée par Rich. Bentley. Celle d'Oxford, 1817, 2 vol. in-8., coûte 15 sh. [1847]

— DÉFENSE de la religion chrestienne et de l'Écriture sainte, contre les déistes; traduite de l'anglais par J.-B. de Rosemond. *Paris*, Lucas, 1681, in-8.

— TRAITÉ où on examine la question, sçavoir si un protestant laissant la religion protestante pour embrasser celle de Rome, peut se sauver dans la communion romaine; trad. de l'anglais. Lond., *Robt. le Blanc*, 1675, in-8.

— Origines britannicæ, 21503.

STILLINGFLEET (*Benj*.). His literary life and select works, by the rev. Will. Coxe. *London*, 1811, 3 vol. in-8. fig. 2 liv. 2 sh. — Gr. Pap. fig. color.; 3 liv. 3 sh. [30917]

Cet auteur a écrit sur l'histoire naturelle; mais il a aussi composé quelques pièces de théâtre, dont le recueil imprimé in-8. n'a été ni achevé ni publié. Lowndes donne le prix de deux exemplaires de ce fragment. Vend. 2 liv. 5 sh. Bindley, et 3 liv. A3 sh 6 d. Reed.

STILUS supreme curie, parlamenti per quem omnes curie reguntur et gubernantur, correctus a Guil. de Brolio; ordinationes Philippi regis super XIII punctis stili curie parlamenti; textus pragmatice sanctionis; regule cancellarie romane curie Julii II Pontificis;

Pragmatica S. Ludovici. *Parisiis*, *Galiotus a Pratus*, 1515, pet. in-4. goth. de IV et 75 ff. [2709]

Réimpr. à *Paris*, pour Galiot du Pré fils, en 1551 (et aussi en 1558), in-4. avec des notes de Ch. Du Moulin et autres.

Nous croyons devoir indiquer ici l'article suivant qui se rapporte au Parlement de Paris :

QUESTIONES fructuosissime ac practicabiles per arresta supremi senatus Parisiensis curie auditis partium allegationibus decise : una cum pluribus aliis constitutionibus..., per iuris consultissimum dominum Johanne galli.... in unum collectis, adiecto indice alphabetico. *Veneunt parisius in aula regia pallatii..., apud Galiotum du Pre.* (in fine) : fuerūt aut, dicte decissoes, nuperrime parisius impressioi mandate sumptibus et expensis Gallioti du pre bibliopole. Anno domini millesimo ccccxiii, xvi mensis nouembris, in-4. goth. de 6 ff. prélim. et xcii ff. chiffrés. Au verso du dernier la marque de Galliot du Pré.

STILUS supremæ curiæ parisiensis atque Tholosani : cum arrestis quam plurimis, et regiis ordinationibus, scholiis, præclara.... domini Stephani Aufrerii, præsidis Tholosani. Parlamenti etiam Parisiensis decisiones.... Quibus adiunximus duos tractatus unum de ruribus et priuilegiis specialibus christianissimi regis Francorum; alterum de auctoritate et præemiuentia concilii, et parlamentorum; apud, Galiotum a prato.... 1530. (au verso du dernier f.) : *Parisiis typis ac caracteribus Petri Vidouei... expensis Galeoti a pratis.... anno tricesimo supra mille quingentos mense julio*; in-fol. goth. de 12 ff. non chiffrés et ccxxiiii ff. chiffrés. [2709]

Une autre édition in-fol., en caract. rom., porte cette souscription au verso du f. ccxxxvi : Excudebat Ludouicus Grandinus Opus in quam, expensis viri honesti Gallioti a pratis.... Anno D. Millesimo quing. quadragesimo secundo in mense nouembri. Le livre n'est pas disposé comme dans l'édition précédente, les arrêts y sont réunis à la fin. Il y en a plusieurs en français.

STIMMER (*Tobias*). Künstliche wolgerissene wolproportionirte Figuren vnd Abbildungen. Deren etliche Tobias Stimmer, vnd die andere Christoff Maurer gerissen. *Strasbourg*, *Bernh. Jobin*, 1590, in-4. obl. [9588]

Trente-cinq belles planches gravées sur bois, avec 2 ff. pour le titre et l'avertissement. La planche D 4 b porte la date E 1550, avec le monogramme de Stimmer.

— Novæ sacror. Bibliorum figuræ versibus latinis et germanicis expositæ. *Argentorati*, Bernh. Jobinus, 1590. (in fine 1589), pet. in-4. de 94 ff. chiffrés et 2 non chiffrés. [343]

Recueil de 170 pl. grav. sur bois. On en fait assez de cas sous le rapport de la composition. 15 sh. Heber, et plus cher depuis. — Il y en a une édition de Strasbourg, 1625, in-8. 30 fr. Borluut.

STIRLING (*J*.). Methodus differentialis seu tractatus de summatione et interpo-

latione serierum infinitarum. *Lond.*,
1730, in-4. [7889]

L'édition de *Lond.*, 1764, in-4. 20 fr. Labey; 15 fr.
Libri.

— Enumeratio linearum , etc. Voyez
Newton.

STIRLING (*Will.*). Annals of the artists
of Spain (A. D. 1000-1800). *London*,
1848, 3 vol. gr. in-8. avec portr. et monogrammes. [31018]

Cet ouvrage, dont l'édition est épuisée, se paye aujourd'hui 5 liv. 5 sh.

— Cloistre Life of Charles V, 26060. — Velazquez,
and his works, 31070.

STIRPE (de) et origine domus de Courtenay, quæ cœpit a Ludovico Crasso,
hujus nominis sexto Francorum rege,
sermocinatio; cui inserti sunt supplices
libelli regi ad hanc rem oblati, una cum
repræsentatione juris et meritorum præ-
sentis instantiæ : addita sunt responsa
celeberrimorum Europæ jurisconsulto-
rum. *Autissiodori* seu *Paris*. (ou plutôt
impr. à Sens par Pierre Vatard),1607,
pet. in-8. [28881]

R. Heber avait réuni jusqu'à 4 exemplaires de ce volume réputé très-rare, lesquels ont été vendus séparément 3 liv. 18 sh., 3 liv. 3 sh., 1 liv. 18 sh. et
1 liv. 19 sh. Ainsi donc cette généalogie, peu commune, est encore recherchée en Angleterre, où
s'est établie une branche de la maison de Courtenay. Ce recueil, vendu 31 fr. 50 c. Bibliophile Jacob, renferme la traduction latine de trois *Discours*
(*Remontrance et Représentation*), déjà publiés séparément en français, *Paris*, 1603 et 1604, in-8.,
et dont le premier est d'Hélie du Tillet, sieur de
Goves. Toutes ces pièces et beaucoup d'autres relatives à la maison de Courtenay, sont indiquées
dans le nouveau Le Long, tome II, n°° 25317-
25344; et *Bibliothèque héraldique*, par M. Guigard, n°° 3779-3827.

Un exemplaire réunissant 20 pièces en 1 vol. in-8.
49 fr. Martainville.

L'ouvrage le plus important qui ait paru sur cette
illustre famille est celui de Jean du Bouchel, *Paris*,
Du Puys, 1660 (aussi 1661), in-fol. Il doit s'y trouver une épître au roi, laquelle, parce qu'elle contenait un éloge du cardinal Mazarin, a été corrigée
ou même entièrement supprimée dans une grande
partie des exemplaires; 15 fr. Crozet; 28 fr. Martainville.

Voici encore une pièce rare sur le même sujet :

Représentation du procédé tenu en l'instance ⸳
faicte devant le roy par mess. de Courtenay pour
la conservation et l'honneur et dignité de leur maison, branche de la royale maison de France. Ensemble les noms des docteurs et jurisconsultes qui
ont été consultez sur ce subject, avec un résultat
abrégé des advis qu'ils ont donnés. *Paris*, 1613,
pet. in-8.

STITH (*Will.*). History of the first discovery and settlement of Virginia. *Wil-
liamsbamsburg*, 1747, in-8. [28581]

Édition rare, dont un exemplaire est porté à 2 liv.
15 sh. sous le n° 13197 du catalogue de la librairie
Willis and Sotheran pour 1862. L'ouvrage a été
réimpr. à Londres en 1753, in-8.

STOA. Io. Fr. Quintiani Stoæ Brixiani

Opera christiana. — *Impressum hoc
opus in celeberrima Parrisiorum Lutetia impensis Joannis Parvi a Par-
thenopæo partu* m.d.xiiii. *anno, duodecim. kal. jun.* Pet. in-fol. de 6 ff. prél.
et 142 pp.

Recueil des poésies chrétiennes de ce poëte fécond,
né à Quinzano, et qui a d'abord substitué au nom
de son père (Jean Conti) celui du lieu de sa naissance, et a pris ensuite le surnom grec de *Stoa*
(portique) sous lequel il est généralement connu.

Ce même recueil est annoncé dans le catalogue de
Courtois, n° 1358 (où il n'est porté qu'à 3 fr. 5 c.),
sous le titre *Omnia de Jesu Christo per Jo. Fr.
Quintianum Stoam evigilata opera.* Un bel exem-
· plaire rel. en *mar. r.*, par Thouvenin, a été payé
142 fr. à la vente de Soleinne ; un autre moins beau,
35 fr. Techener (Bulletin de 1858, n° 590).

Ce volume contient les ouvrages suivants : *Theoan-
drogenetis ode, Theoandrothanatos tragœdia,
Theoanastasis sylva, Theoanabasis corollarium,
Theocrisis tragœdia de extremo judicio, in Deiparæ Virginis laudem oratio, cui titulus Par-
thenoclea.* Plusieurs des poëmes ci-dessus avaient
déjà été imprimés séparément à Pise (*Papia*) *per
magistrum de Burgofranco*, en 1509 et en 1510,
in-4. (Panzer, XI, p. 474).

C'est aussi à Pavie et en 1504, qu'au rapport de Tiraboschi, aurait paru la première édition des *Epo-
graphiæ sex de Syllabarum quantitate*, ouvrage
le plus répandu de notre auteur, et qui a été réimprimé plusieurs fois à Venise de format in-8., dans
le courant du xvi° siècle, avec l'*Ars de aliquibus
metrorum generibus* du même écrivain. Tiraboschi cite encore les ouvrages suivants de Stoa,
fort peu connus, mais qui, selon lui, auraient également été impr. à Pavie en 1503 et en 1504, savoir : un livre *De accentis, contra Quintilia-
num;* neuf livres *De Martis et Veneris concu-
bitu;* *Diariorum libri XII,* et enfin *Orthographia vetus et nova.*

— Ejusdem Disticha in fabulas P. Ovidii Nasonis
Metamorphoseon; ejusdem elegia qua deflet Philippum Beroaldum bononiensem. — *Impressum
Papiæ per magistrum Bernardinum Garaldum
anno* m.d.vi *die xv Februarii*, in-4.

La réimpression de ces deux ouvrages, *Parisiis, Jo.
Gormont*, in-4., se trouve quelquefois réunie aux
deux opuscules ci-après, sortis des mêmes presses
en 1514, ainsi que les deux élégies du même poëte,
dont nous allons rapporter les titres :

Ad Ludovicum XII. elegia, cui titulus Paraclesis,
qua hortatur ne adversam extimescat fortunam,
Paris, Jo. Gormont (*absque anno*), in-4.

In Annæ reginæ mortem elegia, cui titulus Thre-
nos. *Jo. Gormont* (*circa* 1514), in-4.

— Io. Fr. Quintiani Stoæ Brixiani Poetæ facundis-
simi de celeberrimæ Parrhisiorum urbis laudibus
sylva cui titulus Cleopolis. Ejusdem Orpheos libri
tres. — *Impressū est hoc opus a Ioãne Gormõ-
tio....... Anno a parthenopeo partu* m.d.xiiii,
quarto nonas Augusti, in-4. de 95 ff., dont
4 prélim. sign. *a—g* iij. [12786]

On trouve quelquefois séparément la première de
ces deux pièces qui, avec les liminaires, forme
42 ff. La Bibliothèque impériale en conserve un
exemplaire imprimé sur Vélin. La seconde pièce
avait déjà paru séparément sous ce titre :

Orpheos libri tres.— *Excussum Mediolanii* (sic)
*aureum poema, chalcographo Petro Martyre
Cassano.* m.d.x. *die* xv. *septembris*, in-4. Rare.

— Tragoedia de passione D.-N. Jesu-christi quæ
Theoandrathanatos inscribitur. *Mediolani, Petrus
Martyr Mantegatius*, 1508, *die xx mensis Apri-
lis*, in-4. de 38 ff., sign. A—E. [16129]

Première édition rare : 24 fr. 50 c. de Soleinne;

. 70 fr. Riva. Celle de *Gand, P. César*, 1518, pet.
in-8. de 48 ff., n'est guère moins rare.

Leonardo Cozzando, dans une Vie de notre Stoa,
Brescia, 1694, in-8. (probablement avec sa *Libreria bresciana*, en 2 vol.), et après lui Joseph Nem-
ber, dans ses *Memorie aneddote critiche spet-
tanti alla vita ed agli scritti di Gio. Francisco
Quinzianio Stoa*, Brescia, 1777, in-8., ont donné
sur les nombreux ouvrages de cet écrivain trop
fécond des détails étendus qui ont été reproduits
avec plus ou moins d'exactitude, par l'abbé Aimé
Guillon, dans l'article *Quinzano* de la *Biogr. univers.*, XXXVI. Ces biographes ont prétendu que
Stoa avait été précepteur du duc d'Angoulême, depuis François Ier, et ensuite recteur de l'Université
de Paris; mais, au jugement de Niceron (XXVII,
p. 99), ces deux faits sont complétement faux et
n'auraient pas même de vraisemblance. Tiraboschi
(*Storia della letteratura ital. libro III*, chap. 5,
art. XX et XXI), sans se prononcer d'une manière aussi absolue que Niceron, est à peu près
du même sentiment que lui, et les observations
qui ont été produites contre son opinion à cet
égard, dans une brochure imprimée sous la date
de *Sideropoli*, en 1779, ne l'en ont pas fait changer. « Ce qu'il y a de certain, c'est que Quinziano
Stoa ayant célébré, dans un poëme intitulé *Hera-
clea bellum venetum*, impr. à Milan, en 1509, les
victoires que venaient de remporter les armées de
Louis XII en Italie, il présenta son ouvrage au roi
à son passage à Milan, et que ce prince lui accorda
la couronne poétique, constatée par un diplôme
en date du 14 juillet de la même année. »

STOBÆUS (*Joan.*). Collectiones senten-
tiarum(græce, edente Vict. Trincavello).
1536. (*ad calcem*): *Venetiis, in ædibus
Barth. Zanetti Casterzagensis, ære
vero et diligentia Jo.-Fr. Trincavelli*,
1535, in-4. de 314 ff. non chiffrés, dont
le dernier a une grande vignette sur bois
impr. au verso. [18437]

Première édition de ce recueil; elle est rare, mais
peu correcte : 10 à 15 fr.; vend. 9 flor. Rover;
11 sh. Heber.

— Stobæi sententiæ ex thesauris Græcorum delectæ, Cyri Theodori dialogus de
amicitiæ exilio; opusculum Platoni ad-
scriptum de justo; alius ejusdem an virtus doceri possit : huic editioni accesserunt ejusdem J. Stobæi eclogarum physicarum et ethicar. libri II, item loci
communes sententiarum, collecti per
Antonium et Maximum monachos, atque
ad Stobæi locos relati (gr. et lat.). *Au-
reliæ-Allobr., pro Fr. Fabro*, 1609,
2 tom. en 1 vol. in-fol. 24 à 30 fr.
[18437]

Cette édition réunit, sous un nouveau titre, les *Sententiæ*, impr. à Lyon, chez P. Frellon, en 1608,
d'après celle de Francfort, 1581, et *Eclogarum
libri II, etc.*, réimpr. sur l'édition d'Anvers, 1575.
C'est la seule qui jusqu'ici renferme les deux ouvrages; elle a 12 ff., 632 pp., 15 ff. d'index; 6 ff.,
207 et 305 pp., plus 3 ff.

— Eclogarum physicarum et ethicarum
libri duo (græce et latine), ad codicum
mss. fidem suppleti et castigati, annotatione et versione lat. instructi ab Arn.-
Herm.-Lud. Heeren. *Gottingæ*, 1792-
1801, 2 vol. en 4 part. in-8. 25 fr. Pap.
collé, 30 fr.

Bonne édition revue sur sept manuscrits. On a publié à *Leipzig*, en 1797, *J. Stobæi sermones,
gr., edente N. Schow*, in-8., tome Ier, *Sermones*,
1-27.

— ECLOGARUM physicarum et ethicarum libri duo :
Accedit Hieroclis commentarius in aurea carmina
Pythagoreorum, Ad mss. codd. recensuit Thomas
Gaisford. *Oxonii, Parker*, 1850, 2 vol. in-8. 1 liv.
1 sh.

— Florilegium, gr. ad manuscriptorum
fidem emendavit et supplevit Thomas
Gaisford. *Oxonii, typogr. clarend.*,
1822, 4 vol. in-8. 2 liv.

Les exemplaires en Gr. Pap. coûtaient 7 liv. 15 sh.
6 d. Vend. 7 liv. 15 sh. Drury; 10 liv. *m. olive*,
Williams; 7 liv. 10 sh. *mar. r.* Hibbert.

— FLORILEGIUM (gr.), ad mss. fidem emendavit et
supplevit Th. Gaisford ; editio auctior. *Lipsiæ*,
Kühn, 1823-24, 4 vol. in-8. 30 fr. — Pap. fin,
40 fr.

L'article suivant se réunit à cette édition :

LECTIONES STOBÆENSES ad novissimam Florilegii
editionem congestæ a Frid. Jacobs : præfixa est
epistola ad Aug. Meinekium. *Jenæ*, 1827, in-8. de
XXV et 160 pp. 4 fr.

— FLORILEGIUM, recognovit Aug. Meineke. *Lipsiæ;
Teubner*, 1856-57, 4 vol. pet. in-8. 12 fr.; — pap.
vélin, 16 fr.

L'édition de Leipzig, Tauchnitz, 1838, 3 vol. in-16, a
coûté 5 fr., et en pap. vél. 9 fr.

— Senarii græcanici quingenti et eo am-
plius versi, singuli moralem quandam
sentiam aut tipum prouerbialem præ
se ferentes, Ottmaro Nachtgall argentino
metaphraste (gr. et lat.). *Jo. Knoblouch
notis æreis excepit Argentinæ* (1515),
pet. in-4. de 26 ff.

Les sentences que renferme cet opuscule rare sont
tirées de Stobée.

— GRÆCE et latine. Senarii proverbiales ex diuersis
poetis græcis, a Stobæo collecti, et iam recens ab
Ottomario Lvsinio Argentino in senariis latinos
festiue admodum uersi, quorum titulos extrema
gerit tabella. (in fine) : *Argentinæ apud Joann.
Knoblouchium mense decembri. Anno M. D. XXI,*
in-8.

Cette édition n'est pas moins rare que la précédente.
Il en a été vendu un bel exemplaire rel. en *mar.
bl.* 2 liv. 2 sh. Hibbert; autrement de 6 à 9 fr.

— Dicta poetarum, quæ apud Jo. Stobæum
extant (græce), emendata et latino carmine reddita ab Hug. Grotio : accedunt
Plutarchi et Basilii Magni de usu græcor.
poetarum libelli. *Parisiis, Buon*, 1623,
in-4. de 18 ff., 200 et 564 pp. 12 à 15 fr.
[18438]

Volume recherché et peu commun : 32 fr. *mar. r.*
Caillard ; 40 fr. Larcher; 26 fr. *Cuir de Russie*,
Courtois.

STOBÆUS (*Kilianus*). Opuscula, in quibus petrefactorum, numismatum et antiquitatum historia illustratur. *Dantisci,
Knochius*, 1753, pet. in-4. fig. 6 à 9 fr.
[29255]

Stockdale (*Fred.-W.-L.*). Cornwall, 27138. — Antiquities in the county of Kent, 27203. — Sketch
of Hastings, 27310.

STÖCKLEIN, der neue Weltbott, mit allerhand Nachrichten der Missionärs der Societät Jesu aus beyden Indien und andern über Meer belegenen Ländern von 1642-1757. *Augsburg und Grätz*, 1728-61, 38 part. en 5 vol. in-fol. fig. et cartes. [21569]

Cette traduction des Lettres édifiantes, ou relations des missions des jésuites dans les deux Indes, se trouve rarement complète en trente-huit parties. 95 fr. Bearzi. — Les trois premiers vol. sous ce titre: *Briefe und Reisebeschreibung, welche von den Missionärs der Gesellsch. Jesu aus beyd. Indien und and. über Meer gelegenen Ländern sait 1642-1730 in Europa angel. sind.* 44 flor. vente Butsch, en 1858; et les 4 premiers (1642-1740) à 120 fr. dans le catalogue Tross, 1863, II, n° 460.

STOCKMANN (J.-A.). Pinacotheca mariana, exhibens, per singulos anni dies, antiquitatem, sanctitatem et utilitatem cultus mariani, in personis omnium fere statuum et nationum, etc. *Augustæ-Vindelicorum*, 1760, in-8. [1676]

Cet ouvrage, dont le texte est en allemand, quoique sous un titre latin, est orné d'un très grand nombre de pl. assez jolies, grav. par Klauber, d'après les dessins de Stockmann; vend. rel. en 4 vol. 18 fr. en 1815.

STODDART (S.). The Way for a people to live long in the land that God hath given then. *Boston*, U. S., 1703, pet. in-4.

Un exemplaire de ce livre, rel. en mar. olive, mais dont le titre et 2 feuillets étaient réparés et même manquaient de plusieurs lettres, a été porté à 2 liv. 2 sh. sous le n° 13205 du catal. de la librairie Willis and Sotheran, où il est annoncé comme le seul à présent, connu; ce qui probablement doit s'entendre de l'Angleterre seulement.

STOEBER. Der Mythos alten Dichter in bildlichen Darstellungen (von Fr. Stöber); 2° verbesserte Aufl. *Wien, Härter*, 1821, pet. in-fol. [22569]

Ce volume, qui renferme 60 pl., avec un texte explicatif, coûtait 36 thl. La première édition a paru de 1815 à 1820. Il y en a une autre de Berlin, 1829, gr. in-4., contenant 61 pl., avec des explications en allemand et en français. Cette dernière se vendait 20 thl.

STOEFFLERINUS (Joannes). Almanach nova plurimis annis venturis inseruientia, per Ioannem Stoefflerinum Iustingensem et Iacobum Pflaumen VII mensem accuratissime supputata: & toti fere Europe dextro sydere impartita. (in fine): *Opera arteᴣ impressiôis || Joa||nnis Reyer anno... 1499 idibus februariis q̃ Ephemerides nove explete atque absolutê sunt Ulme... in-4. goth.* [8334]

Ce volume, presque entièrement composé de tables astronomiques pour les années 1499 à 1531, fait

Stockmans (P.). Opera, 3014.
Stockmeyer (Imm.). Basler Buchdruckergeschichte, 31298.
Stocqueller (J.-H.). Pilgrimage, 20656.
Stoddart (J.). Philosophy of language, 10542.

---

suite aux *Ephemerides* de Regiomontanus (voy. Joan. de MONTEREGIO). Il renferme 520 ff. en tout, dont les 17°, 32°, 33° et 54° sont blancs. Au 3° f. commence *Joannis de Monteregio commentariùm*, qui finit au f. 16 par une première souscription de l'imprimeur. Les f. 18 à 31 contiennent une explication en allemand; les *Ephemerides* occupent les ff. 55 à 516 et la *Tabula correctoria* les ff. 517 à 520. — Panzer en décrit plusieurs autres éditions, impr. à Venise, par Pierre de Lichtenstein, en 1506, 1507, 1513, 1518, in-4., et une de Paris, *apud Joannem Parvum*, mense martio, 1533, in-4., laquelle donne les Ephémérides jusqu'en 1532, et pour les vingt années suivantes. Jean Stoeffler a donné aussi un *Calendarium romanum magnum Cæsareæ majestati dicatum*, impr. à Oppenheym, par Jac. Kœbel ou Cöbel, en 1518, in-fol.

— Elucidatio fabricæ ususque Astrolabii, Joanne Stoefflerino... autore: iam denuo ab eodem vix æstimandis sudoribus recognita diligenter locupletataque... — *Oppenheim in ædibus Jacobi Cöbelii mense martio anno* M. D. XXIIII, in-fol. goth. fig. [8366]

La première édition de cette *Elucidatio* a été donnée par le même imprimeur que la seconde, en 1512, in-fol. Il y en a une troisième, in-fol. goth., faite d'après la dernière révision de l'auteur et qui porte cette souscription: *Moguntiæ Petrus Jordan excudebat impensis Petri Quentel ciuis Coloniensis anno* M. D. XXXV, *mense Junio.* Cette même année, et à la date du mois de juin, la presse de l'imprimeur P. Jordan produisit une autre rédaction du traité de l'Astrolabe sous ce titre: ASTROLABII declaratio, ejusdemque usus inire iucundus, non modo Astrologis, medicis, geographis, celerisque litterarum cultoribus multum utilis ac necessarius: verum etiam mechanicis quibusdam opificibus non parum commodus a Jacobo Kœbelio facilioribus formulis nuper aucta longeque cuidentior edita. L'*Elucidatio* de Jo. Stoeffler a été réimpr. avec *Astrolabii declaratio* de Jac. Kœbel, *Paris., Hier. de Marnef et V° Cavellat*, 1585, in-8. fig. Il y en a une traduction française sous ce titre: — TRAITÉ de la composition et fabrique de l'Astrolabe, par Jean Stöfler, avec annotations sur l'usage de l'Astrolabe et mesures géométriques faites par Jean-Pierre de Mesnes. *Paris, Cavellat*, 1560, in-8. fig. 4 fr. 50 c. Arago.

STOKE (Melis). Hollandsche Riim-Kroniik, inhoudende die geschiedenissen der Graven van Hollandt, tot het Jaer 1305, door eenen wiens naeme onbekent is; voor 286 Jaren beschreven. Met een Voorrede van Jan der Does: daar by, de moort van Gr. Floris, ende Gh. van Velsens wedervaren: Zangsgewys. *Amsterdam, Barent Adriaensz*, 1591, in-fol. de 6 ff., 100 pp. chiffrées, et 2 autres ff. [15623]

Édition rare; la première de cette chronique en vers. Elle ne porte point le nom de l'auteur. Vend. 5 flor. 75 c. Meerman. L'ouvrage a été réimprimé à *La Haye*, en 1620, in-fol.; à *Leyde*, en 1699, in-fol. fig., et dans la même ville, en 1772, 3 vol. in-8. (et aussi tiré in-4.), avec des notes de Balth. Huydecoper.

Stöger (F.-X.). Zwei Druckdenkmäler, 9511.
Stokes (J.-Lort.). Discoveries in Australia, 21198.

STOLBERG (*Christ.* et *Fried.-Leop.* von). Gesammelte Werke. *Hamb.*, *Perthes*, 1820-26, 25 vol. in-8. 80 à 100 fr., et plus en pap. collé ou en pap. vél. [19306]

— Gedichte, 15586.

STOLBERG (*Fr.-Leop.* Graf von). Geschichte der Religion Jesu Christi, fortgesetzt von Fried. von Kerz. *Hamburg*, *Perthes*, 1807-55, 50 vol. in-8. et un index en 2 part. 58 thl. [21380]

Les premiers volumes de cette histoire ont été réimpr. plusieurs fois à Hambourg, et l'on a fait à Vienne une nouvelle édition de l'ouvrage entier (en 55 vol.). Le comte de Stolberg s'est arrêté au 15e volume. Un exemplaire de l'édition de Vienne et Mayence, 1818-48, en 49 vol. y compris l'index, 171 fr. Quatremère.
Les Voyages du comte Fréd.-Léop. de Stolberg en Allemagne, en Suisse, en Italie et en Sicile, ont été trad. de l'allemand en anglais per Th. Holcroft. *Lond.*, 1796, 2 vol. in-4. fig. [20071]

STOLCIUS de Stolcenberg (*Daniel*). Viridarium chymicum, figuris cupro incisis, adornatum et poeticis picturis illustr. *Francof.*, 1624, in-12, fig. obl. [8970]

Vend. 9 fr. Camus de Limare.

— Hortulus hermeticus. *Francof.*, 1627, in-12, fig. [8971]

Vend. 7 fr. Sepher.
Ces deux vol. ne sont pas communs, et ils ont été vendus jusqu'à 36 fr. Baron.

STOLL (*Gaspard*). Représentation exactement coloriée d'après nature, des cigales et des punaises qui se trouvent dans les quatre parties du monde (en hollandais et en français). *Amsterdam*, 1788, 2 vol. gr. in-4. fig. color. [6053]

Cet ouvrage a paru en 12 cahiers, dans les années 1780-87. Le vol. des cigales contient 29 planch., et celui des punaises, 41 à 40 à 50 fr. Les exemplaires avec figures en noir sont à bas prix.

— Représentation des spectres, des mantes, des sauterelles, des grillons, etc., des quatre parties du monde (en hollandais et en français). *Amsterdam*, 1787-90, gr. in-4. fig. color. 30 à 40 fr. [6048]

Il y a des exemplaires avec un nouveau titre, et auxquels sont ajoutés quelques feuillets de texte et plusieurs nouvelles planches. — Voy. CRAMER.

STOLL (*Max.*). Ratio medendi in nosocomio practico vindobonensi. *Vienna*, 1783 ou 1790-94, 7 vol. in-8. 28 fr. [7110]

On a une traduction française de la Médecine pratique de Stoll, par M. Mahon, *Paris*, 1801 ou 1809, 3 vol. in-8.

— Aphorismi de cognoscendis et curandis febribus. *Vindobonæ*, 1786, in-8. 5 fr. [7169]

Les Aphorismes de Stoll ont été traduits en français par Corvisart, *Paris*, 1797, in-8., et par Mahon, *Paris*, 1801 ou 1809, in-8.
COMMENTARII in M. Stollii Aphorismos... *Vindob.*, 1788-93, 6 vol. in-8.
— DISSERTATIONES medicæ ad morbos chronicos

pertinentes, edidit et præfatus est Josephus Eyerel. *Vienna*, 1788-92, 4 vol. in-8. 12 fr. [7218]

STONE (le baron de). Voy. MÉLANGES de poésies.

STOPINI (*Magistri*), poetæ ponzanensis Capricia macaronica. *Paduæ, apud Gaspar. Ganassum*, 1636, pet. in-8. titre gravé, 10 à 12 fr. [13139]

Édition originale de ces macaronées estimées : 49 fr. mar. bl. Nodier, et 20 fr. non rogné Riva.
On sait que l'auteur, caché sous le masque de Stopini, est César Orsini de Ponzana, secrétaire du cardinal Bevilacqua. Ses Macaronées ont été réimprim. à Venise, en 1639 et 1647, pet. in-12, et à Crémone, en 1640, in-12; mais les éditions de Venise, 1651 et 1653, pet. in-12, sont augmentées de divers morceaux qui doivent se trouver aussi dans les éditions de Milan, 1662, 1688, in-16, ainsi que dans celles de Venise, 1700, 1723, pet. in-12, ou 1738, in-8. Ce recueil a encore été imprimé à Florence, en 1819, in-18.

STOPPEL (*Jac.*). Repertorium in formam alphabeticam redactum, in se continens totius iam cogniti orbis terras, maria, fontes, flumina, montes, gentes, ciuitates atque villas, secundum eorum longitudines ac latitudines tam ab ipso Ptolemæo quam cæteris modernioribus lustratus. *Per eximium medicinæ doctorem Jacobum Stoppel editum*, etc. *Impressum Memmingen per Albertum Kune, opera vero et impensa eiusdem doctoris ac mathematici insignis*, anno 1519, in-fol. [19511]

Ce vieux dictionnaire géographique est fort rare, surtout en France, mais c'est à tort que dans un catal. de T.-O. Weigel, *Leipz.*, 1858, n° 624, où il est porté à 20 thl., on a dit qu'il n'avait été cité par aucun bibliographe (voy. Panzer, VII, p. 104). Il y est fait mention de l'Amérique, et cela suffit pour lui donner du prix aux yeux des bibliophiles des Etats-Unis qui en ce moment recherchent tous les livres anciens où il est question du nouveau monde.

STORDITO accademico intronato. Voyez DIALOGO della bella creanza, et PICCOLOMINI.

STORER (*James*). Ancient reliques; or delineations of monastic, castellated and domestic architecture and other interesting subjects; with historical and descriptive sketches. (Drawn and engraved by James Storer and J. Greig. *London*, 1812-13, 2 vol. in-12, fig., avec 100 pl. [26797]

Cet ouvrage fait suite à l'Antiquarian and topographical Cabinet, exécuté par les mêmes artistes (voyez ANTIQUARIAN). 1 liv. 1 sh. (vend. 57 fr. Hurtault). — en Gr. Pap., format gr. in-8., 2 liv.; — avec les fig. sur pap. de Chine, 110 fr. Chateaugiron, et moins depuis.
— HISTORY and antiquities of the cathedral churches of Great Britain, illustrated with a series of

***

Stollenwerk. Recherches sur les nations établies en Sibérie, 28320.

Stolz (*J.-L.*). Ampélographie rhénane, 6371.

Storch. Économie politique, 4052.

highly-finished engravings, exhibiting general and
particular views, ground-plans, and all the architectural features and ornaments in the various
styles of building used in our ecclesiastical edifices,
by James Storer. *London*, 1818-20, 4 vol. in-8.
2 liv. [9998]

Publié d'abord sous le titre de *Graphic and historical description of all the cathedral churches in
England.*

— Fonthill Abbaye, 27297.

STORIA naturale degli uccelli. Voy. OR-
NITHOLOGIA.

STORIA dei dógi di Venezia. *Venezia,
Grimaldo*, 1857, 2 vol. in-4. avec 120
portr., monuments et médailles. [25465]

— NUMISMATICA veneta, o serie di monete e medáglie
dei dogi di Venezia. *Venezia, Grimaldo*, 1857,
in-4.

Ces deux ouvrages sont anonymes.

STORIA del duomo di Orvieto. Voyez
VALLE (Della).

STORIA della distruzione di Gerúsalemme.
(senz' alcún titolo); in-4. de 6 ff. à 2 col.
de 4 octaves chacune, car. goth., sans
chiffres ni signat. (Molini, *Operette*,
331.)

Cet opuscule, impr. vers la fin du XVᵉ siècle, commence par ces deux vers :

O eterno dio che el mondo sostene
che fo preso el nostro salvadore

et il finit par ceux-ci :

Alla nostra fine li piaccia darce gloria
al prohibion finita a qsta istoria, amen.

STORIA delle cose avvenute in Toscana,
dall' anno 1300 al 1348, e dell' origine
della parte bianca et nera che di Pistoja
si sparse per tutta Toscana e Lombardia,
ecc., scritta per autore, che ne' medesimi
tempi visse. *Firenze, Giunti*, 1578,
in-4. [25516]

Texte cité sous le titre de *Storie pistolesi* dans le
Vocabulaire de La Crusca. L'édition a quelquefois
été vendue 20 fr., et plus en Italie; mais elle est
moins chère en France. On doit trouver dans ce
volume 12 ff. préliminaires et 217 pp., sans compter
l'errata, le registre et le fleuron de l'imprimeur;
mais il y a des exemplaires qui finissent à la p. 212.
La préface est de Vinc. Borghini.

L'édition de *Florence*, 1733, in-4. sous le titre d'*Istorie pistolesi*, contient de plus : *Diario del Mo-
naldi*, et elle est accompagnée des notes de l'éditeur
Ant.-Mar. Biscioni, qui y a joint celles de Rosso
Martini et de Jac. Corbinelli. 6 à 8 fr.

STORIA di S. Croce (Incomincia la). —
Laus Deo (absque nota), pet. in-4. de
12 ff. en caract. rom.

Petit poëme italien sur la S. Croix de Lucques, imprimé probablement dans cette ville à la fin du
XVᵉ siècle (Panzer, IX, p. 247).

STORIA di Sesto Tarquinio et Lucretia.
— Poema della malitia delle femine.
*Gabriel Petri impressit (sine loco et
anno sed Tarvisii*, circa 1475), in-4.
[14654]

Deux petits poëmes, en octaves, et qui sont fort
rares : vend. 5 liv. 2 sh. 6 d. Hibbert; 3 liv. 15 sh.
Heber.

— La historia & morte di Lucretia Romana. (senz' alcuna data), in-4. de 6 ff.
à 2 col. de 40 lign. caract. rom.

Édition de la fin du XVᵉ siècle. La première page
contient quatre octaves, et au-dessus une fort
bonne vignette en bois représentant Tarquin et ses
convivés à table, au moment où Lucrèce se plonge
le poignard dans le sein. Le verso du dernier f. a
huit octaves, et au-dessous cette ligne : *Finita la
hystoria & morte di Lucretia Romana.*

— HISTORIA come Lucretia Romana essendo violata
et sforzata da Sesto Tarquino, convocati tutti gli
suoi parenti... a disnare... nel fine di tal convivio...
deliberò amazzarsi prima che mai vivere in tanta
infamia et dishonore. *Venetia, Agost. Bindoni*
(senz' anno), in-4. de 4 ff. à 2 col. avec une fig. sur
bois. Edition imprimée vers 1550. Un exemplaire
en mar. v. 39 fr. Libri.

Une autre édition, in-4. de 4 ff. à 2 col. de 48 lig.,
sans lieu ni date : en *mar. v.* 39 fr. même vente.

STORIA e descrizione della reale badia d'Altacomba, antico sepolcro dei
reali di Savoia. *Torino, tipografia
Alessandro Fontana*, 1844, 2 vol. gr.
in-fol., dont un pour les planches. [21470]

155 fr. m. bl. Louis-Philippe.

STORIA overo Cronica, como il signore
ludovico q. duca de milano si parti di
milano e ando in terra todescha e como
torno con exercito el paese che conquisto
e come al fine e stato preso e in che
modo e doue fu preso Monsignor Ascanio suo fratello con molti altri signori.
(à la fin) : *Finis impresso Bologna*
(senz' anno), in-4. avec une vignette sur
bois représentant un combat. [14671]

Opuscule en vers italiens, commençant ainsi : *Nel
mile quatro cento nonantanone fugissi ludouicho
del suo stato andoui terra todescha, ecc. (Panzer,
IX, p. 217).

STOSCH (Phil.). Pierres antiques gravées,
sur lesquelles les graveurs ont mis leurs
noms; dessinées et grav. par B. Picart,
expliquées par Ph. Stosch (avec la traduction française par de Limiers). *Amsterd., Picart*, 1724, pet. in-fol. [29594]

Ouvrage assez recherché, mais dont les gravures sont
plus élégantes qu'exactes : 18 à 24 fr., et en Gr.
Pap., vend. beaux exemplaires en mar., 50 fr. de
Cotte; 40 fr. Morel-Vindé; 42 fr. mar. bl. Chateaugiron; 79 fr. De Bure. — Voyez PONCELIN.

— Choix des principales pierres gravées de la collection qui appartenait autrefois au baron de Stosch, qui se trouvent maintenant dans le cabinet du roi de Prusse; accompagnées de notes et d'explications par Fr. Schlichtegroll, *Nuremb.*, 1798, in-fol., fig.

Il n'a paru de cet ouvrage que le premier volume et le premier cahier du second, daté de 1806.

— Voyez WINCKELMANN.

STOTHARD (*Ch.-Alfred*). Monumental effigies of Great Britain, selected from our cathedrals and churches, for the purpose of bringing together correct representations of the best historical illustrations extant from the norman conquest to the reign of Henry VIII, with histor. descriptions and introduction by Alfred-John Kempe. *London*, 1817 (also 1821), in-fol., 120 à 140 fr. [26804]

Ce vol. renferme 147 fig. au trait, dont quelques-unes sont coloriées; on y a joint une description historique et une introduction par Alfred-John Kempe. Dans les exemplaires mis en vente chez H. Bohn, en 1838, au prix de 8 liv. 8 sh., et Gr. Pap., 12 liv. 12 sh., il se trouve de plus un index alphabétique, ainsi que 4 planches qui avaient paru séparément.

STOTHARD (Mrs *Charles*). Letters written during a tour through Normandy, Brittany and other parts of France, in the year 1818. *London, Longman*, 1820, in-4., avec 21 pl. 18 à 24 fr. [20115]

Le but de ce voyage était de dessiner la célèbre tapisserie de Bayeux.

— The Tapestry of Bayeux, published by the Society of antiquaries. *Lond.*, 1816-23, in-fol. max. [24373]

Recueil de 17 pl. coloriées. Les 16 premières contiennent chacune deux tranches, et représentent la tapisserie réduite à peu près aux trois dixièmes, tant de sa longueur que de sa hauteur. La 17e planche est un fac-similé d'un morceau de la tapisserie, dans les mêmes dimensions que le monument. C'est la meilleure représentation qui en ait été faite (*Journal des Savants*, 1826, nov.).

STOW (*John*). Annales, or a generall chronicle of England, begun by J. Stow, continued and augmented by Edm. Howes. *London*, 1631, in-fol. [26853]

Cette chronique a été imprimée pour la première fois à Lond., by Ralphe Newberie, sans date, in-4. (Liv. 11 sh. Heber); ensuite réimpr. en 1592 et en 1600, in-4.; en 1615, in-fol. L'édition de 1631, qui est la meilleure, se paye de 2 à 3 liv. à Londres, et plus cher en pap. fort.

THE ABRIDGEMENT of the english chronicle by E(dmund), H(owes). *London*, 1607, or 1611, or 1618, in-8.

Avant que parût sa grande chronique, J. Stow avait donné: *A Summarie of english chronicles*, in-16 goth., petit ouvrage publié pour la première fois en 1561, et dont l'édition de Lond., 1604, est la dixième au moins.

— A Survey of the cities of London and Westminster, and the borough of Southwark, by J. Stow; corrected, improved and very much enlarged in the year 1720

Stowe (Mrs Beecher). Uncle Tom's Cabin, 17762.

by John Strype, brought down to the present time by careful hands. *London*, 1754, 2 vol. in-fol. fig. [27088]

C'est la sixième et la meilleure édition de cet ouvrage estimé; elle vaut de 8 à 12 liv. en Angleterre. Celle de 1720, aussi en 2 vol. in-fol., est beaucoup moins chère. Les quatre premières édit. sont de 1598 ou 1599, de 1603, de 1618, in-4., et de 1633, in-fol.

STRABO de situ orbis (grèce, ex recensione Ben. Thyrræi). *Venetiis, in ædibus Aldi et Andreæ soceri, mense novembri*, 1516, in-fol. [19543]

Première édition, rare, mais très-incorrecte. Le corps du volume est de 306 pp., et la dernière est cotée par erreur 348. On trouve au commencement 14 ff. prélim., et à la fin un f. pour la souscription et l'ancre. Vend. 33 fr. m. r. La Vallière; 27 flor. Rover; 170 fr. m. r. Caillard, et 120 fr. Giraud; 3 liv. 3 sh. Heber.

— Strabonis rerum geographicarum libri XVII (gr. et lat.); Isa. Casaubonus recensuit, emendavit ac commentariis illustravit, et secundis curis cumulate exornavit; adjuncta est etiam Guil. Xylandri latina versio; accessere Feder. Morelli observatiunculæ. *Lutetiæ-Parisiorum, typis regiis*, 1620, in-fol.

Édition estimée pour sa correction et sa beauté, 15 à 20 fr. Vend. 52 fr. Gr. Pap. fort, mar. r. de Cotte. Les éditions gr. et lat. de Bâle, 1571 (données par Xylander), et de Genève, 1587, in-fol., sont à bas prix. Les savants font cependant cas de cette dernière, donnée par Casaubon.

— Rerum geographicarum libri XVII (gr. et lat.). Accedunt huic editioni, ad Casaubonianam IIIe (IIe) expressæ, notæ integræ G. Xylandri, Is. Casauboni et aliorum; subjiciuntur chrestomathiæ, gr. et lat. (cura Theod. Janssonii ab Almeloveen). *Amstelod., Jo. Wolters*, 1707, 1 tom. en 2 vol. pet. in-fol.

Cette édition, sans être très-bonne, est cependant regardée comme une des meilleures que l'on ait de cet auteur; 30 à 40 fr. et en Gr. Pap., vend. 150 fr. d'Hangard, et jusqu'à 247 fr. Caillard; 216 fr. Larcher; 71 flor. Meerman.

— RERUM geographic. libri XVII, græca ad optimos codices mss. recensuit, varietate lectionis adnotationibusque illustravit, Xylandri versionem emendavit Joan.-Phil. Siebenkees (eo, vero defuncto opus continuavit Car. Henr. Tzschuche, editionem absolvit Friedemann). *Lipsiæ, Weidmann*, 1796-1818, 7 vol. in-8.

Édition estimée, mais qui n'est pas terminée; car le 7e vol. (premier du commentaire) ne renferme que le commentaire sur les trois premiers livres, et le Lexicon strabonianum, qui devait en faire partie, n'a point paru: 50 à 60 fr., et plus en pap. de Holl.

— RERUM geographicarum libri XVII, gr. et lat.; cum variorum, præcipue Casauboni, animadversionibus; juxta editionem amstelodamensem; codicum mss. collationem, annotationes, et tabulas geographicas adjecit Thomas Falconer. Subjiciuntur chrestomathiæ, gr. et lat. *Oxon.*, e typographeo clarendoniano, 1807, 2 vol. gr. in-fol.

Stower. House and gardens of Buckingham, 27124.
Stower (G.). Printer's Grammar, 9086.
Stownik. Polsko-Franç. Dictionnaire, etc., 11455.

Cette édition, dont le titre fait suffisamment connaître le contenu, est assez belle, mais malheureusement fort peu correcte : 50 à 60 fr. Il y en a quelques exempl. en Gr. Pap. Vend. 170 fr. *br.*. Du Theil ; 7 liv. *cuir de Russie,* Drury ; 6 liv. Dent ; 4 liv. 5 sh. Hibbert.

— GEOGRAPHIA, græce, edente D. Coray. *Parisiis, Eberhart,* 1815-1819, 4 vol. in-8. 50 fr.
Bonne édition, accompagnée de notes et de tables qui occupent le 4ᵉ vol. Il y en a quelques exemplaires en Gr. Pap.

— GEOGRAPHIA, gr., editio stereotypa. *Lipsiæ, Tauchnitz,* 1819, 3 vol. in-16. 10 fr.

— STRABONIS Geographica recensuit, commentario critico instruxit Gust. Kramer. *Berolini, Nicolai,* 1844-52, 3 vol. in-8. 11 thl., et ensuite 6 thl.
Une édition *minor* de ce texte a été publiée dans la même librairie, en 1852, en 2 vol. in-8. 2 thl.

—Strabonis Geographica, græce, cum versione reflecta : apparatu critico, indicibus rerum hominumque locupletissimis, tabulis ære incisis quindecim instruxit Carolus Müllerus, locupletissima ; curantibus C. Müllero et F. Dübnero. *Parisiis, F. Didot,* 1853-57, 2 vol. gr. in-8. 35 fr.
Édition très-recommandable, et qui contient d'excellentes cartes.
Le savant Oudard de Bréquigny avait commencé à Paris, en 1763, une édition gr. et lat. de Strabon, dont il n'y a eu d'imprimé que le 1ᵉʳ vol. in-4.

— Geographia, latine, ex interpretat. Guarini veronensis et Gregorii Typhernatis. *Romæ, per Conr. Sweynheym et Arnoldum Pannartz* (absque anno), gr. in-fol.
Édition regardée comme la première de cette version. D'après la liste chronologique des édit. de Sweynheym et Pannartz, placée dans la requête adressée par ces imprimeurs à Sixte IV, en date du 22 mars 1472, elle a dû paraître en 1469 ou 1470. C'est un volume de 240 ff. (à 46 lign. par page), dont les deux premiers renferment l'épître de Jean André à Paul II ; et le dernier contient une table terminée par la souscript. : *Aspicis, illustris lector, etc.* Vend. 130 fr. Gaignat ; 350 fr. *mar. r.* d'Ourches ; 25 liv. 10 sh. Sykes ; 16 liv. bel exempl., *mar. bl.* Heber.

— Geographia, latine, ex versione eorumdem. (*Venetiis, per Vindelinum spirensem*), *Anno Domini* M. CCCC. LXXII, in-fol.
Édition encore précieuse, et qui certainement est une copie de la précédente ; elle consiste en 217 ff. (à 51 lignes par page, et non compris le premier f., qui est blanc), qui commencent aussi par l'épître : *Jo. Andr. ad Paulum II.*
On lit à la fin, après le registre, une souscription de 7 vers, dont voici les deux derniers :
    Nunc antenonei uiden (sic) *penates :*
    Impressos digitis uidelianis (sic).
Vend. 120 fr. Gaignat ; 50 fr. Brienne-Laire ; 106 fr. *m. bl. tab.* Jourdan ; 133 fr. Mac-Carthy ; 3 liv. 13 sh. 6 d. *mar.* Heber ; 23 fr. Boutourlin.

— Strabonis geographia, latine, ex eadem versione. *Romæ, per Conrad. Sweynheym et Arn. Pannartz,* M.CCCC.LXXIII, *die vero Veneris,* XII *mensis Februarii,* in-fol.
Cette édition est une réimpression de la première de Rome, avec cette différence, qu'on n'y trouve ni l'épître dédicatoire ni la table : 60 fr. (plusieurs ff. encadrés) Brienne-Laire. Le vol. finit. au recto du 235ᵉ et dern. f., par la souscript. de 6 vers, *Aspicis illustris, etc.,* suivie de la date.

— GEOGRAPHIA, lat. (*Tarvisii*) *opus finit : qd Ioānes Vercellensis... imprimi curauit. Anno Sal. M.cccclxxx, septimo Kl'. Septembris,* in-fol. de 318 ff., à 39 lign. par page, sign. A—Q.
Ni cette édition, ni celle de 1494, par le même imprimeur, n'ont une grande valeur. — La même traduction, revue par plusieurs savants, a été réimpr. à *Lyon,* en 1559 ; ensuite à *Amsterdam,* en 1652, 2 vol. pet. in-12.

— Géographie de Strabon, traduite du grec en français (par de La Porte du Theil, Coray et Letronne, avec des notes et une introduction par Gosselin). *Paris, de l'Imprim. impér.,* 1805-19, 5 vol. gr. in-4. fig. 140 à 160 fr.
Ces 5 vol. contiennent le Strabon en entier ; ils devaient être suivis d'un 6ᵉ et dernier vol., qui aurait renfermé des dissertations, des notes et des tables alphabétiques ; mais cette partie n'a pas paru. Il a été tiré une cinquantaine d'exemplaires sur Gr. Pap. vélin, qui n'ont pas été livrés au commerce. Le prix, qui en avait d'abord été porté jusqu'à 1000 fr. dans les ventes, a été ensuite réduit à 250 ou 300 fr.

— La prima e la secunda parte della geografia di Strabone, dal greco tradotta in volgare italiano da Alfonso Buonacciolli. *Venetia,* 1562, e *Ferrara,* 1565, 2 tom. in-4.
Traduction estimée, et dont les exempl. sont peu communs. Vend. 1 liv. 1 sh. Pinelli.
    DELLA GEOGRAFIA di Strabone libri XVII, volgarizzati da Fr. Ambrosoli. *Milano,* 1834-35, 5 vol. in-8. avec cartes. — Il y a des exempl. in-4.

— Iberia, seu rerum geographic. liber tertius, græce, edente Casp.-G. Groskurd. *Strals., Löffler,* 1819, in-8. = Ejusdem C.-G. Groskurd Observationes criticæ in Strabonis Iberiam. *Ibid.,* 1819, in-8. 8 fr.
Groskurd, qui avait donné en 1819 une traduction allemande du 3ᵉ livre de Strabon, en 1 vol. in-8., a publié depuis dans la même langue une traduction des 17 livres de ce géographe, avec des notes et un index, *Berlin, Nicolai,* 1831-34, 4 vol. in-8. dont le dernier est un index. 10 thl.

— LIBRO III de la geografia de Estrabon, que comprehende un tratado sobra la España antigua : traducido del latin por J. Lopez. *Madrid,* 1787, in-8.
    TH. TYRWHITT, Conjecturæ in Strabonem. *Oxonii,* 1783, in-8. — et cura Th.-Casp. Harles ; *Erlangæ,* 1788, in-8. 2 fr.

STRACCHA. Clarissimi Iurisconsulti Benvenuti Straccæ Patritii Ancaritani de mercatura, seu mercatore, tractatus. *Venetiis, Aldus,* M. D. LIII, pet. in-8.
[4157]
Ce volume, imprimé en petites lettres rondes, est rare (6 sh. Butler) ; il s'en trouve des exemplaires dont le titre ne porte pas de date. Tel était celui qui fut payé 31 fr. 50 cent. à la 2ᵉ vente Reina. Quant à l'édition de Venise, *apud Mich. Bonelium,* 1573, in-8., qui n'appartient à aucune collection, elle est sans valeur.

STRACHEY (*Edw.*). Bija Ganita. Voyez l'article BHASCARAH.

STRADA (*Jacques* de). Epitome du thresor des antiquitez, c'est-à-dire pourtraits des vrais medailles des empereurs tant d'Orient que d'Occident; de l'etude de Jacques de Strada, mantouan antiquaire, trad. du latin par Jean Louveau. *Lyon, impr. par Th. Guerin pour Jacq. Stradan*, 1553, in-4. [29808]

Les portraits gravés sur bois dont ce livre est orné lui donnent quelque prix. On trouve parfois l'ouvrage relié avec le *Promptuaire* publié par Guill. Roville, également en 1553 (voy. PROMPTUARIUM). Le texte latin de l'*Epitome* a aussi été impr. à Lyon, en 1553, in-4.

— Dessins artificieux de toutes sortes de machines, moulins à vent, à eau, à cheval et à la main, avec diverses sortes de pompes et autres inventions pour faire monter l'eau en hault, sans beaucoup de peines et despens...... faits et mis tracez... par feu Iacques de Strada Rosberg... maintenant mis en lumière et publié par Octave a Strada, a Rosberg, nepveu du dict seigneur. *Imprimez à Francfort, sun le Mein par Paul Iaques, aux depens du dit Octave et se vendent en la boutique de Lucas Iennis*, 1617-18, 2 tom. en 1 vol. in-fol. fig. [8169]

Ouvrage contenant 100 planches, mais bien peu utile aujourd'hui : 20 à 40 fr. Vend. 38 fr. m. r. Patu de Mello.

STRADA (*Famianus*). De bello belgico decades duæ. *Romæ, H. Scheus*, 1640-47, 2 vol. in-fol. [24994]

Édition la plus recherchée, à cause des gravures dont elle est ornée, gravures qui sont de Guill. Baur, de Jean Miel, etc. Il y a 11 planches dans le premier volume (impr. d'abord à Rome, en 1632), et 10 dans le second. Il devait y avoir un troisième volume, mais le roi d'Espagne en empêcha l'impression; 15 à 20 fr. ; vend. 24 fr. 50 c. La Serna.
— Réimprimé (le 1er vol.), à Anvers, 1635, 2 vol. pet. in-8. fig. — ensuite à Leyde, 1645, 2 vol. pet. in-12, fig. — à Anvers, 1649, pet. in-8. porir.
On peut joindre à cet ouvrage ceux de Dondini et Galluci, qui y font suite. — Voyez DONDINI et GALLUCI.
— HISTOIRE de la guerre de Flandre, de Famianus Strada, trad. par P. du Ryer. *Suivant la copie imprimée à Paris*, 1652 ou 1665, 2 vol. in-8. fig.
Ces deux éditions, faites en Hollande, sont celles que l'on préfère, à cause de leur beauté : 8 à 12 fr. Vend. 24 fr. m. bl. d. de mar. La Vallière, et le même exemplaire, 149 fr. De Bure. — Celle de *Paris*, 1649, 2 vol. in-fol., est à très-bas prix, ainsi que celles de 1712, 3 vol. in-12, et d'*Amsterdam*, 1729, 2 vol. pet. in-8. fig. ; on joint à cette dernière :
— SUPPLÉMENT à l'histoire des guerres civiles de Flandre, sous Philippe II, trad. du P. Strada et d'autres auteurs, contenant les procès criminels des comtes d'Egmont et de Hornes, avec des pièces authentiques, *Amsterd.*, 1729, 2 vol. pet. in-8. fig. — Les 4 vol. ci-dessus ont été réimprimés à *Bruxelles*, 1739, pet. in-8.
— Eloquentia bipartita, 12175.

STRADAN (*Jo*). Equile Joannis Austriaci, Caroli V imper. F. in quo omnis generis equorum ex variis orbis partibus insignis delectus. Ad vivum omnes delineati a Joan. Stradano et a Phil. Galleo editi : 41. fig. [5698]

La première édition de ce recueil est de format pet. in-fol. obl. et divisée en quatre suites : la 1re de 17 pl., et les autres de 8 pl. chacune. Il y a une seconde édition, dont on a tiré des exempl. sur très Gr. Pap. Il est facile de la reconnaître, parce que les planches y sont numérotées de suite; d'ailleurs l'intitulé est un peu différent, car au lieu des premiers mots : *Equile Joannis Austriaci, etc.*, il y a *Equile, seu speciltim equorum,* et on a ajouté au bas du frontispice : *Antuerpiæ, apud Joan. Gallæum.* — Un exemplaire in-fol. obl. rel. en mar. v., sous la date de 1578, contenant 44 pl. dédiées à Côme de Médicis, duc de Florence, 60 fr. Hope.

— Venationes ferarum, avium, piscium, pugnæ bestiarum, depictæ a Joanne Stradano. editæ a Philippo Gallæo, carmine illustratæ a C. Kiliano Dufflæo. (*Antuerpiæ, circa 1580*), in-fol. obl. 104 pièces et le frontispice. [10409]

Un exemplaire de ces deux recueils réunis en un vol. fig. color. a été vend. 100 fr. le B. d'Heiss. Le second seul, 30 fr. 50 c. Huzard; 42 fr. Borluut. Quelquefois, à la fin du second volume, se trouve : *Ecunis sericus, depictus a J. Stradan*, en 6 pl.

STRADLING (*Joannis*) epigrammatum libri quatuor. *Londini, impensis Georgii Bishop, et Joannis Norton*, 1607, pet. in-8. de 4 ff. et 176 pp. [13114]

Livre très-rare, et intéressant particulièrement pour l'histoire littéraire de l'Angleterre. Il en est parlé avec détail dans le catal. Hibbert, nº 7628, où un exemplaire est porté à 7 liv. 10 sh. Ce même exemplaire a été revendu 4 liv. 10 sh. Hanrott; 3 liv. 4 sh. Heber.

STRAFALCIONE, Voyez CACCIACONTI.

STRAHLENBERG (*Phil. Johann* Tobbert von). Der nord- und östliche Theil von Europa und Asia, in so weit solches das ganze russ. Reich mit Siberien und der grossen Tartarey in sich begreift. *Stockholm*, 1730, pet. in-4. cartes et fig. [27731]

Il se trouve dans cet ouvrage une table polyglotte de 32 dialectes des peuples tartares, et un vocabulaire kalmouck. Vend. 14 flor. 10 c. Meerman ; 50 fr. Langlès; 25 fr. 50 c. Klaproth.
Une édition de *Leipzig, Kiesewetter*, sans date, in-4. de 13 ff. prélim., 438 pp. de texte, suivis de l'index, avec 21 pl., y compris les cartes : 14 fr. Rémusat. L'épître dédicatoire y conserve la date de 1730.
On fait peu de cas de la traduction française sous le titre de *Description historique de l'empire de Russie* (par Barbeau de La Bruyère), *Paris, Desaint*, 1757, 2 vol. in-12.

STRAMBERG (*Chr.* von). Denkwürdiger und nützlicher rheinischer Antiquarius, welcher die wichtigsten und angenehmsten geographisch-, historisch und politischen Merkwürdigkeiten des ganzen

---

Strachey (*Edw.*). The Algebra of the Hindous, 7797.
Strada (*Fr.*). Clemenza reale, 25849.

Strahlmann (*J.*). Finnische Sprachlehre, 11377.

Rheinstromes, etc., darstellt. Von einem Nachforscher in historischen Dingen (Car. von Stramberg). *Coblenz, Hergt,* 1851 et années suiv., in-8. [26568]

Cet ouvrage important paraît par livraisons et se divise en sections ; la première a 4 vol., la seconde 2, la troisième 9. La quatrième est en cours de publication.

STRANGE (*Robert*). Son œuvre de gravure, exécuté de 1750-90, gr. in-fol. [9547]

L'œuvre de ce célèbre artiste est composé de 49 pièces : on en trouve le détail dans la 1re année du *Magasin encyclopédique,* tome I, pp. 220 et suivantes. Vers 1793, on était parvenu à en réunir, à Londres, une soixantaine d'exemplaires complets, dont le prix était de 70 guinées (1770 fr.) pour chacun. Vend. en 27 pièces, 161 fr. La Valliere ; en 35 pièces, 560 fr. Mac-Carthy.

STRANGUAGE (*W.*). Voy. UDALL.

STRAPAROLA da Caravaggio (*Giov.-Fr.*). Le piacevoli notti, *Vinegia, Comin da Trino,* 1550-53, 2 part. in-8. [17471]

Première édition, très-difficile à trouver complète : vend. 21 fr. *m. r.* Le Marié ; 1 liv. 13 sh. Pinelli ; 2 liv. 2 sh. Borromeo, et quelquefois moins.

La première partie porte le titre suivant :

LE PIACEVOLI NOTTI di M. Giovanfrancesco Straparola da Caravaggio. Nelle quali si contengono le favole con i loro enimmi da dieci donne, et duo giovani raccontate, cosa dilettevole, ne più data in luce, con privilegio. Appresso Orpheo della Carta..., M. D. L. Il y a ensuite 2 ff. pour la dédicace d'*Orpheo della Carta alle piacevoli et amorose donne.* Le proemio commence au f. chiffré 4 ; et on lit au recto du f. 186 : *Il fine della V notte ;* on trouve ensuite : *Tavola di tutte le favole che nell' opera si contengono.* Cette table occupe 2 ff. non chiffrés, et se termine par la souscription : *In Venetia per Comin da Trino di Monferrato l'anno* M. D. L.

Le second livre, imprimé en 1553, a une autre dédicace de Straparola *Alle graziose et amorevoli donne,* et commence : *Sono molti, amorevoli donne.* La date est *da Venegia, il primo di settembre* 1553.

— Le piacevoli notti. *A San Luca al segno del diamante,* 1551-54, 2 vol. in-8. fig. sur bois.

Édition non moins rare que la précédente, dont elle paraît être une simple réimpression. Le 1er vol. a 186 ff. chiffrés et 2 ff. non chiffrés ; le 2e vol., 256 et 4 ff., selon Gamba.

Dans l'exemplaire avec date, de 1550 et 1554, 2 vol. in-8. *mar. r.* vend. 74 fr. Libri, le second vol., composé de 155 ff. chiffrés et 4 ff. de table, porte sur le titre : *a san Bartholomeo alla libraria della Colombina,* MDLIIII, et à la fin *per Comin da Trino.* Selon M. Libri, ce serait l'édition de 1553 ci-dessus, avec le titre et le dernier f. réimprimés, et nullement le volume de 1554 décrit par Gamba.

— LE PIACEVOLI notti. *Vinegia, Comin da Trino,* 1555 o 1557, parti due in-8.

Gamba pensait que cette édition devait avoir moins de valeur que la précédente ; il avait reconnu aussi que la première partie, sous la date de 1557, était la même édition que celle de 1555, dont on avait changé le frontispice. Mais il n'a pas fait remarquer que la 2e partie de cette édition de 1557

Strano. Catalogo della Biblioteca ventimelliana, 31512.

on avait remplacé la 4e nouvelle de la IXe nuit par une autre commençant ainsi : *Pre Papiro Schizza.*

— AUTRE édition. *Vinegia, Domenico Gigli,* 1558, 2 vol. in-8., citée par M. Jannet, d'après l'exemplaire du libraire Gancia.

L'édition de Venise, *per Francisco Lorenzini da Trino,* 1560, in-8., est assez belle. — Borromeo en possédait une de Venise, *Comin da Trino,* 1562, in-8. ; Pinelli, une faite dans la même ville, *per Giovanni Bonanino,* 1563, in-8. ; et Gamba, une autre, de Venise, *Andrea Ravenoldo e Giorgio de Zilj,* 1565, in-8. Une édition de Venise, 1567, a été vend. 12 sh. Hibbert ; une autre de 1569 est citée par Ebert. Haym en cite deux autres de Venise, 1570 et 1578, auxquelles il faut joindre celle de 1580, pet. in-8. ; et il en existe une autre de Venise, *appresso Domenico Cavalcalupo,* 1586, in-8. dont un bel exemplaire rel. en *v f. tr. d.* a été vendu 29 fr. 50 c. Gancia. Toutes ces éditions sont assez recherchées, parce qu'elles n'ont pas éprouvé les mutilations qu'on remarque dans d'autres moins anciennes, et qu'elles se trouvent assez difficilement : 15 à 18 fr.

L'édition de Venise, *Alessandro de' Vecchi,* 1599, in-4. fig. (de 348 pp. chiffrées, plus 4 ff. pour la table, etc.), est mutilée ; mais on la recherche à cause des gravures sur bois dont elle est décorée, et surtout à cause des *Cento enigmi di Giulio Cesare dalla Croce* qu'on y a ajoutées : vend. 18 fr. *mar. bl.* Lauraguais ; 25 fr. en 1823.

Celle de Venise, *appresso Zanetto Zanetti,* 1608, 2 vol. in-8., n'a rien qui la recommande particulièrement.

— Les facecieuses nuictz du seigneur Straparole (trad. de l'italien par J. Louveau). *Lyon, Guille Rouille,* 1560, pet. in-8.

Vend. 5 fr. 60 c. Heber.

La première partie seulement. La seconde, traduite par P. de Larivey, n'a paru, je crois, qu'en 1572. Le traducteur s'est permis de substituer aux énigmes et aux contes du texte original des contes tirés d'ailleurs, et des énigmes dont il paraît bien qu'il est lui-même l'auteur. — Les deux parties ont été réimpr. *Paris, Martin et Gaultier,* 1573, et *Paris, l'Angelier,* 1576, 2 vol. in-16 ; — *Lyon, B. Rigaud,* 1577 ou 1581-82, ou 1596, trois éditions de format in-16 ; — aussi *Paris, Abel l'Angelier,* 1585 ; — *Rouen, J. Osmont,* 1601 ; — *Lyon,* 1611 ; — *Paris, Jos. Guercau ou Sanlecque,* 1615 ; toutes éditions en 2 part. in-16 ou pet. in-12, dont les exemplaires bien conservés ont quelque valeur : 8 à 12 fr. ; 20 fr. Monmerqué. Édition de 1611, en 2 vol., vend. 8 fr. Pixerécourt, et *mar. r.* 1 liv. 5 sh. Heber.

Il est à remarquer que dans l'édition de 1585, la traduction du premier volume, par Louveau, a été revue par La Rivey, ainsi que l'indique un privilége daté de 1580, « pour imprimer le premier et second livre des *Facétieuses nuicts de Straparole,* le premier traduict par Jean Louveau, lequel est nouvellement revu et corrigé, et augmenté de sonnets et chansons par Pierre de La Rivey, et le second traduict d'italien en françois par le dict La Rivey, les deux de nouveau corrigés par lui-même. » C'est pourtant le texte primitif de J. Louveau que reproduisent toutes les éditions de la traduction de Straparole postérieures à 1585, à l'exception de celles de 1725 et de 1857, qui donnent le texte corrigé.

— LES MÊMES (avec une préface de B. de La Monnoye et des notes du poëte Lainez). (*Paris, Guérin*), 1726, 2 vol. pet. in-12. 5 à 6 fr.

Il y a quelques exemplaires de cette édition impr. sur VÉLIN, ordinairement partagés en 6 vol. ; vend. 326 fr. de Boisset ; 21 fr. La Valliere ; 222 fr. d'Ourches ; 255 fr. Mac-Carthy ; 201 fr. Lair ; 4 liv. Hibbert.

L'édition d'*Amsterdam,* 1725, 3 vol. pet. in-12, est moins belle que celle-ci, mais elle reproduit le texte de 1585.

— LES FACÉTIEUSES nuits, par Straparole, tráduites par Jean Louveau et Pierre de Larivey. *Paris, P. Jannet*, 1857, 2 vol. in-16. 10 fr.; sur pap. fort ou sur pap. de Chine, 20 fr.

Édition la meilleure que nous ayons de la traduction française de ces *Facétieuses nuits*. M. P. Jannet y a joint une excellente préface de sa composition, qui occupe LXII pp., et où à la page XIII il dit : « C'est l'édition de 1585 que j'ai suivie pour le texte de celle-ci. Je donne donc au public le livre dans la forme adoptée définitivement par Larivey. Pour la satisfaction des curieux, j'ai cru devoir indiquer conte par conte, énigme par énigme, les changements faits par Larivey à la traduction de Louveau et au texte même de Straparole, et rétab'ir ce qu'il a supprimé... En passant, je donne les renseignements que quelques recherches m'ont fournis sur les sources et les imitations de Straparole. »

STRASCINO Campano. Voy. CAMPANI.

STRASZEWICZ (*Jos.*). Les Polonais et les Polonaises de la révolution du 29 novembre 1830. *Paris, Pinard et A. Jelowicki et Cⁱᵉ*, 1832 (à 1837), gr. in-fol. pap. vél. [27854]

Cent portraits lithographiés sur dessins originaux par des artistes distingués, avec des notices biographiques pour chaque portrait, par Jos. Straszewicz. L'ouvrage a été publié en 20 livraisons et a coûté 240 fr. On le trouve maintenant à très-bas prix.

STRATIUS (*Jehan*). Oraison A Tresillustre Princesse, ma dame Alienor Royne de France, Composee par Maistre Jehan Stratius, translatee de latin en françoys. Auec priuilege (*daté du 29 juillet* 1530). Pet. in-4. goth. de 12 ff., sign. A—C. [23456]

Sur le titre se voit la marque suivante de Morrhy des Champs :

Stratico (*Sim.*). Vocabolario di marina, 8457.

Le texte latin de ce discours a paru sous ce litre :

AD EMINENTISSIMAM ac nobilissimam Galliæ reginam, Caroli Cæsaris germanam sororem, de ejus felicitate et matrimonio cum christianissimo Francisco Gallorum rege Gratulatio, autore Joanne Stratio. *Parisiis, apud Sorbonam, ex officina Gerardi Morrhii Campensis, impensis Petri, in cœnobio D. Benedicti commorantis* M. D. XXX. *pridie iduum julii.* in-4.

Autre édition : *Jo. Graphæus excudebat* (Antuerpiæ), 1530, in-8.

STRATO, Stratonis aliorumque poetarum græcorum epigrammata, nunc primum a Chr.-Adol. Klotzio edita, græce. *Altenburgi*, 1764, pet. in-8. 4 fr. [12291]

STRAUS-DURCKEIM (*Hercule*). Considérations générales sur l'anatomie comparée des animaux articulés, auxquelles on a joint l'anatomie descriptive du hanneton, donnée comme un exemple de l'anatomie des coléoptères. Ouvrage couronné en 1824 par l'Institut de France. *Paris, Levrault*, 1828, gr. in-4. de XXX et 434 pp., avec un atlas de 19 pl. 48 fr. [5907]

Excellente monographie.

— Anatomie descriptive et comparative du chat, type des mammifères en général et des carnivores en particulier, par H. Straus-Durckeim. *Paris, chez l'auteur*, 1846, 2 vol. in-4. et atlas de 24 pl. [16672]

Dans le Journal des Savants, janvier 1849, M. Flourens a fait le plus grand éloge de cet ouvrage, et surtout de l'atlas qui l'accompagne : « Cette suite de planches, a-t-il dit, est la plus belle, la plus savante, la plus merveilleusement vraie que je connaisse en anatomie. »

TRAITÉ pratique et théorique d'anatomie comparative. *Paris*, 1842, 2 vol. in-8. [3907]

— Théologie de la nature, 2284.

STRICCA ou Stricha. Voy. LEGACCI.

STRITTERUS (*Joan.-Gott.*). Memoriæ populorum olim ad Danubium, Pontum-Euxinum, Paludem Mæotidem, Caucasum, etc., incolentium, ex scriptoribus byzantinis erutæ ac digestæ. *Petropoli*, 1771-79, 4 tom. en 6 vol. in-4. [23007]

Ouvrage peu commun en France, mais qui ne coûte que 42 fr. à Saint-Pétersbourg. Le 2ᵉ et le 3ᵉ vol. sont en 2 parties chacun et sous une seule pagination ; le 4ᵉ est terminé par des index très-amples (en 311 pp.) qui manquent quelquefois ; vend. 70 fr. Larcher, 75 fr. Eyries ; 121 fr. Klaproth.

STRIXNER et Piloty. OEuvres lithographiques, choix de dessins d'après les grands maîtres de toutes les écoles, tiré du Musée de S. M. le roi de Bavière. (*Stuttgart* et *Munich*), 4 vol. gr. in-fol. [9477]

Cette riche collection de lithographies, due au crayon de Strixner et Piloti ou Piloty, donne la copie exacte de 432 principaux dessins originaux de grands maîtres, qui font partie de la galerie royale de Munich. Les tomes I et II contiennent l'*Ecole d'Italie* ; le tome III, les *Ecoles flamande, hollandaise* et française ; le tome IV, l'*Ecole allemande.* On en trouve le détail dans le LIXᵉ *Kunstlagerkatalog von J.-M. Heberle in Cöln*, sous le nᵒ 1143, où cet ouvrage, qui a coûté 432 fr., est offert pour 34 thl.

— Königliche Gallerie von München und Schleisheim, herausgeg. von Piloty, Selb und Flachenecker, etc. *Stuttgart*, 1820-1830, gr. in-fol.

50 livrais. de 4 pl. chacune. Prix de la livrais., 5 th.; un exempl. complet, 400 fr. Borluut.

AUSWAHL von 50 der vorzüglichsten Gemälde der Pinakothek in München, als Folge der grossen bayerischen Gemäldesammlungen ; lith? von Borum, Hohe, Leiter, Piloty, etc. *München*, 1831 et ann. suiv., gr. in-fol. Publié par cah. de 3 à 4 pl. Prix de chacun, 5 thl.

— Voyez BOISSÉRÉE.

Autres recueils d'après les collections du roi de Bavière.

KÖNIGL. Bayerische Pinakothek zu München und Gemälde-Galerie zu Schleissheim, in lithogr. Abbildungen herausg. in der Kunst-Anstalt von Piloty und Löhle. *München*, gr. in-fol. [9415]
Cet ouvrage a paru par cah. de 2 pl. Chaque cahier, 2 thl. 12 gr. ; — pap. de Chine, 3 thl. 12 gr., en 78 cah., 470 fr. Louis-Philippe, en 100 livr., 480 fr. Borluut. Cette suite est encore en cours de publication.

VIERZIG lithogr. Abbildungen vorzüglicher neuer Gemälde aus der im königl. Lustschlosse zu Schleissheim aufgestellten Privatsammlung Sr. Maj. des Königs Ludwig I. von Bayern. Herausg. in der Kunst-Anstalt von Piloty und Löhle. *München*, 1842, gr. in-fol.
Dix cahiers de 4 pl. chacun. Prix d'un cahier en pap. de Chine, 6 thal. 4 gr.

NEUE MALERWERKE aus München, in lithogr. Nachbildungen von F. Hohe, Karst, etc., gr. in-fol. Chaque cahier de 3 pl. sur pap. de Chine, 5 thl. Le 11ᵉ a paru en 1842.

— Album S. M. des Königs Ludwig I. von Bayern, von deutschen Künstlern gewidmet... herausgeg. von Piloty und Löhle. *München*, 1851 et ann. suiv. in-fol.

La première année se compose de six livraisons contenant 37 planches, 32 thl. Les années suivantes ont été publiées en quatre livraisons contenant 25 planches, au prix de 20 thl.

— Schönheiten-Sammlung. Gallerie von 36 weiblichen Bildnissen, nach dem Leben gemalt von Jos. Stieler und im Saalbau der neuen Königl. Residenz zu München aufgestellt. *München*, Piloty und Löhle, 1857, in-fol. 30 thl.

Publié en 6 cah. de 3 gravures et 3 lithographies.

— DIE KÖNIGLICH bayerischen Pinakotheken in München und die Schönheiten-Gallerie. *München*, 1861, in-8.
Premier recueil composé de 25 photographies.

STROGANOFF (Graf S.). Dmitriefski sobor vo Vladimiré. La Cathédrale de S. Démétrius à Vladimir (sur Klaïsma), bâtie de 1194 à 1197. *Moscou*, 1849, in-fol., avec 23 belles planches. [10031]

STROMATOURGIE ou l'excellence de la manufacture des tapis dits de Turquie, nouvellement établie en France sous la conduite de P. Dupont, tapissier du roy. *Paris*, 1633, in-4. [10253]

Curieux renseignements sur la première manufacture de tapis établie en France, et devenue plus tard *la Savonnerie*. 12 fr. Monmerqué.

STROMBECK (F.-C. von). Deutscher Fürstenspiegel aus dem 16. Jahrhundert. *Braunschweig*, Vieweg, 1824, in-4. [3988]

L'éditeur de ce livre, M. F.-C. von Strombeck, à Wolfenbüttel, en possédait un exemplaire impr. sur VÉLIN (Ebert, nᵒ 21847).

STRÖMER (*Henricus*). Algorithmus linealis numerationem additionem substractionem duplationem meditationem divisionem et progressionem una cum regula de tri perstringens. *Impressum Lyps. per Baccalarium Martinum Lanssberck herbipolensem Anno millesimo quingentesimo quarto*, in-4. [7865]

Première édition de ce traité dont l'auteur est nommé à la tête de l'épître dédicatoire. A l'art. ALGORISMUS (col. 180 de notre tome Iᵉʳ), nous avons déjà donné le titre d'une édition de l'*Algorismus* de Vienne, 1514, in-4. Il en existe plusieurs autres, savoir : de Leipzig, *Jac. Tanner*, 1510; de Vienne, per *Henr. Victorem* et *Joan. Singrenium*, 1512; même ville, per *Joan. Singrenium* ou *Syngrenium*, 1520, in-4.

STROOBANT. Monuments d'architecture et de sculpture en Belgique, dessinés et lithogr. par F. Stroobant, accompagnés de notions historiques et archéologiques, par F. Stappaerts. *Bruxelles*, 1854-55, 2 vol. in-fol. contenant 60 pl. à l'aquarelle et 80 pp. de texte. 140 fr.;
— Gr. Pap. 200 fr. [9954]

Il a paru un extrait de cet ouvrage en 30 pl. gr. in-fol. qui se vendent 75 fr.

STROSSE (de). Le Guidon des capitaines, utile et necessaire à toutes personnes, et principalement à ceux qui suiuent l'art militaire (en vers), auec un excellent traicté pour apprendre à tirer des armes. Plus vn discours excellent de la

chasse pour facilement prendre toute
sorte de gibier et oyseaux par les quatre
saisons de l'année; fait et experimenté
par le sieur de Strosse. *Rouen, Cl. Le
Villain,* 1609, in-12. [8587 ou 10410]

Livre peu commun, auquel le Discours sur la chasse
qui s'y trouve donne du prix. 87 fr. *mar. v.* par
Duru, 2ᵉ vente Veinant, et quelquefois beaucoup
moins.

STROTH (*F.-A.*). Ægyptiaca, seu veterum scriptorum de rebus Ægypti commentarii et fragmenta. *Gothæ,* 1782,
2 part. en 1 vol. in-8. 7 fr. [2275]

STROZII (*Titus Vespasianus* et *Hercules*) poetæ, pater et filius. *Venetiis, in
ædibus Aldi et Andreæ Asulani soceri,* M. DXIII, 2 tom. en 1 vol. in-8. de
8 ff. prélim., 100 ff. (dont le premier
et le dernier ne sont pas chiffrés), et
152 ff. 8 à 12 fr. [12787]

Vend. bel exemplaire *m. bl. dent.,* 30 fr. Delune, en
1 liv. 19 sh. Libri, en 1859, et un autre *anc. rel.
m. à compart.,* 66 fr. Curée.

Un exemplaire imprimé sur VÉLIN est indiqué dans le
catal. de Hohendorf, 3ᵉ partie, n° 2940.

Il y a une édition de ces poésies, in-8. sans lieu ni
date, mais avec l'ancre aldine (*Basileæ, Westhe-
mer, circa* 1535-40) ; elle contient 8 ff. prélim.
non chiffrés, et 259 ff. chiffrés. : 13 fr. Villoison, et
quelquefois de 3 à 5 fr.

— STROZII poetæ, pater et filius. *Paris., ex officina
Sim. Colinæi,* 1530, in-8. 4 à 6 fr.

STROZZI (*Pietro*). Voy. SCIARRA.

STRUCHTMEYER (*Jo.-Christ.*). Theolo-
gia mythica, sive de origine Tartari et
Elysii lib. V, de allegoriis, etc. *Hagæ-
Comit.,* 1753, in-8. 5 à 6 fr. [22580]

— RUDIMENTA linguæ græcæ ad systema analogiæ a
Tib. Hemsterhusio primum inventæ effinxit et passim emendavit Ever Schedius. *Zutph.,* 1784, in-8.
[10634]

STRUTT (*Jos.*). Horda Angel-cynnan, or
a complete view of the manners, customs, arms, habits, etc., of the inhabitants of England, from arrival of the
Saxons to the reign of Henry the eighth;
with a short account of the Britons,
during the government of Romans.
London, 1774-76, 3 vol. gr. in-4. fig.
[26808]

Cet ouvrage, orné de 157 pl., n'ayant pas été réimpr.,
est difficile à trouver; aussi, quoique dans l'origine
il n'ait coûté que 4 liv. 14 sh. 6 d., est-il plus cher
maintenant. Vend. 268 fr. le duc de Feltre; 15 liv.
Hibbert; 11 liv. 11 sh. Heber; 8 liv. 8 sh. catalogue
Willis, 1862.

La traduction française d'une partie de l'ouvrage (par
Boulard), sous le titre d'*Angleterre ancienne,*
Paris, 1789, 2 vol. in-4., avec 77 pl., est à bas
prix.

— The Chronicle of England, or an histo-

ry civil, military and ecclesiastical of
the ancient Bretons and Saxons, etc.
London, 1777-78, 2 part. en 1 vol. gr.
in-4. fig. 50 à 60 fr. [26809]

Cette chronique est regardée comme le meilleur ouvrage de Strutt, et les exemplaires en sont devenus
assez rares. Vend. 77 fr. le duc de Feltre; 3 liv.
Dent; 3 liv. 14 sh. Hibbert, et en Gr. Pap. très-rare,
jusqu'à 16 liv. 5 sh. 6 d. Sykes.

La préface a été imprimée deux fois et avec des différences, d'abord sous la date d'avril 1777, ensuite
sous celle de février 1779.

— The regal and ecclesiastical antiquities
of England from Edward the confessor
to Henry VIII. *London,* 1777, gr. in-4.
fig. 20 à 25 fr. [26810]

Vend. 44 fr. Suard, et plus cher avec le supplément.
Publié d'abord en 1773. Il y a des exemplaires en
Pap. fin.

— THE REGAL and ecclesiastical antiquities of England. *London,* 1793, gr. in-4., avec 72 planches au
bistre.

Vend. 4 liv. 4 sh. Dent; 3 liv. 3 sh. Hibbert.

Cette édition contient, de plus que la précédente, un
supplément de 12 pl. (sous la date de 1792), qui
s'est vendu séparément. L'édition de 1842, in-4.
fig. color. 50 fr. Busche.

— Complete view of the dress and habits
of the people of England, from the establishment of the Saxons, in Britain to
the present time. *London, Edwards,*
1796-99, 2 vol. gr. in-4., avec 143 pl.
color. 120 à 150 fr. [26808]

Vend. en *mar. r.* 116 fr. Lamy; 7 liv. 17 sh. 6 d.
Hibbert, et en Gr. Pap. fig. color., 16 liv. 5 sh.
Sykes; 11 liv. Dent.

L'édition de 1842, fig. color. 119 fr. Busche.

— TABLEAU complet des costumes et vêtemens des
Anglois, depuis l'établissement des Saxons dans
la Grande-Bretagne; précédé d'une introduction.
Londres, Edwards, 1797, gr. in-4. avec 68 pl.
color.

Il n'a paru de cette traduction que le 1ᵉʳ volume,
lequel s'est vendu 52 fr. chez le duc de Plaisance,
en 1824.

— The Sports and pastimes of the people
of England, including the rural and domestic recreations, may-games, mum-
meries, etc., from the earliest period to
the present time. *London, printed by
Bensley,* 1801, gr. in-4., avec 60 pl.
1 liv. 10 sh., et plus cher avec les pl.
color. — Gr. Pap. pl. color., 3 à 4 liv.
[26811]

Ces trois articles réunis et rel. en *mar. r. dent.*
198 fr. Chardin, en 1806; 480 fr. d'Ourches.

Le dernier a été réimprimé en 1810. Il y a une nouvelle édition donnée par W. Hone, en 1831 (aussi
1845), gr. in-8., avec 140 pl. sur bois.

— Biographical dictionary containing an
historical account of all the engravers.
London, 1785-86, 2 vol. gr. in-4. fig.
[31095]

Vendu 60 fr. Suard; 55 fr. Morel-Vindé; en Gr. Pap.
5 liv. 7 sh. 6 d. Dent. Il a été tiré quelques exempl.
sur papier à écrire et dont la feuille n'est imprimée
que d'un seul côté.

Dans un pays où l'on a trouvé le secret de donner un très-haut prix aux livres les plus ordinaires, en y multipliant à l'infini les estampes et les portraits, on ne devait pas négliger de prodiguer ce genre d'ornement au *Biographical dictionary* de Strutt, qui, est si fort susceptible de le recevoir, et de devenir ce qu'on appelle, en Angleterre, *illustrated copie.* Aussi l'on trouvera dans l'un des anciens catalogues de MM. Longman et compagnie, libraires à Londres, l'annonce d'un exemplaire extraordinaire de ce dictionnaire, enrichi de près de 8000 gravures exécutées par les artistes dont il est question dans l'ouvrage, et partagé en 87 vol. gr. in-fol. rel. en *cuir de Russie.* Le prix qu'on y a fixé est de 2000 liv.

Cette manie de faire des livres précieux me rappelle la réponse que me fit un capitaliste à qui je montrais un volume d'une valeur considérable : « Tenez » me dit-il, en me présentant un portefeuille rempli de billets de banque, « voilà un volume encore plus *précieux* que le vôtre. » Ce mot me paraît sans réplique, et je ne crois pas qu'il y ait dans les trois royaumes de la Grande-Bretagne un curieux qui pût montrer une *illustrated copie* plus *précieuse* qu'un pareil portefeuille. Au surplus, ne disputons pas des goûts, mais croyons que celui de l'amateur de billets de banque serait celui de bien des gens. Ajoutons qu'un exemplaire des 11 volumes de Strutt, dont 7 en Gr. Pap. et tous reliés en *cuir de Russie,* a été payé 84 liv. à la vente Drury, en 1827.

STRUTT *(Jacob-George).* Sylva britannica, of forest trees. *London, Longman,* 1824, gr. in-8. fig. 2 liv. 2 sh. [4983]

— Sylva britannica, or portraits of forest trees, distinguished for their antiquity, magnitude, or beauty, drawn from nature. *London,* 1826, imperial in-fol.

50 belles planches, avec un texte descriptif. 2 liv. 10 sh. — Premières épreuves sur pap. de Chine, 4 liv. 4 sh.

Le même artiste a commencé une autre suite analogue à celle-ci, sous le titre de *Deliciæ sylvarum, or grand and romantic forest scenery of England and Scotland,* 1828, imper. in-fol., dont il n'a paru que 5 planches.

STRUVE *(F.-G.-W.).* Stellarum dupliciùm et multiplicium mensuræ micrometricæ, per magnum Frauenoferi tubum annis a 1824 ad 1837, in specula Dorpatensi institutæ. *Petropoli, typ. acad.,* 1837, gr. in-fol. de clxxvi et 331 pp., avec 2 pl. [8333]

Dans un article du *Journal des Savants* (1838, p. 297), M. Biot a attiré l'attention des astronomes sur cette magnifique et très-importante publication, à laquelle, en 1840, l'auteur a ajouté un *Additamentum,* in-4. de 30 pp.

— OBSERVATIONES astronomicæ institutas in specula universitatis cæsar. dorpatensis, 1814-26, edidit F.-G.-W. Struve. *Dorpati,* 1820-30, 6 vol. in-4. — Le 7e et le 8e vol., 4e et 5e de la nouvelle série, pour les années 1827 à 1830, ont paru en 1838 et 1839.

— DESCRIPTION de l'observatoire astronomique central de Poulkova, par F.-G.-W. Struve. *Saint-Pétersbourg,* 1845, 2 vol. in-fol., contenant 39 feuilles gravées avec un atlas. 66 fr. [8333] (Voir le compte rendu de ce livre par M. Biot dans le *Journal des Savants,* année 1847.)

— LIBRORUM in bibliotheca speculæ pulcovensis contentorum catalogus systematicus, ex opere descriptionis speculæ seorsim excudi curavit, indice et præfatione auxit W. Struvius. *Petropoli,* 1845, in-8. de ij—xlvii et 437 pp.

— STELLARUM fixarum, imprimis duplicium et multiplicium positiones mediæ, pro epocha 1830, o deductæ ex observationibus meridianis, annis 1822 ad 1843 in specula dorpatensi. institutis. *Petropoli,* 1852, in-fol. de cclx et 380 pp. 66 fr.

— EXPÉDITION chronométrique exécutée par ordre de l'empereur Nicolas entre Poulkova et Altona pour la détermination de la longitude géographique relative à l'observatoire central de Russie; rapport fait à l'Académie impériale de Saint-Pétersbourg, 1844, in-fol. de 111 et 152 pp. —Expédition exécutée entre Altona et Greenwich pour le même objet, rapport fait par F.-G.-W. Struve et O.-W. Struve, 1846, in-fol. de 1v et 206 pp. avec 2 pl. ; les deux 18 fr.

Les rapports sur les expéditions chronométriques de 1845 et 1846, lus à l'Académie des sciences de Saint-Pétersbourg, par Otto Struve, en 1853, sont impr. dans le tome VI de la 6e série des Mémoires de cette académie, et tirés à part en 2 part. in-4. de 130 et 46 pp.

Pour les autres ouvrages des trois astronomes qui portent le nom de Struve, consultez le catalogue des livres publiés par l'Académie de Saint-Pétersbourg, 1854 et Supplément, 1856.

STRUVIUS *(Burc.-Gotth.).* Introductio in notitiam rei litterariæ et usum bibliothecarum, Coleri, Lilienthalii, Koecheri, etc., notis aucta ; sextum prodit cura Jo.-Christ. Fischeri. *Francofurti,* 1754, 1 tome en 2 vol. in-8. 5 à 6 fr. [30012]

BIBLIOTHECA historiæ litterariæ selecta, olim titulo introductionis in notitiam rei litterariæ, etc., insignita ; cujus primas lineas duxit Struvius, post variorum emendationes et additamenta opus ita formavit ut fere novum dici queat Joan. Frid. Jugler. *Ienæ,* 1754-63, 3 vol. in-8. — Supplementa et emendationes, edidit Henr.-Frid. Koecher. *Ienæ,* 1785, in-8. 20 à 24 fr. [30013]

Cette édition est préférable à la précédente, mais il est bon de les avoir toutes deux, à cause des différences qu'on y trouve. Les premières éditions du même ouvrage sont à bas prix ; nous devons cependant faire remarquer que la 4e, *Ienæ,* 1715, pet. in-8., renferme l'*Oratio de meritis Germanorum,* opuscule qui n'est pas dans les autres éditions.

— BIBLIOTHECA juris selecta, emendavit Chr.-Gottl. Buder ; édit. 8e. *Ienæ,* 1756, 1 tom. en 2 vol. in-8. 6 à 7 fr. [31708]

— Historia juris, 232f.

— BIBLIOTHECA philosophica. Voy. le n° 31710 de notre table.

— BIBLIOTHECA historica, instructa a Burcardo-Gotthelf Struvio, aucta a Christ.-Gottlieb Budero; nunc vero a Joan.-Gedr. Meuselio ita digesta, amplificata et emendata, ut pene novum opus videri possit. *Lipsiæ,* 1782-1804, 11 tom. en 22 vol. in-8. 40 à 50 fr. [31759]

Cette grande édition devait avoir environ 20 vol. en 40 part., mais malheureusement elle n'a pas été achevée ; toutefois la 2e partie du 11e vol. contient l'index général des 21 premières parties. Il a été tiré quelques exemplaires in-4. sur pap. fort. La *Bibliotheca historica* de Struve, qui fait le fond de cet excellent ouvrage, a été imprimée pour la dernière fois à Iéna, en 1740, in-8.

— Antiquitatum roman. syntagma, 22640. — Corpus historiæ germanicæ, 26364.

Struvius *(G.-A.).* Syntagma, et Index, 2489-90.

STRUYS (*Jean*). Ses voyages en Moscovie, en Tartarie, en Perse, aux Indes, et
autres païs étrangers ; à quoi l'on a ajouté
la relation d'un naufrage... par Glanius.
Amsterdam, 1681, 2 tom. en 1 vol. in-4.
fig. 10 à 12 fr. [19983].

Vend. 20 fr. Langlès.
Les éditions de *Lyon*, 1683 et 1684, ou *Amsterdam*,
1718 et 1720, 3 vol. in-12, fig., ont à peu près la
même valeur que l'in-4.
Cette relation est traduite du texte hollandais impr.
à *Amsterdam*, en 1676, in-4. fig. On y a joint les
vocabulaires youkagir, yakout, tongouth, etc.

STRYCKII (*Sam.* et *Jo.-Sam.*) Opera omnia. *Francof.*, *Lips.* et *Ulmæ*, 1744-55,
16 vol. in-fol. [2553]

— Operum præstantiorum collectio. *Halæ-*
Magdeb., 1746-47, 4 vol. in-fol. [2554]

Ces deux collections sont de peu d'usage en France
et s'y donnent à bas prix. Les 20 vol. rel. en 10,
v. f., 112 fr. Soubise. Cependant la première a été
réimpr. à Florence, en 1837, en 16 vol. pet. in-8.

STRYKOWSKI (*Math.* Ossotowicy) Kro-
nika Polska, Litewska, Zmodzka, etc.
w Krolewcu (*Kœnigsberg*), 1582, in-fol.
[27825]

Cet ouvrage est fort rare, et d'autant plus précieux
que l'auteur s'est servi de chroniques russes et
lithuaniennes actuellement perdues. Selon Podczaszynski (*Tableau de la Pologne par Malte-*
Brun, II, 422), il en existerait une seconde édition
faite à Varsovie, en 1766. Avant que cette chronique parût, Alexandre Guagnin avait publié à *Cra-*
covie, en 1578, sa *Sarmatiæ europeæ descriptio*,
in-fol. (ouvrage qui a été réimpr. à *Spire*, en 1581,
in-fol., et dont la 3e édition, réduite aux seuls événements qui concernent l'histoire de Pologne, fait
partie de la collection de Pistorius impr. à *Bâle*,
en 1581. Voyez PISTORIUS). Néanmoins, Strykowski
a soutenu que Guagnin lui avait volé le manuscrit
de cette histoire, et que c'était à tort qu'il publioit
sous son nom un ouvrage dont il n'était que le
traducteur. Malgré cette accusation, Lelewell a
trouvé entre ces deux écrivains des différences si
grandes, qu'il n'a pas craint de révoquer en doute
l'assertion de Strykowski, en quoi il a été suivi
par l'auteur du morceau sur l'histoire littéraire de
la Pologne, que nous venons de citer.

STRYPE (*John*). Ecclesiastical memorials,
relating chiefly to religion, and the reformation of it, and the emergencies of
the church of England, under king Henry
VIII, king Edward VI, and queen Mary I.
with large appendix, containing original
papers, records, etc. *Oxford*, *Claren-*
don press, 1822, 6 vol. in-8. 3 liv. ; —
Gr. Pap. 7 liv. [22476].

La première édition de cet ouvrage est de *Lond.*,
1721, 3 vol. in-fol.

— Annals of the reformation, and establishment of religion, and other various occurrences in the church of England during queen Elizabeth's happy reign: *Ox-*
ford, 1824, 7 vol. in-8. 4 liv. 4 sh. —
Gr. Pap., 10 liv. 10 sh. [22477]

Imprimé d'abord à *Lond.*, 1725, en 4 vol. in-fol. (très-
rare en Gr. Pap.). On a aussi réimpr. à *Oxford* les
ouvrages suivants de Strype :

MEMORIALS of Cranmer, 1812, 2 vol. in-8. 1 liv.
10 sh. ; — Gr. Pap. impérial, 5 liv. 5 sh. — LIFE of
Parker, 1821, 3 vol. in-8. 1 liv. 8 sh. 6 d. — of
Grindal, 1821, in-8. 13 sh. 6 d. — of Whitgift, 1822,
3 vol. in-8. 1 liv. 8 sh. — of Aylmer, 1820, in-8.
7 sh. — of Cheke, 1821, in-8. 7 sh. — of Smith,
1820, in-8. 7 sh. — La collection forme 27 vol., y
compris : A general index to Strype's works,
1828, 2 vol., qui a coûté 1 liv. 1 sh. ; — Gr. Pap.,
2 liv. 10 sh. [22478-81].

STUART (*James*) and Nic. Revett. Antiquities of Athens. *London*, 1761, 87, 94
and 1816, 4 vol. gr. in-fol. fig. [29365]

Ouvrage de luxe, le plus considérable et le meilleur
que nous ayons eu pendant longtemps sur cette
partie si intéressante des antiquités : les deux derniers volumes sont moins bien exécutés, quant
aux gravures, que les deux premiers. Le 4e a été
donné par Jos. Woods, qui ne s'est pas nommé.
Nombre des planches : vol. I, 70 ; II, 74 ; III, 77 ;
IV, 85. Le premier volume se donne quelquefois
pour 30 ou 40 fr., mais chacun des autres se paye
de cinq à sept guinées en Angleterre. Le tout ensemble revenait à près de 25 liv. — Vend. 500 fr.
Hurtault ; 33 liv. 12 sh. *cuir de Russie*, Dent, et
depuis de 12 à 16 liv. ; 52 liv. 10 sh. (rel. en *cuir*
de Russie par Lewis, et avec plusieurs planches du
1er volume avant la lettre) Hibbert.

Les marbres du temple de Minerve à Athènes, de la
collection du comte Elgin, qui forment le 4e vol.
de ce grand ouvrage, ont été publiés séparément à
Londres, 1816, en 1 vol. gr. in-4. du prix de 120 fr.
Le volume suivant, que l'on doit à Will. Wilkins,
fait suite aux Antiquités d'Athènes :

THE UNEDITED antiquities of Attica, comprising
the architectural remains of Eleusis, Rhamnus, Sunium, and Thoricus, by the Dilettanti Society.
London, 1817, gr. in-fol. with 84 pl. 3 à 4 liv.
[29368]

27 fr. Raoul-Rochette.

ANTIQUITIES of Athens, measured and delineated
by James Stuart and Nic. Revett, edited by Will.
Kinnard. *Lond.*, *Priestley*, 1825-27, 3 vol. gr.
in-fol. fig.

Malgré les augmentations qu'elle renferme, cette édition, dont les figures sont au trait, ne peut effacer
l'original en 4 vol., et le prix, qui était d'abord de
15 liv. 15 sh., en a été réduit très-promptement à
9 liv. 9 sh. — L'article suivant forme le 4e vol. de
cette seconde édition, et peut également être joint
à la première.

ANTIQUITIES of Athens and other places in Greece,
Sicily, etc., supplementary to the Antiquities of
Athens, by Stuart and Revett, delineated and illustrated by C.-R. Cockerell, Will. Kinnard, Donald-
son, etc. *London*, *Priestley*, 1830, gr. in-fol., avec
60 planches.

Publié à 6 liv. 12 sh. et réduit à 3 liv. 12 sh. Les
exemplaires avec fig. sur pap. de Chine sont plus
chers.

LES ANTIQUITÉS d'Athènes, mesurées et dessinées par J. Stuart et N. Revett, trad. de l'anglais
par M. L. F. F. (Feuillet), et publiées par Landon.
Paris, 1808-24, 4 vol. in-fol. fig. au trait. 200 fr.

Il y a des exemplaires en pap. de Hollande et en pap.
vél., et quelques-uns avec les pl. coloriées.

LES ANTIQUITÉS inédites de l'Attique, contenant

les restes d'architecture d'Eleusis, de Rhamnus, de Sunium et de Thoricus; par la Société des Dilettanti. Ouvrage traduit de l'anglais, augmenté de notes et de plusieurs dessins par J.-J. Hittorff, *Paris,* Ollivier (imprim. de F. Didot), 1832, gr. in-fol., avec 60 pl. 56 fr.; — pl. sur pap. vél., 84 fr.

Traduction de l'ouvrage de Will. Wilkins indiqué ci-dessus.

STUBBS (*Georges*). The Anatomy of the horse... in eighteen tables, all done from nature. *London,* 1766, in-fol. obl. 15 à 20 fr. [7731]

STUCCO. Voy. MARTELLO.

STUCKENBERG (*J.-Ch.*). Hydrographie des russischen Reiches, oder geographisch-statistisch-technische Beschreibung seiner floss- und schiffbaren Flüsse und Seen, seiner Küsten, inneren Meere, Hafen und Anfubrten. *St.-Petersburg,* 1844-49, 6 vol. in-8. 70 fr. [27733]

STUCKIUS (*Joan.-Guill.*). Operum tomi duo, continentes antiquitatum convivalium libros III et sacrorum gentilium descriptionem. *Lugduni-Batavorum,* 1695, in-fol. [29003]

Ce livre se vendait de 30 à 45 fr. autrefois; mais il se donne maintenant à très-bas prix.

STUKELEY (*Will.*). Itinerarium curiosum, or an account of the antiquities and remarkable curiosities in nature or art observed in travels through Great-Britain. Centuria I. *Lond.,* 1724, in-fol. [26733]

Première édition de cette première partie: vend. 1 liv. 5 sh. Heber, et quelquefois plus.

La seconde édition de cet ouvrage estimé, *Lond.,* 1776, in-fol., est augmentée de deux planches, de beaucoup de notes, et d'un second volume intitulé: *Itinerarium, etc. Centuria II, to which is added the itinerary of Richard of Cirencester, monk of Westminster, with an account of that author, and his work.* On y trouve 101 pl. dans le tome Ier, et 103 dans le 2e, non compris celles des frontispices, et la carte de la Grande-Bretagne sous les Romains. Vend. 9 liv. 9 sh. Sykes; 6 liv. 8 sh. 6 d. Hibbert; 4 liv. Heber, et plus cher autrefois. C'est la nouvelle édition imprimée en 1817 (sous la date de 1776) qui en a fait tomber le prix.

— Stone-henge, a temple restored to the british Druids. *London, Innys,* 1740, in-fol. fig. [26781]

Ouvrage curieux, que décorent 35 pl. non compris le portrait de l'auteur. On y réunit ordinairement l'article suivant:

ABURY; a temple of british Druids, with some others described; where in is a more particular account of the first and patriarcal religion, and of the peopling of the british Islands; vol. second, by Stukeley. *London,* 1743, in-fol.

STUCK (*G.-H.*). Verzeichniss von ältern und neuern Land- und Reisebeschreibungen, 31760.

Stud Book (the general), 10364.

Studach (*J.-L.*). Schwedische Volksharfe, 15684.

Stuers (*F.-V.-A.*). Guerre de Java, 28220.

Les 2 vol. 242 fr. Millin; 125 fr. Langlès; 8 liv. 15 sh. Hibbert; 11 liv. 6 sh. Sykes; 6 liv. 2 sh. 6 d. Heber, et moins depuis, ayant été reproduits en 1837.

— MEDALLIC history of Mar.-Aur. Valerius Carausius, emperor in Britain. *London,* 1757-59, 2 vol. in-4. fig. 18 à 24 fr. [29837]

Richard Gough, savant antiquaire, a publié sur le même sujet un ouvrage anonyme intitulé:

THE HISTORY of Carausius, or examination of what has been advanced on that subjet by Genebrier and Dr Stukeley; *London,* 1762, in-4.

W. Stukeley a publié les trois premiers numéros d'un ouvrage intitulé: *Palæographia britannica, or discourse on antiquities in Britain;* London, 1742-52, in-4.; on a aussi de lui plusieurs petits écrits relatifs aux antiquités de l'Angleterre.

STULER (*A.*). Das neue Museum in Berlin. *Berlin,* 1859-60, gr. in-fol. 5 livr. de 10 pl. 20 th. [9967]

STULLI (*Joach.*). Lexicon latino-italico-illyricum, ditissimum ac locupletissimum. *Budæ, typis Universitatis,* 1801, 2 vol. in-4. [11409]

Le même auteur a donné un Dictionnaire de la langue illyrique expliquée par le latin et l'italien. *Raguse,* 1806, 2 vol. in-4., sous un titre en caractères illyriques. Les deux ouvrages se trouvent difficilement en France.

STULTIFERÆ naves. Voyez BADIUS.

STUMMELIUS. Studentes, comœdia de vita studiosorum, nunc primum in lucem edita, authore M. Christophoro Stummelio F.; ejusdem carmen in judicio Paridis: addita est præfatio Iodoci Willich, et epilogus a M.-Christophoro Cornero. *Excudebat Johannes Eichorn Francofordii,* 1500, pet. in-8. de 48 ff. [16157]

C'est sous cette date, évidemment inexacte, qu'est annoncée cette édition dans le catal. de Soleinne, 316; il faut peut-être lire 1560, car l'édition des Studentes, *Coloniæ, excudebat Petrus Horst,* 1557, pet. in-8. de 48 ff., porte le même titre que la précédente, également avec les mots *nunc primum in lucem edita.* 4 fr. Méon; 10 fr. 50 c. mar. v. de Soleinne; et 5 fr. 50 c. Baudelocque. Il y en a une autre, *Coloniæ, apud Cosuinum Cholinum,* 1593, pet. in-8. de 39 ff. 6 fr. de Soleinne. — La même pièce a été réimpr. à la suite de plusieurs éditions des *Nugæ venales* (voy. NUGÆ) sous la fausse date d'*Aletopholi, in ædib. Iberiorici Nobilenii,* 1547 (aussi 1661), et sous le pseudonyme *Ignoto Teerdeklöntiö.*

STUMPF (*J.*). Gemeiner löblicher Eydgenossenschafft, Stetten, Landen vnd Völckeren Chronick, wirdiger Thaaten Beschreybung. *Zürych, Froschover,* 1548, 2 part. in-fol. [25909]

Ouvrage orné de bonnes gravures sur bois; vend. 18 sh. Heber. Les éditions de *Zurich,* 1586 et 1606, in-fol., avec les mêmes fig., sont continuées jusqu'à l'époque de leur publication.

STUNICA. Annotationes Jacobi Lopidis Stunicæ contra Jacobum Fabrum Stapulensem (sive apologia qua probat editionem hanc vulgatam apostolicarum epistolarum... esse quam divus Hieronymus recognovit). *Impressum in Academia complutensi per Arnaldum Guill. de Brocariis*, 1519, in-fol. [542]

— Annotationes contra Erasmum Roterod. in defensionem translationis Novi Testamenti. *Ibid., per eumdem*, 1520, in-fol.

Ces deux volumes sont rares, et ils ont été vend. ensemble 31 flor. Meerman. On peut les annexer à la polyglotte de Ximenès, à laquelle Stunica a donné des soins.
— ANNOTATIONES contra Erasmum...; Apologia Erasmi in Stunicam; ejusdem Stunicæ Annotationes in Jac. Fabrum, super epistol. Pauli. Væneunt Lutetiæ, apud Conrad. Resch. (in fine) : *Luteciæ, apud P. Vidouæum, sumptibus Coïr. Resch mense julii M. D. XXII*, in-fol.
— BLASPHEMIÆ et impietates Erasmi Roter. nunc primum prolatæ a priori volumine redargutæ. *Romæ, apud Ant. Bladum de Asula*, 1522, in-4.
— LIBELLUS trium illorum voluminum præcursor quibus, Erasmicas impietates ac blasphemias redarguit. *Romæ, per Ant. Bladum de Asula*, 1522, in-4.
1 liv. 10 sh. Libri, en 1859.

— Itinerarium ab oppido complutensi Toletanæ provinciæ ulterioris Hispaniæ usque ad urbem Romanam ad Joannem Stunicam fratrem..... feliciter incipit, anno 1512. *Romæ, per Marcellum Silber, alias Franck*, 1521, in-4. [20167]

Cette relation du voyage de Jacq. Lopez Zuniga (en latin *Stunica*) est curieuse et rare; 1 liv. 10 sh. Libri, en 1859. Pour les autres ouvrages de ce savant, voyez l'*Index* de Panzer (ann. 1501-36).

STURLONIDES (*Snorro*). Voy. SNORRO STURNOLIDES.

STURM (*Jac.*). Deutschlands Flora in Abbildungen nach der Natur, mit Beschreibungen. *Nuremberg*, 1798 et ann. suiv., pet. in-8., avec fig. color. [5133]

En 1848 il paraissait 149 cah. contenant ensemble 2200 pl. color. avec autant de feuillets de texte, et divisés en 3 classes : 1° *Phanerogamen*, 1798-1847, cah. 1-92, en 20 part., avec 1480 pl. et autant de fl. de texte; 2° *Kryptogamen*, 1798-1830, cah. 1 à 31, contenant 416 pl. avec un texte; 3° *Pilze*, 1813-1848, cah. 1 à 26, 304 pl. avec texte par différents auteurs. Chaque cah. coûte 18 gr. En 1855, la continuation, par Joh.-W. Sturm, était parvenue à son 96° cah. Chaque cah. de 12 pl. 2 fr.
Sturm a publié aussi une *Deutschlands Fauna*, continuée par Hurm, dont il n'a paru qu'une partie des quatre sections suivantes : II. *Vögel*, 1829-34, cah. 1 à 8. — III. *Amphibien*, 1797-1828, cah. 1 à VI, avec 61 pl. 4 thl. — V. *Insecten*, 1805-57, cah. 1 à XXIII. — VI. *Würmer*, 1803-57, cah. 1 à VII, avec 118 pl. color. On n'a rien donné de la 1re et de la 4e section. [5618]

STURZIUS (*Frid.-Guill.*). Lexicon xenophonteum; collegit Thieme, et post eum Sturzius. *Lipsiæ*, 1801-4, 4 vol. in-8. 36 à 40 fr. [22807]

Cet ouvrage estimé se joint au Xénophon d'Ernesti. Il y en a des exemplaires en. pap. fort.
— De Dialectis macedonicis, 10672.

STYLE. Voy. ci-dessus, au mot STILLE.

SUARD (*J.-B.-Ant.*). Notice sur la personne et les écrits de La Bruyère (par M. Suard). *Paris, Didot jeune*, 1781, in-18, pap. de Holl. [20618]

— NOTICE sur la personne et les écrits du duc de La Rochefoucauld, par le même. *Paris, imprimerie de Didot jeune*, 1781, in-18, pap. de Holl. [30600]

Il n'a été tiré de ces deux opuscules que 25 exemplaires séparément. Vend. chacun 8 fr. Renouard, et 5 fr. Pixérécourt. — Voyez LA BRUYÈRE et LA ROCHEFOUCAULD.
— Variétés et mélanges littéraires, 18328-29.

SUARD, née Panckoucke (madame). Essai de mémoires sur M. Suard (anonyme). *Paris, imprimerie de P. Didot l'aîné*, 1820, in-12. [30647]

Ouvrage tiré à 300 exemplaires et distribué par l'auteur à ses amis. Vend. 35 fr., Garnier, 40 fr., 50 c. *mar. v.* Pixérécourt. Il y en a quelques exemplaires en pap. vél. Un de ces derniers rel. en *mar. viol.* 40 fr. Nodier. Quoique peu étendu, cet Essai fait beaucoup mieux connaître Suard que ne l'ont fait les *Mémoires historiques* publiés par Dom.-Jos. Garat, *Paris, Belin*, 1820, 2 vol. in-8. Ce dernier ouvrage a paru d'abord sous le titre de *Mémoires historiques sur la vie de M. Suard, sur ses écrits et sur le XVIIIe siècle*, et ensuite sous celui de *Mémoires historiques sur le XVIIIe siècle et sur M. Suard*.
— Madame de Maintenon, 23816.

SUARESIUS (*Jos.-Mar.*). Praenestes antiquæ libri duo. *Romæ, per Angelum Bernabo*, 1655 (seu 1656), pet. in-4. 10 à 15 fr. [29447]

Ouvrage recherché, parce qu'il renferme 3 planch. représentant le temple de la Fortune. Il y a de plus deux autres planches à la fin.

— Arcus L. Septimii Severi Aug. anaglypha, cum explicatione. *Romæ*, 1676, in-fol. fig. 10 à 12 fr. [29475]

Vend. 20 fr. de Cotte.
Les six pl. de cet ouvrage ont servi plus tard pour les *Veteres arcus* de Bellori (voy. BELLORI).

SUAREZ (*Fr.*). Opera omnia. *Moguntiæ et Lugduni*, 1630 et ann. seqq., 23 vol. in-fol. [1201]

Cette collection, qui est toujours recherchée, n'est pas facile à trouver complète. L'indication de chaque ouvrage est au verso du frontispice du vol. intitulé *De Gratia*; mais ce traité, qui doit contenir 3 parties, est le plus rare. — Il y a une édition de *Venise*, 1740, aussi en 23 vol. in-fol., et une autre : *editio nova a D. M. André, juxta editionem venetianam, accurate recognita. Vesont. et Parisiis, L. Vivès*, 1856-1862, gr. in-8. Le 26e vol. a paru en janvier 1862. 300 fr.

— Opuscula sex inedita nunc primum e codicibus romanis, lugdunensibus ac propriis eruit et præfationibus instruxit Joannes Malou, episcopus Brugensis, tomi XI pars altera. *Bruxellis, Greuse,* 1859, gr. in 8. à 2 col. XIX et 372 pp. 10 fr. et in-fol. 15 fr.

L'indication de *XI pars altera* que portent les titres d'une partie des exemplaires s'applique à l'édition publiée chez Vivès.

— TRACTATUS de religione Societatis Jesu, auctus et notis illustratus cura R. P. Guéau de Reverseaux. *Bruxellis,* 1857, in-fol.; ou sous ce titre : *Omnium operum tomus* 24, Bruxellis, in ædibus Alph. Greuse, et Parisiis in ædibus Demichelis, in-fol. à 2 col. de XI et 372 pp.

Complément de toutes les éditions de Suarez.

SUAREZ ou Soarres de Alarçon (*Juan*). La Infanta coronada por el rey D. Pedro; dona Iñes de Castro. *Lisboã,* 1606, in-4. [15216]

Poëme sur le sujet si intéressant d'Inès de Castro.

SUAREZ de Chaves (*Lorenzo*). Dialogos de varias questiones en dialogos y metro castellano, sobre diversas materias, con un romance al cabo del dia final del juyzio y de sus señales. *Alcala de Henares, J. Gracian,* 1577, pet. in-8. [15163]

Salvá estime ce volume 2 liv. 2 sh.

SUAREZ de Figueroa (*Christoval*). La constante Amarilis, prosa y versos. *Madrid, Sancha,* 1781, in-8. 5 à 7 fr. [15226]

Ce roman, mêlé de prose et de vers, a été imprimé d'abord à *Valence,* en 1609, in-8., et puis avec la traduction française de N. L. (Nicolas Lancelot), *Lyon, Morillon,* 1614, pet. in-8. de 8 ff prélim. y compris le frontispice gravé, 565 pp. et 9 ff. pour la table. 5 sh. 6 d. Heber, et plus cher depuis.

— España defendida, poema heroyco de Christoual Suarez de Figueroa. *Madrid, Juan de la Cuesta,* 1612, in-8. 4 ff. prél. texte coté de 9 à 247. [15232]

Vend. 14 sh. Heber.

— HECHOS de Don Garcia Hurtado de Mendoza quarto marques de Cañete. *Madrid, imprenta real,* 1613, pet. in-4. 6 à 9 fr.

Cet ouvrage contient l'histoire de la guerre d'Araucanie, sujet qu'Ercilla a traité en vers.

SUAREZ de Mendoza y Figueroa (*Enrique*). Eustorgio y Clorilene, historia moscovitica. *Madrid,* 1629, in-4. [17607]

Ce roman doit avoir quelque mérite puisqu'il a été réimprimé *Caragoça, por Juan,* 1665, pet. in-4. de 12 ff. prélim. et 152 ff. chiffrés. L'édit. de 1629 est citée par Antonio, article *Henricus* SUAREZ. Celle de 1665 n'est portée qu'à 10 sh. dans le catal de Salvá; mais elle a été offerte pour 70 fr. dans le catal. de la librairie Tross, 1860, n° 1631, où elle est annoncée comme *première édition très-rare.*

SUAREZ de Peralta (*Juan*). Trattado de la cavalleria, de la gineta y brida.

Sevilla, Fr. Diaz, 1580, pet. in-4. [10323]

Traité rare.

SUAVE (*Orl.* de). Deuis sur la vigne, vin et vendanges d'Orl. de Suaue, auquel la façon anciène du plãt, labour & garde est descouuerte & reduitte au present usage. (*Paris*) *on les vend au Palais, en la boutique de Vincent Sertenas,* 1549, pet. in-8. de 48 ff. non chiffrés. [6366]

Cet opuscule, devenu fort rare, est attribué à Jacques Gohory; c'est un dialogue dans lequel les anciens sont souvent cités, et où il se trouve aussi quelques vers. Voici un vieux dicton normand en coq-à-l'âne, qui se lit au f. Eiij :

Tranche boyau d'Auranches
Et rompcheinture de la val
ont mandé à Huet de coustanches
Que Coquihou aura le gal

Les deux derniers ff. contiennent une épitre de l'auteur *A tous bons beuueurs* (sic).

Ce livre singulier était déjà cher il y a cent trente-trois ans, car nous le trouvons porté à 17 fr. dans le catal. de Colbert, et à 15 fr. dans celui de Barré, où plusieurs autres écrits sur le vin sont indiqués sous les n° 2713 à 2724. On l'a payé 65 fr. à la vente Pressac, et en *mar. r.* (sous la date de 1550), 79 fr. Veinant, en 1860. L'exemplaire porté à 1 liv. dans la *Biblioth. heber.,* I, n° 6592, y est aussi annoncé sous la date de 1550.

SUAVIO. Operette del Parthenopeo Suauio, in varii tempi et per diuersi subjetti composte, et da Silvan Flamineo insieme raccolte, et alla amorosa et moral sua Calamita intitulate. *Stampata in Bari, per maestro Gilliberto Nehou francese in le case de Sante Nicola a di 15 de ottobre ne l'anno della natiuita del Signore* M. D. XXXV. In-4. fig. sur bois. [14523]

Volume rare imprimé par un Français, dans une ville dont on ne connaît pas de production typographique antérieure à celle-ci, qui est décrite par Panzer, XI, p. 370, et doit se trouver à la bibliothèque de l'Arsenal (Catal. de La Valliere, par Nyon, IV, n° 16341).

SUBERVILLE (*Henri* de), breton. L'Henrymètre instrument royal et uniuersel auec sa theorique usage et pratique demonstrée. *Paris, Perier,* 1598, in-4, fig. [8052]

3 fr. Labey; 24 fr. Libri, en 1857.

SUBLEYRAS. Nella venuta in Roma di Madama Le Comte e dei signori Watelet e Copette, componimenti poetici di L. Subleyras, colle figure in rame di Stefano della Valléc-Poussin. (*Roma*), 1764, in-4. texte gravé.

Volume dont il n'a été tiré que peu d'exemplaires. Les planches qui le décorent sont des eaux-fortes gravées par Lavallée-Poussin, Weiroter et H. Robert. 27 fr. Robert-Dumesnil.

SUBTILES et facétieuses rencontres de J. B. Voyez VERBOQUET.

SUCCESSO (il) de tutti li fatti che fece il Duca di Borbon con la presa di Roma.

Nouamente stampato (senz' anno), pet.
in-8. de 16 ff. non chiffr., signat. A—D.
[14674]

Ce petit poëme en octaves a été impr. en Italie, vers
1530. Le titre est dans une bordure grav. sur bois,
et au bas de laquelle on remarque le monogramme
de l'imprimeur (I. A. et S. au-dessous). Chaque
page contient quatre octaves, à l'exception de la dernière, qui n'en a que trois. A l'article *Celebrino*
nous avons déjà parlé d'un poëme sous le même
titre que celui-ci, mais qui ne porte pas de nom
d'auteur. Peut-être les deux articles n'en devraient-
ils faire qu'un seul.

SUCCESSO (il) della imprēsa di Carignan
ed el gran fatto darme fatto a Crisol,
extratto de Francese in Taliano col nome
de tutti li capitani. *(senza nota)*; in-4.

Pièce rare, où se trouve un morceau latin daté
XV *kal.* *April.* M. D. XLIIII. 34 fr. Costabili. C'est
probablement la traduction du *Discours de la bataille de Cerizolles*, dont nous avons décrit deux
édit. (vol. II, col. 743, au mot DISCOURS).

SUCCESSO (il) in morte della regina de
Inghilterra con il consenso del consiglio
di S. Magestà, et la morte di quattro
gran Baroni del regno consentienti al
delitto con le lamentabili parole, che
disce la sconsolata Regina in escusatione
dil suo peccato, stando sopra al tribu-
nale de la giustizia alla presentia del
popolo Inglese. *Bologna, Phaelli* (senz'
anno), in-4. de 4 ff.

Pièce relative au procès d'Anne Boleyn : elle porte
pour date : *Londra* x *Giugno* 1536. Vend. 59 fr.
Costabili.

SUCHEM (*Ludolph.* a). Voy. LUDOLPHUS.

SUCHET, duc d'Albuféra (le maréchal).
Mémoires sur ses campagnes en Espagne,
depuis 1808 jusqu'en 1814, écrits par
lui-même (ou plutôt d'après ses notes) ;
2e édition. *Paris, Ancelin,* 1834, 2 vol.
in-8. portr. et atlas in-fol. de 16 pl. 35 fr.
[8787]

SUCQUET (*Ant.*). Via vitæ æternæ... iconibus illustrata per Boetium a Bolswert.
Antuerpiæ, Mart. Nutius, 1620, in-8.
[1539]

Les personnes pieuses recherchent ce livre pour le
texte, et les curieux à cause des 32 gravures qui le
décorent : 10 à 15 fr. L'ouvrage a eu beaucoup de
succès, et il en a été fait plusieurs éditions où les
mêmes pl. figurent. Nous citerons la 4e, *recognita
et aucta,* Antuerpiæ, II, Aertssens, 1625, dont quelques exempl. portent *editio sexta.* La 7e est d'Anvers, 1630.

LE CHEMIN de la vie éternelle, composé en lat.
par le P. Ant. Sucquet, translaté par le P. Pierre
Morin. *Anvers,* Henri Aertssens, 1623, in-8. de
950 pp., avec les fig. de Boëce de Bolswert.
Vend. 10 fr. Morel-Vindé, et quelquefois plus.

SUDEED. Ashshurh-ool Moognee, commentatio absoluta. A commentary on
the Moojuz-ool Kanoon, known by the
name of the Sudeedee, compiled by the
celebrated physician Maulana Sudeed
Kazronee on the theory and practice of
physic, and the materia medica ; edited
by Hukeem Mouluvee Abdoul Mujeed,
Mouluvee Gholam Mukhdoom, and Mouluvee Abdoollah. Published under the
authority of the commitee of public instruction. *Calcutta, at the education
press,* 1832; gr. in-4. [6612]

836 pp. pour le texte arabe, titre anglais, 1 f., table
des chapitres, 8 pp., table alphabétique des matières, 24 pp., et le titre arabe. 50 fr. de Sacy.

SUDRAKA Raja. The Mrichchhakati, a
comedy, with a commentary explanatory of the prakrit passages : published
under the authority of the committee of
public instruction. (*Calcutta*) Education press; 1829, gr. in-8. 16 sh.
[16925]

En sanscrit ; vend. 15 fr. Rémusat.

SUECIA antiqua et hodierna. *Holmiæ*
(1693-1714), 3 tom. en 1 vol. in-fol. obl.
de 150, 77 et 126 pl. [27630]

Cet ouvrage, entrepris aux frais du roi de Suède par
le comte Eric de Dalberg, fut d'abord réservé pour
faire des présents ; mais on en mit plus tard dans le
commerce un nombre d'exempl. avec un titre daté
de 1772, ce qui a empêché qu'il ne devint rare. Les
fig. sont assez bien dessinées, et pour la plupart
passablement gravées. Elles représentent des villes,
des ports de mer, des palais, des vues intéressantes
et divers objets d'antiquité suédoise; elles offrent
aussi plusieurs dessins et plans de bâtiments qui
n'ont jamais été exécutés. Quant au texte, écrit en
latin par Pierre Lagerlöf, il n'y en a eu d'imprimé
que 132 pp. in-fol., sous les signat. A—O, et qui,
n'ayant pas été publiées, sont extrêmement rares
(Ebert, 21882).

Les 3 part. de pl. ont été vend. 98 fr. m. r. Lolliée :
50 fr. v. f. Lamy; 50 fr. 50 c. vél. Librairie De Bure.

SUENCKFELDIUS, vulgo Schwenckfeld
(*Caspar*). De duplici statu, officio et cognitione Christi, videlicet secundum carnem et secundum spiritum, (*absque loci
et typogr. nota*), scriptum M. D. XLVI,
in-8. de 22 pp. [1919]

Ce petit volume est fort rare, puisque l'exempl. qui
a été successivement vendu 144 fr. Gaignat, 52 fr.
Mac-Carthy ; 30 fr. Châteaugiron et Pixerécourt, est
regardé comme le seul connu. Cependant, dans la
Chronique de l'abbé Rive, p. 147, il est question
d'une autre édition de cet opuscule, dont le prem.
f. porte : *denuo impressum* M. D. XCIII. Il existe

une traduction allemande de ce même traité, par Flaccus Illyricus (sans lieu ni date), pet. in-8. de 16 ff., vend. 12 fr. mar. r. Mac-Carthy ; 15 fr. 50 c. Chateaugiron.

Schwenckfeld a écrit plusieurs autres traités, et notamment le *Novus homo, scriptum anno* 1543, in-8. de 27 ff., qu'il a donné sous le nom de *Valentinus Cravaldus.*

SUENO. Suenonis Aggonis filii, primi danicæ gentis historici, quæ extant opuscula; Steph.-Joh. Stephanus ex vetustiss. codice ms. regiæ Biblioth. Hafn. primus publici juris fecit, notisque histor. illustravit : accessit incerti autoris genealogia regum Daniæ, a primo rege Dan ad Christophorum primum. *Soræ, typis H. Crusii,* 1642, pet. in-8. [27575]

Volume peu commun : 9 à 12 fr.

SUETONIUS. Caii Suetonii Tranquilli de XII Cesarum vitis libri XII, ex recognitione et cum præfatione Jo.-Ant. Campani. — *Absolutus Rome, in pinea regione via Pape (per Joh.-Phil. de Lignamine) anno..... M. CCCC. Lxx, sextili mése Pauli autem Veneti.ii. Pont. Max. anno sexto,* in-fol. [22897]

Première édition de Suétone, très-précieuse, et que le P. Audiffredi regarde comme le premier livre imprimé par Phil. de Lignamine. Elle consiste en 126 ff. (à 35 lign. par page), dont le premier contient, au recto, l'épître intitulée : *Campanus Francisco Piccolomineo cardinali Senèsi meo salutem;* et au verso la table des sommaires. La souscription est au verso du dernier f. — Vend. 240 fr. Gaignat; 1340 fr. La Valliere ; 500 flor. Crevenna ; 305 fr. bel exempl. mar. r. dent. Mac-Carthy ; 7 liv. Heber.

— Idem Suetonius, ex recognitione et cum præfat. Jo.-Andreæ Aleriensis. (*Romæ, per Conradum Suueynheym et Arnold. Pannartz, in domo Petri et Francisci de Maximis*), M. CCCC. LXX, in-fol.

Autre édition très-rare. Vend. 429 fr. La Vallière ; 175 flor. Crevenna ; 15 liv. 15 sh. Hibbert.

Ce volume a 107 ff. en tout (à 38 lign. par page) ; il commence au verso du premier f. par l'épître intitulée : *Io. An. episcopi Aleriensis in recognitione Suetonii ad Paulum II...* Cette épître est accompagnée de 41 vers latins, tirés d'Ausone, et suivie d'une souscription particulière, datée de M. CCCC. LXX. *Pontificatus uero tui anno* VII. La souscription : *Aspicis illustris, lector, etc.,* est au recto du dernier f. Il est à remarquer que dans cette édition on trouve au commencement de la vie de chaque César une lettre initiale fleuronnée, gravée sur bois, avec des ornements du même genre à la marge, et adhérents aux initiales.

— Suetonius. — *Hoc ego nicoleos gallus cognomine ienson impressi...* M. CCCC. LXXI, gr. in-4.

Très-belle édition , consistant en 162 ff. (à 32 lign. par page), dont le premier commence par les vers d'Ausone, *Cæsareos proceres, etc.,* précédés de cet intitulé :

VERSVS AVSONII IN LIBROS SVETONII.

On lit au verso du dernier f. les quatre vers : *Hoc ego nicoleos gallus, etc.* Vend. 13 liv. 3 sh. Pinelli ; 240 fr. mar. r. Brienne-Laire ; 44 liv., bel exempl.

décoré de miniat., à Londres, en 1804 ; 100 flor. Meerman ; 8 liv. 8 sh. Hibbert ; 3 liv. 3 sh. (piqué de vers) Heber.

Un exempl. impr. sur VÉLIN a été vendu 1200 fr. par Jos. Molini de Florence, à M. Trivulzio, à Milan.

— Idem. *Romæ, per Conr. Suueynheym et Arn. Pannartz,* M. CCCC. LXXII, die XVII *Septembris,* in-fol.

Cette édition commence par les vers d'Ausone, à la louange de l'ouvrage, et finit au recto du 106ᵉ f., par la souscription : *Aspicis illustris.....* Elle est exécutée avec les mêmes caractères que celle de 1470, qu'elle reproduit page pour page et ligne pour ligne, moins le premier f. qui n'y est pas réimprimé. La place des grandes initiales de chaque vie restée en blanc, est assez ordinairement remplie au pinceau. Vend. bel exemplaire mar. r., avec lettres initiales peintes, 500 fr. Brienne-Laire ; 1 liv. 11 sh. Heber ; 40 fr. Boutourlin.

La bibliothèque Magliabechi, à Florence, possède un exempl. de cette même édition de 1472, dans lequel il manque le dernier feuillet, et qui paraît avoir été formé de feuilles appartenant aux deux éditions de 1470 et 1472 : ce qui avait fait penser d'abord à Jos. Molini qu'il existait deux sortes d'exempl. de cette dernière; mais nous voyons dans les *Opcrette* de ce bibliographe, que deux lettres qui lui ont été adressées de Rome par M. Mari Rezzi ont dissipé son doute, en lui prouvant que l'exemplaire qu'il croyait être de 1470 était en grande partie composé de feuilles de l'édit. de 1472 (voy. Molini, *Opcrette,* pp. 348 et suiv.).

Pour l'édition de *Milan,* 1475, voyez HISTORIÆ augustæ Scriptores (mais notez que la partie contenant le Suétone a été vendue séparément 60 fr., en janvier 1829).

— Suetonius de vita XII Cæsarum. In-4. de 164 ff.

Ancienne édition , imprimée (vers 1472 ou 1473) à longues lignes, au nombre de 32 sur les pages entières, caractères rom., sans chiffr., récl. ni signat.; elle correspond , ligne pour ligne et page pour page, à celle de *Jenson,* 1471. On trouve au commencement : *Avsonii versvs;* et à la fin, deux *Testimonia de Suetonio.* Il y a de plus un dernier f. dont le recto est blanc, mais dont le verso contient le registre des cahiers impr. sur 3 colonnes. — Voy. *Biblioth.* spencer., tom. II, p. 386.

Vend. 4 liv. 4 sh. Pinelli ; 40 fr. Brienne-Laire ; 10 fr. Boutourlin.

— Suetonius de vita XII Cæsarum, Ausonii versus de Suetonii historia, etc. — *Finis (absque loci et typographi nota),* M. CCCC. LXXV, pet. in-fol. de 108 ff.

Édition avec des signat. de a –p, et un registre. Vend. 2 liv. 2 sh. Pinelli, mais moins cher ordinairement. Hain lui donne 109 ff.

— De vita XII Cæsarum. *Mediolani, per Ant. Zarotum, opera et impensa Johannis Legnani, die* XVI *Novembris,* 1480, in-fol. de 125 ff.

Vend. 21 fr. (avec un f. ms.) La Vallière.

Voici une simple indication des autres éditions de Suétone impr. dans le XVᵉ siècle :

1° *Bononiæ, per Platonem de Benedictis,* 1488, *septimo cal. martias,* in-fol. goth. de 95 ff. à 44 lign. par page, signat. a – q. Sur le premier feuillet les vers d'Ausone, et la vie de Suétone par Phil. Béroalde, mais point de commentaire.

2° Cum commentario Ant. Sabellici. *Venetiis, per Baptistam de tortis,* 1490, *die xv Februarii,* in-fol. de 132 ff., avec signat., caractères romains.

Elle commence par la dédicace de Sabellicus à Augustin Barbadico.

3° Cum commentario Sabellici. *Mediolani per Vldcricnum Scinzenzeler, die xix Nouembris*, 1491, in-fol. de 137 ff., avec signat., caractères rom.

4° Cum comment. Sabellici, *Venet. per Damianum de Gorgonzola*, 1493, *die 29 mensis Mart.*, in-fol. Vend. en *mar. r.* 11 flor. Rover.

5° Cum commentario Phil. Beroaldi. — *Impressit Benedictus Hectoris... Bononiæ...* 1493, *nonis aprilibus*, in-fol. de 6 ff. non chiffr., 326 ff. chiffr., et un f. pour le registre. 20 flor. Rover.

Ce commentaire a été réimprimé par Léonard Pachel, *Mediol.*, 1494, *quarto Id. Januar.*, in-fol.

6° Cum Phil. Beroaldi et M. Ant. Sabellici comment. *Venetiis, per Simonem cognomento Bevilaqua*, 1496, in-fol. de 353 ff., avec des signat. — Réimpr. à Venise, *per Bartholomeum de Zanis*, 1500, *die 28 Iulii*, in-fol.

— De vita XII Cæsarum. *Lugduni (Balthasar), anno domini M. cccc. viij. die vero iij Octobris*, in-8. de 176 ff.

Édition dédiée à J. Grolier par Gaspar Argilensis. Vend. 1 liv. 9 sh. Heber; 14 sh. Butler.

— De vita XII Cæsarum. *Florentiæ, opera et impensa Phil. de Giunta*, 1510, in-8. de 179 ff. et 1 bl.

Vend. en *mar. r.* 10 flor. Meerman, 3 fr. 30 c. Boutourlin.

— EDITIO altera. *Florentiæ, opera et sumptu Phil. Juntæ*, 1515, in-8. de 184 ff.

Vend. 6 flor. Crevenna.

— Suetonii XII Cæsares; Sexti Aurelii Victoris a D. Cæsare Augusto usq; ad Theodosium excerpta; Eutropii de gestis Romanorum lib. X; Pauli Diaconi lib. VIII ad Eutropii historiam additi. *Venetiis, in ædib. Aldi et Andreæ soceri*, 1516, in-8. de 32 ff. non chiffrés, dont 1 bl. et 320 ff.

Édition rare dédiée à Grolier par Egnatio. Elle a un peu plus de valeur que celle de 1521.

— VITÆ Cæsarum diligentissime recognitæ cum indice alphabetico nuperrime addito. — *In calcographia Guilhelmi Huyon Ludugñ.* (sic *pro Lugduñ.*) *anno...* D.XX. *supra mille*, in-8., titre rouge.

Édition faite sur celle de Junte, de 1515. Elle se joint à la collection aldine. 9 liv. 5 sh. Renouard à Londres ; 2 liv. 9 sh. Heber; 1 liv. 1 sh., et 7 sh. Butler.

— Suetonii XII Cæsares, Sexti Aurelii Victoris, excerpta, etc.; index rerum memorabilium a Joan.-Bat. Egnatio; annotationes ejusdem Egnatii et Erasmi in Suetonium, etc. *Venetiis, in ædib. Aldi*, 1521, in-8. de 60 ff. (dont le 32e blanc), et 320 ff.

Cette édition contient de plus que celle de 1516, les *Annotata per Erasmum.* Vend. 18 fr. *mar. r.* La Valliere ; 12 flor. (bel exempl.) Rover; 15 fr. *m. r.* Duriez ; 9 sh. Butler. 20 fr. *mar. ancien*, Giraud. Un exempl. sur VÉLIN, 325 fr. La Valliere.

— Voyez HISTORIÆ augustæ Scriptores.

— SUETONII Cæsares. *Venundantur a Stephano Aufray in vico Jacobeo sub signo Ensis; Parisiis, anno* MDXXII, *Idibus Martiis*, in-8.

— SUETONIUS, ex Erasmi recognitione. *Parisiis, apud Simonem Colinæum*, 1527, in-8. 3 à 6 fr.

La marque suivante est sur le titre de ce volume, dont un exempl. revêtu d'une riche et élégante reliure de Capé, en *mar. r.* a été vendu 56 fr. Giraud.

— XII CÆSARES, summa virorum multorum doctissimorum diligentia recogniti. *Lugduni, apud Steph. Doletum*, 1541, in-8. 5 à 8 fr.

Édition rare, présentant un texte correct et les notes d'Erasme et de I. Baynerius. Elle a été faite d'après celle de Gryphius, de 1537, in-8.

— XII CÆSARES vetusto exemplari emendatiores multis locis. *Paris., Rob. Stephanus*, 1543, in-8. de 8 ff., 352 pp. et 1 f. pour la souscription. 4 à 6 fr.

Un exempl. en *mar. bl.* aux armes du comte d'Hoym, 90 fr. Giraud, et 132 fr. Solar.

— SUETONIUS. *Parisiis, ex typogr. reg.*, 1644, pet. in-12. 3 à 4 fr.

Jolie édition : bel exempl. *mar. doublé de m.*, 18 fr. Gouttard ; 18 fr. *mar. r.* de Cotte, et 21 fr. 50 c. Giraud.

— SUETONIUS, cum annotationibus diversorum. *Amsterodami, typis L. Elzevirii*, 1650, seu *Dan.*, 1671, in-24.

Deux éditions sans aucune importance, mais dont des exempl. *non rognés* ont été vendus de 6 à 30 fr.

— SUETONIUS, ex recens. Jo.-Georg. Grævii, cum ejusdem animadvers. ut et commentario integro Iæv. Torrentii et Is. Casauboni, etc. *Trajecti ad Rhenum*, 1672, in-4. 4 à 5 fr.

Vend. en Gr. Pap. dont les exemplaires sont rares, 92 fr. de Cotte.

Cette édition, quoique assez bonne, est peu recherchée ; elle a été reproduite à *Utrecht*, en 1691, et avec de nouveaux titres, en 1703 et 1708, in-4.

— SUETONII Opera omnia quæ extant, interpretatione et notis illustravit Aug. Babelonius, in usum Delphini. *Paris.*, 1684, in-4.

Volume peu commun : 10 à 15 fr.

— SUETONII Opera, et in illa commentarius Sam. Pitisci, et notæ variorum. *Trajecti ad Rhenum*, 1690, 2 vol. in-8.

Édit. appartenant à l'ancienne collection *Variorum* : elle n'est point rare. 10 à 12 fr.

— Opera et in illa comment. Sam. Pitisci,

editio IIª. *Leovardiæ, Halma*, 1714-15, 2 vol. in-4. fig.

Édit. assez estimée : 15 à 18 fr. — En Gr. Pap., 30 à 40 fr.; vend. 90 fr. *m. r.* Barthélemy ; 100 fr. Jourdan.

Il y a de cette édition un troisième papier plus fort et un peu plus grand que le Gr. Pap. ordinaire. Les exemplaires en sont fort rares. Vend. 300 fr. *m. bl. dent.* F. Didot ; 130 fr. Larcher ; 330 fr. Mac-Carthy ; 50 fr. seulement Coulon.

On fait peu de cas de l'édit. de *La Haye*, 1727, in-4., avec le commentaire de P. Almeida : 5 à 6 fr.

— Suetonius, cum notis integris et selectis variorum curante P. Burmanno, qui et suas adnotationes adjecit. *Amstelod.*, 1736, 2 vol. in-4.

Quoique généralement moins estimée que l'édition de Pitiscus; celle-ci est encore recherchée à cause des notes savantes de Burmann dont elle est enrichie : 18 à 21 fr. Vend. en Gr. Pap. *cuir de Russie*, 78 fr. Lamy ; 170 fr. *mar. v.* F. Didot, et moins depuis.

— SUETONIUS, cum animadversionibus Jo.-Aug. Ernesti. *Lipsiæ*, 1748 ou 1775, in-8. 3 à 5 fr.

Ces deux éditions sont devenues inutiles depuis celle de F.-A. Wolf.

— SUETONIUS, ex recens. Fr. Oudendorpii, qui variantes lectiones suasque animadversiones adjecit, intermixtis Joan.-G. Grævii et Jac. Gronovii, necnon ineditis Car.-Andr. Dukeri adnotationibus. *Lugd.-Batav.*, 1751, 1 tom. en 2 vol. in-8. fig.

Édition que les notes d'Oudendorp rendent très-recommandable : 12 à 15 fr. 70 fr. *mar. v.* par Derome, Giraud.

— SUETONIUS, textu ad codd. mss. recognito, cum animadversion. Jo.-A. Ernesti nova cura auctis et Is. Casauboni commentario edidit Frid.-Aug. Wolfius : insunt reliquiæ monumenti ancyrani et fastorum prænestinorum. *Lipsiæ*, 1802, 4 vol. in-8. 24 à 30 fr.

Bonne édition faite sur celle d'Ernesti; elle renferme un certain nombre de notes de Ruhnkenius ; il en a été tiré 6 exempl. sur pap. vélin.

— SUETONII Opera, textu ad præstantissimas editiones recognito, continuo commentario illustravit, clavem suetonianam adjecit D.-C.-G. Baumgarten-Crusius. *Lipsiæ*, 1816-18, 3 vol. in-8. 24 à 30 fr.

La *Clavis suetoniana* occupe le 3ᵉ vol. en entier. Cette bonne édition a été réimpr. à Turin, chez Pomba, en 3 vol. in-8.

— OPERA, ex editione Baumgarten-Crusii, cum notis et interpretatione in usum Delphini, variis lectt. notis variorum et indice locupletissimo. *Londini*, *Valpy*, 1826, 4 vol. in-8.

Formant la fin du nᵒ 84, les nᵒˢ 85 et 86, et le commencement du nᵒ 87 de la collection de Valpy.

— C. SUETONII Tranquilli duodecim Cæsares et minora quæ supersunt opera, Baumgartenii-Crusii commentario, excursibus Ernestii et annotationibus variorum notisque illustravit Car.-Benedict. Hase. *Parisiis*, Lemaire (*typogr. de J. Didot*), 1828, 2 vol. in-8.

Le nom de M. Hase donne du prix à cette édition.

— C. SUETONII Tranquilli, præter Cæsarum libros, reliquiæ; edidit Aug. Reifferscheid. Inest vita Terentii a Friedr. Ritschelio emendata atque enarrata. *Lipsiæ*, *Teubner*, 1860, in-8. de XX et 366 pp. avec une pl. 4 thl.

— La tres illustre et memorable vie, faitz et gestes des douze Cesars, nouuellement translatee de latin en francoys par Guillaume Michel dict de Tours. *Imprime a Paris par Pierre Vidoue pour Galliot du Pre*, 1520, pet. in-8. goth. fig. sur bois.

Vend. 17 sh. Heber, et en *mar. v.* 85 fr. Giraud ; 30 fr. *v. br.* Salmon ; et 70 fr. *mar.* Solar.

— Les mêmes. On les vend a Paris par Jean Petit, M.D.XXX. (à la fin) : *Imprime par Pierre Leber... et fut acheue le troiziesme iour de Feurier mil cinq cens xxx*, in-4. ou pet. in-fol.

Ces deux éditions sont rares, et d'un certain prix. Une autre, de Paris, 1535, in-fol., avec des fig. sur bois, a été vendue 1 liv. Heber (I, nᵒ 6832). La même traduct. a été réimpr., *Paris, l'Angelier*, 1540 et en 1542, in-8., sans le nom du traducteur, 16 fr. *v. f. tr. d.* Veinant. Nous mentionnerons encore la traduction de George de La Boutiere, *Lyon, Jan de Tournes*, 1556, in-4., dont le verso du dernier f. porte la marque suivante :

La même traduction, *Lyon, Jean de Tournes*, 1569, in-4. avec portraits gravés sur bois, 29 fr. et 28 fr. deux exempl. rel. en *mar.* Giraud.

— SUETONE des vies des douze Césars, empereurs romains, de la traduction de M. Du Teil. *Amsterdam, chez L. et Dan. Elzevir*, 1663, pet. in-12 de XII ff. et 589 pp. 4 à 6 fr.

Quoique passablement imprimée, et portant le nom d'*Elzevir*, cette édit. n'a pas été faite en Hollande ; elle paraît être une production des presses de Rouen. Vend. 30 fr. *mar.* Nodier. C'est une réimpr. de l'édition de *Paris*, 1661, in-4.

La traduction des *douze Césars*, avec des notes et des réflexions, par de La Harpe, *Paris*, 1770, 2 vol. in-8., est peu estimée ; cependant elle a été réimpr. à *Paris, Gab. Warée*, 1806, 2 vol. in-8. fig., 10 fr., et depuis dans les œuvres du traducteur.

Celle qu'a donnée Delisle de Sales, sous le nom d'H. Ophellot de La Pause, avec des mélanges philosophiques et des notes, *Paris*, 1771, 4 vol. in-8., a eu peu de succès.

Une autre traduction, sans aucuns retranchements, avec des notes, par Maurice-Lévesque. *Paris*, 1807, 2 vol. in-8., 8 fr., est préférable à ces deux dernières. Il y en a aussi une par Delaroche, *Paris*, 1807, in-8.

— SUÉTONE, traduction nouvelle par M. de Golbéry (avec le texte). *Paris, Panckoucke*, 1832-33, 3 vol. in-8. 18 fr.

— Le Vite de' dodici Cesari di Suetonio, tradot. in volgare fiorentino da Paolo del Rosso, con le vere effigie de' Cesari. *Venezia, Piacentini*, 1738, gr. in-4. 6 à 9 fr.

Vend. (exemplaire impr. sur Gr. Pap. bleu) 30 fr Brienne, en 1797.

Les anciennes éditions de cette traduction estimée, *Roma, Ant. Blado*, 1544, *Venise, Calepino*, 1550, et 1554 ou 1556, ou de *Florence*, 1610, in-8., sont à très-bas prix. Il y en a une nouvelle de *Plaisance*, 1807, 3 vol. in-8.

LAS VIDAS de los doze Cesares, traducidas de lat. en lengua castellana, por Jayme Bartolome. *Tarragona, Phil. Roberto*, 1596, in-8. — Réimpr. à *Madrid, Fr. Sanz*, 1679, in-8.

— LEBENSBESCHREIBUNGEN der zwölf ersten röm. Kaiser, übersetzt und mit Anmerkungen begleitet von N.-Gottfr. Eichhoff, 2e Aufl. *Francf. am Main*, 1821, 2 vol. in-8.

— AUTRE traduction allemande, par C.-G.-F. Schenk, *Prenzl*, 1828-30, 5 part. in-12.

— THE LIVES of the first twelve Cæsars, translated with annotations by Alex. Thomson, *Lond.*, 1796, in-8., 12 sh. (Bonne traduction.)

— De grammaticis (ex recognitione et cum præfatione Joh.-Aloisii Tuscani). Pet. in-4. de 16 ff., dont le dernier est blanc. [30415]

Ancienne édit., exécutée sans chiffr., récl. ni signat., à longues lignes, au nombre de 26 sur les pages entières. Elle commence par une dédicace adressée par Tuscanus : *Johâm tituli sanctorum Nerei & Archilei presbitero cardinali Nouariêsi.* Vend. 40 fr. m. r. La Valliere. Le P. Audiffredi la croit imprimée à *Rome*, par *Schurener de Bopardia*, vers 1475 ; mais les caractères sont plutôt ceux de Gensberg, autre imprimeur romain, à la même époque. Dans l'exemplaire décrit sous le n° 521 du catalogue des livres réservés de M. Libri (1862) et qui a été vendu 7 liv. 10 sh., le verso du 11e f. et le recto du 12e sont en blanc.

Nous avons vu une autre édition, pet. in-4., du même opuscule, imprimée avec les caractères employés par Nic. Jenson dans le *Luctus christianorum*, en 1471 ; elle consiste également en 16 ff., dont le dernier est blanc ; mais les pages n'ont que 24 lignes, et l'on n'y trouve pas la préface de Tuscanus. Le premier f. commence au recto, par ces quatre lignes en capitales :

> *Suetonii Tranquilli de*
> *grammaticis et rhetori-*
> *bus clarissimis libellus,*
> *fœliciter incipit.*

Le texte finit avec la 24e ligne du 15e feuillet verso. Vend. 36 fr. d'Ourches.

— De grammaticis et rhetoribus claris liber incipit. — *Impressum Florentiæ, apud sanctum Jacobum de Ripoli,* M. CCCC. LXXVIII, in-4.

Petit vol. de 14 ff. seulement en un seul cahier, signé *a*, à 27 lignes par page : vend. 60 fr. La Valliere; 20 fr. 50 c. mar. r. en 1839 ; 10 sh. Heber.

— DE ILLUSTRIBUS grammaticis, et claris rhetoribus, cum Achillis Statii commentatione, falso nuper Lugduni J.-B. Egnatii nomine edita. *Lutetiæ, apud Fed. Morellum*, 1568, pet. in-8. de 62 pp.

Réimpression de l'édition de Rome, Vinc. Lucchinus; 1565, pet. in-8.

— Voyez PLINII liber illustr. virorum.

SUEUR (Le). Voyez LE SUEUR.

SUEYUD Huedur. Voy. HUEDUR.

SUFFREN (*Amélie*). Voyage pittoresque dans le midi et le nord du pays de Galles, dessiné et gravé au lavis. *Paris*, 1802, gr. in-fol. [20338]

Tome premier, contenant 24 pl., dont il y a des épreuves coloriées. La suite n'a point paru.

SUHM (*Pierre-Fred.* de). Historie af Danmark fra die aeldste tider. *Kiöbenh.*, 1782-1828, 14 vol. pet. in-4. [27595]

L'auteur de cette histoire estimée est mort en 1798, et n'a pu surveiller l'impression que des sept premiers volumes de son ouvrage ; les autres ont été publiés d'après ses manuscrits, d'abord par A. Kall, et après la mort de ce dernier par R. Nyerup. Le 14e vol. s'arrête à l'année 1400.

Autres ouvrages historiques du même auteur :

INTRODUCTION à l'histoire critique du Danemark, en danois. *Copenhague*, 5 vol. in-4. [27546] savoir : Essai sur l'origine des peuples du Nord, 1769 et 1770, 2 vol. — Odin, ou la mythologie et le culte du Nord païen, 1771, 1 vol. — Histoire des peuples sortis du Nord, 1772-73, 2 vol. Vend. 78 fr. Chaumette.

KRITISK historie af Danmark.., Histoire critique du Danemark, pendant les siècles païens (en danois). *Copenhague*, 1774-81, 4 vol. in-4. et un recueil de tableaux in-fol. sous la date de 1779. [27594] Vend. 40 fr. Chaumette. — Voir aussi le n° 27596 de notre table.

— Samlede Skrifter. *Kiöbenh.*, 1788-99, 16 vol. in-8. [19320]

On préparait, il y a quelques années, en Danemark, une édition complète des ouvrages de ce célèbre historien, au sujet duquel il faut consulter un vol. intitulé :

R. NYERUP, Uebersicht des Lebens und der Schriften des dänischen Historiographen P. F. von Suhm, *Kopenh.*, 1799, in-8.

SUHR (le professeur *C.*). Costumes de Hambourg, dessinés et gravés par lui. (*Hambourg*), 1812, in-fol. 45 pl. color. [9648]

Vend. 25 fr. Duriez. Un autre recueil sous le même titre, pet. in-fol., renfermant 36 pl. color. et de la plus belle exécution, 50 fr. même vente.

— LA REGRATTERIE de Hambourg, représentée en 120 fig. color. par le profess. Suhr. *Hambourg*, 1808, gr. in-8. [9649]

Vend. 24 fr., et en pap. vél., 32 fr. Duriez.

SUICERUS (*Joan.-Casp.*). Thesaurus ecclesiasticus e patribus græcis, ordine alphabetico exhibens quæcunque phrases, ritus, dogmata, hæreses, etc., gr. et lat. *Amstel.*, 1728, seu (nouv. titre) *Trajecti-ad-Rhenum*, 1746, 2 vol. in-fol. 30 à 36 fr. [813]

Vendu 45 fr. Seguier, en 1854.
L'édition de 1632 est moins complète que celle-ci.

SUIDAS, græce. (in fine) : *Anno ab incarnatione. M. cccc. lxxxx. viii, die XV nouembris, Impressum, Mediolani impensa & dexteritate D. Demetrii Chalcondyli Ioannis Bissoli Benedicti Mangii Carpensium*, in-fol. [10690]

Première édit. de ce grand lexique. Elle est fort bien impr., mais le texte en est interpolé. Les exempl. ne sont pas très-rares. Le prem. f. commence par Διάλογος Στέφανου τοῦ μέλανος (dialogue qui n'est pas dans les autres édit.). Sur le 2e f. se lit l'épître : *Clarissimo viro. D. Alberto Pio Ioannis Maria Catoneus*, et au 3e f. commence le texte de Suidas. Il y a des signat. αι—ω; ααααι—λλλ; A—ZZ, par

---

cah. de 8 ff. chacun, à l'exception des cah. EE et ZZ qui n'en ont que 6. La souscript. *anno ab incarnatione, etc.*, est au verso de l'avant-dernier f. Le dern. f. recto contient 2 pièces de vers, l'une intitulée : *Ioañes Salandus D. Demetrio Chalcondylo*; l'autre : *Idem ad lectorem.* Au moyen du registre placé avant la souscription, il sera facile de collationner ce gros vol., qui se compose réellement de 510 ff.

Vend. 70 fr. *mar. r.* La Valliere; 110 fr. *mar. r.* Larcher; 90 fr. Bosquillon; 68 fr. Chardin; 5 liv. Dent; 2 liv. 10 sh. Drury; 81 fr. Coulon; 60 fr. Librairie De Bure; 1 liv. 10 sh. Libri.

— Suida (græce). *Venetiis, in ædibus Aldi et Andreæ soceri, mense Feb.* M. V. XIIII, in-fol. de 391 ff. non chiffrés, à 2 col., plus un dernier f. pour l'ancre.

Seconde édition, dont le texte diffère de celui de la première. Vend. 1 liv. 1 sh. Pinelli; 36 fr. en 1818; 80 fr. *br.* en 1801; 23 flor. Meerman; 1 liv. Butler; et très-grand de marge, 5 liv. 18 sh. Heber; 25 fr. Giraud.
L'édition de Bâle, *Hier. Froben et Nic. Episcopius,* 1544, in-fol. de 396 ff. à 2 col., est une réimpression de celle d'Alde. Celle d'Æmil. Portus, *Col.-Allobr.,* 1619, ou (nouv. titre) 1630, 2 vol. in-fol. n'est plus recherchée.

— Lexicon gr. et lat., textum gr. a quamplurimis mendis purgavit, notisque perpetuis illustravit : versionem lat. Æmilii Porti correxit, indicesque adjecit Ludolph. Kusterus. *Cantabrigiæ, typis academicis,* 1705, 3 vol. in-fol.

Edition la meilleure que l'on eût de cet ouvrage, avant celle de Th. Gaisford : 40 à 48 fr. — Gr. Pap., vend. 173 fr. *mar. bl.* Caillard; 12 liv. 12 sh. Porson; 212 fr. *v. br.* Larcher; 5 liv. Drury; 150 fr. en 1826.

— Suidæ Lexicon, post Ludolphum Kusterum ad codices manuscriptos recensuit Thomas Gaisford (græce tantum). *Oxonii, e typographeo academico,* 1834, 3 vol. in-fol.

Belle édition, dont le 3e vol. est entièrement consacré à l'index : 4 liv., et plus en Gr. Pap.
Une édition en 4 vol. in-4. a paru sous le titre suivant :
Suidæ Lexicon, gr. et lat., ad fidem optimorum librorum exactum post Thomam Gaisfordum recensuit et annotatione critica instruxit Godofredus Bernhardy. *Halæ, Schwetschke,* 1834-53, 2 tom. en 4 part. in-4. au prix de 96 fr., réduit ensuite à 60 fr. — 70 fr. Raoul-Rochette.
Suidæ Lexicon ex recognitione Imman. Bekkeri. *Berolini, Reimer,* 1854, gr. in-8. 25 fr.

SUIDÆ et Phavorini glossæ sacræ, gr., cum spicilegio glossarum sacrar. Hesychii et Etymologici magni. Congessit, emendavit, et notis illustravit J.-Ch.-Gott. Ernesti. *Lipsiæ,* 1786, in-8. 5 fr.

— Emendationes in Suidam. Voy. TOUP.

— Hoc ex Suidæ libro græco decerptum est, quod et judaica perfidia agnoscit filium Dei esse Jesum Christum D. N. *Impressit Venetiis presbyter Franciscus lucensis, cantor ecclesiæ S. Marci*

et Antonius Francisci venetus, literarum artifex... 1499, in-4.

Opuscule de 6 ff., non cité par Panzer.
Pour la traduction française intitulée : *Le Secret des Juifs,* voy. LE FEVRE (*Franc.*).

SUISETH anglici (*Ric.*) opus aureum calculationum (ex recognitione Joan. Tollentini). *Papiæ, per Fran. Gyrardengum,* 1498, *die iiij januarii,* gr. in-fol. de 80 ff. à 2 col., sign. *a—n.* [3443]

Première édition avec date : 33 fr. *m. bl.* Gaignat; 29 fr. Boutourlin. Quoique les autres soient à très-bas. prix, nous croyons devoir citer ici celle dont voici la souscription :
Explicit questio de reactione edita ab... dño Victore Trincavello... noviter impressa Venetiis ere ac sollerti cura heredum Octaviani Scoti... ac sociorum anno... millesimo quingentesimo vigesimo decimo kal. Aprilis.
Panzer, VIII, p. 374, donne le titre du recueil ci-dessous, qui se rattache en partie aux *Calculationes* de Suiseth :
QUESTIO de modalibus Bassani Politii. Tractatus proportionum introductorius ad calculationes Suisset. Tractatus proportionum Thome Bardini. Tractatus proportionum Nicholai Oren. Tractatus de latitudinibus eiusdem Nicholai. Tractatus de latitudinibus formarum Blæsii de Parma. —*Venetiis mandato et sumptibus heredum... Octaviani Scoti per Bonetum Locatellum, kal. sept.* 1505, in-fol.

SUITE (la) très plaisante mascarade veüe en l'autre monde par le capitaine Ramonneau, envoyé à tous ses amis : ensemble le remerciement à maistre Berton de sa cornemuse pour ce carnaval. (*sans indication de lieu*), 1619, pet. in-8. de 15 pp.

Facétie devenue fort rare : 39 fr. *non rel.* Bergeret.

SUITTER (*D.*). Nouvelle théorie simplifiée de la perspective, ouvrage approuvé par l'Académie impériale des beaux-arts. *Paris, Jules Tardieu,* 1858, gr. in-4., avec 60 pl. 45 fr. [8441]

SULLIVANT (*Will.-S.*). The Musci and Hepaticæ of the United States, east of the Mississipi River. *New-York,* 1857, gr. in-8. de 113 pp. avec 8 pl. 20 fr.

Cet ouvrage se trouve aussi dans le *Manuel of the botany of the Northern United States,* de Asa Gray, seconde édit. *New York,* 1856, in-8.

SULLY (*Maurice* de). Voy. EXPOSITION.

SULLY (*Maximilien* de Bethune, duc de). Ses Mémoires, mis en ordre; avec des remarques (par l'abbé de l'Ecluse des Loges). *Londres* (*Paris*), 1745 (et aussi 1747), 3 vol. in-4. 15 à 18 fr. [23656]

Cette seconde rédaction des Mémoires de Sully est

d'une lecture plus agréable que la première, mais elle ne peut tenir lieu de l'original, lorsqu'on veut avoir l'ouvrage tel que l'a dicté l'auteur (voyez ci-après). Les exemplaires de ces trois vol. in-4., dans lesquels on a inséré les portraits d'Odieuvre, sont fort recherchés et se vendent de 36 à 48 fr.; vend. en *mar. r.* 91 fr. Jourdan. Le Gr. Pap., qui est rare et cher, doit contenir les portr.; vend. très-beaux exempl. en *m. r.* 250 fr. La Valliere; 213 fr. Mac-Carthy; 280 fr. en 1821; 14 liv. 14 sh. de Nooilles, à Londres, jusqu'à 500 fr. St-Mauris, en 1840; rel. en *veau*, 208 fr. Morel-Vindé, et quelquefois moins. Le nombre des portraits d'Odieuvre ajoutés est ordinairement de 27 dans le premier volume, y compris ceux de Henry IV et de Sully; de 19 dans le second volume, et de 12 dans le troisième. Il y a, de plus, dans quelques exempl., deux grandes pl., savoir : tome Ier, p. 29, le massacre du jour de Saint-Barthélemy, et tome III, p. 240, l'assassinat de Henri IV.

L'édition de 1747 n'est pas la même que celle de 1745 à laquelle on aurait mis de nouveaux titres. Voici le nombre des pages de l'une et de l'autre : 1745, tome I, p. 596 pp. et un f. d'errata; II, 664 pp. et errata; III, 565 pp. et errata. Les épreuves des portraits y sont meilleures que dans la seconde édition de 1747. Dans cette dernière le tome I a 607 pp., et en face du titre impr. une gravure représentant Henri IV sur son trône, avec cette inscription : *Mémoires de Sully;* le t. II, 612 pp.; et le t. III, 619 pp. Il y a des exemplaires des deux édit. en Gr. Pap., mais dans la première le papier est plus fort et un peu plus grand que dans la seconde, laquelle parait avoir quelques augmentations dans les notes.

Les mêmes Mémoires, *Londres (Paris)*, 1745, 8 vol. in-12, auxquels on ajoute : *Supplément aux Mémoires de Sully, contenant des observations sur les remarques jointes aux dits mémoires* (par l'abbé Petit de Montempuis, avec une préface de Goujet), *Amsterd.*, 1762, in-12, n'ont qu'un prix ordinaire, à moins que les portraits d'Odieuvre réduits ne s'y trouvent joints; dans ce cas, l'ouvrage vaut de 24 à 30 fr. L'édition in-12 de 1745 est plus belle que celles qui ont été faites depuis dans le même format. Le supplément a pour objet principal de réfuter les remarques dans lesquelles l'abbé de l'Ecluse a été trop favorable aux Jésuites : c'est un ouvrage de parti, et qui, par conséquent, mérite peu de confiance; cependant il n'est pas inutile, parce que quelques faits importants y sont savamment discutés. Il a été réimprimé en 1778, et Bastien en a fait usage dans son édition de *Paris*, 1788, 6 vol. in-8, très-médiocre : 15 à 20 fr.; laquelle a été copiée à *Paris*, 1814, 6 vol. in-8. (avec le fac-simile de l'écriture de Henri IV et de celle de Sully). Il y a des exemplaires de cette dernière édition en pap. vél.

L'édition de *Paris, Ledoux* (imprim. de Rignoux), 1822 (réimpr. en 1827), 6 vol. in-8., avec 2 portr. et des fac-simile, 24 fr. — Pap. vél., 36 fr., est plus belle que celle de 1814; on y a joint (à la fin du 6e vol.) l'*Eloge de Sully* par M. Daru. Il y a des exemplaires de la réimpression de 1827, en papier cavalier vélin.

La première édition de ces Mémoires, intitulée : *Mémoires des sages et royales œconomies d'état, domestiques, politiques et militaires de Henry le Grand, etc.* (de 1570-1610), fut imprimée *au château de Sully*, en 1638, par un imprimeur d'Angers, sous l'indication d'*Amstelredam, chez Aléthinosgraphe de Clearetimelee et Graphexecon de Pistariste* (et sans date), en 2 vol. in-fol. On la réimprima à *Rouen*, 1649, puis à *Paris*, 1664, aussi en 2 part. in-fol. La suite (de 1610 à 1628) fut publiée par les soins de Le Laboureur, *Paris, Courbé*, 1662, 2 part. in-fol.; enfin l'on donna à *Amsterdam (Trévoux)*, 1723, une édition de l'ouvrage entier en 12 vol. pet. in-12. Ces anciennes éditions, et surtout la première qui est assez rare, méritent d'être conservées. Sur les titres de l'édit. originale se voit le chiffre de la maison de Sully (c'est-à-dire

les VVV) peint en vert. Un exemplaire de cette première édition, avec la suite imprimée en 1662, les 3 vol. rel. en *mar. r.*, a été vend. 72 fr. supplément du catal. du Dr Hallé, mais, en condition ordinaire, ce livre n'est pas cher. On en a tiré des exemplaires sur Gr. Pap.

Il est facile de distinguer de l'édition originale celle des réimpressions in-fol. des deux premiers vol. de Sully, qui porte sur ses titres les trois V *verts*, parce que le parallèle de César avec Henry le Grand, qui est imprimé en caractères romains dans la première (pages 469 à 476 du premier volume), est en italique dans la seconde.

Nous ferons observer aux amateurs des petites éditions de Hollande, qu'il en existe une de la première partie des *OEconomies d'état*, imprimée *jouxte la copie d'Amsterdam*, 1652, 4 vol. pet. in-12, dont les caractères sont semblables à ceux des Elsevier. 24 fr. en 1817; et avec la seconde partie, édition de *Rouen*, 1662, 4 tom. en 3 vol. in-12 : 23 fr. Sensier; 39 fr. 50 c. Bérard.

La réimpression des *OEconomies d'estat* fait partie des collections publiées par Petitot et Michaud (voir aux col. 143 à 146 de notre second volume).

SULPITIUS Severus. Voy. SEVERUS.

SULPITIUS. Jo. Sulpitii Verulani de uersuû scansione. De syllabarum quâtitate. De heroici carminis decoro &c. (*absque nota*), in-4. de 66 ff. [12446]

Édition en caractères ronds, sans chiffres, signatures, ni réclames, à 29 lignes par page. Quoiqu'une des plus anciennes que l'on ait de cet ouvrage, elle a peu de valeur. Il en existe plusieurs autres également sans lieu ni date.

— De arte grammatica opusculum compendiosum. — *Romæ (per Stephanum Plannck)*, M. CCCC. LXXXI, *nonis Augusti*, in-4. [10788]

Édition très-rare, qui n'est cependant que la 2e de cet ouvrage, avec date, puisque les bibliographes en citent une imprimée à *Pérouse*, en 1475. Consultez, à ce sujet, *F. Benigni lettera sulla vera epoca della prima edizione della grammatica di Sulpicio Verulano eseguita in Perugia*, dans les *Opuscoli letter. di Bologna*, cah. 17 (1821), et dans le *Giornale arcadico di Roma*, fasc. 32 (1821).

Il y a une autre édition in-4. dont la souscription est ainsi : *Impensis atque diligentia Michaelis civis Barcinone impressum, anno salutis Christi* 1481, *die* 16 *mensis Augusti feliciter finivit.*

Les éditions de *Nuremberg, Zeninger*, 1482; d'*Aquila*, 1483; de *Rome*, 1490, toutes trois in-4., sont rares; mais elles ont peu de valeur, ainsi que plusieurs autres éditions du même livre impr. avec ou sans date à la fin du XVe siècle.

— Sulpitii Verulani libellus de octo partibus orationis ; Donati de figuris opusculum ; Verulanus de componendis epistolis ; de scansione et syllabarum quantitate. *Venetiis, Christ. de Pensis de Mandello*, 1488, in-4.

Un exemplaire imprimé sur VÉLIN a passé de la biblioth. de M. Melzi, à Milan, dans la collection de M. Hall Standish.

— Sulpitii Verulani oratoris prestantissimi opus insigne grammaticum feliciter incipit. *Londini, per Richardum Pynson*, 1494, in-4.

Édition très-rare, vendue 42 liv. Willett. Pynson en a donné une seconde à Londres, en 1505, in-4.

— Sulpitii Verulani Grammatica. *Parisiis, impensis Jo. Petit*, 1495, pet. in-8.

Édition peu connue. — Voy. BADIUS.

— GRAMMATICA sulpitiana cum textu ascensiano recognito et in compluribus locis aucto, cui recentissime hec addita sunt. Textus de graduum formatione suo loco positus; textus de generibus... illustratus; textus de naturis et constructione graduum; textus triginta regularum elegantie; Francisci Nigri regule compendiose de orthographia, etc. (in fine) : *Impressum est iam quarto loco : recognitumque atque auctum; Ascensiana accuratione in clarissimo parrhisiorum gymnasio; Anno M. D. VI. ad calendas Aprilis*, in-4.

— AUTRE édition sous ce titre : *Quinta recognitio atque additio ad grammaticen Sulpitianam, cum textu Ascensiano : et Antonii Mancinelli de figuris opusculum; et Bad. Ascensius de recte scribendi ratione; et Guarini Veronens. de ratione diphthongandi;* et avec cette souscription : *Impressum et iam quinto loco exacteque recognitum et rursus auctum hoc opus aureum Ascensiana accuratione in clarissimo Parrhisiorum Gymnasio, anno MDVIII ad xv cal. Januarias*, in-4.

Réimprimé de nouveau à Paris, par Fr. Regnault, en 1514, in-4., et depuis.

— Voy. BADIUS.

— Libellus de moribus in mensa servandis, Joanne Sulpitio Verulano autore, cum elucidatione gallico-latina Guil. Durandi. *Lugduni, apud Stephanum Doletum*, 1542, pet. in-8. de 56 pp. [12787]

Édition peu commune : 6 fr. mar. v. Coste.

DE MORIBUS in mensa servandis Joannis Sulpitii Verulani libellus cum elucidatione gallico-latina Gulielmi Durandi. *Lutetiæ Parisiorum, ex officina Caroli Stephani*, 1555, pet. in-8.

Cette édition, décrite par Maittaire (*Annales*, III, p. 670), n'a pas été indiquée par M. Renouard. L'éditeur y a réimprimé l'épître de Guil. Durand à Est. Dolet datée de Lyon, *Cal. Quintil. Anno* 1542, extraite de l'édition ci-dessus. Il y a une édit. de Lyon, 1548, in-8. dans la *Biblioth. pinelliana*, II, p. 422, et une de Lyon, par Thibaud Payen, in-8. (selon Du Verdier, qui n'en marque pas la date). Le même opuscule a été réimpr. par Robert Estienne le second à Paris, en 1564 et en 1574; aussi à Paris, pour Guil. Buon, en 1570, in-8., sans compter les éditions qui ont pu paraître depuis 1574.

Le texte de ce petit poëme avait déjà été imprimé maintes fois, soit séparément, soit à la suite d'autres ouvrages de l'auteur, à la fin du XV⁰ siècle et au commencement du XVI⁰. On le trouve aussi quelquefois avec les *Auctores octo* dont nous avons parlé dans notre premier vol., col. 549, article AUCTORES; nous remarquons même qu'il est joint au traité de Jo. Sulpitius *De Arte grammatica*, dans l'édition d'Aquila, 1483, *die 19 Martis*, in-4., attribuée à Ad. Rothwil (*Audiffredi, Specim.* p. 6), et c'est là la plus ancienne date sous laquelle nous le trouvons.

— Les bonnes mœurs et honestes contenances que doit garder un jeune homme, tant à table qu'ailleurs, avec autres notables enseignemens, euvre composé en latin par M. Jean Sulpice de Saint-Albin dit Virulan, nouvellement tourné et traduit en rime françoyse par M. Pierre Broë, praticien de Tournon sur le Rhosne. *Lyon, Macé Bonhomme*, 1552, pet. in-8. de 38 pp.

Édition rare. 50 fr. mar. r. Coste. La Croix du Maine en indique une de Lyon, 1555, in-8., et il en existe une autre de *Paris, Leon Cavellat*, 1584, in-8. en caractères de civilité (La Valliere-Nyon, 14855).

SULTANINI (*Balt.*). Voy. PUTTANISMO romano.

SULZER (*J.-H.*). Die Kennzeichen der Insecten, etc.; Les Caractères des insectes, suivant Linné, représentés dans 24 planches avec leur histoire (en allemand). *Zürich*, 1761, pet. in-4. fig. color. [5948]

Vend. 40 fr. en 1798; 12 fr. De Bure.

— ABGEKÜRZTE Geschichte der Insecten, etc.; Histoire abrégée des insectes, selon le système de Linné (en allemand). *Winterthur*, 1776, 2 tom. en 1 vol. gr. in-4., avec 32 pl. color. 12 à 15 fr. [5949]

SUMA de todas las cronicas. Voy. BERGAMENSIS (*Jacobus-Phil.*).

SUMMA. Sūma collacionū (incipit) ad oē genus hominū. — *Finitū est hoc opus. Anno Domini 1. 4. 72. die 14. mensis Julii*, in-fol. à 2 col. de 40 lign. [3849]

Volume très-rare, qui passe pour avoir été impr. à *Bruxelles*, avec les caractères des *Frères de la vie commune*; il consiste en 111 ff. en tout, dont les deux derniers contiennent la table des matières : 150 fr. La Serna.

L'édition in-4. de 262 ff. à 27 lign. par page, caractères d'*Ulrich Zell*, n'a pas un haut prix, quoiqu'elle soit peut-être plus ancienne que la précédente.

Celle d'Augsbourg, par Ant. Sorg, M. cccc lxxv, in-fol. goth. de 204 ff., est bien décrite dans le *Repertorium* de Hain, n⁰ 7442, sous le nom de *Gallensis ordin. minor.*, qui est celui de l'auteur de cette somme; elle n'a pourtant que très-peu de valeur, de même que les autres édit. du même ouvrage postérieures à 1475.

SUMMA librorum, quos in omnibus scientiis, ac nobilioribus artibus, variis linguis conscriptos, vel antea nunquam divulgatos, vel utilissimis, et pulcherrimis scholiis, correctionibusque illustratos, in lucem emittet Academia Veneta. — *In Academia Veneta*, M.D.LIX, pet. in-4. de IV et 40 ff., dont un blanc. [31262]

L'Académie vénitienne a donné d'une année à l'autre deux éditions de ce catalogue ou prospectus des éditions qu'elle se proposait de mettre au jour; l'une en italien sous le titre de *Somma delle opere che... ha da mandare in luce l'Academia Venetiana*, M D LVIII, in-fol. de 31 ff. non chiffrés, suivis d'un f. blanc (il n'en a été tiré que 400 exempl. qui ont presque tous disparu) ; l'autre en latin sous le titre ci-dessus. Quoique cette dernière ait été tirée à 1100 exempl., plus 12 en Grand Papier, elle n'est

---

Sulzer (*G.-G.*). Dialetti chiamati Romani nel Tirolo, 111442.

Sulzer (*Fr.-Jos.*). Geschichte des Transalpinischen Daciens, 27921.

Sulzer (*J.-Geor.*). Nouvelle théorie des plaisirs, 3842. — Theorie der schönen Künste, 9117. — De l'Allégorie, 9179.

Sumavsky (*Jos.-Fr.*). Wörterbuch der slavischen Sprache, 11402.

guère moins rare, aujourd'hui, que la première,
33 fr. *mar.* Renouard ; 34 fr. demi-rel. Béarzi ;
1 liv. 10 sh. Libri, en 1859.

On sait que cette académie fut supprimée fort peu de
temps après son établissement, et qu'elle n'a réalisé qu'une très-petite partie de ses vastes projets :
son catalogue ne peut donc être d'une utilité réelle ;
pourtant sa préface, dont Renouard (3ᵉ édition,
p. 270) a donné un extrait, est assez curieuse.

SUMMARIO da bibliotheca luzitana. *Lis-*
boa, 1786-87, 3 vol. pet. in-8. [31663]

Extrait peu satisfaisant du grand ouvrage de Machado
(Diego Barbosa). Il a paru en même temps un
abrégé de cet extrait sous le titre de *Bibliotheca*
luzitana escolhida, 1 vol.

SUMMARIPA (*Georgio*). Chronica vul-
gare in terza rima de le cose geste nel
Regno Napolitano per anni numerati in
tutto novecento cinquantanove inco-
minzando al anno dela salute cinque-
cento trenta sette insino per tutto el
mille quatrocento nonantacinque. *Ve-*
netia, per Manfredo de Monfera,
M.CCCC.XCVI, in-4. goth. à 2 col. [14658]

Cette chronique en vers italiens est fort rare : 3 liv.
Libri, en 1859 ; 55 fr. Solar.

— Ecco il martyrio cum tutto il processo
formato in Trento per nouel Symone da
chan Judei tradito, e in croce messo :
Quiui tradutto in materno sermone da
Zorzi Summarippa ueronese... in terza
rima. (à la fin) : *In magnifica ciuitate*
Taruisii. Anno Christi M.CCCC.LXXX.
die XIIII *Iulii per Bernardinum cele-*
rium de luere, in-4.

Federici, p. 91-92, décrit ce volume, et il en rapporte
ainsi la souscription : *Explicit Martirium B. Si-*
monis Tridentini cum traductione processuum.
Impressum quidem hoc opus est in Magnifica
civitate Tarvisii. Anno Christi M CCCC LXXX *die*
XIIII. *Julii : per Bernardinum Celerium de Luere*
mira maximaque arte ac diligentia clariss. Lu-
dovico Vendramino Prætore anno Præf. Sere-
nissimo Imperio Ven. Duce inclyto Ioanne Mo-
cenigo. Ensuite le même Federici, *Memorie Tra-*
vigiane, p. 92 et 93, décrit trois autres opuscules :

1º DE B. SYMONIS Pueri Tridentini Martyrio cum
Joannis Heinderbachii Episcopi, et Principis Tridentini Panegyri. Quintii Æmiliani Cimbriaci Carmina
Elegiaca (ce sont environ trois cents vers). *Im-*
pressum in magnifica civitate Tarvisii anno
Christi M CCCC LXXX. *die* XIV *Julii per Bernar-*
dinum Celerium de Luere, in-4. Cet opuscule doit se
trouver dans la Bibliothèque impériale à Vienne :
peut-être est-il sans date, et lui a-t-on donné ici
celle de l'article suivant avec lequel il se sera
trouvé relié :

2º MARTYRIUM Sebastiani Novelli trucidati a perfi-
dis Judæis (dédié à Ant. Donatus, à Phil. Tronus, et à
François Aurius *per spectabilem Georgium Sum-*
maripam Veron.). A la fin : *Tarvisii impressum*
quidem est opus mira arte, et diligentia Bernar-
dini Cellerii de Luere An. Christ. M CCCC LXXX.
die XII *Madii...* in-4. caractères romains. (Dans la
Bibliothèque des Frères prêcheurs à Venise.)

3º ENNARRATIO sententiæ latæ a Sereniss. Venetorum imperio in infidos Judæos patrotores atque
participes Martyrii Beati Sebastiani Novelli in Por-
tubuffoletto Tarvisiano trucidati. — Ad Reverend...
Jacobum Zeno Ven. Patritium Episcop... edita per
nobilem et spectatæ fidei Virum Georgium Summa-
ripam Veron. = Datum in magna civitate Tarvisii

apud Fluvium Silerem anno Christianæ salutis millesimo quadringentesimo octuagesimo die quarta
septembris : Annuente Deo, et Marco, et ibidem
impressum penultima ejusdem, in-4. (Comme ci-
dessus, et se trouvait au même lieu.) Voyez HIN-
DERBACHIUS, SYLVESTER et TYBERINUS.

SUMME le roy. Voy. SOMME des vices.

SUMMONTE (*Gio.-Ant.*). Istoria della
città e regno di Napoli. *Napoli,* 1601-
34-43, 4 vol. in-4. [25715]

Les deux derniers volumes de cet ouvrage ont paru,
après la mort de l'auteur, par les soins de Domenico
Montanaro. Les 4 vol., augmentés des *Antichità di*
Pozzuoli de Ferrante Loffredo, du *Trattato de'*
bagni de Gio. Villani, et d'autres morceaux, ont été
réimprimés à *Naples,* 1675, 5 tom. en 4 vol. in-4.;
et depuis dans la même ville, 1748 et 1751, 6 vol.
in-4. fig. Cette dernière édition, augmentée de la
vie de l'auteur, est celle qu'on a préférée; mais ni
les unes ni les autres ne sont chères. Les 6 vol.
31 fr. Libri.

SUPERCHERIE d'amour. Voy. CHAZAN.

SUPERSTITIONS anciennes et modernes.
Voy. CÉRÉMONIES religieuses.

SUPINAS (*Angelus Cato*) de Benevento.
De cometa qui anno 1472 mense Januario apparuit. (*absque loci, typogr. et*
anni nota; 1472 aut ineunte 1473),
in-8. [8317]

Ce livre très-rare est un petit traité sur la comète de
l'année 1472, sans autre intitulé que cette adresse
en tête du 1ᵉʳ f. : *Reuerendissimo atq illustrissimo*
domino Don. Ioanni de Arrogonia (sic) sapien-
tissimi regis Ferdinandi filio Apostolico prtho-
notario dignissimo Angelus Cato Supinas de be-
neuento philosophus et medicus. Il est terminé par
cette souscription : *Hec enim collecta sunt mi*
illustrissime domine. Ex secretis phōrū ad ho-
noreȝ et gloriam illius qui unus est et ĩ Trinitate
Existit. Prima Marcy. M.CCCC.LXXII; et au-dessous de cette date se lit, en lettres capitales : *Ex*
Angelo Catone Supinate philosopho et medico.
Ce volume est en tout de 31 ff., sans chiffres, récl.
ni signatures, d'un caractère rond très-ancien, et
sans autre ponctuation que le point; encore ne
se trouve-t-il guère qu'avant les alinéa. Le format
paraît pet. in-4. ancien, mais c'est réellement un
in-8. pour le pliement du papier et la direction per-
pendiculaire des vergeures... Il est probable que
cette édition a été imprimée à *Naples,* où l'on voit
par le texte que l'auteur faisait sa résidence (M.).
Hain, nº 4706, décrit une édition qui paraît être la
même que celle-ci, mais à laquelle il ne donne que
29 ff. à 26 lignes par page. Il l'attribue aux presses
de Sixtus Reissinger.

Il existe sur la même comète un autre traité que nous
avons indiqué au mot JUDICIUM, et un autre encore
qui le sera à l'article THURECENSIS tractatus.

SUPPLÉMENT à la philosophie de l'his-
toire. Voy. LARCHER.

SUPPLEMENTUM, seu Summa que Ma-
gistrutia seu Pisanella vulgariter nuncupatur (a Nic. de Ausmo seu Auxmo).
Venetiis, Bartholomæus Cremonensis,
1473, *die ultimo Novembris,* in-fol.
[1192]

Supériorité au jeu des échecs, 10491.

Livre de peu de valeur, à moins qu'il ne soit imprimé sur VÉLIN, comme les deux exemplaires indiqués dans le catalogue de Pinelli, et qui furent vendus, l'un 9 liv., et l'autre sans doute plus beau, 15 liv. 10 sh. Ce dernier, 381 fr. Mac-Carthy.

— Liber qui dicitur Supplementum. — *Videlinus opus pressit spireus utrumɋ labe repurgatũ (crede) volumẽ emis.* ‖ *Impressum est sixto sacroń antistis* 4° ‖ *Et veneto troni principis imperio* (circa 1471), in-fol. goth. de 341 ff. à 2 col. de 46 lig.

Édition qui paraît être antérieure à celle de 1473. 1 liv. 5 sh. *mar. r.* Libri, en 1859.

— *In noie ·dñi ihesu X̃pi amẽ. Incipit liber qui dicitur supplementum.* — *Expletum feliciter Ianue X° Kalendas Julii. Millesimo quadrīgẽteᵒ.lii⁰ quarto* (1456), *per Mathiam mõrauum de olomunꞇ et Michaelem de monacho sotium eius,* pet. in-fol.

Cette édition, imprimée à *Gênes,* est beaucoup plus rare que la précédente ; elle est surtout remarquable par la faute qui s'est glissée dans sa date. Le P. Audiffredi pensait qu'au lieu de 1456, il fallait lire 1474, en supposant deux X pour deux unités : 20 fr. Brienne-Laire.

SUPPLICATION à Nostre-Dame. Voyez NESSON.

SUR le bonheur des sots. Voy. NECKER.

SUREAU. Confession et recognoissance de Hugues Sureau, dict du Rosier, touchant sa cheute en la papauté, et les horribles scandales par luy commis. *Basle, Martin Cousin,* 1574, pet. in-8. [1937]

Un exemplaire en *mar. r.* 25 fr. Catal. de L. Potier, 1860, n° 2492.

SURENHUSIUS. Voy. MISCHNA.

SURINGAR (*W.-H. D.*). Ciceronis vita. Voy. II, col. 49.

— Historia scholiastarum latinorum, 30049.

SURIREY DE SAINT-REMY (*Pierre*). Mémoires d'artillerie ; 3ᵉ édition. *Paris,* 1745, 3 vol. in-4. fig. 15 à 20 fr. [8681]

SURITA. Voy. CURITA.

SURIUS (*Laur.*). Voy. LIPOMANUS.

SURPRISE (la) et fustigation d'Angoulvent, poëme héroïque adressé au comte de Permission par l'Archipoète des Poispilez. *Paris,* M. DC. III, pet. in-8. de 12 pp. chiffrées. [13920]

Pièce rare : vend. 15 fr. La Valliere ; 24 fr. Bonnier. (Voy. ANGOULVENT.) Elle est réimprimée dans le VIIIᵉ vol. des Variétés publiées par M. Ed. Fournier.

Suranol (*Jwan* Neste). Voy. Rousset.
Surgentis (*M.-A.*). De Napoli illustrata liber, 25760.
Surius (*Bern.*). Voyage de Jérusalem, 20561.

SURREY (*Henry* Howard, earl of) and sir Th. Wyatt's poetical Works, with notes by the Rev. G. F. Nott. *London,* 1815-16, 2 vol. in-4. [15749]

Belle édition, publiée au prix de 7 liv. 7 sh., et mise ensuite au rabais à 1 liv. 10 sh. Vend. en Gr. Pap. *mar. bl.* 4 liv. 4 sh. Hibbert.

Les poésies du comte de Surrey appartiennent au XVIᵉ siècle. Les éditions originales qui en ont été faites sont des curiosités anglaises d'une assez haute valeur, et au sujet desquelles on peut consulter le Manuel de Lowndes, 1ʳᵉ édition, p. 1761. La plus ancienne édition des *Songes and Sonettes,* celle de Londres, *apud Richardum Tottell,* 1557, pet. in-8. de 120 ff., a été vend. 12 liv. Heber. Il y en a une autre in-8. goth. sous la même date. Celle de 1559, par R. Tottell, in-8. de 120 ff., décrite dans la *Bibliotheca grenv.,* p. 702, n'est pas porté dans Lowndes, in-8., non plus que celle de 1574, in-8. goth. de 120 ff., par le même Tottell, vendue 14 liv. 5 sh. Heber, IV, n° 2563. L'évêque Percy a fait imprimer une copie de l'édition de 1557, in-8., tirée à petit nombre, et qui s'est vendue 1 liv. 15 sh. Heber. Parmi les éditions modernes des œuvres de ce noble poëte, celle de *Londres, S. Nichols,* 1807, 2 vol. in-8., publiée par les soins de l'évêque Percy et de Geor. Steevens, est devenue rare, parce que presque tous les exemplaires ont été réduits en cendre lors de l'incendie de l'imprimerie de J. Nichols.

— THE POEMS of the earl of Surrey and sir Th. Wyatt : with original memoirs. *London, Pickering,* 1831, 2 vol. pet. in-8. 18 sh.

SURSE de Pistoye. Jci commence la controuersie de noblesse plaidoyee entre Publius Cornelius Scipion dune part. Et Gayus Flaminius de autre part. Laquelle a este faicte et composee par vn notable docteur en loix et grant orateur nomme Surse de pistoye (et trad. en français par Jean Mielot). — *Fin de ceste controuersie, etc.,* in-fol. goth. [28782]

Cet ouvrage, qui consiste en 30 ff., est accompagné d'un autre opuscule de 9 ff., intitulé : *Cy commēce ung debat entre trois chevalereux princes (Alexandre, Annibal et Scipion),* qui entre ainsi en matière : (*Pour ce que cy dessus on p̃mier traittie a este dispute de noblesse par maniere de controuersie entre Cornelius Scipion et Gaius Flaminius...* Le tout est imprimé à longues lignes, au nombre de 23 par page, avec les mêmes caractères que le *Jardin de dévotion ;* édition de Bruges, par Colard Mansion, vers 1475 (voyez JARDIN). C'est un opuscule fort rare dont Van Praet ne connaissait que sept exemplaires. Il a légué le sien à la Bibliothèque impériale ; le second exemplaire conservé à Paris est dans la Biblioth. Mazarine.

La *Controversie de noblesse* a été réimprimée avec quelques changements dans le livre intitulé : *Gouvernement des princes,* Paris, Verard, 1497, in-fol. (Voyez ARISTOTE.) L'auteur, que Colard Mansion nomme Surse de Pistoye dans l'édition ci-dessus, est nommé *Bonne Curse de Pistoye* dans un manuscrit de la bibliothèque des ducs de Bourgogne, à Bruxelles ; ce qui se rapproche davantage de *Bonacursius,* nom que porte l'original latin de l'ouvrage, qui, selon Panzer, tome IV, p. 99, et Hain, 3459, a paru sous le titre suivant : *Orationes Bonacursii oratoris clarissimi de vera nobilitate mag. a virtute quam divitiis orta,* in-4. goth. de 12 ff., ou de 32 ff. y compris *Tractatulus de miseria curialitium... per Eneam filium de pecolominibus,* en 20 ff., sans lieu ni date et sans chiffr., réclames ni signatures. Une autre édition de cette déclamation latine est portée sous le titre ci-dessous dans la *Bibliothèque héraldique* de M. Guigard, n° 4976 :

Bonagarsi Pistoriensis, Legum doctoris consultissimi oratorisꝗ percelebris Declamatio. Inter Publium Cornelium Scipionē et Cayum Flamineum de Nobilitate disceptantes. (à la fin) : *Impositus est declamationi periocundæ finis. In celebre Vniuersitate Louaniensi. Ioanne Lucenburchensi mendarum vindicatore. Et Magistro Theodorico alostensi impressore solertissimo Anno Natalis christiani millesimo quingentesimo primo ad calendas decembris*, pet. in-4. de 12 ff. dont un bl., caractères ronds.

Il est fort douteux que ce Bonagarsi ou Bonne curse soit, comme nous l'avions conjecturé, le même que *Buonaccorso da Montemagno* dit *le jeune*, dont quelques opuscules italiens, en vers et en prose, sont imprimés avec ceux d'un autre Buonaccorso (voy. Montemagno). Au surplus, il n'est pas même certain que le discours *De Nobilitate* soit de Bonacursius, car Fossi, *Catalogus biblioth. magliab.*, tom. I, p. 429, en décrit une édition in-4. de 24 ff. en lettres rondes, imprimée vers 1470, où se lit le nom de *Leonardus Brunus Aretinus*.

SURTEES (*Rob.*). The history and antiquities of the county palatine of Durham, compiled from original records..., and illustrated by engravings of architectural and monumental antiquities, portraits of eminent persons, etc. *London, Nichols,* 1816-21-40, 4 vol. in-fol. fig. [27160]

Ces 4 vol. coûtent de 18 à 21 liv., et plus en Gr. Pap.

SURYA-SIDDHANTA (the), an antient system of Hindu astronomy; with Ranganatha's exposition, the Gudhartha-Prakasaka. Edited by Fitz Edward Hall, with the assistance of Pandit Bapu Deva Sastrin. *Calcutta,* 1859, in-8. [8217]

Texte sanscrit.

SUSATO (*Thielman*). Livre des chansons (31) à 4, 5 et 6 parties. *En Anvers,* 1543, in-8. obl. [14263]

C'est le premier livre d'un recueil qui en a XIV, et dont le dernier, publié en 1560, est dû à Cipriano de Rore.

— Ecclesiasticarum cantionum (4 vocibus) libri I-IV; 5 voc., libri V-XIV; 5 et 6 voc., liber XV. *Antuerpiæ, excud. Thielm. Susato,* 1553-57, in-8. obl.

Recueil contenant plus de 300 morceaux par 57 compositeurs, au nombre desquels se trouve encore Susato. Le 15ᵉ livre est entièrement d'Orlande de Lasso (voy. Lassus). — Le même Susato a fait paraître à Anvers, de 1554 à 1556, un autre recueil en 6 vol. in-8., intitulé : *Evangelia dominicorum et festorum dierum, musicis numeris comprehensa,* où sont réunis 252 morceaux à quatre, cinq, six et huit voix, composés par 75 musiciens, y compris Susato lui-même. M. Schmid est d'avis que ce dernier recueil est probablement celui qui a été réimprimé, à la même époque, par Joh. von Berg et Ulrich Neuber à Nuremberg.

SUSO (*Henr.* de), ou Jean de Sousaube. Voy. Orloge de sapience.

SUS-RUTAS, Ayuverdas, id est medicinæ systema a venerabili D'Havantaræ demonstratum, a Susruta compositum, ex sanscrita primum in latinum vertit, introductionem, annotatïones indicemque adjecit F. Hessler. *Erlangæ, Enke,* 1844-50, 3 part. en 1 vol. gr. in-8. 50 fr. [6612]

Le texte sanscrit de cet ouvrage avait déjà été publié sous le titre suivant :

The Susruta, or system of medicine, taught by Dhanwantari, and composed by his disciple Susruta; edited by Sri Madhusudana Gupta. *Calcutta,* 1836, 2 vol. in-8.

SUSSANNÆI (*Huberti*) Dictionarium ciceronianum; et ejusdem epigrammatum libellus. *Parisiis, apud Simonem Colinæum,* 1536, in-8. — Ludorum libri nunc recens conditi atque editi : accessit enodatio aliquot vocabulorum, quæ in aliis dictionariis non reperiuntur, aut forte paucula aliter explicantur, ex collectaneis ejusdem. *Paris., apud Sim. Colinæum,* 1538, in-8. 6 à 9 fr. [12937]

On remarque dans les *Ludi* un sixain *ad Rablæsium cum esset in Montepessulano.*
Parmi les autres ouvrages de ce philologue se trouve le suivant : *Vita martyrum Gervasii et Prothasii fratrum, cum descriptione Suessonensis ciuitatis* (cujus illi sunt Divi tutelares); *per H. Sussannæum ejusdem loci ciuem: Parisiis, ex officina Colinæi,* 1543, in-4. — Voir l'Index de Maittaire, II, p. 270.

SUTHERLAND (*Elisabeth* de Stafford, duchesse countess of). Views of the northern and western coast of Sutherland, drawn by the duchesse countess of Sutherland, engraved by Mʳ F.-C. Lewis, in-fol. [27391]

Tiré à petit nombre. — Voy. Views in Orkney.

SUYS. Palais Massimi à Rome; plans, coupes, élévations, profils, voûtes et plafonds des deux palais Massimi, dessinés et publiés par F.-T. Suys et L.-P. Haudebourt. *Paris,* 1818, in-fol. atl. pap. vél. [9835]

Vend. 49 fr. Hurtault, et moins depuis.

SUZE (La). Voy. Lasuze.

SVENSK Botanik. Voy. Palmstruch.

SVIGNINE (*Paul*). Description des objets les plus remarquables de Saint-Pétersbourg et de ses environs. *Pétersbourg,* 1816 et 1817, in-4. fig. [27787]

Nous avons vu les deux premières livraisons de ce livre, contenant 6 pl. chacune, avec le texte en russe et en français. M. Quérard en indique une troisième sous la date de 1818.

SWAINSON (*William*). Zoological illustrations; or original figures and descriptions of new, rare, or otherwise interesting animals, selected chiefly from the classes of ornithology, entomology, and conchology, arranged on the principles of Cuvier. *London, Baldwin,* 1820, and following years, gr. in-8. fig. color. [5607]

Cet ouvrage d'un naturaliste distingué est remarquable surtout sous le rapport ornithologique, et pour l'exactitude des planches. La première série, en 3 vol. in-8.; la seconde a paru de 1829 à 1833, également en 3 vol. gr. in-8., avec 136 pl. color. Les 6 vol. sont portés à 8 liv. 2 sh. dans le catal. de H. Bohn pour 1841, et dans celui de Willis pour 1862, où l'on annonce aussi l'ouvrage suivant du même artiste:

ORNITHOLOGICAL drawings, being figures of the rarer and most interesting birds of Brazil, gr. in-8. contenant 68 pl. color. 2 liv. 2 sh. [5790]

Il a paru depuis:

A SELECTION of the birds of Brazil and Mexico, by W. Swainson, 1841, gr. in-8., contenant 78 pl. color. 2 liv. 10 sh. 6 d.

— EXOTIC conchology, or figures and descriptions of rare, beautiful, or undescribed shells, with descriptions systematically arranged on the principles of the natural system, by W. Swainson; the second edition, edited by Sylvanus Hanley. *London,* 1841, in-4., avec 47 pl. color. 1 liv. 15 sh. [6141]

SWAMMERDAMM (*Joannes*). Biblia naturæ, sive historia insectorum, in classes certas redacta, etc.' (belgice), cum præfatione Herm. Boerhaave; lat. versionem adscripsit Hier.-David Gaubius. *Leydæ,* 1737-38, 2 tom. en 3 vol. in-fol., cum 53 tab. 20 à 25 fr. [5956]

Vend. en Gr. Pap. 70 fr. v. f. Patu de Mello; 32 fr. Borluut.

Cet ouvrage a été traduit en allemand, *Leipzig,* 1752, in-fol., et en anglais, par Th. Flloyd, sous le titre de *The Book of nature,* avec des notes de J. Hill, *London,* 1758, in-fol., avec 53 pl.

L'*Histoire générale des insectes, par Swammerdam,* Utrecht, 1685, in-4. fig., est à très-bas prix. [5955] C'est la traduction du texte hollandais, impr. à *Utrecht,* en 1669, in-4.

Le tome V de la Collection académique, partie étrangère, contient une traduction française du *Biblia naturæ,* avec des notes par Savary, Guéneau de Montbeliard, etc.

SWAN (*J.*). Demonstration of the nerves of the human body, founded on the subjects of the collegial prizes, adjuged by the royal college of surgeons. *London, Longman,* 1832-34, gr. in-fol. [6798]

Cinquante belles pl. gravées par Finden, d'après les dessins d'E. West, et publiées en 4 cahiers: 12 liv. 12 sh. Il a paru, en 1834, une édition du même ouvrage in-4., en 25 pl. 1 liv. 8 sh.; et depuis une traduction française, avec des additions par E. Chassaignac, *Paris, Baillière,* 1838, in-4., avec les 25 mêmes pl. 24 fr. (sous le titre de *Névrologie*).

— ILLUSTRATIONS of the comparative anatomy of the nervous system. *London,* 1836-1840, parts 1 à 6, in-4. fig. [6801]

SWARTZ (*Olav.*). Flora Indiæ occidentalis, illustrata et aucta.. *Erlangæ,* 1797-1806, 3 vol. in-8. fig. 24 fr. [5273]

On a aussi du même auteur: *Icones plantarum incognitarum, etc.,* Erlangæ, 1794, in-fol., ouvrage dont il n'a paru qu'un cah. de 13 pl.; et *Lichenes americani,* Norimb., 1811, in-8, *fasc. primus, cum 18 tab. color.*

— SYNOPSIS filicum, earum genera et species systematice complectens. *Kiliæ,* 1806, pet. in-8. fig. 16 fr. [5406]

ADNOTATIONES botanicæ, quas reliquit Olav. Swartz, post mortem auctoris collectæ, examinatæ, in ordinem systematicum redactæ atque notis et præfatione instructæ a Jo.-Em. Wikström. *Holmiæ,* 1829, in-8. fig.

— Observationes botanicæ, 5001.

— Flore suédoise. Voy. PALMSTRUCH.

SWEDENBORG (*Eman.*). Opera philosophica et mineralia. *Dresdæ,* 1734, 3 vol. in-fol. fig. 12 à 18 fr. [4690]

Ouvrage peu recherché. Vend en Gr. Pap. *m. r.* 44 fr. Patu de Mello.

— ŒCONOMIA regni animalis; transactiones I et II. *Lond.,* 1740-41 (ou nouv. titre, *Amsterd.,* 1742), 2 part. in-4.

— REGNUM animale, anatomice, physice et philosophice perlustratum. *Hagæ-Comit.,* 1744, et *Londini,* 1745, 3 tom. en 2 vol. in-4. [5581]

On ne trouve que difficilement ces trois parties réunies: 12 à 18 fr.

— DE COELO et ejus mirabilibus, et de inferno, ex auditis et visis (auctore Em. Swedenborgio). *Londini,* 1758, in-4. 6 à 9 fr. [2203]

Les *Merveilles du ciel et de l'enfer* ont été trad. en français (par D. Pernetti), *Berlin,* 1782, 2 vol. in-8. On trouve en tête de cette traduct. l'éloge de l'auteur et le catalogue de ses ouvrages, par de Sandel.

— SAPIENTIA angelica de divino amore et de divina sapientia (auct. Eman. Swedenborgio). *Amstelodami* (1763), in-4. 6 à 8 fr. [2198]

Réimpr. à Tubingen, en 1855, in-8., par les soins de Jo.-Fr.-Im. Tafels, qui avait déjà publié à Stuttgart, en 1843, *Sapientia angelica de divino amore* de Swedenborg, d'après l'édit. d'*Amsterdam,* 1758.

— LA SAGESSE angélique sur l'amour divin, sur la sagesse divine et sur la divine providence, trad. du lat. 1786, 2 vol. in-8.

— APOCALYPSIS revelata, in qua deteguntur arcana quæ ibi prædicta sunt. *Amstelodami,* 1766, in-4. 6 à 8 fr. [2197]

L'APOCALYPSE expliquée selon le sens spirituel, où sont révélés les arcanes qui y sont prédits, et qui, jusqu'à présent, ont été profondément cachés; ouvrage posthume d'Emmanuel Swedenborg, trad. du latin par J.-F.-E. Le Boys des Guays. *Paris, Minot,* 1861, 7 vol. in-8.

APOCALYPSE explained. *Boston,* 1846-47, 5 vol. in-8.

Voici l'indication de quelques autres ouvrages du même auteur:

DE CULTU et amore Dei, ubi agitur de telluris ortu, paradiso et vivario. *Londini,* 1745, in-4.

DE ULTIMO judicio et de Babylonia destructa. *Londini,* 1758, in-4.

DU JUGEMENT dernier et de la Babylone détruite. *Londres,* 1787, 2 part. in-8.

DE EQUO albo in Apocalipsi, cap. XIX, etc. *Londini,* 1758, in-4.

DE TELLURIBUS in nostro mundo solari, quæ vocantur planetæ, et de telluribus in cœlo astrifero. *Londini,* 1758, in-4.

ARCANA cœlestia quæ in Genesi et in Exodo sunt detecta. (*Londini*), 1749-56, 8 vol. in-4.

ARCANA cœlestia, quæ in Scriptura sacra, seu verbo Domini sunt detecta : Hic quæ in Exodo, una cum mirabilibus quæ visa sunt in mundo spirituum et in cœlo angelorum. Ad fidem edit. princip. 1749-55. Londini excusæ denuo castig. edidit Jo.-Fr.-Im. Tafel. *Tubingæ*, 1833-41, 13 vol. in-8. 120 fr. ; — pap. fin, 156 fr. ; — pap. vélin, 187 fr. L'édition de Londres, 1802-1810, est aussi en 13 vol. in-8.

HEAVENLY Arcana. *Boston*, 1837-48, 13 vol. in-8. y compris l'index.

DOCTRINA novæ Hierosolymæ de Domino. *Londini*, 1758, vel *Amstelod.*, 1763, in-4. 6 à 9 fr. [2199]

DE LA NOUVELLE Jérusalem et de sa doctrine céleste (trad. par Chastanier). *Londres*, 1782, in-8.

TABLEAU analytique et raisonné de la doctrine céleste de l'église de la nouvelle Jérusalem, ou précis des œuvres théologiques de Swedenborg. *La Haye*, 1786, in-8.

SUMMARIA expositio doctrinæ novæ ecclesiæ. *Amstel.*, 1769, in-4. 4 à 6 fr. [2200]

EXPOSITION sommaire de la nouvelle église, trad. du latin (par Chastanier). *Paris*, 1797, in-8.

DE COMMERCIO animæ et corporis. *Londini*, 1769, in-4.

DU COMMERCE de l'âme et du corps, trad. (par Parraud). *Paris*, 1785, in-12.

VERA christiana religio, seu universalis theologia. *Amstel.*, 1771, in-4. [2201] — .Appendix. *Lond.*, 1780, in-4.

La traduction française de ce livre a été publiée à *Paris*, an X (1802), in-8.

DELICIÆ de amore conjugali, et voluptates insanæ de amore scortatorio. *Amstel.*, 1768, in-4. 6 à 9 fr. — Réimpr. à Tubingen, en 1841, in-8., par les soins de L. Hofæker.

TRAITÉ curieux des charmes de l'amour conjugal dans ce monde et dans l'autre, traduit par Brumore (Guyton). *Berlin*, 1784, in-12. 4 à 5 fr. [2204]

PRODROMUS philosophiæ ratiocinantis, de infinito, de causa creationis, et de mechanismo operationis animæ et corporis. *Dresdæ*, 1734, in-8., sive 1773, in-4. 6 à 8 fr. [2202]

SUMMARIA expositio sensus interni prophetarum et psalmorum. *Lond.*, 1784, in-4.

CLAVIS hieroglyphica arcanor. natur. et spiritual. *Londini*, 1784, in-4.

SWEDENBORG, Diarii spiritualis partes VII; e chirographo ejus in Bibliotheca regiæ universitatis upsaliensis et Academ. holm. asservato nunc primum edidit Jo. Fr.-Im.-Tafel. *Tubingæ, Verlags-Expedition*, 1843-46. 7 part. en 9 vol. in-8., portr. et fac-simile. 96 fr. [2202]

ŒUVRES de Swedenborg, trad. par J.-P. Moët, et publ. par un ami de la vérité. *Paris*, *Treuttel et Würtz*, 1819-24, 12 vol. in-8.

A sa mort, Moët a laissé la traduction d'une grande partie des ouvrages de Swedenborg, ce qui aurait pu former au delà de 40 vol. ; mais il n'a été publié que les 12 vol. ci-dessus, contenant : I. *Du ciel et de l'enfer* ; II et III. *De la vraie religion* ; IV. *Nouvelle Jérusalem* ; V. *Doctrine de la vie pour la nouvelle Jérusalem* ; VI et VII. *De la sagesse évangélique* ; VIII et IX. *L'Apocalypse révélée* ; X. *Délices de la sagesse sur l'amour conjugal, et les voluptés de la folie sur l'amour scortatoire* ; XI. *Dernier jugement de la Babylone détruite* ; XII. *Des terres dans notre monde solaire, qui sont nommées planètes, etc.*

ABRÉGÉ des ouvrages de Swedenborg (par Daillant de La Touche). *Stockholm et Strasb.*, 1788, in-8.

A COMPENDIUM of the theological and spiritual writings of Emanuel Swedenborg, being a systematic and orderly epitome of all his religious works, selected from more than thirty volumes, and embracing all his fundamental principles, with an appropriate introduction, prefaced by a full life of the author; with a brief views of all his works on sciences, philosophy and theology. *New-York*, 1853, or *Boston*, 1854, in-8.

SWEERTIUS (*Emman.*). Florilegium amplissimum et selectissimum. *Francofurti*, 1612, seu *Amstelodami*, 1620 et aussi 1631, in-fol., 67 et 43 pl. [4952]

Cet ouvrage a été longtemps estimé, ainsi qu'on en peut juger par le nombre des réimpressions qui en ont été faites ; mais il est aujourd'hui à bas prix : 6 à 9 fr. l'une ou l'autre édit. Celle de 1647, Gr. Pap., 21 fr. L'Héritier ; et avec fig. color., 40 fr. Crevenna.

SWEET (*Robert*). Geraniaceæ, or natural order of geraniums. *London*, 1820-30, 5 vol. gr. in-8. fig., avec 500 pl. color. 5 liv. 5 sh. [5489]

—The british flower garden, containing coloured figures and descriptions of the most ornamental and curious herbaceous plants. *London*, 1830-39, 7 tom. en 4 vol. gr. in-8. [5180]

Deux séries contenant 712 pl. avec autant de feuillets de texte.

Aussi sous le titre d'*Ornamental flower garden and shrubberry*, London, Willis, 1852-54, 4 vol. gr. in-8., avec 288 pl. color. 4 liv. 4 sh.

—FLORIST's guide, and cultivator's directory containing coloured figures and description of the choicest flowers cultivated by florists. *London*, 1827-32, 2 vol. in-8., avec 200 pl. color. 4 liv. 4 sh. [4969]

Le même botaniste a encore publié :

CISTINEÆ, or natural order of Cistus or Rock Rose. *Lond.*, 1828, gr. in-8., avec 112 pl. 2 liv. 2 sh. [5490]

FLORA australasica, or a selection of handsome or curious plants natives of New-Holland and the South Sea islands. *Lond.*, 1828, gr. in-8., avec 56 pl. color. 2 liv. 2 sh. [5302]

— Hortus botanicus, 3181.

SWERRE. Anecdoton historiam Swerreri regis Norvegiæ illustrans, e codice membranaceo bibliothecæ Arna-Magnæanæ, cum versione latina et commentario a Christ. Werlauff. *Hafniæ*, 1815, in-8. de LXXII et 108 pp. [27619]

Traité de droit public écrit en ancienne langue islandaise par Swerre, roi de Norwége, à qui l'on attribue le Miroir royal, imprimé en 1768. —Voyez KONGS-SKUGG-SIO.

SWERTIUS. Epitaphia jocoseria, lat., gall., ital., hisp., lusit., belg., Franc. Swertius collegit. *Coloniæ*, 1623, seu 1645, pet. in-8. 6 à 8 fr. [12611]

SWIETEN. Voy. VAN SWIETEN.

SWIFT (*Jonathan*). Works, with the life

Swedlaur (*Fr.*). Nosologia, 7098. —Maladies syphilitiques, 7271. — Pharmacopœa, 7659.

Swertius (*F.*). Annales belgici, 24904.

Swertius (*P.*). Chronicon Oratorii, 21869.

Swetchin (Mad. de). Sa vie, ses œuvres et ses lettres, 30983.

Swieten (van). Voy. Van Swieten.

by Th. Sheridan; a new edition, with notes, corrected and revised by J. Nichols. *London*, 1801 (aussi 1808), 19 vol. gr. in-8. 60 à 80 fr., or 1803, 24 vol. gr. in-18, 40 à 50 fr. [19343]

— Swift's Works, with an essay on the life of Swift by Barrett. *London*, 1809, 19 vol. in-8. 70 à 90 fr.

— Works, containing additional letters, tracts and poems, not hitherto published; with notes, and a life of the author by Walter Scott. *Edinburgh*, 1824, 19 vol. in-8. 10 à 12 liv.

Seconde édition du Swift de Walter Scott; elle est devenue assez rare. — La première. d'Edimbourg, 1814, aussi en 19 vol. in-8., coûte de 6 à 8 liv., et plus en Gr. Pap. Elles sont, l'une et l'autre, plus complètes que les éditions anciennes, dont les principales sont : 1° de *Londres*, 1755-68, 14 vol. in-4., y compris les lettres, en 4 vol., et le supplément, en 1 vol. (donné en même temps en 25 vol. in-8.). — 2° avec des notes du Dr Hawkesworth, *Lond.*, 1768-75, 25° vol. in-8. (aussi 27 vol. pet. in-8. ou in-18). — 3° édition arrangée par Th. Sheridan, 1784, 17 vol. gr. in-8.

— Works complete with life of the author, by Roscoe. *London*, 1851 (ou 1859), 2 vol. gr. in-8. 1 liv. 6 sh.

— Poetical Works complete, with life by J. Mitford. *London*, *Pickering*, 1853, 3 vol. in-8. 1 liv. 1 sh.

— Voyages de Gulliver (traduits de l'anglois de Swift par l'abbé Desfontaines). *Paris*, *Jacques Guérin*, 1727, 2 tom. en 1 vol. in-12.

On réunit à cette édition originale de la traduction de cet ingénieux roman *Le Nouveau Gulliver*, ou *Voyage du capitaine Gulliver, traduit du manuscrit anglais par M. L. D. F.* (ou plus exactement composé par l'abbé Desfontaines). *Paris*, *veuve Clousier*, 1730, 2 tom. en 4 vol. in-12. Quoique ces 4 tom. en 2 vol. valent à peine 10 fr., il a été payé 306 fr., à la vente Veinant, un exemplaire en *mar.* vert, relié par Trautz.

— La même traduction. *Paris*, *de l'imprimerie de P. Didot l'aîné*, an VI (1797), 4 vol. in-18, fig. 8 à 10 fr. — Pap. vél., 12 à 15 fr. — Gr. Pap. vél., 20 à 30 fr. [17723]

On a tiré deux exempl. de ces 4 vol. sur VÉLIN.

Cette édition a été reproduite en 1860, à Paris, à l'imprimerie Lahure, par les soins de Alph. Lemerre, et tirée à 150 exemplaires, auxquels on a joint les gravures de l'édition de l'an IV.

VOYAGE de Gulliver, édition illustrée par Grandville; traduction nouvelle, précédée d'une notice par Walter Scott. *Paris*, *Furne*, 1838, 2 vol. in-8., avec plus de 400 gravures sur bois imprimées dans le texte. 18 fr.

La première édition du texte anglais de ce roman a paru sous le titre suivant :

TRAVELS into several remote nations of the world, in four parts; by Lemuel Gulliver, first a surgeon and then a captain of several ships. *London*, *Benj. Motte*, 1726, in-8. portraits.

— Le Conte du tonneau, contenant tout ce que les arts et sciences ont de plus sublime, traduit de l'anglois de Jonathan Swift (par Van Effen). *La Haye*, 1721, 2 vol. in-12, fig. [18430]

Gr. Pap., 25 fr. *mar*. La Valliere; 20 fr. Méon.

L'édition de *La Haye*, 1732, 2 vol. in-12, est la meilleure; en 1733, on y a ajouté un 3° vol., renfermant

divers ouvrages du même auteur, et qui est plus rare que les deux autres. Il y a aussi une édition de 1741, en 3 vol. in-12.

— OPUSCULES humoriques de Swift, traduits pour la première fois par Léon de Wailly. *Alençon et Paris*, *Poulet-Malassis*, 1859, in-12.

— Swiftiana, 18555.

SWINBURNE (*Henry*). Travels through Spain, in the years 1775-76. *London*, 1779, gr. in-4. fig. 12 à 15 fr. [20142]

L'édition de *Londres*, 1787 ou 1790, 2 vol. gr. in-8. fig. 10 à 12 fr.

— PICTURESQUE tour through Spain, with 20 engravings by Angus, Metland, Watts, etc. *London*, 1806, in-fol. 20 à 24 fr.

— TRAVELS in the two Sicilies, in the years 1777, 78, 79 and 80. *London*, 1783-85, 2 vol. gr. in-4. fig. 24 à 30 fr. [20222]

L'édit. de *Londres*, 1790, 4 vol. in-8. fig. 20 à 30 fr.

— VOYAGE des Deux-Siciles, traduit de l'anglais (par J.-B. de La Borde). *Paris*, *de l'imprim. de Didot l'aîné*, 1785-86, 4 vol. gr. in-8. 15 à 20 fr.; — pap. fin d'Annonay, 24 à 30 fr.

On ajoute, comme 5° volume, à cet ouvrage, le *Voyage en Sicile de Denon*, Paris, 1788, gr. in-8., dont il y a un petit nombre d'exemplaires en papier d'Annonay (sous la date de 1787), avec le *Voyage de Bayonne à Marseille*, par Swinburne, qui n'est pas dans les exemplaires en pap. ordinaire, et qui occupe les pp. 249 à 355; on trouve aussi, dans quelques exempl. de cette dernière partie, la carte des Pyrénées, dressée par les soins de M. de La Borde. Un exempl. des 5 vol. *mar.*, avec 60 dessins color. faits en 1793, 305 fr. Labédoyère.

VOYAGE en Espagne, trad. de l'anglais (par de La Borde). *Paris*, *de l'imprim. de Didot l'aîné*, 1787, gr. in-8.

Volume qu'il faut joindre aux cinq précédents : 3 à 4 fr., et plus en papier fin d'Annonay.

Les 6 vol. pap. fin, rel. en *mar*. vert, 120 fr. en 1809; 78 fr. 50 c. Chateaugiron; en 5 vol. br. 21 fr. Renouard. Un exempl. des cinq vol. de Swinburne, imprimé sur VÉLIN, 499 fr. Galitzin.

SWINTON (*Joan.*). Inscriptiones citieæ, sive in binas inscriptiones phœnicias conjecturæ; accedit de nummis quibusdam samaritanis et phœniciis dissertatio. *Oxonii*, *e Th. sheld.*, 1750, gr. in-4. fig. [29962]

Vend. 12 fr. Librairie De Bure.

SWOTLIK (*G.-H.*). Vocabularium latino-serbicum. *Budæ*, 1721, in-8. [10898]

SY (le marquis de). Voy. MÉLANGES de poésies.

SYDENHAM (*Thom.*). Opera medica. *Genevæ*, *de Tournes*, 1749 (aussi 1757). 2 vol. in-4. 8 à 10 fr. [6631]

— WORKS, with a variety of annotations by G. Wallis. *London*, 1788, 2 vol. in-8. 10 à 12 fr.

La médecine pratique de Sydenham a été trad. en français, avec des notes, par A.-F. Jault, *Paris*, 1774, in-8.; — et, nouvelle édition, revue et augmentée de notes par J.-B.-Th. Baumes, *Montpellier*, 1816, 2 vol. in-8. On a aussi publié à *Montpellier*, en 1816, une autre édition de Sydenham, avec une notice sur la vie et les écrits de ce médecin célèbre par M. Prunelle.

— Sydenham Society of publications, 19458.

SYDNEY. Voyez SIDNEY.

SYDOT (*J.-B.*). Relacion del viage que hizo el abad Don Juan Bautista Sydot desde Manila al imperio del Japon, embiado por nuestro S. Padre Clemente XI; sacada por fray Augustin de Madrid. (*sans lieu ni date*), in-fol. [20764]

Cette relation commence à l'année 1704 et finit en 1717. Elle a été rédigée d'après les papiers de l'abbé Sydot, par le frère Augustin. Elle est décrite dans la *Biblioth. grenvil.*, p. 704.

SYDRACH. La fontaine de|toutes scièces| du philosophe | Sydrach. (au recto du dern. f.) : *Cy finist le liure que Sydrach phi|lozophe a fait, lequel liure est la fontai | ne de toutes siences imprime a paris le | xx. iour de feurier Mil cccc huitā | te et six pour anthoine v̄erad* (sic) *libraire | demourāt a paris sur le pōt nostre dame | a lymage saint iehan leuangeliste ou | au palaiz au premier pillier deuant la | chapelle ou on chāte la messe de messei | gneurs les presidens* (la marque de Verard), pet. in-fol. goth. à 2 col. de 36 lign. [3707]

Première édition de ce livre curieux, où, à des demandes fort singulières, sont faites des réponses plus singulières encore. Il y a 22 ff. prélimin. sous les signat. A—C, contenant le titre, en quatre-lignes, le prologue et la table. Le texte a 164 ff. non chiffrés, sous les signat. *a—yiii*, par cah. de 8 et de 6 ff. Une gravure sur bois est placée au commencement du texte. Vend. 2 liv. 1 sh., exemplaire médiocre, Heber ; en mar. r. 425 fr. Bertin, et 410 fr. Solar.

— La fontaine de toutes scièces du philozophe Sydrach.—*Cy finist le liure que sidrach philosophe a fait... Imprime a paris pour Anthoine verard libraire demourāt a paris sur le pōt nostre dame a lymage saint iehā leuangeliste...* pet. in-fol. goth. de 186 ff. à 2 col. de 37 lign.

Autre édition rare, qui a dû paraître, au plus tard, en 1499, avant la chute du pont Notre-Dame. Un exemplaire impr. sur VÉLIN, 200 fr. Gaignat ; 300 fr. Mac-Carthy.

— La fontaine de toutes sciences du grant philozophe Sydrach. (au recto du dernier f.): *Cy finist le liure que Sydrach philosophe a fait, lequel liure est la fontaine de toutes sciences. Jmprime a valence. Lan mille sinq* (sic) *cent ꝛ .xiij. ꝛ le. xxv. daost* (sic), gr. in-4. goth. ff. non chiffr., à 2 col.

Au-dessous de la souscription se voit la marque suivante de l'imprimeur :

Édition non moins rare que les précédentes. M. de Terrebasse en possède un bel exemplaire, lequel a 18 feuillets préliminaires, sign. Aa à Cuu. Le titre est encadré et orné de six gravures sur bois, qui sont les mêmes, autrement disposées, que celles de l'opuscule impr. également par J. Belon, en 1513, sous le titre d'*Auertissement es trois estatz* (voy. au mot AVERTISSEMENT); il y a 2 ff. pour le prologue et 15 ff. pour la table. Un autre exemplaire complet, appartenant à M. Roger Portalis, est décrit dans l'*Ami des livres*, 1861, pp. 108 et suiv. Un exemplaire en 141 ff. sans les 18 ff. prélim. a été vendu 33 fr. à Paris, en 1837. Le texte commence au f. *a*, où se voit une gravure sur bois, et il se termine avec le cahier *z*.

— LE LIURE intitulé Sydrach le grāt philosophe, fontaine de toute science : contenant mille nonāte et quatre demāndes, et les solutions dicelles...... On les vent a prix cōptent chez Raulin gaultier, demourant a Rouen en la rue de grand pōt a lēseigne du fardels. (au recto du dernier f.) : *Cy finist le liure que Sydrach philosophe a faict... Et fut acheué pour Raulin gaultier le dixiesme iour de Septembre. Mil. v. cens et saize*, pet. in-4. goth. à 2 col., sign. a, b, c et A—DD, titre rouge et noir, avec la marque de l'imprimeur soutenue par deux licornes.

— SYDRACH le grand philosophe... *Paris, par la Veufue feu Jehan Trepperel et Jehan Jehanot*, sans date, pet. in-4. goth. à 2 col.

Cette édition a 18 ff. prélim., sign. a. b. c., et le texte y occupe les cahiers a—z et ꝛ (pour &c).

— SYDRACH le grand philosophe. Fontaine de toutes sciences, contenant mil quatre vingt et quatre demandes et les solutions d'icelles : comme il appert en la table sequente. *Nouuellement imprime a Paris par Alain Lotrian et Denys Janot...* (sans date), pet. in-4. goth. de 162 ff. non chiffrés, lig. sur bois.

Édition postérieure à l'année 1530. Vend. 14 fr. Regnault-Bretel, en 1819, et en *mar. r.* 5 liv. Libri, en 1859.

— Mil IIII vingtz et quatre Demandes, auec les solutions et responses à tous propoz, œuure curieux et moult recreatif, selon le saige Sidrac. *Paris, Galliot du Pre*, 1531, in-8., lettres rondes.

Édition assez recherchée : elle renferme 32 ff. prélim., 271 ff. chiffr., et 1 f., pour la marque du libraire.

Vend. 15 fr. *m. bl.* Chénier ; 27 fr. Chardin ; 32 fr.
Duriez ; 30 fr. Pixerécourt ; 58 fr. *mar. citr.* Bergeret, et 95 fr. Solar.

—Een schoone Historie gehyeten Sydrac.
welke Sydrac was een philosooph ende
was op aertrike duisend jaer voor Goods
geboorten. *Leiden*, 1495, in-fol.

Une autre édition du Sydrach, en flamand, a été donnée à Anvers, en 1516, in-fol.

— THE HISTORY of kyng Boccus and Sydracke; translated by Hugo of Caumpeden oute of Frenche into '
Englisshe. *London, by Thomas Godfray* (1510?),
in-4. goth., sign. A, B à S4 du 2ᵉ alphabet, avec
un titre et une table du contenu.

Ce sont 362 questions, avec leurs réponses, en vers.
Vend. 30 liv. Roxburghe, et revend. 35 liv. 14 sh.
White Knights ; 24 liv. 10 sh. Hebert. Ce même
livre, incomplet du titre, s'était donné pour 2 liv.
19 sh. à la vente Stevens.

SYEN (*Ant.*). Hortus malabaricus. Voyez
VAN RHEDE.

SYGÆA (*Aloysia*). Sintra Aloysiæ Sygææ
Toletanæ aliaque eiusdem ac nonnullo-
rum præterea virorum ad eamdem epigrammata : quibus accessit Pauli III, P.
M. epistola de singulari eius doctrina ac
ingenii præstantia ; Tumulus eiusdem ab
Andrea Resendio et Claudio Monsello
concinnatus. *Parisiis, ex typographia
Dionysii a Prato*, 1566, pet. in-8.
[12957]

Ce petit volume devenu fort rare a été publié par
Jean Nicot, qui y a placé une épitre adressée par
lui à Jacques Sygæus, père d'Aloysia Sygæa, auteur du petit poëme intitulé *Syntra*, lequel est une
description en vers élégiaques des jardins de Syntra, palais des rois de Portugal, près de Lisbonne,
et fut écrit vers 1546. Aloysia était une fille savante et pieuse, qui mourut en 1560, à l'âge de trente
ans, jouissant de l'estime de ses contemporains.
Elle n'a donc pu avoir aucune part à l'ouvrage
obscène qui a paru pour la première fois sous
son nom vers 1680, et qu'on a audacieusement
donné au public comme la traduction latine faite
par le savant Meursius d'un texte espagnol qui
n'existe pas. — Voyez sur l'ouvrage faussement attribué à Meursius les col. 1684 à 1687 de notre
3ᵉ vol., article MEURSIUS.

L'édition de *Sintra*, dont nous avons donné le titre
ci-dessus, est aujourd'hui presque introuvable ;
mais ce qu'elle contient a été reproduit par François Cerda y Rico dans le premier volume du recueil qu'il a donné sous ce titre : *Clarorum hispa-
norum opuscula selecta et rariora, tum latina,
tum hispana, magna ex parte nunc primum in
lucem edita, collecta et illustrata a Francisco
Cerdano y Rico*, Matriti, 1781, pet. in-4. Le second volume de ces *Opuscula* n'a pas paru, mais
le premier donne la table des pièces qui devaient
le composer. C'est d'après le texte conservé dans
ce recueil que M. Allut a fait réimprimer le poëme
d'*Aloisia Sygæa*, dans l'opuscule intitulé :

ALOYSIA Sygea et Nicolas Chorier, par M. P.
Allut. *Lyon, Nio. Scheuring* (*impr. de L. Perrin*),
1862, pet. in-8. de x, 64 et 23 pp., tiré à 112 exemplaires. 8 fr.

Voir, au sujet de cette dernière publication, un mémoire lu à la Société littéraire de Lyon, le 14 mai
1862, par M. Ant. Péricaud l'aîné, et imprimé dans
une suite de ses *Curiosités littéraires*, 1862, in-8.,
p. 21, sous le titre d'*Une réhabilitation*, où il
donne quelques détails *sur la vie et les écrits
d'Aloysia Sygæa*, et où il se refuse à croire que le

Meursius soit effectivement de Chorier, tandis
que M. Allut est pour l'affirmative.

SYLBURGIUS (*Frid.*). Voy. ETYMOLOGI-
CUM magnum.

SYLLACIUS (*Nicolaus*). Voy. l'article
COLUMBUS (*Christophorus*).

SYLLOGE nova epistolarum varii argumenti (collect. a J.-L. Uhlio). *Norimbergæ*, 1760-69, 6 vol. in-8. 18 à 24 fr.
[18713]

Recueil estimé et peu commun. 38 fr. Villoison, et
39 fr. 2ᵉ vente Quatremère.

Pour un autre *Sylloge epistolar.*, voy. BURMANNUS
(*Petr.*).

SYLLOGISMES en quatrains, voy. Ros-
SAN (de).

SYLVA anachoretica. Voy. BLOEMAERT.

SYLVA carminum in nostri temporis cor-
ruptelas, præsertim religionis, in divers.
autoribus collecta (a Th. Naogeorgo).
(1553), pet. in-8. de 127 pp. [12603]

Ce recueil, dont il y a une réimpression sans date,
exécutée dans le même temps et également rare,
doit être accompagné de l'opuscule intitulé :

SYLVULA carminum aliquot, a diversis piis et
eruditis viris conscriptorum : quibus variæ de religione sententiæ et controversiæ brevissime explicantur (collectore Th. Naogeorgo). 1553, pet. in-8.
de 16 pp.

Cette petite pièce et la précédente sont ordinairement
jointes au *Regnum papisticum* de Naogeorgus, édition de 1553 ; elles font même partie intégrante de
l'édition de 1559. Vend. (les deux pièces séparément) 20 fr. 50 c. *m. r.* d'Ourches ; 7 fr. 80 c.
Chardin ; mais ordinairement de 5 à 6 fr.

SYLVA sermonum jucundissimorum, in
qua novæ historiæ, et exempla varia,
facetiis undique referta contiuentur.
Basileæ, apud Sam. Apiarium, 1568,
pet. in-8. [17929]

Vend. 11 fr. 50 c. Méon ; 2 fr. 50 c. Courtois.

SYLVA ou Silva. Voy. SILVA.

SYLVAIN (le). Voy. dans notre 1ᵉʳ vol.,
col. 1419-20, l'article BUSSCHE (van
den), et ce que nous y avons ajouté,
dans nos additions, à la fin de notre 5ᵉ vol.

SYLVATICUS (*M.*). Voy. SILVATICUS.

SYLVESTER ou Silvester de Balneoregio.
Conclusiones cum earum declarationibus
edite a... magistro Siluestro de balneoregio... super canonizatione Beati
Symonis Tridentini quem ipsa gens Hebrea in contemptum fidei christiane cru-
deliter enecauit, ad reuerendissimum
Episcopum et Tridentine ciuitatis prin-

---

cipem dominum Iohannem Hynderbach. (à la fin) : *Padue die* vi *Decĕbris M cccc. lyyv...* in-4. goth. de 9 ff. à 34 lig. par page. [22272]

Opuscule qu'il faut réunir à celui que nous avons décrit dans notre 3e volume, col. 169, à l'article HINDERBACHIUS.

SYLVESTRE (*Isr.*). Voy. SILVESTRE.

SYLVESTRE (*Gregorio*). Las obras del famoso poeta Gregorio Sylvestre, recopiladas por diligencia de sus erederos, y corregidas conforme a sus mas verdaderos originales. *Granada, por Sebast. de Mena,* 1599, *vendense en casa de Pedro Rodriguez de Ardila,* pet. in-8. de xxiv ff. non chiffrés, et 387 ff. chiffrés. [15147]

Édition rare, dans laquelle il doit se trouver, entre les ff. 296 et 297, une page in-4. impr. en cinq colonnes, qui contient *Los versos que dizen, a la larga y al traues.* Vend. 1 liv. 16 sh. Heber ; 10 fr. 50 c. Rætzel. — Manoel de Lyra avait déjà donné à Lisbonne, en 1592, une édition in-12 de ce recueil, avec une épître prélim. de Pedro de Caceres y Espinosa sur la vie de l'auteur (mort en 1570), et sur son génie poétique, pièce qu'Antonio trouve *lectu dignissima.* Il paraît que la réputation de ce *famoso poeta* ne s'est pas soutenue. Ebert, qui n'a point connu les deux éditions ci-dessus, en cite une plus ancienne, de *Grenade,* 1582, in-8.

SYLVESTRE (*Jos.* de). El Robo de Proserpina. *Madrid,* 1731, in-4. [15293]

Poème héroï-comique, dont l'auteur (le marquis de Cuellar, depuis duc d'Albuquerque) s'est caché sous le masque de Jos. de Sylvestre.

SYLVIOLUS. Ex Sylvula Antonii Sylvioli Parrhisiensis Decerpta. Primo elegia de Spiritu sancto. Elegia de ligno sanctæ crucis. Elegia de resurrectione Domini. Elegia de Lauro ad... Joan. Ambasianum Lingonensem Episcopum. Elegia de nobilitate generis, ad Georgium Ambasianum Rotomagensem. Elegia de victoria Ludovici XII. In Genuenses Elegia de Genuensium forttina ad Joan. Pinum Tolosanum. Elegia de clementia Regis in Genuenses. Panegyricus ad Anton. Malleium, hendecasyllabo carmine. Hendecasyllaborum carminumque ad diversos libellus. Sermo in Stratoclem nobilitate generis insolescentem, hendecasyllabo carmine. Heroicum carmen in laudem divæ Genovefæ virginis Parrhisiensis. Dialogus naturæ et virtutis. Dialogus scientiæ et sectatorum ejus. Epigrammata ad illustres jurisconsultos Papinienses. Responsio ad Bern. Dardanum Parmensem, hendecasyllabo carmine. — *Papiæ impressum per magistrum Bernardinum Garaldum, Anno salutis M. cccc. viij. Die xv mensis Decembris,* in-4. goth., sign. A—K, ff. non chiffr. [12937]

Ce recueil de poésies d'Ant. Sylviolus (ou Forestier,

selon La Croix du Maine) est fort rare, et aucun bibliographe, que nous sachions, n'en a parlé avant nous. Il mérite cependant d'être connu, et parce que les pièces qu'il renferme ne sont pas sans mérite, et parce que plusieurs de ces mêmes pièces se rapportent à l'histoire de France. Toutefois ce volume, dédié au cardinal Georges d'Amboise, ne renferme aucun des ouvrages que Gessner donne à notre auteur dans sa Bibliothèque.

— DE TRIUMPHALI atque insigni victoria Ludovici XII, Galliarum regis, in Venetos. *Parisiis, Enguilbert de Marnef,* in-4. de 22 ff. non chiffrés, signat. a—c, petits caractères.

Cet opuscule ne porte pas de date, mais on y trouve, après le frontispice, une épître de l'auteur à Georges d'Amboise, datée : *Papiæ, in œdibus tuis, idibus Juliis,* qui indubitablement doit être de 1509.

Ce poëme se compose d'un millier de vers, et c'est pour cette raison que, dans son épître, l'auteur le nomme *Chilias heroica.*

— DE DOLENDA semperque deploranda reuerendissimi Patris ac Dñi Georgii Ambasiani cardinalis Galliarum legati, Archiepiscopique Rotomagensis obitu lamentabilis elegia. Epitaphium ejusdem. — *Impressum Rothomagi pro Ludovico Bouuet cum priuilegio nc quis alius imprimere audeat sine iudicis auctoritate,* in-4. de 6 ff.

Cette pièce en vers n'est pas moins rare que la précédente, et elle doit être de l'année 1510, qui est celle de la dédicace à Georges d'Amboise, grand archidiacre de Rouen et neveu du cardinal.

SYLVIUS (*Æneas*). Opuscula. V. ÆNEAS.

SYLVIUS (*Jacobus*). In linguam gallicam isagoge, una cum ejusdem grammatica latino-gallica, ex hebræis, græcis et latinis authoribus. *Parisiis, ex officina Rob. Stephani,* 1531, in-4. de 6 ff. prélim., 1 f. bl., un autre non chiffré, et 159 pp. 12 à 18 fr. [10935]

Ce qu'il y a de plus remarquable dans cet ouvrage, c'est la prononciation figurée jointe en regard de chaque mot français, traduit du latin.

Goujet (*Biblioth. franç.*, I, 46) cite, d'après Maittaire (*Vita Rob. Steph.*, p. 86), une *Grammaire françoise,* par Jacques Dubois dit *Sylvius,* impr. à Paris, en 1537; mais il est fort douteux que ce livre existât, et Maittaire lui-même n'en a plus fait mention ni dans son catalogue des éditions de Rob. Estienne, ni dans ses *Annales typogr.* L'*Isagoge* et la *Grammatica* n'ont pas été réimpr. dans la collection des œuvres de l'auteur, publiée sous le titre suivant :

JACOBI SYLVII, ambiani, opera medica jam demum in sex partes digesta, castigata, et indicibus necessariis instructa ; adjuncta est ejusdem vita et icon, opera et studio Renati Moræi, *Geneuæ,* 1630 seu 1635, in-fol. [6620]

Collection où se trouvent, indépendamment d'une trentaine d'ouvrages de médecine qui pour la plupart avaient déjà été imprimés séparément, les poésies latines de Sylvius, ses *Epistolæ ad Hier. Montuum* et ses *Consilia varia.* Pour plus de détails, consultez Niceron, tome XXIX, pp. 98 et suivantes.

— Livre de la generation de l'homme... recueilly des antiques et plus seurs autheurs de medecine et de philosophie, par Jacq. Sylvius, iadis docteur en medecine a Paris, mis en francois par Guillaume Chrestian. *Paris, Guil. Morel,* 1559, pet. in-8. [6916]

12 fr. 50 c. Veinant ; 31 fr. Solar.

A ce traité se trouve ordinairement réuni celui d'Hippocrate sur le même sujet, trad. du grec par Guil. Chrestian; et le Livre de la nature et utilité des moys des femmes, composé en latin par Jacq. Sylvius et depuis mis en francoys par G. Chrestian, *Paris, Guil. Morel*, 1559, pet. in-8. Les trois parties forment ensemble 286 pp. La première finit au folio 58 suivi d'un feuillet blanc; la seconde occupe les pp. 61 à 96, et la troisième, dédiée à Diane de Poitiers, les pp. 97 à 286. Un exemplaire ainsi composé, rel. en *veau*, et portant sur les plats d'un côté une couronne de laurier, et de l'autre *M. Laurini et amiorum* (sic) MDLIX. a été vendu 110 fr. Hebbelynck, quoique le dos du livre eût été refait.

SYLVIUS (*Fr.*). Commentarii in S. Thomam, et opuscula varia, edente Norb. d'Elbecque. *Antuerpiæ*, 1684 seu 1698, 6 vol. in-fol. 48 à 60 fr. [1188]

Imprimé d'abord à Douai, 1662, en 4 vol. in-fol.

SYMBOLÆ litterariæ. Voy. GORI.

SYMBOLÆ ad literaturam teutonicam antiquiorem ex codd. manu exaratis, qui Hauniæ asservantur, editæ sumptibus P.-Fr. Suhm (curante Erasmo Nyerup). *Hauniæ*, 1787, in-4. [19452]

Vend. 15 fr. 50 c. Heber.

SYMBOLUM (das), oder gemeine Bekentnis der zwelff Aposteln, darinn der grund gelegt ist des Christlichen glaubens, auffs kürzte ausgelegt vnd erkleret. *Witteb., G. Rhaw*, 1539, in-fol. de 29 ff. chiffr. et 1 f. non chiffré. [384]

Ce volume renferme 12 belles gravures sur bois, exécutées d'après les dessins de Lucas Cranach, et représentant les douze apôtres; on y voit S. Mathias décapité au moyen d'un instrument de supplice semblable à la guillotine. Les différentes réimpressions qui ont été faites de ce livre, en 1549, 1551, etc., ont moins de mérite que l'édition originale.

SYMEONI. Voy. SIMEONI.

SYMES (*Michel*). Account of an embassy to the kingdom of Ava, sent by the governor-general of India, in the year 1795. *London, W. Bulmer*, 1800, gr. in-4., avec 27 pl. 18 à 24 fr. [20715]

—The same. *London*, 1800, 3 vol. in-8. et atlas in-4. 18 à 24 fr.

— RELATION de l'ambassade anglaise, envoyée dans le royaume d'Ava ou l'empire des Birmans, traduite de l'anglais par J. Castéra. *Paris*, an IX (1800), 3 vol. in-8. et atlas gr. in-4. 15 fr., et plus en pap. vél.

SYMMACHUS (*Q. Aurelius*). Symmachi senatoris Romani Epistolæ familiares et elegantissimæ nunquam alias impressæ, et noviter per Bartholomæum Cynischum Amerinum ab inferis pene revocatæ, in calce Epistolarum nonnulli tractatus utilissimi impressi sunt : tractatus de mensura astrolabii : tractatus de statu mundi : mensura de Horologio ; ad inveniendum cujuslibet rei altitudinem : argumentum Quomodo magnitudo terræ deprehenda sit : De Gnomonica institutione et umbrarum discursu : Quotiens in leuca rotetur rota. — *Impressum Venetiis per Bernardinum Venetum de Vitalibus*, in-4. [18688]

Première édition, dont les exemplaires complets sont rares : vend. 21 fr. Courtois; 38 fr. en janvier 1829. Elle ne porte point de date, mais une épigramme de Barthélemy Cynischus qu'on lit en tête de ce volume, indique qu'il a été imprimé sous le pontificat de Jules II, c'est-à-dire de 1503 à 1513. Les lettres de Symmaque, qui forment la première partie de cette édition (qui a des signat. de a—dd, par cah. de 4 ff. à 25 lign. par page), se trouvent quelquefois séparément, et ne portent alors ni nom d'imprimeur ni lieu d'impression : tel était l'exemplaire décrit dans la *Biblioth. pinelliana*, lequel, quoique ayant un f. déchiré, a été vendu 2 liv. 3 sh. C'est probablement sur la vue d'un pareil exemplaire que quelques bibliographes citent une édition de Symmaque, imprimée à la fin du xv⁵ siècle, sans lieu ni date.

— EPISTOLÆ familiares (343) : item Laudini in epistolas Turci magni traductio. *Argentorati, J. Schottus*, 3. id. Aug., 1510, in-4. de 56 ff.

Réimpr. dans la même ville, par J. Knoblouch, en 1511, in-4. de 56 ff., dont 1 blanc.

— EPISTOLARUM libri X castigatissimi, cum auctuario; duo libelli S. Ambrosii ad Eugenium : cum miscellaneor. libris X et notis nunc primum editis a Fr. Jur(eto). *Paris., Orry*, 1604, 2 part. en 1 vol. in-4.

Édition meilleure et plus riche en notes que celle que le même Juret avait déjà donnée à Paris, en 1580, in-4. — Celle de Mayence, *J. Albinus*, 1608, in-4., a été donnée par Gasp. Scioppius, d'après un manuscrit, et avec le secours des variantes recueillies par Fr. Modius.

— EPISTOLARUM ad diversos libri X, ex nova recensione J.-Ph. Parei : accesserunt etiam electa symmachiana; cum indice. *Neapoli Nemetum (Neustadt), Unckelius*, 1617, 4 part. en 1 vol. in-8.

On rencontre rarement des exemplaires complets de cette édition. La première partie (*Epistolæ*) contient, outre le titre : *Epistola Parei ad Jacobum Gothofredum*, pp. 3 à 5; *Elogia Symmachi*, pp. 6-12; le texte des lettres, pp. 13 à 486, plus 9 ff. qui renferment les errata et *Symmachi vita per Jacobum Gothofredum*, et un f. bl. (cette dernière partie manque quelquefois) ; ensuite doivent se trouver : 1° *Jo.-Ph. Parei calligraphia symmachiana*; 2° *Ejusdem electa symmachiana*; 3° *Ejusdem lexicon symmachianum*. Les réimpressions de Francfort, 1642 et 1651, in-8., ne renferment point les nouvelles lettres qu'annoncent leurs titres, et l'on n'y trouve ni le *Electa* ni le *Lexicon*, ci-dessus indiqués.

— EPISTOLARUM libri X, cum D. Ambrosii nonnullis. *Lugd.-Batav., Wingendorp*, 1653, pet. in-12. 3 à 4 fr. Jolie édition.

— Q. AURELII Symmachi octo orationum ineditarum partes, invenit notisque declaravit Angelus Maius; accedunt additamenta quædam. *Mediolani, regiis typis*, 1815, in-8. 6 fr. [12144]

Réimprimé à *Francfort*, 1816, in-8.

SYMON de Millan. Sensuiuent aucunes gentillesses pour faire en toute bône compaignie Esprouue par maistre Symon de Millan. (*sans lieu ni date*), pet. in-8. goth. de 4 ff.

Opuscule impr. vers 1520. Il existe une autre édition, également de 4 ff., en caractères goth., sous ce titre : *Sensuiuet plusieurs belles nouueautez ioyeuses proffitables z honnestes. composees par Symon de Millan.* Ce sont des recettes pour remèdes et contre les insectes.

SYMPOSII veteris poetæ erudita, juxta ac arguta et festiva ænigmata, nunc primum et inventa et excusa. Accesserunt septem Græciæ sapientum sententiæ (cura Joach. Perionii). *Parisiis, apud Ludouicum (Blaublom) Cyaneum,* 1533, in-8. [12578]

Édition rare, mais de peu de valeur, ainsi que celle de *Paris, J. Kerver,* 1537, in-8. Le *Symposium* a été imprimé plusieurs fois, soit séparément, soit dans des recueils (voy. *Poetæ latini minores,* édition de *Wernsdorf,* tome VI). La meilleure édition séparée est celle qu'a publiée Heumann, en 1722, et dans laquelle l'ouvrage est attribué à Lactance (voy. LACTANTIUS).

SYNCELLUS (*Georg.*). Voy. BYZANTINA, n° 5.

SYNESIUS episcopus cyrenensis. Opuscula (græce, studio et opera Adr. Turnebi). *Parisiis, Adr. Turnebus,* 1553, in-fol. [934]

Belle édition, plus rare que recherchée ; vend. 9 fr. Soubise.

— Opera omnia, gr. et lat., interprete Dionysio Patavio et cum ejus notis ; editio secunda accuratior et uberior. *Lutetiæ, Cramoisy,* 1633, in-fol. 12 à 18 fr.

Édition plus belle et plus complète que celle de 1612, également in-fol. Les œuvres de Synesius, sous la date de 1631, se trouvent aussi réunies à celles de S. Cyrille de Jérusalem, éditions de 1631 et 1640, in-fol.
— SYNESII episcopi cyrenæi Opera quæ extant omnia, editore et interprete Dionysio Patavio : accedunt Theodori mopsuesteni episcopi, S. Arsenii episcopi eremitæ, scripta vel scriptorum fragmenta quæ supersunt, tomus unicus, gr. et lat. *Petit-Montrouge, Migne,* 1859, gr. in-8. à 2 col. (tom. LXVI des *Patrologiæ græcæ*).
Il a paru en même temps une édition en latin seulement, sous ce titre :
— SYNESII episcopi cyrenæi Opera quæ extant omnia : accedunt Theodori mopsuesteni episcopi, S. P. N. Procli episc. Cp., necnon Severiani gabalitani episc. Theophili alexandrini, Palladii helenopolitani, Philostorgii ; S. Attici, S. Flaviani Cp. S. Marci eremitæ, B. Marci Diodati, Marci diaconi, S. Arsenii eremitæ, scripta vel scriptorum fragmenta quæ supersunt, tomus unicus. *Petit-Montrouge,* 1859, gr. in-8. à 2 col. (tome XXXV des *Patrologiæ græcæ, latine tantum editæ*).
— Oratio, 12121.
— SYNESII Hymni ; Gregorii nazianzeni odæ aliquot, græce ; latinam interpretation. adjunxit Fr. Portus. *Excudebat Henr. Stephanus,* 1568, in-32. 3 à 4 fr. [12407]
— HYMNI ; Gregorii nazianzeni odæ et Joan. Damasceni hymnus in theologiam, gr. et lat. *Parisiis, J. Benenatus,* 1570, in-8.
Très-belle édition : 3 à 6 fr.
Il se trouve une traduction des hymnes de Synesius, en vers français, dans les œuvres poétiques de Jacques Courtin, *Paris,* 1581, in-12.
HYMNES de Synésius, trad. en français, avec le grec en regard ; précédés d'une étude sur sa vie et ses écrits, accompagnés d'une hymne au Christ par S. Clément d'Alexandrie, d'une version latine par Fr. Portus ; et suivis des hymnes sacrées de Manzoni, trad. en français, avec l'italien en regard, par

MM. Grégoire et Collombet ; 2e édition. *Lyon, Périsse,* 1840, in-8. 5 fr.
— SYNESII Epistolæ, græce, cum scholiis græcis (edidit Gregorius Demetriadæ). *Viennæ,* 1792, in-8. [18673]
Les notes sont à l'usage des jeunes étudiants, mais en grec ancien.
L'édition des lettres de Synesius, gr. et lat. *Paris,* 1605, in-8., avec les notes de Fr. Portus et de Fed. Morel, est assez estimée.
— SYNESII liber de insomniis, ad fidem optimor. codd. emendatus (gr.). Idem liber, interprete Ant. Pichonio, cum ejusdem notis et Nicephori Gregoræ commentariis latinitate nunc primum donatis. *Lutetiæ, Fed. Morellus,* 1586, 2 part. en 1 vol. in-8. 3 à 4 fr. [6587]
A ce volume se trouvent quelquefois réunis deux autres opuscules de Synesius (Φιλάδελφοι et Κατάστασις), impr. par Fed. Morel en 1595 et en 1604, in-8.
— SYNESII cyrenæi calvitii encomium, gr., ad fidem complur. codicum mss. recensuit, interpretatione germanica instruxit, et Dionysii Petavii suasque annotationes adjecit Jo.-Geor. Krabingerus. *Stuttgartiæ,* 1834, in-8. 2 thl. [12121]
— ÉLOGE de la chevelure, discours inédit d'un auteur grec anonyme, en réfutation du discours de Synesius, intitulé Eloge de la calvitie, publié d'après un manuscrit grec de la Biblioth. impér., par E. Miller. *Paris,* 1840, in-8. de 80 pp.
La version latine de ce traité de Synesius, sous le titre de *De laudibus calvitii,* se trouve impr. avec l'*Encomium moriæ* d'Erasme, édit. de Bâle, J. Froben, 1513, 1515, 1517, 1519, et dans plusieurs autres recueils.
— ÆGYPTISCHE Erzählungen über die Vorsehung, griechisch und deutsch ; nach Handschriften verbessert und erläutert von J.-G. Krabinger. *Sulzbach,* 1835, in-8. 2 thl.

SYNESIUS de febribus, gr. et lat., primum edidit, vertit, notisque illustravit Jo.-Steph. Bernard. *Amstelod.,* 1749, in-8. 4 à 5 fr. [6588]

SYNODALE diœcesis Albiensis, item confessionale, jussu Emardi de Boysi albiensis episcopi editum. *Lemovicis, per Paulum Berton,* 1527, in-4. [3252]

SYNODALES ordinationes. Voy. ORDINATIONS dans nos Additions.

SYNODI episcopales herbipolenses annorum 1452 et 1453. (*Herbipoli, G. Reyser,* circa 1495), in-fol. goth. de 135 ff., à 32 lign. par page. [796]

Ce livre rare ne porte ni nom d'imprimeur, ni lieu, ni date d'impression, et il finit (à la 15e ligne du dern. f. verso) par ces mots : *tage anno zc. xlvij.* C'est à tort qu'on l'a quelquefois indiqué comme une édition impr. en 1452 ou 1453.

SYNODO (primer) diocesana, celebróla el señ. D. Pedro Phelipe de Azua y Yturgoyen obispo de esta santa Iglesia de la Concepcion de Chile, etc. 1644. *En la officina de la viuda de Peralta,* 1749, in-fol. [21595]

25 fr. seconde vente Quatremère.

SYNODUS avium depingens miseram faciem ecclesiæ propter certamina quorundam, qui de primatu contendunt, cum oppressione recte meritorum (auctore J. Majore). (*absque nota*), 1557, in-4. de 12 ff.

Satire en vers, composée à l'occasion du schisme qui s'était introduit dans la nouvelle église. Les exemplaires en sont fort rares.

SYNTAX. Tour in search of the picturesque; second edition. *London*, *Ackermann*, 1813, gr. in-8., avec 30 pl. color. grav. d'apres Rowlandson. 10 à 15 sh. [15863]

Cette facétie, la première de ce genre qu'ait donnée l'auteur, a été souvent réimprimée.

SECOND tour in search of consolation, a poem; second edit. *Ibid.*, gr. in-8., avec 24 pl. color. d'après le même. 12 sh.

THIRD tour, in search of a wife. *Ibid.*, 1821, gr. in-8., avec 24 pl. color. 12 sh.

THE TOUR of Dr Syntax through London : or, the pleasures and miseries of the Metropolis, a poem. *London*, 1820, gr. in-8. 3e édition.

Ce volume se réunit aux trois précédents : les quatre sont portés à 2 liv. 2 sh. dans le catalogue de Bohn, 1852.

Ackermann a fait une édition de ces voyages, en petit format, avec les fig. réduites. Le même éditeur a publié aussi les trois ouvrages suivants :

DANCE of life, by the author of Syntax. Gr. in-8. avec 26 pl. coloriées. 15 sh.

ENGLISH dance of death, by the author of Syntax. 2 vol. gr. in-8., avec 74 pl. coloriées d'après Rowlandson. 2 à 3 liv. [15864]

THE HISTORY and life of Joanny Quæ Genus, the little foundling, by the author of the three tours of Dr Syntax. Gr. in-8., avec 24 pl. coloriées d'après Rowlandson.

LE DON QUICHOTTE romantique, ou voyage du docteur Syntax, à la recherche du pittoresque et du romantique; poëme en vingt chants traduit librement de l'anglais, et orné de 26 gravures, par M. Gandais. *Paris*, *Pelicier* (*imprimerie de F. Didot*), 1821, in-8. 6 à 7 liv.

Will. Coombe, mort en 1823, est l'auteur de ces différents ouvrages publiés sous le nom de Syntax. On lui attribue encore *Tour of Dr Syntax in Paris*, *in search of the grotesque*, gr. in-8.

L'ouvrage intitulé : *The Tour of Dr Prosody*, London, 1821, in-8., fig. coloriées, est une imitation du pseudo-Syntax.

SYNTIPÆ, philosophi persæ, fabulæ LXII, gr. et lat., primum edidit et animadvers. adjecit Christ.-Frid. Matthæi : accedunt scholia inedita Porphyrii aliorumque ad Iliadem Homeri Ω. *Lipsiæ*, 1781, in-8. 3 fr. [16936]

Les exemplaires en pap. fin sont peu communs.

— ΣΥΝΤΙΠΑΣ. De Syntipa et Cyrii filio Andreopuli narratio, e codd. pariss. edita a Jo.-Fr. Boissonade. *Parisiis*, *typis G. Doyen*, 1828, in-12 de VIII et 217 pp.

Première édition de ce texte, lequel commence par un prologue en vers, où un certain Michel Andréopule, qui se qualifie d'adorateur du Christ, dit avoir traduit ce roman du syriaque. Une autre version du même ouvrage, en grec moderne, mais faite sur un mauvais manuscrit, a été impr. à Venise, en 1805, in-8.

— DIE FABELN des Sophos, syrisches Original der griechischen Fabeln des Syntipas in berichtigtem, vocalisirtem Texte zum ersten Male vollständig mit einem Glossar hrsg., nebst literar. Vorbemerkgn. und einleitenden Untersuchg. über das Vaterland der Fabel von Rabb. Dn. Jul. Landsberger. *Posen*, *Merzbach*, 1859, in-8. de CXIV et 186 pp. 7 fr. 50 c.

Le Syntipas paraît avoir été puisé à la même source que les paraboles de Sendabar et le roman des Sept sages de Rome (voy. SEPTEM sapientes).

SYPÉRIS. Voyez SIPERIS.

SYRIANI antiquissimi interpretis in II, XII et XIII Aristotelis libros metaphysices commentarius, a Hier. Bagolino... latinitate donatus. *In Academia Veneta*, M. D. LVIII, in-4. de 4 ff., dont 1 bl. et 123 ff., le dernier coté 132. [3538]

Un exemplaire annoncé *Gr. Pap.*, 2 liv. 2 sh. Libri, en 1859; le papier ordinaire est bien moins cher. Le texte grec de ce commentaire n'a pas été imprimé.

SYRUS (*Publ.*). Selectæ sententiæ, auctiores et ordine commodiori quam hactenus descriptæ, et græcis jambicis a Jos. Scaligero expressæ, cum gallica explicatione rhythmica. Fed. Morellus auxit et recensuit. *Parisiis*, *Libert*, 1611, in-8. 3 fr. [18446]

Pour l'édition de 1708 ou 1727, voy. SENECA.

— P. SYRI mimi aucti et correcti, ex cod. ms. frisingensi ; cum notis viri docti et variis lectionibus. *Padova*, *Comino*, 1740, in-8.

Ce petit volume de 80 pp. est le plus rare, peut-être, de ceux qui font partie de la collection des auteurs latins imprimés par Comino. C'est un tirage fait séparément, à très-petit nombre, d'une partie du 3e volume des œuvres de Muret, publiées en 1741, par le même imprimeur. — Il a été réimprimé chez Comino, en 1769.

— PUBLII SYRI mimi, similesque sententiæ selectæ e poetis antiquis... quas olim D. Erasmus delegerat et commentario explanaverat, excussæ, cum hoc commentario editæ atque in versus germanicos translatæ a J.-F. Kremsier. *Lipsiæ*, 1809 (nouv. titre, 1818), pet. in-8. 4 à 5 fr.

— P. SYRI mimi et aliorum sententiæ, cum D. Laberii prologo et fragmentis moralibus : accedunt sententiæ collectæ per G. Fabricium, nec non J. Camerarii et Jani Anysii sententiæ, J. Scaligeri jambi gnomici et M.-A. Mureti institutio puerilis. P. Syrum et Laberium recensuit, versionem græcam J. Scaligeri, ejusdemque in eam scholia adjecit, notis varior. partim integris, partim selectis illustravit, animadvers. J.-Casp. Orellii suasque et indices necessar. addidit J.-Conr. Orellius. *Lipsiæ*, *Fleischer*, 1822, in-8. 6 à 7 fr.

Il faut réunir à ce volume :

P. SYRI SUPPLEMENTUM : continens emendationes et adnotationes F.-N. Bothii et censoris heidelberg. nec non plusquam CCC. sententias novas ab eodem Bothio collectas; et suarum notarum additam. inseruit J.-C. Orellius. *Lipsiæ*, *Fleischer*, 1824, in-8. 1 fr. 50 c.

Les *Sentences de Publius Syrus* ont été traduites en français par Fr. Levasseur, seconde édition, augmentée, *Paris*, *Panckoucke*, 1825, gr. in-32. En 1835 J. Chenu en a donné, chez le même libraire, une traduction nouvelle, in-8., qui fait partie de la *Bibliothèque latine-française*.

— Voyez PHÆDRI fabulæ.

SYSTÈME de la nature. Voy. MIRABAUD.

SZAFIEDDINI hellensis ad Sulthanum Eí-melik Eszszaleh Schemseddin Abulme-karem Ortokidam carmen arabicum; e codico manuscripto Biblioth. reg. paris. edidit, interpretatione et latina et ger-manica annotationibusque illustravit Geor.-Henr. Bernstein. *Lipsiæ*, *excu-debat C. Tauchnitz*, *rendit J. Ambr. Barth*, 1816, in-fol. 12 fr. [15963]

Cet opuscule n'a que 8 et 24 ff., y compris le texte qui en occupe 6. Il en existe des exemplaires de luxe sur papier vélin anglais, et enrichis d'orne-ments peints en or et en couleur, à l'imitation des manuscrits orientaux. Ces exemplaires se vendaient depuis 20 jusqu'à 50 thl. La Bibliothèque royale de Dresde en possède un imprimé sur VÉLIN.

SZECHENY. Catalogus bibliothecæ hun-garicæ Francisci comitis Szechenyi (auc-tore Mich. de Tibolt). *Sopronii*, 1799, 2 vol. gr. in-8. = Index alter... libros bibliothecæ hungaricæ... in scientiarum ordine distributos exhibens. *Pestini*, 1800, in-8. = Supplementum I[nm]. Po-

sonii, 1803, in-8. = Index alter sup-plem. I[i]. *Posonii*, 1803, in-8. = Sup-plem. II[um]. *Sopronii*, 1807, in-8. = Index alter supplem. II[i]. *Pestini*, 1807, 2 vol. in-8. — [31548]

Ce catalogue d'une nombreuse collection de livres re-latifs à l'histoire de Hongrie, peut être regardé comme une bibliographie spéciale de ce pays ; il est bien imprimé, et sur beau papier. De plus, les exemplaires n'ont pas été mis dans le commerce, le comte de Szecheny se les étant réservés pour en faire des présents. Il faut joindre à ces huit volumes les deux ouvrages suivants :

CATALOGUS numorum Hungariæ ac Transilvaniæ instituti nationalis Szechenyani. *Pestini*, 1807, 3 tomes en 2 vol. in-8. (avec un atlas in-4., qui renferme 79, 20 et 8 pl. de médailles).

CATALOGUS manuscriptorum bibliothecæ natio-nalis hungaricæ Szechenyano regnicolaris. *OEden-burg*, 1814 et 1815, 3 vol. gr. in-8.

SZYDLOWICZ. Numismata polonice in-scripta. *Paris.*, 1727, in-fol. deux feuil-les. [27857]

Il n'a été tiré que 40 exemplaires de cet opuscule (Ebert, n° 22125, d'après *Janotzki krit. Briefe*, page 75).

T

TABARI. Taberistanensis, id est Abu Dschaferi Mohammed ben Dscherir annales regum atque legatorum Dei, ex cod. ms. berolinensi arabice edidit et in latinum transtulit Jo.-Godofr.-Lud. Ko-segarten. *Gryphiswaldiæ*, 1831-35-53, vol. I à III, in-4. 45 fr. [vers 21267 ou 28007] '

CHRONIQUE d'Abou-Djafar Mohammed Tabari, fils de Djarir, fils d'Yesid. Traduite sur la version per-sane d'Abou-Ali Mohammed Belami, fils de Moham-med, fils d'Abd-Allah, d'après les manuscrits de la Bibliothèque du roi, par Louis Dubeux. (*Paris, imprimerie royale*). Se vend à *Londres chez Valpy*, et à *Paris, chez Théoph. Barrois fils*, 1836, in-4. 20 fr.

Tabari vivait de 839 à 923 de l'ère chrétienne. Son ouvrage est divisé en 5 part., et s'étend depuis l'origine du monde jusqu'à l'année 907 de J.-C. Le volume publié en 1836, et qui a XI et 280 pp., ne donne que la moitié de la première partie.

Une traduction turque de l'Histoire de Tabari a paru à Constantinople, à l'imprimerie impériale, l'an de l'Hégire 1260 (de J.-C. 1844), en 1 vol. in-fol. com-posé de cinq tomes ; M. Etienne Quatremère en a donné la notice dans le Journal des Savans, 1845, p. 513 et suivantes.

TABARIN. Recueil général des rencon-tres, questions, demandes, et autres

œuvres tabariniques. *Paris, Antoine de Sommaville*, 1622 (au mois de mars), in-12 de 108 ff. en tout. [17849]

Première publication collective des facéties de Taba-rin, concernant les 55 premières questions, dont une, la 8e (morceau tout à fait ordurier), n'a été, que nous sachions, réimprimée dans aucune édition, et deux autres, la 20e et la 52e, ne se trouvent pas dans le recueil en 2 parties, publié en 1623 et de-puis. On n'a réimprimé qu'une partie des pièces liminaires de l'édition de 1622.

—Le même recueil. Troisième édition, augmentée de plusieurs questions. *Pa-ris, Antoine de Sommaville*, 1622, in-12 de 94 ff.

Contenant 62 questions (la dernière n° 63) précédées de l'*Origine de la race et du chapeau de Tabarin*. Il y a quelques changements dans les pièces préli-minaires.

Il existe une édition de ce premier recueil, *Lyon, Cl. Armand*, 1625, in-12. Vend. 4 fr. 95 c. Duquesnoy, et avec des notes de l'an du La Monnoye, 15 fr. 60 c. Courtois. — Nous n'avons pas eu occasion de l'examiner, mais en voici une autre qui a passé sous nos yeux :

— RECUEIL général des rencontres, questions, de-mandes et autres œuvres tabariniques, avec leurs réponses ; ensemble l'extraction de sa race et l'an-tiquité de son chapeau ; dernière édition augmentée de plusieurs questions. *Lyon, Cl. Fontaine*, 1632, in-12 de 163 pp.

30 fr. vente Nodier, sans avoir toujours cette valeur.

— Inventaire universel des œuvres de Ta-barin, contenant ses fantaisies, dialo-gues, paradoxes, farces, rencontres et

---

Täallbil Syntagma dictorum brevium..., 18523.

Tabaraud (*Mathieu-Mathurin*). Réunion, 2134. — Philosophisme anglais, 3323. — Vie de Berulle, 23694. — Supplément aux histoires de Bossuet et de Fénelon, 30623.

conceptions; œuvre excellent où parmy les subtilitez tabariniques, on voit l'éloquente doctrine de Mondor. *Paris, P. Rocollet et A. Estoc*, 1622, in-12 de 206 pp., non compris les pièces limin. ni le frontispice gravé. [17850]

Première édition de ce recueil de facéties, tout différent du précédent, sous la même date. A la fin se trouvent deux farces (*Amours de Piphagne et de Lucas; les amours de Francisquine, femme de Tabarin, avec Piphagne et Lucas*), qu'on a reproduites d'une manière toute différente dans le Recueil général, édition de 1624 et autres.
Un exemplaire en *mar. r.*, avec les Rencontres, sans date, 116 fr. Veinant.

— Inventaire universel des œuvres de Tabarin, contenant ses fantaisies, etc. *Sur l'imprimé à Paris, chez Pierre Rocollet*, 1623, pet. in-8. 18 ff. prélim., texte 206 pp., frontisp. gravé.

Seule réimpression connue de l'*Inventaire universel.* Vend., avec une autre pièce tabarinique, 12 fr.; Chardin ; et avec plusieurs figures ajoutées, jusqu'à 7 liv. 7 sh. *mar.* Hibbert.
La pièce suivante fait partie de plusieurs exemplaires :
LES RENCONTRES, fantaisies et coq a Lasne de Grattelard..... ses gaillardises admirables, ses conceptions inouïes, et ses farces jouialles. *Paris, de l'imprimerie de Julien Trostolle* (nom supposé), sans date, 72 pp.

— Recueil général des œuvres et fantaisies de Tabarin, divisé en deux parties contenant ses rencontres, questions et demandes facecieuses avec leurs reponces (*sic*), reveu et augmenté de nouueau. *Sur l'imprimé à Paris, . chez Ant. de Sommaville*, 1623, 2 part. en 1 vol. in-12. [17852]

Ce recueil diffère du précédent (*Inventaire universel*), dans le contenu comme dans le titre. La première partie reproduit la 3e édition du premier recueil de 1622, moins les deux questions 20 et 52, et le sixain qui se trouve à la fin du même recueil. Cette partie a 4 ff. et 160 pp. (la dernière cotée 120) ; la deuxième partie, 144 pp. Ensuite doit se trouver une troisième partie, intitulée : *Les Rencontres, fantasies et coq à lasne facecieux du baron de Grattelard, tenant sa classe ordinaire au bout du Pont-neuf. Ses gaillardises admirables, ses conceptions inouyes, et ses farces iouialles;* Paris, Ant. Sommaville, 1623, de 71 pp. y compris la *farce des Bossus.* Un exemplaire en *mar. citr.*, par Bauzonnet, avec la 3e partie sous la date de *Paris, Julien Trostolle*, 1624, a été vend. 175 fr. Solar.
Dans l'exemplaire de cette édition, qui n'a été vend. que 12 fr. chez Courtois, mais qui vaut davantage aujourd'hui, se trouvait un premier titre portant l'indication de *Rouen, Nicolas Cabut*, 1624, avec une vignette.

— RECUEIL général des œuvres et fantaisies de Tabarin... a ceste édition est adjoustée la deuxième partie des questions et farces non encore veuës ny imprimées. *Paris, Ant. de Sommaville*, 1623-24, 2 part. en 1 vol. in-12.
Réimpression des deux parties de l'édition précédente, mais augmentée de deux pièces, savoir : *La Farce des amours de Piphagne avec Isabelle et de Lucas avec Francisquine*, et *La Farce de Rodomont, Tabarin et Lucas.* Il faut joindre à cette édition, ainsi qu'à celle de *Rouen*, 1624, *Les*

Rencontres..... du baron de Grattelard, impr. à Paris (voy. ci-dessus).

— RECUEIL général des œuvres de Tabarin... a cette sixieme édition est adjoustée la deuxieme partie de ses questions..... *Paris, Ant. de Sommaville*, 1623 et 1624, 2 part. en 1 vol. in-12.
Il paraît que cette édition, diffère de la précédente sous les mêmes dates; elle a 4 ff. prélim. et 159 pp. dans la première partie, et 176 pp. dans la seconde, y compris deux *farces · tabariniques*, sans titre particulier.
L'exemplaire en *mar. v.* vendu 81 fr. de Soleinne contenait de plus *Les Adventures et amours du capitaine Rodomont.....* édition de 1625 (voir ci-dessous).

— RECUEIL general des rencontres, questions, demandes et autres œuvres tabariniques, avec leurs responses : ensemble l'extraction de sa race, et l'antiquité de son chapeau ; œuvre autant fertil en gaillardises, que remply de subtilitez, composé en forme de dialogue, entre Tabarin et son maistre. Dernière édition, augmentée de plusieurs questions. *Arras, chez Claude Breton*, 1624, in-12 de 82 ff. ou 164 pp.
Ce recueil est différent de la seconde partie du volume ci-dessus, qui porte un titre analogue à celui-ci ; on n'y trouve pas les deux farces dont nous venons de parler : il se termine par un sixain (*Ainsi Tabarin devisoit*) qui n'est pas dans les autres éditions. Vend. *m. v.* 50 fr. de Soleinne ; 29 fr. Baudelocque.

— RECUEIL général des œuvres et fantaisies de Tabarin, divisé en deux parties : contenant les rencontres, questions et demandes facétieuses avec leurs réponses ; à cette sixieme édition est adjoustée..... (comme ci-dessus). *Paris, Philippe Gaultier*, 1625, in-12 de 4 ff., 134 et 136 pp.
Dans cette édition (copie de celle de 1623, mais sans le *Grattelard*) se trouve réunie une nouvelle production du même genre, intitulée :
LES ADVENTURES et amours du capitaine Rodomont; les rates (*sic*) beautés d'Isabelle et les inuentions folastres de Tabarin faictes depuis son depart de Paris jusqu'à son retour : œuvre non moins recreatif que facetieux, non encore veu cy-deuant. *Paris, Phil. Gaultier*, 1625, in-12 de 69 pp. Vend. séparément 10 fr. Courtois, et en *mar. bl.* 100 fr., petit catalogue de M. Tr...., 1854.
La *Descente de Tabarin aux enfers*; morceau qui avait paru dès l'année 1621, forme les deux derniers livres des Aventures de Rodomont.

— RECUEIL général des œuvres et fantaisies de Tabarin, divisé en deux parties. Contenant ses rencontres, questions et demandes facetieuses, avec leurs responces (*sic*). *Paris, Phil. Gaultier*, 1626, 2 part. en 1 vol. in-12 de 2 ff., 159 pp. pour la première partie ; 4 ff. prélim. et 176 pp. pour la seconde.

— RECUEIL général des œuvres et fantasies de Tabarin, divisé en deux parties..... A ceste dernière édition est ajoustée la dernière partie des questions et farces, non encore veues ny imprimées; avec les rencontres et fantaisies du baron de Grattelard. *Rouen, David Geuffroy*, 1627, in-12.
Cette édition (copie de celle de *Paris*, 1625) doit contenir trois parties, et même quatre quand les *Rencontres de Grattelard* (qu'annonce le titre, mais qui cependant· ne font pas ordinairement partie du livre) s'y trouvent réunies. La première partie a 4 ff. prélim. et 134 pp. ; la seconde, 136 pp. en tout, y compris le titre ; la troisième n'est pas annoncée sur le frontispice général du vol. ; elle a 80 ff. en tout, y compris un titre particulier ainsi conçu : *Les Aventures et amours du capitaine Rodomont*, Rouen, Dav. Geuffroy, 1627. Dans l'exemplaire (*mar. citr.*) vend. successivement 12 fr. Bonnier, 20 fr. Caillard, 60 fr. et 99 fr. Nodier, cette pièce est de l'édition de *Troyes, P. Garnier*, sans date (mais avec un privilége daté de

1729), et composée de 18 ff. Elle a été impr. plusieurs fois séparément (voy. ci-après).

L'édition du *Recueil général*, Rouen, David Ferrand, 1632, in-12, a 298 pp. On y réunit les *Aventures du capitaine Rodomont*, qui ont été réimpr. en même temps. Ce recueil a été encore reproduit à *Rouen, David Ferrand*, en 1637 et en 1640, in-12, y compris le *Rodomont*.

— LE MÊME recueil.!... augmenté des rencontres, fantaisies et coq-à-l'asne du baron Gratelard. *Troyes, Pierres des Molins*, sans date (vers 1630), in-12 (*ancien catalogue de la Biblioth. du roi*, Y2, 1314).

— RECUEIL général... (comme dans l'édition de 1627, ci-dessus). *Rouen, chez Louys du Mesnil*, 1664, pet. in-12 de 288 pp. en tout. 24 à 36 fr.

Cette édition assez jolie, et qu'un catalogue des Elsevier présente comme imprimée à La Haye, est conforme à celle de Rouen, 1627, en 3 part. Elle ne contient pas non plus les *Rencontres de Gratelard*, annoncées sur le titre. Vend. beaux exemplaires, 46 fr. Mac-Carthy; 59 fr. Bignon; 63 fr. 50 c. *cuir de Russie*, Labédoyère; 171 fr. *mar. citr.* Nodier; 45 fr. *mar. viol.* Busche; 102 fr. *mar. r.* de Soleinne; en *mar. vert*, 145 fr. Solar.

—OEuvres et questions de Tabarin. *Rouen, J. Oursel*, sans date, in-12 (catal. de La Valliere, en 3 vol. n° 2912, art. 76).

— LES RENCONTRES, fantaisies et coqs-à-l'asne facétieux du baron Gratelard, avec ses gaillardises admirables, conceptions joyeuses et farces joviales. *Troyes, Pierre Garnier*, sans date, pet. in-12 de 18 ff.

Édition différente de celle dont il a été question ci-dessus. Au verso du dernier f. se trouve le privilége en date du 14 mars 1725 (*sic*).

Dans l'édition de *Paris, Ant. de Rafflé*, le titre porte, au lieu de *farces joviales*, les mots : *la farce des Bossus*, auxquels le catalogue de la Bibliothèque du roi (Y2, 1305) ajoute : *donné par J. Trostelle* (pour *Trostolle*), nom qu'on a déjà pu remarquer comme étant celui qui a servi de masque à l'imprimeur d'une édition sans date qui se trouve jointe à l'*Inventaire universel*, de 1623 (voy. ci-dessus), mais qui n'a rien de sérieux, puisque c'est aussi celui de l'un des personnages de la farce des Bossus.

— OEUVRES complètes de Tabarin, avec les rencontres, fantaisies et coq-à-l'âne facétieux du baron de Gratelard, et divers opuscules publiés séparément sous le nom ou à propos de Tabarin, le tout précédé d'une introduction et d'une bibliographie tabarinique, par Gustave Aventin (Auguste Veinant). *Paris, P. Jannet*, 1858, 2 vol. in-16. 10 fr.

Ce farceur ne se doutait guère que 240 ans après sa mort on publierait ses *OEuvres complètes*.

— LES OEuvres de Tabarin, avec les *Aventures du capitaine Rodomont*, la Farce des bossus et autres pièces tabariniques, préfaces et notes par George d'Harmonville (M. P. L.). *Paris, A. Delahays*, 1858, in-16, vignettes. 5 fr., ou gr. in-18.

Cette édition en un seul volume n'est pas aussi jolie que la précédente; elle contient six pièces annexes de moins et ne donne qu'une partie du *Gratelard*; elle offre d'ailleurs une classification différente. L'une et l'autre remplacent très-avantageusement les anciennes éditions, dont aucune ne réunit les pièces annexées à ces dernières. (Voir sur ces deux éditions le *Bulletin du Bibliophile*, 1858, pp. 1262 et suivantes.)

Pièces tabariniques publiées séparément.

1° FARCES plaisantes de Tabarin. *Vic, Félix*, sans date, pet. in-8. Vend. 12 fr. 95 c. Lair; 40 fr. Librairie De Bure.

2° LA RESPONCE du sieur Tabarin aux Tromperies des charlatans descouvertes. *Paris, Sylvestre Moreau*, 1619, pet. in-8. Il faut y réunir les deux pièces intitulées : *Les Tromperies des charlatans descouvertes, par le sieur de Courval*, Paris, Nicolas Rousset, 1619, pet. in vers; — *Le Clairvoyant intervenu sur la reponse de Tabarin*, Paris, Morantin, 1619, pet. in-8.

3° DISCOURS de l'origine des mœurs, fraudes et impostures des charlatans, avec leur découverte, dédié à Tabarin et Desiderio de Combes : par J. D. P. M. O. D. R. *Paris*, 1622, pet. in-8.

4° BONJOUR, bon an à MM. les cornards de Paris et de Lyon, auec les priuiléges de la grande confrairie des Jans, par le sieur Tabarin. *Lyon, jouxte la copie impr. à Paris*, 1620, pet. in-8. de 8 ff. 3 fr. 85 c. Duquesnoy.

5° LES ETREINES universelles de Tabarin pour l'an 1621, à toutes sortes d'estatz, suivant le temps qui court, envoyées en poste de par delà le soleil couchant. *Paris* (aussi *Rouen*), sans date, pet. in-8. [17851]

6° LA DESCENTE de Tabarin aux enfers, avec les opérations qu'il y fit dé son médicament pour la bruslure, durant ce caresme dernier, et l'heureuse rencontre de Fritelin à son retour (*Paris*), 1621, pet. in-8. de 16 pp.

Cette pièce, que l'on a réimprimée en 1830, a été payée 27 fr. à la vente de Ch. Nodier.

7° LES FANTAISIES plaisantes et facétieuses du Chappeau à Tabarin. *Paris* (sans date), pet. in-8. de 8 ff., avec la figure du chapeau sur le titre.

8° HARANGUE faicte au charlatan de la place Dauphine, à la descente de son théâtre, par un de nos François : avec une salade envoyée au dit charlatan, par le capitaine La Roche, apotiquaire luquois, pour la guérison de sa maladie napolitaine. *Paris, pour le capitaine La Roche*, sans date, pet. in-8. de 7 ff. (en vers).

9° LA QVERELLE arriuée entre le Sr Tabarin et Francisquine sa femme, à cause de son mauuais mesnage, auec la sentence de separation contr'eux rendué pour ce subiect. *Paris, Iean Hondenc....*, *Iouxte la copie imprimée à Nancy par Iacob Garnikh*, 1622, pet. in-8. de 14 pp. [17853] Une des pièces les plus rares de cette collection. Elle a été réimprimée sous ce titre : *La Querelle de Gautier-Garguille et de Perrine*; A Vaugirart, par a e i o u, pet. in-8. de 16 ff. — Voyez CARON (*P.-S.*).

10° AMOURS de Tabarin et d'Isabelle (en vers). *Paris, Des Hayes*, 1621, pet. in-8. — Voy. CARESME PRENANT.

11° LE PROCEZ, plaintes et information d'un moulin à vent de la porte S.-Antoine, contre le sieur Tabarin, touchant son habillement de toille neuve, intenté par devant messieurs les meûniers du Faux-bourg S.-Martin, avec l'arrêt desdits meûniers, prononcé en jaquette blanche. Riez devant que de lire, car il y a bien à rire. *Paris, Lucas Gaillard*, 1622, in-8. de 15 pp.

12° L'ADIEU de Tabarin au peuple de Paris, avec les regrets des bons morceaux et du bon vin, adressez aux artisans de la gueule et supposts de Bacchus. *Paris, Recollet*, 1623, pet. in-8. de 16 pp.

13° LES ARRESTS admirables et authentiques du sieur Tabarin, prononcez en la place Dauphine, le 14e jour de ce présent mois, discours rempli des plus plaisantes joyeusetez qui puissent sortir de l'escarcelle imaginative du sieur Tabarin. *Paris, chez Lucas Joffu, rue des farces, à l'enseigne de la Bouteille*, 1623, pet. in-8. de 16 pp.

Vendu avec les *Etrennes universelles*, 18 fr. Méon; même prix, Morel-Vindé; 23 fr. Bignon; séparément, 50 fr. *m. r.* Nodier; 40 fr. de Chalabre.

14° ALMANACH prophétique de Tabarin, pour l'année 1623, avec les prédictions admirables pour chaque mois de ladite année. *Paris, René Bretel*, 1622, pet. in-8. de 16 pp.

Un exemplaire de cet opuscule, rel. en *mar. r.*, qui s'est vendu 55 fr. Solar, contenait cette autre pièce :

Almanach pour le temps passé... composé et calculé par F. Guérin, ci-devant président de la justice établie en la cuysine de la royne Marguerite, 1623.

15° LES ÉTRENNES admirables du sieur Tabarin, présentées à MM. les Parisiens, en 1623. *Paris, Joufflu*, pet. in-8.

16° RENCONTRE de Gaultier Garguille avec Tabarin en l'autre monde, et les entretiens qu'ils ont eus dans les Champs-Elysées sur les nouveautez de ce temps. *Paris*, 1634, in-8.

17° JARDIN, recueil, trésor, abrégé des secrets, jeux, facéties, gausseries, passetemps, composez, fabriquez et mis en lumière par Tabarin de Val burlesque, à plaisirs et contentement. *Sens, Geor. Nivers*, 1619, pet. in-8. de 8 ff. 47 fr. *mar. r.* et non rogné Veinant.

18° LES JUSTES plaintes du sieur Tabarin, sur les troubles et divisions de ce temps. M. DC. XXI, pet. in-8.

Cet opuscule a été réimpr. avec le n° 17 ci-dessus, à Paris, chez Crapelet, en 1850, pet. in-12 de 24 pp., tiré à 62 exempl. dont 2 sur VÉLIN, par les soins d'Aug. Veinant.

Nous ne terminerons pas cet article sans citer l'ouvrage suivant, qui a bien aussi son côté plaisant :

PLAISANTES recherches d'un homme grave sur un farceur. Prologue tabarinique pour servir à l'histoire littéraire et bouffonne de Tabarin, par M. C. L. (Leber). *Paris, de l'imprim. de Crapelet*, 1835, gr. in-16 de IV et 80 pp., plus le titre et le frontispice.

Il n'a été tiré de cette monographie que 35 exemplaires sur pap. jésus de Hollande, 15 en grand colombier (format in-8.), et 1 de couleur *tabarinique*, comme l'indique le faux titre.

Les Plaisantes recherches ont été réimpr. avec quelques changements, *Paris, J. Techener*, 1856, gr. in-16, pap. vergé. Jolie édition, ornée d'une ingénieuse vignette, et tirée à petit nombre.

TABELLA sinus recti : per gradus z singula minuta diuisa. Ad || tabulas directionū mri Iohannis de regiomonte necessarias *(sic)* cum quibus exemplis : p eiusdeʒ tabelle multum concordant *(absque nota)*, in-4. de 16 ff. [8334]

Opuscule décrit par Hain, n° 15206.

TABERD. Voy. PIGNEAUX.

TABERNÆMONTANUS *(Jac.-Th.).* New vollkomentlich Kreuterbuch, mit schönen und künstlichen Figuren aller Gewächs der Bäumen, etc., durch Jacobum Theodorem Tabernæmontanum; Jetzt wiederumb, etc., durch Casparum Bauhinum. *Frankfurt am Mayn, durch Nic. Hoffmann*, 1613, 3 part. en 1 vol. in-fol. de 686 et 844 pp. et les *indices*, avec fig. sur bois. [5530]

Cet ouvrage, publié pour la première fois à Francfort, en 1588, a été longtemps recherché : vendu 47 fr. L'Héritier ; mais ordinairement 12 à 15 fr. Les éditions de *Francfort*, 1625, et de *Bâle*, 1664 et 1687 (nouv. titre, 1734), in-fol., ont à peu près la même valeur. L'édit. de 1588-91, in-fol., 11 fr. 50 c. Jussieu.

— Voy. ICONES plantarum.

TABLANTE de Ricamonte (la cronica de). Voy. GARAY (Nuño).

TABLATURE spirituelle des offices et officiers de la couronne de Jésus, couchés sur l'état royal de sa crêche et payez sur l'espargne de l'estable de Bethléem... *Au Pont-à-Mousson, par Melchior Bernoud*, 1621, in-16 obl. de 16 ff. prélim., 156 pp. et 2 ff. non paginés. [1652]

Livre ascétique, dont l'auteur ne se désigne que comme un père de la congrégation du tiers ordre de S. François. Il est entièrement en prose, excepté un quatrain au verso du titre ; c'est donc par erreur qu'on l'a dit en vers. Il n'a de remarquable que son titre singulier. On l'a cependant réimprimé à *Lyon*, en 1629, et à *Paris, J. de Laize-de-Bresche*, 1685, in-16 obl., et un exemplaire de cette dernière édit., rel. en *mar. r. par Derome*, a même été vendu 33 fr. Veinant ; en *veau br.*, 21 fr. Il y a aussi une édit. de *Rouen, Ch. Ferrand*, 1710, in-16 (catal. Cigongne).

TABLE (a) of the gold coins. V. WILLIS.

TABLEAU à deux faces. Voy. EVENTAIL satyrique.

TABLEAU de la croix, représenté dans les cérémonies, de la sainte messe, ensemble le trésor de la dévotion aux souffrances de N. S. J. C., le tout enrichi de belles figures. *Paris, F. Mazot*, 1651, in-8. [657]

Volume composé de 100 estampes gravées par J. Collin et autres, avec leurs explications également gravées ; il s'en trouve de beaux exemplaires rel. en *mar.*, et richement dorés. Celui qui avait été donné pour 3 fr. 60 c. Méon, et 5 fr. Morel-Vindé, a été payé 52 fr. à la vente De Bure, et un autre, 39 fr. *v. f.* Le Prevost, en 1857 ; un troisième exemplaire, en *mar. r.*, acheté 12 fr. à la vente de Pixerécourt, 51 fr. Veinant ; un quatrième, *mar. v. doublé de mar. r.*, 57 fr. Hebbelynck, et un cinquième, en *mar. brun, par Duru*, 51 fr. Solar.

TABLEAU (le) de la vie et du gouvernement des cardinaux Richelieu et Mazarin, et de Colbert, représenté en diverses satyres et poésies ingénieuses, avec un recueil d'épigrammes sur Fouquet (et à partir de la p. 351, Paris ridicule, poëme satyrique de Petit). *Cologne, P. Marteau*, 1693, pet. in-8. de 8 ff. et 432 pp. 12 à 15 fr. [14201]

Bonne édition : 18 fr. La Valliere, et jusqu'à 25 fr. (bel exemplaire, *m. r. tab.*, avec des portr.) Méon ; 67 fr. Salmon ; broché et non rogné 65 fr. Labédoyère, en 1862. Celle de *Cologne*, 1694, pet. in-12, est moins belle, mais tout aussi complète : 6 à 9 fr.

TABLEAU des mœurs au xe siècle, ou la cour et les lois de Howel-le-Bon, roi d'Aberfraw, de 907 à 948, suivi de cinq pièces de la langue française, aux xi⁽ᵉ⁾ et xiii⁽ᵉ⁾ siècles, telle qu'elle se parlait en Angleterre après la conquête de Guillaume de Normandie, et terminée par une notice historique sur la langue anglaise, depuis son origine jusqu'au xviii⁽ᵉ⁾ siècle (par M. Gabr. Peignot). *Paris, de l'imprimerie de Crapelet*, 1832, in-8. pap. jésus vélin, 12 fr. [26885]

Dixième volume de la *Collection des anciens monuments de l'histoire et de la langue française*, publiée par Crapelet. Il n'en a été tiré que sept exempl. sur pap. de Holl. — Voy. Wotton.

TABLEAU des piperies des femmes mondaines, où se voyent les ruses et artifices dont elles se servent. *Paris, Denis*, 1632, in-12. 6 à 9 fr. [1808]

Ouvrage dont il a été fait plusieurs éditions. Celle de *Paris*, 1633, pet. in-12, 15 fr. Mazoyer. — La plus recherchée est celle de *Cologne (Holl.)*, P. *du Marteau*, 1685 (aussi 1687), pet. in-12 de 284 pp., y compris 3 ff. prélim. 15 à 18 fr. — Vend. 18 fr. A. Martin, et rel. en *mar. r.* par Trautz, 50 fr. Solar; en *mar. bl.*, 59 fr. Veinant, et 170 fr. de Chap. en 1863; autre en *veau br.*, 21 fr. en 1862.

TABLEAU historique de Paris. V. Saint-Victor.

TABLEAU historique des ruses et subtilitez des femmes, où sont naïvement représentées leurs mœurs, humeurs, etc., le tout confirmé par histoires arrivées en France de notre temps, par L. R. S. *Paris, Billaine* ou *Boutonné*, 1623, pet. in-8. 12 à 15 fr. [1808]

Vend. 20 fr. *m. r. dent.* Morel-Vindé; 45 fr. 50 c. Nodier.

TABLEAU naïf des persécutions qu'on faict en France à ceux de la religion réformée, avec une apologie pour le mouvement arrivé dans le Dauphiné, Vivarets et Cevennes, à la confusion du projet de ceux qui l'ont suivi. *Cologne, P. Barsselon* (Hollande), pet. in-12. [22447]

Volume peu commun. 10 à 12 fr.

TABLEAUX de la bonne compagnie, ou traits caractéristiques, anecdotes secrètes, politiques, morales et littéraires, recueillies dans les sociétés du bon ton, pendant les années 1786 et 1787, accompagnés de planches en taille-douce, dessinées et gravées par M. Moreau le Jeune et autres célèbres artistes. *Paris*, 1787, 2 tom. en 1 vol. pet. in-12. [23910]

64 fr. Duplessis, sans avoir, à beaucoup près, cette valeur.

Les jolies vignettes qui décorent cet ouvrage sont de simples réductions de planches de format gr. in-4.,

Tableaux tirés d'Homère, 9260.

qui ont été gravées d'après les dessins de Moreau (voy. ce nom); quant au texte, il doit être de Retif de La Bretonne, puisqu'il a été reproduit après 1789, sous ce titre portant son nom :

LES PETITES parties et les grands costumes de la dernière cour, avec de jolies gravures de Moreau et des anecdotes recueillies par Retif de La Bretonne, 2 vol. in-18.

TABLEAUX de l'habillement, des mœurs et des coutumes dans la république batave, au commencement du xix⁽ᵉ⁾ siècle. *Amsterdam, Maaskamp*, 1803, gr. in-4. [9642]

17 belles planches en couleurs, avec le texte en hollandais et en français. Un exemplaire avec un titre daté de 1811, et où aux mots *dans la république batave* on a substitué *en Hollande :* 50 fr. (retouché au pinceau) Duriez.

TABLEAUX des guerres de la succession d'Espagne, depuis le combat de Carpi, juillet 1701, jusqu'au couronnement de Charles VI, décembre 1711. *Augsbourg* (sans date), très-gr. in-fol. [8726]

Suite de 56 pièces grav. au burin par Corvinus et autres, d'après les dessins de Decker et de Rugendas. C'est un monument élevé en l'honneur des armées combinées contre la France. Il existe un premier tirage d'une partie de ces planches (20 au moins), avec un texte allemand.

TABLEAUX du cabinet du roi. Voy. Cabinet.

TABLEAUX du Musée de La Haye. Voy. Principaux.

TABLEAUX du temple des muses. Voy. Marolles et au mot Temple.

TABLEAUX du V. et du N. Testament, en 150 figures, avec une explication historique en anglais et en français. *Amst., Ottens*, in-4. fig. 18 à 20 fr. [357]

TABLEAUX historiques de la révolution française, ouvrage orné de 222 gravures, avec des discours (par l'abbé Fauchet, Chamfort et Ginguené, pour les 25 premières livraisons; la suite par Pagès). *Paris, Auber*, 1791-1804, 3 vol. gr. in-fol. pap. vél. [23995]

Ce recueil, dont on recherche surtout les exempl. qui renferment les premières épreuves des gravures, contient 3 frontisp. gravés, 9 discours et 9 planches prélim.; 144 tableaux, avec les discours historiques; 66 portraits, les cinq constitutions, le concordat, proclamation sur la paix, vœux sur le consulat à vie, le sénatus-consulte organique de la constitution (le couronnement, dans quelques exemplaires), et la table : le tout publié en 113 numéros. L'ouvrage a coûté 678 fr., mais il ne se paye que de 200 à 250 fr. dans les ventes, et avec les figures avant la lettre, de 4 à 500 fr. Un exemplaire précieux, *avant la lettre*, avec une grande partie des eaux-fortes, tant des tableaux que des sujets qui accompagnent les portraits, a été vend. 1003 fr. en 1816, et 900 fr. Pixerécourt.

Le texte des 80 premiers tableaux, qui parut d'abord, étant rédigé dans le sens révolutionnaire le plus exagéré, on l'a réimprimé avec des adoucissements qui le rendent plus acceptable. Ce texte primitif occupait 380 pp.; le nouveau en a quatre de plus : c'est une chose curieuse de les réunir l'un et l'autre.

— LES MÊMES tableaux de la révolution française, contenant 160 sujets gravés à l'eau-forte et 65 portraits, avec un texte abrégé (par P.-A.-M. Miger). *Paris*, 1817, 2 vol. gr. in-fol.

Cette nouvelle édit. ne contient que des épreuves usées.

TABLEAUX· historiques des campagnes d'Italie, depuis l'an IV jusqu'à la bataille de Marengo; suivis du précis des opérations de l'armée d'Orient; de la campagne d'Allemagne, en 1805, etc. *Paris, de l'imprim. d'Herhan et de Didot*, 1806, très-gr. in-fol. pap. vél. [8755]

Ouvrage bien exécuté et fort recherché. Les pl. ont été gravées par Duplessis-Bertaux, d'après les dessins de Carle Vernet. Le prix était originairement de 250 fr. Vend. 150 fr. en 1816 (moins depuis), et avant la lettre, avec les eaux-fortes, 305 fr. dans la même année; puis, avec diverses planches ajoutées, 311 fr. Pixérécourt. Il y a aussi des épreuves avec la lettre en or. Le vol. contient : 1° 138 pp. de texte, y compris le couronnement, avec les tableaux, le portrait de Bonaparte et une carte; 2° Campagne d'Allemagne, 63 pp. avec le tableau de la bataille d'Austerlitz, planche double; 3° Supplément aux campagnes d'Italie et d'Allemagne, 24 pp. avec 4 pl.; le supplément manque quelquefois. — Voy. ROUILLON-PETIT.

TABLEAUX (les) qui sont à Florence, dans les appartemens du grand-duc, gravés aux dépens de Côme III, grand-duc, et de Ferdinand de Médicis. In-fol. [9395]

Ce recueil est composé de 156 pièces, y compris le frontispice; on y joint quelquefois des pl. doubles, gravées par des artistes différents.

Un exempl. contenant 148 pl. (anciennes épreuves) et 2 fl. pour la table des gravures, a été vend. 301 fr. Boutourlin; il portait le titre suivant :

RACCOLTA di quadri dipinti dai più pennelli e posseduti da S. A. R. Pietro Leopoldo, gran-duca di Toscana; una parte dei quali stanno esposti nel suo R. Palazzo, e una altra parte nella sua R. Galleria di Firenze. *Firenze*, 1778.

L'exemplaire vendu 201 fr. Busche portait le même titre.

TABLEAUX topographiques de la Suisse. Voyez ZURLAUBEN.

TABLES astronomiques publiées par le Bureau des longitudes. *Paris,* 1806-37; savoir : 1° Tables du Soleil par Delambre, et table de la Lune par Burg, 1806; — 2° Tables de Jupiter et de Saturne, 2e édit. augmentée des tables d'Uranus par M. Bouvard, 1821; — 3° Tables de la Lune par Burckhardt, 1812; — 4° Table de la Lune formée par la seule théorie de l'attraction, par le baron de Damoiseau, 1824; — 5° Tables écliptiques des satellites de Jupiter, 1837 : en tout 5 vol. in-4. 60 fr. [8343]

TABLES for correcting the apparent distance of the moon and stars from the effects of refraction and parallax (by Lyons, Parkinson and Williams); published by order of the comiss. of lon-

gitude (by the Dr Shepherd). *Cambridge*, 1772, pet. in-fol. [8527]

Vend. 40 fr. Méchain; 18 fr. Delalande.

TABLETTES pueriles et morales pour instruire les enfans, divisées en quatre livres et ornées de plusieurs figures. *Angers, J. Bourdot*, 1658, 4 part. en 1 vol. pet. in-8. fig. sur bois. [3900]

Un des plus anciens livres français où l'on ait cherché à instruire l'enfance au moyen de gravures. Nous avons eu sous les yeux cette édit. de 1658, mais non pas celle d'*Angers*, 1608, dont un exempl. en *m. r.* s'est vendu 6 fr. La Vallière; en *mar.* 31 fr. Nodier; 50 fr. Baudelocque.

TABLEU de la bido del parfet crestia, que represento l'exercici de la fe, etc., fait par le P. A.-N.-C., reg. de l'ordre de S. Augustin. *Toulouzo, Jacq. Bondo*, 1673, pet. in-8. [14383]

En vers languedociens.

Il y a une édition de *Toulouse*, 1703, pet. in-8., où l'auteur est nommé *Amilha*. On y a ajouté un dictionnaire gascon, et la note des airs. Vendu 8 fr. en 1832.

TABOETIUS (*Julius*). De republica et lingua francica et gothica, deque diversis ordinibus Gallorum vetustis et hodiernis, nec non de prima senatuum origine, et magistratibus artis militaris : adjecta francicarum antiquitatum et urbium serie latino-gallicis, aphorismis explicata, autore Juliano Taboetio... *Lugduni, Theobaldus Paganus*, 1559, in-4. [23175]

Ce livre, dont le titre promet beaucoup, n'est qu'un simple opuscule de 67 pp. où les sujets indiqués sont très-superficiellement traités. L'auteur, qui a écrit en latin, soit en prose soit en vers, a laissé au moins seize ouvrages dont Niceron, XXXVIII, nous a donné la liste. Celui qui a pour titre *Sabaudiæ principum genealogia romanis versibus , et latiali dialecto in historicam synaxim digesto* (Lugduni , apud Nic. Edoardum, 1560, in-4.) a été traduit en prose et vers héroïques françois par P. T. A. (Pierre Trehedam, angevin), *Lyon , chez Nic. Edouard*, 1560, in-4. de 36 pp. Il est devenu rare comme tous les ouvrages de l'auteur, et il peut encore trouver sa place dans les collections où l'on admet indistinctement tout ce qui a été écrit en vers français au XVIe siècle.

Jules Tabouet, malgré ses nombreux écrits, serait peut-être entièrement oublié aujourd'hui si son nom n'avait pas retenti au barreau dans un procès célèbre intenté par lui à Raymond Pelisson, premier président du Sénat de Chambery, lorsqu'il était procureur général du même Sénat. Ce procès, qu'il gagna d'abord au parlement de Dijon en 1552, fut jugé ensuite contre lui par le parlement de Paris par arrêt en date du 12 octobre. Voir à ce sujet la Bibliothèque de Du Verdier, édition in-4., article Julien Tabouet.

TABOUILLOT (*Nic.*). Voyez HISTOIRE de Metz.

TABOUROT (*Jean*). Orchésographie, et

traicté en forme de dialogue, par lequel toutes personnes peuvent facilement apprendre et pratiquer l'honneste exercice des dances, par Thoinot Arbeau. *Langres, Jean des Preys*, 1589, in-4. de 104 ff. fig. 30 à 50 fr. [10379]

Ouvrage singulier, dont les exemplaires ne sont pas communs; il s'en trouve sans date, et que l'on a annoncés sous l'année 1588, parce que le privilège est daté de novembre 1588: il y en a aussi avec un nouveau titre portant : *Orchésographie, méthode et théorie pour apprendre à dancer, battre le tambour... jouer du fifre, arigol, etc.* Langres, 1596. Tel était l'exemplaire vendu 34 fr. MacCarthy, et 253 fr. Solar.

J. Tabourot a également publié, sous le nom de Thoinot Arbeau, le volume suivant :

·COMPOST et manuel kalendrier par lequel toutes personnes peuuent facilement aprêdre et sauoir les cours du soleil et de la lune... en suiuant la correction ordonnee par nostre sainct pere Gregoire XIII, composé par T... *Imprime a Langres par Jehan des Preīz le 19 iour de decembre lan de la correction du Kalendrier*, 1582, in-4. de 32 ff. non chiffrés, titres en lettres rondes, texte en goth. [8835]

C'est un almanach en dialogues, devenu rare, et qu'il ne faut pas confondre avec un livre plus ancien qui porte le même titre, à peu près (voyez COMPOST et Kalendrier). Il a été réimprimé en 1588. L'exemplaire qui est porté dans le catal. du duc de La Valliere, en 3 vol., n° 1818, était relié avec *l'Almanach ou pronostication des laboureurs, par Jean Voster*, 1588.

TABOUROT (*Estienne*). Les bigarrures et touches, du seigneur des Accords, avec les apophtegmes du sieur Gaulard, et les escraignes dijonnoises : dernière édition, de nouveau augmentée de plusieurs épitaphes, dialogues et ingénieuses équivoques. *Paris*, 1662, 2 tom. en 1 vol. pet. in-12, fig. 12 à 15 fr. [17824]

Vend. en *mar. bl.* 30 fr. Mazoyer; en *mar. r.* 60 fr. 50 c. Labédoyère; 28 fr. *v. br.* Busche; 50 fr. *m. r.* Solar.

Recueil curieux, dont l'auteur s'est plu à tempérer l'érudition par des plaisanteries tantôt bonnes, tantôt mauvaises, et souvent un peu graveleuses. L'édition de 1662 est la dernière qui ait été faite ; mais, malgré ce qu'annonce le titre, elle ne renferme rien de plus que les exemplaires complets des éditions de *Paris, J. Richer*, 1603 (avec les *Touches* réduites en un seul livre) et 1614 (toutes les trois assez belles et n'ayant pas moins de valeur que celle de 1662, car un exemplaire de celle de 1614, rel. en *mar. bl.* par Trautz, a été payé 101 fr. à la 2e vente Veinant); de *Rouen, Dav. Geuffroy*, 1616 (5 part.), pet. in-12; -- *Rouen*, le même, 1621, pet. in-12 dont un bel exempl. dans sa première rel. en vél. s'est vendu 100 fr. en avril 1859 ; — de *Rouen, Du Mesnil*, 1640 et 1648, 5 part. en 1 vol. pet. in-8.; seulement on la préfère à ces deux dernières, parce qu'elle est plus belle. Il se trouve des exemplaires à la date de 1662, avec des frontispices, soit au nom du libraire *Cotinet*, soit au nom d'*Est. Maucroy*, etc.

Les premières édit. des *Bigarrures* ne renferment que le 1er livre, lequel, selon Papillon, *Biblioth. de Bourgogne* (2e partie, p. 301), aurait paru pour la première fois à *Paris, chez Jean Richer*, en 1572, in-12. Toutefois cette date ne paraît pas bien avérée, quoique Tabourot se soit trouvé effectivement à Paris, en 1572, et qu'il y ait fait imprimer, chez Galliot du Pré, une nouvelle édit. du *Dictionnaire des rimes françoises* de Jehan Lefevre, aug-

mentée par lui. Ce qui donne lieu à ce doute, c'est l'avant-propos, daté· de 1584, que l'auteur a mis à la tête de l'édition de ses *Bigarrures* impr. cette année-là, et où il dit que ce recueil facétieux, commencé par lui, à l'âge de dix-huit ans, a été impr. pour la première fois en 1582 seulement. Nous n'avons pas vu l'édition portant cette date, mais il en existe deux, imprimées à Paris, en 1583, par *Jean Richer*, in-16; l'une de 216 ff., et l'autre de 219 ff. L'édition in-16 donnée par le même libraire, en 1584, a été revue et augmentée par l'auteur, qui y a joint l'avant-propos dont nous venons de parler. Une autre édit. des Bigarrures et Touches, *Paris, Jean Richer*, 1586, pet. in-12, contient les *Bigarrures*, 1er et 4e livre, avec un privilége en date du mois d'octobre 1585 ; les·contes du sieur Gaulard, et enfin les *Touches, divisées en·3 livres*, cette dernière partie en 124 ff. y compris le privilége, en date du 23 octobre 1585. C'est probablement sur l'édit. de Paris, 1584, qu'a été faite celle de *Rouen, par Barth. Fermier*, 1584, pet. in-12, annoncée dans le Bulletin du Bouquiniste, 1858, p. 239.

Il existe deux éditions des Bigarrures (4e livre, avec les Apophthegmes de Gaulard), *Paris, Jean Richer*, 1586, pet. in-12; l'une en 118 ff. (16 fr. *mar. v.* Gancia); l'autre sous la même date, mais en caractères un peu plus gros que dans la précédente; et ayant à la fin, feuillets 119 à 162, les Apophthegmes de Gaulard, *Pause seconde*, 40 fr. *mar. bl.* par Duru, Gancia. Il n'existe ni de 2e ni de 3e livre des Bigarrures, mais bien un 4e livre, impr. pour la première fois à Paris, chez *Jean Richer*, 1585, in-16 de 118 ff.; l'auteur y a joint ce qu'il a intitulé les *Apophthegmes du sieur Gaulard*. Cette 2e partie a été réimprimée séparément, à Paris, en 1586, 1588, etc., et aussi à Lyon, chez *Benoist Rigaud*, 1594, in-16, et chez *P. Rigaud*, 1606, même format. Nous n'avons pas la date de la première édition du premier livre des *Escraignes dijonnoises*, premier livre, qui n'a jamais été suivi d'un second; mais La Monnoye, dans sa note sur l'article Estienne Tabourot, de La Croix du Maine, nous apprend que les Escraignes furent réimprim. séparément, à Lyon, en 1592, in-16, sous le nom du sieur du Buisson, ·baron de Grannas, et seigneur de Domoi en partie, et que, dans cette édition, on joignit quelques contes tirés du *Compseutique* d'A. D. V. (c'est-à-dire Antoine Du Verdier), lesquels ne contiennent que 13 ff. Ce Compseutique, imprimé à Lyon, chez Jean d'Ogerolles, 1581, in-16, à ce que nous apprend Du Verdier lui-même, dans le catalogue de ses ouvrages, est devenu si rare, qu'il ne se trouve plus. Nous ne voyons pas que les contes de Du Verdier qui font partie des Escraignes aient été réimprimés dans les dernières éditions des Bigarrures.

Nous avons vu une édition des *Bigarrures*, avec les Apophthegmes de Gaulard, sans les Touches et sans les Escraignes, *Lyon, chez les heritiers de Rigaud* (1re partie 1600), (2e part. 1599), in-16. — Une autre des *Bigarrures* et *Apophthegmes, Poitiers, J. Bouchu*, 1609, 2 part. in-16, — et des Escraignes, *Poitiers, Abrah. Pellet*, 1608 (aussi 1610), in-16. J. Bouchu avait déjà donné à Rouen, en 1595, une édition des Bigarrures, en 2 part. in-16.

— Les Touches du seigneur des Accords. *Paris, Jean Richer*, 1585, 3 part. en 1 vol. pet. in-12.

Ce sont les trois premiers livres des *Touches* formant ensemble 112 ff. chiffrés. Le premier livre est dédié à Pontus de Tyard, seigneur de Bissy, évesque de Chalon; le second (commençant au f. 57) à Estienne Pasquier aduocat du roy en la Chambre des comptes à Paris, et le troisième (f. 94) à M. Simon Nicolas secretaire du roy. Ces Touches sont en vers et le plus souvent accompagnées de leur *Contre-touche*. Rien de ce qui compose ce volume n'a été reproduit dans les différentes éditions collectives des Bigarrures où se trouve cependant une partie intitulée *les Touches*. Il y a des exemplaires de l'édit. de 1585 avec un nouv. titre daté de 1586 ; en *mar.* par Trautz, 178 fr. H. de Ch... en 1863.

— **Les Touches du seigneur des Accords, quatriesme (et cinquiesme) livre.** *Paris, Jean Richer*, 1588, 2 part. en 1 vol. pet. in-12 de 60 et 75 ff. chiffrés.

Suite des trois livres précédents. Le quatrième est dédié à Messire Pierre Jeannin, chevalier et président au parlement de Bourgogne, et le cinquième à l'illustre seigneur Josephe de la Scale. Le premier de ces deux livres commence par des épigrammes imitées de Martial et de quelques poëtes latins modernes, dont on donne le texte au-dessus des imitations. Dans le dernier livre les Touches et les Contre-touches en vers sont accompagnées de *considerations*, en prose : au verso du f. 66 et aux feuillets suivants l'auteur a placé les vers faits par luy comme on tirait la dernière feuille ; ce supplément commence par une pièce adressée à *Messire Michel de Montaigne chevalier de l'ordre du Roy*. Nous la reproduisons ici d'autant plus volontiers que le livre où elle se trouve est rare, et qu'elle n'a pas été réimprimée dans les éditions collectives des Bigarrures :

> Quiconque voit la nette purité
> De tes escrits les lit de tel courage
> Que si c'estoit quelque gentil ouurage
> Qu'il eut iadis luy-mesme medité :
> Puis tout rauis de sa simplicité,
> Recognoissant ton style inimitable
> T'adore ainsi qu'une diuinité,
> Te voyant seul a toy-mesme semblable.

Un exempl. de ces 4e et 5e livres, relié en vélin 39 fr. Robert-Dumesnil.

C'est de ces 4e et 5e livres que les éditeurs des éditions collectives ont tiré tout ce qui dans leur recueil compose la partie intitulée *Les Touches*, formant 95 pp. dans l'édition de 1662 ; mais non-seulement ils n'ont pas réimprimé tous les morceaux de l'édition originale, mais encore ils ont changé l'ordre de ceux qu'ils ont conservés : ainsi ils ont pris dans la cinquième partie depuis le f. 5 jusqu'au f. 63 ce qui occupe les pp. 7 à 51 de leurs éditions ; dans la quatrième partie, aux feuillets 35 à 60 ce qui, dans leurs Touches, forme les pages 52 à 83 ; et enfin aux feuillets 6 *verso* jusqu'au f. 20 verso de cette même partie, ce dont ils ont composé leurs pp. 84 à 95, en terminant toutefois par le quatrain *au lecteur* qui est au verso du f. 60 dans l'édit. de 1588, de même qu'ils ont placé au commencement de leur page 7 le huitain *au lecteur* qui dans la 4e partie est à la p. 5.

Nous ferons remarquer que les éditions collectives ne donnent pas le texte latin des épigrammes imitées, non plus que l'explication en prose des Touches, qu'elles suppriment les épitres dédicatoires, et qu'enfin le texte de plusieurs pièces y présente des variantes assez notables. Ainsi, on le voit, les éditions collectives publiées dans le XVIIe siècle ne peuvent pas tenir lieu des *Touches*, en cinq livres, dont elles ne reproduisent qu'une partie des deux derniers, et rien des trois premiers.

Nous devons à l'obligeance de M. Potier, libraire distingué qui a fait une étude particulière des anciens livres français, la communication des différentes éditions des Touches qui ont servi à rédiger cette notice.

— **Icones et epitaphia quatuor postremorum Ducum Burgundiæ ex augustissima Valesiorum familia. Les pourtraits des quatre derniers ducs de Bourgogne de la royale maison de Valois.** *Paris, Iean Richer*, 1587, pet. in-8. de 22 ff. chiffrés. [24022]

Ce petit volume est d'Estienne Tabourot, qui se nomme dans la dédicace adressée par lui au prieur D. Antoine et aux Chartreux de Dijon. C'est un livre curieux par l'authenticité des portraits que Tabourot dit avoir fait copier par *Nicolas d'Hoey, peintre excellent*, sur les peintures et statues qui se voyaient alors dans la Chartreuse de Dijon. Ces portraits sont ceux de *Philippe-le-Hardi*, p. 5 ; de *Jean-sans-peur*, p. 9 ; de *Philippe-le-Bon*, p. 13, et de *Charles-le-Guerrier*, p. 18. L'auteur remarque qu'on pouvait voir jadis cette dernière figure à *Parcy en Charrolois, relevée en bois fort industrieusement ; mais*, ajoute-t-il, *la barbare furie des huguenots la rompit l'an* 1575. Vend. 9 fr. *m. r.* La Valliere ; et en *mar. r.* par Duru, 49 fr. Veinant.

— Voyez LICHARDUS.

Voici l'indication de deux ouvrages du seigneur des Accords, certainement fort rares aujourd'hui :

> DISCOURS sur ce qui s'est fait au baptême de Léonard François de Saulx, fils de M. le vicomte Jean de Tavanes, le 14 mai 1581. *Dijon*, 1581, in-4. (Petit poëme d'environ 520 vers.)
>
> LA DEFENSE et la louange du pou, ensemble celle du ciron contre ceux qui l'ont en haine et le blasment ordinairement à tort et sans cause, par le seigneur des Accords. *Lengres, Jean Despreys*, 1597, pet. in-8. de 36 pp., en vers de huit syllabes, 50 fr. Petit Catalogue de M. Tripier.

— V. DES PLANCHES, et RICHARD (*Jean*).

TABULA della salute. Voy. MARCO del monte Sancta Maria.

TACCONE (*Baldessàre*). La coronazione e sponsalizio della Serenissima regina Madona Bianca Maria Sforzia Augusta, descritta in ottava rima. *Milano, per Leonardo Pachel*, 1493, in-4. [14664]

Opuscule rare décrit par Hain, n° 15216.

TACHARD (*Guy*). Voyages de Siam des pères jésuites envoyés aux Indes et à la Chine (par Guy Tachard). *Paris*, 1686, in-4. [20720]

SECOND voyage du P. Tachard et des jésuites au royaume de Siam. *Paris*, 1689, in-4. fig. 6 à 8 fr. Les mêmes voyages ont été réimpr. à *Amsterdam*, 1689, 2 vol. pet. in-8. fig., auxquels on joint le *Journal, ou suite du Voyage de Siam, en forme de lettres familières, fait en* 1685 *et* 1686, *par L. D. C.* (l'abbé de Choisy), *Amsterdam*, 1687, pet. in-8. 6 à 10 fr. Ce dernier volume est une réimpression d'une édition de *Paris, Cramoisy*, 1687, in-4.

TACITUS (*Cornelius*). Annalium et historiarum libri superstites; libellus aureus de situ, moribus et populis Germaniæ, et dialogus de oratoribus claris. *Venet., per Vindelinum de Spira*, in-fol. [22894]

Première édition de Tacite, laquelle ne contient que les six derniers livres des Annales et les cinq premiers de l'Histoire, avec les deux opuscules indiqués dans le titre ci-dessus. Elle est exécutée en beaux caractères ronds, à 36 lign. par page, sans chiffrés ni signat., et c'est le premier livre imprimé avec des réclames. Ce vol. commence, sans aucune pièce préliminaire, par le texte du XIe livre des Annales, de cette manière :

> (N) A M *Valerium asiaticũ bis consulem :*

Tacheron (*C.-F.*). Médecine pratique, 7143.

et il finit au recto du dernier f., par une souscription de quatre vers, dont voici un fragment :

Finis Deo laus
Cesareos mores scribit Cornelius.....
... pressit
Spira premens : artis gloria prima sug.

D'après cette souscription, plusieurs bibliographes
ont supposé que ce volume était le premier livre
imprimé par Jean de Spire, c'est-à-dire qu'il avait
été exécuté vers 1468 ; mais si on lit attentivement
la souscription *qui docuit venetos*, etc., laquelle
se trouve à la *Cité de Dieu*, de S. Augustin, publiée en 1470, par Vindelin de Spire, après la mort
de son frère Jean, qui avait commencé l'ouvrage,
on pourra être d'un autre avis, et penser que par
artis gloria prima suæ. il faut entendre première
production de l'art de Vindelin ; alors on ne don-
nera pas à ce Tacite une date plus reculée que
1470.

Vend. en *mar. citr.* 670 fr. Gaignat ; 740 fr. La Val-
liere ; 375 flor. Crevenna ; 429 fr. (défectueux) F.
Didot ; 28 liv. 7 sh. Sykes ; 13 liv. et 15 liv. *mar. r.*
Heber ; 48 liv. Libri, en 1859.

Ce volume précieux est composé de 176 ff., y compris
le 161e tout blanc, qui se trouve entre le livre *De
situ, moribus et populis Germaniæ*, et celui *De
oratoribus claris*. Les réclames placées au bas de
chaque f. verso, sont exactes, à l'exception de celle
du 35e f., qui est ainsi : *Vetus ille* ; tandis que le
f. suivant commence par ces mots : *Copia erat,
etc.* (pour *cura erat*). Il n'y a cependant point de
lacune.

— Taciti Opera. In-fol. de 187 ff., dont les
160e et 176e sont blancs.

Édition sans indication de lieu ni de date, et dont les
pages entières portent 37 lignes. Quoique les caractères ressemblent à ceux de Jenson, on croit qu'elle
a été imprimée à *Milan* (de 1475 à 1480), parce que
l'éditeur *Franciscus Puteolanus* résidait dans cette
ville. Elle a l'avantage de contenir la Vie d'Agricola,
qui n'est pas dans la précédente. Le vol. a des
signat. de A à Z (l'Y étant oublié), suivies des cahiers marqués T, Y, A—K. La première ligne du
premier f. est ainsi conçue : *Franciscus Puteolanus Jacobo Antiquario ducali secretario. Sal.*
Le deuxième f. porte la signat. a i ; et le texte finit
au recto du dernier f., par le mot *finis*. Vend.
40 fr. en janvier 1829. Voyez, pour plus de détails,
Biblioth. spencer., II, p. 395.

L'édition de Venise, *per Philippū pinci sumptibus...
Benedicti Fontana. Mccccxcvij. die xxij Marcij*,
in-fol. de 103 ff., à 45 lignes par page (sous le titre
d'*Historiæ Augustæ*), est une réimpression de la
précédente. Celle de Venise, 1494, est douteuse.

— P. Cornelii Taciti libri quinque noviter
inventi, atque cum reliquis ejus operibus
editi (cura Phil. Beroaldi). — *Romæ
impressi per Stephanum Guillereti de
Lotharingia... anno* M. D. XV. *kl.
Martii*, in-fol.

Cette édition précieuse est mise au rang des éditions
princeps, parce qu'elle est la première qui contienne
les cinq premiers livres des Annales : vend 53 fr.
Gaignat ; 500 fr. bel exemplaire, La Valliere ; 61 flor.
Crevenna ; 251 fr. *mar. r.* F. Didot ; 150 fr. *mar. r.*
d'Ourches ; 370 fr. Mac-Carthy ; 84 fr. *m. bl.* De
Bure ; 10 liv. 10 sh. bel exemplaire d'Henri VIII,
Heber ; 200 fr. *mar. v.* Giraud ; 175 fr. Solar ; 55 fr.
v. f. Renouard.

Le volume est composé de 232 ff. sous les signatures
A—QQ, y compris le frontispice (il n'y a que les ff.
4 à 73, contenant les 5 premiers livres des Annales,
qui soient chiffrés). On doit trouver de plus à la
fin, 10 ff. séparés, qui renferment *Vita Agricolæ*.
Le registre, suivi de la souscription, est placé au

recto du 232e fr. — Jos. Van Praet a fait mention
d'un exemplaire imprimé sur VÉLIN.

— CORN. TACITI quæ extant, ab And. Alciato edita.
Mediolani, in officina minutiana, 1517, in-4.

Réimpression de l'édition de Rome, 1515 : elle est
presque aussi rare que l'originale, mais beaucoup
moins précieuse. 8 flor. 25 c. Meerman.

— Taciti ab excessu divi Augusti historiarum libri quinque nuper inventi, atque
cum reliquis ejus operibus maxima diligentia excusi (cura Ant. Francini). *Florentiæ, per hæredes Phil. Juntæ*, 1527,
in-8. de 364 ff.

Vend. 5 flor. 10 sh. Crevenna.

— Corn. Tacitus exacta cura recognitus
et emendatus ; copiosus index... varia
lectio, in calce operis impressa (ex recens. B. Rhenani). *Venetiis, in ædibus
hæredum Aldi Manutii Romani, et
Andr. Asulani soc. mense novembri*
1534, pet. in-4. de 12 et 260 ff.

Vend. 20 fr. Le Marié ; 16 flor. Crevenna ; 2 liv. *mar.*
Drury ; 60 fr. *mar.* Duriez, et 15 fr. Coulon ; 5 liv.
7 sh. *mar. r.* par Derome, Libri, en 1859.

Texte de l'édition de Bâle, J. Froben, 1533, in-fol.
lequel avait été revu, d'après un bon manuscrit,
par Beatus Rhenanus.

— Taciti Opera quæ extant. Justus Lipsius
postremum recensuit : additi commentarii aucti emendatique ab ultima manu.
Accessit C. Velleius Paterculus cum
ejusdem J. Lipsii auctioribus notis. *Antuerpiæ, ex officina plantin.*, 1607,
in-fol.

Edition donnée après la mort de Juste Lipse, mais
plus complète que celle d'Anvers, *ex officina
plantin.*, 1600, in-4. Les mêmes presses l'ont
reproduite en 1627, en 1648 et en 1668, in-fol. La
première édition du Tacite, revue par ce savant, est
celle d'Anvers, Chr. Plantin, 1574, in-8.

— C. Cornelius Tacitus, ex I. Lipsii accuratissima edit. *Lugd.-Bat., ex officina elzeviriana*, 1634, 1 vol. pet. in-12
qui se relie en 2 vol. 12 à 20 fr.

Vend. en *mar. v.* 36 fr. Chalabre ; et un très-bel
exemplaire en VÉLIN, 50 fr. même vente ; en *mar.
r.* 31 fr. Giraud.

— Tacitus, ex I. Lipsii edit. cum notis
et emendat. H. Grotii. *Lugd.-Bat.,
ex officina elzeviriana*, 1640, 2 vol.
pet. in-12. 20 à 24 fr.

Ces deux éditions, bien imprimées, sont également
recherchées ; cependant on devrait donner la préférence à la seconde, à cause des notes de Grotius
qu'elle contient ; on peut joindre à l'une et à l'autre
le volume suivant :

HENR. SAVILII commentarius in Taciti Historias
et Jul. Agricolæ vitam, necnon tractatus de militia
romana. *Amstelod., ex officina elzeviriana*, 1649,
pet. in-12. 4 à 6 fr. (Vend. 65 fr. *non rogné*, en
1811 ; 11 fr. de Chalabre, et 27 fr. Labédoyère.)

Vend. beaux exemplaires (sans le vol. de notes),
33 fr. *m. viol. doublé de mar.* St-Céran ; 57 fr.
m. r. doublé de mar. r. (exemplaire du comte
d'Hoym), Mirabeau ; 40 fr. *m. r. de* Cotte ; 80 fr.
mar. doublé de mar. F. Didot ; 51 fr. *vél.* en
1813 ; 122 fr. *mar. r.* par Trautz, vente Solar.

On doit trouver dans l'édition de 1640, à la p. 400, fin des Annales, une table généalogique intitulée : *Stemmata Augustæ domus*, laquelle se replie dans le volume. Les pp. 401 et 402 sont occupées par un titre imprimé portant *Historiarum libri V*. Il se trouve des exemplaires dans lesquels le verso du 8ᵉ f. des pièces préliminaires qui doit porter les effigies d'Auguste, de Livie et de Tibère est resté en blanc.

Dès 1621 il avait paru, *Lugd.-Batav.*, *ex officina elzeviriana*, une édition de Tacite en 1 vol. in-16, mal imprimée, et qui ne mérite d'être citée ici qu'à cause du nom du libraire.

Les éditions du texte de Tacite : *Amstelodami*, *ex officina elzeviriana*, 1649, 1665 et 1678, in-24, n'ont pas de valeur.

— Taciti Opera, variorum commentariis illustrata ; Joh.-Fred. Gronovius recensuit et suas notas adjecit. *Amstelod.*, *D. Elzevirius*, 1672 et 1673, 2 vol. in-8.

Bonne édition pour l'ancienne collection *Variorum* : 15 à 20 fr.; vend. 77 fr. 50 c. *mar. r.* bel exempl., Courtois ; en 4 vol: *mar. r.* 180 fr. De Bure ; 160 fr. *non rogné*, Mac-Carthy, et 100 fr. Renouard. L'édition d'*Amstelod.*, *Blaeu*, 1685, 2 vol. in-8., est encore assez recherchée, mais elle est moins belle et surtout bien moins correcte que la précédente : 12 à 15 fr.

— Opera, interpretatione perpetua et notis illustravit Jul. Pichon, in usum Delphini. *Parisiis*, *Thiboust*, 1682-87, 4 vol. in-4. 40 à 48 fr.

Cette édition, peu estimée, est une des moins communes de la collection *ad usum :* vend. 120 fr. *mar.* Liénard ; 10 liv. 10 sh. *mar.* Drury. La réimpression, *Venetiis*, 1707-8, 4 vol. in-4., a très-peu de valeur.

— Opera, ex recensione et cum animadversionibus Theodori Ryckii. *Lugduni Batavorum, apud Jac. Hackium,* 1687, 2 vol. pet. in-8. 6 à 8 fr.

Édition très-estimée, mais dont il n'y a que les exempl. en Gr. Pap. qui soient chers : 24 à 36 fr.; vend. 60 fr. *m. r. doublé de m. r. dent.* rel. par Du Seuil de Cotte, 87 fr. F. Didot, et 164 fr. Labédoyère ; 50 fr. *m. bl.* Larcher ; en *vél.* 40 fr. Giraud.

— OPERA, integris et selectis commentariis variorum illustrata ; ex recens. et cum notis Jac. Gronovii. *Trajecti-ad-Rhenum*, 1721, 2 vol. pet. in-4. 20 à 24 fr.

Cette édition n'est.,à peu de chose près, qu'une copie de celles de 1672 et 1685, in-8.

— OPERA, ex recens. Th. Ryckii. *Dublinii, Grierson*, 1730, 3 vol. in-8. 12 à 18 fr.

Au rapport d'Harwood, cette édition est fort bonne et a été soignée par une dame très-savante, nommée Grierson. On en trouve difficilement des exempl., surtout en Gr. Pap., comme celui qui a été payé 173 fr. à la vente Mac-Carthy ; 5 liv. *mar. r.* Dent, et 79 fr. en 1829.

— OPERA, iterum recensuit, notas integras Justi Lipsi, J.-F. Gronovii, Nic. Heinsii et suas addidit Jo.-Aug. Ernesti. *Lipsiæ*, 1752, vel 1772, 2 vol. in-8. 10 à 12 fr.

Assez bonnes éditions, mais moins recherchées que celle qu'a revue Oberlin ; vend. bel exemplaire de l'édition de 1772, *m. viol. tab. dent.*, 33 fr. 50 c. Renouard.

— OPERA, ex edit. Jac. Gronovii. *Glasguæ, Rob. et And. Foulis*, 1753, 4 vol. pet. in-12. 10 à 15 fr.

Cette édition est fort jolie et se trouve moins fréquemment que les autres productions des mêmes presses. Vend. en pap. fort, 98 fr. *mar. bl.* Mac-Carthy ; 24 fr. *m. r.* en 1827; 22 fr. Renouard.

L'édition de Glascow. *Rob. Urie*, 1743, en 2 vol. pet. in-8., n'est pas chère.

— OPERA, ad edit. Theod. Ryckii expressa. *Londini, Brindley*, 1760, 4 vol. in-18. 10 à 15 fr.

Édition la moins commune de toutes celles qui composent la collection de Brindley.

— OPERA, recensuit L.-N. Lallemand. *Parisiis, Barbou*, 1760, 3 vol. in-12.

Bon texte : 10 à 12 fr. La réimpression de 1793 est moins belle que l'édit. de 1760.

— Opera, recognovit, emendavit, supplementis explevit, notis, dissertationibus illustravit Gabr. Brotier. *Paris, Delatour*, 1771, 4 vol. gr. in-4. avec cartes.

Édition magnifiquement imprimée et qui a longtemps passé pour une des meilleures de cet historien. Son mérite n'a cependant été reconnu ni par Harwood ni par Ernesti ; elle a valu jusqu'à 100 fr., mais elle ne se vend plus que de 40 à 50 fr. Le Gr. Pap. format pet. in-fol., dont les exemplaires sont très-recherchés, s'est vendu 900 fr. (bel exemplaire relié à Londres, par Baumgarthen) F. Didot ; 660 fr. *br.* Saint-Martin ; 700 fr. *m. r.* (avec l'épître dédicatoire adressée au président de Lamoignon, de laquelle il n'existe que 2 exemplaires) Delatour ; 1042 fr. *m. bl.* Mac-Carthy ; 555 fr. *mar. r.* en mars 1829 ; 500 fr. Labédoyère ; 15 liv. 10 sh. en 1835; 340 fr. *mar. r.* Giraud.

— OPERA, denuo recognovit, emendavit, etc. Gabr. Brotier. *Parisiis, Delatour*, 1776, 7 vol. in-12.

Cette seconde édition, outre qu'elle est enrichie de plusieurs dissertations qui ne sont pas dans la précédente, renferme encore les maximes politiques de Tacite, disposées par ordre des matières, le règne de Trajan, le supplément au Dialogue des orateurs, et un fragment du 91ᵉ livre de Tite-Live, suppléé et expliqué. Cependant elle est commune et à très-bas prix, même en pap. fin ; vend. pourtant en *mar. r.* 54 fr. de Boissy.

— TACITI OPERA (edente H. Homer). *Londini, Ritchie et Sammels*, 1790, 4 vol. in-8. pap. vél. 20 à 24 fr.

Édition assez correcte et bien imprimée. Il y en a des exemplaires en Gr. Pap. qui se payent de 2 à 3 liv. en Angleterre.

— OPERA, ex recens. G.-Ch. Crollii, editio secunda, curante F.-Ch. Exter. *Biponti*, 1792, 4 vol. in-8.

Bonne édition : 10 à 15 fr.

— OPERA, notis et dissertationibus illustr. G. Brotier. *Edinburgi*, 1796, 4 vol. in-4.

Cette édition, bien inférieure pour la beauté à celle de *Paris*, 1771, contient les augmentations de l'édition in-12 ; elle a coûté 144 fr.; vend. 84 fr. *mar. r.* F. Didot, et beaucoup moins cher depuis.

On a donné aussi à *Edimbourg*, en 1796, une édition de ce livre en 4 vol. in-8.

— OPERA, ex recens. J.-A. Ernesti, denuo curavit Jer.-Jac. Oberlinus. *Lipsiæ, Weidman*, 1801, 2 vol. in-8. 15 fr. — Papier fin, 20 fr.

Il y a des exemplaires en pap. de Hollande, divisés en 4 vol. : 60 fr. *mar. r.* Caillard ; 50 fr. Renouard. Cette édition, fort estimée, a été réimprimée à Oxford, 1813, en 4 vol. in-8.

— OPERA : vol. 1. Annales ad optimor. exemplarium fidem recensiti a G.-Alex. Ruperti *Gœttingæ, Dietrich*, 1804, in-8. 1 thl. 8 gr. — Pap. fin, 2 thl. — Pap. vél., 3 thl.

Édition non terminée. Ruperti y a joint : *Commentarius perpetuus in Tacitum*, Gœttingæ, 1805, in-8. 2 thl. Pap. fin, 3 thl. — Pap. vél., 4 thl.

— OPERA, notis et dissertationibus illustr. G. Brotier ; editio nova et auctior. *Londini, curante et imprimente Abr.-Joan. Valpy*, 1812, 5 vol. in-8. 30 à 35 fr.

Cette belle édition réunit les avantages de celles de Paris et de celle d'Edimbourg ; on y a ajouté de plus un choix de notes tirées des commentateurs de Tacite, postérieurs à l'édition écossaise, des notices littéraires et politiques, et quelques notes du célèbre Porson. Les exemplaires en Gr. Pap. sont fort beaux et ont coûté primitivement 6 liv. 6 sh.; ils se vendent maintenant beaucoup moins.

— OPERA, ex editione Jer.-Jac. Oberlini, cum supplementis Gabr. Brotier. *Londini , Rodwell et Martin*, 1817, 3 vol. gr. in-18. 10 à 12 fr.

Édition de la collection du Régent.

— C.-CORN. TACITUS qualem omni parte illustratum postremo publicavit Jer.-Jac. Oberlin, cui posthumas ejusdem annotationes et selecta variorum additamenta subjunxit Jos. Naudet. *Paris., Lemaire*, 1819-20, 6 vol. in-8. 30 fr.

Le 6e vol. de cette édition contient : *Indices nominum et rerum et latinitatis in Tacitum.*

— TACITI Opera omnia, ex editione oberliniana, cum notis et interpretatione in usum Delphini . notis variorum, recensione codd. et indice locupletiss. *Londini, Valpy*, 1821, 8 part. en 10 vol. in-8.

Formant la fin du n° 16 et les n°⁵ 17 à 23 de la collection de Valpy. On y ajoute *Annalium supplementa, a Gabr. Brotier*, 1821, 1 vol. in-8.

— OPERA, ex recensione et cum supplementis Gabr. Brotier. *Parisiis, Lefèvre (typis J. Didot)*, 1822, 5 vol. gr. in-32, pap. vél. 10 fr., et plus en Gr. Pap.

— TACITUS, ex recensione Oberlini. *Aug.-Taurinorum, Vidua Pomba*, 1820-21, 5 vol. in-8.

— TACITUS, cum selectis variorum interpretum notis, ex postrema editione Jer.-Jac. Oberlini, curante P.-F. de Calonne. *Paris., Gosselin*, 1824, 5 vol. in-12. 10 fr.

Il a été tiré un petit nombre d'exemplaires in-8. pap. vél.

— TACITI Opera, ex recensione Jo.-Aug. Ernesti, denuo curavit Jer.-Jac. Oberlinus. *Londini, typis Davison, apud Priestley*, 1825, 4 vol. in-8. 20 à 24 fr.

On réunit à cette édition :

COMMENTARIUS perpetuus in Taciti Annales, conscriptus a G.-Alex. Ruperti. *Londini*, 1825, in-8.

— OPERA, auspice Corbiere. *Paris., Panckoucke*, 1826-28, 4 vol. gr. in-fol. pap. vélin.

Édition de luxe, tirée à 80 exemplaires, mais qui n'est nullement recherchée. Vend. 60 fr. Auger; 70 fr. en mars 1829, et moins cher encore depuis. Le recueil suivant est destiné à servir d'ornement à ces 4 vol.

C.-C. TACITI iconographia : J. Cæsar, Augustus, Livia, Julia, Agrippa, Tiberius, Drusus, Germanicus, Claudius, Messalina, Agrippina, Nero, Seneca, Caligula, Galba, Otho, Vitellius, Vespasianus, Titus, Domitianus. *Parisiis, Panckoucke*, 1830, in-fol., publié en 10 cah. de 2 pl., au prix de 20 fr. par cah.

— OPERA, recensuit et commentarios suos adjecit G.-H. Walther. *Halis-Saxonum, Schwetschke*, 1830-31, 4 vol. in-8. 5 thl.

— Opera, ad optimorum librorum fidem recognovit et annotatione perpetua in-. struxit Geo.-Alex. Ruperti. *Hannoveræ, Hahn*, 1832-39, 4 vol. in-8. pap. vélin. 30 à 36 fr.

Le 1er et le 2e vol., qui ont paru en 1829, ont été réimprimés en 1834 ; le 4e est de 1832, et le 3e de 1839.

— CORNELIUS Tacitus, ab J. Lipsio, J.-F. Gronovio, N. Heinsio, J.-A. Ernestio, F.-A. Wolfio emendatus et illustratus, ab Imm. Bekkero ad codices antiquissimos recognitus ; cum indicibus. *Lipsiæ, Weidmann*, 1831, 2 vol. in-8. de plus de 1600 pp.

Une des bonnes éditions modernes de Tacite : 22 fr.
— Papier vélin d'écriture, 30 fr. — Papier vélin de Suisse, 40 fr. Il a été publié également à la librairie de Weidmann une édition du même texte, *ad usum scholarum*, de format pet. in-8.

— OPERA quæ supersunt, ad fidem codicum medicco-

rum ab Jo.-Georgio Baitero denuo excussorum ceterorumque optimorum librorum recensuit atque interpretatus est Jo.-Casp. Orellius. *Turici, sumptibus Orellii*, 1846-48, 2 vol. gr. in-8. 22 fr.

— OPERA, ad codices antiquos exacta et emendata commentario critico illustrata edidit Franc. Ritter. *Cantabrigiæ*, 1848, 4 vol. in-8.

— ANNALES. *Parmæ, in ædibus palatinis (Bodoni)*, 1795, 3 vol. in-fol. papier vélin.

Belle édition, mais d'autant moins recherchée, que les autres ouvrages de Tacite n'ont pas été imprimés de la même manière. L'imprimeur annonce sur le faux titre qu'il n'a tiré que 30 exemplaires de ce livre : nous ne savons pas jusqu'à quel point ce fait est exact ; mais ce qu'il y a de certain, c'est que la même composition typographique, dont on a diminué les interlignes, a servi pour deux autres éditions faites dans le même temps que celle-ci : l'une in-4. papier royal; l'autre in-4. papier impér. L'in-fol. a été vendu 78 fr. en 1824, et 29 fr. 50 c. Boutourlin.

L'imprimerie royale de Parme a donné, en 1797, une édition latine des Annales de Tacite, en 1 vol. in-8.

LEXICON taciteum, sive de stilo C.-Cornelii Taciti, præmissis de Taciti vita, scriptis, ac scribendi genere prolegomenis; scripsit Guil. Böttcher. *Berolini, Nauck*, 1830, in-8. de plus de 600 pp. 9 fr., et plus en papier collé.

Traductions.

— Les OEuvres de Tacite, de la traduction de Nicolas Perrot, Sr d'Ablancourt, avec des remarques. *Amsterdam, de l'imprimerie de Louis Elsevier*, 1663, 3 vol. pet. in-12.

Malgré l'adresse que porte son titre, cette édition a été évidemment faite en France, et peut-être à Rouen. Elle reproduit une traduction qui fut d'abord impr. à Paris, en 1650, in-8. en 2 vol. et qui depuis a souvent été réimprimée, soit en 1 vol. in-4., soit en 3 vol. in-12, mais qu'on ne lit plus, malgré l'ancienne réputation du traducteur. Le nom d'Elsevier attaché à l'édition de 1663, l'a fait admettre par des curieux dans la collection elsevirienne; et cela lui conserve quelque prix.

Amelot de La Houssaye ayant critiqué la traduction de Perrot dans son ouvrage intitulé : *La Morale de Tacite* (Paris, 1686), in-12, Fremont d'Ablancourt, neveu de Perrot, prit la défense de son oncle dans un écrit ayant pour titre : *M. Perrot d'Ablancourt vengé, ou Amelot de La Houssaye convaincu de ne pas parler françois et d'expliquer mal le latin* (Amsterdam, 1686), in-12, et là il défait Amelot de faire une meilleure traduction de Tacite que celle qu'il venait de critiquer. Pour répondre à ce défi, Amelot publia son *Tacite avec des notes politiques, première partie, contenant les six premiers livres des Annales* (Paris, 1690), in-4; réimprimé à La Haye, en 1690, et à *Amsterdam*, 1692, en 2 vol. in-12, et de nouveau à *Amsterdam*, en 1716, et à La Haye, 4 vol. in-12, contenant de plus la traduction des livres 11, 12 et 13 des Annales. On réunit à cette dernière édition une traduction des trois derniers livres par M. L. C. D. G. (Fr. Bruys), et une continuation attribuée au même Bruys; *La Haye*, 1735, le tout ensemble formant 10 vol. Précédemment Amelot de La Houssaye avait donné sous le nom supposé du sieur de La Motte-Josseval, d'Aronsel : *Tibère, discours politique sur Tacite, Amsterdam, chez les heritiers de Daniel Elzevier*, in-4., ou seconde édition, 1684, in-12.

— Traduction complète des ouvrages de Tacite, avec des notes· historiques et critiques, par de La Bletterie et J.-H. Dotteville. *Paris*, 1799, 7 vol. in-8.

Cette traduction a été effacée par d'autres plus modernes; aussi est-elle à bas prix, même en Gr. Pap. vél. — Les mêmes formes sur lesquelles cette édition est imprimée ont servi à tirer des exempl. en 7 vol. in-12. — L'édition de *Paris*, 1774-79-80, et celle de 1788, 7 vol. in-12, sont préférables à celle de 1799.

— TACITE, traduit par Dureau de Lamalle, avec le texte en regard; quatrième édition, revue, corrigée et augmentée des suppléments de Brotier, traduit pour la première fois par M. Noël, avec des portraits d'après les monuments, et une carte de l'empire romain. *Paris, Michaud*, 1827, 6 vol. in-8. 20 à 25 fr.

Une des meilleures traductions que nous ayons de ce grand historien.

La première édit. a paru sans le texte, à *Paris*, 1790, 3 vol. in-8. — La seconde, *Paris*, 1808, 5 vol. in-8., dont il y a du pap. vélin, est moins mal imprimée que la 3ᵉ (de 1817), dont le papier surtout est fort mauvais.

— TRADUCTION nouvelle des œuvres complètes de Tacite, par Gallon de La Bastide. *Paris*, 1812, 3 vol. in-12.

— ŒUVRES complètes de Tacite, traduction nouvelle, avec le texte en regard, des variantes et des notes, par J.-L. Burnouf. *Paris, L. Hachette*, 1829-33, 6 vol. in-8., avec 4 cartes. 30 fr. (La table alphabétique n'a paru qu'en 1833.)

Bonne traduction, mais qui n'a pas effacé entièrement celle de Dureau. Il y en a une édition de *Paris, L. Hachette*, 1858, en un seul vol. gr. in-18, sans le texte. 3 fr. 50 c.

— ŒUVRES de Tacite, traduites par C.-L.-F. Panckoucke (avec le texte). *Paris, Panckoucke*, 1830-38 (ou 1843), 7 vol. in-8., y compris l'index et la bibliographie. 42 fr.

Panckoucke avait déjà donné *La Germanie, traduite de Tacite, avec un nouveau commentaire, etc.*, Paris, 1824, in-8. et atlas in-4., avec les figures sur papier de Chine. Vend. 15 fr. 50 c. Auger.

On joint aux éditions in-8. des traductions de Tacite, une *Collection de portraits* lithographiés d'après les statues, médailles, bustes et camées qui nous sont restés de l'antiquité; par P. Bouillon : six cah. de 5 pl. chacun, avec une notice y relative. Prix des six cah., 27 fr.; — en pap. de Chine, 42 fr.

— ŒUVRES complètes de Tacite, avec la traduction en français (par Dureau de Lamalle, etc.), publiées sous la direction de M. Nisard. *Paris, Dubochet*, 1839, gr. in-8. 12 fr.

— LES MÊMES, traduction de Ch. Louandre, avec le texte, une notice et un index; 3ᵉ édition entièrement revue et corrigée. *Paris, Charpentier*, 1858, 2 vol. gr. in-18. 7 fr.

— Opere di Corn. Tacito, con la traduzione in volgar fiorentino di Bern. Davanzati, con le postille del medesimo. *Firenze, P. Nesti*, 1637, in-fol. 8 à 12 fr.

Cette édition, peu commune, est celle qu'indique l'Académie de La Crusca. Hayn a fait remarquer qu'il y manquait plusieurs notes qui se trouvent dans le volume intitulé :

L'IMPERIO di Tiberio Cesare, scritto da Tacito negli Annali, tradotto da B. Davanzati. *Firenze, Giunti*, 1600, in-4.

Ajoutons que le premier livre des Annales de Tacite, traduit par Davanzati, avait été imprimé à Florence, dès l'année 1596, en un pet. in-8. de 95 ff.

— LE MEDESIME, trad. da Davanzati, nuovamente corrette, col testo latino. *Padova, Comino*, 1755, 2 vol. in-4. 12 à 15 fr.

Bonne édition, donnée par J.-Ant. Volpi. Un exempl. sur papier bleu, 1 liv. Pinelli; 50 fr. Mac-Carthy. La jolie édit. donnée par G. Conti (*Parigi, Vᵉ Quil-*

lau), 1760, 2 vol. in-12, ne contient que la traduct. Il en est de même de celle de *Paris*, 1804, 3 vol. in-12.

— LE MEDESIME opere di Tacito, coi supplementi di Brotier. *Bassano*, 1790, ovvero 1803, 3 vol. in-4. 15 à 20 fr.

Réimprimé *colle giunte e supplementi di Brotier, trad. da Raff. Pastore;* Milano, Silvestri, 1820, 4 vol. gr. in-16. 12 fr.

La même traduction, déjà si souvent réimprimée, l'a encore été à *Milan*, 1822, en 2 vol. in-8.; à *Florence*, 1827, 3 vol. in-18, etc.

— TACITO volgarizzato da Lod. Valeriani, col testo a fronte. *Firenze, Magheri*, 1818-19, 5 vol. pet. in-4. 25 fr.

Édition la meilleure et la plus belle de cette traduct. estimée. Il en a été tiré des exemplaires in-4., *carta reale*, 40 fr., et en Gr. Pap. vélin, 60 fr. — Réimpr. à Padoue, *alla Minerva*, 1820, 4 vol. in-12, sans le texte : 12 fr.

— OPERE di Tacito, tradotte da Giuseppe Sanseverino de' signori di Marcellinara, col testo a fronte. *Napoli, stamp. reg.*, 1815-16, 12 vol. in-8.

Citons encore une traduction italienne de Tacite, par Jos. Petrucci, *Roma, de Romanis*, 1815-16, 7 vol. in-8.

— The Works of Tacitus, to which are prefixed political discourses upon that author (by T. Gordon). *London*, 1737, 4 vol. in-8. 20 à 24 fr.

Imprimé d'abord à Londres, 1728-31, en 2 vol. in-fol.; ensuite réimprimé dans la même ville, en 1753 et en 1770, 5 vol. in-12.

TACITUS'S WORKS, with an essay on his life and genius, notes, etc., by Arth. Murphy. *London*, 1793, 4 vol. gr. in-4. 2 à 3 liv.

La même traduction a été réimprimée à *Londres*, 1805 (et de nouveau en 1811), 8 vol. in-8. 2 liv., et plus en Gr. Pap.

— Sämmtliche Werke, übersetzt von K.-F. Bahrdt, neue Ausgabe. *Leipzig*, 1807, 2 vol. in-8. 4 thl.

— WERKE, übers. mit Abhandlungen und Anmerkungen von K.-L. von Woltmann. *Berlin*, 1811-16, 6 vol. in-8. 6 thl.

— AUTRES traductions allemandes, par W. Bötticher, *Berlin*, 1831-34, 4 vol. in-8.; — par H. Gutmann, *Stuttgart*, 1829-40, 10 vol. in-16; — par Friedr. Reinh. Ricklefs. *Oldenburg*, 1825-27, 4 vol. in-8.

Parties séparées.

— Cai. Cornelij. Taciti. Equitis Ro. Germania incipit. (in fine) : *Laus Deo clementissimo*. In-fol. goth. [22806]

Cet opuscule de 11 ff. est très-rare; il est imprimé avec les caractères de *Frid. Creusner*, à *Nuremberg*, vers 1473. Chaque page entière a 33 lignes; la dernière n'en a que 16. Vend. 3 liv. 11 sh. Heber; 16 fr. 2ᵉ vente Quatremère.

— Germania. Petit in-4. de 16 ff., à 28 lign. par page.

Édition imprimée avec les caractères grossiers de *Jo. Gensberg*, à Rome, vers 1474, sans chiffr., récl. ni signat. Elle commence par cette ligne, en petites capitales : *Cai. Cornelii. Taciti. equitis.*, et elle finit après la 8ᵉ ligne du dernier feuillet recto, par les mots *Deo gratias*. Vend. 15 sh. Pinelli.

— GERMANIA C.-Cornelii Taciti; Vocabula regionum; Harminius Ulrici Hutteni; Dialogus cui titulus Julius. *Recens edita a Philippo Melanchthone Wittebergæ, J. Lusst*, 1517, pet. in-8.

11 fr. 50 c. *cuir de Russie*, non rogné, Renouard.

— DE MORIBUS Germanorum libellus, et Agricolæ vita. *Parisiis, Renouard,* 1795, in-18.

Jolie édition, dont on a tiré 4 exemplaires sur VÉLIN ; l'un d'eux a été vendu 25 fr. Renouard.

— GERMANIA. Recensuit, varietate lectionis instruxit, annotationemque G.-Gust. Bredovii integram addidit Fr. Passow. *Vratislaviæ,* 1817, in-8. 2 fr. 50 c. — Pap. vél., 4 fr.

— GERMANIA, Text, Uebertsetz., Erläuter. von Fr. Dor. Gerlach und Wilh. Wackernagel. *Basileæ,* 1835-37, 2 part. in-8. 2 thl.

— DE GERMANIA. Recognovit, isagoge instruxit, commentario illustravit et lectionis varietatem indicesque adjecit M. Weishaupt. *Solodori,* 1844, in-8. 5 fr.

— AGRICOLA. Urschrift, Uebersetz., Anmerkungen und eine Abhandl. über die Kunstform der antiken Biographie, durch G.-L. Walch. *Berolini, Nauck,* 1828, in-8. 2 thl. ; en pap. blanc, 3 thl., et en pap. collé, 4 thl.

— DE VITA et moribus C. Julii Agricolæ liber. Ad fidem codd. denuo collatorum recensuit et commentariis enarravit Fr.-Car. Wex. *Brunsvigæ, Vieweg,* 1852, in-8. 2 thl.

— DIALOGUS de causis corruptæ eloquentiæ, cum notis integris Schelii, Pithoei, Lipsii, etc., selectis vero Mureti, Pichenæ et Acidalii. Edidit Ericus Benzelius. *Upsaliæ,* 1706, pet. in-8. Edition rare. [12041]

Ce dialogue, dont le véritable auteur reste inconnu, est attribué à Tacite et à Quintilien.

— QUINTILIANI Dialogus de causis corruptæ eloquentiæ, recognitus a Chr.-Aug. Heumanno, cujus adjecta est epistola critica de jure latinam linguam augendi novis vocabulis. *Gœttingæ,* 1719, in-8.

— DIALOGUS de oratoribus, sive de causis corruptæ eloquentiæ, vulgo Tacito inscriptus ; denuo recensuit, annotatione selecta aliorum et sua illustr. J.-H. Schulze. *Lipsiæ,* 1788, in-8. 4 fr.

— DIALOGUS de oratoribus... Textum recognovit, et selecta varietate lectionum annotationibus instruxit Phil. Car. Hess. *Lipsiæ, Kollmann,* 1841, in-8. 7 fr.

— DES ORATEURS, dialogue, trad. en français par Morabin. *Paris,* 1722, in-12.

Le même dialogue a été traduit en français par Bourdon de Sigrais, *Paris,* 1782, in-12, et aussi par Ch. Dallier, *Reims et Paris,* 1809, in-8.

— Batavorum, cum Romanis bellum. V. VÆNIUS (Otho).

TACQUET (*Andr.*). Opera mathematica, demonstrata et propugnata a Sim.-Laurentio Veterani. *Antuerpiæ, Jacq. Meursius,* 1669, in-fol. fig. [7809]

Il manque quelquefois dans les exemplaires de ce livre les deux traités intitulés : *Cylindricorum et annularium libri V. — Dissertatio de circulor. volutionibus.* Vend. 6 fr. Labey. — Ce recueil a été réimpr., *Antuerp., Verdussen,* 1707, in-fol.

A. TACQUET. Elementa euclidea geometriæ planæ et solidæ, et selecta Archimedis Theorem. ; ejusdemque Trigonometria plana, corollariis et notis illustrata a G. Whiston : accedunt R.-J. Boscovich Trigonometria spherica et Guidonis Grandi Sectiones conicæ, cum annotationibus Oct. Cometi. *Romæ,* 1745, 2 vol. in-8.

Tackeus (*Fred.-Pet.*). De dedicationibus librorum, 31364.

Réimprimé à Venise, 1746, 2 vol. in-8., et à Florence, en 1750.

La traduction d'une partie de ce recueil, en grec moderne, a été impr. à Vienne, 1805, in-4. de 397 pp., avec 58 planches.

TADDEUS. Voyez NURSIA.

TAEGIO. Les doctes et subtiles réponses de Barthélemi Taegio, mises d'italien en françois par Ant. Du Verdier, de Vauprivas. *Lyon, Barth. Honorat,* 1577, in-16 de 8 ff. et 416 pp. [18485]

Vend. 5 fr. Méon ; 7 fr. 60 c. *mar. bl.* Courtois et 20 fr. Veinant.

TÆGIUS (*Fr.*). De obsidione urbis Ticinensis, seu Papiensis, et captivitate Francisci regis Galliæ. *Papiæ,* 1525, 13 *april.*, pet. in-8. [23451]

Édition originale de cette curieuse relation. Panzer en cite une autre de Cologne, *in officina Petri Quentel,* 1525, pet. in-8., sous le titre de *Candida et vera narratio diræ ac chronicæ Papiæ obsessionis.* C'est sur la première qu'a été faite celle de *Nuremberg, Schmid,* 1736, in-4., donnée par D.-B. Pez, bénédictin. L'ouvrage de Tægio a été traduit en italien par Cambiago, Crémonais, *Pavia,* 1655, in-4.

TAFFIN (*Jean*). Voy. CRESPIN (*Jean*).

TAGAULT (*Barthélemy*). Le Ravissement d'Orythie, composé par B. Tag. *Paris, André Wechel,* 1558, pet. in-8. [13754]

Poème composé de plus de mille vers héroïques. Le sujet est pris de la fable onzième du sixième livre des Métamorphoses d'Ovide.

TAGEREAU (*Vincent*). Discours sur l'impuissance de l'homme et de la femme, auquel est déclaré que c'est qu'impuissance empeschant et séparant le mariage : comment elle se cognoist, et ce qui doit estre observé aux procez de séparation pour cause d'impuissance : reuu et augmenté en cette seconde édition. *Paris, Edme Pepingué,* 1655, pet. in-8. de 4 ff. prélim. et 226 pp. de texte. [3204]

Dans ce volume se trouve ordinairement le *Traité du divorce fait par l'adultère* (voyez TRAITÉ), et quelquefois le *Traité de la dissolution du mariage* (par Hotman), *Paris,* 1656. Les trois ouvrages réunis, 12 fr. Andry ; le premier seul, 5 fr. La Valliere.

La première édition du Discours de Tagereau est de *Paris, Nic. Rousset,* 1611, pet. in-8. Il y en a une seconde, *revue et augmentée,* Paris, 1612, aussi pet. in-8., dont celle de 1655 paraît être une simple copie. L'édition de 1612, en *mar.* r., 12 fr. d'Hangard ; 6 fr. Méon ; 15 fr. *mar* r. Morel-Vindé.

TAGLIENTE (*Giov.-Anton.*). Lo presente libro insegna la vera arte de lo excellente scrivere de diverse varie de

---

Tactique navale, 8523.

Taddei (*G.-T.*). Repertorio dei veleni, 7410. — Farmacopea generale, 7662.

Tadini (*L.*). Ricciardetto ammogliato, 14783.

21

litere, opera del Tagliente. (*Venetia*),
1524, in-4. avec 24 fig. [9046]

Édition la plus ancienne que l'on connaisse de ce
livre curieux, 85 fr. Riva.

— Lo presente libro insegna la vera arte
dello eccellente scrivere diverse sorte di
lettere. *Vinegia, per Gio.-Antonio e
fratelli (Niccolini) da Sabbio*, 1529 (et
aussi MDXXX), in-4. fig.

Vend. 53 fr. (sous la date de 1531) Libri, en 1857.
On recherche encore aujourd'hui cet ouvrage, qui,
dans le XVIe siècle, n'a eu guère moins de vogue
que ceux de *Lodovico Vicentino, de Giovanbatt.
Palatino* et de *Vespasiano*, dont nous parlons à
leur article. Le livre de Tagliente a été réimpr. à
Venise, en 1539; à *Anvers*, en 1545, in-4. fig., et
de nouveau à *Venise*, en 1546 et 1565, in-4. fig.
— Un bel exemplaire de l'édition de *Venise, per
Pietro di Nicolini da Sabbio*, 1551, in-4. mar.
bl. 75 fr. (Nouveau catalogue de L. Potier, 1860,
no 582.) — Une édition de 1561, in-4., sans lieu
d'impression, sous le titre de l'*Arte dello scrivere*,
est dans le catalogue Capponi : elle n'a que 24 ff.

— Opera nuova et insegna alle donne a
cuscire, a raccamare et a disegnar a
ciascuno, et la detta opera sara di molta
utilita ad ogni artista... (di Giov.-Ant.
Tagliente). (*Venetia*), 1528, in-4.
[10260]

Recueil de dessins de tapisseries, dentelles, linge-
ries, etc., fort remarquable. Un exemplaire en *mar.
v., riche reliure*, 175 fr. Bertin.

— Voy. ABACO (Libro de).

TAHEIN-UDDIN. Les Aventures de Kam-
rup, par Tahein-Uddin ; publiées en
hindoustani par M. Garcin de Tassy.
Paris, De Bure frères, 1835, in-8.
[17784]

M. Garcin de Tassy avait déjà fait paraître chez le
même libraire, en 1834, une traduction de cet ouvrage, in-8.

TAHUREAU (*Jacques*). Ses premières
poésies. *Paris, par les de Marnefz et
Bouchetz freres*, 1554, pet. in-8., sign.
A—L, ff. non chiffrés. [13684]

Cette édition rare porte un privilége à la date de
1547, et par conséquent ne doit pas être la première qui ait paru de ce recueil, lequel est ordinairement accompagné d'une seconde partie, également impr. en lettres italiques, par les mêmes
libraires, et sous la date de *Poitiers*, avec ce titre :
*Sonnetz, odes, et mignardises amoureuses de
l'Admirée, par le mesme autheur*, sign. a—l. La
1re partie a été vendue 16 fr. 50 c. Crozet, et la 2e,
rel. en *mar. r.*, 76 fr. le même.

— Oraison de Jacq. Tahureau au Roy, de
la grandeur de son regne, et de l'excellence de la langue francoyse ; plus quelques vers du mesme autheur dediez a
Madame Marguerite. *Paris, Veuve de
Maurice De La Porte*, 1555, in-4.

Opuscule rare.

— Odes, sonnets et autres poesies gentilles

et facetieuses de Jacq. Tahureau. *Lyon,
Ben. Rigaud*, 1574, in-16 de 160 pp.
[13685]

— Sonnets, odes et mignardises amoureuses de l'Admirée, par Jacq. Tahureau.
Lyon, B. Rigaud, 1574, in-16 de 158 pp.
[13685]

Deux recueils différents, qui sont ordinairement réunis en un seul volume : vend. 7 fr. 50 c. Méon,
et beaucoup plus depuis : ils ont été réimprimés à
Lyon, P. Rigaud, 1602, in-16, en même temps
que les Dialogues, ci-dessous.

— Poésies mises toutes ensemble. *Paris,
J. Ruelle*, ou *Rob. Le Mangnier*, ou
Abel l'Angelier, ou *Nic. Chesneau*, ou
Sonnius, 1574, pet. in-8. de 8 et 135 ff.

Ce volume reproduit les deux recueils ci-dessus (imprimés à Lyon, en 1574), et contient de plus cinq
pièces, lesquelles occupent depuis le f. 128 recto
jusqu'au f. 135 verso. Vend. 12 fr. *m. r.* Thierry ;
15 fr. Morel-Vindé ; 13 fr. 50 c. Labédoyère ; 10 fr.
Crozet ; 55 fr. Busche ; 50 fr. Veinant.

— Dialogues de Jac. Tahureau, non moins
profitables que facétieux. *Paris, Gabr.
Buon*, 1565, in-8. 8 à 12 fr. [18623]

Ces dialogues, dont Maurice de La Porte a été l'éditeur, ont eu beaucoup de succès, et il en existe d'autres de *Paris, Gabr. Buon*, 1566, 1568, 1570, 1572,
1574, 1576 et 1580, tant in-8. qu'in-16 ; — de *Lyon*,
1568, aussi 1602, in-16 ; — de *Rouen, Nicolas Lescuyer*, 1585, in-16, 17 fr. Veinant ; autres 1583 et
1589.

— Les dialogues de feu Jacques Tahureau, non moins profitables que facé-
cieux, où les vices d'un chacun sont repris fort aprement pour nous animer
d'avantage à les fuir et suyvre la vertu...
En Anvers, par Pierre Vibert, 1574,
pet. in-12, 7 ff. prélim., texte pp. 15 à
358, plus 2 ff. contenant la fin de la table et un sonnet.

Édition moins commune encore que les précédentes.

TAILLE (de La). Voyez LATAILLE.

TAILLEFER (le comte Wlgrin de). Antiquités de Vesone, cité gauloise remplacée par la ville actuelle de Périgueux,
ou description des monumens religieux,
civils et militaires de cette antique cité
et de son territoire ; précédée d'un essai
sur les Gaulois. *Périgueux, F. Dupont*,
1821-26, 2 vol. in-4. fig. 30 fr. [24636]

— L'Architecture... 9701.

TAILLEMONT (*C.*). La Tricarite ; plus
quelques chants en faveur de plusieurs

Damoézelles. *Lyon, J. Temporal,*1556, in-8. [13687]

Ce recueil, n'ayant point été réimprimé, est plus rare que l'ouvrage suivant : l'orthographe en est très-singulière. 50 fr. en 1841. Jean Temporal a fait souvent usage de la marque suivante :

— Discours des champs faëz, à l'honneur et exaltation de l'amour et des dames. *Lyon, Mich. du Bois,* 1553, pet. in-8. de 8 ff. prélim. et 280 pp.

Édition rare : vend, en *mar. v.* 1 liv. 6 sh. Heber; 35 fr. *mar. viol.* Cailhava; 20 fr. *v. f.* Coste. — On en cite une de *Paris,* 1557, pet. in-8. (*Biographie universelle,* Suppl., LXIII).

— Les mêmes. *Paris,* 1571 et 1585, ou *Lyon, Rigaud,* 1576, in-16. [18049]

Ces trois éditions ont la même valeur : 7 fr. Perrot; 6 fr. Duquesnoy; 8 fr. A. Martin.

Les mots *champs faëz* signifient champs enchantés ; faëz venant du mot *faërie.* C'est donc bien à tort que l'on a écrit dans quelques catalogues : *Discours des champs, facz à l'honneur...*

Il se trouvait à la vente de Morel-Vindé un exemplaire de ces discours, édition de *Paris, Le Mangnier,* 1585, in-16, avec un nouveau titre portant : *Discours amoureux faitz à l'exaltation de l'honneur des dames,* par *C. D. T. L.* (C. de Taillemont, lyonnois), avec la date de 1586. Vend. en *mar. r.* 14 fr. Dans ce dernier titre, au lieu des mots *des champs faëz,* l'imprimeur a mis *Amoureux faitz,* mais sans aucune bonne raison, car il faut bien certainement *Champs faëz,* comme le porte le titre des éditions de *Lyon,* 1576, et de *Paris,* 1585, et comme le prouve mieux encore la p. 25 de l'exemplaire même de 1586.

C'est aussi le titre de *Discours amoureux* que porte l'édition de *Paris, Galliot Corrozet,* 1595, in-16 de 224 ff. inexactement chiffrés : 20 fr. 50 c. *mar. v.* Coste.

TAILLEPIED ou Tallepied (*Noël*). Psichologie, ou Traité de l'apparition des esprits, à savoir des âmes séparées, fantômes, etc. *Rouen, Michel le Deutre,* 1598, et aussi 1601, 1602, 1606, etc., in-12. 3 à 5 fr. [8881]

— Histoire de l'estat et république des Druides, Eubages, Sarronides, Bardes, Vacies, anciens François, gouverneurs du pays de la Gaule, depuis le déluge jusqu'à la venue de Jesus-Christ en ce monde (par N. Tallepied). *Paris, J.*

Parant, 1585, 2 part. en 1 vol. in-8. [23162]

Ouvrage peu commun. Vend. 14 fr. Hérisson; 25 fr. 50 c. Pressac.

— Recueil des antiquitez et singularitez de la ville de Rouen; Auec un progrez des choses memorables y aduenues depuis sa fondation iusq. à present. *Rouen, Rich. Petit,* ou *Raphael du Petitval,* 1587, pet. in-8. de XVI et 270 pp.

Ouvrage curieux dont il se trouve des exemplaires sous la date de *Rouen, Martin Le Megissier,* 1587 (aussi 1588 et 1589) ; mais ces exemplaires n'appartiennent pas, comme on pourrait le supposer, à une même édition dont on aurait changé le titre. M. Frère y a remarqué des différences sensibles dans les vignettes et les initiales, qui lui ont fait admettre la diversité des éditions. Celles dont nous venons de donner les dates ont paru du vivant de l'auteur, et sont préférables aux réimpressions faites après sa mort. Ces dernières sont également impr. à *Rouen, chez Martin Le Megissier,* dans le format pet. in-12; mais la première a 216 ff., plus la table et un f. blanc, au verso duquel sont les armes de Normandie; la seconde a de plus 8 ff. prélim., et le f. qui suit la table contient, au recto, un sonnet, et au verso les mêmes armes. Une des éditions de 1587 a été vendue 15 fr. Pluquet; 30 fr. *v. f.* Le Chevalier (n° 24333 de notre table).

— LE MÊME recueil, avec *la recherche du priuilege de la chasse de S. Romain, et de plusieurs monasteres, bastimens, fontaines et autres choses rares aduenues de nostre temps iusque à present.* Rouen, Michel l'Allemant, 1634, pet. in-12 de 210 pp., plus 16 pour l'appendice et la table. L'édition de *Rouen, Fr. Vaultier,* 1658, pet. in-12, sous un titre différent, a le même nombre de pages que celle de Michel l'Allemant, et pourrait bien n'en différer que par le frontispice.

— Recueil des antiquitez et singularitez de la ville de Pontoise, ville ancienne du pays du vequecin francois. *Rouen, imprimerie de Loyselet,* 1587, pet. in-8. de 56 ff. [24185]

Vend. 9 fr. Pluquet.

— LE TRÉSOR de l'Église catholique, contenant l'origine des institutions, statutz, ordonnances, cérémonies et estats d'icelle. *Paris, Nic. Bonfons,* 1586, pet. in-12. [22314]

TAILLEVANT ou Taillevent. Cj apres sen suyt le viandier pour ap | pareiller toutes manieres de viádes | que tailleuent queulx du roi nre sire | fit tant pour abiller z appeiller boul | ly rousty poissons de mer et deaue doulce : saulces | espices et aultres choses a ce conuenables et neces | saires comme cy apres sera dit. Et premiere | ment du premier chapitre. (*sans lieu ni date*), pet. in-4. goth. de 38 ff. non chiffrés, à 25 lignes par page, signat: *a—eiii.* [10279]

Édition de la fin du XVe siècle, qui paraît avoir été impr. à Paris. Le premier feuillet (peut-être tout blanc) manquait à l'exempl. vendu 16 fr. Baron, et 81 fr. Huzard. Le second feuillet, coté *a ii,* commence par le sommaire ci-dessus en 8 lignes dont les quatre premières sont moins longues que les autres, à cause du blanc laissé pour une initiale. Au recto du dernier feuillet se lit la souscription suivante en quatre lignes : *Cy finist le liure de cuysine | nomme Taylleuant lequel | traicte de plusieurs choses | appartenant a cuysine.*

— Le viandier, etc. *(sans lieu ni date)*, pet. in-4. goth. de 26 ff. non chiffrés, à 31 lign. par page, signat. aii—diiii.

Édition imprimée avec les caractères de Pierre Schenck, qui exerçait à Vienne en Dauphiné, vers 1490. C'est, ainsi que la précédente, des plus anciennes et des plus rares que l'on ait de ce vieux traité de cuisine, aujourd'hui bien plus recherché que le *Cuisinier royal.* L'exemplaire ici décrit n'a pas de frontispice. Il commence au feuillet *a ii* par le même sommaire que ci-dessus, mais où l'on remarque les mots viådier, avec abréviations ; *viandes, nostre* et *appareiller*, sans abréviations ; *roy* et *syre* avec la lettre *y.* A la fin se lit également la souscription que nous venons de rapporter, et avec le nom de *Tailleuant* écrit par un *y.* Cet exempl. a été donné pour 12 fr. Brienne-Laire, en 1792. Il vaudrait vingt fois plus maintenant.

Nous avons vu à la bibliothèque de l'Arsenal une édition du Taillevant, in-4. goth. de 26 ff. à longues lignes, au nombre de 32 par page. Il y manque le frontispice, et l'ouvrage commence au feuillet *a ii* par le sommaire suivant :

Ci sensuit le viandier pour appareiller toutes manieres de viådes que tailleuant queux du roi nostre sire fist pour appareiller Boully, Rousty Poisson de mer et deau doulce, saulces, espices z autres choses à ce côuenables et necessaires comme ci apres sera dit.

Au recto du 26ᵉ f. se lit la souscription :

Cy finist le liure de cuysine nomme Taillenant (sic) *lequel traicte de plusieurs choses appartenant a la cuysine...*

— Le liure de taillevent grant cuysinier du Roy. On les vend a Lyon, en la maison de feu Barnabe chaussard... (au verso du dernier feuillet) : *Cy finist le liure de Tailleuët grant cuysinier. Imprime nouuellement : a la maison de feu Barnabe chaussart. pres nostre dame de confort,* M. D. XV, pet. in-8. ou in-16 goth. de 44 ff., sign. A—F.

Petite édition rare, avec une gravure sur bois au frontispice. 280 fr. *mar. citr.* (annoncé sous la date de M. D. X.) Coste. Une autre, où se lit la même adresse, mais sans date, est indiquée dans le supplément à la Bibliographie lyonnaise du XVᵉ siècle.

— Le liure du grant z tres exellent *(sic)* cuysinier Taillevent. Lequel est utille z proffitable a toutes manieres de gens Lesquelx ce veulent mesler dabiller toutes sortes de viandes tant fresches q sallees Aussi de poysson de mer q de aue doulce. Pour le seruice de Roys Prices q en aultres grosses maisous *(sic) (s. l. n. d.)*, in-16 goth., sign. a—f par 8 ff.

Autre édition rare au-dessous du titre de laquelle est placée la marque donnée par M. Silvestre sous le n° 1000, mais où le fragment du ps. Math. 5 : *sic lvceat lvx vestra* a été remplacé par le mot *Tailleuent.* (*Bibliothèque impér.* Exemplaire Falconet.)

— Le cuisinier Tailleuant. *(sans lieu ni date),* pet. in-8. goth. de 24 ff.

Voici l'indication de plusieurs autres éditions anciennes du Taillevant.

TAILLEUANT grant cuisinier du roy de France. *Paris, par Guillaume Nyuerd* (sans date), pet. in-8. goth. 2 fr. Duquesnoy ; 2 liv. 2 sh. Hibbert.

LIURE de Tailleuent grant cuysinier du roy. — *Paris, en la rue neuue Nostre Dame a l'escu de France* (sans date), pet. in-8. goth. 19 fr. Mac-Carthy ; 51 fr. Coulon.

LE LIVRE de Taillevant grant cuysinier du roy de France. *Lyon, Barnabé Chaussard,* 1545, pet. in-8. 1 liv. 5 sh. Heber.

Peut-être est-ce la même édition que celle qui est décrite ci-dessus sous la date de M. D. XV.

LE LIVRE de Taillevant grand cuisinier de France; suivi du livre de honneste volupté; contenant la maniere d'habiller toute sorte de viandes... le tout reveu nouuellement. *Lyon, pour Pierre Rigaud,* 1602 et aussi 1604, 2 part. en 1 vol. in-16.

Probablement il existe plusieurs autres éditions de ce petit livre. Celle de 1604, *mar. v.* 44 fr. Cailhava.

— LIVRE fort excellēt de cuysine tres utile z proffitable contenāt en soy la maniere Dhabiller toutes viandes, Auec la maniere de seruires (sic) Bāquetz z festins. Le tout reueu z corrige oultre la p̄miere Impressiõ p le grāt Escuyer de Cuysine. On les vend à Lyon... chez Oliuier Arnoullet. (à la fin) : *Cy finist le liure de Cuysine nonuellemēt imprime a Lyon par Oliuier Arnoullet le xxix. iour de Octobre. Mil. CCCCC. xlij,* pet. in-8. goth.

Ce livre rare a 8 ff. prélimin. pour le titre et la table, et lxxij ff. chiffrés. Ce n'est pas la même chose que le Taillevent, mais nous le plaçons ici à cause de l'analogie des deux ouvrages. Celui-ci a été décrit inexactement sous la date de 1508 dans le *Repertorium bibliogr.* anglais, p. 213. L'exemplaire porté sous la date de 1541, dans le catalogue Duquesnoy (Paris, 1803), n'a été vendu que 3 fr. 95 c. Il avait été acheté 21 fr. à la vente Filheul ; on l'a vendu depuis, rel. en *mar.* 500 fr. De Bure ; 301 fr. Hope. — Voy. CUYSINIER, et PIDOUX.

TAILLEVENT *(Michault).* V. MICHAULT, t. III, col. 1702.

TAILLIAR *(Eugène),* conseiller à la cour de Douai. De l'Affranchissement des communes dans le nord de la France et des avantages qui en sont résultés. *Cambrai, Lesné Daloin,* 1837, in-8. de 398 pp., plus en tête XII pp. de titres et de tables. 6 fr. — Quelques exemplaires en pap. vél. [23211]

— RECUEIL d'actes des XIIᵉ et XIIIᵉ siècles, en langue romane wallonne du nord de la France, avec une introduction et des notes. — *Douai, Adam d'Aubers,* 1849, gr. in-8. de CCCXXVI et 528 pp. 10 fr. — Quelques exemplaires en pap. vél. [30212]

— USAIGES et anciennes coustumes de la conté de Guysnes, manuscrit du XVᵉ siècle. — *St-Omer, Chauvin fils,* 1856, in-8. de LXXX et 225 pp. ; plus, à la fin, XLVI pages de tables, avec un plan de la ville et du château de Guines : 6 fr. [2660]

— ESSAI sur l'histoire du régime municipal romain dans le nord de la Gaule ; 2ᵉ édition. *Douai, Vᵉ Adam,* 1861, gr. in-8. de XX et 287 pp., avec trois plans. — Pap. vél. 8 fr. [23185]

Ces quatre ouvrages, tirés à un petit nombre d'exemplaires, sont aujourd'hui peu communs.

— Recherches sur l'abbaye de S. Vast, 21426.

Taine *(H.).* Essai sur les fables de J. de La Fontaine, 14165.

Taisand. Vie des jurisconsultes, 30541.

Taitbout de Marigny *(E.).* Portulan de la mer Noire, 19753. — Voyage en Circassie, 20601.

TAKIEDDIN ou Takyodin. V. MAKRIZI(al).

TAKOOR (Mohunpersaud). A Vocabulary bengalee and english. *Calcutta,* 1815, in-8. [11815]

Vend. 21 fr. Kieffer.

— A Vocabulary ooriya and english. *Serampore,* 1811, in-8. [11808]

20 fr. 50 c. même vente.

T-ALBERG (*Fr.-Xav.* de). V. LANGROGNET.

TALBOT (*Edward* Allen). Five year's residence in the Canada, and travels through part of United-States in 1823. *London, Longman,* 1824, 2 vol. in-8. fig. 10 à 15 fr. [21022]

La traduction française par M*** (Dubergier) est suivie d'un extrait du Voyage de M. Duncan, en 1818 et 1819, trad. de l'angl. par M. Eyriès. *Paris, Boulland,* 1825 (nouv. titre, 1833), 3 vol. in-8., avec un pet. atlas. 12 fr.
Le texte anglais du Voyage de John Duncan a été impr. à *Glascow,* 1823, en 2 vol. pet. in-8.

TALBOT (*Ch.*). Voyez COXE (*Will.*).

TALEB. Voy. ALI BEN Abi Taleb.

TALIACOTII (*Gasp.*) de curtorum chirurgia per insitionem libri duo in quibus ea omnia, quæ ad hujus chirurgiæ, narium scilicet, aurium, ac labiorum per insitionem restaurandorum , cum theoricen, tum practicen pertinere videbantur clarissima methodo cumulatissime declarantur : additis cutis truducis instrumentorum omnium atque deligationum iconibus et tabulis. *Venetiis, apud G. Bindonum,* 1597, in-fol. fig. [7510]

Cet ouvrage est célèbre dans l'histoire de la chirurgie, parce que c'est le premier où l'on ait traité de la rhinoplastie. 23 fr. Libri, en 1857, et en *mar. r.* 3 liv. en 1859. Comme il était devenu rare, M. Troschel en a publié une nouvelle édition à Berlin, chez Reimer, 1830, in-8. de 400 pp. avec 8 pl.

TALLEMANT (*Paul*). Le Voyage de l'Isle d'Amour à Lycidas. *Paris, Louis Billaine,* ou *Ch. de Sercy,* 1663. — Le deuxième voyage de l'Isle d'Amour, 1664, 2 tom. en 1 vol. in-12. [18004]

Cet ouvrage, en prose et en vers, a eu beaucoup de succès. C'est un commentaire ingénieux de la carte de Tendre. La première partie a été réimpr. en 1664, et ensuite l'ouvrage entier l'a été sous ce titre :
LE VOYAGE de la conqueste de l'Isle d'Amour, le Passe-partout des cœurs. *Paris, Besoigne,* 1675, 2 part. en 1 vol. in-12.
Aussi sous le titre de *Voyage à l'Isle d'Amour, ou la Clef des cœurs,* La Haye, Pierre Witt (Paris) 1713, in-12.
La première partie du Voyage de l'Isle d'Amour se trouve reproduite dans le *Recueil de quelques pièces nouvelles* (voy. RECUEIL).
Dans l'exemplaire de l'édit. de 1664, porté dans le

catal. de La Vallière-Nyon, 10120, se trouve ajouté l'ouvrage suivant :
LE RETOUR de l'Isle d'Amour. *Leyde, Elzevier,* 1666.
Il existe un livre intitulé : *La Clef des cœurs.* Paris, Loyson, 1676, in-12.
— Remarques sur la langue française, 10967.

TALLEMANT DES RÉAUX. Les Historiettes de Tallemant des Réaux; troisième édition, publiée avec notes et éclaircissements historiques, par MM. Paulin Paris et de Monmerqué. *Paris, Techener,* 1853-60, 9 vol. in-8. 67 fr. 50 c., et plus en papier vélin. [23729]

Édition la meilleure de ce Sottisier historique, vraiment curieux. La première, pour laquelle M. Monmerqué a eu pour coéditeurs MM. de Chateaugiron et Taschereau, est de Paris, de 1833 à 1835, en 6 vol. in-8. — Réimprimé avec des augmentations et quelques retranchements dans les notes. *Paris,* 1840, 10 vol. in-12.
LES HISTORIETTES de Tallemant des Réaux ; 3e édit. *Paris, Techener,* 1862, 6 vol. in-18. 24 fr.

TALLEPIED. Voyez TAILLEPIED.

TALLEUR (*Guil.* le). Voy. CHRONICQUES de Normandie.

TALMUD babylonicum integrum, ex sapientum scriptis et responsis compositum a Rab. Aser, additis comment. R. Salomonis Jarchi et R. Mosis Maimonidis, hæbraice. *Venetiis, Dan. Bomberg,* 281-82 (1520-22), 12 vol. in-fol. [2213]

Cette première édition du Talmud babylonien, en entier, est fort rare.
Un exempl. avec *Talmud hierosolymitanum, cura Bombergi,* Venetiis, 284 (1524), in-fol., formant un 13e volume : 40 liv. 19 sh. *mar.* Williams; et en 16 vol. Gr. Pap. *m. r.,* 63 liv. chez T. Cochran, en 1828.
Voici l'indication de plusieurs autres éditions de cette grande compilation : *Venetiis, M. Ant. Justinianus,* 309-10 (1549-50), 12 vol. in-fol. — *Basileæ* (non *Venetiis*), *M. Marinus,* 339 (1579), 7 vol. in-fol. C'est l'édition vend. 64 fr. Soubise. — *Cracovic,* 1602-5, 7 vol. in-fol. — *Ibid.,* 1616, 8 vol. in-4., ou, selon Ebert, 25 vol. — *Lublini,* 377 (1617), 14 vol. in-fol. — *Amstelod., Benbenasti,* 404-7 (1644-47), 12 vol. pet. in-fol., 22 liv. 10 sh. *mar.* Williams. — *Traj.-ad-Viadrum, Berman Halberst.,* 457 (1697), 12 vol. in-fol. — *Berol.* et *Traj.-ad-Viadr.,* 475-488 (1713-28), 12 vol. in-fol. Un exempl. impr. sur VÉLIN et partagé en 24 vol., se trouvait dans la collection du rabbin David Oppenheimer, collection dont on a le catalogue impr. à Hambourg, en 1826, in-8., et qui a passé depuis dans la Biblioth. bodléienne à Oxford. — *Amstelodami,* 1714-20, 16 vol. pet. in-fol. 121 fr. Solar ; *Solisbaci,* 1755, 12 vol. in-fol. 80 fr. 3e vente Quatremère ; *Vindobonæ,* 1791, 12 vol. in-fol.
TALMUD Bailon ; mit allen früher erschienenen Commentaren, nebst vielen neuen Zugaben und Anmerkungen. *Wien, Schmid à Cie,* 1841. 36 vol. in-fol. 140 fr. — Pap. col., 182 fr.; — pap. vélin, 254 fr.
— BABILONISCHER Talmud. Tractat Berachot Segensprüche. Mit deutscher Uebersetzung und den

Commentaren Raschi und Tosephot, nebst den verschiedenen Verbesserungen aller früheren Ausgaben, etc., von E.-M. Penner. Vol. I. Hebräisch und Deutsch. *Berlin*, 1842, in-fol. 32 fr.; — pap. vélin, 40 fr.

Il n'a paru que ce volume.

— Tractatus talmudicus Berachoth, seu de benedictionibus, cum commentario R. Salomonis Jarchi, Tosaphòth, seu additamentis, Piskè Tosaphòth, seu decisionibus additamentorum, mischnico textu et R. Mosis Maimonidis commentario in eundem textum : hæbraice. *Soncini*, 1484, in-fol.

Cette édition est fort rare; c'est la première que l'on ait imprimée d'une des parties du Talmud. M. de Rossi en avait un exempl. sur VÉLIN (voy. ses *Annales hebr. typ.*, page 28).

TALMUD hierosolymitanum. *Venetiis, Dan. Bomberg*, 284 (1524), in-fol.

Réimpr. *Cracoviæ, Isaac ben Aaron*, 369 (1609), in-fol., et plusieurs fois depuis.

— TALMUD Babylonicum cum scholiis, glossario nec non indicibus adjectis I.-Et.s.t.:: Tractatus Macot cum scholiis hermeneuticis, etc. : auctore H.-S. Hirschfeld. *Berolini, Simion*, 1842, gr. in-8. 6 fr. En sept. 1859 on a annoncé chez A. Franck, à Paris et S. Orgelbrand, à Varsovie :
LE TALMUD Babylonien et Alfasi, avec tous les commentaires, in-fol., tome Ier.
Cet ouvrage devait former 20 vol. et paraître de deux en deux mois , et coûter 214 fr. Le prix du 1er volume était de 24 fr., celui des dix-neuf autres, de 10 fr. chacun.

TAMARA. El libro de las costumbres de todas las gentes del mundo, traduzido y copilado por el bachiller Francisco Tamara. *Anvers, Mart. Nucio*, 1556, pet. in-8. 29 fr. Riva. [21329]

Ainsi que l'a fait remarquer M. Ternaux (*Biblioth. americ.*, 19, n° 72), la partie assez considérable de ce volume, qui est consacrée à l'Amérique, renferme des renseignements neufs sur le pays. Toutefois le livre de Tamara est la traduction d'un ouvrage de Jean Boeme Aubanus intitulé : *Omnium gentium mores*. Voy. BOEMUS.

TAMARIZ (*Christophoro*). Martirio de los sanctos martyres de Cartuxa, que padecieron en Londres. *Sevilla, in casa de Alonso de la Barrera*, 1584, in-8. [22302, ou mieux 15181]

Poëme devenu extrêmement rare, mais qui n'est guère recherché qu'en Angleterre: 1 liv. 19 sh. Heber.

TAMBACO (*Jo.* de). Voy. TOMBACO.

TAMERLAN. Voyez TIMUR.

TAMISIER (*Pierre*). Cantiques, hymnes, prieres des saincts peres, patriarches, prophetes, roys et personnes illustres du Viel et Nouveau Testament, avec autres

prieres tirees des autheurs catholiques, necessaires pour prier Dieu en tout temps, en tout lieu, en toute necessité ; le tout mis du latin en vers françois, par Pierre Tamisier, president de l'élection de Masconnois. *Lyon, par Benoist Rigaud*, 1590, in-12. [13861]

Ces poésies de Tamisier sont assez recherchées, ainsi que sa traduction de l'Anthologie, dont nous avons parlé dans notre tome Ier, col. 314, et sa traduction de Juvencus (voy. ce nom).

TANDA Viga. Voy. PANCHA Tantra.

TANINII (*A.*) Numismata. Voy. BANDURI.

TANNER (*Math.*). Societas Jesu, usque ad sanguinis et vitæ profusionem militans in Europa, Asia, Africa et America, contra Gentiles, Mahometanos, Judæos, Hæreticos, pro Deo, fide, ecclesia, etc. *Pragæ*, 1675, in-fol. fig. [21886]

Peu commun et assez recherché, surtout à cause des fig., au nombre de 174, qu'il renferme, lesquelles sont gravées par Melchior Kussel, d'après les dessins de C. Sereta. 20 fr. Rætzel; 88 fr. Riva. On a du même auteur :
SOCIETAS Jesu Apostolorum imitatrix, sive gesta præclara et virtutes eorum qui a Societate Jesu in procuranda salute animarum per apostolicas missiones, conciones. etc., per totum orbem terrarum speciali zelo desudarunt. *Pragæ*, 1694, in-fol. portr. [21887]
Vend. 7 fr. seulement Rætzel, mais 3 liv. Heber.

TANNER (*Bernhard.-Leopold.-Franc.*). Legatio polono-lithuanica in Moscoviam Poloniæ regis ac Reipublicæ mandato et consensu, anno 1678 feliciter suscepta, nunc breviter sed accurate quoad singula notabilia descripta a teste oculato R.-L.-F. Tannero. *Norimb., sumptibus Joan. Ziegleri*, 1689, in-4. fig.

Curieux et rare.

TANNER (*Th.*). Bibliotheca britannicohibernica, sive de scriptoribus qui in Anglia, Scotia et Hibernia ad sæc. XVII initium floruerunt: præfixa est Dav. Wilkinsii præfatio, historiam litter. Britannorum ante Cæsaris adventum complectens. *Londini*, 1748, in-fol. [30873]

Ouvrage estimé, qui n'a été tiré qu'à 250 exempl. Vend. 34 fr. Santander; 2 liv. 10 sh. Dent; 3 liv. 18 sh. Heber; 8 liv. 8 sh. Librairie Willis et Sotheran.

— Notitia monastica, or an account of all the abbeys, priories, etc., formerly in England and Wales, and also of all the colleges and hospitals founded before 1540; with additions by James Nas-

---

Talon (*Omer*). Mémoires, 23771.
Talon (*Omer et Denis*). Œuvres, 2743.
Talvi. Volkslieder, 15509.
Tamassia (*G.*). I Goti in Italia, 25264.
Tamisier (*Maurice*). Voyage en Arabie, 20588,

Tanchou. Méthode pour détruire la pierre, 7574.
Tancoigne (*J.-M.*). Lettres sur la Perse, 20485.
Tanner (*J.*). Mémoires, 21008.

mith. *Cambridge*, 1787, in-fol. fig. [21516]

Bonne édition de cet ouvrage. Vend. 10 liv. 10 sh. Dent ; 5 liv. 5 sh. Hibbert ; 6 liv. 6 sh. en 1852. — — Celle de *Londres*, 1744, in-fol., est beaucoup moins chère. La *Notitia monastica* a paru pour la première fois à *Oxford*, en 1695, in-8.

TANNSTETTER Collimitius. V. ARITH-METICA.

TANSILLO (*Luigi*). Il Vendemmiatore. *Napoli*, 1534, in-4. de 8 ff. [14938]

Édition originale et très-rare de ce poëme licencieux, dans lequel l'obscénité est déguisée sous le voile de l'allégorie. Elle passe pour être la seule qui n'ait pas été corrigée.

Les éditions de *Venise*, *Marcolini*, 1537, ou, sans indication de lieu, 1538, in-8., sous le titre de *Stanze di cultura sopra gli horti de le donne; colle stanze in lode della menta*, sont encore assez précieuses. La dernière surtout est fort recherchée ; elle est divisée en 2 part., dont l'une de 16 ff., sign. A—D, avec de petites fig. en bois (20 fr. 50 c. *m. citr.* Librairie De Bure); et l'autre de 15 ff., signat. A—D. On en cite une de 1540, in-8., sans lieu d'impression, et une autre de Venise, *Valvassore*, sans date (vers 1550), in-8.

— Il Vendemmiatore, per addietro con improprio nome intitolato : Stanze di cultura sopra gli horti delle donne, quasi tutto di nuovo riformato, e di più d'altrettante stanze, quanto erano le prime, accresciuto. *Vinegia, Baldassarre Constantini*, 1549, pet. in-4. de 32 ff. non chiffr., sign. A—H.

Autre édition peu commune : 18 à 24 fr. Vend. 1 liv. 10 sh. *m. r.* Paris ; 21 fr. Libri.

Il y a encore une édit. de *Venise*, 1574, pet. in-12, fig., assez rare, et qui contient : *Stanze amorose sopra gli horti delle donne, ed in lode della menta; la Caccia d'Amore del Bernia, ed altre stanze in materia d'amore* (voy. STANZE).

— Il Vendemmiatore. In-12 ou pet. in-8.

Ancienne édition, sans lieu ni date, et dans laquelle le poëme se compose de 333 stances. Vend. 9 fr. m. r. Randon de Boissel.

— Il Vendemmiatore, poemetto in ottava rima, e la Priapea, sonetti lussuriosi-satirici di Nic. Franco. *Peking, nel* XVIII *secolo* (*Parigi*, 1790), pet. in-8. 5 à 6 fr.

La préface de ce recueil a été rédigée par J.-Cl. Molini, libraire, d'après les notes qui lui avaient été fournies par Mercier, abbé de Saint-Léger. Il y a six exempl. de ce livre en Gr. Pap. vélin ; un autre en Gr. Pap. vergé, 34 fr. m. r. Labédoyère ; 23 fr. broché, Renouard. Quant au pap. ordin., nous doutons qu'il n'en ait été tiré que 194 exempl., comme l'a dit M. Renouard dans son catalogue, car il s'en trouvait encore 140 à la vente de Molini, en 1813.

Un exemplaire imprimé sur VÉLIN, et décoré d'un frontisp. peint, 350 fr. Mirabeau ; un autre, orné de deux miniatures, et rel. en maroquin, est porté dans le catalogue de Huet de Froberville, d'Orléans, n° 994. Le *Vendemmiatore* a été trad. en français, sous ce titre : *Le Vendangeur*, par J.-B.-Chr. Grainville, *Paris*, 1792, in-18 ; et aussi par Ch.-Fr. Mercier (de Compiègne), sous cet autre titre :

LE JARDIN d'amour, ou le Vendangeur (avec le texte en regard). *Paris*, an VI (1798), in-12.

Cette dernière édition contient 183 stances, tandis que celle de Molini n'en a que 171 dans le *Vendemmiatore*.

— Le Lagrime di S. Pietro, con gli argomenti et allegorie della signora Lucr. Marinella, et con un discorso di Tom. Costo. *Venezia, Barezzi*, 1602, in-4. 5 à 6 fr. [14640]

Édition complète, faite d'après les manuscrits de l'auteur, lequel publia d'abord 42 stances de son poëme, à Venise, chez Rampazetti, 1560, in-8. L'ouvrage parut plus tard en 13 *pianti : Vico Equense, Capello e Cacchi*, 1585, in-4., par les soins de J.-B. Attendolo ; et c'est d'après cette édition de 1585 qu'ont été faites les différentes réimpressions in-8. antérieures à 1602. L'édition de *Venise, Piacentini*, 1738, in-4. portr., dont il y a du Gr. Pap., est augmentée des *Rime varie* de Tansillo, et de ses *Due pellegrini*.

Les *Sonetti e Canzoni* de Tansillo, qui font partie de l'in-4. de 1738, avaient d'abord été impr. par les soins de Dom. Bagnari, *Bologna, Pisarri*, 1711, in-12, et ils se trouvent aussi dans les *Poésies* de l'auteur, *Londra* (Livorno), 1782, in-12. [14528]

Nous avons en français : *Les larmes de S. Pierre, et autres vers chrétiens sur la passion, par Rob. Estienne*, Paris, Mamert Patisson, 1595, pet. in-8. ; — et avec *quelques paraphrases sur les hymnes de l'année*, Paris, imprimerie de Robert Estienne, 1606, pet. in-8.

— Les larmes de Sainct Pierre du seigneur Loys Tansille, italien, avec l'imitation de Malerbe (*sic*). (*sans lieu d'impression*), 1598, pet. in-8. de 18 ff.

Un exemplaire de cet opuscule, rel. en *mar. vert*, est porté à 49 fr. 50 c. dans le catal. de M. Giraud, n° 1307, où il est annoncé comme édition originale, ce qui n'est pas exact, puisque Lefevre de Saint-Marc, dans son Malherbe de 1757 (p. 419), en cite une de 1596, qu'il a eue sous les yeux, et dont il donne ainsi le titre :

Les larmes de S. Pierre imitées du Tansille, au roy, Paris, Lucas Breyer, 1596, in-8., *suivant la copie imprimée en l'an 1587, et corrigée par lui-même*. Saint-Marc ajoute que cette édit. de 1587 est in-4., mais qu'il ne l'a pas vue. Quant à celle de 1598, il l'a trouvée, dit-il, reliée à la suite du *Recueil de plusieurs diverses poésies...*, publié à *Paris*, chez *Nicolas et Pierre Bonfons*, en 1598, et il suppose que, bien qu'elle ait un frontispice particulier, elle appartient à ce recueil. — Cette imitation a été réimpr. à *Rouen, chez Raph. du Petit-Val*, en 1599, pet. in-8., et plusieurs fois depuis dans des recueils et dans les Œuvres de Malherbe.

— Il Podere di Luigi Tansillo, pubblicato ora la prima volta. *Torino, nella reale stamperia* (1769), pet. in-8. [14863]

Poëme sur l'agriculture. En 1797, Bodoni en a donné une édition pet. in-4. sans date, dont il a tiré un exemplaire sur VÉLIN, et deux sur soie.

— I due pellegrini, favola pastorale. *Napoli, Lazzaro Scorrigio*, 1631, in-4.

Rare, mais réimpr. dans le recueil donné en 1738.

— La balia, poemetto di L. Tansillo, pubblicato ora la prima volta, con annotazioni di G.-Ant. Ranza. *Vercelli, presso il Panialis*, 1767, in-4. — Réimpr. à Venise, 1796, pet. in-4. [14891]

Tanquerel des Planches. Maladies de plomb, 7026.

Ce petit poëme a été trad. en anglais (sous le titre de *The Nurse*), par Will. Roscoe, *London*, 1798, in-4., ou 1800 et 1804, pet. in-8.

On a encore de ce poëte :

IN LODE di tingere i capelli capitolo inedito. *Napoli, Ferrandez*, 1820, in-4. de 34 pp., publ. par le marquis de Villarosa.

TANZINI (*Giuseppe-Maria*). Sopra la lingua primitiva, e sopra la confusione de' linguaggi sotto Babele, lezione accademica. *Roma*, 1742, in-8. 4 à 6 fr. [10518]

TAPIA (*Martin* de). Vergel de musica spiritual, speculativa y activa, donde se tratan las alabanzas de la musica y despues los artes del canto llano y contrapunto en suma y en theorica. *En Burgos de Osma, D. Fernandez de Cordoba*, 1570, in-4. [10149]

Ce livre rare a été vendu 31 fr. Librairie De Bure.

TAPIA y Salzedo (D. *Gregorio*). Exercicios de la gineta. *Madrid*, 1643, in-8. obl. fig. [10333]

Volume peu commun : 24 fr. Camus de Limare.

TAPIA (*Diego* de). Confessionario in lingua cumonagota, y de otras naciones de Indios de la provincia de Cumana. *Madrid*, 1723, in-12. Rare. [1328]

TAPIA (*Carlos* de). Arte novissima de lengua Mexicana. *En Mexico por la Viuda de D. Joseph Bernardo de Hogal*, 1753, in-4. [11976]

Ce livre, peu connu, est porté à 18 flor., sous le n° 400 du catalogue des doubles de la biblioth. de Munich, dont la vente s'est faite par M. Butsch, à Ausbourg, en mai 1858.

TAPPART (D. *Ruardi*), Enchusani, hæreticæ pravitatis primi et postremi per Belgium inquisitoris apotheosis : accedunt evangelium Pasquilli, etc. *Franekeræ*, 1643, pet. in-12. 4 à 6 fr. [2115]

Recueil peu commun ; le premier ouvrage, dont l'auteur se nommait Henry Geldorp, avait d'abord paru en 1558, in-4., sous le nom supposé de *Gratianus Verus*.

TARABOTTI(*Arch.*). Voy. BARATOTTI.

TARAFÆ seu Taraphæ Moallaca. Voyez MOALLACA.

Taparelli. Diritto naturale, 2361.
Tapia (*Eug.* de). El Febrero, 2997. — Historia de la civilisacion española, 26120.
Tapié. Guide du navigateur, 8506.
Tarassenko Otreskoff (*Narsès*). De l'Or et de l'argent, 4127.
Tarbé des Sablons. Coutume de Sens, 2696.
Tarbé (*Théod.*). Recherches sur Sens, 24533.
Tarbé de Vauxclairs. Dictionnaire des travaux publics, 2939.
Tarbé (*Prosp.*). Langage et patois de Champagne, 11056. — Notre-Dame de Reims, 21422. — Reims, 24510. — Trésor des églises de Reims, 24510. — Vie de Pigalle, 31102.

TARCHAGNOTA ou Tarcagnota (*Giovanni*). L'Adone. *Vinegia*, 1550, pet. in-8. de 16 ff., dont le dernier est blanc. [14694]

Ce petit poëme est certainement sorti des presses d'Alde, quoiqu'il ne porte aucun nom d'imprimeur ; c'est un morceau fort rare et qui manque dans les meilleures collections aldines : il a été vendu 7 liv. Butler ; 99 fr. *mar. r.*, Libri, en 1847.

TARDE (*Jean*). Le Crayon de l'art et de la science crayonné sur l'original de divers et graves autheurs. *Tolose* (sans date, vers 1620), in-4. [3285]

14 fr. Monmerqué.

Jean Tarde, en latin, Tardinus, a écrit dans cette langue : *De Pilis disquisitio physiologica*, Turnoni, Linocerius, 1609, in-8. [6910], et plusieurs autres ouvrages.

TARDIF (*Guill.*). (G) villermi Tardivi A ‖ niciensis Rethorice ‖ Artis ac Oratorie fa ‖ cultatis compendivm Prefatio. (*absque ulla nota, sed Parisiis, per Petrum Cæsaris et Joannem Stoll*, circa 1475), in-4. de 96 ff. [12056]

Édition imprimée en caractères romains, sans chiffres, réclames ni signatures, laissant par le titre ci-dessus en capitales. Outre le traité de Rhétorique, elle en contient un second intitulé : *Guillermi tardiui aniciensis ex grauissimis autoribus exordiorum praxis excerpta* ; à l'avant-dernier feuillet se lisent 4 vers de *Lodoicus xantonensis episcopus*, et 8 vers du secrétaire de cet évêque adressés à Guill. Tardif. La table des rubriques (*Tabula rubricarum huius compendii*) occupe la dernière page. Vend. 1 liv. 2 sh. Pinelli, n° 5837, où l'édit. est amplement décrite ; 3 liv. 10 sh. Hibbert ; 1 liv. 11 sh. Libri, en 1859.

— Grammatica et rhetorica. (*absque nota*), in-4. de 210 ff. à 34 lig. par page.

Édition en caract. goth., sans chiffres ni récl., mais avec des signatures qui commencent au 13e f. Elle paraît être de l'an 1480 environ. 9 fr. *mar. r.* La Valliere.

— Antibalbica vel Recriminatio tardiuiana. — Recognitum est hoc opus per eruditissimum virum Petrum Botilerium. *Impressum summa cum diligentia characteribus parisiacis, impensis Antonii Cayllaut, Anno a natali christi* 1495, *die* 21 *Julii*, in-4. goth. [12937]

Ce petit volume réunit trois pièces différentes contre J. Balbi, en réponse à sa satire intitulée *Rhetor gloriosus* (voy. BALBUS) : la première est de Guillaume Tardif, et avait déjà été imprimée séparément, ainsi que le démontre la préface de l'éditeur ; la seconde (*De Fuga Balbi*) est de Faustus Andrelinus (voy. ANDRELINUS), et la troisième est une lettre d'un élève de G. Tardif à J. Trithème (voir le *Bulletin du Bibliophile*, 12e série, 1850, pp. 588 et 589).

Pour la traduct. des fables de L. Valle, par Tardif, voy. VALLA ; pour son édit. de Solin, voy. SOLINUS.

Tardieu (*Alex.*). Carte topogr. d'Altenbourg, 19694.
Tardieu (*Auguste-Ambr.*). Dictionnaire d'hygiène, 7004. — Etudes médico-légales, 7400.
Tardif-Desvaux. Angers pittoresque, 24421.

— Cest le liure de lart de faulconnerie et Des chiens de chasse. (au verso du dernier feuillet en 7 lignes) : *Cy finist le liure des oyseaux z chiens jmprime a paris ce cinquiesme iour de Januier mil quatre cens quatre vingz z douze pour Anthoine verard libraire demourant a paris a lymage saint Jehan leuangeliste sur le pont nostre dame ou au palaiz...* pet. in-fol. goth. de 41 ff. non chiffrés, à longues lignes, au nombre de 34 sur les pages entières. [10451]

Première édition. Nous venons d'en donner la description d'après l'exemplaire de La Valliere (lequel ne fut vendu que 5 fr.) ; mais il est à remarquer que l'exemplaire imprimé sur VÉLIN, de la Bibliothèque impériale, décrit par Jos. Van Praet, diffère de celui-ci dans la souscription, laquelle occupe huit lignes au lieu de sept, et commence ainsi : *Cy finist le liure de lart de faulconnerie : z des chiens de chasse Jmprime a paris Le cinqesme...* (Le reste comme ci-dessus). Un exemplaire sur papier a été payé 300 fr. vente Huzard. Il serait porté aujourd'hui à plus de 1,500 fr.

Guillaume Tardif, auteur de ce livre, se nomme en tête de l'épître dédicatoire au roy Charles huitième, qui est au commencement du volume, et il dit qu'il a traduit l'ouvrage du latin du roy Danchus, de Moamus, de Guillinus et de Guicénus, auteurs sans doute fort peu connus maintenant.

— Lart de faulconnerie. Et des chiens de chasse. (à la fin) : *Cy finist le liure des oyseaulx de proye, z chiens de chasse, compose par Guillaume tardif du puy en vellay. Jmprime a Paris ce xviie iour de Januier. Lan Mil cinq centz z six. Pour Anthoine verard libraire Demourant a lymage sainct Jehā leuangeliste Deuāt la rue neufue nostre Dame, ou au palais...* in-4. goth. de 60 ff. non chiffrés.

Édition peu connue. Elle est mal annoncée dans le catalogue de La Valliere, n° 2135, comme imprimée par *Jehan Trepperel,* et sans date ; cela vient de ce qu'à la fin de l'exemplaire se trouvait la *Medecine des cheuaulx,* opuscule de 12 ff. portant le nom de cet imprimeur.

— Lart de faulconnerie Et des chiens de chasse. (à la fin) : *Cy finist le liure des oyseaulx de proye z chiens de chasse. Compose par Guillaume tardif du puy en velay. Jmprime a Paris par Jehan trepperel demourant en la rue neufue nostre dame a lēseigne de lescu de france. Le huytiesme iour de may. Lan mil cinq cens z six,* pet. in-4. de 38 ff. à long. ligu., signat. A—Giij. Le dernier feuillet verso ne contient que la marque de Trepperel.

Vend. 100 fr. Huzard, et serait plus cher aujourd'hui.
Selon Jos. Van Praet, un exemplaire de cette édition impr. sur VÉLIN, se conserve à Copenhague dans la bibliothèque du roi de Danemark.

— Lart de faucōnerie z deduyt des chiēs de la chasse, nouuellemēt imprime a Paris. VI. On les vend a Paris a la rue neufue nostre Dame a lenseigne de lescu de France. (au recto du dernier feuillet) : *Cy fine lart de Faulconnerie et decs chiens* (sic) *de chasse nouuellement imprime a Paris pour Jehan Trepperel libraire et marchant...* (sans date), pet. in-4. goth. de 30 ff. non chiffrés, sign. A—F (avec la marque de Trepperel sur le frontispice).

Autre édition rare. On trouve au verso du titre l'épître de Guillaume Tardif *au roi Charles VIII.* L'exemplaire décrit par Panzer s'est trouvé à la vente de J.-J. De Bure, où il a été payé 1000 fr. (*rel. en mar. v.*).

— Lart de Fauconnerie et deduyt des chiēs de la chasse. On les vend a Lyon par Pierre de Saincte Lucie dict le Prince. (au verso du dernier feuillet) : *Jmprime a Lyon par Pierre de Saincte Lucie dict le prince* (sans date), pet. in-4. goth. de 39 ff.

Dans la réimpression de cette Fauconnerie, qui se trouve à la suite de Du Fouilloux, édition de *Poitiers,* 1567, le texte a été changé et le *Deduit des chiens* supprimé.

— Voyez FRANCHIERES.

TARDIF. Nouvelle méthode d'encaissement pour fonder dans les rivières, dans les marais, dans la mer, etc. *Paris,* 1757, in-fol. atlant. fig. 18 à 24 fr. [8833]

Cet ouvrage a coûté 60 fr.

TAREGUA. Sūma diuersarum questionum medicaliū per ordinē alphabeti collectarū Per magistrū Gabrielem de Taregua doctorem regentem Burdegale. — Aggregatio eiusdz de curis quarūdā egritudinū per modum summe. Textus Auiceñe per ordinem alphabeti in sentētia per eundem reportatus, cum quibusdam additionibus et cōcordantiis Galieni et quorundam aliorum doctorum. *Gabriel de Taregua* (au-dessous son portrait et la marque de l'imprimeur *Gaspard Philippe*). — *Jmpressuz est hoc opus z cōpletū Burdegale decima octaua die mēsis decembris anno cristi millesimo quingētesimo vicesimo Per Gaspardū philippum calcographum prope sanctam columbam morantem,* 3 part. en 1 vol. in-fol. [7415]

Ce volume rare est le plus ancien livre connu qui ait été imprimé à Bordeaux, où la typographie a dû, cependant, commencer par un ouvrage moins considérable que celui dont nous donnons la description : 1re partie, 10 ff. préliminaires pour le frontispice, en rouge et noir, avec une vignette sur bois, l'épître de l'auteur à Bertr. de Stissaco, la

Tardin (J.). Histoire de la fontaine qui brûle, près de Grenoble, 1669.

table alphabétique des questions, le privilége de François Ier, pour trois ans, en date du 10 novembre 1520, et au nom de l'auteur; texte à 2 col., cvi ff. chiffrés; à la fin la date du 10 février 1520. — 2e partie : *Tabula, seu Aggregatio*, lxiii ff. chiffrés, avec une souscription particulière. — 3e partie : *Textus Avicene*, avec un frontispice particulier, dans une bordure gravée sur bois; lx ff. chiffrés, l'avant-dernier est coté lxi, et le dernier lix.

L'exemplaire ici décrit appartient à la Bibliothèque impér.; il provient de Falconet, dans le catalogue duquel (n° 4950) l'auteur est mal nommé *Categua*. Quant à l'imprimeur Gaspard Philippe, nous le trouvons établi à Paris dès l'année 1499; mais il paraît que plus tard il transporta ses presses à Bordeaux, où il eut pour successeur Jehan Guyart (nous avons déjà donné les marques de ces deux imprimeurs, tome IV, col. 856, et tome II, col.1756). Panzer ne cite aucun livre imprimé dans cette ville avant 1529.

La Bibliothèque impériale possède aussi une autre édition du même recueil sous ce titre :

HABES, humane lector, Gabrielis de Tarrega, burdigalensis civitatis medici regentis et ordinarii, opera brevissima, theoricam et practicam medicinalis scientiæ pro majori parte amplexantia facili ingeniosoque stylo per ipsum accumulata, medicis instruendis utilissima. Et primo sequitur summa (ut supra)... Compendium eorum que super tegni Galieni aphorismis Ypocratis scribuntur. Figura amplissima rerum naturalium, non naturalium èt contra naturam. — *Burdigalæ noviter impressa per Johannem Guyart*... 1524, in-fol.

On peut remarquer que l'auteur est nommé de Taregua dans la première édition, et de Tarrega dans la seconde. Cette dernière paraît être la plus complète des deux.

TARGIONI Tozzetti. Voy. TOZZETTI.

TARICH Fenaï, ou Tarikh Finâyi, histoire des anciens rois de Perse, depuis le règne d'Husheng jusqu'à l'époque de la conquête arabe (en turc). *Vienne, an de l'hégire* 1199 (1784-85), gr. in-4. [28074]

Vend. 24 fr. Langlès; 9 fr. 50 c. 3e vente Quatremère.

TARICHI Naima, et autres histoires. Voy. NAIMA.

TARIFA. Voy. RIBERA.

TARIFFA delle Puttane, overo ragionamento del forestiere e del gentil'huomo: nel quale si dinota il prezzo e la qualita di tutte le Cortigiane di Vinegia; col nome delle Ruffiane : et alcune Novelle piacevoli da ridere fatte da alcune di queste famose signore a gli suoi amorosi. (à la fin) : *Stampato nel nostro hemispero l'anno* 1535, *mese di Agosto*, pet. in-8. de 19 ff. seulement. [15013]

Ces poésies sont attribuées à P. Arétin, mais il n'est pas certain qu'elles lui appartiennent; les exempl. en sont extrêmement rares : 3 liv. 13 sh. 6 d. *mar. bl.* Heber; 395 fr. Nodier, et 355 fr. Libri.

TARÌKH ul hind el gharbi. Histoire des Indes occidentales, nommées Hadith-nev.

(Nouvelle relation). *Constantinople, ramadhan*, 1142 (1730), pet. in-4. de 91 ff., plus 3 ff. pour la préface et 4 cartes. [28489]

Ouvrage écrit en turk. 35 fr. Silvestre de Sacy.

TARIKH Tebry. Voy. PRICE (*D.*).

TARRÆUS Hebius. Voy. BARTHIUS.

TARREGA. Voy. TAREGUA.

TARSIA Cosentino, signor di Belmonte (*Galeazzo* di). Le sue rime, in questa nuova edizione accresciute, ecc., con la giunta della vita dell' autore. *Napoli*, 1617, in-12. [14569]

Un exemplaire sur papier bleu : 10 sh. Pinelli; 20 fr. Mac-Carthy.

L'édition de Naples, 1758, in-8., avec une notice sur l'auteur par le marquis Spirite, est meilleure et plus complète que celle de 1617.

TARSIS et Zélie (par Le Vayer de Boutigny); nouvelle édition. *Paris*, 1774, 6 tom. en 3 vol. gr. in-8. fig. 12 à 15 fr. [17193]

Vend.. bel exemplaire papier de Hollande *mar.*, 50 fr. Méon; 45 fr. Mérigot.

Belle réimpression d'un roman, dont la première édition a paru à *Paris, chez Jolly*, 1665-66, en 6 parties in-8., sous le nom du sieur *Le Revay*, anagramme de Le Vayer.

TARTAGLIA ou Tartalea (*Nic.*). Il general trattato de' numeri e misure. *Vinegia, Curtio Trojano del Navo*, 1556-60, 6 part. en 2 vol. in-fol. fig. [7930]

« Ouvrage fort bon pour son temps, et très-curieux par les détails des querelles de l'auteur avec Cardan.» (*Montucla.*) Les exemplaires en sont rares. Vend. 71 fr. (1 vol. *mar. v.*, armes de De Thou) Labey; 24 fr. en 1840 ; autre, 30 fr. Libri, en 1857.

— TUTTE l'opere d'aritmetica di Nic. Tartaglia. *Venetia*, 1692, 2 vol. in-4. 27 fr. Libri-Carucci.

Le *Tratato di aritmetica* de Tartaglia a d'abord été imprimé à Venise, en 1560, in-4.

— L'ARITHEMETIQUE de Nic. Tartaglia, divisée en deux parties, contenant dix-huit livres... trad. de l'italien par Guil. Gosselin. *Paris, Gilles Beys*, 1578, 2 tom. en 1 vol. in-8. [7870]

Gosselin a ajouté à sa traduction plusieurs articles de son invention. L'ouvrage a été réimprimé. *Paris, Adr. Perier*, 1613, en 2 part. in-8. 14 fr. Le Prevost en 1857. Il y en a aussi une édition d'*Anvers*, 1578, in-8.

— La nova scientia delle inventioni. *Vinegia, Curtio Trojano del Navo*, 1551, in-4. fig.

Vend. 28 fr. 50 c. *vél.*, armes de De Thou, Labey.

La première édition de ce traité a paru à Venise, en 1537, in-4. 21 fr. Libri, en 1857, et avec les *Quesiti* ci dessous, édit. du 1546, 26 et 28 fr. deux exempl., même vente Libri.

La *Nova Scienzia* a été réimpr. en 1583, avec un supplément au troisième livre, et depuis dans le recueil suivant :

OPERE del famosissimo Nicolo Tartaglia; cioè Quesiti, Travagliata invenzione, Nuova scienza, Ragionamenti sopra Archimede. *Venezia, al segno*

---

del Lione, 1606, in-4., avec le portrait de l'auteur et des figures. [7802]

19 fr. Riva ; 11 fr. Arago.

Les *Quesiti et inventioni di Nic. Tartalea* (sic), qui font partie de ce recueil, ont paru d'abord séparément, à Venise, chez Ruffinelli, 1546, in-4. Vend. 24 fr. 50 c. Boutourlin. Ils ont été réimprimés en 1551, et aussi en 1554, avec un supplément au sixième livre.

— REGOLA generale da sulevare con ragione e misura non solamente ogni affondata Nave : ma una torre solida di mettalo, intitolata la Travagliata Inventione, con il supplimento, li ragionamenti con Ricardo Wentworth, inglese, suo compare sopra la sua Travagliata Inventione , col modo d'andare sott' acqua con un trattato dei segni della mutazione dell' aria, etc. *Venetia, per Nicolo Bascarini,* 1551, in-4..

— LE BASILISTIQUE de Nicolas Tartaglia, ouvrage publié pour la première fois en 1537, sous le titre de Science nouvelle, et continué en 1546 dans les deux premiers livres du recueil du même auteur intitulé : Questions et inventions diverses, traduit de l'italien, avec quelques annotations, par Rieffel. *Paris, Corréard,* 1845-46, 2 part. en 1 vol. in-8.

— LUD. FERRARI e Nicola Tartaglia, cartelli di disfide scientifiche intorno la resoluzione delle equazioni algebriche, ecc. *Milano e Venetia,* 1547, in-4.

Ouvrage fort rare dont on ne connaît qu'un seul exemplaire, celui que M. Silvestro Gherardi a cédé à M. Libri, après l'avoir reproduit à Bologne, en 1846, dans le livre qu'il a donné sous le titre : *Di alcuni materiali per la storia della facoltà matematica in Bologna.* Le catalogue de M. Libri, *Lond.,* 1861, n° 178, contient une note fort curieuse sur ces *Cartelli.*

TARTAGNUS imolensis (*Alexander* de). Consiliorum volumina quinque. *Venetiis, per Bernardinum de Tridino de Monteferrato,* 1492-93, 5 part. in-fol. goth.

Ce théologien, que nous nous contentons de nommer ici, a écrit plusieurs ouvrages peu recherchés aujourd'hui, mais qui ont été souvent imprimés à la fin du XVe siècle et au commencement du XVIe, ainsi qu'on le peut voir dans les *Annales* de Panzer (en consultant les tables placées au Ve et au XIe tom. de son livre), et dans le *Repertorium* de Hain, vol. IV, nos 15253 à 15333.

TARTINI (*Ferdinando*). Memorie sul bonificamento delle Maremme toscane, seguite da un discorso sulla Maremma scritto nel 1828 da V. Fossombroni, e dal parere di P. Paoli sul medesimo. *Firenze,* 1838, in-fol., avec 26 pl. et une grande carte topogr. [25488]

Ouvrage important qui a coûté 50 fr. — Papier vélin anglais, 100 fr. Il existe une édition du texte in-8. avec les planches in-fol., 25 fr.

TARTINIUS (*J.-M.*). Rerum italicarum scriptores. Voy. MURATORI.

TASCHEREAU (*Jules-Ant.*). Voy. CORNEILLE et MOLIÈRE.

— Revue rétrospective, 19432.

TASSERIE (*Guillaume*). Le triomphe des

Normans , traictant de la immaculée conception nostre dame. *Rouen (sans date,* mais vers 1520), in-8. [16276]

Pièce très-rare, citée par Du Verdier, article *Guillaume Tasserie ;* elle a été représentée en 1499 ; le duc de La Valliere en avait une copie qui occupait 29 ff. du manuscrit in-fol., n° 2926 de son catalogue en 3 vol. Voyez le supplément dudit catalogue, pp. 42 et 43.

TASSIN (*Nicolas*), géographe du roi. Les Plans et profils de toutes les principales villes et lieux considérables de France. *Paris, chez Seb. Cramoisy,* 1634, ou *chez Messager,* ou *M. Tavernier,* 1636, 2 vol. in-4. obl. [23131]

Ouvrage assez recherché maintenant. 90 fr. Monmerqué : 36 fr. Solar. On le trouve avec des titres renouvelés, à la date de 1638, à l'adresse de *M. Tavernier,* aux dates de 1644 et 1652, à l'adresse de *A. de Fer.* Le premier tirage a paru, dit-on, vers 1631.

TASSIN (*D.*). Voyez NOUVEAU traité de diplomatique , et HISTOIRE littéraire de la congrégation de Saint-Maur.

TASSO (*Bern.*). L' Amadigi, all' invittissimo e catolico re Filippo. *Vinegia, Giolito de' Ferrari,* 1560, in-4. de IV ff., 612 pp., plus 1 f. d'errata et 1 f. blanc. [14836]

Édition estimée, et dont les exemplaires sont peu communs; elle a été donnée par L. Dolce : vend. 21 fr. Floncel ; 1 liv. 7 sh. Pinelli. Il en existe quelques exemplaires en Gr. Pap., 25 fr. Reina. Les deux éditions de Venise, 1581 et 1583, in-4., sont bien moins recherchées que la 1re : 6 à 9 fr. — Il y en a aussi une de *Bergamo, Lancelotti,* 1755, 4 vol. in-8., donnée par l'abbé Serassi, et dont il a été tiré plusieurs exemplaires sur pap. collé.

— Il Floridante , poema. *Mantova, appresso Franc. Osanna,* 1587, in-4. 12 à 15 fr. [14837]

De trois éditions de ce poëme, qui ont paru en 1587, celle-ci doit être la première , parce que l'épître dédicatoire de Torquato Tasso est datée de Mantoue. Les deux autres ont été imprimées à Bologne, la première, *per Aless. Benacci,* in-4., vend. 18 sh. Pinelli (il en existe des exemplaires en Gr. Pap.); la seconde, *per Giov. Rossi,* in-8. L'ouvrage a encore été réimprimé à Mantoue, *per Fr. Osanna,* 1588, in-12. Il est à remarquer que sur 19 chants dont se compose ce poëme, les 8 premiers sont presque entièrement extraits de l'*Amadigi,* cidessus.

— I tre libri degli amori. *Venetia, Giolito,* 1555, in-8. de 497 pp. et 7 ff. à la fin. 6 à 9 fr. [14550]

Édition plus complète que celle de 1537, in-8. L'auteur y a ajouté *Ero e Leandro.* Un exemplaire des *Rime di Bern. Tasso,* Venet., Ant. da Sabbio, 1534, in-8., imprimé sur VÉLIN, se conserve dans la riche bibliothèque du comte Spencer.

Les *Ode e Salmi,* du même poëte, Venet., Giolito, 1560, in-12, ont 142 et 48 pp. — Toutes ces poésies diverses ont été réimprimées à Bergame, chez Lancelotti, 1749, 2 vol. in-12, avec la vie de l'auteur par P.-Ant. Serassi.

— LETTERE di Bern. Tasso, accresciute ed illustrate. *Padova, Comino,* 1733-51, 3 vol. in-8., 10 à 15 fr. [18878]

Édition estimée, et dont on trouve difficilement les 3 vol. réunis; il y en a des exemplaires súr pap. bleu. — L'édition de *Venise*, 1565, 2 vol. in-8., est moins complète que celle-ci.

TASSO (*Torquato*). Le sue Opere tutte, con le controversie sopra la Gerusalemme liberata. *Firenze, Tartini,* 1724, 6 vol. in-fol. 50 à 60 fr. [19210]

Édition donnée par Bottari, qui y a joint une bonne préface. Il en existe des exemplaires en Gr. Pap., ainsi que l'édition de *Venise*, 1722-42, 12 vol. in-4. (69 fr. Reina, et quelquefois moins), avec quelques augmentations. Le tome premier et les 15 premiers ff. du second volume de cette dernière ont été imprimés par Charles Buonarrigo, sous la surveillance de Boniface Collina (sous le nom de Jos. Mauro), en 1722; mais l'entreprise fut alors suspendue, et ce fut seulement en 1735 que l'imprimeur Est. Monti la continua, sous la direction d'Ant.-Fred. Seghezzi. Il se trouve des exemplaires du premier volume à l'adresse de ce Monti, et sous la date de 1735.

— Opere, poste in miglior ordine, ricorrette ed illustrate dal prof. Gio. Rosini. *Pisa, Capuro,* 1821-32, 33 vol. in-8. portr. Coûtait environ 150 fr.

Cette édition est la meilleure et la plus complète que l'on ait encore donnée des œuvres du Tasse: elle renferme plusieurs morceaux inédits. Il y a des exemplaires en Gr. Pap. vél., 125 fr. seulement Renouard, et en pap. nankin, et aussi deux exemplaires sur VÉLIN, l'un pour la Bibliothèque ducale de Florence, et l'autre pour celle du prince de la Torella, à Naples. En outre, il a été tiré à part des exemplaires sur VÉLIN de l'*Aminta*, avec *Il rogo di Corinna*, 1 vol., du *Rinaldo*, 1 vol., d'*Il re Torrismondo, tragedia*, 1 vol., et probablement aussi de la *Gerusalemme liberata*.

Voici les titres des ouvrages compris dans cette collection, avec la date de leur publication : Vol. I. *Il Rinaldo*, poema, 1831. — II. *Aminta; Il Rogo di Corinna et Il re Torrismondo.* — III et IV. *Rime amorose.* — V et VI. *Rime eroiche, sacre e morali*, 1822. — VII à IX. *Dialoghi*, 1822-1824. — X. *Apolio e prose varie*, 1824. — XI et XII, *Discorsi.* — XIII à XVI. *Lettere*, 1825. — XVII. *Lettere inedite*, 1827. — XVIII à XXIII. *Controversi sulla Gerusalemme*, 1827. — XXIV, XXV et XXVI. *La Gerusalemme liberata con illustrazioni*, 1830. — XXVII. *Le sette Giornate del mondo creato*, 1823. — XXVIII et XXIX. *La Gerusalemme conquistata*, 1822. — XXX. *Postille a la Divina commedia di Dante.* — XXXI. *Rimario della Gerusalemme liberata*, 1825. — XXXII. *Rime inedite o disperse*, 1831.— XXXIII. *Villa del Tasso scritta da G.-B. Manzi, col saggio sugli amori et le causse della sua prigionia*, et l'*Indice generale*.

— Opere scelte. *Milano, società de' classici italiani*, 1823-25, 5 vol. in-8. portr. 36 fr., et plus en pap. vélin.

Cette édition présente de meilleures leçons et est plus correcte que celle de Milan, 1804, 4 vol. in-8., destinée comme celle-ci à faire partie de la collection des classiques italiens : elle est due aux soins de MM. Gio. Gherardini et Gio.-Ant. Maggi. — On vendait séparément la *Gerusalemme liberata*, en 2 vol. in-8., et l'*Aminta*, 1 vol., dont il a été tiré des exemplaires en Gr. Pap. vélin. Un exemplaire de l'édition de 1804, imprimé sur VÉLIN de mauvaise qualité, 100 fr. Reina.

— Rime (e prose) del signor Torqvato Tasso. Parte prima. Insieme con altri componimenti del medesimo. *In Vinegia (coll' ancora d' Aldo),* M. D. LXXXI, pet. in-8.

Cette édition originale de la première partie des œuvres de Torq. Tasso est un vol. très-rare, renfermant : 1° des poésies mêlées (*Rime*) en 160 pp., lesquelles sont précédées de 12 ff. occupés par le titre et par une préface d'Alde Manuce, en date du 13 avril 1581 ; 2° l'*Aminta*, en 74 pp., précédées de 4 ff. contenant la même préface, sous la date du 20 décembre 1580, qui se lit dans la première édition de cette pastorale donnée précédemment par Alde ; 3° *Conclusioni amorose*, en 10 pp., avec le titre et la préface sur 2 ff. ; 4° *Il Romeo*, 22 pp. et le titre ; 5° *Lettera del sig. Torquato Tasso, nella quale paragona l' Italia alla Francia*, 27 pp. et le titre ; 6° *Lettera al duca di Urbino*, 4 pp., plus un titre et deux ff. bl.; 7° *Dell' amor tra'l padre, e'l figliuolo*, 17 pp. et le titre ; enfin un f. contenant des vers latins, plus un f. blanc (Renouard, 230). Vend. 4 liv. 6 sh. *mar. v.* Butler. Ce qui a contribué à la grande rareté de ce volume, c'est qu'au lieu de continuer l'édition dans le format in-8., Alde la remplaça par l'in-12, qu'il imprima en 1582, et de nouveau en 1583.

Un exemplaire de l'*Aminta*, détaché du volume que nous venons de décrire, et qui n'avait alors d'autre date que celle de la préface, a donné lieu à l'annonce que l'on a faite d'une édition de cette pastorale antérieure à celle de *Venise*, 1581.

— Delle rime del signor Torq. Tasso, parte prima e seconda, insieme con altri componimenti del medesimo. *Vinegia, presso Aldo*, 1583, 2 vol. in-12, fig. sur bois.

Cette édition, à laquelle il faut joindre le volume suivant, est un peu plus complète que celle de 1582, donnée par le même imprimeur. Elle se compose de parties séparées, dont Renouard a donné la description. L'édition de 1582, *m. v.*, 2 liv. 2 sh. Butler ; celle de 1583, 19 sh. le même.

AGGIUNTA alle rime e prose del sig. T. Tasso. *Vinegia, presso Aldo*, 1585, in-12 de 12 ff. préliminaires, 90 pp. et 3 ff. blancs. 6 sh. Butler.

Le recueil des *rime* et *prose* du Tasse a été réimpr. et continué à *Ferrare*, de 1583-87, en 6 part. in-12, 1 liv. 3 sh. Butler.

Jérusalem délivrée.

— Gerusalemme liberata, ovvero il Goffredo di nuovo ricorretto e secondo le proprie copie dell' istesso autore ridotto a compimento, ec. *Parma, per Erasmo Viotto*, 1581, in-4. [14659]

Quoiqu'elle laisse à désirer pour la correction typographique, cette édition est la meilleure et la plus complète qui eût encore paru jusqu'alors de ce poëme célèbre. On y trouve les arguments d'Horace Ariosle, pour chaque chant, les annotations de Bonaventure Angeli, et deux tables. La dédicace de l'imprimeur à Alexandre Farnese est datée du 7 octobre 1581. Vend. 11 fr. Reina, mais plus cher en Italie. Un exemplaire avec de nombreuses additions et corrections écrites de la main d'Alde Manuce, d'après les communications de l'auteur : 9 liv. Butler, et 18 liv. Libri, en 1859.

La *Gerusalemme liberata* fut d'abord publiée à Venise, *per Domenico Cavalcalupo a instantia di Marco Antonio Malaspina*, en 1580, in-4. de 64 ff. en tout, d'après un manuscrit incomplet, et sans l'aveu de l'auteur. Ce fut Celio Malaspina qui donna cette édition très-incorrecte, laquelle a peu d'importance littéraire, et ne peut guère être regardée que comme une curiosité bibliographique assez rare. Elle contient les dix premiers chants complets, et seulement les arguments des chants 11 et 13, plus le 15ᵉ chant, incomplet, mais renfermant 40 stances, dont plusieurs ont été rejetées par l'auteur; 29 fr. Libri, en 1847. Il a été fait au moins cinq éditions du même poëme, en 1581, sans compter la seconde édition de Parme.

1° *In Casal maggiore, per Ant. Canacci e Erasmo Viotto*, in-4., plus complète que la précédente, mais laissant encore beaucoup à désirer. Elle a été donnée par Angelo Ingegneri. 16 sh. Libri.

2° *In Parma, Erasmo Viotto*, in-12, inférieure à l'édition in-4. ci-dessus, donnée par le même imprimeur.

3° *Ferrara, per Vittoria Baldini*, in-4., du mois de juin. 19 sh. Libri.

4° *Ferrara*, etc., in-4., au mois de juillet, édition donnée par Febo Bonna, qui l'a dédiée à Alphonse II, duc de Ferrare. Elle est bien impr. et beaucoup meilleure que les précédentes; mais il paraît qu'elle a été effacée par la seconde édition de Parme, dont nous avons parlé au commencement de cet article. Vend. 3 liv. 1 sh. bel exemplaire *mar. bl.* Heber.

5° *Venezia, Grazioso Percacino*, in-4.

Jusqu'ici aucune de ces éditions n'a beaucoup de valeur dans le commerce; mais que deux ou trois curieux, seulement, s'attachent à les réunir, et bientôt le prix s'en élèvera d'une manière sensible, ainsi que cela est arrivé pour les anciennes éditions de l'Arioste.

—Gerusalemme liberata del sig. Torquato Tasso, con gli argomenti del sig. Oratio Ariosti (*sic*). *Lione, appresso Alessandro Manilii*, 1581, très-pet. in-16 ou in-32 de 333 ff. chiffrés, plus un qui ne l'est pas.

Édition faite sur celle de Parme, in-4., impr. également en 1581. Elle est d'une certaine rareté. Le dernier feuillet porte *in Lione nella stamperia di Petro Rovssin*. 20 fr. *mar. bl.* Coste; en *mar. r.* 1 liv. 13 sh. Libri, en 1859.

— La stessa, con la aggiunta di molte stanze che dall' auctore sono state rifiutate et mutate a suoi luoghi. *Mantova, Francesco Osanna*, 1584, in-4.

Édition regardée comme l'une des meilleures de ce poëme; cependant elle est mal imprimée et sur mauvais papier : 12 à 18 fr.

— La stessa, con le figure in rame di Bern. Castello, le annotazioni di Scipio Gentili e di Giulio Guastavini, ec. *Genova, Bartoli*, 1590, gr. in-4.

Édition recherchée à cause des gravures d'Aug. Carrache et de Jacq. Franco qu'elle contient : 15 à 20 fr.; vend. 40 fr. *mar. bl.* Saint-Céran. en 1780; 1 liv. 11 sh. *mar. r.* Paris; 29 fr. *mar. r.* en 1825; 25 fr. 50 c. *vel.* Sebastiani; 59 fr. *mar. r.* Libri, en 1847, et 1 liv. 18 sh. en 1859; 50 fr. *mar. r.* Giraud.

Dans plusieurs exemplaires de cette édition, la figure du chant IV est la même que celle du chant V; cette imperfection diminue alors le prix du livre. Un exemplaire sur papier bleu se trouve chez M. Trivulzio; un autre, 24 fr. 50 c. Renouard.

— Goffredo, overo Gerusalemme liberata. *Vinegia, Altobello Salicato*, 1593, in-4. à 2 col.

Cette édition contient des variantes alors inédites, ainsi que les cinq chants ajoutés par Camilli. Un exemplaire en *mar. r.* 25 fr. Libri, en 1857; —

autre en *mar. citr.*, avec les armes de Cl.-Nic. Lalaure, 2 liv. 13 sh., en 1859.

— LA STESSA, con gli argomenti di Gio.-Vincenzo Imperiale, e figurata da Bern. Castello. *Genova, Gius. Pavoni*, 1604, ovvero 1615, in-12, fig. 4 à 6 fr.

Un exemplaire de l'édition de 1604, impr. sur pap. bleu, 15 sh. Pinelli.

— IL GOFFREDO, ovvero Gerusalemme liberata, con le fig. in rame del Tempesta. *Roma*, 1607, in-24, ovvero 1646 e 1657, in-12. 4 à 5 fr.

— LA GERUSALEMME liberata, figurata da Bern. Castello. *Genova*, 1617, pet. in-fol.

Cette édition contient les mêmes notes que celle de 1590; mais les gravures sont différentes, et bien moins belles, quoique sur les mêmes sujets. Vend. 15 fr. Floncel; 20 fr. *mar. r.* Librairie De Bure, et plus cher en Italie. Il s'en trouve des exemplaires avec la date de M. D. CXII.

— LA STESSA, con la vita di T. Tasso, et con gli argomenti dell' opera del cav. Guido Casoni. *Venez., Giacomo Vincenti*, 1611, ovvero *Sarzina*, 1625, in-4. fig.

Deux éditions dont nous connaissons plutôt la rareté que le mérite littéraire.

— IL GOFFREDO. *Parigi, nella stamp. reale*, 1644, in-fol., con frontispizio inciso.

Quoiqu'elle soit belle, cette édition est tombée à bas prix : 5 à 6 fr. ; cependant un magnifique exemplaire, rel. en *mar. à compart.*, a été vend. 44 fr. Randon de Boisset; en autre à peu près semblable, 66 fr. Camus de Limare. On trouve des exemplaires auxquels sont ajoutées des fig., soit de Castello, soit d'Ant. Tempesta. Vend. avec celles de Tempesta, 40 fr. Floncel.

— Il Goffredo, con gli argomenti del Horatio Ariosto, aggiuntovi i cinque canti del Camillo Camilli. *Amst., gli Combi e la Noue (Elzevirii)*, 1652, 2 vol. in-24. 10 à 12 fr.

Édition plus rare que celle de 1678.

Un exemplaire rel. en *mar. r.*, avec les fig. de Séb. Le Clerc ajoutées, 24 fr. Floncel; 35 fr. *vélin*, Thierry.

— IL GOFFREDO, ovvero Gierusalemme liberata. *Amsterd., D. Elsevier*, 1678, 2 vol. in-24.

Jolie édition, ornée de fig. de Séb. Le Clerc : 10 à 15 fr. Vend. en *mar. r.* 20 fr. Bailly.

— GERUSALEMME liberata, con le figure di B. Castelli, e le annotazioni di Scip. Gentili e di Giulio Guastavini, ecc. *Londra, Tonson*, 1724, 2 vol. gr. in-4.

Assez belle édition, publiée par Haym; elle se donne maintenant à très-bas prix; les gravures sont des copies de celles de l'édition de 1590.

— LA STESSA, colle annotazioni di Gentili e di Guastavini. *Urbino*, 1735, in-fol. fig. d'après Ant. Tempesta. 8 à 10 fr.

— GERUSALEMME liberata. *Parigi, Prault*, 1744, ovvero 1768, 2 vol. pet. in-12. 6 à 7 fr.

—Gerusalemme liberata di T. Tasso, con le figure di Gian.-Bat. Piazzetta. *Venezia, Albrizzi*, 1745, gr. in-fol.

Cette édition, assez belle, était chère et recherchée autrefois; mais elle a maintenant peu de valeur en France, quoiqu'elle en conserve davantage en Italie : 12 à 20 fr., et en pap. de Hollande, *mar. r.* 40 fr. Mérigot; 21 fr. Caillard; 45 fr. Duriez. Un magnifique exemplaire très-bien rel. en *mar. à compart.*, avec les fig. coloriées avec soin, a été vendu successivement de 500 à 600 fr. chez Mᵐᵉ de Pompadour et chez MM. Delaleu et Pâris de Meyzieu; il n'aurait pas cette valeur aujourd'hui.

— LA STESSA, colle annotaz. di Scip. Gentili e di

Giulio Guastavini. *Venezia, Ant. Groppo,* 1760, ovvero 1762, 2 vol. pet. in-fol.

Édition ornée de vignettes par P.-Ant. Novelli.

— La stessa. *Glasgua, Foulis,* 1763, 2 vol. pet. in-8. fig. de Séb. Le Clerc. 5 à 7 fr.

Il y a des exemplaires en papier de Hollande : 12 à 15 fr. Vend. en *mar. r.* 48 fr. Caillard.

— La stessa. *Parigi, Delalain,* 1771, 2 vol. gr. in-8. fig. de Gravelot.

Assez belle édition : 8 à 12 fr.; — Papier de Hollande, 15 à 18 fr. — Format in-4., 18 à 20 fr. Vend. 38 fr. *m. r.* Renouard ; 67 fr. 2ᵉ vente Quatremère, et avec fig. coloriées, 95 fr. *m. r. dent.* La Valliere.

— La stessa. *Parigi, Molini,* 1783, 2 vol. in-12. 5 fr. — Gr. Pap. 8 à 10 fr.

Un exemplaire imprimé sur vélin, format in-8., partagé en 4 vol. et rel. en *mar. bl. tab.,* offert à 200 fr. Mac-Carthy ; 60 fr. en 1841.

— La stessa, stampata d'ordine di Monsieur. *Parigi, Fr.-Ambr. Didot,* 1784, 2 vol. gr. in-4. 60 à 80 fr.

Très-belle édition, décorée de 41 gravures d'après Cochin ; elle n'a été tirée qu'à 200 exemplaires : en *mar. r.* 100 fr. De Bure ; 200 fr. *mar. v. dent. tab.* avec les eaux-fortes, Clos ; et avec fig. *avant et avec la lettre,* même prix, Labédoyère, et 97 fr. *broché* Renouard.

Un exemplaire imprimé sur vélin se trouvait dans la bibliothèque Mac-Carthy ; retiré à 900 fr. lors de la vente, il a été offert depuis à 1800 fr. Un second exemplaire provenant du cabinet du prince Michel Galitzin, 555 fr. en 1825.

Les figures de cette édition ont servi à une réimpression faite chez Didot l'aîné, en 2 vol. gr. in-4. pap. vél.; réimpression qui, quoique très-belle aussi, ne vaut que de 30 à 40 fr.; en *mar. r.* 65 fr. Quatremère.

Les quarante dessins originaux de Cochin pour les gravures de cette édition, auxquels étaient joints autant de dessins pour vignettes et ornements, par le même artiste, ont été vend. 500 fr. Renouard, en 1854, et portés à 1800 fr. dans une vente faite par M. Techener, en juin 1861, ensuite à 3910 fr. L. Double, en 1863.

— The Gerusalemme liberata : with explanatory notes..... and references to the author's imitations of the ancient classics, etc., by Agostino Isola. *Cambridge,* 1786, 2 vol. in-8. papier de Hollande.

Belle édition qui, sous un titre anglais, contient le texte italien.

— Gerusalemme liberata. *Parma, nel regal palazzo (Bodoni),* 1794, 2 vol. gr. in-4. 15 à 18 fr.

Cette édition coûtait 60 fr., et en papier pet. in-fol. 80 fr. (14 fr. Boutourlin; 15 fr. Renouard.)

L'imprimeur Bodoni a publié en même temps, 1° une édition en 3 vol. in-fol., à 2 octaves par page ; tous les exemplaires sont sur papier vélin, et ils coûtaient 170 fr. chacun (40 fr. 50 c. avec le portrait du Tasse par Morghen, Boutourlin) ; et avec les 41 gravures d'après Cochin, épreuves avant la lettre, 80 fr. Renouard ; 2° une édition en 2 vol. gr. in-fol., à 3 octaves par page, 220 fr. (79 fr. *mar. r.* le duc de Plaisance.) On a annoncé que cette dernière n'était tirée qu'à 130 exemplaires tous numérotés ; mais il est probable qu'on n'a pas accusé juste, car il se trouve des exemplaires non numérotés. Ces trois éditions sont très-belles, et n'ont que le défaut de multiplier inutilement les éditions de luxe d'un même ouvrage. Nous ne pouvons pas douter que Bodoni ne s'en soit procuré le débit puisqu'il a encore donné, en 1807, une réimpression du même poëme, en 2 vol. in-4., dont il a été tiré un exemplaire sur vélin. On peut ajouter à ces différentes éditions du Tasse, sorties des mêmes presses, l'opuscule suivant :

Ragionamento dell' abate Pierantonio Serassi sopra la controversia del Tasso e dell' Ariosto.

Parma, impresso co' tipi Bodoniani, 1794, in-fol. de 12 ff. — On en a tiré des exempl. sur pap. vél.

— La stessa. *Londra,* 1796, 2 vol. pet. in-12, papier vélin. 8 à 10 fr.

— La stessa. *Pisa, Società letteraria,* 1807, 2 vol. in-fol. Bas prix.

Belle édition, tirée à 250 exemplaires papier fin et papier vélin ; plus un sur vélin.

— La stessa. *Livorno, Masi,* 1810, 2 vol. in-12.

Édition faite sur celle de Mantoue, 1584 : 6 fr. Il y a du Gr. Pap., et un seul exemplaire sur vélin.

— Gerusalemme liberata. *Firenze, Molini,* 1818, 2 vol. in-8. avec portrait gravé par R. Morghen. 12 fr.

Texte de l'édition de 1584. Il y a des exemplaires en Gr. Pap. vél. anglais : 20 fr. Boutourlin.

— La stessa. *Firenze, tipografia Marenigh,* 1820, 2 vol. in-fol.

Édition de luxe, avec le portrait du Tasse, celui du prince N. d'Esterhazy, et une gravure à chaque chant. Ces planches ont été exécutées par Scotto, Ant. Morghen, etc., d'après les dessins de L. Sabatelli et de Gasp. Martellini. Prix d'éditeur, 160 fr. (16 fr. Boutourlin).

— La stessa. *Milano,* 1819-21, 2 vol. in-8. avec fig. 12 fr.

— La stessa. *Londra, presso C. Corrall ; a spese di G. Pickering,* 1822, 2 vol. in-48, avec le portr. du Tasse et un titre gravé. 12 sh.

Édition la plus portative qui existe de ce poëme. Il en a été tiré six exemplaires sur vélin et plusieurs sur papier de Chine.

— La stessa. *Parigi, Lefèvre (tip. di G. Didot),* 1822, 4 vol. gr. in-32, fig. 6 fr.

Édition de la collection publiée par Buttura, de laquelle dépend aussi l'*Aminta,* même date et même format, ornée d'une jolie figure.

— La Gerusalemme, e l' Aminta, con note di diversi, per diligenza e studio di Antonio Buttura. *Parigi, Lefèvre (tip. di Giul. Didot),* 1823, 2 vol. in-8. portr. 10 fr. — Gr. Pap. vélin, portrait avant la lettre, 20 à 24 fr.

— Gerusalemme liberata. *Firenze, Molini,* 1823, 2 vol. in-24, portr.

A cette jolie édition on réunit le volume intitulé : *Aminta, si aggiungono le poesie scelte e i discorsi sull' arte poetica del medesimo* (Tasso). Firenze, Molini, 1824, in-24, vign. Les 3 vol. 10 fr. — Gr. Pap. 20 fr.

— La stessa. *Firenze, Ciardetti,* 1824, 2 vol. in-8., fig. de Carlo Falcini. 12 fr., et plus en Gr. Pap. vél.

Ciardetti a donné, en 1825, une édition de ce poëme, in-8., à 2 col. avec fig.

— La stessa, ridotta a miglior lezione dall' abbate Colombo con varianti e note. *Firenze, Molini,* 1824, 2 vol. in-8. portrait. 9 fr., et plus en papier vélin anglais.

— La stessa, colle memorie storiche dell' autore stese dal Cav. Compagnoni. *Milano, Silvestri,* 1824, gr. in-16, portrait. 4 fr.

Cette édition fait partie de la *Bibliotheca scelta,* de laquelle dépendent aussi les ouvrages suivants du même poëte :

Rime scelte, coll'Aminta, e il discorso sulle differenze poetiche, e coi carme di V. Monti. 1824, gr. in-16. 3 fr. — Dialoghi, 1824, 3 vol. gr. in-16. 10 fr.

— La stessa. *Lodi, Gio.-Batt. Orcesi,* 1825-26, 3 vol. in-16, portr. 8 fr.

Édition enrichie de variantes, de notes et de divers morceaux curieux.

— Gerusalemme liberata, col riscontro della conquistata. *Padova, alla Minerva,* 1827-28, 3 vol. gr. in-24. 9 fr.

L'éditeur de ce livre, M. Angelo Sicca, s'est proposé

d'en faire une édition *immune da errori*, et il paraît qu'il y a réussi. — On a tiré 10 exemplaires en papier vélin, et le même nombre en papier bleu.

— La Gerusalemme conquistata (libri XXIV). *Roma; Gul. Facciotti*, 1593, in-4. [14660]

Le Tasse refit sa *Jérusalem délivrée*, autant pour en faire disparaître les défauts qu'on lui avait reprochés, que pour en retrancher tout ce qui était in l'honneur de la maison d'Este, de laquelle il avait reçu un si cruel traitement. Ces changements considérables firent de la *Jérusalem conquise* un poëme presque nouveau, que l'auteur préférait à l'ancien. Le public ne fut point de l'avis du poëte, et s'en tint avec raison à la *Jérusalem délivrée*. Toutefois le second poëme n'est point entièrement indigne du chantre de *Renaud* et d'*Armide*, et les amateurs de la langue italienne se plaisent à le réunir au premier : 6 à 10 fr.; vend. en Gr. Pap. 17 fr. Reina.

Réimprimé, *Pavia, Andrea Viano*, 1594, in-4., avec des arguments en vers et une table par J.-B. Massarenge, édition meilleure que celle de Milan, *Antonio degli Antoni*, même date, et aussi in-4. — L'édition de Venise, 1628, in-4., est la réimpression exacte de celle de Rome (Voir Molini , *Operette*, p. 308 à 311).

— La stessa Gerusalemme conquistata. *Parigi, Abel l' Angelieri*, M. D. LXV (pour 1595), in-12. 10 à 12 fr.

12 ff. prél. dont 2 blancs; texte chiffré 1 à 361, avec 3 autres ff. non chiffr. Par une erreur dans la pagination, le feuillet qui est le 292ᵉ est coté 193, et cette faute continue jusqu'au dernier f. qui aurait dû être coté 461.

Édition où se lisent, comme dans la précédente de Rome, les stances 75, 76 et 77 du 20ᵉ chant (f. 270), qui ont été supprimées par arrêt du Parlement de Paris. Ces stances, qui ne se trouvent pas dans tous les exemplaires, contiennent, au terme de l'arrêt, *des idées contraires à l'autorité du roi, et au bien du royaume, et attentatoires à l'honneur du feu roi Henri III, et du roi régnant Henri IV.* Vend. 20 fr. *mar. citr.* Heber ; 16 fr. 50 c. *mar.* Renouard ; 58 fr., et 1 liv. 1 sh. Libri.

—La Gerusalemme conquistata. *Venetia, Giunti*, 1600, in-24, fig. sur bois. 5 à 6 fr.

Jolie édition ; vend. 10 fr. m. r. Regnauld-Bretel.

Traductions de la Jérusalem délivrée.

IL GOFFREDO, travestito alla rustica bergamasca da C. Assonica. *Venet.*, 1670, in-fol., avec le texte original. Vend. 13 fr. Librairie De Bure.

Réimprimé à Bergame, 1778, en 2 vol. in-12.

LA GERUSALEMME liberata, trasportata in lingua calabrese, in ottava rima, da C. Cusentino. *Cosenza*, 1737, in-4. Vend. 12 fr. 50 c. Librairie De Bure.

LO TASSO napoletano, zoe la Gerusalemme... votata al lengua nosta da Gabr. Fasano. *Napole*, 1689, in-fol. fig. Vend. 1 liv. 2 sh. *cuir de Russie*, Heber ; 8 fr. Reina ; 15 fr. 50 c. Boutourlin.

Réimprimé à Naples, en 1706, in-12.

LA GERUSALEMME libberata, traduta da diversi in lengua zeneize (genovese). *Zena* (sans date), in-fol. Vend. 15 sh. Heber; 1 liv. 1 sh. Libri.

GIERUSALEMME liberata, trad. in lengua bolognese popolare, da Gio.-Franc. Negri. *Bologna* (senz' anno), in-fol.

L'impression de cette traduction s'est arrêtée à la 34ᵉ stance du 13ᵉ chant; mais la suite existe en manuscrit, et elle a été vendue (avec la partie imprimée) 66 fr. troisième catalogue Reina.

— Jérusalem délivrée, poëme du Tasse (traduit par Le Brun). *Paris, Musier*, 1774, 2 vol. gr. in-8. fig. 8 à 12 fr., et plus en pap. de Hollande.

Traduction élégante et fidèle. Il y a des exemplaires tirés in-4.

— La même traduction, édition enrichie de la vie du Tasse (par M. Suard). *Paris, Bossange*, 1803, 2 vol. in-8. fig. de Le Barbier. 10 à 15 fr.

Cette édition est plus belle et meilleure que la précédente ; il y en a des exemplaires en papier vélin qui sont peu communs : 30 à 40 fr., et plus chers lorsque les eaux-fortes des gravures s'y trouvent. Vend., avec les 20 dessins originaux, 750 fr. Scherer ; 500 fr. Jourdan, et 900 fr. de Labédoyère, en 1862.

L'édition de *Paris, Bossange*, 1811, est en 2 vol. in-12. Il en a été tiré quelques exemplaires format in-fol., sur papier vélin, ainsi qu'on l'a fait pour l'édition in-12 de la traduction de l'Iliade d'Homère par le même traducteur. Les figures de Cochin se joignent à cette édition in-fol., dont il y a eu deux exemplaires imprimés sur VÉLIN.

La traduction du prince Le Brun a été imprimée de nouveau : *Paris, Bossange*, 1813, 2 vol. in-8., avec les mêmes gravures, et l'on a aussi tiré de cette dernière édition des exemplaires en Gr. Pap. vélin, avec les figures *sans lettres*.

Citons encore l'édit. de *Paris, Lefèvre*, 1836, en un seul vol. in-8., avec le texte italien en bas des pages.

La plus ancienne traduction française que l'on ait de ce poëme a pour titre :

LA HIERUSALEM du seigneur Torquato Tasso, rendue françoise par B. D. V. B. (Blaise Vigenere, bourbonais). *Paris, Abel L'Angelier*, 1595, in-4.

Tout inexacte et médiocre qu'elle est, on l'a réimpr. à *Paris*, en 1599 et en 1610, in-8.

Une autre traduction en prose du même poëme, celle de Jean Baudouin (de l'Académie française), *Paris*, 1626, a eu dans son temps un certain succès ; il en a même été fait une édition, revue sur l'italien, et augmentée d'un recueil d'observations, *Paris*, 1648, in-8.; mais elle est entièrement oubliée.

— La Jérusalem délivrée, avec la traduct. française (par Panckoucke et Framery). *Paris*, 1785, 5 vol. gr. in-18. 10 à 15 fr.

— La Jérusalem, traduite en vers français par M. Baour-Lormian. *Paris, impr. de Didot*, 1819, 3 vol. in-8. fig. 12 fr. — Pap. vélin, 15 fr. — Gr. Pap. vélin, fig. avant la lettre, 24 à 30 fr.

Baour-Lormian avait déjà donné, en 1796, une traduction en vers de la Jérusalem délivrée, in-8. et 2 vol. in-4., qui eut alors peu de succès. Celle-ci, entièrement refaite, est très-supérieure à la première, mais laisse encore beaucoup à désirer. Elle a été revue et corrigée de nouveau pour une 2ᵉ édit., *Paris, Ambr. Tardieu* (impr. de F. Didot), 1822, 2 vol. in-8. fig. 12 fr., et plus in-8. Gr. Pap. vél. — 3ᵉ édit., 1822, 3 vol. in-18, fig.

Quoiqu'on ne lise plus guère le Tasse en français que dans la traduction de Le Brun et dans celle de Baour, il convient cependant de citer encore ici la traduction en prose par Mirabaud, impr. d'abord à *Paris*, en 1724, en 2 vol. in-12, et réimprimée souvent depuis ; et parmi les traductions en vers :

1° *La délivrance de Hiérusalem, mise en vers par J. Duvignau, Sᵗ de Vuarmont*, Paris, Nic. Gilles et Guillemot, 1595, in-12, très-médiocre, mais rare.

2° *Quatre chants de la Hierusalem de Torq. Tasso, par P. de Brach, sieur de la Motte-Montussan.* Paris, Abel l'Angelier, 1596, pet. in-8. de 4 ff. prélimin. et 96 ff. chiffrés.

Ce sont les chants 16, 14, 12 et 2. Le texte italien est joint au chant 12e. Vend. 5 fr. mar. Reina.

5° *Le Godefroy, ou la Hiérusalem délivrée (par Sablon)*, Paris, 1659, in-4., et Paris, Thierry, 1671, 2 vol. in-16, fig. de Sébast. Le Clerc, un peu moins mauvaise que celle de Duvignau.

4° Celle de J.-M.-B. Clément. *Paris, an VIII*, in-8.

5° Celle de M. Deloyne d'Autroche. *Paris*, 1810, in-8.

6° — Nouv. traduction en vers français par M. de La Monnoye. *Paris*, 1818, in-8.

7° — Trad. en vers par M. Octavien (le chevalier Artaud). *Paris*, 1818, 2 vol. in-8. — 12 exempl. en papier vélin.

8° — Autre traduction de la Jérusalem délivrée, en vers français, octave pour octave, par A.-B.-F. De L'Horme. *Paris, Lenormant*, 1832, 4 vol. in-18, avec le texte italien.

9° *Jérusalem délivrée*, nouvelle traduction avec des notes historiques par M. Mazuy. *Paris, Ant. Ledoux*, 1844, in-8.

10° *La Jérusalem délivrée*, traduite en vers français, avec le texte italien en regard, par H. Taunay. *Paris, Hachette*, 1845, 2 vol. in-8. 16 fr.

11° *Jérusalem délivrée*, trad. en vers par M. Lechat, avec l'italien en regard. *Paris, typ. de F. Didot*, 1863, 3 vol. gr. in-8., édit. de luxe tirée à 100 exempl. sur papier vergé.

Citons encore *La Jérusalem délivrée*, suivie de l'Aminte, traduction nouvelle, par Auguste Desplaces; 3e édit. *Paris, Charpentier*, 1858, gr. in-18.

——————

— LA JÉRUSALEM délivrée trad. en grec moderne par Démétrius Gouzelé. *Venise, Théodore Jouanninos*, 1807, in-8. fig. Vend. 11 fr. 50 c. De Bure.

— EL GODOFREDO o la Jerusalem restaurada, poema epico de T. Tasso, trad. en verso castellano por Melchior de Sas. *Barcelona*, 1817, 2 vol. in-8.

Il existait déjà une traduction de ce poëme en octaves espagnoles, par Juan Sedeno, *Madrid, Pedro Madrigal*, 1587, in-4. (Antonio).

— BEFREITES JERUSALEM, übersetzt von J.-D. Gries. *Jena, Frommann*, 1819, 2 vol. in-8.; 3e édition. 3 thl. 12 gr. — Pap. vélin, 5 thl. — ou 10e édition *Leipzig*, 1855, 2 vol. in-8. — Après cette traduction est venue celle de Streckfuss, dont la 4e édit. est de *Leipzig*, 1847, 2 vol. in-8.

— GODEFREY of Bulloigne. *London, J. Windet for T. Alan* (1594), pet. in-4.

Traduction en vers anglais, par R. C. (Carew), des cinq premiers chants de la Jérusalem délivrée, avec le texte italien en regard. Elle se paye de 3 à 4 liv. en Angleterre.

— JERUSALEM delivered, done into english by Edw. Fairfax (published by S.-W. Singer). *London, printed by Bensley*, 1817, in-8.

Très-belle édition, ornée de jolies gravures sur bois dessinées par Thurston. Il y en a 50 exempl. en Gr. Pap. et 6 sur pap. de Chine. (40 fr. Renouard.) La traduction de Fairfax est en vers; elle a été imprimée pour la première fois à Londres, en 1600, in-fol., sous le titre de *Godfrey of Bulloigne, or the recouerie of Ierusalem, done into english heroicall verse*. Les traductions plus récentes ne l'ont pas fait oublier.

— JERUSALEM delivered, translated by J. Hoole. *London*, 1803, 2 vol. in-4. et in-8. fig. — *Lond.*, 1811, 1 vol. in-8. fig.

Quoique laissant beaucoup à désirer, cette traduction, publiée vers 1760, a eu du succès, et on l'a souvent réimpr. — Celle du rév. T. Hunt, *Cambridge*, 1818, 2 vol., est enrichie de notes curieuses.

— JERUSALEM delivered, translated into english spencerian verse, with a life of the author... and a list of english crusaders, by J.-H. Wiffen. *London*, 1824-25, 2 vol. in-8.; — 1836, 3 vol. in-8.

Autres poëmes du Tasse.

— Il Rinaldo. *Venetia, Francesco Sanese*, 1562, in-4. de 4 et 66 ff. 10 à 15 fr. [14766]

Première édition de ce poëme héroïque, en douze chants, que l'auteur donna à dix-neuf ans. Vend. 15 sh. Heber. et en *m. bl.* 3 liv. 17 sh., le même; 1 liv. 7 sh. Libri. Il en a été fait différentes réimpressions in-4. et in-12, mais elles n'ont qu'un prix médiocre.

Un sieur La Roncé a publié en français : *Le Renaud amoureux*, *imité de l'italien*, Paris, 1620, pet. in-8. Réimprimé en 1724, in-12.

On a encore : *Renaud, poëme héroïque, imité du Tasse, par Menu de Chamonceau*, Paris, Moutard, 1784, 2 vol. in-8.; *Renaud, poëme en douze chants, traduit de l'italien, par M. Cavellier*, Paris, Michaud, 1813, in-12.

— Le Sette giornate del mondo creato. *Viterbo*, 1607, in-8. 5 à 6 fr. [14634]

On doit regretter que le Tasse n'ait pas eu le temps de terminer ce poëme, car les deux premières journées, auxquelles il avait mis la dernière main, renferment de très-beaux morceaux. Ces deux premières journées parurent d'abord séparément, sous le titre de *I due primi giorni del mundo creato*, à Venise, en 1600, in-4.

— IL MONTOLIVETO; nuovamente posto in luce, con aggiunta d'un dialogo che tratta l'historia dell' istesso poema. *In Ferrara, per Vittorio Baldini*, 1605, in-4.

Poëme non terminé, que l'on a attribué au Tasse. Les exemplaires en sont rares.

Aminte.

— Aminta, favola boscareccia. *In Vinegia (presso Aldo)*, 1581, pet. in-8. [16697]

Édition rare, composée de 70 pp., non compris 4 ff. prélimin. et un f. blanc à la fin. C'est la première de cette pastorale, et elle a une dédicace datée du 20 décembre 1580, laquelle a été reproduite dans l'édition aldine qui fait partie du recueil d'opuscules du Tasse, publié par Alde, en 1581 (voyez ci-dessus). L'édition de l'Aminta, *Parma, Erasmo Viotto*, 1581, pet. in-8. de 69 pp., n'est que la troisième. Alde a donné une édition in-12 de cette pièce, en 1583 (12 fr. 50 c. Costabili), et une autre en 1589. Vend. 14 sh. Butler.

— AMINTA, favola boschereccia, di nuovo corretta. *Venetia, presso Aldo*, 1590, in-4. fig.

Vend. 15 sh. Pinelli; 8 sh. Butler; 19 sh. Libri.

Les figures sur bois qui décorent cette édition sont les mêmes que celles dont Alde avait déjà fait usage pour les éditions de 1583 et 1589; mais on les a renfermées dans des cartouches.

— AMINTA, con le annotazioni di Egidio Menage. *Parigi, Agostino Courbe*, 1655, in-4. 5 fr. Librairie De Bure.

Il existe une édition de Paris, *Claudio Cramoisy*, 1656, in-4., que l'on a quelquefois mal indiquée sous la date de 1654.

— AMINTA. *Leida, Giov. Elzevier*, 1656, pet in-12. 5 à 6 fr.

Vend. 13 fr. 50 c. mar. r. Desjobert.

— AMINTA. *Amsterdam, Elsevier*, 1678, in-32, fig. de Séb. Le Clerc. 3 à 5 fr.

Vend. 12 fr. *m. v. l. r.* Renouard, en 1805.

— AMINTA; e l'Alceo, favola pescatoria di Antonio Ongaro. *Padova, Gius. Comino*, 1722, in-8.

Bonne édition, donnée par J.-Ant. Volpi : 4 à 6 fr. — Un exemplaire sur VÉLIN, 47 flor. Crevenna; 300 fr. Mac-Carthy.

— AMINTA di Tasso. *Glasgua, Rob. et Andr. Foulis,* 1753, in-12, fig. 2 à 3 fr.

— AMINTA. *Parigi, Prault,* 1768, pet. in-12. 2 à 3 fr.

— AMINTA. *Parigi, nella stamp. di Fr.-Ambr. Didot, a spese di G.-C. Molini,* 1781, in-12. 2 à 3 fr.

Molini a donné dans la même année une autre édition de l'*Aminta,* in-8., sur pap. d'Annonay, tirée à une cinquantaine d'exemplaires : 6 à 9 fr. ; vend. (exempl. impr. sur VÉLIN) 60 fr. Chardin ; 71 fr. 50 c. Chaumette ; 2 liv. Libri, en 1859.

— AMINTA. *Venezia,* 1788, in-12, fig.

Un exemplaire sur VÉLIN, 60 fr. Mac-Carthy.

— AMINTA, ora per la prima volta alla sua vera lezione ridotta (dall' abate Serassi). *Crisopoli, impresso co' caratteri bodoniani,* 1789, in-4.

Une des plus belles éditions de Bodoni : 10 fr. Boutourlin. Il en a été tiré 50 exemplaires sur pap. fort, et autant sur pap. vélin ; un de ces derniers, 13 fr. Renouard. Il y a aussi deux exemplaires sur VÉLIN : celui de Mac-Carthy s'est vendu 402 fr., et celui de Renouard, 50 fr. Une seconde édition, un peu moins belle, a été faite sous la même date, en 1792.

— AMINTA. *Crisopoli, Bodoni,* 1793, in-fol., pap. commun et pap. fin.

Il y a des exemplaires en pap. vélin, 7 fr. Renouard, et un seul sur VÉLIN.

Bodoni a encore donné en 1796 une belle édition pet. in-4. de cette pièce : 6 à 8 fr., et une autre pet. in-8. Il y a deux exemplaires de l'in-4. sur VÉLIN (7 liv. 10 sh. Hibbert), et 100 fr. sur pap. vél.

— AMINTA. *Londra,* 1800, in-8. pap. vél. 3 à 5 fr.

— AMINTA. *Parigi, Renouard,* 1800, in-12, avec une gravure d'après Prudhon. 5 à 6 fr.

Un des deux exemplaires imprimés sur VÉLIN, avec le gracieux dessin original de Prudhon et plusieurs épreuves de la gravure avant la lettre et l'eau-forte, 710 fr. Renouard.

— AMINTA. *Pisa,* 1806, in-fol. Bas prix, même en papier vélin.

On a réuni à ce vol. les *Stanze di Politiano,* impr. de même. Il en a été tiré un exempl. sur VÉLIN.

— AMINTA. *Parigi, Nepveu,* 1811, in-24.

Édition ornée de 5 jolies gravures, d'après les dessins de Desenne : 3 fr. — Pap. vél. 6 fr. On en a tiré plusieurs exemplaires sur VÉLIN (40 fr. Duriez), et sur des papiers de couleur, avec fig. coloriées.

— AMINTA. *Firenze, all' insegna dell' Ancora,* 1820, gr. in-fol., avec deux portraits.

Édition de luxe, publiée au prix de 50 fr. Elle fait suite à la *Gerusalemme,* sortie des mêmes presses (voyez ci-dessus).

— AMINTA. *Padova, Crescini,* 1822, in-4. avec fig.

Édition enrichie d'une préface de l'éditeur, d'une dissertation de Giov. Zuccala sur le mérite de cette pastorale, et d'un catalogue des éditions et des traductions faites jusqu'alors. Tiré à 100 exemplaires sur pap. vél. blanc : 16 fr. Renouard ; et à 30 sur pap. de Hollande azuré.

— L'AMINTA e l'Amore fuggitivo, il Pastor fido di G.-B. Guarini. *Firenze, Ciardetti,* 1824, in-8. pap. vél, 5 fr.

Nous avons parlé ci-dessus de plusieurs éditions modernes de cette pièce qui accompagnent la *Gerusalemme.*

— Aminte, pastorale de Torquato Tasso (trad. en prose par de La Brosse). *Tours, Jamet Mettayer,* 1591 (aussi 1593), pet. in-12 de 68 pp.

Réimpr. à *Lyon, chez Ben. Rigaud,* en 1597, in-16.

— L'AMINTE fable boscagère... traduite d'italien en françois, par Guil. Belliard, et impr. en deux langues pour ceux qui desirent avoir l'intelligence de l'une d'icelles. *Rouen, Cl. Le Villain,* 1603 (aussi 1609), pet. in-12.

Cette traduction avait déjà été impr. à *Paris, chez l'Angelier,* en 1596, in-12.

— L'AMYNTE, pastoralle, traduction nouvelle, avec les figures. *Paris, Touss. Quinet,* 1638, in-4.

Édition recherchée à cause des figures, au nombre de dix, dont elle est ornée. Le libraire Quinet en a signé la dédicace.

Citons encore : *Lydie fable champestre imitée en partie de L'Aminte de Torquato Tasso par le S. Du Mas,* Paris, Jean Millot, 1609, pet. in-8. 11 fr. de Soleinne ; et aussi : *L'Aminte du Tasse, tragi-comédie pastorale, accommodée au théâtre françois, par le sieur de Rayssequier,* Paris, Augustin Courbé, 1632, in-8. — La même pièce, *fidèlement traduite en vers françois (par Vion Dalibray).* Paris, Rocolet, 1632, in-8. fig.

L'*Aminte* a été traduite en français avec le texte à côté par l'abbé de Torche, *Paris, Cl. Barbin,* 1666, in-12 ; réimprimé à *La Haye,* 1679 (aussi 1681), in-12, avec fig. — (par Pecquet), *Paris,* 1734, in-12 ; et (par l'Escalopier), *Paris,* 1735, in-12.

L'AMINTE, pastorale imitée en vers françois, et accompagnée de notes, par Baour de Lormian. *Paris,* 1813, gr. in-18, fig. 4 fr. ; — Pap. vél., et avec 6 gravures, 9 fr. ; un exemplaire enrichi de dessins originaux de Desenne, 111 fr. Labédoyère.

— El Aminta de Torcuato Tasso, fabula pastoril traduzida de italiano en castellano, por D. Juan de Jauregui. *Roma, Estevan Paulino,* 1607, pet. in-8. de 8 ff. et 87 pp.

Première édition de cette traduction citée avec éloge dans le D. Quichotte, 2e part., chap. LXII (voy. GUARINI). L'exemplaire, apprécié 2 liv. 2 sh. dans le catalogue Salvá, n'a été vendu que 12 fr. 95 c. Gohier, et en *mar.* 10 fr. de Soleinne. — Réimpr. à *Séville, Fr. de Lyra,* 1618, pet. in-4., et enfin à *Madrid,* 1804, in-8., première édition stéréotype faite en Espagne.

Ouvrages divers.

IL FORNO, overo della nobilità ; dialogo di M. Torquato Tasso, posto in luce da Lod. Botonio. *Vicenza, Pierin Libraro,* 1581, in-4.

Ce dialogue a été réimprimé dans les OEuvres de l'auteur. Antoine Le Fevre de la Boderie l'a traduit en français, sous ce titre :

DIALOGUE de la Noblesse, pris de l'italien de M.-Torquato Tasso, par A. L. F. de La Boderie, à Mgr le duc de Joyeuse. *Paris, Abel l'Angelier,* 1584, pet. in-8. de 63 pp.

Cette traduction se trouve quelquefois jointe à celle que La Boderie a donnée du *Traité de la Noblesse* de J.-B. Nenna (voy. NENNA).

IL PADRE di famiglia, dialogo di T. Tasso, ora riscontrato sull' autografo esistente nella biblioteca vescovile di Udine. *Venezia, tipografia di Alvisopoli,* 1825, in-8. de 111 pp., y compris le portrait du Tasse. [3858]

CONCIONE di Tasso, delle virtù dei Romani. *Ibid.,* 1826, in-8. de 114 pp., avec le portrait.

Deux opuscules publiés par Gamba, et dont il a été tiré un exemplaire sur VÉLIN, acquis pour la Bibliothèque impériale.

LETTERE ed altre prose del Tasso, pubblicate da Pietro Mazzuchelli. *Milano, Pogliani,* 1822, in-8. portrait.

Une partie des lettres comprises dans ce volume étaient alors inédites. On a donné depuis : *Le lettere di Torquato Tasso disposte per ordine di tempo ed illustrate da Cesare Guaste.* Firenze, 1850, 5 vol. in-16, portrait. Pour plusieurs morceaux inédits du même poëte, publiés nouvellement, et dont quelques-uns n'ont été tirés qu'à très-petit nombre, consultez la 4e édition de la *Serie* de Gamba, page 295.

— Il Rogo di Corinna di Torquato Tasso, restituito alla sua vera lezione dal dott. E.-G. de Poveda. *Firenze, Ciardetti*, 1824, in-8. [14710]

Dans cette édition, ce petit poëme pastoral est rétabli dans sa pureté d'après un manuscrit inédit du XVIᵉ siècle, et d'après la collation des éditions de Florence et de Padoue.

Les *Veglie del Tasso*, ouvrage composé par Compagnoni, ont été trad. en français, d'abord par Mimaut, *Paris*, 1800, in-8.; ensuite par Bertrand Barrère, *Paris*, 1804, in-12; enfin (d'après l'édition italienne de Milan, 1810) par L.-Cypr. Mel, *Paris*, 1835, in-8.

Manoscritti inediti di Torq. Tasso, ed altri pregevoli documenti inediti, pubbl. da Mariano Alberti, con incisioni e fac-simile. *Lucca*, 1837-38, in-fol. en 6 cah. 33 fr.

Ce recueil, que M. Libri a fait suffisamment connaître (*Journal des Savants*, 1838, p. 680, et 1839, p. 574), n'a pas été terminé, parce qu'on a reconnu qu'il ne contenait rien d'authentique; et même, en 1842, l'éditeur a été détenu au château Saint-Ange, à Rome, comme faussaire, pour avoir contrefait l'écriture du Tasse (Molini, *Operette*, p. 329).

Trattato della dignità ed altri inediti scritti di Torquato Tasso; premessa una notizia intorno a i codici manoscritti di cose italiane conservate nella biblioteca del Mezzodi della Francia, etc., del cav. Gazzera. *Torino, stamp. reale*, 1838, in-8. de 202 pp., avec un fac-simile.

M. Constant, à qui l'on doit la publication de ce volume, y a inséré une notice sur les manuscrits italiens conservés dans les bibliothèques du midi de la France, et principalement dans celle de Montpellier, où il a retrouvé le *Trattato della dignità*, écrit de la main du Tasse.

TASSONI (*Alessandro*). La Secchia rapita, poema eroicomico in XII canti, con le dichiarazioni di Gasp. Salviani, accresciute ed ammendate dall' ab. Marchioni. *Osford, Teatro sceldon.*, 1737, 2 part. en 1 vol. in-8. 5 à 6 fr. [14894]

La première édition de ce poëme a paru sous le titre suivant :

La Secchia, poema eroicomico d'Androvinci Melisone (Tassoni) con gli argomenti del can. Alber. Baris. Aggiuntovi in ultimo il primo canto de l'Oceano del medesimo autore. *Parigi, presso Tussan du Bray*, 1622, pet. in-12 de 6 ff. préliminaires, 166 ff. chiffrés et le privilége. 77 fr. mar. r. Nodier, et 75 fr. Sebastiani.

Il a été fait une contrefaçon de ce volume sous la même date et dans le même format, mais d'une exécution bien inférieure à celle de l'édition originale qu'elle reproduit page pour page. Pour la reconnaître, il faut savoir que dans la première édition la dernière page de l'avis *A chi legge* (au 6ᵉ f. prélimin.) n'a que 12 lign. et le mot *Lo Stampatore*; tandis que dans la réimpression cette même page est pleine et contient 17 lignes. Au reste, ni ces deux éditions de 1622, ni celle de *Ronciglione* (Rome), *Brugiotti*, 1624, in-12, avec le mot *rapita* et le véritable nom de l'auteur, n'étaient chères autrefois.

— La Secchia rapita, colle dichiarazioni di Gasp. Salviani : s'aggiungono la prefazione, e le annotazioni di Gianandrea Barotti; le varie lezioni e la vita del poeta, composta da L.-Ant. Muratori. *Modena, Soliani*, 1744, in-4. fig.

Belle édition, et l'une des meilleures de ce poëme :

Tassoni (*Aless.*). Religione dimostrata, 1779.

---

12 à 15 fr. (et plus cher en Italie). Vend. en Gr. Pap. 20 fr. mar. r. de Boisset; et avec les fig. de l'édition de *Paris*, 1766, 48 fr. mar. bl. tab. Renouard. Il y a des exemplaires en Gr. Pap. dont les gravures sont tirées en bleu : 20 fr. Reina. Cette même édition a été copiée en 1 vol. gr. in-8. et sous la date de *Modena*, 1744, avec fig. sur bois.

— La stessa (edizione procurata da Conti). *Parigi, L. Prault*, 1766, 2 vol. gr. in-8. fig. 10 à 12 fr.

Vend. en mar. r. 20 fr. Quatremère.

— La stessa, arrichita di annotazioni. *Parigi, Prault*, 1768, pet. in-12. 2 à 3 fr.

— La stessa. *Venezia, Zatta*, 1788, in-12.

Un exemplaire sur vélin, 60 fr. Mac-Carthy.

— La stessa. *Pisa, dalla tipografia della Società letteraria*, 1811, in-fol.

Belle édition, faisant partie de la collection des poëtes italiens impr. à *Pise*. Il y en a dix exemplaires en pap. vél., et un seul sur vélin.

— La stessa, con annotazioni, et col canto dell' Oceano. *Firenze, Chiari*, 1824, gr. in-8. 5 fr.

— La stessa. *Milano, tipogr. de' classici italiani*, 1827, gr. in-32, portr. 3 fr. — Pap. vél. 4 fr.

— Le Seau enlevé, poëme héroï-comique du Tassoni, nouvellement traduit d'italien en françois (par P. Perrault, avec le texte italien à côté de la traduction). *Paris, De Luyne et Coignard*, 1678, 2 vol. pet. in-12.

Vend. 11 fr. mar. r. La Vallière.

Il y a une autre traduction française de ce poëme (par de Cédors), accompagnée du texte italien. *Paris, Le Prieur*, 1759, 3 vol. pet. in-12.

— Le Seau enlevé, poëme (imité de l'italien) par Aug. C. Creuzé). *Paris, de l'imprim. de P. Didot l'aîné*, 1796, in-18.

Vend. exemplaire imprimé sur vélin, 72 fr. en 1798 ; 70 fr. Méon.

La seconde édition corrigée, *Paris, imprimerie de P. Didot l'aîné*, an VIII (1800), in-18, fig. 3 fr. — Pap. vél. 5 fr.

— Filippiche (sette) contra gli Spagnuoli. (*senz' alcuna data*), in-4. de 22 ff.

Satires imprimées vers l'année 1615. Muratori et Tiraboschi les ont attribuées à Alex. Tassoni, bien que celui-ci les eût désavouées, en prétendant même qu'elles étaient d'un certain Fulvio Savviano. C'est une pièce d'une si grande rareté, que Muratori doutait qu'elle eût été imprimée. Chaque satire se termine par ces mots : *L'innominato Academico Libero* (Biblioth. grenvil., p. 711).

Ce livret n'a pas de frontispice, mais sa première page, imprimée en italique, a pour titre : *Caducatoria prima;* il contient une exhortation à la paix, signée l'*Innominato Accademico Libero*. Le restant de l'opuscule est imprimé en lettres rondes. La troisième philippique, intitulée *Raggionamento d'Italia*, est terminée par la date 1615 ; à la suite de la septième philippique se trouve *La Risposta alle scritture intitolate Filippiche*, morceau qui finit ainsi : *per far fine gli bacio le mani, di Milano*.

— Dieci libri di pensieri diversi d'Aless. Tassoni, corretti et ampliati in questa ottava impressione. *Venetia, Marc' Ant. Drogiolo*, 1636, in-4. [18349]

Ouvrage curieux, dont la prem. édit., sous le titre de *Varietà di pensieri... Modena, gli eredi di Gio.-Maria Verdi*, 1613, in-4., ne contient que neuf livres. Les éditions de *Carpi, Girol. Vaschieri*, 1620, de *Venise, M.-A. Drogiolo*, 1627, et toutes les autres en ont dix. La dernière que nous connaissons est de *Venise, il Barezzi*, 1646, in-4. Un exemplaire de celle de 1636 en *m. r.* 20 fr. 50 c. Libri, en 1847.

— Parangone degl' ingegni antichi e moderni. *Venezia, tipografia di Alvisopoli*, 1827, in-16. [18349]

Réimpression publiée par B. Gamba, du dixième livre des *Dieci libri di pensieri diversi* ci-dessus. Il en a été tiré un exemplaire sur VÉLIN, et plusieurs de format in-8. B. Gamba a aussi mis au jour : *Lettere di Aless. Tassoni, tolte per la maggior parte da un ms. della Marciana*, Venise, 1827, in-8., dont il a fait tirer deux exempl. sur VÉLIN.

— Voy. VOCABOLARIO della Crusca.

TATHAM (*Ch.* Heathcote). Etchings representing the best examples of ancient ornamental architecture, drawn from the originals in Rome and other parts of Italy during the years 1794-97. *London*, 1799, in-fol. 50 à 60 fr. [9860]

Il y a des exempl. datés de 1810, et qui renferment 102 pl.
On a du même architecte : *Etchings representing fragments of antique grecian and roman architectural ornament*, London, 1806, in-fol.; et *Designs for ornamental plate, many of which have been executed on silver*, London, 1806, in-fol. de 41 pl.

TATIANUS. Tatiani oratio ad Græcos; Hermiæ irrisio gentilium philosophorum (gr. et lat.), ex vetustis exemplaribus recensuit, annotationibus variorum suas adjecit Wilh. Worth. *Oxonii, e Theatro sheld.*, 1700, in-8. 10 à 12 fr. [864]

Édition recherchée et peu commune; on doit y trouver une dissertation sur Tatien, pièce de 27 pages, dont l'auteur anonyme est Louis du Four de Longuerue. Le Gr. Pap. est très-rare; vend. 46 fr. de Cotte; 84 fr. *mar. bl.* F. Didot; 2 liv. 7 sh. Williams; 2 liv. 10 sh. Drury; 35 fr. *mar.* en 1841. Le discours et les fragments de Tatien se trouvent à la suite du S. Justin, édition de 1742 (voy. JUSTINI Opera).
— AMMONII Alexandrini quæ et Tatiani dicitur Harmonia Evangeliorum in linguam latinam et inde ante annos mille in Franciam translata. Indicem tam antiquæ quam hodiernæ dividenda singula Evangelia methodo accommod. addid. J.-A. Schmeller. *Viennæ, Beck*, 1841, gr. in-8. 15 fr.
Cette version avait déjà été imprimée sous ce titre :
TATIANI Alexandrini Harmoniæ evangelicæ antiquissima versio theotisca; ut et Isidori hispalensis, de nativitate Domini libri, etc... ex editione et cum animadversionibus Jo.-Phil. Palthenii : accessit fragmentum veteris linguæ theotiscæ... a Petro Lambecio productum. *Gryphiswaldiæ, Jo. Wolfg. Fichkweileus*, 1706, in-4. obl.

TATISTCHEFF (*Jean* de). Dictionnaire complet françois et russe, composé sur la nouvelle édition de celui de l'Académie françoise, etc. *Moscou, imprimerie de l'Université*, 1816, 2 vol. gr. in-4. 50 fr. [11425]

Il y a une édition du même ouvrage : *Saint-Pétersbourg*, 1798, 2 vol. in-8. 30 fr. Chateaugiron; et

une autre, *conforme à l'état actuel des sciences, avec le latin et la prononciation figurée des mots*, Moscou, 1832, 2 vol. in-8. obl.

TATISTCHEFF (*Vassili*). Istoriia rossiskaïa. Histoire de Russie depuis les temps les plus anciens, recueillie par trente ans de travaux incessants. 4 parties. *Moscou, impr. de l'univ. et St-Pétersbourg, Weibrecht*, 1768-84, in-4. 19 roub. 50 cop. [27759]

La 5e partie de cette histoire, se terminant au règne de Jean le Terrible, n'a été publiée qu'en 1848 (*Moscou, impr. de l'univ.*), in-8. — L'ouvrage de Tatistcheff n'est pas une histoire proprement dite, mais seulement une fusion de chroniques; on l'estime cependant beaucoup à cause des matériaux dont l'auteur a profité, et qui ne se trouvent plus nulle part.

TATIUS. Voy. ACHILLES.

TATLER (the). Voy. STEEL.

TATTAM. A compendious grammar of the egyptian language as contained in the coptic and sahidic dialects; with observations on the Bashmuric : together with alphabets and numerals in the hieroglyphic and enchorial characters; and a few explanatory observations : by the rever. Henry Tattam; with an appendix, consisting of the rudiments of a dictionary of the ancient egyptian language, in the enchorial character : by Thomas Young. *Lond., Arch.*, 1830, in-8. [11934]

18 fr. de Sacy; 12 fr. Quatremère.

— Voy. YOUNG.

— Lexicon ægyptiaco-latinum ex veteribus linguæ ægyptiacæ monumentis, et ex operibus La Crozii, Woidii, et aliorum summo studio congestum; cum indice vocum latinarum. *Oxonii, e typ. clarend.*, 1835, in-8. [11938]

25 fr. de Sacy; 20 fr. 50 c. Quatremère.
M. Tattam a publié les deux recueils suivants :
DUODECIM prophetarum minorum libros in lingua ægyptiaca vulgo coptica edidit H. Tattam. *Oxonii, e typ. clarend.*, 1836, in-8. 9 fr.
PROPHETÆ majores, in dialecto linguæ ægyptiacæ memphitica seu coptica cum versione latina, edidit H. Tattam. *Oxonii, e typogr. clarend.*, 1852, 2 part. in-8. 20 fr.

TAUBEL (*Chr.-C.*). Lexicon der Buchdruckerkunst, etc., *c.-à-d.*, Dictionnaire universel théorique et pratique de l'imprimerie et de la fonderie, à l'usage des artistes, des bibliothécaires, des libraires, des imprimeurs, des fondeurs, des auteurs et des correcteurs (en allemand). *Vienne*, 1805-9, 3 vol. in-4. fig. [9080]

Cet ouvrage, dont le troisième volume est un sup-

Tastel (*Tyrtée*). Histoire des quarante fauteuils de l'Académie française, 30287.
Tastu (*Sabine-Casimir-Amable* Voïant, dame). Éducation maternelle, 3907. — Poésies, 14094.
Tatham (*W.*). Irrigation, 6365.—Culture of tobacco, 6386.

Tatti (*Primo-Luigi*). Annali di Como, 25386.

plément, coûtait 40 fr.; — en pap. fin, 60 fr., — et en pap. vél., 80 fr. Le même auteur a donné plusieurs autres ouvrages sur l'art typographique; le dernier, qui a pour titre : *Lehrbuch der Buchdruckerkunst*, a paru à *Vienne*, en 1810, in-8.

TAULER ou Thauler (*J.*). Predig, fast fruchtbar zu eim recht chrislichen leben. *Basl, Ad. Petri*, 1521, in-fol. [1510]

Cette édition contient 199 sermons, tandis que celle de *Leyptzk, Cr. Kacheloven*, 1498, in-4. de VIII et 281 ff. (très-rare), ainsi que celle d'Augsbourg, 1508, in-fol., n'en renferment que 84. — Les éditions de Francf. et Leipzig, 1703, ou 1720, 2 vol. in-4., avec une préface de Ph.-Jacques Spener, ne présentent qu'un texte corrompu (voy. Ebert, nᵒˢ 22363-67). — Réimpr. à Francfort-sur-le-Mein, 1826, en 3 vol. in-8.

Les sermons de Tauler pour les dimanches et les fêtes ont été traduits en français par Ch. Sainte-Foix, sur l'édition de 1826, et impr. à Tours, chez Mame, 1855, en 2 vol. in-8.

D. JOANNIS THAULERI Sermones de tempore et de sanctis totius anni ; reliquaque ejus pietati ac devotioni maxime inservientia opera omnia, a R. F. Laurentio Surio in latinum sermonem translata et recognita. *Coloniæ, per Arnaldum Quintelium*, 1615, in-4.

Cette version latine a été impr. pour la première fois à Cologne, en 1548, et ensuite réimpr. à Paris, en 1623, in-4.

L'auteur, religieux dominicain, mort à Strasbourg en 1361, s'est rendu célèbre par ses sermons et par ses écrits sur la vie spirituelle. Il les a composés en allemand et ils ont paru pour la première fois, en cette langue, à Leipzig, chez Conrad Kacheloven, en 1498 (*ym acht vnd nuntzigstè iar*), comme on l'a pu voir ci-dessus.

L'ouvrage de Tauler qui a eu le plus de succès est celui dont la traduction latine a pour titre :

Jo. THAULERI *de vita et passione Salvatoris nostri Jesu Christi exercitia, a quibus Thaulerus conversionem suam exorsus est, ex idiomate germanico a Laur. Surio latine reddita*, Coloniæ, 1548, in-8. — Réimpr. à *Lyon, chez Guil. Rouille*, en 1572, in-16, et plusieurs fois encore. [1658]

Il a été traduit en français sous différents titres, savoir :

1° *Les institutions divines et salutaires enseignements de Jean de Thaulere..... trad. par les Minimes de l'oratoire de N. D. de Vic sainte*, Paris, Th. Brumen, 1587, in-4.

2° *Les Institutions de Thaulere, traduction nouvelle* (attribuée à Loménie de Brienne), Paris, Ch. Savreux, 1665, in-8. — Réimpr. à Toulouse (et se vend à Paris), en 1855, in-12.

3° *Les Exercices de Jean Thaulere sur la vie et sur la passion de N. S. Jesus-Christ... et quelques ouvrages d'Eschius sur le même sujet, le tout trad. en françois par Jac. Talon*, Paris, P. Le Petit, 1669, in-12. — Réimpr. à *Paris*, en 1682 et 1718, in-12.

La traduction italienne d'Alex. Strozzi a été impr. à *Venise, chez Domen. de Imberti*, en 1584, in-12.

— THE HISTORY and life of the Rev. Doctor J. Tauler of Strasbourg ; with twenty-five of his sermons. Translated from the german, with additional notices of Tauler's life and times by Susanna Winkworth and a preface by the Rev. Ch. Kingsley. *Lond*, 1857, in-8.

TAUREAU (le) banal de Paris. *Cologne,*

Taulier (*Marc-Jos.-Fréd.*). Théorie du code civil, 2840.

---

chez Pierre Marteau (*Hollande*), 1689 ou 1691, in-12. 4 à 6 fr. [17205]

Vend. 12 fr. mar. r. Chardin ; 15 fr. 50 c. de Chap... en 1863.

Ce petit roman a reparu sous ce titre : *L'Homme à bonne fortune, ou le galant à l'épreuve*, La Haye, 1691, in-12.

TAURELLI (*Fr.*). Pandectæ florentinæ. Voy. JUSTINIANUS.

TAURELLI (*Andreæ*) de peste italica libri duo. *Bononiæ, typis N. Tebaldini*, 1641, in-4. [7199]

15 fr. 50 c. Riva.

TAURELLI (*Jacobi*) Fanestris exquisitior patronymia. *Venetiis, Aldus*, 1565, in-4. de 4 ff., 53 pp. et 1 f. d'errata. [25666]

Cette pièce rare a été vend. 3 liv. mar. bl. Butler.

TAURELLIUS (*Nic.*). Emblemata physico-ethica, hoc est naturæ morum moderatricis picta præcepta. *Norimbergæ, C. Lochner*, 1602, pet. in-8. fig. sur bois. 6 à 9 fr. [18572]

18 fr. 50 c. Bearzi.

Il y a une seconde édition, *Norimbergæ, Sim. Halemayerus*, 1617, pet. in-8.

TAUSEND und eine Nacht. Voy. MILLE et une nuits.

TAUSTE (*Francisco* de). Arte, y Bocabulario de la lengua de los Indios Chaymas, Cumanagotos, Cores, Parias, y otros diversos de la provincia de Cumana ó Nueva Andalucia : con un tratado a lo ultimo de la doctrina christiana y catecismo de los misterios de nuestra santa Fè, traducido de castellano en la dicha lengua indiana : compuesto por el P. Fr. Francisco de Tauste. *Madrid, Bern. da Villa-Diego*, 1680, in-4. [11982]

L'exemplaire de ce volume rare, qui a été vendu successivement 3 liv. 4 sh. Heber, 110 fr. Rætzel, et 91 fr. Nodier, se composait de 8 ff. prélim. et de 187 pp. chiffr., mais il ne renfermait ni la Doctrine chrétienne, ni le Catéchisme qu'annonce le titre du livre.

TAVANNES (de Saulx). Voy. SAULX.

TAVANTHI (*Jac.*) regula B. Patris Augustini et constitutiones fratrum Servorum. *Venetiis, ex officina Dominici Guerræi, etc.*, 1580, in-4. [3267]

Un exemplaire impr. sur VÉLIN, vend. 100 fr. m. r. La Valliere ; 50 fr. Mac-Carthy.

— Voy. AUGUSTINI regula.

TAVERNIER. Les six voyages de J.-B.

Tavernier... en Turquie, en Perse et aux Indes, pendant l'espace de quarante ans, etc. *Suivant la copie imprimée à Paris*, 1678, 2 vol. pet. in-12, fig. [20477]

Édition en petits caractères, et qui n'est ni fort belle ni complète. Nous nous étions dispensé d'en parler dans les premières éditions du Manuel; mais depuis lors M. Bérard l'a signalée à l'attention des curieux, comme l'une des éditions les plus rares des Elsevier, et quoique rien ne soit moins certain que cette assertion, il n'en a pas fallu davantage pour donner du prix à ce livre, si inférieur à l'édition de 1679. Le premier volume a 18 ff. prélimin., y compris un frontispice gravé, ayant pour adresse *Amsterdam, chez Johannes van Someren, l'an* 1678, et un titre imprimé *Suivant la copie,* etc., 792 pp. pour le texte et la table, plus les pl. Le second volume renferme 6 ff. prélimin., y compris le titre, 664 pp. pour le texte, un *Avis au lecteur,* et un f. d'errata, lequel, ainsi que le frontispice gravé, manque quelquefois. Vend. 7 fr. Brienne, en 1797; 81 fr. en mai 1826; 41 fr. Librairie De Bure.

Il faut joindre à ces deux volumes l'ouvrage intitulé :

Nouvelle relation de l'intérieur du serrail du Grand-Seigneur. *Amsterdam, Johannes van Someren*, 1678, pet. in-12 de 7 ff. prélim., y compris un titre gravé et un titre imprimé, 271 pp. pour le texte, suivies de 3 pp. pour la table.

Les trois volumes ont été vendus jusqu'à 601 fr. (annoncés inexactement sous la date de 1679) Morel de Vindé; et seulement 102 fr. Renouard, en 1828, et 71 fr. mar. r. Gancia. Le troisième, qui est le plus rare, a été payé seul 50 fr. à la vente de Mazoyer.

Selon une note qui se lit dans le catal. manuscrit de la Bibliothèque impér., les Voyages de Tavernier ont été rédigés d'après ses propres notes, en partie par Chapuzeau, son ami, et en partie par Daulier des Landes, qui l'a accompagné dans l'un de ses voyages. La première édition des six Voyages est de *Paris, Clousier,* 1676, 2 vol. in-4. fig. L'ouvrage a été réimpr. à *Paris,* en 1677 et en 1679, même format. L'auteur avait déjà donné, en 1675, sa *Relation de l'intérieur du sérail du Grand Seigneur,* in-4., laquelle a été réimpr. à *Paris,* 1681, in-12. En 1679, il publia un *Recueil de plusieurs relations* (au nombre de cinq), 1 vol. in-4., qui fut aussi réimpr. en 1681. Ce dernier volume ne fait pas partie de l'édition d'*Amsterdam,* 1678; mais il se trouve, ainsi que la *Relation du sérail,* dans le troisième volume de l'édition de 1679, in-12, et dans toutes les réimpressions qui ont été faites de cette dernière.

— Ses Voyages en Turquie, en Perse et aux Indes. *Sur la copie imprimée à Paris (Hollande),* 1679, 3 vol. in-12, fig. 18 à 24 fr.

Cette édition est fort jolie, et, selon nous, bien plus dans le genre des Elsevier que celle de 1678. — Nous avons vu deux éditions différentes des deux premiers volumes sous la même date (1679), et renfermant le même nombre de pages. Dans celle que l'on peut regarder comme la première, et qui est la plus belle, la justification des pages est un peu plus longue que dans l'autre, et il y a à la fin du premier volume un errata en deux lignes. Dans la seconde, cet errata est remplacé par un fleuron, et cependant les fautes n'ont pas été corrigées. Vend. 60 fr. mar. v. Méon; 40 fr. Thierry; 34 flor. 50 c. Meerman.

Nous pouvons encore citer comme de belles éditions celles de 1692, *sur la copie de Paris* (la *Relation du sérail,* sur l'édition de 1681); — d'*Utrecht,* 1712; — de *La Haye,* 1715 ou 1718 (la *Relation du sérail* a un titre daté d'*Utrecht,* 1702), chacune en 3 vol. in-12, fig. : 12 à 18 fr.; mais les éditions

de *Rouen* et *Paris,* 1713, ou *Paris,* 1724, ainsi que celle d'*Amsterdam (Rouen),* 1718, 6 tom. en 3 vol. in-12, sont moins bien impr. que les éditions hollandaises.

TAXE des parties casuelles de la boutique du pape, en latin et en françois ; avec annotations prinses des descretz, concilles et canons... pour la vérification de la discipline anciennement observée en l'Eglise ; par A. D. P. (Ant. Du Pinet). *Lyon (Genève),* 1564, pet. in-8., 5 ff. prélim., texte pp. 11 à 174, à 2 col., plus 6 ff. pour la table. [2097]

Vend. 9 fr. La Valliere ; 10 fr. m. r. Morel-Vindé.

Le texte latin des *Regulæ cancellariæ apostolicæ,* publiées par le pape Sixte IV, en 1471, a été indiqué ci-dessus (voy. Sixtus IV). Nous en citerons ici une édition plus complète sous ce titre :

Taxæ cancellariæ apostolicæ et taxæ sacræ pœnitentiariæ ; cum descriptione Italiæ, ac compendio Universitatis parisiensis : et taxis beneficiorum ecclesiast. regni Franciæ. *Parisiis, per Tossanum Denis,* pet. in-4. goth. de 4 ff. prélim. et xlij ff. de texte. Vend. en mar. r. 6 fr. La Valliere; 11 fr. 50 c. Morel-Vindé, et sous la date de 1520, jusqu'à 14 flor. Meerman.

C'est d'après une des éditions latines officielles de ces Taxes que Du Pinet a rédigé l'ouvrage français ci-dessus ; mais, sous sa plume et au moyen de ses notes, l'ouvrage est devenu un livre satirique et polémique, lequel a été réimprimé à Lyon, en 1607, pet. in-8. 25 fr. Veinant; aussi (à Genève), en 1608, et plus tard sous le titre de *Taxe de la chancellerie romaine,* avec des remarques, et augmenté d'une nouvelle préface (par Renout), *Londres,* 1701, in-8. ; ensuite sous celui de *Taxe de la chancellerie romaine,* ou *Banque du Pape,* en latin et en français, *Rome (Hollande),* 1744, in-12; et enfin redonné avec des changements, sous cet autre titre :

Taxes des parties casuelles de la boutique du pape, rédigées par Jean XXII, et publiées par Léon X, selon lesquelles on absout, argent comptant, les assassins, les parricides, les empoisonneurs, les hérétiques, etc., publié par Julien de Saint-Acheul (recueilli par Jules Garinet, publié par Collin de Plancy), *Paris, Ponthieu,* 1820, in-8.

TAYGETUS. Carmina præstantium poetarum, Jo.-Antonii Taygeti academici occulti studio ex quam plurimis selecta, nusquam antea in lucem edita. *Brixiæ, apud J.-B. Bozolam,* 1565, pet. in-8. de 8 ff. prélim. et 132 ff. chiffr. [12590]

Cette même édition de 1565 a reparu trois ans plus tard sous ce nouveau titre :

Poemata ex quam plurimis autorum probatissimorum scriptis quæ nondum edita fuerunt, a Jo.-Ant. Taygeto..... selecta. *Brixiæ, apud Thomam Bozolam,* 1568.

Dans ces derniers exemplaires les feuillets liminaires sont réduits à quatre, parce qu'on en a retranché l'avis de Cozmus Laurus, académicien occulte.

— Carmina academicorum occultorum. *Brixiæ, apud Vincent. Sabiensem,* 1570, in-8. de 83 ff. [12591]

Ce recueil renferme des poésies de huit auteurs. Celles de J.-Antoine Taygetus y occupent les 29 derniers feuillets.

Tavole dei monumenti... di Savona, 25325.

TAYLOR (*Jeremy*). The whole Works, with a life of the author, and a critical examination of his writings by Reginal Heber. *Lond.*, 1822, 15 vol. in-8. [1972]

Une des meilleures éditions des œuvres de ce célèbre théologien anglais du XVIIe siècle. Réimpr. en 1828 et en 1839, également en 15 vol. in-8.; et aussi en 1835 ou 1844, en 3 vol. gr. in-8. 2 liv. 10 sh. — Revues et corrigées par le rév. C.-P. Eden, 1856, 10 vol. in-8. 6 liv. 6 sh.

TAYLOR (*Brook*). Methodus incrementorum directa et inversa. *Londini*, 1717, in-4. 15 à 20 fr. [7985]

Ouvrage d'un grand mérite, au sujet duquel il faut consulter l'article *Taylor* (*Brook*), par Prony, dans le 45e volume de la *Biogr. univers.* (1re édit.) Il y a une édition ou plutôt des exemplaires datés de 1715. Vend. jusqu'à 29 flor. Meerman.

— CONTEMPLATIO philosophica : a posthumous work of the late Brook Taylor : to which is prefixed a life of the author, by his grandson, Will. Young, with an appendix, containing sundry original papers, letters from the count Raymond de Montmort, etc. *London*, 1793, in-8. de 150 pp., avec le portrait de Taylor.

Tiré à 100 exemplaires seulement pour les amis de l'éditeur.

Les *New principes of linear perspective*, de Brook Taylor, impr. à Londres, en 1715, en 1719 et en 1749, in-8., ont été réimpr. en 1811, in-8. [8430]

— Voy. KIRBY, et MALTON.

TAYLOR (*Silas*) alias Domville. History and antiquities of Harwich, and Dovercourt, now much enlarged by Samuel Dale. *London*, 1730, or 1732, in-4. fig. [27167]

Cet ouvrage vaut environ 20 fr. Vend. en Gr. Pap. 25 fr. Camus de Limare ; 2 liv. 17 sh. Sykes ; 2 liv. 3 sh. Dent.

TAYLOR (*J.*). Marmor sandvicense, cum commentar. et notis. *Cantabrigiæ*, 1743, in-4. fig. [29954]

Bonne dissertation : vend. 19 fr. Millin ; mais seulement 6 fr. Larcher, et 8 fr. Langlès.

TAYLOR (*John*). The hebrew concordance adapted to the english Bible ; disposed after the manner of Buxtorf. *London*, 1754-57, 2 vol. in-fol. [260]

Une grammaire, un lexique et une concordance sont contenus dans cet ouvrage, lequel est d'un grand usage en Angleterre pour l'étude des textes hébreux de l'Écriture sainte, et se vend de 3 à 4 liv.

TAYLOR (*Mich.*). Tables of logarithms of all numbers from 1 to 10,1000, and of the sines and tangents to every second

of the quadrant ; with a preface by Nevil Maskelyne. *London*, 1792, in-4. max. [8038]

Ces tables sont estimées : vend. 40 fr. Le Monnier ; 69 fr. Delambre ; 51 fr. le duc de Plaisance.

— Table of the equations of second differences, 8045.

TAYLOR (*Jos.*). A Dictionary hindoostanee and english, originally compiled for his own private use, by capt. Jos. Taylor, revised and prepared for the press, with the assistance of learned natives of the college of fort William, by W. Hunter. *Calcutta, Hubbard*, 1808, 2 vol. in-4. [11779]

Vend. 125 fr. Langlès ; 48 fr. de Sacy ; 18 fr. 50 c. Quatremère.

Le Dictionnaire hindoustani-français de J. Shakspeare est préféré à celui-ci, dont il est en partie tiré (voy. SHAKSPEARE).

— Dictionary hindoostanee and english, abridged by Will.-C. Smyth, with appendix. *London, Asperne*, 1820, gr. in-8. 24 fr. de Sacy.

— Voy. PRABOD'H Chandro'daya.

TAYLOR (*Th.*). Dissertation on the philosophy of Aristotle, in four books. *London*, 1813, gr. in-4. [3384]

Ce volume, tiré à très-petit nombre, sert d'introduction à la version anglaise d'Aristote, que l'auteur a publiée en 9 vol. in-8. (voy. ARISTOTELES).

THEORETIC arithmetic in three books ; containing the substance of all that has been written on this subject by Theo of Smyrna, Nicomachus, Iamblichus, and Boëtius : together with some remarkable particulars respecting the numbers, etc. *London, Valpy*, 1816, in-8. 14 sh. [7875]

Pour connaître les nombreux ouvrages de ce savant traducteur, il faut consulter un opuscule in-8. de 16 pp., intitulé :

A BRIEF NOTICE of Mr Thomas Taylor, the celebrated platonist, with a complete list of his published works, by J.-J. W. (James-Jacob Welsh), *London*, 1831.

— THE ARGUMENTS against the Christians. V. CELSUS.

TAYLOR (*G.-L.*). The architectural antiquities. Voy. CRESY.

TAYLOR (le baron *Isidore-Justin-Séverin*). Voyage pittoresque en Espagne, en Portugal et sur la côte d'Afrique, de Tanger à Tétouan. *Paris, Gide fils*, 1826-32, 3 vol. gr. in-8. pap: colombier. [20153]

Cet ouvrage a été publié en 22 livraisons à 12 fr. chacune, mais on le trouve complet pour 50 fr. Les planches, au nombre de 110, servent aussi pour une édition avec un texte anglais, impr. à Londres chez Jennings. Il y a des exemplaires in-4. en grandraisin. 20 fr.; — avec les planches sur Pap. de Chine, 30 fr.; — in-4. Pap. Jésus, épreuves avant la lettre, 40 fr.; un exemplaire complet, 129 fr. Busche.

— Voyages pittoresques et romantiques de

---

l'ancienne France, par MM. Ch. Nodier, J. Taylor et Alph. de Cailleux (ayant pour collaborateurs MM. Amédée de Céséna, de Gaulle, et Adrien de Courcelles). *Paris, Gide (de l'imprim. de Didot l'aîné)*, 1820 et ann. suiv., gr. in-fol. [20112]

Une des premières et des plus importantes productions françaises de la lithographie, où l'on remarque particulièrement plusieurs charmantes vignettes. La première série, consacrée à la *Haute-Normandie*, forme 2 volumes en 39 livraisons. — Seconde série : *Franche-Comté*, 1825-29 , 1 vol. en 28 livraisons. — Troisième série : *Auvergne*, Paris, 1829-33, 2 vol. gr. in-fol. en 55 livraisons. — Quatrième série : *Languedoc* (comprenant le Haut et Bas-Languedoc, le Roussillon, le Quercy et le Vivarais), 1831 et ann. suiv., 4 vol. en 146 livraisons. — Cinquième série : *Picardie*, 1836 et ann. suiv., 3 vol. en 136 livraisons. — Sixième série : *Bretagne*, 3 vol. en 91 livraisons. — Septième série : *Dauphiné*, 3 parties en 47 livraisons. — Huitième série : *Champagne*, 4 vol., dont il paraissait 87 livr. en 1856. — Neuvième série : *Bourgogne*, 38 livr. en 1863. Chaque livraison, composée de 4 à 5 pl. et d'une ou deu : feuilles de texte, a coûté 12 fr. 50 c. Un exempl., rel. en 16 vol., avec 77 livr. de la *Champagne*, mais sans la *Bourgogne*, a été payé 1970 fr. à la vente Busche, en 1857.

— La Syrie,, l'Egypte, la Palestine et la Judée, considérées sous leur aspect historique, archéologique, descriptif et pittoresque, par M. le baron Taylor et M. L. Reybaud, orné de 150 planches dessinées par MM. Dauzats, Mayer, Cicéri fils, et grav. sur acier par MM. Finder et autres artistes de Londres. *Paris (L. Mame)*, 1839, 3 vol. gr. in-4. pap. vél. [28020]

Ouvrage commencé en 1835, et publié en 83 livrais. au prix de 12 fr. chacune. 85 fr. Louis-Philippe. La Syrie, etc., *Paris, Lemaître*, 1855, gr. in-8., avec 40 fr. 20 fr. — L'Egypte, *Paris, Le Maistre*, 1858, gr. in-8., avec 36 pl. 20 fr.

TAYLOR (Combe). Voy. COMBE-TAYLOR.

TAYSSONNIÈRE. V. LA TAYSSONNIÈRE.

TCHANTCHIAN (le P. *Mich.*). Histoire des Arméniens, depuis le commencement du monde jusqu'à l'an 1784, d'après différens historiens (en arménien). *Venise*, 1784, 3 vol. in-4. [28042]

Vend. 60 fr. Saint-Martin ; 48 fr. Quatremère.
Il existe un abrégé de cette histoire en arménien, *Venise*, 1811, gr. in-8. 5 fr. 50 c. le même.
THE HISTORY of Armenia, from B. C. 2247 to the year of the Christ 1780, or 1229 of the armenian era ; translated from the original armenian of the P. Michel Chamich by Johannes Avdall : to which is appended a continuation of the History, by the translator, from the year 1780 to the present date. *Calcutta and London, Parbury*, 1827, 2 vol. in-8. fig. 12 fr. Quatremère.
L'auteur, nommé ici Chamich, nous paraît être le même que celui dont le nom est écrit ci-dessus Tchantchian, d'après le catal. Saint-Martin. Ne serait-ce pas encore le même que Schanir, déjà cité à la col. 192 de ce volume ?

TCHAO-CHI-KOU-EUL, ou l'Orphelin de la Chine, drame en prose et en vers,

accompagné des pièces historiques qui en ont fourni le sujet, de nouvelles et de poésies chinoises ; traduit du chinois par Stanisl. Julien. *Paris, Moutardier*, 1834, in-8., avec le fac-simile d'un morceau du texte chinois. 7 fr. 50 c. [19933]

On avait déjà une traduction de cette pièce par le P. Premare, jésuite, laquelle a été imprimée pour la première fois dans le 3e vol. de la Description de la Chine, par le P. du Halde, et ensuite à part, en 1755, in-12 ; mais cette ancienne version ne contient que les passages qui, dans l'original, sont en prose ; les passages en vers y sont omis. La nouvelle traduction est complète.

TCHELEBY. Voyez CHELEBI, et HADJY-KHALPA.

TCHERTKOFF (*A.*). Opissanie drevnich rousskich monet. Description des anciennes monnaies russes, avec 3 suppléments. *Moscou, Sélivanofski*, 1834-42, in-8. 6 roubles. [27783]

Un des meilleurs ouvrages sur la numismatique russe.

TCHIHATCHEFF (*Pierre* de). Voyage scientifique dans l'Altaï oriental et les parties adjacentes de la frontière de Chine. *Paris, Gide*, 1845, gr. in-4., avec 19 pl. de vues pittoresques, 11 pl. color. de paléontologie botanique, et un atlas gr. in-fol. contenant douze grandes cartes et plans. 150 fr. [20773]

Vendu 120 fr. en mar. bleu, Louis-Philippe.

— Asie Mineure, description physique, statistique et archéologique de cette contrée. *Paris, Gide et Baudry*, 1853 et ann. suiv., gr. in-8. avec atlas gr. in-4. [20514]

Cet ouvrage devait être divisé en cinq parties :
1° *Géographie physique comparée*, gr. in-8., avec 12 pl., une carte de l'Asie Mineure, en 2 grandes feuilles, et un atlas de 28 vues pittoresques, gr. in-4. 100 fr. ;
2° *Climatologie et Zoologie*, gr. in-8. avec 41 planch. 50 fr. ;
3° *Botanique*, 1860, 2 vol. gr. in-8., et atlas gr. in-4., composé de 44 pl. 80 fr.
Les autres parties n'ont pas paru.
— Constitution géologique de Naples, 4609.

TCHOUBINOF (*David*). Dictionnaire géorgien-russe-français, composé par Dav. Tchoubinof, ouvrage qui a remporté un grand prix Démidoff. *St-Pétersbourg*, 1840, in-4. de XI, XV et 734 pp., avec cinq tableaux imprimés. 27 fr. [11729]

On trouve dans ce volume une préface en français et en russe, par M. Brosset, et un abrégé de la grammaire géorgienne, en français et en russe.

TCHTÉNIIA v imperatorskom obstchestvé istorii i drevnostei rossiskich. Lectures faites dans la Société d'histoire et d'antiquités russes de Moscou. *Moscou, im-*

Tchoulkof (*M.*). Istoritcheskoe opisanie rossüskoi kommertsii, 27782.

primerie de l'Université, 1846-48, 23 livrais. in-8. 30 roubles. [27759]

Ce recueil, rédigé par le professeur Bodianski, est très-estimé.

TEATR polski. *w Warszawie, Dufour,* 56 vol. in-8. [16918]

Ce recueil se compose d'ouvrages dramatiques imprimés de 1770 à 1794 (Ebert, n° 22378).

TEATRO alla moda. Voy. MARCELLO.

TEATRO español anterior a Lope de Vega, por el editor de la Floresta de rimas antiguas castellanas (Böhl de Faber). *Hamburgo, Fred. Perthes,* 1832, in-8. 10 fr. [16751]

Ce volume renferme 24 pièces, savoir : six d'*Encina;* huit de *Gil Vicente;* quatre de *Torres Naharro,* et six de *Lope de Rueda.*

TEATRO (el) español, ó colleccion de dramas escogidos de Lope de Vega, Calderon de la Barca, Moreto, Roxas, Solis y Moratin, precedida de una breve noticia de la escena española y de los autores que la han illustrado. *Londres, Boosey,* 1817-20, 4 vol. gr. in-8. portr. 2 liv. [16753]

TEATRO nuevo español, ó coleccion de varias comedias y zarzuelas modernas. *Madrid,* 1800-1, 6 vol. pet. in-8. 25 fr. [16756]

— Voyez COMEDIAS; et TESORO.

TEATRO comico fiorentino, contenente venti delle più rare commedie citate dagli accademici della Crusca. *Fiorenza (Venezia),* 1750, 6 vol. in-8. [16611]

Recueil estimé, dû aux soins de J.-Ch. Frighetti : 24 à 30 fr. Un exemplaire imprimé sur papier bleu, 69 fr. Mac-Carthy.

TEATRO italiano antico. *Livorno,* 1786, 8 vol. in-12, fig. [16606]

Recueil recherché et peu commun : 24 à 30 fr.

TEATRO italiano, o sia scelta di tragedie per uso della scena (raccolto da Scip. Maffei). *Verona,* 1723-25, 3 vol. pet. in-8. 12 à 15 fr. [16604]

Ce choix, qui est bien fait, a été réimpr. à *Venise,* 1746, en 3 vol. in-8.

TEATRO jesuitico. Voy. PIEDAD.

TEATRO (il) miraviglioso delle magnificenze, triomfi e pompose feste celebrate nella gran città di Parigi alli 5, 6 e 7 d'Aprile 1612, per la felice matrimoniale parentèlla fatta tra cristianissimo Lodovico XIII re di Francia e la prencipessa Anna... *Milano, Malatesta (sans date),* pet. in-4. de 8 ff. [23672]

Opuscule rare. 35 fr. en décembre 1861.

TEATRO moderno applaudito, ossia raccolta di tragedie, commedie, ec., che godono presentemente del più alto favore su i pubblici teatri. *Venezia,* 1796-1801, 61 vol. pet. in-8. 120 fr. [16608]

TEATRO scelto d'ogni secolo. *Milano,* 1808-12, 10 vol. in-8.

De la collection des classiques.

TEATRO scelto italiano antico e moderno. *Milano, Stella,* 1822-30, in-32, papier vélin. 3 fr. par volume. [16607]

Il a paru au moins 33 volumes de ce recueil.

TEATRO tragico italiano. *Firenze, Passigli, Bordi e comp.,* 1830-31, gr. in-8. de 4 ff. et 772 pp. à 2 col., avec frontispice gravé et portraits. 12 fr. [16609]

Jolie édition.

TEBALDEO. Voy. THIBALDEO.

TECHENER (*Jacq.-Jos.*). Histoire de la bibliophilie : recherches sur la reliure, sur les bibliothèques des plus célèbres amateurs, armorial des bibliophiles; accompagnée de planches gravées à l'eau-forte par Jules Jacquemart, et publiée avec le concours d'une société de bibliophiles. *Paris, J. Techener,* in-fol.

Cet ouvrage curieux est en cours de publication, par livraisons de 5 pl., au prix de 10 fr. chacune : la 8e est en vente (fin de 1862). Le texte n'a pas encore paru.

Le *Bulletin du Bibliophile,* publié à partir de 1834 par ce libraire aussi actif qu'intelligent, a été continué jusqu'à ce jour avec un succès que justifie un grand nombre d'articles intéressants, surtout dans les dernières séries. Nous le décrirons sous le n° 31164 de notre table.

TEGEL (*Erich-Jör*). Kon. Gustafs I. Historia. *Stockholm,* 1622, 2 vol. in-fol. [27660]

Ebert, 22406, indique deux exemplaires de ce livre imprimés sur VÉLIN.

TÉGETÉ. Trop long, conte très-court, par M. Tégeté. (*sans lieu d'impression*), 1770, in-48.

Facétie en prose, publiée sous un nom supposé : ce qu'elle a de plus remarquable c'est l'exiguïté du format (77 millim.). 40 fr. mar. r. Le Chevalier, en 1857, et quelquefois beaucoup moins.

TEGHI (*Pierre*). Voy. CARMINUM libri.

TEGRINI Lucensis (*Nicolai*) vita Castrucci Castracani. (in fine) : *Impressum Mutinæ per M. Dominicū Rocociolam Anno salutis* M.CCCC.LXXXXVI, *die* XX *Aprilis,* in-4., sign. a—f. [25361]

Édition fort rare, dont la préface, adressée à Louis-Mar. Sforce, duc de Milan, se lit au 2e f., et en occupe deux. Sur le 4e commence le texte.

Tchudi ou Tschudi (*J.-J.*). Die Kechua-Sprache, 11998.

Te abi Tahite, 11925.

Tebaldini (*Nic.*). Lodi al sig. Guido Reni, 31064.

Techo (*Nic.* del). Provincia paraguaria Soc. Jesu, 21889.

Tegner (*Es.*). Frithiofs Saga, 15697.

Cette biographie de Castruccio est estimée à cause de sa bonne latinité; mais elle a été effacée par celle qu'Alde Manuce a écrite en italien (voir col. 1387 de notre 3e vol.). A défaut de l'édit. de 1496 ci-dessus, on peut prendre celle de *Paris*, 1546, in-16, et mieux encore celle qui a pour titre : *Vita Castrucci Anteminelli, una cum etrusca versione Georgii Dati*, Lucæ, 1742, in-4., volume que pourtant Jos. Molini n'estime que 3 fr. Il avait déjà paru une première traduction italienne du livre de Tegrini, faite par Giusto Compagni, et réunie à celle de *Cornelio Scipione Emiliano* d'Ant. Bedinelli, par le même traducteur; *Lucca, Vincenzo Busdrago*, 1556, in-8., dont il a été tiré des exemplaires sur papier bleu.

TEGNONVILLE. Voy. Dits des philosophes.

TEHZIBI Kelembevi. Traité de logique et de métaphysique, en arabe. *Constantinople, an* 1234 = 1819, in-4. [3530]

20 fr. Quatremère.

TEIFASCHY (Abou'l Abbas Ahmed Al-). Fior di pensieri sulle pietre preziose di Amehd Teifascite, opera stampata nel suo originale arabo, colla traduzione italiana appresso, e diverse note di Ant. Raineri. *Firenze, tipogr. orient. mediceo-laurenziana*, 1818, in-4. pap. vél. 15 fr. [4773]

TEIGNMOUTH (*Lord*). Memoirs of the live, writings and correspondence of sir W. Jones. *London*, 1804, in-4. 12 à 15 fr. [30932]

Réimprimé en 1807, in-8.

TEIL (Du). Voy. Du Teil, et ajoutez à l'article le titre de la pièce suivante qui, nous le supposons, est du même auteur.

L'Injustice punie (ou la Virginie romaine), tragédie (en cinq actes) de M. Du Teil, *Paris, Ant. de Sommaville*, 1641, in-4. Vend. 8 fr. 75 c. de Soleinne.

TEIXEIRA ou Teixera et Texeira (R. P. F. *Josephus*). Stemmata regum Franciæ, item Navarræ regum, a prima utriusque gentis origine usque ad christianiss... regem Henricum Magnum augustum. *Lugduni - Batav.*, J. Maire, 1619, in-4. [24000]

La première édit. de cet ouvrage a été imprimée à Tours en 1590, in-4., sous le titre de *Exegis genealogica, sive Explicatio arboris gentilitiæ Galliæ regis Henrici IIII...* Réimpr. ensuite sous le même titre et avec des augmentations de l'auteur, *Lugduni-Batavorum, P. Raphelengius*, 1595 (aussi 1617), 2 part. en 1 vol. in-4. L'édit., datée de 1619 (ci-dessus) est la même que celle de 1617, avec un nouveau frontispice.

— Explication de la généalogie du très invincible

et très puissant monarque Henry IIII de ce nom, roy de Navarre, le tout tiré des histoires tres approuvées... par l'estude et labeur du R. P. F. Josephe Texere, traduit du latin en françois par C. de Heris, escuyer dict Coqueriomon. *Paris, G. Beys*, 1595, 2 part. en 1 vol. in-4. La 2e partie contient *Les Vies et quelques gestes des roys de Navarre*.

— Explicatio genealogiæ Henrici II, Condæi Franciæ principis a divo Ludovico per Borbonios, ac etiam Imbaldo Trimulio, usque ad utrumque dicti Henrici parentem repetitæ. *Parisiis*, 1596 (et aussi 1598), in-8. de 83 pp. — Cet ouvrage a été traduit en français par Jean de Montlyard, sous la même date, in-8., et ensuite reproduit dans le volume ayant pour titre :

Rerum ab Henrici Borbonii Franciæ proto-principis majoribus gestarum epitome; ejusdemque Henrici genealogiæ explicatio. *Parisiis*, 1598, in-8. de 237 pp.

— De Portugaliæ ortu, regni initiis, denique de rebus a regibus universoque regno preclare gestis compendium. *Parisiis, Jo. Mettayer*, 1582, in-4. de 70 pp. [26254]

Autre édition, *Paris*, 1582, in-12 (selon la *Biblioth. thuana*, I, p. 337). — On cite aussi cet ouvrage sous le titre d'*Arbor genealogica regum Portugaliæ*. Il a été réimprimé dans un recueil intitulé : *Henr. Carolini van Byler libellorum variorum fasciculus...* Groningæ, 1733, in-8.

Ce livre ayant été réfuté par Duarte Nunez de Leão (voy. notre 3e vol., col. 896), Texeira répondit à cette critique par un écrit intitulé : *De electionis jure quod competit viris portugallensibus in augurandis suis regibus ac principibus*; Lugduni, *in lucem editum* 1589, pet. in-8., opuscule dont il y a une seconde édition, *Lugduni*, 1590, sous le nom supposé de Pierre Olim. Les ligueurs de Lyon la firent supprimer, ce qui donna lieu à une troisième édition, sous ce nouveau titre : *Speculum Philippi regis Castillæ tyrannidis in usurpanda Portugallia, verique Portugallensium juris in cligendis suis regibus ac principibus, cum annotationibus T. J. F. a V. J. C. Gall, nunc tertio in lucem editum*, Parisiis, 1595, in-8. de 129 pp.

Reproches et contredictes des sottises de Duard Nounes de Lion, jurisconsulte Lusitan, et certains autres imposteurs de mesme paste, qui de langue et plume venaulx ne font autre profession que de mentir malicieusement et bouffonner, taschants de persuader à faulces enseignes à ceux qui ignorent les coustumes et ceremonies des anciens Portugais, à eslire et creer leurs roys, que le royaume de Portugal est par droict de succession échu à Philippe d'Austriche, roi de Castille; et d'aneantir le droict de tres sereniss. prince dom Antoine, vray et legitime roy de Portugal et des Algarbes... par P. Olim. *Lyon*, 1590, in-8. de 60 ff.

Traduction de la seconde édition de la réponse du père Jos. Texeira. Un exemplaire de cet opuscule rare est porté à 24 fr., sous le n° 7973 du *Bulletin du Bouquiniste*, 1862.

La traduction française du *Speculum* a paru sous ce titre :

Miroir de la procédure de Philippe, roy de Castille, en l'usurpation du royaume de Portugal, etc., nouvellement traduit du latin en françois, par J. D. M. (Montlyard), avec les annotations de J. J. T. A. V. J. C. G. *Paris, Montrœil et Richer*, 1595, pet. in-8. de 60 ff.

On cite une édition du texte latin de cette réponse sous ce titre :

Confutatio nugarum Durandi Nonii Leonis... et aliorum, qui Portugaliæ regnum Philippo, Castellæ regi, jure hæreditario obvenisse contendunt, et Antonii, veri Portugaliæ regis, jus vellicare audent, excerpta ex Antechrisi F. Josephi Texeiræ. *Ticini* (*Parisiis*) 1592 seu 1594, pet. in-8.

L'ouvrage suivant trouve naturellement sa place ici :

TRAITÉ paraenétique, c'est-à-dire exhortatoire, auquel se montre par bonnes et vives raisons, arguments infaillibles, histoires très certaines et remarquables exemples, le droit chemin et vrays moyens de résister à l'effort du' Castillan, rompre la trace de ses dessins, abbaisser son orgueil, et ruiner sa puissance, dédié aux roys, princes, etc., par P. Ol. Pélerin, espagnol, battu du temps et persécuté de la fortune... traduict de langue castillane en langue françoise, par J. D. Dralymont, seigneur de Yarleme. *Imprimé en* M. D. XCVII, in-12 de 120 pp. sans les prélim. ni la table.

Les noms du traducteur donnés dans ce titre sont certainement l'anagramme de Jean de Montlyard, seigneur de Merelay, ainsi que l'a fait remarquer Prosper Marchand, *Dict. hist.*, II, p. 66. Les lettres P. Ol. désignent Pierre Olim.

Le Traité paraenétique a eu une seconde édit. impr. à *Agen*, en 1598, in-12, et une autre sans indication de lieu, en 1598, in-8. Il a même été traduit en anglais, sous le titre de *Treatise paraenetical, London, W. Ponsonby*, 1598, in-4. (Biblioth. impér. Lb³⁵, n°⁸ 715 et 716).

L'ouvrage a aussi été réimprimé sous cet autre titre :

FUORA VILLACO, ou la liberté de Portugal, où se montre le chemin de résister à l'effort du Castillan. *Impr. en* 1641, pet. in-12, avec l'epistre dédicatoire au roy tres chrestien Henri IV, où le pseudo J. D. Dralymont dit avoir traduit cet ouvrage à Pau, en octobre 1597.

Niceron attribue à J. Texeira l'*Adventure admirable* dont nous avons parlé dans notre premier volume, col. 579, et à laquelle il donne le titre suivant : *Adventure admirable par dessus toutes autres des siècles passez et présents qui contient un discours touchant les succez du Roy de Portugal Dom Sebastien depuis son voyage d'Afrique, auquel il se perdit en la bataille qu'il eut contre les infideles l'an 1578, jusqu'au 6 de janvier an present* 1601, *Auquel discours il y a plusieurs histoires par lesquelles appert evidemment que celui que la seigneurie de Venise a detenu prisonnier l'espace de deux ans et vingt-deux jours être le propre et vraie Roy de Portugal D. Sebastien, etc.*, traduit *du castillan en françois*, 1601, in-8. de 126 pp.

TEIXEIRA (*Pedro*). Relaciones d' el origen, descendencia y succession de los reyes de Persia, y de Harmuz... y de un viage hecho por el mismo autor, dende la India oriental hasta Italia por tierra. *Amberes, Hier. Werdussen*, 1610, pet. in-8. [20611]

Vend. 12 fr. Santander ; 25 fr. Langlès ; 12 sh. Heber ; 30 fr. 2e vente Quatremère.

Cet ouvrage a été trad. en français, sous le titre de *Voyages de Texeira* (par C. Cotolendi), Paris, 1681, 2 vol. in-12.

TEJADO y Ramiro. Coleccion de canones y de todos los concilios de la Iglesia española unica completa en castellano, por Tejado y Ramiro. *Madrid*, 1849-55, 5 vol. in-fol.

TELESIUS (*Ant.*). Voy. THYLESIUS.

TELESIUS consentinus (*Bernardus*). De rerum natura juxta propria principia libri IX. *Neapoli*, 1587, in-fol. [3450]

25 fr. Libri, en 1857.

TELFORD's (*Thomas*) Life, written by himself, containing a narrative of his professional labours, edited by Rickman. *London*, 1838, gr. in-4., avec un atlas gr. in-fol., contenant 83 pl. 5 liv. 5 sh. [9996]

TÉLIGNY (le seigneur de). Voy. LA NOUE (*Odet* de)..

TELIN. Bref sommaire des sept vertus, sept ars liberaulx, sept ars de Poesie, sept ars mechaniques, des Philosophies, des quinze Ars magicques. La louëge de musique. Plusieurs bönes raisons a cöfondre les Juifz qui nyent laduenement nostre seigneur Jesuchrist. Les dictz et bönes sentences des Philozophes : Auec les noms des premiers inuenteurs de toutes choses admirables z digues de scauoir. Faict par Guillaume telin de la ville de Cusset en Auuergne. On les vend a Paris... en la boutique de Galliot du pre... (au verso de l'avantdernier f.) : *Cy fine ce present liure nouuellement imprime a Paris par Nicolas cousteau, pour Galliot du pre... et fut acheue dimprimer le* xiie *iour de Feurier Mil cinq cens. xxxiii,* gr. in-8. goth. 4 ff. prélim.; texte, ff. I—CXXXV, et un f. contenant *Emendation des lieux incorrects.* [31844]

Indépendamment des matières annoncées sur le titre, ce volume, aussi rare que curieux, contient encore, à partir du f. CXXVI : *Panegyricque Pastoural sur les louenges du roy de France Francoys premier de ce nom*, en 57 strophes de 8 vers chacune. Au f. 67 commence : *Epistre de Guillaume telin, adressant a tous les musiciens, et joueurs d'instrumentz*, morceau en vers de 10 syllabes, qui occupe un peu plus de huit pages.

Vend. en *mar. r.* 6 fr. La Vallière ; 1 liv. 2 sh. exemplaire médiocre, Heber ; 13 fr. 50 c. en mauvais état, Librairie De Bure, et jusqu'à 222 fr. très-bel exemplaire, *mar. v.* Crozet, en *mar. r.* 99 fr. Nodier, même prix Baudelocque, 165 fr. Bertin ; en *mar. r.* par Trautz, 265 fr. Solar.

TELLECHEA. Compendio gramatical para la inteligencia del idioma Tarahumar, dispuesto por el P. Fr. Mig. Tellechea. *Mexico, imprenta de la federacion*, 1826, pet. in-8. 8 ff. prélimin., y compris une planche gravée et un f. blanc, 162 pp. de texte ; indice, 6 pp. ; errata, 4 pp. [11985]

Vend. 45 fr. 50 c. Rætzel.

TELLEZ (*Balthazar*). Historia geral de Ethiopia a alta, ou Preste Joam, e do que nella obraram os Padres da Companhia de Jesus, tirada deque mas largamente compos na India o P. Manoel d' Almeyda, abreviada con nova relay-

---

cam, pelo P. Barth. Tellez. *Coimbra,
Dias,* 1660, in-fol., avec un frontispice
gravé, et une carte. [28415]

On trouve difficilement des exemplaires de cette histoire, laquelle passe pour fort exacte : vend. 15 fr.
La Serna; 10 flor. 50 c. (exemplaire de Clarendon)
Meerman; revendu 11 liv. 5 sh. Heber ; 8 liv. 12 sh.
riche reliure en *mar.* Hanrott ; 2 liv. 2 sh. (avec la
grande carte déchirée) Heber ; 113 fr. 2ᵉ vente
Quatremère.

TELLEZ (*Gabr.*). V. MOLINA (Tirzo de).

TELLIER (Le). Voy. LE TELLIER.

TELUCCINI (*Marco*). Le pazzie di Rodo-
monte secondo, composte per Marco
Teluccini sopranominato il Bernia.
Parma, Seth. Viotti, 1568, in-4. à
2 col. [14809]

Poëme en 20 chants, en stances de huit vers, vend.
16 sh. *mar. v.* Hibbert.

—Artemidoro... dove si contengono le
grandezze degli Antipodi. *Venetia,
Dom. e Giamb. Guerra fratelli,* 1566,
in-4. [14815]

Poëme en 43 chants, dont le héros supposé est le fils
d'un empereur de l'Amérique, que le poëte fait
naître l'an 220 de l'ère chrétienne. Les Roland,
Renaud, Rodomont, et autres, qui y figurent, ne
sont pas, comme l'a cru le Quadrio, les mêmes que
les paladins des poëmes carlovingiens. Vend. 10 fr.
Floncel.
On a du même auteur : *Erasto,* poëme en 9 chants,
Pesaro, Girol. Concordia, 1566, in-4 , et *Paride
e Vienna, ridotto in ottava rima,* en dix chants,
Genova, Ant. Bellone, 1571, in-4. de 119 pp.

TEMANZA (*Tom.*). Vite de' più celebri
architetti e scultori veneziani che fiorirono nel secolo XVI. *Venez.,* 1778,
in-4. 12 à 15 fr. [31110]

Ouvrage très-estimé.
Un exemplaire sur VÉLIN, partagé en 2 vol. : 10 liv.
Pinelli ; 200 fr. Mac-Carthy.
On a du même auteur :
VITA di Andrea Palladio vicentino egregio archi-
tetto. *Venezia,* 1763, in-4.
VITA di Vincenzo Scamozzi vicentino architetto,
Venezia, 1770, in-4.
— Antichità di Rimini, 25656. — Vita di Sansovino,
31102.

TEMMINCK (*C.-J.*). Manuel d'ornithologie, ou tableau systématique des oiseaux
qui se trouvent en Europe, précédé d'un
système général d'ornithologie; 2ᵉ édit.
Paris, 1820-35-39 (réimpr. en 1840),
4 vol. in-8. 30 fr. [5735]

ATLAS des oiseaux d'Europe, pour servir de
complément au Manuel d'ornithologie de M. Temminck, par J.-C. Werner, peintre d'histoire naturelle. *Paris, Blin* et *H. Cousin,* 1827 et années
suivantes, 2 vol. gr. in-8. [5736]
Ce Manuel a été réannoncé en 1848 sous le titre
d'*Oiseaux d'Europe décrits par J. Temminck,*
avec 530 planches, au prix de 100 fr., et plus avec
planches coloriées.

—Nouveau recueil de planches coloriées
d'oiseaux, pour servir de suite et de
complément aux planches enluminées
de Buffon, édition in-fol. et in-4. Publié
par C.-J. Temminck et Meifren-Lau-
gier, baron de Chartrouse, d'après les
dessins de Huet et Prêtre. *Paris, Gabr.
Dufour* et *Levrault* (aujourd'hui J.-B.
Baillière), 1820-39, 5 vol. gr. in-4.
[5747]

Un des livres les plus beaux et des plus importants
que l'on ait sur l'ornithologie. Il a été publié en
102 livr. de 6 pl. coloriées avec un texte. Prix de la
livraison in-4. 7 fr. 50 c.; in-fol. 10 fr. La dernière
contient des tables scientifiques et méthodiques.
ICONOGRAPHIE ornithologique. Nouveau recueil
général de planches peintes d'oiseaux, pour servir
de suite et de complément aux planches enluminées
de Buffon et aux planches coloriées de Temminck
et Laugier de Chartrouse, accompagné d'un texte
raisonné, critique et descriptif, par P.-O. Des Mu-
res; figures dessinées et peintes par Prévost et
Oudard, *Paris, Fried. Klincksieck,* 1845-49, gr.
in-4.
Douze livraisons de 6 planches chacune. Prix de
chaque livraison, 8 fr.; in-fol. 12 fr.

—Les Pigeons, par Mᵐᵉ Knip, née Pauline
de Courcelles, le texte par C.-J. Themminck (*sic*). *Paris,* 1811, gr. in-fol.
[5800]

Ce bel ouvrage, qui renferme 86 planches en couleurs,
est divisé en 3 parties ; la première de 11 pl.; la
seconde de 59 pl., et la troisième de 16. Le tout
publié en 15 livraisons, au prix de 30 fr. chacune.
Les premières livraisons sont datées de 1808. Un
second vol. des *Pigeons exotiques* de Mᵐᵉ Knip (le
texte est par Florent Provost), devant contenir
60 pl. en 15 livrais., se publie depuis 1838. Chaque
livraison de 4 pl., 25 fr.; — fig. doubles, 37 fr. Il en
paraissait 12 en mars 1843. Une nouvelle édition du
tome Iᵉʳ, en 22 livraisons, a été annoncée en même
temps que la suite, à Paris, chez Mᵐᵉ Knip, et chez
Bellizard. Prix de 2 vol. complets, 925 fr.; — avec
fig. doubles, 1369 fr.
On a imprimé à Amsterdam, de 1813 à 1818, l'*Histoire naturelle des pigeons et des gallinacées, par
Temminck,* 3 vol. in-8. [5799] — Voici un autre
ouvrage de ce naturaliste :
MONOGRAPHIES de mammalogie, ou description
de quelques genres de mammifères, dont les espèces ont été observées dans les différents musées de
l'Europe. *Paris* et *Leyde, Dufour* et *d'Ocagne,*
1825-1841, 2 vol. in-4. avec 70 pl. 50 fr. [5662]
COUP D'ŒIL général sur les possessions néerlandaises dans l'Inde Archipélagique, par C.-J. Temminck. *Leyde,* 1846-50, 3 vol. in-8. 35 fr. [28216]

—Natuurkundige Verhandelingen over de
Natuurlijke Geschiedenis der Nederlandsche Overzeesche Bezittingen, door
de Leden der Natuurkundige Commissie in Ots-Indie en andere Schrijvers.
Leyden, 1839-44, 3 vol. in-fol. avec
255 pl. color.

Porté à 100 flor., au lieu de 175 thal., dans le catal. de
Baer de Francfort, 1853, nº 373.

TEMPESTA florentin. (*Antonius*) invenit
et incidit, ann. 1590, in-4. obl.

Tello (l'abbé de). Vie de saint Lambert, 22209.

Tempelhoff. Bombardier prussien, 8711. — Guerre
de sept ans, et dans le dictionnaire , article LLOYD
(*H.*), 8740.

Recueil de 28 planches représentant des chevaux de selle : le frontispice ne porte point d'intitulé. 8 à 12 fr.

— Nuova raccolta de li animali più curiosi del mondo, disegnati et intagliati da Antonio Tempesta e dati in luce per Gio.-Domenico Rossi. *Roma,* in-4. obl. [5594]

Ce recueil contient 222 pl. sur 111 pièces, non compris le frontispice. Les mêmes pl., tirées chacune séparément, ont aussi été publiées en 1 vol. in-4. ordinaire, sous le titre de *La curiosa raccolta di diversi animali....., novamente data in luce da Gio.-Batt. de Rossi, in Roma.*

— Metamorphoseon sive transformationum libri XV, æneis formis ab Ant. Tempesta Florentino incisi, et in pictorum antiquitatisque studiosorum gratiam nunc primum exquisitissimis sumptibus a Petro de Jode Antuerpiano in lucem editi. *Petrus de Jode excudit A° 1606,* in-4. obl.

Suite de 150 pl. gravées sur cuivre, précédées d'un frontispice qui représente le buste d'Ovide dans un médaillon placé sur un piédestal, entre deux femmes grotesques ; chaque marge contient une explication succincte des sujets en langue latine. Dans un second tirage on lit sur le frontispice : *Wilhelmus Janssonius excudit, Amsterodami,* au lieu de *Petrus de Jode excudit.*

Adam Bartsch (XVII, p. 127 et suiv.) a donné un catalogue raisonné de l'œuvre d'Ant. Tempesta qui ne renferme pas moins de 1461 pièces.

TEMPLE (*Will.*). Works. *London,* 1720 ou 1731, 2 vol. in-fol. 20 à 24 fr. [19338]

Les éditions de *Londres,* 1757, ou 1770, ou 1812, en 4 vol. in-8., sont plus recherchées que l'in-fol.

MEMOIRS of the life and works of W. TEMPLE, with his unpublished correspondence ; by T.-P. Courtenay. *London,* 1836, 2 vol. in-8.

TEMPLE (le) de bonne renommée. Voy. BOUCHET (*Jean*).

TEMPLE (le) d'Apollon, ou nouveau recueil des plus excellents vers de ce temps. *Rouen, Raphaël du Petit-Val,* 1611, pet. in-12.

38 fr. relié en parchemin, Le Prevost, en 1857. — Voy. IV, col. 1167, article RECUEIL des plus beaux vers.

Ce recueil est en 2 vol. Nous en avons déjà parlé, dans notre 4e vol., col. 1156, mais nous ajouterons ici, d'après M. Prosper Blanchemain, que les quatre parties qui forment le second volume du *Temple d'Apollon,* sont identiquement la même chose que le *Recueil de quelques poésies* des sieurs Sponde, etc. Probablement le libraire Raph. du Petit-Val n'ayant pas écoulé tous les exemplaires de ces recueils publiés de 1599 à 1600, les aura réunis sous un titre commun.

TEMPLE de Mars. Voyez MOLINET.

TEMPLE de vertu. Voy. dans notre 4e vol., col. 173, à l'article *Visions d'Oger le dannoys.*

TEMPLE (le) des Muses, orné de LX tableaux où sont représentées les antiquités fabuleuses ; dessinés et gravés par B. Picart, etc., accompagnés d'explications et de remarques (par de La Barre de Beaumarchais). *Amsterdam, Zach. Chatelain,* 1733, gr. in-fol. [22568]

Les gravures, qui font le principal mérite de ce livre, ne sont guère que de simples copies de celles que A.-V. Diepenbecke a exécutées pour un autre *Temple des Muses,* imprimé en 1655 (voy. MAROLLES). Cependant, comme elles sont belles, on les recherche assez, surtout en bonnes épreuves. 30 à 40 fr. ; vend. en m. r. 79 fr. de Boissy ; 121 fr. Caillard ; 55 fr. Morel-Vindé ; 60 fr. Labédoyère.

Les éditions de 1742 et 1749, dont les épreuves sont inférieures : 20 à 30 fr. — Les exemplaires de cet ouvrage, avec le texte anglais ou hollandais, sont moins chers. Nous en avons vu un de l'édit. de 1733, avec texte hollandais, en très Gr. Pap. ; mais nous ne croyons pas que le texte français ait été tiré de cette manière. On a payé 810 fr., à la vente Morel-Vindé, un exempl. qui réunissait les planches de Diepenbecke à celles de B. Picart, tant du tirage fait en 1731 pour l'édition hollandaise, que du tirage de l'édition française, et de plus les deux textes.

TEMPO (*Antonius* de). De ritimis vulgaribus ; seu de summa artis ritmici vulgaris dictaminis, composita ab Ant. de Tempo judice, cive paduano, anno 1332 in qua de sonetis, de balatis, de cantionibus extensis, de rotondellis, de mandrialibus, de serventesiis, et de motibus confectis agitur. *Venetiis, per Simonem de Luere,* 20 Junii 1509, pet. in-8. de 40 ff. chiffrés, sign. A—L. [14422]

Cet ouvrage, devenu fort rare, a été composé en M. CCC. XXXII, ainsi que l'annonce le titre, et c'est le plus ancien traité de poétique italienne qui soit parvenu jusqu'à nous. Il est écrit en latin, mais les exemples sont en italien. Quoique Apostolo Zeno en ait parlé dans ses *Lettres,* tome II, p. 240, Panzer ne l'a pas connu. Vend. 19 sh. Heber. Un exempl. en *mar. r.* est porté à 221 fr. sous le n° 2949 du catalogue Libri, de 1847, où l'on donne des renseignements sur ce petit livre, dans lequel se trouve, au feuillet 16, une note écrite moitié en italien, moitié en vieux français ; un exemplaire en *mar. br.* 4 liv. Libri, en 1859.

— Vita di Petrarca. Voy. IV, col. 540, article PETRARCA.

TEMPORAL (*J.*). Description de l'Afrique. Voy. LEO africanus.

TENEBRES du champ gaillart. Sensuiuent les tenebres du Champ gaillart. Cōposees selon lestat dudict lieu. Et se peuuent chanter ou lire a plaisir. Le chant est selon le chant des tenebres de mariage lesquelles se chātent sur le chant des tenebres de Karesme. *Imprime a Paris p Nicolas buffet* (vers 1540), pet. in-8. goth. de 4 ff. [13603]

Pièce rare, dont une réimpression, pet. in-8. tirée à 52 exemplaires, plus 6 en pap. de Chine et 4 sur VÉLIN, a été faite à Paris en 1856, par les soins de M. Veinant, qui y a joint une préface.

TENEBRES (les) du mariage.

Cy ensuiuent en bref langaige
Les tenebres de mariaige
Lesquelles furent sans mentir
Composees par ung vray martir
Lequel fut dix ans au servage
Comme appartient en mariage.

(*sans lieu ni date*), pet. in-8. de 8 ff., en caractères goth. [13603]

Cette pièce anonyme est en strophes de six vers de huit syllabes chacun. L'auteur, qui l'a divisée en neuf leçons, l'a nommée *Ténèbres*, parce qu'elle est écrite sur le ton lamentable des leçons de Jérémie qui se chantent à ténèbres les trois jours saints. A la fin de la neuvième et dernière leçon, on lit un *Rondeau sur les tourmens du mariage.*

— LES MÊMES. — *Cy finent les tenebres de mariage a lyon imprimees Xpo laus et gloria.* (sans date, vers 1530), pet. in-8. de 8 ff. avec une fleur de lis sur le titre.

Vend. 31 fr. 50 c. en 1815; 2 liv. Heber; 58 fr. *m. v.* Coste; et 85 fr. Solar.

Voir le Recueil de poésies publié par M. de Montaiglon, I, p. 7.

— LES MÊMES. *Imprimeez a Lyon en la maison feu Barnabe Chaussard*, 1546, pet. in-8. goth. de 8 ff.

Vend. en *m. bl.* 3 liv. 6 sh. Heber; 102 fr. Crozet. Il est à remarquer que, dès 1515, l'adresse de la *maison feu Barnabe Chaussard* figure sur le titre de plusieurs livres impr. à Lyon (voy. TAILLEVANT).

Nous avons vu une édition des *Tenebres du mariage*, Rouen, Abr. Cousturier, in-8., laquelle fait partie du recueil décrit ci-après, aux mots VRAIE médecine.

TEN HOVEN (*Nicolas*). Mémoires généalogiques de la maison de Médicis (depuis son origine jusqu'à la mort de François II). *La Haye*, 1773-75, 8 part. qui se relient en 3 vol. in-8. [25530]

Cet ouvrage, divisé en 26 livres, est dédié à la mémoire de François Fagel, greffier des états généraux des Provinces-Unies ; les mémoires qui le composent ont été écrits en différents temps et imprimés sans ordre; en sorte que ce sont plutôt des matériaux préparés pour un grand ouvrage, qu'un livre régulier : ils sont néanmoins fort précieux, parce que l'auteur, ayant abandonné son entreprise, livra aux flammes toute l'édition, à l'exception des exemplaires qu'il avait distribués à quelques amis, à mesure que chaque partie sortait de la presse (voyez Beloe, *Anecdotes*, tome II, p. 403, et Saxius, *Onomasticon*, tome VII, pp. 233-234). Vend. 22 flor. 14 liv. Hibbert; 5 liv. 12 sh. et 8 liv. 15 sh. *mar.* Heber.

Sir Richard Clayton a publié une traduction anglaise de l'ouvrage de Ten Hoven, sous le titre de *Memoirs of the house of Medicis.* Bath, 1797, 2 vol. in-4., 1 liv. 17 sh. Dent; 2 liv. 5 sh. catalogue de H. Bohn.

TENIERS (*David*). Theatrum pictorium in quo exhibentur ipsius manu delineatæ, ejusque cura in æs incisæ picturæ archetypæ italicæ, quas archidux (Leopold) in pinacothecam suam Bruxellis collegit. *Bruxellis, sumptibus auctoris*, 1660, in-fol. [9421]

Ce recueil, médiocrement gravé, doit contenir 245 planches, par Troyen, Boel, van Kessel, Klasens, van Hoy, Lisebetius, Vostermann, et autres. On recherche, pour la beauté des épreuves, la première édition, dont les planches ne sont pas numérotées. Vend 71 fr. le duc d'Aumont, et en *mar. viol.* 605 fr. Bertin; mais moins depuis. Il y a des exemplaires avec un titre en espagnol, portant : *En Brusselas a costas del auctor ;* d'autres avec un titre flamand (*Schilder-Thonneel van David Teniers gheboortigh van Antwerpen, schilder des princen Leopold*), 300 fr. catal. Tross, 1863, n° 214 ; la 2e édition avec titre français, *Bruxelles*, 1666, et la 3e, *Anvers, aux despens de la vefue Abr. Teniers*, 1673, valent de 80 à 100. L'ouvrage avait d'abord paru pièce à pièce à *Anvers, chez Abr. Teniers*, en 1658. Vend. en 233 planches sans le texte, 48 fr. Lamy. Il y a une édition sans date, sous le titre de *Theatrum pictorium Davidis Teniers*, etc. *Antuerpiæ, Henr. et Cor. Verdussen* (1684), contenant 245 planches, plus un portrait de l'archiduc Léopold, gravé par Lucas Vostermann. Elle passe pour avoir été imprimée avec plus de soin que les autres, et, pour cette raison, quelques personnes la préfèrent : 295 fr. Borluut.

On trouve ordinairement dans l'édition de 1660 une seconde estampe du *Christ mort* du Carrache, gravé par F. van Eteen ; ce qui porte alors le nombre total des pièces à 246. Cette dernière planche n'est pas dans les autres éditions, mais elle y est remplacée par la vue perspective d'une partie de la galerie de Vienne.

—Le grand cabinet de tableaux de l'archiduc Léopold-Guillaume, peint par des maîtres italiens et dessiné par David Teniers. *Amsterdam*, 1755, in-fol. fig.

C'est une nouvelle édition du recueil précédent, faite avec les mêmes planches : 100 fr. Bearzi.

TENNEMANN (*W.-Gottl.*). Geschichte der Philosophie. *Leipzig, Barth*, 1798-1819, 11 vol. in-8. 20 thl. [3302]

MANUEL de l'histoire de la philosophie, trad. de l'allemand de Tennemann, par Vict. Cousin ; 2e édition augmentée sur la 5e édition allemande. *Paris*, 1839, 2 vol. in-8. 14 fr.

TENORE (*Michel*). Flora napolitana, ossia descrizione delle piante indigene di Napoli, e delle più rare esotiche coltivate nel real giardino delle piante. *Napoli, stamp. reale*, 1811-38, 5 vol. gr. in-fol. fig. color. [5111]

Ce bel ouvrage, composé de 250 planches avec un texte, a paru en 50 livraisons. Il coûte 1500 fr.

Il faut y joindre :

AD FLORÆ neapolitanæ prodromum appendix 4a, 1823, in-8.; appendix 5a. *Neapoli*, 1826, in-4. de 34 pp. 4 fr.

—Sylloge plantarum vascularium Floræ neapolitanæ hucusque detectarum. *Neapoli, Fibreni*, 1831, in-8. de 556 pp. 15 fr. [5113]

Ce volume se complète par : *Addenda et emendanda altera*, pp. 557-639 ; et par *Ad Floræ neapolitanæ syllogem appendix* 4a, in-8. de 52 pp. *Appendix* 5a. *Neapoli*, 1842, in-8. de 56 pp. Les deux, 6 fr.

Autres ouvrages de M. Tenore.

MEMORIA sulle specie e varietà di crochi della Flora napolitana. *Napoli*, 1826, in-4. de 17 pp. avec 4 pl. color. 8 fr.

CORSO delle botaniche lezioni. *Napoli*, 1816-1823, 4 tom. en 5 vol. in-8. 30 fr., y compris la *Flora medica.*

Le 4e volume a paru séparément sous ce titre :

TRATTATO di fitognosia, ossia esposizione della glossologia, tassanomia e fitografia; terza edizione. *Napoli*, 1833, in-8. de 404 pp. Anonyme.

SAGGIO sulle qualità medicinali delle piante della Flora napolitana; seconda edizione accresciuta. *Napoli*, 1820, in-8.

CATALOGUS plantarum horti regii neapolitani ad annum 1813, et appendix 1ª, editio altera. *Neapoli*, 1813 et 1819, in-8. de 89 pp.

CATALOGO delle piante che si coltivano nel reg. orto botanico di Napoli, corredata della pianta del medesimo e di annotazioni. *Napoli*, 1845, in-4. de XII, 104 pp. et une planche.

ESSAI sur la géographie physique et botanique du royaume de Naples, *Naples*, 1827, in-8. de 130 pp. avec 2 cartes color. 5 fr.

RACCOLTA di viaggi fisico-botanici effetuiti nel regno di Napoli dai collaboratori della Flora napolitana. *Napoli*, 1812, in-8. de 477 pp., tome I.

VIAGGIO per diverse parti d'Italia, Svizzera, Francia, Inghilterra e Germania. *Napoli*, 1828, 4 vol. in-8.

VIAGGIO in alcuni luoghi della Basilicata e della Calabria citeriore. *Napoli*, 1827, in-8., avec carte color. 5 fr.

RELAZIONE del viaggio in alcuni luoghi di Abruzzo citeriore nella state del 1831. *Napoli*, 1832, in-8., avec une carte coloriée. 4 fr.

TENREIRO ou Tenreyro (*Antonio*). Itinerario de A. Tenreiro que da India veio por terra a este Reino de Portugal, em que se contem a viagem, e jornada que fez no dito caminho, e outras muitas terras, e cidades aonde esteve antes de fazer esta jornada, e os trabalhos que em esta peregrinaçaõ passou o anno de 1529. *Coimbra*, 1560, in-4. [20644]

Ouvrage fort rare de cette édition. Il a été réimpr. à *Coimbra*, 1565, pet. in-8., et à la suite du voyage de Mendez Pinto, édition de 1725 et 1762, in-fol. (voy. PINTO).

TENSINI (*Francesco*). La Fortificatione, guardia, difesa et espugnatione delle fortezze. esperimenta in diverse guerre, del cav. Fr. Tensini da Crema. *Venetia, Antonio Bartletti*, 1630, in-fol. fig. [8644]

Cet ouvrage conserve encore quelque réputation : 17 fr. en décembre 1861. Haym en indique une édition de 1624, in-fol.

TEOFILO. Nel nome del nostro signore iesu christo incomenza la vita di san Giovanni da Capistrano. — *Impressa nela inclita citade de Como : nel anno dil signore M. cccc lxxviiij, adi Venere xvi. di Aprile*, in-4. de 126 ff. non chiffrés, dont 7 prélim. à 24 lign. par page. [22205]

Tentori (*Christ.*). Venezia, 25438.
Tentzellus (*W.-E.*). Saxonia numismatica, 26644.

Ouvrage traduit du latin en italien : 31 fr. Libri-Carucci. La Bibliothèque impériale en possède un exemplaire imprimé sur VÉLIN.

TERENTIANUS (*Maurus*). De litteris, syllabis et metris Horatii. (in fine) : *Impressum Mediolani per magistrum Vldericum scinzenzeler anno...* M. CCCC. XCVII. *pridie nonis Frebuarii* (sic), pet. in-fol. de 42 ff., signat. b—g, à 39 lign. par page. [12544]

Première édition de cet ouvrage en vers; elle est très-rare et a été vendue 12 liv. 12 sh. Askew; 13 liv. 13 sh. Pinelli; 481 fr. (avec l'Ausone de 1496), Soubise. Les 4 premiers feuillets renferment l'intitulé, le privilège, l'épître de l'éditeur Georgius Galbiatus, et la préface en vers de l'auteur. Le privilège est non-seulement pour le Terentianus Maurus, mais encore pour *Fortunatianus de metris et syllabis Horatii*, et pour quatre autres ouvrages que M. Dibdin (*Biblioth. spencer.*, t. III, p. 113) indique, mais bien à tort, comme faisant partie du livre que nous décrivons.

—Terentianus de litteris, syllabis et metris Horatii ✠. (in fine) : *Impressum Venetiis per Ioannem de Cereto de Tridino alias Tacuinum. M. D. III. die decimo Iunii*, in-4. de 60 ff. non chiffrés.

Édition en lettres rondes, laquelle, comme la précédente, contient un privilège daté du 5 septembre 1496, et une épître intitulée : *Georgius Galbiatus pontremulensis Iacobo andreæ ferrarensi. S. D.* Au bas de la souscription de l'imprimeur se voit un monogramme, contenant les lettres Z. T.

Vend. 32 fr. La Vallière : 20 fr. en janvier 1829; 18 sh. et 1 liv. 13 sh. mar. r. Heber.

L'édition de Paris, J. Petit, 1510, in-4., portée sous le n° 1330 du catalogue Méon, nous paraît fort douteuse.

— De literis, syllabis, pedibus et metris tractatus, Nicolao Brissæo commentatore et emendatore. *Parisiis, apud Simon. Colinæum*, 1531, in-4. de 10 ff. prélim., dont 1 pour l'errata, et 118 ff. chiffrés.

Vend. 11 fr. Soubise, 5 flor. Crevenna; 16 fr. d'Ourches; 14 sh. Heber; 41 fr. mar. r. Riva.

— Alia editio, cum accurata interpretatione Jac. Petrecini. *Venetiis, Mapheus Pasinus*, 1533, in-8.

Vend. 7 sh. Heber.

— Editio alia, accedunt Marii Victorini de orthographia et ratione carminum lib. IV, etc. *Ex officina sanctandreana*, 1584, in-8. 5 à 6 fr.

Cette édition a été longtemps la meilleure que l'on eût de ce poëte. Vend. en *mar.*, 20 fr. Courtois, et 19 sh. Heber.

— Terentianus Maurus, de literis, syllabis pedibus et metris, e recensione et cum notis Laurentii Santenii; opus Santenii morte interruptum absolvit Dan.-Jac. Van Lennep. *Ultrajecti, J. Altheer*, 1825, in-4. de XXXII, 139 et 471 pp. 15 à 18 fr.

C'est la meilleure édition de Terentianus Maurus, auteur qui fait partie des grammairiens de Putschius et de différents recueils de poëtes latins.

— TERENTIANUS Maurus. Recensuit Car. Lachmann. *Berolini, Reimer,* 1836, in-8., 2 fr. 50 c., et plus en pap. fin.

TERENTIUS Afer (*Publius*). Comœdiæ sex. (*Absque loci et anni indicatione*), in-fol. [16103]

Des recherches, sur l'exactitude desquelles il nous est permis de compter, nous ont procuré des notices plus ou moins étendues sur une vingtaine d'éditions de Térence, impr. sans date et sans lieu d'impression, avant l'année 1490; et, d'après ce résultat, nous sommes convaincu qu'aucun auteur classique latin n'a été plus souvent que celui-ci imprimé sans date, dans le courant du XVe siècle. Parmi ces 20 ou 21 éditions, dont une seule a été connue (et même mal connue) de l'auteur de la *Bibliographie instr.*, il y en a peut-être plusieurs qui ont précédé celle de *Venise*, 1471; mais comme il est impossible d'établir avec certitude l'ordre chronologique de leur publication, nous ne donnerons à aucune la qualification de première édition; nous placerons seulement au premier rang les deux éditions dont les imprimeurs présumés sont les plus anciens. Quant aux autres, nous les réunirons ici, pour ne point interrompre la série des éditions datées.

Éditions sans lieu ni date.

I. Une édition in-fol., imprimée avec les gros caractères d'Ulric Zel. (Ce nom s'écrit aussi avec deux *l.*)

Le premier exemplaire que l'on ait connu de cette édition très-précieuse a été découvert par D. Maugerard, ancien bénédictin, de qui M. le comte Léon d'Ourches, de Nancy, l'acquit, vers 1806. Il fut porté sous le n° 834 du catal. de la bibliothèque de cet amateur; mais n'ayant point été adjugé au prix de 1300 fr., auquel il monta lors de la vente de cette bibliothèque, on le vendit plus tard 1800 fr. à M. Renouard, qui ensuite le céda à lord Spencer. Ce dernier, en comparant ce même exemplaire avec celle-ci page pour page, s'aperçut bientôt qu'il y manquait 3 ff., ce qu'ignorait complétement le vendeur; mais fort heureusement, un peu plus tard, le secrétaire du noble lord découvrit chez un libraire de Londres un second exemplaire de cette même édition, bien conservé et dans lequel il ne manquait que le dernier feuillet. Le comte Spencer l'acquit au prix de 45 liv.; et après l'avoir complété au moyen de l'exemplaire qu'il possédait déjà, il céda ce dernier, resté incomplet, au grand-duc de Toscane, à qui le comte d'Elci venait de léguer sa collection d'éditions *princeps*. Jusqu'à présent on ne connaît que ces deux exemplaires-là. Le plus complet est composé de 100 ff. en tout, dont les pp. entières ont 34 et 35 lignes, sans chiffres, réclames ni signatures. Il commence au verso du premier feuillet par la vie de Térence, ayant cet intitulé : *Terentii uita excerpta de dictis d. f. petrarce.*

Le titre que l'on trouve au commencement du texte, avant l'épitaphe, sur le 3e fr., occupe 4 lignes, dont la quatrième ne contient que les sept lettres *cupatur*; en voici le contenu : *Terétii aphri poete comici liber in sex diuisus comedias : quaȝ. p̄ma Andria; secūda Eunuchus; tertia Heautōtumerumenō ; quarta Adelphe : quinta Phormio ; sexta τ ultima Hechira nuncupatur.* Le vol. est terminé au verso du 100e feuillet, qui ne porte que 16 lignes, par un précis de 3 lignes sur Térence, extrait *Ex Eusebio de temporibus.*

Une chose qui distingue cette édition de plusieurs autres du même livre, sans date, c'est que le mètre y est généralement observé, quoique pas toujours très-exactement. Cette distinction des vers, qui semble être une amélioration dans l'édition présente, ne prouve cependant rien contre son ancienneté; car on peut remarquer que, parmi les éditions

datées, celle de 1471, par exemple, conserve le mètre; ce que n'ont point fait les éditeurs de celle de *Rome*, 1472, et de plusieurs éditions postérieures, qui auront suivi des manuscrits différents. La conformité apparente des caractères de l'édition qui fait l'objet de cet article, avec ceux des Bibles de *Mayence*, de 1462 et 1472, nous l'a fait d'abord regarder comme une production des presses de Schoyffer, et notre sentiment a été partagé par plusieurs connaisseurs, qui ont été à même de voir ce livre, et de le comparer avec les Bibles susdites; mais nous avons remarqué depuis que les caractères de l'*Opus quadragesimale Roberti de Litio*, in-fol. imprimé à Cologne, en 1473, par Ulric Zel (voy. CARACCIOLUS), présentaient encore une plus grande conformité avec ceux de notre Térence que les caractères de Mayence; et d'après cela nous avons tout lieu d'attribuer à Ulric Zel cette édition précieuse, laquelle, nous ne devons pas oublier de le dire, correspond page pour page et ligne pour ligne à une autre édition sans date, décrite sous le n° IV ci-après; ce qui nous porte à croire qu'elles ont été faites l'une et l'autre sur l'édition de Venise, 1471. Dans cette hypothèse celle de Mentelin serait véritablement la plus ancienne.

II. *Publii Terentii Affri poete comici, comediarū liber incipit feliciter.* In-fol.

C'est ainsi que commence cette ancienne édition, imprimée vers 1470 (sans chiffres, récl. ni signat.), à longues lignes au nombre de 32 sur les pp., à l'exception de la dernière qui n'en a que 21), avec les mêmes caractères que le Virgile et le Valère Maxime, attribués à J. Mentelin. Les comédies y sont imprimées comme de la prose, et les noms des interlocuteurs mêlés avec le texte; elles sont disposées dans cet ordre : *Andria, Eunuchus, Heautontimorumenos, Adelphi, Echira,* et *Phormio.* Le volume finit au verso du 100e et dern. f., de cette manière :

Valete et plaudite Caliopius recensui.

Publii Terencii Affri Poete Comici Comediarum liber Finit.

Vend. 1160 fr. Brienne-Laire; 602 fr. *mar. r.* F. Didot; et 700 fr. d'Ourches (revend. 755 fr. Labédoyère); 39 liv. en 1817; 48 liv. 6 sh. Sykes; 46 liv. 4 sh. Hibbert.

III. Une édition gr. in-4. de 90 ff., de 33 lign. à la page, caractères romains, sans chiffres, réclames ni signatures; elle commence ainsi : *Terentius apher genere, etc.*, et finit de cette manière : *Finis Terentii Aphricani* (Fossi, *Catal. Magliab.*, II, col. 637). Ce livre paraît être le même que celui qui figure dans les *Ædes althorp.*, n° 1268, où il est annoncé comme in-fol., et imprimé avec les caract. *d'Ulric Han.* Du moins ont-ils l'un et l'autre le même nombre de ff., et sur les pp. le même nombre de lignes. Vend. 51 flor. Meerman. L'exemplaire de la Bibliothèque impér. commence et finit comme celui qu'a décrit Fossi.

IV. Autre édition in-fol.

C'est très-probablement une réimpression de l'édition de J. de Colonia, 1471, indiquée ci-après; et il est à remarquer qu'elle correspond, page pour page et ligne pour ligne, avec l'édition d'Ulric Zel, décrite à l'article I. C'est un livre fort rare, puisque aucun bibliographe n'en a parlé avant M. Dibdin, *Biblioth. spencer.*, qui le juge antérieur à l'édition de *Milan*, 1474.

Ce volume est de 100 ff. en tout, dont le premier et le recto du second contiennent *Terentii vita excerpta de dictis d. F. Petrarce.* On lit au verso du dern. feuillet le précis sur Térence, extrait *ex Eusebio de temporibus.* Chaque page entière renferme 34 lignes, et le mètre y est observé. On y remarque le même *v* gothique qui est employé dans le Tacite de Vindelin de Spire; voilà pourquoi le comte d'Elci (et aussi le comte Spencer) attribuait aux presses de Vindelin de Spire (vers 1468) cette édition qui est indiquée comme de format in-4., dans le catal. de cet amateur, où l'on annonce aussi, à la p. 100, une édition de Térence, in-4., sans lieu ni date, attribuée à *Udalric Gallus* ou *Han*, 1469, mais sans description, ce qui rend difficile de savoir si cette dernière n'est pas la même que l'article III ci-dessus.

V. Une édition gr. in-4. de 106 ff., imprimée à 30 lign. par page, texte disposé comme de la prose, caractères romains de Phil. de Lignamine, sans chiffres, signatures ni réclames. Elle commence ainsi :

> *Terentii Aphri poete Comici Come diarum Liber Incipit foeliciter.*

On lit au verso du dernier feuillet les deux lignes suivantes :

> *Terentii Aphri Carthaginensis Comedia sexta & ultima finit feliciter.*

et plus bas se trouve le registre des cah., précédé d'un sommaire ainsi conçu : *Tabula qua inuenire ualeamus quõ unã foliã aliud seqĩ & qnternus qnternã.* Ce registre indique un f. bl. *(Primã uacat)*, qui n'est pas compris dans le nombre de 106 *(Bibliothèque impér.).*

VI. Autre édition, gr. in-4., de 104 ff., caract. de Georges Laver, sans chiffr. récl. ni signat.

VII. Autre édition, in-fol. de 70 ff., dont le premier et le dernier sont blancs; caractères romains de Guldinbeck, sans chiffr., récl. ni signat. Il y a à la fin un registre portant le même intitulé que dans l'édition n° V. Le P. Audiffredi, qui décrit ces trois édit. dans son *Catalogus editionum romanar.*, pp. 412 et 413, ajoute que l'on trouve en tête de chacune d'elles le précis sur Térence et sur la mesure de ses vers, commençant ainsi : *Reuertente autem Scipione Romam, etc.*

VIII. Autre édition in-4.

Édition de la plus grande rareté. M. Dibdin, qui la décrit dans la *Biblioth. spencer.*, tome II, p. 409, suppose qu'elle est sortie des presses de Brescia, vers 1471. C'est un volume de 126 ff. au moins, dont les pages entières ont 26 lign., sans distinction de vers. Le *Phormion* finit ainsi : *Et uos ualete et plaudite. Ego calliopius recêsui.* On trouve ensuite l'*Hecyra*, précédée d'un argument et d'un prologue. Cette pièce est terminée sur le recto du dern. f., dont le verso est blanc; il y a à la fin du texte une souscription distribuée ainsi :

> TERENTII. AFFRI. COMICI.
> POETE. ECHIRA. FELICITER. EX
> PLICIT.
> AMEN.

Dans le catalogue beaucoup trop succinct du comte d'Elci, p. 100, on attribue aux mêmes presses une édition de Térence, in-fol., sans lieu ni date, *ex emendatione Ant. Murcti* (ou plutôt *Moreti*).

IX. Autre édition in-fol., sans chiffres, récl. ni signat., contenant 94 ff., à 34 lign. par page (les vers distingués).

Édition fort rare, imprimée en caractères romains, et probablement en Italie, de 1470 à 1475. Il est à remarquer que les sommaires, les titres des pièces et les noms des interlocuteurs y sont écrits en rouge à l'aide du pinceau. Le texte commence au recto du 1ᵉʳ f., de cette manière :

> *ATVS in excelsis tectis carthaginis alte Romanis...*

Le verso du dernier feuillet n'a que vingt vers imprimés, une ligne en rouge écrite au pinceau, et au-dessous, les mots : DEO GRATIAS : AMEN. (Bibliothèque impér.).

X. Édition in-4., imprimée avec les caractères de *Sixtus Riessinger*, premier imprimeur à Naples. L'exemplaire du duc de Cassano, aujourd'hui chez lord Spencer, est décrit dans le VIIᵉ vol. du catal. de ce célèbre amateur, n° 173. C'est un volume de 134 ff. en tout, sans chiffres, réclames ni signat., et sans distinction de vers. Sur le 1ᵉʳ f. se lit une vie de Térence, en 24 lignes (précédée d'un sommaire en 2 lignes, et en capitales); et au verso du second, l'argument de l'Andrienne, en 30 lignes (selon

M. Dibdin), avec le mot *argumentum* au-dessus, et au-dessous l'épitaphe de Térence : *Natus in excelsis.* Les deux pages de l'avant-dernier feuillet portent chacune 23 lignes, celle du dernier f., 24, et les autres pages du texte 22 lignes.

XI. Une édition in-fol., imprimée sans lieu ni date, mais avec les mêmes caractères que le Florus, le Phalaris et le plus ancien Salluste des premiers imprimeurs de Paris : elle est sans chiffres, récl. ni signat., elle renferme 86 ff., dont les pp. pleines portent 32 lignes, sans distinction de vers. Le premier f. recto contient l'intitulé suivant, en une ligne : *Publii Terentii afri poete comici Andria incipit foeliciter*, suivi de l'épitaphe de Térence, de l'argument et de 13 lignes du prologue de l'Andrienne. Le Phormion finit au verso du dernier f., lequel est terminé par ces deux lignes :

> *Publii Terentii Afri Poetæ comici Comœdiaᵣ liber Finit Fœliciter.*

Il est probable que cette édition précieuse n'est pas postérieure à l'année 1472. *Biblioth. spencer.*, tome II, p. 408.

XII. *Liber Terentii Afri comici incipit fœliciter Antonius Moretus achademicus emendauit*, gr. in-4.

Édition imprimée en caractères romains, sans chiffr., réclames ni signatures, et avec les vers distingués. M. Dibdin, *Biblioth. spencer.*, ne la juge pas antérieure à l'année 1474 ou 1476. On trouve à la fin, sur un f. séparé, qui forme le 125ᵉ du volume, la vie de Térence, terminée par ces mots, en capit. : *Terentii aphri comici poetæ Aecyra fœliciter finit ;* vend. 6 liv. 6 sh. Pinelli.

XIII. Une édition in-fol., sans distinction de vers, en caractères romains, sans chiffr., récl. ni signat., qui contient en tout 107 ff., dont les pages entières portent 32 lignes. Le vol. commence par cet intitulé : *Terentius apher Carthaginensis. ex libris per alios correctis, et ex variis antiquis codicibus ṗspectis per A. Sabinum poetam lau. emendatior factus.* Il finit par la souscription suivante :

> *Terentii Aphri Poete Comici comedic finiunt foeliciter per Johannem Hugonis de Gengenbach.*
> DY BENE VERTANT.

Après cette souscription suit un f. contenant un registre d'assemblage, intitulé : *Tabula qua inuenire ualeamus q̃ mõ unã foliã aliud sequit., etc.* D'après ce registre il faudrait 108 ff., dont le premier blanc. L'exemplaire de la Bibliothèque impér. n'a que 106 ff., et point de feuillet blanc.

Hugues de Gengenbach imprimait à Rome, avec date, en 1482; mais l'édition présente nous paraît antérieure à cette époque : d'ailleurs on sait que le poëte Sabinus fit imprimer à Rome, en 1474, ses *Paradoxa in Juvenalem ;* et peut-être donna-t-il ce Térence à peu près dans le même temps.

XIV. Édition in-fol., fort ancienne, sans distinction de vers, et sans lieu ni date, ni nom d'imprimeur. On lit au verso de l'avant-dernier feuillet : *Terentii Aphri Carthaginensis comedia sexta, et ultima per Angelũ Sabinũ Poe. lau. limatior facta finit fœliciter.* Le dernier f. contient le registre des cahiers.

Un exemplaire incomplet a été vendu 26 liv. chez Sykes. Voir la troisième partie du catal., n° 859, où cette édition est décrite d'une manière trop vague, pour qu'on puisse juger si ce n'est pas celle que nous venons de décrire.

XV. Une édition in-fol. de 167 pp., sans chiffres, réclames ni signat., imprimée avec un caractère goth. que M. Dibdin, *Biblioth. spencer.*, a reconnu pour être le même que celui de la comédie de Léonard Bruni Aretino, imprimée dans le monastère de Sorten, en 1478 (voy. ci-devant, t. I, col. 396). Il s'en trouve un exemplaire dans la bibliothèque de Blenheim, sur lequel on a imprimé la date de M. CCCC. LXIX. postérieurement à la publication du livre ; ce qui a donné lieu à plusieurs bibliographes de citer mal à propos une édition avec cette même date.

Voici la description de ce volume très-rare. Le premier feuillet contient, sur son recto, l'épitaphe de Térence et l'argument de l'Andrienne, précédé d'un intitulé ainsi conçu : *Publij Terentij Affri poete comici commendarius* (sic) *liber incipit fœliciter*, Le prologue de la même pièce occupe le verso de ce feuillet. La pièce commence au recto du 2e f. et finit au recto du 28e. L'Eunuchus a 32 ff.; l'Heautontimorumenos, précédé de l'argument et du prologue, occupe 26 ff.; les Adelphi en ont 27; l'Hecyra, 25, y compris l'argument et le prologue; le Phormio, 29, précédés de 2 pp. pour l'argument et le prologue. Au verso du dernier feuillet se lit cette souscription :

Publij Terentij affri Poete comici
Comediarum liber finit.

Les pages ont 19 lignes (Panzer en compte 21), et les vers ne sont pas distingués. C'est la seule édition de Térence, sans date, imprim. au xve siècle, dont Hain ait fait mention dans son *Repertorium*, en ne comptant pas celle qu'il décrit sous le n° 15422 et dont il sera question ci-dessous, col. 709.

XVI. Edition in-fol. impr. à Paris, de 1476 à 1480, et peut-être même antérieurement à ces dates. L'exemplaire de la bibliothèque de Lyon a 112 ff. en tout, sans chiffres, réclames ni signatures, 25 lign. sur les pages entières. Les vers n'y sont pas distingués. Il commence par cette ligne :

Publii Terentii Afri poete comici Andria Incipit

et il est terminé au recto du dernier feuillet par l'épitaphe de Térence : *Natus in excelsis, etc.*, à la suite de laquelle se lit la souscription suivante (en 3 lign.) :

Publii Terentii Afri comici comediarum
liber finit feliciter impressus Parisius in
vico Snacti (sic) *Jacobi sub signo follis viridis.*

le verso du même feuillet est blanc. (*Extrait d'une lettre de M. Péricaud, ancien bibliothécaire de la ville de Lyon, à Jos. Van Praet.*)

On sait que le *Soufflet vert* était l'enseigne du successeur de Martin Stoll et P. de Cæsaris, seconds imprimeurs de Paris; cependant le rédacteur du *Catalogue de la Bibliothèque de Lyon* (Belles lettres, n° 4382), a lu *follii viridis* au lieu de *follis viridis*, et il dit conséquemment : « L'enseigne de la *feuille verte*, dans la rue Saint-Jacques, à Paris, indique *Jean du Pré* ou *de Proto*, qui imprima dans cette ville depuis 1481 jusqu'en 1495; » ce qui est une double erreur.

XVII. Autre édition in-fol. de 95 ff. à 34 lign. par page, sans chiffres, réclames ni signatures (les vers distingués).

Au verso du premier feuillet, dont le recto est blanc, se lit la vie de Térence, *ex Donato.*

ATVS in excelsis tectis Carthaginis altæ
Romanis...

Au bas du verso du dernier feuillet qui n'a que 33 lign., se trouve cette souscription en deux lignes : *P. Terentii Afri Poetæ comici Phormio comoedia sexta et ul- | tima est* DEO LAVS.

Dans l'exemplaire de la bibliothèque de Lyon, décrit sous le n° 4383 du catalogue donné par Delandine, les majuscules sont restées en blanc. (*Extrait de la lettre que nous venons de citer.*)

XVIII. Edition pet. in-fol. en beaux caractères ronds, annoncée in-4. dans le catalogue de La Valliere, n° 2574, parce que les pontuseaux sont en travers.

Le volume a 100 ff. non chiffrés, à 34 lign. par page, sign. A—M. Les 2 prem. feuillets (commençant au verso) contiennent : *Terentii vita excerpta de dictis D. F. Petrarce.* Le texte commence au 3e f., après ce sommaire imprimé en 4 lignes : *Terētii aphri poete cõici liber τ sex diuis comoedias : q̄rus p̄ima Andria. secūda Eunuchs. tertia Heautōtumerumenō. quarta Adelphe. quinta Phormio.*

sexta & ultima Hechira nuncupatur. Le verso du dernier feuillet contient le registre. Du reste, cette édition paraît avoir beaucoup de rapport avec celle qui est décrite sous le n° IV, mais elle est moins ancienne. Vend. 102 fr. Gaignat; 216 fr. La Valliere; 195 fr. Mac-Carthy.

XIX. Edition in-fol., caractères d'*Ulric Gering*, sans chiffres, sign. *a—lv*, à 30 lign. par page, sans distinction de vers.

Elle commence par *Terentii vita*, en petits caractères, et elle finit au recto du 89e f. par ces deux lignes :

Publii Terentii Afri Pœtæ (sic) *Co-*
mici comoediarũ liber finit foeliciter.

Vend. 201 fr. d'Ourches.

XX. Autre édition in-fol., mêmes caractères, signat. *az—o*, sans chiffres, à 28 lign. par page. Elle commence comme la précédente, et elle se termine au recto du 104e f. de cette manière :

Publii Terentii Afri Pœtæ comici
comoediarụ liber finit foeliciter.

XXI. Therencivs (sic) poeta cum commento donati grammatici. (in fine) : *Finis*, in-4. goth., signat. A—Z et a—s. (*Panzer*, tome IV, p. 199, d'après *Seemiller.*) 4 liv. 6 sh. mar. Heber.

— *Terentii comœdiæ. Hoc opus quam diligentissime recognitum Johannes Legnanus imprimi curavit Mediolani, opera et impendio suo, per Ant. Zarotum*, M. CCCC. *lxx, xiij Martii*, in-fol.

Cette édition, indiquée par Maittaire, n'est autre que celle de *Milan, Zarot,* M. CCCC LXXXI. *die xiii Martii;* et voici ce qui aura induit Maittaire en erreur. Au commencement du XVIIIe siècle il existait dans la bibliothèque du comte de Pembrocke, en Angleterre, un exemplaire de cette édition, où la date M. CCCC. LXXXI. avait été altérée par quelque faussaire, qui gratta les deux derniers chiffres. Voyez sur cette édition, de Marolles, *Recherches sur l'origine des registres, des signatures, etc.*, édit. de 1783, in-8., p. 28.

— *Terentii comœdiæ.* (in fine) : *Raphael Iouēzonius Ister. P. emendaui. Ioānes Agrippinae Coloniae decus impressit* (*Venetiis*), *anno Domini... M. cccc. lxxi, diuo Nicolạo throno uenetiarũ duce. finis felix,* pet. in-fol.

Première édition de Térence, avec une date certaine; elle est imprimée en beaux caractères ronds, et les vers y sont distingués. Le volume est en tout de 100 ff. y compris les deux premiers, qui contiennent : *Terentii vita excerpta de dictis d. F. petrarche.* Le verso du 2e f. est blanc. La souscript.: *Vate vir optime Raphael Iouẽzonius ister, etc.*, est placée au verso du dernier f.; chaque page entière a 34 lign. Vend. 14 liv. Pinelli; 155 flor. Crevenna.

— Terentii comœdiæ VI. *Romæ, per Conr. Sweynheym et Arn. Pannartz,* M. CCCC. LXXII. *die vi. Octobris,* in-fol.

Édition fort rare, et qui a été faite sur un bon manuscrit. Elle commence par un abrégé de la vie de Térence, de cette manière :

Terentius Apher genere : Ciuis
uero Carthaginensis fuit.

Il y a à la fin (au verso du 71e et dern. f.) la souscription de six vers : *Aspicis illustris lector, etc.*, et la date. Les pages entières portent 38 lignes; les vers ne sont pas distingués.

Sweynheym et Pannartz ont donné également, en

23

1472, le commentaire de Donat sur cinq comédies de Térence (voyez II, col. 808, article DONAT), édition que Hain décrit en place de celle du texte dont il ne dit rien.

— Terentii comœdiæ... *Venetiis tertio nonas maias anno a natali christiano M.cccclxxiii, Nicolao Trhono* (sic) *Duce*, in-fol. de 98 ff., à 35 lign. par page, sans compter le titre de la pièce, qui est au haut des pages.

Édition sans chiffres, récl. ni signat., avec des caractères semblables à ceux de Vindelin de Spire. Le premier feuillet, imprimé d'un seul côté, contient l'épître de Raphaël Regius, et porte la date. Le texte, dont les vers sont distingués, commence au recto du 2e f., par le mot ANDRIA. On lit à la fin, sur un f. séparé, une épigramme de 10 vers, adressée par Cippicus au lecteur. Vend. 180 fr. quoique très-rogné; Brienne-Laire; un autre exemplaire, 100 flor. Meerman.

Un exemplaire de cette édition, où manquerait le premier f., paraîtrait être sans date.

— Terentii comœdiæ, cum Terentii vita ex Donati commentariis excerpta. 1474, in-fol. de 104 ff. non chiffrés, à 33 lign. par page, sans compter le titre courant.

Édition imprimée avec les caractères de Valdarfer. Les deux premiers ff. renferment la vie de Térence, extraite de Donat. Le texte commence au 3e f., de cette manière :

ANDRIA
PVBLII TERENTII AFRI

On lit au verso du 104e et dernier f. :

FINIS
M. CCCC. LXXIIII. PRIDIE NONAS AVGVSTI.

Les signatures qui se voient au bas de quelques feuillets y ont été apposées à la main, après le tirage, avec des caractères d'imprimerie.

Vend. 250 fr. m. r. La Valliere; 15 liv. Heber.
Un bel exempl. imprimé sur VÉLIN se conserve à Vienne, dans la Bibliothèque impériale.

— Eædem comœdiæ. (in fine) : *Opus impressum Ml'i anno domini* 1474 *die z3 Febr̄ii per Antoniū Zarotū parmensem:*. pet. in-fol. de 100 ff., à 34 lig. par page.

Belle édition, en lettres rondes, sans chiffres, récl. ni signat. : les vers y sont distingués comme dans celle de Venise, 1474, dont elle parait être la copie. Il y a au commencement du volume deux ff. prélimin., qui contiennent : *Terentii uita excerpta de dictis d. F. petrarcæ*. Le verso du 2e f. est blanc. Au recto du 3e commence le texte d'une autre vie de Térence : *Atus in excelsis*; et le livre se termine au verso du dernier par la souscription ci-dessus, impr. en deux lignes. — L'édit. était restée inconnue aux bibliographes, mais elle est à la Bibliothèque impériale.

— Comœdiæ. (in fine) : M. CCCC. LXXV, *In Sancto Vrsio. Vincēti district. Iohannes De Reno Impressit. Die Vltimo Aprilis.* FINIS, in-fol.

Édition encore fort rare; elle est imprimée en petits caractères romains, sans chiffres ni réclames, mais avec des signatures *a—nij.* Ces signatures, qui sont placées à 3 centimètres environ de distance du texte, paraissent avoir été ajoutées après coup; en sorte qu'il peut y avoir des exempl. où elles ne se trouvent pas. Le volume consiste en 104 ff. en tout, y compris les 2 ff. liminaires qui contiennent : *Terentii vita ex Donati commentariis excerpta.* Les vers sont distingués, et chaque page entière porte 34 ou 35 lignes. (*Biblioth. de Ste-Geneviève*, à Paris.) Vend. 16 liv. Heber; 230 fr. Bearzi.

— Comœdiæ. (in fine) : *Terentii Afri Poetæ finis.* M. CCCC. LXXV. XII *calēdas Augusti*, pet. in-fol.

Cette édition, imprimée en caractères romains, se compose de 97 ff. en tout, dont les deux premiers contiennent la vie de Térence, extraite de Donat; elle a 34 lignes par page, et les vers y sont distingués.

— Comœdiæ : *An.* 1476. *Za* (id est *Antonius Zarotus) Septimo Ka. Martias*, in-fol.

Nous ne connaissons cette édition que d'après Maittaire, qui en cite aussi une autre par le même imprimeur, datée de 1477, *die xxii martii*, in-fol.
— Pour le commentaire de Donat, édit. de Milan, 1476, voyez II, col. 808-809, article DONATUS.

— Comœdiæ, cum commentariis Donati et Calphurnii. *Venetiis*, 1476, in-fol. de 177 ff. non chiffrés, avec des signat. de *a2—ℊ* 4.

Édition rare, et la première qui présente le commentaire imprimé autour du texte. Les caractères sont ronds et de deux sortes; les plus petits pour le commentaire. Il y a jusqu'à 56 lign. sur les pages entières. Les quatre prem. feuillets contiennent *Terentii vita*, suivie d'*Andriæ argumentum*. Le texte commence au 5e f. et finit à l'avant-dernier. Au recto du dernier, qui est le 8e du cah. *ℊ*, se lit un morceau intitulé : *Calphurnius Brix. Marco Aurelio viro Præclarissimo S.*, et au bas la souscription suivante en 4 lignes : *P. Sexti Terentii Afri cū Ælii Donati grāmatici examinata interpretatiōe finis. Insuper addita est Calphurnii in heautontimorumenon Terentii accurata expositio.*
Impressum quidem est opus hoc per Iacobum Gallicū mira arte ac diligentia anno domi | ni .M. CCCC. Lxxvi. viii calandas septēbris. Andrea Vendramino Duce Inclyto Venetiaᵣ.
Le verso est tout blanc. (*Bibliothèque impériale.*)

— Comœdiæ V, cum Donati interpretatione, insuper addita est Calphurnii in Heautontimorumenon accurata expositio. *Tarvisii, Hermannus Levilapis*, 1477, in-fol., signat. A2—L5 et a—l.

Édition où l'on compte 180 ff. non chiffrés (à 50 lign. par page), dont le premier et le dernier sont tout blancs. Il y a 5 ff. prélimin. contenant *Terentii vita, etc.*; au recto du dernier feuillet se lit la souscription : *Taruisii Anno christi* MCCCCLXXVII. *xiv. Kl. Octobres*, suivie d'une pièce de vers qui porte ce sommaire : *Bononii carmen.* Cette édit. parait être une copie de la précédente.

— Comœdiæ. *Taurini per Johannem Fabri Lingonensem.* M. CCCC. LXXVIII., in-fol.

Panzer cite cette édit. comme étant alors inconnue.

— Comœdiæ. (in fine) : *Impressum Mediolani per Dominicum de Vespalate et Jacobum de Marliana die viiii septembris.* M. CCCCLXXVIII., pet. in-fol. de 104 ff. non chiffrés, avec des signat.

Imprimé en caractères romains d'une forme grossière : le volume commence par *Terentii vita excerpta de dictis D. F. Petrarcæ* (Panzer, tome IX, p. 250).

— Comœdiæ. (in fine) : *Terentii Ahpri-*
cani (sic) *Poete Comici Comedie Fi-*
niunt fœliciter. Impresse Neapoli. An-
no salutis. M. CCCC. Lxxviii. *xiiii. die*
Augusti, in-fol. de 85 ff. à 32 lign. par
page, sans chiffr., signat. ni récl., et sans
distinction de vers.

Édition précieuse décrite dans la *Biblioth. spencer.,*
tome VII, n° 174. Les caractères sont ceux de
Franc. de Dino, et point de *Moravus,* comme
nous l'avions dit jadis. F. Dibdin paraît croire
qu'elle a été faite d'après celle qu'il attribue à *Ul-*
ric Han, et dont nous avons fait mention à l'article III des éditions sans date. De même que cette
dernière, l'édition de Naples commence par le petit
précis biographique sur Térence.

— Comœdiæ, cum comment. Donati et
Joh. Calphurnii. *Venetiis, per Nic. Gi-*
rardengum, 1479, in-fol. de 178 ff.,
dont le 1er est blanc, signat. A—& 4,
avec un registre à la fin.

Vendu 38 fr. de Lauraguais ; 51 fr. La Valliere ; 1 liv.
12 sh. Pinelli ; 1 liv. 13 sh. Hibbert.
Réimpr. à Venise, *per Andr. de Asula,* et *Barthol.*
de Alexandria, 1480, en 1483, et plusieurs fois
depuis.

— Terentius. — *Impressum Parmæ per*
me Genexium del Cerro... M. CCCC.
LXXXI, *pridie kl' Augusti,* in-fol., sign.
A—L 2.

Très-rare. (*Biblioth. spencer.,* tome II, p. 425.)

— Comœdiæ. (in fine, recto) : *Terentii*
Africani Poetæ Comici Comedie | fi-
niũt fœliciter. Impresse Neapoli. An-
no salu | tis M. CCCC. *Lxxxi. xxviii die*
mati, in-fol. de 84 ff. sans chiffres,
récl. ni signat., 32 lign. par page, lettres rondes.

Le volume commence ainsi :

> *Terentius Apher genere, Ciuis*
> *uero Carthaginensis fuit.*

Le dernier f., qui n'est imprimé qu'au recto, contient les 3 dernières lignes du texte, la souscription ci-dessus, en 3 lignes, et le registre des cahiers, indiquant *primum vacat.* Le texte est impr.
sans distinction de vers (*Biblioth. impér.*).

— Guidonis Iuuenalis natione Cenomani ||
in Terentium familiarissima interp̃tatio
|| cũ figuris unicuiq̃ scenæ præpositis.
(in fine) : *Impressum est hoc opus cura*
atq̃ impensis Magistri Ioannis Trech-
sel. In ciuitate Lugdunensi. Anno
.M. CCCC || XCIII. *ad quartum kalen-*
das septẽbrias, gr. in-4. fig. en bois.

A la suite de la souscription se trouve *Io. Ba. Ascen-*
sius, lectoribus salutẽ dicit, et la marque de
I. Trechsel, en rouge que nous avons donnée réduite tome III, col. 413, mais qui ici est au verso
du dernier feuillet. Ce commentaire a été inséré
dans plusieurs éditions de Térence postérieures à
cette date. Les gravures sur bois, bien exécutées,
qui décorent ce volume, lui donnent du prix aux
yeux des amateurs de ces sortes d'ornements ; d'ailleurs on rencontre rarement des exemplaires de ce
livre bien conservés.

Hain décrit, sous le n° 15422 de son *Repertorium,*
une édition de Térence, avec le commentaire de

Gui Juvenal, gr. in-4. goth. de 214 ff. à 54 lign. par
page, avec signat., sans lieu ni date, ni nom d'imprimeur. Une autre édition, avec commentaire, a
été impr. à Paris, *Opera M. Georgii Wolff Ba-*
densis pro Philippo Pigouchet et Engelberto de
Marnef... anno 1492, 20 oct., in-fol.

— Terenti' cũ Directorio Vocabulorũ, Sen-
tentiarũ | artis comice | Glosa interli-
neari | Commẽtariis Donato | Guidone |
Ascensio (sic). — *Impressum in Im-*
periali ac vrbe libera Argentina Per
magistrum Ioannẽ Grüninger... An-
no..... Millesimo quaterq̃ centesimo-
nonagesimosexto (1496), in-fol.

Édition remarquable à cause des nombreuses grav.
sur bois, très-singulières, qu'elle contient ; elle a
des signat. de b—z et A—F, non compris le premier cahier, qui est de 6 ff. ; les pages sont chiffrées jusqu'à CLXXVI, mais dans le plus grand dés-
ordre. M. Dibdin, *Biblioth. spencer.,* tome II,
pp. 426-38, a donné une description très-étendue
de ce livre, auquel il paraît avoir attaché beaucoup
d'importance, puisqu'il a fait copier une partie des
gravures qui s'y trouvent. Toutefois, le Térence de
1496 n'est ni fort rare, ni très-cher. 1 liv. 6 sh.
m. r. Heber. En 1499, Grüninger a donné une
autre édition de ce poëte, in-fol., avec les mêmes
gravures sur bois, et qui a 6 et 181 ff. Vend. 15 fr.
La Valliere ; 1 liv. 18 sh. m. v. Hibbert. Les mêmes
planches figurent encore dans une édition de
Strasbourg, Grüninger, 15 kal. april., 1503, in-fol.

— Terentius. (in fine) : *Hic finitur come-*
dia sexta et ultima impressa per Ri-
chardum Pynson... London. Anno do-
mini M. CCCC. LXXXXVII. *vicesimo die*
Ianuarii, in-8. goth.

Deux choses sont à remarquer au sujet de cette édition, indépendamment de sa grande rareté : 1° que
c'est le premier classique latin qui ait été imprimé
en Angleterre, sans version anglaise ; 2° qu'on y
a fait usage du format in-8. Chaque pièce commence avec la signature *a* i, et, conséquemment, a
dû paraître séparément.

— Terehtii comœdiæ per P. Malleolum
recognitæ. *Parisiis, industria Joan.*
Philippi, 1499, in-8.

Cette édition de 1499, qui est rare et peu connue,
prouve que la typographie parisienne, non plus
que celle de Londres, n'avait pas attendu l'exemple d'Alde l'ancien pour appliquer le format in-8.
aux classiques latins. Vend. 12 fr. m. v. Heber.
Les éditions de Térence, imprimées, avec ou sans
commentaires, dans les vingt dernières années du
XVe siècle, sont nombreuses, mais elles n'ont pas de
valeur. Panzer en cite de Brescia, 1485 ; de Venise,
1487, 1490, 1491, 1493, 1497, etc.

— Comedie, cum annotationibus Petri
Marsi et Pauli Malleoli in singulas scenas, cum indice dictionum et figuratis
argumentis. *Arte et industria J. Priis*
Argentine, quarto kal. Februarii,
1503, in-4. fig. sur bois.

Édition peu connue.

— Terentianæ comœdiæ in sua metra iterum restitutæ, etc. *Florentiæ, Phil. de*
Giunta, M. D. V. *sexto Idus Augusti,*
gr. in-8. de 12 ff. prélim. et 119 ff. chiffrés, suivis d'un f. blanc.

Un bel exempl. de cette édition, rel. en *mar. v.,* a été

vend. 13 flor. Rover; 10 fr. Renouard; un autre
sur VÉLIN, 4 liv. 4 sh. Paris; 401 fr. Mac-Carthy;
un autre, également sur VÉLIN, 96 flor. Meerman;
46 liv. 4 sh. Williams, et 46 liv. Hibbert.

— Terentianæ comœdiæ in sua metra
iterum restitutæ et recognitæ... *Flo-*
rentiæ, studio et impensis Philippi de
Giunta, M. D. IX, *sexto idus Iulii,* pet.
in-8. de 12 ff. prélim. et cxix ff.

15 sh. Heber.

— Hoc pvgillari Terentivs nvmeris conci-
natvs, 'et L. Victoris Favsti de comoe-
dia libellvs nova recognitione, litterisqve
novis continetvr. (fol. cxxxv, verso)
Hasce Terentii fabulas... imprimen-
das Laçarus Soardus curavit. Vene-
tiis M. D. XI... *mense augusti Augus-*
tum initium Auspicatus, pet. in-8. de
CXXXVI ff. en tout, avec des bordures
autour des pages.

Édition imprimée en caractères singuliers, qui tiennent le milieu entre le romain et le gothique. Le
titre est en capitales. Le traité de Victor Faustus,
au commencement du vol., occupe 7 ff. qui ne
sont pas chiffrés, mais comptent dans l'ordre des
chiffres. Le texte commence au f. IX. Vend. 3 liv.
Askew, et 5 fr. Reina.

— P. Terentii comœdiæ cum brevi vocabulorum difficilium enarratione pro
puerulis a Thoma Aucupario condita.
— *Argentorati, ex officina... Joannis*
Gruninger, Anno... M. D. XI, *mense*
februario, pet. in-8. demi-goth.

Édition dans le même genre que le Plaute donné
par cet imprimeur, en 1508, et également rare.

— Terentianæ comœdiæ. *Florentiæ,*
sumptibus Phil. de Giunta. M. D. XIII,
mense novembri, in-8. de XII et 119 ff.

Édition moins connue que les trois autres, du même
imprimeur : 9 sh. 6 d. Butler.

— Terenentianæ (*sic*) comœdiæ. *Floren-*
tiæ, sumptu Philippi Iuntæ. Anno
XVII *supra Mille,* in-8. de XII et 119 ff.

Vend. 7 flor. Crevenna; 11 flor. 50 c. m. r. Rover.

— Terentius (ex recognit. Franc. Asulani). — *Venetiis, in ædibus Aldi et An-*
dreæ soceri, mense Novembri M. D.
XVII, in-8.

Cette première édition de Térence, imprimée par les
Alde, est dédiée à J. Grolier (*Io. Glorierio*) (sic).
C'est un livre rare, qui contient 16 ff. prélim., 144 ff.
chiffrés, non compris les ff. 135 et 136 doubles; et
de plus 2 ff. pour la souscription, l'errata et l'ancre : vend. bel exempl. relié en *mar.*, avec lettres
initiales peintes, 7 liv. 10 sh. Crofts; 127 fr. exempl.
du comte d'Hoym, Le Blond; autre, 2 liv. 8 sh. Sykes; 2 liv. 4 sh. Butler; 100 fr. Riva, et 3 liv. 3 sh.
(annoncé pap. fort) Butler.
Un exemplaire en Gr. Pap. se trouvait dans la collection du comte Méjan, à Munich.
Renouard a fait remarquer que l'édition de Venise,
par Gregorio de Gregoriis, sans date, in-8., est une
contrefaçon de l'aldine de 1517.

— Terentius (ex recognit. F. Asulani).
Venetiis, in ædibus Aldi, etc., 1521,
in-8.

Copie de l'édition précédente; elle contient aussi
146 ff., non compris les 16 ff. prélimin., ni les 2 ff.
sur lesquels sont la date et l'ancre : vend. 10 sh.
Pinelli; 10 flor. Crevenna; 32 fr. *mar. bl.* Chardin;
1 liv. 19 sh. Sykes; 15 fr. 50 c. Coulon; 19 sh. Butler. Un exemplaire en Gr. Pap. fort, provenant
de Renouard, a été vendu 27 liv. 6 sh. à Londres.
L'exemplaire de Grolier, impr. sur VÉLIN, qui
est porté dans le catalogue de Bigot, se conserve
dans la Bibliothèque impériale, à Vienne. Un autre,
également sur VÉLIN, mais mêlé des deux éditions
de 1517 et 1521, et sans les 16 ff. prélimin., a été
acheté 26 liv. à la vente Dent, en 1827.

— Terentivs noviter impressvs. 1523,
in-8.

Cette édition, sortie des presses lyonnaises, est une
copie assez médiocre de celle d'Alde, de 1521, avec
la préface de François d'Asola à Jean Grolier, et,
quoiqu'elle ne vaille pas 2 fr. pour tout autre que
pour celui qui forme une collection aldine, elle a
été portée à 10 liv. à la vente Renouard, en 1828;
ensuite à 5 liv. 6 sh. Butler. Renouard cite une
édition lyonnaise, sans lieu ni date, pet. in-8., dont
le titre porte seulement TERENTIVS, et qui est peut-
être de l'an 1502 ou de 1503, par conséquent antérieure à la première aldine de 1517. Elle a été vendue 1 liv. 9 sh. Butler.

— Terentii comœdiæ in sua metra restituta, interpretantibus Ælio Donato,
etc.; cum figuris aptissimis. *Tuscula-*
ni, apud Benacum, in ædibus Alex.
Paganini, 1526, in-4. de 10 ff. prélim.
et 228 ff. fig. sur bois.

Dans cette édition peu commune, le texte est entouré
de commentaires en plus petits caractères que ceux
des vers. M. Lecchi cite, à la page 97 de sa *Tipo-*
grafia bresciana, une édition impr. par Paganini,
en 1506, dans un petit format.
— COMŒDIÆ à Phil. Melanchthone restitutæ, ejusdemque scholiis illustratæ. Commentarii item in easdem
Ælii Donati. — *Impressum Moguntiæ per Jo.*
Schæffer, 1528, pet. in-4.
On a reproduit dans cette édition la dédicace à Grolier qui se trouve dans l'aldine de 1517.

— Terentius; in singulas scenas argumenta, fere ex Ælii Donati commentariis, transcripta. Versuum genera per
Erasmum Roterod. *Parisiis, Robertus*
Stephanus, 1538, pet. in-8.

Sixième édition in-8. de ce poëte, donnée par Rob.
Estienne, qui la vendait 5 sous. Elle n'est ni plus
ni moins chère que les autres; c'est-à-dire qu'elle
a fort peu de valeur pécuniaire, à moins que quelque chose d'extraordinaire n'en relève le prix. Par
exemple, l'exemplaire que fit vendre Ch. Nodier, en
1830, et qui a été porté à 103 fr. était revêtu d'une
ancienne reliure en *mar. vert,* et avait appartenu
à *Gilles de Feu,* dont les noms latins, *Egidius*
Igneus, se lisaient dans la ciselure de la tranche.
Le même exemplaire a été vendu seulement 18 fr.
chez de Chalabre.
C'est aussi pour la reliure, uniquement, qu'un exemplaire de l'édition de *Lyon, Seb. Gryphius,* 1541,
in-4. (dédiée à Guil. du Bellay de Langey), rel. en
mar. r., aux armes de De Thou, a été porté à
7 liv. 7 sh. dans une vente faite à Londres, et qu'un
autre, *Misniæ,* 1546, in-8., également en *mar. r.,*
et *aux armes de De Thou,* s'est vendu 6 liv. 6 sh.
chez Dent.
L'édition de *Paris, Rob. Stephanus,* 1540 (à la fin,
1541), in-24, la plus portative qui eût encore paru
à cette époque; en *mar. r.,* 6 fr. Nodier; 25 fr.
Renouard; 1 liv. 10 sh. Libri, en 1859.
— COMŒDIÆ. *Parisiis, apud Simonem Colinæum*
et Franciscum Stephanum, 1538-39, in-4.

Dans cette édition, chaque pièce a sa pagination à part. Celles qui sont avec le nom de François Estienne portent cette marque :

Quoique un bel exemplaire, rel. en *mar. r.* par Capé, ait été vend. 107 fr. Solar, elle n'a véritablement qu'un prix médiocre.

— TERENTII comœdiæ, ex recensione Des. Erasmi, cum comm. Donati et Calphurnii. *Parisiis, Rob. Stephanus,* 1541 (à la fin, 1542), in-4.

Édition estimée : 4 à 6 fr. ; un exemplaire *m. r. l. r.* a été vendu 3 liv. 17 sh. Crofts ; *mar. r.,* armes *de De Thou,* 2 liv. 7 sh. Heber ; un autre, annoncé Gr. Pap., 9 liv. Folkes, en 1756.

Ce volume porte la marque que nous donnons ici réduite :

Rob. Estienne avait déjà donné, en 1536, une belle édition in-fol. de ce poëte, avec les mêmes com-

mentaires. — L'édition de Paris, *apud Sim. Colinæum,* 1541, in-16, est une des moins communes que l'on ait de cet imprimeur.

— Terentii comœdiæ, multo, quam antea, diligentius emendatæ. *Venetiis, apud Aldi filios,* M. D. XLI, *mense maio,* in-8. de 16 ff. prélim. 144 (146) ff. pour le texte (le chiffre des deux derniers étant répété), et 2 pour la date et l'ancre.

Un bel exemplaire en *mar. r., aux armes de Colbert,* a été vendu 6 liv. Hibbert ; un autre, *m. v.,* 33 fr. Mac-Carthy ; 1 liv. 5 sh. Butler ; 61 fr. bel exemplaire Riva ; un autre en ancienne rel. en *mar. citr. à compart.,* 100 fr. Libri-Carucci. Renouard cite deux exemplaires en Gr. Pap., et il a fait remarquer que l'exemplaire sur VÉLIN annoncé sous la date de 1541, dans le catalogue Dent, est de 1521 (voyez ci-dessus). Un 3e exempl., en Gr. Pap., se conserve dans la Bibliothèque royale de Dresde.

Comme toutes les éditions de ce poëte sorties (au nombre de dix-sept) des presses aldines sont recherchées, et principalement par les personnes qui forment des collections, nous allons en compléter ici la série.

— *Venetiis, apud Aldi filios,* M. D. XLV. *mense Iulio,* in-8. de 16, 146 et 2 ff. à la fin. La préface est de Guido Loglio, éditeur du livre : 9 sh. 6 d. Butler ; 16 fr. 50 c. Costabili ; et un exemplaire revêtu d'une reliure italienne du XVIe siècle, en veau, richement dorée et peinte en couleur, rehaussée de blanc 850 fr. Double, en 1863. Un autre en Gr. Pap., avec une rel. en *mar.* par Lewis, dans le genre de Grolier, est porté à 26 liv. 5 sh. dans le catalogue de Payne et Foss, pour 1830.

— *Venetiis, apud Paulum Manutium Aldi filium,* 1553, in-8. de 16 et 151 ff. (le dernier coté 14), plus 1 à la fin : 9 sh. 6 d. Butler. Il en existe des exemplaires en Gr. Pap.

TERENTIUS, a M. Antonio Mureto locis prope innumerabilibus emendatus. Eiusdem Mureti argumenta in singulas comœdias, et annotationes..... *Venetiis, apud Paulum Manutium Aldi F.,* 1555, in-8. de 16, 152 et 35 ff., avec un titre à part pour les notes, plus 1 f. pour la date. 1 liv. 4 sh. *m. r.* Butler.

Première édition avec ce commentaire ; il en existe des exemplaires en Gr. Pap. Les autres qu'ont imprimées les Alde, sont de 1558 (1559 à la fin), 1560, 1561, 1563, 1565, 1566 (cette dernière 17 flor. *mar. bl.* Meerman, revend. 2 liv. 4 sh. Butler) ; 1570 (incorrecte, mais avec 8 ff. de nouvelles scolies) ; 1575 (bonne édition avec les nouvelles scolies remises à leur place). 1 liv. 13 sh. exempl. non rogné ; 1 liv. 15 sh. Heber. Un exemplaire en *pap. fort,* et relié en *mar. olive,* 8 liv. 18 sh. 4 d. Hanrott, et 2 liv. Butler. (Un autre est annoncé Gr. Pap. et comme inconnu à Renouard, dans la *Biblioth. grenvil.,* p. 716.) — Autre édition, 1588 (*ex officina aldina*), enfin, 1594 (*apud Dominicum de Farris*), avec l'ancre sur le titre et des fig. sur bois (Vend. 1 liv. 13 sh. Butler). A quoi il faut ajouter l'édition dont le titre suit :

P. TERENTII AFRI comœdiæ sex, infinitis fere locis emendatæ : una cum Vinc. Cordati... commentariis in Andriam ; summariis vero et annotationibus methodicis rei ac styli in reliquas. *Venetiis, ex bibliotheca aldina,* 1570, in-8. de 249 ff., plus 3 à la fin, dont un blanc.

— TERENTII Afri comœdiæ ex emendatissimis codicibus summa diligentia castigatæ. *Parisiis,* 1552, *Jean de Roigny,* in-fol.

Cette édition, donnée par Thierry de Beauvais, a 776 pages, non compris l'index. Le texte est entouré d'amples commentaires. Chaque scène est précédée de vignettes sur bois *à ce commodes et utiles,* dit le privilége. Malgré cela elle est à bas prix.

TERENTIUS

—Terentius in quem triplex edita est P. Antesignani commentatio. *Lugduni, Math. Bonhomme,* 1560, in-4.

Trois sortes d'exemplaires de Térence ont été donnés sous cette date, et doivent être réunis à cause de la différence qu'ils présentent. Voici comme Ebert les caractérise : *Primum exemplar* commentariolum ex omni interpretationum genere : in quo alffxi sunt ad singula vocabula hyperdisyllaba accentus, appositæque ad singulos versus dimensiones, et argumenta, variæ insuper annotationes et castigationes. *Secundum exemplar,* præter singula contenta in primo, omnium fere commentarios, expositiones annotationesque complectitur. *Tertium exemplar,* ex omnium interpretum commentariis compendiosam expositionem omneque primi exemplaris argumentum, gallicam præterea translationem ad verbum in tres priores comœdias, tum etiam hujus autoris peculiares annotationes plenioresque interpretationes continet. — Le premier exemplaire a 14 ff. prélimin. et 383 pp. ; le second, 22 ff. prélimin. et 850 pp. ; le troisième, 10 ff. préliminaires et 532 pp. Les trois volumes se trouvent rarement réunis. Sous le rapport de la métrique, ils ne sont pas sans intérêt.

—Comœdiæ, ex vetustiss. libris et versuum ratione a Gabr. Faerno emendatæ : in has emendationum libri VI, de versibus comicis liber, Fragmentum Eugraphii interpretis in easdem fabulas. *Florentiæ, apud Juntas,* 1565, 2 part. en 1 vol. in-8.

Un nouveau texte revu sur de bons manuscrits et par un critique habile, recommande cette édition que P. Victorius a terminée après la mort de Faerne. Les *Emendationes* forment une partie de 251 pp., avec un titre séparé, et la fleur de lis sur un dernier feuillet, mais elles ne sont pas toujours jointes au texte. Les exemplaires complets et bien conservés ont une certaine valeur : 24 fr. Soubise ; 1 liv. 14 sh. Pinelli ; en *mar. bl.* 10 fr. Renouard. Un exemplaire contenant le texte réimprimé sous la date de 1572, et les *Emendationes* de 1565 : 14 flor. 25 c. Meerman ; quelquefois moins.

— TERENTIUS, a M. Mureto emendatus et argumentis illustratus ; annotationes Mureti ; variæ lectiones sive emendationes Theod. Pulmanni. *Antuerpiæ, ex offic. Chr. Plantini,* 1565, in-16.

Jolie édition, mais dont les seuls exemplaires bien conservés ont quelque prix ; elle a été reproduite en 1566, en 1567 et en 1574.

— COMŒDIÆ sex, accurata castigatione et explicationibus eruditis illustratæ, cum notatione variantis lectionis, ex editionibus Gabr. Faerni et M.-A. Mureti. Nunc primum singulari diligentia editæ opera et studio Math. Bergii : accesserunt et annotationes Jo. Camerarii, Jo. Rivii, G. Fabricii, etc. *Lipsiæ, typis voegelianis,* 1574, in-8.

Cette édition de Térence, aujourd'hui fort commune, est une des meilleures que nous ayons de ce poëte, et aussi la seule jusqu'à celle de Hare où l'on ait su faire un bon usage de l'excellent travail critique de Faerne (Ebert, 22500). Cependant ce n'est pas un livre cher.

—Terentii comœdiæ sex, ex recensione Heinsiana. *Lugd.-Batavorum, ex officina elzeviriana,* 1635, pet. in-12 de 24 ff. prélimin., y compris le titre gravé, 304 pp. et 4 ff. pour l'index.

Jolie édition, peu commune ; elle a été réimprimée deux fois sous la même date ; mais l'édition originale se reconnaît facilement à sa beauté, et à quelques fautes dans le chiffre de la pagination, fautes qui d'ailleurs ne prouvent rien contre la correction du texte. Ainsi la p. 101 est cotée 69, la page 154

porte 254, et la p. 273 est cotée 173. Une autre remarque plus connue pour distinguer la première édition est que la page 104 est cotée 108 ; néanmoins, comme nous avons aperçu cette même faute dans un exemplaire de la troisième édition, sous la même date que les deux autres, il est plus sûr de s'en tenir à ce que nous venons de dire.

On peut en outre remarquer que, dans l'édition originale, p. 51, la liste des *personæ* a le mot *Laches*, qui termine cette liste, imprimé en rouge, et le premier des personnages muets écrit *Strato.* Dans la 2e édition, le nom *Laches* est en noir, et celui de *Strato* est écrit *Stato.* Dans la 3e édition, ces deux particularités se retrouvent ordinairement (quoique dans l'exemplaire que nous avons sous les yeux *Laches* soit en rouge) ; mais ce qui la distingue plus particulièrement, c'est la 2e ligne de la même page, où le mot EUNUCHUS est écrit avec des *u*, tandis qu'il est avec des *v* (EVNVCHUS) dans les deux autres. Enfin, à la page 54, le mot *prologus*, qui est en noir dans la 1re édition, est en rouge dans la 3e et même dans une partie des exemplaires de la 2e. Dans la troisième édition, ajouterons-nous, l'effigie de Térence est placée au verso du 23e feuillet préliminaire, vis-à-vis de la première page de l'*Andria;* au contraire, dans les deux autres, cette même figure est au verso du 7e feuillet des préliminaires.

Quelques personnes pensent que le nombre des éditions de Térence, sous la date de 1635, est de plus de trois ; et, effectivement, il se trouve dans certains exemplaires quelques différences qui pourraient le faire croire. Par exemple, on voit sur le recto du feuillet des préliminaires de la 2e édition, qui porte le portrait de Térence, tantôt la réclame *Danie —,* tantôt celle de *Teren —;* mais c'est une correction faite dans le cours du tirage, les imprimeurs s'étant aperçus que la première était fausse. Il est facile de prouver cette assertion, en faisant remarquer que certaines lettres offrent des défectuosités qui se retrouvent dans les deux sortes d'exemplaires. Il faut encore ajouter que vraisemblablement il a dû rester dans les magasins des imprimeurs un certain nombre de défets provenant des trois tirages, et qu'avec ces défets, peut-être aussi en y ajoutant quelques feuilles réimprimées, on a pu former des exemplaires mixtes différant de tous les autres exemplaires. Ces dernières remarques nous ont été communiquées par M. Chenu.

L'édition originale vaut de 18 à 30 fr., et de beaux exemplaires se sont même vendus 37 fr. de Cotte ; 67 fr. Mac-Carthy ; 46 fr. 50 c. de Chalabre ; 60 fr. Labédoyère ; 4 liv. de Noailles, à Londres ; *mar. bl. doublé de mar. citr.*, 85 fr. De Bure. Les réimpressions se payent beaucoup moins cher, ainsi que l'édition d'*Amsterdam, Elsevier,* de 1661 ; cependant un exemplaire de cette dernière, relié en *m. r. doubl. de m. l. r.*, a été vendu 13 fr. La Vallière.

— COMŒDIÆ. *Parisiis, e typogr. reg.*, 1642, in-fol. Cette édition est belle, mais à très-bas prix.

— COMŒDIÆ, cum annotationibus J.-H. Boecleri : accedunt commentarii Fr. Guyeti nunquam antehac editi. *Argentorati, Roekenhoffer,* 1657, pet. in-8.

Les commentaires de Guyet recommandent cette édition, dont l'impression est d'ailleurs fort médiocre.

— COMŒDIÆ ; interpretatione et notis illustravit Nic. Camus In usum Delphini. *Parisiis, Leonard,* 1675, in-4. 12 à 15 fr.

Édition peu commune. Elle a souvent été réimprimée à *Londres*, depuis 1688, en in-8.

— COMŒDIÆ, his accedunt integræ notæ variorum. *Amstelodami, Wolfgang et Hack,* 1686, in-8, 10 à 12 fr.

Cinquième édition du Térence *Variorum*, et celle qu'on préfère, quoique ce ne soit, à quelques additions près, qu'une reproduction de la quatrième donnée par Schrevelius, *Lugd.-Batav., Hack,* 1662. Le titre de la deuxième partie est daté de 1684. Un exemplaire *non rogné*, 115 fr. 50 c. Labédoyère, et seulement 15 fr. Renouard.

On peut joindre à ce volume : *J.-Fr. Gronovii notæ in Terentium*, Oxonii, e Th. sheld., 1750, in-8. 5 à 6 fr. [16107]

— COMŒDIÆ, ad optim. exemplarium fidem recensitæ ; accesserunt variæ lectiones (edente John. Leng). *Cantabrig., typis açad.*, 1701, gr. in-4.
Cette édition, quoique bien imprimée et fort correcte, est cependant peu recherchée : 6 à 8 fr. — Réimpr. à *Cambridge*, en 1701 et en 1723, in-8.

— COMŒDIÆ (ex recens. Mich. Maittaire). *Londini, Tonson*, 1713, in-12. 3 à 4 fr.; — Gr. Pap., 10 à 15 fr.

— COMŒDIÆ, ad exemplar faernianum summa cura recensitæ : accedunt Faerni emendationes integræ, nec non Donati quædam ; recensuit, notisque auxit, et dissertationem de metris comicis adjecit F. Hare. *Londini, Tonson*, 1724, gr. in-4.
Cette édition est assez bonne, quant au fond, mais le travail de Hare sur la métrique a été vivement critiqué par Bentley : 5 à 6 fr.; — Gr. Pap. 10 à 15 fr., et jusqu'à 101 fr. Mac-Carthy. Il y a des exempl. dont le titre porte : *Editio altera auctior et emendatior*, Londini, Tonson et Watts, 1725.

— Comœdiæ sex, ad fidem mss. codicum et editionum recensitæ et commentario perpetuo illustratæ : accedunt interpretes vetustiores, etc. ; Donatus, etc., F. Lindenburchii observationes : curavit Arn.-Henr. Westerhovius. *Hagæ-Comitum*, 1726, 2 vol. in-4.

Édition fort recherchée à cause des commentaires et du bon index qu'elle renferme : 30 à 36 fr.; en *m. v.* 48 fr. Giraud, et en Gr. Pap., dont les exemplaires sont rares, vend. 72 fr. Gouttard ; 139 fr. *m. bl.* Larcher ; 7 liv. 12 sh. 6 d. Dent ; 72 fr. Coulon. Un bel exemplaire relié en 3 vol. *mar. r.*, figures de B. Picart ajoutées, 212 fr. de Cotte ; 237 fr. *m. r. tab.* F. Didot, et 341 fr. Labédoyère.

— COMŒDIÆ ; recensuit notasque suas et Gab. Faerni addidit Ric. Bentleius ; editio altera, denuo recensita ac indice amplissimo aucta. — Phædri fabulæ et Pub. Syri et aliorum veterum sententiæ; recensuit et notas addidit Ric. Bentleius. *Amstelodami, Wetsten. et Smith*, 1727, 2 part. en 1 vol. in-4. 8 à 10 fr., et plus en Gr.
Cette édition de Térence et de Phèdre est préférée à celle de *Cambridge*, 1726, 2 tom. en 1 vol. in-4., sur laquelle elle est faite. Un exemplaire de cette dernière, Gr. Pap. et *m. r.*, a été vend. 60 fr. Mac-Carthy ; 1 liv. 2 sh. Drury. On trouve quelquefois le Térence sans le Phèdre. Au sujet du travail de Bentley sur Térence, nous citerons : *F. Volg. Reizii progr. Burmannum de Bentleii doctrina metror. terentianor. judicare non possit*, Lipsiæ, 1787, in-4. — *G. Hermanni progr. de R. Bentleio ejusque editione Terentii*, Lipsiæ, 1819, in-4.

— COMŒDIÆ : præfixa sunt loca Menandri et Apollodori, quæ Terentius latine interpretatus est : accesserunt emendationes omnes bentleianæ. *Dublinii, ex officina Geor. Grieson*, 1727, pet. in-12. 3 à 5 fr.

— COMŒDIÆ, cum interpretatione Donati et Calphurnii, et commentario perpetuo ; curavit Arn.-Henr. Westerhovius. *Hagæ-Comitum*, 1732, in-8. 6 à 9 fr. 32 fr. *mar. bl.* De Bure ; 66 fr. *mar. r.* par Derome, Parison.
Il n'est pas inutile de joindre à cette édition l'opuscule intitulé :
ARN.-HENR. WESTERHOVII vindiciæ terentianæ, quibus malevolæ criticorum trigæ respondetur. *Goudæ*, 1734, pet. in-8.

— COMŒDIÆ, ex editione westerhoviana. *Glasguæ, Foulis*, 1742, in-8. 3 à 5 fr.
Cette édition, ayant de grandes marges, a souvent été annoncée comme Gr. Pap. Le véritable Gr. Pap. de ce livre est fort rare ; l'exemplaire acheté 96 fr. à la

vente Mac-Carthy porte la note suivante au bas du frontispice : *In hanc chartam maximam quadraginta exemplaria solummodo sunt excusa*. Celui de Crevenna n'a été payé que 12 fr.; un autre en *mar. bl.* avec des fig. ajoutées, 40 fr. Renouard.

— COMŒDIÆ. *Lond., Brindley*, 1744, in-18. 3 à 4 fr.

— COMŒDIÆ, edente Hawkey. *Dublinii*, 1745, pet. in-8. 4 à 5 fr.
Les exemplaires en Gr. Pap. sont rares : 1 liv. 10 sh. *mar.* Drury.

— COMŒDIÆ, accesser. variæ lectiones. *Londini, Knapton*, 1751, 2 vol. gr. in-8. fig. 10 à 15 fr.
L'édition en 2 vol. pet. in-8., 5 à 7 fr.

— COMŒDIÆ (edente Stephano Philippe). *Lutetiæ-Parisior., Le Loup*, 1753, 2 vol. in-12, fig. 6 à 8 fr.; — pap. de Holl., 10 à 12 fr.
Il y a quelques exemplaires imprimés sur PARCHEMIN : vend. en 3 vol. *mar. doublé de tab.* 300 fr. Gouttard ; 70 fr. en feuilles, Lamy ; 153 fr. d'Ourches ; 131 fr. *m. bl.* Lair ; 75 fr. en 1841.

— COMŒDIÆ. *Edinburgi, Hamilton et Balfour*, 1758, pet. in-8. 5 à 6 fr.
Édition réputée très-correcte. Vend. en Gr. Pap. *m. r.* 15 fr. Saint-Martin ; 31 fr. *m. bl.* Caillard ; 20 fr. *mar. r.* Chateaugiron ; 1 liv. 19 sh. Hibbert.

— COMŒDIÆ. *Birminghamiæ, typis Joan. Baskerville*, 1772, gr. in-4. 10 à 12 fr.
En *mar. r.* 21 fr. 50 c. Quatremère.

— COMŒDIÆ. *Birming., Baskerville*, 1772, pet. in-8. 3 à 5 fr.
Un exemplaire relié en *vélin blanc* par Edwards de Londres, avec des peintures sur les plats de la couverture et un paysage sur la tranche, a été vendu 340 fr. d'Ourches, et 200 fr. en 1814 ; maintenant il n'aurait pas un si haut prix.

— COMŒDIÆ, ex recensione Fr. Lindenbrogii, cum ejusd. variantibus lectionibus atque Donati, etc., commentariis integris; his accesserunt Bentleii et Faerni lectiones et conjecturæ, item Westerhovii in scholiastas lectiones et conjecturæ, quibus et suas adspersit Jo.-Car. Zeunius. *Lipsiæ, Georgi*, 1774 (ou nouveau titre, *Regiomonti, Hartung*, 1787). 2 vol. in-8. 6 à 9 fr.
L'édition de *Londres*, 1820, en 2 vol. in-8., a effacé celle-ci.

— COMŒDIÆ, secundum editionem westerhovianam, cum notis veterum scholiastarum selectis ; opera et studio Gudmundi Magnæi, qui et multa de suo adjecit. *Hauniæ*, 1788, 2 vol. in-8. 8 fr.; — Pap. fin, 10 fr.

— COMŒDIÆ : recensuit, notasque suas et Gabr. Faerni addidit Rich. Bentley ; editio secunda, repetita ac indice aucta (a F.-Wolfg. Reiz). *Lipsiæ, Schwickert*, 1791, in-8. 4 à 6 fr.

— COMŒDIÆ, ad fidem optimar. editionum recensitæ (a Brunck). *Basileæ, sumpt. Jac. Decker*, 1797, gr. in-4. pap. vélin.
Assez belle édition, qui se donne cependant à très-bas prix. Il en a été tiré trois exemplaires sur VÉLIN, un d'eux s'est vend. 11 liv. à Londres, en 1817 ; 80 fr. en 1841 ; un autre 75 fr. Renouard, et revendu 125 fr. Solar.

— COMŒDIÆ, in usum elegantiorum hominum edidit F.-H. Bothe. *Berolini, Unger*, 1806, in-8. 5 fr. — Pap. vél., 8 fr. — Pap. fort, 10 fr.
Cette édition est, selon Schœll, ce que l'imprimeur a fait de mieux ; c'est cependant un livre fort ordinaire.

— COMŒDIÆ : textum ad fidem codicis halensis antiquissimi edidit, variam editionum lectionem annotavit, scholia a vulgatis diversa ex eodem codice descripsit, et Ruhnkenii dictata in Terentium adjecit P.-Jac. Bruns. *Halæ*, 1811, 2 vol. in-8. 10 fr.; — pap. fin, 12 fr.

— COMŒDIÆ, ex editione Westerhovii. *Londini, Rodwell et Martin*, 1815, gr. in-18. 4 sh.
Édition de la collection du Régent, soignée par J. Carey.

— COMŒDIÆ sex, ex recensione Frid. Lindenbrogii, cum ejusdem manuscriptorum lectionibus et observationibus atque Ælii Donati, Eugraphii et Calphur,

nii commentariis integris : his accesserunt Bentleii
et Faerni lectiones ac conjecturæ omnes, sed in
compendium redactæ, item Westerhovii in scholiastas lectiones et conjecturæ, quibus et suas adspersit M.-Jo.-Car. Zeunius : adjecto indice in Donatum et Terentium locupletissimo; insuper addita
sunt Ruhnkenii dictata in Terentium necnon selectissimæ virorum doctorum annotationes. *Londini,
typis excudebat J.-F. Dove, prostant venales
apud R. Priestley,* 1820, 2 vol. in-8.
Une des meilleures et des plus belles éditions de Térence; c'est celle de Zeunius (de 1774) qui en forme
la base : 12 à 16 fr.; — Gr. Pap., 18 à 24 fr. Vend.
2 liv. 15 sh. mar. Drury.
Les *Dictata Ruhnkenii* avaient déjà paru dans l'édit.
donnée par Bruns, en 1811. Il y en a une édition
séparée et plus complète, sous le titre de *D. Ruhnkenii in Terentii comœdias dictata, cura L. Scho-
peni,* Bonnæ, Weber, 1825, in-8. 1 thl. 4 gr.
— COMŒDIÆ, lectissimis adnotationibus illustratæ,
curante ac recensente Aloys. Rossio. *Mediolani,*
1820, 2 vol. in-8. 10 fr.
— COMŒDIÆ sex, denuo recognitæ et emendatæ :
accesserunt lectiones variæ perpetuæ, et loci e
Menandro, Plauto et aliis, cura et studio J.-A. Amar.
Paris., Lefèvre (typis J. Didot), 1823, 2 vol.
gr. in-32, pap. vél. portr. 4 fr., et plus en Gr. Pap.
— TERENTIUS. *Londini, typis C. Corrall, impensis
G. Pickering,* 1822, in-48, portr. et titre gr. 6 sh.
Il a été tiré six exemplaires de ce Térence sur VÉLIN,
ainsi que des autres éditions des classiques latins
publiés dans ce petit format par le même éditeur.
— TERENTII Comœdiæ, ex editione Zeunii, cum notis
et interpretatione in usum Delphini, variis lect.,
notis variorum et indice locupletissimo. *Londini,
Valpy,* 1824, 3 vol. in-8.
Formant la fin du n° 57 et les n°ˢ 58 à 60 de la collection de Valpy.
— COMŒDIÆ : ad codices mss. et optimas editiones
recognovit, varietate lectionis, commentario perpetuo et indice verborum instruxit Fr.-Ch.-G.
Perlet : accedunt variæ lectiones trium codicum
guelferbitan., nunc primum collator. excerptæ :
editio nova, aucta appendice animadversionum,
etc. *Lipsiæ,* Hahn, 1827, in-8. 2 thl.
La 1ʳᵉ édition du Térence de Perlet, est de *Leipzig,* 1821, in-8. Elle a été réimprimée à Turin,
chez Pomba, en 2 vol. in-8.
— COMŒDIÆ, ex optimarum editionum textu recensitæ, quas adnotatione perpetua, variis disquisitio-
nibus et indice rerum locupletissimo illustravit N.-
E. Lemaire. *Parisiis, Lemaire (typis F. Didot),*
1827-28, 2 vol. en 3 part. in-8. 12 fr.
— COMŒDIAS sex, cum interpretatione Donati et
Calphurnii et commentario perpetuo in usum studiosæ juventutis edidit H. Westerhovius : accesserunt variæ lectiones exempli bentleiani, notatic
metrica, selecta Ruhnkenii annotatio; editionem
curavit Godof. Stallbaum. *Lips.,* Hartmann, 1830-
31, 6 vol. in-8. 5 thl. — Pap. collé, 7 thl.
Le 6ᵉ vol. renferme un *Index rerum et latinitatis.*
— COMŒDIÆ sex, ex recensione Frid. Lindenbrogii,
et cum notis selectis Bentleii, Lindenbrogii, Westerhovii, Zeuniique, nec non scholiis Ælii Donati,
Calphurnii, et Eugraphii; quibus nunc primum
scholia anonymi (fortasse Calliopii), et picturas veteres ab Ang. Maio e codd. ambros. nuper editas
adjunxit Jo.-Allen Gilles. *Londini,* 1837, in-8. de
856 pp. 12 sh.
Édition recommandable.
— COMŒDIÆ, cum scholiis Ælii Donati et Eugraphii commentariis, edidit Rein. Klotz. *Lipsiæ,*
Schwickert, 1838-40, 2 vol. in-8. 6 thl.
— COMŒDIÆ. Recensuit notasque suas et Gabr. Faerni
addidit Rich. Bentleius; editionem curavit, Reizii
et Hermanni dissertationes præmisit, commentariorum indices addidit Edv. Vollbehr. *Kiliæ,* 1846,
in-8. 3 thl.

— Voy. DONATI comment. in Terentium.

—Therence en frâcois, prose et rime,
avecques le latin.—*Icy fine Therence...
imprime a Paris pour Anthoine Verard... en la rue sainct Jacques pres
petit pont* (vers 1500), in-fol. goth. à
2 col. de 50 lign.

Édition rare, ornée d'un assez grand nombre de gravures sur bois, dont plusieurs sont répétées; elle
renferme en tout ccclxxxv ff. chiffrés, y compris le
titre. Vend. en *mar. r.* 21 fr. La Vallière; 3 liv.
3 sh. Heber; 158 fr. *mar.* de Soleinne.
Un exemplaire impr. sur VÉLIN, avec miniatures, est
indiqué dans le catal. de la Bibliothèque impériale,
Y, 719.

LE GRANT therèce en francoys tât En Rime que
en prose nouuellement Imprime a Paris. Marc
Therèce varro, liure tres plaisant ꝛ ioyeulx contenant diuerses sentences des Facessies ꝛ ieux ꝗ iadis
estoient iouez a Romme quon appelloit les comedies : auquel liure vous apprendrez maintes choses
subtiles et bons enseignemens pour linstruction de
tous de quelque estat quilz soient. *Imprime a Paris par Guillaume de Bossozel, pour Guillaume
le Bret.* M. D. XXXIX, in-fol. de CCC. LXXXIX ff.
chiffrés, à 2 col., avec fig. sur bois. (Les folios 7 et
8 manquent.)
La traduction est imprimée en caractères goth., et le
texte en lettres rondes. Après le titre, qui est dans
une bordure gravée sur bois, se lit un prologue en
vers du translateur, où l'on apprend que la traduction a été faite pour un roi de France. (Dans l'édit.
de Verard, ce prologue est adressé à Louis XII.)
Peut-être est-ce celle de Guillaume Rippe, secrétaire de Louis XI. Le vol. est terminé par un
dixain du liure. Les impressions faites pour Guill.
Le Bret portent quelquefois la marque ci-dessous.
Il y a des exemplaires à l'adresse de *Jehan Petit.*
Vendu 12 fr. La Vallière; 5 liv. 2 sh. 6 d., bel
exempl. *mar. olive,* Hibbert; et un autre exempl.
1 liv. 12 sh. ibid. ; 2 liv. 5 sh. Heber; 25 fr. (exempl.
piqué par les vers) de Soleinne; autre, en *mar. r.,*
80 fr. de Soleinne, et même prix Monmerqué; et
en *mar. br.* par Duru, 150 fr. Solar.

L'édition de *Paris, Kerver,* 1539, in-fol. goth. fig.
sur bois, paraît être la même que ci-dessus : 55 fr.
mar. v., en mai 1841.
— LES SIX COMÉDIES de Terence, tres excellent poëte

comique, mises en francoys, en faveurs des bons espritz studieus des antiques recreations (par Jean Bourlier). *Anvers, Jean Waesberghe*, 1566, in-8. Cette traduction est précédée d'une dissertation sur les comédies des anciens. 8 fr. de Soleinne.

— LA MÊME traduction, avec le latin correspondant l'un à l'autre, en faveur des jeunes enfans desireux de la pureté et intelligence de la langue latine. *Paris, Mich. Clopeiau*, 1567, in-16 de XVI ff. prélim. et 272 ff. chiffrés. 7 fr. 25 c. *mar.* de Soleinne.

Réimprimé, *Paris, Cl. Macault*, 1574, in-16, et de nouveau sous ce titre :.

LES SIX COMÉDIES de Terence, corrigées en presque infinis endroits, par M. Ant. de Muret : avec les fleurs, frases et expositions morales mises à la fin de chasque scene, le francois correspondant au latin. *Paris, Robert Le Fizelier* (aussi *Jean de Bordeaux* ou *Th. Brumen* ou *Colombel*), 1583, in-16.

C'est encore la traduction de J. Bourlier, cette fois revue et corrigée d'après le texte donné précédemment par Muret. On y a joint une vie de Térence en place de la dissertation qui se trouve dans l'édition de 1566 ci-dessus.

— **Les Comédies de Térence, avec la traduction et les remarques de Mme Dacier. *Rotterdam, Gasp. Fritsch*, 1717, 3 vol. pet. in-8. fig. de Bern. Picart.**

Édition la plus recherchée de cette traduction : 8 à 10 fr. (35 fr. *mar. r.* Quatremère), et en Gr. Pap., dont les exemplaires sont rares : 60 à 80 fr. ; vend. même, très-bel exemplaire; en *mar. r.*, rel. par Padeloup 324 fr. F. Didot, et 381 fr. Labédoyère; autre, *mar. r.*, 132 fr. Mac-Carthy; 62 fr. *mar. r.* par Roger Payne, de Soleinne; 250 fr. (exemplaire en *mar. bl.* et fig. de Cochin ajoutées) 250 fr. Renouard ; rel. *en vélin*, 100 fr. Solar ; autre, en *mar. r.* rel. par Derome, 265 fr. Double. Réimprimé avec différentes leçons de Donat, Bentley, etc. *Amsterdam*, 1747 (ou avec des titres datés de *Paris, Barbou*, 1768), 3 vol. in-12, fig. Prix ordinaire.

— LES COMÉDIES de Térence, suivant la nouvelle traduction de madame Dacier, traduites en suédois. *Imprimé à Stockholm, par le soin de Georges Gottlib Burchard*, 1699, 3 vol. in-12; en français et en suédois.

La première édition de la traduction française de madame Dacier est de Paris, Den. Thierry, 1688, 3 vol. in-12.

— **Les mêmes comédies, traduction nouvelle, avec le texte latin à côté, et des notes par l'abbé Le Monnier. *Paris, Jombert*, 1771, 3 vol. in-8. fig. 9 à 12 fr., et plus en pap. fort.**

Cette traduction est plus estimée que celle de Mme Dacier, et nous ne croyons pas que celle d'Amar l'ait entièrement effacée; cependant on la recherche peu maintenant. Vend. en pap. de Hollande, et relié en *mar.*, 48 fr. Chateaugiron ; 45 fr. Labédoyère, et 46 fr. *non rogné*, et les fig. de Cochin ajoutées, Renouard. Un exemplaire extraordinaire, rel. en *mar.* par Bozerian, fig. de Bern. Picart ajoutées, a été vendu avec le Perse et les fables de Le Monnier, même condition : 279 fr. Bozerian, et 301 fr. d'Ourches.

Il existe une édition en 3 vol. pet. in-8., corrigée pour les jeunes gens ; et une autre *revue et précédée d'un essai sur la comédie latine par M. Auger*, Paris, Janet et Cotelle, 1825, 3 tom. en 6 vol. in-18.

— LES COMÉDIES de Térence, traduites pour la première fois en vers français, avec le texte en regard, par B. Bergeron. *Gand, Houdin*, 1821, 3 vol. gr. in-8. 15 fr.

Ce n'est point la première traduction de Térence que l'on ait donnée en vers français, car nous en avions

déjà une, sans nom d'auteur, impr. à *Paris*, en 1806, 2 vol. in-8., que l'on sait être d'H.-Gabr. Duchesn:, et qui est des plus médiocres.

— LES COMÉDIES de Térence, traduction nouvelle, par M. J.-A. Amar, avec le texte. *Paris, Panckoucke*, 1830-31, 3 vol. in-8. 21 fr.

— LES COMÉDIES de Térence, traduites en vers français par Benjamin Kien (texte en regard). *Dunkerque, Kien*, 1858, in-12 de XII et 869 pp.

— TÉRENCE traduit en vers français par le major Taunay (avec le texte). *Paris, Desoye*, 1858, 2 vol. in-12, avec 8 gravures.

— COMÉDIES de Térence, traduction nouv., par M. Eugène Talbot. *Paris, Charpentier*, 1860, 2 vol. gr. in-18. 7 fr.

— THÉÂTRE complet de Térence, traduit en vers par le marquis de Belloy. *Paris, Mich. Lévy*, 1862, gr. in-18. 3 fr.

— **Premiere comedie de Terence, appellee l'Andrie : nouuellement traduite, τ mise en ryme Françoyse : Plus un traité des quatre vertus cardinales, selon Seneque. *A Lyon, par Thibauld Payan*, 1555, in-8. de 218 pp., y compris 4 ff. prélimin., plus 2 ff. pour la table.**

Bonaventure Des Periers est le traducteur du traité des *Quatre vertus*, qui commence à la page 185 de ce volume, et son nom se trouve sur le titre particulier de cette partie du livre. A-t-il aussi écrit les vers de l'Andrienne, qui sont pleins de naïveté, et rendent assez exactement le latin ? C'est ce dont ne doute nullement Goujet, qui cite même une première édition de cette pièce imprimée à *Lyon*, en 1537, in-8. Celle de 1555, la seule que nous connaissions, est rare, et mérite d'être conservée à cause du nom de Des Periers.

Du Verdier, et après lui Maittaire et Goujet, citent :

PREMIÈRE comédie de Térence, intitulée l'Andrie, traduite en prose par Ch. Estienne, avec un brief recueil de toutes les sortes de jeux qu'avaient les anciens Grecs et Romains, et comme ils usaient d'iceux. *Paris, Gilles Corrozet*, 1542, in-16.

Nous avons déjà donné (tome I, col. 132) une marque
de Gilles Corrozet ; celle qui précède se trouve sur
les éditions de format in-fol. qui portent son nom.

— **Le comedie di Terentio volgari, di
nuovo ricorrette, e a miglior tradottione
ridotte.** — *Vinegia,* 1546, *in casa de'
figlivoli di Aldo,* in-8. de 168 ff. 6 fr.

Cette traduction, due aux soins de J.-B. de Borgo-
Franco, parut pour la première fois à *Venise, per
Bern. Vidale,* 1533, in-8.
— TERENTII Comœdiæ, nunc prim. italicis versibus
redditæ (a Nic. Fortiguerra), cum personarum fi-
guris ære incisis ex ms. codice bibliothecæ Vaticanæ. *Urbini, Mainardus,* 1736, in-fol. 12 à 15 fr.
Belle édition publiée aux frais du cardinal Albani.
L'exemplaire de dédicace au duc de Saxe se conserve dans la Bibliothèque royale de Dresde : le texte
de cette dédicace est imprimé en or. Il ne paraît
pas qu'il ait été tiré d'exemplaires en Gr. Pap.
La traduction de Nic. Fortiguerra a été réimpr. à
Venise, 1774, in-8., avec le texte latin, et aussi
dans l'édition suivante :
TERENTII comœdiæ, ex recensione Dan. Heinsii,
collatæ ad antiquiss. mss. codd. Bibliothecæ vaticanæ, cum variantibus lectionibus, larvis et personis depromptis ex eisdem codd., et italica versione, recensuit, notasque addidit Car. Cocquelines.
Romæ, 1767, 2 vol. gr. in-fol. fig.
Cette édition, qui peut servir de pendant au Virgile
donné par le même éditeur, est peu recherchée, et
ne vaut que 15 ou 20 fr., quoiqu'elle ait été vend.
quelquefois plus cher.
— LE SEI comedie, recate in volgar fiorentino da Antonio Cesari. *Verona, Er. Merlo,* 1816, 2 vol. in-8.
La traduction italienne de Térence, par Alfieri, fait
partie des œuvres de ce célèbre poëte ; elle est
aussi impr. séparément en 2 vol. in-8. et en 2 vol.
in-16.
— L'ANDRIA, et l'Eunucho di Terentio, tradotte in
verso sdrucciolo per Gio. Giustiniano di Candia.
*Vinegia, in casa di Fr. d'Asola, nell' anno 1544,
nel mese di luglio,* pet. in-8. de 8 ff. préliminaires,
et 72 ff. chiffrés.
Le titre de ce volume porte l'ancre, mais n'a pas le
mot *Aldus.* Après la préface se lit une épître de
Fr. d'Asola à J. Grolier : 4 sh. Butler ; 12 fr. de
Soleinne. Il a été tiré quelques exemplaires en Gr.
Pap., et même en Gr. Pap. bleu. Un de ces derniers
s'est vendu 14 liv. chez Heber ; et 5 liv. 6 sh.
Butler.

— **Las seys comedias de Terencio, traducidas en vulgare castellano por Ped.-
Sim. Abril.** *Çaragoça, por Juan So-
ler,* 1577, in-8., avec le texte latin.

Réimpr. *Alcala, J. Gracian,* 1583, in-8.; *Barcelona,
por Jayme Cendrat,* 1599, in-8., et aussi *Valencia, Montfort* (par les soins de Gregorio Mayans),
1762, 2 vol. in-8.

— **Terentius der hochgelert vnd allerbru-
chelichst Poet, von Latin zu Tütsch
transferirt, nach dem Text vnd nach der
gloss.** *Strassburg, Grünynger,* 1499,
in-fol. de 168 ff. chiffrés, avec fig. sur
bois.

Première traduction allemande, complète, de Térence.
— LUSTSPIELE, übers. in Prosa und commentirt von
Joh.-Fr. Roos. *Giessen,* 1794-98, 2 vol. in-8. 2 thl.
— LUSTSPIELE, metrisch verdeutscht und mit phi-
lolog. und moral. Anmerkungen begleitet von
Benj.-Friedr. Schnieder. *Halle,* 1790-93, in-8. —
Autre traduction allemande en prose par Christ.-
Vict. Kindervater, *Jena,* 1799-1800, 2 vol. in-8. —
Autre, en vers libres, par Fr. Hildeb. von Einsiedel.
Leipzig, 1806, 2 vol. in-8. — Autres en vers par

Theod. Benfey. *Stuttgart,* 1827-28, 9 vol. in-16.
— par Wolper. *Prenzl,* 1827-28, 2 vol. in-8., et par
Fr. Jacob, *Berlin, Reimer,* 1845, in-8.

— **Phædria (ou Eunuchus), en allemand.**
— *Dise comedia hat Hanns Rythart
zu Ulm lassen trucken den Cunrad
Dinckmut,* M CCCC LXXXVI, in-fol. de
8 ff. non chiffrés et 93 ff. chiffrés, avec
de grandes fig. gravées sur bois.

Édition très-rare : vend. 4 liv. 4 sh. Heber, et 170 fr.
en 1856.

— **Comedies of Terence, translated into
english prose, together with original
lat. and notes, by S. Patrick.** *London,
Edwards,* 1767, 2 vol. gr. in-8. 10 à
15 fr.

Traduction estimée; mais moins que celle de Colman : elle avait déjà été impr. en 1745, et en 1759.
— THE COMEDIES of Terence, translated into familiar blank verse, by George Colman. *London,*
1765, in-4.
Il y a une seconde édition, revue et corrigée : *Londres,*
1768, 2 vol. in-8., laquelle a été réimprimée en
1788, et en 1802, etc., et with notes by Nuttal; *London,* 1841, pet. in-8.
Il existe d'anciennes traductions angl. de Térence,
qui ont un grand prix, à cause de leur rareté; de
ce nombre sont les deux suivantes :
THE TRANSLACYON out of latin into englysh of
the first comedy of Tyrens (sic) callyd Andria (no
date), pet. in-fol. on in-4., sign. A—D.
Dans l'exemplaire de ce volume rare décrit par Did-
bin (*Typogr. Antiq.,* III, 109-10) le 6e f. du cah. D
où devait se trouver la souscription paraît manquer. On suppose que l'édition a été impr. à Londres par John Rastell, vers 1520 ; la traduction
est en lettres goth. et le texte latin en caractère
romain, à la marge.
ANDRIA the first comedie of Terence, in english...
carefully translated out of latin, by Maurice Kyffin.
London, by T.-E. for Thomas Woodcocke, 1588,
in-4. goth., signat. A—K, par 4, non compris le
titre. Vend. 8 liv. Inglis ; 12 liv. 5 sh. Heber.

TERENTIUS Varro. Voy. VARRO.

TERMINII Contursini (*Anton.*), Junii Albini Terminii senioris, Molsæ, Bernardini Rotæ, et aliorum illustrium poetar.
carmina (a Lud. Dulcio collecta). *Venet., Gabr. Julitus,* 1554, in-8. 5 à
6 fr. [12624]

TERNAUX-COMPANS (*Henri*). Voyages,
relations et mémoires originaux pour
servir à l'histoire de la découverte de
l'Amérique, publiés pour la première
fois en français par lui. *Paris, Arth.
Bertrand,* 1837-41, 20 vol. in-8.
[20938]

Collection intéressante, et dont il n'a été tiré qu'un
petit nombre d'exemplaires. Elle est divisée en
deux séries, dans l'ordre suivant :

Première série :

1. BELLE et agréable narration du premier voyage
de Nicolas Federmann le jeune, d'Ulm, aux îles de

Terme (*J.-F.*) et J.-B. Monfalcon. Enfants trouvés,
4088.

la mer Océane, et de tout ce qui lui est arrivé dans ce pays jusqu'à son retour en Espagne ; écrite brièvement, et divertissante à lire. (*Haguenau*, 1557), in-8, 1837. 6 fr. 50 c.

2. HISTOIRE de la province de Sancta-Cruz, que nous nommons ordinairement le Brésil, par Péro de Magalhânès de Gandavo. (*Lisbonne*, 1576), in-8, 1837. 4 fr. 50 c.

3. VÉRITABLE histoire et description d'un pays habité par des hommes sauvages, nus, féroces et anthropophages, situé dans le Nouveau-Monde nommé Amérique, inconnu dans le pays de Hesse, avant et depuis la naissance de Jésus-Christ, jusqu'à l'année dernière. Hans Staden de Homberg, en Hesse, l'a connu par sa propre expérience, et le fait connaître actuellement par le moyen de l'impression. (*Marbourg*, 1557), in-8, 1837. 8 fr. 50 c.

4. RELATION véridique de la conquête du Pérou et de la province de Cuzco, nommée Nouvelle-Castille, subjuguée par François Pizarre, et dédiée à Sa Majesté l'Empereur par François Xérès. (*Salamanque*, 1547), in-8, 1837. 6 fr.

5. HISTOIRE véritable d'un voyage curieux, fait par Ulrich Schmidel de Straubing, dans l'Amérique et le Nouveau-Monde, par le Brésil et le Rio de la Plata, depuis l'année 1534 jusqu'en 1554. (*Nuremberg*, 1559), in-8, 1837. 7 fr.

6. COMMENTAIRES d'Alvar Nuñez Cabeça de Vaca, adelantade et gouverneur du Rio de la Plata. (*Valladolid*, 1555), in-8, 1837. 4 fr.

7. RELATION et naufrages d'Alvar Nuñez Cabeça de Vaca. (*Valladolid*, 1555), in-8, 1838. 9 fr.

8. CRUAUTÉS horribles des conquérants du Mexique et des Indiens qui les aidèrent à soumettre cet empire à la couronne d'Espagne. Mémoire de don Fernando d'Alva Ixtlilxochitl. Supplément à l'histoire du père Sahagun, publié par Charles-Marie de Bustamante. (*Mexico*, 1829), in-8, 1838. 10 fr.

9. RELATION du voyage de Cibola, entrepris en 1540, où l'on traite de toutes les peuplades qui habitent cette contrée, de leurs mœurs et coutumes, par Pedro de Castañeda de Nagera. (Inédite.) 1838, in-8. 12 fr.

10. RECUEIL de pièces relatives à la conquête du Mexique. (Inédit). 1838, in-8. 14 fr.

Deuxième série :

1. RAPPORT sur les différentes classes de chefs de la Nouvelle-Espagne, sur les lois, les mœurs des habitants, sur les impôts établis avant et depuis la conquête, etc., etc. ; par Alonzo de Zurita. (Inédit.) 1840, in-8. 13 fr.

2. HISTOIRE des Chichimèques, ou des anciens rois de Tezcuco ; par don Fernando d'Alva Ixtlilxochitl, traduite sur le manuscrit espagnol. (Inédite.) 1840, 2 vol. in-8. 25 fr.

3. HISTOIRE du Nicaragua, par Gonzalo Fernandez de Oviedo y Valdès. (Inédite.) 1840, in-8. 9 fr.

4. HISTOIRE du Pérou, par Miguel Cavello Balboa. (Inédite.) 1840, in-8. 10 fr.

5. RECUEIL (second) de pièces sur le Mexique. (Inédit.) 1840, in-8. 11 fr.

6. MÉMOIRES historiques sur l'ancien Pérou, par le licencié Fernando Montesinos. (Inédits.) 1840, in-8. 8 fr.

7. HISTOIRE du royaume de Quito, par don Juan de Velasco, natif de ce royaume. (Inédite.) 1840. 2 vol. in-8. 26 fr.

8. RECUEIL de pièces sur la Floride. (Inédit.) 1841, in-8. 11 fr.

Autres ouvrages mis au jour par M. H. Ternaux-Compans :

ARCHIVES des voyages, ou collection d'anciennes relations inédites ou très-rares, de lettres, mémoires, itinéraires et autres documents relatifs à la géographie et aux voyages, suivies d'analyses d'anciens voyages et d'anecdotes relatives aux voya-

geurs, tirées des mémoires du temps. *Paris, Arth. Bertrand*, 1840, in-8.

Publié en même temps que la 4e série des *Nouvelles annales des voyages* (voy. MALTE-BRUN). Chaque vol., en 2 parties, 10 fr.

RECUEIL de documents et mémoires originaux sur l'histoire des possessions espagnoles dans l'Amérique, à diverses époques de la conquête, renfermant des détails curieux sur les mœurs, les coutumes et les usages des Indiens, leurs relations avec les Espagnols, et sur la géographie et l'histoire naturelle de ces contrées, publiés sur les manuscrits anciens et inédits de la bibliothèque de M. Ternaux-Compans. *Paris, Gide*, 1840, in-8. 10 fr. [28478]

BIBLIOTHÈQUE américaine, ou catalogue des ouvrages relatifs à l'Amérique, qui ont paru depuis sa découverte jusqu'à l'an 1700. *Paris, Arth. Bertrand*, 1837, in-8. 10 fr. 50 c. ; format in-4. Gr. Pap. 20 fr. 50 c. et plus cher aujourd'hui. [31787]

BIBLIOTHÈQUE asiatique et africaine, ou catalogue des ouvrages qui ont été publiés sur ces deux continents jusqu'à ce jour. *Paris, Arth. Bertrand*, 1841, in-8. Terminé par une table des noms d'auteurs, etc. 13 fr. [31783]

NOTICE sur les imprimeries qui existent ou ont existé en Europe. *Paris, Arth. Bertrand*, 1843, in-8. de 146 pp.

NOTICE sur les imprimeries qui existent ou ont existé hors de l'Europe. *Paris, Arth. Bertrand*, in-8. de 48 pp.

— Histoire du Mexique, trad. de Tezozomoc, 28602.

TERNISIEN d'Haudricourt. Fastes de la nation française et des puissances alliées. *Paris*, 1804-13, 2 vol. gr. in-4. fig. 80 à 120 fr. [23948]

Malgré ce que porte son titre, cet ouvrage a principalement trait aux guerres qui ont suivi la révolution de 1789, et aux campagnes de Napoléon. Il a paru en 17 livrais., ou 68 cah. en pap. ordinaire, — en pap. vél., — avec fig. color., — et in-fol. pap. vél. — Ces mêmes Fastes ont été publiés de nouveau en 1825, sous le titre suivant :

FASTES de la nation française, ouvrage présenté au roi. *Paris, Decrouan*, sans date, 3 vol. gr. in-4. pap. vél., au prix de 400 fr.

Les nouveaux exemplaires sont augmentés de l'*Entrée de Charles X à Paris, en décembre* 1824, de quelques autres planches, et de tables alphabétiques des planches de chaque volume.

TERNITE (*W*.). Wandgemälde aus Pompeji und Herculanum. Mit einem erläuternden Texte von E.-O. Müller. *Berlin, Reimer*, 1844, 3 cah. gr. in-fol., 24 pl. lith. 60 fr. [29346]

TERRACINA (*Laura*). Rime. *Vinegia, G. Giolitto*, 1548 (aussi 1549), pet. in-8. [14551]

Première partie des poésies de cette dame. (L'édition de 1549, en mar. 14 sh. Libri, en 1859.) — Réimpr. avec une *Diceria d'Amore* du Doni, *Vinegia, Giolito*, 1550, in-8. — avec les corrections de Domenichi, *Ibid.*, 1560, in-8., et de nouveau à Naples, chez Bulifone, 1693, in-12.

La première et la seconde partie des *Discorsi* de Laura Terracina sur les premières stances de chants de l'*Orlando* de l'Arioste, forment la seconde et la troisième partie des œuvres de cette femme poëte ; elles ont d'abord été impr. à Venise, en 1550, en 1554 et en 1557, ensuite dans la même ville en 1567, in-8.

Le *quarte*, le *quinte rime* de la même ont paru successivement à Venise, chez Vavassore, en 1550 et 1552, et ses *seste rime*, à Lucques, chez Busdrago, en 1558, in-8.

TERRASSON (*Ant.*). Histoire de la jurisprudence romaine. *Paris,* 1750, in-fol. 12 à 15 fr. [2427]

Réimprimé à *Toulouse, chez Corne,* 1824, in-4. ; et abrégé par J.-J. Fuzier, *Beziers,* 1824, in-8.

— Hôtel de Soissons, 24149. — Réfutation, 24150.

TERRASSON (*Jean*). Sethos, histoire, ou vie tirée des monumens-anecdotes de l'ancienne Egypte, trad. d'un ms. grec (composé par Terrasson). *Paris, Guérin,* 1731, 3 vol. in-12. 8 à 10 fr. [17112]

Édition la meilleure de cet ouvrage médiocre qu'on ne lit plus, et qui cependant a été réimpr. à *Paris,* en 1767, 2 vol. in-12. 5 fr. ; et dans la même ville, en l'an III (1794), 2 vol. in-8., sur mauvais papier. Il y en a encore une édition de *Paris,* 1813, 6 vol. in-18.

— Dissertation sur l'Iliade, 18301.

TERREBASSE (*Louis-Alfred* Jacquier de). Histoire de Bayart, dit le bon chevalier sans peur et sans reproche, suivie d'annotations géologiques, pièces et lettres inédites ; 3ᵉ édition. *Lyon, Louis Perrin,* 1832, in-8. fig. 6 fr. [23463]

Indépendamment du pap. ordinaire, il a été tiré 2 exemplaires pap. jaune, 2 pap. gris, 9 pap. vélin blanc, ornés d'une dédicace et d'un frontispice gothique qui ne se trouvent-pas dans les exemplaires ordinaires. Prix : 30 fr.

— Voy. Boesius (Salvagius) ; Gérard de Roussillon ; Palanus, et Paris (le roman de).

TERREROS y Pando (*Estev.* de). Paleografia española, que contiene todos los modos conocidos, que ha habido de escribir en España, desde su principio y fundacion, hasta el presente..., juntamente con una historia sucinta del idioma comun de Castilla, y demas lenguas, o dialectos que se conocen como proprios en estos reynos. *Madrid, Ibarra,* 1758, pet. in-4. fig. [30216]

Ouvrage curieux, vend. 20 flor. Meerman ; 35 fr. Chaumette ; 30 fr. Libri, en 1857, et quelquefois beaucoup moins.

— Diccionario castellano, con las voces de ciencias y artes, y sus correspondientes de las tres lenguas francesca, latina e italiana. *Madrid, Ibarra,* 1786-93, 4 vol. in-fol. [11160]

Dictionnaire peu commun en France ; le 4ᵉ vol. contient trois petits vocabulaires, où les mots français, latins et italiens sont rangés à part. Il y a quelques années, ce livre se vendait jusqu'à 200 fr., mais il a été donné pour 50 fr. à la vente de M. Sampayo, en 1842.

TERRIBLE (la) et espouvantable comete, laquelle apparut le 6 Doctobre 1527, en Westrie, region Dalemaigne : Le merveilleux brandon de feu q quasi traversa toute la France, etc., le 5 Davril 1528. La pluye de Pierres, laquelle se fist es parties Dytalie le mesme jour et heure du brandon de feu, etc. (*sans lieu ni date*), in-4. goth. [8318]

Biblioth. crofts., n° 8129.

TERRIBLE (la) vie, testamět et fin de Loyson. Jo. le Hap. (*sans lieu d'impression*), pet. in-8. goth. de 4 ff. [13602]

Pièce en 28 stances de 7 vers de 8 syllabes ; elle commence ainsi :

> *VNE ouaye fut en ceste annee*
> *Lan mil cinq cens et xxvi*
> *Jamais nen fut telle couuee.*

TERRIER (*J.*). Vertus de la Vierge. Voy. notre article Puech (*Louis*).

TERRY (*Edw.*). Voyage to East-India, wherein some things are taken notice of in our passage thither, but many more in our abode there, within that rich and most spacious empire of the Great Mogol. *London, J. Martin,* 1655, in-8. portr. et pl. [20664]

Édition rare. Vend. 6 liv. 15 sh. 6 d. Hunter, en 1813, et 1 liv. seulement Hibbert. — Réimprimé *London, Wilkie,* 1777, in-8. 9 fr. 50 c. Langlès.

TERSAN (*C.* de). Voy. Grivaud.

TERTII bergomatis (*Francisci*), pictoris aulici, Austriacæ gentis imagines. Gaspar. Patauinus, incisor. *Œniponti,* MD.LVIII, gr. in-fol. [26425]

Recueil de 57 gravures en taille-douce, divisées en 5 part., savoir : 1ʳᵉ part., 16 pl. ; IIᵉ, 12 pl. ; IIIᵉ, 7 pl. ; IVᵉ, 6 pl., et Vᵉ, 16 pl. La date ci-dessus est celle de la première partie, dont il se conserve un exemplaire sur vélin dans la bibliothèque de l'Arsenal, à Paris. Ces planches représentent les empereurs et les grands hommes de l'Autriche, avec un quatrain au bas de chaque portrait, une notice biographique abrégée, et des fig. emblématiques. — Outre l'édition de 1558, qui se paye une centaine de francs et plus, il y en a deux bien distinctes, sous les dates de 1569 à 1573 ; elles ont quelques planches de plus que la première. Celle de 1560, vend. 81 fr. Cailhava, 110 fr. catal. Ashur.

TERTIUS de Lanis. Voy. Lanis.

TERTRE (du). Voy. Dutertre.

TERTULLIANUS (*Q. Septimus*). Opera ad vetustissimorum exemplarium fidem sedulo emendata, diligentia N. Rigaltii,

---

Terrasson (*Gasp.*). Sermons, 1462.
Terrasson (*Math.*). Œuvres, 2749.
Terreira (*Ant.*). Poemas, 15392.

Terzi di Lauria (*Biagio*). Siria sacra, 21549.

cum ejusdem annott. et variorum commentariis : Phil. Priorius argumenta et
notas adjecit et dissertationem concinnavit : accedunt Novatiani tractatus
cum notis : item accessit carmen de Jona et Ninive. *Lutetiæ-Parisiorum, Le
Petit,* 1675 (seu *ibid., Dezallier,* 1695),
in-fol. 25 à 30 fr. [963]

Cette édition est plus belle et plus correcte que celle
de *Paris,* 1664, in-fol. (26 fr. de Sacy) donnée par
le même Le Prieur, et contient de plus le *Carmen
de Jona et Ninive.* Quant à l'édition de *Paris,*
1641, qui est la seconde du texte de Rigault, elle
ne renferme pas les augmentations de Le Prieur;
ainsi nous avons eu tort de dire autrefois que ces
trois éditions sont également estimées. La première
édition de Tertullien est celle de *Bâle, J. Froben,*
1521, in-fol., publiée par Beatus Rhenanus. Ebert,
qui a donné un article curieux sur les éditions de
ce père, a oublié de noter celle dont voici le titre :
— TERTULLIANI omniloquium alphabeticum, rationale, tripartitum, sive Tertulliani opera omnia in
novum ordinem disposita, exposita et illustrata,
opera et studio Car. Moreau. *Paris., Jacob. Dallin,*
1657-58, 3 vol. in-fol.
Le P. Jean-Louis de La Cerda, de qui nous avons un
grand commentaire sur Virgile, en a donné un sur
Tertullien, impr. à Paris, chez Sonnius, 1624 et
1630, 2 vol. in-fol. Le 3e vol., que préparait l'éditeur au moment de sa mort, n'a pas été imprimé.
Guy Patin (lettre CCXXIV, 2e vol. de l'édition in-8.)
dit ces commentaires *excellemment bons,* ce qui est
au moins fort exagéré.

— Opera, ad editionem Nic. Rigaltii ; accedunt Sigeb. Havercampi commentar.
in Apologeticum, et J.-Laur. Moshemii
disquisitio de vera ætate apologetici a
Tertulliano conscripti. *Venetiis,* 1746,
in-fol. 18 à 20 fr.

— Opera, ex editione Joan.-Sal. Semleri,
curante Fr. Oberthur. *Wiceburgi,* 1780-
1781, 2 vol. in-8. 6 à 10 fr.

L'édition de J.-Sal. Semler et Ch.-G. Schütz, d'après
laquelle celle-ci est faite, a paru à *Halle,* 1770,
6 parties pet. in-8.; elles ne sont complètes ni l'une
ni l'autre.

— Opera quæ supersunt omnia. Edidit
Franc. Oehler. *Lipsiæ, Weigel,* 1851-
53, 3 vol. in-8. 50 fr., et plus en pap.
vél.

— OPERA. Editio minor. *Lipsiæ, Weigel,* 1854, in-8.
30 fr.
Nous ne devons pas omettre de placer ici la grande
compilation du P. Michel Vivian, imprimée plusieurs fois à Paris, en 6 vol. in-4., sous ce titre :
*Tertullianus prædicans, et supra quamlibet ma-
teriam, ordine alphabetico dispositam, conciones
formans.* Il vient d'être réimprimé nouvellement à
Avignon, en 6 vol. gr. in-8.

— Liber de pallio; Cl. Salmasius recensuit, explicavit, notis illustravit. *Lugd.-
Batavorum,* 1656, in-8., avec le portr.
de Saumaise. 3 à 5 fr. [968]

Volume peu commun, qui se joint aux *Variorum.*

— Tertulliani Apologeticus, ad codd. mss.
et editiones vet. recognitus, castigatus,
emendatus, ut et perpetuo commentario
illustratus, studio Sigeb. Havercampi.

Lugd.-Batavorum, 1718, in-8. 6 à 9 fr.
[964]

Ce volume, qui s'annexe à la collection *Variorum,*
ainsi que le précédent, contient quelquefois une
pièce de 64 pp., intitulée : *Jo.-L. Mosheim Disquisitio chronologico-critica de vera ætate Apologetici a Tertulliano conscripti,* Lugd.-Batavor.,
1720. Vend. ainsi complet et rel. en *mar. r.,* 19 fr.
d'Ourches.
— TERTULIAN'S Apology (latin) with copious english
notes and preface intended as an introduction to
study of patriarchal and ecclesiastical latinity by
H.-A. Woodham. *Cambridge,* 1843, in-8.

— OEuvres de Tertullien, trad. en français
par de Genoude; 2e édit. *Besancon,*
1852, *et à Paris, chez Louis Vivès,*
3 vol. in-8. 15 fr.

— DEUX traitez de Florent Tertullian, l'un des pa-
rures et ornements, l'autre des habits et accoustre-
ments des femmes chrestiennes, traduits du latin
par Lambert Daneau. *Paris, Perrier,* 1565, in-8.
5 à 6 fr. [966]

Réimprimé à Genève, en 1580, avec le traité de
saint Cyprien *touchant la discipline et les habits
des filles,* et le *Traité de l'estat honneste des
chrestiens dans leur accoustrement,* également
in-8.

— L'APOLOGÉTIQUE et les prescriptions de Tertullien, traduction de l'abbé de Gourcy, nouvelle
édition, revue et corrigée (par M. Breghot du Lut),
suivie de l'Octavius de Minucius Felix, traduction
nouvelle, avec le texte en regard et des notes. *Lyon,
Janon,* 1823, in-8.

La traduction de l'*Octavius* est de M. A. Péricaud,
de l'Académie de Lyon ; on en a tiré à part quelques
exemplaires non destinés au commerce.

— APOLOGÉTIQUE de Tertullien, nouvelle traduction,
précédée de l'examen des traductions antérieures,
d'une introduction ; accompagnée du texte en regard, revu sur les meilleures éditions, suivie de
variantes et d'un commentaire par l'abbé J.-Félix
Allard. *Imprim. de Ricard, à Marseille, et Paris,
chez Dondey-Dupré,* 1827, in-8.

Pour d'autres traductions des écrits de Tertullien,
voir les nos 964 et suivants de notre table.

TERZE rime del Molsa, del Varchi, del
Dolce et d'altri. (*Venetia*), *Curtio
Navo,* 1539, in-8.

Recueil de pièces fort libres dont, à l'article BERNI
(I, col. 799), nous avons cité une édition de 1542.
L'existence de celle de 1539, que nous n'avions pas
connue, étant constatée, il faut supprimer les lignes
24 et 25 de la col. 800 du même 1er vol.

TESAURO (D. *Emanuel*). Del regno
d'Italia sotto i barbari epitome, con le
annotazioni dell'abbate D.-Valer. Castiglione. *Torino, Zavetta,* 1663, aussi
1664, in-fol. fig. 10 à 15 fr. [25262]

Il y a aussi des éditions in-12, de *Venise,* 1667 et 1668 :
3 à 4 fr.

— Historia dell'augusta città di Torino,
proseguita da Gio.-P. Giroldi. *Torino,*
1679, in-fol. [25311]

Le second volume de cet ouvrage, qui contient la
continuation par Fr.-Mar. Ferrero de Lauriano, a
été imprimé en 1712. Les 2 vol., 24 à 30 fr.
— Voy. THESAURO.

Teschenmacher (*W.*). Annales Cliviæ, 26694.

TESI (*Mauro*). Raccolta di disegni originali di Mauro Tesi, estratti da diverse collezioni , pubblicata da Lodov.-Inig. Caliografo : aggiuntavi la vita dell' autore. *Bologna*, 1787, in-fol., 42 pl. à l'aquarelle. 30 à 36 fr. [9459]

TESORO dei Novellieri italiani scelti dal decimoterzo al decimonono secolo e pubblicati per cura di Giuseppe Zirardini. *Parigi, Baudry*, 1847, gr. in-8. d'environ 1200 pp. 18 fr. [17392]

— Voy. l'article NOVELLIERO.

TESORO del Parnaso, etc. V. QUINTANA.

TESORO della prosa Italiana dai primi tempi della lingua fino ai dì nostri, novamente ordinato da Eug. Alberi. *Firenze*, 1841, gr. in-8. 25 fr. [19436]
Seconde édition.

TESORO de historiadores españoles : guerra de Granada, por Hurtado do Mendoça ; Expedicion de los Catalanes..., por Moncada ; Historia de los movimientos, etc. de Cataluña, por Melo. *Paris, Baudry*, 1840, in-8. 9 fr.

TESORO de prosadores españoles, desde la formacion del romance castellano (siglo XIII), hasta fines del siglo XVIII, en el qual se contiene los mas selecto del Teatro historico de la elocuencia española de Capmani, recogido y ordenado por D.-E. de Ochoa. *Paris, Baudry*, 1840, in-8. 10 fr.

APUNTES para una Biblioteca de escritores españoles contemporaneos, en prosa y verso, por D. E. de Ochoa. *Ibid.*, 1840-42, 2 vol. in-8. 20 fr.

TESORO de escritores misticos españoles, publicado bajo la direccion de D. Eug. de Ochoa. *Paris, Baudry*, 1847, 3 vol. gr. in-8. 36 fr. [1604]

TESORO de novelistas espanoles antiguos y modernos, con una introduccion y noticias de don Eug. de Ochoa. *Paris, Baudry*, 1847, 3 vol. in-8. 22 fr. 50 c. [17637]

— Voy. NOVELISTAS.

TESORO de los romances, etc. Voyez ROMANCERO.

TESORO del teatro español, desde su origen (en 1356), hasta nuestros dias, arreglado y dividido en cuatro partes, por Don E. de Ochoa. *Paris, Baudry*, 1837-1838, 5 vol. in-8. à 2 col., avec cinq portr. 50 fr. [16750]

Le premier volume de cette collection contient : *Origenes del Theatro español*, par L.-F. de Moratin ; *Prologo ; discurso historico y critico*, et les pièces antérieures à Lope Felix de Vega ; le 2e vol., *Teatro escogido de Lope Felix de Vega ;* le 3e volume, *Teatro escogido de Calderon de la Barca ;* le 4e vol., *Teatro escogido del siglo XVII ;* le 5e volume, *Teatro escogido desde fines del siglo XVII hasta nuestros dias.*

TESSIN (*Car.-Gust.*). Museum tessinianum (latine et suecice). *Holmiæ*, 1753, in-fol., cum 12 tab. 8 à 10 fr. [6273]

TESTAMENT, codicil et derniere volonté de mons. le duc d'Anjou, Alençon, Berry, etc. *Spyr, Bern. d'Albin*, 1584, pet. in-8. de 8 ff. en français et en allemand. [23553]
18 fr. 2e vente Quatremère.

TESTAMENT de Bachus, trouvé au cabinet d'un des plus fameux poëte (*sic*) de ce temps ; dédié aux esprits curieux pour chasser la mélancolie, avec un privilége pour les escornifleur (*sic*). *A Chambery, Edme Caillot*, 1649, pet. in-12 de 24 pp. [14237]
Opuscule rare ; 40 fr. *mar. r.* Veinant.

TESTAMENT de Carmentrant. V. ABUNDANCE.

TESTAMENT (le) de Henry de Valoys, recommandé à son amy Jean d'Espernon, avec un coq-à-l'asne. *Pour Jacq. Varangués (à Paris)*, 1589, in-8. de 14 pp. [23596]

TESTAMENT. Le testamět de Jenin de lesche qui sen va au Môt Saïct Michel. Et ɸmieremět... (au dernier f. recto) : *Faict par maistre ienin de lesche. On les vend·a Paris en la rue neufue nostre dame a lenseigne de lescu de France,* pet. in-8. goth. de 4 ff. [13604]
Pièce en vers de 8 syllabes.

TESTAMENT de la glorieuse vierge sainte Clere. Voy. CLERE.

TESTAMENT. Sěsuyt le testamět de la guerre qui regne ɸsent sur la terre. *On les vend a Lignan pres du grant pont de boys. a lenseigne des deux iousteux,* pet. in-8. goth. de 4 ff., avec une gravure sur bois au frontispice. [13605]

Pièce en vers composée par J. Molinet, et qui fait partie de ses œuvres. Elle est de l'an 1520, à peu près. L'édition citée est fort rare.
En voici une autre qui ne l'est guère moins :

TESTAMENT de la guerre qui a regne sur la terre ; compose et corrige de nouveau. *Paris, veuve de Nic. Buffet*, 1559, pet. in-8. de 4 ff. 23 fr. non relié, Coste.

TESTAMENT. Le testamět de Martin Leuter. (*sans lieu ni date*), pet. in-8. goth. de 8 ff. à 21 lign. par page. [13606]

Tessereau (*Abr.*). Grande chancellerie de France, 24081.

Tessé (le maréchal de). Mémoires, 23813.

Tessier (l'abbé). Histoire des papes, à Avignon, 21633.

Tessier (*M.*). Annales d'agriculture, 6315. — Maladie des grains, 6352. — Bêtes à laine, 6422. — Maladies des bestiaux, 7717.

Testa (*Fr.*). Vita Gulielmi II, 25734. — Frederici II, 25735.

Testa (*A.-J.*). Dynamica animalis, 6882. — Malattie del cuore, 7335.

Pièce en vers qui ne peut guère avoir paru qu'après la mort du grand hérésiarque, arrivée en 1546. On lit au-dessus du titre : *Percat Leutheriana heresis.* Le verso du dernier f. est blanc : 32 fr. 50 c. Heber, à Paris.

Réimpr. dans le Recueil de M. de Montaiglon, I, 194.

TESTAMENT de monseigneur des Barres, capitaine des Bretons et la prinse de Fougieres en Bretaigne. Pet. in-4. goth. de 7 ff. [13607]

Cette pièce en vers est fort rare; sa date est de 1488; elle finit par les mots : *Dieu le roy.*

L'édition in-4. portée sous ce même titre dans le Catal. Cigongne, n° 726, n'a que 6 ff., dont le dernier est blanc.

— Sensuit le codircille (*sic*) et le testament de monseigneur des Barres, et la prinse de Fougieres en Bretaigne. (*sans lieu ni date*), in-4. goth. à 24 lign. par page pleine.

Cette édition ne paraît pas être la même que la précédente; elle a 7 ff. impr., dont un titre plus 1 f. blanc. Au recto du 7e f. se lit un rondeau commençant par les mots : *Viue le noble roy de France,* et finissant par ceux-ci : *Viue le roy.*

Vend. avec l'*Ospital damour,* et le *Testament de Taste vin,* 12 liv. 12 sh. Heber, IX, n° 2913.

— Le Codicille et Testament de monseigneur des Barres. (*sans lieu ni date*), pet. in-4. goth. de 8 ff.

Cette édition, qui se conserve dans la bibliothèque de la ville de Nantes, a de plus que la précédente une ballade en 36 vers, intitulée la *Prophecie de Bretagne,* mais il y manque le rondeau final que nous venons de signaler. Elle a été réimpr. dans la *Revue des provinces de l'Ouest,* Nantes, 1853, numéro de décembre, pp. 60-70. Une autre réimpression, avec les variantes des deux éditions cidessus et des notes, se trouve dans le 6e vol. du Recueil de M. de Montaiglon.

TESTAMENT de Ragot. Voyez **GRANT** regret.

TESTAMENT (sensuyt le) de Taste vin roy des Pions. — *Cy finist le testament, etc.* pet. in-4. goth. de 4 ff., y compris le titre séparé, 21 lig. par page pleine. [13608]

Cette pièce de vers, composée en 1488, est impr. avec les mêmes caractères que le *Testament de monseigneur des Barres* (ci-dessus). Le 4e f. recto ne contient que huit vers, suivis de deux lignes : *Cy finist...* Le verso est tout blanc : 126 fr. *mar. r.* Coste. Une autre édition sous ce titre : *le Grant testament,* in-4. goth. de 4 ff., a été vend. 59 fr. 50 c. Leduc aîné, et 4 liv. 4 sh. Hibbert, avec le *Testament et epitaphe de maistre Pierre du Quignet* (voy. ci-dessus).

Nous avons vu une autre édition, pet. in-8. goth., sous ce titre : *Sensuit le testamēt de taste vī roy ds piōs;* il s'y trouve 128 vers de 8 syllabes, dont voici la fin :

Fait en vendanges par desduit
Huit tours deuant la nostre dame
Mil. cccc. octante huit.
Vous en vendenges sans coustel
Prenes de cecy la coppie
Et pries dicu pour le vignet
Affin que nous crocquons la pic
Le testament ie vous affie
Est fait dung tresbon champion

Et fait passe a lestude
Par dessoubz maistre ichan pion
Finis

Il y a une figure sur bois au commencement, et deux sur le 4e f. qui ne contient pas autre chose.

Cette dernière édition est un peu moins ancienne que les deux in-4. déjà citées, mais elle est néanmoins assez précieuse. Il a été fait une réimpression de cette petite pièce, à *Paris, chez Guiraudet,* en 1829, in-16 de 4 ff.; il y en a une autre faite en *fac-simile,* par le moyen de la lithographie, et tirée à 40 exemplaires sur pap. de Chine, et enfin dans le dernière dans le Recueil de M. de Montaiglon, III, p. 77.

TESTAMENT des douze patriarches. Voy. **ROBERTUS** lincolnensis.

TESTAMENT (le) dung amoureux qui mourut par amours, ensemble son epitaphe. *Compose et imprime nouuellement a Paris.* — *Finis,* in-16 ou pet. in-8. goth. de 8 ff., signat. a, b. [13609]

Pièce en vers, imprimée vers l'année 1520.

— Testament dung amoureux qui mourut par amour. compose nouuellement. C'est le *De profundis* des amoureux. (*sans lieu ni date*), pet. in-8. goth. de 8 ff.

Il a été fait à *Chartres, chez Garnier,* vers 1833, une réimpression in-16, tirée à 40 exempl. en pap. façon de Hollande, et 10 sur pap. vél. — Aussi dans le 4e volume du Recueil de M. de Montaiglon.

TESTAMENT (le) du père legl il laissa a son filz : a la fin de ces (*sic*) iours pour listruire a vertu et fouir aux vices. (au verso du dernier f.) : *Et a este nouuellement imprime* ‖ *en papier non pas en parchemin* ‖ *qui le voudra acheter* ‖ *vienne chez Guillaume Balsarin* (à *Lyon),* pet. in-8. goth. [13610]

Pièce de vers composée de 8 ff. seulement, y compris le frontispice où se voit une gravure sur bois : vend. 29 fr. en 1815, et 3 liv. 7 sh. Heber. — Voy. **DOCTRINE.**

TESTAMENT (le) et epitaphe de maistre Pierre de Quignet. (*sans lieu ni date*), pet. in-4. allongé, de 4 ff. en caract. goth. [13610]

Opuscule en vers composé par Hans du Galaphe, dont le nom se lit dans un huitain placé à la fin : en *mar. bl.,* 3 liv. Libri, en 1859. Il y en a une édition in-4. goth. de 6 ff. ayant sur son titre la marque de Denis Mellier, libraire à Paris, qui exerçait déjà en 1491. Nous donnons cette marque dans le présent volume, à l'article VIE de saint Fabien et de saint Sébastien.

TESTAMENT (le) fin rubin de Turcquie, maigre marchand contrefairant (*sic*) sotie, puis à la fin du dernier coplet lepytaphe defunt sot Tribolet. (au verso du dernier f.) : *Imprime por Clement Longis,* pet. in-8. goth. de 4 ff., avec une fig. sur bois au titre. [13611]

Vend. 5 fr. La Vallière.

TESTAMENTA duodecim patriarcharum. Voy. **ROBERTUS** Lincolneus.

TESTAMENTUM novum.

I. Éditions polyglottes.

—Novum Testamentum syriace, hebraice, græce, latine, germanice, bohemice, italice, hispanice, gallice, anglice, danice, polonice, gallice, studio et labore Eliæ Hutteri. *Norimbergæ*, 1599, 2 vol. in-fol. [157]

Cette édition du Nouveau Testament, en douze langues, est peu commune. Vend. 72 fr. au collége de Clermont, en 1764; 36 fr. en 1825; relié en 7 vol. 3 liv. 5 sh. Heber. Il y a aussi une édition en 4 vol. in-4. faite en même temps que celle-ci. Consultez, à ce sujet, Dav. Clément, IV, p. 184.

— Novum Testamentum, syriace (litteris hebraicis), gr. et lat. studio Guid. Fabricii Boderiani. *Parisiis, J. Benenatus*, 1584, in-4.

Belle édition devenue rare; elle renferme une version latine interlinéaire mot à mot, et la Vulgate : Vend. 10 flor. Crevenna.

— Novum Testamentum syriacum et arabicum. *Romæ, typis Congregat. de propaganda fide*, 1703, 2 vol. in-fol.

— Testamenti novi Biblia triglotta (Evangelia), sive græci textus archetypi, versionis syriacæ, et versionis latinæ vulgatæ, synopsis : cui accedunt subsidia critica varia. *Londini, Watts*, 1828, in-4. Vend. 40 fr. Saint-Martin; 9 fr. Kieffer.

II. Texte grec.

—Novum instrumentũ omne, diligenter ab Erasmo roterodamo recognitum & emendatum (græce et latine), cum annotationibus. *Apud inclytam Germaniæ Basileam per Jo. Frobenium.* (in fine) : *Basileæ in ædibus Ioannis Frobenii, mense februario. Anno* M. D. XVI. 2 tom. en 1 vol. in-fol. [150]

Première édition du Nouveau Testament, en grec (car celle d'Alcala, quoique imprimée en 1514, ne fut publiée qu'en 1520) ; elle est assez rare et fort recherchée. Le volume contient 14 ff. prélimin., dont le titre fait partie, les Evangiles et les Actes des apôtres, 324 pp.; la suite du Nouveau Testament, pp. 1-224 ; les notes, pp. 225-672 (pour 676) ; 1 f. non chiffré et qui renferme de longs errata ; enfin le registre et la souscription sur un dernier feuillet, lequel manque à plusieurs exemplaires ; mais qu'il est nécessaire d'avoir, parce que les chiffres de pagination sont fort inexacts. Par exemple, la p. 619 est cotée 669, et il existe une lacune entre la p. 620 et la p. 671, sans qu'il manque rien. Les exemplaires complets, bien conservés et reliés avec soin, ont de la valeur : 5 liv. Sykes; 4 liv. 10 sh. Drury; en *mar. bl.* 8 liv. Williams; 10 liv. 10 sh. Hibbert; 5 liv. 7 sh. 6 d. Heber; 90 fr. Bearzi, et quelquefois moins.

Une lettre d'Érasme à Tonstallus, datée de Louvain, le 22 octobre 1518, et que rapporte par extrait Maittaire (*Annales*, II, p. 21), nous apprend qu'au lieu d'un seul exemplaire sur VÉLIN qu'il voulait faire tirer de l'édition suivante, Froben en a tiré trois ; mais il paraît qu'il existe au moins un exemplaire de l'édition de 1516, également sur VÉLIN ; car l'exemplaire annoncé sous la date de 1519, dans le catal. de Mark Masterman Sykes (part. II, n° 531), et qui a été vendu 140 liv. en 1824, est de l'édition de 1516, seulement il y manque les *Annotationes* qui occupent les pp. 225 à 676. Ce même exemplaire avait été acquis du libraire Weigel, à Leipzig, au prix modique de 200 thl.

—Novum Testamentum omne (græce) multo quam antehac diligentius ab Eras-

mo roterod. recognitum, emendatum ac translatum... *Basileæ, in ædibus Joan. Frobenii...* M. D. XIX, *mense martio*, in-fol. de 120 pp. prélimin., 566 pp. de texte, plus 1 f. contenant un errata, le registre et la souscription.

Cette édition donne un texte revu de nouveau et corrigé en 330 passages. Elle n'est point chère en France ; mais, en Angleterre, un bel exemplaire en *mar. bl.* a été vendu 10 liv. 10 sh. Sykes, et 4 liv. 4 sh. Hibbert.

— Idem, tertio jam ac diligentius ab Erasmo recognitum ; cum annotationibus. *Basileæ, Jo. Frobenius*, 1522, 2 tom. en 1 vol. in-fol.

Un bel exemplaire en *mar. bl.* 4 liv. 4 sh. Sykes; 3 liv. Hibbert.

La quatrième édition (Bâle, 1527, 2 tom. en 1 vol. in-fol.), avec la version latine, n'a ordinairement que fort peu de valeur, bien qu'un bel exemplaire relié en cuir de Russie, avec l'autographe de l'archevêque Cranmer sur le titre, ait été vendu 10 liv. 10 sh. chez Hibbert.

Le Nouveau Testament, en grec, avec les notes d'Érasme, a été réimprimé dans la collection des œuvres de ce savant, *Leyde, Vander Aa*, 1705, in-fol., dont il forme le 6e tome : on en a tiré quelques exemplaires à part, avec un titre particulier.

— Novum Testamentum, græce (cum præfatione Nic. Gerbelii). *Hagenoæ, in ædibus Th. Anselmi Badensis, mense martio*, 1521, pet. in-4.

Édition rare, mais qui n'est guère qu'une réimpression peu correcte du texte de la 2e édit. d'Erasme : vend. 22 flor. Crevenna ; 2 liv. 18 sh. *mar.* (rel. de Roger Payne), Williams ; mais ordinairement de 6 à 8 fr. Pour l'édition de *Strasbourg*, 1524, in-8., voy. tome Ier, col. 862, à l'article BIBLIA græca, édition de 1526.

Réimpr. *Basil.*, apud *Jo. Bebelium*, 1524, pet. in-8.

— Novum Testamentum, græce. *Parisiis, Sim. Colinæus*, 1534, in-8.

Édition belle et correcte ; texte formé en partie sur celui d'Alcala, en partie sur celui de la quatrième révision d'Erasme, et corrigé d'après l'autorité de plusieurs bons manuscrits : 6 à 9 fr. Vend. en *mar.* 18 fr. Belin ; 20 fr. Motteley.

— Novum Testamentum, græce. *Venetiis, Nic. de Sabio*, 1538, 2 vol. pet. in-8. 6 à 10 fr.

Édition rare faite sur une de celles d'Érasme. L'édition grecque et latine, *Parisiis, Bogardus* (autre exemplaire *Roigny*), *excudebat Guillard*, 1543, pet. in-8., a été faite sur celle de *Bâle*, 1541-42, in-fol.

— Novum Testamentum, græce, ex bibliotheca regia. *Lutetiæ, Rob. Stephanus*, 1546, 2 tom. en 1 vol. in-16.

Jolie édition, dont la préface commence par ces mots : *O mirificam*. On trouve à la fin de ce volume un errata qui a servi pour corriger l'édition suivante, que l'on préfère à celle-ci : 6 à 9 fr. ; vend. 24 fr. *mar. r.* Gaignat ; 18 fr. *m. r. l. r.* La Valliere ; 59 fr. *mar. à compart.* et très beau, Mac-Carthy ; autre exemplaire à peu près semblable au précédent, 2 liv. 12 sh. Libri, en 1859.

— Idem, græce. *Parisiis, Rob. Stephanus*, 1549, 2 part. en 1 vol. in-16. 6 à 12 fr.

C'est dans cette édition que se trouve (à l'avant-dernière ligne de la première page de la préface) la faute (*pulres*), occasionnée par la transposition d'une lettre dans le mot *plures*. De Bure avait dit par erreur, dans sa Bibliographie, que cette faute se trouvait dans l'édition de 1546 ; mais il s'est depuis corrigé lui-même dans sa léttre en réponse aux critiques du Journal de Trévoux, p. 71 ; cela n'a pas empêché que vingt bibliographes ne soient revenus inutilement sur cette méprise, qui ne peut plus induire personne en erreur.

Vendu très-bel exemplaire *mar. r. l. r.*, aux armes du comte d'Hoym, 73 fr. de Cotte ; 60 fr. *mar. bl. tr. gaufrée*, Thierry ; 67 fr. *m. viol.* Larcher ; en *mar. r.* 25 fr. 50 c. 3ᵉ vente Quatremère.

— Idem, grœce. *Lutetiæ, Rob. Stepha- nus, regiis typis*, 1550, in-fol.

Cette édition, imprimée avec les beaux caractères de Garamond, dont les poinçons se conservent encore à l'imprimerie impériale, peut soutenir avantageu- sement la comparaison avec ce qui existe de plus beau en ce genre : cependant elle est ordinairement donnée à très-bas prix, quoiqu'un bel exempl. en *m. viol.* ait été payé 100 fr. à la vente de Cotte, et revendu 50 fr. Caillard.

— IDEM, grœce, cum duplici interpretatione Des. Erasmi et veteris interpretis : harmonia item evan- gelica et copioso indice. *Ex officina Rob. Stephani*, 1551, 2 part. très-pet. in-8. à 3 col.

Édition plus rare que les deux précédentes, mais moins célèbre. 1 liv. 5 sh. Pinelli ; 25 fr. *mar.* Mac- Carthy ; 1 liv. 10 sh. *mar. r.* Williams. Maittaire (III, p. 608) donne des extraits de la préface latine de cette édition, et aussi de la préface française du Nouv. Test. en latin et en franç., impr. par Rob. Estienne, en 1552, in-16.

— NOVUM TESTAMENTUM, gr. et lat. *Lugduni, Joan. Tornœsius*, 1559, pet. in-8. 6 à 9 fr.

Édition peu commune et qui fait honneur aux presses lyonnaises. Elle a été faite d'après celles d'Erasme. Vend. 1 liv. 16 sh. *mar. citr.* Heber.

— IDEM, sive novum fœdus, cujus grœco textui res- pondent interpretationes duæ : una vetus, altera Theod. Bezæ. Ejusdem Bezæ annotationes et res- ponsio ad Sebast. Castellionem. *Genevæ, Henr. Stephanus*, 1565, in-fol.

H. Estienne a réimprimé ce Nouveau Testament, in-fol., en 1582, en 1588 (d'autres exemplaires por- tent 1589), et l'avait encore sous presse à sa mort, car il s'en trouve une édition de 1598, qui aura été achevée par son fils Paul.

— IDEM, grœce... *Lutetiæ, Rob. Stephanus*, 1568, 2 part. pet. in-12.

Édition donnée par le second Robert Estienne : la fin de la deuxième partie porte : *Excudebat Rob. Ste- phanus typographus regius. Parisiis, idib. Ja- nuar. anno M. D. LXIX...* Lord Spencer en possède un exemplaire imprimé sur VÉLIN, provenant de J.-A. de Thou, et revêtu d'une reliure assez remar- quable pour que M. Dibdin ait cru devoir en figurer les plats à la page 485 du 2ᵉ volume de son Dé- caméron. Un exemplaire ordinaire *m. n.* 22 fr. 50 c. de Sacy, et quelquefois de 6 à 9 fr.

— IDEM, gr. et lat., cum interpretatione syriaca he- braeis typis descripta, et lat. reddita ab Imman. Tremellio. *Typis Henr. Stephani*, 1569, 2 part. in-fol. 10 à 12 fr. — 16 fr. 3ᵉ vente Quatremère.

A la fin de la deuxième partie se trouve la Gram- maire syriaque de Tremellius, partie séparée de 50 pp. à 2 col., laquelle a été aussi imprimée chez H. Estienne, en 1569, in-4. Les mots *Coloniæ-Allo- brogum* sont imprimés au-dessus de la date.

Vend. bel exemplaire en Gr. Pap. 2 liv. 12 sh. 6 d. Pinelli.

C'est vraisemblablement d'après l'édition de 1569 qu'a été faite celle de Lyon, 1571, in-fol., dont un exem- plaire en Gr. Pap. a été vendu 19 fr. Soubise.

— NOVUM TESTAMENTUM, gr., obscuriorum vocum,... interpretationes margini adscripsit Henr. Stepha- nus. *Excudebat H. Stephanus*, 1576, in-16.

Une savante préface, *De stylo Novi Testamenti*, en 36 pp., donne de l'intérêt à cette édition, qui est d'ailleurs bien imprimée, et où se trouvent repro- duits les 72 vers grecs que Henri Estienne avait

composés pour la belle édition du Nouveau Testa- ment donnée par son père en 1550. — Les presses de H. Estienne ont produit, en 1587, une autre édi- tion in-16 de ce même livre. Un exempl. sur pap. jaune, 8 fr. Librairie De Bure.

— NOVUM TESTAMENTUM, grœce, cum vulgata inter- pretatione; latina grœci contextus lineis inserta : quæ quidem interpretatio, cum a grœcarum dictionum proprietate discedit, sensum, videlicet, magis quam verba exprimens, in margine libri est collocata : atque alia Ben. Ariæ Montani opera e verbo reddita, ac diverso characterum genere distincta, in ejus est substituta locum. *Antuerpiæ, in officina Christ. Plantini*, 1583, in-8. 5 à 6 fr.

Édition dont le titre fait assez connaître l'importance. Un exempl. en *mar. r. d. de mar. r.*, 49 fr. Gi- raud, et même condition, 33 fr. 50 c. troisième vente Quatremère.

— NOVUM TESTAMENTUM, gr. *Londini, excudebat regius typographus*, 1592, in-24.

Édition en jolis caractères, et avec des notes en marge. Vend. 3 liv. *mar.* Williams.

Une édition de ce texte grec avait déjà été impr. à Londres, chez Th. Vautrollier, en 1587, in-16.

— IDEM, ex regiis aliisque optimis editionibus cum cura expressum. *Sedani, Joan. Jannon*, 1628 (in fine : 1629), in-32 de 571 pp.

Jolie édition, en très-petits caractères, et où il n'y a, dit-on, que trois fautes d'impression. On y a suivi le texte des Elsevier, de 1624 : 6 à 9 fr. Vend. 14 fr. *m. r. dent.* Méon ; 13 fr. Bosquillon ; 60 fr. *m. r.* Mac-Carthy.

— IDEM (ut supra), gr. *Lugd.-Batavorum, ex offic. elzeviriana*, 1633, pet. in-12.

De toutes les éditions du Nouveau Testament en grec, données par les Elsevier, celle-ci est une des plus belles et la plus recherchée : 10 à 15 fr. Vend. bel exempl. *m. v. dent.* 22 fr. d'Hangard ; 42 fr. *m. r.* de Cotte ; 57 fr. Larcher.

L'édition sortie des mêmes presses, en 1624, quoique regardée comme plus correcte, est moins chère : 8 à 12 fr. Vend. 14 fr. 50 c. Duriez ; 29 fr. *m. v.* de Chalabre. Celle de 1641, pet. in-12, se paye le même prix à peu près (6 à 12 fr.). Vend. 40 fr. 50 c. Mac- Carthy ; 25 fr. *m. v.* de Chalabre.

— NOVUM TESTAMENTUM, gr. *Amstel., apud Guil. Blaeu*, 1633, pet. in-12. 5 à 6 fr.

Quoique moins recherchée que celles des Elsevier, cette édition est assez belle et a quelque valeur : 5 flor. 75 c. Meerman.

— IDEM, gr. *Parisiis, ex typogr. regia*, 1642, in-fo.

Édition fort belle, mais peu recherchée, à moins qu'une ancienne reliure en maroquin ne lui donne du prix.

— NOVUM TESTAMENTUM grœcum ex regiis aliisque optimis editionibus hac nova expressum : cui quid accesserit, præfatio docebit. *Lugd.-Batavorum, ex officina elzeviriana*, 1641, pet. in-8.

Cette édition de 1641, pet. in-8., parait être différente de l'édition pet. in-12, sous la même date, que nous décrirons dans notre notice des éditions elsevi- riennes. Elle avait déjà paru sous l'indication de *Londini, apud Richardum Whitakerum*, 1633, avec le solitaire et la devise *non solus* sur le titre. Il s'y trouve une épître dédicatoire de Ric. Whita- ker à Charles I, et des notes de Rob. Estienne, Ca- saubon et J. Scaliger. Il est probable que les Else- vier auront mis un nouveau titre aux exemplaires qui leur restaient.

— IDEM, gr., editio nova, in qua diligentius quam unquam antea variantes lectiones..... et parallela Scripturæ loca annotata sunt, studio et labore Steph. Curcellæi. *Amstelodami, ex officina elzeviriana*, 1658, in-12.

Cette édition est bien imprimée, et ne mérite pas moins que les précédentes d'occuper sa place dans la collection des Elsevier : 6 à 9 fr. Vend. 19 fr. *m. r.* Mac-Carthy ; 23 fr. Bearzi.

Réimprimé : *Amstelod., Dan. Elzevir.*, 1675, in-12.

Les Elsevier d'Amsterdam ont aussi imprimé le texte grec du Nouveau Testament, en 1656, 1662, 1670 et 1678, in-24; mais ce sont là des livres de peu de valeur, ainsi que l'édition de *Leydœ, Elzevir.*, 1641, in-8., à 2 col.

— Novi Testamenti libri historici, gr., cum duplici versione lat., altera vulgata, altera Theod. Bezæ; commentario illustrati, studio Balduini Walæi. *Lugd.-Batavorum*, 1652, 2 vol. in-4. 8 à 12 fr.

Vend. 18 fr. *mar. bl.* Detienne; 35 fr. *mar. viol.* exemplaire du C. d'Hoym, Belin, et jusqu'à 205 fr. Double.

— Testamenti Novi libri omnes (gr.), accesserunt parallela Scripturæ loca, nec non variantes lectiones ex plus 100 mss. codd. et antiquis versionibus collectæ (a Joan. Fell). *Oxonii, e Theatro sheld.*, 1675, pet. in-8.

Édition correcte et curieuse par ses variantes : 5 à 7 fr.; — Pap. fort, 17 sh. Gosset; 15 fr. Mac-Carthy; 1 liv. 16 sh. *mar.* Williams.

— Novum Testamentum, una cum scholiis, gr., opera et studio Jo. Gregorii. *Oxonii, e Theatro sheld.*, 1703, in-fol.

Édition mise au jour par H. Aldrich, après la mort de Gregory; quoique fort belle, elle a peu de valeur, même en Gr. Pap.

— Idem, cum lectionibus variantibus et in easdem notis, studio et labore Jo. Millii. *Oxonii, e Theatro sheld.*, 1707, in-fol. 8 à 12 fr.

Édition très-belle, et que recommandent ses nombreuses variantes. Vend. en Gr. Pap. *mar. viol.* exempl. du C. d'Hoym; 49 fr. Mel de Saint-Céran.

— Idem, gr., ex editione Joan. Millii; collectionem millianam meliore ordine disposuit novisque accessionibus locupletavit Ludolphus Kusterus. *Amstelodami* et *Lipsiæ*, 1710, in-fol.

Quoique cette édition ne soit ni aussi belle, ni aussi correcte que celle de 1707, on la préfère à cette première, à cause des améliorations qu'y a faites le nouvel éditeur : 12 à 18 fr.; — Gr. Pap. 36 fr. Soubise. Les exemplaires datés de *Leipzig*, 1723, ou d'*Amsterd.*, 1746, appartiennent à l'édition de 1710, dont on a renouvelé le titre.

— Novum Testamentum, gr. (edente Mich. Maittaire). *Lond., Tonson*, 1714, in-12. 4 à 5 fr.

Vendu en Gr. Pap. 6 flor. Rover; 1 liv. *m. r.* Williams. — La réimpression de 1730 est meilleure.

— Novum Testamentum græcum, ita adornatum, ut textum probatarum editionum medullam, margo variantium lectionum in suas classes distributarum, locorumque parallelorum delectum, apparatus subjunctus criseos sacræ, millianæ præsertim, compendium, limam, supplementum ac fructum exhibeat; inserviente Jo.-Alb. Bengelio. *Tubingæ, Cotta*, 1734, 2 part. in-4. 15 à 18 fr.

Édition assez estimée, mais que Wetstein a amèrement critiquée dans les *Prolégomènes* de son édition de 1751. — Voir à ce sujet *Jo.-Alb. Bengelii apparatus crit. ad Nov. Test., editio 2ª*, Tubingæ, Cotta, 1763, in-4. — *Casp.-A. Bode pseudo-critica millio-bengeliana*, Halæ, 1767-1769, 2 vol. in-8.

— Idem, gr., post priores Steph. Curcellæi et Oxoniensium labores a G. D. T. M. D. (Gerardo de Trajecto) editum. *Amstelodami, Wetsten.*, 1735, pet. in-8.

Bonne édition, préférée à celle de 1711, publiée par le même éditeur : 6 à 8 fr.

— Idem, gr., *Glasguæ, R. Urie*, 1750, pet. in-8. 5 à 6 fr.

Édition estimée; elle est peu commune en Gr. Pap.

— Idem, græce, editionis receptæ cum lectionibus variant., necnon commentario pleniore, opera et studio Joan.-Jac. Wetstenii. *Amstelod.*, 1751-52, 2 vol. in-fol.

Édition très-estimée, et aujourd'hui peu commune : vend. 91 fr. Clavier; 54 flor. Meerman; 9 liv. *mar.* Drury; 56 fr. de Sacy, et 85 fr. Quatremère, 3e vente.

— Idem, gr., ex edit. wetsteniana. *Glasguæ, Foulis*, 1759, pet. in-4. 5 à 6 fr.

— Idem, gr., juxta exemplar millianum. *Oxonii, e typogr. clarendon.* (*typis J. Baskerville*), 1763, in-4. 15 à 20 fr.

Belle édition.

L'édition gr. in-8. publiée en 1763, par le même imprimeur, 6 à 9 fr. Vend. 30 fr. *m. r.* F. Didot.

— Novum Testamentum ex editione Wetstenii, gr., cum emendationibus conjecturalibus anglice scriptis. *Londini, Bowyer*, 1763, 2 vol. in-12. 8 à 12 fr.

Édition très-correcte, qui ne se trouve pas facilement; on la préfère à celle de 1772, in-8. Il y a dans quelques exemplaires une préface relative aux variantes et à leur origine; dans d'autres on a mis, au lieu de cette préface, une table sommaire des principales éditions impr. d'après des manuscrits. Les *Conjectural emendations on the New Testament*, qui forment la dernière partie du 2e volume de cette édition, ont été réimprimées séparément in-8., en 1772; elles l'ont aussi été plus correctement, et avec des augmentations, en 1783, in-4., pour faire suite au Nouveau Testament grec imprimé dans le même format, par *Bowyer*, en 1782. Le docteur Harwood a publié à Londres, en 1776, une assez bonne édition du Nouveau Testament grec, en 2 vol. in-12, avec des notes critiques, en anglais, 10 à 12 fr. Vend. 19 fr. Clavier.

— Novum Testamentum, gr., cum scholiis theologicis et philologicis (auct. Hardy). *Londini*, 1778, 2 vol. in-8. 10 à 12 fr.

Édition peu correcte, mais recherchée à cause des notes.

— Idem, gr. et lat.; textum denuo recensuit, varias lectiones nunquam antea vulgatas ex codd. mss. adjecit Ch.-F. Matthæi. *Rigæ*, 1782-88, 12 part. in-8. 12 thl.

— Novum Testamentum græcum, e codice alexandrino descriptum a Car.-Godofr. Woide. *Londini, Jo. Nichols*, 1786, gr. in-fol. de x, xxxii pp., 132 ff. et 89 pp.

Belle édition, copiée sur le manuscrit d'Alexandrie, dont elle donne le fac-simile gravé en 132 ff. Il en a été tiré 500 exempl., et, dans ce nombre, 50 en pap. supérieur : 40 à 50 fr. Il faut y joindre le volume suivant :

Appendix ad editionem Novi Testamenti græci, e codice alexandrino descripti a C.-G. Woide, in qua continentur fragmenta Novi Testamenti, juxta interpretat. dialecti superioris Ægypti, quæ Thebaidica vel Sahidica appellatur, e codd. oxoniens. maxima ex parte desumpta, cum dissertatione de versione Bibliorum ægyptiaca, quibus subjicitur codicis vaticani 1209 collatio (edidit Henr. Ford). *Oxonii, e typ. clarendon.*, 1799, in-fol. 36 à 48 fr. 50 fr. Quatremère.

Les 2 vol. *cuir de Russie*, 4 liv. 1 sh. Drury.

Il a été tiré sur VÉLIN 10 exempl. du vol. imprimé en 1786, dont 6 exempl. seulement contiennent les variantes, part. de 89 pp. Vend. ainsi complet, 440 fr. Mac-Carthy; 22 liv. 1 sh. Sykes; 16 liv. 16 sh. Dent.

G.-L. Spohn a publié à Leipzig, en 1788, un vol. in-8., intitulé : *C.-G. Woidii notitia codicis Alexandrini, cum varietate lectionis.*

— Pour le *Codex Theod. Bezæ*, voy. EVANGELIA.

— Novum Testamentum ad codicem vindob. græce expressum : varietatem lectionis addidit Fr.-C. Alter. *Vindob., Trattner*, 1786-87, 2 vol. in-8. 10 à 12 fr.

— Idem, græce : textum ad fidem codicum, versionum et Patrum recensuit et lectionis varietatem adjecit J.-J. Griesbach. *Halæ-Saxonum*, 1796-1806, 2 vol. in-8. 12 à 15 fr.

Seconde édition, *emendatior multoque locupletior*,

du texte de Griesbach. La première a paru à *Halle*, 1775, en 2 vol. in-8. La seconde est la meilleure.

Le duc de Grafton, mort depuis, fit tirer à ses frais 50 exempl. de l'édit. de 1796, sur Gr. Pap., pour faire des présents. Un de ces exempl. rel. en *mar. bl.* 17 liv. 6 sh. 6 d. Sykes; 8 liv. 15 sh. Dent. — Celui de lord Spencer est porté dans les *Ædes althorp.*, I, 108, sous cette indication : *Londini, apud P. Elmsley*, 1796.

— Novum Testamentum, græce, ex recens. Jo.-Jac. Griesbachii, cum selectā lectionum varietate. *Lipsiæ, sumptibus J.-J. Göschen,*1803-1807, 4 vol. gr. in-4.

Édition de luxe, imprimée en beaux caractères et sur papier vélin. Elle reproduit le texte de la précédente. 60 thl. Vend. 120 fr. Millin ; 65 fr. Librairie De Bure.

— NOVUM TESTAMENTUM græcum, juxta exemplar Wetstenii Glasguæ, et J.-J. Griesbachii Halæ impressum : accedunt prolegomena in Evangelia, in Acta et Epistolas apostolorum ; accurante Guil. Whitfield Dekins. *Londini, A. Wilson*, 1808, pet. in-8.

Édition bien imprimée ; il y en a des exemplaires en Gr. Pap.

— NOVUM TESTAMENTUM , græce : lectiones variantes, Griesbachii judicio, iis, quas textus receptus exhibet, anteponendas vel æquiparandas adjecit Jos. White. *Oxonii, e typ. clarend.*, 1808, 2 vol. in-8. Vend. 14 fr. de Sacy.

— IDEM, gr., textum recensuit et lectionis varietatem adjecit Jo.-Jac. Griesbach. *Londini*, 1809 ou 1818, 2 vol. in-8. 15 à 20 fr.

Bonne réimpression de l'excellente édition de Griesbach.

— NOVUM TESTAMENTUM, gr., ad codd. mss. iterum recensuit et criticis animadversionibus explicavit Ch.-Fr. de Matthæi. Vol. I, *Wittemb.*, 1803 ; vol. II, *Hof.*, 1804 ; vol. III, *Ronneburgi*, 1806, in-8. Les 3 vol. : 6 thl. 12 gr.

— IDEM, gr., perpetua annotatione illustratum a J.-Benj. Koppe. *Gœttingæ, Dieterich*, 1791-1826, in-8.

Édition non terminée. Elle a été publiée par parties séparées, et sans qu'on ait gardé, dans la publication, l'ordre des livres du Nouveau Testament, savoir :

Vol. III, partes I et II. *Acta apostolor. edente Heinrichs,* 1809-12. 2 thl. 16 gr. — IV. *Epistolæ ad Romanos, edente Ammon,* 1806, seu editio 3ª, 1824, 1 thl. 12 gr. — V. *Epistolæ ad Corinthios, pars* 1ª, *edente Pott,* 1826, 1 thl. 16 gr. — VI. *Epistolæ ad Galathas, Ephesios et Thessalonicenses, edente Tychsen,* 1791 ; edit. 3ª, 1825, 1 thl. 8 gr. — VII. *Epistolæ ad Timotheum, Titum, Philemonem, Philippenses et Colossenses, edente Heinrichs,* 1798-1826, 2 vol. 1 thl. 12 gr. — VIII. *Epistolæ ad Hebræos, edente Heinrichs,* 1792, edit. 2ª, 1822, 2 thl. — IX. *Epistolæ cathol., ed. Pott,* 1799 ; edit. 3ª, 1816, 2 vol. 2 th. 2 gr. — X. *Apocalypsis, edente Heinrichs,* 1818-21, 2 vol. 2 th. 20 gr.

— NOVUM TESTAMENTUM , gr., ad editionem J.-J. Griesbachii, cum scholiis theologicis et philologicis (edidit E. Valpy). *Londini*, 1816, 3 vol. in-8. 24 à 30 fr., et plus en Gr. Pap.

— IDEM, gr., juxta exemplar Aittoni, qui in textum complures emendationes griesbachianas transtulit, aliis præteritis, quum lectio vulgo recepta anteferenda videretur. *Glasguæ, ex prælo academ.*,1821, in-32.

Édition correcte, imprimée sur du papier à écrire d'une teinte azurée. 8 sh. Les mêmes presses avaient déjà produit, en 1817, une jolie édition in-18 du texte grec de Griesbach.

— IDEM, græce, curante Jo.-Fr. Boissonade. *Paris., Lefèvre (typis J. Didot)*, 1824, 2 vol. gr. in-32, pap. vél. 5 fr.

— IDEM, gr. *Londini, typis Corrall, apud Pickering*, 1826, in-48. 5 sh.

Jolie édition, faite sur l'elsevirienne de 1624.

— NOVI TESTAMENTI libri historici, græce : textui recepto appositæ sunt lectiones griesbachianæ, cum commentariis D.-C.-T. Kuinoel. *Lond., Priestley*, 1826, 3 vol. in-8. 24 à 30 fr.

—Novum Testamentum, græce, textum ad fidem testium criticorum recensuit, lectionum familias subjecit, e græcis codd. mss., fere omnibus, e versionibus antiquis, conciliis, etc., vel primo vel iterum collatis copias criticas addidit, atque conditionem horum testium criticorum in prolegomenis exposuit, præterea synaxaria codicum parisiensium typis exscribenda curavit Dr Jo.-Mart.-Augustinus Scholz. *Lipsiæ, Fr. Fleischer*, 1830-36, 2 vol. in-4. 14 thl. ;—pap. vél., 17 thl. 12 gr.

Le titre détaillé que nous venons de copier fait suffisamment connaître ce qui caractérise cette édition, au sujet de laquelle on peut consulter l'*Allgemeines Repertorium*, par Beck, *Leipzig*, 1830, cah. III.

— NOVUM TESTAMENTUM, gr. et lat., ex recensione knappiana, adjectis variis Griesbachii et Lachmanni lectionibus ; edidit Adolfus Goeschen ; præfatus est Fried. Luecke. *Lipsiæ, Weidmann*, 1832, in-8. 8 à 10 fr.

— TESTAMENTUM NOVUM gr. editionis receptæ, cum lectionibus variantibus codd. mss., editionum aliarum, versionum et Patrum, necnon commentario pleniore ex scriptoribus veteribus hebræis, græcis et latinis, historiam et vim verborum illustrante ; opera et studio J.-J. Wetstenii ; editio altera aucta et emendata, curante J.-A. Lotze. *Rotcrodami*, 1832. gr. in-4.

Il n'avait encore paru dernièrement que le tome 1er contenant les quatre évangélistes.

— NOVUM TESTAMENTUM, gr., ad antiquos testes recensuit lectionesque variantes Elzeviriorum, Stephani, Griesbachii notavit Constantinus Tischendorf. *Paris., Firm. Didot*, 1842, in-8. 12 fr.

L'édition dont l'illustre cardinal Angelo Mai s'est occupé pendant plus de dix ans, a paru après sa mort avec l'Ancien Testament grec. Voy. notre article BIBLIA græca.

— Das neue Testament, griechisch nach den besten Hülfsmitteln kritisch revidirt, mit einer neuen deutschen Uebersetzung und einem kritischen und exegetischen Kommentar, von Heinr.-Aug.-Wilh. Meyer. *Göttingen, Vandenhoeck et Cie*, 1841-57, 2 vol. gr. in-8. 84 fr. Publié par cahiers.

—NOVUM TESTAMENTUM græcum, editio hellenistica, edidit Grinfield. *Londini, W. Pickering*, 1848, 2 vol. gr. in-8.

Cette édition doit être accompagnée des deux vol. suivants :

SCHOLIA hellenistica in Novum Testamentum e Philone et Josepho, patribus apostolicis aliisque ecclesiæ antiquæ scriptoribus necnon libris apocryphis maxime deprompta, instruxit atque ornavit Novi Testamenti hellenistice illustrati recens editor (Ed.-G. Grinfield). *Londini, Guil. Pickering*, 1848, 2 vol. gr. in-8.

Prix réduit des 4 vol. 24 fr.

— TESTAMENTUM NOVUM, græce, edente A.-F.-C. Tischendorf ; editio 7ª. *Lipsiæ*, 1858, in-8.

CODEX VATICANUS : Novum Testamentum græce

. ex antiquissimo codice Vaticano edidit A. Maius. *Lipsiæ, Brockhaus*, 1859, in-8. 15 fr.
— GREECK TESTAMENT : critically revised text, various readings, marginal references, prolegomena and commentary, by Dean Alford. *London*, 1859-62, 4 tom. en 5 vol. in-8. 4 liv. 4 sh.

— CODEX Ephræmi syri rescriptus, sive fragmenta Novi Testamenti e codice græco parisiensi celeberrimo, quinti ut videtur post Christum seculi, eruit atque edidit Constantinus Tischendorf. *Lipsiæ, Tauchnitz*, 1843, gr. in-4.
En pap. vél. et rel. en *m. r.* 51 fr. Louis-Philippe.
— TESTAMENTUM NOVUM. Codex Friderico-Augustanus. Voyez l'article BIBLIA græca (tome I, col. 866).

III. *Versions en grec moderne.*

— Novum Testamentum idiomate græco litterali et græco vulgari; ex versione Maximi Calliopolitani. (*Genevæ , P. Chouet*), 1638, 2 part. in-4.
Édition rare, dont le titre et même la date sont en grec, avec une ancre pour emblème ; 24 fr. Soubise ; 1 liv. 3 sh. Pinelli ; 10 fr. Bosquillon.
La version en grec moderne de Maxime Calliopolite a été réimpr. à *Londres*, 1703, in-12.
— NOUVEAU TESTAMENT, en deux langues, c'est-à-dire le texte divin (grec) et sa traduction en langue (grecque) vulgaire. *Londres, Tilling*, 1819, in-12. 6 sh.
Réimpr. à *Londres*, 1824, in-12, et aussi de format in-8., en 1827 et en 1830.
— LE MÊME, en grec vulgaire et en albanais. *Korfou*, imprim. du gouvernement, 1827, gr. in-8. 35 fr. Kieffer; 25 fr. de Sacy.

IV. *Versions hébraïques et syriaques.*

— Novum Testamentum, hebraice, emendatum et castigat. opera et studio Guil. Robertsonii. *Londini, Roycroft*, 1661, in-8. [158]
Livre devenu peu commun, parce qu'une partie de l'édition a été brûlée lors de l'incendie de Londres, en 1666.
— THE NEW TESTAMENT, hebrew and english, taken from Robertson's edition. *London*, 1798, 3 vol. in-12.
Réimprimé à *Londres*, en 1813, in-8., et en 1831, in-12.
— NOVUM TESTAMENTUM hebræo-teutonicum, opera Ch. Molleri. *Francof.-ad-Oder.*, *Gottschalck*, 1700, in-4.
Réimprimé à *Londres*, en 1820 et en 1821, in-8.

— Liber S. evangelii de Jesu Christo Domino et Deo nostro, etc. (Nov. Testamentum, syriace, jussu et impensis Ferdinandi Roman. Imperat. designati editum). *Viennæ-Austriæ, curantibus Alberto Widmanstadio et Mose Merediniæo ; Mich. Cymbermanno excudente*, 1555, in-4. 10 à 12 fr. [160]
Première édition du Nouveau Testament en syriaque : quoiqu'elle soit belle et que les exemplaires en soient très-rarement complets, le prix en est médiocre. Quand ce volume est entier il contient : 1° 27 ff. non chiffrés, dont le dernier est un titre et un avis sur les évangiles de saint Matthieu ; 129 ff. chiffrés pour les quatre évangélistes ; 2° 2 ff. prélimin. (vignette et titres), 38 ff. chiffrés, pour les Actes des apôtres ; 3° 8 ff. prélimin. (ou 11 selon Ebert, contenant vignette, dédicace à Maxi-

milien, errata, titre et table des Epîtres de saint Paul) ; LXXX ff. pour les Epîtres de saint Paul ; 4° titre des Epîtres de saint Jacques, saint Pierre et saint Jean, etc., sign. BB. et épîtres f. I à II ; 5° tables latine et syriaque des leçons distribuées et lettre de Widmanstadt à Gringer, 27 ff. non chiffrés, plus un f. blanc, dont un coté porte FINIS *præcepti est* CHARITAS. Il faut observer que les titres, les vignettes et les errata comptent dans les signatures, quoique ordinairement hors de pagination ; et aussi que la table indique, pour les Actes des apôtres, une dédicace à l'archiduc Ferdinand, et, pour les Epîtres de saint Jacques, une autre dédicace à l'archiduc Charles, deux pièces qui ne se trouvent dans aucun exemplaire connu (ce qui laisse vaquer la signat. A. à chacune de ces deux parties). L'exemplaire décrit par Ebert, n° 22693. n'a pas les 12 ff. compris dans le paragraphe 4° ci-dessus ; mais il est terminé par des *Syriacæ linguæ prima elementa*, en 28 ff. non chiffrés, dont le dernier porte la date de février M. D. LVI.
Il y a des exemplaires où les quatre premières lignes syriaques du titre sont impr. en rouge, avec les points voyelles en noir. Dans ces exemplaires, le verso du titre porte les armes de l'imprimeur, la mention du privilége, et au-dessous : *Viennæ-Austriæ excudebat Michael Zymmerman. Anno* M. D. L. XII. Pour plus de détails, consultez la *Biblioth. Silvestre de Sacy*, tome I, n° 705, et la note à la p. 406. (L'exemplaire décrit n'a été vendu que 12 fr.)
— DAS NEUE TESTAMENT das da wirt genant euangelion das haist auf deutsch ain froliche Botschaft. *Gedruckt zu Krakau durch Paul Helic im Jar* 1540, in-folio de 144 ff., 37 lign. par page, sign. A—Z et aa—nn.
Première édition du *Testamentum Novum hebræoteutonicum*. Elle est belle et rare. Tout le volume, à l'exception des mots soulignés ci-dessus, qui sont en caractères latins, est imprimé en caractères rabbiniques. (Communiqué par M. Edw. Tross.)

— Novum Testamentum, syriace (litter. hebraicis) : accedunt ad calcem variæ lectiones a Fr. Raphalengio collectæ. *Antuerpiæ, Plantin.*, 1575, in-24. 4 à 6 fr.
Vend. 16 fr. *mar. r.* Mac-Carthy.

— Idem, syriace, cum versione lat. ex diversis editionibus recensitum : accesserunt notationes variantis lectionis collectæ a Mart. Trostio. *Cothenis-Analthinorum*, 1621 (autres exempl. 1622), in-4. 5 à 7 fr.

— Idem, syriace, cum punctis vocalibus et versione lat. Matthæi, accurante Ægid. Gutbirio. *Hamburgi*, 1663 (ou avec des différences, 1664), pet. in-8., 5 à 6 fr.
L'édition de 1664 a reparu en 1731 et en 1749, avec de nouveaux titres, et augmentée d'un *Lexicon syriacum*, qui avait déjà été impr. en 1667, ainsi que des *Notæ criticæ in Novum Testamentum syriacum*.

— Novum Testamentum syriacum, cum versione lat. cura et studio J. Leusden et Car. Schaaf editum, ad omnes editiones recensitum et variis lect. adornatum ; editio secunda (cui accedit lexicon syriacum). *Lugduni-Batavor.*, 1717, 2 part. in-4.
Édition imprimée avec des planches gravées. Vend. 30 fr. Anquetil ; 40 fr. Chaumette ; 30 fr. Quatre-

mère.. On la dit plus correcte que celle de *Leyde*, 1708, in-4., dont elle est un nouveau tirage ; cette première a été vendue 18 fr. de Tersan ; 11 flor. Meerman.

— NOVI TESTAMENTI versiones syriacæ, simplex, Philoxeniana et Hierosolymitana, denuo examinatæ et ad fidem codd. mss. novis observationibus atque tabulis ære incisis illustratæ a Jac.-Ge.-Christ. Adler. *Hafniæ*, 1789, in-4. 9 fr. Quatremère.

— Le Nouveau Testament (publié en SYRIAQUE et en arabe dit Karschouni, par M. Silvestre de Sacy). *Paris, impr. roy.*, 1823-24, 2 vol. gr. in-4., coûte 27 fr.

Imprimé pour la Société biblique de Londres, laquelle avait déjà fait imprimer le Nouveau Testament en syriaque. *Londres, Watts*, 1816, in-4.

Nous avons indiqué ci-dessus, p. 431, parmi les Nouveaux Testaments en grec, l'édition de Henri Estienne, 1569, in-fol., qui contient aussi le syriaque.

Voyez également ci-dessus les Nouveaux Testaments polyglottes. — Pour la version éthiopienne, voyez col. 764.

V. *Versions-latines.*

— Sanctum J. Christi Evangelium secundum Matthæum, Marcum, Lucam, Joannem. Acta Apostolorum ; Epistolæ Pauli, Jacobi, Petri, Joannis, Judæ ; Apocalipsis beati Joannis. *Parisiis*, 1538, 2 part. en 1 vol. pet. in-16 de 304 et 226 ff., plus 31 feuillets.

Édition bien imprimée, en petits caractères, et remarquable par l'exiguïté de son format, qui n'a que 86 millimètres (environ 3 pouces) de hauteur ; en *mar. brun*, par Duru, 29 fr. Veinant.

— Novum Testamentum, illustratum insignium rerum simulacris, cum ad veritatem historiæ, tum ad venustatem, singulari artificio expressis. *Franc. Gryphius*, 1542, in-12.

Ce volume rare a été vendu 12 fr. 10 c. chez Crevenna, où se trouvait aussi : *Testamenti Novi editio vulgata, cum figuris*, Lugd., Seb. Gryphius, 1543, in-12 : vend. 3 fr. 30 c. Les gravures sur bois qui décorent ces deux éditions leur donneraient maintenant une plus grande valeur.

— NOVUM TESTAMENTUM, latine, ex recognitione Des. Erasmi. *Parisiis*, Fr. Regnault. 1542, in-16 avec fig. sur bois. 5 fr. 50 c. Mac-Carthy, et serait plus cher aujourd'hui à cause des gravures.

— IDEM. *Paris.*, vidua Fr. Regnault, 1552, in-16, fig. sur bois.

Réimprimé pour la même veuve en 1556, in-16.

— NOVUM TESTAMENTUM, vulgatæ editionis, cum figuris. *Parisiis, Iolanda Bonhomme vidua Kerver*, 1551, in-8.

— Novum Testamentum, latine, vulgatæ editionis. *Parisiis, e typogr. regia*, 1649, 2 vol. pet. in-12. [161]

Jolie édition dont les beaux exemplaires sont recherchés : elle est cependant fort incorrecte. 6 à 9 fr. Vend. 13 fr. *mar. viol. doublé de mar.* de Cotte, et le même exemplaire 86 fr. Parison ; autre en *mar. viol.*, aux armes du C. d'Hoym, 58 fr. d'Hangard.

— IDEM. *Parisiis*, Barbou, 1767, in-12. 3 à 4 fr. — Pap. fin, 4 à 5 fr.

— IDEM. *Parisiis*, Barbou, 1785, in-12. 3 à 4 fr.

Il a été tiré sur VÉLIN quatre exemplaires de cette

édition. 80 fr. Saint-Céran ; 129 fr. Mac-Carthy ; 2 liv. 5 h. Hibbert ; 40 fr. en 1838.

— NOVUM TESTAMENTUM, studio Congregationis Oratorii editum. *Matriti, typis Joh. de Ibarra*, 1767, 2 vol. in-8. 8 à 10 fr.

— NOVUM TESTAMENTUM, ob frequentes omnium interpretationum hallucinationes, nunc demum ex codice alexandrino, adhibitis etiam compluribus mss. variantibus lectionibus editis, summa fide ac cura latine redditum, interprete Leopoldo Sebastiano Romano. *Londini*, 1817, gr. in-8.

Traduction faite par un prêtre catholique, chef des missions en Perse.

———

NOVUM TESTAMENTUM latinum, ad antiquissima Græcorum exemplaria, quam diligentissime castigatum : inque latinam phrasim transfusum, quicquid erat idiotismi vel græci vel hebræi : quin et scripturarum concordantiis, una cum allusionibus quam accuratissime illustratum, per B. Galterum Deloenum. *Excudebat Londini, Joannes Mayler*, 1540, in-4.

Édition rare, dédiée au roi Henri VIII.

VI. *Versions françaises.*

— Le Nouveau Testament et la declaration dicelluy faicte et composee par Julien Macho et Pierre Farget. *Lyon, Bartholomieu Buyer* (sans date), pet. in-fol. goth. de 304 ff. non chiffrés, à 2 col. de 29 lign. avec des sommaires dans le haut des pages. [162]

Cette édition précieuse n'a point de signatures, et cependant nous la croyons moins ancienne que l'édition du même ouvrage imprimée à longues lignes, et qui est pourvue de ce signe indicateur de l'ordre des feuillets. Ce qui nous suggère cette opinion, c'est qu'on remarque dans l'édition à 2 col. beaucoup de lettres tourneures fleuronées, gravées sur bois, et de 23 millim. carrés, tandis que dans l'édition à longues lignes ces mêmes lettres tourneures, gravées sur bois, sont au double trait sans ornements. En tête de l'édition à 2 col. se trouve une table des chapitres en 20 ff., commençant par cette ligne : *Cy commence la table du nouueau testament.* Au haut du feuillet suivant, où commence le texte, se lit ce sommaire en capitales : *Leuuangile selon saint mahieu* (sic). Les feuillets 297 et 298 ont des colonnes plus étroites que tous les autres. Au recto du dernier feuillet se trouve la souscription suivante : *Cy finist lapocalipse et semblablement le nouueau testament veu et corrige p venerables persônes freres iullien macho et pierre farget docteurs ê theologie de lordre des augustins de lyõ sus le rosne Jnprime en la diete ville de lyon par Bartholomieu buyer citoien du dit lion.* Vend. relié en *mar. r.* 90 fr. Gaignat ; 100 fr. La Valliere ; 51 fr. Mac-Carthy ; 9 liv. 9 sh. Hibbert.

L'édition à longues lignes, également sortie des presses de Bartholomieu Buyer (*sans date*), est un petit in-folio de 301 ff. non chiffrés, et à 28 lignes par page. Elle est imprimée avec les mêmes caractères que le *Lotharius Diaconus*, de 1473. (voy. LOTHARIUS), caractères plus beaux que ceux de l'édition à 2 col. Il se trouve également au commencement du volume une partie de 21 ff. pour la table, laquelle a le même sommaire que ci-dessus. Cette table forme 3 cah. de signat. sous les lettres *a, b, c.* Le premier de 7 ff. ; le second de 8, et le troisième de 6 ff., y compris un f. blanc. (Dans le cah. *a* de cette table, il n'y a pas de f. coté au ; on passe de ai à aii.) Le texte a deux séries de signatures, la première en 27 cahiers de 8 ff. sous les lettres A jusqu'à & (les lettres *r* et *s* y sont répétées); la seconde de A à l, par 8 ff., excepté C qui n'en a que quatre, et I six, y compris un f. blanc. (Les 2 ff. blancs portent à 303 le nombre total des feuillets du volume.) Il est à remarquer que dans l'édition à longues lignes, au lieu du nom de Farget, on a imprimé *Sarget*. A la fin se lit la souscription déjà rapportée ci-dessus, mais avec quelques différences, soit dans l'orthographe du mot *Lion*, soit dans certaines abréviations. Le bel exemplaire *mar. citr. à compart.*, vend. 211 fr. 4 sous chez Gaignat, n'a plus été vendu que 90 fr. chez La Vallière, parce qu'on l'avait annoncé comme de *seconde édition*.

Pour deux éditions du *Vieil Testament*, in-fol., l'une à longues lignes et l'autre à 2 col., également imprimées à *Lyon*, avec les caractères de J. Barth. Buyer, et sans date, voy., à la col. 883 de notre premier volume et dans nos additions, l'article VERSION française de la Bible, qui correspond à ladite colonne.

— Le Nouveau Testament traduit en françois par Lefèvre d'Estaples. *Paris, Sim. de Colines*, 1523, 2 tomes pet. in-8. goth.

Première édition de cette version, qu'il est bien difficile de trouver complète ; en voici la description : Premier tome sous ce titre : *Les choses contenues en ǁ ce present liure ǁ une epistre exhortatoire ǁ La s. Evangile selon s. Mathieu ǁ la s. evangile selon s. Marc ǁ la s. evangile selon s. Luc ǁ la s. Evangile selon s. Iehan, ǁ Aucunes annotations...* (à la fin de S. Jean) : *Imprime en la maison Simon de Colines libraire iure de l'universite de Paris demourât en la rue sainct Iehan de Beauuais, deuât les escholles de Decret lan de grace mil cinq cens xxiii le viiiᵉ iour du moys de Iuing.* Il est en 4 parties et se compose des signatures a—z3, A—B par 8 ff. et C par 4. Le second tome commence ainsi : *Le contenu en cette seconde partie du Nouveau Testam. : une epistre exhortatoire*, etc... il a : 1° 12 ff. prélim., y compris le titre ; 2° 164 ff. chiffrés pour les Epîtres de S. Paul..., avec la date de 1523, le 17 octobre, à la fin ; 3° 63 ff. chiffrés pour les Actes des apôtres, datés de 1523, le xxxi iour du moys de Octobre, plus 1 f. blanc ; 4° 29 ff. chiffrés pour l'*Apocalypse de sainct Iehan apostre*, sous la date de 1523, le *sixiesme iour du mois de Novembre* ; 5° 34 ff. non chiffrés, contenant la table pour les évangiles, sign. *eee à hhh iv*.

— Les choses contenues en ce present livre : Vne epistre exhortatoire. La sainte Euangile selon S. Mathieu, S. Marc, S. Luc, S. Jehan. *Imprime a Paris par Simon de Colines, en lan Mil cinq cens vingt et quatre*, in-16 ou très-pet. in-8.

49 fr. *mar. r.* Veinant.

— Autre édition de la traduction de Le Fevre d'Etaples (sans lieu et sans date d'impression, sous ce titre) : La premiere parǁtie du nouueau Teǁstament conteǁnant ce qui sensuyt. 162 ff. chiffr. — La secôde parǁtie du nouueǁau testament..... 114 ff. chiffr. plus 11 ff. de table. In-8, allongé, goth.

Le titre de la première partie est imprimé rouge et noir. Au verso se trouve une *Epistre exhortatoire* qui commence ainsi : «Vng bien desire estre cômunique : car le tre-ǁsor pêdat ǁl est caché certes de riês ne pfti-ǁte. » (*Biblioth. impér.*)

— LES CHOSES contenues en ce present liure : une epistre exhortatoire. La s. Evãgile selon S. Matthieu, etc. (à la fin) : *Imprime lan de grace mil cinq cês x.xiiij, le viiᵉ iour du moys doctobre*, pet. in-8. goth.

Un exemplaire dans sa première reliure, et annoncé comme imprimé à Lyon, par M. Husz (ce qui est fort douteux), 165 fr. Bergeret.

— LES CHOSES contenues en ceste partie du Nouveau Testament. Vne epistre exhortatoire. Les evangiles. (Les Actes des apostres, les Epistres sainct Pol. l'apocalipse). *Imprime a Basle lan* M. D. XXV. in-8. goth. fig. gravées sur bois.

Édition fort rare de la traduction de Le Fevre d'Estaple. La première partie renferme 8 ff. prélim., dont 1 blanc, texte des Evangiles, clxxxiiij ff., Actes des apôtres, luij ff. ; la deuxième partie. 10 ff. prélim. Epistres de S. Pol, etc., cxlvj ff., qui d'après le titre général devraient venir immédiatement après les évangiles ; Apocalypse, xxxvi ff. avec fig. sur bois ; table, 15 ff. sign. fff et ggg, et au verso d'un 16ᵉ f. la marque de l'imprimeur, c'est-à-dire un double vv, avec les lettres *i* et *s*, le tout surmonté d'un double croix avec cette devise : *Durum patientia frango*. M. Silvestre a reproduit sous le n°597 cette marque demeurée inexpliquée jusqu'ici. 16 fr. Heber, en *mar. r.* 6 fr. Mac-Carthy, et 15 liv. Libri, en 1862.

— LE MÊME Nouveau Testament. *Anvers, Guill. Vosterman*, 1525, in-8. goth. 13 fr. 50 c. Heber.

— LE MÊME. *Imprime en Anvers par Martin Lempereur*, 1531, in-8. goth. fig. sur bois. 10 fr. Heber.

— LE NOUVEAU TESTAMENT de Nostre Saulueur Iesu Christ, translate selon le vray text en françois. *Imprime en Anvers par Iean Grapheus*, 1532, in-12 goth. de 354 ff. chiffrés, 15 ff. pour la table et 1 f. pour la marque de Grapheus.

Il y a une édition imprimée en *Anvers*, par Martin Lempereur, 1535, in-12, avec des fig. sur bois (à l'Apocalypse). — L'édition d'Anvers, 1543, pet. in-12, fig. 11 fr. Heber.

La Biblioth. impér. possède une édit. de cette même traduction, pet. in-12 goth. fig. sur bois, avec cette souscription : *Imprime en Anuers sur le pont de Chambre a Lescu Dartoys, par moy Jaques de Liesueldt. Lan Mil cinq cens ɛ XLJJJJ* (1544), et au verso du dernier feuillet la marque ci-dessous. Vendu 9 fr. Brienne, en 1797.

Pour une édition du Nouveau Testament, en françois, impr. à Lyon, en 1553, voy. l'art. QUADRINS.

— LE NOUVEAU TESTAMENT, latin-françois. *Lyon, Guillaume Roville,* 1557, in-12.

Un exemplaire dans sa première reliure en *v. f.,* à compartiments en or et en différentes couleurs, 7 liv. 15 sh. Libri, en 1862. Autrement cette édition n'a que très-peu de valeur.

— Le Nouveau Testament de N. S. Jesus Christ avec figures et annotations necessaires pour l'intelligence des lieux les plus difficiles; et exposition contenant briefves et familieres resolutions et observations par M. Rene Benoist. Liege pour Henri Hovius, 1572. (à la fin): *Imprime à Liege par Gauthier Morberius,* très-pet. in-8. avec de nombreuses gravures sur bois intercalées dans le texte.

Volume rare, dans lequel le texte du Nouveau Testament est précédé d'un Recueil d'aucuns mots et maniere de parler difficiles du Nouveau Testament, avec leur déclaration (*Bibliophile belge,* IX, p. 127). Nous présumons que ce sont les gravures sur bois, au nombre de 66, employées dans cette édition, qui ont servi pour le Nouveau Testament, *traduict de latin en françois par les theologiens de Louvain,* Liege, H. Hovius, 1597, in-12.

— LA MÊME traduction, *Rouen, Rob. Mallard,* 1579 et 1580, in-16. (Biblioth. impér.).

— Le Nouveau Testament de Nostre Seigneur Jesus Christ, traduit en françois selon l'édition vulgate avec les différences du grec. *A Mons, chez Gaspard Migeot, en la rue de la Chaussée, a l'enseigne des Trois Vertus,* 1667, *avec privilége et approbation,* 2 vol. pet. in-8.

Première édition de cette célèbre traduction du Nouveau Testament, dite de Port-Royal. L'ouvrage a été commencé par Ant. Le Maistre, et continué par Ant. Arnauld et Louis-Isaac Le Maistre de Sacy. La préface de ce dernier a été revue par P. Nicole et Cl. de Sainte-Marthe. Cette édition de 1667 est fort belle, et généralement attribuée à Dan. Elsevier, d'Amsterdam. Cependant on lit à la suite de la préface une permission de l'archevêque de Cambrai, en date du 12 octobre 1665, portant : *Gaspari Migeot imprimendi et evulgandi licentiam damus et impertimur;* ensuite, après l'approbation de l'évêque de Namur et celle des docteurs de Louvain, se trouve un extrait du privilége de Charles, roy de Castille, etc., en date de Bruxelles, 24 juillet 1666, en vertu duquel il est accordé à *Gaspard Migeot, libraire,... de pouvoir luy seul imprimer ou faire imprimer, vendre et distribuer le Nouveau Testament.* Ce qui prouve que c'est Migeot qui vendait ce livre. La réimpression qui a été faite de l'édition de 1667, se reconnaît au bas de la page 538 du premier volume, où il y a, 6e *l. : Ils ont oüi dur de leurs oreilles;* le mot *leurs* est rejeté à la seconde ligne; tandis que dans l'édition originale il tient dans la première. Dans cette édit. originale, le premier vol. a 22 ff. préliminaires, non compris une jolie gravure de P. Van Schuppen, d'après de Champagne, 538 pp. de texte, et 4 ff. pour la table; le second volume, 462 pp. et 8 ff. pour la table et les errata. Dans son article sur le Nouveau Testament de Mons (*Annales de l'imprimerie des Elzevier,* 2e édition , p. 338), M. Pieters fait remarquer qu'il a été fait deux tirages des six premières pages du tome II de l'édition originale de 1667. La différence consiste principalement dans le titre qui est complet, et avec date,

dans les exemplaires reliés en 2 volumes, tandis qu'il n'y a qu'un faux titre dans les exemplaires reliés en un seul volume. Quoiqu'elle soit fort belle, cette édition, ainsi que plusieurs autres du même format, portant : *Mons, chez Gaspard Migeot,* et que l'on attribue généralement aux Elsevier d'Amsterdam, n'a de valeur que lorsque l'exemplaire est relié en *mar.* par un des relieurs célèbres de la fin du XVIIe siècle, auquel cas on les paye de 30 à 40 fr. lorsque la reliure est bien conservée. Le bel exemplaire du comte d'Hoym, qui n'a été payé que 21 fr. à la vente de F. Didot, en 1811, atteindrait aujourd'hui un prix beaucoup plus élevé.

On sait que cette traduction du Nouveau Testament fut accueillie avec une grande faveur par les jansénistes, fort nombreux alors; mais elle devint bientôt suspecte à leurs adversaires, et même à peine les premiers exemplaires de ce livre furent-ils répandus en France, qu'on vit se multiplier les censures et les attaques contre l'ouvrage.

Ce fut d'abord une *Ordonnance de M. Hardouin de Péréfixe, archevêque de Paris, portant défense de lire, vendre et débiter cette traduction du Nouveau Testament, et autres pièces publiées à l'occasion de la dite traduction,* pièce imprimée à *Paris, chez Muguet,* en 1667, in-8. Ensuite parut: *Arrêt du conseil d'État du 22 novembre 1667;* et bientôt après un bref du pape Clément IX, daté de Rome, 20 avril 1668, bref que néanmoins le conseil souverain de Malines repoussa par son arrêt du 10 juillet 1668. En même temps que les autorités religieuses et civiles sévissaient contre cette traduction, les PP. Maimbourg, Annat, Bouhours et autres l'attaquaient, soit dans les sermons, soit dans des écrits spéciaux, auxquels Antoine Arnauld et Pierre Nicole opposèrent des réponses non moins vives que les attaques. Cette polémique donna naissance à un certain nombre d'ouvrages pour ou contre, dont on peut lire les titres dans le catalogue de la Bibliothèque du roi (*Théologie,* tome II, D, nos 1698—1730). La pièce portée sous le no 1731 est une *Lettre en vers à un ami, sur le mandement de M. l'archevêque de Paris... avec un madrigal adressé à ce prélat et un autre sur le père Maimbourg,* opuscule attribué à J. Barbier d'Aucourt. Tous ces débats, on peut bien le croire, contribuèrent puissamment à augmenter la vogue de l'ouvrage censuré, duquel les éditions se succédaient rapidement. Nous venons de décrire celle qu'on regarde généralement comme la première de toutes; les autres sont trop nombreuses pour que nous en puissions donner ici le catalogue complet; nous ne devons pourtant pas les omettre les principales : 1o *Seconde édition,* in-12 à 2 col., ayant 20 pp. non cotées et 412 pp. de texte; 2o *Quatrième édition,* revue et corrigée, 2 vol. in-12 : le premier, sous la date de 1668, a XXVIII, 336 pp. cotées, et 8 pp. non cotées; le second (les Epîtres, etc., sous la date de 1667) a IV et 283 pp. cotées, plus 9 non cotées; 3o *Cinquième édition,* 1668, en 2 vol. in-16; c'est celle qu'à cause de son format on adopte pour la collection des Elsevier (le premier volume a XXXII et 382 pp. cotées, plus 28 non cotées; le 2e volume, 315 pp. cotées, 13 pp. pour la table, et 41 pp. non cotées, renfermant des notes sur le Nouveau Testament. Un bel exemplaire en *mar.* a été payé 50 fr. en 1823; 4o *Sixième édition,* 1668, in-4, est en 2 part. : la première a 44 pp. prélimin., y compris la grav. d'après J.-B. de Champagne, et 503 pp. de texte ; la seconde (Epîtres de saint Paul, etc.), 4 pp. préliminaires, 408 pp., et 6 pp. non cotées pour la table. Un exemplaire en *mar. r.* à compartiments, 29 fr. première vente Monmerqué; 5o *Traduit en françois avec le grec et le latin de la vulgate ajoutez à coté; nouvelle édition,* 1673, 2 vol. in-8.; le premier a 24 pp. préliminaires, 525 pp. de texte, et 6 pp. non cotées pour la table; le second, 4 pp. préliminaires, 400 pp. de texte et 6 pp. de table. Cette édition est à 3 col., et a été attribuée à l'imprimeur Vinet, de Rouen ; mais M. Pieters pense qu'elle appartient plutôt aux presses

d'Eugène-Henri Fricx de Bruxelles, lequel, à l'expiration du privilége accordé précédemment à Gasp. Migeot, en avait obtenu un nouveau en 1673 *pour imprimer ou faire imprimer pendant six ans* le Nouveau Testament dont il s'agit. Parmi les édit. qui ont paru après celle-ci, nous n'en citerons qu'une seule, celle 1674, en 2 vol. in-12, donnant sur 2 colonnes le latin et le français ; son titre porte : *vingt-cinquième édition, revue et corrigée de nouveau;* mais nous croyons qu'il serait bien difficile de prouver qu'effectivement elle a été précédée de vingt-quatre autres. On a remarqué que les éditions successives de ce Nouveau Testament ont subi des changements, des corrections, des additions, soit dans le texte, soit dans les notes, ce qui fait supposer qu'elles ont été imprimées sous la surveillance du traducteur. Quoique plusieurs de ces éditions n'aient pas été faites pour le compte de Gaspard Migeot, elles portent toutes son nom, son enseigne *Aux Trois Vertus,* et sa devise latine : *Ardet anians spe nixa fides,* enseigne et devise qui étaient celle du libraire Charles Savreux, à Paris, chez lequel Migeot avait fait son apprentissage, ainsi que l'a fait remarquer M. Ch.-R. Chalon dans l'article curieux sur le Nouveau Testament de Mons, qu'il a donné en 1845 dans le 1er volume du *Bibliophile belge,* pp. 105 et suiv.
— LE NOUVEAU TESTAMENT, traduit en françois, selon l'édition de la vulgate, etc. *Mons, Gaspard Migeot (Bruxelles, Henry Fricx),* 1667, 2 vol. in-12, fig. 10 à 15 fr.
Édition recherchée par rapport aux gravures dont elle est ornée : vend. jusqu'à 40 fr., bel exemplaire *mar. v. l. r.* Thierry, et *mar. citr. d. mar.* 45 fr. Quatremère.
— LE NOUVEAU TESTAMENT en françois, avec le latin à la marge, et avec des réflexions morales sur chaque verset, pour en rendre la lecture plus utile et la méditation plus aisée (par Pasquier Quesnel); édition augmentée. *Paris, André Pralard,* 1705, 4 tom. en 8 vol. in-12.
Ces *Réflexions morales* du P. Quesnel, qui sont jointes à cette traduction, ont été condamnées par la cour de Rome, et ont donné lieu à une espèce de schisme dans l'Église gallicane, à cause de la persistance du parti janséniste à soutenir les propositions condamnées. La première édition des *Réflexions morales* fut imprimée à Paris, chez Pralart, en 1671, avec l'approbation des docteurs ; l'ouvrage parut ensuite sous le titre d'*Abrégé de la morale de l'Évangile,* 3e édition, augmentée, *Paris,* 1679, 2 vol. in-12 ; après quoi les Réflexions furent jointes aux diverses éditions du Nouveau Testament de Quesnel, soit en 4 vol. in-8., soit en 8 vol. in-12. La dernière de ces éditions est celle d'*Amsterdam,* 1736, 8 vol. in-12. Aucune n'a de valeur dans le commerce, à moins que l'exemplaire ne se recommande par une belle reliure en maroquin.
La traduction française du Nouveau Testament avec des notes par Denis Amelote, *Paris, Fr. Muguet,* 1666, 3 vol. in-8., ou 1688, 2 vol. in-4., a eu un certain succès, et a été réimprimée à Paris, 1738, en 2 vol. in-12 ; on en peut dire autant de celle de Ch. Huré, *Paris,* 1702 ou 1709, 2 vol. in-12.

— Le Nouveau Testament, en latin et en franç., traduit par Le Maistre de Sacy. *Paris, Saugrain, imprimerie de Didot jeune,* 1791-1801, 5 vol. in-8., fig. de Moreau jeune. [163]

Ces cinq volumes ne contiennent que les quatre évangélistes et les Actes des apôtres ; ils ont été tirés sur cinq différentes sortes de papier, savoir : 1° Papier ordinaire, en 5 vol. 25 à 30 fr.; 2° Gr. Pap. 30 à 40 fr.; 3° Gr. Pap. vél., 48 à 60 fr. ; 102 fr. *mar. r.* Quatremère ; 4° in-4., avec figures avant la lettre, 50 à 60 fr., enfin, in-4. Gr. Pap. vél., figures avant la lettre, avec l'épître à l'Assemblée nationale, pièce dont, à ce qu'on assure, il n'y a que 18 exemplaires : 132 fr. *dos de mar.* J.-J. De Bure.

Le 5e vol. manque dans une partie des exemplaires qui existent de ce livre.
Vend. en 4 vol. très Gr. Pap. vél , avec les 112 dessins originaux, les gravures avant la lettre et les eaux-fortes : 486 fr. *mar. r. tab.* Detienne ; revendu 1640 fr. Renouard , et 1900 fr. de Labédoyère, en 1862.
Le mêmes gravures, au nombre de 112, ont servi pour une édition de *Paris,* 1808, 2 vol. in-8.

— NOUVEAU TESTAMENT. Ce Nouveau Testament fut achevé d'*imprimer le* XXVII *iour du moys de mars Lan mil cinq cens* XXXIIII. *à Neufchastel par Pierre de Vingle,* pet. in-fol. goth. à 2 col. de 55 lignes.
Édition très-rare de la version de Lefèvre d'Estaples ; elle est imprimée avec les caractères qui ont servi pour la Bible d'Olivetan, sortie des mêmes presses, à la date du 4 juin 1535. (*Études sur la typogr. genevoise,* p. 87.)
Il y a aussi une édition du Nouveau Testament impr. à *Neufchatel, par Pierre de Vingle,* 1534, in-8. goth., d'après l'édition de la Bible, impr. à Anvers, en 1530.
— LE NOUVEAU TESTAMENT de nostre Seigneur et seul sauveur Jesus-Christ, translate du grec en françois. En Dieu tout. (au bas du titre de la table MDXXXVI, et à la fin, *Imprimé à Genesve*), in-12 de 631 pp. sans la table qui n'est pas chiffrée, caractères ronds.
Version d'Olivetan, avec l'épître de Calvin, déjà produite en tête du N. T. dans la Bible d'Olivetan, édition de 1535.
— LE NOUVEAU TESTAMENT, c'est-à-dire la nouuelle alliance de Nostre Seigneur et seul Sauveur Jesus-Christ, traslaté du grec en françois. En Dieu tout. 1538, pet. in-12 goth. de 711 pp.
Sur le titre les armes de Genève, et sur le dernier f. la marque dont Pierre de Wingle, dit Pirot Picart, s'est servi dans sa Bible in-fol. de 1535. La préface commence ainsi : *Tous amateurs de Jesus Christ et de son Evangile.* On lit à la fin du texte : *Translaté par Belisen de Belimainom,* nom sous lequel s'est caché Pierre Olivetan. L'édition est fort rare, et la précédente ne l'est guère moins.
— LE NOUVEAU TESTAMENT de Nostre Seigneur Jesus-Chr.st en francoys. *Imprime a Lyon, par Jehan Harbou* (sans date, vers 1540', in-16 goth.
— LE NOUVEAU TESTAMENT, translaté de grec en françois, revu par M. Jehan Calvin. *Genève, par J. Girard,* 1543, in-24.
A la fin de l'indice se lisent neuf vers françois de *Clément Marot, aux amateurs de la Sainte-Escriture* (*Bien peu d'enfants on trouve qui ne gardent*), et à la fin du volume dix autres vers françois d'*Estienne Delafontaine aux enfans de Dieu.*
— LE NOUUEAU TESTAMENT..., tant en latin qu'en francois (de la vers. de J. Calvin, revue par les ministres de Genève, avec les sommaires au devant pour servir comme de petits commentaires, tirez des comment. de J. Calvin). (*Basle), Conr. Badius,* 1555, pet. in-8. (Bibliothèque impériale.)
— LE MÊME, en latin et en françois, de la même version. *Blois, Iulian Angelier,* 1559, 2 vol.-pet. in-8. (*Ibid.*)

— Le Nouveau Testament, c'est-à-dire, la nouvelle alliance de nostre seigneur Jésus-Christ. *La Haye, chez Jean et Daniel Steucker,* 1664, pet. in-8.

Édition imprimée à 2 col. et en fort jolis caractères ; le titre porte le fleuron des Elsevier de Leyde, avec la devise *Non solus.* Dans le même volume doivent se trouver les *Psaumes de David mis en vers par Cl. Marot et par Th. de Beze,* avec la musique

notée. Cette dernière partie se rencontre quelquefois séparément, mais la réclame qui se voit à la fin
du Nouveau Testament prouve assez qu'elle appartient nécessairement au volume.

— LE MÊME, traduit en françois sur le grec, avec
des notes, par N. de Beausobre et Dav. Lenfant.
Amsterdam, 1718, 2 vol. in-4. 6 à 8 fr., et plus en
Gr. Pap. [164]

Les remarques historiques et philologiques de Beausobre sur le Nouveau Testament ont été imprimées
à *La Haye*, 1741, 2 tom. in-4.

VII. *Versions bretonnes et basques.*

— Nouv. Testament, en BRETON. Testa-
mant nevez hon aotro u Jézuz-Krist :
troet e brézounek gant J. F. M. M. A.
Legonidec. *Angoulême, Tremeau*, 1821,
et aussi 1827, pet. in-8. [166]

Vend. 8 fr. Saint-Martin.

— Iesus Christ gure javnaren Testamentu
berria, *c'est à-dire,* Nouveau Testament,
traduit en langue BASQUE par Jean de Li-
carrague de Briscous. *Rochellan, P.
Hautin,* 1571, in-8. lettres rondes.[167]

Traduction à l'usage des Protestants.

Vend. 50 fr. *m. r.* Lambert, en 1780 ; 40 fr. *mar. r.*
Mac-Carthy.

L'exemplaire du duc de La Valliere, annoncé comme
incomplet, et vendu seulement 10 fr., contenait
20 ff. prélimin., 459 pp. chiffrées, une table à 2 col.
occupant 32 ff., et d'autres pièces imprimées à longues lignes, sign. A - G. Cette dernière partie était
probablement le Calendrier en langue basque porté
dans le dernier catalogue Renouard, n° 2662, sous
ce titre :

KELENDRERA, Bazeo noiz Daten, Ilhargui Ber-
riaren eta letra Dominicalaren eçagutzeco manera-
requin. *Rochellan, Pierre Hautin,* 1571, in-12.

Et qui a été vendu 10 fr.

— JESU-CHRISTO gure jaunaren Testament Berria.
Bayonne, Lamaignere, 1828, in-8. 10 fr.

Vend. 16 fr. Klaproth.

Une autre traduction basque du Nouveau Testament
a été publiée par M. Dassance à Bayonne, chez
E. Lasserre, en 1855, in-12 de XXIV et 480 pp. Voir
sur les différentes traductions basques du Nouveau
Testament ou de ses parties, *Le Pays basque* de
M. Michel, pp. 476 et suiv.; nous y trouvons, p. 480,
la description d'un livre que nous ne devons pas
omettre, parce que c'est une véritable curiosité bibliographique ; il a deux titres, l'un en basque et
l'autre en françois. Ce dernier est ainsi conçu :

— LE SAINT ÉVANGILE de Jésus-Christ selon saint
Matthieu , traduit en basque souletin par l'abbé
Inchauspe, pour le prince Louis-Lucien Bonaparte ;
*Bayonne, imprimerie de veuve Lamaignere, née
Teulières,* 1856.

Le volume est un gr. in-8. de 179 pp. avec XLVI pp.
renfermant des notes grammaticales sur la langue
basque, terminées par une note attestant que cette
traduction a été imprimée aux frais du prince
Louis-Lucien Bonaparte, et qu'il n'en a été tiré que
douze exemplaires, dont *dix* numérotés portent le
nom du destinataire, et deux autres non numérotés, dont l'un ayant les titres et les initiales imprimées en rouge, appartiennent à Son Altesse. Le
prince Louis-Lucien a fait également imprimer à
très-petit nombre d'autres traductions du même
évangile, savoir : en basque-navarrais, *Bayonne,*
1856, in-8. de 188 pp., à 12 exemplaires ; — en haut-
navarrais, *Londres,* 1857, in-8. de 122 pp., à 10 exemplaires ; — en biscaïen, *Londres,* 1857, in-8. de
154 pp. à 11 exemplaires. D'autres publications du
même genre ont paru depuis.

VIII. *Versions italiennes, espagnoles et portugaises.*

— Il nuovo testamento tradotto in lingua
toscana dal R. Padre Fra Zaccheria da
Firenze. *In Venetia Lucantonio Giunta,* MDXLII, pet. in-8. (Biblioth. impér.)

— Nuovo testamento tradotto di greco in
vulgare Italiano per Antonio Brucioli.
Lyone, per P. Rolleto & B. Freno, 1549,
in-16 avec fig. sur bois.

1 liv. 10 sh. Libri, en 1859, à cause d'une ancienne
rel. en *mar.* richement doré.

— IL NUOVO ed eterno Testamento di Giesu Christo
(tradotto per Massimo Theofilo). *Lione, per Giov.
di Tornes et G. Gazeio,* 1556, in-16, fig. sur bois.
Édition peu commune. 1 liv. 9 sh. Libri, exemplaire
revêtu d'une ancienne rel. en veau doré.

— Voyez l'article QUADRINS.

— El Nuevo Testamento , traduzido de
griego en lengua CASTELLANA por Francisco de Enzinas. *Acabose de imprimir
este libro en la insigne cibdad de En-
veres en casa de Estevan Mierdmanno,*
1543, pet. in-8. [168]

Édition originale, très-rare, parce qu'elle a été supprimée à l'instant de sa publica.i m ; vend 60 fr.
de Limare et d'Hangard ; 7 fr. seulement La Serna.

— EL TESTAMENTO nuevo traduzido en romance
castellano. *Fenegia, en casa de Juan Philetpho,*
1556, pet. in-8. 18 fr. Bearzi.

— O Novo Testamento , trad. na lingoa
PORTUGUEZA, pelo R.-P. Joam Ferreira
d'Almeida. *Batavia,* 1693, in-4. ch. maj.
[169]

Cette édition est annoncée comme très-rare dans le
catalogue Meerman, vol. I, p. 22, n° 34, où elle est
portée à 40 flor. Nous avons cité (Manuel, I, col. 897)
une autre édition de cette même traduction, d'*Amsterd., J. Crellius,* 1712, in-8. Il y en a aussi une
de 1773 dans le même format, et une quatrième
imprimée à *Trangambar,* 1765, in-8., selon le catalogue de Marsden.

— O NOVO TESTAMENTO, traduzido em INDO-PORTU-
GUEZ. *Londres, Tilling,* 1826, in-8.

Vend. 28 fr. Kieffer.

— O Nuovo Testamento de nossa Senhor
e Salvador Jesu Christo, traduzido de
Indo-Portugueza. *Colombo,* 1852, in-8.
de 502 pp.

IX. *Versions allemandes, hollandaises et rhétiques.*

—Nouveau Testament, en ALLEMAND. Das
Newe Testament. Deutzsch. *Vuittem-
berg* (sans date), in-fol. [170]

Cette 1re édition de la traduction du Nouveau Testament, par Luther, a paru au mois de septembre
1522, et elle est connue sous le nom d'édition de
septembre : ce fut Melchior Lotter qui l'imprima.
Le vol. contient en tout 220 ff., savoir : 4 ff. prélim.
non chiffrés, 107 ff. chiffrés, 6 ff. prélim. non chiffrés,
devant l'Epitre aux Romains, 77 ff. chiffrés, jusqu'à
l'Epitre de saint Jude, et 26 ff. non chiffrés pour
l'Apocalypse. Dans cette dernière partie se trouvent
20 fig. sur bois, d'après Lucas Cranach, lesquelles
paraissent là pour la première fois. — Une seconde édition corrigée, de cette traduction, a été
donnée par le même imprimeur, en décembre 1522,

in-fol. de 200 ff. en tout, avec les mêmes fig. sur
bois. Voyez, pour plus de détails, Ebert, 22661 et
suivantes.

— Dath nyge test. thodüde. *Wittemb.,
Melch. Lotter,* 1523, in-fol.

Première version de ce livre en bas saxon, d'après la
traduction de Luther. Ebert cite comme une des
éditions les plus rares et les plus belles de la même
version celle de *Rostoch, L. Dyetz,* 1539, in-8. fig.
sur bois; il compte aussi au nombre des éditions
rares du même livre celle de 1548 (a la fin, 1553),
in-8., également imprimée à *Rostoch,* chez L. Dyetz.

— Das neue Testament, deutsch durch
Mart. Luther. *Berlin, Decker,* 1851, gr.
in-fol.

Édition de luxe avec illustrations, et dont un exemplaire magnifiquement rel. a été annoncé au prix
de 300 thl.

— Het nieuwe Testament, ofte alle boecken des nieuwen verbondts onses Heeren Jesu Christi, nu eerst door last van
de Hoog Moog. Heeren Staten generael
der Vereenighde Nederlanden, ende vol-
gens't besluyt van de synode nationael
gehouden tot Dordrecht, in de jaren
1618 en 1619, uyt de oorspronckelicke
griexsche tale in onse nederlandsche
getrouwelick overgeset ende van de druck-
fauten ende mis-stellingen die in den
eersten druck gevonden werden door
gemeene ordre der nederlandsche kercken verbetert. *Tot Leyden, by Johannes Elsevier,* 1659, in-12 de 8 ff. prélim.,
y compris le frontispice gravé daté
de 1658 (le titre imprimé). 286 pp. —
De CL Psalmen des Propheten Davids,
met eenige andere Lofsangen; uyt den
françoyschen in nederlandsche dichte
overgeset door Petrum Dathenum. Item,
de Liturgie der selve kercken..... *Tot
Leyden, by Joannes Elsevier,* 1659,
pet. in-12.

Ces deux vol. n'en font qu'un seul, puisque sur le dernier f. de la signature M du premier se trouve
imprimé le titre du second. Celui-ci a un f. de titre
et 148 pp. dont les cinq dernières ne sont pas
chiffrées. Ensuite se trouve une nouvelle série de
74 pp. pour le *Catechismus,* etc., terminée par un
f. contenant la table avec la souscription de l'imprimeur. Il y a des exemplaires des deux parties,
dont les titres portent l'adresse: *'S Gravenhage,
voor Carel Rogiers en Hendrik De Swaef,* 1659.
On y a supprimé les titre imprimé, parce qu'il portait le nom de J. Elsev. Dans la 2ᵉ partie, le premier verset de chaque psaume est noté en musique.
Ce livre n'a pas une très-haute valeur, et nous ne
le décrivons que parce qu'il appartient à la collection elsevirienne.

— Het nieuwe Testament of te alle boecken
des nieuwen Verbondts onses heeren
Jesu Christi gedruck door last van zyn
czaarse Majesteyt Petrus den ersten.....
In 's Gravenhague, van Duren, 1717,
2 tom. en 1 vol. gr. in-fol. [171]

Édition exécutée en capitales et à 2 colonnes, dont
l'une est en hollandais et l'autre en sclavon; elle a
été imprimée à deux fois, c'est-à-dire que le texte

hollandais a été imprimé à *La Haye,* par ordre du
czar Pierre le Grand, et le texte sclavon, en Russie,
avec des caractères plus petits que ceux du hollan-
landais. La première partie est de 255 ff., et la seconde, de 196 ff. Des raisons particulières ayant
fait rigoureusement supprimer ce livre, il est devenu si rare qu'on ne connaît plus d'exemplaire
que celui de la bibliothèque impér., à Paris, et celui
de la bibliothèque de Wolfenbüttel; un troisième,
qui se conservait à Moscou, a péri dans l'incendie
de cette ville. Toutefois, il existe plusieurs exempl.
du texte hollandais seul. Pour d'autres détails,
voy. *Dibdin's bibliographical tour,* II, pp. 258-60.

— HET NIEUWE TESTAMENT. Le Nouveau Testament,
en hollandais, avec des notes, par G. Vissering,
2ᵉ édition, *Amsterd., Fréd. Muller,* 1858, gr. in-8.
de 450 pp.

— L'g Nuof sainc Testamaint da nos Signer
Iesu Christs. (Novum Testamentum tam
ex lat. quam ex aliis idiomatibus in linguam arumansch sive RHÆTICAM conversum per Jac. Biffrum Engadina-
Rhætum, cum præfatione Philippi Gal-
licii), etc., 1560, in-8. [172]

Édition très-rare, et la première de cette version. On
lit à la fin: *Et cau Stevan Zorsch Chiatauni da
Chiamuastch hæ aginndo slhquischer delg An.*
1560.

X. *Versions anglaises, gaéliques et irlandaises.*

THE NEW TESTAMENT in english, by Wycleffe,
now first printed from a ms. formerly in the mo-
nastery of Sion. *London, W. Pickering,* 1848,
in-4. en caractères goth. 30 fr.

— The New Testament (translated by Will.
Tyndale). *Imprented at Antwerp by
Marten Emperowr,* 1534, in-8.

Édition très-rare: 5 liv. 5 sh. (plusieurs ff. manquant)
Williams. Le Musée britannique en possède un
exemplaire sur VÉLIN, qui a appartenu à l'infortu-
née Anne Boleyn, et récemment au Dʳ Crache-
rode. (Voir le 2ᵉ catalogue de Jos. Van Praet, 1,
n° 273.)

Deux autres éditions du Nouveau Testament, en
anglais, imprimées à *Anvers,* en 1534 *(by Wydow
of Chrisoffel of Endhoven),* pet. in-12, sont décrites par Lowndes, première édition, p. 1793.

— The New Testament both in latin and
english after the vulgare texte: which is
red in the churche. Translated and corrected by Myles Couerdale : *and prynted in Paris by Francis Regnault. M.
cccc. xxxviii. in Nouembre. Prynted
for Richard Grafton and Edward
Whitchurch cytezens of London,* in-8.
goth. de 2 ff. prélim., 4 ff. pour le calendrier, cclxxiv ff. chiffr., et 2 ff. pour la
fin de la table. [173]

Ce Nouveau Testament latin-anglais, impr. à *Paris,*
pour des libraires de Londres, est un livre extraordinairement rare, mais nous ne l'admettons ici qu'à
cause de son origine française; l'exemplaire de la
bibliothèque *White Knights* (Blandford) a été vend.
5 liv. 2 sh. 6 d., et celui de Rich. Heber (avec 2 ff.
raccommodés), 21 liv.

Lowndes a donné, dans son Manuel, pp. 1791 et suiv.
de la 1ʳᵉ édit., des détails fort étendus et fort curieux
sur les anciennes éditions du Nouveau Testament
en anglais, à commencer par celle de la traduction
de Will. Tyndale, qui a été impr. en partie pour la

première fois à *Cologne, ex officina Petri Quentel,*
M. D. XXV, in-4., et dont un fragment, composé de
31 ff., est décrit dans la *Biblioth. grenvil.*, 719. La
2e édition de la même version a été imprimée à
Worms, également en 1525, et la 3e, par *Christopher of Endhoven ;* mais cette dernière est si rare
qu'on n'en connaît bien positivement aucun exemplaire.

Nous dirons encore qu'un exemplaire de l'édition de
Londres, in officina Richardi Graftoni, anno
M. D. XL., pet. in-8. goth., a été payé 474 fr. à la
.deuxième vente Heber, faite à Paris, en 1836, et
nous ajouterons qu'une édition de 1549, pet. in-8.,
décrite dans la *Biblioth. heber.*, II, n° 5840, a été
achetée 51 liv. 9 sh., pour M. Th. Grenville (voir
son catalogue, p. 722, où sont décrites les éditions
de 1547, in-4. goth., impr. par Wyllyam Powell,
etc., et celle de *London, by Thomas Potel,* 1548,
in-4. goth.).

— Autre édit. *Jug.,* 1548, in-8. 50 liv. duc de Sussex.

— NOVUM TESTAMENTUM et psalmi, anglice; impressum characteribus tachygraphicis, studio Je-
remiæ Rich. *Londini, Botley* (absque anno),
in-32.

Petite édition rare : voyez notre article PSALTERIUM
(IV, col. 926, où il faut lire *Botley* au lieu de
Botley).

— New Testament. *London, de La Rue,
Cornish and Rock* (vers 1832), in-4.

Un exemplaire imprimé en or sur papier-carte
émaillé (ou papier porcelaine), 3 liv. 18 sh. Hanrott. — Le même Nouveau Testament, en anglais,
avec des notes du Rév. Mathew Henry, vol. in-4.
de plus de 500 pp. sur papier blanc émaillé, et
entièrement impr. en or, a été annoncé au prix
de 20 liv., chez Richter et Ce, à Londres, en 1837.

— Novum Testamentum WALLICUM. Testament newydd ein arglwydd Jesu Christ.
Lond., H. Denham, 1567, in-4. goth.
de 24 ff. prélimin., 399 ff. chiffrés, et
2 non chiffrés. [174]

La Bibliothèque royale de Dresde possède l'exemplaire
de cette édition rarissime, qui a appartenu à Elisabeth, reine d'Angleterre (*Ebert,* 22703).

— Nouveau Testament, en GAELIC d'Albanie (par Jacq. Stuart). *Edimbourg,*
1765, et 1767, in-8.

Réimprimé en 1796, 1813, 1821, 1826, 1828, etc.
— Autre traduction en gaélic de l'île de Man. *Londres, T. Rutt,* 1815, in-12.

— Tiomna, Nuadh, the IRISH New Testament. *London,* 1602, in fol. [174]

Première édition de cette version irlandaise, par
Will. Daniell, archevêque de Tuam ; la seconde est
de *Londres,* 1681, in-4.
— AUTRE traduction par Will. O'Domhnuill. *Shackle-
well, T. Rutt,* 1813, in-12.

— Meije Issanda Jesusse Christusse Was-
tane Testament (en ESTHONIEN). *Riga,
Wilcke,* 1686, in-4.

Vend. 18 fr. Turgot.
Réimpr. à *Riga,* 1727, in-8. — *Saint-Pétersbourg,*
1825, in-12 (caractères allemands).
M. G. Brunet, de Bordeaux, a indiqué, dans le *Bulletin de Techener,* un Nouveau Testament en esthonien, in-12 de 6 et 758 pp., impr. en 1740, sans
lieu d'impression et sans nom d'imprimeur. — Un
autre, impr. à *Mitau,* 1815, in-8., a été vendu
20 fr. 50 c. en 1835.

— LE NOUVEAU TESTAMENT, en esthonien, 1816, pet.
in-8. [176]
Vend. 30 fr. 50 c. Kieffer.
Autre édition, *Saint-Pétersbourg,* 1825, in-8., 19 fr.
50 c., en 1835 : 3 fr. Klaproth.

— Ta jauna Derriba muhsu Kunga Jesu
Kristus (traduit en idiome LETTONIEN).
Jelgava (Mittau), 1816, pet. in-8. (ca-
ractère goth. allemand).

Vend. 31 fr. Kieffer ; 12 fr. Klaproth.

— Thette ere thz Nöge Testamenth paa
DANSK ret effter latinen undsatthe.
Leipzig, Melch. Lotter, 1524, pet.
in-4. goth. [178]

Édition très-rare, et la première de la traduction danoise du Nouveau Testament, par Hans Mikkelsen
(*Ebert*). — Une autre version danoise, par Chris-
tiern Pedersen a paru à *Andorp,* 1529 et 1531,
in-8. goth.
Le Nouveau Testament, en danois, a été réimprimé à
Londres, en 1814 et en 1823, et à *Copenhague,*
en 1820 et en 1825, pet. in-8.
— LE MÊME, en dialecte des îles de Feroë et en danois. *Randers,* 1823, pet. in-8.

— Thet nyia Testamentit pä SWENSKO.
Stockh., 1526, in-fol. de 97 et 79 ff.
[178]

Cette traduction de L. Andreä est le premier livre
biblique qu'on ait impr. en suédois. — Une autre
édition, *Stockh.,* 1549, in-4., avec fig. sur bois, est
indiquée dans les *Ædes althorp.*, I, 117, où l'on
fait remarquer que, quoique datée de Stockholm,
elle a dû être impr. en Allemagne.

— Novum Testamentum, FINNICE, seu in
lingua lapponica, ex versione Michaelis
Agricolæ. *Holmiæ,* 1548, in-4. [179]

Bibliothèque impériale, A, 585.
— NOVUM TESTAMENTUM, finnice. *Abo,* 1732, in-12.
Vend. 15 fr. Turgot.
Ebert, n°22655, indique : *Uusi Testamenti,* Stockh.,
1732, in-8., qui est peut-être le même livre que le
précédent. Il cite aussi une édition de *Pétersbourg*
(*Halle, Gebauer*), 1740, in-12.

— Nouveau Testament, en langue LAP-
PONNE, *Stockholm,* 1755, in-8. [180]

Vend. 15 fr. Turgot.
— ADDA TESTAMENT tate ailes tjalogest puokletum
(en lappon). *Hernæsandesne,* 1811, in-12, 11 fr.
Klaproth.

— Nouveau Testament, en langue ISLAN-
DAISE. Thtta er hid Nya Testament,
utlögd a Norraenu. *Roschylld, Hans
Barth,* 12 *Apr.,* 1540, pet. in-8. [181]

Première édition de cette partie de la traduction is-
landaise de la Bible, par Odder Gottschalcksson.
C'est un livre fort rare.
Autre traduction en islandais; *Copenhague,* 1813,
pet. in-8., en caract. goth. allemand. 5 fr. 75 c. de
Sacy.

— Nouveau Testament en langue GROEN-
LANDAISE. Testamente Nutak, oversat
af P. Egede. *Copenhague,* 1766, pet.
in-8. [181]

Le même, trad. par Otto Fabricius, *Copenhague,*

1794, pet. in-8. (8 fr. de Sacy), aussi 1799, pet. in-8. 16 fr. Kieffer ; 8 fr. 50 c. Rætzel ; 9 fr. de Sacy.

— TESTAMENTITAK..... translated into the Greenland language by the missionaries of the Unitas fratrum. *London, Bible Society*, 1822, gr. in-8.

Vend. 30 fr. Rémusat ; 6 fr. de Sacy ; 5 fr. Quatremère.

XIII. *Versions en divers dialectes slavons.*

— Novum Testamentum BOHEMICUM. (*absque loco*), 1475, in-fol. goth. de 209 ff. à 2 col. de 36 lign. sans signatures, réclames ni chiffres. [182]

Première édition de cette partie de la Bible en bohémien ; elle a été impr. à Pilsen, en Bohême. On n'en connaît que deux exemplaires qui se conservent dans les bibliothèques impériales de Vienne et de Prague (*Ebert*, n° 22645). Ce bibliographe cite aussi, sous le titre de *Nowy Zakon*, une édition impr. à *Alstadt Prag*, 1498, in-4. goth. de 354 ff., avec fig. en bois.

— NOWY ZAKON, totezto wsseckna Ewangelitska, etc. *Prague*, 1570, in-8. fig. sur bois.

Vend. 2 liv. 15 sh. Heber, 1, 6671.

Il est probable que les éditions de *Nuremberg*, 1529, 1534, 1538, et de *Prague*, 1538, in-8., citées par Ebert, ne sont pas moins rares que celle de 1570, qu'il n'indique pas.

— NOWY ZAKON... le Nouveau Testament en tchèque (Bohême). *Breslau*, 1855, in-8.

— Le Nouveau Testament avec les Psaumes de David en dialecte russien et servien, à l'usage de l'Eglise. *A Wilna, chez François Scorina* (vers 1560 ou 1570), in-8. de 480 ff. chiffrés.

Ce volume peu connu est orné de figures sur bois représentant les Evangélistes et David. Le titre est en servien et impr. en rouge dans un cartouche d'ornements gravé sur bois. (Communiqué par M. de Brau, de Bruxelles.)

— Vo SLAVOU sviatia... trinsii... A la gloire de la sainte... Trinité..., Nouveau Testament en SLAVON, imprimé par ordre d'Elisabeth Petrovna, 1753, in-4. [183] 10 fr. Klaproth.

— LE MÊME en slavon et en russe. *Saint-Pétersbourg*, 1822, gr. in-8. 7 fr. 50 c. de Sacy.

Pour un Nouveau Testament en hollandais et en russe, voyez ci-dessus, col. 755, et ajoutez qu'une Bible entière, en russe et en hollandais, 5 vol. in-fol., en gros caractères, se conserve dans la bibliothèque de Stuttgart.

— Naujas Testamentas LIETUWISSKAS, etc. *Karalawzu* (*Kœnigsberg*), 1700, in-4. [177]

Il y a des exemplaires avec un titre en latin et en lithuanien, et d'autres avec un titre en lithuanien seulement. — Réimpr. à *Kœnigsberg*, 1727, in-8.

— NAUJA ISTATIMAS Jezaus Christaus... (trad. en lithuanien, sur la vulgate, par le P. Jos.-Arn. Kunigaykszti). *Wilniuje*, 1816, pet. in-4., 12 fr. Klaproth ; 14 fr. 50 c. de Sacy.

— NAUJAS TESTAMENTAS... Le Nouveau Testament en lithuanien. *Francfort*, 1855, in-8. de 352 pp. — Psaumes de David, dans le même dialecte, 96 pp.

— Nowi Pana Naszego J. C. Testament (en polonais). *Leipzig*, Ch. *Tauchnitz*, 1854, in-16.

— Nooul' Testament, en dialecte MOLDAVE (caract. sclavon). *Saint-Pétersbourg*, 1817, in-8. [175]

Vend. 39 fr. Kieffer ; 7 fr. Klaproth.

— Novum Testamentum CARNIOLICUM,

Biblia sacra N. T. in slavo-carniolicum idioma translata per G. Japel et Blas. Kumerdey, editio II. *Labaci, Ther. Eger*, 1800-4, 2 vol. in-8. [184]

La première édition fait partie de la Bible entière en cette langue, impr. à *Leibach*, de 1784-1800, en 10 vol. pet. in-8.

— Novum Testamentum CROATICUM. Der 1. und 2. Theil des N. T., jetzt zum erstenmal in die Crobatische Sprach verdolmetschet (von Primus Truber) und mit Glagolischen Buchstaben gedruckt. *Tübingen, Grupenbach*, 1562-63, 2 vol. in-4. [185]

Une édition de cette version est portée dans le Catal. de la Bibliothèque du roi, A, 583, sous le titre suivant :

NOVUM Testamentum, croatice, ex interpretatione Primi Truberi, Creiner, Ant. Dalmatæ, et Stephani consulis Histriæ, nuncupatum Alberto marchioni Brandeburgico. *Tragurii*, 1562, aut 1564, 2 vol. in-4.

— LE MÊME en langue valaque. publié par Alexandre Dmitri Gika. *Smyrne*, 1846, in-8. de 464 pp. (titre en valaque).

— LE MÊME en langue bulgare. *Smyrne*, 1850, in-8. de 516 pp.

— LE MÊME en servien. *Leipzig, Tauchnitz*, 1834, in-8.

— LE MÊME en langue serbe. publié par Vuk-Steph. Karadschitsch. *Berlin*, 1857, in-8. de 607 pp.

— LE MÊME en vonde-serbe de Lusace, trad. sur la version allem. de Mart. Luther. *Wrotsslawje*, 1856, in-8. de 462 pp. Psautier, 115 pp.

— Nôvi Zákon... Nouveau-Testament en langue slosaque. *W. Köszegi*, 1848, 2 vol. in-18 de 466, et 120 pp. pour les Psaumes.

————

— Naujas istatimas (Nouv. Testament, en langue SAMOGITAINE). *Vilna*, 1816, in-4. [186]

Vend. 46 fr. Kieffer.

XIV. *Versions arabes, persanes, turques, arméniennes, etc.*

— Novum Testamentum ARABICE, ex bibliotheca leidensi, edente Th. Erpenio. *Lugd.-Batavor., e typogr. erpeniana*, 1616, pet. in-4. 6 à 9 fr. [187]

Un exempl. en mar. r., armes de De Thou, 44 fr. de Chalabre, en mar. viol.; 10 fr. Quatremère.

— NOVUM TESTAMENTUM, arabice. *Lond.* (*sumptibus Societatis de propag. cognitione Christi*), 1727, gr. in-4.

Titre en arabe seulement. Cette édition, publiée sous la direction de Salomon Negri, a, dit-on, été tirée à 8 ou 10,000 exemplaires, qui ont été expédiés pour le Levant : 12 fr. Anquetil ; 21 fr. Langlès ; 13 fr. 50 c. de Sacy.

— LE NOUVEAU TESTAMENT (trad. en arabe par Sabat). *Calcutta*, 1816, in-8. de 604 pp., et le titre. Imprimé aux frais de la Société biblique anglaise : 13 fr. 50 c. de Sacy. Une édition de la même version a été impr. à Londres, en 1825, in-8.

— LE NOUVEAU TESTAMENT, en arabe, texte de l'édition de Rome. *Lond.*, 1820, in-8. 4 sh.

Il y en a deux éditions, l'une en arabe ancien et l'autre en arabe moderne. — Le même en copte et en arabe, *Lond., Watts*, 1829, in-4. 18 fr. Kieffer.

— Novum Testamentum Domini et salvatoris nostri Jesu Christi, e græca in PERSICAM linguam a V.-R. Henrico Martyno translatum in urbe Schiraz, nunc vero cura et sumptibus Societatis biblicæ ruthenicæ typis datum. *Petropoli, apud Jos. Joannem*, 1815, in-4. [188]

Vendu 15 fr. Langlès; 9 fr. 50 c. de Sacy.

— THE NEW TESTAMENT, translated from the original greek into PERSIAN, by R.-H. Martyn, with the assistance of Meerza Sueyid Ulee. *Calcutta, printed by Pereira for the Bible Society*, 1816, gr. in-8. de 741 pp. et 2 titres.

Vendu 8 fr. 50 c. de Sacy.

Réimprimé à *Londres, Watts*, 1827, in-8.

— Novum Testamentum, TURCICE redditum; opera Guil. Seaman. *Oxonii, H. Hall*, 1666, in-4. [189]

— IDEM, turcice (edente Kieffer). *Paris., e typogr. regia*, 1819, in-8.

Édition imprimée pour la Société biblique de Londres : 15 fr.; — Gr. Pap. vél., 20 fr.

Réimpr. en 1828, pour compléter la Bible traduite en turc par Kieffer. — Voy. BIBLE, art. XV.

Un Nouveau Testament, en turc, caractères arméniens, a été impr. à Saint-Pétersbourg, en 1819, pet. in-8.

— NOVUM TESTAMENTUM, turcice. *Astrachani, apud Joh. Mitchell, sumptibus Soc. Bib. ruthenicæ*, 1818, in-8. 13 fr. 50 c. Kieffer; 11 fr. Quatremère.

— N. TESTAMENT, en TURK d'Orembourg, trad. par M. Fraser, de la mission anglaise. *Astrakhan*, 1820, in-8., 17 fr. 50 c. Rémusat; 15 fr. Kieffer.

Les Psaumes ont paru dans le même dialecte, à Astrakhan, 1820, in-8. 15 fr. Rémusat.

— Novum Testamentum, ARMENIACE, edente Uscam. *Amstelodami*, 1668, pet. in-8. [189]

— NOVUM TESTAMENTUM, armeniace, editum sumptibus Th. Golthanenis, ac diligentia Lucæ Nurigianidis. *Amstelod.*, 1698, in-12.

Un exempl. impr. sur pap. bleu et rel. en *mar. v.*, a été vend. 43 fr. Mac-Carthy. Nous citerons aussi l'édition de *Venise, Portoli*, 1720, in-8., bien impr.; celle de *Venise*, 1789, in-8.; et une autre de *Londres*, 1818, in-8.

— LE NOUVEAU TESTAMENT (en arménien littéral), avec une traduction en arménien vulgaire, selon le dialecte de Constantinople, par le Dr Zohrab. *Paris, Dondey-Dupré*, 1825, gr. in-8. 10 fr.

Vend. en pap. vél. 13 fr. St-Martin ; 3 fr. Klaproth.

— NOUVEAU TESTAMENT en GÉORGIEN (caractères vulgaires). *Saint-Pétersbourg*, 1818, in-4. [190]

Vendu 21 fr. Kieffer; 6 fr. Klaproth.

— LE MÊME, en langue géorgienne (caract. sacrés). *Saint-Pétersbourg*, 1816, in-4. de 400 pp.

Vendu 15 fr. 50 c. St-Martin; 23 fr. Kieffer; 11 fr. Klaproth; 15 fr. de Sacy; 13 fr. Quatremère.

— Nouveau Testament, en langue des TARTARS-NOGAIS. *Karas*, 1813, in-8. [191]

Vendu 17 fr. 50 c. Rémusat.

— Sanctum Evangelium, scilicet Novum Testamentum Jesu-Christi. *Astrachani*, 1818, in-8.

Traduction en tartare de Kasan.

On a impr. aussi à *Astrakhan*, la Genèse, en tartare d'Astrakhan, 1819, in-8., et les Psaumes, en tartare ou turk nogai, 1818, in-8. Ces derniers , 15 fr. Rémusat.

XV. Versions en langues de l'Inde, de la Chine, etc.

— The New Testament of our lord, translated into SUNGSKRIST language, from the original greek , by the missionaries at Serampoor. *Serampoor*, 1808, in-4. [192]

Vend. 36 fr. Langlès.

— LE NOUVEAU TESTAMENT, en POUCHTOU, dialecte aghwan. (*Serampour*, 1818), in-8. de 782 pp.

Vend. 20 fr. de Sacy; 12 fr. Quatremère.

— NOVUM TESTAMENTUM, in linguam INDOSTANICAM, translatum a Benj. Schultzio, edidit D.-J.-Hen. Callenbergius. *Halæ*, 1758, in-8. [193]

Cette édition du Nouveau Testament a deux titres, l'un latin, et l'autre en caract. arabes. Schultz et Callenberg ont aussi publié dans la même langue :

1° *Geneseos quatuor capita priora*, Halæ, 1745, in-8.

2° *Psalterium Davidis*, Halæ, 1747, in-8.

3° *Daniel*. Halæ, 1748, in-8.

— THE NEW TESTAMENT of Jesus-Christ, translated into the hindoostance language, by learned natives of the college of Fort William, revised and compared with the original greek, by Will. Hunter. *Calcutta, hindoostance press*, 1805, in-4.

Vend. 61 fr. Langlès.

— THE NEW TESTAMENT, translated into the hindoostance language from the original greek, by the missionaries at Serampore. *Serampore*, 1811, in-4. de 337 ff. et le titre.

Vend. 55 fr. 5 c. Langlès; 25 fr. de Sacy.

— THE NEW TESTAMENT, translated into the hindoostance language, from the original greek, and now printed in the nagree character, by H. Martyn, and afterwards carefully revised with the assistance of Mirza Fitrit, and other learned natives, for the british and foreign Bible Society. *Calcutta, Pereira, hindoostance press*, 1817, in-8.

Vend. 10 fr. Kieffer, et l'édition de *Serampore*, 1814, in-8., 12 fr. le même; 11 fr. 50 c. de Sacy. Réimpr. *Lond., Bible Society*, 1819, in-8. 7 fr. Rémusat; 9 fr. 50 c. Kieffer.

— THE NEW TESTAMENT, translated into the hindoostance language, from the original greek, by R.-H. Martyn, and afterwards carefully revised with the assistance of Mirza Fitrit and other learned natives. *London, Watts, for the brit. Bible Soc.*, 1819, in-8. 8 fr. Klaproth.

— NOUVEAU TESTAMENT, en hindou. *Serampore*, 1812, in-8. [194]

Vendu 47 fr. 5 c. Langlès, et moins depuis.

— THE NEW TESTAMENT, altered from Martyn's oordoo translation into the hindue language, by the R.-Will. Bowley..... *Calcutta, Mission press*, 1826, gr. in-8.

Vendu 28 fr. Kieffer ; 7 fr. 50 c. Klaproth; 14 fr. 50 c. de Sacy : 5 fr. 75 c. Quatremère.

— LE NOUVEAU TESTAMENT, trad. en langue DAMULIQUE (par S. Bronsveld et J. Fybrands). *Colombo, dans l'imprimerie de la Compagnie des Indes orientales des Provinces-Unies*, 1759, in-4. [195]

Ce Nouveau Testament est imprimé en caractères damuliques , avec titre et préface en hollandais.

Vend. 48 fr. en 1802, et 21 fr. Caillard. Il y a aussi une édition de *Colombo*, 1743, in-4.

Une autre traduction du Nouveau Testament en cette langue, par Barth. Ziegenbalg et Jean-Ern. Gründler, a été imprimée à *Tranquebar*, en 1714, in-4., et en 1722, in-8. — Voy. BIBLIA damulica.

— THE NEW TESTAMENT of our lord and saviour Jesus Christ, translated into Malabar (TAMUL). *Vepery near Madras*, 1772, in-8. (Bibl. marsden.)

On cite un Nouveau Testament tamul ou damulic, *Serampore*, 1812, in-8. de 700 pp., et un autre en TALINGA, *Serampore*, 1816, in-8.

— THE NEW TESTAMENT, translated in BENGALI. *Serampour*, 1813, in-8. [196]
Un exemplaire en *cuir de Russie*, 40 fr. 5 c. Langlès ; autre, 17 fr. Kieffer.
C'est probablement la version de Guil. Carey, déjà impr. à *Calcutta*, en 1801, gr. in-8. de 808 pp.

— THE NEW TESTAMENT of our L. and S. J. C. translated from the original greek, into the MAHRATTA language, by the american missionaries in Bombay. *Bombay, Mission press*, 1826, gr. in-8. [197]
Vendu 15 fr. *Biblioth. Silvestre de Sacy*, n° 900.

— LE NOUVEAU TESTAMENT, en langue KARNATE. *Serampore*, 1816, in-8. [199]

— LE NOUVEAU TESTAMENT en langue KUNKÚNA. *Serampore*, 1818, in-8. 1 liv. [198]
Formant le 5e vol. d'une Bible en cette langue.

— LE NOUVEAU TESTAMENT en SEIKH ou punjabd. *Serampore*, 1811, in-8. de 647 pp.
Vend. 23 fr. 50 c. de Sacy.

— THE NEW TESTAMENT translated into the MOOLTAN language. *Serampore*, 1819, in-8.
5e volume de la Bible ; 6 fr. Quatremère.

— translated into the NEPAL language. *Serampore*, 1821, in-8.
5e vol. de la Bible ; 6 fr. le même.

— translated into the TELINGA language. *Serampore*, 1821, in-8.
5e vol. de la Bible ; 6 fr. le même. — Seconde édit. *Madras*, 1829, in-8.

— translated into the KASHMEERA language. *Serampore*, 1821, in-8.
5e vol. de la Bible ; 6 fr. le même.

— translated into the VIKANERO language. *Serampore, Mission press*, 1820, in-8.

— NOUVEAU TESTAMENT en langue de JAVA (trad. par Bruckner). *Serampour*, 1829, gr. in-8. de 760 pp., plus 16 pp. d'errata.
Imprimé en caractères javanais. 33 fr. Klaproth ; 35 fr. de Sacy et 5 fr. 50 c. Clerc de Landresse.

— THE NEW TESTAMENT translated in GOUZERATE. *Serampore*, 1820, in-8. de 649 pp., plus le titre et la table.
5e vol. de la Bible ; vendu 15 fr. de Sacy.

— NEW TESTAMENT, translated from the greek into SIAMESE, by J.-T. Jones. *Bangkok*, 1850, in-8.

— Het N. in SINGALEESCHE tale overgezet. *Colombo*, 1783, in-4. [201]
Autre édition sous un titre anglais : *Colombo, printed at the wesleyan mission press*, 1817, in-4. 17 fr. Kieffer.— Autre édition, *Colombo, auxiliary Bible Society*, 1820, in-8., 10 fr. 50 c., le même ; 18 fr. Klaproth : 6 fr. Quatremère.

— LE NOUVEAU TESTAMENT, en CHINOIS. *Macao*, 1813, en 8 cah. gr. in-8. [202]
Vendu 50 fr. Langlès, et moins depuis.
Une édition de *Canton*, sans date, en 8 cahiers gr. in-8., est portée à 6 liv. 9 sh. 6 d. dans un ancien catal. de Rivington, et une autre en 8 part. pet. in-8. à 4 liv. 14 sh. 6 d. Cette dernière est probablement celle de *Malacca*, 1823 : vend. 30 fr. Rémusat ; 36 fr. 50 c. Kieffer.

XVI. *Versions en différentes langues de l'Afrique, de l'Amérique et de la Polynésie.*

— Novum Testamentum, MALAICE, cura et sumptibus Societatis quæ Bibliis per omnes gentes pervulgandis operam dat, emendatius editum. *Harlemi, Enschede*, 1830, gr. in-8. 14 fr. [203]
Édition imprimée en caractères malais. C'est, à ce qu'il paraît, une réimpression de l'édition d'*Harlem*, 1820, gr. in-8. : vend. 20 fr. Langlès ; 4 fr. Klaproth, et 6 fr. Quatremère. L'édit. d'*Amster-*

dam. Paulo Mattheo, 1668, 2 tom. en 1 vol. in-8., et celles d'*Amsterd., Wetstein*, 1731, in-4., vend. 12 fr. Langlès ; et de *Lond.*, 1818, in-8. (sous le titre de' *Elkhawlesldjadid...*), sont en caractères romains. — Nous parlons de celle de *Batavia*, 1758, à l'article BIBLIA.

— Novum Testamentum ÆGYPTIUM vulgo copticum, ex mss. bodleianis descripsit, cum. vaticanis et parisiensibus contulit et in latinum sermonem convertit Dav. Wilkins. *Oxonii, e Theat. sheldon.*, 1716, pet. in-4. [204]
Ce volume, sans être commun, est cependant beaucoup moins rare que le Pentateuque copte donné par le même éditeur en 1731.
Vend. 27 fr. Anquetil ; 24 fr. Klaproth ; 18 fr. Quatremère. Un exemplaire en Gr. Pap. fort, 180 fr. de Cotte ; 50 fr. Caillard ; 2 liv. 2 sh. Williams.

— NOVUM TESTAMENTUM, coptice edidit M.-G. Schwartze. *Lipsiæ*, 1847, in-4.
Il n'avait encore paru en 1856 que le premier vol. en 2 part.
Le même éditeur a publié à Berlin, en 1843, *Psalterium copticum*, in-4.

— Testamentum Novum (ÆTHIOPICUM), cum epistola Pauli ad Hebreos tantum, cum concordantiis Evangelistarum Eusebii, etc., quæ omnia Fr. Petrus (Comosi) Ethyops imprimi curavit. *Romæ, per Valerium Doricum et Lodovicum fratres brixianos*, 1548, in-4. de 12 ff. prélimin. et 176 ff. chiffrés. [205]
Édition rare, vend. 36 fr. *mar. r.* Anquetil. A la fin du volume se trouve quelquefois une partie intitulée : *Pauli epistola ad Romanos et cæteræ Pauli epistolæ in lingua æthiopica nondum impressæ*, 1549, ff. 177 à 226. Ce fragment faisait partie de l'exemplaire imprimé sur VÉLIN, qui avait été vendu successivement 103 fr. chez les jésuites du collége de Clermont ; 112 fr. chez Gaignat, et qui a été porté depuis à 200 flor. chez Meerman, à 71 liv. Williams, à 51 liv. 9 sh. Hibbert, à 31 liv. 10 sh. Hanrott.
Très-peu d'exemplaires renferment les 12 ff. prélim., surtout les deux premiers qui sont un titre latin et une préface en caractère italique (*Christiano et pio lectori*) ; les dix autres sont compris sous les signat. + et + + 6. Pour les différences qui existent entre plusieurs exemplaires de ce livre précieux, et pour d'autres détails curieux qui le concernent, consultez la *Bibliothèque* de M. Silvestre de Sacy, I, p. 408-10. L'exemplaire qui y est décrit a été vendu 55 fr. 50 c., quoique le titre et la préface y manquassent comme dans l'exemplaire vendu 30 fr. Quatremère.

— NOVUM TESTAMENTUM, æthiopice, ad codd. mss. fidem edidit Th. Pell Platt. *Londini, Watts, impens. Soc. ad Biblia S. evulganda institutæ*, 1830, pet. in-4.
Vend. 4 fr. Klaproth ; 15 fr. Quatremère.

— Novum Testamentum..... in linguam AMHARICAM vertit Abu-Rumi habessinus, edidit Th. Pell Platt. *Londini, R. Watts*, 1829, pet. in-4.
Ce volume réunit les évangiles imprimés en 1824, et les autres livres du Nouveau Testament imprimé en 1829. Il y a un titre latin et un titre amharique. 12 fr. Quatremère.

— En MADECAS. Ny teny n' andriamanitra, atao hoe Tesitamenta' ny Jesosy Kraisty tompo' ntsika, sady mpamonjy no mpanavotra. *An Tananarivo (Madagascar, Baker)*, 1830, in-8. [206]

Vend. 20 fr. Rémusat; 11 fr. Rætzel.

— THE NEW TESTAMENT, translated into the ASAMESE language, by Nathan Brown. *Sibsagor, Assam*, 1849, in-8.

L'édition de *Serampore*, 1820, in-8., forme le 5e vol. de la Bible en assam, impr. dans la même ville.

— Die Nywe Testament in die CREOLS tael. *Copenhague*, 1781, in-8. [207]

Vend. 33 fr. Rætzel. A la même vente se trouvait : *Psalm Boek, nò Croel., Barby*, 1774, in-8., vend. 25 fr.

Une seconde édition du Nouveau Testament en dialecte creolisch (ou hollandais corrompu parlé par les nègres natifs dans l'île de Sainte-Croix). *Copenhague, héritiers de Schultz*, 1818, in-8. 14 fr. de Sacy.

— Da Njoe Testament, translated into the NEGRO-ENGLISH language by the missionaries. *London, for the british Bible Society*, 1829, in-8. [208]

Vend. 28 fr. Kieffer.

— DA NJOE TESTAMENT vo evi Masra en Helpiman Jesus Kristus. *Bautzen*, 1846, in-8.

Dialecte negro-surinam. 9 fr.

— ITESTAMENTE entsha Yenkosi Yetu Kayesu Kristu, Gokwamaxosa. *Emtati*, 1846, in-8.

En langue caffre, côte est du sud de l'Afrique 15 fr.

— KOE TOHI oe Fuakava Foou a ho tau eiki moe fakamoui ko Jisu Kalaisi. *Lonitoni*, 1852, in-8.

En langue des îles Tonga.

— NOUVEAU TESTAMENT, en langue cheppewa. *Albany, Packard*, 1833, in-12.

— KO TE KAWENATA hou o To Tatou Ariki o te Kai Whakaora o ihu Karaiti. *Ranana*, 1852, in-8.

En langue de la Nouvelle-Zélande.

TESTAMENTUM vetus. Voy. BIBLIA.

Pour les éditions dans lesquelles l'Ancien et le Nouveau Testament sont réunis, voyez BIBLIA. — Pour les parties séparées du Nouveau Testament, voy. ACTA, APOCALYPSE, EVANGELIA, PAULI Epistolæ.

TESTE-FORT (*Fr.-Jean*). Les Roses du chappelet envoyées de Paradis pour estre joinctes à nos fleurs-de-lis, marque du bon-heur de nostre France. *A Lyon, chez Clément Teste-Fort*, 1620, in-8. [1681]

Livre à titre singulier : 4 fr. 50 c. Coste, et exemplaire en *mar. citr.*, ancienne reliure fleurdelisée, 3 liv. Libri, en 1859.

TETELET (le P.). Voy. IV, col. 510, article PERRAULT.

TETIUS. Ædes barberinæ ad Quirinalem ab Hier. Tetio descriptæ. *Romæ, Mascardus*, 1642, in-fol. fig. 20 à 30 fr. [9319]

Ce volume est orné de 50 planches : il a été réimpr. en 1647, sur plus grand papier (vend. 25 fr. Tru-

Testelin (*H.*). Sentiments des plus habiles peintres, 9246.

Teste (*Alph.*). Systémisation pratique de la matière médicale homœopathique, 7138.

Testi (*Fulvio*). Rime, 14575.

daine) ; mais on préfère la première édition (2 liv. 19 sh. Libri, en 1859).

TETTONI (*L.*) e Saladini (*J.*). Teatro Araldico ovvero raccolta generale delle armi ed insegne gentilizie delle più illustri e nobili casate che esisterono un tempo e che tuttora fioriscono in tutta l'Italia. *Milano*, 1841-48, 8 vol. in-4. blasons en or et couleurs. [28902]

Cet ouvrage coûtait 500 fr., mais on l'a donné pour 105 fr. en décembre 1861.

TEULET (*A.*), archiviste. Archives et Papiers d'Etat, pièces et documents inédits ou peu connus relatifs à l'histoire de l'Ecosse au XVIe siècle, tirés des archives et des bibliothèques de France et publiés pour le Bannatyne Club d'Edimbourg, par A. Teulet. (*Paris, de l'imprimerie de Plon*), 1859, 3 forts vol. in-4. [27423]

Collection curieuse tirée à cent exemplaires, plus dix pour la France. Elle a été l'objet d'un rapport de M. Mignet à l'Académie des sciences morales, rapport impr. chez Plon, en 1854, in-4. de 27 pp. Le troisième volume est terminé par une table alphabétique.

Une partie des pièces contenues dans ces trois volumes a été reproduite dans le recueil publié par M. Teulet sous le titre de *Relations politiques de la France et de l'Espagne avec l'Ecosse* (voy. RELATIONS).

— Trésor de chartes (le). Recueil complet des documents renfermés autrefois dans les registres du Trésor, conservés aujourd'hui aux Archives de l'Empire, publication faite par ordre de l'Empereur, sous la direction de M. le comte de Laborde, par A. Teulet. *Paris, Plon*, gr. in-4. à 2 col. [30208]

Ce grand cartulaire formera huit volumes. Prix de chacun, 36 fr.; Pap. de Hollande, tiré à 50 exemplaires numérotés, 60 fr. Le premier volume, qui a paru en 1862, donne les chartes de 755 à 1233.

TEUTOBOCHUS. Voy. IMPOSTURES.

TEVIUS (*Jacobus*), Commentarius de rebus in India apud Dium gestis anno 1546. *Conimbricæ, excudebant Joan. Barrerius* et *Jo. Alvarus*, 1548, in-4. [28151]

Édition rare de cette relation, laquelle a été réimprimée dans le volume qui a pour titre : *Jacobi Tevii opuscula, quibus accessit commentarius de rebus ad Dium gestis, denuo in lucem editis curavit Jos. Caietanus Mesquita lusitanus. Parisiis, excudebat Ambr. Didot*, 1762, in-12. On y trouve, pp. 195-256 : *Joannes Princeps, sive unicum regni ereptum lumen*, tragédie en quatre actes et en vers, dont il doit exister une ancienne édition faite en Portugal vers le milieu du XVIe siècle.

TEVO (*Zaccaria*). Il Musico testore. *Venetia*, 1706, in-4. [10162]

Ce traité a eu beaucoup de succès : 17 fr. 50 c., et 13 fr. Reina.

Teulet (*A.-Franç.*). Codes de l'empire, 2826.

TEWRDANNCKH ou Thewrdannck. Die geuerlicheiten vnd eins teils | der geschichten des löblichen streyt | paren vnd hochberümbten helds | vnd Ritters herr Tewrdannckhs (c'est-à-dire, Histoire des aventures, faits et actions périlleuses du fameux héros chevalier Tewrdannckh). (au verso du dernier f.): *Gedruckt in der Kayserlichen Stat Nürnberg durch den Eltern Hannsen Schönsperger zu Augspurg* (sans date, mais avec une épître dédicatoire datée du 1er mars 1517), gr. in-fol. de 290 ff. [15499]

Poëme chevaleresque et allégorique, composé par Melchior Pfinzing, à l'occasion du mariage de Maximilien 1er avec la princesse Marie de Bourgogne. Les curieux recherchent cette édition et la suivante, non-seulement à cause des 118 belles estampes gravées sur bois, d'après les dessins de Hans Schäuffelein (par Jost von Negker et autres), dont elles sont ornées, mais encore par rapport aux caractères extraordinaires avec lesquels le texte y est imprimé; caractères ornés de traits hardis entrelacés les uns dans les autres, et qui figurent d'une manière merveilleuse une belle écriture allemande. On suppose que les gravures sont de Hans Schäuffelein, parce que plusieurs d'entre elles (les nos 13, 30, 39, 42, 48, 58, 69 et 70) portent le monogramme de ce maitre, c'est-à-dire un *H* et un *S* entrelacés, accompagnés d'une petite pelle.

Les feuillets du volume ne sont pas chiffrés, mais ils ont des signat. a—z et A—P3, ce qui forme 38 cahiers de 8 ff. chacun, à l'exception de ceux marqués : d, i, o, r, v, z; C, F, I, M, O, qui n'en ont que 6. Le 5e f. de la signat. P. (entre la pl. 117 et la pl. 118) est tout blanc. On doit, de plus, trouver à la fin du volume 8 ff. séparés, signat. A, contenant une clef des personnages de ce roman, et une explication des figures. Le tout terminé par la souscription ci-dessus.

Les exemplaires de ce livre ne sont pas très-rares, mais une grande partie de ceux qui nous sont parvenus se trouvent mal conservés, on bien il y manque les huit derniers ff. Vend. 240 fr. Gaignat; 16 liv. 16 sh. Talleyrand, à Londres; 12 liv. 18 sh. mar. Hibbert; autre, 7 liv. 15 sh. Heber (2 ff. manquant); 6 liv. 6 sh. le même; en *mar. r.* 426 fr. Borluut; avec les planches enluminées, 30 liv. Libri, en 1859. — Un certain nombre d'exemplaires de cette première édition du Tewrdannckh ont été tirés sur très-beau VÉLIN, et même il existe encore au moins une quarantaine de ces exemplaires somptueux, dont une grande partie appartiennent à des bibliothèques publiques, et d'autres sont incomplets; vend. 900 fr. Gaignat; 24 liv. Askew; 1010 fr., avec la table mss., Mariette; 515 fr. très-rogné Mac-Carthy; 37 liv. 5 sh. Hanrott; 500 fr. (349 millim.) Camus de Limare; 825 fr. (373 millim., et de la plus grande beauté) F. Didot, et vaut beaucoup plus maintenant; 74 liv. 1 sh. Sykes. On a remarqué entre les exemplaires sur VÉLIN et les exemplaires sur papier quelques différences, soit dans l'orthographe de certains mots du texte, soit dans les monogrammes des planches; cependant ces deux tirages se rapportent à une seule et même édition. Il existe quelques exempl. sur VÉLIN avec figures enluminées, mais ils ont peu de prix aux yeux des amateurs, à moins que les peintures n'en aient été faites avec un soin particulier. Celui de la bibliothèque Solar, qui était médiocrement enluminé, a été vendu 4000 fr.

— Le même Tewrdannckh. *Augsp., durch den Elten Hansen Schönsperger*, 1519, gr. in-fol.

Édition imprimée avec les caractères et les planches de la précédente qu'elle représente page pour page; il s'y trouve, au verso du titre, un extrait du privilége pour l'impression, morceau qui n'est pas dans celle de 1517. La souscription y commence ainsi : *Gedruckt in der kayserlichen Stat Augspurg*, etc. Vend., beaux exemplaires en *mar. r.*, 150 fr. Brienne, en 1792; 130 fr. Méon, et 201 fr. Morel-Vindé; 60 fr., relié en *veau*, avec des feuillets raccommodés, Delatour; 121 fr. Heber. On ne connait pas d'exemplaires de l'édition de 1519, imprimés sur VÉLIN; celui de Camus de Limare, quoique annoncé sous cette date, était de 1517.

L'édition d'*Augsburg, H. Steyner*, 21 Déc. 1537, in-fol. de 2 ff. préliminaires, 98 ff. chiffrés et 4 ff. pour la clef, présente le même texte et les mêmes planches que les deux précédentes; mais ces planches ont été tirées avec si peu de soin, qu'elles sont devenues méconnaissables; d'ailleurs, les caractères du texte sont tout différents : 20 fr. Heber. Celles de *Francfurt, Christian Egenolff*, 1553 et 1563, in-fol., copiées l'une sur l'autre, et ayant chacune 4 et 110 ff., portent un titre différent, contiennent d'autres planches, et le poëme y a été tellement changé par l'éditeur Burcard Waldis, que c'est presque un nouvel ouvrage, mais inférieur à l'original. La 6e édition, *Francfort*, 1589, in-fol. de 4 et 124 ff., est une réimpression de la précédente, avec un supplément contenant quelques morceaux relatifs à l'empereur Maximilien. Le même texte de Waldis a été réimpr. à *Francfort*, 1596, in-8. de 7 et 197 ff., avec 16 planches sur bois, non compris le frontispice. Enfin nous citerons encore une édition d'*Ulm, Mat. Schultes*, 1679, in-fol., dont le texte a été refait, et où l'on a mis sur le titre le nom de Maximilien, au lieu de celui de Tewrdannckh.

— THEUERDANK, herausgegeben und mit einer historisch-kritischen Einleitung von Dr Carl Haltaus. *Quedlinburg* und *Leipzig*, 1836, in-8., avec 6 pl. lithogr.

La Bibliothèque impériale possède, en manuscrit, une traduction française de Tewrdannckh, en prose, par Jean Franco, sous ce titre : *Les dangiers, rencontres et, en partie, les aventures du digne, très renommé et valeureux chevalier chier Merciant*.

Consultez, au sujet de ce poëme, la dissertation de J.-D. Koeler, intitulée : *Disquisitio de inclito libro poetico Tewrdanncth*, Altorfiæ, 1719, in-4., réimprimée à *Nuremberg*, 1790, in-4., augmentée de notes et d'un glossaire par Hommel; consultez aussi les nombreuses sources indiquées par Ebert, au commencement de l'article Theuerdank, formant le no 22869 de son *Bibliograph. Lexicon*.

Dans le 3e vol. des *Mémoires de l'Institut national (classe de littérature et beaux-arts*, Paris, an IX), in-4., pp. 170 à 211 et 516 à 520, se trouve un mémoire de A.-G. Camus sur les deux éditions de ce poëme chevaleresque, imprimées en 1517 et en 1519. Ce morceau curieux est accompagné de trois fac-simile des caractères qui ont servi à l'impression de ce livre magnifique, caractères qu'on retrouve en grande partie dans le *Turnierbuch*, éditions de 1530 et 1532. — Voy. RUXNER.

TEXEIRA. Voyez TEIXEIRA.

TEXIER (*Charles*). Description de l'Asie

Texier (le P.). Œuvres, 1446.
Texier (A.-Ad.). Gouvernement de la république romaine, 22940.
Texier (l'abbé). Hist. de la peinture sur verre, en Limousin, 9282. — Emailleurs et argentiers de Limoges, 10241. — Manuel d'épigraphie, 29902.
Texier (Ed.). Voyage en Hollande et en Belgique, 20270. — Sur les bords du Rhin, 20284. — Tableau de Paris, 24142.

Mineure, faite par ordre du gouvernement français, de 1833 à 1837, et publiée par le ministère de l'instruction
publique, 1re partie : Beaux-arts, monuments historiques, plans et topographie des cités antiques, par Ch. Texier.
Paris, Firm. Didot, 1839-49, 3 vol.
in-fol. [28019]

Ouvrage publié en 50 livraisons, au prix de 20 fr.
chacune.

— L'Arménie, la Perse et la Mésopota-
mie, géographie et géologie de ces contrées, monuments anciens et modernes.
Paris, F. Didot, 1840-52, 2 vol. in-fol.
fig. [28019]

Publié en 31 livraisons à 20 fr. chacune.
Ces deux beaux ouvrages se recommandent aux savants et aux artistes par l'intérêt du texte et l'exactitude des planches.

TEXTOR (*Benoist*), médecin. De la nature et cure du chancre, selon les meilleurs autheurs tant grecs que latins.
Lyon, Jean de Tournes, 1550, in-8. de
58 pp. 7 fr. Coste. [7248]

Le même traité écrit en latin a été également impr. à
Lyon, en 1550, in-8.

— De la maniere de preserver de la pestilence, et d'en guerir. *Lyon, J. de Tournes*, 1551, in-8. [7195]

Ce médecin est encore auteur d'un petit volume in-16
intitulé : *Stirpium differenciæ ex Dioscoride, secundum locos communes; opus ad ipsarum plantarum cognitionem admodum conducibile*, Parisiis, apud Sim. Colinæum, 1534.

TEXTOR (*Vincent*). Traicté de la nature
du vin et de l'abus tant d'icelui, que des
autres breuvages, par le vice d'yvrogne-
rie. (*Genève*). *Par Gabr. Cartier*,
1604, pet. in-8. de 190 pp. 5 à 6 fr.
[7058]

Un exemplaire relié en *mar.*, et portant une note de
la main de l'abbé Rive, 24 fr. Nodier, en 1844 ; autre, 8 fr. Veinant.

TEYNARD. Egypte et Nubie. Sites et monuments les plus intéressants pour l'é-
tude de l'art et de l'histoire. Atlas photographique accompagné de plans et
d'une table explicative servant de complément à la grande description de
l'Egypte, par Félix Teynard, ingénieur
civil. *Paris, Goupil (A. Morel)*, 1853
et ann. suiv. [28354]

32 livraisons de 5 pl. chacune à 30 fr. la livrais.

THACKERAY (The rev. *Francis*). A His-

tory of Will. Pitt, earl of Chatham;
containing his speeches in Parliament,
a considerable portion of his correspondence... never before published; with
an account of the principal events and
persons connected with his life, sentiments, and administrations. *Lond., Rivington*, 1827, 2 vol. in-4., avec un
portr. par Finden. 1 liv. 1 sh. [27029]

THANE's british autography. V. BRITISH.

THARAPHÆ Moallakah. V. MOALLAKAH.

THATEN (Die) Bogda Gesser Chan's, des
Vertilgers der Wurzel der zehn Uebel in
den zehn Gegenden. Eine ostasiatische
Heldensage, aus dem Mongolischen übersetzt von J.-J. Schmidt. *St-Pétersb.*,
1839, in-8. de xv et 287 pp. 6 fr.

Le texte original en langue mongole a paru sous un
titre russe, à Saint-Pétersbourg, 1836, in-4. de
191 pp., avec un fac-simile lithographié. 14 fr.

THAULER. Voy. TAULER.

THAUMAS de La Thaumassière (*Gasp.*).
Histoire de Berry et du diocèse de
Bourges. *Bourges et Paris*, 1689, in-fol.
30 à 40 fr. [24483]

Vend. 74 fr. *mar. r. dent.* Mac-Carthy ; 62 fr. *veau
br.* Salmon.

— Coutumes de Beauvoisis, par Ph. de
Beaumanoir : Assises et bons usages du
royaume de Jérusalem, par J. d'Ibelin;
et autres anciennes coutumes, avec des
notes et un glossaire par Thaumas de La
Thaumassière. *Bourges et Paris*, 1690,
in-fol. [2645]

Ce livre curieux, et dont les exemplaires sont peu
communs, est encore fort recherché. Aussi son ancien prix, qui était de 45 à 60 fr., s'est-il soutenu
(61 fr. Léon Leclerc), malgré la nouvelle édition
des Coutumes de Beauvoisis, par Phil. de Beaumanoir, publiée d'après les manuscrits de la Bibliothèque impériale, par M. le comte Beugnot, *Paris,
Jules Renouard*, 1842, 2 vol. gr. in-8. et qui se
vend 18 fr. — Voy. ASSISES de Jérusalem.

— Coutume de Berry, 2646, et à l'article COUTUMES.

THÉATRE complet des Latins, par J.-B.
Levée, et par feu l'abbé Le Monnier;
augmenté de dissertations par Amaury
Duval et Alexandre Duval. *Paris, Chasseriau*, 1820-23, 15 vol. in-8. 30 à 40 fr.
[16099]

Cette collection, peu estimée, se compose des auteurs
suivants, en latin et en français : Plaute, 8 vol. par
Levée ; Térence, 3 vol. par Lemonnier ; Sénèque,
3 vol. par Levée ; fragments d'Ennius, etc., 1 vol.,
par le même. Il y a des exempl. en Gr. Pap. vél.
Les traductions de Levée n'ont point eu de succès.
— Une autre traduction du Théâtre des Latins,

impr. en un seul vol. gr. in-8., fait partie de la collection décrite col. 140 de notre 2ᵉ volume.

THÉATRE d'amours. (sans lieu ni date), pet. in-4.

Vingt et un feuillets y compris le frontispice. Sur chacun une jolie gravure en taille-douce, avec un sixain au-dessous. Plusieurs de ces planches portent pour marque H. G.

THÉATRE de l'hermitage, ou recueil de pièces de l'hermitage. (sans lieu ni date, mais St-Pétersbourg), 1788-89, 4 vol. gr. in-8. [16572]

Le Recueil en 2 vol. donné à Paris, par Castéra, en 1799, sous le titre de Théâtre de l'Hermitage, n'est pas une reproduction exacte de celui de Pétersbourg; il y manque plusieurs pièces, et d'autres y ont subi d'importantes coupures (Bibliophile belge, 2ᵉ série, vol. III, pp. 98-99).
Ce Théâtre contient Coriolan, tragédie du comte de Ségur, des comédies et des proverbes du même auteur, et de plusieurs autres Français. Les exemplaires ne furent d'abord distribués qu'en petit nombre; mais, plus tard, ce qui restait de l'édition a été livré au commerce. Vendu en 3 vol. mar. r. 41 fr. Borluut.

THÉATRE d'histoires, ou auec les grandes prouesses et aduentures étranges du noble et vertueux chevalier Polimantes, prince d'Arſine, se representent au vray plusieurs occurrences ſort rares .et merueilleuses, tant de paix que de guerre, arriuées de son tems, ès plus célèbres et renommés païs et roïaumes du monde (par Phil. de Belleville). Bruxelles, Rutger Velpius, 1610, in-4. fig. 18 à 24 fr. [17107]

Il y a aussi des exemplaires sous la date de 1613, in-4.: 27 fr. Thierry; 50 fr. Revoil; 53 fr. Bergeret; 50 fr. Solar.

THÉATRE (le) des animaux, auquel, sous plusieurs diverses fables et histoires, est représenté la plus-part des actions de la vie humaine : Enrichy de belles sentences tirées de l'Escriture-Sainte et orné de figures pour ceux qui ayment la peinture. Paris, pour Simon Douget, M. D. XCV, pet. in-4. de ij et 100 ff. fig. [16948]

Recueil orné de 100 fig. grav. sur bois, assez remarquables. En regard de chaque figure se trouve une fable en forme de sonnet qui en explique le sujet.
— L'avis au lecteur est signé P. Desprez, qui pourrait bien être l'auteur de l'ouvrage. L'édition de 1595 est rare. Celle de Paris, Jean Le Clerc, 1613, in-4., qui ne l'est guère moins, a été vendue 19 fr. Bignon. Une autre de Paris, 1644, in-4., 39 fr. 50 c. Boutourlin; 53 fr. Duplessis; cependant cette dernière doit avoir moins de valeur que les deux autres.

THÉATRE des cruautés des hérétiques. Voyez THEATRUM.

THÉATRE des États de Savoye et du Piémont (trad. du latin de J. Blaeu, par Jacques Bernard). La Haye, 1700, 2 vol. in-fol. max. [25299]

Vendu 60 fr. Patu de Mello; 49 fr. en 1824, et moins depuis.
Le même ouvrage a été réimpr. à La Haye, en 1725, sous le titre de Nouveau théâtre du Piémont et de la Savoye, 4 vol. gr. in-fol. 36 à 48 fr.; et plus cher autrefois. Il existe aussi avec le texte en latin, sous le titre de Novum theatrum Pedemontis et Sabaudiæ, 1726, 4 tom. en 2 vol. in-fol. max. Le Theatrum statuum Sabaudiæ ducis, Piemontis principis, Amstelod., hæredes Jo. Blaeu, 1682, 2 vol. in-fol. max. fig., a été vendu 30 fr. Hurtault.

—Voyez NOUVEAU théâtre d'Italie; NOUVEAU théâtre de la Grande-Bretagne.

THÉATRE des farces de Maroquin. Voyez MAROQUIN.

THÉATRE des Grecs. Voyez BRUMOY.

THÉATRE des tragédies françoises. Rouen, Raph. du Petit-Val, 1598 et 1611, 2 vol. pet. in-12. [16345]

Recueil de pièces sous différentes dates, et qui avaient déjà été publiées séparément, par du Petit-Val; nous en avons vu un 2ᵉ vol., avec la date de 1598, ce qui en fait supposer un 1ᵉʳ, sous la même date, ou peut-être même plus ancien. Il existe un autre recueil publié par le même libraire sous ce titre : Diverses tragédies saintes de plusieurs autheurs de ce temps. Rouen, 1606, pet. in-12. Vend. 11 fr. Chardin; 57 fr. de Soleinne. Les pièces qu'il renferme sont : Sichem ravisseur; Esaü ou le chasseur; Thobie... par J. Ouyn; Joseph le chaste, comédie, par le sieur du Mont-Sacré, 1601. L'exemplaire en mar. bl., vendu 65 fr. Duplessis, contenait de plus la Machabée, par J. de Virey, sieur de Gravier, 1603.
Un autre recueil sous le titre de Théâtre des tragédies françoises, Rouen, Raph. du Petit Val, 1620, pet. in-12, rel. en mar. bl., a été vendu 32 fr. Bertin; il renfermait six pièces, savoir: Saint-Clouaud, trag. de J. Heudon; Cyrus triumphant, trag. de Mainfrey, 1618; La Rhodienne, par le même, 1620; Pyrrhe, trag. de J. Heudon, 1620; Les Amours de Dalcméon et de Flore, par Est. Bellone, 1621; Les Amantes, ou la grande pastorale... par Nic. Chrestien, sieur des Croix, 1613.

THÉATRE françois. Paris, Paul Mansan, 1624, in-8. de 8 ff., et 338 pp. 6 à 9 fr. [16407]

Ce recueil contient : Le Trébuchement de Phaeton, la Mort de Roger, la Mort de Bradamante, Andromède délivrée, le Foudroyement d'Athamas et la Folie de Silène. Vend. mar. v. 24 fr. 50 c. de Soleinne, et en vél. 13 fr. le même: 5 fr. Bertin. Il s'en trouve des exemplaires avec l'adresse de Guil. Loyson et la date de 1625.

THÉATRE remonstrant en XXIV scènes la vie, vertus et miracles du R. P. Gabriel Maria de l'ordre S. François et père spirituel de la bienheureuse Jeanne de France, qui fut quant et elle fondateur des Annonciades. (sans lieu), 1642, in-4. fig. d'après Diepenbeke. 15 à 18 fr. [21937]

THÉÂTRE sacré des Cévennes, ou récit des diverses merveilles nouvellement opérées dans cette partie du Langue-doc. *Londres, Rob. Roger*, 1707, pet. in-8. de 5 ff. et 146 pp. 4 à 6 fr. [22455]

Ouvrage assez curieux, mais qui tient plus du ro-man que de l'histoire. Durand Fage, un prophète des Cévennes, en a fourni le fond, et Max. Misson en a été le rédacteur. On y trouve quelquefois réu-nis d'autres opuscules, savoir : 1° *Avertissemens d'Elie Marion, ou Discours prononcé par sa bouche sous l'influence du Saint-Esprit, et fidèle-ment reçu dans le temps qu'il parloit*, in-8. — 2° *Mélange de littérature historique et critique sur tout ce qui regarde l'état extraordinaire des Cevennois appellez Camisards*, Lond., Candide Ali-thin, 1707, in-8. de 64 pp. — 3° *Plainte et censure des calomnieuses accusations publiées par le Sr Claude Grotèste de la Mote contre ceux qui ont reçu les dépositions du Théâtre des Cevenes*, Lon-dres, Rob. Roger, 1708, in-8. de 96 pp. — 4° *Le nouvel Hosanna des petits enfans*, 8 pp., etc. Le *Théâtre sacré* a été réimprimé sous ce titre : *Les Prophètes protestants*, Paris, 1847, in-8.

THÉÂTRES étrangers. Voyez CHEFS-D'ŒUVRE.

THEATRO comico portuguez, ou collec-ção das operas portuguezas que se re-presentarão na casa do theatro publico do Baira alto de Lisboa. *Lisboa*, 1744, ou 1746-61, 4 vol. pet. in-8. [16812]

Les deux premiers vol. de ce théâtre sont d'Antonio Jose, juif portugais que l'Inquisition fit brûler dans l'auto-da-fé de 1745; ils ont été réimpr. à *Lis-bonne*, en 1759, et depuis avec les deux autres, de 1787 à 92. Nous avons vu le 1ᵉʳ vol., sans titre, d'une autre collection d'*Operas secundo o gosto portuguez*, contenant cinq pièces, dont la première est intitulée : *Viriato*.

THEATRO español. Voyez TEATRO.

THEATRUM biblicum, hoc est historiæ sacræ V. et N. Testamenti, tabulis æneis expressæ, opus in lucem editum per N. S. Piscatorem. 1674, in-fol. obl. [345]

Recueil de 459 pièces médiocrement gravées : 34 fr. Lamy. — L'édition de 1650, in-fol. : 16 fr. salle Sil-vestre, en 1806.

THEATRUM chemicum, præcipuos se-lectorum auctorum tractatus de chemia et lapide philosophico continens (per Laz. Zetznerum collectum). *Argento-rati*, 1659, 6 vol. in-8. 12 à 18 fr. [4384 ou 8940]

Vendu 27 fr. mar. bl. Patu de Mello.

THEATRUM crudelitatum hæreticorum nostri temporis (auctore Rich. Verste-gan). *Antuerpiæ, apud Hadr. Hu-bert*, 1587, in-4., 30 pl. et le fron-tispice. 20 à 25 fr. [22435]

Édition originale, plus recherchée que celle d'*Anvers*, 1592, in-4., dont les pl. sont usées. Un bel exem-plaire en *mar. r.* 59 fr. Coste, et 92 fr. Solar. Les vers latins, placés sous les planches, sont de J. Bochius.

Theatrum europæum, 23073.

—Théâtre des cruautés des héréticques de nostre temps, trad. du lat. (de Verste-gan). *Anvers, Adr. Hubert*, 1588, pet. in-4., contenant 33 ff. prélim., le texte ff. 3 à 95, et 30 pl. 18 à 24 fr.

Vend. beaux exemplaires rel. en *mar.* avec les fig. color. 90 fr. La Valliere ; 66 fr. Saint-Céran ; 40 fr. Méon ; 24 fr. *mar. bl.* Chénier ; 45 fr. Châteaugi-ron ; 36 fr. Bignon.

Quoique cette traduction ne contienne que le second tirage des gravures, elle est plus recherchée que l'original latin, parce qu'elle a des augmentations. Parmi les pièces liminaires on remarque : *Particu-liere description des cruautez et inhumanitez des schismatiques d'Angleterre, du règne de Henry huictième*. L'édition d'*Anvers*, 1607, in-4. fig. *mar. v.*, 10 fr. Mac-Carthy, n'a d'autre augmenta-tion que six vers à la fin, p. 95.

THEATRUM honoris in quo nostri Apel-les sæculi seu pictorum, qui patrum nostrorum memoria vixerunt, celebrio-rum præcipue quos Belgium tulit, veræ et ad vivum expressæ imagines in æs incisæ exhibentur. *Amstelod., apud Janssonium*, 1618, pet. in-fol. [31082]

Collection de 62 portraits de peintres flamands et al-lemands, plus 2 planches gravées par Michel Coxe-nius. 60 fr. Borluut, et en *mar. r.* 48 fr. Solar. C'est, à ce qu'il paraît, sous un titre différent, le même ouvrage qu'un de ceux dont nous parlons à l'article LAMPSONIUS.

— Voyez EFFIGIES pictorum.

THEATRUM mortis humanæ tripartitum : saltum mortis, varia genera mortis, etc. *Laybach*, 1682, in-4. [9587]

Ce volume est orné de 121 planches gravées par An-dré Trost, d'après les dessins de Korck, avec des encadrements. La première partie est une copie de la Danse des morts de Holbein. Deux exemplaires vend. 50 et 51 fr. Borluut.

THEATRUM. Luculentum Theatrum Mu-sicum, in quo (demptis vetustate tritis cantionibus) selectissima optimorum quampluribus auctorum, ac excellentis-simorum artificum tum veterum, tum præcipue recentiorum carmina, maiore quam vnquam diligentia et industria expressa, oculis proponuntur : Et primo continentur αὐτόματα quæ Fantasiæ di-cuntur, secundo Cantilena quatuor et quinque vocum : Postea carmina diffi-ciliora quæ Muteta appellantur, æque quatuor, quinque et sex vocum ; Deinde succedunt carmina longe elegantissima, duobus testudinibus ludenda : Postremo habes et eius generis carmina quæ tum festiuitate, tum facilitate suis discentibus primo maxime satisfacient vt sunt Pas-somezo, Gaillardes, branles, etc. *Lova-nii, e⸱ typographia Petri Phalesii... Anno* MD. LXVIII, pet. in-fol. de 90 ff. chiffrés et un ff. non chiffré pour l'in-dex. [vers 10192]

Recueil de 142 morceaux par Paulus Baroni, Francis-cus Mediolanensis, Verius, Cricquillon, Clemens non Papa, Orlando, Cypriano, Arcadelt, Nic. de Rans et Marck Antoine.

THEATRUM pontificum, imperatorum, regum, ducum, principum, pace et bello illustrium. *Antuerpiæ, apud Petr. de Jode*, 1651, in-4. contenant 170 gravures. [30454]

Portraits gravés en taille-douce par Ph. et P. de Jode, Ant. Coget, Waumans, etc., d'après Van Dyck, Rubens, et autres. 200 fr. catalogue d'une collection de livres rares et précieux, vendue à Paris, par Tross, en novembre 1856, n° 563.

THEATRUM tragicum. Voy. TRAGICUM.

THEBALDEO ou Thibaldeo et Tibaldeo. Opere del Thebaldeo da Ferrara cũ tabula. Sonetti cclxxxiij, Dialogo i, Epistole iij, Egloge iiij, Desperata j, Capitoli xix (*absque nota*), in-4., en caract. ronds, sans chiffr. ni récl. [14482]

Édition rare et probablement la première de ces poésies. Le P. Audiffredi (*Specimen*, 204) l'a décrite d'après un exemplaire relié avec d'autres opuscules impr. à Brescia, et qui présentent les mêmes caractères que le *Thebaldeo*. Ce dernier recueil a 6 ff. prélimin. contenant: 1° le titre, en six lignes, impr. en gros caract. goth., et au verso duquel se lit la dédicace de *Jacobus de Thebaldeis*, parent de l'auteur, au marquis de Mantoue; 2° la table du contenu, occupant 4 ff. suivis d'un f. blanc. Le 2e f. de ce premier cah. porte la signature Aiii. Le texte commence au f. *a*, et se termine au verso du 5e f. du cah. *q*. par le mot FINIS. Un exemplaire d'une édition qui, on n'y regardait pas de très-près, paraîtrait être la même que celle-ci, est décrit dans la *Biblioth. spencer.*, VII, n° 172. Or, ces deux exemplaires diffèrent entre eux en tant d'endroits qu'ils doivent appartenir à deux éditions; et d'abord le titre de l'exemplaire de lord Spencer commence de cette manière :

> Opere del thebaldeo da
> Ferrara cũ tabula.

tandis que, dans celui que décrit Audiffredi, ces mêmes lignes sont ainsi disposées :

> Opere del Thebaldeo
> da Ferrara cũ tabula

Le bibliographe italien a écrit de la manière suivante le sommaire de la table : *Tavola de la psente opra* (sic) *secõdo lordic de lalphabeto*, et l'autre exemplaire porte : *tabula de la psète opra secõdo...*

Les différences que nous venons de signaler, et beaucoup d'autres qu'il serait trop long de noter ici, se font également remarquer dans deux exemplaires de ce même livre que possède la bibliothèque royale de Munich, et dont le savant bibliothécaire de ce riche établissement littéraire a eu la complaisance de nous envoyer une description détaillée. Ces deux exemplaires paraissent être sortis de la même presse, car, excepté dans le titre, les caractères sont les mêmes, ainsi que le nombre total des feuillets; seulement il y a après la table du second exemplaire un feuillet blanc qui n'est pas dans le premier. Ajoutons que l'une des signatures des cahiers sont en lettres dites de bas de casse, et au contraire en lettres capitales dans l'autre.

— Sonetto in laude del Tibaldeo. (au bas du sonnet) : Opere del Thibaldeo da Ferrara. Sonetti cclxxxiii. Dialogo .i. Epistole .iii. Egloghe .iiii. Disperata .i. Capitoli .xix. (au verso du dernier f., en 2 lignes) : *Impresso in Firẽze, a petitione di ser Piero pacini da pescia.* (circa 1490), pet. in-4. de 108 ff., à

35 lignes par page, caractères ronds, signat. a—n.

Un exempl. en *m. r.*, annoncé première édition 60 fr. La Vallière.

— Sonetti, capitoli, e rime chiamate opere d'amore, da M. Antonio Tebaldo. — *Stampato in Modena, da Domenico Rococciola*. 13 oct. 1498, in-4.

Édition rare, dont le dernier f. doit contenir une épigramme de 8 vers, par Fr. Rococciola : 1 liv. 6 sh. Pinelli.

On cite deux autres éditions de ces poëmes, faites à Modène par le même imprimeur, l'une du 13 mai 1499, l'autre du 9 avril 1500, toutes les deux in-4. Il y en a aussi une de *Milan*, Ulder. *Scinzenzeler*, du 23 novembre 1499, in-4., selon Maittaire, et une autre par le même imprimeur, *nel anno* MCCCC. LXXXXIX. *a di iiii del mese de Zugno ad instantia de Joanne de Lignano*, in-4., caractères romains.

—Opere del Thebaldeo de Ferrara (*senz' alcuna nota*), in-4. à 2 col. Edition imprimée en lettres rondes au commencement du XVIe siècle, sans chiffres ni réclames, mais avec signatures de A—K (Molini, *Operette*, p. 185).

— Sonetti, capitvli et egloge del prestantissimo M. Antonio Thebaldeo. (à la fin) : *Impressum Brixie. M. cccc. adi xiiii Maii*, in-4. de 43 ff. à 2 col., sign. *a—l*, lettres rondes.

Panzer, qui n'a pas connu cette édition, en a décrit une autre de Venise, *per maestro Baptista da Sessa, nel anno* M. CCCC. *a di xii. de Septembrio*, in-4. Il en indique aussi une de 1505, in-4., sans lieu d'impression et sans nom d'imprimeur.

— Opere di Ant. Thebaldeo sonetti ccLXXXIII, Dialogo, epistole III, Egloge III, Desperata, Capitoli III. — *Impresso ne la inclita citta di Venetia per Giov. de Rusconi l'anno* 1502, a di 15 settemb., pet. in-4. à 2 col., feuillets non chiffrés, sign. A—K, lettres rondes.

— Opere di miser Antonio Thibaldeo da Ferrara. Sonetti, Disperata, Egloghe, Dialoghi, Epistole, Capitoli, ecc. (au recto du dern. f., 2e col.) : *Impresso in Venetia per Alexandro de Bindonis. Mccccxxi, del mese de Augusto*, in-4. de 44 ff. non chiffrés, à 2 col., en lettres rondes.

Vend. 12 fr. La Vallière; 1 liv. 14 sh. mar. r. Heber; et un autre exempl., 3 sh. 6 d. même vente.

L'édition de Venise, *Manfredo de Monteferato*, 26. *Zugno* 1508, in-4., n'a pas moins de valeur que celle de 1511. — Quant à celles de Venise, *Alex. Bindoni*, 1513, in-12; — de 1515, in-16, sans lieu d'impression, elles sont à peu près du même genre que celle dont le titre suit :

Sonetti : Capitoli ; z Egloge del prestantissimo M. Antonio Thebaldeo nouamente impresse cõ limatissima castigatione anno M. D. xvij. Sonetti cclxxxiii ; Epistole iij ; Capitoli xv ; Capitoli noui iij ; Egloge iiij ; Barzelette. (au dernier f. verso) : *Impresso in Milano per Bernardino da Castello. Ad instantia de messer Nicolao de Gorgonzola, nel anno* M. D. XVII. *adi. xxi. de febrari*, pet. in-12 allongé, 100 ff. non chiffrés, caract. goth., signat. a—i. Vend. 6 fr. La Vallière.

— Opere d'amore, con le sue stanze aggiunte e ristampate. *Venezia, Nic. d'Aristotile detto Zoppino*, 1534, pet. in-8.

Édition plus complète que les précédentes, et que l'on a plusieurs fois reproduite à Venise, savoir : en 1535, 1544, 1550, etc. Elle n'a cependant qu'une faible valeur, car le poëte Thebaldeo, qui a eu tant de vogue au commencement du XVIe siècle, est presque oublié maintenant.

THEBAYDA. La comedia llamada Thebayda. con otra comedia llamada Seraphina. M. D. xlvj, in-4. goth. fig. sur bois. [16761]

Cette édition est à la Biblioth. impér.; mais, l'exempl. étant incomplet, nous n'en pouvons marquer ni le lieu de l'impression, ni le nom de l'imprimeur.

A l'article *Serafina* (ci-dessus, col. 300) se trouve l'indication d'une édition de Valence, *Jorge Costilla*, 1521, qui renferme une pièce de plus que celle-ci.

THELLEZ ou Tellez (*Gabr.*). V. MOLINA.

THEMISTIUS. Themistii omnia opera, hoc est paraphrases et orationes. Alexandri aphrodisiensis libri duo de anima, et de fato unus (græce, edente Victore Trincavellio). *Venetiis, in ædibus hæredum Aldi, etc.*, 1534, pet. in-fol. de 4 ff. prélim. et 174 ff., dont 2 pour la souscription et l'ancre. [12120]

Édition rare et la première de Themistius. Elle ne contient que ses commentaires sur Aristote, et huit de ses discours : 30 à 36 fr. Vend. 29 flor. bel exemplaire en *mar. r.* Rover; 40 fr. d'Ourches; 50 fr. 50 c. *m. citr.* Larcher; 1 liv. 11 sh. 6 d. Heber; 4 liv. 6 sh. *mar. bl.* Butler; 80 fr. bel exempl. Costabili, et en Gr. Pap., dont les exemplaires sont très-rares, 245 fr. Daguesseau ; 6 liv. 15 sh. Pinelli ; 22 liv. 11 sh. 6 d. Williams. Ce dernier exemplaire portait 14 pouces de haut sur 9 pouces 2 lignes de large (ancienne mesure de Paris).

— ORATIONES XIV, harum sex posteriores novæ, cæteræ emendatiores prodeunt. *Excudebat Henr. Stephanus,* 1562, in-8. de 184 pp.

Le texte grec seulement. Quant à la version latine qu'annonce le titre de ce volume, H. Estienne ne l'a pas donnée.

L'édition de 19 oraisons, en gr. et en lat., donnée par le P. Petau, *Paris,* 1618, in-4., a été entièrement effacée par celle qu'a publiéel e P. Hardouin.

— Orationes XXXIII, e quibus XIII nunc primum editæ (gr. et lat.), Dion. Petavius latine plerasque reddidit ac notis illustravit : access. notæ et observationes Jo. Harduini. *Parisiis, in typographia regia,* 1684, in-fol.

Édition la plus estimée : 15 à 20 fr.

Il y a quelques exemplaires en Gr. Pap. Vend. 61 fr. *mar. r.* Gaignat ; 50 fr. *mar. bl.* Caillard ; 250 fr. bel exemplaire m. *bl. dent. l. r. reliure angl.* F. Didot, et aussi en *mar.* 5 liv. 5 sh. Sykes ; 3 liv. Drury ; 2 liv. 9 sh. Dent.

— THEMISTII Orationes, ex codice mediolanensi emendatæ a Guil. Dindorfio. *Lipsiæ, C. Cnobloch,* 1832, in-8. de XVI et 756 pp. 4 thl.

Texte grec augmenté des morceaux publiés par Angelo Mai ; au bas du texte sont placées les variantes, et à la fin du vol. les notes du P. Hardouin, précédées de la préface de Mai.

— THEMISTII philosophi oratio hactenus inedita, in eos a quibus ob præfecturam susceptam fuerat vituperatus, gr. et lat., inventore et interprete Angelo Maio. *Mediolani, typogr. reg.,* 1816, in-8. de 80 pp.

— Themistii paraphrasis in Aristotelis posteriora et physica, in librum item de anima, memoria et reminiscentia, somno et vigilia, insomniis et divinatione per somnium, latine, Hermolao Barbaro interprete : accedunt M.-A. Zimarræ lucubrationes in Themistium. *Venetiis, apud Hieron. Scotum,* 1570, in-fol. [3378]

Ces commentaires ont paru pour la première fois : *Tarvisii,* per *B. Confalonerium et Morellum Gerardinum de Salodio,* 1481, XV Febr., pet. in-fol. (vend. 12 sh. Pinelli). Ils ont été ensuite réimpr. à Venise, per *Bern. de Zanis,* 1499 ; à Venise, sans nom d'imprimeur, en 1502 ; à Venise, chez *Luc.-Ant.-Giunta,* 1520, et aussi à Paris, chez *Sim. de Colines,* 1528 (à la fin 1529), in-fol. ; mais nous citons de préférence l'édition de 1570, à laquelle font suite les deux articles ci-dessous :

THEMISTII paraphrasis in IV libros Aristotelis de cœlo ; Moyse Alatino interprete. *Venetiis, Hier. Scotus,* 1574, in-fol.

Ce volume a été vendu 27 flor. chez Meerman, peut-être parce que l'article étant placé dans le catalogue de cet amateur immédiatement après le *Themistius* d'Alde, 1534, et portant l'abréviation *Ibid.,* au lieu du nom de ville, on a pu croire que c'était une édit. aldine. Ce qui nous suggère cette conjecture, c'est que l'article précédent et le suivant, réunis, n'ont été payés que 5 flor. 25 c. à la même vente.

THEMISTII paraphrasis in XII libros Aristotelis metaphysicorum, sive de prima philosophia : ex interpret. hebr. latine versa a Moyse Finzio. *Venet., H. Scotus,* 1576, in-fol. [3537]

Ces deux derniers ouvrages ont été traduits sur une version hébraïque, à défaut du texte grec.

THEMISTOCLIS epistolæ (gr. et lat.), ex vetusto codice bibliothecæ vaticanæ nunc primum erutæ et latinitate donatæ, interprete Jo.-Matth. Caryophilo. *Romæ, Grignanus,* 1626, in-4. de 70 ff., et 1 pour les errata. 5 à 6 fr. [18667]

Première édition, qui est encore bonne à consulter. Celle de Francfort, 1629, in-8. de 43 pp., présente ces lettres dans un autre ordre. On trouve dans la 10e lettre un passage qui manque dans l'édition précédente.

— EPISTOLÆ; gr. et lat., interprete J.-M. Caryophilo ; recensuit, notis suis et indicibus illustravit, et in præfatione vindicavit Christ. Schöttgen. *Lipsiæ, Fromann,* 1710, ou 1722, in-8. 3 à 4 fr.

— THEMISTOCLIS epistolarum quæ feruntur denuo recensiarum ab A. Westermann partes tres. *Lipsiæ, Weigel,* 1858, in-4.

THEMMINCK. Voy. TEMMINCK.

THENAUD. Le voyage et itinéraire de oultre mer faict par frere Jehã Thenaud maistre es ars, docteur en theologie et gardien des freres mineurs Dangoulesme et premierement dudict lieu Dangoulesme jusques au Cayre. *On les vend a Paris en la rue neufue nostre dame a lenseigne sainct Nicolas,* pet. in-8. goth. de 64 ff., signat. A—H. [20537]

Relation d'un voyage à la Terre-Sainte, commencé le 2 juillet 1511. Les exemplaires en sont devenus fort rares. Vend. 30 fr. salle Silvestre, en novembre

---

Theiner (*Aug.*). Affaires religieuses de France, 21414. — Dominium temporale S. Sedis, 21625. — Pontificat de Clément XIV, 21660. — Monumenta Hungariæ, 26500. — Monuments relatifs à Michaelowitch, 27759. — Monumenta Poloniæ, 27814. — Histoire des institutions et éducations ecclésiast., 30248.

Theis (le baron *Alex.-Et.-Guil.* de). Voyage de Polyclète, 22945.

Thenard (*Louis-Jacques*). Recherches, 4370. — Chimie, 4393.

1827, et serait beaucoup plus cher aujourd'hui. La Croix du Maine en cite une édition de Paris, *chez la veuve de Jean Saint-Denis*, qui doit être la même que celle-ci, puisque cette veuve demeurait à l'adresse ci-dessus.

Jean Thenaud a écrit, soit en prose, soit en vers, d'autres ouvrages qui sont restés inédits, et au sujet desquels il faut consulter les *Manuscrits français* de M. P. Paris, VII, p. 79.

THEOBALDI episcopi physiologus de naturis duodecim animalium. *Antuerpiæ,* 1487, in-4. [13075]

Première édition connue, avec date, de ce poëme intéressant. Les autres sont de *Cologne,* 1492, in-4.; — de *Delft,* 1492, in-8.; — *Ibid.,* Ch. Suellaert, 1495, in-4.; — *Cologne, H. Quentel,* sans année, in-4. goth. de 17 ff. — *Sans lieu ni date (Deventer, Rich. Paffroet),* in-4. de 17 ff. sign. *a—c,* plus un f. bl. (7 sh. 6 d. Libri). — *(Absque loco),* 1502, in-4. de 14 ff. — *Cologne,* 1508, in-4.; — *Leipzig, Wfg. Monacensis,* 1510, in-4. (Consultez *Freytag Analecta,* pp. 967 et suiv.).

Le P. Beaugendre a fait imprimer ces mêmes poésies aux pp. 1173 et suiv. de son édition d'*Hildeberti Opera,* mais à tort, sous le nom de ce dernier; sur quoi il a été relevé par Lessing, dans ses *Collectaneen zur Lit.,* I, 375 et 384. Au reste la réimpression qu'a donnée Beaugendre est plus correcte que les précédentes éditions, et contient de plus, à la fin, deux vers dans lesquels *Thibaldus* est nommé comme auteur de l'ouvrage (Ebert, 22750). On ignore le lieu de la naissance, et l'époque précise de la vie de ce versificateur, lequel appartient peut-être au xiie siècle.

THEOCRENI (*Benedicti*), episcopi grassensis, regis Francisci liberorum præceptoris, Poemata, quæ iuuenis admodum lusit. *Pictavii, ex officina Marnefiorum fratrum sub Pelicano,* 1536, in-4. [12937]

THEOCRITUS. Theocriti idyllia XVIII, et Hesiodi opera et dies, græce. (*Mediolani, circa ann.* 1480), pet. in-fol. [12378]

Première édition, très-rare, que sa parfaite conformité, tant pour le caractère que pour le papier, avec le Lascaris et le Psautier grec de *Milan,* 1480 et 1481, nous fait regarder comme une production sortie des mêmes presses, et vers la même époque : vend. 31 liv. 10 sh. Pinelli; 1001 fr., bel exempl. d'Ourches, et revendu le même prix chez Larcher; 45 liv. 10 sh. mar. bl. Sykes; 33 liv. 12 sh. Heber.

Ce volume a des signat. de α—ζ, c'est-à-dire qu'il consiste en 6 cahiers de 8 ff. chacun, à l'exception du premier et du dernier, qui n'en ont que sept. On lit en tête du livre cet intitulé tiré en rouge :

ΘΕΟΚΡΙΤΟΥ ΘΥΡΣΙΣ Η ΩΔΗ
ΕΙΔΥΛΛΙΟΝ. Α.

Théocrite finit au verso du 31e f., après la 4e lign., par ces mots : τελος του θεοκριτου. Hésiode commence au recto du 32e feuillet, de cette manière : ΗΣΙΟΔΟΥ ΤΟΥ ΑΣΚΡΑΙΟΥ ΕΡΓΑ ΚΑΙ ΗΜΕΡΑΙ. Il finit à la 10e ligne du 46e f. recto. Chaque page entière a 30 lignes. Quoique les pontuseaux du papier soient horizontaux, nous ne regardons pas ce volume comme un in-4.

La particularité concernant un exemplaire du Théocrite de Milan, avec la date de 1523 ou 1524, que M. Ebert rapporte d'après M. Dibdin, est entièrement fausse, et pour le fond et pour ses circon-

—Hæc insunt in hoc libro. Theocriti eclogæ triginta ; genus Theocriti & de inventione bucolicorum ; Catonis... distichi : sententiæ septem sapientium... (et alia opuscula). Hesiodi theogonia, ejusdem scutum Herculis ; ejusd. georgicon libri duo (græce).—*Impressum Venetiis, characteribus ac studio Aldi Manucii Romani, cum gratia, etc.* M. CCCC. XCV, *mense februario,* pet. in-fol. de 140 ff. non chiffrés.

Cette édition, précieuse par son ancienneté, passe pour peu correcte, et elle n'est pas d'une extrême rareté. Il y a des exemplaires dans lesquels les pp. 77-80 et 85-100, cah. Z F et ΘG, ont été réimprimées. Cette réimpression présente des différences remarquables et contient plusieurs passages corrigés ; on la reconnaîtra : 1° au recto du 1er f. du cah. Z F où le 2e vers de la page est seul doublé, tandis que dans le premier tirage cette même page a quatre vers doublés ; 2° au verso du dernier feuillet du cahier G, lequel renferme, dans la réimpression, une pièce de vers sur la mort d'Adonis (impr. sur 2 col.), tandis qu'il est blanc dans la première édition. Les exemplaires du premier tirage sont les plus rares. Vend. 108 fr. La Valliere; 11 liv. Pinelli ; 120 fr. *mar. r.* Caillard ; 200 fr. Larcher ; 89 fr. Bosquillon ; 60 flor. Meerman ; 4 liv. 6 d. (1er tirage), 4 liv. (2e tirage) Butler ; 152 fr. *mar.* Giraud ; 145 fr. Costabili ; jusqu'à 450 fr. très-bel exemplaire, en 1805 ; revendu 200 fr. F. Didot, et 13 liv. 13 sh. Sykes ; un exemplaire *non rogné,* 635 fr. Libri, en 1847.

L'Hésiode, qui occupe les 42 derniers feuillets de ce volume, se trouve quelquefois séparément. Cette partie a des signat. de *αα—εε,* avec un registre au verso de l'avant-dernier feuillet. Le recto du dernier feuillet porte la souscription de l'imprimeur, et le verso la table du contenu de cette dernière partie. Ajoutons qu'au recto du 60e f. du volume se trouve un registre des cahiers A A — Θ — G, et que le verso de ce même feuillet est tout blanc.

Dans le catalogue du Pseudo-Canazar, n° 364 (*Paris, Merlin,* 1835), est annoncé un exempl. de ce Théocrite contenant *deux feuillets à la fin,* qui *manquent dans tous les exemplaires connus.* Nous avons vérifié ces deux feuillets, dont le second n'est imprimé qu'au recto ; ils contiennent les conjugaisons des verbes grecs, précédées de cette ligne imprimée en capitales :

Coniugationes verborvm svnt tredecim.

L'explication latine est accompagnée du grec en caractères beaucoup plus petits que ceux du Théocrite, et ni ce grec ni le latin chargés d'abréviations ne m'ont paru appartenir à l'imprimerie aldine. Ces deux feuillets sont donc tout à fait étrangers au livre avec lequel ils ont été reliés par un cas fortuit. Aussi l'annonce qu'on en a faite a été sans succès auprès des amateurs d'éditions aldines.

— Theocriti idyllia , græce , Celsi Hug. Cavilloni. *Parrhisiis, apud Ægid. Gourmont* (absque anno), in-4.

Édition peu connue, qui doit être de l'année 1507 ou 1508 (*Biblioth. Crofts.,* n° 1877).

— Theocriti castigatissima opera omnia, gr. *Florentiæ, in ædibus Phil. Juntæ,* 1515, *Die x Januarii,* in-8. de 74 ff., plus à la fin 2 ff. bl., dont 1 porte la marque juntine.

Édition rare : vend. 9 flor. Crevenna ; 15 fr. *m. bl.*
Caillard ; 16 flor. Meerman ; 1 liv. 16 sh. très-bel
exempl. Heber ; 29 fr. (avec notes marg. de Mich.
Carteromaco) Renouard.

— Opera, gr., cum scholiis græcis, cura
Zach. Calliergi. *Romæ, typ. Zach. Calliergi,* 1516, in-8.

Autre édition rare et très-recherchée : vend. en *mar.*
31 fr. La Valliere ; 36 fr. *Gouttard et Soubise* ;
73 fr. de Cotte ; 40 fr. Mac-Carthy ; 20 fr. *mar. r.*
en 1825 ; 1 liv. Heber ; 30 fr. *mar. br.* Renouard ;
35 fr. *mar. bl. d. de mar. citr.* Giraud.

Le volume est divisé en deux parties ; la première
contient le texte de Théocrite, en 88 ff., signat.
α—μ ; la seconde renferme les scolies en 116 ff.,
signat. A—εε. Le titre est tout grec et commence
ainsi :

ΤΑ ΔΕ ΕΝΕΣΤΙΝ, ΕΝ ΤΗ ΠΑΡΟΥΣΗ ΒΙΒΛΩ ;
la souscription, aussi en grec, est au recto du dernier feuillet ; le verso du même feuillet contient le
privilége de Léon X , en latin.

— Theocriti idyllia, græce. *Lovanii, apud
Theod. Martinum alostensem,* 1520,
in-4. de 56 ff. non chiffr., sign. a—o.

Édition faite en grande partie sur celle d'Alde ; le
titre tout grec est entouré d'une bordure : vend.
14 fr. *mar. r.* La Valliere ; un bel exemplaire serait
plus cher aujourd'hui. — Une autre de Louvain,
apud Theod. Martinum, 1528, in-4., est dans le
catalogue de Vand Velde, *Gand,* 1832, n° 7468, et
elle a été vend. 6 sh. 6 d. Heber.

— Theocriti idyllia triginta sex, etc. (gr.), eadem
lat. carmine reddita, Eobano hesso interprete. *Haganoæ, per J. Seccrium,* 1530, 2 tom. en 1 vol.
in-8. 5 à 6 fr.

Édition peu commune dont le texte a été revu par
J. Camerarius. A la fin de la version latine se
trouve la date de février 1531. Vend. 10 fr. Mac-
Carthy. Le texte grec a 5 et 87 ff. Le titre et la
souscription sont en grec.

Dans son *Lexicon bibliograph.,* III, p. 664, Hofmann
décrit une édition de ce poëte (*Theocriti idyllia,
hoc est parva poemata xxxvi, ejusdem epigrammata xix, ejusdem bipennis, et ala*), en grec,
dont la souscription, également en grec, annonce
que l'ouvrage a été imprimé à *Bâle, chez André
Cratander,* en 1530 : c'est un in-8. de 4 ff. prélim.,
182 pp. et 1 f. Le même bibliographe cite aussi, à
la p. 676, une édition de la version latine d'Eobanus
Hessus, donnée par Andr. Cratander, en 1531.

— Theocriti idyllia XXXVI ; epigrammata XIX ; bipennis et ala, gr. *Venetiis, Balth. de Zanettis,*
1539. — Commentaria in Theocriti eclogas, gr., ex
diversis exemplaribus collecta per Zach. Calliergum.
Venetiis, de Zanettis, 1539, 2 tom. en 1 vol. in-8.

Édition peu commune et assez recherchée. 8 à 10 fr.
Vend. 38 fr. 50 c. *mar. viol.* Larcher ; 9 flor. Meerman.

Le texte est une réimpression peu correcte de l'édition de *Bâle, Andr. Cratander,* 1530, donnée par
Albanus Taurinus, et pour les scolies on a suivi
l'édition de Calliergi. Ces mêmes scolies ont été
réimpr. à *Venise,* chez *Farræus,* 1543, in-8. 12 fr.
mar. r. F. Didot.

— Theocriti idyllia, epigrammata, etc., græce. *Florentiæ, per Bened. Juntam,* 1540, in-8. de 78 ff.,
dont 1 pour la souscription et la fleur de lis. 6 à
9 fr.

— Idyllia, græce. *Parisiis , Chr. Wechel ,* 1543,
in-4.

Vend. environ 7 fr. Pinelli et Rover.

— Idyllia, etc. (gr.) præter hec et latina versio carmine reddita per Echanum hessum et Jo. Camerarii
scholia. (*Francof., Petr. Brubach*), 1545, 2 tom.
en 1 vol. pet. in-8. 3 à 4 fr.

Seconde édition de Camerarius ; elle a été réimpr. sous
le même titre, *Francfort,* 1553, in-8.
— Idyllia, græce, eadem lat. carmine expressa ab
Eobano hesso. *Parisiis , apud Guil. Morelium,*
1550, in-4.
92 pages pour le grec, et 20 pages pour le latin.
— Idyllia, etc., græce. *Parisiis, apud Guil. Morelium,* 1561, in-4. 4 à 5 fr.
Édition aussi belle que la précédente : 1 liv. 10 sh.
(bel exempl. rel. en *mar.*) Crofts ; 5 flor. Rover. Sur
le titre se voit la marque suivante :

— Theocriti aliorumque poetarum idyllia ; ejusdem
epigrammata, etc., gr. et lat.; in virgilianas et nas
(onianas) imitationes Theocriti observationes Henr.
Stephani. *Excud. H. Stephanus,* 1579, in-16. 5 à
6 fr.
Édition assez recherchée, où se trouvent les poésies
de Moschus, Bion et Simias. C'est une réimpression
améliorée du texte de H. Estienne, qui fait partie
des *Poetæ græci principes,* édition de 1566. Ce petit
vol. a 8 ff. prélim., 447, 63 et 128 pp. : 28 fr. *m. bl.
dent. tab.* F. Didot ; 50 fr. *m. citr.* exempl. de de
Thou, Courtois ; en *mar. r.* 13 fr. 2e vente Quatremère.
— Idyllia et epigrammata ; Moschi, Bionis, Simmii
opera quæ extant (græce) omnia cum interpretatione lat.: accedunt notæ et emendationes Scaligeri,
Casauboni, Heinsii in Theocritum. *In Bibliopolio
commeliniano,* 1603, in-8.
Cette édition , peu commune, et qui mérite d'être
mieux connue qu'elle ne l'a été jusqu'ici en France,
se compose des parties suivantes : 1° le texte grec
et la version latine (réimpression textuelle de l'édition de *Commelin,* 1596), VIII ff. prélimin., et
319 pp.; 2° *Dan. Heinsii emendationes et notæ,*
1603, V ff. prélimin., 152 pp. et 2 ff.; 3° *Jo. Scaligeri emendationes,* 1596, 30 pp.; 4° *Is. Casauboni theocriticar. lectionum libellus,* 1596, 150 pp.;
5° *Scholia in Theocritum,* 1601, d'après l'édition
de Calliergi, VIII ff. et 260 col.
— Theocriti, Moschi, Bionis, Simmii quæ extant,
gr. et lat., cum gr. in Theocritum scholiis, et indice
copioso : omnia studio et opera Dan. Heinsii : accedunt Jos. Scaligeri , Is. Casauboni , et ejusdem
Heinsii notæ et lectiones. *E bibliopolio commeliniano,* 1604, in-4. de XIV ff. prélimin. et 432 pp.

Édition estimée : 9 à 12 fr.; vend. 36 fr. très-bel exempl. *m. r. doublé de m. l. r.* La Vallière. Elle est quelquefois reliée avec l'Hésiode d'Heinsius, de 1603.

— THEOCRITI, Simmiæ, Moschi, Bionis et Musæi quæ extant, cum notis; acced. Theognidis, Phocylidis, Pythagoræ, Solonis, aliorumque poemata gnomica, gr. et lat. *Parisiis, Libert*, 1627, pet. in-8.

Le même recueil a reparu en 1628, avec un nouveau titre. — Voy. HESIODI Opera.

— THEOCRITI quæ extant, gr. et lat., cum græcis scholiis, notis et indicibus (cura Rich. West). *Oxonii, e Theat. sheldon.*, 1699, gr. in-8. 6 à 8 fr.

Édition assez belle, mais qui n'a rien de remarquable sous le rapport philologique. Il s'en trouve des exempl. dont le titre ne porte pas les mots *notis et indicibus;* et en effet ils ne contiennent les notes ni de Scaliger, ni d'Isaac Casaubon, ni de Dan. Heinsius, qui occupent 142 pp., ni l'index qui doit terminer le volume. Le prix en est alors fort médiocre. Vend. complet, 72 fr. très-bel exemplaire *pap. fort, m. r.* Caillard ; 55 fr. *non rogné*, en 1817, et moins depuis.

Réimpr. sans les notes, à *Londres*, en 1729, en 1743 et en 1759, in-8.

L'édition du texte grec, impr. à *Oxford, e Theatro sheld.* αχος (1676), in-8., a été donnée par J. Fell d'après celle de D. Heinsius.

— THEOCRITI quæ extant, gr., ex edit. Dan. Heinsii. *Glasguæ, Rob. et And. Foulis*, 1746, pet. in-4. 5 à 6 fr.

Vend. 18 fr. *mar. r.* F. Didot et Mac-Carthy.

Il y a une édition in-8. sous la même date : 4 à 6 fr.

— THEOCRITI, Moschi et Bionis Idyllia, gr. et lat., poetis ex latinis illustrata, notulis quibusdam interjectis, opera et studio Th. Martin. *Lond., Hitch*, 1760, gr. in-8. 6 à 8 fr.

En très-Gr. Pap. 33 fr. Caillard; 1 liv. 2 sh. Williams.

— THEOCRITI reliquiæ utroque sermone, cum scholiis gr. et commentar. integris H. Stephani, Jos. Scaligeri et Is. Casauboni ; curavit hanc editionem, græca emendavit, libros tres animadversionum indicesque addidit Jo.-Jac. Reiske. *Viennæ et Lipsiæ*, 1765-66, 2 vol. pet. in-4. 12 à 15 fr.

Vend. 33 fr. *mar. r.* Courtois.

— Theocriti quæ supersunt, gr., cum scholiis græcis auctioribus ; emendationibus et animadvers. in scholia editoris et Jo. Toupii, etc., edidit Th. Warton. *Oxonii e typogr. clarend.*, 1770, 2 vol. gr. in-4.

Édition dont on recherche encore les exemplaires dans lesquels se trouvent les notes supplémentaires que Toup a publiées sous ce titre :

Curæ posteriores, sive appendicula notarum atque emendat. in Theocritum Oxonii publicatum. *Londini*, 1772, gr. in-4. de 45 pp. et 1 f. d'index.

L'ouvrage complet se paye de 20 à 30 fr.; il était plus cher autrefois, et même des exemplaires rel. en *mar.* se sont vend. 200 fr. et plus.

— THEOCRITI, Bionis et Moschi quæ supersunt; Dosiadæ rhodii aræ; Callimachi hymni et epigrammata, græce (ex recensione Rich.-Franç.-Phil. Brunck). *Argentorati, Heitz*, 1772, in-8., tiré sur pap. de Hollande, in-4.

Ce volume est un morceau des *Analecta* de Brunck (voy. ANTHOLOGIA). L'éditeur en fit tirer séparément un SEUL exemplaire qu'il offrit à M. Larcher, en reconnaissance de ce que ce savant lui avait envoyé les variantes des manuscrits de la Bibliothèque du roi, sur Théocrite, Bion et Moschus. Vend. 200 fr. Larcher.

— DECEM eidyllia (I-IV, VI, VII, IX, XI, XV, XVIII et XX), gr., latinis pleraque numeris a C.-A. Wet-

stenio reddita, cum notis edidit L.-C. Valckenaer. *Lugd.-Batavor.*, 1773, in-8.

Travail très-estimé : 6 à 8 fr. — Il y a des exempl. en Pap. fort de Holl., très-rares : 50 fr. *mar. v.* Caillard; 1 liv. 2 sh. Williams.

Réimprimé à *Leyde*, en 1810, in-8. 9 fr. — Pap. de Holl., 15 fr.

— THEOCRITI, Bionis et Moschi carmina bucolica, gr. et lat., pleraque latino carmine ab Eobano hesso reddita, nonnulla a G.-H. Higtio subjecit, græca emendavit, variisque lect. instruxit L.-C. Valckenaer. *Lugduni-Batavor.*, 1779, seu 1781, in-8. 8 à 10 fr.

Ce volume, non moins recherché que le précédent, a été réimprimé pour la troisième fois à *Leyde*, 1810, in-8. 10 fr., et plus en pap. de Hollande.

— THEOCRITI selecta quædam idyllia (I, IV, VI, VIII, IX et X), gr. et lat., recensuit, variorum notas adjecit, suasque animadvers. immiscuit Th. Edwards. *Cantabrigiæ, typ. academ.*, 1779, gr. in-8., 6 à 7 fr., et plus en Gr. Pap. fin.

— THEOCRITI reliquiæ, gr. et lat., ex recens. et cum annot. Th.-Chr. Harles. *Lipsiæ*, 1780, in-8. 4 à 5 fr. — Rare en pap. de Hollande.

— THEOCRITI, Moschi et Bionis Idyllia omnia, gr. et lat. (interprete Bern. Zamagna). *Parmæ, Bodoni*, 1792, 2 tom. gr. in-8. 8 à 10 fr.

Vend. 29 fr. *mar. r. dent.* F. Didot.

— THEOCRITI Carmina, gr., recensuit et annotationibus instruxit J.-C.-G. Dahl. *Lipsiæ*, 1804, in-8. 6 fr.; — en pap. fin, 8 fr.

— THEOCRITI, Bionis et Moschi Carmina, græce, cum commentariis integris Valckenarii, Brunckii et Toupii (curante L.-Fr. Heindorfio). *Berolini*, 1810, 2 part. in-8. 15 fr. — Pap. fin, 20 fr. (tom. I et II).

— THEOCRITI quæ supersunt; ex recensione L.-C. Valckenarii emendatius edita, curante G.-H. Schæfero. *Lipsiæ, Tauchnitz*, 1810, in-fol., pap. vél.

Belle édition qui coûtait 15 thl., mais qui ne conserve pas ce haut prix. Elle ne se trouve pas facilement.

— THEOCRITI reliquiæ, gr. et lat., textum recognovit, et cum animadversionibus Harlesii, Schreberi, aliorum excerptis suisque edidit Theoph. Kiessling; accedunt argumenta græca, scholia, et epistola Jac. Morellii ad Harlesium. *Lipsiæ, Weidmann*, 1819, in-8. de XII et 1040 pp., plus 2 ff. d'errata corrigenda. 12 fr. — Pap. collé, 15 fr.; — et plus en pap. vél.

Bonne édition.

— THEOCRITI Carmina cum veteribus scholiis ad fidem optim. edit. recensita : annotationem criticam in scholia adjecit J. Geel. *Amstelod.*, 1820, in-8. 8 fr.

Hamaker a eu part à cette édition, dont il y a des exemplaires tirés de format in-4., mais sans changement dans les formes. 12 fr. Coulon.

— POETÆ bucolici græci, sive Theocriti, Bionis et Moschi quæ supersunt, cum notis variorum et suis edidit Tho. Briggs. *Cantabrigiæ, typis academ.*, 1821, in-8. 8 à 12 fr.

En Gr. Pap. *mar.* 1 liv. 12 sh. Drury.

— THEOCRITUS, Bion, Moschus, gr. curante Jo.-Fr. Boissonade. *Paris., Lefèvre (typis J. Didot)*, 1823, gr. in-32, pap. vél. 3 fr., et plus en Gr. Pap.

— THEOCRITI, Bionis et Moschi quæ supersunt, græce, cum scholiis græcis : textum ad optimas editiones et ad codd. mss. fidem quam diligentissime exprimi curavit, carminum argumenta indicavit, varietates lectionum conjecturasque virorum doctorum subjunxit, indices locupletiss. adjecit J.-A. Jacobs. *Halæ, Orphanotroph.*, 1824, in-8. de CCXVI et 504 pp.

Tome premier contenant la préface, le texte et les variantes.

— THEOCRITUS, Bion et Moschus, gr., adjectæ sunt God.-Henr. Schæferi notæ, nova editio iteratis curis expolita. *Lipsiæ*, 1826, in-16, 2 fr.; — Pap. fin, 3 fr.

— THEOCRITI quæ extant omnia : textum recognovit, ad fidemque codd. mss. quatuor et viginti Bibliothecæ reg. recensuit : item ad proprias copias adjunxit apparatum criticum H. Stephani, Valckenaerii, Brunckii, H. Guisfordii, Kiesslingii aliorumque, latinam interpretationem non semel correxit J.-B. Gail : accedunt argumenta et scholia undique collecta, etc. *Lutetiæ-Paris., Delalain,* etc., 1828, 2 vol. in-8.

On ajoute à cette édition des *Specimina codicum,* in-4. Les 3 vol. se vendaient 36 fr.

— THEOCRITUS, Bion et Moschus, græce et latine : accedunt virorum doctorum animadversiones, scholia, indices et M. Æmilii Porti lexicon doricum. *Londini excudebat A.-J. Valpy, sumptibus Whittaker et Priestley,* 1829, 2 vol. in-8. 14 à 16 fr.

Assez belle édition qui, pour le Théocrite, représente celle de Théoph. Kiessling, et pour Bion et Moschus, celle de Heindorff, de 1810. Il y a des exemplaires en très Gr. Pap. qui coûtaient 1 liv. 11 sh.

— IDYLLIA, gr. recognovit et illustravit E.-F. Vuestemann. *Gothæ,* 1830, in-8. 6 fr., en pap. fin 7 fr., et plus en pap. vél.

— THEOCRITI quæ extant omnia codicum manuscriptorum ope recensuit et emendavit Christoph. Wordsworth. *Cantabrigiæ, Parker,* 1844, in-8. 20 fr.

— THEOCRITUS, Bion, Moschus ; tertium edidit A. Meineke. *Berolini, Reimer,* 1856, in-8. 12 fr.

SCHOLIA in Theocritum : auctiora reddidit et annotatione critica instruxit Fr. Dübner. Scholia et paraphrases in Nicandrum et Oppianum partim nunc primum edidit, partim collatis cod. mss. emendavit, annotatione instruxit et indices confecit U. Cats Bussemaker. *Parisiis, F. Didot,* 1849, gr. in-8. 15 fr.

Ce volume se joint aux *Poetæ bucolici* de la collection de MM. Didot. — Voyez POETÆ bucolici.

· *Traductions de Théocrite.*

— Theocriti bucolica per Phileticum e graego (*sic*) traducta..... Hesiodi ascræi Georgica per Nicolaum de Valle..... e græco in latinum conuersa...., Hesiodi Theogonia per Boninum Montbritium mediolanensem e græco in latinum côuersa... (*absque nota*), in-4.

Édition imprimée avec les caractères ronds de Bernardinus de Vitalibus, à *Venise,* vers 1490. Elle a 56 ff. non chiffrés, à 30 lign. par page, signat. A.-F. et a.-h. Il en existe une autre de *Venise,* 1499, *die* XXII *mensis Iulii,* in-4., faite par le même imprimeur.

— THEOCRITI, Bionis et Moschi Idyllia, a Bern. Zamagna lat. versibus reddita. *Senis,* 1788, in-8. 4 à 5 fr.

— LES IDYLLES de Théocrite, trad. de grec en vers franc., avec des remarques (par Hil.-Bern. de Roqueleyne de Longepierre). *Paris,* 1688, in-12. 2 à 3 fr.

Vend. en *mar. r. l. r.* 7 fr. 60 c. La Vallière ; 12 fr. Bonnier ; 30 fr. F. Didot.

— IDYLLES de Théocrite, trad. en prose, avec quelques imitations en vers de cet auteur, précédées d'un essai sur les poëtes bucoliques (par de Chabanon). *Paris,* 1777, in-12.

— IDYLLES et autres poésies de Théocrite, en grec, en latin et en français, traduites par J.-B. Gail. *Paris, Didot jeune, an* IV (1796), 2 vol. in-4. fig.

Il y a aussi une édition de cette traduction gr. in-8. (*Paris,* 1792), et une autre en 2 vol. in-18.

— IDYLLES de Théocrite, trad. en françois, avec des remarques, par J.-L. Geoffroy. *Paris,* 1800, in-8.

— IDYLLES de Théocrite, trad. en franç. par J.-L.

Geoffroy, édition accompagnée du texte grec, et revue par J. Planche. *Paris, Brunot-Labbe,* 1822, in-12. 4 fr.

— LES MÊMES, traduites en vers français, avec le texte en regard, des notes et des remarques à la suite de chaque idylle, par M. A. Cros. *Paris, V° Nyon,* 1822, in-8.

— LES MÊMES, traduites en vers français, précédées d'un essai sur les poëtes bucoliques, et suivies de notes par M. Servan de Sugny ; seconde édition revue et corrigée. *Paris, Bloss,* 1829, in-8. 6 fr.

Cette dernière traduction a eu du succès. La 1re édition est in-18, et sous la date de 1822.

— LES IDYLLES de Théocrite, suivies de ses inscriptions, trad. en vers français par Firmin Didot (avec le texte). *Paris, F. Didot,* 1833, in-8., 3 fr., et plus en Gr. Pap. vél.

— LE OPERE di Teocrito, Mosco, e Bione, e'l poemetto di Museo, volgarizz. in versi da Dom. Regolotti. *Torino,* 1728, in-8. 3 à 4 fr.

· On a aussi une traduction italienne de Théocrite, en vers, par Salvini, *Venise,* 1717, in-12, ou 1744, in-8.

— TEOCRITO, Mosco, Bione, Simmia, græco-lat., con la bucolica di Virgilio, latino-greca, volgarizzati e forniti d'annotaz. da Eritisco Pilenejo [Maria Pagnini]. *Parma, nella stamp. reale (Bodoni),* 1780, 2 vol. gr. in-4. 10 à 12 fr. ; — Gr. Pap. fin, 15 à 18 fr. — Les titres de plusieurs exemplaires portent : *Parigi, Tilliard.*

— SAGGIO d' idilli di Teocrito, Mosco e Bione, in rime ital., da Luigi Rossi. *Parma, Bodoni,* 1796, pet. in-8. 3 à 5 fr.

Parmi les traductions allemandes de Théocrite on cite celles de J.-H. Voss, 2e édition, *Tübingen,* 1815, in-8., de Witter, *Hildburghausen,* 1819, in-8. et celle de Naumann, *Prenzl,* 1828, in-8.

— THE IDYLLIUMS of Theocritus, translated from the greek, with notes critical and explanatory, by Fr. Fawkes. *London,* 1767, in-8. 5 à 7 sh., et plus en Gr. Pap.

— THE IDYLLIA, epigrams and fragments of Theocritus, Bion and Moschus, with the elegies of Tyrtæus, translated from the greek into english verse, with notes by Rich. Polwhele. *Lond.,* 1786, gr. in-4. 12 à 18 fr.

Cette traduction estimée a été réimprimée à *Londres,* en 1792 et en 1811, 2 vol. in-8. 12 sh.

— Voy. MOSCHI Idyllia.

THEODAT. Voy. SAGAR.

'THEODOLUS. Voy. THEODULUS.

THEODORETUS (*B.*), episc. cyrus. Opera omnia, gr. et lat., cura et studio Jac. Sirmondi. *Lutet.-Parisior.,* 1642, 4 vol. in-fol.—Auctarium, sive operum tom. V, gr. et lat., nunc primum in lucem editus cura et studio Joan. Garnerii. *Lutet.-Parisior.,* 1684, in-fol. [938]

Bonne édition, dont on trouve difficilement les 5 vol. réunis : 120 à 150 fr. Les exemplaires dans lesquels l'*Auctarium* manque ont beaucoup moins de valeur. — Cette partie a aussi paru sous ce titre : *J. Garnerii Opera posthuma,* Francopoli, 1685.

— OPERA omnia, gr. et lat., ex recensione Sirmondi, denuo edidit et variantes lectiones adjecit J.-L. Schulze (et J.-L. Nösselt), cum auctario. *Halæ,* 1768-74, 5 tom. en 10 vol. in-8. 32 fr. Quatremère.

Le *Glossarium theodoreteum ad usus exegeticos et criticos, edente Cl. Bauer,* Halæ, 1775, in-8., a paru séparément.

Théodore de Blois. Histoire de Rochefort, 24634.

Théodore (Frère). Histoire de l'église de N.-D. du Puy, 21452.

— THEODORETI, cyrensis episcopi, Opera omnia post recensionem Jac. Sirmondi, edidit, græca ex codicibus locupletavit, antiquiores editiones adhibuit, versionem latinam recognovit, lectionum varietatem, amplissimos indices adjecit Jo.-Lud. Schulze. *Petit-Montrouge, Migne*, 1859-60, 5 vol. gr. in-8. à 2 col. 60 fr.

— Theodoreti de Providentia sermones decem (gr.), nunc primum in lucem editi a Nic. Majorano. *Romæ,* 1545, pet. in-8. [939]

Édition peu commune, vend. 7 flor. 75 c. Meermann. Nous pouvons encore citer, comme rare, le volume suivant :

THEODORETI dialogi tres contra quasdam hæreses; liber contra hæreticos, in quo illorum nugas et fabulas narrat et redarguit; epitome divinorum dogmatum (græce), edente Camillo Perusco. *Romæ, per Stephanum Sabiensem chalcographum apostolicum,* 1547, in-4.

— THEODORETI, episc. cyrensis, græcarum affectionum curatio, ad codd. mss. recensuit Th. Gaisford. *Oxonii, H. Parker,* 1839, in-8. 10 sh.

— THEODORETI ecclesiasticæ historiæ libri quinque, gr., cum interpretatione et annotationibus H. Valesii, recensuit Th. Gaisford. *Oxonii, H. Parker,* 1854, in-8. 12 sh. [21354]

Cette réimpression fait suite à celle des autres historiens ecclésiastiques grecs, donnée par le même éditeur. — Voy. EVAGRIUS, EUSEBIUS et SOCRATES.

— HISTOIRE de Theodorite, comprise en cinq liures, en laquelle sont contenues les choses dignes de memoire aduenues en la primitiue Eglise, tant du regne de l'empereur Constantin le grand, comme de ses successeurs; traduite du grec en francoys, par D. M. Mathée. *On les vend à Poictier, à l'enseigne du Pelican (imprimerie de J. et Engilbert de Marnef),* 1544, pet. in-8, de XII et 220 ff.

12 fr. Veinant, et en mar. bl. 60 fr. *Bulletin du Bibliophile.* Du Verdier, qui n'a pas connu cette édit., en cite une autre de *Paris, Hierome de Marnef,* 1569, in-16.

— THEODORITE euesque Cyrien, de la nature de l'homme, translaté de grec en françois, auec l'exposition des lieux plus obscurs et difficiles, par Roland Pietre. *Paris, Mich. Vascosan,* 1555, in-4. Réimpr. à *Paris, chez Federic Morel,* 1598, in-4.

— SERMON de Theodorite, euesque de Cyropoli, de la prouidence et justice diuine, trad. par Loys Le Roy. *Paris, Seb. Nyuelle,* 1555, in-4.

Cl. d'Espance a traduit en françois plusieurs sermons de Theodoret, ainsi qu'on le peut voir dans la *Biblioth. franç. de Du Verdier,* article CLAUDE D'ESPANCE.

— DE LA PROVIDENCE, etc., trad. par Le Merre. *Paris,* 1740, in-8.

THEODORI Antiocheni Mopsventiæ episcopi quæ supersunt omnia, edidit Aug.-Frid.-Vict. a Wegnern. *Berolini,* 1834, in-8.

Premier volume; le seul publié.

THEODORI Studitæ Opera omnia, juxta editionem Jacobi Sirmondi, cum amplissimis accessionibus, quas publici juris fecit card. Angelo Mai; accurante J.-P. Migne. *Parisiis, Migne,* 1860, gr. in-8. de 932 pp. à 2 col. 12 fr. [955]

— Patrologia græca, tom. 99.

THEODORI (*Carl.*). Beschreibung des kolossalen Ichthyosaurus Trigonodon in der Lokal - Petrefakten – Sammlung zu Banz, nebst synoptischer Darstellung der übrigen Ichthyosaurus-Arten in derselben. *München, Franz,* 1854, gr. in-fol. 4 pl. lith. 50 fr. [5891]

THEODORUS Gaza. Voy. GAZA.

THEODORUS Metochita. Historiæ romanæ, a Jul. Cæsare ad Constantinum, liber singularis (gr. et lat.), J. Meursius primus vulgavit et in lat. transtulit, notasque addidit. *Lugd.-Bat.,* 1618, in-4. 5 à 7 fr. [22905]

Un exemplaire en Gr. Pap. est indiqué comme rare dans le catalogue de Caillard. L'ouvrage est réimprimé dans le 7e vol. des *Meursii Opera.* Au surplus, ce n'est qu'une partie du 3e livre des Annales de Mich. Glycas. — Voy. BYZANTINA.

— MISCELLANEA philosophica et historica, græce, textum e codice cizensi descripsit lectionisque varietatem ex aliquot aliis codd. enotatam adjecit Chr.-God. Müller; præfatus est Theoph. Kiessling. *Lipsiæ, Vogel,* 1821, in-8. 15 fr. — Pap. collé, 20 fr. et plus en pap. vél.

Bonne édition.

— SPECIMINA operum Theodori Metochitæ, cum præfat. et notis, primum vulgata ab Jano Bloch. *Hauniæ,* 1790, in-8. 4 fr.

THEODORUS Prodromus (Cyrus). Dissertatio de sapientia (gr. et lat.). Fed. Morellus græca recensuit, edidit, latine vertit, notisque illustravit. *Lutetiæ, Morellus* (1608), in-8. de 8 et 14 pp., 1 f. et 16 pp. [3806]

— EXULANS amicitia (gr. et lat.), Conrado Gesnero interprete. *Parisiis, apud G. Morelium,* 1549, in-4. [12420]

— AMITIÉ bannie du monde; traduit par Jean Fignon. *Lyon, Cotier,* 1559, pet. in-8.

Traduction en vers, de laquelle Du Verdier cite une édition de *Tholose, P. du Puis,* 1558, in-8.

— THEODORI Prodromi Epigrammata, sive tetrastica in omnes fere V. et N. Testamenti libros, gr., nunc primum latinitate donata, cura Guid. de Souvigni. *Juliomagi, Hernault,* 1632, in-4. 4 à 6 fr. [12420]

La première édition en grec, *Bâle, apud Jo. Bebelium,* 1536, pet. in-8. de 172 ff., n'est pas chère.

— Rhodanthes et Dosiclis amorum lib. IX. gr. et lat., interprete Gilb. Gaulmino (accedit ejusdem dialogus Amaranthus, seu senilis amor). *Parisiis,* 1625, in-8. de 16 ff. et 592 pp. 10 à 12 fr. [16978]

Volume peu commun : 19 fr. Gouttard; 25 fr. Bertrand.

— LES AMOURS de Rhodante et de Dosiclès, trad. du grec de Théodore Prodromus. (*Paris*), 1746 et 1749, in-12. 2 à 3 fr.

— IMITATION du roman grec de Rhodante et Dosiclès, de Théodore Prodromus, par de Beauchamps. (*Paris, Coustelier*), 1746, pet. in-8. 3 fr.

Ces deux traductions sont tout à fait différentes, et c'est à tort que quelques bibliographes ont annoncé la première comme de Beauchamps, en la confondant probablement avec la 2e à laquelle Beauchamps a mis son nom.

— Theodori Prodromi, Dantis Alighieri, Fr. Petrarchæ, Galeacii Vicecomitis, Ant.

Théodoric de S. René. Remarques sur le miracle de la sainte hostie, 22334

de Tartona, Jac. Sadoleti Epistolæ, ex
codd. mss. nunc primum vulgatæ. *Romæ,*
1754, gr. in-8. [18699]

Ce volume a ordinairement un premier titre ainsi
conçu : *Miscellaneorum ex mss. libris bibliothecæ
collegii romani Soc. Jesu, tomus primus.* Il faut
y joindre un second tome, qui a paru à *Rome,* en
1757 ; les deux tomes ont été publiés par Pierre
Lazzeri : 12 à 15 fr.
Les tomes VI, VII et VIII des notices des manuscrits
de la Bibliothèque impériale, contiennent différents
morceaux de Theodorus Prodromus, extraits d'un
manuscrit du Vatican, par de Laporte du Theil.

— Voy. GALEOMYOMACHIA.

THEODORUS (*Fl.* Mallius). De metris
liber, annotationibus emendatus, emit-
titur a Jac.-Frid. Heusingero. *Guelpher-
byti, operis bindseilianis* (1755), in-4.
[12247]

— DE METRIS liber, observationibus illustravit, præ-
terque scriptorum aliquot veterum apospasmatia ;
Cornelii Nepotis fragmenta, cum dissertationibus
suis adjecit Jac.-Frid. Heusinger. *Lugd.-Batav.,*
1764, in-8.
Édition préférable à la précédente : 5 fr.

THEODOSIANUS (Codex), nunc primum
ex vetustiss. archetypo editus, studio P.
Ægidii. *Antuerpiæ,* 1517, in-4. [2458]

Édition rare : vend. 23 flor. Meermann. C'est la plus
ancienne que l'on ait d'une partie du *Codex theodosianus.* Celle de Bâle, *Henricus Petrus,* 1528,
in-fol., donnée par Jean Sichard (sous le titre de
*Codicis theodosiani libri XVI, quibus adjectæ
sunt novellæ Valentiniani, Martiani, etc.,* a été
souvent citée comme la première. Le texte qu'elle
contient est inférieur à celui qui a paru plus tard
sous le titre suivant :
CONSTITUTIONUM Theodosii libri priores VIII,
meliores quam adhuc circumferebantur; posteriores VIII, nunc primum in lucem revocati a Jo. Tilio.
Parisiis, 1550, in-8.
Mais toutes ces anciennes éditions ont été effacées par
d'autres plus récentes et plus complètes, surtout
par celle de Jacq. Godefroy.

— Codex theodosianus, cum perpetuo commentario Jac. Gothofredi; editio nova,
emendata et observationibus aucta a Jo.-
Dan. Rittero. *Lipsiæ,* 1736-45, 6 vol. in-
fol. 50 à 60 fr., et plus en Gr. Pap., qui
est rare.

Édition plus recherchée que celle de Lyon, 1665, en
6 vol. in-fol., donnée par Ant. Marville. Elle a été
réimprimée à Mantoue, 1740 et ann. suiv., en 7 vol.
in-fol., et aussi à Venise, 1750, en 6 vol. in-fol. —
Pour un supplément, voy. LEGES novellæ.
— THEODOSII jun. et Valentiani III novellæ ; edidit
et comment. adjecit A. Zirardinus Ravenn. *Faven-
tiæ,* 1766, in-8. 6 flor. 10 c. Meerman.
— CODICIS theodosiani fragmenta inedita, ex codice
palimpsesto bibliothecæ taurin. in lucem protulit
Amed. Peyron. *Augustæ-Taurinorum,* 1823, in-4.
5 fr.
— CODICIS theodosiani libri V priores ; recognovit,
additamentis insignibus a W. Clossio et Am. Pey-
ronio repertis aliisque auxit, notis subitaneis tum
criticis, tum exegeticis necnon quadruplici append.
instr. C.-F. Wenck. *Lipsiæ,* 1825, in-8.
Ce volume tient avantageusement lieu des éditions
originales des deux fragments, publiées l'une à Tubingue, en 1824, in-8., par Clossius, l'autre par
A. Peyron ; il remplace aussi une autre édition des

deux mêmes fragments donnée par Puggæus, à
Bonn, en 1825.
— Voy. à la col. 120 de notre 2ᵉ vol. l'art. CODICES.

THEODOSIUS alexandrinus. Grammatica
(gr.); ad codices mss. edidit et notas adjecit Car.-Guil. Göttling. *Lipsiæ, Dyk,*
1822, in-8. de XVIII et 256 pp. 1 thl. 16 gr.
[10609]

Amédée Peyron a publié à Turin, en 1817, dans le
23ᵉ volume des Mémoires de l'Académie de Turin,
et séparément, un mémoire intitulé : *In Theodosii
alexandrini tractatum de prosodia commentatio,*
in-4., lequel a été réimprimé à la suite de l'*Etymologicon* d'Orion, en 1820. — Voy. ETYMOLOGICON
magnum.

— Canones. Voy. BEKKER.

THEODOSIUS. Theodosii sphæricorum
lib. III (gr. et lat., ex recogn. Jos. Hunt).
Oxonii, e Theatro sheld., 1707, in-8. de
87 et 94 pp. 4 à 6 fr. [8211]

La première édition de cet ouvrage a paru sous le titre suivant :
THEODOSII tripolitæ sphæricorum libri tres,
nunquam antehac græce excusi. Iidem latine redditi per Joan. Penam. *Paris., And. Wechelus,*
1558, in-4, de 4 ff. et 54 pp., 1 f., 68 pp., et 1 f.
d'errata.

— Theodosii Tripolitæ sphæricorum libros
tres Ernest Nizze recognovit, latine redditos emendavit, commentariis instruxit,
appendicibus et indice auxit. *Berolini,
Reimer,* 1852, in-8., 4 pl. lith. 6 fr.

— Theodosii sphæricorum elementorum
libri III, ex traditione Maurolyci mes-
sanensis mathematici ; Menelai sphæricor. libri III ; ex traditione ejusd. Maurolyci sphæricor. lib. II ; Autolyci de
sphæra, quæ movetur, liber ; Theodosii
de habitationibus ; Euclidis phænomena ;
Demonstratio et praxis trium tabellarum
scilicet sinus recti, fœcundæ, et beneficæ
ad sphæralia triangula pertinentium ;
compendium mathematicæ mira brevi-
tate ex clarissimis authoribus ; Maurolyci
de sphæra sermo ; omnia latine. (in fine) :
*Messanæ in freto Siculi, impr. Petrus
Spira mense augusto* 1558, in-fol.

Ce volume, de lxxij ff., est si rare en Allemagne, que,
malgré le témoignage de Nic. Heinsius, l'existence
en a paru douteuse à Ebert, nº 13804. Vend. seulement 6 flor. 50 c. Meermann, mais jusqu'à 130 fr.
Libri, en 1857.
— LES ÉLÉMENS sphériques de Théodose Tripolitain,
traduits en françois, par D. Henrion. *Paris, Pacard,* 1615, pet. in-8.

— Voy. AUTOLYCUS.

THEODOSIUS. V. THEODOSIANUS codex.

THEODULUS. Theoduli monachi, sive
Thomæ Magistri laudatio Gregorii na-
zianzeni ; ejusdem orationes gratulatoriæ
IV et epistolæ VII, editore ac interprete
Laurentio Normanno. *Upsalæ, excudit
Henr. Keyser,* 1693, in-4. [12124]

Opuscule rare, composé de 1 f., 168 pp. et 2 ff.

THEODULUS. Ecloga, ad codd. mss. ve-
teresque editiones recensuit et cum lectionis varietate itemque commentatione
critica edidit J.-G.-S. Schwabe. *Allenb.*,
Richter, 1773, in-8. 2 fr. [12790]

Plusieurs éditions des *Eclogæ Theoduli*, in-4., ont
été impr. à la fin du XVᵉ siècle, tant séparément que
parmi les *Auctores octo*. Hain décrit l'édit. de
Leipzig, *per Conradū Kachelouenn, anno salutis
M. cccclxxxix*, in-4. goth. de 62 ff. à 40 ou 41 lig.
par page ; une autre, sortie des mêmes presses,
en 1492, in-4. de 61 ff. chiffrés et 1 non chiffré ; et
enfin des édit. de Cologne, *per Henricum Quentel*, 1492 et 1495, in-4. de 51 ff., toutes avec commentaire. Une autre, moins connue, est indiquée
dans la *Biblioth. grenvil.*, p. 727, sous ce titre :

THEODULUS cum commento optimo et acutissimo
ingenio viri insignis magistri Odonis nacione pi-
cardi in Theodolum succinctissima explanatio finit
feliciter. *Impressaque Parisii, per Petrum Levet*,
1488, in-4.
— THEODULUS cum commento. — *Impress. per Richardum Auzoult, commorantem Rothomagi pro
Roberto Mace, anno millesimo quingentesimo
quinto, die prima Aprilis*, in-4.
Une autre édition du *Theodulus cum commento*,
Rouen, 1507, in-4., porte la marque que nous avons
donnée t. I, col. 171.
— THEODULUS., una cum dilucida ac familiari expositione nuperrime impressus Cadomi per Laurentium Hostengue, 1509, pet. in-4. goth. de 50 ff.
dont le dernier est blanc ; sur le titre la marque de
Michel Angier, et au bas : *Venalis proponitur
Cadomi in officina Michaelis Angier proxime
Sanctum Petrum et Rhedonis ante templum
Sancti Salvatoris.* D'autres exemplaires ont le
nom et l'adresse de Jean Macé.

THEOGNIS. Theognidis sententiæ elegia-
cæ, græce. *Parisiis, apud Lodoicum
Tiletanum*, 1537, in-4. [12361]

Édition rare, à la suite de laquelle se trouvent les
Vers dorés de Pythagore. Dans la préface datée *ex
chalcographeo nostro M. D. XXXVII, mense
junio*, Tiletan promet une édition d'Hésiode, *quam
temporum retardat iniquitas*, et qui définitivement n'a point paru. — Théognis a été impr. pour
la première fois à la suite du Théocrite d'Alde, édit.
de 1495 ; voy. THEOCRITUS.
— THEOGNIDIS Sententiæ elegiacæ, castigatæ ac scholiis illustratæ per Æliam Vinetum (gr. et lat.). *Parisiis, excudebat Joannes-Lodoicus Tiletanus*,
1543, in-4. de 4 ff. et 97 pp.
Cette édition vaut beaucoup mieux que la précédente,
mais elle est un peu moins rare. Nous citerons
encore celle de Paris, 1579, *apud Joan. Benena-
tum*, in-4. *cum latina metrica Jacobi Schegkii
interpretatione.*
— THEOGNIDIS Sententiæ, gr. et lat., cum scholiis
Joach. Camerarii et indice duplici, studio Wolfg.
Seberi. *Lipsiæ*, 1620, in-8.
Bonne édition critique, et beaucoup plus correcte que
celle de Leipzig, 1603, donnée par Seberus. Les
notes sont en partie dues à J. Weitz. 3 à 5 fr.
— THEOGNIDIS, Phocylidis , Pythagoræ, Solonis et
aliorum poemata gnomica, gr. et lat., cum annotat.
Eliæ Vineti. *Parisiis*, 1627, in-8. 3 à 4 fr.
Ce volume fait ordinairement partie d'un recueil pu-
blié en 1628. — Voy. HESIODUS.
— THEOGNIDIS, Phocylidis, Pythagoræ, Solonis et
aliorum poemata gnomica, gr. et lat., cum notis
Frid. Sylburgii. *Ultrajecti*, 1651, pet. in-12. 2 à
3 fr. [12270]
Édition imprimée sur celle d'*Heidelberg*, 1597, in-8.;
elle a été reproduite à *Utrecht*, 1748, pet. in-12.
— THEOGNIDIS Sententiæ morales (græce), nova lat.
versione , notis et emendationibus explanatæ et

exornatæ, una cum variis lectionibus, opera Ant.
Blacwall. *Londini*, 1706, pet. in-8.
Édition mal imprimée, mais assez bonne : 3 à 5 fr.
— THEOGNIDIS Elegi, gr., ex fide librorum manu-
scriptorum recensiti et aucti, cum notis Fried.
Sylburgii et R.-Fr. Brunckii, edidit Emman. Bek-
kerus. *Lipsiæ*, 1815, in-8. 2 fr. — Pap. fin, 3 fr.
— THEOGNIDIS reliquiæ (gr.); novo ordine disposuit,
commentationem criticam et notas adjecit Frid.-
Theoph. Welcker. *Francofurti, Brœnner*, 1826,
in-8. de CXLVI et 150 pp. 6 fr. — Pap. vél., 10 fr.
— THEOGNIDIS Elegi, gr., secundis curis recens.
Imm. Bekkerus. *Berolini, Reimer*, 1828, in-8. de
IV et 60 pp. 1 fr. 50 c. — Pap. fin, 2 fr. — Pap. vél.,
2 fr. 50 c.
— THEOGNIDIS, Phocylidis et Pythagoræ Carmina,
gr. et lat.; accedit italica versio metrica, curante
Ang.-Mar. Bandinio. *Florentiæ*, 1766, in-8. 4 fr.
— LES SENTENCES de Théognide, poëte grec, mises
en vers francois, par Nicolas Pavillon. *Paris, Guil.
Jullian*, 1578, in-8.

THÉOLOGIE germanicque, liuret auquel
est traicté comment il faut depouiller le
vieil homme et vestir le nouueau. *Anvers, de l'imprimerie Christofle Plantin*, 1558, pet. in-8. de 103 ff. [1580]

8 fr. 50 c. Veinant.
Édition rare de cet ouvrage ascétique dont une version latine a été publiée sous le titre suivant :
THEOLOGIA germanica, libellus aureus : quomodo
sit exuendus vetus homo induendusque novus ex
germanico translatus, studio Joan. Theophili (Castalionis). *Antuerpiæ, Christ. Plantinus*, 1558,
in-16.
Voici le titre d'une autre traduction française du
même livre :
LA THÉOLOGIE réelle, vulgairement dite la Théologie germanique, avec quelques autres traités
de même nature ; une lettre et un catalogue sur les
écrivains mystiques (par P. Poiret). *Amsterdam,
H. Wetstein*, 1700, pet. in-12.
Impr. d'abord à *Amsterdam*, en 1676, pet. in-12, sous
le titre de *Théologie germanique*.
M. Graesse, article *Berthold , Bischof zu Kiembse*,
rapporte ainsi le titre du texte allemand de cet ouvrage :
TEUTSCHE Theology in 100 Capiteln. *München,
Hans Schobser*, 1528, in-fol. 1 flor. 12 kr. Butsch.
Ce texte a été réimpr. à Munich, en 1852, in-8., par
les soins de W. Reithmeir ; il ne faut pas le confondre avec un autre traité mystique allemand,
antérieur au XVᵉ siècle , attribué par erreur à
Tauler et publié par M. Luther en 1518, sous le titre : *Eyn Deutsch Theologia*, et que réfute l'ouvrage de l'évêque de Chemnitz (*Berthold Bur-
stinger*); cette réfutation a été traduite en latin sous
cet autre titre :
THEOLOGIA germanica in qua continentur articuli
de fide, evangelio, virtutibus et sacramentis : quorum materia jam nostra tempestate controverti
solet. M. D. XXXI. (in fine) : *Excusum Augustæ-
Vindelicorum per Alexandrum Vueyssenhorn,
expensis. perdiligentis viri Martini Silherysen.*
An. M. D. XXXI, in-fol. 3 flor. Butsch.

THÉOLOGIE spirituelle, Le tresexcellent
et tresdeuot traite appelle la Theologie
spirituelle, extraicte des liures de sainct
Denis, translatee de latin en francois par
vng venerable religieux de lordre des

freres mineurs de Lobseruance, et profitable a tout homme et femme pour vnir son cœur en lamour de Dieu. *Paris, Jehan Petit* (vers 1515), pet. in-8. goth. [1512]

Il y a du même traité une édit. de *Paris, Guichard Soquand,* pet. in-8. goth.

ΘΕΟΛΟΓΟΥΜΕΝΑ (τὰ) τῆς ἀριθμητικῆς. Opusculum novum antehac nusquam excusum. *Paris., apud Chr. Wechelum,* 1543, in-4. de 65 pp. 5 à 8 fr. [7787]

Édition rare de cet opuscule, attribué à Jamblichus.
— THEOLOGUMENA arithmeticæ ad exemplar parisiense emendatius descripta : accedunt Nicomachi Gerasini Arithmeticæ libri duo (gr.); edidit Fran. Astius. *Lipsiæ, Weidmann,* 1817, in-8. 6 fr. — Pap. fin, 8 fr.

THEON (*Alex.*). Commentarii. Voyez PTOLEMÆUS.

THEON. Theonis rhetoris de modo declamandi libellus (gr.). *Impressum Romæ, per Angelum Barbatum, decimo octavo cal. Augusti* M.D.XX, in-4. de 2 ff. prélim. et 56 pp. Les ff. ne sont chiffrés que d'un côté. [12025]

Édition rare, mais peu correcte : 8 fr. mar. r. La Valliere ; 1 liv. mar. bl. Heber.
— THEONIS sophistæ Progymnasmata, typis repetenda curavit, adnotationes selectas Joach. Camerarii, Jo. Schefferi, Chr. Walzii editas, Joan.-Henr. Lederlini ineditas, scholia gr. et indices addidit Christoph. Eberh. Finckh. *Stuttgartiæ,* 1834, in-8. 5 fr.
— Voyez APHTHONIUS.

THEON. Theonis smyrnæi platonici, eorum quæ in mathematicis ad Platonis lectionem utilia sunt, expositio, gr., e bibliotheca thuana. Opus nunc primum editum, latina versione ac notis illustratum ab Ism. Bullialdo. *Lutet.-Parisior.,* 1644, in-4. 5 à 6 fr [7777]

— EXPOSITIO eorum quæ in arithmeticis ad Platonis lectionem utilia sunt, gr., Bullialdi interpretationem lat., lectionis diversitatem suamque annotationem addidit J.-J. de Gelder. *Lugd.-Batavor., Luchtmans,* 1827, in-8. 8 fr.

Il y a des exempl. in-4. pap. vél. 30 fr.

THEONIS smyrnæi platonici liber de astronomia, cum Sereni fragmento. Textum primus edidit, latine vertit, descriptionibus geometricis, dissertatione et notis illustravit Th.-H. Martin : accedunt nunc primum edita Georgii Pachymeris e libro astronomico delecta fragmenta : accedit etiam Chalcidii locus ex Adrasto vel Theone expressus. *Parisiis, e Reipublicæ typographia (Dezobry),* 1849, in-8. avec 10 pl.

— Voy. PTOLEMÆUS.

THEOPHAN Prokopovitch (archiepiskop Velikavo Novagrada i Velikich Loux). Slova i retchi pooutchitelnyia, pochvalnyia i pozdravitelnyia, i bogoslofskija sotchineniia. Sermons et discours instructifs, panégyriques et gratulatoires, ainsi que traités théologiques. Édition nouvelle. *Saint-Pétersbourg, impr. du Corps des cadets,* 1760-1764, 4 vol. in-4. [1862]

Collection presque complète des œuvres de Théophane, célèbre comme orateur et comme partisan zélé de la réforme entreprise par Pierre le Grand.

THEOPHANES. Theophanis ceramei, archiepiscopi tauromenitani, Homiliæ in Evangelia dominicalia et festa totius anni, gr. et lat., nunc primum editæ et notis illustratæ, studio Franc. Scorsi. *Lutetiæ-Parisiorum, Magna Navis,* 1644, in-fol. [957]

Écrivain ecclésiast. du XIIe siècle : 18 fr. Soubise.

THEOPHANES confessor. Chronographia. Voy. BYZANTINA, n° 7.

THEOPHANES Nonnus. Voy. Nonnus.

THEOPHANI, archiepiscopi Nicæni, quæ extant opera, nunc primum ex Bibliotheca vaticana græce et latine edita; D. Cousalvo Ponce de Leon interprete, qui annotationes etiam addidit, et varias lectiones ex alterius codicis collatione. *Romæ, apud Fr. Zannettum,* 1590, in-8. de 16 ff. non chiffrés, et 176 pp. chiffrées jusqu'à 172. [956]

Ce volume contient trois lettres écrites à ses diocésains, par Théophanes, archevêque de Nicée, qui vivait au commencement du IXe siècle. Il est si rare que Fabricius, ne le connaissant pas, a cité l'ouvrage comme inédit. En écrivant cette note nous avons sous les yeux le bel exemplaire de ce livre rel. en mar. r. qui a appartenu à J.-A. de Thou, et plus tard aux Jésuites du collége de Clermont, à Paris.

THEOPHILACTUS. V. THEOPHYLACTUS.

THÉOPHILE, prêtre et moine. Essai sur divers arts, publié par le comte Charles de l'Escalopier, et précédé d'une introduction par J.-Marie Guichard. *Paris, Toulouse,* 1843, in-4. [9121]

Texte latin, avec la traduction française au bas des pages. L'introduction est en français.
— THEOPHILI libri tres de diversis artibus, cum versione anglica et notis H. Hendrie. *Londini, Murray,* 1847, in-8., avec fac-simile du manuscrit. 12 sh.

THÉOPHILE. Histoire des troubles et guerres civiles des Pays-Bas, autrement dict la Flandre, contenant l'origine et progrès d'icelle, les stratagemes de guerre, oppugnations et expugnations des villes et forteresses, aussi la barbare tyrannie et cruauté des Espaignolisez; ensemble l'estat et faict de la Religion, especialement depuis l'an 1559 jusques à l'an 1581. (*sans lieu d'impression*), 1582, pet. in-8. de 531 pp. et 7 ff. de table. [25010]

La dédicace aux États des Provinces-Unies est signée Théophile D. L.

THÉOPHILE (Viaud ou de Viau). Ses OEuvres divisées en trois parties, la première contenant l'Immortalité de l'âme, avec plusieurs autres pièces, la seconde les tragédies, et la troisième, les pièces qu'il a faites pendant sa prison jusqu'à présent. *Paris, P. Billaine et J. Quesnel*, 1626, pet. in-8. [13934]

Cette édition réunit pour la première fois les trois parties qui avaient été publiées séparément, savoir, la première partîe, *Paris, J. Quesnel*, 1621, in-8. (réimpr. en 1622, et en meilleur ordre à *Paris, chez P. Billaine*, en 1623, in-8.); la seconde, *Paris, Quesnel et Billaine*, 1623; la troisième en 1624, et depuis.

Un exempl. des trois parties, édit. de 1622-23 et 1626, en 1 vol. in-8. *mar. r.* avec le chiffre d'Anne d'Autriche, a été payé jusqu'à 330 fr. à la vente de M. Giraud, en 1855, à cause de cette reliure; autrement il aurait été donné pour moins de 30 fr. L'édition de *Rouen, Jean de La Mare*, 1627, in-8., a été faite sur celle de Paris, 1626.

L'édition des trois parties, *Paris, jouxte la copie impr. à Rouen, chez Jean de La Mare*, 1629, in-8., a été vend. 21 fr. 50 c. de Soleinne; et en *v. f. tr. d.* 27 fr. Giraud.

Celle de *Lyon, Michon*, 1630, in-8., avec un portrait de Théophile, est augmentée d'une lettre à Balzac.

Celle de *Rouen, J. de La Mare*, 1632, in-8., a été donnée par Scudéry qui en a signé la préface. Elle est classée dans un meilleur ordre que les précédentes, mais on en a retranché plusieurs pièces qui se trouvaient dans ces dernières. C'est d'après celle-ci qu'ont été faites les réimpressions, au nombre de dix-sept au moins, qui ont paru successivement à Paris, à Rouen et à Lyon, de 1633 à 1677 (cette dernière à *Lyon, Ant. Cellier*, pet. in-12).

Jusqu'ici on avait placé plus particulièrement dans les bibliothèques les édit. de *Paris, Ant. de Sommaville*, 1661, 2 tom. en 1 vol. pet. in-12 de 266 et 282 pp.; ou de *Paris, Nic. Pepingué*, 1662, 2 tom. en 1 vol. pet. in-12 de 239 et 250 pp., dont on a quelquefois payé de 30 à 40 fr. des exemplaires rel. en maroquin; mais l'édit. de 1856, dont nous allons parler, tiendra désormais la première place. Aucune des anciennes éditions ne renferme les *Nouvelles œuvres de M. Théophile, composées d'excellentes lettres latines et françoises*, qui ont été recueillies et publiées par Mairet, à *Paris, chez de Sommaville*, 1641, in-8., avec un portrait de Théophile tout différent de celui que donne l'édit. des trois parties, impr. à Lyon, en 1630. Les *Nouvelles œuvres* ont été réimpr. de format in-8., en 1648 (20 fr. Monmerqué), et in-12, en 1642 et en 1656, et quoique le titre des éditions en trois parties indique les *tragédies*, ces éditions ne donnent que *Pyrame et Thisbé*, pièce qui a été imprimée plusieurs fois séparément. Cette même pièce existe sous ce titre: *La Tragédie de Monsieur de Vendosme et monsieur le grand Prieur son frère, dans le bois de Vincennes à leur grand regret. faict par Théophile devant que de mourir*, 1626, in-8. de 48 ff. et portr. 16 fr. 50 c. de Soleinne.

Quant à la tragédie de Pasiphaé, qu'une édition de *Rouen, Jean-Bapt. Behourt*, 1627, in-8., donne sous le nom de Théophile, on sait qu'elle n'est pas de ce poëte. Cependant on l'a réimprimée sous son nom, précédée d'une notice sur le sujet de la pièce, et suivie d'un appendice contenant plusieurs morceaux attribués au même auteur, *Paris, J. Gay*, 1862, pet. in-12 tiré à 115 exemplaires, plus 2 sur VÉLIN. 6 fr.

— OEuvres complètes de Théophile, nouvelle édition revue, annotée et précédée d'une notice biographique par M. Alleaume. *Paris, P. Jannet*, 1855-56, 2 vol. in-16. 10 fr.

Bonne édition qui contient les anciennes et nouvelles œuvres avec d'importantes additions et notamment les pièces du *Parnasse satyrique* attribuées à Théophile lors de son procès. La notice, qui n'occupe pas moins de cxxxvj pp., est terminée depuis

la page cxij par un Appendice donnant sept morceaux curieux relatifs au même procès. La septième de ces pièces est la réimpression d'un écrit du P. Garasse portant le titre suivant:

RÉPONSE du sieur Hydaspe au sieur de Balzac, sous le nom de Sacrator, touchant l'Anti-Théophile et ses écrits, 1624, in-4. de 31 pp.

Cependant il manque encore dans celle de 1855 plusieurs pièces que M. Edouard T... a indiquées dans le *Bulletin du Bibliophile*, 1860, pp. 1108.

Un recueil de 55 pièces, en vers et en prose, pour ou contre le poëte Théophile, est décrit sous le n° 3239 du catal. de La Valliere en 3 vol., où il est porté à 10 fr. seulement; un recueil de 15 pièces 18 fr. de Soleinne. Voir aussi les Mémoires de Niceron, XXXVI, p. 53 et suiv.

— THEOPHILE le jeune. Voy. LE PETIT (*Claude*). — Le nouveau Théophile. Voy. COTIGNON de La Charnays.

THEOPHILUS antecessor. Græca institutionum cæsarearum paraphrasis, cum notis integris Nannii, Curtii, Gothofredi, etc., ac selectis quamplurimorum eruditorum observationibus, cum editis tum ineditis; lectionum varietates inseruit, novam versionem concinnavit, suasque animadversiones addidit Guil. Otton Reitzius. *Hagæ-Comitum*, 1751, 2 vol. in-4. [2467]

Édition la meilleure et la plus complète: 18 à 24 fr. Elle a entièrement effacé celle de Ch.-Annib. Fabrot, *Paris*, 1638 (réimpr. en 1656), in-4. Cette paraphrase fut imprimée pour la première fois, en grec seulement, à *Bâle*, en 1534, in-fol., et réimpr. la même année à *Paris*, chez *Wechel*, in-8. Nous en citerons une traduction allemande, avec des notes par C. Wüstemann, *Berlin, Mylius*, 1823, 2 vol. in-8.

— PARAPHRASE grecque des Institutes de Justinien, par le professeur Théophile, traduite en français, précédée d'une introduction et de divers travaux critiques, accompagnée de notes... et suivie de la traduction des fragments de Théophile, et d'un appendice philologique, par M. J.-C. Frégier. *Paris, Videcoq*, 1847, in-8. 9 fr.

THEOPHILUS, episcopus antiochenus. Ad Autolycum libri tres, gr., ad fidem codd. mss. recogniti et castigati, versione lat. emendata notisque instructi a Jo.-Christ. Wolfio. *Hamburgi*, 1724, in-8. 3 à 4 fr. [863]

Édition préférée à celle d'*Oxford*, 1684, in-12, donnée par J. Fell. L'ouvrage a été réimprimé avec S. Justin martyr, édition de 1742, in-fol.

THEOPHILUS (Protospatarius). De hominis fabrica libri V (græce). *Parisiis, Guil. Morellus*, 1555, in-8. de 84 pp. — Idem, lat., Junio Paulo Crasso interprete. *Ibid.*, 1556, in-8. [6579]

— De corporis humani fabrica libri V, gr. et lat.; cum annotationibus et varietate lectionum edidit G.-A. Greenhill. *Oxonii*, 1842, in-8. de XIX, 367 et 56 pp. 15 sh.

— DE URINIS libellus (gr. et lat.), Th. Guidotius mendas sustulit, hiulca supplevit, luxata restituit, de novo vertit et notas adjecit: accedit ejusd. Theophili de excrementis tractatus, luce et Latio nunc primum donatus. *Lugd.-Batav.*, 1703 (nouveau titre, 1731), pet. in-8. 3 à 4 fr. [6580]

La première édition du traité *De Urinis* a été impr. à *Paris*, chez *Fréd. Morel*, 1608, pet. in-8., sous le titre de *Iatrosophistæ de urinis liber singularis*, en grec et en latin.

THEOPHILUS. Theophili brixiani carmina (de vita solitaria et civili). *Brixiæ, Bernardinus Misinta*, 1496, in-4. de 37 ff. en tout, sign. a—e. [12791]

Première édition, assez rare. Vendu 16 sh. *mar. bl.* Heber; il a été réimpr. en 1499 par le même Bern. Misinta.

THEOPHRASTUS. Theophrasti eresii Opera omnia, gr. et lat., D. Heinsius textum græcum emendavit, et interpretationem (Is. Casauboni) passim interpolavit. *Lugd.-Batav.*, 1613, pet. in-fol. [18927]

Édition peu correcte et qui a été faite avec négligence. 6 à 9 fr., et plus en Gr. Pap.

La première édition des ouvrages divers de Théophraste a paru avec l'Aristote impr. par Alde l'ancien, en 1494-95, in-fol. — Voy. ARISTOTELES.

— Quæ supersunt opera et excerpta librorum (gr. et lat.). Ad fidem librorum editorum et scriptorum emendavit, historiam et libros de caussis plantar. conjuncta opera H. F. Linkii, excerpta solus explicare conatus est Jo.-Gotl. Schneider. *Lipsiæ, Vogel*, 1818, 4 vol. in-8.

Malgré ce qu'annonce le titre, cette édition ne renferme pas tous les ouvrages connus de Théophraste. Un 5ᵉ vol. publié à *Leipzig*, en 1821, et qui sert de supplément aux quatre tomes que nous venons d'indiquer, contient : I. *Varietas lectionis ad historiam plantarum, de caussis plantarum et opuscula physica excerpta c codd. multis italicis et gallicis.* — II. *Collectio nova fragmentorum e libris Theophrasti deperditis.* — III. *Dissertatio de auctoritate, integritate, argumento et methodo librorum Theophrasti de plantis.* — IV. *Indices rerum et verborum.* — V. *Syllabus emendandorum, quæ comparatio codicum serior suppeditavit; curavit J.-G. Schneider.* Les cinq vol. ont coûté 28 thl. (36 fr. de Sacy.), et plus en pap. à écrire et en pap. vél.

— Voy. CAMOTTI (*J.-B.*) commentarius.

— ΘΕΟΦΡΑΣΤΟΥ χαρακτῆρες, cum interpretatione latina per Bilibaldum Pirckheymerum iam recens edita. *Norimb.*, *per Jo. Petreium anno* M. D. XXVII, in-8. [3684]

Première édition, fort rare. Elle ne contient que quinze chapitres. — Celle de *Bâle*, *And. Cratander*, 1531, in-8., renferme la version latine de Ange Politien.

— Characteres ethici, gr. et lat., cum notis et emendationibus Is. Casauboni et aliorum, acced. Jac. Duporti prælectiones : græca recensuit et notas adjecit P. Needham. *Cantabrigiæ*, 1712, in-8.

Édition la meilleure qui eût paru jusqu'alors : on n'y trouve que vingt-huit caractères : 6 à 9 fr., et en Gr. Pap. dont les exemplaires sont rares, vend. 112 fr. *m. r. l. r.* d'Hangard; 89 fr. *m. r.* F. Didot; 2 liv. 10 sh. *mar. r.* Williams. L'édition de Casaubon, qui a servi de base à celle-ci, a été imprimée à *Lyon*, en 1592 et 1593, et réimpr. en 1599, en 1612 et en 1617, in-8.

— THEOPHRASTI CHARACTERES, gr. et lat., cum notis J. Corn. de Pauw. *Traj.-ad-Rhen.*, 1737, in-8. 3 fr.

— CHARACTERES, gr. et lat. ex recensione P. Needham. *Glasguæ, Foulis*, 1743 vel 1758, in-12. 3 à 4 fr.

— CHARACTERES, gr., recensuit, animadversionibus illustr. atque indices verbor. adjecit J.-F. Fischer : accessit commentar. Casauboni. *Coburgi*, 1763, in-8. 3 fr.

— CHARACTERES, gr., Joannes Wilkes recensuit. *Londini, typis Joan. Nichols*, 1790, in-4.

Édition belle et correcte, mais pour l'ancien texte, simple réimpression de celle de Fischer. Il en a été tiré 100 exemplaires (8 fr. Larcher; 10 à 12 sh. en Angleterre), plus 4 sur VÉLIN; ces derniers, 7 liv. 2 sh. 6 d. Sykes; 8 liv. 12 sh. Williams; 5 liv. 5 sh. Hibbert. — Les 29ᵉ et 30ᵉ chapitres, ajoutés à cette édition, ont été imprimés pour la première fois sous le titre suivant :

CHARACTERUM capita duo hactenus anecdota quæ ex cod. ms. vaticano sæculi XI, gr. edidit, lat. vertit, præfat. et adnot. illustravit J.-Chr. Amadutius. *Parmæ, ex reg. typograph. (Bodoni)*, 1786, in-4. Pap. fin, et Gr. Pap.

— CHARACTERES, gr. et lat. *Parmæ, in ædibus palatinis, typis bodonianis*, 1794, in-4.

Belle édition contenant aussi 30 chapitres : 6 à 8 fr. — In-4. impérial, 10 à 12 fr. — In-fol. pap. vél., 15 à 20 fr.

— CHARACTERES, gr., ex librorum scriptorum copiis et fide interpolati et aucti, virorumque doctorum conjecturis correcti, editore Joan.-Gottl. Schneider. *Ienæ, Frommann*, 1799, in-8. 6 à 7 fr.

Édition estimée, à laquelle il faut joindre *Auctarium animadversionum, etc.*, pp. 209-226, et *Auctarium alterum*, pp. 227-262 : En pap. vél., 40 fr. *m. r.* Caillard. — Schneider a publié une édition moins ample (*editio minor*) à *Iena*, 1800.

Une édition critique du texte grec de Théophraste a été donnée à *Vienne*, en 1815, in-8., par *Demetrius Nic. Darbaris*, duquel on a aussi une traduction du même auteur, en grec moderne.

— CHARACTERES (gr.) ad optimor. librorum fidem recensuit, de notationum ingenio atque auctore exposuit et perpetua adnotatione illustravit F. Astius. *Lips.*, *Weidmann*, 1816, in-8. 4 fr.; Pap. vél., 6 fr.

— THEOPHRASTI Characteres ; Marci Antonini commentarii; Epicteti dissertationes ab Arriano literis mandatæ, fragmenta et enchiridion, cum commentariis Simplicii; Cebetis tabula, Maximi Tyrii dissertationes, gr. et lat., cum interpretatione Fred. Dübner. *Paris.*, *F. Didot*, 1841, gr. in-8. 15 fr.

— Les Caractères de Théophraste, d'après un manuscrit du Vatican, traduction nouvelle, avec le texte grec et des notes critiques, par Coray. *Paris, an* VII (1799), in-8. 6 fr.

Il a été tiré 25 exemplaires sur pap. vél. : 24 fr. Leblond; 17 fr. *m. r.* Labédoyère.

— CARACTÈRES de Théophraste, traduction nouvelle, avec le texte revu sur les dernières éditions critiques, des variantes, des notes, etc., par J.-F. Stiévenant. *Paris*, *Perisse*, 1842, in-8.

Pour la traduction faite par La Bruyère, et qui est jointe aux *Caractères* de ce moraliste français, publiés pour la première fois sous la date de 1688, voyez l'article LA BRUYÈRE.

— I CARATTERI di Teofrasto, greco-toscani, colle loro illustrazioni, varie lezioni e note (da Leonardo del Riccio). *Firenze, Moucke*, 1761-63, 4 vol. in-12. 10 à 12 fr.

— THE CHARACTERS of Theophrastus, translated from the greek and illustrated by 50 physiognomical sketches, to which are subjoined the greek text with notes and hints on the individual varieties of human nature, by Fr. Howell. *London*, *Jos. Taylor*, 1824, in-8. 12 à 15 fr., et plus en Gr. Pap.

— Theophrastus De Igne (gr.). *Paris., Turnebus*, 1552, in-4. de 24 pp. — Idem liber (latine), Adr. Turnebo interprete (cum ejusdem adnotatiuncu-lis). *Ibid.*, 1553, in-4. de 25 pp. et 1 f. [4276]
— Libellus de odoribus (gr.), ab Adr. Turnebo la-tinitate donatus et scholiis atque annotationibus illustratus. *Lutetiæ, Vascosanus*, 1556, in-4. de 32 pp. et 10 ff.

— De historia plantarum libri X, gr. et lat., in quibus textum græcum variis lect., latinam Gazæ versionem nova interpre-tatione, totum opus, cum notis tum com-mentariis illustravit Jo. Bodæus; acces-serunt Jul.-Cæs. Scaligeri in eosdem libros animadversiones et Rob. Constan-tini annotationes. *Amstelodami*, 1644, in-fol. fig. [4889]

Édition recommandable à cause des notes qu'elle con-tient : 12 à 15 fr.; vend. 29 fr. 50 Caillard.
— De Historia plantarum libri decem, gr., cum syl-labo generum et specierum, glossario et notis, cu-rante Joh. Stackhouse. *Oxonii, typ. clarendon.*, 1813, 2 vol. pet. in-8. 15 à 20 fr.
L'auteur de cette bonne édition avait déjà donné des *Illustrationes Theophrasti in usum botanicorum, præcipue peregrinantium;* Oxonii, 1811, in-8., dont J.-Jacq. Paulet de Fontainebleau a fait l'examen, en françois, *Melun* et *Paris*, 1816, in-8. de 61 pp.

— Historia plantarum. Emendavit, cum adnotatione critica edidit Frid. Wimmer. *Vratislawiæ, Hirt*, 1842, in-8. 2 thl.

C'est le premier volume d'une édition des Œuvres de Théophraste qui n'a pas été continuée.

— Theophrasti de plantarum historia libri X, et de causis plantarum libri VI, a Theo-doro Gaza latine redditi. — *Impressum Tarvisii per Bartholomæum Confalo-nerium de Salodio...*, M. CCCC. LXXXIII, die XX *Februarii*, in-fol. de 156 ff., à 41 lign. par page.

Première édition de cette version; elle commence par l'épître de Gaza à Nicolas V : vend. 60 fr. en 1823, et moins depuis.
— Historia de causis plantarum, Theodoro Gaza in-terprete (absque nota, sed *Lugduni, B. Trot*, circa 1520), in-8. en mar. r. 10 sh. Libri, en 1859.
— Theophrast's Naturgeschichte der Gewächse, übersetzt und erläutert von C. Sprengel. *Altona*, 1822, 2 vol. in-8. 3 thl.
Nous citons cette traduction de l'Histoire des plantes à cause des notes du traducteur.
— History of stones of Theophrastus, with an en-glish version, and critical and philosophical notes by John Hill. *London*, 1774, in-8. à 6 fr. [4765]
L'édition de 1746, in-8., est moins complète. — Ce traité des pierres a été traduit en français, avec les notes de J. Hill, *Paris*, 1754, in-12.

THEOPHYLACTUS. Theophylacti Simo-cattæ quæstiones physicas et epistolas ad codd. recensuit, versione kimedonciana et notis instruxit Jo.-Fr. Boissonade. *Paris, Mercklein*, 1835, in-8. 6 fr., et plus en Gr. Pap. vél. [18934]

La 1re édition de ces opuscules de Théophylacte a été donnée (avec *Cassii Quæstiones medicæ*) par Bo-nav. Vulcanius, à *Leyde*, en 1596, pet. in-8. Le même livre a reparu en 1597, avec un nouveau titre, accompagné des Césars de l'empereur Ju ien et de quelques lettres inédites de S. Basile et de S. Grégoire de Nazianze. Ensuite on a mis au jour

Theophylacti simocati expræfecti quæ reperiri potuerunt omnia,... ex bibliotheca And. Schotti, Ex officina commeliniana, 1599, in-8., en 2 part., avec une préface de J. Gruter. La seconde partie, sous la date de 1593, renferme la version latine de Jac. Kimedoncius. — Voyez Byzantina, n° 29.

— Dialogues sur diverses questions naturelles, utiles et plaisantes, et leurs solutions, translatés par Fed. Morel. *Paris, Morel*, 1603, pet. in-8. de 47 pp.
Petit volume, assez rare, à la fin duquel se trouvent des vers décasyllabes de C. Garnier, parisien, à Morel.

THEOPHYLACTUS archiepiscopus. Opera omnia (gr. et lat., a J.-Fr. Bern. de Ru-beis et Bonif. Finettio edita). *Venetiis, Bertella*, 1754-63, 4 vol. in-fol. [958]

Cette édition a coûté 80 fr., et plus en Gr. Pap.; vend. 81 fr. le duc de Plaisance, et 160 fr. en 1854.

— Theophylacti bulgar. archiep. enarratio-nes in quatuor evangelia (græce). *Romæ (per Ant. Bladum)*, 1542, in-fol. de 3 ff. et 581 pp.

Belle édition, la première de cet ouvrage; vendue 9 fr. La Vallière. On en conserve un exempl. imprimé sur VÉLIN dans la bibliothèque du roi de Naples.
— Commentarii in quatuor evangelia, nunc primum gr. et lat. editi cum notis et variis lectionibus stu-dio J.-P. *Lutet.-Paris., Car. Morellus*, 1631, in-fol. 10 à 15 fr. [959]
— Commentarii in D. Pauli Epistolas, gr. et lat., studio et cura Augustini Lindselli, ex antiquis mss. codd. castigati, nunc primum græce editi, cum Philippi Montani latina versione. *Londini, e typo-grapheo regio*, 1635, in-fol. 10 fr. Librairie De Bure.

— Athanasius [Theophylactus] in epistolas S. Pauli, e græco in lat. translatus a F. Christ. Persona. *Per.... Udalricum Gallum alias Han... Rome impressum anno. M. cccc. lxxvij, die vero xxv mensis Januarii*, in-fol. [960]

Première édition de cette version. C'est un volume de 278 ff., à 45 lign. par page, sans chiffres, récl. ni signat. Le verso du 1er f. contient une épître dédi-catoire à Sixte IV. La souscription est au recto de l'avant-dernier f., et le registre, au verso du der-nier. 105 fr. mar. r. La Vallière, et moins depuis.
— Institutio regia, gr. et lat., ex interpretatione et editione Petri Possini. *Parisiis, e typogr. regia*, 1651, in-4. 4 à 6 fr.

THEOPOMPI Chii fragmenta (gr.) collegit, disposuit et explicavit, ejusdemque de vita et scriptis commentationem præmi-sit R.-H. Eyssonius Wichers. *Lugd.-Batavor., Luchtmans*, 1829, in-8. de XII et 296 pp. 8 fr. [22809]

THÉORIE des lois politiques des Gaules. Voy. Lezardière (de).

THÉORIE des ressemblances, ou essai philosophique sur les moyens de déter-miner les dispositions physiques et mo-rales des animaux, d'apres les analogies de forme, de robe et de couleurs, par le chevalier de G. M. (da Gama Machado). *Paris, Treuttel et Würtz*, 1831, 1836, 1844 et 1858, 4 part. in-4. avec planches coloriées. [6997]

Ouvrage imprimé aux frais de l'auteur, et tiré à petit nombre. 100 fr. M. Machado s'est nommé dans la quatrième partie.

THÉORIE des sentiments agréables. Voy. Lévesque de Pouilly.

THÉORIE du monde et des êtres organisés suivant les principes de Mesmer (par Nicolas Bergasse). *Paris,* 1784, in-4., texte gravé. [4319]

Édition rare, de laquelle il n'aurait été tiré, dit-on, que 100 exempl. pour les souscripteurs de Mesmer. L'ouvrage a été réimprimé sous le titre de *Considérations sur le magnétisme animal,* Paris, 1784, in-8.

THÉORIE du pouvoir politique et religieux. Voy. Bonald (de).

THÉORIQUE des ciels. V. Finé (*Oronce*).

THERAMO (*Jacobus* de) [seu de Ancharano]. Reverendi patris domini Jacobi de Theramo compendium perbreve, consolatio peccatorum nuncupatum, et apud nonnullos Belial vocitatum... incipit, feliter(*sic*).—*Explicit... per Joh. Schu'slē civem Aug. impsus anno dni* M°. cccc. *lxxii, Julii vero Nonas vi,* in-fol. goth. de 115 ff. non chiffrés à 35 lign. par page. [1310]

Première édition avec date : vend. 35 fr. *mar. r.* Brienne-Laire.

Il y a de ce même ouvrage plusieurs éditions sans date et vote date, imprimées dans le XVe siècle, tant sous le titre de *Consolatio peccatorum,* que sous ceux de *Processus Luciferi* et de *Lis Christi et Belial;* mais aucune de ces éditions n'est chère, quoiqu'un exemplaire de l'une d'elles, in-fol. goth. (de 96 ff. à 36 lign. par page, sans chiffres, réclames ni signat., ayant au verso du premier feuillet une lettre imprimée, adressée par Geruinus Cruse à l'imprimeur Jean Veldener, et datée de Cologne, *mensis augusti die septima anno lxxxiiij*), ait été vendu 72 fr. (rel. en *mar. r.*) La Valliere ; 30 fr. Borluut.

Une autre édition, également sans lieu ni date, in-fol. goth. de 81 ff. à 2 col. de 41 lign., sans chiffres, réclames ni signatures, est décrite dans le catalogue de Boutourlin, n° 649 ; mais quoiqu'elle fût rel. en *mar. r.,* elle n'a été vendue que 18 fr.

Selon Prosper Marchand, *Dictionnaire,* tome II, p. 117, l'auteur de ce livre se nommait *Palladino;* mais il a été plus connu sous le nom de *Theramo,* lieu de sa naissance.

— Voy. Lotharii compendium, et Processus juris jocoserius.

— Le proces de belial alencontre de ihesus. (au recto du dernier feuillet) : *Cy finit le liure nomme la consolacion des pouures pecheurs nouuellement translate de latin en francoys par... frere pierre ferget docteur en theologie de lordre des augustins. Auquel liure est cõtenu ung proces esmeu p une maniere de cõteplacion. entre moyse procureur de ihũcrist d'une part. et belial procureur dēfer de l'autre part... Lan*

Theory... of Bridges of stone, 8842.

Tome V.

---

de grace mil. CCCC. lxxxi. Et au viii. iour de nouēbre a este fine ce present liure. In-fol. goth. de 164 ff. à longues lignes, au nombre de 34 sur les pages entières, avec fig. sur bois, sign. *a—xiii,* sans chiffr. ni réclames.

Première édition de ce livre singulier; elle a probablement été imprimée à *Lyon,* l'année même de sa date. Le premier feuillet, dont le recto est blanc, porte au verso une gravure sur bois au-dessus de laquelle se lisent ces deux lignes :

Cy commencent (sic) *le proces de belial|alencontre de ihesus.*

Le texte commence au 2e f. coté ai par ce sommaire en 11 lignes :

On nom de dieu tout puissant de nostre redempteur ihesus de sa glorieuse mere et de toute la court celestiele de paradis. Cy en apres sera translate de latin en cõmun langage le liure du pces faict z demene entre belial pcureur denfer et ihesus filz de la vierge marie et redempteur de nature humaine...

— Cy cõmence le proces de Belial a lencontre de Iesus.—*Cy finit le livre nomme la consolation des pouures pecheurs nouuellement translate de latin en frãcoys par... frere pierre Ferget...lan de grace mil CCCC. lxxxij et au xxi iour de ianuier a este fini ce present liure (imprime a Lyon),* in-fol. goth., signat. ai—tiij.

Édition imprimée à longues lignes, au nombre de trente-sept sur les pages entières, sans chiffres ni réclames. Elle commence comme la précédente, et contient les mêmes gravures. Le premier feuillet, blanc au recto, présente au verso une grande planche, à laquelle on a ajouté une bordure ; le titre, placé au-dessous de cette planche, est imprimé en une seule ligne. Le texte commence aussi au 2e f. par le sommaire *Cy apres sera trãslate de latin en cõmun lãgaige le liure du pces fait et demene ẽtre Belial procureur dēfer et ihũs...*

— Cy commencent le proces de belial a lencontre de ihesus.—*Cy finist le liure nõme la consolatiõ des poures pecheurs.... et a este imprime a Paris,* pet. in-fol. goth. de 163 ff. à longues lignes, avec fig. sur bois.

Cette édition, qui n'a ni chiffres ni réclames, était chez La Valliere, n° 648 du catal. en 3 vol. ; mais comme l'exemplaire avait le dernier feuillet refait à la plume, la souscription peut avoir été copiée sur une autre édition. Celle-ci, à en juger par le nombre des feuillets, paraît être une copie de celle de 1481. Un exemplaire en *mar. bl.* 30 fr. Gaignat.

— Cy cõmence le proces de belial à lencontre de ihesus. (au recto du dern. f.): *Et a este imprime a Lyon sur le rosne par hõnorable maystre maistre* (sic) *Mathis husz. Lan de grace. Mil. CCCC. lxxxiiii. Et le xx iour de mars as este finy ce psent liure,* pet. in-fol. goth., sign. a—ziiii, à long. lig., au nombre de 32 sur les pages, sans chiffres ni récl., avec des fig. sur bois.

Mêmes caractères et mêmes figures que dans l'édition

de 1482, mais avec une autre bordure à la première
planche, dont le recto porte le mot *Belial*. La souscription placée au recto du 7ᵉ f. du cah. Z, dont
le verso est blanc.

Cette édition de 1484 n'est pas plus commune que les
premières : on en peut dire autant de celle que le
même *Mathis Husz* a donnée à *Lyon*, *lan de
grace mil cccc. lxxxvii. et le vii iour de nouembre*, pet. in-fol. goth., signat. *a—tiiij*, y compris
le titre qui ne porte que le mot *Belial*. Chaque
page complète a 35 lignes. La souscription est au
recto du 8ᵉ f. du cahier *t*. Vend. 44 fr. Librairie
De Bure; 72 fr. Coste; 6 liv. mar. Libri, en 1859.
Nous citerons encore celle de *Lyon sur le Rosne
par Jehan Fabri*, *lan* 1485, *le quinzième d'octobre*, in-4., d'après Maittaire ; mais c'est peut-être
la même que celle qui suit.

—Belial en francois. (au recto du dern. f.):
*Et a este imprime a lion sur rosne par
Johannes fabri Lan de grace Mil. cccc.
lxxxx. Et le quinziesme iour doctobre
a este fini ce present liure*, pet in-fol.
goth., sign. a—piiij à longues lignes, au
nombre de 41 sur les pages entières,
sans chiffres ni réclames, avec des fig.
sur bois.

Le recto du premier feuillet porte les trois mots du
titre ci-dessus, et le verso la gravure ordinaire.
L'édition imprimée à *Lion... par Johan de vingle.
Lan de grace Mil. CCCC. lxxxx. iiii. le xix
iour de tulet...* pet. in-fol. goth., sign. a—piiij,
correspond page pour page, et presque ligne pour
ligne à la précédente. Cependant la plupart des pages n'ont que 39 ou 40 lignes.

—Sensuyt la cõsolatiõ des pecheurs autrement dit Belial procureur infernal. *xxvj*.
C. (au recto du dern. f.): *Cy finist le
liure nõme la consolation des poures
pecheurs... Et a este ĩprime a paris*,
pet. in-4. goth. de 112 ff. à 2 col., avec
quelques fig. sur bois.

Annoncé sous la date de 1526 dans le catal. de La
Valliere, sans doute à cause du chiffre qui se voit
sur le titre ; or ce chiffre est celui du nombre des
cahiers, et non point une date. Au verso du dernier feuillet se trouvent les armes de France sup-
portées par deux Salamandres, ce qui prouve que
l'impression n'a pu être antérieure au règne de
François Iᵉʳ. A ces éditions, plus ou moins précieuses, on peut ajouter celles de *Paris*, *Mich. le
Noir*, 1503, in-4. goth. fig. sur bois, très-grossières,
vend. 9 fr. en 1816. — De *Paris*, sans nom d'imprimeur, in-4. goth. fig. sur bois, avec une gravure
tirée en rouge sur le titre, signat. *a—cc*, vend.
31 fr. m. r. Lair. Denis, et d'après lui Panzer indiquent une édition de *Paris*, 1481, in-fol. fig., que
nous regardons comme fort douteuse.

—Belial, en allemand. *Bamberg; Pfister*,
in-fol. goth.

Édition de la plus grande rareté, dont nous ne connaissons d'exemplaires que celui de lord Spencer,
lequel même parait être incomplet de 2 ff. liminaires. Cet exemplaire commence au recto du premier f. de la manière suivante : (*I*)*N dem name
der heilegẽ vnd vngeteilte driualtikeit*; et on lit
après la 11ᵉ ligne du 93ᵉ et dernier f. verso :
Albreht pfister zu. Bamberg. Le volume est sans
chiffres, réclames ni signatures, et chaque page
entière porte 28 lignes. Les caractères sont précisément les mêmes que ceux de la Bible sans date
de Pfister, décrite dans notre tome Iᵉʳ, col. 868.
Voyez *Biblioth. spencer.*, tome III , p. 181, où il
est dit que les feuillets de l'exemplaire décrit sont

chiffrés à la plume de 3 à 95, ce qui semblerait
indiquer qu'il manque 2 ff. au commencement.
Placidus Sprenger, en parlant de cette même édition dans sa *Buchdruckergeschichte von Bamberg*, Nuremb., 1800, pp. 28 à 30, sous la date de
1462, ne lui donne que 90 ff., dont le recto du premier présente une table du contenu en 17 lignes,
commençant : *Von der Zeit der gedonten ürteil*,
et le verso avec une explication des abréviations
et des citations. Au recto du 2ᵉ f. commence la préface du traducteur, dont la première ligne serait
comme dans la *Biblioth. spencer.* (ci-dessus),
excepté qu'il y aurait *heiligẽ* au lieu d'*heilegẽ*.
Cette édition n'a point de gravures, et il en est de
même d'une autre, également sans lieu ni date,
mais imprimée avec les caractères de J. Bämler, à
Augsbourg, in-fol. de 80 ff. à 30 lignes par page.

— Hie hebt sich an eyn gutt nuczlich buch
von der rechtlichen überwündung cristi
wider sathan. (*Ausgp.*), *Gunther Zei-
ner*, *am freytag nach sant Johans
tag*, 1472, in-fol. de 86 ff., avec fig. sur
bois.

Il y a des exemplaires de cette même édition où la
souscription porte : *Den achten tag Jacob des
mereru*. On peut encore citer comme rares et assez
précieuses l'édition d'*Augsbourg*, dont M. Libri
(catalogue des livres réservés, n° 530) donne ainsi
le titre : *Jacobi de Theramo Processus judica-
rius in Belial intitulatus de latino in volgarem
mirifice translatus* (en allemand). *Augsburg,
ereis* (sic) *figuris Johannes Bämler perfecit*,
1473, in-fol. fig. sur bois. Son exemplaire, qui a
98 ff., a été vendu 3 liv. 16 sh. C'est peut-être le
même qui avait été payé 76 fr. 2ᵉ vente Quatremère. On peut encore citer l'édition de *Strasbourg*,
J. Knoblockzer, 1477, in-fol., ainsi qu'une traduction en bas saxon, *Magaborch*, *dorch Mauricium
Brandiss*, 1492, in-fol. fig. sur bois ; et enfin une
traduction en hollandais, imprimée à *Harlem*,
15 Fevr. 1484, in-fol. (*Ebert*, nᵒˢ 10666 à 10669.)

THÉRÈSE (Sainte). Obras de santa Theresa
de Jesus. *Anvers*, 1630, et aussi 1649-
61, 4 vol. in-4. 15 à 18 fr. [1608]

Le 4ᵉ volume, qui est le même pour les deux éditions, contient les lettres de sainte Thérèse avec
les notes de Jean de Palafox. Les mêmes lettres
ont été imprimées avec des augmentations et des
notes : *Madrid*, 1752-71, 4 vol. in-4. [1609]
La première édition du texte espagnol des œuvres de
cette sainte femme, est celle de *Salamanque, Guil.
Forquel*, 1588, in-4. Nous en citerons encore une
de *Bruxelles*, 1675, en 1 vol. in-fol., à laquelle se
réunissent *las cartas*, ibid., 1674, 2 tom. en 1 vol.
in-fol.

—Obras y cartas, con notas de San-Joseph.
Madrid, 1793, 6 vol. in-4.

Bonne édition, ainsi que celle de *Madrid*, 1778, également en 6 vol. in-4., dont 4 pour les lettres.
— Escritos de santa Teresa, añadidos é ilustrados
por D. Vicente de la Fuente. *Madrid, imprenta
de M. Rivadeneyra, librerias di Lopez y San
Martin*, 1861-62, 2 vol. gr. in-8. 30 fr.
Il y a une traduction française des œuvres de sainte
Thérèse par Arnauld d'Andilly, *Paris*, 1670, in-fol.,
ou 1670, 1676, 1687 et 1696, in-4., ou 1674, 2 vol.
in-8. Un exemplaire de l'édition de 1687, in-4.,
relié en *mar. r.*, aux armes de Jacques II, roi
d'Angleterre, a été payé 252 fr. à la vente Solar,
à cause de sa provenance. — Les lettres de cette
sainte religieuse n'en font pas partie, mais elles ont
aussi été traduites en français, savoir : le premier
volume par le P. Fr. Pelicot, *Paris*, 1660, in-4. et
in-8., et le second par la mère Marie-Marguerite
de Maupeou, *Paris*, 1748, in-4., publié par dom

La Taste, évêque de Bethléem, qui y a ajouté une préface et des notes. Chappe de Ligny a donné, à Paris, en 1753, une nouvelle traduction du premier volume aussi de format in-4., laquelle est préférée à l'ancienne. Les premières lettres se joignent à la traduction d'Arnauld d'Andilly. Enfin les œuvres et une partie des lettres ont été réimprimées ensemble à *Anvers*, 1688, 3 vol. in-12, ou *Bruxelles*, 1714, 5 vol. in-12; aussi à *Lyon*, 1818, 6 vol. in-12; à *Avignon*, 1828, 6 vol. in-8.; à *Paris, Migne*, 1840-45, 4 vol. in-4., 24 fr., etc.

— LES ŒUVRES de sainte Thérèse, traduites d'après les manuscrits originaux, par le P. Marcel Bouix; 2e édit. *Paris, Lecoffre*, 1859, 3 vol. in-8.

— LETTRES de sainte Thérèse, traduites suivant l'ordre chronologique, édition enrichie de lettres inédites, de notes et de biographies, par le P. Marcel Bouix. *Paris, Lecoffre*, 1861, 3 vol. in-8.

VITA et gesta sanctæ Theresæ ediderunt RR. Patres Bollandorum. *Bruxelles*, 1845, in-fol. C'est une partie du 7e volume de novembre des *Acta sanctorum*, imprimé cette année-là. — Voy. BOLLANDUS.

LA VIE de sainte Thérèse écrite par elle-même, traduite d'après le manuscrit original, avec commentaire historique, par le P. Marcel Bouix; 3e édition. *Le Mans et Paris*, 1857, in-8.

THÉRIAQUE et antidote pour chasser le venin, poison ou peste des hérétiques navarrois et athées politiques de France, par B. D. B. 1590, in-8. 10 à 15 fr. [23609]

Vend. 24 fr. Picart.

THÉROUDE (*Jean*), prêtre de Vernon. La vie de S. Adjuteur ou Adjutor, confesseur, natif de la ville de Vernon-sur-Seine, en Normandie, patron de la noblesse et protecteur de son pays. *Imprimé à Paris, aux dépens de l'autheur*, 1638, pet. in-8. [22086]

Volume composé de 4 ff. prélim., 104 pp. de texte et 40 pp. pour l'*Officium S. Adjutoris*. Il est peu commun.

Un exemplaire imprimé sur PARCHEMIN, avec l'office du saint en 14 ff. manuscrits, 70 fr. Le Prevost, en décembre 1857.

ABRÉGÉ de la vie de saint Maxime ou Maxe, évesque de Riez, en Provence, apostre du Terouennois et patron de la ville de Vernon-sur-Seine, au diocèse d'Evreux, par J. Theroude. *Paris, N. Charles*, 1635, pet. in-8. 17 fr. même vente.

THÉROULDE. Chanson de Roland. Voy. CHANSON.

THESAURI musici (novi) liber primus, etc. Voir dans notre supplément, article JOANNELLI.

THESAURO de' scrittori. Voyez Ugo de Carpi.

THESAURO spirituale vulgare in rima et hystoriato; comp. da diuote persone de Dio e della gloriosa Vergine Maria, a consolatione de li catholici e deuoti christiani. *Venetia, Nic. Zopino et Vicentio compagno*, 1524, pet. in-8. de

40 ff. non chiffrés, sign. A—E par 8. [14967]

Petit volume orné de vignettes gravées sur bois; celle du frontispice, qui est fort jolie, porte le nom du graveur Jean-André de Vavasori. 16 sh. *mar. bl.* Libri, en 1859.

Pour un autre livre sous le titre de *Thesauro spirituale*, voy. BUSTI (*Bernardino* de).

THESAURUS amicorum, in-8. [5969]

Le livre qui porte ce titre ne renferme qu'un certain nombre de feuillets blancs, dont les pages présentent des encadrements variés en usage dans la typographie lyonnaise de Jean de Tournes vers le milieu du XVIe siècle. Cet habile imprimeur en aura fait tirer des exemplaires pour servir d'*Album amicorum* aux voyageurs qui voulaient recueillir les signatures des amis et des personnages célèbres qu'ils visitaient (voy. ALBUM). Un exemplaire de cette curiosité typographique resté en blanc, mais relié en *mar. v.*, a été vendu 85 fr. Cailhava; 100 fr. Coste.

L'exemplaire du *Thesaurus amicorum*, qui appartient à la Bibliothèque impériale, est décrit dans le *Geofroy Tory* de M. Aug. Bernard, p. 193. Il renferme trois séries de cadres : 1o cadres à arabesques en noir sur fond blanc; 2o cadres à arabesques blanches sur fond noir; 3o cadres à sujets grotesques, licencieux et autres. Dans la première série, les cadres, au nombre de trente-deux, sont vides; dans la seconde, ils sont accompagnés de médaillons de personnages célèbres de l'antiquité, avec des devises en toutes sortes de langues. Ces portraits, qui sont au nombre de quatre-vingt-seize, se retrouvent dans le recueil publié par J. de Tournes, en 1559, sous le titre d'*Insignium aliquot virorum icones* (voy. au mot INSIGNIUM). — Voy. aussi notre article POURTRAICTS divers.

M. Aug. Bernard attribue les cadres du *Thesaurus* à Geofroy Tory, parce que deux de ces pièces sont marquées dans le bas de la petite croix regardée comme le monogramme de cet artiste.

THESAURUS antiquitatum beneventanarum (studio Jo. de Vita). *Romæ*, 1754-1764, 2 vol. in-fol. fig., 15 à 18 fr. [25696]

Le second volume de cet ouvrage est intitulé *Thesaurus alter*, et est consacré au moyen âge. Les 2 tomes, 20 fr. Millin.

THESAURUS aromatariorum, medicis atque aromatariis omnibus æque utilis ac necessarius, recens singulari diligentia recognitus atque castigatissime impressus. *Impressum Venetiis per Gregorium de Gregoriis Anno* MDXII, in-fol. [7366]

THESAURUS cornucopiæ et horti Adonidis (gr., digest. per Guarinum Camertem, Car. Antenoreum, Urbanum Bolzanum, Angelum Politianum et Aldum Manutium). *Venetiis, in domo Aldi Romani*, 1496, in-fol. [10607]

Cette collection est moins rare que plusieurs autres livres imprimés à la même époque par Alde l'ancien; elle contient 270 ff. de texte, précédés de 10 ff. non chiffrés pour les pièces préliminaires. Vend. 122 fr. *mar. r.* La Valliere; 100 fr. d'Ourches; 143 fr. Bosquillon; 80 fr. *mar. r.* Chardin; 3 liv. 10 sh. Sykes; 2 liv. 10 sh. Heber; 99 fr. *mar. v.* Giraud; 110 fr. Solar, et 34 fr. *parchemin* Costabili.

THESAURUS numismatum antiquarum. Voy. PATIN.

THESAURUS Patrum floresque doctorum qui cum in theologia, tum in philosophia, olim claruerunt, hoc est dicta, sententiæ et exempla ex SS. Patribus probatissimisque scriptoribus collecta, et per locos communes distributa, cura et opere plurimorum rebus sacris addictorum. *Parisiis, Beaucé-Rusand,* 1823-25, 8 vol. in-8. 48 fr. [812]

Recueil par ordre alphabétique. Le 8ᵉ vol. contient, outre la fin du *Thesaurus,* l'ouvrage suivant, qui s'est vendu séparément :

INTRODUCTIO ad sanctorum Patrum lectionem, qua eorum tempora, vita, opera, operumque præcipuæ editiones, et concionandi modus, et prædicandi præcepta describuntur ; auctore Δ.-B. Caillau. 1825.

Réimpr. à *Milan,* 1827-31, en 9 vol. in-8.

THESAURUS pauperum. Voy. SPANO.

THESAURUS rei herbariæ hortensis universalis, exhibens figuras florum, herbarum, etc., german. et lat. *Norimbergæ, hæredes G.-W. Knorrii,* 1770-72, 2 tom. en 3 vol. in-fol., avec 301 fig. color. [4913]

Ouvrage devenu inutile : 30 à 40 fr. Vend. en *mar. r.* 200 fr. La Vallière.

Il y a des exemplaires datés de 1750, en 2 vol. 19 fr. 50 c. De Bure.

Le même ouvrage a été réimprimé à *Nuremberg,* 1788, avec quelques augmentations de *Geor. Rud. Bœhmer :* 90 fr. en 1811 ; 50 fr. Pappenheim.

THESAURUS rei patristicæ continens dissertationes præstantiores ex rarissimo D. Nic. Le Nourry adparatu, Gallandii nova Bibliotheca patrum, etc., adornatus et notis instructus a P. Placido Sprenger. *Wiceburgi,* 1784-92, 3 vol. in-4. [809]

20 fr. *demi-rel.* Quatremère.

THESAURUS theologico-philologicus, sive sylloge dissertationum elegantiorum, ad selectiora et illustriora V. et N. Testamenti loca, a theologis protestantibus in Germania separatim conscriptarum (edente G. Menthen). *Amstelod.,* 1701-2, 2 vol. in-fol. 18 à 24 fr. [565]

THESAURUS novus dissertationum ad selectiora V. et N. Testamenti loca, ex museo Th. Hàsæi et C. Ikenii. *Lugd.-Batav.* et *Amstelod.,* 1732, 2 vol. in-fol. 24 à 30 fr. [566]

Ces deux recueils de dissertations, écrites par des écrivains protestants, se réunissent au *Critici sacri* (voy. CRITICI).

THESAURUS theologicus variar. dissertationum Nat. Alexandri, Petavii, Sirmondi, Mabillonii, Coustantii, Norisii, Garnerii et aliorum. *Venetiis,* 1762, 13 tom. en 16 vol. in-4. [1151]

Recueil disposé par ordre de matières, et donné par le P. Zaccaria.

THESAURUS theutonicæ linguæ. *Antuer-*

piæ, ex officina Christ. Plantin, 1573, in-4. [11221]

Deux exemplaires. 24 et 21 fr. Borluut.

ΘΗΣΕΥΣ καὶ Γάμοι τῆς Ἐμηλίας. Theseus, et Æmiliæ nuptiæ, poema in libros XII tributum, græco-vulgari lingua. — *Stampato in Vinegia, per Giovantonio et fratelli da Sabio....* MDXXIX, in-4. de 180 ff. non chiffrés, sous les signat. A et a—y, avec des fig. sur bois. [12432]

Ce poëme est écrit en stances de huit vers, et les deux derniers vers de chaque stance riment ensemble, comme dans la Théséide de Boccace, dont le Theseus paraît être une traduction. C'est un livre fort rare : 2 liv. Crofts ; 5 liv. 5 sh. Pinelli ; 11 liv. Heber ; 285 fr. Eug. P., en 1862.

THÈSES (les) ou conclusions amoureuses. Voy. EROPHILE.

THESEUS de Cologne. Hystoire tres recreative traictant des faictz et gestes du noble z vaillant cheualier Theseus de coulongne, par sa prouesse empereur de romme, et aussi de son filz Gadifer empereur de Grece, pareillement des trois enfans du dict Gadifer, cest ascavoir Reynault, Regnier et Reynesson. On les vend au Palais. — *Imprime a Paris le quatorziesme iour de aoust. lan mil cinq cēts trentequatre. par Anthoyne bonnemere. pour Jehan Longis et Vincent Certenas, libraires demourant a Paris,* 2 tom. en 1 vol. in-fol. goth. à 2 col., avec fig. sur bois. [17045]

Édition la plus recherchée. Vend., avec 3 ff. refaits à la plume, 24 fr. La Vallière ; 24 fr. Méon ; 4 liv. 1 sh. Hibbert ; complet 12 liv. 5 sh. Heber ; 190 fr. en 1837 ; 680 fr. *mar. br.* d'Essling ; 480 fr. *cuir de Russie,* Bertin.

La première partie a *cvij* ff. de texte, précédés de 4 ff. pour le titre, le privilége, le prologue et la table ; la seconde partie renferme *cxxxviij* ff., précédés de 4 ff. pour le titre et la table. Le privilége est donné pour six mois aux deux libraires, pour *Theseus de Coulogne nagueres traduict de vieille ryme picarde en prose francoyse.* Dans le *Prologue de lacteur* l'auteur s'exprime ainsi : *..... a donc apres que icuz leu et reuolue mes liures entre les autres y en trouuay ung escript et dicte en ryme picarde lequel traictoit des faictz et prouesses... io donc consideҏant que sl cestuy rommant estoit mis en prose que plus volontiers les cueurs des humains y prendroient plaisir a le lire... par quoy me deliberay de le mettre en prose.*

— Lhystoire tres recreative : traictant des faitz z gestes du Noble z vaillant cheualier Theseus de Coulogne, Par sa proesse Empereur de Rome. Et aussi de son filz Gadifer Empereur de Grece. Pareillement des trois enfans de Gadifer, cest assauoir..... lesquelz firent plusieurs beaulx faictz darmes, comme pourrez veoir cy apres. *A Paris, pour Jehan Bonfons, libraire, demourant en la rue Neufue nostre dame a lenseigne Sainct Nicolas.* (à la fin du 2ᵉ vol.): *Cy fine ce present Romant... Nouuelle-*

ment imprime a Paris pour Jehan Bonfons ..... (vers 1550), in-4. goth. à 2 col.

L'ouvrage est en 2 vol., mais sans aucune séparation. Il y a 8 ff. prélimin. pour le titre et la table, et cccxxii ff. de texte. Vend. 13 fr. 80 c. La Vallière; 41 fr. en 1824; 120 fr. *m. r.* en 1841; 16 liv. 16 sh. bel exempl., Heber; et un autre exempl. *m. v.* 5 liv. 5 sh. le même; 186 fr. Cailhava; 295 fr. *mar. olive*, d'Essling; 240 fr. *mar. r.* Giraud; 14 liv. 10 sh. Libri, en 1859.

THESORO de la passion sacratissima de nuestre Redemptor. *Fue acabada en la* ..... *ciudad de Caragoça por industria de Paulo hurus aleman de Constãcia, año* 1494, pet. in-fol. goth. de 120 ff. chiffr., avec un grand nombre de gravures sur bois. [1653]

Livre rare, dont Mendez n'a pas parlé. Il est porté à 141 fr. dans le catalogue d'une collection de livres, vend. à Paris, par Tross, en novembre 1856, nº 534, où il est dit qu'il a été publié par Andreas Deli.

THESSOLONIA (*Jacobus* de). V. JACOBUS.

THEUPOLI (*Laur.* et *Fred.* fratres). Musei Theupoli antiqua numismata olim collecta a Jo.-Dom. Theupolo (edidit P. Fundi). *Venet.*, 1736, 2 vol. gr. in-4. 10 à 12 fr. [29727]

Vend. 15 fr. *m. r,* de Cotte et Millin; 19 fr, 50 c. Mionnet.

— Voyez ZANETTI.

THEURDANCKH. Voy. TEURDANNCKH.

THEUTOBOCHUS. Voy. IMPOSTURE.

THEVENEAU (*Nic.*). De la nature de tous contractz, pactions, et conuenances, et substances d'yceulx : traité vtile et necessaire composé par Nicolas Theueneau, aduocat en la cour presidiale à Poictiers. Auquel a esté adiousté vn recueil de plusieurs arretz des cours souueraines de ce Royaume concernant mesme matiere. *A Poitiers pour Pierre et Jan Moynes freres,* 1559, pet. in-8. de 15 et 123 pp. lettres rondes. [2782]

Une édition de *Poitiers, Anguilbert de Marnef,* s. d., in-12, est dans l'ancien catal. de la Biblioth. du roi, F. 5475, ainsi que l'ouvrage suivant sur le *même sujet.*
    BREF traicté des contracts, colligé des escripts memoriaux de maistre Jean Rochette, conseiller en la Preuosté de Troyes. *Troyes, Jean Griffard* (1596), pet. in-8.

THEVENET. Les Estrennes de Estienne Theuenet, dediées à M. Charles de Dormans. *Paris, Denys Du Pré,* 1574, pet. in-8. [13795]

L'auteur n'avait que vingt-deux ans quand il fit paraître ce recueil, car le portrait qui y est joint, et qui le représente à l'âge de vingt ans, est daté de

1572. Du Verdier dit que Thevenet fit imprimer ses Estrennes avec un sien livre en vers latins, intitulé: *Xeniorum sive mittendorum ad amicos epigrammaton libellus;* cependant, ainsi que Goujet le fait observer, le recueil ci-dessus ne contient qu'une seule pièce fort courte en vers latins, ce qui n'empêche pas que le *Xeniorum libellus* n'ait bien pu exister. On a du même auteur:
    DE FELICI regni Poloni successu congratulatio ad Henricum Valesium, regem Polonum et Andium ducem : autore Stephano Theueneto, cæsariensi. *Parisiis, Dion. a Prato,* 1573, in-4., pièce (Bibl. impér., Y, 2753).

THÉVENIN (*Pantaléon*). Sonnets à messeigneurs princes, contes et autres seigneurs et gentilshommes de Lorraine auec l'anagrame de son Altesse; plus quelques autres anagrames, deuises et samblables poésies. *Nancy, par la reuue de Jean Janson pour son fils imprimeur de son Altesse,* 1581, in-4. de 26 ff. y compris le titre. [13848]

Opuscule peu commun, et que recherchent les bibliophiles lorrains. M. Beaupré l'a fait bien connaître dans ses *Recherches sur l'imprimerie de Lorraine,* pp. 182 et suiv.
— HYMNE de la philosophie de P. Ronsard commenté. Voy. l'article RONSARD, à la col. 1381 de notre tome IV.

THÉVENIN (*Mich.*). La conjuration de Concino Concini. Voy. CONJURATION.

THÉVENOT (*Jean*). Relation d'un voyage fait au Levant..... avec la suite. *Paris, Billaine,* 1665 et 1674, 2 vol. in-4. — Voyage contenant la relation de l'Hindostan. *Paris,* 1684, in-4. [19919]

On trouve difficilement ces trois volumes réunis : néanmoins ils ne sont pas chers.
Les mêmes relations ont paru sous ce titre :
    RELATION d'un voyage en Europe, Asie et Afrique, contenant le voyage du Levant et le voyage aux Indes orientales. *Paris,* 1689, ou sous le titre de *Voyages de M. Thévenot,* Amsterdam, 1727, 5 vol. in-12, fig. 15 à 18 fr.

THÉVENOT (*Melchisedech*). Relation de divers voyages curieux qui n'ont pas été publiés, et qu'on a traduits ou tirés des originaux, etc. *Paris, Th. Moette,* 1696, 4 part. en 2 vol. in-fol. fig. [19819]

Collection intéressante, dont il est difficile de trouver des exemplaires complets, parce que chaque partie est composée de pièces séparées.
La première partie a été publiée en 1663 (ou avec un nouveau titre, *Paris, Séb. Mabre-Cramoisy,* en 1666); les seconde et troisième le furent en 1666; la quatrième est de 1672, époque à laquelle on imprima aussi de nouveaux frontispices pour les trois parties précédentes. L'auteur préparait une cinquième partie lorsque la mort le surprit, et il n'en laissa que diverses pièces détachées, dont quelques-unes n'étaient pas entièrement imprimées. En 1696, après avoir fait réimprimer quelques pièces qui étaient épuisées, on mit de nouveaux titres aux exemplaires qui restaient, et on y ajouta, à la suite de la quatrième partie, les pièces destinées à la cinquième, telles qu'elles se trouvèrent chez l'auteur; de plus, on plaça en tête du premier volume

---

2 ff. contenant un avertissement, avec un catalogue des relations. Il est donc presque indifférent que les titres des volumes portent 1663, 1666, 1672 ou 1696, pourvu que toutes les pièces soient dans l'exemplaire ; néanmoins il est certain que les exemplaires les plus anciens sont préférables pour la beauté des gravures.

Comme le catalogue placé au premier volume de l'édition de 1696 est insuffisant, et que d'ailleurs il n'est point aux exemplaires des éditions de 1663 et 1672, nous allons donner l'indication de toutes les pièces et planches séparées qui sont nécessaires pour former un exemplaire de cet ouvrage, en y comprenant deux pièces non décrites par Camus. Cette indication est le résultat de l'examen de cinq ou six exemplaires différents, dont aucun ne s'est trouvé parfaitement conforme à l'autre, soit pour l'ordre, soit pour le contenu.

Première partie. Dans les éditions de 1666 et 1672 se trouve un *Avis sur le dessein et sur l'ordre de ce recueil*, avec la *Table des relations de la première partie*, 3 ff. Cet avis a été remplacé, comme nous l'avons dit plus haut, par 2 autres ff. dans l'édition de 1696 ; dans celle de 1672 on trouve de plus une épître dédicatoire au roi, composée de 2 ff. — Description des pyramides d'Egypte, 25 pp., avec la planche des deux pyramides et la planche des momies (cette description est quelquefois à la fin de cette partie). — Relation des Cosaques et des Tartares, 30 pp. — Relation de la Colchide, pp. 31-52, avec la carte de la Colchide. — Informatione della Giorgia, 26 pp. — Navigation de Jenkinson, etc., pp. 17-40. — Relation du Mogol, 12 pp., avec la carte de la partie des Indes sous la domination des Mogols. — Mémoires de Th. Rhoë, 80 pp. — Voyage d'Ed. Terri, 30 pp.; les pp. 7 et 8 sont passées et se trouvent quelquefois remplacées par la même carte de l'Indostan que nous venons d'indiquer. — Extrait en grec du voyage de Cosmas, pp. 1 à 9, et Description des animaux et des plantes des Indes, pp. 10 et 19 à 24. — Inscription ; Abulfeda des climats Alhend, et Antiquités de Persépolis, pp. 17-24 ; plus 2 planch. en caractères chaldéens, et une carte de Bassora. — Relation du royaume de Golconda, et journal de P.-W. Floris, etc., 36 pp. — Voyage de Bontekoë, et la Terre-Australe découverte, 56 pp., avec une grande carte de la Terre-Australe ; les pp. 55 et 56 sont cotées 51 et 52 dans quelques exemplaires. Un exemplaire décrit dans la *Biblioth. grenvil.*, p. 729, contient de plus : *Routier des Indes orientales*, pp. 1 à 9, avec un *privilége du roi*, en 2 pp.

Seconde partie. Un frontispice (dans l'édition de 1664, soit chez *Jacques Langlois*, soit chez *Séb. Mabre-Cramoisy*, ou 1666, ou 1672), 5 ff. prélim. marqués Θij, Θiij et Θiiij. — Remontrance de Fr. Pelsart, 20 pp. — Routier des Indes orientales, 60 pp. — (Dans l'exemplaire de la biblioth. de Dresde, cette partie est double et a de plus 6 ff. dont les pp. sont chiffr. de 1 à 9. La 9e p. finit par les mots : *avec toutes les précautions requises*. Au verso du 5e f. commence un *Privilége du roi*, lequel continue sur la page suivante. *Ebert*, col. 956, et catal. de Silvestre de Sacy, III, au bas de la p. 453. Ce doit être le morceau décrit ci-dessus d'après la *Biblioth. grenvil.*) — Cartes des côtes d'Arabie et 4 ff. gravés sur bois, contenant la vue des côtes d'Arabie. — Mémoire du voyage aux Indes orientales, par Beaulieu, 128 pp. — Carte de la côte de Serlione. — Relation des îles Philippines, 40 pp. avec les îles Philippines et de la Chine, en espagnol. — Autre relation des Philippines, 16 pp. — Relation de l'empire du Japon, 48 pp. La pl. intitulée : *Manière de faire la justice au Japon*, compte pour les pp. 45 et 46. — Carte du Pegu et du Japon. — Découverte de la terre d'Eso, 4 pp. — Briefve relation de la Chine et *Flora Sinensis*, 30 pp. Entre les pp. 14 et 15 doivent se trouver 5 pl. d'histoire naturelle ; ces pl. ne sont qu'au nombre de 3 dans les exemplaires de 1666 et 1672.

Troisième partie. Un frontispice (avec une table des pièces au verso, dans l'édition de 1666). — Avis sur

le voyage vers le Gran-Chan de Tartarie, 4 ff. — Voyage des ambassadeurs de la Compagnie-Hollandoise, pp. 31-68 (avec un frontispice particulier, daté de 1666, mais qui a été retranché des exempl. de 1696), suivi de 12 pl. qui ont été réduites en 4 feuilles dans les derniers exemplaires. — Route des Hollandois à Péking ; 28 pp. précédées de la carte de la route (cette dernière pièce est quelquefois placée avant la précédente). — Description de la Chine ; 216 pp., avec une grande carte de la Chine. — Rapport des directeurs de la Compagnie-Hollandoise, 12 pp. ; et enfin, dans l'exemplaire de l'honorable Th. Grenville : *Explication de la carte de Telmer*, tirée de l'in-8. de 1681.

Quatrième partie. Un frontispice (dans l'édition de 1672, avec un avis sur la suite du recueil, 1 f. et un frontispice particulier du voyage du sieur Acarette à Buenos-Ayres, *Paris , Gervais Clousier*, 1672). — L'Indien, 14 pp. — Voyage dans la rivière de la Plate, 24 pp. — Viaggio del P. Grueber, 24 pp., dont la dernière représente l'alphabet chinois. — Le même voyage en français, 23 pp. — *Sinarum scientia politico-moralis*, 1672, 24 pp. — Histoire de la Haute-Ethiopie, 16 pp., avec la carte d'Ethiopie et un frontispice de 1674, quelquefois retranché. — Remarques sur la Relation d'Ethiopie, 4 pp. — Relation de Lobo de l'empire des Abyssins, 16 pp., avec une petite carte de l'entrée de quelques ports de la mer Rouge. Cette carte, gravée sur bois, se trouve souvent sur le même f. que la carte d'Ethiopie ; mais on trouve aussi quelquefois à cet endroit une carte de quelques lieux de l'empire des Abyssins, *Paris, André Cramoisy*, 1672, avec un avertissement en 24 lignes au verso. Le même frontispice existe sous la date de 1673. — Découverte de quelques pays, 8 pp. Relation du voyage du Sayd, etc., 4 pp. avec un frontispice particulier, à l'adresse d'André Cramoisy, et sous la date de 1673. Au verso, extrait du privilége, et 12 lign. de texte. — Découverte de quelques pays, 8 pp. — Relation du voyage du Sayd, 4 pp. — Histoire de l'empire mexicain, par fig., 46 pp. contenant 63 pl. et un frontispice sans date, au nom de *Cramoisy*, ou avec la date de 1696, au nom de *Moette* ; de plus l'explication des fig., pp. 47 à 58 ; dans quelques exemplaires cette dernière page est marquée 85. — Relation du Mexique, par Th. Gage, 40 pp.

On doit trouver, à la suite de cette 4e partie, les pièces suivantes, qui manquent en totalité ou en partie dans beaucoup d'exemplaires : Voyage d'Abel Tasman , 4 pp. — Instruction sur les vents entre les Pays-Bas et l'île de Java, 12 pp. — Ambassade de S'chahrok, etc., 16 pp. — Synopsis chronol. monarchiæ sinicæ, 76 pp. C'est probablement à ce morceau qu'appartient le frontispice portant : *Tabula genealogica trium familiarum, etc., e sinico latine exhibita a R. Philippo Couplet ; Paris, e Bibliotheca regia*, 1686, avec un autre f. commençant : *A. hoanti...* Au verso de ces deux feuillets sont des tables généalogiques. — L'Asie de Barros, 16 pp. — Relation des chrétiens de Saint-Jean, 2 ff. — Voyage de la Tercère, 18 pp. — Elementa linguæ tartaricæ, 34 pp. — Fragment en espagnol sur les îles de Salomon. — Appendix ad Hist. Mogolum, 12 pp. — Fragment dont le titre courant est : *Asganii Sassonii*, pp. 17-64 et 77-88 ; il n'y a le plus souvent que jusqu'à la page 48, ou bien même ces trois fragments manquent entièrement.

Un catalogue impr. à New-York en 1854 indique comme commencement de cette pièce : *Seb. Tarle seu Medulla historica, Præfatio.* — Sig. *, pp. 1 à 16, et fait la demande des pp. 65 à 76, dont il semble constater ainsi l'existence.

Les exemplaires de cette collection varient de prix selon qu'ils sont plus ou moins complets. Vend. (exempl. regardés comme à peu près complets) avec les titres de 1663-66, etc., 75 fr. Soubise ; 126 fr. L'Héritier ; avec les titres de 1663, 1664, etc., 189 fr. Boulard ; avec les titres de 1696, 75 fr. Gouttard ; 73 fr. Saint-Céran, et 130 fr., avec des fig. color., La Vallière ; sous la date de 1691 (exempl. où manquaient plusieurs ff. de la 5ᵉ partie, mais avec un errata collé à la fin de la 2ᵉ part., 160 fr. Langlès. Les exemplaires datés de 1696 sont les plus communs, et se donnent pour 20 ou 30 fr. lorsque les pièces rares ne s'y trouvent pas et qu'il y manque quelques pl. Dans ces exemplaires les cartes géographiques ont ordinairement sur leur verso des tables généalogiques en arabe; cela vient de ce que l'on a fait servir pour cet usage du papier sur lequel ces tables, que l'on destinait probablement à la suite de l'ouvrage, étaient déjà tirées. Nous ferons observer que les exemplaires de 1666 et 1672 ne peuvent guère être entiers, à moins qu'on ne les ait complétés postérieurement à leur publication. Il en existe plusieurs en Gr. Papier.

Dans un exemplaire de ce même recueil, que possède la Bibliothèque royale de Berlin, la pièce espagnole relative aux Isles de Salomon se trouve avoir les pp. 1 à 17 sans interruption, ce qui est fort rare, car on ne rencontre le plus souvent que les pages 5 à 8 et 13 à 16. Les quatre premières sign. *œ* commencent par ces cinq lignes : *Dos viages || del Adelentado Álvaro de Mendaña || con entento de poblar || las Islas de Salomon || y des cubisir la parte austral incognita.* Suit le texte à 2 col. Il y a de plus, dans le même exemplaire, une autre pièce dont les bibliographes n'ont pas encore parlé, et qui a pour titre : *Grammatica linguæ sinensis.* Cette dernière pièce se compose de 15 pp. sign. A—D, à 2 col. ; on y remarque à la 15ᵉ page, après le mot *Finis*, les deux caractères chinois qui sont sur le titre du morceau intitulé *Sinarum scientia*, de 1672, qui appartient à la 4ᵉ partie décrite ci-dessus. Le texte de la *Grammatica linguæ sinensis* est à longues lignes, et en plus gros caractères que les autres parties de la collection. (Communiqué par M. James Lenox, de New-York.)

L'exemplaire des cinq parties des Relations de Thévenot, rel. en 2 vol., qui a été porté à 131 fr. à la vente Silvestre de Sacy, n'était pas tout à fait complet, mais il contenait en double un certain nombre de feuillets de texte, de figures et de cartes, avec des différences qui ont été soigneusement décrites dans l'excellent catalogue de ce savant, III, p. 453-55. Ces différences prouvent qu'un certain nombre de feuilles de cette collection ont été réimprimées soit pour y faire des corrections, soit pour compléter des exemplaires où elles manquaient.

— Recueil des voyages de M. Thévenot. *Paris, Etienne Michalet,* 1681, pet. in-8. 8 à 12 fr. [19820]

Volume peu commun ; on y trouve un état de toutes les pièces comprises dans les 4 parties in-fol. jusqu'en 1681 : 13 fr. 50 c. Walckenaer. Le recueil doit contenir 8 pièces séparées, y compris celle qui a pour titre : *Le Cabinet de Swammerdam*, pièce de 16 pp. Camus s'est trompé en indiquant 10 pièces ; il a probablement pris, d'après la table qui est au verso du frontispice de ce volume, les trois chapitres d'une même pièce pour trois pièces différentes. Il se trouve des exempl. sur le titre desquels on a collé l'adresse de Thomas Moëtte, avec la date de 1687.

— L'art de nager, par Thévenot ; nouvelle édit., considérablement augmentée, par M. P. D. L. C. A. A. P. (Poncelin de La Roche, avocat ; avec un supplément par Le Roux). *Paris, Lamy,* 1782, in-12 et in-8. fig. (Le supplément a 12 pp. et 1 pl.) [10370]

Un exemplaire imprimé sur VÉLIN, fig. color., 48 fr. 50 c. Le Febvre. — Il y a des exemplaires tirés sur pap. fin, in-8., 4 à 5 fr. Un exemplaire in-8. sur VÉLIN, 72 fr. Mac-Carthy ; 60 fr. Chardin. L'édition de *Paris*, 1696, ou sans date, pet. in-12, fig., est à très-bas prix.

THEVET (*F.-André*). Cosmographie du Levant, revue et augmentée. *Lion, Iean de Tournes,* 1556, pet. in-4. fig. sur bois. [19937]

Relation peu estimée du voyage de l'auteur à Constantinople et dans la Terre-Sainte. La première édition a paru à Lyon, chez *Jean de Tournes, en* 1554, pet. in-4. fig. 10 fr. de Jussieu. La seconde est augmentée de plusieurs pl. 15 à 20 fr., et un bel exemplaire *mar. r. dent.* 36 fr. Morel-Vindé. — L'édition d'*Anvers, J. Richart,* 1556, pet. in-8. fig. est moins chère que celle de Lyon.

— Les singularitez de la France Antarctique, autrement nommée Amérique, et de plusieurs terres, et isles découvertes de nostre temps. *Paris, chez les heritiers de Maurice de La Porte,* 1558, in-4. de VIII ff. prélim., 166 ff. de texte et 2 ff. pour la table, avec fig. sur bois.

Ouvrage recherché. 18 fr. salle Silvestre, en 1841 ; 24 fr. 50 c. Eyriès ; 102 fr. de Jussieu ; 100 fr. en 1859, et avec la *Cosmographie du Levant* jusqu'à 181 fr. en novembre 1857 ; 157 fr. Erdeven, en 1858, et rel. en *mar. v.* par Capé, 300 fr. Solar.
L'édition d'*Anvers, de l'imprimerie de Christ. Plantin,* 1558, pet. in-8., a 8 ff. prélim., 163 ff. de texte, plus un pour la fin de la table ; quoique les fig. sur bois qu'elle renferme ne soient que de mauvaises copies de celle de l'édition de Paris, elle n'est guère moins recherchée que cette première : vend. 48 fr. Walckenaer ; 70 fr. *mar bl.* Veinant, et en *mar. r.* par Duru, 161 fr. Solar.
— HISTORIA dell' India America, detta altramente Francia antartica, di M. Andrea Tevet, tradotta di francese in lingua italiana, da Giuseppe Horologgi. *Vinegia, Gabr. Giolito de' Ferrari,* 1561, in-8.
Cette traduction ne se trouve pas facilement. 20 fr. en mars 1859.
La Cosmographie universelle du même auteur, *Paris, P. Lhuillier,* 1575, 2 vol. in-fol., est un ouvrage sans crédit, et qui ne peut guère être conservé qu'à cause des planches sur bois dont il est orné. 27 fr. bibliophile Jacob. [19606]
— COSMOGRAPHIE moscovite, par André Thevet, recueillie et publiée par le prince Augustin Galitzin. *Paris,* 1858, in-16 de XV et 180 pp.
Cet extrait n'a été tiré qu'à un petit nombre d'exempl.

— Les vrais portraits et vies des hommes illustres, grecs, latins et payens, anciens et modernes, recueilliz de leurs tableaux, liures, medalles antiques et modernes. *Paris, Vefue J. Kerver* ou *Guill. Chaudiere,* 1584, 2 tom. en 1 vol. gr. in-fol. [30392]

Ces portraits, pour la plupart sans authenticité, sont au nombre de 81 dans le premier volume, et de 138 dans le second. On n'en recherche que les exempl. bien conservés et rel. en *mar.* — Le texte de Thevet a été réimprimé avec des augmentations sous le titre d'*Histoire des plus illustres et savants hommes de leurs siècles...* Paris, 1670-71, 8 vol. in-12, fig., mais sans les pièces liminaires de l'édition de 1584 dont la préface a quelque intérêt, car dans cette préface, Thevet dit qu'il est *le premier (à Paris) qui ait mis en vogue l'imprimerie en taille-douce, tout ainsi qu'elle était à Lyon, Anvers et ailleurs.*

THEVET (*Etienne*). Les erreurs et abus ordinaires commis en fait de chirurgie.

***

Thevet (*M.*). Bandages, 7639.

Poictiers, J. Blanchet, 1603, pet. in-8.
[7471]

Ce traité est encore recherché : 9 fr. Pressac.

THIBALDEO. Voy. THEBALDEO.

THIBAUD de Marly. Vers sur la mort par
Thibaud de Marly, imprimés sur un manuscrit de la Bibliothèque du roi (avec
un avertissement et un glossaire par
Méon). *Paris, imprimerie de Crapelet*,
1826, gr. in-8. 3 fr.; — Pap. vél., 5 fr.
[13198]

Il existe 12 exemplaires en papier de Hollande.

Cette pièce est la même qu'Ant. Loysel avait déjà publiée (à *Paris*, 1594, in-8. de 16 ff.), et qu'il attribuait à Dans Helynand ou Helinand : mais la nouvelle édition présente un texte complet, tandis que
dans celle de Loysel il n'y a que 39 stances au lieu
de 49 dont la pièce se compose ; et plusieurs de ces
stances ne renferment que neuf, dix ou onze vers,
au lieu de douze qu'elles devraient régulièrement
avoir :

Citons encore :

   VERS sur la mort, seconde édition augmentée du
   dit des trois mors et des trois vifs, et du mireur du
   monde. *Paris, Bohaire*, 1835, gr. in-8. 4 fr.

Mais ajoutons que dans le *Miroir des pécheurs et
pécheresses de J. Castel* (voy. CASTEL), se trouve
un texte des strophes intitulées le *Miroir du
monde*, préférable à celui de l'édition de 1835.

THIBAUDEAU (*Ant.-Hyac.*). Abrégé de
l'histoire du Poitou. *Paris*, 1782-86,
6 vol. in-12. [24425]

Édition devenue rare : 55 fr. Pressac ; il faut y joindre
la critique suivante :

. ERRATA de l'abrégé de l'histoire du Poitou, ou
Lettres à M. Thibaudeau, suivies d'un petit commentaire, par M. Allard de La Besnière. *Poictiers*,
1783-86, 3 part. en 1 vol. in-12.

La nouvelle édit. de l'abrégé de l'Histoire du Poitou,
avec des notes de MM. Saint-Hermine, Arnauld et
de La Fontenelle-Vaudoré, *Niort et Poitiers*, 1840,
3 vol. in-8., n'a pas fait tomber le prix de la première. Elle forme les trois premiers volumes d'une
Bibliothèque poitevine, dont le tome quatrième
contient l'*Histoire de Maillezais*, par Ch. Arnauld,
Niort, 1841.

THIBAULT. Poésies du roi de Navarre
[Thibault], avec des notes et un glossaire françois (par Levêque de La Raval-
lière). *Paris, Guérin*, 1742, 2 vol. pet.
in-8. fig. 24 à 30 fr. [13201]

Vend. 36 fr. Pixerécourt ; en *mar. bl.* 99 fr. Giraud;
65 fr. Solar.

Le premier volume de cet ouvrage curieux et très-
recherché renferme cinq lettres sur les chansons,
un mémoire intitulé : *Révolution de la langue
françoise depui : Charlemagne jusqu'à Saint-
Louis*, et un autre mémoire sur l'ancienneté des
chansons françoises.

_____

Thibaud (*Émile*). Sur les vitraux anciens et mo-
dernes, 9281.
Thibaudeau (*A.-C.*). États généraux, 24053.
Thibaudeau (le comte). Histoire de Napoléon Bona-
parte, 23982. — Le Consulat et l'Empire, 23983.
Thibaudeau (*A.*). Vie de L. David, 31073.
Thiébault. Homélies, 1488-89.
Thiébault (*Dieudonné*). Traité du style, 12070. —
Mes souvenirs de Berlin, 26676.

— CHANSONS de Thibault IV, comte de Champagne
et de Brie, roi de Navarre. *Reims, impr. de Regnier*,
1851, pet. in-8,
Partie de la collection des poëtes champenois publiée
par M. Prosper Tarbé. Voy. POÈTES champenois.

THIBAULT (*Girard*). Academie de l'Espée, où se demonstrent par regles mathematiques, sur le fondement d'un
cercle mysterieux, la théorie et pratique des vrais et jusqu'à present inconnus secrets du maniement des armes à
pied et à cheval. 1628 (*sans nom de
ville ni de libraire*), gr. in-fol. fig.
[10311]

On ne recherche plus guère cet ouvrage qu'à cause
des planches qui sont gravées par A. Bolswert,
Crisp. de Pas, etc. : 30 à 40 fr.; vend. jusqu'à 60 fr.
bel exemplaire *mar. r.* La Valliere.

Ce grand volume a un privilége du roy de France, en
date du 21 décembre 1620, et un autre des estats de
Hollande, du 5 juin 1627. M. Pieters croit qu'il a été
imprimé par les Elsevier de Leyde.

THIBAULT (*J.-T.*). Application de la
perspective linéaire aux arts du dessin :
ouvrage posthume de J.-T. Thibault,
mis au jour par Chapuis, son élève. *Paris, J. Renouard*, 1827, in-4., avec
55 pl. 50 fr. [8438]

THIBAULT (*Jehan*). La phisionomie des
songes et visions fantastiques des personnes, avec l'exposition d'iceux, selon
le vrai cours de la lune. == Les songes
de Daniel le prophete, translatés de latin en françois. *Lyon*, 1478, pet. in-12,
fig. sur bois. [8925]

Livre indiqué dans le Dictionnaire bibliographique de
Cailleau, tome III, p. 99, mais dont la date ne peut
être exacte, car J. Thibault vivait encore en 1544.
D'un autre côté, Du Verdier (tome II, p. 522 de
l'édition in-4.); cite une édition de *Lyon, Jacques
Moderne*, sans date, pet. in-8.; et nous trouvons
dans le catalogue de Du Fay, n° 4312 : *Pronostication nouvelle de frère Thibault*, *Lyon*, sans date,
pet. in-8. goth. — Voy. SONGE de Daniel.

— Apologie de maistre Jean Thibault, astrologue de l'imperialle majeste et de
Madame, et ce contre les inuectiues
daulcuns pnostiqueurs : auec demonstration comment la psonne est semblable au ciel, terre, mer et a toutes
creatures, et que vne eclypse a plus def-
fect auant le poinct eclyptique qu'apres
et cetera. *Imprime a Anvers*, 1530,
in-4. goth.

Le titre de cette pièce rare est donné dans le catal.
Cigongne, n° 296.

La Croix du Maine, édit. in-4., I, 592, cite :

*La grande et merveilleuse prophétie trouvée en la
librairie de Jehan Thibault, après sa mort, commençant en 1545 et finissant en 1556, imprimée au
Mans par Denis Gaingnot*, l'an 1545 ; et il ajoute :
Il a écrit plusieurs autres prognostications, savoir

_____

Thiébault de Berneaud (*Ars.*). Voyage à l'île d'Elbe,
20211.
Thiébault (le baron). Journal du siége de Gènes,
8668. — Expédition de Portugal, 8785.

est pour les années 1539, 1540, 1541, 1542, 1543 et 1544, toutes imprimées à Paris et au Mans ; les tables du Soleil et de la Lune... *Impr. à Paris, par Chr. Wechel...*

— La triumphe de la paix celebree en Cambray, auec la declaration des entrees ɀ yssues des Dames, Roix, Princes, ɀ Prelatz : faicte par Maistre Iehan Thibault Astrologue de Limperiale Maieste, ɀ de Madame ɀc. (à la fin) : *En Anuers par moy Guillaume Vorsterman* (1529), pet. in-4. goth. de 12 ff. non |chiffrés, sign. A—C, avec fig. sur bois. [24926]

Opuscule curieux et rare : 62 fr, 50 c. *mar. v.*, en 1841 ; 80 fr. Coste, et 190 fr. Solar, pour la Bibl. imp. La pièce suivante mérite aussi d'être citée :

LE RECŒUL du triumphe soleynnel faict et celebre en la tres noble cite de Cambray, pour la paix (juy a este faicte et conclute en la dite cite (en 1529), auec la venue des dames et du roy, et de leurs departemens : auec lordre qui se fist a aller a la messe de la paix, entre les dames et les seigneurs, auec les noms de plusieurs princes et princesses. (*sans lieu ni date*, mais impr. à Anvers), in-4. goth. de 4 ff. Vend. 24 fr. *mar.*, en 1841 ; 81 fr. Coste. [24927]

— Le Thresor du remede, preseruatif et guerison bien experimentee de la peste et fieure pestilentialle, auec declaration dont procedent les goutes naturelles et comme elles doibuent retourner. Et aussy aucunes allegations et receptes sus le mal caduque, pleuresies et apoplexies et ce qu'il appartient à vn parfaict medecin, etc., compose par maistre Jehan Thibault, medecin et astrologue de Limperiale Maieste. *Imprime en Anvers, par Martin Lempereur*, 1531, pet. in-4. goth.

Opuscule rare, offert pour 55 fr. dans les *Archives du Bibliophile*, de M. Claudin, 1860, n° 7335. C'est probablement une seconde édition de ce même ouvrage qui est portée comme in-8. goth., et sous la date douteuse de 1515, dans le catalogue de Baron, médecin, n° 2771, et le même aussi dont La Croix du Maine donne le titre avec la date de 1544.

THIELE (*J.-M.*). Voy. THORSVALDSEN.

THIENEMANN (*Fr.-Aug.-Ldw.*). Die Fortpflanzungsgeschichte der gesammten Vögel nach dem gegenwärtigen Standpunkte der Wissenschaft, mit Abbildungen der bekannten Eier. *Leipzig, Brockhaus*, 1845-56, gr. in-4., 100 pl. lith. et color. 160 fr. [5748]

— SYSTEMATISCHE Darstellung der Fortpflanzung der Vögel Europa's mit Abbild. der Eier, im Vereine mit L. Brehm und G.-A.-V. Thienemann herausgeg. *Leipzig, Barth*, 1825-30, gr. in-4. fig. color. 60 fr. [5748]

Publié en 5 livraisons.

THIENIS (*Gaietanus* de). V. GAIETANUS.

THIENON. Voyage pittoresque dans le bocage de la Vendée, ou vues de Clisson et de ses environs, dessinées d'après nature et publiées par C. Thiénon, peintre, gravées à l'aquatinta par Piringer : on y a joint une notice sur le château de Clisson (par M. Lemot). *Paris, imprimerie de P. Didot*, 1816, in-4. 12 fr.; — Pap. vél. fig. avant la lettre, 20 fr. [24422]

— CROIX de vues pittoresques, châteaux, monuments et lieux célèbres, recueillis dans le département de la Gironde et dans les départements voisins, par C. Thiénon ; avec des notes explicatives. *Paris, Delpech*, 1820, in-fol. obl. [24676]

20 pl. lithographiées : 12 fr. — Pap. vél., 12 fr. — Gr. Pap. vélin, épreuves avant la lettre; tiré à 15 exemplaires, 30 fr.

THIER (*Jean* du). Eloge de la folie. Voy. PAZZIA.

THIERRY (*Jacq.-Nicolas-Augustin*). Histoire de la conquête de l'Angleterre par les Normands, de ses causes et de ses suites en Angleterre, en Ecosse, et en Irlande et sur le continent ; 5e édit. entièrement revue et augmentée. *Paris, Tessier*, 1839 (ou 6e édit. 1843), 4 vol. in-8. 24 fr. [26888]

Ouvrage qui a fondé la réputation de l'auteur. La première édition est de 1825, en 3 vol. in-8. Les dernières ont été publiées à *Paris, chez Furne*, en 2 vol. gr. in-8. et en 4 vol. gr. in-18.

— RÉCITS des temps mérovingiens, par le même. *Paris, Tessier*, 1838, 2 vol. in-8. [23334]

— LETTRES sur l'histoire de France, pour servir d'introduction à l'étude de cette histoire ; cinquième édition, revue, corrigée et augmentée. *Paris, Tessier*, 1836, in-8. [25273]

— DIX ANS d'études historiques; 3e édition. *Ibid.*, 1834 ; 9e édition, 1857, en un seul vol. gr. in-8., ou 2 vol. gr. in-18.

— ESSAI sur l'histoire de la formation et des progrès du Tiers-Etat, suivi de deux fragments du recueil des monuments inédits de cette histoire. *Paris, Furne*, 1853, in-8., ou 2 vol. gr. in-18. 7 fr. [23211]

L'éditeur Furne a réuni cet ouvrage à ceux qu'il a fait paraître, sous le titre d'*Œuvres d'Augustin Thierry*, édition *définitive*, revue par *l'auteur, augmentée d'un 7e récit des temps mérovingiens*, collection qui renferme, indépendamment de l'*Histoire de la conquête de l'Angleterre* et de l'*Essai* ci-dessus, les *Lettres sur l'Histoire de France*, réunies aux *Dix ans d'études historiques*, en un seul vol. gr. in-8., ou 2 vol. gr. in-18, les *Récits des temps mérovingiens*, in-8. et in-18.

— RECUEIL des monuments inédits de l'histoire du Tiers Etat, *Paris, Firm. Didot*, 1850-56, in-4. vol. I à III.

THIERRY (*Amédée-Simon-Dominique*). Histoire des Gaulois depuis les temps les plus reculés jusqu'à l'entière sou-

---

Thieffenthal (*Fr.-Jos.* de). Histoire des Helvétiens, 25909.

Thielrode ou Thilrode (*Jean* de). Chronique de S. Bavon, 24985 et 25086.

Thienemann (*Fr.-Aug.-Lud.*) et Gust. Biedermann Günther. Reise im Norden Europa's, 20389.

Thierbach (*J.-G.*). Dactyliothek, 29584.

Thierney. Hist. of Arundel, 27317.

Thierriat (*Florentin* de). Trois traitez, 28786.

Thierry, avocat. Mémoires de Latude, 23911.

Thierry (*J.-D.*). Arc de triomphe de l'Étoile, 9942.

mission de la Gaule à la domination romaine ; 4ᵉ édit. *Paris, Didier*, 1857, 2 vol. in-8. 15 fr. [23182]

— Histoire de la Gaule, 23185. — Histoire d'Attila, 26524.

THIERRY de Timophile. Voy. Dialogo.
— Sermoni funebri.

THIERS (*Jean-Bat.*). Traité des superstitions selon l'Ecriture sainte, les décrets des conciles et les sentimens des SS. Pères et des théologiens. *Paris, Ant. Dezallier*, 1679. — Seconde édition, 1697 ; troisième édit., 1712, in-12. [1274]

— Traité des superstitions qui regardent tous les sacremens. *Paris, de Nully*, 1703-1704, 3 vol. in-12.

Ces quatre volumes réunis sont l'ouvrage principal et un des plus curieux de l'auteur. 15 à 18 fr. — 49 fr. *v. f. tr. d.* Giraud.

Réimpr. à *Paris, pour la Société des libraires*, 1741, 4 vol. in-12 ; — aussi à *Avignon*, 1777, 4 vol. in-12.

Comme presque tous les ouvrages de ce théologien sont remplis d'érudition et abondent en détails curieux sur les usages de l'Eglise catholique, on les recherche beaucoup, mais plusieurs sont devenus rares, et il est fort difficile d'en compléter la collection. Elle se compose de vingt-six articles au moins ; nous allons en donner les titres, en suivant l'ordre de leur publication.

1. Exercitatio adversus Jo. Launoii dissertationem de auctoritate negantis argumenti. *Parisiis, Le Sourd*, 1662, in-8.

Réponse à une dissertation de J. de Launoy sur l'argument négatif. Cette réponse en attira une autre de l'auteur de la dissertation, à laquelle Thiers répliqua par un opuscule intitulé :

2. Joan.-Bapt. Thiers, carnutensis, sacræ theologiæ baccal. Defensio adversus Jo. Launoii appendicem ad dissertationem de auctoritate negantis argumenti. *Parisiis, Fred. Leonard*, 1664, in-8.

3. De Festorum dierum imminutione liber. *Lugduni, apud Petrum Guillimin*, 1668, in-12. 3 à 4 fr.

10 fr. *v. f. tr. d.* Giraud.

Le factum suivant, sur le même sujet que l'article précédent, est attribué à Thiers dans le catalogue de Burette, I, n° 3823, mais le P. Niceron n'en a pas parlé.

Consultation faite par un avocat du diocèse de Saintes, à son curé, sur la diminution du nombre des fêtes ordonnées par Mᵍʳ l'évêque de Saintes. *La Rochelle, Blanchet*, 1670, in-4.

L'édition de *Paris, Dupuis*, 1670, in-12, est dans la *Biblioth. Buttel*, n° 1127.

4. Dissertatio de retinenda in ecclesiasticis libris voce Paraclitus ; secunda editio auctior. *Parisiis, Fr. Muguet*, 1671, in-8.

La première édition a paru à *Lyon, chez Pierre Guillimin*, 1669, in-12.

5. Dissertation sur l'inscription du grand portail du couvent des cordelliers de Rheims : *Deo homini, et Deo Francisco, utrique crucifixo*, par le sieur Saint-Sauveur. Seconde édition (*Paris*), 1673, in-12. [21830]

La première édition est de *Bruxelles*, 1670, in-12. La seconde est augmentée d'un avis au lecteur. L'ouvrage a été réimprimé à la suite de *la Guerre seraphique*, édition de La Haye, 1740, in-12, d'après la seconde édition.

6. De Stola in archidiaconum visitationibus gestanda a parœcis, disceptatio. *Parisiis, Jo. Dupuis*, 1674 (*seu apud Ant. Dezallier*, 1679), in-12. 3 à 5 fr.

7. Traité de l'exposition du Saint-Sacrement de l'autel. *Paris, Vᵉ Jean Dupuis*, 1677 (ou *Ant. Dezallier*, 1679), 2 vol. in-12. 8 à 10 fr. [659]

Ce traité est regardé comme le meilleur ouvrage de l'auteur. La première édition est de 1673, in-12. La seconde est fort augmentée. Il y en a une troisième de *Paris, Onfroy*, 1777, 2 vol. in-12.

8. L'Avocat des pauvres, qui fait voir l'obligation qu'ont les beneficiers de faire un bon usage des biens de l'Eglise. *Paris, Vᵉ de J.-B. Dupuis*, 1676, in-12.

9 fr. 50 c. Parison ; 15 fr. 50 c. *v. f. tr. d.* Giraud.

9. Dissertation sur les porches des églises, dans laquelle on fait voir les divers usages auxquels ils sont destinés. *Orléans, Fr. Hotot*, 1679, in-12. 4 à 5 fr. [664]

En *mar. v.*, avec le *Factum*, 21 fr. Giraud.

Le chapitre de Chartres ayant intenté un procès à l'auteur de cette dissertation, cela donna naissance à l'opuscule suivant :

10. Factum pour M. J.-B. Thiers, curé de Champrond, défendeur, contre le chapitre de Chartres, où il est traité de l'obligation où sont quelques fois les personnes publiques de repousser des injures ; de la vénération des porches des églises, etc. (*sans lieu ni date*), in-12. 5 fr. 50 c. Duplessis.

Ce fut à la même occasion que Thiers fit paraître les deux opuscules anonymes, dont voici les titres :

11. La Sauce Robert, avis salutaire à messire Robert, grand archidiacre de Chartres. (*sans lieu d'impression, mais en date du 12 juin* 1679), pet. in-8. de 13 pp.

12. La Sauce Robert justifiée, à M. de Riantz, procureur du roi, au Châtelet, ou pièce employée pour la justification de la Sauce Robert, 1679, pet. in-8.

13. Traité de la closture des religieuses où l'on fait voir qu'elles ne peuvent pas sortir de leur closture. *Paris, Ant. Dezallier*, 1681, in-12. 4 à 6 fr.

20 fr. *v. f. tr. d.* Giraud.

14. Traité de la depouille des curez : où l'on fait voir que les archidiacres n'ont nul droit sur les meubles des curez décédez, par un docteur en droit (J.-B. Thiers). *Paris, Guil. Desprez*, 1683, in-12. 15 fr. 50 c. *v. f. tr. d.* Giraud.

15. Traité des jeux et des divertissemens qui peuvent être permis, ou qui doivent être défendus aux chrestiens. *Paris, Ant. Dezallier*, 1686, in-12. [1357]

Peu commun.

16. Dissertations ecclésiastiques sur les principaux autels des églises, les jubez, et la cloiture du chœur des églises. *Paris, Ant. Dezallier*, 1688, in-12. 6 à 9 fr. [664]

26 fr. *v. f. tr. d.* Giraud.

17. Histoire des perruques, où l'on fait voir leur origine, leur usage, leur forme, l'abus et l'irrégularité de celles des ecclésiastiques. *Paris, aux dépens de l'auteur*, 1690, in-12. 5 à 8 fr. [3201]

19 fr. *v. f. tr. d.* Giraud.

Réimprimée à *Avignon* et *Paris, Onfroy*, 1777, in-12.

18. Apologie de M. l'abbé de la Trappe, contre les calomnies du P. Sainte-Marthe. *Grenoble*, 1694, in-12.

Cet ouvrage attaque les quatre lettres du P. de Sainte-Marthe, contre le traité des devoirs de la vie monastique de l'abbé de Rancé. Comme il a été supprimé, les exemplaires en sont rares : 9 fr. Parison.

19. Traité de l'absolution de l'hérésie, où l'on fait voir par la tradition de l'Eglise, que le pouvoir d'absoudre de l'hérésie est réservé aux papes et aux évêques, à l'exclusion des chapitres et des ré-

guliers exempts de la jurisdiction des ordinaires. *Lyon, Léon Plaignard*, 1695, in-12.

10 fr. *v. f. tr. d.* Giraud.

20. TRAITÉ des superstitions. Voir ci-dessus.

21. DISSERTATION sur le lieu où repose présentement le corps de S. Firmin le confesseur, troisième évêque d'Amiens; seconde édition. *Liège, Foppens*, 1699, in-12. [22333]

Cette dissertation a été supprimée par arrêt du conseil du 27 avril 1699. Il faut y joindre :

DISSERTATION sur la translation du corps de S. Firmin... où l'on fait voir qu'il est dans l'église cathedrale de Chartres contre ce qu'en ont écrit l'auteur d'une lettre d'un curieux, et feu M. Thiers (par M. Lestocq). *Amiens, Caron-Hubault*, 1711, in-12.

L'OMBRE de J.-B. Thiers, en réponse à la dissertation de M. Lestocq sur la translation du corps de S. Firmin (par le P. L'Estoile). *Liège*, 1712, in-12.

JUSTIFICATION de la translation de S. Firmin, par M. Lestocq. *Amiens, Caron-Hubault*, 1714, in-12. — Remarques contre cette Justification (par l'abbé de Saint-Acheul), in-12, *sans lieu ni date*.

22. DISSERTATION sur la sainte larme de Vendôme. *Paris, Thiboust*, 1699, in-12. [23349]

LETTRE d'un benedictin (D. Mabillon) à Mgr l'évêque de Blois, touchant le discernement des anciennes reliques, au sujet d'une dissertation de M. Thiers, contre la sainte larme de Vendôme. *Paris, De Bots*, 1700, in-12.

RÉPONSE à la lettre du P..... touchant la prétendue sainte larme de Vendôme. *Cologne, d'Egmont (Paris)*, 1700, in-12.

La Dissertation et la Réponse de Thiers ont été réimprimées à Paris, sous la date d'*Amsterd.*, 1750-51, 2 part. en 1 vol. in-12, dont il y a des exemplaires en Gr. Pap.

23. LA PLUS solide, la plus nécessaire et souvent la plus négligée de toutes les dévotions, qui est la pratique des commandemens de Dieu et de l'Eglise. *Paris, Jean de Nully*, 1702, 2 vol. in-12.

20 fr. 50 c. *v. f. tr. d.* Giraud.

24. OBSERVATIONS sur le nouveau Bréviaire de Cluni. *Bruxelles, Claude Plantin*, 1702, 2 vol. pet. in-12. [750]

Ces Observations étaient devenues rares, mais on les a réimpr. sous la même date, ce qui en a fait tomber le prix. Un exemplaire de l'ancienne édition relié en mar. r. 29 fr. Giraud, et 48 fr. Solar.

25. CRITIQUE de l'histoire des Flagellans, et justification de l'usage des disciplines volontaires. *Paris, J. de Nully*, 1703, in-12. [22387]

Contre l'histoire des flagellans de J. Boileau, impr. en 1701.

26. TRAITÉ des cloches et de la sainteté de l'offrande du pain et du vin aux messes des morts. *Paris, J. de Nully*, 1721, in-12. [666]

Le premier de ces deux traités est de Thiers, le seul nommé sur le titre du livre; mais le second est de l'abbé de La Croix, curé de Bruyères. Dans une nouvelle édition, *Paris, Ben. Morin*, 1780, in-12, se trouve de plus (pp. 154-173) : *Ordre des ceremonies qui doivent être observées pour la benediction d'une cloche en l'eglise de Saint-Jacques de la Boucherie de Paris* (par D. Remi Carré).

On attribue encore à J.-B. Thiers :

CONSIDERATIONS sur la déclaration du roi pour l'établissement des seminaires dans les diocèses où il n'y en a point, donnée à Versailles le 15 décembre 1698, in-12.

THIERS (*Louis-Adolphe*). Histoire de la révolution française, jusqu'au 18 brumaire. *Paris, Furne*, 10 vol. in-8., avec 50 vignettes. 50 fr. [23950]

Cette histoire, qui a paru pour la première fois de 1823 à 1827, eut alors un très-grand succès, et de-puis elle a été réimprimée souvent en 10 vol. in-8. et en 4 vol. gr. in-8. Quelques personnes recherchent encore l'édition primitive, dont les deux premiers tomes portent le nom de Félix Bodin, parce qu'il s'y trouve plusieurs passages rélatifs à la famille d'Orléans, qui ont été modifiés depuis. Il serait à désirer que l'auteur, aujourd'hui mûri par les années et instruit par l'expérience des affaires, revît cette production de sa jeunesse, qui a fondé sa réputation comme historien, en fît disparaître les nombreuses inexactitudes qu'on lui a justement reprochées, qu'il y réformât certains jugements écrits sous l'influence des opinions ultra-libérales qu'il professait alors, qu'enfin il la rendît digne de rester l'introduction définitive de son *Histoire du Consulat et de l'Empire*, grande composition historique à laquelle on n'a pu reprocher qu'un peu de prolixité dans des détails militaires d'un ordre secondaire, quelques méprises et peut-être aussi d'assez fréquentes redites, qu'il serait d'ailleurs facile de faire disparaître.

Ce dernier ouvrage, sous tous les rapports fort supérieur au premier, a été publié à *Paris, chez Paulin* et *chez l'Heureux et Cie*, de 1846 à 1862, en 20 vol. in-8., avec ou sans gravures, au prix de 5 fr. et 5 fr. 50 c. chacun. On y ajoute un atlas in-4., composé de 62 cartes et plans de batailles, nécessaire pour la parfaite intelligence du texte, et qui coûte 30 fr.

Primitivement, l'*Histoire du Consulat et de l'Empire* devait s'arrêter à la première abdication de Napoléon, et ne former que 10 vol., mais elle a été continuée jusqu'à la mort du prisonnier de Sainte-Hélène. D'ailleurs cette augmentation dans le nombre des volumes est le résultat des nombreux documents officiels que l'auteur a eus à sa disposition et qu'il a fondus dans ses récits. Ajoutons qu'afin de rendre cette augmentation moins onéreuse à leurs souscripteurs, les éditeurs ont pris le parti d'ajouter un certain nombre de feuilles aux derniers volumes de l'ouvrage, et de les porter à 600, 700 et même jusqu'à 800 et 900 pp., sans en augmenter le prix : ce qui est un exemple remarquable de désintéressement; ils ont en outre donné deux gros volumes pour le prix d'un seul.

Il reste à paraître une table générale des 20 volumes, objet indispensable dans un si grand ouvrage. Elle formera 1 ou 2 volumes in-8.

L'*Histoire du Consulat et de l'Empire* a été désignée par les cinq classes de l'*Institut impérial de France* pour le grand prix de 20,000 fr. accordé par l'Empereur à la meilleure production littéraire publiée pendant une période de dix années. On nous a assuré que le nombre des exemplaires de ce grand ouvrage vendus par ses éditeurs s'élevait, au commencement de 1863, au chiffre de 65,000, et que les honoraires payés à l'auteur pour la propriété littéraire de ces 20 volumes se montaient à 750,000 fr., savoir : 500,000 fr. pour les 10 premiers, et 250,000 fr. pour les 10 derniers. Ajoutons qu'il en a été tiré pour l'auteur 20 exemplaires sur un papier plus fort que celui de l'édition.

— Salon de 1822, 9572.

THIERSCH. Griechische Grammatik vorzüglich des homerischen Dialektes, von Friedrich Thiersch. *Leipzig, Fleischer*, 1826, in-8. de XXXII et 735 pp. 8 fr. [10640]

Troisième édition de cet ouvrage estimé; il faut y joindre une table des matières par Ch.-Er. Richser, intitulée : *Vollständiges Wort- und Sachregister...* Leipzig, 1828, in-8. de XII et 180 pp.

— Die Epochen der bildenden Kunst, 29240.

THILLOYS (*George*). L'Amphitheatre du

grand college de Reims. Solyman II, quatorziesme empereur des Turcs, par George Thilloys, bachelier en theologie, et rhetoricien au dit college. *Reims, Simon de Foigny,* 1617, in-8. de 4 ff. prélim. et 56 ff. chiffrés.

Tragédie en cinq actes et en vers, dont on cite une belle scène dans le catalogue de Soleinne, n° 993, où un exemplaire. en *mar. vert d. de mar.* est porté à 55 fr.

THIOLLIÈRE (*Victor*). Description des poissons fossiles, provenant des gisements coralliens du Jura, dans le Bugey. *Paris, Savy,* 1859, in-fol. avec pl. color. 60 fr. [5889]

Cet ouvrage fait suite à celui de M. Agassiz sur les poissons fossiles.

THIOUT (*Antoine*). Traité de l'horlogerie mécanique et pratique. *Paris,* 1741, 2 vol. in-4., avec 91 pl. 20 à 30 fr. [8400]

THIRON (*Ant.*). Voyez MIROIR.

THOLUCK Ssufismus, sive theosophia Persarum pantheistica, quam e manuscriptis Bibliothecæ regiæ berolinensis persicis, arabicis, turcis, eruit atque illustravit Frid.-Aug. Deofidus Tholuck. *Berolini,* 1821, pet. in-8. 9 fr. [2242]

Ce volume renferme les textes originaux persans, arabes, etc. M. de Sacy en a rendu compte dans le *Journal des Savants,* 1821. Vend. 16 fr. 95 c. Langlès.

THOMÆUS Leonicus (*Nicolaus*). Voyez tome III, col. 987, article LÉONIQUE, et ajoutez à la note :

Les *Opuscula* de *Thomæus,* ou *Tomeo Leonico,* Paris, 1530, au mois de septembre, doivent être accompagnés des *Dialogi* du même auteur, Paris, 1530, au mois de novembre, in-fol. Ces deux recueils avaient déjà été imprimés à *Venise,* savoir : le premier, *per Bernardum de Vitalis,* en 1525; le second, per *Gregorium de Gregoriis,* en 1524, in-4.

THOMAS. Thomæ apostoli (S.) acta, ex codd. parisin. primum edidit et annotationibus illustravit J.-C. Thilio : præmissa est notitia uberior novæ codicis apocryphi Fabriciani editionis. *Lipsiæ, Vogel,* 1823, in-8. [251]

THOMAS a Kempis. Voy. IMITATION.

THOMAS de Aquino (S.). Opera omnia. *Romæ, hæredes Ant. Bladi,* 1570-71, 17 tom. en 18 vol. in-fol. [1181]

Vend. 300 fr. Soubise; 209 fr. Boutourlin, et serait plus cher aujourd'hui.
Cette édition des œuvres de saint Thomas est regardée comme la meilleure; cependant celles de *Venise,* 1593-94, 18 vol. in-fol. : (129 flor. Butsch); d'*Anvers,* 1614, 19 vol. in-fol. : (114 flor. Butsch), et de *Paris,* 1636-41, 23 vol. in-fol., ont encore leur mérite. Les dernières éditions sont celles de *Venise,* 1745-1760 et 1765-1788, 28 vol. in-4., avec les avertissements de Ber.-M. de Rubeis : 140 fr. en octobre 1857. Une autre édition en 24 vol. gr. in-4., dédiée à Jésus-Christ, a commencé à paraître en 1858.
On conserve à la Bibliothèque impériale un exemplaire de l'édition de *Rome,* imprimé sur VÉLIN: un autre a été vendu 162 liv. 15 sh. Sykes; 178 liv. 10 sh. Williams. C'est probablement le livre le plus volumineux qu'on ait encore tiré de cette manière.

— Divi Thome aquinatis continuum in libr. euangelii secundum Mattheũ. — Super euangelio Sancti Luce continuum Sancti Thome. — Beati Aquinatis continuum in euangelium Sancti Joannis (Joannes Andreas, episcopus aleriensis recognovit). *Romæ, in domo Petri et Francisci de Maximis,* M. CCCC. LXX. *die vij decẽbris (per Conr. Suueynheym et Arnold. Pannartz),* 3 tom. en 2 vol. in-fol., à 46 lign. par page. [483]

Première édition de ce commentaire. La première partie, sur saint Matthieu et saint Marc, contient 324 ff.; la seconde, sur saint Luc, 183 ff. (le 184e est blanc); la troisième, sur saint Jean, contient les ff. 185 à 342 (ou 344, selon Dibdin). Chaque partie a une souscription particulière. Vend. 200 fr. *mar. r.* La Vallière; 7 liv. 7 sh. Pinelli.

— Divi Thome aquinatis continuum in librum evangelii secundum Matheum, etc. — Beati Thome de Aquino glosa continua super quatuor evangelistis feliciter finit. *Impressa Nuremberge, per... Anth. Coberger, anno... mille cccc lxxv.* DIE VIII AVGV. in-fol. goth. de 434 ff. à 2 col. de 57 lign., selon Hain.

Vendu (exemplaire en 432 ff.) 121 fr. *mar. r.* La Vallière, sans avoir cette valeur.

— Expositio in evangelium Sancti Joannis, alio loco minime hactenus impressa, curante Marco-Ant. Luciano. *Venetiis, Sim. de Luere,* 1508, in-fol. [491]

Un exemplaire sur VÉLIN, 4 liv. 10 sh. Pinelli; 88 fr. Mac-Carthy.

— Prima pars Summæ S. Thomæ. (*absque nota*), gr. in-fol. goth., sans chiffres, récl. ni signat. [1183]

Édition imprimée avec des caractères qui ressemblent beaucoup à ceux de la Bible de Mayence, 1462, et des Instituts de Justinien, 1468, mais que

THOMAS

cependant on peut attribuer avec plus de certitude à Ulric Zell, de Cologne. Elle est probablement antérieure à la *Secunda secundæ*, impr. à Mayence, en 1467. C'est un volume de 249 ff. (selon Van Praet, ou de 252, selon Panzer) à 2 col. de 47, de 48 et même de 50 lignes. Les six premiers ff. renferment la table des questions, le 7ᵉ commence par cette ligne : *Via catholice veritatis.* L'ouvrage se termine au verso du dernier f., première col., par ces trois lignes : *Explicit prima pars sūme fratris san|cti Thome de aqno ordīs fratrū pre| dicatorum mgꝰi in theologia eximij.* C'est le plus rare des quatre volumes de saint Thomas imprimés à Mayence, de 1467 à 1471. Il en a été vendu un exemplaire 100 flor. Crevenna. — J. Van Praet n'en connaissait pas d'exempl. sur VÉLIN.

Après cette édition de la *Prima pars*, la plus ancienne que l'on connaisse est un in-fol. goth. de 255 ff. (non chiffrés) à 2 col. de 48 lignes, sans lieu d'impression, mais dont la souscription porte : *ꝑ magꝰꝫ Albertum de Stendael, Anno domini. M.CCCC.lxxiij, die v. mēsis octobris.* Cette souscription y est suivie d'un f. blanc et de 5 ff. pour la table : vend. 3 fr. 50 c. Boutourlin.

—Incipit prima pars secunde edita a fratre | Thoma dë Aquino. (in fine) : *Alma in vrbe moguntina... ꝑ petrū Schoiffer de gerns'hem. Anno dñi millesimo quadringentesimo septuagesimo ꝑmo. Octaua die nouembris*, gr. in-fol. goth. de 175 ff. à 2 col. de 61 lignes. [1183]

Première édition : 38 fr. (piqué des vers) 2ᵉ vente Quatremère. Il en existe plusieurs exemplaires imprimés sur VÉLIN. Celui de M. Mac-Carthy a été retiré à 600 fr. et offert à 900 fr. L'édition de Venise, *Fr. de Hailbrun*, etc., 1478, pet. in-fol. de 279 ff. à 2 col., a également été tirée sur VÉLIN.

— S. Thomæ secunda secundæ. — *Hoc opus preclarū... Alma in urbe moguntia... ꝑsumatū per Petrū schoiffher de gerns'heim, anno dñi M.CCCC.LXVII. die sexta mens' marcii*, gr. in-fol. goth. de 258 ff. à 2 col. de 59 lign. [1184]

Première édition avec date : vend. 120 flor. Crevenna; 206 fr. (exemplaire médiocre) La Serna; 203 fr. (bel exemplaire) *mar. r.* F. Didot; 14 liv. 14 sh. Roscoe; retiré à 185 fr. Mac-Carthy; 110 fr. Reina; 140 fr. Bearzi.

Le volume commence, sans intitulé, par ces mots : ꜱ. *(P)Ost ꝑmunē cō|sideracōem dc.* La souscription se trouve au verso du 252ᵉ f., lequel est suivi de 6 ff. de table, dont le dernier n'est imprimé qu'au recto. — On connaît dix à douze exemplaires de cette édition impr. sur VÉLIN, et autant de l'article suivant.

—Ꝋpus præclarum quarti scripti. — *Præclarū hoc opus... Alma in urbe mogūtina... cōsumatū ꝑ petrū schoiffher de Gernszhem. Anno dñi millesimo quadringentesimo sexagesimo nono. Tredecima die Junii*, gr. in-fol. goth. de 274 ff. à 2 col. de 60 lign. [1185]

Première édition : elle commence, sans intitulé, par ces mots : *(M)Jsit verbū suū*, etc.; la souscription est imprimée en rouge et accompagnée des écussons de Schoiffer. Vend. 510 fr. La Valliere; 7 liv. Pinelli; 75 flor. Crevenna; 200 fr. Mac-Carthy; 5 liv. 10 sh. à la vente Hibbert; 60 fr. Bearzi; 14 liv. 10 sh. Libri, en 1859.

Un exemplaire sur VÉLIN a été retiré à 405 fr. et offert à 900 fr. à la vente Mac-Carthy.]

Ces trois volumes réunis, rel. en *mar. r.*, n'ont été vend. que 483 fr. Gaignat, et 360 flor. Meerman.

—Secunda secundæ. M. CCCC. LXXII, *Laus Deo*, gr. in-fol. de 289 ff. à 2 col. de 58 lign.

Cette édition, qui commence par 7 ff. contenant *Ordo et signacio questionum, etc.*, est imprimée avec de petits caractères gothiques qui ressemblent à ceux de Conr. Fyner d'Eslingen (Hain y compte 290 ff.). Vend. 132 fr. *mar. r.* La Valliere; 30 fr. Brienne-Laire, et 70 fr. Quatremère.

— Secunda secundæ. In-fol. goth. de 244 ff. à 2 col. de 59 lign.

Ancienne édition, imprimée avec les caractères que J. Mentelin a employés dans son édition du *liber quartus S. Augustini de doctrina christiana.* Le volume commence ou finit par une table de 6 ff., à la fin de laquelle on lit : *Explicit ordo et signacio questionū Scdi libri,* | *Scde ptis beati thome.....;* le texte commence par cette ligne : *(P)Ost ꝑmuēꝫ consideracōeꝫ*; et il est terminé à la 49ᵉ ligne de la 1ʳᵉ col. du f. 238 verso. Vend. 51 fr. *mar. r.* Brienne; 70 fr. Quatremère.

— Secunda secundæ. — *Impressa hac in urbe Roma... ꝑ Egregios uiros Symonem nicolay Lucēn. & magistrum Vdalricum gallum Alamanū. Anno dñi M.CCCCLXXIIII. die prima mensis Octobris*, gr. in-fol. de 323 ff. à 62 lign. par page.

Édition rare, imprimée en lettres rondes, excepté les deux premières lignes qui sont en gothique. La souscription est au verso de l'avant-dernier feuillet, et le₃recto du dernier feuillet contient le registre des cahiers sur quatre colonnes.

—Summa theologiæ, in tres partes divisa, edita studio F. Gregorii Donati, romani, ordinis prædicatorum. *Coloniæ-Agrippinæ, Corn. ab Egmond,* 1639, 10 vol. pet. in-12.

Jolie édition imprimée à *Amsterdam, chez Blaeu.* Un exemplaire en *mar. bl.* a été vendu 124 fr. Delasize, à Rouen; un autre en *mar. r.*, 100 fr. Busch.

— Summa theologiæ, recognita et emendata per Joan. Nicolai. *Parisiis*, 1663, in-fol. 18 à 24 fr. [1182]

Bonne édition. Celle de *Lyon*, 1655, in-fol., 20 fr. en 1857; celle de *Bassano*, 1773, et *Venise*, 1783, 10 vol. in-fol., avec les commentaires de Th. de Vio, card. Cajetan, et les explications de Ser. Capponi, est fort recommandable. Vend. 59 fr. *br.*, en 1824, et plus cher depuis. — Pour la Somme arrangée par Billuart, voy. les nᵒˢ 1165 et 1166 de notre table.

— LA SOMME théologique de saint Thomas, latin-français en regard, avec des notes théologiques, historiques et philosophiques..... par M. l'abbé Drioux. *Paris, Eugène Belin*, 1855-57, 15 vol. in-8. 82 fr. 50 c.

Le texte latin de cette édition a été imprimé séparément en 8 vol. in-8. 40 fr.

— LA MÊME, traduite en françois et annotée par F. Lachat, renfermant le texte latin avec les meilleurs commentaires. *Besançon et Paris, L. Vivès*, 1856-59, 14 vol. in-8. 84 fr.

— SUMMA theologica, cum conclusionibus R. P. Nicolai, dissert. de Rubeis, et indicibus copiosissimis. *Parmæ*, 1854-56, 4 vol. gr. in-4. à 2 col. 50 fr. — Aussi 14 vol. pet. in-8., même prix.

— Opuscules de S. Thomas d'Aquin, traduits par MM. Vedrine, Fournet et Bandel. *Besançon et Paris, Vivès*, 1857-58, 7 vol. in-8., avec le texte latin, 42 fr.

— Exposition suivie des quatre Évangiles, par le docteur angélique saint Thomas d'Aquin, traduite par l'abbé Castan. *Paris, Louis Vivès*, 1855, 8 vol. in-8.

—Duodecim quodlibeta disputata. (*Romæ, in S. Eusebii monasterio, per Geor. Laver, circa annum* 1470), in-fol. de 217 ff. non chiffrés. [1186]

Première édition, imprimée sans lieu ni date, à longues lignes, au nombre de 33 sur les pages entières; le volume commence par 5 ff. de table, et finit au bas du recto de la dernière page, au chapitre XXXVII, par le mot *Explicit :* vend. en *mar. bl.* 29 fr., Gaignat; 100 fr. *mar. r.* La Valliere; 37 fr. Reina; 35 fr. Bearzi.

— Eædem quæstiones. — *Et in hoc finitur quodlibetor. liber... impressus Colonie per Arnoldum ther hoernen, anno dñi* 1471... pet. in-fol. goth.

L'exemplaire vendu 34 fr. *mar. r.* La Valliere, et 30 fr. Mac-Carthy, se composait de 156 ff. à 2 col. de 40 lign., y compris les 6 premiers qui renferment la table des questions; mais il existe une seconde partie de 174 ff. à 2 col., laquelle contient *Questiones de malo*, commençant par cette ligne : (*Q*) *Vestio ẽ de ma*, et finissant au verso de l'avant-dernier feuillet, deuxième colonne, par une souscription en six lignes imprim. en rouge, où on lit (à la 5e ligne) le nom de *Arnoldũ ther hoernẽ*. Cette souscription est suivie du monogramme de l'imprimeur. Le dernier feuillet renferme la table des questions. La Bibliothèque impériale possède un exemplaire des deux parties impr. sur VÉLIN, mais dont la première partie ne porte point de souscription.

Dans un exemplaire de la première partie, qui a été vendu 73 fr. La Valliere, se trouvait un autre opuscule de saint Thomas, pet. in-fol. de 46 ff. à 2 col. de 40 lign., également impr. avec les caractères de Ther Hoernen, et commençant ainsi : *Incipit modus pcedendi in sermones de sacramento venerabilis eukaristie...*

—Incipit sũma de articulis fidei et ecclesie sa | cramentis. edita a fratre thoma de aquino or | dinis fratrũ p̄dicatoᵹ. (*absque nota*), pet. in-4. goth. de 14 ff. à 30 lign. par page, sans chiffres, réclames ni signat.

Édition imprimée avec les mêmes caractères que le *Durandi rationale opus* de Mayence, 1459. Elle commence par le titre ci-dessus impr. en trois lignes, et se termine au verso du dernier feuillet par une souscription (*Explicit sũma*), en 4 lign., dont la dernière ne contient que le mot : p̄dicatorum. C'est un des huit opuscules (impr. avec les mêmes petits caractères de Fust et Schoeffer) que J. Van Praët a décrits dans son Catalogue in-fol., p. 20 (14) et suiv. Celui-ci a été vendu 4 liv. 14 sh. 6 d. Hanrott, et 2 liv. 6 sh. Heber.

— Incipit summa de articulis fidei et ecclesiæ sacramentis. In-4. goth. de 15 ff. à 27 lign. par page.

Cette édition, sans lieu ni date, est annoncée dans le catalogue de La Valliere comme une production des presses d'Ulric Zell, exécutée vers 1470 : vend. 100 fr. La Valliere; mais 11 fr. seulement Brienne. Nous pouvons encore citer deux autres éditions du même opuscule impr. sans lieu ni date, avec les caractères employés pour le Vocabulaire *ex quo* de 1467, 1469 et 1472. Elles ont l'une et l'autre 12 ff., mais la première porte 36 lign. par page, et

. la seconde seulement 35 lign. (Van Praet, Catal. in-fol., p. 32).

— Liber de veritate catholicæ fidei contra errores gentilium, ex recens. Joan.-Fr. Vineti. — *Impressit... Arnoldus Pannartz* (*Romæ*), M. CCCC. LXXV. *die vero xx septem*. in-fol. de 299 ff. non chiffrés à 2 col. de 42 lign.; le texte ne commence qu'au 7e f. [1809]

Vendu 129 fr. La Valliere; 17 fr. Boutourlin; en *m. r.* 100 fr. Mauger, en 1861. Ce n'est peut-être pas l'édition la plus ancienne que l'on ait de ce long traité, car il en existe une sans lieu ni date, gr. in-fol. de 248 ff. à 2 col. de 49 lign., sans chiffres, réclames ni signatures, en caractères gothiques.

— Somme de la foi catholique contre les gentils, par saint Thomas d'Aquin, traduction avec le texte latin, accompagnée de notes et suivie d'une table analytique, par l'abbé P.-F. Escalle. *Paris, Louis Vivès*, 1854, 2 vol. in-8.

— Incipit tractat. sancti Thome de aquino ordi ‖ nis fratr. p̄dicator. de corpore cristi. (in fine, f. 21 recto) : Et sic est finis huius libelli de cor ‖ pore cristi rc. *Anno domini rc* ‖ *septuagesimo tercio quinta feria* ‖ *ante palma mensis aprilis* ‖ *impressus est. Laus Deo honorᵹ* — Incipiunt dicta de sacramento magistri Nico ‖ lai de lira sub hoc tenore verborum sequencia. Incipit intellectus super oratione dominica. (in fine, f. 36 recto) : Et sic est finis huius libri, super domi ‖ nica oracione. Et habentur in hoc li ‖ bro illa que sequntur. Tractatus sancti Tho ‖ me de aquino ordinis fratrum predicatorum ‖ Dicta de sacramento magistri Nicolai de lira ‖ *Finit et spletus de cuius opere laude t deus* ‖ *ei. q. gloriosa virgo maria in secula sèculor*. Pet. in-4. goth.

Ce volume, exécuté avec les caractères de *Ketelaer et Leempt*, est le premier imprimé avec date à *Utrecht*, et vraisemblablement même en Hollande. Il est tellement rare qu'il est resté presque inconnu. Un exemplaire rubriqué en rouge, rempli de témoins, et rel. en *mar. r.* est porté à 160 fr. dans le *Thesaurus biblioth.*, de Edwin Troos, 1856, 1re livraison.

—Thomas de aquino de regimine principum, de regimine judæorum, etc. *Parisiis, in ædibus ascensianis. Jo. Parvus*, 1509, in-8. [3977]

Jos. Van Praet cite deux exemplaires de ce volume impr. sur VÉLIN. — Nous avons vu une édition du traité *De regimine principum*, sans lieu ni date, in-4. de 23 ff. à 31 lign. par page, caract. goth., avec sign., imprimée à la fin du XVe siècle.

—Commentaria super libro Aristotelis de anima. *Venetiis, per Reynaldũ de Nouimagio*, M. CCCC. LXXXI, in-fol. goth. de 60 ff. à 2 col. de 48 lign. [3543]

Un exemplaire imprimé sur VÉLIN est porté à 3 liv. 3 sh. dans le catalogue de Webbe, *Londres*, 1752, 2e part., n° 227.

— Tractatulus de arte et vero modo predicandi. Explicit tractatulus famosissimus de arte et vero modo predicandi. *In civitate Gebennensi impressus per M. Ludovicum Cruse alias Garbini, Anno Domini* M. CCCC. lxxxı. *die* x *sept.*, in-fol. de 11 ff. à longues lignes, 31 à la page, caract. goth. sans chiffres, récl. ni signat.

Cet opuscule est la plus ancienne production connue avec date, sortie des presses de Louis Guerbin, alias de la Cruse. Le fac-simile des caractères de cet imprimeur a été donné dans les *Etudes sur la typographie genevoise*, de M. Gaullieur.
— TRACTATUS de humanitate Christi. *Leydis, Heynric Heynrici*, 1484, in-4. goth., sign. a—n.

Dans cette édition peu connue; il n'y a que le 1ᵉʳ et le 3ᵉ f. de chaque cahier qui portent des signatures. La date se trouve au 2ᵉ f. du cah. n, et la marque de l'imprimeur au 5ᵉ; le 6ᵉ est tout blanc. M. Libri suppose que le premier f. du même cahier, qui manque à son exemplaire, doit aussi être blanc.
— S. THOMÆ AQUINATIS opuscula inedita, cum notis crit. P.-H. de Ferrari. *Romæ*, 1840, 2 part. in-8.

Il existe un grand nombre d'éditions des ouvrages de saint Thomas d'Aquin, imprimées dans le XVᵉ siècle, mais nous n'avons pas dû en rapporter ici la longue série, qu'on trouvera décrite sous les nᵒˢ 1328 à 1543 du *Repertorium* de Hain, et qui se compose en grande partie de volumes sans valeur actuelle. — Voy. QUARTENAIRE.

THOMAS Magister. Thome Magistri per alphabetum, hoc est elementorum ordinem attici eloquii, elegantie. quibus approbatissimi priscorum vsi sunt atq; nouelle circa eandem annotationes τ differentie (gr.). (*Romæ, per Zachariam Calliergi*, 1517), pet. in-8. de 132 ff. en tout, à 24 lign. par page, sign. a—I. [10714]

Première édition, assez rare. Le frontispice porte le titre ci-dessus, précédé du même titre, en grec et en 4 lign., avec la marque de Calliergi, qui est une double aigle, ayant au milieu les lettres Z K. La date se trouve dans la souscription grecque (Χιλιοστω φιζ). Vend. 6 fr. La Vallière; 24 fr. mar. v. MacCarthy; 5 flor. Crevenna; 5 liv. 11 sh. Libri, en 1859; et rel. avec le *Phrynicus*, sous la même date, 1 liv. 2 sh. Pinelli.

— Dictionum atticarum collectio; Phrynichi atticorum verborum et nominum collectio; Manuelis Moschopuli vocum atticarum collectio e libro de arte imaginum Philostrati et scriptis poetarum; ex scriptis Æliani libellus de antiqua ratione instruendar. acierum, etc. (græce). *Parisiis, Mich. Vascosanus*, 1532, pet. in-8. de 276 ff. non chiffrés, 5 à 6 fr.

— ATTICORUM nominum eclogæ, græce, ex dispositione Nic. Blancardi, cum vetustis Lamb. Bos et novis varior. animadversionibus, collegit partim digessitque Jo.-Steph. Bernard, qui et suas notas adjecit. *Lugd.-Batav., vander Eyk*, 1757, gr. in-8. 8 à 10 fr.
Bonne édition.

— THOMÆ Magistri sive Theoduli monachi ecloga vocum atticarum; ex recensione et cum prolegomenis Fr. Ritschelii. *Halæ-Saxon., librar. Orphanotr.*, 1832, in-8. pap. vél. 3 thl.

Une autre édition in-8. du même ouvrage a été donnée à *Leipzig*, chez *Hartmann*, en 1833, par les soins de Charles Jacobitz, 2 thl. — V. THEODULUS.

THOMÆ cantuariensis (a Beckett), et aliorum epistolæ, et vita S. Thomæ variorum auctorum post Lupum auctius editæ: Gilberti Folioti et Herberti de Boscham opera, nunc primum e codicibus mss. edidit J.-A. Giles. *Oxonii, Parker et Londini*, 1845, 8 vol. in-8.

Cette édition a coûté 4 liv. 16 sh., mais on la trouve maintenant pour moins de 2 liv. — Les *Epistolæ, Oxonii, Parker*, 1845, 2 vol. in-8. se sont vend. séparément.

— Epistolæ et vita D. Thomæ martyris et archiepiscopi, necnon epistolæ Alexandri III. Pont. Max.; Galliæ regis Ludovici VII; Angliæ regis Henrici II aliarumque plurium sublimium ex utroque foro personarum, concernentes sacerdotii et imperii concordiam, in lucem productæ ex cod. ms. vaticano, opera et studio F.-Christ. Lupi. *Bruxellis, Fricx*, 1682, 2 vol. in-4. [22280]

Ouvrage d'un certain intérêt pour l'histoire. Les exemplaires en sont peu communs. Vend. 30 fr. en mai 1824; 1 liv. 6 sh. Heber. Ces deux vol. ont été réimpr. dans les œuvres de Chr. Lupi (voy. ce nom].

— S. THOMAS Becket, archevêque de Cantorbery et martyr, sa vie et ses lettres, d'après le Dʳ Gilles, précédées d'une introduction sur les principes engagés dans la lutte entre les deux pouvoirs, par M. l'abbé G. Darboy. *Paris, Ambr. Bray*, 1859, 2 vol. in-8.

— Voir les articles CANDA; VITA et processus.

THOMAS cantipratensis. Voyez CANTIPRATENSIS.

THOMAS (*Hub.*). Huberti Thomæ leodii Annalium de vita et rebus gestis Friderici II. Electoris palatini, anno 1556 fato functi libri XIV. (dans le même volume): De Antiquitatibus Heidelbergæ libellus, et brevis ejusdem civitatis Chronicon. *Francofurti, Ammonius*, 1624, in-4. [26584]

Ce volume peu commun renferme les portraits en taille-douce d'une partie des rois et princes dont il est question dans le livre. On y trouve ordinairement réuni l'ouvrage suivant attribué au même Hub. Thomasi: *Stemata Leosteniauum, seu genealogia illustrium et generosorum dominorum ac heroum comitum in Loweinstein... a Frederico victorioso ad nostra usque tempora*, Francof., 1624, in-4. avec des portraits.

THOMAS (*Paulus*). Poemata; editio tertia. *Engolismæ, Cl. Rezé*, 1640, in-8. [12937]

Dans cette édition, ainsi que dans celle de *Paris, Cl.*

Morellus, 1617, pet. in-8., se trouve *Lutetiados libri V.*
On a du même poëte : *Rupelliados sive de rebus gestis Ludovici* XIII *libri* VI. *Parisiis, Cl. Morellus*, 1630, in-4. Il est probable que ce dernier poëme fait partie du recueil de Poésies lat. de l'auteur impr. à Angoulême en 1633, in-4., et aussi de l'édition de 1640.
Nous trouvons dans la *Biblioth. thuana*, II, 291, l'indication d'une édit. des poésies lat. de Paul Thomas, sous la date d'*Engolismæ*, 1593, in-8., et aussi dans le catal. de M. de Lauraguais, n° 904.
LA TOWRE, du latin de M. Thoumas (*sic*), par Philippe Arnauld. *Angoulesme*, 1592, in-8.

THOMAS [Netter] Waldensis doctrinale antiquitatum fidei ecclesiæ catholicæ, adversus Wiclefistas, Hussitas, etc., ex editione J.-B. Rubei. *Venetiis*, 1571, 3 vol. pet. in-fol. [1829]
Bonne édition de cet ouvrage, dont les exempl. sont plus rares que recherchés. Il devait y avoir une quatrième partie, mais elle n'a pas été donnée.

THOMAS (*Fr.*). Historia illustrium Romanorum a Iano usque ad captam a Gothis urbem iampridem edita per Fr. Thomam qui veteribus tantum est ætate inferior. *Romæ, Steph. Guilireti*, 1510, in-4. de 28 ff. [22909]
Opuscule où se trouve, au verso du 5e f., une gravure sur bois assez remarquable, et, dans le courant du texte, 67 initiales qui ne le sont pas moins. 30 fr. Costabili.

THOMAS (*Artus*), d'Embry. Si l'on peut dire que la vertu est plus rigoureusement punie que le vice, dialogue ;—Discours contre la médisance ; — Qu'il est bienséant que les filles soyent sçavantes, discours. *Paris, Lucas Breyer,* 1600, 3 part. en 1 vol. pet. in-12. [3712]
Trois opuscules imprimés avec des titres séparés. La première pièce a 40 ff., la seconde et la troisième 28 ff. chacune. Elles ont dû être placées au commencement d'un recueil que le privilège du roi annonçait sous le titre d'*Opuscules ou divers traictez du sieur Artus Thomas* (*Bulletin du Bibliophile,* 1857, p. 161). On a attribué à cet écrivain la *Description de l'Isle des Hermaphrodites,* mais Prosper Marchand , qui a parlé fort au long de ce pamphlet (*Dict. histor.*, I, p. 305 et suiv.), n'admet pas qu'Artus Thomas pût en être l'auteur.

— Adversus Francisci Meinardi, frisii et apud Pictavienses legum professoris, calumnias Engolismensium defensio ; autore Paulo Thoma. *Burdigalæ, Sim. Millangius,* 1610, in-8.
L'ouvrage auquel répond notre auteur a été écrit à l'occasion du meurtre d'Henri IV, et il a pour titre : REGICIDIUM detestatum, quæsitum, præcautum. *Augustoritii - Pictonum, Mesnerii,* 1610, in-8. [23642]
Une autre réponse porte cet intitulé :
APOLOGIA Victorii Tuartii pro Franco-Gallis, contra mendacia, imposturas et calumnias Jo. Meinardi. *Parisiis, Barth. Macæus,* 1610, in-8.
Le véritable nom de l'auteur est *Bultellier* (*Denis*).

THOMAS Illyrique. Le Sermon de Charite, auec les probatiös des erreurs de Luther, fait et cöpose par frere Illyrique, träslate de latin en fräcois par le poligraphe hüble cöseiller; secretaire et hystorien du noble prince damour regnant au parc dhonneur (Nic. Volkyr de Serouville). *Imprime a S. Nicolas du Port, le* 26 aoust 1525, *par Jerome Jacob,* pet. in-4. goth. de 20 ff. [1437]
Livre rare, porté à 1 liv. 1 sh. dans le catalogue de Longman et Cie. *London ,* 1820, n° 10168. — Une édition de *Paris,* 1525, in-8., est indiquée sous le n° 753 du catal. de Sepher. Ce doit être la traduction d'une partie de l'ouvrage cité par Du Verdier sous le titre suivant :
SERMONES aurei in alma civitate tholosana proclamati a fratre Thoma Illirico de Auximo... verbi dei præcone... per universum mundum. *Tolosæ,* per *Joannem de Guerlins,* 1521, in-4.
Jean de Guerlins, que nous trouvons établi à Toulouse en 1521 et même dès 1519, est le même qui a imprimé à *Saint-Pons,* en 1516, les *Problemata* de Bart. de Solliolis. (Voir ci-dessus, col. 430.)
Du Verdier n'a pas connu le *Sermon de charité* imprimé à St-Nicolas, mais il indique un autre ouvrage de frère Thomas sous ce titre : *Deuotes oraisons en françois, auec une chanson d'amour diuin, comprise sur les sermons de frere Thomas Illiric. pour induire et inciter le peuple a deuotion,* Paris, 1528.

— Prophetie faicte par frere Thomas illiric, traslatee d'italien. (*sans lieu ni date,* vers 1530), in-4. goth. [9012]
Bibliotheca Crofts., n° 8129.
— COPIE de la prophetie faicte|p le pauure frère thomas sou | uerain exclamateur de la pa | rolle de dieu nouuellement träslatee de Ytalië en fräcoys. (*sans lieu ni date*), pet. in-8. goth. de 4 ff. à 23 lign. par page.
Opuscule en prose, avec la fig. du frère Thomas Illiric sur le titre. (à la fin) : *Vale. finis.* Il y en a une autre édition sous le même titre, et également sans date, pet. in-8. de 8 ff. dont le dernier est blanc.
— OPUSCULA quædam, videlicet quatuor epistolæ: prima ad Adrianum VI; secunda ad illustr. ducem Sabaudiæ; tertia ad lugdunëses; quarta ad reverendiss. episcopum Valentiæ clypeus status papalis vel sermo popularis de ecclesiæ clavibus, et specialis tractatus de potestate summi Pont. contra Lutherum: conclusiones quædam circa electionem Summi Pont.; Casus septem in quibus Sum. Pontifex est auferibilis a Papatu; Modus de habendi tempore schismatis; Confutatio conclusionum quarumdam Lutheri; Inuectiva in quosdam malos Christianos. Conditiones veri prælati. *Taurini,* per *Angelum de Silva,* M. D. XXIII, in-4.
Recueil dont nous donnons le titre d'après Du Verdier, supplément de l'Epitome de Gesner. Plusieurs des pièces qui sont annoncées ont paru séparément ainsi que l'ouvrage suivant : In *Lutheranas hæreses Clypeus catholicæ ecclesiæ,* per Fr. Thomam *Illyricum;* Taurini, typis Antonii Ranoti, M. D. XXIV, in-4.

THOMAS (*Antoine*). OEuvres complètes, précédées d'une notice sur la vie et les ouvrages de l'auteur, par M. Garat. *Pa-*

Thomas (*Eugène*). Vocabulaire, 11054.
Thomas (*F.-S.*). Historical notes relative to the history of England, 26904.

Thomas-d'Aquin de S. Joseph (le P.). La Mère Galiotte, 21958.
Thomas-d'Aquin (le P.). Vie de S. Calmine, 22126.
Thomas ab incarnatione. Ecclesia lusitana, 21492.

ris, Verdière (impr. de F. Didot), 1822, 6 vol. in-8. portr. 24 fr.; — Gr. Pap. vél., 48 à 60 fr. [19124]

La notice de Garat, annoncée sur le titre, n'ayant point été faite, on l'a remplacée par une autre écrite par Saint-Surin, et qui est accompagnée de quelques lettres inédites, et forme CXXXVI pp. On y a joint plusieurs cartons, et de nouveaux frontispices à la date de 1825. Ainsi complet, et en *demi-mar. bl.,* 85 fr. II. de Ch., en 1863.

Une édition des œuvres complètes de Thomas, augmentée de plusieurs pièces, alors inédites, a été publiée chez Belin, en 1819, et forme 2 vol. in-8. 8 fr.

THOMAS (*Jean-Bapt.*). Un an à Rome et dans ses environs, recueil de dessins lithographiés, représentant les costumes, les usages et les cérémonies civiles et religieuses des Etats romains, dessiné et publié par Thomas. *Paris, imprim. de F. Didot,* 1823, pet. in-fol. de 44 pp. et 72 pl. lithogr. [9474]

Publié en 12 livraisons de 6 pl., au prix de 12 fr. par livraison (et beaucoup moins depuis). Il y a des exempl. sur papier gr. in-fol.

THOMAS (*G.*). An historical and geographical Account of Pensilvania and New-Jersey in America. *London,* 1699, pet. in-8. avec une carte. [28576]

Rare et recherché : 3 liv. 10 sh. Catalogue Willis et Sotheran, 1862.

THOMAS (*J.*). Religious emblems : being a series of engravings on wood, by C. Nesbit, Branston, Clennell and Hole, from designs by J. Thurston, the descriptions written by J. Thomas ; second edition. *London, Ackermann,* 1810, gr. in-4. 15 à 20 fr. [18615]

Compilation médiocre, que recommandent seulement les gravures en bois dont elle est ornée. Cette seconde édition contient de plus que la première en 1809 une préface relative à l'origine de la gravure sur bois. Il y a des exemplaires avec les planches sur papier de Chine.

THOMASIUS (*Mich.*). Disputationes quædam ecclesiasticæ. *Romæ, ex domo propria,* 1565, in-4.

Volume imprimé avec les caractères que Paul Manuce employait alors à Rome. Sa grande rareté en fait tout le prix. Un exemplaire en Gr. Pap. a été vend. 6 liv. 6 sh. Butler.

THOMASSIN. Regrets facetieux et plaisantes harangues funebres du sieur Thomassin, sur la mort de divers animaux. œuvre tres utile pour passer le temps et resueiller les esprits melancoliques. auec plusieurs chansons jouiales et comiques. Le tout dedié au sieur Gautier Garguille. *Rouen, David Ferrand,*

1632, pet. in-12 de 309 pp., y compris le frontisp. gravé. 12 à 18 fr. [17963]

Ce livre paraît être en partie la réimpression de la seconde traduction des *Sermoni funebri* (voy. SERMONI).

THOMASSIN (*Sim.*). Recueil de statues, grouppes, fontaines, termes, etc., du château et parc de Versailles, gravés d'après les originaux. *La Haye,* 1723, 2 part. in-4. 10 à 12 fr. [9679]

Ce recueil a d'abord paru à *Paris,* en 1694, de format in-8. ou pet. in-4., contenant 218 fig. 15 à 18 fr.

THOMASSIN (*Ludov.*). Glossarium universale hebraicum (edentibus P. Bordes et Barat). *Parisiis, e typogr. reg.,* 1697, in-fol. 12 à 15 fr. ; — Gr. Pap. 15 à 18 fr. [11535]

— Dogmata theologica, 1157. — Discipline de l'Église, 3196. — Théodicée chrétienne, 3575. — Méthode d'étude, 10539.

THOMPSON (*Gilb.*). Voy. ALCEDO.

THOMPSON (*Geor.*). Travels and adventures in southern Africa, comprising observations made during eight year's residence at the Cape. *Lond., Colburn,* 1827, in-4. avec cartes et fig. 15 à 20 fr. [20910]

Il y a une 2e édition en 2 vol. in-8., avec 40 pl. 12 à 15 fr.

THOMPSON (*J.-T.*). Dictionary oordoo and english. *Serampore,* 1838, gr. in-8. 3 liv. 3 sh. [11826]

THOMS (le comte de). Les Antiquités de son cabinet, 1745, in-fol., 29 pl. avec un frontispice dessiné à la plume. [29303]

Ce livre a été acheté 127 fr. à la vente de Raoul-Rochette, n° 2269 de son catalogue. L'exemplaire est actuellement dans la bibliothèque de l'Institut.

THOMS (Perring). Chinese courtship in verse (with the translation), to which is added an appendix, treating the revenue of China, by P.-P. Thoms. *Macao* and *London, Parbury,* 1824, gr. in-8. sur pap. de Chine : 12 sh. [16018]

Vend. 17 fr. Rémusat.

THOMSON (*Geor.*). La Chasse de la bête

---

romaine, où est réfuté le XXIII. chap.
du catéchisme... impr. à Fontenay-le-
Comte, en 1607, et il est recherché et
évidemment prouvé que le pape est l'antichrist. *La Rochelle, par les héritiers
de Haultin*, 1611, ou *Genève, par
Phil. Albert*, 1612, in-8. [2112]

Deux éditions également recherchées: 10 à 12 fr. Vend.
(édition de 1611) 16 fr. *mar. bl.* Leduc; (édition
de 1612) 25 fr. *mar. bl.* Mac-Carthy.

L'édition de 1612 renferme de plus que la première
un *dixain sur la chasse de la beste romaine*.
Elles ont l'une et l'autre 35 ff. préliminaires; 728 pp.
de texte, et 22 ff. non chiff., contenant les tables
et errata. A la page 1re du texte doit se trouver
un feuillet plié, lequel porte pour titre : *Table
analytique et typique représentant le corps de
cette recherche de l'antichrist, etc.*

Cet ouvrage a été réfuté par Le Corvaysier, dans un
livre intitulé : *La Chasse au loup cervier* (voy.
CORVAYSIER) ; mais un anonyme en a pris la défense dans un autre volume plus rare que les deux
autres, et qui a pour titre :

LA DÉROUTE de la chasse du loup cervier, etc.
La Rochelle, 1612, in-8. de 168 ff.

THOMSON ou Thompson (*James*). The
Works, to which is prefixed an account
of the life and writings of the author
(by Andrew Murdoch). *London*, 1762,
2 vol. gr. in-4. portr. et fig. 15 à 20 fr.,
et plus en Gr. Pap. [15820]

— Poetical Works. *Glascow, Foulis*,
1784, 2 vol. in-fol.

Cette édition est peu recherchée : vend. cependant
42 fr. Gr. Pap. *mar. bl.* d'Ourches.

— WORKS, to which is prefixed the life of the author,
by Patrick Murdoch. *London*, 1788, 3 vol. gr. in-8.
fig. 18 à 24 fr.

Réimpr. à Londres, 1802, 3 vol. in-8. 15 à 20 fr.

— POEMS, with an original memoir and many new
poems, now first published. *London, Pickering*,
1830, 2 vol. pet. in-8. 12 sh.

— POETICAL works, with his life, critical dissertation and explanatory notes by Gilfillan. *London*,
1853, in-8. 7 fr.

— POETICAL works complete, with life by Murdoch
and notes by Nichols. *London*, 1856, in-8., portr.
et gravures. 9 fr.

— The Seasons, with notes by Percival
Stockdale. *London*, 1793, très-gr. in-8.
fig. 10 à 12 fr. [15821]

Thomson a d'abord publié séparément : *Winter*, 1726,
in-fol. et in-8. ; *Summer*, 1727 ; *Spring*, 1728, in-8.;
et enfin *The Seasons*, 1730, in-4., avec des pl. par
Kent.

— THE SEASONS, with a critical essay by Aikin. *London*, 1794, in-4. fig. bas prix.

— THE SEASONS. *Parma, Bodoni*, 1794, gr. in-4. 6 à
9 fr.

Un exemplaire in-4. papier impérial, 24 fr. 50 c.

Renouard, et in-fol. 27 fr. salle Silvestre, en 1805.
Il y a des exempl. de l'in-fol. sur VÉLIN (15 liv.
4 sh. 6 d. vente Junot, à Londres) et sur Gr. Pap.
vélin.

— The Seasons, illustrated with engravings by Fr. Bartolozzi and P.-W. Tomkins from original pictures of Will.
Hamilton. *London, Bensley*, 1797,
in-fol. atlant., pap. vél.

Cette édition, ornée de très-jolies vignettes et de
quatre grandes estampes, est assez belle; il faut
pourtant avouer que les marges du bas des pages
sont trop petites pour la grandeur du format. Vend.
270 fr. *mar. viol. dent.* Caillard ; 5 liv. 10 sh. *cuir
de Russie*, Sykes; 122 fr. *mar. r.* le duc de Plaisance, et moins cher depuis. Les mêmes vignettes
ont servi à une édition grand in-4., qui a coûté
100 fr., et 375 fr. avec les planches soigneusement
coloriées. On ajoute aussi à cette édition in-4. les
quatre grandes estampes de l'in-fol., qui coûtaient
25 fr. chacune.

— THE SEASONS (with the life of the author and illustrative remarks on Seasons by J. Evans). *London,
printed by Bensley, for Du Roveray*, 1802, pet.
in-8. fig.

Jolie édition : 10 fr. et beaucoup plus en Gr. Pap.
Celle de Lond., 1805, gr. in-8., est ornée de jolies
vignettes gravées sur bois par Bewick. On peut encore citer l'édition de *Lond.*, 1811, in-12, fig., dont
il y a du Gr. Pap.; — enfin celle de *Lond.*, 1842,
in-8., donnée par Bolton Corney, est *illustrée de*
70 jolies vignettes sur bois : 1 liv. 1 sh.

— THE SEASONS and castle of Indolence, with life
and critical remarks by Allen Cunningham. *London*, 1841, pet. in-8. avec 48 gravures sur bois,
par Williams. 10 sh.

— THE SEASONS, with life by Dr. Murdoch, and notes
by Bolton Corney. *London, Longman*, 1847 (or
1852), in-8.

Éditions ornées de nombreuses vignettes par les
membres de l'*Etching Club*. 15 sh., et plus en
pet. in-4.

— LES SAISONS, poëme, traduit de l'anglais (par
Mme Bontemps). *Paris, imprim. de Didot jeune*,
1796, gr. in-8., pap. vél. fig. 5 à 6 fr.

Vend., avec les figures avant la lettre et les eaux-
fortes, 15 fr. *mar. v.* Bozerian. — Cette traduction
a d'abord été imprimée à *Paris*, 1759, pet. in-8.
fig. 3 fr.; — Pap. de Holl. 5 à 6 fr.

LES SAISONS, traduction nouvelle par J.-R.-F.
Deleuze. *Paris*, 1801, in-8. fig. 5 fr.

Traduction estimée. Elle a été réimpr. à *Paris*, 1806,
gr. in-18, avec une gravure par Roger, et il y a
des exemplaires de cette réimpression en Pap.
vélin.

THOMSON (*James*). Archives entomolo-
giques, ou Recueil contenant des illustrations d'insectes nouveaux et rares.
Paris, F. Savy, 1857-58, 2 vol. in-8.
avec 34 pl. gravées, 60 fr.; — Planches
coloriées, 75 fr. [5970]

— Arcana naturæ, ou Recueil d'histoire
naturelle. *Paris, P. Savy*, 1859, in-fol.
avec 18 pl. col. fr.; — Pl. color., 75 fr.

THORELLE. Ein hüpsche historië von
einem Ritter genannt herr Thorelle ge-
born uss dem land Lombardia, wie er

---

vom grossen Soldan gefangen wardt, etc. *Strassburg* (sans date, mais vers 1512), in-4. de 20 ff.

Opuscule en rimes allemandes. Panzer, Suppl., p. 23. 96 flor. 30 kr. Butsch.

THORESBY (*Ralph*). Ducatus leodiensis, or the topography of Leeds and parts adjacent in the west riding of the county of York: *London*, 1715, in-fol. 2 à 3 liv., et beaucoup plus cher en Gr. Pap. [27345]

La seconde édition de cette topographie, avec des notes et des additions par T.-D. Whitaker, *Leeds*, 1816, 2 part. pet. in-fol. fig., a fait tomber le prix de la première : 3 à 4 liv. — En Gr. Pap. super royal, avec les figures avant la lettre, 12 liv. Sykes. Le second volume a pour titre : *Loidis and Elmete, or a attempt to illustrate the districts described in those word, by Beda.*

THORKELIN (*Grim-Johnson*). Fragments of english and irish history in the ninth and tenth century, in two parts, translated from the original icelandic, with some notes by G.-J. Thorkelin. *London*, 1787, in-4., avec une carte. [26884]

C'est le n° XLVIII de la *Bibliotheca topograph. britannica* de Nichols. — Voy. BIBLIOTHECA.
— DIPLOMATARIUM arna magnæanum exhibens monumenta diplomatica quæ collegit et Universitati hafniensi testamento reliquit Arnas Magnæus, historiam atque jura Daniæ, Norvegiæ et vicinarum regionum illustrantia. *Hafniæ*, 1786, 2 vol. in-4. [27564]
— EYRBYGGIA Saga sive Eyranorum historia, quam, mandante et impensas faciente P.-T. Suhm, versione, lectionum varietate ac indice rerum auxit C.-J. Thorkelin. *Hafniæ*, 1787, in-4. [27721]
Ouvrage écrit en islandais, par Steinhore, seigneur d'Eyran. L'éditeur y a ajouté une version latine et des notes : vendu 15 fr. 50 c. Chaumette.
— DE DANORUM rebus gestis sec. III et IV. poema danicum dialecto anglo-saxonica, ex bibl. cottoniana Musei britannici edidit, versione lat. et indd. auxit Grimus Johan Thorkelin. *Hauniæ*, *typis Th.-E. Rangel*, 1815, in-4. de XX et 299 pp. plus 2 ff. d'addenda : 24 fr. [15667]
Cette édition du texte original n'a point entièrement satisfait les savants capables d'en juger. L'ouvrage a été traduit en danois par N.-F.-Sev. Grundtvig. *Copenhague*, 1820, in-8.

THORLACIUS (*Birgerus*). Prolusiones et opuscula academica, argumenti maxime philologici. *Hauniæ*, 1806-22, 5 vol. in-8. 30 fr. [19053]

THORLEFIUS. Kaetilli Haengi et Grimonis Hirsutigenæ, patris et filii, historia seu res gestæ, ex antiqua lingua norvegica in latinum translatæ per Islefum Thorlefium, opera et studio Olavi Rudbeckii juris publici factæ. *Upsaliæ*, 1697, in-fol. [27604]

A la suite de l'opuscule portant le titre ci-dessus, et qui n'a que 17 pp., doivent se trouver, 1° *Historia Orvari Odde, filii Grimonis*, 51 pp. et un titre; 2° *Historia duorum regum Hedini et Hugonis*, 8 pp. Vend. 21 fr. Librairie De Bure.

THORN (*William*). Memoir of the conquest of Java, with subsequent operations of the british forces in the oriental archipelago, to which is subjoined a statistical sketch of Java. *London*, *T. Egerton*, 1815, gr. in-4. fig. 12 à 15 fr., et plus en pap. fort. [28217]

Vend. 60 fr. Langlès.
— MEMOIR of the war in India, conducted by general lord Lake, and sir Arthur Wellesley duke of Wellington, from its commencement in 1803 to its termination in 1806, on the banks of the Hyphasia, with historical sketches, topograph. descriptions and statist. observations, by W. Thorn. *London*, *Egerton*, 1818, in-4., carte et plans, 12 à 15 fr. [28170]

THORNTON (Dr *R.-J.*). A new illustration of the sexual systems of Linnæus, and the temple of Flora, or garden of the botanist. *London*, 1799, or 1807-1809, 2 part. in-fol. fig. color. [4869]

Ces deux ouvrages coûtaient 30 liv. sterl., mais ils conservent à peine le quart de ce prix. Le 1er vol. a 66 pl., et le *Temple of Flora*, 31 pl.
Il y a des exemplaires du *Temple of Flora* sous la date de 1812.
— THE PHILOSOPHY of botany, being botanical and philosophical extracts. *Lond.*, 1810, in-fol. — Elementary botanical plates, or genera of exotic and indigenous plants intended to illustrate botanical extracts. *London*, 1810, in-fol. 6 liv. 6 sh., et moins avec les fig. en noir. [4833]
Dans cet ouvrage, comme dans le précédent, les fig. manquent de vérité.
On a du même auteur : *Elements of botany*, London, 1812, 2 vol. gr. in-8., avec 52 et 84 pl. — *Practical botany*, in-8., tome 1er, avec 85 pl. — *British flora*, London, 1812, 5 vol. in-8. fig. Ouvrages peu estimés.

THOROTON (*Rob.*). The Antiquities of Nottinghamshire. *London*, *H. Mortlocke*, 1677, in-fol. fig. [27277]

Ouvrage fort recherché en Angleterre, et devenu rare de cette édition, laquelle doit contenir 22 pl., plus une pl. séparée, où sont 8 cottes d'armes, avant les Index. Vend. 16 liv. 16 sh. Roxburghe ; 8 liv. 8 sh. Dent ; 6 liv. 10 sh. Heber. Les exemplaires en Gr. Pap. sont encore plus chers.
La même histoire a été réimprimée avec de nombreuses augmentations par Jean Throsby, *London*, 1797, 3 vol. in-4. 2 à 3 liv. et plus en Gr. Pap.

THORPE (*J.*). Registrum and Custumale Roffense... *London*, 1769-1788, 2 vol. in-fol. [27209 et 27910]

Le second de ces ouvrages, qui a 56 pl., est devenu rare parce qu'une partie de l'édition a été incendiée dans le magasin du libraire Nichols. Les deux sont portés à 6 liv. 6 sh. dans le catalogue de Willis et Sotheran, 1862.

THORPE (*Benjamin*). Analecta anglo-saxonica : a selection in prose and verse, from anglo-saxon authors of various ages, with a glossary. *London, Arch,* 1834, in-8. de XII et 268 pp. 12 à 15 sh. [19458]

Cet ouvrage, à l'usage des étudiants, a été réimprimé en 1846, pet. in-8.

THORTI Esculani (*Cesare*). Rime, et altre rime raccolte dallo stesso. *Per S. de Piscia* (senz' anno, circa 1525), in-4. [14507]

Un exemplaire décoré d'initiales peintes, et rel. en mar. r., 2 liv. 18 sh. *Bibl. heber.*, IX, n° 2926, où ce livre est annoncé comme très-rare. Panzer ne l'a pas indiqué.

— Triumphus amoris. (in fine) : *Impresso in Firenze per ser Francesco Bonaccorsi* (s. a.), in-4., caract. rom., sign. a—fIIII.

Ce volume, imprimé vers la fin du XVe siècle, contient des vers italiens, sonnets de Torti et d'autres auteurs. Il commence ainsi : *Cæsar Thortus Escolanus Philosophiæ ac medicinæ scolaris illustrissimo D. Andrea Matheo Marchionis Betontino ac Regio senescalco dignissimo : S. D.* On lit au f. 3, après le 3e vers : *Thortus ad Amicam,* et au f. a 5, après 16 vers : *Triumphus amoris Cæsaris Thorti.*

THORWALDSEN, (*Albert-Barthelemy*). Intera collezione di tutte le opere di Alb. Thorwaldsen, con illustrazioni dell'abate Misserini. *Roma,* 1831, 2 vol. in-fol. pap. vél. [9684]

117 pl. au trait, avec les explications en italien et en français. 34 fr. Reina, et quelquefois plus cher.

— Leben und Werke des dänischen Bildhauers Bartol. Thorwaldsen, von J.-M. Thiele. *Leipzig, Brockhaus,* 1832-34, 2 vol. in-fol. [9685]

— Thorwaldsen's Arbeiten und Lebensverhältniss im Zeitraume von 1828-1844, von J.-M. Thiele; deutsch bearbeitet von C.-F. Hillerup. *Leipzig,* 1852-57, 2 vol. in-4. avec 205 pl. 15 thl.

Le texte joint à cette édition a été donné à part pour servir de supplément à la précédente. Ce texte danois avait d'abord paru à Copenhague, 1851-56, en 4 vol. in-8., avec le portr. de Thorwaldsen.

— RECUEIL de tous les ouvrages de Thorwaldsen, rangés dans le même ordre où ils se trouvent placés dans les salles du Musée avec une esquisse biographique, par H.-P. Holst. *Copenhague,* 1851, gr. in-fol. 13 thl.

— ENTRÉE d'Alexandre le Grand à Babylone, frise en marbre dans le palais de S. M. le roi du Danemarck à Christiansbourg, par Barthélemy Thorwaldsen, grav. par Sam. Amsler, d'après les dessins de Frédéric Overbeck et autres, avec les explications par Louis Schorn. *Munich,* 1835, in-fol. obl. 3 ff. de texte avec 22 pl. 30 à 40 fr.

THORY (*C.-A.*). Acta Latomorum, ou Chronologie de l'histoire de la Franche-Maçonnerie française et étrangère. *Paris, Dufart,* 1815, 2 vol. in-8. fig. [22497]

Ouvrage dont l'édition est depuis longtemps épuisée. Un exemplaire ayant le 1er vol. en pap. violet et le 2e en pap. couleur de chair, avec les fig. avant et avec la lettre, 57 fr. mar. r. dent. Chardin.

Le même auteur avait déjà donné :

ANNALES originis magni Galliarum O., ou Histoire de la fondation du G. O. de France. *Paris,* 1812, in-8. fig.

— LES ROSES. Voyez REDOUTÉ. — Monographie du groseillier, 5498.

THOU (*Christ.* de), *Barth.* Fey et *Jac.* Viole. Voy. dans notre article COUTUMES de France, t. II, col. 342, celles de Meulan, d'Orléans, de Paris et de Poitou.

THOU (*Jac.-Auguste* de), en lat. THUANUS. Hieracosophion, sive de re accipitraria libri III. *Parisiis, Mamert Patisson,* 1584, in-4. 8 à 12 fr. (12938)

Belle édition, dont il y a des exemplaires en Gr. Pap. Celle que le même imprimeur a donnée en 1587 est ordinairement reliée avec les poésies latines de Scevole de Sainte-Marthe, impr. en même temps, de format in-8. Le poëme de De Thou a été traduit en vers italiens par. G.-P. Bergantini, sous ce titre : *Il Falconiere di Jac.-Aug. Tuano, coll' uccellatura a vischio di Pietro Angelio Bargeo.* Venezia, 1735, gr. in-4. fig.

Autres poésies de J.-A. de Thou.

POEMATA sacra. *Lutet., Mam. Patisson,* 1599, pet. in-12. 6 fr. 50 c. Daguesseau. [12939]

CRAMBE, Viola, Lilium, Phlogis, Terpsinœ. *Par.,* 1611, in-4.

Cinq petits poëmes dont les trois premiers avaient déjà été imprimés à *Paris, ex typogr. Rob. Stephani,* 1609, pet. in-fol.

POSTERITATI, poematium opus, editum, notis perpetuis illustratum opera J. Melanchthonis (Jac. Pineton de Chambrun). *Amstelod., Dan. Elzevirius,* 1678, pet. in-12. 4 à 6 fr. [12940]

Vend. 12 fr. Mac-Carthy.

— Historiarum libri CXXXVIII, ab anno 1546 ad annum 1607, quibus adjuncti sunt Nic. Rigaltii de rebus gallicis libri tres et sylloge scriptorum varii generis et argumenti ad Thuanum vel thuaneam historiam pertinentium. *Londini, Sam. Buckley,* 1733, 7 vol. in-fol. [23067]

Cette édition, la plus belle, la plus complète et la meilleure de cette histoire estimée, est aussi la seule qu'on recherche : 50 à 80 fr.; — Gr. Pap. 80 à 100 fr.; vend. en m. r. 300 fr. La Vallière ; 182 fr. Delcro; 180 fr. le duc de Plaisance ; 22 liv. Sykes ; 13 liv. Drury, en *cuir de Russie,* 96 fr. Renouard.

Il existe quelques exempl. en très Gr. Pap. qui sont fort rares : vend. 600 fr. *cuir de Russie,* de Limare; 750 fr. (rel. en 16 vol. mar. r.) Brienne, en 1792; 350 fr. F. Didot; en 14 vol. m. r. dent., 1225 fr. Mac-Carthy ; et 71 liv. 8 sh. à Londres, en 1835.

Jac.-Aug. de Thou a fait paraître à Paris, chez la veuve de Mamert Patisson, en 1604, les XVIII premiers livres de sa grande histoire, en 1 vol. in-fol. et en 2 vol. in-8. (l'exemplaire de ces 2 vol., en Gr. Pap., rel. en mar. r. aux armes de de Thou, 350 fr. Renouard); la suite, jusqu'au 80e livre inclusivement, a paru chez *Drouart,* en 1607 et 1609, en 3 vol. in-fol. Le même libraire a donné, de 1609 à 1614, une édition de 80 livres en 11 vol. in-12, et une autre en 1619, en 10 vol. in-12. Au moment de

sa mort, l'auteur avait sous presse une 4ᵉ édition
in-fol., dont le 1ᵉʳ vol., contenant les 26 premiers
livres, a paru chez Rob. Estienne, en 1618. Les liv.
81 à 138 ont été mis au jour pour la première fois
dans l'édition complète de Genève, chez de La Ro-
vière, 1620, en 5 vol. in-fol. (5 liv. 10 sh. *mar. r.*
Libri, en 1859), laquelle a été entièrement effacée
par celle de Londres.

— Histoire universelle de J.-A. de Thou,
de 1543-1607, trad. sur l'édition latine
de Londres (par J.-B. Le Mascrier, Ch.
Le Beau, l'abbé Des Fontaines, etc.).
Londres (Paris), 1734, 16 vol. in-4.

Édition préférée à celle de *La Haye*, 1740, en 11 vol.
in-4. : 36 à 48 fr.; — Gr. Pap. 48 à 60 fr. Vend. 82 fr.
v. f. F. Didot ; 360 fr. *m. viol. l. r.* (avec les portr.
d'Odieuvre) La Valliere, et 150 fr. seulement (exempl.
semblable) en 1813 ; il serait plus cher maintenant,
puisqu'un exemplaire en *mar. bl.* aux armes du
comte d'Hoym, a été payé 1295 fr. à la vente Ch.
Giraud.
— DOCTORUM virorum elogia thuanca ; opera C. B.
(Barksdale). *Londini, Spencer. Hickmon*, 1671,
in-12.

— Thuana sive excerpta ex ore Jac.-Aug.
Thuani, per FF. PP. (fratres Puteanos),
1670. (*Hollande*), pet. in-12 de 72 pp.
A la Sphère. [18532]

Cette édition, mal imprimée, et qui ne vaut pas 2 fr.,
a été vendue 23 fr. Motteley, parce que M. Bérard
l'a comprise dans son catalogue des Elsevier. C'est
une simple copie de l'édition pet. in-8. qu'ls. Vossius a donnée à La Haye, chez Andr. Vlacq, en 1669
(sans nom de ville), en même temps que le Perro-
niana, qui porte l'indication : *Genevæ, P. Colume-
sius.* Ces deux *Ana* ont été réimpr. plus exactement
par les soins de Daillé le fils, à Rouen, en 1669, sous
cette adresse : *Coloniæ-Agrippinæ, apud Gabra-
dum Scagen*, adresse qui est aussi celle que porte
l'édition de Rouen, 1693, pet. in-8. Un meilleur
texte du *Thuana* se trouve dans la belle édition de
l'Histoire universelle du célèbre J.-A. de Thou,
impr. à Londres, en 1733, et c'est d'après ce texte
qu'a été faite l'édition qui est jointe au Scaligerana
de 1740.
— Mémoires de J.-A. de Thou, 30590.

　　CATALOGUS Bibliothecæ thuanæ a Petro et Jacobo Puteanis, ordine alphabetico primum distribu-
tus, tum secundum scientias et artes ab Ismaele
Bullialdo digestus, nunc vero editus a Josepho Quesnel, cum indice alphabetico authorum. *Parisiis,
impensis Directionis*, 1679, 2 vol. in-8. avec un
frontisp. gravé par Séb. Leclerc. 8 à 10 fr. [31458]
Ce catalogue de la magnifique bibliothèque formée par
J.-Aug. de Thou, l'historien, est un des mieux rédigés qui jusqu'alors eût encore paru en France. Il
fut publié pour annoncer la vente prochaine de
cette admirable collection. Cette vente fut effectivement commencée, et déjà pendant une ou deux vacations les curieux de beaux livres avaient pu se
partager une partie de ceux qui venaient d'être livrés aux enchères, lorsque, au grand désappointe-
ment des premiers enchérisseurs, le président de
Menars vint mettre fin à ce déplorable morcellement
en achetant en totalité tous les livres qui restaient
de cette bibliothèque, qu'ensuite il continua. A la
mort du président, le cardinal de Rohan (*Armand.
Gaston*) s'étant rendu acquéreur de ce trésor littéraire, y réunit sa propre collection, qu'il augmenta
de livres étrangers et de grands corps d'ouvrages
qui y manquaient. Après lui, ses successeurs, y
compris le prince de Soubise, ne cessèrent d'ac-
croître successivement l'héritage qui leur était
transmis. C'est ainsi qu'à la mort du prince de Soubise, arrivée le 4 juillet 1787, la bibliothèque des
de Thou qui, selon le père Louis Jacob (*Traité des*

plus belles bibliothèques, p. 567), ne contenait
guère que 8000 vol. en 1644, se trouvait portée à
50 000 vol. Cependant les héritiers du prince ne pouvant conserver cette volumineuse collection, cherchèrent bientôt à la vendre en bloc ; mais, n'ayant pas
trouvé d'acquéreur au prix demandé (300 000 fr.),
ils se déterminèrent à en faire une vente publique.
A cet effet, le libraire Guillaume Leclerc fut chargé
de rédiger à la hâte un catalogue. Pour accélérer
son travail, ce libraire dut se borner à lever les titres
des livres sur un catal. rédigé suivant l'ordre des
tablettes, sauf à vérifier les articles qui présentaient
quelque incertitude ; mais comme la biblioth. se
composait de 20 000 art., il crut devoir supprimer
ceux qui lui paraissaient être les moins importants,
et il réunit sous un même numéro plusieurs de
ceux qu'il conserva. Voilà comment il réduisit
à 8302 articles le catal. qu'il avait à publier, et
dont l'impression fut terminée le 31 octobre 1788,
date de l'approbation. Ce catalogue est un volume
in-8., de XVI et 643 pp., suivi de 90 pp. *pour la
table*, de 8 pp. pour l'*ordre des vacations*, et de
3 pp. pour les corrections et additions. Il est curieux de l'avoir avec le prix pour bien juger de
l'incroyable dépréciation qui frappait alors les livres
français anciens. C'est à ce point que tel vol. qui
se vendrait aujourd'hui de 200 à 300 fr. ou même
plus, était adjugé pour 2 ou 3 fr. On peut dire,
sans exagérer, qu'en suivant cette proportion, mille
vol. choisis dans la bibliothèque Soubise, produi-
raient maintenant autant que les 50 000 volumes
vendus en 1789.
S'il est fort à regretter que cette espèce d'inventaire soit
beaucoup trop sommaire, qu'il n'ait pas été rédigé
avec tout le soin et dans tous les détails que méritait une collection si importante, du moins doit-on
savoir gré au libraire d'avoir joint à son catalogue
une table alphabétique des auteurs. D'ailleurs, il ne
faut pas l'oublier, la vente commencée le 12 janvier
1789, et qui dura pendant 91 vacations, ne fut
terminée que le 22 mai de la même année, six semaines à peine avant la grande révolution qui devait réduire momentanément à presque rien le prix
des livres de théologie et de jurisprudence, et même
une grande partie des livres d'histoire, qui abon-
daient dans cette bibliothèque. Eh bien, si le libraire,
au lieu de rédiger son catalogue à la hâte, avait pris le
temps nécessaire pour le faire meilleur, il n'eût pu
le publier qu'un an plus tard, et le produit de la
vente se serait sensiblement ressenti de ce retard.
Parmi les quelques personnes qui s'étaient présentées
pour acheter la bibliothèque en bloc, se trouvait le
libraire Lamy, qui avait offert de 200 à 220 000 fr.
Or, après la première vacation de la vente, dont le
résultat ne répondit pas aux espérances du chargé
d'affaires des héritiers, ce libraire renouvela son
offre, et garantit la somme proposée, à la condition
que la vente continuerait pour son compte, sans
que le public fût instruit de ce marché. Par suite
de cette transaction, devenu alors intéressé au
succès de l'encan, Lamy soutint hardiment les enchères, et se fit adjuger un assez grand nombre
d'articles qui, sans son concours, eussent été beaucoup plus mal vendus. Par ce moyen, et la concurrence des Anglais venant à son aide, il fit monter le produit brut de la vente un peu au delà de
260 000 fr., somme bien modique sans doute pour
une bibliothèque aussi magnifique, composée de
50 000 volumes, dont un quart étaient reliés en maroquin, et tout le reste en vélin ou veau fauve ;
mais, nous l'avons déjà dit, on touchait à une époque
désastreuse, et d'avance les bourses se resserraient
sensiblement.

THOUIN (*Gabriel*). Plans raisonnés de
toutes les espèces de jardins ; troisième

Thouin (*André*). Cours de culture des végétaux,
6338. — Monographie des greffes, 6544. — Voyage,
20103.

édition. *Paris, Mme Huzard*, 1828,
in-fol., avec 59 pl. 50 fr.; — fig. color.
100 fr. [9833]

Les deux premières éditions, publiées en 1819 et en
1823, in-fol., ont quelques planches de moins que
celle-ci.

THOYNARD ou Toinard (*Nicolas*). Harmonia evangeliorum græco-latina. *Parisiis, Andr. Cramoisy*, 1707, in-fol.
[237]

Thoynard étant mort en 1706, avant que cet ouvrage
fût terminé, ce fut Julien Fleury, chanoine de
Chartres, qui y mit la dernière main et le publia.

Pendant plus de quarante ans l'auteur de ce savant
ouvrage s'était occupé de l'Harmonie des différentes
parties de l'Ecriture sainte, et dès l'année 1669 il
avait mis sous presse des extraits de ce grand travail, dont il faisait tirer les feuilles à très-petit
nombre et comme de simples épreuves destinées à
ses amis. Nous voyons par sa correspondance qu'il
était sur le point de prendre des arrangements avec
Dan. Elsevier, d'Amsterdam, pour l'impression de
ses Harmonies, lorsque la mort de cet imprimeur
mit fin à la négociation. Cependant Thoynard continua de faire imprimer à Paris différentes portions
de son ouvrage, et en 1681 il envoya au célèbre
Jean Locke une collection des feuilles harmoniques
des Rois et des Paralipomènes, ainsi qu'un exemplaire de l'*Harmonie françoise*. Le philosophe
anglais lui écrivait à ce sujet : « Dieu vous donne
e repos que votre Harmonie mérite. Je suis ravi
que vous le commenciez par le Pentateuque, ce qui
me fait espérer que vous parcourrez toute la Bible
et en ferez un ouvrage achevé ; et je crois qu'une
traduction litiérale sera le plus commode pour
l'Harmonie, avec un synopsis à côté, dans un style
fort adouci. » Plus tard (en 1686) Thoynard fit
imprimer à Amsterdam, chez H. Wetstein, l'*Harmonie des Machabées*, en 4 feuilles tirées à 25 ou
30 exempl.; déjà Weistein avait témoigné le désir
d'imprimer l'Harmonie des Evangiles, mais l'auteur
n'accepta pas sa proposition. Il avait alors, comme
il l'écrivait à un de ses amis, *des embarras domestiques qui dérangeoient l'harmonie de ses études
et les études de l'Harmonie*. Ce ne fut donc que
pendant les dernières années de sa vie qu'il s'occupa sérieusement d'une édition de cet ouvrage,
dont malheureusement il ne put voir la publication.
De ce que nous venons de dire il résulte qu'il doit
exister plusieurs parties des Harmonies de l'Ecriture sainte, par Thoynard, imprimées antérieurement à son *Harmonia Evangeliorum*, et qui,
n'ayant été tirées qu'à un très-petit nombre d'exemplaires, sont de véritables curiosités typographiques. — Citons encore :

HARMONIE ou concorde évangélique, contenant
la vie de Jésus-Christ, selon les quatre évangélistes,
suivant la méthode de Nic. Toinard, trad. en françois par André Cramoisy. *Paris, J.-B. Lamesle*,
1716, in-8.
— Numismata, 29880.

THOYRAS (*Rapin* de). Voyez RAPIN.

THRASIBULE Phenice. Voy. COMEDIE du
pape malade, et NAOGEORGUS.

THRÉSOR de joyeuseté. V. PETIT traité.

THRÉSOR. Voyez TRÉSOR.

THRIGE. Res Cyrenensium a primordiis
inde civitatis usque ad ætatem, qua in
provinciæ formam a Romanis est reducta ; novis curis illustravit J.-P.
Thrige ; e schedis defuncti autoris edidit
J. Bloch. *Hafniæ, Gyldendal*, 1828,
in-8. 2 thl. [22872]

THRONUS. Voyez TRONUS.

THROSBY (*John*). Select views in Leices-
tershire, from original drawings ; containing seats of the nobility and gentry,
town views and ruins, accompanied with
descriptive and historical relations.
Leicester, 1789 and 1790, 2 vol. gr. in-4.
2 liv., et plus en Gr. Pap. [27243]

Ouvrage orné d'un grand nombre de jolies gravures ;
le tome 2e a pour titre : *The supplementary volume*. On y ajoute un 3e vol. intitulé : *History of
the ancient town of Leicester*, London, 1791, in-4.

THUANUS, et Thuana. Voy. THOU (de).

THUCYDIDES (de bello peloponnesiaco,
libri VIII, græce). *Venetiis, in domo
Aldi, mense Maio* MDII. in-fol. [22797]

Édition rare, et la première de Thucydide ; elle contient 124 ff. non chiffrés, y compris 2 ff. bl., l'un
entre le 7e f. prélimin. et le texte, l'autre à la fin.
Vend. 73 fr. *m. r.* La Valliere ; 85 fr. de Cotte ;
111 fr. Larcher ; 5 liv. 7 sh. 6 d. *mar. bl.* Hibbert ;
100 fr. Heber ; 3 liv. 13 sh. 6 d. Butler ; bel exempl.
en *mar. fauve* 202 fr. Giraud ; en *mar. r.* 9 liv.
9 sh. Libri ; *mar. citr.* 136 fr. Solar.

— Thucydides cum commentariis antiquis, et valde utilibus (græce ; edente
Ant. Francino). *Florent., apud Bern.
Juntam*, 1526, in-fol. de 6 ff. prélim.,
et 160 ff. chiffrés.

Autre édition rare. Dans une partie des exempl. la
date porte : *millesimo quingentesimo sexto*, au lieu
de *quingentesimo vigesimo sexto*. Vend. 1 liv.
1 sh. Pinelli ; 43 fr. *mar. r.* Chénier ; 72 fr. *m. bl.*
Larcher ; 10 flor. 50 c. Meerman.

— Historiarum lib. VIII (græce) ; iidem
ex interpretatione Laur. Vallæ, ab
Henr. Stephano recognita. *Excudebat
Stephanus*, 1564, 2 tom. en 1 vol.
in-fol.

Édition plus belle, mais moins bonne que celle de
1588 ci-dessous : 12 à 18 fr., et moins quand la
version latine n'y est pas. Il y a des exempl. en Gr.
Pap.

— DE BELLO peloponnesiaco libri VIII, gr. et lat., ex
interpret. Laur. Vallæ, ab H. Stephano recognita.
Excudebat Henr. Stephanus, 1588, in-fol.

Édition revue de nouveau et augmentée de notes :
12 à 20 fr.

Celle de *Francfort*, 1594, in-fol., quoique revue par
Æmil. Portus, ne passe pas pour être fort correcte ;
on la recherche cependant à cause des notes de Fr.
Portus. 10 à 15 fr.

— Thucydidis de bello peloponnesiaco
libri VIII, gr. et lat., cum scholiis græcis, variantibus lectionibus, et annotat.
diversorum, edente Joan. Hudson. *Oxo-

Thouret (*J.-G.*). Révolutions de l'ancien gouvernement français, 24039.

Thoussaint (*C.-J.*). Memento des architectes,
10076.

Thouvenel (*M.*). Aérologie, 4292. — Climat d'Italie,
4501.

Three years in the Pacific, 21091.

nii, e Theatro sheldoniano, 1696, in-fol. 12 à 15 fr.

Cette belle édftion est beaucoup moins estimée que la suivante : en Gr. Pap. 48 fr. Daguesseau ; *cuir de Russie*, 141 fr. Mac-Carthy ; 5 liv. *m. r.* Williams ; 1 liv. 18 sh. Heber.

— Thucydidis libri VIII (gr. et lat.), cum adnot. integris H. Stephani et Joh. Hudsoni ; recensuit et notas suas addidit Jos. Wasse : editionem curavit, suasque animadversiones adjecit Car. - Andr. Dukerus ; cum variis dissertationibus, etc. *Amstelod., apud Wetstenios*, 1731, in-fol.

Bonne édition, ornée d'un beau frontispice gravé et de deux cartes géographiques (*Græcia antiqua* et *Sicilia vetus*). Elle se vendait 100 fr. et plus il y a 40 ans , mais aujourd'hui on la trouve pour 20 ou 25 fr.;—en très Gr. Pap., dont les exemplaires sont rares, 570 *v. f.* de Cotte ; 620 fr. *mar. r.* Caillard ; 300 fr. Labédoyère ; 200 fr. Librairie De Bure ; 28 liv. Sykes ; 20 liv. 9 sh. 6 d. Dent.

— IIDEM libri, gr. et lat., ex recens. Wassii et Dukeri. *Glasguæ , Rob. et And. Foulis*, 1759, 8 vol. pet. in-8.

Jolie édition : 30 à 40 fr. Vend. 65 fr. *v. m.* Larcher ; 6 liv. *m. r.* Williams.

— IIDEM, gr. et lat., ad editionem Wassii et Dukeri accurate expressi, cum varietate lectionis et annotat., studiis Soc. bipont. *Biponti*, 1788-89, 6 vol. *in-8.*

Édition correcte et assez élégante : 30 à 40 fr. Les exempl. en pap. de Holl. sont rares : 227 fr. *m. r.* Caillard, mais moins depuis.

— IIDEM (gr. et lat.), ad editionem Dukeri cum omnibus auctariis recusi : accedunt variæ lectiones duorum codd., animadversiones Jo.-Casp. Gottleberi ; cœptum opus perfecit, suas notas adjecit, etc., C.-L. Bauer. *Lipsiæ, Schwickert*, 1790-1804, 2 vol. in-4.

Édition dont le 2e vol., dû aux soins de Ch.-D. Beck, est plus estimé que le premier : 30 à 36 fr.; — Pap. fin, 50 fr. Le 3e vol., qui devait contenir un *Index* et un glossaire, n'a point paru.

— THUCYDIDES, gr. et lat., accedunt indices, ex editione Wassii et Dukeri (curante Petro Elmsley). *Edinburgi, Guil. Laing*, 1804, 6 vol. pet. in-8. 24 à 30 fr.

Cette édition n'est point aussi jolie que celle des Foulis, mais elle est, dit-on, meilleure ; il y en a des exemplaires en Gr. Pap. : 2 liv. 17 sh. *m.* Drury.

— IIDEM libri, gr., cum versione græca vulgari, notis et indice, opera Neophyti Ducæ. *Viennæ-Austriæ*, 1805-6, 10 vol. in-8. 30 à 40 fr.

Le titre est tout grec ; le 10e vol. contient un *Index*, un *Lexicon* et *Themistoclis epistolæ*.

— THUCYDIDIS Historiæ, gr., edente Schæfer. *Lipsiæ*, 1815, 2 vol. in-18. 4 fr. — Pap.

— THUCYDIDIS de bello peloponnesiaco libri octo, gr. et lat., ad editionem Dukeri expressi ; accedunt variæ lectiones, necnon index rerum et verborum. *Oxonii, Bliss*, 1809, 3 vol. in-8.

— THUCYDIDIS de bello peloponnesiaco libri octo, cum versione latina et variis lectionibus, ex edit. Car.-Lud. Baueri accurate expressi. *Oxonii*, 1811, 3 vol. in-8.

Ces deux éditions sont aujourd'hui à très-bas prix, même en Gr. Pap.

— THUCYDIDIS de bello-peloponnesiaco libri VIII, gr., cum versione lat., scholiis gr. et virorum doctorum animadversionibus ; ex editionibus J.-Chr. Gottleberi et C.-L. Baueri : accedunt commentarii crit. in Thucydidem, auctore T.-F. Benedict, et observationes crit. E.-F. Poppo. *Londini, Priestley*, 1819, 4 vol. in-8. 30 à 40 fr., et plus en Gr. Pap.

Édition bien impr. et qui n'a pas été entièrement remplacée par les réimpressions plus récentes.

Les *Commentarii critici* de Benedict, joints à cette édition , avaient déjà paru séparément, *Lipsiæ , Weidmann*, 1815, in-8. 5 fr.; et les *Observationes crit.* de Poppo, *Lipsiæ, Fleischer*, 1816, in-8. 5 fr.

— DE BELLO peloponnesiaco libri octo (græce); ad optimorum codicum fidem recensuit; summariis et notis illustravit, indicesque rerum et verborum adjecit Christ-Fred.-Ferd. Haackius. *Lipsiæ, Hahn*, 1820, 2 vol. in-8. 10 fr.

— DE BELLO peloponnesiaco libri VIII (gr. et lat.), ex recensione Immanuelis Bekkeri : accedunt scholia græca et Dukeri Wassiique observationes. *Oxonii, Parker et Bliss*, 1821, 4 vol. in-8. 36 à 45 fr.

Texte revu et qui présente quelques nouvelles leçons, fruit de la collation de plusieurs manuscrits non encore consultés. Les scolies sont placées au bas du texte, et au-dessous des scolies les variantes et les notes, sur 2 col. Un index des choses et un autre des lieux et des noms se trouvent à la fin du 3e vol., et le 4e vol. contient la version latine de Duker. Une partie des exemplaires des trois premiers vol. de cette bonne édition ont un titre portant *Berolini, Reimer*, 1821.

Il n'a été tiré que 12 exemplaires de ces 4 vol. en Gr. Pap., et Th. Grenville a payé le sien 42 liv. Nous trouvons les 3 premiers vol. en Gr. Pap. *mar. r.*, portés à 15 liv. 15 sh. dans le catalogue Williams.

— Thucydidis de bello peloponnesiaco lib. VIII ; de arte hujus scriptoris historica exposuit ; ejus vitas a veteribus grammaticis conscriptas addidit ; codicum rationem atque auctoritatem examinavit ; græca ex iis emendavit ; scripturæ diversitatès omnes, chronologiam, commentarios rerum geograph., scholia græca et notas tum Dukeri omnes atque aliorum selectas, tum suas, denique indices rerum et verborum locupletiss. subjecit Ernest.-Frid. Poppo. *Lipsiæ, Fleischer*, 1821-40, 11 vol. in-8.

Édition recommandable, et dont le titre ci-dessus fait connaître le contenu. Les volumes qui la composent ont été publiés dans l'ordre suivant : *Pars prima : Prolegomena complectens*, 1821 et 1823, vol. I et II. — *Pars secunda : contextus verborum cum scholiis et scripturæ discrepantiis*, 1825-1828, 4 vol. — *Pars tertia : commentarii*, 1831-1838, 4 vol. — *Pars quarta : Supplementa et indices*, 1840, 1 vol. L'ouvrage complet se vendait 38 thl. 16 gr. — Réduit à 10 thl., et vendu 70 fr. relié Quatremère. Une édition de la 4e partie, *auctior atque emendatior*, porte la date de 1851.

POPPO's prolegomena on the peculiarities of thucydidean phraseology, translated , abridged and criticized by G. Burgas. *Cambridge*, 1837, in-8.

— THUCYDIDES, gr. : ad optimorum codicum fidem, adhibitis doctorum virorum observationibus recensuit, summariis et notis illustravit, indicesque rerum et verborum adjecit C.-F.-F. Haackius : accedunt scholia græca textui subjecta. *Londini, Priestley*, 1823, 3 vol. in-8. 15 à 18 fr.

La version latine forme un 4e vol. qui se vendait séparément 10 fr.

— THUCYDIDES, ex recensione Imm. Bekkeri, græce, cum indicibus. *Oxonii*, 1824, in-8. 8 à 10 fr.

— IDEM, gr. *Lipsiæ*, 1826, 2 vol. in-16. 5 fr.; — Pap. fin, 8 fr.

— DE BELLO peloponn. libri VIII ; ad opt. librorum fidem, ex veterum notationibus, recentior. observatt. recensuit, argumentis et adnotatt. perpet. illustravit, indices et tabulas chronol. adjecit, atque de vita auctoris præfatus est Fr. Goeller.

Lipsiæ, Cnobloch, 1826 (ou editio secunda, 1836),
2 vol. in-8. 15 à 18 fr.

Cette édition, donnée par Gœller, a été réimprimée
à *Londres,* en 1835, et à *Leipzig,* en 1836, en 2 vol.
in-8.

— THUCYDIDES, gr., a new recension with a statement of the various readings, an amended ponctuation, and original notes, critical, philological,
and exegetical, by S.-T. Bloomfield. *London,* 1830,
3 vol. pet. in-8. 1 liv. 4 sh.

Une autre édition du texte grec de Thucydide (d'après
Bekker), avec des notes historiques et géographiques en anglais, par Th. Arnold, a paru à *Oxford,*
de 1831 à 1835, en 3 vol. in-8., avec cartes. 2 liv.

— DE BELLO peloponnesiaco libri octo, curante
Rob.-And. Morstadio. *Francof.-ad-Mœn., Schmer-
ber,* 1832-1835, 4 vol. in-8. 10 thl.; — Pap. vél.
15 thl.

Cette édition est divisée en deux parties de 2 vol.
chacune, et elle contient :

1° *Contextus verborum ad optimor. librorum
fidem editus; varietas lectionis; summaria hackiana et Dukeri indices.*

2° *Vita Thucydidis a veter. grammaticis conscripta; adnotationes Dukeri integræ, aliorum
selectæ; scholia gr. notis H. Stephani illustrata; Dodwelli annales thucydidei ex Corsinii
et Clintonii observationibus emendati; Dukeri
index; curante G. Gervino et F.-C. Hertlein.*

— THUCYDIDIS historiæ belli peloponnesiaci, gr.,
cum nova translatione latina F. Haasii accedunt
Marcellini vita, scholia græca emend. expressa, et
indices. *Paris., F. Didot,* 1841, gr. in-8. 15 fr.

— THUCYDIDES, gr. with notes, chiefly historical,
and geographical by T.-A. Arnold. *Oxford,* 1847,
or new edition, *London and Oxford, J.-H. Parker,* 1848-51, 3 vol. in-8. 1 liv. 10 sh.

— THUCYDIDES; the text of Arnold, with his argument and index new first adapted, and greatly enlarged by Tiddeman. *Oxford, Parker,* 1850, in-8.
10 sh.

E.-A. BETANT Lexicon Thucydideum. *Genevæ,
Kessmann,* 1843, 2 vol. in-8. 16 fr.

Morceaux de Thucydide imprimés séparément.

— HISTORIÆ libri I et II, græce. *Parisiis, in officina
Christiani Wecheli,* 1535, 2 tom. en 1 vol. in-4.
de 95 et 75 pp.

Édition peu commune : 14 sh. Askew. Maittaire cite :
Thucydidis I. libri conciones, græce, excudebat
Christianus Wechelus, 1531, in-4.

— HISTORIÆ libri I-III. (græce). *Parisiis, apud
Mich. Vascosan.,* 1548-49, 3 part. en 1 vol. in-4.,
ensemble 110 ff. chiffrés.

Pour les deux premiers livres, cette édition n'est
guère qu'une réimpression de celle de Wechel.

— LIBRI quatuor, græce, a Vito (Ortelio) Winsemio
emendata. *Witebergæ, excud. Laur. Schwenck,*
1562, in-8. de 12 ff. pour l'épître dédicatoire, 12 autres ff. et 187 pp., avec un tableau.

Cette édition s'est vend. 17 sh. chez Askew; elle est
fort rare : Ebert n'en fait pas mention. Ce bibliographe cite seulement la version latine des 8 livres
de Thucydide, par le même Ortelius, impr. à *Wittemb.,* en 1569, in-fol.

— THUCYDIDIS, Platonis et Lisiæ orationes funebres
(gr. et lat., cum notis anglicis. studio J.-G. Thomson). *Oxonii, e Theatro sheld.,* 1746, in-8. 5 fr.,
et plus en Gr. Pap. Titre tout grec. [12094]

Réimprimé en 1751 et 1768, in-8.

Ces discours ont été traduits en anglais, avec des
notes, par le révérend Thomas Broadhurst, 1812,
in-8.

— Voy. PLATONIS etc. Orationes.

Versions en différentes langues.

— Thucydidis historia belli peloponnesiaci, latine, Laur. Valla interprete,

cum epistola Barth. Parthenii ad Fr.
Thronum. (*absque nota*), in-fol. goth.
de 134 ff. non chiffrés, à 46 ou 47 lign.
par page.

Ancienne édition, avec des signatures de a—r et un
registre au verso du dernier feuillet. Le volume
commence par la préface de Laur. Valla, adressée
au pape Nicolas V : vend. 20 flor. Crevenna; 5 liv.
12 sh. 6 d. Sykes, et 67 fr. Libri, en 1857.

— Lhistoire de Thucydide athenien, de la
guerre qui fut entre les Peloponesiens
et Atheniens; translatee (du lat. de
Laur. Valle), en langue francoyse, par
Claude de Seyssel. (à la fin) : *Imprime
a Paris en lhostel de maistre Josse
Badius libraire et imprimeur demourant en la rue sainct Jacques, empres la fleur de lis, acheue le dixiesme
iour Daoust Lan Mil cinq cens vingt
sept,* in-fol. goth. de 16 ff. prélim.,
cclxxxi ff. chiffrés, lettres rondes.

Vend. (bel exemplaire dans sa première rel. en veau)
70 fr. Solar.

L'exemplaire imprimé sur VÉLIN, qui se conserve à
la Bibliothèque impériale, avait été successivement
vendu 180 fr. Gaignat; 350 fr. La Valliere; 20 liv.,
9 sh. Paris; 561 fr. Mac-Carthy. — Un autre appartient à la Mazarine.

— Lhystoire de Thucydide... translatee
en langue francoyse par Claude de Seyssel. (au verso du dernier f.) : *Nouuellement imprime a Paris* (avec la marque et le nom de) *Jehan de Lagarde*
(s. d.), in-fol. goth. de 9 ff. prélim. et
CXCI ff. chiffrés.

Édition postérieure à celle de Badius. On lit sur le
titre le nom de l'imprimeur *Egidius Gormontius.*
101 fr. mar. r. Bertin.

Nous citerons encore l'édition de *Lyon, en la maison
de Fr. Juste,* 1534, in-4. goth. 9 fr. 75 c. Monmerqué; 36 fr. mar. Veinant; 50 fr. Gancia.

— LA MÊME histoire, in-fol. goth. sans date, mais
avec ces mots : *Nouuellement imprimé à Paris,*
par *Fr. Regnault,* exemplaire en *mar. r.* par Lortic, 88 fr. Gancia, autrement 20 à 25 fr.

L'édition de *Paris, Mich. Vascosan,* 1559, in-fol.,
malgré sa belle exécution, est à bas prix, ainsi que
celle de *Paris, par Pierre Gaultier, pour Jean
Barbé et Cl. Garamont,* 1545, in-16.

— L'HISTOIRE de Thucydide, de la guerre de Péloponèse, continuée par Xénophon, de la traduction de
Nic. Perrot d'Ablancourt. *Paris, Aug. Courbé,*
1662, in-fol. — Aussi *Paris, Th. Jolly,* 1671,
3 vol. in-12; et *Amsterdam,* 1713, 3 vol. in-12.

Il y a de cette traduction une édition de 1662, 3 vol.
pet. in-12, dont le titre porte : *Amsterd., chez J.
et D. Elzevier;* elle n'est cependant pas celle des
presses de ces imprimeurs, car elle est très-mal
imprimée. 35 fr. 50 c. *cuir de Russie,* Bignon.

— HISTOIRE de Thucydide, trad. du grec par P.-Ch.
Lévesque. *Paris,* 1795, 4 vol. in-8.

La meilleure traduction qu'on eût alors de cet historien; l'édition est mal imprimée : 10 à 12 fr. —
in-4., 12 à 15 fr., et plus cher en Gr. Pap. vél.
Réimpr., *Paris, Lefèvre,* 1840, gr. in-18. 3 fr.

— LA MÊME Histoire, en grec, avec la version latine
et la traduction française, accompagnée des variantes de 13 mss. et d'observations critiques par J.-B.
Gail. *Paris,* 1807, 12 vol. in-8., 30 fr., et plus cher
en pap. vél.

Il y a des exemplaires tirés in-4. sur papier ordinaire et sur pap. vélin; et aussi 2 exemplaires sur VÉLIN.

La traduction française sans le texte, 4 vol. in-8, s'est vendue séparément.

— HISTOIRE grecque, traduite en français, avec un supplément à son histoire, etc., par J.-B. Gail. *Paris, Gail neveu*, 1828 et 1829, 3 vol. in-8. 15 fr., et plus en pap. vél.

Il devait y avoir un 4ᵉ vol. qui n'a pas paru. L'atlas, composé de 41 planches, qui s'annexe à cette traduction, a coûté 25 fr.; — Pap. vél., 36 fr.

—Histoire de la guerre du Péloponèse, traduction française par Ambr.-Firm. Didot, avec (le texte grec et) des observations par MM. de Brussy et Didot. *Paris, Firm. Didot*, 1833, 4 vol. in-8. 20 fr.; — Gr. Pap., avec des cartes, 32 fr.

— ŒUVRES complètes de Thucydide et de Xénophon, avec notices biographiques par J.-A.-C. Buchon. *Paris, Desrez*, 1836 (aussi 1837), gr. in-8. 10 fr.

— THUCYDIDE, traduction nouvelle par Ch. Zevort. *Paris, Charpentier*, 1853, 2 vol. gr. in-18.

—HISTOIRE de la guerre du Péloponèse de Thucydide, traduction nouvelle avec une introduction et des notes par E.-A. Betant. *Paris, L. Hachette et Cⁱᵉ*, 1863, in-18 jésus, 3 fr. 50 c.

— Gli otto libri delle guerre fatte tra popoli della Morea e gli Ateniesi, dal greco idioma nella lingua toscana trad. per Franc. di Soldo Strozzi. *Vinegia, Gabr. Giolito*, 1563 (nouv. titre, 1564), in-4. 6 à 9 fr.

Traduction estimée, dont la première édition est celle de *Venise, Vaugris*, 1545, in-8. — L'édition de *Vérone*, 1735, 2 vol. in-4., est améliorée : 12 à 15 fr.

— TUCIDIDE ateniese tradotto da Tommaso Porcacchi. *Roma*, 1789-90, 2 vol. in-4., 12 fr.

Réimprimé à *Rome*, 1808, 3 vol. in-8.

— TUCIDIDE delle guerre del Pelopponeso lib. VIII, dal greco in ital. tradotti da P. Manzi. *Milano*, 1830-32, 3 vol. in-8.

— Historia, traducida de lengua griega en castellana por Diego Gracian. *Salamanca, J. de Canova*, 1564, in-fol.

— Thucidides, der aller thewrest und tapfferest Historienschreiber, von dem Peloponnenser Krieg, in VIII bücher getheilt. *Augspurg, Heynr. Stayner*, 1533, in-fol. de IV ff. prél. et 169 ff. chiffrés et un bl., avec lettres initiales historiées et grandes gravures sur bois de Hans Burgmair.

66 fr. 2ᵉ vente Quatremère.

— GESCHICHTE des Peloponenser Kriegs, aus dem Griech. übs. von J.-D. Heilmann, 2ᵉ Ausg. mit Anmerkk., Berichtigungen und Nachträgen, von Gf.-Gabr. Bredow. *Lemgo*, 1808, in-8.

Il y a une troisième édition de 1824, 2 vol. in-8. 4 thl.

— THUCYDIDES übersetzt von Max. Jacobi. *Hamb., Perthes*, 1804-8, 3 vol. in-8. 5 thl. Peu fidèle.

Une autre traduction allemande de cette histoire a été donnée par C.-N. Osiander; *Stuttgart*, 1826-29, in-12. — Une autre encore par Hier. Müller, *Prenzlau*, 1829-30, en 8 part. in-12.

— HISTORY of the peloponnese war, translated by the Hobbes of Malmesbury (edited by W. Molesworth). *London, Bohn*, 1843, 2 vol. in-8.

Cette traduction anglaise imprimée pour la première fois à Londres, 1628, in-fol., avec un frontispice gravé et des cartes, a été réimprimée plusieurs fois dans la même ville, soit en 1 vol. in-fol., soit en 2 vol. in-8. Il y en a une plus ancienne (*Translated oute of frenche into the englych language*) par Th. Nicolls, impr. (à Londres) en 1550 (pas 1515, année sous laquelle l'a placée Panzer, d'après l'*Index* de Maittaire).

— THE HISTORY of the peloponesian war, translated by Will. Smith. *London*, 1753, in-4. 12 à 15 fr.

Réimprimé à *Londres*, 1780, 1805 et 1812, en 2 vol. in-8. 12 à 18 fr.

— THE HISTORY of Thucydides, newly translated into english, and illustrated with very copious annotations; with an entirely new life of Thucydides; and a memoir on the state of Greece, civil and military, at the commencement of the peloponesian war, by S.-T. Bloomfield. *London, Longman*, 1829 3 vol. in-8., cartes; aussi 1842, 2 vol. in-8. 15 sh.

THUNBERG (*Car.-Petrus*). Flora japonica. *Lipsiæ*, 1784, in-8. 6 à 9 fr [5239]

—ICONES plantarum japonicarum, quas insulis japonicis, annis 1775 et 1776, collegit Thunberg. *Upsaliæ*, 1801-1806, in-fol. Ouvrage dont il n'a paru que 5 livraisons de 10 pl. chacune. [5240]

— PRODROMUS plantarum capensium, quas in promontorio Bonæ-Spei collegit Thunberg. *Upsaliæ*, 1794, 2 part. en 1 vol. in-8. fig. 10 fr. 50 c. Ventenat. [5258]

On a du même naturaliste :

FLORA CAPENSIS, sistens plantas promontorii Bonæ Spei africes, secundum systema sexuale edidit et præfatus est J.-A. Schultes. *Stutgardiæ, Cotta*, 1822-23, in-8. part. I et II. 4 thl. [5259]

D'après l'édition de *Copenhague*, 1818-20, en 2 vol. in-8.

NOVÆ insectorum species, partes VI. *Upsaliæ*, 1781-91, in-4. fig. [6023]

DISSERTATIO sistens insecta suecica, partes VIII, *Upsaliæ*, 1784-94, in-4. de 104 pp. fig. [6001]

MUSEUM naturalium Academiæ upsaliensis (dissertationibus academicis), partes XXII. *Upsaliæ*, 1787-97, in-4., pp. 1 à 191, et 93 à 226. — Appendix, partes VII. *Ibid.*, 1791-98, in-4., pp. 111 à 150, et 103 à 125. [6277]

DISSERTATIO; nova plantarum genera, partes IX, præside Thunberg. *Upsaliæ*, 1781-1801, in-4. 194 pp. et 5 pl. [4883]

Un recueil de 54 thèses relatives à l'histoire naturelle, soutenues à Upsal, sous la présidence de Thunberg, *Upsal*, 1789-1801, 3 vol. in-4. fig. a été vendu 75 fr. Ventenat, mais il avait coûté bien moins cher. Une grande partie de ce recueil a été réimprimée sous le titre suivant :

DISSERTATIONES academicæ (ad botanicam et zoologiam spect.) Upsaliæ habitæ, sub præsidio C.-P. Thunberg. *Gottingæ*, 1799-1802, 3 vol. in-8. fig., vend. 37 fr. Ventenat.

— VOYAGE au Japon, par le cap de Bonne-Espérance, etc., traduit et rédigé (sur la version anglaise) par L. Langlès, et revu, quant à l'histoire naturelle, par Lamarck. *Paris, an IV* (1796), 2 vol. in-4. fig. ou 4 vol. in-8. fig. 10 à 12 fr. [20765]

Il y a des exemplaires in-4. pap. vélin : 20 à 24 fr. vend. *mar. bl.* 40 fr. Renouard, en 1805.

L'édition originale, en suédois, a été imprimée à *Up-*

Thuillier (*R.*). Diarium ord. Minimorum, 21858.

Thuillier (*J.-L.*). Flore des environs de Paris, 5062.

Thümmel (*M.-A.* von). Wilhelmine, 15581. — Werke, 19298.

sal, de 1788 à 1813, en 4 vol. in-8.; la traduction anglaise l'a été à *Londres*, 1794-95, en 4 vol. in-8.

THURAH (*Lauritz* de). Le Vitruve danois, qui contient les plans, les élévations et les profils des principaux bâtimens de Danemarck, en danois, allemand et françois. *Kiobenhaun,* 1746, 2 vol. in-fol. fig. [10024]

Vend. 84 fr. La Valliere; 40 fr. Renouard. Le premier volume a 120 pl., et le deuxième 161. Le troisième, dont les planches étaient déjà gravées à la mort de l'auteur, n'a pas paru.

— DESCRIPTION circonstanciée de la résidence royale et capitale de Copenhague, aussi bien que des provinces allemandes qui dépendent du roi, avec une explication en danois, françois et allemand. *Kiobenhaun*, 1748, gr. in-4. fig. 15 à 20 fr. [10025]

THURECENSIS (*Conradi*) Phisiti (*sic*) tractatus de cometis incipit. In-fol. goth. de 12 ff. [8309]

Édition sans chiffres, réclames.ni signat., impr. à longues lignes, 44 à la page; les caractères sont semblables à ceux d'Hélias de Louffen, qui exerçait à Munster, en Argaw, vers 1472. Vend. en *mar. r.* 76 fr. La Valliere, et 14 fr. seulement, Brienne-Laire.

— Alia editio. 1474, pet. in-4. de 32 ff. (pas 20) non chiffrés, à 24 lign. par page.

Édition en lettres rondes. Le premier f. commence ainsi :

THVRECEHSIS (*sic*) : PHISICI : TR-ACTATVS : DE COMETIS : INCIPIT.

Et on lit au recto du dernier :

SIT : LAVS : DEO : ANNO : DOMINI : M. CCCC. LXXIIII. : HANS : AVRL.

Panzer (II, p. 452) a placé parmi les imprimeurs romains ce *Hans·Avrl*, dont on a encore une édition in-4. des *Mirabilia urbis Romæ*, datée de 1481, *an sant Michels abent*, avec les mots : *Hanns Avrl*, au bas de la souscription; mais on ne sait pas au juste dans quelle ville il imprimait : seulement nous avons remarqué dans les deux opuscules cités les caractères déjà employés dans la *Præparatio evangelica* d'Eusèbe, édition in-fol., de 1473, avec les deux mots : *Leonhardus Avrl*, au-dessous de la date; et l'on sait que les caractères de cet Eusèbe sont ceux dont Adam d'Ambergau a fait usage pour son édition des discours de Cicéron, sous la date de 1472. D'où il résulte que, selon toute probabilité, Adam d'Ambergau, Léonard Aurel et Hans (Jean) Aurl ont successivement possédé le même établissement typographique, soit à Venise, comme l'ont dit plusieurs bibliographes, soit dans quelque ville d'Allemagne, comme le pensait, au contraire, Van Praet.

Sur la comète du mois de janvier 1472, voy. nos articles JUDICIUM et SUSPINAS.

THURINGIA sacra, sive historia monasteriorum, quæ olim in Thuringia floruerunt : accedunt Sam. Reyheri monumenta landgraviorum Thuringiæ et marchionum Misniæ. *Francofurti, Weidmann,* 1737, in-fol. [21499]

En 1841 (vente Crozet), on a payé 29 fr. 50 c. ce volume qui avait été donné pour 10 fr. chez Gayot, en 1770.

THURIUS (Marscalcus). V. MARSCALCUS.

THURMANN (*Jules*). Essai de phytostatique appliqué à la chaîne du Jura et aux contrées voisines, ou étude de la dispersion des plantes vasculaires envisagée principalement quant à l'influence des roches sous-jacentes. *Berne, Tent et R.,* 1849, 2 vol. gr. in-8., 7 pl. lith. in-8. et 4 grandes. 23 fr. [5123]

THURMER. Vues d'Athènes. *Rome,* 1825, gr. in-fol. contenant 21 pl. [27935]

41 fr. Raoul-Rochette.

THURNER-BUCH. Voyez RUXNER.

THWROCZ (*Johannes* de). Chronica hungariæ. — *Illustrissimorᵫ hungarie regū chronica jn inclita terre Moravie ciuitate Brunēsi lucubratissime impressa finit felicius. Anno salutis...* M. CCCC. *lxxxviij, die xx. Martii,* in-fol. goth. de 142 ff., à 36 lignes par page, sign. a—x, fig. sur bois. [26514]

Quoique très-rare aussi, cette édition est moins précieuse que la Chronique de Hongrie, imprimée à Bude, en 1473, dont nous avons parlé, I, col. 1859. Le premier f. contient, au verso, une fig. sur bois. Sur le second se lit le sommaire suivant : *Ad egregiū dūm Thomā de drag... Prefatio magistri Johānis de Thwrocz in primū librū chronice Hungarorᵫ foeliciter incipit.* Vend. 15 fr. La Valliere; 90 fr. en novembre 1856; 56 fr. 50 c. Libri-Carucci; 100 flor. Butsch; 360 fr. catalogue Tross, 1861, n° VII, article 1411.

Il y a une édition de cette même chronique impr. à Augsbourg, par Ratdolt, en 1488, *tertio nonas junii,* in-4. de 171 ff., avec des fig. sur bois, et dont le 2e f. contient une dédicace·de Theobaldus Fegher au roi Mathias.

Il existe aussi une rédaction abrégée en allemand, sous ce titre :

DIESES BUCH der Hungarischen Chronicken ist newlich verteutscht vnd also zusamen gebracht worden durch Herrn Hannsen Haagen zum Freystain, etc. *Getruckt in der kœnig. Statt Augspurg durch Phil. Ulhart,* 1536, in-4.

THYARD ou plutôt Tyard, seigneur de Bissy (Pontus de). OEuvres poétiques, savoir : trois livres des erreurs amoureuses, un livre de vers lyriques, plus un recueil de nouvelles œuvres poétiques. *Paris, Galliot du Pré,* 1573, in-4. de 164 pp. et 40 pp., y compris *l'épître à une jeune demoiselle*. [13830]

On trouve ordinairement à la suite de ces poésies : *Solitaire premier,* et *Mantice,* du même auteur (voyez ci-après). Vend. ainsi complet 2 liv. 19 sh. Heber; 38 fr. Monmerqué; 91 fr. *mar.* Cailhava; 53 fr. Léon Leclerc, (et avec *Mantice,* seconde édition, *Paris, Galiot du Pré,* sans date) 300 fr.

H. de Ch..., en 1863. Ce recueil ne renferme pas l'opuscule suivant, mais on y rencontre assez ordinairement un opuscule de 8 pp., ayant pour titre : *Ponti Thyardi Bissiani ad Petrum Ronsardum, de celestibus asterismis poematum ; Parisiis , apud Galeotum a Prato*, 1573.

— DOUZE *fables des fleuves ou fontaines, avec la description pour la peinture et les epigrammes par P. D. T. (Pontus de Thyard)*. Paris, J. Richer, 1585 (aussi 1586), pet. in-12 de 23 ff. avec une épître dédicatoire signée Tabourot. 18 fr. 50 c. Crozet ; 17 fr. Monmerqué ; en *mar. v.* 37 fr. Le Chevalier, et 31 fr. Gancia.

Les *Erreurs amoureuses* avaient d'abord été imprimées sans nom d'auteur, savoir : le premier livre, *Lyon, Jean de Tournes*, 1549, in-8. — Seconde édition, augmentée d'un second livre, *Paris, veuve de Guil. le Bret*, 1554, in-16 ; aussi *Paris, chez Magdalaine Boursette, en la rue sainct Jacques, a l'Elephant*, 1554, avec la continuation sous la date de 1555 (il doit y en avoir aussi une édition de 1550). Autre édition augmentée d'une tierce partie, plus un livre de vers lyriques, troisième édition, *Lyon, Jean de Tournes*, 1555, in-8. de 170 pp., plus l'errata. En *mar. oliv.* 28 fr. Ch. Nodier ; et le même exemplaire 275 fr. H. de Ch..., en 1863.

— **Discours philosophiques de Pontus de Tyard.** *Paris, Abel l'Angelier*, 1587, in-4., avec le portrait de l'auteur gravé par Th. de Leu. [3709]

Volume contenant 368 ff., plus une dédicace latine à Henri III, un sonnet latin de J. Dorat, les corrections faites après l'impression, un extrait du privilége, et une table des principales matières.

Ce recueil assez rare n'a pas encore, que nous sachions, acquis une grande valeur ; mais, par une bizarrerie que les bibliophiles peuvent seuls nous expliquer, on a payé fort cher dans ces derniers temps les éditions originales de ces mêmes discours imprimés séparément, savoir :

SOLITAIRE premier, ou prose des muses, et la fureur poétique, plus quelques vers lyriques. (Anonyme.) *Lyon, Jean de Tournes*, 1552, pet. in-8. de 151 pp. 28 fr. Nodier ; 15 fr. Coste. — Autre édit. *Paris, Galiot du Pré* (1573), in-4. Vend. avec *Solitaire second*, les 2 vol. rel. en *mar.* par Trautz, 121 fr. Solar.

SOLITAIRE second, ou prose de la musique (anonyme). *Lyon, Jean de Tournes*, 1555, in-4. de 160 pp., plus une grande pl. et 8 ff, non chiffrés qui contiennent une table, des planches supplémentaires et un errata. Imprimé en italiques. Vend. en *mar. r.* 175 fr. Cailhava ; en *mar. bl.* 150 fr. Coste. Du Verdier, Niceron et Papillon citent une édition de 1552.

MANTICE, ou discours de la vérité, divination par Astrologie (anonyme). *Lyon, Jean de Tournes*, 1558, in-4. de 8 ff. prélim. et 97 pp. 10 fr. *mar. bl.* Coste. Vendu avec *Solitaire premier* et les *œuvres poétiques*, même date, 152 fr. *mar. r.* Solar ; aussi *Paris, Galiot du Pré*, 1573, in-4., et rel. à la suite des poésies. Les deux petites pièces de vers de Guil. des Autelz ne sont pas dans tous les exemplaires.

DEUX DISCOURS de la nature du monde, de ses parties ; asavoir , le premier curieux traitlant des choses materielles, et le second curieux des intellectuelles : par Pontus de Tyard, avec un avant discours sur l'un et l'autre curieux par J.-D. Du Perron. *Paris, Mamert Patisson, imprimeur du roy, au logis de Rob. Estienne*, 1578, in-4.

La première édit. de *Lyon, Jean de Tournes* et *Guil. Gazeau*, a pour titre: *l'Univers ou discours des parties et de la nature du monde. L'Avant discours* n'en fait pas partie.

DISCOURS du temps, de l'an et de ses parties, par Pontus de Tyard. *Paris, Mamert Patisson*, 1578, in-4. Impr. pour la première fois à *Lyon, chez*

Jean de Tournes, en 1556, in-8. (selon Du Verdier). Dans l'édit. de 1587, il est sous le titre de *Scève, ou Discours...*

— **Extrait de la généalogie de Hugues surnommé Capet, roy de France, et des derniers successeurs de la race de Charlemagne en France** (anonyme). *Paris, Mamert Patisson*, 1594, in-8. [24000]

Cet ouvrage, qui est une réponse au livre de Fr. de Rosières, intitulé *Stemata ducum Lotharingiæ*, impr. en 1580 (voy. ROSIÈRES), existe aussi en latin, soit sous la date de 1594, soit sous celle de 1596. M. Guigard cite une édition de la traduction française, in-8., sans lieu ni date, mais qu'il suppose avoir paru en 1583.

— TROIS LIVRES d'Homelies de M. Pontus de Thyard, seigneur de Bissy, euesque de Challon. *Paris, Mamert Patisson*, 1586, pet. in-12. 6 à 9 fr. [1444]

— HOMILIES (*sic*) sur la premiere table du Decalogue, par le même. *Paris, Claude Cappelet*, 1588, pet. in-12 de 184 pp. — Rare.

Voici l'indication de deux écrits latins du même auteur :

EPHEMERIDES octavæ spheræ, seu tabellæ diariæ ortus, occasus et meditationis cœli illustrium stellarum inerrantium, pro universa Galliæ et his regionibus quæ polum boreum elevatum habent a 39 ad 50 grad. *Lugduni, Joan. Tornæsius*, 1562, pet. in-fol. de 276 pp. non compris la préface.

DE RECTA nominum impositione. *Lugduni, Jacobus Roussin*, 1603, in-8. de 104 pp. sans les pièces prélim.

Ce volume renferme les deux opuscules suivants du même auteur : 1° *Annotationes in librum Philonis Judæi de transnominatis*, 9 pp. — 2° *Annotationes in librum Philonis Judæi Allegoriæ sacræ*, 8 pp.

ÉTUDES sur le seizième siècle : France et Bourgogne. Pontus de Tyard, seigneur de Bissy, depuis évêque de Chalon, par J.-P. Abel Jeandet. *Paris, A. Aubry (impr. par L. Perrin, de Lyon)*, 1860, pet. in-8. de XII et 240 pp., avec le portrait de Pontus de Tyard, le fac-simile d'une de ses lettres, et une gravure. [30587]

Ouvrage curieux, couronné par l'Académie de Mâcon. Il en a été tiré 400 exemplaires, dont 350 sur papier teinté, 10 fr. ; 30 sur pap. vergé blanc, 15 fr. ; 15 sur pap. vélin blanc, 15 fr. ; 5 sur pap. de couleur, 20 fr.

THYBOURED (*Fr.*). Voy. APPIER.

THYLESIUS ou Telesius (*Ant.*). Thylesii Consentini poemata. *Romæ, in ædibus Minitii Calvi*, 1524, in-4. [12792]

Édition rare.

—**Ejusdem imber aureus, tragœdia.** *Venet., Bern. de Vitalis*, 1529, in-4.

Volume encore plus rare que le précédent. 18 sh. Libri.

— DE CORONIS libellus. *Romæ, apud F. Minutium Calvum*, 1525, *mense Febr.*, in-4. de 16 ff.

Un exempl. non rogné, 24 fr. Costabili.

Les différents opuscules de Thylesius ont été réimprimés à *Bâle*, 1245, et à *Anvers*, 1546, pet. in-8.

—**Opera (edente Franc. Daniele).** *Neapoli*, 1762, in-8. 3 à 4 fr.

— CARMINA et epistolæ quæ ab editione neapolitana exulant : præfigitur auctòris vita a Francisco Daniele conscripta. *Neapoli*, 1808, in-4. [12793]

Ant. Thylesius est le véritable auteur du prétendu fragment du poëme en hexamètres latins, publié sous le nom de Cassius de Parme (voy. CASSIUS). Ce fait est constaté dans une notice curieuse que Mercier, abbé de Saint-Léger, a fait insérer dans le *Magasin encycl.*, 3ᵉ année, tome VI, p. 351.

THYRÆUS (vulgo Thyer). Discursus panegyrici. de nominibus, tribulationibus et miraculis S. Patricii Ibernorum apostoli, cum exhortatione ad persecutiones pro fide patienter ferendas, et apostrophe ad Iberniam, qui, auctore eximio domino ac magistro Guillelmo Thyræo, iberno doctore, habiti sunt in collegio Ibernorum Duaci, anno 1616. *Duaci, ex officina Baltaz. Belleri*, 1617, pet. in-8. [22239]

Vend. 2 liv. 2 sh. *mar. bl.* Hanrott.

TIBALDI (*Pellegrino*) e *Nicolò* Abbati. Le Pitture esistenti nell' Instituto di Bologna, descritte ed illustr. da Giam.-Pietro Zanotti. *Venezia*, 1756, gr. in-fol. [9329]

Volume composé de 41 pièces, sans compter le frontispice, une figure allégorique de la ville de Bologne, le portrait de Benoît XIV, et les 18 pl. de vignettes, etc., qui ornent la description; vend. 79 fr. *mar. r.* La Valliere; 60 fr. Mel de Saint-Céran; 17 fr. 50 c. *demi-rel.* Boutourlin.

TIBERINUS. Voy. TYBERINUS.

TIBERIUS rhetor. De Figuris, altera parte auctior (gr.), una cum Rufi arte rhetorica; edidit J.-F. Boissonade. *Londini, Valpi*, 1815, in-8. 5 sh. [12027]

TIBERTUS (*Antiochus*). De Chiromantia libri III. (in fine) : *Explicit Chyromantia magistri Antiochi Tiberti Cæsenatis... Impssa Bononiæ ꝑ Benedictum hectoris Bononiensem...* Idib; nouëbris, Mcccclxxxviii, in-4. de 23 ff., en caract. rom., fig. sur bois. [8927]

Réimprimé *Moguntiæ, in æd. Jvonis Schœffer*, 1541, pet. in-8. fig. Dans l'article Loys de Corbière de Livron en Valentinois Dauphiné, Du Verdier attribue à ce Dauphinois une traduction française du traité de Tiberti, mais il n'en cite pas d'édition.

TIBULLUS (*Albus*). Carminum libri IV. (*absque nota*), in-4. de 47 ff. à 24 lign. par page. [12528]

Édition exécutée en caractères romains, sans chiffres, réclames ni signatures, et sans aucune indication de lieu ni de date. Le savant rédacteur du catal. de Pinelli la croyait imprimée vers 1472, par *Florentius de Argentina*, et il la regardait comme la première de cet auteur; elle commence par un sommaire en lettres capitales, formant 6 lign., dont voici la première :

ALBII. TIBVLI. POETAE. ILLVS

et elle finit au verso du 47ᵉ f. par ce distique :

*Illa furès Phaoni quâ scripsit eplâ sappho
Explicit : ex græco transtulit. Ovidius.*

Tibergbien (*Guil.*). Génération des connaissances humaines, 3651.

Vend. 10 liv. Pinelli; 5 liv. 5 sh. Heber.

Florentius de Argentina, à qui l'on attribue ce Tibulle, a mis son nom à un opuscule in-4. de 13 ff. à 23 lignes par page, intitulé *Jacobi Romani... pro patria... congratulatio*, et portant cette souscription : *Impressum per magistrum Florentium : de Argentina.* M. CCCC. LXXII. *die vero. xx. mensis marcii.*

— Carminum libri IV. (*absque nota*), in-4. de 36 ff. à 27 et 28 lign. par page, sans chiffres, récl. ni signat.

Dibdin (*Introduction*, I, 382) cite le seul exemplaire que l'on connaisse de cette édition précieuse (alors conservé dans la bibliothèque de F.-H. Standish). La première page n'a que 26 lign. L'abréviation *ɉ* est fréquemment employée à la fin des mots, de cette manière : *tenɉ, habɉ;* et l'on remarque aussi dans ce livre la diphthongue *æ*. À l'article PROPERTIUS (édit. de 1472), nous avons parlé d'un Tibullus, sans date, également en 36 ff.

— Carmina, cum commentar. Bernardini (Cyllenii) veronensis. — *Imprimi fecit G. Tibullus de amidanis de Cremona, Rome, anno...* M. CCCC. LXXV *die mercurii xviii. mensis julii*, pet. in-4. de 190 ff. à 25 et 26 lign. par page.

Édition fort rare, vendue 10 liv. 15 sh. Pinelli. Elle est divisée en deux parties, dont la première contient le texte, et la seconde le commentaire. Le texte commence au recto du premier feuillet, sans sommaire, par cette ligne :

Iuicias alius sibi congerat auro

et il finit au verso du quarante et unième par une souscription en 6 lignes (*Presens opus Tibulli albici impressum fecit*). Le 42ᵉ f. est blanc. Au recto du 43ᵉ f. commence la partie du commentaire par des vers latins adressés à *Baptista Ursinus*. La première ligne est BERNARDINUS VERONENS. CLA; ensuite on lit POETÆ VITA. Le commentaire commence au feuillet 49 recto, et se termine à la 23ᵉ ligne du 187ᵉ f. verso par le mot *Finis*. Le 188ᵉ f. contient la seconde souscription, en 6 lign., suivie du registre, lequel se termine au 189ᵉ f. recto par le mot *clausam*. Il y a ensuite 1 f. blanc. Nous ne savons sur quelle autorité Hain donne 232 ff. à ce volume qu'il n'a pas vu.

— Albij Tibulli Elegiographorum optimi Elegia de Amore τ laudib' Messale (carminum libri IV), in-4. goth. de 52 ff., sign. *b—g* (les 8 prem. ff. sans signat.), à 20 lign. par page.

Édition sans lieu ni date, mais imprimée vers 1500, avec les caractères de Jac. Thanner, typographe, qui a donné sous le même titre une autre édition de Tibulle, datée de *Leipzig*, 1500, et avec son nom, mais présentant des leçons différentes. — Dans l'édition sans date, le 1ᵉʳ f. contient au recto le titre ci-dessus, en 2 lignes, et au verso une notice sur la vie de Tibulle, en 54 lignes. Le texte commence au 2ᵉ f. recto par un sommaire, en 3 lignes, commençant ainsi : *Albij Tibulli equi Ro. Poete Cl. liber*, et il finit au recto du 52ᵉ f., dont le verso est blanc. La 20ᵉ et dernière ligne de la dernière page est ainsi : *Aut caneret forti regia bella pede* (Ébert, 22965).

— TIBULLUS, cum commentario Achillis Statii Lusitani. *Venetiis*, 1567, *in ædibus manutianis*, in-8. de 272 pp., plus 8 ff., dont le dernier blanc. Cette édition est assez recherchée : 6 à 9 fr.

— TIBULLI quæ extant : accedunt notæ, cum variar. lectionum libello, et terni indices (studio J. Broukhusii). *Amstelod.*, 1708, pet. in-4. fig. 5 à 6 fr.

Vend. en Gr. Pap. *mar. citr.* 27 fr. Caillard.

— TIBULLUS Corvinianus, seu Albii Tibulli quæ supersunt, e cod. ms. Matthiæ Corvini R. Hung. recensuit Sm. Kœleserius a Kereseer. *Claudiopoli*, 1727, in-8.
Édition rare, mais de peu d'importance.

— TIBULLUS et in eum J.-A. Vulpi novus commentarius. *Patavii, Cominus*, 1749, gr. in-4. 15 à 20 fr.
Bonne édition, qui se trouve ordinairement réunie au Catulle et au Properce publiés par Volpi. — Voyez CATULLUS.

— TIBULLI et Propertii Opera, ex editione J. Broukhusii. *Glasguæ, Foulis*, 1753, in-8. 3 à 4 fr.

— TIBULLI carmina, libri tres, cum libro quarto Sulpiciæ et aliorum : novis curis castigavit Chr.-G. Heyne; editio tertia auctior. *Lipsiæ*, 1798, in-8.
Édition estimée : 7 à 9 fr. — Pap. fin, 10 fr. — Pap. de Hollande, vend. 60 fr. *v. f.* Caillard. — Un exemplaire à grandes marges, formé de deux exemplaires en pap. de Hollande, *mar. r. dent.* 200 fr. Caillard.
Les éditions de 1755 et 1777 ont peu de valeur.

— TIBULLI carmina, Heynii curis ter castigata, ad codd. mss. recognita et illustrata ab E.-C.-F. Wunderlich ; editio quarta. *Lipsiæ*, 1817, 2 vol. in-8. 15 à 18 fr. — Pap. fin, 24 fr.
Il y a des exemplaires en pap. vélin.

SUPPLEMENTUM editionis Tibulli carminum heynio-wunderlichianæ, edidit Lud. Dissen. *Lipsiæ, Vogel*, 1819, in-8. 2 fr.

— ALB. TIBULLUS und Lygdamus, nach Handschrr. berichtigt von J.-H. Voss. *Heidelberg, Mohr*, 1811, in-8. 2 thl.

— TIBULLI carmina, textu ad codd. mss. et editiones recognito, insigniori lectionis varietate, notis indicibusque adjectis, edidit Ern.-Christ. Bach. *Lipsiæ, Hahn*, 1819, in-8. 5 fr.
En pap. vél., 13 fr. 60 c. *mar. bl.* Châteaugiron.

— CARMINA, ex recensione et cum animadversionibus Imm.-G. Huschkii : accedit specimen editionis venetæ anno 1472 æri incisum. *Lipsiæ, G. Fleischer*, 1819, 2 vol. in-8. 12 à 15 fr.
Selon Ebert, cette édition a un mérite réel que jusqu'ici on n'a pas assez reconnu ; mais le fac-simile qui est joint au titre manque d'exactitude.

— OPERA omnia, ex editione Huschkii, cum notis et interpretatione in usum Delphini, notis varior., recensu editionum et codicum, et indice locupletissimo. *Londini, Valpy*, 1822, 2 vol. in-8.
Fin du n° 42 et commencement du n° 43 de la collection de Valpy.

— TIBULLI quæ supersunt omnia opera, varietate lectionum, novis commentariis, excursibus, imitationibus gallicis, vita auctoris et indice absolutissimo instruxit Phil.-Amatus de Golbéry. *Parisiis, Lemaire*, 1826, in-8.

— ÉLÉGIES de Tibulle, traduites par Delongchamps. *Paris*, 1776, in-8. 3 à 4 fr.
La traduction anonyme de Pastoret, *Paris*, 1784, in-8., a été momentanément recherchée : Pap. fin, 5 à 6 fr. Celle de Mirabeau, avec des notes, suivie des Baisers de J. Second, et de contes et nouvelles du traducteur (déjà imprimés en 1780), *Tours*, 1796, ou *Paris*, 1798, 3 vol. in-8. fig., est peu estimée. Il paraît même que Mirabeau n'aurait fait que corriger une traduction dont La Chabaussière lui aurait confié le manuscrit : 9 fr. — Pap. vélin, 12 à 15 fr., et plus cher en Gr. Pap. vélin.
Il y a une traduction de Tibulle en vers, par Mollevaut, in-18, dont la 6e édition est de *Paris*, 1821.
— Une autre, par le comte Baderon de Saint-Geniez, *Paris*, 1814, ou 1823, in-8.

— TIBULLE, traduction nouvelle par M. Valatour ; P. Syrus, traduction nouvelle par M. J. Chenu. *Paris, Panckoucke*, 1839, in-8.

— LE OPERE di Alb. Tibullo, tradotte dal dot. Guido Riviera. *Venezia*, 1760, in-8. 3 à 4 fr.

— A POETICAL translation of the elegies of Tibullus, and the poems of Sulpicia with the original text and notes by James Grainger. *London*, 1759, 2 vol. in-12.
Les dernières traductions allemandes de ce poëte sont celles de E. Günther. *Leipz.*, 1825, in-12; de Fr. W. Richter, *Magdeb.*, 1831, in-8.; de J. Arm. Nürmberger, *Berlin*, 1838, gr. in-8.

— Voyez CATULLUS.

TICIANO. Voyez TITIANUS.

TICKNOR (*George*). History of spanish littérature , with criticisms on particular works and biographical notices of prominent writers. *New York*, 1849 (ou 2e édition 1854) , 3 vol. in-8. 1 l. 10 sh. [30109]
Cette histoire, qui s'étend du XIIe siècle au commencement du XIXe, a eu du succès ; elle a été traduite en espagnol, avec des additions et des notes critiques, par D. Pasqual de Gayangos, et Henrique de Vedia, *Madrid*, 1851-57, en 4 vol. pet. in-4. 36 fr.; — et aussi en allemand par H. Julius. *Leipzig*, 1852, 2 vol. in-8.

TICOZZI (*Stefano*). Vite de' pittori Vecelli di Cadore. *Milano*, 1817, in-8. 5 fr. [31063]
Cet ouvrage a été l'objet d'une polémique littéraire entre M. Ant. Maier et M. Jos. Carpani, qui ont publié successivement, savoir, M. Maier :
— DELL' IMITAZIONE pittorica, dell' eccellenza delle opere di Tiziano e della vita di Tiziano scritta da Stefano Ticozzi. *Venezia*, 1818, in-8. 5 fr.

M. Carpani :
LETTERE sul bello ideale e sulle opere di Tiziano, *Padova*, 1820, in-8., et 3e édition, intitulée : *La Majeriana, ovvero Lettere sul bello in risposta al libro dell' imitazione pittorica del cav. Ant. Majer*. Padova, 1824, in-8. portr. 5 fr.

M. Maier :
APOLOGIA del libro della imitazione pittorica e della eccellenza delle opere di Tiziano, con tre lettere di Giuseppe Carpani. *Ferrara*, 1820, in-8.
Étienne Ticozzi a donné aussi : *Dizionario dei pittori, dal rinnovamento delle belle arti fino al 1800*; Milano, 1818, 2 vol. in-8. 12 fr. [31024] et *Dizionario de gli architetti*, 31001.

TIDSKRIFT, Antiquarisk, et Nordisk. Voy. SCRIPTA historica.

TIEDEMANN (*Frederic*). Anatomie der Röhrenholothurie , des pomeranzenfarbigen Seesterns- und Steinseeigels. *Landshut*, 1816, ou *Heidelberg*, 1820, in-fol., avec 10 pl. 22 thl.

— NATURGESCHICHTE der Amphibien ; von F. Tiedemann, Mch. Oppel und Jos. Liboschitz. *Heidelberg*, 1817, in-fol., avec 15 planches. 22 thl. 12 gr. [5822]
Première partie, la seule publiée; elle est consacrée aux crocodiles.

— ICONES cerebri simiarum et quorumdam mammalium rariorum. *Heidelbergæ*, 1821, in-fol., avec 10 planches. [5668]
Vend. 30 fr. Béclard ; 18 fr. Librairie Baillière.

L'*Anatomie du cerveau*, de Tiedemann, a été trad. en français, avec un discours préliminaire par A.-J.-L. Jourdan, *Paris*, 1823, in-8.

— TABULÆ arteriarum corporis humani. *Caroliruhæ, Muller*, 1822-24, in-fol. atlant. 65 fr. Baillière. [6788]

Magnifique ouvrage publié en 4 livraisons et contenant 76 pl. en lithographies dessinées d'après nature, dans les dimensions naturelles, et coloriées avec soin. On y a joint un volume in-4. de texte explicatif en latin et en allemand. L'ouvrage coûtait 56 thl., et en beau pap. vél. 74 thl.

Il faut y réunir : *Frid. Tiedemann supplementa ad tabulas arteriarum corporis humani*, Heidelbergæ, ex officina W.-W. Mannhemii, 1846, gr. in-fol., avec les explications in-4.

— TABULÆ nervorum uteri. *Heidelbergæ*, 1823, gr. in-fol., avec 4 pl. 15 fr. Baillière. [6814]

— ERGÄNZUNGEN zu den Abbildungen der Pulsadern des menschlichen Körpers. *Heidelberg, Winter*, 1846, in-fol. 15 pl. lithogr. 50 fr. [6788]

— VON DER VERENGUNG und Schliessung der Pulsadern in Krankheiten. *Heidelberg, Groos*, 1843, gr. in-4. 3 pl. lithogr. 7 fr. 50 c. Baillière. [7159]

— Physiologie, 6856. — Recherches sur la digestion, 6898.

TIEL Ulespiegle. Voyez ULESPIEGEL, et PERIANDRI noctuæ speculum.

TIGNONVILLE (*Guill.* de). Voy. DITZ moreaux.

TILEMAN Vander Horst. Voyez VAN ZYL.

TIL-LANDZ (*Elias*). Catalogus plantarum quæ prope Aboam tam in excultis quam inclusis locis hac usque inventæ sunt, editio secunda : in gratiam philobotanicorum auctior editus. *Aboæ, typ. Wallius*, 1683, pet. in-8. de 36 ff. — Icones novæ in usum selectæ et catalogo plantarum promiscue appensæ. *Ibid.*, 1683, pet. in-8. contenant 156 pl. sur bois. [5210]

Volume rare : 40 fr. de Jussieu. La première édition du *Catalogus* est de 1673.

TILLEMONT (*Sébast.* Le Nain de). Mémoires pour servir à l'histoire ecclésiastique des six premiers siècles, par D. T. *Paris*, 1693-1712, 16 vol. in-4. [21356]

Savant ouvrage qui, malheureusement, s'arrête à l'année 513. Il y a une seconde édition des premiers volumes, *Paris, Cl. Robustel*, 1700, et ann. suiv., que le titre présente comme revue et augmentée par l'auteur, lequel était déjà mort depuis deux années, mais avait laissé des corrections pour les quatre premiers volumes imprimés de son vivant. Cette seconde édition, dont le titre portent le nom de l'auteur, a été donnée par Tronchay, collaborateur de Tillemont, et éditeur des douze derniers volumes des *Mémoires*; elle est augmentée d'une dissertation sur S. Jacques le Mineur. Vend. 72 fr. Boulard; 85 fr. Hérisson, et quelquefois plus cher.

L'édition de *Bruxelles*, 1694 (aussi 1706) et ann. suiv., in-12, n'a peut-être pas été terminée; cependant nous en avons vu 27 vol. qui doivent représenter les 13 premiers de l'in-4.; et le catalogue de Verdussen, 1776, 2e partie, en indique 30 tom. en 10 vol. Ce doit être le même contenu que dans l'édition de *Bruxelles*, 1734-40, 16 tom. en 10 vol. in-fol. Il y a aussi une édition de *Venise*, 1732 à 1739, en 22 vol. in-4., dont il est à croire que l'*Histoire des empereurs* fait partie.

— Histoire des empereurs et des autres princes qui ont régné durant les six premiers siècles de l'Église..... justifiée par des citations des écrivains originaux. *Paris*, 1690 (aussi 1700) à 1738, 6 vol. in-4, 30 à 36 fr. [22954]

Ces six volumes se réunissent à l'article précédent, et ils sont également estimés. Les 22 volumes ont été vend. 140 fr. de Cotte. Il y a une édition de l'histoire des empereurs, *Bruxelles*, 1732 et ann. suiv., 6 tom. en 3 vol. in-fol.; — et aussi une de *Bruxelles*, 1692, ou *Bruxelles*, *Fricx*, 1707 et ann. suiv., 6 tom. en 16 vol. in-12. Les deux premiers tomes en 2 part. chacun, et les autres en 3 part.; les 3 parties du tome sixième portent la date de 1739. On trouve rarement l'ouvrage complet.

— Vie de saint Louis, roi de France, par Le Nain de Tillemont, publiée pour la Société de l'histoire de France, d'après le manuscrit de la Bibliothèque nationale, et accompagnée de notes et d'éclaircissements, par J. de Gaulle. *Paris, J. Renouard*, 1847-51, 6 vol. gr. in-8. 54 fr. [23365]

Cet ouvrage, composé depuis près de deux siècles, était resté inédit; mais c'est d'après les manuscrits de Le Nain que Filleau de La Chaise a écrit l'*Histoire de saint Louis*, divisée en 15 livres, impr. à Paris, en 1688, en 2 vol. in-4., sans nom d'auteur.

TILLET (du). Voyez TITON.

TILLIER (*François*). Le philogame, ou ami des noces. *Paris, J. Poupy*, 1578, in-16. 6 à 9 fr. [à placer après 18093]

TILLIOT (du). Mémoires pour servir à l'histoire de la fête des foux, qui se faisoit autrefois dans plusieurs églises. *Lausanne*, 1741, ou *Genève*, 1745, in-4. fig. 4 à 6 fr.; — Gr. Pap., 8 à 10 fr. [22368]

Cet ouvrage est réimprimé dans le 8e volume des Cérémonies religieuses, édition de Hollande. — L'édition de 1751, pet. in-8., est à bas prix.

TILLOTSON (*John*). The Works, with life of the author, by Th. Birch. *London*, 1752, 3 vol. in-fol. 3 à 4 liv. [2027]

Édition la meilleure que l'on ait, en ce format, de ces

---

ouvrages si souvent réimprimés. Nous citerons encore les éditions de *Londres*, 1757, en 12 vol. in-8.,
et de 1820, en 10 vol. in-8.
Les sermons de Tillotson ont été trad. en français
par Barbeyrac, *Amsterdam*, 1722 ou 1744, 7 vol.
in-12.

**TIMÆUS Locrus. Liber de anima mundi
et natura, græce.** *Paris., apud Guil.
Morelium*, 1555, pet. in-8. [3343]

Édition peu commune, et qui est peut-être antérieure
à celle qui a paru à Venise, dans la même année :
5 sh. Askew. Il faut y joindre la version latine imprimée chez le même Morel, en 1562, in-8.

— DE MUNDI anima et natura libellus (gr.), a Ludov.
Nogarola in lat. conversus. *Venetiis, apud Hieron.
Scotum*, 1555, pet. in-8.

— TIMÆUS Locrus de anima mundi et natura : scholia
et varietatem lectionis é mss. paris., L.-C. Valckenaerii conjecturas ineditas suamque annotationem
addidit J.-J. de Gelder. *Lugd.-Batavor.*, 1836,
in-8. 2 flor. 60 c.

— TIMÉE de Locres, en grec et en franç., avec des
dissertations (par le marquis d'Argens). *Berlin*,
1763, pet. in-8. 3 à 5 fr.

Vendu en *m. r.* 16 fr. By.

Batteux a aussi donné une traduction française de
cet auteur. Voyez OCELLUS Lucanus.

**TIMÆUS sophista. Lexicon vocum plato-
nicarum, græce, ex cod. ms. sangermanensi primum edidit, atque animadversionibus illustr. Dav. Ruhnkenius; editio
2ª locupletior.** *Lugd.-Batavor.*, 1789,
in-8. 8 à 10 fr., et plus en pap. de Holl.
[3351]

L'édition de 1755, in-8., a peu de valeur.

— IDEM, editio nova : curavit G.-A. Koch. *Lipsiæ,
Lauffer*, 1828, in-8. 5 fr.

Édition fort inférieure, sous le rapport typographique,
à celle de Leyde. En 1833, on y a joint : -

GEORG. ÆNOTHEI KOCHII observationes in Timæi
sophistæ lexicon vocum platonicarum et Moeridis
atticistæ lexicon atticum a se nuper edita : accedit
comparatio prioris editionis Timæi a Ruhnkenio
emissæ, cum altera accurate instituta, 1 fr. 50 c.

**TIMKOVSKI (G.). Voyage à Péking à tra-
vers la Mongolie, en 1820 et 1821, trad.
du russe par M. N***, revu par M. J. B.
Eyriès, publié avec des corrections et
des notes, par M. J. Klaproth.** *Paris,
Dondey-Dupré*, 1827, 2 vol. in-8., et
atlas in-4. 18 fr., et plus en pap. vél.
[20759]

L'original russe a paru à *St-Pétersbourg*, imprim.
du ministère de l'intérieur, 1824-25, en 3 vol. gr.
in-8. fig. (25 fr. 50 c. Klaproth). Il y a une traduction en allemand, par J.-A.-E. Schmidt ; *Leipzig*,
1825, 3 vol. in-8. La traduction anglaise, *Lond.*,
1827, 2 vol. in-8., a été faite sur la version française.

**TIMONEDA (*Juan*). Primera parte de las
Patrañas de Juã Timoneda : en las quales
se tratã admirables cuentos, graciosas
marasias, y delicadas inuēciones para
saber cõtar el sabio y discreto relatador.
*En Alcala de Henares, por Sebastian***

Martinez, M. D. lxxvj, pet. in-8. goth.
de cxxvij ff. [17640]

Un des plus anciens recueils de petits contes qu'ait
produits la langue espagnole, après celui de D. Manuel (voyez MANUEL). Cette édition est très-rare : .
elle a été vendue 1 liv. 6 sh. Heber.

— PRIMERA parte de las Patrañas en las quales se
tratan admirables cuentos, graciosas maranas y delicadas invenciones para saber las contar el discreto
relatador. *Barcelona, en casa de Iaym Sendart*,
1578, pet. in-8. de 103 ff., le dernier non chiffré.

Édition non moins rare que la précédente : 1 liv.
11 sh. 6 d. *mar. r.* Heber ; 25 fr. Rœtzel. — Antonio en cite une autre de *Bilbao*, 1580, pet. in-8.

**— El sobremesa y aliuio de caminãtes de
Joan Timoneda, en elqual se contienen
affables y graciosos dichos cuentos he-
roycos y de mucha sentencia y dotrina—
Memoria hispana copilada por Joan Timoneda : en la qual se hallaran cosas memorables y digne de saber : y en que año
acontecieron. 1562. — Memoria valen-
tina, agora nueuamente copilada por Joan
Timoneda. (à la fin) :** *Caragoça, en casa
de Miguel de Guesa*, 1563, 4 part. en
1 vol. pet. in-8. goth. fig. sur bois.
[15164 ou 17641]

Les deux parties *del Sobremesa* ont xxij et xxi ff.
chiffr., et les deux autres parties, qui dépendent
nécessairement du volume, ont ensemble 21 ff. non
chiffrés.

Recueil non moins rare que le précédent, et dont Antonio cite une édit. de Valence, *Pedro Huete*, 1570,
in-8. Il y en a une sous le titre d'*Alivio de cami-
nantes*,... Amberes, Ant. Tylesio, 1577, in-16, de
64 ff. non chiffrés, sign. A—H. 61 fr. *mar. r.* Nodier ; 80 fr. Duplessis. Nous indiquerons encore,
d'après Antonio, les ouvrages suivants du même
auteur :

El CAVAÑERO cancionero. *Valencia, Pedro
Huete*, 1570, in-8. [15165]

SYLVA de varias canciones, o villanescas y guir-
nalda de galanes. *Sevilla, Alph. de la Barnera*,
1511, in-8. (La date ne doit pas être exacte.)

TRES COMEDIAS en prosa. *Valencia*, 1559, in-8.
[16769]

C'est Timoneda qui a mis par écrit les pièces que
Lope Rueda a jouées (voy. RUEDA).

**TIMOPHYLE (*Thierri* de). Masque de
Fr. d'Amboise. Voy. DIALOGO, la NAPO-
LITAINE et SERMONI funebri.**

**TIMOUR or Tamerlan's Institutes political
and military, written originally in the
mogul language by the great Timour,
first translated into persian by Abou-
Taulib-Al-Husseini and thence into english by major Davy, with the original
persian..., the whole work published by
Jos. White.** *Oxford, Clarendon press*,
1783, gr. in-4. 15 à 20 fr. [3949]

Les Instituts de Tamerlan ont été trad. en franç. par
L. Langlès, sur la version persane ; *Paris*, 1787,
in-8. fig.

— THE MULPUZAT Timury, or autobiographical
memoirs on the Moghul emperor Timur, written
in the jagatay turky language, turned into persian,
by Abu Talib Hussyny, and translated into english
by major Charles Stewart. *London, Murray*, 1830,
pet. in-4. de XIII et 154 pp., avec 12 pp. d'appendice.
12 sh. [28262]

Timmerhans (*C.*). Construction des bouches à feu,
8701. — Divers procédés de la fabrication de la
poudre, 8708. — Sur l'Artillerie, 8688.

TINCTOR (*Joan.*). Terminorvm mvsicæ diffinitorivm. (in fine): *Joanis Tinctoris ad Divam Beatricem de Aragonia : : Peroratio : : Amen,* in-4. de 15 ff. à 28 lign. par page. [10109]

Petit traité impr. sans lieu ni date, mais avec les caract. rom. de *Gerard de Flandria,* à Trévise. On prétend qu'il est de l'année 1479, et conséquemment antérieur à l'ouvrage de Gaffori (voy. ce nom). Le recto du premier f. porte le titre ci-dessus, et on lit au recto du 2ᵉ f. le sommaire suivant : *Joannis Tinctoris ad illustriss. Virginem et Dominam D. Beatricem de Aragonia Diffinitorivm Musicæ fœliciter incipit.* Panzer, qui a écrit *Finctoris*, à la page 129 de son 4ᵉ vol., se corrige à la page 425 du même tome.

TINGSTADII Supplementa ad lexica hebraica. *Upsaliæ,* 1805, in-4. [11533]

TIPPOO. Select letters of Tippoo sultan to various public functionaries : including his principal military commanders, governors of forts and provinces, etc., arranged and translated by Will. Kirkpatrick with notes and observations, and an appendix containing several original documents never before published. *London, Blak,* 1811, in-4. [28189]

Vend. 18 fr. Langlès.

TIRABOSCHI (*Girolamo*). Storia della letteratura italiana, antica e moderna. *Modena,* 1787-94, 9 tom. en 16 vol. gr. in-4. [30077]

Bonne édition d'un ouvrage fort estimé, et dont celui de Ginguené ne peut pas tenir lieu : 60 à 90 fr.

— Storia della letteratura italiana. *Milano, tip. de classici ital.,* 1822-26, 16 vol. in-8. portr. 100 fr., et plus en pap. vél.

Réimpression belle et soignée, avec les additions mises à leurs places, et avec la vie de l'auteur, trad. du latin d'Ang. Fabroni, par Gio.-Ant. Maggi. — Pour une continuation, voy. LOMBARDI (*Ant.*).

La première édition de cette excellente histoire littéraire est de *Modène,* 1771-82, 13 vol. in-4. Il faut y joindre les additions et corrections impr. séparément en 1795, et qui s'adaptent également à l'édition de *Rome,* 1782, 12 vol. in-4.

Cet ouvrage a été réimpr. à *Florence* et à *Pise,* 1805-13, 9 tom. en 20 part. in-8. 60 fr. Il l'avait été précédemment à Venise, en 1795, 8 tom. en 16 vol. in-8.

HISTOIRE de la littérature d'Italie, tirée de l'italien de Tiraboschi et abrégée par A. Landi. *Berne,* 1784, 5 vol. in-8.

Cet abrégé est mal écrit et fourmille de fautes d'impression ; il a donc peu d'intérêt, surtout depuis que nous possédons une bonne *Histoire de la littérature italienne,* par Ginguené (voy. ce nom); cependant comme il donne des notices qui ne sont pas dans l'ouvrage français, il n'est pas tout à fait

. **Timperley** (*C.-H.*). Dictionary of printers, 31165.
— Encyclopædia of literary and typographical anecdotes, 31227.

Tindal (*W.*). History of Evesham, 27336.

Tingry (*P.-F.*). Traité sur les vernis, 10272.

Tin Robbin. Works, 19359.

Tiphaigne. Histoire des mers, 4650.

inutile. Il en a été fait une traduction italienne, *Venise,* 1801, 5 vol. in-8.

— Biblioteca modenese, o notizie della vita e delle opere degli scrittori modenesi. *Modena,* 1781, 6 vol. in-4. 30 à 36 fr. [30665]

Il faut réunir à cet ouvrage :

NOTIZIE biografiche e letterarie degli scrittori degli Stati estensi, in continuazione della Biblioteca modenese di Tiraboschi. *Reggio, Torregiani,* 1833-35, in-4., tom. I à V. [30667]

Plusieurs auteurs ont travaillé à cette continuation.

— MEMORIE storiche modenesi, col codice diplomatico illustrato con note. *Modena,* 1793-94, 4 vol. in-4. 24 fr.: — Pap. fort, 30 fr. [25344]

— STORIA dell' augusta badia di S. Silvestro di Nonantola : aggiuntovi il codice diplomatico della medesima, illustr. con note di Girol. Tiraboschi. *Modena,* 1784-85, 2 vol. in-fol. fig. [21759]

Ouvrage curieux, parce qu'il renferme nombre de documents inédits, depuis l'an 752 jusqu'à l'an 1492. Vend. 39 fr. 50 c. en 1840; 25 fr. en 1842; 24 fr. en 1857. — *Lettere,* 30106. — *Vetera Humiliatorum monumenta,* 21804.

— Voyez BARBIERI.

TIRANT le Blanc. A honor lahor et gloria de nostre senyor... comenca la letra del present libre appellat Tirant lo Blanch... — *Fon acabada de empremptar la present obra en la Ciutat de Valencia a .xx. del mes de Nohembre del ãy de la nativitat de nostre Senyor deu Jesu Crist mil* CCCCLXXXX, pet. in-fol. goth. de 338 ff. à 2 col., y compris 2 ff. bl. [17519]

Édition excessivement rare, et la première qui ait paru du texte limousin ou catalan de ce roman célèbre, car il n'en existe pas sous la date de 1480. Dans la protestation de soumission *a la sancta catolique Iglesie,* qui se lit à la fin, il est dit que l'ouvrage *font traduit de Angles en lengua Portoguesa e apres en vulgar lengua valenciana,* savoir : les trois premières parties par Joannot Martorell, et la quatrième, après la mort de Martorell, par Joan de Galba. Le volume commence (au verso du 1ᵉʳ f.) par une table des rubriques, en 8 ff., suivie d'une épître dédicatoire *per Mossen johannot Martorell cavaller al serenissimo Principe Du : ferrando de Portogal,* en date du 2 février 1460. Le premier f. du cahier a et le dernier du cahier z sont blancs. Le seul exemplaire de ce livre précieux qui ait, depuis bien longtemps, passé dans le commerce, avait été acquis au prix de 300 guinées, par le célèbre bibliophile Rich. Heber, à la vente duquel il ne fut plus vendu que 105 liv. — Voir la *Biblioth. grenvil.,* p. 734, où le même exemplaire est bien décrit. Il en existe un second dans la bibliothèque de la Sapienza, à Rome; mais il y manque 2 f. du cahier S. Un troisième, dit-on, se conserve dans la bibliothèque de l'Université de Valence.

— Liber apellat Tirant lo blancho. (à la fin): *A honory y gloria de nostre Senyor deu Jesuscrit : fon principiat a stãpar lo present libre per mestre Pere Miquel Condam y es acabat per Diego de Gamiel Castella en la mol noble e insigne ciutat de Barcelona* XVI *de setëbre del any.* M. CCCC. XCVII. in-fol. goth. à 2 col.

Cette édition n'est guère moins rare que la précédente : 72 fr. Paris de Meyzieu ; 17 liv. 17 sh. Crofts.

— Los cinco libros del esforçado et invencible cauallero Tirante el blanco de roca salada, cauallero de la garrotera el qual por su alta caualleria alcanço a ser principe y Cesar de l'imperio di Grecia. — *Fue impresso el presente libro... en la muy noble villa de Valladolid per Diego de Gumiel, acabose a xxviij de mayo del año* MDXI, in-fol. goth. de 288 ff. à 2 col.

C'est, à ce qu'il paraît, d'après le texte catalan qu'a été faite cette traduction castillane, dont nous ne connaissons que cette seule édition, laquelle est d'une grande rareté : 36 fr. Gaignat. L'exemplaire de lord Stuart de Rothes, vendu à Londres, en 1854, était incomplet de plusieurs feuillets.

— Tirante il bianco valorosissimo caualiere: nel quale contiensi del principio della caualeria : del stato, & vfficio suo : dell'essamine, che debbe esser fatto al gentile e generoso homo, che dell'ordine di caualeria decorar si vuole : e come dee (*sic*) esser fatto il vero caualiere : della significatione dell'arme, cosi offensiue, come difensiue : e quali atti, e costumi appartegono al nobil caualiere : e dell'honore, del quale è degno d'essere honorato : con la morte de Abrain Re, e Signore della grã Canaria, e rotta delle sue gēti. Di lingua spagnola nello idioma nostro per Messer Lelio di Manfredi tradotto. Nouamente posto in luce : e con accurata diligentia castigato..... (sur le dern. f.): *In Vinegia, nelle case di Pietro di Nicolini da Sabbio: alle spese pero del Nobile huomo M. Federico Torresano d'Asola. Nell'anno della salutifera redentione humana*, M. D. XXXVIII, pet. in-4. de 4 et 283 ff. à 2 col., plus un f. pour le registre et la souscription; lettres rondes.

Édition rare de cette traduction; on l'annexe à la collection des Alde. Vend. 24 fr. Gaignat ; 36 fr. Floncel ; 75 fr. en 1823 ; 12 liv. 12 sh. Hibbert ; 3 liv. Heber ; 401 fr. mar. v. Libri, en 1847, et avec des taches et le dernier f. raccommodé, 135 fr. Costabili. Cette même traduction a été réimprimée à Venise, Domenico Farri, 1566, 3 vol. in-8., 24 à 36 fr., et aussi à Venise, par Lucio Spineda, 1611, 3 vol. pet. in-8., même prix.

Le comte de Caylus a donné une traduction ou plutôt une imitation française de ce roman, sous ce titre : Histoire du vaillant chevalier Tiran le Blanc, Lond. (Paris, vers 1737), 2 vol. pet. in-8. (avec un avertissement écrit par Fréret). — Réimpr. à Paris, 1775, en 3 vol. in-12.

TIROLIUS (*Fr.*). Geographia antiqua. Voy. CELLARIUS.

TIRON (*Ant.*). Voy. MACROPEDIUS.

Tiraquellus (And.). De Nobilitate, 28787.
Tirinus (J.). In sacram Scripturam, 413.
Tiroux. Histoire de Lille, 24934.

TIRSO de Molina. Voy. MOLINA.

TISCHBEIN. Homer nach Antiken gezeichnet, von H.-W. Tischbein, mit Erläut. von Chr.-Gttl. Heyne. *Göttingen, Dieterich*, 1801-15, et *Stuttgart, Cotta*, 1822-24, gr. in-fol. 52 et 18 thl. [12343]

Cette belle suite fut interrompue après la 6e livraison publiée en 1805, d'abord à cause de la mort de Tischbein, et ensuite à cause de celle de Heyne; les livr. VII, VIII et IX ont été publiées beaucoup plus tard, sur le plan de Heyne, par le Dr Schorn, et avec l'assistance de Creuzer. Les trois livr. qui devaient terminer l'ouvrage n'ont point paru. On a une traduction des six premières sous le titre suivant : *Figures d'Homère*, avec les explications de Chr.-G. Heyne, mises en français par Ch. Villers. Metz, Collignon, 1802-6, gr. in-fol. 186 fr. — Vend. 43 fr. Hurtault.

— Collection of engravings from ancient vases, mostly of pure greek workmanship discovered in sepulchres in the kingdom of the two Siciles, but chiefly in the neighbourhood of Naples, now in the possession of Will. Hamilton, with remarks on each vase by the collector; published by Will. Tischbein. *Napoli*, 1791, 4 vol. gr. in-fol. fig. [29624]

Seconde collection de vases formée par le chevalier Hamilton. Chaque volume, composé de 60 pl. gravées au simple trait, a coûté 100 fr. Le 4e n'a point d'explications. 136 fr. Hurtault.

— RECUEIL de gravures d'après des vases antiques, la plupart d'un travail grec, trouvés dans des tombeaux au royaume des Deux-Siciles, principalement dans les environs de Naples, en 1789 et 1790, tirés du cabinet du chevalier Hamilton. *Paris, Bénard*, 1803-1809, 4 part. gr. in-fol.

Les gravures de cette édition sont calquées sur celles de la précédente. Chaque vol. coûtait 27 fr.

TISCHENDORF (*L.-F.-C.*). MONUMENTA sacra. inedita. Voy. notre article BIBLIA, t. I, col. 866, et ajoutez que depuis M. Tischendorf a publié :

BIBLIORUM codex sinaiticus petropolitanus. Auspiciis augustissimis imperatoris Alexandri II ex tenebris protraxit, in Europam transtulit..., edidit Const. Tischendorf. *Petropoli*, 1862, 4 vol. in-fol. avec 21 pl. lithogr. ou photogr.

Ouvrage qui n'a été tiré qu'à trois cents exempl. dont il n'y a eu que cent mis en vente au prix de 864 fr. chez le libraire C. Fr. Fleischer à Leipzig. On a contesté l'authenticité des matériaux publiés dans ces splendides volumes; mais pour répondre à l'attaque dirigée contre lui, M. Tischendorf vient de publier : *Die Anfechtungen der Sinaibibel*, in-8. de 24 pp. (Voy. dans les *Grenzboten* de 1863, n° 6, pages 201-216, l'article *Konstantin Tischendorf und Konstantin Simonides*.) Ce savant a extrait de son *Bibliorum Codex*, le *Novum Testamentum sinaiticum*, Leipz., Brockhaus, 1863, gr. in-4. 6 thl.

— Evangelia apocrypha, 249. — Acta apocrypha, 251.
— Reise in den Orient, 20553. — Anecdota, 31366.

TISSARD. Francisci Tissardi Opuscula (grammatica hebraica, etc.). *Paris., Ægidius Gourmont*, 1508, in-4. de 90 ff. non chiffrés, sign. A—Y. [11502]

Livre rare et curieux, où l'on a employé pour la première fois, à Paris, les caractères de la langue hébraïque. En voici la description. Le titre présente une vignette sur bois (la marque de Gilles Gourmont, que nous avons donnée, tome I, col. 198) ; autour de la planche se lisent quatre lignes en grec, et au bas (en quatre lignes) : *Venales reperiuntur in vico sancti Ioañis lateranēsis e regione cameracēsis collegii apud Egidiū gourmŏt diligētissimū & fidelissimū bibliopolā.* Au verso commence l'épître de Fr. Tissard à François de Valois (depuis François Ier). Au 3e feuillet : *Dialogus Prothvmopatris. Et Phronimus;* au verso du f. D. i. : *Fr. Tissardi de iudeorum ritibus compendium,* finissant avec le f. F. i.; au f. suivant : *Alphabetum hebraicum,* puis *Grammatica hebraica,* jusqu'au recto du f. Sii.; au verso de ce f., l'alphabet grec, puis *Oratio dominica,* et autres opuscules en grec et en latin, avec les abréviations grecques, et la manière de compter en lettres grecques ; le tout finissant avec le 3e f. du cah. Y, par ces mots : *Parrhisijs Pridie Idus Ianuarias.* 1058 (*sic*). Le dernier f. de ce même cahier contient une épigramme latine, et la souscription : *Operoso huic opusculo extremam imposuit manum Egidius Gourmontius, primus duce Francisco Tissardo Ambacẹo, grẹcarum, et hebrœarum litterarum impressor. Anno a natiuitate domini* M CCCCC VIII. *Quarto Calen. Februa.* — Vend. 61 fr. en oct. 1825 ; 40 fr. *mar. citr.* Andry ; 2 liv. 3 sh. Heber, à Londres, et seulement 15 fr. Heber, à Paris. — Voyez ALPHABETUM græcum.

TISSET (*François-Barnabé*). Compte rendu aux sans-culottes de la république française , par très-haute , très-puissante et très-expéditive dame Guillotine, dame du Carousel, de la place de la Révolution, de la Grève et autres ; contenant le nom et surnom de ceux à qui elle a accordé des passe-ports pour l'autre monde ; le lieu de leur naissance, leur âge et qualité, le jour de leur jugement ; depuis son établissement, au mois de juillet 1792, jusqu'à ce jour. Rédigé et présenté aux amis de ses prouesses, par le citoyen Tisset, (*Paris*) *rue de la Barillerie,* no 13, *coopérateur du succès de la république française, an* II (1793), 4 parties in-8. En tête de la première est un emblème de la guillotine, sous laquelle figurent des têtes et des cadavres. [23966]

Ce titre peut donner une juste idée du cynisme qu'affichaient alors effrontément les démagogues, dont le règne sanglant a pesé sur la France pendant deux longues années. Le livre qui le porte se trouve fort rarement complet, parce que bien peu de personnes ont songé à en réunir les quatre parties lorsqu'on pouvait se les procurer facilement, et que les deux dernières sont devenues introuvables. Les deux premières forment ensemble 384 pp., et la troisième en a 112 sous ce titre : *Liste des contre-révolutionnaires et révoltés de la ci-devant ville de Lyon, condamnés à être fusillés, par jugement de la commission militaire, etc.* La quatrième partie, composée de 251 pp., et qui porte le même titre que les deux premières, donne la suite des supplices subis par les habitants de Lyon, devenue *Commune-affranchie.* La continuation, qui devait contenir la suite des supplices de Paris, n'a pas paru. Le même infâme pamphlétaire avait d'abord fait paraître : *Le Glaive vengeur de la république française, ou galerie révolutionnaire, contenant les noms, prénoms, les lieux de naissance, l'état, les ci-de-*

vant qualités, l'âge, les crimes et les dernières paroles de tous les grands conspirateurs et traîtres à la patrie, dont la tête est tombée sous le glaive national ; par un ami de la révolution, des mœurs et de la justice. Paris, an II (1793), in-8. de 216 pp., avec une figure représentant la guillotine. Parmi les autres publications de cet *ami des mœurs et de la justice,* citées dans le 9e vol. de la *France littéraire,* de M. Quérard, et dans le LXXXIVe de la *Biographie universelle,* p. 158, nous remarquons une *Vie privée du général Buonaparte,* Paris, an VI (1798), in-8.

TISSIER (*Bertrand*). Bibliotheca Patrum cisterciensium, id est opera abatum et monachorum ordinis cisterciensis, qui sæculo sancti Bernardi, aut paulo post ejus obitum floruerunt, in unum collecta, labore et studio F. Bertrandi Tissier. *Bonofonte, typis ejusdem cænobii per A. Renesson,* 1660-64, et *Paris., Billaine,* 1669, 8 tom. en 4 ou en 3 vol. in-fol. [835]

Ce recueil, qui renferme un certain nombre d'écrits théologiques et quelques morceaux historiques relatifs au moyen âge, est aujourd'hui assez recherché ; mais il a eu si peu de succès lors de sa publication, que les exemplaires n'en ont jamais été fort répandus. Toutefois nous ne les croyons pas à beaucoup près aussi rares que le prétend M. Weiss (*Biographie universelle,* article TESSIER), et nous nous rappelons une bien triste époque où nous en avons vu donner plusieurs exemplaires complets pour moins de 12 fr. chacun. Ce même livre a été vendu 31 fr. chez les jésuites du collége de Clermont, en 1764 ; 28 fr. 95 c. Soubise ; et enfin 128 fr. Bibliophile Jacob, en 1840.

TISSOT (*Jacq.*). Histoire de Theutobochus. Voy. GIGANTOMACHIE.

TISSOT (*S.-A.*). Dissertatio de febribus biliosis. *Lausannæ,* 1758, in-8. [7164]

Cet ouvrage estimé a été réimprimé à *Paris,* 1813, in-8., et traduit en français, avec des additions, par Mahot, *Paris, an* VII, in-12.

Ou a un recueil des œuvres de Tissot, impr. à *Lausanne,* 1799, 15 vol. in-12, et à *Paris,* 1809-13, 11 vol. in-8. [6654]

— Traité des nerfs, 7294. — Onanisme, 7307.

TITE OATES. Narration veritable de l'exécrable conspiration du parti papiste contre la vie de S. Majesté, le gouvernement d'Angleterre, etc. *Londres, Bensley,* 1679, pet. in-8. 6 à 9 fr. [26988]

Vend. 12 fr. *mar.* le B. d'Heiss et Méon.

L'édition, *suivant la copie de Londres,* 1679, in-12. 8 fr. *mar. bl.* Méon.

— THE MEMOIRS of Titus Oates. London, 1685, in-4., frontispice gravé.

Réimpr. dans le 9e vol. de *Somers collection of tracts.*

TITELMAN (*François*). Le traicté de l'exposition des misteres de la messe ; deux expositions du sainct canon, par feu

François Titelman de Lorraine. Traduict
du latin en françois par Claude-François
Titelman de Lorraine. *Lyon, chez Nic.
Petit,* 1544, in-8 de 92 ff. chiffrés.

Traduction rare d'un ouvrage latin imprimé sous le
titre de *Tractatus de expositione missæ*, etc., à
Anvers, chez Guil. Vostermann, en 1528, in-8. Il
en a été vendu un exemplaire relié en *mar. br.*
45 fr. Veinant.

TITIANUS. Opera selectiora quæ Titianus
Vecellius et Paulus Calliari veronensis
invenerunt et pinxerunt, quæque Valentinus Le Fevre delineavit et sculpsit.
Venetiis, 1680, in-fol. 51 pl. à l'eau-
forte. 30 à 40 fr. [9315]

Ce volume a reparu en 1682 et en 1684.
— OPERE scelte, dipinte da Tiziano Vecellio e da
Paolo Cagliari di Verona, disegnate e scolpite al-
l'acqua forte da Valent. Le Fevre. *Venezia,* 1749,
gr. in-fol.
Ce volume n'est autre chose que le recueil précédent, dont on a fait retoucher et retravailler au
burin les planches. 30 à 36 fr.

— Raccolta di opere scelte dipinte da Tiziano Vecellio, Antonio Regillo, e varii
altri maestri della scola veneziana, disegnate ed incise da Valentino le Fevre, etc.
Venezia, 1786, in-fol. max. 24 à 30 fr.
[3916]

— Trages de Italia hasta el siglo XVI,
diseñados por el gran Ticiano y por
Cesar su hermano. *Madrid,* 1794, 2 vol.
in-12, fig. color. 30 à 36 fr. [9629]

— Voy. VECELLIO (*Cesare*).

TITON du Tillet (*Evrard*). Le Parnasse
françois. *Paris,* 1732, in-fol. fig. [30555]

Il faut joindre à cet ouvrage trois suppléments, dont
le premier a paru en 1743, le deuxième en 1755,
le troisième en 1760 : ces trois cahiers forment ensemble un deuxième volume : 12 à 18 fr. les deux
volumes.
— Essai sur les honneurs, 30026.

TITSINGH. Cérémonies usitées au Japon,
pour les mariages et les funérailles, suivies de détails sur la poudre Dosia, de la
préface d'un livre de Confoutzée sur la
piété filiale, le tout traduit du japonais
par M. Titsingh. *Paris, Nepveu,* 1819,
in-8., avec 16 pl. 10 fr. — Planches
color., 20 fr. [28311]

MÉMOIRES et anecdotes sur la dynastie régnante
des Djogouns, souverains du Japon, avec la description des fêtes et cérémonies observées aux différentes époques de l'année à la cour de ces princes, et un appendice contenant des détails sur la
poésie des Japonais, etc., par M. Titsingh, et
publiée avec des notes par M. Rémusat. *Paris,
Nepveu,* 1820, in-8. fig. 6 fr.; — fig. color., 10 fr.
[28316]
Le même libraire a donné une édition de ces deux
ouvrages, *Paris,* 1821, 3 vol. in-18, fig. — Traduit

en anglais sous le titre d'*Illustrations of Japan, etc., by Fred. Shoberl,* London, Ackermann, 1822, in-4., avec les planches en petit et
réunies sur une même feuille. 1 liv. 5 sh.

NIPON o daï itsi ran, ou Annales des empereurs
du Japon, traduites par M. Isaac Titsingh, avec
l'aide de plusieurs interprètes attachés au comptoir
hollandais de Nangasaki ; ouvrage revu, complété
et corrigé sur l'original japonais-chinois, accompagné de notes et précédé d'un aperçu de l'histoire
mythologique du Japon, par J. Klaproth. *Paris,
Imprim. royale,* 1834, in-4. 18 fr. [28315]

TITUREL, voy. ESCHENBACH.

TOBAGO (*sic*). Insulæ Caraibicæ in America sitæ fatum, seu brevis et succincta
insulæ hujus descriptio, tribus constans
capitibus, quibus magnitudo, natura et
status ejus sub diversis dominis exhibetur; ejus intuitu in Anglia alibique hactenus actorum vera et fidelis ratio rela-
tioque traditur atque jus in illam soli cel-
sissimo Curlandiæ duci competens paucis
ostenditur a J. C. P. (J. Christophoro
Prætorio). *Hagæ-Comitum* (Limburg.,
anno 1705), in-4. [2865]

Ce livre est annoncé dans la *Biblioth. grenv.*, p. 570,
comme *Liber unicus et nunquam publici juris
factus*, ce qui est tout au moins fort exagéré.
L'exemplaire porté à 36 fr. dans le catalogue d'Edw.
Tross, 1862, n° VIII, article 1411, contient 4 ff.
prélim. chiffrés, 34 pp. non chiffrées, et 42 avec
pagination de 33 à 116.

TOBIESEN Duby (*Pierre* Ancher). Recueil général des pièces obsidionales et
de nécessité, gravées dans l'ordre chronologique des événemens, avec l'explication dans l'ordre alphabétique des faits
historiques qui ont donné lieu à leur fabrication, à la suite desquels se trouvent
plusieurs pièces curieuses et intéressantes sous le titre de *Récréations numis-
matiques.* (Ouvrage posthume publié
par Micholot d'Ennery.) *Paris, d'Houry
et De Bure aîné,* 1786, gr. in-4. avec
3 pl. 18 à 20 fr.

— Traités des monnoies des barons, ou représentation et explication de toutes les
monnoies d'or, d'argent, de billon et
de cuivre qu'ont fait frapper les posses-
seurs des grands fiefs, pairs, évêques,
abbés, chapitres, villes et autres seigneurs de France (publié par le fils de
l'auteur). *Paris, Impr. royale,* 1790,
2 vol. gr. in-4. avec 122 pl. [24107]

Ces deux ouvrages sont ordinairement vendus ensemble ; mais le second est moins commun que le pre-

---

Titford. Hortus americanus, 5277.
Titius (*Rob.*). Loci controversi, 18184-86.

Tittmann (*Cl.-Chr.*). Meletemata sacra, 513.
Tittmann (*Fried.-Wilh.*). Über die Schönheit und
    die Kunst, 9149. — Darstellungen, 22840. — Ge-
    schichte Heinrichs des Erlauchten, 26406.
Tittmann (*Joh.-Aug.*). Die Keimung der Pflanzen,
    4848.
Toaldo (*Al.* de). Influenza degli astri, 4291. — Opus-
    coli, 19238.

mier, parce qu'une grande partie de l'édition a été détruite : vend. (les 3 vol.) de 63 fr. à 95 fr. Librairie De Bure ; 109 fr. en 1839 ; 83 fr. (2 vol.) Mionnet ; 92 fr. Quatremère ; les 3 vol. 87 fr. Leprevost.

TÒCHON d'Annecy (*Jos.-Franç.*). Recherches historiques et géographiques sur les médailles des nomes ou préfectures d'Egypte. *Paris, Imprim. royale*, 1822, in-4., avec le portrait de l'auteur et un grand nombre de figures de médailles. 12 à 15 fr. [29764]

Ouvrage posthume, le plus considérable que nous ait laissé l'auteur, de qui on avait déjà plusieurs savants mémoires sur la numismatique, au sujet desquels il faut consulter la *Biographie universelle*, XLVI, première édition, article *Tochon*. Un exemplaire en Gr. Pap. vél., relié en *cuir de Russie*, 24 fr. Renouard.

TOCSIN (le), au Roy, à la Royne Regente, etc., contre le Livre de la Puissance temporelle du Pape, mis n'aguerres en lumiere par le cardinal Bellarmin jesuite ; par la statue de Memnon ; avec permission du bon genie de la France. *On le vend à Paris, à l'enseigne de la Quadrature du cercle, en la rue du Tonneau des Danaïdes.* M. DC. X. in-8.

Il y a une autre édition sous ce titre : *Le Tocsin. Au Roy, à la Roine Regente mere du Roy, aux Princes du Sang, à tous les Parlements, Magistrats, Officiers et bons et loyaux Subjects de la Couronne de France. Contre le Livre de la Puissance Temporelle du Pape, mis n'aguerres en lumiere par le Cardinal Bellarmin Jesuite. Par la Statuë de Memnon. Avec Permission du bon Genie de la France.* On le vend à Paris, à l'enseigne de la Quadrature du Cercle, en la ruë du Tonneau des Danaides, M. DC. X. in-8., 36 pp. chiffrées, 1 f. sans chiffre.

Ce pamphlet fut écrit à l'occasion du traité de Rob. Bellarmin, intitulé : *Tractatus de potestate summi Pontificis in rebus temporalibus, adversus Guil. Barclaium*; Romæ, Barth. Zannettus, 1610, in-8. (Réimpr. *Coloniæ-Agrippinæ*, 1611, in-8). On y opposa : *Le premier coup de la retraite contre le tocsin sonné par la statue de Memnon, contre le livre du cardinal Bellarmin, par Alexandre de Monreal*, 1611, in-8.

L'ouvrage de Barclay, auquel celui du cardinal romain sert de réponse, a pour titre : *De Potestate Papæ, an et quatenus in reges et principes seculares jus et imperium habeat Guil. Barclaii liber posthumus*, Mussiponti, Franc. Du Bois, etc., 1609, in-8. Il y en a une traduction française sous la rubrique *Pont-à-Mousson, chez Helie Huldric*, 1611, in-8, et réimprimée sous la date de *Cologne, P. du Marteau*, 1687, pet. in-12. La réponse de Bellarmin a été condamnée par arrêt du parlement de Paris, en date du 26 novembre. Cet arrêt donna lieu à divers écrits dont l'ancien catalogue de la Bibliothèque du roi, *Jurisprudence*, E, rapporte les titres sous les n°s 1389 et suivants.

TOCSIN (le) contre les massacreurs & au-

teurs des confusions en France, par lequel la source & origine de tous les maux qui de longtemps travaillent la France, est découverte, afin d'inciter & esmouvoir tous les princes fidelles de s'employer pour le retrenchement d'icelle. *Reims, de l'imprim. de Jean Martin*, 1577, ou 1579, pet. in-8. 10 à 12 fr. [23534]

Deux éditions, dont le prix est à peu près le même. La première a 4 et 163 ff. ; la seconde 4 ff. préliminaires et 261 pp. — Vend. en *mar.* 12 fr. La Vallière ; 15 fr. Méon ; 17 fr. Labédoyère ; 15 fr. 50 c. Bignon, et plus cher depuis.

TOCSIN (le). Voyez DUTENS.

TOD (lieut.-col. *James*). The Annals and antiquities of Rajast' han or the central and western Rajpoot states of India. *London, Smith, Edler and Cᵒ*, 1829-32, 2 vol. gr. in-4., carte et fig. [28200]

Cet ouvrage, dont il a été rendu compte dans le *Quarterly Review*, octobre 1832, a coûté 8 liv. 8 sh., mais il n'a été vendu que 75 fr. 2ᵉ vente Quatremère.

— Travels in western India, embracing a visit to the sacred mountains of Jains, and the most celebrated shrines of the Hindu faith, betveen Rajpootana and the Indus, and an account of the ancient city of Nehrwalla. *London*, 1839, in-4. fig. 3 liv. 10 sh. [20693]

34 fr. Burnouf.

TODD (*Henry-John*). The History of the college of Bonhommes at Ashridge in the county of Buckingham, founded in the year 1276, by Edmund, earl of Cornwall : compiled from original records and other authentic sources : to which is added a description of the present mansion erected on the site of the ancient college. *London, imprinted by R. Gilbert*, 1823, in-fol. max. fig. [27123]

Magnifique ouvrage, orné de belles gravures, et tiré à 200 exemplaires, aux frais de sir John William, comte de Bridgewater, qui ne l'a point mis dans le commerce. H.-J. Todd est l'auteur du texte, et a signé l'épître dédicatoire. Vend. 16 liv. duc d'York ; 15 liv. 15 sh. Thorpe, et 6 liv. 10 sh. Librairie Willis et Sotheran, en 1862.

La première édition, *Londres*, 1812, gr. in-4., est moins complète, et surtout beaucoup moins belle que celle-ci.

— ILLUSTRATIONS of the lives and writings of Gower and Chaucer, collected from authentic documents, with a copious glossary. *London*, 1810, in-8., ou tiré in-4. [30883]

Le révérend Todd a aussi écrit : *Memoir of the life and writings of Brian Walton*, London, 1821, 2 vol. in-8. [30900] — *The Life of archbishop Cranmer*, 1831, 2 vol. in-8. etc. [30889] — Voy. MILTON.

— CATALOGUE of the archiepiscopal manuscripts in the library of Lambeth Palace, with an account of the archiepiscopal registers and other records there preserved (by H.-J. Todd). *London, printed by Law and Gilbert*, 1812, in-fol. fig. [31438]

Tiré à 100 exemplaires, plus 5 en Gr. Pap., dont un seul a passé dans le commerce (avant 1836), et a été vendu 19 liv. 8 sh. 6 d. chez Heber.

Le même savant a rédigé *Catalogue of the books, both manuscript and printed, which are preserved in the library of Christ Church, Canterbury*, in-8. de 237 pp., tiré à 160 exemplaires.

TODERINI (*Giambat.*). Letteratura turchesca. *Venezia*, 1787, 3 vol. in-8. 12 à 15 fr. [30149]

Cet ouvrage curieux a été traduit en français par *Cournand*, *Paris*, 1789, 3 vol. in-8.

TODI (*Jacopone* da). Voyez JACOPONE.

TODSÜNDEN und Tugenden. Hienach volget ein schöne materi von den Sieben todsünden und von den syben tugenden darwider, etc. *Gedruckt und volẽdt zu Augspurg von Joanne Bämler an sant Ottmar3 abẽt Anno etc.*, *im lxxiiij jar*. In-fol. avec fig. sur bois.

Ouvrage singulier, où les sept vertus combattent les sept péchés mortels, et où se trouvent des figures analogues au sujet, et au commencement une grande planche représentant la résurrection. 3 liv. Libri, en 1859.

TODTENBUCH (das) der Ægypter nach dem hieroglyphischen Papyrus in Turin, mit einem Vorworte zum ersten Male herausgeg. vom Prof. R. Lepsius. *Leipzig*, *Georg Wigand*, 1841, gr. in-4., avec 79 pl. lithogr. 10 thl.

TODTENTANZ (der). Pet. in-fol. [9585]

Cette ancienne Danse des morts, entièrement imprimée avec des planches de bois, se conserve à la bibliothèque d'Heidelberg dans le manuscrit allemand, n° 438. Elle consiste en 27 ff. (imprimés d'un seul côté), savoir : une page de préambule en vers, 21 figures d'hommes, 4 de femmes et 1 d'enfant. Chaque planche est accompagnée de 8 vers allemands, 4 au-dessus du sujet et 4 au-dessous. Il a été fait de l'ouvrage entier une copie fac-simile, dont un exemplaire est annoncé dans le catalogue de M. Leber, p. 209, où se trouve la copie de celle de ces planches qui donne la figure du chevalier. Un fac-simile d'une autre planche, celle de l'enfant, n° 23, se voit à la page 44 de l'*Histoire de l'imprimerie*, en allemand, par M. Falkenstein (*Leipzig*, 1840, in-4.). Il est question dans ce dernier ouvrage d'un exemplaire de cette Danse des morts, en 26 planches enluminées, avec un texte manuscrit, exemplaire qui se conserve dans la Bibliothèque royale de Munich, ainsi qu'une autre Danse des morts en planches de bois, qui fait partie d'un manuscrit du milieu du XVᵉ siècle, et dont le *Bibliogr. tour* de F. Dibdin, édition de 1821, tome III, p. 279, donne deux fac-simile. Le bibliographe anglais dit que ces planches, grossièrement gravées, sont, selon lui, les plus anciennes que l'on ait de cette suite singulière.

TODTENTANZ. Der doten dantz mit figuren clage vnd antwort schon von allen staten der welt. (*sans lieu ni date*), pet. in-fol. de 22 ff. à 2 col., sans signat.

Édition très-rare et très-précieuse de la *Danse des morts*, en allemand. A en juger par les caractères

et par le papier, elle paraît avoir été imprimée ou à Cologne ou dans les Pays-Bas, de 1485 à 1490. L'exemplaire de la bibliothèque de Wolfenbüttel, que décrit Ebert (n° 23006), contient 41 figures sur bois, qui, sans compter la première ni la dernière, sont chiffrées de 1 à 38. Le recto du premier f. porte le titre ci-dessus en 3 lignes, mais sans la gravure qui se voit dans l'édition suivante. Au verso du même feuillet se trouvent 4 vers (WOLan wol an ir herren vnd knecht), et au-dessous une gravure. Au recto du 22ᵉ f. se lisent 36 vers en 43 lignes, dont voici la dernière : *Das yss komme vnsscren selen tzu frommen.* Le verso du même feuillet est blanc.

— Der doten dantz mit figuren. Clage vnd Antwort von allen staten der welt. In-fol. de 22 ff. à 2 col.

Autre édition de la fin du XVᵉ siècle, et qui, selon Panzer, aurait été imprimée à *Nuremberg, par Ant. Koburger*. On y compte 42 fig. sur bois, dont une au recto du 1ᵉʳ f. au-dessous du titre qu'on vient de lire. Le verso du même feuillet contient les trois vers *Wolan wolan ir herren vnd knecht*, avec une gravure au-dessous. Au recto du 22ᵉ f., dont le verso est blanc, se voit une grande figure représentant un cimetière.

— Des dodes dantz. (Une figure de la mort, et au-dessous ces trois lignes): O mynsche dencke wor du bist her ‖ ghekomẽ vñ wattu mi hyst. vñ wat ‖ du schalt werden in korter ursst. (Au recto du dernier f.): *Ghedichtet un ghesath in der keyserli ‖ ken stad lubeck na der bord ihesu cristi. ‖ m ccccc lxxxix.* Pet. in-4. de 34 ff., sign. a—f.

Édition fort rare dont M. Tross nous a obligeamment procuré la communication. On y trouve des fig. sur bois très-remarquables et au nombre de 56, en comptant celles qui sont reproduites plusieurs fois. Les pages sont cotées en chiffres romains, le plus souvent au has, mais aussi quelquefois en haut, en commençant à la xxijᵉ page.

— DODEDANTZ. *Lübeck* (*sans nom d'imprimeur*), 1496, in-4. de 34 ff., avec 56 fig. sur bois qui doivent être les mêmes que celles de l'édition précédente.

Autre édition précieuse de la Danse des morts, en bas saxon. Le recto du 1ᵉʳ f. présente le mot *Dodendantz*, et au-dessous trois têtes de morts. Au verso se lit une description rimée. La Danse des morts commence au verso du 3ᵉ f., et se termine au recto du 34ᵉ f., après quoi se lit la souscription : *Anno dñi Mccccxcvi Lübeck*. Au verso du même feuillet se voient quatre écussons et une tête de mort.

— Todtentantz. *Gedruckt in... Augspurg durch Jobst Denecker Formschneyder*, MDXLIIII, petit in-fol.

Ce volume, rare et curieux, se compose de 50 ff. en tout ; les 6 premiers, sous la signat. *a*, renferment le titre et un dialogue entre le genre humain et la mort ; les 44 autres contiennent le corps de l'ouvrage, sous les sign. A-G, qui offrent 42 planches sur bois, très-belles, de la grandeur des pages, et placées vis-à-vis d'un texte rimé différent de celui de Scheyt. 41 de ces planches reproduisent les mêmes sujets qui sont représentés dans celles qu'on attribue à Holbein (voy. HOLBEIN). Pour les détails relatifs de cet ouvrage, consultez Ebert, n°ˢ 23010-17, et surtout Douce, *Dissertation*, p. 117.

— Der Todtentanz nach einem 320 Jahr alten Gemälde in der St. Marienkirche in Lübeck, auf einer Reihe von acht

Kupfertafeln, etc., unter jeder Tafel stehen hochteutsche Reime von Nth. Schott, wobey zugleich einige Erläuterungen von L. Suhl. *Lübeck*, 1783, in-4,

— Voyez MEYER (*Rod.*).

TODTENTÆNZE. Die Basler Todtentänze, in getreuen Abbildungen. *Stuttgart*, 1847, in-12 et pl. gr. in-4. 15 fr.

Représentation de la Danse des morts de Bâle, en 22 pl., suivie d'une reproduction en 27 pl. lithogr. d'une Danse macabre xylographique de la bibliothèque d'Heidelberg, et de recherches littér. et bibliographiques sur les danses des morts. Il y a des exempl. avec les 22 pl. de la Danse de Bâle, coloriées. 30 fr.

TOFINO (*Vinc.*) de San Miguel. Voyez VALDES.

TOGNIA, comedia rusticale e soldatesca, composta per il Resoluto de i Rozzi, cosa bella e ridiculosa. *Roma, Valerio Dorico*, 1558, in-8. de 4 ff. en lettres ital. [16675]

Opuscule en vers, à trois interlocuteurs. 28 fr. *mar. r.* de Soleinne.

TOGRAI, poetæ arabis, Lamiato 'l Ajam : carmen, cum vers. lat. et notis Edv. Pocockii; accessit tractatus de prosodia arabica (opera Sam. Clerici). *Oxonii*, 1661, pet. in-8. 8 à 9 fr. [15948]

— Poemata, arab., cum versione lat., Jac. Golii, ex editione et cum not. Matt. Anchersen. *Traj.-ad-Rhen.*, 1707, in-8.

Édition estimée, et dont les exemplaires sont peu communs, parce que (selon Vogt) ils ont presque tous été perdus en mer : 8 à 10 fr.

— Poemata, arab. et lat., cum scholiis et notis, curante H. van der Sloot. *Franequeræ*, 1769, pet. in-4. 6 à 9 fr.

Il a été publié à Londres, en 1814, une édition du *Carmen Tograi*, avec un vocabulaire comparatif hébreu et arabe, par l'évêque de S. David.
L'ÉLÉGIE du Tograï, avec quelques sentences tirées des poëtes arabes; l'hymne d'Avicenne et les proverbes du calife Gali, traduits de l'arabe par P. Vattier. *Paris*, 1660, pet. in-8. 4 à 5 fr.
Ce livre est la traduction des pièces arabes contenues dans un recueil publié par Jac. Golius, sous le titre de *Proverbia quædam Alis imperatoris et carmen Tograi, etc.* Lugd.-Batav., Bonav. et Abrah. Elzevirii, 1629, pet. in-8.
On doit à Léonard Chappelow une traduction anglaise du Tograï, d'après le texte de Pococke, sous ce titre : *The Traveller... now rendered into english in the same iambic measure as the original, with some additional notes.* Cambridge, 1758, in-4.
THOGRAI'S sogenanntes Lommisches Gedicht, aus dem arab. übers. nebst einem kurzen Entwurfe der arab. Dichterei (von J.-Jac. Reiske). *Friedrichstadt* (1756), in-4.

TOILETTE de M. l'archevêque de Sens (par J. Burluguy). (*Hollande*, 1669), pet. in-12. 3 à 5 fr. [3278]

Réponse au livre intitulé :

FACTUM pour les religieuses de Ste Catherine-lès-Provins, contre les Pères cordeliers (par Alex. Varet). (*Paris*, sans date, vers 1668), in-4. de 98 pp. et le titre.
Ce dernier factum a été réimprimé sous l'indication de *Doregnal*, sans date, in-12, et aussi sous celle de *Doregnal, Dierick Braessen (Hollande)*, 1679, pet. in-12 de 210 pp. et 3 pp. de table. 2 à 4 fr. — Les 2 vol., édition de Hollande, ont quelquefois été vendus ensemble 10 fr. et plus. — Le second, 15 fr. 50 c. *mar. r.* Labédoyère.

TOINARD. Voyez THOYNARD.

TOLAND (*Joan.*). Adeisidæmon , sive Titus Livius a superstitione vindicatus, annexæ sunt origines judaicæ. *Hagæ-Comitum*, 1709, pet. in-8. [2276]

— Pantheisticon, sive formula celebrandæ sodalitatis socraticæ. *Cosmopoli (Lond.)*, 1720, pet. in-8. de 89 pp. [2275]

Ces deux ouvrages de Toland, qui ne sont pas très-communs, ont perdu presque toute leur ancienne valeur : 3 à 5 fr. le vol.; et plus en Gr. Pap. Les 2 vol. en Gr. Pap. avaient été vend. jusqu'à 54 fr. Gouttard. Un exemplaire du *Pantheisticon*, annoncé *ch. max.* : 12 fr. 50 c. *m. r.* Mac-Carthy. La traduct. anglaise de ce dernier ouvrage, *London*, 1751, in-8., n'a été tirée qu'à un très-petit nombre d'exemplaires : 12 fr. Mac-Carthy.

— ORATIO philippica ad excitandos contra Galliam Britannos; maxime vero, ne de pace cum victis præmature agatur, sanctiori Anglorum concilio exhibita anno 1514 incerto auctore (a Matthæo Schinner, card. sedunensi) ; nunc primum publica luce, diatriba preliminari et annotationibus donavit Joan. Tolandus. *Londini*, 1707, pet. in-8. 4 à 6 fr. [27016]
Vend. en Gr. Pap. *mar. bl.* 15 fr. Méon.
Réimprimé avec *Gallus oretalogus* de Toland. *Amstelod.*, 1709, in-12. 3 à 4 fr.
L'ouvrage a été trad. en angl. *Lond.*, 1707, in-8.

· — TOLAND'S miscellaneous works, with an account of his life by Des Maizeaux. *London*, 1747, 2 vol. in-8. [2280]

Il avait déjà paru en 1726 un recueil en 2 vol. in-8., intitulé *Collection of several pieces of Toland.*

TOLET. Paradoxe de la faculté du vinaigre, contre les escrits des modernes ou plusieurs choses sont démonstrées non esloignées de la vérité, autheur Pierre Tolet. *Lyon, par Jean de Tournes*, 1549, pet. in-8. de 59 pp. [7063]

Opuscule rare, qui, selon Du Verdier, a été réfuté la même année , par Barth. Aneau, dans un autre opuscule in-8. intitulé *Pasquil-Anti-Paradox , dialogue contre le Paraduxe de la faculté du vinaigre.* Ce médecin, qui a été le condisciple de Rabelais, à Montpellier, et l'ami d'Est. Dolet, a donné plusieurs traductions dont nous parlons dans nos articles ÆGINETA, DONAT (Marcel), et VILLE-GAIGNON.

TOLLÉ. Mutus liber. Voy. ALTUS.

TOLOMEI. Claudii Ptolomæi sen. de cor-

---

ruptis verbis juris civilis dialogus. (*In
Siena per Semione de Nicolò Carto-
lajo*, circa 1516), in-4. [2568]

Opuscule de 14 ff., y compris le frontispice gravé sur
bois, qui renferme le titre ci-dessus. Les caractères
sont les mêmes que ceux des *Epigrammata* d'Eu-
rialus Moranus, impr. à Sienne, à la date du 12 févr.
1516, recueil où il se trouve plusieurs épigrammes
à la louange de Tolomei. Le dialogue de ce dernier
est un morceau curieux et devenu fort rare. Il a
pour interlocuteurs le célèbre jurisconsulte Jason
de Meno et Ange Politien. L'analyse qu'en a donnée Jacq. Morelli dans le *Poligrafo*, journal de Milan, 1812, n⁰ˢ XIX et XX, a été réimprimée dans les
Operette de ce savant bibliothécaire, II, pp. 368 et
suivantes.

— Versi, et regole de la nuova poesia toscana (di Claudio Tolomei). (au recto du
dernier f.) : *In Roma, per Antonio Blado
d'Asola, nel* M. D. XXXIX. *del mese
d'Ottobre*, pet. in-4. de 92 ff. [14424]

Ces poésies, dont il n'y a eu qu'une édition, sont
beaucoup plus rares qu'estimées : 12 fr. La Valliere. — En tête du vol., il y a 4 ff. prélimin. contenant : 1⁰ le titre, avec le portr. de Tolomei, gravé
sur bois ; 2⁰ épître de *Cosimo Pallavicino a Gio-
van-Francesco Valerio*, datée de Rome, 18 oct.
1539. Le texte commence au 5ᵉ f., par ce sommaire,
en capitales : *Versi de la nuova poesia toscana
di M. Antonio Renieri da Colle*; ce qui prouve que
si Tolomei est l'auteur des *Regole de la nuova
poesia toscana*, comme l'assurent plusieurs bibliographes, il ne l'est pas des *Versi* contenus dans
ce volume, où se trouve réellement le nom de *Renieri da Colle*, bien que dans une grande partie
des exempl. le titre porte le portrait de *Claudio Tolomeo*, gravé sur bois. Toutefois, Pinelli (n⁰ 3516)
possédait un exemplaire du même livre, tiré sur un
papier particulier, et qui différait des autres en ce
qu'on y voyait sur le frontispice une médaille de
la *Victoria Æterna*, en place du portrait de Tolomei, et de plus la date, qui n'y est pas ordinairement. Vend. en Gr. Pap. *mar. r.* 4 liv. Heber.

— Laude delle Donne bolognese. *Impresso in Bologna per Iustiniano de Ru-
bera, del.* MDXIIII, *de Octobre*. In-4.
de 48 ff. non chiffrés, sign. A—M par 4.
[14879]

Poëme en trois livres, fort peu connu. Le titre est
entouré d'une jolie bordure gravée sur bois, et
porte une vignette représentant une bergère, vignette qui se trouve répétée au verso du dernier f.
61 fr. Riva ; 10 sh. 6 d. Libri. Au verso du titre :
Epigramma di An. Claud. Pithol. Sen. (Angelo
Claudio Tolomei senese) *al libro.*

— L'Oraison du seigneur Claude Tolommei, ambassadeur de Siene, prononcée deuant le Roy, à Com-
piegne, au mois de Decembre, l'an 1552, traduitte
d'italien en langue francoyse. *Paris, Ch. Estienne,*
1553, in-4.

Le texte italien de ce discours a été impr. également
chez Ch. Estienne, en 1553, in-4.

— Il Cesano, 11078.

On a du même auteur : *Lettere*, Venetia, 1559, in-8.,
citées par La Crusca, et rares de cette édition, laquelle cependant a plusieurs pièces de moins que
celle de Venise, *Gabr. Giolito*, 1547, in-4. 20 fr.
mar. r. Libri. [18870] Ces lettres ont été réimpr.
avec les Discours (*Orazioni*) de Tolomei, *Fermo,*
1781-83, 4 vol. pet. in-4.

LES EPISTRES argentées, ou recueil des principales lettres des sept livres de messer Claude Tolomei, gentilhomme siennois : choysies et trad.
d'italien, par Pierre Vidal tolozain. *Paris, Gilles
Robinot,* 1572, pet. in-8.

TOLOSANI de Colle. Compendio di sphera
et machina del mondo composto da
Joan. Mar. Tolosani de Colle. *Firenze,
Bern. Zuchetta* (1514), in-4. de 24 ff.,
sign. A.-D., avec fig. sur bois. [14847]

Poëme peu connu, en ottava rima ; avant de le composer, l'auteur, qui appartenait à l'ordre des frères
Mineurs, avait déjà continué la *Sphera* de Greg.
Doni (voy. ce nom) ; son *Compendio* est accompagné d'une dédicace latine, adressée à Zanobi Ac-
ciaioli, sous la date du 8 janvier 1514. Voir le catal. de Libri de 1847, n⁰ 1021, où un exemplaire
de cet opuscule, rel. en *mar. r. par Bauzonnet,*
est porté à 140 fr. Un autre exempl. rel. en *mar.
citr.* 5 liv. Libri, en 1859.

TOMASINUS (*Jac. Phil.*). Illustrium virorum elogia iconibus exornata (tom. I).
Patavii, Pasquardus, 1630. = Elogia
virorum literis et sapientia illustrium,
ad vivum expressis imaginibus exornata
(tom. II). *Ibid. Sardus,* 1644, 2 vol.
in-4. [30395]

De ces 2 vol. le 1ᵉʳ renferme 48 pl. par H. David, et
le 2ᵉ, 35 pl. attribuées à J.-Fr. Greuter.

— PETRARCHA redivivus, integram poetæ celeberrimi
vitam iconibus ære cælatis exhibens, accessit Lau-
ræ brevis historia. *Patavii, Pasquali,* 1635, in-4.
6 à 9 fr. [30704]

Dans quelques exemplaires de la seconde édition de
cet ouvrage, *correcta et aucta,* Patavii, Fram-
botti, 1650, in-4., se trouve un supplément,
pp. 271-86, contenant *Syllabus operum, quibus
fruitur orbis, ob solitaria Petrarchæ studia.*
Il existe une édition de Padoue, 1701, in-4.

TOMBACO (*Joan.* de). Consolatio theologiæ. (*absque loci, anni et typogr. indicatione*), in-4. goth. [1148]

Édition imprimée à longues lignes, au nombre de 27
à la page, sans chiffres, récl. ni signat., avec les caract. de P. Schoiffer, vers 1470. Le vol. commence
par ces mots : *Quoniam secundum, etc.,* et il finit
par ceux-ci : *Explicit consolatio theologie, etc.*
Vend. 46 fr. La Serna.

— Speculum Patientie cum theologycis
consolationibus fratris Joannis de Tambaco (*sic*). — Speculum patientie cum
quibusdam theologycis consolationibus
adiunctis per doctorem Udalricum Pinder compilatum... *in civitate imperiali Nurenbergensi..... impressum ;
finit anno* M. CCCCC. IX, *tricesimo Augusti die,* in-4.

Il y a dans ce volume deux gravures sur bois attribuées à Albert Dürer ; celle qui est au verso du 1ᵉʳ f.
représente Job et sa femme. 12 fr. seconde vente
Quatremère.

TOMBEAU (le) de haut et vertueux seigneur messire Jean Babou (suivi d'un
sonnet à Georges Babou, frere de Jean,
et d'un autre sonnet à Diane de la Mare,
veuve de Jean Babou). *Paris, Ant. du
Brueil,* 1589, pet. in-8. de 15 pp.

Opuscule vend. 36 fr. Salmon.

Tolvi. Volkslieder der Serben, 15909.
Tombe (*Ch.-Fr.*). Voyage, 20019.

TOMBEAU (le) de la mélancholie, ou le vray moyen de vivre joyeux ; cinquième édition, revue, corrigée et augmentée par le sieur D. V. G. *Rouen, J. Berthelin*, 1645, pet. in-12 de 3 ff. prélim. et 330 pp. 4 à 6 fr. [17861]

Les premières éditions de cet ouvrage sont celles de *Paris, Rafflé*, sans date, in-8. — de *Paris, Sevestre*, 1634, pet. in-12, avec un frontispice gravé par Michel van Lochom, vend. en *mar. v.* 10 fr. Méon ; en *mar. bl.* par Trautz, 77 fr. Veinant. — de *Lyon, Cl. Larjot*, 1634, pet. in-12 (en *mar. v.*) 46 fr. Nodier ; *Paris, Claude Preudhomme*, 1639, pet. in-12. — *Paris, Sevestre*, 1640, pet. in-12, en *mar. bl.* 51 fr. H. de Ch., en 1863. — Le titre de celle de *Rouen, Jacq. Besogne*, 1650, pet. in-12 (*mar. bl.* 14 fr. 50 c. Crozet) porte aussi 5ᵉ *édition*. Une autre édition de *Rouen*, in-12, porte le titre suivant :

   Le Tombeau de la melancolie, ou le vray antidote et preservatif à messieurs les tristes ; ouvrage facetieux, gay et divertissant, bon pour les vieillards et les vieilles grammaires (sic). *Rouen, Vᵉ de Jean Oursel* (sans date).

M. Corrard de Breban, dans ses *Recherches sur l'impr. à Troyes*, 2ᵉ édit., p. 19, parle d'une édit. de ce recueil facétieux qui fut saisie dans cette ville en 1677, chez Edme et Yves, imprimeurs-libraires, et dont la destruction fut ordonnée par sentence du prévost Vigneron.

TOMBEAU de la messe. Voy. Derodon.

TOMBEAU de la pauvreté (le), dans lequel il est traité clairement de la transmutation des métaux et du moyen qu'on doit tenir pour y parvenir, par un philosophe inconnu (d'Atremont). *Francfort*, 1672, in-12. 4 à 6 fr. [8982]

Vend. 15 fr. m. bl. Gaignat.

TOMBEAU (le) de Marguerite de Valois. royne de Navarre, faict premierement en disticques latins par les trois sœurs (Anne, Marguerite et Jeanne de Seymour) princesses en Angleterre ; depuis traduictz en grec, italië et françois par plusieurs des excellentz Poëtes de la Frãce, avec plusieurs odes, hymnes, cantiques, épitaphes, sur le mesme subject (publié par Nic. Denisot, dit comte d'Alsinois). *Paris, Michel Fezandat & Robert Gran Ion*, 1551, pet. in-8. [13653]

Ce recueil curieux, et dont les exemplaires sont peu communs, contient en tout 104 ff. non chiffrés. Sur le titre se voit la marque que nous avons donnée tom. IV, col. 1052, et au verso le portrait de Marguerite de Valois, à l'âge de 52 ans, gravé sur bois. Le dernier f. recto présente une inscription latine tumulaire, en l'honneur de cette princesse, avec ces mots au bas : *Inscribebat comes Alsinous*. Vend. 17 fr. Le Duc ; 40 fr. *m. r.* Coulon ; 2 liv. 2 sh. *m. v.* Heber ; 40 fr. *m. r.* en 1841 ; 135 fr. *m. v.* Nodier ; 69 fr. Le Chevalier, en 1857 ; 145 fr. Borluut ; 285 fr. *mar. r.* et grand de marges Renouard, et 290 fr. Solar ; autre en *mar. r. doublé de mar. bl.*, par Trautz, 440 fr. H. de Ch...., en 1863.

Les distiques latins des trois sœurs de Seymour avaient d'abord paru séparément sous ce titre :

   Annæ, Margaritæ, Joannæ, sororum virginum heroidum Anglorum in mortem divæ Margaritæ Valesiæ, Navarrorum reginæ hecatodisticon, et aliorum carmina. *Parisiis*, 1550, pet. in-8.

La première édition contient plusieurs distiques qui ont été changés dans la seconde.

La marque dont nous venons de parler est celle qu'a employée Mich. Fezandat pendant son association avec Grand Ion (ou Granjon) ; ce même Mich. Fezandat avait précédemment fait usage de la marque suivante :

TOMBEAU (le) des amours de Louis-le-Grand. *Cologne, P. Marteau*, 1695, in-12 de 171 pp., plus un frontisp. gravé et un titre imprimé. [17291]

Vend. 6 fr. 75 c. La Valliere ; 14 fr. *mar. bl.* Lamy ; et *non rogné*, 18 fr. Bignon ; 25 fr. Labédoyère, et 60 fr. Solar. Il y a sous la même date deux éditions, l'une en plus gros caractères que l'autre.

TOMBEAUX des brise-croix, mesme de Gaspard de Coligni, iadis admiral de France. Tu es juste, ô Seigneur, et tes iugements droicts. *Lyon, Benoist Rigaud*, 1573, pet. in-8. [13977]

Pièce en vers peu connue. Son titre porte : *Tumbeaux* au lieu de Tombeaux (catalogue Cigongne, n° 843).

TOMEO (*Cesare*). Trionfo della lega, in rappresentatione. *Napoli, Gios. Cacchio*, 1575, in-8. [16692]

Pièce de circonstance dédiée à D. Juan d'Autriche, après la bataille de Lépante. Les interlocuteurs y sont au nombre de quatre-vingts environ, parmi lesquels on peut remarquer Jésus-Christ, Satan, un Espion, Venise, Constantinople, la Poésie. 12 fr. en *mar. r.* Libri, en 1847.

TOMICH (Mossen *Pere*). Historias e conquestas dels excellentissims e catholics Reys de Arago ; e de leurs antecessors los comtes de Barcelona ; affegida la historia del rey de Hespanya don Ferrando.

Tombeur (*N. de*). Provincia belgica, 21733.

Barcelona, per Carles Amoros Prouen-
çal a xij de mars any de mil D. XXXIIIJ,
pet. in-fol. goth. fig. sur bois. [26177]

Ouvrage fort rare.

TOMITANI (*Bernardi*) Coridon, sive de
Venetorum laudibus (et carmen ad Laur.
Priolum Venetorum principem). *Venet.,*
Aldus, 1556, pet. in-8. [12794]

Opuscule composé de 16 ff. chiffrés, et de 4 ff. non
chiffrés : 31 fr. Chardin. Il faut y réunir une autre
pièce du même auteur, laquelle a pour titre : *Clo-*
nicus, sive de laudibus Reginaldi Poli cardinalis,
impr. également par Alde, en 1556, et qui consiste
en 12 ff. Les deux, 19 sh. Butler.

TOMITANO (*Giulio-Bernardino*). Bianca Capello e Pietro Buonaventuri, novella XI. *Venezia, tipogr. d'Alvisopoli,*
1815, in-8. [17508]

Tomitamo a composé douze nouvelles, dont six seulement, y compris celle-ci, ont été impr., soit séparément, soit dans des recueils. On en trouve les
titres dans la *Bibliografia* de Gamba, 2ᵉ édition,
n° 276. De la *Bianca Capello* il n'a été tiré que
100 exempl. en pap. royal, 6 en pap. bleu, 2 en pap.
de couleur, et 3 sur VÉLIN. — Le même sujet avait
déjà été traité par Celio Malespini, dans deux nouvelles (la 84ᵉ et la 85ᵉ) de son *Novelliero.* Il l'a
été depuis sous ce titre : *Narrazione degli amori*
di Bianca Capello, scritta da Ignazio Neumann
Rizzi, Venetia, 1822, in-8.

Dans le second volume des *Iscrizioni veneziane* (Venezia, 1827, in-4.), Emmanuele Cicogna a inséré un
morceau important, intitulé : *Cenni storici su*
Bianca Capello, et dont il a été tiré à part plusieurs exemplaires, notamment un sur VÉLIN. Enfin, dans un recueil intitulé : *Non ti scordar di me,*
Milano, 1833, in-8., se trouve une autre Bianca
Capello, par Joseph Sacchi.

TOMITANO (*Clementino*). Le Maschere.
Treviso, tipografia Andreola, 1833,
in-4. [17509]

Cette nouvelle, composée à l'occasion d'une noce, n'a
été tirée qu'à petit nombre. L'auteur, fils du précédent, a donné, dans une semblable occasion, une
seconde nouvelle (*La Beffa inaspettata*), imprimée
également à Trévise, en 1834, in-4., et dont il a fait
tirer seulement 100 exemplaires sur pap. ordin., 10
sur Gr. Pap., et 5 sur pap. rose.

TOMLINE bishop of Winchester (*George*).
Memoirs of the life of the right honorable Will. Pitt. *London, Murray,* 1821,
2 part. in-4. 20 à 25 fr. [27033]

La meilleure biographie de ce grand homme d'État. Il
y en a une 4ᵉ édit., de *Lond.,* 1822, en 3 vol. in-8.
18 à 24 fr.

TOMMASEO (*Nic.*). Canti popolari toscani, corsi, illirici e greci, raccolti ed
illustrati da Niccoló Tommaseo. *Vene-*
zia, Tasso, 1841, 4 vol. in-8., 30 fr.
[15023]

Recueil curieux auquel est joint un volume intitulé :
Scintille, di Nic. Tommaseo ; *Venezia,* 1841, in-8.
— *Dizionario de' sinonimi,* 11111. — Relation des
ambassadeurs vénitiens, 23338.

TONDALUS ou Tundalus. Incipit libellus
de raptu anime Tundali et ejus visione,
tractans de penis inferni et gaudiis para-
disi. (*Absque loci et anni indicatione*),
pet. in-4. goth. [1514]

Édition peu commune, impr. avec les caractères de
Reyser, à Eistadt, vers 1475, et ornée de 20 fig. sur
bois très-singulières. Le vol. a 28 ff. et 29 lignes par
page entière : 15 fr. d'Ourches. — Il y a une autre
édition du même ouvrage, sans fig., et peut-être
plus ancienne que celle-ci ; c'est un petit in-4. de
20 ff. en tout. Une troisième, sans lieu ni date,
in-4. de 18 ff. à 27 lignes par page, caract. de Ther
Hoernen, est décrite dans la *Biblioth. spencer.,*
tome IV, n° 790.

Les *Visions de Tondal* sont un livre dans le genre du
Purgatoire de Sainct Patrice.

Réimprimé sous le titre de *Tractatus de apparitio-*
nibus et receptaculis animarum exutarum cor-
poribus. (à la fin) : *Guillermi Houppelande libellus*
de immortalitate animæ. Impressus per me
Hermannum Bomgart de Ketwich, civem... civi-
tatis Coloniæ. Anno M cccc xcv, in-4. goth., sign.
A—K, fig. sur bois.

M. le marquis de Ganay s'est procuré, en 1853, un
beau manuscrit de l'ancienne version française des
Visions de Tundal. C'est un in-fol. sur vélin orné
de miniatures, et qui a été exécuté, en 1474, pour
Marguérite d'York, troisième femme de Charles le
Téméraire, duc de Bourgogne. Un autre manuscrit
plus ancien du même ouvrage (XIVᵉ siècle) est à la
Bibliothèque impériale.

— Hier beghint een boeck ende es Van
ton | dalus vysioen end hoe sijn zielev-
ten licha | me ghenomen was. — *Hier*
eyndet eñ gaet wteen boeck | van Ton-
dalus vysioen ende hoe dat | sijn ziele
wt sijn lichaem ghenomen | was ende
is gheprint tantwerpen bi | mj Matt-
hijs vander goes Anno M. | cccc.lxxij.,
pet. in-4. goth. de 33 ff. non chiffrés, à
24 lignes par page, avec des signatures
de a—e3.

Cette édition de la version flamande de Tondalus est
beaucoup plus rare que les éditions latines ; toutefois le chiffre de la date ne saurait être exact,
puisque Mathieu Vander Goes n'a commencé à imprimer qu'en 1482, et que d'ailleurs l'usage des signatures n'a été adopté dans la Belgique que plusieurs années après 1472. Le premier f. renferme la
table des chapitres, et le second commence par le
sommaire (en 3 lign.), dont nous avons formé le
titre ci-dessus. La souscription est imprimée au
recto du dernier f. L'exemplaire de Rich. Heber a
été vend. 9 liv. 5 sh., et l'on n'en connaît qu'un
second.

Les bibliographes citent deux autres éditions de cette
version : t'*Hertogensbosch,* 1484, et *Delft,* 1494,
in-4. Une 4ᵉ édition, *Gheprent tantdwerpen by*
my Govaert back (sans date), in-4., a été vend.
1 liv. 13 sh. Heber.

— Les mêmes visions, trad. en allemand,
Augsbourg, Zeissenmair, 1494, in-4.
de 31 ff., sign. a—d, avec fig. sur bois.

Traduction dont Ebert et Hain citent plusieurs autres
éditions.

— VISION de Tondalus ; récit mystique du XIIᵉ siècle, mis en français pour la première fois par Octave Delepierre. *Mons*, 1837, n-8. de XXIII et 56 pp., en quatre couleurs. 5 fr. Cinquième publication de la Société des bibliophiles de Mons. Il en a été tiré 100 exemplaires sur pap. ordinaire, et 27 sur pap. de Hollande.

TONDUZZI (*Giulio-Cesare*). Istorie di Faenza, publicate da Girol. Minacci, illustrate da Piet.-Mar. Cavina. *Faenza*, 1675, in-fol. 8 à 12 fr. [25646]

TONE (*Will.-Henry*). A Letter to an officer on the Madras establishment : being an attempt to illustrate some particular institutions of the Maratta people ; principally relative to their system of war and finance, also an account of the political changes of the empire in 1796, as published in the Bombay Courier. *Bombay, Courier press*, 1798, in-8. de 110 pp. 6 à 9 fr. [28177]

Vend. 24 fr. Langlès.

VOYAGE chez les Mahrattes, par Tone, trad. de l'anglais par MM. L., publié avec des notes rédigées en forme de glossaire, par Langlès. *Paris, Everat*, 1820, in-18.

TONSBERG (*Chr.*). Norske Folkelivsbilder, efter Malerier og Tegninger af Ad. Tidemand... Text. udg. af Chr. Tonsberg (ou avec texte allemand et anglais). *Christiania*, 1852-60, in-fol. obl. avec des planches impr. en couleur. Sept livraisons, 20 th.

TONSTALLUS (*Cuthb.*). De arte supputandi libri quatuor Cuthberti Tonstalli. *Impress. Londini in ædibus Richardi Pynsoni, anno* M. D. XXII, *pridie idus octobris*, in-4. en caract. rom. [7868]

Volume rare que fait bien connaître Dibdin dans son édit. des *Typogr. antiq.*, II, 478.

— IN LAUDEM matrimonii oratio, voy. l'article PACEE.

TOOKE (*John* Horne). Voyez HORNE-TOOKE.

TOOKER (*Guil.*). Voyez DULAURENS (*André*).

TOOTI NAMEH, or tales of a parrot : in the persian language with an english translation. *Calcutta printed, London reprinted*, 1801, gr. in-8. 20 fr. [17774]

A l'article HUEDUR, nous avons parlé de la traduction de ce roman en hindoustani ; une autre en bengali, sous le titre de *Tota Itihaça, Semapour*, 1805 (aussi 1811), in-8., a été vend. 15 fr. Langlès ; 17 fr. 50 c. Quatremère ; mais avant la publication de ces différents textes, il avait paru une traduction anglaise du *Tooti Nameh*, faite sur un manuscrit persan (par M. Gerrant), *London, Robinson*, 1792, in-8.

TUTE NAMEH. Das Papagaienbuch : eine Sammlung orientalischer Erzählungen ; nach der türki-schen Bearbeitung zum ersten Male übersetzt von Georg Rosen. *Leipzig*, 1858, 2 vol. pet. in-8. 12 fr.

TÖPFFER (*Rod.*). Voyages en zigzag, ou excursions d'un pensionnat en vacances dans les cantons suisses et sur le revers italien des Alpes, illustrés d'après les dessins de l'auteur, et ornés de 12 grands dessins de Calame. *Paris, Dubochet*, 1843, gr. in-8. [17328 ou 20253]

Volume remarquable, autant par l'originalité du texte que par les ornements qui l'accompagnent : 15 fr. Il a été réimprimé plusieurs fois sous le titre de *Premier voyage en zigzag*. La quatrième et la cinquième édition, *Paris, Victor Lecou*, 1854, et *Garnier*, 1858, gr. in-8., ont 3 planches de plus que la première. 12 fr. Ces planches sont aussi dans la troisième édition.

NOUVEAUX voyages en zigzag à la Grande-Chartreuse, autour du Mont-Blanc, dans les vallées d'Herenz, de Zermatt, au Grimsel, à Gênes et à la Corniche, par R. Töpffer, précédés d'une notice par M. Sainte-Beuve ; illustrés d'après les dessins de Töpffer, par MM. Calame, Karl Girardet, etc. *Paris, Victor Lecou*, 1853, gr. in-8. 16 fr.; — ou seconde édit., *Paris, Garnier frères*, 1858, gr. in-8. Les *Nouvelles genevoises*, du même auteur, ont obtenu un très-grand succès. Il s'en est fait de nombreuses éditions en un vol. in-12 ou en gr. in-18. Il y en a aussi des éditions *illustrées d'après les dessins de l'auteur*, par Best, Leloir, Hotelin et Regnier, en 1 vol. gr. in-8. 12 fr. — La quatrième en ce genre est celle de *Paris, Garnier*, 1855. [17365]

— Réflexions d'un peintre, 9144.

TOPHAM (*John*). Some account of the collegiate chapel of St. Stephen Westminster, by J. Topham. *London, Bulmer*, 1795, in-fol. max. avec 14 pl. [9997]

Un supplément contenant 14 autres pl., avec la description par sir H.-C. Englefield, a paru en 1805 et en 1806.

La Société des antiquaires de Londres, à laquelle on doit la publication de cet ouvrage, devait donner de la même manière la description des autres principales cathédrales et abbayes d'Angleterre ; mais elle n'a encore mis au jour que celle-ci et les cinq suivantes : 1° *Cathedral church of Exeter*, by Carter, 1797, 11 pl.; 2° *Abbey church of Bath*, 1798, 10 pl.; 3° *Cathedral church of Durham*, by Carter, 1801, 11 pl.; 4° *Cathedral church of Gloucester*, 1809, 17 pl.; 5° *Abbey church of St-Alban*, 1813, 19 pl.

Les planches de ces ouvrages sont gravées par James Basire, d'après les dessins de John Carter, et autres. Topham n'a eu part qu'au premier article.

Les 6 parties se vendaient ensemble 6 liv. 6 sh.

Tondi (*B.*). Fasti di Gubbio, 25695.
Tondini (*G.-B.*). Lettere, 18864.
Tonelli (*Fr.*). Biblioteca bibliografica, 31796.
Tonini (*D.-Luigi*). Rimini, 25657.

Tonti (le chev.). Découvertes de M. de La Sale, 21025.
Tontoli (*G.*). Il Masaniello, 25749.
Took (*Th.*) and W. Newmarch. History of prices, 4165.
Tooke. Histoire de Catherine II, 27777.
Tooker (*G.*). Charisma, 27047.
Topografia veneta, 25439.
Topographische Karte des Cantons St. Gallen, etc., 25927.
Topographie et géodésie militaire élémentaire, 8640.
Toppeltinus. Origines Transylvanorum, 26533.
Toppi (*Nic.*). Biblioteca napolitana, 30687.

TOREE (*Olof*). Voy. OSBECK.

TORELLI (*Jacques*). Décorations et machines aprestées aux Nopces de Tétis, ballet royal, représenté en la salle du Petit-Bourbon, par Jacques Torelli, inventeur; dédié au cardinal Mazarin. *Paris*, 1654, pet. in-fol. de XII et 60 pp.

Une des premières pièces à machines qui aient été représentées à Paris; elle est ornée de 10 estampes gravées par Israël Silvestre d'après Torelli, et d'un frontispice d'après Franquart. Le texte est en français et en italien. On a payé 51 fr., à la vente de M. Eug. Piot, en 1862, un exemplaire avec lequel se trouvait relié *Feste theatrali per la Finta Pazza del sig. Giulio Strozzi, rappresentate nel Piccolo Borbone in Parigi quest' anno 1645 da Giacomo Torelli da Fano.* Parigi, 1645, in-fol. orné d'un frontispice et de 5 gravures de Nic. Cochin. La première pièce seule, 25 fr. de Soleinne.

TORFÆUS (*Thormodus*). Historia rerum norvegicarum. *Hafniæ*, 1711, 4 tom. en 2 vol. in-fol. [26713]

Vend. 51 fr. La Serna; 37 fr. 50 c. Caillard; 18 flor. 50 c. Meerman; 32 fr. 50 c. Chaumette; et avec l'ouvrage suivant, 60 fr. Dutheil.

— Orcades, seu rerum orcadensium historiæ libri tres. *Hauniæ*, 1697 (nouv. titre, 1715), in-fol. [27627]

Vend. 28 fr. la Serna; 15 fr. Caillard; 9 flor. 75 c. Meerman.

Autres écrits du même auteur.

SERIES dynastarum et regum Daniæ, a Skioldo Odini filio, ad Gormum grandævum, in lucem edidit Thor. Torfæus. *Hafniæ*, 1702, pet. in-4. 6 à 9 fr., et plus en Gr. Pap. [27585]
Il faut joindre à ce volume le suivant :
TORFÆANA, sive Thormodi Torfæi notæ posteriores in seriem regum Daniæ. *Hafniæ*, 1777, in-4. Vend. 13 fr. Dutheil. [27587]
TRIFOLIUM historicum, seu dissertatio historica de tribus Daniæ regibus Gormo grandævo. *Hafniæ*, 1707, in-4. 14 fr. Dutheil. [27587]
HISTORIA Vinlandiæ antiquæ. *Hauniæ*, 1705, pet. in-8. [27700]
Petit volume rare : 36 fr. Caillard; 14 fr. Rætzel.
GROENLANDIA antiqua, seu veteris Groenlandiæ descriptio. *Hauniæ*, 1706, pet. in-8. fig. 12 fr. Caillard; 19 fr. 50 c. Rætzel. [27722]
COMMENTARIUS histor. de rebus gestis Faeregensium seu Farôensium. *Hafniæ*, 1695, pet. in-8.
Tous ces ouvrages sont peu communs.
Ces trois derniers articles, 16 flor. Meerman.
HISTORIA Hrolfi Krakii, regis Daniæ, secundum monumenta islandica. *Hafniæ*, 1705, in-8. [27602]

TORIO de la Riva y Herrero (*T.*). Arte de escribir por reglas y con muestras, segun la doctrina de los mejores autores estrangeros y nacionales. *Madrid, Ibarra*, 1798 (réimpr. en 1802), gr. in-4., fig. 24 fr. [9059]

TORQUEMADA. Voyez TURRECREMATA.

TORQUEMADA (*Antonio* de). Jardin de flores curiosas, en que se tratan algunas materias de humanidad, philosophia, theologia, geographia, con otras cosas curiosas y apazibles. *Salamanca, Juan B. de Terranova*, 1570, petit in-8. [18360]

Première édition de ce livre cité dans la Revue de la bibliothèque de D. Quichotte, 20 fr. 50 c. Gohier; 10 fr. Rætzel. L'ouvrage a été réimpr. à *Anvers, en casa de Juan Corderio año* 1575. (à la fin) : *Antuerpiæ, typis Gerardi Smits*, pet. in-12, sign. a—z; à *Medina del Campo, Fr. del Canto*, 1587, et à *Anvers, Nucio*, 1599, pet. in-8.; et enfin trad. en français par Gabr. Chappuys sous le titre de :
HEXAMERON, ou six journées, contenant plusieurs doctes discours sur aucuns points difficiles en diverses sciences, avec maintes histoires notables. *Lyon, Jean Beraud*, 1579, in-16. — *Lyon, Ant. de Harsy*, 1582, pet. in-8., ou *Paris, Phil. Brachonier*, 1583, in-16. — *Rouen, Romain de Beauvais*, 1610, pet. in-12. Cette dernière, en *mar.* 26 fr. Veinant; 1 liv. 1 sh. Libri, en 1859; 12 fr. 50 c. Salmon, en 1857.

— Voyez OLIVANTE de Laura.

TORQUEMADA (*Juan* de). Los veinte y un libros rituales y monarchia Indiana, con el origen y guerras de los Indios occidentales, de sus poblaciones, descubrimiento, conquista, conversion y otras cosas maravillosas de la misma tierra. *Madrid, Franco*, 1723, 3 vol. in-fol. 45 à 60 fr. [28487]

Vend. 83 fr. La Serna ; 72 fr. Langlès; 75 fr. Léon Leclerc; 81 fr. en 1860.
Ouvrage fort curieux, et le plus complet que nous ayons sur l'ancien Mexique. La présente édition, donnée par Barcia, et dont il y a du Gr. Pap., est préférée à celle de *Madrid*, 1613, aussi en 3 vol. in-fol.

TORRE (*Alonso* de la). Libro llamado Vision deleytable de la philosofia, y de las artes liberales, metaphysica, y philosofia moral. *Sevilla, Jacobo y Juan Cromberger*, 1526, in-fol. goth. [31843]

Vend. 1 liv. 1 sh. Heber.
Réimprimé dans la même ville, en 1538, in-fol.

— Vysyon delectable de la philosofia y artes liberales : a do por muy sotil artificio se declaran altos secretos (por Alonzo de la Torre) : Y per fyn las xxiiij coplas de don George Manrique. *Estampada en Ferrara, março.* 1554, pet. in-8. goth.

Cette édition n'est guère moins rare que la précédente. 20 fr. Gohier; 1 liv. 8 sh. *mar. r.* Heber : elle a 4 ff. préliminaires, clxxi ff. de texte, suivis de 8 ff. pour la table, et *Las coplas*; enfin un dernier f. pour le registre et la marque de l'imprimeur.

—Vision deleitable de la philosofia, etc. (à la fin) : *Migençant la divina gracia vinguda es la fi de esser impressa la Visio delectable de Alfonço de la Torre Bachallér impressa en la ciutat de Barcelona à despeses de Matheu Vendréll Mercader Ciutadà de la dita ciutat lo disaptesant de Pasqua à xvij. del mes de Abril l'any de la nostra salut Mil è* cccc. lxxxiiii, in-fol. goth.

Version en catalan, ou ancien dialecte limousin. Outre l'édition dont nous venons de rapporter la souscription, d'après une note du tome IIe, p. 329 de la *Biblioth. vetus*, d'Antonio, et qui est excessivement rare, il en existe une autre de 1489, in-fol. goth., laquelle est portée dans la *Bibliogr. grenvil.*, p. 750, sous le titre suivant : *Comiença el tratado llamado vision deleytable de la philosofia et de las otras sciencias. A qui se acaba el libro de la vision delectable con la tabla que trata de la philosophia e de las otras sciencias brevemente e que declaron el fallada en ellas. Imprimido en la muy noble e leal cibdad de Tholosa, por los muy discretos maestros* Juan Patrix Estevan Cleblat m ccccclxxxix. L'exemplaire décrit a 100 ff., mais il paraît y manquer 2 ff. du cah. A. La date est au recto du dernier f. de la table, dont le verso est blanc. L'exemplaire vendu 2 liv. 19 sh. Heber avait de plus, à ce qu'il paraissait, *los Proverbios* de Lopez de Mendoza (voy. Lopez), suivis du *Tratado de providencia contra fortuna* de Diego de Valera.

Le *Sommario di tutte le scienze*, de Domenico Delfino, *Venezia, Gabr. Giolito*, 1556, in-4., avec une épître dédicatoire de Nicolo Croce ; réimpr. à *Venise, F. Sansovino*, 1568, pet. in-8., n'est, selon Ebert, n° 23039, qu'une simple traduction de l'ouvrage précédent d'Alphonse de la Torre ; et, chose singulière, ce larcin fut si peu remarqué qu'un siècle après on publia une traduction espagnole du livre de Delfino, sous le titre suivant :
LIBRO intitulado Vision deleytable, y summario de todas las ciencias, traduc. de ital. en español por Fr. de Caceres. *Francfort*, 1623, ou *Amsterd.*, 1663, in-4.

TORRE (*Juan Gonzalez* de la). Doscientas preguntas, con sus respuestas en verso deferentes. *Madrid, Sanchez*, 1590, pet. in-4. [15184]

Écrit dans l'ancien style poétique espagnol. 2 liv. 12 sh. Salvá.
Antonio cite l'ouvrage suivant du même poëte :
EL DIALOGO llamado Nuncio legato mortal; *Madrid*, 1580, in-8.

TORRE (*Francisco* de la). Poesias que publico D. Francisco de Quevedo Villegas col el nombre del bachiller Francisco de la Torre: añadese en esta segunda edicion un discurso, en que se descubre ser el verdadero autor el mismo Quevedo; por Luis-Joseph Velazquez. *Madrid*, 1753, pet in-4. [15288]

L'exemplaire porté sous le n° 2105 du catalogue de V. Salvá, contient de nombreuses notes d'Ant. Mayans, où ce savant prouve que Quevedo n'est pas l'auteur de ces poésies.

TORRE REZZONICI (*Ant.-Jos.*). Disquisitiones plinianæ, in quibus de utrius-

que Plinii patria, rebus gestis, scriptis, codicibus, editionibus atque interpretibus agitur, auctore A.-J. comite a Turre Rezzonici. *Parmæ, Borsii fratres*, 1763-67, 2 vol. in-fol. [4469]

Ouvrage intéressant et assez recherché : 24 à 30 fr. Vend. 52 fr. Villoison.

TORRE di Rezzonico (*Carlo* Castone, conte della). Opere, raccolte e pubblicate da Fr. Macchetti. *Como, Ostinelli*, 1815-30, 10 vol. in-8. [19237]

Ces 10 vol. coûtaient 40 fr., en pap. vél. 66 fr., in-4. pap. vél. 120 fr. En voici la distribution : vol. I, *Belle arti;* II et III, *Poesie;* IV à VII, *Viaggi;* VIII à IX, *Opuscoli;* X, *Lettere.*

TORREBLANCA Villalpandus (*D.-Fr.*). Epitome delictorum in quibus aperta, vel occulta invocatio dæmonis intervenit, libri IV. *Hispali, Ildeph. Rodriguez Gamarra*, 1618, in-fol. [8922]

Seule édition de ce livre dont on fasse quelque cas ; elle n'a même de valeur que lorsqu'il se trouve, à la fin du vol., une partie de 36 ff. intitulée : *Defensa en favor de los libros de la magia.* Vendu 12 fr. v. éc. Gaignat; 22 fr. mar. r. Maucune; 51 fr. mar. viol. Mac-Carthy. Il doit y avoir 14 ff. prélim. au lieu de 10 qu'indique la *Bibliographie instructive.*

TORRELLA (*Gaspar*). Tractatus cum consiliis circa pudendagram, seu morbum gallicum... *per Petrum de laturre Anno M. cccc. lxxxxvij die xxij. Nouembris...* in-4. goth. de 24 ff. non chiffrés, à 32 lign. par page, sign. b—f. [7253]

Un des plus anciens traités sur la maladie vénérienne : il commence par le titre imprimé en 2 lign., lequel est suivi de l'épître de l'auteur au cardinal Valentinus. Il y en a une seconde édition imprimée à *Rome*, sans date, mais probablement vers 1498 ; c'est un in-4. de 22 ff. seulement ; on y remarque quelques différences tant dans le titre que dans le texte. Cette dernière, 2 liv. 3 sh. *non rogné* Libri, en 1859. L'exemplaire était relié avec le dialogue de Torrella, *Pro regimine seu preservatione sanitatis de esculentis et potulentis*, *Romæ*, per Jo. Besicken, 1506. Le même auteur a donné : *Dialogus de dolore, cum tractatu de ulceribus in pudendagra evenire solitis;* Romæ, per Joan. Besicken et Martinum de Amsterdã, 1500, in-4. de 52 ff., sign. a—h.
On trouve des détails fort étendus sur ces deux ouvrages dans *Fossi, Catalogus bibliothecæ magliab.*, III, col. 141-150.

TORREMUZZA (*Gabr.* Lancilotto Castello, principe di). Dissertazione sopra una statua di marmo, scoverta nelle rovine della città d' Alesa, in Sicilia. *Palermo*, 1749, in-4. fig. [29552]

Vend. 8 fr. Villoison.

— Le antiche iscrizioni di Palermo, raccolte e spiegate. *Palermo*, 1762, in-fol. fig. 10 à 12 fr. [29995]

Un exemplaire chargé de notes de Villoison, 51 fr. à la vente de ce savant.

Torre (*Ces.-Gaet.* della). Piombi antichi, 29870.

Torrecilla (l'abbé). Cours de langue espagnole, 11152.
Torremuzza (*Vinc.* Castello de). Fasti di Sicilia 25833. — Storia di Aleza, 25859.

— Siciliæ et insularum adjacentium veterum inscriptionum collectio (a Castello, princ. de Torremuzza). *Panormi*, 1769, in-fol. [29994]

Vend. 10 fr. Langlès.

— Siciliæ, etc., veterum inscriptionum nova collectio, prolegomenis et notis illustr. (a Castello, princ. de Torremuzza). *Panormi*, 1784, in-fol.

Vend. 30 fr. Villoison ; 15 fr. Larcher ; 12 flor. Meerman ; 20 fr. Mionnet.

— Siciliæ populorum et urbium, regum quoque et tyrannorum veteres nummi Saracenorum epocham antecedentes (cum explicationibus princ. de Torremuzza). *Panormi, typogr. reg.*, 1781 , in-fol. cum 107 tab. et 2 supplem. [29834]

Ouvrage peu commun et recherché ; 72 fr. Villoison ; 20 flor. Meerman ; 49 fr. Mionnet ; 60 fr. Tochon, en 1858.
Le premier *Auctarium* a paru en 1789, et le second en 1791.
Après la mort de ce savant prince, on a publié le catalogue de ses médailles, sous le titre de *Catalogus veterum et recent. numismatum.....* Panormi, 1793, pet. in-8.

TORRES (*Diego* de). Medicinas preservativas y curativas de la pestilencia que significa eclipse del sol del año M. CDLXXXV, impresso *en Salamanca*, año de M CDLXXXV (*sic*), in-4. [7192]

Cité par Antonio, et d'après lui par Mendez, pp. 237-239, ainsi qu'un livre d'astrologie du même D. Torres, dont il rapporte ainsi la souscription : *Explicit hoc opus compilatum per dominum licentiatum in artibus et medicina, cathedraticum in Astrologia Salmantinæ Universitatis, Didacum de Torres, anno M. CCCC.LXXXVII. mense maii xxv. die.*

TORRES Naharro (*Bartholome* de). Propalladia. *Napoles, por Joan Pasqueto de Sallo*, 1517, in-fol. goth. [16760]

Édition citée par Panzer, d'après la *Biblioth. thott.*, VII, p. 101. C'est la plus ancienne que l'on connaisse des *Propalladia*, recueil qui contient des épitres, des opuscules lyriques ou érotiques, et particulièrement sept comédies, le tout écrit en vers espagnols. Ce même recueil a été réimprimé à *Séville, Jacq. Cromberger*, 1520, in-4., avec la *Comedia llamada Aquilana.*

— Propaladia de Bartolome de Torres Naharro. côtieněse en la Propaladia. Tres lamentaciones de amor; una satira, onze capitulos, siete epistolas, comedia Seraphina, comedia Trophea, comedia Soldatesca, comedia Tinellaria, comedia Ymenea, comedia Jacinta, etc..... *Fue impressa en Seuilla, en casa de Juan Cromberger a x. de setiebre de M. d. xxxiij. anos*, in-4. goth. à 2 col., signat. a—q.

La *Comedia llamada Aquilana* forme une partie séparée de 20 ff. à la fin du volume.

Torres y Ribera, Insula Cretæ, 27940.

— Propaladia. — *Toledo, acabose a veynte et quatro dias de mes de enero, año... de mil et quinientos et treynta et cinco annos* (1535), in-4.

— Propaladia nuevamente corregida y enmendada. *Anvers, Mart. Nucio* (sans date , vers 1550). pet. in-8. goth. format allongé, feuillets non chiffrés, sign. A—Y VIII.

L'exemplaire ici décrit, d'après le *Bulletin du Bibliophile* de Techener, mars 1855, p. 94, ne devait pas être complet, car il y manquait deux comédies : la *Calamita* et l'*Aquilana*, lesquelles sont indiquées à la table des matières.
Toutes ces éditions, et surtout les premières, sont rares et assez précieuses. Ebert, n° 23049, en cite une de *Madrid*, in-8., d'après un exemplaire de la bibliothèque de Wolfenbüttel, dont le titre est coupé et ne porte plus la date, mais qu'il juge être de l'an 1563 environ; elle contient *Propaladia de Bart. de Torres Naharro, y Lazarillo de Tormes, todo corregido y enmendado.* Il y en a aussi une des deux mêmes ouvrages, *Madrid*, 1573, in-8., vend. 16 sh. Heber; le titre porte : *corregido y enmendado por mandada del conseio de la santa y general Inquisicion.*

TORRES (*Diego* de). Relacion y succeso de los Xarifes, y del estado de los reynos de Marruecos, Fez, Tarudante, y los demas que tienen usurpados. *Sevilla, Fr. Perez*, 1586, in-4. [28388]

Publié après la mort de l'auteur, par Élisabeth Quixada, sa femme. Vend. 1 liv. 18 sh. Heber, et 31 fr., quoique taché d'eau, Quatremère, 2ᵉ vente.
Traduit en français par C. D. V. D. D. A. (duc d'Angoulême), sous le titre de *Relation de l'origine et succès des Chérifs*, Paris, Jean Camusat, 1636, in-4., et réimpr. à la suite de l'Afrique de Marmol, *Paris*, L. Billaine, 1667, in-4. (voy. MARMOL).

TORRES Rubio. Arte de la lengua quichua, compuesto por el padre Diego de Torres Rubio, de la compañia de Jesus. *En Lima, por Francisco Lasso, año de 1619*, in-8. de 4 ff. prélim., 44 ff. chiffr. et 55 ff. non chiffrés. [11997]

Ce volume contient, indépendamment de la grammaire, deux petits vocabulaires, l'un espagnol-quichua, et l'autre quichua-espagnol, et de plus un *Confessionario :* 51 fr. Chaumette, et 15 fr. de Sacy.
Antonio cite une première édition de cet ouvrage sous un titre latin, *Rome*, 1603, in-8. — Il y en a une autre dont le titre porte : *Nuevamente van añadidos los romances, el cathecismo... el vocabulario añadido, y otro vocabulario de la lengua chinchaisuyo*, por el P. Juan de Figueredo... *en Lima, por Joseph de Contreras* (1700). C'est un pet. in-8. de 12 et 115 ff. 25 fr. Chaumette. Celle de *Lima*, 1754, pet. in-8. (contenant 6 ff. préliminaires, 254 pp. numérotées, et 2 ff. à la fin), en est une réimpression (quatre exemplaires de 40 à 75 fr. chacun, même vente).

— Arte de la lengua aymara, compuesto por el mismo. *Lima*, 1616, pet. in-8. [11991]

Livre très-rare : 92 fr. Chaumette.

Torres (abb. de). Letteratura de' Numidi, 30154.
Torres (*Dom.-Max.*). Versos, 15403.

TORRES AMAT (*Felix*). Voyez AMAT (*Torres*).

TORRES y Villaroel (D. *Diego* de). Obras. *Madrid*, 1794-99, 15 vol. pet. in-8. 40 à 50 fr. [19274]

Recueil d'ouvrages en vers et en prose fort estimés. Le 15ᵉ volume renferme la vie de l'auteur, avec la liste de ses ouvrages. L'ancienne édition, *Salamanca*, 1752, 14 vol. pet. in-4. 36 fr. Rodriguez.

TORREY (*John*). A Flora of the state of New-York, comprising full descriptions of all the indigenous and naturalized plants hitherto discovered in the state, with remarks on their economical and medical properties, by John Torrey. *Albany, Carroll and Cook*, 1843, 2 vol. in-4.

Le premier volume a XII et 484 pp. avec 72 pl. coloriées; le second, 572 pp. avec 90 pl. coloriées.

John Torrey avait déjà donné :

A FLORA of the northern and middle sections of the United-States... *New-York, Swords*, 1824, in-8. de XII et 513 pp., tome Iᵉʳ, le seul publié.

Et avec Asa Gray :

A FLORA of North-America, containing abridged descriptions of all the known indigenous and naturalized plants growing north of Mexico; arranged according to the natural system. *New-York, Wiley und Putnam*, 1838-43, 3 vol. in-8.

Le 1ᵉʳ vol., publié en quatre parties, a XIV et 711 pp. Il n'avait encore paru dernièrement que trois parties du 2ᵉ vol., en 504 pp.; la suite était promise.

TORRICELLII (*Evangelistæ*) Opera geometrica. *Florentiæ, Massa*, 1644, pet. in-4. [7932]

Vendu 5 fr. Labey; et avec les *Lezioni accademiche di Torricelli*, Firenze, 1715, in-4., 20 fr. Libri, en 1857.

— De Sphæra et solidis sphæralibus libri duo et de motu gravium. *Florentiæ*, 1644, in-4. 18 fr., Libri.

—.Voy. CASTELLI. •

TORTAJADA (D. *Lopez* de). V. FLORESTA.

TORTELLIUS. Joannis Tortellii aretini commentarii grammatici de orthographia dictionum e græcis tractatarum libri. *Romæ, in domo de Taliacoxis sub jussu Ulrici Galli et Simonis Nicolai Lucensis*, 1471, gr. in-fol. de 303 ff. à 2 col. de 53 lign. [10821]

Édition rare : 60 fr. Brienne-Laire; 40 fr. d'Ourches; 15 liv. vente d'Alchorne, en 1813, et moins depuis. Le volume commence au verso du 1ᵉʳ f. par l'épître intitulée : *Fratris Ade de Montaldo Genuensis... ad Philippum Archiepm Arleateñ.* Il finit au 302ᵉ f. verso par la souscription : *Hoc opus..... insculptum est...* Lo 303ᵉ et dernier f. contient au recto le registre des cahiers.

— Tortellii aretini de orthographia dictionum libri. — *Opus finit* M. CCCC. LXXI, *per Nicolaum Janson, gallicum, Vene-*

---

tiis, feliciter impressum, gr. in-fol. de 296 ff., à 47 lign. par page.

Cette édition est vraisemblablement antérieure à celle de Rome, sous la même date : elle commence par une préface adressée au pape Nicolas V, et se termine au verso du 296ᵉ et dernier f. par la souscription. — Vend. 75 fr. La Valliere, en 1767; 72 fr. *mar. bl.* Gaignat; 60 fr. *mar. v.* Brienne-Laire; 12 liv. vente d'Alchorne, en 1813; 91 flor. *mar. bl.* Meerman; 76 fr. Costabili. Un exemplaire imprimé sur VÉLIN a été vendu 26 liv. 10 sh. Smith, en 1773, et ensuite chez Mac-Carthy, 920 fr., et depuis acheté 1200 fr. pour la Bibliothèque impériale. Les éditions de *Trévise*, 1477, in-fol.; de *Vicence*, 1479, in-fol., et celles qui ont suivi sont à bas prix.

TORTEROLI (*P. Tommaio*). Monumenti di pittura, scultura ed architettura della città di Savona. *Savona*, 1849-50, in-4. et atlas in-fol. 48 fr.

Publié en 24 livr. de texte, et aussi 24 de pl. — Commune di Savona, 25325.

TORTI (*Fr.*) therapeutice specialis ad febres periodicas perniciosas. *Francof.* et *Lipsiæ*, 1756, pet. in-4. fig. [7163]

Ouvrage très-estimé : le même volume renferme ordinairement un autre écrit de Torti, intitulé :

RESPONSIONES iatro-apologeticæ ad criticam dissertationem Bern. Ramazzini de abusu Chinæ-Chinæ. *Francof.*, 1756, pet. in-4.

Les deux ouvrages réunis ont été vendus 47 fr. Michault; le premier, 30 fr. Bosquillon. La réimpression en a fait tomber le prix à 8 ou 10 fr. Les premières éditions de ce traité de Torti ont paru à *Modène*, en 1713 et en 1730, et aussi à *Venise*, 1732, in-4. — Enfin on a *Nova editio auctior, accuratior; cui subnectuntur ejusdem auctoris responsiones iatro-apologeticæ ad B. Ramazzini : additis auctoris vita a L.-A. Muratorio conscripta, et notis editorum : edentibus et curantibus C.-C.-J. Tombeur et O. Brixhe; Leodii et Parisiis*, 1821, 2 vol. in-8. 16 fr.

TORTO. Opera nova di Cesar Torto esculano, etc. — Voyez l'article FIORETTO.

TORTOREL (*Jean*) et Jacques Perrissin. PREMIER volume : ‖ contenant quarante tableaux ou ‖ Histoires diuerses qui sont memorables touchant les Guerres ‖ Massacres et Troubles aduenus en France en ces ‖ dernieres années. Le tout recueilli selon les tes-‖moignages (*variante* : le tesmoignage) de ceux qui y ont esté en per-‖sonne, et qui les ont veus, lesquels ‖ sont pourtrais à la verité. In-fol. en largeur. [23497]

Premier et seul volume qui ait paru de cette suite si curieuse, sous le triple rapport de l'histoire des costumes et de l'art. Il se compose : 1° d'un titre (celui que nous avons reproduit ci-dessus), lequel commence dans certains exemplaires par l'article *Le*. Ce titre est imprimé en caractères typographiques dans un cartouche gravé; 2° d'un *avis* renfermé dans un semblable cartouche (commençant par ces mots : *Cognoissant le desir que plusieurs ont*); 3° de 39 planches, eaux-fortes sur cuivre ou gravures sur bois. Les planches sur cuivre peuvent être au nombre de 35 (dont 3 portent le nom de J. Tortorel, 19 celui de Perrissin, et 13 les deux noms). Il y a 5 gravures sur bois, ce sont les nᵒˢ 3, 5, 6, 7 et 38, que l'on croit n'avoir jamais été gravées sur cuivre. Toutes ces estampes sont

---

de format gr. in-fol. en largeur, de 480 à 485 millimètres de large sur 315 à 325 millimètres de haut,
pour les planches seules, non comprises les mârges,
dont le haut et le bas contiennent les titres et les
légendes. Il paraît que ces planches ont été publiées
et vendues pièce à pièce, à mesure qu'elles étaient
gravées, et que plusieurs d'entre elles s'étant trouvées usées par suite d'un nombreux tirage, ou
peut-être s'étant égarées, on les a refaites sur bois.
Voilà pourquoi plusieurs exemplaires de cette suite
renferment, indépendamment des cinq planches
qu'on croit n'exister que sur bois, jusqu'à douze
autres planches également sur bois. Ces bois sont
probablement aussi l'ouvrage des deux artistes
auxquels sont dus les cuivres ; ce qui semble le
prouver, c'est que parmi ces bois un porte le nom
de Tortorel, un autre celui de Perrissin, et deux
les deux noms réunis. Parmi les planches sur
cuivre, les plus rares sont les nos 6, 9 et 10 (première façon), 14, 15, 19, 20, 24, 26, 28, 29 et 32, et
les deux autres qui ont été reproduites sur bois.
Les titres des sujets de chacun des 39 morceaux,
tant en cuivre qu'en bois, sont placés au-dessus
des planches en une seule ligne, et les légendes
sont au-dessous desdites planches en 2, 3 ou 4 col.,
auxquelles renvoient les numéros placés dans les
planches. Ces titres et légendes étant en caractères
mobiles et imprimés à part, peuvent servir à faire
reconnaître les différents tirages ou variantes des
épreuves. L'examen attentif que M. Hennin a fait
des nombreuses pièces de ce recueil, qui ont passé
sous ses yeux, lui a prouvé qu'il y a eu pour chaque planche un nombre de tirages différents, qui va
pour quelques pièces jusqu'à neuf variantes. Nous
ne chercherons pas à les indiquer, seulement nous
dirons qu'il faut compter un tirage ou rarement
deux des planches avec titres et légendes en latin,
deux tirages de ces mêmes planches avec texte en
allemand, et que les autres tirages sont avec texte
français. Les pièces sur cuivre et sur bois sont indifféremment confondues dans ces tirages. Ces
tirages, ajouterons-nous, peuvent se caractériser
dans la manière dont les titres sont imprimés ;
toutefois, ces différences ne portent guère que sur
des changements d'orthographe, des abréviations,
des lettres capitales, des points et virgules. On a
remarqué que quelques épreuves portent à la suite
du titre, au-dessus de la planche, des numéros
d'ordre (1 à 40). Ces numéros sont placés également
sur des épreuves en cuivre et en bois, mais plus
particulièrement dans celles qu'accompagne le
texte français. Les épreuves avec titres et légendes
en latin doivent être plus rares que ces dernières
puisqu'il en a été moins tiré. Les figures sur
cuivre sont généralement de belles épreuves. Les
exemplaires qui passent le plus souvent dans les
ventes ont ordinairement les titres et les légendes
en français ; mais comme les catalogues où ils sont
portés n'indiquent pas exactement la nature des
planches dont ils se composent, on ne sait guère
combien il s'y trouve de planches sur cuivre et
combien sur bois. Il serait pourtant très-désirable
de pouvoir réunir dans un même exemplaire aux
35 planches sur cuivre et aux 5 planches qu'on n'a
seulement que sur bois, les 12 autres planches sur
bois qui reproduisent des cuivres, et autant que possible les différents états de chaque planche qu'on
serait parvenu à y réunir.

Avant d'aller plus loin, nous devons donner ici le
titre de chacune des pièces dont nous venons de
parler :

1. *Premier volume, etc.*
   **Avis au lecteur.*
2. *Mercurialle tenue aux Augustins à Paris*,
   1559.
3. *Tournoy où le roy Henry II fut blessé à mort*,
   1559 (avec les mots (*P)errissim fecit*, 1570) ; il
   existe une autre composition du même sujet, où
   le chiffre de Perrissim est marqué sur l'un des
   montants de la lice, à la droite du bas.
4. *La mort du roy Henry deuxieme ;* aussi sous

ce titre : *Le roy Henry II, qui est dans son lit
de mort.*
5. *Anne Du Bourg..... bruslé à S. Iean en Greue*,
   1559.
6. *Entreprinse d'Amboise descouverte, mars* 1560.
7. *Exécution d'Amboise,* 15 mars 1560.
8. *Assemblée des trois estats tenus à Orléans, au
   mois de janvier* 1561.
9. *Colloque tenu à Poissy,* 1561. (Dans une copie
   sur cuivre, on lit : *I. tortorel fecit.*)
10. *Massacre fait à Cahors, le* XIX *nouemb.* 1561.
11. *Massacre fait à Vassy, mars* 1562.
12. *Massacre fait à Sens, Auril* 1562.
13. *La prinse de Vallence,* 1562.
14. *Massacre fait à Tours,* 1562.
15. *Prinse de la ville de Montbrison,* 1562.
16. *Deffaite de S. Gilles,* 1562.
17. *Ordonnance des deux armées de la bataille de
    Dreux.*
18. *Première charge de la bataille de Dreux.*
19. *Deuxième charge, etc.* (Les premières épreuves
    sont avant *I. tortorel fecit.*)
20. *Troisième charge.....* (Les premières épreuves
    sont avant *I. perrissim fecit.*)
21. *Quatrième charge.*
22. *Retraite de la bataille de Dreux.*
23. *Orléans assiégé,* 1563.
24. *Le duc de Guise est blessé à mort,* 1563.
25. *La paix faite en l'isle aux Bœufs,* 1563.
26. *Exécution de S. Iean Poltrot,* 1563.
27. *Massacre fait à Nismes,* 1567.
28. *Bataille de S. Denis,* 1567.
29. *Rencontre des deux armées à Congnac,* 1568.
30. *La ville de Chartres assiègée....,* 1568.
31. *Ordonnance des deux armées entre Cognac et
    Chasteau-neuf,* 1569.
32. *La rencontre des deux armées* (même lieu),
    1569.
33. *La rencontre des deux armées à la Roche,*
    1569.
34. *Poytiers assiégé,* 1569.
35. *Ordonnance des deux armées près de Mon-
    contour,* 1569.
36. *Desroute du camp de MM. les Princes...,* 1569.
37. *Surprinse de la ville de Nismes,* 1569.
38. *Sainct Iean d'Angely assiégé,* 1569.
39. *L'entreprinse de Bourges descouverte,* 1569.
40. *Rencontre des deux armées francoyses faicte
    au passage de la riuiere du rosne,* 1570.

On trouve des détails étendus sur cette curieuse
suite dans le *Peintre-graveur français* de Robert
Dumesnil, VI, pp. 45-69, et d'autres plus satisfai-
sants encore dans les *Monuments de l'histoire de
France* de M. Hennin, tome II, pp. XCIV et suiv. ;
mais ces deux auteurs ne sont pas d'accord sur
tous les points : par exemple, M. Robert compte
seulement trois planches qui n'existeraient que sur
bois, et M. Hennin en signale cinq ; M. Robert n'a
connu que 10 reproductions sur bois des autres
planches, tandis que M. Hennin en décrit 12 ; il
place sous le n° 9 la planche qu'il faudrait coter 10,
et sous le n° 10 celle qui est la 9e ; de même il donne
le chiffre 37 au lieu de 38, et 38 au lieu de 37.

Robert Dumesnil a bien rapporté les titres entiers de
chaque pièce, mais M. Hennin donne dans ses tom.
VIII et IX, sous l'année où se sont passés les événements que représentent ces mêmes pièces, des
détails plus circonstanciés.

Le prix des exemplaires de ce recueil s'est fort élevé
dans ces derniers temps. L'exemplaire inscrit dans
le catalogue Gayot (40 pl.) n'a été payé que 48 fr.
en 1770 ; et celui de La Valliere, où se trouvait
une double épreuve du n° 7 (l'*Exécution d'Amboise*, qui portait au bas l'*Escalade*), et était relié
en *mar. r.*, 116 fr. en 1784 ; un autre exemplaire

en *mar. r.*, composé de 42 planches, dont deux
doubles, mais où manquait l'*Avis*, a été vendu
130 fr. Lair, en 1820, et revendu 630 fr. Borluut,
à Gand, en 1858; un exempl. composé de 65 feuilles, sur lesquelles étaient collées 64 estampes, savoir : les 40 tableaux de la suite et huit variantes
des textes, trois estampes rares relatives à la même
époque, y compris la *Description de l'étoile pro-
digieuse qui parut l'année* 1572.... *de laquelle les
effets admirables furent presagés dès le temps de
son apparition, par M⁰ Leonard Turneisser;*
plus quatorze estampes par J. Luyken, représentant divers sujets de l'histoire de ce temps-là,
1,000 fr. De Bure l'aîné; autre des 40 tableaux, en
mar. r. dent., 700 fr. Bertin; en *mar. v.*, par
Trautz, 690 fr. Bergeret.

L'exemplaire avec texte allemand et relié en *mar.
noir*, contenant 42 planches, y compris le *Massacre de la Saint-Barthélemy*, planche qui était
ajoutée, n'a été vendu que 80 fr. d'Ourches, en
1811, et même il n'avait été payé que 60 fr., en 1806.

Le Catalogue du libraire Edw. Tross, 1863, n⁰ 864,
annonce au prix de 240 fr. un exemplaire de ces
tableaux contenant 24 planches originales (dont 4
sur bois) avec la souscription en italien et un avis
dans la même langue, renfermé dans un cartouche
et commençant : *Al Lettore. Considerando il
gran desiderio...* Jusqu'alors on n'avait pas eu
connaissance d'exemplaires avec ces légendes en
italien.

*Copies du recueil de Jean Tortorel et de Jacques
Perrissin, et autres recueils d'estampes qui peuvent faire suite à celui-ci.*

— Kurtzer Begriff, etc... (titre allemand
dont voici la traduct. française): Courte
notice de ce qui s'est passé en France
depuis la mort du roi Henri II, en l'année 1559 et les suivantes, sous les règnes
de François II et de Charles IX, jusqu'à
l'année 1569, avec trente figures copiées
du français en trente pièces qui ont été
réduites à .vingt-trois, les autres étant
inutiles; traduit en notre langue allemande. (*Sans lieu ni date*), gr. in-4.

Cette suite se compose de 32 estampes, quoique le
titre en indique que 30. Ces planches, gravées
sur cuivre, ont en largeur 275 millimètres, et en
hauteur 200 millimètres. Ce sont des copies en
contre-partie et plus ou moins conformes des originaux de Tortorel et Perrissin. Deux de ces copies seulement (les n⁰ˢ 7 et 18) sont dans le sens
des originaux. Quelques-unes de ces planches présentent des noms transposés et d'autres erreurs de
copie. Au bas de chaque pièce se trouve l'indication du sujet en huit vers allemands, sauf dans
deux pièces (les n⁰ˢ 16 et 17) où il n'y a que quatre vers. Sous ces vers est la date de l'événement
en caractères romains, exacte, excepté dans la
pièce n⁰ 14. M. Hennin a constaté trois états de
ces planches: 1⁰ avant les numéros; 2⁰ avec les
numéros; 3⁰ les numéros effacés.

Voici les titres des 32 pièces composant ce recueil,
avec les numéros des originaux qu'elles reproduisent :

1. *Mercurial aux Augustins* (n⁰ de l'original 2).
2. *Le Tournoi où Henri II fut blessé* (3).
3. *Anne du Bourg brûlé* (5).
4. *Entreprise d'Amboise* (6).
5. *Exécution d'Amboise* (7).
6. *Etats d'Orléans* (8).
7. *Colloque de Poissy* (9).
8. *Massacre de Cahors* (10).
9. *Massacre de Vassy* (11).
10. *Prise de Valence* (13).

11. *Massacre à Sens* (12).
12. *Prise de Montbrison* (15).
13. *Massacre à Tours* (14).
14. *Défaite de Saint-Gilles* (16).
15. *Première charge de la bataille de Dreux* (18).
16. *Deuxième charge de la bataille de Dreux* (c'est
la troisième charge, 20)..
17. *Troisième charge de la bataille de Dreux* (c'est
la quatrième charge, 21).
18. *Le duc de Guise blessé* (24).
19. *Exécution de J. Poltrot* (26).
20. *Paix faite en l'Ile-aux-Bœufs* (25).
21. *Massacre de Nismes* (27).
22. *Bataille de Saint-Denis* (28).
23. *Rencontre à Congnac* (29).
24. *Chartres assiégé* (30).
25. *Rencontre entre Congnac et Châteauneuf* (32).
26. *Rencontre des deux armées à La Roche* (33).
27. *Poitiers assiégé* (34).
28. *Déroute de Moncontour* (36).
29. *Saint-Jehan-d'Angely assiégé* (37).
30. *Surprise de Nismes* (38).
31. *Entreprise de Bourges découverte* (39).
32. *Rencontre des deux armées au passage du
Rhône* (40).

Il existe des exemplaires de cette suite dans lesquels
on a collé au bas de chaque planche une bande de
papier donnant l'indication du sujet en français, et
la date imprimée en deux, trois ou quatre lignes.

A la suite des 32 pièces dont nous avons donné les
titres, il s'en trouve quelquefois deux autres, sous
les n⁰ˢ 33 et 34, savoir :

*Le Massacre de la Saint-Barthélemy, le 24 août
1572.*

*La Défaite des troupes royales devant La Rochelle,
du 16 mars 1573.*

Ces 34 planches en une ou de plus composaient l'exemplaire relié en *mar. avec de riches compart.* acheté
60 fr. à la vente Soubise par Renouard, qui en a
parlé d'une manière fort inexacte dans son *Catalogue d'un amateur*, IV, p. 128.

Quoiqu'il soit peut-être plus rare en France que le
précédent, ce recueil a beaucoup moins de valeur.
Les planches qui le composent ont été employées
dans les différentes éditions du *Leo Belgicus*, dont
nous avons parlé dans notre premier volume, colonnes 122-123, article AITSINGER, et que M. Hennin a décrites à la p. CIX du second volume de
ses *Monuments de l'histoire de France* (voyez
HENNIN), et ajoutez qu'il paraît aujourd'hui
(1ᵉʳ mai 1863) huit vol. de ce grand ouvrage et
que le neuvième commençant en 1569 sera bientôt
mis au jour. Le savant antiquaire, après avoir dit
dans son second volume qu'indépendamment de
ces suites de Tortorel et Perrissin, il existe un grand
nombre d'autres estampes qui ont une entière analogie avec celles de ladite suite, pour le style du
travail, la disposition des sujets et celle des légendes,
ajoute que ces pièces, relatives aux événements
survenus en France ou dans la Belgique dans le
XVIᵉ siècle, postérieurement à l'année 1572, et
dans les premières années du XVIIᵉ siècle, forment
des recueils plus ou moins étendus qui paraissent
avoir été imprimés à Cologne, et où se trouvent
des pièces avec le nom de *Franc. Hogenberg*, et
d'autres avec celui d'*Arien de Huberto* ou *Huberti.*

M. Hennin donne dans le volume cité une liste de ces
diverses suites, en faisant remarquer qu'elle ne
peut être qu'incertaine, et non entièrement complète, par les conséquences du peu d'ordre qui a
eu lieu dans les publications, dans les numéro-
tages, et dans la manière dont ces pièces, anciennement recueillies, ont été rangées et reliées. Ces
suites sont :

I. Huit pièces relatives à des événements du règne
de Charles V, dont son portrait, numérotées 2,
3, 4, 5 à 8.

II. Six pièces relatives à des événements du règne de Philippe II, de 1555 à 1558, dont le portrait de ce prince et le siége de Saint-Quentin en 1557, pièce qui serait bien placée à la tête des 52 copies in-4. d'après Tortorel et Perrissin. •

III. Vingt pièces relatives à la Belgique, de 1566 à 1570, numérotées de 1 à 20, et comprenant le siége de Valenciennes, en 1567, n° 6, plus des portraits. Il y a des exemplaires de cette suite qui ont un titre imprimé.

IV. Vingt-neuf pièces relatives à la Belgique, de 1571 à 1576, numérotées de 1 à 29, plus un portrait.

V. Vingt pièces relatives à la Belgique, de 1576 à 1577, numérotées de 1 à 20, plus un portrait.

VI. Trente-neuf pièces, toutes relatives à la France, de 1570 à 1596, sans numéros.

VII. Quarante-quatre pièces relatives à la Belgique, de 1577 à 1581, numérotées 1 à 44.

VIII. Cent douze pièces relatives à la Belgique, de 1557 à 1587, numérotées 1 à 112, mais quelques-unes inexactement ou sans numéros, plus des portraits. Cette suite renferme probablement celles qui forment les articles 3, 4, 5 et 7 ci-dessus.

IX. Onze pièces relatives à la Belgique, de 1583 à 1584, les premières numérotées 1 à 8, plus les portraits de deux évêques de Cologne.

X. Soixante-dix pièces relatives à la Belgique, de 1587 à 1608, sans numéros, et parmi lesquelles sont des portraits.

XI. Quinze pièces relatives à l'Angleterre et à la Belgique, de 1596 à 1606, et le portrait de la reine Élisabeth, sans numéro.

Après la publication de ces estampes, il a été formé des recueils factices, composés de diverses suites complètes ou non et de pièces isolées, toutes exécutées de la même manière. Ainsi, ajoute M. Dennin, les estampes de cette curieuse et importante catégorie, relatives à la France et à la Belgique, en y comprenant les copies du recueil de Tortorel et Perrissin, sont au nombre de quatre à cinq cents, dont près d'une centaine se rapportent aux événements qui se sont passés en France à cette époque. Ces dernières seront probablement l'objet d'articles particuliers dans les *Monuments de l'Histoire de France*, sous les années qui y correspondent.

Une suite de 380 planches, relative aux événements des guerres de religion, tant en France qu'aux Pays-Bas, continuée jusqu'en 1610, a été vendue 120 fr. La Serna. Un autre recueil du même genre, composé de 416 pièces, et s'étendant de l'année 1535 à l'année 1619, est annoncé dans la *Biblioth. hulthem.*, n° 26423, où il est dit que ces estampes précieuses pour l'histoire ont été gravées, pour la plupart, par Fr. Hogenberg de Malines.

TORY (*Geofroy*). Champfleury, auquel est contenu Lart et Science de la deue & vraye Proportiõ des Lettres Attiques, quõ dit autremẽ Lettres Antiques, et vulgairement Lettres Romaines proportionnees, selon le Corps et Visage humain. *Paris, Geofroy Tory et Gilles Gourmont*, 1529, petit in-fol. de 8 et lxxx ff. fig. sur bois. [9047]

Ouvrage curieux, divisé en trois livres, dont le premier contient l'*Exortation A mettre et ordonner la Lãgue francoise par certaine Reigle de parler elegãment en bon et plus sain Langage Francois*. Ce morceau très-remarquable est un des premiers qui aient été écrits en langue vulgaire sur la grammaire française ; il est précédé d'un *avis au lecteur* où l'on remarque une critique des *Escumeurs de latin*, que Rabelais a littéralement copiée dans son *Pantagruel*, chap. VI. Le troisième livre du Champfleury donne, avec le dessin exact des lettres de l'alphabet, la valeur et la prononciation de ces mêmes lettres. Le titre de ce volume porte la

marque donnée par M. Silvestre sous le n° 931, et sur le dernier feuillet se voit celle que nous avons reproduite tome I, col. 1710, mais sans devise. Des exemplaires ont été vendus 53 fr. Renouard ; 37 flor. Butsch ; 75 fr. Borluut ; 2 liv. 18 sh. Libri, en 1859 ; dans sa première reliure, en *v. br.*, 205 fr. Solar, et en *mar. r.*, 152 fr. même vente.

L'édition de *Paris, Vivant Gaultherot*, 1549, in-8., sous le titre de *Lart & science de la vraye proportion des lettres attiques, autrement dictes romaines, etc.*, a 16 ff. prélimin. ; le texte est chiffré jusqu'à 144, mais irrégulièrement ; ensuite se trouvent 22 ff. non chiffrés (y compris la souscription), sous les signat. V—Y. Vend. 1 liv. 8 sh. Libri ; 81 fr. *mar. r.* par Duru, Solar ; et ancienne reliure en *mar. r.* 121 fr. II. de Ch..., en 1863.

Cette édition in-8. est beaucoup moins complète et moins précieuse que l'in-fol., ainsi que l'a fait remarquer M. Aug. Bernard, dans l'ouvrage fort curieux qu'il a donné *sous le titre suivant* :

GEOFROY TORY, peintre et graveur, premier imprimeur royal, réformateur de l'orthographe et de la typographie, sous François Iᵉʳ. *Paris, Edw. Tross*, 1857, in-8. de XVI et 260 pp., avec fig. et fac-simile gr. sur bois. Pap. ordinaire 6 fr., — pap. vélin fort 9 fr., — et plus en pap. vélin collé.

— Gotofredi Torini, Biturici, in filiam charissimam, virguncularum elegantissimam, Epithalamia et Dialogi. In eandem etiam quatuor et viginti disticha unum et eundem sensum copia verborum et ingenii fœcunditate pulchre repetentia. *Impressum Parrhisiis e regione scholæ decretorum*, 1523, in-4., 8 ff. non chiffr. y compris le titre. [12940]

M. le marquis de Morante (voir le Catalogue de sa bibliothèque, tome V, n° 9366) possède le seul exemplaire connu de ces poésies, qui a échappé aux recherches de M. Aug. Bernard, et qui porte la marque donnée par M. Silvestre sous le n° 932. Nous reproduisons ici une des marques de G. Tory avec la ✝.

— Ædilòquium ceu (*sic*) Disticha, partibus ædium urbanarum et rusticarum suis

quæque locis adscribenda : item epitaphia septem de amorum aliquot passio-
nibus, antiquo more et sermone veteri,
vietoque conficta, autore Gotofredo Torino Biturico. *Parisiis, apud Simonem
Colinæum,* 1530, pet. in-8., fig. sur bois.
[12940]

Opuscule de trois feuilles seulement, orné d'un frontispice gr. sur bois, lequel avait déjà servi pour des
Heures in-8., impr. en 1527, et de sept petits sujets
répondant aux sept épitaphes. 20 fr. Riva.
Pour les traductions faites par Tory, voy. Cebetus,
Egnatius, Lucianus, Plutarchus, Xenophon;
voy. aussi Antonini Itinerarium, consultez aussi
l'*Essai sur la gravure sur bois* par M. A.-F. Didot,
col. 134 et suiv., et enfin l'art. particulier que nous
avons consacré aux *Heures* à la fin du présent vol.

TOSCANELLA (*Orazio*). I motti, le facetie, argutie, burle et altre piacevolezze.
(nel fine): *In Venetia per Bernardino
Fasani,* mdlxi, in-8. de 72 pp. chiffrées.
[17898]

Au commencement de ce petit livre se trouve une
longue épître dédicatoire au comte *Giuseppe
Strozza,* où l'auteur passe en revue tous les hommes illustres de la famille Strozzi. Gamba ne croit
pas que le second livre annoncé dans la préface
ait paru.

TOSCANO (*Rafaello*). La morte del duca
e del cardinale di Guisa, in ottava rima.
In Torino, 1590, in-8.

Cette élégie est datée d'Asti, *il 30 di luglio* 1590.

TOSCHI di Fagnano (*G.-C.*). Produzioni
matematiche. *Pesaro,* 1750, 2 vol. in-4.
[7833]

Vend. 100 Libri, en 1857, et quelquefois moins.

TOSCHI (*P. e A.-Isac.*). Fiore della ducal
galleria parmense. *Parma, vedova di
G.-B. Bodoni,* 1826, in-fol. fig. [9399]

Publié par cahiers.

TOSI (*Petro-Fr.*). Opinioni de' cantori antichi e moderni o sieno osservazioni sopra il canto figurato, di Fr. Tosi. (*Bologna,* 1723), pet. in-8. [10192]

Opuscule rare et curieux : 62 fr., puis 22 fr. Reina

TOSTATUS (*Alphonsus*). Opera omnia,
quotquot in Scripturæ sacræ expositionem et alia, adhuc extare inventa sunt;
ex editione et recognitione Rainerii Bo-
vosii. *Venetiis,* 1569, 26 part. en 13 vol.
in-fol. [412]

Édition rare de cette collection, qui a été réimpr. à
Cologne, en 1613, en 13 vol. in-fol., et à *Venise,*
chez *Pezzana,* en 1728, 27 tom. en 13 vol. in-fol.
Dans cette dernière édition, les tom. 1 à XXIV ren-
ferment les commentaires sur la Bible : le XXVe
contient les autres écrits de l'auteur ; le XXVIe, les
Indices de Fontanus et Bovosius ; le XXVIIe, un
Index ad prædicatorum usum.

TOTA ITIHACA. Voyez Tooti Nameh.

Tosti (*Luigi*). Storia di Bonifazio VIII, 21624. — Storia di concilio di Costanza, 21692. — Storia della
badia di Monte Cassino, 21758.

TOTALE et vraye description de tous les
passaiges, lieux et destroictz, par lesquelz
on peut passer et entrer des Gaules es
Ytalies, et signannent par ou passerent
Hannibal, Julius Cesar, et les roys de
France, Charlemaigne, Charles viij....
plus est contenu le nombre et tittres des
cardinaux et patriarches, lordre et les
noms des archeveschez et eveschez estant en luniversel monde. Item, les archeveschez, eveschez, abbayes et aultres
benefices reserves au sainct siege apostolique, avec la taxe ordinaire : estans au
royaulme et seigneuries de la couronne
de France. *A Paris, a la rue S. Jacques, a l'enseigne de la croix de boys,
en la maison de Toussains Denis.* (à la
fin de la taxatiõ): *Impressum..... Parisius, sumptibus Toussains Denis.*
M. D. XV., pet. in-4. goth. de xxviij ff.
chiffrés et 12 non chiffrés. [23012]

Cet ouvrage est de Jacques Signot, nommé au f. 4
recto (36 fr. *mar. r.* Walckenaer; 27 fr. *mar. bl.*
Coste; *mar. vert* par Bauzonnet 96 fr. Solar, et
30 fr. *veau* Veinant). Il a été réimprimé pour le
même Toussains Denis, en 1517, avec la marque
ci-dessous (un bel exemplaire, 80 fr. Walckenaer),
en 1518 (20 fr. 50 c. en 1839) et aussi sans date, pet.
in-4. goth. de xl ff. chiffrés, avec le privilége daté
du 10 décembre 1515, au verso du titre.

La *Totale description* avait déjà paru à la suite de
la *Chronique de Gênes* (voyez Chronique) ; elle a
été réimprimée, ainsi que le reste de l'ouvrage,
dans le livre intitulé :
   La Division du monde contenant la declaration
des prouinces et regions d'Asie, Europe, & Aphric-
que, Ensemble les passaiges, lieux, et destroitz, par
lesquelz on peut entrer, et passer de Gaulle es parties d'Italie, traitant de plusieurs belles matieres
(comme on pourra veoir) par lezquelles on pourra
facilement auoir la description de la charte Gallicane. 1539. *On les vend a Paris en la rue neufue
nostre Dame a lenseigne de l'escu de France.
Par Alain Lotrian,* pet. in-8. de 3 ff. prélimin. et
lxiiij ff. chiffrés, en lettres rondes.
  Ce dernier recueil a été reproduit, chez *Alain Lotrian,* 1540 et 1545, in-16, *à Paris, chez Nic.*

Chrestien, 1547, pet. in-8., *à Lyon, chez Ben. Rigaud*, en 1572, et en 1590, in-16 de 160 pp., et probablement plusieurs fois encore. *La Division du monde* paraît être le même ouvrage que celui qui a pour titre : *L'Image du monde, contenant en soi le monde mis en trois parties : c'est assavoir : Asie, Africque et Europe,... avec les pays, provinces, citez et les merveilleuses creatures qui sont dedans;* Lyon, Olivier Arnoullet (sans date), in-16 goth.

TOTALE reduction du comte d'Oye, Guines, Hames et autres places deçà la mer, au royaume de France, avec la description du droit royal esdites places, en vers francois et style de procès. *Paris, par Claude Ravot, au Cloz Bruneau, à l'enseigne de la Chaire*, 1558, pet. in-8. de 16 ff., sign. a—d. [A côté de 23475]

Cet opuscule contient deux pièces, la première en prose et la seconde en vers. Cette dernière a été imprimée séparément sous ce titre : *Description de la prinse de Calais et de Guynes, composé par forme et stile de procès par M. G. de M.* Paris, chez Barbe Regnault... (sans date), in-8. de 8 ff., dont le dernier est blanc, signat. A et B, 24 lignes par page; édition plus complète que celle de Cl. Ravot. Elle est reproduite dans le 4e volume du Recueil de M. de Montaiglon, ainsi que deux autres pièces en vers, analogues à la précédente, et dont nous avons parlé à l'article FAUQUEL (*Anth.*).

TOTANES (*Sebast.* de). Arte de la lengua tagala, por Seb. de Totanes. *Impr. en el convento de N.-S. de Lorento en el pueblo de Sampaloc*, 1745, pet. in-4. de 14 ff. prélimin., 135 pp. et la table. [11912]

Un exemplaire sans titre, mais auquel était joint un Manuel pour l'administration des sacrements, en tagala et en espagnol, partie de 218 pp. (non compris la table ni l'errata), sous la même date, 70 fr. Rémusat; 2 liv. 15 sh. Heber; 103 fr. Nodier. — Voyez ORTIZ.

— ARTE de la lengua Tagala y Manual tagalog, para la administracion de los santos sacramentos, que compuso fray Seb. Totanes... *Etablecimento tipografico del colegio de Sto Thomas, à cargo de D. Manuel Ramirez.* Manila, 1850, in-4. de XII et 140 pp. 21 sh. catalogue de Trübner.

TOTT (le baron de). Mémoires sur les Turcs et les Tartares. *Paris*, 1785, 2 vol. in-4. fig. 10 à 15 fr. [27874]

Cet ouvrage a beaucoup vieilli, et l'on n'en recherche plus guère que les exemplaires qui renferment les gravures. Vend. en pap. de Hollande, *v. f. tr. d.* 40 fr. Méon; et un des six exemplaires en pap. vél. *mar. citr.* 48 fr. 50 c. Châteaugiron. — L'édition in-8., 4 part. en 2 vol., est à très-bas prix.

TOUBEAU (*Jean*). Recueil des priviléges de la ville de Bourges (par J. Toubeau). *Paris*, 1643 et aussi 1644, in-4., avec un titre gravé, où se trouvent les armes de Bourges. [24487]

Ce livre, que M. Guigard dit très-rare, est terminé par les blasons des armoiries des familles de la ville de Bourges, qui ont tenu les charges de maire et eschevins depuis l'an 1474. Le travail de Toubeau remanié et précédé de l'Abrégé de l'antiquité, priviléges et noblesse de Bourges, a été réimprimé à *Bourges, Jean Chaudière* (1660), in-4. avec bla-

sons, et cette même édition a reparu sous le titre suivant : *Priviléges de la ville de Bourges et confirmation d'iceux Avec la liste chronologique des Prud'hommes, Maires et Echevins qui ont gouverné la ville depuis l'an 1429 jusqu'à la présente année 1661,* avec les armes de leurs familles (grav. par Morel). *Bourges, Jean Chaudière,* 1661, in-4.; elle n'est pas moins rare que la précédente.

TOULLIER (*Charles-Bonav.-Marie*). Le Droit civil français, suivant l'ordre du code, ouvrage dans lequel on a tâché de réunir la théorie à la pratique; quatrième édition, revue et corrigée. *Rennes* et *Paris, Warée oncle,* 1824-28; ou cinquième édition, *Paris, Jules Renouard,* 1829-34 (réimpr. en 1839-40 et en 1842), 15 vol. in-8., — ou 6e édition, revue par J.-B. Duvergier, 7 tom. en 14 vol. in-8. 70 fr. [2838]

Dire que Toullier a été justement surnommé le Pothier moderne, c'est le plus bel éloge que l'on puisse faire de son ouvrage, lequel s'arrête malheureusement au 14e vol., à la fin du traité du contrat de mariage (article 1581 du code); le 15e vol. contient la table générale analytique des matières, par M. Martin Jouault. Dans la 4e édition le 11e vol. (de 1823) renferme une table alphabétique des matières pour les 11 vol.; le 12e vol. est de 1826, et le 13e de 1828. La première édition des 8 premiers vol. a paru de 1811 à 1819; il y a été joint un supplément en 1820. La continuation de la 5e édition de cet ouvrage, à partir de l'article 1582, par M. J.-B. Duvergier, avocat, sur les notes de feu Carré, de Rennes, *Paris, J. Renouard,* 1835-43, in-8., tom. I à VI, devait avoir 8 vol., plus une table, mais elle n'a pas été terminée. *Le Droit civil expliqué,* par M. Troplong (voy. ce nom), fait suite à l'ouvrage de Toullier.

TOUP (*Jo.*). Emendationes in Suidam, Hesychium et alios lexicographos græcos (editio auctior, cura Ric. Porson). *Oxonii, e typ. clarendon.,* 1790, 4 vol. gr. in-8. [10691]

Bonne édition : 30 à 36 fr.; celle de *Londres,* 1760-75, 4 vol. in-8., est moins chère. Les *Notæ breves ad Toupii emendationes in Suidam,* qui commencent à la page 431 du 4e vol. (de l'édition de 1790), sont dues au savant Porson; les lettres initiales de la p. 431 doivent être ainsi remplies : *Auctore Ricardo Porsono collegii SSmæ Trinitatis cantabrigiensis socio.* Porson est aussi éditeur de ce recueil des ouvrages critiques de Toup; mais on regrette qu'il n'y ait pas joint son beau traité sur les Syracusaines de Théocrite, qui orne l'édition de ce poëte donnée par Warton, et qui en fait le principal mérite. (*Note de Chardon de La Rochelle.*)

TOUR (*Henry* du). Voy. DU TOUR.

TOUR d'Albenas (Berenger de La). Voyez LA TOUR.

TOUR of doctor Syntax. Voyez SYNTAX.

TOUR-LANDRY (*Geoffroy* de La). Voyez CHEVALIER de La Tour.

TOUR through the south of England. Voy. CLARKE (*Ed.-Dan.*).

TOURNEBU (*Odet* de). Voy. TURNEBU.

TOURNEFORT (*Jos.* Pitton). Élémens de botanique. *Paris, Imprim. royale*, 1694, 3 vol. gr. in-8., avec 451 pl. [4856]

Belle édition, peu recherchée aujourd'hui, parce que le système de Tournefort n'est plus suivi : elle a valu autrefois 80 fr. et plus, mais on la trouve maintenant pour une douzaine de francs. On y ajoute un 4e vol. composé de trois pièces, savoir : 1° *Eloge de Tournefort par Fontenelle*; 2° *Lettres sur la botanique, par P. Collet*; 3° *Réponse de Chomel (Tournefort) à deux lettres écrites par P. Collet sur la botanique.*

Un exemplaire unique, auquel on avait joint les pl. imprimées sur VÉLIN; le 4e vol.; les planches supplémentaires de l'édition latine, etc., a été vendu 105000 fr. en assignats, représentant de 500 à 600 fr. en argent, Anisson du Péron, et revendu 156 fr. en 1839.

— PITTON de Tournefort, Institutiones rei herbariæ. *Parisiis, e typogr. reg.*, 1700, 3 vol. in-4., avec 476 planches. — Corollarium. *Parisiis*, 1703, in-4., avec les planches, 477-89.

Édition préférée par les botanistes à la précédente, et néanmoins à très-bas prix. — Celle de *Lyon*, 1719, 3 vol. in-4., avec le corollaire, et des additions par de Jussieu, est faite avec les mêmes planches, lesquelles ont encore servi pour une édition franç., augmentée par N. Jolyclerc, *Lyon*, 1797, 6 vol. gr. in-8., sans valeur.

CHOIX de plantes du corollaire des Instituts de Tournefort, publiées d'après son herbier, par Desfontaines. *Paris, Brosson*, 1808, in-4. de 70 pl. 20 fr. — Pap. vélin, 30 fr. [4857]

— Relation d'un voyage au Levant, fait par ordre du roi. *Paris, Imprimerie royale*, 1717, 2 vol. in-4. fig. [19954]

Bonne édition de cet ouvrage estimé : 24 à 30 fr.; et en pap. fin, qui se reconnait au point placé à côté de la première signature de chaque feuille, 30 à 36 fr.; vend. 67 fr. mar. r. Mel de Saint-Céran, et jusqu'à 130 fr. Labédoyère.

L'édition de *Lyon*, 1717, 3 vol. in-8., est moins recherchée : 12 à 15 fr.; et l'on fait peu de cas de celle d'*Amsterdam*, 1718, 2 vol. in-4. 10 à 12 fr.

TOURNOY. L'Ordre et les articles du Tournoy entrepris pour la solennité du tresheureux couronnement et triumphante entree du tres chrestien roy Henry, second de ce nom, nostre souuerain seigneur, et de la royne son espouse nostre souueraine dame, enuoyez de par sa majesté à messeigneurs de la court de parlement de Paris, et publiez par les heraus de France, sur la pierre de marbre du Palays du dict lieu, le premier iour du mois d'Avril 1548. *A Paris on les vend chez Ponce Rofet... et Jacques Rofet*, in-4. [28736]

Cette pièce, dont il y a des exemplaires en Gr. Pap.,

a été réimpr. à *Paris, chez P. et J. Roffet*, in-8. sans date, et encore à *Paris, chez J. André*, 1548, in-8., et à *Lyon, chez J. Gillet*, 1549, in-8.

Pour le Tournoy de Blois en 1556, voy. TRIUMPHE et magnificence.

LA PUBLICATION des emprises du Tournoy qui doibt estre faict à Paris, ville capitale du royaume de France, pour la solennité des tresheureux mariages du roy catholique, auec madame Elisabeth, fille aisnee du roy tres chrestien; et du Duc de Savoye, auec Madame Marguerite de France. *Paris, pour Gilles Corrozet et J. Dallier*, 1559, in-4.

Cette pièce a été réimprimée à *Lyon, par Benoist Rigaud*, 1559, in-8.

TOURS (les) de maître Gonin (par l'abbé Bordelon). *Paris*, 1713, 2 vol. in-12, fig. 8 à 10 fr. [17876]

Vend. 15 fr. v. f. d. s. tr. Méon.

Rien n'est plus insipide, selon nous, que cet ouvrage dont le titre semble promettre de la gaieté. C'est, au reste, la seule production de cet écrivain, trop fécond, qui conserve quelque prix. Ses *Diversitez curieuses pour servir de récréation à l'esprit*, ont été pourtant imprimées plusieurs fois, et même l'édition d'*Amsterdam, André de Hooghenhusen* (à la Sphère), 1699, 10 part. en 5 vol. pet. in-12, a donné lieu à une très-bonne note de M. Paul Lacroix dans le *Bulletin du Bibliophile*, 1857, p. 447, n° 210; ajoutons que, dans le 5e vol. de ses *Variétés*, p. 209, M. Edouard Fournier a donné des renseignements curieux sur les farceurs qui se sont fait appeler maître Gonin, et, à la suite de sa notice, il a fait imprimer une pièce en prose et en vers où figure ce nom. Elle a pour titre :

VRAYE pronostication de Me Gonnin pour les mal-mariez, plates bourses et morfondus et leur repentir. *Paris, Nicolas Alexandre*, 1615, pet. in-8. de 16 pp.

TOUSSAINT. Voyez MŒURS (les).

TOUSSAINT (*C.-J.*). Traité de géométrie et d'architecture théorique et pratique, simplifié. *Paris, l'auteur*, 1812, 4 part. en 2 vol. in-4. fig. [9715]

Publié en 22 livraisons : 30 à 40 fr.

TOUTAIN, sieur de la Mazierie (*Charles*). La tragédie d'Agamemnon, avec deux livres de chants de philosophie et d'amour. *Paris, Martin le jeune*, 1556, in-4. [16283]

Cette pièce, devenue fort rare, est imitée de Sénèque.

TOZZETTI (*Giov.* Targioni). Relazioni d'alcuni viaggi fatti in diverse parti

---

Tourell (*Amable* de). Filles de l'enfance, 21971.
Tourguénef (*N.*). La Russie et les Russes, 27742.
Tournely (*Honoré*) (ou plutôt *Cl.-L.* Montagne). Theologia, 1166.

Touron (le P.). Hommes illustres de l'ordre de S. Dominique, 21807. — Vie de S. Dominique, 21808. — de S. Thomas-d'Aquin, 21811. — de S. Charles Borromée, 22140. — Histoire de l'Amérique, 28489.
Tourville (*A.-H.* de). Mémoires, 23807.
Toussenel (*A.*). L'Esprit des bêtes, 5728.
Toustain de Richebourg (*Ch.-Gasp.*). Histoire de Normandie, 24299. — Famille de Toustain-Frontebosc, 28858.
Townley (*J.*). Biblical literature, 551.
Townsend (*Geor.*). Old and New Testament arranged, 271. — Moses, 555.
Townsend (*G.*). Journey through Spain, 20147.
Townsend (*Hor.*). Survey of Cork, 27530.
Townson (*Rob.*). Travels in Hungary, 20298.

della Toscana. *Firenze*, 1768-79, 12 vol. in-8. fig. 36 à 48 fr. [20208]

Seconde édition d'une relation intéressante sous le rapport de l'histoire naturelle et des antiquités. 71 fr. Boutourlin; 49 fr. Libri, en 1857. La première est de Florence, 1751, en 6 vol. in-8. 21 fr. Libri. La traduction française d'une partie de ces voyages a été imprimée à *Paris*, en 1792, 2 vol. in-8.

— Atti e memorie inedite dell' Accademia del Cimento, e notizie aneddote dei progressi delle scienze in Toscana, pubblicate dal D. Gio. Targioni Tozzetti. *Fiorenze*, 1780, 3 tom. en 4 vol. in-4. 20 à 30 fr. [30321]

— Clarorum Venetorum Epistolæ, 18711. — Notizie, 30084.

TOZZETTI (*Ant.* Targioni). Raccolta di fiori, frutti ed agrumi più ricercati, descritti da Ant. Targioni Tozzetti. *Firenze*, 1825, in-fol. [4962]

Belle édition contenant 42 pl. color. avec soin, et qui ont été publ. en 14 cah. et ont coûté 150 fr. — Il y a des exemplaires imprimés sur pap. anglais à dessiner, qui coûtaient 200 fr.

TRABISONDA. Incŏmēza il libro ititulato la Trabi ‖ sonda opa di sumo piacere : e molte a li ‖ auditori grata : si p̄ le grā cose ī essa dte ‖ nute si et p̄ li exceletissimi hoī : liqli hā ‖ no al mŏdo aqstata eterna gloria et fama... (in fine) : *Impresso nela inclita ꝫ alma citade de ‖ Bologna. per mi Ugo Rugerii. Nel ‖ tempo del felice stato de la libertade ‖ de la detta Bologna. Regēte sotto al ‖ diuo giuanne secondo bentiuoglio ‖ citadino primario. Neli anni del ‖ nostro Signore 1483 : adi 30 de mar ‖ zo*, in-fol. goth. à 2 col. [14793]

Édition originale et d'une grande rareté. M. Colomb de Batines en a donné la description suivante d'après le bel exemplaire de la Riccardiana de Florence, le seul connu en Italie :

Elle est bien imprimée, en caract. goth. et à 2 col., 6 octaves à chacune, sans chiffres ni réclames, sign. a—t, toutes de 6 ff., excepté les cah. *a, l, m, t*, qui en ont 8, et les cah. *f, g*, qui n'en ont que 4. Il faut un feuillet blanc au commencement du volume et un autre à la fin. La souscription est placée au recto du dernier feuillet, qui a, au verso, un registre impr. à 2 col. (voir aussi Molini, *Operette*, p. 111).

Ebert, en citant cette édition sous le n° 18793 de son Dictionnaire, attribue ce poëme à Fr. Tromba da Gualdo di Nocera. Le nom de ce poëte a effectivement été mis à plusieurs éditions de la *Trabisonda*, impr. dans le XVI° et dans le XVII° siècle, et même on le trouve sur le titre de l'*Altobello*, édition de *Venise*, *Imberte*, 1611, in-8.; mais comme Tromba florissait vers 1530, il n'a pu être l'auteur de ces deux poëmes.

— La stessa. *Venezia, Bartolomeo de' Zani da Portesio*, 1488, in-4.

G. Melzi, qui cite cette édition sur le témoignage de l'abbé Rezzi, bibliothécaire de la *Corsiniana*, n'a pas connu celle qui suit :

— Trabisonda. *Venesia, Christ. Pensa*,

1492, in-4. de 149 ff. (non chiffrés) à 2 col. de 40 lign., avec sign. aa—tt.

Édition en caractères romains. Le premier f. porte le titre suivant en capitales : *Trabisonda istoriata nela quale si con* ‖ *tiene nobilissime battaglie* ‖ *con* ‖ *la vita e morte di Rinaldo* ‖ Le poëme commence au 2° f. recto, sign. aa ii (sur les marges duquel se voient des ornements architectoniques) de cette manière :

(*L*) *A risonnante tuba del poeta
in cielo hor coronato ꝗ prima in terra
del nome merito di uer propheta
e del gigante uinse la gran guerra*

Au recto du 149° f. (ou plutôt du 150°, selon l'exempl. de M. Libri, lequel a été vendu 580 fr. en 1847) après le mot AMEN, se lit la souscription suivante : *Finito il libro chiamato trabisonda* ‖ *Impresso in Venesia p̄ Cristofolo pensa* ‖ *da mandel dellanno de la nati* ‖ *uita del nostro signore iesu christo* ‖ M CCCC LXXXXII. *adi v. de Luio.*

— Trabisonda historiata, ne la quale si contiene nobilissime battaglie con la vita e morte di Rinaldo. *Finito el libro chiamato trabisonda Impresso in Venetia. Nel* MCCCCCXI *a di xxv. de Otubrio;* in-4. à 2 col., sign. a—H VI.

Édition excessivement rare. 8 liv. 12 sh. Hanrott, 4° part., n° 945. — Après la souscription impr. au recto du dernier f. se trouve le registre : aa—H. *Tutti sono quaderni excepto H che è terno.* On exempl. ayant 4 ff. refaits à la plume, 2 liv. Libri.

— Trabisonda historiata con le figure à li suoi canti, nella quale si contiene nobilissime battaglie, con la vita, et morte di Rinaldo. *In Venetia, per Bernardino Veneziano de Vidali nel* 1518 *adi* 25 *de Octobrio*, in-4. à 2 col., ff. non chiffrés, sign. A—s, caract. ronds, fig. sur bois.

Édition très-rare. G. Melzi en cite une de Milan, *Libraria Minutiana*, in-4. à 2 col. sign. A—R., caract. demi-goth. fig. sur bois, d'après un exemplaire où le feuillet de souscription est mutilé dans la partie qui porte la date, ce qui fait qu'il ne marque cette date que par approximation, entre les années 1515 à 1521.

— Trabisonda historiata con le figure alli soi canti, ecc. *Vinegia, per Aloise Torti*, 1535, in-4. à 2 col., feuillets non chiffrés, sign. A—R, avec de petites vignettes sur bois assez médiocres.

Un bel exempl. rel. en *mar.* 10 liv. 10 sh. Heber.

— Trebisonda nella quale se tratta nobilissime battaglie : con la vita e morte di Rinaldo, hystoriata. *Vineggia, per Giovanne Padoano et Venturino de Ruffinelli*, 1535, in-8., avec fig. sur bois.

Vend. 2 liv. 2 sh. Heber, IX, 3002.

— La stessa. *Stampata in Venetia per Bartholomeo detto l'Imperatore et Francesco suo genere* M. D. XLIX, in-8. à 2 col., caract. demi-goth., avec fig. sur bois.

On cite encore du même poëme les éditions de *Venise, Giov. Andr. Valvassore*, 1554, in-4. Vend. 1 liv. 19 sh. *mar. v.* Heber. — De la même ville,

1558, in-8. à 2 col., caract. goth. (3 liv. 3 sh. catal.
Payne). — *Ibid.*, *Ales. de Viano*, 1568, in-8. —
Ibid., *Pietro de Franceschi*, 1576, in-8. fig. sur
bois. Vend. 1 liv. *mar. v.* Heber. — *Ibid.*, *Lucino
Spineda*, 1616, in-8. fig. — *Ibid.*, *Imberti*, 1623,
in-8. fig.; enfin une édition de *Venise*, 1682, in-8.,
est portée à 7 sh. dans le catal. Hibbert. — Voy.
RENALDO.

TRACAS (le) de la foire du Pré, où se
voyent les amourettes, les tours de
passe-passe, la blanque, l'intrigue des
charlatans, le courtage des fesses, le
procès de l'homme de paille & son retour après sa mort, &c. Dialogue burlesque. *A Rouen, chez L. Maurry* (vers
1620), pet. in-8. de 48 pp. [13977]

Cette facétie en vers est très-singulière, et l'édition
citée est fort rare. Vend. en *mar. bl.* 51 fr. Nodier,
et 93 fr. Le Chevalier, en 1857. La réimpression
qui en a été faite en août 1836, par les soins de
MM. Veinant et Giraud, n'a été tirée qu'à 60 exemplaires, dont 50 sur pap. de Hollande, 8 sur pap.
vél., et 2 sur VÉLIN.

TRACES (les) des admirables jugements
de Dieu, remarquez en la fin miserable
de Henry III, roy de France excommu-
nié. *Paris, G. Bichon*, 1589, in-8. de
48 pp. [13977]

En vers latins et français.

TRACTADO de la vida y estado de la per-
feciõ. — *Ympresso en Salamanca : e
acabosse jueues xxvij. de Abril. año
del señor de mil e cccc. e xcix. años*
(1499), pet. in-fol. goth. [1607]

Édition peu connue.

— Voyez TRATADO.

TRACTATULUS. Incipit cõpiendiosus
tractatulu' quin‖tupliciũ diẽnũ numerã-
liũ... (in fine) : *Opusculũ paũ d. diẽo-
nib' nũalib' « finit.* » In-4. goth. de
5 ff. sans chiffre de pagination et sans
signatures.

Cet opuscule, qu'on dit être sorti des presses d'Ulric
Zell, à Cologne, est décrit au mot *Ars numerandi*,
sous le n° 59 du catalogue des livres réservés de
M. Libri (1862), où il est dit : « Tout annonce que
cet opuscule a paru avant le célèbre *Abaco*, imprimé à Trévise en 1478, et jusqu'à nouvel ordre
il semble qu'on peut le considérer comme *le plus
ancien livre sur l'arithmétique* qui ait été imprimé. » Vend. 6 liv.

TRACTATUS de moribus Turcorum. (au
recto du 1er f.) : Incipit prohemium in
tract‖atum de moribus cõdictõibus ‖ et
nequicia Turcorum. (*absque nota*),
in-4. goth. de 70 ff. à 28 lign. par page,
sans sign., réclames ni chiffres de pagination. [27863]

Édition du XVe siècle, antérieure à 1480. Elle finit à
la 28e ligne du dernier f. recto par ces mots : *variis finiretur. Amen.*

L'auteur de cet ouvrage y rapporte qu'il a été em-
mené en esclavage par les Turcs, en 1436, n'ayant
encore que 15 ou 16 ans, qu'il est resté esclave vingt-
deux ans, et il ajoute qu'il raconte ce qu'il a vu. Son
récit paraît avoir eu du succès, car Hain, dans son

Repertorium, n°s 15673 à 15677, en décrit quatre
autres édit. in-4. goth., également du XVe siècle : la
première, de 36 ff. à 36 lig. par page; la seconde,
de 51 ff. à 31 lign. par page, avec un 52e f. blanc;
la troisième, de 58 ff. à 28 lig.; la quatrième, de
66 ff. à 34 lign., sous ce titre : *Tractatus de Ritu
moribus Nequitia et multiplicatione Turcorum.
In quo si quispiam aliquid de secta Turcorum :
magna atque admiranda scire desiderat, Pauca
que hic sub compendio narrantur memoria re-
uoluat*, etc.

Hain décrit également, n°s 15678 à 15681 quatre éditions anciennes d'un autre ouvrage in-4. ayant
pour titre : *Tractatus quidam de Turcis prout ad
presens ecclesia sancta ab eis affligitur, collectus
diligenter discusione scripturarum a quibusdam
fratribus predicatorum ordinis*. Elles sont toutes
les quatre sans indication de lieu ni de ville, et sans
date : la première, de 32 ff. à 27 lign.; la seconde,
de 34 ff. à 27 lign.; la troisième, de 41 ff. ayant de
24 à 27,lign.; et la quatrième, 22 ff. à 32 et 31 lignes;
mais ces dernières ont fort peu de valeur.

TRACTATUS de duabus Sarmatiis. Voy.
MIECHOW (*Math.* de). — procuratoris.
Voyez BARTHOLUS. — rationis et conscientiæ. Voyez MATTHEUS de Cracovia.
— theologo-politicus. Voyez SPINOSA.
— universi juris. V. GREGORIUS XIII.
— de reprobatione Pilati. Voy. MON-
TALTUS.

TRACTATUS varii de pulicibus quorum
primus exhibet dissertationem juridi-
cam Opizii Joco-serii de eo quod justum
est circa spiritus familiares fœminarum,
hoc est pulices; secundus laudem et
deffensionem pulicum; tertius vitupe-
rium et damnationem illorum, etc. *Uto-
piæ, litteris alphabeticis* (absque anno),
pet. in-12, avec une fig. [17805]

Petit recueil peu commun, qui paraît avoir été impr.
dans le courant du XVIIe siècle : 14 fr. *mar. bl.*
d'Hangard ; 17 fr. Morel-Vindé. — Il existe une édition de la dissertation d'Opiz *ab auctore repurgata
et aucta*, sous cette date : *Liberovadi, ad insigne
Martialis*, 1684, pet. in-12.

TRACTIE. V. TRAICTE, TRAITÉ, TRAITIE,
et TREATY.

TRADIMENTO di Gano contra Rinaldo.
(in fine) : *Stampata in Perugia per
Luca Bini Mantuano* M. D. XXXVIII,
in-4. de 4 ff. à 2 col. caract. ronds.
[14770]

Petit poëme sans nom d'auteur, en 64 stances seulement. Il ne faut pas le confondre avec un autre,
beaucoup plus considérable et sous le même titre,
composé par *Pandolfo Bonacossi* (voir à la col. 1083
de notre 1er vol.). Le premier f. de la présente édition contient le titre, une vignette sur bois et le
commencement du poëme. Il existe plusieurs éditions de cet opuscule, in-4, à 2 col., sans date, qui
paraissent être antérieures à la suivante. De ce
nombre est celle de *Venise, Auguste Bindoni*,
in-4. de 4 ff. à 2 col. de 40 lign. fig. sur bois, vend.
en *m. r.* 91 fr. Libri.

Tracy (le P. de). Vie de S. Bruno, 21778. — de S.
Gaëtan de Thienne, 21870.

Tracy (Destutt de). Commentaire sur l'Esprit des
lois, 2339. — Idéologie, 3484. — Origine des cultes,
21335.

Une autre, sans lieu ni date, in-4. de 4 ff. à 2 col.
42 fr. m. r. Libri, en 1847, et 3 liv. 1 sh., en 1859.

— Tradimento di Gano contra Rinaldo da Montalbano. *Stampato in Firenze*, M. D. LXVI, *ad instantia di Santi Ceserini*, in-4. de 4 ff. à 2 col.

Réimprimé, *Siena, alla loggia del papa*, in-4. — *Trevigi, Girolamo Righettini*, 1639, in-4. — *Trevigi et Bassano, Gio.-Ant. Remondini*, 1668, in-4. — *Trevigi et Pistoja*, in-4., sans date, mais dans le XVII° siècle.

TRADUCTION d'une épître latine. Voyez PIBRAC.

TRAGEDIA Johannis Huss, welche auff dem unchristlichen Concilio zu Costnitz gehalten... (von Joh. Agricola). *Wittemberg (gedruckt bey Georg Raw)*, 1537, pet. in-8. goth., sign. A—Fv.

Pièce en 5 actes, en vers : 15 fr., titre raccommodé, de Soleinne, et une autre édit. sous la date de 1538, même prix.

TRAGEDIA Policiana. Voyez POLICIANA.

TRAGEDIE classiche italiane. Alfieri, Monti, Maffei. *Firenze, Borghi*, 1826, gr. in-8. à 2 col. pap. vél., avec portr. 12 à 15 fr. [16609]

— Voyez TEATRO tragico.

TRAGEDIE de la chaste et vertueuse Susanne, où l'on voit l'innocence vaincre la malice des juges. *Rouen, Abr. Cousturier*, 1614, in-8. de 48 pp., y compris le titre. [16384]

Vend. 11 fr. La Valliere, et serait plus cher aujourd'hui.

TRAGEDIE de Jeanne-d'Arques, dite la Pucelle d'Orléans, native du village d'Emprenne, près Voucouleurs (*sic*) en Lorraine. *Rouen, imprimerie de Raph. Du Petit-Val*, 1606, pet. in-12 de 48 pp. [16382]

Pièce en cinq actes et en vers.

Vendu 37 fr. de Soleinne ; 42 fr. mar. r. Berlin ; et en mar. r. par Trautz, 200 fr. Alfred d'Auffay, en 1863 ; l'édition de 1611 n'a été vendue que 7 fr. Baudelocque. Il y en a une autre de *Troyes*, *Nic. Oudot*, 1626, pet. in-8.

TRAGEDIE de Timothée Chrestien, lequel a esté bruslé iniquement par le commandement du pape, pour ce qu'il soustenoit l'euangile de Jesus-Christ, traduitte nouuellement du latin en françois. *Lyon, Jean Saugrain*, 1563, in-8. de 39 pp. lettres rondes. [16161]

Pièce rare : vend. 72 fr. Gaignat ; 48 fr. m. r. La Valliere ; 66 fr. Mac-Carthy ; revendu 128 fr. Nodier, en 1844 ; autre, 79 fr. de Soleinne.

TRAGEDIE (la) des rebelles, où sous les noms feints, on void leurs conspirations, machines, monopoles, assemblées, pratiques et rebellions descouvertes. *Paris*,

Traduction du théâtre anglais. Voyez La Place.

veufue Ducarroy, 1622, pet. in-8. de 31 pp. dont 4 ff. prélim. [16576]

Pièce en vers, et en cinq actes, sans distinction de scènes : elle est relative à la rébellion des protestants, mais les personnages sont sous des noms supposés. Après le titre se trouve une dédicace à la reine, par P.-D.-B., parisien, ce qui a fait attribuer l'ouvrage à Pierre de Brenon (voy. ce nom). Vend. 24 fr. 50 c. mar. r. de Soleinne.

TRAGEDIE (la) d'Octavie, femme de l'empereur Neron, faite et composée par celuy qui porte en son nom tourné : *Ung à luyj m'ellut à gré*. Enrichi d'une farce. *Rouen, Jean Petit-Val*, 1599, pet. in-12 de 23 ff. chiffrés. [16350]

La farce annoncée sur le titre de ce volume ne se trouvait ni dans l'exempl. du duc de La Valliere, ni dans celui en mar. r. vendu 10 fr. 50 c. de Soleinne. Voir le n° 872 du catal. de cet amateur, où l'anagramme est expliquée par les deux noms *Guillaume Regnault*, ce qui est plus exact que d'y trouver *Louvain Gelliot*, comme on l'a fait dans la *Biblioth. du théâtre françois*, I, 326.

TRAGEDIE du marquis d'Ancre (sous le titre suivant) : La victoire du Phebus françois contre le Python de ce temps. tragédie où l'on voit les desseings, pratiques, tyrannies, meurtres, larcins, mort et ignominie du dit Python. *Rouen, chez Thomas Mallart* (sans date), pet. in-8. de 31 pp., dont 2 ff. prélim. [16573]

Édition originale. 23 fr. de Soleinne. Celle de *Paris*, jouxte la copie imprimée à *Rouen*, a été copiée, page pour page et ligne pour ligne, sur celle-ci. 6 fr. La Valliere.

— La même, sous le titre de Tragedie du marquis d'Ancre, ou la victoire du Phebus françois... (*sans lieu d'impression*), M. DC. XXVI, pet. in-8. de 31 pp.

Vendu, avec la *Tragedie de la marquise d'Ancre*, même date, 32 fr. La Valliere. — Voy. MAGICIENNE étrangère.

TRAGEDIE du martyre et mort de S. Sebastien soubs l'empire de Diocletian. avec les oraisons propres pour la contagion. *A Nancy, par Jacob Garnich*, 1628, pet. in-12 de 118 pp., titre compris. [16406]

M. de Soleinne n'avait pas pu se procurer cette pièce fort rare, dont M. Beaupré a donné l'analyse dans ses *Recherches sur l'imprimerie en Lorraine*, pages 397 et suiv. L'auteur de cette tragédie ne s'est pas nommé, mais l'épître dédicatoire est au nom d'Étienne Grandjean, prestre, qui dit n'avoir fait autre chose *que mettre en forme de tragédie... un certain manuscrit en rimes françoises... d'un sien ami.*

TRAGEDIE du roi Franc-Arbitre. Voyez NEGRO.

TRAGEDIE françoise du sacrifice d'Abraham. Voyez BEZE.

TRAGOEDIE fransoise (*sic*) des amours d'Angelique et Medor, auec les furies de Rolland, et la mort de Sacripan, le roy de Syrcacye, et plusieurs beaux ef-

fects contenües en la dite tragedie, tiree
de la Rioste (*sic*). *Troyes, Nic. Oudot,*
1614, pet. in-8. de 31 pp. [16371]

Vend. 10 fr. de Soleinne.
Roger Bauter, dit Meliglosse, qui a écrit plusieurs tragédies sur des sujets tirés de l'Arioste, est peut-être
l'auteur de cette pièce? Voy. MELIGLOSSE.

TRAGEDIE françoise d'un More cruel envers son seigneur, nommé Riviery, gentilhomme espagnol, sa demoiselle et ses
enfants (en cinq actes et en vers). *Rouen,*
Abr. Cousturier (vers 1610), pet. in-8.
[16380]

Une copie figurée sur VÉLIN, en 24 feuillets, 36 fr. de
Soleinne.

TRAGEDIE Mahummetiste, où l'on peut
voir et remarquer l'infidélité commise
par Mahumet, fils aîné du roi des Otho-
mans, nommé Amurat, à l'endroit d'un
sien ami, et son fidèle serviteur, lequel
Mahumet pour seul jouir de l'empire
fait tuer son petit frère par ce fidèle
ami, et comment il le livra en la puissance de sa mère pour en prendre vengeance, chose de grande cruauté (en
5 actes et en vers). *Rouen, Abr. Cous-*
turier, 1612, pet. in-8. [16383]

Cette tragédie rare faisait partie d'un recueil de sept
pièces vendu 35 fr. 95 c. La Vallière. Une copie figurée sur VÉLIN, 28 fr. de Soleinne.

TRAGEDIE nouvelle de la perfidie d'A-
man, mignon et favori du roi Assuérus,
sa conjuration contre les Juifs, où l'on
voit nayvement représenté l'estat misé-
rable de ceux qui se fient aux grandeurs
(tragédie en 3 actes et en vers) : avec
une farce plaisante et récréative, tirée
d'un des plus grands esprits de ce temps.
Paris, chez la Veufve Ducarroy, 1622,
pet. in-8. de 32 pp. [16575]

Vend. 32 fr. mar. citr. de Soleinne.
Cette pièce, dont le duc de La Valliere cite une édition de 1617, paraît faire allusion à la chute du maréchal d'Ancre. Elle n'est pas moins rare que la
Tragédie du marquis d'Ancre (ci-dessus).

TRAGEDIE nouvelle de Samson-le-Fort,
contenant ses victoires, sa surprise, par
la trahison de son épouse Dalide, qui
luy couppa les cheveux, & le livra aux
Philistins desquels il occit trois mil a
son trespas (par Ville-Toustain). *Rouen,*
Abr. Cousturier, in-8. de 32 pp., y
compris 2 ff. prélimin. [16365]

9 fr. mar. r. La Valliere, et plus cher depuis.

TRAGEDIE sainte. Voyez DAVESNES.

TRAGEDIES. Diverses tragédies saintes
de plusieurs autheurs de ce temps. Voy.
ci-dessus l'article THÉATRE des tragédies françoises.

TRAGES de España. Voyez COLLECCION.

TRAGES de Italia. Voyez TITIANO.

TRAGICA historia de miseranda et abo-
minosa illa laniena, anno a partu Virginis Mariæ salutifero 1572, die xxiiij Augusti in regia metropoli urbe parisina
aliisque urbibus post nuptiarum navar-
reicarum ibi celebratarum festivitatem,
edita, reddita carmine heroico per F. R.
E. F. [Fresen] O. O. (*absque nota,* circa
1573), pet. in-8., sign. A et A—L5.

Pièce, en vers latins, contre le massacre de la Saint-
Barthélemy : 29 fr. Crozet; 7 fr. Coste. Réimpr.
Æmdæ, excudebat Evvardus Fristus, 1584,
in-8.

TRAGICOMEDIA allegorica del Paradiso
y del inferno. *Burgos,* 1539.

Ouvrage anonyme dont Moratin donne le titre dans
son catalogue des pièces antérieures à Lope de
Véga, sans en indiquer le format.

TRAGI-COMOEDIA Oxoniensis. (*absque*
nota), 1648, in-4. de 4 ff. [13114]

Poëme sur la conduite des visiteurs du parlement
d'Oxford, lors du procès de Charles Ier. Son titre
l'a fait placer mal à propos dans la collection dramatique de M. de Soleinne (sous le n° 485, vendu
22 fr.). Quoique cet opuscule soit généralement attribué à Adam Littleton, auteur d'un Dictionnaire
latin-anglais, in-4., qui a eu du succès, quelques
personnes ont prétendu qu'il était de Jean Carrick,
étudiant au collége du Christ (Chaufepié, III, p. 91,
2e col.).

TRAGI-COMEDIE, de la rebellion, ou
mescontentement des Grenouilles contre
Jupiter. *Rouen, Abraham Cousturier*
(sans date), pet. in-8. de 12 ff. [16367]

Pièce en quatre actes et en vers, qui doit être rare,
car M. de Soleinne n'en avait qu'une copie figurée
à la plume sur VÉLIN : vend. en mar. bl. 30 fr.

TRAGI-COMEDIE des enfans de Turlupin, malheureux de nature, ou l'on void
les fortunes du dit Turlupin, le mariage
d'entre luy & la Boulonnoise, et autres
mille plaisantes ioyeusetez qui trompent
la morne Oisiuete. *A Rouen, chez*
Abraham Cousturier, rue de l'orloge,
deuant les deux cygoignes (sans date),
pet. in-8. de 24 pp. [16356]

Pièce en quatre actes et en vers, avec une fig. grotesque sur le titre. Il en a été fait une réimpression
tirée à très-petit nombre (*Paris, imprimerie de*
Guiraudet, 1829), in-16.

TRAGI-COMEDIE plaisante et facétieuse,
intitulée la subtilité de Fanfreluche &
Gaudichon & comme il fut emporté par
le Diable. *A Rouen, chez Abraham*
Cousturier, rue de la grosse Horloge,
deuant les deux cigoignes, pet. in-8.
de 32 pp., lettres rondes. [16353]

Il existe deux éditions de cette pièce sous le même
titre, et avec la même vignette au frontispice; mais
il est facile de les distinguer, car, dans la première,
l'adresse d'Abraham Cousturier est : *tenant sa bou-*
tique au bas de la rue escuyere, et l'argument
placé au 2e f. occupe 27 lign.; tandis que dans la
deuxième le même argument n'a que 25 lign., et
que l'adresse du libraire est toute différente, comme
on peut le voir ci-dessus. Une copie figurée sur

VÉLIN, 45 fr. de Soleinne ; 25 fr. Baudelocque.
C'est sur la première de ces éditions qu'a été faite
la réimpression sortie des presses de Guiraudet, à
Paris, en 1829, in-16 de 56 pp., tirée à très-petit
nombre.

TRAGI-COMEDIE très célèbre des ini-
mitables amours du seigneur Alexandre
et d'Anette. *Troyes, Nic. Oudot,* 1619,
pet. in-8. [16394]

Réimpression d'une pièce singulière dont nous ne
connaissons pas l'édition originale. Une autre réimpression, *à Troyes, chez Nic. Oudot,* mais sous la
date de 1628, pet. in-8. de 31 pp., a été vend. 31 fr.
50 c. *mar. r.* de Soleinne.

TRAGICORUM græcorum fragmenta
recensuit A. Nauck. *Lipsiæ, Teubner,*
1856, in-8. 22 fr. [16042]

TRAGICORUM latinorum et comicorum,
præter Plautum et Terentium, reliquiæ;
recensuit Otto Ribbeck. *Lipsiæ, Teubner,* 1852, 2 vol. in-8. 20 fr. [16098] •

TRAGICUM theatrum actorum et casuum tragicorum Londini publice cele-
bratorum quibus Hiberniæ proregi,
episcopo cantuarensi ac tandem regi
ipsi, aliisque vita adempta et ad meta-
morphosin via est aperta. *Amstelodami,
apud Jod. Jansonium,* 1649, pet. in-8.
fig. [26950]

Cet ouvrage ne valait guère que 4 ou 6 fr. autrefois,
mais il est plus cher depuis quelque temps : vendu
jusqu'à 37 fr. Mac-Carthy ; 27 fr. 60 c. Lair ; 30 fr.
Millin ; 13 fr. *m. bl.* Châteaugiron.

TRAGOEDIARUM græcarum delectus,
græce, ex recens. Joan. Burton. *Oxonii, e typ. clarend.,* 1758, in-8. 6 à
7 fr.

Il y a des exemplaires en Gr. Pap., qui sont rares,
vend. 1 liv. 9 sh. *mar. r.* Williams.

— ΠΕΝΤΑΛΟΓΙΑ, sive tragœdiarum græcarum delectus, cum annotationibus
Joh. Burton, cui observationes indicemque græcum adjecit Th. Burgess. *Oxonii, e typogr. clarend.,* 1779, 2 vol.
in-8. [16041]

Cette seconde édition est plus ample que la première,
laquelle ne devient cependant pas inutile, parce
qu'on y trouve les observations de Burton, partie
de 91 pp. que n'a pas celle-ci. Vend. 16 fr. Villoison, et en Gr. Pap. 119 fr. Mac-Carthy ; 1 liv. 12 sh.
Sykes.
Il y a une 3e édition, *Oxonii, e typogr. clarendon.,*
1801, in-8. : vend. en Gr. Pap. *cuir de Russie,*
46 fr. Bertrand ; 1 liv. 12 sh. Sykes.

TRAGOEDIARUM græcarum delectus in
scholarum usum, cum notis Gilb. Wakefield. *Londini, Egerton,* 1794, 2 vol.
pet. in-8. 8 à 10 fr., et beaucoup plus
cher en Gr. Pap. [16042]

Recueil tout à fait différent du précédent.

TRAGOEDIÆ selectæ Æschyli, Sophoclis,
Euripidis, cum duplici interpretatione
latina, una ad verbum, altera carmine :
Ennianæ interpretationes locorum aliquot Euripidis. *An. M. D. LXVII, excudebat Henr. Stephanus,* pet. in-12.
[16039]

Ce recueil n'a qu'un seul frontispice, mais il se partage en 2 ou en 3 vol. Le texte grec, ayant en
regard la version latine, y occupe 955 pp., non
compris le titre ni le f. contenant la table des interprètes ; cette partie est suivie de la version métrique, en 379 pp. dont la dernière est cotée 279.
Quoique cette collection ne soit point rare, on en
trouve difficilement des exemplaires bien conservés : 10 à 12 fr. Vend. 41 fr. *m. r.* Courtois ; 25 fr.
br. Crevenna ; 2 liv. 6 sh. (exemplaire de de Thou)
Heber.

TRAGOEDIÆ selectæ, scilicet : Euripidis
Hippolytus, Iphigenia in Aulide ; Sophoclis Electra, OEdipus Tyrannus, græce ;
cum interpretatione et notis, studio
Gabr. Stokes. *Dublinii, typis academicis,* 1765, in-8.

Édition peu importante en elle-même, mais dont il y
a des exempl. en Gr. Pap. qui ne seraient qu'au
nombre de six, selon M. de Mac-Carthy, à la vente
duquel il s'en est vendu un 126 fr.

TRAGUS (*Hier.*). Voy. BOCK.

TRAHISON descouverte de Henri de Valois, sur la vendition de la ville de Bologne à Jezabel, royne d'Angleterre,
avec le nombre des vaisseaux pleins d'or
et d'argent prins par ceux de la ville de
Bologne, envoyez par Jezabel au dit de
Valois. *Paris, Michel Jouin,* 1589, pet.
in-8. de 14 ff. [23571]

Pamphlet rare.

TRAICTE (petit) appelle Larmure de pacience en aduersite, tres consolatif pour
ceulx qui sont en tribulation... *Impr. à
Paris, par Yolant Bonhomme, pour
Thielman Kerver,* 1530, pet. in-8.
goth. [1537 ou 1627]

En *mar. br.* 45 fr. Veinant, en 1860. — Autre édition, *Paris,* 1537, pet. in-8. goth. 25 fr. *mar. citr.*
Veinant, en 1857.
Une édit. *imprimée à Paris pour Yoland Bonhomme
veufve de Thielman Kerver,* 1539, in-8. goth. est
portée dans le catal. de M. Monmerqué, n° 129 ;
elle était reliée avec le *Fagot de Myerre* (voy. FA-
GOT). — Autre édition... auec les contemplations
de monseigneur sainct Anthoine, et une exposition
en ryme francoise sur le *Salve Regina,* etc. Imprimé en 1542, in-8. goth. L'Armure de patience se
trouve ordinairement avec d'autres opuscules ascétiques, ou avec des Heures publiées par la même •
veuve Kerver.

TRAICTE auquel est declaré la faculté de
toutes sortes de pain, vin, eau, chair,
poisson et autres choses pour l'entretè-
nement de la santé de la vie humaine,
extraict de plusieurs anciens docteurs.
Lyon, Ben. Rigaud, 1567, in-16. [7039]

Nouv. Spon, p. 195.

TRAICTE. Cy commence ung deuot et
nouueau Traicte contenant plusieurs

Tragus (*H.*). Stirpes german., 5130.

expositions utiles et salutaires sur loraison dominicalle, aultrement dicte la
Patinostre (*sic*). — Cy fine ung deuot et
nouueau traicte... Et a este le dit traite
*Jmprime nouuellemẽt a Paris. Lan
mil cinq cẽs trẽte troys. Et se vẽd en la
Rue neufue nostre Dame a lẽseigne
saĩct Nicolas*, pet. in-4. goth. de 46 ff.
avec la marque de Jean Saint-Denis sur
le titre. [501]

TRAICTE. Tresvtile Et cõ | pendieulx
Traicte de lart et science dorto | graphie
Gallicane, | dedans lequel sont com |
prinses plusieurs choses necessaires, |
curieuses, | nouuelles | et dignes de sca-
uoir, | non veues au | parauant. Auec
vne petite introdouction pour | cong-
noistre a lire le chiffre. (au-dessous de
ce titre est une vignette sur bois, et au
bas du dernier f. verso) : *Imprime a
Paris pour Jehã saĩt denis | libraire
demourãt a paris en la rue neufue |
nostre dame a lenseigne Sainct Nicolas*, pet. in-8. goth. de 18 ff. [10977]

Cet opuscule commence par une épître à Jacques
Daoust, bailly d'Abbeuille, pièce datée de cette
ville, le XXII de septembre. Mil cinq cents vingt
neuf. 70 fr. mar. bl. Veinant.

TRAICTE (le Nouveau) de la vraye noblesse, translate nouuellement de latin
en francoys, auquel est adiouste en la
fin les douze vertuz de vraye noblesse
(en vers). *On les vend a Paris en la
rue Neufve Nostre-Dame a lenseigne
Sainct Jehan Baptiste...* (Denys Janot), 1535, pet. in-8. de 8 ff. prélim. et
49 ff. chiffrés.

Édition en lettres rondes, différente de celles dont
nous avons parlé, II, col. 107, article CLICHTOVEUS.
Un exemplaire en mar. rouge par Duru, 57 fr.
Gancia.

TRAITE des Anges de Dieu, auquel est
demonstrée quelle opinion nous deuons
auoir d'iceux, auec les tentations du
Diable et la defense du bon Ange Gardien. (*sans lieu d'impression*), 1561,
in-16.

Opuscule de théologie scolastique composé par un
protestant. Le verso du dernier f. contient un sonnet, en tête duquel sont les initiales C. B. qui,
probablement, sont celles des noms de l'auteur. Un
exemplaire en mar. v. par Duru est porté à 65 fr.
dans le Bulletin de Techener, 1862, p. 1259, n° 84.

TRAICTE des causes et raisons de la
prise des armes, faicte en janvier 1589,
et des moyens pour appaiser nos presentes afflictions, par T. R. Q. *Imprimé
en 1590*, in-8. [23595]

Ouvrage d'un royaliste qui paraît fort attaché à la
mémoire d'Henry III. L'auteur a dédié son livre au
pape Sixte V, que d'ailleurs il a peu ménagé. A la
fin sont quelques pièces concernant les desseins des
ligueurs, et à la page 571 se trouve l'Attestation sur
le décès de Henri III, par les seigneurs, officiers

de la couronne, et autres assistants à son trépas,
du 3 août 1589.

TRAICTE (le) des comettes et significations d'icelles. Extraict des ditz de
Ptholomee (*sic*), Albumazar, Haly, Al-
quindus, Gilles de Romane et autres
astrologues. *Paris, a la Roze blanche*,
1540, in-4. goth. fig. sur bois. [8309,
8317]

TRAICTE des conformités du disciple
avec son maître; c'est-à-dire, de saint
François avec Jésus-Christ, etc. ; le tout
recueilli par un frère mineur récollect
(Valentin Marée). *Liége*, 1658-60, 4 part.
en 3 vol. in-4. [21823]

Ouvrage singulier, dont on ne trouve que rarement
les quatre parties réunies : 96 fr. le B. d'Heiss;
60 fr. La Serna; 43 fr. Boulard. Ce livre était plus
cher autrefois, puisque les deux premiers volumes
seulement, rel. en m. r. avec les fig. de l'Alcoran
des cordeliers, ont été vend. 93 fr. Gaignat; 68 fr.
La Valliere. — Voy. LIBER conformitatum.

TRAICTE. Cy commence ung petit et utile
tractie des eaues artificieles et les vertus et proprietes dicelles. *Imprime a
Vienne, par maistre Pierre Schenck*
(vers 1490), pet. in-4. goth. de 51 ff.
non chiffrés, y compris le titre. [4658]

Livre fort rare, vend. 50 fr. Brienne, en 1792; 15 fr.
m. r. L'Héritier; 24 fr. Lair, et se payerait beaucoup plus cher aujourd'hui. Il est impr. à longues
lignes; la souscription se trouve au verso du 51e et
dern. f., 9e de la signat. f.

Du Verdier cite une édition de ce traité, imprimée à
Lyon, par Guill. Le Roi, 1483, mais il n'en marque
pas le format. Nous indiquerons encore l'édition de
Paris, Mich. Le Noir, 1510, in-4. goth.; une autre
de Paris, Guill. Nyverd, 1516, in-8.

— Sensuit le traicte des Eaues artificielles
Les vertus et proprietes dicelles. — *Cy
finist le traicte des Eaues artificielles
nouuellement imprime a Paris en la
rue neufue nostre dame a lenseigne de
lescu de France (Alain Lotrian)*, pet.
in-8. goth. de 40 ff.

Il existe une autre édition pet. in-8. goth. de 40 ff.
commençant et finissant ainsi : Le traicte des eaues
artificielles : Auec les vertus et proprietez dicelles. — Cy fine le traicte des eaues artificielles
nouuellemẽt imprime a paris en la rue neufue
nostre dame a lẽseigne de Lescu de France. (La
Valliere, n° 4634, art. 5.)

LE TRAITÉ des eaues artificielles, les vertus et
propriétés d'icelles. Imprimé a Rouen pour Michel et Girard dits Angers et Jacques Bertholot,
libraires demourans au dit Rouen, en la grant
rue du Pont deuant S. Martin a Caen pres
les Cordeliers (sans date, vers 1530), in-8. goth.

TRAICTE (le) des mariages faictz en
France, en Espagne, Angleterre et Lorraine. (*sans lieu ni date*, mais avant
1530), pet. in-8. de 4 ff. en caract.
goth.

22 fr. mar. olive, Coste.

TRAICTE. Traictie des urines. (*sans lieu
ni date*, mais du commencement du

xvıᵉ siècle), in-fol. goth. de 12 ff. à 2 col., avec fig. sur bois.

41 fr. Vente faite par M. Potier en avril 1861.

TRAICTE nouuellement faict (sensuit le) cõme le Debat de la femme et de lescuyer. Voy. DEBAT.

TRAICTIE (amoureulx). Voy. AMOUREULX traictie.

TRAITE contre les Bacchanales. Voyez DANEAU.

TRAITÉ de la dissolution du mariage par l'impuissance et froideur de l'homme ou de la femme (par Ant. Hotman); seconde édition, reueüe et augmentée. *Paris, par Mamert Patisson*, 1595, in-8. de 52 ff. chiffrés. 10 à 12 fr. [3203]

Vendu 16 fr. La Valliere.
La prem. édition de 1581, sous le même titre et par le même imprimeur, n'a que 30 ff. chiffrés (6 fr. 95 c. La Valliere); mais celle de *Paris, Jean Millot*, 1610, pet. in-8. a 95 pp., et de plus un *second traité*, sous la même date, en 65 pp.; vend. 24 fr. 50 c. Pixerécourt. (Ce second traité est quelquefois joint à l'édit. de 1595.) — Cependant nous avons vu un exemplaire, sous la date de 1610, qui n'avait que 52 ff.
Ce traité a été réimprimé en 1656 (voyez TRAITÉ du divorce), et aussi dans les *Opuscules françoises* d'Ant. et Jeh. Hotman : *Paris*, 1616, in-8., ou avec un titre renouvelé, de 1636.

TRAITÉ de la dissolution du mariage pour cause d'impuissance, avec quelques pièces curieuses sur le même sujet (par le président J. Bouhier). *Luxembourg*, 1735, in-8. 3 à 4 fr. [3207]

Il faut joindre à ce volume : *Consultation sur le traité de la dissolution du mariage pour cause d'impuissance* (par Fromageot), *avec des remarques sur cet écrit* (par le présid. Bouhier), 1739, in-8., pièce de 59 pp., dont la première édition in-12 de 84 pp. est intitulée : *Consultation pour M. l'abbé de ***, sur le traité de la dissolution du mariage, etc.*, impr. à Luxembourg, en 1735.
On peut encore réunir au même ouvrage :
   ÉPONGE des notes pour servir de réponse aux remarques d'un anonyme, mises en marge d'une consultation sur le traité de l'impuissance. *Luxembourg* (sans date), in-12.

TRAITÉ de la formation des langues. Voyez BROSSES (de).

TRAITE de la grande prudence et subtilité des Italiens, par laquelle ils dominent sur plusieurs peuples de la chrétienté et savent dextrement tirer la quintessence de leur bourse; comment ils se conservent en cela, et des remedes convenables pour s'y opposer. (*sans lieu*

Traité de la chasse aux oiseaux, 10446.
Traité de l'autorité du pape, voyez Burigny. — de la manière de lire les auteurs, voyez Du Hamel. — de la peinture au pastel, 9278. — de l'incertitude des sciences, voy. Baker. — des droits et libertés de l'Eglise gallicane, voyez Pithou. — des prairies artificielles, voyez Mante (de). — de vénerie, voy. Goury.

d'impression), 1590, pet. in-8. 6 à 9 fr. [25244]

TRAITÉ de l'aimant (par Joach. Dalencé). *Amsterd.*, 1687, in-12, fig. de Schoonebeck. [4314]

Traité curieux, mais peu recherché maintenant : 3 à 4 fr.; vend. en *mar. v.* 13 fr. La Valliere.

TRAITÉ de la politique de France, par P. H. (Paul Hay), marquis de C. (Chastelet), *Cologne, chez P. du Marteau (Hollande, Elsevier)*, 1669, pet. in-12, à la Sphère. [24121]

Il y a deux éditions sous la même date : l'une de 4 ff. prélimin. et 166 pp., l'autre de 264 pp. en tout. — L'édition d'*Utrecht, P. Elsevier*, 1670, augmentée d'une 2ᵉ part. a 296 pp., dont les 12 prem. ne sont pas chiffrées, et 65 pp. pour la 2ᵉ part. Vend. 12 fr. 55 c. *mar. r.* Duriez; 10 fr. *mar. citr.* Sensier.
On réunit à ce volume : *Réflexions sur le deuxième et le troisième chapitre de la politique de la France, par d'Ormegrigny*, Cologne, Pierre de La Place, 1671, pet. in-12.
Cette dernière pièce est jointe aux deux parties précédentes dans l'édit. de *Cologne, P. Marteau*, 1677, pet. in-12, qui est, comme on voit, la plus complète.
Enfin le *Traité de la politique de la France* a été réimprimé sous le titre suivant :
   TESTAMENT POLITIQUE d'Armand du Plessis, cardinal de Richelieu, etc., troisième partie indépendante des deux premières. *Amsterdam, chez H. Desbordes*, 1689, pet. in-12. (*Dictionnaire des anonymes*, 11164.)

TRAITÉ de la prudence, contenant un grand nombre d'instructions, de sentences et de proverbes choisis (par l'abbé Arnoux, sous le nom d'Ant. Dumont), 1733. (*Besançon*), pet. in-12. [3817]

Vend. 30 fr. en 1827, à cause d'une note de M. Nodier, qui présentait ce livre comme *le plus rare des recueils de proverbes*.

TRAITÉ de l'enchantement qu'on appelle vulgairement le nouement de l'esguillette, en la célébration des mariages en l'église réformée, et des remèdes à l'encontre pour le soulagement des fidèles. *La Rochelle, par Hierosme Haultin*, 1591, in-8. de 87 pp., y compris 3 ff. prélim. [8914]

Vend. 23 fr. *m. r.* La Valliere; 27 fr. Morel-Vindé.
A la fin de l'épître dédicatoire se lisent les lettres L. H. H. M. D. L'E.

TRAITÉ de l'estat honneste des chrestiens dans leur accoustrement. (*Genève*), *par Jean de Laon*, 1580, in-8. de 191 pp. [1349]

Cet ouvrage se trouve quelquefois à la suite de deux traités de Tertullien, voy. TERTULLIANUS.

TRAITÉ de l'origine et des progrez du vertugadin. (*Paris*), 1733, in-12 de 44 pp. [17952]

Opuscule devenu rare : 28 fr. Pixerécourt; 21 fr. Veinant.

TRAITE des anciennes cérémonies, ou histoire contenant leur naissance et accroissement, leur entrée en l'église, et par quels degrés elles ont passé jusqu'à la superstition. *Quevilly, Jacques Lucas (Rouen),* 1673, pet. in-8. [22314]

Ouvrage peu commun. Vend. 11 fr. *m. r.* Mérigot; 21 fr. Chateaugiron, et jusqu'à 60 fr. *m. r.* Borluut. On n'en connaît pas l'auteur, mais l'éditeur Jonas Porre ou Porré s'est nommé au bas de l'épître dédicatoire à Charles II. Barbier en cite une édition d'*Amsterdam*, 1646, pet. in-8. Une autre, pet. in-8., sans date, dont le titre porte : *Se vend à Charenton, chez Olivier de Varennes*, aurait été impr. à *Genève*, et revue, retouchée et augmentée par l'éditeur, selon le catal. de Bellanger, n° 2371. Une édition de *Charenton (Paris), de Varennes*, 1662), est portée dans le catalogue de Barré, n° 1171. Enfin le même ouvrage a reparu sous le titre d'*Histoire des cérémonies et des superstitions qui se sont introduites dans l'Eglise*, Amsterd., Fréd. Bernard, 1717, in-12, sans l'épître dédicatoire et sans nom d'éditeur.

TRAITÉ des baromètres, thermomètres, etc., par D*** (Dalencé). *Amsterdam,* 1688, in-12, fig. de Schoonebeck. 2 à 3 fr. [4328]

Ce petit volume a été vendu autrefois jusqu'à 10 et 12 fr. L'édition de 1707, in-12, est inférieure à celle-ci.

TRAITÉ des bâtiments propres à loger les animaux qui sont nécessaires à l'économie rurale, avec 50 pl. *Leipzig,* 1802, in-fol., fig. 18 à 20 fr. [9803]

TRAITÉ des cérémonies, etc. V. SPINOSA.

TRAITÉ des danses, auquel il est démontré qu'elles sont accessoires et dépendances de paillardises, etc. (par frere Antoine Estienne, minime). *Paris, Th. Chesneau,* 1564, in-8. [1356]

Ouvrage qu'il ne faut pas confondre avec l'article suivant, comme l'a fait Barbier. Du Verdier l'a placé à l'article *Thomas Chesneau*, mais on sait qu'il est du frère Ant. Estienne.

TRAITÉ des danses, auquel est amplement résolue la question à savoir s'il est permis aux chrétiens de danser (attribué à Lambert Daneau). *Par François Estienne,* 1579, pet. in-8. [1358]

Quoiqu'il soit peu curieux, cet ouvrage a été vend. 20 fr. Detienne; 13 fr. *m. r.* Coulon; 11 fr. Duriez. La seconde édition (*Genève*), M. D. LXXX, pet. in-8. de 99 pp., y compris 4 ff. prélim., 7 fr. La Valliere; 22 fr. *mar.* en 1841. Parmi les pièces prélimin. se trouvent une dédicace au roi de Navarre, signée N. N., ministre du sainct évangile, et un sonnet signé M. F. A.; il y a une 3e édition de 1582, sans nom de libraire, laquelle a 97 pp., plus 2 pour la table.

TRAITÉ des trois imposteurs. Voyez VIE et esprit de Spinosa.

TRAITÉ du devoir des princes touchant la reformation des abuz qui sont en l'eglise. *(sans lieu d'impression),* 1561, pet. in-8. de 35 ff. chiffrés, lettres ital. [1935]

9 fr. 55 c. *m. bl.* La Valliere, 1084.

TRAITÉ du divorce fait par l'adultère,

sçavoir s'il est permis à l'homme ou à la femme en ce cas de se remarier. *Paris, Richer,* 1586, pet. in-8. [3206]

Édition rare de ce traité; elle se trouve ordinairement réunie à d'autres ouvrages dans le même genre, par Hotman, Rouillard et Tagereau (voy. ces noms). Ce traité a été réimpr. *Paris, Nic. Rousset,* 1639, pet. in-8. de 79 ff., et *Paris, Pepingué,* 1655, pet. in-8. Cette dernière édit., vend. 8 fr. By, renferme quelquefois le *Traité de la dissolution du mariage,* d'Ant. Hotman, dont nous avons parlé ci-dessus, col. 917.

TRAITÉ (le) du souverain bien, par lequel le vray chrestien porra apprendre (à layde des sainctes escriptures) a contemner la mort, mesmes icelle desirer, pour avoir claire vision de Dieu par Nostre Seigneur Iesus Christ. *(sans lieu ni date),* pet. in-8. goth. de 48 ff.

Opuscule dédié à Marguerite de Valois, et impr. vers 1530. Vend. 29 fr. 50 c. Bergeret.

TRAITE fort nota | ble des propriezet des iours dune | chascune lune, extraict de la | grande science et sapience du saige roy Salomon | nouuellement translate de latin en francoys. (au recto du dern. f.): *Cy finist Largument ou Propriete | dune chascune lune Selon la | Science du tressaige Salomon.* In-16 de 16 ff. caract. goth. [9025]

Chaque page est entourée d'une bordure; la dernière ne contient qu'une fleur de lis. 30 fr. *mar. bl.* Veinant.

TRAITÉ historique sur le sujet de l'excommunication et la déposition des rois (trad. de l'anglais de Th. Barlow, par de Rosmonde). *Paris, Barbin (impr. à Genève),* 1681, pet. in-8. 5 à 6 fr. [3232]

Vend. 15 fr. *m. v.* le B. d'Heiss.

Cet ouvrage avait d'abord paru sous le titre suivant :

LES PRINCIPES et la doctrine de Rome, sur le sujet de l'excommunication et de la déposition des rois, trad. de l'anglois de l'évêque de Lincoln. *Londres,* 1679, pet. in-8.

TRAITÉ merveilleux d'un monstre engendré dans le corps d'un homme, nommé Ferd. de La Febve, habitant de Fereyra au marquisat de Cenete, par des ensorcellements qui lui furent donnés en un breuvage; il fut mis sur terre par la partie extraordinaire, le 21 juin 1606; imprimé premièrement à Madrid. *Paris, Menier,* in-8. de 13 pp. et un f. sur lequel est un fleuron, 4 à 6 fr. [6962]

Le portrait du monstre se voit au recto du 1er f.

TRAITE qu'il est nécessaire que toutes

gens de quelque qualité, sexe ou âge qu'ils soient lisent les saintes escritures, et du moyen qu'on y peut tenir. (*sans lieu d'impression*), 1561, pet. in-8. de 36 ff. [1935]

En *mar. bl.* 7 fr. 75 c. La Valliere.

Traités de paix conclus entre la France et différentes puissances de 1482 à 1559.

TRAICTE de la paix entre le roi Louis XI et le Duc d'Autriche, fait le 24 Décembre 1482, pet. in-4. goth. de 26 ff. non chiffrés, à longues lign., au nombre de 27 sur les pages entières, sign. ai—diij, plus un feuillet blanc. [23415]

Cette pièce paraît avoir été imprimée à l'époque même de la publication de l'acte qu'elle contient. Elle commence au recto du premier f. sans aucun sommaire, de cette manière : (P)*hilippes de crenecueur seigneur desquerdes τ de lannoy.* Suit la liste de *tous ambassadeurs cōmis ϛ et deputes.* On lit ϸu bas du dernier f. : *Cy finist le traictie de la paix.* Et l'on voit sur la même page *que les sermens furent faitz par les d' ambassadeurs dun coste et daultre la nuyt de noel. xxiiii. de decembre Mil CCCC quatre vings τ deux en leglise nostre dame de la cite de franchise..... ce dit iour fut ce preʃēt traictie publie a la bretesque.* (Bibliothèque de Sainte-Geneviève.) 26 fr. Coste; 155 fr. Solar, pour la Bibliothèque impériale.

Une autre édition in-4. de 17 ff. non chiffrés, à 35 lig. par page, sign. a—c, fait partie d'un *Recueil* conservé dans la bibliothèque de la ville de Nantes.

Pour un traité entre Louis XI et Edward IV, en 1475, voyez ci-après au mot TREATY.

TRAITE de pais d'Arras du 8 avril 1483. *Gand, Arn. de Keysere,* 1483, in-fol. goth. de 12 feuillets. [23415]

Cet opuscule, jusqu'alors inconnu aux bibliographes, est décrit dans le n° LVII du catal. de Lempertz (à Cologne), daté du 1er juin 1859, où l'exemplaire offert sur une première enchère de 375 fr. a été adjugé pour 480 fr. à M. Ferd. Vanderhaeghen, auteur d'une bonne *Bibliographie gantoise.* Si, comme on le dit, ce morceau précieux a été impr. au mois d'avril, ce serait la plus ancienne impression gantoise avec date. Au reste, ce traité se trouve dans tous les recueils diplomatiques.

TRAICTE. Le Traicte de ‖ la paix faicte entre le ‖ Treschrestien Roy de France, et le‖Roy dangleterre. (*sans lieu ni date d'impression*), in-4. de 6 ff. non chiffrés, caract. goth. à 22 lig. par page pleine. [23416]

La date de ce traité est, comme on le voit, tant dans le sommaire placé au commencement du 2e f. recto que, à la fin du texte, au recto du 6e f., du *troisiesme iour de nouēbre Lan de grace mil CCCC. Quatre vings et douze.* L'impression de cet opuscule a dû suivre de près cette date. Le premier f. ne contient que le titre, en quatre lignes; et le verso du dernier f. est blanc.

La pièce que nous venons de décrire faisait partie du précieux recueil concernant Charles VIII, qui est porté dans le catal. de M. Coste, n° 1466 ; elle y était suivie d'un autre traité de paix fait à la même époque entre Charles VIII et le roi des Romains. Cette seconde pièce est un in-4. de 12 ff. non chiffr. sign. ai—biii, à 32 lign. par page. Elle commence, sans titre ni sommaire au recto du premier f. de cette manière :

« Au nom τ a la louenge de dieu le pere, le filz τ le saint es|prit, de la tresglorieuse vierge marie, τ de toute la court cele|stielle, Bonne paix, union, alliāce, τ amitie a tousiours a|este τ est pmise τ iuree entre le treschrestien roy de frā | ce, mōseigneur le daulphin, leur royaulme..... d'une part. Et le roy des rōmains tous | iour auguste. Et monseigneur larcheduc Phelippe son filz. | Tant en leurs nōs q̄ au nom de madame Margueritte dau | triche fille dicelluy seigneur roy des rōmains..... » Ce traité est en xlvi articles; il finit à la 28e ligne du verso du 12e et dernier f., dont le verso est tout blanc.

Une autre édition de cette dernière pièce (*sans lieu ni date*), in-4. goth. de 14 ff. non chiffr., à 27 lign. par page, sign. a—biij, qui est portée dans le même catalogue de M. Coste, et rel. en *mar.* a été vendue 81 fr., ensuite 100 fr. Salmon. Elle a probablement paru un peu avant la précédente, qui n'a que 12 ff. Elle commence au recto du premier f., sans sommaire, de cette manière :

Ou nom et a la louenge de Dieu le pere : le filz | le saint esperit (comme ci-dessus). Le dernier f. verso porte 26 lignes et le mot *Explicit.* Cette édition en 14 ff. paraît être la même que celle qui fait partie du recueil conservé dans la Bibliothèque publique de Nantes. Le même recueil renferme une édition du *Traictie de la paix de frence et dengleterre,* in-4. en 4 ff. non chiffr. à 25 lign. par page.

— SENSUYT le traicte de la paix faicte et pmise A tout iamais entre le trescrestien Roy de France Loys douziesme de ce nom Et la illustrissime Seigneurie de Venise, cryee et publiee a Paris le vendredy troisiesme iour de Iuing Mil cinq cens et treze, Auec une telle Ballade, Et le Regret que faict ung angloys de Millort hauart. (*sans lieu ni date*), pet. in-8. goth. de 4 ff. à 20 lig. par page avec une lig. sur bois au commencement et une autre à la fin. [23443]

Réimprimé avec des notes dans le 3e volume du Recueil de M. de Montaiglon.

— LA PAIX faicte a Chambray entre l'Empereur et le tres chrestien roy de France auec leurs aliez, 1508 (la date de la paix), in-8.

Réimpression faite dernièrement à Valenciennes. Nous n'avons pas vu l'original.

— TRAITE de paix perpetuelle entre la France et les cantons suisses et leurs alliez, a Fribourg, le 29 nouembre 1515, in-4.

Cette pièce, imprimée sans lieu ni date, est portée dans le catalogue de la Biblioth. impér., *Histoire de France,* tome V, p. 542, d'après un des Recueils de Cangé.

— LE TRAICTE de, paix dentre nostre sainct pere le pape Clement septiesme de ce nom, et le roy tres chrestien notre souuerain seigneur, la illustrissime seigneurie de Venise, inclite seigneurie de Florence et celle de Sene e Luccques (le 19 ianvier 1524), in-8. goth.

Opuscule imprimé sans date et sans lieu d'impression. Catalogue de la Biblioth. impér., *Hist. de France,* VII, p. 542, n° 18.

— Le traicte de la Paix entre notre tres saint Pere le Pape Clement VII, le roy nostre sire, le Roy d'Angleterre et autres leurs alliés ; auec le double des lettres enuoyees au roy par le Grand Turc. (*sans lieu d'impression*), 1526, in-4.

Cité par Panzer, d'après Meusel, *Biblioth. histor.,* VII, 2e part., p. 211.

— LE TRAICTE de la paix perpetuelle accordee entre le treschrestien roy de France et le trespuissant roy Dangleterre, publyee a Paris le mardy vingt septiesme iour daoust lan mil cinq cens vingt et sept. (à la fin) : *Imprime par permission de iustisse* (sans lieu ni date), pet. in-8. goth. (*Biblioth. impér.*)

— Le Traicte de la paix faicte et accordee entre nostre sainct pere le Pape, tres haults, tres excellens et tres puissans princes Charles par la grace de Dieu esleu Empereur, Francoys... roy de France treschrestien, Fernand roy d'Hongrie et Henry roy Dangleterre ; Publié a Paris a son de trompe, le mercredi XVIII iour Daout lan mil cinq cens vingt et neuf. — *Imprime a Paris par Nicolas Basin*, pet. in-8. goth. de 4 ff. 29 fr. *mar. r.* Coste.

Dans une autre édition de cette même pièce, sans lieu d'impression ni date, gr. in-8. de 4 ff. en caract. goth., le nom de François Ier est placé sur le titre avant celui de Charles-Quint, et les mots *a son de trompe* ne s'y trouvent pas.

— Sensuyt la forme du traicte et appoinctement faict entre le tres crestien roy de France, Francoy, premier de ce nom, et Maximilian Sforce, sur le faict et estat de la duche de Millan, et de la prouision que ledict seigneur donne audit Maximilian. (*sans lieu ni date*, 1515), in-8. goth. de 4 ff.

41 fr. *mar. r.* Coste.

— Pour la trêve de 1538, voy. ci-après au mot Trefve.

TRAICTE (Le) de paix faicte et accordee entre... Francoys, par la grace de Dieu roy de France... et Charles, Empereur et roy des Espaignes. Publié a Paris par les heraulx du roy nostre sire, le samedi vingtiesme iour de septembre lan de grace mil cinq cens quarante quatre. *On les vend a Paris en la rue de la Juyrie, a lenseigne Sainct Pierre et Sainct Jacques* (s. d.), in-4. de 4 ff. en caract. goth., avec un privilége accordé à Jacques Nyverd.

— La Publication du traicte de la paix faicte et accordee entre treshaulx et trespuissantz princes Francoys par la grace de Dieu roy de France treschrestien, et Henry roy Dangleterre, publié a Rouen le dimanche treziesme iour de iuin mil cinq cents quarante-six. Auec le chant de la paix de France chante par les trois Estatz... *Imprime a Rouen par Nic. Le Roux, pour Robert Du gort*, pet. in-8. goth. de 4 ff. 36 fr. *mar. v.* Coste, et 87 fr. Solar.

— Copie des articles et du traicte de la paix affirmé et conclud entre les tres puissans roys Philippe... roy Despaigne, et Henry (le second de ce nom)... roy de France, etc. Anno 1559. — *Imprimé en Anvers, par moy Jehan Molijns* (s. d.), pièce in-8. (Biblioth. impér.).

— Traite (le) de paix generale faicte entre le roy de France Philippes, roy d'Espaigne, et princesse Elisabeth, royne d'Angleterre (publié le 10 avril 1559). *Rouen, pour Martin Le Megissier* (s. d.), in-8.

TRAITEZ et aduis de quelques Gentils-hommes françois, sur les duels et gages de bataille. *Paris, Jean Richer,* 1586, pet. in-8. [28747]

Volume curieux et assez rare : vendu 18 fr. 50 c. Bignon. Les traités qui y sont réunis ont pour auteurs Olivier de La Marche, Jean de Villiers, sieur de l'Isle-Adam, et Hardouin de la Jaille : *Le livre des duels*, d'Olivier de La Marche, se trouve quelquefois séparément (voy. La Marche).

TRAITIE du commencement et premiere invencion des monnoyes, etc. In-fol. goth. [4128]

Édition très-rare, sans chiffres, réclames ni signat., imprimée à longues lignes, qui sont au nombre de 23 par page, avec les mêmes caract. que ceux du *Jardin de dévotion*, prem. livre impr. par Colard Mansion, et que ceux du *Boccace des nobles mal-*

heureux, donné par le même imprimeur. Le vol. commence par 4 ff. séparés, pour le prologue et la table ; le texte suit, et occupe 40 ff., dont le dernier n'a que 12 lignes sur son verso ; l'intitulé est ainsi conçu : *Cy commence vn petit traitie du commence | ment et premiere inuencion des monnoyes, a | ql | fin elles furent faites, comment on en doit vser. | a qui apartient les forgier, empirer ou muer, et | quelz inconueniens en peuent venir et sourdre | assemble de pluiseurs volumes et puis trasla | te de latin en francois nagaires affin de mons | trer le grant deffault et mesus qui au iourdhuy | se fait en icelle par les marchans et commune, et | que le roy et les pnces tolerent et sueffrent dont | ensuiuront pluiseurs inconueniés et domages | inreparables, se de brief prouision et remede ny | est mise comme il sera specifie ou proces ci apres.* Le seul exemplaire que nous connaissions de cette édition a été vendu 665 fr. à l'inventaire de M. Haillet de Couronne, en décembre 1811, quoiqu'il n'eût été mis sur table qu'à 6 fr., par le libraire chargé de la vente. Ce prix de 665 fr. qui alors parut excessif serait peut-être quadruplé aujourd'hui. (Légué par Van Praet à la Bibl. imp.)

Ce traité est une traduction française anonyme de l'ouvrage intitulé : *De mutatione monetarum ac variatione facta per reges*, que Nicolas Oresme composa pour Charles V, et qui parut imprimé pour la première fois à Paris, par Thomas Keet, sans date, au commencement du XVIe siècle, in-4. (*Notice sur Colard Mansion*, p. 64.)

TRAITTIE intitule les invectines (*sic*) ꝯtre la secte de vauderie. (*sans lieu ni date, mais impr. à Bruges par Colard Mansion, vers* 1480), pet. in-fol. de 56 ff. en gros caract. goth. [1822]

Édition imprimée sans chiffres, réclames ni signat., et sur deux colonnes, dont celles qui sont entières portent 24 lignes. Quoique cet ouvrage ait été placé dans le catalogue de la Biblioth. du roi, Z, 1365, parmi ceux de philologie, il appartient à la théologie, car c'est bien plutôt un sermon contre les hérétiques en général, et les Vaudois en particulier, qu'une satire proprement dite ; sa véritable place serait donc ou dans les sermonaires, ou dans la théologie polémique. Ce livre n'a point d'intitulé, et celui que nous avons donné ci-dessus est tiré de la table des rubriques, qui, avec une espèce de préface, occupe les deux premiers feuillets et le recto du troisième. La préface commence ainsi :

(P)Our obuier detester ꝫ du tout extirper et destruire les sectes des ydo lastres hereses...

Nous y lisons que l'auteur anonyme de ce discours l'a d'abord écrit en latin, « puis en fraçois par maniere de inuective. »

Le texte commence, avec le 4e feuillet, par ces mots latins :

(I)Nuidia   dyabo li mors ꝓtrauit in orbem terra rum...

et il finit avec le 56 f., de la manière suivante :

seigneur et price de tou te ꝓsolacion qui est glo rifie et benoit en tous les siecles.

L'espace laissé ici en blanc est occupé dans l'original par le monogramme de Colard Mansion (voyez notre tom. Ier, col. 1035).

L'exemplaire de la Bibliothèque impér., le seul qu'ait connu M. Van Praet, n'a été payé que 2 liv. 5 sous à la vente Colbert, en 1728. — Ce même ouvrage a été indiqué par Lambinet, et d'après lui par Panzer et par Hain, sous le titre suivant :

PÉCHÉ des anges, etc. *Liber sine titulo*, qui traite du péché des anges, de l'orgueil des diables, et en particulier des détestables péchés des Vaudois. In-4. goth. de 56 ff. à 2 col.

TRAITÉ nouveau de l'Agriculture. Voy. l'article GEOPONICA , parmi les traductions.

TRALLES (*Balth.-Lud.*). Usus opii salubris et noxius, in morborum medela, solidis et certis principiis superstructus. *Vratislaviæ*, 1757, 4 part. en 1 vol. in-4. [7413]

Vend. 13 fr. Baron; 12 fr. Le Monnier.

TRALLIANUS (*Alex.*). Voy. ALEXANDER Trallianus.

TRALLIANUS (*Phlegon*). V. PHLEGON.

TRANQUILLUS (*Andronicus*). V. ANDRONICUS.

TRANSACTIONS. Philosophical transactions (of the royal Society of London), giving some account of the present undertakings, studies, and labours of the ingenious in many considerable parts of the world; from 1665 to 1842. *London*, 1665-1861, 127 tom. en 151 vol. in-4. fig. [39443]

Il est très-difficile de trouver cette collection bien complète, parce que les premiers volumes sont devenus fort rares. Vend. 1251 fr. (86 tom. en 80 volumes, jusqu'à l'année 1792) Patu de Mello; en 88 vol., 1550 fr. A. Duquesnoy; en 78 vol., jusqu'en 1788, 1800 fr. La Serna; en 113 vol., jusqu'en 1823, 84 liv. Dent; de 1665 à 1848, 110 liv. Sotheby, en 1850.

Voici quelques renseignements qui ne seront pas inutiles pour collationner cet ouvrage. Tous les vol., jusqu'à l'année 1750, sont distribués par numéros, depuis 1, qui commence l'année 1665, jusqu'à 497, qui termine l'année 1750 ; depuis 1751 on a cessé de diviser les volumes de cette manière. Les années 1665 à 1762 sont contenues en 52 vol., parce que les tom. 46 à 52 renferment chacun les mémoires de deux années ; mais, depuis 1763 jusques et y compris 1800, il a paru régulièrement un vol. pour chaque année. A partir de 1801, formant le 91e vol., jusqu'en 1861, chaque année est ordinairement divisée en 2 parties ; mais, par exception, 1819 et 1824 ont 3 parties ; 1826 en a 4 ; 1829, 3 ; 1846 en a 4 ; 1853 en a 3, ainsi que 1856 et 1857. Le prix de chaque partie est en raison de la grosseur du volume et du nombre des pl., depuis 10 sh. jusqu'à 3 liv., comme on le peut voir dans le *Manuel de Lowndes*, nouvelle édition, p. 2145.

Comme pendant les années 1679, 1680, 1681 et 1682, 1688, 1689 et 1690, il n'a été publié aucun vol., il faut y substituer les 7 numéros donnés par Robert Hooke, sous le titre de *Philosophical collection.*

On peut joindre à cette collect. les articles suivants :

THE HISTORY of the royal Society of London, by

Thom. Sprat, late lord bishop of Rochester. *London*, 1734, in-4.; 4e édition.

THE HISTORY of the royal Society of London, from its first rise, as a supplement to the philosophical transactions, by Thomas Birch. *London*, 1756 and 1757, 4 vol. in-4. (S'arrête à 1687.)

HISTORY of the royal Society, from its institution to the end of the eighteenth century, by Thomson. *London*, 1812, in-4.

HISTORY of royal Society, with memoirs of his presidents, by C.-R. Weld. *London*, 1848, 2 vol. in-8. 1 liv. 10 sh.

A GENERAL index to the philosophical transactions, from 1665 to 1780, being for 1er to the end of the 70th volume, by P.-H. Maty, etc. *London*, 1787, in-4. de 801 pp. 21 sh.

CONTINUATION to the alphabetical index from 1781 to 1820, vol. 71 to 120. *Lond.*, 1821, in-4. de 225 pp. 12 sh., — from 1821 to 1850, in-4. de 101 pp. 5 sh.

AN INDEX to the anatomical, medical, chirurgical and physiological papers, contained in the transactions of the royal Society, by James Briggs. *London*, 1818, in-4. 7 sh. 6 d.

A REVIEW of the works of the royal Society of London, by John Hill. *London*, 1751, in-4.

Ce volume est une critique des ouvrages de la Société.

— PHILOSOPHICAL transactions and collection from the end of the year 1665 to 1750, abridged and disposed under general heads by John Lowthorp and John Martyn. *London*, 1731-56, 10 tom. en 12 ou 13 vol. in-4. fig. [30344]

— PHILOSOPHICAL transactions, from their commencement in 1665 to 1800, inclusive; with notes, biographical illustrations, and a copious index ; abridged by Ch. Hutton, George Shaw and Rich. Pearson. *London*, 1803-1809, 18 vol. in-4. fig.

Ce nouvel abrégé, plus étendu que le précédent, a coûté 37 liv. 16 sh., et en Gr. Pap. 52 liv. 10 sh.; mais ces prix ont été réduits de plus de moitié.

ABSTRACTS of the Proceeding of the royal Society i..e. of the Philosophical Transactions, from 1800 to 1860. *London*, 1832 et ann. suiv., 10 vol. in-8. 10 ou 12 sh. par volume.

Pour différents écrits qui se rapportent à la Société royale de Londres, voyez le *Nouveau Manuel de Lowndes*, pp. 2146-47.

Gibelin a publié en français un *Abrégé des Transactions philosophiques de Londres*, Paris, 1787-1791, 14 vol. in-8. fig. [30345]

On avait déjà donné dans la même langue :

TABLE des mémoires imprimés dans les Transactions philosophiques de la Société royale de Londres, depuis 1665 jusques en 1735, par de Brémond. *Paris*, 1739, in-4. — TRANSACTIONS philosophiques de la Société royale de Londres, années 1731-44, trad. de Brémond et Demours. *Paris*, 1739-60, 8 vol. in-4.

TRANSACTIONS of the geological Society. *London*, 1817-21, 5 vol. gr. in-4. fig. — Second series. *London*, 1824-56, vol. I à VII, gr. in-4. fig. [4596]

Collection recherchée, et qui se trouve rarement complète. Elle coûte de 16 à 20 liv.

TRANSACTIONS of the horticultural Society of London. *London, Hatchard,* 1812-47, 10 vol. gr. in-4. fig. color. [6475]

Ces deux séries, dont la seconde en est restée au 4e vol., ont coûté plus de 1000 fr., mais on les trouve aujourd'hui pour le cinquième de ce prix. On y joint : *Agricultural Journal*, new series, 1846-55, 9 vol. in-8.

TRANSACTIONS of the linnean Society.

London, 1791-1858, 22 vol. gr. in-4. fig. 20 à 25 liv. [6232]

La collection a coûté plus de 1500 fr.

TRANSACTIONS of the zoological Society of London. *London*, 1835-60, 4 vol. imper. in-4., fig. color. [5612]

Ouvrage illustré par de nombreuses planches ; savoir : 1ᵉʳ volume, 59 ; IIᵉ, 71 ; IIIᵉ, 63 ; le IVᵉ, divisé en 6 part., 63. Le tout a coûté environ 20 liv. sterl.

TRANSACTIONS of the royal Society of literature of the united kingdom. *London, J. Murray,* 1827-37, 3 vol. in-4. fig. [30348]

New series, vol. I à VII, 1843-60, 7 vol. in-8.

TRANSACTIONS of the Society, instituted at London, for the encouragement of arts, manufactures and commerce. *London,* 1783-1845, 55 vol. in-8. — New Series, *ibid.,* 1846-48, 2 vol. pet. in-4. [10221]

Ce journal a cessé de paraître, mais il a été remplacé, à partir du 26 novembre 1852, par le *Journal of the Society of arts,* dont, chaque semaine, il paraît un numéro du prix de 3 sh.

TRANSACTIONS of the Cambridge philosophical Society. *Cambridge,* 1821 et ann. suiv. in-4., vol. I à X, et la 1ʳᵉ partie du vol. XI. 12 liv. [30347]

TRANSACTIONS of the royal asiatic Society of Great Britain and Ireland. *London, Cox,* 1824-31, 3 vol. in-4. fig. [30349]

Ce recueil n'a pas été continué, mais on peut le regarder comme le première série du *Journal of the Asiatic Society* of Great Britain and Ireland, dont 18 vol. in-8. paraissaient en 1860.

TRANSACTIONS of the royal irish Academy. *Dublin* and *London,* 1788-1861, 24 vol. in-4. [30355]

Ces volumes coûtent de 24 à 36 fr. chacun. Les derniers sont en 2 parties.
Il n'a été tiré que 90 exemplaires de la table des premiers volumes de cette collection, sous le titre suivant :
AN INDEX to the transactions of the royal irish Academy, from its incorporation in 1786, to the present time ; by Nicholas Carlisle. *Lond.,* 1813, in-4. de IV et 310 pp.

TRANSACTIONS of the royal Society of Edinburgh. *Edinburgh,* 1788-1861, in-4. fig. tom. I à XXII. [30352]

Ce recueil coûtait environ 2 liv. par volume.

TRANSACTIONS of the literary Society of Bombay. *London, Longman,* 1819-20-23, in-4. tom. I à III. [30364]

C'est tout ce qui en a paru : 73 fr. 2ᵉ vente Quatremère.

TRANSACTIONS of the american philosophical Society of Philadelphia, from January, 1769 - 1818. *Philadelphia,* 1771, 6 vol. in-4. fig. [30366]

TRANSACTIONS of the american philoso-

phical Society held at Philadelphia, for promoting useful knowledge (new series). *Philadelphia,* 1818-1858, 11 vol. in-4. à 2 liv. 2 sh. chacun.

TRANSACTIONS of the historical and literary committee of the american philosophical Society held at Philadelphia. *Philadelphia, Small,* 1819, in-8. Tome Iᵉʳ et unique, contenant : *History and languages of the indian nations.* Vend. 23 fr. 50 c. Rémusat.

Nous citerons encore ici :
MEMOIRS of the american Academy of arts and sciences held at Boston. *Boston,* 1785-1818, 4 vol. in-4. fig. — New series, 1833-55, 5 vol. in-4. fig.
COLLECTIONS of the Massachusett's historical Society, from the year 1792. *Boston,* 1792 and foll. years, 10 vol. in-8. — Second series, *Boston,* 1814, etc., 10 vol. in-8. [30368]
La troisième série est de 10 vol., dont le dernier contient un index pour les trois premières séries. La quatrième série, commencée en 1852, est en cours de publication. Il en paraissait 3 vol. en 1859.

TRANSLATION de l'espitre du roy. Voy. BELLAY (le card. du).

TRANSLATION de leglise de Laurette. *On les vent a Paris en la rue Neufue Nostre-Dame, a lenseigne de lescu de France* (sans date), pet. in-8. goth. de 4 ff. [22353]

L'original de cet opuscule est écrit en latin, et il en a été fait de nombreuses éditions, soit à la fin du XVᵉ siècle, soit au commencement du XVIᵉ, sous le titre de *Translatio miraculosa ecclesie beate Marie Virginis de Loreto,* pet. in-8. en 4 ff. Hain, qui en décrit plusieurs sous les nᵒˢ 15602 à 15605 de son *Repertorium,* donne, sous le nᵒ 15606, la description d'une pièce italienne en 4 ff. en caract. romains à 26 lign. par page, et dont le 1ᵉʳ f. est orné d'une vignette sur bois, portr. Elle a pour titre :
Dichiaratione della chiesa di sancta Maria dello reto et come ella vienne tutta intera. Le second f. commence ainsi : ·(n)OTa che la chiesa di Sancta Maria de‖lo Reto fu camera della casa della Vir‖gine Maria... et le verso du 4ᵉ et dernier f. se termine ainsi : *Et afede delle pre‖decte cose si notifica come tutta questa scri‖ptura fu copiata : da uno originale autètico ‖ scripto nella decta chiesa di sancta Maria de ‖ loreto adi xx del mese di Maggio. M. cccc ‖ lxxx iii (i) O Don Bartholomeo monacho di ‖ ualembrosa ɣ priore di sancta Verdiana ‖ de Firenze... ne lho facta tradure di latino ĩ uolgare... | SANCTA MARIA DELLORETO : ‖ ora pro nobis.* (Impression florentine.)

TRANSLATIONS from the Classics, the French and Italian ; by an Idler (A. Periès). *Printed by himself for himself, Philadelphia,* 1861, gr. in-8. de 149 pp. et le titre.

Beau spécimen de la typographie philadelphienne, orné de jolies petites vignettes. Il n'en a été tiré que *vingt exemplaires* dont un m'a été gracieusement adressé par l'auteur. Ce volume offre la traduction en vers anglais de divers classiques latins et celle de quelques morceaux français d'André Chénier, de Fontanes, Arnault, Henri Mürger, suivis d'un morceau de Martinez de la Rosa, et d'un autre de Metastasio, le tout accompagné des textes originaux.

TRAPEZUNTIUS (*Georgius*). Voy. GEOR-
GIUS.

TRATADO de re militari per modum dialogi. (à la fin) : *Acabose la presente
obra en casa de Miguel de Eguya
(Alcala) a* XII *dias del mes de Mayo
anno de* MDXXXVI *años*, in-fol. fig.
[8580]

Ouvrage anonyme cité par Panzer, IX, p. 442.

TRATADO del Alborayque. (el qual trada
de las condiciones y malas propriedades
q' tienen los conuersos judayzâtes...).
(*sans lieu ni date*), pet. in-4. goth. de
12 ff. seulement. [10369]

Petit ouvrage presque inconnu, dans lequel sont décrites les qualités extraordinaires de l'*alborayque*,
espèce de cheval qui, selon la tradition arabe,
transporta Mahomet de Jérusalem à la Mecque,
dans l'espace de la dixième partie d'une nuit. Une
gravure sur bois qui se voit au frem. f. représente
ce merveilleux animal, dont l'auteur de l'ouvrage
applique les qualités aux juifs convertis. Ce livret
paraît avoir été imprim. à *Séville*, par Cromberger,
vers 1545. L'exempl. porté à 3 liv. 3 sh. dans le
catal. Salvá, nº 4108, n'a produit que 13 fr. 95 c. à
la vente Gohier, laquelle se composait en partie de
livres appartenant à M. Salvá.

TRATADO que se llama compilacion de
las batallas campales que son conteni-
das en las estorias escolasticas e de españa dirigido al muy reuerendo señor
don fray Johan Ortega de maluenda
obispo de coria... (à la fin) : *Fue este libro... acabado... en la cibdad de mur-
·cia por manos de maestre Lope de la
roca aleman impressor de libros lu-
nes xxviij dias de mayo año de mil
cccc lxxxvij. anos*, in-fol. goth. [31811]

Premier livre imprimé à Murcie. Mendez, *Typographia española*, pp. 312-13, et Florez, tome XXVI,
p. 397.

— Voy. TRACTADO.

TRATTATO dei bianti, ovvero pitocchi, e
vagabondi, col modo d' imparar la lingua forbesca. *Italia (Pisa, Capurro)*,
1828, in-16. [11469]

Petit volume tiré à 250 exempl., plus 1 ou 2 sur VÉLIN ;
il se réunit au *Vagabondo* de Friavore (voy. VAGA-
BONDO). — Le *Nuovo modo d'intender la lingua
zerga* y est réimpr. d'après l'édition de Florence,
alle scalee di Badia, 1619 (voy. MODO nuovo).

TRATTATO della sfera. Voy. DATI (*G.*).

TRATTINICK (*Leop.*). Thesaurus botanicus. *Viennæ, Schaumburg*, 1805, 20
fascicules in-fol. avec 80 pl. 35 thl.
[4919]

— Archiv der Gewächskunde. *Wien,
Schaumburg*, 1811-14, 5 part. gr.
in-4., avec 296 pl. 18 thl. 16 gr. [5004]
Catal. de Leop. Voss.

Miltitz, col. 111, décrit l'ouvrage suivant :
AUSGEMALTE Tafeln aus dem Archiv der Gewächskunde. *Wien*, 1813-1814, 4 vol. pet. in-4.
[5005]

Tom. 1, 54 pp., 100 pl. et le portr. de l'auteur. —
II, 24 pp., 100 pl. et le portr. de Linné. — III,
26 pp., 100 pl. et le portr. de Buffon. — IV, 42 pp.,
100 pl. et le portr. de F.-G. Dietrich. Les 4 vol. en
pap. vél. avec fig. color. sont portés à 600 flor.

— Flora des österreichischen Kaiserthumes. *Wien, Schaumburg*, 1814-22,
24 part. in-4. 37 thl. 8 gr. — pl. color.
112 thl. [5145]

Les 2 prem. vol. ont chacun 100 pl., et les 23e et
24e cah., 21 pl. Ils portent pour titre : *Holzpflan-
zen des österreich. Kaiserthumes.*

— Neue Arten von Pelargonien deutschen
Ursprungs ; als Beitrag zu Rob. Sweet's
Geraniceen, mit Abbildungen und Beschreibungen ; herausgegeben von einigen deutschen Gartenfreunden ; der Text
von Leop. Trattinick. *Wien, auf Kosten
des Herausgebers (Schaumburg)*,
1825-43, 6 vol. in-8., avec 264 pl. color.
54 thl.

— Auswahl vorzüglich schöner, seltener,
berühmter und sonst sehr merkwürdiger Gartenpflanzen, in getreuen Abbildungen, nebst Erläut. über ihre Cha-
rakteristik, Verwandtschaft, Classifik.,
Geschichte, Anwend., Kultur und ästhe-
tische Ansichten. *Wien, Schaumburg*,
1816-22, 24 part. in-4., avec 200 pl.
46 thl. — Color. 72 thl.

— Mykolog. Kabinet, mit ausführl. Texte
in deutscher und lat. Sprache. *Wien,
Geistinger*, 1805, in-4. en 5 part. avec
figures. 36 thl. [5375]

Le titre latin de cet ouvrage porte :
*Fungi austriaci ad specimina viva cera ex-
pressi, descriptiones ac historiam naturalem
completam addidit Leop. Trattinick. — Ou editio
nova*, 1830, in-4. de 210 pp. et 20 pl.
— DIE ESSBAREN Schwämme des österreichischen
Kaiserstaates ; neue Ausgabe. *Wien*, 1830, in-8. de
CXXIII, 189 pp. et 30 pl.
— ROSACEARUM Monographia. *Vindobonæ, Heub-
ner*, 1823-24, 4 part. in-8. 7 thl.
— Auswahl merkwürdiger Pilze, 5375.

Pritzel indique plusieurs autres ouvrages de botanique de Trattinick peu recherchés en France, où,
à la vérité, ils sont à peine connus de quelques
personnes.

TRAUTVETTER (*Ern.-Rud.* von). Plantarum imagines et descriptiones floram
russicam illustrantes. *Monachii, impensis auctoris*, et *Stuttgartiæ*, 1844 et
ann. suiv., in-4. [5207]

En 1846, il paraissait 8 fasc. contenant 65 pp. et
40 pl., et l'ouvrage se continuait.

M. de Trautvetter est l'auteur de la partie de botanique
qui dépend de la relation d'un voyage au nord de
la Sibérie, publié par le Dr de Middendorf, en 1847.

TRAVERSARIUS. Ambrosii camaldulensis Hodœporicon, ex bibliotheca medicæa (a Nicolao Bartholino Bargensi) publicæ luci assertum. *Florentiæ et Lucæ* (1680), in-4. de 72 pp. [20166]

Relation curieuse et rare d'un voyage qu'Ambroise, général des Camaldules, fit en Italie, de 1431 à 1434, pour visiter les monastères de son ordre. Le titre ne porte pas de date, mais le volume est revêtu d'une approbation datée de 1678, et d'une permission donnée le 1er mars 1680.

L'auteur de l'article d'*Ambroise le Camaldule*, dans la *Biographie universelle*, première édition, II, p. 33, a commis une étrange erreur au sujet de l'*Hodœporicon* dont il cite deux édit. de Florence, 1431 et 1432, in-4. Rare. Il a pris, comme on le voit, la date du voyage pour celle de l'impression.

— Ambrosii Traversarii aliorumque ad ipsum et ad alios de eodem Ambrosio latinæ epistolæ a Petro Canneto in libros XXV tributæ, varior. opera distinctæ et observationibus illustratæ : accedit ejusdem Ambrosii vita a Laur. Mehusio. *Florent., ex typogr. cæsarea*, 1759, 2 vol. in-fol. [18721] Vend. 24 fr. Villoison.

Un recueil de lettres du même Ambroise, divisé en XX livres, avait déjà été imprimé dans le 3e vol. des *Vetera monumenta* des PP. Martenne et Durand, 1724, in-fol.

TRAVERSEUR des voyes périlleuses. V. Bouchet (*Jean*).

TRAVERSIER (*H.*). Armorial. V. Vaïsse (*Léon*).

TRAZIBUL Pheniz. Le marchand converti. Voyez Naogeorgus.

TREATISE (Here begynneth a) how ye Hye, Fader of Heven sendeth Dethe to somon everye Creature to come and gyve acounte of their lyues in this worlde, and is in manner of a morall playe. *Imprinted in Poule's Ch. Yard, by John Skot* (sans date), in-4.

Un exemplaire de cette pièce supposée unique, 32 liv. vente Jolley, en 1844; un autre de la seconde édition de la même pièce, 32 liv. 10 sh. vente Caldecott, selon Lowndes, nouvelle édition, I, p. 606, article *Death*.

TREATISE of Love. This tratyse is of loue and spekuth of iiii of the most specyall louys that ben in the worlde, etc. (*Westminster, by Will. Caxton*), pet. in-fol. goth., sign. A.—H. par 6. A la fin la petite marque de Caxton. [1620]

Il est dit dans la préface de ce volume que les différents traités ascétiques qui le composent ont été traduits du français en anglais en 1493. A la suite du *Tratyse of loue*, se trouve ordinairement : The prouffitable boke for Manes Soule, called the Chastysing of goddes children. — Voy. Ames, Typogr. Antiquities, édit. de Dibdin, I, 356-57, et Biblioth. spencer., IV, 339-43.

TREATY between Louis XI and Edward IV, dated 1475, in-fol. de 3 ff., caract. goth. [23413]

Document curieux qui paraît avoir été impr. avec les caractères dont s'est servi William de Machlinia à Londres, vers 1480. Le seul exemplaire connu se conserve au *British Museum*, selon Lowndes, nouvelle édition, p. 726 ; il contient : 1° The Promisse of Matrimonie betwen the Dauphin Charles and the Lady Elizabeth, yeven in the citee of Amyas the xxix August, 1475 ; 2° The Lettre of Annuelle Port, sous la même date; 3° The Obligation of Nisi, xxx Aug.; 4° Tharticles of the Convencion bitweene the Frenssh King and de Duc of Austrice, late called Duc of Burgoyne. Réimprimé dans le 32e vol. de l'*Archæologia britannica*, pp. 325-331.

TREATYSE. Here begynneth a lytell treatyse for to lerne englisshe and Frensshe. *Empreynted at Westminster by my Wynken de Worde* (sans date), in-4. goth. de 12 ff., sign. A et B. [11316]

Livret fort rare qui finit au recto du dernier feuillet par ces mots : *Here endeth a lytell treatyse...* Son titre est orné d'un bois représentant un maître d'école avec trois écoliers. L'exemplaire de Th. Grenville (*British Museum*), le seul connu, est le même qui a été vendu 5 liv. Reed, et 9 liv. 15 sh. White Knights.

TREBEL (*H.*). Voyez Elementale introductorium.

TRÉBRA. Observations sur l'intérieur des montagnes, avec les notes de Dietrich. *Paris, de l'imprimerie de Didot jeune,* 1787, in-fol. fig. color. 15 à 20 fr. [4620]

Quelques exempl. ont un titre daté de l'an VIII.

TRECTIE des urines. Voy. Traicte.

TREDGOLD (*Th.*). On steam engine, a new edition, considerably enlarged; with an appendix on steam naval architecture, etc., by M. W.-S.-B. Woolhouse and others. *London,* 1838, 2 vol. gr. in-4., dont un pour les pl. au nombre de 118 ou même 125. 2 liv. 2 sh. [8114]

Ouvrage très-important, dont il a été donné une traduction française, avec des notes et additions par F.-N. Mellet ; 2e édition, augmentée d'une section sur les machines locomotives, *Paris, Bachelier,* 1837-38, in-4. et atlas. 38 fr. (sous le titre de *Traité des machines à vapeur et de leur application à la navigation, aux mines, aux manufactures, etc.*)

Il a paru à *Londres*, en 1848 et années suivantes, une édition anglaise de ce grand ouvrage en 3 vol. gr. in-4. qui se relient en 4, au prix de 9 liv. 9 sh. Chaque volume se vend séparément, savoir : I. Division A, *Locomotive engines*, avec 41 pl. et 55 bois, 2 liv. 12 sh. 6 d.; — II, qui se relie en 2 vol. Division B, *Marine engines, British and American*, avec 85 pl. et 54 bois, 3 liv. 13 sh. 6 d.; — III. Division C à G, *Stationary engines, pumping engines, marine boilers, etc,*, avec 100 pl. et 58 bois, 3 liv. 13 sh. 6 d.

On peut compléter cette édition et les précédentes par des Appendix (A-G) qui se vendent séparément, et qui réunis forment un vol. in-fol. accompagné d'un texte pet. in-4., au prix de 5 liv. 15 sh. 6 d.

— Principles of carpentry, 10062. — On the strenght of coast iron, 10075.

TREFVE faicte et accordee pour dix ans entre le tres chrestien roy nostre sire et l'Empereur, prononce et publie a la

---

Treatise on domestic pigeons, 5798.
Treatise on the progress of literature, 30130.

Trébutien (*E.*). Droit criminel, 2881.

souueraine court de parlement a Paris le jeudi quatriesme iour de iuillet lan mil cinq cens trente huyt. (*sans lieu ni date*), pet. in-8. goth. (Biblioth. impér.)

TREITSCHKE (*F.*). Voy. OCHSENHEIMER.

TREITZSAURWEIN (*Marc*). Der weiss (weisse) Kunig : eine Erzählung, von den Thaten Kais. Maximilian I^{en}; *c'est-à-dire*, Relation des actions de l'empereur Maximilien Ier, écrite sous sa dictée, et publiée sur les mss. de la Bibliothèque impér. de Vienne. *Vienne, Jos. Kurzboeck*, 1775, in-fol. [26431]

Vend. 49 fr. en 1839 ; 30 fr. en 1842, et quelquefois plus cher.

Volume curieux, parce qu'il renferme 237 estampes gravées sur bois d'après les dessins et sous la direction de Hans Burgmair ou Burgkmair, dont le monogramme H. B. se trouve marqué sur 92 pl. L'ouvrage, commencé sous Maximilien Ier et achevé après sa mort, a été publié pour la première fois en 1775 ; cependant il paraît que dès l'origine on avait tiré plusieurs épreuves des planches, puisque, selon Bartsch, la bibliothèque de Vienne en possède un ancien exempl. dans lequel même sont 13 gravures qui n'ont point été mises dans l'édition de 1775, les planches en étant perdues. Plus tard, J. Edwards de Londres acheta des héritiers Kurzboeck le restant de l'édition de 1775, dont il remplaça le texte allemand par une explication succincte des planches en français, et il fit reparaître l'ouvrage sous ce titre :

WEISS KUNIG. Tableau des principaux événemens de la vie et du règne de l'empereur Maximilien Ier, etc. Imprimé à *Vienne*, et se trouve à *Londres*, chez *J. Edwards*, 1799, in-fol.

Voir au sujet de ces gravures, et en général de celles qui ont été exécutées pour l'empereur Maximilien, l'*Essai sur l'histoire de la gravure sur bois*, par M. Ambroise Firmin Didot, Paris, 1863, col. 31 et suiv.

— Les Triomphes de l'empereur Maximilien Ier, en une suite de 135 planches gravées en bois, d'après les dessins de Hans Burgmair, accompagnées de l'ancienne description dictée par l'empereur à son secrétaire Marc Treitzsaurwein. *Vienne, Smith*, et *Londres, J. Edwards*, 1796, in-fol. obl. 96 fr. [96432]

Les planches qui composent cet ouvrage, précieux monument de la gravure sur bois, ont été gravées de 1516 à 1519 ; mais comme à cette époque il n'en avait été tiré que quelques épreuves, elles étaient devenues tellement rares, qu'un recueil de 87 pl. seulement, annoncé sous le titre de *Chars de triomphe*, avait été successivement vendu 720 fr. Mariette, et 1000 fr. La Valliere. La nouvelle édition, en rendant les exemplaires plus communs, doit en faire tomber le prix, quoique les amateurs préfèrent le premier tirage aux nouvelles épreuves. Nous ajouterons que cet ouvrage n'a jamais été entièrement terminé. Un exemplaire de l'édition de 1796, imprimé sur VÉLIN, a été vend. 105 liv. à Londres, en 1804, et ensuite 110 liv. 5 sh. chez Sykes, en 1824.

TRELLON (*Claude* sieur de). Ses OEuvres poétiques, nouvellement reveues et corrigées (contenant la Muse guerrière, en deux livres; la Flamme d'amour, divisée en deux livres; Histoire de Léocrite et de l'amant fortuné (en prose); Flammes divines et spirituelles de l'amour de Dieu et mepris du monde; Hermitage du sieur de Trellon, augmenté et corrigé de nouveau avec ses regrets). *Lyon, par Claude Michel* (aussi *P. Rigaud*), 1594, pet. in-12 de 600 pp., sans les préliminaires. [13881]

La *Muse guerrière*, qui fait partie de ce volume, avait déjà été imprimée séparément à *Paris*, chez *Abel Langelier*, en 1587, et en 1589, pet. in-8. (20 fr. Solar); à *Tours, chez Claude de Montrœil*, 1593, avec la suite de la Muse guerrière, qui est le premier livre de la Flamme d'amour, même date, pet. in-12 (vend. 50 fr. Salmon); on l'a encore réimprimée à *Rouen, chez Th. Mollard*, en 1595, et sous ce titre :

LA MUSE GUERRIÈRE, dédiée à M. le comte d'Aubijoux, plus l'Hermitage, à Mme la comtesse d'Aubijoux, et autres poésies, 1597, *chez Manasses de Preaux*, in-12; enfin à *Rouen, veuve Coste*, 1664, in-12.

—Le cavalier parfait du Sr de Trellon, où sont comprises toutes ses œuvres divisées en quatre livres. *Lyon, Thibault Ancelin*, 1597, et aussi 1599, in-12. [13881]

Ce second recueil renferme une grande partie des pièces comprises dans le précédent, mais autrement classées et avec des différences sensibles. Le premier livre contient le Cavalier parfait, les Amours de Sylvie et le Pèlerin; le deuxième livre les Amours de Félicie; le troisième livre les Melanges; et le quatrième l'Hermitage et l'Amant fortuné (d'après l'édit. de 1594). Le catalogue de La Valliere par Nyon, n° 13042, indique une édition de *Lyon, Thibaud Ancelin*, 1595, in-12, où se trouverait le *Ligueur repenty*, que, plus tard, Trellon a désavoué, et qui n'a pas été inséré dans l'édit. de 1599. Ce dernier poëme a effectivement paru séparément sous le nom de Trellon, à *Lyon, chez Thib. Ancelin*, en 1595, ensuite à *Paris, chez Du Breuil*, en 1596, pet. in-12. Un exemplaire de cette dernière édit. rel. en mar. v. 19 fr. Monmerqué.

L'édition du *Cavalier parfait* de Lyon, 1605, in-12, est conforme à celle de 1597, excepté dans l'avis au lecteur où l'on a omis quelques particularités qui se trouvent dans cette première. — Celle de *Lyon, Pierre Rigaud*, 1614, in-12, a 296 ff. 8 fr. Coste, et en mar. rouge par Trautz, 76 fr. Veinant.

Avant de recueillir ses poésies en un seul corps, l'auteur en avait publié séparément une partie sous les titres suivants :

LE PREMIER livre de la flamme d'amour, dédié à M. le duc de Nemours, avec l'histoire de Padre miracle (en prose), plus diverses poesies. *Paris, Abel l'Angelier*, 1591, et réimpr. à *Lyon, Jean Veyrat*, 1592, pet. in-8. de 96 ff.

STANCES extraites des OEuvres du sieur Trellon, sur le desordre des humeurs et actions d'un prince mal conseillé, qu'il dict estre à la veille de son malheur. *Lyon*, 1593, pet. in-8. de 14 ff. y compris le titre. 11 fr. Coste; 5 fr. Veinant.

L'HERMITAGE du Sr Trellon, avec ses regrets et ses lamentations. *Lyon, Th. Ancelin*, 1593, in-8. 11 fr. 50 c. m. v. Monmerqué.

LA MUSE sainte des divines inspirations du sieur de Trellon. *Paris, Robinot*, 1596, in-12.

L'*Histoire de Léocrite et de l'amant fortuné*, roman en prose, qui contient, sous le voile de l'allégorie, une partie de la vie de Trellon, se trouve dans les *OEuvres poétiques*, édit. de Lyon, 1594; mais l'auteur l'a désavoué, et elle n'est pas dans l'édition de 1597.

TRELON (de). Six chants de vertus, ou-
urage francois du sieur de Trelon, conseiller du roy en sa cour de Parlement
de Toulouse, dedié à Mgr le duc de
Joyeuse. *Paris, Guill. Bichon*, 1587,
in-12 de xvi ff. prélim., 112 ff. chiffrés
et 2 autres non chiffrés. [13852]

Le conseiller Trelon, auteur de ces poésies, et qui,
nous le croyons, avait pour prénom Gabriel, ne
doit pas être confondu avec Claude Trelon, ci-dessus. Dans sa *Biblioth. franç.*, XIII, pp. 375 et
suiv., Goujet donne des détails sur les ouvrages de
ce dernier, mais il ne parle ni du conseiller ni de
ses *six chants de vertus*, dont un exemplaire
simplement rel. en carton a été vendu 14 fr. 50 c.
Veinant.

TRÉMAUX (*Pierre*). Voyage au Soudan
oriental, dans l'Afrique septentrionale
et dans l'Asie Mineure, exécuté de 1847
à 1854, comprenant une exploration dans
l'Algérie, la régence de Tunis et de Tripoli, l'Asie Mineure, l'Égypte, la Nubie,
les déserts, l'île de Meroé, le Sennaar, le
Fa-Zogo, et dans les contrées inconnues de la Nigritie; avec un atlas de vues
pittoresques, scènes de mœurs, types de
végétaux remarquables, dessins d'objets ethnologiques et scientifiques, pano-
ramas, cartes géographiques; un parallèle des édifices antiques et modernes du
continent africain et une exploration
archéologique en Asie Mineure, par
Pierre Tremaux, architecte. *Paris, Bor-
rani et Droz*, 1852 et ann. suiv. In-fol.
et texte in-8. [20030]

Ouvrage divisé en trois séries, dont deux relatives à
l'Afrique, et la troisième à l'Asie Mineure. La première série se composera de 64 pl., cartes et photographies, avec texte descriptif du même format,
et un autre en 2 vol. gr. in-8., dont le 1ᵉʳ, *Egypte
et Ethiopie*, a paru. 160 fr.
La 2ᵉ série, composée de 82 pl. et photographies,
avec texte descriptif in-fol. et 1 vol. in-8. 160 fr.
La 3ᵉ série (*Exploration archéologique en Asie
Mineure, exécutée pendant la guerre de Crimée,
comprenant plus de cinquante localités ou cités
antiques.*) Cette série est en cours de publication
(1863).

TREMBECKI (*Stanislas*). Sophiowka,
poëme polonais, trad. en vers français
par M. le comte de Lagarde. *Vienne,
imprimerie d'Ant. Strauss*, 1815, gr.
in-4. fig. [15919]

Cette traduction nous a paru écrite avec élégance; le
texte polonais n'y est pas joint. Les poésies polonaises de Trembecki ont été imprimées à Varsovie, chez Glücsberg, de 1819 à 1821, en 3 vol.
in-8.

TREMELLII (*Imanuelis*) In Hoseam pro-
phetam interpretatio et enarratio. *Excudebant N. Barbirius et T. Courteau*,
1563, in-8.

Ce livre n'a en lui-même aucune valeur; nous ne le
portons ici que pour en citer un exemplaire revêtu
d'une ancienne reliure en *mar*. richement dorée et
portant les armes de Frederik III, comte palatin,
duc de Bavière, avec les mots : *Herr nach deinem
Willen.* Vendu 12 liv. Libri, en 1859.

TREMENDE Battaglie fatte antichamente
fra tutti i potentati de Italia, e Franza,
ridotte in picciol volume per dar piacer
a gli amici... *Nuouamente stampate ad
instantia di Benedette Clorio* (senz'
anno), pet. in-8. de 8 ff. [14676]

Opuscule en vers sur la bataille livrée en 1512. Vendu
29 fr. en décembre 1861.

TREMIÑO (*Jeronymo*). A qui comienca
dos romãces del marques de Mantua El
primero es de como andãdo pdido por
un bosque fallo a su sobrino Baldouinos
cõ feridas de muerte. y el segũdo la em-
baxada ãel marques embio al emperador
demãdado justicia. Y otro agora añadido
ã esla sentẽcia ã dierõ a Carloto : fecha
por Jeronymo Tremiño de Calatayud.
In-4. goth. de 12 ff. à 2 col. [15109]

Édition sans lieu ni date, mais de l'an 1520 environ :
60 fr. *mar. r.*, salle Silvestre, en 1841. Elle se
trouve quelquefois dans d'anciens recueils de pièces
du même genre. — Voyez ROMANCE.

TRENCHANT (*Jean*). L'arithmetique
departie en trois livres, ensemble un
discours des changes, avec l'art de cal-
culer aux getons. *Lyon, Mich. Jove*,
1571, in-8. [7870]

Édition fort rare de ce traité, le premier où le cal-
cul par les jetons soit enseigné. Celle de *Lyon*,
1608, pet. in-4., a été vend. 39 fr. Arago. Il en
existe une autre de *Lyon*, 1643, in-8.

TREPAS et obseques de François Iᵉʳ. Voy.
DU CHASTELET.

TREPASSEMENT. Sensuyt le trepassement et assumption de la glorieuse et
tres sacrée vierge marie. Et premierement comment lange du ciel luy aporta
la palme en la saluant humblement. (au
verso du dernier f. la marque de Gasp.
Philippe, avec ces mots) *Imprime a paris per* (sic) *Gaspard philippe*, pet.
in-4. goth. de 6 ff. avec une flg. sur bois
au titre. [324]

Pour une édition de 1484, voy. l'article SONGE de la
Pucelle.

TRESKAM (*H.*). Voy. BRITISH Galery.

TRESOR. Thresor admirable de la sentence prononcée par Ponce Pilate, contre
nostre sauveur Iesus - Christ, trouvée
miraculeusement escrite sur parchemin
en lettre hebraïque, dans un vase de

marbre, enclose de deux autres vases de
fer et de pierre, en la ville d'Aquila, au
royaume de Naples, sur la fin de l'année
1580, traduict d'italien en françoys, tant
pour l'utilité publique, et exaltation de
nostre saincte foy, que pour louange de
ladite ville. *Paris, Guill. Julien,* 1581,
pet. in-8. [644]

Ce vol. n'a que 48 pp., avec la fig. du vase sur le
titre : 20 fr. *mar. bl.* Gaignat ; 12 fr. 50 c. La Valliere ; 12 fr. Detienne.

Il y a une autre édition de *Paris, Sim. le Febvre,*
1621, in-8. de 16 pp. seulement ; mais elle a moins
de valeur que la précédente. Une réimpression fac-
simile de l'édition de 1581 a été faite à Paris, en
1839, par les soins de M. Augustin Soulié.

TRÉSOR. Le thresor d'amour, où dans
des lettres variées selon tous les diuers
effects, sont pourtraictes les douces furies
que ses plus sainctes flammes esmeuuent
auec vn discours du parfaict amant et
vne nuit ennuyeuse. *Rouen, Th. Daré,*
1597, pet. in-12.

On a payé 26 fr. à la vente de M. Leprevost, en 1857,
ce petit volume qui quelquefois a été donné pour
moins de 6 fr. C'est, nous le supposons, le même
ouvrage que celui qui a été réimpr. à *Paris, chez
Bonfons,* en 1600, sous le titre de *Tresor de amour,*
des lettres et de bien dire ; nous l'avons déjà cité
à l'article FLEURS du bien dire.

TRESOR. Thresor de deuotion contenant
plusieurs oraisons deuotes et exercices
spirituelles (*sic*), pour dire en l'eglise pendant l'office diuin. *Douay, de l'imprimerie de Jean Bogard, anno* 1574, pet.
in-8. goth. contenant 12 ff. prélim. et
le texte non chiffré, sign. A—Bb. [vers
1620]

Ce volume, imprimé en rouge et noir, est décoré de
30 petites vignettes très-finement gravées sur bois,
et les pages sont entourées d'un encadrement où
figurent alternativement les évangélistes et les apôtres, avec plusieurs scènes de la vie de Jésus-Christ.
On lit à la fin de la préface : *Cedict liuret premierement fut escript en flameng par vn frere mineur natif de Malines, puis apres par Jan Ver-
bruggen, auec daucuns bourgeois de la mesme
ville, produict en lumiere et maintenant mis et
traduict en francois par M. Nicolas de Leuse
dict de Fresne licencie en theologie.* Ce Nicolas de
Leuse est le même qui a traduit la *Pérégrination*
spirituelle de Jean Pascha (voyez PASCHA). Un
exemplaire du *Thresor de deuotion* a été vendu
57 fr. *mar. v.* Hebbelynck, et M. Yéméniz en possède deux autres ; il n'est donc pas aussi rare que
pourrait le faire supposer la notice qu'en donne la
Biblioth. douaisienne, 2e édit., p. 16 ; ni La Croix
du Maine ni Du Verdier n'en ont parlé à la vérité,
mais ce dernier cite :

LE THRESOR de deuotion, traitant plusieurs belles
vertus, par lesquelles on peut apprendre à aimer
Dieu, traduit de la langue castillane en vulgaire
francoys. *Lyon, Claude Nourry dit Le Prince,*
sans date, in-16, ou pet. in-8. fig. sur bois, vend.
29 fr. *mar. r.* Bergeret.

TRÉSOR de l'âme. Voyez ROBERT.

TRÉSOR (le) de l'espargne vérité des
admirables merveilles du monde, advenues ès terres inconnues ; auquel est

contenu la vie du preux géant Ramina-
grobis, fort joyeuse et récréative. *Paris,
(sans nom de libraire et sans date)
in-16.*

Ce livre fort rare, et que nous citons d'après Du Verdier (au mot TRÉSOR), paraît devoir être ajouté
aux imitations de Rabelais, dont il a été question
t. IV, col. 1068.

TRÉSOR de numismatique et de glyptique,
ou recueil général de médailles, monnaies, pierres gravées et bas-reliefs, tant
anciens que modernes, les plus intéres-
sans sous le rapport de l'art et de l'histoire, gravés d'après le procédé de M.
Ach. Collas, sous la direction de MM. P.
Delaroche et Henriquel Dupont, avec un
texte par M. Ch. Lenormant. *Paris,
Rittner et Goupil,* 1834-50, 22 vol. in-
fol. [29708]

Cet important ouvrage a été publié en 252 livr. Il est
divisé en trois parties, savoir :

Monuments antiques.

Numismatique complète des rois grecs, 1 vol. en
23 livrais. — Iconographie des empereurs romains
et de leurs familles, 1 vol. en 16 livrais. — Nouvelle galerie mythologique, 1 vol. en 13 livrais. —
Bas-reliefs du Parthénon et du temple de Phigalie,
1 vol. en 4 livraisons.

Monuments du moyen âge et de l'histoire moderne.

Choix des monnaies du moyen âge et aux époques
plus récentes, 1 vol. en 14 livrais. — Collection des
médailles, coulées et ciselées au burin, de l'école de
Vérone et des autres écoles italiennes aux XVe
et XVIe siècles, 2 vol. en 21 livrais. — Médailles
exécutées au XVIe siècle dans le midi de l'Allemagne,
sous l'influence d'Albert Dürer et de son école,
1 vol. en 12 livrais. — Choix historique des médailles des papes, 1 vol. en 12 livrais. — Choix des
plus belles médailles françaises, depuis Charles VII
jusqu'à 1789, en 3 vol. ; 1° depuis Charles VII jusqu'à Henri IV, 17 livrais. ; 2° depuis Henri IV jusqu'à Louis XIV, 9 livrais. ; 3° depuis Louis XIV jusqu'à la révolution de 1789, 14 livrais. — Sceaux des
rois et reines de France, 1 vol. en 7 livrais. —
Sceaux des grands feudataires de la couronne de
France, 1 vol. en 8 livrais. — Sceaux des communes,
communautés, évêques, abbés et barons, 1 vol. en
6 livrais. — Sceaux des rois et reines d'Angleterre,
1 vol. en 9 livrais. — Recueil général de bas-reliefs
et d'ornements ; ivoires, meubles, armes, bijoux
2 vol. en 25 livraisons.

Monuments de l'histoire contemporaine.

Collection des médailles relatives à la révolution française de 1789, 1 vol. en 24 livrais. — Collection des
médailles de l'empire français et de l'empereur Napoléon, 1 vol. en 18 livraisons.

Le prix de chaque livraison était de 5 fr. (480 fr. complet, Busche). — Pap. de Chine (à 12 exempl.),
10 fr.

TRÉSOR de Sapience, par Jacques Le-
grand. Voy. l'article MAGNUS.

TRÉSOR de vertu, où sont contenues
toutes les plus nobles et excellentes sentences et enseignements de tous les pre-

miers auteurs hebreux, grecs et latins, pour induire un chascun à bien et honnestement vivre (en italien et en français). *Lyon, J. Temporal*, 1555, in-16. [3671]

La Croix du Maine a attribué ce livre à Gilles Corrozet, qui en a donné deux autres du même genre (voyez CORROZET et LIBURNIO) ; mais il est probable que cette compilation est due au libraire Jean Temporal, qui en a écrit l'avis au lecteur. Ce libraire a reproduit le même recueil en 1560, in-16, également avec la version italienne de Bartholomé Maraffi, de Florence. — Ce même livre a été imprimé à *Paris, chez Caveiller*, en 1556, in-16. Il l'a été aussi, en français seulement, sous ce titre un peu différent :

    LE TRÉSOR de vertu auquel sont contenues les plus nobles sentences et meilleurs enseignements des principaux anciens autheurs et philosophes, tant grecz que latins. Œuvre fort nécessaire pour induire la jeunesse à honnestement vivre et aymer vertu, le contenu duquel est demonstré ès pages suivantes. *En Anvers, chez Jehan Laet* (aussi chez *Iean Bellere*), M. D. lx, pet. in-12 de 4 ff. prélim. et 105 ff. chiffrés, caractères de civilité.

Réimpression du texte françois de l'édit. de Jean Temporal, y compris le *Salut au debonaire lecteur*. On en a retranché les sentences en vers français, extraites des bons auteurs latins, et un dernier chapitre en prose touchant les père et mère.

Nous avons vu le *Tresor de vertu* (en français et en italien), *Paris, Nicolas Bonfons*, 1581, in-16, et également l'édition de *Lyon, Ben. Rigaud*, 1583, in-16 de 285 pp. 19 fr. 50 c. Coste.

TRÉSOR des antiquités de la couronne de France, représentées en figures, d'après les originaux, etc. *La Haye*, 1745, 2 vol. in-fol. [23218]

Ouvrage composé des 304 pl. qui avaient servi à l'édition des *Monumens de la monarchie françoise* du P. Montfaucon : vendu 36 fr. Trudaine ; 80 fr. en 1816 ; 48 fr. 50 c. Morel-Vindé. Il y en a des exemplaires en Gr. Pap.

TRÉSOR (le) des humains. (C)e liure est appelle le tresor des humains. lequel traicte de la maniere dinstruire les enfans en la foy catholique, т de leur desclairer toutes les lois tãt christiènes q̃ sarrasines, tous artz et toutes sciences tant praticienes q̃ speculatiues, de tous estatz metiers et marchãdises... lequel liure a este veu et corige a paris par plusieurs grans clercs docteurs tant en theologie que autre science. — *Cy finist le liure intitule le tresor des humains. imprime a paris en lan de l'incarnacion nostre seigneur. mil quatre cens quatre vingtz et deux.* T. L., in-fol. goth. à longues lignes au nombre de 37 sur les pages entières. [31842]

Cet ouvrage, qui est une sorte de petite encyclopédie, dans laquelle ce qui a rapport à la religion chrétienne occupe le premier rang et remplit le plus grand espace, est peu connu. L'édition que nous citons est fort rare ; il y en a un bel exempl. impr. sur VÉLIN dans la bibliothèque de Ste-Geneviève, à Paris ; c'est celui que décrit la présente notice. Il renferme en tout 66 ff., signat. A—H, dont les 3 premiers contiennent le titre ci-dessus, imprimé au verso, la table et le prologue.

Les lettres T. L. qu terminent la souscription de ce livre sont aussi à la fin de celle du Boccace *Des cas de nobles hommes et femmes infortunez*, impr. par Jean Dupré, à Paris, en 1483. (Voir notre 1er vol., col 988). Comme les caractères de ce *Trésor*, imprimé en 1482, sont les mêmes que ceux des Coutumes de Normandie, édition qu'on croit être de 1483, et que Jean Dupré imprimait pour les libraires de Rouen, il se peut que ces deux lettres indiquent *Tailleur*.

TRÉSOR. Le Thresor des chansons amoureuses, recueillies des plus excellents poëtes de nostre temps, et augmentez d'une infinité de tres beaux airs nouueaux. *Lyon, J. Huguetan*, 1596, in-16. [14279]

69 fr. *v. m.* Leprévost, en décembre 1857.

On cite une édition du même *Thrésor* de *Lyon, Huguetan*, 1584, et dans le premier catal. du duc de La Vallière, n° 3144, une autre de *Lyon, J. Huguetan*, 1616, in-16.

— TRESOR (le) des chansons amoureuses. *Rouen, l'Oysclet*, 1602, 2 vol. pet. in-12 de 232 et 115 pp., non compris la table de chaque partie.

15 fr. Bignon, en 1836, et beaucoup plus cher depuis.

— LE TRESOR et recueil des chansons amoureuses et recreatives, recueilli des plus excellents airs de cour, et augmenté d'une infinité de tres belles chansons nouelles. *Rouen, David Ferrand*, 1631, pet. in-12 de 328 pp. et 7 ff. pour la table.

40 fr., malgré des taches d'eau, Bergeret.

— LE DERNIER Tresor des chansons amoureuses, recueillis des plus excellens airs de court et augmentez d'une infinité de tres belles chansons nouuelles et musicalles. *Rouen, imprimerie de Martin Le Megissier*, 1614. — Le Tresor des chansons amoureuses, augmenté de plusieurs airs nouueaux et autres chansons nouuelles. Second livre. *Rouen, le même*, 1614, 2 tom. en 1 vol. pet. in-12, fig. sur bois. 200 fr. Duplessis.

— LE CABINET ou trezor des nouvelles chansons recueillies des plus rares et excellens esprits modernes. *Paris, Godefroy de Billy*, 1602, pet. in-12 de 372 pp. et 5 ff. de table. Vendu, en *m. r.*, 71 fr. Nodier.

    LE TRÉSOR et cabinet des plus belles et récréatives chansons de nostre temps, avec plusieurs beaux airs de cour nouuellement inventez par les plus anciens excellens musiciens. *Paris, Fleury Bourriquant, au mont Saint-Hilaire* (sans date). = L'eslite des chansons plus belles et amoureuses de nostre temps, recueillies de plusieurs autheurs, tant de Paris, Rouen, que de Lyon, et autres pays circonvoisins. *Paris, Fleury Bourriquant* (sans date), pet. in-12.

Ces deux recueils, reliés en 1 vol., ont été vendus 51 fr. Nodier. — Fleury Bourriquant a exercé de 1606 à 1617.

TRESOR (le) des plus belles chansons amoureuses et recruatives, augmenté de plusieurs... chansons nouuelles non encore veuës; nouuellement imprimé; de nouueau reuu et corrigé oultre les précedentes impressions. *Rouen, Pierre de La Motte*, 1606, 2 tom. en 1 vol. pet. in-12.

Le 1er livre a 232 pp. et 4 ff. de table ; le second livre, 116 pp. et 3 ff. de table. 235 fr. *m. citr.* Veinant.

Le recueil suivant doit être placé à la suite de ceux dont nous venons de donner les titres :

    L'ÉLITE ou recueil de chansons amoureuses recueillies des plus excellents poëtes de ce temps.

Rouen, Jean Bertelin, 1619, 2 tom. en 1 vol. pet. in-12.

Bien que cette *Elite* reproduise un certain nombre de chansons comprises dans les vol. de 1602 et 1606 ci-dessus, elle en diffère assez pour pouvoir être considérée comme un recueil nouveau (*Bulletin du Bibliophile,* 1860, n° 1175).

LE TRESOR et triomphe des plus belles chansons de ce temps, tant pastorales que musicales, propres pour dancer et jouer sur toutes sortes d'instrumens. (à la fin) : *De l'imprimerie de Joseph Guerreau, rue St Jacques devant Saint-Yves, a la Petite Hotte,* in-12 de 565 pp. plus 10 pp. pour la table. [14283]

L'exempl. vendu 25 fr. Duplessis était sans frontispice ; il a été annoncé sous le titre ci-dessus. Ce doit être la même chose que le chansonnier publié sous ce titre :

TRESOR et triomphe des plus belles chansons et airs de cour, par les sieurs de St-Amour et de St-Estienne, *Paris, Baragues,* 1624, in-12, catal. de La Valliere par Nyon, 15029.—Voyez SAINT-AMOUR.

— Voy. RECUEIL de plusieurs chansons, et NON le Tresor.

TRESOR des joyeuses inventions. Voyez PETIT traité.

TRESOR des patrons. Voy. OSTANS ou OSTAUS.

TRESOR des pauvres. Voy. VILLANOVANUS.

TRESOR. Thresor des recreations contenant histoires facetieuses et honnestes, propos plaisans et pleins de gaillardises, faicts et tours joyeux, plusieurs énigmes, tant en vers qu'en prose, et autres plaisanteries : tant pour consoler les personnes qui du vent de bize ont été frappez au nez que pour récréer ceux qui sont en la miserable servitude du tyran d'Argencourt. Le tout tiré de diuers auteurs trop fameux. *Douay, Baltazar Bellère,* 1605, pet. in-12 de 336 pp. [17836]

Édition la plus ancienne et la plus rare que nous connaissions de cette agréable compilation. L'imprimeur B. Bellère a mis son nom en tête de l'avis au lecteur ; et cela pourrait faire supposer qu'il a été le rédacteur de l'ouvrage, si l'on n'avait pas la preuve qu'au besoin il s'appropriait, sans façon, le travail des autres, comme on le voit dans l'édition in-12 qu'il a donnée à Douai, en 1604, des *Histoires admirables et mémorables de notre temps,* déjà publ. à Paris, en 1600, par S. G. (Simon Goulart), édition à la fin de laquelle on lit : *Imprimé à Arras, par Guillaume de La Rivière.* — Le Trésor des récréations a été réimprimé à *Douay, Balth. Bellère,* 1616, pet. in-12 : vend. 24 fr. 50 c. Crozet ; et aussi à *Rouen, Romain de Beauvais,* ou *J. Osmont,* 1611, pet. in-12 : vend. 18 fr. Bignon ; en *mar. bl.* 30 fr. Ch. Nodier, en 1830 ; et le même exempl. 166 fr. H. de Ch..., en 1863 ; 56 fr. Busche, et 81 fr. *mar. r.* par Trautz, Veinant. — à *Rouen, de La Marre,* 1627 (et aussi 1630), pet. in-12 : 12 fr. de Laleu et Méon ; *mar. r.* par Capé, 80 fr. H. de Ch... — à *Rouen, Dav. Ferrand,* 1637, pet. in-12 : 13 fr. Morel-Vindé.

— Voyez DIVERTISSEMENS curieux.

TRÉSOR. Thresor du langage bas-alman, dict vulgairement flameng, traduict en françois et en latin. *Anvers, Christ. Plantin,* 1573, in-4. à 2 col. [1257]

On prétend que l'imprimeur Christ. Plantin a été à la fois l'auteur et l'éditeur de ce livre devenu rare.

TRESPAS de François premier. Voyez DU CHASTEL.

TRESSAN (*Louis-Elisabeth* de La Vergne, comte de). OEuvres du comte de Tressan, précédées d'une notice sur sa vie et ses ouvrages, par M. Campenon ; édition revue, corrigée et accompagnée de notes ; ornée de gravures d'après les dessins de M. Colin. *Paris, Nepveu et André* (*impr. de F. Didot*), 1822-23, 10 vol. in-8. fig., 30 à 40 fr. — Pap. vél., 50 fr. [19126]

Cette édition, ornée de 13 pl., dont un portrait et un fac-simile, est la plus complète et de beaucoup la plus belle que l'on ait de cet auteur agréable. Les exempl. en Gr. Pap. vél., fig. avant la lettre, ont coûté 180 fr. ; — avec les eaux-fortes, 220 fr., et plus avec les fig. sur pap. de Chine.

HISTOIRE de Tristan de Léonois et de la reine Iseult, et de Huon de Bordeaux, extraites par de Tressan. *Paris, Deterville, an* VII (1799), 3 vol. in-18, fig. pap. vél. 6 fr. ; — Gr. Pap. vél., fig. avant la lettre, 15 à 18 fr. [17011]

Cet ouvrage se trouve quelquefois joint à Gérard de Nevers et à Jehan de Saintré, extraits par de Tressan (voyez GÉRARD de Nevers ; — JEHAN de Saintré). Vend. les 5 vol. Gr. Pap. rel. en *m. r. dent. tab.,* 133 fr. Bailly, et 60 fr. Pixerécourt.

— Corps d'extraits, 17011.

TREVANGADACHARYA Shastree. Essays on chess, adapted to the european mode of play : consisting principally of positions or critical situations..., translated from the original sanscrit. *Bombay,* 1814, pet. in-4. [10497]

TREVIO (*Johannes* de). Preclari theologi magistri Iohannis de Treuio ex ‖ ordine minorl Oratio de animarum immortalitate ‖ habita apud Sixtum quartum Pont. Max. Anno ‖ salutis M. CCCC. LXXIII. Nonis Decembris. (et au f. 7) : De humana felicitate oratio ‖ habita apud Sixtū quartū Pont. max. Anno salutis ‖ M. CCCC. LXXII. secundo Idus Martii (à la fin) FINIS M. CCCC. LXXIII. *Impresse* (sic) : *sūt isti sermões Rome ‖ in domo nobilis viri Ioannis Philippi de lignamīe ‖ Messanēsis S. D. N. P. familiaris Anno eius tertio ‖ vicesima tertia mensis Decembris,* in-fol. de 12 ff. en caract. rom. 32 lig. par page. [1234]

Philippe de Lignamine avait déjà donné, en 1472, un autre discours latin du même religieux, intitulé *Oratio de veri messie aduentu,* in-fol. de 10 ff. à 30 lign. par page, en caractères romains.

Tressan (l'abbé de). La Mythologie comparée avec l'histoire, 22554.

Tresvaux (M. l'abbé). L'Église de Bretagne, 21444.
— Hist. du diocèse d'Angers, 21446.

TREVOR. Britannia. Voy. HAMPDEN.

TREW (*Ch.-Jac.*). Hortus nitidissimis omnem per annum superbiens floribus, sive amœnissimorum florum imagines, in publicum ediderunt Joan.-Mich. Seligman et Wirsing. *Norimbergæ*, 1768-72-86, 3 part. in-fol., avec 190 planch. color. [4955]

Ouvrage bien exécuté, mais qui se trouve rarement complet : 151 fr. Blondel; 86 fr. Caillard, et beaucoup moins cher quand le 3ᵉ vol., contenant les pl. 121-190, ne s'y trouve pas. Les explications latines et allemandes des deux premiers vol. sont, jusqu'à la lettre E, de Geor.-Léonard Huth, et les autres de C.-J. Murr. Les anciens exemplaires de la 1ʳᵉ partie sont datés de 1750.

— Plantæ rariores quas maximam partem ipse in horto domestico coluit, secundum notas suas examinavit et breviter explicavit Ch.-J. Trew. *Norimbergæ*, 1763-84, in-fol. fig. color. [5027]

Trew n'a publié que la première décade de ce bel ouvrage; mais après sa mort Bern.-Chrét. Vogel en a fait paraître une seconde et une troisième; ensuite on a mis à ce volume un nouveau titre; portant *Altorfii*, 1795.

— Plantæ selectæ, quarum imágines pinxit G.-Dion. Ehret, notis illustravit Ch.-J. Trew, et vivis coloribus repræsentavit J.-Jac. Haid. Decuriæ X. *Norimbergæ*, 1750-73, in-fol. max., avec 100 planch. color. [5336]

Ouvrage remarquable pour la vérité et la vivacité des couleurs des pl. : 30 à 40 fr.; vendu 93 fr. *mar. r.* Petit. Les exempl. nouvellement enluminés sont bien inférieurs aux anciens.

Ersch indique un supplément pour cet ouvrage. *Lipsiæ, Göschen*, 1790, in-fol. 6 thl. 8 gr.

Une édition des *Plantæ selectæ,* avec un texte en hollandais, par C. Pereboom, *Amsterd.*, 1771, gr. in-fol., a été vend. 46 flor. Meerman.

— Cedrorum historia, 5508.

TREZ (Betiño Tricio o del). Letilogia del Trez, Poema e Sonetti. *Milano, Ant. Zarot*, 1488, 10 *de Marcio*, in-4. goth. (14471]

Volume rare, qui commence par *Ad libellum, phaletium carmen*, et finit par cette souscription en vers : *Date a iuglevan al decem de Marcio* ‖ *currendo lan non parcio* ‖ *Del Millequatro cento octanto octo* ‖ *Antonio di Zaroti parmesano* ‖ *Molto assentito nel mestier ha impressa* ‖ *Quest Opera*, etc.

TRIALOGUE fort beau, plaisant et delectable aux lecteurs. Les personnages sont lambassadeur du roy Françoys, Cerberus portier denfer et Pluto prince des diables. *Ancers, pour Pacquier Pissart*, 1544, in-4. goth. de 12 ff. [13978]

Vend. 9 fr. La Valliere. Sur le titre se voit la marque suivante :

TRIBUS (de) impostoribus. *Anno* M. D. IIC, pet. in-8 de 46 pp. [2295]

Ce livre est fort rare, et nous n'en connaissons, avec certitude, que trois exemplaires. Le premier est annoncé dans le catalogue de Crevenna; le second a été vendu 474 fr. chez le duc de La Valliere, en 1784, et le troisième a été payé 140 fr. vente Renouard. Sur ce dernier exempl. se lisait la note suivante : *Ex libris Frid. Allamand dono Abrah. Vallotton, Rotterodami* A° 1762.

La date 1598, portée sur le titre, est évidemment fausse; mais il est certain que l'ouvrage existait déjà, au moins en manuscrit, au commencement du XVIIIᵉ siècle, puisqu'au rapport de Prosper Marchand (*Dictionn. histor.*, I, p. 323), une copie de ce traité commençant comme l'imprimé, sous la date de 1598, par les mots *Deum esse, eumque colendum esse,* fut vendu 80 impériaux à Berlin, en 1716. C'est probablement sur une semblable copie qu'aura été faite la prétendue édit. de 1598, que l'on sait, et depuis longtemps, être sortie des presses de P. Straube, à Vienne, en 1753. Cette dernière date a été adoptée dans le *Dictionnaire des anonymes,* 2ᵉ édition, tome III, n° 21612, et à la page 683 du même volume se trouve l'extrait d'une note manuscrite de l'abbé Rive, bibliothécaire du duc de La Valliere, où il est dit que ce seigneur avait acquis, le 11 septembre 1765, des chanoines réguliers de Sainte-Geneviève, et cela probablement par l'entremise du P. Mercier, leur bibliothécaire, un exemplaire du traité *De tribus impostoribus*, sous la date de 1598. Comment se fait-il donc que Barbier ait pu ajouter croyance à l'anecdote rapportée par Popon de Maucune sur son exempl. du catalogue de La Valliere, anecdote selon laquelle l'abbé de Saint-Léger, de concert avec le duc de La Valliere, aurait fabriqué le livre dont il s'agit dans le dessein de le faire passer pour le fameux traité *De tribus impostoribus;* car, sans s'arrêter à ce que l'abbé de Saint-Léger n'avait que dix-neuf ans en 1753, comment ne pas voir que si cette année-là le duc de La Valliere avait fait fabriquer le volume dont il s'agit, il n'aurait pas eu besoin de l'acheter en 1765. Par ce motif, et par d'autres qu'il devient superflu d'alléguer, nous croyons, nous, qu'il faut purger entièrement la mémoire du savant abbé de Saint-Léger d'une accusation qui, comme on voit, n'a aucun fondement. Ajoutons que les faits avancés

---

Tria (*G.-A.*). Larino, 25800.

Tribechovius (*Ad.*). Historia naturalismi, 2272. — Exercitationes, 21365.

par M. P. L., sous le n° 74 du supplément au tome Ier du catalogue de M. de Soleinne, à l'occasion d'éditions supposées qu'on aurait fait accepter comme des découvertes au duc de La Valliere, n'ont, selon nous, d'autre source que l'imagination de l'auteur.

DE TRIBUS impostoribus. M. D. IIC. Texte latin collationné sur l'exemplaire du duc de La Valliere, augmenté de variantes de plusieurs manuscrits, etc., et d'une notice philosophique et bibliographique, par Philomneste junior (Gustave Brunet). *Paris, Gay*, 1860, in-18 de LV et 59 pp.
Édition tirée à petit nombre.

TRIBUS (de) mundi impostoribus, Mose, Christo et Mahumet, breve compendium. (*absque nota*), pet. in-8. de 64 pp.

Selon Ebert, cette édition a été faite à Berlin, ou plutôt à Giessen, en 1792. Mais ce bibliothécaire ne nous dit pas si c'est une réimpression du livre daté de 1598, ou de l'in-4. imprimé en 1721.— Voy. VIE et esprit de Spinosa.

TRICASSE. La chiromancie de Patrice Tricasse des Ceresars Mantouan, de la derniere reueue et correction de l'autheur, et nagueres fidelement traduicte de l'italien en langaige francoys. *Paris, P. Drouart*, 1546, pet. in-8., fig. sur bois, 12 à 20 fr. [8929]

Le texte italien de ce traité a été impr. plusieurs fois à Venise, de 1525 à 1544, pet. in-8., et la traduction l'a été à *Paris, chez Drouart*, en 1552 et en 1561, in-8. (catal. de La Valliere par Nyon, 6676-77). Du Verdier en cite une édit. de *Paris, Cl. Fremy*, 1560, et une autre de *Paris, Ambr. Drouart*, 1583, in-8.
Tricasse a donné en 1525 un commentaire latin sur la *Chiromantia* de Barthélemy Coclès : (voy. COCLÈS).

TRIER (*Gomes* de). Voy. GOMES.

TRIEZ (*R.* du). Voy. DU TRIÉZ.

TRIGAN. Histoire ecclésiastique de la province de Normandie, avec des observations critiques et historiques par un docteur en Sorbonne (Ch. Trigan, curé de Digoville). *Caen, Poisson et P. Chalopin*, 1759-61, 4 vol. in-4. [21431]

Ouvrage rare et assez recherché. Il s'arrête au XIIe siècle, mais l'auteur a laissé en manuscrit une continuation qui va jusqu'au XVe siècle. Les 4 vol. ont été vendus 66 fr. Pluquet.

— LA VIE et les vertus de messire Ant. Paté, prestre, bachelier en théologie, curé de Cherbourg, et doyen de La Hogue, décédé en odeur de sainteté, où se trouve recueillie l'histoire abrégée de plusieurs autres personnages recommandables en piété, tant avant lui que de son temps. *Coutances, Julien Fauvel*, 1747, in-8. de XV et 626 pp., plus l'errata. [22235]
Ouvrage anonyme de Ch. Trigan. Il mérite d'être cité à cause des détails historiques qu'il donne sur le

Cotentin, sur Cherbourg et ses environs : il est d'ailleurs assez rare.

TRIGAUT (*Nic.*). De christiana expeditione apud Sinas suscepta ab societate Jesu ; ex Petri Matthæi Riccii commentariis libri V, in quibus sinensis regni mores, leges atque instituta et novæ illius ecclesiæ difficillima primordia accurate et summa fide describuntur, auctore Nicolao Trigautio Belga. *Lugduni, sumptibus Horatii Cardon*, 1616 (*ex typographeio Joannis Jullieron*), pet. in-4., titre gravé, et une carte. [21577]

Ouvrage curieux. 14 fr. 50 c. Langlès.
On a du même jésuite : *Litteræ Societatis Jesu e regno Sinarum, ann.* 1610 *et* 1611 *conscriptæ*, Antuerpiæ, apud Belleros, 1615, pet. in-8.
— DE CHRISTIANIS apud Japonios triumphis, sive de gravissima ibidem contra Christi fidem persecutione exorta anno 1612 usque ad an. 1620, libri V, in annos totidem summa cum fide ex annuis Soc. Jesu litteris continua historiæ serie distributi, auctore Nic. Trigautio ; cum Ruderi auctario et iconibus Sadelerianis. *Monachii*, 1623, pet. in-4, avec 17 pl. sur cuivre. [22310] Vend. 5 fr. Langlès, et plus cher depuis.
Traduit en français, par P. Morin, sous le titre d'*Histoire des martyrs du Japon depuis l'an* 1612 *jusqu'en* 1620 ; Paris, 1624, in-4. fig.

TRINITATE (*Philippus* a Sancta). Voyez PHILIPPI Itinerarium.

TRINIUS (*C.-B.*). Species graminum iconibus et descriptionibus illustratæ. *Petropoli*, 1826-1836, 3 vol. gr. in-8. [5418]

Chacun de ces 3 vol. se compose de 240 pp. de texte (sans les pages préliminaires) et de 120 pl. lithographiées. Le tout a paru en 30 livr., et a coûté 40 roubles 50 cop.
Cet ouvrage se publie par fascicule de 12 pl., au prix de 8 fr. chacun. Il en paraissait 30 en 1836. On a annoncé des exemplaires in-fol. — Pour d'autres écrits de Trinius sur les graminées, voyez les n°[s] 5415-17 de notre table.

TRIOMPHANT baptesme de monseigneur le duc, premier filz de monseigneur le Daulphin. (*sans lieu ni date*), pet. in-8. de 6 ff. [22465]

Relation d'une cérémonie qui a eu lieu le 10 février 1543 (vieux style). C'est une pièce rare dont M. O..., bibliothécaire de la ville de Dinan, a fait faire dernièrement une réimpression pet. in-8. de 6 ff., titre en goth., avec 2 grav. sur bois, tirée à *neuf* exemplaires seulement. Il existe une autre ancienne édition de la même relation sous ce titre :
Le TRIOMPHE et la pompe magnifique faictz aux baptisailles du duc Francoys filz du Daulphin ce-

---

Tricalet (*P.-Jos.*). Bibliothèque des Pères de l'église, 815. — Abrégé de Rodriguez, 1615.
Tricaud (l'abbé). Essais de littérature, 18305. — Pièces fugitives, 18306.
Trichaud (l'abbé *J.-M.*). Hist. de l'église d'Arles, 21460.
Tricoupi (*Spiridon*). Régénération de la Grèce, 27835.
Tridon (l'abbé). Notice sur Chatillon-sur-Seine, 24539.
Triga opusculorum. Voyez Kempt (van der).

Trigueros (*Conr.-Mar.*). El Poeta filosofo, 15303. — La Riada, 15304.
Triller (*W.*). Dispensatorium, 7651.
Trillerus (*Dan.-Wilh.*). Opuscula medica, 6648.
Trillo y Figueroa (*Fr.* de). La Napolisea, 15277.
Trilodrad (anagramme de Rodilardt). Doutes sur l'orthographe francèze, 10986.
Trimberg (*Hugo* von). Voy. Hugo.
Trincart (*Louis*). Histoire généal. de la maison de Savonnière, 28887.
Trinius (*C.-B.*). Agrostographia, etc., 5415-18.

lebré à Fontainebleau le dixieme iour du moys de feburier M. CCCC. XLIII, *imprime a Tholose deuant le college de Foix* (*par Guyon Boudeuille*), (sans date), in-4. de 4 ff. en lettres rondes.
— Pour le Baptême du Dauphin, fils de François Ier, voy. ORDRE exquis.

TRIOMPHANTE entrée de lempereur nostre sire Charles le cinquiesme. Voy. tome II, col. 1006.

TRIŪPHANT (le) et tresnoble mariage de... madame Renee de France, fille du roy de France, Loys douziesme de ce nõ, faict auec le duc de Ferrare, en la ville et cite de Paris (en 1507), petit in-8. goth. de 8 ff., sign. a et b. [23431]
Cette pièce a probablement été impr. à Paris, à la date de ce mariage. 96 fr. Coste.

TRIUMPHANT (le) ordre de larmee francoise pour passer les mons, conduicte par le tres valeureux prince monssieur le conte de sainctPol, chef de ladicte armee. Et aussi les monstres faictes a lion Et les ordonnances royalles auec les monitions des viures. (*sans lieu*, 1528), pet. in-8. goth. de 4 ff. avec fig. sur bois dans le texte..[23455]

TRIOMPHE de haute folie, en rime. *Impr. a Lyon, par Ant. Volant*, sans date, in-16 goth. fig. sur bois. [13611]
Pièce en vers citée par Du Verdier, et vend. 8 fr. Dufay, en 1725.

TRIOMPHE (le) de la bazoche et les amours de maistre Sébastien Grapignau. *Paris, Guil. de Luynes*, 1698, in-12, fig. 6 à 9 fr. [17210]
Vendu 21 fr. Veinant.

TRIOMPHE (le) de la déesse Monas, ou l'histoire du portrait de Mme la princesse de Conty. *Amsterdam, L. Duval*, 1698, in-12 de 158 pp. [17295]
Vend., en mar. r., 7 fr. Méon; 13 fr. Morel-Vindé; 13 fr. 50 c. Bignon.

TRIOMPHE (le) de la ligue, tragœdie nouvelle (en 5 actes, par R.-J. Nerée). *Leyde, Th. Basson*, 1607, pet. in-8. de 8 ff. et 136 pp. [16392]
Cette pièce, dont la versification est assez bonne pour le temps, a été mal à propos attribuée à P. Mathieu. Voyez *Biblioth. du Théâtre françois*, t. I, pp. 272 et 402. — Vend. 69 fr. mar. citr. de Soleinne, nº 920.

TRIOMPHE (le) de la ligue, ou la France à la veille de souscrire la paix; où l'on découvre les secrets que la politique italienne a enseignés à Louis le Grand, pour assujettir les princes de l'Europe. *Paris (Hollande)*, 1696, in-12. [23836]
Vendu 9 fr. mar. viol. Méon.
Ce volume contient la même chose que l'*Alcoran de Louis XIV* (voy. ALCORAN).

TRIomphe de l'Evangile, 1851.

TRIOMPHE de Louis XII. V. CHAMPIER.

TRIOMPHE (le) des dames, par P. D. B. *Rouen, Osmont*, 1599, in-12 de 6 ff. prélim. et 344 pp., y compris la table. [18055]
Il existe sous ce même titre deux autres ouvrages moins anciens.

TRIOMPHE ou triumphe des neuf preux. Voyez NEUF preux.

TRIOMPHE du corbeau. Voyez UZIER.

TRIOMPHE. Triumphe du couronnement de lempereur Et lentree triumphante en la ville daquisgrane (*sic*). Au recto du dernier f. : *Imprime en la ville Danuers... par moy Guillamme* (sic) *Vorsterman lan de grace* M. CCCCC *et xx. le xix iour de Decembre*, in-4. goth. de 8 ff. avec 9 vignettes sur bois, y compris le titre. [26053]
Cette relation du couronnement de Charles-Quint à Aix-la-Chapelle est curieuse à cause des vignettes dont elle est ornée; c'est d'ailleurs une pièce rare : 39 fr. mar. olive, en 1841; 100 fr. Borluut. L'imprimeur Vorsterman a donné, aussi en 1520, une édition de cette même relation en langue flamande, in-4. fig. Vend. 12 sh. Heber. — Voy. COURONNATION.

TRIOMPHE. Le triūphe et exaltation des dames. — *Imprime a Paris pour Pierre Sergent... rue Neufue nostre dame a lenseigne Sainct Nicolas*, pet. in-4. goth. [18044]
Édition rare, imprimée vers 1530, avec la marque du libraire *Jean Saint Denis*, au dernier f. (déjà reproduite à la col. 1373 de notre 2e vol.); elle se compose de 5 cah., sign. a—e. En tête de l'ouvrage sont deux prologues, l'un adressé au duc de Bourgogne, par *Vasque Mada de ville Lobes, Portingalois*, lequel dit : *Preuint a mes mains.... ung traictie qui se intituloit le Triumphe des dames, lequel iadis composa en son mesme langaige ung gentilhomme espaignol nomme Jehan dodrige de la Chambre... je vasque nade de ville lobes portingaloys... le fis translater despaignol en langaige francois par ung mien ami qui de ses deux langaiges auoyt moyenne cognoissance cy apres nomme*. Le second prologue est du traducteur français; celui-ci, qu'on croit être Ferdinand de Lucenne, ne se nomme pas; il dit seulement qu'il veut servir en prose les dames qu'il a autrefois servies en vers. À la suite du triumphe, écrit en prose, se trouve une petite pièce de vers composée par le traducteur et intitulée : *En suyt ung Sirographe a lhonneur z triumphe des dames*. C'est un morceau aussi plat dans la forme que peu ingénieux dans le fond. Vend. 10 fr. le baron d'Heiss; 2 liv. 12 sh. 6 d. Heber.

TRIOMPHE. Triumphe et magnificence du Tournoy, et des nobles mariages fais au moy d'avril 1556, en la ville et chasteau de Bloys. *Lyon, Antoine du Rosne*, 1556, pet. in-8. de 8 ff. dont dernier blanc, avec les armes de France.
16 fr. 50 c. *non relié*, de Soleinne.

TRIOMPHE hermétique. Voyez SAINT-DIDIER.

TRIOMPHES (les) de l'abbaye des Conards, sous le resveur en decimes Fagot abbé des Conards, contenant les criees & proclamations faites, depuis son aduenement jusques à l'An present; plus l'ingenieuse Lessiue qu'ils ont conardement monstree, aux iours gras en L'an M. D. XL. Plus le Testament D'oüinet, de nouueau augmenté par le commandement dudit Abbé, non encores veu. Plus la Letanie, l'Antienne, & l'Oraison faite en ladite maison Abbatiale en l'An 1580. *Rouen, Nic. Dugord* (ou chez *Loys Petit*), pet. in-8. de 56 ff. non chiffrés, avec la fig. du triomphe au verso du dernier. [17819]

Volume rare où sont réunies des facéties en prose et en vers : vend. en *mar. r.* 16 fr. Gaignat ; 57 fr. La Valliere ; 55 fr. le B. d'Heiss ; 99 fr. *mar. r.* d'Ourches ; en *mar. br.*, par Bauzonnet, 183 fr. Nodier, en 1844 ; revendu 470 fr. H. de Cl... en 1863 ; 301 fr. Solar ; 260 fr. *mar. r.* Le Prevost, en 1857 ; et 300 fr. Alfr. d'Auffay, en 1863.

C'est à tort que plusieurs bibliographes ont pris l'ouvrage intitulé *Recueil des actes et dépêches, etc.*, pour une réimpression de celui-ci (voyez ces mots, t. IV, cc'. 1159 ; voy. aussi les articles APPOLOGIE, PREMIÈRE leçon, PLUSIEURS traictez, et RECUEIL des actes). A la fin de l'exemplaire des Triomphes que nous avons sous les yeux, se trouve ajoutée une pièce de vers en patois normand, occupant 6 pp. sous ce titre : *Dialogue recreatif fait à sainct Nigaize par deux bons compagnons normans Drapiez, sur la resiouissanche de la paix* (avec Philippe II).

NOTICE sur l'abbaye des Conards, confrérie célèbre qui a existé à Rouen du XIVᵉ au XVIIᵉ siècle, à Evreux, 1343 à 1420, par J.-X.-C. de Busserolle. *Rouen*, 1859, in-8.

TRIONFI (Tutti i). Voy. TUTTI.

TRIONFO della fedeltà, drama pastorale per musica di E. T. P. A. (Ermelinda Talea Pastore Arcada, overo Maria Antonia elett. di Sassonia). *Lepsic*, 1756, 3 vol. in-fol. obl. [16726]

Premier grand ouvrage impr. avec les notes de musique fondues par Breitkof, notes dont le premier essai est un petit in-fol. obl. sous ce titre : *Graefe's Sonett auf das Pastorell : il trionfo, etc.*, Leipsic, 1755. (Ebert, 23090.)

TRIONFO. Triumpho del refrigerio già secretario di lo invictissimo signore Roberto. *Venetia*, 1487, in-4. de 8 ff. [14946]

Élégie suivie de deux *Canzoni*. 21 fr. Riva.

TRIORS (Odde de). Voy. ODDE.

TRIPARTITUM, seu de analogia linguarum libellus (auctoribus And.-Adolph. de Merian et J. Klaproth). *Viennæ, typ. Haykul*, 1820-23, 4 part. in-4. obl. [10566]

Ouvrage en tableaux, et sans nom d'auteur. Les deux dernières parties contiennent *Continuatio secunda, tertia* et *quarta*. Vend. 73 fr. Klaproth, mais beaucoup moins cher depuis.

TRIPET Leblanc. Iconographie du genre œillet, par M. Tripet Leblanc, peinte d'après nature, et gravée à l'eau-forte par J. Planson. *Paris, l'auteur*, 1842, in-fol. fig. color. [5506]

Publiée en 25 livraisons.

TRIPON. Les phrénétiques amours et phantasques poésies de M.-J. Tripon docteur ès lois, et avocat à Condom ; dédiées à haut et puissant seigneur de Sacquedeburre, seigneur de la grande Brauste, reueuës et commentées par son fils lou Balent, et enrichies d'annotations par la Bordeblanque. *Arraiogat, par Jean Mirgail et Daniel Schapacaca, imprimeurs jurez*, 1609, in-12. [13907]

Facéties en vers d'un pseudonyme. C'est une pièce fort rare (La Valliere, 2922²⁹).

TRIPPAULT (*Léon*). Dictionnaire françois-grec. *Orléans, Eloy Gibier*, 1579, in-8. [10923 ou 11033]

Vendu 8 fr. Méon ; 32 fr. *mar. bl.* Veinant ; 26 fr. Solar.

— Celt-hellénisme, ou étymologie des mots françois tirez du grec, et les preuves en géneral de la descente de nostre langue. *Orléans; Eloy Gibier*, 1580, pet. in-8. 10 à 15 fr.

Cet ouvrage est le même que le précédent, mais avec beaucoup d'augmentations : 12 fr. 75 c. (daté de 1581) Gouttard, et 42 fr. *mar.* Solar.

Il y a aussi une édition de 1583, vend. 16 fr. d'Ourches, et une autre de 1585, vend. 12 fr. le même ; enfin une d'Orléans, 1586, in-8. de 311 pp.

— Sylvulæ antiquitatum aurelianensium, Lugdo Triputio, in aurelianensi præsidiatu consiliario, auctore. *Aureliæ, Gibier*, 1573, pet. in-8. [24278]

Rare, mais de peu d'importance ; on en peut dire autant de l'opuscule suivant du même Léon Trippault, lequel conserve cependant une certaine valeur.

LES ANTIQUITÉS de la ville et duché d'Orléans, fidèlement recueillies des cosmographes et historiographes qui en ont écrit. *Orléans, Gibier*, 1573, pet. in-8. [14279]

L. Trippault avait déjà donné un *Extrait de l'Antiquité d'Orléans* à la suite des Coutumes ci-dessous :

COUTUMES generales du bailliage et prevosté d'Orléans, augmentées d'annotations ; auec le proces verbal par Leon Trippault, aduocat, plus vn extrait de l'antiquité, et choses plus notables d'icelle ville, recueillis par le mesme auteur : Almanach contenant les jours non plaidoyables, qui y sont pour le present. *Orléans, Eloy Gibier*, 1570, pet. in-8. (L'Extrait de l'Antiquité manque quelquefois.)

— Histoire du siége d'Orléans. Voy. HISTOIRE et discours.

TRIPPAULT, sieur de Linieres (*Emmanuel*). Discours du siege d'Attila roy des Huns, dit le fleau de Dieu, devant la ville d'Orléans en l'an quatre cent

---

cinquante cinq. *Orléans, René Fremont*, 1635, pet. in-8. de 21 pp. [24283]

Opuscule peu connu, mais qui n'est pas sans intérêt. Un bibliophile éclairé, M. G. Duplessis, recteur de l'Académie de Douai, en a fait faire une réimpression (*Chartres, imprim. de Garnier fils*, 1832), pet. in-8. de 16 pp. en tout, dont il n'a été tiré que *trente exempl.* sur pap. écu fin et *six* sur pap. de Hollande. L'auteur était fils de Léon Trippault.

ANAGRAMMES des noms et surnoms des princesses et dames illustres de la cour, par Em. Trippault. *Orléans, René Fremont*, 1626, in-4. [13933]

On cite du même auteur : *Les Anagrammes des noms et surnoms des demoiselles et dames d'Orléans*, impr. dans cette ville en 1626, in-8., et on sait qu'il avait déjà donné : *Libellus anagrammatum virorum illustrium aurelianensium*, Aureliæ, R. Fremont, 1613, in-8., et *Repos d'esprit en l'agriculture et vie solitaire*, Orléans, Fremont, 1613, in-8., en vers français. Et ces deux volumes reliés ensemble se sont vendus 8 fr. 95 c. Courtois.

TRISMOSIN (*Salomon*). La toyson d'or, ou la fleur des thrésors, en laquelle est succinctement et méthodiquement traicté de la pierre des philosophes... enrichies de figures, et des propres couleurs représentées au vif, selon quelles doiuent necessairement arriuer en la pratique de ce bel œuure, et recueillies des plus grands monuments de l'antiquité... par ce grand philosophe Salomon Trismosin, précepteur de Paracelse ; traduit de l'allemand en françois et commenté par L. I. *Paris, Ch. Sevestre*, 1613, pet. in-8. de 9 ff. prélimin. et 219 pp., avec fig. sur bois. [8956]

Vend. 24 fr. *mar. bl. fig. color.* Gaignat; 14 fr. *vél.* Méon.

TRISSINO (*Gio.-Giorg.*). Tutte le sue opere, non più raccolte. *Verona*, 1729, 2 tom. en 1 vol. in-fol. 10 à 12 fr. [19198]

Les mêmes œuvres existent en deux volumes in-4.
— I RITRATTI del Trissino. *Roma, per Lodovico degli Arrighi Vicentino e Cantilio Perugino*, 1524, pet. in-4.

Opuscule de 16 ff. impr. avec les caractères grecoitaliques adoptés par Trissino. 14 fr. Riva; 15 sh. Libri.

— EPISTOLA di Trissino de la vita che dee tenere una donna vedova. *Roma, Lod. Arrighi Vicentino*, 1524, pet. in-4. de 12 ff.

Mêmes caractères. 8 fr. Riva; 11 sh. Libri.

— ORATIONE del Trissino al serenissimo Principe di Venetia. *Stampata in Roma, per Lodovico degli Arrighi Vicentino et Lautitio*, 1524, in-4.

Mêmes caractères. 18 fr. 50 c. Riva.

—Dialogo intitulato : Il Castellano, nel quale si tratta della lingua italiana. (*Vicenza, Tolomeo Janiculo da Bressa*, 1529), pet. in-fol. de 20 ff. à 32 lign. par page. [11067]

On trouve ordinairement cet ouvrage relié avec les

suivants, qui ont paru la même année, savoir : *La poetica di* TRISSINO ; DANTE *de la volgare eloquentia ; Vicenza, Janiculo*, 1529, pet. in-fol. de 26 ff. ; TRISSINO, *epistola delle lettere aggiunte nella lingua italiana.* Vendu, ainsi complet, 1 liv. 5 sh. Pinelli ; 32 fr. Libri ; 28 fr. Riva.

DELLA POETICA, divisioni quattro. *Vicenza, Tolomeo Janiculo*, 1529, in-fol. de lxviii ff. chiffrés et 2 ff. non chiffrés pour les errata. [14423]

Édition rare : vend. 9 fr. Floncel. Les 5e et 6e divisions ont paru séparément à *Venise*, 1562, in-4. Les 2 vol. réunis, 13 fr. *m. r.* La Valliere.

LA GRAMATICHETTA. *Vicenza, per Tolomeo Janiculo*, 1529, pet. in-4. de 28 ff. non chiffr.

Vend. 7 sh. Pinelli ; 10 fr. Riva.

— EPISTOLA intorno alle lettere nuovamente aggiunte alla lingua italiana. — *In Roma, per Lodovico degli Arrighi Vicentino Scrittore*, 1524, in-4. de 8 ff. [11068]

Cette lettre au pape Clément VII a été réimpr. à *Vicence*, par *Tolomeo Janiculo*, 1529, in-fol. de 17 ff. et 1 bl. ; mais il importe d'avoir la première édition, moins à cause de sa rareté, que parce que c'est celle à laquelle se rapportent les critiques que nous allons citer, et qui forment une collection curieuse et difficile à trouver.

RISPOSTA alla epistola del Trissino. — *Stampato in Fiorenza*, in-4.

Cette réponse, dont l'auteur, *Lodovico di Lorenzo Martelli*, se nomme au commencement, doit avoir paru au plus tard en 1525, puisqu'il en est question dans celle de Niccolo Liburnio, datée de février 1526. 7 fr. 50 c. Riva.

VINCENTII Oreadini Perusini opusculū. in quo agit utrū. adiectio nouarū literarum. Italicæ linguæ aliquam utilitatem peperit. — *Perusiæ in ædibus Hieronymi Francisci Chartolarii mai mense* M. D. XXV. in-4., signat. A—E, lettres rondes.

DISCACCIAMENTO delle nuove lettere inutilmente aggiunte nella lingua toscana. *In Roma per Lodovico Vicentino e Lautizio Perugino nel 1524, di decembre*, in-4., écrit anonyme d'*Agnolo Firenzuola*.

DE LE LETTERE nuovamente aggiunte libro di Adriano Franci da Siena intitolato il Polito. *Roma, Lud. Vicentino et Lautitio Perugino*, senz' anno, in-4.

LE TRE FONTANE di Niccolo Liburnio in tre libri divise sopra la gramatica et eloquenza di Dante, Petrarca, e Boccaccio, con un Dialogo sopra certe lettere ovver caratteri trovati da G.-G. Trissino. *Venezia, per Gregorio de' Gregorj nel mese di Febrajo*, 1526, in-4. — Réimpr. à *Venise*, par *Marchiò Sessa*, 1534, in-8.

Le Trissino ne répondit pas d'abord à ses adversaires et laissa ce soin à Vincenzio Oradini, qui s'en acquitta dans un ouvrage latin impr. *Perussiæ in ædibus Hier.-Francisci Cartularii*, 1525, in-fol. ; mais plus tard il défendit lui-même ses nouveaux caractères dans un petit Traité ajouté à la seconde édition de son *Simillimi*, et qui a pour titre :

DUBBI grammaticali di Giov.-Gior. Trissino. *Vicenza, per Tolomeo Janiculo da Brescia*, 1529, in-fol.

Au sujet de cette controverse consultez *Apostolo Zeno* sur *Fontanini*, I, 28-29, et Crevenna, n° 4749.

— Le rime di Trissino. *Vicenza, per Janiculo*, 1529, pet. in-4. de 52 ff. [14508]

Vend. 9 fr. *mar. r.* La Valliere ; 14 sh. Pinelli.

Toutes ces premières éditions des ouvrages de Trissino sont remarquables, parce qu'on y a fait usage des lettres grecques (ω pour *o*, et ε pour *e*) que venait d'adopter l'auteur. Ces mêmes caractères ont aussi été employés dans l'édition des *Simillimi*, et dans l'ouvrage suivant.

CANZONE al santissimo Clemente settimo P. M. (*sanza alcuna nota*), in-4.

Opuscules impr. à Rome, vers 1524.

Triquet (*A.*). Vie de sainte Aldegonde, 22092. — de sainte Wendrude, 22290.

Triquet (*E.-H.*). Maladies de l'oreille, 7540.

— L'Italia liberata da'Goti. *Roma, Dorici,* 1547, et (tom. II et III), *Venezia, Tolomeo Janiculo,* 1548, 3 volumes in-8. [14658]

Édition originale, assez rare : 30 à 36 fr. ; vend. 37 fr. *mar. r.* Le Marié ; 55 fr. 50 c. Mac-Carthy ; 70 fr. Boutourlin ; 59 fr. Libri, en 1847, et 2 liv. 10 sh. en 1859 ; 50 fr. *mar. r.* Sebastiani. M. de Mac-Carthy avait un exemplaire des tomes I et III, de cette même édition, imprimé sur VÉLIN, lequel a été vendu 72 fr.

Il est bon de faire observer que parmi les exempl. de cette édition originale, il y en a quelques-uns qui ont été cartonnés en deux ou trois endroits par l'auteur lui-même, qui crut devoir retrancher quelques traits un peu trop hardis contre les papes et la cour de Rome ; mais les changements se réduisent à très-peu de chose : ce sont trois vers retouchés, p. 127, et deux mots changés, p. 128, tome II. Une troisième correction plus considérable se trouve p. 131 du même volume ; c'est le retranchement total de plusieurs vers depuis celui-ci :

Ancor vi vol jo dir quel che mi disse,

jusqu'à cet autre :

Dei mal guidati popoli di Christo. (M)

Le tome Iᵉʳ a 8 ff. prélimin. et 175 ff. de texte, et de plus, entre les pp. 112 et 113, doit se trouver un f. plié contenant *dichiarazione de la castrametazione oltra scritta.* — Tome II, 181 ff., plus 6 ff. contenant la souscription, la table des noms une figure de Rome, etc. — Tome III, 184 ff., et 3 ff. pour les errata. Il y a de plus un f. blanc à chaque volume.

— La medesima Italia liberata (edizione riveduta per l'abbate Antonini). *Parigi,* 1729, 3 vol. in-8. 8 à 12 fr.

Il y a des exemplaires de cette édition impr. sur VÉLIN, mais ils ne sont pas beaux : vend. 120 fr. Soubise ; 200 fr. *v. f.* Lamy ; 81 fr. Mac-Carthy ; 60 fr. Librairie De Bure, et 90 fr. *mar. r.* Libri.

Réimpr. *Londra (Livorno),* 1779, 3 vol. in-12. 9 fr.

— Sophonisba, tragedia. *Roma, Lodovico degli Arrighi e Lautitio Perugino,* 1524, pet. in-4., sign. a—n. [16635]

Il a paru deux éditions sous cette même date, la première, *del mese di luglio,* sans les deux caractères grecs sur le titre ; la seconde au mois de septembre, et avec les deux lettres grecques (ω et ε). Un exemplaire dans son ancienne reliure, et ayant sur la garde un curieux envoi autographe du roi Charles IX à Brantome, 360 fr. Solar.

Une troisième, *Vicenza, per Tolomeo Janiculo nel* M. D. XXIX *di maggio,* in-4., vend. 17 fr. Reina ; 15 fr. de Soleinne.

— Di M. GIOVANGIORGIO TRISSINO La Sophonisba, Li Retratti, epistola, Oracion al serenissimo Principe di Vinegia. — *In Venetia per Ieronimo pentio da lecho a instantia de Nicolo garanta,* Nel anno M. D. XXX, *die xxxx Marzo,* pet. in-8. (Molini, *Operette,* p. 167.)

L'édit. de Venise, *per Alex. Pag. Benacense,* sans date, pet. in-8 de 63 ff., vend. 4 fr. de Soleinne, contient les mêmes choses que la précédente.

Celle de *Venise, Bindoni,* 1549, in-8. (avec *epistola e oratione*), 7 fr. Boutourlin.

Cette même pièce a été réimpr. plusieurs fois encore en in-8. et en in-12.

— Sophonisbe tragedie tres excellente, tant pour l'argument, que pour le poly langage et graues sentences dont elle est ornée : représentée et prononcée de-

uant le roy, en sa ville de Bloys. *Paris, Phil. Danfrie et Rich. Breton,* 1559, in-8. de 47 ff.

Édition imprimée en caractères de civilité : 19 fr. *mar. v.* Crozet, et jusqu'à 160 fr. *mar vert,* par Duru, vente Veinant, en 1860.

L'édition de *Paris, Rich. Le Breton,* 1560, pet. in-8. également composée de 47 ff. impr. en caractères de civilité, pourrait bien être la même que celle de 1559, sous une nouvelle date. Un exempl. en *m. r.,* 29 fr. de Soleinne ; 25 fr. Monmerqué.

Cette traduction de la Sophonisbe du Trissino par Mellin de Saint-Gelais, est en prose, à l'exception des chœurs qui sont en vers ; elle a été publiée par Gilles Corrozet, dont le nom se lit au commencement de l'avis au lecteur. Il en existe une autre en vers (voy. MERMET).

— Comedia del Trissino intitulata i Simillimi. *Venezia, Tolomeo Janiculo de Bressa,* 1548, pet. in-8. de 34 ff. non chiffrés, sign. A—E.

Pièce en vers, sans indication d'actes ni de scènes, mais avec des chœurs. L'avant-dernier f. est blanc, et le dernier porte une vignette sur bois. Malgré sa grande rareté, elle n'a été vend. que 6 fr. 25 c. de Soleinne, parce que l'exemplaire était mouillé et avait une déchirure.

TRISTAN l'Hermite (*Fr.*). V. L'HERMITE.

TRISTAN de Saint-Amant (*Jean*). Commentaires historiques, contenant l'histoire générale des empereurs romains, etc., illustrée par les médailles. *Paris,* 1644, ou 1657, 3 vol. in-fol. fig. [29812]

Malgré les inexactitudes qui se sont glissées dans cet ouvrage, on le regarde encore comme un trésor d'érudition. Les deux dates se rapportent à une même édition dont on a changé le titre : 24 à 30 fr. ; vend. 41 fr. *v. f.* d'Ennery ; 36 f. *m. r.* de Cotte, *et plus cher autrefois.*

— Traité du lys, symbole divin de l'espérance, contenant la juste défense de sa gloire, dignité et prérogative, ensemble les preuves irréprochables que nos monarques françois l'ont toujours pris pour leur devise en leur couronne, sceptre, écu, étendars, etc., par messire Jean Tristan, seigneur de Saint-Amand. *Paris, Jean Petit,* 1656, in-4. fig. [24007 ou 28827]

Critique de l'ouvrage de Chifflet : *De insignibus regum Francorum Lilium...* C'est un volume peu commun : 48 fr. Gilbert, en 1858, mais quelquefois beaucoup moins.

TRISTAN. Recueil de ce qui reste des poëmes relatifs à ses aventures, composés en françois, en anglo-normand et en grec dans les XIIᵉ et XIIIᵉ siècles ; publié par Francisque Michel. *Londres, Guill. Pickering,* et *Paris, Techener,* 1835-57, 3 vol. très-pet. in-8. 36 fr. [13191]

Dans l'introduction placée au commencement du 1ᵉʳ vol. de ce recueil, l'éditeur a donné des détails curieux sur les différentes versions, traductions et imitations du roman de Tristan. Avant lui Van Praet avait parlé des traductions françaises du même ouvrage, dans le 4ᵉ vol. de son catalogue des livres imprimés sur VÉLIN, n° 382.

TRISTAN (histoire du tres vaillant, noble et excellent cheualier), fils du roi Meliadus de Leonnois (redigée par Luce, chevalier, seigneur du chateau de Gast). — *Imprime a Rouen, en lostel Jehan le Bourgois... le dernier. jour de septembre... Mil cccc. iiii xx et ix*, 2 tom. en 1 vol. in-fol. goth. [17024]

Édition originale, fort rare, d'un des meilleurs romans de chevalerie que nous ayons. La première partie commence sans titre, par la signat. a I, et finit à la signat. &, qui n'a que 2 ff. : elle est terminée par 2 ff. de table, signat. A. La seconde partie a un f. blanc et des signat. aa ii—tt i, et le volume est terminé par la souscription portant : *Cy fine la secõde et derraine partie de ce present liure...*, laquelle souscription est suivie de 2 pp. de table. Vend. 54 fr. *m. r.* Lauraguais; 73 fr. *v. br.* le B. d'Heiss, et 28 liv. (le dern. f. manquant) Heber; complet et rel. en *mar. r.* par Bauzonnet, 3100 fr. Solar.

L'exemplaire de cette édition rel. en *mar. noir*, qui a été vendu 990 fr. d'Essling, était d'un tirage fait pour Ant. Verard; il diffère du précédent : 1° en ce que la marque de Jehan Le Bourgoys ne se trouve plus à la fin du premier volume ; 2° dans la souscription du second volume, qui occupe 18 lignes au lieu de 12, parce qu'on y a introduit le nom et l'adresse d'Anthoine Verard : il avait été payé 1240 fr.

— Tristan, cheualier de la table ronde, nouuellement imprime a Paris. — *Cy fine le second et dernier volume... imprime a Paris pour Anthoine Verard* (sans date), 2 tom. en 1 vol. pet. in-fol. goth.

Cette édition n'est guère moins rare que la précédente, et elle est fort bien imprimée. Le texte du premier volume, précédé de 4 ff. limin. pour le titre et la table, a *clxxx* ff., dont le dernier n'est pas chiffré. Le second volume se compose de 152 ff., le dernier chiffré cxliiij.

Il existe deux éditions de ce roman, à l'adresse d'*Anthoine Verard*, et sans date. La plus ancienne est celle où la demeure de Verard est indiquée *sus le pont nostre dame*, ce qui ne se voit plus passé 1499. Dans l'autre, dont les caractères sont un peu moins forts, et qui a au commencement de la 2e partie une figure différente de celle de la première édition, l'adresse du libraire est *deuant la rue neufue nostre dame*, où il ne demeura point avant le mois de sept. 1503. Dans cette seconde édition, le texte du 1er vol. a 180 ff. (le dernier chiffré CLXXVII) en 22 cah. de A—Y. — Le texte du 2e a effectivement 152 ff., quoique le dernier chiffre soit CXLIIII. Il y a 19 cah., sign. A—T par 8. Des exempl. de la première été vendus 50 fr. Lauraguais ; 37 fr. (piqué par les vers) La Valliere ; 32 liv. 10 sh. Heber. Un exemplaire imprimé sur VÉLIN et 185 miniatures, mais ayant le premier f. du deuxième vol. manuscrit et la souscription grattée, a été vendu 193 fr. Gaignat; 400 fr. La Valliere; 755 fr. Mac-Carthy; 38 liv. 17 sh. Hibbert; 610 fr. d'Essling; 970 fr. *mar. r.* Bertin. Le texte de cette édition a le même nombre de feuillets que la seconde, seulement le 180e f. du premier volume n'est pas chiffré, et il y a 2 ff. de table à chaque volume. L'exemplaire sur VÉLIN n'a point de titre.

La seconde édition a été vend. 36 fr. Méon; 301 fr. en 1815; 200 fr. Duriez; 240 fr. *mar. olive*, en 1841; 505 fr. *mar d. de mar.* d'Essling.

Nous avons vu des exemplaires de cette seconde édit. de Verard en papier plus grand et plus fort que les autres. M. de Lignerolles en possède un de ce genre, qui a en hauteur près de 55 millim. de plus qu'un exemplaire ordinaire, conservant de nombreux *témoins* de l'intégrité de ses marges.

— Tristan cheualier de la table ronde. (à la fin) : *Imprime a Paris. Lan mil cinq cens et quatorze. le xx iour de May par Michel le noir*, 2 tom. en 1 vol. in-fol. goth. de 4 ff. prélim., CIIII et Cxxiv ff. (le dernier mal coté Cxxvi), sign. A—AA et *a—x*.

Édition rare, dont la souscription est accompagnée de la marque et du nom de *Jehan Petit*, libraire : 11 liv. Heber; 320 fr. pseudo-Courcelles; 302 fr. *mar. noir* d'Essling.

— Tristan cheualier de la table ronde, nouuellement imprime a Paris. — *Jmprime a paris Lan mil cinq cens et vingt le xxvj. iour du moys de May par Michel le noir*, 2 tom. en 1 vol. pet. in-fol. goth. à 2 col., avec fig. sur bois (*Bibliothèque impériale*).

Edition moins belle que celle de Verard; elle a 4 ff. prélim., cliiii et cxxvi ff. de texte, comme la précédente, dont elle est, ligne pour ligne, la copie. Le recto du dernier feuillet du 2e volume porte la marque suivante :

— Les grandes prouesses du tres vaillant noble et excellent cheualier Tristan filz du noble roy Meliadus de Leonnoy. *Nouuellement imprime a Paris lan mil cinq cens xxxiij (par Denis Janot)*, 2 part. en 1 vol. in-fol. goth.

Cette édition, quoique beaucoup moins belle que celles de Verard, a encore de la valeur : vend. 141 fr. en mars 1815; 9 liv. Heber; 400 fr. *m. r.* Crozet; 300 fr. *mar. r.* Giraud; 12 liv. 12 sh. Utterson; et en *mar. r.* aux armes du prince Eugène de Savoie, 620 fr. Solar. La première partie a 4 ff. prélim. et *cliiii* ff. de texte; la seconde est de *cxxiiij* ff.

— Le premier liure du nouueau Tristan,

prince de Leonnois, cheualier de la table ronde, et d'Yseulte, princesse d'Yrlande, Royne de Cornouaille, fait Françoys par Ian Maugin, dit l'Angeuin. *Paris, la Veuue Maurice de la Porte au clos Bruneau*, 1554, in-fol. de 6 ff. et 358 pp. et 1 f. non chiffré, lettres rondes. [17025]

Ce roman ainsi *fait françois*, ne vaut pas l'original : 9 fr. La Valliere, et 4 liv. 5 sh. White Knights ; 21 fr. en 1830 ; 72 fr. *mar.* pseudo-Courcelles. Sur le titre se voit la marque donnée par M. Silvestre, sous le n° 140.

Il y a des exemplaires de cette même édition, dont le titre porte : Le nouueau Tristan..... Paris, Gabr. Buon, 1567, in-fol. Gabr. Buon ayant acheté le fonds de la V⁰ Maurice de La Porte, changea le frontispice de ce livre et supprima le feuillet d'errata. Vendu 10 fr. 75 c. Méon ; 50 fr. pseudo-Courcelles.

— Le liure du nouueau Tristan (comme ci-dessus). *Lyon, par Benoist Rigaud*, 1577, 1 vol. en 2 tom. in-16, contenant 8 ff. prélim., texte, ff. 1 à 238 et 239 à 442, plus 9 ff. pour la table des chapitres.

Cette édition ne contient aussi que le premier livre de l'ouvrage. La suite n'a pas paru : 12 fr. La Valliere ; 1 liv. 14 sh. *mar. bl.* Heber ; 29 fr. d'Essling ; en *mar. r.* 39 fr. Busche.

— Histoire du noble Tristan, prince de Leonnois cheualier de la Table ronde, et d'Yseulte, princesse d'Yrlande, royne de Cornouailles ; fait françois, par Iean Maugin, dit l'Angeuin. *Paris, Nic. Bonfons*, 1586, in-4. de 2 et 184 ff. à 2 col.

Vend. 33 fr. Garnier ; 43 fr. Revoil ; 1 liv. 19 sh., 1 liv. 15 sh., et 18 sh. (trois exempl.) Heber.

Pour un extrait de ce roman, voyez TRESSAN.

— Tristan de Leonis. Libro del esforçado cavallero don Tristan de leonis y de sus grandes hechos en armas. — A qui se acaba el libro del muy famoso y esforçado cavallero don Tristan de leonis. Corregido y con mucha diligencia enmendado. Con una tabla mas que en los otros libros añadida... *Impresso en la muy noble y muy leal cibdad de Seuilla, por Juan Cromberger Aleman, a quatro dias del mes de Nouiembre año d'mil y quinientos xxviii* (1528), in-fol. goth. fig. sur bois. [17512]

Cette édition, fort rare, à 80 ff., y compris le titre, et 2 ff. de table. La souscription rapportée ci-dessus est placée au verso du 78⁸ f. Elle constate l'existence d'une édit. antérieure à celle-ci ; et effectivement Ebert, n° 23101, en indique une de *Valladolid*, 1501, in-fol. goth., avec fig. sur bois, qui, si elle existe, serait la plus ancienne de cette traduction ; celle de *Séville*, 1528, a été vend. 99 flor. Meerman, et le même exemplaire, 21 liv. Heber.

M. de Gayangos décrit une édit. de Séville, *J. Cromberger du 4 Nov.* 1533, in-fol. qui aurait le même nombre de feuillets que celle de 1528 ci-dessus.

— Cronica nueuamente emendada y añadida del buen cauallero don Tristan de Leonis, y del rey don Tristan de Leonis

el jouen su hijo. M. D. *y xxxiiij. — Acabose la presente obra... primero z segúdo libro, agora nueuamente impresso en... Seuilla, por Dominico de Robertis. Año... de mil z quinientos z treynta z quatro* (1534), in-fol. goth. de ccvij ff., y compris le titre et le prologue ; plus à la fin 5 ff. pour la table, à 2 col.

On lit à la fin du prologue : *Esta coronica segun cuenta la hystoria antigua se hallo antiguamente en Jnglaterra, y de lengua Jnglesa fue traduzida en lenguaje frances, y del frances en castellano. Esto se vos recuenta porque sepays el origen della.*

— Dell' opere magnanime dei dve Tristani cavalieri della tauola ritonda libri due. (in fine al secondo) : *In Venetia, per Michele Tramezino*, 1555, 2 part. pet. in-8.

Traduction de l'espagnol, dont la première partie avait déjà été impr. à Venise, en 1552. L'édit. de 1555 est celle que citent B. Gamba et G. Melzi. La prem. partie a 12 ff. prélim. (y compris le titre et un f. blanc), et 263 ff. chiffrés. La 2⁰, sans frontispice, a 337 ff. chiffrés, avec la souscription sur le dernier ; plus un f. blanc et 6 ff. pour la table du 2⁰ livre ; en *mar. bl.* 110 fr. Libri, en 1847 ; 5 liv. 18 sh. en 1859.

TRISTANO. Libro de bataglie de Tristano e Lancelotto e Ghalaso, e della Raina isota. — *Impressum Cremone : per Bernardinum de misintis de Papia : & Cessarem Parmensem socios año .149z. die .zz. Iunii*, in-4. de 8 ff. à 2 col. de 40 lign., sign. a4, caract. rom. [14830]

Petit poëme de 139 stances de huit vers, fort rare de cette édition, qui est la plus ancienne production, bien connue et avec date, des presses de Crémone (Melzi, 317).

— Battaglia di Tristano e Lancelotto e Galasi e della Raina Isota nouamente stampata. — *Milano, Joanne da Castione, a spexe de messer Pre Nicolo de Gorgonzola.* M. CCCCC. XIII., in-4. de 8 ff. à 2 col., sign. A—B.

Pour un autre *Tristano*, en vers italiens, voyez notre article AGOSTINI (*Ant.*), auquel nous ajouterons ici que l'édition de Venise, *per Mathio Pagan*, sans date, in-8., vend. 1 liv. 10 sh. Heber, est bien décrite dans la *Biblioth. grenvil.*, p. 742. Le premier livre occupe les signat. A—G (*quaderni*), H (*duerno*) ; le 2⁰ et le 3⁰ livre, les signat. A—F par huit.

— Hienach volget die histori von herren Tristrant und der schönen Jsalden von irlannde. weliche histori einer vorrede wol würdige wäre. und doch unnutz. dann die lesenden unnd zuhörenden. in langen vorreden verdriessen nemend Darumb sag ich die histori auff das kürtzt. (à la fin) : *Hie endet sich herr Tristrât Getrucket zu Augspurg von Anthonio Sorg im M. cccc. und lxxxjjjj. Jare,* in-4. de 185 ff. non chiffrés, avec 60 fig. sur bois.

Édition très-rare, et la première de cet abrégé en prose allemande de l'ancien ouvrage français ci-dessus. Nous la trouvons indiquée par de Murr, dans son exemplaire des *Annalen der ältern deutschen Litteratur*, de Panzer, 1788, p. 145, aujourd'hui à la Bibliothèque impér. Elle a été décrite depuis par M. Helbig (dans une notice impr. à Gand, en 1842), d'après l'exemplaire du D. Osterhausen, vend. 92 flor. 30 kreutzers (200 fr.), à Francfort-sur-le-Mein, en 1841.

Gödeke paraît ne point avoir connu cette édition de 1484, car, ainsi que l'a fait Ebert, il cite comme la première celle dont le titre suit :

HYE HEBT sich an die hystory herren Tristants vnd der schenen ysalden, wellice histori gar kurtzweilig zu lesen ist. *Ausgp., Hans Schönsperger,* 1498, in-fol. de 50 ff. à 2 col., signat. A—G, avec fig. sur bois.

Ce roman allemand a été réimpr. à Strasb., 1510, in-4. goth. fig. sur bois; — à Worms, par G. Hofman, in-4. goth. (édition sans date, mais dont plusieurs des gravures sur bois portent l'année 1549) ; — à Francfort sur le Mayn, chez Wygand, en 1556, in-8. ; il se trouve aussi dans le *Buch der Liebe,* Francf., 1587, in-fol., ff. 78 à 107, et il a été publié séparément à Berlin, 1819, in-8., par les soins de Van der Hagen. — Voir l'article GOTTFRIT von Strasbourg.

TRISTE (la) et lamentable complainte faicte par François de La Motte en la garnison de Metz en Lorraine, pour auoir violé la fille d'un bourgeois de la dite ville, et a eu la teste tranchée à Paris. *Lyon, Louys Clavet,* 1608, pet. in-8. de 16 pp., avec une fig. sur bois.

Vendu 35 fr. Perret, en 1860.

TRISTES (les) nouuelles ‖ de Rome Aduenues le .viij. ‖ iour Doctobre Lan ‖ Mil. CCCCC. XXX (*sans lieu ni nom d'imprimeur*), in-8. goth. de 8 ff. non chiffrés, sign. A—B. Sur le titre la vue d'une ville gr. sur bois. [25603]

Le sommaire qui se lit au recto du second feuillet commence ainsi : *Les piteuses nouuelles de Rome & meruelles bien tristes par la desfortune de la inundation du Tymbre* (sic), *et foyson des caues par pluyes...* Le recto du dernier f. contient un rondeau, dont voici le premier vers :

Le mal pour bien, côme lon dit se faict :

le verso est blanc.

Un exempl. rel. en *mar. bl.* avec les *Lettres envoyées à M. Darimbaut* (voy. LETTRES envoyées) a été vendu 500 fr. Coste. — La première pièce 1 liv. Libri, en 1859.

TRISTIBUS Franciæ (de) libri quatuor, ex codice manuscripto bibliothecæ lugdunensis nunc primum in lucem editi cura et sumptibus L. Cailhava. *Lugduni, typ. Perrin,* 1840, in-4., avec des vignettes sur bois. [12942]

Poëme en vers hexamètres, dont malheureusement la fin manque. Les préliminaires n'ont paru qu'en 1841. Il y a cent exempl. en pap. de Holl. 30 fr. ; — dix exempl. pap. extra-fort, 45 fr. ; — dix exempl. avec doubles fig., les unes dans le texte, les autres tirées à part à 60 fr. chacune, mais vend. seulement 22 fr. Labédoyère, en 1862. Un exemplaire imprimé sur VÉLIN, avec double titre or et noir, et rel. en

mar. v. à compartiments dorés à petits fers par Bauzonnet,1180 fr. Cailhava, en 1862, ce qui est un prix excessif.

TRITHEMIUS (*Joan.*). Opera historica; ex biblioth. marq. Freheri. *Francof., typis wechelianis,* 1601, 2 tom. en 1 vol. in-fol. 10 à 12 fr. [23040]

Indépendamment des ouvrages historiques de Trithème, ce recueil renferme ses *Epistolæ familiares,* d'après l'édition d'Haguenau, 1536, in-4.

— Annalium Hirsaugensium tomi II. *Typis monasterii S. Galli, Schlegel,* 1690, 2 vol. in-fol. 30 à 36 fr. [21761, ou 23040]

Texte meilleur et plus complet que celui qui fait partie du recueil ci-dessus.

— Compendium, sive breviarium primi voluminis annalium, sive historiarum, de origine rerum et gentis Francorum... Joannis Tritemii abbatis (auctore Francisco Morin.) — *Impressum et completum est presens chronicarum opus anno dñi* MDXV. *in vigilia Margaretæ uirginis, in nobili famosaq. urbe Moguntina... per Ioannem Schöffer...,* pet. in-fol., caractères semi-goth.

La souscription qui se lit au verso du dernier feuillet de ce volume donne des détails curieux sur l'invention de l'imprimerie, attribuée à Jean Fust et à Pierre Schöffer. Cette souscription est figurée en entier dans le Bulletin de Techener, 1855, p. 136, où l'exemplaire décrit est porté à 80 fr. La même édition n'a été vendue que 21 fr. Borluut, et elle est proposée pour 45 fr. dans le catalogue de Tross, 1862, article 1574. — Un fac-simile de la dernière page de ce *Compendium* se trouve dans le catalogue de Tross, 1861, n° 408.

L'ouvrage a été réimpr. à Paris, chez Chr. Wechel, en 1539, in-fol.

— Polygraphia, cum clave seu enucleatorio. (*Oppenhemii*), 1518, *mense Julio, ære ac impensis Joan. Haselberg de Aia,* pet. in-fol. fig. [9060]

Édition rare, la première de cet ouvrage célèbre. — Il y a une édition de *Francf.,* 1550, et une autre de *Darmstadt,* 1621, in-4., sous le titre de *Steganographia.* — Voyez SELENUS.

POLYGRAPHIE et universelle escriture cabalistique de J. Trithemie, trad. par Gabriel de Collange. *Paris, Jacq. Kervar,* 1561, in-4. fig.

Vend. 15 fr. Sepher ; 25 fr. Borluut ; en *mar. rouge,* 40 fr. Solar.

Niceron, *Mémoires,* tome XL, p. 293, fait observer que cette même traduction de Collange a été publiée comme un ouvrage nouveau, sous le titre de *Polygraphie et universelle écriture cabalistique, etc., par Dominique de Hottinga,* à Emden, 1620, in-4. Nous ajouterons que, dans le premier catalogue de Crevenna, tome II, p. 225, on trouve *Polygraphio, ou méthode universelle de l'écriture cachée, par Dominicus de Hottinga,* Groningue, 1621, in-4. fig.

L'ouvrage suivant sert à faciliter l'intelligence du traité ci-dessus :

J. TRITHEMII steganographia vindicata, reserata et illustrata a Wolfg.-E. Heidel. *Moguntiæ,* 1676, ou *Norimbergæ,* 1721, in-4.

— Johannis de Trittenhem abbatis spanhemensis ordinis sancti Benedicti de observantia burszfeldensis, liber lugubris, de statu et ruina monastici ordinis : omnibus religiosis ac devotis viris non minus utilis quam jocundus. (*in fine*) : Lectus fuit presens tractatus in capitulo provinciali sancti benedicti provincie moguntine in hirsau celebrato ad mensam *Anno Domini millesimo quadringentesimo nonagesimo tertio...*, pet. in-fol. ou in-4. de 30 ff. dont le dernier blanc.

Cet opuscule a été imprimé à Mayence vers 1493, avec les caractères de Pierre Fridberger.

Un exemplaire imprimé sur VÉLIN, avec trois lignes de la main de Trithème, est porté (sous la date de 1491) à 375 fr. dans un catalogue de la librairie Tross, 1860 (n° 1038).

— Epistolæ, 18732.

Pour les oùvrages de Trithème, impr. à la fin du XVᵉ siècle, et qui, quoique rares, sont aujourd'hui sans valeur, consultez Hain, nᵒˢ 15613 à 15641.

TRITONIUS. Melopoiæ sive harmoniæ tetracenticæ super XXII. genera carminum heroicorum, elegiacorum, lyricorum et ecclesiasticorum hymnorum per Petrum Tritonium et alios doctos sodalitatis litterariæ nostræ musicos secundum naturas et tempora syllabarum et pedum compositæ et regulate ductu Chunradi Celtis fœliciter impresse. (in fine) : *Impressum Augusta uindelicorum ingenio et industria Erhardi Oglin. Expensis Ioannis de Riman alias de canna et Origen, anno sesquimillesimo & vii Auguste* (1507), in-fol. de 10 feuilles. [10123]

Ouvrage curieux et devenu très-rare. C'est le premier livre dans lequel Erhard Oglin ait fait usage de ses caractères musicaux, ainsi que le prouvent les quatre vers suivants, qui se lisent dans la souscription de ses *Melopoiæ* :

Inter Germanos nostros fuit Oglin Erhardus
Qui primus intidas (nitidas) pressit in æris (sic) *notas,*
Primus et hic lyricas expressit carmine musas,
Quatuor et docuit uocibus ære cani.

Il s'y trouve deux grandes gravures sur bois que Bartsch attribue à Albert Dürer. Le nom de *Chelidonius* se trouve au bas de l'ode dédicatoire. — Voy. CHELIDONIUS.

Panzer (VI, p. 137) a donné une courte notice sur ce livre précieux; mais on en trouvera une description plus exacte et plus étendue dans l'ouvrage souvent cité de M. Ant. Schmid, pp. 159-160.

L'imprimeur Erard Oglin a publié dans la même ville et dans la même année une seconde édition de ces *Melopoiæ*, plus correcte, mais en plus petit format que la première. C'est un pet. in-4. de 38 pp. On y lit cet avis : *Ad lectorem. Candide lector l Harmonias ante impressas, sive vitio exemplaris, sive alia quadam incuria depravatas, nunc integras accipies;* et à la fin du livre : *Denuo impresse per Erhardum Oglin Augustæ* 1507 , 22 *Augusti.*

TRIUM poetarum, Porcelii, Basinii et Trebani opuscula, ex editione Christ. Preudhomme. *Parisiis , Sim. Colinæus,* 1539, in-8. 3 à 5 fr. [12821]

TRIUMPHANT. Voy. TRIOMPHANT.

TRIUMPHE et Triompho. V. TRIOMPHE.

TRIUMPHE de l'amant vert; et Triumphe de dame Vérolle. Voyez LE MAIRE de Belges.—de Louis XII, voy. CHAMPIER. — des neuf preux, voy. NEUF preux.

TRIUMPHO. Voy. TRIOMPHO. — Triumpho di Carlo quinto. Voy. PINO.

TRIUMPHUS (*Aug.*). Voy. AUGUSTINUS.

TRIUMPHUS habitus in Anglia in adventu Caroli. Imp. (in fine) : *Londini* XI *junii Jo. Penandus* (circa 1522), in-4. de 4 ff. en car. rom., titre impr. en goth., avec une bordure historiée. [26053]

Relation des fêtes célébrées de Douvres à Londres pour la bien-venue de Charles-Quint lors de la visite qu'il fit à Henri VIII.

TRIUMPHUS imper. Caroli V. *Norimb., excudebat J. Guldenmund,* 1537, in-fol. [9584]

Belles gravures sur bois, sans titre. La bibliothèque de Wolfenbüttel en possède un exemplaire imprimé sur VÉLIN, qui se compose de neuf pièces collées les unes à côté des autres. Une courte explication en latin est imprimée au bas des fig. (*Ebert,* 23130).

TRIVET (*Nic.*). Annales sex regum Angliæ , e præstantissimo codice glastoniensi edidit Ant. Hall. — Ejusd. Triveti continuatio, ut et Adami murimuthensis chronicon, etc. *Oxonii, e Theat. sheldon.,* 1719-22, 2 vol. in-8. [26896]

Ce livre n'est pas cher en papier ordinaire, mais le Gr. Pap. est rare et d'un certain prix : 63 flor. Meerman ; 1 liv. 11 sh. Dent.

TRIVISI (*Fr.* de). Voy. HORE.

TRIVULTIO (*Geronimo*). Il Brancaleone.

Voyez la colonne 876 de notre 3ᵉ volume, article LATROBIO, et ajoutez : Ce nom est effectivement supposé, car l'auteur du livre est bien réellement *Ger. Trivultio*, nommé sur le titre dans les deux éditions. Son ouvrage est un recueil de Nouvelles dans le genre de Calila et Damna (voy. I, 936, article BIDPAY). M. Libri, en en parlant sous le n° 542 du catalogue de la partie réservée de sa collection, a relevé l'erreur de Gamba, qui, à la page 174 de sa *Bibliografia delle novelle italiane,* a pris le mot *Brancaleone* pour un nom d'homme.

TROIANO. Voy. TROJANO.

TROIANSKI (*Alex.*). Kratkaïa tartaskaïa grammatika... *Saint-Pétersbourg, imprim. impér.*, 1814, in-4. [11886]

Trnka (*Wenc.*). Historia febrium, 7166-67. — tympanitidis, 7228. — hæmorrhoidorum, 7229. — Commentarius de tetano, 7296. — Historia rachitidis, 7518.

Trnka (*Fr.*). Lehrbuch der böhm. Sprache, 11446.

Trochereau de La Berlière. Voy. Mélanges de poésies grecques.

Trochu (*M.*). Création de la ferme et des bois de Bruté, 6360.

Trognon (*Aug.*). Histoire de France, 23242.

Troianski (*J.-K.*). Polnisch-deutsches Handwörterbuch, 11439. — Grammaire tartare, 11880.

31

Grammaire tartare abrégée, en russe : 30 fr. Saint-Martin ; 34 fr. 50 c. Klaproth.

On cite aussi un dictionnaire tartare et russe, *Kazan*, 1833-35, 2 vol. in-4. du même auteur, sous le nom de *Proyanski*, qui est sans doute inexactement écrit. [11888]

TROIS cents meubles antiques, ou fragments en or, argent, bronze et marbre, trouvés à Herculanum, et conservés à Portici, qui n'ont point été publiés. In-fol. max.

Ce recueil, qui a été payé 231 fr. (rel. en *mar. à compart.*), à la vente Mercier de Saint-Léger, se conserve maintenant à la bibliothèque de l'Institut ; il est composé de 269 planches, dont une partie appartient au 9ᵉ vol. des *Antiquités d'Herculanum*, et le surplus devait entrer dans un 10ᵉ vol. du même ouvrage, qui n'avait pas encore été publié. On n'y trouve ni texte, ni frontispice.

TROIS cent cinquante rondeaux. Voyez GRINGORE.

TROIS fils de roi. Voyez LIVRE.

TROIS grands (les). Voy. TROYS grands.

TROIS (les) mortz et les trois vifz (auec la complainte de la Damoyselle). (*sans lieu ni date*), in-4. goth. de 6 ff. [13612]

Opuscule en vers, vend. 34 fr. 50 c. en mai 1824 ; 2 liv. 8 sh. Heber.

Le manuscrit, nᵒ 2736 de La Valliere, qui est du XIIIᵉ siècle, renferme trois pièces différentes sur ce sujet, savoir l'article 22 : *Ce sont li iij mors et li iij uis que baudouins de Conde fist.* 162 vers : *Ensi con li matere conte.* L'article 23 : *Chi commenche li iij mors et li iij uis he maistres nicholes de marginal fist.* 216 vers : *Troi damoisel furent iadis.* L'article 25 : *Chest des iii mors et des iii vis.* 192 vers : *Diex pour trois peceours retraire.*

Un *dit des trois morts et trois vifs* se trouve dans différentes éditions de la *Danse macabre*, depuis celle de Guyot Marchand, 1486, et encore ailleurs. M. de Montaiglon l'a donné dans le 5ᵉ volume de son recueil, et aussi dans l'*Alphabet de la mort*, publié en 1856 chez Edw. Tross, à Paris.

TROIS traités de la philosophie naturelle ; la tombe des philosophes ; la parole délaissée de Bern. Trevisan ; et les douze portes d'alchymie. *Paris*, 1618, in-8. 6 à 9 fr. [8942]

Vend. 12 fr. *m. r.* Baron.

TROIS traictez de la philosophie naturelle, non encore imprimez ; scavoir, le Secret livre du tres ancien philosophe Artephius, traictant de l'art occulte et transmutation metallique, latin-françois ; plus les figures hiéroglyphiques de Nic. Flamel, ainsi qu'il les a mises en la quatriesme arche qu'il a bastie au cimetiere des Innocens à Paris.... avec l'explication d'icelle par iceluy Flamel ; ensemble le vray livre du docte Sinesius, abbé grec, tiré de la bibliothèque de l'Empereur, sur le même sujet, le tout traduit par P. Arnauld, sieur de la Chevalerie. *Paris, Guil. Marette*, 1612, in-4. fig.

Réimpr. à *Paris, Jacq. d'Allin*, 1659, in-4. fig., et sous le titre de *Philosophie naturelle de trois anciens philosophes renomés...* dernière édition augmentée d'un petit traité du mercure et de la pierre des philosophes, trad. du latin de Geor. Ripleus. *Paris, Laur. d'Houry*, 1682, in-4.

— Voy. l'article HERMÈS.

Troll. Lettres sur l'Islande, 20987.

TROIS visions de Childeric, roi de France, pronostic des guerres civiles de ce royaume. *Paris, Morel*, 1595, in-8. [23627]

Vend. 18 fr. 60 c. Le Marié.

TROJANO. Libro di Troiano composto in lingva fiorentina. — *Finito il libro decto Troiano, stampato & composto in lingua fiorentina nella magna & triumphante cipta di Vinegia per me Ser Iacopo di Carlo, prete fiorentino. Nell' anno* M CCCCXCI *a di* II. *di novembre*, in-4. de 110 ff. à 2 col. de 40 lign. [14647]

Poëme en vingt chants et en octaves : le nom de l'auteur est inconnu, bien que, d'après la souscription ci-dessus rapportée, Crescimbeni, V, 38, attribue l'ouvrage à *Jacopo di Carlo ;* mais, comme l'a fort bien remarqué Ebert, nᵒ 11950ᵇ, ce *Jac. di Carlo* était un imprimeur qui exerçait à Florence, de 1487 à 1489, et qui peut bien avoir imprimé à Venise, en 1491, le *Trojano*, sans en être l'auteur ; car le mot *composto*, venant après *stampato*, semble s'entendre naturellement de la composition typographique plutôt que de la composition poétique. N'oublions pas de rapporter ici une conjecture ingénieuse relative au nom de l'auteur de ce poëme, conjecture qu'Ebert soumet à l'examen des littérateurs italiens. Selon ce savant bibliographe, les trois dernières stances du 20ᵉ livre du *Trojano* donnent en acrostiche : *Angilus Johannes Franci* (scanus ?) *ad Andream f.* (Fratrem vel filium), noms qui sont probablement ceux de l'auteur original. Ajoutons que l'ouvrage est traduit du latin ; car, dans la première stance du premier livre, le traducteur s'exprime ainsi : *per farne a più gente disciplina, vulgar tradussi l'opera latina.* Au reste, cette édition de 1491 est un livre fort rare ; Hain, qui le décrit sous le nº 15644 de son *Repertorium*, en rapporte les quatre premiers vers tels qu'ils sont imprimés au recto du 2ᵉ f.

(N) *On pchio creda lauolâte fama*
Cader p lungo têpo de troiani
Ned grâ greci talôguera e fama
Che uiue ancor neglîtellecti humani.

— Libro ditto el Troiano in rima hystoriado el qual tratta la destrution de troia fatta p li greci : & come p tal destrution fo edefichada roma padoa & verona & moltre altre citade in italia, & tratta le Battaglie che furono fatte in italia per Enea, e come ando et torno da linferno, etc. *Impresso in Venetia, per Maestro Manfrino de Monte Ferato da Strevo*, M. CCCC IX, *Adi xx Marzo*, in-4. à 2 col. fig. sur bois.

Cette édition a été donnée pour 5 sh. chez Pinelli ; mais on l'a payée 2 liv. chez Heber ; 31 fr. en 1862 ; elle a des signat. de A.-N. (*quaderni*) et O (*quinterno*).

— Libro di Troiano composto in lingua fiorêtina nelquale con grande ingenio lo auctore haue reducte quasi tutte fabule poetice. (au verso du dernier f.) : *Finito il libro decto Troiano... Stampato Leonardo de Vegii nella gloriosa cita de Milano, nel* M ccccix. *adi xx de nouembro*, in-4.

Édition peu connue, impr. à 2 col. avec des signat. de a—o, par cah. de 8 ff., à l'exception du dernier qui n'a que 6 ff.

— Libro chiamato el Troiano in rima historiato... Novamente corretto. In-4. goth. fig. sur bois.

Édition sans lieu ni date, mais qui peut être de l'an 1525 environ : vend. 3 liv. 5 sh. Hibbert; 1 liv. 19 sh. mar. Heber.

Tiraboschi cite une édition de Milan, 1518, qu'il suppose être la première de ce poëme, et il attribue au même auteur (Jacopo di Carlo) une Alessandreida dont nous parlons au mot ALEXANDREIDA.

— Libro chiamato el Troiano (ut supra). Vinegia, per Fr. di Aless. Bindoni et Mapheo Pisani, 1536, in-4. à 2 col., avec fig. sur bois.

Un exemplaire rel. en mar. v. 30 fr. Libri, en 1847, et 12 liv. 12 sh. en 1859.

Autre édition : Venetia, per Bern. di Bindoni, 1549, in-4. fig. sur bois, catal. Crofts, n° 3769.

— Libro chiamato el Troiano (ut supra). Et tratta le Battaglie che furono fatte in Italia per Enea, et come ando e torno de l'Inferno, etc. Venet., Agost. Bindoni, 1553, in-4. de 112 ff. non chiffrés, à 2 col., avec fig. sur bois.

— Troiano il qual tratta la destruttione de Troia, per amor di Helena Grecha la qual fu tolta da Paris troiano al Re Menelao, e come per tal destruttione fu edificata Roma... per Enea Troiano come intenderai con molte altre diuerse historie da molti autori descritte (senz' anno, etc.), pet. in-8. de 111 ff. à 2 col., avec quelques fig. sur bois.

Ce poëme est, sous un autre titre, le même que le précédent. C'est ce dernier titre que portent les éditions de Venise, Fabio et Agost. Zopini fratelli, 1587, in-8. (Biblioth. impér.). — De Venise, Lucio Spineda, 1615, in-8. (La Valliere-Nyon, 16907), et plusieurs autres.

TROIANO (Massimo). Dialoghi ne quali si narro le cose piu notabili fatte nelle nozze dello principe Guglielmo VI e dall' Ilustriss. Madama Renata di Loreno, tradotti nella lingua castigliana da G. Miranda. Venetia, 1569, in-4. portrait et fig. sur bois.

Ces dialogues, en italien et en espagnol, donnent la description des banquets, tournois et intermèdes en musique, dont se composa cette fête. Les pages du volume sont inexactement chiffrées, et la signature P est répétée.

TROMBA (Fr.). Opera nova chiamata la Dragha de Orlando innamorato : dove si contene de molte battaglie : innamoramenti : e come Renaldo si concio con Plutone in lo Inferno. (au verso de l'avant-dernier f.) : Finito el primo libro de la Draga : de Orlando Inamorato Stampato per me Bianchino del Lione, et Francescho Tromba da Gualdo de Nucera : in la inclita citta de Perusia adi 15 de Marzo. MDXXV, in-4. de 92 ff., sign. A—MIV. [14749]

Ce premier livre de la Dragha de Orlando est excessivement rare et a été vendu jusqu'à 20 liv. chez Heber, IX, n° 2951. Au verso du titre se trouve une épître dédicatoire de l'auteur Alla Gñosa et Ill. Casa Bagliona, accompagnée d'un sonnet; et le recto du dernier feuillet contient un privilége accordé à Bianchino et à Fr. Tromba da Gualdo, en date de Perouse MDXXV.

—Incomincia el secondo libro della Dragha de Orlãdo doue tracta de molte aspere bactaglie τ como Orlando passo li monti caspi τ ando a una cita de Giudei chiamata burbãza τ felli cõuertir alla fede christiana nouamête historiato. (in fine) : Finito e el secondo libro della Draga : composto per Francesco Tromba da Gualdo de Nugea : trãslactato delle vltime croniche de lo Istoriogrofo Sigimbertho : e correcto per mano del vescovo Turpino. Stampato in Perosa : per Cosmo da Verona dicto Bianchino del Leone : nel Anno del signore M. CCCCC. XXVII... Adi xxvj del mese di Maggio, in-4. caract. rom., fig. sur bois.

Ce second livre n'est pas moins rare que le premier, puisque, selon Melzi, on n'en connaît pas d'autre exemplaire que celui de la bibliothèque Trivulziana. Quant au troisième livre, que promet le dernier vers de celui-ci, nous ignorons s'il a jamais vu le jour.

—Rinaldo furioso. — Impresso in Venetia, per Nicolo de Aristotile di Ferrara detto Zoppino... 1530 del mese di Aprile, pet. in-8. goth. de 88 ff., sign. A—L. [14767-68]

C'est le même poëme dont l'édition du premier livre, imprimée en 1526, a paru sous le nom de Marco Cavallo (voyez CAVALLO), mais que l'imprimeur de celle-ci, dans un avis placé au verso du titre (et qui est rapporté dans la Biblioth. grenvil., p. 744) réclame pour Francesco Tromba. Il doit être accompagné d'un second livre donné par le même imprimeur, en 1531. Il paraît que les deux livres ont été réunis dans une édition de Venise, per Aug. de Bindoni, 1542, pet. in-8.

Un exemplaire de la 1re partie, édit. de 1530, réuni à la 2e part., édit. de 1542, a été vend. 12 liv. Heber, IX, n° 3001. Voici le titre que porte la seconde partie :

SECONDO LIBRO di Rinaldo furioso di Francesco Tromba da Gualdo di Nucea. Novamente Stampato. — Stampato nella inclita citta di Vinegia per Augustino di Bendoni, 1542 (96 ff.).

Il existe une édition des deux mêmes parties, imprimée à Venise, per Bartolomeo detto l' Imperadore e Franc. suo genero, 1550, pet. in-8. Le titre du premier volume porte la date de 1542, quoique la souscription finale soit datée de 1550. Dans la souscription du second livre il y a Lo Emperatore.

— Voyez TRABISONDA.

Trolley (M.-A.). Hiérarchie administrative, 2922.

Trollet (L.-F.). Sur la Rage, 7327.

Trollope (Frances Milton, mistress). Mœurs domestiques des Américains, 28525.

TROMBA (*Girol.*). Libro del Danese. Voy. OGIER le Danois.

TROMBELLI (*Giov.-Cris.*). L' arte di conoscere l' età de' codici latini e italiani. *Bologna,* 1756, ovvero 1778, in-4. 8 à 12 fr. [30206]

Vend. 36 fr. Villoison, à cause des notes de ce savant. L'ouvrage a été réimprimé à *Naples,* en 1780, in-8.

— MARIÆ sanctissimæ vita, ac gesta, cultusque illi adhibitus per dissertationes descripta a D. J. Chrysostomo Trombelli. *Bononiæ, typis Lellii a Vulpe,* 1761, 6 vol. in-4. [1277]

On a du même auteur : *De Cultu sanctorum dissertationes decem,* Bononiæ, 1740-43, 2 tom. en 5 vol. in-4. Vend. 35 fr. 50 c. en 1840. [1276]

TROMMIUS (*Abrah.*). Concordantiæ græcæ versionis LXX interpr. *Amstel.,* 1718, 2 vol. in-fol. [263]

Ouvrage fort utile. 54 fr. 50 c. en 1842. Il y a des exemplaires en Gr. Pap.

TROMPERIES dont usent les courtisannes. Voy. ARETINO.

TROMPETTE françois. Voyez BOMBAST et au mot IMPÉRIALE.

TRONC de Codolet (*Palamede*). Lei Fourbaries dau siecle, ou lou Troumpo que poou, coumedio en tres actes. *A Coulogne, aquo de Jaque Marteou,* 1757, in-8. de 60 pp. [16592]

Cette comédie provençale, qui n'est pas sans mérite, a probablement été imprimée à Marseille. L'auteur, dont le nom ne se trouve pas sur le titre de sa pièce, mourut en 1722. Voir le catal. de M. de Soleinne, n° 3901, où l'exempl. de cet amateur est porté à 16 fr.

TRONCHET (*Est.* du). V. DU TRONCHET.

TRONCI (*Paolo*). Memorie istoriche della città di Pisa. *Livorno,* 1682, in-4. [25563]

Vend. 13 fr. Floncel ; 9 fr. 50 c. Boutourlin.

TRONUS (sic) Cupidinis, sive emblemata amatoria. *Excudit Crisp. Passæus* (absque anno), pet. in-12, obl. [18584]

Petit volume contenant 48 jolies gravures, avec un texte en vers français. Il y en a une autre édition d'*Amsterdam,* Guill. *Jansson,* 1618, pet. in-12 obl., avec le texte en hollandais et en français, sous le nom de *P.-T.-L. Thronus,* et une troisième, chez le même libraire, 1620, pet. in-12 obl., texte en français, en latin et en hollandais.

TROPLONG (*Raymond - Théodore*). Le Droit civil expliqué suivant l'ordre des articles du Code, depuis et y compris le titre de la vente. *Paris, Hingray,* 1833 et ann. suiv., 28 vol. in-8. [2840]

Ce grand ouvrage, qui sert de continuation au *Commentaire sur le droit civil* de Toullier (voy. ce

nom), est fort estimé, et plusieurs de ses parties ont eu jusqu'à cinq éditions. Voici l'ordre naturel dans lequel doit être classée la collection : *Des Donations entre vifs et du testament, ou commentaire sur le titre 2 du livre III du Code Napoléon,* 1855 (2e édit. 1862), 4 vol. in-8. — *Du Contrat de mariage,* 1850, 4 vol. — *De la Vente,* 5e édit., 1856. — *De l'Echange et du louage,* 1852, 2 vol. — *Contrat de société civile et commerciale,* 2 vol. — *Du Prêt, du dépôt et du séquestre de la rente viagère,* 1845, 2 vol. — *Du mandat, du cautionnement, des transactions,* 1845-46, 2 vol. — *Contrainte par corps,* et de plus *Commentaire de la loi du 13 décembre* 1848, sur le même objet, 1 vol. — *Nantissement,* 1847, 2 vol. — *Privilèges et hypothèques,* 5e édit., 4 vol. — *Commentaire sur la loi du 23 mars* 1855, *sur la transcription en matières hypothécaires,* 1 vol. — *De la Prescription,* 1838, 2 vol.

TROST. Der Selen trost. *Augsp., Ant. Sorg,* 1478, et réimpr. par le même en 1483, in-fol. [1379]

Cet ouvrage contient une explication du Décalogue, par demandes et par réponses, entre un jeune homme et son maître, et au moyen d'exemples et d'histoires. Il diffère d'un autre livre rédigé sous la même forme et qui a pour titre : *Buch der Zehen gepot.* Venet., Ratdolt, 1483, in-fol., ou *Strasb., Grüninger,* 1516, in-fol.

Le même ouvrage, en hollandais et en flamand, a été imprimé plusieurs fois sous le titre de *Der Zyelen troest.* La plus ancienne édition connue de cette version est celle que Pierre Werrecorem, imprimeur, demeurant alors à Saint-Maertensdyke en Zélande, a donnée sous cette date : *Anno dñi* M. CCCC. LXXVIII, *mèsis nouèbris.* C'est un pet. in-fol. de 88 ff. à 2 col. de 39 lign., sans chiffres, sign., ni récl., caractères demi-goth., et, à ce qu'il paraît, le premier livre imprimé en Zélande. M. Edward van Even en a donné une description exacte dans le tome VIII du *Bibliophile belge,* pp. 113 et suiv., où il a fait connaître les éditions anciennes de la même version, et d'abord celle d'Utrecht, 1479, sans nom d'imprimeur, vol. in-fol. de la collection de S. A. le duc d'Arenberg, qui a été décrit par M. Ch. Brou ; ensuite vient l'édit. faite par Jacques Bellaert, à *Harlem,* 1484, pet. in-fol. de 125 ff., ornée de fig. sur bois, puis celle de *Zwolle, par Pierre Van Os,* 1485, in-fol. de 157 ff. avec 7 pl. sur bois, etc.

TROST (*André*). Voy. THEATRUM mortis.

TROTEREL (*Pierre*), sieur d'Aves. L'amour triomphant, où sous les noms du berger Pirandre et de la belle Orcade du Mont Olimpe, sont décrites les amoureuses aventures de quelques grands princes ; pastorale comique en cinq actes. *Paris, Sam. Thibout,* 1615, in-8. [16391]

Vend. 5 fr. 50 c. La Vallière, en 1767 ; 10 fr. (sous la date de 1616) de Soleinne.

— Les corrivaux, comédie facétieuse de l'invention de P. T. S. D.. *Rouen, du Petit-Val,* 1612, in-12 de 82 pp.

Vend. (avec *Theocris,* ci-dessous) 20 fr. 50 c. de Soleinne.

— Gilette, comédie facétieuse. *Rouen, David du Petit-Val,* 1620, in-12 de 47 ff.

Vend. 18 fr. de Soleinne.

Tromby (*B.*). Storia di S. Brunone, 21777.
Trömel (*Paul*). Bibliothèque américaine, 31787.
Tromlitz. Voy. Witzleben.
Tronson. Œuvres, 1213.
Trophées des armées françaises, 8746.

Trostius (*M.*). Lexicon, 11563

Ces deux pièces sont fort libres, ainsi qu'on en peut juger par l'analyse qu'en donne l'auteur de la *Bibliothèque du Théâtre françois*, tome I, pp. 374 et suivantes; mais, ce qu'il y a de singulier, c'est que la tragédie du même auteur, intitulée *Sainte-Agnes* (Rouen; du Petit-Val, 1615, in-12 de 95 pp.), ne l'est guère moins : 40 fr. de Soleinne. Les autres pièces de Troterel, sont, outre l'*Amour triomphant, la Driade amoureuse*, pastorale : *Rouen, Raph. Du Petit-Val*, 1606, in-12 de 5 ff. et 117 pp. (15 fr. 50 c. *mar. r.* de Soleinne). — *Theocris, ibid.*, 1610, in-12 de 93 pp. — *Pasistée*, tragicomédie, *ibid.*, 1624, in-12.— *Aristenée*, pastorale, *ibid.*, 1626, in-12. — *Philistée*, pastorale, *ibid.*, 1627, in-12. — *La vie et conversion de S. Guillaume, duc d'Aquitaine*, tragédie en 5 actes et en vers., *Paris*, 1632, in-4., ou *Rouen, David du Petit-Val*, 1632, in-12.

Tout cela est très-difficile à réunir.

Le duc de La Vallière (tome I, p. 373) cite encore du même auteur : *Le Ravissement de Florise, tragicomédie;* mais c'est peut-être la même pièce qu'il indique sous un titre semblable et sous l'année 1632, à l'article *Corneil*, tome II, p. 365.

TROTTUS (*Albertus*). De vero et perfecto clerico. *Ferrariæ, Severinus Ferrariensis*, 1475, pet. in-4. de 117 ff. [1751]

Livre rare, dont la Bibliothèque impér. s'est procuré un exemplaire impr. sur VÉLIN.

Il y a au commencement de ce vol. une table en 7 ff., dont l'explicit finit ainsi : *edito per clarissimum... Dominum Albertum Trottum de Ferraria in studio Ferrariensi : ibidemque impresso. Per Severinum Ferrariensem. Anno dominice nativitatis* M. CCCC LXXV. *die* 23 *Decembris*. Après cette table se trouve une épître au card. Barthol. Rovella, ayant pour date Ferrarie x kl. Ianuarii M. CCCC. LXXVI, ce qui explique comment le livre a pu être annoncé sous deux dates différentes.

L'ouvrage a été réimprimé : *Lugduni, apud hæredes Simonis Vincètii*, 1535. — *Excudebant Melchior et Gaspar Trechsel fratres*, pet. in-8.

TROTZ (*M.-A.*). Nouveau dictionnaire français, allemand et polonais, etc., enrichi de remarques grammaticales; 3e édition. *Leipsick*, 1803, ou 1807, 4 vol. gr. in-8. 60 fr. [11438]

Les éditions de *Leipzig*, 1772, 4 vol. in-4., ou 1796, 4 vol. in-8., sont moins chères. Le *Journal de la littérat. étrangère*, 1818, p. 185, annonçait un *Dictionnaire polonais, français, allemand, par Trotz*, Leipzig, 1818, 3 vol. in-8.

TROUILLART (*Pierre*), sieur de Montferré. Mémoires des comtes du Maine, jusqu'en 1620. *Au Mans, Hier. Olivier, et Paris, J. Libert*, 1643, pet. in-8. [24396]

Volume peu commun, que, par erreur, le P. Le Long dit être in-4. Vend. 18 fr. en mars 1829; 33 fr. *mar. v.* Fr. Michel.

TROYA (*Carlo*). Storia d'Italia del medio evo. *Napoli*, 1839-1855, 14 vol. in-8. 140 fr. [25271]

— CODICE diplomatico Longobardo del anno 1078 et 1274, con osservazione e note stor. di Carlo Troya, etc. *Napoli*, 1845, in-fol., le 1er fasc. seul. — Della condizione dei Romani, 25239.

TROYLI (D. *Placido*). Istoria generale del reame di Napoli. *Napoli*, 1747-53, 11 tom. en 6 vol. in-4. [25718]

Ouvrage rempli de recherches curieuses, mais mal rédigé. Le dernier volume renferme seize tables chronologiques. — Vend. 41 fr. Floncel; 36 fr. Millin, et jusqu'à 82 fr. Reina.

TROYLUS and Creside. Voy. CHAUCER.

TROYS (les) grans. (au verso du 9e f.) : *Cy finent les troys grans. Cestassauoir || Alexandre. Pompee. et Charlemaigne.* (sans lieu ni date), in-4. goth. de 9 ff. à longues lignes, au nombre de 23 ou 24 par page, sign. a et b. [17056 ou mieux 30407]

Cet opuscule, fort rare, contient trois monologues dans lesquels chaque grand expose les faits remarquables de sa vie. Le recto du premier f. porte les trois mots du titre ci-dessus, imprimés au-dessus d'une vignette sur bois représentant un roi sur son trône, entouré de personnages, et avec deux chiens au bas de la planche; au verso se voit la figure d'Alexandre. Le texte commence au 2e f. recto par ce sommaire :

Sensuiuent les gestes et faits des troys grans || Cestassauoir Alexandre, Pōpee et Charlemaigne || Et pour quoy ilz sont appellez grans par dessu || tous autres. Et premierement Alexandre.

Pompée commence son monologue au recto du 4e f., où est la vignette qui le représente. La figure de Charlemagne est au verso du 6e f.; le texte finit au verso du dernier f., qui porte onze lignes, plus deux pour la souscription ci-dessus.

L'exemplaire que nous avons sous les yeux est celui qui faisait partie du recueil porté dans le catalogue de Rothelin, n° 3631. Il avait passé en Angleterre; mais, il y a quelques années, on l'a rapporté en France, où il a été relié à part, en *mar. r.*, par Bauzonnet. Il se conserve aujourd'hui dans le riche cabinet de M. Yémeniz, à Lyon.

TRUBER (Primus). Catéchisme en croate. Voy. CATECHISMUS.

TRÜBNER'S bibliographical Guide to american literature : a classed list of books published in the United States of America during the last forty years, with bibliographical introduction, notes and alphabetical index, compiled and edited by Nicolas Trübner. *London*, 1859, in-8. de X, CXLIX et 554 pp. [31786]

Ce catalogue donne les titres de 8 ou 9000 ouvrages impr. aux Etats-Unis depuis l'année 1820 jusqu'à 1858; mais ce qui le rend surtout intéressant, c'est l'introduction qui le précède, et qui contient un précis de l'histoire littéraire des Etats-Unis, avec une statistique de toutes les bibliothèques publiques, grandes ou petites, que possédait ce pays en 1853. Ces bibliothèques étaient au nombre de plus de 15 000, et présentaient ensemble un total d'environ 4 600 000 volumes.

Trou (l'abbé). Recherches archéologiques sur Pontoise, 24187.

Troude (*A.-E.*). Dictionn. français-breton, 11210.

Trousseau (*Armand*). Clinique médicale, 7144. — Phthisie laryngée, 7333. — Thérapeutique, 7360.

Trouvé (*M.*). Sur les états généraux du Languedoc, 24729.

Troyes (*Adolphe de*). La Franche-Comté de Bourgogne sous la maison d'Autriche, 24564.

Trublet (*N.-Ch.-J.*). Essais, 18323. — Mémoires sur Fontenelle, 30630.

M. Nicolas Trübner a publié un autre ouvrage biblio-graphique relatif à l'Amérique, et qui a pour titre :

THE LITERATURE of American aboriginal lan-guages, by Hermann E. Ludewig, with addi-tions and corrections by professor Wm. W. Turner. London, 1858, in-8. de XXIV et 238 pp., contenant un catalogue classé dans l'ordre alphabé-tique des noms des langues, et donnant les titres non-seulement des ouvrages publiés séparément, mais aussi ceux de tous les morceaux plus ou moins étendus relatifs aux langues des Amériques, qui se trouvent dans des recueils académiques, dans des journaux littéraires, dans des relations de voya-ges, et dans d'autres livres.

TRUGUET. Traité de manœuvre pratique (en langue turque). *Constantinople, de l'imprim. de l'ambassadeur de France,* 1787, in-8. [8484]

Les exemplaires de ce livre sont rares, mais non pas d'un grand prix.

TRUQUET (*Antoine*). Les cris de Paris tous nouveaux et sont en nombre cent et sept. *Paris, Nic. Buffet,* 1545, in-8. [13682]

Pièce en quatrains, fort rare. Voy. CRIS de Paris.

TRYPHIODORUS. Tryphiodori Ilii expu-gnatio (græce), a Fed. Jamotio versibus latinis reddita et annotationibus qui-busdam illustrata. *Parisiis, per Mich. Vascosanum,* 1557, in-8. [12413]

Cette édition peu connue est portée dans Maittaire, qui fait observer que le privilège est de 1553. Try-phiodorus a été imprimé pour la première fois par Alde, vers 1505, avec le *Quintus Calaber* (voy. QUINTUS).

— Liber de Ilii excidio, græce, cum du-plici interpretatione et notis ad græcum textum, auctore Nicod. Frischlino ; ac-cedunt castigationes Rhodomanni. *Fran-cof.-ad-Mœn., Joan. Wechelus,* 1588, in-4. 5 à 6 fr.

Édition estimée et peu commune. Vend. 7 flor. Rover.

— ILII excidium, gr., cum metrica N. Frischlini versione, et selectis virorum doct. notis; lacunas aliquot explevit et suas annotat. adjecit Jac. Mer-rick. *Oxonii, e Theatro sheld.* (1741), gr. in-8. 5 à 6 fr.

On trouve ordinairement, dans le même volume, la traduct. anglaise de Tryphiodore, intitulée :

THE DESTRUCTION of Troy, being the sequel of the Iliad, translated from the greek, with notes by J. Merrick. *Oxford* (1739), gr. in-8. Vend. les 2 vol. en un, 18 fr. Villoison.

— ILII expugnatio (gr.), versione lat., plurimis ob-servationibus, duobus indicibus et variis excursi-bus illustrata a Th. Northmore : editio II, emenda-tior. *Londini, Th. Payne,* 1804, in-8. 8 à 10 fr.

La première édition, donnée en 1791, in-8., par le même éditeur, est sans version latine. Dans la se-conde se trouve celle de Bandini, retouchée.

— ILII excidium, græce ; curavit Godofr.-Henr.

Schæfer. *Lipsiæ, Tauchnitz,* 1808, gr. in-fol. de 32 pp., avec 4 pp. liminaires.

Édition magnifique, dont on n'a tiré, dit-on, que 40 exempl., qui se vendaient chacun 8 thl. 12 gr.

— LIBER de Ilii excidio (græce), cum Jac. Merrickii et G.-H. Schæferi annotationibus integris, aliorum selectis, suisque maximam partem criticis et gram-maticis, edidit Frider.-Aug. Wernicke. *Lipsiæ, Fleischer,* 1819, in-8. de XVI et 544 pp. 12 fr.

— EXCIDIUM Trojæ, gr. et lat. ; accedit interpretatio ital. Ant.-M. Salvinii; recensuit et adnotationes ad-jecit Ang.-M. Bandinius. *Florentiæ,* 1765, in-8. 3 à 5 fr.

— ILII excidium, græce et italice. *Parmæ, in ædi-bus palatinis* (Bodoni), 1796, in-4. 4 à 6 fr.

Il y a des exemplaires imprimés sur étoffe de soie, et quelques-uns sur Gr. Pap. vélin. Les exempl. in-fol. ont un titre daté de 1797, mais c'est toujours la même édition.

TRYPHONIS grammatici Alexandrini fragmenta collegit et disposuit Arthur de Velsen : accedit Tryphonis περὶ τοῦ ποῦ δασύνεται καὶ ποῦ ψιλοῦται nunc primum e cod. vindobonensi edita. *Berolini, Nicolai,* 1853, in-8. 3 fr.

TSILOSSANY (*J.-L.*). Dialogues russes, français, turcs et tartares, avec la pro-nonciation des deux dernières langues en russe. *Tiflis,* 1856, in-4., titre fran-çais. [11425]

TSU-SSÊ. L'invariable milieu, ouvrage moral de Tsu-ssê, en chinois et en mant-chou, avec une version littérale latine, une traduction française et des notes ; précédé d'une notice sur les quatre li-vres moraux communément attribués à Confucius; par Abel Rémusat. *Paris, Imprimerie royale,* 1817, gr. in-4. 15 fr. [3790]

TUBERINUS (*J.-M.*). Voy. TYBERINUS.

TUBERO (*Orasius*). Voyez LA MOTHE Le Vayer.

TUBERO (*Lud.-Cervarius*). De Turca-rum origine, moribus et rebus gestis commentarius. *Florentiæ,* 1590, in-4. [27869]

Vend. 8 fr. 50 c. Langlès.

Ouvrage dont les exemplaires sont peu communs. On a du même auteur :

LIBRI XI commentariorum de rebus suo tempore gestis in Europæ parte quam Pannonii et Turcæ incolunt. *Francofurti,* 1603, in-4.

TUCCARO (*Archange*). Trois dialogues

---

de l'exercice de sauter et voltiger en l'air. *Paris, Cl. de Monstrœil,* 1599, in-4. de IV et 197 ff., avec fig. sur bois. [10378]

Livre assez rare. Vend. 70 fr. *mar.* Mac-Carthy; 18 fr. *vél.* Thierry; 36 fr. Morel-Vindé.

Il y a des exemplaires de cette même édition dont le titre porte : *Tours, Griveau,* 1616.

L'auteur, nommé Tuccaro sur le frontispice de l'ouvrage ci-dessus, est probablement le même qui a donné depuis un poëme italien intitulé :

    LA PRESA et il giuditio d'amore, in rime; diuiso en quatro libri; composto per Archangelo Tuquaro. *Parisi, alla strada di Tornone al logiamento de l'autore,* 1602, in-12 de 352 pp., avec une ode en vers français, signée Habert.

Ce poëme n'a été vend. que 20 sous chez Floncel.

TUCHER (*Hans*). Wallfart vnd Reise in das gelobte Land. — *Gedruct und volendet durch hannsen schönspergar*(sic) *czu Augspurg Anno dñj Tausent vierhundert im lyyyij jar* (1482), in-fol. [20530]

Relation curieuse d'un pèlerinage à la Terre-Sainte, fait en l'année 1479, par Hans Tucher, en société avec deux chevaliers nurembergeois et Balthasar, duc de Mecklenburg. Le volume a 75 ff., sans chiffres, récl. ni signat. Le prem. f. est blanc, et l'ouvrage commence au recto du 2ᵉ f., par ces mots : (N)*Ach Christi vnnsers lieben herrn gepurt,* etc. La souscription est au recto du 75ᵉ f. L'imprimeur Schönsperger a donné, dans la même année 1482, une autre édition de cette relation, corrigée sur celle de Nuremberg, dont nous allons parler. Ces deux éditions d'Augsbourg se distinguent l'une de l'autre en ce que, dans les premières lignes de la première, Tucher est simplement qualifié de *Burger zu Nüremberg,* tandis que la seconde porte : *burger vñ die zeit einer des kleinern ratz ᴆ stat Nürnberg.* Vend. 26 fr. Boutourlin; 60 fr. *mar. bl.* Quatremère.

— Autre édition. *Nuremberg (Conr. Zeninger),* 1482, in-4. de 79 ff., signat. A—K.

L'auteur a fait des corrections dans cette édition, qui, par ce motif, peut passer pour originale. Elle a été copiée à *Nuremberg,* sans nom d'imprimeur, en 1483, in-4. de 79 ff., sign. A—K; à *Strasbourg,* chez *Knoblochzer,* 1484, in-fol.; à *Augsbourg, chez Sorg,* en 1486, in-fol.; aussi en 1488 (40 fr. Eyriès); et enfin à *Francfort-sur-le-Mein,* en 1561, in-4.; et dans la collection de voyages à la Terre - Sainte (*Bewährtes Reyssbuch oder Beschreibung des Heiligen Landes*), publiée par Sigism. Feyerabend, à Francf. et à Nuremb., 1609, in-fol., art. 13.

TUCKEY (*J.-H.*). Narrative of an expedition to explore the river Zaire, usually called the Congo, in south Africa, in 1816, under the direction of captain J.-H. Tuckey, to which is added the Journal of professor Smith, etc. *London,* 1818, gr. in-4. fig. 20 à 25 fr. [20896]

La relation de l'expédition du capitaine Tuckey a été

trad. en français, *Paris,* 1818, 2 vol. in-8. et atlas in-4. ; 15 fr.

On a du même auteur :

    AN ACCOUNT of a voyage to establish a colony at Port-Philipp, in Bass-Strait, on the south-coast of N. South-Wales. *London,* 1805, in-8. [21169]

et aussi :

    MARITIME geography and statistics, *London,* 1815, 4 vol. in-8. [19728] — Vend. 39 fr, Langlès.

TUDESCHIS (*Nic.* de). Concilia. Voyez PANORMITANUS.

TUK. Voyez RUDIMENTA linguæ coptæ.

TULASNE. Fungi hypogæi : histoire et monographie des champignons hypogées, par L.-R. Tulasne, en collaboration pour l'iconographie analytique avec Ch. Tulasne. *Paris, Fried. Klincksieck,* 1851, gr. in-4. avec 24 pl. gravées dont 9 en couleur. 72 fr. [5366]

— SELECTA fungorum Carpologia, ea documenta et icones potissimum exhibens quæ varia fructuum et seminum genera in eodem fungo simul aut vicissim adesse demonstrant, Junctis studiis ediderant L.-R. Tulasne et C.Tulasne. *Parisiis* (e typogr. imper.), *Friedr. Klincksieck,* 1861, gr. in-4.

Cet ouvrage aura 3 volumes. Le 1ᵉʳ, publié en 1861, contient *Erysiphei et Prolegomena de fungorum conditione naturali, crescendi modo et propagatione,* avec 5 pl. Il coûte 51 fr.

TULCI ou Tulaci-das. Ramayana. Voyez VALMEEKI.

TULDEN (*Diodori*) Opera juridica. *Lovanii,* 1701-2, 5 vol. in-fol. 40 à 50 fr. [2556]

Ce recueil contient des commentaires sur les Institutes, 1 vol.; — sur le Digeste, 2 vol.; — sur le Code, 1 vol.; et *De civili regimine libri VIII,* 1 vol.

TULLIA d'Aragona. Voy. ARAGONA.

TULLY (*R.*). Narrative of a ten year's residence at Tripoly, in Africa, from the original correspondence in the possession of the family of Richard Tully, comprising authentic memoirs and anecdotes of the reigning Bashaw, his family..., also an account of the domestic manners of the Moors, Arabs and Turks. *London, Colburn,* 1816, in-4. fig. color. 20 à 24 fr. [20841]

Vend. 50 fr. *cuir de Russie,* Langlès.

Réimpr. en 1819, 2 vol. in-8. 15 fr.

Traduit en français, sous le titre de *Voyage à Tripoli,* etc., par J. Mac-Carthy. *Paris,* 1819, 2 vol. in-8. fig.

TUMBEAUX. Voy. TOMBEAUX.

TUNDALUS. Voyez TONDALUS.

TUNSTALL (*Jac.*). Epistola ad Conyers Middleton. Voyez à la col. 10 de notre 2e vol. l'article CICERO variorum.

TUOMEY. Pleiocene Fossils of South Carolina, containing descriptions and figures of the Polyparia, Echinodermata, and Molluscas, by M. Tuomey and F.-S. Holmes. *Charleston,* 1857, in-4. de XVI et 152 pp., avec 30 pl. [6150]

— Fossils of the Kiawah. [6150]

TUQEE. Kooliyat Meer Tuqee, the poems of Meer Mohummud Tuqee, comprising the whole of his numerous and celebrated compositions in the oordoo, or polished language of Hindoostan, edited by learned moonshees attached to the college (of Fort William). *Calcutta, Hindoostanee press,* 1811, in-4. [16010]

Vend. 79 fr. Langlès, et moins depuis.

TUQUARO. Voyez TUCCARO.

TURAMINI (*Alex.*). Opera omnia recognita, emendata et aucta. *Senis, Rossi,* 1760, in-fol. [2557]

Un des principaux juristes italiens de l'école philosophique.

TURBERVILLE (*George*). The booke of Faulconrie or Hawking; (annexed is) the noble art of Venerie or Hunting; augmented with many new additions by another hand. *London, by Th. Parfoot,* 1611, in-4. goth. fig. [10409 et 10455]

3 liv. 1 sh. Hibbert; en *mar.,* 4 liv. 8 sh. Inglis; 8 liv. 8 sh. Bindley.
Ces deux traités ont été d'abord publiés séparément : Le premier, *London, for Chr. Barker,* 1575, in-4. — Le second, *London, H. Bynneman,* 1576, in-4. Les deux ensemble, 2 liv. 2 sh. Towneley, et ils seraient plus cher aujourd'hui.

TURCHI (*Adeodati*). Opere. *Parma, Mussi,* 1805, 4 vol. in-fol. portrait par Morghen. [1506]

Édition de luxe, qui coûtait 72 fr. — Vend. 14 fr. 50 c. Boutourlin.
Les ouvrages de ce célèbre prédicateur sont souvent réimprimés. Nous citerons les suivants :
PREDICHE alla corte. *Parma,* 1805, 4 vol. in-8.
OMELIE e lettere pastorali. *Parma,* 3 vol. in-8.
OPERE edite. *Modena,* 1822, in-8. tom. I à III.
OPERE inedite. *Modena,* 1821, 10 vol. in-8.
OPERE edite ed inedite. *Fulgineo,* 1822, 14 vol. in-8.

TURCO (*Carlo*). Agnella, comedia nuova, del S. Carlo Turco Asolano : recitata in Asola. *In Venetia, Aldo,* 1585, in-8. de 67 ff. non chiffrés et 1 bl. [16698]

— Calestri, tragedia nuova. *Venetia, Aldo,* 1585, in-8. de 52 ff. non chiffr. [16699]

Deux pièces rares de la collection aldine. Un exemplaire de la première, relié en *mar. r.,* 3 liv. 6 sh. Hanrott, et seulement 15 sh. Butler. Chez ce dernier, la seconde n'a été payée que 3 sh.

TURCO papismo (de) : Hoc est de Turcarum et Papistarum adversus Christi ecclesiam et fidem conjuratione, etc. (authore Matth. Sutlivio). *Londini,* 1604, in-8. [2110]

Vend. 8 fr. *mar. viol.* Mérigot; 6 fr. Detune, et plus cher autrefois.

TURCONI. Fabbriche antiche di Roma, disegnate, descritte e pubblicate da Fr. Turconi, ed intagliate da i frat. A. e Dom. Brusa. *Milano, Lamperti,* 1827 e ann. seg., gr. in-fol. [29424]

Cet ouvrage devait être complet en 36 livraisons, au prix de 3 fr. 50 c. chacune. Il en paraissait 23 en 1836.

TURCZANINOW (*Nicol.*). Flora baicalensi-dahurica, seu descriptio plantarum in regionibus cis et transbaicalensibus atque in Dahuria sponte nascentium. *Mosquæ,* 1842-45 et 56, 2 tom. en 3 vol. in-8., et Addenda in-8. 37 fr. 50 c. [5213]

TUREL. Voy. TURRELLUS.

TURGOT. Plan de Paris. Voy. BRETEZ.

TURGOT (*An.-Rob.-Jacq.*). Ses Œuvres complètes, précédées de mémoires sur sa vie, et accompagnées de notes (par Dupont de Nemours). *Paris, Belin,* 1808-11, 9 vol. in-8. 45 fr. [19119]

Une édition des œuvres de Turgot, sous la date de 1844, en 2 vol. gr. in-8., avec des augmentations, forme les tomes III et IV de la collection des principaux économistes dont nous avons parlé, II, col. 148. — Voy. DIDON.
— Richesse, 4113. — Mémoire, 6280. — Pour les ouvrages relatifs à Turgot, voy. les n°s 30640 et 30641 de notre table.

TURIN ou Turrin. Voy. TURRIN.

TURLUPIN. Harangue de Turlupin le soufreteux. M. DC. XV (*Paris*), pet. in-8. [17848]

Pièce en prose, moitié sérieuse, moitié badine, que M. Ed. Fournier a reproduite, avec des notes curieuses, dans le 5e volume de ses *Variétés,* pp. 51 à 83.

TURNBULL (*George*). Treatise on ancient painting and observations on the rise, progress, and decline of that art amongst the Greeks and Romans. *London,* 1740, or 1744, in-fol. fig. [29487]

Ouvrage fort estimé : 1 liv. 10 sh. à 2 liv. en Angleterre.

TURNEBU (Odet de). Les contens, comédie nouvelle en prose françoise. *Paris, Felix Le Mangnier*, 1584, pet. in-8. de 4 ff. prél., texte f. 9 à 63, et le privilége. [16317]

Cette comédie, dont le dialogue est un peu libre, a été publiée, après la mort de l'auteur, par Pierre de Ravel. (16 fr. *mar. citr.* De Laleu ; 24 fr. 50 c. *mar. r.* de Soleinne ; 16 fr. Baudelocque). Elle n'est pas traduite de Girolamo Parabosco, comme l'a dit La Monnoye dans sa note sur l'article *Girolamo Parabosco* de Du Verdier : Les *Contenti* de l'auteur italien n'ont aucun rapport avec la pièce française. Celle-ci est réimprimée dans le 7e volume de l'*Ancien théâtre français*, publié par P. Jannet. Elle l'avait déjà été sous ce titre :

LES DESGUISEZ, *comédie françoise avec l'explication des proverbes, et mots difficiles (par Charles Maupas*). Bloys, Gauché Colas, 1626, in-12 de 3 ff. prélim., 180 et 24 pp. : vendu 24 fr. de Soleinne, et 55 fr. 50 c. Baudelocque.

Ch. Maupas était un maître de langue dont on a une grammaire française (voy. MAUPAS).

TURNEBUS (*Adrianus*). Opera varia nunc primum ex bibliotheca Steph. Turnebi in unum collecta, emendata et aucta. *Argentorati, Laz. Zetznerus*, 1600, 3 tom. en 1 vol. in-fol. [19006]

Ce recueil renferme cinquante-trois ouvrages de Turnèbe, dont une grande partie avait déjà été imprimée séparément, selon le catalogue que Niceron en a donné dans le 39e volume de ses Mémoires. On y trouve ses *Poemata*, d'après l'édition de *Paris, Mart. Juvenis*, 1580, in-8. [12941]

— Adversariorum libri XXX ; adscripti sunt in margine auctorum loci qui in his sine certa nota appellantur, studio Jo. Furdini conquisiti. *Parisiis, Martinus Juvenis*, 1580, 3 tom. en 2 vol. in-fol. [18171]

Ce trésor d'érudition ne conserve que peu de valeur dans le commerce. Il a été réimprimé à Strasbourg et à Bâle, en 1581 et en 1599, in-fol.

Les vingt-quatre premiers livres de ces *Adversaria* ont d'abord paru à Paris, en 1564 et 1565, en 2 vol. in-4. ; et les six derniers dans la même ville, en 1573, in-fol.

On a imprimé sous le nom de Turnèbe une pièce de vers latins qui n'est peut-être pas de lui et qui ne se trouve pas dans ses œuvres. Elle a pour titre :

POLTROTUS Meræus, Genevæ (*Henr. Stephanus*), 1567, in-4. de 11 pp.

C'est l'éloge de Poltrot qui tua le duc de Guise en 1563. Il avait déjà été imprimé à Bâle, vers 1565, aussitôt après la mort de Turnèbe. L'édition de 1567 est portée dans le catalogue de la Bibliothèque du roi, Y, 2777. Renouard en a donné le titre sous le nom de *Petrus Montaureus Rondæus*, dans ses *Annales des Estienne*, 2e édition, p. 130.

Pour la pièce de vers intitulée *Ad Sotericum gratis docentem*, voyez notre article COMPLAINCTE de l'université.

TURNER (*Will*.). A new Herbal, wherein are conteyned the names of herbes in greke, latin, englysh, duch, frenche and in the potercaries and hierbaries latin, with properties... gathered and made by William Turner, physician unto the duke of Somersettes Grace. *Imprimed at London, by Steven Mierdman, anno* 1551, in-fol. de 94 ff. avec fig. sur bois. [4891]

Première partie. L'auteur, après l'avoir donnée, se retira en Allemagne pour cause de religion, et fit imprimer à Cologne, en 1562, la seconde partie de son *Herbal*, in-fol. de 171 ff. avec fig. color. Ensuite il publia une édition *corrected and enlarged, with the thirde parte lately gathered.... at Collen, by Arnold Birckman*, 1568, in-fol., dont la première partie a 223 pp., une préface et des fig. sur bois ; la deuxième partie (même édition que celle de 1562, avec un nouveau titre et une préface), 171 ff. ; la troisième, 81 ff. avec des fig. sur bois. Lowndes estime 2 liv. 2 sh. cette édition de 1568, qu'il n'a pas suffisamment décrite. Elle a été payée 65 fr. à la vente de Jussieu. Puttney dit que Turner fut le premier en Angleterre qui apporta de la critique dans l'étude des plantes.

TURNER (*Samuel*). An Account of an embassy to the court of the Teshoo-Lama, in Tibet ; containing a narrative of a journey through Bootan and part of Tibet, by Sam. Turner, to which are added views taken on the spot by Sam. Davis, and observations botanical, mineralogical and medical by Rob. Saunders. *London*, 1800 or 1806, gr. in-4., with 14 pl. [20731]

Cet ouvrage a coûté 2 liv. 2 sh., et plus en Gr. Pap. ; vend. 40 fr. Langlès, et seulement 10 à 12 fr. depuis. Il a été traduit en français par J. Castera, *Paris*, 1800, 2 vol. in-8., et atlas in-4. : 10 fr., et plus en pap. vél.

TURNER (*Sharon*). The History of the Anglo-Saxons : comprising the history of England from the earliest period to the norman conquest. *London*, 1807, 2 vol. in-4. 1 liv. 10 sh. [26868]

Seconde édition de cet important ouvrage. Elle est préférable à la première, *Lond.*, 1799-1805, en 4 vol. in-8., mais inférieure à celles de 1820 et de 1823, et aussi à la cinquième, de 1828 (ou 1836 ou 1852), en 3 vol. in-8., toutes corrigées et augmentées. 1 liv. 10 sh. — Réimpr. à *Paris, Baudry*, 1839, 3 vol. in-8.

— THE HISTORY of England ; from the norman conquest to the conclusion of the reign of Henry VII ; including the history of religion and of english literature. *London, Longman*, 1814-23, 3 vol. in-4. 2 liv.

Seconde série de l'histoire d'Angleterre, de S. Turner.

— La 2e édition, *Lond.*, 1825, et la 3e de 1830, en 5 vol. in-8., coûtent 2 liv.

Et sous ce titre :

— HISTORY of England during the middle ages ; fifth edition. *London*, 1853, 4 vol. in-8. 2 liv. 5 sh.

— THE HISTORY of the reign of Henry the eighth... being the first part of the modern history of England by Sharon Turner. *Lond., Longman*, 1826, in-4. 1 liv. 1 sh.

La seconde édition, *London*, 1827, 2 vol. in-8., 25 sh. Il en a paru depuis une troisième.

— THE REIGNS of Edward VI, Mary and Elizabeth ; being the second part of the modern history of England, *London, Longman*, 1829, in-4. 2 liv. in-4. 2 sh.

Turner (T. Hudson). Domestic architecture in England, 9982.

Le même ouvrage, 2ᵉ et 3ᵉ éditions, 1835, 2 vol. in-8.,
1 liv. 12 sh.

Les trois séries de l'histoire d'Angleterre de S. Turner
forment donc 7 vol. in-4. ou 12 vol. in-8.

— SACRED history of the world philosophically considered ; seventh edition. *London*, 1852, 3 vol. in-8.
1 liv. 10 sh. [2284 ou 21342]

TURNER (*Dawson*). Natural history of
fuci, or sea weeds, being coloured figures and descriptions of the plants re-
ferred by botanists to the genus fucus.
London, Robinson, 1807-18, 4 vol. gr.
in-4. [5525]

Publié en 48 cah., contenant 258 fig. color., coûtant
ensemble 21 liv.; ensuite mis au rabais, à 10 liv.
10 sh. Le Gr. Pap. in-fol., tiré à 25 exemplaires,
coûtait 36 liv., et s'est donné ensuite pour 15 liv.
L'auteur avait déjà mis au jour : *A synopsis of the
british fuci*, Yarmouth, 1802, 2 vol. in-12.

— An Account of a tour in Normandy,
undertaken chiefly for the purpose of
investigating the architectural antiquities of the duchy, with observations on
its history, on the country, and on its
inhabitants. *London, Arch*, 1820,
2 vol. gr. in-8., avec 50 grav. 20 à 30 fr.,
et plus cher en Gr. Pap. [24294]

Ouvrage curieux. Vend. en Gr. Pap. fig. sur pap. de
Chine, avec quelques planches doubles, *mar. rel.*
de Lewis, 5 liv. 15 sh. 6 d. Drury. — Voy. COTMAN.

TURNER (*Will.*). Journal of a tour in the
Levant. *London, Murray*, 1820, 3 vol.
in-8., cartes, fig. et vignettes sur bois.
12 à 18 fr. [19970]

Vend. 58 fr. *cuir de Russie*, Langlès.

TURNER (*J.-M.-W.*). England and Wales, a series of views from the designs
of W. Turner, with historical notes by
E. Lloyd. *London, Jennings*, 1828-32,
gr. in-4., avec 60 pl. [26753]

Publié en 15 livraisons. Prix de chacune, 14 sh.;—
imper. in-4., 1 liv. 1 sh.; — fig. sur pap. de Chine,
1 liv. 11 sh. 6 d. Réduit ensuite à la moitié.

— River scenery; Views on the river
Rhone ; Southern coast of England.
Voy. COOKE (*William-Bern.*). — Pic-
turesque views. Voy. HAVELL (*R.*).

— Turner's annual tour, containing one
and twenty beautifully finished plates;
— Views on the river Loire, from drawings by J.-M. W. Turner; descriptive
letterpress by Leicht Ritchie. *Lond.,
Longman*, 1833, gr. in-8.

Un des plus remarquables de tous ces jolis livres, ornés
de vignettes, qui se publient en Angleterre à l'occasion du renouvellement de l'année, et dont le
Keepsake a été d'abord le plus connu parmi nous.
Les volumes publiés pour les années 1834 et 1835
ont pour titre : *Wandering by the Seine*. Les
60 pl. de ces trois volumes ont été réunies en un
seul recueil intitulé :
THE RIVERS of France, from drawings by Turner. *Lond.*, 1835-37, in-4. 60 pl. 1 liv. 7 sh. Bohn.
[23146]
Depuis, on les a fait reparaître sous ce titre :
LIBER *fluviorum, or River scenery of France,*

61 *line-engravings, with descriptions by Leicht
Richie, and biographical sketch by Alaric Watts.*
London, 1853, gr. in-8. 1 liv. 5 sh.

— TURNER and Girtin's picturesque view in England, sixty years since, 39 engravings after these
painters, and fine portrait of Turner by count
d'Orsay, with description. *London,* 1854, imper.
in-8. 12 sh.

— J.-M.-W. TURNER and his works, illustrated with
example from his pictures, and critical remarks
on his principles of painting, by John Burnet;
with memoir of Turner by P. Cunningham, and
catalogue of his paintings. *London*, 1852, in-4.
avec 10 pl. 1 liv. 1 sh.

TURNER (*Rob.*). Voyez BARNESTAPLE.

TURNHOUT (*Gerard.* a). Voy. l'article
FLORES cantionum.

TURNIER-BUCH. Voyez RUXNER, et
SCHLICHTEGROLL.

TURNOUR (*George*). An Epitome of the
History of Ceylon, compiled from native
Annals : and the first twenty chapters
of the Mahawanso : translated by the
hon. George Turnour. *Ceylon, Cotta
church mission press*, 1836, in-8. de
CXXVII et 139 pp., avec 2 pl. tableaux,
plus 2 appendices de 74 et 108 pp.
[28252]

TURPIN. De vita Caroli magni et Rolandi,
historia Joanni Turpino archiepiscopo
remensi vulgo tributa, ad fidem codicis
vetustioris emendata et observationibus
philologicis illustrata a Sebast. Ciampi.
Florentiæ, Molini, 1822, in-8. pap.
vél., avec une pl. 6 fr. [16988]

S. Ciampi regarde cette histoire comme une fiction,
et il l'attribue à un certain Geoffroi, prieur du monastère de Saint-André, à Vienne en Dauphiné.
Voici le titre d'un autre ouvrage publié par Ciampi,
et qui doit être réuni au précédent :
GESTA CAROLI MAGNI ad Carcassonam et Narbo-
nam, et de ædificatione monasterii crassensis, edita
ex codice laurentiano et observationibus criticis et
philologicis illustrata a Seb. Ciampi. *Florentiæ,
Magheri*, 1823, in-8. [16989]
Ce livre renferme une traduction latine de l'ouvrage
intitulé *Philomena*, écrit en langue romane, idiome
des Troubadours. Voyez à ce sujet un article de
M. Raynouard, *Journal des Savants*, nov. 1824.
Le texte latin de la Chronique de Turpin a été impr.
dans *Schardii rerum germanicarum quatuor
chronographi*, Parisiis, 1566, in-fol., dans les
Scriptores rerum germanicarum, publiés par
Reuber, etc.

TURPIN. Cronique et histoire faicte et
composee par reuerend pere en dieu
Turpin archeuesque de Reims lung des
pairs de frâce Contenant les prouesses
et faictz darme aduenuz en son temps
du tres magnanime Roy Charles le
grât, autremêt dit Charlemaigne : z de

son nepueu Rolăd Lesquelles il redigea comme cŏpilateur dudit oeuure. Imprime à Paris pour Regnauld Chauldiere libraire demourant à la grant rue Sainct Jaques, a lenseigne de lhomme sauluage. cum priuilegio. (à la fin) : *Imprime a Paris par maistre Pierre Vidoue, pour honneste personne Regnault chauldiere demourant a la rue sainct Jacques... Ce huitiesme iour de juing mil cinq cens. xxvij.* in-4. goth. de 4 ff. prélim. et lv ff. chiffrés, à longues lign., fig. sur bois. [17029]

Les pièces liminaires renferment le titre; le privilége de François Ier, la dédicace à ce prince; la table des chapitres. Il est dit dans le privilége, en parlant de Chauldière, « nous a fait dire et remonstrer que depuis nagueres il a fait translater et escripre a ses depens en language moderne francois ung liure appelle lhistoire du roy Charlemagne compose par larcheuesque Turpin qui estoit escrit en mauluais langage antique non intelligible. » Dans l'épitre dédicatoire à François Ier, après avoir fait un éloge de Charlemagne et de son amour pour les lettres, l'auteur ajoute: « Ces choses ainsi par nous succinctement recueillies sont plus amplement commemorees et descriptes par l'archeuesque turpin en lhistoire quil a faicte en latin laquelle iay voulu traduyre en nostre vulgaire francois tant a cause du passe temps de vous sire que de tous les nobles seigneurs gentilz hommes qui ont affection de congnoistre les nobles faictz et haultes entreprises du roy charles le grand... loriginal et exemplaire auquel je me suis reduit estoit si fort vieil et assaire qua peine on le pouuoit lire et en elicer et extraire bon sens et congru. » Il résulte de ces citations que cette nouvelle rédaction de la chronique de Turpin, faite pour François Ier, ne saurait être de Robert Gaguin, mort en 1501. Ce qui la lui a fait attribuer, c'est que plusieurs bibliographes ont cité une traduction de la Chronique de Turpin, par Gaguin, imprimée à Paris, *sans date,* in-4. goth., traduction que nous n'avons jamais vue, et dont l'existence même ne nous est pas bien démontrée. La Chronique, impr. *en* 1527, n'est pas une simple traduction de l'ancien ouvrage; l'auteur y a ajouté différentes circonstances, toutes de son imagination, et qui font de ce livre un véritable roman de chevalerie. C'est comme tel qu'on le recherche aujourd'hui. Sans être commun, il n'est pas fort rare : 37 fr. La Valliere; 80 fr. de Limare ; 100 fr. Molini, en 1813 ; 259 fr. en 1824; 10 liv. 15 sh. et 13 liv. *mar.* Heber ; 199 fr. Labédoyère ; 395 fr. *mar.* vert doublé de vélin, d'Essling ; 215 fr. Giraud ; 16 liv. 5 sh. *mar. r.* Libri, en 1859, et 430 fr. exempl. grand de marges, vente Scalini, en 1860.

Les Chroniques de Saint-Denis (voy. CHRONIQUES) renferment une traduction de celle de Turpin, laquelle fait partie des 4e et 5e livres de la Vie de Charlemagne.

, — Chronique de Turpin. *Paris, Silvestre,* 1835, pet. in-4. à 2 col. caract. goth. 20 fr.

Réimpression de l'édition de 1527, mais sans le privilége et sans la dédicace, qui sont remplacés par un avis du libraire. Elle a été tirée à 120 exempl. numérotés, dont 2 sur VÉLIN (121 fr. d'Essling), et 18 sur pap. de Hollande. 25 fr.

TURPIN. La Chronique de Turpin, archevesque et duc de Reims, et premier Pair de France, &c. faisant mention de la conqueste du tres puissant empire de Trebisonde, faicte par le tres-preux

Regnaut de Montauban, fils du duc Aymond d'Ardaine, où sont comprinses plusieurs batailles, tant par mer que par terre. Plus la généalogie & trahyson de Ganelon, comte de Mayence. *A Lyon, par François Arnoullet,* M. D. LXXXIII, pet. in-8. de 264 pp. et 3 ff. pour la table des chapitres. [17030, ou 17036]

Loin d'être, comme le titre semble l'indiquer, la reproduction de l'ouvrage précédent, cette prétendue chronique de Turpin est, et nous nous en sommes assuré, une simple réimpression du roman intitulé *Conqueste de Trebisonde,* dont nous avons parlé au mot CONQUESTE ; toutefois elle est rare et assez chère. 12 fr. 75 c. La Valliere; 1 liv. 13 sh. White Knights ; 2 liv. 14 sh. Heber; 60 fr. Giraud. — L'identité de cette seconde Chronique de Turpin avec la *Conqueste de Trebisonde* n'a pas été remarquée par Huet de Froberville, auteur d'une *Dissertation critique sur deux ouvrages intitulés Chronique de Turpin,* Orléans, 1785, in-12, laquelle a été insérée dans le 4e vol. des *Mélanges de littérature étrangère* de Millin.

— HISTORY of Charles the Great and Orlando, ascribed to archbishop Turpin ; translated from the latin, in Spanheim's lives of ecclesiastical writers : together with the most celebrated ancient spanish ballads relating to the twelve peers of France mentioned in Don Quixotte, with english metrical versions by Thomas Rodd ; english and spanish. *London,* 1812, 2 vol. in-8. 1 liv. 1 sh.

Dans le *Catalogus biblioth. upsal.,* par Aurivillius, p. 680, 2e col., on indique une traduction danoise de la chronique de Turpin, sous le titre de *Keyser Karls Magnus Krönicke* (sans lieu ni date), in-4. impr. à *Copenhague,* et réimpr. à *Malmoe,* 1538, in-4.

La même Chronique a fourni à *Durante da Gualdo* le sujet d'un poëme italien, intitulé : *Libro d' arme e d' amore* (voy. DURANTE).

TURPIN (*F.-H.*). La France illustre, ou le Plutarque français. *Paris,* 1780-85, 4 vol. in-4. fig. [30473]

Cet ouvrage, peu estimé, doit être composé de 52 cah., avec 48 portr. ; mais on le trouve rarement complet. 30 à 40 fr.

— Hist. de Mahomet, 28003. — de Siam, 28238.

TURPIN DE CRISSÉ (*Lancelot*). Commentaires sur les Mémoires de Montecuculi. *Paris,* 1769, 3 vol. in-4. fig. 18 à 24 fr. [8590]

Il y a une édition d'*Amsterdam,* 1770, 3 vol. pet. in-8. fig. On a du même auteur : *Commentaire sur les Institutions milit. de Vegèce,* Montargis, 1779, 2 vol. in-4. fig. [8569], et *Essai sur l'art de la guerre,* Paris, 1754, 2 vol. gr. in-4. fig. [8593]; deux ouvrages à bas prix.

— Voyez CÉSAR.

TURPIN DE CRISSÉ (le comte T.). Souvenirs du golfe de Naples, recueillis en 1808, 1818 et 1824. *Paris, Chaillou-Potrelle,* 1828, in-fol. pap. vél. [25706]

Ce beau volume renferme, outre le frontispice, deux cartes, trente-six planches et dix vignettes gravées au burin par des artistes distingués, 160 fr.; — Pap. de Chine, 200 fr.; — lettre au trait sur pap. vél. 320 fr., et sur pap. de Chine, 400 fr. Ces prix ont été réduits au quart.

SOUVENIRS du vieux Paris ; exemples d'architecture de temps et de style divers. Trente vues dessinées d'après nature, par le comte T. Turpin de Crissé, avec des notices historiques et descriptives,

par Mme la princesse de Craon, Mme la comtesse de Meulan, etc. 2e édit. *Paris, Veith et Hauser*, 1837, in-fol. de 42 pp. et 30 pl. 15 fr.; — Pap. vél. 20 fr. — Pl. color. 40 fr. [24148]
La première édition, publiée en 1835, a 96 pp. et 30 pl. in-fol.

TURPIN (*P.*). Voyez CHAUMETON, POITEAU, et le n° 4840 de notre table.

TURPISSIMA (de) conceptione. Voy. ANTICHRISTUS.

TURQUET (*Mayern*). Voy. MAYERN.

TURRECREMATA, vulgo Torquemada, (*Joannes* de). Expositio brevis et utilis super toto Psalterio. — *Romę impressa die Quarta mensis octobris per..... Vdalricum Gallum de Bienra Anno domini Millesimoquadringentesimoseptuagesimo,* gr. in-4. de 204 ff. non chiffrés, à 33 lign. par page. [452]
Première édition ; elle commence par l'épître dédicatoire : *Beatissimo... domino Pio secundo,* et finit par la souscription, suivie d'un feuillet au recto duquel se trouve le registre : vend. 104 fr. m. bl. La Valliere ; 50 fr. m. r. Brienne-Laire ; 5 liv. 7 sh. Pinelli ; 75 fr. ma^x. bl. dent. F. Didot ; 50 fr. m. v. Mac-Carthy.
L'édition de *Rome*, 1476, in-fol., donnée par le même imprimeur, est une simple copie de celle de 1470.

— Expositio brevis super toto Psalterio. —*Per Iohannem Schussler ciuem Aug. impressa anno dñi* M CCCC LXXII, *pridie nonas mayas,* in-fol. goth. de 134 ff. non chiffrés, à 35 lign. par page.
Cette édition, plus rare que la précédente, commence également par l'épître dédicatoire ; vend. en m. r. 122 fr. Brienne-Laire. Hain n'y compte que 133 ff.
Il y a aussi une édition sans date *p Iohem schuszler impssa,* avec les mêmes caractères, et contenant le même nombre de feuillets (133). Vend. 4 liv. 19 sh. Sykes ; 1 liv. Heber.

— Expositio super toto Psalterio. *Moguntiæ, per Petrum Schoyffer de Gernszhem,* 1474, in-fol. goth. de 171 ff. non chiffrés, à 35 et 36 lign. par page (Hain compte 173 ff., y compris 2 ff. prélim. pour l'épître dédicatoire).
Vend. 100 fr. mar. r. La Valliere ; 30 fr. Brienne-Laire ; 24 fr. en 1800 ; 40 fr. mar. v. dent. F. Didot ; 1 liv. 6 sh. mar. Heber ; 40 fr. Borluut ; 60 fr. mar. bl. Solar.
Les autres éditions de *Mayence*, 1476 et 1478, in-fol., sont peu recherchées ; nous en dirons autant de plusieurs éditions in-fol., sans lieu ni date, que Hain a décrites sous les n°s 15689-94 de son *Repertorium.*

— Expositio super toto Psalterio. — *In Burgo sanctissimi hilarii maioris pictauis.* 1480, xiii kl. marcii, in-fol. goth.
Cette édition, imprimée à *Poictiers,* mérite encore d'être citée à cause de sa rareté, elle n'a cependant été vend. que 5 flor. 10 c. chez Crevenna.

— Ad sanctissimum ac beatissimum dñm

Pium scdm pontificem maximum editio in librum psalmoꝝ quě alij soliloquiũ dicunt, incipit felicit a Johanne de turre cremata. Sabinensi eꝑo ac scte romane eccͤie Cardiali săcti Sixti vulgariter nũcupato edita. (in fine) : *Iohãnis de turre cremata. Cardinalis scti Sixti vulgarit nũcupati explanacio ĩ psalteriũ finit. Cracis impssa* (absque anno), in-fol. à 37 lign. par page (Panzer, t. IX, p. 230, compte 147 ff., et Hain, 149).
Édition imprimée à longues lignes, sans chiffres, réclames ni signatures, et avec les gros caractères de Gunther Zainer, artiste qui exerçait à Augsbourg, de 1468 à 1475, mais qui paraît avoir eu aussi un établissement à Cracovie, où le présent volume a été mis au jour. A l'occasion de ce livre précieux, George Guil. Zapf a écrit une dissertation en allemand, imprimée à Nuremberg, en 1803, de format in-4., dans laquelle il prétend que cette édition a paru à Cracovie, vers 1465, avant que l'imprimeur eût transporté ses presses à Augsbourg ; et, en cela, l'opinion de ce savant Allemand a été partagée par des bibliographes polonais. Nous ne croyons pas cependant que l'art typographique soit aussi ancien à Cracovie ; et M. Michel Podczaszynski, lui-même, qui se proposait de prouver qu'à la fin du XVe siècle toutes les sciences étaient florissantes dans cette ville, s'est exprimé ainsi à la page 356 du deuxième volume du *Tableau de la Pologne,* par Malte-Brun, édition de 1830 : « La première imprimerie fut fondée à Cracovie en 1474. » D'après cela, l'édition sans date dont il s'agit aurait été imprimée, non vers 1465, mais en 1475, et Gunther Zainer n'aurait exercé à Cracovie qu'après avoir quitté Augsbourg. Quoi qu'il en soit de sa véritable date, ce livre existe bien réellement, et on le regarde comme le premier, ou au moins comme un des premiers qui aient été impr. en Pologne. Il s'en conserve des exemplaires dans la bibliothèque de l'Université de Varsovie, ainsi que dans plusieurs autres bibliothèques de l'ancien royaume des Jagellons. Joachim Lelewel en a parlé dans ses observations sur la bibliographie ancienne de la Pologne, en 2 vol. in-8. ; et l'on en trouve la description dans deux ouvrages polonais de Georg. Sam. Bandtki, savoir : l'*Histoire de l'imprimerie à Cracovie,* Cracovie, 1819, in-8., et l'*Histoire de l'imprimerie en Pologne,* Cracovie, 1825, 3 vol. in-8.
L'exemplaire que possède la bibliothèque de Munich a coûté 220 flor. Il y en a aussi un dans la Bibliothèque impériale de Vienne. — Voyez à ce sujet *Dibdin's tour,* prem. édit., III, 294.

— Meditatõnes Reuerẽdissimi patris dñi Iohannis de | turrocremata Sacroscͤ Romane eccl'ie Cardinalis po | site ꝫ depicte de ipsius mãdato ĩ eccl'ie ambitu scͤ Ma| rie de Minerua Rome. — *Finite sunt... Rome ꝑ Ulricum han Anno domini Millesimoquadringentesimo sexagesimo septimo die ultima Mensis decembris. I. R.,* pet. in-fol. goth. [1529]
Première édition tellement rare, qu'on n'en connaît que 3 exemplaires, savoir : à la biblioth. de Nuremberg, à la Bibliothèque impériale à Vienne, et dans celle de lord Spencer. Ce dernier exemplaire a été minutieusement décrit par Dibdin, dans son *Bibliographical decameron,* I, p. 384 et suiv., et dans les *Ædes althop.,* II, n° 1277, où l'on trouve les fac-simile de deux des planches de ce précieux incunable. Le titre ci-dessus est impr. en rouge au verso du 1er f. et au-dessous de la fig. de la création. Il y a en tout 34 ff. et un même nombre de

---

planches gravées sur bois. La souscription est au milieu du recto du 34ᵉ f.

Voici une anecdote relative à Ulric Han, qui est rapportée dans l'*Annuaire du Bibliophile*, Paris, 1862, p. 213, sans qu'on en indique la source : « Le quatre-centième anniversaire de la fondation de l'imprimerie à Vienne (Autriche) aura lieu l'année prochaine (1862). Le premier imprimeur de Vienne s'appelait Ulric Haan ; il établit un atelier d'imprimerie en 1462 ; mais l'impression d'un pamphlet contre le bourgmestre lui suscita de nombreux ennemis, et le peuple brisa ses presses et ses outils. L'empereur Frédéric IV s'intéressa à l'imprimeur, qui suivit Sa Majesté à Kornenbourg et à Neustadt. Plus tard Haan se rendit à Rome, sur la proposition du nonce du pape, Torquemada. Pie II, dit Æneas Sylvius, le plus ancien chroniqueur de Vienne, accueillit avec faveur l'imprimeur, et le chargea d'imprimer les méditations du cardinal Torquemada (Turrecremata). »

— Contemplaciones deuotissime per reuerendissimū dm̄ dm̄ Ioh'em de turre cremata... — *Finiūt Anno salutis M. cccc. lxxij. die ϡo vigesima q̄rta mēsis decembris.....* in-fol.

Cette édition, sans gravures, ne contient que 16 ff. à 2 col. sous les signat. *a* et *b*, impr. à 2 col. de 34 lign., en caractères d'une forme grossière, mais non gothiques. Ces caractères ne sont point les mêmes que ceux du *Tractatus de quatuor virtutibus cardinalibus Henrici Ariminensis*, impr. à Spire, par P. Drach (ci-devant tome III, col. 99), comme l'a prétendu Laire, tome I, p. 289, mais ils sont tout à fait semblables à ceux des *Gesta Christi*, sans lieu ni date, qu'on trouve un fac-simile dans le 3ᵉ vol. de la *Bibliotheca spencer.*, nᵒ 702. Vend. 20 fr. Brienne-Laire ; 32 fr. Mac-Carthy ; 20 fr. *m. r.* Chardin ; 16 fr. Heber ; 12 flor. 30 kr. Butsch

— Contemplationes (seu meditationes). (*absque loco*), 1472, in-fol. goth. de 15 ff. à 2 col. de 38 lignes.

Imprimé avec les caractères de Conrad de Homborch à Cologne, sans signat., ni chiffres ni réclames.

— Eædem meditationes. — *Finite sunt... Rome... per Vdalricū gallum alemanū et Simonē de luca Anno domini M. cccc. lxxiii. die vero* XVII. *Octobris*, pet. in-fol. ou gr. in-4. goth.

Seconde édition de *Rome*, encore très-rare : elle est ornée de 33 grav. sur bois, les mêmes que dans l'édition de 1467, et elle consiste en 30 ff. Vend. 140 fr. *mar. r.* Gaignat ; 80 fr. Mac-Carthy ; 10 liv. 5 sh. Hibbert.

— Meditationes.—*Finite sunt contemplationes... Rome p̄ Vdalricū gallum..... Mcccclxxviii. Die uero ix decembris*, pet. in-fol. ou gr. in-4. goth. de 30 ff.

Édition impr. avec les mêmes caractères et avec les mêmes planches de figures que celle de 1473. Vend. 81 fr. Boutourlin.

— Eædem. — *Impresse p̄ iohannem numeister... Anno dn̄i Millesimoquadringentesimoseptuagesimonono die tercia mēsis septēbris...* pet. in-fol. fig.

Édition belle et très-rare, qui se compose de 48 ff. en tout, à 26 lignes par page, avec 34 gravures sur bois, dont la *Biblioth. spencer.*, tome IV, nᵒ 792, donne plusieurs fac-simile. Vend. 121 fr. *m. r.* Gaignat, et retiré à 80 fr. Mac-Carthy.

— Eædem. *Impressæ Albie, anno domini, Mil. cccc. octuagesimo primo, et die xij mensis nouembris*, gr. in-4. de 30 ff., dont le dernier est blanc, sign. a—o, avec fig. sur bois.

Édition remarquable, parce qu'elle est le premier livre connu imprimé à *Albi*, en Savoie.

Il existe plusieurs autres édit. du même ouvrage ; mais elles ont peu de valeur ; il faut néanmoins distinguer celle de *Rome*, *per Magistrum Stephanum Planck de Patauia : Anno domini* MCCCC. XCVIII, *die vero xxi mensis Augusti*, pet. in-4. goth. de 29 ff., avec 33 fig. sur bois, beaucoup mieux gravées que dans les édit. précédentes. Vend. 18 fr. By ; 5 liv. 10 sh. Sykes ; 1 liv 11 sh. 6 d. Hibbert ; 3 liv. 3 sh. *mar. citr.* Libri, en 1859.

— JOANNIS de Turre Cremata cardinalis S. Sixti aurea ϡ elegans sūma, contra impugnatores potestatis sūmi pōtificis, ac petri apostolorum principis... (in fine) : *Hec summa... per Euchariū Silber... Rome impressa... Anno salutis* M. CCCC. LXXXIX... *die xxvij mensis aprilis...* finit fœliciter, in-fol. goth. à 2 col. de 62 lign. [3219]

Édition imprimée aux frais du pape Innocent VIII. Elle se compose de 219 ff., dont 5 pour le titre et la table des rubriques, où se trouvent 3 pp. blanches. Le recto du dernier f. contient le registre des cah. L'exemplaire en *mar. r.* vendu 16 liv. 19 sh. La Valliere a été revendu 66 fr. Solar. — L'édition de Lyon, par Johan. Trechsel, en 1496, in-fol. goth. de 217 ff. à 2 col. 5 liv. 2 sous, seulement La Valliere.

— SEQUITUR EXPOSITIO super regulam beatissimi patris Benedicti per cardinalem sancti Sixti Johannem de turre cremata vulgariter nuncupatum... (à la fin) : *Opus presens Parisii laboriose exaratum per Petrum Leuet : impensa vero Nicolai militis moram ducentis ante palacium Regium, ad intersigniū pillei rubei finit feliciter. Anno... Millesimo quadringentesimo nonagesimo primo, quarta maii*, in-fol. goth. de 2 et 160 ff. à 20 lign. par page. [3858 ou 21743]

TURRELLUS. Computus novus pedestri oratione contentus, dies festos ab operosis uno digito determinans, omnibus maxime ecclesiasticis viris perquam necessarius, a magistro Petro Turrello Augustodunensi astrophilo, Divionensis gymnasii moderatore primario editus M.D.XXXIX. *On les vend à Lyon par Pierre de Saincte Lucie dit Le Prince*, in-4. de 16 ff., sign. a—d, fig. sur bois. [8334 ou 9025]

Livret singulier, 21 fr. Coste.

Bernard de La Monnoye, dans une note sur l'article *Pierre Turrel*, de La Croix du Maine, cite une édition du *Computus*, de Paris, chez *Pierre Gaudoul*, 1525, pet. in-4. de 14 ff. De son côté, Du Verdier, III, p. 547, nous apprend que Turrel a écrit en français les deux ouvrages suivants :

LE PERIODE, c'est-à-dire la fin du monde, contenant la disposition des choses terrestres par la vertu et influence des corps celestes. *Lyon*, 1531.

FATALE prevision par les astres et disposition d'icelle, sur la region de Jupiter, maintenant appelée Bourgogne, pour l'an 1529, et pour plusieurs années subsequentes. *Lyon.*

TURRI de Verona (*Ludovici* a) de immaculata conceptione B. V. Mariæ. —

Turri (*Raph.* de). Dissidentis desciscentis... libri VI, 25750.

Opus... impressum Brixiæ per Boni-num de Boninis de Ragusia... et com-pletum XVIIII. *Augusti. Anno Domini* M° CCCC LXXXVI, in-4. goth. de 121 ff. à 2 col. [1217]

13 fr. mar. r. Brienne-Laire; 1 liv. 1 sh. Libri, en 1859.

TURRIN (*Claude*), dijonnois. OEuvres poétiques, divisées en six livres. Les deux premiers sont d'élégies amoureuses, et les autres de sonnets, chansons, églogues et odes à sa maîtresse. *Paris, chez Jean de Bordeaux, au Clos Bruneau,* 1572, pet. in-8. [13785]

Poésies fort médiocres, mais dont les exemplaires se trouvent difficilement. 20 fr. Nodier, Viollet-Le-Duc et Monmerqué, et 96 fr. en janvier 1847; 195 fr. mar. r. par Trautz, vente Solar, et en mar. bl., 100 fr. H. de Ch., en 1863.

TURSELLINUS Romanus (*Horatius*). De Particulis latinæ orationis libellus uti-lissimus, post curas Jacobi Thomasii et Jo. Conradi Schwarzii denuo recognitus et auctus; ex editione in Germania quin-ta huc trahendum anglicaque interpre-tatione (vice germanicæ) instruendum curavit Jac. Bailey. *Londini, R. Priest-ley,* 1828, in-8. 12 sh. [10839]

Edition faite sur celle de Leipzig, 1769, in-8. Elle a été réimpr. dans le nouveau Forcellini donné à Londres par le même Bailey (Voy. FORCELLINI). L'ouvrage de Torsellino, publié pour la première fois à Rome, en 1598, in-12, a été souvent réimpr.; mais toutes les anciennes éditions sont effacées par la dernière qui a paru en Allemagne, sous le titre suivant, et qui contient de très-nombreuses aug-mentations :

TURSELLINUS, seu de particulis linguæ latinæ commentarii, edente F. Hand. Lipsiæ, Weidmann, 1829-45, 4 vol. in-8. 40 fr.

— Vita S. Francisci Xaverii, 21903. — Miracles de la Vierge de Lorette, 22353.

TURTON(*William*). Conchylia insularum britannicarum. The Shells of the british islands, systematically arrangèd. *Exe-ter,* 1822, in-4., with 20 pl. color. by Sowerby. [6139]

Publié en 4 liv. et réannoncé sous le titre de Bivalve shells, London, Nattalis, 1830; aussi en 1848, in-4. à 2 liv.

Le même auteur a donné, avec le secours de sa fille, A conchological dictionary of the british islands, London, Booth, 1819, in-12, fig. 9 sh.; — fig. color. 14 sh., et plus in Gr. Pap.

— British Fauna, 5623.

TUSCANUS (*Johannes Aloysius*). Decla-mationes in Turcam et exhortationes ad arma in cum capienda. (in fine) : Deo Optimo Maximo Gratias (*absque nota*), in-4. de 16 ff. à 27 lig. par page. [12794]

Opuscule en vers, dédié au pape Paul II. Giustiniani l'attribue aux presses d'Arnold de Bruxelles, im-primeur à Naples, et Hain, n° 15749, à Udalric Han, à Rome.

TUSIGNANO vel Tussignano (*Petrus*). In-cipit tractatus de peste cõpositus p ma-gistrum perum (*sic*) de Tusignano. (au verso de l'avant-dernier f.): Et finit captũ quartũ & totus tractatus ordinatus p me Petrum de Tussigano (*sic*)..... Anno dñi, M. cccc. lxxxviij (*absque loco*), in-4. de 26 ff. en caract. romains. [7192]

Ce traité, cité par Hain, n° 15750, est probablement le même que celui dont Panzer, III, p. 368, rap-porte ainsi le titre : Petri de Tussignano conci-lium pro peste curanda; Venetiis, per Joannem et Gregorium de Gregoriis fratres, 1495, in-fol.

Il y en a une autre édition sous ce titre : Incipit Tractatus de peste cõpositum ÿ magistrum pe-trum de Tusignano Artiũ & Medicine doctorem celeberrimum. In-4. de 28 ff., sans lieu, sans date, sans signatures ni réclames. Impression italienne du XVᵉ siècle. (Bibliothèque impériale.)

TUSON (*Wil.*). A new and improved sys-tem of myology; 2ᵈ edit. *Lond., Wilson,* 1829, in-fol. [6776]

Avec des planches découpées qui démontrent les mus-cles du corps humain tels qu'ils se présentent à la dissection. 2 liv. 8 sh.; — fig. color. 3 liv. 12 sh. — On y joint :

A SUPPLEMENT to myology. London, Wilson, 1829, in-fol. fig. color. 4 liv. 12 sh.

TUSSAC (*Fr.-R.* de). Flore des Antilles, ou histoire générale, botanique, rurale et économique des végétaux indigènes des Antilles, et des exotiques qu'on est par-venu à y naturaliser, décrits d'après na-ture, selon le système sexuel de Linné et la méthode naturelle de Jussieu, avec des planches dessinées, gravées et colo-riées par Tussac. *Paris, l'auteur,* 1808, 1824 et 1827, 4 vol. in-fol. max. 1050 fr. [5287]

Magnifique ouvrage. Le 1ᵉʳ vol. renferme 30 pl., le 2ᵉ, 34, et chacun des tom. III et IV, 37. Chaque livr. de 4 pl. a coûté 30 fr. Il n'a été tiré que 150 exem-plaires. Vend. complet 201 fr. en 1839; 200 fr. de Jussieu.

TUTTI i trionphi, carri, mascheaate (*sic*) ò canti Carnascialeschi andati per Firenze, dal tẽpo del Magnifico Lorenzo vecchio de Medici ; quãdo egli hebbero prima co-minciamẽto , per infino a questo anno presente 1559; con due tauole, vna dinan-zi, e vna dietro, da trouare agieuolmente, e tosto ogni Canto, ò Mascherata (raccolti per Grazzini detto il Lasca). *Fiorenza* (*Lor. Terrentino*), 1559, in-8., lettres italiques. [15006]

Recueil très-difficile à trouver complet, c'est-à-dire sans la lacune qui existe ordinairement depuis la p. 298 jusques et y compris la 396ᵉ ; lacune occa-sionnée par le retranchement qu'on fit, dans le temps, des 51 Canzoni dell' Ottonajo. Le vol. commence par 10 ff. non chiffrés, qui renferment

---

Turriozzi (*F.-A.*). Memorie di Tuscani, 25678.
Turtura (*A.*). Vita Hier. Æmiliani, 22088.

Tussac. Cri des colons, 30155;
Tutschek (*Lawr.*). Galla language, 11957.

le titre, la dédicace de Lasca, les tables des auteurs et des *Canti* contenus dans l'ouvrage ; il y a ensuite 465 pp. chiffrées, puis une table générale qui occupe 6 pp., et se termine par un errata. Nous ferons observer que, par une faute d'impression, les chiffres des pages sautent de 304 à 329, et que les pp. 390 et 391 sont cotées 400 et 401.

Vend. 76 f. Gaignat ; 52 fr. La Valliere ; 1 liv. 11 sh. Pinelli ; 48 flor. *mar. r.* Crevenna ; 9 liv. 5 sh. Roscoe ; 4 liv. 1 sh. Heber ; 270 fr. Boutourlin ; 180 fr. *mar. r.* Libri, en 1847 ; 9 liv. le même, en 1859 ; 426 fr. *mar. à compart.* Mac-Carthy. La reliure de ce dernier exemplaire n'a pas peu contribué à en faire porter le prix si haut.

On a réimpr. à *Florence, appresso Lor. Torrentino,* en 1560, in-8. de 103 pp. y compris 2 ff. prélimin., les *Canzoni di Gio.-Batt. dell' Ottonajo ;* et cette réimpression, augmentée de 4 *Canzoni,* sert à compléter les exemplaires du livre précédent, dans lesquels la lacune existe. Vend., ainsi complété, 25 fr. Gaignat ; 18 fr. La Valliere ; 110 fr. *mar. r.* Mac-Carthy ; 56 fr. Librairie De Bure ; 106 fr. *mar. r.* Libri.

Les curieux annexent volontiers à ce recueil une autre petite pièce du même genre, peu commune, intitulée : *Le dieci mascherate delle Buffole mandate in Firenze il giorno di carnavale l'anno 1556, etc.* Fiorenza, Giunti, 1559, in-8. de 56 pp.

— TUTTI I TRIOMFI, carri, mascherate, canti carnascialeschi. *Cosmopoli (Lucca),* 1750, 2 part. gr. in-8. fig. 10 à 15 fr.

Cette édition, donnée par les soins de Rinaldo Bracci, quoique médiocre et très-commune, n'est cependant pas tout à fait à mépriser, parce qu'elle contient plusieurs pièces qui ne sont pas dans celle de 1559 ; il en a été fait une réimpression sous la même date, et dont on a tiré des exemplaires in-4. ; mais, dans cette réimpression, les gravures, qui n'ont jamais été belles, ont encore le désavantage d'être usées. Les remarques suivantes pourront servir à faire distinguer les deux éditions. Dans la première, p. 209, lign. 11, il y a *Mostrerenvelo,* et dans la seconde, *Mostreremvelo.* Dans la première, la signature OO n'a que 8 ff., et elle est suivie de la signature PP de 2 ff. seulement, sur le dernier desquels est l'*errata* : dans la seconde, la signat. OO est de 10 ff., et, en place de l'*errata,* il y a un f. blanc. C'est la première de ces deux éditions qui a donné lieu à une critique du chanoine Biscioni, intitulée : *Parere sopra la seconda edizione de' Canti carnascialeschi,* Firenze, 1750, in-8., critique à laquelle Bracci a opposé une réponse aussi mordante que bien écrite, qui a pour titre : *I primi due dialoghi di Decio Laberio, etc.,* in Culicutidonia (Lugano), 1750, in-8., devenue très-rare.

— Voyez MEDICI.

TUTTI li mali deportamenti de Franciosi fato in Italia. (*senza luogo ed anno*), in-4. de 2 ff. à 2 col., fig. sur bois.

On a payé 101 fr. à la vente Libri, en 1847, cette satire en vers contre les Français, laquelle a dû paraître à Venise vers 1509.

A la même vente furent vendus, à des prix relativement assez élevés (de 30 à 60 fr.), plusieurs opuscules en vers, relatifs à des événements particuliers arrivés en Italie au commencement du XVIe siècle ; on en trouvera les titres dans le catal. Libri (1847), nos 1272 et suiv.

TVORENIIA sviatych otzef. OEuvres des saints Pères traduites en russe et suivies de traités et recherches sur des matières théologiques ; le tout publié par l'acadé-

Tuzio (*Fr.*). Memorie sopra Sora, 25772.

mie ecclésiastique de Moscou. *Moscou, Sémen,* 1843-57, in-8. [1862]

Revue très-estimée, et dont il paraissait quatre livraisons par an.

TWINING (*Louisa*). Illustrations of the natural order of plants, arranged in groups, drawns by miss Twining. *London,* 1856-58, 2 vol. in-fol. [4919]

160 planches coloriées, avec leur description. Le prix, qui était de 23 liv., a été réduit à 8 liv. 10 sh.

TWISS (*Richard*). Travels through Portugal and Spain, in 1772 and 1773. *London,* 1775, gr. in-4. fig. 10 à 12 fr. [20158]

La traduction française de ce Voyage a été imprimée à *Berne,* en 1776, in-8. fig.
— A TOUR in Ireland, in 1775. *London,* 1776, in-8. carte. [20352]

On a du même auteur : *A Trip to Paris, in 1792 ; with the Guillotine, and the Rose of Jerico,* London, 1793, in-12 de 136 pp., ou Dublin, 1793, in-12 de 176 pp. — *Chess,* Lond., 1787-89, 2 vol. in-8. — *Miscellanies,* 1805, 2 vol. in-8.

TWYSDEN (*Rog.*). Historiæ anglicanæ Scriptores X, ex variis manuscrip. nunc prim. in lucem editi ; adjectis var. lectionibus, glossario, indiceque copioso (per Roger. Twysden). *Londini,* 1652, 1 tom. en 2 vol. in-fol. [26818]

Collection recherchée et assez rare. Elle vaut de 3 à 5 guinées en Angleterre, et plus lorsqu'elle est en Gr. Pap. ou en pap. fin. On doit trouver à la fin un f. pour les *errata.*

TYARD. Voyez THYARD.

TYBERINUS(*Johannes-Mathias*). Passio S. pueri Symonis. In-4. goth., 28 lign. à la page. [22272]

Cette pièce, vend. 20 fr. d'Ourches, contient l'histoire d'un enfant qui fut crucifié par les Juifs, à *Trente.* C'est une lettre de 4 feuillets seulement, laquelle commence par ce sommaire :
Iohannes mathias tyberinus... rectoïbus senatui populoq; Brixiano salutem. On lit à la fin : *Valete Trideti secundo nonas aprilis.* M. CCCC. LXXV, suivi de 8 vers latins ; mais cette date, qui est celle de la lettre, est-elle aussi celle de l'impression de l'ouvrage ? C'est ce qui est fort probable. Toutefois cette même date se trouve également dans plusieurs éditions de cette lettre curieuse : 1o in-4. caract. rom. de 4 ff. à 33 lignes par page. — 2o in-4. caract. rom. de 4 ff. à 28 lignes par page, portant à la fin cette souscription : *In Sācto Ursio. vincē. district. Iohānes de Reno impssit.* — 3o in-fol. goth. de 4 ff. à 29 lignes par page, terminé ainsi : *Arte sua hoc opus exiguū cōdidit Frideric' Creusner,* avec une fig. sur bois. — 4o in-4. avec le mot *Mantve,* indiquant le lieu de l'impression.

— De infantulo in ciuitate Tridentina p̃ Iudeos rapto..... (in fine) : *Hystoria hec elegantissima impressa fuit in Alma vrbe Roma apud Colūpnā Antonini p̃*

Twells. Life of Edw. Pocock, 30906.
Twining (*H.*). Voyage en Norwége, 20382.
Twining (*H.*). Philosophy of painting, 9253. — Elements of picturesque scenery, 9274.
Two years in Ava, 20716.

honorabilē virū Magistrū Bartholo-
meū Guldinbeck de Sultz.....Anno quo.
S̄. Die vero Martis. XIX. *Iunii,* in-4. de
6 ff. à 27 lig. sur les pages entières.

Indépendamment de cette édition, datée du 19 juin,
l'imprimeur Guldinbeck en a donné une sous la
date *xxiiii Iulii.* Dans l'une et dans l'autre la lettre
commence par un sommaire en six lignes (rapporté
dans la *Biblioth. spencer.,* III, n° 712), mais où
l'auteur n'est pas nommé. La date qui se trouve à
la fin, avant la souscription, est ainsi conçue : *Tri-*
dēti die. XVII. *April'. Anno... Septuagesimo quīto*
supra millenū quater cetenū. Cette date de
1475 est probablement celle à laquelle se réfère
l'imprimeur, dans les mots *Anno quo S̄.* de sa souscription : on la retrouve encore dans une édit. in-4.
de 8 ff., attribuée à Arnauld, de Bruxelles. (*Biblioth.*
spencer., VII, n° 90.)

Une autre édition de cette même lettre, plus précieuse
encore que les précédentes, est celle de Trévise, par
Gerard de Flandre, sans date, in-4. à 26 lign. par
page. Cette dernière contient d'abord le texte latin
de *J. Mathias* (Tiberinus), finissant au recto du
7° f., par les mots *Gerardus īpressit Taruisii,*
placés au-dessous de 8 vers latins. Le 8° f. est bl.,
ensuite se trouve la traduction de la même pièce en
vers italiens, commençant par ce sommaire en
4 lignes et en capitales :

> : : *in nome di iesv amen* : :
> *incōmincia li horribili*
> *tormenti del beato si-*
> *mone di trento.*

Au verso du 16° f. (8° de l'italien) se lit la souscription : : *Stampato* : : *per Gerardo da fiandra* : :
a triviso : : disposée en 4 lignes ; et à l'autre page
le nom du traducteur est indiqué de cette manière :

> : : FINIS : :
> 10.   GONEGL.
> : : FAV : :

abreviations que Federici remplit ainsi : *Joanne*
Conegliano Favente (Ædes althorp., II, p. 182).
Cette édition de la version italienne nous paraît être
celle qui est décrite par Panzer, IX, p. 283.

— Hystoria completa. Ad reuerendissimum in xp̄ō patrem et : D. dominū Johannem Hinderbach.....de passione, et
obitu beati pueri Simonis : Innocentis
martiris : Tridentini : Iohannis Mathiæ
Tiberini... libellus feliciter incipit. (au
verso du dern. f.) : *Tridēti impressa...*
Mcccc Lxxvi : quīto Idus februarii :
Hermanno Schindeleyp Auctore, in-4.
goth. de 11 ff. non chiffrés, à 34 lign.
par page.

Édition plus complète que la précédente. Panzer la
présente comme le premier livre imprimé à Trente ;
mais il est très-probable que la plus ancienne édit.
connue de cette lettre, en 4 ff., est sortie des presses de la même ville, en 1475 ; d'ailleurs nous pouvons citer un opuscule allemand imprimé à Trente,
en 1475, par *Albertus Duderstat,* le même qui,
plus tard, sous le nom d'Albert Kune de Duderstat,
a exercé sa presse à Memmingen. Cet opuscule,
décrit par Hain, n° 7733, sous ce titre : *Geschichte*
des zu Trient ermordeten Christenkindes, est un
in-fol. de 14 ff., avec 12 fig. sur bois, lequel commence ainsi : *Das erste capitell ist der Rat, den*
die juden haben gehabt in der heiligen marter-
woche an dem pfingstag vor osteren, et porte la
souscription suivante : *Und das hat ghedruckt Al-*
bertus Duderstat von dem Eiksvelt zu Trient in
dem iar als man die iuden hat verprant do man
schrieb tausend vier hundert und fünf und sibnz

iar an dem mitwuchen vor unser lieben frauwen
tage der purt Laus deo.

— Johan. Matthiē Tiberini in beatum Symonem nouum sanctissimē passiōis christi lumen et martire, epigramma. (*Tri-*
denti, 1482), in-4. de 10 ff.

A la fin de cet opuscule, après *Post tenebras spero*
lucem, on lit les huit capitales suivantes ainsi disposées :

> S : : M : : P : : Z : : L : : C : : L : : S :

Cette pièce est décrite dans le catalogue des livres réservés de M. Libri, 1862, n° 367, où elle est réunie
à deux autres, savoir : 1° *Jacobus de Moretis ve-*
ronensis ordinis cruciferorum, oratio in sue re-
ligionis laudem. (sans lieu ni date, vers 1490), in-4.
avec gravures sur bois ; 2° *Calphurnii poete Brix.*
mors et apotheos. Simonis infantis noui marti-
ris : ad Ioannē Inderbrachiū pōtifices tridentinū.
(circa 1485), in-4. goth. de 5 ff. vend. ensemble
6 liv. 10 sh.
Pour d'autres écrits relatifs au martyre du même
enfant, voy. HINDERBACHIUS et SUMMARIPA.

TYBERTUS (*Antiochus*). Voy. TIBERTUS.

TYBURCE (M°). Voyez DADOUVILLE et
QUINZE signes (les).

TYCHO (Brahe). Voyez BRAHE.

TYCHSEN (*Olaus-Gerhardus*). Elementale arabicum, sistens linguæ arab. elementa, catalecta maximam partem anecdota, et glossarium. *Rostochii,* 1792,
in-8. [11600]

Ce petit ouvrage est fort bien fait. L'auteur a donné,
en 1793, *Elementale syriacum,* auquel il a joint
des corrections et additions pour son *Elementale*
arabicum.

— COMMENTATIONES de numis orientalibus in bibliotheca regia gottingensi adservatis. *Gottingæ,* 1786,
1787, 1788, 1790, 1792, 1796, 1798, 1813 et 1814,
in-4. [29846]
Ces différentes dissertations se trouvent rarement
réunies.

— INTRODUCTIO in rem numariam Muhammeddano-
rum. *Rostochii,* 1794-96, 2 part. pet. in-8. fig.
6 à 8 fr. [29845]

— OLUF GERHARD TYCHSEN, oder Wanderungen
durch die mannigfaltigsten Gebiete der biblisch-
asiatischen Litteratur, von A. Theod. Hartmann.
Bremen, Heyse, 1818-23, 2 tom. en 5 vol. in-8.
[30976]
Cet ouvrage fait connaître dans le plus grand détail
tous les travaux du célèbre orientaliste Tychsen.
Le 2° tome, publié en 1820, est en 3 part. ou vol.
La table forme le 5° vol. Il faut y joindre un autre
volume intitulé :
MERKWÜRDIGE Beylagen zu dem O.-G. Tychsen's Verdiensten gewidmeten litterarisch-biogra-
phischen Werke. *Bremen,* 1818, in-8. [30977]

— Physiologus Surus, 619. — De Cuneis inscriptio-
nibus, 29964.

Feu Silvestre de Sacy a donné, dans la *Biographie*
universelle, XLVII, un excellent article sur ce savant danois.

TYERMAN. Voyage. Voy. MONTGOMERY.

TYGRE (le). Voyez notre tome II, col.
1032.

TYMMS (*W. R.*) The Art of illuminating,
as practised in Europe from the earliest
time : illustrated by initial letters and
alphabets, selected from the British Mu-

seum, south Kensington Museum, and other valuable collections, by W.-R. Tymms, with an essay and introductions by Digby Wyatt. *London*, 1860, gr. in-8. fig. color. 4 liv. 4 sh. [9437]

TYMPIUS (*Matth.*). Mensa theolophilosophica, h. e., quæstiones symposaicæ facetæ et seriæ. *Cum licentia superiorum Monasterii Westphaliæ*, 1623, 2 part. in-12. 6 à 9 fr. [17930]

Vend. 14 fr. *m. r.* Brienne, en 1797.

TYPHERNUS (*August.*). V. FRANCISCUS Aretinus.

TYPHIS (*Odaxius*). Voy. ODAXIUS.

TYPOTIUS (*Jac.*). Symbola divina et humana pontificum, imperatorum, regum, et symbola varia diversorum principum, ex musæo Octavii de Strada, cum Isagoge Jac. Typotii ad tomos I et II, et Ans. de Bood ad tertium. *Egidius Sadeler excudit Pragæ*, 1601, 1602 et 1603, 3 part. en un vol. in-fol. [18570]

Recherché à cause des gravures : 10 flor. Crevenna ; 1 liv. 6 sh. Libri, en 1859.

Il y a une édition des *Symbola divina et humana,* Arnhemiæ, 1666, in-12, fig.; et une autre des *Symbola varia diversorum principum*, Arnhemiæ, 1679, seu Amstelodami, 1686, in-12, fig.

TYPUS mundi, in quo ejus calamitates et pericula, nec non divi humanique amoris antipathia imblematice proponuntur a RR. C. J. A. (rhetoribus collegii S. J. Antuerp.). *Antuerpiæ, Vidua Cnobbaert*, 1652, pet. in-12, fig. [18591]

Ouvrage orné de jolies fig. dans le genre de celles des *Linguæ vitia*, dont il y a aussi une édition de 1652. — Voy. BURGUNDIA.

TYRANNICIDE (le), ou mort du tyran, contenant sa dernière déclaration et délibération tyrannique envers les catholiques de France, et spécialement sur ceux de la ville et fauxbourgs de Paris, si dieu luy eust permis exécuter ses desseins miserables; seconde édition. *Paris, Ant. Dubreuil*, 1589, in-8. de 16 pp. [23594]

Pièce en vers, très-rare : 75 fr. *m. r.* Le Marié, et quelquefois moins.

La première édition, sous la même date, mais sans lieu d'impression ni nom d'imprimeur, n'a que 11 pp. imprimées en italique, et elle est d'un plus petit format que la seconde. La rareté en est grande. Un exempl. en *mar.* 79 fr. Veinant, et 42 fr. Solar.
— AUTRE édition, *Lyon, J. Patrasson*, sans date, pet. in-8. de 14 pp. 5 fr. 50 c. Veinant.
— LE MÊME opuscule a été imprimé à *Lyon, J. Patrasson*, 1589, pet. in-8. 33 fr. exemplaire non relié, en avril 1861.

TYRON (*Ant.*). Recueil de plusieurs plaisantes nouvelles, apophthegmes et re-

creations diverses, faict françois, par Ant. Tyron. *Anvers, Henry Heyndricx*, 1578, in-8. de 3 ff. prélimin. et 173 pp. fig. sur bois. [17337]

Vend. 20 liv. A. Martin ; 40 fr. Nodier, en 1844 ; 48 fr. Monmerqué.

Il y a une autre édition d'*Anvers, Martin Huyssens*, 1596, in-16, fig. sur bois, laquelle est des plus médiocres : 15 fr. en 1843.

— Voyez MACROPEDIUS.

TYRTÆUS. Tyrtæi quæ supersunt omnia (græce), collegit, commentario illustr., edidit Christ.-Adol. Klotzius. *Altenburgi*, 1767, pet. in-8. 6 à 8 fr. [12352]

Klotzius a donné une première édition de Tyrtée à *Brême*, 1764, in-8.; mais la seconde est préférable, parce que les dissertations y sont refaites et plus étendues. Le papier fin de cette dernière est fort beau.

— TYRTÆI quæ supersunt, gr. et lat., cum notis philologicis, edidit Ch. Dohl. *Upsaliæ*, 1790, in-4.

— Les Chants de Tyrtée et de Callinus, traduits en vers par Firmin Didot (avec le texte grec en regard). *Paris, imprimerie de F. Didot*, 1827, in-fol. pap. vél.

Édition de luxe, tirée à 100 exempl. seulement, et qui n'a pas été mise dans le commerce. La première édition de cette traduction de Tyrtée, suivie de *la Reine de Portugal*, tragédie en 5 actes, et d'une *Notice sur Robert et Henri Estienne*, par M. Firmin Didot, a été impr. à *Paris, chez l'auteur*, en 1826, in-12, et forme le 2ᵉ vol. de ses *Œuvres*. Le 1ᵉʳ a paru en 1822.

— SPARTAN lessons, or the praise of valour in the verses of Tyrtæus, gr., lat. et angl. *Glasguæ, Foulis*, 1759, in-4. 6 à 9 fr. [12353]

— I CANTICI di Tirteo, tradotti ed illustrati da Luigi Lamberti, col testo greco e versione lat. *Parigi, an IX* (1801), in-8.

Il y a des exemplaires en VÉLIN, et en pap. rose. On a aussi une édition de cette version italienne, à laquelle est jointe une traduction française par le trop célèbre Barère, *Paris, Gratiot* (1805), in-8.

TYRWHITT (*Thomas*). Conjecturæ in Æschylum, Euripidem et Aristophanem : accedunt epistolæ diversorum ad Tyrwhittum. *Oxonii, e typog. clarendon.*, 1822, in-8. 6 sh.; — Gr. pap. 10 sh. [16049]

— Voyez BABRIO (de).

TYSILIO. Chronicle of the kings of Britain, translated from the welsh copy attributed to Tysilio; collated with other copies, and illustrated with notes and dissertations on Gildas, the authority of the Brut, the primary of population of Britain, the laws of Dyfnwal Moelmyd, and the ancient british church, by the rever. Peter Roberts. *London*, 1811, in-4. 1 liv. 5 sh. [26877]

Le révérend Peter Roberts est auteur des deux ouvrages suivants :

Tyroff (*J.*). Wappenbuch der österreich. Monarchie; — der preussischen Monarchie, 28829.

Tyrrel. Diseases of the eye, 7536.
Tyrwhitt (*R.-P.*). Digest of statutes, 3059.

SKETCH of the early history of the Cymry, or ancient Britons, from the year 700 before Christ to A. D. 500. *London*, 1803, in-8.

THE CAMBRIAN popular antiquities, or an account of the traditions, customs, and superstitions of Wales, with observations as to their origin. *London*, 1815, in-8., avec 10 pl. color. [27376]

TYSON (*Edw.*). Anatomy of a pygmy compared with that of a monkey, an ape and a man, with an essay concerning the pygmies, etc., of the ancients..., to which his added the anatomy and description of a rattle-snake, etc. *London*, 1751, 3 part. en 1 vol. gr. in-4. fig. 10 à 12 fr. [6672]

La première édition de cet ouvrage, 1699, in-4., sous le titre d'*Orang-outang, sive homo sylvestris, or the anatomy of a pygmie, etc.*, ne contient que les deux premières parties.

TYTLER (*Alexand.*). Elements of general history ancient and modern, to which are added a table of chronology and a comparative view of anc. and mod. geography; the ninth edit. corrected, with considerable additions and continuation terminating at the demise of his maj. George III, by the rev. Edw. Nares; translated into hindoostanee by Lewis Dacosta in which he was assisted by Hukeem Muolvee, Abdool Mujeed and other learned natives. *Calcutta, mission press*, 1829-30, 3 tom. en 1 vol. gr. in-4. [21314]

Vend. 25 fr. Klaproth.

L'ouvrage anglais dont nous indiquons ici la traduction hindoustani, en caractères nesky, a été imprimé fréquemment à Edimbourg et à Londres, soit en 2, soit en 3 vol. in-8., et en 6 vol. in-12.

Tytler (*P.-Fr.*). Histor. View, 20978. — England under Edward VI, 26918. — Hist. of Scotland, 27412. — Scottish worthies, 27414.
Tytler (*Will.*). Evidence against Mary, 27442.

TYTLER (*D.-J.*). Voyez DEWAN Kanh Ji.

TYTURELL. Voy. ESCHENBACH.

TZETZES (*Joannes*). Iliacum carmen epici poetæ græci, cujus nomen ignoratur (gr.); nunc primum prodit cum scholiis ex veteribus mss. membranis bibliothecæ Is. Casauboni. Fed. Morellus latinis heroicis expressit et notis illustravit. *Parisiis, Morellus* (1616), in-8. 3 à 4 fr. [12431]

Première édition, contenant les vers 147 à 295 des *Antehomerica.*

— CARMINA iliaca (græce), nunc primum e cod. augustano edidit Gottl.-Bened. Schirach. *Halæ, Curt*, 1770, in-8. 2 fr.

— ANTEHOMERICA, homerica et posthomerica, e codicibus eruit et comment. instruxit Fried. Jacobs. *Lipsiæ, Weidman*, 1793, in-8. 4 fr. — Pap. fort, 6 fr. [12421]

Édition la plus complète qui eût alors paru.

— ANTEHOMERICA, homerica et posthomerica, gr., ex recensione Imm. Bekkeri : acc. excerpta ex Chrestomathia Procli. *Berolini, Reimer*, 1816, in-8. 2 fr. 50 c.

— TZETZÆ Allegoriæ Iliadis : accedunt Pselli allegoriæ, quarum una inedita, curante J.-F. Boissonade. *Parisiis, Dumont*, 1851, in-8. 8 fr.

— EJUSDEM Epistolæ ex codd. mss. Bibliothecæ reg. paris., nunc primum edidit, animadversione instruxit, apparatum criticum ad chiliadum libros adjecit Th. Pressel. *Tubingæ, Fues*, 1851, de VI et 145 pp. 5 fr.

— Historiarum variarum chiliades, græce : textum ad fidem duor. codd. monacens. recognovit, brevi annot. et indicibus instruxit Th. Kiessling. *Lipsiæ, Vogel*, 1826, in-8. 12 fr. — Pap. collé, 15 fr. et plus en papier vélin.

Cet ouvrage avait déjà été imprimé avec le Lycophron, édition de *Bâle*, 1546, in-fol.; mais l'édition de 1826 est meilleure. — Voyez LYCOPHRON.

— Voyez aussi ARSENIUS.

U

UBALDI (*Guidi*), e marchionibus Montis Perspectivæ libri sex. *Pisauri*, 1600, in-fol. fig. [8424]

Montucla (I, p. 709) a parlé avec éloge de ce traité de perspective, où l'on trouve le premier emploi du point de distance.

— Mechanicorum liber. *Pisauri, Hier. Concordia*, 1577, in-fol. fig. sur bois. [8069]

10 fr. 50 c. Labey; 31 fr. Libri, en 1857.

Ce livre a été traduit en italien, sous ce titre : *Le mechaniche di Guido Ubaldo de' marchesi del Monte*, par Phil. Pigafetta, *Venetia, per Francesco di Franceschi*, 1581, in-4. fig. 20 fr. Libri, en 1857.

On trouve quelquefois avec le texte latin l'ouvrage suivant, du même auteur :

IN DUOS Archimedis æqueponderantium libros paraphrasis, cum scholiis. *Pisauri, Hier. Concordia*, 1588, in-fol.

Autres ouvrages du même auteur.

PLANISPHÆRIORUM universalium theorica. *Pisauri, Concordia*, 1579, in-4. 8 fr. Libri.
PROBLEMATUM astronomicorum libri VII. *Venetiis*, 1609, in-fol. 28 fr. 50 c. Libri.
DE COCHLEA libri IV. *Venetiis, Deuchinus*, 1615, in-fol. 15 et 17 fr. même vente.

UBALDINO (*Petruccio*). La vita di Carlo Magno imperadore. *Londra, appresso Giov. Wolfio*, 1581, pet. in-4. [23354]

— Le vite delle donne illustri del regno d'Inghilterra e del regno di Scotia e di quelle che, d' altri paesi, ne i due detti regni sono stato maritate. *Londra, Giov. Wolfio*, 1591, pet. in-4. [30520]

Ces deux ouvrages, assez recherchés en Angleterre, ont été vendus de 10 à 12 fr. chacun, Reina; le second, 5 sh. Heber. — On a du même auteur :

DESCRITTIONE del regno di Scotia e delle isole sue adjacenti. *Anvers*, 1588, in-fol. [27381]

27 fr. 50 c. en mars 1859.

Réimprimé à Edimbourg, en 1859, in-4., pour le *Banatyn Club*.

UBALDINUS (*J. Paul*). Voyez CARMINA poetarum.

UBEDA (*J. Lopez* de). Cancionero general de la doctrina christiana, muy util y prouechoso, en todo genero de verso castellano : hecho por Juan Lopez de Ubeda..., con otras muchas obras, recogidas de muy graues autores. *Alcala de Henares, en casa de Hernan Ramirez*, 1586, pet. in-8. de XII et de 244 ff. [15185]

Collection rare. Nic. Antonio en cite une édition de 1579, qui doit effectivement exister, puisque les approbations et les priviléges de celle-ci sont datés de 1578 : il cite aussi *Vergel de flores divinas*, Alcala, 1588, in-8., par le même auteur.

UBEDA (*Francisco*). Libro de entretenimiento de la picara Justina, en el qual debaxo de graciosos discursos se encierran provechosos avisos. *Medina del Campo, Chr. Lasso Vaca*, 1605, pet. in-4. [17591]

Roman un peu libre, fait à l'imitation du Guzman d'Alfarache. Il passe pour constant qu'André Perez, religieux dominicain, en est le véritable auteur.

— LA PICARA Montañesa, llamada Iustina, libro en el qual debaxo de gracioso discursos, se encierran prouechosos auisos; por el licenciado Francisco Lopez de Ubeda, natural de Toledo. *Impresso en Barcelona, en casa Sebastian de Cormellas*, 1605, pet. in-8.

Cette édition est revêtue de trois permissions de l'inquisition, en date des 10 et 12 juillet 1605 ; elle est peut-être antérieure à celle de Medina del Campo, sous la même date. 50 fr. salle Silvestre, en 1857.

L'édition de *Bruxelles*, *Oliv. Brunello*, 1608, pet. in-8. de 449 pp., titre gravé sur bois, est un peu moins rare que les deux précédentes ; elle a cependant été vend. 59 fr. 2e catal. Quatremère, et en mar. *citron*, à compart. de mosaïque de mar. vert, dorure à petits fers, 152 fr. Solar.

Nous citerons encore l'édition de *Barcelone*, 1640, pet. in-8., sous le titre de *La Picara Montanesa, llamada Justina*; celle de *Barcelone*, 1707, pet. in-8., et celle de *Madrid*, 1735, pet. in-4., précédée d'une notice sur l'ouvrage et sur son auteur.

LA NARQUOISE JUSTINE, lecture pleine de récréatives avantures et de morales railleries contre plusieurs conditions humaines. *Paris, de Sommaville et Billaine*, 1635, pet. in-8. 6 à 9 fr. (Traduction du roman ci-dessus.)

UBERTI (Fazio degli). Voyez FAZIO.

UBERTO et Philomena. Incomincia una nobilissima operetta dicta Philomena ne la qual se tracta prima de Uberto e Philomena; e poi de esso Uberto et Alba figlia dil duca di Bergogna. (in fine,

recto) : *Gabriel P. Impressit*, M CCCC LXXV, in-4. [14698]

Édition très-rare, et probablement la plus ancienne, avec date, que l'on ait de ce poëme: vend. 6 liv. 8 sh. 6 d. Heber, II, n° 6159.

L'auteur s'exprime ainsi dans son prologue : « *Poi che mia fortuna over Destino vuol che ogni mio parlare sia pur damore; il qual nel mille quatrocento di aprile volse che io fosse a crescere il numero de suoi sugetti e con questo tal peso son io nel decimo anno transcorso...* » et il ajoute : « *Amorose pene hanno imbianchite le tempie a li quaranta anni.* » Le poëme commence au verso du 1er f. et se termine au recto du 103 f., suivi par la souscription *Gabriel P...*, indiquant Gabriel de Piero ou Petri, qui imprimait à Venise, de 1472 à 1477. Voici le registre des cahiers : A et B, par 10; C à L, par 8; M, par 6, et N, en 5 ff., dont le verso du dernier est blanc.

— Uberto & Philomena tracta damore. (*senz' anno, luogo, e stamp.*), in-4. à 32 lign. par pages, sans chiffres ni récl., mais avec des signat. de *a2—k4*.

Poëme en deux livres, dont le premier contient 267 octaves, et le second 334. Il a été composé au commencement du XVe siècle. Le 1er f., qui n'a point de signature, porte au recto le titre ci-dessus, et au verso un prologue en prose, précédé du sommaire suivant, en cinq lignes :

Incomincia una nobilissima operetta decta Philomena : nella qual si tracta Primo Duberto & Philomena & poi desso Vberto & Alba figlia del Duca di Bergogna.

Le verso du dernier f. ne contient que ces deux lignes :

Finito Vberto & Philomena & Alba che tracta damore.

Sur ce livre très-rare, vendu 3 liv. mar. r. Heber, consultez le 2e catalogue de Crevenna, III, n° 4591. Une édition de *Venise, Thomaso di Piasis*, 11 *setembrio* 1492, in-4. de 78 ff., sign. Aa—Kk, aussi à 32 lignes par page, est décrite par Ebert, 23190, d'après l'exemplaire de Wolfenbüttel; mais le bibliographe allemand ne paraît pas avoir eu connaissance de l'exemplaire de Crevenna (indiqué ci-dessus) ; ce qui l'a empêché de vérifier, comme il aurait pu le faire, si par hasard ce n'était pas un exemplaire imparfait de l'édition de 1492.

D'après la description que donne Molini (*Operette*, p. 125) de cette même édition de 1492, le verso du premier feuillet porte ces mots : VBERTO ET PHILOMENA, et le verso ce titre : *Incomicia una nobilissima operecta dicta Philomena*, et la souscription est ainsi conçue : FINIS. *impresso in Venetia per Thomaso di Piasis* M. CCCC. LXXXXII *die xi de setembrio.*

— OPERETA nobilissima damor : laqual tracta de Uberto e Philomena : e poi de la morte de esso Uberto : e de Alba figlia del ducha di Bergogna. (*senza indicazione*), in-4. goth. à 2 col. de 48 lign. Édition du commencement du XVe siècle, contenant 28 ff. non chiffrés, sign. a—g, y compris le frontispice, orné d'une gravure sur bois. Le texte commence avec le feuillet aii, et il se termine au verso du dernier f., 2e col., par le mot *Finis*.

UBILLA y Medina (D. *Ant*. de). Succession del rey D. Phelippe V en la corona de España; diario de sus viages desde Versailles a Madrid; jornada a Napoles, a Milan, etc. *Madrid*, 1704, in-fol. fig. [26092]

Un exemplaire en *mar. r.* 80 fr. La Serna, et 40 fr. Millin, sans avoir cette valeur.

UBOOL FUZL. The Khirud Ufroz, originally translated into the hindoostanee
language, by Muoluvee Hufeez Ood-deen
Uhmud, from the Ayar Danish, written
by Shuekh Ubool Fuzl; revised, compared with the original persian, and prepared for the press by capt. Thomas
Roebuck. *Calcutta*, *Pereira*, 1815, 2
vol. gr. in-8. 2 liv. 2 sh. [16956]

Vend. 40 fr. Langlès, même prix de Sacy. L'*Ayar
Danish* est une traduction ou imitation du Livre
de Calila et Dimna. — Voy. BIDPAÏ.

— Khirad-Afroz (.the Illuminator of the
understanding), by Mulavé Hafi-zu'd-
din ; a new edition of the Hind'ustani
text, carefully revised, with notes critical and explanatory, by Edw.-B. Eastwick. *London*, 1857, in-4. 31 sh.

Jolie édition.

UCHARD (*Bernardin*), seigneur de Mous-
pey. Lo Guemen dou pouro lebory de
Breissay sur la pau· que la de la guerra.
1615, in-4. en vers bressans. [14409]

— La Piedmoutoise, en vers bressans,
dédiée à Monseigneur Lesdiguières.
Dijon, 1619, in-8. allongé. [14410]

Réimprimé à *Bourg en Bresse*, 1661, in-4. Ces deux
opuscules rares étaient chez Falconet.

Une nouvelle édition du second, tirée à 63 exempl.,
a été publiée à *Paris, chez Aubry*, 1855, pet. in-8.,
par les soins de M. Gustave Brunet.

Il existe un recueil de Noëls bressans, impr. à *Pont-
de-Vaux, chez Moiroud*, 1797, pet. in-8. [14410]
Vend. 5 fr. 20 c. de Chateaugiron.

UCHTMANNUS (*Alardus*). Voy. BEVER-
LAND.

·UDALL (*Nicholas*). Ralph Royster Doys-
ter, a comedy. *Lond., reprinted in the
year* 1818, in-8. (16871]

Cette pièce est la plus ancienne comédie anglaise
connue : on suppose qu'elle a été composée en
1540, et imprimée pour la première fois en 1565.
La réimpression faite en 1818 n'a été tirée qu'à
30 exemplaires; mais il y en a une autre de *Lond.*,
1821, in-8., plus nombreuse. L'édition originale
est de la plus grande rareté.

UDALL. (*Will.*) The History of the life
and death of Mary Stuart, queene of
Scotland. *London, for W. Sheares*,
1636, in-12, portrait et frontisp. gravé.
[27337]

Ouvrage assez recherché : 1 liv. 5 sh. Hibbert; 15 sh.
Heber; 2 liv. mar. r. Nassau. Il avait déjà paru
sous le même titre, mais sous le nom de W. Stranguage, *London, by John Haviland*, 1624, in-fol.
portr. par Elstracke.

UDINE (*Giambatista* da). Lacrimosa novella di due amanti genovesi (Paolo de'
Fornari et Minetta Doria). *Venezia, per
Alessandro de Vian Venézian, ad instantia de Francesco Liber de la Cucca*,
1551, in-8. [17472]

Édition très-rare, mais dont le contenu a été repro-

duit dans les *Novelle otto*, impr. à Londres, en
1790. Vend. 4 liv. 16 sh. Borromeo, et 1 liv. 2 sh.
Heber.

— La stessa. (*sans' alcuna nota*), in-8.,
lettres italiques.

Un exemplaire de cette édition rarissime se conserve
dans la bibliothèque du palais, à Florence. On pense
que le livre a été impr. à Venise dans le courant
du XVI⁰ siècle.

— La stessa. *Udine, Vendrame*, 1828,
in-8.

Publié par M. P. Oliva del Turco, qui a su éviter les
fautes de l'édition de 1551. La sienne n'a été tirée
qu'à 30 exemplaires, savoir : 3 sur VÉLIN, 2 sur
pap. anglais, 3 sur pap. de couleur, et les autres sur
Gr. et sur pet. pap. vélin.

UFANO (*Diego*). Artillerie, c'est-à-dire,
vraie instruction de l'artillerie, trad. de
l'espagnol en françois. *Zutphen*, 1621,
in-fol. fig. [8679]

Livre plus rare que recherché. Le texte espagnol a
été imprimé à Anvers, 1613, in-4.

UGEL (*André*). Voy. MANAULD.

UGGERI. Giornate pittoresche degli edifizi
antichi di Roma e dei contorni. *Roma*,
1800 e seg., in-4. obl. fig. [29417]

Ouvrage dont le texte italien est accompagné d'une
traduction française, par l'abbé d'Ilesmivy d'Auri-
beau; il se divise en quatre séries, savoir :
1⁰ MONUMENTS DE ROME (il devait y avoir 10 vol.).
Tome I, *Description des monuments et plans de
Rome;* tome II, *Iconographie, ou plans des édifices antiques;* tome III, *Matériaux dont se servaient les anciens pour leurs édifices;* tome IV,
*Les trois ordres grecs d'après les monuments de
Rome:* tomes V et VI, 60 *vues pittoresques des
monuments, gravées au trait, et lavées au bistre.*
2⁰ ÉDIFICES ANTIQUES pour compléter la suite publiée
en 1801.
Tome I, *Édifices antiques réparés par les ordres
de Pie VII, description et plans;* tome II, *Basiliques de Constantin, description et plan;* t. III,
30 *vues.*
3⁰ MONUMENTS DES ENVIRONS (on promettait 12 vol.).
Tome I, *Capo di Bove, etc., description et plans,*
24 *vues;* tome II, *Tivoli, description et plan,*
30 *vues;* tome III, *villa d'Adrien, description et
plan,* 30 *vues;* tome IV, *Tusculum, description
et plan,* 24 *vues;* tome V, *Albano e Castel Gan-
dolfo, description et plans,* 30 *vues.*
4⁰ ÉDIFICES ANTIQUES DES VOIES CONSULAIRES.
Tome I, *Description et plan;* tome II, *Vues.*
Un dictionnaire des mots techniques dont s'est servi
l'auteur termine cet ouvrage.

UGHELLI (*Ferd.*). Italia sacra, sive de
episcopis Italiæ et insularum adjacentium, rebusque ab iis gestis, opus; editio secunda, aucta et continuata studio
Nic. Coleti. *Venetiis*, 1717-22, 10 vol.
in-fol. [21470]

Ouvrage indispensable dans une grande bibliothèque,
quoiqu'il laisse beaucoup à désirer sous le rapport
de la critique : 73 fr. Heber, et 189 fr. en 1840.
Il y a des exemplaires en Gr. Pap.

Ueber die Lais, Sequenzen und Leiche, 15431.
Uffenbach (Z.-Cr. von). Epistolæ selectæ, 18798. —
Merkwürdige Reisen, 20066.

La première édition de *Rome*, 1644-62, 9 vol. in-fol., est moins chère; néanmoins un exemplaire en *mar. r.* a été vendu 154 fr. Boutourlin.

L'abbé del Riccio devait publier à *Florence*, en 1763, une édition de cet ouvrage avec des augmentations, mais ce projet ne s'est pas réalisé.

UGO da Carpi. Thesauro de' scrittori, opera artificiosa laquale con grandissima arte, si per pratica come per geometria insegna a scrivere diverse sorte littere, cioé cancellarescha : merchantescha : formata: cursiua: antiqua : moderna: et bastarda de' piu sorte : cum uarij... exempli... de uarij lingue... tutte extratti da diuersi auttori et massimo da Sigismundo Fanto nobile ferrarese mathematico. Intagliata per Ugo da Carpi. (*Roma*) pet. in-4. de 48 ff. non chiffrés. [9044]

Édition qui doit être la première de ce livre curieux et assez rare. Au bas du feuillet A.12 verso on lit : *Ludovicus Vicentius scribebat Romæ anno* M. D. XXIII. Vend. 32 fr. Librairie De Bure.

On nous signale l'exemplaire de M. Tessier, à Venise, qui a trois feuillets de plus que les autres, savoir 22 double, 23 et 24 en caractères hébreux.

Une autre édition in-4., sign. a—k, porte cette date : *Ne lanno di nostro signore* M. D. XXV.

L'exemplaire vendu 5 fr. 60 c., 2e catalogue Reina, n'avait que 45 ff., et paraissait être incomplet.

Une édition du *Thesauro de' scrittori*, sans lieu d'impression, mais sous la date de 1535, pet. in-4., a été vend. 35 fr. Mazoyer; 20 fr. 50 c. Nugent; 50 fr. Libri, en 1857, et 5 liv. 4 sh. en 1859.

— Voy. FANTI (*Sigism.*).

UGOLINI (*Blasius*). Thesaurus antiquitatum sacrarum complectens selectissima, clarissimorum virorum opuscula, in quibus veterum Hebræorum mores, leges, instituta, etc., illustrantur. *Venetiis*, 1744-69, 34 vol. in-fol. fig. [29070]

Cette grande collection a coûté de 700 à 800 fr. en Italie; mais elle est moins chère en France; vend. 321 fr. en 1817; 399 fr. Visconti; 200 fr. Boulard; 430 fr. Quatremère.

UGOLINUS seu Hugolinus parmensis. Philogenia comœdia. (*absque typographi et anni indicatione*), in-4. goth. [16117]

Pièce en prose composée vers le milieu du XVe siècle, par Ugolini de Parme, de la famille des Pisani. Tiraboschi en a parlé dans une note sur le paragraphe XXIX du chapitre III de son 3e livre.

M. Hubaud, de Marseille, bibliophile distingué, et qui s'est occupé avec succès de bibliographie, est l'heureux possesseur d'un exemplaire de ce livre fort rare, au sujet duquel il a bien voulu nous communiquer la notice suivante:

Cette édition, très-ancienne, est sans indication de lieu, sans nom d'imprimeur et sans date, sans chiffres, signatures ni registre, à longues lignes, au nombre de 21 sur les pages entières. Le caractère, qui est celui qu'on appelle *lettres de somme*, est rude, et me semble appartenir au premier âge de l'imprimerie en Allemagne. L'imprimeur a laissé au commencement de chaque acte une place vide pour que l'on pût y tracer une lettre tourneure. Les abréviations y sont très-fréquentes, la ponctuation est assez bien observée : on y remarque le point, le point d'interrogation et le point d'admiration; mais un simple trait y tient lieu de virgule. Les mots coupés d'une ligne à la ligne suivante ne sont pas liés par un trait d'union. Le vo-

lume consiste en 30 ff. d'un papier assez épais. Quoique le format paraisse être in-4., je le désigne gr. in-8., attendu que les cahiers sont de 8 ff., que la marque du papier se trouve au haut du feuillet, et que les pontuseaux sont perpendiculaires, à l'exception des feuilles 17, 19, 20, 22, 23, 25, 26, 29 et 30, où ces pontuseaux sont horizontaux, et la marque du papier est dans la marge intérieure. Il n'y a point de titre, seulement en tête du premier feuillet recto se lit : *Argumentum | Phelogenia* (sic) *cū amaret Epyphebus p'e|dite! suam ꞇ pcibz eā noctu tādē domo | abduxit ꞇ pntibs. Cūꝗꝫ ꝗret' urbe | tota! ad Euphoniā traducta ē porro ad | aliū ut latet hoc ꝩ vidit Epifebꝫ* (sic) *| phylogeniā apud se eā ñ posse diutis | hāc | p ꝩginē dat gobio astu suō ꞇ seuie lc|ne sigmētis. itaꝗs despondetꝫ phyloge|nia et gobius ea potilꝫ uxore.* La pièce commence immédiatement dessous l'argument. La dernière ligne du texte est ainsi : (pla)*udite, Alphius recensuit.* AMEN, et il y a au-dessous : ET SIC EST FINIS.

Lés actes, au nombre de dix, très-inégaux entre eux, sont distingués, mais les scènes ne le sont pas, et même les noms des interlocuteurs sont mêlés dans le texte, en sorte que les lignes continuent sans interruption depuis le commencement de chaque acte jusqu'à la fin. La justification des pages est de 4 pouces 11 lignes de hauteur, sur 2 pouces 7 lignes de largeur; et, en y comprenant ses marges, le volume a 7 pouces 3 lignes sur 5 pouces 1 ligne (ancien pied de roi).

UGONIUS (*Matth.*). Voy. CONCILIIS (de).

UHLEMANN. Institutiones linguæ samaritanæ, ex antiquissimis monumentis erutæ et digestæ, integris paradigmatum tabulis indicibusque adornatæ; quibus accedit chrestomathia samaritana maximam geneseos partem et selecta reliquorum Pentateuchi librorum complectens, notis criticis illustrata et glossario locupletata a Frid. Uhlemanno. *Lipsiæ, Tauchnitz*, 1837, in-8. de XXVI, 282, VI, 127 et 95 pp. 3 thl. [11527]

UHLIUS. Voy. LACROZE et SYLLOGE.

UHMUD. Nufhut-Ool-Yumun, an arabic miscellany of compositions in prose and verse; selected or original by Shuekh Uhmud Bin Moohummud Shurwanee Ool Yumunee : published under the patronage of the college of Fort William (by Lumsden). *Calcutta, hindoostanee press*, 1811, in-4. [19473]

Vend. 60 fr. Langlès; 40 fr. de Sacy.

—Ul ujub Ool Oojab; a complete introduction to the art of letter-writing, being a collection of letters upon various subjects in the arabic language, compiled or com-

posed by Shuekh Uhmud Bin Moohummud, Ul Yumunee Yoosh Shirwanee
(editor T. Thomason). *Calcutta, Pereira*, 1813, gr. in-8. 1 liv. 1 sh. [18926]
Vend. 20 fr. Langlès; 55 fr. de Sacy.

— Ichwan-oos-suffa, in the original arabic; revised and edited by the same.
Calcutta, 1812, gr. in-8. 25 fr.

UKERT (*F.-A.*). Geographie der Griechen
und Römer von den frühesten Zeiten bis
auf Ptolomäus. *Weimar*, 1843-46, 3 vol.
in-8. avec cartes. 60 fr. [19581]

ULACCUS (*Adrianus*). Trigonometria artificialis, sive magnus canon triangulorum logarithmicus, cui acced. Henrici
Brigii chiliades logarithmorum. *Goudæ*,
1633, in-fol. [8033]
Cette édition réunit, à quelque chose près, les deux
ouvrages de Briggs et Gellibrand. Vend. 21 fr.
Méchain ; 12 fr. 50 c. Labbey; 15 fr. Libri, en 1857.

— Voyez BRIGGIUS et NEPERUS.

— Thesaurus logarithmorum completus,
ex arithmetica logarithmica, et ex trigonometria artificiali Adr. Vlacci collectus, et in novum ordinem redactus a
Georgio Vega. *Lipsiæ*, 1794, in-fol. 40 fr.
[8034]
Cette édition est corrigée avec tant de soin, que l'éditeur n'a pas craint de promettre un ducat par faute
qu'on pourrait y découvrir. 27 fr. Méchain ; 18 fr.
Delambre.

— Voyez VEGA.

— Magnus canon logarithmorum, tum pro
sinibus ac tangentibus ad singula dena
secunda, tum pro numeris absolutis ab
unitate ad 100000. *Typis sinensibus in
aula pekinensi, jussu imperatoris
(Kang-hi) excusus*, 1721, 3 vol. in-fol.
Telle est la manière dont Vega, dans la préface du
livre précédent, traduit le titre chinois de cette rare
édition des tables d'Ulacq, qu'il dit avoir vue à
Vienne.

ULACHI (*Gerar.*). Thesaurus quadrilin-
guis, græco-vulg., lat., ital. et gallice.
Venetiis, 1784, in-4. [10744]
Vend. 19 fr. Villoison.

ULENSPIEGEL. De sa vie, de ses oeuvres,
et des merueilleuses aduentures par lui
faictes, et des grandes fortunes quil a
euz, lequel par nulles fallaces ne se laissa
tromper. Noũuellement translate et corrige de Flamant en francoys. (au verso
du dernier f.) : *Imprime noũuellement a
Paris, en lan* Mil ccccc xxxii, pet. in-4.
goth. de 40 ff. non chiffr., sign. A—Kii,
avec fig. sur bois. [17673]
Édition la plus ancienne et aussi la plus rare que
nous connaissions de cette célèbre facétie. Au-dessus
du titre, imprimé en lettres rouges et noires, est
une gravure sur bois représentant un jeune garçon
à califourchon derrière un homme à cheval. Le hi-

bou (*eule*) et le miroir (*spiegel*), répétés deux fois
sur ce frontispice. se retrouvent encore au dern. f.,
après la souscription. Cette description, qui rectifie
et complète celle que nous avons donnée en 1843,
d'après M. Gustave Brunet, est celle d'un exempl.
que possède M. Beaupré, conseiller à la cour impériale de Nancy ; elle m'a été obligeamment communiquée par ce savant magistrat.

— Ulenspiegel || de sa vie & de ces oeu-
ures||et merueilleuses aduentures par luy
faictes || et des grandes fortunes qu'il a
euz || lequel par nulles fallaces ne se laissa
tromper. Noũuellement translate et corrige de Flamant en Françoys. (à la fin) :
Ci finist les faictz... *Noũuellement imprime a Paris par Alain Lotrian,
demourant en la rue neufve nostre-
dame, a lenseigne de lescu de France.*
In-4. goth. de 40 ff. non chiffrés, sign.
Aii—Hiiii.

— Ulespiegel. || de sa vie de ses oeu-
ures. || Et merueilleuses aduentures par
luy faictes Et de grandes fortu||nes quil
a eues, lequel par nulles falaces ne se
laisse tromper. Nou||ellement corrige &
translate de Flament en Francoys. viii. c.
(au-dessous d'une vignette sur bois) :
*A Paris pour la refue Jean Bonfons,
demourant en la rue* || *Neuue Nostre
Dame, a lenseigne Sainct Nicolas,*
in-4. de 32 ff. non chiffrés, signat.
Aii—Hiii. (Pas de souscription finale.)
Ces deux éditions, jusqu'alors inconnues, sont décrites dans le *Bibliophile belge*, VIII, p. 382, d'après
une communication de M. Edwin Tross. On n'en
indique pas le format, mais nous le croyons in-4.

— Les Aventures joyeuses et faitz merueil-
leux de Tiel Vlespiegle, ensemble les
grandes fortunes a luy auenues en diuerses regions, lequel par falace ne se
laissoit aucunement tromper; le tout traduit d'allemand en françoys. liure fort
recreatif pour reueiller les bons espritz.
Lyon, par Iean Saugrain, 1559, in-16
de 109 pp.
Autre édition rare. Vend. 40 fr. Morel-Vindé ; 28 fr.
Nodier, en 1830.

— L'Histoire joyevse et recreative de Tiel
Vlespiegle; nouuellement reueu et tra-
duit du flameng en françois. *Orleans,
par Eloy Gibier* (sans date), in-16 de
170 pp., y compris le titre, sans comp-
ter 3 ff. pour la table.
Cette édition ne porte point de date ; mais l'exempl.
que nous possédons est relié avec le *Voyage de
Panurge*, publié chez le même libraire en 1571.
— Les joyeuses avantures et faits merveilleux de
Thiel Vlespiegle. *Lyon*, 1576, in-16 (catalogue de
Gluc de Saint-Port, n° 2821).
Nous n'avons vu ni cette édition ni celle d'*Anvers*,
1579, in-8., que citent quelques bibliographes.
— Les mêmes joyeuses avantures, de Thiel Vlespiegle, avec les cautelles facetieus et subtiles desque-
les il usoit en toutes compaignies là où il se trou-
voit. *Lyon, Claude-Ch. Carteron*, 1621, pet. in-8.
de 63 pp.
Édition très-médiocre. 47 fr. *mar. bl.* Coste.

L'édition de *Troyes*, *Jacq*. *Oudot*, 1699, pet. in-8.,
a pour titre : *La Vie de Tiel Uliespiegle, de ses
faits merveilleux, des grandes fortunes qu'il a
eues, lequel par aucunes fallaces ne se laissa
surprendre ni tromper :* ce qui se rapporte assez
à celui de l'édition de 1559.

TIEL VVLIESPIEGEL, de sa vie, de ses faits et
merveilleuses finesses par lui faites..., traduit du
flamand. *Rouen, Besogne*, 1701, in-8.

HISTOIRE de la vie de Tiel Vvlespiegle, contenant
ses faits, finesses et aventures ; nouvelle traduction
de l'allemand. *Amsterdam, Nic. Chevalier*, 1702,
ou *P. Marteau*, 1703, pet. in-12.

AVENTURES de Tiel Ulenspiegel, et ses bons
mots, finesses et amusantes inventions. Nouvelle
édition dédiée aux bibliophiles belges ; augmentée
de rapprochements littéraires, d'observations sur
ce personnage, d'après les différents auteurs qui en
ont parlé, et d'une notice des principales éditions
de son histoire, par Joseph-Octave Delepierre. *Bruges, imprimerie de Bogaert-Dumortier*, 1835,
in-8, de 90 pp. pap. vél.

Tiré seulement à *cent exemplaires*, numérotés à la
presse et portant chacun le nom du souscripteur.

En parlant des différentes éditions qui avaient déjà
paru de ce petit ouvrage, M. Delepierre fait remarquer que presque toutes contiennent un nombre différent d'historiettes, et que le bon plaisir seul
des éditeurs semble avoir été suivi dans ce choix ;
j'ai donc été obligé, ajoute-t-il, de choisir aussi, car
il n'y avait guère de motif pour suivre plutôt une
version qu'une autre. Ainsi le livre du bibliophile
belge n'est la traduction fidèle d'aucune ancienne
version de *Tiel Ulenspiegel* (Miroir de Hibou). Le
personnage qui a donné son nom à ce singulier roman a-t-il véritablement existé ? C'est une question
à laquelle répond affirmativement M. Delepierre, en
fixant à la première moitié du XIVᵉ siècle l'époque
où vivait Ulenspiegel (on le fait mourir en 1350).
Le même savant a publié à *Bruxelles*, en 1840,
une édition de ce roman, pet. in-8. de 222 pp., illustrée de vignettes par Lauters. 5 fr. Depuis il a
paru une notice sur cette facétie dans l'*Analyse des
travaux de la Société du Bibliobiblion de Londres*,
p. 91.

L'HISTOIRE joyeuse et recreative de Tiel l'Espiegle, nouv. édit. avec une étude littéraire sur
Tiel l'Espiegle, par Pr. Van Duyse. Sur l'imprimé
à Orléans par *Eloy Gibier*, 1586. *Gand, Duchesne*,
1847, in-16. 4 fr.; — pap. vél. ou de couleur, 6 fr.

Tiel Vlenspiegle fait partie de la bibliothèque bleue,
impr. maintes et maintes fois à *Troyes* et dans
d'autres villes.

L'original de ce roman célèbre a été écrit en bas allemand vers l'année 1483 ; mais il ne paraît pas qu'il
ait été imprimé de cette manière. Ebert pense que
l'édit. de *Strasbourg*, *Grieninger*, 1519, in-4., contient une traduct. allemande revue par Th. Murner;
et il en cite une autre sous le titre suivant : *Eyn wun-
derbarliche und seltzame history von Dyll Uln-
spiegel, bürtig aus dem Lande Braunschweig, wie
er sein leben verbracht hatt . neulich aus Säch-
sischer Sprache auff gut Teutsch verdolmetschet,
ser kurzweilig zu lesen mit schönen Figuren*, Augsbourg, 1540, in-4. (et il en existe une de *Cologne*,
1539, in-4.)

THOM. MURNER'S Ulenspiegel. Herausgegeben
von J.-M. Lappenberg. *Leipzig, T.-O. Weigel*,
1854, in-8. 3 pl. et une carte lith. 16 fr.

L'éditeur de ce livre y a joint une notice sur toutes
les éditions et les traductions connues de ce roman
populaire.

— THE MARVELLOUS adventures and rare conceits of
Master Tyll Owlglass. Newly collected, chronicled
and set forth, in our english tongue, by Kenneth
R.-H. Mackenzie, and adorned with many most di-
verting and cunning devices, by Alfred Crowquill.
London , Trübner and Cᵒ, 1860, pet. in-8. vign.
et fig. color., XXXI et 255 pp. Jolie édition. 13 fr.

Ebert, que nous venons de citer, donne sous le nᵒ 7037
de son Dictionnaire, l'indication des sources à consulter sur le texte original de l'Eulenspiegel. A l'article PERIANDRI *noctuæ speculum*, nous avons
parlé de deux traductions latines de ce roman.
— Voyez LAGNIET.

ULFILAS. Voyez EVANGELIA.

ULIESBERGHE. Chansons spirituelles,
divisées en trois livres, par Phil. de Vliesberghe, dit Deschamps, seigneur de Porville. *Douay, Wyon*, 1623, in-4. obl.,
avec la musique notée. [14343]

Ces chansons sont rares.

ULITII Venatio. Voyez VLITIUS.

ULLOA (*Alf.*). Commentarj del sig. Alfonso Ulloa della guerra che el duca
d'Alva ha fatto contra Guglielmo di
Nausau, principe di Oranges, etc. *In Venetia*, 1570, in-4. [25013]

Traduit en français, par Fr. de Belleforest, sous ce
titre :

COMMENTAIRE du seigneur Alphonse d'Ulloë,
contenant le voyage du duc d'Albe en Flandre, etc.
Paris, Jean Dallier, 1570, pet. in-8.

ULLOA Pereira (D. *Luis* de). Obras en
prosa y verso, añadidas en esta ultima
impression, recogidas y dadas a la es-
tampa por D. J.-Ant. de Ulloa-Pereira.
Madrid, Sanz, 1674, pet. in-4. 6 à 9 fr.
[19270]

L'édition de *Madrid*, 1659, pet. in-4. porte pour
titre : *Versos sacados de algunos de sus borra-
dores.*

ULLOA (D. *Jorge* JUAN et D. *Ant.* de).
Relacion historica del viage a la America
meridional, hecho para medir algunos
grados de meridiano terrestre, venir per
ellos en conocimiento de' la verdadera
figura y magnitud de la tierra, con otras
varias observaciones astronomicas. *Madrid, Ant. Marin*, 1748, 5 tom. en 2
ou 3 vol. in-4. fig. [21085]

Ouvrage fort estimé. 30 à 40 fr.; — Gr. Pap. pet. in-fol.,
50 à 60 fr.; 80 fr. de Fleurieu ; 5 vol. *mar. r.* 130 fr.
Camus de Limare ; 76 fr. en octobre 1825.

Les *Observaciones astronomicas y fisicas de Jorge
Juan*, qui font partie de cette relation, ont été
réimprimées à part, avec des corrections et des
augmentations, *Madrid*, 1773, in-4.

— VOYAGE historique de l'Amérique méridionale,
traduit de l'espagnol (par de Mauvillon). *Amsterdam*, 1752, 2 vol. in-4. fig. 15 à 24 fr.

Vend. 31 fr. *mar. citr.* Caillard.

— NOTICIAS americanas : entretenimientos fisico-
historicos sobre la America meridional y la septentrional oriental ; comparacion general de los terri-
torios, climas, y producciones en las tres espe-
cies, etc., su autor D. Ant. de Ulloa. *Madrid*, 1772,
pet. in-4. [28473]

Réimpr. à *Madrid*, 1792, pet. in-4. 6 fr.

Traduit sous ce titre : *Mémoires philosophiques*,

historiques, physiques, concernant la découverte de l'Amérique,.etc. Paris, 1787, 2 vol. in-8.

— NOTICIAS secretas de America, sobre el estado naval, militar y politico de los reynos del Perú, y provincias de Quito, costas de Nueva Granada y Chile : gobierno y regimen particular de los pueblos de Indios : cruel opresion y extorsiones de sus corregidores y curas : abusos escandalosos introducidos entre estos habitantes por los misioneros ; causas de su origen y motivos de su continuacion por el espacio de tres siglos; escritas fielmente..... por D. Jorge Juan, y D. Ant. de Ulloa ; sacadas á luz para el verdadero conocimiento del gobierno de los Españoles en la America meridional, por don David Barry. *Londres, Murray,* 1826, gr. in-4., ou pet. in-fol. [28673]

Ouvrage curieux, écrit plus de cinquante ans avant sa publication ; il est fort bien impr. On y a joint les portraits de Ulloa et Juan. 2 liv. 10 sh. Vend. 37 fr. *mar. r.* Sampayo.

ULLOA.(D. *Barth.*). Voy. SALAZAR de Mendoza.

ULPHILAS. Voy. EVANGELIA.

ULPIANUS (*Domit.*). Tituli xxviii ex corpore Ulpiani (editi a Jo. Tilio). *Paris., apud Guil. Morellum,* 1549, pet. in-8. de 2 ff. et 52 pp. [2417]

Première édition de ce fragment. Elle est fort rare ; mais l'éditeur en a corrigé le texte trop arbitrairement. Vend. 24 flor. 95 c. Meerman, sans avoir cette valeur.

— Fragmenta, libri singul. regularum, et incerti auctoris collatio legum mosaicar. et romanar., cum notis Jo. Cannegieter. *Ultrajecti,* 1768, seu *Lugd.-Batavor.,* 1774, in-4. 12 à 15 fr.

FRAGMENTA vulgo XXIX tituli ex corpore Ulpiani, quarto Gaji uno, recensuit Gust. Hugo. *Berolini, Mylius,* 1822, in-8. 2 fr.

Édition critique. M. Macieiowski en a donné une nouvelle à *Varsovie,* en 1826. Il y en a aussi une de *Göttingue,* 1824, in-8., selon la nouvelle édition de la biblioth. de droit par Camus.

QUÆ in primum Digestorum librum migrarunt Ulpiani fragmenta, textu ad codd. mss. recognito, edidit C.-Fr.-Fed. Bucher. *Erlangæ, Palm,* 1819, in-8. 4 fr.

ULPIANUS. Ulpiani commentarioli in olynthiacas philippicasq; Demosthenis orationes. Enarrationes saneq necessariæ in tredecim orationes Demosthenis (acced. Harpocrationis lexicon decem rhetorum), græce. *Venetiis, apud Aldum, mense Octob.* M. D. III, petit in-fol. [12101]

Première édition, très-rare, contenant 171 ff. dont 41 pour le lexique, plus un feuillet blanc à la fin : vend. 20 flor. Rover ; 100 fr. *m. bl.* Larcher ; 1 liv. 11 sh. 6 d. Butler.

— Commentarioli in olynthiacas philippicasq; Demosthenis orationes, etc., græce. *Venetiis, in ædib. Aldi et Andr. Asul.,*

Ulman (*C.*). Reformatoren vor der Reformation, 22409.

Ulmenstein (*F.-G.* ab). Bibliotheca juris, 2121.

Ulmus (*M.-A.*). Physiologia barbæ, 6910.

1527, in-fol. de 120 ff., y compris l'ancre.

Édition moins belle et moins rare que la précédente : vend. 15 sh. Pinelli ; 11 flor. 10 sh. Crevenna ; 15 flor. *mar. r.* Rover ; 27 fr. 60 c. d'Ourches; 21 flor. Meerman; 15 fr. Chardin.

ULSTADIUS (*Phil.*). Le ciel des philosophes, où sont contenuz les secretz de nature, et comme l'homme se peult tenir en santé, et longuement viure, composé par Phelippe Vlstade, extraict des livres de Arnauld de Villeneufue, du grand Albert, Raymond Lulle, Jehan de La Roche Tranchée, et plusieurs autres bons autheurs, de nouueau traduict de latin en francoys. *Paris, Vivant Gaultherot,* 1546 et aussi 1550, in-8. fig. [8951]

Deux éditions différentes. La première, du texte latin du *Cælum philosophicum* d'Ulstadius, est de Strasbourg, par Jean Grieninger, en 1526, in-fol. L'ouvrage a été réimpr. plusieurs fois dans la même ville, soit en in-fol. soit en in-8. Nous en citerons encore quelques autres édit., savoir : celles de *Paris, V. Gaultherot,* 1542 et 1544, et celles de *Lyon, Guil. Roville,* 1553, 1557 et 1572, pet in-12, fig. À ces dernières est joint *Jo.-Ant. Campanii Directorium summæ summarum medicinæ* (catal. Burette, n° 7597). Les nombreuses éditions qui ont été faites de cet ouvrage en attestent le grand succès. L'auteur, auquel le titre ci-dessus donne le nom de *La Roche - Tranchée,* est nommé par Froissard *Jean de Roquetaillade,* ainsi que l'a fait remarquer Bayle (article *Roquetaillade*) ; dans ses ouvrages latins, son nom est *Joannes de Rupescissa.* C'était un religieux de l'ordre de S. François, dans le couvent d'Aurillac, vers le milieu du xive siècle. Pour son traité *De Consideratione quintæ essentiæ,* voy. RUPESCISSA.

ULUG-BEIG. Epochæ celebriores astronomis, historicis et chronologis Chataiorum, Syro-græcorum, Arabum, Persarum, Chorasmiorum usitatæ ; ex traditione Ulug-Beigi, Indiæ principis (arab. et lat.) eas primum publicavit, recensuit, et commentariis illustravit Jo. Gravius. *Londini,* 1650, in-4. [21227]

On trouve ordinairement dans le même volume l'opuscule intitulé :

CHORASMIÆ et Mawaralnahræ, hoc est, regionum extra fluvium Oxum descriptio, ex tabulis Abulfedæ, arab. et lat., studio Jo. Gravii. *Londini,* 1650, de 64 pp.

Les deux ouvrages réunis : 16 fr. Anquetil du Perron ; 12 fr. de Lalande ; 7 fr. Langlès ; 23 fr. Libri, en 1857. Le prem. seul, 8 fr. Quatremère.

— TABULÆ longitudinum et latitudinum stellarum fixarum ex observatione Ulug-Beigi : ex tribus mss. persicis jam prim. luce et latino donavit et illustravit Th. Hyde. *Oxonii,* 1665, in-4. 6 à 9 fr. [8210]

— PROLÉGOMÈNES des tables astronomiques d'Oloug-Bey (texte arabe), publiés avec notes et variantes, et précédés d'une introduction par L.-P.-E.-A. Sedillot. *Paris, typ. de Firmin Didot frères,* 1847, gr. in-8. 10 fr.

TRADUCTION françoise des tables astronomiques, par le même. *Paris, Duprat,* 1853, gr. in-8. 12 fr.

Ulriei (*H.*). Hellenische Dichtkunst, 12241.

(Voir, dans le Journal des Savants, 1847, le compte rendu sur le texte, par M. Et. Quatremère.)

UMMUN ou Umman. Voy. BAGH o Buhar.

UN brieve trattato dell' eccellentia delle Donne, composto dal prestantissimo philosopho (il Maggio, et di latina lingua in italiana tradotto : vi si è aggiunto vn' essortatione a gli huomini perche non si lascino superar dalle Donne, mostraü-dogli il gran danno che lor è per sopraue-nire. *Stampato in Brescia, per Da-miano de Turlini*, 1545, pet. in-8. de 55 ff., lettres rondes. [après 18055]

Opuscule rare : vendu 15 fr. Nodier, en 1844.

UN nouveau (d') chef qui, au temps des empereurs, s'éleva à Rome, livre conte-nant comme et par quels moyens s'est élevée la papauté, la décadence d'icelle, ses merveilleuses pratiques. (*Genève, à l'Épée*), 1543, in-8. de 106 pp. [2079]

Vendu 6 fr. Méon.

UNA resia che uno demonio volle mettere in un monasterio di monaci — FINIS (*senza nota*), in-4. de 4 ff. à 2 col., caract. ronds, sign. *a*, une fig. sur bois à la première page.

Opuscule en vers, par octaves, impr. au commence-ment du XVIᵉ siècle.

UNANUE (*Hip.*). Observaciones sobre el clima de Lima y sus influencias en los seres organisados en especial el hombre por el doctor Don Hipolito Uná-nue. *Madrid*, 1815, in-4. [28680]

Seconde édition d'un ouvrage remarquable, qui a été cité honorablement par Alex. de Humboldt et par d'autres savants. La première édition, moins com-plète, mais plus rare que celle-ci, a été imprimée à Lima, en 1806, in-4. L'auteur, qui a quelquefois pris le nom d'Aristeo, fut un des principaux colla-borateurs du Mercurio Peruano (voy. MERCURIO), et il a écrit sur le Pérou plusieurs autres ouvrages dont Rich a donné les titres dans sa *Bibliotheca americana*.

UNE chose memorable aduenue cette an-née M D LXXX de l'esmotion que firent les mulets à Rome au jour de la Feste-Dieu qui estoit le second du mois de juin passé ; traduict d'alemant en françois. (*sans lieu d'impression*), 1580, pet. in-8.

Opuscule peu connu, où l'on entrevoit une certaine ironie calviniste. 31 fr. *mar. r.* Nodier ; 18 fr. Bau-delocque.

UNG merveilleusement grandt mouvement de terre, et merveilleux signes et dom-mages maintenant de brief advenus en la ville et toute la province de Jherusalem, avecques labolissement et destruction de

quatre belles villes, et de tout le pays circonvoisin, et les fontaines qui ont jecte feu et sang ; encore aussi inneffables et horribles vents en lisle de Cypre, en la ville appelle Famagosta, et autres places, avecques insupportables dommaiges, translate d'ytalien en francoys. *Anvers, J. de Ghele*, 1546, in-4. goth. [4645]

Opuscule curieux et rare.

UNG notable sermon. Voyez NOTABLE.

UNG (d') seul mediateur et aduocat entre Dieu et les hommes, Nostre-Seigneur Jesus-Christ. *Imprimé a Geneve, par Jehan Gerard* M. DXXXVIII, pet. in-12, sign. a—d5, lettres ital. [1927]

Contre le culte de la sainte Vierge (*Études sur la typogr. genevoise*, p. 126).

UNGARELLI. Interpretatio obeliscorum urbis, ad Gregorium XVI, digesta per Aloys.-Mar. Ungarellium. *Romæ*, 1842, in-fol., avec 7 grandes pl. 40 fr. [29471]

23 fr. *mar. r.* Quatremère.

UNGER (*Franz*). Chloris protogæa. Bei-träge zur Flora der Vorwelt. *Leipzig, W. Engelman*, 1847, in-4. de 4, CX et 150 pp. avec 50 pl. color. 120 fr. Bail-lière. [5013]

Publié de 1842 à 1847, en dix fascicules.

— DIE FOSSILE Flora von Stolzka. *Wien*, 1850, in-4. avec 47 pl. color. 68 fr. Baillière.

— ICONOGRAPHIA plantarum fossilium. Abbildungen und Beschreibungen der fossilen Pflanzen. *Wien*, 1852, in-4., avec 22 pl. color. 35 fr. le même.

— SYNOPSIS plantarum fossilium. *Lipsiæ, Voss*, 1845, in-8. 7 fr.

— GENERA et. species plantarum fossilium. *Vindo-bonæ*, 1850, in-8. 15 fr. [5013]

— DIE URWELT... Le monde primitif à ses différentes époques de formation, tableaux physiognomoniques de la végétation des diverses périodes du monde primitif, texte en allemand et en français. *Vienne*, 1851, in-4., avec 14 tableaux gr. in-fol. 50 fr. Bail-lière. [4589]

.. Il y a une seconde édit. de 1858, gr. in-fol. obl. 18 thl. ; avec texte français, 21 thl. Le supplément pour la première édit. se vendait séparément 3 thl.

— VERSUCH einer Geschichte der Pflanzenwelt. *Wien*, *Braumüller*, 1852, in-8. 10 fr.

— ANATOMIE und Physiologie der Pflanzen. *Wien*, 1855, in-8. fig. [4841]

— Wissenschaftliche Ergebnisse einer Reise in Grie-chenland, 20459.

UNICORNO. Dell' Arithmetica univer-sale del signor Joseppo Unicorno mathe-matico eccellentissimo parte prima (e seconda). *Venetia, Franceschi*, 1598, 2 part. en 1 vol. in-4. [7870]

Ouvrage estimé, et dont la seconde partie est si rare que Haym assurait qu'elle n'avait pas paru. Les deux parties réunies ont cependant été vend. 261 fr.

Umbreit (*A.-E.*). Die Erfindung der Buchdrucker-kunst, 31293.

Underwood. Maladies des enfants, 7621.

Unger (*L.-A.*). Instruction tactique des officiers, 8616.

Unger (*M.*). Das Wesen der Malerei, 9263.

Unger (*C.-Th.*). Aldi Manutii vita, 30723.

Libri, n° 1259, en 1857, et 66 fr. catal. Scalini, en 1860.

UNION des sentences de philosophie. *Paris, imprim. de Richard Breton,* 1559, in-8. de 48 ff., caract. de civilité.

Cet opuscule est assez ordinairement relié avec les *Préceptes nuptiaux de Plutarque,* impr. dans la même année (voy. tome IV, col. 744). Il a été réimpr. à *Paris, par Guill. Le Noir, libraire et relieur,* 1570, in-8., en caractères de civilité.

UNIVERS pittoresque. Histoire et description de tous les peuples, de leurs religions, mœurs, coutumes, etc. *Paris, Firmin Didot frères et Cie,* différentes années, 67 vol. in-8. avec plus de 3000 gravures. [19632 ou 21311]

Ce grand ouvrage, aujourd'hui presque entièrement terminé, a été rédigé par des littérateurs distingués, qui, pour la plupart, ont séjourné dans les lieux dont ils parlent. Pour la division de cette collection et pour les noms des auteurs qui y ont pris part, nous renvoyons au dernier catalogue des éditeurs, où l'on trouve le détail du contenu de chaque volume, l'indication du nombre des planches qui s'y rattachent, et les prix très-modérés de chaque histoire prise séparément. *L'Asie Mineure, description géographique, historique et archéologique des provinces et des villes de la Chersonèse d'Asie, par Ch. Texier,* in-8. de 761 pp. à 2 col., a paru en mars 1863.

UNIVERSI generis humani meta, carmine composta (IX iconibus a Raph: Sadeler) et sententiis (a Guil. Gailkirchero) illustrata. *Monaci,* 1619, in-8. 10 à 12 fr. [12988]

Livre peu commun et recherché à cause des gravures.

UNKINDE (the). Voy. FRENCH.

UNTERHALTUNGEN aus der Naturgeschichte. Voy. WILHELM.

UNWARI Soheïlee. Voy. HUSSEN.

UPCOTT (*Will.*). Bibliographical account of the works on the british topography. *London, Arch,* 1818, 3 vol. gr. in-8. 100 fr., et plus en Gr. Pap. [31780]

Quoiqu'il soit d'un intérêt purement local, cet ouvrage mérite d'être cité ici pour son exactitude. Les exemplaires en sont devenus rares.

UPHAGEN. Voy. PARERGA.

UPHAM. The History and doctrine of Budhism, popularly illustrated, with notices of the Kappooism, or demon worship, and of the Bali or planetary incantations of Ceylon, embellished with 43 lithographic prints from original singalese designs, by Edward Upham. *London, R. Ackermann,* 1828, très-gr. in-4. 2 liv. 2 sh.; — fig. color., 4 liv. 4 sh. [2258]

— THE MAHAVANSI, the Raja-Ratnacari and the Raja-

Vali forming the sacred and historical books of Ceylon, also a collection of tracts illustrative of the doctrine and literature of Buddishm, translated from the singhalese, edited by Edw. Upham. *London,* 1833, 3 vol. in-8. 1 liv. 1 sh.; — 23 fr. 50 c. Burnouff. [2259]

Lowndes cite encore l'ouvrage suivant du même auteur : Rameses, an egyptian tale, with historical notes of the era of the Pharaons. *London,* 1824, 3 vol.

UPTON (*Nic.*). De Studio militari libri quatuor. Johan. de Bado Aureo, tractatus de armis. Henrici Spelmanni Aspilogia. Edoardus Bissæus e codd. mss. primus publici juris fecit, notisque illustravit. *Londini, typis Rog. Norton,* 1654, 3 tom. en 1 vol. in-fol. fig. [8548]

Recueil intéressant et qui vaut environ 2 liv. à Londres. L'ouvrage d'Upton a été composé vers 1441, et c'est le premier qui ait paru en Angleterre, sur l'art héraldique. Il s'en trouve une traduction anglaise dans le livre de Saint-Alban, imprimée pour la première fois en 1486 (voyez BARNES).

URANIE (l'), ou nouueau recueil de chansons spirituelles et chrestiennes, comprinses en cinq liures, et accommodées pour la plus part au chant des pseaumes de David. (*Genève*), *pour Jac. Chouet,* 1591, in-16. [14342]

Ce petit vol. contient 8 ff. prélim., 417 pp. suivies de 7 ff. pour la table, et d'un supplément en 48 pp. 80 fr. *mar r.* Veinant.

— AUTRE édition. *La Rochelle, Haultin,* 1597, pet. in-12 (Catal. de La Valliere-Nyon, 13918).

URBANUS (Bolzanius) bellunensis ordinis minorum. Institutiones græcæ grammaticæ.—*Venetiis in ædibus Aldi Manutii Romani,* M. IID. (1497) *mense Iannario,* pet. in-4. de 212 ff. non chiffrés. plus 2 ff. contenant *castigationes errorum.* [10618]

Cet ouvrage, le premier dans lequel on ait donné en latin seulement les règles de la grammaire grecque, est fort imparfait dans cette édition, laquelle, sans être un livre d'une extrême rareté, se trouve pourtant difficilement complète et bien conservée; l'errata qui doit être placé à la fin de ce volume, a été impr. trois fois (selon Renouard); premièrement en caractères assez gros, et remplissant 3 pages de 28 lignes, avec 3 lignes seulement sur la quatrième. La seconde impression, que l'on trouve rarement, est aussi de 2 ff., mais plus ample, en petits caractères, et de 35 lign. par page. Les 4 pp. y sont presque entièrement remplies, et la Salutation angélique, en grec, est au bas de la quatrième. Le troisième errata, le plus rare de tous, a 3 ff. du même petit caractère que le second. Les pages en sont pleines, à l'exception de la dernière, où est resté en blanc l'espace de 4 lign. Vend. 50 flor. Rover; 150 fr. *mar. viol.* Mac-Carthy; jusqu'à 12 liv. 15 sh. Sykes, et avec quelques défauts, 60 fr. *mar.* d'Ourches; 2 liv. 11 sh. Hibbert; 2 liv. 4 sh. Heber; 22 fr. Chardin; 2 liv. 2 sh. *mar. bl.* Butler; 45 fr. *mar.* Renouard.

Dans la seconde édition de la Grammaire d'Urbanus Bolzanius, vulgairement Urbano dalle Fosse, *Venetiis, diligentia Joannis de Tridino, alias Tacuino,*

Unienville (le baron de). Statistique de l'île Maurice, 28454.

United States. Statutes at large, 3147.

Upham (*Th.-C.*). Mental philosophy, 3641.

Upjohn (*R.*). Rural architecture, 9819.

Urbain, Mémorial des camps, 8606.

1512, in-4. (8 sh. 6 d. Butler), l'ouvrage a été re-
travaillé et mis en deux livres par son auteur, lequel, lorsqu'en 1524 la mort le surprit, préparait
une nouvelle édition divisée en neuf livres. Toutefois cette édition, ainsi perfectionnée, ne parut
qu'en 1545 (*Venetiis, apud hæredes Petri Rabani
et socios*, in-4.); en sorte que toutes celles qui jusqu'à cette date ont vu le jour, soit à Venise, soit à
Paris, soit ailleurs, sont des copies de l'édition de
1512.

— Institutiones græcæ grammatices. *Veneunt in ædibus Ægidii Gourmontii e
regione collegii cameracensis (Parisiis,
absque anno)*, in-4.

A cette édition sont jointes *Hieronymi Aleandri
mottensis tabulæ sane quam utiles, græcarum
musarum adyta compendio ingredi cupientibus :
Ægidius Gourmontius imprimendas curavit Lu-
teliæ Parisiorum*.
— VRBANI Bolzanii grammaticæ institutiones ad græcam linguam, a mendis quamplurimis, quæ paula-
tim ex impressorum irrepserant incuria, vindicatæ.
Venetiis, apud Paulum Manutium, Aldi F.,
M. D. LVII, in-8. de 322 ff. 6 à 9 fr.
Quoique cette édition (faite sur celle de 1545) soit et
beaucoup plus complète, et plus correcte que celle
de 1497, il s'en faut de beaucoup qu'elle ait la
même valeur. P. Manuce en a donné encore deux
réimpressions dans le même format, en 1560 et en
1566. Cette dernière est moins correcte et moins
belle que les deux autres.

URÉMENNIK imperatorskavo moskovs-
kavo obstchestva istorii i drevnostei rossiskich. Annales de la Société impériale
d'histoire et d'antiquités russes, de Moscou. *Moscou, impr. de l'univ.*, 1849-56,
24 livraisons in-8. [27759]
Collection renfermant d'importants documents et de
précieux travaux.

UREDIUS (*Oliv.*). Voy. VREDIUS.

UREVIN (*Louis*). L'Enfer des chicaneurs.
Lyon, Pierre Marniolles, 1618, in-8. de
13 pp.
Impr. d'abord à *Paris, Sylvestre Moreau*, 1618,
in-8., sous le titre d'*Enfer des chiquaneurs, par
maistre Louis Urevin, avocat au parlement de
Paris*. — Autre édition, *Paris, Nic. Alexandre*,
1622, in-8.

URFÉ (*Pierre* d'), grand écuyer de France.
Ordonnance. Voy. au mot OBSÈQUES,
tome IV, col. 145.

URFÉ (*Antoine* d'). L'honneur, premier
dialogue du Polemophile ; auec deux
epistres appartenantes à ce traicté ; l'une
de la preference des Platoniciens aux
autres philosophes, l'autre des degrez de
perfection, par Antoine d'Urfé, abbe de
la Chaze-Dieu (*sic*) et prieur de Mont-
Verdun. *Lyon, par Jacques Roussin*,
M. D. XCII, in-4; de 43 pp. et 3 ff. non
chiffrés. [3818]
Ce premier dialogue est accompagné de *La Vail-
lance, second dialogue du Polémophile*, même

Ure (Dr *Andrew*). New system of geology, 4575. —
Dictionary of arts, manufactures and mines, 10215.
— Fabrication du coton, 10253.

imprimeur, mais sans date, in-4. de 32 pp. et 5 ff.
non chiffrés. Les armes d'Ant. d'Urfé sont sur le
titre.

URFÉ (*Anne* d'), seigneur de Mont-Ver-
dun, conseiller du roy en son conseil
d'estat. Le premier livre des Hymnes
(cinq livres). *Lyon, Pierre Rigaud*, 1608,
pet. in-4. de 224 pp. et 2 ff. pour le privilége accordé à Louys Garon, imprimeur en la ville de Lyon. [13906]
Ces poésies du frère aîné d'Honoré d'Urfé sont devenues rares, et c'est ce qui les fait rechercher. 99 fr.
mar. bl. Solar, et quelquefois beaucoup moins.

URFÉ (*Honoré* d'). L'Astrée, où sont dé-
duits les divers effets de l'honneste amitié, avec la 5e partie, par Baro. *Paris,
De Sommaville*, 1633 et 1637, ou *Paris
(Rouen*), 1647, 5 vol. pet. in-8. fig.
[17155]
L'Astrée, premier roman régulier qui ait été donné en
notre langue, a eu une grande vogue pendant tout
le XVIIe siècle, et est encore recherché maintenant; on en trouve difficilement des exemplaires
bien conservés. Hon. d'Urfé n'a publié lui-même
que les trois premières parties de son roman. La
plus ancienne édition qu'on connaisse de la première est celle de *Paris, Jean Micard* ou *Toussaint Quinet*, 1610, in-8.; mais, d'après un passage
des *Mémoires de Bassompierre*, qui constate qu'au
mois de janvier 1609, Henri IV, tourmenté par une
attaque de goutte, se faisait lire toutes les nuits le
livre de l'astrée, déjà en vogue, il doit en exister une
de 1608, dont on ne connaît pourtant aucun exemplaire.
Le second volume a paru en 1610, chez les libraires que
nous venons de nommer. C'est un in-8., ayant un titre
gravé en taille-douce, avec une dédicace à Henri IV,
que l'on a plus tard placée en tête du premier vol.,
dans les éditions postérieures à 1610. Quoique le
titre du premier volume, édit. de Micard, 1612, in-4.,
porte *L'Astrée, divisée en trois parties*, ce volume
ne contient effectivement que la première partie.
Le 2e vol. de cette édit. in-4. ne parut qu'en 1616,
avec ce simple titre : *L'Astrée de messire Honoré
d'Urfé*.
Avant que l'auteur publiât lui-même la 3e partie de
son roman, il avait paru une édition subreptice des
trois premiers livres de cette même partie, sous ce
titre : *La troisième partie de l'Astrée, par messire Honoré d'Urfé ; A Arras, jouxte la copie
imprimée chez Robert Maudhuy et François Bau-
duin, libraires jurés*, 1618, in-8. de 289 pp. La
troisième partie complète, dédiée à Louis XIII, est
de *Paris, chez Toussaint du Bray et Olivier de
Varennes*, 1619, in-8. de 548 ff., plus la table et
le privilége; elle a un frontispice gravé par Léonard Gaultier, et est ornée du portrait de d'Urfé
et de celui d'Astrée.
Ces trois premières parties ont été réimprimées plusieurs fois avant la publication de la quatrième (en
3 livres), qui n'eut lieu qu'en 1624, par l'entremise
de Gabrielle d'Urfé, nièce de l'auteur ; on en fit
deux impressions dans le cours de cette même année,
l'une au nom de *Pomeray*, ou avec celui de *la
veuve d'Olivier de Varennes*, ou de *Saulecque*,
in-8. de 945 pp. non compris l'avis au lecteur, placé
en tête, et l'extrait du privilége, à la fin, avec un
frontispice gravé par Matheus ; l'autre, en plus petits caractères, n'a que 654 pp. de texte, avec un
frontispice gravé, sans nom d'artiste.
Après la mort de d'Urfé, survenue le 1er juin 1625,
Borstel de Gaubertin ayant pris communication des
manuscrits laissés par cet auteur, en tira la 5e et la
6e partie, qu'il publia en 1625 et 1626, en 2 vol.
in-8., que M. A. Bernard croit avoir été impr. en

Hollande. Le premier de ces deux vol. est divisé en six livres ; il se compose de 628 pp. en petits caractères, précédées de cinq pièces liminaires, et est orné de 3 planches. Le texte de la 6e part. est divisé en deux tomes : le 1er, composé de 301 pp., est partagé en trois livres, dont le dernier est de Borstel, qui l'a signé *par M. D. G.*; le 2e, de 379 pp., ne forme qu'un seul livre, intitulé *livre quatrième*, *par M. D. G.* La seconde édition de la 5e partie a été réimpr. à Paris, pour *Robert Fouet*, en 1626, in-8. de 1125 pp. en gros caractères ; et la 6e, pour le même libraire, dans la même année, en un vol. in-8. de 1292 pp. gros caractères, également avec 3 gravures.

Baro, qui avait été le secrétaire et l'ami de d'Urfé, fut chargé par le neveu de ce dernier de rédiger la véritable quatrième partie sur les manuscrits de l'auteur, et d'achever le roman d'après les dessins du maître. C'est ce qu'il fit en mettant au jour (le 5 novembre 1627) *La vraye Astrée... IVe partie, Paris, Toussaint du Bray*, in-8. de 1343 pp. outre les préliminaires (avec le frontispice de Léonard Gaultier, portant la date de 1628), et en donnant dans la même année (le 31 décembre 1627) *la cinquième et dernière partie, ou conclusion d'Astrée*, in-8.,contenant une épitre de Baro à Ambroise Spinola, une allocution à la bergère Astrée, un avis au lecteur, le privilège du roi, un extrait du traité de Baro avec le libraire Pomeray, et de celui de ce dernier avec Ant. de Sommaville et Aug. Courbé, ses confrères. La conclusion de Baro fut la seule admise dans les deux éditions complètes de l'Astrée, qui parurent, la première, à *Paris, chez Courbé et chez A. de Sommaville*, en 1633, en 5 vol. in-8. (dont le 2e, le 3e et le 5e portent la date 1632) ; la seconde, datée de *Rouen et Paris*, en 1647, également en 5 vol. in-8. Ces deux éditions sont ornées de 60 pl., une pour chaque livre, d'un frontispice gravé, et des portraits d'Honoré d'Urfé, d'Astrée et de Baro.

Nous nous sommes borné ici à décrire la première édition de chacune des parties de l'Astrée, afin de constater les dates de leur publication ; mais, si l'on veut connaître les différentes réimpressions qui en ont été faites, il faut consulter les *Recherches bibliographiques sur le roman d'Astrée*, par M. A. Bernard , seconde édition , revue et augmentée , *Montbrison, imprimerie de Conrot*, 1861, in-8. de 24 pp. (La première édition a paru dans le *Bulletin du Bibliophile*, 1859, pp. 531-558.)

Ainsi, les exemplaires que l'on rencontre de ce roman sont de trois sortes : 1° composés des deux premières parties, édit. de *Paris, Remy Dallin*, 1618 ; de la troisième, *Paris, Toussaint du Bray*, 1618, ou *Paris, Olivier de Varennes*, 1620 ; de la quatrième (de Baro), *Paris, Fr. Pomeray*, 1627, et de la cinquième, de 1632. — 2° Sous les dates de 1624, 1632 et 1637 (50 fr. *v. f.* Monmerqué) ; sous la date de 1633, 5 vol. en *mar. bl.* 100 fr. Solar. — 3° L'édition de 1647 (impr. à *Rouen et se vend à Paris, chez Augustin Courbé ou chez Ant. de Sommaville*), un peu mieux imprimée et plus correcte que celle de 1631, mais sur un papier assez mauvais ; elle vaut, en condition ordinaire, de 40 à 50 fr. Vend. en *v. f.* 99 fr. Coste ; en *mar. r.* 375 fr. Bertin, et un superbe exemplaire en *mar. vert dent.*, rel. de Boyet, jusqu'à 820 fr. De Bure l'ainé.

Nous trouvons sous le n° 8823 du catal. de La Valliere par Nyon, le titre suivant :

La FILLE d'Astrée, ou la suite des Bergeries de forêts, contenant plusieurs histoires qui font voir les effects de la vertu et de l'honeste affection. *Paris, Billaine*, 1633, in-8.

ÉTUDES sur l'Astrée et sur Honoré d'Urfé, par N.-A. Bonafous. *Paris, impr. de F. Didot*, 1846, in-8. de 111 et 282 pp.

Pour une critique de l'Astrée, voy. SOREL (*Ch.*).

— Dend Hyrdinde Astrea ved H. Honor. aff Urfé forst franzoest bestreffven...

Prentet i Lyckstad, hos Andreas Koch, 1645, 6 part. en 1 vol. in-4. oblong. fig.

Traduction des six parties de l'Astrée en langue finoise ; elle est ornée de nombreuses figures : c'est un livre fort rare en France. 62 fr. Borluut.

Lowndes cite dans son Manuel (édit. in-12, p. 701), deux traductions anglaises de ce roman, l'une par 'John Pyper, *London*, 1620, in-4., et l'autre, *by a Person of Quality, London*, 1657, in-fol.

Voici l'indication de plusieurs autres ouvrages d'Honoré d'Urfé, lesquels, sans avoir autant de mérite que l'Astrée, ont eu cependant du succès.

LES EPISTRES morales et amoureuses de messire Honoré d'Urfé ; dernière édition augmentée. *Paris, Gilles Robinot*, 1619, in-8. 50 fr. *mar. r.* Giraud ; 57 fr. Solar.

Il existe sept éditions de ces épitres. La première (*Lyon, Jacq. Roussin*), 1598, in-12 de 348 pp., ne contient qu'un seul livre ; mais celle de *Paris, Micard*, 1603, est en deux livres, et celle de 1608 en trois. L'édition de 1619, dont nous avons donné ci-dessus le titre, a été augmentée de quelques lettres tirées de l'Astrée, lettres qu'on ne retrouve pas dans les quatre édit. de *Lyon, Claude Chastelard,*. 1619, 1620, 1623 et 1627, in-12. 20 fr. Libri, en 1857.

LA SIREINE de messire Honoré d'Urfé , revue, corrigée et augmentée de nouveau par l'auteur. *Paris, Toussaint du Bray*, 1618, pet. in-8. [13927]

Dernière édition d'un poëme allégorique qui n'a pas eu moins de succès que les épitres morales, puisqu'on en compte également sept éditions. La première, dont nous ignorons la date, est incomplète, comme on le voit par l'avis du libraire, dans la seconde édition, *Paris, Micard*, 1606, in-12. — Les autres éditions sont celles de 1611 (en *mar. bl.* 19 fr. 50 c. Monmerqué, et 61 fr. supplément de Solar) ; 1615 (*chez J. Brunet , au Pont*), 1617 (*mar. v.*) 18 fr. Bergeret, et 1618, *jouxte la copie imprimée à Paris, chez Jean Micard*, in-8., 25 fr. Bergeret, en *mar. r.* par Trautz, 119 fr. Solar. L'édition de *T. du Bray*, 1618, est augmentée de plusieurs pièces de vers tirées des premiers volumes de l'Astrée.

SYLVANIRE, ou la morte-vive, fable bocagère. *Paris, Rob. Fouet*, 1627, pet. in-8. de 17 ff. prélim. et 429 pp. [16406] 12 fr. 50 c. *mar. citr.* de Soleinne ; 19 fr. 50 c. *v. f.* Libri ; 48 fr. *mar. r.* par Duru, vente Solar.

Pièce en cinq actes, en vers sans rimes. La préface est une dissertation sur le langage qu'on doit employer dans les tragédies, comédies pastorales et fables bocagères. J. Mairet a écrit une *Sylvanire* en vers rimés, et ce n'est guère qu'une imitation de la précédente, à paru en 1631. — Voy. MAIRET.

La *Savoysiade*, ou histoire des ducs de Savoie, en vers, qui n'a point été impr. en entier ; mais il y en a un fragment considérable dans *Les Délices de la poésie françoise*, recueil publié par Fr. Rosset, *Paris, Toussaint du Bray*, 1615, aussi 1618, in-8., ou 1620, en 2 part. in-8., édition donnée par I. Baudouin.

Honoré d'Urfé, étudiant au collège des Jésuites de Tournon, et à peine âgé de 15 ans, avait déjà eu une grande part à la rédaction d'un ouvrage de circonstance, ayant pour titre :

LA TRIUMPHANTE entrée de madame Magdeleine de La Rochefoucauld dans la ville de Tournon, en 1583. — Voy. tome II , col. 1004 , article ENTRÉE (triumphante).

L'analyse des différentes productions de notre d'Urfé fait partie du livre curieux que M. Aug. Bernard a publié sous le titre suivant :

LES D'URFÉ, souvenirs historiques et littér. du Forez, au XVIe et au XVIIe siècle, avec fac-simile. *Paris, Imprim. roy.*, 1839, gr. in-8. — Tiré à 300 exempl. (10 fr.), dont dix en pap. cavalier vélin. 20 fr., et plus cher maintenant. [24616]

URI (*Joan.*). Bibliothecæ bodleianæ codicum manuscriptorum orientalium, videlicet hebraicorum, chaldaicorum, syriacorum, æthiopicorum, arabicorum, persicorum, turcicorum, copticorumque catalogus, a Joan. Uri confectus. Pars prima. *Oxonii, e typ. clarend.*, 1787, in-fol. de 327 et 41 pp. 1 liv. 10 sh. — Partis secundæ volumen primum, mss. arabicos complectens, confecit Alex. Nicoll. *Oxonii*, 1821, in-fol. de 143 pp. 18 sh. — Partis secundæ volumen secundum mss. arabicos complectens, edidit E.-B. Pusey. *Oxonii*, 1835, in-fol. 2 liv. 2 sh. (31437)

Pour d'autres catalogues des mss. de la Bodléiane, voy. les n°s 31434-56 de notre table.

URQUHART of Cromarty (*Thomas*). Works. *Edinburgh*, 1834, in-4. [19333]

Réimpression faite d'après les éditions originales des différents ouvrages de cet écrivain écossais, publiées au milieu du XVIIe siècle. Elle a été présentée au Maitland club par M. Sylv. Douglas Stirling, lequel n'en a fait tirer que 92 exempl. Il s'en trouve un porté à 9 liv. 9 sh., sous le n° 19039 du gros catalogue de Bohn. On avait déjà réimprimé à Edimbourg, en 1774 (pet. in-8.), quatre opuscules de Urquhart, savoir : 1, *A peculiar promptuary of time*; II, *The Pedigree of the Urquharts*; III, *A curious dissertation on the universal language*; IV, *A Vindication of the honour of Scotland*. Voici le titre d'un des ouvrages les plus rares de notre auteur :

LOGOPANDECTEISION, or an introduction to the universal language digested into these six several books Neaudethaumata, Chrestasebeia, Cleronomapasia, Chryseomystes, Neleodicastes, and Philoponauxesis. *London, by Giles Calvert*, 1653, in-4. 1 liv. 12 sh. Heber. [10537]

URREA. Cancionero de las obras de dõ Pedro Mãuel de Vrrea. — *Fue la presente obra emprentada en la... ciudad de Logroño a costas y espēsas de Arnao Guillen de Brocar maestro de la emprenta en la dicha ciudad. Ese acabo... a siete dias del mes de julio. Año del nascimiento de nuestro señor Jesu cristo Mil y quinientos y treze años* (1513), in-fol. goth. à 2 et 3 col. [15102]

Ce Cancionero est un livre fort rare, dont un exemplaire, où manquaient les ff. 21, 26, 45 et celui de la souscription, a été vendu 6 liv. 16 sh. 6 d. Heber, IX, 675. — Dans l'exempl. complet décrit dans la *Biblioth. grenvil.*, p. 751, la table commence au verso du titre et continue sur le feuillet suivant; le prologue commence au f. 2, et le texte occupe les ff. 3 à 49, suivis d'un dern. f., au recto duquel se lit la souscription accompagnée de la marque de l'imprimeur.

URREA (*Jerome-Ximenes* de). Dialogues du vray honneur militaire, traitans contre l'abus de la plupart de la noblesse; comme l'honneur doit se conformer à la conscience : ornés de plusieurs choses belles et plaisantes qui luy servent d'un esmail de diverses couleurs pour la recreation des lisans, trad. de l'espagnol en françois, par Gabriel Chappuis. *Paris, Thomas Perrier*, 1585, in-8. [3818]

Le texte espagnol de cet ouvrage est de Jérôme-Ximenès de Urrea. Il a paru sous ce titre : *Dialogo de la verdadera honra militar, que tratta como se ha de conformar la honra con la concientia.* La plus ancienne édit. que cite Antonio est celle de Venise, 1566, in-4. Il y en a une de *Madrid*, 1575, in-8. — Celle de *Saragoce, Diego Dormer*, 1642, in-4., est la 4e; une autre a paru dans la même ville, chez Jean de Ibar, 1661, in-4.

L'ouvrage a été trad. en italien par Alfonse Ulloa. *Venet., gli heredi de March. Sessa*, 1569, in-8.

Urrea a donné des traductions en vers espagnols du *Roland furieux* et du *Chevalier délibéré*, voy. ARIOSTO et LA MARCHE.

URRETA (fray *Luys* de). Historia ecclesiastica, politica, natural y moral de los grandes remotos reynos de la Etiopia, monarchia del emperador llamado Preste Juan de las Indias. *Valencia, en casa de Pedro Patricio*, 1610, in-4. [28414]

Cet ouvrage, du dominicain Urreta, est peu commun : 16 sh. Heber. Il a été traduit en portugais, avec des additions, par Ant. Colasso, jésuite, et imprimé à *Evora*, en 1611, in-4. Un autre jésuite, Nic. Godigno, l'a vivement réfuté dans un livre intitulé :

DE ABISSINORUM rebus, deque Æthiopiæ patriarchis, Joanne Nunnio Barreto et Andrea Oviedo, libri tres. *Lugduni*, 1615, in-8.

URSACH wo durch alle hendel yetz in diser welt verkert und verderbt werden (Hierin vindet man die), c'est-à-dire : Ici on trouve la cause pourquoi tout commerce maintenant dans ce monde est détruit et renversé. (*Imprimé et terminé dans la ville de Bamberg, par Marx Ayrer et Hanss Bernecker*, 1493), pet. in-4.

Ce petit poëme est un monument curieux de la langue et de la littérature allemande au XVe siècle. L'édition citée révèle l'existence de deux imprimeurs de Bamberg restés longtemps inconnus, Marc Ayrer et Hanss Bernecker. Panzer et La Serna citent, il est vrai, Marc Ayrer, mais à Nuremberg, à Ingolstadt et à Erfurt, et nullement à Bamberg; quant à Hanss Bernecker, il n'en est question nulle part.

URSATO. Voyez ORSATO.

URSINS (*Juvénal* des). Histoire de Charles VI, roi de France, et des choses mémorables advenues de son règne, dès l'an 1380 jusqu'à 1422, par très-révér. père en Dieu messire Jean-Juvénal des Ursins, archevêque de Rheims, mise en lumière par Theod. Godefroy. *Paris, Abr. Pacard*, 1614, in-4. [23378]

La seconde édition de cette histoire, augmentée par Denis Godefroy, *Paris, Imprim. royale*, 1653, in-fol., est préférable à la première. Nous en avons déjà parlé, t. II, col. 1638, à l'article GODEFROY (*Denis*). Cette même histoire fait partie des collections publ. par Michaud et Poujoulat, et de la collection publ. par Buchon, dans le *Panthéon littéraire*.

C'est pour Jacques Juvénal des Ursins, 7e fils de Jean Juvénal ou Jouvenel des Ursins, qu'a été exécuté le magnifique pontifical manuscrit, in-fol., décoré d'admirables miniatures, acheté 34,250 fr. (plus 5 p. 100 pour les frais) par M. Ambroise Firmin Didot, à la vente du prince Soltikof, en 1861, et ensuite cédé par lui à la ville de Paris, qui en a enrichi sa bibliothèque. Voir la notice intitulée : *Missel de Jacques Juvénal des Ursins, cédé à la ville de Paris le 3 mai 1861, par Ambroise Firmin Didot* ; Paris, typographie de Ambroise Firmin Didot, 1861, gr. in-8. de 56 pp.

URSINUS (*Fulvius*). Virgilius collatione scriptor. græcor. illustratus, opera et industria Fulvii Ursini : access. L.-Casp. Valckenaeri epistola ad Matt. Röverum, Iliadis Homeri liber xxij, cum scholiis Porphyrii et aliorum nunc primum editis, dissertatio de præstantissimo codice leidensi et de scholiis in Homerum ineditis. *Leovardiæ*, 1747, in-8. 6 à 8 fr. [12500]

Édition bien préférable à la première d'*Anvers, Plantin*, 1568, pet. in-8. Le vingt-deuxième livre de l'Iliade d'Homère, annoncé dans le titre ci-dessus, et qui a un frontispice particulier portant *Hectoris interitus*, devrait naturellement faire partie de ce volume ; cependant il est le plus souvent relié séparément. (Voyez l'article HOMERUS, à la col. 281 de notre 3e volume).

Vendu, en pap. fort de Hollande, 17 fr. Gouttard ; et avec *Hectoris interitus*, les deux vol. pap. fort, *mar.* 72 fr. Caillard.

— Notæ ad M. Catonem, M. Varronem, L. Columellam de re rustica, ad kalend. rusticum farnesianum, et veteres inscriptiones Fratrum Arvalium ; Junii Philargyrii in Bucolica et Georgica Virgilii notæ... Velius Longus de orthographia, ex bibliotheca Fulvii Ursini. *Romæ*, 1587, gr. in-8. [18178]

— Illustrium imagines, ex antiquis marmoribus, numismatibus et gemmis expressæ, quæ extant, Romæ, major pars apud Ful. Ursinum ; editio altera aliquot imaginibus et Joan. Fabri commentario auctior. *Antuerpiæ, ex officina plantin.*, 1606, in-4. fig. de Th. Galle. 6 à 10 fr. [30407]

Les planches, au nombre de 151, qui décorent ce volume, avaient d'abord paru, sans texte, sous le titre d'*Illustrium imagines, etc.*, Antuerpiæ, Plantinus, 1598, in-4. L'édit. de 1606, en *mar. v.*, 35 fr. Solar. La 1re édition du recueil d'Ursinus a pour titre :

IMAGINES et elogia virorum illustr. et eruditor. ex antiquis lapidibus et numismatibus expressa, cum annotationibus, Ex bibliotheca Fulvii Ursini. *Romæ*, 1570, *ex Ant. Lafrerii formis*, in-fol.

— PORTRAITS d'hommes et femmes illustres du recueil de Fulvius Ursinus, avec l'explication de J. Le Fevbre, trad. par C.-C. B. (Baudelot de Dairval). *Paris, Col*, 1710, in-4. fig.

Extrait imprimé pour l'usage de S. A. R. Madame : 6 fr. *mar. r.* de Cotte.

— Familiæ romanæ, 29803.

— Voyez CARMINA novem.

US (les) et coutumes de la mer, divisées en trois parties (par Etienne Clairac). *Rouen*, 1671, in-4. 5 à 8 fr. [2954]

Cette édition est plus complète que celle de *Bordeaux*, 1647, in-4. ; mais des textes plus exacts des différents ouvrages anciens qui y sont réunis ont été donnés récemment par M. Pardessus, dans sa Collection des lois maritimes, et aussi séparément sous ce titre :

Us et coutumes de la mer, ou Collection des usages maritimes des peuples de l'antiquité et du moyen âge, par J.-M. Pardessus. *Paris, impr. roy.*, 1847, 2 vol. in-4.

USAGE de la religion chrétienne. Voyez SAINT-PAUL.

USAGE (de l') des statues chez les anciens, essai historique (par l'abbé de Guasco). *Bruxelles*, 1768, in-4. fig. 6 à 8 fr. [29512]

USSERIUS (*Jacobus*). Annales Veteris et Novi Testamenti a prima mundi origine deducta ad extremum reipublicæ judaicæ excidium ; editio nova (cum J. Usserii vita a Th. Smitho). *Genevæ*, 1722, in-fol. [21351]

Édition la plus complète de cet ouvrage estimé : 12 à 18 fr. — Celle de *Londres*, 1650-54, 2 vol. in-fol., remarquable par sa beauté, a encore quelque valeur : 10 à 12 fr. ; vend. même 24 fr. *mar. r.* Barthélemy. — Celle de *Brème*, 1686, in-fol., donnée par A. Lublin, 5 fr. Langlès.

— Works of James Ussher, new first collected and edited, from the original and hitherto unpublished mss. in Trinity college, Dublin, with the life of the author, and account of his writings, by profess. C. R. Elrington. *Dublin*, 1847, 15 vol. in-8. portr. 6 liv. 6 sh.

Ces 15 vol. devaient être suivis d'un 16e qui n'a pas encore paru, que nous sachions.

— Britannicarum ecclesiarum antiquitates, 21503.

USTERI. Tendresse maternelle toujours se renouvelle, ancien proverbe allemand développé dans une suite de (9) gravures, d'après les dessins de J.-Mart. Usteri. *Zurich*, 1803, in-4. fig. en couleur. [18504]

Joli volume, dont le texte est en français et en allemand : 20 fr. — Il y a une autre édition de 1805, très-pet. in-4., et avec des gravures plus petites que celles de la première.

— L'AMOUR filial, avec neuf gravures en couleur, d'après les dessins du même Usteri. *Zurich*, 1808, in-4. [18505]

Du même genre que le précédent.

L'ORAISON dominicale d'un habitant d'Unterwalden ; suite de sept scènes de la révolution helvétique, d'après J. Martin Usteri, à Zurich, exécutées et gravées au lavis par Marquard Wocher. *Bâle*,

---

l'auteur, 1803, in-4. pap. vél. fig. au bistre. 12 fr. [25917]

Vend. 30 fr. *v. f. tr. d.* de Châteaugiron.

USUARDUS. Usuardi monachi martyrologium. — *Hoc opus, diligentia domini Georgii Antonii Vespuccii... emendatum correctumque. Impressum est Florentiæ per presbyterum Franciscum de Bonaccursiis, anno...* M. CCCC. LXXXVI, *octavo idus Novembris*, in-4. de 152 ff., avec signat. de A—T. [22030]

Première édition de cet ouvrage; elle est imprimée en caract. romains : 12 fr. 50 c. Routourlin. Un exemplaire imprimé sur VÉLIN est décrit dans la *Bibliotheca grenvil.*, p. 445.

— Martyrologium, hac nova editione ad excusa exemplaria et ad codd. mss. collatum, ab additamentis expurgatum, castigatum et observat. illustratum, opera et studio Joan. Sollerii. *Antuerpiæ*, 1714, in-fol.

Bonne édition de ce martyrologe : 24 à 30 fr.; on l'annexe à la collection des Bollandistes (voyez BOLLANDUS).

— USUARDI martyrologium sincerum, ad autographi in sangermanensi abbatia servati fidem editum, et ab observationibus Sollerii vindicatum, opera et studio J... (Jac. Bouillart). *Paris.*, 1718, in-4. Édition inférieure à la précédente, à laquelle néanmoins il est bon de la réunir.

USURPATION du règne de Louis XIV. *Cologne*, 1716, pet. in-12.

Pamphlet assez rare : un exemplaire rel. en *mar. v.* par Derome, 17 fr. Pixerécourt; 27 fr. Nodier; 21 fr. 50 c. Baudelocque.

UTBI (Al). The Kitab-J-Yamini, histocal memoirs of the Amir Sabaktagin, and the sultan Mahmud of Ghazna, early conquerors of Hindustan, and founders of the Ghaznavide dynasty. Translated from the persian version of the contemporary arabic chronicle of Al Utbi, by the rev. James Reynolds. *London, printed for the oriental translation fund*, 1858, in-8. de XXXVI et 512 pp. [28142]

UTENHOVIUS. Caroli Utenhouii, patricii Gandavensis, Xenia, seu ad illustrium aliquot Europæ hominum nomina, allusionum (intertextis alicubi Joach. Bellaji eiusdem argumenti versibus) liber primus; ad Elisabetham sereniss. Angl. Franc. Hib. etc. reginam. *Basileæ-Rauracorum, anno* 1568, pet. in-8. de 143 pp. [12233]

Recueil de pièces de vers en grec, latin, françois, etc., adressées par Charles Utenhove, de Gand, à diverses personnes de marque de son temps. 29 fr. Borluut. Ces Xenia ont été réimpr. *Basileæ-Rauracorum, apud Th. (Jac. Guarinum*, 1568, in-8. avec des poésies lat. de George Buchanan, d'Adr. Turnèbe, de Mich. de l'Hospital, et de Jean Dorat.

— EPITAPHIUM in mortem Henrici Gallorum regis christianissimi ejus nominis secundi, duodecim linguis, per Car. Uthen, ebraice, chaldaice, græce, latine, gallice, germanice, flandrice: per alios, gallice, italice, hispanice, anglice, scotice, polonice accesserunt et aliquot ad illustrium quorundam Galliæ hominum nomina allusiones (avec cet autre titre) : Epitaphes sur le trespas du roy tres chrestien Henry roy de France, II de ce nom, en douze langues, à tres hault et puissant prince Philippe roy d'Espaigne. Aultres epitaphes... sur le trespas du mesme roy. Plus les epitaphes sur le trespas de Joachim du Bellay, Angevin. *Paris, de l'imprimerie de Robert Estienne*, 1560, in-4. de 28 ff.

→ Voy. LA ROVÈRE (de).

UTILE (l') et plaisant passe-temps pour tous les fideles chrestiens voulant cognoistre ce que c'est que de vérité en toutes choses. *Rouen, Guil. Jores* (1615), in-16 obl. [1645]

Ce livre a cela de singulier, qu'au moyen de la disposition typographique des pages, on peut le lire dans deux sens différents. 25 fr. *mar. br.* Veinant.

UTILISSIME musicales regule necessitate plani cantus simplicis contrapuncti : rerum factarum tonorum usualium; nec non artis accentuandi tam speculative et practice : accriori. lima mundate. *Parrhisiis in Vico S. Jacobi sub signo elephantis a Frãcisco gegnault*, 1526, pet. in-4. goth., fig. impr. en rouge et noir. [10130]

Catal. de M. de Koudelka, n° 127.

UTINO (*Leonardus* de). Sermones aurei de sanctis. (*absque nota*), in-fol. goth. de 413 ff. non chiffrés y compris un f. bl. au commencement et un autre à la fin. [1414]

Édition ancienne, imprimée à 2 col., dont celles qui sont entières-ont 38 lign., caract. de J. Veldener, à Cologne, vers 1475. La date de 1446, qui se trouve à la fin, est celle de la réunion de ces sermons, et non celle de leur impression. D'ailleurs cette même date est aussi à la fin des éditions de 1473 et 1474, et dans plusieurs autres. Vend. en *m. r.* 67 fr. La Vallière; 28 fr. 2e catal. Quatremère.

— Sermones aurei de sanctis. — *Ad laudem ε gloriam Dei... (Coloniæ, Ulric. Zell*), M. CCCC. Lxxiij, in-fol. goth. à 2 col. de 36 lignes.

Ce volume, peu et fort épais, se trouve difficilement complet. Santander, *Dictionn. bibliogr.*, tome III, n'en a décrit que la première partie, qui finit par ces mots : *rosa in gloria, amen*; et l'exemplaire du duc de La Vallière, vend. 24 fr., ne renfermait que la 2e partie (en 244 ff.), puisqu'il commençait au sermon *in festo Ascensionis.* En tête du livre sont 25 ff. liminaires contenant *registrum presentis operis*; on trouve ensuite un f. tout blanc; plus un autre f. impr. au verso, où se voit la table des sermons; puis le texte, qui est terminé par la souscription : *Expliciût sermones, etc.* Les deux parties, 3 liv. 3 sh. Williams.

L'édition de *Venise, per Fr. de Hailbrun et Nic. de Francfordia*, 1473, in-fol. goth., a été vend. 12 fr. Brienne; 20 fr. *mar. r.* Mac-Carthy; 30 fr. Costabili.

— Quadragesimale aureũ editum p̃ egregiũ... doctorẽ frẽ Leonardũ de Vtino...

feliciter incipit. — M.CCCC.LXXI, in-4. à 36 lign. par page, caract. ronds. [1413]

Première édition de ce livre; on la croit imprimée à *Venise*, par Fr. Renner de Hailbron. Le vol., composé de 202 ff. en tout, est terminé par 1 f. de table; la date est après la ligne 29e du verso de l'avant-dernier f., vend. 372 fr. *mar. r.* La Valliere, et seulement 35 fr. 50 c. 2e catalogue Quatremère.

— SERMONES quadragesimales de legib'. (*absque nota*), in-fol. de 311 ff. à 2 col. de 60 lignes.

Édition imprimée avec les caract. d'Ulric Zell; les 5 derniers ff. renferment la table.

— SERMONES quadragesimales de legibus, et sermo primus de peccato gulæ. *Venetiis, per Franciscum de Hailbrun et Nicolaum de Frankfordia*, 1473, in-fol. goth.

Vend. 1 liv. 12 sh. Pinelli; 17 fr. Brienne-Laire.

Les éditions postérieures à ces dates n'ont aucune valeur.

UTTENHOVIUS (*Car.*). V. UTENHOVIUS.

UTTERSON (*Edward* Vernon). Select pieces of early popular poetry. *London, Longman*, 1817, 2 vol. pet. in-8. 1 liv. 5 sh. [15720]

Recueil tiré à 250 exemplaires seulement, et qui fait suite à ceux qu'a publiés Ritson.

UYLENBROEK (*P.-J.*). Voy. IRACÆ persicæ descriptio.

UZ (*Joh.-Pet.*). Poetische Werke, nach seinen eigenhänd. Verbesserungen herausg. von Ch.-Fel. Weisse. *Wien, Degen*, 1804, 2 vol. in-4. fig. pap. vél. [15561]

Belle édition de ces poésies; elle a coûté 12 thl., et avec fig., 40 thl. Le comte Moritz von Fries, à Vienne, en possédait un exempl. imprimé sur VÉLIN. Il en a paru sous la même date une édition en 2 vol. in-8. pap. vél. 5 thl. 8 gr.

UZIER (*Ant.*). Le Triomphe du corbeau, contenant les propriétés, perfections, raretés et vertus souveraines, avec les significations des mystères relevés de notre foy, et le triomphe du monarque lorrain, remettant par favorable présage le sceptre de Judée en l'auguste maison de ses devanciers. *Nancy, Garnich*, 1619, pet. in-8. de 12 ff. et 141 pp. [5805]

Petit volume peu commun, et dont le titre indique assez la bizarrerie; il ne tient que fort indirectement à l'ornithologie, et sa place naturelle est dans l'histoire de Lorraine [vers 24893]. Vend. 55 fr. bel exempl. *m. v.*, en 1819; 40 fr. Nodier; 36 fr. Pixerécourt. Le même ouvrage, annoncé sans nom d'auteur et sous la date de 1618, est porté à 8 fr. dans le catal. de Millet de Montarbi; il a été réimpr. à Nancy, en 1839, in-8.

V

VA serva Italia or tene ascondi e cela. (*sans lieu ni date*), in-4. de 2 ff.

Pièce imprimée au commencement du XVIe siècle, qui paraît avoir été écrite à l'occasion des guerres que les Français firent en Italie à cette époque. L'auteur y reproche à ses compatriotes de s'être laissé asservir par l'étranger. En tête du premier f. se voit une fig. sur bois représentant une ville. 31 fr. Eug. P., en 1862, n° 446.

VACALERIO (*Ginnesio-Gavardo*). L'Arcadia in Brenta, ovvero la malinconia sbandita. *Colonia, Hinchio,* 1667, in-12. [17483]

Les noms d'auteur, sous lesquels ce livre a paru, sont l'anagramme de *Giovanni Sagredo cavallero*, et l'indication de *Colonia* cache probablement celle de *Bologna*. Cet ouvrage populaire a été réimpr. à Bologne, chez Recaldini, 1680; aussi même lieu, en 1674 et 1693, in-12. 7 fr. 50 c. Libri; 15 fr. 50 c. Duplessis. Dans ces éditions se trouvent des morceaux facétieux, des historiettes un peu lestes, extraites d'anciens conteurs italiens, et que n'ont pas reproduits toutes les réimpressions plus modernes de l'*Arcadia* (Gamba, *Bibliografia*, p. 169).

On attribue au pseudo G. Sagredo un autre ouvrage du même genre que l'*Arcadia*, et qui a pour titre : *La nuova barca di Padova*, Venet., 1684, in-12. — Réimpr. 1689, pet. in-8.

VACANI (*Camillo*). Storia delle campagne e degli assedi degl' Italiani in Ispagna, dal MDCCCVIII al MDCCCXIII, corredata di piani e carte topografiche, dedicata a S. A. I. e R. l'arciduca Giovanni d'Austria. *Milano, dall' imperiale regia stamperia,* 1823, 3 vol. gr. in-4. pap. vél. et atlas in-fol. max. de 18 pl. Mis en vente au prix de 160 fr. [8789]

Ouvrage important, dont il y a des exemplaires tirés in-fol., avec pl. color. : 200 fr. — Il en a été fait une contrefaçon à Florence, chez Batelli, 1827, en 6 vol. in-8., avec cartes : 32 fr.; — et en 6 vol. in-18. 20 fr.

VACE. Voyez WACE.

VACHTERUS. Voyez WACHTERUS.

VADARAJA. The Laghu kaumudi : a sanscrit grammar, by Vadaraja; with an english version, commentary and references (by Ballantyne). *Mirzapore,* 1849, 3 part. in-8. 24 fr. [11748]

Une édition du texte de la même grammaire à l'usage du collége sanskrit, a été imprimée à Calcutta, en 1827, in-8.

VADÉ (*Jean-Jos.*). Ses œuvres poissardes et celles de L'Ecluse. *Paris, Defer de*

Vaassen (*Jac.* van). Animadversiones, 21236.

Vaca de Guzman (*Jos.-Mar.*). Obras, 19276.

Vaccarius (*A.*). Vita S. Francisci, 21827.

Vacherot (*Et.*). École d'Alexandrie, 3312. — La Métaphysique et la science, 3533.

Vachet (*J.-A.-P.*). L'Artisan chrétien, 21928.

Vaddere (*J.* de). Origine du Brabant, 25058.

Maisonneuce, 1796, gr. in-4. fig. 5 à 6 fr.; — Pap. vél., 8 à 10 fr. [14253]

Cette édition in-4. n'est nullement recherchée. Il y en a une in-18, fig., faite en même temps, et dont on a également tiré du pap. vél. Ce format est plus analogue au faible mérite de l'ouvrage.

Les Œuvres de Vadé, *Paris*, 1758, 4 vol. in-8., n'ont qu'un prix très-médiocre. [16552]

VÆNIUS (*Otho*). Horatii emblemata, imaginibus (CIII) in æs incisis notisque illustrata, studio Othonis Vænii. *Antuerp.*, H. Verdussen, 1607, in-4. [18572]

On préfère cette édition à celles qui l'ont suivie, parce qu'elle contient les premières épreuves des gravures : 9 à 15 fr.; vend. avec fig. color., 28 fr. en 1813. Les autres éditions sont moins chères; cependant celle de 1612, in-4., en cinq langues, a été vend. 13 fr. *mar. r.* Méon ; celle d'*Amsterd.*, 1684, in-8., 12 fr. Gr. Pap. Detienne ; et celle de *Bruxelles*, 1683, gr. in-4., en quatre langues, exemplaire avec les fig. très-bien coloriées et rehaussées d'or, 79 fr. *m. r.* Crevenna.

Il y a une édition de *Florence*, 1777, in-4., en lat. et en ital., donnée par Est. Mulinari.

— Théatre moral de la vie humaine, représenté en plus de 100 tableaux, tirés d'Horace par Otho Vénius, expliqués par de Gomberville, avec la table de Cébès. *Bruxelles*, 1672, ou 1678, in-fol. 6 à 10 fr.

Le texte de ce volume est la réimpression de celui de la *Doctrine des mœurs*, imprimée à Paris en 1646 (voy. GOMBERVILLE), et les planches sont celles des *Horatii emblemata*.

Le même ouvrage, traduit en espagnol, sous le titre de *Theatro moral*, etc., a été aussi imprimé à *Bruxelles*, en 1669 et en 1672, in-fol. 8 à 10 fr.

— Amoris divini emblemata, studio et ære Oth. Vænii concinnata, latine, gallice, hispanice et belgice. *Antuerpiæ*, 1615, in-4. 5 à 6 fr. [18577]

60 planches dont il y a une réimpression sous la date de 1660.

— Amorum emblemata figuris æneis incisa studio Othonis Vænj. *Antuerpiæ, venalia apud auctorem*, M. DC. IIX (1608), pet. in-4. obl. de 8 ff. limin. et 247 pages chiffrées. [18585]

124 jolies figures, plus une grande planche représentant Vénus sur son char conduit par l'Amour; le tout avec des quatrains latins, italiens et français.

Indépendamment des exemplaires avec des vers latins, français et italiens, il y en a où le flamand remplace l'italien ; il y en a aussi avec des vers anglais qu'indique ainsi le titre : *Emblems of Love with verses in latin, english and italian*. Ils ont 247 et XVI pp. y compris les planch., et dans d'autres exemplaires des vers espagnols sont substitués aux vers anglais.

— Emblemata amatoria aliquot selectiora, versibus lat., belgicis et gallicis. *Amstel., Jansson.*, 1618, in-16 obl. fig.

— Historia septem infantium de Lara, a Don Rodrigo Calderon ; historia de los siete infantes de Lara. *Antwerp., Lisaert*, 1612, in-4. obl. [17570]

40 pl. gravées par Ant. Tempesta, d'après Otto Van Veen ou Vænius, avec un frontispice. 1 liv. 7 sh. Hibbert; 10 fr. 50 c. De Bure ; 15 fr. 50 c. Crozet.

— Voy. FERNANDEZ (*Manuel*), dans les additions.

— Batavorum cum Romanis bellum, a Corn. Tacito libris IV et V hist. olim descriptum, nunc figuris æneis expressum, auctore Othone Vænio. *Antuerpiæ*, 1612, in-4. obl. 6 à 9 fr. [25132]

— Voyez SAINT-SIMON.
— Vita D. Thomæ, 22283.

VÆNIUS (*Ernestus*). Tractatus physiologicus de pulchritudine, juxta ea quæ de sponsa in canticis canticor. mystice pronunciantur. *Bruxellis*, 1662, pet. in-8. 4 à 6 fr. [9138]

Petit vol. de VIII et 62 pp., orné de jolies gravures au trait ; le titre de l'ouvrage en indique la singularité.

VAFFI (*Dominico*). La Rappresentatione et historia di Susanna. *Milano, per Pandolpho Malatesta* (vers 1600), pet. in-8. de 12 ff.

10 fr. 50 Riva.

VAGABOND (le), ou l'histoire et le charactere de la malice et des fourberies de ceux qui courent le monde aux despens d'autruy (traduit de l'italien de Raph. Frianoro). *Paris*, 1644, in-8. 4 à 6 fr. [17907]

L'original italien, sous le titre d'*Il vagabondo*, est de *Venise, Arzolo Reghettini*, 1627, in-8.— Réimpr. à Bologne, en 1708, in-12, et aussi dans le recueil intitulé : TRATTATO de i bianti.

VAGAD. Coronica de Aragon. Acaba la famosa y esclarecida coronica de los..... reyes..... del reyno de Aragon, por el reuerendo padre don f. Gauberte fabricio de vareyno..... cõpuesta y despues recognocida, y en algo esaminado por... doctor miçer Gonçalo garcia de Sancta Maria... en *Caragoça*... *Emprentada por Paulo Hurus. Acabada a xij dias del mes de Setiëbre. Año de mil cccc. xcix*, in-fol. goth. de 28 ff. prélim. et Clxxx ff. à 2 col. [26163]

Livre très-rare, vendu 1 liv. 10 sh. Heber. Selon Antonio, qui le cite (*Biblioth. vetus*, II, 341), c'est peut-être le même ouvrage qui a été impr. à *Valence*, en 1524, sous le titre de *Chronica antigua de Aragon*. Nous plaçons ici l'ouvrage au nom de Vagad, que donnent Antonio et Mendez; mais nous avons lu *de Vareyno* dans la souscription de l'exemplaire ici décrit.

VAHL (*Mart.*). Enumeratio plantarum, vel ab aliis, vel ab ipso observatarum, cum earum descriptionibus succinctis. *Hauniæ*, 1804-6, 2 vol. in-8. 25 fr. [4880]

Cet ouvrage devait être continué, mais il ne l'a pas été. La réimpression, *Gottingæ*, 1827, 2 part. in-8. 2 thl.

— Symbolæ botanicæ, sive plantarum, tam earum quas in itinere, imprimis orientali, collegit Pet. Forskäl, quam aliarum recentér detectarum, descriptiones. *Hauniæ*, 1790-94, 3 part. en 1 vol. in-fol. avec 75 pl. 15 thl. [5252]

Vend. 40 fr. L'Héritier ; 36 fr. Ventenat ; 30 fr. Pappenheim.

— Eclogæ americanæ, seu descriptiones plantarum, præsertim Americæ meridionalis nondum cognitarum. *Hauniæ*, 1796-1807, 3 fasc. in-fol., avec 30 pl. 15 thl. [5271]

Vend. 20 fr. Pappenheim.

— ICONES illustrationi plantarum americanarum in eclogis descriptarum inservientes. *Hauniæ*, 1798 et 1799, in-fol. [5272]

Vend. en 3 fascicules, avec 30 pl. 24 fr. L'Héritier et Ventenat ; 10 fr. 60 c. Pappenheim.

VAILLANT (*Jo.-Foy*). Historia Ptolcmæorum Ægypti regum, ad fidem numismatum accommodata. *Amstelodami*, 1701, in-fol. fig. 8 à 10 fr. [29765]

Vend. 20 fr. *mar. citr.* de Cotte.

— Seleucidarum imperium, sive historia regum Syriæ, ad fidem numismatum accommodata. *Hagæ-Comitum*, 1732, in-fol. fig. 12 à 15 fr. [29770]

L'édition de *Paris*, 1681, in-4., est à très-bas prix.

— Arsacidarum imperium, sive regum Parthorum historia, ad fidem numismatum accommodata. *Paris.*, 1725, 2 vol. in-4. fig. 15 à 18 fr. [29773]

Vend. 25 fr. Mionnet.

Réimpr. en Allemagne, sous la date de *Paris*, 1728, 2 vol. in-8. fig.

— Nummi antiqui familiarum romanarum perpetuis interpretationibus illustrati. *Amstelodami*, 1703, 2 tom. en 3 vol. in-fol. fig. 20 à 24 fr. [29805]

Vend. en Gr. Pap. 38 fr. *mar. bl.* d'Ennery.

— Numismata imperat. roman. præstantiora a J. Cæsare ad Postumum usque (ad Constantinum magn. perducta studio Jo.-Fr. Baldini). *Romæ*, 1743, 3 vol. gr. in-4. fig. [29818]

Ouvrage très-estimé, ainsi que presque tous ceux du même auteur : 30 à 40 fr.; et plus quand le prix des médailles se trouve mis. Vend. en *mar. r.* 55 fr. de Cotte. Pour le supplément, voy. KHELL.

Les premières éditions de *Paris*, 1692 et 1694, et d'*Amsterdam*, 1696, 2 vol. in-4. fig., ont peu de valeur.

— Numismata ærea impp., Augustarum et Cæsarum in coloniis municipiis et urbibus jure latio donatis, ex omni modulo percussa. *Parisiis*, 1688, seu 1697, 2 tom. en 1 vol. in-fol. fig. 15 à 18 fr. [29820]

Vend. 24 fr, 50 c. Mionnet ; et 50 fr. *mar. viol.* exemplaire du comte d'Hoym, de Cotte.

— Numismata impp., Augustarum et Cæsarum a populis romanæ ditionis, græce loquentibus, ex omni modulo percussa. *Amstelod.*, 1700, in-fol. fig. 10 à 12 fr. [29821]

Vend. 22 fr. de Cotte.

Imprimé d'abord à *Paris*, en 1698, in-4.

— Selectiora numismata in ære maximi moduli e museo Fr. de Camps, concisis

interpretationibus per Vaillant illustrata. *Parisiis, Dezallier*, 1694, in-4. [29712]

Ce livre renferme un frontispice et 59 pl. de médailles fort bien gravées par Fr. Ertinger. Il s'en est fait en Hollande une contrefaçon, sous le même titre, et aussi avec l'adresse de *Dezallier*, mais sous la date de 1695 ; les planches de cette édition hollandaise sont des copies médiocres et infidèles. Sur la première pl. (aussi sur plusieurs autres) on lit *P. Schoonebeek sc.* Cette contrefaçon a peu de valeur ; mais l'édition originale est recherchée, sans être cependant fort chère. Un exemplaire des pl. d'Ertinger (point Eslinger), en Gr. Pap. et rel. en *mar. citr.*, a été vend. 32 fr. chez de Cotte, dans le catalogue duquel il est annoncé de la manière suivante :

SELECTIORA numismata ærea maximi moduli (e museo Franc. de Camps, delineata et sculpta a Fr. Eslinger. *Parisiis*, 1696), in-4.

Peut-être contenait-il un plus grand nombre de planches que les exemplaires ordinaires.

— Antiqua imper. roman. numismata, ex ære maximo ; olim ab abbate de Camps collecta, et quorum nonnulla J. Foy Vaillant explicationibus illustravit, nunc in cimelio V. M. ducis d'Estrées servata. 1737, très-gr. in-4. fig. [29713]

Vend. 24 fr. d'Ennery ; 28 fr. de Cotte.

Beaucoup plus tard l'abbé Sestini a donné :

DESCRIPTIO selectiorum numismatum... e museo olim abbatis de Camps, postea d'Estrées... tabulas æneas cxxxvi continens. *Berolini*, 1808, in-4. [29713]

VAILLANT (*Sébast.*). Botanicon parisiense, ou dénombrement des plantes qui se trouvent aux environs de Paris, enrichi de plus de 300 fig. dessin. par Cl. Aubriet. *Leyde*, 1727, in-fol. [5059]

Quoique déjà ancien, cet ouvrage est toujours recherché : 15 à 20 fr., et plus en Gr. Pap.

VAILLANT. Voyage autour du monde, exécuté pendant les années 1836 et 1837, sur la corvette *la Bonite*, commandée par M. Vaillant, publié par ordre du roi. *Paris, Arth. Bertrand*, 1840 et ann. suiv., 14 vol. gr. in-8. et 3 vol. in-fol. renfermant 356 pl. Prix de souscription : 800 fr. [19893]

Ce grand ouvrage se compose des parties suivantes :

HISTORIQUE, par M. de La Salle, 3 vol. gr. in-8., et album in-fol. de 100 pl. 240 fr.

ZOOLOGIE, par M. Souleyet, 2 vol. gr. in-8., et un atlas in-fol. de 100 pl. tirées en couleur et retouchées au pinceau. 252 fr.

BOTANIQUE, par M. Gaudichaud, 4 vol. gr. in-8., et atlas de 156 pl. 324 fr.

PHYSIQUE, par MM. Darondeau et E. Chevalier, 4 vol. gr. in-8., planches dans le texte. 60 fr.

MINÉRALOGIE et géologie, par E. Chevalier, 1 vol. gr. in-8. avec pl. 16 fr.

VAILLANT (Le). Voyez LE VAILLANT.

VAINES (D. *Fr.-J.* de). Dictionnaire raisonné de diplomatique. *Paris*, 1774, 2 vol. in-8. fig. 20 à 25 fr. [30190]

Très-recherché et devenu peu commun.

VAINQUEUR (le) de la mort. Voyez tome Ier, article BIGRES.

VAIRO ou Vero (*Leonardus*). Voyez Du Vain, et ajoutez ce qui suit :

De Fascino libri tres, auctore Leonardo Vairo beneventano, etc., in quibus omnes fascini species et causæ optima methodo describuntur, et ex philosophorum et theologorum sententiis eleganter explicantur : necnon contra præstigias, imposturas, allusionesque (illusiones) dæmonum, cautiones et amuleta præscribuntur : ac denique nugæ, quæ de iisdem narrari solent, dilucide confutantur; cum gemmino (*sic*) indice altero capitum, altero rerum memorabilium. *Venetiis*, ꞮꞶ Ꞷ ꞯ (1589) *apud Aldum*, in-8.

Ce volume a 8 ff. prélim., 275 pp. cotées jusqu'à 375, parce que les chiffres sautent de 208 à 309 ; ensuite 42 pp. de table, et 3 de catalogue.

VAÏSSE (*Léon*). Armorial national de France, recueil complet des armes des villes et provinces du territoire français, dessiné et gravé par H. Traversier, avec des notices descriptives et historiques, par L. Vaïsse. *Paris, Challamel*, 1842-47, gr. in-4. fig. [28824]

Publié en cinq séries, 80 fr. — fig. color., 144 fr. — fig. color. et rehaussées d'or, 275 fr. La 5e série séparément, 10 fr., 17 fr., et 25 fr.

Le traité du blason, partie de 104 pp. et 6 pl., annoncé en 1860, se vend chez H. Traversier, graveur.

VAISSETTE (D. *Jos.*) et D. de Vic. Histoire générale de Languedoc, avec des notes et des pièces justificatives. *Paris*, 1730-45, 5 vol. in-fol. fig. [24726]

Une des meilleures histoires particulières de nos provinces : 76 fr. Duteil ; 121 fr. Abrial ; 89 fr. Léon Leclerc ; 98 et 130 fr. de Pins Montbrun, à Toulouse, en 1861.

Il y a un abrégé de cet ouvrage, *Paris*, 1749, en 6 vol. in-12.

— Histoire générale du Languedoc, commentée et continuée jusqu'en 1830, et augmentée d'un grand nombre de chartes et de documents inédits sur les départements de la Haute-Garonne, etc., par M. le chevalier Du Mège. *Toulouse, Paya*, 1840 et ann. suiv., 10 vol. gr. in-8. à 2 col.

Cette édition n'est pas belle, mais elle contient quelques augmentations ; chaque volume a été publié en 4 livraisons à 8 fr.

— Géographie, 19613. — Origine des François, 23199.

VALADES (*Didacus*). Rhetorica christiana ad concinandi et orandi accommodata, utriusᵱ facultatis exemplis suo loco insertis ; quæ quidem, ex Indorum maxime deprompta sunt historiis ; unde præter doctrinam summa quoque delectatio comparabitur : auctore P. F. Didaco Valades observantiæ olim procuratore generali in romana curia. *Perusiæ*, *P. Jacobus Perutius*, 1579, in-4., front. gr. et 26 fig. [12055]

Cet ouvrage est moins recherché pour ce qui en fait le fond que pour les digressions sur l'Amérique, dont l'auteur, ancien missionnaire dans ce pays, a surchargé son texte, et qu'il a illustrées de gravures tantôt allégoriques et mnémoniques, tantôt historiques et relatives aux mœurs et usages des In-

diens (*Bulletin du Bibliophile*, 1858, n° 572), porté à 36 fr., et 30 fr. 4e vente Quatremère.

Antonio cite cette édition et une seconde du même ouvrage, in-fol., impr. en 1583, avec des augmentations.

VALADIER. Raccolta delle più insigni fabriche di Roma antica, misurate da Giuseppe Valadier , illustrate con osservazioni da Filippo Aurelio Visconti, ed incise da Vinc. Feoli. *Roma*, 1810-1826, gr. in-fol. pap. vél. [29412]

Il a paru 7 cahiers de ce bel ouvrage : chacun des quatre prem. coûte 20 fr. Le 1er contient *Tempio di Antonino e Faustina ;* le 2e, *Tempio detto della Sibilla in Tivoli ;* le 3e, *Tempio detto di Vesta in Roma ;* le 4e, *Tempio detto di Giove statore ;* le 5e, *Tempio di Giove tonante, a Roma, e la Colonna di Foca* , 13 pl., 40 fr. ; le 6e, *Teatro di Marcello*, 1822, 7 pl., 22 fr. ; le 7e, *Tempio di Marte ultore*, 1826, 11 planch., 34 fr. Vend. en 6 cahiers, 60 fr. Hurtault. — Les 7 cah., 198 fr. catalogue Silvestri de Milan, 1830. — Un exemplaire imprimé sur vélin est conservé dans la Biblioth. impér. du Louvre, à Paris.

VALAGRE (le sieur de). Ses cantiques, et les cantiques du sieur de Maizonfleur (2 cant. de Thibaud de Santemont, etc.). *Lyon, par Benoist Rigaud*, 1591, in-16. [14341]

Nous avons déjà indiqué dans notre 3e vol., col. 1324, article Maisonfleur, plusieurs éditions de ce recueil. En voici une que nous avions oubliée : elle n'a ordinairement qu'un prix médiocre ; cependant un exempl. rel. en *mar. vert*, par Trautz, a été vendu 40 fr. Solar, et un autre en *mar. brun*, par Duru, 44 fr. Cailhava, en 1862.

VALANCIER forésien (*Estienne*). Eglogue présentée au roy et à la royne pour estrennes, laquelle contient une déploration des misères de la France, ensemble une exhortation à leurs majestés... pour establir une bonne et saincte paix..... avec une ode faicte à la louange de la susdicte paix, attendant sa bien venue. *Paris, Fed. Morel*, 1576, in-4. [13797]

La Croix du Maine et Du Verdier citent plusieurs autres productions poétiques de Valancier, et entre autres :

Complainte de la France, touchant les misères de son dernier temps. (*sans lieu d'impression*), 1568, pet. in-8. de 8 ff.

Eglogue sur la mort de feu Mad. Charlotte de La Valle, admiralle de France..., plus un cantique faict en la personne de monseigneur l'Admiral, 1568, pet. in-8. de 20 ff.

Ces deux pièces en un vol. *mar. r.* 34 fr. Coste.

En voici une dont ces deux anciens bibliographes n'ont pas fait mention :

Colloqve des vrays amans , faict par sonnects, auec quelques odes sur le mesme sugget (*sic*), plus quelques dizains mythologiques et enigmatiques, 1584, in-8. (*Biblioth. impériale*, Y, 4677).

VALBONNAIS. Voyez Moret de Bourc-Chenu.

VALBUENA (*Manuel* de). Diccionario uni-

Vairani (*Th.- Aug.*). Cremonens. monumenta , 25406.

Valadores Gamboa (*J.-Fort.*). Obras, 15415.
Valckenier. Roma paganisans, 2118.

versal latino-español; quinta edicion. *Madrid*, 1826, pet. in-fol. 30 fr. [10889]
Le meilleur dictionnaire latin-espagnol.

VALCKENAER (*Lud.-Gasp.*). Opuscula philologica, critica et oratoria, nunc primum conjunctim edita. *Lips.*, *Fleischer*, 1808-9, 2 vol. in-8. 14 fr.; — Pap. fin, 17 fr. [18267]

— Selecta e scholiis L.-C. Valckenarii in libros quosdam Novi Testamenti; edidit Ever. Wassenbergh, dissertationem præmisit de glossis N. T. *Amstelodami, den Hengst*, 1815-17, 2 vol. in-8. 28 fr. [601]

— Diatribe in Euripidem. Voyez tome II, col. 1104. — Observationes. V. LENNEP.

— De Aristobulo judæo, 30424.

VALDERAVANO (*Anrriquez* ou *Enriquez* de). Musis dicatum. Libro llamado Silua de Sirenas. Compuesto por excelente musico Anriquez de Ualderavano. Dirigido al ilustrissimo señor don Francisco de Çunniga, conde de Miranda, etc., con privilegio 1547. (à la fin) : *Fue impresso en la muy insigne y noble villa de Valladolid Pincia otro tiempo llamada, por Francisco Fernandez de Cordova impresor, junto a las Escuelas mayores, acabose a veynto y ocho dias del mes de Julio deste Anno de 1547* gr. in-4. de CIIII ff. chiffrés, sign. a — o. [vers 10192]
Recueil de Motets, Villancicos, Romances, Canciones, Fantasias, Sonelos et autres airs, par Josquin, Layolle, Verdelot, Lupus, Gombert, Sepulveda, Loyset Pieson, Jaquet, Morales. Adriano, Vicencio Ruffo, Ortiz, Archadelt, Juan Vasquez, Mouton, N. Bauldoin, d'Anriquez de Valderavano, etc. M. Schmid en a donné la description d'après l'exemplaire de la Biblioth. impér. de Vienne.

VALDES (el P. *Rodrigo* de). Poema heroico–hispano-latino-panegyrico de la fundacion y grandezas de la ciudad de Lima. *Madrid, A. Roman*, 1687, pet. in-4. [15291]
Quoique écrit en espagnol, ce poëme paraît l'être en latin : or pour produire ce prestige il a suffi de changer ou d'ajouter une lettre à certains mots : 10 fr. 50 c. Rœtzel.

VALDES (*Ant.*) et Vincente Tofino de San Miguel. Derrotero de las costas de España en el Oceano atlantico, y de las islas Azores o Terceras, para intelligencia y uso de las cartas. *Madrid, Ibarra*, 1789, in-4., et atlas gr. in-fol. [19747]

— DERROTERO de las costas de España en el Mediterraneo y su correspondiente de Africa. *Madrid*, 1787, in-4., et atlas in-fol. [19748]
Ces deux ouvrages, bien exécutés, ont été vendus ensemble, et rel. en *mar. r. tab.*, 252 fr. de Lalande; 73 fr. *demi-reliure*, Sampayo; 74 fr. 2ᵉ vente Quatrenère.

VALDES (*Jean*). Voyez DIALOGO de Mercurio et VALDESSO.

VALDES (*J. Melendez*). Voy. MELENDEZ.

VALDESSO ou Valdes. Le cento et dieci divine considerationi de S. Giovãni Valdesso : nelle quali si ragiona delle cose piu utili, piu necessarie et piu perfette, della christiana professione... *In Basilea*, M. D. L. in-8. de 12 ff. non chiffrés et 488 pp. [1871]

Cet ouvrage est de J. Valdès, Espagnol, qui avait adopté la religion réformée. Le texte espagnol a été imprimé pour la première fois à Londres, en 1855, in-8. de 544 et 55 pp., sous le titre de *Ziento i diez conzideraziones*, 14 sh. La traduction italienne vient aussi d'être réimpr. à Londres, in-8.; annoncée à 15 sh.

CENT ET DIX considérations divines de Jean de Val d'Esso, traduites de l'espagnol en italien, et de nouveau en françois, par Claude de Kerquifinen. *Lyon, Claude Senneton*, 1563, pet. in-8.
Du Verdier cite une édition de cette traduction, *Paris, Mathurin Prevost*, 1565, in-16.
Autres ouvrages de J. Valdès, réimpr. à Londres, de format in-8. *Dos dialogos*, 1850, in-8. de 20 et 481 pp. 12 sh. 6 d. — *La Epistola de San Pablo a los Romanos; i la I. a los Corintios, ambas traduzidas y comentadas*, 1856, 2 tom. ; le premier, de 34 et 305 pp.; le second, de 22, 60 et 320 pp. 21 sh. — *Dialogo de la lengua*, écrit en 1533, publié pour la première fois en 1737, et réimpr. d'après un manuscrit de la Bibliothèque nationale, avec une lettre de Valdès ajoutée, 1858, 9 sh.

VALDIVIA (*Luys* de). Arte y gramatica general de la lengua que corre en todo el reyno de Chile, con un vocabulario, y confessonario. *Lima, Fr. Canto*, 1606, in-8. [12001]

Livre très-rare : vendu 7 liv. Heber, II, n° 6091. — Antonio, II, 67, cite l'ouvrage suivant du même P. jésuite, lequel se rapporte aussi au langage des peuples du Chili :
GRAMMATICA ; vocabulario; catecismo, y confessionario en las lenguas allentiac y millcayac. *Lima*, 1608, in-8. [12000]

VALDIVIELSO (*Joseph*). Vida, excelencias y muerte del gloriosissimo patriarca y esposo de nuestra señora san Joseph. *Barcelona, Honofre Anglade*, 1607, pet. in-8. [15249]

Poëme en octaves : Antonio en cite une édition de *Toléde*, sous la même date. Il y en a aussi une de *Barcelone*, 1610, pet. in-8.
— LA MISMA, van enmendadas en esta impression algunas cosas por el mismo autor. *Lisboa*, 1611, pet. in-8.
Réimprimé à Séville, *por P. Gomez de Pastrana*, 1647, in-8.
— SAGRARIO de Toledo, poema heroico. *Madrid, Luis Sanchez*, 1616, pet. in-8. [15250]
Vendu 16 sh. Heber.
Réimpr. à *Barcelone, Estevan Llanos*, 1618, pet in-8. de 5 ff. prelimin. et 492 ff. de texte. Long poëme divisé en 25 livres : vend. 17 sh. et 6 sh. Heber.
— ROMANCERO espiritual. *Madrid, Viuda de Alonso Martin*, 1627, in-8. [15251]
Vend. 18 fr. La Serna.
— ROMANCERO espiritual, en gracia de los esclavos del santiss. Sacramento para cantar quando se muestra descubierto, por el maestro Jos. de Valdivielso. *Alcala, Marra Fernandez* (1668), pet. in-8. de 8 et 182 ff.

Imprimé sur mauvais papier : vendu cependant 2 liv.
Hanrott ; 1 liv. 1 sh. *mar.* Heber.
— Doce autos sacramentales y dos comedias divinas.
Toledo, Juan Ruiz, 1622, in-4. [16783]

VALDOR (*Jean*). Les Triomphes de Louis
le juste, XIII du nom roy de France
et de Navarre, contenant les plus grandes actions où sa majesté s'est trouvée
en personne, représentées en figures
ænigmatiques exposées par un poëme héroïque (lat.) de Ch. Beys, et accompagné
de vers françois sous chaque figure, composez par P. de Corneille, avec les portraicts des rois, princes et généraux d'armée qui ont assisté ou servi Louis le
juste combattant, et leurs devises, ou
exposition en forme d'éloge par H.
Estienne, sieur des Fossez, poëte et interprete du roy ès langues grecque et
latine : ensemble le plan des villes, sieges
et batailles, avec un abrégé de la vie de
ce grand monarque par René Barry ; le
tout traduit par le R. P. Nicolai. Ouvrage entrepris et fini par Jean Valdor,
calcographe du roy. *Paris, impr. royale,
par Ant. Estienne*, 1649, in-fol. [23723]
Ouvrage de circonstance, et auquel les figures seules
peuvent conserver quelque prix. Il a un second
titre en latin : 15 à 20 fr. — Vend. 45 fr. Louis-
Philippe; 20 fr. Borluut.
M. P. Lacroix a donné une notice curieuse sur cet
ouvrage dans la *Revue universelle des arts*, 1855,
2 vol. in-8.
Avant que Valdor eût publié son livre, l'imprimerie
royale en avait exécuté un autre du même genre,
mais qui ne parut pas alors. Voy. HISTOIRE des
guerres de Louis XIII.
Il existait déjà un ouvrage en vers français, intitulé :
Les Triomphes de Louys le Juste, par un religieux de la Compagnie de Jésus, du collége de
Reims (le P. Florent Bon). *Reims, Nic. Constant*,
1630, in-24, avec un frontispice gravé. Vend. 4 fr.
Monmerqué, et rel. en *mar. r.* 31 fr. Giraud.

VALDORY (*G.*). Discours du siége de la
ville de Rouen au mois de novembre, mil
cinq cens quatre vingtz onze : avec le
pourtraict du vieil et nouveau fort.
Rouen, Richard l'Allemant (1592),
pet. in-8. de 8 ff. prélimin., 149 ff.
chiffrés et 3 non chiffrés. [24340]
L'auteur de cet ouvrage, devenu rare, ne s'est point
nommé sur le titre, mais il a signé l'épitre dédicatoire adressée au poëte Chevalier. 14 fr. Le Prevost ; 32 fr. *mar. v.* Le Chevalier, sans le portrait
sur le titre ; 260 fr. *mar. r.* par Trautz, d'Auffay.
— Pour un autre discours sur le même sujet, voyez
BREF discours.

VALÉE du Maine (de La). V. LA VALLÉE.

VALENCIER ou Valancier. Voyez VA-
LANCIER.

VALENTIA (*Petrus*). Academica sive de

---

judicio erga verum, ex ipsis primis fontibus. *Antuerpiæ, ex officina plantiniana, apud viduam, et Joan. Moretum*, 1596, pet. in-8. de 124 pp. et un
errata. [après 3424]
Cet ouvrage, très-utile pour l'intelligence des Académiques de Cicéron, est rare de cette édition ; mais
l'abbé d'Olivet l'a fait réimprimer dans le 3ᵉ vol. de
son édition des œuvres de l'orateur romain, et Dav.
Durand, ainsi que Castillon, en ont réuni le texte
aux traductions des Académiques qu'ils ont données, le premier, à Londres, en 1740, et le second,
à Berlin, en 1779. Le commentaire de Valentia, avec
la traduction française de Castillon, a encore été
réimprimé dans l'édition des Académiques, publiée
chez Barbou, en 1796 (voyez notre tome II, col. 55).
Il ne faut pas croire que, comme l'a dit M. Ch. Nodier,
dans son dernier catalogue, nᵒ 65, l'édition de 1596
ne soit portée dans aucun catalogue; nous ne l'a-
vons cherchée que dans un seul, celui de Falconet,
et nous l'y avons trouvée deux fois, savoir : sous
les nᵒˢ 2445 et 2689.

VALENTIA (*George Annessley* Viscount).
Voyages and travels to India, Ceylon,
the Red sea, Abyssinia and Egypt, etc.
London, Miller, 1809, 3 vol. in-4.,
avec 69 pl. [20020]
Cet ouvrage, bien exécuté, mais d'un faible intérêt,
30 à 36 fr., et en très Gr. Pap., 60 à 72 fr.
On ajoute à cette relation du voyage de lord Valentia,
et mieux encore à celle de M. Salt :
TWENTY four views, etc., *c'est-à-dire*, Vingt-
quatre vues prises à Sainte-Hélène, au cap de
Bonne-Espérance, aux Indes, à Ceylan, sur les bords
de la mer Rouge, en Abyssinie et en Egypte, gravées et coloriées d'après les dessins de Henry Salt,
par et sous la direction de Rob. Hawell. *London,
Miller*, 1809, in-fol., avec l'explication in-4. Vend.
300 fr. Langlès, et moins depuis.
Il a paru à *Londres*, en 1811, une édition de ce voyage
en 3 vol. in-8., et atlas in-4. de 72 pl. : 18 à 24 fr.
La même relation a été traduite en français par
M. Henry, sous le titre suivant :
VOYAGES dans l'Indostan, à Ceylan, sur les
deux côtes de la mer Rouge, en Abyssinie et en
Egypte, dans les années 1802-6. *Paris*, 1813, 4 vol.
in-8., et atlas in-4. 18 à 24 fr.; — Pap. vél., 30 à
36 fr.
Dans le courant de l'année 1812, on a donné, à *Genève* et à *Paris*, en 2 vol. in-8., la traduction française du Voyage en Abyssinie de M. Salt, extraite
de ceux de lord Valentia. — Voy. SALT.

VALENTIANO ou Valenziano Derthonese
(*Luca*). Opere volgari. *Venetia, per
Bernardino de Vitali*, 1532, in-8.
[14521]
Volume qualifié de rare par Haym, et qui l'est effec-
tivement.

VALENTIN Mennher de Kempten. Voy.
MENNHER de Kempten, et ajoutez-y ces
deux éditions différentes de celle que
nous avons citée.
PRACTICQUE pour brievement apprendre à Ciffrer,
et tenir Liure de Comptes, auec la Regle de Coss,
& Geométrie, par M. V. Menher allemand. *Anvers*,
1565, in-8. de 336 ff. non chiffrés, sign. A—Tt.
Ce volume se compose de quatre parties ornées de
jolies petites figures gravées sur bois; plusieurs
sont auec le monogramme d'Andreas Sylvius. A la
suite de ce traité se trouve quelquefois la *Practique des triangles*, édition de 1564, in-8. déjà

---

citée, et qui a 76 ff. non chiffrés, sign. A—I, dont le dernier est blanc.

VALENTIN (*Basile*). Les douze clefs de la philosophie de frère Basile Valentin, traictant de la vraye médecine métallique (trad. par D. L'Agneau); plus, l'Azoth, ou le moyen de faire l'or caché des philosophes. *Paris, Pierre Moet,* 1659, in-8., avec les figures des douze clefs. 6 à 9 fr. [8978]

Ce livre ne conserve de la valeur que lorsqu'il est bien complet dans ses trois parties. La première, 8 ff. prélimin. et le texte, pp. 17-176, avec 12 fig. en taille-douce; la deuxième, *Azoth..... reueu, corrigé et augmenté par D. L'Agneau, médecin,* 196 pp., y compris le titre particulier; la troisième, *Traicté de la nature de l'œuf des philosophes composé par Bernard, comte de Treves,* 64 pp.; elle est aussi datée de 1659, mais c'est une réimpression, ligne pour ligne, de l'édition de 1624. Il y a des exemplaires où le titre de la première partie porte le nom et l'adresse de *Charles Angot,* et la date de 1660. Vend. 18 fr. mar. v. Méon.

Basile Valentin écrivait en allemand, mais ses ouvrages ont été traduits en latin, et c'est sur ces versions qu'ont été faites les traductions françaises dont nous venons de parler, et celle qui suit:

RÉVÉLATIONS des mystères des teintures essencielles des sept metaux et de leurs vertus medicales..... trad. par Jean Israel. *Paris, Sanlecque,* 1646, in-4.

VALENTIN et Orson. (au recto du dernier f., 1re col.) : *Cy finist lystoire des deux vaillans cheualiers Valentin et Orson filz de lempereur de grece Imprime a lyon le penultime* (sic) *iour du mois de may par Jaques maillet Lan mil quatre cens quatre vingtz et neuf,* in-fol. goth. de 136 ff. (non chiffrés) à 2 col. de 38 lign., signat. *a—r,* fig. sur bois. [17046]

Édition excessivement rare. Le premier feuillet porte au recto les trois mots du titre ci-dessus, et au verso une grande planche en bois. Les trois feuillets suivants renferment la table. Le texte commence au 5e f. par ce sommaire:

> Cõment le roy pepin espousa ber
> te dame de grant renõmee.   i. chap.

Le dernier feuillet ne contient qu'une seule col. au recto, et le verso est entièrement blanc (*Biblioth. impér.*).

— Lhistoire des deux nobles et vaillans cheualiers Valentin et Orson, filz de lempereur de Grece, et nepueux du tres-vaillant et redoubte roy Pepin, iadis roy de France. *Lyon, par Jacques Arnollet, le xxiiii iour d'auril lan mil cccc. iiii. xx et xv,* in-fol. goth.

Autre édition rare, indiquée par Maittaire.
Un exemplaire d'une édition de ce roman, *imprimé à Paris par Michel Le Noir,* sans date, pet. in-4. goth., sign. A—EE 4, avec figures sur bois, est porté dans un catalogue d'Edwin Tross, 1863, n° 873, mais il y manque le titre et plusieurs autres feuillets.

— Lystoire des nobles Valentin et Orson. =Cy fine lystoire des deux vaillans cheualiers Valentin et Orson filz de lempe-

reur de Grece. *Jmprime a Lyon par Martin hauart Lan mil ccccc z cinq, le xx de mars,* in-fol. goth. fig. sur bois.

Édition fort rare, dont un bel exemplaire en *mar. r. et doublé de mar.,* par Trautz, a été payé 3001 fr. à la vente Double, en 1863.

— Lhistoire des deux nobles z vaillans cheualiers Valentin et Orson enfans de lempereur de Grece et nepueux au tres chrestiē roy de fräce Pepin. Cõtenant lxxiiiij chapitres lesquelz parlent de plusieurs et diuerses matieres, lesqlles vous pourres veoir. *Lyon, Olivier Arnoullet, 7 may* 1526, pet. in-fol. goth. de 90 ff. non chiffrés, à 45 lign. par page, avec des sign. A—L.

La bibliothèque de Wolfenbüttel possède un exemplaire de cette édition précieuse et peu connue.

— Lhystoire des deux nobles et vaillans cheualiers Valentin et Orson, enfans de lempereur de Grece et neueux du tres chrestien roy de France Pepin. *Nouuellement imprime en Lyon par Ollivier Arnoullet, le xxi de apuril mil* ccccc xxxix, in-4. goth. fig. sur bois.

Un exemplaire en *demi-reliure* a été vend. 403 fr. Eug. P., en 1862 ; un autre est porté sous le n° 1839 du catalogue Cigongne.

— Sensuyt lhystoire des deux nobles et vaillans cheualiers Valentin et Orson, enfãs de lempereur de Grece, et nepueux du tres chrestien Roy de France Pepin, contenant lxxiiii chapitres : Lesquelz parlent de plusieurs et diuerses matieres, comme vous pourrez veoir cy apres. *Paris, Jean Bonfons* (sans date), in-4. goth. de 134 ff. à 2 col. de 40 lign., avec des signat. de *a—EE,* fig. sur bois.

Édition impr. vers l'année 1550 : 3 liv. 3 sh. White Knights.
Une autre porte le titre suivant :
LHISTOIRE des deux nobles et vaillans cheualiers Ualentin z Orson, Enfans de Lempereur de Grece, z neucux du tres chrestien Roy de France Pepin, contenant septante quatre chapistres lesquelz parlent de plusieurs z diuerses matieres comme vous pourrea veoir cy apres. xxxiiii. F. a Paris, Par Nicolas Bonfons, demeurant en la rue neuue nostre Dame a lenseigne sainct Nicolas. (au dernier feuillet recto, 2e col.) : *Cy finist lhystoire des deux preux z vaillans cheualiers Valentin z Orson..... Nouuellement imprime a Paris pour Nicolas Bonfons,* pet. in-4. goth. de 136 ff. à 2 col., avec quelques figures sur bois. Il y a au commencement du volume 4 ff. pour le titre et la table des chapitres.
Ces deux dernières éditions sont un peu moins rares que les précédentes, mais elles ont aussi une certaine valeur; celle-ci n'a pourtant été vendue que 9 fr. 25 c. chez La Valliere.
— UNE AUTRE édition imprimée à *Paris, pour Nicolas et Pierre Bonfons* (vers 1600), in-4. à 2 col. lettres rondes, fig. sur bois. 121 fr. mar. bl. doublé de mar. d'Essling.

— L'histoire des deux chevaliers Valentin et Orson. *Lyon, Benoist Rigaud,* 1590, pet. in-8.

Réimpr. à *Lyon*, *Pierre Rigaud*, 1605, pet. in-8. 39 fr. *mar. r.* Giraud.

— L'Histoire de deux nobles et vaillans chevaliers Valentin et Orson..... *Louvain*, *de l'imprimerie de Jean Bogard*, 1596, in-4.

En *mar. bl.* 50 fr., en janvier 1859.

Il existe un grand nombre d'éditions de ce roman, postérieures à celles-ci, parmi lesquelles nous citerons seulement celles de *Troyes*, *Nic. Oudot*, 1614, in-4., et de *Rouen*, *V° de L. Coste*, vers 1620, in-4. La plus récente que nous connaissions est celle de *Montbéliard*, *Dekker*, 1820, in-4.

— Historia de i due nobilissimi e valorosi fratelli Valentino et Orsone, figliuoli del magno imperatore di Constantinopoli et nepoti del Re Pipino... tradotta di lingua francese in italiana. *Venetia*, *V. Valgrisi et Baltessar Constantini*, 1557, in-8. de 421 pp. et 4 pour la table.

Édition rare : celle de *Venise*, *Valgrisi*, 1558, in-8., qui ne l'est guère moins : 1 liv. 2 sh. *mar.* Hibbert ; 14 sh. Heber. Cette traduction a été réimpr. à *Venise*, en 1611, et sans date, in-8.

— Von Valentino vnd Orso... Jetzt auffs newe gebessert, corrigirt vnd gemehret. *Franckf.-am-Mayn*, *P. Schmid*, 1572, in-8. ff. non chiffr., sign. A—Z et a—z, fig. sur bois.

La première traduction allemande de ce roman est de W. Ziely, de Berne ; elle a été imprimée avec *Olivier und Artus*, Basil, 1521, in-fol. — Voyez OLIVIER.

— The history of the two valyaunte brethren Valentyne and Orson, sonnes unto the Emperour of Greece, the which historye, i, Henrye Watson..... have translated out of Franche into our maternall tongue of Englyshe. *Imprynted at London, in Fletestrete, at the sygne of the Rose Garland by me Wyllyam Copland, for John Walley*, in-4. goth. fig. sur bois.

Copland a donné deux éditions de cette traduction de 1560 à 1570 : celle-ci, dont un exemplaire (où manquaient 6 ff. et une pl.) a été vendu 5 liv. 18 sh. Heber ; et une autre, également in-4. goth., portant pour adresse : *London, over agaynst S. Margaretes Churche in Lothliery*. Cette dernière, 25 liv. 10 sh. Heber.

Une édition plus précieuse encore que ces deux-là est celle de *W. de Worde*, de laquelle il né nous reste peut-être que des fragments. — Une autre traduction anglaise de ce même roman a été imprimée à *Londres*, 1637, in-4., et ensuite réimprimée en 1649, en 1677, en 1688, etc.

VALENTINI (*J.-B.*). Voy. CANTALYCIUS.

VALENTINI (*Mich.-Bern.*). Viridarium reformatum seu regnum vegetabile (ger-

manice). *Francofurti-ad-Mœn.*, 1719, 1 tom. en 2 vol. in-fol., cum 385 fig. [5531]

Vend. 20 fr. L'Héritier, et moins depuis.

HISTORIA simplicium reformata, sub Musei museorum titulo antehac in vernacula edita, a Joh. Conr. Beckero latino restituta ; accedit India litterata, latinitate donata a Christophoro Bern. Valentini filio. *Francof.-ad-Mœn.*, 1716, seu *Offenbaci*, 1732, 2 tomes en 1 vol. in-fol., avec 30 planches. 8 à 12 fr.

Les exemplaires datés de 1732 ne diffèrent des autres que par le changement de frontispice, et parce qu'on y a ajouté une nouvelle préface en 2 ff. et un nouveau supplément en 6 ff.

L'ouvrage allemand d'après lequel celui-ci est traduit, a paru sous ce titre : *Museum museorum, oder vollständige Schaubühne aller Materialien und Specereyen nebst deren naturalische Beschreibung...* Franckfurt-am-Mayn, 1704-14, 3 vol. in-fol. Il est beaucoup plus étendu que la traduction.

— AMPHITHEATRUM zootomicum, exhibens historiam animalium anatomicam. *Francofurti-ad-Mœn.*, 1720, seu 1743, 2 part. pet. in-fol. fig. 10 à 12 fr. [5580]

Les figures de cet ouvrage sont au nombre de 105, très-médiocrement gravées ; la première édition est préférable à la seconde pour les planches.

— Corpus juris medico-legalis. *Francof.*, 1722, in-fol. 10 à 15 fr. [7392]

VALENTINI (*Fr.*). Trattato su la commedia dell'arte, ossia improvvisa. Maschere italiane ed alcune scene del carnavale di Roma. *Berlino*, *Wittich*, 1826, in-4., avec 20 pl. color. [16602]

Ouvrage de luxe, qui a coûté 15 thl. Vend. 30 fr. Solar.

VALENTINI (*Agostino*). Le quattro principali basiliche di Roma, descritte ed illustrate per cura ed a spese di Agostino Valentini. *Roma, presso l'editore*, 1832-1854, 5 vol. gr. in-fol. [9872]

Ce bel ouvrage a été publié par livraisons de 8 planches au prix de 7 fr. la livraison. En 1854, il en avait paru 60 livraisons, divisées ainsi : 1° *La patriarcale Basilica Lateranense*, 2 vol., 1832, livr. 1 à 17, contenant 139 planches ; 2° *Basilica Liberiana, oggi di S. Maria maggiore*, 1 vol., livr. 18 à 30, avec 103 planches ; 3° *La patriarcale Basilica Vaticana*, 1845-55, 2 vol., livr. 31 à 60, avec 231 planches.

VALENTINIAN (*Théodose*). L'amant resuscité de la mort d'amour, en cinq livres, par Théodose Valentinian francoys. *Lyon*, *Maurice Roy et Loys Pesnot*, 1555, in-4. de 4 ff. prélimin., 292 pp. de texte et 10 ff. de table. [17137]

L'édition de 1558, in-4., imprimée aussi à *Lyon*, par *Maurice Roy et Loys Pesnot*, porte sur le titre la marque ci-dessous, avec cette devise : *Virtuti sic cedit invidia.*

Le même ouvrage a été réimpr. sous le titre d'*Histoire de l'amant resuscité de la mort d'amour*, Paris, par Claude Micard, 1572 (et 1580), in-16, de 5 ff. prélim., 555 pp. de texte, et 5 ff. pour la fin de la table. Il a aussi paru sous le titre suivant : *Les Angoisses d'amour*, Lyon, 1626, in-4. Vend. 18 fr. A. Martin. Dans cette dernière édition ne se

trouve plus l'*Epître de l'auteur à sa Marguerite*, qui est dans la précédente.

VALENTINUS. Pistis Sophia : opus gnosticum Valentino adjudicatum, e codice manuscripto coptico londinensi descripsit et latine vertit M.-G. Schwartz, edidit J.-H. Peterman. *Berolini, F. Dümler*, 1851, 2 part. en 1 vol. in-8. de VII, 392 et 246 pp. [3431]

La première partie contient le texte copte, et la seconde la version latine, laquelle est tout hérissée de mots grecs. La traduction française d'une grande partie de cet ouvrage gnostique se trouve dans le *Dictionnaire des apocryphes*, impr à Montrouge, 1856, gr. in-8., tome I, pp. 1181-1286.

VALENTYN (*Franç.*). Verhandeling der zee horenkens, etc., *c'est-à-dire*, description des coquilles et des productions qui se trouvent dans la mer d'Amboine, pour servir de supplément à l'ouvrage de Rumphius (en hollandais). *Amsterd.*, 1754, in-fol. fig. [6142]

Vend. 90 fr. Camus de Limare ; mais 16 fr. seulement, salle Silvestre, en 1802, et moins depuis.

— Oud en Nieuw Oost-Indien, etc. Collection de voyages aux Indes orientales, par Fr. Valentyn (en hollandais). *Dordrecht* ou *Amsterdam*, 1724-26, 5 tom. en 8 ou 9 vol. fig. [20658]

Cette collection est fort curieuse ; mais étant écrite dans une langue très-peu répandue, son mérite n'en peut pas être généralement apprécié. 130 fr. Mérigot ; 55 fr. Langlès ; 4 liv. 5 sh. Hibbert ; 41 fr. Borluut ; — Gr. Pap., 60 flor. Meerman.

VALERA (Mosen *Diego* de). La cronica de España abreviada. — *En Sevilla, fue impresa por Alonso del puerto, en el año... mil e quatrocientos e ochenta e dos años*, pet. in-fol. goth. [25974]

Première édition, très-rare, décrite par Mendez, p. 171 et suiv. Celle de Burgos, *por Frederico de Basilea*, 1487, in-fol. goth., qui ne l'est guère moins, a été vend. 7 liv. 10 sh. Heber. Le texte commence : *Comiëca la coronica de españa dirigida a... doña ysabel reyna de españa de secilia et de cerdeña... abreviada por su mandado por mosen Diego de Valera su maestresala et del su consejo*. Dans l'épître qui termine l'ouvrage, après avoir fait mention des Allemands, inventeurs de l'imprimerie, on ajoute : *de los quales alemanos*

es uno Federico de Basilea de maravilloso ingenio et doctrina.....

— Cronica de España. *Tholosa, Henrico Mayer*, 1489, in-fol. goth. à 2 col. de 35 lignes.

Cette édition précieuse a en tout 179 ff. non chiffrés. Les 8 premiers renferment la table des chapitres, en tête de laquelle on lit ce sommaire en 4 lignes : *Esta seguiente cronica illustrissima princesa espartida en quatro partes principales*. Le texte commence au 9e feuillet recto, 1re colonne, par un autre sommaire en douze lignes. L'ouvrage est terminé à la mort du roi, père d'Isabelle, à laquelle il est dédié, et on lit au verso de l'avant-dernier feuillet : *fue acabada esta copilacion en la villa del puerto d' santa maria bispera de Sant juan de junio del año del señor de mill z quatro çientos z ochenta z un años...* Le dernier feuillet recto contient aussi l'épître à la reine Isabelle, morceau dans lequel on a substitué aux noms de *Michael Dachaver* qui se lit dans l'édition de 1482, et à celui de *Federico de Basilea* qui est dans l'édition de 1487, les noms de *Henrico Mayer*, imprimeur du présent volume ; ensuite se lit la souscription : *Fue impressa por el dichó Henrico en el año del nacimiento de nuestro saluador ihesu christo de mill z quatroçientos et ochenta z nueue años*. D'après l'exemplaire (piqué des vers) vendu 30 fr. chez La Vallière.

Hain, 15709, cite une édition de cette chronique : *Hispali*, 1492, pet. in-fol.

— Chronica de España. —*Fue impreso en la noble ciudad de Salamanca en el año... de mill e cccc. e xciij*, in-fol. goth. de 102 ff.

Édition décrite par Denis, d'après l'exemplaire de la bibliothèque de Vienne.

— La misma. — *Impreso por Paulo de Hurus de Constancia en la ciudad de Zaragoza año de* MCDXCIII (1493), in-fol. goth.

— Cronica de Hyspaña. (à la fin) : *Fue impresso en la noble ciudad de Salamanca, a ocho de mayo del año... de mil cccc. e xcv. años*, pet. in-fol. goth.

Salvá estime à 5 liv. 5 sh. cette édition, qu'il dit être inconnue à tous les bibliographes. Pourtant elle avait déjà été portée dans le Manuel, d'après l'exemplaire en *mar. r.* vend. 44 fr. Lauraguais. Ebert décrit une 3e édition de *Salamanca*, aussi sans nom d'imprimeur, 20 *Enero* 1499, in-fol. goth. de 97 ff. à 2 col. — Ajoutons encore les éditions de *Séville, Juan Cromberger*, 1527 (sous la date de 1517, vend. 1 liv. 10 sh. *mar. v.* Heber ; 36 fr. La Serna), 1534 et 1542-1543, in-fol. goth., avec fig. sur bois ; 32 fr. en mai 1859 ; enfin celle de *Séville*, 1553, vend. 21 fr. La Serna.

— Tratado de los rieptos e desafíos que entre los cavalleros e hijos dalgo se acostumbran hazer segun las costumbres de españa francia e ynglaterra ; en el qual se contieno quales e quantos son los casos de traycion : e de menos valer : y las enseñas e cotas d'armas. Con otro tratado llamado cirimonial de príncipes, compuesto por Mossen Diego de Valera (*sans lieu ni date*), in-4. goth. [28746]

Édition fort rare, qui a peut-être paru vers le com-

mencement du xvıᵉ siècle. Elle est décrite dans
la *Biblioth. grenvil.*, p. 754. Il y a au titre une
vignette sur bois. Le prologue commence au feuillet
a ii; le texte au feuillet a iij, et ce texte finit au
verso du feuillet d vij; les autres cahiers sont par
8 ff.

VALERA (*Cypriano*). Tratado para con-
firmar en la fe cristiana a los cautivos
de Berberia compuesto por Zipriano D.
Valera, i por el publicado el año 1594.
— Aviso a los de la Eglesia romana,
sobre jubileos compuesto por el mismo,
i publicado el año 1600, rempr. el año
1854, 2 part. pet. in-8., la première de
64 et 137 pp., la seconde de 64 pp. On y
joint : El Españo reformado por Nicholas y Sacheles, escrito año 1621, reimpresso (à Londres) 1854, de 47 pp., plus
10 pp. de notes, et Apéndize, 23 et 3 pp.
Ensemble, 9 sh. 6 d.

Voy. col. 825 de notre tome II, article Dos TRATADOS,
et ajoutez-y la réimpression de ce traité faite sous
le titre suivant :
LOS DOS TRATADOS del Papa; i de la Misa, escritos por Cipriano D. Valera; i por él publicados primero el año 1588; segundo luego, el año 1599; i
ahora fielmente reimpressos, año de 1851 (*Londres*), in-8. de 30 et 618 pp., plus 62 pp. pour les
notes. 15 sh.
La traduction espagnole de l'*Institutio christianæ
religionis* de Calvin, par Cypr. Valera, dont nous
avons parlé dans notre 1ᵉʳ volume, col. 1502, a été
réimprimée sur l'édition de 1597, à Londres, 1858,
pet. in-8. de 28, 520 et 511 pp., plus *Apéndize*
(tabla), 73 pp. 2 liv. 2 sh.

VALERIAN (*Jean-Pier.*), dit Pierius. Les
Hiéroglyphiques... augmentés de deux
livres de Cœlius Curio... nouvellement
donnez aux François par J. de Mont-
lyart. *Lyon*, 1615, in-fol. fig. 8 à 12 fr.
[29092]

La traduction française de ces Hiéroglyphiques par

Gabr. Chappuys, *Lyon*, *Barthélemy Honorat*,
1576, in-fol., ayant sur le titre la marque que
nous donnons ici, n'est pas d'un prix plus élevé.
— L'édition latine, sous le titre d'*Hieroglyphica*,
etc., Basileæ, 1556, in-fol. fig., quoique plus belle,
est moins chère encore que la traduction; elle est
d'ailleurs moins complète que celle de 1567, augmentée de deux livres de *Cœlius Curio*, et que celle
de *Lyon*, 1602, contenant de plus *Declamatiuncula
pro barbis, et pœmata*. L'édition de *Lyon*, Paul
Frellon, 1626, in-fol., augmentée des Hiéroglyphes
d'Horus Apollon et autres, est la plus complète
de toutes.
— CASTIGATIONES et varietates Virgilianæ lectionis,
per Joannem Pierium Valerianum. — *Impressit
Romæ Ant. Bladus Asulanus*, MDXXI, *mense
Junio*, in-fol. [12500]
Réimprimé *in officina Roberti Stephani, Parisiis*,
MDXXIX. *ıx cal. Novembr.*

— Joathas rotatus. *Impressum Romæ,
per Stephanum et Herculem socios*,
III. *col. Junias.* MDXII, in-4. de 20 ff.
[16131]

Un exemplaire imprimé sur VÉLIN, 68 fr. Renouard;
5 liv. 10 sh. Libri.

— Io. Pierivs Valerianvs. de fluminvm. si-
gnificationibus.—*Impressit Romæ Ant.
Bladus Asulanus* (1517), pet. in-8. de
2 ff. préliminaires, 31 ff. de texte, plus.
3 autres ff. [19627]

Van Praet, dans son catalogue des livres imprimés
sur VÉLIN, indique deux exemplaires de chacun de
ces deux ouvrages de Valerianus; il y en a un à la
Bibliothèque impériale.
— JOANIS Petri Valeriani Præludia quædam. De stu-
diorum conditione sermo. Epigrammatum liber I.
Odarum alter. Carpionis Fabula. Leucippi fabula.
Protesilaus Laodamiæ. Vitæ suæ Calamitas. In
Franc. Grittei desiderium Nenia. (*Venetiis*), *ex
ædibus Jo. Tacuini edita* M. D. IX. *declinante sextili*, in-4. de 64 feuillets non chiffrés, sign. A.—Q.,
caractères ronds.
— AMORUM libri V, amicitia romana, etc. *Venetiis*,
Gabr. Jolius, 1549, in-8. 4 à 6 fr. [12795]
Vend. 15 fr. *mar. cilr.* Bonnier; 36 fr. *exemplaire
de de Thou*, Caillard.
— ODÆ et epigrammata. *Venetiis, Jolius de Ferrariis et fratres*, 1550, in-8. 4 à 5 fr. [12796]
— DE LITTERATORUM infelicitate libri duo, editio
nova, curante Dom. Egerton Brydges. *Genevæ*,
typis Gul. Fick, 1821, in-8. de XXIV et 118 pp.
[30027]
Il n'a été tiré que *quatre-vingt-sept* exemplaires de
cette édition, qui est augmentée de quelques notes
de l'éditeur et de la vie de l'auteur.

— Voy. ALCYONIUS.

VALERIANI (*Dom.*). Atlante monumentale del basso e dell'alto Egitto, illustrato dal prof. D. Valeriani, e compilato
dal fu Girolamo Segato. *Firenze*, 1837,
2 vol. in-fol. contenant 135 pp. 162 fr.
[28356]

Ces planches sont en grande partie copiées sur celles
des ouvrages de Denon, de Gau, de la Commission
française, de Caillaud et de Rosellini. On y réunit
2 vol. de texte impr. in-8. de texte impr. à Florence, chez P. Fu-
magalli, en 1836 et 1837, sous ce titre :
NUOVA illustrazione istorico monumentale del
basso e dell'alto Egitto, di Dom. Valeriani.

Valeriani (*Gaetano*). Famiglia Bonaparte, 28913.

VALERIANO de Ungria. *Valencia*, 1540, in-fol. goth. à 2 col. [17554]

Livre très-rare que M. S. Sobolewski, savant biblio-phile russe, a fait connaître dans le *Journal de l'amateur de livres* du 15 mars 1849, d'après un exemplaire dont le titre manquait. Les deux livres du texte doivent être précédés de 4 ff. Le premier est un frontispice; le deuxième, coté Aij, contient une page encadrée, où on lit en dehors de la bor-dure : *Titulo del presente libro*, et dans la bor-dure : *Libro primero en el cual son compiladas las dos partes primera y segunda de la cronica del muy alto principe y esforcado cavallero Va-leriano de Ungria... traduzido de su original latin por Dionys Clemente, notario Valenciano*. Le feuillet Aiii contient : *Encomendacion*, pièce en vers ; et le feuillet Aiiij : *Exhortacion del traduc-tor*. Dans les deux livres du texte, les feuillets sont chiffrés de I à cccxl, et les pages à 2 colonnes.
Le dernier chapitre : *En el cual se declara quien era la Emperatriz y señora de aquel insula.....* finit ainsi : *Y de las cosas que en su insula de fortuna se siguieron, muy por extenso se tratara en la tercera parte de esta gran historia*.
La souscription suivante se lit au recto du f. cccxl, immédiatement après la fin du texte : *A loor y gloria de Dios : fue impreso el presente libro en la metropolitana ciudad de Valencia, por Fran-ciso Diaz Romano. Acabose a dos de Agosto, año de* M. D. X. L. ; suit la table des chapitres qui, dans l'exemplaire décrit, n'a que 4 ff., parce que le pre-mier ou peut-être les deux premiers manquent.

— Historia di Valeriano d'Ongaria, nella quale si trattano le alte imprese di ca-valleria, fatte da Palmerindo, re d' On-garia, per amor dell'alta principessa Alberitia, figliuola del grande Impera-tore di Trabisonda, et che d'ambidui nacque il forzato cavalliero Valeriano... tradotta di lingua spagnuola nella ita-liana (da Pietro Lauro). *Venetia, Pietro Bosello*, 1558, 3 vol. in-8.

Nous n'avons vu que le premier livre de ce roman ; mais les trois livres sont portés dans la *Bibliografia* de M. Melzi, d'après Henrion; ainsi qu'une autre édition, *Venetia, Spineda*, 1611, 3 vol. in-8., dont 2 vol. ont été vend. 1 liv. Heber.
Le second volume de cette traduction italienne se termine comme le texte espagnol, en promettant une troisième partie que M. Melzi n'avait pas vue, et qui peut-être n'existe pas plus que le troisième livre original. Antonio ne fait pas mention de Denis Clemente.

VALERIANUS (*S.*). Voy. PETRUS Chry-sologus.

VALERIO. Augustini Valerii card. episc. veron. Opusculum, nunquam antehac editum, de cautione adhibenda in eden-dis libris; necnon Bernardi card. Nau-gerii vita eodem Valerio auctore: acces-sere Petri Barocii episc. patav. Oratio-nes III, e mss. erutæ, nonnullæ item aliæ patricium venetorum. *Patavii, Jos. Cominus*, 1719, in-4. 10 à 12 fr. [31131]

L'opuscule placé au commencement de ce recueil mé-rite d'être lu. Les nombreux écrits d'Aug. Valerio y sont indiqués. 25 fr. de Bearzi ; 23 fr. Libri.

VALERIO (el), de las historias escolasticas.
—*Fue este libro que es llamado Valerio de las estorias e de españa acabado en la muy noble e leal cibdad de Mur-cia por manos de maestre Lope de la Roca Aleman. impressor de libros jue-ves a ri dias de diecembre año de mill. e quatrocientos y ochenta e siete años* (1487), in-fol. goth. [31811]

Première édition très-rare. L'auteur de cet ouvrage, attribué mal à propos à Fernan Perez de Guzman dans l'édition de 1541 et les réimpressions posté-rieures, est Diego Rodriguez de Almella (voy. An-tonio, *Biblioth. vetus*, II, 325).
Nous citerons encore les éditions de *Séville, Jacq. Cromberger*, 1527, in-fol. goth. — de *Séville, Do-mingo de Robertis*, 1543 (à la fin 1542), pet. in-fol. goth. — de *Madrid*, 1568, in-8., etc.

VALERIO. Misterio della humana reden-tione, per R.-P. Valerio de Bologna..... in modo di rapresentatione in ottava rima historiata , et nuovamente com-posta MD XXVII. (in fine) : *Stampata p me Nicolo d' Aristotile da Ferrara ditto Zoppino (Venetia)*, MDXXVII, *nel mese d'Aprile*, pet. in-8. de 60 ff. non chiffrés, sign. a—h. [16644]

Édition ornée d'un certain nombre de petites vignet-tes en bois, passablement exécutées. Haym en cite une autre de 1529, par le même imprimeur ; mais il n'a pas connu celle-ci, laquelle est rare et assez précieuse.

VALERIUS Flaccus. C. Valerii Flacci Se-tini Balbi Argonauticon libri VIII. *Bo-noniæ, impress. per Ugonem Rugerium et Dom. Bertochum Regienses.....* M. CCCC. LXXIIII *die septima madii*, pet. in-fol. de 81 ff. non chiffrés, à 35 lign. par page, caract. rom. [12540]

Première édition de ce poëte : vend. 710 fr. *mar. r.* La Vallière; 25 liv. 17 sh. Pinelli ; 25 liv. 10 sh. double de lord Spencer ; 16 liv. 16 sh. Sykes ; 20 liv. et 9 liv. Heber ; 191 fr. Boutourlin. Au recto du premier feuillet se lit l'intitulé suivant en capi-tales : *C. Valerii Flacci Setini Balbi Argonau-ticon liber primus incipit feliciter*. L'ouvrage est terminé au recto du 81ᵉ et dernier feuillet par la souscription *Bononiæ impressum*, etc.
Un exemplaire imprimé sur VÉLIN se conserve à la Bibliothèque impériale.

— Valerius Flaccus. (in fine) : *īpressum Florentiæ apud sanctum Iacobum de Ripoli. Amen*. (circa 1481), in-4.

Cette édition, qui est peut-être encore plus rare que la précédente, commence aussi par l'intitulé en ca-pitales que nous avons rapporté ci-dessus : elle a des signatures de a—n par cah. de 8 ff., à l'excep-tion du dernier, qui n'en a que 6, et elle se termine au recto du 6ᵉ f. de ce cahier par la souscription : *Impressum Florentiæ, etc*. Les pages ont 30 lign. Il est à remarquer que les signatures sont placées à la marge extérieure, contre la dernière ligne. Vend. 117 flor. *mar. bl*. Meerman ; 5 liv. 10 sh. Heber.

Valerius (*L.*). De Centro gravitatis solidorum, 8094.
Valerius (*B.*). Fabrication du fer, 10227.

— C. Valerii Flacci... argonautica diligenter accurateque emendata et suo nitori reddita in hoc volumine continentur. — *Explicit hoc opus... Bononiæ impressum per Benedictum Hectorem Bibliopolam sub anno Dei* MCCCCXCVIII. *die* XII. *aprilis*, in-fol.

Harles s'est servi utilement de cette édition.

— Argonauticon. — *Impressum in Parrhisiorum Lutetia, communibus Jodoci Badii Ascensii et Joannis Parvi expensis in prælo cæsareo,* 1500, pet. in-4.

Vend. 24 fr. *mar. r.* Courtois, et quelquefois beaucoup moins.

Dans l'édition de 1512, *nonis Januar.*, in-4., donnée par les mêmes libraires, se trouve, après la souscription, un feuillet de *corrections*.

— Argonautica diligenter emendata et restituta. *Venetiis per Christ. de Pensis de Mandello anno MDI. die ix Julii,* in-4.

Un exemplaire imprimé sur VÉLIN et enrichi de miniatures se conserve dans le musée Hunter, à Glasgow.

— Valerius Flaccus. *Florentiæ, opera et impensa Philippi (Juntæ),* M.CCCCC.III. *duodecimo cal. decembris,* in-8. de 100 ff. dont 1 bl.

Édition rare; texte revu par Barth. Foncio : 11 flor. Meerman. Celle de 1517, in-8. de 4 ff. préliminaires, 95 ff. de texte et 1 feuillet pour le lis, donnée par le même imprimeur, a encore quelque valeur. 10 sh. *mar.* Heber.

— Valerii Flacci Argonauticon lib. VIII, diligentissima accuratione Ægidii Maserii recogniti et scholiis illustrati. *Parisiis, in chalcogr. Jod. Badii Ascensii,* 1517, seu 1519, in-fol.

Ces deux éditions sont peu communes : 8 à 12 fr. La première a 10 ff. prélimin., 91 ff. chiffrés et 1 f. non chiffré; la Bibliothèque impériale en possède un exemplaire impr. sur VÉLIN; la seconde renferme 8 ff. prélimin. et 114 ff. chiffrés. Vend. 18 fr. (édition de 1519) *mar. citr.*, Trudaine, et un exemplaire impr. sur VÉLIN, avec miniatures, 80 fr. de Selle; 384 fr. Gaignat.

— Argonautica, ex antiq. exemplari dacico emendata, cum commentariis Jo.-Bapt. Pii bononiensis, et cum Orpheo latino. *(Bononiæ), Hier. Platonicus,* 1519, in-fol.

Texte revu sur de bons manuscrits, mais très-incorrectement imprimé. Le commentaire n'est pas sans mérite : 15 sh. Pinelli; 10 flor. Meerman.

— Argonautica, Jo.-B. Pii carmen ex quarto Argonauticon Apollonii. Orphei Argonautica, innominato interprete. *Venetiis, in æd. Aldi, etc.,* 1523, in-8. de 148 ff., dont 2 pour le registre, la souscription et l'ancre.

Vendu, beaux exemplaires, *mar.* 25 fr. La Valliere; 54 fr. salle Silvestre, en 1808; 25 fr. Mac-Carthy; 14 flor. 75 c. Meerman; 1 liv. 18 sh. Heber, et 16 sh., et 9 sh. exemplaires médiocres, le même; 2 liv. anc. rel. en *mar.* Libri, en 1859.

— ARGONAUTICON libri VIII a Ph. Engentino emendati et ad vetustissima exemplaria recogniti. *Argentorati, J. Knobloch,* 1525, pet. in-8. de 115 ff. chiffrés, et 1 f. non chiffré.

Édition faite sur la précédente. Celle de *Paris, Colinæus,* 1532, in-8., en est une simple réimpression, mais mieux exécutée : 3 à 4 fr.

— ARGONAUTICON libri VIII, locis innumerisantea a Lud. Carrione ex vetustissimis exemplaribus emendati, nunc vero ita ab eodem perpurgati, ut jam primum editi videri possint. Seorsim excusæ ejusdem Carrionis castigationes. *Antuerp., Plantin.,* 1566, pet. in-12, 3 à 4 fr.

Édition préférable à celle de 1565, in-8., sortie des mêmes presses.

— ARGONAUTICA, Nic. Heinsius recensuit et animadversiones adjecit; edente P. Burmanno. *Traj.-Batav.,* 1702, in-12. 3 à 4 fr.

D'après l'édition d'*Amsterdam, Wetstein,* 1680, in-12.

— ARGONAUTICA, ex recens. Nic. Heinsii et P. Burmanni. *Patavii, Cominus,* 1720, in-8.

Édition correcte, et avec un bon index. 4 à 5 fr.

— Argonauticon libri octo, cum not. integris Lud. Carrionis, Laur. Balbi, Ger. Vossii, Nic. Heinsii, etc., et selectis Ægidii Maseri, J.-B. Pii et aliorum, curante Petro Burmanno, qui et suas adnotationes adjecit. *Leydæ, seu Lugd.-Batav.,* 1724, in-4.

Bonne édition : 16 à 24 fr.; vend. en Gr. Pap. 61 fr. *mar. r.* de Cotte; 25 flor. rel. en *veau,* Rover et Meerman; 73 fr. *mar. r.* Caillard; 76 fr. Larcher; 120 fr. Mac-Carthy; 3 liv. 17 sh. *mar. r.* Dent.

— ARGONAUTICA, cum notis P. Burmanni integris et selectis aliorum; recensuit, suasque adnotat. adjecit Th.-Ch. Harles. *Altenburgi,* 1781, in-8. de plus de 1300 pp.

Cette édition n'est ni belle ni très-correcte. 10 à 12 fr., et plus en pap. fort.

— ARGONAUTICON libri octo, recensiti atque proœmio, argumentis et indice rerum instructi a J.-Aug. Wagnero; cum ejusdem commentario. *Gottingæ, Dieterich,* 1805, 2 part. in-8. 6 fr.; — Pap. fin, 9 fr., — et plus en pap. vél.

— ARGONAUTICON libros octo veteri novaque lectionum varietate, commentariis, excursibus, testimoniis, Argonautorum catalogo, indice nominum, rerum et verborum universo instructos ac diligenter recensito edidit N.-E. Lemaire. *Parisiis, Lemaire (typis F. Didot),* 1825, 2 vol. in-8. 8 à 10 fr.

— ARGONAUTICA de Valérius Flaccus, ou la conquête de la Toison d'or, poëme traduit en vers français par M. Adolphe Dureau de Lamalle. *Paris, Michaud,* 1811, 3 vol. in-8. 12 fr.

— VALÉRIUS Flaccus. L'Argonautique, poëme traduit pour la première fois en prose, par J.-J.-A. Caussin de Perceval. *Paris, Panckoucke,* 1828, in-8. 7 fr.

— L'ARGONAUTICA di C. Valerio Flacco, volgarizzata da Marc.-Antonio Pindemonte. *Verona,* 1776, in-4. 5 à 6 fr.

VALERIUS Maximus. Valerii Maximi factorũ et dictorum memorabilium, ad Tiberiũ Cesarem, liber primus incipit feliciter (libri IX). In-fol. goth. [31809]

Ancienne édition, impr. vers 1469, avec les caractères que l'on croit être ceux de J. Mentelin. Le volume est composé de 159 ff., dont chaque page a 34 lignes, sans chiffres, récl. ni signat. Il commence comme ci-dessus, et il finit à la 15e ligne du dernier feuillet verso, sans souscription; vend. 870 fr. Brienne-Laire; 630 fr. de Servais; 381 fr. *mar. r.* d'Ourches; 200 fr. en 1825; 17 liv. 17 sh. Hibbert;

9 liv. 5 sh. Hanrott; 7 liv. Heber; 120 fr. Quatremère, 2ᵉ catalogue.

On ne trouve pas dans cette édition le traité *De Hos-
pitiis et de simulata religione*, qui est dans la
suivante.

— Valerii Maximi romane urbis jurisperi-
tissimi, in librũ factorum et dictorum
memorabiliũ, ad Tiberiũ Cesarem prefatio incipit. — *In nobili urbe Mogũtina
Rheni, terminatũ! anno M. cccc. lxxi.
xviij kalẽdis iulijs! per....: Petrũ
Schoyffer de Gernsshem...*, in-fol. goth.
de 198 ff. à 30 lign. par page.

Première édition avec date : vend. 151 fr. *mar. r.*
Gaignat; 300 fr. de Limare; 200 fr. *m. r.* Brienne-
Laire et F. Didot; 240 fr. d'Ourches; 81 fr. exem-
plaire médiocre, Bosquillon; 10 liv. 17 sh. 6 d.
Hibbert; 4 liv. Heber; en *mar.* 395 fr. Renouard;
310 fr. Giraud.

Un exemplaire imprimé sur VÉLIN, 430 fr. Gaignat;
1500 fr. La Vallière; 1070 fr. Mac-Carthy; 60 liv.
Sykes. Il en existe encore cinq ou six autres.

— Valerius Maximus. — Finis est. m.
cccc. lxxi... *Hoc Vindelinus condidit
artis opus (Venetiis)*, in-fol.

Belle édition, non moins recherchée que la précédente : vend. 155 fr. Gaignat; 902 fr. bel exemplaire *m. bl. l. r.* doublé de *mar. citr.* aux armes
du C. d'Hoym, La Vallière; 23 liv. Pinelli; 320 fr.
mar. r. d'Ourches; 17 liv. Sykes; 9 liv. 12 sh.
Hanrott, et 190 fr. *mar. r.* Bearzi.

Volume de 122 ff. en tout, à 41 lignes par page; il
commence par la table des rubriques, qui occupe
2 ff.

— Valerius Maximus. In-fol.

Édition sans indication de lieu ni de date, et qui est
de la plus grande rareté; elle est décrite dans la
Biblioth. spencer., tome II, p. 453, où on la présente comme imprimée à *Brescia*, avec les mêmes
caractères que le Lucrèce de *Th. Ferandus*.

Ce volume, dont les pages entières ont 35 lignes,
n'a ni chiffres, ni réclames, ni signatures; il commence ainsi :

> *Valerii Maximi Liber primus*
> URBIS *Rome extcrarũq; gentium facta si*

et, dans l'exempl. de lord Spencer (lequel paraît
être imparfait de la fin de la table), il finit sur le
148ᵉ f., par une table imprimée à 2 col.

Il y a, dit-on, dans la bibliothèque des ducs de Marlborough, à Blenheim, un exemplaire sur VÉLIN
d'une ancienne édition de Valère Maxime, sans
date (Dibdin, *Bibliomania*, p. 424).

— Valerius Maximus. *Venetiis expositus
fuit per Johañem de Colonia agripi-
nensi et Iohannẽ Mãthen de Gherretshem...* M. cccc. lxxiiii, gr. in-4. de
163 ff. non chiffrés, à 34 lig. par page.

Édition en lettres rondes et avec des signatures de
a—s. Vend. en *mar. r.* 80 fr. La Vallière; 48 fr.
Camus de Limare. Les 2 premiers ff. contiennent
une table.

— Valerius Maximus: accedit decimi libri
Caii Titi Probi de prenomine epitoma,
etc. — *In nobilissima Parisius anno
Domini M. CCCC. Lxx. V. feliciter est
impressum (per Petr. Cæsaris et Joan.
Stol)*, pet. in-fol. de 264 ff. non chiffr.
à 24 lign. par page.

Imprimé en lettres presque rondes, et commençant
par cette ligne : *Valerii maximi Romane urbis
Iurisperitissimi. in librũ.* La table y occupe 36 ff.,
y compris un prologue. Vend. 74 fr. La Vallière;
27 flor. Crevenna; 24 fr. Mérigot.

— Valerius Maximus, ex recognitione Boni
Accursii Pisani... *Mediolani, per Ant.
Zarotum*, 1475, in-fol.

Une des éditions les plus rares de cet auteur. C'est
un vol. de 152 ff. en tout, sans chiffres, réclames
ni signatures, à 41 lignes par page, en caractères
romains. Les deux premiers ff. renferment une
épître de Bonus Accursius à Cicchus Simoneta; le
3ᵉ, les *Rubricæ*. Le texte commence avec le 4ᵉ f.,
et se termine au 130ᵉ par cette souscription en capitales :

> M. CCCC. LXXV. *vii kl. novembres
> Mediolani
> an. impressit. Za.*

Suivent 22 ff. occupés par la table. Vend. 2 liv. 2 sh.
(sans le 1ᵉʳ f.) Pinelli.

— VALERIUS Maximus. — *Impressum Bononiæ (per
Ugonem de Rugeriis) ad petitionem Sigismundi
de Libris anno M. cccc. LXXVI. die xx. iiii. mensis
decembris*, pet. in-fol.

Édition en petits caractères romains contenant 130 ff.
non chiffrés, à 40 lignes par page. Le premier f. et
le recto du 2ᵉ sont occupés par la table des chapitres. Le texte commence au verso du 2ᵉ f. et finit
au verso de l'avant-dernier par la souscription. Au
recto du dernier se trouve le registre impr. sur
3 col. Vend. 34 fr. La Vallière.

— Valerius Maximus. *Bononiæ*, 1476, pet.
in-fol. de 129 ff. à 40 lignes par page,
lettres rondes, sans chiffres, réclames
ni signatures.

La table des chapitres précède le texte, qui commence
au verso du 2ᵉ f., par ce sommaire en 3 lignes, en
capitales : *P. Valerii Maximi factorum ac dictorum romanorum et exterorum ad Tiberium Cæsarem prologus.* Au verso de l'avant-dernier f. se
lit la souscription en 4 lign., impr. en capitales (Catal. de La Vallière, nᵒ 5648). Le dernier f. contient
le registre des cahiers.

— Valerius Maximus. M. CCCC. LXXVIII.
*Kl. iulii S. F. B. R. Venetiis impressit
Z. F.*, in-fol. signat. *a—t*, caract. ronds.

Réimpression de l'édition de Milan, 1475. Au commencement se trouve la préface d'Accursius. Vend.
38 fr. à Paris, en 1825.

— Valerius Maximus. — *Opus impressum
est Mediolani arte et impẽsis Philippi
Lavagniæ, anno domini M. cccc⁰
Lxxviii. secundo nonas Februarii*,
in-fol. de 130 ff. non chiffrés, à 41 lign.
par page.

Belle édition, impr. en lettres rondes; il se trouve au
commencement 2 ff. pour la table des chapitres, et
au recto du dern. f. la souscription ci-dessus, impr.
en 2 lignes; ensuite 13 vers latins (*Auctor ad librum*). Vend. 60 fr. bel exemplaire *mar. r.* La
Vallière.

— Valerius Maximus. *Venetiis*, M. cccc.
lxxx, pet. in-fol. de 134 ff. non chiffr.,
à 36 lignes par page.

Autre édition en lettres rondes, laquelle commence
par 2 ff. contenant la table des chapitres, et se termine au recto du dern. f. par la souscription. Le
registre est au verso du même feuillet.

— Valerius Maximus. *Impressum Medio-*

lani per Leonardum pachel & Vlderi-
cum Scinczenceller... M. cccc. lxxx.
sextodecimo Calēdas Augustas, in-fol.
de 157 ff. à 36 lign. par page, signat.
a —u.

Ce volume commence aussi par la table des chapitres
en 2 ff. Les autres éditions de Valère Maxime, faites
dans le XVe siècle, postérieurement à cette date, ont
peu de valeur.

— VALERII Maximi factorum ac dictorum memorabilium libri novem. — *opus præclarissimum Liptzk*
(sic) *terminatum anno .... 1501,* 10 *cal. Nov. per*
Baccalarium Martinum Herbipolensem, in-fol.

Cette édition est la première dans laquelle se trouvent
les 24 *exempla* (liv. 1, chap. 1, extr. 5, jusqu'au
chapitre 4, extr. 1, du même livre), qu'Alde publia
l'année d'après, comme un morceau alors inédit.

— Valerii Maximi dictorum et factorum
memorabilium libri novem. *Venetiis,*
in ædibus Aldi romani, octobri mense,
M. DII., pet. in-8. de 216 ff., dont 4 prél.

Vend. 11 flor. Rover; 36 fr. *mar. citr. tab.* salle
Silvestre, en 1808; 20 fr Chardin; 19 sh. Butler;
ancienne reliure, 24 fr. 50 c. Giraud.

Dans une grande partie des exemplaires de cette édition, le cah. A est de 12 ff., quoique le registre ne
l'annonce que de 8; cela vient de ce que ce cahier
a été réimprimé après coup, pour y ajouter les 24
exempla nuper inventa, avec un second titre et
une lettre d'Alde à Rob. Cospiniani, datée des cal.
d'avril 1503. Les libraires lyonnois ont donné plusieurs réimpressions de cette édition aldine : d'a-
bord deux sans date et non chiffrées; la première
sans les 24 *exempla* (1 liv. 19 sh. bel exempl. *m. r.*
Heber, et 1 liv. 6 sh. Butler), et la seconde avec
ce supplément ajouté par Alde (1 liv. 7 sh. Butler :
lord Spencer en possède un exemplaire impr. sur
VÉLIN); une troisième in-8., avec chiffres, portant :
Impressi Lugduni, Anno domini M. DVIII. *die*
vero ultima Iulij : 1 liv. 10 sh. Butler ; une quatrième, *Lugduni,* M. D. XII, in-8., avec chiffres :
1 liv. Heber; une cinquième, *Lugduni, per Iaco-*
bum Marescall. M. CCCCC XIII. *die viii Martii,*
in-8. en ital. : vend. 5 liv. 15 sh. 6 d. Renouard, à
Londres ; 2 liv. 16 sh. Butler.

— VALERIUS Maximus, *in ædibus Aldi et*
Andreæ soceri, 1514, in-8. de 216 ff.

Copie de l'édition de 1502, et presque également
rare. Un bel exemplaire, 61 fr. Costabili.

— VALERIUS Maximus (cura Ant. Francini Varchien-
sis). *Florentiæ, Phil. Junta,* 1517, in-8. de 232 ff.,
dont 4 préfimin.

Vendu 4 flor. Rover; ancienne reliure en *mar.*
19 sh. Libri, en 1859.

Les éditions de *Paris, S. Colinæus,* 1531, et *Rober-*
tus Stephanus, 1544, in-8., quoique assez belles, sont
sans valeur ; cependant un exemplaire de cette dernière, rel. en *mar.* par Capé, a été vendu 23 fr. 50 c.

— VALERIUS Maximus nuper editus (ex recensione
P. Manutii). Index copiosissimus rerum et personarum, de quibus in his libris agitur. *Venetiis, in*
ædibus hæredum Aldi et Andreæ soceri, 1534,
in-8. 5 à 6 fr.

Ce volume contient 16 ff. prélim., dont un blanc ;
209 ff. de texte, et à la fin 2 ff. pour l'errata, la souscription et l'ancre. Vendu 26 fr. *mar. r.* en 1808;
mais moins cher ordinairement.

Il y a des exempl. en Gr. Pap., et aussi deux sur
VÉLIN.

— VALERII Maximi factorumque memorabi-
lium libri IX, cum J. Lipsii notis et indice. *Lug-*
duni-Batavor., Fr. *Hegerus,* 1640, pet. in-12. 3 à
4 fr.

— IIDEM libri, cum selectis variorum observationibus
et nova recens. Ant. Thysii. *Lugd.-Batav.,* 1660,
seu (*titulo mutato*) 1670, in-8. 5 à 6 fr.

Un exempl. rel. en *mar. r. d. de mar.* par Boyet,
135 fr. Giraud, et 210 fr. Solar. La petite édit.
d'Amsterd., *typis D. Elzevirii,* 1671, in-24, non
rognée, et rel. en *mar. bl.,* 20 fr. même vente.

— IIDEM, interpretatione et notis illustravit Petr.-
Joseph. Cantel, in usum Delphini. *Parisiis,* 1679,
in-4. 8 à 12 fr.

— VALERII Maximi dictorum factorumque memorabilium libri, cum notis integris, necnon selectis observationibus variorum ; ad plurimorum mss. fidem
opus recensuit et notas adjecit Abrah. Torrenius.
Leidæ, 1726, in-4.

Bonne édition : 12 à 15 fr. ; Gr. Pap. vend. 60 fr. 2 vol.
m. r. Caillard ; 55 fr. Dutheil ; 4 liv. 14 sh. 6 d.
m. r. Dent ; 30 fr. 2e vente Quatremère.

— IIDEM, cum varietate lectionis, notisque perpetuis
et indicibus copiosis, editi a J. Kappio. *Lipsiæ,*
1782, in-8. 3 à 5 fr.

Édition destinée aux savants.

— IIDEM, cum præcipuis eruditorum explicationibus,
quibus suas adjecit J.-Th.-B. Helfrecht. *Curia-*
Regnit., 1799, in-8. 4 fr.; — Pap. fin, 5 fr.

— VALERIUS Maximus, ex editione Jo. Kappii. *Lon-*
dini, Rodwell et Martin, 1819, gr. in-18. 3 à 4 fr.

De la collection du Régent.

— DE DICTIS factisque memorabilibus, et Julius Ob-
sequens de prodigiis, cum supplementis Conradi
Lycosthenis et selectis eruditorum notis quos recensuit novisque accessionibus locupletavit Car.
Benedict. Hase. *Parisiis, Lemaire* (*typis F. Didot*),
1822-23, 2 vol en 3 part. in-8.

— FACTORUM dictorumque memorabilium libri novem,
ex editione Kappii, cum notis et interpretatione in
usum Delphini, notis variorum, recensu editionum
et indice locupletissimo. *Londini, Valpy,* 1823,
3 vol. in-8.

Formant la fin du n° 52, le n° 53 et le commencement du n° 54 de la collection de Valpy.

— FACTORUM et dictorum memorabilium libri IX,
cum incerti auctoris fragmento de prænominibus
recensuit et emendavit Car. Kempfius. *Berolini,*
Reimer, 1854, in-8. 12 fr.

— Valerius Maximus, translaté de latin en
francois par Simon de Hesdin et Nic.
de Gonesse. (*sans lieu ni date*), 2 vol.
gr. in-fol. goth. à 2 col. de 44 ligues.

Édition sans chiffres, récl. ni signat., que l'on suppose
avoir été mise au jour de 1476 à 1480, mais dont
on ne connaît pas l'imprimeur. Voici la description
d'un exempl. orné de miniatures au commencement de chaque livre (où l'imprimeur a laissé un
blanc à cet effet), et lequel rel. en *m. r.,* a été vendu
150 fr. La Valliere ; 251 fr. salle Silvestre, en 1826,
et depuis 61 fr. seulement Hibbert.

Tome I, 18 ff. contenant la table des chapitres des
4 prem. livres. Le texte commence au 19e f. au-
dessous d'une miniature, par ce sommaire : *Cy*
commence le liure de valerius maximus, trans-
late de latin en francois, par religieuse psonne
maistre simon de hesdin, maistre en theologie, et
frè de saint ichan de ihrl'm. Ce texte occupe 244 ff.
chiffrés au pinceau (mais que je n'ai pas comptés).
A la fin du premier livre se trouve la date de la traduction, qui est de l'année 1375. Cette date n'a
point été conservée dans les éditions suivantes. —
Tome II, 14 ff. de table et 236 ff. de texte, cotés au
pinceau, de 245 à 480, dans l'exemplaire décrit.
(Dans les deux exemplaires que possède la Bibliothèque impériale, le texte de ce même volume est
coté de I — CCXXXVj.) L'ouvrage est terminé au recto
du dernier f., 2e col., après la 26e ligne et le mot
explicit ; et on lit à la fin : *Et fut finee lan iiij.*
cens et vng, la veille de mõseigneur sainct mi-
chiel larchangele, Laus deo.

— La même traduction. *Lyon, Mathieu*
Husz, 1485, 2 vol. gr. in-fol. goth. fig.
sur bois.

Cette édition, imprimée à 2 col., paraît être une copie de la précédente. Le premier vol. a des signat. de *a—z, z* et *9*, précédées de 18 ff. liminaires pour le titre et la table (les deux exempl. que nous avons eus sous les yeux n'avaient pas de titre, mais peut-être le prem. f. était-il resté en blanc). Le 2ᵉ vol. commence par 14 ff. de table ; le texte vient ensuite, et il a des signat. de A—U et de *aa—ddiiij.* On lit à la fin ce qui suit : *Par laide de Dieu...... est la translacion de Valere le grant terminee, laquelle commença tres reuerend maistre maistre* (sic) *Symon de Hesdin....... qui poursuiuit jusqu'au septiesme liure... de la en auant jusques a la fin du liure je Nycolas de Gonnesse... ay poursuiuy la dicte translacion... et a este imprime a Lyon sur le Rosne par discrete personne maistre Mathieu Husz... lan mil quatre cens quatre vingtz z cinq...* Vend. 20 fr. Mac-Carthy ; 89 fr. Coste.

— Valere le grant. (au verso du dernier f. du second vol. 2ᵉ col. en 5 lignes) : *Et a este imprime a Lyon sur le rosne par maistre Mathieu Husz imprimeur de liures demourãt en la dicte ville de lyon. Lan mil quatre cens quatre vingtz et neuf la vigile de saint iehan baptiste,* 2 tom. en 1 vol. in-fol. goth. à 2 col. de 55 lign., avec fig. sur bois.

Autre édit. rare, dont voici la description : Tome Iᵉʳ, 11 ff. préliminaires contenant le titre, la table des chapitres du premier volume, lequel se compose de 152 ff. et finit ainsi : *JCi fine le quart liure de valere le grant. Deo gratias.* Le 2ᵉ volume a 9 ff. pour la table des chapitres, et 152 ff. de texte (d'après l'exemplaire vendu 30 fr. La Valliere). C'est la même traduction que la précédente ; elle est très-paraphrasée : 37 fr. Coulon ; 46 fr. 50 c. Bignon.

— Valere le grant. (au recto du dern. f. du second vol. 1ʳᵉ col.) : *Cy finist le second volume de valere le grãt translate de latin en francois Jmprime a paris pour anthoine verard marchant libraire demourant au carrefour saint seuerin.....* 2 vol. in-fol. goth. à 2 col. de 50 lignes , avec fig. sur bois à chaque livre.

Cette adresse *au carrefour saint seuerin,* où Verard ne resta que pendant une partie de l'année 1500, après la chute du pont Notre-Dame, fixe la date de cette édit. d'une manière positive. Le tome I a 179 ff. non chiffrés, dont les 12 premiers renferment le titre ci-dessus en gros caractères, et la table des chapitres des 4 premiers livres ; il y a de plus un f. blanc. Au recto du dernier f., 2ᵉ col., se lisent ces mots : *Jcy fine le quart liure de Valere le grant.* Tome II, 172 ff., y compris la table des chapitres des cinq derniers livres, en 10 ff. Le bel exemplaire imprimé sur VÉLIN et orné de miniatures, qui a été vendu 42 liv. Paris, et 1400 fr. Mac-Carthy, appartient aujourd'hui à la Bibliothèque impériale.
— VALÈRE Maxime, traduit du latin par René Binet. *Paris, an* IV (1796), 2 vol. in-8.
— VALÈRE Maxime, latin-français en regard , par MM. Ch.-Hub. Peuchot et E.-P. Allais. *Paris, Aug. Delalain,* 1822, 2 vol. in-12.
— VALÈRE Maxime; faits et paroles mémorables, traduction nouvelle, par C.-A. Fremion (avec le texte en regard). *Paris, Panckoucke,* 1827-28, 3 vol. in-8. 21 fr.

— Valerio Massimo de' detti e fatti memorabili , tradotto da Giorg. Dati. *Roma, Blado,* 1539, in-8. 5 à 6 fr.

Cette traduction a été réimpr. à *Venise,* en 1547, 1551, 1564 et 1586, in-4. 3 à 4 fr. — La première traduction italienne de Valère Maxime, par un anonyme, *Venise,* 1504, ou 1509, in-fol., et *Venise,* 1526, ou 1537, in-8., est peu recherchée.
— VALERIO Massimo volgarizzatto da Mich. Battagia. *Treviso, Trento,* 1821, 2 vol. in-8.

— Valerio Maximo de las historias romanas e carthaginenses e d'otras muchas naciones y reynos por ordē de vicios e virtudes adicionado e nueuamente corregido... lo traslado en el romãce castellano Mossen Vgo de Vrries. — *fue ympremido en... Seuilla por Juan Varella de Salamanca a xxvuj de octubre del año de mil e· d. e xuij* (1514), pet. in-fol. goth.

Traduction faite sur la version française de Simon de Hesdin. Cette édition est rare, et Salvá l'estime 5 liv. Mais il en existe une autre (in-fol. goth.) beaucoup plus précieuse dont la souscription porte : *fue a instancia e costa de Paulo hurus aleman de Constancia imprimido : en la muy noble ciudad de Çaragoza : et año de la salud mil CCCC.XCV* (1495). — L'édition d'*Alcala de Henares, en casa de Miguel de Eguia,* 1529, in-fol., a moins de valeur. — Voy. VALERIO.

— Das buch Valerii Maximi , das do sagt von der Römer geschicht und thaten, auch von irem wesen vnd ordnung der römischen regierung (übersezt von H. von Müglein). *Augspurg, 'Ant. Sorg,* 1489, in-fol. de 142 ff.

Ce livre, écrit en 1369, et que nous citons ici à cause de son ancienneté, est bien plutôt une traduction de la paraphrase latine de Denis de Burgo sur Valère Maxime, qu'une simple version du texte de cet auteur. Voyez BURGO (*Dion.* de).

— Rob. de Valle epitoma in Valerii Maximi collectionem. (*absque nota*), in-4. de 68 ff.

Édition imprimée vers l'année 1500.

— Le floralier, recueil et Epithome des hystoires, Dictz et sentences Du grand Valere, prince de tous les hystoriographes, prouffitablement extraict et reduyt au brief pour mieulx limprimer en son memoire par homme tresscauant z expert Robert de Valle (trad. en françois par Michel de Tours). — *Cy fine ce present liure intitule le florallier des hystoires sus les epithomes de Valere le grand Nouuellement imprime a Paris par Anthoine couteau pour Pierre le brodeux demourant audit Paris, et fut acheue dimprimer le xxᵉ iour de Auril Lan mil cinq cens vingt et cinq,* in-4. goth. de 6 ff. prélim. et 80 ff. chiffrés, fig. sur bois, signat. A—X.

Sur le titre se voit la marque suivante :

***

— LES ÉPITOMES de Valère le Grand..; (trad. par Guil. Michel de Tours). *Paris, Denys Ianot*, 1541, in-16, fig. sur bois.

VALESIUS (*Henr.*). Emendationum libri V, et de critica libri II; Ejusdem, ut et N. Rigaltii et Ism. Bullialdi dissertationes de populis fundis : accedunt H. Valesii orationes de laudibus Ludovici XIV. et carmina nonnulla inedita, curante P. Burmanno. *Amstelod.*, 1740, in-4. 6 à 9 fr. [18216]

— Voy. POLYBII excerpta.

VALESIUS (*Hadr.*). Notitia Galliarum, ordine litterarum digesta. *Parisiis, Leonard*, 1675, in-fol. [23110]

Ouvrage estimé et qui se trouve difficilement : vend. 37 fr. 50 c. Gr. Pap. *mar. r.* Caillard ; en papier ordinaire, 42 fr. Walckenaer ; 50 fr. Tochon ; 37 fr. et 51 fr. deux exemplaires Francisque Michel.

— Gesta Francorum, seu rerum francicarum tomi tres, a primordiis gentis ad Childerici destitutionem. *Parisiis, Cramoisy*, 1646-58, 3 vol. in-fol. 40 à 50 fr., et plus en Gr. Pap. [23332]

VALESIUS. Museum cortonense, in quo vetera monumenta complectuntur, atque a Fr. Valesio, Ant.-Fr. Gorio et Rod. Venuti notis illustrantur. *Romæ*, 1750, in-fol., avec 85 pl. 12 à 15 fr. [29287]

Vendu 30 fr. Gr. Pap. *mar. r.* de Limare.

VALET (le) à tout faire, farce (en vers). *Lyon, Pierre Delaye*, 1606, in-8. de 16 pp. [16374]

Pièce licenc^ruse et très-rare, dont l'épitre dédica-

toire est souscrite des mots *Roc bien acquis*, anagramme de Jacques Corbin : vend. 151 fr. *mar. v.* de Soleinne, et 125 fr. Baudelocque ; une copie, figurée sur VÉLIN, a été vendue en *mar. bl. tab.* 65 fr. Méon ; 78 fr. d'Ourches.

Pour un opuscule en vers, sous le titre de *Varlet à louer*, voy. BORDEAUX (*Christ.* de).

VALIN (*René-Jos.*). Nouveau commentaire sur l'ordonnance de la marine. *La Rochelle*, 1758-60, 2 vol. in-4. [2622]

Cet ouvrage estimé, mais aujourd'hui hors d'usage, a été réimpr. en 1766 et en 1776, sans augmentations. M. Becanne a publié une édition où le commentaire est réduit en partie à ce qui a un rapport direct avec le code de commerce. *Poitiers*, 1829, 1 vol. in-4., ou 2 vol. in-8. 10 fr.

VALLA (*Laurentius*). De elegantia latinæ linguæ libri sex. (in fine) : *Explicit feliciter anno gratie* M. CCCC. LXXI. *Rome, in Pinia Regiõe...* in-fol. non chiffré, 34 lign. à la page. [10830]

Édition fort rare. Vend. 84 fr. Gaignat ; 201 fr. La Valliere ; 92 flor. Crevenna ; 3 liv. Pinelli. Ces quatre exemplaires n'avaient pas les 12 ff. préliminaires.

Le volume commence au verso du 1er f. par des vers à la louange de l'imprimeur, sous le nom supposé de *Lucidus Aristophilus Surroneus*; on trouve ensuite l'épitre de Laur. *Vallensis* à *J. Tortellius Aretinus*. Cette épitre occupe 3 pp., et elle est suivie de la table des rubriques qui remplit 18 pp. et demie ; le surplus de la page contient six vers *Custos arcis Tarpeie...*, où il est dit que l'édition a été faite *in domo Philippi de Lignamine*. Le corps du volume est de 219 ff. selon la *Biblioth. spencer.* ; mais il faut de plus 1 f. blanc.

— De linguæ latinæ elegantia : et de ego, mei, tui et sui. — *Per me M. Nicolaum Ienson Veneliis opus feliciter impressum est.* M. CCCC. LXXI, gr. in-4.

Édition presque aussi rare que la précédente. Vend. 74 fr. *mar. r.* exemplaire trop rogné, La Valliere ; 180 fr. *mar. citr. dent.* de Limare ; 45 flor. Crevenna ; 7 liv. 10 sh. Pinelli ; 200 fr. Brienne-Laire ; 150 fr. Mac-Carthy ; 11 liv. Hibbert ; 3 liv. 4 sh. Heber.

Ce volume renferme 200 ff. (à 39 lignes par page), dont les deux premiers contiennent l'épitre de l'auteur à *Tortellius Aretinus* et les huit derniers la table des mots latins. La souscription est placée au verso du 190e f., et elle est suivie de 2 ff. blancs. Au recto du 38e f., avant la fin, commence le traité *De ego, mei, tui et sui*, lequel n'est pas dans l'édition de Rome ci-dessus ; c'est le même qui, dans l'édition suivante de Paris, a pour titre : *De Reciprocatione sui...*

— Elegantiarum latinæ linguæ libri sex; tractatus de reciprocatione sui et suus, etc. (*Parisiis, Ulricus Gering, circa ann.* 1471), pet. in-fol. de 280 ff. non chiffrés, à 32 lign. par page.

Vend. 200 fr. *mar. r.* La Valliere ; 144 fr. bel exemplaire, *mar. r.* d'Ourches.

Cette belle édition doit contenir ce qui suit : 1° une

épitre de P.-P. Senilis à Heynlin de Lapide, 1 f. ;
2° une table des chapitres, 10 ff., dont le 1ᵉʳ est
tout blanc ; 3° le texte, 254 ff. ; 4° une table des
mots, 15 ff. ; enfin le volume est terminé par un f.
renfermant l'épitre de Heynlin de Lapide, qui finit
ainsi : *Aedibus Sorbone, scriptũ anno uno et septuagesimo quadringentesimoq; supra millesimũ.*

—De elegantia linguæ latinæ lib. VI.
*Romæ, per Arnoldum Pannartz, in
domo Petri de Maximis,* 1475, in-fol.

Vend. 7 liv. 17 sh. Sykes.

—Iidem libri. — *Per me Eustacium Gallum Brixiæ opus feliciter ‖ impressum
decimo kalendas Aprilis ,* M. CCCC.
LXXV, in-fol. de 188 ff. à 36 lign. par
page. 60 fr. 50 c. en janvier 1829.

Ces deux éditions sont encore assez rares, ainsi que
la suivante.

—Iidem libri. — *Mediolani , Philippus
de Lavagnia,* 1475, in-4.

Vend. 27 fr. Renouard ; 8 fr. Chardin. Hain (n° 15807)
décrit une autre édition de ce livre, donnée par le
même imprimeur : *Anno* M. CCCC. LXXVII. *pridie
cal. septembris ,* in-fol. de 213 ff., dont 8 pour
l'index.

—Iidem libri. (*Venetiis) per Iacobum
Rubeum natione gallicum,* 1476, pet.
in-fol.

Vend. 41 fr. en 1823.

Un exemplaire impr. sur VÉLIN, est à la Biblioth.
impériale. Van Praet n'y a compté que 206 ff. non
chiffrés ; mais Hain en indique 212.

On cite aussi une édition de *Paris,* 1476, in-fol.

Pour les autres éditions du même traité, imprimées à
la fin du XVᵉ siècle, voy. Hain, 15807-15823.

—Laurentii Vallensis..... Elegantiae ad
Breue Quoddam Ac Perutile Redactae
Compendium... *Finis Allegantiarum*
(sic)... *Neapoli Impressarum Sub Pacifico Ferdinando Sicilie Rege* (absque
anno), in-4.

Édition de François Dino, en caractères ronds, 84 ff.
non chiffrés, dont le dernier est blanc ; point de
signat. ni de récl., 26 lign. par page. L'exemplaire
décrit dans la *Biblioth.* spencer., VII, n° 102, n'a
que 75 ff. Vend. 60 fr. Boutourlin.

— EDITIO altera. *Rome in domo quondam Magistri
Udalrici Galli barbati... Sixto IIII. Pont. Max.
Sedeñ. Anno ejus Nono* (1479 vel 1480), in-4.

Au verso du premier f. se trouve une épitre de Bonaccursius Pisanus, comme dans l'édition de *Naples,* que nous venons de décrire.

Le texte de ce volume et du précédent n'est qu'un
abrégé du grand ouvrage ci-dessus de L. Valle.

— ELEGANTIARUM libri sex ; de reciprocatione sui et
suus, etc. *Venetiis, in ædibus hæredum Aldi, et
Andr. Asulani,* 1536, pet. in-4. de 8 ff. prélimin.,
199 ff. chiffrés, et 1 f. pour la souscription. 6 à 9 fr.

— ELEGANTIARUM lib. VI, et alia. *Parisiis, Rob. Stephanus,* 1542, in-4. 5 à 6 fr.

—De voluptate et vero bono libri tres.
Parisiis, in ædibus ascensianis, 1512,
in-4. de 100 ff. chiffrés. [18618]

Ouvrage écrit en forme de dialogues, entre Léonard
Arétin, Ant. Panormitain, etc., dans lequel l'auteur
fait tenir à ce dernier les plus licencieux propos
sur la fornication, l'adultère et sur toutes les jouis-
sances. Aussi Josse Bade, dans sa lettre au jacobin

Guill. Petit, confesseur du roi, qui lui avait donné
cet ouvrage à imprimer, dit-il que le premier livre
est très-libertin, et que l'auteur se corrige lui-même
dans le troisième. Mais dans ces sortes d'écrits, les
mauvais principes restent, et les bons ne font que
peu d'effet (*Note de l'abbé de Saint-Léger*). — Ce
même traité se trouvait déjà au commencement
d'un recueil de divers écrits de L. Valla, *impress.
Lovanii anno domini* M. CCCC. LXXXIII. , in-4. goth.
de 189 ff. à 28 lign. par page, lequel finit par *L.
Vallensis in Pogium Apologus,* ouvrage dont on
a une édition in-fol. goth. avec cette souscription :
*Impressum Sene per Henricum de Harleim sub
anno...* M. CCCC. LXXXX, *viij Idus maii.*

— Facecie morales laurentii vallensis,
al's esopus grecus per dictum lauren-
tiũ transsatus (sic) incipiunt feliciter.
Prologus epl'aris. *(absque nota)*, pet.
in-4. fig. sur bois au titre. [16941]

Petit volume de 24 ff., dont les pages entières portent 25 lign. Le prologue est daté : *Ex urbe Cayetæ
Kl. maii* M CCCC XXXXVIII. Au verso du 11ᵉ f. : *Explicit Esopus grecus...,* et sur le même feuillet
commence : *Francisci petrarche de salibus virorum illustrium ac faceciis tractatus,* qui se termine au verso du 24ᵉ f., par le mot *Explicit.*
Les caract. sont ceux que M. Koning, d'Amsterdam, a attribués à Coster, d'Harlem (*Catalogue of
the Dʳ Kloss,* n° 51, et *Biblioth.* grenvil., p. 9).
Les fables de Laurent Valla sont traduites du grec
de l'Esope de Planude.

—Les apologues z fables de Laurent Valle
träslatees de latin en francois. (*Paris,
Verard ,* vers 1490), in-fol. goth. de
36 ff. non chiffrés à 2 col. de 33 lignes,
avec fig. sur bois.

Cette traduction est de Guillaume Tardif, qui est
nommé à la fin de sa dédicace à Charles VIII, imprimée sur le second feuillet : elle renferme, outre
les apologues de Laurent Valla , tirées d'Esope
(voyez ÆSOPUS), les *Dits des sages hômes,* tirés
de Fr. Pétrarque, lesquels occupent les 14 derniers
ff. de ce volume précieux, et sont terminés au
verso du dernier f., seconde colonne, de cette manière :

*Et ce brieufement suffise
des ditz des sages hômes*

L'exemplaire, vendu 12 fr. La Valliere, vaudrait vingt
ou même trente fois ce prix maintenant. Un exemplaire imprimé sur VÉLIN, et avec les fig. peintes,
se conserve à la Bibliothèque impériale (Van Praet,
IV, n° 357).

—Les menus propos fabuleux de Laurent
Valle, envoyez a son singuller amy Arnoult de Fouelle, lesquels sont moralisez sur les inconstances des gens du
monde : ensemble les ditz moraux
joyeulz et facetieux de maistre Francois
Petrarque, alleguant Thales, Chilo, Pi-
tacus, Bias, etc., 1542. *Paris, en la rue
neufue nostre-dame..., par Alain Lotrian,* pet. in-8. goth. de XC ff. chiffrés,
suivis de 2 ff. de table, avec fig. sur bois.

Ce petit volume est rare ; et, quoique les gravures en
soient fort médiocres, il a été vendu 3 liv. 9 sh.
chez R. Heber. L'exemplaire de cet amateur est
annoncé sous la date de 1543 dans le catalogue du
pseudo-Van-Berghen (*Paris,* 1837), n° 653, et sous
celle de 1548, dans le Bulletin de Techener, 2ᵉ série, n° 1409, où il est porté à 75 fr. Ce qui a donné
lieu à ces différences dans la manière de lire la

date, c'est que le dernier chiffre en est empâté, et qu'on ne peut trop voir si c'est un 2 ou un 3 ; toutefois nous sommes certain que ce n'est pas un 8. On a aussi annoncé une édition du même livre, impr. à Paris, *par Alain Lotrian et Denis Janot*, sans date, in-16 goth. fig. Peut-être est-ce la même que celle de 1542, dont la date, qui est placée vers le milieu du titre, n'aura pas été aperçue.

— Voyez PROPOS fabuleux.

— De Donatione Constantini imperatoris. *Impressum* 1520, in-4. [22977]

Le titre de ce livre est entouré d'une bordure sur bois, et porte la fleur de lis des Juntes impr. en rouge. 1 liv. 1 sh. Libri, en 1859.

— DELLA FALSA e bugiarda donatione di Constantino (coll' editto imperiale, et epistola d'Ulrico Ultenio a Papa Leone). M. D. XLVI (sans nom de ville), pet. in-4.

Ce volume a été mis à l'index comme le précédent. 18 sh. Libri.

On trouve à la p. 174 du tome VII de la *Biblioth. thott*. l'indication d'un in-4. ayant pour titre : *Laurentius Valla de amore, cum commento; Impressum Rhotomagi, impensa Roberti Mace*, MDVI.

— Opera, nunc primo in unum volumen collecta ex exemplaribus variis collatis emendata. *Basileæ, H. Petrus*, 1540 seu 1543, in-fol. [19550]

Vend. 6 flor. Meerman.

On ne trouve dans ce recueil ni les *Facecie morales*, ci-dessus, ni un autre écrit de Valle, intitulé :

HISTORIARUM Ferdinandi regis Aragoniæ libri tres. *Paris., Sim. Colinaeus*, 1521, in-4. [26031]
Panzer cite de ce dernier ouvrage une édition de Rome, 1520, in-4.

VALLA. Gregorii Vallæ placentini de expetendis et fugiendis rebus opus. *Venet., in ædibus Aldi Romani, impensa ac studio Ioannis Petri Vallæ filii pientiss. mense Decembri* M. D. I. 2 vol. gr. in-fol. non chiffrés. [3440]

Un titre très-long, et que, pour cette raison, on n'a pu rapporter ici en entier, indique les différentes matières contenues dans cette espèce d'encyclopédie. L'ouvrage est magnifiquement imprimé, mais c'est là son principal mérite : 60 fr. Soubise, et jusqu'à 80 flor., bel exempl. *v. f. d. s. tr.* Crevenna ; 32 flor. *mar. bl.* Meerman ; 1 liv. 13 sh. Heber ; 1 liv. 16 sh. *mar.* Butler. Le premier vol. a 14 ff. prélimin. et 300 ff. sign. a—z et aa—pp. ; le second, 336 ff. sign., A—TT, sans titre.

VALLA (*Jeron.*). De passione Christi. Voy. VALLIBUS (de).

VALLACASTIN. Manga panalauging Pagtatagoblin sa Calolova nag tavong : Recomendacion del alma, por Thomas de Vallacastin ; trasuntado en tagalo, por G. Aquino de Belen ; a que incerto dicho traductor la Passion de N. S. J.-C. en verso tagalo. *Manilla, Nic. de la Cruz Bagay*, 1760, pet. in-8. [1616 ou 16020]

Ce volume orné de planches grossièrement grav., est rare. On voit, par la date de l'approbation, qu'il doit y en avoir une édition de 1703. Vend. 42 fr. en mai 1826.

VALLADARES (D. *Ant.*). V. SOTOMAYOR.

VALLADIER (*André*). Voy. LABYRINTHE royal.

VALLÆ agrigentini (*Nicolai*) seraphyca sylva (de flosculis D. Francisci). *Florent.*, 1498, 17 *kal. Iulias*, pet. in-4. de 32 ff. non chiffrés, sign. a—d. [12797]

Vend. 40 fr. de Brienne ; 26 fr. Courtois ; 3 sh. Heber.

Ce poëme a été annoncé, par erreur, sous la date 1460, dans le catalogue de M. de Brienne, publié en 1797, n° 1264 ; et ce qui, alors, nous avait fait croire que cette date était réellement celle du livre, c'est que le rédacteur du catalogue cité avait ajouté *pro* 1560. Mais en examinant l'édit. de 1498, ci-dessus, nous avons trouvé, dans la souscription, la date disposée en deux lignes, de la manière suivante :

M.CCCCLX
XXXVIII

et cela nous a expliqué la cause de la méprise que nous relevons.

On a de Nicolas Valla un petit dictionnaire latin et italien, sous le titre de *Vallilium*, imprimé à *Florence*, en 1500, in-4. de 70 ff.

VALLAMBERT (*Simon* de). Cinq livres de la manière de nourrir et gouverner les enfans dès leur naissance. *Poictiers, de Marnef et Bouchetz freres*, 1565, in-4. [7031]

Ce traité n'a été vendu que 1 fr. 20 c. chez Falconet, mais il vaut bien davantage aujourd'hui.

La Croix du Maine et Du Verdier citent l'ouvrage suivant du même médecin :

DE LA CONDUITE du fait de chirurgie. *Paris, Mich. Vascosan*, 1558, pet. in-8.

On a encore du même Vallambert :

— EPIGRAMMATON somnia, ejusdem quid conueniat, quod item differat inter poetas, historicos et oratores. *Lugduni, Theobaldus Paganus*, 1541, in-4.

— EPIGRAMMATA. *Parisiis, apud Vivantium Gualterentium*, 1545, in-4.

— HISTORIA de vita et rebus gestis M.-T. Ciceronis M. filii. *Paris., apud Sim. Colineum*, 1545, in-8.

Réimprimé : *cum And. Schotti Cicero pater a calumniis vindicatus, cum præfatione Jo.-Alb. Fabricii ;* Hamburgi, 1730, in-8.

— EPITAPHES de monseigneur le duc d'Orléans, en latin, grec et françois. *Paris, Chr. Wechel*, 1545, in-8. Cité par Du Verdier.

VALLANCEY (*Ch.*). Grammar of the iberno-celtic or irish language, to which is prefixed an essay on the celtic language ; the second edition, with many additions. *Dublin,* 1782, in-8. 10 à 12 fr. [11366]

Vend. 15 fr. Anquetil ; 18 fr. d'Ourches.

L'édition de *Dublin*, 1773, in-4. : 14 fr. Mac-Carthy ; 29 fr. le duc de Feltre ; 19 sh. Dent.

— Collectanea de rebus hibernicis. *Dublin,* 1770, 4 vol. in-8. [27488]

Vend. 69 fr. Mac-Carthy. A la même vente se trouvait : *A Vindication of the ancient history of Ireland, by colonel Ch. Vallancey*, Dublin, 1786, in-8. ; vend. 22 fr. [27489]

Les 5 vol., édition de 1786, 50 fr. Millin ; 6 tom. en

5 vol. (1770-1804), 7 liv. 10 sh. Hibbert, et jusqu'à 17 liv. 17 sh. Hanrott, avec les deux opuscules suivants, du même auteur :
ESSAY on the primitive inhabitants of Great-Britain and Ireland. *Dublin*, 1807, in-8. (Devant faire partie d'un 7ᵉ vol. qui n'a pas été achevé.)
AN ACCOUNT of ancient stone amphitheatre lately discovered in the county of Kerry. *Ibid.*, 1812, in-8.
Citons encore quelques autres écrits du colonel Vallancey :
AN ESSAY on the antiquity of the irish language ; being a collation of the irish with the punic language, with a preface proving Ireland to be the Thule of the ancients, etc. *Dublin*, 1772, in-8. de XII et 63 pp.
Réimprimé en 1822.
ESSAY towards illustrating the ancient history of the britannic Isles. *Dublin*, 1786, in-8. 7 sh. 6 d.
THE ANCIENT HISTORY of Ireland, proved from the sanscrit books of the Bramins of India. *Dublin*, 1797, in-8. de 30 pp.
Le même auteur a donné : *Prospectus of a Dictionary of the language of the Airecoti, or ancient Irish, compared with the language of the Cuti, or ancient Persians, with the hindoostanee, the arabic, and chaldean languages,* Dublin, 1802, in-4. 10 à 12 fr.

VALLE (*Rob.* de). Le Floralier. Voy. ci-dessus, col. 1052.

VALLE de Moura (*Emanuel* do). De Incantationibus seu ensalmis opusculum. *Eboræ,* 1620, in-fol. 10 à 12 fr. [8888]
Vend. 24 fr. *m. r.* Lauraguais; 26 fr. La Valliere.

VALLE (*Pietro* della). Viaggi, descritti da lui medesimo in lettere familiari all' erudito suo amico Mario Schipano, divisi in tre parti ; cioè la Turchia, la Persia, e l`India. *Roma*, 1662-58, 2 tom. en 4 vol. in-4. [19917]
Bonne édition de cette intéressante relation : 24 à 30 fr.
La première édition de la première partie, impr. en 1650, en 1 vol. de 780 pp. et la table, est plus belle que celle de 1662-63 (en 2 vol.) ; mais on n'y trouve ni la vie de l'auteur par P. Bellori, ni son portrait, qui sont dans cette dernière. Au surplus, il est facile de retirer la vie et le portrait de la seconde édition pour les joindre à la première, qui serait alors préférable à la seconde. Un exemplaire avec la première partie, édition de 1650, a cependant été vendu 56 fr. 50 c. L'Héritier. Une édition de *Bologne, Gius. Longhi,* 1672, 4 vol. in-12 : 15 fr. Langlès. — Une autre de *Brighton, G. Gancia,* 1843, 2 vol. pet. in-8. pap. vél., élégante et correcte, a été imprimée en Italie pour le compte de l'éditeur anglais ; elle a été faite sur les deux premières éditions de Rome, et elle contient le portrait de l'auteur, et sa vie par P. Bellori. 15 à 18 fr.
LES FAMEUX voyages de Pietro della Valle (traduit de l'italien par les PP. Etienne Carneau et François Le Comte). *Paris,* 1661, ou 1663-64, ou 1670, 4 vol. in-4. 12 à 16 fr.
Cette traduction, peu estimée, a été réimprimée en 1745, 8 vol. in-12.

VALLÉ. La forte Romaine, en vers françois, divisée en cinq parties, entretiens et soliloque. (*sans lieu ni date*), pet. in-8. [16444]

Vallauri (*Th.*). Storia degli studj del Piemonte, 30255.

Il y a des exemplaires de cette pièce avec une dédicace à Laura Martinozzi, et le portrait de cette sœur du cardinal Mazarin; mais, par un motif indiqué dans le catalogue de Soleinne, nº 1333, l'auteur ayant supprimé cette dédicace ainsi que le portrait, fit reparaître sa tragédie sous le titre de *Sainte Suzanne, martyre,* Paris, P. Rocolet, 1656, in-8., avec une dédicace à Mᵐᵉ de Jassault. — Un exemplaire sous le premier titre et réuni à une comédie du même auteur intitulée *le Fidelle Esclave,* Paris, Jean Cochart, 1662, in-8. 32 fr. de Soleinne. La *Sainte Suzanne*seule, rel. en *mar.*, n'a été vend. que 5 fr.

VALLE (*Guglielmo* della). Storia del duomo di Orvieto. *Roma,* 1791, in-4. [9336]
Cet ouvrage est anonyme, mais il a pour auteur Guil. della Valle, quoique le cardinal Antamori en ait signé l'épître dédicatoire. Il faut joindre à ce volume *Stampe del duomo di Orvieto,* Roma, 1791, gr. in-fol., contenant 32 ff. de planches (sous les nᵒˢ 1 à 37), gravées par Cunego, Pronti et autres. Vend. 50 fr. Hurtault ; 40 fr. Boutourlin.

— Vite dei pittori antichi. Voy. DATI ; et LETTERE senesi.

VALLÉE (*Geoffroy*). La béatitude des chrestiens, ou le fléo de la foy, par Geoffroy Vallée, natif d'Orléas, fils de feu Geoffroy Vallée & de Girarde le Berruyer, auxquelz noms de père et mère assemblez il s'y treuve : LERRE, GERV VREV FLEO D. La foy bygarrée, etc. In-8. de 8 ff. à 23 lignes par page. [2267]
Édition originale, devenue très-rare, parce qu'elle a été rigoureusement supprimée : vend. (exemplaire annoncé comme *unique*) 851 fr. *mar. r.* Gaignat, et 310 fr. La Vallière (acheté pour M. de Méjanes, et se trouve aujourd'hui dans la bibliothèque de la ville d'Aix).
La réimpression qui a été faite dans le même format, vers 1770, est à très-bas prix.

VALLEES Sernay (P. des). Voy. PETRUS, monachus.

VALLEMONT (*Pierre* Le lorrain, abbé de).
LA PHYSIQUE occulte, ou traité de la baguette divinatoire et de son utilité pour la découverte des sources d'eau, des minières, des trésors cachés, des voleurs, et des meurtiers fugitifs, avec des principes qui expliquent les phenomènes les plus obscurs de la nature par L. L. de Vallemont. *Paris, Anisson,* 1693, in-12. 4 à 5 fr. [8920]
Lorsque parut ce livre, le public s'occupait beaucoup de la baguette divinatoire qu'un paysan de Saint-Veran, en Dauphiné, nommé Jacques Aymar, venait de mettre en vogue, en opérant par ce moyen des découvertes jugées merveilleuses dont il courut alors plusieurs relations, savoir celle de M. de Vagny, procureur du roi à Grenoble, sous ce titre :
1º HISTOIRE merveilleuse d'un maçon qui, conduit par la baguette divinatoire, a suivi un meurtrier pendant quarante-cinq heures sur la terre, et plus de trente heures sur l'eau.

Vallée (*L.-L.*). Géométrie, 7943. — Science du dessin, 9197.
Vallée (*Oscar* de). Le duc d'Orléans et Daguesseau, 23389.
Valleix (*E.-L.-I.*). Guide du médecin praticien, 7125. — Névralgies, 7295. — Maladies des enfants, 7624.

2° DISSERTATION *physique... dans laquelle il est prouvé que les talents extraordinaires qu'a Jacq. Aymar de suivre avec une baguette les meurtriers et les voleurs à la piste, de trouver de l'eau, l'argent caché, les bornes transplantées, etc., dépendent d'une cause très-naturelle et très-ordinaire, par Pierre Garnier*, Lyon, de Ville, 1692, in-12. — Aussi à Paris, chez Langlois, 1693, sous le titre d'*Histoire de la baguette de Jacques Aymar*, in-12.

Pourtant ces prétendues merveilles furent appréciées à leur juste valeur dans un écrit du P. Pierre Le Brun, ayant pour titre :

LETTRES *qui découvrent l'illusion des philosophes sur la baguette, et qui détruisent leurs systèmes*, Paris, Boudot, 1693, in-12.

Ce qui donna lieu aux écrits suivants :

LA BAGUETTE *justifiée, et ses effets démontrés naturels par M. Comiers*, 1693. — *Factum pour la baguette divinatoire, par M. Comiers, contre l'auteur des Illusions des philosophes*, 1693. — *Critique sincère de plusieurs écrits sur la fameuse baguette, contenant la décision de ce qu'il en faut croire, etc., par André Renaud*, Lyon, Langlois, 1693, in-12. — *Réponse aux objections de Messieurs Pirot, Malebranche et autres savans, contre la baguette*, Lyon, Langlois, 1693.— *Addition à la critique sincère..... — Lettre touchant l'assassinat découvert par la vertu de la baguette de Jacq. Aymar.* Paris, 1693. — *Lettre à la marquise de Senozan sur le même sujet*, Lyon, de Ville, *sans date. — Lettre à M. l'abbé de L*** sur le véritable effet de la baguette de Jacq. Aymar, par P. B***, Paris, 1694, in-12.

— Voy. VERGE de Jacob (la).

La Physique occulte de l'abbé de Vallemont, qui a donné lieu à ces citations et qui est favorable à la baguette, a eu beaucoup de succès. On l'a réimpr. à *Amsterdam, chez Adr. Braakman*, en 1696, petit in-12, et plusieurs fois depuis. 4 à 6 fr.

Les Curiositez de la nature et de l'art sur la végétation, ouvrage le plus important du même auteur, a eu au moins huit éditions depuis la première, de *Paris, Claude Cellier*, 1703, in-12, fig., jusques et y compris celle de *Paris, Nyon*, 1753, 2 vol. in-12, fig. [4374]

Parmi les autres écrits de l'abbé de Vallemont, il en est un que nous ne devons pas omettre. C'est celui dont le titre suit :

— DESCRIPTION de l'aimant, qui s'est formé à la pointe du clocher neuf de Nostre-Dame de Chartres : avec plusieurs experiences curieuses sur l'aimant et sur d'autres matières de physique, par L. L. de Vallemont. *Paris, d'Houry*, 1692, in-12.

— Eloge de Séb. Le Clerc, 31093.

VALLENZASCA. Della Falcadina, trattato pathologico-clinico con cenni statistici e topografia delle R. Miniere di Agordo, loro prodotti e malattie proprie di que' minerari. *Venezia, Gius. Antonelli*, 1840, in-4. avec 26 pl. color. 30 fr.

VALLES. Historia del inuictissimo y muy animoso cauallero y capitan don Hernando de Aualos, marques de Pescara, con los hechos memorables de otros siete capitanes del emperador Carlos V, es a saber, Prospero Colona, el duque de Borbon, don Carlos Lanoy, don Hugo de Moncada, Philiberto, principe d'Orange, Antonio de Leyva, el marques del Guasto, recopilada por el maestro Valles. *Caragoça, en casa de Augustin Millan*, 1562, in-fol. goth. [26064]

La première édition de cette histoire, impr. à Valladolid, en 1555, in-fol. goth., est fort rare. Celle de 1562 l'est un peu moins ; il en a cependant été vendu un exemplaire rel. en *mar. vent*, 3 liv. 18 sh. Heber ; 125 fr. De Bure l'aîné ; un autre moins beau, 1 liv. 2 sh. Heber. L'ouvrage a été d'abord réimprimé à *Anvers, chez Steelsius*, en 1558, pet. in-8. 11 fr. Sampayo ; et ensuite à *Anvers, Phil. Nucius*, 1570, pet. in-8., avec un supplément par Diego del Fuentes. Un exemplaire de cette dernière édition, relié avec *Dichos y hechos notables, graciosos y elegantes, del sabio rey don Alonso de Aragon, etc.*, Anvers, 1554, pet. in-8. 40 fr. Rodriguez.

— Cronica de D. Fernando. Voy. PULGAR.

VALLET (*Pierre*). Le Jardin du roi très chrétien Henry IV, dédié à la royne par Pierre Vallet, brodeur du roy (mis au jour par J. Robin). *Paris*, 1608, in-fol. 12 à 18 fr. [5306]

Ce volume, composé de 75 planches (y compris les portraits de P. Vallet et de J. Robin) et d'un feuillet de texte, a reparu en 1650, sous le titre d'*Hortus regius ;* l'exemplaire de Jussieu a été vend. 65 fr., mais il avait un titre portant *dédié a la royne mère*, la date de 1623, et contenait 91 planches ; de plus, Ant. de Jussieu y avait joint un catalogue des plantes, et numéroté les planches. Il se vend ordinairement de 12 à 18 fr.

— La Symbole de Nices mis par histoire par Pierre Vallet, brodeur ordinaire et vallet de chambre du roy, dédié à Mgr le Dauphin, 1642, in-8.

Ce volume contient en tout 24 feuillets, savoir un frontispice gravé, une autre figure au bas de laquelle sont quatre quatrains en l'honneur *du Roy, de la Royne, de Mons. le Dauphin et de M. le Cardinal-duc ;* 2 autres feuillets contenant une dédicace au Roy, des prières en françois et en latin, sous la date de 1641 ; une suite de 20 estampes gravées à l'eau-forte, dont les cinq dernières sont numérotées. Un exemplaire en *mar. r. dent*. est porté à 120 fr. sous le n° 7699 du catalogue de la Librairie de J. Techener, 1858, tome second.

VALLETERIE (de La). V. LA VALLETERIE.

VALLI (*Antonio*). Il Canto de gl' Angeli opera nova dove si dichiara la natura di sessanta sorte d'Ucelli che cantano. *Roma, per gli heredi N. Muti*, 1601, in-4. avec des fig. d'Ant. Tempesti. [5797]

Livre peu commun. 17 sh. Libri, en 1859.

VALLIBUS paduanus (*Jeronimus* de). Jhesuida. (in fine) : *Expliciunt proverbia Salomonis*, in-fol. goth. [12798]

Vend. 25 fr. La Serna.

Opuscule de 10 ff. dont les pages ont 30 lignes. Les caractères ressemblent à ceux de *Mich. Wenszler*, qui imprimait à *Bâle*, vers 1474. — Hain décrit plusieurs autres éditions de cet opuscule poétique, impr. sans lieu ni date, savoir :

1° in-4. goth. de 10 ff., à 24 lignes par page, caract. de Gunth. Zainer, à Augsbourg, sans chiffres, récl. ni signat. ; 2° in-4. goth. de 13 ff., sans chiffres, récl. ni signat.; 3° in-4. goth. de 17 ff., à 18 lign.

Vallet (*Auguste*) dit de Viriville. Histoire de Charles VII, 23409. — Archives de l'Aube, 24498. — Histoire de l'instruction publique, 30245.

par page; 4° in-4. goth. de 13 ff., à 21 lign. par page (*Lipsiæ*); 5° in-4. goth. de 16 ff., à 22 lign. par page, avec figures sur bois ; 6° in-4. goth. *impressum Lyptzk*. 94 , in-4. de 17 ff., à 17 lign. par page ; enfin une édition de *Liptzik, per Iacobum Thanner herbipolensem anno sal. nostre* 1.5.00, in-4.

— Jesuis Hieronymi de Vallibus Patavini : passionem Domini nostri Jesu Christi : heroicis carminibus ex evangelio Joannis complexa. *Parisiis, Jodocus Badius*, 1510, in-4. de 12 ff. en lettres rondes.

Quoiqu'il soit rare, cet opuscule a été donné pour 3 fr. chez La Valliere.

Les Archives du Bibliophile, 2e année, n° 21, article 4988, en décrivent une édition de Montauban, 1521, pet. in-4. goth. augmentée d'un commentaire de Jean *Coroneus*. C'est un livre fort rare et jusqu'alors inconnu des bibliographes. Malheureusement l'exemplaire est incomplet, car il y manque les quatre premiers feuillets qui devaient contenir le titre et la préface. Le texte du poëme commence au folio 5, et le dernier feuillet chiffré est coté XXXVII ; au verso se trouve la souscription : *Meminerit lector editum hoc opus cusumque in Monte Albano Tarne fluvio (que ab Aquitanis seiungit) admodum conspicua urbe Anno post nestora partus virginei vigesimo primo* (1521). *Valete qui legitis*. Le feuillet suivant, qui n'est imprimé qu'au recto, contient : 1° la sentence de Ponce Pilate, trouvée à Vienne dans une urne de fer, en 1509 ; 2° une adresse du commentateur : « *Joannes Coroneus studiosis;* » 3° une pièce de vers latins : *Petri Cassani de Rupe lectori ad operis commendationem octo distichon*. On voit que l'imprimeur ne s'est pas nommé.

Du Verdier, dans son Supplément à la Bibliothèque de Gessner (édit. in-4., IV, p. 99), cite une autre édition du même poëme, sous ce titre :

HIERON. VALLENSIS, *Patavini, Jesuidos, vel de Dominica passione liber I*. Antuerpiæ, apud Jo. Bellerum, 1559, in-12.

VALLIN (*Jean*), Genevois. Israël affligé, ou tragi-comédie sur la peste advenue du temps de David (en 5 actes et en vers). *Genève, Jacques Planchant*, 1637, in-8. de 4 et 63 pp. [16422]

Cette pièce est une allusion allégorique à la religion réformée. Les vers y tiennent dans la manière de du Bartas. 20 fr. 50 c. de Soleinne.

VALLISNERI (*Ant.*). Opere fisico-mediche del cavalier Ant. Vallisneri, raccolte da Antonio suo figluolo. *Venezia*, 1733, 3 vol. in-fol. fig. 24 à 30 fr. ; 39 fr. Libri en 1857. [6635]

Les ouvrages séparés de ce savant se donnent à très-bas prix; ils forment 10 part. in-4., impr. à Padoue et à *Venise*, de 1710 à 1726; nous avons remarqué que dans ces premières éditions le nom de l'auteur est écrit *Vallisnieri*.

VALLO libro continente appertinentie a capitanii, retenere, et fortificare una citta con bastioni, con noui artificii di fuoco aggionti, et de diuerse sorte poluere, & de espugnare una citta, etc., opera multo utile con la esperiencia del arte militare. — *Stampato in Venetia, per Nicolo d'Aristotile detto Zopino*, 1529, in-8. fig. sur bois. 10 à 12 fr. [8642]

L'auteur de cet ouvrage curieux est *G.-B. della Valle di Venafro :* son livre, imprimé d'abord à

Venise, chez Ravano, en 1528, in-8., a eu beaucoup de succès, et il a été réimprimé à *Venise*, en 1531, en 1535, en 1543, en 1550, etc. L'édition de 1550, in-4. 25 fr. Sebastiani.

VALLO, livre contenant les appertenances aux Capitaines, *pour retenir et fortifier une citée, avec bastillons...— Ci finit le liure intitule Vallo appartenãt a gens de guerre, auec nouucaulx chapitres dartefices de feu... imprime a Lyon, par Jacques Moderne de Pinguento, lan* M. D. XXIX (aussi M. D. XXXI), *le dernier iour du mois d'aoust* M. D. XXIX, in-4. ou gr. in-8. goth. de 8 ff. prélimin. et 68 ff. chiffrés, avec fig. snr bois, 26 fr. mar. r. Coste.

VALLS (*Lorenzo*). Libro del juego de las Damas. *Valencia*, 1597, in-4. [10500]

Volume peu commun, de 55 ff. en tout.

L'auteur de ce petit ouvrage ne se nomme pas *Valsuizino*, comme nous l'avions écrit dans la première édition de ce Manuel, d'après la Bibliographie de De Bure, mais *Lorenzo Valls vezino de la ciudad de Salamanca.*

VALMEEKI (the Ramayuna of), in the original sungskrit, with a prose translation, and explanatory notes, by Will. Carey and Joshua Marshman. *Serampore*, 1806-10, 3 vol. in-4. [15993]

Ce poëme donne une idée complète de la mythologie indienne, et il répand beaucoup de jour sur l'histoire de l'Inde. De neuf volumes que devait former l'édition, il n'en a paru que trois : vend. 100 fr. Langlès, et rel. en 4 vol. 170 fr. Burnouf. Le premier volume a été réimpr. à *Dunstable* et à *Londres*, 1808, in-8.

— Râmâyana, id est carmen epicum de Ramæ rebus gestis poetæ antiquissimi Valmicis opus; textum codd. mss. collatis recensuit, interpretationem latinam et annotationes critrcas adjecit A.-Guil. de Schlegel. *Bonnæ, typis reg., sumptibus auctoris*, 1829-38, gr. in-8. pap. vél.

Il n'a paru que le premier volume en 2 part. et la première partie du second (20 fr. de Sacy). L'ouvrage entier devait avoir 8 vol.

— Ramayâna, poëme sanscrit, traduit en français par Hippolyte Fauche, avec un mot encore sur Homère et la Grèce. *Paris, Franck*, 1855-58, 9 vol. gr. in-18. 36 fr.

LE RÂMÂYANA de Valmiki, traduit pour la première fois du sanscrit en français, avec des notes sur les questions les plus graves, relatives à ce poëme, par M. Valentin Parisot. *Paris, B. Duprat*, 1853, in-8. — Tome 1er, le seul publié : *Adikanda*, 8 fr.

— Râmâyana, poema indiano di Valmici, testo sanscrito secondo i codici manoscritti della scuola Gaudana, per Gaspare Corresio. *Parigi, della stamperia reale*, 1843-58, 10 vol. gr. in-8., dont cinq pour la traduction. 90 fr.

Il a été tiré un petit nombre d'exemplaires in-4.

Il existe deux rédactions ou plutôt deux textes différents de ce poëme, l'une faite dans le nord de

---

Valloti (*Fr.*). Scienzia della musica, 10168.

l'Inde et l'autre au Bengale. L'édit. de MM. Carey et Marshmann donne un texte dans lequel les deux rédactions sont arbitrairement combinées. M. Schlegel a adopté comme base de son texte la récension du Nord, et M. Corresio celle du Bengale, du nom de *Gaudâna*, du nom de Gaur, capitale du Bengale.

— YADJNADATTA Badha, ou la mort d'Yadjnadatta, épisode extrait du Râmâyana, poëme épique sanscrit, donné avec le texte gravé, une analyse grammaticale très-détaillée, une traduction française et des notes, par A.-L. Chézy, suivi d'une traduction latine littérale, par J.-L. Burnouf. *Paris, F. Didot*, 1826, in-4. de xxxij et 120 pp. 12 fr.

Chézy avait déjà donné en 1814 une édition in-8. de cette traduction, mais sans le texte.

— LE MÊME, publié en sanscrit, d'après le texte donné par M. Chézy, avec un épisode du Raghouvansa sur le même sujet, et un choix de sentences de Bhartrihari, par M. Loiseleur-Deslongchamps. *Paris, Dondey-Dupré*, 1829, in-8. 3 fr.

Il y a des exemplaires en Gr. Pap. vélin.

— KAVITA Ramayéna, abrégé en vers du Ramayéna, en hindostani et en caractères devanagary, *imprim.* à *Khidirpour, au Bengale*, 1815, in-8.

Vend. 15 fr. Langlès.

A la même vente se trouvait : *Fragment du Râmâyana, en langue tamoule,* in-4. Vend. 20 fr.

Dans l'histoire de la littérature hindoui et hindoustani de M. Garcin de Tassy, p. 509 (article *Tulci* ou *Tulacidâs*), se trouve la notice d'un *Râmâyana*, en sept chants ou parties, écrit en purbhi bhakhâ ou hindoui, par Tulci-das, et qui a été impr. par Bâbû Ram, et par les soins de Lakschmi Narâyan, à *Kidderpour* (Khizarpûr), en 1828, gr. in-4., ensuite lithographié à *Calcutta*, en caractères *nagari cursif*, 1852.

VALOIS (*Marguerite* de). Voy. MARGUERITE.

VALOROSE (le) prove degli arcibravi paladini, nelle quali intenderete i poltroneschi assalti, e le ladre imprese, e porci abbatimenti, e ladri gesti, gli scostumati vitii, e le goffe nomee, nuovamente composte, con alcune stanze d'Orlando alla Birresca. *In Firenze, per Domenico Giraffi* (senz'anno), in-4. [15020]

Poëme burlesque composé de 64 stances divisées en deux chants : il a été réimpr. à *Florence,* l'an 1568, in-4. de 4 ff. à 2 col., et dans la même ville par *Giov. Baleni*, 1597, in-8. Les trois éditions sont assez rares. Les trois premières octaves de cet opuscule étant les mêmes qui se lisent dans un autre petit poëme cité par La Crusca, sous le titre de *Stanze del poeta Sciarra* (voy. SCIARRA), le premier ouvrage a été confondu avec le second, et placé parmi les *testi di lingua* (Melzi).

VALOUÏEFF. Istoritcheskoïe opissanïe drevnavo rossiskavo mouséia pod nazvaniem Masterskoï i Oroujeinoï Palaty. Description du musée des antiquités russes de Moscou, connu sous la dénomination de l'atelier et de la chambre des armes. Tome Ier (et unique). *Moscou, imprim. de l'université*, 1807, in-fol. 75 roubles assignats. [27788]

VALPERGA de Calusio (*Th.*). V. DIDYMI taurinensis Rudimentum.

VALSALVÆ (*Ant.-Mar.*) Opera anatomica de aure humana, etc., studio J.-B. Morgagni. *Venetiis*, 1740, 2 vol. gr. in-4. fig. 10 à 15 fr. [6838]

VALSINGHAM. Voy. HISTOIRE tragique.

VALTURIUS. Roberti Valturii de re militari lib. XII, ad Sigism. Pandulfum Malatestam (edente P. Ramusio). — *Iohannes ex verona oriundus... artis impressorie magister : hunc de re militari librum... sua in patria primus impressit. An.* M. CCCC. LXXII, in-fol. feuillets non chiff., à 37 lign. par page. [8575]

Première édition, fort rare et très-remarquable par les belles gravures sur bois, au nombre de 82, qu'elle renferme, et qui ont été faites d'après les dessins de Matteo Pasti. On trouve au commencement du volume un *elenchus* ou *index rerum*, contenant 4 ff., lequel est suivi de 2 ff. blancs et d'une épître dédicatoire de l'auteur à Sigismond Pandolf; le texte vient ensuite, et le livre finit entièrement au recto du 262e f., par la souscription, précédée de 32 vers dont voici le premier :

Valturi nostre princeps cultissime lingue

L'exemplaire de La Valliere, et celui de la Bibliothèque impériale n'ont que 259 ff., sans les feuillets blancs. Vend. 300 fr. Gaignat; 240 fr. piqué des vers, La Valliere ; 300 fr. (avec les fig. color. et les lettres initiales peintes) de Limare; 6 liv. Pinelli; 86 fr. salle Silvestre, en 1809 ; 200 fr. superbe exemplaire Mac-Carthy ; 10 liv. 10 sh. Hibbert.

Dibdin, qui donne une description très-étendue de ce volume précieux, dans la *Bibliotheca spencer.*, tome IV, nº 793, en cite un exempl. impr. sur VÉLIN, mais complété par quelques feuillets sur pap. ; c'est le même qui a été vendu 29 liv. 18 sh. 6 d. Sykes. On en connaît un second.

— Valturii de re militari lib. XII. *Veronæ impressum (per Boninum de Boninis), anno dñi* M. cccc. lxxxiii. xiii. februarii, pet. in-fol. de 250 ff. non chiffrés, à 37 lign. par page.

Seconde édition, encore assez précieuse. Les fig. sur bois, au nombre de 96, sont différentes de celles de la première édition. Vend. 1 liv. 16 sh. Pinelli ; 3 liv. 19 sh. Libri, en 1859. Un exempl. impr. sur VÉLIN est dans la bibliothèque de La Haye.

— Opera de facti e precepti militari di Roberto Valturio (translata per Paulo Ramusio). — *ipressa cũ industria di Bonin di Boninis da Ragusi ĩ... Verona corrrendo* (sic) *lanno del Mille a quatrecento lxxxiii. adi. xvii. di februario,* in-fol. de 305 ff. non chiffrés, à 37 lign. par page, avec fig. sur bois.

Édition recherchée, à cause des figures et parce qu'elle est la première de cette traduction italienne : elle commence par un sommaire en 12 lignes, lettres

---

Valmy (Kellermann, duc de). Campagne de 1800, 8764.

Valori (*Nic.*). Vita di Lorenzo de' Medici, 25515.

Valtara (*Fr.-Mar.*). Scuola corale, 10192.

Valtauri (*T.*). Storia della poesia in Piemonte, 14420. — Storia delle Università degli studj del Piemonte, 30255.

capitales (*Opera de facti e precepti militari...*), et le recto du dernier feuillet contient le registre des cahiers.

LES DOUZE livres de Robert Valturin, touchant la discipline militaire, translatez par Loys Meigret. *Paris, Charles Perier*, 1555, in-fol. de 6 ff. prélim. et 234 ff. chiffrés. 19 fr. *v. f.* Mazoyer, et quelquefois plus ou moins.

VALUATIEN (De) ende ordinantien van den ghelde gheordineert ende ghemaecht bii den heeren ende staten van den landen. Ende van allen chiis penninghen hoe men die sal betalen. Ende de renten af sal moghen quiten ende lossen van den iare lxxiiij tot den iare xv° endetwee. Valuatien van den iaren lxxiiii, lxxviii, lxxxii, lxxxiii, lxxxv, lxxxvii, lxxxix, xci, xciii ende xciv. (au verso du dernier f.) : *De valuacie es gheprent Thantwerpen op die Steenhouwers by mi Dircsz Martens van Alest*, in-4. goth. de 10 ff. [24962]

Suivant une note du catalogue de M. Borluut de Noortdonck, n° 3554, on ne connaîtrait que deux exemplaires de cet opuscule relatif à la numismatique belge : celui de cet amateur a été vendu 135 fr. Sous les n°⁵ 3556 et suiv. du même catalogue sont décrits plusieurs autres opuscules flamands du même genre que celui-ci, qui ont été impr. à *Amsterd.*, en 1526, à *Nimègue*, à *Gand*, à *Louvain* et à *Anvers*, dans le courant du xvi° siècle.

VALVASONE (*Erasmo* di). L' Angeleida. *Venetia, Gio. Battista Sommasço*, 1590, in-4. 10 à 15 fr. [14633]

Édition assez belle, mais incorrecte ; celle d'*Udine, Mattiuzzi*, 1825, in-16, donnée par Quirico Viviani, et dont il a été tiré des exemplaires in-8. pap. vél., est beaucoup meilleure.

— Della caccia, poema d'Erasmo di Valvasone, con gli argomenti di Gio.-Domenico degli Alessandri. *Bergamo, Comin Ventura*, 1591, gr. in-8. [14868]

Vend. 40 fr. 50 c. *mar. r.* Huzard ; 35 fr. en 1859. Ce poëme a été réimprimé à *Venise*, 1591, in-4.; à Bergame, *Comin Ventura*, 1594, gr. in-8. fig. 16 fr. en 1859, et aussi en 1602, pet. in-8., avec les notes de Scipione di Manzano, sous le nom d'Olimpo Marcucci, 11 fr. en 1859; mais l'édition de *Milan*, 1808, in-8., pour la collection des classiques italiens, est la meilleure.

VALVASOR (*J.-Weichardus*). Theatrum mortis tripartitum : saltum mortis, varia genera mortis, pœnas damnatorum continens. *Laybach*, 1682, 3 tom. en 1 vol. in-4. [9587]

Volume orné de gravures en taille-douce, entourées de bordures, et dont le texte est en latin et en allemand. Les planches de la première partie sont des copies de la Danse des morts de Holbein : 26 fr. Perret, en 1860.

VALVERDE. Anatomia del corpo humano, composta per Giovanni Valverde di Hamusco, et da lui con molte figure di rame, et eruditi discorsi in luce man-

data. *Roma, per Antonio Salamanca*, 1559 (aussi 1560), in-fol. [6678]

La beauté de l'édition et les planches en cuivre dont elle est enrichie donnent quelque prix à ce livre, qui d'ailleurs n'est plus d'aucun usage sous le rapport scientifique. L'ouvrage avait d'abord paru en langue espagnole sous ce titre :
HISTORIA de la composicion del cuerpo humano, escrita per Joan. de Valverde, de Hamusco. *En Roma, Ant. Salamanca*, 1556, in-fol.
La traduction latine par Mich. Columbo, impr. à Venise, chez les Juntes, en 1607, in-fol., est augmentée de plusieurs planches.

VALVERDIUS (*Bart.*). Ignis purgatorius post hanc vitam, ex græcis et latinis Patribus orthodoxis, hæbreorumque doctissimis, ac vetustissimis assertus. *Patavii, Laur. Pasquatus excudebat*, M. D. LXXXI, in-4. [1250]

Cet ouvrage, dont les exemplaires sont rares, a reparu avec un nouveau frontispice, portant : *Venetiis, apud Valgrisium*, 1590 ; vendu 24 fr. *mar. r.* Saint-Céran ; 50 fr. superbe exemplaire *mar. r.* doublé de mar. Mac-Carthy, et revendu 3 liv. 10 sh. Hibbert. L'exempl. sous la date de 1590, vend. (en *mar. bl.*) 60 fr. La Valliere, contenait ce qui suit : 4 ff. prélimin., texte, p. 1 à 168 (les pp. 95 et 96 doubles) ; une partie intitulée *B. Valuerdius... ex Sanctis Patribus gnomologia* (1581), 12 ff. prélim., texte, pp. 169 à 259 (les 3 dernières pp. sont mal chiffrées, 157, 158 et 159) : ensuite 38 ff. non chiffrés, qui portent pour sommaire : *Bart. Valuerdius pro igne purgatorio apologeticum ;* enfin un autre traité sous ce titre : *B. Valuerdius... ad quæstiones sive proposita Wenzelai a Wertzovis... responsio*, 5 autres ff. non chiffrés, et texte, ff. 2 à 24.

VANAGAS. Voy. VENEGAS.

VAN BENEDEN (*P.-J.*). Mémoire sur les vers intestinaux, ouvrage couronné par l'Institut de France. *Paris, Baillière et fils*, 1858, in-4. avec 27 pl. 27 fr. [6174]

— LES VERS cestoïdes ou acotyles, considérés sous le rapport de leur classification, de leur anatomie et de leur développement. *Bruxelles*, 1850, in-4. avec 20 pl. 18 fr.

— Exercices zootomiques, 6173.

VAN BREDA. Genera et species orchidearum et asclepiadearum quas in itinere per insulam Java jussu et auspiciis Guilielmi I, Belgarum regis, collegerunt H. Kuhl et J.-E. Van Hasselt ; editionem et descriptiones curavit J.-G.-S. Van Breda. *Gandavi, Van de Kerckhove*, 1827, in-fol. [5234]

Cet ouvrage n'a pas été continué ; il n'en a paru que trois livraisons renfermant 18 pl.

VAN BREEN. Voyez BREEN.

VANCOULI. Loughati Vancouli, ou dictionnaire arabe-turc de Vancouli ; ouvrage traduit et composé sur le Djèvhèri par Mèhammed Moustafa-el-Vâni (2°

Van Bolhuis (*J.-H.*). Les Normands dans les Pays-Bas, 25139.
Van Brussel (*Ern.*). Commerce et marine de la Belgique, 24961.
Vanbrugh (*J.*). Plays, 16898.

Valverdé (*Ferd.* de). Vie de J.-C., 310.

édit.). *Constantinople*, 1169 et 1170 *de l'hégire* (1755-56, de J.-C.), 2 vol. in-fol. [11631]

Cette édition, qui nous avait paru douteuse, existe bien sous les dates ci-dessus, et il en a été vendu un exemplaire 140 fr. chez M. Kieffer, et un autre 40 fr. de Sacy. Pour la première édition, voyez DICTIONARIUM arabico-turcicum.
L'édition de *Constantinople*, 1217 et 1218 (1803-1804), 2 vol. in-fol. de 3 ff. et 650 pp., 1 f. et 764 pp. 40 fr. de Sacy ; 53 fr. 3e vente Quatremère.

VANCOUVER (*George*). Voyage of discovery to the north pacific Ocean, and round the world, in the years 1790-95. *London*, 1798, 3 vol. gr. in-4. et atlas in-fol. de 34 pl. [19864]

Vendu 2 liv. 15 sh. Sykes; 2 liv. 5 sh. Hibbert. Réimpr. à *Lond.*, 1802, en 6 vol. in-8.
— VOYAGE de découvertes à l'Océan pacifique du nord et autour du monde, exécuté de 1790-95 ; trad. de l'anglais par Morellet (et Demeunier). *Paris, imprim. de la république, an VIII (1800)*, 3 vol. gr. in-4. avec 18 fig. et atlas gr. in-fol. de 16 cartes. 30 à 40 fr.
Il y a des exemplaires en papier vélin.
Le même voyage a été traduit en français par Henry, *Paris, an x*, 6 vol. in-8., dont un dé pl.

VANDALE (*Antonius*). De Oraculis veterum ethnicorum dissertationes duæ ; accedunt dissertatiunculæ III. *Amstelod.*, 1700, in-4. fig. 6 à 8 fr. [22616]

Vend. 17 fr. Caillard ; 8 fr. Langlès.
Le seul des ouvrages de l'auteur qui conserve quelque valeur dans le commerce. Nous en indiquons plusieurs autres dans notre table, 21347 et 28963.

VAN DAMME (*P.*). Recueil de médailles des rois grecs de notre cabinet, tout en pl. gravées : en regard les médailles singulières et inconnues de très-grande rareté. *Amsterdam*, 1793, in-fol. [29736]

Ce volume n'est pas, comme on l'a dit quelquefois, un catalogue du cabinet de médailles de Pierre Van Damme ; mais c'est un recueil de gravures de médailles, composé par cet amateur, en partie avec des épreuves de planches d'autres livres, comme l'Histoire universelle de Haverkamp, dont il possédait alors les cuivres ; en partie avec celles d'autres planches qu'il a fait graver afin de figurer les principales pièces de son cabinet. De tout cela Van Damme n'a fait tirer qu'un petit nombre d'exemplaires. On a un *Catalogue de la bibliothèque et du cabinet de médailles et pierres gravées, etc.*, du même amateur, rédigé par M. le baron de Westreenen de Tiellandt ; *La Haye*, 1807, 2 vol. in-8.

VAN DE VELDE (*C.-W.-M.*). Vues de Java, Sumatra, Borneo, Célèbes et autres possessions hollandaises dans les grandes Indes, dessinées d'après nature. *Amsterdam*, 1846, gr. in-fol. 50 pl. lith. 90 fr. [28219]

Ce même ouvrage a été donné sous un titre hollandais.
Le lieutenant Van de Velde, après avoir fait un voyage à la Terre-Sainte, en 1851 et 1852, a publié en 1858, avec la coopération de plusieurs officiers de la marine, une belle carte de ce pays, en 8 feuilles, avec une description imprimée de format in-8. Son itinéraire a été traduit en anglais, sous le titre de *A Journey through Syria and Palestine*, London, 1854, 2 vol. in-8., avec une carte. 1 liv.

VAN DEN BUSSCHE. Voyez BUSSCHE.

VAN DEN CAMPEN. Voyez la col. 928 de notre 4e volume.

VANDEN VELDE. Bouquet printannier, contenant plusieurs belles fleurs de diverses sentences recueillies ès jardins des plus excellents poètes, tant anciens que modernes ; (et dans le même volume) quatrains spirituels et moraux tirez de plusieurs auteurs, et notamment des proverbes de Salomon, par Jean Vanden Velde, maître d'école françois. *Rotterdam, Jean Vaesbergue*, 1613, 2 tom. en 1 vol. pet. in-8. [18465]

Volume peu commun. 12 fr. Veinant.
— THRÉSOR littéraire, contenant plusieurs diverses escritures tant latines et romaines que italiennes et espagnolles mis en lumière par Ian Vanden Velde, natif d'Anvers. Spieghel det Schryf Konste door Ian Vanden Velde... *Rotterdam*, 1605, 3 part. en 1 vol. in-4. obl. 18 fr. Archives du Bibliophile de M. Claudin, *Paris*, 1858, n° 1679.

VAN DER CHYS. Voyez ARRIANUS.

VAN DER GROEN. Le Jardin des Pays-Bas, par J. Van der Groen, enrichy de plusieurs belles figures qui représentent des maisons de campagne et de plaisance, bâties à la mode des Pays-Bas et de France, avec environ 200 modèles de parterres à fleurs, labirintes, pavillons, ouvrages treillissez et quadrans solaires. *Bruxelles*, 1672, pet. in-4. fig. sur bois. [9819]

Un exemplaire *non rogné* a été vendu 36 fr. de Jussieu. A la même vente se trouvait une première édition de cet ouvrage, sous le titre de *Jardinier hollandais...* Amsterdam, 1669, pet. in-4., fig. sur cuivre par Van Eckhout ; elle a été payée 28 fr., et quelquefois moins.

VANDERHAEGHEN (*Ferd.*). Bibliographie gantoise. Recherches sur la vie et les travaux des imprimeurs de Gand. *Gand, impr. de Eug. Vanderhaeghen*, 1858 et ann. suiv. in-8. avec des pl. donnant les marques des imprimeurs. [31252]

Travail consciencieux dont il paraît 4 vol., en juin 1863, à 8 fr. chacun. Il est à désirer que l'auteur, ainsi qu'il l'a annoncé, termine son livre par une table alphabét. des ouvrages anonymes et de tous les noms propres cités, en y joignant une liste des diverses publications faites à Gand dont les imprimeurs sont inconnus.

Vandale (*M.-B.*). Vie et miracles de S. Rombaut, 22263.

Vanden Bosch. Établissements des Hollandais, 27964.
Vanden Broeck (*V.*). Hygiène des mineurs, 7027.
Vanden Hane. Coustumes de Flandre, 2660.
Vanden Hoef. Mémoires de J. de Witt, 25172.
Vanden Leene (*Jos.*). Noblesse de Brabant, 28893.

VANDER HAER (*Florent.*). De initiis tumultuum belgicorum, ad Alexandrum Farnesium, libri duo, quibus eorum temporum historia continetur, quæ a Caroli V, cæsaris morte usque ad ducis Albani adventum..... per annos novem in Belgia extiterunt. *Duaci, ex officina Jo. Bogardi,* 1587, in-12 : 6 à 9 fr. [25003]

Histoire écrite avec fidélité et élégance. Dans une seconde édition, *Lovanii, Jodocus Coppenius,* 1640, in-12, l'ouvrage est divisé par chapitres et a reçu quelques augmentations.

— Les chastelains de Lille, leur ancien estat, office et famille : ensemble l'estat des anciens comtes de la république et empire romain, des Goths, Lombards, Bourguignons, et au regne d'iceux, des forestiers et comtes anciens de Flandre ; avec une particulière description de l'ancien estat de la ville de Lille en Flandre, etc. *Lille, Christ. Beys et Pierre de Rache,* 1611, pet. in-4. de 279 pp. avec six tables généalogiques. 15 à 18 fr. [24933]

Ce livre, impr. par Christofle Beys en 1611, a été longtemps regardé comme la plus ancienne production bien connue des presses lilloises, quoique Cotton en ait indiqué une de 1604, dont il n'a pas donné le titre. Guill. Hamelin, libraire de Lille, est nommé sur le frontispice d'un livre daté de 1539, mais impr. à *Gand.* (Voy. TRIUMPHANTE et honorable entrée.) Il l'est aussi sur le titre du livre intitulé :

FRANCISCI Hemi insulani sacrorum hymnorum libri duo ; ejusdem variorum carminum sylva. *Insulis apud Gulielmum Hamelin.....* M. D. LVI. in-16 de 85 ff. dont le recto du dernier f. porte *Impressum Parisiis per Michaelem Fezandat* (Bulletin de Techener, 3e série, p. 599, article de M. Voisin).

VAN DEP KELLEN. Choix d'antiquités remarquables du treizième au dix-huitième siècle, faisant partie de plusieurs collections, tant publiques que particulières, dessinées et gravées à l'eau forte par D. Van der Kellen. *La Haye,* 1861, gr. in-4. 85 fr. [29263]

VANDER LINDEN. Voyez LINDENIUS.

VANDER MAELEN (*Phil.-Mar.-Guill.*). Atlas universel de géographie physique, politique, statistique et minéralogique, sur l'échelle d'une ligne par 1900 toises, dressé par Ph. Vander Maelen, lithographié par Ode. *Bruxelles, l'auteur,* 1825-27, 6 vol. in-fol. [29652]

Cet atlas, composé de 400 cartes coloriées, coûtait 600 fr. (54 fr. Borluut). L'exécution des lithographies en est fort médiocre, surtout dans les feuilles publiées les premières.

VANDER MEULEN. Voyez l'article CABINET du roi.

VANDER NOOT. Le theatre auquel sont exposés et montrés les inconueniens et miseres qui suiuent les mondains et vicieux, ensemble les plaisirs et contentemens dont les fideles iouissent : matiere non moins profitable que delectable a tous amateurs de la parolle de dieu, de la poesie et de la peinture ; par le seigneur Jean Vander Noot. *Londres, chez Jean Day,* 1568, pet. in-8., sign. A — OIV. [13808]

Volume fort rare, lequel renferme une épître dédicatoire à la reine Elisabeth. Un exemplaire a été vendu jusqu'à 6 liv. 10 sh. Heber, quoique les vers l'eussent piqué.
La traduction anglaise du même ouvrage, *London, by Henry Bynneman,* 1569, pet. in-8. goth. de 276 pp. avec fig. sur bois, n'est pas moins rare que l'original, et l'on y remarque les premières productions de la muse de Spenser, sous le titre d'*Epigrams and sonnets.* Vend. 22 liv. Bindley ; 15 liv. 4 sh. 6 d. Saunders ; 6 liv. 6 sh. Hibbert ; 8 liv. Heber.

— Abrégé des douze livres olympiades composez par le S. Iehan Vander Noot, patrice d'Anvers (titre en flamand et en français). *En Anvers, de l'imprimerie de Giles Van den Rade,* 1579, pet. in-fol. de 8 ff. prélim. et 87 pp. de texte. [13809]

Ouvrage en vers français et flamands, orné de 17 fig. en taille-douce, assez jolies, et du portrait de l'auteur. 7 fr. 20 c. La Vallière ; 49 fr. Bearzi. On a du même auteur : *Lofsang van Braband,* également en flamand et en français, *Anvers,* 1580, in-fol., avec fig. — Les deux ouvrages réunis aux *Poetiesche Werken* de Vander Noot, *Anvers,* 1584, in-fol. fig. 12 flor. Meerman, et 5 liv. Heber.
Les *Poetiesche Werken,* ont été réimpr. à *Anvers,* en 1590, en 1593 et en 1594, in-fol. avec fig. [15612]

VANDER VINCKT (*L.-Jos.*). Troubles des Pays-Bas, depuis 1495 jusqu'en 1609 (revu pour le style par M. de Mean). *Bruxelles, imprimerie royale,* 1765, gr. in-4. de 4 et 942 pp. [25001]

Livre de la plus grande rareté. Nous avons eu communication de l'exemplaire de la Biblioth. impér. paya 280 fr. à la vente de M. Neuwens, faite à Bruxelles, en avril 1811 ; il s'y trouve joint une notice manuscrite qui renferme des détails curieux sur cette rareté typographique, et qui nous fournit les particularités suivantes. L'ouvrage fut entrepris à la réquisition du comte de Cobenzl, alors ministre impérial dans les Pays-Bas ; on n'en tira que cinq exempl., dont un fut envoyé à l'impératrice Marie-Thérèse, et les quatre autres se distribuèrent aux principaux membres du gouvernement autrichien. Le frontispice n'a point été imprimé, en sorte que le titre que nous avons rapporté ci-dessus est manuscrit dans les exemplaires ; celui qui se trouvait à la vente de Th. Jonghe, faite en 1860, s'est vendu 330 fr. Au surplus, cette édition a beaucoup perdu de son importance depuis les deux réimpressions qui en ont été faites, la première sous le titre suivant :

HISTOIRE des troubles des Pays-Bas....., avec un discours préliminaire et des notes par F. B. D. R. (Franç. baron de Reiffenberg). *Bruxelles, Lacrosse*, 1822, 3 vol. in-8. 18 fr.

La seconde, *corrigée, quant au style, et augmentée d'un discours préliminaire et de notes, ainsi que de pièces inédites, par J. Tarte, cadet*, Bruxelles, Hublou, 1822-24, 4 vol. in-8? Le 4ᵉ vol. renferme les morceaux qu'on avait d'abord cru devoir élaguer, les notes de l'éditeur et des pièces inédites.

Il existe une traduction allemande du même ouvrage, *Zurich*, 1793, 3 vol. in-8., et aussi une traduction hollandaise, *Amsterdam*, 1823, 3 vol. in-8.

L'Annuaire de l'Académie de Belgique, année 1859, contient une notice du baron de Saint-Genois sur Vander Vinckt et sur les éditions de son Histoire des troubles des Pays-Bas.

VAN DYCK (*Ant.*). Icones principum, virorum doctorum, pictorum, chalcographorum, etc., numero centum, ab Ant. van Dyck ad vivum expressæ ejusque sumptibus æri incisæ. *Antuerpiæ, Gillis Hendricx*, in-fol. [30455]

Vend. 38 fr. *mar. bl.* La Vallière; et avec 14 estampes ajoutées, 60 fr. Lamy; et en 130 pl., 131 fr. Reina. Un exemplaire contenant 97 portr. grav. d'après Van Dyck, avec l'adresse de *Van den Enden*, et de plus 11 portraits grav. à l'eau-forte par Van Dyck lui-même, 250 fr. Borluut, nᵒ 988.

Cette suite est quelquefois composée de 121 pièces, y compris le frontispice et les portraits à l'eau-forte, gravés par Van Dyck lui-même. Les premières épreuves, très-rares, sont celles qui portent le nom de *Vanden Enden*, premier possesseur de ces planches; *Gilles Hendricx* ne les a eues qu'après. Tous les exemplaires ne sont pas sans date, car il s'en trouve avec des titres datés de 1636 et de 1646. Un de ces derniers, contenant 100 portraits, a été porté à 810 fr. à la vente faite au château de Bercy, en 1860.

— Le Cabinet des plus beaux portraits de plusieurs princes et princesses, des hommes illustres, etc., peints par Van Dyck, gravés en taille-douce par les meilleurs graveurs. *Anvers, Verdussen* (sans indication d'année), ou *Bruxelles*, 1728, 2 vol. in-fol. 48 à 72 fr.

Dans l'édition d'Anvers les gravures sont moins fatiguées que dans celle de Bruxelles.

On trouve quelquefois séparément, soit la prem. partie, soit la seconde; cette dernière est composée de 49 portraits; et il y a des exemplaires dont le titre porte : *Amsterdam*, ou *La Haye*, 1728.

— ICONOGRAPHIE, ou vies des hommes illustres du XVIIᵉ siècle, écrites par M. V., avec les portraits peints par Ant. Van Dyck, et gravés sous sa direction. *Amsterdam*, 1759, 2 vol. in-fol. 40 à 48 fr. [30456]

Édition la plus complète, mais qui ne renferme que des épreuves fort médiocres. Le prem. vol. contient 55 portraits, et le deuxième, 70.

ANTONI VAN DYCK'S Bildnisse bekannter Personen. Iconographie ou le Cabinet des portraits d'Ant. Van Dyck, par Ignaz Van Szwykowski. *Leipzig, R. Weigel*, 1859, in-8. 3 thl. Extrait des tomes IV et V de *Naumann's Archiv für zeichnende Künste*.

PICTORICAL notices consisting of a memoir of sir Anthony Van Dieck, with a descriptive catalogue of the etchings executed by him, and a variety of interesting particulars relating to other artists patronized by Charles I, collected from original documents by Will. Hoockham Carpenter. *London, Jam. Carpenter*, 1844, in-4. avec 2 pl. [31088]

Tiré à très-petit nombre.

VAN ESPEN (*Zeg.-Bern.*). Jus ecclesiasticum universum, cum supplemento. *Lovanii* (*Parisiis*), 1753-59, 5 vol. in-fol. 30 à 40 fr. [3189]

Le supplém. a été publié sous la date de *Bruxelles*, 1759, par Gabr. du Pac de Bellegarde. Quand on l'achète, il faut voir s'il n'y a pas une lacune de la p. 416 à la p. 484.

Les 5 vol. ont été réimpr. en 1778; mais dans cette réimpression ne se trouvent pas les mémoires qui remplissent les pp. 416-84 de l'édit. de 1759. Ces mémoires, au nombre de onze, ont paru, avec cinq autres qu'on y a ajoutés, sous le titre d'*Avis aux princes catholiques, ou mémoires des canonistes célèbres sur les moyens de se pourvoir contre la cour de Rome, soit pour les bulles de prélature, soit pour les empêchements dirimans (publié par Louis-Théod. Hérissant)*, Paris, 1768, 2 vol. in-12.

Le *Jus ecclesiasticum* a encore été réimprimé à *Venise*, 1781, 10 tom. en 5 vol. in-fol., et aussi en partie à *Madrid*, 1791, 3 vol. in-fol.

Josse Leplat a fait paraître à Louvain, au commencement de l'année 1792, le *Conspectus* d'un nouveau supplément aux Œuvres de Van Espen, qui devait en former le 6ᵉ vol., mais qui n'a pas été imprimé.

— VAN ESPEN. Étude historique sur l'Eglise et sur l'Etat en Belgique, par F. Laurent. *Bruxelles*, 1860, in-12.

VAN EYDEN (*Roland*). Voyez à l'article HOUBRAKEN (*Arn.*).

VAN GEEL. Sertum botanicum : collection choisie de plantes les plus remarquables par leur élégance, leur éclat ou leur utilité, formée par une Société de botanistes, et publiée par P.-C. Van Geel. *Bruxelles*, 1827 et ann. suiv. pet. in-fol. [5032]

Cet ouvrage devait être composé de 800 sujets enluminés. Il a été publié par livraisons de 6 pl., avec texte, au prix de 7 fr. par livr., mais non terminé.

VAN HEELU. Voyez HEELU. — Van Helpen. Voyez ESCALIER des sages. — Van Herst. Voyez VAN ZYLL.

VAN HULLE (*Anselmus*). Pacis antesignani, sive icones legatorum, plena potestate instructorum, qui nomine Pontif. Max., imperatoris, regum et rerum pu-

---

Van Even (*Edw.*). Louvain monumental, 25059.
Van Eynde (*Aug.*). Inscriptions de Malines, 25064.
Vangerow (*C.-A.* de). Lehrbuch der Pandecten, 2498.
Van Hall (*L.-C.*). M. Val. Messala, 30443.
Van Hall (*H.-C.*). Flora belgica, 5129.
Van Hasselt (*G.*). Vaderlandsche Kluchtspelen, 16837.
Van Hasselt (*André*). Voyage au bord de la Meuse, 20284. — Hist. de la poésie française en Belgique, 30128. — Biographie nationale (Belgique), 30491. — Histoire de Rubens, 31088.
Vanhende (*Edouard*). Numismatique lilloise, 34937.
Van Heussen (*H.-F.*). Episcopatus belgicus, 21468.

Vander Wiel (*C.* Stalpartius). Observations, 7421.
Vandeveld (*L.*). Campagne d'Italie, en 1859, 8796.
Van Diemenland, 28334.
Van Drival. Légendaire de la marine, 22060.

blicarum ad pacem universam consti-
tuendam Monasterium Westphalorum,
et Osnabrugam convenerunt, magno
studio ad vivum expressæ per Anselmum
Van Hulle. *Antuerpiæ*, 1648, gr. in-fol.
[23080]

Première édition de ce recueil de 87 portr. gravés
par P. de Jode, Borrekens, Galle, Pontius, etc. Ce
doit être là le premier tirage des portraits des plénipotentiaires de Munster, dont une édition d'Anvers, 1691, in-fol., rel. en *mar. r.*, est porté au
prix excessif de 225 fr. dans le catalogue Bertin,
n° 210.

Les mêmes planches ont encore été reproduites dans
le recueil suivant :

PACIFICATORES orbis christiani, sive icones principum, ducum et legatorum qui Monasterii atque
Osnabrugæ pacem Europæ reconciliarunt, quosque
singulos ad nativam imaginem expressit A. Van
Hulle... nunc demum post mortem viri illustris in
lucem editæ et descriptione recens auctæ. *Rotterodami, typis Petri Van der Slaart*, 1697, gr.
in-fol.

Suite de 131 portr. gravés par P. de Jode, P. et Corn.
Galle, Waumans, etc. 43 fr. Borluut, et quelquefois
plus cher.

Le même recueil a paru sous cet autre titre :

LES HOMMES *illustres qui ont vécu dans le*
XVII° *siècle, les principaux potentats, princes,
ambassadeurs et plénipotentiaires qui ont assisté
aux conférences de Munster.* Amsterdam, 1717,
in-fol.

VANIÈRE (*Jac.*). Dictionarium poeticum.
Lugduni, 1722, in-4. 6 à 9 fr. [12454]

— Prædium rusticum. *Parisiis, Barbou,*
1774, pet in-8. 3 à 4 fr. [12943]

— Alia editio (cum vita Vanierii). *Paris.,
Barbou,* 1786, in-12. 4 à 5 fr., et plus
en pap. fin.

Réimpr. chez Delalain, en 1817, in-12.
L'édition de *Toulouse*, 1730, in-12, fig., quoique estimée, n'est pas chère, non plus que *Vanierii
opuscula*, Parisiis, 1730, in-12. [12944]

ŒCONOMIE rurale, traduction du poëme de Vanière, intitulé *Prædium rusticum*, par (L.-Et.)
Berland (d'Halouvry). *Paris*, 1756, 2 vol. in-12.
6 à 8 fr.

VANINI (*Jul.-Cæs.*). Amphitheatrum æternæ providentiæ divino-magicum. *Lugd.,
de Harsy*, 1615, in-8. 6 à 9 fr. [2268]

— De admirandis naturæ, reginæ deæque
mortalium, arcanis libri IV. *Lutetiæ,
Perier*, 1616, pet. in-8. 6 à 9 fr. [2269]

Deux ouvrages qui ont contribué à la condamnation
de l'auteur : réunis, ils valaient autrefois de 20 à
30 fr.; vend. 16 fr. m. bl. Maucune ; 21 fr. Chardin ;
12 fr. 50 c. Nodier, en 1830, et en *mar. bl.* 50 fr.
50 c. chacun, Renouard.

DE VITA et scriptis famosi atheii Julii-Cæsaris
Vanini, tractatus singularis in quo genus, mores
et studia cum ipsa morte horrenda, e scriptis suis
et rarioribus et aliis fide dignis auctoribus selecta
sunt, et ne cui offendiculo forent, errores illius
simul sunt refutati a Joh.-Maur. Schramm. *Custrini, Godofr. Heinechius*, 1709, in-4. — Editio
secunda, aucta et correcta, *Custrini*, 1715, pet.
in-8.

ŒUVRES philosophiques de Vanini, trad. pour la
première fois par M. X. Rousselot. *Paris, Gosselin*, 1842, gr. in-18.

David Durand a écrit *La Vie et les sentiments de
Lucilio Vanini*, Rotterdam, 1717, pet. in-8.,
et P.-Fréd. Arpe, *Apologia pro J.-C. Vanino*,
Cosmopoli, 1712, pet. in-8. [30746]

HISTOIRE véritable de l'exécrable docteur Vanini,
autrement nommé Luciolo, brûlé tout vif ce qua-
resme dernier à Tholose. *Paris, Soubron*, 1619,
pet. in-8. Pièce rare.

VAN LEEUWENHOEK. Voyez LEEU-
WENHOEK.

VAN LIDTH de Jeude (*T.-G.*). Recueil de
figures des vers intestinaux, ouvrage
présentant une distribution méthodique
de ces animaux, les caractères généraux
et particuliers de leurs familles et de
leurs genres, principalement suivant le
système de Rudolphi, et la description
de quelques espèces les plus remarquables. *Leyde, Luchtmans*, 1829, in-fol.
obl., avec 11 pl. lithogr. 24 fr. [6173]

VAN LOON (*Jean*) et *Nic*. Jantz Vooght.
Le nouveau, grand et illuminant flam-
beau de la mer, traduit de flamand en
franç. par Pierre-Fr. Silvestre, et publié
par J. van Keulen. *Amsterd.*, 1682-87,
5 vol. gr. in-fol. [19735]

Cet atlas, passablement exécuté, était recherché autrefois (un exemplaire enluminé a été vendu 150 fr.
chez Gaignat, en 1769) ; mais il a très-peu de valeur
maintenant.

Le grand nouvel atlas de la mer, publié par le même
Jean van Keulen, *Amsterd.*, 1699, in-fol. de 160 cartes, est aussi peu recherché que le recueil précédent auquel il fait suite.

VAN LOON (*Ger.*). Histoire métallique
des XVII Provinces-Unies des Pays-Bas,
depuis l'abdication de Charles V jusqu'en 1716, trad. du hollandais (par
Prevost et van Effen). *La Haye*, 1732-37,
5 vol. in-fol. fig. 40 à 50 fr.; — Gr. Pap.
50 à 60 fr. [25153]

Le texte hollandais de cette histoire a été impr. à
La Haye, 1723-31-34, 5 vol. in-fol. fig.

Le même auteur a donné une *Histoire des anciens
empereurs, rois, ducs et comtes de Hollande* (en
hollandais), s'*Graavenhaage* (La Haye), 1734,
2 vol. in-fol. fig. Vend. 69 fr. La Serna, sans avoir
cette valeur.

On réunit ordinairement aux 7 vol. de *Van Loon*,
en hollandais, les deux ouvrages suivants :

FR. VAN MIERIS, Historie der Nederlandsche
Vorsten, sedert Graaf Albert, tot den dood van Keyser Karel V, 's Hage, 1732-34, 4 vol. in-fol.

BESCHRYVING van Nederlandsche historie-penningen, ten vervolge op G. van Loon. *Amsterd.*,
1821-48, 5 part. in-fol. publiées par la seconde
classe de l'Institut néerlandais. 25 flor. de Holl.

Vanier (*E.-A.*). Clef des participes, 10997.

Van Iseghem (*A.-F.*). Biographie de Thierry Martens, 31252.

Van Kampen. Littérature des Pays-Bas, 30125.

Van Lier. Serpents, 5846.

Van Loben Sels (*E.*). Campagne de 1815 dans les
Pays-Bas, 8778.

Vend. (en 10 vol.), sans ce dernier article, 60 flor. Meerman.

— VERVOLG op van Loon's Nederlandsche historie-penningen. Uit te geven door de Commissie uit de « Akademie van Wetenschappen » (Mr. J. Dirks, Dr. L. Ph. C. van den Bergh, Mr. J. van Lennep, Dr. C. Leemans).

Cette nouvelle suite à l'*Histoire métallique* de van Loon, en 5 parties, formant ensemble 1 vol. de 500 pages in-fol. avec environ 40 planches, était en cours de publication chez Fr. Müller, à Amsterdam, en 1859.

VANNEL. Voyez GALANTERIES.

VANNETTI (*Clementino*). Opere italiane e latine. *Venezia, tipogr. d'Alvisopoli*, 1826-31, 8 vol. petit in-8. avec portrait. [19236]

Recueil publié par les soins de l'Académie de Rovereto. Il en a été tiré quelques exemplaires sur pap. vélin, et des trois derniers volumes un plus petit nombre que des autres. Les ouvrages suivants du même auteur ne sont pas compris dans ces 8 vol., savoir : *Epistolario scelto*, Venetia, 1831, in-16 ; — *L'Educazione litteraria del bel sesso*, Milano, 1835, in-8. ; — *Prose e poesie inedite*, 1836, 2 part. in-8. ; — *Lettere inedite di Clem. Vannetti e d'Ippolito Pindemonte*, Verona, Antonelli, 1839, in-8.

VANNEUS. Recanetvm de mvsica avrea, a magistro Stephano Vanneo recinensi eremita avgvstiniano in Ascvlana ecclesia chori moderatore nuper æditum, & solerti studio enucleatum, Vincentio Rosseto veronensi interprete. *Romæ, apud Valerium Doricvm brixiensem, Anno Virginei Partus*, M. D. XXXIII, pet. in-fol. avec de la musique notée. [10134]

Panzer n'a pas cité ce traité, dont voici la description : 4 ff. prélim. pour l'épître dédicat. et la table ; au recto du 2e f. une grande pl. en bois, représentant Apollon et les Muses. Texte imprimé en lettres rondes, 93 ff. chiffr., sign. A–R.

VANNINI (*Giuseppe*). Elementi di architettura civile per uso degli alunni dell'Accademia di belle arti in Firenze. *Firenze, Pagani*, 1818, in-fol. fig. 20 fr. [9720]

VANNIUS. Passio Christi ab Vdalrico Vannio metrice exarata. (à la fin): *Impressum in Durlach per fratrem Nicolaum Keibs, ordinis sancti Joann anno Jhesu* M. D. XII, in-4. de 4 ff. ; sur le titre la fig. du Christ en croix.

Opuscule curieux comme étant la seule production connue de la presse de ce religieux, et la première qu'ait produite la petite ville de Durlach, où un autre imprimeur a fait paraître, dix-huit ans plus tard, un livre que Panzer, VIII, p. 332, indique sous ce titre :

ANNOTATIO seu Breuiarium rerum memorabilium ac magis insignium a nato Christo usque ad nostra tempora gestarum. Ex probatissimis historiogra-

phis industrie selectarum. Opusculum novum, et antehac nunquam in lucem editum. *Turrelaci per Valentinum Kobian An.* 1530. (à la fin) : *Turrelacum excusum mense Maio*, in-4.

VANNIUS (*Valent.*). De missa integra historia, ex sanctis evangelistis, apostolis, prophetis, veteribus recensioribusq scriptoribus ecclesiasticis, conciliis, pontificum decretis, et constitutionibus congesta, per D. Valentinum Vannium, adversus librum Ioannis Fabri... de opinata et falso dicta evangelica Missa. *Tubingæ, ex officina viduæ Uldalrici Mohardi*, 1568, 2 tom. en 1 vol. in-4. [2073]

La première partie a XVI et 128 ff. ; la seconde, un titre, 154 ff., plus un dernier f. au verso duquel est la souscription : 19 fr. Gaignat ; 15 fr. La Valliere. L'ouvrage du docteur Jean Faber, auquel répond celui-ci, est écrit en allemand ; il a été trad. en latin par Laur. Surius, sous ce titre :

JOAN. FABRI Hailbrun. Libri quinque de missa evangelica, et de veritate corporis et sanguinis Christi in Eucharistiæ sacramento... *Paris., Guil. Guillard*, 1567, in-16. Peut-être existe-t-il une édition plus ancienne de cette traduction.

Citons encore :

VALENTINI Vannii pastoris ecclesiæ, quæ est in Candstadt, judicium de Missa. *Tubingæ*, 1557, pet. in-8. sign. A–P. feuillets non chiffrés.

VANNOZZO (*Franc.* di). Rime. *Padova, al seminario*, 1825, gr. in-4. [14457]

Poésies publiées d'après un manuscrit du XIVe siècle, par Nic. Tommaseo, qui y a joint ses notes et deux sonnets de Dante, impr. pour la première fois. Il en a été tiré des exemplaires sur pap. vélin.

VAN PRAET (*Joseph*). Catalogue des livres imprimés sur vélin, avec date, depuis 1457 jusqu'en 1472. *Paris, De Bure frères*, 1813, 2 part. en 1 vol. gr. in-fol. de 544 pp., non compris les titres ni les pages (1 à 26) placées entre les pp. 20 et 21. [31448]

Cet ouvrage précieux a été imprimé aux frais de l'auteur, qui, l'ayant commencé sur un plan trop vaste, s'est vu forcé de le laisser inachevé, et n'a pas cru devoir le publier. L'édition entière en a donc été détruite, à l'exception des deux exemplaires impr. sur VÉLIN, et de sept autres imprimés sur papier, y compris celui de l'imprimeur. L'un des exempl. sur VÉLIN appartient à la Bibliothèque impériale ; l'autre, que possédait M. De Bure le jeune, a été acquis à sa vente, pour M. Sobolewski, résidant à Moscou.

Les exemplaires sur papier se trouvent maintenant : 1° à la Biblioth. impér. ; 2° chez M. Van Praet, neveu ; 3° chez le mari de la nièce de M. Van Praet ; 4° à la bibliothèque de la ville de Bruges ; le 5e, celui de M. J. De Buré (vendu 258 fr.) ; le 6e, celui de M. J.-J. De Bure (vendu 484 fr.) ; 7° l'exempl. de l'imprimeur nous a été adjugé au prix relativement modique de 80 fr., en décembre 1837.

L'impression de ce beau catalogue a été commencée chez Ch. Crapelet père, en 1805, et ensuite continuée par G.-A. Crapelet, son fils. Elle n'était encore parvenue qu'à la page 316, où finissent les éditions

---

Van Mons (*J.-B.*). Arbres fruitiers, 6482.
Van Moock (*S.-J.-M.*). Dictionn. hollandais, 11209.
Vannetti (*G.*). Dialetto roveretano, 11133.
Vannier (*Hippol.*). Tenue des livres, 4182.

Vanotti (*J.-N.* von). Geschichte der Grafen von Montfort und von Werdenberg, 26590.
Van Praet (*Jules*). Origine des communes, 24961.
— Histoire de Flandre, 25083.

de 1471, lorsque survinrent les événements de 1814. Alors le titre de Bibliothèque royale ou de Bibliothèque du roi fut substitué à celui de Bibliothèque impériale, ainsi qu'on peut le remarquer à la p. 318. Plus tard, lors de la seconde invasion, la Bibliothèque du roi ayant été contrainte de rendre un grand nombre de livres précieux que lui avaient procurés nos victoires en Allemagne et en Italie, Van Praet en conçut un véritable chagrin, ce qui le détourna pendant quelque temps de son catalogue. Enfin il le reprit avec activité, et l'impression du volume entier, y compris le supplément, les additions et les tables, paraît avoir été terminée en 1817. Les notes qui se trouvent à la fin de chaque article devaient originairement être placées à la fin du volume; et comme c'est sur ce plan qu'avaient d'abord été imprimées les 20 premières pages, on fut obligé de les mettre de nouveau sous presse, pour les faire cadrer avec le reste de l'ouvrage; mais les additions qu'y fit l'auteur nécessitèrent 26 nouvelles pages, qu'il fallut intercaler entre la 20e et la 21e, en répétant le chiffre 20 jusqu'à 26 fois. L'ouvrage était en cet état, lorsque Van Praet se détermina à le supprimer, à le recommencer sur un plan plus resserré, et à le reproduire dans le format in-8. et par ordre de matières. Le titre de l'in-fol. ne fait connaître que très-imparfaitement l'ouvrage dans lequel, indépendamment des 73 éditions imprimées sur VÉLIN, de 1457 à 1472, sont décrites plus de 400 autres éditions du XVe siècle, des plus précieuses, qui n'ont été imprimées que sur papier. Ainsi, donc, à l'occasion d'une édition de Cicéron, d'une édition de Virgile, etc., le savant bibliographe nous donne la description des autres éditions de chacun de ces auteurs qui ont été mises au jour avant l'année 1480. Dans ces descriptions, faites avec l'exactitude la plus scrupuleuse, Van Praet a eu soin de rendre fidèlement les souscriptions de chaque livre, d'indiquer les exemplaires connus, de marquer la mesure de ceux que possède la Biblioth. impér., enfin de donner tous les détails typographiques et bibliographiques qui peuvent intéresser les bibliophiles. C'est ainsi qu'aux pages 15 et suiv. on trouve une note étendue sur la bibliothèque de Mathias Corvin et sur les mss. qui en proviennent; à la p. 21, des détails sur l'imprimerie de Gutenberg; à la page 35, d'autres détails curieux sur l'imprimerie de Mentelin; à la page 72, des vers latins inédits du poète Baïf; à la page 98, la description d'anciennes reliures faites de 1467 à 1470; à la page 118, une notice sur les célèbres bibliophiles Grolier, Maioli, Loryns, et sur les reliures de leurs livres. Aux pages 201 et suiv., une liste descriptive des manuscrits, annotés de la main de Pétrarque, qui se trouvent à la Bibliothèque impériale et ailleurs. Toutes ces particularités, et une quantité d'autres que nous pourrions encore indiquer, font de ce catalogue un des livres de bibliographie les plus curieux que nous connaissions. L'édition in-8. ne peut nullement en tenir lieu.

— Catalogue des livres imprimés sur vélin de la Bibliothèque du roi. *Paris, De Bure* (*imprim. de Crapelet*), 1822-28, 6 tom. en 5 vol. gr. in-8., y compris le supplém. Tiré à 200 exempl. 47 fr. 50 c.

L'importance et la grande valeur des livres décrits, l'exactitude rigoureuse des descriptions, et les anecdotes curieuses qui les accompagnent, donnent de l'intérêt à cet excellent catalogue. Au moment où il parut, la Bibliothèque impériale possédait déjà 1467 articles imprimés sur VÉLIN, et ce nombre s'est encore accru depuis, ainsi qu'on peut le voir dans le supplément et dans le catalogue ci-après, suite nécessaire de celui-ci, auquel aujourd'hui on pourrait ajouter un second supplément plus considérable que le premier.

— Catalogue de livres imprimés sur vélin qui se trouvent dans des bibliothèques tant publiques que particulières. *Paris,*

De Bure, 1824-28, 4 vol. gr. in-8., tiré à 200 exempl. 37 fr. 50 c.

Les 9 vol. en pap. vél. coûtent 140 fr. Il en a été tiré un seul exemplaire sur VÉLIN, que Van Praet a déposé à la Bibliothèque impériale.

— Catalogue du duc de La Valliere. Voyez DE BURE (*Guill.*).

— NOTICE sur Colard Mansion, libraire et imprimeur de la ville de Bruges, en Flandre, dans le XVe siècle. *Paris, De Bure frères*, 1829, gr. in-8. pap. vél., avec 4 fac-simile, 9 fr. [31252]

Morceau biographique et bibliographique, rédigé avec une grande exactitude. Il a été tiré quelques exemplaires sur Gr. Pap. vélin, 15 fr., et un seul sur VÉLIN.

— RECHERCHES sur Louis de Bruges, seigneur de La Gruthuyse; suivies de la notice des manuscrits qui lui ont appartenu, et dont la plus grande partie se conserve à la Bibliothèque impériale. *Paris, De Bure frères*, 1831, gr. in-8. avec 5 fig. 15 fr. [31370]

Ouvrage rempli de recherches curieuses. Il y en a aussi des exempl. en très Gr. Pap. vél., 25 fr., et un seul sur VÉLIN.

— INVENTAIRE, ou catalogue des livres de l'ancienne bibliothèque du Louvre, fait en l'année 1373, par Gilles Mallet; précédé de la notice de Boivin le jeune, sur la même Bibliothèque, etc., avec des notes historiques et critiques. *Paris, De Bure,* 1836, gr. in-8. pap. vél. [31369]

Ces cinq ouvrages ne portent point de nom d'auteur; mais tout le monde sait qu'ils sont de Van Praet, mort en février 1837, après avoir rempli avec une assiduité exemplaire et de la manière la plus distinguée, pendant un demi-siècle, le poste important de conservateur des livres imprimés de la Bibliothèque impériale. Indépendamment de son catalogue des livres impr. sur vélin, Van Praet a laissé à la Bibliothèque impériale d'innombrables notices écrites de sa main, ce qui prouve qu'il s'est constamment occupé à préparer le catalogue de cet établissement, et que si des circonstances particulières, autant peut-être que l'insouciance bien connue de plusieurs de ses anciens collaborateurs, l'ont empêché de terminer le grand catalogue dont il surveillait l'impression en 1789, il n'a cependant mérité en aucune manière les vifs reproches qu'on lui a faits à ce sujet, dans la *France littéraire*, VIII, p. 407. Et d'ailleurs, avant de continuer ce catalogue, il était nécessaire de placer dans les nouvelles galeries établies aux étages supérieurs les livres provenant des dépôts nationaux, et qui pendant quinze ans étaient restés amoncelés dans un des grands escaliers et dans des rez-de-chaussée de la Bibliothèque. Or, ce travail préparatoire, qui est à peine terminé aujourd'hui, était encore l'objet des soins assidus de Van Praet lorsqu'une attaque de paralysie, qui précéda de peu d'années sa mort, vint le lui rendre impossible.

VAN RHEEDE (*H.*). Hortus indicus malabaricus (continens regni malabarici plantas rariores ad vivum exhibitas, addita insuper accurata earumdem descriptione per H. van Rheede, van Draakenstein et Joannem Casearium, notas adauxit Arn. Syen). *Amstelod.*, 1678-1703, 12 vol. in-fol. fig. [5226]

Ouvrage estimé, et dont les exemplaires complets ne sont pas communs; les premiers volumes ont reparu en 1686, avec un titre différent, mais il n'y a de choix à faire, entre les deux sortes d'exemplai-

Van Reenen (*Jac.*). Voyage, 20902.

res, que pour les épreuves des gravures. On ajoute ordinairement à ces 12 vol. :

Gasp. Commelini Flora malabarica, sive horti malabarici catalogus. *Lugd.-Batavor.*, 1696, seu 1718, in-fol. [5227]

Vendu ainsi complet, 721 fr. La Valliere; 1061 fr. de Limare; 425 fr. Pappenheim; 18 liv. 18 sh. Hibbert; 235 fr. de Jussieu.

Voici l'indication des planches contenues dans chaque volume : Tome I, 57 pl.; II, 56 pl.; III, 64 pl.; — IV, 61 pl.; — V, 60 pl.; — VI, 61 pl.; — VII, 59 pl.; — VIII, 51 pl.; — IX, 87 pl.; — X, 94 pl.; — XI, 65 pl.; — XII, 79 pl.

On peut encore annexer à cet ouvrage :

Flora malabarica, sive index in omnes tomos Horti malabarici; conscripsit Joan. Burmannus. *Amstelod.*, 1769, in-fol. de 16 ff. — et Schlüssel zum Hortus malabaricus, etc. Clef pour l'*Hortus malabaricus*, ou triple index de cet ouvrage, par A.-G. Dennstedt. *Weimar*, 1819, in-4.

M. du Petit-Thouars a donné des détails fort curieux sur ce grand ouvrage, dans la Biographie universelle, article *Rheede*.

VAN SICHEM (*Chr.*). Bibels Tresoor ofte der Zielen Lusthof, vytgibeelt in Figuren, door verscheyden Meesters, ende gesneden, door Chr. Van Sichem, *T' Amsterdam, by P. I. Paets*, 1646, in-4. [344]

Suite de 797 pl. grav. sur bois d'après différents maîtres, et d'une exécution assez médiocre; elle est peu connue en France. 67 fr. Riva, et quelquefois moins.

VAN SWIETEN (*Ger.*). Commentaria in Herm. Boerhaave Aphorismos de cognoscendis et curandis morbis. *Parisiis*, 1755 et 1771-73, 5 vol. in-4. 20 à 25 fr. [7083]

Ouvrage estimé. Il en a été fait plusieurs éditions en Hollande; la première est de 1745-72, la dernière de 1780. Celle-ci est préférée, parce qu'on trouve à la fin du tome V un supplément daté de 1776, contenant des *Indices in V tomos, etc.*, qui ne sont point dans les éditions de *Paris*.

— Constitutiones epidemiæ, 7206.

VANTO delli Paladini. Voyez Fioretto.

VANTO (il) del Fariseo spagnuolo, nel quale si contengono la vanita delle proprie laudi, e'l dispregio del Publican franzese, e d' altri eletti, con l' errore del Papa, se gli crede. *Lione, T. Ancellino*, 1595, in-8. [14683]

Poëme contre la ligue, suivi d'un sonnet à *madama Liga*. Il est orné d'un portrait d'Henri IV, gravé sur bois.

VANTO della cortegiana. Voyez Lamento et l'article Verini (*J.-B.*)

VAN VAINEN. Voyez Emblemata.

VANVITELLI (*Luigi*). Voy. Dichiarazione.

Vansleb (le P.). Voyage en Égypte, 20791. — Église d'Alexandrie, 21546.
Van Tenac. Histoire de la marine, 8445.
Van Velthem (L.). Spiegel histor. of Rymspiegel, 15021.

VAN WELEVELD et Okellii. Armorial général du royaume des Pays-Bas, tiré des archives et publié par ces deux employés au conseil suprême de la noblesse. (*sans lieu d'impression*), in-fol., 24 pl. gravées.

Recueil que M. Joannis Guigard dit être fort rare.

VAN ZYL (*Joan.*). Theatrum machinarum universale (belgice). *Amstelodami*, 1734, in-fol. fig. [8176]

On joint ordinairement à cet ouvrage le suivant :

Theatrum machinarum universale a Tileman Vander Horst, in æs incisum a Jo. Schenk (belgice). *Amstelod.*, 1736-39, 2 vol. in-fol., réimpr. en 1757. [8177]

Les 3 vol. réunis, 100 fr. Camus de Limare, et moins cher depuis.

VARAMUND. De furoribus gallicis. horrenda et indigna admirallii Cast: onei, nobilium atque illustrium virorum cæde scelerata ac inaudita piorum strage, passim edita per complures Galliæ civitates, sine ullo discrimine generis, vera et simplex narratio : Ernesto Varamondo frisio auctore. *Edimburgi*, 1573, pet. in-8. [23530]

Vend. 13 fr. 50 c. (avec d'autres pièces) Mac-Carthy.

Cette pièce intéressante est attribuée, ou à Fr. Hotman, ou à Hubert Languet, car le nom de Varamund est un pseudonyme. Outre cette édit. in-8., qui est rare, et que quelques personnes regardent comme l'originale, il en existe une pet. in-4., sous la même date et également sous la rubrique d'Edimbourg. Cette dernière a cxxx pp. 12 fr. *m. bl.* Le Fèvre ; 6 fr. Méon ; 5 fr. Coste.

L'ouvrage a été réimpr. à Londres, *ex officina Henrici Bynneman*, 1573, in-8., 17 sh. Sykes; — aussi sous le titre d'*Historia tragica de furoribus gallicis, etc.*, Lugd.-Batav., Bartholomeus a Bilt, 1599, pet. in-8.; et enfin sous le titre d'*Appendix sive historia tragica de furoribus gallicis...* 46 pp. à la suite de l'ouvrage intitulé *Origo et historia belgicorum tumultuum, et historia tragica de furoribus gallicis*, Lugd.-Bat., 1619, pet. in-8. fig. — Voyez Eremundus.

— Discours simple et véritable des rages exercées par la France, des horribles et indignes meurtres commis ès personnes de Gaspard de Coligni, etc., traduit en françois du latin d'Ernest Varamond. *Bâle, Pieter Wallemand*, 1573, pet. in-8. de 130 p.

Cette traduction est plus rare et plus recherchée que l'original : 18 à 24 fr. : vend. 60 fr. Duriez; 41 fr *mar. v.* Veinant.

La même relation existe sous le titre suivant :

Histoire des massacres et horribles cruautez commises en la personne de messire Gaspard de Colligny et autres seigneurs..... tant à Paris qu'en autres lieux du royaume, le 24 jour d'aoust 1572 et jours suivants; traduite du latin, en plus les lettres, édits et déclarations du roi touchant lesdits massacres. (*sans lieu d'impression*), 1573, pet. in-8.,

Vapereau (*G.*). Dictionnaire universel des contemporains, 30468.

contenant XLIX pp. et un errata, plus: *Discours du gouvernement d'estat de la vraye église , par L. M. S.*, 6 ff. non chiffrés (en vers); enfin les Lettres, XXXVI pp. 50 fr. *mar. r.* Coste.

La traduct. anglaise du même ouvrage, publiée sous le titre de *Striveling*, 1573, in-8. de 143 pp., sans les prélimin., vaut de 2 à 3 liv. en Angleterre. Elle a été réimpr. dans le 7ᵉ vol. de l'*Harleian miscellany.*

VARANO (*Alfonso*). Opere scelte. *Milano, tipogr. de' classici italiani,* 1818, in-8. portr. 7 fr. [14601]

Bon choix , contenant les *Visioni sacre, il Demetrio, il Giscala,* et quelques églogues et *canzoni* regardés comme classiques. On y a joint une notice sur la vie de l'auteur, par Fr. Reina. Un exemplaire impr. sur VÉLIN, le seul tiré, 70 fr. Reina.

Un autre choix, plus étendu, a été impr. à *Rome,* en 1825, 4 vol. in-8., mais il ne comprend pas les *Visioni,* poésies dont il a été fait deux édit. à Milan, en 1827, l'une in-24 et l'autre in-32. — Il existe une édition des *Rime giovanili* de Varano, *Parma, stamp. reale,* 1789, 3 vol. in-12, publiée par lui-même, et une de ses *Opere poetiche,* Venezia, Palese, 1805, 4 vol. in-8., plus complète que le recueil précédent, et qui est due aux soins de *Venanzio Varano* de Camerino.

VARANUS (*Valarandus*). De fornouiensi conflictu carmen. De domo dei parisieñ. carmen. De pia sacerrime crucis veneratione carmen. De preclara et insigni theologorũ parisieñ facultate carmen (Valerandi de Varanis, abbavillæi). (au recto du dernier f.) : *Jmpressus est hic liber..... pro magistro Jacobo Moerart parisii morante apud intersignium lagene.....* (absque anno), in-4. goth. de 28 ff. [12945]

Le premier de ces quatre petits poèmes est dédié au prévôt de Saint-Omer, par une épître datée de Paris, *tercio calendas augusti,* 1501 ; ce qui indique, par approximation , la date de l'édition. Le frontispice de ce livre rare porte la marque du libraire (voyez ci-dessous), et au-dessous : *Venales habet .M. Jacobus Moerat* (sic) *juxta sctī* (sic) *yuonis edem in intersignio lagene.*

Le même Jacques Moerart a fait aussi usage de la marque suivante

— Decertatio fidei et heresis (carmen Valarandi de Varanis). (*Parisiis, Robertus Gourmont,* 1505), in-4. de 24 ff.

Ce poëme, en vers élégiaques, est aussi dédié au prévôt de Saint-Omer, François de Melun, et cette dédicace porte la date de 1505. Aux ff. aiiij et av , le poète a fait un magnifique éloge de Paris, et il a placé à la suite de son poëme une apologie de la même ville, également en vers élégiaques. Au verso du dernier feuillet on voit la marque ci-dessous de l'imprimeur, *Robert Gourmont.*

— Carmen de expugnatione genuensi (per Ludovicum XII, Francorum regem),

cum multis ad gallicam historiam per-
tinentibus. *Venundatur (Parisiis), in
vico diui stephani de grecis* (sic)... *in
domo Nicolai de pratis intersignio
speculi* (au miroir) *commorantis*, 1507,
xv. *calendas martias*, in-4., sign. a – f,
caractères ronds. [12946]

Ce poëme, en deux livres, est précédé de deux lettres
de l'auteur, qui s'y nomme *Valarandus de Varanis.*

— De gestis Joanne Virginis France egre-
gie bellatricis Libri quattuor. — *Venun-
dätur parisii a Joanne de Porta, in
clauso Brunelli sub signo cathedre
commorante.* (absque anno), in-4. de 68
ff. non chiffrés, sign. *a—l*, caractères
ronds. [12947]

Poëme en quatre chants, en tête duquel se lisent
deux lettres de l'auteur, sous la date du mois de
novembre 1516. Sur le titre se voit la marque ci-
dessous.

Vendu en *mar. r.* 36 fr. La Vallière ; 9 sh. Heber, et
62 fr. Solar ; et avec *De fornoviensi conflictu* (ci-
dessus), 30 fr. 50 c. Courtois.

Ce poëme a été réimpr. tout entier parmi les *Opera
de memorabilibus et claris mulieribus*, publ. à
Paris, en 1521, in-fol., par Ravisius Textor.

VARARUCHI, Prakrita-Prakasa, or the
Prakrit grammar of Vararuchi, with the
commentary (Manorama) of Bhamaha,
the first complete edition of the original
text, with various readings from a collation of six manuscripts....., copious
notes, an english translation and an index of Prakrit words, to which is prefixed an easy introduction to Prakrit
grammar, by Edw. Byles Couwell. *Hertford, Austin*, 1854, grand in-8. 26 fr.
[11760]

VARCHI (*Benedetto*). L'Ercolano, dialogo
nel quale si ragiona delle lingue, ed in
particolare della toscana e della fiorentina. *Firenze, per i Giunti*, 1570, in-4.
[11081]

Édition originale et rare : 10 à 15 fr.

Phil. Giunta a fait faire à Venise , en 1570, une autre
édition in-4. de cet ouvrage, revue par Augustin
Ferentilli, et qui contient à la fin trois églogues de
plus que la précédente. Il y a des exemplaires de
l'édition de Venise, avec un nouveau titre daté de
1580.

— L'Ercolano, colla correzione fatta da
Castelvetro, et colla Varchina di Muzio.
Padova , Comino , 1744, 2 vol. in-8,
8 à 9 fr.; — pap. fin, 10 à 15 fr., et plus
en Gr. Pap. ou en pap. bleu.

Bonne édition, accompagnée d'une préface d'Ant.-
Fréd. Seghezzi ; elle a été faite sur l'édition de *Florence*, 1730, in-4., laquelle est enrichie des notes
de Bottari, et augmentée d'un dialogue composé
par un auteur contemporain de Varchi.

Cet ouvrage a été réimpr. à *Milan*, 1804, 2 vol. in-8.

— Sonetti di Benedetto Varchi. *Firenze,
Lor. Torrentino*, 1555-57, 2 vol. in-8.
18 à 24 fr. [14989]

On trouve difficilement ces deux volumes réunis :
vend. 4 liv. 15 sh. Roscoe ; 1 liv. 1 sh. Libri.

Le prem. vol. a 9 ff. prélimin.; texte, pp. 3 à 272,
plus 12 ff. non chiffrés; le second, 225 pp. et 7 ff.
pour l'index. Ce dernier vol. a été impr. en 1557,
quoique le frontispice de plusieurs exemplaires
porte 1554. Les pages 83 et 84 s'y trouvent ordinairement en blanc , et Gamba ne pensait pas qu'elles
existassent autrement.

L'édition de la première partie, *Venezia*, *Plinio
Pietra santa*, 1555, in-8., contient trois églogues
de plus que celle de Florence.

— Sonetti spirituali del medesimo , con
alcune risposte e proposte di diversi
eccellentiss. ingegni. *Firenze, Giunti*,
1573, in-4. de 4 ff. et 128 pp. 8 à 12 fr.
[14968]

Ces sonnets ne sont pas dans le recueil précédent.

COMPONIMENTI pastorali nuovamente in quel
modo stampati che dall' autore medesimo furono
poco anzi il fine della sua vita corretti. *Bologna,
ad istanza di Gio.-Batt. e Cesare Salvietti*, 1576,
in-4. de 44 ff.

Petit volume à réunir aux trois précédents.

— La Suocera , commedia in prosa. *Firenze , Sermartelli* , 1569 , in-8. de
134 pp. et 1 f. pour la souscription, etc.
[16687]

Pièce rare, et qui vaut de 6 à 12 fr. en Italie.

— Lezioni sopra diverse materie poetiche
e filosofiche, raccolte nuovamente, e la
maggior parte non più date in luce. *Firenze, i Giunti*, 1590, in-4. 10 à 12 fr.
[19208]

Bonne édition, contenant trente *Lezioni*. Celle de
Florence, Giunti, 1560-61, 2 vol. in-8., est moins
complète ; mais, sous un autre rapport, elle mérite
d'être conservée. Gamba décrit sous les nᵒˢ 1005 et
suiv. plusieurs *Lezioni* et *Orazioni* de Varchi, imprimées séparément, et auxquelles leur rareté
donne de la valeur, mais en Italie seulement.

— Lezioni di Bened. Varchi sul Dante. *Firenze,* 1841, 6 vol. in-8. [14621]

Ouvrage presque entièrement inédit, publié d'après les manuscrits de la bibliothèque Rinuccini de Florence, avec une vie de l'auteur et le catalogue de ses manuscrits.

— Storia fiorentina, nella quale si contengono l' ultime rivoluzioni della repub. fiorentina, e lo stabilimento de' Medici. *Colonia (Augusta), Pietro Martello (Paulo Kuhzio)*, 1721, in-fol. [25524]

Bonne édition ; 15 à 20 fr. On doit trouver dans le volume trois gravures, savoir : le frontispice, le portrait de Varchi et l'arbre généalogique des Médicis. Nous ferons observer que dans quelques exempl. seulement se trouve, pp. 639 et 640, le récit de la conduite atroce de P.-L. Farnèse envers l'évêque de Fano, et qu'alors toutes les pages de la feuille LIII ont 51 lignes au lieu de 50. Dans les exempl. ordinaires, l'histoire est terminée à la p. 639. On a rétabli ces derniers feuillets après coup dans certains exempl., mais la réimpression se reconnaît facilement ; d'abord à la différence du caractère et du papier, puis à la p. 640, qui est terminée sans vignette. Vendu (complet) 63 fr. Boutourlin.

Il y a une édition de *Leyde, van der Aa* (1723), en 2 part. in-fol., où se trouve le trait de P.-L. Farnèse, et qui présente, dans la 2e part., d'utiles variantes et quelques corrections importantes (16 fr. 50 c. Boutourlin). Elle fait partie du *Thesaurus antiquit. italicar.* de Burmann.

L'Historia fiorentina a été réimpr. à *Milan*, 1803, en 5 vol. in-8., et depuis, *con aggiunte e note per cura di L. Arbil*, Firenze, 1843-51, en 3 vol. in-8. Requier en a donné une traduct. française, sous le titre d'*Histoire des révolutions de Florence sous les Médicis*, Paris, 1765, 3 vol. in-12. — Voy. SEGNI.

— Esequie del divin Michelagnole Buonarotti, celebrate in Firenze nella chiesa di S. Lorenzo (opera di Bened. Varchi). *Firenze, i Giunti*, 1564, in-4. de 44 pp. [31060]

Opuscule peu commun et assez recherché : 20 fr. Riva. On l'attribue à Varchi de qui est l'*Orazione funerale fatta e recitata pubblicamente nell' essequie di Michelagnolo Buonarotti in Firenze nella chiesa di san Lorenzo ;* Firenze, Giunti, 1564, in-4. de 64 pp.

A ces deux pièces on peut en réunir une troisième dont voici le titre :

ORATIONE overo discorso di M. Giovan Maria Tarsia fatto nell' essequie del divino Michelagnolo Buonarroti, con alcuni sonetti e prose latine di diversi. *Fiorenza, Sermatelli*, 1564, in-4. de 36 pp. non chiffr.

Le recueil indiqué ci-après renferme de curieux détails sur les obsèques de Michel Ange.

POMPE funebri celebrate nella basilica di San Lorenzo del secolo XIII a tutto il regno Mediceo. *Firenze, Magheri*, 1827, in-8.

Ajoutons ici le titre de deux *Lezzioni* de Varchi qui se rapportent à Michel Ange.

DUE LEZZIONI di M. Benedetto Varchi, nella prima delle quali si dichiara un sonetto di Michelagnolo Buonarroti ; nella seconda si disputa qual sia più nobile arte la scultura, o la pittura con una lettera d'esso Michelagnolo e più altri eccelentiss. pittori et scultori, sopra la questione sopradetta. *Fiorenza, Torrentino*, 1549, in-4. de 153 pp.

ORAZIONE funerale sopra la morte del sig. Giovanbatista Savello. *Fiorenza, per li eredi di Bern. Giunta*, 1551, in-4. de 16 ff., sign. A—D. [12207]

La plus rare des huit *Orazioni funerali* décrits par

Gamba (*Seric*, édit. de 1839), nos 1008-1014. Vend. 2 liv. 6 sh. Libri, en 1859.

— Pour *la vita di Michel Angelo* par Vasari, voyez ci-après, l'article VASARI.

— QUESTIONE sull' alchimia, codice inedite. *Firenze*, 1827, in-8.

— SAGGIO di rime inedite, estratte dai manoscritti originali, della Biblioteca rinucciana. *Firenze*, 1837, in-8.

VARENNES (le P. *Marc* Gilbert de). Le roy d'armes, ou l'art de bien former, charger, briser, timbrer, parer et par conséquent blasonner toutes les sortes d'armoiries. *Paris, Billaine*, ou V^e de *Nic. Buon*, 1635, in-fol. [28802]

Cet ouvrage a acquis une certaine valeur depuis peu : 24 fr. Crozet. Il y en a une seconde édit. augmentée, *Paris, Billaine*, ou V^e de *Nic. Buon*, 1640, in-fol.; 30 fr. de Martainville.

VARENNES (*Denis* de). Le Baron d'Asnon, comédie (1 acte en vers), 1680 (*sans lieu ni nom de libraire*), pet. in-12 de 3 ff. et 42 pp. [16579]

Comédie satirique, dont l'impression paraît être le produit d'une imprimerie particulière fort mal assortie, et d'une main peu exercée dans la typographie. 5 fr. 75 c. de Soleinne, no 1477.

VARENNES. Voyez LOISIRS.

VAREYNO. Voyez VAGAD.

VARGAS (*Bernardo*). Los quatro libros del valoroso cavallero Don Cirongilio de Tracia hijo del noble rey Elesfron de Macedonia, segun lo escrivió Novarco en griego, y Promusis in latin. (à la fin) : *Fenesce los quatro libros del muy esforçado y invencible cavallero don Cirongilio Rey de Tracia y Macedonia hijo del rey Elesfron segun los escrive el sabio coronista suyo Novarco, nuevamente romançados y puestos en tal elegante estilo que en lengua castellana a la latina ciceroniana en alguna manera podemos dezir que haze ventaja. Imprimio en Sevilla por Jacome Cromberger. Acabose a diez et siete diaz Ano de mil et* D. *et* XLV (1545), in-fol. goth. de IV et 218 ff. à 2 col. [17551]

Roman fort rare, dont un exemplaire a été vendu successivement 2 liv. 2 sh. Pàris, en 1790 ; 50 liv. Stanley ; 33 liv. White Knights, et 10 liv. 10 sh. Heber. En lisant le titre ci-dessus, on peut remarquer que, fidèle à l'usage des romanciers espagnols de cette époque, l'auteur suppose que l'ouvrage est tiré du grec. Le même Vargas promet, dans ce roman, une seconde partie *De los hechos del principa Chrisovolo :* nous ne connaissons point la première.

VARGAS (*Fr.*). De episcoporum jurisdictione et pontificis max. auctoritate responsum. *Romæ*, 1563, *apud Paulum Manutium*, in-4. de 160 pp. et 8 ff. prélim. [3222]

Vendu 31 fr. 50 c. de Servais; 3 sh. Butler.

VARGAS (*Balthasar* de). Breve relacion en octava rima de la jornada que a hecho el señor duque d'Alva desde España hasta los estados de Flandes. *En Anvers, en casa de Amata Taurenerio*, 1568, in-12 de 56 ff. non chiffrés. [15145]

Relation en vers. Vend. en *m. v.* 8 sh. Heber.

VARGAS (*Bern.-Perez* de). De re metalica en el qual se tratan muchos y diversos secretos del conocimiento de toda suerte de minerales, etc. *Madrid, en casa de Pierres Cosin*, 1569, in-8. : 19 ff. prélimin., texte fol. 1 à 206, et 1 f. à la fin. [4737]

Volume auquel sa grande rareté avait autrefois procuré un prix considérable. Vend., exempl. rel. en *mar.*, 67 fr. Gaignat; 48 fr. La Valliere; 26 fr. de Limare; mais 6 fr. 50 c. Saint-Céran; 12 fr. Mac-Carthy.

Il y a une traduction française, par G. G***, sous le titre de *Traité singulier de métallique*, Paris, 1743, 2 vol. in-12, fig.

VARGAS (*Melchior*). Doctrina cristiana muy util y necessaria en castellano, mexicano y otomi : traduzida en lengua otomi por el muy R. padre Fray Melchior de Vargas, de la orden de sant Augustin, prior de Actopan..... *En Mexico, en casa de Pedro Balle, Año de* 1576. pet. in-4. en lettres rondes et en goth., avec plusieurs fig. sur bois.

L'exemplaire dont M. Jacq. Garcia nous a communiqué la notice ne va que jusqu'au f. 23, mais ce fragment est précieux en ce qu'il donne le nom d'un auteur dont il paraît que jusqu'ici aucun bibliographe n'avait parlé.

VARGAS Machuca (el capitan *Bernardo* de). Milicia y descripcion de las Indias. *Madrid, por Pedro Madrigal*, 1599, in-4. [28481]

Un des meilleurs ouvrages que l'on ait sur la conquête de l'Amérique. Vend. 1 liv. Heber; 10 fr. Chaumette, et plus cher maintenant.

—Libro de exercicios de la gineta. *Madrid, Pedro Madrigal*, 1600, pet. in-8. [10325]

Vendu en *m. citr.* 5 fr. 60 c. Gaignat, et 11 fr. Camus de Limare.

On a encore de Vargas : *Teorica y cxercicio de la gineta*, Madrid, 1616; et *Doctrina nueva de la gineta*, Madrid, 1621, in-8.

VARGAS Macciucca (*Mich.*). Dell' antiche colonie venute in Napoli, ed i primi si furono i Fenici (ed i secondi si furono gli Euboici). *Napoli*, 1763-64, 2 vol. in-4. fig. [25711]

Vend. 41 fr. Villoison; 16 fr. Millin, et quelquefois moins.

Quoique cet ouvrage porte le nom de Vargas, il est de Jac. Martorelli ; la mort de ce dernier empêcha même la publication du 3e tome (*Delle colonie attiche*), dont il n'y a eu que 120 pages d'imprimées, et que Vargas ne put terminer.

VARIA de corrupto ecclesiæ statu. Voyez FLACCUS Illyricus.

VARIA geographica, scilicet Jo.-Frid. Gronovii dissertatio de Gothorum sede; libellus provinciarum romanarum et civitatum provinciarum gallicar., cum notis Andr. Schotti et Laur.-Theod. Gronovii; Casp. Hagenbuchii exercitatio geographico-critica, etc. *Lugd.-Batav.*, 1739, in-8. 5 à 7 fr. [19572]

VARIARUM imaginum a celeberrimis artificibus pictarum cælaturæ elegantissimis tabulis repræsentatæ ; ipsæ picturæ partim extant apud viduam Gerardi Reynst, etc. *Amstelod.*, gr. in-fol. [9422]

Ce recueil, connu sous le nom de *Cabinet du bourgmestre Reynst*, est ordinairement composé de 33 pièces très-bien gravées, en partie par Corn. Vischer; il est peu commun, et les exemplaires beaux d'épreuves sont chers. Vend. 120 fr. Mariette; 131 fr. Saint-Yves ; un exempl. très-beau et rel. en *mar. r.* a même été vendu jusqu'à 556 fr. chez ce dernier.

Les exemplaires les plus précieux de ces estampes sont ceux qui parurent d'abord avant la lettre, et sans les noms des peintres et graveurs.

VARIÉTÉS historiques, physiques et littéraires, ou Recherches d'un sçavant, contenant plusieurs pièces curieuses et intéressantes. *Paris, Nyon fils*, 1752, 3 vol. in-12. 10 à 15 fr. [18319 ou 19423]

L'avocat Boucher d'Argis a été l'éditeur de ce recueil où se trouvent plusieurs morceaux de sa composition. La plupart des pièces contenues dans ces trois vol. sont extraites du *Mercure de France* et d'autres journaux littéraires.

VARIÉTÉS historiques et littéraires, recueil de pièces volantes rares et curieuses en prose et en vers, revues et annotées par M. Edouard Fournier. *Paris, P. Jannet*, 1855-59, 9 vol. in-16. 45 fr., et plus en pap. fort. [19432]

Recueil fort curieux dont chaque volume contient la réimpression de 25 à 30 pièces devenues toutes plus ou moins rares, et dont plusieurs même se sont vend. quelquefois de 50 à 100 fr. séparément. Il y a aussi quelques pièces inédites. Il est à regretter que l'éditeur n'ait pas classé ses matériaux, soit par ordre chronologique, soit par ordre des matières, et qu'il n'ait pas séparé les pièces en prose des pièces en vers.

VARIE pitture a fresco. Voyez ZANETTI.

VARIN. Les Espines du mariage, pour retirer les jeunes gens et autres de folles et précipitées amours, et éviter les périls de mariage, traité fort plaisant et

Varin (*P.*). Archives de Reims, 24510. — La Vérité sur les Arnauld, 30609.

récréatif faict par le sieur Varin bernois. *Paris, Fleury Bourriquant*,
1604, pet. in-8. de 67 pp., y compris
3 ff. prélim. [13902]

Vend. 10 fr. *m. r.* La Valliere.
L'édition de *Paris*, sans date, pet. in-12, a été vendue
6 fr. *m. cilr.* Chardin, en 1806.

. VARINUS Phavorinus. V. Phavorinus.

VARIOS versos per honrrar de sant Chris-
tofol. Voyez Obra.

VARLET à louer, à tout faire. Voy. Bordeaux (*Christ.* de).

VARO. Arte de la lengua mandarina,
compuesto por el P. Francisco Varo,
acrecentado y reducido a mejor forma
por Fr. Pedro do la Pinuela, de la mission serafica de China : Añadiose un
confesionario muy util y provechoso
para alivio de los nuevos ministros. *Impreso in Canton*, 1703, in-fol. [11861]

Livre très-rare, imprimé sur pap. de Chine et à la
manière chinoise, avec des planches en bois (*Biblioth. marsden.*, p. 176).

VARRO (*M.-Terentius*). De lingua latina,
libri VI. (*absque nota*), gr. in-4. [10773]

Édition regardée comme la première de cet auteur ;
elle est exécutée sans chiffres, récl., ni signat.,
avec les mêmes caractères que l'*Eutropius* et le
Q. Curtius de Georges Laver, impr. à *Rome*, en
1471 ; elle consiste en 82 ff. (à 32 lign. par page),
dont les 9 premiers contiennent une dédicace de
Pomponius Lætus, éditeur (de laquelle v..ici les
premiers mots : (P)OMPONIUS. PLATINAE. S.', et
une table. Il y a au recto du dernier f. une espèce
de souscription de 6 lignes, commençant ainsi :
*Finis ejus quod invenitur Marci Varronis.
Parce qui legeris...* Vend. 76 fr. La Valliere, en
1767 ; 134 fr. *m. r.* Gaignat ; 114 flor. Meerman ;
91 fr. Boutourlin ; 150 fr. (avec les marges char-
gées de notes), en 1818. La *Biblioth. spencer.*
n'indique que 81 ff., mais bien certainement nous
en avons compté 82 dans ce dernier exemplaire.

— Editio alia. Gr. in-4. de 81 ff.

Cette édition, décrite dans la *Biblioth. spencer.*,
tome III, p. 117, est aussi sans lieu ni date, et n'a
ni chiffres, ni signat.; mais il paraît qu'elle a été
faite sur la précédente, et probablement en Italie,
vers 1472; les pages entières portent 32 lignes. Il
y a au commencement du volume 9 ff. de table,
dont le premier commence par la dédicace : (P)OM-
PONIUS PLATINAE SALUTEM. L'exemplaire décrit
n'a que 79 ff. parce que le 34e et 35e y manquent.

— Editio alia. (*Venetiis, per Joh. de Colonia et Joh. Manthem de Gherretzem*,
1474), gr. in-4. à 29 lign. par page.

Cette édition, simple copie de celle de Laver, et qui
porte des signat. de a—k, paraît devoir être suivie
du *Pompeius Festus*, impr. avec les mêmes caract.,
et qui a des signatures de a—l. C'est à la fin de ce
dernier auteur (f. 92 verso), que se lit la souscription : *Festi Pōpei liber poptime emêdat' explet'
ē : ac ĩpēs Iohañis de Colonia nec nō Iohañis .
mãthē de Gherretē... ĩpssioni dedit' Anno... M.
cccc. lxxiiij die xxiiij d cēbris.* Le 93e f. est tout
blanc ; ensuite se trouve une partie commençant (
(I)*Ncominciare significat tale comiciũ facere*, et
finissant à la 22e ligne du 99e f. recto. Le volume
ainsi complet a été vendu 10 liv. 10 sh. Pinelli.

— M. T. Varro, de lingua latina. (*Romæ,
per Georgium Sachsel de Reichenbal
et Barth. Golsch de Hohenbart, circa
annum 1474*), in-fol.

Édition sans chiffres, récl. ni signat., à longues lignes,
au nombre de 35 sur les pages entières : elle commence par les six mots de l'intitulé ci-dessus, et finit au 58 f., de cette manière : *Finis eius quod
invenitur Marci Varronis.* Vend. 72 fr., quoique
gâté, La Valliere ; 18 flor. Crevenna ; 7 liv. 17 sh.
6 d. Sykes.

L'exemplaire de la bibliothèque de Munich renferme
un 59e f. contenant une épître d'(A)NGELUS *Tifer-
nas Alexandro Justino*, et une vie de Varron.

Les autres éditions de cet auteur, impr. avec ou sans
date, vers la fin du xve siècle, ont peu de valeur.

— *Quæ supersunt ex libro, quem de lingua latina ac
verborum origine conscripsit; fragmenta ; ejusdem
de analogia lib. III. quos nitori pristino restituen-
dos curavit* Mich. Bentinus. *Paris.*, apud Sim.
Colinæum, 1529, in-8. 3 à 6 fr.

— PARS librorum quatuor et viginti T. Varronis de
lingua latina, ex biblioth. Ant. Augustini. *Rōmæ*,
apud Vinc. Luchinum, 1557, in-8.

Édition peu commune, impr. par Ant. Bladus ; elle a
12 ff. prélim., 211 et 72 pp. pour les *indices* et la
souscript. : 5 à 8 fr. Vend. 7 flor. 50 c. Meerman.

— PARS librorum XXIV de lingua latina, M. Vertra-
nius Maurus recensuit, additis indicibus fidissimis
et amplissimis. *Lugduni, hæradæs Seb. Gryphii*,
1563, in-8. de 330 pp., et 47 ff. pour l'index. 3 à
5 fr.

Le texte de l'édition précédente a servi de base à celle-
ci. A la page 173 se trouve un titre séparé, portant :
*M. Vertranii Mauri libellus de vita M. Varronis,
deque notis ad ejus libros de lingua latina.*

— OPERA quæ supersunt : in lib. de lingua latina
conjectanea Jos. Scaligeri, recognita et appendice
aucta : in libros de re rustica notæ ejusdem Jos.
Scal. non antea editæ ; his adjuncti fuerunt Adr.
Turn. comment. in lib. de lingua latina ; cum emendationibus Ant. Augustini : item P. Victorii castigationes in librum de re rustica. *Anno* 1573, *excudebat Hanr. Stephanus*, 5 part. en 1 vol. pet.
in-8. 10 à 12 fr.

C'est dans cette édition (notes de Scaliger, p. 212)
que se trouvent les vers connus de Muret : *Here, si
querelis*, etc., cités par Scaliger comme appartenant à l'ancien poëte Trabea : 50 fr. *mar. r.* Caillard, et 36 fr. F. Didot ; 40 fr. *m. bl.* Coulon.

Description : 2 ff. prélim., *Varro, de lingua lat.*,
160 pp. et 39 ff. d'index ; *De re rustica*, 151 pp. et
9 ff. d'index ; *Scaligeri conjectanea*, 276 pp. et 12 ff.
d'index ; *Turnebii et Augustini emendationes*,
176 pp. et 6 ff. d'index ; *Victorii explicationes*,
98 pp. et 6 ff. d'index.

L'édition de 1581, 5 parties en un vol. in-8., égale-
lement sortie des presses de H. Estienne, est un
peu plus belle que celle de 1573, et elle contient
quelques corrections, mais elle est moins rare : 9 à
12 fr. On y trouve quelquefois joint un opuscule
intitulé :

AD M. TER. VARRONIS assertiones analogiæ sermonis latini appendix Henrici Stephani, item Julii

Cæs. Scaligeri de eadem disputatio doctissima. Loci Varronis quamplurimi emendati. *Excudebat Henr. Stephanus*, 1591, in-8.

Le même recueil des œuvres de Ter. Varro a été réimpr. d'après l'édition de 1581, *Parisiis, apud Joan. Gueffier*, seu *apud Claud. Baaleu*, 1585, in-8.

— Opera omnia, cum notis Scaligeri, Turnebi, Victorii et Augustini : accedunt tabulæ naufragii, seu fragmenta ejusdem auctiora et meliora. *Durdrechti, Berewout*, 1619, 6 part. en 1 vol. in-8. 10 à 15 fr.

Cette édition n'est guère qu'une simple réimpression de celles d'H. Estienne, mais elle est peu commune, et on la fait entrer dans la collection des *Variorum*. Vend. 24 fr. Chardin. Les exemplaires avec l'indication : *Amstelodami, Jansson.*, 1623, ne diffèrent des autres que par le frontispice et l'avis au lecteur.

— DE LINGUA latina, libri qui supersunt, ex codicum vett. vetustissimarumque editionum auctoritate, integra lectione adjecta, recensuit L. Spengel. *Berol., Dunker et Humblot*, 1826, in-8.

Bonne édition critique : 12 fr.; — Pap. collé, 15 fr.

— DE LINGUA latina ; emendavit C.-O. Müllerus. *Lipsiæ*, 1833, in-8.

— SATURARUM Menippearum reliquiæ. Edidit Franc. Oehler ; præmissa est commentatio de M. Terentii Varronis Satura Menippea. *Quedlinburgi, Basse*, 1845, in-8.

— SENTENTIAS M. Terentii Varonis majori ex parte ineditas ex cod. ms. bibliothecæ seminarii Patavini edidit et comment. illustravit Vinc. Devit. *Patavii*, 1843, in-8. 3 fr.

— Voyez REI rusticæ scriptores.

L'ECONOMIE rurale de Varron, traduction nouvelle, par M. X. Rousselot. *Paris, Panckoucke*, 1844, in-8.

VARON Milanes de la lengua da Milan, e Prissian da Milan de la parnonzia milanesa. *Milano, J. Como*, 1606, in-16. 12 fr. Riva. [11124]

VARTHEMA. Itinerario de Ludovico de Varthema Bolognese nello Egypto, nella Surria, nella Arabia deserta et felice ; nella Persia, nella India et nella Ethiopia.
— *Stampato in Roma per Maestro Stephano guilereti de Loreno et maestro Hercule de Nani Bolognese, ad instantia de maestro Lodovico de Henricis da Cornero Vicentino, Nel anno* M. D. X. *a di.* VI. *de Decembri*, in-4. [20002]

Édition fort rare et la plus ancienne que nous connaissons de cette célèbre relation : ni Haym, ni Panzer ne l'ont indiquée ; mais elle est portée dans la *Biblioth. grenvill.*, p. 62, et marquée 7 liv. 10 sh. dans le catal. de Hanrott, 4ᵉ partie, n° 1166. Ce volume a des signat. de A—B B par 4, excepté A, qui est par 6. L'auteur, nommé ici Varthema, est appelé Verthema dans l'édition de Milan, 1522, cidessous, Bartema dans d'autres éditions, et simplement *Ludovicus Patritius* dans la traduction latine ; ce qui a jeté beaucoup de confusion dans la manière de placer le nom de ce voyageur dans les tables alphabétiques.

L'édition de *Rome, per Stephano Gullierti de Loreno*, 1517, in-8. goth., aussi portée dans la *Biblioth. grenvil.*, p. 62, a été annoncée sous le nom de *Varibemo*, dans le catal. Roxburghe, où elle est marquée 15 liv. 15 sh. Le même exempl. a été payé depuis 18 liv. 7 sh. 6 d. vente White Knights.

— Itinerario de Ludouico de Varthema Bolognese ne lo Egypto, ne la Suria, ne la Arabia Deserta et Felice, ne la Persia, ne la India et ne la Ethiopia. La fede el viuere el costumi de tutte le pfate puicie. Nouamente impsso. (in fine) : *Stampata in Venetia per Zorzi di Rusconi Milanese: Nella incarnatiõe...* M. D. XVII. *adi* VI *del mese de Marzo*, pet. in-4. avec une fig. sur bois au frontispice, et à la fin 3 ff. pour la table.

Nous donnons le titre de cette édit. d'après Molini (*Operette*), p. 161, n° 182, où il y a bien *Vathema* au lieu de *Uarthema*, et pet. in-4.; ce que nous faisons remarquer parce qu'une édit. de 1517, par le même imprimeur, pet. in-8. de 91 ff. est sous le nom de Varthema dans le catalogue Walckenaer, n° 3393, où elle est portée à 54 fr.

— Itinerario de Ludovico Varthema..... (au bas du f. M.) : *Stampato in Venetia per Zorzi di Rusconi.....* M. D. XVIII *a di* XX *del mese de Marzo*, pet. in-8. de 92 ff. à 2 col., sign. A—M, avec un registre au recto du dernier f. 16 fr. Libri-Carucci.

Il existe une autre édition de cet itinéraire, impr. également à Venise, par Zorzi di Rusconi, sous la même date d'année (1518), mais *adi* XX. *del mese de Decembre*; c'est aussi un pet. in-8. à 2 col., sign. A—M par 8, excepté M, qui n'a que 4 ff. La souscription est au f. M. recto, et le registre au recto du dernier. 50 fr. Riva.

— ITINERARIO de Ludouico Uarthema..... (in fine) : *In Venetia per Zorzi di Rusconi milanese, nell anno....* M. D. XX. *adi* III *de Marzo*, pet in-4. Sur le titre la même planche que sur celui de l'édit. de 1517, donnée par le même imprimeur (Molini, *Operette*, p. 162, n° 192).

— ITINERARIO del Ludovico de Varthema..... et al presente agiontovi alcune Isole nouamente trouate. (au verso du dernier f.) : *In Venetia per Matthio Pagan, in Frezzana, al segno della Fede* (sans date), pet. in-8. de 100 ff. chiffrés, et 3 ff. pour la table.

27 fr. Riva; 1 liv. 10 sh. mar. olive, Hanrott.

Edition à longues lignes, où se trouve le morceau intitulé *La Scoperta di alcune isole nell' India fatta dagli Spanuoli*, l'anno 1518, qui fait également partie de celles de *Venise, Rusconi*, 1520 et 1526, in-8. de 111 ff. à 2 col., plus un f. blanc (vend. 1 liv. 3 sh. mar. r. Hibbert, et 64 fr. dans sa première reliure, H. Perret, en 1860, et de *Venise, Fr. di Alessandro Bindoni*, 1535, pet. in-8. goth. Vend. 20 fr. en 1829, et 9 fr. Reina.

— Itinerario de Ludovico de Verthema(sic), Bolognese... (au verso du 42ᵉ f.) : *Stampata in Milano per Ioanne Angelo Scinzenzeler, nel Anno del signor* M. CCCC. XXIIj. *Adi* XXX *de Aprile*, in-4. de XLII ff. chiffrés et 2 autres pour la table.

Édition en caractères ronds, à longues lignes, mais sans les additions. Sur le frontispice il y a une grande figure en bois, qui est réduite dans les éditions in-8. antérieures à celle-ci ; elle représente l'auteur inscrivant ses découvertes sur un globe terrestre. 72 fr. Riva ; 64 fr. Gancia ; 3 liv. 19 sh. Libri, en 1859. Nous avons vu un exemplaire sous la date de 1522.

Cette relation italienne se trouve sous le nom de Bartema dans le 1er vol. de la collection de Ramusio : il y en a une traduction franç. dans la collection de J. Temporal, tome II (voyez au mot LEON (*Jean*); Du Verdier en parle à l'art. *Louis* Vartoman.

— Ludovici Patritii Romani, novum itinerarium Æthiopiæ : Ægypti : utriusque Arabiæ : Persidis : Siriæ ac Indiæ : intra et extra Gangem. (in fine) : *Operi suprema manus imposita est auspitiis... Bernardini Caruaial hispani... (Mediolani*, 1511) pet. in-fol. de 8 ff. prélim. et LXII ff. chiffrés à 36 lig. par page, lettres rondes.

Traduction latine de l'ouvrage ci-dessus, faite par Archangelo Madrignano, le même qui avait déjà donné, en 1508, l'*Itinerarium Portugalensium* (voyez ITINERARIUM). C'est un livre peu commun et fort recherché. L'épître dédicatoire d'Archangelus Corvallensis a pour date : *Mediolani, octavo calen... junias* 1511 ; mais ni le titre ni la souscription finale ne sont datés. Vend. exempl. rel. en *mar.* 29 fr. Gaignat ; 12 fr. La Valliere ; 151 fr. Baroud, en 1821 ; 3 liv. 18 sh. Heber ; autre exemplaire 71 fr. Langlès ; 40 fr. Reina ; 70 flor. 18 kr. Butsch ; 41 fr. seulement, en 1859 ; mais 6 liv. 6 sh. *mar. r.* à la même date, Libri.

Nous avons eu sous les yeux un exempl. qui, comme celui que nous venons de décrire, se compose de LXII ff. à 36 lign. par page, porte le même titre, et finit de même, mais qui n'a que 4 ff. prélim., dont un pour le titre, et les trois autres pour la table. L'épître dédicatoire, datée de 1511, ne s'y trouve pas. Le titre, surmonté de la marque de *Io. Iacomo E frat. de Legnano*, imprimeurs à Milan, est en lettres capitales, et disposé ainsi : *Lvdovici Patritii romani novvm ‖ itinerarivm aethiopiæ: aegipti: ‖ Vtriusque arabiæ : persidis : ‖ Siriæ: ac indiæ: intra ‖ et extra gangem.*

— Cette même traduction a été insérée dans la collection de Grynæus. — Voy. NOVUS orbis.

— Itinerario del venerable varon miser Luis patricio romano : en el qual cuenta mucha parte de la Ethiopia, Egipto : y entrabas Arabias : Syria y la India. Buelto de latin en romance por Christoual de Arcos. Nunca hasta a qui impresso en lengua castellana. *Sevilla, Jacobo Cromberger*, 1520, in-fol. goth.

Première édition de cette traduction, laquelle a été réimpr. à *Séville*, en 1523 et en 1576, in-fol. Vend. 1 liv. 16 sh. *mar.* Heber.

Il est à remarquer que Maltaire, en parlant de ce livre, nomme l'auteur italien *Varomicer* (*Annal. typogr.*, II, p. 639), et ensuite *Varommicer* (dans l'index des Annales). Le titre ci-dessus explique la cause de cette grave erreur. Il existe aussi une traduction allemande du Voyage de Vartoman, laquelle a été impr. plusieurs fois (voir le *Trésor* de M. Graesse, 1, p. 301, article *Barthema*). Nous en citerons l'édition d'*Augsbourg*, 1515, in-4. fig. sur bois. Vend. 10 sh. 6 d. Heber, à Londres, et 29 fr. 50 c. Heber, à Paris. Celle de *Strasburg, durch Joannem Klobloch*, 1516, in-4. 1 liv. Libri. — Celle d'*Augsb.*, 1518, in-4. 9 flor. Butsch, et celle de *Francf.*, 1547, pet. in-4. fig. sur bois, 11 fr. Heber.

VASÆUS (*Joannes*). Chronicon rerum memorabilium Hispaniæ, ab anno 143

post diluvium ad 1020 post Christum. *Salmanticæ*, 1552, *apud J. Juntam*, pet. in-fol. [25976]

Tome 1er, le seul publié. Vendu 7 flor. Meerman. Salvà le porte à beaucoup plus haut prix.

VASARI (*Giorgio*). Le vite de' più eccellenti pittori . scultori, ed architetti, di nuovo ampliate, con i ritratti loro, et con l'aggiunta delle vite de' vivi e de' morti dall' anno 1550 insino al 1567. *Firenze, Giunti*, 1568, 2 tom. en 3 vol. in-4. fig. [31003]

Édition peu correcte, mais qui est rare et très-recherchée. Vend. 60 fr. Trudaine ; 70 fr. Riva, et 2 liv. 10 sh. Libri, en 1859.
Le premier vol. (part. 1re et 2e) à 28 ff. non chiffrés et 529 pp. Le second (parte 3a, vol. 1o), 20 ff. prélimin., 370 pp. et un f. pour le registre et la date, la parte 3a, vol. 2o, 42 ff. non chiffrés, et pp. 371 à 1004 (la dernière cotée 1012), plus 2 ff. pour l'errata, le registre et la date.
La première édition de cet excellent ouvrage, *Firenze, Torrentino*, 1550, 3 part. pet. in-4., sous une seule série de chiffres (1 à 992 et 22 ff. non chiffrés), est belle, et quoique moins complète que la première, encore fort recherchée. 140 fr. Bearzi ; 116 fr. Riva ; 128 fr. *cuir de Russie*, en avril 1859. — On fait peu de cas de celle de *Bologne*, 1647, 3 vol. in-4.

— Vite de' più eccellenti pittori, ecc., corrette da molti errori, ed illustrate con note (da Giov. Bottari). *Roma*, 1759-60, 3 vol. gr. in-4. fig.

Belle édition : 36 à 48 fr., et plus cher en Italie. Il y a des exemplaires tirés de format pet. in-fol.

— Le medesime vite, edizione arrichita di note. *Livorno*, 1767-72, 7 vol. in-4. fig.

Vend. 56 fr. Millin, et rel. en 5 vol. *v. d. s. tr.* 44 fr. Trudaine. — Réimpr. à *Florence*, 1771, 7 vol. in-8. fig.
L'édition de *Sienne*, 1791-98, 11 vol. in-8. fig., a été vend. 40 fr. Millin. Elle coûtait 72 fr., et en Gr. Pap. format in-4. 120 fr.

— Le medesime vite, illustrate con note. *Milano*, 1807, 16 vol. in-8. fig. 80 fr.

De la collection des classiques italiens.
— OPERE. *Firenze, Audin*, 1822-23, 6 vol. en 12 tomes in-18, avec des portraits. 45 fr.
Cette édition, qui renferme la Vie des peintres, sculpteurs, etc., contient aussi plusieurs opuscules et nombre de lettres inédites de l'auteur, a été fait un tirage in-8. sur pap. ordinaire, 60 fr., et sur pap. vélin.
Une édition des *Vite de' pittori*, etc., a été impr. à *Venise*, chez Antonelli, 1828, en 20 vol. in-16, avec 200 portr. ; une autre, *con nove annotazioni* (di Gio. Masselli), *Firenze*, Passigli, 1838, 2 vol. in-8. à 2 col., vignettes. 40 fr. — *Firenze*, 1846-1857, 13 vol. in-12, portr. Publié par une société d'amateurs des beaux-arts.

— Vies des plus célèbres peintres, sculpteurs et architectes, par Giorgio Vasari, trad. et annotées par Léopold Leclanché, et commentées par Jeanron. *Paris, J. Tessier*, 1839-42, 10 vol. in-8., avec 121 portr. 60 fr.

Il avait déjà paru à *Paris*, en l'an XI (1803) les trois premiers volumes in-8. d'une traduction française de Vasari, par Le Bas de Courmont, laquelle n'a pas été continuée.

Un prospectus publié en février 1856 chez Franco, imprimeur-libraire, à Turin, annonçait la publication prochaine d'une continuation et d'un complément du grand ouvrage de Vasari, qui aurait eu pour titre : *Vite e memorie dei pittori, scultori ed architelti vissuti in Italia dal 1550 al 1850, compilate per cura del cav. Ant. Zoli.* L'ouvrage devait être divisé en cinq parties de 2 vol. in-8. chacune, savoir : I. *Artisti piemontesi, genovesi, modenesi e parmigiani;* II. *lombardi e veneti;* III. *toscani;* IV. *bolognesi e romani;* V. *napolitani e siciliani.* Mais le tome premier n'avait pas encore paru en 1859.

— VITA del gran Michel Agnolo Buonarotti, da G. Vasari, con sue magnifiche essequie fatte in Fiorenza. *Fiorenza, i Giunti,* 1568, in-4.

Réimprimé à Rome, chez Pagliarini, 1760, in-4., avec des notes, un portrait et 3 planches.

— THE LIFE of Giovanni Angelico da Fiesole, translated from the italian of Vasari by Giov. Aubrey Bezzi with notes and illustrations. *London, printed for the Arundel Society,* 1850, in-4., avec un atlas in-fol. 40 fr. [31057]

Première publication de l'*Arundel Society,* à Londres; la seconde est un cahier gr. in-fol. de 4 pl. grav. d'après Giov.-Ang. da Fiesole, par Schæffer, Vernon, Gruner et Linnel.

.Pour les autres, voy. OLDFIELD (*Edm.*), RUSKIN.

— Abrégé de la vie de Raphaël Sansio d'Urbin, où il est traité de ses œuvres, des estampes qui en ont été gravées tant par Marc-Antoine Bolognais qu'autres excellents graveurs; ensemble de l'origine de la gravure en taille-douce : traduit de l'italien de George Vasari ; avec une adresse des lieux où les principaux peintres italiens décrits par Vasari ont travaillé, par Pierre Daret, graveur. *Paris, chez l'auteur,* 1651, in-12. [31049]

Petit volume devenu rare; il a été réimprimé avec quelques augmentations sous ce titre : *Recherches curieuses sur les dessins de Raphaël, où il est parlé de plusieurs peintres, par Bombourg,* Lyon, 1707, in-12.

— Ragionamenti di G. Vasari sopra le invenzioni da lui dipinte in Firenze, ecc. *Firenze, Filippo Giunti,* 1588, in-8. [9238]

Cet ouvrage a reparu à *Florence,* en 1619, in-4., sous le titre de *Trattato della pittura, etc.* Il y en a aussi une édition d'*Arezzo,* 1762, in-4., sous le titre de *Ragionamenti, etc., seconda edizione.*

— RAGIONAMENTI sopra le invenzioni da lui dipinte in Firenze nel Palazzo-Vecchio. *Pisa, Capurro,* 1823, in-8. 5 fr.

On a ajouté à cette édition les lettres de Vasari sur les beaux-arts, extraites de la collection de Bottari.

— Vie de J. Sansovino, 31101.

VASCONSELLOS (lo P. *Simaõ* de). Noticias curiosas, e necessarias das cousas do Brasil... *Lisboa,* 1668, in-4. [28658]

Morceau d'histoire très-estimé : 10 à 12 fr. Vendu même 1 liv. 18 sh. Heber. C'est la réimpression

de l'introduction du livre du même auteur, intitulé :

CHRONICA da Companhia de Jesu do Estado do Brasil e do que obrarao seus filhos nesta parte do Novo Mundo. *Lisboa, H. Valente de Oliveira,* 1663, in-fol. [21888]

Vend. 2 liv. Heber; 24 fr. Sampayo; 2 liv. Libri, en 1859.

VASCONCELLOS (*Jeorge* Ferreira de). Voyez FERREIRA.

VASCONCELLUS. Voyez RESENDIUS.

VASES en grès des XVIe et XVIIe siècles formant la collection de M. de Weckherlin. *Paris, Rapilly,* et *La Haye, Martinus Nyhoff,* 1860, gr. in-4. [10076]

Collection de 62 vases reproduits par la photographie sur 41 planches, sous les yeux du propriétaire. Il n'en a été tiré que cinquante exemplaires qui se vendaient 120 fr. chacun.

VASI (*Giuseppe*). Delle magnificenze di Roma antica e moderna lib. X, con una spiegazione composta dal P. Gius. Bianchini. *Roma,* 1747-61, 5 part. in-fol. obl. 40 à 60 fr. [25590]

200 planches assez bien exécutées, lesquelles se relient en 2 vol. Le même livre a reparu en 1786 et en 1803, sous le titre de *Raccolta delle più belle vedute di Roma,* 2 vol. in-fol. obl.

On a un *Itinéraire de Rome ancienne et moderne, par Vasi,* Rome, 1800, 2 vol. in-12, fig., auquel se joint *Nuova raccolta di cento principali vedute di Roma;* Roma, 1796, in-4. obl. [25580]

VASIO (*G.-P.*). Theatri d'Amor (et sur le f. aij) Degli Theatri d'Amor di M. Giovanpaolo Vasio. Theatro primo. Capitolo I. (in fine) : *Impressi in Venetia per Bernardino Vinetiano, di vidali nel anno* M. D. XXXI. *del mese di Febbruario,* in-8. (Molini, *Operette,* p. 167).

VASSALI (*Michel-Antonio*). Grammatica della lingua maltese ; seconda edizione. *Malta,* 1827, in-8. de vij et 146 pp. [11572]

Vend. 13 fr. 50 c. Rémusat; 16 fr. Kieffer.

La première édition de cette grammaire a paru en langue latine, à Rome, chez *Ant. Fulgoni,* 1791, in-8. 5 flor. 75 c. Meerman; 25 fr. Langlès. A la seconde a succédé l'ouvrage suivant du même auteur :

MOTTI, aforismi e proverbj maltesi, raccolti, interpretati, e di note explicative e filologiche corredati. *Malta, stamp. per l' autore,* 1828, in-8. de vij et 92 pp. et 1 f. d'errata. [18489]

Vend. 10 fr. Rémusat; 21 fr. Kieffer; 17 fr. de Sacy. Voir sur ces deux opuscules le *Journal des Savants,* avril 1829.

— Ktyb yl klym malti' mfysser byl-latin u byl-taljan, sive liber dictionum melitensium, hoc est Mich.-Ant. Vassalli lexicon

melitense-latino-italum, cui post auctarium, accedunt appendix etymologica et
comparativa ac duo indices vocum latinarum ac italicarum melitensibus numero respondentium. *Romæ, Fulgonius,*
1796, gr. in-4. [11573]

L'*auctarium*, les appendix et les deux index annoncés sur le titre ci-dessus, ne se trouvaient pas
dans l'exemplaire vendu 48 fr. chez Langlès, et
n'ont peut-être pas paru.

— Tria monumenta lapidea sepulcralia cu-
fico-sicula. *Romæ*, 1793, in-4.

VASSEROT. Plan détaillé de la ville de
Paris, dressé géométriquement par Vasserot et Bellangé, et comprenant la division de toutes les propriétés avec le
numéro que porte chacune d'elles, la
distinction des bâtiments et des cours
dans les maisons particulières, lithogr.
et lavé, 240 feuilles gr. in-fol. 160 fr.

VASSIF Effendi (*Ahmed*). L'Excellence
des monumens et les vérités des notices
historiques. *Scutari, imprimé sous la
direction d'Abdorrahman, l'an de
l'hégire* 1219 (1804), 2 vol. in-fol. [27902]

Ouvrage dont l'intitulé et le texte sont en arabe.

　PRÉCIS historique de la guerre des Turcs contre
les Russes, depuis l'année 1769 jusqu'à l'année
1774, tiré des annales de l'historien turc Vassif
Effendi, par M. A. Caussin de Perceval. *Paris,
Lenormant*, 1822, in-8.
　RELATION de l'ambassade de Deveriche Mehem-
med Effendi, à Pétersbourg, en 1168 de l'hégire
(1754), extraite des annales de l'empire ottoman
de Vasif Effendi. *Paris, Lasteyrie*, 1821, in-8.
lithographié.

VATOUT (*J.*). Galerie lithographiée des
tableaux de S. A. R. le duc d'Orléans,
publiée par MM. J. Vatout et J.-P. Qué-
not. *Paris, Motte* (1825-29), 2 vol. gr.
in-fol. [9377]

Publié en 50 livraisons de 3 planches, avec texte
explicatif. Prix de chacune : 15 fr.; — Gr. Pap.
demi-colombier, 25 fr. (se donne à bas prix dans
les ventes). M. Vatout a aussi mis au jour le catalogue historique et descriptif des tableaux, et celui
des portraits de la collection de M. le duc d'Orléans, *Paris*, 1823-30, 8 vol. in-8.

— Histoire du Palais-Royal, publiée par
par M. J. Vatout. *Paris, Motte et Didot
frères*, 1833-34, in-fol. [24165]

Cette histoire a été publiée en 12 livraisons de 3 pl.
lithogr.; avec texte. Prix de la livraison : 15 fr.;

— Pap. demi-colombier, tiré à 50 exemplaires,
25 fr., et beaucoup moins cher dans les ventes.

— Le Château d'Eu illustré, depuis son
origine en 912, jusqu'au voyage de S.
M. Victoria, reine, d'Angleterre, par
Skelton, avec un texte rédigé par M. Vatout. *Paris, Goupil et Vibert*, 1843-44,
in-fol. fig. [24327]

Publié en 6 livraisons, dont il y a des exemplaires
avec figures sur papier de Chine.

— Conspiration de Cellamare, 23894. — Résidences
royales, 24175.

VATTEL ou Vatel (*Emmerich* de). Le
Droit des gens, ou principes de la loi naturelle appliqués à la conduite et aux affaires des nations et des souverains; nouvelle édition revue, corrigée d'après
les textes originaux, augmentée de quelques remarques nouvelles et d'une Bibliographie choisie et systématique du
droit de la nature et des gens, par M. de
Hoffmanns, précédée d'un Discours sur
l'étude du droit de la nature et des gens,
par sir James Mackintosh, trad. en français par M. P. Royer-Collard. *Paris,
Aillaud*, 1835, 2 vol. in-8. [2360]

Bonne édition de cet excellent ouvrage. Nous citerons encore celles d'*Amsterdam*, 1775, 2 vol. in-4.
(qui a été longtemps la meilleure); de *Paris, Janet et Cotelle*, 1820, in-8.; de *Lyon*, 1820, 2 vol.
in-8., et enfin l'édition en 3 vol. in-12.
Il y a une autre édition *précédée d'un essai* (de l'auteur) *sur le droit naturel... illustrée de questions
et d'observations par M. le baron de Chambrier
d'Oleires, avec des annexes nouvelles de M. de
Vattel et de M. J.-G. Sulzer, et un compendium
bibliographique du droit de la nature et des
gens et du droit public moderne, par M. le comte
d'Hauterive;* Paris, Rey et Gravier, 1838, 2 vol.
in-8.

VATTEMARE. Album cosmopolite, ou
choix des collections de M. Alexandre
Vattemare, composé de sujets historiques et religieux, paysages, marines,
intérieurs, costumes et scènes de mœurs,
fleurs, médailles et portraits, manuscrits, vitraux, etc., tous originaux,
dessinés par les principaux artistes de
l'Europe, accompagnés de textes et
fac-simile d'autographes de souverains,
princes, ministres, savants, poëtes,
artistes, etc. *Paris, Chalamel*, 1837-40,
in-fol. obl. [9386]

Ouvrage publié en 20 livraisons de 5 planches avec
texte. Il se vendait 150 fr., et sur papier de Chine,
240 fr. [9386]

VATTIER (*P.*). Voy. GABDORRHACHAMAN.

Vasse (Mme de). Traduct. du théâtre anglois, 16869.
Vasselin. Mémorial, 23966.
Vastel (*Pierre*). Essai sur Honfleur, 24340.
Vastovius (*J.*). Vitis aquilonia, 22078.
Vatar. Des Processions, 661.
Vatel (*P.*). Médecine des animaux, 7711.
Vater (*J.-Sév.*). Grammaire polonaise, 11432. — Die
　Sprache der alten Preussen, 11442. — Animadver-
　siones, 12015. — Population de l'Amérique, 28467.
　— Litteratur der Grammatiken, Lexica, etc., aller
　Sprachen der Erde, 31749.
Vatin. Senlis et Chantilly, 24209.

Vattier (*G.*). Galerie des académiciens, 30074.
Vauban (*Séb.* de). Opuscules, 4037. — Attaque et
　défense des places, 8661. — Mémoires militaires, etc.,
　8661.
Vauban (Le Pretre, comte de). Guerre de la Vendée,
　23973.
Vaubert (le P.). Dévotion à J.-C., 1670.

VAUCELLE (*Math.* de). Voyez LOUVEN-
COURT.

VAUCIENNES. Voyez LINAGE.

VAUDELIN (le P. *Gilles,* augustin). Nouvelle manière d'écrire comme on parle.
Instructions chrétiennes mises en orthographe naturelle pour faciliter au peuple
la lecture de la science du salut. *Paris,*
veuve Clot et *J.-B. Lamesle,* 1713 et
1715, 2 vol. in-12.

Ces deux petits volumes, remarquables seulement
par leur singulière orthographe, ont été vendus ensemble 46 liv. Solar, sans qu'ils aient réellement
cette valeur.

VAU-DORÉ (*Alain* de Laval, sieur de).
L'historial des rois non catholiques, sur
un royaume christianizé, et de la résis-
tance continuelle des catholiques contre
leur règne, contre l'imposture des faux
politiques, disant que la religion est, et
a toujours été séparée de l'estat. *Lyon,*
par Pierre Rous, 1592, in-8., 8 ff. prélimin., texte, pp. 5 à 208, et 5 ff. pour
la table, 6 à 9 fr. [23616]

Vend. 18 fr. mar. v. La Vallière.

VAUDOYER (*A.-L.-T.*). Grands prix d'architecture, projets couronnés par l'Institut et le jury (ann. 1805 à 1815), publiés par Vaudoyer et L.-P. Baltard. *Pa-*
ris, 1811-18, in-fol. [10040]

Troisième série du recueil des grands prix, publiée
en 20 livraisons à 5 fr. chacune, et en pap. de Hollande, 9 fr. Vend. 86 fr. Hurtault. Une 4e série,
contenant les *grands prix couronnés par l'Aca-*
démie des beaux-arts (depuis 1815), a été publiée
en 20 cah., par les mêmes artistes et leurs continuateurs. Pour les deux premières séries, voy.
COLLECTION de prix et DÉTOURNELLE.

VAUGELAS (*Cl.* Favre de). Remarques
sur la langue françoise, avec des notes
de Patru et Th. Corneille. *Paris,* 1738,
3 vol. in-12. 10 à 12 fr. [10962]

Dernière édition de ces Remarques. La première est
de *Paris,* 1647, in-4.

VAUGONDY. Voy. ROBERT.

Vaublanc (*Vincent-Mar.* Viénot, comte de). Mé-
moires, 23953.
Vaublanc (*J.-B.-Bernard* Viénot, vicomte de).
La France au temps des croisades, 23208.
Vauchelle (*M.*). Administration militaire, 8602.
Vaucher (*J.-P.*). Plantes de l'Europe, 5047. — Con-
ferves, 5382. — Orobanches, 5453.
Vaucher (*J.-L.*). Bibliothèque de Genève, 31528.
Vaucher (*L.*). Études sur le traité du Sublime de
Longin, 12021.
Vaudin (*J.-F.*). Gazettes et Gazetiers.
Vaugeois (*J.-Fr.-Gabr.*). Antiquités de la ville de
Laigle, 24384.
Vaughan (*R.*). Life of J. Wickliffe, 30881. — Dis-
course of coin and coinage, 4129.
Vaulabelle (*Achille* Tenaille de). Les deux Restau-
rations, 23999.
Vaultier (*Fréd.*). Histoire de Caen, 24360. — Sou-
venirs de l'insurrection normande en 1793, même n°.

VAUMORIÈRE (*P.* d'Ortigue de). Voy.
ORTIGUE.

VAUQUELIN de La Fresnaye (*Jean*). Ses
diverses poésies. *Caen, Ch. Macé,* 1605
(ou nouveau titre, 1612), pet. in-8. de
4 ff. et 744 pp. [13900]

Un art poétique en trois chants et cinq livres de satires, qui offrent de nombreux traits de ressemblance avec celles de Boileau, donnent quelque
importance à ce recueil, dont les exemplaires sont
devenus rares. Vend. 24 fr. 50 c. Lebrun, en 1807;
2 liv. 3 sh. mar. bl Heber; 80 fr. Pixerécourt;
153 fr. mar. r. Ch. Nodier; 305 fr. bel exemplaire
en mar., Renouard; 141 fr. mar. orange, Le Chevalier; 108 fr. demi-rel. Le Prévost. Les exemplaires sous la date de 1612 n'ont de réimprimé
que les quatre feuillets préliminaires, y compris le
titre. L'exemplaire sous la date de 1604, qui était
rel. en mar. citr., par Koehler, et a été vendu
150 fr. Berlin, nous a paru être en grand papier,
ayant les marges inférieures beaucoup plus grandes
qu'elles ne le sont ordinairement; mais l'impression
en avait maculé par suite d'un lavage fait avec peu
de soin; il n'en a pas moins été revendu 455 fr.,
H. de Ch***, 1863.

Le même poëte avait déjà fait paraître les opuscules
suivants :

LES DEUS PREMIERS LIVRES des foresteries, Poitiers, Les De Marnefz, 1555, pet. in-8. de 72 ff.,
dont les deux derniers non chiffrés; ouvrage en
vers et en prose, avec un privilège en date du
VII mars 1547. Vend. 6 fr. Labey.

POUR LA MONARCHIE du royaume contre la division à la royne mere du roy. Paris, imprim. de
Fed. Morel, 1563, pet. in-8. de 12 pp. (en vers),
20 fr. Le Prevost; 80 fr. mar. v., par Duru; 80 fr.
Solar. — Réimpr. à Lyon, Ben. Rigaud, 1568, pet.
in-8., 27 fr. 50 c. mar. bl. Crozet. — Et à Paris,
chez Fed. Morel, 1570, pet. in-8. de 8 ff. Ces deux
opuscules n'ont pas été réimprimés dans les œuvres de l'auteur.

— L'ART POÉTIQUE de J. Vauquelin, sieur de la Fresnay (1536-1607), publié par A. Genty. Paris, 1862,
pet. in-8., portrait photographié. 3 fr. 50 c.; — Pap.
vergé, 4 fr. 50 c. Tiré à petit nombre.

NOTICES biographiques et littéraires sur la vie et
les ouvrages de Jean Vauquelin de la Fresnay, et
sur Nicolas Vauquelin des Yveteaux (par M. Jér.
Pichon). Paris, Techener, 1846, in-8. (Extrait du
Bulletin du Bibliophile, VIIe série, et tiré à part.)

VAUQUELIN (*Nicolas*), sieur des Yveteaux. OEuvres poétiques réunies pour
la première fois, annotées et publiées
par Prosper Blanchemain (avec une notice sur la vie du poëte). *Impr. à Evreux,*
Paris, Aug. Aubry, 1854, pet. in-8. de
XIV et 154 pp. avec un portrait de Nic.
Vauquelin, ses armes et un fac-simile
de sa signature. [13998]

Édition tirée à 300 exemplaires numérotés, savoir :
274 sur papier vergé, 8 fr.; — 18 en Gr. Pap. vélin
blanc, 14 fr.; — 9 sur Gr. Pap. vélin chamois, 16 fr.

ADDITIONS à la vie et aux œuvres de Nic. Vauquelin des Yveteaux (par Jules Travers). Caen,
1856, in-8. de 24 pp., tiré à 50 exemplaires.

— TROIS HARANGUES de N. de Vauquelin, lieutenant
général au bailliage de Caen. Caen, impr. de la
veufue de Jacq. Le Bas, 1595, pet. in-4. de 60 pp.

— Voy. I, col. 1463, article CAHAGNESIUS.

VAUVENARGUES (*Luc* de Clapiers de). OEuvres complètes de Vauvenargues, précédées d'une notice sur sa vie et ses ouvrages, et accompagnées de notes de Voltaire, Morellet et Suard. Nouvelle édition : et OEuvres posthumes du même, précédées de son éloge par M. Ch. de Saint-Maurice, et accompagnées de notes et de lettres inédites de Voltaire. *Paris, Brière*, 1821-23, 3 vol. in-8. 15 fr.; — Gr. pap. vél. 30 à 40 fr. [3632 ou mieux 3718]

Le même libraire a donné, en 1823, une autre édition de ce moraliste, en 3 vol. in-18, et en a fait tirer des exemplaires sur Gr. Pap. d'Annonay, et sur Gr. Pap. vélin. Cette dernière contient quelque chose de plus que la précédente.

— OEuvres de Vauvenargues, édition nouvelle, précédée de l'éloge de Vauvenargues, couronné par l'Académie française, et accompagnée de notes et commentaires par D.-L. Gilbert. *Paris, Furne et Cⁱᵉ*, 1857, 2 vol. gr. in-8. portr. 12 fr. — Pap. de Hollande, 30 fr.

Le second volume, sous le titre d'*OEuvres posthumes et inédites*, contient, entre autres pièces publiées pour la première fois, deux correspondances (104 lettres) de Vauvenargues, l'une avec Jules Fauris de Saint-Vincens, président au parlement de Provence, et l'autre avec Mirabeau, l'Ami des hommes : il se vendait séparément.

— Introduction à la connoissance de l'esprit humain, suivie de réflexions et de maximes (par Vauvenargues). *Paris, Ant. Cl. Briasson*, 1746, in-12. [3632]

Édition originale de l'ouvrage qui a fondé la réputation de l'auteur. 9 à 12 fr. — Vend. en mar. r. 60 fr. Giraud.

VAUX *(Jean* de). Voyez MÉDECIN.

VAUZELLES (*Matthieu* de). Traité des péages, en six livres. *Lyon, Jean de Tournes*, 1550, in-4. de 207 pp. [2795]

Cet ouvrage est encore bon à consulter sous le rapport historique.

— Voyez GRANDE généalogie.

VAVASSORIS *(Fr.)* Theurgicon, sive de miraculis Christi libri IV. *Parisiis, Le Petit (Hollande, Elsevier)*, 1645, pet. in-12. [12949]

Très-jolie édition, dont les exemplaires ne sont pas communs : 6 à 9 fr., et quelquefois plus cher. Le recueil des poésies latines du P. Vavasseur a été impr. à *Paris*, 1683, in-8. [12948]

— Opera omnia. *Amstelod.*, 1709, in-fol. 6 à 9 fr. [19031]

VAYER (La Mothe le). Voy. LA MOTHE; et TUBERO.

VAZLET *(Glaumalis)*. Voy. DES AUTELZ.

Vauzelles *(J.-B.* de). Histoire de Bacon, 30899.
Vavasseur de Masseville. Voy. Masseville.

VECCHIAZZANI *(Mat.)*. Historia di Forlimpopoli, con varie revolutioni dell' altre città di Romagna. *Rimino, Simbeni*, 1647, 2 tom. en 1 vol. in-4. fig. [25658]

Un des ouvrages les plus rares de la classe à laquelle il appartient : 12 fr. Floncel; 15 fr. Boutourlin; 29 fr. Libri, en 1857.

Il faut y joindre :

BERTINORO rimproverante, ossia riflessioni istor. di Giac. Besi sopra un discorso in difesa di Forlimpopoli di Mat. Vecchiazzani. *Cesena*, 1660, in-4.

LA VERITA difesa contra Bertinoro rimproverante, risposta del dottore Mat. Vecchiazzani..... alle riflessioni histor. di Giac. Besi. *Faenza, Zarafaglli*, 1661, in-4. (On l'annonce aussi in-8.)

VECCHIETTI. Voy. WECCHIETTI.

VECELLIO *(Cesare)*. Degli abiti antichi et moderni di diverse parti del mondo libri due. *Venegia, Dominico Zenaro*, 1590, in-8. fig. [9610]

Ouvrage recherché à cause des gravures sur bois dont il est orné, et qui, selon une tradition mal fondée, auraient été en partie exécutées d'après les dessins du Titien, oncle de l'auteur. Vendu 16 sh. Pinelli; 14 fr. 50 c. mar. r. Caillard ; 47 fr. et 63 fr. Reina; 141 fr. mar. v. Solar.

Cette première édition, où l'on compte 420 planches, savoir : 361 dans le premier livre, et 59 dans le second, est plus rare, mais moins complète que la seconde.

— HABITI antichi et moderni di tutto il mondo, di Cesare Vecellio ; di nuouo accresciuti di molte figure. Vestitus antiquorum, recentiorumque totius orbis, per Sulstatium Gratilianum senapolensis latine declarati. *In Venetia appresso i Sessa*. (in fine) : *In Venetia*, M. D. XCVIII, *appresso Gio. Bernardo Sessa*, in-8.

Ce volume contient : 1° 56 ff. préliminaires, savoir : le titre, la dédicace de Vecellio, datée du 9 octobre 1589, en italien et en latin, des tables dans les deux mêmes langues ; 2° 507 ff., avec une figure sur bois au verso de chacun, et le discours placé vis-à-vis de la figure : vend. 9 fr. La Valliere ; 30 fr. Thierry ; 35 fr. Reina ; 19 fr. Hibbert; 39 fr. 30 c. Boutourlin. — Les planches de cette édition ont servi pour celle dont le titre suit : *Habiti antichi, overo raccolta di figure delineate dal gran Titiano, e da Cesare Vecellio suo fratello, conforme alle nazioni del mondo*, Venetia, Combi, 1664, pet. in-8., mais elles y sont fatiguées et fort mal tirées.

Vendu 31 fr. 55 c. Morel-Vindé; 19 fr. La Mésangère ; 32 fr. 50 c. Reina.

— Costumes anciens et modernes. Habiti antichi e moderni di tutto il mondo di Cesare Vecellio, précédés d'un Essai sur la gravure sur bois par M. Ambr. Firmin Didot. *Paris, typographie de Firmin Didot frères, fils et Cⁱᵉ*, 1860 et 1863, 2 vol. in-8. 45 fr. — L'Essai sur la gravure séparément, 5 fr.

Cette nouvelle édition reproduit exactement tous les costumes (au nombre de 518) figurés dans les trois premières, mais cette fois dessinés plus correcte-

Vaysse de Villiers (*Régis-Jean-François*). Itinéraire de la France et de l'Italie, 23016.

Vazques Queipo. Système métrique et monétaire des anciens, 29060.

ment par M. Seguin, et gravés sur bois avec plus de soin par M. Huyot et ses aides. On a joint au texte italien une traduction française, et, ce qui est surtout remarquable, un excellent travail de M. Ambr.-Firm. Didot, qui n'occupe pas moins de 316 colonnes en très-petits caractères, et qui contient la matière de plus de 500 pp. in-8., imprimées en caractères ordinaires. Ce morceau capital est à lui seul un livre tout entier, dans lequel l'auteur qui, comme on le sait, est à la fois artiste habile et amateur passionné, a su faire un excellent emploi des connaissances que lui ont acquises sa longue expérience et l'usage constant de la précieuse collection d'estampes et de livres à gravures dont il a enrichi sa célèbre bibliothèque. Ses notices sont, il est facile de le voir, l'œuvre d'un homme qui a fait une étude sérieuse du sujet qu'il avait à traiter. Plusieurs sont ou entièrement neuves, ou tout au moins contiennent des choses peu connues, comme par exemple dans l'article Hans Holbein, que nous recommandons particulièrement à l'attention des curieux.

— Corona delle nobili et vertuose donne, nella quale si dimostra in varij dissegni tutte le sorti di punti tagliati, in aria, à reticella, e d' ogni altra sorte, cosi per freggi, come per merli e rosette. *Venet.*, *appresso Cesare Vecellio*, 1591, 3 part. en 1 vol. pet. in-4. obl. [10266]

Cet ouvrage, peu connu, renferme trois parties, ayant chacune, outre le titre, une dédicace signée de Cesare Vecellio, auteur présumé des planches, et de celles d'une 4ᵉ partie, publiée deux années après les trois autres, sous le titre de *Gioiello della Corona per le nobili donne.....* Venetia, 1593. Chacune de ces parties a été publiée séparément, et réimprimée plusieurs fois. La première partie renferme 27 pl. (4ᵉ édit., 1593); la seconde, 22 pl. (dernière édit., 1594); la troisième, 22 pl. (5ᵉ édit., 1593); enfin le *Gioiello della Corona* se compose de 30 pl., outre le titre et la dédicace : ce qui forme en tout 101 planches, 4 titres, plus les dédicaces. Aux articles FIORI, FLORINI, GIOIELLIO, et OSTANS, nous avons rapporté les titres de plusieurs opuscules du même genre que ceux que renferme le volume ici décrit; mais comme nous n'avons pas eu occasion de comparer entre elles ces différentes éditions, nous ne saurions dire si elles se rapportent à un même ouvrage, ou si elles appartiennent à des ouvrages tout à fait différents.

VEDA. Vedanta sácra, ou quintessence du Veda, en sanscrit. *Calcutta*, in-4. 2 liv. 2 sh. [2249]

Annoncé dans le *Journal de la littérature étrangère*, 1823, p. 151. On trouve dans le catalogue Langlès, nᵒˢ 297-302, et dans celui de Klaproth, nᵒ 143, l'indication de plusieurs fragments des Veda ou Vedah, trad. en différentes langues.
— TRANSLATION of several principal books, passages and texts of the Veds, and of some controversial works on brahmunical theology, by rajah Rammohun Roy; second edition. *London*, *Parbury, etc.*, 1832, in-8. [2247]
Ce volume réunit plusieurs opuscules qui avaient déjà été imprimés séparément à *Calcutta*, de 1816 à 1822, in-4. et in-8.

Autres parties des Vedas:

ATHARVA Veda Sanhita, herausgegeben von R. Roth und W.-D. Whitney. *Berlin*, *Dümmler*, 1855-56, 2 part., pet. in-4., ensemble de III et 458 p.

Vechner (*Dan.*). Hellenolexia, 10667.

Ces deux parties ne donnent que le texte sanscrit. 38 fr.
— THE ATHARVA — veda prâtiçákhya, or çáuna kiyâ caturâdhyâyiká : text, translation, and notes by William D. Whitney. *New Haven*, 1862, in-8.

RIG-VEDA Sanhita liber primus, sanscrite et lat. edidit Frid. Rosen. Printed for the oriental translation fund, 1838, gr. in-4. 28 fr. [16001]

RIG-VEDA-SANHITA, the sacred hymns of the Brahmans, together with the commentary of Sayanacharya, edited by Max. Müller, published under the patronage of the East-India Company. *London*, 1849-54, in-4., tome 1ᵉʳ, 50 fr.

RIG-VEDA Sanhita : a collection of ancient hindu hymns, constituting the first Ashtaka, or book of the Rig-Veda, the oldest authority for the religious and social institutions of the Hindus, translated from the original sanskrit, by H.-H. Wilson. *London*, 1850-57, 3 vol. in-8. 36 fr.

RIG-VEDA, ou livre des hymnes, traduit du sanscrit par M. Langlois. *Paris*, *F. Didot*, 1848-51, 4 vol. in-8. 40 fr.
— Voyez *Prátiçákhya.*

RIG-VEDA oder die heiligen Lieder der Brahmanen. Herausgegeben von Max. Müller. Mit einer Einleitung, Text und Uebersetzung des Prátisákhya oder der ältesten Phonetik und Grammatik enthaltend. *Leipzig*, *Brockhaus*, 1856-57, in-4., ou gr. in-8.; première partie en 3 livraisons. 42 fr.

DIE HYMNEN des Sáma-Veda, herausgegeben, übersetzt und mit Glossar versehen von Thdr. Benfey. *Leipzig*, *Brockhaus*, 1848, in-4. 40 fr.
— — Textausgabe. *Leipzig*, *Brockhaus*, 1848, in-4. 24 fr.

TRANSLATION of the Sanhitá of the Sáma Veda; by the rev. J. Stevenson. *London, printed for the oriental translations fund*, 1842, in-8. 10 fr. [2248]

YAJURVEDA, the white, edited by Albr. Weber. Part. I. The Vájasaneyi-Sanhitá in the Mâdhyandina and the Kânva-Çákhâ with the commentary of Mahîdhara. *Berlin*, *Dümmler*, 1849-52, 3 vol. in-4. 80 fr.
— — Part. II. The Çatapatha-Bráhmana in the Mâdhyandina-Çákhâ with extracts made from the commentaries of Sáyana, Harisvámin and Dvivedaganga. *Berlin*, *Dümmler*, 1839-56, 8 part. en 1 vol. in-4. 84 fr.
— — Part. III. The Çraustasutra of Kátayana with extracts from the commentaries of Karka and Yájnikadeva. *Berlin*, *Dümmler*, 1856-59, in-4., nᵒˢ I à VII. 84 fr.

SANHITA of the Black Yajur-Veda, with the comment. of Madhava Acharya, edited in sanscrit, by Dr. Boer. *Calcutta*, 1856, in-8., fasc. I à VIII.
Partie de la *Bibliotheca indica.*

VRIHADÁRAN YAKAM Káthakam, iça, Kena. Mund'Akam, oder fünf Upanishads aus dem Yagur-, Sáma- und Atharva-Veda. Nach den Handschriften der Bibliothek der Ostindischen Compagnie zu London, herausgegeben von L. Poley. *Bonn, Marcus*, 1844, in-8. 8 fr.

COLLECTION des Oupanichaïs, extraits des Vedas, traduits du sanscrit en français, par L. Poley. *Paris, Dondey-Dupré* et *Arthus Bertrand*, in-4. [2251]
La 7ᵉ livraison, première de *Káthaka-Oupanichat*, a paru en 1837.

ZUR LITTERATUR und Geschichte des Weda, von Rud. Roth. *Stuttgart*, 1846, in-8.

ESSAI sur le mythe de Ribhavas, premier vestige de l'apothéose dans le Veda, avec le texte sanscrit et la traduction française des hymnes adressées à ces divinités, par F. Nève. *Paris, Benj. Duprat*, 1847, in-8. 10 fr.

VEDATUS. Voyez VEGETIUS.

VEDÉLIUS (*Nic.*). Sanctus Hilarius, seu

antidotum contra tristitiam pro sancta hilaritate. *Lugd.-Batav.*, 1632, in-32. [17806]

Volume peu commun : 4 à 6 fr.

VEDIA (*Enrique* de). Voyez HISTORIA-DORES.

VEDRIANI di Modena. Voy. FILADELFO.

VEDUTA generale in prospettiva nel Museo Pio Clementino. Voyez FEOLI.

VEDUTE delle ville e d' altri luoghi della Toscana. *Firenze, Allegrini*, in-fol. obl. 18 à 30 fr. [25485]

Cinquante planches et un frontispice, d'après les dessins de Zocchi; quelques-unes sont bien gravées, les autres sont médiocres. Il en existe un second tirage : *Firenze, Bouchard*, 1757, in-fol. obl. — On a du même artiste :

SCELTA di vedute delle principali contrade, piazze, chiese e palazzi della città di Firenze. *Firenze, Allegrini*, 1744, gr. in-fol., contenant un frontispice, 1 f. pour la dédicace, et 24 vues.

VEGA (Garcilasso de la). Voy. GARCILASSO.

VEGA (D. frey *Lope Felix* de). Coleccion de sus comedias. *Madrid, Valence, Valladolid, y Zaragoza*, 1609-47, 28 vol. pet. in-4. [16795]

Cette collection est très-difficile à réunir, parce qu'elle n'a pas été réimprimée depuis le milieu du XVIIe siècle. Chacun des 27 premiers volumes comprend douze pièces, et le 28e, huit, ce qui fait en tout 332 pièces. Ce n'est cependant là qu'une partie des compositions dramatiques de Lope de Vega, dont ce poëte, dans la préface du la 22e partie de son théâtre, fait monter le nombre à 1070. Le chiffre en était à 1080, au moins, à la mort du *famoso poeta, el fenix de España*, comme nous l'apprend J. Perez de Montalvan, son disciple, dans sa *Fama posthuma a la vida de Lope de Vega*, en 1636; mais la plus grande partie est restée inédite. Nic. Antonio, tome II, pp. 76 et suiv., donne le détail du contenu de chaque vol. de la collection ci-dessus. Cette collection n'est annoncée ordinairement qu'en 25 volumes; mais il existe trois 24es parties différentes, et qu'il faut réunir : la première, imprimée à *Saragosse*, en 1633; la seconde, à *Madrid*, en 1638, ou 1640, et la troisième, à *Saragosse*, en 1641. Ce qui forme le 28e volume est la *Vega del Parnaso*, imprimée à *Madrid*, en 1637, renfermant 8 pièces. On peut encore joindre à ces 28 tomes : *Autos sacramentales, loas, y entremeses*, du même, *Madrid* et *Saragosse*, 1644 ou 1655, in-4., réimpr. dans le 18e volume des *Obras* ci-dessous.

La première partie des comédies de Lope de Vega avait déjà été donnée par *Bern. Grassa*, à *Valladolid*, en 1604 (réimpr. à *Madrid*, à *Saragosse*, à *Tarragone* et à *Valence*), pet. in-4., et peut-être antérieurement. Cette partie a été réimprimée à *Anvers*, chez *Martin Nucio*, en 1692, in-8. de 622 pp., et on réunit ordinairement à cette réimpression la deuxième partie, imprimée à *Bruxelles*, chez *Roger Velpio y Huberto Antonio*, et aussi sous l'indication d'*Anvers*, en 1611, dans le même format in-8. de 3 ff. et 669 pp., la dernière chiffrée 645. Ces deux volumes, qui contiennent 24 pièces, ont été vend. 50 fr. Nodier. Nous en citerons un autre contenant *Doce loas, doce comedias, y doce*

intremeses de Lope de Vega, *Milan*, 1617, pet. in-8. Vend. 15 fr. 50 c. Rodriguez. Quant aux autres volumes, ils ont, pour la plupart, été réimprimés plusieurs fois à Barcelone, à Valence, et ailleurs; mais il serait trop difficile de donner la liste exacte de toutes ces réimpressions, que les Espagnols eux-mêmes ne connaissent pas bien. Il faut, autant qu'on le peut, choisir les éditions de Madrid. Le célèbre bibliophile Richard Heber était parvenu à réunir, à grands frais, un exemplaire des comédies du *Fenix de España*, consistant en 43 vol., dont 15 doubles, mais d'éditions différentes. N'ayant pu se procurer le 5e vol., édition de *Madrid*, il l'avait remplacé par l'édition d'*Alcala*, 1615. Cet exemplaire, dont plusieurs volumes étaient plus ou moins tachés, et même incomplets, avait coûté plus de 200 guinées. Il a été donné pour 80 liv. (voy. *Biblioth. heber.*, VII, no 1571); la 6e partie, édit. de 1609, seule, 22 flor. Butsch.

— Comedias escogidas de fray Lope Felix de Vega Carpio, juntas en coleccion y ordenadas por D. Juan Eugenio Hartzenbuch. *Madrid, Lopez y Serrano*, et *Rivadeneyra*, 1853-60, 4 vol. gr. in-8. 48 fr.

— Colleccion de las obras sueltas, assi en prosa, como en verso. *Madrid, Sancha*, 1776-79, 21 vol. pet. in-4. [19265]

Cette collection, dans laquelle ne se trouvent pas les comédies de l'auteur, a été publiée par les soins de Fr. Cerda y Rico; elle est bien imprimée : 80 à 120 fr.; — Gr. Pap., 120 à 150 fr. — Un exemplaire en pap. de Hollande, *br.*, 160 fr. Belin; 200 fr. d'Ourches.

Voici l'indication des divers ouvrages de Lope de Vega qui ont été publiés séparément. Nous suivons l'ordre alphabétique des titres :

ARCADIA, prosa y versos, con una exposicion de los nombres poeticos y historicos. *Madrid, Pedro de Madrigal*, 1602, pet. in-8.

Réimpr. à *Valence, C.-J. Garriz*, 1602, et à *Barcelone, Seb. de Cormellas*, 1602, pet. in-8.; à *Anvers, Nucio*, 1605, et *Ibid*, *J. Bellero*, 1617, in-12, 10 sh. Libri, et souvent depuis (6e vol. des *Obras*).

Trad. en français par Lancelot, sous le titre de *Délices de la vie pastorale*, Lyon, 1624, pet. in-8.

LA CIRCE con otras rimas y prosas. *Madrid, viuda de Alonso Martin*, 1624, pet. in-4., avec un frontispice gravé.

CORONA TRAGICA : Vida y muerte de Maria Estuarda de Escocia, etc. *Madrid, viuda de Luis Sanchez*, 1627, pet. in-4. Ce poëme est recherché en Angleterre : 22 fr. Rodriguez.

LA DOROTEA, accion en prosa. *Madrid, impr. del Reyno*, 1632, ou 1654, ou 1675, pet. in-8. — Réimpr., *Madrid*, 1736, 2 vol. pet. in-8., et plus correctement dans le 7e vol. des *Obras*.

LA DRAGONTEA. (Voy. col. suiv., ligne 44.)

LA FILOMENA, con otras diversas rimas, prosas y versos. *Madrid, Alonso Martin*, 1621, pet. in-4. — Réimpr. à *Barcelone, Seb. de Cormellas*, 1621, in-8., et dans le 2e vol. des *Obras*. Ce vol. contient, entre autres ouvrages, la *Novela de las fortunas de Diana*.

LA HERMOSURA DE ANGELICA, con otras diversas rimas. *Madrid, Pedro de Madrigal*, 1602, pet. in-8. Première édition, indiquée par Salvá, no 2191. — Réimpr. à *Barcelone, Mig. Manescal*, 1604, *Madrid, Juan de la Cuesta*, 1605, pet. in-8., avec la *Dragontea*, et dans le 2e vol. des *Obras*.

JERUSALEN CONQUISTADA, epopeya tragica. *Madrid, Juan de la Cuesta*, 1609, pet. in-4. Première édition de ce poëme en 20 chants; on y trouve le portrait de Lope de Vega et celui d'Alphonse VIII, gravés sur bois. Vend. 8 fr. 50 c. Go-

---

hier; et un bel exemplaire en *mar. r.* 2 liv. 3 sh. Hibbert. — Réimpr. à *Barcelone, Raf. Noguez*, 1609, pet. in-8.; à *Lisbonne, Vicente Alvarez*, 1611, pet. in-4., et dans les tomes XIV et XV des *Obras*.

Isidro, poema castellano, en que se escrive la vida del bienaventurado Isidro, labrador de Madrid. *Madrid, Luis Sanchez*, 1599 ou 1613, in-8.

Deux éditions citées par Antonio. Il y en a d'autres d'*Alcala, Juan Gracian*, 1607, in-4., de *Barcelone, Honofre Anglada*, 1608, in-8., de *Madrid*, 1638, in-8., etc.

JUSTA POETICA, y alabanzas justas que hizo la villa de Madrid al bienaventurado S. Isidro, en las fiestas de su beatificatione; recopiladas por Lope de Vega. *Madrid, viuda de Alonso Martin*, 1620, in-4. — RELACION de las fiestas de san Isidro, la niñez, la juventud del mismo, y la Justa poetica. *Ibid.*, 1622, in-4.

LAUREL DE APOLO, con otras rimas. *Madrid*, 1630, pet. in-4.

PASTORES DE BELEN, prosas y versos divinos. *Madrid*, 1612, pet. in-8. — Réimpr. à *Lerida, Luis Manescal*, 1612, pet. in-8.; à *Brusselles, Rog. Velpio*, 1614, pet. in-12; à *Alcala*, 1616, in-8., et plusieurs fois depuis; aussi dans le 16e vol. des *Obras*.

EL PEREGRINO en su patria. *Sevilla, Clem. Hidalgo*, 1604, pet. in-4. Roman divisé en 5 livres, et mêlé de prose et de vers; il a été réimpr. à *Madrid* et à *Barcelone*, en 1604 et en 1605, in-8. de 587 pp. (à la fin du prologue se trouve un catalogue des pièces de Lope de Vega, au nombre de 219); à *Brusselles, Rog. Velpio*, 1608, pet. in-12, et depuis. L'édition de *Madrid*, 1733, in-4., est moins bonne que celle qui fait partie du 5e vol. des *Obras*.

RIMAS (humanas), con el nuevo arte de hazer comedias de este tiempo, part. I et II. *Madrid*, 1609, ou *Huesca, P. Bluson*, 1623, in-16. [15253]

Deux éditions peu communes de ces poésies, lesquelles ont été réimprimées dans le 4e vol. des *Obras*. Nic. Antonio cite une édition de la seconde partie des *Rimas*. Madrid, 1602, in-8., et aussi : La *Dragontea o tercera parte de las rimas*, Madrid, 1598, ou 1602, in-8., ce qui suppose une édit. de la première partie antérieure à celle de 1609. La *Dragontea* est un poëme sur l'amiral anglais François Dracke. On l'a réunie à la *Hermosura de Angelica*, dans plusieurs édit. de ce dernier ouvrage.

RIMAS sagradas. *Madrid, viuda de Alonso Martin*, 1614, ou 1619, ou *Lerida*, 1615, ou *Lisboa*, 1616, in-8.

Réimpr. encore à *Lisbonne, Olivera*, 1658, in-8., avec les mêmes indications de lieu et de date, à *Madrid*, vers 1747; aussi dans le 13e vol. des *Obras*.

EL ROMANCERO espiritual. *Zaragoza*, 1622, in-16.

Réimpr. plusieurs fois séparément, et mieux dans le 15e vol. des *Obras*. Les romances profanes de notre poëte font partie du 17e vol. de cette même collection.

Antonio n'a point connu ce romancero, mais il cite un autre vol. in-16, impr. à *Cuença*, par *Salvador Viader*, contenant : *El Robo de Proserpina; la Rosa blanca; la Mañana de S. Juan*, et *Catorce romances a la passion de Christo*.

SOLILOQUIOS amorosos. *Madrid*, 1626, ou 1647, in-16, ou *Madrid*, 1650, in-8., et dans le 17e vol. des *Obras*.

TRIUNFOS divinos, con otras rimas sagradas. *Madrid, viuda de Alonso Martin*, 1625, pet. in-4., réimpr. dans le 13e vol. des *Obras*.

TRIUNFO de la fé en los reynos del Japon por los años de 1614 y 1615. *Madrid, viuda de Alonso Martin*, 1618, pet. in-8. de 104 pp. chiffrées.

Il existe, sous la même titre, une contrefaçon, in-8., faite à *Madrid*, vers 1747, et qui a 119 pp. — Réimpr. dans le 17e vol. des *Obras*.

LA VIRGEN de la Almundena, poema historico. *Madrid*, 1736, in-4., et dans le 15e vol. des *Obras*.

RIMAS humanas y divinas de Tomé de Burguillos. *Madrid*, impr. *real*, 1634, pet. in-4.

En publiant ce recueil, Lope de Vega s'est caché sous le nom de *Burguillos*; et c'est également sous ce nom que les mêmes poésies sont réimprimées dans la collection de Fernandez. On les trouve aussi dans le 19e vol. des *Obras* de l'auteur. La *Gatomaquia*, qui fait partie de cette même collection, a été réimprimée sous le titre suivant :

GATOMAQUIA, poema epico burlesco, añadida al fine la celebre satira de el Murcielago del Mtro Fr. Diego Gonzalez. *Madrid*, 1826, pet. in-8.

Nous citerons aussi : *Rimas del licenciado Tome de Burguillos*, Paris, imprim. de Didot l'ainé, 1828, gr. in-32, avec une planche.

VEGA (*Bernardo* de la). La bella Cotalda, y cerco de Paris; Relacion de las grandezas del Piru, Mexico, y los Angeles. *Mexico, Melchior de Ocharte*, 1601, in-8. [15209]

Ces poésies, comme on peut bien le croire, sont un livre fort rare. Antonio, qui les cite, attribue au même auteur : *El pastor de Iberia*, impr. en 1591, in-8.

VEGA (el P. *Manuel* de la). Historia del descubrimiento de la America septentrional por Cristobal Colon, dala a luz con varias notas... Carlos Maria da Bustamante. *Mexico*, 1826, in-4. [20945]

VEGAS (*Damian*). Libro de poesia christiana, moral y divina. *Toledo, Pedro Rodriguez*, 1590, in-8. [15200]

Volume rare : 1 liv. 10 sh. Heber.

VEGETIUS (*Flavius*). Epitome rei militaris. (*absque nota*), in-fol. [8568]

Première édition, très-rare, impr. sans chiffres, récl. ni signat., à longues lignes, au nombre de 31 sur les pages; les caractères paraissent être ceux dont Ketelaer et Gér. de Leempt se servaient à Utrecht, vers 1473. La première ligne est ainsi conçue : *Flauij vedati renati viri illustris. Epitoma de re.* Le texte commence au recto du 1er f., et il finit au verso du 55e et dernier. f. Vendu 240 flor. Meerman, exemplaire auquel était joint : *Liber beati theronimi presbiteri de viris illustribus*, opuscule de 26 ff., imprimé avec les mêmes caract. que le Vegèce, et qui est fort peu connu.

— Flaii vegecii renati viri illustris comitis epithoma institutorû rei militaris de commentariis Augusti traiani Adriani necnõ etiam frontini. In-4.

Cette édition, qui ne porte ni date, ni lieu d'impression, est imprimée avec les caractères de *Cæsaris* et *Stol*, imprimeurs de *Paris*; et, selon Dibdin (*Biblioth. spencer.*, II, p. 457), le premier bibliographe qui ait fait mention de ce livre fort rare, elle doit être antérieure à la précédente; les pages entières portent 25 lignes; le titre que nous avons donné ci-dessus est au commencement du livre, au recto du 1er f.; le texte est terminé au recto du 60e f., après quoi se trouve une table des chapitres qui continue jusqu'au verso du 69e et dernier feuillet.

Une autre édition in-fol. de cet auteur, imprimée en caract. goth. à 2 col., sans ni date, et qui ne porte ni chiffres, ni récl., ni signat., est décrite également dans la *Biblioth. spencer.*, II, p. 458,

---

Vegas (*Ant.*). Diccionario geografiço, 19517.

comme une production des presses de Nic. Gotz, qui imprimait à *Cologne*, de 1474-78. C'est un volume de 38 ff., dont les pages entières ont 38 lignes; on voit, au verso du dernier f., après la fin du texte du 47e chapitre, les deux lettres : *N. ∴ G.*

— Epitome rei militaris, libri numero IV. — *Piscie .iiii. nonas Aprilis. Mcccc lxxxviii. Sigismondo Rodt de Bitsche operis architecto*, pet. in-fol. goth. de 34 ff. non chiffrés, sign. *a—e*, à 43 lign. par page.

Le 1er f. est blanc, et le 2e, sign. *ait*, contient, au recto, la table des chapitres, et au verso, le commencement du texte (*Biblioth. spencer.*, VII, n° 314).
Pour l'édit. de *Rome*, 1487, et pour d'autres, voy. VETERES de re militari scriptores.
— DE RE militari lib. V, cum notis var., addita versione gallica, cura Nic. Schwebelii. *Norimbergæ*, 1767, in-4. 6 à 8 fr.
—INSTITUTORUM rei militaris lib. V (recens. Valart). *Paris.*, *F.-A. Didot*, 1762, pet. in-12. 2 à 3 fr.
— DE RE militari lib. V, cum notis integris Schwebelii, et selectis variorum. *Argentor.*, *Societas bipont.*, 1806, in-8. 3 fr.

—Lart de cheualerie selon Vegece (lequel traite de la maniere que les princes doiuent tenir au fait de leurs guerres et batailles). — *Explicit le liure de droit darmes subtilite τ cautelle adce seruás selon Vegece de lart de cheualerie. Imprime le xxvie iour de luing Mil. CCCC. quatre vings et huit par Anthoine verard Libraire demourant a Paris sur le pont nře dame...*, in-fol. goth. de 105 ff. non chiffrés, à 2 colonnes de 33 lignes, avec fig. en bois.

Ce volume n'a été vendu que 16 fr. 60 fr. mar. r. La Valliere, mais il vaut beaucoup plus. Il commence par une table des chapitres qui occupe 6 ff., après quoi se voit une gravure sur bois au verso d'un 7e feuillet, puis le texte qui occupe 98 ff., signat. *ai—niij*; à la fin se trouve, après la souscription, une pièce de vers intitulée : *Ici sont declaires les douze vertus quun noble homme et de noble courage doit auoir en son cueur*, etc. L'ouvrage est moins une traduction de Végèce qu'un traité sur l'art de la guerre, pour lequel les anciens et quelques modernes ont été mis à contribution, car on y trouve beaucoup de choses relatives à la chevalerie du moyen âge. On l'attribue à Jean de Meun dans le catal. de La Valliere, en 3 vol.; et effectivement, selon Du Verdier, article JEAN Clopinel de Meun, cet auteur nous apprend lui-même, au commencement de sa traduction du livre de la Consolation de Boëce, qu'il a translaté de latin en françois le *Livre de Vegece de chevalerie*. D'un autre côté Will. Caxton, dans la souscription de la traduction anglaise de l'*Art de chevalerie* qu'il a impr. en 1489 (voyez CHRISTINE de Pisan), dit positivement que ce livre français est de *Christine de Pise*, et M. P. Paris est du même avis. Nous ajouterons que le *Liure des fais darmes et de cheualerie*, Paris, Anth. Verard, 1488, in-fol., porté à 18 liv. dans le catal. de White Knights, n° 2757, et qui a été revendu 5 liv. chez Heber, et 75 fr. en 1841, n'est autre chose qu'un exemplaire de Végèce, ci-dessus, auquel il manquait les sept premiers ff. Le huitième commence de cette manière : *Cy aprъs sensuit le liure des fais darmes et de cheualerie.*
— INSTITUTIONS militaires de Végèce (trad. par Cl.-Guill. Bourdon de Sigrais). *Paris*, 1759, pet. in-12, fig.

Il y a une autre traduction française du même traité par de Bongars, *Paris*, 1772, in-12.

— Des durchleichtigen wolgeboruen (*sic*) Grauen Flauii Vegecii Renati kurcze und von der Ritterschafft zu dē grossmechtigisten kaiser Theodosio seiner biecher vierer... (übers. von Ludw. Hohenwang von Tal Elchingen). Pet. in-fol. de 108 ff. à 31 lig. par page, sans chiffres, récl. ni sign., avec fig. sur bois.

Ebert, qui décrit cette édition précieuse, sous le n° 23455 de son Dictionnaire, l'attribue à Jean Zainer, impr. à Ulm, en 1475. Deux choses la recommandent, indépendamment de sa rareté, savoir : le mérite de la traduction, et les grandes planches en bois qui occupent les 32 derniers ff. du volume. Les cinq premiers ff. sont des préliminaires; le texte ne commence qu'au 6e. — Une autre traduction allemande de Végèce, par un anonyme, a été impr. à *Erfurt*, durch *Hans Knappen*, en 1511; à *Augsburg*, *H. Stainer*, en 1529 (60 fr. 2e vente Quatremère), et aussi en 1534, in-fol., avec de nombreuses gravures sur bois.

VEGETIUS Renatus (*Pub.*). Artis veterinariæ, sive mulomedicinæ libri quatuor, jam primum typis in lucem editi. *Basileæ*, M. D. XXVIII, *excudebat Joan. Faber Emmeus*, in-4. de 72 ff. [7689]

Il y a une édit. meilleure, publiée par Jean Sambucius, *Basileæ*, per *Petrum Pernam*, 1574, in-4.

— Artis veterinariæ, sive mulomedicinæ libri quatuor, curante J. Matthia Gesnero. *Mannhemii*, 1781, pet. in-8.

Les *Quatre livres de Publius Vegece Renay, de la médecine des chevaux malades, et autres vétérinaires*, etc., ont été traduits en français (par Bernard du Poy-Monclar), *Paris*, *Ch. Perier*, 1563, gr. in-4. Cette traduction a été revendiquée pour Ch. Estienne (Renouard, *Annales des Estienne*, p. 113).
Saboureux de La Bonnetrie en a donné une autre qui forme le 6e volume des anciens ouvrages latins relatifs à l'agriculture.

— Voyez SCRIPTORES rei rusticæ.

VEGIUS. Maphæi Vegii de morte Astianactis opus Iocundum et Miserabile. — *Anno gratiæ* M. CCCC. LXXV. *tertio kalendas Iulii. Hoc opusculum Callii impressum est... (per Robertum de Fano et Bernardinum de Bergomo)*, in-4. [12800]

Première édition de cet opuscule en 6 ff., et en même temps le premier livre imprimé à *Cagli*, ville du duché d'Urbin (Audiffredi, *Specimen*, p. 207).

— Vita diui Anthonii... per Mapheum vegium laudensem incipit. — *Impressum Dauentrie in platea episcopi...* M. cccc. xc, in-4. goth. de 11 ff. à 28 lignes par page. [12799]

Édition imprimée par Rich. Paffroed, Vend. 21 fr. La Serna. Il en existe plusieurs de ce petit poëme, et notamment une de Leipzig, 1492, in-4. de 22 ff., augmentée de vers à la louange de la Vierge et de sainte Anne.

— Maffei Vegii Opera varia. *Mediolani*, 1497, in-fol. de 39 ff. non chiffrés, à longues lignes, au nombre de 35 sur les pages, lettr. rondes (Hain compte 40 ff.). [12801]

Ce recueil, composé d'ouvrages en prose et en vers, commence par l'épître intitulée : *Franchinus Gaforus..... Iacobo Antiquario..... salutem.* On lit au verso du dern. f. la souscription suiv., qui fait connaître le contenu du volume : *Maffei Vegij laudèsis poetæ & oratoris clarissimi Disceptatio terræ : solis & auri : Liberæ Philaletis & Veritatis. Necnon de fœlicitate & miseria : Carmen quoq Agtianactis atqᵃ describêdæ rez gestarum historiæ excusatio Imᵖssa Mediolani. xiij. maij* 1497, *per Guillermû Signerre rothomagensem...* — Vend. en m. r. 12 fr. Gaignat ; 30 fr. La Vallière ; 24 fr. Mac-Carthy ; 20 flor. Meerman. Hain décrit, sous les n°⁵ 15926-31 de son *Repertorium*, plusieurs éditions in-4, du *Philalethes*, impr. à la fin du XVᵉ siècle, mais qui ne portent ni indication de lieu d'impression, ni date. Il en cite aussi une in-4., en caractères romains, dont voici la souscription : *Impressum Brixie per Bernardinum de misintis de Papia anno* M. CCCC LXXXXVI, *die xiı maii.*

— Quæ in hoc opera continentur. Maphei Vegii laudens. Pompeana. Epigrammata in rusticos. Conuiuium Deorum. Barth. Ponterolli jureconsulti laudens. Albula. Barth. Philippinei Gaphuriani nominis assertoris in Jo. Vaginarium Bononieñ. Apologia ad Ant. de Fantis theologum taruisinum. — *Impressum Mediolani, per Joan. de Castiliono, impensis Andreæ Calui.* M. D. XXI. *die xi octobris,* in-4. [12803]

La souscription ci-dessus se trouve à la fin de l'*Albula* de Ponterol, c'est-à-dire au verso du 3ᵉ feuillet de la signat. II. C'est là que finissaient plusieurs exemplaires de ce recueil, que nous avons vus, et où il manquait par conséquent l'*Apologia* de Gaphori. Cette dernière pièce, qui doit être réunie aux autres, puisque le titre du recueil l'indique, a été imprimée séparément à Turin, comme on le voit dans la souscription finale : *Taurini, per Franc. de Sylva, impensis Andreæ Calui, tertio Kl. septembris,* 1521 (voyez GAFFORI). — Vendu complet, 5 flor. Crevenna.

— Maphæi Vegii laudensis de educatione liberorum et eorum claris moribus libri VI. (in fine): *Impressum Mediolani per Leonardum Pachel Anno* M. CCCC. XCI. *die* XVIII *octobris,* in-4. goth. [3884]

Ouvrage estimé, qui a été réimprimé plusieurs fois, soit séparément, soit avec d'autres ouvrages, soit enfin dans la *Bibliotheca SS. Patrum,* tome XXVI de l'édit. en 27 vol. L'édition de 1491, la plus ancienne que nous connaissions de ce traité, est accompagnée de la vie de l'auteur. Il est à remarquer que, dans l'édit. de Paris, *apud Gourmontios,* M D VIII, in-4., et dans les trois éditions de Tubingen, *in ædibus Th. Anselmi,* 1513, 1515 et 1518, in-4., décrites par Panzer, le nom de Fr. Philelphe a été substitué à celui de Maphæus Vegius ; mais que ce dernier nom est rétabli dans l'édition de Paris, *Berthold Remboldt et Johannes Waterloes,* M. D. XI, in-4. Voir, sur ce fait singulier, le *Bulletin du Bibliophile,* XIIᵉ série, 1856, pp. 806 à 808. Jean Lode, de Nantes, a traduit en français, sous le titre de *Guidon des parens,* le traité de Mafeo Vegio, *De éducatione liberorum,* et cette traduction, imprimée à Paris par *Gilles Gourmont* en 1513, in-8., est d'une rareté extrême. Comme elle a été

faite sur une édition du texte latin impr. sous le nom de Fr. Philelphe, c'est aussi ce nom qu'elle porte, Lode ayant appris trop tard que l'ouvrage était véritablement de Vegio. *Le Guidon* doit être la même chose que le livre annoncé dans le catal. de Picard (Paris, 1780), n° 241, sous cet autre titre :

La Maniere de nourrir, conduir et rediger les enfans par Fr. Philelphe. Paris, 1513, in-8.

Un certain nombre d'ouvrages de Vegius, imprimés à la fin du XVᵉ siècle et au commencement du XVIᵉ, sont indiqués dans les deux tables de Panzer ; on n'y trouve pas cependant l'article suivant :

MAFEI Vegii sua etate oratorum principis inter inferiora corpora puta aurum et terram, et superiora presertim solem elegantissima simul et jocundissima disputatio. — *ad postulationem reverendissimi in chᵖo patris et domini Johannis de divione Cisterciensi abbatis. impressum divione anno dñi M. CCCC. lxxxxvij. die vero quarta mensis augusti.* In-4, de 19 ff. sign. a. b. c.

— Supplementum Æneidos. Voy. VIRGILIUS.

— Le martire de la vérité, dialogue traduit de Lucien. *Lyon, François Juste,* s. d. in-16 (Du Verdier, p. 469).

Le traducteur ne s'est désigné que par les trois lettres D. V. Z., qu'il faut peut-être expliquer par le nom de Jean de Vauzelles, Lyonnais, dont nous avons plusieurs traductions (voy. ARÉTIN). Le texte latin de ce dialogue a quelquefois été impr. à la suite de ceux de Lucien, mais il est de Maffei Vegio, qui l'a donné sous le titre de *Philalethes,* ainsi qu'on a pu le voir ci-dessus (*Bulletin du Bibliophile,* mars 1855, pp. 102 et suiv.).

— Le triomphe de vérité, où sont montrés infinis maux commis sous la tyrannie de l'Ante-Christ, fils de perdition, tiré de Mapheus Vegeus, et mis en vers par Pierre Duval. 1552, pet. in-8. [12802]

Satire violente contre l'Église romaine. Son auteur est probablement le même que l'éditeur du *Puy du souverain amour* (voy. PUY), car ce ne peut être Pierre Duval, évêque de Seez, dont nous avons parlé dans notre 2ᵉ vol., col. 226 : vend. 24 fr. d'Heiss.

VEHBI. Dictionnaire poétique persan-turc. *Boulak, l'an de l'hégyre* 1245 (1830), in-8. ou pet. in-4. [15964]

VEINS (*Aymard* de). Clorinde, tragédie (en cinq actes, sans distinction de scènes) d'Æ. S. D. C. (Aymar de Veins sieur du Coudray). *Paris, Ant. du Breuil,* 1599, in-12 de 6 ff. prélim., 64 ff. chiffrés et 1 non chiffré, fig. [16346]

61 fr. de Soleinne ; 14 fr. Baudelocque.

Cette pièce est tirée de la *Jérusalem délivrée,* du Tasse, ainsi que la *Sophonisbe,* tragédie en cinq actes, *Rouen, Dan. Couturier,* 1599 ; ou *Troyes, Nic. Oudot,* 1619, in-8. fig.

VEITIA Linage (*Jos.*). Norte de contractacion de las Indias occidentales. *Sevilla, J.-Fr. Blas,* 1671, pet. in-fol. titre gravé. [28589]

Ce livre est rare, et Salvá l'estime 2 liv. 2 sh. Il y a

Vehese (*H.-Ed.*). Geschichte der deutschen Höfe seit der Reformation, 26437.
Veiga (*Man.* de). Poesias, 15362.
Veillat (*Juste*). Du Guesclin à Saint-Sever, 24485.

des exemplaires de la même édition, sous la date de 1672 : 18 fr. Gohier; 27 fr. en 1857.

VELARDE (Murillo). Voy. MURILLO.

VELASCO (*Fernandez* de). Segvro de Tordesillas, escriviole D. Pedro Fernandez de Velasco, llamado el buen conde de Haro ; sacole a luz de entre antiquissimos papeles, que se conseruan en la libreria del condestable de Castilla, y de Leon, su secretario Pedro Mantuano, con la vida del conde (por Hernando de Pulgar), etc. *Milan, Malatesta,* 1611, pet. in-fol. [26027]

Édition fort rare de cette relation d'un des événements les plus remarquables de l'histoire d'Espagne (règne de Jean second) : 12 fr. La Serna; 4 liv. catal. Salvá; 30 fr. Libri-Carucci. L'ouvrage a été réimprimé en 1784, avec la *Cronica de D. Alvaro de Luna.* — Voyez CRONICA.

VELASCO (*Ant.* Palomino de Castro, y). El Museo pictorico y escala optica : theorica de la pintura, en que se describe su origen, essencia, etc. *Madrid,* 1715 et 1724, 3 tomes en 2 vol. in-fol. fig. [9243]

Vendu 36 fr. La Serna, et quelquefois moins cher. La troisième partie a pour titre : *El Parnasso español pintoresco laureado; con las vidas de los pintores y estatuarios eminentes españoles.* Les trois parties ont été réimprimées à Madrid, chez Sancha, 1795-97, in-fol. fig. 24 à 30 fr.
— LAS VIDAS de los pintores y estatuarios eminentes españoles. *Londres,* 1742, in-8. 6 à 9 fr. [31066] Cet ouvrage a été trad. en français, sous le titre d'*Histoire abrégée des plus fameux peintres,* etc., Paris, 1749, 2 tom. en 1 vol. in-12.
On a du même auteur :
LAS CIUDADES, iglesias, y conventos in España, donde ay obras de los pintores y estatuarios eminentes españoles. *Londres,* 1746, in-8. Vendu 12 fr. La Serna.

VELASQUEZ de Velasco (*Alfonso*). La Lena (comedia, en prosa), por D. A. V. D. V. *Milano, los herederos del quondam Pacifico Poncio, etc.,* 1602, pet. in-12. [16778]

Imitation de la Célestina, supérieure à l'original à plus d'un égard. Salvá, qui en fait un grand éloge, l'estime 5 liv., à cause de la rareté des exemplaires.

— El Celoso , por Alfonso Vz de Velasco. *Barcelona, Seb. Cormellas,* 1613, pet. in-12.

Cette pièce est, sous un autre titre, la même que la précédente, et la seconde édition est presque aussi rare que la première : 36 fr. 50 c. bel exempl. *mar. bl.* Gohier; 36 fr. Nodier.

VELAZQUEZ de Velasco (D. *Luis-Jos.*). Anales de la nacion española, desde el tiempo mas remoto hasta la entrada de los Romanos, sacados unicamente de los escritores originales y monumentos contemporaneos. *Malaga,* 1759, pet. in-4. 8 à 10 fr. [26003]

Vend. 27 fr. *mar. r.* en 1808.

— NOTICIA del viage de España hecho de orden del rey, y de una nueva historia general de la nacion, desde el tiempo mas remoto hasta el año de 1516. *Madrid,* 1765, in-4. 12 à 15 fr. [25971]
— ENSAYO sobre los alfabetos de las letras desconocidas que se encuentran en antiguas medallas, y monumentos de España, por L.-J. Velazquez. *Madrid,* 1752, in-4. fig. 8 à 12 fr. [29912]
-- CONJETURAS sobre las medallas de los reyes godos y suevos de España. *Malaga,* 1759, in-4. 6 à 9 fr. [29841]

Vend. (rel. avec *Origenes de la poesia castellana,* par le même, 1754, in-4.) 18 fr. Lecouteulx.

— ORIGENES de la poesia castellana, edicion II. *Malaga,* 1797, pet. in-4. 8 à 10 fr. [15044]

Morceau curieux. La première édition est de 1754. L'ouvrage a été traduit en allemand par J.-A. Dieze, sous le titre de *Geschichte der spanischen Dichtkunst,* avec des notes, *Göttingen,* 1769, in-8.

VELDII (*Joan.*) Deliciæ variarum insignium scripturarum. *Harlem,* 1604, pet. in-4. obl. de 60 feuillets. [9056]

Jean Van de Velde était un des meilleurs calligraphes de son temps. Ses *Deliciæ* ont été vendus 20 fr. Borluut.

VELDIUS (*Fr.*). Voy. BREVIS descriptio.

VELLA. Libro del consiglio di Egitto tradotto da Giuseppe Vella. *Palermo, nella reale stamp.,* 1793, gr. in-fol. [25820]

Très-belle édition, dans laquelle le texte arabe est placé à côté de la traduction (12 fr. 50 c. de Sacy) ; malheureusement cet ouvrage si bien imprimé, et dont il a été fait, en même temps, deux éditions, l'une in-fol., et l'autre in-4., n'est qu'une imposture littéraire, comme le *Codex diplomaticus,* également publié par Jos. Vella (voyez AIROLDI). Le second vol. du *Libro del consiglio* était sous presse lorsqu'on s'est aperçu de l'imposture, et il n'a pas été achevé.

VELLEIUS Paterculus. Voy. PATERCULUS.

VELLOZO de Miranda (*Joaquim*). Voy. FLORA fulminensis.

VELLUTI (*Donato*). Cronica di Firenze dall' anno 1300 in circa, sino al 1370, ed un frammento di un' altra cronica scritta da Fr. di Giovanni Durante. *Firenze, Manni,* 1731, in-4. 6 à 8 fr. [25517]

VELLY (*Paul-Fr.*). Histoire de France, depuis l'établissement de la monarchie, par Velly (jusqu'au tome IV), Villaret (depuis la fin du tome IV jusqu'au commencement du IXe), et Garnier (depuis le tome IX jusqu'au XVe, finissant en 1564). *Paris,* 1770-89. 15 vol. in-4., avec ou sans portraits. Bas prix. [23255]

TABLE de l'histoire de France (par Rondonneau). *Paris, an VII* (1708), in-4.
HISTOIRE de France avant Clovis, par Laureau. *Paris,* 1789, in-4. fig.
On trouve quelquefois avec ces trois articles, les deux suivants :
COLLECTION des portr. des hommes illustres, et quelques plans de batailles relatifs à l'histoire de France, jusqu'à Louis XIV. *Paris,* 1778-86, 8 vol. in-4.

Velasco (*Juan* de). Hist. del reyno de Quito, 28708.   **Velastus** (*Th.-S.*). Dissertatio, 10650.

Recueil médiocre de planches dont la plus grande partie avait déjà été publiée , soit séparément , soit dans d'autres livres.

ATLAS pour l'histoire de France de Velly, etc. *Paris*, 1787, 2 vol. in-fol.

Vend. (en 26 vol. sans la table), 171 fr. De Lalande ; 249 fr., en 26 vol. *v. d. s. tr.* (sans l'avant Clovis), Delcro ; en 28 vol. *mar. bl.* 375 fr. Solar.

Il y a des exemplaires en pap. fin.

L'édition in-12, en 35 vol., y compris l'avant Clovis et les tables, se donne à très-bas prix. La continuation de cette histoire, par Fantin Desodoars, *Paris* , 1808-14, 20 vol. in-12, jusqu'à la mort de Louis XVI, est bien inférieure à l'ouvrage continué ; cependant, en 1816, on en a commencé une édition in-4., dont il n'a paru que 2 vol. sur 6 que l'ouvrage devait avoir ; et l'on en a donné, de 1809 à 1819, une édition en 11 vol. in-8., à laquelle se joint l'*Histoire de France depuis les tems anciens jusqu'au règne de Charles-Maximilien (Charles IX)*, par le même auteur, 7 vol. in-8.

Une autre continuation de cette histoire est due à M. Dufau, lequel, après avoir publié, chez Desray, en 1819 , un vol. d'*Introduction* à la première partie de l'histoire de France, et une seconde partie du tome XXX, comprenant la fin du règne de Charles IX, a fait paraître, de 1820 à 1821, chez le même libraire, 5 vol. in-12, pour les règnes de Henri III et Henri IV, jusqu'en 1610.

L'Histoire de France de Velly et de ses continuateurs est un ouvrage aujourd'hui tout à fait discrédité, mais nous croyons qu'on la traite trop sévèrement ; son plus grand défaut est de n'avoir pas été continuée comme elle avait été commencée.

VELMATIUS (*Joan.-Mar.*). Veteris et Novi Testamenti opus singulare , ac plane divinum : et ab ipso authore accuratissime recognitum, et scholiis illustratum, et diligentissime excusum. *Venetiis*, 1538, pet. in-4. [334]

Ce volume contient des extraits de la Bible mis en vers latins ; les gravures sur bois, d'une beauté remarquable, dont il est orné, doivent lui faire trouver place parmi les livres précieux : vend. 21 fr. Courtois ; 17 fr. en 1841 ; 42 fr. de Courbonne ; 41 fr. en 1843 ; 62 fr. Riva ; 23 fr. Borluut.

VELPEAU (*A.-A.-L.-M.*). Embryologie ou ovologie humaine, contenant l'histoire descriptive et iconographique de l'œuf humain. *Paris, J.-B. Baillière*, 1833, in-fol., avec 15 pl. lithogr. 25 fr. [6933]

Bien exécuté.

— Anatomie, 6724. — Médecine opératoire, 7497. — Leçons de clinique, 7500. — Accouchements, 7602. — Maladies du sein, 7619.

VELSERUS (*Marcus*). Rerum augustanarum vindelicae. libri octo. *Venetiis* , 1594, in-fol. de 277 pp. (la dernière cotée 377), non compris un frontispice gravé et 2 ff. préliminaires. [26593]

Ce volume, orné de diverses gravures d'Alex. Mair, paraît avoir été imprimé chez Alde le jeune, des presses duquel étaient déjà sortis deux autres ouvrages du même auteur, savoir :

INSCRIPTIONES antiquæ Augustæ-Vindelicorum, duplo auctiores quam antea editæ, et in tres partes distributæ ; cum notis Marci Velseri Matthæi F. Aug. Vind. *Venetiis, apud Aldum*, 1590, in-4. de 44 ff. en tout. [30003]

FRAGMENTA tabulæ antiquæ... 1591. Voyez PEUTINGER.

Les *Opera historica et philologica* de Marc Velser,

publ. à *Nuremb.*, 1682, in-fol., par les soins de Cr. Arnold, n'ont qu'un prix médiocre.

VELTRONIUS (*Fr.-Ptolomæus*). Statuta hospitalis Hierusalem (edita et confirmata sub F. Hugone de Lombenx Verdula,.. cum figuris earumdemque sententiis ac magnorum magistrorum imaginibus adjectis per Fr. Ptolomæum Veltronium), cum indice materiarum. *Romæ*, 1588, in-fol. [21980]

Volume assez rare et qu'on recherche à cause des gravures dont il est orné : vendu 51 fr. La Serna, 30 fr. 2e vente Quatremère.

VELUDO (*Giovanni*). Menodoro , o la vanità, novella. (*Venezia, tipografia d'Alvisopoli*), 1834, gr. in-8. [17510]

Édition imprimée sans division de mots à la fin des lignes. Il en a été tiré 52 exemplaires, savoir : 25 sur pap. vél. fort, 25 sur pap. vél. fort et collé, et 2 sur VÉLIN (Gamba, *Bibliogr.*, 2e édition, page 246, n° 277).

VENATICI et bucolici poetæ latini, Gratius, Nemesianus, Calpurnius, commentariis luculentis explanati ; addita fragmenta Vestricii Spurinnæ scriptoris nunquam hactenus publicati (edente Casp. Barthio). *Hanoviæ, in bibliopolio wellieriano*, 1613, pet. in-8. 4 à 6 fr. [12473]

Peu commun.

—Voyez POETÆ, latini.

VENCE (l'abbé de). Voy. BIBLE, tome I er, col. 888.

VENDEMMIATORE (il). Voy. TANSILLO.

VENDETTA di Falchoneto. Voy. FALCONETO.

VENDETTA di nostro signore Jesu Christo facta da Tito è Vespaziano. *Firenze*, 1492, *a di* III *Marzo*, in-4. [14630]

Poème cité par Maittaire, I, p. 554, qui dit que cette édition est sans nom d'imprimeur, mais que les caractères paraissent être ceux de Francesco Bonacorsi.

VENDIDAD Sadi. Voy. ZOROASTRE.

VENDITION de Joseph. Voy. MORALITÉ.

VENDOTI (*George*). Dictionnaire grec moderne. Voy. BENTOTH.

VENEGAS ou Vanegas (*Alexio*). Tractado de orthografia y accentos en las tres lenguas principales. *Toledo, Laz. Salvago*, 1531, in-4. goth. [11155]

.Vend. 1 liv. 17 sh. Heber, II, 6184. — Antonio cite une autre édition de 1592, in-4.

— Primera parte de las diferencias de li-

Velthusen (*J.-C.*). Commentationes, 608.

Veltnusius. Epistolica dissertatio, 3937.

Venanson (*Flam.*). Invention de la boussole nautique, 30241.

Venasque (*Car.* de). Genealogica Grimaldi gentis arbor, 28882.

bros que ay en el universo (original, natural, racional e revelado). *Toledo, J.
de Ayala*, 1540, pet. in-4. goth.
[18358]

Ouvrage d'érudition : vend. 10 fr. Librairie De Bure.
— Réimprim. à Tolède, *Juan de Ayala*, 1546. pet.
in-4. goth.: vend. 19 sh. Heber; et *editio emendada*,
Madrid, 1569, pet. in-4. — *Salamanca*, 1572, et
aussi *Valladolid*, 1583, pet. in-8.

VENEGAS (el P. *Miguel*). El Apostol Mariano, vida del P. Juan de Salvatierra,
fervoroso missionero en la provincia de
Californias. *Mexico*, 1754, in-4. [21597]

Vend. 20 fr. 50 c. Rætzel.
— NOTICIA de la California, y de su conquista, sacada
de la historia manuscrita del P. Miguel Venegas, y
de otras noticias (por el P. Andres-Marcos Burriel).
Madrid, 1757, 3 vol. pet. in-4. 18 à 24 fr. [28620]
Cet ouvrage a été traduit en anglais sous le titre de
Natural and civil history of California, London,
1759, 2 vol. in-8. fig., et en français (par Eidous),
sous celui d'*Histoire naturelle et civile de la Californie*, Paris, 1767, 3 vol. in-12.

VENERES et Priapi uti observantur in
gemmis antiquis. *Lugd.-Batav.* (absque
anno), 2 tom. en 1 vol. pet. in-4. [29607]

Volume composé de 25 et 30 pl., avec un texte français gravé : vendu 25 fr. *mar. tab.* Méon; 40 fr.
mar. r. fig. color. Lamy; 44 fr. d'Ourches, et quelquefois plus ou moins cher. — Une note manuscrite
de l'abbé Rive attribue ce recueil à d'Hancarville, qui
l'aurait publié à Naples, vers 1771. Il y a une autre
édition sous le même nom de ville, avec le texte en
anglais et en français; cette dernière a probablement été faite en Angleterre.

VENERES blyenburgicæ. Voyez BLYEN-
BURGIUS.

VENERIS tribunal. Ludovico Scriva cavallero valenciano. M. D. XXXVII. (in
fine): *Impressa en la nobilissima ciudad
de Venecia, a los doze dias del mes de
April del año...* M.D.XXXVII. pet. in-8.
goth. de IV et 67 ff., titre gravé. [18006]

Ouvrage espagnol peu connu (8 fr. Reina). — Il y en
a une édition *Jmpressa en la ciudad de Valencia*,
1537, por *Aurelio Pincio Veneciano*, pet. in-8.
goth. de IV et 67 ff.; la même peut-être que la précédente, avec une souscription différente.

VENETTE (*Jehan*). La vie des troys maries, de leurs peres et de leurs meres,
de leurs maris et de leurs enfans (composée en ryme françoise par frere Jehan
Venette, et translatee de ryme en prose
par maistre Jehan Drouin). *Rouen pour
Jehan Burges* (vers 1511), in-4. goth.
de 108 ff. en 24 cah. fig. sur bois. [13225]

Édition rare : vend. 20 fr. *mar. r.* La Valliere; 31 fr.
Lair; 3 liv. 3 sh. Heber.

— La vie des troys maries, de leur mere,
de leurs enfans, et de leurs maris nou-

uellement corrigee z additionnee par ung
venerable docteur en theologie. (au
dernier f.) : *Cy finist la vie des trois
maries... Jmprimee a. Lyon sur le
rosne par Claude Nourry le xx iour
Doctobre. Lan de grace mil cinq cens
et treize*, in 4. goth. de 94 ff. non chiffrés, à longues lignes, avec fig. sur bois.

Le prologue du traducteur, qui fait partie de l'édition
de *Rouen*, n'est pas dans celle-ci. 19 fr. *mar. r.* La
Valliere.

Cet ouvrage a été réimprimé à *Paris*, chez *Sim. Calvarin*, sans date (vers 1540), in-4.; — à *Paris*, par
Nic. Bonfons (vers 1560), in-4. goth. de 124 ff.
92 fr. *mar. v.* Veinant: — à *Troyes* (sans date),
in-8., et aussi à *Anvers*, 1600, in-4.

VENETTE (*Nic.*). La Génération de l'homme, ou tableau de l'amour conjugal ;
nouvelle édition, augmentée de remarques importantes par M. F. P. D. E. M.
(François Planque, docteur en médecine). *Londres (Paris)*, 1751, 2 vol.
in-12, fig. [6937]

Il existe deux éditions de ce traité sous la date de
1751, mais nous nous arrêtons uniquement à celle
dont il y a des exempl. en Gr. Pap., les seuls qui
puissent figurer parmi les livres précieux. Vend. en
Gr. Pap. *m. v.* 37 fr. La Valliere; 24 fr. *m. bl.* Patu
de Mello; 31 fr. *mar. v.* By; 61 fr. *mar. r.* (rel. de
Padeloup) Pixerécourt; et en *v. tr.* d. 80 fr. Parison.
Les premières éditions de cet ouvrage, beaucoup
moins complètes que celle-ci, sont sans nom d'auteur, et sous le titre de *Tableau de l'amour consi-
déré dans l'état du mariage ;* nous citerons l'édition d'*Amsterdam, Jansson à Waesberge*, 1687,
pet. in-12 (sous le pseudonyme de Salerini), et une
autre sous la même date et de même format, qui
paraît être d'une impression hollandaise, quoique
le titre porte *Parme, Franc d'Amour* (à la Sphère).
Elles sont assez jolies l'une et l'autre pour que
quelques amateurs leur aient donné place dans la
collection des Elsevier : 5 à 6 fr.; 10 fr. *mar.* Bignon. jusqu'à 21 fr. (édition de *Parme*) Thierry.
Les éditions de *Parme, Franc d'Amour*, 1689 et
1691, sont du même genre que celle de 1691.

— Traité des pierres qui s'engendrent dans
les terres et dans les animaux, où l'on
parle des causes qui les forment dans
l'homme et dans les animaux. *Amsterd.*,
1701, in-12, fig. [4766]

Traité peu recherché maintenant : 2 à 4 fr.; vendu
11 fr. Duquesnoy.

VENGANCE (la) de nostre seigneur, par
personnages. — *a lhonneur et a la
louenge de nostre seigneur iesucrist et
de la court de paradis a este acheuee
ceste preseie vengâce le xxviij iour de
may lan mil .cccc. quatre vingtz et
onze par Anthoine Verard demourant
a paris sur le pont nostre dame.....*,
in-fol. goth. à 2 col. [16219]

Ce mystère, attribué à P. Blanchet, se compose de
32000 vers environ. L'édition de 1491, par Ant.
Verard, la plus ancienne que nous connaissions, est

Venema (*Herm.*). Comment. ad Psalmos, 465. —
ad Jeremiam, 466. — ad Ezechielem, 470. — in librum Malachiæ, 475. — Institutiones V. et N. Testamenti, 21396.
Veneroni (*J.*). Maître italien, 11083.

Venezia e sue lagune, 25439.
Venezuela and Colombia, 28710.

très-rare ; le bel exempl. en *m. bl.* vendu 1050 fr. chez M. de Soleinne, a été acquis pour la Biblioth. impériale. C'est un vol. de 212 ff. non chiffrés, en tout, lequel est divisé en quatre journées. La prem. journée renferme les cahiers de signatures *a, b,* de 6 ff., *c, d, e,* de 8 ff., et *f,* de 6 ff. ; la seconde journée, les cahiers *a, b, c, e, f,* de 8 ff., *d* de 6 ff., et *g* de 4 ff. ; la troisième journée, les cahiers *aa, bb, dd, ff,* de 8 ff., *cc, ee,* de 6 ff., et *gg* de 4 ff. ; la quatrième journée, les cah. *hh* à *rr* de 8 ff. chacun, à l'exception de *ii* et *ll,* qui n'ont que 6 ff., et de *rr,* qui n'en a que quatre.

— La même vengeance de notre-seigneur J.-C. — *A este acheuee ceste presente vengāce le sixieme jour de Mars lan mil .cccc. quatre vigtz et treze, par anthoine verard, libraire, demourant a Paris;* in-fol. goth. de 212 ff. non chiffrés, à 2 col. de 40 lign., signat. *a—rrij.*

Édition encore très-rare, laquelle commence par le prologue dont voici le premier vers :

> *Pour presenter au plus noble viuant*

L'exemplaire sur VÉLIN, avec miniatures, vendu 1170 fr. Gaignat; 1500 fr. La Valliere, a été acquis par la Bibliothèque du roi. Un semblable se conserve à l'Arsenal; il n'a pas de titre, et il commence au f. a 2, par le prologue dont voici les premiers vers :

> *Pour esmouuoir le vouloir des humains*
> *a contempler la gloire inestimable*
> *du paradis ou reposent les saints*

Il existe une édition non moins rare : *Paris, par Le petit Laurens pour Jehan Petit,* in-fol. goth. de 176 ff. à 2 col., sign. A—FF ; elle est de la fin du XVᵉ siècle ; vend. le dernier f. ms. 49 fr. le B. d'Heiss ; 200 fr. de Soleinne, supplément.

—La même, sous ce titre : La vengeance et destruction de Hierusalem , executee par Vespasien et son fils Titus, etc. *Paris, Jehan Trepperel,* 1510, in-4. goth.

57 fr. mar. viol. Mac-Carthy, en 1779.

— La vengeance et destruction de Hierusalem par personnaiges executee par Vaspasien *τ sō* filz Titus..... imprime nouuellement a Paris. — *Imprime a Paris par la veufue feu Jehan trepperel et Jehan iehannot;* pet. in-4. goth. à 2 col. caract. goth., 4 ff. limin. pour le titre, le prologue et la table, en suite le texte ff. I à CCXIII , le dernier (213) n'est pas chiffré, sign. A—gg.

6 liv. 2 sh. 6 d. Lang; 206 fr. m. v. de Soleinne.

— La vengance nostre seigneur, par personnages. — *A la louenge de nostre seigneur iesuschrist... a este imprime ce present liure intitule la vengeance, le dix sept iour de iuing lan mil cinq cens trente ung pour iehan treperel libraire et imprimeur demourant a paris en rue neufue nostre dame a lenseigne de lescu de france,* in-fol. de 213 ff. à 2 col., caract. goth.

Cette édition a été annoncée par erreur sous la date de 1533 dans le catal. de La Valliere, en 3 vol., n° 3359. Elle est de 1531, comme on peut le voir

TOME V.

par la souscription ci-dessus , copiée par Jos. Van Praet, sur l'exemplaire même de ce célèbre amateur.

L'édition de *Paris , Alain Lotrian,* 1539, in-4. goth. de 209 ff., non compris 4 ff. prélimin. ni le dernier f. : vend. 145 fr. Delaleu ; 36 fr. *m. r.* Bonnier; 33 fr. *m. r. dent.* Méon; 8 liv. Lang; 220 fr. malgré quelques piqûres, De Bure, et rel. en *mar. r.* par Bauzonnet, 510 fr. Solar, pour la Biblioth. impér.; autre, 204 fr. de Soleinne. — Voyez DESTRUCTION de Jérusalem.

Il se trouve à la bibliothèque d'Arras, sous le n° 625, un manuscrit contenant un mystère également intitulé *La Vengeance de Jésus-Christ,* mais qui, à ce qu'il paraît, est plus ancien que celui dont nous venons de décrire les éditions, et tout à fait différent; on y compte cent douze personnages parlants, et deux cents autres muets. C'est l'ouvrage d'un certain Eustache Mercadé, né dans la seconde moitié du XIVᵉ siècle, et qui vivait encore en 1436. Il en est fait mention dans les *Mémoires de la Société des antiquaires de Picardie,* tome VIII, p. 492.

VENGENCE (la) des femmes contre leurs maris, à cause de l'abolition des tavernes. *Paris, par Estienne Denise,* 1557, pet. in-4. de 4 ff., dont un pour le titre. [13980]

Pièce en vers ; réimpr. dans le VIᵉ vol. du Recueil de M. de Montaiglon.

VENIERO (*Domenico*). Rime. *Bergamo, Lancelotto,* 1751, in-8. [14528]

Productions de la première moitié du XVIᵉ siècle, recueillies pour la première fois par P.-Ant. Serassi, qui y a joint quelques poésies de Maffeo et Luigi Venieri, deux neveux de Domenico. — Maffeo Veniero est auteur d'*Hidalba,* tragédie impr. à Venise, chez Muschio, en 1596, in-4. de 2 ff. et 136 pp. (5 fr. de Soleinne), et qui passe pour être une des meilleures de l'ancien théâtre italien. [16703] Elle a été réimpr. à Bologne, chez G. Batti Bellogamba, en 1597, in-12 de 129 pp.

VENIERO (*Lorenzo*). La Zaffetta, per Lorenzo Veniero. *Parigi, stamp. di Jouaust,* 1861, in-8. de XVI et 79 pp. [15012]

Cette réimpression, faite par les soins et aux frais d'une réunion de bibliophiles, n'est pas destinée au commerce. Elle n'a été tirée qu'à 100 exemplaires numérotés, dont 90 sur papier vergé, et 10 sur papier de Hollande. Elle fait partie de la *Raccolta di rarissimi opuscoli italiani degli XV et XVI secoli.*
— Voyez PUTTANA errante.

VENITE (le) de la guerre. (*sans lieu ni date*), in-4. goth. de 12 ff. non chiffrés, à 33 lign. par page, sigu. a—c. [13614]

Pièce en vers impr. vers 1520, et qui n'a point de frontispice. C'est un appel poétique fait au courage des Français, à l'époque où François Iᵉʳ faisait la guerre à l'Angleterre : 49 fr. mar. v. en 1841.

VENITE faict a la royne. Voy. tome II, col. 1027, article EPISTOLLE.

Et ajoutez qu'un exemplaire du *Venite nouueament faict,* réuni à *l'Epistre de la venue de la Royne Alienor,* rel. en *mar. r.* par Duru, a été vendu 341 fr. Veinant.

Venini (*Ign.*). Prediche, 1505.
Vennucci (*Otto*). Storia d'Italia, 25292.

VENTENAT (*Etienne-Pierre*). Description des plantes nouvelles et peu connues, cultivées dans le jardin de J.-M. Cels. *Paris, de l'imprim. de Crapelet, an* IX (1801), gr. in-4. avec 100 pl. d'après Redouté. [5311]

— Choix de plantes, dont la plupart sont cultivées dans le jardin de M. Cels. *Paris*, 1803-8, gr. in-4. avec 60 pl.

Ces deux volumes, qu'il faut réunir, ont paru en 10 livraisons chacun, au prix de 9 fr. par livraison in-4., et de 25 fr. par livraison gr. in-fol. Pap. vél. ; mais ils se donnent maintenant pour moins du cinquième de ces prix.

— Jardin de la Malmaison, par Ventenat. *Paris*, 1803-7, 2 vol. gr. in-fol. fig. impr. en couleur. [5312]

Cet ouvrage, d'une exécution très-soignée, se compose de 20 livraisons de 6 planches d'après Redouté : il a coûté 800 fr. Vendu 140 fr. Hallé; 110 fr. Librairie De Bure; 53 fr. de Jussieu, et (avec les figures en noir et les fig. color., retouchées par Redouté) 900 fr. Ventenat.

Le *Tableau du règne végétal, selon la méthode de Jussieu*, autre ouvrage de Ventenat, *Paris, an* VII (1799), 4 vol. in-8. fig., a eu du succès; mais il est peu recherché maintenant. [4879]

VENTES (les) damours. — *Cy finent les ventes damours* (sans lieu ni date), pet. in-4. goth. de 8 ff. non chiffrés. [13475]

Cette pièce contient un dialogue de l'amant et de l'amye, en vers de 4 syllabes. Il y a une gravure en bois sur le frontispice, et une autre au verso. Une édition, pet. in-8. goth. de 8 ff. s'est vend 11 fr. Mac-Carthy; 2 liv. 5 sh., et 7 liv. Heber; une édition in-4. goth. de 10 ff. à 23 lign. par page, et également sans date, 62 fr. mar. r. Giraud. L'ouvrage a été réimpr. sous le titre de *Ditz damours et ventes* (voy. DITZ). Il existe une autre pièce sous le titre de *Ventes damour*, mais qui n'est pas en dialogue. La première de ces deux pièces commence de cette manière :

Je vous vens la blanche flour

et finit par ce vers :

qui crea nature humaine.

Nous avons vu un exemplaire(incomplet) de la seconde, in-4. goth.; il restait 9 ff. non chiffrés à 19, 20 et même 21 lign. par page, commençant ainsi :

Cy apres sensuièt plusieurs
ventes damours
(J) E vo' res la lèce ferree
par bône esperàce alachee

Au recto du dernier f. commencent les *dietz a plaisance* en 12 vers, dont 6 sont impr. au verso du même f. En voici le dernier vers :

En sospirant belle a dieu vous cômant

Cette édition paraît être de la fin du XVe siècle.

On a opposé aux *Ventes d'amour* les *Ventes d'amours divines*, opuscule en vers, pet. in-8. de 4 ff., en caract. goth., dont le titre porte un bois représentant un homme et une femme se parlant, et le verso du dernier f. un grand N historié, placé au milieu de la page. Cette pièce est beaucoup plus rare que la précédente, mais elle est réimpr. dans le VIIe vol. du *Recueil de poésies françoises* publié par M. Anat. de Montaiglon.

Ventimiglia (*F.-A.*). Principato di Salerno, 25776.

VENTURI (*Pom.*). V. SECTANI sermones.

VENTURINO pisauro. Renovatione demondo et altre cose facete novamente composte. *Milano, Vulpino da Capognano*, 1511, 4 *del mese de Zugno*, in-4. [14948]

À la fin de ce volume rare se trouve : *Translatione del primo triompho del Petrarcha per sue desinentie.*

— Opera noua. Renouatione del mondo z altre cose facete nouamente composte per il caualiero Venturino Pisano. (au recto du dernier f.) : *Impresso in Milano p Augustino de vicomercato, ad instantia de Ioã Iacobo & fratelli de Legnano*. M.D.XX. adi .III. de Febraro, in-4. de 24 ff. non chiffrés, sign. A—F.

Il y a sur le titre de ce volume un bois représentant l'auteur à son pupitre. 60 fr. demi-mar. Riva, et 1 liv. 9 sh. Libri, en 1859.

Panzer ne parle pas de ces deux éditions, mais il cite, d'après le catalogue de Capponi, p. 386 : *Le Rime di Venturini Venturino* [da Pesaro], vol. in-4., à la fin duquel se lit une souscription, en huit vers, donnant le lieu de l'impression, le nom de l'imprimeur et la date (*Milano, Gotardo Pontano*, 1530).

Ebert, 16953, indique l'ouvrage suivant du même auteur :

EL CAVALIERO. *Milano, Gotardo Pontano*, 1530, in-4.; annoncé dans le catal. de M. Libri, 1847, n° 857, sous ce titre : *El cavaliero. Mentre che Marte trace* || *Apol. ragiona et scrive quanto che gli ditta amore del cor* || *che in rime i soi concetti suona* (en mar. r. 37 fr.). Cette édition contient une *farsa ciacciatoria*, qui n'est pas citée dans la *Drammaturgia* d'Allacci.

— Sforza, satyra morale. *Milano, Joanne de Castione* (senz' anno), pet. in-4. [14949]

Opuscule rare, qui doit être de l'année 1521, au plus tard, le nom de Castione ne se trouvant plus passé cette époque. 25 fr. 60 c. en 1829.

VENTURINO (*Domenico* di). La cattolica Orazione et le mestissime parole usate sopra gli occorsi casi funerali, con un degno Rengratiamento (in ottava rima) all'ill. Duca di Fiorenze, ecc. *Firenza* (*Torrentino*), 1563, pet. in-4.

1 liv. 2 sh. Libri, en 1859.

VENTURINUS (*Franciscus*). Rudimenta grammatices, ex multis voluminibus excerpta et in unum corpus redacta. *Florentiæ, per Antonium Bartholomæi Mischomini, Anno salutis* M.CCCC. LXXXII. *idibus mais hora decima oc-*

Ventura da Sylva (*J.-J.*). Descripcão da citade de Lisboa, 26322.

Ventura de Raulica (le R. P. *Joachim*). De Methodo philosophandi, 3501. — La philosophie chrétienne, 3501. — Pouvoir politique chrétien ; et Pouvoir public, 3941.

Venturi G.-B.). Dell' Ottica, 8413. — Storia di Scandiano, 25345.

tava, in-fol. de 190 ff. non chiffrés, à 33 lign. par page, avec signat. [10787]

Édition impr. en lettres rondes; elle commence par 2 ff. dont le 1er contient le registre, et le 2e la préface, d'où nous avons extrait le titre ci-dessus. 74 fr. *mar. r.* La Valliere.

On trouve, dans le catalogue de Pinelli, tome III, n° 7461, une ancienne édition in-fol., sans date, avec des signatures, et dont les pages ont 33 lign.; c'est peut-être la même que celle-ci, moins le f. portant la souscription.

VENUE (la) et rencontre de Bon-Temps, avec le banissement des Chieres saisons. *A Lyon, chez Grand Jean Didier, pres Nostre Dame de Confort* (sans date), pet. in-8. en lettres rondes. [13980]

Ouvrage en vers, peu connu. M. de Montaiglon, qui l'a reproduit avec de nombreuses notes, dans le 4e vol. de son recueil, soupçonne qu'il pourrait bien être de Cl. Mermet, auteur du *Désespoir des usuriers*, autre pièce en vers citée dans celle-ci (voy. MERMET); il serait donc postérieur au milieu du XVIe siècle. A la suite de cette pièce M. de Montaiglon en a donné une autre qu'il croit beaucoup plus ancienne que la date de l'édition qu'il a suivie, et dont voici le titre:

LES MOYENS tres utiles et necessaires pour rendre le Monde paisible et faire en brief reuenir le Bon Temps. *A Paris, pour Antoine du Breuil le jeune*, M. DC. XV, pet. in-8., en vers.

VENUS Batava, sive amœnitates amorum, suavissimis et artificiosissimis iconibus ob oculis positæ, ut instar albi amicorum studiosis inservire possint. *Ex libera Batava*, 1618, pet. in-4. composé de 4 ff., avec texte en vers latins, et 24 pl. en taille-douce, dont quelquesunes portent le monogramme de J.-N. Visser. [1307]

45 fr. Gancia, en 1860.

VENUS dans le cloître. *Cologne, Durand*, 1683, pet. in-12 de 166 pp. y compris le frontispice gravé et le titre impr. Il y a de plus un f. d'errata. 10 à 12 fr. [17214]

Vend. 35 fr. *mar. citr.* Nodier.

VENUTI (*Ridolfino*). Vetera monumenta quæ in hortis cœlimontanis et in ædibus Matthæorum adservantur, collecta et notis illustr. a Rod. Venutio et Joa.-Chr. Amadutio. *Romæ*, 1779, 3 vol. in-fol. fig. 30 à 36 fr. [29294]

Les figures de ce livre sont médiocres et ne répondent pas au mérite du texte.

— **Collectanea antiquitatum romanarum quas C. tabulis incisas, et a Rod. Venuti notis illustr. exhibet Ant. Borioni.** *Romæ*, 1736, in-fol. [29405]

Vend. 28 fr. d'Ennery; 36 fr. *mar. viol.* de Cotte; 20 fr. Millin; 8 fr. Hurtault; 5 fr. Raoul-Rochette. Il faut réunir à ce vol. les *Observationes criticæ*, de J. Chrys. Scarfò, *Venet.*, 1739, in-4.

— **De dea Libertate, ejusque cultu apud Romanos, et de libertinorum pileo.** *Romæ*, 1762, in-4. fig. 5 à 6 fr. [22604]

Vend. 14 fr. Librairie De Bure.

— **Descrizione topografica delle antichità di Roma; edizione terza che contiene, oltre le nuove scoperte ed aggiunte altre, interessanti note ed illustrazioni di Stef. Piale.** *Roma, Stef. Piale*, 1824, 2 vol. gr. in-4. fig. 30 à 40 fr. [29413]

La première édition de cet ouvrage estimé a paru à *Rome*, en 1763, et la seconde, dans la même ville, en 1805; l'une et l'autre en 2 vol. in-4. On a du même auteur:

ACCURATA descrizione topografica ed istorica di Roma moderna, opera postuma. *Roma*, 1766, 2 vol. in-4. fig. 10 à 15 fr. [25578]

— **Antiqua numismata maximi moduli, ex museo Alex. cardinalis Albani, in vaticanam bibliothecam translata.** *Romæ*, 1739-44, 2 vol. gr. in-fol. fig. 36 à 40 fr. [29720]

Vend. 48 fr. Mionnet; en *mar. r.* 50 fr. de Cotte, et le même exemplaire 92 fr. Tochon d'Annecy.

— NUMISMATA romanorum pontificum præstantiora, a Martino V ad Benedictum XIV. *Romæ*, 1744, gr. in-4. fig. 18 fr. 50 c. 1re vente Quatremère. [21610]

VENUTI (*Phil.*). Dissertations sur les anciens monuments de la ville de Bordeaux, sur les Gahets, etc. *Bordeaux*, 1754, in-4. fig. 8 à 10 fr. [24677]

VERA (*Joan Ceverio* de). Viage de la Tierra santa, que hizo J.-Cev. de Vera el año de 1595. *Roma, Nic. Mucio*, 1596, in-8. [20551]

Vendu 6 fr. La Serna, et plus cher depuis. Réimprimé à *Madrid*, L. Sanchez, 1597, in-8.

VERA (*Gerardus* de). Diarium nauticum, seu vera descriptio trium navigationum, ad septentrionem. *Amstelredami*, 1598, in-fol. fig. [20733]

Vend. 15 fr. 50 c. de Fleurieu.

Cette partie fait suite à celle que nous indiquons au mot PRIMA pars; elle est réimpr. dans le 3e vol. de la collection dite des Petits Voyages.

— **Vraye description des trois Voyages de mer, très admirables faicts en trois ans, à chacun un an, par les navirs de Hollande, et Zelande, au nord par derrière Norwege, Moscovie et Tartarie, vers les royaumes de China et Catay : ensemble les decouvertes de Waaygat, Nova Sembla et du Pays situé souz la hauteur de 80 degrez; lequel on presume estre Groenlande, où oncques personne n'a este : plus des Ours cruels et ravissans et autres monstres marins, et la froidure insupportable : davantage comment à la derniere fois la navire fut arrestée par la glace, et les matelots ont basti une maison sur le pays de Nova Sembla, situé souz la hauteur de 76 degrez, où ils ont demouré l'espace de dix mois, et comment ils ont en petites**

<hr>

Vera (*J.-A.* de). El Rey D. Pedro defendido, 26022.

barques passé la mer, bien 350 lieues d'eau non sans peril, et a grand travail et difficultez incroyables. Par Girard de Ver. *Imprimé a Amstelredam, par Corneille Nicolas, sur l'eau, au Livre à ecrire, anno* M. D. XCVIII, in-fol. de 44 ff., y compris le frontispice. Les figures sont impr. dans le texte.

Texte français de la relation ci-dessus. Il a été réimprimé à *Amsterdam*, en 1600 et en 1609, in-fol. Vend. 33 fr. Langlès.

Cette relation a encore été impr. à *Paris, chez Guillaume Chaudiere*, 1599, in-8., sous le titre de *Trois navigations admirables faictes par les Hollandois et Zelandois au septentrion*, *les quels ont decouvert la mer Vueygatt, la Nouvelle-Zemble et le païs qui est dessous le huictantiesme que l'on estime etre Groënlandie, ou iamais personne paravant n'avait aborde : plusieur cruels ours et autres monstres marins auec grand dangers et incroyables difficultez, par Girard de Vera*, d'Amstelrodam. 53 fr. Walckenaer ; en *mar. r.* 85 fr. Librairie Tross, en 1863.

Il y en a une traduction italienne par *Giovan Guinio Parisio*, sous ce titre : *Tre navigationi fatte dagli Olandesi, ecc.* Venetia, par Jer. Porro, 1599, in-4. fig. Vend. 24 fr. Langlès ; 12 fr. Reina ; 7 sh. Heber ; 84 fr. *mar. v.* Nodier ; 16 fr. Walckenaer ; 29 fr. Libri-Carucci.

— True and perfect description of three voyages (to Greenland) so strange and wonderfull, that the like hath never been heard of before, translated by William Phillip. *London*, 1609, in-4. goth.

7 liv. 17 sh. 6 d. Stanley ; 5 liv. 12 sh. 6 d. Stewens.

VERA y Ordoñes de Villaquiran (*Diego de*). Cancionero llamado dança de Galanes ; recopilado por Diego de Vera. *Barcelona, Geron. Margarit*, 1625, pet. in-12 allongé. de 60 ff. en tout, sign. A-E. [15244]

Petit volume rare ; vendu 89 fr. Nodier, en 1830. Antonio qui en nomme mal l'éditeur Diego de *Vega*, en cite une édition de *Lerida*, 1612, in-12. — On a du même poëte :

HEROYDAS, *Barcelona*, 1622, in-4. [15245]

VERA Figuroa [y Zuñiga] (*Juan-Ant.*). El Fernando o Sevilla restaurada, poema heroico escrito con los versos de la Gerusalemme liberata di Tasso. *Milan, H. Estefano*, 1632, pet. in-4. [15273]

Édition assez rare. Vend. 3 liv. 4 sh. *mar.* Heber, et seulement 1 sh. 6 d. exempl. ordinaire, le même. Nic. Antonio la cite sous la date de 1623 ; mais c'est une faute d'impression.

— EPITOME de la vida y hechos de l'invicto imperador Carlos V. *Madrid*, 1622, in-4. 5 à 6 fr. [26049]

Cette histoire a été réimpr. à *Madrid*, en 1624, en 1627 et en 1654, et aussi à *Valence*, en 1625, pet. in-8. ; enfin à *Bruxelles*, en 1656, in-4. avec un portrait de Charles V. Il y en a une traduction française sous le titre d'*Histoire de l'empereur Charles V*, par Du Perron Le Hayer, *Paris*, 1633, in-4., laquelle (*revue et corrigée par A. F. D. M. et Ch. de Wal*), a été réimpr. à *Bruxelles, chez Franc. Foppens*, en 1663 et en 1667, pet. in-12. Deux jolies éditions qui s'annexent à la collection elseviriennc : les beaux exempl., en *mar.* se payent de 15 à 21 fr., et même cette dernière, *non rognée*, a été payée 101 fr. Labédoyère.

VERA cæsarianorum, per Italiam, tum Florentiæ, tum urbis Romanæ expugnationem, aliorumque casuum itinerariorum, qui feliciter cæsarianis cesserunt, descriptio. Anno M.D.XXVII (*Viennæ per Jo. Singrenium*), in-4. [26052]

Pièce historique citée par Panzer, IX, p. 61, n° 352.

VERA perfettione del disegno. V. OSTANS.

VERALDO (*Paulo*). Mascarate e capricci dilettevoli, recitavi in comedie e da cantarsi in ogni sorte d'instromenti, operete di molto spaso ; di nuovo ristampata. *Venetia, Angelo Salvadore*, 1626, in-12. [13075]

Pièce écrite en divers dialectes italiens. L'exemplaire en *mar. v.* (annoncé inexactement sous le nom de Vebaldo) a été vendu 8 fr. Nodier, et revendu 1 liv. 14 sh. Libri, en 1859. Il doit y avoir une édition antérieure à celle-ci.

VERANTIUS (*Faustus*). Dictionarium quinque nobilissimarum Europæ linguarum, latinæ, italicæ, Germanicæ, Dalmaticæ et Ungaricæ : accedit Institutio christiana iisdem linguis. *Venetiis, apud N. Morettum*, 1595, in-4. [10593]

Volume rare : 1 liv. 2 sh. *mar. r.* Butler : 2 liv. 2 sh. Libri, en 1859.

— MACHINÆ novæ Fausti Verantii (cum declaratione latina et italica), gr. in-fol.

Cet ouvrage curieux ne porte ni date ni nom de lieu, mais il a paru à Venise vers 1595. On y trouve 40 grandes gravures sur cuivre, dont plusieurs représentent des ponts suspendus (Libri, *Histoire des sciences mathématiques en Italie*, vol. IV, p. 48). Le catalogue de Libri, 1861, n° 7360, indique 49 pl.

VERANY (*J.-B.*). Mollusques méditerranéens, observés, décrits, figurés et chromolithographiés d'après le vivant. Ire partie : Céphalopodes de la Méditerranée. *Gènes*, 1851, gr. in-4., 43 pl. 98 fr. [6134]

VERARDUS (*Carol.*). Historia baetica, seu de expugnatione Granatæ a Ferdinando Hispaniarum rege. — *Impressum Romæ, per Eucharium Silber, alias Franck*, MCCCC. XCIII. *die vero* VII *Martii*, in-4. à 26 lign. par page. [16119]

Cet ouvrage, devenu rare, est un drame en prose latine, dont le sujet est la conquête de Grenade sur les Maures, par Ferdinand, roi d'Espagne ; il fut représenté à Rome, en 1492 (*undecimo kalendas maii*) ; le volume consiste en 40 ff. en tout ; le 1er est tout blanc et le 2e commence par la préface *Caroli Verardi... ad Raphaelem Riarium S. Georgii diaconem cardinalem*. Après la souscription, placée au recto du 39e f., est une chanson ou vaudeville en langue italienne, avec la musique notée, gravée sur bois. 2 liv. *mar. r.* Libri. Avec cette pièce se trouvent (ff. 33 et suivants) des poésies latines de Marcellin Verard, neveu de Charles ; et plusieurs exemplaires du même volume renferment une autre pièce mise en vers par Marcellin, d'après un canevas fourni par Ch. Verard : elle est intitulée *Fernandus Servatus*. Cette dernière, tragicomédie en vers héroïques, est impr. sans lieu ni date, mais avec les mêmes caractères que la précédente : elle consiste en 16 ff. seulement, dont le dernier n'est impr. qu'au recto. Vend. 3 liv. 3 sh. Heber ; et 13 fr. Reina ; 68 fr. *mar. r.* de Soleinne. 2 liv. Libri. Un exemplaire de la première pièce, impr. sur VÉLIN, est indiqué dans la *Biblioth. spencer.*, VII, n° 182.

Hain, 15943, cite une édition de l'*Historia bætica*, in-4. en caractères goth., à laquelle seraient réunis *Marcellini Verardi poemata tria et Fernandus servatus*, et dont la souscription finale serait ainsi conçue : *Factum Romæ anno domini Millesimo quadringentesimo nonagesimo. Quarto die uero decima sexta mensis augusti.*

— In laudem Serenissimi Ferdinandi Hispaniaɀ regis, Bethicæ & regni Granatæ obsidio, victoria, & triūphus, Et de insulis in mari Indico nuper inuentis. (*Basileæ*, 1494), pet. in-4. de 36 ff. à 28 lign. par page, lettres rondes, avec fig. sur bois.

Édition précieuse à cause de la lettre de Colomb qui en fait partie. On trouve au commencement le titre ci-dessus avec le portrait de Ferdinand, gravé sur bois, ensuite deux pièces de vers latins de Séb. Brant, *In Bethicum triumphum*, puis la préface *Caroli Cæsenatis in historiam bæticam ad Raph. Riarium cardinalem*, etc. Le drame de Verard finit au 29e f. verso, et est suivi de la date 1. 4. 94., et des mots : *Nihil sine causa*, qui sont la devise de Bergman de Olpe, imprimeur à Bâle. Au f. 30e commence : *De Insulis nuper inuentis. Epistola Christoferi Colom* (sic), à laquelle succède (f. 36 recto) *Epigrāma : R. R. de Corbaria Episcopi Mōtispalusii.* Le verso du dernier f. présente une gravure sur bois, avec ces mots *Oceanica Classis.* Vend. 33 fr. Courtois ; 42 fr. Rœtzel ; cette même édition a quelquefois été annoncée sans date. — Voy. au mot PRISE.

Une autre édition de la pièce latine de Verard, in-4., sans lieu d'impression ni date, mais impr. avec les caractères de Jacob de Breda à Deventer, vers la fin du XVe siècle, in-4. de 17 ff., sign. A—C. 10 fr. de Soleinne.

VERATIUS (*Job*). Voyez CONCIONES.

VERBIEST (*Ferdinandus*). Liber organicus astronomiæ europææ apud Sinas restitutæ sub imperatore sino-tartarico Cám Hy appellato. (*Pekini*) *Anno salutis*, 1668, in-fol. fig. [8227]

Livre impr. sur pap. de Chine, et collé à la manière chinoise. Il contient : 1° le titre et 9 ff. de discours en latin ; 2° 125 ff. de fig. avec l'explication en chinois ; 3° une table aussi en chinois : 38 flor. Crevenna ; 100 flor. Meerman.

VERBOQUET. Les Délices ou discours joyeux et récréatifs, avec les plus belles rencontres et les propos tenus par tous les bons cabarets de France, par Verboquet le généreux. *Paris, de l'imprimerie de Jean Martin et de Jean de Bordeaux*, 1630, 2 tom. en 1 vol. pet. in-12. [17855]

Édition la meilleure de ce recueil facétieux ; elle est rare et fort recherchée. La seconde partie a pour titre : *Les subtiles et facétieuses rencontres de J. B., disciple du généreux Verboquet, par lui*

pratiquées pendant son voyage tant par mer que par terre, Paris, 1630. Vend. (les 2 part.) 49 fr. *mar. v.* Saint-Mauris en 1840, et jusqu'à 350 fr. *mar. citr.* rel. par Trautz, vente du comte H. de Ch., en 1863.

Les deux mêmes parties ont été réimpr. à *Lyon, chez Bailly*, 1640, in-12 de 258 pp., avec 2 ff. de table, et 71 pp. Vend. 36 fr. *mar. r.* Mazoyer ; 49 fr. Nodier ; et aussi à *Troyes, chez Nic. Oudot*, 1672, in-12. 6 à 9 fr. Vend. 14 fr. 50 c. *mar. v.* Bignon. La plus ancienne édition que nous connaissons de la première partie porte ce titre :

LES DÉLICES de Verboquet le généreux. *Se vend au logis de l'auteur* (à Rouen), 1623. Vend. 14 fr. Bignon.

Il y en a une seconde sous cet autre titre :

LES DÉLICES joyeux et récréatifs, livre très utile et nécessaire pour resiouir les esprits mélancoliques, *Rouen, Besoigne*, 1625, pet. in-12 de 258 pp. et la table. 12 fr. 25 c. *mar. r.* Méon ; 46 fr. Hebbelynck ; 80 fr. Solar.

Nous avons vu un exemplaire sous la date de *Rouen*, 1626, auquel était ajoutée une partie intitulée : *Apophtegmes nouvellement traduits de l'espagnol en françois par Verboquet le généreux*, et sous la date de 1625.

VERCI (*Giambat.*). Storia degli Ezzelini, che comprende cio che accade nella maggior parte della Lombardia ne' secoli XI, XII et XIII. *Bassano*, 1779, 3 vol. in-8. 12 à 15 fr. [25437]

VERDIER. Histoire de Samson. Inventé et gravé par F. Verdier. *Ce vend a Paris chez Benoist Audran... et chez Charles Simonneau, devant l'abbaye S. Victor.* (à la dernière pièce : Fin de l'histoire des notions extraordres de Samson... 1698), in-4. obl. [9574]

Suite de 40 planches, dont 4 seulement, la 1re, la 3e, la 29e et la dernière, ont été gravées par Verdier ; les autres sont de Benoît et Jean Audran, J.-B. de Poilly, Ch. Simonneau et Gasp. Duchange. Les exemplaires dont le frontispice porte le nom et l'adresse de F. Chereau, graveur du roy... en place de ceux qu'on lit dans le titre ci-dessus, sont d'un second tirage, moins estimé. L'exemplaire vendu 59 fr. *mar. r.* Coste, à cause de la reliure.

VERDIZOTTI (*Giov.-Mar.*). Cento favole morali dei più illustri antichi e moderni ; autori greci et latini, scielte e trattate in varie manieri di versi volgari. *Venetia, Giord. Zileti*, 1570, in-4. [14919]

Première édition de cet ouvrage ; elle est recherchée à cause des figures fort joliment gravées sur bois par Verdizotti lui-même, qui n'était point graveur de profession, mais seulement amateur. Quelques-unes de ces gravures sont d'après les dessins du Titien. Le volume commence par 6 ff. prélimin., pour le titre et l'épître dédicatoire ; suit le corps de l'ouvrage, précédé d'un avis du relieur au lecteur (pp. 11 à 301, puis 4 ff. de table), et renfermé dans 20 cah., sign. A—V. Vendu 48 fr. *mar. bl.* La Valliere ; et quelquefois de 15 à 24 fr.

Les éditions de *Venise*, 1577, ou 1599, in-4., sont moins recherchées : 6 à 9 fr., cependant celle de 1577, rel. en *mar. v.*, a été vendue 33 fr. Riva. Il y en a aussi une de *Venise*, 1613, in-8. fig.

—Dell' Aspramonte, poema heroico, canto primo. *Venezia, appresso i Gioliti,* 1591, in-8. [14734]

Opuscule très-rare, et que, faute de le bien connaître, on a confondu avec l'*Aspramonte*, poëme anonyme, en 23 chants (voy. ASPRAMONTE). Melzi en cite deux exemplaires dans l'un desquels le dernier f. est blanc, tandis que dans l'autre le même feuillet contient un avis où il est dit que l'auteur a composé ce premier chant à l'âge de 15 ou 16 ans, et qu'il a préparé la suite du poëme divisée en 30 chants. Cependant, de cette suite, Melzi n'a connu que le second chant, impr. *in Venetia, appresso i Guerra*, MDXCIIII, in-4., et non moins rare que le premier.

VERDUN DE LA CRENNE, de Borda et Pingré. Voyage fait en 1771 et 72 en diverses parties de l'Europe, de l'Afrique et de l'Amérique, pour vérifier l'utilité de plusieurs méthodes et instruments servant à déterminer la longitude et la latitude. *Paris, Imprim. roy.*, 1778, 2 vol. in-4. fig. 10 à 12 fr. [19936]

VERELIUS (*Olaus*). Index linguæ veteris scytho-scandicæ, sive gothicæ, ex vetusti ævi monumentis, maximam partem mss. collectus, opera Olai Rudbeckii. *Upsaliæ*, 1691, in-fol. [11277]

Ouvrage dont les exemplaires ne sont pas communs. On doit trouver à la fin du volume une pièce de 14 pp., intitulée : *Car. Lundii notæ... in Lexicon Verelii.* Vendu 28 fr. Lamy ; 20 flor. Meerman ; 80 fr. *mar. r.* Chaumette.

— Manuductio compendiosa ad Runographiam scandicam antiquam recte intelligendam, suecice et lat. *Upsaliæ, H. Curio*, 1675, in-fol. fig. [27535]

Vend. 38 fr. *mar. bl.* Caignat ; 31 fr. de Tersan.

— Hervarar Saga pa Gammal Gòtska med Olai Verelii vttolkning och notis (historia Hervaræ, lingua veteri gothica, cum interpret. lat. et annotationibus prolixis Olai Verelii). *Upsaliæ, excudit H. Curio*, 1672, in-fol. de 4 ff. prélim., texte à 2 col., pp. 1 à 194, et 3 ff. pour la table des noms. [27639]

Les exemplaires de cet ouvrage sont rares : 31 fr. Caignat ; 84 fr. La Vallière ; 20 fr. Chaumette ; et avec l'article suivant, 51 fr. De Bure.
    AUCTARIUM notarum in Hervarar Saga, seu hist. Hervaræ, cum ejusdem Verelii disputatiuncula de Fanin, ad Olaum Rudbeckium. *Upsaliæ*, 1674, in-fol. [27640]
Pièce de 35 pp. qu'il faut réunir à l'*Hervarar Saga*, ci-dessus. Dans l'exemplaire porté sous le n° 3178 du 2e catalogue de la librairie De Bure se trouvaient, à la suite de l'*Auctarium*, deux ff. intitulés : *Annotationes ex scriptis Katori episc. arosiensis*

excerptæ, ex ms. membraneo nunc primum in lucem prolatæ (circa 1677), et de plus 2 autres ff. sous le même titre, mais avec des différences assez notables dans le texte pour qu'il soit nécessaire de conserver les deux éditions. — Voyez HERVARAR.

GOTHRICI et Rolfi, Westrogothiæ regum, historia lingua antiqua gothica conscripta ; edidit et versione notisque illustravit Ol. Verelius : accedunt Joan. Schefferi notæ politicæ. *Upsaliæ, Curio*, 1664, in-8. de 240 pp. de texte, 129 pp. de notes, 32 pp. de table, et 58 pp. *Monumenta lapidum aliquot runicorum.*
Vendu 3 flor. 25 c. avec d'autres opuscules de Verelius, Meermann.

— Opuscula varia, sive vereliana, edente Petro Schenberg. *Lincop.*, 1730, in-8.
— Historia sueo-gothica, 27653.

VERGARA (*Franciscus*). De omnibus græcæ linguæ grammaticæ partibus libri quinque, in eorum tres libros medios scholia, ab eodem auctore conscripta. *Parisiis, apud Guil. Morelium, et Bernardum Turrisanum... in aldina bibliotheca*, 1557, in-8. 3 à 5 fr. [10627]

La première édition de cette grammaire a été impr. à Alcala (*Compluti, apud Mich. de Eguia*), 1537, pet. in-4. (5 sh. Heber). Celle de 1557, qui en est la reproduction, renferme de plus que l'édition de *Paris*, 1550, in-8., donnée par le même G. Morel, une épître de Fr. Vergara à la louange de François, cardinal de Tolède. Plusieurs livres séparés de cette même grammaire avaient déjà été imprimés à Paris, *apud Joan.-Lodoicum Tiletanum*, 1545, in-8.

VERGARA (*Ces.-Ant.*). Monete del reguo di Napoli, da Ruggiero primo re fino a Carlo sesto, raccolte e spiegate. *Roma*, 1716, pet. in-fol. fig. [25759]

Vogt, article *Mayer*, rapporte qu'on n'a tiré qu'environ 100 exemplaires de ce livre ; mais Giustiniani qui, dans sa *Biblioteca del regno di Napoli*, cite deux éditions de l'ouvrage de Vergara, l'une de *Rome*, 1715, et l'autre de *Lyon*, 1716, in-fol., ne dit rien de cette particularité fort douteuse. Vendu 11 fr. Floncel ; 17 fr. 50 c. La Serna.

VERGE (la) de Jacob, ou l'art de trouver les trésors, les sources, etc., par l'usage du bâton fourché. *Lyon*, 1693, in-12, fig. 4 à 6 fr. [8918]

Vendu 10 fr. *mar. v.* Mérigot ; 16 fr. en 1842.
— Voy. VALLEMONT.

VERGERIUS. Petri Pavli Vergerii ad Ubertinum carariensem de ingenuis moribus opus : e magno Basilio, et e Xenophonte de tirannide Leonardi Aretini traductio. 2 part. en 1 vol. pet. in-4. de 64 ff. à 25 lignes par page. [3696]

Ancienne édition imprimée sans chiffres, réclames ni signat., par Adam (de Ambergau), vers 1472. La première partie est de 33 ff.; on lit à la fin du vol. une souscription de quatre vers, dont voici le premier :

Ingenuos mores formis hic pressit adâq

On trouve quelquefois l'une ou l'autre de ces deux

parties séparément. Elles ont été réimprimées à Rome, vers 1474, in-4., par *Georges Laver*, sans indication de lieu ; et dans cette réimpression, dont les pages entières ont aussi 25 lignes, la première partie est de 32 ff., et la seconde de 31. On lit à la fin du volume les mêmes vers qui sont dans l'édit. précédente, avec cette différence seulement qu'au mot *addaq* du premier vers, on a substitué celui-ci : *Georgiusq.* Cette seconde partie, séparément, 24 fr. La Vallière ; 10 sh. Libri.

Hain, *Repertorium*, nºˢ 15981 et suivantes, décrit plusieurs autres éditions du *De ingenuis moribus opus*, parmi lesquelles nous en remarquons une de Milan, *per Philippum Lauanium*..... M CCCC LXXVII *quinto decimo Kalendas maias*, in-4. de 36 ff., à 28 lign. par page, et une autre de Florence, *per Francisco Dini florentino*, sans date, in-4., en caract. rom., signat. a—l. Cette dernière contient, indépendamment des traités de Vergerius, de Basilius et de Xénophon, déjà indiqués, un autre, *De liberis educandis Plutarchi*, et l'*Opus Hieronymi erga parentes*. Ces différents traités font aussi partie d'une édition in-4. de 88 ff. à 23 lignes par page, en caract. rom., et avec signat., laquelle ne porte ni date, ni lieu d'impression. Ils ont été réimprimés plusieurs fois dans le XVIᵉ siècle.

— **P. Pauli Vergerii iustinopolitani, de Republica veneta liber primus.** *Paganinus in Tuculano idib. aprilis,* MDXXVI, in-4., car. rom., sign. A—F par quatre. [25464]

L'auteur n'a fait paraître que ce premier livre, dont il promettait la suite, mais cette suite est probablement l'opuscule suivant, qui a paru beaucoup plus tard.

FRAGMENTA Petri Pauli Vergerii senioris justinopolitani, de Republica veneta, nunc primum in lucem edita. *Venetiis, Picotti*, 1830, in-8.

Pourtant sur le titre de ce fragment le nom de l'auteur est accompagné de l'épithète *Senioris* qui semble désigner le plus ancien des deux P.-P. Vergerio, tandis que le premier livre imprimé à Tocolano, en 1526, passe pour être du jeune. Dans le catalogue des ouvrages de Vergerio jeune, au nombre de cinquante-cinq, qu'a donné Niceron, vol. XXXVIII, pp. 69 et suiv., l'*Historia veneta* est indiquée sous la date de Rome, 1526.

VERGERIUS (*Petr.-Paulus*). Concilium non modo tridentinum, sed omne papisticum, perpetuo fugiendum esse omnibus piis ; authore Vergerio. 1553, in-4. de 24 ff. [1888]

Vendu, en *mar. r.* 30 fr. Gaignat ; mais 8 fr. seulement La Vallière.

Autres ouvrages de Vergerio le jeune.

DECRETO fatto in Trento d'intorno alla communione. In-8. de 28 ff.

En tête de cet opuscule se lit une épître datée : *Di Tubinga, il primo di settembre nel* LXII (1562), *Pietro Paolo Verg.* Vend. 11 fr. *mar. citr.* La Vallière.

Pour d'autres écrits de Vergerio contre le concile de Trente, consultez Niceron, XXXVIII, pp. 73 et suiv. Il faut y joindre à celui-ci :

RISPOSTA di donn' Ippolito Chizzvola alle bestemmie & maldicenze contenute in tre scritti di Paolo Vergerio contra l'indettione del concilio publicata, da papa Pio IV. *Venetia, A. Arrivabene*, 1562, in-4.

1 liv. *v. f.* armes de De Thou, Libri, en 1859.

— ACTIONES duæ secretarii Pauli Papæ, hujus nominis III, quarum altera disputat, an Concilium tridentinum sit instaurandum, altera vero, an vi et armis decreta ipsius Concilii possit protestantibus imperare : accessit tertia, qua utrumque caput complectitur, ac definit, concilium non posse instaurari, nec papam tanta esse potentia, ut possit decreta vi imperare. (*Pfortzheim*), 1559, in-8.

La première édit. de cet ouvrage anonyme de P.-P. Vergerio (*Pfortzheim*), 1556, ne contient que deux dissertations ; l'auteur en a donné une troisième en 1559, qui se trouve réunie ici aux deux autres.

— DE IDOLO Lauretano, quod Julium III. romanum, episcopum non puduit.... approbare. Vergerius italice scripsit ; Ludovicus ejus nepos latine vertit. (*Tubingæ*), anno 1554, de 85 pp.

Le texte italien de ce pamphlet a pour titre : *Della camera et statua della Madonna, chiamata di Loreto....* anno 1554 ; c'est un pet. in-8. de 131 pp. non chiffr. Le titre de la traduction latine nous fait connaître que Louis Vergerio était neveu de l'auteur. C'est lui qui a écrit l'ouvrage intitulé :

DE NATURA et usu sacramentorum et maxime cœnæ dominicæ, adversus missam pontificam. *Tubingæ*, 1559, in-8. de 64 pp. [2058]

Volume assez rare ; vendu 7 fr. 50 c. Detune.

VERGERIO a papa Giulio terzo, che a approvato un libro del Mutio, intitulato le Vergeriane. In-8. [1889]

Vend. 17 fr. *mar. citr.* La Vallière.

Volume de 196 pp. L'épître de l'auteur, qui commence à la page 3, est datée de l'année M. D. LI.

POSTREMUS catalogus hæreticorum Romæ conflatus, 1559, continens alios quatuor catalogos, qui post decennium fuerunt editi cum annotationibus Vergerii, (in fine) : *Corvinus excudebat Pfortzheimii*, 1560, in-8. de 75 ff. chiffrés. [1890]

Vendu 21 fr. La Vallière ; et moins cher depuis.

LE OTTO difesioni, nelle quali è notata e scoperta una particella delle tante superstitioni d'Italia, ecc. 1550, in-8. [2054]

Ce volume, vendu 20 fr. *mar. bl.* Gaignat, et 4 fr. Mac-Carthy, est regardé comme un des plus rares de son auteur ; il a 76 ff. de texte, signat. A—K, précédés de 12 ff. liminaires.

PRIMUS tomus operum Vergerii, adversus papatum. *Tubingæ, apud viduam Ulr. Morhardi*, 1563, in-4. 3 ff. prélim., texte fol. 1 à 401, plus un f. d'errata. [2096]

Il n'a paru qu'un seul vol. de ce recueil : vendu en *mar.* 38 fr. Gaignat ; 24 fr. 50 c. La Vallière.

M. E. Weller a donné, dans le *Serapeum*, 1858, pp. 65-78, 81-92 et 97 à 101, un curieux article intitulé : *Aperçu de l'activité littéraire de P. P. Vergerio.*

Tous les ouvrages de cet auteur ayant été sévèrement prohibés par les catholiques, ont dû nécessairement devenir très-rares ; mais ils sont maintenant aussi peu recherchés qu'ils l'étaient beaucoup autrefois.

VERGERIUS. The royal-cuckold or great bastard, giving an account of the birth and pedigree of Lewis le Grand, the first french king of that name and race ; translated out of the german by P. Vergerius. *London,* 1693, in-4. [23853]

Pamphlet peu connu en France, et dont un exempl. a été vend. 2 liv. 6 sh. Rhodes. Le nom de l'auteur est supposé.

VERGIER (le) amoureux. *Paris, Gaspard Philippe (sans date),* pet. in-fol. goth. de 10 ff.

L'exemplaire de ce livre, qu'on regarde comme unique, est à la Bibliothèque impériale de Saint-Pétersbourg. Il provient de celle de Suchtelen, ama-

Vergier (*Jac.*). Œuvres, 14054.

teur hongrois ou polonais, dont le blason gravé est collé au dedans de la reliure en maroquin ; il est inscrit dans le Guide de la Bibliothèque impériale de Saint-Pétersbourg (*impr. de Bellizard*, 1860, in-12 de 39 pp.), sous le titre de : *Le Vergier amoureux* ; mais il n'en porte aucun, et celui qu'on lui a donné ne paraît pas lui convenir, car c'est un ouvrage mystique, ainsi que l'a fait observer M. Paul Lacroix dans le *Bulletin du Bibliophile* de M. Techener, XIVe série, octobre 1860, pp. 1608-1612, où il a décrit ce précieux fragment.

C'est un petit in-fol. de 10 ff. non chiffr., qui ont été remontés avec soin, et dont les signatures ne sont pas régulières ; les deux premiers feuillets n'en portent aucune ; le 3e est signé *a. n* ; le 4e *b. n* ; le 5e *c.n* ; le 6e n'est pas signé ; le 7e et le 8e sont signés *e. n* et *f.ij*. Les feuillets 9 et 10 n'ont pas de signature. Le texte se compose de vers français, imprimés en gothique sur 2 colonnes, pour accompagner les arbres généalogiques des Vices et des Vertus. Plusieurs pages sont remplies par les grav. sur bois, sans autre texte que les inscriptions qui font partie de ces gravures ; le dern. f., dont le recto est blanc, est imprimé en partie à longues lignes, et ne contient que de la prose. Toutes les pages sont encadrées au moyen d'une réunion de petites gravures sur bois empruntées à diverses éditions du temps, et surtout aux livres d'heures. Le prem. f., dont l'encadrement est plus large et mieux orné que celui des autres feuillets, commence par ces vers imprimés en tête de la première colonne, au-dessus de la marque de l'imprimeur :

> *Gaspard Philippe m'a voulu imprimer*
> *En opetant que vices soient repris :*
> *Si vous supply ne veuillez deprimer*
> *Ceste euvre-cy, car povez-estimer*
> *Qu'il l'appete vendre a competent pris,*
> *Bon marché faict, ainsi qu'il a apris :*
> *Aussi lacteur faict protestacion*
> *Qu'il se submet a la correction*
> *De tous lecteurs et aux donnans escout,*
> *Car on congnoist a sa condicion*
> *Qu'il apete faire Raison par tout.*

Le poëme débute ainsi :

> *Revisitez la forest, gens mondains,*
> *Et en vueillez les branches bien eslire*
> . . . .

La strophe suivante, qui commence par ces mots : *C'est le Vergier amoureux delectable*, semble avoir fourni à l'ancien propriétaire du livre le titre qu'il lui a imposé.

Le dernier feuillet, imprimé en rouge et en noir, commence par ce sommaire : *Sensuit la forme de soy confesser instructive pour adresser les penitens ignorans a faire confection* (sic) *entiere*. Au-dessous, à l'angle droit du feuillet, dans un cadre ménagé entre divers petits sujets, on lit cette inscription, imprimée en rouge de haut en bas : *Imprime a Paris par Gaspard Philippe*. A côté de cette adresse il y a un écusson représentant un arbre qui paraît être l'emblème de l'imprimeur : cet écusson, surmonté de la tiare pontificale et des clefs de saint Pierre, se trouve placé entre l'écusson de France et l'écusson de Bretagne, mi-parti de France. La devise latine, *Immoderata ruunt* (qu'on remarque au-dessus de l'adresse de l'imprimeur), ajoute M. Paul Lacroix, à qui nous empruntons cette description, paraît être une allusion aux querelles de Louis XII avec le pape Jules II. Il n'est pas certain que l'exemplaire décrit soit complet. Ajoutons qu'avec ces 10 feuillets on en a relié deux autres, imprimés en goth. à 2 col., dont les verso sont blancs, ce qui fait supposer que ces impressions étaient destinées à être collées comme des écriteaux dans les couvents. L'une de ces feuilles porte en intitulé : *Prologus venerabilis, Hugonis de Saucte Victore, de fructu carnis et spiritus ;* l'autre *Frater Nicholaus de Pratis divi Victoris cenobita devoto formule hujus exploratori gra-*

tias in presenti et gloriam in futuro : elles sont encadrées dans des sujets et des ornements.

VERGIER dhonneur. Voy. SAINT-GELAIS.

VERGIER (le) celeste. (*Paris, Verard,* sans date), pet. in-8. goth. de 30 ff., avec la marque de Verard. [1555]

Le 1er f. porte les trois mots du titre ci-dessus, et le 2e f. commence ainsi : (C)*y commence le vergier celeste fait z compose p maniere dune familiere collocution de lame deuote espouse de nostre saulueur iesuchrist parlant feablement a son doulx espoux iesu.....*

Un exemplaire de cet opuscule imprimé sur VÉLIN se conserve à la Bibliothèque impériale.

VERGILE (la vie de). Voy. FAITZ merveilleux.

VERGILIUS (*Polydorus*). Proverbiorum libellus. *Venetiis, per Christophorum de Pensis ; anno...* M.CCCC.LXXXXVIII, in-4. de 70 ff., le dernier en blanc, sign. a—iiii. [18448]

Première édition de ce recueil ; elle est fort rare, sans avoir une grande valeur (7 sh. Libri), non plus que la première édition des trois livres du traité *De inventoribus rerum* du même auteur, sortie des mêmes presses, *pridie calendas septembris* 1499, in-4. dont cependant un exemplaire rel. en *mar. viol.* a été vendu 37 fr. Libri, en 1847.

— Polydori Vergilii vr‖binatis de inuen‖ toribus re‖rum libri ‖ tres. (au recto du f. lxxxiii) : Finit Polidori Vergilii vrbinatis de Inuento‖ribus rerum opus. *Impressū Parisius in uico sancti ‖ Stephani de gressibus Ad intersigniū nostre domine ‖ per Rogerum augrain et Franciscū bignet artis īpressorie socios. Quinta die mēsis Martii : Anno domini Milesimo quingentesimo secūdo*, pet. in-4. de 6 ff. prélim. et lxxxiii ff. chiffrés, sign. A—P.

Belle édition en lettres rondes, avec initiales peintes. Nous la citons comme une production de deux imprimeurs peu connus.

— De rerum inventoribus libri VIII, et de prodigiis libri III, cum indicibus locupletissimis. *Amstelodami, apud Dan. Elzevirium*, 1671, pet. in-12. 4 à 6 fr. [30226]

Des exemplaires *non rognés* ont été vendus 74 fr. F. Didot ; 58 fr. Coulon ; 44 fr. Labédoyère.

L'édition de *Leyde*, 1644, pet. in-12. 3 à 4 fr.

— Polidore Vergile, translate de latin en langaige vulgaire lequel soummairement et en brief traicte et enseigne par entendement plus diuin que humain qui ont esté les premiers inuenteurs de toutes choses admirables et dignes de memoire, lequel liure est moult utile, proufitable et recreatif a toutes manieres de gens qui ont desir de scavoir et clerement cognoistre la plus que ingenieuse et premiere inuention des dites choses (par Michel de Tours). *On vend les dits*

liures en la rue de la Vieille Pelleterie,
a lenseigne du croissant et au palais
du coste de la chapelle de messei-
gneurs les presidents, par Pierre le
Brodeur, marchand libraire de Paris,
mil cinq cens vingt et ung, in-fol. goth.
de 65 ff. y compris la table, avec quelques figures sur bois.

Traduction des trois premiers livres.

— POLLIDORE. Vergile historiographe nouuellement
trad. de Latin en Frácoys, declairant les inueteurs
des choses qui ont estre (sic). *Paris, Iehan Lon-*
gis et Vinc. Sertenas, 1544, in-8. de 3 ff. prélim.
et CXXXIII ff. chiffrés.

Il y a des exemplaires avec le nom de Jacques Regnault
ou de Jean Ruelle.

Plus tard l'ouvrage entier a été traduit sous ce titre :

LES MÉMOIRES et histoire de l'origine, invention
et autheur des choses, faictes en latin..... par Polydore Vergile... et traduicte par Fr. de Belle-Fo-
rest, *Paris, Rob. le Magnier,* 1576, pet. in-8.
5 à 6 fr. 29 fr. 50 c. *mar. r.* Veinant. Réimprimé
à Lyon, en 1576, in-16, et aussi en 1582, in-8.

— VON DEN ERFYNDERN der dyngen, etc., durch M. Ta-
tium Alpinum ins Teütsch transferiert. *Augspurg,*
Henr. Steyner, 1537, in-fol. fig. sur bois.

28 fr. quoique taché d'eau, 2ᵉ vente Quatremère.

— Historiæ anglìcanæ libri XXVII, autore
Polydoro Virgilio : accessit præter alia
nonnula series regum Angliæ a primis
initiis usque ad hanc ætatem; ex nova
editione Ant. Thysii. *Lugd.-Batavor.,*
Maire, 1649 (et 1651), in-8. 5 à 6 fr.
[26849]

Quoiqu'elle soit bien écrite, cette histoire, sans exactitude, est peu lue maintenant, et je ne sache pas
qu'elle ait été réimprimée depuis 1651. Les premières éditions ont paru à Bâle, en 1534, 1536,
1546, 1555 (en 26 livres), et en 1570, in-fol., avec
un 27ᵉ livre. Il y en a une de Gand, 1556, in-8.,
imprimée chez Corn. Manilius, lequel en a donné
une autre, en 2 vol. in-8., augmentée d'une chronique abrégée des rois d'Angleterre, par George
Lely.

Le Nouveau Le Long donne pour une réfutation de
Polydore Vergile l'ouvrage suivant :

HISTORIÆ brytannicæ defensio, Joanne Priseo
authore; (*Londini*), *in œdibus H. Binneman,*
1573 (non 1523), pet. in-4.

— FIFTY PEN-AND-INK SKETCHES in exact facsimile
by J. E. H. from a copy of Polydore Vergil's History
of England in his possession. *At London, Mens.*
Octob. Anno CIɔ. Iɔ CCC. LX. (1860) (à la fin) : *Prin-*
ted at the Chiswich press in London, pet. in-4. de
18 ff., dont 8 pour les 50 fig. tirées sur pap. de Chine
et collées au recto et au verso de ces feuillets.

C'est M. John Eliot Hodgkin, bibliophile anglais
résidant à Liverpool, qui a fait exécuter ces fac-simile des dessins à la plume qu'il a trouvés sur les
marges de l'exemplaire de l'*Historia anglicana,*
de l'olydore Vergile, édition de Bâle, 1534, in-fol. qui
est en sa possession. Ces dessins qui, comme ne le
prouvent que trop les fac-simile, ne se recommandent nullement par leur exécution, paraissent avoir
été tracés vers 1550. Quant au petit livre qui les reproduit, c'est une curiosité bibliographique *priva-*
tely printed, et probablement tirée à très-petit
nombre. Pour donner plus d'intérêt aux exemplaires
distribués en cadeaux, M. Hodgkin les a fait revê-
tir d'un reliure en veau fauve, imitant l'ancienne
reliure de son livre, et en reproduisant les excellents ornements à froid qui y sont empreints.
L'éditeur a bien voulu nous gratifier d'un de ces
curieux exemplaires.

VERGNAUD. L'art de créer les jardins,
contenant les préceptes généraux de cet
art, leur application développée sur des
vues perspectives, coupes et élévations,
par des exemples choisis, et le tracé
pratique de toute espèce de jardin, par
N. Vergnaud. *Paris, Roret,* 1835-39,
in-fol., avec pl. lithogr. 45 fr.; — pl. sur
pap. de Chine, 56 fr.; — color., 80 fr.
[9834]

VERHANDELINGEN der Nederlandische
Institut. Voy. au mot COMMENTATIONES.

VERHANDELINGEN van het Bataviaasch
Genoostchap der Kensten en Wetenschappen. *Batavia,* 1779-1855, 25 vol.
in-8. [30365]

Cette collection des Mémoires de la Société de Batavia
n'est pas commune en France. Il y a une 3ᵉ édition
des deux premiers vol., faite en 1825, et des secondes éditions de plusieurs autres volumes.

ACTA Societatis scientiarum Indo-Neerlandicæ.
Batavia, 1856-58, in-4., vol. 1, 2, 3.

Suite de la collection précédente.

VERHEERLYKT (Het), Nederland, etc.,
c'est-à-dire, les Pays-Bas illustrés, ou
cabinet belgique, contenant 1000 vues
de bâtiments modernes, etc., gravées
par les plus illustres artistes. *Amsterd.,*
1745-74, 10 part. en 2 vol. in-4. [24952]

Cet ouvrage, dont chaque partie n'a d'autre texte que
le titre et la table en hollandais, a été tiré sur trois
papiers différents : il se vendait aux prix suivants :
Pap. ordinaire, 69 fr. — Pap. médian, 80 fr. — Gr.
Pap. roy., 100 fr. — Les gravures sont d'Abraham
Rademaker et autres (voy. RADEMAKER).

VERHEIDEN (*Jac.*). Præstantium aliquot
theologorum, qui romanum Antichris-
tum præcipue oppugnarunt effigies, quibus addita elogia, etc. *Hagæ-Comitis,*
1602, in-fol. [22436]

Ce livre est peu commun, et on le recherche à cause
des portraits : 24 fr. Soubise, et plus cher depuis.

VERIDICA Terræ sanctæ descriptio. Voy.
BROCARD.

VERINI (*Giov.-Bat.*). Spechio del mar-
cante, G.-B. Viarini. Libro de abacho e
gioco di memorie. *Milano,* 1542, pet.
in-8. fig. [7869]

Vendu 12 fr. Reina; 37 fr. Libri-Carucci.

VERINI (*Giovambaptista*). Luminario,
seu de elementis literarum libri IV.
Senza luogo, stampat. e anno (Firenze,
circa 1527), pet. in-4. fig. [9045]

Ouvrage singulier, rare et peu connu. Il est écrit en
italien, et le titre seul du frontispice (*Incipit liber*
primus elementorum literarum, etc.) est latin. Le

Vergnaud-Romagnési. Archéologie du Loiret,
24277. — Album, 24277. — Orléans, 24281.

Verhandeling... Découvertes faites par les Néerlandais, 19799.

Verhandlungen des histor. Vereins für Nieder-
bayern, 26613.

mot *luminario* ne se trouve que dans le haut des pages, pour le titre courant. Le vol. est en tout de 64 ff. chiffrés en capitales, et contient des modèles des différents caractères de l'écriture du temps, assez bien gravés sur bois, et accompagnés de leur démonstration. Il finit sans aucune indication ni date, par quatre vers latins :

Hoc opus infectum videris si sordibus ullis etc. (M).

Sur le verso du LIII° f. se voit un exemple d'écriture qu'il faut lire à l'opposite, c'est-à-dire en le présentant devant un miroir. A l'article COTIGNON de La Charnays, Vers satiriques, nous avons déjà parlé d'un exemple analogue à celui-ci. Les lignes 3 et 4 du f. LX nous apprennent que l'auteur du *Luminario*, était libraire à Florence (*Giovambaptista di piero Verini mercante di libri in Firenza*), et les ff. LII, LVIII et LXI nous donnent trois fois la date de 1526, qui doit être approximativement celle de l'impression du livre. 52 fr. Riva.

— El magnifico Triompho fatto alla illustrissima et excellentissima Duchessa, cominciando da che lentra in su lo stato per insino nella sua inclita citta de Milano, composto per Giovan Battista Verini fiorētino; al magnifico S. Hyeronimo Ruscho secretario di N. S. papa Clemente VII; con la declaratione de li versi latini e li archi triumphali precisamente historiali : come erano per la Terra fatti. (*absque nota*), pet. in-4. de 20 ff. en lettres rondes, avec fig. sur bois. [25383]

Le titre de cet opuscule en vers n'est pas daté, mais l'épître dédicatoire l'est de Milan, *ali* XXX *de maggio* M. D. XXXIIII. Un exemplaire *piqué des vers*, 10 fr. de Soleinne.

— El vanto della cortigiana ferarese qual narra la bellezza sua. Con el lamento per esser redutta in la caretta per el mal franzese. Seguita l' epigramma con el purgatorio dele cortigiane. *Venetia,* 1532, pet. in-8. de 8 ff. [15018]

Pièce rare, 27 fr. Libri. Une autre édition est indiquée dans le catalogue Libri, de 1847, n° 1506, sous le titre suivant :

IL VANTO e lamento della cortigiana ferrarese per esempio a tutte le donne di mala vita. Con il lamento d' una villanella che desiderava maritarsi composto per Gio.-Bat. Verini. *Siena* (*senz' anno* circa 1540), pet. in-8. de 4 ff. 25 fr. mar. r. Libri. — Voyez LAMENTO.

EL VANTO de la cortigiana. Et seguita el Lamento che la fa nella sua morte (in terzine) ; con el Lamento de la Villanella. (*senz' alcuna nota*), pet. in-8. avec une vignette sur bois. 5 sh. Libri.

— Ardor damore, composto per Giovanbatt. Verini alla sua diua Cleba con una confessione d' amore e uno capitolo di varie opinioni. *Vinegia, Fr. Bindoni et Maph. Pasini,* 1541, pet. in-8. de 24 ff. [14889]

Édition rare. Celle de *Venise, Venturino Roffinello,* 1544, in-8., 19 sh. mar. r. Heber.

— ARDOR d' Amore. Doue si contiene serenate, capitoli, stanze da giuanni innamorati; con aggiunta d' alcune Villanelle alla napolitana e altri strambotti. — *Stampata in Firenze, alla scala di Badia* (senz' anno), pet. in-8. de 24 ff. non chiffrés, sign. A2—C4. — Crudelta d'Amore. *Firenze, alle*

scale di Badia, pet. in-8. de 28 ff. non chiffrés, sign. A—D2.

Ces deux opuscules se trouvent quelquefois réunis à deux autres du même genre, également impr. à Florence, *alla scala di Badia*, sans date, et dont voici le titre :

ARDELIA, opera nuova, nella quale si contiene mattinate, sonetti, stanze, capitoli, dialoghi e diversi strambotti, tutte cose honeste, accomodate al proposito de' giouani, e fanciulle innamorati. 39 ff. non chiffrés, sign. A—E 4.

CAMMILLA opera piacevole di amore : doue si contiene strambotti, mattinate, sonetti, canzone e capitoli, di giouani innamorati; de 32 ff. non chiffrés, sign. A—B 8.

Les titres de ces quatre petits vol. portent chacun une vignette sur bois.

— ARDOR d' Amore nouamente composto alla sua diua Cleba. Et un capitolo di varie opinioni. Et agiuntoui vno lamenteuole capitolo. *Venetia, Ventura de Saluador,* 1585, in-8.

Opuscule de 24 ff. non chiffrés, avec des signat. de A—C.

Dans le catal. Capponi, p. 386, est indiquée une autre édition de Venise, *all' insegna dell' Ippogrifo,* 1582, in-8., sous le même titre que celle de 1541.

— Crudelta damore (in ottava rima). *Torino, per Martino Caruotto,* 1549, pet. in-8.

Cet opuscule rare n'a été vendu que 4 sh. Libri, en 1859, malgré la note qui le recommandait.

VERINI (*Bartolomeo*). Poesie diverse in lingua·veneziana, e bergamasca, cioe : la laude de' macharoni; operetta nuova; le malizie e pompe che cercano fare le donne, ecc. *Venetia,* 1583, in-8. [15026]

Recueil difficile à trouver.

VERINO. Les distiches moraux du tresdocte poète espagnol Michel Verin, trad. de latin en langue vulgaire, par beaux quatrains francoys, par Claude Odde de Triors. *Lyon, Loys Cloquemin,* 1577, pet. in-8. [12954]

Cette traduction est devenue fort rare, et c'est ce qui nous la fait indiquer ici. Il y en a une autre en prose, par Claude Hardy, *Paris,* 1614, in-8.

Les *Disticha* de Mich. Verino (poète mort à l'âge de 17 ans) ont eu de la célébrité, et l'on en compte un certain nombre d'éditions. La plus ancienne connue a pour titre :

MICHAELIS Verini Vgolini F. distichorum liber, qui sententiarum inscribitur, ad Paulum Saxium Roncilionem grammaticæ olim præceptorem suum Incipit (sic). — *Impressum Florentiæ xv. Kalendas Fœbruarii. Anno salutis Millesimo quadricentesimo octuagesimo septimo,* pet. in-4., sign. A—C.

Parmi les autres éditions nous en citerons cinq : 1° *Lugduni, Theod. Pœganus,* 1540, in-8. — 2° cum comment. Mart. Ivarræ. *Lugd., Theod. Pœganus,* 1552, seu 1570, in-8. — 3° *Paris., Guil. Buon,* 1577, in-8., corrigée par Nic. Pigueron. — 4° *Darcinonæ, Jac. Cortesius,* 1581, in-8. — 5° VERINUS belvacensis, seu Mich. Verini disticha, nunc demum concinniore ordine disposita titulisque aptioribus insignita : per Philip. Clerceum; editio prioribus tersior. *Bellovaci, G. Valet,* 1617, in-8.

Quoique le titre du texte lat., édition de 1570, et celui de la version de Trior présentent Michel Verin comme Espagnol, on sait qu'il était Florentin de naissance.

Ces distiques latins ont été imprimés dans plusieurs

recueils, et notamment dans les *Carmina ethica*, publ. par Renouard (voy. CARMINA).

VÉRITABLE relation des justes procédures observées au fait de la possession des Ursulines de Loudun et au procès d'Urbain Grandier, par le R. P. Tr. (Tranquille). *La Flèche* (aussi *Paris, Martin*), 1638, pet. in-8. [23713]

Un des nombreux écrits qui se rapportent à ce célèbre procès. Il faisait partie d'un recueil de six pièces sur le même sujet, presque toutes de l'année 1634, qui a été vendu 45 fr. Leber (n° 384 du catal. de 1860). A la même vente se trouvait :

LA DÉMONOMANIE de Loudun, qui montre la véritable possession des religieuses Ursulines... 2e édition des preuves et du récit de la mort de Grandier. *La Flèche, Griveau*, 1634, in-8., rel. en *v. f. tr. d.*, qui a été payée 41 fr. [23712]

Il s'y trouvait aussi : *Discours de la possession des religieuses Ursulines de Lodun* (sic). M. D. C. XXXIV (sans nom de ville), pet. in-8. : vendu 25 fr.

— Voyez HISTOIRE des diables de Loudun ; GLOIRE de saint Joseph, et le n° 23716 de notre table.

VÉRITABLE (le) portrait de Guillaume-Henry de Nassau (nouvel Absalon, nouvel Hérode, nouveau Cromwel, nouveau Néron). Pet. in-12 de 132 pp. en tout, titre rouge et noir. [25174]

Satire violente contre le prince d'Orange, devenu roi d'Angleterre, sous le nom de Guillaume III ; elle est généralement attribuée à Ant. Arnauld, malgré l'opinion contraire émise par Voltaire. Comme, dans sa nouveauté, l'ouvrage eut une grande vogue, il s'en est fait nombre d'éditions. Celle qui est l'objet de cet article, et qui ne porte point de date, doit avoir paru en France, peut-être même à Paris, en 1689. Quoique fort médiocre, elle a quelquefois été vend., rel. en mar., 24 fr. et plus. On ne peut cependant pas l'estimer au delà de 5 fr. En voici d'autres, qui, sans être plus chères, nous paraissent préférables : 1° *sans lieu ni date*, pet. in-8. de 82 pp. — 2° *sans titre*, pet. in-12 de 108 pp. à 32 lignes chacune, sign. *a—k.*—3° pet. in-8. de 96 pp., contrefaçon médiocre. — 4° *sur la copie impr. à Bruxelles, chez Lambert Marchant*, 1689, pet. in-8. 5 fr. Coulon.—5° *sans lieu ni date*, in-4. de 22 pp. à 2 col. Il paraît qu'elle a été distribuée avec le Journal des Savants ; et c'est probablement pour y répondre que Guillaume III fit publier :

APOLOGIE pour LL. SS. MM. Britanniques, contre un infâme libelle intitulé : Le vrai portrait..... *La Haye, Abraham Troyel*, 1689, in-4. de 25 pp.

Morceau attribué à Jurieu ; il en a été fait une édition pet. in-12, sous la même date que l'in-4.

VÉRITABLE relation de ce qui s'est passé au voyage du roy depuis le septiesme juillet, jusqu'à son arrivée dans Bourdeaux. *Bourdeaux, Sim. Millanges*, 1620, in-8. de 52 pp. [23687]

Voici le titre d'une autre relation du même voyage, où se trouvent de nouveaux détails sur le passage du roi en diverses parties de la Normandie.

VÉRITABLES mémoires de ce qui s'est passé de iour en iour au voyage du roy, depuis son depart de Paris, qui fut le septiesme juillet jusqu'à son retour du pays de Bearn, le 7 novembre 1620. *Paris, Julian Jacquin*, 1620, in-8. de 48 pp.

VÉRITABLES (les) motifs de la conversion de l'abbé de La Trappe, avec quelques réflexions sur sa vie et sur ses écrits, ou les entretiens de Timocrate et Philandre sur un livre qui a pour titre les Devoirs de la vie monastique (par Dan. de Laroque). *Cologne, P. Marteau (Hollande)*, 1685, in-12. [21794]

Cette satire contre l'abbé de Rancé passe pour être l'ouvrage de Dan. de Laroque ; cependant Chardon de La Rochette (Mélanges, III, p. 280) l'attribue à un P. Boissard, sacristain des Chartreux de Paris ; elle est peu recherchée aujourd'hui : 3 à 4 fr. Vend. 6 fr. m. r. Saint-Céran ; 11 fr. Morel-Vindé.

VERITATE (de). Voy. HERBERT de Cherbury.

VÉRITÉ cachée (la), devãt cent ans faicte et composee a six personnages : nouvellement corrigee et augmentee avec les autoritez de la saincte escriture. Pet. in-8. de 39 ff., caractères goth., signat. *a. b. c. d. e.* [16268]

Cette moralité, impr. sans lieu ni date, vers 1550, est fort rare, car aucun des historiens du Théâtre français n'en a parlé. Elle est écrite en faveur des protestants, contre l'Eglise catholique ; et c'est vraisemblablement un des premiers ouvrages français composés dans cet esprit. Les six personnages sont : *Vérité, Ministre, Peuple, Aucun, Avarice, Simonie*. Le volume est terminé par un rondeau dont voici la fin :

> quand vous verrez ung prestre qui raconte
> tout leuangile, et nen faire mescompte
> et qu'il n'aura que Dieu pour souverain,
> sans consacrer pour largent Dieu en pain :
> alhors aurez predication prompte
> de verite

David psalme 84

> verite de la terre est yssue
> et iustice voit de la nue

— La vérité cachée, composée en rime françoise a six personnages, avec les autoritez de la saincte escriture : reueuë et augmentée tout de noueau. *De l'imprimerie d'Antoine Cercia (à Genève)*, 1559, pet. in-8. de 100 pp. chiffrées et un f. non chiffré à la fin, sign. A—G.

Édition en lettres rondes, peu connue, et qui se trouvait dans la bibliothèque du ministre Marron, vend. à Paris, en 1832. Au recto du dern. f. se lisent les vers que nous venons de citer, et il y a au verso : *Dixain d'un moine qui demandoit la vérité cachée par moquerie.*

Ces deux éditions faisaient partie de la riche collection de M. de Soleinne ; elles ont été vend., la première, 115 fr. ; la seconde, 50 fr. L'une et l'autre étaient rel. en mar. r. doublé de mar. par Bauzonnet.

VERITÉ chrétienne à l'audience du Roi très chretien donnée à Versailles, le 15 juillet 1689. *Amsterdam, Albert à*

Wesel, 1689, 3 part. en 1 vol. in-12. [23850]

Cette édition réunit trois discours dont le premier avait déjà été impr. deux fois en Hollande, savoir : *Sur la copie de Paris, J. Coignard*, 1689, et sous la rubrique de *Versailles*, même date. Le second a paru séparément sous le titre de *Second discours de la vérité en l'audience du roy...* 1690, pet. in-12 de 64 pp.

VÉRITÉ (la) sortant du puits hermétique, ou la vraie quintessence solaire et lunaire. *Londres*, 1753 (*Paris, Lamy*, 1783), in-12. [8989]

Un exemplaire sur VÉLIN, annoncé comme unique, 99 fr. Mac-Carthy.

VÉRITEZ plaisantes, ou le monde au naturel. *Rouen, Maury*, 1702, in-12 de 16 ff. prélim. et 524 pp. [14044]

Ce recueil de poésies a paru avec un privilége accordé à Pierre Ferraud, imprimeur à Rouen, en 1690, et c'est probablement ce qui l'a fait attribuer à David Ferrand, lequel n'en est pourtant pas l'auteur. M. Frère rapporte qu'un bibliophile du siècle dernier attribuait les *Véritez plaisantes* à un avocat au parlement de Normandie, du nom de Dutuit.

VERMIGLIOLI (*Gio.-Bat.*). Opuscoli ora insieme raccolti, con quattro decadi di lettere inedite di alcuni celebri italiani. *Perugia, Baduel*, 1825-26, 4 vol. in-8. fig. 16 fr. [19256]

Autres ouvrages du même auteur :

LEZIONI elementari di archeologia. *Perugia, Baduel*, 1822-23, ou *Milano*, 1824, 2 vol. in-8. fig. 9 fr. [28955]

ANTICHE iscrizioni perugine, raccolte, illustrate e pubblicate da Vermiglioli. *Perugia, Baduel*, 1804-5, 2 vol. in-4. fig.' [29983] — 8 fr. 50 c. Boulourlin.

SAGGIO di bronzi etruschi trovati nell' agro perugino, disegnati da Vinc. Ansidei, e descritti da Vermiglioli. *Perugia*, 1813, in-4. fig.

PRINCIPJ della stampa in Perugia, e suoi progressi per tutto il secolo XV. edizione seconda accresc. e coretta. *Perugia, Baduel*, 1820, in-8. 3 fr. [31277]

BIBLIOGRAFIA degli scrittori perugini. *Perugia*. 1828-29, in-4. tom. I et II. [30686]

Le même auteur avait déjà donné : *Bibliografia storico-perugina*, 1823, in-4., 6 fr., et plus en pap. vél.

DEI MONUMENTI di Perugia etrusca e romana, della letteratura e bibliografia perugina, di Giambattista Vermiglioli, nuove pubblicazione per cura del conte Giancarlo Conestabile professore d'archeologia nell' universita di Perugia. *Perugia, tipografia Bartelli*, 1855-56, 3 vol. in-4. de texte, et 2 vol. in-fol. de planches. 55 fr.

— Zecca e monete perugine, 25689. — Bernardino Pinturicchio, 31045. — Libri pubblicati in Perugia, 31277.

VERMILIO (*Pierre Martyr*). Saintes prières recueillies des psaumes de David par le docteur Pierre Martyr Vermile florentin. *La Rochelle, P. Haultin*, 1581, in-16. [1925]

Cette édition a été précédée d'une autre, impr. à Lyon,

et que Du Verdier cite sous le titre de *Prières chrétiennes*, sans en donner la date.

Le texte latin a pour titre :

PETRI Martyris Vermilii preces sacræ ex psalmis Davidis desumptæ, *Tiguri, Christ. Froschoverus*, 1564, in-16. Jos. Simler en a été l'éditeur.

Ce texte a été réimpr. à Leipzig, *typis Voeglianis*, 1575, in-16, avec des augmentations et par les soins d'Andr. Musculus, et de nouveau à Zurich, en 1604, pet. in-12, par les soins de Rodolphe Simler.

Il en existe une traduction anglaise intitulée :

MOST GODLY PRAYERS compiled out of David psalms by D. Peter Martyr, translated by Ch. Glemham, 1569, in-16.

— TRAITÉ du sacrement de l'Eucharistie, composé en latin par Pierre Martyr, et traduit en françois. *Lyon, Claude Ravot*, 1552, in-16. [1625]

Le texte latin a pour titre :

TRACTATIO et disputatio de sacramento eucharistiæ et disputatio de eodem Oxonii habitæ A. D. 1549. *Londini*, 1549, in-4.

Lowndes donne à l'article MARTYR (*Peter*) le catalogue des ouvrages écrits en latin ou trad. en anglais par ce théologien calviniste qui ont été imprimés en Angleterre ; plusieurs autres l'ont été à Zurich et ailleurs.

VERNASSAL (*Fr. de*). Voy. PRIMALÉON.

VERNAZZA (*Giuseppe*). Lezione sopra la stampa. *Cagliari*, 1778, in-8. [31188]

Cet ouvrage, peu commun en France, n'est pas fort exact. Mac-Carthy en avait un exemplaire imprimé sur VÉLIN : vendu 67 fr., et 110 fr. rel. par Lewis, Chateaugiron. L'*Appendice* publié à *Turin*, 1787, in-8., doit nécessairement être joint au volume.

Le baron Vernazza a aussi donné : *Osservazioni tipografiche sopra' libri impressi in Piemonte nel secolo XV*, Bassano, 1807, in-8. de 91 pp., qui a été tiré à petit nombre, ainsi que plusieurs autres dissertations bibliographiques du même auteur. [31254]

— Diploma di Adriano, 29658.

VERNET. Recueil de chevaux de tout genre, dessinés par Carle et Horace Vernet, et gravés en 50 planches par Levachez. Gr. in-fol. [9469]

Vendu (exemplaire colorié), 140 fr. en avril 1811. Carle Vernet a publié une *Collection de chevaux* en lithographie, et dont il paraissait 12 livraisons in-fol. en 1818.

— Collection complète des uniformes des armées françaises, de 1791 à 1814, dessinés par Carle et Horace Vernet, et Eug. Lami. *Paris, Gide*, 1822-1823, in-4. [9628]

Publié en 24 livraisons de 4 pl. color., qui ont coûté ensemble 120 fr.

VERNET (*Emile-Jean-Horace*). Tableaux historiques d'Horace Vernet, album précédé d'une notice historique par M. Delécluse. *Paris, au bureau des galeries historiques de Versailles*, 1863, in-fol. 60 fr.; — sur pap. de Chine, 80 fr.

33 gravures sur acier imprimées sur grandeur de

Verjus (le P.). Vie de S. François de Borgia, 21906.
Verkaven (*J.-J.*). Nivellement, 8017.

Verneilh Puyrasseau (*Charles-Jos.* de). Histoire d'Aquitaine, 24672.
Verneilh (*Félix* de). L'Architecture byzantine en France, 9912.

demi-colombier. Chaque planche se vendait séparément. La *Prise de la Smala* qui est imprimée sur grand-monde, 40 fr.; et la *Bataille d'Isly* sur colombier entier, 15 fr. Partie de la Galerie de Versailles.

VERNEUIL (*Edouard* de). Voy. MUR-CHISON.

VERNIGLIONE (*J.-P.*). Inamoramento di Lucrecia... Voy. t. 1, col. 69, article Æneas Sylvius.

VERNON (le comte de). Poésies fugitives. *Paris, de l'imprimerie de Didot l'aîné,* 1791, in-18, pap. vél. [14067]

Tiré à 30 exempl. seulement : 36 fr. *mar. r.* Morel-Vindé; 17 fr. Chateaugiron ; 40 fr. Labédoyère ; 20 fr. 50 c. Pixerécourt ; 7 fr. Renouard.

VERNOR. Voy. SELECT views of London.

VERNULÆUS (*Nicolaus*). Tragœdiæ in duos tomos distributæ ; editio secunda, priore aliquot tragœdiis, nunc primum in lucem editis, auctior; additum Bernardi Heymbachi otium itinerarium, in quo natura tragœdiæ examinatur. *Lovanii, typ. Petri Sasseni et Hier. Nempæi,* 1656, 2 tom. en 1 vol. pet. in-8. de 1040 pp. en tout. 6 à 8 fr. [16156]

Cette seconde édition contient quatorze pièces, quatre de plus que la première de *Louvain, Olivier,* 1631, in-8., mais ni l'une ni l'autre ne donnent la première tragédie composée par l'auteur sous ce titre : FILII exilium, tragœdia exhibita ludis Encœnialibus Lovanii. *Coloniæ,* 1610, in-12 (Paquot). Plusieurs des pièces comprises dans le recueil ci-dessus avaient d'abord été publiées séparément, et notamment la *Joanna Darcia, vulgo Puella aurelianensis; Lovanii, typis Phil. Dormalii,* 1629, in-8. de 52 ff. Vend. 9 fr. Méon ; 7 fr. de Soleinne. Paquot (III, p. 432 de l'édit. in-8.) a donné le catalogue des nombreux écrits de notre Nicolas de Vernulz (Vernulæus); nous y remarquons les discours latins (*Orationes*) de ce savant professeur, lesquels ont eu dix éditions au moins, jusqu'à la première de Louvain, 1614, jusqu'à celle d'Anvers, 1684, in-12 de 623 pp.

VÉRON, ou le hibou des jésuites opposé à la corneille de Charenton ; avec la messe trouvée en l'Écriture..... par le dit hibou nommé François Véron. *Villefranche, imprimé cette année* (1678), *par N. Selon,* pet. in-12 de 32 et 82 pp. 6 à 9 fr. [1843]

Ce volume rare renferme deux écrits, dont le second a été faussement attribué à Dav. Derodon (voyez au mot MESSE). Vendu 15 fr. 95 c. de Chateaugiron. Il se trouve quelquefois, soit à la tête de ce recueil, soit après la page 48, un titre particulier portant : *Recueil de plusieurs pièces curieuses,* et au verso la table des pièces. François Véron, jésuite controversiste, auquel s'attaquent ces pamphlets, a écrit

---

---

nombre de pièces contre les ministres protestants de Normandie (voir le *Bibliographe normand* de M. Frère, II, p. 296).

VÉRONE (*Franç.* de). Apologie pour Jehan Chastel parisien, executé à mort, et pour les peres et escholliers de la Societé de Jésus contre l'arrest du Parlement donné contre eux à Paris, le 29 decembre 1594. *Lan* CIƆ CI. XCV (1595), pet. in-8. de 6 ff. prélim. et 244 pp., plus un f. pour la fin des additions. [23630]

Ce libelle est attribué au trop célèbre J. Boucher, curé de Saint-Benoît : 6 à 9 fr. Vendu en *mar. r.* 9 fr. 50 c. La Vallière ; 30 fr. Morel-Vindé ; 20 fr. de Chateaugiron ; 45 fr. *m. v.* Duriez.

— APOLOGIE pour Jehan Chastel... et apres icelle les traictez y adioustez, le tout pour monstrer evidemment, et par leurs propres escripts, les doctrines damnables et infernales des jésuites. *L'an* MDCX, pet. in-8. de 8 ff. prélim. et 323 pp.

Dans cette seconde édition, l'*Apologie* finit à la page 256, et à la page 257 commence une autre pièce sous la même date, intitulée : *Effets espouventables de l'excommunication de Henry de Valois et Henry de Navarre, où est contenue au vray l'histoire de la mort de Henry de Valois, et que Henry de Navarre est incapable de la couronne de France.* A la page 297 commence : *Discours par lequel est monstré qu'il n'est loisible au subject de médire de son roy, et encore moins d'attenter à sa personne.* — Vendu en *mar. viol.* 15 fr. La Vallière ; 11 fr. Renouard, en 1805.

Cette Apologie se trouve aussi dans le tome VI des Mémoires de Condé, et elle a été traduite en latin, sous le titre de *Jesuita sicarius; hoc est Apologia pro Joanne Castello...* Lugduni, 1611. pet. in-8. de 9 ff. prélim., et texte, pp. 21-319. Vend. 5 fr. *m. r.* La Vallière.

VERONNEAU (de). L'Impuissance, tragi-comédie, pastorale (en cinq actes, en vers). *Paris, Toussaint Quinet,* 1634 (aussi 1635), in-8. de 4 ff. et 151 pp. [16421]

Pièce peu commune, mais qui a été réimpr. dans le VIIIe vol. de l'*Ancien Théâtre* (voy. ANCIEN).

VERREA (*Pedro* de). Penitencia de amor cõpuesta por don Pedro de Verrea. — *Fue la presente obra emprẽtada en... Burgos, a costa y espensas de Fabrique aleman de Basilea... a viiij dias del mes de Junio. año... de mill y quiniẽto y quatorze años,* in-4. goth. de 38 ff. [18005]

Ouvrage fort rare, et qu'Antonio n'a pas connu. C'est probablement l'original de *La pénitence d'amour,* en français, imprimé en 1537 (voy. au mot PÉNITENCE). Les quatre derniers feuillets contiennent différents morceaux de poésie, imprimés sur deux colonnes.

VERRI (*Alessandro*). Opere scelte. *Milano, tipografia de' classici ital.,* 1822, 2 vol. in-8. portr. 10 fr. [19249]

Ces deux volumes contiennent : 1° les *Notti romane,* dont nous citons ci-dessous plusieurs éditions. — 2° *Avventure di Saffo,* impr. séparément à Rome, chez Poggioli, 1806, 2 vol. in-16, édition faite sur un manuscrit corrigé par l'auteur. — 3° *Vita di Erostrato,* impr. pour la première fois à Rome, 1815, in-16, et trad. de l'italien en français, par A. C. *Paris, Mongie aîné,* 1820, in-12. — 4° La vie de l'auteur, par le chevalier G.-A. Maggi.

—Le Notti romane al sepolcro dei Scipioni, edizione per la prima volta compiuta. *Roma, Poggioli,* 1804, 2 part. in-4. fig. [18649]

Cet ouvrage, qui a d'abord paru sans nom d'auteur, est classé parmi les bons écrits en prose de la langue italienne. La première édition s'en fit à Rome, en 1792, mais elle ne cohtenait que trois nuits; celle-ci en renferme six. Quoique ces dialogues aient été fort souvent réimprim., nous nous contenterons de citer les éditions suivantes : *Milano,* 1807, 2 vol. in-8. fig. — *Ibid., Silvestri,* 1825, 2 vol. in-16, fig. — *Firenze,* 1827, in-16. 3 fr. — *Parigi, Baudry,* 1824 et 1829, 2 vol. in-12. 6 fr. M. Lestrade a donné une traduction française des *Notti romane,* Paris, 1812, 2 vol. in-12, fig., dont la 3e édition est de 1826.

L'édition italienne de *Paris, Molini,* 1807, in-12, que nous devons citer, parce qu'il y en a six exemplaires imprimés sur VÉLIN (vend. 30 fr. Chardin), est faite sur la première édition, de même que la traduction française anonyme imprimée à *Lausanne,* 1796, 2 vol. in-12.

VERRI *(Pietro).* Storia di Milano. *Milano, presso gli editori,* 1824-25, 4 vol. in-8. 24 fr. [25372]

Cet ouvrage a été imprimé pour la première fois à Milan, 1783-98, en 2 vol. in-4.; mais la nouvelle édition donnée par Custodi est augmentée de divers fragments de l'auteur et d'une continuation jusqu'à l'année 1792, par l'éditeur.

— OPERE filosofiche, e di economia politica ed altre. *Milano, Silvestri,* 1818, 4 vol. gr. in-16. 12 fr. [3478]

Édition plus complète que celle de *Paris, Didot,* 1784, in-8., dont il y a des exemplaires en Gr. Pap. d'Annonay.

— Il Caffé, 3738.

VERRIEN (*Aubert*). Recueil des emblêmes, devises, médailles et figures hiéroglyphiques au nombre de plus de 1200, avec leur explication, accompagné de plus de deux mille chiffres fleuronnés, simples, doubles, triples; d'une manière nouvelle et fort curieuse pour tous les noms imaginables, avec les tenants, supports et cimiers servant aux ornements des armes, etc., enrichi de 250 pl. en taille-douce, par le sieur Verrien, maître graveur. *Paris,* 1696, in-8., aussi 1698, in-4. et in-8. [9183]

La première édition, de 1685, in-8., porte le nom d'Aubert Verrien. La dernière, *Paris, Joubert,* 1724, in-8., avec le portrait de Nic. Verrien, a été vendue 11 fr. 50 c. Goddé; 21 fr. Solar.

VERRIER (Le). Voy. LE VERRIER.

VERRIUS Flaccus *(M.).* Verrii Flacci quæ extant et Sex. Pompeii Festi de verborum significatione lib. XX, ex biblioth. Ant. Augustini (cum notis ejusdem). *Venetiis, Bonellus,* 1559, pet. in-8. 3 à 4 fr. [10774]

Édition peu commune, mais bien inférieure à celle de 1584. Il y a des exemplaires dont le titre porte : *Venetiis, Ziletti,* 1560.
— Voy. POMPEIUS Festus.

— M. Verrii Flacci quæ extant et Sex. Pompei Festi de verborum significatione

libri XX : Josephi Scaligeri Julii Cæsaris F. in eosdem libros castigationes recognitæ. *Lutetiæ, apud Mamertum Patissonium, in officina Rob. Stephani,* 1576, 2 tom. en 1 vol. pet. in-8. 3 à 4 fr.

Belle édition, mais dont le prix est ordinairement fort médiocre, quoiqu'un magnifique exemplaire en *mar. vert à compart. dorés,* et avec les armes de J.-A. de Thou, ait été vendu 281 fr. Renouard.

— Verrius Flaccus et Pompeius Festus, et in eos libros Ant. Augustini annotationes, Jos. Scaligeri castigationes recognitæ, Fulvii Ursini notæ; accedunt doctissimorum virorum notæ hinc inde collectæ. *Paris., Simar,* ou *Marnef,* 1584, in-8. 4 à 6 fr.

Bonne édition, plus ample que la précédente; elle a été complétée sur celle de *Rome,* 1581, que nous indiquons à l'article *Pompeius Festus.* L'édition impr. *apud Petrum Santandreanum,* 1593, in-8., en est une simple réimpression, à la fin de laquelle doit se trouver une partie de notes qui occupe 84 pp.

— FASTORUM anni romani a Verrio Flacco ordinatorum reliquiæ, ex marmorearum tabularum fragmentis Prænester nuper effossis, collectæ et illustratæ cura et Studio P. F. (Fogginii). *Romæ,* 1779, in-fol. fig. 10 à 12 fr. [21234]

Ces Fastes ont été insérés dans le Suétone de Wolf, en 4 vol. in-8. (voy. SUETONIUS).

VERROCCHIO. Voy. BATACCHI.

VERS sur la mort de Louis-le-Grand, accompagnés de quelques épitaphes de ce prince. *Cologne(Hollande), P. le Jeune.* 1715, in-8. [14206]

Vendu 9 fr. La Vallicre.

VERSI et regole. Voy. TOLOMEI.

VERSI poste a Pasquille. Voy. l'article PASQUILLUS.

VERSOR. Johannis versoris philosophi pclarissimi in diui Aristotelis philosophie libros glos‖sule exactissime. (*Lugduni, Joannes Trechsel,* 1489), in-4. goth. de 258 ff. à 2 col. avec signat. et la marque de l'imprimeur avec les lettres I. T.

Une des nombreuses éditions des ouvrages de Versor, décrites par Hain, n°s 16022 à 16063. Nous la citons à cause de la manière singulière dont la date y est exprimée au recto du dernier f., à la fin d'une épigramme de Jean Versor, de cette manière : *Has* (sic) *quidem carachteres sculpsit trechselq3 ioannes.* ‖ *Anno milleno ter. c. ll. sociatv.* ‖ *LX adiuncto ter x semel i q3 amoto.,* date qu'Hain explique par le chiffre 1489.

VERSTEGAN. Voy. THEATRUM crudelitatum.

Verschaffelt (*Ambr.*). Iconographie des camélias, 5484.
Versé (*N.* Aubert de). L'Impie convaincu, 2294.
Vert (*Cl.* de). Voy. De Vert.
Verteuil (*L.-A.* de). Trinidad, 28643.

VERTOOGH van Nieu - Neder - Land, Weghens de Gheleghent heydt, vrucht-baerheydt,. en Soberen Staet desselfs. *In 's Graven·Hage, Ghedruckt by Michiel Stael,* 1650, in-4. de 49 pp.

Cet exposé de la Nouvelle-Néerlande (New-York), de sa situation et de son mauvais état, est un des livres les plus importants et les plus rares qui aient paru sur celte colonie alors hollandaise. Voir le n° 258 de la *Bibliothèque américaine*, en vente chez F.-A. Brockhaus, où il est porté à 45 thl. Quelques parties de l'ouvrage ont été reproduites dans un autre livre hollandais décrit et porté à 75 thl. dans la même Bibliothèque américaine, n° 264, sous ce titre : *Beschrijvinghe van Virginia, Nieuw Nederlandt, Nieuw Engelandt.....,* t'*Amsterdam, by Joost Hartgers,* 1651, in-4. de 88 pp. avec une carte gravée. Ce dernier volume donne aussi des extraits de la seconde édition du texte hollandais de la Description du Nouveau-Monde de Jean de Laet; mais ce qui le rend précieux, c'est qu'il contient un traité sur la tribu indienne des Maquas, par Jean Megapolensis, plus une carte de la Nouvelle-Néerlande, la plus ancienne que l'on connaisse, et enfin des gravures qui ne sont pas sans intérêt.

VERTOT (*René* Aubert de). Histoire des chevaliers de S. Jean de Jérusalem, appelés depuis chevaliers de Rhodes, et aujourd'hui chevaliers de Malthe. *Paris, Rollin,* 1726, 4 vol. in-4. portr. 24 à 36 fr. [21983]

Il y a des exemplaires en Gr. Pap. : 48 à 72 fr. en *mar. r.* 72 fr. Saint-Céran, et jusqu'à 340 fr. (très-belle reliure de Padeloup) Labédoyère; autre en *mar. bl.* par Derome le père, 355 fr. Renouard.

L'édition en 7 vol. in-12 est à bas prix. Celle de *Paris, Janet (imprim. de P. Didot),* 1819, en 6 vol. in-8., n'est pas chère non plus, même en pap. vél.

— HISTOIRE des révolutions arrivées dans le gouvernement de la république romaine; histoire des révolutions de Suède, et révolutions de Portugal; édition augmentée de discours académiques. *Paris, L. Janet (imprim. de P. Didot),* 1819, 5 vol. in-8. 15 à 20 fr., et plus en pap. vél.

Ces trois ouvrages, que recommandent particulièrement l'élégance et la pureté du style, ont d'abord paru séparément, savoir : les *Révolutions romaines,* en 3 vol. in-12 [22915], et aussi (*La Haye,* 1734), en 1 vol. in-4.; les *Révolutions de Portugal,* en 1 vol. in-12 [26309], et celles de *Suède,* en 2 vol. in-12 [27659]; ces deux derniers ouvrages (*La Haye,* 1734), en 2 part. in-4.

Les anciennes éditions in-12 sont les meilleures en ce format.

Nous citerons encore l'édition des trois mêmes ouvrages, *Dijon, Causse (Paris, Renouard),* 1795-96, en 7 vol. pet. in-8. pap. vél., dont il y a des exemplaires en Gr. Pap. De cette édition de Dijon, il a été tiré sur VÉLIN deux exempl. des *Révolutions de Suède et de Portugal,* de format pet. in-4. 60 fr. et 42 fr. Renouard, à la vente duquel on a payé 60 fr. un des deux exemplaires des *Révolutions romaines,* qui ont été tirés en Gr. Pap. vél. format pet. in-4.

Nous avons sous les yeux une édition des Révolutions de Suède : *Amsterdam, L. de Lorme,* 1696, 2 part. en 1 vol. pet. in-12, remarquable en ce que le titre porte le nom de *Fontenelle,* au lieu de celui de *Vertot.*

— Grandeur de la cour de Rome, 21624. — Ambassades de Noailles, 24116. — Etablissement des Bretons, 24435.

VERTU du catholicon d'Espagne. Voyez SATYRE ménippée.

VERTU (la) des eaues et des herbes. Et aussi plusieurs bons remedes contre plusieurs grãdes maladies. — *Imprime a Lyon en la grant rue du Puys pelu a limaige sainct Pierre p̃ Pierre Mareschal et Bernabe Chausart* (sans date), in-4. goth. de 12 ff., sign. a—ciij.

Édition de la fin du XVe siècle ou du commencement du XVIe. 15 fr. Coste.

— LES VERTUS des eaues et herbes, auec le regime contre la pestilence, faict et compose par Messieurs les medecins de la cite de Basle en Alemaigne. (*sans lieu ni date,* vers 1530), pet. in-4. goth. [7076]

Livret de 16 ff., dont 4 pour le Régime de pestilence qui a un frontispice particulier : 17 fr. de Nugent.

— LES VERTUS des eaues et des herbes, auec le regime contre la pestilence. Ensemble la cure de medecine contre la pierre et gravelle; fait et compose par messieurs les medecins de la cite de Basle en Almaigne. — *Cy finissent les vertus des eaues... Imprimez nouuellement a Paris, et se vendent en la rue Neufue Nostre-Dame, a l'enseigne Saint-Nicolas* (sans date), pet. in-4. goth. de 24 ff. non chiffr. à longues lignes.

— AUTRE édition. *On les vend a Paris, chez Alain Lotrian* (sans date), in-4. goth. 31 fr. de Jussieu.

— AUTRE édition (*sans lieu ni date*), in-4. goth. de 12 ff., sign. ay—ccy. Imprimée avec les mêmes caractères que le *Régime contre la pestilence,* édition de Lyon, par *Claude Noury* (voy. RÉGIME).

VERTUE (*George*). Catalogue and description of king Charles the first's capital collection of pictures, limnings, statues, bronzes, etc. *London,* 1757, in-4. [9424]

CATALOGUE of the collection of pictures, etc., belonging to king James II, to which is added a catalogue of the pictures and drawings in the closet of the queen Caroline. *London,* 1758, in-4. CATALOGUE of the curious collection of pictures of George Villiers duke of Buckingham. *London,* 1758, in-4.

Ces trois catalogues, rédigés d'après les notes de Vertue, et avec des avertissements par Horace Walpole, se vendent ensemble environ 3 liv. en Angleterre.

— Description of the works of that ingenious delineator and engraver Wenceslasus Hollar; the second edition, with additions. *London,* 1759, pet. in-4., avec une fig. [9543]

Ouvrage recherché, mais difficile à trouver : 18 à 24 fr. — La première édition, *London,* 1745, in-4., est moins chère.

— Medals, coins, great seals, impressions from the elaborate works of Thomas Simon, engraved by G. Vertue. *Lond.,* 1753, in-4. de 5 ff. prélimin., 68 pp. et 38 pl. [27079]

Cet ouvrage curieux a été publié de nouveau à *Londres,* 1780, in-4., avec un texte par R. Gough. La première édition se vend environ 2 liv. (34 fr. 50 c. De Bure), et la seconde un peu plus cher. Cette dernière, 36 fr. Millin.

Les deux opuscules de Vertue : *On Holbein and Gerard's pictures,* 1740, in-4., sont rares.

— Anecdotes of painting. Voy. WALPOLE.

VERTUS de la Messe. Sensuyuent les vertus, proprietés, merites et bienfaits que peuuent acquerir tous bons chrestiens et chrestiennes, en oyant devottement la Messe, et le grand proffit qui vient, tant aux trepasses qu'aux viuans. *(sans lieu ni date)*, in-4. goth. [13614]

Ouvrage en vers, porté dans le catal. de La Valliere, par Nyon, IV, n° 14217.

VERULANUS *(Sulpicius)*. Voy. SULPI-
CIUS. — Voy. aussi BACON *(Fr.)*.

VERVILLE. Voyez BEROALDE.

VESALIUS *(Andreas)*. De humani corporis fabrica libri septem. *Basileæ, ex
officina Ioannis Oporini*, 1543, in-fol.,
avec fig. sur bois. [6676]

Très-belle édition de cet ouvrage célèbre ; elle est ornée de bonnes gravures sur bois faites sur les dessins de Jean de Calcar, élève du Titien et qui ont
paru pour la première fois à Venise, chez l'imprimeur B. Vitali, en 1538, et ann. suiv., et probablement en même temps que le livre ayant pour titre :

INSTITUTIONUM *anatomicarum secundum Galeni
sententiam ad candidatos medicinæ libri quatuor
per Joannem Guenterium audemarcum medi-
cum ; ab Andrea Vesalio bruxellensi auctiores et
emendatiores redditi ; Venetiis in officina B. Bernardini*, 1538.

Un exemplaire de l'édition de 1543, imprimé sur
VÉLIN, doit se trouver dans la bibliothèque de l'Université de Louvain. Un autre, également sur VÉLIN,
s'est vendu 8 liv. 12 sh. 6 d. à l'inventaire du
D' Mead, en 1755. — L'édition de *Bâle*, 1555, gr.
in-fol., contient quelques augmentations dans le
texte, mais quant aux figures elles sont les mêmes
que celles de la première, bien qu'on ait quelquefois dit le contraire.

L'ouvrage imprimé chez Simon de Colines, en 1545,
sous le nom de Charles Estienne, et ayant pour
titre : *De dissectione partium corporis humani
libri tres*, est tout différent de celui de Vesale, les
planches en bois qui en font partie ont été faites
sur d'autres dessins et dans l'édition de 1545 il s'en
trouve même sous les dates de 1530, 1531, 1532 et
1533, lesquelles ont été conservées dans la traduction française, de 1546, ainsi que dans l'édition de
Kerver, 1575. D'ailleurs, en publiant la sienne,
Charles Estienne nous apprend lui-même, *qu'elle
était parachevée dès l'an* 1539, mais qu'il avait
été contraint d'en différer la publication à cause
d'un procès qui survint. Voir à ce sujet l'*Essai sur
l'histoire de la gravure sur bois*, par M. Ambroise
Firmin Didot, col. 91 et suiv., où se trouvent des
détails curieux sur Oporin et sur l'œuvre de Vesale.

— VESALII Opera omnia anatomica et chirurgica, cura
H. Boerhaave et B.-S. Albini. *Lugd.-Batavorum,*
du Vivié, 1725, 2 vol. in-fol. fig.

Quoiqu'elle soit fort belle et qu'elle ait été revue par
des hommes du premier mérite, cette édition se
donne à bas prix, *parce que* l'ouvrage de Vesale ne
conserve guère d'intérêt que pour l'histoire de
l'anatomie.

— ANATOMES totius ære insculpta delineatio, cui addita est epitome innumeris mendis repurgata, quam
de corporis humani conscripsit clariss. And. Vesalius : eique accessit partium corporis... brevis elucidatio, per Jacobum Grevinum... *Lutet.-Paris.,
Andr. Wechelus*, 1569, in-fol.

— LES PORTRAICTS anatomiques de toutes les parties
du corps humain, gravées en taille-douce par ordre
de Henri VIII, roy d'Angleterre, avec l'abrégé d'An-

dré Vesal, traduit du latin, et l'explication des fig.
par Jacq. Grévin. *Paris, André Wechel*, 1569,
gr. in-fol.

Ce volume, peu commun, est plus recherché que le
texte latin ci-dessus ; il a été vend. 50 fr. de Jussieu.

Les planches gravées par ordre de Henri VIII sont
très-probablement celles de Thomas Gemini, dont
nous avons parlé à l'article GEMINI.

L'*Epitome* de Vesale a d'abord été imprimé à Bâle,
in-fol., à peu près en même temps que l'édition de
son grand ouvrage, sortie des presses d'Oporin, dans
la même ville. Il y en a deux éditions d'*Anvers, chez
Chr. Plantin*, 1566 et 1572, in-fol. fig. sous le titre
de : *Vivæ imagines partium corporis humani
æreis formis expressæ*, et une traduction flamande
imprimée à Anvers, par Plantin, 1568, in-fol. avec
les mêmes planches.

N'oublions pas de citer ici :

*Études sur André Vesale, précédées d'une notice
historique sur sa vie et ses écrits*, par *Ad. Bur-
graeve*, Gand, 1841, gr. in-8. L'auteur de ces *Études* l'est aussi d'un *Précis de l'histoire de l'anatomie*, imprimé à Gand, en 1840, gr. in-8.

VESCONTE, Vesconti, ou Visconti et Vi-
cecome. De Paulo e Daria amanti. (au
verso de l'antépénultième feuillet) : *Impresso per magistro Philippo Mantegatio dicto el Cassano in la excelētis-
sime Citade* (sic) *de Milano nel anno
M cccc lxxxxv a di primo de Aprile*,
in-4. de 111 ff. (ou même 112) non chiffrés, à longues lignes et en lettres rondes, sign. a—o. [14700]

Poëme en huit livres et en octaves : l'auteur, *Gasparo
Vesconte*, y est nommé au second feuillet, à la tête
d'une dédicace adressée à *Lud. Maria Sfortia.*
Après le titre, imprimé en capitales, se trouve un
avis intitulé : *Prete Iohanne Stephano Vicomer-
cāto canonico di Pauie a i lectori*, dans lequel
l'éditeur dit qu'il a fait tirer ce livre à 1000 exempl.
Les deux derniers feuillets renferment plusieurs
pièces de vers latins relatives à l'ouvrage. Cette
belle édition a été vend. 30 fr. La Valliere ; 42 fr.
en janvier 1829 ; 1 liv. 11 sh. Heber ; 12 fr. Reina ;
en *mar. r.* 70 fr. Eug. P. en 1862.

— Rithimi *(sic)* del magnifico Mesere
Gaspar Visconte... *Milano*, 1493, in-4.
sign. A—I, par 8, et K par 4. [14474]

Volume rare, à la fin duquel se lit la souscription suivante : .... *Franciscus Tantius Corniger poeta
mediolanensis hos rithmos...... Casparis Vicco-
mitis lingua vernacula compositos quamquam
invito Domino, in Mille exemplaria imprimi
jussit. Mediolani anno...M. cccc. lxxxxiii. Quarto
Calendas Martias.*

VESPASIANO. Estoria de muy nobre
Vespasiano emperador de Roma. *Lix-
boa, per Valentino de Moravia*, 20
abril 1496, pet. in-4. goth. de 44 ff.,
avec fig. sur bois. [22740]

Ce petit volume contient une légende de sainte Véro-
nique. Le seul exemplaire connu, et qui se conserve
dans la Biblioth. royale de Lisbonne, n'a que 41 ff.,
parce qu'il y manque le titre et les trois premiers
feuillets (Ebert, 23540).

Une autre édition de la même histoire est décrite
dans la *Biblioth. grenvil.*, p. 764, sous le titre suivant :

A QUI COMIENCA la ystoria del noble Vespesiano
emperador de Roma, como ensalço la fe de Jesu
Xpo por que lo sano de la lepra que le tenia y del
destruymiento de Jherusalem et de la muerte de

Vérusmor *(Alex.-Gehin* de). Histoire de Cherbourg,
24391.

Pilatos. — *Este libro fue empremido en... Sevilla por pedro brun savoyano, anno del señor de mill cccc. xc. viii. a xxv. dias de Agosto*, in-4. de 34 ff., avec fig. sur bois. Exemplaire sans titre, et dont le cahier A n'a que 6 ff. — Voy. DESTRUCTION de Jérusalem.

VESPASIANO. Vno novo modo d' insegnar a scrivere et formar lettere di più sorte che da altri non prima d'hora usate : novamente da frate Vespasiano, minoritano conventuale trovato, e da lui pur hora dato in luce. *Vinegia*, 1548, in-4. [9049]

Recueil de 85 modèles d'alphabets historiés et d'ornements gothiques, gravés sur bois. 31 fr. *mar. r.* Goddé.

—Opere di frate Vespasiano, Amphiareo di Ferrara, nel quale si insegna a scrivere varie sorti di lettere, et massime una bastarda da lui novamente ritrovata... poi insegna a far l' inchiostro... *Vinegia, G. Giolito*, 1554, in-4. obl., fig. sur bois.

C'est probablement une nouvelle édition du livre ci-dessus. Il en existe d'autres, savoir :

OPERA di frate Vespasiano Amphiareo da Ferrara nella quale si insegna a scrivere.... poi insegna a far l'inchiostro, ancora a macinar l'oro et scrivere con esso, parimente a scrivere con l'azuro e col cenapio. *Venetia*, 1565, in-4. obl.

12 sh. Libri, en 1859.

— AUTRE édition, *in Venetia*, 1572, in-4. obl. 25 fr. Riva.

— IL PERFETTO modo d' imparare a scrivere tutte le lettere cancellaresche corsive, et moderne, che serve ad ogni conditione di persone. Col modo delle soprascrittioni di lettere missive ad ogni grado di gente. *Vinetia*, 1620, in-4., contenant 81 modèles d'alphabets et ornements.

Modèles d'alphabets historiés et d'ornements gothiques : 12 fr. 50 c. Reina; sous la date de 1555, seulement 8 sh. Libri.

VESPUCCI. Vita e lettere di Americo Vespucci, raccolte ed illustrate da Ang.-Mar. Bandini. *Fiorenze*, 1745, in-4. 6 à 9 fr. [20946]

Ce livre a perdu de son importance depuis la publication de l'ouvrage suivant, qui est plus complet :

VIAGGI d'Americo Vespucci, con la vita, l'elogio e la dissertazione giustificativa di questo celebre navigatore, dal Padre Stanislao Canovai. *Firenze, Gio. Pagani*, 1817, in-8. 6 fr. [20947]

Ce bon recueil renferme les lettres de Vespucci, que nous indiquons ci-dessous, afin d'en donner une idée aux personnes qui rencontreraient par hasard quelques parties des éditions originales devenues fort rares.

Lettera di Amerigo Vespucci a Piero Soderini : Viaggio primo. Lettera Iª di Amerigo Vespucci a Lorenzo di Pier Francesco de' Medici. Viaggio secundo, seguito della lettera a Piero Soderini (Viaggio secundo). Lettera IIª di Amerigo Vespucci a Lor. di Pier Francesco de' Medici. Viaggio terzo, seguito della lettera a Piero Soderini (Viaggio terzo) ; fine della lettera a Piero Soderini. Viaggio quarto.

L'éloge, composé par le P. Canovai, avait déjà paru séparément à Florence, en 1788, in-4.

—Voyez NAPIONE.

— Lettera di Amerigo Vespucci delle isole nuouamente trouate in quattro suoi viaggi. (*senz' anno, ecc.*), très-pet. in-4. de 16 ff., avec fig. sur bois.

Cette pièce est excessivement rare, mais nous sommes loin de croire qu'elle n'ait été tirée qu'à 10 exemplaires pour les 10 souverains de l'Europe, comme le dit Gabr. Peignot, dans son *Répertoire*, p. 139. La dernière des lettres de Vespuce qui composent ce petit volume, est datée du 4 septembre 1504. L'exemplaire vendu 10 liv. Heber contenait une lettre d'André Corsali, lieutenant de Vespucio, adressée à Jules de Médicis, en date de 1516, et imprimée : *Firenze, per Jo. Stephano di Carli da Pavia*, en 1516, in-4. (voyez CORSALI). C'est là probablement ce qui donnait 22 ff. au volume, qui sans cela n'en eût eu que 16.

Une édition in-4. de ces quatre lettres en italien, sous le même titre que ci-dessus, est décrite dans la *Biblioth. grenvil.*, p. 764. L'exemplaire a des signat. de *a* et *b* par 6, et *c* par 4. Le texte finit au verso du dernier f. du cahier. Il y a cinq vignettes grav. sur bois.

Les quatre relations de Vespuce, trad. en latin d'après une version française que nous ne connaissons pas, ont été impr. à Saint-Dié, en 1507, à la suite d'un opuscule intitulé *Cosmographia* (voy. ce mot).

— Mundus novus. ‖ Albericus Vespvcivs Laurentio ‖ Petri de medicis salutem plurim‖am dicit. (*absque nota*), in-4. goth. de 4 ff. à 42 lignes par page pleine.

Édition imprimée sans lieu ni date, mais que l'on suppose être de l'an 1502. Le frontispice ne porte que les deux premiers mots du titre ci-dessus; le surplus se lit au verso de ce premier f. Le verso du dernier finit ainsi : *Ex italica in latinam linguam iocundus interpres hanc epistolam vertit ut latini omnes intelligant quam multa miranda in dies reperiantur et eorum comprimatur audacia qui celum et maiestatem scrutari : et plus sapere quam liceat sapere volunt : quando a tanto tempore quo mundus cepit ignota sit vastitas terre et quod continentur in ea.* Ce passage remarquable est imprimé au recto du 4e f., dans une autre édit. in-4. de la même pièce, également sans lieu d'impression ni date, mais en plus petits caractères. Une de ces deux éditions a été vend. 5 liv. 5 sh. Hanrott et Hibbert. On croit que le *Jocundus interpres* dont il a été question ci-dessus, est *Giov. Giocondi*. Trois éditions anciennes de la même lettre, in-4. goth. sont décrites dans le *Serapeum*, n° du 1er janvier 1861. La première a 42 lignes par page, comme ci-dessus ; la seconde porte seulement 40 lign. par page, et la troisième en a 45.

— Albericus Vespucius Laurentio Petri Francisci de medicis salutem plurimam dicit. (*Parisiis*), *Jehan Lambert* (circa annum 1502), in-4. de 6 ff., lettres rondes.

Relation du voyage de 1501. L'édition est peut-être antérieure aux deux précédentes. Sur le titre, les noms sont une marque représentant deux singes au bas d'un arbre auquel pend un écu portant le mot *Felix*, la même qui a été employée par Félix Baligault.

— Mundus novus. *Magister Johannes Otmar Vindelic. impressit Auguste anno millesimo quingentesimo quarto* (1504), in-4. goth.

Pièce de 4 ff., vend. 32 fr. Rætzel; 45 fr. Bearzi; 200 fr. rel. en *mar. v.* par Trautz (catalogue de M. de La Carelle).

On y retrouve à la fin le passage ci-dessus, cité à l'occasion de l'édition sans date.

—Mundus novus. De natura et moribus et ceteris id generis gentisque in novo mundo, etc. (Epistola ad Laurentium Petri de Medicis). (*absque loci et anni indicatione*), pet. in-8. de 8 ff.

Édition fort rare, dont le titre porte la devise de Gilles de Gourmont, imprimeur, et les seuls mots : *Mundus novus*; elle doit être de l'année 1504 à peu près. Un exemplaire en *mar. citr.* 32 liv. 10 sh. Libri, en 1859.

Deux autres éditions du *Mundus novus*, sans lieu ni date, sont décrites dans la *Biblioth. grenvil.*, p. 766 : 1° in-16 de 8 ff. On lit au verso du titre : *Mundus novus de natura et moribus et ceteris id generis gentis que in novo mundo opera et impensis serenissimi Portugaliæ regis super idibus annis invento.* — 2° in-4. de 6 ff. Dans cette dernière, le verso du titre est blanc; le texte commence sur le recto du 2ᵉ feuillet, signat. aij, par les mots *Superioribus...* en caractères romains. Au bas du verso du f. a5 se voit un triangle; le texte finit au recto du f. a 6, dont le verso est blanc.

— Mundus novus. De natura et moribus ceteris id g̃nis g̃et.que ĩ novo mũdo opera et impensis... Albericus vesputius Laurẽtio petri de medicis salutẽ plurimã dicit. (au recto du 4ᵉ feuillet) : Ex Italica ut latini omnes intelligantq̃. multa mirãda indies repĩantur. et cõt comprimatur audacia. qui Celum et maiestatem scrutari et plus sapere volunt q̃ n. tanto tp̃e quod mundus cepit ignota sit vastitas terre. et que contineantur in eo. Laus deo, in-4. goth. de 4 ff. sans chiffres ni récl., 44 lignes sur les pages pleines.

La marque de Guillaume Vorsterman, qui est au verso du dernier f. de cet opuscule fort rare, indique qu'il a été impr. à Anvers. Ce doit avoir été vers 1504 (Catal. de M. Jos. Paelinck, *Bruxelles*, 1860).

— De ora antartica per regem Portugalliæ pridem inventa (ab Alberico Vesputio). —*Impressum Argentine per Matthiam Hupfuff. M. vᶜ v* (1505), pet. in-4. de 6 ff.

Au titre de cet opuscule se voit une vignette sur bois, divisée en deux compartiments, dont le premier représente quatre sauvages nus, et le second l'arrivée de la flotte. La souscription est au recto du dernier feuillet. On trouve dans cette édition une dédicace à Jac. Brunus, et quelques vers latins de Ringmann Philesius, qui ne sont pas dans celle de 1504. Vend. 1 liv. 19 sh. Heber; 42 fr. Heber, à Paris; 68 fr. en 1841; 95 fr. en 1859; 102 fr. Perret, en 1860.

— Von den neüwen Insulẽ und landen so yttz kürtzlichen erfunden synt durch den künig von Portugall. *Gedruckt zu Strassburg in dem funfftzẽ hundersten und sechss jar* (1506), pet. in-4.

Le titre de cette traduction allemande porte la même vignette sur bois que l'édition latine de 1505 cidessus; l'opuscule ayant aussi été impr. à Strasbourg, doit l'avoir été également par Matth. Hupfuff. — Une autre édition, sans lieu ni date, mais faite vers l'année 1505, in-4. de 7 ff., annoncée dans le catalogue de R. Heber, 2ᵉ partie, *Paris*, 1836, n° 884, porte le titre suivant : *Von der neüw*

gefunden Region die wol ain welt genent mag werden, Durch den Cristenlichen künig von portugall wunderbarlich erfunden. On lit au verso du 7ᵉ f. que cette lettre a été traduite du latin, d'après un exemplaire venu de Paris, en 1505 (*Aus latein ist diss missiue in Teutsch gezogen aus dem exemplar das von Pariss kam in mayen monet nach Christi geburt xv hundert vnd funff jar*) ; ce qui semble indiquer une édition faite dans cette dernière ville avant celle de Strasbourg.

Une autre édition, in-4. goth. qui n'a que 6 ff. et qui porte cette souscription : *Gedruckt yn Nürnberg* ‖ *durch Wolffgang* ‖ *Huerber*, est décrite dans le numéro du *Serapeum* que nous venons de citer.

— Von den newen Insulen vnd Landen so yttz kürtzlichen erfundenn seynd durch den künigk Portugal. — *Gedruckt zu Leypsick durch Baccalarium Martinum Landessbergk*, 1506, in-4. de 6 ff., avec la marque de l'imprimeur gravée en bois sur le titre.

Vend. 1 liv. 16 sh. Heber.

Enfin une 5ᵉ édition de cette même traduction, 1508, in-4., porte cette souscription : *Gedruckt zu Strassburg in dem funfftzen hunderten und acht jar* (1508), et présente la même vignette que l'édition de 1506.

N'oublions pas de citer ici l'ouvrage suivant :

RECHERCHES historiques, critiques et bibliographiques sur Améric Vespuce et ses voyages, par M. le vicomte de Santarem. *Paris, Arthus Bertrand*, 1842, in-8.

L'opinion de l'auteur n'est pas plus favorable à Vespuce que celles de MM. de Humboldt et de Navarrette.

Recueils dont les titres indiquent les relations de Vespucci.

— Paesi nouamente retrouati Et nouo mondo da Alberico Veputio (*sic*) florentino intitulato. (in fine) : *Stampato in Vicentia cũ la impensa de Mg̃ro* | *Henrico Vicentino : & diligente cura & indu* | *stria de Zãmaria suo fiol nel M. ccccvii. a* | *di iii. de Nouembre. cum gratia &* | *priuilegio....* pet. in-4. de 6 et 120 ff. non chiffr. à 28 lignes par page, avec signat., lettres rondes. Le dernier f. est blanc. [19806]

Édition originale du plus ancien recueil de voyages qui ait été publié. Elle est fort rare, et la plupart des bibliographes qui en ont parlé l'ont fait, ou sans l'avoir vue, ou sans avoir pu en déchiffrer le titre, ou bien enfin d'après des exemplaires incomplets. Voilà pourquoi ce livre est annoncé tantôt sous le nom de Ca da mosto, tantôt sous le titre de *Il Mondo nuovo. Libro de la prima nauigazione per Oceano a le terre de Nigri, etc.* (Catalogue d'Hibbert, n° 1631), tantôt sous celui de *Viaggi di diversi, ne' quali si contengono la nauigazione di Luigi Cadamosto alla bassa Etiopia ed altre cose* (Biblioth. pinell., IV, 691); ce qui est effectivement un titre factice, comme le sont une bonne partie de ceux de ce catalogue, curieux à la vérité, mais que l'on ne peut pas citer avec éloge sous le rapport de l'exactitude des titres.

Vend. 14 liv. 4 sh. 6 d. Sykes; 10 liv. 15 sh. Hibbert; 6 liv. Hanrott; 5 liv. 5 sh. Heber; 150 fr. Librairie De Bure (5ᵉ catalogue), et avec le titre et deux feuillets de la table refaits à la plume, 600 fr. Riva.

Les pièces préliminaires contiennent : 1° un frontispice gravé sur bois. Au-dessus de cette planche se lisent les mots *cum privilegio*, et dans l'intérieur les mots qui forment le titre ci-dessus, disposés en légende et dans un ordre rétrograde, le tout en caractères gothiques et tiré en rouge. Au milieu se voit un globe surmonté d'une croix. 2° *Tabula cōmunis* (des clxii chapitres), occupant 9 pp. — 3° Au verso du 6° f. une épître intitulée : *Montalboddo Fracān. al suo amicissimo Ioāni maria Anzolello Vicentino.*

A en juger par cette épître, Montalboddo Francanzano a dû être l'éditeur de ce recueil curieux, lequel, selon le comte Baldelli, cité par M. de Humboldt, dans son *Examen critique de l'histoire de la géographie du nouveau continent* (IV, p. 80, édit. in-8.), aurait été compilé par *Alexandro Zorzi*, habile cosmographe qui possédait une carte des découvertes de Christophe Colomb, tracée en 1505 par Barthélemy Colomb. C'est le diplomate Angelo Trevigiano qui a fourni les matériaux pour la partie de ce recueil relative aux découvertes américaines. Le texte, partagé en six livres et en cxlij chapitres, commence avec le 7° f. signé *a*. Le premier livre est précédé de ce sommaire : *Incomenza el libro de la prima nauigatione per loceano a le terre de Nigri de la Bassa Ethiopia per comandamento del illust. signor Infante Don Hurich fratello de Don Dourth Re de Portogallo.* C'est dans ce livre que parut pour la première fois la relation de la navigation de Louis *Ca da Mosto*, commencée en 1454 (et non en 1504, comme on le lit dans plusieurs éditions de notre recueil). Voici les titres que portent les autres livres : *Libro secundo de la nauigatione de Lisbona a Callichut de lengua portogallese in taliana. — Libro terzo de la nauigazione de Lisbona a Calichut* (sic) *de lengua portogallese in taliana. — In comenza la nauigatione de Re de Castiglia dele Isole & l'aesi nouamente retrouati. Libro quarto* (Navigation de Colomb). — *El Nuovo Mundo de lengue spagnole interpretato in idioma Ro. Libro quinto* (Lettera d'Alberico Vesputio). — *Libro sexto de le cose de Calichut cōforme a la nauigatiōe de Pedro Aliarles nel. ii & iii libro...*

Au verso du dernier f., au-dessous de la souscription rapportée ci-dessus, se trouve le registre des cahiers où l'on a oublié le cahier &, qui devait être placé entre Z. et ɔ. Ce registre est accompagné de la marque de l'imprimeur ; il doit probablement se trouver ensuite un 120° f. tout blanc. Cette description est celle de l'exemplaire qu'a bien voulu nous communiquer M. Ternaux; elle s'accorde assez bien avec la *Bibliotheca grenvil.*, p. 764, où l'on donne 126 ff. à ce vol., et où l'on fait observer que le registre a omis le cahier D, qui est le dernier. Nous plaçons ici cet article, parce que le nom d'Albéric Vesputio est le seul qui se lise sur le titre du recueil.

— Páesi nuovamènte retrovati... (in fine) : *Stampato in Milano, con la impensa de Io. Iacobo & fratelli da Lignano : & diligente cura & industria de Ioanne Angelo Sinzenzeler : nel M. cccccviii. a. di. xvii. de Nouembre* (registro + *a* jusqu'à *u*), pet. in-4. de IV et 80 ff. non chiffrés, à 40 lignes par page, lettres rondes (le dernier f. est tout blanc).

Autre édition rare, faite sur celle de Vicence. Un exemplaire rel. en *mar. noir, dent.,* a été vendu 389 fr. chez Ch. Nodier, en 1844. Un autre exemplaire, dans lequel manquaient les 4 ff. préliminaires, est porté à 1 liv. 11 sh. 6 d. dans le catalogue Hanrott, où l'on l'annonce comme seconde édition et comme réimpression fidèle de l'original, impr. à Vicence, en 1507. A l'occasion de cette édition de 1507, il est dit dans le même catalogue, Ire partie, n° 1042 : « Son mérite intrinsèque est grand, parce qu'à l'exception de celle de Milan, 1508, toutes les autres éditions et traductions ont éprouvé, dans plusieurs endroits du texte, des altérations sensibles, et pour des causes particulières. »

C'est par erreur qu'une édition des *Paesi novamente ritrovati,* de Milan, 1507, in-4., est citée par Dibdin, *Companion,* p. 367, comme se trouvant dans le cabinet si précieux de M. Grenville.

—Paesi novamente retrovati et mondo novo da Alberico Vesputio Fiorentino intitulato. *Stampato in Vicentia cum la impensa de magistro Henrico Vicentino et diligente cura et industria de Zamaria suo fiol nel* MCCCCCVIII, pet. in-4.

Ce titre est dans le catalogue de MM. Payne et Foss, de Londres, pour 1830, n° 3359. C'est le même sous lequel ce recueil a toujours été publié depuis 1507. Cependant M. Ternaux le donne un peu différemment (voy. le n° 11 de sa *Bibliothèque américaine*).

— Paesi nouamēte retrouati. ɔ Nouo Mondo da Alberico Vesputio fiorentino intitulato. (au verso du dernier f.) : *Stampato in Milano con la impēsa de Io. Iacobo & fratelli da Lignano & diligente cura & industria de Ioanne Angelo de scinzēzeler, nel M.* cccc XII. *adi xxyii de Mazo,* in-4. de 76 ff. non chiffrés, sign. A et *a—s* par 4.

Le titre en lettres goth. avec une vignette sur bois, texte en lettres rondes, à 41 lign. par page. 505 fr. Riva.

— Paesi nouamente ritrouati per | la nauigatione di Spagna in Calicut. Et da Alber | tutio Vesputio Fiorentino intitulato Mon | do Nouo : Nouamente Impressa. (à la fin) : *Stampata in Venetia per Zorzi de Rusconi milla | nese. Nel M.* cccc. *xyii. adi. xyiii. Agosto,* pet. in-8. à 2 col., 124 feuillets non chiffrés, sign. a—qiiii, tous les cahiers par 8, excepté a qui est par 4; lettres rondes.

Édition fort rare. Vendue en *mar. bl.* 500 fr. Riva ; et un exemplaire dans lequel manquait le 1er f. de la signature q, 2 liv. 6 sh. Libri, en 1859.

— Paesi nouamente retrouati & nouo mōdo da Alberico Vesputio Florētino intitolato. (au verso du dernier f.) : *Stampato in Milano con la impensa de Io. Iacobo & fratelli da Lignano : & diligente cura & industria de Ioanne Angelo Scinzenzeler : nel M.cccc xix. a di v. de Mazo,* pet. in-4. de 83 ff. en lettres rondes.

Il y a au commencement de ce volume 4 ff. prélim., contenant : 1° le titre ci-dessus, avec une fig. sur bois ; 2° la table des chapitres ; 3° *Montalboddo Francan. al suo amicissimo ivannemaria Anzolello Vicentino S.* Le texte commence au 5° f. Le vol. porté dans le catalogue de Floncel, n° 5427, sous le titre de *Prima navigatione.....* Milano, 1519, est tout simplement un exemplaire de la présente édition, où il manquait les quatre ff. prélim. Vend. 12 fr. Floncel ; 12 fr. La Vallière ; 3 liv. 7 sh. Heber.

—Paesi novamente ritrovati per la navigatione di Spagna in Calicut et da Albertutio Vesputio Fiorentino intitulato Mondo Novo, nouamente impresso. *Ve-*

netia, per *Zorzo de Rusconi milanese*, M. D. XXI. *a di xy Febraro*, pet. in-8. à 2 col., avec des sign. de *a—q*.

Simple réimpression de l'édit. de 1517 décrite ci-dessus. 100 fr. Langlès ; 1 liv. 13 sh. *mar. bl.* Hanrott ; 2 liv. 17 sh. Libri, en 1859. On y trouve aussi 4 ff. préliminaires, qui renferment le titre, la table, et l'épître de *Montalboddo Franc.*, éditeur de ce recueil. Ce nom de *Montalboddo Fracân.* ou *Franc. (anzano)* se lit certainement dans toutes les éditions de ce recueil. Nous voyons même que c'est celui sous lequel est placée l'édition de 1507, dans la *Biblioth. pinell.*, qui passe pour être l'ouvrage de l'abbé Morelli. Cependant ce savant bibliothécaire, dans ses notes sur la lettre de Colomb (voy. ce nom), qu'il a fait imprimer à Bassano, en 1810, dit que le recueil de voyages (*Mondo novo*), imprimé à Vicence, en 1507, a été donné par les soins d'un certain *Fracanzio*, natif de *Monte Alboddo*, dans la marche d'Ancône, et reprend à ce sujet ceux qui, d'après la mauvaise leçon de l'épître citée, ont attribué ce livre à un prétendu *Montalboddo Francanzano*. C'est aussi ce que répète Zurla, *Di Marco Polo*, vol. II, p. 108.

Pour une traduction latine de ce recueil, par Madrigano, voyez ITINERARIUM PORTUGALLENSIUM, et aussi NOVUS orbis.

— Sensuyt le nouveau Monde, et navigations faites par Emeric de Vespuce florentin, des pays et isles nouvellement trouvez, auparavant a nous inconnuz, translate dytalien en langue francoyse par Mathurin du Redouer. — *On les vent a Paris en la rue neuue nostre dame, a lenseigne de lescu de France (chez Jean Trepperel ou sa veuve)*, in-4. goth. de 4 ff. prélim. et xc ff. chiffrés. [19808]

Cette édition est peut-être la plus ancienne que l'on ait de la traduction française du recueil ci-dessus. 250 fr. *mar. r.* De Bure.

— Le nouueau monde et nauigations faictes p Emeric de Vespuce florêtin, Des pays et isles nouuellemêt trouuez, auparavât a nous incongneuz Tant en lethiope q̃ arabie Calichut ʒ aultres plusieurs regions estranges, Translate de italien en Lãgue francoyse par Mathurin du redouer licencie es loix, cum priuilegio regis. Jmprime a Paris pour Galiot du pre marchant libraire demourant sur le pont nostre dame, a lenseigne de la gallee... (au verso du dernier f.) : *Cy finist le liure intitule le nouueau monde et nauigacions de Almeric de Vespue* (sic), *des nauigacions faictes par le roy de Portugal, es pays des mores et aultres regions ʒ diuers pais. Jmprime u paris, pour Galliot du pre...* pet. in-4. goth. de 6 ff. prélim. et cxxxii de texte.

Le privilége, qui se trouve après le titre, est daté du 10 janvier 1516. Vend. 9 fr. La Valliere ; 31 fr. en mars 1829 ; 70 fr. en février 1830 ; 5 liv. 18 sh. Heber ; 261 fr. d'Essling ; 141 fr. Eyriès.

— Sensuyt le nouueau monde ʒ nauigations : faictes par Emeric de vespuce Florentin des pays ʒ isles nouuellemêt trou-

uez auparaût a no' ïcongneuz Tãt en lethiope q̃ arabie, calichut ʒ aultres plusieurs regiõs estrãges. XIX. On les vend a Paris, a lenseigne sainct iehan baptiste en la rue neufue nostre dame pres Saincte geneuiefue des ardans. Jehan iannot : (au verso du dern. f.) : *Cy finist le liure intitule le nouueau mõde ʒ nauigaciõs de Almeric de vespue... Imprime nouuellement a Paris par Jehan Janot*, pet. in-4. goth. de 4 ff. prélim. et LXXXviij ff. chiffrés.

Cette édition est, comme on voit, fort différente de la précédente. Celle-ci ne porte ni privilége, ni date, en sorte qu'il est difficile de savoir si elle a précédé ou suivi celle de Galliot du Pré ; cependant Jean Janot ne vivait plus en 1522.

— Sensuyt le nouueau mõde et nauigations faictes par Emeric de Vespuce... translate de ytaliẽ en langue francoyse par mathurin du redouer licencie es loys. XX. (au recto du dern. f.) : *Cy finist le liure intitule le nouueau mõde... Jmprime nouuellement a Paris par Phelippe le Noir*, in-4. goth. de IV et lxxxviii ff. chiffrés, sign. a—v.

Voici encore une édition rare de cet ouvrage curieux ; on n'y trouve point non plus de privilége, mais d'après le nom du libraire, elle ne peut être antérieure à l'année 1521.

Autre édition in-4. goth. de IV et lxxxiij ff., dont le titre porte : *Paris, on les vend en la rue Neufue Nostredame a lenseigne sainct Jehan Baptiste, par Denis Janot.* Vend. en m. *olive*, 87 fr. Saint-Mauris, en 1840, et en v. *br. tr. d.* 270 fr. en 1841 ; et en *mar. br.* 299 fr. Nodier, en 1844.

— Newe vnbekanthe landte und ein newe weldte in kurtz verganger zeythe erfunden. (à la fin) : *Also hat ein endte diese Büchlein... in die dewtschen sprach gebrachte... durch... Jobsten Ruchamer... Nureinbergk Georgen Stüchssen.* M. cccc. viij, pet. in-fol. de 64 ff. non chiff. à 2 col., avec des signat. de *a—l*, et de plus, à la fin, 4 ff. pour la table des chapitres.

Cet ouvrage, qu'il ne faut pas confondre avec le recueil de Sim. Grynæus, est une traduction du recueil italien précédent (édition de 1507), dont il reproduit le frontispice, mais gravé en plus grande dimension. Ebert, en suivant sa méthode, l'a placé au mot LANDE, sous lequel, chez nous, on ne songera guère à l'aller chercher. Vendu 1 liv. 13 sh. Heber ; 12 fr. Rætzel ; 95 fr. en 1859 ; et rel. en *mar. r.* 5 liv. 10 sh. Catal. Libri, 1862, n° 31, où il est dit que c'est la première collection de voyages qui ait été publiée en allemand, et qu'elle contient la pièce que l'édition du texte latin de Milan (voyez notre tome III, col. 474, article ITINERARIUM) une lettre d'Emanuel, roi de Portugal, au pape Jules II, en date du 12 juin 1508.

VESTIGJ delle antichità di Roma. Voyez SADELER (*Marco*).— delle terme di Tito, etc. Voyez MIRRI.

Vestrepain (*Louis*). Las Epigos de la lengo moandino, 14384.

VETANCURT (*Augustin* de). Arte de la lengua mexicana. *Mexico*, 1673, in-4. [11975]

Vendu 2 liv. 19 sh. Heber, I, n° 7130.

— Teatro mexicano, descripcion de los sucessos del Nuevo Mundo occidental de las Indias, y chronica de la provincia del Evangelio de Mexico. *Mexico*, 1698 et 1697, in-fol. [28590]

Cet ouvrage a été vendu 41 flor. (en 4 part.) chez Meerman (vol. III, p. 93, n° 825), avec deux autres du même auteur, impr. sans lieu ni date, et ayant pour titre : 1° *Menologio franciscano de los varones mas señalados, etc.;* 2° *Trattado de la ciudad de Mexico, despues que la fundaron Españoles;* en 2 vol. 4 liv. 1 sh. Heber; et rel. en 1 vol. 31 fr. 50 c. Rætzel; 13 fr. Chaumette; 56 fr. en 1857.

VETERES de re militari Scriptores, scilicet :

FLAVII VEGETII... epitoma institutorum rei militaris, etc. — *Impressum Rome per... Eucharium Silber alias Franck. anno...* (1487 en toutes lettres) *die vero quarto Kal. Februarii,* pet. in-4. de 57 ff. à 33 lign. par page.

ÆLIANI de instituendis aciebus opus, etc... — *Impressum Romæ per... Eucharium Silber.....* (1487) *quinto decimo Kal. Martii,* pet. in-4. de 28 ff. dont le premier est blanc.

SEXTI JULII FRONTINI... strategematicon liber primus (et sequentes tres). — *Impressum Romæ, per Eucharium Silber... M. CCCC. LXXXVII, die uero prima Junii,* pet. in-4. de 48 ff., dont le premier est blanc.

MODESTI libellus de vocabulis rei militaris ad Tacitum Augustum. — *Impressum Romæ, per Eucharium Silber... anno M. CCCC. LXXXVII. Septimo Idus Iunii,* pet. in-4. de 6 ff. .

Première édition de ces quatre auteurs, qui, quoique imprimés séparément, doivent se trouver réunis en 1 vol. : elle a été donnée par Jo.-Sulpitius Verulanus, dont la dédicace occupe le verso du premier f. Vend. bel exemplaire *mar. r.* 600 fr. La Valliere; 13 liv. Libri; 4 liv. 15 sh. sans le *Modestus,* Pinelli; 1 liv. 15 sh. Heber; 28 fr. 50 c. Reina; 12 fr. Boutourlin.

L'exemplaire de La Valliere, selon la description qu'en a laissée J. Van Praet, avait un f. de moins dans le *Frontin.*

— Iidem Scriptores. *Romæ, per Eucharium Silber, anno M. cccc. xciiii.* in-4. de 104 ff. à 40 lign. par page, avec signat. [8567]

Réimpression du recueil précédent auquel est jointe la traduction lat. d'Onosander. Il y a deux souscriptions : l'une au 13e f., à la fin du Vegèce, et datée : *die XXIII octobris;* l'autre au 66e f. à la fin du *Frontin,* datée : *die tertio nouembris;* mais il ne s'en trouve pas à la fin du volume.

— Sex. Jul. Frontinus; Fl. Vegetius; Ælianus; Modestus. *Bononiæ, Plato de Benedictis,* 1496, 16 *Kal. Febr.* in-fol.

Édition donnée par Phil. Beroalde : le *Frontin* et le *Vegèce* y ont une souscription particulière datée de 1495. Vend. 80 fr. *mar. r.* La Valliere, et quelquefois beaucoup moins cher.

Plato de Benedictis a réimpr. ce recueil, en 1505, in-fol. de 86 ff., sign. A-P.

— Flavius Vegetius... de re militari. Sextus

Julius Frontinus.... de re militari. Ælianus de instituendis aciebus. Modesti libellus de vocabulis rei militaris. (*absque loco*) 1523, in-8. chiffré, titre en rouge.

Édition donnée par *Guido Bresleus, parisiensis,* qui y a joint une préface. C'est une production des presses lyonnaises qui ont imité les éditions d'Alde, et par ce motif on l'annexe à la collection aldine : 1 liv. 9 sh. Heber et 13 sh. Butler.

— Idem libri. Item picturæ bellicæ cxx passim Vegetio adjectæ. collata sunt omnia ad antiquos codices maxime Budæi. *Paris., Chr. Wechel,* 1534, in-fol. de 4 ff. prélimin. et 279 pp.

Cette édition se recommande et par le nom de son éditeur, le savant Budée, et par les gravures sur bois dont elle est ornée, gravures qui figurent aussi dans l'édition de *Paris, Chr. Wechel,* 1553, in-fol., ainsi que dans la traduction française, impr. en 1536. — Voyez ci-dessous.

— FL. VEGETII aliorumque aliquot veterum de re militari libri; accedunt Frontini stratagematibus ejusd. auctoris alia opuscula; omnia emendatius, quædam nunc primum edita a Petro Scriverio, cum commentar. God. Stewechii et Fr. Modii. *Ex officina plantiniana Raphelengii* (*Lugduni-Batavorum*), 1607, in-4. fig. 5 à 6 fr.

Cette bonne édition doit contenir 4 ff. préliminaires, 102 ff. pour le *Vegetius,* revu sur 8 manuscrits, 5 ff. d'index ; 123 et 208 pp. pour le texte de divers écrits ; 6 ff. prélim. et 347 pp. pour le commentaire de Stewechius, 24 pp. pour les *Conjectanea* du même, et enfin 16 ff. d'index.

Vend. 11 fr. mar. r. de Villoison.

— VEGETII et Frontini de re militari opera, ex recensione Petri Scriverii : accedunt alia ejusdem argumenti veterum scripta. *Lugd.-Batav., Maire,* 1633, vel 1644, pet. in-12.

Éditions assez jolies, mais qui ne renferment ni tous les textes de celle de 1607, ni les notes de Stewechius, ni celles de Modius : 3 à 4 fr.

— VETERES de re militari scriptores; I, Fl. Vegetius; II, Sex. Jul. Frontinus; III, Cl. Ælianus; IV, Modestus; V, Polybius; VI, Æneæ poliorceticus; VII, Incerti auctoris, de re militari, opusculum : accedunt G. Stewechii, Fr. Modii et P. Scriverii animadversiones. *Vesaliæ-Clivorum,* 1670, 2 tom. en 1 vol. in-8. fig. 8 à 10 fr.

— Flave Vegece du fait de guerre et fleur de cheualerie; Sexte Jules Frontin, des stratagèmes; Ælian, de l'ordre et instruction des batailles; Modeste, des vocables du fait de guerre; pareillement cxx histoires concernant le fait des guerres ioinctes a Vegece, traduicts fidellement de latin en francois, et collationnez (par le Polygraphe, humble secretaire et historien du parc d'honneur) aux liures anciens, tant a ceulx de Bude que Beroalde et Bade. *Imprime a Paris par Chr. Wechel,* 1536, in-fol. goth. de 6ff. prélim. cccxx pp. chiffrées, plus 2 ff. l'un contenant deux vignettes et l'autre la marque de Wechel.

L'auteur, nommé ici le *Polygraphe,* est, comme on sait, Nicolas Volcyre de Serouville (voy. ce nom). Cette édition de sa traduction des anciens écrivains sur l'art militaire est recherchée à cause des gravures sur bois, assez belles, dont elle est ornée. 15 fr. en 1818, et plus cher depuis.

VETERINARIÆ medicinæ libri duo, a Joanne Ruellio suessionensi olim quidem latinitate donati, nunc vero iidem sua, hoc est græca, lingua primum in lucem editi (edente Symone Grynæo). *Basileæ, apud Joan. Valderum*, 1537, in-4. de 6 ff. prélimin. et 307 pp. [7687]

Cette édition, très-rare, vaut de 20 à 25 fr. quoiqu'elle n'ait été vendue que 4 fr. 25 c. Huzard.

VETERINARIÆ medicinæ libri II, Joh. Ruellio interprete. *Parisiis, apud Simonem Colinæum*, 1530, in-fol. de 16 et 120 ff. 8 à 12 fr.

Un exemplaire en *mar. r.* 19 fr. 50 c. Huzard.

On trouve la traduction française d'une partie de ces anciens auteurs vétérinaires dans l'ouvrage de J. Jourdain, intitulé *La vraye connaissance du cheval, etc.* — Voyez RUINI.

VETERUM Brixiæ episcoporum, S. Philastrii et S. Gaudentii Opera, necnon Ruperti et venerabilis Aldemauni Opuscula; collecta jussu cardinalis Claudii Quirini. *Brixiæ*, 1738, in-fol. [1071]

Vend. 18 fr. Soubise; 13 fr. 50 c. Reina.

— Voyez GAUDENTIUS.

VETERUM comicorum Sententiæ. Voyez MENANDRI fragmenta.

VETERUM et clarorum medicorum (XXI) græcorum varia opuscula; primo nunc impensis fratrum Zosimadarum..... ex Oribasii codice moscuensi, græce edidit, interpretationem latinam J.-B. Rasarii, item suas animadvers. et indicem vocabulorum adjecit Christ.-Fried. de Matthæi. *Moscuæ, ex typographia Universitatis*, 1808, in-4. de XVI et 416 pages. [6557]

Édition précieuse et dont une partie des exemplaires a péri dans l'incendie de Moscou.

VETERUM mathematicorum, Athenæi, Appollodori, Philonis, Bitonis, Heronis, Opera; gr. et lat. pleraque nunc primum edita (a Melch. Thevenot, Jo. Boivin et Ph. la Hire). *Parisiis, e typ. reg.*, 1693, gr. in-fol. [7771]

Recueil recherché, mais qui n'est pas fort rare : 36 à 40 fr. Vend. 72 fr. *mar. bl.* Caillard; 45 fr. *br.* De Bure; 38 fr. Labey; 49 fr. Libri, en 1857.

VETERUM populorum et regum numi. Voyez COMBE (Taylor).

VETESIUS. Ladislai Vetesii Pannoni Cubicularii apostolici oratio ad summum sanctissimum Pontificem Sixtum IIII. pro pstanda obedientia nomie Invictissimi pncipis diui mathie serenissimi Hungarie ac Bohemorie regis Quarto nonas februarii MCCCCLXXV. (*Romæ, Joh. Schurener*), in-4. [12150]

Opuscule de 12 ff. non chiffrés, à 25 lignes par page, en caractères romains. Il commence par le sommaire ci-dessus, impr. en six lignes; et il finit au verso de la dern. f. par cette ligne :

Concitauit arma. FINIS.

Vendu 21 fr. La Vallière.

Il existe une autre édition du même discours, in-4., de 7 ff., à 33 lign. par page, impr. avec les caractères d'Etienne Planuck, à *Rome*.

VETRALLA (*Hyac. a*). Doctrina christiana ad profectum missionis totius regni Congi in quatuor linguas per correlativas columnas distincta... a F. Hyacintho a Vetralla. *Romæ, typis Congr. de Propaganda fide* (1650), pet. in-4. [1394]

En langue du Congo, en portugais, en latin et en italien. 31 fr. de Sacy.

VETTORI (*Piero*). Voy. VICTORIUS.

VETTORI (*Fr.*). Viaggio in Alemagna di Francesco Vettori, ambasciatore della republica fiorentina a Massimiliano I; aggiuntavi la vita di Fr. et Pagolo Vettori, il Sacco di Roma del 1527, dello stesso Fr. Vettori. *Parigi, Techener*, 1837, in-12. [20274]

Relation curieuse publiée pour la première fois par M. Salvi. Il en a été tiré quelques exempl. en Gr. Pap. vél.

— Novelle di Francesco Vettori... *Lucca, tipogr. Bocchi*, 1857, in-8 de 32 pp.

Tiré à 60 exemplaires seulement.

VETUS orbis descriptio græci scriptoris sub Constantio et Constante imperatoribus, græce nunc primum edita, cum duplici versione et notis Jac. Gothofredi. *Genevæ, ex typographia P. Chouët*, 1628, in-4. 8 à 10 fr. [19559]

Ce volume ne se trouve pas facilement.

VETUSTA monumenta, quæ ad rerum britannicarum memoriam conservandam Societas antiquariorum Londini sumptu suo edenda curavit. *Londini*, 1747-1842, 6 vol. gr. in-fol. [26786]

Ce recueil curieux a été commencé dès l'année 1718, et il se continue. Le tome premier contient 70 pl., le second 66 pl., y compris 5 pl. plus petites que les autres; le troisième, 44 pl., avec un index des trois premiers volumes publ. par Nic. Carlisle, en 1810. Le quatrième volume est complet, et il paraissait en 1863, 69 pl. du cinquième, avec le texte y correspondant. Les 17 pl. coloriées de la tapisserie de Bayeux dont nous avons parlé au mot STOTHARD, doivent faire partie du sixième volume, duquel il paraissait 39 pl. en 1863.

Les 6 vol. coûtaient 48 liv., mais ils ne sont portés qu'à 12 liv. 12 sh. dans le catal. de Bohn avec un 7e volume composé de grandes planches historiques gravées par Vertue à différentes époques et publiées séparément par la Société des antiquaires.

VETUSTISSIMORUM authorum georgica, bucolica et gnomica poemata quæ supersunt, græce et latine (cum annot. ex edit. Joan. Crispini). *Apud Crispinum*(1569, ou 1570), in-16. 3 à 5 fr. [12273]

On trouve rarement des exemplaires de ce recueil bien conservés ; il est divisé en 4 parties qui ont chacune leur titre séparé ; la 1ʳᵉ partie contient Hésiode, la 2ᵉ Théocrite, la 3ᵉ Moschus et Bion, la 4ᵉ Théognis, Phocylis et autres poëtes moraux. Vend. bel exempl. *mar. bl. tab.* 29 fr. F. Didot. — Pour un autre recueil semblable à celui-ci, voyez HÉSIODUS à la fin de l'article.

VEYRAS (*Jacq.* de). Methode de guerir les plaies des arquebusades. *Lyon, Barthel. Vincent,* 1581, pet. in-8. [7578]

Le médecin Tannequin Guillaumet ayant critiqué l'ouvrage de Veyras, celui-ci lui répondit, ce qui donna lieu à une *Replicque à la reponse* de Veyras (ou Vairas), par Tannequin Guillaumet, *Lyon,* 1590, pet. in-8.

VEYRIES (*Jean* de). La Généalogie de l'amour, divisé en deux livres. *Paris, Abel l'Angelier,* 1609, pet. in-8.

23 fr. Fr. Michel, et quelquefois moins.

VEYTIA. Historia antigua de Mejico, escrita por D. Mariano Veytia, la publica con varias notas y un apendice el C. F. Ortega. *Mejico, imprenta a cargo de Juan Ojeda,* 1836, 3 vol. gr. in-8. fig. [28593]

VEZILLA Castellanos (*Pedro* de la). El Leon de España (en versos) primera y segunda parte. Antiguedades de Leon; martirios de S. Marcelo, sus doce hijos, y otros Santos. *Salamanca, Juan Fernandez,* 1586, pet. in-8. [15187]

Ce poëme est un des livres de la bibliothèque de D. Quichotte, que le curé condamne sans les lire, et seulement d'après leurs titres.

VEZOLA. (*Lucii*) Sebastiani Vezolæ, patricii placentini et comitis, epigrammata. (*absque loco*). *Per Sebastianum Bonzotum placentinum,* 1536, in-8. de 31 ff. non chiffrés, petits caractères italiques. [12809]

Ce recueil, très-rare, est surtout précieux par le mérite des poésies qu'il renferme, poésies faciles et gracieuses, mais dont plusieurs morceaux sont un peu graveleux. L'édition a probablement été faite à *Plaisance*, ville que Panzer n'a pas comprise dans sa seconde partie, sous les années 1500 à 1536, où il n'a pas fait mention non plus de l'imprimeur Sébast. Bonzotus.

VHAEL. Voy. WHAEL.

VIA (*Joh.* a). Vita S. S. Marini episcopi hybernobavari, martyris, et Aniani archidiaconi confessoris, patronorum celebris monasterii in Rota conscripta a Johanne de Via. *Monachii, excudebat Adamus Berg,* 1679, in-4. [22221]

Ce volume est recherché en Angleterre. 3 liv. 15 sh. Sotheby, en 1833.

VIA Appia. Voyez PRATILLI.

VIAGE a Constantinopla en el año de 1784; escrito de orden superior. *Madrid,* 1790, pet. in-fol. fig. 20 à 24 fr. [20420]

Cet ouvrage, dont l'exécution des planches n'a rien que de très-ordinaire, est peu commun en France. Vendu 118 fr. *mar. r.* Caillard ; 35 fr. Thierry : 32 fr. *m. r.* le duc de Plaisance. L'épître dédicatoire est signée par Jos. Moreno, que nous croyons être l'auteur de cette relation.

VIAGE extatico al mundo planetario, en que se observa el mecanismo, y los principales fenomenos del cielo, etc. (por D. Lor. Hervas y Panduro). *Madrid,* 1792-94, 4 vol. in-4. [8269]

Ce roman astronomique fait partie du grand ouvrage italien de l'auteur, intitulé : *Idea del universo,* en 21 vol. in-4.; mais cette traduction espagnole contient des augmentations qui en font un livre nouveau. — Voy. HERVAS.

VIAGGI di Moscovia negli anni 1633-34-35 e 36, libri tre cavati del Tudesco. *Viterbe,* 1658, in-4. fig. [20390]

A cette traduction se trouve jointe : *Relatione di Moscovia scritta da Raffaello Barberino.* Les deux ouvrages réunis 7 fr. Courtanvaux ; 26 fr. Eyriès.

VIAGGI fatti da Vinetia, alla Tana, in Persia, in India, et in Constantinopoli... & della ultima impresa contra Portoghesi. *Vinegia, nell' anno* M. D. XLIII. *nelle case de figlivoli di Aldo,* pet. in-8. de 180 ff. [19810]

Recueil peu commun : il contient deux ouvrages de Josafat Barbaro, un d'Ambrogio Contarini, deux d'Aluvigi, et deux sans nom d'auteur. Vend. 18 fr. Trudaine ; 7 sh. 6 d. Butler ; 40 fr. Walckenaer. La réimpression, *Vinegia, Aldus,* 1545, in-8. de 163 ff., est plus belle que l'édition originale. — Voy. LIBRI tre.

VIAGGI per l' isola di Cipro. Voy. MARITI.

VIAGGIO. Viazo da Venesia al sancto iherusale₃. et al monte sinai sepulcro de sancta chaterina piu copiosamente et verissimamente descrito che nesuno deli altri. cum dessegni de paesi citade porti ₹ chiesie ₹ sancti luoghi ₹ molte altꝛ sanctimõie ch' qui se trovão designate et descrite chome sono neli logi lor ppri. ₹c. (in fine) : *Impresso ne lalma ₹ inclita citta de Bologna ꝑ mi Iustiniano da Rubiera... Ne lanno del M. 500 (1500). adi vi. de Marzo; Laus Deo,* pet. in-fol. goth. de 68 ff., signat. a—oij. [20535]

Ouvrage anonyme orné de nombreuses gravures sur bois. Il commence par la première partie du titre ci-dessus, disposé en onze lignes en cul-de-lampe, et accompagné de la vue de Jérusalem. La première page du texte est entourée d'une bordure ornée, dans laquelle se lit le nom de l'artiste de cette manière : PIERO CIZA. FE. QVESTO. INTAGIO. A la fin

---

Veuillot (*Louis*). Mélanges, 18344.
Vezzozi (*A.-Fr.*). Scrittori Teatini, 31624.
Viaggiani dal Montone (*Ang.*). Lo Scherno, 10311.
Viaggio pittoresco nelle maremme toscane, disegno da Muller, 20210.

du volume est une épître latine de Jean Cola à Gibert Pio, prince de Carpi, suivie de la souscription, du registre, et de la marque de l'imprimeur. Le P. Audiffredi (*Editiones italicæ*) et Fossi (*Biblioth. magl.*) ont décrit avec leur exactitude ordinaire ce livre aussi curieux que rare, vendu 1 liv. 13 sh. Hanrott ; 30 fr. taché et raccommodé Costabili. Un bel exemplaire serait beaucoup plus cher.

VIAGGIO da Venitia al sancto sepulchro et al monte Synai. *Stampato per Nicolo detto Zopino e Vincentio compagno nel anno* 1521, pet. in-8. fig. sur bois.

Vendu 40 fr. en février 1823.

Nous n'avons pas pu vérifier si cette relation est la même que la précédente.

Il y a une édition sous ce titre :

VIAGGIO da Vinegia al santo sepolcro, et al monte Sinai, con disegni da paesi, citta, porti, chiese, e santi luoghi : con additione di genti, animali, che se trouano da Vinegia fino al santo sepolcro : con il lamento di Gerusalem nuouamente aggionto. *Vinegia, per Nicolo d'Aristotile detto Zoppino*, 1538, in-8. fig. sur bois.

Vendu 19 sh. Buttler ; 92 fr. Perret, en 1860, et annoncé sous la date de 1537, 2 liv. 10 sh. *mar.* Hanrott, et quelquefois de 15 à 24 fr.

Une autre édition de *Venise*, 1531, in-8., est dans le catalogue de d'Estrées, n° 12504.

— Viaggio da Venetia al santo sepulcro ed al monte Sinai, con disegni di paesi, cittadi, porti e chiese, e li santi luoghi. *Venetia, Venturino Rofinello*, 1546, pet. in-8. fig. sur bois.

Comme il existe, à peu près sous le même titre que ci-dessus, un voyage à la Terre Sainte écrit en italien par le P. Noé Bianco, on a quelquefois confondu les deux ouvrages ; mais le P. Noé n'a exécuté son voyage qu'en 1527, et par conséquent il ne peut y avoir d'édition de sa relation antérieure à cette date. Vend. 70 fr., quoique mouillé, Quatremère, 2° vente.

Nous présumons que le vol. pet. in-8. avec fig. sur bois, impr. à Venise, chez *Dom. Imberti*, en 1604, à peu près sous le même titre que l'ouvrage précédent, en est une réimpression. Un exemplaire relié en *mar. vert* est porté à 60 fr. dans le petit catal. de M. de La Carelle.

VIAGGIO del sepolcro di G. Cristo, scritto da un valente uomo. *Venezia*, 1523, in-8. fig.

Ce voyage, cité par Panzer, VIII, p. 481, n° 1210, est peut-être le même que le précédent.

VIAGGIO (il) fatto dagli Spagnivoli atorno a'l mondo, 1536, in-4. [19838]

Petit volume fort rare et qui a probablement été imprimé à *Venise*. Les feuillets préliminaires sont au nombre de quatre, et le corps du vol. a des signat. de A—M. Sur le dernier feuillet, imprimé seulement au recto, se lit une liste des mots les plus usités chez les naturels du Brésil. L'ouvrage est divisé en 2 parties ; la première est intitulée : *Epistola di Massimiliano Transilvano.... nellaquale si descrive la..... navigatione fatta per li Spagnuoli l'anno* 1519.... (voy. MAXIMILIANUS). La seconde a pour titre : *Descrittione seconda del sopradetto viaggio quale scrisse copiosamente messer Antonio Pigafetta...* Vendu 50 fr. Langlès ; jusqu'à 17 liv. 17 sh. Stanley, et le même exempl., 4 liv. 6 sh. Heber ; 320 fr., malgré quelques taches, Riva ; en *mar. br.* 330 fr. Solar.

Une édition de *Venise*, 1534, in-4., sous le même titre que celle de 1536, et annoncée comme première

édition, très-rare, a été vend. 3 liv. 3 sh. chez Crofts. — Il paraît que la seconde partie de ce livre n'est qu'une simple traduction de l'extrait de la relation de Pigafetta, qu'Ant. Fabre avait donnée en français, d'après un manuscrit italien (voy. PIGAFETTA). Il est difficile, d'après cela, de concevoir le haut prix auquel l'ouvrage a été porté dans plusieurs ventes.

Tout le monde sait que l'expédition de Magellan, dont la relation forme la première partie du recueil ci-dessus, n'a commencé qu'en 1519 : comment, d'après cela, le docteur Dibdin a-t-il pu citer dans son *Companion*, p. 398 (ou 2° édit., p. 409), une édition de cette même relation, faite à *Milan*, en 1517 ? En vérité, après une pareille inadvertance, l'auteur du *Companion* aurait bien mérité d'être envoyé au détroit de Magellan pour y faire amende honorable, lui qui me condamnait à accompagner la première expédition qui se dirigerait vers les pôles, et cela parce que je n'avais donné qu'un seul volume à un livre qui en a deux. Toutefois, il faut bien en convenir, si, pour de pareilles inexactitudes, les bibliographes devaient être punis de cette manière, il n'en est pas un seul qui, après avoir donné le plus mince opuscule, ne dût se résigner à passer sur mer le restant de ses jours.

VIAGGIO in alcune città del Lazio. Voy. DIONIGI.

VIAGGIO pittorico della Toscana. Voyez FONTANI.

VIAGGIO pittorico e storico ai tre laghi Maggiore, di Lugano e di Como, continente 50 vedute colorite, colla sua descrizione storica. *Milano*, 1815, e seg. in-fol. 20 pl. 60 à 80 fr. [20196]

VIAGIO del Sepulchro. Voy. BRASCHA (Santo).

VIAL DE CLAIRBOIS. Essai géométrique et pratique sur l'architecture navale. *Brest*, 1776, 2 tom. en 1 vol. in-8. fig. 10 à 12 fr. [8471]

— Traité élémentaire de la construction des vaisseaux, à l'usage des élèves de la marine. *Paris*, 1787-1805, 2 vol. in-4. fig. 24 fr. [8472]

— Voyez CHAPMAN.

VIALART (*Car.*). Voy. PAULO (a S.).

VIANDIER (le). Voy. TAILLEVANT.

VIAS (*Antoine*). Voy. SOPHOLOGE.

VIASA. Voy. MAHABHARATA.

VIAT de salut. Voy. PARVI.

Vialart (*Louis*). Histoire généal. de la maison de Surgères, 28887.

Vialla de Sommières (le colon.). Voyage au Montenegro, 20219.

Viana (el principe de). Cronica de Navarra, 26161.

Vianelli (*G.-V.*). La Marina, 14935.

Viani (*G.*). Famiglia Cybo, 25559.

Viar. Poëmes sur le Phénix, 12484.

Viard (*A.*). Le Cuisinier, 10288.

Viardot (*L.*). Musées de France, d'Angleterre, etc., 9368. — Etudes sur l'Espagne, 26120. — Les Arabes et les Maures d'Espagne, 26212.

VIATOR (*Jean* Pelegrin dit). Texte de Hiob, translate selõ la verite hebraique. Et bref commētoire du Viateur sur icelluy. (au bas de la dernière page) : *Icy fine le texte de Hiob*... pet. in-4. goth. [112]

Édition sans lieu d'impression et sans date. Elle se compose de 134 ff. chiffrés de 11 à cxxxiij, avec des signat. de a ij à x iiij ; chaque cahier est alternativement de 8 et de 4 ff., excepté le dernier qui est de 6 ff. Au-dessous de l'intitulé ci-dessus se lit une épigraphe tirée du livre de Job, imprimée en dix lignes formant cul-de-lampe, et commençant ainsi :

> *Si nous auons receu bien du Seigneur*
> *dieu, pourquoy aussy ne recepurõs*
> *nõ le mal ?.....*

Nous devons à M. Beaupré de Nancy la connaissance de ce livre très-rare, qu'il a décrit dans ses *Nouvelles recherches* (1853), d'après l'exemplaire conservé dans le cabinet de M. Chartener, à Metz.

— De artificiali perspectiva (ici douze cercles concentriques et au-dessous le mot) Viator. (au f. 10 de la signature E) : *Impressum Tulli‖ Anno catholice ve‖ritatis Quingētesimo quīto supra ‖ Millesimū : Ad nonū Calendas ‖ Julias. Solerti opera petri Iacobi ‖ pbri jncole pagi Sancti Nicholai.* In-fol. goth. de 46 ff., sign. A et B en 8 ff., C en 10, D et E en 8, plus 4 ff. non signés. avec fig. sur bois, au simple trait, mais fort remarquables. Le titre en capitales, et en regard se voit la marque de Jacobi reproduite par M. Silvestre, sous le n° 952. [8421]

Un bel exemplaire relié en mar. r. 315 fr. Cailhava, pour la bibliothèque de la ville de Nancy.

Première édition de ce livre aussi curieux que rare. A-t-elle été imprimée à Toul, comme semble l'indiquer sa souscription, ou à Saint-Nicolas-du-Port, comme la croit M. Beaupré ? c'est là une question difficile à résoudre, mais qui n'a un grand intérêt que pour les habitants de ces deux villes. Ce qu'il y a de certain, c'est que cette édition de 1505, quoique composée de 46 ff., est moins complète que la seconde, de 1509, en 29 ff., et que celle de 1521, en 30 ff.; cette différence dans le nombre de feuillets provient de ce que les grandes planches, qui ne sont tirées que d'un seul côté dans la première édition, sont imprimées des deux côtés dans les deux autres, lesquelles, indépendamment de la traduction française imprimée à la suite des passages latins du texte, contiennent, au bas de certaines planches, des inscriptions rimées, également en français, et notamment seize vers au feuillet 28 ou 8e du cahier C. Dans l'édition de 1505, le texte français n'est point placé à la suite du latin, mais il occupe 4 ff. séparés à la fin du volume, et il pourrait manquer sans qu'on s'en aperçût. Le premier de ces 4 ff. commence par ces mots : *L'Euure deuant mis parfait.* On lit au verso du 3e *Deo cunctis orat,* et, au-dessous de ces trois mots, quatre vers français : *Celui qui a ce liure fait ‖ prie pour touz de cœur plait* — Et supplie tres humblement ‖ *Prier pour lui pareillement.* Le 4e f., dont le verso est blanc, porte un avis au lecteur (*Abes optime. O tres bon lecteur*) en 20 lign., plus *Deo gratias;* dans quelques exemplaires ce feuillet est tout blanc ou bien manque tout à fait.

— De artificiali pspectiva (ici douze carrés

inscrits les uns dans les autres, et au-dessous les deux mots) Viator. Secundo.

> Pinceaux, burins, agilles, lices,
> Pierres, bois, metaulx, artifices.

(au verso du dernier f.) : *Impressum Tulli Anno Catholice veritatis quīgētisimo nono ad Millesimū IIIIº Idus Marcias. Solerti opera Petri iacobi pbri Incole pagi sancti Nicolai.* Sola fides sufficit, in-fol. goth. de 29 ff. nou chiffrés, sign. A—C. Au verso du dernier f. la marque donnée par M. Silvestre, sous le n° 829.

Seconde édition, aussi rare, à peu près, que la première. 3 liv. 3 sh. (exemplaire ayant le dern. f. refait) Libri, en 1859.

La troisième, publiée en 1521, est un in-fol. de 30 ff. non chiffrés, signat. A—C v. Le titre porte : DE ARTIFIᶜⁱ pSPECᵗⁱ VIATOR TERº, et au-dessous sont gravés les onze carrés inscrits déjà donnés dans la seconde édition ; puis viennent dix-huit vers français qui ne sont pas dans les deux autres éditions. Au recto du dernier f., dont le verso est blanc, se lit la souscription : *Impressum Tulli Anno Catholice veritatis quigentesimo vicesimo primo ad Millesimū VII Idus Septembres. Solerti opera Petri Iacobi pbri incole pagi sancti Nicolai,* et au-dessous la même marque que dans la seconde édition.

Dans cette édition les planches sont plus nombreuses et mieux gravées que celles de la première, et le texte du discours est refondu en chapitres et augmenté.

A l'article *Blarrorivo* (col. 965 de notre 1ᵉʳ vol.) on a pu voir que l'imprimeur *Pierre Jacobi,* prêtre à Saint-Nicolas-du-Port, a aussi exercé la typographie dans cette dernière ville, où il faisait sa résidence ordinaire : outre les deux marques que nous avons indiquées il a encore fait usage de celle-ci :

— Viator (même titre que ci-dessus), avec une notice de M. Hipp. Destailleur. *Paris, Edw. Tross,* 1860, in-fol. goth.

Reproduction de l'édition de 1509, par le procédé de M. Adam Pilinski, graveur. La notice seule est en caractères mobiles. Ce beau vol., tiré à 100 exempl.

sur pap. vergé, 60 fr. — 12 sur papier vélin anglais (Whatmann), 75 fr., et 4 sur PEAU VÉLIN d'Augsbourg, 300 fr.

NOTICE historique et bibliographique sur Jean Pèlerin, dit le Viateur, chanoine de Toul, et sur son livre : *De artificiali perspectiva*, par M. Anatole de Montaiglon. *Paris, Tross*, 1860, in-fol. avec deux fac-simile pour accompagner la reproduction de M. Pilinski, tiré à 136 exemplaires, 10 fr. — in-8., tiré à 200 exempl. sur papier vergé avec deux fac-simile, 10 fr., et à 100 exemplaires sur papier vélin, sans pl., 6 fr.

L'ancien traité de perspective dont nous venons de parler a été fort longtemps en usage.

Sous le n° 27 de la quatrième partie du *Catalogue de la vente des barons Haller von Hallerstein* figure un in-8. rel. en veau ant. adjugé à 242 fr. et dont voici le titre :

LA PERSPECTIVE de Viator, traduite de latin en françois par maistre Estienne Marthelange (*sic*), avec les figures gravées à la Flèche par Mathurin Josse, 1625, in-8.

Ce recueil, composé de 53 ff., avec 61 fig. gravées sur cuivre, était accompagné d'un texte intitulé :

LA PERSPECTIVE positive de Viator, latine et françoise, revue, augmentée, et réduite de grand en petit. *La Flèche*, *G. Griveau*, 1635, in-8. de 28 pp.

L'exemplaire de la Bibliothèque impériale n'a que ce second titre. Notez que les six dernières pl. ne sont pas prises dans le Viator, mais dans Ducerceau On peut consulter sur Viator les pp. 1—37 des *Lettres écrites de la Vendée à M. A. de Montaiglon par Benjamin Fillon*; Fontenay-le-Comte, 1861, gr. in-8., fig. 8 fr.

VIAUD. Voyez THÉOPHILE.

VIBIUS SEQUESTER. Uibij sequestris, de fluminibus, fontibus, lacubus, | nemoribus, paludibus, τ montibus libellus incipit. (in ultimo folio verso). *Jmpressum Taurini per magistrum Franciscum | de Silua. Anno. M. CCCCC.*, in-4. goth. de 4 ff. à 37 lign. par page complète, sign. a. [19565]

Édition la plus ancienne que l'on ait de ce géographe ; elle n'a été indiquée, que je sache, par aucun bibliographe. Le texte en est un peu moins complet que celui de l'édition d'Oberlin, mais il offre, dans un certain nombre de passages, une leçon différente et quelquefois meilleure que celle qu'a donnée le savant professeur de Strasbourg. Le premier f. commence par l'intitulé ci-dessus, en deux lignes, imprimé au-dessus du texte, lequel finit avec la 27e ligne, du 4e f., recto. Au verso de ce même f. on lit une épître de l'éditeur commençant ainsi : *Martinus Salius Flamen Aymoni de monte | falcone Principi τ Episcopo lausitanensi. S. D.* (C) *Um erraneus gallicas bibliothecas percurrerem : occurit | mihi Uibii Sequestris libellus : magna quidem ex parte cor | rosus : ingenti tamen : ut ex titulo cognovi : vtilitate præmu | nitus..:....* (Décrit d'après un exemplaire communiqué par M. de Lambert.)

Après l'édition de 1500, vient celle de Rome, *per Joannem Besicken* MDV. (1505), *die ω mensis Maii*, in-4., que ni Heselius ni Oberlin n'avaient pu se procurer, mais qui était chez Crevenna ; une autre *impressa Parisiis in ædibus Nic. de Pratis pro Nicolao Crispino*, 1515, pet. in-4. de 8 ff. Ce même opuscule a été réimprimé chez les Alde, en 1518, à la suite de Pomponius Mela.

— VIBIUS SEQUESTER de fluminibus, fontibus, lacu-

bus, nemoribus, paludibus, montibus, gentibus, quorum apud poetas mentio fit ; ex recens. et cum adnotationibus Fr. Hesselii. *Roterodami*, *Villis*, 1711, pet. in-8. 4 à 5 fr.

— IDEM Vibius Sequester..., lectionis varietatem, et integras doctorum commentationes adjecit et suas Jer.-Jac. Oberlinus. *Argentorati*, 1778, in-8. 3 à 5 fr.

Bonne édition, dont un exemplaire en pap. de Hollande a été tiré pour Brunck ; nous n'en connaissons pas un second sur ce papier.

Une traduction française de Vibius Sequester, par M. Louis Baudet, est jointe à celle du *Pomponius Mela* et du *Publius Victor* (Des Régions de la ville de Rome), par le même traducteur, vol. in-8., publié chez Panckoucke, à Paris, en 1843.

VICAT (*B.-Phil.*). Vocabularium juris utriusque ex Scoti, Kahl, Brissonii et Heineccii accessionibus. *Neapoli*, 1760, 4 vol. in-8. 15 à 18 fr. [2442]

Cette édition renferme de plus que celle de Lausanne, 1759, en 3 vol. in-8., l'explication des termes relatifs aux matières féodales.

VICECOMITIS (*Jo.*) observationes ecclesiasticæ ; de baptismo, et confirmatione ; de antiquis missæ ritibus. *Mediolani*, *typ. ambros.*, 1615-26, 4 vol. in-4. [648]

Cet ouvrage valait autrefois de 48 à 72 fr., mais il a un peu moins de valeur maintenant. Les deux derniers volumes sont peu communs.

VICENT (*Francesch*). Libre dels jochs partitis del schahs en nombre de 100, ordenat e compost per mi Francesch Vicent ..... — *En.... Valencia e estampat per mans de Lope de Roca Alemany e Pere trinchet librere a xv dias de mag del any* M. CCCC. LXXXXV, in-4. [10480]

Ouvrage très-rare, décrit par Mendez, p. 83.

VICENTE (*Gil*). Compilaçaõ de todas sus obras, a qual se reparte en cinco livros. *Lisboa, Joam Alvares*, 1562, pet. in-fol. [16807]

Poëte dramatique, surnommé le Plaute portugais. L'édition de 1562 est celle que cite l'Académie de Lisbonne, mais malheureusement il ne s'en est conservé qu'un très-petit nombre d'exemplaires. La seconde édition, *Lisbonne, Jean Alvares*, 1585 (aussi 1586), in-4., dont le titre porte : *Vam emendadas pelo santo officio*, est moins rare et beaucoup moins recherchée que la première.

Les pièces de Gil Vicente ont été impr. plusieurs fois séparément, de format in-4. dans le XVIe et le XVIIe siècle. Celle qui a pour titre *Don Duardos, Auto nueuamente hecho sobre los muy delicados amores de Don Duardo principe de Inglaterra con la hermosa Flerida hija de emperador de Constantinopola y un romance de la Despedida de Flerida muy sentido y galan*, Lisboa, 1720, in-4. vend. 1 liv. 2 sh. Libri, avait déjà été imprimée à Lisbonne, en 1613, en 1630, et à Braga, 1623, in-4., et plus anciennement encore.

— OBRAS de Gil Vicente, correctas e emendadas pelo cuidado e diligencia de J.-V. Barreto Feio e J.-G. Monteiro. *Hamburgo, na officina typogr. de Langhoff*, 1834, 3 vol. in-8. 24 à 30 fr.

Viaud (*J.-T.*) et E.-J. Fleury. Histoire de Cherbourg, 24391.

Vicat (*P.-R.*). Plantes vénéneuses de la Suisse, 5123.
Vicat (*J.-L.*). Études sur les pouzzolanes, 9843. — Chaux et mortiers, 9844.

— AUTRE édition, sous la date de *Lisboa*, 1843, en 3 vol. in-8.

VICENTINO. La Operina di Lodovico Vicentino, da imparare a scrivere lettera cancelleresca. — *In Roma per invenzione di Lodovico Vicentino scrittore* (1523), in-4. [9043]

Livre rare, le premier en cette langue où l'on ait traité, avec succès, de l'écriture. Un exemplaire sous la date de M D XXXII, vol. pet. in-4. de 30 ff. dont les 15 premiers sont cotés A—Axv, a été payé 72 fr. vente Libri, en 1857.

L'auteur est ce même *Lodovico degli Arrighi Vicentino*, célèbre imprimeur de Rome qui a publié, pour la première fois, en 1524, la *Sophonisba* et autres petits ouvrages du Trissino, avec les caractères nouvellement introduits par ce dernier, lequel s'explique ainsi au sujet desdites lettres : *le quali sono state qui in Roma messe in opera per Lodovico Vicentino, il quale sicome nello scrivere ha superato tutti gl' altri dell' età nostra, cosi avendo nuovamente trovato questo bellissimo modo di fare con la stampa quasi tutto quello, che prima con la penna faceva, ha di belli caratteri ogni altro che stampi avanzato* (Apostolo Zeno, *Bibl. di Fontanini*, I, 28).

Le traité auquel nous avons donné ici le titre de *La Operina* porte, dans une autre édition : *Il modo et regola de sciuere lettera corsiva ouer cancellerescha nouamente composte per Ludouico Vicentino scrittore de' breue aplice in Roma nel anno de īra salute* MDXXII. Ensuite le 15ᵉ f. non chiffré présente cet autre titre : *Il modo di temperare le penne con le varie sorti di lettere ordinate per Ludouico Vicentino in Roma nell anno* MDXXIII. Cette date est répétée au f. 23 à la fin d'un article notarié. Les différentes pièces sous reproduites dans l'édit. de Venise, 1532, in-4. de 30 ff. (les 15 premiers cotés A—Axv) qui a pour titre : *Regla da imparare scriuere varii caratteri di lettere con li suoi compassi et misure Et il modo di temperare le penne secundo le sorte di lettere che uorrai scriuere, ordinato per Ludovico Vicentino, con una ricetta da far inchiostro fino, nuouamente stampato* MDXXXII. Sur le dernier f. : *Stampato in Vinegia per Nicolo detto Zoppino nel anno.* MDXXXII. *del mese d'Agosto.*

Nous remarquons qu'au recto du f. 23 de l'édition de 1532 on lit : *ego Ludouicus de Henricis laycus Vicentinus publicus imperiali curte notarius...* et au recto du 24ᵉ f. non chiffré en quatre lignes : *Ludouicus Vincentinus scribebat Rome ann.* || *salutis* MDXXII || *dilecto filio Ludouico de Henricis laico* || *Vicentino familiari nostro...* ce qui nous fait croire qu'il faut distinguer *Ludovicus Vicentinus* l'imprimeur de *Ludovicus Vicentinus de Henricis* le notaire, à qui sont dus ces modèles d'écriture.

L'exemplaire de l'édition de Rome, 1523, vendu seulement 15 sh. Libri, en 1859, n'était peut-être pas complet, puisqu'un exemplaire de 1532 a été payé 72 fr. à la vente du même amateur faite en 1857.

Il a paru en 1557 un *Essemplario de' scrittori, il quale insegna a scrivere diverse sorti di lettere, da Lud. Vicentino*, in-4., qui se joint au livre de Palatino, de l'édition de 1556 (voy. PALATINO).

On cite sous le nom de *Ludovicus Vincentinus* l'ouvrage intitulé : *Theorica et practica... de modo scribendi fabricandique omnes litterarum species*, impr. à Venise le 1ᵉʳ décembre 1524, in-4., divisé en 4 livres.

VICENTINO (*Nicola*). L'antica musica ridotta alla moderna prattica, con la dichiaratione, et con gli essempi de i tre generi, con le loro spetie : et con l'inventione di uno nuouo stromento, nel-

qual si contiene tutta la perfetta musica, con molti segreti musicali; nuouamente mess' in luce dal rev. M. don Nicola Vicentino. *Roma, Ant. Barre*, 1555, in-fol. de 146 ff. chiffrés, et 6 ff. pour la table, avec musique imprimée avec le texte. [10147]

Le portrait de l'auteur, gravé sur bois, est au verso du titre de ce volume. 24 fr. Riva. Un exemplaire, sous la date de 1557, 18 fr. 50 c. Reina.

Nic. Vicentino a mis en musique des *Madrigali a cinque voci*, Venetia, 1546, in-4. obl.

VICENTIUS de Castro. Voyez BANDELIS (de).

VICHNOU - SARMA. Voyez PANTSCHA-TANTRA.

VICIANA (*Mart.* de). Voyez VIÇYANA.

VICO (*Ænea*). Monumenta aliquot antiquorum ex gemmis et cameis incisa. *Romæ, J.-J. de Rubeis*, pet. in-fol. fig. 10 à 15 fr. [29575]

Vend. 1 liv. 11 sh. Pinelli.

— Le imagini con tutti i riversi trovati et le vite de gli imperatori tratte dalle medaglie et dalle historie degli antichi, libro primo. *Enea Vico Parm. F. l'anno* 1548, pet. in-4. de 4 ff. prélim., 55 ff. de texte, avec fig. de médailles.

Le texte de ce livre est d'Antonio Zantani. Un exemplaire imprimé sur VÉLIN a été payé 175 flor. chez Meerman, et là un exemplaire sur pap., rel. en mar. r., s'est vendu 11 flor. 75 c.

Le célèbre bibliophile Grolier a possédé au moins deux exemplaires de ce livre rel. en *mar.* et portant son nom et sa devise. Le premier a été vendu 500 fr. Cailhava; le second, beaucoup plus orné et ayant en outre la signature autographe de Grolier, 1800 fr. à la vente Parison. Ce dernier amateur ne l'avait payé que 7 fr. à la vente du poëte Laujon, faite en 1811, en présence de libraires assez connaisseurs pour pouvoir bien apprécier un livre de ce genre : ce qui fait voir qu'alors ces sortes de curiosités étaient fort peu recherchées.

— Omnium Cæsarum verissimæ imagines ex antiquis numismatis desumptæ. Addita perbrevi cujusque vitæ descriptione ac diligenti eorum, quæ reperiri potuerunt numismatum aversæ partis delineatione. *Æneas Vicus Parm. F. anno* M. D. LIII, in-4. de 61 ff., y compris le frontispice qui est gravé. [29807]

Édition imprimée par P. Manuce, mais en lettres rondes. Il s'en trouve des exemplaires dans lesquels plusieurs descriptions gravées sont imprimées d'un seul côté sur autant de feuillets, au lieu de l'être des deux côtés ; ce qui augmente le nombre des feuillets du volume.

— Omnium Cæsarum verissimæ imagines, etc., libri primi editio altera. *Æneas Vicus Parm. F. anno* M D LIIII, in-4. de 60 ff. non chiffrés, le titre, plus 16 ff. contenant un index à 2 col.

Autre édition aldine : c'est une copie en lettres ita-

***

Viel (*J.-B.*). De Rebus gestis Ant. Cosraphæi, 30751.

liques de la précédente, avec les mêmes pl. de médailles, et le même titre gravé, auquel est ajouté un 1 à la date. Elle est augmentée d'un index, mais on n'y a pas réimprimé l'épître de l'auteur au pape Jules III. Le 35e f. est blanc. Vend. 12 sh. (avec 15 ff. d'index) Butler.

— AUGUSTARUM imagines formis æreis expressæ : vitæ quoque earumdem breviter enarratæ, signorum etiam, quæ priori parte numismatū efficta sūt, ratio explicata : ab Ænea Vico... *Venetiis* (*Paul. Manutius*), M. D. LVIII, in-4. de 10 ff. prélim., 192 pp. et 2 ff. d'errata. [29808]

Ces deux derniers ouvrages de Vico sont moins communs que les précédents. Ni l'un ni l'autre n'ont beaucoup de valeur dans le commerce : 10 sh. Butler. Il y a des exemplaires du dernier en Gr. l'ap. 16 sh. le même. Un autre 5 liv. (à cause des ornements de la reliure) Libri, en 1859.

— Le Imagini delle donne Auguste intagliate in istampa di rame, con le vite et ispositioni di Enea Vico. Libro primo. *Vinegia, appresso En. Vico et Vinc. Valgrisio*, 1537 (aussi 1558), in-4. fig.

Ce volume a 12 ff. prélim., 212 pp. dont la première est cotée 9 ; à la fin 2 ff. avec la marque de Valgrisi sur le dernier.

— Ex libris XXIII commentariorum in vetera imperatorum romanorum numismata Æneæ Vici, liber primus (de Jul. Cæsaris nummis). *Venetiis, Aldus,* 1560, in-4. fig.

Vend. 10 flor. 50 c. Meerman ; 3 sh. 6 d. Butler.

Ce volume, peu commun sous cette date, doit contenir un titre gravé, un portrait de J. César, et une préface de Vico ; 130 pp., dont 8 sont des planches de médailles gravées, 1 f. séparé pour l'errata et l'ancre, et enfin 6 ff. de table. Entre les pages 76 et 77 doit se trouver une planche gravée. Une grande partie des exemplaires de cette édition portent la date M D LXII. — Voyez BELLORI.

VICO (*Francisco* de). Historia general de la isla y reyno de Sardeña. *Barcelona,* 1639, 2 vol. in-fol. [25869]

51 fr. Libri.

Nous ne connaissons que 2 vol. de cet ouvrage, quoiqu'il soit cité comme ayant 7 vol. par M. Gustave Brunet, d'après la *Bibliotheca mayansiana*, imprimée à Londres en 1859.

Il faut y réunir l'ouvrage suivant :

APOLOGIA de Fr. Vico a las objeciones que haza a su historia de Sardeña el P. Salvad. Vidal, en su libro intitulado : *Clypeus aureus Calaris, Madrid,* 1643, in-fol.

VICO (*Giambattista*). Opere, ordinate ed illustrate coll' analisi storica della mente di Vico in relazione alla scienza della civiltà, da Giuseppe Ferrari. *Milano, soc. tipogr. de' classici ital.,* 1835-37, 6 vol. in-8. portr. 42 fr. [19224]

Une autre édition a été annoncée sous ce titre :

OPERE di Giambatt. Vico per la prima volta compiutamente riunite, con traduzioni e commenti, da Fr. Predari. *Milano, presso Santo Bravetta,* 1835. — Elle devait avoir 4 vol.

La *Scienza nova*, ouvrage très-profond, qui a acquis depuis quelques années une nouvelle célébrité, est la principale production de l'auteur ; elle a d'abord paru sous le titre suivant :

CINQUE libri de' principj d' una scienza nuova d'intorno alla comune natura delle nazioni. *Napoli, Mosca,* 1725, in-12. [19503]

Ensuite l'auteur ayant entièrement refondu son ouvrage, le publia de nouveau, à Naples, en 1730 ; et plus tard, Gennaro Vico en donna une 3e édition considérablement augmentée, mais mal ordonnée, à *Naples, stamp. Muziana,* 1744, in-8. C'est d'après cette dernière édition qu'ont été faites celles de *Milan,* 1801, et de *Naples,* 1811, in-8., et aussi celle de *Milan,* 1816, en 3 vol. in-8., fig., dont il y a des exemplaires en pap. vél.

Le texte de l'édition de 1725, qui a le mérite d'offrir la première pensée de l'auteur, a été reproduit à Naples, 1817, in-8., avec des notes de Salvador Gallotti ; il faut y joindre : *Saggio di Cataldo Janelli sulla natura e necessità della scienza delle cose e delle storie umane,* Napoli, 1817, in-8.; ouvrage qui est, pour ainsi dire, un développement du système de Vico. Enfin Gamba cite une réimpression du même texte, *Naples,* 1826, 2 vol. in-8., avec portrait.

L'édition des œuvres de Vico, donnée par Ferrari, en 1835, reproduit et le texte de 1725, et celui de 1744, et les variantes de l'édition de 1730.

ŒUVRES choisies de Vico, contenant ses mémoires écrits par lui-même, la science nouvelle, les opuscules, lettres, etc., précédées d'une introduction sur sa vie et ses ouvrages, par M. Michelet. *Paris, L. Hachette,* 1835, 2 vol. in-8. 15 fr.

Les divers opuscules de Vico, que le marquis de Villa-Rosa a recueillis et publiés à Naples, 1818, 4 vol. in-8., ont été réimprimés dans les œuvres de l'auteur.

VICQ-D'AZYR (*Félix*). Ses OEuvres, recueillies et publiées, avec des notes, etc., par J.-L. Moreau (de la Sarthe). — *Paris, an* XIII (1805), 6 vol. in-8. et atlas in-4. 20 à 24 fr., et plus en pap. vél. [6655]

— Traité d'anatomie et de physiologie. Tome I. (anatomie et physiologie du cerveau). *Paris, de l'imprim. de Fr.-Ambr. Didot l'aîné,* 1786, gr. in-fol. fig. en couleur. [6691]

Cet ouvrage, très-bien exécuté, et qui a fait sensation dans son temps, n'a pas été terminé ; il n'a paru que 5 cahiers des pl. et 3 cahiers du discours ; les 5 cahiers de fig. contiennent 35 pl. color. et les mêmes pl. en noir avec 111 pp. d'explication : il y a, de plus, un frontispice et une épître dédicatoire gravés, qui, avec le prospectus, forment ordinairement un cahier à part. Les 3 cahiers de discours renferment 123 pp. et le frontispice imprimé. Vendu 92 fr. Bosquillon ; 27 fr. de Jussieu ; 50 fr. Baillière.

Il est presque impossible de compléter les exempl. auxquels il manque les derniers cahiers.

Vic-d'Azyr est l'auteur du premier vol. du *Système anatomique,* de l'Encyclopédie méthodique (1791-1832), en 4 vol. in-4., dont les trois derniers sont d'Hipp. Cloquet. L'ouvrage doit être accompagné de 79 planches.

— Moyens curatifs, 7716.

VICTOIRE DU ROY. C'est la tres noble et tres excellête victoire du roy nostre sire Loys douzieme de ce nom quil y a heue moyenant layde de dieu, sur les Venetiēs a la iournee de Caraualz. et semblablement sur les villes de Treuy, Bresse : Cresme : Cremone : et aultres villes et chasteaux de sa duche de millan. (*Lyon,* 1509), in-4. goth. [23435]

Pièce de 4 ff. impr. à long. lign., avec les armes de France sur le frontispice, et une vignette à la fin.

— La même Victoire du roy... *Imprimez a Lyon par Noel Abraham* (sans date), in-4. goth. de 8 ff. non chiffrés, dont un bl. (Biblioth. impér.)

Nous avons vu un exemplaire de l'édition en 4 feuillets à la suite duquel se trouvaient reliés les deux opuscules suivants :

LARMEE du roi qî auoit côtre les Venicîès : et lordre de bataille. Mil. cccc. IX. (au recto du dernier f.): *Imprime a Lyon par Noel abrahā Soubz congie de mon seigneur le grāt chācellier*, in-4. goth. de 4 ff., avec les armes de France sur le titre.

Pour une édition de Paris, sous la même date que celle de Lyon, voyez ARMÉE du Roy.

LONDRE du. camp des Venitiās avec le nōbre des gens darmes z nōs des cappitaines. (à la fin) : *Imprimez a Lyon par Noel Abraham, etc.*, in-4. goth. de 3 ff. (avec une vue de Venise sur le titre). Vend. 2 liv. 18 sh. Heber, et 75 fr. *mar. r.* en mars 1836.

Voici deux autres opuscules qui se rapportent à cette guerre contre les Vénitiens :

EPIGRAMME des enseignes des. Veniciens enuoyees a sainct Denis par le roy nostre sire, compose par F.-J. Olluier, croniqueur du dict seigneur, translate de latin en francoys par ung familier seruiteur de la dicte abbaye (vers 1510), pet. in-4. goth. 15 fr. en 1841.

LA MONICION, excomuniment, anathematisation et malediction donnee par nostre saint pere le pape Julle moderne contre les Veniciens et ceulx qui les favorisent, aydent et supportent, publie et imprime a Rome, le xxvije dauril mil v. c. ix, par le commandement de notre dit saint pere le pape, et depuis translatee en francoys. (*sans lieu ni date*), pet. in-4. goth. de 8 ff. 21 fr. 50 c. *m. v.* en 1841.

— Voy. LECTRES de la commission...

VICTOIRE (la) et grande deconfiture faicte par Monsieur Danguyen aux Hespaignolz deuant Carignant au pays de Piemond. Auec plusieurs autres villes circonvoisines prinses par ledict seigneur Danguyen. (*sans lieu ni date*, mais vers 1544), pet. in-8. goth. de 4 ff.

Vend. 20 fr. *mar. olive*, en 1841; 105 fr. Coste.

VICTOIRE du Phébus françois. Voy. TRAGÉDIE du marquis d'Ancre.

VICTOIRES, conquêtes, désastres, revers et guerres civiles des Français, de 1792 à 1815, par une Société de militaires et de gens de lettres (le général Beauvais, le lieutenant général Thiébault, M. Parisot et autres). *Paris, C.-L.-F. Panckoucke*, 1816-21, 27 vol. in-8. fig. [8747]

On recherche peu maintenant cet ouvrage dont le succès a été jadis fort grand. La partie historique forme 24 vol. La *Biographie militaire* occupe les tom. XXV et XXVI, et les *Couronnes poétiques* et les fac-simile, le tome dernier (XXVIIe). La *Guerre d'Espagne de 1823* forme un 28e vol. publié en 1825. Chaque vol. coûtait 6 fr. 50 c., et plus en pap. vél. On réunit à ces 28 vol. les accessoires ci-après : 1° *Portraits des généraux français*, première collection, en 12 cah. de 4 portr. : prix de chaque cah. 3 fr. 50 c.; in-4. 7 fr. — 2° seconde collection en 26 cah. de 4 pl., même prix. — 3° *Monuments des victoires et conquêtes des Français*, ou recueil de tous les objets d'arts consacrés à célébrer les victoires des Français, de 1792 à 1815. 100 pl. in-4. formant 25 livrais. en 13 cah. 62 fr. 50 c.

Il a été tiré sur VÉLIN un exemplaire de l'ouvrage entier que l'éditeur est parvenu à vendre 50,000 fr. au roi Charles X.

— NOUVELLE édition, comprenant en plus la guerre d'Espagne en 1823, la bataille navale de Navarin, l'expédition de Morée, la conquête de l'Algérie, la révolution de 1830, le siège d'Anvers, 1832, l'occupation d'Ancône, la révolution de février 1848, la guerre d'Orient en 1854, et la récente et glorieuse campagne d'Italie. *Paris, F. Didot*, 1854 et ann. suiv. Environ 15 vol. in-8, avec près de 200 pl., cartes, plans de bataille, etc.

Cette nouvelle édition est revue et augmentée de renseignements inconnus. Le tome XI était sous presse en juin 1863. Chaque vol. coûte 6 fr.

VICTOIRES et conquêtes de l'empereur de la Chine, représentées en 16 pl. grav. à Paris, de 1768-74, sous la direction de Cochin, par Lebas, Aliamet, Choffard, etc., d'après les dessins exécutés à Pékin, par ordre de l'empereur Kien-Long. In-fol. de 65 centimètres de large sur un mètre de haut. [28302]

Suite devenue rare, parce que les pl. ont été envoyées à la Chine, après que l'on en eut tiré quelques épreuves. Vend. bel exempl. *mar. r. tab.* avec 1 vol. in-4. d'explication ms. 476 fr. Hue de Miroménil; et en feuilles 176 fr. de Cotte; 145 fr. Tolosan.

La copie de ces gravures, exécutées dans un moins grand format par Helman, en 1785, a peu de valeur (voy. HELMAN). Un exempl. relié (23 fr. Busche) avec une brochure intitulée :

PRÉCIS historique de la guerre dont les principaux événements sont représentés dans les 16 estampes gravées à Paris pour l'empereur de la Chine, sur les dessins que ce prince a fait faire à Pékin. *Paris*, 1791, in-4.

VICTOR (*Aurelius*). Historiæ romanæ breviarium nunquam antea editum, de viris illustr., de Cæsaribus, de vita et moribus imperatorum epitome, cum castigationibus El. Vineti : ex bibliotheca Andr. Schotti. *Antuerpiæ. Chr. Plantin.*, 1579, in-8. 3 à 4 fr. [22887]

— HISTORIÆ romanæ compendium, interpretatione et notis illustravit Anna Tanaq. Fabri filia, in usum Delphini. *Parisiis*, 1681, in-4. 6 à 9 fr.

— HISTORIÆ romanæ breviarium... (accedunt de vita et moribus imperatorum romanorum excerpta, cum notis integris variorum, opera Sam. Pitisci). *Trajecti-ad-Rhenum*, 1696, 2 t. en 1 vol. in-8. fig.

Bonne édition pour l'ancienne collection *Variorum* : 8 à 10 fr. Vend. 37 fr. *mar. doublé de mar. t. r.* Gouttard; 23 fr. *mar. r.* Caillard.

L'édit. *cum notis Schotti et variorum*, Lugd.-Bat., 1669-70, 2 tom. en 1 vol. in-8., a peu de valeur.

— Idem Aurelius Victor, cum notis varior. integris, curante Joan. Arntzenio, qui suas adjecit notas. *Amstelodami, Waesbergius*, 1733, in-4.

Édition la plus estimée : 12 à 15 fr.

SEXTUS AURELIUS Victor. Origine du peuple romain; Hommes illustres de la ville de Rome; Histoire des Césars; Vies des empereurs romains, traduction nouvelle, par M. N.-A. Dubois. *Paris, Panckoucke*, 1846, in-8.

Les premières éditions des Hommes illustres de cet historien ont été impr. tantôt sous le nom de Suétone, et tantôt sous celui de Pline le Jeune (voy. PLINIUS Secundus).

VICTOR antiochenus. Commentarii in

sancti Marci evangelia, gr.; ex codd.
mosquenss. edidit Ch. Matthæi. *Mosquæ*, 1775, 2 tom. en 1 vol. in 8. [490]
Imprimé d'abord dans la *Catena in Marcum*, publ.
par le P. Poussines, *Romæ,* 1673, in-fol.

VICTOR tunnunensis. Chronicon; Chronicon Joannis Biclariensis, legatio Luit-
prandi, synodus bavarica sub Tassilone
Bavariæ duce. Omnia nunc primum in
lucem edita studio et opera H. Canisii.
Ingolstadiæ, Eder, 1600, in-4. [21264]
Première édition, faite d'après un manuscrit de Tolède. L'ouvrage a été réimpr. dans les *Lectiones
antiq.* de Canisius, édition de Basnage, I, pp. 319
et suiv. — et, d'après un autre manuscrit, dans
le *Thesaurus temporum* de Scaliger. Il s'en trouve
une nouvelle édit. dans le VII* vol. de la *Biblioth.
Patrum* de Gallandi.

VICTORINUS (*Fabius-Marius*). Commentarius in M.-T. Ciceronis rhetoricam.
Mediolani, per Ant. Zarotum, 1474,
v. idus decembr. in-fol. [12035]
Première édition, devenue fort rare. Il est probable
qu'elle a été faite pour accompagner celle de la Rhétorique de Cicéron, impr. également en 1474, par
Ant. Zarot.
— COMMENTARII in rhetoricos Ciceronis, antea dimi-
nuti, nunc primum veterum exemplarium ope in
integrum restituti. *Paris., Rob. Stephanus*, 1537,
pet. in-4.
— DE ORTHOGRAPHIA, etc. Voy. GRAMMATICI.

VICTORIUS (*Petrus*). Commentarii in
VIII lib. Aristotelis de optimo statu civitatis, cum textu Aristotelis, gr. et lat.
Florentiæ, in ædibus Juntarum, 1576,
in-fol. 6 à 12 fr. [3919]
— EJUSDEM Commentarii in X libros Aristotelis de
moribus. *Florentiæ, ex officina Juntarum*, 1584,
in-fol. 6 à 12 fr. [3674]
— COMMENTARII in tres libros Aristotelis de arte
dicendi; positis ante singulas declarationes græcis
verbis auctoris. *Florentiæ, in officina B. Juntæ*,
1548, pet. in-fol. [12014]
Édition peu commune : 10 à 12 fr. Vend. 21 fr. La
Valliere et de Villoison.
L'édition de *Florence*, 1579, in-fol., se trouve plus
facilement que la première : 6 à 10 fr.
— COMMENTARII in primum librum Aristotelis de
arte poetarum, cum textu Aristotelis, gr. et lat.
Florentiæ, in officina Juntarum, 1560, seu 1573,
in-fol. 8 à 10 fr.
Vendu bel exemplaire de l'édition de 1573, 30 fr.
Soubise.
— COMMENTARII in librum Demetrii Phalerei de elo-
cutione, gr. et lat. *Florentiæ, in offic. Juntarum*,
1562, in-fol. 8 à 10 fr. [12018]
Vend. 13 fr. Soubise.
L'édition de Florence, 1594, in-fol., est à bas prix.
Ces 5 vol. de commentaires ont été vendus ensemble
jusqu'à 60 flor. Meerman.

— Variarum lectionum libri XXXVIII.
Florent., Juntæ, 1582, in-fol. 6 à 12 fr.
[18173]
Les 25 prem. livres de ce recueil ont d'abord paru
séparément à *Florence*, chez Torrentino, 1553,
in-fol.; les 13 autres chez les Junte, 1569, in-4.

— Epistolarum libri X; orationes XIIII et
liber de laudibus Joannæ Austriacæ.

Florentiæ, Juntæ, 1586, in-fol. 8 à 12 fr.
[18997]
Vendu 13 fr. Soubise; 18 fr. exempl. du C. d'Hoym,
de Cotte.

— Trattato delle lodi, e della coltivazione
degli ulivi, da Piero Vettori. *Firenze,
Giunti*, 1574, in-4. de 4 ff. prélimin.,
90 pp. chiffrées, et 1 f. pour l'errata. 8 à
10 fr. [6375]
Bonne édition de cet ouvrage estimé; elle est préférable
à celle de *Florence, per Filippo Giunti e fratelli*,
1569, in-4.
Ce traité a été réimprimé à *Florence*, 1621, in-4., en
même temps que la *Coltivazione toscana delle
viti e d' alcuni alberi di Bern. Davanzati*, à laquelle il est ordinairement joint.
— IL MEDESIMO, colle annotazioni di Gius. Bianchini
da Prato. *Firenze, Gius. Manni*, 1718, in-4. 5 à
6 fr.
Il y a aussi une édit. de *Florence*, 1762, in-4., où
l'on a joint aux notes de Bianchini celles de D.-M.
Manni : elle a été réimpr. textuellement à *Milan*,
en 1806, in-8.

— Viaggio di Annibale per la Toscana.
Napoli, Campo, 1780, in-8.
Dissertation écrite en 1559, mais à laquelle l'auteur
n'a pas mis la dernière main : elle a été publiée par
Fr.-Sav. Gualtieri.

VICTORIUS (*Marianus*). Chaldææ seu
æthiopicæ linguæ institutiones, nunc
recusæ studio Achillis Venerii. *Romæ,
Congreg. de propaganda fide*, 1630,
in-8. 4 à 6 fr. [11553]

VIÇYANA (*Martin* de). Tercera y quarta
parte de la cronyca de la inclita y coronada ciudad de Valencia y de su reyno.
Valencia, Joan Nauarro, 1564, *y Barcelona*, 1566, 2 vol. in-fol. goth. [26200]
Cet ouvrage a été supprimé avec tant de rigueur,
qu'à peine quelques exemplaires de la 3e et de la
4e partie ont échappé à la destruction. Ximeno,
biographe de Valence, dit qu'il n'a vu en imprimé
que ces deux parties et la moitié de la seconde;
quant à la première, il n'a jamais pu la trouver
qu'en manuscrit. La troisième partie seule est estimée 6 liv. 6 sh. par Salvá. Les deux n'ont été
payées que 6 fr. chez La Serna, mais l'exemplaire
était en mauvais état. Antonio cite l'ouvrage suivant du même auteur :
ALABANZAS de las lenguas hebrea, griega, latina,
castellana y valenciana. *Valencia, Joan Navarro*, 1574, in-4.

VIEZAY. Voy. WICZAY.

VIDA cremonensis (*Marcus-Hieronymus*).
De arte poetica lib. III, de bombyce lib.
II, de ludo scacchorum lib. I; hymni et
bucolica. *Romæ, Lud. Vicentinus*, 1527,
in-4. de 112 ff., y compris le titre et 2 ff.
blancs. [12811]
Un exemplaire imprimé sur VÉLIN se conserve au
Muséum britannique. Dans une partie des exemplaires, la Poétique est dédiée *ad Franciscum,
Francisci regis filium*, et dans d'autres, *ad Henricum, Henrici regis Angliæ filium*.

— Christiados libri sex. *Cremonæ, Lud.
Britannus*, 1535, in-4. de 155 ff. [12812]
Ces deux volumes, qui forment l'édition originale des

poésies de Vida, doivent être réunis ; et quoiqu'ils ne renferment pas tout ce qui est compris dans l'édition suivante, ils sont assez recherchés : 12 à 18 fr.

Le poëme *De Bombyce* a d'abord paru séparément, sans date, in-4. Voyez, pour un exemplaire de cette première édition impr. sur VÉLIN, *Biblioth. harleiana*, tom. IV, n° 10170. Les deux recueils ont été réimpr. *Lugduni, apud Seb. Gryphium*, 1536, in-8., mais cette réimpression a peu de valeur quoiqu'un exemplaire rel. en vélin doré avec le nom et la devise de Grolier, mais ayant le dos refait et la dorure renouvelée, ait été vendu 17 liv. Libri.

— POEMATA omnia (pleraque non antehac edita). *Cremonæ, J. Mutius*, 1550, 2 tom. en 1 vol. pet. in-8. 5 à 6 fr. [12810]

Édition plus complète que la précédente : 23 fr. *mar. r.* d'Hangard : il faut y réunir *Hier. Vidæ dialogi de reipublicæ dignitate*, Cremonæ, apud Vincent. Contem, 1556, pet. in-8.

L'édition de *Crémone*, 1567, pet. in-8., est également bonne.

— OPERA poetica. *Lugduni, hæred. Sebast. Gryphii*, 1548, seu 1554, seu 1559, seu 1581, in-16. 2 à 3 fr.

De ces quatre éditions les deux premières sont les plus belles. Celle de 1548, *m. bl.* 6 fr. Courtois.

— Christiados libri sex; edidit Eduardus Owen. *Oxonii, e typogr. clarend.*, ·1725, gr. in-8. — Poemata, scilicet : de arte poetica, libri tres, bucolica, bombycum libri duo; edidit Th. Tristram. *Ibid.*, 1722-23, 2 part. gr. in-8. — Hymni de rebus divinis. *Ibid.*, 1733, gr. in-8.

Belle édition, dont on trouve difficilement les 4 vol. réunis. Elle est ornée de jolies vignettes : 36 à 40 fr. vend. en *mar. bl.*, 85 fr. de Limare ; 150 fr. *cuir de Russie*, Caillard ; 61 fr. *m. r.* Courtois ; 2 liv. 9 sh. *m. bl.* Williams.

— POEMATA omnia, quæ ipse vivens agnoverat, cum dialogis de reipublicæ dignitate ; editio omnium emendatissima, curantibus Joan.-Ant. et Cajet, Vulpiis fratribus. *Patavii, Cominus*, 1731, 2 vol. in-4.

Bonne édition, la plus correcte et la plus recherchée : 15 à 24 fr.; vend. en Gr. Pap., dont les exemplaires sont rares : 2 liv. 12 sh. Pinelli.

— POEMATA quæ extant omnia, et dialogi de reipublicæ dignitate ; cura Rich. Russel. *Londini*, 1732, 4 tom. en 2 vol. in-12. 8 à 10 fr.

— GUERRE cruelle entre le roy blanc et le roy maure, traduite par le seigneur Des Masures. *Paris, Vinc. Sertenas*, 1556, in-4. de 27 ff. chiffr. et le privilége, ou sous cet autre titre :

— LE JEU des eschecz, translaté du latin de Hier. Vida, en françois. *Lyon, de Tournes*, 1557, in-4. dans les œuvres de Des Masures (voyez DES MASURES).

— LE JEU des eschets, traduction en françois, par M. D. C. *Paris, J. Gay*, 1862, pet. in-12. 2 fr. 50 c.

Réimpression tirée à 115 exempl., d'après celui de l'ancienne édition conservé dans la bibliothèque de Grenoble.

Pour une imitation en vers du même poëme, voyez PHILIEUL (*Vasquin*).

— LES VERS à soie, poëme de Vida, suivi du poëme des échecz, et des pièces fugitives du même auteur, et d'un choix de poésies de P. d'Orville, traduits du latin par J.-B. Levée, avec le texte en regard. *Paris*, 1809, in-8.

— LES VERS à soie, poëme, traduit en vers français, avec le texte latin en regard, par M. Math. Bonnafous. *Paris*, 1840, in-8., avec une pl. — tiré aussi in-4. pap. vél.

— LA CHRISTIADE, poëme épique de M.-J. Vida,

évêque d'Albe, première traduction française, avec le texte en regard, précédée d'une préface sur la vie et les ouvrages de l'auteur, par le desservant d'une succursale de Paris (M. Latour). *Paris, Colnet*, 1826, in-8. 5 fr., et plus en pap. vél.

— POÉTIQUE de Vida, traduite en vers français, avec le texte en regard, par P.-C. Gaussoin. *Bruxelles, Delmer*, 1821, in-8. 4 fr.

— POÉTIQUE de Marc-Jérôme Vida, traduite en vers françois, texte en regard, par P. Bernay, avec une introduction, une notice sur l'auteur, et des notes par H. Bernay. *Paris, Challamel*, 1845, in-8.

VIDA (la) de la seraphica S. Catherina de Sena, ara novamente per un devot affectat religios della cumplidament arromançada, e de moltes istories istoriada. *Valentia, Jehan Joffre de briãso*, 1511, in-4. goth. fig. sur bois, en dialecte de Valence. [22131]

Vendu 22 fr. en mai 1826 ; 25 fr. Librairie De Bure ; 1 liv. 1 sh. Heber, et les ff. 57, 58, 63 et 64, paraissant manquer, 1 liv. 19 sh. Libri, en 1859.

Cette traduction est de frère Thomas de Vessach ; Antonio, à l'article de cet écrivain, cite une édition de 1500.

— Voy. l'article CATHERINA da Siena.

VIDA (la) de sancta Magdalena en cobblas. *Estampada en Valencia por Joan Joffre, acabada a xv. de mars Any M. D. e cinch* (1505), in-4. goth.

Livret fort rare, orné de gravures sur bois et de bordures. 19 sh. Heber, VI, n° 2141. C'est le même ouvrage qui a déjà été décrit (IV, col. 473), à l'article de PELLICER (*Gabr.*).

VIDA del benavéturat sant houorat. (à la fin, après la table) : *Fonc acabada la presente obra a viiij dias del mes dehembre en la insigne ciutat de Valencia per Lope de Roca Alamany en lany de la incarnacion del nostre redemptor jesu crist mil CCCCLXXXV*. in-4. de 86 ff. (Hain , 8823.)

VIDA y excellentes dichos de los mas sabios filosofos que vuo en este mundo. *Seuilla, Cromberger*, 1541, in-4. goth. [18495]

A la fin de ce volume se trouvent quatre vers de Dante et un sonnet de Pétrarque, trad. en espagnol. 25 flor. Butsch.

VIDAL. Picturesque illustration of Buenos Ayres and Montevideo, consisting of 24 coloured engravings, accompanied with descriptions of the scenery, and of the costumes, manners, etc., of the inhabitants of those cities and their environs : by E.-E. Vidal. *London, Ackermann*,

1820, gr. in-4. 1 liv. — Très gr. in-4.
1 liv. 10 sh. [28698]

Vendu 34 fr. 50 c. salle Silvestre, en 1826.

VIDEL (*Louis*). Le Mélante, amoureuses aventures du temps. *Paris, Thiboust,* 1624, in-8. [17155]

Ce roman, devenu rare, est encore recherché dans le Dauphiné, patrie de l'auteur : 16 fr. à Lyon, en 1839.

— Histoire de la vie du conestable de Lesdiguières, depuis sa naissance jusqu'à sa mort (1543-1626). *Paris, Rocolet,* 1638, in-fol. avec portrait. [23471]

16 fr. en 1861.

VIDIUS (Vidus). Voy. CHIRURGIA.

VIDONI (*Bartol.*) da Soresina. La Pittura cremonese. *Milano,* 1824, pet. in-fol. fig. 30 fr. [9333]

VIDUA (*Carlo*). Inscriptiones antiquæ, a comite Carolo Vidua in turcico itinere collectæ. *Lutetiæ-Parisiorum, excudebat Dondey-Dupré* (1826), in-8. de 1v et 50 pp., avec 50 pl. lithograph. 8 fr. [29970]

Cet ouvrage a été l'objet de deux articles de M. Letronne, dans le *Journal des Savants,* 1827.

VIE de Jacob Almançor, roy d'Arabie, traduitte d'espagnol en françois, par de Vieux-Maison. *Paris, Gervais Clousier,* 1638, in-8. [28015]

Le texte espagnol de cet ouvrage resté anonyme a paru à Saragosse en 1603. Il a été traduit en anglais par Rob. Ashley, *London,* 1627, in-4., et plus tard en italien par Francesco Cionacci, sous le nom de Sennuccio Cirfranci. *Firenze, alla Stella,* 1663, in-4. 9 fr. Libri.
Les noms arabes d'Almançor sont : *Abu Walid Amiro'l Mumenin Jacob Al Mansur.*

VIE de Moïse representée par figures. *Lyon, par Jean de Tournes,* 1560, in-4. obl. [292]

Soixante-dix-sept gravures sur bois encadrées d'arabesques, avec un quatrain en vers français au-dessous de chacune. Ce sont en grande partie des planches qui avaient déjà été employées par J. de Tournes dans ses édit. in-fol. de la Bible en lat. et en français, de 1556 et 1557.
Ce livre, qui n'avait été vendu que 7 fr. 15 c. chez La Valliere, a été porté à 150 fr. *m. r.* à la vente Coste.

VIE de nostre benoit sauueur ihesuschrist. (*sans lieu ni date*), in-fol. goth. de 123 ff. non chiffrés, à 2 col. de 26 lign., sign. *aj—nv.* [300]

Édition imprimée avec les gros caractères de Guill. Leroy, à *Lyon,* avant 1480. Le commencement est ainsi :

(C) *y commêce vne moult belle et moult notable deuote matiere qui est moult proffitable a tou te creature humayne Cest la vie de nře benoit sauueur ihesuscrist or donnee en brief langay ge ou parolles Pource que le peuple dauiordui ayme z requiert auoir choses briefues comme cellui qui est de courte durce z de petite deuoci on Et fut translatee a paris de latin en frâcois a la reÿste de treshault z puissant prince ichean duc de berry...............*
....
...............Là de grace Mil ccc lxxx

· On lit au recto du dern. f., 2ᵉ col., la souscript. suivante, en 13 lignes : *Cy finist la vie et les miracles que nostre benoit sauueur nře Seygneur ihesuscrist en briefue substance de sa natiuite iusques a sa benoite passion inclusiue en ce comprins au commencement la requeste des benois anges de paradis quilz firent a dieu le pere pour nature humaine.* (Biblioth. impériale.)

Une autre édition de cette vie de J.-C., in-fol. goth. à 2 col., que l'on annonçait comme une production des presses de Barthélemy Buyer, à Lyon, vers 1476, et qui commence par le même sommaire que la précédente, a été vend. 3 liv. chez Lang, en 1827. Ce même exemplaire, qui n'a que 63 ff. non chiffrés, à 2 col., sign. A-M, est décrit dans les *Analecta* du marquis du Roure, 1, p. 130.

— ENFANCE de nostre seigneur. (*sans lieu ni date*), pet. in-fol. goth. de 29 ff. à 2 col. de 36 et 37 lign., sign. a—e3.

Édition lyonnaise de la fin du xvᵉ siècle, laquelle ne renferme qu'un extrait de l'ouvrage précédent. Le premier f. porte les quatre mots du titre ci-dessus ; au second f. commence le texte précédé d'un intitulé en 16 lign. (même contenu que dans la *Vie de nostre benoit sauueur*): sur le verso du dernier f., 1ʳᵉ col., se lit la souscription : *Cy finist la vie et les miracles...* et à la 2ᵉ col. : *Côment lenfant Jhesus fit de petis oyseaulx.* (Acheté 100 fr. pour la Biblioth. impér.)

VIE (le Liure nôme la) de iesucrist... — *Cy finist le liure nôme la vie de iesuchrist ouquel est côprinse la creation de Adam de eve et du môde iusques a la passion et resurrection. la vie nostre dame. la vie saint ichan baptiste. la vie de Judas et plusieurs aultres beaux histoires imprime par Robin Fouquet et Jean Cres. le dernier iour dapuril. Lan mil iiiiᵉ iiiixx et cinq* (1485), *deo gracias. Robin Fouquet,* in-4. goth. à longues lignes, au nombre de 26 à la page. [301]

Livre fort rare. La Bibliothèque impériale en conserve

. un bel exemplaire, lequel cependant est sans frontispice, et commence au f. aij, par ces deux lignes : (*A*) *U nom de la benoiste t saïcte trinite, amen. a to² bons et vraiz crestiens.* Ce f. contient la table, et est suivi immédiatement du texte, dont les ff. sont cotés de I à VII^{xx} XII (152), et qui commence par cette ligne : (*A*) *Udiens sapiens sapientior erit. q̃stio.* Le papier est d'une belle qualité, et c'est un avantage que partagent les autres éditions impr. à la même époque à Lodéac (voyez Mirouer de l'âme, Songe de la Pucelle). Jean Cres, d'abord associé de Robin Fouquet, transporta sa presse à Lantenac en 1491, où il donna le *Doctrinal des nouvelles mariées* (voir à la col. 782 de notre 2ᵉ vol.), opuscule in-4., à la fin duquel se voit sa marque que nous avons donnée dans notre 2ᵉ vol., col. 782.

La Bibliothèque de l'Académie de Lyon possède une édition de cette vie de J.-C., où se lit la souscription : *Cy finist le liure intitule vita cristi auquel est contenu ce qui sensuyt : Premierement la creacion des anges, dadam, deue, du monde, la natiuite, la vie et lanunciation nostre dame. la natiuite nostre seigneur, la natiuite sainct iehan baptiste et sa decolacion. la vie de iudas. la passion et resurrection de ihesucrist, et lenterrement nostre dame. Imprime a Lyon lan de grace mil. cccc. lxxx viii. Amen.* C'est un in-4. de 92 ff. à 2 col. de 37 lign., en caract. goth., avec fig. sur bois dans le texte, sans chiffres ni réclames. Il y manque le f. a i. À la suite de cette vie se trouve relié un opuscule in-4. goth. de 18 ff. à 2 col., sans lieu ni date, impr. avec les mêmes caractères que le précédent ; en voici la souscription : *Cy finist ce present traictie intitule La destruction de Iherusalem et la mort de Pilate.*

— La Vie de nostre seigneur ihũcrist parlant du vieil testament t du nouueau : commencant a la creacion des anges iusques au trespassement de nostre dame : translatee de latin en francoys. *Lyon, Jaques Arnoullet, le 23 iour de iuing* MCCCC. XCV, in-fol. goth. de 62 ff. non chiffrés, à 2 col. avec des sign. de a—k, fig. sur bois.

Édition peu connue de l'ouvrage précédent (imprim. en 1485). Le prologue, qui diffère entièrement de celui de *Ludolphus Saxo*, commence ainsi (2ᵉ f. recto, 1ʳᵉ col.) : *Au nom de la benoiste saincte trinite amen. a tous bons et vrays crestiens soit ce petit liure presente.* A la 2ᵉ col. du même f. commence le texte de cette manière : *Audiens sapiens sapientior erit questio prima. Ces parolles que iay proposees sont escriptes...* (Ebert, 23577, d'après l'exempl. de Wolfenbüttel). A la suite de l'exempl. décrit se trouve *La destruction de iherusalem : et comment pylate fina ses iours malleuseusement* (sic), opuscule de 14 ff. à 2 col. signat. A et B., sans lieu ni date, mais impr. avec les mêmes caractères que la Vie de J.-C., et portant la marque d'Arnoullet. Ce petit ouvrage, qui se trouve aussi dans plusieurs autres éditions anciennes de la même vie de J.-C., commence par ces mots : *Apres quarante ans que nostre saulueur ihũcrist fut mys en larbre de la croix.* Nous en avons parlé au mot Destruction.

— La même Vie de ihũcrist. — (à la fin) : *Cy finist la vengence de la mort t passion de nostre saulueur et redempteur ihũcrist. Imprime a Lyon sur le rosne par Claude nory. le dernier iour de mars. Lan mil. ccccci.* 3 part. en 1 vol. pet. in-4. goth. à longues lignes, avec fig. sur bois, ff. non chiffrés.

La première partie a des signat. de *a—i.* La seconde, intitulée *Ci dedens cõmence la mort t passion de iesucrist...* de *k—q.* La 3ᵉ, qui pour titre la *vengence de nostre saulueur et redempteur iesucrist et la destructiõ de iherusalem faicte par vespasien empereur de romme,* est sous les sign. A—D. (*Bibliothèque impériale.*)

Dans l'édition de 1515, citée à la page suivante, se voit la marque placée ci-contre :

(*Bibliothèque impériale.*)

— La Vie de Jesu Crist. — la mort et passion de iesucrist laquelle fut cõposee par les bons et expers maitres, Nicodemus et Joseph d'Arimathie... — la destruction de Hierusalem et vengeance de nostre saulueur et redempteur Jesus-Christ, faicte par Vespasien et Titus son fils. — *Imprimee a Lyon sur le rosne par Jehan de Chẽney le xxij iour de Nouẽbre lan de lincarnation de ihucrist* M. CCCC. X, 3 parties en 1 vol. in-4. goth.

Ce volume curieux était à la vente de M*** (Leduc aîné), faite à Paris, en 1819, et y a été payé 42 fr. ; mais il s'est glissé plusieurs fautes à son sujet dans le catalogue de cet amateur : d'abord l'ouvrage y est placé parmi les poëtes dramatiques français, à cause de la *Destruction de Jerusalem,* qu'on a sans doute prise pour le *Mystère de la vengeance,* mais qui est le même livre que celui dont nous avons parlé, au mot Destruction ; ensuite on le date de 1505 au lieu de 1510, et l'imprimeur est nommé *Chemuy* pour *Chẽney,* ou plutôt pour *De Channey,* nom qui se lit sur le frontispice du volume, à côté de la marque de l'imprimeur (voyez notre tome II, col. 1616). Cette marque est cette même ancre dont les Alde ont fait un si long usage dans leurs nombreuses impressions, et cela nous rappelle *Pierre de Provence et la Belle Maguelonne,* impr. à Avignon, en 1524, par un *Jehan de Channey,* qui prenait aussi l'ancre pour enseigne. Or, cette circonstance et la conformité des deux noms *Jehan de Chêney* et *Jehan de Channey* nous porte à conjecturer que l'imprimeur d'Avignon pourrait bien être le même que l'imprimeur lyonnais; car, si celui-ci a écrit son nom de deux manières dans une même édition, n'a-t-il pas pu l'écrire encore différemment dans une autre? Mais revenons à la description de ce livre rare. Les trois ouvrages, quoique portant chacun un frontispice particulier, ne doivent point être séparés, puisqu'ils sont réunis sous une même série de signatures, depuis *a* jusqu'à *Miiij*. Le premier, mêlé de vers et de prose, se compose de 37 ff. avec des gravures sur bois. Le second a 32 ff. et le troisième 16 seulement.

— La Vie de ihesucrist. *Lyon, Cl. Nourry*, 20 sept. 1515, in-4. goth. avec fig. sur bois.

Volume composé de 97 ff. non chiffrés, à 35 lign. par page, y compris la *Destruction de Hierusalem*, qui a un titre séparé et des sign. de A—C. Le premier ouvrage porte le titre ci-dessus en 2 lign. impr. en rouge, avec la marque de l'imprimeur au-dessous. Il a des signat. de *a—m*.

— La Vie de iesu crist auecq̃s sa mort et passion et Resurrection. Et la sentence donnee par Pylate alencontre de Jesucrist. La vie de Judas scarioth. Le Trespassement de nostre dame. La Vengence et destruction de hierusalem. (au verso de l'avant-dernier f.) *Cy finist la vengeance de la mort de Jesucrist. Imprimee a poictiers par sire Enguilbert de marnef... le xvuj de Jung* (sic.) *Lan mil cinq cens xxiiii*, in-4. goth., sign. A—O, ff. non chiffrés.

La *Mort et passion* commence avec le 1er f. du cah. G., et finit avec le 7e f. du cah. L.; la *Destruction de hierusalem* commence au 8e f. du même cahier, et finit avec le 3e f. du cah. O. Le 4e f., dernier du volume, contient seulement la marque de l'imprimeur et une vignette.

Vendu 20 fr. 50 c., exemplaire taché, Heber.

— La Vie de Iesucrist. = La mort et passion de Jesuscrist, laquelle fut composee par les bons et expers maistres Gamaliel, Nycodemus et Joseph Dabarimathie (sic). = Le trespassement de Nostre-Dame. = La destruction de Iherusalem et vengence de nostre Saulveur et Redempteur Ihesuchrist. *Lyon, Claude Nourry, dict Le Prince*, le 25 may 1527, pet. in-4. goth., fig. sur bois, 3 part. en 1 vol.

Cette édition contient, de même que celle de 1515, 97 feuillets non chiffrés à 35 lignes par page, y compris la *Destruction de iherusalem*. Vend. 123 fr. à Paris, en novembre 1846.

Pour une édition du second de ces trois opuscules, voyez MORT.

Le même livre a été réimpr. à *Poictiers, chez Jehan de Marnef*, en 1535, in-4. goth. avec des fig. sur bois, sign. *a—oiii*.

Cette dernière édition contient aussi les trois parties. La seconde porte le titre suivant, qui nous paraît assez singulier pour mériter d'être rapporté ici *in extenso*:

La mort et Passion de iesucrist : Laquelle fut cõposee par les bons et expers maistres Gamaliel Nicodemus et Joseph Dabarimathie (sic) *disciples secretz de Jesuchrist. Lesquelz en ont traicte bien au long, car ilz estoient touiours presens. Lan de nostre seigneur Jesuchrist. Cinq cens z unze fut trouue a Vienne en ung petit coffret cache soubz terre la sentence donnee par Ponce Pilate. a lencôtre de Jesuchrist nostre saulueur. translatee de latin en frãcoys. comme icy a pres sensuyt* — (à la fin) : *Cy finist la vengence de la mort z passion... Imprime a Poictiers par Jehan et Enguillebert de marnef frères... Mil. cinq cens. xxx. v.* Un exemplaire de cette seconde partie, commençant à la sign. G, avec la 3e partie, commençant au dernier f. du cahier L, a été vendu, comme complet, 65 fr. en mars 1833, et

acheté par M. Leber, qui, tout joyeux de son emplette, nous présenta alors ce fragment comme un livre *inconnu*.

Une autre édition des trois parties dont il s'agit ici a été faite à *Lyon, chez Le Prince*, 1538, in-4. goth. (catal. Barré, n° 25); nous en trouvons une de *Paris, Sim. Caluarin*, (sans date), in-4. goth. (portée dans la *Biblioth. heber.*, I, 3957).

— La Vie de Jesus-Christ. La demande de sainct Augustin des doleurs de Nostre-Dame; la complaincte de la glorieuse vierge Marie et son trespassement. La Destruction de Hierusalem. — *Cy finist la vengeance de la mort et passion de nostre benoist sauueur et redempteur Jesuchrist. Imprimé a Lyon, lan M. cccc. xliiii*, gr. in-8. goth. fig. sur bois, sign. A—N.

C'est en grande partie le même ouvrage que celui dont nous venons de décrire plusieurs éditions. 67 fr. mar. r. dent. Coste.

— VITA Christi. La Vida de nostre Saluador et Redemptor Jhesuchrist al lengaget de Tholosa, am lo trespassament de nostra Dama, et la benjansa et destruction de Hierusalem, fayta per Vespasien Emperador de Roma, ystoriada. Nouuelament imprimada aldict Tholosa, 1544. Et son a vendre a Tholosa a la Portaria (à la fin) : Ayssi finis la Vida, la mort et passion, resurrection, et assention... *Nouuellamment imprimada a Tholosa per J. Colomies imprimeur. Lan* M. D. *xlv. et le xxvj de jenier* (sic) *demorant en la carriera Dagulheras*, pet. in-4. goth. de 88 ff. non chiffrés, à long. lignes au nombre de 40 à la page, sign. A—L.

Volume fort rare, divisé en trois parties : la première occupe les 37 prem. ff.; la seconde (*La mort et passion de nostre Salvador...*) en a 35, et la troisième commence au 71e f. par ce titre : *La benjansa de nostre Saluador...* Le premier f. du livre a un frontispice encadré contenant le titre ci-dessus, impr. en rouge et noir. Il y a en tête de presque tous les chapitres une vignette sur bois. M. Desbarreaux-Bernard, docteur-médecin, à Toulouse, a donné une notice fort curieuse sur ce livre précieux qu'il a fait connaître le premier (voir le *Bulletin du Bibliophile* de Techener, IXe série, pp. 779-95).

VIE (la) de nostre seigneur selon les quatre evangelistes. Voy. BRANTEGHEM.

VIE de Nostre Dame. (*sans lieu ni date*), in-4. goth.

L'ouvrage annoncé sous ce titre, dans le catal. du duc de La Valliere, en 3 vol., n° 2900, est la même chose que les Louanges de la Vierge, de Martial de Paris (voy. MARTIAL).

Vies particulières de saints et de saintes, par des anonymes, rangées par ordre alphabétique.

VIE (cest la) de monseigneur Saint-Albain roy de Hongrie, translate nagueres de latin en francoys. *Imprime a lion sur le rone le xviij iour dauril lan de grace. M. ccclxxxxiij*, in-4. goth. de 30 ff. [26526]

Édition excessivement rare : vend. 5 fr. Courtanvaux, et jusqu'à 40 liv. Lang. Du Verdier en cite une autre, de *Paris, Pierre Sergent*, sans date, in-4.

VIE (la) de monseigneur S. Antoine abbé,

Vie de M. de l'Hôpital. Voy. Pouilly (Lévêque de).

et des choses merveilleuses qui lui advinrent ez deserts, ensemble comment son glorieux corps fut trouvé par révélation divine et porté à Constantinople et de là transporté en Viennoys. *Lyon*, 1555, in-4. fig. [22105]

Livre rare (Catal. Barré, n° 5027).

Voyez ci-après col. 1195.

TRANSLATION de latin en françois de l'invention et translation du glorieux corps monseigneur sainct Anthoine des deserts d'Egypte en Constantinoble et de Constantinoble en France. *Paris, par M. Nicolas de La Barre* (1515 à 1520), pet. in-8. goth. [22105] Titre pris dans le *Tresor* de M. Graesse.

VIE de monseigneur S. Aulzias de Sabran. Voy. RAPHAEL.

VIE de monseigneur Sainct Bernard, deuot chapelain de la vierge Marie et premier abbe de Clereuaulx, translate de latin en francois et mise en sept liures par un ancien religieux dudit Clairuaux. *Paris, Fr. Regnault*, sans date, in-4. goth. à 2 col. [21780]

Ouvrage dans lequel se lisent plusieurs passages très-singuliers, et différentes pièces de vers. On l'attribue à Guillaume Flameng, sans doute parce qu'il se trouve des vers de ce religieux au commencement et à la fin du livre, et qu'au premier prologue en vers il est dit : *compose par Guillaume flameng, iadis chanoine de Langres demourant a Clairuaux ;* mais nous croyons que Flameng n'en a été que l'éditeur. Le volume commence par 10 ff. prél., contenant le titre, le prologue en vers, un autre prologue en prose, et la table. Le texte a des signat. de a—gg, et l'on trouve au verso du dernier f. la marque et l'adresse de François Regnault. Vendu 59 fr. bel exemplaire *mar. r.* Lair, et 15 fr. Librairie De Bure ; 46 fr. mar. r. Cailhava, et 109 fr. Bergeret.

Il existe une autre édition de cette vie, imprimée à *Troyes, par Jean Lecoq, pour Macé Panthoul*, in-4. goth. de 162 ff. chiffrés, plus 6 ff. non chiffrés, contenant l'épitaphe de dame Aelis, mère de S. Bernard, composée par M° Guillaume Flameng. M. Corrard de Bréban l'a décrite (dans ses *Recherches sur l'imprimerie à Troyes*), d'après un exemplaire dont le titre a été refait à la plume.

VIE de S. Eustache. Cy commĕce la vie de mŏsieur sainct Eustace, de sa femme, Et de ses deux enfans, auec lantienne et lorayson. Nouuellement imprimee a Paris. On les vend a Paris en la Rue neufue nostre Dame a lenseigne Sainct Nycolas. (à la fin) : *Cy fine la vie de monsieur Sainct Eustace nouuellement imprimee a Paris pour Jehan sainct Denys libraire Demourant en la Rue neufue nostre Dame....* pet. in-8. goth. de 16 ff. non chiffrés, avec 3 fig. sur bois placées au recto et au verso du prem. f., et au verso du dernier. [22167]

Cette vie est en vers de 12 syllabes, et par strophes

___

Vie de Ph. d'Orléans, 23886.

Vie de Postel. Voy. Des Billons.

Vie de Potemkin, 27780.

Vie de sainte Catherine de Sienne, 22154.

Vie de saint Claude, 22145.

de 4 vers. Elle commence ainsi : *Tout mon proposement ay mis a baulx ditz dire.* L'antienne et l'oraison sont en prose latine : 11 fr. La Valliere.

VIE (la) de saint fabien et saint sebastien. — *Cy fine la vie saint fabien et saint sebastien imprime a paris par denis meslier demourant en la rue saint iaques a lenseigne des trois pyions*, in-4. goth. de 6 ff. [22170]

Au recto du premier f. de cet opuscule en prose se voit la marque suivante :

VIE (la) saint fiacre en brie. *(sans lieu ni date)*, pet. in-4. goth. de 18 ff. non chiffrés, avec fig. sur bois. [13622]

VIE de sainct Fiacre en Brie (à la fin) : *Cy finist la vie et legende de saint Fiacre en Brie, imprimee a Paris par Jehan Trepperel* (sans date), in-4. goth. de 20 ff., sign. a—c, avec fig. sur bois.

Belle édition, non moins rare que la précédente, et peut-être un peu plus ancienne. 120 fr. *mar. r.* Bertin. M. Yémeniz, qui possède l'exemplaire ici décrit, a bien voulu me communiquer la notice d'une autre Vie de saint Fiacre, également en sa possession, et dont voici le titre :

LA VIE et legende de sainct fiacre en brye. — Cy finist la vie ż legēde de sa̅ict fiacre en brye. Imprimee a pis p Jehā (sic) Treperel (sans date), pet. in-4. de 20 ff., sign. a—c, avec des fig. sur bois, et au titre la marque de l'imprimeur.

Cette dernière est en vers de 8 syllabes, ce qui la rend plus curieuse que les rédactions en prose. Elle est terminée par une oraison latine à S. Fiacre. 12 fr. La Valliere, et peut être estimée 200 fr. aujourd'hui.

LA VIE et legende de sainct fiacre en brie. (au recto du dernier f.) : *Cy finist la vie et legende de sainct fiacre en brye. Imprimee a Paris par denis meslier*, pet. in-4. goth. de 18 ff., avec des fig. sur bois (*Biblioth. impériale*).

LA VIE et legende de Monsieur Sainct Fiacre, auec plusieurs beaux miracles, traduicte de latin en françois (par frere Tristan Rouait), auec son oraison. *Paris, J. Mancelet,* 1581, pet. in-8. de 16 ff. fig. sur bois.

24 fr. *mar. r.* Veinant, et même prix vente du marquis de C., en 1857.

— AUTRE édition, *Paris, Pierre Menier, portier de la porte Saint-Victor,* 1617, pet. in-8. de 16 ff. 26 fr. 50 c. Le Prevost, en décembre 1857.

VIE de monsieur Saïct Fiacre (sensuyt la), filz du roy Decosse par personnaiges, contenant comment il vint en France et comment il demoura en Brie, auec plusieurs beaulx miracles, a quinze personnages. — *Cy finist la vie de monseigneur Sainct Fiacre nouuellement imprime a Paris pour Jehan Sainct-Denis,* in-4. goth. [16238]

Volume de 18 ff. en tout; vendu 72 fr. en juin 1816; 505 fr. de Soleinne. Il doit être excessivement rare, car il n'en est pas fait mention dans la *Biblioth. du théâtre françois,* par le duc de La Vallière; et il n'y paraît pas non plus que cette pièce se trouvât dans la bibliothèque de cet amateur, puisque l'ouvrage indiqué parmi les poëtes français, sous le n° 2899 de son catalogue en 3 vol., et que nous venons de décrire plus haut, n'est pas le même que celui-ci.

VIE (la) Saint Francoys. *Imprime a Paris, pour Simon Vostre* (sans date), gr. in-4. goth., signat. A—I, avec fig. sur bois. [22175]

Vendu 6 fr. 60 c. le baron d'Heiss, et 200 fr. Veinant.
— Les cahiers de ce vol. rare sont de 8 ff. chacun, excepté E, qui est en 7, et I, en 6 ff.

— La vie et legende monsieur sainct Francoys. *(Paris), Jehan Barbier* (sans date), pet. in-8. goth., feuillets non chiffrés, sign. a—x.

Le titre de ce volume porte la marque suivante :

Vendu 12 fr. 50 c. Librairie De Bure, et avec *Legenda major beatiss. patr. Francisci, a S. Bonaventura,* Paris., Joh. Barbier, pet. in-8. goth.; les deux vol. *mar. bl.* 16 fr. 95 c. Courtois.

— La vie et legède de monseigneur sainct Francoy (avec la marque et le nom de *Jehan Frellon*), pet. in-8. goth., sign. a—x.

Au feuillet vj commence : *Sensuyt aucunes belles exemples de ses croniques.*

Il y a une autre édition, avec le nom du même Jehan Frellon, libraire qui exerçait d'abord à Paris, dans le commencement du XVIᵉ siècle, et qui passa ensuite à Lyon, vers 1513. Cette dernière est un volume pet. in-8. de 167 ff., sous ce titre : *La Vie sainct Francoys.*

— LA MÊME, *Paris, Jehan Petit,* sans date (vers 1525), pet. in-8. goth., vendu 15 sh. *mar. r.* Hibbert.

LA VIE τ legède de mõsieur saīt Francois Auec lantienne Et loraison. (au recto du dernier f.) : *Imprime a Rouë pour Francois regnauld libraire de luniversité de Paris,* pet. in-4. goth. de 6 ff.

VIE (Cest la) saint Germain lauxerrois, translatee de latin en francoys. In-4. de 36 ff. en caract. goth.

Un exemplaire impr. sur VÉLIN est annoncé sous le n° 354 du catalogue impr. pour la vente de M. Robet, faite à Paris en octobre 1847, mais il y manquait l'avant-dernier feuillet, lequel était remplacé par un f. blanc. Il est probable que la souscription se trouvait au f. manquant. Le dernier f. recto renferme quelques vers français, et au bas les lettres initiales J. P. L'édition paraît être du commencement du XVIᵉ siècle. On lit au verso du 33ᵉ f. : *Explicit vita sancti Germani antissiodorensis episcopi. Les deux miracles qui s'ensuiuent sont contenuz a la fin de la legende. Mon dit seigneur Saint-Germain apres sa vie declairee ci-dessus.*

VIE de monseigneur Saint Germain, evesque de Paris. *Paris, Ant. Verard,* 1509, in-4. goth. [22183]

Un exemplaire impr. sur VÉLIN, avec miniatures, est porté à 20 fr. seulement dans le catalogue de Colbert, n° 8859.

VIE de monseigneur St. Hierosme. Voyez LASSERE.

VIE (la) de monseigneur sainct Hubert Dardeiue. *On les vend a lenseigne du pellican, en la rue sainct Jacques (chez les de Marnef,* de 1510 à 1530), in-8. goth. de 32 ff. non chiffr., sign. Aii—Diiij, à 35 lign. à la page. [22195]

Petit livre rare, avec 2 fig. sur bois, l'une au recto du frontispice, et répétée au verso, l'autre au verso du dernier f., où se voit la marque de l'imprimeur. M. Jér. Pichon en possède un exemplaire.

Cette vie composée par Hubert Le Prevost, de Bruges, en 1459, a été réimprimée sous le titre suivant :
LÉGENDE de Saint Hubert, précédée d'une préface bibliographique et d'une introduction, par Edouard Fétis. *Bruxelles, A. Jamart,* 1846, in-12 de xxi et 182 pp.

L'*Histoire en abrégé de la vie de saint Hubert, prince du sang de France...,* Paris, Le Prest, 1678, in-8. fig., a été payée 18 fr. à la vente Huzard, où l'Histoire du même saint (par Célestin, abbé de S. Hubert), *Paris et Liège, Kints,* 1737, avec un supplément, s'est vendue 17 fr. — Voir les nᵒˢ 22196 à 22198 de notre table.

VIE (la) saint Iehan Baptiste. *(sans lieu ni*

date), pet. in-4. de 6 ff. non chiffrés, sign. aiij. [13615]

Édition imprimée en caract. goth. carrés, avant la fin du XVe siècle. Une fig. sur bois, représentant saint Jean-Baptiste, se voit sur le recto du premier f., et se trouve reproduite au verso du même f. Le texte, consistant en 45 quatrains, commence au 2e f. de cette manière :

> A U·nom de la vierge Marie
> Et de la Sainte Trinite
> De saint Iehan vous diray la vie

Vend. 75 fr. mar. r. Crozet.

LA VIE saint ieha baptiste. (Paris, sans date), pet in-4. goth. de 5 ff., avec fig. sur bois.

Autre édition rare. La marque de J. Trepperel est au recto du premier f. (Voyez à la col. 265 de notre tome II.)

LA VIE de sainct Jehan Baptiste. Nouuellement imprimee a Paris (s. d.), in-8. goth. de 4 ff. (catalogue Cigongne, 736.)

— LA MÊME. (Au recto du dern. f.) : Imprime a Rouen. par Jacques le forestier demourāt au dit lieu a la tuylle dor pres les augustins, pet. in-4. goth. de 6 ff., avec la fig. de saint Jean au recto, et une autre gravure au verso.

En 44 strophes de 4 vers de 8 syllabes. La marque de Le Forestier est au verso du dernier f. (voyez à la col. 1132 de notre tome II). — Réimprimé à Rouen, Martin Morin, in-4. goth., également sans date.

VIE et légende de S. Joseph. Voy. SAINTE VIE.

VIE de saint Laurens. Sensuyt la vie de monseignr saït Laurens par psonnaiges. Auec le martire du sainct ypolite Nouuellement imprimee a Paris. XVI. (au recto du dernier f.) : Cy finist le mystere de monseigneur Sainct Laurens. Par personnaiges, auec le martire de Mōseigneur Sainct ypolite. Et plusieurs aultres martirs. Nouuellement imprime a Paris. Par Alain lotrian, et Denys ianot imprimeurs et libraires. Demourans en la rue neufue Nostre dame a lenseigne de Lescu de France, pet. in-4. goth. de 70 ff. à 2 col., sign. A—R. [16240]

Moralité fort rare : 200 fr. Gaignat ; 101 fr. La Valliere.

Sur le titre, le portrait de S. Laurent, et au verso les noms des personnages. Au verso du dern. f. la marque de Denis Janot.

VIE (la), legende et miracles du roy sainct Louys. Paris, Cloris Eve, 1610, pet. in-8. de 48 pp. avec un portr. de S. Louis sur le titre. [23365]

En mar. r. par Duru, 60 fr. Veinant.

VIE des bienheureux frères et glorieux martyrs saint Lugle archevesque, et saint Luglien roy d'Hibernie, patrons de la ville de Montdidier en Picardie..., par un religieux bénédictin réformé de l'ordre de Cluny. (Paris), 1718, in-12. [22215]

Cette histoire de deux saints irlandais du VIIe siècle est rare, et les Anglais la recherchent beaucoup. Un exempl. en m. r. a été vendu 4 liv. 1 sh. Hanrott ; 4e part., no 821.

Vie (la) et miracles | de monseigneur | Saint martin translatee | de latin en francoys. (au verso du dern. f.) :.. a este imprimee a tours par Mathieu lateron ceste pñte vie auecq̃s les miracles de monseigneur sainct Martin arceuesque dudit lieu de tours. En laq̃lle cite repose le benoist corps du glorieux sainct Le septiesme iour de may Lan mil cccc. iiii. xx. et xvi. pour Jehan du Liege marchant librairie demourant a Tours en la rue de la sellerie a lymage de sainct iehan leuangeliste pres des augustins, pet. in-fol. goth. de 106 ff. non chiffrés, à 33 lignes par page, avec signatures. [22223]

Premier livre connu imprimé à Tours ; il est décoré de fig. sur bois, lesquelles sont plusieurs fois répétées. Les exemplaires en sont fort rares : celui de La Valliere qui était en mar. r. n'a été vendu que 27 fr. ; mais maintenant il pourrait être porté à 1000 fr.

Un exemplaire, imprimé sur VÉLIN et avec figures enluminées, se conserve à la Biblioth. impériale.

On trouve dans le catal. de Lang, no 2308 :

VIE et miracles de saint Martin, archeuesque de Tours. Paris, Michel le Noir, 1499, in-4. goth. imparfait au commencement.

— La vie et miracles de monseigneur saint Martin translatee de latin en francoys. (au recto du dern. f.) : Jmprime a paris par la veufue iehan treperel ɩ Jehan iehānot librairie et imprimeur, pet. in-4. goth. de 110 ff., sign. A—T, avec fig. sur bois.

Réimpression de l'édition de Tours, 1496, et avec le même prologue, où il est dit que cette vie est tirée d'un ouvrage de saint Sulpice (Sulpitius Severus), divisé en 26 chapitres. Au recto du 6e f. du cah. S commence un petit poëme en stances de huit vers, qui occupe 9 pages. La même vignette est répétée plusieurs fois dans le courant du vol. ; 250 fr. mar. r. Berlin. — Voy. SEVERUS (Sulpitius).

LA VIE sainct Martin, auecques les miracles et oraisons. On les vend a Paris (pour Pierre Sergent) en la rue Neufue Nostre Dame a lenseigne sainct Nicolas (sans date), in-4. goth. de 6 ff., avec fig. sur bois. 51 fr. mar. v. non rogné Veinant.

VIE (la) de sainct Mathurin de larchant Historiee. (à la fin) : Cy fine la vie de sainct Mathurin de larchant imprimee a Paris par Jacques nyuerd demourant en la rue de la iuy frie a lymage Sainct Pierre... (sans date), pet. in-4. goth. de 16 ff. non chiffrés, à longues lignes, avec fig. sur bois. [13620]

Cette légende est en vers de 8 syllabes. L'auteur dit au commencement qu'il l'a traduite du latin, et à la fin il se nomme dans les vers suivants :

> Lan quatre cens quatre vingt
> Et neuf, que on cueillit peu de vins

En nouembre fut la vie faicte
Selon la legende parfaicte
Par messire iehan vostre prestre
Au diʒ Larchant ou voulut naistre
le tres noble sainct Mathurin
.....

Une édition de cette légende, *Paris*, sans date, in-8. goth., avec la messe de saint Mathurin, est portée à 8 fr. 10 c. dans le catalogue de M. Daguesseau, n° 4002, où, par une faute d'impression, l'auteur est nommé *J. Bestre*, au lieu de *Jehan prestre*, ce qui est cause que Cailleau a placé ce livre au mot *Bestre*, dans son Dictionnaire.

VIE (la), legẽde, miracles ʒ oraison de monseignr saint Roch : glorieux amy de dieu Pour les merites ʒ intercession duquel dieu a ottroye a ung chascun deuotement le reclamant Remede contre toute pestilence. — *Cy finist la vie saint roch Imprimee a Paris par Pierre le Caron demourant en la rue neufue saint merry ou a son ouuroir a lentree de la porte du palais,* pet. in-4. goth. de 12 ff. [22264]

On lit au 2ᵉ f. le sommaire suivant : *Cy cõmence la vie de monseignr saint roch cõfesseur ʒ vray preseruateur de la playe mortelle de pestilence. trãslate de latin en francoys Par venerable ʒ religieuse psonne frere iehan phelipot alias daras, liseur en theologie de lordre de nostre dame des Carmes : au cõuent de paris,* et au dernier f. une pièce de vers français adressée à saint Roch.
—LA VIE et le‖gẽde de monseigneur ‖ Saint Roch vray preseruateur de pestilence. (au recto du dernier f.) : *Imprime a Paris par Jehan Herouf (sans date),* in-4. goth. de 16 ff. non chiffrés, fig. sur bois (ou 18 ff. selon M. Yémeniz).
Imprimé vers 1500. Vend. en mar. r. 130 fr. Bertin.
Il y a une autre édition de cette légende, in-8. goth.
Voir ci-après, col. 1197.

VIE de saint Vincent de Paule (par Collet). *Nancy*, 1748, 2 vol. in-4. 18 à 20 fr.

Ouvrage estimé. Il y en a une édition, *Paris*, 1818, 4 vol. in-8. et plusieurs autres. [21925]

Voici encore l'indication de plusieurs vies particulières de différents saints, impr. vers l'année 1500, et qui méritent d'être citées à cause de leur rareté :
VIE (la) et legende de monseigneur sainct Alecis (*sic*). — *Cy finist la vie et legende du glorieux amy de Dieu, monseigneur saint Alecis (sans lieu ni date,* mais *Paris,* vers 1500), in-4. goth. de 4 ff. avec un bois sur le titre. Un exemplaire relié en *mar. r.* par Duru, 180 fr. Veinant.
LA VIE de monsieur saint Alexis auec lãtienne. Et oraison. (au verso de l'avant-dernier f.) : *Cy finist la vie ʒ legende..... de monseigneur saint Alexis. Nouuellement imprimee a Rouen par Richard auzoult, demourant en la rue estoupee, pour Robinet mace libraire de luniuersite de Caen,* pet. in-4. de 6 ff., dont le dernier porte la marque de Robinet Macé. [22094]
VIE ʒ legẽde de monsieur saĩct Alexis auec lãtiene ʒ loraison. (à la fin) : *Imprime a Rouen pour Francois Regnauld libraire de luniuersite de Paris : demourant au dit lieu en la rue Saĩct Jacques a lymage Sainct Claude,* pet. in-4. de 4 ff.
— de Saĩct Andry auec lantiene et oraison. (*sans lieu ni date),* pet. in-4. goth. de 6 ff., avec une fig. sur bois au titre.
— de saint Anthoine. (*sans lieu ni date),* pet. in-4. goth. de 5 ff. fig. sur bois.

— LA VIE saint Anthoine. — *Cy fine la legende saint Anthoine (sans lieu ni date),* pet. in-4. goth. de 6 ff. non chiffrés, sign. a—aiij, à 24 lig. par page, avec la fig. du saint sur le titre. [22105]
— et legende de monseigneur Saint Cristofle auec lantienne et oraison. (la marque de *Robinet Mace* est au verso du dern. f.), pet. in-4. goth. de 6 ff., avec une fig. sur bois sur le titre. [22142]
— de Saĩct estienne auec lantienne et loraison. (la marque de *Robinet Mace* est au verso du dern. f.), pet. in-4. goth. de 6 ff., avec une fig. sur bois sur le titre. [22105]
— et les miracles de monsieur saint Eusice, abbé dans le Berry, 1516, in-4. (catalogue de Secousse, n° 5149).
— de Saint Jacques Auecques lantienne et loraison. (au recto du dern. f.) : *Cy finist la vie monseigneur Sainct iacques nouuellement imprimee a Rouen par Jehan mauditier imprimeur pour Jacques le forestier demourãt deuant sainct Jehan a lenseigne de la fleur de lis,* pet. in-4. goth. de 6 ff. [22201] — La figure du saint est sur le recto et sur le verso du titre.
— de Saint Jacques. (*sans lieu ni date*), pet. in-4. goth. de 6 ff. à longues lignes, 33 lignes à la page.
— Une fig. sur bois, représentant le saint, occupe une grande partie du recto du prem. f.
— et legende de monsieur saint laurẽs (pour Laurens), avec lantienne et oraison. Pet. in-4. goth. de 6 ff. [22210] — Avec une fig. sur bois au titre, et au verso du dernier feuillet la marque de *Robinet Mace.*
— de Saint martin. Auecques les miracles et oraisons. — *Cy fine la vie, miracles et oraison de monsieur Saint Martin. Imprimee a Rouen par Jacques le forestier demourant a lẽseigne la tuylle dor pres les augustins,* pet. in-4. goth. de 6 ff., avec une fig. sur bois. — Voyez plus haut VIE et miracles de saint Martin.
— ʒ legẽde de monsieur Saĩct Mathias apostre auecques lantienne ʒ loraison. (au recto du dernier feuillet) : *Imprime a Rouen pour Francois regnauld libraire de luniuersité de Paris : demourant au dit lieu en la rue saĩt Jacque a lymage sainct Claude,* pet. in-4. goth. de 4 ff. [22226]
— ʒ legẽde de mõsieur saint mellõ secõd archeuesque de Rouẽ nouuellement translate de latin en francoys. (à la fin) : *Imprime a Rouen pour Loys bounet demourant a Saint Amand en la rue des presteresses a limage nostre dame deuant le coq,* pet. in-4. goth. de 4 ff. [22228]

— La Vie de monseigneur sainct Meen dont le iour feste est le xxi iour de Juing. La feste de sainct Tugnac est le secõd iour Daoust. La feste de sainct Dain est le premier iour de Mars. (sans lieu ni date), pet. in-4. de 4 ff. goth.

Opuscule contenant des prières à sainct Meen, en vers, impr. à 2 col. sur les 5 premières pages, et l'office en latin, commençant à la 2ᵉ colonne de la 5ᵉ page, et continuant sur les 3 pages suivantes, qui sont à longues lignes. La dernière page a 35 lignes et le mot *Finis.* Dans cette partie latine se trouve *Missa de Sancto Meuenno* (sic). Le sommaire de la première page que nous venons de rapporter fait mention de la *feste de Sainct Tugnac* et de celle de *Sainct Dain,* ce qui ferait supposer que les vies de ces deux saints devraient se trouver à la suite de la première, mais pourtant elles n'y sont pas. Peut-être ont-elles été imprimées à part comme celle-ci, qui nous paraît d'une impression bretonne faite avant le milieu du XVIᵉ siècle.
— de Saint Nicolas. — *Cy fine la vie saint Nicolas Jmprimee a Rouen par Jaques le forestier demourant audit lieu a lenseigne de la Tuylle dor pres les augustĩs,* pet. in-4. goth. de 6 ff. avec une fig. sur bois au titre. [22229] — A la fin il y a : *Ditte de saint Nicolas,* en vers.

— Autre édition (avec la marque de *J. le Forestier* sur le titre), pet. in-4. goth. de 8 ff. Elle est peut-être antérieure à la précédente.

Vie et miracles de monseigneur Saint Ouen premierement chancelier de France et apres arccuesque de Rouen auec une antienne et oraison qui luy fut apportee dung ange du ciel pour la dire cõtre la tempeste *t* le tonnoire, auesques aussi une antienne et oraison du dit Saint Ouen. (au verso du dernier f.) : *Imprime a Rouen par M. Pierre oliuier demourant en la paroisse saint viuien....* (vers 1520), pet. in-4. goth. de 12 ff. [22236] — Le traducteur dit, dans le prologue, avoir traduit cette vie du latin aux instances de M. Jourdain Paris, prestre et curé de la paroisse de Sancy, au diocèse de Soissons.

Un exempl. relié en *mar. v.* par Trautz, mais ayant quelques feuillets raccommodés dans les marges, 255 fr. Alfred d'Auffay, en 1863.

Une édition de *Rouen, Francois Regnault,* s. d., in-4. goth. est portée dans le catalogue de La Vallière (de 1784), n° 4751.

— de Saint Paul auec lantienne et loraison. (à la fin) : *Jmprime a Rouen par Richard auzoult. pour Robinet Mace, libraire de luniuersite de Caen,* pet. in-4. goth. de 6 ff., avec une fig. sur bois au titre.

La Vie de monsieur saint pierre auec lantienne. Et oraisõ. — *Cy finist la vie de monseigneur Saint Pierre..... Nouuellement Jmprimee a Rouë pour Robinet mace libraire de luniuersite de Caen,* pet. in-4. goth. de 6 ff., avec une fig. sur bois au titre.

— Saït roch auec lantienne et loraison. (au verso du dernier feuillet) : *Jmprime a Rouen : par Richard auzoult demourant en la rue estoupee pour Robinet Mace,* pet. in-4. goth. de 6 ff., avec une fig. sur le titre.

— de Saint rommain nouuellement imprimee auec lantienne et orayson. (*sans lieu ni date*), pet. in-4. goth. de 6 ff., à 36 lign. par page, fig. sur bois au titre. — Voir ci-dessus, col. 1195.

VIE (la) madame saincte barbe, et les miracles qu'elle faisoit. (au verso du dernier f.) : *Cy finist la vie de ma dame saincte barbe t plusieurs beaulx miracles de la dicte saincte La quelle a este imprimee a Paris par Jehan treperel libraire demourant sur le pont nostre dame a lymaige sainct laurẽs Lan mil cccc quatre vingtz et xix. Le xviii iour de octobre,* pet. in-4. goth. de 12 ff., le dernier bl., 29 lign. à la page. [22117]

Opuscule en prose ; la marque de Jehan Trepperel est au recto du premier f.

La Vie de la glorieuse saïcte Barbe vierge z martire. (*sans lieu ni date*), pet. in-4. goth. de 12 ff. non chiffrés, sign. a et b par 6, le titre est suivi d'une figure sur bois (chez M. Yéméniz).

— Vie de madame saincte Barbe. *Imprime a Rouen, pour Jehan Burges, libraire et marchant, demourant a Rouen aupres du moulin Saint-Ouen* (s. d.), pet. in-8. goth. de 8 ff. (catalogue Cigongne, n° 2407).

VIE de Sainte Barbe. La Vie et hystoire de madame saincte barbe par personnaiges auec plusieurs des miracles dicelle. et si est a trente et huit personnaiges dont les noms sensuiuent. — *Cy finist la vie et hystoire..... imprime a Paris, par la veufue feu iehan trepperel et*

Jehan Jehannot, in-4. goth. de 30 ff. à 2 col., sign. a—Eiij. [16234]

Cette édition est la plus ancienne que nous ayons de ce mystère. L'exemplaire acquis en 1814, au prix de 201 fr., par M. de Soleinne, a été porté à 400 fr. à la vente de cet amateur.

Ce mystère est divisé en deux journées, et contient environ 3500 vers ; mais il existe en manuscrit un autre *Mystère de Sainte Barbe,* en cinq journées, plus ancien et plus étendu que celui-ci. On en trouvera un extrait dans le 2e volume de l'*Histoire du théâtre françois,* par Parfait, pp. 5-47.

— La Vie et lhytoire de madame saincte barbe par personnages auec plusieurs des miracles d'icelle. Et si est a xxxviii' personnages, dont les noms sẽ suyuent... On les trouuera chez iehã burges le ieune. (à la fin) : Cy finist la vie et hytoire de ma dame saincte barbe par psonnages nouuellement corrigee a la verite du texte de sa vie 'cõtenue en la legende doree. *Imprime pour Jehan Burges le ieune libraire demourant a Rouen pres le põt de robec au moulin Sainct Ouen.* (sans date), pet. in-4. goth. de 28 ff. non chiffrés, y compris le titre, sign. A—F. avec fig. sur bois, et la marque de J. Burges au verso du dernier f.

Édition fort rare, imprimée vers 1520. L'exemplaire décrit appartient à M. de Lignerolles, bibliophile très-distingué.

— La Vie de ma Dame saïcte Barbe par personnaiges. Auec plusieurs des miracles dicelle. Et est a trẽte huict personnaiges dont les noms sensuyuent. vij. (au verso du dernier f.) : *Cy finist la uie z martyre de ma Dame saincte Barbe par Personnages nouuellement imprime a Paris pour Pierre Sergent demourant en la Rue neufue nostre dame a lenseigne Saint Nicolas,* pet. in-4. goth. de 28 ff. non chiffrés, à longues lignes.

Sur le titre la figure de sainte Barbe, et au verso les noms des personnages. Après la souscription se voit la marque de l'imprimeur avec les lettres I. D. (voy. à la col. 1373 de notre tome II). Ce doit être celle de *Iehan Saint Denis,* qui demeurait à la même adresse avant P. Sergent. 39 fr. La Vallière.

— La Vie de Madame Sainte Barbe par personnages, Auec plusieurs de ses Miracles, Letout represente par quarante personnages desquelz les noms sont en la page suiuante. Nouuellement reueue z mise en son entier z corrigee tant au sens que a la rithme. viii. Ca. a Paris, Par Simon Caluarin, rue Saint Jacques a lenseigne de la Rose blanche couronneé. (au recto du dernier f.) : *Jcy fine la vie z martire de ma Dame Saincte Barbe, par personnages, augmentee, reueue z remise en son entier de plusieurs lignes z complectz qui manquoint* (sic)*, z corrigee tant au sens*

que a la rithme. *Nouuellement impri-*
mee a Paris par Simon Caluarin.....
in-4. goth. de 30 ff. non chiffrés, à 2 col.,
sign. a—g.

Sur le titre de cette édition se voit aussi la figure de
sainte Barbe, laquelle est répétée au verso du dern.
f. Vend. 72 fr. *mar. r.* La Valliere.

— LA VIE de ma Dame saincte Barbe par personnaiges. Auecq̃s plusieurs beaulx miracles dicelle. *Lyon,*
Oliuier Arnoullet, 1542, pet. in-8. goth. de 79 ff.,
sign. A—K.

Édition peu connue jusqu'ici : vend. 83 fr. (avec.le
Sacrifice d'Abraham) Garnier; et le même exemplaire (sans le *Sacrifice),* mais rel. en *mar.* avec
une riche dorure, 300 fr. de Soleinne. C'est peut-
être la même que celle de *Lyon, Olivier Arnoullet,*
in-16, que cite Du Verdier, sans en donner la date,
et que Parfait place à l'année 1584, ne faisant pas
attention que Olivier Arnoullet n'existait plus à cette
époque.

— La vie de Madame saincte Barbe par
personnages. Lyon, par Pierre Rigaud.
(à la fin) : *Cy finist la vie & martyre*
de madame saincte Barbe... nouuelle-
ment imprimée à Lyon, 1602, in-16 de
79 ff. chiffrés, lettres rondes.

Vendu 72 fr. *mar. r.* Gaignat; 22 fr. *mar. r.* La Valliere. 200 fr. de Soleinne. La date ne se trouvant
qu'à la fin du volume, n'aura sans doute pas été
aperçue par le rédacteur du catalogue de Gaignat
qui ne l'a pas marquée.

— La Vie de Madame Saincte Barbe par
personnages. *Chez Nicolas Oudot, de-*
meurant en la rue Nostre-Dame au
Chapon d'or couronné (sans date),
in-16 de 58 ff.

Édition faite à *Troyes* dans le commencement du
XVIIe siècle; elle a été vendue 22 fr. chez Barré,
en 1744.

— La vie de Madame Saincte Barbe. *An-*
vers, chez la vefue de Martin Nuyt
(sans date), pet. in-12, goth.

Cette vie est portée sous le n° 278 dans le catal. des
livres de R. Heber, qui ont été vendus à Gand en
1835; mais nous ignorons si c'est le même ouvrage
que le précédent.
On trouve dans le catalogue de la Bibliothèque du
roi, Y, 6184, le titre suivant :
VIE de Sainte Barbe en rimes et en tragédie,
avec les heures de Madame Sainte Barbe, et ses offices amplement, en breton. *Morlay, Jean Har-*
douin, 1647, in-8.

VIE de Sainte Febronie. Sensuyt la vie et
legende de madame saincte Febronie
glorieuse vierge et martyre, de laquelle
la feste est la vigille de sainct Jehan
Baptiste. (au verso du dernier f.) : *A*
lhonneur et reuerence de madame
saincte Febronie, a faict Imprimer le
present liure sire Pierres Rossignol
marchãt et bourgioys Dalby, et a la
louëge des deuotes religieuses du deuot
monastere de nostre Dame de Fargues
Dalby, pet. in-4. [22172]

Opuscule imprimé en caractères gothiques, et consistant en 18 ff., sign. aij jusqu'à Eij. L'exemplaire
décrit commence avec le f. Aij par un avis : *Aux*
gracieux lecteurs, qui occupe 4 pp., mais il doit

y manquer le titre. Celui que nous avons donné
ci-dessus se lit au commencement du 3e f. marqué
Aiiij. D'après la souscription qui termine ce livret,
il est probable qu'il a été imprimé à *Alby.* À la
suite se trouve *La declaration de la regle des*
seurs de la vierge Marie, autre opuscule sans lieu
d'impression ni date, mais où l'ordre d'envoyer ladite règle aux sœurs de la Vierge Marie est de l'an
1529. Or cette déclaration est imprimée avec les
mêmes caractères que la légende de sainte Febronie, et ces deux opuscules doivent avoir paru à peu
près à la même époque.

VIE (la) ma dame saincte geneuiesue. (au
verso du dernier f.) : *Cy finist la vie*
madame saincte geneuiesue et les mi-
racles quelle faisoit, pet. in-4. goth.
de 6 ff. de 30 lign. à la page. [22177]

La marque de Jehan Trepperel est au recto du premier f. — Dans une autre édition également pet.
in-4. de 6 ff., le titre porte la marque de Denis
Meslier ou Mellier (voy. ci-dessus, col. 1190). 135 fr.
mar. bl. Bertin.

VIE (la) de madame saincte Katharine de
Seine (sic).— *Cy finist la vie de madame*
saincte Katherine de seine de lordre
de sainct dominique. Laq̃lle a este im-
primee a la rue neufue nostre dame A
lenseigne de lescu de france (Jehan
Trepperel à Paris), pet. in-4. goth. de
lxi ff., non compris le titre ni le dernier
feuillet contenant la fin de la table, fig.
sur bois. [22133]

Vendu seulement 5 fr. La Valliere, mais serait payé
vingt fois plus cher aujourd'hui.
— LA VIE saincte Katherine de Seine, vierge de
l'ordre sainct Dominique et plusieurs miracles
faictz a son intercession et requeste. Auec plusieurs
approbations de Nostre Seigneur, qui souuent apparut parlant familierement à elle. — *Cy finist la vie*
saincte Katherine de Seine, imprime a Lyon par
la veufue de feu Barnabe Chaussard, demourant
en rue Mercieres... Lan de grace M CCCCC et
XXXII, le IXe iour de iuillet, in-4. goth. fig. sur
bois (catal. Cigongne, n° 2409).
Ces deux éditions contiennent la vie de sainte Catherine en prose.

VIE (la) saĩcte Katherine. (au verso du dernier f.) : *Imprime à Paris sur le pont*
nostre dame. Par Jehan treperel, pet.
in-4. goth. de 23 ff. [13618]

Opuscule en vers. La marque de l'imprimeur est au
recto du premier feuillet.

— La vie de sainte Katherine. *(sans lieu*
ni date), pet. in-4. goth. de 23 ff. non
chiffrés, à longues lign., avec une gravure sur bois au verso du titre et une
autre à la fin.

Autre édition, aussi rare que la précédente.

— Vie de sainte Katherine (la), in 4. goth.
de 27 ff., sign. aii—diii.

Édition sans indication de lieu et sans date, mais imprimée avec les mêmes caractères que les *Matines*
en francois, décrites à la col. 1481 de notre 3e vol.,
article Martial de Paris, et par conséquent sortie
des presses lyonnaises à la fin du XVe siècle. Un
exemplaire relié en *mar. r.* par Trautz est porté à
400 fr., sous le n° 1665 du *Catalogue de livres*
choisis à vendre à la Librairie de L. Potier,
2e partie, 1863, où l'on fait observer que cette vie

est en vers de 12 syllabes coupés en deux, le premier hémistiche placé sous le premier. L'exemplaire commence par le f. A1J, ce qui fait supposer
l'absence d'un titre ou peut-être seulement d'un
feuillet blanc. Voici la première et la seconde stance
de ce poëme :

> *Au nom de Jesu Crist*
> *q les fins cueurs affine*
> *Et de sa mere aussi*
> *qui sur toutes est digne*
> *En suyvant cy apres*
> *de sainte Katherine*
> *Recorderay ung dit*
> *plein de bonne doctrine*
> *Droit le vingt et cinqiesme*
> *jour du moys de nouembre*
> *Est gardee la feste*
> *Affin quil en remembre*
> *Dieu qui mourut en croix*
> *pour poures pecheurs rebre*
> *Veuille estre nostre chief*
> *Et nous soyons le membre.*
> *Amen.*

— Voyez SAINCTE vie.

VIE. La vie τ legëde de Madame saincte
Luthgarde. iadis tressaincte moniale au
monastere de Euuiere ou pays de Brabant. *Imprime en Binch pour Monsieur
Labbe Daulne, Lan M. v. C. xlv. par
M. Guillaume Cordier,* in-4. goth. de
46 ff. à 31 lign. par page, sign. A—M
(2 ff. à la dernière signature). [22216]

Livre très-rare, le seul connu qui ait été imprimé à
cette époque, et peut-être pendant fort longtemps
après à *Binch*, petite ville près de Mons, en Hainaut. 14 sh. Heber, I, n° 4300.
Au verso du titre se lit une épître de *Jan de Lanoy.
Abbe daulne à Margeritte de marbais abbesse de
Euuiere* se terminant ainsi : *De nre monastere
Daulne. Lan. M. v. c. xlv.*; le 2e f. est occupé par
le *Prologue de laucteur* (qui ne se nomme point);
les 44 derniers ff. contiennent la vie de la sainte.
Sur le titre et au bas du recto du dernier f. se
voit la marque ci-dessous ; celle du titre est entourée de ces noms .*D. Joannes de Lanoy Abbas
Alnen.*

VIE de saincte Marguerite (en vers). (*sans
lieu ni date*), pet. in-4. goth. [13619]

Édition de la fin du XVe siècle, attribuée aux presses
lyonnaises, à cause de son analogie avec beaucoup
d'éditions faites à *Lyon* à la même époque, et parce
que le papier a pour marque la *roue dentée.* Ce
volume rare est de 18 ff. non chiffrés, avec signat.,
et chaque page entière porte 23 vers. Le texte
commence sans être précédé d'aucun titre, et il se
termine au recto du dernier f., après la 17e ligne,
par le mot *amen.* (*Lettres lyonnaises*, p. 56.)

— VIE de sainte Marguerite (*sans lieu ni date*), pet.
in-4. goth. de 14 ff. non chiffrés, à longues lignes,
au nombre de 24 sur les pages entières.

Édition en lettres de forme, avec 5 fig. sur bois, mais
sans titre, et commençant par le premier vers. L'ouvrage a un 647 de 8 syllabes : 6 fr. 50 c. La Valliere.

— LA VIE sainte marguerite auec loroisõ (*sans lieu ni
date*), pet. in-4. goth. de 12 ff., 31 lign. à la page.

Édition imprimée à *Paris,* vers la fin du XVe siècle.
La marque de P. Le Caron est au verso du dernier f.
(Voyez la col. 967 de notre tome Ier.)

— LA VIE saincte Marguerite. (au recto du dernier
f.) *Cy finist la vie de saincte Marguerite. Jmprime a lion sur le rosne par Claude Nourry*
(sans date), pet. in-8. goth., ff. non chiffrés, à longues lignes au nombre de 22 sur les pages, en
mar. r. par Trautz, 124 fr. Solar.

Le premier f. est orné d'une gravure sur bois, qui
représente la sainte sortant du corps d'un dragon.
A la fin sont deux oraisons en vers lat.

— LA VIE de Madame Saincte Marguerite vierge et
martyre, avec son antienne τ oraison. (*sans lieu ni
date*), in-8. goth. de 12 ff. non chiffrés, à longues
lign., au nombre de 24 par page, en lettres de
forme.

Indépendamment des deux oraisons latines, on trouve
à la fin de cette édition une oraison en vers français pour les femmes grosses. Il y a d'ailleurs quelques différences à la fin de la vie.

— LA MÊME. *Paris, pour Simon Vostre* (sans date),
pet. in-8. goth. [22221]

Vendu 18 fr. en 1824; 1 liv. 5 sh. Heber.
Une autre édition (*sans lieu ni date*), pet. in-8. goth.
de 8 ff. à 32 lign. par page : 10 fr. Librairie De Bure.
Réimprimée à *Anvers,* par *Jean Van Ghelen,* 1562,
in-16 goth.

VIE (la) de Madame Saincte Marguerite,
vierge τ martyre, auec son oraison.
Troyes, Jean Lecoq (vers 1540), pet.
in-8. goth. de 8 ff. et le titre.

Vendu 11 fr. *mar. viol.* Méon.
René Muffat, libraire à Paris, a fait paraître en 1861
une reproduction fac-simile de cette édition de
Jean Lecoq, qui représente parfaitement l'original;
il en a été tiré 100 exempl. en pap. ord. 5 fr.; 25
sur pap. de Hollande, et·un seul sur VÉLIN.
Une autre édition. *Troyes, Jean Du Ruau,* s. d.,
pet. in-8. goth. (Catal. Chardin, 1824, n° 2328).

VIE de sainte Marguerite, vierge et martyre, fille de Theodosien, a quarante
quatre personnages. *Paris, Alain Lotrian* (sans date), in-8. [16241]

Livre très-rare cité par Du Verdier, article Marguerite, mais que nous n'avons jamais vu.

VIE de madame saincte Marguerite (par
personnages), pet. in-12 ou in-16, de
187 pp. y compris le titre. Lettres rondes.

Cette pièce paraît être la même que la précédente.
L'exemplaire vendu 75 fr. chez M. de Soleinne n'a-
vait point de frontispice, mais les caractères du
livre étaient absolument conformes à ceux de la
Patience de Job, édit. de *Paris,* Nic. *Bonfons,*
1579, pet. in-12. Le dernier f. contient l'*Oraison
de madame Saincte Marguerite, vierge et mar-*

tyre. La marque que nous avons donnée t. I, col. 1631 accompagne quelquefois les impressions qui portent le nom de Nicolas Bonfons.

VIE (la) de Marie Magdaleine, contenant plusieurs beaux miracles : comment elle, son frère le Lazare & Marthe sa sœur vindrent à Marseille, et comme elle convertit le Duc et la Duchesse, & est à XXII personnages dont les noms s'ensuiuent la page ci-après. *A Lyon par Pierre de la Haye*, 1605, in-12 de 91 pp. et le titre. [16242]

Pièce fort rare, qui a été écrite vers l'an 1500 : 44 fr. *mar. bl.* La Valliere, et une copie manuscrite sur VÉLIN, 90 fr. de Soleinne.

VIE (la) τ legende de madame saincte Reigne, vierge et martyre. *Jmprime a Troyes chez Jehan Lecoq.* (à la fin) : *Cy fine la vie, etc.*, pet. in-8. goth. de 16 ff. non chiffrés, avec une bordure autour du titre. [13621]

Cette vie est en vers de dix syllabes, et consiste en 62 strophes de 11 vers chacune, lesquelles sont suivies d'une antienne en 11 vers et d'une oraison en 10 vers. A la fin, un acrostiche de 16 vers, intitulé : *A la deuotion de Lautheur*, donne le nom de *Jeannes Piquelin*, qui doit être celui de l'auteur, ainsi qu'on le voit dans ces quatre derniers vers de l'ouvrage :

> *Le nom de lacteur s'il vous plaist*
> *Qui la legende a faict par mettres*
> *Trouuerez par ce grand couplet*
> *En prenant les premieres lettres.*

Dans l'exemplaire de La Valliere, il se trouvait à la suite cette vie : *Les heures de madame saincte Reigne vierge et martyre.* (à la fin) : *imprime a Troyes chez Jehan Lecoq*, pet. in-8. de 8 ff., et *Missa de sancta regina*, 4 ff., en ancienne bâtarde, plus grosse que dans les Heures, avec une gravure sur bois au titre.
Pour d'autres vies particulières de saints et de saintes, voy. les nos 22083 et suiv. de notre table.

VIE (la véritable) d'Anne-Geneviève de Bourbon, duchesse de Longueville (par Bourgoing de Villefort). *Amsterdam, J.-Fr. Joly*, 1739, 2 tom. en 1 vol. in-12. [23777]

La première édition de cet ouvrage, sous le titre de *Vie de madame de Longueville*, 1738, aussi en 2 part. in-12, sans lieu d'impression, a été impr. à Paris. Celle d'*Amsterdam* est préférable parce qu'on y a rétabli les détails de la conversion du prince de Conti et des relations de mad. de Longueville avec Port-Royal, qui avaient été supprimées dans la première. 18 fr. Walckenaer, et 14 fr. Parison.

VIE de madame de Brancas, et autres pièces galantes de la cour. *Fribourg (Hollande)*, 1668, pet. in-8. de 36 pp. [14240]

Libelle obscène, écrit en vers : vendu 15 fr. *mar. r.* Nodier, en 1830 ; 8 fr. de La Mésangère, et 26 fr. 50 c. Pixerécourt.
Dans l'exemplaire vendu chez Ch. Nodier se trouvait, de plus que dans d'autres, une suite, pp. 37 à 49, contenant deux pièces fort libres, dont l'une a pour titre *Le Libertin*, et l'autre *La Tribade*.

VIE (la) de madame Guelinine. Voyez FRIPPESAUCE.

VIE (la) de madame la duchesse de la Vallière, où l'on voit une relation curieuse de ses amours et de sa pénitence. *Cologne, Jean de la Vérité (Hollande)*, 1695, pet. in-12, fig. 6 à 9 fr. [17286]

Vendu 15 fr. *mar. r.* Méon ; 20 fr. Walckenaer.

VIE (la) de messire Gaspar de Colligny, seigneur de Chastillon, admiral de France, à laquelle sont ajouté ses mémoires sur ce qui se passa au siége de S. Quentin. *Leyde, Bonav. et Abraham Elzevier*, 1643, 2 tom. en 1 vol. pet. in-12. [23537]

Les beaux exemplaires de cette édition sont rares : 24 à 30 fr. ; vend. 96 fr. (bel exemplaire *mar. citr.*) Gaillard, et 110 fr. Duriez ; autre, 53 fr. Didot ; et en *mar. bl.* (135 millim.), 162 fr. Solar.
On trouve quelquefois la même édition avec un nouveau titre portant pour adresse : *Paris, Th. Jolly*, avec la date 1656. Au surplus, ce petit volume, qu'on paye si cher, n'est que la réimpression incomplète du livre intitulé :
> La VIE de messire Gaspard de Coligny, seigneur de Chatillon, amiral de France, augmentée de quelques annotations et de plusieurs pièces du temps, servant à l'histoire. *Amsterdam (Genève), pour les héritiers de Commelin*, 1643, 2 tom. en 1 vol. in-4.

Ce dernier se donne à très-bas prix.
La Vie de Coligny et le Discours sur ce qui s'est passé au siége de Saint-Quentin ont été réunis sous le titre de *Mémoires*, à *Paris, chez Cl. Barbin, ou Mauger*, en 1665, in-12, et aussi à *Grenoble*, en 1669, in-12. Cette vie, écrite d'abord en latin par un anonyme qui, selon le traducteur, serait Jean Hotman, seigneur de Villiers, et, selon d'autres, Jean de Serres, a paru sous ce titre :
> GASPARIS COLINII Castellonii, magni quondam Franciæ amiralii, vita. M. D. LXXV, in-8. [23536]

Il y en a deux éditions sous la même date, l'une de 139 pp., et l'autre de 118 pp. ; la première est la plus belle, et la seconde la plus correcte, au jugement de Dav. Clément, qui a donné un excellent article sur cet ouvrage (*Bibliothèque curieuse*, VII, pp. 229 et suiv.).
> THE LYFE of the most godly, valeant and noble capteine and maintener of the trew christian religion in Fraunce, Jasper Colignie Shatilion (*sic*), sometyme greate admirall of Fraunce, translated out of latin by Arthur Golding. *London*, 1576, pet. in-8. 19 sh. Jadis ; 4 liv. Sykes.

Il y a une traduction allemande du texte latin, impr. en 1575 ; elle porte pour titre : *Vo Leben Herne Caspar Coligny... general Admirals in Franckreich*, 1576 (sans lieu d'impression).
La vie de Gaspard de Coligny, Cologne, P. Marteau (*Amsterd., van Bulderen*), 1686, ou 1691, pet. in-12, qu'il ne faut pas confondre avec l'ouvrage ci-dessus, est une production de Sandras de Courtilz.

VIE de Molière. Voy. tome III, col. 1808-1809, article MOLIÈRE.

VIE (la) des Pères. Voyez HIERONYMI vitæ Patrum, et aussi VIES.

VIE (la) des traistres politicques nauarrois. *Sur la copie imprimée a Paris, chez Robert le Fizelier, a Lyon, par Loys Tantillon*, 1589, pet. in-8. de 13 ff.

Pamphlet très rare, auquel, dans l'exempl. en *mar. bl.* vend. 39 fr. Coste, était jointe une grande estampe satirique, accompagnée de vers, sous ce titre : *Le pourtraict et description du politique de ce temps*, Paris, pour Hilaire le Bouc, 1589.

VIE (la) des trois roys, Jaspar, Melchior et Balthazar, translatee de latin en francois. *Imprimee (à Paris) par Jehan Treperel demourant sur le Pont Nostre Dame a limaige St.-Laurent, vi de Fevr. lan* Mil CCCC. IIII. XX. et XVIII, in-4. goth. [329]

Maittaire, I, p. 660.

Nous trouvons dans le premier catalogue du duc de La Valliere, n° 4234, l'article suivant :

LA NOBLE et tres excellente Hystoire des trois rois, qui vindrent adorer Jesus-Christ à Bethleem ; cest a savoir Gaspar, Melchior et Balthazar, translatee de latin en françois. *Paris, Pierre le Caron* (fin du XVe siècle), in-4. goth.

VIE (la) des tres glorieux troys roys lesquelz vindrent adorer Jesu Christ en sa natiuite, translatee de latin en francois. *A la noble cite imperiale de Metz, Jehan Palier dict Marchant; on les vend au palais de Metz et a limprimerie au bout de Sainte Croix, par Jehan Peluti,* 1543, pet. in-8. goth.

Jehan Peluti a fait usage de la marque ci-dessous,

et Jehan Palier (dit Marchant) de la suivante :

Voyez LEGENDE, et LIBER de gestis.

VIE du mauvais antechrist selon les opinions des saints docteurs; en latin et en vers françois. (*sans lieu ni date*), in-fol. goth. fig. [1259]

Édition ancienne, annoncée dans le catalogue de Dufay, n° 4384. C'est vraisemblablement la même qui se trouvait à la vente Sepher, où elle fut vend. 15 fr.; elle consisterait alors en 14 ff. à 2 col. Voy. SIGNES (les) précédens le jugement, à la fin de la note. Voy. aussi TURPISSIMA, et au mot YMAG.

VIE (la) du très inique et pervers Antechrist et de ses horribles et hideux traffiques, lesquels il accomplira. *En Anvers, Cornille du Cemetiere,* 1560, in-8. fig. sur bois.

Pièce de 16 ff., devenue fort rare : vendue 32 fr. MacCarthy; elle a été imprimée à Genève, sous la rubrique d'Auvers.

VIE du pape Grégoire le Grand, légende françoise publiée pour la première fois par Victor Luzarche. *Tours, Bouserez,* et *Paris, Potier,* 1857, in-16. 5 fr.

Légende en vers, publiée d'après un manuscrit du XIIe siècle.

VIE (la) du pape Jules II, grand ennemi du bon roi Louis XII, et des François gens de bien. 1615, pet. in-8. 9 à 12 fr. [21646]

Vend. en *mar. bl.* 18 fr. Gaignat; 15 fr. 80 c. La Valliere; 13 fr. *mar. r.* Méon.

Cette satire est traduite d'un dialogue latin intitulé : *Julius dialogus......*, que l'on attribue à Ulric de Hutten (voy. HUTTEN).

VIE et actes de Catherine de Bas Souhaits. Voy. tome III, col. 812 et ajoutez :

Réimprimé nouvellement sous ce titre : *Vie et actes triomphans d'une damoiselle nommée Catharine des Bas-Souhaiz, réimpression textuelle et collationnee sur l'exemplaire unique de l'édition originale* (1546) *existant à la bibliothèque impériale;* Paris, Gay, 1862, pet. in-12 de XIV et 74 pp. — Voyez à la col. 1439 de notre 4e vol., l'article ROYER (*Colin*).

VIE (la) et aventures de Lazarille. Voyez HURTADO de Mendoza.

VIE et déplorable mort de la Pucelle d'Orléans, contenant l'histoire du siége d'Orléans par les Anglois, en 1428, tirée d'un manuscrit. *Lyon,* 1619, in-8.

Même ouvrage que celui qui a pour titre *Histoire et discours au vray du siége qui fut mis devant la ville d'Orléans.* — Voyez HISTOIRE et discours.

VIE (la) et doctrine de David George (qui depuis s'est fait appeler Jehan de Bruclz) hollandois, et chef des hérétiques, écrite par le recteur et université de Basle ; du mandement des magistrats et sénat de la dite ville. (traduit du lat. de Cœlius Se-

Vie du grand apôtre de la Chine, 21813.

Vie du R. P. D. Antoine (Saulnier de Beauregard), 21797.

Vie et actions de Mich. Ruyter, 25172.

cundus Curio). M. D. LX. (*sans lieu d'impression*), in-4. de 70 pp., y compris 5 ff. prélimin. [22468]

Vend. 9 fr. La Valliere.

Voici le titre d'un livre porté sous le n° 16287 du catal. de Van Hulthem, et qui nous paraît renfermer le texte original de l'ouvrage ci-dessus :

DAVIDIS Georgii hollandi hæresiarchæ vita et doctrina, quamdiu Basiliæ fuit, tum quid post ejus mortem cum cadavere, libris, et reliqua ejus familia actum sit, per rectorem et academiam basiliensem conscripta. *Antuerpiæ, Guil. Simo*, 1560, pet. in-8.

VIE (la) et l'esprit de M. Benoît Spinosa. (*La Haye*), 1719, pet. in-8. [30865]

Vend. 11 fr. mar. v. dent. Detune.

Cet ouvrage, dont les exemplaires se trouvent difficilement, surtout en papier fort, est attribué à Lucas, auteur des *Quintessences* contre Louis XIV; mais Prosper Marchand (*Dictionnaire*, tome I, page 325) doute qu'il ait été composé par cet écrivain, et il cite plusieurs autres personnes à qui on l'a également attribué. Il ajoute qu'à la mort d'un des libraires, éditeurs de ce livre, les héritiers du défunt lui remirent 300 exemplaires dudit ouvrage, qui, selon leur intention, ont tous été livrés aux flammes, à la réserve néanmoins de la partie de 47 pp. contenant la *Vie de Spinosa*, partie qui, pouvant être conservée, fut vendue à un libraire. Celui-ci, pour tirer parti de son acquisition, fit paraître cette vie ainsi séparée, sous le titre suivant : *Vie de Spinosa, par un de ses disciples; nouvelle édition non tronquée, augmentée de quelques notes, et du catalogue de ses écrits, par un autre de ses disciples (Richer la Selve)*; Hambourg, 1735. On le voit donc, cette prétendue édition non tronquée n'est qu'un fragment du livre précédent, avec un nouvel avertissement. Une autre édition de l'esprit de Spinosa, faite sur un manuscrit différent, a encore été publiée sous ce titre : *De Tribus impostoribus*, des trois imposteurs, à *Francfort-sur-le-Mein, aux dépens du traducteur* (ou plutôt à *Rotterdam, chez Michel Böhm*), 1721, pet. in-4. de 60 pp. Ce dernier ouvrage paraît être le même que celui dont il est question dans la *Réponse à la dissertation de M. de La Monnoye sur le Traité de Tribus impostoribus*, La Haye, 1716, in-12 de 21 pp. ; pièce signée l. L. R. L., et que l'on a bien gratuitement attribuée à Pierre-Fréd. Arpe, qui, comme le dit *Prosper Marchand*, p. 323, n'écrivait pas en français. Le même traité a été réimprimé en Hollande, sans date (*Amsterdam, Marc-Mich. Rey*, vers 1768), ensuite en 1775 et en 1777. — Aussi à *Yverdun*, 1768, pet. in-8., etc., sous le titre de *Traité des trois imposteurs*, avec un extrait de la dissertation de La Monnoye, et la réponse dont nous venons de parler.

Nous citerons encore :

VIE de Benoît Spinosa, tirée de ses écrits, par J. Colerus. — La Vérité de la résurrection de J.-C., défendue contre Spinosa, par J. Colerus, *La Haye*, 1706, 2 tomes en 1 vol. pet. in-8. [30866]

VIE (la) et faits notables de Henry de Valois, tout au long sans rien requérir, où sont contenues les trahisons, perfidies, sacrilèges, exactions, cruautez et hontes de cest hypocrite et apostat, ennemy de la religion catholique. (*Paris, Millot*), 1589, in-8. de 92 pp., avec plusieurs fig. sur bois tirées avec le texte. [23584]

Libelle violent attribué, mais sans preuve, à Jean Boucher; il en existe plusieurs éditions indépendamment de celle-ci, qui paraît être une copie de la première publiée *chez Didier Millot, a Paris*,

sous la date de M. D. LXXXIX, et en 141 pp., avec fig. sur bois.

Dans la seconde édition, en 79 pp. avec fig. sur bois, le titre porte : *édition seconde, reveue & augmentée de plusieurs autres deportemens & apostasies de ce dernier des Valois, lequel neantmoins par ses abhominables faits ne peut en rien obscurcir le lustre & splendeur de ses predecesseurs;* (Paris) chez Didier Millot, demeurant près la porte sainct Iacques. M. D. LXXXIX. — La troisième édition porte à peu près le même titre et a la même date que la seconde, mais sans nom de libraire; c'est un pet. in-8. de 64 pp. seulement, avec fig. sur bois.

Ces différentes éditions se payent chacune de 10 à 15 fr. ; mais la seconde devrait être préférée comme plus complète que la première (et sa réimpression). Vendu, avec le *Testament de Henri de Valois*, 40 fr. mar. r. Méon ; 50 fr. d'Ourches; 25 fr. Chateaugiron.

VIE (la) et hystoire du maulvais riche, a treize personnages. (*Lyon, Chaussard*), 1545, format d'agenda, in-4. de 16 pp. à 46 lignes. [16256]

Cette pièce fait partie de la collection de farces, conservée au Musée britannique, et réimpr. par les soins de M. P. Jannet. — Voy. MORALITÉ nouvelle.

VIE (la) et innocence des deux freres, contenant un ample discours, par lequel l'on pourra aysément rembarrer ceux qui taschent à étaindre leur renom. *Paris, pour Ant. du Breuil*, 1589, in-8. de 40 pp. [23579]

Vendu 6 fr. La Valliere; 24 fr. mar. r. Chardin, en 1806.

VIE (la) et le trespassement de Caillette. (*sans lieu ni date*), pet. in-8. goth. de 4 ff. [13622]

Pièce en vers, dont une copie figurée sur VÉLIN a été vendue 34 fr. Morel-Vindé. — Il y en a une réimpression fac-simile faite chez Pinard, en 1831, pet. in-8., tirée à 42 exemplaires dont 8 sur pap. de Chine, et 2 sur VÉLIN.

VIE (la) et les actions de Tamerlan, en langue turque. Voyez AHMED.

VIE (sensuyt la) et mistere de Saint-Andry (à 86 personnages) nouuellement côposee et imprimee a Paris. — *Paris, pour Pierre Sergent* (vers 1535), in-4. goth. de 62 ff. à 2 col., sign. A—P. [16233]

Ce mystère, composé d'environ 10000 vers, est excessivement rare.

VIE (la) et mystere de monseigneur S. Jean Baptiste par personnages. *Lyon, par Oliuier Arnoullet*, in-4. goth. [16239]

On ne connaît cette pièce que sur le témoignage de Du Verdier. — Voir ci-dessus, au bas de la col. 1192.

VIE genereuse des matois. Voy. PECHON de Ruby.

VIE (la), les ditz et merveilles de Vergile. Voy. FAITZ merveilleux.

Vie et mort de vingt-trois martyrs, 22309.

Vie, martyre... des SS. Can, Cantian et Cantianne, leur sœur, 22127.

VIE (la), mœurs et deportemens de Henry
Béarnois, soi-disant roi de Navarre, décrite fidelement depuis sa naissance jusqu'à présent. *Paris, Pierre Des Hayes*,
1589, in-8. de 69 pp. [23604]

Vend. 15 fr. 50 c. *mar. r.* Méon ; 50 fr. Mac-Carthy.

VIE (la) sainct harenc glorieux martir τ
cõmẽt il fut pesche en la mer et porte a
dieppe, pet. in-8. goth. de 4 ff. à 22 lig.
par page. [13623]

Cette facétie consiste en 126 vers de 8 syllabes. Le
premier f. porte une gravure sur bois représentant
la pêche miraculeuse ; et au verso se lit cette épigraphe : *Graticulus harengie super ignem tribu-
latio, vinagria sinapium.* — Une édition dont le
titre diffère de celui-ci dans l'orthographe et dans
les abréviations de certains mots, a été vendue jusqu'à 152 fr., en 1824. — Une copie figurée sur VÉ-
LIN, 30 fr. Morel-Vindé.
Pour d'autres éditions de la même pièce, voyez SER-
MON joyeux ; aussi DÉBAT de deux damoyselles
(recueil publié par M. de Bock), et dans le second
volume du Recueil de M. de Montaiglon.

VIES des saincts, ou abrégé de l'histoire
des pères, des martyrs et autres saints,
pour tous les jours de l'année ; avec une
pratique et une prière à la fin de chaque
vie, et des instructions sur les dimanches
et fêtes mobiles, ornées de gravures, la
plupart tirées des tableaux des grands
maîtres anciens et modernes. *Paris,
Blaise*, 1825-26, 2 vol. in-4. fig. [22036]

Cet ouvrage, dont les gravures sont très-mauvaises,
se donne à bas prix.

VIES des saints pères des déserts, et des
saints solitaires d'Orient et d'Occident
(par J.-F. Bourgoing de Villefore). *Paris, Mariette*, 1706-8, 4 vol. in-12, fig.
20 à 42 fr. [22056]

Ouvrage fort recherché et où se trouvent 269 fig. en
tout. Vendu en *m. r.* 88 fr. Bignon. Il existe des
exemplaires en Gr. Pap.

— Les mêmes. *Amsterdam*, 1714, 4 vol.
pet. in-8. fig.

Édition copiée sur la précédente : 20 à 24 fr.; — Gr.
Pap., dont les exemplaires sont rares. 60 fr. *m. r.*
La Valliere et La Serna ; 51 fr. Labédoyère ; 60 fr.
v. br. Renouard. On trouve quelquefois ces 4 vol.
joints à l'histoire des ordres militaires et des ordres
monastiques. — Voy. HISTOIRE des ordres.
Les éditions en 5 vol. in-12, fig., sont en général
moins recherchées que les précédentes ; pourtant
celles de *Paris, Mariette*, 1719-22, ou 1732, 5 vol.
in-12, sont encore remarquables par leur belle exécution, et elles contiennent quelques augmentations. *Les Vies des saintes solitaires*, qui, dans la
première édition, font partie du 4e volume, forment
le 5e vol. des nouvelles éditions. 15 à 18 fr.

VIES et mots dorés des sept sages. Voy.
CONSEILS des sept sages.

VIEILLARD (le) jaloux tombé en rêveries,
à la louange des cornes, avec une expresse défense aux femmes de ne plus
battre leurs maris, sur les peines y men-
tionnez. *A Paris, jouxte la copie imprimée à Rouen*, 1618, pet. in-8. de
13 pp. [18100]

Catalogue La Valliere, en 3 vol., n° 4287.

VIEILLE (la) Lavandière de Grenoble,
représentée en un ballet ; reçuë et corrigée par l'auteur. *A Grenoble, pour
Jean Nicolas* (sans date, mais vers le
milieu du XVIIe siècle), in-4. [16597]

Édition fort rare de cette pièce anonyme, en patois
de Grenoble, laquelle a été réimpr. dans le *Recueil
des diverses pièces faites à l'antien (sic) langage
de Grenoble*, pp. 53-74. — Voy. RECUEIL.
L'exemplaire de l'in-4. ci-dessus, que conserve la Bibliothèque impériale, et qui provient de Falconet,
ne contient que les huit premières pages.

VIEILLOT (L.-P.). Histoire naturelle des
plus beaux oiseaux chanteurs de la zone
torride. *Paris, Dufour*, 1806, gr. in-fol.
fig. color. [5781]

Publié en 12 livrais. de 6 pl. chacune, au prix de
360 fr., mais réduit depuis de plus de moitié.

— Histoire naturelle des oiseaux de l'Amérique septentrionale, depuis Saint-Do-
mingue jusqu'à la baie d'Hudson. *Paris,
Desray*, 1807 et ann. suiv., gr. in-fol.
pap. vél. [5784]

Cet ouvrage, très-bien exécuté, devait être composé
d'environ 40 livr. de 6 pl., mais il n'en a paru que
22 livr. Prix de chaque livrais. fig. noires, 15 fr.;
fig. en coul., 30 fr.; — pap. colombier vél. fig. en
coul., 60 fr., prix réduits à moins du quart.

— Voyez AUDEBERT.

— Galerie des oiseaux du cabinet d'histoire naturelle du Jardin du roi, dessinée
d'après nature par Paul Oudart, décrite
par M. L.-J.-P. Vieillot. *Paris, Aillaud*
(*imprim. de Didot l'aîné*), 1820-26,
in-4. [5748]

Ouvrage composé de 82 livrais. de 4 pl., avec texte.
Prix de chacune, 5 fr.

— Voy. FAUNE française.

— Ornithologie française, ou histoire naturelle générale et particulière des oiseaux de France, par L.-P. Vieillot. *Paris, Pelicier*, 1823, in-4. [5748]

L'ouvrage devait former 2 vol. in-4. de 60 feuilles de
texte et 372 pl., mais il n'en a paru que 8 livrais.
de 6 pl. : la première en 1823, la huitième en 1826.

VIEL CASTEL (le comte *Horace* de). Collection de costumes, armes et meubles, pour servir à l'histoire de France depuis le commencement de la monarchie jusqu'à nos jours. *Paris, chez l'auteur,* 1828-33 (ou nouv. titre 1834), 3 vol. gr. in-4., pap. vél. [9620]

Ouvrage curieux et d'une assez bonne exécution. Il a été publié en 66,livrais. de 5 pl., avec texte. L'auteur y a joint une suite, pour servir à l'histoire de la révolution française et de l'empire ; il en paraissait 7 livrais. en 1835. Prix de chaque livrais. 12 fr. L'ouvrage entier, 101 fr. Busche.

— Statuts de l'ordre du Saint-Esprit institué à Naples en 1352, par Louis d'Anjou, roi de Naples et de Jérusalem, manuscrit du milieu du XIVᵉ siècle, conservé au Louvre dans le musée des souverains français, reproduction fac-simile en or et en couleurs par les procédés chromolithographiques de MM. Engelmann et Graff, avec une notice sur la peinture des miniatures et de la description du manuscrit par le comte Horace de Viel Castel. *Paris, lithogr. d'Engelmann,* 1853, in-fol. [27855]

Livre de luxe, contenant 17 planches en or et en couleur, 36 pp. de texte. 100 fr.

— Marie-Antoinette et la Révolution française, 23929.

VIEL PAPISTE (le), (par Claveson). 1609, *sans lieu d'impression,* pet. in-8. de 128 pp.

Recueil de cent sonnets, dans lequel l'auteur, zélé catholique , combat les ministres calvinistes, et ne leur épargne pas les invectives. Aux pages 117 et 118 se trouvent deux sonnets où les plus singulières raisons sont données aux dames pour les déterminer à quitter leurs ministres. Catal. de M. le comte H. de Ch..., n° 359, où l'exemplaire rel. en *mar. v.* par Duru est porté 100 fr.

VIEL Testament. Voy. **MYSTÈRE.**

VIEN (*Jos.*). Caravanne du sultan à la Mecque. Mascarade turque donnée à Rome par messieurs les pensionnaires de l'Académie de France et leurs amis au carnaval de l'année 1748. *Paris, Basan et Poignan,* in-4. [9466]

Trente planches dessinées et gravées à l'eau-forte par Jos. Vien, sans texte. 20 fr. de Soleinne ; 9 fr. Borluut. — Les exemplaires qui portent l'adresse de *Basan et Poignan* ne doivent pas être du premier tirage. Il y en a avec planches coloriées et rehaussées d'or, 31 fr. Borluut.

VIENNE (de). Le philosophe de court, auteur Philbert de Vienne, champenois, avocat en court de parlement. *Lyon, Jean de Tournes,* 1547, pet. in-8. [4024]

Réimpr. à *Paris,* chez *Est. Groulleau,* 1548, in-16. Les deux éditions sont belles et également rares :

---

un exemplaire de la seconde, en *mar. vert ,* mais défectueux, 30 fr. Chenet, en 1857.
— Voy. **SERMON** de Jésus.

VIENNE (*D.* de). Voy. **DAGNEAUX.**

VIERA y Clavijo (D. *Jos.* de). Noticias de la historia general de las islas de Canaria. *Madrid,* 1772-83, 4 vol. pet. in-4., avec une carte. 40 fr. [28447]

VIERO (*Teodoro*). Raccolta di stampe, che rappresentano figure ed abiti di varie nazioni, secondo gli originali, e le descrizioni di più celebri recenti viaggiatori, e degli scopritori di paesi nuovi. *Venezia,* 1783-90, 3 vol. gr. in-fol. [9614]

Recueil de planches d'une exécution passable, avec des tables imprimées. Le premier volume renferme 127 pl., le second 126, et le troisième 107. L'ouvrage est fort peu répandu en France. Vend. 83 fr. Clicquot, en 1843 ; 152 fr. en 1860.

— Raccolta di opere scelte di pittori de la scuola veneziana, disegnate ed incise da Le Febre, da Silvestro Manaigo, e da Andrea Zucchi, veneziani ; pubblicate per la prima volta, ed unite al numero di xc da Teodoro Viero. *Venezia,* 1786, in-fol. atlant. [9323]

On réunit à cet ouvrage, comme second volume, un recueil de 112 estampes gravées par P. Monaco (voy. **MONACO**).

VIES. Voyez col. 1209.

VIÈTE (*Fr.*). Opera mathematica in unum volumen congesta ac recognita, opera atque studio Fr. a Schooten. *Lugd.-Batav., Elzevirii,* 1646, in-fol. [7806]

Cette belle édition des ouvrages de Viète ne contient pas le *Canon mathematicus.* Vend. 12 fr. Delalande ; 19 fr. Delambre ; 25 fr. Reina ; 26 et 23 fr. Libri, en 1857 ; 16 fr. 50 c. Arago ; 37 fr. 50 c. *mar. bl.* Labey.

— Canon mathematicus, seu, ad triangula, cum appendicibus. (Canonion triangulorum laterum rationalium. Universalium inspectionum ad canonem mathematicum liber singularis, etc.). *Lutetiæ-Parisior., apud Joan. Mettayer,* 1579, gr. in-fol. [7989]

Montucla (*Hist. des mathém.,* nouv. édit., tome 1, p. 610) dit que ce livre est fort rare, parce que l'auteur, mécontent des fautes d'impression qui s'étaient glissées dans son ouvrage, en retira tous les exemplaires qu'il put recouvrer. Dans celui qui a été vendu 110 fr. Libri, en 1857, le verso du titre, resté blanc, ne donnait pas la table du contenu. Le catalogue Longman, pour 1816, et celui de 1820, en annoncent un exemplaire avec un titre daté de Londres, 1589, et au prix de 6 liv. 6 sh. Voici la description de l'exemplaire (de 1579), aux armes de J.-A. de Thou, qui a été vendu 46 fr. 50 c. Labey : 2 ff. préliminaires, y compris le titre, au verso duquel est indiqué le contenu de la pre-

---

mière partie de ce grand volume. Tables, sous les signat. A—K par 4 ff., et L en 6 ff. Autres tables, signat. des lettres. α—ζ, par 4 ff., plus 4 feuilles entières marquées d'étoiles (*—**—***—***). La seconde partie porte ce titre : *Vietæi universalium inspectionum ad canona mathematica liber singularis;* elle a 4 ff. préliminaires et 75 pp. de texte, plus une feuille double intitulée : *Canonicæ analogiæ sphærici trianguli rectanguli.*

— INTRODUCTION en l'art analytique, ou nouvel algèbre traduite et commentée par des exemples, par J.-L., sieur de Vau-Lezard. *Paris*, 1629, in-8.

— L'ALGÈBRE nouvelle de Viète, traduite en françois par A. Vasset. *Paris, Rocolet*, 1630, in-4.

12 fr. Labey ; 11 fr. Libri-Carucci.

— L'ALGEBRE, effections géométriques et partie de l'exégétique nombreuse de F. Viet. trad. du latin par N. Durret. *Paris, Alliot*, 1644, in-16.

8 fr. 50 c. Libri-Carucci.

Éditions originales de différents ouvrages de Viète.

— ZETETICORUM libri IV. Effectionum geometricarum canonica recensio. Supplementum geometriæ. *Turonis*, 1593, in-fol.

— ZETETIQUES de F. Viette , mis en françois, commentez et augmentez par J. L. , sieur de Vau-Lezard. *Paris*, 1630, in-8.

— EXAMEN de la traduction faite par M. Vasset des cinq livres des Zététiques de M. Viette, par Vaulezard, 1831, in-8.

— A.-L. SANTINI Instauratio supplementi Fr. Vietæ totius geometriæ. *Paris, Des Hayes*, 1644, in-4.

MUNYMEN adversus nova cyclometrica. *Paris., Mettayer*, 1594, in-4.

IN ARTEM analyticem isagoge. *Turonis, Mettayer*, 1591, in-fol.

VARIORUM de rebus mathematicis responsorum cujus præcipua capita sunt de duplicatione cubi et quadratione circuli. *Turonis*, 1593, in-fol.

— DE NUMEROSA potestatum resolutione ad exegism. *Parisiis, Leclerc*, 1600, in-fol.

Ces trois articles en un seul volume. 55 fr. Libri, en 1857.

— RELATIO calendarii vere Gregoriani ad ecclesiasticos doctores exhibita pontifici Clemente VIII, anno 1600, in-4.

APOLLONIUS Gallus, ad Adrianum Romanum. *Paris, Leclerc*, 1600, in-4.

ADVERSUS Christophorum Clavium expostulatio. *Paris., Mettayer*, 1602, in-4.

DE ÆQUATIONUM recognitione et emendatione tractatus duo. *Parisiis, Laquehay*, 1615, in-4.

VIETTY (*E.*). Voyez REY.

VIETZ (*Ferd.-Bern.*). Icones plantarum medico - œconomico - technologicarum , cum earum fructus usuque descriptione, germanice et lat. *Viennæ*, 1800-1820, 10 vol. in-4. contenant 935 (ou même 1088) pl. color. — Supplementum, *ibid.* 1822, in-4. de 116 pp. avec 100 pl. [4944]

Ouvrage d'une exécution très-médiocre, mais que Pritzel ne cote qu'à 33 thl. Les deux premiers volumes renferment les *Plantæ officinales*, en 225 planches.

VIEU (*P.*). La Danse des morts. Voy. MERIAN (*Matth.*).

VIEUSSEUX (*Jean-Pierre*). Archivio storico. Voy. ARCHIVIO.

VIEW of the silver coin. Voy. SNELLING.

VIEWS in the East. Voy. ELLIOT.

VIEWS in Orkney, and on the north-eastern coast of Scotland, taken 1805, and etched 1807. (*Lond.*, published in 1810), gr. in-4. de 27 pp. [27391]

Cet ouvrage magnifique, dont M. Dibdin donne la description dans sa *Bibliomania*, p. 714, n'a été tiré qu'à 120 exemplaires. Il est de Mme la marquise Élisabeth de Stafford (duchesse de Sutherland), qui a elle-même dessiné et gravé les vues, au nombre d'une quarantaine, qui accompagnent les 27 pp. de texte de ce livre, avec un esprit et une correction dont le plus habile imitateur de Rembrandt se ferait honneur. L'exemplaire donné par l'auteur à M. C.-F. Greville, a été payé 16 guinées à la vente de ce dernier ; d'autres ont été vendus environ 10 liv. chacun.

— Voy. SUTHERLAND.

VIEWS of Reading abbey, with those of the churches originally connected with it, in the country of Berks : together with some monuments of antiquities remaining in those churches. *London, Manson*, 1805 and *Reading , Snare,* 1810, 2 part. gr. in-4. 2 liv. 2 sh. [27120]

La première partie a 33 planches à l'*aquatinta*, par Tomkins, et 46 pp. de texte, la seconde 18 planches et 52 pp. de texte.

VIEYRA ou Viera. Voy. BANDARRA, et le n° 1507 de notre table.

VIEYRA (*Ant.*). Animadversiones philologicæ in nonnulla Corani loca, cùm illustrationibus in V. T. ex arabismo ac persismo depromptis; quibus reëognitis atque auctis in hac nova editione accedunt specimina quinque , ostendentia linguarum lat. ital. hisp. gallic. lusitan. ac angl. cum arabica aut persica affinitatem ; in usum tironum composuit, ediditque Ant. Vieyra. *Dublinii , White*, 1785, in-4. [2235]

Vendu 7 fr. Langlès ; 11 fr. Librairie De Bure.

— Brevis, clara, facilis ac jucunda, non solum arabicam linguam, sed etiam hodiernam persicam addiscendi methodus. *Dublinii*, 1789, in-4. [11601]

Ce livre ne contient aucun précepte de grammaire ; il est terminé par cinq glossaires étymologiques: latin, italien, espagnol, anglais et français, 1 liv. 7 sh. Dent.

VIGA-GLUMSSAGA, sive vita Viga-Glum, island. ad codd. mss. edita, cum versione lat. et commentariis, edente G. Petersen. *Hauniæ*, 1786, in-4. [27720]

Vendu 18 fr. Bast et Dutheil.

Vieussens (*R.*). Nevrographia, 6792.   Vigaroux. Maladies des femmes, 7613.

VIGELLUS (*Wilhelmus*) [Nigellus Wirecker, monachus cantuariensis]. Speculum stultorum. (*absque nota*), in-fol. goth. de 71 ff. à 30 lign. par page, sans chiffres. [13115]

Cet ouvrage singulier, écrit en vers élégiaques, au XIIe siècle, est une critique des mœurs du clergé. L'édition que nous décrivons est la première, et doit avoir paru à *Cologne*, entre les années 1471 à 1478 : elle commence par une épître de l'auteur (*Incipit epistola veteris vigelli ad guilhelmū amicū suū*), laquelle occupe les trois premiers feuillets. Le texte commence au 4e f. de cette manière : (S) *Uscipe pauca tibi veteris vulhelme vigelli, etc.* Vendu 35 fr. *mar. v.* Brienne-Laire.

On cite une édition de ce *Speculum*, sans lieu ni date, mais impr. à Utrecht, par Nic. Ketelaer et Gerard de Leempt, édition à laquelle serait réuni le *Raynardus vulpes*, poëme latin sorti de la même presse. Voy. t. IV, col. 1221, article RENART (le).

— Speculum stultorum. (*absque nota*), in-4. goth. de 60 ff. non chiffrés, sign. aij à hiij, à 32 lign. par page.

Édition imprimée avec les caractères de J. Koelhoff, à *Cologne*, de 1480 à 1485 : elle commence par le texte (*Suscipe paura tibi*), et elle finit au verso du dernier feuillet, 16e ligne (*Finis adest feliciter Amen*).

Une autre édition, sans date, in-4. goth. de 61 ff., avec des signat. de ai—hiiii, exécutée également vers 1480, se termine à la 9e ligne du dernier feuillet verso. Vendu (l'une ou l'autre édit.) 36 fr. La Valliere, en 1767 ; 21 fr. Brienne ; 12 fr. Méon ; 28 fr. *mar. v.* Courtois ; 16 et 19 sh. Heber.

— Liber qui ititulatur Brunellus in speculo stultorum Narratio Galieni de bruneta et bicorni Narratio de gallo et querimoniis galline Brunellus ꝗuertit se ad singl'os status hoīm. (in fine) : *In... ciuitate Coloniensi Anno... millesimo quadringentesimo nonagesimo nono* (1499) *die ultima Februarii,* in-4. goth. de 68 ff. non chiffrés, avec fig. sur bois, sign. *a—o.*

Édition ornée de figures singulières. Les trois premiers feuillets renferment le titre et la lettre : *Vigelli ad Guilhelmū ;* le verso du 67e est blanc, ainsi que le recto du dernier feuillet, dont le verso offre deux gravures sur bois, avec la marque de l'imprimeur. L'exemplaire vendu 15 fr. La Valliere n'avait que 60 ff.

Une autre édition du XVe siècle, de format pet. in-4., était à la vente de Pinelli et y a été portée à 2 liv. 4 sh. C'était un volume de 59 ff., commençant au feuillet A2 et finissant au verso du feuillet 116.

L'édition de *Paris, J. Petit,* 1506, pet. in-4. goth., *mar. r.* a été vendue 29 fr. Courtois.

— Nigaldi Wiroker, anglici bardi, speculum stultorum. *Parisiis,* 1601, in-4.

Vend. 12 fr. Sépher.

Les différents éditeurs de cet ouvrage ont été peu d'accord sur la manière d'écrire le nom de l'auteur.

— Brunellus Vigelli et Vetula Ovidii, seu opuscula duo auctorum incertorum, prius quidem Vigelli, qui fertur Speculum stultorum; posterius vero lib. III de vetula Ovidii, falso sic dicti. (curavit

Sim. Closius). *Walferbyti,* 1662, in-8. fig. 5 à 8 fr.

Vend. 12 fr. Gouttard.

VIGENÈRE (*Blaise* de). Les Images de Philostrate. Voy. PHILOSTRATE. — Description du royaume de Pologne. Voy. HERBURT.

— Comètes, 8310. — Traité des chiffres, 9063.

VIGERIUS. Marci Vigerii saonensis decachordum christianum Julio II. Pont. Max. dicatum. — *Quod Hieronymus Soncinus in vrbe Fani his caracteribus impressit die x. Augusti,* M. D. VII, pet. in-fol. de 7, CCXLVI et 16 ff. fig. sur bois. [1222]

Ce volume est orné de 10 figures sur bois de la grandeur des pages et de 35 petites, toutes ayant rapport à la vie de Jésus-Christ. 48 fr. Riva ; 35 flor. Butsch ; 52 fr. Borluut ; 40 fr. Eug. P...., en 1802. Un exemplaire imprimé sur VÉLIN a été vendu 15 liv. 10 sh. chez Hibbert, quoique les 7 ff. prélimin. y manquassent. La Bibliothèque impériale possède un autre exemplaire, et aussi l'ouvrage suivant du même auteur, également sur VÉLIN : *Controversia de excellentia instrumentorum dominicæ passionis ;* Romæ, Marcellus Silber, 1508, in-4. de 2 et 42 ff.

VIGERUS (*Fr.*). De præcipuis græcæ dictionis idiotismis, cum animadversionibus H. Hoogeveeni, quibus adjecit et suas J.-C. Zeune : edidit et adnotationes addidit Godofr. Hermannus. Editio tertia auctior et emendatior. *Lipsiæ, Hahn,* 1822, in-8. 8 à 10 fr. [10660]

Cet ouvrage du P. Viger ou Vigier, jésuite, dont la première édition date de 1632, a été adopté dans les écoles allemandes et hollandaises, où il continue à être en usage, grâce aux importantes augmentations que Hoogeven, Zeune et Hermann y ont successivement faites. L'édition donnée par Hoogeveen, *Lugd.-Batavor.,* 1766, in-8., avait été suivie des *Animadversiones* de Zeune, *ibid.,* 1781, in-8. Ces deux ouvrages ont été réunis dans l'édition de *Leipsick,* 1788, et augmentés des notes d'Hermann dans celle de *Leipsick,* 1802, in-8., d'après laquelle a été faite celle de 1822.

Les réimpressions, *Londini, Valpy, sumptibus Rich. Priestley,* 1824, in-8. 13 fr., et *Glasguæ,* 1825, in-8., sont plus belles que l'édition de *Leipsick.*

VIGGIANI. Lo Schermo d'Angelo Viggiani dal Montone da Bologna. *Venetia, appresso Giorgio Angelieri,* 1575, in-4. portr. et fig. [10306]

29 fr. Riva.

VIGIL (D. *Ant.* de Elgueta y). Cartilla de la agricultura de moreras, y arte para la cria de la seda, etc. *Madrid,* 1761, pet. in-4. fig. 6 à 9 fr. [6454]

VIGILES de la mort de Charles VII. Voy. MARTIAL de Paris.

VIGILIÆ Rhetorum et somnia Poetarum

Vigier (*J.* et *Fr.*). Coutumes d'Angoumois, 2637.
Vigier de la Pile, et autres. Hist. de l'Angoumois, 24636.

emblematice expressa, ac in alma archiepiscopali universitate Salisburgensi publice. affixa, infra octavam SS. Corporis Christi anno 1681; nunc autem facultate superiorum *typis data* (*Salisburgi*) *sumptibus J.-B. Mayr* (1682), 2 part. en 1 vol. pet. in-8. [18583]

Recueil d'emblèmes dessinés par des élèves de l'université de Saltzbourg, et qui ont été exposés en public pendant l'octave de la Fête-Dieu, en 1681; ensuite gravés aux frais de l'imprimeur J.-B. Mayr. La première partie se compose de 49 gravures, précédées d'un titre impr. en rouge et noir, et d'une dédicace; la seconde partie contient 34 gravures précédées d'une autre dédicace.

Un exemplaire rel. en *mar. v.*, *à riche dorure,* par Capé, a été payé 121 fr. Solar; mais la reliure peut être comptée pour plus des trois quarts de ce prix.

VIGILIIS von Creutzenfeld (*Steph.-Hieron.* de). Bibliotheca chirurgica in qua res omnes ad chirurgiam pertinentes ordine alphabetico, ipsi vero scriptores quotquot ad annum 1779 innotuerunt, ad singulas materias ordine chronologico exhibentur. *Vindobonæ*, 1781, 2 vol. in-4. [31735]

Vendu 24 fr. By, et quelquefois moins.

VIGILLES des mors en fancoys (*sic*).— *Cy finissent les vigiles des trespassez translatees de latin en francoys. Imprimees a paris par Jean trepperel,* pet. in-4. goth. de 6 ff., avec une gravure sur bois au recto du premier. [13623]

Autre édition (*Paris*, avec la marque de *Guill. Nyverd*), pet. in-4. goth. de 8 ff. Vend. 19 fr. en mai 1824; 1 liv. 13 sh. Heber.

De Bure cite sous le n° 3257 de sa *Bibliographie :* LA MORALITÉ, intitulée : Les Vigiles des morts, mise en rime françoise et par personnaiges. *Paris, Jehan Jehannot,* sans date, in-16, goth.

VIGILLES (les) des mors translatees de latin en francoys. (au verso du dernier feuillet): *Cy finent les vigiles des mors... imprimees a Paris por anthoine verad* (sic) *libraire demourant a paris sur le pont nostre dame...* (avant 1500), pet. in-4. goth. de 128 ff. non chiffr., sign. ai—qiiij. [13623]

Édition ornée de figures sur bois; la traduction est en vers, et le texte latin se trouve en marge. Un exemplaire impr. sur VÉLIN, avec 29 miniatures, s'est vendu 150 fr. La Vallière, et 220 fr. Mac-Carthy.

Dans une de ses notes sur Du Verdier, l'abbé de Saint-Léger attribue ces Vigiles à P. Gringore.

Pour d'autres Vigilles des morts, voyez NESSON (*Pierre* de).

VIGINTI Cantiunculæ gallicæ quatuor vocum, *excusæ Argentorati apud Petrum Schöffer,* 1530, pet. in-8. oblong, 16 ff. [10194]

M. Schmid, qui ne cite ce livret que sur le témoignage des Pandectes de Conr. Gesner, décrit plusieurs autres livres de musique sortis des mêmes presses de 1535 à 1539.

VIGNALI de Buonagiunta (*Ant.*). Voyez ARSICCIO Intronato, et CAZZARIA.

VIGNE (*And.* de La). Voyez LA VIGNE.

VIGNE (*G.-T.*). Travels in Kashmir, Ladak, Iskardo, the countries adjoining the mountain-course of the Indus, and the Himalaya, north of the Panjab. *London, H. Colburn,* 1842 (2e édit. 1844), 2 vol. gr. in-8. fig. 1 liv. 12 sh. 6 d. [20712]

VIGNE (*Felix* de). Vade-mecum du peintre, ou recueil de costumes du moyen âge pour servir à l'histoire de la Belgique et pays circonvoisins. *Bruxelles et Gand,* 1835-40, 2 vol. gr. in-4. [9616]

Ce livre contient 195 fig. gravées et coloriées d'après les manuscrits, et principalement d'après ceux de la bibliothèque des anciens ducs de Bourgogne. 65 fr. Goddé.

— Costumes des guildes, 25089.

VIGNEUL. de Marville [D. *Bonaventure* d'Argonne]. Mélanges d'histoire et de littérature. *Paris,*1725 (ou 1740), 3 vol. in-12. [18548]

Bonne édition augmentée par l'abbé Banier, 9 à 15 fr. L'ouvrage est curieux, mais il manque souvent d'exactitude.

La première édition est de *Rouen, Maurry,* 1699, en 1 vol. in-12. Réimpr. à *Rotterdam, pour Elie Yvans,* 1700, pet. in-8. La seconde, *Paris* (impr. à Rouen), *Aug. Besoigne et Cl. Prudhomme,* 1700, 2 vol. in-12 avec un 3e vol. daté de 1701. Dans l'édition de 1725, qui est la quatrième, l'ancien 3e vol. est presque entièrement refondu dans les deux premiers, et remplacé par un nouveau vol. rédigé en grande partie par l'abbé Banier.

VIGNEUX (*A.*). Flore pittoresque des environs de Paris, contenant la description de toutes les plantes qui croissent naturellement dans un rayon de dix-huit à vingt lieues de cette capitale... *Paris, l'auteur,* 1812 (supplément de 28 pp. avec une pl., 1814), in-4. Bas prix. [5063]

VIGNIER (*Nicolas*), de Bar sur Seine, médecin. Traicté de l'estat et origine des anciens François. *Troyes, Claude Garnier,* 1582, in-4. 4 ff. prélim. et texte non chiffré, sign. A—O. [23197]

Seconde édition de cet ouvrage curieux. 17 fr. Coste. La première a paru à la suite du *Sommaire de l'histoire des François,* du même auteur, *Paris, Sebast. Nivelle,* 1579, in-fol. La traduction latine de ce *Traité,* faite par Nic. Vignier lui-même, fait partie du premier vol. des *Scriptores historiæ Francorum,* publ. par And. Du Chesne (voy. DU CHESNE).

— TRAITÉ de l'ancien état de la Petite Bretagne, et du droit de la couronne de France sur icelle, contre les faussetés et calomnies des deux histoires de Bretagne composées par le sieur d'Argentré. *Paris, Perrier,* 1619, in-4. [24444]

Ouvrage posthume publié par le fils de l'auteur, qui

Viglius et Hopperus. Leurs Mémoires, 25003.

Vignerio (*P.-J.*). Chronicon lingonense, 24511.

Vignier (*Hier.*). Origine des maisons d'Alsace, de Lorraine, etc., 28873.

y a ajouté une longue préface. Le système de Vignier sur l'établissement des Bretons dans les Gaules a été vivement combattu par M. Gallet, dans un mémoire qui a été inséré au premier volume de l'histoire de Bretagne de D. Morice.

L'ouvrage le plus considérable de.Nic. Vignier est sa *Bibliothèque historique*, Paris, Abel Langelier, 1588, 3 vol. in-fol., à laquelle on a ajouté, en 1650, un quatrième vol. contenant des additions et corrections aux trois premiers, et une vie de l'auteur, par Guill. Colletet. C'est un livre entièrement oublié, quoiqu'il ait coûté vingt-cinq ans de travail à l'écrivain qui l'a rédigé.

Nous citerons encore les deux ouvrages suivants de cet historien :

RERUM Burgundionum chronicon; in quo etiam rerum gallicarum tempora accurate demonstrantur; permulta autem pro utriusque historiæ, necnon etiam Germaniæ notitia dubia confirmantur, obscura illustrantur... Ex bibliotheca historica Nic. Vignerii. *Basileæ*, *Guarini*, 1575, in-4. [24520] (Cette chronique s'étend de l'année 408 à 1482.)

HISTOIRE de la maison de Luxembourg, où sont plusieurs occurrences et affaires, tant d'Afrique et Asie que d'Europe. *Paris*, *Thiboust*, 1617, in-8. [29001]

Continué depuis 1557 jusqu'en 1616, et publié par André Du Chesne.

— AUTRE édition de cette histoire, illustrée de notes, avec une continuation et des tables généalogiques des princes de cette illustre maison et des principales familles venues par fils et filles, avec les blasons de leurs armoiries et de leurs alliés. *Paris*, *Blaise*, 1619, in-4, donnée par Nic.-Geor. Pavillon, avocat, dont le vrai nom, selon Baillet, était Poullain.

On attribue généralement au même Nic. Vignier l'ouvrage suivant, dans lequel il n'est pas nommé.

DE LA NOBLESSE, ancienneté, remarques et mérite d'honneur de la troisième maison de France. *Paris*, *Abel Langelier*, 1587, in-8. de 206 pp.

C'est une réfutation du *Paradoxe*, *ou Discours véritable de l'origine de Hugues Capet*, par P. de Saint-Julien, impr. à Paris, en 1585, in-8. Ce dernier y a répondu dans son *Apologie et plus que juste Defense*, Lyon, Rigaud, 1588, in-8. Le Discours véritable et l'Apologie ont été réimpr. à Lyon, 1589, in-8., dans les Meslanges de l'auteur (voyez SAINT-JULIEN).

VIGNOLA (*Giacomo* Barozzi da). Regola delli cinque ordini d'architettura. (*sans lieu ni date*, mais 1563), in-fol. 10 à 12 fr. [9747]

Première édition, composée de 32 pl. assez bien gravées; on en fait quelque cas.

L'ouvrage a été réimpr. à *Venise*, en 1570, en 1582 et en 1596, et aussi à *Sienne*, 1635, in-fol. en 45 pl.

L'édition de *Venise*, 1648, in-fol., con la *nova aggiunta di M. Ang. Buonarotta*, contient 41 pl.

Nous pouvons encore citer comme assez bonnes les éditions de *Rome*, 1732, 1765, 1770 et 1780 ; et de *Naples*, 1795.

— REIGLES (*sic*) des cinq ordres d'architecture de Viguolle, reveues, augmentées et reduittes de grand en petit, par Le Muet. *A Amsterdam*, *chez Louis Elsevier*, *libraire demeurant sur l'eau*, 1638, pet. in-8.

Ce volume, entièrement gravé, se compose de 50 ff. impr. d'un seul côté, non compris le frontispice qui est également gravé et suivi d'un autre titre en flamand, ainsi que le texte. Le nom de Louis Elsevier le recommande aux personnes qui réunissent les éditions imprimées ou vendues par les imprimeurs portant ce nom.

— RÈGLES des cinq ordres d'architecture de Vignole, traduites de l'italien, et augmentées de re-

marques (par Ch.-Ant. Jombert). *Paris*, 1764, gr. in-8. fig. 6 fr.

— OEuvres complètes de Vignole, publiées par Lebas et Debret. *Paris*, *imprim. de Didot l'aîné*, 1815, gr. in-fol. fig.

Belle édition qui devait se publier en 25 livraisons, au prix de 5 fr. chacune. — Pap. de Hollande, 10 fr. Il n'en a paru que 14 livraisons. Vend. 58 fr. Hurtault.

— Voyez d'AVILER.

— Le due regole della prospettiva pratica di Jacomo Barozzi da Vignola, coi commenti del P. Egnatio Danti. *Roma*, 1583, pet. in-fol. fig. [8424]

Première et belle édition de cet ouvrage resté classique en Italie. La plupart des planches sont gravées sur bois et tirées avec le texte. Les réimpressions de *Rome*, 1611 et 1644, in-fol., avec les mêmes planches, sont bonnes aussi. Nous nous dispensons d'indiquer les nombreuses éditions qui ont été faites de ce traité.

VIGNOLES (*Alph.* des). Chronologie de l'histoire sainte et des histoires étrangères qui la concernent, depuis la sortie d'Egypte jusqu'à la captivité de Babylone. *Berlin*, 1738, ou 1761, 2 vol. in-4. 12 à 15 fr. [21224]

Ouvrage savant et assez estimé. Les deux dates se rapportent à une même édition.

VIGO (*Joannis* de), genuensis, Chirurgia. *Opus impressum Romæ per Stephanum et Herculem socium ; castigatum et emendatum per medicinæ doctorem Joan. Anthracinum Macerathen anno* M. D. XIIII... *die xv Aprilis*, in-fol.

Quoique cette édition soit imprimée à Rome, la plupart des exemplaires se sont vendus à Gênes. Une autre édit. de Rome, *apud Jacobum Mazochium*, mais sous le titre de *Practica in professione chirurgica*, in-4. est citée par Panzer.

— PRACTICA in arte chirurgica copiosa Joannis de Vigo continens novem libros. (in fine) : *Presens opus impressum fuit Lugduni in ædibus Jacobi Myt calcographi sumptibus... Vincentii de portonariis de tridino de Monte Ferrato anno M D decimo sexto die vero vigesima mensis octobris*, in-4.

— AUTRE édition : *Lugduni excusa in ædibus Jacobi Myt calcographi impensis Jacobi q Francisci da Giunta et socii florentini*, 1521, in-4. Réimprimé encore à Lyon par *Ant. de Ry*, 1525, in-4., et dans la même ville, par *Jo. de Cambray*, alias *Moylin*, 1531, in-8. — Une édition de Venise, *impensis hæredum dñi Octaviani Scoti*, M D xx, in-fol., est portée dans la *Biblioth. thott.*, VII, p. 55.

— Sensuit la practique en cyrurgie de tres excellent docteur en medecine maistre Jehan de Vigo, nouvellement translatee de latin en francoys (par Nicolas Godin). *Lyon*, *Benoist Bounyn et Jehan*

Planfoys, 1525, *le* 28 *daoust*, gr. in-4. goth. à 2 col. [7468]

Cette traduction, sur le titre de laquelle se voit la marque de l'imprimeur Benoist Bounyn (voyez ci-dessous), est celle dont La Croix du Maine cite une édition de *Paris*, 1531 ; et Du Verdier, une édition de *Lyon*, 1537, in-8. Le titre de cette dernière est dans le catalogue de Baron, n° 3357. Une édition de Lyon, par Jehan Marechal, 1531, pet. in-4., est portée dans le *Nouveau Spon*, p. 16, et enfin une autre sous ce titre : La pratique en cirurgie de Jehan de Vigo — avec les aphorismes et canons de cirurgie composés par maistre Nicolas Godin, M D XXXII, in-8, sans lieu d'impression, est indiquée par Panzer, IX, p. 154.

VIGONCE. Nobile Vigonce opus incipit. *Venetiis, Bernardinus de Vitalibus*, 1502, die VII mensis madii, in-8. de 8 ff.

Cet opuscule macaronique est d'une grande rareté. Il commence après le titre et le *Musarum invocatio* par ces vers :

« *Rica putana* Notissima Tuque Roseta *Vaca vacha* Multo bertone superba. »

L'exemplaire relié avec le *Virgiliano*, par Fossa de Cremone (voy. VIRGILIANA, à la col. 1266 du présent volume), a été vend. 19 liv. 10 sh. Catalogue de la partie réservée de la collection Libri, 1862, n° 331.

VIGOR (*Simon*). Sermons et prédications chrestiennes et catholiques du saint sacrement de l'autel, accommodés pour tous les jours des octaves de la Feste-Dieu : prononcées present le roy, par M. Vigor, archeuêque de Narbonne; mises en lumiere et reueues par Jehan Christi, docteur en théologie. *Paris, Nic. Chesneau*, 1577, in-8. [vers 1444]

Le même Jean Christi a publié, deux ans après la mort de Sim. Vigor, c'est-à-dire également en 1577 :

Sermons et prédications chrestiennes... pour tous les jours de caresme et férie de pasques, prononcées a Paris en l'église de sainct Estienne-du-Mont, par le dit prélat. *Paris, Nic. Chesneau*, in-8. Ces deux volumes ont été réimpr. à Paris, en 1585, et on les joint aux *Sermons* du même *sur le symbole des Apostres ; sur les évangiles pour l'Avent, et pour les dimanches de l'année*, Paris, Gabr. Buon, 1587-88, 3 vol. in-8.

Nous citerons encore l'*Oraison funebre prononcée par Sim. Vigor aux obseques d'Elisabeth de France, reine d'Espagne, en l'église Nostre Dame de Paris, le 25 octobre 1568*, Paris, Claude Fremy, 1568, in-8.

VIGOUREUX. La défense des femmes contre l'alphabet de leur prétendue malice et imperfection, par le sieur Vigoureux, capitaine du château de Bry-Comte-Robert. *Paris, Pierre Chevalier*, 1617, in-12. 5 à 6 fr. [18075]

13 fr. Coste.

L'ouvrage auquel celui-ci sert de réponse, a été indiqué ci-devant, à l'article OLIVIER (*Jacq.*).

VIGUIER. Élémens de la langue turque. *Constantinople, de l'impr. du palais de France*, 1790, in-4. 10 à 12 fr. [11689]

Les mots de la langue turque sont imprimés en lettres latines.

VILLA. Viaggi del marchese Ghiron Francesco Villa in Dalmatia e Levante, con la distinta relazione de' successi di Candia; descritti, et ocularmente osservati da Gio.-Batt. Rostagno. *Torino, Gio. Sinibaldo*, 1668, in-4. 5 à 6 fr. [19947]

C'est de cette relation qu'est en grande partie tiré l'ouvrage suivant :

LES MÉMOIRES du voyage du marquis de Ville au Levant ou l'histoire curieuse du siège de Candie, le tout tiré des Mémoires de J.-B. Rostagno, et de plusieurs autres par Fr. Savinien d'Alquié. *Amst., Boom*, 1671, 2 vol. pet. in-12.

Deux volumes qu'on réunit à la collection des Elsevier : 8 à 12 fr.

— HISTOIRE des voyages du Levant ou du siége de Candie, par le marquis de Ville, écrite par le P. Joseph du Cros. *Lyon, Barbier*, 1669, in-12, ou sous le titre de *Voyage*, Paris, Clousier, 1669, in-12.

Voici le titre d'un autre ouvrage relatif au même événement, qu'on peut citer à côté de l'Histoire écrite par Du Cros :

LE JOURNAL de l'expédition de M. de La Feuillade pour le secours de Candie, par un volontaire. *Grenoble, J. Nicolas*, 1669, et aussi *Lyon, Jean Thiolly*, 1669, pet. in-12.

VILLA Aldobrandina. Voyez BARRIÈRE.

VILLA-ANIS. Voy. ESCOSURA.

VILLA BIANCA. Della Sicilia nobile opera di Francesco Maria Emanuele e Gaetani, marchese di Villa Bianca, e signore del Castello di Mazara (sino all' anno 1758).

Palermo, P. Bentivenga, 1754-59, 3 tom. en 4 vol. pet. in-fol. [28912]

Le tome II de cet ouvrage est en 2 volumes, parce qu'il contient une continuation, imprimée en 1757, et un *Compimento,* sous la même date que le tome III. On a joint plus tard à cet ouvrage le premier volume d'un *Appendice,* imprimé à *Palerme,* en 1775, in-fol.; mais je ne sache pas qu'il en ait paru davantage.

VILLA Dei (*Alex.* de). Voyez ALEXANDER Gallus.

VILLADIEGO (*Alph.* a). V. FUERO Juzgo.

VILLAFAÑE (*Juan* de Arphe y). Quilatador de la plata, oro, y piedras. *Valladolid, Diego Fernandez,* 1572, in-4. de 4 ff. prélimin., 71 ff. chiffrés, et 1 f. pour la table. [4739]

Édition originale d'un traité curieux; elle est moins complète que la suivante, qui est augmentée d'un 4e livre : 20 fr. Gaignat; 15 fr. La Vallicre; 18 fr. Mac-Carthy; mais quelquefois moins.

— QUILATADOR de la plata, etc., conforme a las leyes reales. *Madrid, Guillermo Drouy,* 1598, in-8. de 16 ff. prélimin., 244 ff. de texte (le dern. coté 144).

Vendu 15 fr. La Valliere.

L'édition de *Madrid, de Zafra,* 1678, in-4., 21 fr. La Serna, mais beaucoup moins depuis.

— Varia commensuracion para la escultura y arquitectura. *Sevilla,* 1589, in-fol. fig. [9672]

Ouvrage mêlé de prose et de vers, dont le succès s'est soutenu jusqu'à nos jours. L'édition de 1589 est la seule dont Antonio ait fait mention, mais on en cite une de Séville, 1585, in-4. avec fig. sur bois. Il y en a aussi de Madrid, 1675, 1736, in-fol. fig. sur bois, enfin une 7e édition augmentée par D. Pedro Enguera, *Madrid,* 1795, in-fol. et une huitième, corrigée et augmentée, par Jos. Assensio y Torres, *Madrid,* 1806, 2 vol. in-fol. fig.

VILLAGAGNON. Voy. VILLEGAGNON.

VILLAGRA (capitan *Gaspar* de). Historia de la Nueva Mexico. *Alcala, por Luys Martinez Grande,* 1610, pet. in-8. [15227]

Ce poëme est certainement devenu rare; il conserve d'ailleurs un intérêt historique, parce que l'auteur a servi dans l'expédition qui fait l'objet de ses vers, et qu'il s'est plus attaché à l'exactitude des faits qu'aux inventions poétiques. Vendu 11 sh. Heber.

VILLAGUTIERREZ de Sotomayor (*Juan* de). Historia de la conquista de la provincia de el Itza, reduccion y progresos de el de Lacandon y otras naciones de Indios barbaros, de la mediacion de el reino de Guatimala à las provincias de Yucatan en la America septentrional. (reduccion de los Itzaex, etc.), escrivela D. Juan de Villaguiterre Soto-Major. *(Madrid),* 1701, 2 part. en 1 vol. in-fol. [28676]

Ce volume contient un frontispice gravé, un titre imprimé, 30 autres ff. prélim., 660 pp. et la table en 17 ff. Vend. 17 fr. Rætzel; 40 fr. Tross, en 1860; et 50 fr. en 1862.

VILLALOBOS (*Francisco* de). Libro inti-

tulado los problemas de Uillalobos : q̃ tracta d̃ cuerpos naturales y morales; y dos dialogos de medicina; y el tractado de las tres grandes; y una cancion; y la comedia de Amphytrion. — *Fue impresso el presẽte libro..... en Zamora, por el honrrado varõ Juan picardo... Acabose a nueue dias del mes de Febrero, Año... de M. D. xliij* (1543), pet. in-fol. goth. [19262]

Villalobos, un des meilleurs physiciens de son temps, est placé comme écrivain parmi les classiques de la langue espagnole. Indépendamment de cette édition rare de *Zamora,* il y en a une autre de *Medina del Campo,* sous la même date, et aussi in-fol., laquelle, annoncée comme première édition, a été vendue 1 liv. 11 sh. Heber. L'édition de *Séville,* 1574, pet. in-8., est presque également rare.

Antonio cite plusieurs autres ouvrages de Villalobos, et particulièrement : *Glossa in Plinii historiæ naturalis primum et secundum libros,* Alcala de Henares, 1524, in-fol. — Pour un Villalobos que nous croyons être différent de celui-ci, voyez LOPEZ (*Franç.*).

VILLALON. La tragedia de Mirrha : en la qual se recuentan los infelices amores q̃ ouo cõ el rey Ziniras su padre. Cõpuesta por el Bachiller Uillalon. M. D. XXXVI. (à la fin) : *Medina del Campo, por Pedro Touans,* pet. in-4. goth. de 14 ff. non chiffrés. [17639]

Nouvelle en prose, qu'on a quelquefois prise pour une tragédie.

VILLALPANDUS. Voyez PRADUS.

VILLALPANDUS Torreblanca. Voy. TORREBLANCA.

VILLALUMBRALES. Cauallero del Sol. Libro intitulado peregrinacion de la vida del hõbre puesta en batalla de baxo d̃ los trabajos q̃ sufrio el Cauallero d̃l sol, en defensa d̃la Razõ..., compuesto por Pedro Hernandez de Villalumbrales. — *Jmpresso en Medina del Campo en casa de Guillermo de Willis a quinze dias del mes de Febrero de mil y quinientos y cinquenta y dos años* (1552), in-fol. goth. de 5 et cxij ff. à 2 col. [17559]

Ce roman allégorique en prose et en vers est un des livres de la bibliothèque de D. Quichotte : un bel exempl. en mar. 3 liv. 12 sh. Hanrott; 4 liv. 12 sh. Heber.

Il en existe une traduction italienne sous ce titre :

IL CAVALIER del sole, che con l'arte militare dipingo la peregrinazione della vita umana..... tradotto di Spagnuolo in Italiano per messer Pietro Lauro. *In Vinegia, per Gioanbattista et Marchio Sessa fratelli,* 1557, in-8. de 8 ff. prélim. dont un blanc, et 198 ff. chiffrés.

G. Melzi, en décrivant cette édition, en cite trois autres, savoir, *Venezia presso i Zoppini,* 1584 et 1590; — *Venezia, Giorgino Valentini,* 1620, in-8. Il ne faut pas confondre cet ouvrage avec l'*Espejo de principes y caualleros* dont nous parlons à

Villain (*Et.-Fr.*). Histoire de l'église de S.-Jacques, 24154. — Histoire de Flamel, 30578.

Villalba (*J.* de). Epidemiologia, 7190.

l'article ORTUNEZ de Calahorra, ouvrage qui a été traduit en français sous le titre d'*Admirable histoire du chevalier du Soleil* (voy. ROSSET). C'est à tort que dans le *Trésor* on prétend que la traduction du roman de Villalumbrales était inconnue des bibliographes, puisque nous l'avions déjà citée dans notre 4ᵉ édit., tome III, p. 581, d'après Melzi.

VILLAMEDIANA (*Juan* de Tarsis, conde de). Obras poeticas. *Madrid*, 1629, pet. in-4. [15248]

Réimprimé à *Madrid*, en 1634, 1635 et 1643, pet. in-4. (édition revue par D. Hipol. de los Valles), et aussi à *Saragosse*, en 1629, in-4., et à *Barcelone*, en 1648, in-8.

VILLAMONT (de). Ses Voyages en Italie, en Grèce, Terre-Sainte, Syrie, Egypte et autres lieux; augmentez en ceste derniere édition de son second voyage et du dessein de son troisième. *Paris*, 1609, 2 tom. en 1 vol. in-8. 6 à 9 fr. [19942]

Cette relation, dont la première édition est celle de *Paris, Cl. Montrœil et J. Richer*, 1596, in-8., paraît avoir vivement excité la curiosité lorsqu'elle parut, car elle a été souvent réimprimée. Nous en connaissons des éditions de *Paris*, 1600; d'*Arras, Guill. de la Rivière*, 1598 (12 fr. 50 c. Erdeven); *Paris*, 1602 (35 fr. mar. r. Bergeret); d'*Arras* 1605; de *Lyon, Cl. Lariot*, 1606 (aussi 1607), in-8. (en *mar. br.* par Duru, 38 fr. Solar); de *Rouen*, 1608, 1610, et 1613, et enfin de *Liège*, 1608, toutes de format pet. in-8. ou in-12.

VILLANI (*Giovanni*). Storia (fino al 1348) alla sua vera lezione ridotta. *Fiorenza, Fil. et Jac. Giunti*, 1587, in-4. 15 à 20 fr. [25500]

Cette édition, donnée par Baccio Valori, est celle que cite comme la meilleure le Vocabulaire de La Crusca : elle est rare et se paye en Italie de 20 à 30 ff. On y doit trouver 28 ff. prélim., 936 pp. de texte; *Tavola delle cose notabili*, 60 ff.; *Tavola delle casate fiorentine*, 2 ff., enfin 2 ff., dont l'un pour le registre, la date et l'errata, et le dernier tout blanc. Les dix premiers livres de l'ouvrage de J. Villani ont été publiés pour la première fois sous le titre de *Cronica*, par les soins de Jacq. Fasolo, à Venise, *per Barthol. Zanetti*, en 1537, in-fol. Les livres XI et XII ont paru ensuite sous le titre de *La seconda parte della cronica universale de' suoi tempi di Giov. Villani*, in Fiorenza, appresso Lor. Torrentino (1554), in-8. Une autre édit., en 12 livres, avec les notes marginales de Remi Nannini, a été mise au jour à Venise, *per Nicolò Bevilacqua, ad istanza delli heredi di Giunti di Firenze*, 1559, in-4.; mais elle est peu recherchée.

— Historia di Matteo Villani, che continua quella di Giovanni suo fratello. *Venetia, ad istanzia dei Giunti di Fiorenza*, 1562, in-4. 6 à 8 fr. [25501]

Édition inférieure à celle de 1581, ci-après. Le Vocabulaire de La Crusca la cite inexactement comme impr. à Florence : elle a 16 ff. prélim., 552 pp. de texte et 22 ff. pour la table des matières. La prem. édition, sous le titre de *Cronica universale*, Florence, 1554, in-8., ne contient que les quatre premiers livres. La réimpression des neuf livres, *Florence, Giunti*, 1581, in-4. de 16 ff., 560 pp., 21 ff. de table et 1 f. pour le registre, etc., est fort améliorée, mais comme elle ne contient pas l'*Aggiunta di Filippo*, que promet le titre, il faut y réunir le volume suivant :

DELL' ISTORIA di Matt. Villani li tre ultimi libri,

con l'aggiunta di Filippo. *Firenze, Giunti*, 1577, in-4. [25502]

Les 2 vol. de 1581 et 1577, vend. 20 fr. Riva.

Une bonne réimpression de ce dernier ouvrage a été faite à *Florence, Giunti*, 1596, in-4.

Ces trois volumes, de 1587, 1581 et 1577, sont nécessaires pour former le recueil complet des histoires de Jean, Matth. et Phil. Villani; il est difficile de les trouver réunis.

— Le Storie (fiorentine) di Giovan., Matteo e Filip. Villani, riscontrate e notabilmente corrette sopra tre manoscritti. *Milano*, 1729, 2 vol. in-fol. 12 à 18 fr.

Ce sont les tom. XIII et XIV de la grande collection de Muratori, desquels il a été tiré à part un certain nombre d'exemplaires. L'édition présente quelques bonnes variantes, et néanmoins elle ne vaut ni les précédentes, ni la dernière édition de Florence. Ce corps d'ouvrage a été réimprimé à *Milan*, 1802, 8 vol. in-8., mais sans beaucoup de soin.

— Cronica a miglior lezione ridotta coll' aiuto de' testi a penna. *Firenze, per il Magheri*, 1823, 8 vol. in-8. portr. 24 fr.

Édition due aux soins de M. Ignazio Moutier, qui y a joint plusieurs morceaux importants impr. pour la première fois. Le même éditeur a donné l'article suivant :

CRONICA di Matteo (e di Filippo) Villani, a miglior lezione ridotta... *Ibid.*, 1825-26, 6 vol. in-8. 21 fr.

Le 6ᵉ vol. contient la réimpression des *Vite degli uomini illustri fiorentini* de Phil. Villani, d'après l'édition de Venise, 1747, in-4., publiée par C.-M. Mazuchelli. On a aussi impr. à Florence, en 1826, les *Vitæ Dantis, Petrarcæ et Boccacii a Philippo Villanio scriptæ, ex codice inedito barberiniano*, in-8. 4 fr.

Il a été tiré des exemplaires des deux Chroniques des Villani, en pap. fin, en Gr. Pap. vél. et en pap. bleu. Un exemplaire des 15 vol. en pap. vél., 92 fr. en janvier 1829, et moins depuis.

— LE CRONACHE storiche di Giovanni, Matteo e Filippo Villani a meglior lezione ridotte coll' ajuto dei testi a penna, con note filologiche di I. Moutier e C.-M. Mazzuchelli, e di una cronaca inedita, con illustrazioni e appendice storico-geografiche compilate dal cav. F.-G. Dragomanni. *Milano*, 1848, 7 vol. in-8. avec vignettes. 60 fr.

VILLANI (*Nic.*). Ragionamento dell' accademico Aldeano sopra la poesia giocosa de' Greci, de' Latini, e de' Toscani, con alcune poesie piacevoli del medesimo autore. *Venet., Pinelli*, 1634, 2 part. en 1 vol. pet. in-4. [12232]

Livre curieux et assez rare.

VILLANI. La Visiera alzata. Hecatoste di scrittori che vaghi di andare in maschera fuor del tempo di carnovale, sono scoperti da Giampietro-Giacomo Villani [il P. Angelico Aprosio]. *Parma*, 1689, in-12. [15022]

Ouvrage rare, dans lequel sont dévoilés au moins cent auteurs pseudonymes; il est intéressant, mais malheureusement l'impression, faite après la mort de l'auteur, en est très-peu correcte : vendu 21 fr. Floncel; 23 fr. de Couronne; 14 fr. 50 c. m. r. Mac-Carthy, et 15 fr. 50 c. Librairie de Bure.

VILLANO (*J.*). Incomenza una nobilissima e vera antiqua cronica. Composta per lo generosissimo missere Johanne Villano recolta da molti antiqui quale e delecteuole et de gran piacere per sapere le antiquitate dello regno di Sicilia citra et ultra el faro in dela quale se tracta de mutamenti de multi stati et incomenza dala edificatione de Cuma. Lege feliciter. (*absque nota*), in-4. [25272]

Selon Giustiniani, cité par Panzer, cette édition est imprimée avec les caractères romains de Riessinger, caractères dont s'est servi depuis Fr. Tuppi, à Naples. Mais Dibdin, *Biblioth. spencer.*, VII, n° 183, fait observer qu'au contraire les caractères du livre sont gothiques. Dans l'exemplaire que décrit ce bibliographe, le texte commence au feuillet *a ij*, et se termine au feuillet *i v* par le mot FINIS que précèdent les 17 dernières lignes de l'ouvrage. On ne dit pas si cet exemplaire contient à la fin le *Tractato deli bagni di Pizolo e de tre Pergule...* qui termine celui dont parle Giustiniani.

— Chroniche de la inclyta cita di Napoli : e trattato utilissimo de li bagni napolitani e de Puzzolo e de Ischia. *In Napoli, per M. Evangelista di Presenzeni da Pavia*, 1526, in-4.

Vendu 5 fr. La Valliere ; 16 sh. Heber ; 60 fr. Riva ; 19 sh. Libri, en 1859.

VILLANOVA (Arnaldus de). Regimen sanitatis. (*absque nota*), in-4. goth. de 83 ff. non chiffrés, sign. a—1⁵, à 33 et 34 lign. par page. [12814]

Cette édition est probablement une des plus anciennes que l'on ait de ce poëme, mais elle ne saurait être antérieure à l'année 1480, qui est celle de la révision faite par la Faculté de Montpellier, et que l'on a souvent prise pour celle de l'impression des éditions sans date, tant du texte latin que de la version française dont nous parlons ci-dessous. Le livre qui nous occupe a pour titre les seuls mots : *Regimen sanitatis* ; ensuite, au recto du 2° f., se lit le sommaire suivant : *Incipit Regimen sanitatis salernitanū excellētissimū pro cōseruatiōe sanitatis totiˀ humani generis perutilissimū necnõ a magistro Arnaldo de villa noua cathelano omniū medicorū viuentium gemma vtiliter ac scdm omniū antiquorū medicoꝛ doctrinam veraciter expositū nouiter correctum ac emendatum per egregissimos ac medicine artis peritissimos doctores montispessulani regentes anno M. CCCC. octuagesimo predicto loco actu moram trahentes.* L'ouvrage se termine au verso du 83° f., de cette manière :

Hoo opus optatur qd flos medicine vocatur Tractatus excellentissimus qui de regimine sa nitatis nuncupatur. Finit feliciter.

Vendu 36 fr. Brienne-Laire.

Il existe plusieurs éditions du *Regimen sanitatis*, sans lieu d'impression ni date, et qui sont peut-être aussi anciennes que la précédente. Voici celles qu'on peut caractériser d'une manière positive :

1° in-4. goth. de 96 ff. non chiffrés, à 29 lign. par page, avec signat. au feuillet A, i. *Incipit regime sanitat*.....

2° in-4. goth. à 27 lign. par page, signat. a—y (caract. de Zell, à Cologne).

3° in-4. goth. à 29 lign. par page, signat. a—u. Le titre porte : *Regimen Sanitatis cū expositione magistri Arnaldi de villanova Cathellano Noviter Impressa*.

Villanio (*Jac.*). Ariminensis Rubicon, 25645.
Villanova (*G.-B.*). Historia di Lodi, 25406.

— Regimen sanitatis cum expositionè magistri Arnaldi de Villa noua Cathellani. *Venetiis, per Bernardinum de Vitalibus*, 1480, in-4.

Si la date était exacte, cette édition (citée par Panzer, d'après Denis) serait la plus ancienne (avec date) que l'on connût de cet ouvrage célèbre, mais on a tout lieu de douter de l'authenticité de ce chiffre, car l'imprimeur Bern. de Vitalibus n'a commencé à exercer que quelques années plus tard.

— Regimen sanitatis salernitanū; necnõ ꝛ magri Arnoldi ď noua uilla feliciter īcipit. (in fine) : *Impressuꝛ Louanii in domo... Iohannis de westfalia*, in-4. goth. de 134 ff., à 29 et 30 lign. par page.

Édition sans date : 20 fr. (exempl. annoncé avec la date de 1482) L'Héritier ; 32 fr. Borluut ; 39 fr. 2° vente Quatremère.

Hain cite une édition de *Pise*, 1484, in-4.

— Regimen sanitatis ad regem Aragonum a magistro Arnaldo de Villanova directum et ordinatum. (*absque nota*), in-4. de 33 ff., à 24 lign. par page, en caract. romains.

Dans l'*Index libr.* de Laire (p. 212), cette édition (d'une partie de l'ouvrage ci-dessus) est placée entre les années 1470-80. L'exemplaire qu'on y décrit, et qui a été vendu 27 fr., contenait les deux opuscules suivants, impr. avec le même caractère : *Tractatus de epidemia et peste Dom. Valasti de Tarenta*, en 20 ff.; *Arnaldi de Villanova tractatus de arte cognoscendi venena*, en 5 ff. — Voyez ABANO (*Petrus* de).

— Regimen sanitatis, cum tractatu epidimie seu pestilētie (una cum commentariis Arnaldi de Villanova medico). (in fine) : *Impressus Bisuntii anno dñi millesimo quadringentesimo octuagesimo septimo*, in-4. de 83 ff. avec des signat. A—L3, à 33 et 34 lignes par page, plus un f. blanc.

Le P. Laire, dans sa *Dissertation sur l'origine de l'imprimerie en Franche-Comté*, p. 36, décrit cette édition rare, qui a échappé aux recherches du laborieux Panzer, et qui, selon lui, serait l'originale de ce commentaire. Laire suppose que l'édition sans date, annoncée sous le n° 1706 du catal. de La Valliere, avec le chiffre 1480 en parenthèse, était un exempl. de celle de Besançon, auquel il manquait la souscription, mais cette supposition n'est point fondée. L'exempl. de La Valliere, est un vol. de 80 ff. à 34 (point 33) lignes par page, différent de l'édition décrite au commencement de notre article. L'opuscule *De pestilentia*, indiqué sur le titre de l'édition de Besançon, consiste en 5 ff. à 2 col., et a une souscription particulière. Ce morceau manquait dans l'exempl. décrit par le P. Laire.

Ce même traité *De pestilentia*, daté de 1487, se trouve aussi quelquefois réuni au *Liber phisionomie magistri Michaelis Scoti*, in-4. goth. de 40 ff. non chiffrés, à 2 col. de 33 lignes chacune, signat. a—e, lequel livre n'a porte ni nom de ville, ni date, mais a été évidemment imprimé avec les mêmes caract. que le petit traité ci-dessus et à la même époque. Il commence par un titre imprimé en 2 lignes. Ce titre est suivi de 2 ff., dont la table occupe trois pages. Le texte commence au 4° f., et il se termine au recto du 40°, à la 2° col., par ces mots :

Michaelis Scoti de pcre
atione τ hois phisionomia
opus feliciter finit.

La description de ces trois traités, impr. à Besançon (par Jean ou François Comtet, selon le P. Laire), a été prise sur un fort bel. exemplaire qui m'a été obligeamment communiqué par M. Joliet, de Dijon. Nous citerons encore l'édit. (du *Regimen sanitatis*), *Argentorati*, 1491, sans nom d'imprimeur, in-4. goth. de 80 ff., à 34 lig. par page. — Celle de *Paris*, *Felix Balligault*, *xv kal. Decèbris* (1493), in-4. goth. de 66 ff., à 41 lignes par page; — de *Leipsig*, 1493, in-4.; — de *Paris*, *Michel Le Noir*, 1497, in-4., biblioth. impér. Te¹⁰ 4. Au reste, ni ces édi-tions, ni quelques autres qui ont encore paru à la fin du xvᵉ siècle, n'ont beaucoup de valeur : néan-moins l'édition de Strasbourg (*Argentine*, *per Math. Brant*), 1502, in-4. goth., a été vendue 30 fr. Courtois; et celle de *Paris*, *P. Ledru*, 1505, in-4., 16 fr. 50 c. même vente.

— Schola salernitana, sive de conservanda valetudine præcepta metrica, auctore Joanne de Mediolano, cum Arnoldi Villanovani exegesi in singula capita, ex recensione Zach. Sylvii. *Roterodami*, *Leers*, 1649, pet. in-12. 3 à 6 fr.

Assez jolie édition, qui a été réimpr. à *Rotterd.*, en 1657; à *La Haye*, en 1683; à *Ratisb.*, en 1711, etc. Il passe pour certain que ce poème a été composé vers la fin du xiᵉ siècle, par Jean de Milan. Arnaud de Villeneuve n'en est que l'éditeur et le commen-tateur.
— De Valetudine tuenda, opus nova methodo in-structum, infinitis versibus auctum, commentariis Villanovani, Curionis, Crellii et Constansoni illu-stratum : adjectæ sunt animadversiones Ren. Mo-reau. *Lutet.-Parisior.*, 1672, in-8. 3 à 4 fr.
L'édition du texte de l'École de Salerne publiée à *Stendal*, en 1790, in-8., par le médecin J.-Chr.-Gottl. Ackermann, a été pendant cinquante ans la meilleure, mais elle se trouve effacée par les tra-vaux plus récents de M. Baudry de Balzac qui a fait imprimer à 25 exempl. *Flos medicinæ.....* *Versatiis*, *Montalant-Bougleux*, 1842, in-8. et ceux de M. Renzi qui a publié *Collectio salerni-tana*, *Napoli*, 1852-56, 4 vol. in-8. (n° 7004 de notre table et pas 25776 comme on l'a inexacte-ment imprimé à la col. 1237 de notre 4ᵉ vol.), et plus tard, *Flos medicinæ scholæ Salerni*, se-conde édition entièrement refondue comprenant les travaux inédits de M. Baudry de Balzac, les vers nouvellement recueillis par MM. Daremberg et S. de Renzi. *Naples*, *typogr. du Filiatre-Sebezio*, 1859, gr. in-8. de LXVIII et 127 pp.

— Le regime tres utile et tres proufitable pour conserver et garder la sante du corps humain. — *Cy fine le regime de sante tres utile et tres proufitable pour con-seruer et garder le corps humain.* (sans lieu ni date), pet. in-4. goth.

Édition rare et peu connue : elle a des signatures de *a—riiij*, et chaque page entière porte 30 lignes; le premier f. contient la première partie du titre ci-dessus en 2 lignes. On lit au commencement du second feuillet ce qui suit : *Cy comence la maniere de viure, tres excellente et profitable pour cô-seruer et garder la sante corporelle de toute humaine nature, iadis faite et côpillee au reaulme dangleterre en luniuersite de Salerne. et verita-blement declaree et exposee par ung venerable docteur en medecine de cathalone nôme maistre arnoult de ville neuue, côme pierre precieuse..... et nouuellement corrigee et amendee p les tres excellens et tres expers docteurs en medecine regens a Mompellier lan mil IIIIᵉ IIIIˣˣ.* Certaine-

ment cette dernière date n'est pas celle de l'impres-sion du livre, lequel peut bien néanmoins avoir paru à la fin du xvᵉ siècle.

— Le Regime de sante pour conserver le corps humain et vivre longuement..... *Imprime a Rouen, pour Robinet Mace, libraire de l'universite de Caen* (sans date), in-4. goth. de 37 ff.

L'exemplaire de cette édition, qui est porté sous le n° 162 du catalogue d'un choix de livres anciens de M. Leprevost, Paris, décembre 1853, et qui bien que piqué de vers a été vendu 16 fr. 50 c., était ac-compagné de l'opuscule suivant :
Le Regime de sante pour corps humain, etc. *Imprime a Rouen, pour Jacques Leforestier* (s. d.), in-4. goth. de 6 ff. (Plus amplement décrit dans les *Archives du Bibliophile*, de M. Claudin, 1858, n° 93.)
— Regimen sanitatis. Le regime de santé pour con-server le corps humain et vivre longuement. *Lyon*, 1503, in-4. goth. 37 fr. *mar. r.* Solar.

— Regimen sanitatis, en francoys, souve-rain remede contre lepydimie; traicte pour cognoistre les urines, remedes tres utiles pour la grosse verole. *Imprime a Lyon par Claude Nourri, lan mil cinq cens et XIIII*, pet. in-4. goth.

95 fr. *mar. r.* Catalogue de J. Techener, 2ᵉ vol., 7397.

— Le regime de sante pour conseruer le corps humaĩ et viure lõguemẽt. Le sou-uerain remede cõtre lespidimie. la cõ-gnoissance des urines corrige par plu-sieurs docteurs regẽs en medecĩe regens a montpellier Auec une recepte pour con-seruer τ garir de la grosse verolle. xvj. c. (au verso du dern. f.): *Cy finist le re-mede contre la peste..... imprime a paris par Alain Lotrian et Denis ianot demourant en la rue neufue nostre dame a lenseigne de lescu de France*, in-4. goth. à longues lignes, sign. A—Q.

Réimpression de l'ouvrage précédent, et qui doit être de l'année 1532 environ. Vend. 15 fr. 50 c. Laire; 31 fr. Librairie De Bure.

— Retardement de la mort par bon ré-gime ou conservation de santé, jadis envoyé de l'Escolle de Salerne au roi d'Angleterre; traduit de latin en rithme francoise par Geoffroy Le Tellier, advo-cat... auquel avons adjouté la maniere de vivre par chacun mois de l'an, faict en latin par Joachim Chambrier, et de-puis mis en rithme francoise par le même traducteur. *Paris, Martin Le Jeune*, 1561, pet. in-8. de 32 ff. dont un blanc.

L'édition de *Rennes*, *P. Loyselet*, 1627, in-8., est plus rare que celle de Paris. 55 fr. *m. citr.* Solar.
— Le Reiglement ou regime de la santé, traduit du latin de l'Eschole de Salerne, par Jean Bertoul, advocat. *Douay*, *Pierre Auroy*, 1615, pet. in-8. Traduction en vers avec le texte latin à côté.
— Le Regime de santé de l'Eschole de Salerne, tra-duit (en vers) et commenté par Michel Le Long, provinois, avec l'epistre de Dyocle, carystien, tou-chant les présages des maladies, à Antigone, roy

d'Asie, et le Serment d'Hippocrate, mis de prose en vers françois par le même; seconde édition, corrigée et augmentée de plus de moitié. *Paris, Nic. et Jean De Lacoste*, 1637, in-8.

Ce recueil a eu du succès, car nous en trouvons une 4ᵉ édition, *Paris, De Lacoste*, 1649, in-8., et une autre sous le titre d'*Ecole des médecins de Salerne*, Rouen, Franc. Vaultier, 1660, in-8.

— L'eschole de Salerne, en vers burlesques (par Martin), et duo poemata macaronica de bello huguenotico et de gestis magnanimi et prudentissimi Baldi (auctore Remigio Belleau). *Suivant la copie impr. à Paris (Leyde, Elsevier)*, 1651, pet. in-12. [14244]

Cet ouvrage, on le sait, n'a qu'un bien faible mérite ; néanmoins l'édition que nous citons est fort recherchée, et les exemplaires en étant devenus rares, ont acquis, dans ces derniers temps, une valeur assez considérable. Vend. 43 fr. By; 50 fr. MacCarthy ; 133 fr. très-bel exempl., Courtois ; 59 fr. en 1839; 4 liv. 0 sh. Hanrott; 216 fr. Nodier, en 1844; 160 fr. Borluut, et 124 Eug. P. en 1862. Il n'y a pas soixante ans qu'ils se vendaient encore moins de 12 fr.

Les éditions de *Paris*, 1649, in-4., ou 1664, in-12, ont peu de valeur. — Il y en a aussi une de *Grenoble, Nicolas* (et de *Lyon*), 1657, in-12.

— L'ART de conserver la santé , de vivre longtemps et heureusement, avec une traduct. en vers français des vers latins de l'Ecole de Salerne (avec le texte et des notes), par M. J.-F. Pougens. *Montpellier et Paris, Béchet*, 1825, in-8. de 84 et 320 pp. 6 fr.

— L'ÉCOLE de Salerne, traduction en vers français par M. Ch. Meaux Saint-Marc, avec le texte latin en regard ; précédée d'une introduction par M. Ch. Daremberg. — De la Sobriété, conseils pour vivre longtemps , par Louis Cornaro, traduit de l'italien sur la dernière édition, par le même. *Paris, J.-B. Baillière*, 1860, gr. in-18 avec 5 vign. 3 fr. 50 c.

— COMMENTAIRE en vers françois sur l'École de Salerne, par D. F. C. (Dufour de la Crespelière), avec le texte latin et la traduction en vers. *Paris, Gilles Alliot, ou Clousier*, 1671 (aussi 1672), pet. in-12. 5 à 8 fr.

Vendu jusqu'à 22 fr. 50 c. *mar.* en 1831.

— LA SCUOLA salernitana..., poemetto del secolo XI, ridotto alla sua vera lezione e recato in versi italiani dal cav. Pio Magenta. *Pavia, L. Landoni*, 1835, in-8. 3 fr. 50 c. — Pap. vél. 5 fr. 50 c.

Édition tirée à 207 exemplaires. Le texte latin s'y trouve.

— REGIMEN sanitatis salernitanum , a poem on the preservation of health, latin and english verse, with copious introduction and notes by A. Croke. *Oxford, Talboys*, 1830, pet. in-8.

Réimpression d'une ancienne traduction en vers anglais.

— Arnaldi de Villanova de arte cognoscendi venena cum quis timet sibi ea ministrari; et Valasti de Tarenta tractatus de epidemia, *(absque nota)*, in-4. de 16 ff. à 30 lignes par page. [7403]

Édition imprimée avec les beaux caract. dont on s'est servi à Mantoue dès 1473. Le vol. se termine par ces mots, en une ligne : *et sic est finis totius tractatus. Deo gratias.* Vend. 40 fr. Brienne-Laire.

Parmi les nombreuses éditions qui ont été faites de ces deux traités, nous en remarquons une de Milan, par Christ. Valdarfer, 1475, in-4.

— Le tresor des poures selon maistre Arnoult de ville noue et maistre Girard de Sollo docteur en medecyne de Montpel-

lier. — *Cy finist le tresor des poures, la pratique en medecine... translate nouuellement de latin en francoys pour lamour de Dieu et imprime a Paris pour Anthoine Verard.....* pet. in-4. goth. [7101]

Édition imprimée vers le commencement du XVIᵉ siècle. Le volume a *clxxv* ff. chiffrés, non compris 7 ff. préliminaires. Il est fort rare, et il a aujourd'hui une certaine valeur, ainsi que les autres éditions du même livre, que nous allons indiquer.

Le Trésor des pauvres n'est pas, comme on pourrait le croire, la traduction du *Thesaurus pauperum*, impr. à Anvers, en 1476, in-fol. — Voyez PETRUS hispanus, practica medicinæ.

LE TRESOR des poures : qui parle des maladies ḡ peuët venir au corps humain. Et des remedes ordonnez côtre icelles. Auec la cirurgie, z plusieurs autres praticques nouuelles selon maistre Arnoul de ville neue. Et maistre Girard de Solo. Docteurs en medecine de montpellier. Nouuellement imprime a Paris par Michel le Noir. (Au verso du dern. f.) : *Cy finist ce present liure... Et fut acheue le troiziesme iour de mars Mil cĩq cẽs z xvii. Jmprime a paris p Michel le noir*... in-4. goth. à longues ligu., 6 ff. prélim. et cxxxiiii ff. chiffrés, le tout sign. z, seconde signat.

Vend. 9 fr. 50 c. Librairie De Bure, et vaut davantage.

LE TRESOR des poures selo maistre Arnoult de ville noue, maistre Gerard de Solo & plusieurs aultres docteurs en medecine de Montpellier. (Au verso du dernier f.) : *Cy finist le tresor des poures tres utille & profitable au sâte du corps humain. Jmprime a Lyon p Claude Nourry dit le prince le 4ᵉ iour de Nouëbre* 1518, in-4. goth. à long. lign. de 3 ff. prél., y compris le titre, et de 99 ff. chiffrés de texte, sign. a à n. 5.

LE TRESOR des poures : selon maistre Arnoult de villenoue : maistre Bernard de solo : z plusieurs aultres docteurs en medecine de montpellier nouuellemẽt imprime et corrige. On les vend a Lyon en la maison de Claude Nourry. — (à la fin) : *Jmprime a Lyon p Claude Nourry dit le prince. le xiiii iour Daoust mil cinq cens xxvii.* pet. in-fol. goth. de 3 et xcix ff.

Vendu 47 fr. 50 c. Revoil ; 25 fr. 50 c. Pixerécourt.

LE TRESOR des poures : parlant des maladies venans aux corps humaîs. Et des remedes ordonnez contre icelles. Auecques la cyrurgie (comme l'édition de 1517). Nouuellement corrige et amende. On en trouuera a Caen a limaige saint Michel pres les Cordeliers (titre impr. en rouge). (à la fin, au recto du dernier f.) : *Cy fine ce present liure... Nouuellemẽt imprime a Rouen par Estienne dasne... pour Michel angier Libraire demourant a Caen... et fut acheue en lan mil cinq centz vingt neuf, Le xxvij iour du moy Doctobre*, in-4. goth. à 2 col. 8 ff. prélim., texte, cxxviij ff.

LE TRESOR des poures parlant des maladies..... (comme dans l'édition de 1517). Nouuellement corrige et amende. (à la fin) : *Nouuellement imprime a Paris, par Alain Lotrian et Denis Janot* (sans date), pet. in-4. goth. de 128 ff. à 2 col.

À l'exempl. vendu 52 fr. Cailhava était joint l'opuscule intitulé *Les Vertus des eaues et herbes*, en 24 ff., voy. VERTUS des eaues.

VILLANOVANUS (*Mich.*). Voy. SERVET.

VILLANUEVA (*Fr.-Jayme*). Viage literario á las iglesias de España, con observaciones de D. Joaquin Lorenzo Villanueva. *Madrid y Valencia*, 1803 et ann. suiv., in-8. fig., tomes I à XXII. [25959]

Ouvrage bien écrit, rempli de recherches savantes et curieuses. L'auteur étant mort à Londres, après en

avoir publié les dix premiers volumes, les manuscrits laissés par lui furent mis en ordre par Ign.
Herrero qui lui-même mourut en 1854 ; ce fut alors
l'*Academia de la historia* de Madrid qui fut chargée
de publier la suite de cette importante collection,
dont elle a faite paraître les tomes XI à XXII de
1850 à 1852.

VILLANUEVA (D. *Joaquin-Lorenzo*).
Vida literaria, o memoria de sus escritos y de sus opiniones eclesiásticas, y
políticas, y de algunos sucesos notables
de su tiempo : con un apendice de documentos relativos a la historia del concilio de Trento, escrita por el mismo.
Londres, 1825, 2 vol. in-8. 24 fr.
[30781]

Le célèbre auteur de ces mémoires a composé de
nombreux ouvrages relatifs à la théologie et à l'histoire ecclésiastique. Voici les principaux :
　DE LA LECCION de la sagrada Escritura en lenguas vulgares. *Valencia, Montfort*, 1791, in-fol.
　AÑO CHRISTIANO de España. *Madrid*, 1791-1803,
19 vol. in-8.

VILLA Pamphilia, ejusque palatium cum
suis prospectibus, statuæ, fontes, vivaria,
theatra, areolæ, plantarum viarumque
ordines, cum ejusdem villæ absoluta delineatione. *Romæ, formis Jac. de Rubeis* (absque anno), in-fol. [25606]

Frontispice, dédicace de l'éditeur, portrait de Camillo
Panfilio, gravé par *L. Visscher*, 87 pl., dont 76,
dessinées et gravées par Dom. Barrière, représentent les statues et bustes, et les autres la *Villa*,
grav. par J.-B. Falda. — Vendu 14 fr. Hurtault, et
plus cher autrefois.

VILLARD de Honnecourt. Album de Vil-
lard de Honnecourt, architecte du XIIIe
siècle, manuscrit publié en fac-simile,
annoté, précédé de considérations sur
la renaissance de l'art français au XIXe
siècle, et suivi d'un glossaire, par J.-B.-A.
Lassus ; ouvrage mis au jour après la
mort de M. Lassus et conformément à
ses manuscrits, par Alfred Darcel. *Paris (imprim. impériale), J.-F. Delion*,
1858, in-4. de XXII et 233 pp. orné de
72 pl. 30 fr. et avec les planches sur pap.
de Chine, 45 fr. [9736]

Ouvrage fort curieux. Il a été reproduit en anglais :
*translated and edited with many additional ar-
ticles and notes by the rever. Robert Willis*, London, 1859, gr. in-4.

VILLARET. Voyez VELLY.

VILLARS (*Pierre* de), archevêque de
Vienne. Traité sommaire et invectif con-

tre les vains sermens, frequens jure-
mens et les blasphêmes ; avec les cas de
conscience, les remedes, les punitions
et autres considerations sur cette matiere. *Lyon, Jeh. Pillehotte*, 1596, pet.
in-8. [1339]

VILLARS (*Pierre*, marquis de). Mémoire
de la cour d'Espagne sous le règne de
Charles II, 1678-1682. *Londres, impr.
de Whittingham* (et vendu par Trüb-
ner et Cie), 1861, in-8. de 380 pp., avec
le portrait de Charles II, 1 liv. 10 sh.
[26086]

Ce volume, tiré à petit nombre, est dédié aux membres de la Société des Philobiblon, par son éditeur,
M. Will. Stirling ; mais le mémoire qu'il renferme
n'était pas inédit, comme on le supposait, car il
avait déjà été publié sous le titre suivant : *Mémoires de la cour d'Espagne depuis l'année 1679 jusqu'en 1681, où l'on verra les ministres de dom
Juan et du duc de Medina Celi et diverses choses
concernant la monarchie espagnole*, à Paris, chez
Jean-Fr. Josse, 1733, pet. in-8. de 371 pp. et un
avertissement dans lequel l'éditeur dit : « Il m'est
impossible de m'autoriser du nom de l'auteur puisque je l'ignore, et il importe peu de quelle main
vienne un ouvrage, pourvu qu'il soit bon. » Il paraît qu'avant cette publication anonyme, madame
d'Aulnoy avait eu communication du manuscrit du
marquis de Villars, et il est certain qu'elle en a fait
un fréquent usage en écrivant ses *Mémoires de la
cour d'Espagne*, et sa *Relation du voyage d'Espagne* (voir la col. 569 de notre premier volume).
— Lettres, 18837.

VILLARS. Histoire des plantes du Dauphiné. *Grenoble, chez l'auteur*, 1786-
89, 3 tom. en 4 vol. pet. in-4., avec
65 pl. [5083]

Ouvrage assez estimé : 30 à 36 fr. Vend. en pap. fin,
49 fr. L'Héritier.

VILLARS LA FAYE (de). Voy. à l'article
PARUTA (*Paolo*).

VILLASAN (*Nuñez* de). Voy. tome I, col.
1879, article CRONICA.

VILLA-SENOR. Voyez SANCHEZ.

VILLAVICIOSA (*Joseph* de). La Moschea,
poetica inventiva en otava rima. *Cuenca,
Domingo de la Iglesia*, 1615, pet. in-8.
[15245]

Édition rare. L'ouvrage a été réimprimé à *Madrid*,
1732, et même lieu, par *Ant. de Sancha*, 1777,
in-8.

VILLE (de). Voyez VILLA.

VILLE de Lyon (la) en vers burlesques,
corrigez et augmentez par J. P. B. *Lyon,
Bouchard*, 1683, in-12. [14245]

Facétie attribuée à un sieur J.-P. Bouillon. Le titre

Villanueva Hugald (*Garcia* de). Origen del teatro
　español, 16746.
Villanuño (*Math.* de). Concilia, 793.
Villari (*Pasquale*). La storia di G. Savonarola, 30719.
Villarosa (il march. de). Memorie di compositori
　di musica..., 31118.
Villaroya (J.). Collection de cartas, 26182. — Diser-
　tacion, 31285.
Villars (*Fr.* Boyvin de). Mémoire, 23476.
Villars (Montfaucon de). Comte de Gabalis, 8852.

Villault. Relation de Guinée, 20880.
Villavicencio (*Manuel*). Geografia de la republica
　del Ecuador, 28675.
Ville. Roches, eaux, etc., des provinces d'Oran et
　d'Alger, 4616.
Ville (*Georges*). Recherches sur la végétation, 4850

de l'édition de 1683 semble en indiquer une plus ancienne. L'ouvrage a été réimpr. à *Lyon, chez la veuve de N. Barret*, 1750, in-12, et aussi à *Lyon*, en 1846, gr. in-12, dans le Recueil de facéties tiré à 25 exemplaires pour les bibliophiles lyonnais.

VILLE (la) **de Rome, ou description succincte de cette superbe ville** (par le P. Domin. Magnan), **ornée de 425 gravures.** *Rome, imprim. de Casaletti*, 1778, 4 vol. in-fol. 40 à 50 fr. [25591]

Cet ouvrage a coûté 90 fr. Il y a des exemplaires dont le titre est en italien.

VILLEDIEU (*Mar.-Cath.-Hortense* Des Jardins, dame de). **Ses Œuvres.** *Paris, compagnie des libraires*, 1720-21, 12 vol. pet. in-12. [19081]

Cette collection renferme des poésies, des pièces de théâtre, et des romans qui avaient déjà été imprimés séparément; et d'abord le théâtre (contenant 3 tragi-comédies, savoir : *Manlius*, 1662; *Nitatis*, 1664; *Le Favory*, 1665); un Recueil de poésies, *Paris, Cl. Barbin*, 1663, in-12 (un vol. d'Œuvres, 1664), Fables ou histoires allégoriques; *Paris*, 1670, in-12. Parmi les romans qu'on lui attribue, quoiqu'ils ne soient pas tous d'elle, nous avons déjà parlé des *Aventures ou Mémoires de Henriette Sylvie de Molière* (I, col. 580).

VILLEFORE (Bourgoing de). Voyez VIE de mad. de Longueville; VIES des SS. Pères, et les nos 21783 et 22277.

VILLEFOSSE (*A.-M.* Héron de). **De la Richesse minérale : considérations sur les mines, usines et salines des différents états, présentées comparativement.** *Paris*, 1810-1819, 3 vol. in-4. et atlas in-fol. de 65 pl. publié à 170 fr. — Pap. vél. 270 fr. Ces prix ont été réduits. [4755]

VILLEGAGNON ou Villegaignon (*Nicolas* Durant, chevalier de). **Caroli V. imperatoris expeditio in Africam ad Argieram.** *Parisiis, apud Joan. Lodoicum Tiletanum*, 1542, in-4. [28411]

Ouvrage écrit par un témoin oculaire. Réimprimé *Antuerpiæ, ex officina Joan. Steelsi*, 1542, in-8. de 12 et 11 ff. — aussi *Argentorati*, 1542, in-8.

— **Caroli V. imperatoris expeditio in Africam ad Argieram : per Nicolaum Villagagnonem equitem Rhodium Gallum.** *Venetijs per Ioan.-Ant. et Petrum fratres de Nicolinis de Sabio, expensis vero Dñi Francisci Toresani de Asula* M. DXLII, *Mense Augusto*, pet. in-8. de 19 ff. non chiffrés et 1 f. blanc.

Édition plus rare encore que celle de Paris; elle se joint à la collection des Alde. Vend. : 6 liv. 5 sh. *mar. v.* Butler; 6 liv. 12 sh. 6 d. Libri.

— **L'expedition et voyage de l'empereur Charles le Quint en Afrique contre la cité d'Arges traduyte de latin en frãcoys** par M. Pierre Tolet, medecin lyonnoys. *Imprime a Lyon chez Le Prince* (sous un privilège en date de 1542), in-4. goth. de 12 ff., sign. A—Dii.

Cette traduction est beaucoup plus rare que le texte

latin, et ni La Croix du Maine ni Du Verdier n'en ont parlé. Un exemplaire rel. en *mar. r.* a été acheté 376 fr. pour M. le duc d'Aumale, à la vente de M. M., faite en 1850, par M. Techener.

— **De bello melitensi ad Carolum Cæsarem et ejus eventu Gallis imposito Nicolai Villagagnonis commentarius.** (*Parisiis*), *apud Carolum Stephanum*, 1553, *Cal. April.* in-4. de 29 ff. [21991]

Il y a des exemplaires de cet opuscule dont le titre ne porte pas les mots *et ejus eventu Gallis imposito* (voir Maittaire, *Annales typogr.*, Index, II, p. 324).

On sait que l'auteur prit aussi une part active dans cette expédition. Son ouvrage a été traduit en français sous ce titre : *Traicté de la guerre de Malte & de l'issue d'icelle faulsemët impulée aux François*; Paris, Ch. Estienne, 1553, in-4. de 32 ff.

LE DISCOVRS de la guerre de Malte contenant la perte de Tripolis et autres forteresses, faulsement imposée aux François, ecrit en latin à Charles IX, par le seigneur Nicolas de Villegaignon; puis traduit en nostre vulgaire par M. Nicolas Edoart. *Lyon, par Jean Temporal*, 1553, in-8.

— **Copie de quelques lettres sur la navigation du chevalier de Villegaignon es terres d'Amérique oultre l'Æquinoxial iusques soubz le tropique du Capricorne; côteant sommairement les fortunes encourues en ce voyage, auec les mœurs & façons de viure des Sauuages du païs, enuoyees par un des gens du dit seigneur.** *Paris, chez Martin le Ieune*, 1558, pet. in-8. de 19 ff. en lettres rondes (avec privilège en date du 6 février 1556). [21092]

Une première édition de cet opuscule avait déjà paru chez le même libraire, en 1557, in-8. Vendu 1 liv. 17 sh. *m. v.* Hanrott. Elle est aussi portée, sous la date de 1557, dans la *Biblioth. grenvil.*, p. 771.

Les écrits relatifs à l'expédition de Villegaignon au Brésil sont curieux et méritent d'être conservés; de ce nombre est la relation de J. de Lery (voyez ce nom); mais il faut remarquer que ce dernier est peu favorable à Villegaignon, qui, après avoir paru protéger les protestants, finit par les persécuter. Les autres pièces sont :

DISCOURS de Nicolas Barré, sur la navigation du chevalier de Villegaignon, en Amérique. *Paris, Le Jeune*, 1558, in-8. (Nouveau Le Long, n° 39769).

HISTOIRE des choses mémorables aduenues en la terre du Brésil, partie de l'Amérique Australe, sous le gouvernement de M. de Villegagnon, depuis l'an 1555 jusqu'à l'an 1558. (*sans lieu d'impression*), M. D. LXI, pet. in-8. de 48 ff. chiffrés, lettres rondes. [28662]

Critique de la conduite du chevalier.

BRIEF RECUEIL de l'affliction et dispersion de l'église des fideles au pays de Brésil, où est contenu sommairement le voyage et nauigation faicte par Nicolas de Villegaignon, audit pays de Brésil, et de ce qui est aduenu. (*sans nom de ville*), 1565, in-12 (catal. de La Valliere-Nyon, n° 21385).

— **Lettres du cheualier de Villegaignon sur les remonstrances a la royne mere du roy sa souueraine dame, touchant la religion** (en date de *Paris*) 10 *may* 1561, pet. in-8. de 7 ff. en caract. goth. — Aussi *Paris, André Wechel*, 1561, in-4.

Réimprimé à *Lyon, Rigaud*, 1561, in-8. [22441]

Ces lettres donnèrent naissance aux écrits suivants, qu'il serait bien difficile de réunir maintenant :

1° La Response aux lettres de Nicolas Durant, dict le cheualier de Villegaignon, addressées à la Reyne mere du roy. Ensemble la confutation d'une heresie mise en auant par le dit Villegaignon contre la souueraine puissance & authorité des rois. (épigraphe) *Proverb.* 27. Le Fol qui se remet à sa follie est comme le chien retournant à son vomissement. (*sans lieu ni date*), in-8. de 46 ff.

Il y a au commencement une ode contenant une *Briefue description du voyage de Villegaignon au Bresil et des cruautez qu'il y a exercées*, et à la fin des vers latins *ad Nicolaum Durant.*

2° L'Estrille de Nicolas Durant dict le cheualier de Villegaignon, M. D. LXI, in-8. de 4 ff.

3° La Suffisance de maistre Colas Durand, dict cheualier de Villegaignon, pour sa retenue en l'estat du roy. *Item.* L'espoussette des armories de Villegaignon pour bien faire luire la fleur de lis, que l'estrille n'a point touchée. M. D. LXI, in-8. de 11 ff.
— Autre édition, 8 ff. dont un blanc.

4° L'Amende honorable de Nicolas Durand, surnommé le cheualier de Villegaignon. M. D. LXI, in-8. de 8 ff.

5° Le Leur de Nicolas Durant, dit Villegaignon, in-8. de 14 ff., lettres rondes.

6° Réponse aux libelles d'injures publiés contre le chevalier de Villegaignon. *Paris, André Wechel,* 1561, in-4.

7° La Réfutation des folles resueries, execrables blasphemes, erreurs & mensonges de nicolas Durand, qui se nomme Villegaignon : diuisee en deux livres. Auteur Pierre Richer. M. D. LXII, in-8. de 176 ff.

On trouve dans le catal. de la Bibliothèque du roi, Théologie, 11, D, n°ˢ 7643 et suiv., l'indication de trois écrits latins du chevalier de Villegaignon, contre les doctrines de Calvin.

VILLEGAS Selvago (*Alonso* de). Comedia llamada Selvagia, en que se introduzen los amores d'un cavallero llamado Selvago, con una dama dicha Ysabela : compuesto por Alonso de Villegas Selvago. *En Toledo, Juan Ferrer,* 1554, in-4. [16767]

Pièce faite à l'imitation de la Célestine, mais dont l'auteur, devenu dévot, supprima, autant qu'il le put, les exemplaires, ce qui les a rendus fort rares (Antonio, *Biblioth. nova,* I, p. 55).

Feu Ch. Magnin, en parlant de cette comédie (dans le *Journal des Savants,* 1843, p. 200), a fait observer qu'on l'a quelquefois confondue avec un drame intitulé : *Comedia Selvage , en cuatro jornadas,* per Joaquin Romeo de Zapeda, *Sevilla,* 1582. Les deux premières journées de cette dernière pièce sont une imitation en vers des quatre premiers actes de la *Celestina* (voy. ce nom).

VILLEGAS (*Antonio* de). Inventario de obras en metro castellano. *Medina del Campo,* 1565, pet. in-4., ou 1577, pet. in-8. [15140]

Deux éditions rares, indiquées par Antonio. Salvá, qui estime 2 liv. 2 sh. un exempl. de la seconde, sans frontispice, dit que le volume de poésies de Villegas est un des plus difficiles à trouver parmi ceux du XVIᵉ siècle, et qu'il est entièrement écrit en ancien mètre castillan, à l'exception de 20 ff. de prose contenant *La historia del Abencerraje y la hermosa Xarifa.*

VILLEGAS (*Estevan-Manuel* de). Las Amatorias, con la traducion de Horacio, Anacreonte y otros poetas. *Naxera,*

J. de Mongaston, 1617, 2 part. in-4. [15271].

Première édition de ce recueil, qui a valu à l'auteur le surnom d'Anacréon espagnol. Il y en a une seconde de *Madrid,* 1618, in-4., et une troisième de *Naxera,* 1620, in-4. Ebert cite un exempl. dont la 1ʳᵉ partie est de 1620, et la 2ᵉ de 1617.

— Las Eroticas, y traduccion de Boecio. *Madrid, Ant. de Sancha,* 1774, 2 vol. pet. in-8. portr. 12 fr., et plus en Gr. Pap.

Bonne édition, dans laquelle cependant ne se trouvent pas deux satires de l'auteur, publiées pour la première fois par Sedano, dans le IXᵉ volume du *Parnasso español,* et qu'on chercherait aussi inutilement dans l'édition des *Eroticas* de *Madrid,* 1797, en 2 vol. in-8., simple copie de celle de 1774.

VILLEGOMBLAIN. Mémoires des troubles arrivés en France sous les règnes des rois Charles IX, Henri III et Henri IV, par (François Racine, seigneur) de Villegomblain, avec les voyages des sieurs de Mayenne et de Joyeuse au Levant et en Poictou (publiés par Rivaudas de Villegomblain, neveu de l'auteur). *Paris,* 1667 (et aussi 1668), 3 tom. en 2 vol. in-12. [23489]

Cet ouvrage est assez curieux et se trouve difficilement complet. Le premier volume a six ff. préliminaires et 477 pp. de texte ; le second, 296 pp. pour la 2ᵉ partie des Mémoires, et 159 pp. pour les Voyages. On a retranché d'une grande partie des exemplaires les 80 dernières pages du second tome des Mémoires qui contenaient des passages trop hardis sur Henri IV, et on les a remplacées par une autre fin moins étendue, ce qui a réduit cette partie à 240 pp. — Voy. *Méthode pour étudier l'histoire,* par Lenglet du Fresnoy, édit. in-12 de 1772, tome XII, p. 237.

VILLE-HARDOUIN (*Geoffr.* de). Histoire de Geoffroy de Ville-Hardouin, maréchal de Champagne et de Romanie, de la conqueste de Constantinople, par les barons. françois associez aux Vénitiens, depuis l'an 1198 jusqu'en 1204, d'autre costé en son vieil langage, et l'autre en un plus moderne et intelligible : par Blaise de Vigenere. *Paris, Abel Langelier,* 1585, in-4. [22988]

Première édition d'un ouvrage précieux sous le double rapport historique et grammatical. Quoiqu'elle ait été entièrement effacée par celle de Du Cange, quelques personnes la recherchent encore. 9 fr. 50 c. Monmerqué, et quelquefois plus.

On a parlé d'une édition du texte français de Ville-Hardouin, qui aurait été commencée à *Venise,* en 1573, et non terminée, mais personne n'a dit avoir vu ce fragment d'édition. Ce que l'on connaît beaucoup mieux, c'est une version latine ou plutôt une paraphrase de cet historien, par Paul Ramusio ou Ranusio (voy. ce nom), laquelle est précédée d'une dédicace datée de 1573, mais n'a paru que plus tard. Nul doute cependant que ce Ramusio n'ait eu entre les mains un manuscrit de Ville-Hardouin, car nous lisons dans le journal de Guillaume Paradin, sous la date du jeudi 30 octobre 1572, ce passage remarquable : « Mon frere retourna à Lyon pour l'affaire dont auoit escrit Rouille pour recouurer le liure de Geoffroy de Ville Harduin (*sic*) pour ung Venitien nommé Paulo Ramusio qui le vouloit conferer avec sa copie. » (*Variétés* de M. Péricaud, p. 130). C'est d'après ces manuscrits qu'a été donnée, en 1601, l'édition de l'*Histoire ou chronique de Geoffroy de Ville-Hardouin... représentée de mot en mot, en ancien langage françois, d'un vieil exemplaire écrit à la main conservé dans les archives de Venise... Ensemble la description de la prise de Constantinople, extraite de la fin des annales de Nicete, de nouveau mise en françois*, Lyon, les héritiers de Guill. Roville, pet. in-fol. préférable pour le texte à celle de Vigenère.

— Histoire de l'empire de Constantinople sous les Empereurs françois, divisée en deux parties dont la première contient l'histoire de la conquête de la ville de Constantinople par les François et les Vénitiens, écrite par Geoffroy de Ville-Hardouin... reveue et corrigée en cette édition sur le manuscrit de la Bibliothèque du roi, et illustrée d'observations historiques et d'un glossaire, avec la suite de cette histoire jusqu'en l'an 1340, tirée de l'histoire de France de Phil. Mouskes : La seconde contenant une histoire générale de ce que les François et les Latins ont fait de plus mémorable dans l'empire de Constantinople depuis qu'ils s'en rendirent maîtres jusqu'à ce que les Turcs s'en sont emparez; justifiée par les écrivains du temps, etc. (par Ch. Du Fresne Du Cange). *Paris, Imprim. royale*, 1656, in-fol.

Édition qui fait partie de la collection de l'histoire BYZANTINE (n° 28). 24 à 30 fr.; un exemplaire *non rogné*, 2 liv. Libri, en 1859. Les exemplaires en Gr. Pap. sont très-rares. Ce volume a été réimpr. à *Venise*, chez *Javarina*, 1729, in-fol.

Don Brial a donné dans le 18e vol. des Historiens de France (voy. BOUQUET), une nouvelle édition du texte de cet ancien historien, conférée sur plusieurs manuscrits, et accompagnée d'une continuation écrite en français, par un anonyme, vers la fin du XIIIe siècle. Ce dernier morceau était resté inédit.

— DE LA CONQUESTE de Constantinoble (*sic*), par Joffroi de Vill-Hardouin et Henri de Valenciennes; édition faite sur des manuscrits nouvellement reconnus, et accompagnée de notes et commentaires, par M. Paulin Paris. *Paris, Jules Renouard*, 1838, in-8. 9 fr., et plus en pap. vél.

Le Ville-Hardouin de M. Paris donne un texte établi sur la comparaison de toutes les leçons manuscrites et imprimées en prenant pour base un manuscrit du milieu du XIVe siècle. Les notes contiennent les variantes les plus essentielles.

Cette même chronique a été réimpr. dans la collection de Buchon, et dans celle de Petitot (voy. COLLECTION); néanmoins l'édition de Du Cange est toujours recherchée.

Buchon, dans la dernière édition donnée par lui de cet historien, a suivi le texte d'un manuscrit qu'il dit être de la fin du XIVe siècle, et que d'autres personnes rapportent au XVe siècle; mais il y a joint de très-nombreuses variantes de deux manuscrits plus anciens.

Cette histoire a été traduite en anglais, par Th. Smith. *London, Pickering*, 1829, in-8.

VILLEMAIN (*Abel-François*). Histoire de Cromwell, d'après les mémoires et les recueils parlementaires. *Paris, Maradan*, 1819, 2 vol. in-8. [26976]

Cette histoire, fort remarquable sous le rapport du style, n'a eu qu'une seule édition en France, et elle ne fait pas partie de la collection des ouvrages de l'auteur en 14 vol. in-8. ou en 14 vol. in-12, publiée à la librairie de Didier, et dont les différentes parties sont portées dans notre table méthodique, savoir : *Tableau de la littérature chrétienne au* IVe siècle, 18290; *Cours de littérature française* (comprenant le Tableau de la littérature au XVIIIe siècle, et celui de la littérature au moyen âge, 18290); *Etude de la littérature ancienne et étrangère*, 18290; *Choix d'études sur la littérature contemporaine* (comprenant les études sur Chateaubriand, etc.), 18290; *Discours et mélanges littéraires*, 19186; *Etudes d'histoire moderne* (y compris *Lascaris*, 22991; *Souvenirs contemporains d'histoire et de littérature*, 1re et 2e part., 18290; *la République de Cicéron;* à quoi il faut ajouter *Essai sur le génie de Pindare et sur la poésie lyrique...* (voir dans notre tome IVe, col. 603, article PINDARE).

VILLEMOT (*J.*). La Conversion de S. Paul, tragi-comédie (en 5 act. en vers). *Lyon, Claude La Rivière*, 1655, pet. in-8. de 88 pp. [vers 16445]

20 fr. 50 c. de Soleinne.

VILLENA (D. *Henrique* de Aragon, marques de). Aqui comiença el libro de los trabajos de hercules. El qual copilo Don Enrique de Villena a ynstancia de mosen pero pardo cavalero catalan. — *Estos trabajos de hercl'es se acabaron en camora miercoles. xv. dias del mes de henero año del señor de mill e* .CCCC. LXXXIIJ *años. Centenera*, in-fol. goth. de 30 ff. à 2 col., avec signat., petites initiales, et XI fig. sur bois. [17561]

Ouvrage en prose, où sont décrits, en 12 chapitres, les travaux d'Hercule, selon la mythologie, avec leur application morale et allégorique aux douze états de l'homme. Nul doute que ce livre précieux n'ait été imprimé à *Zamora*. Ant. de Centenera avait déjà donné dans cette ville, en 1482, un poëme de Mendoza, *Vita Christi* (voy. MENDOZA). La Serna Santander décrit cette même édition sous le n° 1350 de son Dictionnaire, où il dit qu'elle est imprimée à longues lignes, et qu'elle renferme une seconde partie contenant le traité de Juan de Lucerna intitulé *Vita beata*, de xxiij ff. chiffrés, terminé par une souscription particulière, également datée de *Çamora... Año del señor de mill. cccc. lxxxiij, años*, avec le nom de *Centenera*. (Voy. LUCERNA.)

— Los doze trabajos de ercules, copilados por don enrique de Villena. y un tractado... de la vida bienaventurada. *Burgos, en casa de Juan de Burgos, a VIII dias de Agosto* M CCCC XCIX, in-fol. goth., gravures sur bois.

Édition presque aussi rare que la précédente : elle contient 2 part. : la première de XXIX ff. chiffrés, plus 1 f. de table; la seconde de 24 ff. non chiffrés, dont le dernier n'est imprimé qu'au recto. L'exemplaire porté dans la *Biblioth. grenvil*. n'a que les 30 prem. ff.; il en était de même de l'exemplaire qui a été vendu 3 liv. 12 sh. Heber; mais celui qui a appartenu à J.-J. De Bure l'aîné renferme les deux parties décrites ci-dessus, et que le titre indique; il est rel. en *mar. br.* et s'est vendu 305 fr.

— Arte cisoria, ó tratado del cuchillo, lo da á luz la bibliotheca real de San Lo-

renzo del Escorial. *Madrid*, 1766, pet.
in-4. 10 à 15 fr.

Première édition de cet ouvrage écrit en 1425; elle ne
se trouve pas facilement.

VILLENA (D. *Lopez* Pacheco, marques
de). Voyez PACHECO.

VILLENA (*Garrido* de). Voy. GARRIDO.

VILLENEUVE. Directoire de la conscience. Sensuyt lespitre enuoyee au duc
de Bourbon composee par Leuesque de
cauaillon (F. Toussaint de Villeneuve)
Intitulee le directoire de la consciēce.
contentiue de plusieurs haultes et subtiles sentences. Entre lesquelles sont
rendues les causes pour quoy les petits
enfans mourans sans baptesme ont plus
de ioye naturelle que tous les mortelz
viuans..... (au verso du dernier f.): *Cy
finist le directoire de la conscience
pour bien ediffier lomme qui a desir
de bien viure et bien mourir compose
par tresreuend pere en dieu monseigneur de cauaillon Imprime a Lyon
le vingtiesme iour du moys de may
lan mil cccc. lxxxviij*, in-fol. goth. de
31 ff. à longues lignes, au nombre de
40 sur les pages, sign. a—e. [1329]

Édition peu connue. Le prem. f. contient, au recto,
un court intitulé, dont l'impression n'est pas bien
venue dans l'exemplaire de la Biblioth. impériale,
mais qui paraît devoir être : *Le directoire de
conscience*; il y a au verso du même f. une gravure
sur bois offrant la présentation du livre par l'auteur. Le texte commence au second f., coté *a*, par
ce sommaire : *Sensuyt lespitre enuoyee au duc de
Bourbon...*

VILLENEUVE (*Arnold* de). Voy. VILLA-
NOVANUS.

VILLENEUVE. Lettres sur la Suisse, accompagnées de vues dessinées d'après
nature, par Villeneuve, publiées et lithographiées par G. Engelmann. *Paris*,
Engelmann, 1823-27, gr. in-fol. [20253]

Cet ouvrage, assez bien exécuté, se compose de
4 parties. La 1re (*Oberland Bernois*) en 6 livrais.;
la 2e (*Evêché de Bâle*) en 4; la 3e (*Lac des quatre
cantons*), et la 4e (*Lac de Genève*) en 6 cah. chacune; en tout 22 cah. Chaque livrais. de 4 pl., avec
texte, a coûté 8 fr. — Pap. de Chine, 10 fr. — On
y a ajouté depuis une 5e partie : *Route du Simplon*,
Paris, Engelmann, 1829-30. — Le texte des trois
prem. part. est de Raoul-Rochette; celui des 4e et
5e parties de de Golbéry.

VILLENEUVE-BARGEMON(*Louis-Fran-
çois* de, marquis de Trans). Monumens
des grands-maîtres de l'ordre de Saint-
Jean-de-Jérusalem, accompagnés de notes historiques. *Paris*, *Blaise*, 1829,
2 vol. gr. in-8. fig. [21988]

Villeneuve (de). Tabac, 6385.
Villeneuve-Bargemon (*Jean-Paul-Alban*). Économie politique, 4034. — Economie chrétienne,
4080.

Ouvrage remarquable par les gravures et vignettes
dont il est enrichi. Il a paru en cinq livraisons, au
prix de 10 fr. chacune; mais on le trouve maintenant à bien meilleur marché. Il y a quelques exemplaires des fig. sur pap. de Chine.

— HISTOIRE de René d'Anjou, roi de Naples, duc de
Lorraine et comte de Provence (*impr. à Toul*).
Paris, *Blaise*, 1825, 3 vol. in-8. fig. 12 fr. — Pap.
vél. 15 fr.; — Gr. Pap. 20 fr. [24798]

— Histoire de saint Louis, 23367.

VILLENEUVE (le comte *Christophe* de).
Statistique du département des Bouches-
du-Rhône. *Marseille*, *Ricard*, 1821-33,
4 vol. in-4. 80 à 100 fr. [24801]

Excellent ouvrage. La 2e part. du tome IV, pp. 569 à
1100, n'a paru qu'en 1833 : et la table alphabétique
des matières (formant 20 feuilles et demie), seulement en 1842.

— Sur Nérac, 24707.

VILLEROY (*Nicolas* de Neufville, seigneur de). Mémoires d'estat (1567 à
1604, et ensuite jusqu'à 1621). *Paris*,
*la Compagnie des libraires du Pa-
lais*, 1665, 4 vol. pet. in-12. 10 à 12 fr.
[23668]

Les Mémoires de Villeroy se composent d'une réunion
de pièces politiques relatives à la longue administration de ce célèbre secrétaire d'Etat; ils ont été
publiés successivement, savoir : la 1re partie par
Auger de Mauléon, sieur de Granier, *Paris*, *Chevalier*, 1622, in-4., réimprimée à *Sedan*, 1622, et *sur
la copie de Sedan*, 1623, in-8. — La 2e part. par
Du Mesnil Basire, *Paris*, *Sam. Thiboust*, 1623,
2 vol. in-8. — La 3e part., ou suite, qui remonte à
l'année 1536 et s'étend jusqu'à l'année 1621, par le
même Du Mesnil, 1623, in-8. Ces trois séries sont
réunies dans l'édition de 1665, ci-dessus, qui est peu
commune, et dans celle d'*Amsterdam* (*Trévoux*),
1725, en 7 vol. pet. in-12, qui n'a qu'un prix très-
ordinaire.

VILLERS (*Nic.* de). Voy. NOBILIAIRE de
Picardie.

VILLESTREUX (de La). Grand armorial
des papes, par M. le baron E. de La Villestreux, ancien attaché au cabinet du
ministre des affaires étrangères. (*Paris*,
1863), grand in-fol. [21613 ou 28902]

Beau volume sur pap. vélin fort, texte en caractères
gothiques, réglé de rouge, encadrements en noir, illustré d'un frontispice historié et de nombreux
blasons en or et en couleur. Il en a été tiré 25 exemplaires, dont 15 seulement à la disposition du public,
au prix de 300 fr., et rel. en maroquin 400 fr.,
chez A. Morel et chez Aug. Aubry.

VILLE-TOUSTAIN (de). Tragédie de la
naissance ou création du monde, où se
void de belles descriptions des animaux,
etc., qui virent le jour à la naissance de
l'univers. *Rouen*, *Abr. Cousturier* (sans

Villeneuve-Flayosc (*H.* de). Description minéral.
du Var, 4608.
Villenfagne (le baron de). Mélanges, 25117. — Sur
le pays de Liège, 25117-19. — Hist. de Spa, 25122.
Villers (*Ch.* de). Réformation de Luther, 22424. —
Croisades, 23058. — Rapport, 30120.
Villers. Racines latines, 10880.

date), pet. in-8. de 32 pp., y compris 2 ff. prélim. [16364]

Pièce en 4 actes et en vers. Vendue 12 fr. *mar. r.* La Vallière. Une copie figurée sur VÉLIN, 35 fr. de Soleinne.

Ville-Toustain est aussi l'auteur de la *Tragédie nouvelle de Samson le fort*, et de la *Belle Hester*, deux tragédies, l'une en 4 actes, l'autre en 5, également imprim. à *Rouen, chez Abr. Cousturier*, in-8. de 32 pp. chacune. [16365-66] — Voyez MAR-FIÈRE.

VILLEVAUT (*Isaac*). Discours du siége mis par Cæsar devant Gergovie, ancienne et jadis principale ville d'Auvergne, et de la mort de Vercingentorix, roy des Auvergnats et général sur toutes les armées gauloises, recueilly de divers auteurs par J.-V.-C. (item les antiquités de Clermont). *Paris, Pierre Ramier*, 1589, pet. in-8. [24657]

Ce livret, devenu rare, se compose de trois pièces. La première est tirée en grande partie de César; la seconde est la traduction d'une lettre de Sidonius Apollinaris, par Pascal Rubin, sieur du Faur, et la troisième une courte description de quelques antiquités de la ville de Clermont.

VILLIERS (*Ubert-Philippe* de). Le Limas. *Paris, Nicolas Duchemin*, 1564, pet. in-8. [13822]

Petit poëme peu connu, vendu 37 fr. en mars 1829.
On a du même poëte :

CINQ LIVRES de l'Erynne françoise. *Paris, Jehan Le Blanc*, 1585, in-4., production fort médiocre. [13823]

LE TROPHÉE d'Antoine de Croy, prince de Portian, souverain des terres d'outre et deçà Meuze, . comte d'Eu, marquis de Reynel, baron de la Faulche et Montcornet lez Ardennes.... pair de France, et chevalier de l'ordre du roy, par Hubert Filippe de Villiers, secrétaire dudict sieur prince. *Paris, Robert Estienne*, 1567, in-4.

— AUTRE opuscule en vers que M. Ed. Fournier a fait réimprimer dans le tome VIII de ses *Variétés*, d'après l'édition de *Lyon*, par *Jean Saugrain*, 1567, pet. in-8. de 9 ff.

— LE JEU de l'amant. Voyez RHINGHIER.

VILLIERS (*Jean*). Ses intelligences exhibantes une figure remplie d'infinitez de dictions, langages et sciences, tant séparément que conjointement, traicté premier. *Paris, Guil. Bichon*, 1587, in-4. [19058]

Il paraît que cet ouvrage n'a pas été continué : en *v. f. tr. d.* 10 fr. 50 c. Libri.

VILLIERS, comédien. Les Costeaux ou les Marquis frians, comédie (anonyme). *Paris, Gabr. Quinet*, 1665, in-12. [16455]

Cette pièce, en un acte et en vers, présente des particularités curieuses sur les habitudes de la table à l'époque où elle fut jouée; et c'est ce qui la fait encore rechercher. 9 fr. 25 c. Monmerqué. Il est à remarquer qu'elle est portée à 31 fr. dans le catalogue de Soleinne, n° 1331, tandis qu'à la même

vente la collection des cinq pièces du comédien Villiers, y compris les *Costeaux*, a été donnée pour 13 fr.

Les quatre autres pièces sont :

LE FESTIN de Pierre, ou le Fils criminel, trag.-coméd., trad. de l'italien, *Paris, Ch. de Sercy*, 1660, in-12 (réimprimé à *Amsterdam*, 1660, pet. in-12, en *mar. r.* par Duru, 30 fr. Solar).

L'APOTHICAIRE dévalisé, comédie burlesque. *Paris*, 1660.

LES RAMONEURS, comédie, 1662, in-12.

LES DIVERSITEZ galantes, contenant: Les Soirées des auberges, nouvelle comique ; Responce à l'Impromptu de Versailles, ou la Vengeance des marquis ; l'Apothicaire de qualité, nouvelle galante et véritable ; Lettres sur les affaires du théâtre. *Paris, Claude Barbin*, 1664, 2 tom. en 1 vol. in-12.

Réimpr. à *La Haye*, 1665, pet. in-12.

Les *Soirées des auberges* et l'*Apothicaire de qualité* ont été réimpr. avec d'autres opuscules, *Paris, Loyson*, 1669, et depuis l'*Apothicaire* l'a été seul, sous la rubrique de *Cologne, P. Marteau*, 1670, pet. in-12.

Les quatre opuscules, réunis dans le Recueil daté de 1669 que nous venons de citer, sont reproduites dans un volume intitulé :

GALANTERIES *diverses arrivées pour la plupart en France, en allemand et en françois*. Nuremberg, *Täuber*, 1685, in-12 (catal. de La Vallière, par Nyon, n° 10234).

VILLOISON (*Joan.-Bapt.-Casp.* d'Ansse de). Anecdota græca e regia parisiensi et e veneta S. Marci bibliothecis depromta. *Venetiis, Coleti*, 1781, 2 part. in-4. 12 à 15 fr. [19378]

Il y a des exemplaires de ce recueil tirés de format in-fol. (54 fr. Saint-Céran ; 45 fr. *br.* Larcher; 18 fr. Librairie De Bure), et aussi deux exemplaires in-fol. (pas in-4., comme l'a dit par erreur J. Van Praet), imprimés sur VÉLIN ; vendu. 20 liv. 10 sh. Pinelli ; 600 fr. Brienne, en 1792; 400 fr. Mac-Carthy.

— Versio gr. Proverbiorum, 144. — Epistola de Hippocrate, 6556. — Epistolæ vinarienses, 18271. — Lettres à Akerblad, 29105.

VILLON (*François*). Le grand testament villon et le petit. ‖ Son codicille. Le iargon *z* ses ballades. (au recto du dern. f.): *Cy finist le grand testament, etc., Imprime a paris, Lan mil cccc quatre vings et neuf*, pet. in-4. goth. de 58 ff. non chiffrés, avec des signat. et des fig. sur bois. [13247]

Édition fort rare, la plus ancienne, avec date, que l'on connaisse de ces poésies. C'est probablement celle que les éditeurs de 1723 et 1742 citent comme imprimée pour Ant. Vérard, mais qui est de Pierre Levet, ainsi que le prouve sa marque qui est placée sur le titre, et que nous donnons ci-après réduite.

L'exempl. qui fait partie du recueil Y 4405 de l'ancien catalogue de la Bibliothèque du roi, où on lui donne la date de 1498, n'est autre que celle de P. Levet, 1489. La Bibliothèque impériale en possède un second exemplaire, Y + 4415, qui a 188 mill. de haut.

Il existe dans la même Bibliothèque (Y, 4414, A) un exemplaire incomplet du commencement et de la fin, lequel reproduit, page pour page, l'édition de Levet, mais les gravures en sont différentes.

— Le grant testament villon et le petit son codicille le iargon et ses balades. (au recto du dern. f.) : *Cy finist le grant testament màistre francois villon son codicille ses ballades et iargō Et le petit testament Jmprime a paris par germain bineaut Jmprimeur demourant au saumont deuant le pallois lan mil IIII C quatre vings et dix.*, in-4. goth. de 58 ff. non chiffr., à longues lignes, au nombre de 25 et 26 sur les pag., avec fig. sur bois et des signatures.

Autre édition fort rare, ainsi que le sont presque toutes celles que nous allons décrire.

— Le grant testament villon et le petit, son codicille, le jargon Et ses ballades. (à la fin) : *Imprime a Paris* (sans date), pet. in-4. goth. de 57 ff., sign. a, b, d, e, f par 8, c, g et h par 6.

Cette édition fait partie du recueil 4404 de l'ancien catalogue imprimé de la Bibliothèque du roi. C'est, nous sommes fort porté à le croire, la même que M. Prompsault a annoncée sous le titre de *Cy commence le grand codicille et testament maistre François Villon* (sans lieu ni date), in-8. goth. M. Prompsault aura vu à la Bibliothèque du roi le recueil nº 4404, et le Pathelin du recueil 4458, qui sont bien certainement in-4., quoique présentant l'aspect d'un in-8. Reste à savoir si cette édition de Villon, à laquelle Prompsault ne donne pas de date, est réellement la plus ancienne de toutes, comme il le dit.

— Le grant testament villon, ꝛ le petit : Son ‖ codicille : Le iargon ꝛ ses balades. (au recto du dernier f.) : *Cy finist le grant testament..... Imprime a pa-*

ris par : Iehan treperel demourant sur le pont nostre dame a lenseigne saĩt laurēs : Acheues lan mil quatre cēs quattre vingtꝣ : ꝛ xvii. le viii. iour de Jullet, in-4. goth. de 51 ff. non chiffr, sign. A—G, à 28 ou 29 lign. par page, avec fig. sur bois.

Vend. 3 liv. 15 sh. Lang ; en mar. d. de mar. 250 fr. Bertin, et 805 fr. Solar pour la bibliothèque impériale. Le bel exemplaire qui se conserve à la bibliothèque de l'Arsenal n'a été acheté que 9 fr. à la vente Pompadour.

— Le graut testamēt villon, ꝛ le petit son codicille, Le iargon et ses balades Aussi le rondeau que led. villon fist quant il fut iugie a mort : et la requeste quil bailla a messeigneurs de parlement ꝛ a monseigneur de bourbon. (à la fin) : *Jmprime a paris par Pierre Caron : demourant en la rue de la iuifrie, ou a la premiere porte du palais* (avant 1500), in-4. goth. de 44 ff. non chiffrés. à 32 lign. par page, sign. a—g. avec des fig. sur bois et au titre la marque de Pierre le Caron (déjà reproduite dans notre tome Iᵉʳ, col. 967).

L'exemplaire vendu 46 fr. en 1824, et 30 fr. de Nugent, a été revendu 7 liv. 10 sh. Heber, et rel. en mar. citr. par Bauzonnet, 120 fr. en 1841 ; 98 fr. Nodier ; 465 fr. Bertin ; et 700 fr. Solar.

— Le grant testament Villon ‖ et le petit sos (*sic*) codicille. ‖ le iargon et ses Ballades. (au verso du dernier f.) : *Cy finist le grant testament maistre frācoys villon sō codicille ses ballades ‖ ꝛ iargō. Et le petit testament imprime a ‖ paris par Jehā treperel demourant a la ‖ rue sainct iaques pres saint ẏues a lensei ‖ gne sainct Laurens.* in-4. goth. de 46 ff. non chiffrés, sign. a—h., 32 lig. par page.

Édition du commencement du XVIᵉ siècle, ornée de gravures sur bois, et avec la marque de Treperel sur le titre (Bibliothèque impériale, recueil Y, 4458).

— Le grant testament villon et le petit codicille. Le iargon ꝛ ses ballades. (au verso du dernier f., 2ᵉ col.) : *Cy finist le grant testament maistre francoẏ villon..... Jmprime a paris par Michel le Noir demourant en la rue Saĩt iacques a lenseigne de la rose blāche couronnee,* pet. in-4. goth. de 18 ff. non chiffrés, à 2 col.

Vendu 13 fr. 50 c. mar. r. Lamy ; 30 fr. 10 c. Duriez.

— LE GRAND Teꝝtament Maistre Francoys villon : et le peꝷtit sō Codicille Auec le iargō et ses balades. *On les vend a paris en la rue neufue nostre dame a lenseigne sainct Nicolas* (s. d.), pet. in-8. goth., signat. A—F par 8 ff. (Biblioth. impér. Y 4415.)

La Bibliothèque impériale possède un exemplaire incomplet d'une édit. in-4. goth., signat. A—F par 8 ff. et G par 10 ff., de 24 l. à la page, que Jos. Van Praet croyait imprimé à Lyon (Y 4416. + A. b.).

— Le gran testament maistre Francoys

Villon et le petit. Son codicille avec le jargon et ses ballades. (au verso du dernier f.) : *Jmprime a Paris par Guillaume Nyverd, demourant en la rue de la juyfrie a lymage sainct Pierre* (vers 1520), pet. in-8. de 48 ff. = LE Recueil des repues franches de maistre Francoys villon ¢ ses compaignons. (*sans lieu ni date*), petit in-8. goth., sign. A—C par 8 ff.; sur le dernier la marque de Guill. Nyverd que nous avons donnée réduite, tome II, col. 1707.

Vendu en *mar. r.* 18 fr. Lair; 4 liv. 6 sh. Heber; les *Repues franches*, séparément, 30 fr. 50 c. Heber; 79 fr. *mar. r.* Berlin, et 123 fr. Solar.

Il existe aussi une édition du *Grant Testament*, etc., et des *Repues franches*, de Paris, par la veufue de feu Guillaume Nyverd et Jacques Nyverd (sans date), pet. in-8. goth. : 150 fr. bel exempl. *mar. r.* par Bauzonnet, Crozet ; et 405 fr. Giraud.

— LE GRAND testament ‖ Maistre Francoys Villon et le pe‖tit son codicille Auec le iargon ¢ ‖ les Ballades. (A la fin) : ... *Jmprime a Paris par la veufue de feu Guillaume nyuerd Et Iacques nyuerd Demourãs en la rue de la Iuyfrie a lymage sainct Pierre Et a la premiere porte du Pallays* (s. d.), in-8. goth., signat. A—F par 8 ff. grav. en bois sur le titre. (Biblioth. impér. Y. 4416.)

Les exemplaires de ces trois éditions de Villon, in-8., sont quelquefois réunis au Pathelin imprimé par Guill. Nyverd, ou par sa veuve (voy. PATHELIN).

— Le grand Testamēt maistre frãcois Villon et le petit son codicille avec le iargon et ses ballades. — *Cy finist le testament... imprime a Paris en la rue neufue nostre Dame a lenseigne de l'escu de France* (par la Vᵉ de Jean Trepperel et Jean Jannot), sans date, pet. in-8. de 48 ff.

On trouve aussi cette édition jointe au Pathelin, également sans date (Catalogue de Soleinne, nᵒ 665). Elle doit avoir paru vers 1520 : vend. 96 fr. Aimé Martin, en 1847.

— Les œuvres maistre Francoys Villon. *Paris, Denys Janot* (sans date), in-16 fig. lettres rondes.

Édition rare, mais moins complète que celle de 1532; elle est antérieure à la révision de Marot : 14 fr. *mar. r.* en 1816; 1 liv. 19 sh. Heber.

— Les oeuvres de maistre Francoys Villon. Le monologue du franc archier de Daignollet. Le Dyalogue des seigneurs de Mallepaye & Bailleuent. On les vend au premier pillier de la grande salle du palays pour Galiot du pre. M. D. XXXII. (à la fin, sur un f. séparé) : *Ce present liure a este acheue de imprimer a Paris Le xx. iour de Iuillet* M. V. C. XXXII. *pour Galiot du Pre, Libraire*......... pet. in-8. de 146 ff., non chiffrés. [13246]

Ce recueil, imprimé en lettres rondes, contient les *ballades*, le *grant testament* et le *petit*, les *repues franches*; ensuite vient le monologue, etc. Le bel exemplaire de la Valliere (de 155 millimètres de hauteur) 76 fr. Duriez ; 48 fr. *mar. bl.* en mars 1829; 3 liv. 15 sh. *mar. v.* Heber ; 102 fr. Nodier ;

409 fr. Cailhava ; 496 fr. *mar. d. de mar.* De Bure ; 125 fr. *mar. r.* Veinant, en 1856 ; 180 fr. *mar. citr.* par Trautz, seconde vente Veinant, en 1861, et revendu 365 fr. H. de Ch..., en 1863 ; autre 165 fr. *mar. v.* Le Chevalier, et en *mar. v. d. de mar. r.*, 510 fr. Solar.

— Les oeuvres de Françoys Villon de Paris, reueues & remises en leur entier par Clement Marot valet de chambre du Roy.

Distique du dict Marot
Peu de Villons en bon sauoir
Trop de Villons pour deceuoir.

On les vend a Paris en la grant salle du Palais en la bouticque de Galiot du Pre. (au recto du dernier f.) : *Fin des œuures de Françoys Villon... & furent paracheuees de imprimer le dernier iour de Septembre, L'an mil cinq cens trente & troys*, pet. in-8. de 6 ff. prélim., et 115 pp. chiff., lettres rondes.

Nous avons décrit ci-dessus une édition de Villon (par Galliot du Pré) sous la date de 1532, et en voici une autre de 1533. Quoiqu'elles soient toutes les deux également bien imprimées, et de même valeur dans le commerce, ces éditions sont fort différentes quant à leur contenu. La première renferme un plus grand nombre de pièces que la seconde, et, dans ce nombre, *Les Repues franches*; mais elle est fautive et mal ordonnée. La seconde a été revue par Clément Marot, qui a rétabli les vers défigurés, rempli les lacunes, et écarté du recueil les pièces étrangères à Villon; toutefois elle ne dispense pas d'avoir recours aux premières éditions de ce poëte, lesquelles présentent le texte original. 170 fr. *mar. citr.* vente Pont-la-Ville, en 1850 ; 120 fr. Giraud.

Un bel exemplaire de l'édition de 1533, rel. en *v. f.*, avec l'*Adolescence* de Marot, édit. de 1534, 500 fr. Renouard ; le Villon seul, en *mar. br. doublé de mar. r.*, par Trautz, 860 fr. Solar; autre, *mar. bl. doublé de mar. citr.*, 950 fr. Double.

— Les mêmes œuvres. *Paris, Ant. Bonnemere*, 1532, in-16.

Cette édition paraît être une copie de celle de Galiot du Pré, sous la même date. Le même Bonnemère a donné en 1533 un *Pathelin* également de format in-16. Le Villon est indiqué dans la préface de l'édition de 1854 ci-dessous, où, sous les nᵒˢ 17 et 21, on parle de deux éditions du même poëte, avec le nom de Galiot du Pré, l'une, sans date, in-8., l'autre de 1539, in-16, mais dont, selon nous, l'existence est fort douteuse. La première serait un exemplaire de l'édition de 1533 auquel manquait le dernier feuillet, et la seconde un exempl. inexactement annoncé dans quelque catalogue où l'on aurait imprimé 1539 au lieu de 1533.

— Les œuvres maistre Françoys Villon. Le Monologue du Franc Archier de Baignollet. Le Dyalogue des seigneurs de Malle paye et Bailleuent. MD. XXXIII. *On les vent a Paris a la rue neuf nostre dame a Lenseigne de Lescu de France* (chez Alain Lotrian et D. Janot), in-16 de 136 ff. non chiffr., signat. A—R par 8.

Cette petite édition, imprimée en beaux caractères ronds, paraît aussi être une copie de celle de Galiot du Pré, de 1532; mais elle est plus rare que cette dernière. On lit au verso du dernier f. :

Fin des œuures & repues de feu maistre
Frãcoys Villon nouuellement imprime a Paris.
M. D. XXXIII.

Vend. 2 liv. 6 sh. *mar. r.* Heber.

— Les œuures de Francoy Villon de Paris,
reueues et remises en leur entier par
Clement Marot, varlet de chambre du
roy, 1537. *On les vend a Lyon, chez
Francoys Iuste...* pet. in-8. de 4 ff. prél.
et 92 pp.

Édition en petites lettres rondes, copie de celle de
1533, chez Galiot du Pré : 130 fr. *mar. r.* Cailhava.
Elle est très-rare.

— Autre édition (même titre). *On les vẽd
a Paris en la boutique de Jehan Andry,*
s. d., in-16 de 55 ff. chiffrés à partir du 9ᵉ.

Édition en petites lettres rondes et assez jolie. Elle
doit avoir paru vers 1540. 50 fr. *mar. r.* Aimé Martin, en 1847.

— AUTRE. *Paris, Fr. Regnault* (s. d.), in-16 (La
Valliere-Nyon, 12905).

— AUTRE. *Paris, Denis Lelong* (s. d.), in-16 (Catal.
de Lauraguais, 315, où elle est placée avant l'édition
de 1532). Denis Lelong n'est pas inscrit dans le
catalogue de Lottin ; ne faudrait-il pas lire *Denis
Janot ?*

— Les œuvres du même, reveves et remises en leur entier, par Clement Marot.
*On les vent en la rue Sainct-Jacques
a lenseigne de lhomme sauluage, chez
Nicolas Gilles,* in-16 de 55 ff.

Vendu 45 fr. *mar.* Nodier, en 1829.

Dans cette édition, imprimée vers 1540, les signat.
sont un 3ᵉ alphabet, parce que cette partie devait
être reliée avec le *Marot* imprimé chez *J. Bignon,*
en 1540 et 1542. Nous l'avons trouvée jointe à une
édition de Marot, imprimée à *Paris* en 1544.

Il y a aussi une édition de Villon, *Paris, Arn. et Ch.
les Angeliers* (1540), in-16 de 63 ff. Vendue 10 fr.
mar. v. Chénier ; et avec des notes de La Monnoye, 75 fr. *mar. citr.* Veinant, et revendu 180 fr.
en 1861 ; et l'édition de *Paris, Alain Lotrian,* 1542,
in-16 de 44 ff., qui, de même que la précédente,
paraît être une copie de celle de *Paris,* 1533, donnée par Marot, est fort mal imprimée : 8 sh. 6 d.
Heber.

Nous avons vu une autre édition de *Paris,* chez
Ambroise Gyrault, 1542, in-16 de 55 ff., également
imprimée d'après celle de Marot, mais fort inexacte, et
aussi une de *Paris,* chez *Jean Longis,* in-16 (sans
date).

— LES ŒUVRES de Franç. Villon (avec les remarques
de Eusèbe de Laurière, et une lettre à M. de*** par
le P. du Cerceau). *Paris, Coustelier,* 1723, pet.
in-8. 3 fr.

Un exemplaire imprimé sur VÉLIN : 35 fr. en 1841, et
78 fr. Nodier ; 48 fr. Baudelocque ; 190 fr. Double.

— LES MÊMES, avec les remarques de diverses personnes (Eusèbe de Laurière, Le Duchat et de Formey). *La Haye, Adr. Moetjens,* 1742, pet. in-8.
6 à 8 fr.

Cette édition est préférable à celle de Coustelier, parce
que l'éditeur y a joint de nouvelles notes, quelques
fragments inédits, des mémoires touchant Villon,
par Prosp. Marchand, et une lettre critique extraite
du *Mercure* de février 1724.

— ŒUVRES de maistre François Villon, corrigées et
completées d'après plusieurs manuscrits qui n'étaient
point connus ; précédées d'un mémoire ; accompagnées de leçons diverses et de notes, par J.-H.-R.
Prompsault. *Paris, Techener,* 1832, in-8. 7 fr.

Cette édition en faisait désirer une meilleure. On y

trouve cependant *Le dit de la naissance Marie de
Bourgongne,* poëme inédit de Villon, dont il a été
tiré à part une soixantaine d'exemplaires sur pap.
vél., qui se vendent séparément 3 fr.

VILLONIE littéraire de l'abbé Prompsault, éditeur
des œuvres de Villon, démontrée par l'écrit qu'il a
fait suivre d'un soi-disant errata (par Ch. Crapelet).
Paris, Crapelet, 1835, gr. in-8.

C'est une réponse aux critiques très-vives que
Prompsault avait faites des publications de Ch.
Crapelet dans un écrit intitulé :

DISCOURS sur les publications littéraires du
moyen âge, par J.-H.-R. Prompsault. *Paris,* 1835,
gr. in-8.

— ŒUVRES complètes de François Villon, nouvelle
édition revue, corrigée et mise en ordre avec des
notes historiques et littéraires par P. L. (Lacroix)
Jacob, bibliophile. *Paris, P. Jannet,* 1854, in-16.
5 fr.

Cette bonne édition contient aussi *Le Dit de la naissance de Marie de Bourgongne.* Il y en a des
exemplaires en papier fort et quelques-uns sur pap.
de Chine.

— Le recueil ⋜ istoires des repues frâches.
— *Cy fine le recueil ⋜ hystoires des repues franches.* (sans lieu ni date, mais
avec la marque de Jean Trepperel), pet.
in-4. goth. de 21 ff. non chiffrés, à longues lignes, au nombre de 30 sur les pp.
entières. [13248]

— Le recueil des hystoires des repeus franches : (au recto du dernier f.) : *Cy finist
le liure des repeues franches.* (sans lieu
ni date), pet. in-4. goth. de 18 ff. à longues lignes, avec une fig. sur bois au
recto du premier f.

Deux éditions de la fin du XVᵉ siècle, ou du commencement du XVIᵉ.

— Le recueil des hystoires de repues franches. *(sans lieu ni date),* in-4. goth. de
17 ff. à 38 lig. par page, sign. a—c.

Cette édition paraît avoir été imprim. à Paris par Denis Meslier, parce qu'on y voit sur le titre la même
figure qui est sur celui du roman de *Paris et
Vienne,* sorti des presses de cet imprimeur (voir
PARIS). Le verso du dernier f. est blanc (Collection
de M. Cigongne).

— Le recueil ‖ des histoires ‖ des repeus
franches. *(sans lieu ni date),* in-4. goth.
de 23 ff. non chiffrés, imprim. à longues
lign., au nombre de 27 par page.

On remarque sur le titre de cette édition le fleuron et
les noms de Pierre Mareschal et Bernabe Chaussard, imprimeurs à Lyon, dès 1496 (voyez notre
tome II, col. 244). L'exemplaire que nous avons vu
n'a que 22 ff.; mais celui de M. Cailhava en avait 23 ;
il était relié en *mar. r.* et a été vendu 206 fr.

— Le recueil des repues franches de maistre Francoys Villon et ses compaignons
(sans lieu ni date). — Le grant testament
maistre francoys Villon : et le petit sõ
codicille, auec le iargõ et ses ballandes.
*On les vend a Paris, en la rue neufue
nostre dame, a lenseigne saint Nicolas*
(sans date), 2 part. en 1 vol. pet. in-8.

Cette édition est portée dans le second catal. de
M. Bignon, nᵒ 1095. La première partie a 24 pp. et
la seconde 42 (dans cette dernière il y avait trois

feuillets manuscrits). L'enseigne de S. Nicolas a été successivement celle de J. Heruf, de Jean Saint-Denis, de P. Sergent et de Jean et Nic. Bonfons, qui tous ont résidé *rue Neuve-Nostre-Dame*. Il est probable que l'édition de Villon que nous venons de décrire est du premier de ces libraires qui exerçait encore en 1528.

— Plusieurs gĕtil̦esses de maistre Frãcoy villon auecque le Recueil et istoires des Repues franches nouuellement imprime : (au verso du dernier f.) : *Cy fine plu-sieurs gentilesses..... nouuellement im-prime a Lyon par la veufue de feu Bernabe chaussard demourãt en rue Merciere... Lan mil. cccc. xxxu le xxx iour de iuillet*, in-4. goth. de 23 ff. non chiffrés, signat. A—Fij, y compris le frontispice où se voit une vignette sur bois.

Vendu 50 fr. Librairie De Bure, et 86 fr. *mar. r.* Nodier, en 1829.

— RECUEIL des Repeues franches de maistre Fran-çois Villon et de ses compagnons : traité fort plai-sant, et comptes recreatifs faicts par le dit Villon ; utile et profitable pour se donner de garde des py-peurs et faynéants qui sont à présent par le monde. *Rouen, Jacq. le Doux*, 1604, pet. in-12.

Quoique les *Repues franches* se trouvent imprimées dans plusieurs éditions des œuvres de Villon, elles ne sont pas de ce poëte ; elles ont été composées par quelqu'un de ses disciples en friponnerie comme en poésie.

FRANÇOIS Villon, sa vie et ses œuvres, par An-toine Champaux. *Paris, Durand*, 1859, in-8.

Travail intéressant. L'auteur y a donné pour la pre-mière fois la *ballade des Taverniers* tout entière, d'après un manuscrit de la bibliothèque de l'Arse-nal. On n'en connaissait jusqu'alors que le premier douzain.

VILLOTE (P. *Jac.*). Dictionarium latino-armenum. *Romæ, typis congreg. de propaganda fide*, 1714, in-fol. [11715]

Vendu 26 fr. Anquetil.

— Voyage d'un missionnaire de la Com-pagnie de Jésus (le P. Villote), en Tur-quie, en Perse, en Arménie, en Arabie, et en Barbarie. *Paris, Jacq. Vincent*, 1730, in-12. 5 à 6 fr. [20009]

Cette relation, rédigée par le P. Nic. Frizon, est re-cherchée, et ne se trouve pas facilement ; elle ne vaut cependant pas les 20 fr. auxquels a été porté l'exemplaire de Langlès.

VILLUMBRALES. Voyez VILLALUMBRA-LES.

VIMONT (*Jos.*). Traité de phrénologie humaine et comparée. *Paris, J.-B. Baillière*, 1833-36, 2 vol. in-4. et atlas de 133 pl. gr. in-fol. [6999]

Les planches de cet ouvrage sont d'une très-belle

exécution : elles ont été publiées en 21 livrais., du prix de 14 fr. chacune.

VINA (*Fr.* David de la). Espejo. Voyez CHERTABLON.

VINCE (*Samuel*). A complete system of astronomy. *London*, 1814, 3 vol. in-4. fig. 36 à 40 fr. [8237]

Seconde édition de cet ouvrage estimé. — La première, *Cambridge*, 1797-99, 2 vol. in-4., est moins com-plète : on y joint un 3e volume impr. en 1808, et contenant les tables.

VINCENT (*Jacq.*). La Complainte et Avis que fait Luzindaro, prince d'Aethiopie : à l'encontre d'Amour, & d'une dame : continuée jusques à leur fin. Mise de grec en castillan. Puis translatée en fran-çois par Jaques Vincent du Crest Ar-nauld en Daulphiné. *A Paris*, 1554, pet. in-8. de 40 ff., imprim. en italiq. sans pagination ni nom d'imprimeur, sign. aII—eIIII.

— Voy. FLORES ; PALMERIN d'Angleterre, et REINOSO.

VINCENT. Description abrégée des plan-ches qui représentent les cabinets et quelques-unes des curiosités contenues dans le théâtre des merveilles de la na-ture, de Levin Vincent, en latin et en français. *Harlem*, 1719, in-4. fig. 6 à 9 fr. [6266]

Il faut réunir à cet opuscule les deux pièces suivantes, qui se trouvent quelquefois reliées dans le même volume :

CATALOGUE et description des animaux volatils, aquatils et des reptils, etc., du cabinet de Levin Vincent, en latin et en françois. *La Haye*, 1726, in-4. [6267]

DESCRIPTION du pipa, ou crapeau aquatil de Su-rinam..., avec une courte description des grenouil-les... contenues dans le cabinet de Levinus Vin-cent. *Harlem*, 1726, in-4. fig.

VINCENT (*Will.*). The Commerce and navigation of the ancients in the Indian Sea. *London, T. Cadell*, 1807. 2 vol. gr. in-4. fig. et cartes. [

Nouvelle édition du *Néarque* et du *Periplus* de l'au-teur, avec des augmentations. Le prix de ces deux gros volumes a été réduit de 3 liv. 13 sh. à 1 liv. 4 sh.

Ces deux ouvrages, si importants pour l'étude de la géographie ancienne, avaient d'abord paru séparé-ment :

1° THE VOYAGE OF NEARCHUS from the Indus to the Euphrates, collected from the original journal preserved by Arrian, and illustrated by authorities ancient and modern, containing an account of the first navigation attempted by europeans in the Indian Ocean. *London*, 1797, gr. in-4., with maps. 10 à 12 fr. [19553]

On a une traduction française du Voyage de Néarque par J.-B.-L.-J. Billecocq, *Paris, imprim. de la république*, an VIII (1800), gr. in-4. avec cartes. 6 à 9 fr., et plus cher en pap. vél. — Réimpr. *Paris, Maradan*, même date, 3 vol. in-8., avec cartes; édition dont il y a du Gr. Pap. vél.

2° PERIPLUS OF THE ERYTHREAN SEA, containing an account of the navigation of the ancients from the sea of Suez to the coast of Zanguebar. *London*, 1800-1805, 2 vol. gr. in-4. fig. 20 à 24 fr. [19552]

— THE VOYAGE of Nearchus and the Periplus of the Erythrean Sea. *Oxford*, 1809, in-4. 10 fr.

Les textes grecs, avec la traduction du Dr Vincent, 10 sh. Hibbert.

VINCENT (*Alex.-Jos. Hidulphe*). Notice sur divers manuscrits grecs relatifs à la musique, comprenant une traduction française et des notes, par J.-H. Vincent. *Paris, Imprimerie roy.*, 1847, in-4. [10102]

18 fr. 50 c. Walckenaer.

— Abrégé du cours de géométrie, avec M. Bourdon, 7938.

VINCENTE (*Gil.*). Voy. VICENTE.

VINCENTINO. Voy. VICENTINO.

VINCENTIO da Bologna (il Padre). Operetta dello ornato delle donne, con alquante cose de consienza seria et del matrimonio. *Bologna* (*senz' anno*), in-12 de 28 ff., sign. a—g. [1351]

Ouvrage de théologie morale impr. dans le XVIe siècle. 19 fr. 50 c. *mar.* r. Libri.

VINCENTIUS bellovacensis Speculum quadruplex, naturale, doctrinale, morale, historiale. *Argentinæ, Joannes Mentelin*, 1473 et 1476, 7 vol. gr. in-fol., quelquefois rel. en 10, sans chiffr., récl. ni sign. [31839]

Cette volumineuse compilation, véritable encyclopédie du XIIIe siècle, est un ouvrage qui, bien que devenu sans utilité pratique, conserve un certain intérêt historique, et a d'ailleurs l'avantage de nous transmettre un grand nombre d'extraits curieux d'autres ouvrages plus anciens dont plusieurs se sont perdus depuis, ou ne nous sont parvenus qu'avec des altérations. Sous ce rapport, le *Speculum quadruplex* mérite une place dans toutes les grandes bibliothèques; et c'est ce dont on sera pleinement convaincu après avoir lu l'excellente analyse qu'en a donnée Daunou dans le 18e volume de l'*Histoire littéraire de la France*. Parmi cinq ou six éditions qui existent de ce grand ouvrage, la première et la plus précieuse est celle de Jean Mentelin, sous la date de 1473, mais il est fort difficile d'en réunir toutes les parties. Un exemplaire, partagé en 10 vol. et rel. en *mar.* r., a été vendu 685 fr. chez Mac-Carthy, et offert depuis pour 700 fr. Le catalogue des livres impr. sur VÉLIN de la Biblioth. du Roi, IV, 290 et suiv., nous fournit sur les quatre parties de cette édition des renseignements étendus dont nous allons donner un extrait.

I. SPECULUM NATURALE, 1 vol. en 2 part. à 2 col. de 66 lign., lettres rondes, tirant sur le gothique. La prem. part. comprend les 18 prem. livres, et se

compose de 318 ff. Les 21 prem. ff. renferment : 1° le prologue, dont voici la première ligne :

Incipit speculū naturale Vincentij beluacēs'

2° la table des chapitres des 33 livres. Cette partie finit au verso du dernier f., 2e col., qui n'a que 13 lignes, dont le mot *redeunt* forme la dernière. La 2e part. contient 327 ff., y compris la table des livres 19 à 33, qui occupe 8 ff. Le 9e f. commence par cette ligne du 19e livre :

ij. De opere sexte diei. Et primo de anima

La 27e et dernière ligne du dern. f. verso, 1re col., termine l'ouvrage de cette manière :

rialis. ppatescunt.   Amen.

La Bibliothèque impériale possède un exemplaire du *Speculum naturale* imprimé sur VÉLIN.

II. SPECULUM DOCTRINALE, in-fol. à 2 col. de 67 lignes, même caractère. Le vol. a 400 ff. (ou 403 selon le catal. du Dr Kloss), dont les 15 premiers formant le premier livre, renferment le prologue, le même que dans le *Speculum naturale*, la table générale des 18 chapitres et la table particulière du 2e livre. La première col. commence par cette ligne :

Speculū doctrinale Vincentij beluacensis frīs

L'ouvrage finit à la 2e col. du dernier f. recto, qui n'a que 60 lignes, par celle-ci :

in quo et agnus ābulet et elephas natet.

Il existe une autre édition impr. avec les mêmes caractères, contenant également 400 ff. et 67 lign. par page, mais qui présente plusieurs différences dans les abréviations, et particulièrement dans la dernière ligne, ainsi conçue :

& altus in quo & agnus ambulet et elephas natet.

III. SPECULUM MORALE, in-fol. de 474 ff. à 2 col. de 62 lignes, lettres rondes. Les 3 premiers ff. contiennent la table des matières. Le 4e commence ainsi :

INCIPIT PRIMVS LIBER SPECVLI MORALIS
N   omnibus operi

Le corps du volume finit au verso de l'avant-dernier f., 2e col., qui n'a que 14 lignes, par celles-ci :

sccula benedictus deus

Le dernier f. renferme un chapitre intitulé : *De virginitate.*

Dans un autre exemplaire de la même édition que possède la Bibliothèque impériale, la dernière col. de l'avant-dernier f. est terminée par une souscription en 13 lignes, commençant ainsi :

VINCENTII *Beluacensis Sacre theo*

et finissant par : *Impressumq̄ i inclyta vrbe Argentinensium... per honorandū Dm̄ Iohannem Mentelin artis impssorie magistrū famosissimū. Anno a partu virginis salutifero millesimo quadringentesimo septuagesimo sexto. die mensis nouembris nona.*

IV. SPECULUM HISTORIALE, 4 vol. à 2 col. de 67 lignes, mêmes caractères que les deux premiers *Speculum.*

Tome I, livres I-VIII, 155 ff. La table des matières occupe les 2 prem. ff., et le 3e commence ainsi :

Speculū hystoriale Vincentij beluacensis fra-

Le volume finit au recto, 2e col., par ces mots :

*Primū volumen speculi
historialis finit*

Tome II, livres IX-XVI, 176 ff., dont les 3 prem. pour la table des chapitres; le 4e f. commence ainsi au recto, 2e col.

I. *De promotōne claudij ad imperium
Comestor*

et le dernier finit au recto, 2ᵉ col., qui ne porte que 13 lignes, par celle-ci :

Explicit scd'a pars speculi historialis vincětij

Tome III, livres XVII-XXIV, 175 ff. En tête, la table des chapitres de ce vol. et la table particulière du XVIIᵉ livre , lequel commence ainsi au recto du 3ᵉ f., prem. col. :

     I. *De côtemporalitate .IX. regnorū*

La 2ᵉ col. du dernier f. verso est terminée par cette ligne :

     ordinis predicatòrum explicit.

Tome IV, livres XXV-XXXII, 191 ff. En tête se trouve la table des matières de ces livres, dont le XXVᵉ commence ainsi au verso du 2ᵉ f., 2ᵉ col. :

     I. *De imperio karoli magni et forma*

L'ouvrage se termine au verso du dernier f., prem. col., par cette ligne :

     Speculum vincentij historiale explicit.

— Autre édition du SPECULUM HISTORIALE, 4 vol. gr. in-fol. à 2 col. de 62 lignes, lettres rondes, comme dans le SPECULUM MORALE. Le texte de chaque vol. commence par des sommaires, et finit par la souscription en lettres capitales. Le 1ᵉʳ volume a 168 ff., le 2ᵉ 204, le 3ᵉ 201, et le 4ᵉ 213. Au verso du dernier f., 2ᵉ col., se lit la souscription suivante, en 6 lignes et en capitales :

Explicit. Speculvm. historiale. fratris. Vincencii. ordinis. predicatorvm. impressvm. per. Iohannem. Mentellin. anno. domini. millesimo qvadringentesimo septvagesimo tercio. qvarta. die. decembris.

Mentelin est également nommé dans les souscriptions des trois autres volumes. L'exempl. vendu 100 fr. chez Soubise, a été revendu 299 fr. Andry.

Ces deux éditions du *Speculum historiale* sont aussi décrites dans le catalogue du Dʳ Kloss (*Lond.*, 1835), nᵒ 3943, où se voient des *fac-simile* des caractères employés dans le texte et dans la souscription du 4ᵉ volume.

Après les édit. de Mentelin vient celle de Nuremberg, impr. chez Ant. Coburger, aussi de format in-fol., savoir : le *Speculum naturale*, en 1483 ; l'*historiale*, sous la même date ; le *morale* (sans date et en 1485), et le *doctrinale*, en 1486. Les 4 vol. 1 liv. 13 sh. Heber ; en 5 vol., 190 fr. Bearzi. Quant à l'édition de Venise, par Herm. de Liechtenstein, 1493 et 1494, en 4 vol. in-fol. caract. goth., décrite par Dav. Clément, III, pp. 78 et suiv., on en a retranché les préfaces, les sommaires et les tables qui sont dans les deux premières, et on y a fait aussi quelques altérations dans le texte. Nous supposons que cette édition est la même que celle qu'indique Maittaire, sous la date de 1484, d'après la *Bibliotheca heinsiana*.

L'édition de Venise, *apud Dominicum Nicolinum*, 1591, in-fol., passe aussi pour n'offrir qu'un texte altéré.

— BIBLIOTHECA mundi Vincentii burgundi... episcopi bellovacensis speculum quadruplex, opera et studio theologorum Benedictinorum collegii vedastini. *Duaci, Balth. Bellerus,* 1624, 4 vol. in-fol.

Dans leur travail sur ce grand ouvrage, les éditeurs se sont bornés à un petit nombre de notes, presque toutes erronées ou superflues ; et, pour les anciens textes si fréquemment transcrits par Vincent, à substituer de nouvelles leçons à celles qu'avait données ce compilateur, d'après les manuscrits qu'il avait entre les mains. Or, comme ces nouvelles leçons ne sont pas toujours plus heureuses que les anciennes, il s'ensuit, ajoute M. Daunou, de qui nous empruntons ce jugement, que pour prendre une connaissance exacte de cette œuvre mémorable, et pour y puiser toute l'instruction historique et littéraire qu'elle renferme, il faut encore aujour-

d'hui recourir aux deux premières éditions, surtout à celle de Mentelin.

— Speculum historiale. 1474, 3 vol. gr. in-fol. à 2 col. de 52 lignes, caract. goth. sans chiffres, récl. ni signat. [21212]

Cette édition a été imprimée dans le monastère de Sainte-Afre, à Augsbourg, avec les caract. dont Antoine Sorg a ensuite fait usage dans la même ville, ainsi que nous l'apprend Jos. Van Praet, 3ᵉ vol. de son second catalogue , p. II. Le prem. vol., contenant les livres I à X, a 336 ff. ; le second, ou liv. XI à XXI, 321 ff. ; et le troisième, ou livres XXII à XXXII, 371 ff. Au verso du dern. feuillet, 1ʳᵉ col., se lit la souscript., en 10 vers (*codicis insignis*), terminée par la date *M. cccc. lxxiiij.*

Un exemplaire imprimé sur VÉLIN est porté dans le catalogue du comte de Golowkin.

L'édition du *Speculum historiale*, de Paris, 1474, in-fol., ne nous est connue encore que sur le témoignage du P. Le Long, cité par Maittaire.

— Le premier (2ᵉ, 3ᵉ, 4ᵉ et 5ᵉ) volume de Vincent miroir historial (traduit par Jean de Vignay). *Paris, Verard,* 1495-96, 5 vol. in-fol. goth. fig. sur bois.

Édition fort rare, et la première de cette traduction. C'est l'ouvrage français le plus volumineux qui jusqu'alors eût été mis sous presse ; et, chose bien remarquable, quoique ces cinq gros volumes aient été imprimés dans le court espace de huit mois, ils sont d'un tirage si beau et si égal, qu'il ne pourroit être surpassé par les imprimeurs modernes les plus habiles. Il en existe deux exemplaires impr. sur VÉLIN, l'un à la Bibliothèque impériale, l'autre au Musée de Londres.

Voici la description de ces cinq volumes, d'après l'exempl. de la biblioth. de Sainte-Geneviève :

Premier volume, 10 ff. prélimin., contenant le titre, la table et le registre ; texte, ff. ij à *cccxj* ; à la fin : *Cy finist le premier volume de Vincent historial. imprime nouuellement a Paris lan mil cccc quatre vingtz et quinze le XXIXᵉ ioʳ de septěbre pour Anthoine Verard libraire...* — Second volume, 12 ff. de pièces liminaires, texte, f. *i—ccctiij.* — Le tiers volume, 12 ff. prélimin., dont un blanc ; texte, ff. *i—cclxxx.* — Le quart volume, 10 ff. prélimin. ; texte, ff. *i—cclxxvj.* — Le quint volume, 8 ff. prélimin. ; texte, f. *i—cciiij* , dont le dernier est, par erreur, coté *ccxcix.* Au bas du dernier f. recto se lit la souscription suivante : *A lhonneur et louenge de nostre seigneur iesucrist... fine le xxxii. et dernier liure de Vincent miroir historial. Jmprime a paris le vii. iour du moys de may mil quatre cens quatre vingz τ seize par Anthoine Verard libraire...*

Il y a aussi une édition du *Miroir hystorial. Jmprime a Paris par Nicolas Cousteau, et fut acheue dimprimer le xvi. iour du moys de mars lan mil cinq cēs XXXI*, 5 vol. pet. in-fol. goth., presque aussi rare que la précédente. 7 liv. Libri, en 1859.

Jacob van Maerlant (voy. ce nom) a donné, sous le titre de *Spiegel historiael of Rymkronyk*, une traduction libre en flamand du *Speculum historiale* ; elle est divisée en 4 part. contenant XXXI livres, lesquels ont été imprimés à Leyde et à Amsterdam, en 4 vol. in-8., à savoir : les deux premiers, par Jacq. Arnout Clignett et J. Steenwinkel, en 1784-85 ; le troisième, publié par W. Bilderdyk, en 1812, et le quatrième, par van Lennep, en 1849.

— OPUSCULA : 1. Libri gratiæ. 2. Tractatus de laudibus Mariæ Virginis Deiparæ. 3. Tractatus de S. Johanne Evangelista. 4. De eruditione seu modo instruendorum filiorum regalium. 5. Consolatio super morte amici. (*Basileæ, Johan. de Amerbach*) *Idibus decembribus anno a Christo natali octuagesimo primo supra millesimum quaterque centesimum* (1481), in-fol. goth. [18939]

Le lieu de l'impression et le nom de l'imprimeur sont

exprimés dans les trois distiques qui terminent ce
volume peu commun, mais d'un prix médiocre. Le
4ᵉ ouvrage de ce recueil avait déjà été imprimé séparément en 1477, sans lieu d'impression et sans
nom d'imprimeur, in-fol., et aussi sous le titre de
*Libri III. de morali principis institutione, de no-
bilium puerorum institutione et de consolationibus specialibus de morte fliii*, in-fol. à 40 lign. par
page; édition sans lieu ni date, mais impr. avec les
mêmes caract. goth. que le Lactance sorti des
presses des prêtres de Saint-Michel, à Rostoch, en
1476.

ÉTUDES sur Vincent de Beauvais, théologien, philosophe, encyclopédiste, ou Spécimen des études
théologiques, philosophiques et scientifiques au
moyen âge, 1210 à 1270, par M. l'abbé J.-B. Bour-
geat. *Paris, Ladrange*, 1856, in-8, 3 fr.

LITERAR-HISTORISCHE Notizen über den mittelal-
terlichen Gelehrten Vincentius von Beauvais, von
A. Vogel. *Freiburg*, 1843, in-8.

Dans sa séance du 12 juin 1863, l'Académie des inscriptions et belles-lettres a décerné le prix fondé
par M. Bordin à M. Édg. Boutaric pour son Mémoire sur le *Speculum historiale* de Vincent de
Beauvais.

VINCENTIUS. Vincentii lirinensis et Hilarii arelatensis Opera, recognita ac notis
observationibusque illustrata a Jo. Sali-
nas. *Romæ, Zempel,* 1731, in-4. 10 à
15 fr. [1053]

Le texte de Vincent est celui de la 2ᵉ édit. donnée par
Baluze, en 1669. — Voyez SALVIANUS.

— S. VINCENTII lirinensis Commonitorium; præmisit
epist. et prolegom. ac notis illustravit Engelb.
Klüpfel. *Vindobonæ*, 1809, in-8. 1 thl. 6 gr.

— ŒUVRES de S. Vincent de Lérins et de S. Eucher
de Lyon, traduction nouvelle, avec le texte en regard, notes et préfaces, par J.-F. Grégoire et F.-B.
Collombet. *Paris*, 1834, in-8.

Le traité de Vincent de Lérins, *pour la vérité et antiquité de la foy catholique*, a été traduit en français par G. Ruzé. *Paris, Michel Vascosan*, 1560,
ou *Feder. Morel*, 1580, in-8.; — avec le texte latin, impr. par Jean Bogard pour Estienne Valère,
1556 (peut-être 1565), 19 fr. *mar. r.* Veinant, et
aussi *Louvain, imprimerie de Jean Bogard*, 1564,
in-16. — Autre traduction par de Frontignieres, *Paris, Chr. Journel*, 1684, in-12. — Nouvelle édition,
Paris, Lefebvre, 1686, in-12; — et avec Salvian,
voyez SALVIANUS.

VINCI (*Lionardo* da). Trattato della pittura, con la vita dell' istesso autore
scritta da Rafaello du Fresne : si sono
aggiunti i tre libri della pittura e il trattato della statua di Leon-Bat. Alberti
(tradotti da Cosimo Bartoli). *Parigi,
Giac. Langlois*, 1651, 2 tom. en 1 vol.
in-fol. fig. 12 à 20 fr., et plus cher en
Italie. [9232]

Première édition de cet excellent traité. Elle est due
aux soins de Raph. Trichet du Fresne, qui l'a donnée d'après deux mss. dont un était une copie de
l'original, et contenait des dessins du Poussin. C'est
d'après ces dessins au trait, retouchés, ombrés et
augmentés par le peintre Errard, qu'ont été faites
les gravures par R. Lochon, lesquelles, après avoir
servi à l'édition italienne ci-dessus, ont été employées dans la traduction française, publiée également en 1651.

Deux réimpressions textuelles de l'édit. originale ont
été données depuis, l'une à Naples, chez Fr. Ric-

cardo, en 1733, in-fol., avec des fig. mal exécutées; l'autre à Bologne, en 1786, même format;
mais elles ont peu de valeur.

— TRATTATO della pittura, ridotto alla sua vera lezione, con le figure disegnate dal medesimo. *Firenze, Pagani*, 1792, in-4. fig. 10 à 12 fr.

L'abbé Franc. Fontani a donné cette édit. d'après une
copie manuscrite de la Bibliothèque riccardienne,
copie qu'il attribue au célèbre graveur della Bella.
Il y a joint des notices sur Léonard de Vinci et sur
Etienne della Bella, avec les portraits des deux artistes, beaucoup de notes et une dissertation académique de Lami sur les artistes qui ont fleuri depuis l'an 1000 jusqu'en 1300.

— TRATTATO della pittura. *Milano*, 1804, 2 tom. en
1 vol. in-8. fig. 10 à 12 fr., et plus en pap. vélin.

Édition faisant partie de la collection des classiques
italiens. Le second volume contient un mémoire
sur la vie et les ouvrages de Léonard de Vinci par
Charles Moretti. Un exemplaire des deux volumes,
imprimé sur VÉLIN, a été vendu 13 liv. 13 sh. Williams. La Bibliothèque impériale de Paris en possède un semblable.

— TRATTATO della pittura, tratto da un codice della
biblioteca Vaticana e dedicato alla maestà di Luigi
XVIII (da Guglielmo Manzi). *Roma, de Romanis*,
1817, 2 vol. in-4. Vendu 21 fr. Reina.

Édition qui peut être regardée comme la plus complète et la plus conforme à l'ancien texte de l'auteur ; on y a joint une vie de Léonard et des notes
de Gérard de' Rossi. Les gravures, au nombre de
vingt-deux, qui forment le second volume, ne reproduisent pas les altérations faites par le peintre
Errard dans celle de Paris. Il en a été tiré des exemplaires en Gr. Pap., et deux sur VÉLIN.

— Traité de la peinture, donné au public
et traduit de l'italien par R. F. S. D. C.
(Roland Fréard sieur de Chambrai). *Paris*, 1651, in-fol. fig. 15 à 18 fr.

Vendu 37 fr. *mar. r.* Belin.

— LE MÊME traité, revu et corrigé ; nouvelle édition,
augmentée de la vie de l'auteur. *Paris, Giffart*,
1716, in-12, fig. 6 à 9 fr.

Cette édition est améliorée dans le texte de la traduction, et elle renferme des fig. copiées au simple
trait sur les originaux.

L'édition de *Paris, Deterville*, 1798, in-8., est une
réimpression de celle de 1716, avec quelques changements dans l'orthographe, et avec les mêmes
planches : 7 fr. ; — Pap. vél., 12 fr. On fait assez de
cas de celle de *Paris*, 1803, in-8., avec 44 pl., des
notes et des observations par Gault de Saint-
Germain. Elle a été réimpr. à *Genève, Sestié*, 1820,
in-8. fig.

— TRATADO de la pintura, por Leonardo de Vinci ;
y los tres libros que sobre el mismo arte escribio
L.-B. Alberti ; traducidos e ilustrados con algunas
notas, por Diego Antonio Rejon de Silvá. *Madrid*,
impr. real, 1784, gr. in-4. 6 à 9 fr.

Réimprimé à *Madrid*, 1829, gr. in-4., avec 2 portr.
et 39 planches.

— RECUEIL de têtes de caractère et de charges, dessinées par Léonard de Vinci, et gravées par le C. D.
C. (le comte de Caylus). *Paris*, 1730, gr. in-4. avec
40 pl. 12 à 18 fr. ; 22 fr. 50 c. en 1856. [9460]

Dans ce volume, qui a été réimprimé en 1767, avec le
nom de Caylus, se trouve une lettre sur Léonard
de Vinci par M. M... (Mariette fils).

— DESSINS de Léonard de Vinci, gravés par J. Gerli,
avec une explication en ital. et en françois. *Milan*,
1784, in-fol. de 61 pl. [9461]

Vend. 14 fr. Millin ; 18 fr. Reina.

Les mêmes dessins ont été reproduits sous un titre
italien, à *Milan*, chez *Jos. Vallardi*, 1830-31,
in-fol. 50 fr. ; — Pap. de Chine, 100 fr.

— COLLECTION de têtes du célèbre tableau de la
Cène de Léonard de Vinci, dessinée par Dutertre ;

précédée d'un abrégé de la vie de ce grand peintre, par Gault de Saint-Germain. *Paris*, 1808, in-fol. pap. vél., 14 pl. 20 fr. [9309]

— Del Moto e misura dell' acqua, di Lionardo da Vinci. *Bologna*, 1828, in-4. fig. [8122]

Publié d'après un manuscrit inédit de la Barberine. 24 fr. et 20 fr. Libri, en 1857.

LEONARDO da Vinci e la sua scuola, illustrazione storiche e note pubblicate per cura di Felice Turotti, colla traduzione dell'opera suddetta di F. Rio. *Milano*, 1857, in-8. avec le portr. de Léonard de Vinci et celui de la Gioconda, par F. Knolle. 10 fr. [31047]

— Del Cenacolo. Voyez BOSSI.

VINCI (*Josephi*) etymologicum siculum. *Messanæ*, 1759, in-4. [11136]

Vendu 8 fr. Floncel ; 20 fr. Libri, en 1857.

VINCIGUERRA (*Antonio*). Liber utrum deceat sapientem ducere uxorem, an in cœlibatu vivere. *Bononiæ*, *Plato de Benedictis*, 1495, in-4. [14950]

Ce petit ouvrage, dont l'intitulé seul est latin, est la première satire qui ait été imprimée en langue italienne ; il a été inséré dans le recueil des satires de l'auteur, imprimé à *Venise*, par Jo. et Ant. Nicolini, *fratres de Sabio*, en 1527, in-8., sous le titre d'*Opera nova*. 8 sh. et 12 sh. deux exempl. Libri, en 1859.

VINCIOLO. Les singuliers et nouveaux pourtraicts et ouvrages de lingerie du seigneur Federic de Vinciolo Venitien... de rechef et pour la troisième fois augmentez, outre le reseau et le point couppé et lacis, de plusieurs beaux et differens pourtraicts de reseau de point conté, avec le nombre de mailles, chose non encore veue ni inventée. *Paris*, *Iean le Clerc le ieune*, 1587, 2 part. en 1 vol. in-4. [10264]

Cet ouvrage curieux, et devenu rare, se compose de deux parties. La première, consacrée aux ouvrages de *point couppé*, a 4 ff. prélimin. pour le titre, l'avertissement de l'auteur, la dédicace du libraire à la royne, et un *Sonnet aux dames et damoiselles* ; plus 36 ff. pour les dessins, imprimés d'un seul côté. La seconde partie contient un titre et 30 pl. de *point conté*. Il avait déjà paru, en 1587, deux autres éditions de la première partie, en vue de la seconde, avec quelques différences, tant dans les titres que dans plusieurs dessins.

L'édition de 1588 (19 fr. en 1805), dont le titre porte aussi *de rechef et pour la troisième fois augmentez* (ce qui est encore répété dans l'édit. de 1595, et dans celle de 1606), est augmentée, dans la première partie, d'un privilége, du portrait de Henri III, et de celui de la reine, sa femme ; elle renferme 31 pl. dans la deuxième partie, y compris celle qui est au verso du titre : l'écusson de France forme le 32e f. Les dessins sont, en grande partie, les mêmes que dans l'édition précédente. Celle de 1606 renferme la même quantité de feuillets que ci-dessus, mais avec des changements dans les planches et un certain nombre de nouveaux dessins substitués aux anciens.

— LES SECONDES OEUVRES et subtiles inventions de lingerie..... nouvellement augmentez de plusieurs carrez de point de rebort..... *Paris*, *J. Le Clerc*, 1613, in-4.

Édition la plus complète de la deuxième partie des dessins de Vinciolo, composée de *point conté*. Elle contient, outre les pièces prélimin., 61 pl. en grande partie différentes des précédentes, et l'on y a ajouté le *Discours du lacis*, en vers.

Nous avons vu un exemplaire daté de 1612 et de 1613, (avec les mots *de rechef et pour la troisième fois* sur le titre). Il paraît correspondre aux exemplaires de 1606. Seulement, dans la 2e part., l'écusson de France est imprimé au verso du 31e f., et non pas sur un f. séparé. La plupart des feuillets y sont impr. des deux côtés.

— LES EXCELLENTS ESCHANTILLONS, patrons et modeles du seigneur Federic de Vinciolo, pour apprendre à faire toute sorte d'ouvrages de lingerie..... *Paris*, *J. Le Clerc*, 1623, in-4.

Indépendamment des pièces prélimin. (avertissement, dédicace, sonnet), ce volume renferme 52 pl., mêlées de *poinct coupé*, *point conté* et *passemant*, dont la plupart des dessins se voyaient déjà dans les éditions précédentes, même dans celles de 1587.

Les deux parties de 1587, réunies aux *Excellents eschantillons*, de 1623, et aux *Nouveaux pourtraicts* (ci-dessous), *Montbéliard*, 1598, in-4., se sont vendues 80 fr. chez La Mésangère, en 1831. Un exemplaire des trois parties de 1606, 1613 et 1623, avait été donné pour 8 fr. chez Picard, en 1780. Aujourd'hui on le payerait bien 200 fr.

LES NOUVEAUX pourtraicts de poinct coupé et dantelles (sic) en petite, moyenne et grande forme. *Montbeliard*, par *Iaques Foillet*, 1598, pet. in-4., contenant un frontispice, un *Advertissement aux dames et damoiselles*, 3 pp., suiv. d'une *Exhortation aux jeunes filles*, en six quatrains. Les planches sont cotées B—YIII ; au-dessous de la dernière figure on lit : *La fin courone l'œuvre*. Les dessins sont tout à fait différents de ceux de l'édition de 1588, ci-dessus.

A ces différentes éditions il faut ajouter celle qui a pour titre : *Les singuliers et nouveaux pourtraicts du seigneur Federic de Vinciolo*, *Venitien*, *pour toutes sortes d'ouvrages de lingerie*. Basle, par *Lôuy Roy*, 1599, pet. in-4. obl. de 48 ff. 151 fr. catal. de Borluut, nº 1079 ; et aussi celle de *Lyon*, par *Léonard Odet*, 1603, in-4., sign. A—V par quatre. Vend. en *mar. r.* 250 fr. Coste. Elle porte à peu près le même titre que l'édit. de Paris, 1587, mais avec cette addition : *pour la cinquiesme fois augmenté*. Une autre édition est annoncée dans le catalogue de Cicognara, nº 1822, sous le titre suivant :

LES SINGULIERS et nouveaux pourtraicts pour toutes sortes d'ouvrages de lingerie, *A Thurin, par* *Eleazaro Thomysi*, 1658, in-8. obl. divisé aussi en deux parties. La première, de 44 ff., contenant 39 pl., non compris le frontispice et les portr. de Henri III et de sa femme ; la seconde, de 36 ff.

Nous avons déjà parlé, à l'article *Fleur des patrons*, d'un ouvrage sur la lingerie plus ancien que celui-ci. Nous en avons cité un autre à l'article SERA (*Dom. de*).

VINEA (*Petrus* de) Constitutiones regum Siciliæ. Voyez CONSTITUTIONES et aussi PETRUS de Vineis.

VINET (*Elie*). L'antiquité de Bourdeaus et de Bourg sur mer, reueue et augmentée, et a ceste autre impression enrichie de plusieurs figures par son aucteur.

Bourdeaus, Millanges, 1574, in-4. 12 à
20 fr. [24679]

La première édition de ce discours est de *Poitiers,
Enguilb. de Marnef,* 1565, in-4.

— L'antiquité de Saintes (et de Barbezieux).
Bourdeaus, P. de Ladime, 1571, in-4.
de 66 ff. non chiffrés, 12 à 15 fr. [24628]

Réimprimé à *Bourdeaux,* en 1584, in-4.

— L'ANTIQUITÉ de Bourdeaus et de Bourg, présenté
au roi Charles neufiesme, le treziesme jour du mois
d'auril, lan mil cinq cens soixante et cinq, à Bourdeaus, et lhorst premièrement publiée, mais depuis reueue et augmentée, et à ceste autre impression enrichie de plusieurs figures. Notice sur Elie
Vinet, par Henry Ribadieu. *Bordeaux, Chomas,*
1860, in-8, de LXV et 98 pp. plus une pl. et le plan
de la ville de Bordeaux. Tiré à 200 exemplaires.
10 fr.

Niceron (XXX, p. 227), en cite une édition sous le
titre *Sainctes et Barbesieux,* Bourdeaux, in-4.,
sans date et sans table. Vinet a publié de bonnes
édit. d'Ausone, de Solin et de plusieurs autres auteurs latins anciens, et il a donné des traductions
françaises de la Sphère de Proclus, du Charlemagne
d'Eginhart, etc. Il a aussi écrit sur les mathématiques, tant en latin qu'en français, et notamment
le traité suivant :

L'ARPANTRIE, livre de géométrie, enseignant à
mezurer les champs et pluzieurs autres chozes.
Bourdeaux, Millanges, 1577, in-4. [7998] 1 liv.
11 sh. en *mar.* Libri, en 1859, — ou 2e édition,
Ibid., 1583, in-4., augmentée de *La maniere de
faire les solaires et cadrans,* ouvrage du même
auteur, qui avait déjà paru séparément à Poictiers,
en 1564, in-4.

— SCHOLA aquitanica. *Burdigaliæ, S. Millangius,*
1583, pet. in-8. de 63 pp. et 1 f. non chiffré.

Le dernier feuillet de cet opuscule constate l'approbation donnée à cet ouvrage par Michel de Montaigne lors de la visite qu'il fit, en qualité de maire
de Bordeaux, au collège de Guyenne fondé par
André de Gouvea, dont le présent ouvrage met en
lumière la *Docendi ratio.* (Bibliothèque impériale
R. Réserve.)

Pour les autres écrits de Vinet, consultez Niceron,
XXX, où cependant il n'est pas fait mention de ses
Recherches de l'antiquité d'Angoulesme, qui doivent cependant exister puisque Vinet lui-même en
parle, dans son commentaire sur Ausone et dans le
préambule de ses Antiquités de Saintes, comme
d'un livre déjà imprimé à Poitiers, chez Enguilbert
de Marnef. En effet, nous trouvons dans la *Bibliotheca thuana,* II, p. 350, le titre suivant, qui fait
mention de cet écrit comme impr. à Poitiers en
1567 :

ELIE VINET, Antiquitez de Bordeaux, de Bourg,
Saintes, Barbezieux, et Angoulesme. *Bourdeaux,
Millanges,* 1574 et 1584; *Poictiers,* 1567. Ce qui
donne exactement la date de chacun de ces trois
ouvrages.

VINNIUS (*Arnoldus*). Institutionum imperialium commentarius. *Amstelodami.
Elzevir.,* 1665, in-4. 10 à 12 fr. [2475]

Cette édition est la plus belle que l'on ait de cet ouvrage estimé; mais, pour l'étude, on préfère l'édition suivante.

— Idem, cum notis Heineccii et quæstionibus selectis Vinnii. *Lugduni,* 1767,
2 vol. in-4. 18 à 21 fr.

Les autres éditions de *Lyon,* en 2 vol. in-4., avec les
mêmes notes, ont à peu près la même valeur : il y
a une édition de *Valence,* en Espagne, 1778, 2 vol.
gr. in-4., bien imprimée.

— Quæstiones juris, cum tractatibus de

pactis, jurisdictione, etc. *Trajecti-
ad-Rhenum,* 1722, in-4. 6 à 9 fr. [2558]

— Voyez JUSTINIANI Institutiones.

VIOLA sanctor (um). Januarius. (in fine) :
Explicit Viola Sanctorŭ, pet. in-fol.
goth.

Ancienne édition, imprimée avec des caractères semblables à ceux dont Bernard Richel s'est servi pour
sa Bible de 1475. Elle est exécutée sans chiffres,
récl. ni signat., et elle consiste en 92 ff. qui ont
33 lignes à la page. Vend. 100 fr. La Valliere; 26 fr.
mar. r. Brienne.

VIOLE (*Jacq.*). Coutumes. Voyez THOU
(*Christ.* de).

VIOLIER des hist. romaines moralisées.
Voyez GESTA Romanorum.

VIOLLET-LE-DUC (Père). Catalogue des
livres composant la bibliothèque poétique de M. Viollet-le-Duc, avec des
notes bibliographiques, biographiques
et littéraires sur chacun des ouvrages
catalogués. Pour servir à l'histoire de la
poésie en France. *Paris, Hachette,*
1843, in-8. [31493]

Ce catalogue contient des notes curieuses qui le font
rechercher. En 1847, l'auteur a publié un second
volume qui comprend un supplément pour le premier, et les chansons, fabliaux, contes en vers et
en prose, fabliaux, etc. Ce second volume a été remis en vente sous ce titre : *Bibliographie des
chansons, fabliaux, contes... nouv. édit.;* Paris,
Claudin, in-8.

Les livres composant la première partie et une portion de la seconde partie du catalogue de la Bibliothèque de M. Viollet-le-Duc ont été vendus publiquement à *Paris,* en 1849, par M. P. Janet, après
la publication d'un nouveau catalogue, in-8. de
256 pp., y compris le prix de la vente.

VIOLLET-LE-DUC (*Eugène-Emmanuel*).
Dictionnaire raisonné de l'architecture
française du onzième au seizième siècle.
Paris, Bance, 1854 et ann. suiv., gr.
in-8., tomes I à VI, illustrés de gravures
sur bois. [9700]

Ouvrage fort estimé qui formera environ 10 vol. dont
un de table. En juin 1863, il en paraissait 6, et le
premier fascicule du 7e. Prix de chaque vol., 24 fr.
— et édition de luxe sur papier jésus, tirée à
100 exempl., 48 fr. L'*Essai sur l'architecture militaire au moyen âge,* in-8. de 250 pp., avec gravures dans le texte, est un tirage à part extrait du
Dictionnaire ci-dessus.

— DICTIONNAIRE du mobilier français de l'époque
carlovingienne à la Renaissance. *Paris, Bance,*
1856 et ann. suiv., gr. in-8.

La première partie, *Meubles,* 442 pp. de texte, avec
28 pl., 45 fr. Se continue.

— ENTRETIENS sur l'architecture, *Ibid.,* 1858, 2 vol.
gr. in-8., avec un atlas in-4. de 30 pl. En cours de
publication, à raison de 2 fr. par livraison. Le
tome 1er complet avec atlas, 40 fr.

— CITÉS et ruines américaines. Voy. Charnay (*Désiré*)
dans nos additions.

Vingtrinier (*Aimé*). Bibliothèque lyonnaise de
M. Coste, 31454.

Violette (*J.-H.-M.*) et Archambault. Dictionnaire
des analyses chimiques, 4423.

VION Dalibray. Voy. DALIBRAY.

VIQUESNEL (*A.*). Voyage dans la Turquie d'Europe. Description physique et géologique de la Thrace. *Paris, Gide et Baudry*, 1856 *et ann. suiv.*, 2 vol. gr. in-4. et un atlas in-fol. composé de 3 grandes cartes et de 28 pl. [20427]

Publié en 10 livr. 120 fr.
— Voyage dans la Thrace, 20438.

VIRA Mitrodaya. Voyez MITRA.

VIRBLUNEAU (Scalion de). Voy. SCALION.

VIRDUNG. Musica getutscht vnd auszgezogē durch Sebastianū virdung, Priesters von Amberg vnd alles gesang ausz den noten in die tabulaturē diser benantē dryer Instrumētē der Orgeln : der Lautē : vnd d'Flöten transferieren zu lernē, etc. (*sans lieu ni date*), in-4. en travers. [10200]

Cet ouvrage, impr. vers l'année 1511, et composé de 56 ff., est illustré de gravures sur bois qui représentent divers instruments de musique. (Panzer, *Annalen*, Zusätze, p. 121, n° 705ᵇ.)

VIRENZIO (*J.*). Istoria de fenomeni del tremoto della Calabria. Voy. ISTORIA.

VIRET (*Pierre*). Disputations chrestiennes en maniere de devis, divisés par dialogues; avec une epistre de Jean Calvin. *Genève, par Jehan Gerard*, 1544, 3 part. in-8. [1929]

De ces trois parties, la première a 8 ff. prélimin., 363 pp. de texte, et 13 pp. pour la table; la seconde, 264 pp., 9 ff. pour la table, et 1 f. contenant une oraison latine pour les trépassés; la troisième, 294 pp. et 9 ff. pour l'errata et la table. Vendu 22 fr. *v. f.* La Valliere.

— Disputations chrestiennes touchant l'estat des trépassés, faites par dialogues. *Genève, J. Gérard*, 1552, in-8. de 9 ff. prélimin., 571 pp. de texte, et 8 ff. pour l'index.

Mêmes dialogues que les précédents, sous d'autres titres et avec de notables changements. Vend. en mar. r. 9 fr. Méon ; 14 fr. Chardin ; 7 fr. 50 c. Librairie De Bure ; en *v. f.* 9 fr. La Valliere.

— Le Requiescat in pace du purgatoire fait par dialogue en manière de devis. *De l'imprimerie de Jean Gérard (Genève)*, 1552, pet. in-8.

Vendu en mar. r. 7 fr. Mac-Carthy ; 10 fr. 50 c. Chardin.

— De vero verbi Dei, sacramentorum et ecclesiæ ministerio libri duo, etc. *Oliva Rob. Stephani*, 1553, in-fol. de 8 et 136 ff. [1928]

Vendu 30 fr. mar. r. La Valliere.

— De origine, continuatione, usu, etc., verbi Dei et sacramentorum. *Oliva Ro-*

berti Stephani, 1554, in-fol. de 10 et 224 ff.

Vendu 24 fr. en mar. r. La Valliere.

— L'office des morts, fait par dialogues en manière de devis. *De l'imprim. de Jean Gerard*, 1552, in-8. de 417 pp. et 7 ff. pour l'index. [1931]

Vendu 9 fr. mar. v. Méon ; 13 fr. 95 c. Chardin.

— Le monde à l'empire, le monde démonicale, etc. *Genève*, 1550, ou 1579, ou 1580, in-8. de 8 ff. prélim. et 554 pp.

Trois éditions entre lesquelles il n'y a point de différence pour le prix : 6 à 9 fr.

— La physique papale, faite par manière de devis et par dialogues. *De l'imprim. de J. Gérard*, 1552, in-8. de 464 pp. et 8 ff. pour l'index et l'errata. [2084]

Vend. 16 fr. mar. v. Duriez ; 40 fr. mar. r. Veinant.

— La nécromance papale, faite par manière de dialogues et devis. *Genève, à l'épée*, 1553, in-8. [2085]

Volume plus rare que le précédent, auquel il fait suite : 48 fr. Gaignat ; 18 fr. Mac-Carthy ; 15 fr. 50 c. mar. r. Librairie De Bure.

— Sommaires des principaux points de la foy et de la religion chrestienne, et des abus et erreurs contraires à icelles, par Pierre Viret; avec un abrégé de la doctrine évangélique et papistique, par Henri Bullinger. *Metz, Jean d'Arras*, 1564, pet. in-8.

Le premier de ces deux ouvrages avait déjà paru sous le titre de *Brief sommaire de la doctrine chrestienne.....* 1561, in-8., et le second, à *Genève*, 1558, in-8. (voy. BULLINGER). L'édition de Metz est fort rare. En mar. r. 6 fr. Mac-Carthy ; 25 fr. 50 c. Chardin.

— Des actes des apostres de Jesus Christ, et des apostats de l'église, et des successeurs, tant des uns que des autres. contenant la différence et conférence de l'ancienne église chrestienne, et de l'église papale, etc., par Pierre Viret. *De l'imprimerie d'Estienne Anastase*, 1559, in-8.

Volume de 971 pp. divisées en dix-neuf livres. On lit à la fin un avis de l'imprimeur, où il est dit que, comme le volume est déjà épais, l'ouvrage sera continué dans le suivant. L'épître dédicatoire porte la date du 1ᵉʳ juillet 1554, qui est celle d'une édition moins complète du même livre. Nous n'avons pas vu la suite promise dans l'avis que nous venons de rapporter.

— L'intérim fait par dialogues; savoir, les moyenneurs, les transformateurs, etc. *Lyon*, 1565, in-8. de 18 ff. prélimin. et 461 pp. 6 à 9 fr. [1933]

— DIALOGUE du desordre qui est à présent au monde, et des causes d'iceluy, et du moyen pour y remedier desquelz l'ordre et le titre sensuit : 1. Le monde a l'empire ; 2. L'homme difformé ; 3. La metamorphose ; 4. La reformation. Pierre Viret. *Genève*, 1545, pet. in-8.

Gros vol. de 1010 pp. chiffrées. Depuis la page 15 il y

a 7 ff. prélimin. non chiffrés. L'exemplaire vendu 16 fr. 60 c. La Valliere était partagé en 2 vol., le second commençant à la p. 572.

PETIT traité de l'usage de la salutation angélique, et de l'origine des chapelets, et l'abuz d'iceux, par Pierre Viret. (Genève) 1545, in-16 de 76 pp.

DU VRAY usage de la salutation angélique, de la source des chapelets, de la maniere de prier par compte, de l'abus qui y est, du vray moyen par lequel la vierge peut estre honorée ou deshonorée, en quatre livres. Genève, Jacq. Bourgeois, 1561, in-16.

Parmi les nombreux écrits français de Viret, dont nous n'avons pas encore parlé, on peut citer les suivants, qui sont portés dans le catal. de La Valliere, en 3 vol.

DE LA VRAYE et fausse religion, touchant les vœux et les sermens licites et illicites, de la moinerie, des Juifs, des Payens, des Turcs, et notamment touchant les vœux de perpetuelle continence, les vœux d'anathème et d'exécration et les sacrifices de hosties humaines, etc., par Pierre Viret. (Genève), Jean Rivery, 1560, pet. in-8.

Une édition imprimée par Jean de Laon, pour Vincent Ratoire, 1590, in-8., est dans le catal. de La Valliere, 896. Elle a 8 ff. prélim. 864 pp. et 18 ff. de table.

MÉTAMORPHOSE chrestienne, faite par dialogues, par Pierre Viret. (Genève), imprimé par Jacques Bres, 1561, pet. in-8. de 4 ff. prélim. 558 pp. de texte, et 1 f. d'errata.

Une édition de Genève, Jean Lepreux, 1592, in-8., est dans le 1er catalogue de La Valliere, nº 945.

DIALOGUE du combat des hommes contre leur propre salut, et contre le devoir et le besoin qu'ils ont de s'en enquérir par la parole de Dieu; par P. Viret. (Genève), par Jean Rivery, 1561, pet. in-8. de 552 pp., y compris 22 ff. préliminaires.

7 fr. 50 c. mar. r. De Bure.

DE L'INSTITUTION des heures canoniques, et des temps déterminés aux prières des chrestiens, par P. Viret. Lyon, par Jean Saugrain, 1564, pet. in-8. de 80 pp. y compris la table des matières.

— RÉPONSE aux questions proposées par Jean Ropital, minime, aux ministres de l'église reformée de Lyon, par P. Viret. Genève, Bonnefoy, pour Fleury Chauvet, 1565, pet. in-8. de 182 pp.

Du Verdier cite une édition imprimée à Lyon, par Claude Senneton.

Dans son Histoire de la Bibliothèque publique de Genève, p. 4, Gaullieur met au nombre des livres français qui se trouvaient dans cette bibliothèque dès sa fondation : La Déconfiture de Goliath, et le devoir des hommes de s'enquérir de la volonté de Dieu, par Pierre Viret, 1551. Et il ajoute : Ce sont des dialogues satiriques comme on en connaît du célèbre réformateur.

— Voy. CAUTELES, et SATYRES chrétiennes.

VIREY (Jean de), Sr du Gravier. La Machabée, tragédie du martyre des sept frères, et de Salomone leur mère. Rouen, Raph. du Petit-Val, 1598 (aussi 1599), in-12 de 71 pp. [16347]

— Tragédie de la divine et heureuse victoire des Machabées, sur le roi Anthiocus, avec la repurgation du temple de Hierusalem. Rouen, du Petit-Val, 1600, in-12 de 46 pp.

Deux tragédies en vers, sans distinction d'actes ni de

scènes. La première a été réimprimée à Rouen, en 1603, et aussi en 1611, in-12. Vend. 7 fr. Garnier; 9 fr. 25 c. de Soleinne. L'une et l'autre font partie du Théâtre des tragédies françoises, Rouen, 1615, pet. in-12. — Voy. THÉATRE.

VIRGILE (les faits merveilleux de). Voyez FAITS.

VIRGILIANA (sans lieu ni date, mais probablement imprimé à Venise, per Bernardinum de Vitalibus), pet. in-8. de 16 ff. dont le dernier est blanc, sign. a—d.

Cet opuscule, fort rare, porte en tête de la première page le mot Virgiliana, et il commence par ces vers :

Tu ĝcumque leges : nõ dicas macharonēc
De macharonis nil tractât carmina nᶠa.

C'est un recueil de poésies satiriques et burlesques, divisé en plusieurs parties par des rubriques. La première pièce a pour titre : De angelo spuza veneto; la seconde, De Prisciano; la troisième est celle dans le cours de laquelle l'auteur se nomme (De fossa compositorc qui uenit patauia), nom qui se retrouve à la fin du volume, de cette manière : Finit præclarissimum opus editum per excellentissimum virum dominum Fossam Cremonensem. M. Libri présume que ce Fossa de Cremona est le même qui a composé le poëme de chevalerie intitulé : L'Innamoramento di Galvano (voy. notre second volume, colonne 1353, article FOSSA).

Ce Virgiliana, réuni à l'Opus de Vigonce, décrit ci-dessus, col. 1222, est porté à 19 liv. 10 sh. dans le Catal. des livres réservés de M. Libri, 1863, nº 331.

VIRGILIUS Maro (Publius). Opera. Romæ, per Conradum Suueynheym et Arnoldum Pannartz (1469), pet. in-fol. de 197 ff., à 38 lign. par page, sans chiff., récl., signat. ni initiales, caract. ronds. [12492]

Première édition de Virgile dont on puisse savoir avec toute certitude l'époque de l'impression : elle ne porte point de date, mais elle doit avoir été mise au jour, au plus tard, en 1469; car, dans son épître dédicatoire adressée au pape Paul II, l'éditeur (Jean André, évêque d'Aleria) dit que Virgile est le premier poëte latin publié par les deux imprimeurs ci-dessus nommés; et l'on sait que le Lucain, sorti des mêmes presses, est daté de 1469. Ce volume est très-précieux, et à peine en connaît-on six exempl.; il commence par 13 ff. prélim., lesquels contiennent l'épître à Paul II (commençant, sans aucun sommaire, par ces mots : (E)loquetie splêdore...), une table des pièces comprises dans le volume, et les Catalecta (Culex, Diræ, Copa, etc.), attribués à Virgile. Ensuite se trouve un feuillet blanc auquel succèdent : 1° les Bucoliques, ff. 15 à 25; le premier vers est coupé ainsi :

(T) *Ityrc tu patulæ recubans*
    sub tegmine fagi : ME.

2° les Géorgiques, ff. 26 à 55; 3° l'Énéide, ff. 55 verso à 188 recto; 4° cinq petites pièces (Versus Sulpitii, etc.) mentionnées dans la table. Ces pièces sont terminées au recto du 192e f. par les huit vers qui forment la souscription ordinaire de Sweynheym et Pannartz : Aspicis illustris lector..., après quoi se trouvent des Excerpta des lusus poetarum in Priapum, morceau de 5 ff. (commençant : carminis incompti) qui ne devait probablement pas être joint à tous les exemplaires, puisqu'il n'en est pas fait mention dans la table placée après l'épître dédicatoire. Ce morceau ne se trouve pas dans l'exemplaire de la bibliothèque de Sainte-Geneviève, mais il est en partie dans celui qui a été acquis au prix de 4101 fr. par la Bibliothèque royale à la vente du duc de La Valliere, en 1784, exemplaire où il ne manque que le 1ᵉʳ f. de ce dernier opuscule. Cette première édition romaine est très-incorrecte, et la seconde laisse encore beaucoup à désirer pour l'exactitude du texte.

— Virgilii Opera. *Romæ, per Suueynheym et Pannartz,* in-fol. de 224 ff. à 38 lign. par page, sans chiffr., récl. ni signat.

Cette 2ᵉ édition de Virgile, imprimée à *Rome,* sans date, mais, selon toute apparence, en 1471, n'est pas moins rare que la première. Les pièces prélim. y occupent 18 ff., dont le dernier est tout blanc; elles commencent par deux épîtres de l'éditeur : la première (la même que celle qui se trouve dans l'édition précédente) est mal intitulée : *Joānis Andree... in secundam Virgilii impressionē ad Pomponium infortunatum suum epistola,* et la seconde a pour premiers mots : *Vcusꝗ epistolā cluseram amantissime Pōponi, etc.* Ces épîtres sont suivies de la vie de Virgile, de différentes pièces de vers, des arguments de l'Énéide, de la table du contenu et des *Catalecta* attribués à notre poëte; le texte qui vient ensuite occupe, comme dans la 1ʳᵉ édition, 178 ff., au recto du dernier desquels il est terminé aussi par la souscription : *Aspicis illustris...,* mais les vers des Eglogues y sont précédés de ce sommaire : *P. Virgilii Maronis Bucolica | Aegloga prima interlocutores | Moeliboeus. ꝗ Tityrus. amici. Me | On trouve à la fin, *Excerpta ex Priapeia,* 9 ff., puis 1 f. bl., et enfin 19 ff. intitulés :

   P. Virgilii Maronis Etna
   Que a ꝗbusdā Cornelio tribuit'

Ces deux dernières pièces se trouvent dans l'exempl. que nous avons vu à la Bibliothèque impér., et qui est enrichi de notes de la main d'Ange Politien; mais elles manquent dans plusieurs autres. Il paraît même que la 2ᵉ a été inconnue au P. Audiffredi.

— Virgilii Opera. (*absque nota*), in-fol. goth.

Édition imprimée (vers 1469), à longues lignes, au nombre de 32 sur les pages entières, sans chiffres, récl. ni signat., avec les caractères de J. Mentelin, premier imprimeur de *Strasbourg;* elle est fort rare, et peut-être tout aussi ancienne que la 1ʳᵉ édition de *Rome.* Le volume, composé de 207 ff., commence de cette manière :

   Publii Virgilii Maronis Liber Bucolicorum
   Incipit Feliciter.   Melibeus.

Il finit au 9ᵉ vers du dernier feuillet recto. On ne trouve pas à la tête de l'Énéide, qui commence au recto du 50ᵉ f., les quatre vers : *Ille ego qui quondam... Les quatre premiers vers : Arma virumꝗ cano...* sont imprimés en sept lignes. Vendu 760 fr. La Valliere; 1200 fr. très-bel exempl., d'Ourches; 100 liv. 16 sh. Hibbert.

— Virgilii Bucolica, Georgica et Æneis. *Venetiis, per Vindelinum de Spira,* 1470, in-fol. de 161 ff. non chiffrés, à 41 lign. par page, lettres rondes.

Cette édition, plus belle, plus correcte et presque aussi rare que les précédentes, est la première de ce poëte qui porte une date. Le texte des Eglogues commence au 1ᵉʳ feuillet recto de cette manière :

   (T) *ITYRE TV PATVLAE*
        recubans sub tegmine fagi

Celui de l'Énéide finit au verso du dernier feuillet, sur lequel se lit une souscription de huit vers dont voici le premier :

Progenitus spira formis monumenta maronis

Au bas de cette souscription est placée la date :

   M. CCCC. LXX.

Il existe encore 10 ou 12 exemplaires de ce beau Virgile, imprimé sur VÉLIN; mais on n'en connaît que 5 ou 6 sur papier. C'est, nous le croyons, un de ces derniers qui a été payé 105 liv. à Londres, chez Marc-Masterman Sykes. L'exemplaire sur VÉLIN, que possède depuis 1792 la Bibliothèque impér., s'était vendu successivement 2308 fr. Paris de Meyzieu; 2270 fr. Gouttard; 3300 fr. à Paris, en février 1792; un second, 1925 flor. Crevenna; d'autres moins beaux, 1301 fr. F. Didot; 2000 fr. Larcher.

— Virgilii Opera, 1471, gr. in-fol.

Vendu 441 fr. *mar. r.* Gaignat. Ce livre, extraordinairement rare, se compose de 179 ff. en tout, et les pp. entières portent 39 vers. Le premier vers des Bucoliques forme deux lignes, la première desquelles est imprimée en lettres capitales. Le 13ᵉ livre de l'Énéide, composé par Mapheus Vegius, termine le volume et occupe 9 ff., dont le dernier, imprimé seulement au recto, n'a que 23 lignes de texte, suivies de la date M. CCCC. LXXI, et d'une souscription de 10 vers, commençant et finissant ainsi :

Mi inciadæ quiconꝗ cupit cognoscere uatis

Rettulit alter Adam : formis quos pressit ahenis.

Le mot *Adam,* qui se trouve dans ce dernier vers, a fait croire que l'édition avait été imprimée à *Rome,* par Adam Rot; mais cette conjecture s'est trouvée dépourvue de fondement, parce que les caractères de ce volume sont beaucoup plus beaux que ceux dont se servait l'imprimeur romain. On pense donc que cette édition est due au même *Adam* qui a imprimé un Lactance en 1471, et qui, probablement, résidait à Venise. Voyez, à ce sujet, la note de l'abbé de Saint-Léger, que nous avons rapportée à l'article LACTANTIUS. On trouvera une description plus étendue de ce vol. précieux dans les *Ædes althorpianæ* (II, n° 1287). L'exemplaire magnifique qui y est décrit a été acquis au moyen d'un échange fait avec la Biblioth. du roi de Wurtemberg.

— Virgilii Opera. 1471, in-fol.

Les caractères de cette édition précieuse et fort rare sont les mêmes que ceux du *Cicero de finibus, etc.* donné en 1471 par Jean de Colonia (II, col. 27), mais ils ont aussi beaucoup de rapport avec ceux du Catulle et du Martial de Vindelin de Spire. L'exemplaire de la Bibliothèque impér. (payé 150 fr. à la vente du C. d'Hoym) renferme 198 ff., à 39 lignes par page, savoir : 169 pour le texte de Virgile, 9 pour le 13ᵉ livre de l'Énéide, et 20 pour les divers catalectes attribués à notre poëte. Le dern. feuillet finit ainsi, au *verso* :

   Finis .M. CCCC. LXXI.
Cur hęc sculpantur quis obscoena requiris
Da ueniam sunt hęc scripta marone tamen.

Le verso du 160ᵉ f., dans le courant du 12ᵉ livre de l'Énéide, est blanc, sans qu'il manque rien, la suite se trouvant au recto du feuillet suivant. L'exempl. de lord Spencer, qui, selon Dibdin, aurait 200 ff. (*Ædes althorp.,* II, n° 1288), présente la même particularité au f. 162, et semblable chose s'y fait remarquer au f. 17, vers la fin du 1ᵉʳ livre des Géorgiques, qui donne nécessairement à l'exemplaire d'Althorpe 1 f. de plus qu'à celui de Paris, dans lequel le 17ᵉ f. est imprimé des deux côtés. Ajoutons que le 12ᵉ livre de l'Énéide est terminé au recto du 169ᵉ f., dont le verso est blanc, par les deux lignes : *Finis Summę Virgilianę.*

— Virgilii Opera, necnon reliqua opuscula cum priapeiis. *Venetiis, Bartholomæus Cremonæ,* 1472, in-fol. de 232 ff. non chiffrés, à 40 lign. par page.

Au commencement de ce volume, fort rare, se trouvent 19 ff., dont le premier contient : *Tabula librorum qui in hoc volumine continentur.* Au recto du 19e f. sont 6 vers, dont voici les premiers mots : *Quem legis : impressus dum stabit.....* Il y est fait mention du nom de l'imprimeur *Bartholomæus Cremonæ.* Cette souscription est accompagnée de 8 lignes en capitales, ainsi conçues : *Finis.* M.CCCC.LXXII. *Nicolao Truno. principe Venetiarum regnante. quæ in hoc volumine continentur fœliciter impressa sunt ;* viennent ensuite les Eglogues et les Géorgiques, 41 ff., puis après 1 f. bl., l'Enéide accompagnée du *Moretum*, des *Priapeia* et d'autres pièces, 153 ff. Enfin le volume est terminé par 18 ff. qui contiennent, avec le 13e livre de l'Enéide, le *Ciris* et le *Catalecton;* le dernier feuillet finit au recto par ce vers :

Datur tibi puella quam petis datur.

De Mac-Carthy avait un exemplaire de cette édition sur VÉLIN, et quoique deux feuillets s'y trouvassent refaits à la plume, il a été payé 2440 fr. à la vente de cet amateur (pour la Bibliothèque du roi). Dans cette édition se trouvent les 22 vers du second livre de l'Enéide, commençant : *Jamque adeo super unus eram*, qui manquent dans plusieurs éditions anciennes, telles que celles de Mentelin, sans date ; de 1470; de *Venise*, 1471; de *Milan*, 1472, 1474 et 1475; de *Louvain*, 1475; de *Modène*, même date, etc. (Van Praet, Catal. in-fol., p. 431.)

— Virgilii Opera. *Per Leon. Achates*, 1472, pet. in-fol. de 176 ff. non chiffrés, à 38 lign. par page, lettres rondes.

Édition très-rare qui commence sur le recto du premier feuillet par le texte de la première églogue; précédé d'un intitulé de cinq lignes en lettres capitales. A la suite du 12e livre de l'Enéide se trouve *P. Virgilii vita ex Servio*, et à la fin du volume une souscription ainsi conçue :

V rbs Basilea mihi nomen est Leonardus Achates :
Q ui tua compressi carmina diue Maro.
Anno christi humanati M. cccc. lxxii.
Venet. Duce Nicol. Truno.

Sur le lieu où imprimait Léonard Achates, voyez la longue note que nous avons donnée aux col. 537 et suiv. de notre 4e vol. au sujet d'un Pétrarque de 1474.

— Virgilii Opera. *Per Jacobum et Alexandrum de Fivizano*, 1472, pet. in-fol. de 170 ff., à 41 lign. par page; il y a de plus un 39e f. tout blanc.

Édition en beaux caractères ronds, et qui est terminée par la souscription suivante :

S culpserunt docti manibus sed pectore firmo
C armina uirgilii uatis super aethera noti
I acobus existens primus : baptista sacerdos
A tq allexander comites in amore benigni
Q ui fluizani uiuunt super oppida digni.
M. CCCC. LXXII.

Le volume commence sans aucune pièce préliminaire par le texte des Eglogues, dont les deux premiers vers sont en 4 lignes. (Van Praet, Catal. in-fol., I, p. 434, et *Ædes althorp.*, n° 1289.)

— Opera. *Mediolani, Zarotus*, 1472, gr. in-4. de 178 ff., à 40 vers par page.

Une des éditions rares de Virgile imprimée dans le XVe siècle, et la première qui ait paru avec le nom de Zarot. Jos. Van Praet en cite un exempl. sur VÉLIN, qui de la bibliothèque de Rossi a passé dans celle des Corsini à Rome. Les 167 prem. ff. du vol. contiennent les Bucoliques, les Géorgiques et l'Enéide, avec les arguments en vers. Les 11 derniers renferment le *Culex*, les *Priapeia* et autres opuscules. A la fin se lit cette souscription en huit lignes :

Mediolani
Anno a Natali christiano milesimo quadringentesimo septuagesimo secundo kalendis Decembribus P. Virgilii maronis partheniæ Opera omnia diligenter emendata diligenter impressa sunt : ab Antonio Zarotho Parmensi : qui quidem Artifex egregius : propediem multo maiora de se pollicetur.

— Virgilii Opera. 1472, in-fol. de 221 ff. non chiffrés, à 40 lign. par page.

Les caractères de cette édition sont les mêmes que ceux de l'Ausone de 1472 , du Térence de *Venise* , 1473, etc. Le volume commence par un avis (impr. en capitales) dont voici les premiers mots : *Lector si Virgilii vatis eminentissimi opera legere cupis, etc.*

Cet avis est ainsi terminé :

SI VIS CERTIOR FIERI : ID LEGITO
VALE.

B   H
ANNO INCARNATIONIS DOMINICE. M. CCCC. LXXII.

Il y a ensuite 11 autres ff. préliminaires qui renferment la table, quelques opuscules poétiques et une courte biographie de Virgile en prose; le texte des Eglogues commence au recto du 13e f., et le 12e livre de l'Enéide finit sur le 176e f. recto; au verso et sur les 27 ff. suiv. on trouve le *Moretum*, les *Priapeia*, le *Copa* et autres opuscules; suivent 18 ff. qui renferment le 13e livre de l'Enéide, *Ciris* et les *Catalecta*, terminés au recto de cette manière :

S uperbe noctu repuditum caput
D atur tibi puella quam petis datur.

Vendu 270 fr. quoique gâté, Brienne-Laire.

— Opera. *(absque nota)*, in-fol. de 233 ff. à 38 lign. par page, beaux caract. ronds.

Quoiqu'elle soit fort ancienne, cette édition sans doute être placée après 1472, puisqu'elle a des signatures. Le prem. f. commence par ce sommaire en capitales :

P. Virgilii Maronis bucolica.
aegloga prima. interlocutores. Melibeavs et Titirvs amici.

Les Bucoliques occupent les 12 premiers ff. Au verso du 12e commencent les Géorgiques, qui finissent au recto du 42e. Ensuite vient l'Enéide, dont le 12e livre se termine au recto du 176e f., lequel n'a que 21 lignes, et les mots *finis Æneidos* (en capitales). Le 13e livre finit avec la 24e ligne du 184e f. verso. Au f. suivant commence une suite de pièces (*Alcinoii et Cornelii Galli versus, etc.*), qui finit au 196e f. recto par ces mots (en capitales) :

Nonnvllorvm carminvm qvæ breviter omnem Virgilii narrationem continet finis.

Ensuite se trouvent 37 autres ff., contenant les *Priapeia, etc.* A la fin du dern. f. recto, qui n'a que 25 lignes, on lit *Finis.*

Vendu 15 liv. Pinelli (Van Praet, Catal. in-fol., p. 456, note 29).

— Opera. *(absque nota)*, in-fol. de 174 ff. à 41 lign. par page, caract. rom.

Édition fort belle et très-rare, qui est décrite dans la *Biblioth. grenv.*. p. 773, où l'on suppose qu'elle peut avoir été imprimée par Phil. de Lavagna, vers 1473. Les signat. sont A par 10 (le prem. f. blanc), B—A par 8, et Y par 4. Le dernier f. de l'exempl. est manuscrit. Il contient les vingt derniers vers du *Culex*.

— Virgilii Opera. *(absque nota)*, in-fol.

Ancienne édition, imprimée sans chiffres, récl. ni

signat., en lettres rondes. Le volume est composé de 222 ff., dont les pages entières ont 40 vers; il commence par 11 ff. contenant la table, la vie, etc. Les Eglogues occupent aussi 11 ff., et portent cet intitulé : *P. Virgilii Maronis Bucolica. Ægloga prima : interlocutores. Melibæus. et Tityrus amici.* Le dernier f. recto, sur lequel finissent les *Catalecta*, n'a que 35 vers.

Il est à présumer que cette édition, décrite par Panzer, tome IX, page 339, est celle de 1472, impr. avec les mêmes caractères que l'Ausone, laquelle a été décrite ci-dessus. Il devait manquer à l'exemplaire le premier ff. où se trouve la date; mais si, malgré cela, cet exemplaire contenait réellement 222 ff., il en avait deux qui ne sont pas dans celui dont nous avons parlé.

— Virgilii Opera. *Per Leonardum Achates*, 1473, in-fol. de 196 ff. non chiffrés, à 38 lignes par page.

Cette édition commence par ce sommaire en capitales :

P. Maronis. Virgilii. Buccolicorum. liber. Incipit.

On y remarque deux souscriptions, la première à la fin de l'Enéide, au verso du 176e f., laquelle contient les quatre mêmes lignes qui se lisent dans l'édition de 1472 (*Vrbs Basilea mihi nomen*), avec un 1 ajouté à la date. La seconde est à la fin des *Catalecta* et *Priapeia;* au verso du dern. f. elle porte :

Finis. M. CCCC. LXXIII.

Un exemplaire où manquait toute la première églogue et une partie de la seconde, s'est vendu 166 fr. La Valliere, et annoncé sous la date de 1471, 3 liv. 16 sh. Crofts.

— Virgilii Opera. *Brixiæ*, 1473, in-fol.

Édition de la plus grande rareté, imprimée avec des caractères que Dibdin, *Biblioth. spencer.*, a reconnus pour être les mêmes que ceux du *Mercurius Trismegistus*, impr. à Trévise, par Gérard de Lisa, en 1471; ce qui ferait supposer que cet imprimeur a eu un établissement à Bresse, comme il en a eu un d'abord à Trévise, et quelque temps après à Venise et à Udine. Le texte, dont les pages entières portent 38 vers, commence sans aucun intitulé sur le recto du premier f.; le 12e livre de l'Enéide est terminé sur le verso du 173e et dernier f. par le mot *Finis*, puis cette souscription en deux lignes : *Brixiæ maronis opera expressa fuere presbytero petro|uilla iubente die uigessimo primo aprilis. M. cccc. lxxxiij.*

— Opera, cum aliis opusculis. (in fine): *Presens hec Virgilii impressio poete clarissimi in alma urbe Roma facta est... per Vdalricum Gallum et Simonem de Luca. Anno domini. M. CCCC. LXXIII. Die uero IIII. mesis Nouembris...* in-fol.

Cette troisième édition de *Rome* n'est pas moins rare que les précédentes, et ce qui lui donne de l'importance, c'est qu'on y a rempli une grande partie des lacunes qui se trouvaient dans les deux premières. Voici la description de l'exemplaire de la Biblioth. impériale : 1° 21 ff. prél. dont le premier pour la table du contenu, les autres pour la vie de Virgile et différents opuscules poétiques; 2° un f. blanc; 3° les Eglogues et les Géorgiques, ensemble 45 ff., au verso du dernier desquels commence la pièce intitulée : *A. Octavii pro Virgilii Eneida versus;* 4° l'Enéide, commençant au verso du 46e f. (ou 67e y compris les prélim.), et finissant au verso du 191e ou 212e f. (entre les ff. 115 et 116 se trouve un f. tout bl.); 5° 51 ff. qui renferment un 13e livre de l'Enéide, les *Priapeia*, les

Catalecta, etc.; le tout terminé par la souscription : *Presens hec Virgilii, etc.*, et suivi d'un dernier f. dont le recto présente un registre des cahiers sur quatre colonnes. Il y a donc en totalité 263 ff. sans compter les 2 ff. tout blancs; et c'est à tort qu'Ebert n'en indique que 170.

— Virgilii Opera, cum opusculis. *Mediolani, Phil. de Lavagnia*, 1474, gr. in-4. de 221 ff. non chiffr., à 35 lign. par page. (*Bibliothèque impériale.*)

Des variantes que Maittaire a rapportées dans son Virgile, impr. à Londres, en 1715, recommandent cette édition, qui est en beaux caract. ronds. Les Eglogues commencent au recto du prem. f.; les Géorgiques au verso du 13e, et l'Enéide au recto du 46e. Ce poëme finit au 189e f., et la suite (ff. 190 à 221) renferme le 13e livre, les *Opuscula* et les *Priapeia.* Au recto du dern. f. se lit cette souscription (en 2 lignes) : *Mediolani. Impressum per Magistrum Philipū | de lauagnia. 1474. die 14. Iunii.*

— Opera. — *Mutine Impressum per magistrum Iohannem Vurster de Campidona. Anno D. M. cccc. lxxiiiii, die vicesimatertia mensis Ianuarii*, pet. in-fol. de 221 ff. à 35 lign. par page.

Édition fort rare et d'autant plus précieuse qu'elle est le premier livre imprimé à Modène; toutefois elle paraît être une réimpression de celle de Milan, 1474, et elle commence de la même manière. L'Enéide finit au recto du 190e f., après quoi se trouve le 13e livre de l'Enéide, jusqu'au recto du 199e f.; au verso du même f. commencent les différentes petites pièces attribuées à Virgile, lesquelles finissent au f. 221 par la souscription impr. en trois lignes. Nous n'avons pas compté un premier f. tout blanc. Vend. 500 fr. Boutourlin.

— Virgilii Opera. *Venetiis, insignita per Nicolaum Jenson Gallicum.* M. CCCC. LXXV, in-fol. à 34 lign. par page.

La description de cette belle édition, donnée dans la *Biblioth. spencer.*, II , n° 506, est tout à fait inexacte, et doit nécessairement se rapporter à quelque autre édition que Dibdin aura eue sous les yeux. Voici ce que contient l'exemplaire de la Biblioth. impériale : 20 ff. renfermant la vie de Virgile et quelques autres pièces; les Eglogues et les Géorgiques, occupant les ff. 21 à 66 ; au 67e f. les vers d'Octave sur l'Enéide, etc.; ensuite ce poëme, ff. 68 à 216; enfin le 13e livre de l'Enéide et les diverses pièces attribuées à Virgile, ff. 217 à 270 ; le tout non chiffré. A la fin se lit la souscription. Vend. 15 liv. Pinelli; 501 fr. (avec les lettres initiales peintes) Brienne-Laire; 400 fr. Chardin; 385 fr. Renouard.

Un exemplaire impr. sur vélin se trouve dans la Biblioth. de Darmstadt. La Bibliothèque impériale conserve un exemplaire de cette même édition, daté de M. CCCC. LXXVI, et qui ne présente d'autre différence que celle de la date, à laquelle il a été ajouté une unité.

— Virgilii Opera. *Mediolani. Anno a natali christiano Milesimo quadringentesimo septuagesimoquinto : Octauo Kalen. sextilibus P. Virgilii Maronis partheniæ opera... impressa sunt ab Antonio Zarohto...* in-fol. de 181 ff. à 41 lignes par page.

Comme cette édition ne se trouve que fort rarement, elle a été jusqu'ici mal connue. Panzer, Dibdin et Ebert ne lui ont donné que 123 ff., mais elle doit en avoir 181, d'après la description que donne

Jos. Van Praet, dans son Catalogue in-fol. (p. 447) de l'exemplaire de la Bibliothèque impériale. Les Eglogues commencent au recto du 1er f. par un sommaire en trois lignes. Les Géorgiques, au verso du 11e f., et l'Enéide, que précèdent des arguments, finit au verso du 162e feuillet par ces deux lignes : *Finis Summæ Virgilianæ narrationis in tribus|operibus Bucolicis. Georgicis. & Aeneidæ.* Suivent 19 ff., qui contiennent les *Opuscula* et les *Priapeia.* Au verso du dernier se lit la souscription rapportée ci-dessus par fragments, et qu'accompagnent quatre vers : *Vos oh felices.....*

— Virgilii Opera, cum commentariis M. Servii Honorati. — *Venetiis, per Jacobum Rubeum natione gallicum, Anno domini* M. CCCC. LXXV, *mense Januarii, etc.,* gr. in-fol. de 282 ff.

Première édition de ce poëte, dans laquelle le commentaire se trouve joint au texte. Les 4 premiers feuillets renferment la vie de Virgile et le commencement du commentaire sur les Bucoliques. Le texte qu'entoure ce même commentaire commence au 5e f.; les Géorgiques au verso du 22e f., et l'Enéide au verso du 58e f. Le 12e livre de ce poëme finit au recto du 233e f. Les 49 ff. suivants renferment le 13e livre et les petites pièces attribuées à Virgile. Au recto du dernier f. se lit la souscription : *Omnia hæc volumina...* en huit lignes, et au verso la table des pièces contenues dans ce volume (*Tabula librorum*). Vend. 32 liv. Sykes.

— Virgilii Opera. *Lovanii, Joan. de Westfalia,* 1475-76, 2 part. en 1 vol. in-fol. de 261 ff., 26 lign. par page.

Édition fort rare, imprimée sans chiffres, réclames ni signatures, en beaux caractères demi-goth.
La première partie renferme les Églogues, les Géorgiques et quelques opuscules attribués à Virgile; elle contient 65 ff., dont le premier commence au recto de cette manière : *Publii Virgilii Maronis bucolicorum prima | egloga incipit feliciter.* On lit au recto du dernier feuillet une souscription de 7 lign., dont voici un fragment : *Presens bucolicor. georgicor. et quorūdā tractatulor. opus... Joānes de Paderbone | vcestfalia alma in universitate lovaniensi residens.... psummavit anno.... M. cccc. lxxv, mensis Novembris die vicesimanona.* Le verso de ce dernier feuillet est occupé par les variantes imprimées à 2 col.
La deuxième partie, contenant l'Énéide, se compose de 196 ff. en tout. Le premier feuillet, imprimé seulement au verso, commence ainsi : *Argumētū Ovidii Nasonis in libros Eneidū Virgilii.* Le recto de l'avant-dernier feuillet est terminé par une souscription de 12 lignes, commençant par ces mots : *Hunc ego Joānes de Paderbone,* et finissant ainsi : *Finitum itaqg est opus istud per me Joānem prenotatum meo solito signo consignando, anno ab incarnatione dominica millesimo quadringentesimo septuagesimo sexto mensis aprilis die octava.* Cette souscription, de même que celle du premier volume, est accompagnée du portrait de l'imprimeur; le verso de l'avant-dernier feuillet et le recto du dernier renferment les variantes sur 2 col. Jos. Van Praet donne 263 ff. à l'exemplaire de la Bibliothèque impériale; mais nous n'en avons compté que 261.
L'exemplaire vendu seulement 127 fr. à Paris, en mars 1859, a été porté à 450 fr. dans un catalogue d'Edwin Tross, à la même époque.

— Virgilii Opera, cum opusculis. — *Impressa sunt anno a natali christiano millesimo quadringentesimo septuagesimo sexto* XIII *kalen. Octobres ab Antonio Zarotho...* in-fol.

— Virgilii Opera. — *P. V. Maronis opera*

fœliciter finiunt Vincentiæ insignita per Joannem de Vienna, anno Domini M. CCCC. LXXVI, in-fol.

Ces deux éditions sont assez précieuses; la seconde se compose de 253 ff. non chiffrés, à 36 lignes par page, signat. *a 2—ce 4.* Les 17 premiers ff. renferment la vie de Virgile, et autres morceaux terminés par les arguments de l'Enéide. Le texte commence au recto du 18e f., par cette ligne, en capitales : *P. Virgilii Maronis Bvcolica.* Le 12e livre de l'Énéide finit au verso du 203e f. Les 50 ff. suivants renferment le 13e livre, le *Moretum,* les *Priapeia, etc.*; la souscription rapportée ci-dessus occupe 4 lignes, en capitales, au verso du dernier feuillet.

— Virgilii Opera. — *Hoc P. V. M. opus... Impressum est feliciter Mediolani impensis magistrorum Leonardi Pachel de Engelstadt et Ulrici Scinzenzeler, anno* M. CCCC. LXXVIII, *tertio idus Maii...* in-fol. goth.

— Virgilii Opera. — *Parisius, impressa sunt per magistrum Udalricum Gering, anno salutis* M. CCCC. LXXVIII, *mense Septembris,* gr. in-4. de 244 ff., y compris un f. bl. placé entre les Géorgiques et l'Enéide.

Édition bien imprimée; très-difficile à trouver. Elle a 6 ff. préliminaires (dont le premier n'est imprimé qu'au verso) qui contiennent une épître de Phil. Beroalde à Jean Francus, suivie de la vie de Virgile; le texte de ce poëte commence sur le recto du feuillet signé aii et est terminé au recto du 6e f. du cahier G, second alphabet, par la souscription : *Publii Virgilii Maronis vatis.....;* les pages entières ont 28 lignes. Vendu 48 fr. *mar. r.* Brienne-Laire.
Dans son Catalogue in-fol., p. 454, Jos. Van Praet fait observer que cette édition de 1478 est la première où l'on trouve le 18e vers de la première églogue : *Sæpe sinistra cava...*
Une autre édition de Virgile, impr. à *Paris,* par Gering, en 1484, in-fol., est portée dans la *Biblioth. heber.,* i, n° 7443, mais l'exemplaire étant imparfait, n'a été vendu que 6 sh. — Une 3e a *Paulo adolocēn. exactissime emendata Parisiisg in vico Sorbonico impress.* M. CCCC. LXXXIX, *xii cal. Decemb.,* in-4., est indiquée par Maittaire.

— Virgilii Opera. *Impressa Parmæ, opera et impensis Andreæ Portiliæ.* M. CCCC. LXXIX. *Quarto idus maii,* in-fol. de 206 ff. à 36 lign. par page.

Ce volume a des signat. de *a—x* par cahier de 10 ff., excepté le dernier qui n'en a que 8. Vendu 2 liv. 12 sh. 6 d., exemplaire taché, Heber.

— Opera, cum comment. Servii. — *Leonardus de Basilea Vicentiē diligentissime impressit anno...* M. CCCC. LXXXIX, in-fol.

Vend. 3 liv. 3 sh. Pinelli, sans avoir toujours cette valeur.
Cette édition renferme 5 ff. préliminaires contenant la vie de Virgile, etc. (la souscription est au recto du 5e f.); ensuite le texte du poëte entouré par le commentaire, sign. *a—ff,* et finissant au recto du 6e f. du cah. *ff.* Le 13e livre, les catalectes et les autres petites pièces attribuées à Virgile, ont une nouvelle série de signat. de A—*fu,* et au recto du dernier feuillet se trouve *Tabula librorū.* En tout 284 ff.
C'est là la dernière des 28 éditions des œuvres de Vir-

gile imprimées antérieurement à 1480, c'est-à-dire dans l'espace de onze ans. Toutes sont précieuses, et la plupart tellement rares qu'elles ne se rencontrent jamais dans le commerce. Cette rareté provient de ce que ces éditions étaient principalement destinées aux jeunes étudiants, et que les exemplaires s'en seront trouvés presque tous détruits par l'usage fréquent qu'on en aura fait.

— Virgilii Opera, cum comment. Servii Mauri Honorati. — (*Venetiis*) *per Jacobum Rubeum natione Gallicum Anno Domini* M.CCCC.LXXX. *mense Januarii*, in-fol.

Une autre édition avec le même commentaire porte cette souscription : *Venetiis, arte Petri Piasi Cremonensis, Bartholomæi Blavii Alexandrini, et Andreæ Toresani de Asula.* M. CCCCLXXX. *die prima Augusti*, in-fol. Vendu. 1 liv. 5 sh. Pinelli.

— Opera. (*Mediolani*) *hæc impressa sunt per Antonium Zarrothum opera et impendio Johannis Legnani anno domini* MCCCCLXXXI. *die xx januarii*, in-fol.

Vendu 1 liv. 17 sh. Pinelli.
Quoique Léonard Pachel et son associé Udalric Scinzenzeler eussent aussi donné à Milan, en 1481 (IX *kal. sept.*), une édition in-fol. de Virgile, cela n'empêcha pas Zarot d'en publier une nouvelle, en 1482, octavo *kalendas maias*, également in-fol., signat. a2—gg3, à 38 lignes par page ; ce qui prouve l'empressement qu'on mettait alors à se procurer les œuvres du poëte de Mantoue.

— Opera. — *Impressu parme. Anno d. M. ccccl xxxij, tertio kl. Martias*, in-fol. de 165 ff. non chiffrés, à 44 vers par page, sign. a2—y3, caract. ronds.

Édition décrite dans le catal. de M. Boutourlin, édition de *Florence*, n° 314 ; Panzer, IX, p. 269, la cite sous la date de 1481.

— Opera. — *Impressa sunt hæc Maronis opera Regii lepidi cura et impensis Alberti de Mazalibus regiensis anno salutis.* M. CCCC. LXXXII, in-fol.

Cette édition rare a des signat. de a—z par cah. de 8 ff., excepté le dernier qui n'en a que 6.

— Opera, cum comment. Servii Honorati. *Venetiis, per Renaldum de Noviomago*, 1482, in-fol.

— Virgilii Opera, cum Servii Honorati grammatici commentariis. *Brixiæ, per Boninum de Boninis, octobris die vu*, 1484, in-fol. (Cité par Panzer.)

— Opera, cum commentariis Servii. *Brixiæ, per Jacobum Britannicum Brixianum*, 1485, *die xxu Augusti*, in-fol. caract. rom., avec des signat. et un registre.

Vend. 40 fr. La Valliere.

— Opera, cum commentar. Servii Mauri Honorati. *Venetiis, per Antonium Bartholomei*, 1486, in-fol. de 290 ff. non chiffrés.

Vend. 25 fr. mar. r. La Valliere ; et un exemplaire sur VÉLIN, 1200 fr. Brienne, pour la Bibliothèque du roi.

— Virgilii Opera, cum commentariis Ser-

vii. *Florentiæ, XV. calendas Aprilis*, 1487, in-fol.

Vendu 51 fr. La Valliere.
Il existe plusieurs autres éditions du Virgile de Servius, impr. à *Venise* et ailleurs, à la fin du XVe siècle, mais elles ont trop peu de valeur pour que nous les indiquions ici. Pour les éditions du commentaire sans le texte, voyez SERVIUS.

— Vergilius (*sic*) cum quinque commentariis (Servii, Donati, Landini, Calderini, et Ant. Mancinelli). *Venetiis, Phil. Pincius*, 28 Dec. 1491, in-fol.

Le Virgile avec commentaires de cinq auteurs a été réimpr. cinq ou six fois à *Venise* avant l'année 1500. Il y en a une édition faite dans la même ville par Junta, en 1500, une de *Milan, Scinzenzeler*, 1501, in-fol., et plusieurs autres, parmi lesquelles il ne faut pas oublier celle *Strasbourg, Jo. Grieninger*, 1502 (voir ci-dessous).

— Virgili Maronis Opera cum commentar. Donati, Landini et Servii. — *Impressum..... caracteribus venetis impensis Francisci de Gerardenghis de Papia, labore et industria Antonii lambillonis*, M. CCCC. XCII. *Non. nov.* in-fol.

Cette édition a été imprimée à Lyon, avec des caractères vénitiens, pour le compte de François de Gerardenghis, alors établi à Venise, et qui l'avait été à Pise, de 1480 à 1491. Ce libraire conservait probablement des intérêts dans l'imprimerie que Ant. Lambillon exploitait à Lyon, et qui avait déjà donné en 1491, une édition in-4. de Sénèque le tragique, en société avec Martin Sarazin (Saracenus), lequel avait lui-même exercé à Venise de 1478 à 1488, mais ne se trouve plus nommé après l'année 1491. C'est donc à tort que les annalistes de l'imprimerie ont attribué cette édition de Virgile aux presses vénitiennes. M. Ant. Péricaud en avait déjà fait la remarque d'après l'abbé de Saint-Léger.

— P. Virgilii Maronis opus eximium per Paulum Malleolum Andeloceñ iterata diligentia plane recognitum... (in fine) : P. V. Maronis opus *per Udalricum Gering et Magistru Bertoldu reymbolt socios : Parisiis in vico sorbonico q tersissime Impressu fiñe habuit pridie id' Septembris Anno Christi* M.CCCCXCIIII, in-4. en lettres rondes, signat. a—M.

Cette belle édition commence par la préface de Phil. Beroalde, qui est suivie de la vie de Virgile.
Une autre, *cum emendationibus Pauli Malleoli, Parisiis, per Udalricum Gering et Berchtoldum Rembolt*, 1498, in-4., en beaux caractères ronds, n'a été vendue que 6 fr. La Valliere, parce qu'il y manquait le premier feuillet. — Voir l'*Histoire de l'imprimerie* de Chevilier, p. 119.

— Æneis Virgiliana cum Servii Honorati grammatici commentariis, Philippi Beroaldi annotationibus, Jodoci Badii Ascensii elucidatione, etc..... venundantui Parrhisii a Joanne Parvo et Joanne Confluentino ad vicum Cytharæ... (in fine) : *Compressit peritissimus calcographorum Thielmannus Kerver confluentinus, absolvitque in inclyta Parrhisiorum academia ad decimum Calendas Februarii, anno secundum ejusdem loci computationem* M. D. pet. in-fol.

Première édition du Virgile de Badius, et celle d'après laquelle ont été faites toutes les autres. Pour la compléter il faut y joindre : 1° *Bucolica et Georgica*, impr. sans date, par Thielman Kerver, mais avec une préface de Badius, datée de 1500. Dans ce volume sont notés les tons du chant de ces poésies latines. 2° *P. Virgilii Mar. Culex, Diræ, Æthna, Moretum*, et autres catalectes attribués à ce poëte. *Lutetiæ, per Thiel. Kerver*, 1501, in-fol.

— Vergilius (*sic*). *Venetiis, ex œdibus Aldi Romani, mense Aprili*, M. DI, in-8. de 228 ff. non chiffrés, et dont le dernier ne contient que la souscription.

Premier livre imprimé avec le caractère dit *italique*, dont les Alde ont fait un si fréquent usage ; les exemplaires en sont très-rares, et quand ils se trouvent bien conservés, ils ont une valeur considérable : 19 liv. 19 sh. Renouard, à Londres ; 400 fr., avec le dernier feuillet refait à la plume, F. Didot ; 365 fr., avec le titre refait, Mac-Carthy ; 23 liv. 2 sh. Dent ; 345 fr. mar. *bl.* Chardin ; 300 fr. Bearzi, et 290 fr. Costabili ; avec plusieurs feuillets encadrés, 14 liv. 3 sh. 6 d. Hibbert ; 15 liv. 4 sh. 6 d. Butler. L'exemplaire vendu 300 fr. chez le poëte Le Brun, en 1807, n'avait été payé par celui-ci que 4 fr. 85 c. à la vente de Senicourt, en 1765.

Renouard indique six exemplaires du Virgile de 1501, impr. sur VÉLIN, mais pas un seul n'est en France. Celui de lord Spencer est orné de miniatures ; il a été payé 74 liv. 11 sh. à la vente de Pâris, en 1790.

Un imprimeur de Lyon ayant donné, vers 1502, une édition de Virgile, in-8., en lettres italiques, calquée page pour page et ligne pour ligne sur celle d'Alde, on a quelquefois pris cette contrefaçon pour l'édition originale dont on supposait, toutefois, que le feuillet de souscription avait été arraché ; on ne tombera plus dans cette méprise, si l'on remarque les deux fautes suivantes qui sont dans l'édition contrefaite : 1° à la fin de la courte préface imprimée au verso du premier feuillet, il y a *optimos quousq.* pour *optimos quosq.* ; 2° à la fin du volume, au bas de la première page de l'avis d'Alde, *Studiosis*, il y a *Maria omnie cirtm* pour *Maria omnia circum*. Quoique très-fautive, cette contrefaçon étant elle-même fort rare, ne vaut pas moins que l'édition originale : vend. 22 liv. Butler. L'auteur des Annales des Alde pense que ce Virgile contrefait a été réimprimé au moins deux fois de suite, et il a reconnu des corrections et des variations de fautes qui établissent deux sortes distinctes d'exemplaires, tous sans date et sans chiffres. Lord Spencer possède un exemplaire sur VÉLIN de l'une de ces réimpressions, où dans la 1re page du texte le mot *stultus* est impr. *stulus*. Un autre exemplaire sur VÉLIN, 260 fr. Gouttard.

— P. Virgilii Maronis Opera. (in fine) : P. V. M. Opera cum quinque Commentariis (Servii, Donati, Landini, Mancinelli et Calderini), expolitissimisque figuris atque imaginibus per Sebast. Brandt superadditis. *Impressum regia in ciuitate Argentinens. Ordinatione eliminatione ac relectione Sebast. Brandt, operaque et impensa non mediocri magistri Johannis Grieninger anno millesimo quingentesimo secundo quinta Calendas Septembres die* in-fol. goth. fig. sur bois.

Édition ornée de nombreuses gravures sur bois, dans le même genre que celles des éditions de Boëce et de Térence, in-fol., données par le même imprimeur. Celles du Virgile sont également remarquables pour leur singularité et leur bonne exécution. On compte dans le volume une quarantaine de gravures qui oc-

cupent chacune les deux tiers de la page, et 171 de grandeur in-4. De beaux exemplaires de ce livre curieux ont quelquefois été payés de 48 à 60 fr.

— Vergilius (*sic*). *Venetiis (in æd. Aldi)*, M. D. V. *mense decembri*, in-8.

Peut-être cette édition est-elle plus rare encore que celle qu'a donnée le même imprimeur en 1501 : elle renferme une préface différente, et de plus le 13e livre de l'Enéide, par Mapheo Veggio, les *Catalecta*, les *Priapeia*, et diverses pièces attribuées à Virgile, qui ne sont pas dans les autres éditions aldines de cet auteur. Le volume se compose de 304 ff. chiffrés terminés par un f. blanc au verso duquel sont le registre et la date. Vendu, bel exemplaire, très-grand de marges, et orné de lettres iniales peintes, 150 flor. Crevenna ; et un autre, légèrement piqué de vers, mais dans sa première reliure, 600 fr. salle Silvestre, en 1825 ; celui de M. Renouard a été vendu 34 liv. Butler. — L'exemplaire vendu chez Crevenna avait les huit prem. ff. de l'édition de 1501, et à la suite du f. 304, l'ancre sur un f. bl. ; ce dernier f. est aussi dans l'exemplaire de la Biblioth. impériale, mais il est fort douteux qu'il appartienne à l'édition. Renouard a fait observer que sur le verso du f. 303, coté 279, dans son exemplaire, est un errata d'une page, dont 6 lignes sont impr. sur le folio 304, qui porte la date. Un exempl. impr. sur VÉLIN se conserve au Musée britannique, et un autre qui a appartenu à M. Standish, doit être maintenant au Louvre.

— Virgilius. (*Fani, per Hieronymum de Soncino*, circa 1504), pet. in-8.

Volume imprimé avec les mêmes caractères ital. que le Pétrarque donné par Jér. de Soncino, en 1503. Les pages contiennent 28 vers chacune et ne sont point chiffrées. Renouard en parle à la p. 323 du 2e vol. de la seconde édition des Annales des Alde (et 3e édition, p. 319), d'après un exemplaire qui est imparfait de tout ce qui précède les Géorgiques, et qui se termine par quatre pages de catalectes, sans aucune souscription, quoique le verso du dernier f. soit blanc. Cette édition, qui paraît avoir été faite sur celle d'Alde, 1501, est si rare, qu'aucun bibliographe, que nous sachions, n'en a parlé avant Renouard.

— Virgilii Opera. — *Impressa Mediolani apud Alexandrum Minutianum quam emendatissime : et de exemplari castigatissimo descripta impensa communi cum venerabili sacerdote Nicolao Gorgonzola. Anno* M. D. IV. *Idibus octobris*, in-4.

Cette édition est rare et mérite d'être recherchée comme l'ouvrage d'un savant imprimeur qui s'appliquait à donner des livres corrects, ainsi qu'il a eu soin de le dire au commencement de celui-ci.

— P. Virgilii Mar. Opera, iterum Augustini Camynadi exactissima cura castigata argumentis paullo frequentioribus illustrata, *ac Magistri Jo. Philippi Alemani diligentissimi formulatoris impendio atque industria nuperrime nitidissimis excusa characteribus Parrhisiis*, 1505, in-8.

Heyne cite cette édition, que nous regardons comme fort rare, mais que nous n'avons pas vue.

— Vergilius. ‖ si elegantiam ‖ si facundiam ‖ si exiles ‖ si fecundas ‖ si deniq̈ graves ‖ sententias scire cupis ‖ Vergilium egito ‖ cum bonis ambula ‖ mors peccatorum pessima || sic utere tuo ut alieno || non egeas. *(absque loco et anno)*, in-16. goth. de 288 ff. non chiffrés, sign. a—z et A—N, avec fig. sur bois.

Édition décrite pour la première fois dans le catal. de M. R. (Riva) de Milan, Paris, Potier, 1856, nº 722, où l'exemplaire rel. en *mar. br.* est porté à 255 fr.

Là titre ci-dessus est imprimé en gros caractères gothiques, en lignes alternativement rouges et noires. Il est suivi d'une épître de *Petrus Gratianopolitanus*, de la vie du poëte, et d'autres préliminaires. Le texte commence avec le 17e feuillet; l'avant-dernier feuillet contient une épître d'*Augustinus Camynodus Nicolao Benserado*, la même probablement que dans l'édition de Virgile impr. à Paris, 1505, in-8., dont nous venons de donner le titre. Elle a pour date : *Lutetie*, XIII *kalendas Aprilis*. Les figures sur bois sont de la grandeur des pages et assez jolies. Il y en a 17 pour les Bucoliques et les Géorgiques, mais une seule à l'Énéide. Le dernier feuillet, qui est blanc au recto, porte au verso une marque d'imprimeur (voir ci-dessous).

Cette marque se trouve aussi vers la fin d'un pet. in-8. imprimé à Paris en 1527, sous ce titre :

Sermones dominicales per annum satis notabiles et utiles omnibus sacerdotibus pastoribus : capellanis : qui dormi secure vel dormi sine cura..... — *Venundantur Parrhisius in vico sancti Jacobi*, avec cette souscription : *Impssi pari añ dñi 1527*, ce qui prouve que la présente édition de Virgile a également été imprimée à Paris, à peu près à la même époque que ces *Sermones*. Une édition de Virgile, impr. à *Paris, chez de Marnef*, en 1509, in-16, avec fig. sur bois, est indiquée sous le nº 637 du premier catalogue de M. F. D. (Firmin Didot père), *Paris*, 1808, in-8., mais elle n'a pas été vendue.

— Manuale vergilianvm. P. V. M. poetarŭ facile principis Bucolica | Georgica et Aeneis Iodoci Badij Ascensij | sententiarum dilucidatione inornata. *(absque nota)*, pet. in-8. allongé de 180 ff. non chiffrés, sign. A—Z.

Édition extrêmement rare et que nous avons été le premier à faire bien connaître. Elle est remarquable et par la singularité de son format (haut comme un in-12 moyen, et large tout au plus comme un in-24), et par la forme des caractères qui sont un composé de romain, de gothique et de cursif; ces caractères sont absolument les mêmes que ceux avec lesquels Jean Gruninger a imprimé l'édition in-8. de Plaute, qu'il a donnée à Strasbourg, en 1508; mais nous croyons notre Virgile antérieur à cette date, et presque aussi ancien que l'édition du même poëte, avec le commentaire de Badius, imprimée à Paris, en 1502, in-fol. Sur le frontispice, qui contient le titre ci-dessus, se voit une vignette sur bois représentant Virgile assis, et devant lui trois personnages. Au-dessus de la vignette se lisent ces deux vers :

Subduxit morti viuax pictura Maronem
Et quem parca tulit reddit imago virum

et au-dessous quatre lignes en capitales, plus cinq lignes en caractère ordinaire. La planche ici décrite est répétée au commencement des Eglogues et de l'Enéide ; mais celle qui figure à la tête des Géorgiques est toute différente.

Une épître de Louis Hohenwang d'Elchingen, adressée au lecteur, se lit au verso du frontispice. Il y est fait mention de l'usage reçu chez les anciens de publier les poëtes en petit format, et particulièrement d'une copie de l'Iliade en caractères si menus que le poëme entier pouvait être renfermé dans une coquille de noix. A cette épître succèdent des éloges et des épitaphes de Virgile, extraits de différents poëtes latins; la préface de Badius, ensuite les Eglogues et les Géorgiques, avec les interprétations du même savant, lesquelles sont mêlées avec le texte, mais distinguées par un signe typographique. Chaque livre de l'Enéide est divisé par chapitres, et chaque chapitre commence par un argument particulier. Nous ferons remarquer comme une singularité la lettre initiale fleuronnée qui est placée au commencement de ce poëme. Elle donne, dans une espèce de *rebus* (voyez ci-dessous), les mots : *Arma virumque cano*.

Voici deux autres majuscules du même genre, mais moins compliquées, qui sont au commencement des Eglogues et des Géorgiques.

A la suite de l'Enéide sont placés : *Epigrammatum opus de septem vitiis quæ capitalia dicunt*, et les centons de Proba tirés de Virgile. Enfin le vol. est terminé par un *Index moralitatum in encheri-*

dion *Virgilianum*, partie de 12 ff., sous les signat. Y et Z, et dont le verso du dern. f. est tout blanc. Cet index ne concerne que les Eglogues. Il a été vendu séparément 10 sh. Heber.

En employant un caractère fort menu, et en faisant usage de fréquentes abréviations, l'imprimeur est parvenu à réunir, dans un petit volume de 360 pp., non-seulement tout Virgile, mais encore des préfaces, des commentaires et divers accessoires qui augmentent le texte de près d'un tiers; et, tout en accumulant dans ses pages jusqu'à 50 lignes, il a réussi à leur laisser des marges suffisantes. C'est ce que personne, je crois, n'avait encore fait avant lui; et cela donne à son édition un intérêt de curiosité qu'augmente encore l'extrême rareté du livre. Panzer a connu fort tard ce volume précieux, car il le décrit seulement à la page 540 de son onzième volume, où il n'en cite qu'un seul exemplaire : celui de la *Biblioth. colmar.* La Bibliothèque impériale de Paris en conserve depuis longtemps un autre, dans lequel il manque les 5 derniers ff. Le mien est complet et bien conservé. Je me le suis procuré au prix relativement peu élevé de 14 fr. 50 c. à la vente de l'ancien sénateur Curée, faite à Paris, en novembre 1835, et depuis il a été rel. en *mar.* par Bauzonnet.

—Vergilius. *Florentiæ, impress. impensa Phil. de Giunta*, 1510, in-8. de ccciiii ff. chiffrés.

Cette édition, très-rare, paraît avoir été copiée sur celle d'*Alde*, 1508. On y trouve aussi les *Priapeia* et autres pièces.

— Vergilius. in hoc volumine continentur opera vergiliana inferius scripta. Bucolica. Georgica. Æneidos libri xij, una cum Mapphei Veggii libro xiij, etc. 159 (*sic*). in-8., sign. A—QQ.

Cette édition, fort rare, et dont les ff. ne sont pas chiffrés, est une copie faite par les contrefacteurs lyonnais sur l'aldine de 1505 et sur celle de Ph. de Giunta de 1510, ce qui prouve, contre Panzer, que les chiffres 159 qui se lisent sur le titre, ne peuvent pas plus désigner 1509, que la fleur de lis rouge qui se voit sur le même titre ne dénote une édition de Giunta. — Voyez Renouard, *Annales des Alde*, 3e édit., p. 311. Vend. 10 liv. Butler.

— Virgilius (ex recens. A. Naugerii). *Venet., in ædibus Aldi*, 1514, in-8.

Deux éditions également rares, mais d'un mérite bien différent, ont été imprimées par les Alde, sous cette même date; la première est défigurée par des fautes sans nombre, dont un *errata* de quatre pages, placé avant le dernier f., n'a pu corriger qu'une partie. L'autre, au contraire, très-correcte, a mérité les éloges de Nic. Heinsius et de Heyne; comme la première, elle chiffrés et 4 ff. non chiffrés; mais au lieu de l'*errata* en 2 ff., il y a 2 ff. blancs. Renouard a fait remarquer que cette deuxième édition devait être postérieure à la date qu'elle porte, puisque, pour la marque qui est au dernier f., on y avait fait usage de l'ancre avec le dauphin à la gueule ouverte, qui n'a pas été employée dans d'autres éditions, avant 1519. Le prix de ces deux éditions doit être à peu près le même; un bel exempl. de l'édition incorrecte a été vendu jusqu'à 266 fr. *m. bl.*, d'Ourches; 226 fr. Larcher; 10 liv. Sykes; 3 liv. 10 sh. Butler.

C'est de l'édition correcte que l'on connaît des exemplaires en Gr. Pap.; il s'en est vendu un 3 liv. 13 sh. chez Askew; un autre, où manquait le feuillet contenant la date, 13 liv. 10 sh. Hibbert. L'exemplaire de Renouard (avec 2 ff. contenant des extraits de l'Arioste, écrits de la main du Tasse), 38 liv. 17 sh. Butler.

.— Opera et opuscula virgiliana, diligenter ab Ascensio reposita et *impressa ad kalendas novemb.* M. D. XV. *in Parrhisiorum academia*, in-8. (Maittaire, index, 2e part., p. 327 et Panzer, VIII, 22).

— Virgilius. *Florentiæ, Phil. Junta*, 1517, pet. in-8. de 8 et 236 ff.

On n'a pas imprimé, pour cette édition, les *Carmina minora* qui sont dans celle de 1520; mais il se trouve des exemplaires auxquels cette partie de 78 ou 80 ff. a été ajoutée. Ce fragment se trouve aussi quelquefois à part, et alors il a 80 ff., y compris 1 f. bl. et un autre pour la fleur de lis.

— Opera Vergiliana, docte et familiariter exposita a Servio, Donato, Mancinello, et Probo, cum adnot. Beroaldi, Aug. Dathi, Calderini, Jodoci Badii Ascensii, expolitissimis figuris et imaginibus illustrata. (in fine): *Excussit Lugduni in officina sua literatoria* (sic) *Jacobus Saccon : impensas autem protulit Bibliopolarum optimus, Ciriacus Hochperg,* MDXVII, *ad tertium nonas Decembres,* 2 tom. en 1 vol. in-fol.

Édition que recommandent les nombreuses gravures sur bois dont elle est ornée, et qui sont les mêmes que celles du Virgile in-fol. imprimé par Grüninger en 1502. La première partie, qui contient les Bucoliques, les Géorgiques et les Catalectes, a une souscription particulière sous la date *die vigesima mensis Augusti* de l'année 1517. L'imprimeur y est nommé *Sachon*.

Un exemplaire annoncé comme ayant pour adresse *Lugduni*, *in ædibus Jacobi Sacon, sine anno* (1515), in-fol., est porté à 100 fr. dans le 2e numéro du *Thesaurus* d'Ed. Tross, article 1781.

Jacq. Zachon, ou Sachon, ainsi qu'il est nommé cidessus, avait déjà donné à Lyon en 1499, *die 9 decembris*, une édition de Virgile, *cum commentariis quinque*, laquelle est aussi ornée de fig. sur bois; mais comme la souscription porte *impressum per Jacobum Zachon, pedemontanum Venetiis caractere*, et qu'il n'y est pas fait mention de Lyon, on a pu supposer que l'édition avait été imprimée à Venise, tandis qu'elle l'a été à Lyon, avec des caractères vénitiens, comme l'édition de 1492 dont nous avons parlé.

L'édition de Lyon, *in typographica officina Joannis Crespini, anno* M. D. XXIX, in-fol. ou gr. in-4. avec les mêmes commentaires et les mêmes gravures sur bois (au nombre de plus de 200), imprimées dans le texte, a encore de la valeur, et même un bel exemplaire en pap. fort, rel. en *mar. vert*, par Duru, a été porté à 161 fr. à la vente Bergeret, ce qui nous paraît être un prix trop élevé.

— Virgilius. *Florentiæ, per heredes Phil. Juntæ,* 1520, in-8.

Autre édition rare; elle a, comme celle de 1510, 8 et 236 ff., mais à la fin doit se trouver une partie séparée de 78 ff., sous le titre de *Carmina minora et Maphæi Vegii liber XIII Æneidos.* Les *Priapeia* commencent à la page 64 de cette dernière partie. Ces 78 ff., rel. en *mar.* par Bauzonnet. 21 fr. Renouard.

— Virgiliana poemata nuperrime impressa atque ad amussim castigata, 1521. (in fine): *Opera vergiliana..... finem sortita sunt in inclyta urbe Lugduń. In calchographia Guillelmi Huyon im-*

pressoris seduli. Anno domini M.
dxxi. xv die mensis Iunii, pet. in-8.
de 206 ff. chiffrés.

La préface adressée à P. Bembo se trouve dans cette
édition, qui paraît avoir été faite sur celle d'Alde,
de 1514. Comme le volume se rattache à la collection aldine, il conserve de la valeur : 8 liv. 10 sh.
6 d. vente Renouard, à Londres.

— Virgilius diligenter ad aldinum exemplar denuo recognitum. *Paris., Petrus*
Vidouæus, 1522, in-16.

Un exemplaire imprimé sur VÉLIN doit se trouver à
Londres, dans le Musée britannique ; c'est le même
que celui qui est porté dans le catalogue de Lamoignon, n° 2349, sous l'indication de *Paris.,*
Viart, 1522, *vel potius* 1528, in-24.

— Virgilii Opera omnia, in unum volumen
congesta. *Argentorati, Jo. Cnoblo-*
chus, 1523, in-12, fig. sur bois (Panzer,
IX, 372).

Porté à 1 liv. 1 sh., Catalogue de Payne et Foss pour
1837. Maittaire cite une édition de Virgile, *Argen-*
tinæ, in ædibus Joan. Knoblouchii ære communi
Pauli Goetz, mense octobri, M. D. XX, in-8.

— Virgilius. *Parisiis, Sim. Colinæus,*
1526, in-8. lettres rondes.

Les exemplaires de cette édition qui se trouvent bien
conditionnés conservent quelque prix.

— Virgilius. Singulæ dictiones || polysyl-
labæ in puerorū vsum suis si || gnatæ
sunt accentibus, versuque lon || giusculè
ab inuice (ad commodè exci || pienda
præceptorum dictata) seiuncti sunt. *Ex*
officina Simonis Colinæi (absque anno),
gr. in-8.

Édition imprimée vers 1530, en lettres italiques, à
l'usage des jeunes étudiants. Les pages ne portent
que 18 lignes chacune, à cause des interlignes laissées en blanc pour recevoir des interprétations.
Le vol. est en deux parties : la première, de 196 ff.,
contient les Eglogues, les Géorgiques et les cinq
premiers livres de l'Enéide ; la seconde, de 182 ff.,
la suite de l'Enéide et le supplément de *Maphæus*
Vegius. Les feuillets ne sont chiffrés que d'un seul
côté. Fort peu d'exemplaires de ce livre destiné aux
enfants nous sont parvenus intacts.

— Virgilius. *Venetiis, in ædibus Aldi,*
etc., 1527, in-8. de 224 ff., dont 2
blancs.

Édition difficile à trouver. Vend. 72 fr. Salle Silvestre, en 1811 ; 2 liv. 15 sh. Sykes ; 2 liv. 12 sh. 6 d.
Butler.

Il est à remarquer que le célèbre bibliophile Grolier
a fait relier pour lui-même ou pour ses amis un
certain nombre d'exemplaires de ce Virgile de 1527,
avec son nom et sa devise. Nous pouvons en citer
cinq : 1° à la Bibliothèque impériale, à Paris ; 2° au
Musée britannique ; 3° à Milan, dans la collection
du marquis Trivulzio ; 4° l'exemplaire de Renouard,
rel. en *mar. jaune,* comme deux des précédents.
Il a été vendu 1600 fr. en 1854, et revendu 1905 fr.
Solar, et 2850 fr. Double ; 5° un exemplaire en
mar. noir, un peu plus grand, mais moins bien
conservé que celui de Renouard, 1260 fr. Giraud.

— Virgilii Opera. Mauri Servii Honorati in
easdem commentarii..., castigationes et
varietates virgilianæ lectionis per Johan.

Pierium Valerianum. *Parisiis, ex offi-*
cina Rob. Stephani, 1532, in-fol.

Cette édition est belle et mérite d'être recherchée.
Les *Castigationes* et les *Variæ lectiones,* qui occupent 205 pp., indépendamment de l'index, ont
un titre daté de 1529. Cette partie avait déjà paru
séparément. Vend. 17 fr. F. Didot ; 15 flor. Meerman ; 10 fr. 50 c. Boutourlin.

— Virgilius. *Parisiis, ex officina Rob.*
Stephani, 1533, pet. in-8. 5 à 8 fr.

Un bel exemplaire en *m. r. l. r.* 36 fr. d'Hangard.

Rob. Estienne a réimprimé Virgile de format in-8.,
en 1540, et de format in-16, en 1537 et en 1549. Il
vendait l'in-8. 5 sous et l'in-16 2 sous.

— Virgilius, cum Servii Probique commentariis ac omnibus lectionum variantibus
in antiquis codicibus repertis.— *Venet.,*
per Alex. Vellutellum, revisi et emen-
dati, et propriis expensis in ædib.
Petri de Nicolinis de Sabio impressi,
1534, in-8. de VIII et 339 ff.

Édition assez recherchée. Vend. 8 fr. La Valliere et
Rover ; 3 sh. et 1 liv. 12 sh. *mar. r.* Heber.

— Publ. Vergilivs Maro. Phil. Melanchtonis adnotatiunculis, ut brevissimis, ita
doctissimis illustratus. Venundatur Parisiis sub Lilio auræo. (in fine) : *Pari-*
siis, apud Ioannem Parvum, anno
M. D. XXXV, pet. in-8., signat. a—z et
A—Q, lettres rondes, notes marginales
en goth.

Répétition de l'édition donnée par le même Jean
Petit, à Paris, en 1531, in-8., laquelle est probablement une réimpression de celle d'Haguenau, *Jo.*
Secer, 1530, in-8. On y trouve, outre le 13° livre
de l'Enéide, les *Virgilii epigrammata,* les *Pria-*
peia, etc.

— Virgilius. *Parisiis, excudebat Fran-*
ciscus Regnault, 1537, pet. in-8. avec
fig. sur bois.

Édition rare, appréciée à 1 liv. 11 sh. 6 d., catalogue
Payne, 1837.

— Bucolica, Georgica et Æneis, nunc demum Nicolaii Erythræi opera in pristinam lectionem restituta, et ad rationem
ejus indicis digesta : additis ejusd. Erythræi scholiis... *Venetiis,* 1539. (in fine) :
Informabat Io. Antonius Sabius Ve-
netiis, 1539, in-8. de 40 ff. et 478 pp.,
texte en lettres ital., notes en lettres
rondes.

Les notes d'Erythræus ont peu d'importance, mais
on fait cas de son index, lequel forme seul un volume de 392 ff. Au recto du dernier se trouve cette
date : *Venetiis, apud Io. Antonium Sabium de*
Nicolinis; M. D. XXXVIII, et au verso un privilége
pour dix ans. Les deux parties, 12 à 15 fr. Le volume de texte a été réimprimé aussi en lettres italiques, sous le même titre, à la date près, en 1 vol.
in-8., à la fin duquel se lit : *Venetiis, apud Fr.*
Rampazetum, expensis Melch. Sessæ, anno M. D...
in-8. de 40 et 476 pp. C'est cette réimpression qui
est annoncée sous l'année 1500, dans le catalogue
de la Bibliothèque impériale, Y, 818, parce que la
date finale de l'exemplaire a été altérée à l'aide

d'un grattoir, et réduite aux deux premiers chiffres. Nous ne connaissons pas la véritable date, qui doit être de peu postérieure à l'année 1540 ; mais nous avons remarqué que, dans cette réimpression, la date 1539 a été conservée à la fin de l'épître d'Ery-thræus', placée au commencement du volume. — Il y a une autre édition de Venise, *apud Lauren-tianum*, 1566, in-8.

— P. Vergilii Maronis Opera accuratissime nunc demum recognita, nempe Ecclogæ x. Argumentis ac castigationibus Helij Eobani Hessi, Philippi Melanchthonis, et Leonardi Culmani illustratę. Georgico-rum libri iiii. cum argumentis Heren-nij Modestini, et eorumdem annotatio-nibus. Eneidos lib. xii, cum argumentis ejusd. Mod., annotationibus Melanchtho-nis et aliorum. Culex ejusdem a Petro Bembo recognitus. Accessit in hec sin-gula Pierij Valeriani lectionis varietas asteriscis prenotata. Index insuper rerum et verborum memorabilium summa dili-gentia et fide collectus, ac in studioso-rum quoque gratiam nunc primum edi-tus. *Venetiis,* MDXXXIX. (in fine) : *Ve-netiis, per Ioan. Antonium de Nicolinis a Sabio, sumptibus vero nobilis viri Domini Federici Turresani ab Asula. Anno Domini* MDXXXIX. *mensis fe-bruarii,* in-8.

Cette édition, imprimée aux frais de Fréd. Turrisan, appartient à la collection aldine, et comme elle est rare, elle a une certaine valeur (8 liv. 10 sh. But-ler, mais seulement 10 sh. Libri, en 1859). Re-nouard fait remarquer qu'elle a 287 ff. chiffrés, non compris le frontispice ; 12 ff. pour l'index, avec la souscription au verso du 12e f., et de plus un f. coté 304, contenant des arguments sur les 2 der-niers livres de l'Enéide, et au bas le mot *Finis.*

— Opera omnia, diligentia P.-H. Sussan-næi quam emendatissime excusa, et ab innumeris, quibus scatebant mendis repurgata. *Parisiis, apud Ioannem Macæum*, 1540, in-4. de 18, 44 et 200 ff.

On cite peu cette édition, qui est belle et en lettres rondes, tandis que depuis plus de deux cents ans on vante beaucoup celle de Fezandat, laquelle n'est cependant qu'une simple réimpression en lettres italiques de la présente, avec quelques corrections typographiques, mais réduite dans le nombre des feuillets. Il y a une édition donnée par le même J. Macé, sous la date de 1539.

— Virgilius. *Parisiis, Mich. Fezandat,* 1541, in-4. de 16, 40 et 176 pp., avec trois titres comme dans l'édition de 1540.

Édition fort bien imprimée et qui passe pour très-correcte ; elle n'a pourtant de prix que lorsque l'exemplaire se trouve dans une ancienne rel. en *mar.* et bien conservée : 60 fr. *m. r. l. r.* de Cotte ; 1 liv. 19 sh. *m. citr.* (avec armes du C. d'Hoym) Heber ; *mar. citr.* 57 fr. Solar ; en *mar. r.* et avec des notes manuscrites de Guyet, 60 fr. Parison ; autrement, de 6 à 9 fr. — Il en existe des exem-plaires avec un ou plusieurs titres au nom d'*Oudi-nus Parvus,* libraire, et avec la marque ci-dessous à chaque titre :

Réimpr. à Paris, *apud Grọmorsum*, 1542, in-4.

— Virgilius. *Venetiis, apud Aldi filios,* 1541, *mense Ianuario*, pet. in-8. de 2 ff. prélimin., 219 ff. et 3 à la fin, dont un double.

Réimpression de l'édition de 1527. Vend. 1 liv. 2 sh. Butler, et un bel exemplaire, avec initiales peintes et rel. en *mar. à compart.*, 0 liv. 9 sh. Sykes ; 4 liv. 13 sh. Heber ; 7 liv. Butler. — Un exempl. en Gr. Pap. se trouvait dans la collection du comte Méjan ; un autre se conserve à Dresde, dans la Bibliothèque royale.

— Virgilius, post omnes omnium editiones accurate emendatus. *Apud Aldi filios, Venetiis*, 1545, in-8. de 220 ff. chif-frés.

Simple copie des éditions aldines de 1527 et 1541. Après les huit feuillets du cahier A doit s'en trou-ver un 9e ayant un * au lieu de chiffre, et conte-nant 2 pp. de texte, que l'on avait oubliées lors de l'impression de la feuille B. Vend. 24 fr. 50 c. Du-riez ; 3 liv. 11 sh. Hibbert ; 1 liv. 14 sh. Butler, et avec les passages des poëtes imités par Virgile, transcrits de la main de Fulvius Ursinus, 42 fr. Re-nouard ; — en Gr. Pap. 5 liv. 6 sh. Pinelli.

— Opera, post omnes omnium editiones nunc demum revisa et emaculatiora red-dita. Ælii-Ant. Nebrissensis in eadem ecphrases admodum familiares. *Apud inclitam Grenatam,* 1546, in-4.

Le travail de Lebrixa recommande cette édition, qui d'ailleurs est un livre rare.

— Virgilii Bucolica, Georgica et Æneis ; opuscula omnia insuper, quæ ejus no-mine circumferuntur. *Venetiis, Vinc. Valgrisius,* 1548, in-16.

Jolie édition, peu commune ; vend. 9 fr. Méon.

— Virgilii Opera. *Venetiis*, *apud Joan. Gryphium*, 1551, pet. in-8. fig. sur bois.

Un bel exemplaire en *m. bl.* 4 liv. 10 sh. Hibbert; autrement, à très-bas prix.

— Virgilii Opera, ad veterum P. Bembi et Andr. Naugerii exemplarium fidem castigata, cum XI commentariis, Servii præsertim ac Donati, etc. *Venetiis, Junta*, 1552, in-fol.

Cette édition, qui paraît être une copie de celle de Venise, 1525, in-fol., est remarquable par un grand nombre de gravures sur bois. Des planches, du même genre, se trouvent aussi dans les éditions de Venise, *Bonellus*, 1558, 1562 et 1566, in-fol., bien recommandables, d'ailleurs, à cause des notes de différents commentateurs qui y sont réunies. L'édition de 1566 a été vend. 12 fr. Librairie De Bure. Les mêmes commentaires, et notamment celui de Cl. Tiberius Donatus (voy. ce dernier nom), se trouve dans l'édition de Virgile donnée à Bâle en 1561, in-fol., par G. Fabricus, laquelle est accompagnée d'un *Corpus interpretum Virgilianorum*.

— Virgilius post omnes omnium editiones accurate emendatus. M. D. LIII. corrigente Paulo Manutio. — *Apud Paulum Manutium Aldi filium, Venetiis*, M. D. LIII, in-8. de 220 ff., non compris 2 ff. non chiffrés et cotés **, qui sont placés avant le cahier A.

Réimprimé *apud Paulum Manutium*, 1555, in-8. de 224 ff., y compris 1 f. blanc et celui de l'ancre. Ces deux éditions ont conservé quelque prix; la dernière, 13 sh. Butler; 22 fr. Costabili.

— P. Virgilius Maro, Pauli Manutii adnotationibus, in libri margine ob studiosorum commodum adscriptis, illustratus. *Venetiis, apud Paulum Manutium*, 1558, in-8. de 243 ff. et un autre pour l'ancre.

Cette édition est bien exécutée, et ne se trouve pas facilement : 8 flor. 50 c. Meerman; 3 liv. 3 sh. Butler; 36 fr. (titre raccommodé) Bearzi. Elle a été reproduite dans la même imprimerie, en 1560 : 2 liv. 15 sh. bel exemplaire *mar.* Butler (ou sous la date de 1561, 18 sh. Butler); en 1565 et 1567, in-8.; mais ces trois réimpressions sont moins belles que l'édition originale.

— Opera, scholiis doctissimis illustrata : adjecimus doctas et perbreues in IIII. Georg. annotationes. *Lugduni, apud Antonium Vincentium*, 1562. (in fine) : *Lugduni excudebat Symphorianus Barbier*, in-16.

Jolie édition en petits caractères italiques; elle a 10 ff. prélimin., 530 pp., plus les notes et l'index. 7 fr. *mar. r.* Coste.

Virgilii Opera, Theod. Pulmanni studio correcta et brevissimis annotationibus illustrata. *Antuerpiæ, Christ. Plantin.*, 1564, in-16. 4 à 6 fr.

Cette jolie édition a été revue d'après de bons manuscrits et des éditions anciennes. Les exemplaires bien conservés en sont recherchés et rares : vendu (exempl. du C. d'Hoym) rel. en *mar. v.* 20 fr. de Cotte; 27 fr. *m. r.* Mac-Carthy.

— Virgilius Maro Pauli Manutii notationi-

bus in libri margine..... adscriptis illustratus : index rerum et verborum : variæ lectiones ex Virgilio Carpensi. *Venetiis*, ∞ DLXXIII (1573), in-8. de 20 ff. prél., 477 pp. et 21 ff. contenant l'index, etc.

Nous devons faire une mention particulière de cette réimpression aldine, qui est très-rare, et qui contient de plus que les précédentes tous les prélimin., l'index et les variantes.

— BUC. GEORG. ÆNEIS P. Virgilii Maronis Mantuani. doctiss. virorum notationibus illustrata opera et industria Io.-A. Meyen Bergizomii Belgæ. *Venetiis, apud Aldum*, 1576, pet. in-8. de 24 ff. prélimin. et 928 pp. chiffr., dont la dernière est cotée 948.

Cette édition a eu si peu de succès qu'on a été obligé d'en renouveler le titre (en réimprimant les 8 premiers ff.) en 1580 et en 1587. Cependant l'amateur qui forme une collection aldine est *condamné* à réunir ces trois sortes d'exemplaires. Vend. (sous la date de 1580) 19 fr. 50 c. Duriez; 15 sh. et 11 sh. Butler.

— Virgilii Poemata, novis scholiis illustrata, quæ H. Stephanus partim domi nata, partim e virorum doctissimor. libris excerpta dedit : ejusdem H. Stephani schediasma de delectu in diversis apud Virgilium lectionibus adhibendo. (*absque nota*), in-8. de 4 ff. prélimin., 419 et 37 pp. 4 à 6 fr.

Édition imprimée vers l'année 1576, à Genève, chez H. Estienne, dont elle porte la marque sur le titre. Le texte est en italique et les notes marginales sont en lettres rondes. — Réimprimée chez H. Estienne, en 1583, et aussi chez Paul Estienne, en 1599, in-8. Selon Ebert, l'édition de 1583 est la meilleure des trois. La première se trouve quelquefois reliée avec l'Horace, sans date, donné par H. Estienne, à la même époque.

— Opera, et in ea Mauri Servii Honorati commentarii, ex antiquis exemplaribus longe meliores et auctiores; ex biblioth. Pet. Danielis : accessit Fabii Planciadis Fulgentii liber de continentia virgiliana, item Junii Philargyrii commentariolus in Bucolica et Georgica. *Parisiis, Seb. Nivellius*, 1600, in-fol.

Deux choses donnent du prix à cette édition, savoir : un texte du *Servius* amélioré d'après de bons manuscrits anciens, et le *Commentaire de Philargyrius* publié pour la première fois : 10 à 15 fr. Vend. en Gr. Pap. 6 liv. 10 sh. Hibbert.

— Bucolica, Georgica et Æneis, argumentis, explicationibus, notis illustrata, auctore Jo.-Lud. de La Cerda. *Lugduni, Cardon*, tome I, 1619; tome II, 1612; tome III, 1617, 3 vol. in-fol.

Bonne édition de ce commentaire estimé : 24 à 30 fr. — L'édition originale, *Madrid*, 1608, 1612 et 1617, 3 vol. in-fol., est rare en France. Celles de *Cologne*, 1628, ou 1642-47, 3 vol. in-fol., le sont moins.

— Opera, cum commentario Frid. Taubmanni, ex editione Christ. Taubmanni. (*Wittebergæ*), apud *Zach. Schurerum*, 1618, in-4.

Quoique les savants fassent quelque cas du commentaire de Taubmann, cette édition n'est pas chère. On peut y réunir l'opuscule intitulé :

F. TAUBMANNI commentariolus posthumus in

Moretum incerti auctoris, edente Ch. Taubmanno. (*Wittebergæ*), *apud Zach. Schurerum*, 1626, in-4. de 12 ff. Devenu fort rare.

—Virgilii Opera; accessit animadversionum liber, cum indice locupletissimo. *Lugd.- Batavor., apud Abraham. Elzevirium*, 1622, pet. in-12.

Le nom d'Elsevier est la seule chose qui recommande cette édition, assez mal imprimée, et que néanmoins quelques personnes placent dans la collection else-virienne. Elle a 12 ff. prélimin., y compris le titre gravé, 594 pp. de texte, et 50 pp. pour l'index, dont la prem. est cotée 395. On la trouve difficilement : 4 à 6 fr. Vend. jusqu'à 33 fr. 50 c. Chardin.

—Virgilii Opera, ad Jac. Pontani castiga-tiones excusa. *Sedani, ex typogr. et typis novissimis Joan. Jannoni*, 1625, in-32 de 367 pp., et le titre.

Édition correcte, et remarquable par l'exiguïté de ses caractères : 12 à 15 fr. Vend. 24 fr. *m. r. l. r.* La Valliere ; 18 fr. *m. viol. doublé de mar. citr.* de Cotte ; en *mar. r.* 49 fr. Renouard.

Il y a des exemplaires datés de 1628.

— Opera, nunc emendatiora (ex recen-sione Dan. Heinsii). *Lugd.-Batav., ex officina elzeviriana*, 1636, pet. in-12.

Cette édition, peu exacte, est l'une des plus jolies qu'aient données les Elseviers ; aussi les exempl. grands de marge (ayant de 127 à 130 millim. de hauteur) et non tachés, sont-ils fort recherchés, et ne valent-ils pas moins de 60 à 80 fr.; vend. 120 fr. très-bel exemplaire de Cotte et Mac-Carthy ; 90 fr. F. Didot ; 70 fr. Bignon, et un exemplaire, haut de 133 millim., 8 liv. 12 sh. vente de M. de Noailles, à Londres, en 1835 ; un autre, presque aussi grand, et rel. en *mar. r.*, 209 fr. Solar ; un autre haut de 128 millimètres (4 pouces près de 9 lignes), 155 fr. *mar. r.* DeBure ; même mesure et rel. en *mar. bl. doublé de mar. citr.* par Padeloup, 600 fr. Parison. Quant à la contrefaçon qui porte la même date, et qui a peu de valeur (6 à 9 fr.), on la reconnaît à deux passages latins tirés en noir au lieu de l'être en rouge, comme dans l'édition originale. Le premier de ces passages commence par ces mots : *Ego vero frequentes*, et il est placé avant les Bucoliques, p. 1 ; le second, qu'on trouve p. 92, commence par *Si mihi susceptum fuerit*. Ajoutons qu'il existe deux réimpressions de l'édition sous la date de 1636 et que l'errata qui se trouve à la page 411 dans l'une n'est pas dans l'autre.

— Opera. *Parisiis, e typographia regia*, 1641, in-fol. 5 à 6 fr.

On recherche peu maintenant cette édition assez belle, et qui se joint à l'Horace, au Juvénal et Perse, et au Térence sortis des mêmes presses, et imprimés avec les mêmes caractères. Les 4 vol. réunis, 40 à 50 fr.; ils étaient beaucoup plus chers autrefois.

— Opera, cum notis variorum, edente Corn. Schrevelio. *Lugd.-Bat.*, 1661, seu 1666, in-8. 3 à 4 fr.

Ces deux éditions passent pour correctes, mais les notes ont peu d'importance.

— Opera, per Joan. Ogilvium edita et sculpturis æneis adornata. *Londini, Roycroft*, 1658, gr. in-fol.

Cette première édition du Virgile d'Ogilvy, en latin, a l'avantage de renfermer de meilleures épreuves des gravures que l'édition de 1663. Vend. bel exemplaire en pap. fort, 152 fr. La Valliere ; 356 fr.

Mac-Carthy, et en pap. ordinaire, 60 fr. La Serna ; mais ordinairement 24 à 36 fr.

L'édition de 1663 est moins recherché : 15 à 24 fr. Vend. 36 fr. *m. r.* Mérigot, et plus cher autrefois.

Les gravures de ce volume sont au nombre de 104, y compris le frontispice, le portrait et une carte géographique. Plusieurs sont du célèbre Hollar. Elles ont d'abord paru dans la traduction anglaise de Virgile, par Ogilvy, imprimée en 1654, in-fol.

— Virgilii Opera, ex recensione Nic. Hein-sii. *Amstel., ex offic. elzeviriana*, 1676, pet. in-12 de 24 ff. prélim., y compris le frontispice gravé, 387 pp. de texte et 29 pp. non chiffrées pour la table, plus une carte géographique.

Édition aussi inférieure en beauté à celle de 1636, qu'elle lui est supérieure en correction ; toutefois cette correction laisse encore à désirer, puisque M. Jules Chenu a pu trouver dans le volume dix fautes typographiques (voy. le *Bulletin du Biblio-phile*, 1847, p. 32) : 12 à 18 fr.; vend. 60 fr. bel exemplaire du C. d'Hoym, d'Hangard, 36 fr. Mac-Carthy ; un autre en *mar. r. par Derome*, et por-tant 134 millimètres de hauteur, 115 fr. H. de Ch., en 1863.

Des exemplaires en Gr. Pap., qui ont de 170 à 175 millin. de hauteur ont été vend., rel. en *mar.*, 68 fr. Gouttard ; 74 fr. La Valliere ; 5 liv. 15 sh. Pinelli ; 120 fr. en 1808.

Il y existe aussi des exemplaires en très Gr. Pap. fort, dont la hauteur doit être de 180 à 184 millim. et la largeur de 100 à 103 millim. Vend. en *m. bl. dent.* 170 flor. Crevenna ; 320 fr. *mar. r.* de Cotte ; 366 fr. *mar. r.* (près de 103 millim.) F. Didot (et revendu 31 liv. 10 sh. à Londres, en 1835) ; 365 fr. Mac-Carthy ; 180 fr. *m. bl.*, exempl. trop rogné, de Reynaud.

Il s'est introduit, il y a quelques années, dans le commerce des livres anciens, quelques exemplaires *non rognés* de l'édition de Virgile donnée à Ams-terdam, *apud Henr. Du Sauzet*, pet. in-12, aux-quels on avait adapté un titre gravé, portant : *Amstelodami ex officina elzeviriana*, 1676. Ce-pendant, il est assez facile de distinguer l'une de l'autre ces deux éditions, puisque la seconde (celle de 1724) a 32 ff. prélimin. au lieu de 24, et 40 pp. de table au lieu de 29.

— Opera, cum notis variorum, quibus ac-cedunt observationes Jac. Emmenessii, cum indice Erythræi. *Lugd.-Bat.*, 1680, 3 vol. in-8. fig.

Bonne édition pour l'ancienne collection *Variorum* : 20 à 30 fr. Vend. 205 fr. *non rogné*, Mac-Carthy ; 79 fr. 50 c. *mar. r.* Courtois.

— Virgilii Opera, cum interpretat. et notis Car. Ruæi, ad usum Delphini. *Parisiis*, 1682, in-4.

Cette édition est celle que l'on préfère pour la collec-tion *Ad usum* : 10 à 12 fr.

La première, de 1675, est peu recherchée : 6 à 9 fr. Celle de *Paris*, 1722 ou 1726, in-4., est moins belle ; mais comme elle contient des augmentations, le prix est le même que celui de l'édition de 1682.

Le Virgile de La Rue a encore été réimprimé à *Ams-terdam*, en 1690, in-4., et très-souvent à *Londres*, de format in-8. (une des dernières éditions faites en cette ville est de 1804, et coûtait 12 fr.). Il l'a aussi été à *Paris*, en 3 vol. in-12 ou in 4 vol. y compris l'index ; mais ces éditions ne sortent pas de la classe des livres ordinaires.

— OPERA (curante H. Laughton). *Cantabrigiæ, typis academicis*, 1701, gr. in-4.

Edition soignée et assez belle, mais cependant peu recherchée : 5 à 6 fr.

—Virgilii Opera (ex recensione Mich. Maittaire). *Londini, Tonson,* 1715, in-12. 4 à 6 fr.

Vend. en Gr. Pap. 34 fr. *m. r.* d'Hangard ; 20 fr. en 1813, et jusqu'à 72 fr. Mac-Carthy.

— Opera cum integris comment. varior., ex recens. et cum indice Pancr. Masvicii. *Leovardiæ, Halma,* 1717, 2 vol. in-4. fig.

Édition assez estimée, mais que celle de Burmann a rendue à peu près inutile : 12 à 20 fr. — Gr. Pap. 24 à 36 fr. Vend. beaux exemplaires partagés en 3 vol. *mar. r.* 105 fr. Saint-Céran ; 144 fr. de Cotte.
— La réimpression faite à *Venise,* 1736, en 2 vol. in-4., quoique assez belle, ne vaut pas l'édition de Hollande.
— OPERA, ex recensione Nic. Heinsii (studio Vulpiorum fratrum). *Patavii, Jos. Cominus,* 1738, in-8. 5 à 6 fr.
Bonne édition dont il y a des exemplaires en papier bleu.

— Virgilii codex antiquissimus a Rufio Turcio Aproniano distinctus et emendatus qui nunc Florentiæ, in bibliotheca mediceo-laurentiana adservatur typis descriptus. *Florentiæ, typis manniais,* 1741, pet. in-4.

Fac-simile peu exact du *Codex mediceus* de la bibliothèque de Florence : 5 à 8 fr., et en Gr. Pap., dont les exemplaires sont rares, vend. 38 fr. *m. bl.* La Valliere ; 79 fr. *v. f.* de Cotte ; 36 fr. Caillard ; en *mar. r.* par Derome, 80 fr. Renouard.
Un exemplaire sur VÉLIN, 200 fr. Brienne, en 1792; 17 liv. 17 sh. à Londres, en 1804 ; 220 fr. Mac-Carthy ; 120 flor. Meerman ; 13 liv. 15 sh. Hibbert.

— Antiquissimi codicis virgiliani fragmenta et picturæ, ex biblioth. vaticana, ad priscas imaginum formas a Pet. Sancte Bartholi incisæ. *Romæ,* 1741, in-fol.

Belle édition, faite d'après le *Codex vaticanus.* On la recherche particulièrement à cause des gravures dont elle est ornée, et qui représentent les peintures du manuscrit : 15 à 20 fr. Vend. bel exempl. *m. r.* 72 fr. Gouttard ; 24 fr. *m. viol.* Caillard, et le même prix Mac-Carthy ; 37 fr. Libri.
Les 55 planches de cet ouvrage avaient d'abord paru en 1677, in-4. C'est cette première édition que les amateurs de gravures prennent de préférence, quoiqu'elle ne renferme pas de texte : 12 à 18 fr. Le tirage daté de Rome, 1725, de format in-fol. sans texte, est moins recherché. La réimpression de 1741, dont nous avons parlé ci-dessus, est augmentée de trois planches tirées d'un autre Virgile manuscrit, du Vatican ; on y a ajouté des fragments du poëte, des notes, des corrections et des variantes. Il y a une 4e édition sous le titre suivant :
PICTURÆ antiquiss. virgiliani codicis biblioth. Vaticanæ, a P. Sancte Bartholi æri incisæ; acced. picturæ aliæ veteres quibus celebriora Virgilii loca illustrantur. *Romæ,* 1782, in-4. 8 à 10 fr.
Un exemplaire des 55 pl. imprimées sur VÉLIN a été vendu 60 fr. Mac-Carthy.
— VIRGILII Opera, ex recensione Alex. Cuninghamii. *Edinburgi, Hamilton et Balfour,* 1743, pet. in-12. 3 à 5 fr.
Édition jolie et correcte : 12 fr. *mar. viol.* Caillard. Il y a des exemplaires en Gr. Pap. qui sont rares.
— OPERA. *Lond., Brindley,* 1744, in-18. 4 à 5 fr.
15 fr. *mar. dent.* Giraud.
— OPERA, curis et studio Steph.-Andr. Philippe. *Lutetiæ-Parisior., Coustelier,* 1745, 3 vol. in-12. fig.

La même édition a reparu en 1754, avec un titre au nom de *Barbou* : 8 à 10 fr.; en *mar. r.* pap. de Holl., 40 fr. F. Didot.
— OPERA (ex recens. J. Hawkey). *Dublinii, e typogr. acad.,* 1745, in-8. Édition estimée : 12 fr. *mar. r.* F. Didot. Elle est rare en Gr. Pap.

— Opera, cum integris commentariis et notis variorum, quibus et suas animadversiones addidit P. Burmannus, post cujus obitum interruptam editionis curam suscepit P. Burmannus junior. *Amstelædami, Wetstenius,* 1746, 4 vol. in-4.

Une des meilleures éditions de ce poëte. 40 à 50 fr. vend. en Gr. Pap. *cuir de Russie,* 200 fr. d'Hangard ; 100 fr. *v. f.* de Cotte ; 167 fr. *mar. r.* Caillard, et 188 fr. de Labédoyère, et quelquefois moins.

— Bucolica, Georgica et Æneis. *Londini, Knapton et Sandby,* 1750, 2 vol. gr. in-8. fig. 15 à 24 fr. selon la reliure.

27 fr. *mar. r.* Quatremère.
On réunit ordinairement cette édition à l'Horace, au Térence, au Juvénal, publiés chez les mêmes libraires ; et la collection ainsi complète, en 7 vol., vaut de 40 à 48 fr., et plus en mar.
Ces quatre poëtes ont aussi été imprimés de format pet. in-8., avec les mêmes gravures : 21 à 24 fr. les 7 vol.
— OPERA, ad optimorum exempl. fidem recensita. *Edinburgi, apud Hamilton et Balfour,* 1755, 2 vol. pet. in-8.
Dans son beau Virgile, publié en 1798, M. P. Didot a fort bien prouvé que cette édit. de 1755, longtemps réputée très-correcte, n'est pas exempte de fautes : 8 à 12 fr. Vend. en Gr. Pap. 36 fr. en 1816, et plus cher autrefois.

— Opera, tabulis æneis incidit Pine. *Lond.,* 1755, (seu 1774), in-8.

Il n'a paru de cette édition que les Bucoliques et les Géorgiques : 5 à 6 fr.

— Bucolica, Georgica et Æneis. *Birminghamiæ, typis Joh. Baskerville,* 1757, gr. in-4.

Chef-d'œuvre de *Baskerville* : 40 à 50 fr., et beaucoup plus cher autrefois ; 70 fr. *mar. r.* H. de Ch., en 1863. Un bel exemplaire rel. en 2 vol. *mar. à compart.* et avec les figures de l'édition d'Ogilvy : 120 fr. d'Ourches ; 99 fr. Labédoyère, et 341 fr. Borluut. Un autre non rogné, et avec les gravures faites pour la traduction anglaise d'Ogilvy, 100 fr. Renouard.
Il y a une réimpression, moins belle, faite (en 1771) sous la même date que la première édition : 18 à 24 fr.; vend. en *mar. r.,* avec les figures du Virgile d'Ogilvy, 60 fr. Delcro.
On reconnaît la première édition, p. 342, à l'intitulé du 10e livre de l'Énéide, qui porte *liber decimus Æneidos,* au lieu d'*Æneidos liber decimus ;* transposition qu'on retrouve aussi à la tête du 11e livre, et qui n'est pas dans la réimpression. Cette dernière, indépendamment de ce qu'elle est imprimée sur mauvais papier, paraît encore avoir été faite avec peu de soin ; car le 457e vers du second livre de l'Énéide (*ad soceros, et avo,* etc.), qui devait se trouver le premier de la page 144, y a été omis. Nous ne devons pas oublier d'ajouter ici que les exemplaires de la première édition ne sont pas tous parfaitement semblables entre eux, car dans les uns, la p. 143 est cotée 341, et le 457e vers du second livre de l'Énéide cité précédemment se trouve le dernier de cette même page. Dans les autres, au contraire, cette page est bien chiffrée, et le 457e vers

se trouve le premier de la p. 144. Cette différence, peu importante, vient de deux cartons qui ont été faits; ce sont les exemplaires sans la faute qui ne sont pas cartonnés.

— Virgilii Opera, ex antiquis monumentis illustr. cura et stud. H. Justice. (*Hagæ-Comitum*, 1757), 5 vol. gr. in-8.

On fait peu de cas de cette édition, dont le texte est gravé : 20 à 30 fr.; vend. en *mar. r.* 52 fr. Saint-Céran; 33 fr. Courtois. Il y a quelques exemplaires en très Gr. Pap. d'un format approchant de celui d'un in-4.; ils sont très-rares en France, parce que l'impératrice de Russie, Catherine II (à laquelle le livre est dédié), les a fait acheter presque tous. L'*Index* qui est dans le 5e vol., est de Chr. Saxius, Vend. 6 liv. 18 sh. *mar. r.* Dent.

Un nouveau tirage des planches de cette édition a été fait à *Bruxelles*, au commencement du siècle, sur pap. vélin, et avec cette adresse sur le frontispice : *Prostant venales apud J.-L. de Boubers, Bruxellis*; et une dédicace : *Augusto Romanorum imperatori Francisco.*

— OPERA, ex recensione P. Burmanni. *Glasguæ, Foulis*, 1758, pet. in-8.

Jolie édition, et l'une des moins communes de toutes celles des *Foulis.* 5 à 6 fr. — Celle de 1784, in-8., sortie des mêmes presses, est à bas prix.

— VIRGILII Bucolica, etc. *Birminghamiæ, Baskerville*, 1766, pet. in-8. 6 à 9 fr.

Volume dont le papier, originairement fort beau, est souvent taché de rouille.

Vendu en *mar. bl.* 12 fr. De Bure, et même prix Quatremère; en *mar. r. dent.* par Derome, 2 liv. 25 sh. Libri, en 1859, et un exemplaire relié en vélin blanc avec des peintures sur les tranches, chef-d'œuvre de reliure anglaise : 155 fr. Barthélemy ; 120 fr. Renouard, en 1805; 210 fr. F. Didot.

— Opera. *Parisiis, Barbou*, 1767, 2 vol. in-12, fig. 6 à 8 fr., et plus en pap. fin.

L'édition de *Paris, Barbou*, 1790, 2 vol. in-12, donnée par Capperonnier, d'après le texte de Heyne, a la même valeur.

— VIRGILII Opera, ex editione P. Burmanni. *Glasguæ, in œdib. academ.*, 1778, 2 vol. pet. in-fol.

Quoiqu'elle soit assez belle, cette édition se donne aujourd'hui à très-bas prix, et même en Gr. Pap.

L'exemplaire ref. en vél. Pap. Edwards, de Londres, avec des ornements en or, deux médaillons à l'encre de Chine sur les plats, et un paysage peint sur la tranche, qui avait été payé 400 fr. Caillard, n'a plus été revendu que 100 fr. Labédoyère.

— VIRGILII Opera, ex recens. Rich.-Fr.-Ph. Brunck. *Argentorati, sumptibus bibliop. acad.*, 1785, gr. in-8. pap. vél. 5 à 7 fr.

Vendu en très Gr. Pap. vélin, *mar. r. dent.* fig. ajoutées, 48 fr. Renouard, en 1805, et beaucoup moins depuis.

— OPERA, ex edit. Rich.-Fr.-Ph. Brunck. *Argentorati*, 1789, gr. in-4. pap. vél.

Belle édition, fort correcte, mais qui cependant conserve peu de valeur : 9 fr. 50 c. mar. Quatremère.

Il y a trois exemplaires sur VÉLIN, dont un a été vendu 22 liv. 12 sh. Sykes, un autre 61 fr. Renouard.

— Bucolica, Georgica, etc. *Parisiis, Petr. Didot natu maj.*, 1791, pet. in-fol. pap. vél. 12 à 18 fr.

Édition d'une correction soignée, mais fort peu remarquable comme livre de luxe; elle n'a été tirée qu'à 100 exemplaires. 26 fr. 50 c. *mar. viol.* Quatremère. Vend. en Gr. Pap. tiré à 4 exemplaires, 81 fr. Chardin, et moins depuis.

Il y a 5 exemplaires sur VÉLIN : 910 fr. Didot aîné ; 650 fr. F. Didot; retiré à 835 fr. Mac-Carthy; un autre 120 fr. Renouard.

— Opera. *Parmæ*, *in ædibus palatinis* (*Bodoni*), 1793, 2 vol. gr. in-fol.

Belle édition, tirée à 200 exemplaires, dont 25 en pap. superfin, et autant en pap. vélin. Le pap. ordin., qui se vendait primitivement 400 *paoli*, a été donné quelquefois pour 20 ou 30 fr. dans les ventes; ce qui prouve combien peu on recherche aujourd'hui ces sortes d'éditions. Le pap. vélin a été payé 204 fr. salle Silvestre, en 1803, 120 fr. en 1805; il est beaucoup moins cher maintenant.

Il a été tiré 3 exemplaires sur VÉLIN d'une qualité médiocre. Un de ces exemplaires s'est vendu seulement 205 fr. en 1841. Un autre, avec toutes les gravures du Virgile de P. Didot et celles de la trad. de Delille, payant à la lettre, plus un dessin d'Emilio Lapi, 450 fr. Renouard, et 405 fr. Thibaudeau.

M. Didot a remarqué dans ce livre environ trente fautes, lesquelles, ensuite, ont été corrigées dans une partie des exemplaires, au moyen de cartons, ou plutôt de feuilles réimpr. en entier.

— OPERA. *Parmæ, ex reg. typ.* (*Bodoni*), 1795, 2 vol. in-8. 10 à 12 fr.

Il y a des exemplaires en Gr. Pap.

— OPERA, cum delectu annotationum; acced. index maittairianus. *Oxoniæ, c typ. clarend.*, 1795, 2 vol. pet. in-8. 6 fr., et plus cher en Gr. Pap.

— Opera, emendabat et notulis illustrabat Gilb. Wakefield. *Londini*, *typis T. Bensley*, 1796, 2 vol. pet. in-8.

Jolie édition, fort soignée, mais dont l'éditeur s'est permis des corrections trop hardies : 9 fr. — Gr. Pap., devenu rare, 120 fr. *m. v. d.* F. Didot; 160 fr. en 1817 ; 52 fr. Giraud; avec des gravures ajoutées et un dessin pour un portr. de Virgile par Saint-Aubin, 54 fr. Renouard. Ce Gr. Pap. est carré, et de la dimension d'un pet. in-4.

— Opera. *Excudebat P. Didot natu major*, 1798, gr. in-fol. pap. vélin, fig. d'après Gérard et Girodet.

Cette édition n'est pas moins recommandable par sa grande correction que par la magnificence de l'exécution typographique et la beauté des gravures; il n'en a été tiré que 250 exempl., dont 100 avant la lettre. Prix de souscription : 600 et 900 fr., réduit maintenant à 200 ou 250 fr. L'exemplaire sur VÉLIN, avec les dessins originaux, qui a été annoncé dans le catalogue de M. Firm. Didot, a passé en Angleterre.

— Virgilius Maro. *Parisiis, excudebat Petrus Didot, natu major, anno VI* (1799), in-18.

La première et la plus belle de toutes les éditions stéréotypes de P. Didot : on en recherche encore les exempl. en Gr. Pap. vélin, de premier tirage, c'est-à-dire imprimés avec les caractères mobiles, parce qu'ils sont beaucoup plus beaux que les autres : 6 à 8 fr. C'est à une faute d'impression que se reconnaît ce premier tirage; on y lit dans le premier vers de la page 178 : *ne te noster amor*, NE pour NEC; cela n'empêche pas que l'édit. ne soit d'ailleurs fort correcte. Il a été tiré plusieurs exempl. sur VÉLIN de ce Virgile, et au moins deux de toutes les autres éditions stéréotypes du même imprimeur.

— Virgilii Opera. *Londini, Dulau, typis Bensley*, 1800, 2 vol. gr. in-8. fig.

Les figures de cette belle édition sont copiées sur celles de Gérard et Girodet : 20 à 24 fr.; — très Gr. Pap., 30 à 40 fr.

— Virgilius Maro, varietate lectionis et perpetua adnotatione, etc., illustratus, a C.-G. Heyne; editio novis curis emendata et aucta tertia. *Lipsiæ, sumptibus Casp. Fritsch*, 1800, 6 vol. gr. in-8. fig.

Édition regardée comme un des chefs-d'œuvre de la critique classique, et qui, chose remarquable dans un livre imprimé à Leipzig à cette époque-là, se distingue par sa belle exécution typographique, ainsi que par les 204 jolies vignettes dont elle est décorée. Le 6ᵉ vol. est un index qui n'a pas été reproduit dans l'édit. de M. Wagner. Les 6 vol. coûtaient en pap. fin, 120 fr.; — le pap. vélin est devenu rare, et se vend de 250 à 350 fr. lorsque l'exemplaire est bien relié en maroquin. Celui de M. H. de Ch., qui était rel. par Bozérian, a même été payé 610 fr., en 1863.

L'édition de *Leipzig*, 1803, en 4 vol. in-8., sans fig., 24 fr.; — Pap. fin, 30 fr.

La première édition du Virgile de Heyne a paru à *Leipzig*, de 1767 à 1775, en 4 vol. in-8. Celle de *Leipzig*, 1788-89, aussi en 4 vol. in-8., est fort améliorée, et il en a été tiré des exemplaires sur pap. fin, avec fig.; prix ordinaire. C'est sur cette dernière qu'a été faite celle de *Londres*, 1793, en 4 vol. in-8. pap. vélin : 20 à 24 fr.; — Gr. Pap., 24 à 36 fr.; — de format in-4., partagé en 8 vol., mis en vente au prix de 20 liv., et donné depuis pour 100 fr., et moins encore.

— OPERA, cura Joan. Hunter. *Cupri-Fifanorum, excudebat Tullis*, 1810, 2 vol. pet. in-8. pap. vélin.

Le docteur Hunter avait déjà donné (*Andreapoli*, 1799) une bonne édition du texte de Virgile, en 2 vol. in-12, avec une préface critique.

— P. VIRGILIUS Maro qualem omni parte illustratum tertio publicavit Ch. Gottl. Heyne, cui Servium pariter integrum et variorum notas, cum suis subjunxit N.-E. Lemaire. *Paris., collig. Lemaire*, 1819-22, 8 vol. en 9 tom. in-8. fig.

Le premier volume de cette édition avait d'abord paru chez *H. Nicole*, en février 1819, et formait une partie de la 1ʳᵉ livraison de la *Bibliotheca latina* que devait publier ce libraire. L'entreprise ayant été ensuite réunie à une autre du même genre, dont s'occupait N.-E. Lemaire, ce dernier publia de nouveau le même volume, après y avoir mis de nombreux cartons, un titre à son nom, et un frontispice général portant : *Bibliotheca classica latina, sive collectio auctorum classicorum latinorum, cum notis et indicibus.* — Voyez BIBLIOTHECA.

Le 8ᵉ vol. est en deux parties. La première contient les index, et la seconde la *Flore de Virgile*, par *M. L.-A. Fée*.

— VIRGILII Opera omnia, ex editione heyniana, cum notis et interpretatione in usum Delphini, variis lectt., excursibus heynianis, recensu editionum et codd. et indice locupletiss. *Londini, Valpy*, 1819, 8 part. en 10 vol. in-8.

Formant les nᵒˢ I à VIII de la collection de Valpy.

— VIRGILIUS, varietate lectionis et perpetua annolatione illustratus a Chr.-G. Heyne. *Londini, Priestley*, 1821, 4 vol. gr. in-8. pap. vél. 24 à 30 fr.

Belle édition. Il en a été tiré en Gr. Pap. un assez grand nombre d'exemplaires, qui se vendaient d'abord 6 liv. 6 sh., mais qui se donnent maintenant pour 40 ou 50 fr.

— Virgilius. *Londini, impensis Guil. Pickering*, 1821, in-48, avec titre gravé et portrait.

Édition d'un plus petit format, et en caractères plus menus que celle de Sedan. 17 fr. *br.* Renouard, et en *mar.* 27 fr. Giraud; 29 fr. Le Chevalier, en 1857. Il en a été tiré six exempl. sur VÉLIN, dont un a été vendu 4 liv. en 1827.

— Virgilii Opera quæ extant omnia, ex heynio-brunckiana recensione, curante Amar. *Parisiis, Lefèvre (e typogr. P.*

Didot), 1821 (réimpr. en 1826), 2 vol. gr. in-32, pap. vél. portr. 4 fr., et plus en Gr. Pap.

— VIRGILIUS, ex editione Heynii. *Londini, Rodwell et Martin*, 1822, gr. in-18. 5 à 6 fr.

De la collection dite du Régent.

— VIRGILIUS : recensuit et emendavit F.-G. Pottier. *Parisiis, Malepeyre (e typogr. Firm. Didot*), 1823, 2 vol. in-8. pap. vél. 7 fr.

Enrichi des variantes de plusieurs manuscrits. Il en a été tiré 50 exempl. sur Gr. Pap. vél. 12 fr.; 2 en pap. Jésus de France, et 2 en pap. Jésus anglais.

— VIRGILIUS Maro, ex recensione et cum notis Chr.-Gottl. Heynii, curante J.-A. Amar. *Parisiis, Gosselin*, 1824, 5 vol. in-12. 15 à 18 fr.

Il y a des exemplaires format in-8. en pap. vélin : 25 fr. Quatremère.

— Opera, ad fidem IX codicum mss. nondum adhibitorum collata cum optimis editionibus, aucta lectionum varietate perpetuaque adnotatione a Joach.-Henr. Jaeck : accedunt specimina scripturarum. *Vinariæ*, 1826, pet. in-8. 4 fr. 50 c. — Pap. fin, 6 fr.

— Opera, notis ex editione heiniana excerptis illustrata : accedit index maittairianus. *Londini, Pickering*, 1830, in-8. 10 sh.; — Gr. Pap. 1 liv.

— P. Virgilius Maro, varietate lectionis et perpetua adnotatione illustratus a C.-G. Heyne; editio quarta. Curavit Ge. Phil. Eberard. Wagner. *Lipsiæ, sumptibus librariæ hahnianæ; Londini, Black et Armstrong*, 1830-41, 5 vol. gr. in-8. 60 fr.

Cette quatrième édition du *Virgile de Heyne* ne doit pas être considérée comme une simple réimpression ; les travaux philologiques ou exégétiques du nouvel éditeur nous paraissent la rendre de beaucoup supérieure à toutes celles qui l'ont précédée. Cette édition renferme, outre de nombreuses additions répandues dans les quatre premiers volumes, un travail tout à fait neuf de M. Wagner, sur l'*orthographe de Virgile*, qui occupe, avec une réimpression du texte, la plus grande partie du 5ᵉ volume, dont voici le titre particulier : *Publii Virgilii Maronis carmina ad pristinam orthographiam quoad ejus fieri potuit revocata; edidit Philippus Wagner. Accedit orthographia virgiliana, index in Heynii notas atque commentarios et conspectus eorum, quæ hac editione continentur.* Ce cinquième volume devait terminer cette excellente édition, à laquelle M. Wagner s'était d'abord proposé de joindre une *Table générale*, ou plutôt un *Lexique virgilien (Lexicon virgilianum)*; mais dans la préface de ce même volume, datée du 21 février 1841, il prévient que l'exécution de ce projet est ajournée et que le lexique annoncé, s'il paraît jamais, formera un ouvrage spécial et tout à fait séparé. (Communiqué par M. G. Duplessis.) Il y a des exempl. en beau pap. vélin et ornés de jolies vignettes d'après l'antique, en partie déjà employées dans l'édition de 1800. Ces exemplaires, divisés en 9 vol., ont coûté 45 thl. 100 fr. 2ᵉ vente Quatremère.

— Opera ad optimorum librorum fidem edidit, perpetua aliorum et sua adnotatione illustravit, dissertationem de Virgilii vita et carminibus atque indicem rerum locupletissimum adjecit Albertus

Forbiger. Editio secunda aucta et plane mutata. *Lipsiæ, Hinrichs,* 1845-46, 3 part. in-8. 5 thl.

La première édition a paru de 1836 à 1839. Il y en a une troisième, *correcta et aucta,* Lipsiæ, 1852, 3 part. in-8. 5 thl. 1/2.

— P. VIRGILII Æneidos libri XII, edidit et annotatione illustravit P. Hofman Peerskamp. *Leidæ, H.-V. Hazenberg,* 1843, 2 vol. in-8. 12 fr.

— Carmina omnia, perpetuo commentario ad modum Joannis Bond explicuit Fr. Dübner. *Parisiis, ex typogr. Firminorum Didot,* 1858, in-16.

Édition elsevirienne, ornée de 27 dessins par M. Barrias. Exemplaires à filets rouges et avec vignettes grav. par M. Huyot, 12 fr. ; — avec vignettes photographiées, 40 fr. Elle est tout à fait digne d'être placée à côté de l'Horace publié par les mêmes éditeurs en 1855. Il a été tiré sur VÉLIN un exemplaire de ce Virgile.

— Opera recensuit O. Ribbeck. *Lipsiæ, Teubner,* 1859-62, 3 vol. in-8. 6 thl. 28 ngr.

Parties séparées de Virgile.

— Virgilii Bucolica. In-4.

Édition sortie des presses d'Ulric Zell, vers 1467; elle consiste en 17 ff. dont les pages entières ont 25 lignes, et elle commence de cette manière :

> *Publij Virgilii Maronis bucolicū carmen incipit.*

Vendu 1 liv. 19 sh. Pinelli ; 121 fr. *mar. bl.* d'Ourches ; 23 liv. Sykes ; 14 liv. Heber.

— Bucolica. In-fol. [12495]

Édition de la plus grande rareté, et qui a été longtemps inconnue à tous les bibliographes ; elle est imprimée sans chiffres, récl. ni signat., et consiste en 16 ff. dont les pages entières ont 27 lignes, à l'exception de la 10e qui n'en a que 26. Les caractères, demi-gothiques, ont quelque rapport avec ceux dont Eggesteyn a fait usage à Strasbourg, dans les premiers temps de son établissement. Le volume commence sans intitulé, et l'on n'y trouve point les noms des interlocuteurs ; le 16e f. verso ne contient que le dernier vers, suivi de cette ligne :

> *E xpliciunt Bucolica virgilii.*

Il est à remarquer que chaque vers commence par une lettre capitale, séparée du mot dont elle fait partie, et que les marges latérales sont excessivement larges. Vend. 303 fr. *m. r.* d'Ourches.

— Bucolica et Georgica. In-fol.

Édition fort rare, imprimée avec les gros caractères romains qu'ont employés Gering et ses associés dans le premier temps de leur établissement à Paris. Le volume a 49 ff. et 32 lignes par page entière, sans chiffres, récl. ni signat. Chaque églogue et chaque livre des Géorgiques sont précédés d'un intitulé ; le dern. livre des Géorgiques est terminé ainsi au recto du dernier f., dont le verso est blanc.

Carmina qui lusi pastorum, audaxqȝ iuuenta Tityre te patule cecini sub tegmine fagi ; Finis fœlix Georgicoȝ Virgilii.

C'est absolument de la même manière que ce poëme est terminé dans l'édition de Virgile donnée par Gering, en 1478, laquelle d'ailleurs en est différente et porte des signatures que celle-ci n'a pas. — Voy. *Biblioth. spencer.,* tome II, p. 487.

— Bucolica. In-4. goth.

Cette édition, imprimée vers 1475, sans lieu ni date, consiste en 22 ff. dont les pages entières ont 20 lignes. On lit à la fin :

> *Finitum Bucolica Virgilii Maronis. Sequitur registrum primum vacat, etc.*

Voyez *Biblioth. spencer.,* tome II, p. 488.

— Bucolica. — (in fine) : *Laus Deo ; Brixiæ, per Thomam Ferandum,* in-4. goth. de 16 ff. à 26 lignes par page, sign. *a* et *b*.

Édition imprimée vers l'année 1480, et commençant sans intitulé par le texte de Virgile. Voir *Biblioth. spencer.,* II, p. 489, où l'on réfute ce que Moro Boni a dit de cette édition, dans ses *Lettere su i libri primi a stampa* ; ce qui n'a pas empêché que les mêmes erreurs n'aient été reproduites dans les *Ricerche* d'Amati, p. 421 (voy. AMATI).

Il y a une autre édition des Bucoliques, in-4., en lettres goth., imprimée à Brescia, à la fin du XVe siècle ; elle ne consiste qu'en 14 ff., et elle commence par un titre particulier, avec une grav. sur bois ; on lit à la fin une souscription ainsi conçue : *Impressum Brixiæ per Damianū et Jacobū Philippū frẽ'.*

— Bucolica, cum commento. *Daventriæ, per Jacobum de Breda,* 1494, in-fol.

Maittaire, qui cite cette édition, en indique une autre de Deventer, 1492, in-4. Il y en a une de la même ville, par Richard Pafroet, 1496, in-4., *cum comment. Herm. Torrentini* (14 fr. Borluut), et une autre par le même imprimeur, 1498, *quinta maii,* in-4., *cum facili commentario Hermanni Torrentini* denuo composito per ipsum propter imperfectionem prioris. C'est un opuscule de 52 ff., y compris 5 ff. pour la table, auquel on peut réunir : *Virgilii Georgica, cum comment. Henr. Torrentini,* que le même Pafroet a donné en 1498, *vicesima nona maii,* in-4.

— AUTRE édition, cum commento familiarissimo Parisius elucubrato. (à la fin) : *Daventrie impressa, per me Jacobum de Breda, anno* M.CCCC.XCIX *per ultima Martii,* in-4. goth. de 45 ff. 25 fr. Borluut.

— Publii Maronis bucolica carmina utcumque exposita. *Impressa per Wynandum de Worde, Londoniis commorantem in vico anglice nuncupato (the Fletestrete) in signo solis aurei. Anno dñi* MCCCCCXII. *die vero* VIII. *Aprilis,* in-4.

Édition excessivement rare. La souscription est accompagnée de la devise de Caxton.

— P. Virgilii Georgicon libri IV, illustrabat, explicabat, emendabat Gilb. Wakefield. *Cantabrigiæ, typis acad.,* 1788, in-8. 3 à 4 fr.

Les exemplaires en grand papier sont fort rares, parce qu'il n'en a été tiré que huit (*Biblioth. grenvil.,* p. 775).

— Æneidos libri XII. — *Impressum Barchinone, per Gabrielem Pou catalanum, die vicesima tertia mensis Junii anno a nativitate domini ·Millesimo quadringentesimo quinto. Deo gratias,* in-4.

Cette édition, fort incorrecte d'ailleurs, est une rareté typographique que sa date fautive rend remarquable. Toutefois on suppose qu'au lieu de 1405 il faut lire 1485 ou 1495, parce que l'imprimeur Gabr. Pou a exercé de 1481 à 1495 (*Biblioth. gren-vil.*, p. 775).

— Æneis. — *Impressum Daventriæ in platea episcopi (per Richardum Pafroet*), in-4. goth.

Cette édition de l'Énéide, portée à 12 liv. 12 sh. dans un catalogue de Payne et Foss, est très-rare, puisque aucun bibliographe, que nous sachions, n'en avait encore parlé. Elle doit être à peu près de la même date que les Eglogues et les Bucoliques, données par le même imprimeur, en 1498 (ci-dessus).

— Moretum, vir bonus. de rosa. de vino et Venere. *Daventrie, in officina Alberti Pafroet* (absque anno), in-4.

Cet opuscule ne contient qu'un cahier sous la signat. A; il a été imprimé vers 1500 : vend. 12 flor. Cre-venna.

— Virgilii Moretum, et carmen Alani. In-4.

Cet opuscule, qui n'a que 6 ff. dont les pages entières ont 24 lignes, est impr. avec les caractères d'Ulric Zell; le premier poëme commence ainsi : *Publii Virgilii Maronis poete optimi moretū incipit*, et occupe 3 ff. Le second a pour titre : *Carmē rigmicū Alani phōs ȳgines τ nō mulieres ad mᵗimoniū ēe ducēdas*, et il finit par l'*Epithaphiū Alani*, en deux vers (*Biblioth. spencer.*, tome II, p. 486).

— P. Virgilii Maronis epigrammatum opus. & primo opusculum de uiro bono. (*absque nota*), pet. in-4. de 6 ff. à 23 et 24 lign. par page.

Opuscule imprimé à l'instar des éditions du XVᵉ siè-cle, dont il porte toutes les marques caractéristi-ques, mais à une époque beaucoup moins reculée, et peut-être même dans le XVIIIᵉ siècle. Un exempl. imprimé sur VÉLIN, 87 fr. Mac-Carthy.

— Voyez CATALECTA.

M. VALERII Probi, in Virgilii Bucolica et Geor-gica commentarius : accedunt scholiorum Veronen-sium et Aspri quæstionum Virgilianarum frag-menta : edidit Henr. Keil. *Halæ*, 1848, in-8. 3 fr.

— Virgilius collatione illustratus. — Voyez URSINUS.

Éditions polyglottes.

— OEuvres complètes de Virgile, en six langues (texte latin d'après Heyne; tra-duction en vers français par Tissot et Delille; en vers espagnols, par Gusman, Velasco et Luis de Leon; en vers italiens, par Arici et Annibal Caro; en vers an-glais, par Warton et Dryden; en vers al-lemands, par Voss), précédées de la vie de Virgile, de notices bibliogr., etc., par J.-B. Monfalcon. *Paris, Cormon et Blanc*, 1835-38, gr. in-8. à 2 col., pap. vél.

On a annoncé qu'il serait tiré de ce volume 25 exempl. sur pap. de couleur rose, chamois, jaune et vert d'eau (prix, 350 fr.), six en Gr. Pap. de Hollande, et deux sur PEAU VÉLIN. Le papier ordinaire coû-tait 75 fr.; ce prix ne se soutient pas.

— Georgica P. Virgilii Maronis in quinque linguas conversa, hispanicam a Joanne de Guzman; germanicam a Jo.-Henr. Voss; anglicam a Gulielmo Sotheby;

italicam a Francisco Soave; gallicam a Jac. Delille. *Londini, e typographeo Gu-lielmi Nicol*, 1827, in-4. impérial, an-noncé au prix de 5 liv. 5 sh. [12496]

Ouvrage de luxe tiré à 250 exemplaires seulement. Il est à remarquer que le premier livre du texte latin a 514 vers, la traduction italienne du même livre, 887; l'espagnole, 963; la française, 615; l'allemande, 514, comme l'original; l'anglaise, 574. En sorte, dit le journaliste allemand dont nous empruntons ce parallèle, que la traduct. espagnole est la plus pa-raphrasée; on estime, ajoute-t-il, que l'allemande est la plus fidèle et la plus énergique, l'anglaise la plus poétique, l'espagnole celle qui a le plus de cir-conlocutions, l'italienne la plus harmonieuse, la française la moins fidèle.

Versions grecques, françaises, italiennes, espa-gnoles, portugaises, allemandes et anglaises.

— Georgicorum lib. IV, et Æneidis lib. XII, græco carmine heroico expressi, stud. et labore Eugenii de Bulgaris, auspiciis princip. Greg.-Alexandridæ Potemkini, et jussu imper. Aechaterinæ II. *Petro-poli*, 1786-92, 4 vol. in-fol.

Texte latin accompagné d'une traduction grecque.

Ces quatre volumes, d'une exécution assez belle, sont peu communs en France. Vend. 230 fr. *mar. viol.* Caillard, et 37 fr. Busche. Ils ne sont portés qu'à 7 roubles 75 cop. dans le catalogue des livres du fonds de l'Académie des sciences de Saint-Péters-bourg.

— Les œuvres de Virgille, translatees de latin en francoys (les Bucoliques et les Géorgiques, par Michel, dit de Tours, et l'Enéide, par Octavian de Saint-Ge-lais, le tout en vers). *Paris, Nic. Cou-teau, pour Galiot du Pre*, 1529, in-fol. goth. de 2 et CCXXXII ff. à 2 col., avec fig. sur bois; le latin est en marge.

On donnait jadis pour moins de 20 fr. ce recueil, qui s'est vendu 4 liv. 16 sh. chez Heber, et aujourd'hui serait peut-être encore plus cher. — L'exemplaire imprimé sur VÉLIN, et décoré de miniatures que l'on a vu vendre successivement 250 fr. Gaignat; 420 fr. La Valliere; 521 fr. Mac-Carthy, est maintenant à la Bibliothèque impériale. Ces traductions, qui avaient d'abord paru séparément (voy. ci-après), ont été réimpr. ensemble à *Paris, chez Jacques Messier*, 1532. — *Paris, Maurice de Laporte*, ou *Jean André*, ou *J. Longis*, 1540. — *Paris, J. Longis*, et *veuve Denys Ianot*, 1548. Trois éditions in-fol. goth., avec fig. sur bois.

— Les œuvres de Virgile, traduites de la-tin en françois, les Bucoliques et Géor-giques, par Cl. Marot et Rich. Le Blanc : les XII livres des Enéides, par Loys des Mazures, et de nouveau a été adjousté un XIIIᵉ livre, par Mapheus, ensemble les épigrammes sélectes de Virgile, tra-duites de latin en françois par Pierre de Mouchault. *Paris, Cl. Micart*, 1578, 1580 ou 1588, pet. in-12. — Autre édi-tion, *Lyon, pour Paul Frellon*, 1606, pet. in-12 de 507 ff.

Recueil peu commun : 8 à 12 fr. Il en existe une réimpression dans le format in-16, faite à *Cologny*, près de Genève, en 1615. L'édition de *Paris, Cl.*

Micart, 1574, ne contient pas le 13e livre de l'E-néide, mais ce livre fait partie de l'édition de *Rouen*, Raph. du Petit-Val, 1608, in-16, dont un exempl. en *mar. v.* par Trautz a été vendu au prix excessif de 66 fr. Solar.

Loys Des Mazures publia d'abord la traduction des deux premiers livres de l'Enéide en vers français, *Paris, Chr. Wechel*, 1547, in-4., et peu de temps après celle des 3e et 4e livres. Ces quatre livres ont été réimpr. ensemble à *Lyon, chez Jean de Tournes*, 1552, in-4. de 215 pp., et aussi à *Paris, chez Ch. Langelier*, en 1555, et en 1556, in-8. Le même traducteur fit ensuite paraître les livres 5, 6, 7 et 8 à *Lyon, chez Jean de Tournes*, en 1557, in-4. de 223 pp. y compris le privilége (les 2 vol. de 1552 et 1557, rel. en un : 20 fr. Coste). Enfin, il donna une édition des douze livres réunis, chez le même de Tournes, à Lyon, 1560, pet. in-4., avec des vignettes sur bois. Ces douze livres ont aussi été réimprimés sous ce titre : *L'Enéide de Virgile prince des poetes latins, translatee en francois par Louis Des Masures, tournesien, avec les carmes latins, correspondant verset pour verset ; le tout reneu τ corrigé de nouueau*, à Paris, chez Jean Borel, en 1567 et en 1572, pet. in-8. de 14 pp. prélim. et 672 pp. de texte.

— LES BUCOLIQUES et Georgiques de Virgile, traduites en vers françois, auec le texte, par Pierre Tredehan. *Geneve, Bapt. Pignereul*, 1580, in-8.

— LES QVATRE premiers livres de l'Enéide de Virgile, en vers heroïques françois, *Geneve, Abel Rivery*, 1574, in-8.

Ces deux parties sont annoncées sous le titre d'*OEuvres de Virgile*, et à la date de 1575, dans le catal. de La Valliere-Nyon, 14733.

Quelques personnes recherchent encore la traduction de Virgile, en vers, par les frères Robert et Antoine Le Chevalier d'Agneaux, *Paris, Thomas Perier*, ou *Guil. Auvray*, 1582, ou 1583, ou 1607, in-8., ou *Paris, Guil. Auvray*, 1582, in-4. 16 fr. *mar. bl.* Giraud, et 125 fr. Solar.

— LES ŒUVRES de maistre François Philon, contenant la traduction en vers françois des douze livres de l'Enéide de Virgile, et quelques autres pièces. *Agen, Jean Gayau*, 1640, in-8. (Bibliothèque impér. et celle de l'Arsenal).

— LES MÊMES ŒUVRES, traduites en françois, le texte vis-à-vis la traduction, avec des remarques, par l'abbé Desfontaines. *Paris, Quillau*, 1743, 4 vol. in-8. fig. 10 à 15 fr.

Cette traduction, qui eut d'abord beaucoup de succès, est très-inexacte ; et celles de Binet, de De Guerle, de Morin, de Delestre-Boulage, etc., sont justement préférées. Cependant de beaux exempl. de l'édit. de 1743, rel. en *mar. r.* conservent encore de la valeur : 44 fr. Quatremère, et rel. par Padeloup, 199 fr. Parison.

Le Virgile de Desfontaines a été réimpr. en 4 vol. pet. in-8. ou in-12, et aussi à *Paris*, chez *Plassan*, 1796, en 4 vol. gr. in-8., fig. pap. ordinaire et pap. vél., ou de format gr. in-4. pap. vél., avec fig. avant la lettre. Cette dernière édition n'est pas plus chère que la première.

— LES MÊMES ŒUVRES de Virgile, traduites par René Binet. *Paris, le Normant*, 1809 (réimpr. en 1823 et 1833), 4 vol. in-12. 12 à 15 fr.

La traduction de Virgile (de l'abbé de La Landelle de St-Remy, retouchée par J.-Nic. Lallemant), connue sous le nom de traduction des quatre professeurs, *Paris*, 1769, 4 vol. pet. in-12, est remarquable par son exactitude.

— ŒUVRES de Virgile, traduction nouvelle, avec le texte en regard et des remarques par J.-B. Morin. *Clermont et Paris*, 1819-26, 3 vol. in-12. 9 fr.

Le premier volume n'a paru qu'après les deux autres.

— ŒUVRES complètes de Virgile, traduction nouvelle (Bucoliques et Géorgiques, par M. Charpentier, Enéide, livre I à VIII, par M. Villenave ; liv. IX à XII, par M. Amar ; petits poëmes et géogra-

phie, par Valentin Parisot ; et la Flore, par M. Fée). *Paris, Panckoucke*, 1832-35, 4 vol. in-8. 28 fr.

— L'ÉNÉIDE, trad. par M. de Pongerville, suivie des Bucoliques et des Géorgiques, trad. par M. Ferd. Collet. *Paris, Lefèvre*, 1843, in-12, avec le texte latin au bas des pages. 3 fr.

— ŒUVRES de Virgile, traduites en vers, avec le texte en regard, par Louis Duchemin ; 3e édit. *Paris, L. Hachette*, 1844, 3 vol. in-8. 15 fr.

— ŒUVRES complètes, traduction nouvelle, par Pessonneaux, avec le texte latin. *Paris, Charpentier*, 1858, 2 vol. gr. in-18. 7 fr.

— ŒUVRES complètes, traduites en vers par Hippolyte Cournol, avec des notes et un examen des autres traductions en vers. *Paris, Firmin Didot*, 1860, 3 vol. gr. in-18.

— Les Bucoliques de Vgille (*sic*) Maron auec cinq autres liures par luy composez, cest assauoir virgille du vergier, et la lectre pythagoras y grecum, de linuention des muses, du chant des seraines τ de la rose tous par rime translatez nouuellement de latin en francois par Guillaume Michel dit de Tours auecques lexposition τ comment. en prose. *Imprime a paris pour Jehan de la garde Lan mil ciq cēs τ seize le xxviii iour de nouēbre*; pet. in-4. goth. de 96 ff.

Dans ce volume, devenu peu commun, se trouve une gravure sur bois, en tête de chaque églogue et de chacune des autres pièces. Un exemplaire impr. sur VÉLIN, avec fig. color., 172 fr. *mar. v.* Camus de Limare.

Cette traduction des Bucoliques et celle des Géorgiques, par le même G. Michel, ont été réimpr. en 1519, et depuis avec l'Enéide d'Octav. de Saint-Ge *lais (voyez ci-dessus).

— LES ÉGLOGUES de Virgile, trad. en carmes françois, la première par Clém. Marot, les autres par Richard Le Blanc. *Paris, Ch. L'Angelier*, 1555, in-8.

Ch. L'Angelier a publié également en 1555 les quatre livres des Géorgiques en carmes franç. par Rich. Le Blanc, in-8., le texte à côté de la traduction. Ces traductions ont été réimpr. avec celles de l'Enéide, par L. Des Masures (voy. ci-dessus).

— LES BUCOLIQUES de Virgile, traduites en vers français (par M. de Langeac). *Paris, Giguet et Michaud*, 1806, gr. in-4. pap. vél., avec 10 fig.

Édition de luxe, publiée d'abord à un très-haut prix, mais maintenant sans valeur, même lorsque le volume renferme 17 pl. en partie tirées du beau Virgile in-fol. de P. Didot.

Il y a deux exemplaires sur VÉLIN, l'un desquels renferme les dessins.

Cette traduction a aussi été imprimée in-8. et in-18, avec figures.

— LES BUCOLIQUES, trad. en vers français, par M. Tissot ; 3e édition. *Paris, Delaunay*, 1812 (ou 4e édition, 1822), gr. in-18.

C'est la meilleure traduction en vers que nous ayons des Bucoliques de Virgile.

— LES BUCOLIQUES de Virgile, précédées de plusieurs idylles de Théocrite, de Bion et du Moschus, trad. en vers français par Firmin Didot. *Gravé, fondu et imprimé par le traducteur, Paris*, 1806, pet. in-8. 5 fr., et plus en pap. vél.

On trouve à la fin de cette estimable traduction une note littéraire et bibliographique, relative aux deux sortes d'exemplaires du Théocrite d'Alde.

— LES BUCOLIQUES de Virgile, traduction nouvelle en vers français, avec tous les passages des auteurs grecs et latins imités par Virgile, et des auteurs des diverses nations qui ont imité Virgile, par Stanislas Maizony de Lauréal. *Par's, Bobée, 1821*, in-8.

— Les Georgiques de Virgile, translatees de lat. en franc. et moralisees, par Guill. Michel. *Paris, Durand Gerlier, 1519*, in-8. goth. figures sur bois.

Vendu 17 fr. Leduc; 83 fr. *mar. br.* Solar.

Sur le titre de ce volume se voit la marque de Durand Gerlier donnée par M. Silvestre, sous le n° 17.

Wolf, qui a souvent imprimé pour Durand Gerlier, faisait usage de la marque ci-dessous :

— Les Géorgiques de Virgile, traduites en vers françois, ouvrage posthume de Martin (publié par Le Bas du Coudray). *Rouen, 1708*, in-8.

Cette traduction, qui se trouve difficilement, n'est pas sans mérite.

— Les Géorgiques, traduites en vers françois, avec des notes, par Jac. Delille. *Paris, Bleuet, 1770*, gr. in-8. fig. 5 à 6 fr.

Première édition de cette excellente traduction. Il en a été tiré des exempl. sur pap. de Hollande (en *mar. r.* 15 fr. 50 c. Giraud). L'édition imprimée par Fr.-Ambr. Didot, *1783*, gr. in-4. pap. fin, est aujourd'hui à très-bas prix, ainsi que celle de *Paris, Bleuet, an II* (1793), in-8. fig., dont toutefois un exemplaire imprimé sur VÉLIN, et orné de dessins originaux, a été vendu 554 fr. Detienne. — On a aussi tiré sur VÉLIN un exemplaire de l'édition de 1804, in-8.

La plus belle édition, et aussi une des meilleures, est celle de *Paris, imprim. de P. Didot l'aîné, 1807*, gr. in-4. pap. vél., avec 5 fig., qui a coûté 100 fr.,

et, avec le portr. seulement, 50 fr. Il en a été tiré deux exemplaires sur VÉLIN.

— Le liure des Eneides. (au verso du dern. f.) : *Cy finist le liure des eneydes compile par Virgille lequel a este translate de latin en francois Jmprime a lyon par maistre Guillaume le roy le dernier iour de septembre Lan mil quatre cens lxxxiii*, in-fol. goth. de 82 ff. non chiffr., sign. a ij—m iij, à longues lignes, au nombre de 30 à 32 sur les pages entières.

Ce livre n'est pas, comme on pourrait le croire, une traduct. de Virgile, mais c'est une espèce de roman en prose, dont l'Enéide a fourni le sujet et une partie des détails. L'exemplaire de la Biblioth. impériale, de même que ceux de l'Arsenal, et de Coste, commencent au f. *aij*, lequel contient un sommaire en 14 lignes, dont voici un extrait : *A lõneur de dieu tout puissant...... Ce present liure compile par virgille tres-subtil z ingenieux orateur z poete intitule esneydes a cte translate de latin en cõmun lãgaige auql pourrõt to' valeureux princes z aultres nobles veoir mõlt de valeureux faictz darmes... Et est le dit liure antẽps plus fort necessaire pour instruire petits z grãs pour chascũ en son droit garder z deffendre, car chose pl' noble est mourir que de villainemẽt estre subjuguc.* Au-dessous de ce sommaire se lisent les deux lignes suivantes en lettres de forme :

Comment priame roy trespuissant ediffia la cite de troye la grant

Le volume, qui est fort rare, renferme nombre de gravures sur bois assez singulières. Vend. 3 liv. 7 sh. Askew ; 300 *mar. r.* Coste.

C'est probablement d'après cette paraphrase anonyme que Caxton a donné l'Eneide en anglais, imprimée en 1490. Voyez ci-après.

— Les eneydes de virgille translatez de latin en francois par messire Octouian de Sainct Gelaiz en son viuant euesque dãgolesme. Reueues z cottez par maistre Jehan Diury bacchelier en medecine. — *Cy finissẽt les eneydes de virgile nouuellemẽt imprimez a paris le .xi. iour dauril mil cinq cens et neuf pour Anthoine verard...* in-fol. goth. de 134 ff. non chiffrés, à 2 col. de 48 lign. avec fig. sur bois (titre compris).

Première édition de cette traduction en vers, impr. avec privilége du roi pour trois ans, ainsi qu'on le lit dans la souscript. Vend. 4 liv. White Knights ; 2 liv. 15 sh. *mar. v.* Heber, et serait plus cher aujourd'hui. Un exemplaire impr. sur VÉLIN, et décoré de miniatures, se conserve à la Biblioth. impériale.

— Les eneydes de virgille. translatez de latin en francoys par messire Octauian de sainct gelaiz en son viuant euesque dangoulesme reueues et cottez par maistre Jehan diury bachelier en medecine. (au verso de l'avant-dernier f.) : *Cy finissent les eneydes de virgile. Nouuellemẽt imprimez a paris le xv. iour de juillet Mil. v. cens et xiiii. par Michel le noir libraire iure.......*, pet. in-fol. goth. de 120 ff. à 2 col.

Pour la traduct. en vers français par L. Des Mazures, voy. ci-dessus, col. 1300.

— L'Énéide, traduite en vers français par Jac. Delille, avec des remarques sur les beautés du texte. *Paris, Giguet et Michaud, an* XII (1804), 4 vol. gr. in-4. pap. vél.

Édition ornée de 4 fig., et cependant à bas prix.

Il y a deux exemplaires imprimés sur VÉLIN.

L'édition de 1814, en 4 vol. gr. in-8. fig., contient de nombreuses améliorations, et l'on y a placé une dédicace de Delille à l'empereur de Russie. Le même ouvrage a été imprimé en 4 vol. gr. in-18, fig.

La traduction en vers de l'Énéide de Virgile, par J.-M. Hyacinthe Gaston, *Paris, Le Normant*, 1804-7, 4 part. en 2 vol. in-8. et 4 vol. in-12, quoique mise au jour à la même époque que celle de l'abbé Delille, a obtenu quelque succès : l'édition in-12 est la meilleure.

On recherche encore un peu la traduction de l'Énéide, en vers français, par de Segrais, *Amsterdam*, 1700, ou *Lyon*, 1719, 2 vol. in-8. Le même auteur a donné une traduction en vers des Géorgiques, *Paris*, 1712, in-8.

— L'ÉNÉIDE de Virgile, traduction en vers, avec le texte en regard, par C.-L. Mollevaut. *Paris, Arth. Bertrand*, 1822, 4 vol. gr. in-18.

Mollevaut avait donné précédemment (en 1818) une traduct. de Virgile, en prose, 4 vol. gr. in-18.

— L'ÉNÉIDE de Virgile, traduction nouvelle, ouvrage posthume de J.-N.-M. de Guerle, publié d'après le manuscrit autographe de l'auteur, par Ch. Iléguin de Guerle. *Paris, Aug. Delalain*, 1825, 2 vol. in-8. 12 fr.

Cette traduction a eu du succès. En 1827 on y a ajouté les Bucoliques et les Géorgiques, in-8.

— L'ÉNÉIDE, traduction nouvelle, avec le texte en regard, des notes et des rapprochements, par Pierre-Franç. Delestre. *Paris*, 1830-32, 3 vol. in-12.

Traduction fidèle et purement écrite.

— VIRGILE en France, ou la nouvelle Énéide, poëme héroï-comique en style franco-gothique, orné d'une figure à chaque chant, pour servir à l'histoire de nos jours, par Le Plat du Temple. *Bruxelles, Weissenbruch*, 1807, 2 vol. in-8.

Ces deux volumes renferment les six premiers livres de l'Énéide de Virgile et les six premiers chants de la nouvelle Énéide : ils ont été saisis par la police française aussitôt leur publication, ce qui a empêché l'auteur d'en donner la suite. Les vers qu'ils contiennent sont grotesques et fort bizarres.

— Virgile travesti. Voyez SCARRON. — en fig. Voyez PAS (*Crisp.* de); voy. aussi le mot DIDON.

— Virgille virai en borguignon. *Ai Dijon, ché Ant. de Fay*, 1718-19-20, 3 part. en 1 vol. in-12.

Traduction des deux premiers livres de l'Énéide et du commencement du troisième. Pierre Dumay est auteur du premier livre (qui a 2 ff. et 56 pp.) et d'une partie du second jusqu'au septième vers de la 16e page. Le surplus de ce livre, composé de 58 pp. en tout, et le commencement du troisième livre qui s'arrête à la page 24, sont de l'abbé Paul Petit; le reste n'a pas été imprimé (alors), et il est même très-difficile de rencontrer ce qui existe du troisième livre. Vend. 8 fr. Chateaugiron; et avec un fragment du quatrième livre réimprimé d'après les *Amusemens philologiques de M.* Peignot, 21 fr. 5 c. mar. r. Nodier; 7 fr. 25 c. Crozet.

La traduction complète des douze livres de l'Énéide en vers bourguignons existe en manuscrit : c'est, comme on voit, un badinage un peu long, auquel ont eu part le P. Joly, jacobin, et Fr.-Jacq. Tassinot. Afin que le travail de ces joyeux Bourguignons ne fût pas entièrement perdu pour le public, on

en a publié un extrait (les livres IIe, IVe et VIe, avec quelques épisodes) sous le titre suivant :

VIRGILLE virai an borguignon, choix des plus beaux livres de l'Énéide, suivis d'épisodes tirés des autres livres, avec sommaires et notes, publiés par C.-N. Amanton, et un discours préliminaire par M. G. P. (Peignot). *Dijon, impr. de Frantin*, 1831, gr. in-18, tiré à 244 exemplaires sur pap. fin, et à 6 en Gr. Pap. fort de Hollande.

Malgré cette publication curieuse, l'édition du premier livre et du fragment du troisième, décrite ci-dessus, reste toujours une curiosité bibliographique qu'on n'a pas remplacée.

— LAS BUCOLICAS de Virgilio, tournados en bers agenez, per Guill. Delprat, dambe lou lati à coustat, per fa beire la fidelitat de la traduction. *Agen, Timotheo Gayau*, 1666, in-12.

— VIRGILIO degvisat, o l'eneido bvrlesco, Del Sr de Valès, de Mountech. *A Tovlovso, De l'imprimario de Frances Bovde ..* 1648, in-4. de 2 ff. pour titre et dédicace, 58 pp. et 1 f. bl., 74 pp. et 75 pp. (Biblioth. impériale.)

Les auteurs de la *Biographie toulousaine* ne connaissaient que l'exemplaire qui appartenait en 1823 à M. Béguillet et qui ne contient que les trois premiers livres.

— L'ENEIDO de Virgilio, librè quatriesme, revestit de naou, et habilhat à la brullesco, suivi du retour de Didon, par le sieur de Bergoing. *Narbouno, Domingo Le Cuirot*, 1652, in-4. 38 fr. Preissac.

Cette traduction en vers languedociens est peu connue. Il en existe une autre des livres I, II, IV et VI (dans le même patois), *Béziés, H. Martel*, 1682, pet. in-12. Elle est d'un sieur d'Estagniol, avocat.

— Virgilii Opera, e cod. mediceo-laurent. descripta ; ab Ant. Ambrogi italico versu reddita, annotationibus, etc., illustrata. *Romæ, Zempel*, 1763-65, 3 vol. gr. in-fol. fig.

On retrouve dans cette édition, peu recherchée, les planches de Pietro Sante Bartoli, déjà employées dans le *Codex vaticanus*, imprimé en 1741 (voir ci-dessus, col. 1291) : 30 à 45 fr.; vend. 72 fr. mar. r. Maucune ; 60 fr. *cuir de Russie*, Caillard.

Cette même traduction a été réimprimée à *Rome*, 1770, en 4 vol. pet. in-8.

— La Bucolica di Virgilio, tradotta da Bernardo Pulci, con le bucoliche di Fr. de Arsochis, di Hieronimo Benivieni e di Jacopo Fiorino de Boninsegni. — *Impressum Florentie, per me Antonium Bartholomei Miscomini, A. D.* M.CCCC. LXXXI, *die ultimo februarii feliciter*, in-4.

Ce volume, qui est très-rare, consiste en 123 ff., sous les signatures a—p; il commence par la *Prefatione di Bernardo Pulci nella Bucolica di Virgilio*, et il finit au verso du dernier f. par la souscription : *Impressum, etc.* Vend. 58 fr. La Vallière; 2 liv. 13 sh. Hibbert.

— Bucholiche elegantissimamente composte da Bernardo Pulci. Et da Francesco de Arsochis senese, ecc. : *Firenze, per Antonio Mischomini*, 1494, *xviiii. del mese d'Aprile*, pet. in-4. de 98 ff., sign. a—n.

Édition presque aussi rare que la précédente. Il en a été vendu un exemplaire 31 fr., en janvier 1829 ; un autre 20 fr. 50 c. Reina, et rel. en mar. r. par Bedford, 3 liv. 15 sh. Libri, en 1859.

— Bucholica vulgare de Virgilio composta per el clarissimo poeta frate Evangelista Fossa de Cremona. *Venetia, impresse p Christophoro de Pensis de Mandello nel 1494*, in-4.

— Liber Æneidos feliciter incipit. *Vicencia, per Ermanno Levilapide*, M. CCCC. LXXVI, in-4., sign. *a—n*.

Cet ouvrage n'est point une traduction italienne de l'Enéide entière; c'est celle d'un abrégé de ce poëme en prose, et distribué par chapitres en forme de roman, originairement composé en langue vulgaire (*in lingua volgare*), ainsi qu'il est dit dans le prologue, par un certain Athanase, Grec, pour l'usage de Constance, fils de l'empereur Constantin; en tête du volume sont deux prologues, l'un du traducteur italien anonyme, l'autre du Grec Athanase. (M.)
On lit à la fin de ce volume précieux, au recto du 101e et pénultième f..... *opera gia in uerso componuda... et da puoi de uerso in lingua uolgare reducta per lo litteratissimo greco Athanagio p consolatione de Constantio figliuolo de Cõstantino imperatore...* — Vicencia, per Hermanno Leuilapide... M.CCCCLXXVI... Le verso dudit f. et le recto du 102e contiennent les *Epitaphia Virgilii*, qui manquent à l'exemplaire décrit dans la *Biblioth. spencer.*, VII, n° 184. — Vend. 4 liv. 14 sh. 6 d. Hibbert; 3 liv. 19 sh. Heber; 58 fr. Boutourlin; 200 fr. *mar. r.* Libri, en 1847, et en *mar. olive*, 3 liv. 6 sh. en 1859.
Cet abrégé de l'Énéide a été réimprimé à Venise, per *Nic. Zoppino di Aristotile da Ferrara*, 1528, in-8. de 83 ff. y compris le frontispice.

— Incomincia il libro de lo famoso et excellente poeta Virgilio Mantoano chiamato lo Eneida vulgare : nel quale si narrano li gran facti descripti et appresso la morte de Cesaro imperatore cum la morte de tutti li gran principi e signori et homini de gran fama li quali ali di nostri sono stati in Italia come legendo chiaramente potrai intendere. — *In Bologna, per Ugone de Rogerii, die 23 Augusti*, 1491 (point 1481), in-4.

Poëme en octaves, d'un auteur inconnu, qui n'a rien emprunté de Virgile, si ce n'est le sujet. L'exempl. de Pinelli n'a été vendu que 14 sh.; mais l'édition vaut davantage, car elle est rare. Celui de la vente Libri (annoncé sous la date 1491 *a di xxiij di decembre*) a été payé 1 liv. 6 sh., bien qu'il eût 2 ff. en partie rétablis à la plume. Ebert en cite une édit. de Venise, sans nom d'imprimeur, 1478, in-4., sans dire d'après quelle autorité; et l'on ne peut savoir s'il s'agit là de l'ouvrage précédent ou de celui-ci.

— Libro di Virgilii, chiamato lo Eneida vulgare : nel quale si narrano li gran facti per lui descripti et apresso la morte de Cesaro imperatore cum la morte de tutti li gran principi e signori et homini di gran fama. (*senza nota*), in-4., finissant au verso du 8e f. du cah. h.

Cette édition sans date est probablement antérieure à celle de 1491. On suppose qu'elle a aussi été impr. à Bologne, par Ugo de Rugerii : 2 liv. 2 sh. Heber, IX, 3142.
— LA ENEIDE di Virgilio tradotta in terza rima. (*in fine*) : *Vinegia per Bernardino di Vitali Venetiano* M. D. XXXII, pet. in-8., sign. A—L, plus 2 ff. d'errata non portés dans le registre.
Cette traduction est de Tommaso Cambiatore, ainsi

que nous l'apprend l'éditeur (Giovan-Paulo Vasio) dans sa préface. La Vie de Virgile qui accompagne la traduction est de Vasio (voy. ce nom). Molini, *Operette*, p. 169, n° 221.

— I sei primi libri del Eneide di Virgilio, tradotti a piu illustre & honorate donne. Et tra l' altre a la nobilissima & diuina Madonna Aurelia Tolomei de Borghesi, à cui ancho è indirizzato tutto il presente volume. — *Stampato in Vinegia per Giouanni Padouano. Ad instantia e spesa del nobile homo M. Federico Torresano d'Asola*, M.D.XLIIII, in-8., fig. sur bois.

Trois choses contribuent à donner du prix à ce vol. : il est rare, il fait partie de la collection aldine, et on y trouve au 2e livre une dédicace *galante* du card. Hippolyte de Médicis à une dame *Giulia Gonzaga*. Chacun des six livres forme une partie chiffrée séparément et avec un titre particulier et une dédicace à une dame. Il y a, de plus, après le frontispice général, une dédicace spéciale en 3 pp. Vend. 1 liv. 16 sh. Butler. Au reste, les mêmes six livres et leurs dédicaces avaient déjà été imprimés à Venise, per *Comin da Trino, ad instantia de Nicolo d'Aristotile detto Zopino, nel anno 1540*, pet. in-8. Un exemplaire de cette première édit., rel. en *mar. r.* et auquel était réuni *il settimo e l'ottavo libro, trad. en lengua toscana.* 15 fr. Libri, en 1847.

— L'Eneide di Virgilio del commendatore Annibal Caro. *Venetia, Bern. Giunti, 1581*, in-4.

Bonne édition de cette traduction estimée : 10 à 15 fr.
— A l'édit. de *Mantoue*, 1586, in-12, sont jointes : *La Bucolica e la Georgica, trad. dal Lori e dal Danielli.* — Celle de *Venise, Giunti*, 1592, en *mar.*, avec les armes de L. Bigot, 1 liv. 13 sh. Libri.
— L'ENEIDE di Virgilio del medesimo Annibal Caro, data in luce da G. Conti. *Parigi, vedova Quillau*, 1760, 2 vol. gr. in-8. fig. 8 à 10 fr.

— L'Eneide di Virgilio, recata in versi italiani da Annibal Caro. *Roma, nella stamperia de' Romanis*, 1819, 2 vol. gr. in-fol. figures.

Édition de luxe, exécutée aux frais de la duchesse de Devonshire, et ornée d'estampes et de vignettes représentant, en général, des sites de l'Italie moderne et d'autres lieux que les vers de Virgile ont rendus célèbres. Quelques-unes de ces planches sont gravées d'après les dessins de *Camuccini* et de *Canova.* A la fin de chaque volume se lit l'inscription suivante :

Elisabetha Devoniæ dux. familia Harvey, excogitavit, suisque sumptibus absolvit.

On est peu d'accord sur le nombre d'exemplaires qui ont été tirés de ce livre : ce ne serait que 164, selon Artaud (*Biograph. univers.*, LXII, p. 455, article *Devonshire*), tandis que Gamba dit, dans la 4e édit. de sa *Serie*, n° 1743 : « Edition tirée à 230 exempl., 150 desquels sont restés à la disposition de la duchesse. Les exemplaires sous les n° 1 à 5 ont les épreuves avant la lettre; ceux qui portent les n° 6 à 80 sont en pap. vél. Les autres se vendaient 12 sequins romains (150 fr.) chacun. ». Des exemplaires en pap. vél. ont été vendus 220 fr. *br.* de Verdun, en 1822; avec une très-riche reliure en *mar.*, par Thouvenin, 1000 fr. Cramayel, en 1826; en *mar. olive*, 24 liv. Hanrott; 125 fr. *dos de mar.* Boutourlin.
La traduction d'Annibal Caro a été réimprimée à Milan, chez Sonzogno, 1816, in-8. portr.; à Florence, 1822, 2 vol. in-24, etc.

VIRGILIUS

— IL QUATRO libro dell' Eneide di Virgilio, in ottava rima, di Steph.-Ambr. Schiappalaria. *Anversa, Christ. Plantin*, 1558, in-12.

Ce volume, peu commun, renferme, indépendamment du 4e livre de l'Enéide, un poëme à la louange de la belle Pellina d'Oria, un autre sur la mort de Charles-Quint, et des poésies lyriques. 19 fr. *mar. r. Libri.*

— L'ENEIDE, tradotta in versi italiani da Cl. Bondi. *Parma (Bodoni)*, 1790, 2 vol. in-8. 10 à 12 fr., et plus cher en Gr. Pap.

Bondi a aussi donné une traduction italienne des Géorgiques, imprimée à *Vienne*, en 1800, gr. in-4., et qui a été réimprimée dans ses œuvres, en 1808. Voy. BONDI.

— LA MEDESIMA, trad. in versi da Vit. Alfieri. *Lond. (Pisa)*, 1804, 2 vol. in-8.

Cette traduction fait partie des œuvres posthumes de l'auteur. — Voyez ALFIERI.

— L'ENEIDE di Virgilio dipinta in Scandiano da Nicolao Abbati; i disegni incisi da Ant. Gajani di Bologna, ed illustrati con una memoria del cav. Giambattista Venturi. *Modena, G. Vincenzi*, 1821, gr. in-fol.

Ce bel ouvrage s'est publié en quatre livraisons.

— L'ENEIDE di Virgilio, tradotta in rima siciliana. *Palerma*, 1654, 1657 et 1660, 3 vol. in-12.

— Los doze libros de la Eneida de Vergilio, traduzida en octava rima y verso castellano. *Anvers, por Juan Bellero*, 1557, in-12.

Cette traduction, portée dans la *Biblioth. crofts.*, n° 2104, doit être celle de Gregorio Hernandez Velasco, dont il a été fait nombre d'éditions, depuis celle-ci jusqu'à celle de Valence, 1793, 2 vol. pet. in-8. Salvá en indique une édition de *Tolède*, 1574, pet. in-4., qui est peu connue. La traduction de Velasco fait partie du recueil des *Obras de Virgilio*, en latin et en espagnol, par divers auteurs anciens, avec des notes et un catalogue des différentes édit., par Mayans y Siscar; *Valence*, 1778 (réimpr. en 1795), 5 vol. pet. in-8.

— Eneida portugueza de Virgilio, por Joao-Franco Barreto. *Lisboa, Craesbeeck*, 1666-70, 2 vol. in-12.

Réimprimé à *Lisbonne*, en 1763, et aussi en 1808, en 2 vol. pet. in-8.

— The book of Eneydos. — *Here fynyssheth the boke of Eneydos, compyled by Vyrgyle, whiche hathe be translated oute of latyne into frenshe, and oute of frenshe reduced into englyshe by me wyllm Caxton the xxij. daye of Juyn... M. iiij C lxxxx*, in-fol., sign. A—L.

Simple traduction de l'ouvrage français extrait de Virgile, qui a été impr. à Lyon, en 1483 (voyez ci-dessus, col. 1304).

L'exemplaire que possède le comte Spencer lui a coûté 100 guinées; celui du marquis de Blandford a été vendu 88 liv. 4 sh.

— THE WORKS of Virgilius, translated and illustrated with annotations by John Ogilvy. *Lond.*, 1654, or 1668, in-fol.

Livre recherché seulement par rapport aux 100 fig. de Hollar, Faithorn et Lombart, qui le décorent, figures dont l'édition de 1654 présente les premières épreuves : 18 à 30 fr. (Pour le texte latin, voyez ci-dessus, col. 1289.)

— WORKS, translated into english verse, by Dryden. *London*, 1772, 4 vol. in-12. 12 à 15 fr.

Cette traduction estimée a paru pour la première fois à *Londres*, en 1698, in-fol. fig.; elle a été souvent réimprimée depuis en différents formats. L'édition de *Londres*, 1806, 3 vol. in-8., fig., revue et corrigée par John Carey, est une des meilleures.

— THE WORKS of Virgil, in lat. and in engl., the Æneide translated by Christ. Pitt, the Eclogues and Georgics, with notes on the whole by Jos. Warton. *London*, 1753, 4 vol. in-8. fig.

Belle édition d'une traduction estimée; le texte latin y est malheureusement incorrect : 20 à 24 fr. L'édit. de 1778, aussi en 4 vol. in-8., est meilleure, mais moins belle. — La traduction de l'Enéide, par Pitt, avait paru séparément en 2 vol. in-4., à *Londres*, en 1740.

— THE WORKS of Virgil, translated by Rob. Andrews. *Birmingham, Baskerville*, 1766, in-8. 4 à 6 fr.

Vendu 12 fr. *cuir de Russie*, Bosquillon.

— VIRGIL'S Works, translated into english prose, with the latin. *London*, 1754, 2 vol. gr. in-8. 10 à 12 fr.

Traduction littérale, avec quelques notes. Elle est connue sous le nom de Davidson, son éditeur. Il en existe nombre d'éditions; la première est de 1743.

— TRANSLATION of the Works of Virgil, partly original, partly altered from Dryden and Pitt, with numerous notes by John Ring. *London*, 1820, 2 vol. gr. in-8. 1 liv.

— Georgicorum libri IV, et Eclogæ X, with an english translation and notes by John Martyn. *Lond.*, 1741-49, 2 vol. in-4. fig.

Belle édition de cette traduction dont on estime beaucoup les notes : vendue avec fig. color. 45 fr. Larcher. L'ouvrage a été réimprimé en 1749, en 2 vol. in-8.

Il a paru à *Londres*, en 1813, une édition gr. in-8. de la traduction des Géorgiques, par Martyn, avec 37 pl. de botanique coloriées; elle est imprimée par Bensley, et il en a été tiré des exemplaires en très Gr. Pap.

— Werke, übersetzt von J.-H. Voss. *Braunschweig, Vieweg*, 1799, ou 1822, 3 vol. in-8. Traduction en vers.

— AUTRE traduction en vers par Ludw. Neuffer et C.-N. Osiander. *Stuttgart*, 1830-35, 6 vol. in-16.

A. Blumauer a publié : *Æneis travestirt*. Wien, 1784-88, 3 vol. in-12.

Réimprimé plusieurs fois.

— L'ÉNÉIDE de Virgile en arménien. *Venise*, 1845, gr. in-8. fig.

Centons.

— Elegantes variorum virgilio-ovidio-centones de opificio mundi, Christo Deo, Deique matre, etc. *Monachi*, 1617, in-8.

Ce volume n'ayant de valeur qu'à cause des gravures de Raph. Sadeler dont il est orné, perd tout son prix lorsque ces figures ne s'y trouvent pas. Vend. 18 fr. *m. bl.* Gaignat; 8 fr. Courtois.

— Inclyta Æneis. Voy. LUCIENBERG.

— Virgilii Christiados lib. XII. V. ROSÆUS.

P. VIRGILII Maronis Sibylla capitolina poemation, interpretat. et notis illustratum a S. L. (P. Daudé). *Oxonii, et Theat. sheld. (Hollande)*, 1726, in-8. 3 à 5 fr. [8517]

Ces centons sont relatifs à la dispute occasionnée par la bulle *Unigenitus.*

.... *On ne s'attendoit guère De voir Virgile en cette affaire.*

ÉTUDES sur Virgile, comparé avec tous les poëtes épiques et dramatiques des anciens et des modernes; par P.-F. Tissot. *Paris, Méquignon-Marvis,* 1825-1830, 4 vol. in-8. 20 fr.

ÉTUDES grecques sur Virgile, ou recueil de tous les passages des poëtes grecs imités dans ses œuvres, avec le texte latin et des rapprochements littéraires, par F.-G. Eichhoff. *Paris, Delalain,* 1825, 3 vol. in-8.

VIRGILIUS. Decalogium Virgilii Saltzburgensis (vulgo Wellendorffer). De metheoroglogicis impressionibus et mirabilibus naturæ operibus, igne, aethere, in aquis atque terra contingentibus, et nostris climatibus quotidie apparentibus; ex diversis officiose compilatum; novellis nedum philosophis et metheorologie amatoribus, verum etiam scholarium rectoribus, et divinorum cooperatoribus haud ociose dedicatum. (à la fin): *Impressum est hoc opus Liptzck per... Vuolfgangum molitoris (alias Stoeckel) de Monaco... anno supra millesimumquingentesimum septimo* (1507), *Die vero Marthe mensis Julii ultima foeliciter finitum,* in-4. goth. de 132 ff. fig. sur bois. [4351]

Volume peu commun, à la fin duquel doit se trouver *Correctorium Decalogi,* et *Completorium Decalogi.*

L'auteur de cette compilation en avait déjà donné une autre sous ce titre :

HEPTALOGUM Virgilii Saltzburgensis... ex diversis paginis atque auctorum officinis congestum, cuius compendiariā et universalissima pratica, in subdito effigiatur typo. *Impressum Lyptzk per Melchiorem Lotter anno millesimo quingentesimo secundo,* in-4.

Pour ses autres écrits, voy. les deux tables de Panzer au mot WALLENDORFFER.

VIRGIN (*Pierre*). Le Pelerin de vie humaine. Voyez GUILLEVILLE (*Guil.* de).

VIRGINITATE (de) B. Mariæ. Voir l'article HISTORIA conceptionis...

VIRI pietate, virtute, moderatione, doctrinaque clarissimi dialogus de pace... inter Philippum II et subditos ejus, rationes quibus Belgici tumultus componi possint, explicans. *Antuerpiæ, apud Jac. Henricum,* 1579, pet. in-8. [25027]

Édition originale et très-rare de cet ouvrage anonyme, dont Van Hultem nomme l'auteur *Caspar Schetus, Corvinus, Wesemaliæ baro, Grobbendoncki toparcha.* Un exemplaire est porté à 7 flor. 15 sh. dans le catal. de Major.

VIRTUDES del Indio. Voyez PALAFOX.

VIRTUS Davidis. Voyez BRY (*Theod.* et *Isr.* de) dans nos additions.

VIRUÈS (el capitan *Christoval* de).

Virorum clarorum ad Melch. Goldastum epistolæ, 18761.

Obras tragicas y liricas. *Madrid, Alonso Martin,* 1609, pet. in-8. [16779]

Les cinq tragédies contenues dans ce volume rare, sont : *La gran Semiramis; la cruel Casandra; Atila furioso; la infelice Marcela ; Elisa Dido.*

— El Monserrate, fundacion de aquella real casa; vida, y penitencia de Juan Guarin. *Madrid,* 1587, ou 1601, pet. in-8. [15218]

Ouvrage en vers, que Cervantes loue beaucoup dans le 6° chapitre du *Don Quichotte.*

— El Monserrate segundo. *Milan, Gratr. Ferrioli,* 1602, pet. in-8.

Même ouvrage que le précédent, mais avec des augmentations considérables. C'est le texte de l'édition de Milan qui a été adopté dans les éditions subséquentes faites en Espagne. La dernière à nous connue est de *Madrid Sancha,* 1805, in-8.

VIRULUS (*Carolus*) vulgo Manneken. Formulæ epistolares. *Lovanii, Johannes Veldener,* 1476, *mense aprili,* in-fol. [18690]

Première édition de cet ouvrage; elle consiste en 72 ff., impr. sans chiffres, réclames, ni signatures, à 40 lignes par page, et elle commence par un intitulé en 6 lign., dont voici les premiers mots : *Continet iste libellus epistolares quasdā formulas, etc.* On lit, au verso du dernier feuillet une souscription longue, mais curieuse, commençant ainsi : *Salue. si te forsan amice dilecte nouisse iuuabit quis huius voluminis impssorie artis pductor fuerit atqs magister : Accipito huic artifici nomen esse ñigro Johanni Veldener, etc.*

Conradus de Westphalie, imprimeur à Louvain, a également donné, en 1476, le 1er décembre, une édition in-fol. du même ouvrage, exactement calquée sur celle de Veldener. Elle finit aussi par la souscription *Salue. si te forsan, etc.,* dans laquelle on a seulement changé le nom et l'indication de la demeure de l'imprimeur. Il faut voir, au sujet de ces deux éditions, le Dictionnaire de La Serna Santander, t. III, pp. 455-58, et *Biblioth. spencer.,* VII, n° 234. — Hain, au mot *Maneken,* décrit 27 autres éditions des *Formulæ epistolares,* impr. à la fin du XVe siècle, postérieurement aux deux précédentes, et dont aucune n'a beaucoup de valeur. Dans ce nombre nous citerons seulement celle de *Cologne, per Arnoldum ther hurnen* (Hoernen), sans date, in-fol. goth. de 76 ff., laquelle est terminée par le traité d'Æneas Sylvius *De remedio amoris.* On remarque que, dans ces différentes éditions, l'auteur des *formulæ* est tantôt appelé simplement *Karolus,* tantôt *Karolus Viruli* ou *Karolus menniken,* et *mennicken.* Il est même nommé simplement *Carolus* sur le titre (*Epistole Caroli*) de l'édition de Lyon, 1493, in-4. à 2 col., sign. a—i, dont la souscription placée au verso du 6e f. du cah. h. porte : *Expliciūt epistole ornatissime maximo artificio ad utilitatem iuuenus studios' cōposite, Impresseqs Lugduni anno dñi Millesimo qadrigentesimo nonagesimo tertio.* Il y a ensuite un index en 4 ff., et le traité *De remedio amoris d'Eneas Silvius,* en 4 ff., termine le cah. i qui n'a que 6 ff.; le verso du dernier est blanc.

VIRUNIUS (Ponticus). Voy. PONTICUS.

VISCONTI (*Gasparo*). Voy. VESCONTE.

VISCONTI (*Ennio-Quirino*). Il Museo

Pio-Clementino, ed il Museo Chiaramonti. *Roma*, 1782-1843, 10 vol. in-fol. max. [29285]

Excellent ouvrage, tant pour le texte que pour les pl. En voici la description : tome I, 1782, 52 pl. de statues, avec 2 pl. marquées A. B. Au commencement doivent se trouver le portrait de Pie VI et le plan général du Museo (le texte de ce volume est de J.-B. Visconti, père d'Ennio Quirino). — II, 1784, 32 pl. de statues, 2 pl. *di monumenti illustrativi*, et le portrait au commencement. — III, 1788, 50 pl. de statues, un nouveau portrait du pape, et *tre tavole illustrative*. — IV, 1790, 45 pl. de bas-reliefs, *due tavole di monumenti illustrativi*, et les statues d'Apollon, de Vénus et de Méléagre, gravées par Louis Cunego, pour servir d'appendice au 1er vol. — V, 1796, 45 pl. de bas-reliefs, 2 *tav. illustrative*, et un sarcophage. — VI, 1797, 61 pl. de bustes, 2 *tav. illustrative*. — VII, 1807, *Miscellanea del Museo Pio Clementino*, dédié au pape Pie VII et avec son portrait, 50 pl. et 2 *monumenti illustrativi*. — VIII à X (ou 1 à 3 du *Museo Chiaramonti*), *il Museo Chiaramonti, aggiunto al Pio Clementino da Pio VII* (con *l'espiegazione di Fil.-Aurel. Visconti e Gius.-Ant. Guattani, pubbl. da Ant. d'Este e Gasp. Capparona*), savoir : I, 1806, avec 46 pl. — II, 1837, avec 53 pl. — III, 1843, avec 43 pl. et un texte de A. Nibby, et le portr. de Grégoire XII ; des monuments de différents genres, avec 1 *tav. illustrativa* et un second portrait du pape Pie VII.

On joint à ces dix volumes l'article suivant :

I MONUMENTI amaranziani illustrati dal marchese Luigi Biondi. *Roma*, 1849, gr. in-fol. avec 40 pl. Les 11 vol. ont coûté ensemble environ 800 fr.

Les huit premiers vol. 352 fr. Hurtault ; 270 fr. Boutourlin ; 510 fr., avec le vol. de Feoli (voyez ce nom), Librairie De Bure.

Les 3 vol. du musée Chiaramonti, et les *Monumenti amaranziani*, 260 fr. Raoul-Rochette.

— IL MUSEO Pio-Clementino. *Milano*, 1818-22, 7 vol. gr. in-8., avec 621 pl. 200 fr.

— IL MUSEO Chiaramonti... *Milano*, 1820, gr. in-8., avec 79 pl. 25 fr.

Il y a des exemplaires de ces 8 vol. tirés in-4., en papier ordinaire, qui se payaient le double des autres ; il y en a aussi en·pap. vél. L'édition de ces deux ouvrages traduits en français par Sergent Marceau, également publiée à *Milan*, de 1818-22, en 8 vol. gr. in-8. ou in-4., so vendait le même prix que ci-dessus. Ces deux éditions, quoique moins magnifiques, et à tous égards moins bonnes que l'in-fol., ont beaucoup contribué à en faire tomber le prix ; mais il est à croire qu'elles conserveront peu de valeur dans le commerce.

— Voyez MUSEO capitolino.

— Illustrazioni de' monumenti scelti borghesiani già esistenti nella villa sul Pincio, scritte da E.-Q. Visconti, date ora per la prima volta in luce dal cav. Gio. Gherardo de Rossi da Stefano Piale sotto la cura di Vincenzo Feoli. *Roma, de' Romanis*, 1821, 2 part. gr. in-fol., avec 48 et 32 pl. [29299]

Très-bel ouvrage : vend. 60 fr. 50 c. Boutourlin, et qui vaut davantage. Il a été réimprimé sous ce titre :

MONUMENTI scelti borghesiani... nuovamente pubblicati dal D. Giov. Labus, *Milano*, 1835, in-8.; et aussi de format in-4.

— Voyez LAMBERTI.

— Iconographie ancienne, ou recueil des portraits authentiques des empereurs,

rois et hommes illustres de l'antiquité. Première partie : Iconographie grecque. *Paris, de l'imprimerie de P. Didot l'aîné*, 1808, 3 vol. in-fol. max. fig. [30412]

— Iconographie romaine : hommes illustres. *Paris, P. Didot l'aîné*, 1817-24-26 et 33, 4 vol. gr. in-fol. fig.

Ces deux magnifiques iconographies, qui font suite l'une à l'autre, ont été imprimées aux frais de l'Etat, et distribuées en présents. Les trois derniers volumes sont en grande partie l'ouvrage du chevalier A. Mongez, continuateur beaucoup moins savant que l'illustre antiquaire romain. Ces sept vol. se payent assez bon marché dans les ventes. 151 fr. de Sacy ; 260 fr. *dos de mar*. Sebastiani. Il en a été tiré un exemplaire sur VÉLIN.

— Le même ouvrage. Iconographie grecque. *Paris, imprim. de P. Didot l'aîné*, 1811, 3 vol. in-4., et atlas gr. in-fol. = Iconographie romaine. *Ibid.*, 1817-21-26 et 33, 4 vol. in-4., et atlas in-fol.

Édition faite pour le commerce, et qui contient les mêmes planches que la précédente. Le prix, qui était originairement de 240 fr. pour la première partie, et de 322 pour la seconde, a été depuis réduit à 150 fr. pour les deux parties. Vend. 125 fr. *dos de mar. r.* Fortia d'Urban. — Dans les exempl. de l'*Iconographie grecque*, sous la date de 1811, la vignette du frontispice de l'atlas offre le buste de l'empereur Napoléon ; mais cette vignette n'est plus la même sur le nouveau frontispice, daté de 1817, qui a été substitué au premier.

— ICONOGRAFIA greca, trad. da Gio. Labus. *Mediolani*, 1824-25, 3 vol. gr. in-8., avec 180 pl. 60 fr. — In-4., 90 fr.

— ICONOGRAFIA romana, trad. dal franc., *Milano*, 1818-22, in-8. fig. Le 1er vol., 12 fr. — In-4., 24 fr.

Ces deux iconographies, qui forment la 2e série des œuvres de Visconti, ont paru en même temps, ou avec un texte italien ou avec un texte français. Elles sont l'une et l'autre fort inférieures à l'édition de *Paris* ; nous ne croyons pas que la seconde ait été terminée.

— OEuvres diverses, italiennes et françaises. d'Enn.-Quir. Visconti, recueillies et publiées par le docteur Jean Labus. *Milan, Stella*, 1827-31, 4 vol. in-8.fig. 60 fr. — Pet. in-4., 100 fr. — Gr. Pap. vél. 200 fr. [28965],

Cet excellent recueil forme la 3e et dernière section des œuvres de l'auteur. Le texte a été revu avec soin par J. Labus, et les gravures sont de Pelagio Pelagi. Il y a des exemplaires sous un titre italien.

Dissertations particulières de E.-Q. Visconti.

OSSERVAZIONI su due mosaici antichi istoriati. *Parma, della reale tipogr.*, 1788, gr. in-8. fig. 6 à 7 fr. [29504]

Il y a 25 exemplaires en pap. vél. et 3 sur VÉLIN. Un de ces derniers a été vendu 73 fr. Brienne, en 1792, et 48 fr. Mac-Carthy.

OSSERVAZIONI sopra un antico cammeo, rappresentante Giove Egioco. *Padova*, 1793, in-4. [29611]

Il se trouve dans cette dissertation une belle planche du camée, gravée par Morghen, et dont les premières épreuves sont avec le mot *effosus*, au lieu d'*effossus* (Catalogue de Cicognara, n° 3067).

LE PITTURE di un antico vaso fittile, trovato nella

Grecia, appartenente al principe Poniatowski, esposte da E.-Q. Visconti. *Roma*, 1794, gr. in-fol. fig. 18 fr. Visconti. [29637]

MONUMENTI gabini della villa Pinciana descritti. *Roma*, 1797, gr. in-8. fig. Vend. 18 fr. Visconti; 14 fr. Hurtault. [29528]

Ce volume fait suite à l'ouvrage intitulé *Sculture del palazzo della Borghese* que nous avons indiqué ci-devant au mot LAMBERTI. Van Praet en cite un exemplaire imprimé sur VÉLIN.

ISCRIZIONI greche triopee, ora borghesiane, con versioni ed osservaz. *Roma*, 1794, pet. in-fol. fig. [29973]

Cette dissertation, imprimée aux frais du prince Borghèse, n'a pas été mise dans le commerce : 14 fr. Villoison.

LETTERA di E.-Q. Visconti intorno ad un' antica supellettile d' argento scoperta in Roma. *Roma*, *delle stampe de' Salvinucci*, 1825, in-4., avec 24 pl. [29654]

Cette lettre a paru pour la première fois en 1793; mais l'édition que nous citons ce que l'on doit aux soins de M. Montagnani, est augmentée de quelques passages et de plusieurs planches qui ne se retrouvent pas dans les *OEuvres diverses* de l'auteur, publiées par J. Labus. Cette édit. de 1825 contient de plus deux morceaux, l'un du chev. d'Agincourt, et l'autre de Galeani Napione, relatifs au même sujet.

— Marbres d'Elgin, 29536. — Mémoires, 29541.

VISCONTI *(Fil.-Aurelio)*. Indicazione antiquaria delle sculture esistenti nella villa Miollis, compilata da Filippo Aurelio e da Aless. Visconti. *Roma*, 1814, in-4. fig. [29529]

Un exemplaire sur pap. vél. bleu : 42 fr. Visconti.
— Voy. VALADIER *(Gius.)*.

VISCONTI *(P.-E.)*. Antichi monumenti sepolcrali scoperti nel ducato di Ceri negli scavi eseguiti da ordine del sig. Aless. Torlonia, dichiarati da P.-E. Visconti. *Roma*, 1836, in-fol. de 34 pp. avec 13 pl. [29454]

En rendant compte de cet ouvrage dans le *Journal des Savants*, ann. 1843, Raoul-Rochette en a fait connaître deux autres qui se rapportent également aux découvertes faites dans l'ancienne cité de *Cære*. En voici les titres :

DESCRIZIONE di Cere antica, ed in particolare del monumento sepolcrale scoperto nell' anno 1836, ecc., dell' architetto Car.-L. Canina. *Roma*, 1838, in-fol. fig.

MONUMENTI di Cere antica, spiegati colle osservanze del culto di Mitra, dal cav. L. Griffi. *Roma*, 1841, in-fol.

VISÉ *(Jean Donneau, sieur de)*. Son Théâtre, formé de la réunion de 12 pièces. *Paris*, 1666-95, 3 vol. pet. in-12. [16479]

Les douze pièces du sieur de Visé ou qui lui sont attribuées se trouvent bien décrites dans le catal. de M. de Soleinne, n° 1412, mais portées seulement à 12 fr. 50 c., malgré la note curieuse à laquelle elles ont donné lieu, et où il est dit qu'à la fin de la *Veufve à la mode*, comédie, *Paris*, Nic. Pepingué, 1667, on lit : *Fin de la Veufve à la mode*, *comédie de M. Molière*.

— LA DEVINERESSE, ou les faux enchantemens, comédie (anonyme). *Suivant la copie imprimée à Paris (Hollande, Elsevier)*, 1680, pet. in-12 de 190 pp. en tout.

Pièce à laquelle Th. Corneille a eu part; elle est rare de cette édition. Vend. jusqu'à 60 fr. Morel de Vindé; 19 fr. 50 c. Bignon; 5 fr. 25 c. de Soleinne.

— L'EMBARRAS de Godard, ou l'accouchée, comédie. *Paris*, *Ribou*, 1668, in-12.

Le titre singulier de cette pièce lui donne quelque prix : 12 fr. Morel-Vindé.

On a du même auteur de très-volumineux *Mémoires pour servir à l'histoire de Louis XIV*, Paris, Imprimerie royale, 1697-1705, 10 vol. in-fol. [23732]; ouvrage fort peu estimé, et qui, malgré la rareté du 10e vol., est à bas prix, même lorsqu'il se trouve complet. Néanmoins un bel exemplaire in *mar. r.*, aux armes de Rochechouart, a été payé 405 fr. à la vente Le Prevost, en 1857.

VISHNU Purânâ (the), a system of Hindu mythology and tradition, translated from the original sanscrit and illustrated by notes derived chiefly from other Purânâs, by Horace Hayman Wilson. *London*, *printed for the oriental translation fund*, 1840, in-4. de XCI et 704 pp. 2 liv. 2 sh. — 45 fr. Quatremère. [22664]

VISHNUSARMA, voy. HIPOTADESA.

VISIANI *(Roberto de)*. Flora dalmatica, sive enumeratio stirpium vascularium, quas hactenus in Dalmatia lectas et sibi observatas descripsit, digessit, rariorumque iconibus illustravit Robertus de Visiani. *Lipsiæ*, *Fr. Hofmeister*, 1842-50, 3 vol. in-4. avec 55 pl. 50 fr.; — color. 80 fr. [5096]

VISIANO *(J.-C. de)*. Voy. dans nos additions NOBILIAIRE des Pays-Bas.

VISION divine. Voy. MICHEL *(Jehan)*.

VISION de Pasquile. Voy. PASQUILLUS.

VISIONS (les) admirables du Pèlerin du Parnasse, ou divertissement des bonnes compagnies et des esprits curieux; par un des beaux esprits de ce temps. *Paris*, *Jean Gesselin*, ou *Daubin*, 1635, in-8. 8 à 12 fr. [17861]

Vendu 40 fr. *mar. orange* Nodier.

VISKOVATOFF. Istoritcheskoïe opissanïe odéjedy i vorouojéniia rossiskich voïsk. Description historique des uniformes et des armes des troupes russes (par le général-major Viskovatoff). *St-Pétersb.*, *impr. militaire*, 1841-1853, 11 vol. in-fol. avec planches lithogr. [9657]

Très-bel ouvrage dont il n'a été mis en vente que fort peu d'exemplaires.

VISORIO *(Henrique)*. Anagramma de la vida humana. *Lisboa*, *Alvarez y Lopez*, 1590, in-8.

Ebert indique ce livre rare d'après l'exemplaire de la bibliothèque de Wolfenbüttel ; mais ni Antonio, ni la Bibliothèque portugaise n'en ont fait mention.

VISSCHER *(Nic)*. Livre nouveau de fleurs

Visi *(G.-B.)*. Notizie di Mantova, 25410.
Visscher *(N.)*. La Rivière de Vecht, 25188.

util (*sic*) pour l'art d'orfévrerie et autres, dédié à Iean de Leins. *Amsterdam, Nicolaus Visscher*, 1625, in-4, obl.

Deux séries composées chacune de 12 planches. A la fin de la première série on lit : *Claes Ianss. Visscher excudebat A° 1625*, et l'on voit dans plusieurs planches de la deuxième série que les dessins ont été faits par Assuwerus van Londerseel. 17 sh. Libri, catal. de 1862, n° 425.

VITA beati P. Ignatii Loyolæ Soc. Jesu fundatoris. *Romæ*, 1609-22, pet. in-4. [21894]

Ce volume consiste en planches très-bien gravées en taille-douce, au nombre de 79, non compris le frontispice et le portrait; il y a de plus dans plusieurs exemplaires 14 estampes représentant les actions de saint Louis de Gonzague et de Stanislas Kotska : 1 liv. 12 sh. Pinelli; 8 fr. Méon; 20 fr. Riva; 59 fr. *mar. r.* Cailhava; 101 fr. De Bure, et. 145 fr. H. de Ch..., en 1863.

VITA del glorioso beato Giovanni di Capistrano. Voy. TEOFILO.

VITA Christi. Buchlin vita Cristi genennt. (à la fin) : Diszs büchlin von der kindheyt vnd dem leydè vnsers herren Jhesu xp̄i auch von dem leben Marie seiner liben muter; mit sampt der legend von den helygen drey Künigen *hat getrukt Ant. Sorg zu Augspurg*, 1476, in-fol. de 156 ff. d'après Panzer, ou seulement 154 d'après Hain, avec fig. sur bois.

Réimprimé à *Augsburg*, *Anthonius Sorg*, 1481, in-fol. de 174 ff. chiffrés à 35 et 36 lign., et 1 f. non chiffré, avec fig. sur bois. — Aussi à *Augsburg*, *Hanns Schönsperger vnd Th. Ruger*, 1482, in-fol. de 139 ff. chiffrés, fig. sur bois. — *Augspurg*, *Ant. Sorg*, 1491, in-fol. 136 ff. chiffrés et 1 non chiffré, fig. — *Augsp., Joh. Froschauer*, 1503, in-fol., et en dialecte bas-saxon (*Passionael van Jhesus un de marien leuende*), Lubeke, 1482, in-4. (Graesse, *Trésor*, tome I, p. 565, 2e col.)

— Voy. REBADEYNERA.

VITA Christi en langue toulousaine. Voy. ci-dessus, col. 1188.

VITA (breve compendio della) del famoso Titiano Vecellio di Cadore cavaliere et pittore. *Venetia*, 1622, in-4., avec le portrait. [31061]

Édition originale dédiée *all' eccellenza illustrissima di madama di Arrundell Surrey*, ce qui lui donne du prix en Angleterre : 4 liv. 4 sh. *mar.* Hibbert. — L'ouvrage a été réimprimé à *Venise*, 1809, in-4., par les soins de l'abbé Accordini.

VITA Corneliana. Voy. ROLLOS.

VITA del nostro signore miser Jesu Christo, et de la sua gloriosa madre vergene madona sancta Maria.— *Stăpato ĩ Bologna ĩ casa d. Baldisera de li azzouguidi : a di dieci decĕbre M. cccc. lxxiiii*, in-fol. à 2 col. [299]

Édition très-rare d'une légende fort singulière, surtout au sujet des miracles de l'enfance de J.-C. Le volume commence par une table des chapitres, et

finit par la souscription, suivie du registre d'assemblage. .

VITA de la gloriosa vergene Maria. (à la fin) : *Fa finita la vita, de la preziosa Verzene Maria, e del suo fiolo Jesu Christo benedecto. In Vienza in caxa del venerabilie. Homo Mis. pre Juhan Lunardo longo Piovan de sancta Paulo de Vizenza.correndo l'anno de la natiuita*..... M. CCCC. LXXVII. *a di vinti del mexe de Marzo. Amen.* M. P. Z. L. C. L. pet. in-fol. car. rom.

Ce volume commence ainsi : *Prologo devoto nel Libro seguente de la vita de la gloriosa Vergine Maria.*

— Voyez ci-dessous, col. 1321, VITA (la) miracolosa.

VITA del nostro signore misere ieusu xp̄o et de la sua gloriosa madre uirgene madona sancta maria. — *In Venetia per Zoane Rose da Vercegli nel anno de salute 1482 a di xxx de marzo*, in-4. de 78 ff. en caract. ronds, sign. a—k., avec la marque L. A. des Giunti.

Ce volume commence par 4 ff. pour la table. Le texte est orné de fig. sur bois sur des sujets tirés de l'ouvrage. 58 fr. Costabili.

VITA di Merlino. Voyez MERLIN.

VITA di sancto Romolo primo uescouò di Fiesole elquale fu discepulo di sancto Piero apostolo ridocta di latino in lingua thoscana a stanza di chi ristauro la sua sepultura et capella nella canonica di Fiesole. (*Firenze*) 1491, pet. in-4. avec une vignette sur bois. 8 sh. Libri.

VITA di san Giouañi Gualberto glorioso cõfessore ɀ institutore del ordine di Valembrosa. *Venetia, per Luccantonio di Giunta*, 1510, pet. in-4. de IV et 35 ff. [22205]

Un exemplaire impr. sur VÉLIN, 66 fr. Mac-Carthy; un autre avec l'opuscule intitulé : *Compendio delli abbati generali di Valembrosa, e di alcuni di ipso ordine*, imprimé par le même Junta, en 1510, in-4. de 20 ff. en tout, également sur VÉLIN, 21 liv. Sykes. Les deux ensemble, 5 liv. 2 sh. à Londres, en 1849.

VITA (de) et beneficijs ‖ saluatoris Ihesu cristi devotissime meditati ‖ ones cũ gratiarũ acti ‖ one. (*absque nota*), pet. in-8. goth. de 126 ff. à 22 lig. par page.

Édition attribuée à Ulric Zell, à Cologne, par Hain, n° 10993, lequel décrit plusieurs autres éditions du même ouvrage, également en caractères gothiques et imprimées sans lieu ni date, savoir : 1° in-8. de 68 ff. à 31 lign. par page; 2° in-8. de 72 ff. à 28 lign. par page; 3° pet. in-8. de 255 ff. à 25 lign. par page, y compris le traité de Gerard de Zutphan *De spiritualibus ascensionibus*.

VITA et miracula P. Benedicti. Voy. PAS-
SERI (*Bern.*).

VITA et miracula S. Dominici. *Antuerpiæ, apud Th. Gallæum,* 1611, in-4.
12 à 15 fr.

34 planches y compris le portrait du saint, 50 fr.
Hebbelynck.

VITA et miracula sancti Francisci de Paula,
novis tabulis et miraculis aucta. *J. Le
Clerc excudit (Parisiis),* 1615, in-4.

Estampes numérotées de 1 à 27, avec le portrait du
saint, servant de frontispice. 22 fr. Riva.

VITA et miracula S. Vincentii Ferreri. *Parisiis, apud Jo. Leclerc,* 1612, in-4.

Dix-huit estampes numérotées et le portrait du saint.
20 fr. Riva.

VITA (la) e morte di tutti i Pontifici. col
nome di tutti li cardinali : et come se
elese i Pontifici. (*senza nota*), in-4. de
4 ff. à 2 col. de 50 lig. par page, sign. A
lettres rondes, sur le premier f. les armes d'Adrien VI.

Opuscule en vers. Cette édition s'arrête au pape
Adrien VI. Une autre également in-4. à 2 col., mais
en caract. goth., a une stance de plus et qui est
relative à Clément VII.

VITA (la) et morte di Sancto Joanne Baptista. — Finita la vita e morte di Sancto
Giovanni Baptista. (*sans lieu ni date*),
in-4. à 2 col. de 36 lig., caract. ronds,
avec un bois au commencement.

Ecrit en octaves et imprimé au commencement du
xvie siècle (Molini, *Operette*, p. 195, n° 349).

VITA z processus Sti Thome cantuariensis
martyris super libertate ecclesiastica. (au
verso du 93e f.): *ĩpressa fuit Parisius per
Johannem Philippi (Cruczenach).......
Ano dñi Millesimo q̃dringẽtesimo nonagesimo quinto, vicesima septima
mensis martii*, pet. in-4. goth. de
98 ff. à 2 col. de 45 lign., sign. a—m
et A, y compris le titre et les 4 ff. de
table. [22279]

Cette compilation est de Henri, abbé de Croyland, qui
la commença en 1199. On la désigne sous le nom
de *Quadrilogue*, parce que c'est un extrait des
quatre principaux auteurs qui ont écrit l'histoire
du saint archevêque, Jean de Salisbury, Herbert
de Boscham, Guillaume, sous-prieur de Cantorbéry,
et Alain, abbé de Teuskburi. La version qu'en a
donnée le P. Lupus dans le recueil publié par lui en
1688 (voyez notre article THOMAS cantuariensis),
diffère beaucoup de l'édition de 1495, laquelle est
sans nom d'auteur, M. Graesse place cette même
édition à l'article ALANUS, abbas teukesburiensis,
parce qu'il a jugé à propos d'ajouter au titre du
livre les mots suivants qui ne s'y trouvent pas : *S.
quadripartita historia, per Herb. de Hoscham,
Joh. Carnotensem, Joh. Cantuariensem et Ala-
num*, et que, très-arbitrairement, il a choisi ce
dernier nom de préférence aux trois autres. (Pour
plus de détails sur le texte de ce *Quadrilogue*,
consultez les Notices des mss. de la Biblioth. impér., IX, 2e part., pp. 85 et suiv.)

Cette même édition de 1495 est annoncée sous le
nom de Petrus Bertrandus, dans le catalogue de

Soubise, p. 572, parce qu'elle se sera trouvée accompagnée d'un opuscule de cet évêque (*Libellus
de juridictione ecclesiastica*), imprimé également
en 1495, par Jean Philippi, et qui se compose de
18 ff. seulement, sign. aa et bb, avec la marque de
l'imprimeur (donnée par M. Silvestre, n° 312) sur
le dernier f. Ce morceau est ordinairement joint
au livre dont il s'agit. Vendu 1 liv. 18 sh. Heber,
et (avec *Cassiodori ecclesie primitive historia
tripartita*) 25 fr. 50 c. Saint-Mauris, en 1840.

Voici le titre d'une autre vie de Thomas Becket, qui
est plus rare encore que la précédente :

HERE BEGYNNETH the lyfe of the blessed martyr
saynte Thomas. *Thus endeth the lyfe.... Imprynted by me Rycharde Pynson* (no date), in-4. goth.
de 8 ff.

Citons encore :

THE LIFE, or the ecclesiasticall historie of S.
Thomas archbishope of Cantorbury. *Coloniæ*, 1639,
pet. in-8.

LA VIE de S. Thomas de Cantorbéry, tirée des
quatre auteurs contemporains qui l'ont écrite, et
des historiens, par le sieur de Beaulieu [Jos.-Séb.
de Camboust de Pont-Château]. *Paris*, 1674 (aussi
1679), in-4.

VITA di S. Thomas... tradotta dalla lingua francese nell' italiana, in alcuni luoghi accresciuta da
Gio.-Batt. Cola. *Lucca, presso i Marescandali*,
1697, in-4.

Il nous reste à parler d'un poëme français écrit au
xiiie siècle, lequel a été publié d'après une copie
incomplète appartenant à la bibliothèque de Wolfenbüttel, sous le titre suivant :

LEBEN des h. Thomas von Canterbury, alt-fran-
zösisch, herausgegeben von Imm. Bekker. *Berlin,
Nicolai*, 1838, in-8., aussi in-4. de 172 pp., à 30 vers
par page. [13209]

— Voyez les articles CANDA, et THOMAS Becket.

VITA (la) : & sito di Zichi : chiamati ciar-
cassi : historia notabile. *Venetiis, apud
Aldvm, mense Octobri*, M. DII, in-8.
de 8 ff., dont le dernier est blanc. [28053]

Cet opuscule est de George Interiano, Génois; Alde y
a joint une préface latine, en date du 20 octobre
1502, adressée au poëte Jacques Sannazar. C'est
une des pièces rares de la collection aldine (3 liv.
mar. bl. Buttler ; 101 fr. Chavin de Malan, en 1858).
La réimpression qui en a été faite en caract. goth.,
et avec la même préface, n'est pas plus commune
que l'édition d'Alde, mais elle n'a pas la même importance. Au surplus ce morceau curieux se trouve
réimprimé dans le 2e vol. de la collection de Ramusio, article xi.

VITA (de la) ha tenvto el se ‖ renissimo
segnor dvca de ‖ Calabria in lo ca ‖
stello de ‖ Xativa. (*absque nota*), in-4.
de 16 ff., sign. A—D; le dern. est blanc.

Opuscule imprimé en lettres rondes. Le 1er f. porte
le titre ci-dessus en capitales, et au verso une figure du Christ gravée sur bois. Ensuite se trouvent
trois épîtres, la première en italien avec ce sommaire : *Andreas ex dominis di passano Patri-
cius genuensis ad serennissimam... D. Ysabel-
lam de Baucia de Aragonia reginam* ; la seconde
en espagnol, au nom de *Ferdinandus*, et adressée
à Ferdinand d'Aragon, *De heredia Aragonensis,
del triste castello de xatiua. a xxvi. de hebrero
de D. xvii*, date suivie de trois épigrammes latines
Petri Grauing canonici neapolitani ; la troisième
aussi en espagnol, adressée par le même au même.
Au f. BII commence le prologue qui finit au f. DII.
Le feuillet suivant, dont le verso est blanc, contient au recto une prière *Ad imaginem Christi*
qui se rapporte à la figure du Christ qui est au
verso du titre, figure qui, dans l'exemplaire im-

primé sur VÉLIN que nous a communiqué M. Payne, ancien libraire de Londres, est peinte en or et en couleur. L'ouvrage se rapporte à la captivité du duc de Calabre au château de Xativa en Espagne. Il est probable qu'il n'a pas été mis dans le commerce.

VITA Lydwine. Voy. BRUGMAN (*Joannes*).

VITA (la) miracolosa de la preciosa Vergine Maria, e del suo unico fiolo Jesu-Christo. *Milano, per Petro Martino de Mantegatio*, 1499, in-4. de 76 ff. -[325]

Vendu, avec *Miracoli de la Madona*, impr. à *Turin*, en 1496, in-4. de 36 ff., les 2 vol. en *mar. citr. à compart.*, 145 fr. Gaignat ; le même exempl. en deux articles, 79 fr. et 43 fr. Mac-Carthy, et plus tard 460 fr. et 385 fr. De Bure.

C'est probablement le même ouvrage que nous avons porté ci-dessus (col. 1318) sous le titre de VITA de la gloriosa Vergene.

VITA B. Máriæ Virginis. Voyez HISTORIA beatæ Virginis Mariæ.

VITA Reginaldi Poli S. R. E. cardinalis et cantuarensis episcopi (auctore Ludovico Becatello ex italica lingua interprete Andrea Duditio Sbardellato, episcopo Tininiensi). *Venetiis, ex officina Dominici Guerrei et Joannis Baptistæ fratrum*, 1563, in-4. [26924]

Volume rare imprimé avec des caractères semblables à ceux de plusieurs éditions aldines, et notamment à ceux du *Reginaldus Polus de Concilio*, voy. IV, col. 787, mais qui, selon Renouard (*Annales des Alde*, 3ᵉ édit., p. 491 supplément), appartient réellement à l'atelier de Dom. Guerra. 14 sh. Buttler; 15 sh. catal. Libri, 1859, nᵒ 2097.

VITA S. Josephi B. Virginis sponsi patriarcharum maximi, iconibus delineata ac versibus exornata. *Antuerpiæ, Joan. Galleus* (s. d.), pet. in-8.

Petit volume orné de jolies gravures par Galle : en *mar. r.* 25 fr. Borluut.

VITA S. virginis Theresiæ a Jesu, tabulis æneis expressa. *Antuerpiæ, J. Galleus*, 1630, in-4. obl. de 25 pl. [22275]

Un exemplaire imprim. sur PARCHEMIN a été vendu 72 fr. La Serna.

VITA sancti Patricii archieṗi et p'matis Hibernie diligentissime correcta et nup'rime impressa (auctore Jocelino, monacho de Furnesio). — *Per Adrianum Bergẽsem in mercuriali oppido Hantverpiensi solerti cura impṡsum anno qngent' mo qrtodecimo suṗ millesimum* (1514), pet. in-8. goth. de 104 ff., sign. a—n. [22237]

Cette vie de saint Patrice, par Jocelin, moine du XIIᵉ siècle, est un livre rare qui se trouve indiqué dans le catalogue de R. Heber, *Gand*, 1835, nᵒ 347, et dans la *Biblioth. grenvil.*, I, p. 376; elle a été traduite en anglais par E.-L. Swift, *Dublin*, 1809, in-8., dont il y a du Gr. Pap.

VITA scolastica. Voy. RIPA (Bonvicini de).

VITA, transito e miracoli di S. Hieronymo.

Comincia la vita e la fin del glorioso santo Hieronymo. = la epistola del beato Eusebio la quale mando al beato Damasio del transito di S. Hieronymo. = la epistola del beato Augustino chez lui mando al venerabile Cirillo vescovo di Jerusalem de la magnificentia e laude del glorioso Hieronimo. In-4.

Édition très-rare de trois opuscules imprimés d'une manière uniforme, et qui paraissent devoir être réunis. Elle est exécutée en beaux caractères romains, à longues lignes, au nombre de 28 sur les pages entières, sans chiffres, réclames, signatures ni registre, et sans lieu d'impression, nom d'imprimeur ni date. Les caractères sont les mêmes que ceux d'un Horace sans date, et d'un opuscule de S. Basile, imprimé en 1471 (voyez BASILIUS). Au recto du dernier f. se lisent quatre vers dont voici les deux premiers :

> *Qui si contien del glorioso e degno*
> *Hieronymo : la vita e bel finire*

L'exemplaire imprimé sur VÉLIN que la Biblioth. impér. a acquis à la vente Mac-Carthy, au prix de 295 fr., se compose de 124 ff., et commence par la vie de S. Jérôme, en 8 ff. Celui de lord Spencer (*Biblioth. spencer.*, VII, nᵒ 89) a de plus 4 ff. prél. qui renferment une table. L'épître d'Eusèbe est de 52 ff., et le 3ᵉ opuscule, de 64 ff. Les huit ff. contenant la vie de S. Jérôme ont été vendus seuls 51 fr. Libri. en 1857.

VITA, transito et miracoli del beatissimo Hieronymo. — M. CCCC. LXXIII, *Nicolao Truno duce Venetiarum regnante impressum fuit hoc opus feliciter (per Bartholomæum cremonensem)*, in-4. [22191]

Vendu 1 liv. 11 sh. 6 d. Pinelli.

Il y a une autre édition in-4. (sign. *a—o*) du même ouvrage, impr. à *Venise*, en 1475 ; elle commence par la table des chapitres qui finit au 3ᵉ f., après quoi vient le texte ; à la fin se lit cette souscription imprimée en capitales :

> M. CCCC. LXXV. *Petro Mocenico duce venetiarum regnante impressum est hoc opus feliciter per Gabrielem Petri*. 32 fr. Riva.

— La vita et transito et li miracoli del beatissimo Hieronimo. — *Finita e questa opera ne la magnifica cita Messina di Sicilia per Mastro rigo dalamania.....* 1478 *adi* 14 *d' april*, in-4.

Édition fort rare, imprimée en lettres rondes, avec un registre au recto du dernier f. Vend. 67 flor. Crevenna.

Plusieurs bibliographes ont annoncé, de cet ouvrage, une édition de *Messine*, 1473, laquelle, si son existence était constatée, serait le premier livre impr. dans cette ville.

— Incomenza la vita del glorioso sancto Hieronymo doctore excellentissimo. — *Impresso in Taruisio per..... Michele Mancolo de Parma nel anno M cccc lxxx. a di primo del mese de Decembre*, in-4. goth. de 86 ff. non chiffr., à 34 lign. par page ; le premier f. est blanc.

Vend. 25 fr. *mar. bl.* La Valliere ; 20 fr. Costabili.

VITÆ selectorum aliquot virorum qũ doctrina, dignitate aut pietate inclaruere.

Londini, *typis A.-G.* et *J.-P. apud Georgium Wells*, 1681, in-4. de 2 ff. et 749 pp. [30395]

Notices biographiques, panégyriques, ou oraisons funèbres de trente (deux) savants et autres hommes célèbres, écrites par plusieurs auteurs, recueillies et publiées par Guill. Batesius (W. Bates), qui a dédié son recueil à Will. Russel, fils aîné du comte de Bedford (Molini, *Operette*, p. 330). Quoiqu'il soit curieux, ce recueil ne se vend guère que de 8 à 12 sh. en Angleterre.

VITÆ Pontificum maximorum a Petro apostolo ad Benedictum XIV, ex nitidis figuris breviter descriptæ. Anno M. DCC. XXXIII, pet. in-8. de 16 ff. prél., 255 pp. et index, plus 1 f. pour l'errata. [21608]

Livre qui paraît avoir été imprimé en Hollande ou en Allemagne. La vie de chaque pape, en style lapidaire, y occupe une page. L'impression est en lettres d'or (*Archives du Bibliophile*, 1860, p. 70).

VITAL. Oderici Vitalis angligenæ, cœnobii uticensis monachi, historiæ ecclesiasticæ libri tredecim; ex veteris codicibus uticensis collatione emendavit, et suas animadversiones adjecit Augustus Le Prevost. *Parisiis, Jul. Renouard*, 1840-55, 5 vol. gr. in-8. 45 fr. [24308]

Bonne édition dont le 5ᵉ volume contient une notice sur Oderic Vital, par M. Léop. Delisle, CVI pp. et des tables chronologiques, générales et géographiques qui facilitent les recherches.

— Histoire de Normandie, traduite par M. Louis Du Bois. *Paris, Brière*, etc., 1825-27, 4 vol. in-8.

Ces quatre volumes forment les tomes XXV à XXVIII de la collection des mémoires relatifs à l'histoire de France publiée sous le nom de M. Guizot (voyez COLLECTION); mais aussi ils ont été vendus séparément.
— ECCLESIASTICAL history of England and Normandy, translated with notes and copious index, by Th. Forester. *London, Bohn*, 1853-55, 4 vol. in-12. 15 fr.
Traduction faite d'après l'édition donnée par Aug. Le Prevost. ,

VITALIS blesensis. Amphitryon et Aululariæ eclogæ, edidit Frid. Osannus. *Darmstadii*, 1836, in-8. [12949]

Deux poèmes élégiaques latins écrits au XIIᵉ siècle. Le premier a paru dans la première fois en 1833, sans nom d'auteur, dans le cinquième vol. de la *Collectio classicorum auctorum*, etc., publiée à Rome par Angelo Mai; ensuite M. Osanne l'a fait réimpr. sous le nom de Vital de Blois, quoique M. Ellendorf, dans son catalogue des mss. de la Bibl. de Vienne, impr. en 1836, in-8., l'eût attribué à Mathieu de Vendôme, qui, pourtant, n'en est pas l'auteur. C'est le texte donné par M. Osann qu'a reproduit M. Th. Wright dans le volume intitulé : *Early Mysteries*, etc., London, 1838, in-8. Une quatrième édition, dans laquelle l'ouvrage porte son véritable titre de *Geta*, a été publiée à Berne, en

1840, in-4. de 48 pp., par M. Ch.-Guill. Müller, qui en a conféré le texte sur plusieurs manuscrits, et y a joint une préface instructive. Enfin, la *Biblioth. de l'Ecole des chartes*, 2ᵉ série, tom. IV et V, contient un texte du même opuscule, pris exclusivement sur cinq mss. de Paris, qui offrent quelques leçons nouvelles. Il a été tiré à part des exemplaires de ce même texte sous le titre suivant :

LE LIVRE de Geta .et de Birria, ou l'Amphitryonéide, poëme latin du XIIIᵉ siècle, composé par un auteur inconnu, nommé Vitalis, et publié d'après cinq manuscrits de la Bibliothèque nationale, par Anatole de Montaiglon. *Paris, Firmin Didot frères*, 1848, in-8.

De cette même fable de Geta, dans laquelle le poëte blésois a rajeuni le sujet d'Amphitryon, traité par Plaute, il nous reste une traduction en vers français, par Eustache Deschamps, et qui, nous le croyons, est demeurée inédite. Le même sujet a été paraphrasé en vers italiens sous le titre de *Libro dil Gieta e del Birria*. — Voy. BRUNELLESCHI.

Quant au poëme intitulé *Aulularia*, par M. Fréd. Osanne, c'est celui qui avait déjà été publié, en 1595, à la suite du *Querolus*, dont il est une imitation en vers élégiaques (voy. QUEROLUS). Doit-on attribuer réellement à notre Vital une *Comœdia Babionis* que M. Wright a fait imprimer sous son nom, dans les *Early Mysteries* déjà cités ? Il est permis d'en douter. Pour plus de détails sur les ouvrages de Vital de Blois, consultez l'*Histoire littér. de la France*, XV, 428-34, et XXII, p. 39-50, et 947-48.

VITALIS (*Joan.-Fr.*). Imperiæ panegyricus per Ioannem Franciscum Vitalem panormitanum. (*absque nota*), in-4. de 6 ff. en tout; lettres rondes. [12815]

Panégyrique en vers d'une célèbre courtisane. C'est un opuscule rare : vendu 1 liv. 7 sh. Heber. Le premier f., entouré d'une bordure, donne le titre ci-dessus. L'épître de Vitalis au lecteur porte pour date : *Pridie Kal. septembris* M. D. XII.

Il est curieux de rapprocher de ce panégyrique l'ouvrage suivant du même poëte :

IANUS VITALIS de divina trinitate. — *Romæ, apud Marcellum Silber, alias Franck, nonis maiis*, M. D. XXI, in-4. de 24 ff. (Dédié au pape Léon X.)

Janus Vitalis a écrit plusieurs autres petits poëmes, et notamment ceux-ci :

TRIUMPHUS Ferdinandi Francisci Davali aquinatis, magni Pescariæ marchionis, patris patriæ, fundatoris quietis, regum domitoris ob Italiam liberatam, Jano Vitali panhormitano authore. (*Romæ*, 1525), pet. in-8. de 8 ff., lettres ital.

LACRYMÆ in obitum Francisci Ferdinandi Davali.... Pet. in-8. de 4 ff.

Une partie des poésies de ce Palermitain ont été réimprimées dans les *Delitiæ poetarum italorum*.

VITE de' più celebri architetti. V. MILIZIA.

VITE de' sancti Padri (incommenciano le), per eloquentissimi doctori vulgarizzate (da S. Hieronymo). — *Impresse da maestro Gabriel di Pietro da Trivisio, in Venetia*, 1475, pet. in-fol. demi-goth. de 259 et 7 ff. non chiffrés, à 2 col. de 46 lign. [22048]

Première édition avec date de cette version italienne divisée en quatre livres, et accompagnée du *Prato spirituale*. Le prologue commence de cette manière : *Secondo che scrive Sancto Gregorio...* La table qui occupe les 7 dern. f. peut servir pour reconnaître si l'exemplaire que l'on veut acquérir est complet. Vendu 43 fr. *mar. r.* Gaignat ; 4 liv. 10 sh. (avec miniatures), Pinelli.

Vitali (*G.-F.*). La Sicilia liberata, 15042.
Vitali (*G.*). Memorie risguardanti la terra di Fiore, etc., 25657.
Vitalis (*Eric Sicœberg*). Senare Dikter, 15690.
Vitalis (*J.-B.*). Teinture sur laine, 4454.
Vitalis (*H.*). Lexicon mathematicum, 7757.
Vitalis (*Olivier*). La Laure de Pétrarque, 30709.

Il existe une édition in-fol. du 4e livre de cet ouvrage, à la fin de laquelle se lit cette souscription : *Anno Domini* M. CCCC. LXXIIII. *compresso in Santo Vrso per Leonardo dj Bâsilea, Duce de Venesia Nicolo Marcello.*

— Le medesime. *Venezia, Ant. di Bartolomeo da Bologna,* 1476, in-fol.

Vend. 19 fr. Floncel; 1 liv. 12 sh., bel exemplaire, Pinelli.

— Incominciano le uite de sancti Padri per diuersi eloquentissimi doctori uulgarizate. *Venetia p Gioãne Ragazo de Mõteferato Ad instantia di Luchantonio de Giunta Fiorẽtino,* 1491. *A di xxv. di Zugno, etc.,* in-fol.

Édition en caractères ronds, avec de nombreuses vignettes sur bois d'une exécution fort remarquable: elle a CLIII ff. chiffr., dont le dernier est coté CLVI, ensuite 5 ff. non chiffr., contenant la table et le registre, d'après lequel le volume se compose effectivement de 158 ff. en tout. La marque de Luc-Antoine Junte est placée à la fin de la table. (*Catal. de Boutourlin*, nº 477, et vendu 26 fr. 30 c., à Paris, en 1840.)

Bandini et Renouard citent une édition de 1492, *per Giovanne de Codecha de Parma*, laquelle, selon Maittaire, tome I, p. 556, serait de l'année 1493.

Cet ouvrage a été réimprimé plusieurs fois, soit à la fin du XVe siècle, soit depuis. Manni recommande l'édition de *Venise, Andr. Muschio*, 1565, in-4.; mais celle de 1475 offre des leçons qu'il a eu tort de négliger en donnant l'édition suivante.

— Le medesime, corrette, accresciute ed illustrate da Dom.-M. Manni. *Firenze,* 1731-35, 4 vol. in-4. 20 à 24 fr., et plus cher en Italie.

Bonne édition, dont il a été tiré des exemplaires sur Gr. Pap. — Réimprimé à *Vérone*, en 1799, en 4 vol. in-4.

— Voyez tome III, col. 162, article HIERONYMI vitæ Patrum.

VITE di SS. Padri. *Ferrariæ,* 1474, in-4. de 159 ff., à 2 col. de 27 lign. [22050]

Édition fort rare, à la fin de laquelle on lit une souscription de 4 vers, dont voici un fragment :

Ferrariæ impressit.....
Carnerius puer Augustinus, etc.
     M. CCCC. LXXIIII.

Ce livre renferme un choix de vies des saints, précédé d'une table en 4 ff., et terminé par le purgatoire de saint Patrice. Il est imprimé en lettres rondes, sans chiffres ni signatures, mais avec une réclame à chaque cahier. — Un exemplaire imprimé sur VÉLIN se conserve à la Bibliothèque impériale.

VITE e ritratti d' illustri Italiani. *Padova, tipografia Bettoni,* 1812 et ann. suiv., gr. in-4. [30492]

Il paraissait, en 1824, 61 cah. de cet ouvrage, contenant chacun un beau portrait, avec une notice biographique. Un exemplaire en 2 vol., contenant 60 portraits, est porté à 120 fr. sous le nº 224 du catal. de la Librairie Tross, 1863. Nous trouvons l'article suivant dans le catalogue de Silvestri, de Milan, pour 1823 :

VITE e ritratti di sessanta illustri Italiani. *Brescia e Milano,* 1818-20, in-fol. 60 fascicoli, 300 fr.

VITE é ritratti di venticinque uomini illustri. *Padova, tipografia della Minerva,* 1822, gr. in-4. [30493]

Ce volume coûtait 120 fr; — avant la lettre, 200 fr.; pet. in-fol. avant la lettre, 300 fr., mais ces prix doivent être réduits de plus de moitié.

VITEL(Jean de); Avranchois. Les premiers exercices poétiques. *Paris, de l'imprimerie de Pierre Hury, ou chez Est. Prevosteau,* 1588, pet. in-12. [13853]

Ce recueil est devenu rare, et il en a été payé 92 fr. un bel exemplaire en *vélin doré*, à la vente du comte Alfred d'Auffay, en 1863. Ce qui lui donne du prix, c'est qu'il se rattache à l'histoire de Normandie, d'abord par un discours en vers, dans lequel l'auteur fait la description de la ville d'Avranches, sa patrie, et nomme les personnages illustres qui, jusqu'alors, avaient honoré cette ville; et en second lieu par un petit poëme célébrant la surprise du mont Saint-Michel opérée en 1575 par quelques soldats commandés par un gentilhomme protestant, nommé du Touchet, et la délivrance de cette place par de Viques. Or, nous remarquons dans le 84e volume de la *Biographie universelle* de Michaud, article *Touchet* (du), que, par suite d'une étrange distraction, on attribue à ce dernier les *Exercices poétiques* de Jean de Vitel. Nous avons cru devoir signaler ici cette fausse attribution afin qu'elle ne se reproduise plus.

VITELLIO. Voy. ALHAZENUS.

VITET (*L.*). Voy. LESUEUR (*Eust.*).

— Académie de peinture, 9223. — Monographie de Notre-Dame de Noyon, 9944. — Fragments et mélanges, 18344. — Le Louvre, 24154. — Les Barricades, 16567. — Dieppe, 24348.

VITON de Saint-Alais. Voy. SAINT-ALAIS.

VITRIACO (*Jacobus* de). Libri duo, quorum prior orientalis sive hierosolymitanæ : alter occidentalis historiæ nomine inscribitur. Omnia nunc primum studio et opera Fr. Moschi Niuigellatis edita. *Duaci, ex officina Balthaz. Belleri,* 1597, pet. in-8. de 23 ff. et 479 pp. [23045]

Jacques de Vitry a écrit au commencement du XIIIe siècle; la traduction française de son ouvrage forme le 22e volume de la collection de mémoires publiée par M. Guizot (voy. COLLECTION). L'édition latine que nous venons de décrire n'est pas commune.

VITRINGA (*Campegius*). Commentarius in librum prophetiarum Jesaiæ, cum prolegomenis. *Leovardiæ,* 1714-20, seu 1724, 2 vol. in-fol. 30 à 36 fr. [469]

Ouvrage recherché.

Nous citerons encore du même auteur : *Geographia sacra, primum edita opera Dan.-God. Werneri,* Ienæ, 1723, 6 vol. in-4.

— Observationes, 606.

VITRUVIUS. Vietruvii Pollionis ad Cesarem Augustum de architectura liber primus, ex sequentes IX, ex recens. Joan. Sulpitii Verulani). — Sexti Julii Frontini viri consularis de aquis quæ in urbem influunt libellus mirabilis (cum emendationibus Pomponii et Sulpitii), 2 part. en 1 vol. in-fol. [9725]

Première édition, qui passe généralement pour avoir

Vitriarius (*Ph.-R.*). Institutiones, 3024.

été imprimée à *Rome*, vers 1486, avec les caractères de George Herolt; elle est sans chiffres, réclames ni signatures, et les pages entières ont 34 lignes. Le Vitruve contient 94 feuillets, non compris les 4 ff. préliminaires qui renferment l'*Epistola Sulpitii ad L*; l'*index, etc.* : il finit par un feuillet séparé, sur lequel se trouvent l'errata et le registre : le Frontin, à la fin duquel est un registre, n'occupe que 16 ff. La place des passages grecs et celle des fig. sont restées en blanc. Vend. 130 fr. *m. bl.* La Valliere; 120 fr. Hurtault; 3 liv. 13 sh. 6 d. Heber; 50 fr. 50 c. Reina ; 80 fr. Boutourlin.

L'édition de ces deux auteurs imprimée à *Florence* (sans nom d'imprimeur), 1496, in-fol. de 86 ff., sign. A–L, *aa, bb*, et encore *aa, bb*, n'est point chère : vend. en *mar. bl.* 20 fr. Gaignat ; 18 fr. Saint-Céran ; celle de *Venise*, *Sim. Bevilaqua*, 1497, in-fol., l'est encore moins : vend. 15 fr. Lamy. Cette dernière même n'est qu'un fragment détaché d'un volume qui doit contenir *Cleonidæ harmonicum introductorium* , *etc.* (voyez CLEONIDES). Toutes ces éditions sont sans fig.; la première où l'on en ait mis est celle de *Venise*, *Joan. de Tridino*, 1511, in-fol. de 4 ff. prél., 110 ff. chiffrés et 9 ff. pour l'index et le registre (cet index manque dans plusieurs exemplaires). Quoique peu commune elle n'est pas fort chère : 24 fr. Hurtault ; 1 liv. 15 sh. *mar. r.* Hibbert, et en *mar. r.*, aux armes du prince Eugène de Savoie , 2 liv. Libri, en 1859.

— Vitruvius iterum et Frontinus a Jocundo revisi, repurgatique quantum ex collatione licuit. *Florentiæ, sumptibus Philippi de Giunta,* 1513, in-8. fig. sur bois. 12 à 18 fr.

Cette édition, peu commune, contient 4 ff. prélimin.; Vitruve, 187 ff.; Frontin, 24 ff., et un index en 23 ff. (dont le dernier est coté 34). Il se conserve encore six exemplaires de ce livre, imprimés sur VÉLIN. Celui que M. Th. Grenville a payé 107 liv. 2 sh. à la vente de Dent, en 1827, est de la plus grande beauté.

L'édition des deux mêmes auteurs donnée par les héritiers de Ph. Junta, en 1522, in-8. de 192 et 24 ff., plus 18 ff. pour l'index, est une réimpression fautive de la précédente, et avec les mêmes figures. Vend. 10 fr, en 1829. — Celle de 1523 , in-8. (ff. chiffr., cadre noir et titre rouge), sortie des presses lyonnaises, paraît avoir été faite sur l'édition de 1522, mais comme elle s'annexe à la collection aldine , le prix en est quelquefois porté assez haut, 2 liv. 7 sh. Heber ; 1 liv. Butler.

— De Architectura libri X, cum notis Guil. Philandri. *Lugduni, apud Joan. Tornesium,* 1552, in-4. fig.

Édition belle et correcte ; sur le titre se voit la marque des deux vipères (déjà reproduite à la col. 874 de notre tome III), et au verso du dernier feuillet la marque que nous avons donnée t. I, col. 95. Les notes de Filandro avaient d'abord été publiées séparément à *Rome* , chez *Andr. Dossena* , 1544, in-8., et à *Paris*, en 1545, mais elles sont plus complètes dans l'édition de *Lyon*, laquelle n'a cependant pas une grande valeur.

— De Architectura libri X ; cum notis, castigationibus et observationibus Guil. Philandri integris, Dn. Barbari excerptis, et Cl. Salmasii passim insertis. Præmittuntur elementa architecturæ collecta ab H. Wottono. Accedunt lexicon vitruvianum Bernardini Baldi, et ejusd. scamilli impares vitruviani : de pictura libri tres Leon.-Bapt. de Albertis; de sculptura excerpta ex dialogo Pomp. Gaurici, L. Demontiosi comm. de sculptura et pictura : cum variis indicibus. Omnia in unum collecta, digesta et illustrata a Jo. de Laet. *Amstelod., Lud. Elzevirius,* 1649, pet. in-fol. fig.

Cette belle édition, dont le titre ci-dessus fait bien connaître le contenu, laisse beaucoup à désirer, tant pour l'exactitude du texte que dans le travail de l'éditeur ; cependant elle est encore recherchée, et les exemplaires en sont assez rares : 30 à 36 fr. Vend. 48 fr. *mar. r.* Caillard , et jusqu'à 310 fr. (*non rogné*) Boutourlin.

— IIDEM libri X ; recensuit et glossario illustravit Aug. Rode. *Berolini*, 1800, in-4. 15 fr.; avec un atlas in-fol. de 20 pl., 40 fr., et plus cher en pap. vélin.

Assez belle édition, dont le glossaire est en cinq langues; Schneider l'a vivement critiquée.

— IIDEM libri; recensuit, emendavit, suisque et virorum doct. annotationibus illustravit J.-Got. Schneider. *Lipsiæ* , 1807-8 , 3 vol. in-8. 36 fr. — In-4. pap. fin, 60 fr.

Édition bien supérieure à la précédente, et pour le texte et pour l'impression.

— M. Vitruvii Pollionis Architectura, textu ex recensione codicum emendato, cum exercitationibus notisque novissimis Joannis Poleni et commentariis variorum additis nunc primum studiis Simonis Stratico. *Utini, fratres Mattiuzzi,* 1825-30, 4 vol. in-8 part. in-4. fig. 100 à 120 fr., et plus en Gr. Pap. vél.

Cette édition, la plus complète et l'une des plus belles que l'on ait données de Vitruve, est le fruit des longues recherches, d'abord de Poleni, et ensuite du comte Stratico. Ce dernier n'a pas assez vécu pour voir la publication du 1er vol. de ce grand ouvrage ; mais il a trouvé des éditeurs éclairés et soigneux.

Description. TOME I, 1re part., XXX et 311 pp., 1 f. d'index et les pl. A–R ; 2e part., 222 pp., pl. I à IX (la Ve *bis*), et A et B. — TOME II, 1re part., 1 f. prélim., 251 pp., pl. X à XXXV *ter* et A-P; 2e part., 1 f. prélim., 184 pp., pl. XXXVI à LVI (36e *ter*, 40e *bis*, 41e *bis*, 52e *ter*). — TOME III, 1re part., 2 ff. prélim., 283 pp., pl. I à XV ; 2e part., 1 f. prélim., 286 pp., pl. I à VI (la 3e *bis*). — TOME IV, 1re part., 1 f. prélim., 235 pp., pl. VII-XXV ; 2e part., 1 f. prélim., 159 pp. *Lexicon vitruvianum*, et *Index*, 144 pp. à 2 col., pl. I et II. Entre autres morceaux réimpr. dans cette dernière partie, nous citerons : J.-B. *Alberti de pictura lib. III*, et *Lud. Demontiosius de sculptura, de cælatura, de gemmarum sculptura, et de pictura*, qui l'avaient déjà été dans l'édition de 1649 ci-dessus.

— Vitruvii de Architectura libri decem, apparatu præmuniti, emendationibus et illustrationibus refecti, thesauro variarum lectionum ex codicibus undique quæsitis et editionibus universis locupletati, tabulis centum quadraginta declarati, ab Aloysio Marinio : accedunt vetus compendium architecturæ emendatum et indices tres. *Romæ, ex typis ejusdem Marinii ad opus comparatis in Pompeii theatro*, 1836, 4 vol. gr. in-fol.

Très-belle édit., 500 fr. — Très Gr. Pap. vél., 1000 fr. prix qui ne se soutiennent pas. Les 2 premiers volumes contiennent l'*Apparatus et le texte ;* le 3e renferme les variantes et les index ; le 4e les planch.

— Architecture ou art de bien bastir, de M. Vitruve, mis de latin en francoys, par Jean Martin. *Paris, Jacques Gazeau pour la veuve et héritiers de Ian Barbé*, 1547, pet. in-fol. fig. sur bois.

Jacques Gazeau a fait usage de la marque suivante :

Sic perniciofis voluptatibus abftine.

Quoique cette traduction ait été entièrement effacée par celle de Perrault, on en recherche toujours l'édition que nous venons de citer et celle de *Paris, Hierosme de Marnef, et Guill. Cavellat*, 1572, in-fol., à cause des gravures sur bois (*concernant l'art de maçonnerie*), exécutées par notre célèbre Jean Goujon, et parce qu'il s'y trouve (à la fin du vol.) une *Dissertation sur l'architecture*, par le même artiste. Vend. (édition de 1547), 19 fr. 10 c. Hurtault, et (édition de 1572), 23 fr. 55 c. le même ; un exemplaire de l'édition de 1547, en *mar. br.*, 171 fr. Solar. Les figures des deux édit. de *Paris* n'ont pas été reproduites dans celle de *Cologny, J. de Tournes*, 1618, in-4., où l'on a employé les pl. de l'édition latine imprimée à *Lyon*, en 1552.

— Les dix livres d'Architecture de Vitruve, corrigés et trad. en françois, avec des notes, par Perrault. *Paris, J.-B. Coignard*, 1684, gr. in-fol. fig.

Bonne édition toujours assez recherchée : 36 à 48 fr.; vend. 127 fr. en *mar. r.* Caillard ; 106 fr. d'Ourches ; 180 fr. Labédoyère, et 85 fr. Solar.
Il se trouve des exemplaires dans lesquels on a inséré, p. 342, une grande estampe de Séb. Le Clerc, représentant la machine qui a servi à élever les deux grandes pierres du fronton de la colonnade du Louvre ; cette estampe, très-estimée, augmente de 10 à 12 fr. la valeur du livre.
La première édition de 1673, in-fol., est moins complète que celle-ci ; aussi, quoiqu'elle contienne les premières épreuves des gravures, on en fait peu de cas ; 20 à 25 fr.

Il existe un bon *Abrégé des dix livres de l'architecture de Vitruve*, par Perrault, *Paris*, 1674, et *Amsterdam*, 1682, in-12, fig.
— L'ARCHITECTURE de Vitruve traduite en françois, avec des remarques par de Brioul. *Bruxelles*, 1816, in-4. fig.
— L'ARCHITECTURE de Vitruve, traduction nouvelle par M. Ch.-L. Maufras (avec le texte latin). *Paris, Panckoucke*, 1847-48, 2 vol. in-8. fig. 14 fr.
— LES DIX LIVRES d'architecture de Vitruve ; nouvelle édition, revue et corrigée sur de bons textes latins, et augmentée d'une grande quantité de remarques, par E. Tardieu et A. Coussin fils. *Paris, A. Morel*, 1859, 3 tom. en 2 vol. in-4., y compris un atlas composé de 94 pl. dont 30 nouvelles. 35 fr.
— EPITOME ou extrait abrégé des dix livres d'architecture de Marc Vitruve Pollion, enrichi de figures et portraits pour l'intelligence du livre, par Jean Gardet, bourbonnois, et Dominique Bertin, parisien. *Paris, Gabr. Buon*, 1565, pet. in-4.
Il existe une édition de cet *Epitome*, impr. à *Toulouse, par Guion Boudeville*, 1559, 2 parties en 1 vol. in-4. avec fig. sur cuivre.

— De architectura libri dieci, traducti de latino in vulgare (da Bono Mauro da Bergamo, Benedetto Jovio Comasco, etc., commentati da Cesare Cesariano. *Como, Gotardo da Ponte*, 1521, in-fol. de 8 et 184 ff., avec fig. sur bois.

Édition assez rare : vend. 30 fr. *mar. bl.* La Valliere ; 50 fr. Hurtault ; 25 fr. Boutourlin, en 1840 ; 35 fr. Bearzi ; en Gr. Pap., et rel. en *mar.* 2 liv. Libri, en 1859.
La traduction italienne de Fr. Lucio Durantino, *Venezia, Sabio*, 1524, ou *Venezia, Zoppino*, 1535, in-fol. fig. sur bois, a peu de valeur. — Il en est de même de celles des cinq premiers livres, avec un commentaire italien par J.-B. Caporali, *Perugia, Bigazzini*, 1536,¿in-fol. fig.

— I dieci libri dell' architettura di Vitruvio, tradotti e commentati da Daniello Barbaro. *Vinegia, Fr. Marcolini*, 1556, in-fol.

Vend. 41 fr. Hurtault ; 17 fr. Reina ; 25 fr. Boutourlin.
Cette traduction a été réimprimée à *Venise*, 1567, 1584, 1629, ou 1641, in-4.; mais l'édition in-fol. est la plus belle.

— L'Architettura di Vitruvio (lat.), colla traduzione italiana e comento del marchese Bernardo Galiani. *Napoli, stamp. simoniana*, 1758, in-fol. fig.

Belle édition : 24 à 36 fr.; vend. 58 fr. *mar. r.* Barthélemy ; 50 fr. Hurtault.
La 2e édition de *Naples* ou *Sienne*, 1790, in-fol., n'a point le texte latin : 15 à 20 fr.
— DELLA ARCHITETTURA di Vitruvio libri diece restituti nella italiana lingua de Bald. Orsini. *Perugia*, 1802, 2 vol. in-8. fig.
Baltaz. Orsini a aussi donné :
  DIZIONARIO universale d'architettura e Dizionario vitruviano. *Perugia*, 1801, 2 vol. in-8. fig.
— L'ARCHITETTURA, tradotta da Viviano, illustrata con note del V. Tuzzi. *Udine*, 1830-33, 10 tom. en 5 vol. in-8. fig. 25 à 30 fr.
— GLI OSCURI e difficili passi dell' opera iconica di Vitruvio di latino in vulgare tradotti da Giov.-Bat. Bertano. *Mantova*, 1558, in-fol. de 28 ff. avec fig. sur bois.
— DELL' ARCHITETTURA di M. Vitruvio libri diece, pubbl. da C. Amati. *Milano, G. Pirola*, 1829, 2 vol. gr. in-fol. fig.

— Los diez libros de Architectura de Vi-

truvio, traducidos del latin y commenta-
dos por Don Jos. Ortiz y Sanz. *Madrid*,
impr. real, 1787, très-gr. in-fol., avec
56 pl. 40 à 60 fr.

Belle édition d'une traduction qui a été faite en grande
partie sur la version franç. de Perrault, et sur
l'italienne de B. Galiani. — Celle de Mig. de Urrea,
.*Alcala*, 1587, ou 1602, in-fol., quoique faite sur le
latin, est peu recherchée.

— Vitruvius Teutsch. Nemlichen Vitruuij
Pollionis zehen Bücher von der Archi-
tectur vnd künstlichem Bawen, erstmals
verteutscht durch Gualth. H. (Herme-
nium) Rivium. *Nurenberg, J. Petrejus*,
1548, in-fol. fig. sur bois.

Vendu 48 fr. 50 c. Reina, et quelquefois beaucoup
moins. — Réimpr. à *Bâle*, en 1575 et en 1614, in-
fol. fig. sur bois. — Citons encore la traduction allemande de Vitruve, par A. Rode, *Leipzig, Göschen*,
1796, 2 vol. in-4., qui a coûté 22 fr., et en pap.
vélin, 50 fr.

— The Architecture of Vitruvius, translated from the original latin by W. Newton. *London, Taylor*, 1771-91, 2 part.
en 1 vol. gr. in-fol. fig. 48 fr.

Il y a des exemplaires avec un titre daté de 1792.

La traduction anglaise de Vitruve, par Jos. Gwilt
(voir ci-dessous), est, selon Lowndes, préférable
à celle de Newton, laquelle avait effacé celle de
Rob. Castell donnée à *Londres*, 1730, en 2 vol.
in-fol., avec le commentaire d'Inigo Jones et le
texte latin.

— The Architecture of Vitruvius, comprising those
books of the author which relate to the public and
private edifices of the ancients, translated by Will.
Wilkins..., with an introduction containing an historical view of the rise and progress of architecture
amongst the Greeks (by the comte of Aberdeen).
London, Longman, 1812-17, 2 part. très-gr. in-4. fig.

Ouvrage très-bien exécuté, mais qui, nous le croyons,
n'a pas été terminé. Les deux parties ont coûté
6 liv, 6 sh.; et de format in-fol., avec fig. sur pap.
. de Chine, 12 liv. 12 sh. On les paye beaucoup moins
cher maintenant.

— Architecture, translated by J. Gwilt. *London*,
1826, gr. in-8. fig. 15 à 18 fr.

— Vitruve danois. Voy. Thuram. — britannique. Voy. Campbell, et Richardson.

VITUS a Bulken, Historia aliquot martyrum. Voy. Historia.

VITUS ou White. Ricardi Viti Basingsto-
chii comitis Palatini historiarum Britanniæ Insvlæ, ab origine mundi, ad
annum Christi octingentesimum libri
nouem priores, ad senatvm popvlvmq.
britannvm. (*Duaci*), *apud Carolvm
Boscardvm*, 1602, in-16, ou pet. in-8.
[26880]

A en juger par le titre ci-dessus, cet ouvrage ne
devrait comprendre que neuf livres ; il en existe
cependant deux de plus, qui ont paru en 1606 et
en 1607 ; mais il est très-difficile de les rencontrer ;
aussi un exempl. complet se paye-t-il assez cher en

Angleterre : en onze livres, 6 liv. 12 sh. Bendley ;
en neuf livres, 2 vol. *mar.* 7 liv. 10 sh. Hibbert ;
les onze livres en 2 vol., 3 liv. 6 sh. Heber.

Voici la description de l'ouvrage complet, en prenant
pour base le recueil des neuf livres, sous la date de
1602 : le titre ci-dessus, au verso duquel se trouve
le portrait de l'auteur, gravé en taille-douce par
H. Mortier ; l'épître dédicatoire *Senatui...*, 4 ff. —
Th. Vitus lectori, les arguments des neuf livres,
et *In Vitorum insignia*, avec les armes de White,
grav. par H. Mortier, 3 ff. — *Libri V*, Atrebati, ex
officina Gullielmi Riuerij, 1597, 472 pp., y compris
le titre et l'épître au prince Albert et à d'autres.
Dans l'édit. de 1602, le premier livre est réimprimé
avec quelques morceaux de plus que dans les
exemplaires des cinq premiers, sous la date d'*Atrebati*. — *Liber sextus*, Duaci apud Car. Boscardum,
1598, 124 pp., non compris le titre, ni les autres
pièces limin., formant 4 ff., ni une page de corrections. Les pages 95 et 96 sont répétées, et au verso
de la page 123, on lit cette souscription : *Atrebati,
ex typographia Gullielmi Riuerii typographi
iurati*. M. D. XCVIII. — *Liber septimus*; Dvaci,
apud Carolum Boscardum, 1600, 4 ff. prélimin.
pour le titre, l'épître à Philip. de Caverel, et l'avis
au lecteur ; texte, 96 pp. — *Liber octavus*, 1600,
2 ff. prélimin. pour le titre, l'avis de R. Vitus au
lecteur, et l'épître à Vedast. Grenetius ; texte,
108 pp. — *Liber nonus*, 1602, 4 ff. prélim., contenant le titre, l'avis d'Adrien Vitus au lecteur, et
une épître à Jean du Polych ; un autre feuillet
contenant *Gvlielmvs Vitvs R. F. Rhetor ad Mvsam
Clio*, et des corrections ; texte, 174 pp. — *Liber
decimus*, 1606, 4 ff. prélimin. pour le titre et l'épître à Guil. de Berghes ; texte, 142 pp., plus 1 feuillet
pour l'approbation et les corrections. — *Liber un-
decimus*, 1607, 4 ff. préliminaires, contenant le
titre, épître à D. Warner. de Davre, et deux lettres
de W. Gifford et Mat. Kellison ; texte, 110 pp., approbation et corrections, 1 f. — Consultez Lowndes,
première édition, pp. 1937-38, où sont décrits
plusieurs autres iouvrages de R. White (en latin
Vitus), imprimés à Douai, en 1609 et en 1610. Voyez
aussi le premier volume de Paquot.

VIVALDI (*Agostino*). Voy. Natalis.

VIVALDUS. Joan.-Lud. Vivaldi (de Monte
regali) aureum opus de veritate contri-
tionis in quo mirifica documenta eternæ
salutis aperiuntur. *Salutiis, per Guillermum et Guillermum le Signere fratres*, 1503, in-fol. goth. fig. sur bois.
[1309]

Un exemplaire imprimé sur vélin, avec fig. color. et
rehaussées d'or, a été vendu 250 fr. Mac-Carthy ;
11 liv. Hibbert. Dans la même bibliothèque de
M. de Mac-Carthy se trouvait, sous le n° 730, l'*Opus
regale* de Vivaldus (editum cura Andreæ de Soncino) : *Impressum Salutiis, per Jacobum de Cir-
chis de sacro Damiano et Sixtum de Somaschis
papienses socios*, 1507, 2 vol. in-fol. goth. fig. sur
bois : vendu en *mar. r.* 51 fr. 50 c.

L'*Opus regale* est un recueil en clviii ff. dont le titre
indique le contenu presque entièrement théologique. On y remarque cependant un *Tractatus cu-
riosus de laudibus ac triumphis trium liliorum
quæ in scuto regis christianissini figurantur*,
morceau occupant les ff. lxvi à lxxxx, et qui a dû
être écrit pendant l'occupation du royaume de
Naples par les Français. Parmi les exemplaires qui
se sont conservés, nous signalerons celui qui appartient à M. Allard, propriétaire à Arras, parce
qu'il est encore dans sa première reliure en veau
doré, et portant le nom et la devise du célèbre
amateur Jean Grolier.

L'*Aureum opus* a été réimprimé plusieurs fois à Lyon
et à Paris, au commencement du XVIe siècle.

VIVE description de la tyrannie et des tyrans, avec les moyens de se garantir de leur joug. *Reims, par Jean Mouchar*, 1577, in-16 de 96 pp. [4001]

Cet ouvrage, dont les exemplaires sont rares, est attribué à Odet de La Noue, fils du brave La Noue; mais Odet était trop jeune à cette époque pour qu'il puisse en avoir été l'auteur. Vendu 36 fr. de Fontette. On trouve ordinairement dans ce volume un autre ouvrage qui porte la même date et les mêmes noms de ville et de libraire; en voici le titre:

RÉSOLUTION claire et facile sur la question tant de fois faite de la prise des armes par les inférieurs; où il est montré par bonnes raisons qu'il est permis aux princes, seigneurs et peuples inférieurs de s'armer pour s'opposer et résister à la cruauté et félonie du prince supérieur. Ce dernier ouvrage avait d'abord été imprimé à *Bâle*, en 1575. — Voyez RÉSOLUTION claire.

VIVES. Joan.-Ludovici Vivis Opera omnia, distributa et ordinata a Gregorio Majansio, item vita Vivis scripta ab eodem Majansio. *Valentiæ-Edetanorum, Bened. Monfort*, 1782-90, 8 vol. in-fol. 80 à 120 fr. [18989]

Très-belle édition des œuvres de ce savant; elle mérite certainement une place dans toutes les grandes bibliothèques, de préférence à l'édition de *Bâle*, 1555, 2 vol. in-fol., qui s'y trouve ordinairement. Toutefois, ni l'une ni l'autre ne renferment le commentaire de Vives sur la Cité de S. Augustin, lequel a pourtant été imprimé dans plusieurs éditions latines de cet ouvrage célèbre.

— De institutione fœminæ christianæ. *Antuerpiæ, apud Michaelem Hillericum Hochstratanum*, 1524, in-4.

Première édition de cet ouvrage dédiée à Catherine d'Aragon, femme d'Henri VIII. Il en a été tiré au moins deux exemplaires sur VÉLIN, dont un se conserve dans la biblioth. Bodléiane, et l'autre ayant les quatre premiers ff. refaits à la plume, et les mêmes ff. impr. sur papier. 61 fr. Libri-Carucci, et 4 liv. 12 sh. 6 d., en 1859, revendu 180 fr. Solar.

— De officio mariti. *Prostat venalis Brugis in burgo apud Simon. de Molēdino.* (à la fin): Ad Joannem Borgiam Gandiæ ducem. *Hubertus Crocus imprimebat expensis Sim. de Molendino.* MDXXIX, in-8. lettres rondes.

Hubert Croock avait déjà imprimé dans la même ville deux ouvrages de L. Vives; savoir: *De subventione pauperum, sive de humanis necessitatibus libri II.*, 1526, in-8., et *De Europæ dissidiis et Republica*, 1526, in-8.

— De officio mariti; de institutione fœminæ christianæ, et de adolescentum ac puellarum institutione, opus. *Hanoviæ*, 1614, in-8. 3 à 4 fr. [3865]

— LIVRE tres bon, plaisant et salutaire de l'institution de la femme chrestienne, tant en son enfance, que mariage et viduité; aussi de l'office du mary, traduict en langue françoyse par P. de Changy, escuyer. *Imprime a Paris, par Iaques Fezandat, pour Jacq. Kerver*, 1543, pet. in-8.

Belle édition en lettres rondes.

INSTITVTION de la femme chrestienne, tant en son enfance que mariage et viduite, auec l'office du mary, le tout compose en latin par Jean-Louis Viues et nouuellement traduict en langue françoyse par Pierre de Changy. *Lyon, Jean de Tournes*, 1545, in-16. En *mar. r.* par Bauzonnet, 36 fr. Veinant, en 1860.

La traduction de P. de Changy a été réimprimée à *Paris, par Denis Ianot, pour Galiot du Pré*, en 1545, in-16. Vend. 19 fr. *mar. r.* de Coislin. Du Verdier cite une édition de *Poictiers*, in-16, sous la même date. — Il y en a d'autres, de *Paris*, 1549, in-8. — de *Paris, P. Cavellat*, 1579, in-16.

On a aussi:

LES TROIS LIVRES de Vives pour l'INSTRUCTION de la femme chrestienne, trad. en françois. *Paris, G. Linocier*, 1587, in-12.

L'INSTITVTION de la femme chrestienne, tant en son enfance, mariage et viduité, aussi l'office du mary, le tout composé en latin et nouuellement traduit en langue francoise, par Loys Turquet (de Mayerne). *Lyon, B. Rigaud*, 1579, in-16 de 168 ff. chiffrés. 14 fr. 50 c. *mar.* Coste.

Un exemplaire rel. en *mar. v. à compart.* dans le genre de Grolier, avec les armes d'un bâtard de la maison de France, s'est vendu 4 liv. 5 sh. Heber.

L'INSTITVTION de la femme chrestienne, tant en son enfance comme en mariage et viduité, auec l'office du mari; traduite en françois du latin de Louis Vives. *Anvers, de l'imprimerie de Christ. Plantin*, 1579, pet. in-8. de 396 pp.

En tête de ce volume se trouve une épitre d'Ant. Tyron, auquel on attribue cette traduction qui, probablement, est la précédente retouchée par lui.

Autres traductions dès ouvrages de Vives.

DIVINE philosophie de Vives, traduicte en vulgaire francoys, par maistre Guillaume Paradin (ou Parradin). *Paris, Jehan Ruelle*, 1553, in-24 (La Valliere-Nyon, 3567).

Du Verdier, article Guillaume Paradin, et d'après lui Nicerou citent:

TRAITÉ du vrai amour de Sagesse, divine introduction à la sagesse, traduit du latin de J.-L. Vives, par ledit Paradin. *Lyon, Maurice Roy et Loys Pesnot*, 1550, in-8. Ce doit être le même ouvrage que le précédent.

La Croix du Maine (article Jean Colin) et Niceron citent encore:

INTRODUCTION a vraie sapience, trad. du latin de J.-L. Vives, par Jean Colin. *Paris, Ch. l'Angelier*, 1548, in-8.

LES DIALOGUES de Jean Louis Vives, traduits de latin en francois pour l'exercice des deux langues; auxquels est adjoutée l'explication françoise des mots latins plus rares et moins usagés; par Gilles de Housteville, avec ample declaration et traduction des passages grecs et latins, par P. de La Motte; le tout nouvellement revu et corrigé. *Anvers, Guil. Guzman*, 1571, in-16.

— LES MÊMES dialogues. *Nancy, J. Janson*, 1573, in-12.

De qui est véritablement cette traduction? Selon La Croix du Maine et Papillon elle serait de Claude ou Guillaume Paradin. Au contraire Niceron l'attribue à Gilles de Housteville, lequel, d'après le témoignage de Huet (*Origine de Caen*), aurait écrit une prosodie latine impr. à Caen, en 1552; pourtant il existe une traduction de l'ouvrage de Vives, sous ce titre:

DIALOGUES de Jean Loys Vives, traduits du latin en francois pour l'exercice des deux langues, par Benjamin Jamin. *Paris, Gabriel Buon*, 1556, in-16 (Méon, 3087). Le même exemplaire est sous la date de 1566 dans le catal. de Brienne. Du Verdier cite l'édit. de 1578, in-16, par le même *Gabr. Buon*, et il parle d'une autre traduction par un auteur incertain, *Lyon, Gabriel Cotier*, 1560, in-8. qui doit être celle à laquelle Parradin a eu une part quelconque et que Niceron donne à de Housteville. — Une édit. de *Lyon, Rigaud*, 1612, in-8., est dans le catal. de Courtois, n° 2882.

— Dialogos de Luis Vives, añadidos por

el Dr Cervantes. *Mexico*, 1554, pet. in-8. en lettres rondes.

Ce livre précieux a été longtemps regardé comme entièrement perdu ; mais M. Joaquin Garcia Yaarzbalata de Mexico, notre honorable correspondant (voy. la col. 1202 de notre IVe vol., article RELACION), a eu la satisfaction de s'en procurer un exemplaire, auquel toutefois il manque le titre et probablement aussi 2 ff. du texte. Voici la description qu'il nous en a communiquée. Ce volume offre d'abord une réimpression des Dialogues de Louis Vives, avec un commentaire de François Cervantes Salazar, l'un des fondateurs de l'université de Mexico, lequel a ajouté à l'ouvrage de Vives sept dialogues originaux, et dont les trois derniers, pleins d'intérêt pour le pays, sont intitulés : *Academia mexicana, Civitas Mexicus, exterior, Civitas mexicanus interior*. Le recto du f. 228 contient un nouveau titre ainsi conçu : *Francisci Cervantes Salazari, Toletài, ad Ludouici Viuis Valentini exercitationem aliquot dialogi*, 1554; et à la fin se trouve une épître intitulée : *Joannes Paulus Brissensis typographus Lectori S.;* et après : *Impositus est finis huic operi, anno ab asserto in libertatem genere humano millesimo quingentessimo quinquagesimo quarto* (1554). *Die vero sexto mensis Nouembris*.

PRIERRES et meditations, trad. du latin de J.-L. Vives, par Geoffroy de Billy. *Paris*, 1570, in-16.

L'AUMONERIE de Jean-L. Vives, trad. du latin par Jacques Girard. *Lyon, Jacq. Stratius*, 1583, in-8.

— DE SUBVENTIONE pauperum. Voy. CELLARIUS (*Christ.*). — Epistolæ, 18740.

VIVIANI (*Vincentius*). De maximis et minimis, geometrica divinatio in quintum conicorum Apollonii pergæi nunc desideratum. *Florentiæ, per Jos. Cocchinum*, 1659, pet. in-fol. [7779]

Cet ouvrage savant se rencontre difficilement : 10 à 12 fr.; vendu 15 fr. Labey ; 18 fr. Libri, en 1857.

— De locis solidis Aristæi senioris secunda divinatio geometrica, opus conicum. *Florentiæ, Pet.-Ant. Brigonci*, 1701, in-fol. portrait. [7974]

Vendu 12 fr. Soubise ; 16 fr. 50 c. Labey ; 19 sh. Libri, en 1859.

— Quinto libro degli Elementi d'Euclide ovvero scienza universale delle proporzioni spiegata colla dottrina del Galileo : aggiuntevi cose varie e del Galileo e del Torricelli i ragguagli dell' ultimo libro con altro. *Firenze, alla Condotta*, 1674, in-4.

Ouvrage cité par La Crusca. Il y a des exemplaires qui n'ont, après les 6 ff. prélimin., que 152 pp.; d'autres en ont 284 et contiennent, de plus que le premier trois opuscules, savoir : *Il Diporto geometrico, la continuazione del Diporto*, et *i modi varii meccanici;* dans d'autres enfin, se trouve, après la page 284, un opuscule latin du même auteur, intitulé : *Enodion problematum universis geometris propositorum, etc*. *Florentiæ, Io. Gugliantini*, 1677. Un exempl. en Gr. Pap. et en *mar. r.* 1 liv. Libri, en 1859 ; ordinairement de 6 à 9 fr.

VIVIANI (*Niccolò*). Ero e Leandro, poema del marchese Niccolò Viviani. *Parma, nel regal palazzo*, 1794, *co' tipi Bodoniani*, gr. in-fol. de 48 pp. Très-bas prix. [14696]

Indépendamment de cette édition tirée à 50 exemplaires en pap. vélin, il en a été fait en même temps quatre autres, avec des caractères différents : 1° gr. in-4.; 2° gr. in-8.; 3° in-8. moyen ; 4° pet. in-8.

VIVIANI (*D.*). I fungi d' Italia, e principalmente le loro specie mangereccie, velenose e sospettose, descritte ed illustrate con tavole disegnate e colorite dal vero dal dottore Dominico Viviani. *Genova, Ponthenier*, gr. in-4. fig. color. [5372]

Il paraissait en 1834 cinq fascicules de 16 pp., avec 10 pl. color. Prix de chacun : 20 fr.

Le même auteur a donné à Gênes, en 1826, le premier fascicule des *Floræ italicæ fragmenta*, in-4., avec 26 pl., et aussi *Floræ libycæ specimen*, Genuæ, 1824, in-fol. de XII et 68 pp., avec 27 pl.

VIVIEN. Instruction de toutes manieres de guerroier, tant par mer que par terre; et des choses y seruantes par consideration, par Georges Viuien Danuers. *Jmprime en Anuers, par Jean Van Ghelen* (1563), pet. in-12 goth. [8581]

Ce petit volume, qui a été vendu 1 liv. 19 sh. Heber, IX, n° 3094, et 38 fr. Solar, est une simple réimpression d'un ouvrage sous le même titre, imprimé à *Paris, chez Guil. Morel*, en 1558, pet. in-8. Du Verdier en cite une édit. de *Paris, Veuve de Guil. Morel*, 1580, in-8.

Morel a fait usage de la marque suivante :

VIVIS. Voyez VIVES.

VIVRE (*Gérard* de). Son Théâtre, le tout pour l'utilité de la jeunesse et usages des escoles francoises, etc., revu et corrigé par Ant. Tyron. *Anvers, Janssen,* 1602, in-8. prix arbitraire. [16311]

Une édition de ce recueil, annoncée sous le titre de *Trois comédies françoises,* Rotterdam (aussi *Anvers*), 1589, in-8. de 2 ff. et 121 pp., a été vend. 12 sh. Heber, 19 fr. 50 c. de Soleinne, et 230 fr. Borluut. Ces trois comédies sont : *Les amours de Theseus et Dianira; — La fidélité nuptiale,* deux pièces imprimées séparément, à *Anvers,* chez *Hendrick,* 1577, et à *Paris, pour Nic. Bonfons,* 1577 et 1578, pet. in-8. (la seconde de 51 pp., 18 fr. 50 c. de Soleinne, en *mar. r.* 75 fr. Borluut); enfin *Le patriarche Abraham et la servante Agar.*
Gérard de Vivre, gantois, maître de langue française, a donné, sous le nom de Gérard du Vivier, une *Briefve instruction de la langue françoise, expliquée en allemand,* Cologne, 1566, pet. in-8., réimpr. en 1568 et en 1596. Paquot (VI, p. 201) cite deux autres ouvrages du même auteur :

1° SYNONYMES, c'est-à-dire, plusieurs propos, propres tant en escrivant qu'en parlant, recueillis en françois et allemand. *Anvers* (sans date), in-12.

2° LETTRES missives, familières entremeslées de certaines confabulations non moins utiles que recreatives, composées par Gerard de Vivre. *Anvers, Guislin Jansens,* 1591, pet. in-8. [18815]

Réimpr. à *Rotterdam, chez Jean Waesberguc,* 1597, pet. in-8.

VLACQ. Voyez ULACQ.

VLIESBERGHE (*Phil.*). Chansons spirituelles des quatre fins de l'homme, par Ph. de Vliesberghe dit Deschamps, Sr de Parville (ou Porville). *Douay, Marc Wyon,* 1614, in-4. obl. [14343]

Nous trouvons ce titre dans le catal. de La Vallière, par Nyon, III, p. 13926, mais dans la Bibliographie douaisienne, p. 190, il est donné ainsi : *Châsons spirituelles, divisees en trois livres...* 1613, in-4. obl. avec la musique notée. La même Bibliographie, n° 1492, cite encore : *La sainte et triomphante Stauromachie,* de seigneur de Porville (sic), Douay, 1619, pet. in-8. C'est parce que nous avions pris la première lettre du nom de l'auteur pour un U que nous l'avons déjà porté à la col. 1006 du présent volume.

VLITIUS (*Janus*). Venatio novantiqua. *Lugd.-Batav., ex officina elzeviriana,* 1645, pet. in-12. 6 à 10 fr. [12472]

Vend. 26 fr. *m. r.* F. D. en *mar. bl.* non rogné 60 fr. Riva, et 1 liv. 11 sh. Libri, en 1859.
La même édition reparut en 1653, sous ce titre : *Auctores rei venalicæ antiqui, cum commentariis Jani Vlitii,* Lugd.-Bat., apud Elsevirios; mais on ne fit que changer le frontispice et les pièces préliminaires du volume, et y ajouter une petite partie de 48 pp., intitulée : *Jani Vlitii ad rei venaticæ auctores antiquos curæ secundæ.* Les exemplaires avec le nouveau titre doivent être préférés comme étant plus complets que les autres : 8 à 12 fr. 28 fr. *m. r.* Nodier, en 1844.

VOCABULAIRE austrasien, pour servir à l'histoire des monuments du moyen âge (par J. François). *Metz,* 1773, in-8. 8 à 10 fr. [11062]

Vendu 16 fr. Anquetil; 18 fr. de Tersan.

Vocabolario della lingua italiana, 11103.
Vocabolario pavese, 11125. — Del Dialetto napoletano, 11135.
Vocabulaire françois et provençal, 11049.
Vocabulaire du Berry, 11056.

VOCABULAIRE polyglotte. Voy. LINGUARUM... vocabularia.

VOCABULAIRE latin francois. (au verso du dernier f.) : *Le present vocabulaire fut acheue le xv iour de Juin Mil quatre cens quatre vingtz et sept pour maistre Loys Garbin Jmprimeur demourant a Geneve,* pet. in-4. goth. de 114 ff. non chiffrés, à 2 col. de 39 lign., sign. *a—piiii.* [10882]

Ce vocabulaire, fort peu connu, est le plus ancien dictionnaire latin et français imprimé que nous ayons pu découvrir. L'exemplaire de la bibliothèque de Sainte-Geneviève n'a que 113 ff. parce que le premier manque. Le deuxième, marqué aij, commence ainsi :

$$\text{A} \quad \begin{array}{l} \textit{la premie} \\ \textit{re lettre de} \\ a \;\; b \;\; c \;\; z \end{array}$$

Louis Cruse, autrement Garbin ou Guerbin a impr. à Promenthoux, en 1482. — Voyez ROYE (Guy de).

— Voy. CATHOLICUM parvum.

VOCABULAIRE du Pseautier, expose en fraucois, auec les declinaisons et conjugaisons des noms et verbes, contenues au dit Pseautier, pour linstitution en grammaire de monseigneur d'Angoulesme et madame Magdeleine sa sœur, enfans de France. *Paris, Simon de Colines,* 1529, in-8. [10805]

Ce livret, devenu fort rare, est cité par Du Verdier, III, 567, et d'après lui par Maittaire et par Panzer. — Voy. GRAMMATOGRAPHIA.

VOCABOLARIO degli accademici della Crusca : 4ª impressione. *Firenze, D.-M. Manni,* 1729-38, 6 vol. in-fol. [11095]

Bonne édition de cet excellent dictionnaire : 60 à 80 fr. Vend. en Gr. Pap. 8 liv. 8 sh. Pinelli. Le Gr. Pap. est beaucoup plus cher en Italie.
On peut joindre à cette édition, pour la compléter, le volume suivant, intitulé :

GIUNTA de' vocaboli raccolti dalle opere degli autori approvati dall' Accad. della Crusca apposta nell' edizione napoletana ; 2ª ediz. *Napoli,* 1751, in-fol. [11096]

L'édition de *Naples,* 1746-48, en 6 vol. in-fol., dans laquelle se trouve la *Giunta de' vocaboli, etc.,* que nous venons d'indiquer, est encore estimée : 50 à 60 fr. Plusieurs personnes même la préfèrent à celle de *Florence,* à cause des augmentations qu'elle contient; mais elle est réellement moins belle et moins correcte.
La première édition du vocabulaire de La Crusca parut à *Venise,* 1612, en 1 vol. in-fol.

— Vocabulario degli accademici della Crusca, oltre le giunte fatteci finora, cresciuto di assai migliajo di' voci e modi de' classici i più provati dai Veronesi. *Verona, Ramazzini,* 1806-9, 7 vol. in-4. 75 fr. [11098]

Cette édition, à laquelle le P. Ant. Cesari a eu une grande part, a été faite sur celle du *Vocabolario compendiato,* impr. à Venise, chez Pitteri, 1763, en 5 vol. in-4., mais elle contient des additions aussi importantes que nombreuses. C'est à cette édition de Vérone que se rapporte la *Proposta* de Monti (voyez ce nom).

— Vocabolaria della lingua italiana, già compilato dagli accademici della Crusca, ed ora nuovamente corretto ed accresciuto da Gius. Manuzzi. *Firenze, Passigli*, 1832-40, 4 part. en 2 vol. gr. in-8. à 3 col.

Cette édition, imprimée en caractères très-menus, a coûté 140 fr.

VOCABOLARIO universale della lingua italiana, compilato a cura della Società tipografica Tramater e comp. *Napoli*, 1829-40, 7 vol. gr. in-4. 145 fr. [11099]

L'édition du *Vocabolario degli accademici della Crusca*, qui s'imprimait à Vérone, chez Libanti, aussi de format in-4., est restée inachevée, à cause de la mort de l'éditeur, Paul Zanetti. Le 3ᵉ volume, le dernier publié (en 1836), s'arrête au mot *incensare*.

VOCABOLARIO italiano-teutonico (*Venetia*), 1477, in-4. goth. [11117]

Ce volume rare commence avec la signature *ai* par des notes préliminaires sur la valeur de certaines lettres ; la table suit, et au recto du f. *a4* commence le Vocabulaire impr. à 2 col. Les cahiers, de 8 ff. chacun, vont jusqu'au 8ᵉ f. de la signat. *g*, au verso duquel se lisent les mots *Explicit vocauolarius*, suivis de la souscription imprim. sur 2 col., l'une en italien et l'autre en allemand. L'italien se termine par ces quatre lignes :

> *Compiuto*
> *Per meistro Adamo*
> *de Roduila*
> *1477 Adi .12. Augusto*

(*Ædes althorp.*, II, nᵒ 1291.) 51 fr. Bearzi.

— Solemnissimo vochabuolista. *Bologna, Domin. de Lapi, mense Apr.*, 1479, in-4. de 56 ff. à 2 col., signat. *a—f* (le premier f. est blanc).

Ce petit vocabulaire, devenu très-rare, présente le dialecte bolonais avec la traduction allemande à côté. Il diffère entièrement de l'ouvrage précédent (Ebert, 23856).

Nous avons vu une édit. de ce vocabulaire, sous la même date, mais qui paraît différer de celle-ci. C'est un in-4. de 62 ff. non chiffrés, à 2 col. de 29 lign., signat. *a—g*, non compris le prem. f. du cah. *a* qui doit être blanc. Le texte est impr. en caract. rom., et la 2ᵉ col. de chaque page contient l'allemand. La prem. col. commence ainsi :

> (S) *Olenisimo vo*
> *chabuolista e*
> *utilissimo a impurare*
> *legere per qli che de*
> *sidera senze àdare*
> *aschola Como eartesc*
> *ni e done....*

et au recto du dernier f. :

> *Explicit vocabulari;*
> *Pregate dio per me*
> *in pagamento*
> *compido*
> *per maestro dõ cègo* (Domenego)
> *De làpi*

On lit au verso du même f., en lettres capitales :

> *in*
> *lasa*
> *piencia*
> *de bologna*
> *fvi stampatda*
> *daprile M. CCCC.*
> *LXXVIIII. per D. Lapi*

La même souscription répétée en allemand occupe

10 lignes, et est suivie des mots : *Finis laud deo*, le tout en lettres capitales. Vendu 86 fr. Librairie De Bure.

Il existe une édition du même vocabulaire, impr. à Vienne, en 1482, pet. in-4. à 2 col., l'une pour l'italien, l'autre pour l'allemand, sign. *a—g*, caract. demi-goth. Le titre impr. au verso du prem. f., et aussi dans les deux langues, commence de cette manière :

> (S) *Olenissimo Uo*
> *chabuolista e v*
> *tilissimo a impa*
> *rare legere per*
> *gli che desidera..............*

Au recto du 6ᵉ f. du cahier *g* se lit la double souscription :

> *Stampada   questo   libro*
> *in Uiena. Anno zc. lxxxxij.*
> *Gedrucht zu Wienn.*
> *Anno dñi zc. lxxxxij.*

Vendu 2 liv. 15 sh. Hanrott.

VOCABULARIO da lingoa de Japam com a declaraçaõ em portugues, feito por alguns padres, e irmãos da companhia de iesu. *Em Nangasaqui no collegio de iapam da companhia de iesus* (sic). *Anno* M.D.CIII, in-4. [11855]

Imprimé sur papier du pays : vendu 639 fr. Langlès. Cet ouvrage et la grammaire japonaise indiquée au mot RODRIGUEZ (*Jean*) sont de la plus grande rareté.

VOCABULARIO de Japon declarado primero en portugues por los padres de la compania di J. de aquel reyno y agora en castellano, en el colegio de santo Thomas de Manila. *En Manila por Thomas Pinpin y Jacinto Magauriva*, 1630, pet. in-4.

Traduction presque aussi rare que l'original portugais : elle a été vendue 599 fr. Langlès.

VOCABULARIO de la lingua ilocana. Voy. dans nos additions, article CARRO.

VOCABULARIO en lengua general del Peru llamada Quichva y en la lengua española. *En los Reyes, por Ant. Ricardo*, 1586, pet. in-8. [11994]

La préface de ce pet. vol. rare est signée Ricardo : vendu 30 fr. Langlès. — Voyez ci-dessus, col. 115, article SAN THOMAS.

VOCABULARIO para aprender Franches Espannol y Flaminep. Vocabulaire pour apprendre Fråchoys Espagnol ʒ Flaming. Vocabulare om leerene Walsch, Spaensch ende Vlaemsch. (à la fin) : *Gheprint ende in vermaerde coopstad van Antwerpen bi mi Willem Vorsterman. Int iaer ons Heeren* M.CCCCC. *en* XX (1520), *den verthiensten dach in November*, in-4. de 20 ff., impression oblòngue à 3 col. [à côté de 11257]

Livret fort rare. Le frontispice porte le titre ci-dessus impr. en rouge et noir, et au-dessous une vignette gravée sur bois : vend. 2 liv. 12 sh. 6 d. Heber. — Voir BERLEMONT.

VOCABOLARIO veneziano. Voyez PATRIARCHI.

VOCABULARIUM latinis, gallicis et theu-
thonicis verbis scriptum. (in fine) : *Imprime a Lyon* M.CCCC.XIV, *par Jehan
thomas demourant pres lospital du
pont du rosne,* in-4. goth. [10883]

Ce livre est rare ; en voici un autre qui ne l'est pas
moins :

INTRODUCTIO quædam vtilissima, sive vocabularius quattuor linguarum latine, italice, gallice,
et alamanice, per mundum versari cupientibus
vtilis. *Augsbourg, Erhard Oegelin,* 1516, in-4. La
souscription est en allemand.

Dans notre 3e vol., col. 453, nous avons cité une édit.
du même *Vocabularium,* Roma, 1521, sous le
titre d'INTRODUCTIO.

VOCABULARIUM latino-teutonicum, dictum : EX QUO. *In Altavilla, per Henric.
Bechtermuncze,* 1467, pet. in-4. goth.
[10891]

Cet ouvrage est connu sous le nom de Vocabulaire
Ex quo, parce qu'il commence par ces mots :
(*E)xquo vocabularij varij...* L'édition que nous indiquons est de la plus grande rareté ; elle consiste en
165 ff., dont le dernier finit au verso par la souscription : *Presens hoc opusculü nõ stili aut penne
suffragio... per henricum bechtermuncze..... in
altauilla est incohatum et demü sub anno Dñi
M. cccc. lxvij,* ipo *die leonardi confessoris qui
fuit quarta die mensis nouembris p nycolaum
bechtermücze fratrem dicti henrici et wygandü
Spyesz de orthenberg ē consummatü.....* Les pages entières portent 35 lignes chacune.

— Idem vocabularium latino-teutonicum.
— *Presens hoc opusculü, per nicolaü
bechtermücze in Eltvil (prope Mogun-
tiam) est* ꝑ*sümatü sub anno domini
M. cccc. lxix... quinta die mens' Junii,*
pet. in-4. goth.

Cette seconde édition du vocabulaire *Ex quo,* n'est
guère moins rare que la première sur laquelle elle
paraît avoir été copiée pour ligne : elle a aussi
165 ff. à 35 lignes par page. Vendue 250 fr. exemplaire en mauvais état, Langlès.

La 3e édition d'*Eltvil,* 1472, in-4., vendue 126 fr. de
Servais, et 72 fr. d'Ourches, est aussi fort rare ;
elle est imprimée, page pour page et ligne pour
ligne, sur celle de 1467 ; mais elle diffère par le
caractère, les abréviations et la souscription, où
l'on trouve : *In Eltuil est cõsülatü sub Dñi
M. cccc. lxxii* ipo *die Gregorii pape et doctoris.*
Une 4e édition a été imprimée par le même H. Bech-
termuncz, à *Eltvil,* 1477, in-4.

VOCABULARIUM latino-teutonicum (*sine
loco et anno*), in-fol. goth.

Édition que l'on croit impr. à Ulm, par L. Hohenwang, vers 1469. Vend. 4 liv. 12 sh. 6 d. Libri, en
1859.

— Incipit vocabularius ex quo. (in fine) :
*Presens hoc opusculü... in Colonia est
consümatü sub ãno incarnacõis. M.
cccc. lxxvij...,* pet. in-4. goth. de 193 ff.
non chiffrés, à 30 lign. par page.

Dans cette édition, imprimée avec les caractères de
Richard Paffroed, on a substitué le hollandais à
l'allemand, pour l'explication du mot latin. La
même chose est observée dans une autre édition
de ce Vocabulaire, impr. à *Zwoll,* sans nom d'imprimeur, en 1479, pet. in-4. goth. de 231 ff. non
chiffrés, à 25 lignes par page, livre dont la souscription n'est guère qu'une répétition de celle de
l'édition de Cologne.

VOCABULARIUS et singularis unus ex diversis diligentissime theutonicatus (*absque nota*), in-fol. goth. de 412 ff. à
2 col.

Édition qui paraît avoir été imprimée à Louvain, par
Jean de Westphalie, vers 1483. Il y a au verso du
premier feuillet un passage de 26 lignes imprimé
en rouge, où il est fait mention des principaux vocabulaires : 60 fr. Borluut, avec quelques feuillets
raccommodés.

Quant aux éditions de *Nuremberg,* 1479 et 1480, de
Ulm, 1480, de *Spire,* 1482, et autres du XVe siècle,
qu'indique Panzer, elles ne conservent que fort
peu de valeur.

VOCABULARIUS latino germanicus.
(*absque loco et anno*), in-fol. goth. de
289 ff. à 35 lig. par page, plus un f. bl.
au commencement. (sans chiffre, réclame, ni signatures), avec beaucoup
d'abréviations.

Ce Vocabulaire latin et allemand (dialecte suisse) est
rare. Les caractères sont ceux de Conrad Fyner, à
Esslingen. Il commence, sans titre, par ces mots :
*Scriptur̄ai fidelibus salutem in veritatis testi-
monio administrantiü intellect' ex vocabulon
notitia dependēt.* 31 fr. exemplaire piqué des vers,
seconde vente Quatremère.

Panzer, qui décrit cette édition dans son tome IV,
p. 210, nº 1294, fait connaître à la même page,
sous le nº 1298, l'édition suivante :

VOCABULARIUS incipiens teutonicum ante latinum, in-4. de 282 ff. à 32 lignes par page, sans lieu
ni date.

— VOCABULARIUS latino-theutonicus secundum ordinem alphabeti. (au recto du dernier feuillet, ligne
20e) : *Laus Deo uni et trino, Amen.* in-4. demi-
goth. de 168 ff. non chiffrés à 32 lignes par page,
sans signatures ni réclames.

Édition sans lieu ni date, imprimée vers 1470. Un
exemplaire *non rogné,* 1 liv. Libri, en 1859.

VOCABULARIUS rerum. — *Finit vocabularius rerum Ex officina Joh'is Keller in Augusta. Anno dñi* M. CCCC.
LXXVIII, in-fol. goth. de 2 ff. chiffrés et
124 ff. non chiffrés. [10892]

Dictionnaire latin-allemand, dont l'auteur se nommait Wenceslas Brack. L'édition de 1478 est la
seule production que l'on connaisse de J. Keller,
et en même temps la première de l'ouvrage. Il en
existe des exemplaires où, par une faute d'impression, la date porte 1468. Vend. 1 liv. 12 sh. Pinelli ;
37 fr., malgré des piqûres de vers, 2e vente Quatremère. Pour la description, voyez *Biblioth. spencer.,* tome III, p. 131. Douze autres éditions de ce
Vocabulaire, imprimées de 1483 à 1500, sont indiquées par Panzer, et une autre de Strasbourg (*Argentorati*) *Gruninger,* 1495, in-4., dans le *Trésor*
de M Graesse, au mot *Brack.*

VOCABULARIUS rerum. (*sine loco et
anno*), pet. in-fol. goth. de 40 ff. à
2 col.

Ce glossaire latin, avec la traduction en vieil allemand, a dû paraitre en Allemagne, vers 1480. Il
est curieux parce que les mots y sont classés par
famille. 50 fr. mar. r. Libri, en 1847.

VOCABULARIUS qui intitulatur Theuto-
nista. Voyez de SCHUEREN.

VOCABULISTA. Quinque linguarum uti-
lissimus vocabulista, latine, italice, hys-
panice et alemanice, valde necessarius

per mundum versari cupientibus. *No-rimbergæ, apud Fridericum Peypus,* MDXXIX, in-4.

Dans l'édition sous le titre *Vocabularius,* impr. par le même Fred. Peypus, à *Nuremb.,* en 1533, in-4., le bohémien est substitué à l'espagnol. — Celle d'Augsbourg, 1533, in-4., déjà citée, donne les cinq mêmes langues qui sont dans l'édition de 1529 ci-dessus. — Pour une édition de Lyon, 1542, voyez GARON (*Fr.*).

— Voyez ci-dessus VOCABOLARIO.

— SOLENISSIMO vocabulista et vtilissimo vocabularius Italico germanicus (qui finit au verso du 25e et dernier feuillet), pet. in-4.

Édition sans lieu ni date, impr. avec les petits caractères gothiques d'Etienne Plannck, à Rome, à la fin du XVe siècle. Panzer, qui la décrit (XI, p. 337), lui donne le titre de *Vocabularius italico-germanus.*

— QUESTO sie uno libro utilissimo a chi se dileta in intendere Todescho dechiarado in lingua Taliana. *Venetia, Melchior Sessa,* 1513, in-4. de 24 ff. impr. à 4 col., sign. A—E. Le mot *Vochabulista* se lit au verso du titre. Un exemplaire en *mar. r.,* par Thomson, 5 liv. Libri, en 1862.

Pour une édition du même Vocabulaire, imprimée à Venise en 1499, voyez t. III, col. 1068, article LIBRO utilissimo.

VOCABULORUM Gemmula. — *Finem hic accipit vocabulorum Gemmula in mercuriali oppido Antwerpiensi loco famatissimo impressa diligenter per Gerardum Leeu die septembris* XVIII, *anni* MCCCCLXXXIIII, in-4. [10895]

C'est la plus ancienne édit. connue de ce vocabulaire latin-flamand, qui d'ailleurs a été précédé par d'autres ouvrages du même genre que nous indiquons ci-dessous. 4 liv. 14 sh. 6 d. Heber.

— Gemmula vocabulorum cum addito. (in fine) : *In oppido Antuerpiensi... impressa, per me Gerardum Leeu die xxiij augusti anni lxxxvj* (1486), in-4. goth. de 235 ff. 38 fr. Borluut.

— Vocabulorum Gemmula. — *Finem hic accipit vocabulorum gemmula cum addito diligenter emendata, atque de verbo ad verbum per totum attente revisa. in mercuriali oppido Antwerpiensi.... per me Mathiam Goes die xiiii februarii anni lxxxvij* (1487), in-4.

Édition citée par Lambinet, *Origine,* vol. II, pages 255-56. Panzer en indique une autre imprimée à *Anvers,* par *Ger. Leeu,* en 1488, in-4.; et une autre sous le titre de *Vocabulorum Gemma,* Antuerpiæ, par Theod. Martinum Alostensem, 1494, in-4., a été vendue 161 flor. Meerman : c'est aussi sous le titre de *Vocabulorum Gemma* qu'ont été imprimées les éditions de Deventer, 1489 et 1493, in-4., et plusieurs autres que citent Visser et Denis.

— Gemmula Vocabulorum cum addito diligenter emendata.— *In mercuriali oppido Delphensi impressa.* MCCCCLXXX IXIIII (*sic*), in-4.

Cette édition, portée dans la *Bibliotheca heber.,* VII, n° 2459, est probablement celle que cite Maittaire, sous la date de 1494. Il est évident qu'il s'est glissé un I inutile entre les deux derniers X de cette date.

Nous l'avons déjà dit, cet ouvrage n'est pas le plus ancien vocabulaire latin et flamand que l'on ait; car, sans parler du vocabulaire *Ex quo,* édition de *Cologne,* 1477, qui a été décrit ci-dessus, il en existe un autre dans les deux mêmes langues, 2 part. in-fol., impr. sans lieu ni date, que décrit La Serna Santander (Dictionnaire, III, n° 1396), et qui, selon ce bibliographe, serait sorti des presses de Jean de Westphalie à Louvain, vers 1477. Il s'agit là d'un livre très-rare, impr. à 2 col. de 52 lign., sans chiffres ni récl., mais avec des signatures de *a2—l12,* et de A—S4. Sur le verso du premier feuillet se lit un avertissement imprimé en rouge, et de 26 lignes. La première colonne du texte commence par l'intitulé suivant :

> *Vocabularius copiosus et singula ris vnus ex diversis, diligentissime theutonicatus feliciter incipit.*

VOCI italiane d' autori approvati dalla Crusca, nel vocabolario di essa non registrate (del P. Gio.-Pietro Bergantini). *Venezia, Bassaglia,* 1745, in-4. [11097]

On a fait usage de ce supplément pour l'édition de *Naples* du vocabulaire de La Crusca. Le P. Bergantini ayant donné à son ouvrage une forme nouvelle qui en fit, pour ainsi dire, un livre neuf, le publia sous le titre de :

RACCOLTA di tutte le voci scoperte nel vocabolario ultimo della Crusca, e aggiunta di altre che ivi mancano di Dante, Petrarca et Boccaccio. *Venezia,* 1760, in-4.

Le même religieux a composé un grand ouvrage intitulé : *Della volgare elocuzione,* mais dont il n'a paru que le premier volume in-fol., impr. à *Venise,* en 1740, lequel renferme seulement les deux premières lettres de l'alphabet. La suite est restée en manuscrit.

VOET (*Joan.*). Commentarius ad pandectas, editio sexta. *Hagæ-Comitum,* 1734, 2 vol. in-fol. [2495]

Bonne édition, la même pourtant que celle de 1731 : 36 à 42 fr.

J. van Linden a donné à *Utrecht,* en 1793, la première partie in-fol. d'un supplément à ce commentaire, contenant seulement : sectio I*a, a lib. I. usque ad XII Pandectarum,* en 178 pp., mais dont la suite n'a point paru.

On fait encore cas des éditions de *Genève,* 1757, 1769, ou 1778, 2 vol. in-fol., qui ont une table générale : 30 à 40 fr. — Les anciennes éditions de *La Haye,* 1698, 1702, etc., 2 vol. in-fol., ont aussi quelque valeur : 18 à 24 fr.

— COMMENTARIUS ad Pandectas, editio nova, multis mendis expurgata, cui, præter indicem alphabeticum generalem, nunc primum accessit tabula secundum ordinem codicum disposita, cura et studio A. Drevon. *Bisuntiæ, Gauthier,* 1831, 5 vol. in-4.

Cette édition a d'abord paru de 1827-29, avec des titres portant le nom de *A. Maurice,* au lieu de celui de *Drevon.*

Les Commentaires de Voet, augmentés des traités *De familia erciscunda,* et *De jure militari,* du même, ont été réimprimés à *Venise,* 1827, en 5 vol. in-4. 40 fr.

VOET (*Jean-Eus.*). Catalogue systématique des coléoptères (avec l'explication en français, en latin et en hollandais). *La Haye, Bakhuysen,* 1806, 2 vol. in-4., avec 55 et 50 pl. [6029]

Voci, maniere di dire, 11113.

Vend. 79 fr. Duriez; 108 fr. Labouchère; 59 fr. en 1839.

Cet ouvrage; dont une partie des planches ont été gravées d'après les dessins de Kleemann, était commencé depuis longtemps; aussi s'en trouve-t-il des exemplaires incomplets et sans frontispice. — La traduction allemande, par G.-W.-F. Panzer, *Nuremb.* et *Erlang.*, 1785 (aussi 1793), en 5 part. in-4., renferme 100 pl. color. On y a ajouté, en 1802, un supplément de 12 planches.

VOEU (le) du héron, publié d'après un manuscrit de la bibliothèque de Bourgogne, avec les variantes d'un autre manuscrit de la même bibliothèque, et celle du texte donné par La Curne de Sainte-Palaye. *Mons*, 1839, in-8. de VIII et 32 pp. [13227]

Huitième publication de la Société des bibliophiles de Mons; il en a été tiré 100 exempl., plus 27 sur pap. de Hollande.

VOGEL (*Benoist-Chrét.*). Collection d'oiseaux pour la pluspart d'Allemagne, peints par Mlle B.-R. Dietzsch, grav. et publ. par Ad.-L. Wirsing, avec la description et une préface (en allemand). *Nuremberg*, 1772, in-fol. fig. color. [5755]

Ouvrage non terminé. Il a paru 2 parties du texte allemand, avec 62 planches; et la 1re partie de la traduction française, avec 25 pl.

VOGEL (*Jul.*). Icones histologiæ pathologicæ. — Tabulæ histologiam pathologicam illustrantes, xxvi tab. continentes ccxci figuras, quarum cclxx ad naturam delineatæ sunt. *Lipsiæ, Voss,* 1843, gr. in-4., 30 fr. [6750]

VOGT (*Joan.*). Catalogus historico-criticus librorum rariorum, post curas tertias et quartas denuo recognitus, pluribus locis emendatus et copiosiori longe accessione adauctus (cura Mich. Truckenbrot). *Francofurti et Lipsiæ (Norimbergæ), Stiebner,* 1793, pet. in-8. 4 à 5 fr. [31349]

Cinquième édition de cet ouvrage, qu'on consulte encore quelquefois. Les quatre premières ont paru successivement à *Hambourg*, en 1732-38-47 et 53.

— Bibliotheca histor. Hæresiologiæ, 22371.

VOGT. Voyez LIBERT.

VOGTHERR (*H.*). Voy. LIVRE artificieux.

VOGUÉ (le comte *Melchior* de). Les Eglises de la Terre-Sainte. *Paris*, V. Didron., 1859, in-4. de 464 pp. avec 33 gravures en couleur, sur métal et

sur bois, 45 fr. — Pl. sur pap. de Chine, avec gravures de mosaïque color. à la main, 70 fr. [21549]

VOIE (la) de paradis. (au recto du dern. f.): *Cy finist la voie de Paradis* (sans lieu ni date), pet. in-4. de 6 ff., en lettres de forme, avec une figure au verso du titre. [13624]

Pièce en vers de différentes mesures.

— LA VOYE de Paradis. *(sans lieu ni date)*, in-4. goth. de 5 ff.; sur le titre un grand L décoré à droite de deux têtes d'homme, et à gauche d'une tête de monstre; 50 fr. d'Essling.

— LA MÊME, (annoncée, *Paris*, vers 1485), in-4. de 15 ff. (pour 5) sans fig. 140 fr. Solar.

— LA VOYE de Paradis auec aucunes louenges de Nostre-Dame. *(sans date)*, in-4. goth. de 4 ff.; sur le titre la marque de Pierre Marechal et Barnabé Chaussard, de Lyon.

Ces deux éditions sont décrites dans une note de M. de Montaiglon, à la tête de la réimpression qu'il a donnée de cette pièce dans le 3e vol. de son *Recueil de poésies*.

— LA VOYE de Paradis. *Imprime nouuellement a Paris pour Jehan Sainct Denis, demourant en la rue Neufue Nostre-Dame, a lenseigne Sainct Nicolas,* s. d. pet. in-8. goth. fig. sur bois; 80 fr. mar. r. Nodier.

VOIGT (*J.-O.*). Hortus suburbanus calcuttensis: a catalogue of the plants which have been cultivated in the East-India company's botanical garden, Calcutta, and in the Serampore botanical garden, generally known as Dr. Carey's garden, from the beginning of both establishments (1786 and 1800) to the end of august 1841; drawn up according to the Jussiæan arrangement, and mostly in conformity with the second edition (1836) of Lindley's Natural system of botany; by the late J.-O. Voigt. *Printed under the superintendence of W. Griffith, Calcutta, Bishops college press,* 1845, gr. in-8. de xix, 745 et lxviij pp. 40 fr. [5345]

VOISENON (*Cl.-Henri* de Fusée de). Ses OEuvres complètes (publiées par Mme de Turpin). *Paris*, 1781, 5 vol. in-8. [19110]

Il y a des exempl. de ce livre en papier fin azuré et sans les cartons qui sont ordinairement dans le 4e vol., aux pp. 71, 149, 151, 175 et 179; vend. 75 fr. m. r. d'Ourches; 77 fr. Chateaugiron; autrement, 12 à 15 fr.

— Romans et contes. *Paris, Bleuet, de l'imprim. de Didot l'aîné, an VI* (1798), 2 vol. in-18, fig. 4 à 6 fr. — Pap. vél., 7 à 8 fr. — Gr. Pap., 10 à 15 fr. [17236]

Vogel (*R.-A.*). De corporis humani affectibus, 7109.
Vogel (*J.-N.*). Bibliotheca austriaca, 31776.
Vogel. Code de Charles-Quint, 3030.
Vogel (*Ern.-Gust.*). Bibliotheca biograph. lutherana, 22423. — Literatur europ. öffentl. Bibliotheken, 31143.
Vogel (*Ch.*). Le Portugal, 26247.
Vögelin (*J.-Konr.*). Schweizerische Eidgenossenschaft, 25916.
Vogelweide (*Walth.* von der). Gedichte, 15478.

Volart (*M.*). Notice histor. sur la vie et les ouvrages de P.-P. Prudhon, 31073.
Voigt (*Ad.*). Böhmische Münzen, 26491. — Effigies virorum eruditorum Bohemiæ, 30985.
Voigt (*Joh.*). Grégoire VII, 21630. — Geschichte Preussens, 26704. — Codex diplomat. prussicus, 26704.
Voigt (*G.*). Enea Silvio de' Piccolomini, 21630.
Voiron. Histoire de l'astronomie, 8188.

VOIT (*Aug.*). Denkmäler der Kunst, zur Uebersicht ihres Entwickelungsganges von den ersten künstlerischen Versuchen bis zu den Standpunkten der Gegenwart. Begonnen von Aug. Voit, fortgesetzt von Ernst Guhl und K. Kugler. *Stuttgart, Ebner und Seibert*, 1847-56, 22 livr. in-fol. obl. fig. 152 fr. [9103]

En 1857 on a donné à Stuttgart une nouvelle édition de cet ouvrage en 2 vol. in-8. avec un atlas in-fol. obl. au prix de 85 fr.; elle a été publiée par les soins de W. Lübke et J. Caspar.

VOITH (*Valten*). Ein schön lieblich Spiel von dem herlichen Ursprung: Betrübtem Fal. Gnediger wiederbrengunge Müseligem leben | Seligen Ende und ewiger Freudt des Menschen aus den Historien heiliger Schrifft gezogen gantz tröstlich. Einhalt dieses büchleins viend Man aus den Argumenten und Summarien der Actus und Scenen hiernach geschrieben (durch Valten Voith). *Gedruckt zu Magdeburgk durch Michael Lotther*, M. D. XXXVIII, pet. in-8. goth., sign. A—Kii.

Pièce en 5 act. en vers, avec prologue: 36 fr. *v. f. tr. d.* de Soleinne.

VOITURE (*Vincent* de). Les OEuvres de M. de Voiture (publiées par Martin de Pinchesne). *Paris, Augustin Courbé*, 1650, in-4.

Première édition des lettres et poésies de Voiture. Quoiqu'elle soit beaucoup moins complète que les dernières, elle conserve quelque prix: 12 à 15 fr. Vend. 39 fr. *v. f. tr. d.* Giraud.

— Lettres de M. de Voiture. *Amsterdam, J. de Ravesteyn*, 1657-59, 2 tom. en 1 vol. pet. in-12. 10 à 12 fr. [18822]

Cette jolie édition se place dans la collection des Elsevier, bien qu'elle soit sortie de *l'imprimerie de Jacques Jonge*, ainsi qu'on le voit à la fin de la 2e partie, laquelle porte pour titre: *Seconde partie ou suite des Nouvelles œuvres et lettres de M. de Voiture.* Vend. 20 fr. Chardin; 15 fr. Sensier; 16 fr. Duriez; 26 fr. A. Martin. L'édition ici décrite est une copie de la 5e édit. des *OEuvres de Voiture* (publiées par Est. Martin, sieur de Pinchesne, neveu de l'auteur), *Paris, Aug. Courbé*, 1656, et des *Nouv. œuvres*, 1658, in-4.

L'édition des Lettres de Voiture, *Jouxte la copie de Paris (Hollande)*, 1654, pet. in-12 (titre gravé), en très-petits caractères, est moins complète que celle de 1657; mais elle paraît être véritablement elsevirienne: 20 fr., en 1818; 6 fr. Bérard. Elle a été faite sur la 4e édit. des œuvres de l'auteur, *Paris, Aug. Courbé*, 1654, in-4., portr., dont il existe des exemplaires en Gr. Pap. — Une autre édition de format pet. in-12, titre gravé, et bien dans le genre des Elsevier, porte pour adresse *Nimwege, chez André Hogenhuyse*, 1660; vend. 20 fr. Mac-Carthy; 23 fr. *m. bl.* Mazoyer; 16 fr. Bérard. C'est la réimpression de la 6e édit., *Paris, Augustin*

Courbé, 1660, 3 tom. en 1 vol. in-12, laquelle, selon nous, devrait être préférée aux éditions hollandaises, ce que l'on peut dire également des· éditions de *Paris, Fr. Mauger*, 1676 et 1686, en 2 vol. in-12. Dans les édit. de *Paris*, 1713, 1729 et 1741, 2 vol. in-12 (prix ordinaire), se trouve, de plus que dans les précédentes, *Conclusion de l'histoire d'Alcidalis et de Zélide, par le sieur Desbarres*, morceau de près de 120 pp. qui avait déjà paru séparément à *Paris, chez Mauger* en 1676, in-12.

La publication des œuvres de Voiture, par Martin de Pinchesne, son neveu, a donné lieu à une querelle littéraire entre Costar et de Girac, à laquelle Ménage prit part. Les pièces qui se rapportent à cette polémique sont:

DÉFENSE des ouvrages de M. de Voiture, à M. de Balzac (par Costar), avec la suite de la Défense... à M. Ménage. *Paris, Aug. Courbé*, 1653-55, 2 part. in-4., ou nouvelle édition de la première partie, *Paris, L. Billaine*, 1664, in-4.

Les deux parties, 1664 et 1665, v. *f. tr. d.* 60 fr. Giraud.

RÉPONSE du sieur de Girac à la Défense des œuvres de Voiture, faite par M. Costar, et quelques remarques sur les entretiens. *Paris, Aug. Courbé*, 1655, in-4.

REPLIQUE du sieur de Girac à M. Costar, où sont examinées les bevues du livre intitulé Suite de la Défense de M. de Voiture. *Paris, Ch. Jolly*, 1664 in-4.

Ces deux pièces rel. en *v. f. tr. d.* 49 fr. Giraud.

APOLOGIE de Costar, à M. Ménage. *Paris, A. Courbé*, 1657, in-4.

REPONSE à M. Costar, et ses lettres. *Paris, Guill. De Luyne*, 1659, in-4.

Citons encore:

ENTRETIENS de M. de Voiture et de M. Costar. *Paris*, 1655, in-4. en *v. f. tr. d.* 51 fr. Solar et quelquefois beaucoup moins. ·

— OEUVRES de Voiture, nouvelle édition, reueue et corrigée, augmentée de la vie de l'auteur, de notes et des pièces inedites par Amédée Roux. *Paris, Didot frères*, 1858, in-8., 3 fr.

— OEUVRES de Voiture: Lettres et poésies, nouvelle édition, revue en partie sur le manuscrit de Conrart, corrigée et augmentée de lettres et pièces inédites, avec le commentaire de Tallemant des Réaux, des éclaircissements et des notes par M. A. Ubicini. *Paris, Charpentier*, 1855, 2 vol. gr. in-18, 8 fr.

Il existe une traduction anglaise des œuvres de Voiture, par Dryden, Drake, Th. Brown, Ozell et autres. *London*, 1736, 2 vol. in-12 avec portrait.

Nous plaçons à la suite des lettres de Voiture:

LETTRES du comte d'Avaux à Voiture, suivies de pièces inédites extraites des papiers de Conrart, publiées par Amédée Roux. Lyon, impr. de Perrin, et à *Paris, chez Durand*, 1858, in-8. de IV et 188 pp. avec lettres ornées et fleurons.

VOLCYRE ou VOLKYR de Serouville (*Nicole*). Lhistoire ε Recueil de la triumphante et glorieuse victoire, obtenue contre les seduyctz et abusez lutheriens mescreans du pays Daulsays et autres, par Anthoine, duc de Calabre, de Lorraine et de Bar, εc. en deffendant la foy catholique, nostre mere leglise, et vraye noblesse. a lutilite et puffit de la chose publicque. (*Paris, Galiot du Pré*, 1526), in-fol. goth. [22418] ··

Cette édition est sans lieu ni date, mais le privilége

---

est du 12 janvier 1526, et l'auteur se nomme dans une épître latine à Guill. Budée, datée de Paris, *tertio nonas novembris* 1526. Le volume a 98 ff. chiffrés, non compris les 10 ff. préliminaires. En tête de chacun des trois livres dont l'ouvrage se compose, on voit une grande estampe gravée sur bois ; 54 fr. Lair ; 80 fr. (piqué des vers) Saint-Mauris, en *mar. vert*, rel. anglaise de Smith, 295 fr. Solar. L'exemplaire imprimé sur VÉLIN, avec 9 miniatures, et rel. en *mar. bl.*, qui s'est vendu 307 fr. Gaignat ; 500 fr. La Valliere, appartient aujourd'hui à la Bibliothèque impériale.

— Chronique abregee par petits vers huy-tains des empereurs, roys et duc d'Aus-trasie, auecque le quinternier et singu-laritez du parc dhonneur. *Paris, Nic. Couteau pour Didier Maheu* (1530), in-4. goth. de 4 et 56 ff.

Petit ouvrage écrit moitié en vers, moitié en prose ; il est anonyme au frontispice, mais la requête pour obtenir le privilége est au nom de l'auteur, *Nicole Vollyr* (sic, pour *Volkyr*) *de Serouville*. Le privilége est daté du 11 mars 1530. *La préface du collecteur aux princes du parc d'honneur*, en date du 17 janvier 1522, a été écrite à Neufchâteau, en Lorraine. 52 fr. *mar. r.* Nodier ; 179 fr. *mar. vert*, par Duru, vente Veinant, et le même exempl. 124 fr. Solar.

— Traicte nouveau de la desecration ꝯ exe-cutiõ actuelle de Jehan Castellan here-ticq, faicte a Vyc en Austrasie le xii. iour de Jãuier auec vne oraison ꝺ la foy la-ꝗlle prouffitera beaucoup a la religion chrestiẽe (par Nicole Volkyr de Serou-ville. (On lit à la fin de l'approbation qui suit le titre) : *Et acheue dimprimer le dict liure le .xv. iour Daoust Mil cinq cens xxxxiiij*, pet. in-4. goth. de 31 ff., avec 4 fig. sur bois.

Pièce rare, commençant par 6 ff. prélimin., au nombre desquels est la dédicace de l'auteur à Jean de Lor-raine, évêque de Metz. Au lieu du mot *desecration*, qui est sur le titre, il y a dans le texte *degradation*. Selon Du Verdier, cet opuscule a été impr. à Metz. Vendu 12 fr. 95 c. La Valliere ; il serait beaucoup plus cher maintenant.

— Opus aureum. Musice castigatissimum de Gregoriana et figurata atque contra puncto simplici percommode tractans omnibus cantu oblectantibus vtile et ne-cessarium a diuersis excerptum. — Ex-plicit opusculum musices..... *impres-sum Coloniæ per honestum virum Henricum Quentel... Anno missionis in carnem diuini verbi millesimo quin-gentesimo uno addito*, in-4. musique notée. [10025]

Ce livre renferme trois traités : le premier *de Grego-riana* est de Nicolas Wollick ou Volcyre de Serou-ville ; le second *De figurativa* de Melchior de Wor-matia, et le troisième *De contrapuncto* d'un ano-nyme. L'édition de 1501 ci-dessus est la plus ancienne que l'on ait de ce recueil ; Panzer la cite ainsi que deux autres également impr. par *H. Quentell* ou Quentel, à Cologne, en 1504 et en 1508, in-4. — Une autre de Cologne, *Henric Quentell*, 1505, in-4. goth. de 38 pp. a été payée 25 fr. à la vente du chev. de Bearzi ; elle est décrite et portée à 2 liv. 2 sh. au catalogue de la partie réservée de la collection Libri, 1862, n° 689.

— Enchiridiõ musices Nicolai wollici Bar-roducensis de gregoriana et figuratiua atꝗ cõtrapũcto simplici ꝑ commode tractãs, omnibus cantu oblectãtibꝰ per-utile et necessarium. (in fine) : *Impres-sum Parisii impensa... Johãnis Pa-rui... ꝛ Francisci Regnault... Anno... 1512. 14 kalendas Nouembris*, pet. in-4. goth. ff. non chiffrés, sign. a—i par 8, k par 6, et l par 4, avec fig. et plain-chant. [10125]

Volume rare : 70 fr. 1re vente Reina ; 65 fr. Libri, en 1857.

Nous avons vu une autre édition in-4. du même ou-vrage, également imprimée à Paris ; mais plus an-cienne de trois années. Elle a aussi des signat. de *a—l*, et paraît contenir le même nombre de feuillets. On lit au verso du dernier la souscription suivante : *Impressum Parisiis impensa... Johannis parui... ꝛ francisci Regnault... 1509, 3 kalendas Augusti*. Le plain-chant est noté, l'impression en rouge et noir, et sur le titre se voit la marque et le nom de Fr. Regnault, comme dans l'édit. de 1512. Celle de 1509 a été portée à 25 fr. 50 c. 2e vente Reina.

— Sermon de charité. Voy. THOMAS Illy-rique ; et aussi LESCOT.

VOLKAMER (*Joan.-Chr.*). Nürnbergi-sche Hesperides, ou description des oran-gers et citronniers qu'on peut cultiver dans cette ville (en allemand), par J.-C. V. *Nuremberg, 1708*, in-fol. de 259 pp. avec 116 pl.—Continuation, *ibid.*, 1714, in-fol. de 239 pp. avec 134 pl. [5477]

Les exempl. complets de cet ouvrage sont rares : 30 fr. *m. citr.* de Limare ; 45 fr. *br.* L'Héritier. Il existe trois sortes d'exemplaires de la première partie : 1° sans l'addition, mais contenant les pre-mières épreuves des planches, dont il se trouve quelques exemplaires coloriés ; 2° de la même édi-tion, mais avec la pièce intitulée : *Obeliscus con-stantinopolitanus*, et un avis au relieur (11 ff. avec 1 pl.) ; 3° édition différente et sans nom d'auteur sur le titre. Enfin cette même première partie a été donnée en latin, sous le titre d'*Hesperidum norim-bergensium libri IV, in lat. ling. translati (ab Erh. Reuschio)*, Norimbergæ (1713), in-fol. fig., avec *Reuschii dissertatio de Hesperidum scripto-ribus*, pièce qui manque quelquefois.

VOLKELIUS (*Joan.*). De vera religione libri V, quibus præfixus est Jo. Crellii Franci liber de Deo et ejus attributis ita ut unum cum illis opus constituat. *Ra-coviæ, typis Sebastiani Sternacii,* 1630, in-4. [2041]

Ce volume renferme 6 ff. prél., 352 et 713 pp., plus la table ; un exempl en *mar. r.* 41 fr. Perret en 1860, et quelquefois beaucoup moins.

Ni cette édition, ni celle d'*Amsterdam* (1642) ne sont chères, et quoique cette dernière ait été condamnée au feu, et qu'elle contienne de plus que la première les deux livres de *Crellius, de uno Deo patre*, elle n'a été vendue que 12 fr. Soubise ; 3 flor. Meer-man.

VOLKYR. Voy. VOLCYRE.

VOLNEY (*Const.-Franç.* Chassebœuf de). OEuvres complètes (avec une notice sur sa vie et ses écrits, signée Adolphe Bossange). *Paris, Bossange frères,* 1821 (ou seconde édition, 1825-26), 8 vol. in-8. fig. 36 à 40 fr,, et plus en pap. vél. [19164]

Une édition des œuvres de Volney, en 11 vol. gr. in-32, a paru chez *Aug. Wahlen, à Bruxelles,* en 1822. Une autre à *Paris, chez F. Didot,* 1837, gr. in-8. à 2 col. fig. 12 fr. — OEuvres choisies du même, *Paris, Renault,* 1846, in-8.

— VOYAGE en Syrie et en Egypte pendant les années 1783-84 et 85. *Paris, an* VII (1799), 2 vol. in-8. fig. 10 fr.; — pap. vél. 15 fr. [20795]

L'édition de *Paris, Courcier,* 1808, 2 vol. in-8., a la même valeur.

— LES RUINES, ou méditations sur les révolutions des empires. *Paris, an* VII, in-8. fig. 5 fr.; — pap. vél. 7 fr. [21321]

Réimprimé plusieurs fois.

— Simplification des langues, 11575. — Alphabet, 11576. — Recherches sur l'hist. ancienne, 22713. — Chronologie d'Hérodote, 22794. — Climat des Etats-Unis, 28516.

VOLPATO. Principj del disegno tratti dalle più eccellenti statue antiche per li giovani che vogliono incamminarsi nello studio delle belle arti; pubblicati ed incisi da Giov. Volpato e Raffaele Morghen. *Roma,* 1786, in-fol. atlant., 36 pl., avec 4 ff. de texte en ital. en en franç. [9194]

Ouvrage élémentaire d'un mérite reconnu. L'édition originale étant devenue rare, a été reproduite avec exactitude par le graveur de l'Académie de Venise, sous un titre italien, *Milan,* 1831, et sous un titre français, *Rome,* 1833, gr. in-fol. 24 à 30 fr.

VOLPI (*Gaetano*). La Libreria de' Volpi e la stamperia cominiana illustrate con utili e curiose annotazioni. *Padova, Comino,* 1756, in-8. [31257]

Ouvrage curieux; il n'en a été tiré que 200 exemplaires, non compris quelques-uns sur pap. bleu; vend. 9 fr. Floncel, et plus cher depuis. On a, sur l'imprimerie de Comino, un autre ouvrage non moins intéressant, intitulé:

ANNALI della tipografia volpi-cominiana, colle notizie intorno la vita e gli studj de' fratelli Volpi, da Fortunato Federici. *Padova, nel seminario,* 1809, in-8. — Appendice, 1817, in-8. [31258]

La collection des éditions de Comino n'est plus guère recherchée que dans une partie de l'Italie, ce qui en a diminué l'importance et le prix.

— DISCORSO accademico, che non debbono ammettersi le donne allo studio delle scienze e delle belle arti. *Padova, Comino,* 1723, in-4.; 6 à 9 fr. [12213]

Ce discours est rare.

— OPERE varie, volgari e latine. *Padova, Comino,* 1735, in-4.; 6 à 8 fr. [19224]

Ce recueil, dont il y a des exempl. en pap. bleu, a aussi paru sous le titre de *Dialogo di Zaccaria Scolastico, ecc.*

— RIME. *Padova, Comino,* 1741, in-8; 3 à 4 fr., et plus en Gr. Pap. [14593]

VOLPI (*Giannant.*). Polinnia, ovvero i frutti della solitudine. *Padova, Comino,* 1751, in-8. [14594]

Cet opuscule de 40 pp. avait d'abord été tiré en assez grand nombre; mais l'auteur, pour apaiser un pro-

fesseur de mathématiques de l'Université de Padoue, qui se plaignait d'avoir été ridiculisé dans ces stances, en retira tous les exemplaires qu'il put recouvrer, et les livra aux flammes. Cette recherche fut faite si exactement, qu'à peine une douzaine d'exemplaires y échappèrent. Aucun livre, dans la collection de Comino, n'est donc aussi rare que celui-ci. Il en fut vendu un exempl. en Gr. pap. 1 liv. 14 sh., Pinelli; et un autre en pap. bleu, 1 liv. 13 sh. chez le même; mais de semblables exemplaires ne seraient peut-être pas aussi chers aujourd'hui.

Les héritiers de Volpi firent faire, en 1763, une réimpression de la *Polinnia,* in-8., qu'on a voulu faire passer pour l'édition originale, en en supprimant le feuillet de souscription. En 1798 il s'est fait une contrefaçon de l'édition originale, dont on tira même un exemplaire sur VÉLIN; mais il est difficile de ne pas la reconnaître, parce qu'elle est très-incorrecte, ainsi qu'on peut le voir par les remarques suivantes. Dans le vers 5 de la stance IV, p. 5, il y a *fospiro* pour *sospiro;* dans la stance XXI, vers 1, page 13, il y a *Umbra* pour *Umbria,* etc. Une autre contrefaçon, beaucoup mieux exécutée que la précédente, est celle que fit faire, en 1799, M. Paolo *Paccio,* et dont il ne fut tiré que 25 exemplaires sur pap. ordinaire et 6 sur pap. bleu. Toutefois cette réimpression, elle-même, n'est point tellement semblable à l'original, qu'on ne puisse la reconnaître, car entre autres remarques propres à la faire distinguer, on peut noter la suivante: Page 27, stance XLVIII, vers 4, il y a *meraviglie* au lieu de *maraviglie.* — Voyez, pour plus de détails, les *Annali della tipografia volpi-cominiana,* de Federici, pp. 206-211.

— Carminum lib. V, adjectis Vulpii antiquioris et Hieron. ejus fratris carminibus. *Patavii, Cominus,* 1742, in-8. 4 à 5 fr. [12816]

Vendu en Gr. Pap. 15 sh. Pinelli.

Il y a des exemplaires de ce volume sur pap. bleu, ainsi que des *Opuscula philos.* du même auteur, imprimées par Comino, en 1744, in-8.

— Liber de satyræ latinæ natura et ratione, ejusque scriptoribus qui supersunt, item paraphrasis et comment. in decimam satyram Juvenalis. *Patavii, Cominus,* 1744, in-8. 3 à 4 fr., et plus en Gr. Pap. [18239 ou mieux après 12443]

VOLPINO (*Andrea*). Novella di madonna Isotta da Pisa, dove si comprende la sapienza di un giovane nel correger la superba moglie. *Venetia,* 1595, pet. in-8. [14924]

Nouvelle en vers: vend. 1 liv. 15 sh. Borromeo; 16 fr. mar. r. Libri, en 1857.

— Novella di madonna Isotta da Pisa..... *Venetia, Trevigi & in Pistoia, per il Fortunati* (senz' anno), pet. in-4. de 4 ff. avec une vignette sur bois.

Un exemplaire *non rogné,* 3 liv. 1 sh. Libri, en 1859.

Cette nouvelle a été réimprimée plusieurs fois. Il y en a une édit. de Vérone, *Seb. Delle donne,* 1590, in-8. de 8 ff. 20 fr. mar. r. Libri, en 1847; et aussi une de Venise, 1647.

— Comedia di Ricino et di M. Gratiano, composta per Andr. Volpino. (*senza luogo ed anno*), in-8. de 8 ff. [16675]

Pièce rare, impr. vers 1556. En *mar. v.* 32 fr. Libri.

VOLTA (*Aless.*). Relazione di Aless. Volta di un suo viaggio letterario nella Svizzera. *Milano*, 1827, gr. in-8. [20249]

Il n'a été tiré que 70 exemplaires de cette relation, publiée à l'occasion *delle nozze* Stabilini Rena. 11 fr. 50 c. Reina. — Un des deux exempl. tirés sur pap. bleu, 14 fr. 50 c. le même.

Nous avons placé sous le n° 4368 de notre table les *Opere di Aless. Volta*, Firenze, 1816, 3 tom. en 5 vol. in-8. portr., publ. par Vinc. Antinori. L'ouvrage ci-dessus n'y a pas été inséré.

VOLTAIRE (*François-Marie* Arouet de). OEuvres. *Genève*, 1768 et ann. suiv., et *Paris*, 1796, 45 vol. in-4. fig. [19114]

Nous n'avons pas l'intention de donner un catalogue des édit. des œuvres de Voltaire, qui ont été publ. de son vivant. Ce travail a été fait, et fort bien fait, par Beuchot et ensuite par M. Quérard, mais il serait ici sans intérêt; toutefois nous ne pouvons nous dispenser de parler de l'édition in-4., parce que c'est la première qui ait paru avec quelque appareil de luxe. Comme celle de 1757 et ann. suiv., publ. à Genève par les frères *Cramer*, de format in-8, elle a l'inconvénient de contenir des supplém. qui en rendent l'usage peu commode; elle est d'ailleurs incomplète, bien qu'on y ait ajouté 15 vol. de correspondance, imprimés de la manière la plus négligée et sur pap. détestable. Nous ne conseillons à personne d'en faire l'acquisition, non plus que de l'édition de 1775, en 40 vol. in-8. fig., avec des cadres autour des pages. Le prix de cette dernière est fort médiocre, même lorsqu'on a réuni à l'exemplaire la correspondance et la vie de Voltaire de l'édit. de *Kehl* ou de celle de *Bâle*.

— OEuvres de Voltaire (avec des avertissements et des notes par Condorcet; édition procurée par les soins de Decroix, et sous la direction typographique de Letellier). *De l'imprimerie de la Société littéraire et typographique (à Kehl)*, 1784 et 1785-89, 70 vol. in-8.

Cette édition célèbre était la plus complète, la plus belle et la mieux ordonnée qui eût paru jusqu'alors des œuvres de Voltaire; on y a donné pour la première fois la volumineuse correspondance de l'auteur, ainsi que plusieurs pièces de théâtre et autres morceaux curieux qui étaient restés inédits. Cependant elle n'a pas entièrement répondu à l'attente du public, car il est généralement reconnu qu'elle fourmille de fautes d'impression, et que le travail de l'éditeur laisse souvent à désirer, tant pour la distribution des matières que pour l'exactitude du texte, et même pour la rédaction des préfaces et des notes. Ces défauts ont été signalés sans ménagement par Laharpe et Palissot, tous deux hommes de goût, mais qui, cette fois, peut-être, ont mis trop de partialité dans leurs jugements. Ces critiques n'ont point empêché que l'édition de Kehl n'ait été suivie servilement dans plusieurs réimpressions, qui lui sont d'ailleurs très-inférieures sous le rapport typographique. C'est effectivement sous ce dernier point de vue que Beaumarchais, à qui nous sommes redevables de cette collection, mérite des éloges. On sait qu'il n'a rien épargné pour faire de son édition un livre de luxe. Il y a employé les caractères de Baskerville, que les nouveaux types de MM. Didot ont surpassés sans les faire entièrement oublier; il a fait fabriquer des papiers d'une excellente qualité, et ses presses, servies par des ouvriers d'élite, ont produit un livre remarquable, surtout par une égalité de

tirage bien difficile à obtenir dans un ouvrage volumineux. Aussi trois millions ont à peine suffi pour tous les frais de cette entreprise, la plus vaste et la plus dispendieuse peut-être qu'on ait jamais faite en librairie dans un si court espace de temps.

Pour que les *OEuvres de Voltaire* trouvassent place dans toutes les bibliothèques et fussent accessibles à toutes les fortunes, Beaumarchais a fait imprimer concurremment deux éditions, l'une en 70 vol. in-8., et l'autre en 92 vol. in-12, et il a fait tirer sur chacun de ces formats cinq papiers différents; le tout ensemble s'élève, dit-on, au nombre de vingt-huit mille exemplaires. Voici l'indication des papiers de l'in-8. : 1° Papier bis, 2 fr. le volume broché. — 2° Papier ordinaire, dit à la +, 3 fr. le volume. — 3° Gr. Pap. à 4 fr. le volume; les signat. sont accompagnées d'une *. — 4° Gr. Pap. fin à 6 fr. le vol. — 5° Très Gr. Pap. vélin à 9 fr. le vol.

Il faut joindre à cette édition : *Table analytique et raisonnée des matières contenues dans les 70 vol.* in-8. *des OEuvres de Voltaire, par Chantreau*, Paris, Deterville, 1801, 2 vol. in-8. Cette table n'a point été tirée sur les mêmes papiers que l'édition à laquelle elle fait suite.

Il est convenable de réunir aussi à la même collection un *Supplément au recueil de lettres de Voltaire*, Paris, Xhrouet, 1808, 2 vol. in-8. et in-12, publié par les soins d'Auger. Il en a été tiré du Gr. Pap. vélin dans les deux formats.

Les papiers des exemplaires à 4 fr., à 6 fr. et à 9 fr. le volume sont remarquables par leur beauté, et c'est particulièrement dans ces sortes d'exemplaires que sont ordinairement placées les deux suites de grav. exécutées d'après les dessins de Moreau. La première de ces suites, composée de 108 pl., a paru à la même époque que l'édition; on en trouve difficilement de belles épreuves : 30 à 120 fr.; mais les dernières tirées se donnent pour 30 fr. Les épreuves *avant la lettre*, dont il n'y a peut-être pas 25 exemplaires complets, ont quelquefois été payées jusqu'à 1000 fr., mais elles sont loin de conserver ce haut prix : 305 fr. Renouard. Dans les épreuves avant la lettre, presque tous les noms des graveurs sont légèrement tracés à la pointe sèche, au lieu d'être entièrement gravés par le graveur en lettres; et c'est ce qu'il est bon de remarquer, parce que plusieurs collections ont été complétées par des épreuves tirées avec des *caches*, mais avec les noms terminés.

Les dessins originaux de cette première suite ont été placés dans un exemplaire de l'édit. de Kehl, que Beaumarchais destinait à l'impératrice Catherine II, mais qu'il ne lui livra pas; cet exemplaire, en 70 vol. gr. in-8., papier dit à 9 fr., feuilles choisies, rel. en *mar. r. doublé de tabis*, non pas par Derome le jeune, mais par Derome l'aîné, relieur de second ordre, passa après la mort de Beaumarchais à M. Delarue, son gendre, et en 1849 il fut porté sous le n° 1627 du catalogue impr. pour la vente de Viollet-Le-Duc (*Paris, Jannet*), n° 1623. Dans la vacation du 21 novembre il fut offert à 3000 fr., et retiré faute d'enchères. Depuis, M. Delarue le céda au libraire Fontaine, qui le vendit 13,500 fr. (non 18,000 fr.) à M. Double, à la vente duquel ce même exemplaire a été adjugé pour 9025 fr., et acquis, dit-on, pour l'empereur Napoléon III. Les précieux dessins dont il était enrichi doivent être comptés pour les neuf dixièmes au moins dans le prix obtenu.

La seconde suite de gravures a été publiée par Renouard, vers l'année 1802; elle forme 146 pièces, et au moment de sa publication elle a remplacé avantageusement la première suite, dont les cuivres se trouvaient usés par de trop nombreux tirages. Ces 146 planches coûtaient 185 fr. et 200 fr. avec un supplément de 21 petits portraits. Les épreuves avant la lettre, qui certes ne sont pas en petit nombre, se payaient le double (aujourd'hui on les aurait pour moins de 200 fr.). Il y a dans cette collection plusieurs vignettes fort agréables, mais les portraits sont généralement très-inférieurs à ceux de l'ancien recueil.

Volta (*J.-C.*). Tipografia mantovana, 31254.
Voltaire et le président de Brosse, 30635.

Les cent treize dessins de Moreau pour cette seconde suite, avec tiente dessins de portraits, par Saint-Aubin, ont été portés à 1645 fr. à la vente de Renouard, faite en 1854.

Le jugement que nous avons porté de l'édition précédente, in-8., s'applique entièrement à l'in-12 en 92 vol., dont il existe cinq papiers, différents entre eux, mais qui sont les mêmes que ceux de l'in-8., savoir : pap. gris, à 1 fr. 20 c. le volume *br.*; — pap. ordinaire, dit à la +, ou à 1 fr. 50 c. le volume ; — pap fin, dit à l'*, ou à 2 fr. le volume ; — Gr. Pap. fin à 2 fr. 50 c.; — Gr. Pap. vél. à 6 fr. le volume.

Les nombreuses éditions des œuvres de Voltaire, qui ont paru depuis quelques années, ont réduit à bien peu de chose le prix des éditions de Beaumarchais. C'est au point que les exempl. de luxe, ornés de doubles suites de fig. et rel. en *mar.*, se vendent à peine de 500 à 700 fr.

On a fait deux réimpressions du Voltaire de Beaumarchais : 1° *Bâle*, 1784-90, en 71 vol. in-8. Cette édition, dont un certain nombre d'exemplaires portent le nom de *Gotha* au lieu de celui de *Bâle*, contient une soixantaine de lettres qui ne sont ni dans les éditions en 100 vol. in-12, ni dans les éditions commencées en 1817, si ce n'est dans celle de M. Beuchot; 2° *Lyon* (ou *Bâle*), *Delamollière*, ou sous l'indication de *Deux-Ponts*, ou avec celle de *Hambourg*, 1791-92, 100 vol. in-12.

— Les mêmes OEuvres de Voltaire ; nouvelle édition, avec des notes et des observations critiques par Palissot. *Paris, Stoupe*, 1792-1802, 55 vol. in-8.

Palissot crut faire une chose favorable à la gloire de Voltaire, et en même temps utile au public, en élaguant de l'édition qu'il publiait plusieurs ouvrages peu dignes de l'auteur de la Henriade et de Mérope, et en réduisant la correspondance de ce grand homme à ce qu'elle a de plus curieux. Personne sans doute n'était plus propre que l'éditeur à réaliser habilement ce projet; néanmoins l'entreprise ne fut pas goûtée, parce qu'en général chacun est bien aise de posséder tout ce qu'a produit la plume d'un écrivain célèbre, et de pouvoir faire soi-même son choix; d'ailleurs l'édition est trop médiocre, sous le rapport typographique, pour qu'elle ait pu soutenir la concurrence avec celle de Beaumarchais. Cependant elle contient de bonnes observations et des préfaces bien écrites, qui, fort heureusement, ont été imprimées à part, sous le titre de *Génie de Voltaire, Paris*, 1806, in-8., et qui se retrouvent encore dans le 6ᵉ vol. de la dernière édition des œuvres de Palissot.

— Les mêmes OEuvres (avec des notes de MM. Renouard, Clogenson et autres). *Paris, Renouard*, 1819-25, 66 vol. in-8.

Cette édition, imprimée chez Crapelet et sur bon papier, est plus complète et plus correcte que celles de Beaumarchais, et, avant l'édition de Beuchot, c'était la meilleure que l'on eût des œuvres de Voltaire. La plupart des exemplaires sont ornés de 113 vignettes d'après Moreau, et des 47 portr., toutes planches dont Renouard avait précédemment fait un fréquent usage. Le prix de souscription des exemplaires avec fig. était de 470 fr. Le Gr. Pap. vél. coûtait 750 fr., et avec les fig. avant la lettre, 880 fr. ; mais ces prix ont été réduits de beaucoup depuis 1825. Le 63ᵉ vol., qui s'est vendu séparément 6 fr. 50 c., porte le titre de *Lettres inédites de Voltaire à Mⁱˡᵉ Quinault, à M. d'Argental, au président Hénault, à M. Damilaville, à Mᵐᵉ d'Epinay, et autres personnages remarquables.* La vie et les mémoires de Voltaire occupent le 64ᵉ vol., et la table générale, par Miger, forme les tomes LXV et LXVI.

— Les mêmes OEuvres. *Paris, Lequien*

(*imprimerie de Jules Didot l'aîné*), 1820 et ann. suiv., 70 vol. in-8. dont le dernier renferme une table analytique, rédigée par J.-B.-J. Champagnac.

Édition assez belle, et qui présente plusieurs bonnes restitutions de texte. Comme le débit en a été rapide, on a été obligé de réimprimer plusieurs fois les premières livraisons, en même temps qu'on augmentait le tirage des dernières. Il y a des exemplaires en pap. ordin., en pap. d'Annonay et en pap. vél., sous différentes dates. Il y en a aussi dont les titres portent l'adresse des libraires *Verdet et Lequien fils*, avec la date 1827. Le prix est de 1 fr. 50 c. à 3 fr. par vol., selon la qualité du papier.

— OEuvres complètes. *Paris, P. Dupont* (*Chasseriau et Bossange père*), 1823-27, 72 vol. in-8. portr. 80 à 100 fr.

Édition fort ordinaire, qui n'est guère que la reproduction de celle de Lequien. Le 70ᵉ vol. contient des *Lettres inédites de Voltaire ;* et les deux derniers renferment la *Table analytique*, en 2 part., à laquelle ont été jointes dix feuilles de cartons pour les divers volumes de l'édition. Il y a des exempl. en pap. vél. — Le même éditeur a publié séparément les *OEuvres choisies* de Voltaire, précédées de sa vie par Condorcet, 33 vol. in-8. portr.

— OEuvres complètes, avec des remarques et des notes historiques, scientifiques et littéraires, par MM. Auguis, Clogenson, Daunou, L. Dubois, Ch. Nodier. etc. *Paris, Delangle* (*imprimerie de Jules Didot*), 1824-32, 95 vol. gr. in-8. pap. caval. vélin. ⸗ Table analytique des matières par P.-A.-M. Miger, 2 vol. in-8.

Publié à 6 fr. le volume, et ensuite à 2 fr.

Cette édition, trop volumineuse, est sans contredit une des plus belles et des plus complètes des œuvres du philosophe de Ferney, mais il lui a manqué les soins continuels d'un éditeur principal, exercé à ce genre de travail; car les personnes dont les noms figurent sur les titres, se sont bornées à fournir des préfaces et un certain nombre de notes, sans s'occuper de l'ensemble. Les notes de Clogenson se recommandent par leur exactitude, mais malheureusement elles ne portent que sur une partie des volumes. On a suivi généralement dans cette édition la classification de celle de Kehl, excepté pourtant dans la Correspondance, où toutes les lettres ont été classées chronologiquement sans subdivision de correspondances particulières. Cette partie est augmentée d'un certain nombre de lettres déjà publiées dans des recueils séparés, mais non encore insérées dans les œuvres de l'auteur. Beuchot a prouvé que plusieurs des ouvrages réunis pour la première fois dans cette collection, et qui y sont donnés pour être de Voltaire, ne sont pas de ce grand écrivain. Les 26 prem. vol. de cette édition ont paru avec l'adresse de *Dalibon*, libraire, et ils portaient sur le frontispice, parmi les noms des annotateurs, ceux de Arago, François de Neufchâteau et de M. J.-V. Le Clerc, qui ne se trouvent plus sur les nouveaux titres à l'adresse du *Delangle*. Les derniers vol. sont annoncés chez *Marius Amyot*. Il a été tiré des exempl. en Gr. Pap. jésus vélin (à 24 fr. le vol.), quelques-uns en pap. de Hollande (à 36 fr. le vol.), et 2 sur Pap. de Chine. Il a aussi été tiré un certain nombre d'exempl. d'une partie des volumes de cette même édition en pap. carré ordinaire, avec des titres à l'adresse de *Baudouin frères;* et quelques-uns de ces exempl. sont complétés par la Correspondance et par d'autres vol. de l'édition stéréotype donnée par les mêmes libraires, et n'ont alors que 75 volumes. L'édition des *OEuvres complètes de Voltaire*, stéréotype, commencée par Baudouin, et continuée par Pourrat, forme 75 vol., dont les différents tirages ont été annoncés comme 2e, 3e, 4e et 5e édit. de la collection précédente, ou comme *nouv. édition revue par M. Léon Thiessé;* mais il est à remarquer que ces différents tirages ne renferment ni tous les avertissements, ni toutes les notes de l'édition de Delangle, et de la première donnée par Baudouin, ni enfin les nombreuses additions faites par Clogenson, Dubois et autres à la Correspondance, dans ces mêmes éditions. C'est comme *nouvelle édition revue par M. Tissot,* qu'on a annoncé, en 1833, le dernier tirage de ces mêmes clichés, réduits cette fois à 73 vol., y compris les 2 vol. de table.

— Les mêmes OEuvres; nouvelle édition, collationnée sur les éditions originales, avec des notes, préfaces, avertissements, etc., par M. Beuchot. *Paris, imprimerie de F. Didot (se vendait chez Lefèvre, etc.),* 1829-34, 70 vol. in-8.; plus table analytique rédigée par P.-A.-M. Miger, 1841, 2 vol. in-8.

Édition sinon la plus belle, du moins la plus complète, et à bien des égards la meilleure que nous ayons jusqu'ici des œuvres de Voltaire. L'éditeur a eu soin de n'y admettre que les meilleurs textes, de les faire imprimer correctement, de joindre aux ouvrages déjà publiés de son auteur tous les écrits authentiques du même qui n'avaient pas encore été recueillis, et enfin d'écarter tous les morceaux faussement attribués au philosophe de Ferney. On peut estimer à la valeur de 4 à 5 vol. ce que l'édition donnée par Beuchot contient de plus que les autres, soit en pièces inédites ou non recueillies de Voltaire, soit en préfaces et en notes explicatives du nouvel éditeur. La Correspondance, augmentée de plus de cinq cents lettres, est classée par ordre chronologique, sans distinction des correspondances particulières du roi de Prusse, de d'Alembert, etc.; ce qui, à notre avis, n'est pas une amélioration. Nous en dirons autant de la réunion en une seule classe, sous le titre de *Mélanges,* sans distinction de genre, et dans l'ordre chronologique, de tout ce qui, dans l'édition de Kehl et dans plusieurs autres, est compris dans les sections de *Mélanges historiques, Politique* et *Législation, Philosophie, Physique, Dialogues, Facéties, Mélanges littéraires.* Selon nous, ce n'est pas non plus une chose heureuse d'avoir réuni dans la Pucelle les variantes de toutes les éditions, et entassé ainsi des impiétés et des obscénités qui, Dieu merci, ne sont plus du goût de personne, si ce n'est, peut-être, de quelques vieux voltairiens, peu scrupuleux sur ce point. En agissant ainsi, M. B., à qui Beuchot fait honneur de ce travail, à plus nui, nous le craignons bien, à la mémoire de l'auteur, que ne l'auraient pu faire par leurs critiques des ennemis déclarés; bien plus, il est à craindre que cela ne suffise pour écarter de plusieurs bibliothèques une édition si recommandable à d'autres titres. Le tome cinquantième, qui n'avait primitivement que 626 pp., a été porté ensuite à 630 pp. au moyen de la réimpression des pp. 609 et suiv., nécessitée par l'addition d'un morceau qui manquait. Le papier ordinaire employé pour cette édition n'est malheureusement pas d'une bonne qualité, ce qui, joint à la trop grande quantité d'exempl. déjà publiés des œuvres de Voltaire, a contribué à arrêter pendant quelque temps le débit du livre, lequel se donne maintenant pour moins de 200 fr., quoiqu'il ait coûté 315 fr. Il y a des exempl. en pap. cavalier vélin qui, avec la table, ont coûté 520 fr.; — d'autres en très Gr. Pap. dit jésus superfin, d'un prix double : 700 fr. Labédoyère. Ces deux derniers papiers sont destinés à faire suite à la belle collection des Classiques français, publiée par Lefèvre (voyez à la fin de notre 6e vol.). La *Table analytique,* en 2 vol. in-8., n'a été tirée qu'à

750 exempl. au lieu de 2100, qui est le chiffre du tirage des 70 vol. du Voltaire; cette table se vendait 20 fr. — Pap. cav. vél. 30 fr. — Gr. jésus, 40 fr. Beuchot, en annonçant dans un des feuilletons de son journal qu'à partir du 1er octobre 1844 elle serait portée à 24, 36 et 48 fr., a prévenu qu'il détruirait les exempl. non encore vendus au 1er janvier 1845.

N'oublions pas de faire mention d'un exemplaire de cette édition de Voltaire en Gr. Pap. vélin relié en *mar. r.,* et formant 90 vol., dans lequel M. de Saint-Mauris était parvenu à faire entrer *mille huit cent soixante figures,* bonnes ou mauvaises, dont la table manuscrite n'occupe pas moins de 618 pp. Cet exemplaire, si prodigieusement illustré, qui avait coûté une vingtaine de mille francs à cet amateur, se trouve soigneusement décrit sous le n° 1512 de son catalogue, *Paris, L. Potier,* 1843; il fut alors cédé à l'amiable au prix de 4700 fr. Depuis il a été revendu 4580 fr. (Catal. de M. Duplessis, 1856, addition n° 1472).

Autres éditions des OEuvres de Voltaire, publiées depuis 1817, qui méritent encore d'être citées.

— *Paris, Desoer,* 1817-19, 13 vol. in-8., y compris la table analytique par Goujon. Première édition, dite *compacte.* Il y a des exempl. en pap. vél. et en pap. coquille satiné.

— *Paris, Mme Perronneau,* 1817-20, 56 vol. in-12; les tom. I à XXII et XXV à XXXII ont été donnés par Beuchot, les autres par M. L. Dubois.

— *Paris, Deterville et Lefèvre,* 1817-20, 42 vol. in-8.; édit. impr. sous la direction de Miger, qui en a rédigé la table formant le 42e volume. Il y a des exempl. en pap. vél.

— *Paris, Verdière, Sautelet, etc. (imprimerie d'H. Fournier),* 1825-27, 3 vol. in-8. à 2 col. pap. vél. Livre passablement exécuté, et qui pourrait être de quelque usage pour les recherches si on y avait joint une table analytique.

— *Paris, J. Didot l'aîné et Dufour,* 1825-29, in-8. à 2 col. pap. vél. Quoique imprimée en plus petits caractères que la précédente, cette édition n'a pas moins de 5551 pp. Il s'en trouve des exemplaires au nom de Leroi, libraire, et sous la date de 1832. — L'édition en 3 vol. avait été mise provisoirement au prix de 150 fr. *en faveur des souscripteurs,* et celle-ci se payait 188 fr.; mais ces prix ont été depuis réduits à 40 fr.

— LES MÊMES, avec des notes et notices sur la vie de Voltaire. *Paris, Furne,* 1835-38, 13 vol. gr. in-8. à 2 col. (sans table), 100 fr. L'éditeur a suivi la classification de l'édit. de Kehl, mais il a su mettre à profit les travaux de Beuchot et autres. Ces 13 vol. sont ornés de 47 vignettes gravées sur acier par Lefèvre, Blanchard et Hopwood.

———

Voici l'indication de quelques recueils de lettres qu'il est convenable de joindre aux éditions de Voltaire, où ces lettres manquent en totalité ou en partie; il y en a un certain nombre dont Beuchot n'a donné que l'analyse.

PIÈCES inédites de Voltaire, imprimées d'après les manuscrits originaux, pour faire suite aux différentes éditions publiées jusqu'à ce jour. *Paris, P. Didot l'aîné,* 1820, in-8. et in-12, publié par Jacobsen.

LETTRES inédites de Voltaire, de Mme Denis et de Colini, adressées à M. Dupont, précédées d'un jugement philosophique et littéraire sur Voltaire, et suivies d'une épître inédite au roi de Prusse et de fragments de lettres à Grimm, Diderot, Helvétius, Damilaville et autres. *Paris, Mongie aîné,* 1820, in-8. et in-12.

LETTRES inédites de Voltaire à Mlle Quinault, etc. Voyez ci-dessus, col. 1355, l'édition de Voltaire publiée chez Renouard.

CORRESPONDANCE inédite de Voltaire avec P.-M.

Hennin..., publiée par M. Hennin, son fils. *Paris,* 1825, in-8. 5 fr.

CORRESPONDANCE inédite de Voltaire avec Frédéric II, le président de Brosses et autres personnages, publiée avec des notes par Th. Froisset. *Dijon, Frantin,* 1836, in-8.

LETTRES inédites de Voltaire, recueillies et publiées par MM. de Cayrol et François, avec une préface par M. Saint-Marc Girardin. *Paris, Didier,* 1856 (nouv. tirage 1857), 2 vol. in-8.

VOLTAIRE à Ferney, sa correspondance avec la duchesse de Saxe-Gotha, suivie de notes historiques entièrement inédites, recueillies et publiées par MM. Evariste Bavoux et A. F. *Paris, Didier et Cie,* 1860, in-8. 7 fr.

LE DERNIER volume des œuvres de Voltaire, contes, comédies, pensées, poésies, lettres; œuvres inédites précédées du testament autographe de Voltaire, du fac-simile de toutes les pièces relatives à sa mort, et l'histoire du cœur de Voltaire, par Jules Janin, préface par Edouard Didier. *Paris, impr. de Plon,* 1862, in-8. de 440 pp. portrait.

―――

MÉMOIRES sur Voltaire et sur ses ouvrages, par S.-G. Longchamp et J.-L. Wagnière, ses secrétaires; suivis de divers écrits inédits de la marquise du Châtelet, du président Hénault, de Piron, d'Arnaud Baculard, Thiriot, etc., tous relatifs à Voltaire. *Paris, Aimé-André,* 1825, 2 vol. in-8. 6 fr.; — Gr. Pap. vél. tiré à 25 exemplaires, 12 fr.

THE WORKS, translated from the french, with notes historical and critical by Smollett, Francklin and others. *London,* 1776, 37 vol. in-12 avec fig.

―――

Recueils de vignettes pour les œuvres de Voltaire.

Nous avons déjà parlé, colonne 1354, de deux suites gravées d'après Moreau jeune; il nous reste à en indiquer plusieurs autres qui ont la même destination :

1° SUITE de vignettes pour les Œuvres de Voltaire, gravées d'après les dessins d'Alex. Desenne. *Paris, Mesnard et Desenne* (1823-28), in-8.

Cette suite laisse beaucoup à désirer sous le rapport de la gravure. Elle se compose de 70 vignettes et de 10 portr., le tout publié en 16 livraisons, d'abord au prix de 160 fr.; — avant la lettre, 320 fr.; — avant la lettre et sur pap. de Chine, 480 fr.; — eaux-fortes, 160 fr.; ensuite mis à un très-grand rabais.

Les 80 dessins originaux de Desenne, qui appartiennent à cette suite, ont été placés dans un exemplaire du Voltaire, édition Renouard, en Gr. Pap., lequel exemplaire, contenant aussi les épreuves avant la lettre, sur pap. de Chine, des mêmes vignettes, et plusieurs autres ornements graphiques, a été payé 3100 fr. à la vente Jacob, en 1829.

2° CENT gravures pour les œuvres de Voltaire, publiées par Lecerf, d'après les dessins de Deveria et Chasselat, in-8. Planches très-médiocres.

3° QUARANTE-SEPT vignettes gravées sur acier par Lefèvre, Blanchard et Hopwood, pour l'édition in-8. en 13 vol., publiée chez Furne, de 1835 à 1838.

―――

— OEuvres poétiques de Voltaire, contenant les chefs-d'œuvre dramatiques, la Henriade, la Pucelle, le Temple du Goût, les poëmes, discours en vers, contes, satires, épîtres et poésies mêlées. *Paris, L. De Bure (imprim. de F. Didot),* 1824, gr. in-8. de 820 pp. pap. vél. [14059]

Édition à deux colonnes, et pour laquelle on a employé la composition qui a servi à l'impression des *OEuvres poétiques de Voltaire,* faisant partie de la collection des Classiques, de format gr. in-32, publiée par le même libraire. La Pucelle n'est point comprise dans cette dernière collection; mais il en a été tiré quelques exemplaires à part à l'adresse du libraire *Nepveu,* et même six de ces exemplaires sont imprimés sur VÉLIN. Il y a aussi quatre exemplaires de la Henriade, in-32, impr. sur VÉLIN. Un de ces derniers, orné de 10 vignettes d'après les dessins de Leprince, 40 fr. 50 c. Jacob, en 1829.

— La Henriade, poëme en dix chants. *Paris, Ve Duchesne (imprim. de Barbou), sans date* (aussi 1770 et 1775), 2 vol. in-8. fig. d'après Eisen. [14120]

Cette édition contient des variantes, des notes, l'Essai sur la poésie épique, et diverses pièces poétiques de l'auteur. C'était la meilleure que l'on eût alors de ce poëme, mais elle est peu recherchée maintenant. Il en a été tiré quelques exemplaires sur pap. de Hollande.

La première édit. de la Henriade, en neuf chants seulement, a été imprimée à *Rouen,* chez *Viret,* sous ce titre :

LA LIGUE, ou Henry-le-Grand, poëme épique... *Genève, Jean Moxpap,* 1723, in-8. de VIII et 250 pp. 14 fr. Eug. P. en 1862.

Ce fut l'abbé Desfontaines qui la publia d'après un manuscrit incomplet. Il en a été fait deux réimpressions en 1724. Plus tard Voltaire, étant à Londres, y fit lui-même imprimer son poëme, divisé en 10 chants, et avec des changements considérables. Cette édition de *Londres,* 1728, gr. in-4., avec des gravures, porte pour titre : *La Henriade de M. de Voltaire, poëme épique.* Ce titre est suivi d'une dédicace écrite en anglais et adressée à la reine d'Angleterre. L'ouvrage parut par souscription, au prix d'une guinée par exemplaire. On a prétendu que cette souscription avait produit 150 000 fr. à l'auteur. Cependant, Beuchot en a fait la remarque, cette édition de 1728 n'était pas encore épuisée en 1741, époque à laquelle on la fit reparaître avec un nouveau titre sous cette dernière date, en y ajoutant diverses pièces préliminaires, et, à la fin, des arguments, des notes et des variantes. Un exempl. sous la date de 1728, en pap. de Holl. et rel. en *mar. r.* avec le portr. de la reine Elisabeth, alors régnante, 55 fr. 2e vente Quatremère. Nous n'avons pas à nous occuper des différentes éditions de ce poëme, qui ont paru de 1728 à 1770, et que de plus récentes ont effacées; seulement nous dirons qu'on recherchait jadis celle de 1746 (en 2 vol. pet. in-12, avec une préface de Marmontel), à cause d'une note sur les *damnés* qui se trouve à la page 138 du tome Ier, note qui a reçu une nouvelle rédaction dans l'édition d'*Amsterdam (Rouen),* 1748, in-12, mais qui a été entièrement supprimée dans plusieurs autres réimpressions.

Voici l'indication des principales éditions modernes de la Henriade :

— Avec des remarques, par Palissot, *Paris, Moutard,* 1784, in-8. Il en a été tiré 100 exempl. sur pap. vél.

— Suivie de quelques autres poëmes. *Société littéraire et typographique (Kehl),* 1789, gr. in-4. pap. vél.

On recherche peu maintenant les exemplaires de cette édition, même lorsqu'ils sont ornés soit de 11 pl. d'après Moreau, soit de 15 gravures d'après Queverdo. Il en a été tiré un exempl. sur VÉLIN.

— LA HENRIADE, poëme en dix chants, impr. à *Ruïen,* en Livonie, 1788-1789, 2 vol. in-8. de 125 et 138 pp.

Édition sortie de l'atelier typographique particulier établi par Gustave de Bergman, à Ruïen, près de Riga, en 1785, où l'a été aussi imprimé *Zadig,* ou la destinée, histoire orientale, petit roman refondu à la portée des enfans, 1789, in-16.

— LA HENRIADE. Impr. pour l'éducation du Dauphin. *Paris, imprimerie de Didot l'aîné*, 1790, gr. in-4. tiré à 250 exempl. 15 à 20 fr.; en *mar. r.* 24 fr. Quatremère. — Un exempl. impr. sur VÉLIN, 200 fr. Galitzin.

— *Paris, Didot l'aîné*, 1792, in-18. Cette édition devait faire partie de la collection du Dauphin, et même il avait été impr. des titres datés de 1791, avec les armes de ce jeune prince; mais les circonstances ne permirent pas de la publier ainsi : 3 à 4 fr. — Un exemplaire sur VÉLIN, 53 fr. Galitzin.

— Avec notes et variantes (la préface de Marmontel et celle de Frédéric II, roi de Prusse). *Paris, P. Didot*, 1814, in-8., pap. ordin., pap. fin et pap. vél.
Ce volume fait partie de la *Collection des meilleurs ouvrages de la langue française*, ainsi que les ouvrages suivants de Voltaire : *Histoire de Charles XII*, 1817, 1 vol. — *Siècle de Louis XIV et siècle de Louis XV*, 1821, 4 vol. — *Romans et contes*, 1821, 3 vol. — *Poésies diverses*, 1823, 5 vol. dont il a été tiré deux exempl. sur VÉLIN.

— Édition dédiée à S. A. R. Monsieur. *Paris, imprimerie de P. Didot l'aîné*, 1819, gr. in-fol. — Tirée à 105 exempl., mise en vente à 175 fr., mais aujourd'hui moins chère. — Un seul exempl. sur VÉLIN.

— LA HENRIADE, ornée de dessins lithographiques de M. Horace Vernet, avec les portraits par M. Mauzaisse. *Paris, P. Dupont et E. Dubois* (de 1822-27), in-fol.
Édition enrichie de 87 pl. (quelquefois 96), et publiée en 31 livrais. Prix de chaque livraison, 15 fr.; — avant la lettre, 25 fr. — Ces prix, beaucoup trop élevés, ne se soutiennent point. Un exemplaire complet, 101 fr. Auger; rel. par Hering, 110 fr. Jacob, en 1829; avec diverses fig. ajoutées, 118 fr. Nicolle et 151 fr. Pixérécourt.

— *Paris, Firmin Didot*, 1819, gr. in-4., ou pet. in-fol. 160 fr., ensuite moins.
Cette belle édition, tirée à 200 exempl. seulement, a été dirigée par M. Daunou, qui y a joint de nouvelles notes. Elle est ornée de deux gravures d'après Gérard, par MM. Dupont et Muller. Quoique le frontispice porte la date de 1819, l'avis *F. Didot au lecteur* est daté du 20 juillet 1823. Il a été tiré sur VÉLIN un exemplaire de ce beau volume.

— Suivie de notes et de variantes. *Paris, P. Didot l'aîné*, 1819, 2 vol. in-16, pap. ordin. et pap. vél.
Ce sont les tom. XVIII et XIX de la collection dédiée à MADAME.

— Autre édit. *Paris, Lefèvre et Brière* (*impr. de J. Didot*), 1823, gr. in-32, pap. vél. 3 fr.
Pour l'édit. in-32 publiée chez *L. De Bure*, voyez ci-dessus, *OEuvres poétiques de Voltaire*.

— LA HENRIADE de Voltaire, mise en vers burlesques auvergnats, imités de ceux de la Henriade travestie de (Fougeret) de Monbron, suivie du 4e livre de l'Enéide. *Riom*, 1798, in-18.
L'auteur de ces vers auvergnats se nommait Faucon. On remarque dans son recueil le *Conte des perdrix*, que le rédacteur du catal. de la biblioth. de la ville de Clermont qualifie de charmant.

— La Pucelle d'Orléans, poëme en vingt chants, avec des notes, nouvelle édition, corrigée, augmentée, et collationnée sur les manuscrits de l'auteur. (*Genève*), 1762, in-8. fig. [14151]
L'édition que l'on croit être la première de ce poëme trop célèbre, a paru sous ce titre :

— LA PUCELLE d'Orléans, poëme divisé en quinze livres, par M. de V***. *Louvain*, 1755, pet. in-8. de 161 pp., plus le faux titre, le titre, et une préface en 2 pp. 31 fr. Giraud; 17 fr. 50 c. Solar.
Cette édition finit par trois lignes de points, et ces

mots : *Cætera desunt.* Voltaire, qui l'a désavouée, supposait qu'elle avait été imprimée à *Francfort*, et donnée au public par Maubert, ex-capucin. Plusieurs autres éditions, copies de la première, ont paru successivement. Celle de *Londres*, 1756, in-32 de ij et 240 pp., est divisée en 18 chants, parce que les chants VIII et XI de la précédente y ont été partagés en deux, et qu'on y a ajouté le XIVe chant (*Corisandre*), ainsi que plusieurs augmentations. Dans les édit. de *Genève*, 1757, 2 vol. pet. in-8. de 116 et 92 pp. (avec des titres grav.), et de *Lond., aux dépens de la Compagnie*, 1761, pet. in-8., le poëme est divisé en 24 chants, sans qu'il contienne rien de plus que l'édition de 1756. Celle de 1762, dont nous avons donné le titre au commencement de cet article, est la première qui ait paru de l'aveu de l'auteur : elle est augmentée de cinq chants entiers, d'une préface, sous le nom de *D. Apuleius Risorius*, et de notes placées au bas des pages. On y trouve aussi un grand nombre d'additions et de corrections, dans divers chants. Une autre augmentation, celle d'un nouveau 18e chant, a porté l'ouvrage à 21 chants dans l'édition de *Genève*, 1773 et 1774, d'après lesquels ce poëme a été réimprimé depuis, notamment dans les éditions suivantes :

LA PUCELLE, poëme, suivi des contes et satires. *Imprim. de la Société littéraire et typogr.* (Kehl), 1789, gr. in-4. pap. vél.
Les exemplaires de cette édition n'ont quelque prix que lorsque les figures de Moreau y sont insérées. Vend., avec ces figures, 82 fr. *mar. r.* Renouard; 52 fr. 50 c. *br.* Lamy, et moins cher depuis. Il a été tiré un exemplaire sur VÉLIN.
Il existe une autre édition de ces poésies, sortie des mêmes presses, en 1789, en 2 vol. pet. in-8. pap. vélin, dont il a été tiré plusieurs exempl. sur VÉLIN. Dans quelques exempl. sur papier sont insérées dix-huit gravures assez jolies, mais trop libres, faites en Angleterre. Vend. tel et rel. en *mar. r. dent.* 30 fr. Méon; et avec les anciennes fig. de Moreau avant la lettre : 88 fr. *mar. bl. tab.* d'Ourches.
Un exemplaire de la Henriade, et de la Pucelle, de l'édition de *Kehl*, 1785, gr. in-8., impr. sur VÉLIN, avec les fig., et partagé en 4 vol., a été vendu 513 fr. Le Blond, et la Henriade seule, 183 fr. en 1818.

— La Pucelle d'Orléans, poëme en XXI chants. *Paris, de l'imprimerie de Didot jeune, an III* (1795), 2 vol. gr. in-4. pap. vélin, fig. de Monsiau et Monnet. 36 à 48 fr.
Un exempl. en pap. de Hollande, et rel. en *mar. r.* 66 fr. Quatremère.
Vendu (exempl. tiré in-fol. sur Gr. Pap., avec les gravures avant la lettre, les eaux-fortes et les variantes, qui n'ont été impr. que pour 4 exempl.) 200 fr. Bailly, et moins cher depuis.
Il a été tiré un exemplaire in-fol. sur VÉLIN, auquel on a joint les aquarelles de Monsiau et Monnet.

— La Pucelle. *Paris, de l'imprimerie de Crapelet, an VIII* (1800), 2 vol. gr. in-8. fig. de Monsiau. 15 à 20 fr. — Pap. vélin, 20 à 30 fr.
Un exemplaire de la Henriade, édit. de Renouard, 1819, gr. in-8., impr. sur VÉLIN, et décoré des deux suites de gravures de Moreau avant la lettre, 123 fr. Renouard. C'est le seul volume de la collection en 66 vol. qui ait été tiré sur VÉLIN.

— THE PUCELLE; or the maid of Orleans, a poem, in XXI cantos from the french of M. de Voltaire; with the author's preface, and original notes. *London*, 1796-97; 2 vol. in-8.
Cette traduction, qui est de feu lady Charleville, n'a jamais été destinée au public. L'auteur, après en

avoir distribué 50 exempl. en petit papier et 5 en Gr. Pap., a fait détruire le reste de l'édition, à la sollicitation de sa famille. Ce livre est donc doublement remarquable, et comme l'ouvrage d'une femme, et comme une rareté typographique. Vendu, en Gr. Pap. et relié en 1 vol. *mar. doré*, 9 liv. 9 sh. Hanrott.

— THE MAID of Orleans, translated in verse with notes, by W.-H. Ireland. *London*, 1822, 2 vol. in-8.

— Théâtre. *Paris, H. Nicolle et Renouard*, 1809, 9 vol. in-8. [16516]

Assez belle édition, dont il se trouve des exempl., tant en pap. ordin. qu'en pap. vélin, qui sont ornés de fig. d'après Moreau : ces neuf volumes font partie des *OEuvres choisies de Voltaire*, édition stéréotype d'Herhan, publiée par les mêmes Renouard, de 1806 à 1809, en 21 vol. in-12 ou in-8., collection qui contient, indépendamment du *Théâtre, La Henriade*, 1806 et 1809, 1 vol. ; *La Pucelle*, 1 vol. ; les *Poëmes et discours en vers*, 1 vol. ; les *Epîtres, stances et odes*, 1 vol. ; les *Contes en vers et satires*, 1 vol. ; les *Romans* 2 vol. : les *Siècles de Louis XIV et de Louis XV*, 3 vol. ; l'*Histoire de Charles XII*, 1 vol. ; l'*Histoire de Russie sous Pierre le Grand*, 1 vol. Un certain nombre d'exempl. du tirage in-8., en pap. vélin, contiennent les fig. d'après Moreau, publiées chez Renouard.

COMMENTAIRE sur le théâtre de Voltaire, par La Harpe, recueilli et publié par *** (M. Decroix). *Paris, Maradan*, 1814, in-8.

Ce commentaire, qui n'a pas été réimprimé dans les œuvres de l'auteur, se trouvait écrit de la main de Laharpe en marge d'un exemplaire du Théâtre de Voltaire, faisant partie de l'édit. in-8. en 40 vol., dite édition encadrée, exempl. vendu en 1814, après le décès d'Agasse, imprimeur-libraire.

— Romans et contes de Voltaire. *Bouillon*, 1778, 3 vol. gr. in-8. fig. 20 à 30 fr. [17235]

Un exemplaire de ces Romans, édition stéréotype de Didot, an VIII, en 3 vol. gr. in-18, impr. sur vélin et rel. en *mar. r.* par Capé, 221 fr. Solar.
— CANDIDE ou l'optimiste, traduit de l'allemand de M. le docteur Rolph, par M. de V. (*sans lieu d'impression*), 1759, in-12.

Première édition, 10 fr. Giraud, et en *mar. r.* 39 fr., 2e vente Quatremère.

La première édit. de l'*Homme aux quarante écus*, sans lieu d'impression, 1768, in-8., rel. en *demimar.*, 15 fr. Giraud, et en *mar. r.* 24 fr. Quatremère.

— ZADIG, ou la destinée, histoire orientale, 1748, pet. in-12 en *mar. r.* par Duru, 62 fr. Solar, et ordinairement de 6 à 9 fr.

— Le Siècle de Louis XIV, publié par M. Dufresne de Francheville, conseiller aulique de S. M. et membre de l'Académie royale des sciences et belles-lettres de Prusse. *Berlin, chez C.-S. Henning*, *imprimeur du roi*, 1751, 2 vol. pet. in-12.

C'est là, nous le croyons, la première édition du *Siècle de Louis XIV*. Celle de Berlin, 1752, 2 vol. pet. in-12, ne doit être qu'une simple réimpression. Nous avons eu sous les yeux le précieux exemplaire annoté par l'auteur, qui est porté dans le catalogue de M. Léopold Double (1863), n° 395, où il est annoncé ainsi : « Précieux exemplaire de la première édition, entièrement annoté par Voltaire, qui préparait sur cet exemplaire la nouvelle édition publiée à *Dresde* en 1753, 2 vol. pet. in-8., *comme revue par l'auteur et considérablement augmentée*. Ces augmentations autographes sont

d'autant plus curieuses qu'elles ne se rapportent pas directement au texte imprimé de ladite édition, et que Voltaire les a quelquefois modifiées et changées. Ces deux volumes proviennent de la bibliothèque de Frédéric le Grand, roi de Prusse, dont ils portent le timbre sur chaque titre. » Ils ont été vendus 400 fr. On sait que Voltaire a fait successivement de nombreuses corrections et d'importantes augmentations aux différentes éditions qu'il a données de cet ouvrage. Pour les bien connaître, il faut consulter la *France littéraire* de M. Quérard, tome X, p. 355-57, où pourtant il n'est pas fait mention de l'édition de 1751. Ce bibliographe a également donné, d'après M. Beuchot, des notes intéressantes sur les éditions de chacun des ouvrages séparés du philosophe de Ferney ; il a été fait de ce travail curieux un tirage particulier, à 250 exemplaires, sous le titre de *Bibliographie Voltairienne, Paris, Firm. Didot* (1842), gr. in-8. de XXXIV et 184 pp. y compris une *Introduction* par Aubert de Vitry, mais que nous ne devons pas reproduire ici.

— Histoire générale, 23011. — Charles XII, 27681. — Pierre le Grand, 27770.

VOLTOIRE. L'Interprect ou traducteur du francois, espagnol et basque. *Lyon, A. Rouger* (vers 1620), in-12 obl. de 6 ff. et 280 pp.

Ce volume, impr. à 3 col., a été décrit dans le Bulletin du Bibliophile, 4e série, n° 766, par M. G. Brunet. Ce qui lui donne quelque prix, c'est que, au milieu de beaucoup de niaiseries, on y rencontre nombre de proverbes basques dans le genre de ceux qu'a recueillis Oihenart. M. B. nous a signalé un autre ouvrage de Voltoire, où se trouvent 616 proverbes en patois de la Gascogne, et qui porte le titre suivant :

LE MARCHAND, traictant des proprietez et particularitez du commerce et negoce. De la qualite et condition du Bourgeois et du Marchand, auec certaines instructions à la jeunesse pour s'y aduancer et maintenir. Du motif de la decadence ou ce negoce ce void maintenant reduict. Contenant aussi un recueil de certaines similitudes ou considerations. Ensemble les Motets gascons ou sentences recreatives. Le tout produit et disposé soubs l'adresse et invention de son embarquement et voyage, en forme de dialogue. *Tolose, Veuve Colomiez et Raym. Colomiez*, 1607, pet. in-12 de 7 et 195 pp. [4157]

Ouvrage rare, écrit en prose et en vers. L'épître dédicatoire est signée *Voltoire*, qui paraît être le nom de l'auteur. Les *Motets* (ou proverbes) *gascons*, exprimés en patois, sont au nombre de 616, et occupent les pages 129 à 195 du volume. 4 fr. Baron, en 1788 ; 28 fr. G. Duplessis.

VOLZ (*Jean*). Voy. FOLZ.

VONDEL (*Joost* Van den). Dichterlyke Werken. *Amsterd., Westerman*, 1820 et ann. suiv. 21 vol. in-12. [15632]

Édition alors la plus complète de ce célèbre poëte hollandais. Chaque vol. a coûté 1 flor. 50 c., — et en pap. vél., 2 flor. 20 c.

Une nouvelle édition des œuvres de Vondel, précédée de sa vie et accompagnée de remarques par M. J. Van Lennep, a paru à *Amsterdam*, 1850-61, en 7 vol. gr. in-8. avec des gravures sur bois.

VON-WISINE. Sotchinéniia. OEuvres (comédies). Edition de Smirdine. *St-Pétersb.*, in-12. [16919]

Voitigt (*I.*). Illyrisch, ital. und deutsches Wörterbuch, 11406.

VÔPA-DÉVA. The Mugdha Bodha, by Vôpa-Dêva. *Serampour*, 1817, in-8. de 311 pp. [11745]

Grammaire sanscrite dans laquelle l'auteur a réuni onze cents règles grammaticales. L'édition est due aux soins de M. Carey. 10 fr. Langlès. Il y en a deux autres impr. à Calcutta en 1826 et en 1828, in-12, et une troisième sous ce titre :

VOPA DEVA'S Mugdhabodha, herausgegeben und erklärt von Otto Böthlingk. *Saint-Pétersbourg*, 1847, in-8. de XIII et 465 pp. 12 fr.

VORAGINE (*Jacobus* de). Sermones de tempore per totum annum editi a Jacobo de Voragine.... impressi per me Johannem de Westfalia-ejusdem Sermones de sanctis per circulum anni. (in fine) : *Impressi et exactissima diligentia correcti anno Domini.* M. CCCC. LXXXIV. xix *Kal. Augusti...* 2 tom. ·en 1 vol. in-fol. goth. [1414]

Une des plus anciennes éditions de ces Sermons qui aient été impr. avec date, car celle de Paris, par Gering et ses associés, que Maittaire cite sous la date de 1473, d'après La Caille, ne doit pas porter de date, puisque La Caille lui-même ne lui en donne pas, dans les feuillets de son livre qu'il a fait réimprimer.

Nous ne nous arrêterons pas aux autres édit. de ces mêmes sermons faites dans le XVe siècle, et que l'on trouve indiquées dans Panzer, parce qu'elles n'ont presque plus de valeur, et nous citerons seulement, des *Sermones de sanctis*, l'édit. de Venise, *per Joan.-Bapt. Samaschum*, 1580, in-8.; et des *Sermones quadragesimales et dominicales*, celle de Venise, *per Florav.* a *Prato*, 1589, 2 vol. in-8.; et enfin *Sermones omnes in dominicas et festas*, etc., illustrati studio Rudolphi Clutii, *Lugduni*, *Martin*, 1687, 6 vol. in-8. que nous trouvons portés dans le catalogue des Jésuites de la maison professe, n° 1837.

— Aurea legenda, alias historia longobardica vocitata. (*absque nota*), in-fol. goth. de 183 ff., à 2 col. de 61 lign. [22009]

Ancienne édition, sans chiffres, récl. ni signat., impr. vers 1470 (et selon Panzer), avec les caract. de Berthold, à *Bâle*, Le 1er f. renferme le prologue et la table des chapitres. Le texte commence au 2e f. par cette ligne : *Incipiunt legende sanctoʒ ɇ ꝑmo de tempore*, et finit au verso du 175e f., après quoi se trouvent 8 ff. de table. Vend. sans les 8 ff. de table, 80 fr. La Valliere.

— Legenda sanctorum. (*absque nota*), in-fol. de 246 ff. (245 selon Ebert), à 2 col. de 47 lign., sans chiffres, récl. ni signat.

Une des plus anciennes éditions de cette légende. Le 1er f. contient *Tabula festivitatum . temporum et sanctor. in hoc libro.* Le 2e commence par cette ligne : *Incipit prologus super legenda sancto-*, la première d'un sommaire en 4 lignes, rapporté dans les *Ædes althorp.*, tom. II, n° 1161. L'ouvrage finit au verso du dernier feuillet, 2e col., de cette manière :

> *Explicit lampartica hy storia sanctorum.*

Dans l'exempl. de la Bibliothèque royale de Dresde, décrit par Ebert (10672b), se lit une note manuscrite ainsi conçue : *Pñs liber ptz Johāni Escholt ꝑsbitero. Compaꝑ en Año dñj M. cccc. lxxxiiij. ꝑtʒc in studio lipczensi degens.*

Panzer, t. IV, p. 12, indique, d'après Denis, une

édition de 1474, in-fol., sans lieu d'impression, qui serait la première avec date, puisque celle de 1470 n'existe pas (yoy. ci-dessous).

On connaît plus particulièrement plusieurs autres éditions gothiques de cette légende, imprimées sans indications, avant l'année 1500; mais comme elles sont de peu de valeur, nous nous bornerons à en indiquer quelques-unes, et d'abord une édition in-fol. à 2 col. de 42 lign., caract. semblables à ceux d'Eggesteyn de Strasbourg, laquelle consiste en 297 ff. On lit à la fin : *Explicit Lombardica hystoria sanctorū.* Vend. en m. r. 60 fr. La Valliere; 61 fr. Brienne-Laire; 48 fr. Trudaine.

— HISTORIA lombardica. *Utmœ, Joan. Zainer* (*absque anno*), pet. in-fol. goth. de 411 ff. à 41 lign. par page, sans chiffres, réclames ni signatures, et sans lettres initiales.

Le volume commence par une table en 14 ff. au verso du dernier desquels on lit : *Impressi per Johannem Zainer in opido Vlm. finiunt feliciter.* Le 15e f. est blanc, le 16e et le 17e contiennent *prologus et tabula capitum.* Au f. 18 recto commence le texte qui finit sans aucune souscription.

Panzer, qui décrit cette édition (IV, p. 458), en décrit aussi deux autres également sans date (III, p. 541). La première est un pet. in-fol. goth. de 415 ff. sans chiffres, réclames ni signatures, mais avec des initiales gravées sur bois. Elle commence par le prologue en 2 ff.; le texte se termine au verso du 401e f. par les mots *finit feliciter*, et il est suivi par la table en 14 ff., à la fin de laquelle se trouve la même souscription que dans l'édition ci-dessus.

La seconde est sans nom de ville ni d'imprimeur et sans date, mais elle est imprimée avec les caract. goth. de Jean Zainer. C'est un in-fol. de 394 ff. chiffrés en haut des pages, avec des initiales fleuronnées, mais sans signatures ni réclames.

— Aurea legenda alias historia longobardica vocitata. — *Impressa Parisius, per Uldaricū gering, Martinū crantz et Michaelem friburger, anno* 1475, in-fol. goth., à 2 col. de 45 lign.

En tête de cette édition doit se trouver une table de 12 ff. Vend. (exempl. imparfait du 1er f.), 59 fr. m. r. La Valliere ; 19 sh. Heber.

Selon la *Biblioth. spencer.*, tome IV, n° 796, où l'on ne compte que 10 ff. prélim., le vol. aurait 281 ff., avec 10 ff. de table alphabétique.

— Præclara multis profutura historia longobardica. *Impress. per me Conradum de Hoemborch* (*Coloniæ*), 1476, in-fol. goth.

Vendu 36 fr. mar. bl. Gaignat; 7 flor. Crevenna, et 4 sh. Heber.

Cette édit. n'a ni chiffres, ni réclames, ni signat.; la date y est imprimée en toutes lettres. Le même imprimeur a donné, en 1481, une autre édition de cet ouvrage, aussi de format in-fol., mais avec des signat. de *aii—y* du second alphabet. C'est un exemplaire de cette dernière, dont on avoit gratté les deux derniers chiffres de la date, qui est annoncé dans la *Bibliographie instructive*, comme étant de l'année 1470, et·qui a été vendu 70 fr. Gaignat, et 39 fr. La Valliere. A la fin de cette édition de 1481 se trouve un supplément, lequel est aussi en grande partie dans celle de 1476, et qui renferme 38 légendes, en commençant à celle de sainte Barbe (où se termine l'édition de *Paris*, 1475, et presque toutes les précédentes), et finissant par celle de saint Hubert. Dans l'édition de Deventer, 1479, ce supplément n'a que 37 légendes, et finit par celles des SS. Alexandre, Eventius et Théodule.

— Eadem. *Norimb., J. Sensenschmidt et And. Frisner, 7 cal. apr.* 1476, gr. in-fol. goth. de 278 ff. à 2 col.

— Incipit liber... fratris Jacobi de uoragine... de vitis sanctorũ. (in fine) : *ĩpressũ Ueneliis ꝑ magistrũ Christoforũ arnoldũ. anno dñi M. cccc. lxxviij*, pet. in-fol. goth. de 265 ff. non chiffrés, à 2 col. de 49 et 50 lign.

Un exemplaire sur VÉLIN est conservé dans la Bibliothèque royale de Bruxelles.

— Legenda sanctorum. *Daventriæ, per Richardum Paffroed*, 1479, in-fol. goth. à 2 col. de 42 lign.

Vendu 25 fr. La Valliere.

— Legendæ sanctorum quas collegit frater Jacobus Januensis. (in fine) : *Anno Domini* M. CCCC. LXXX. *die vero* XV *mensis octobris per magistrum Adam de Schuinfordia magna cum diligentia impressum majorique correctum in florentissima Gebenensi civitate.....* in-fol. à 2 col. sans signatures.

— Legenda sanctorum. *Lugduni, Petrus Hungarus*, 1483, in-fol. à 2 col. car. goth.

Cette édition peu connue a 10 ff. prélim. pour la table et le prologue. Le verso du prem. f. dont le recto est bl. commence ainsi :

Incipit plogus super legendas sanctorũ,

Le texte a des sign. de a—z, et il se termine au recto du 7ᵉ f. du cahier z, 2ᵉ col., qui ne contient que ces six lignes : *Reuerendi fratris Jacobi de vvoragine de le ‖ gendis sanctorum opus perutile hic finem ha- ‖ bet Ludg.* (sic) *per magistrum Petrum vngarũ sũ ‖ ma cum diligentia impressũ. Anno ab incar ‖ natiõe dõmini Millesimo quadringētesimo ‖ octuagesimo tertio. vigesima die mēsis janu ‖ rii* (sic).

Vend. en mar. v. 30 fr. Coste.

— Eadem. (in fine) : *Legenda aurea sive flores sanctorum impressa Lugduni per venerabilem virũ magistrum Mathiam husz anno domini* M. ccclxxxvi. *Die vero vicesimo mensis iulii finit feliciter*, in-fol. goth. à 2 col.

Les nombreuses figures sur bois qui sont dans cette édition lui donnent quelque prix. Il y a 2 ff. prélimin., et peut-être 3, car celui qui renferme le prologue de l'auteur est coté *aij*. Après la souscription se trouvent 9 ff. pour la table des matières, etc.; la dernière légende est celle de sainte Barbe.

L'édit. de Lyon, Math. Husz, 1487, in-fol. goth. avec fig. sur bois, 30 fr. mar. br. Coste.

— Legenda aurea. *Tholosa, Parix* (absque anno), pet. in-fol.

Édition imprimée en caractères ronds, et avec des capitales gothiques, sur 2 colonnes, dont celles qui sont entières portent 39 lignes. Le volume se compose de 360 ff., y compris les deux premiers, qui contiennent le prologue et la table. A la fin de celle-ci se lisent 8 vers latins chargés d'abréviations, et dont voici un fragment :

Tu qui famam cupis æternam cumulare
Aurea legenda aspice, ne careas :
Quam nitide pressam PARIX *nunc tibi tradit ;*
Professorque fidei Jacobi correxit.
. . . . . Nunc THOLOSA, *pascit.*

Ces vers font connaître que le volume a été imprimé à Tholosa, par Parix, mais ne nous apprennent rien sur la date, et il reste à savoir si par Tholosa on doit entendre Toulouse en Languedoc, comme semble le prouver le Boèce de 1481 dont nous avons parlé dans notre 1ᵉʳ vol., col. 1034, ou Tolosa en Biscaïe. Née de La Rochelle, qui a, le premier, parlé avec quelques détails de cette édition précieuse (*Table des anonymes de la Bibliographie* de De Bure, Discours prélimin., p. XXI), la juge impr. vers 1475. Il est cependant difficile de lui assigner une date, quoique l'on ait une histoire de Mélusine, en espagnol, impr. à Tolosa par Jean Paris, en 1489, in-fol., et que très-probablement ce *Jean Paris* soit le même que notre *Parix*. — Voy. JEAN d'Arras.

Un exemplaire de cette édition, annoncé sans lieu d'impression ni nom d'imprimeur, a été vendu 24 fr. Gaignat, et mieux annoncé 25 fr. en 1819.

— LOMBARDICA historia que a plerisq; Aurea legenda sãctorum appellatur. — (Fol. 215 recto) : Explicit legenda... (In fine) : *Expliciũt quorũdam sanctorꝺ legēde... Impresse Argentine Anno domini* M. ccclxxxvj. *Finite tertia feria ante festum sancti Thome apostoli...* In-fol. goth. à 2 col., 14 ff. prél. et 250 ff. non chiffrés dont le dernier bl.

Cette édition, sans figures, est remarquable par la légende de saint Gengoult (S. Gangolfus) où se trouve ce conte digne de Rabelais : *Uxor autem Gangolfi cum audiret quod maritus egros sanaret respondit : sic facit virtutes sicut anus meus. Statim a parte illa turpis sonus prodit. Tatique deinceps subjacuit opprobrio ut omni vita sua eodem die, scilicet sexta feria quot verba protulit tot turpes sonos ab illa parte emisit.* Toutefois il est douteux que cette légende ne soit que dans cette édition.

Nous ne pousserons pas plus loin l'énumération des nombreuses éditions de la *Legenda aurea* qui ont paru soit à la fin du XVᵉ siècle, soit dans le courant du XVIᵉ, mais nous ne devons pas omettre celle qui a été faite récemment sous le titre suivant :

JACOBI a Voragine Legenda aurea, vulgo Historia lombardica dicta, ad optt. libb. fidem recensuit D. Th. Grässe, regis Saxoniæ bibliothecarius. *Dresdæ et Lipsiæ, Arnold*, 1846, gr. in-8. 12 fr.

— Cy commence la legende doree et traicte premierement de ladvent nostre seigneur. — *Cy finist la legēde doree, dicte la vie des saints en francois, veue et diligēment corrigee aupres du latin (de Jac. de Voragine)... par... maistre jean Batallier... imprimee en la dicte ville de lyon, par barthelemy buyer, le dix z huitieme iour dapuril mil quatre cens septante et six*, in-fol. goth. à 2 col. de 45 lig. [22010]

Édition originale et très-rare, dans laquelle se trouvent tous les passages singuliers qui font rechercher les premières éditions de cette légende. Elle contient 342 ff., non compris 3 ff. pour le prologue, ni la table des matières. Cette table a 14 ff. dans l'exemplaire que décrit la *Biblioth. spencer.*, IV, p. 526, mais peut-être en faut-il un de plus, car le dernier de cet exemplaire s'arrête à la lettre X, et finit par cette ligne :

Xprist vingt garir sept malades. I. C.

Vend. 200 fr. Filheul, en 1779.

La *Legende des saints nouueaulx, etc.*, imprimée par le même Buyer, en 1477 (voy. LEGENDE), doit être réunie au volume que nous venons de décrire.

Une édition de *La vie des saintz dicte Legende doree et aussi des saintz nouueaulx... imprime* à Lyon par les maistres Matthieu Hus et Pierre Hongre, lan de grace mil quatre cens quatre vingt et trois, in-fol. goth. à 2 col., avec fig. sur bois, se conserve dans la bibliothèque de Lyon, mais l'exemplaire est incomplet.

Une autre encore, impr. à *Lyon, par Math. Hus*, en 1484, *le* 26e *iour d'octobre*, in-fol. goth. à 2 col., sign. aij—Liiii (second alphabet), avec fig. sur bois, se trouvait dernièrement à Paris chez M. Potier, libraire.

— Legende doree. (au verso du dernier f., 2e col. en 12 lign.) : *Cy finist la vie des Sainctz dicte legende doree et aussi des Saintz nouueaulx diligemment extraite et translatee de latin en frãcois au pl' pres du latin et selon le vray sens de la lectre. Comme il peust apparoir a ceulx qui diligemment regarderont et entenderõt le latin. Jmprimee par Nicolas philippe z marc reynaud a lyon sur le rosne a lonneur de dieu et de la vierge marie z desditz sainctz et a lutilite des deuotz crestiens. Amen*. In-fol. goth., à 2 col. de 45 lign., sign. a—z, ꝛ, ꝷ, et A—Tv, avec fig. sur bois.

Cette édition, sans date, réunit les 2 vol. de celle de 1476 et 1477.

Au commencement sont 3 ff. pour le prologue et la table sans signature, et dont voici la première ligne :

      (M)Oseigneur saït iherome.

Le texte finit avec la légende de sainte Barbe.

Une édition de cette légende, *Lyon, Nicolas Philippe alemãt*, 1485, in-fol. goth., avec fig. sur bois, est dans le catalogue de Guyon de Sardière, n° 1477.

— Legende doree des saints et saintes, trad. en francois par Jean de Vigny. *acheue dimprimer a Paris*, MCCCC LXXXVIII, *pour Anthoyne Verard demourant sur le Pont Nostre dame*, in-fol. goth.

Un exemplaire imprim. sur VÉLIN, décoré de miniatures et rel. en *m. bl.* par Lewis, 42 liv. Hibbert. C'est peut-être le même que celui qui, annoncé sous la date de 1480, avait été vendu 24 liv. chez Towneley, en 1815.

— La vie des sainctz en francois imprimee a Paris. (au verso du dernier feuillet) : *A lhõneur z louëge de dieu... a este acheue de imprimer a Paris : ceste presente legende en francois le x. de feurier mil. ccccxc. pour Anthoine verard libraire demourant a paris sur le pont nostre dame...*, in-fol. goth. de 3 ff. prélimin. et texte fol. v—CCxCvi, à 2 col. de 46 lign., avec des bordures en bois.

Seconde édition de ce livre, publiée par Verard. Elle finit par la vie de saint Claude. Le prologue qui se lit après le titre porte le sommaire : *Cy cõmence le prologue de frere jehã de Vignay docteur en theologie translateur de ce present liure intitule la legende doree des sainctz.*

L'édition donnée par le même Verard, en 1493, in-fol., est conforme à la précédente, et pour le nombre des lignes des colonnes et pour celui des feuillets du texte ; seulement elle a 4 ff. prélimin. qui contiennent deux prologues, la table des noms des saints et la vie de sainte Geneviève. La Bibliothèque impériale en possède 2 exempl. impr. sur VÉLIN et décorés de miniatures. Un semblable, mais dont le premier feuillet manquait, s'est vendu 19 liv. 19 sh. Sykes.

— La legende doree en francois. (au verso du dernier feuillet, 2e col.)... *a este imprimee a Paris ceste presente legende en francoys par Jehan dupre imprimeur z libraire iure de luniuersite de Paris : Lan... mil quatre cens quatre vingtz z treize : le dixiesme iour de mars*, in-fol. de cclv ff., à 2 col. de 47 lign., sign. a—z et A—Kiii, avec fig. sur bois.

Cette édition contient de plus que celle de *Lyon, Nic. Philippe*, sans date, la vie de saint Claude.

— La legende doree en francois imprimee a Paris. (au recto du dernier feuillet)... *a este acheue de imprimer a Paris ceste p̃sente légende en francois, le xx. iour de may. cccc. iiii xx, z xvi* (1496). *pour Anthione Verard.....* in-fol. goth. de ccc ff., y compris le titre et la table à 2 col. de 45 lign., sign. a—z ꝛ. ꝷ. et A—Niiii, avec fig. sur bois.

Après la vie de saint Claude se trouve encore ajoutée celle de saint Roch.

— La legende doree ‖ en francois. (à la fin, au recto du 304e f., 2e col.) : *a lhonneur et louange de dieu le pere tout puissant..... a este acheue de imprimer a Lyon ceste presente legẽde en francoys par honneste hõme Jehan de Vingle, Lan mil cccc lxxxxvii le vĩgtiesme iour du moys de iuillet*, pet. in-fol. goth. de 304 ff. chiffrés à 2 col., sign. a i à o 4 du second alphabet.

Belle édition, composée de 304 ff., y compris 3 ff. pour le titre, le prologue et la table des sommaires des chapitres ; elle est ornée de figures sur bois assez bonnes : la plus grande, qui se voit au verso du titre, est remarquable. Un bel exempl., relié en *mar. r.*, 450 fr. Coste.

— La legende doree en frãcoys nouuellemẽt imprimee Et admendee z se vendent a Lyon sur le Rosne en la rue Merchiere en la maison de Estienne Gueijnard aupres de la cloche dargent. (à la fin) : *a lhonneur et louenge de dieu... a este acheue de imprimer a Lyon ceste presente legende en francoys par... Jehan de vingle imprimeur Lan mil cinq cens z douze le xx iour de mars*, in-4. goth. de ccclxx ff. à 2 col., avec bordures en bois, y compris 2 ff. prélimiu.

Cette édition finit par la vie de sainte Geneviève : 9 fr. *mar. bl.* La Valliere, et serait plus chère aujourd'hui.

— LA LEGENDE doree. Et vie des saintz : et sainctes : qui Jesucrist aymerent de pẽses nõ fainctes. Translatees de latin en francois Nouuellement imprimees a Paris. On les vent à Paris a la rue neufue nostre Dame a lenseigne sainct Jehã leuangeliste. (au recto du dernier feuillet) : *Cy finist la legende doree en francoys nouuellement imprimee a Paris par Pierre Le ber imprimeur demourant au paué* pres la place maulbert et furent acheuees lan de grace Mil cccc. xxv. le xi. iour dauril, pet. in-fol. goth., à 2 col. de 47 lign.; il y a ccIv ff. chiffrés, plus 1 f. pour la fin de la table et la souscription.

Le titre est en rouge et noir, et porte la marque de Nicole Vostre. La vie de saint Roch est la dernière. Vendu 17 fr. Bignon ; 36 fr. Monmerqué.

Voici l'indication de plusieurs autres éditions anciennes de cette légende en français :

— *Poictiers par Enguilbert de Marnef, mil cccc xxii*, pet. in-fol. goth.

— *Paris, Michel Lesclenchet, pour Jehan Petit*, sans date, in-fol. goth. fig. sur bois (La Vallière, en 3 vol., n° 4706).

— *Paris, Jac. Nyverd*, sans date, in-fol. goth. de 256 ff., à 2 col. de 45 lign., avec fig. sur bois (Ebert, 10679.)

— *Par Michelet Girard et Mace*, in-fol. Vendu 8 sh. Hibbert.

— Avec la legende des nouueaulx sainctz additionnez. *Paris, Jean Ruelle* (imprim. par *Jehan Real*), 1554, in-fol. goth. de 4 et ccxxxij ff., avec fig. sur bois. Vend 16 fr. Courtois ; 40 fr. Bergeret.

— LA LÉGENDE dorée, par Jacques de Voragine, trad. du latin et précédée d'un notice historique et bibliographique par M. G. B. (Gustave Brunet). *Paris, Gosselin*, 1843, 2 vol. gr. in-18. 6 fr.

— Legende di tutti i sancti e le sancte dalla romana sedia acceptati et honorati (tradotte dal latino di Jacopo di Voragine, per Nicolao Manerbi). *Impresse per maestro Nicolo Jenson, ecc.* (circa 1475), gr. in-fol. de 318 ff. non chiffrés, à 2 col. de 51 lign.

On trouve en tête de ce volume 3 ff., dont le premier contient une épître intitulée : *Nicolao di Manerbi..... a tutte le catoliche devote, ecc.*, laquelle a pour date : *mille quatro cēto septanta cinque.* Au verso du dernier feuillet est la souscription de l'imprimeur, sans date d'année, mais indiquant comme étant doge de Venise, *Pietro Mozenigo*, lequel a quitté cette dignité le 5 mars 1476. Vendu 61 fr. *mar. r.* Gaignat ; 23 fr., exemplaire taché, Brienne-Laire ; l'exemplaire imprimé sur VÉLIN, qui s'est vendu successivement 36 liv. chez Smith, à Londres, en 1773, et 500 fr. Mac-Carthy, se trouve à la Bibliothèque impériale. Un autre est porté à 30 liv. dans le catal. d'Edwards, de Londres, publié en 1796.

. L'édition de Venise, *per Gabriel de Piero Trevisano*, 1477, in-4., a été vend. 20 fr. Boutourlin.

— The golden legend. — Thus endeth the legende named in latyn *Legenda aurea*, that is to say in english, *the golden Legend,* which work i have accomplished... *And have fynyshed it at Westmestre the twenty day of novembre the yere of our Lord*, M. CCCC. LXXXIII., *etc.*, *by me Wyllyam Caxton*, gr. in-fol.

Cette première édition de la traduction anglaise de Jac. de Voragine est fort rare ; elle est impr. à 2 col., et contient cccxxliiij ff., le prologue et deux tables, avec des gravures sur bois. Caxton en a donné une seconde en 1493, in-fol., dont un exempl., avec un f. manuscrit, s'est vendu 82 liv. 10 sh. à Lond., en mai 1813, et 97 liv. 13 sh., en 1814. L'édition de *Westmynster*, par *Wynkyn de Worde*, 1498, in-fol., est également rare.

— Das passionael, in latine aurea Legenda. *Delf*, 5 *sept*. 1472, 2 vol. in-fol.

Nous regardons comme fort douteuse cette date que

donne Ebert, lequel cite une édition du même livre, impr. à *Goude*, chez *Ger. Leeu*, 1478-80, 2 vol. in-fol., à 2 col. de 35 lign. ; le même peut-être dont il parle ensuite sous le n° 11794. — Voy. LEBEN.

Il existe une traduction de la légende de Jacques de Voragine, en bohémien, impr. à *Pilsen*, de 1475 à 1479, in-fol. de 276 ff., à 2 col. de 36 lign. On n'en connaît qu'un seul exemplaire, dans lequel même il manque le dernier feuillet, où doit être la souscription. L'édition de la même traduction, imprimée à *Prague*, en 1495, in-fol., avec fig. sur bois, est aussi un livre rare rare, n° 10681).

VORON (*Benoît*). Comédie françoyse intitulée l'Enfer poétique, sur les sept péchés mortels, et sur les sept vertus contraires, en icelle est démontré par poétique action, comme nul mal ne demeure impuni, et nul bien irrémunéré (en 5 actes et en vers). *Lyon, Ben. Rigaud*, 1586, in-8. [16327]

Cette pièce a été réimpr., *Lyon, Pierre Rigaud*, 1612, pet. in-8. de 60 pp. et 1 f. pour l'approbation. Les deux éditions sont également rares. Une copie ms. de la première, sur VÉLIN, 25 fr. de Soleinne ; 39 fr. de Coislin.

VORTZEICHNUS vnd Zceigung des hochlob wirdigen heiligthumbs der Stifftkirchen der heiligen St. Moritz vnd Marien Magdalenen zu Halle. *Halle* (*sans nom d'imprimeur*), 1520, in-4. de 118 ff., avec une gravure sur cuivre et 233 vign. sur bois.

Livre très-rare, le premier imprimé à *Halle* (Ebert, n° 23883).

VOS (*Mart.* de). Dominicæ passionis mysteria, typicis adumbrationibus adamussim effigiata, Martino de Vos inventore, Gerardo de Jode exhibitore, ex sculptore Antonio Wirix. (*absque nota*), in-4.

Vingt-quatre planches et le titre (fin du XVIᵉ siècle) : 32 fr. (collé sur pap. in-fol.) de Bure.

Il existe plusieurs autres recueils de planches gravées d'après le même artiste, mais dont nous n'avons pas à nous occuper ici.

VOSMAER (*A.*). Description de différens animaux apportés d'Asie et d'Afrique dans la ménagerie de S. A. S. le prince d'Orange (trad. en franç. par Renfner). *Amsterdam*, 1767, in-4. fig. [5644]

Ce sont 31 descriptions, imprimées de 1766-87 : chacune d'elles contient une planche color., avec l'explication en français ou en hollandais, et un titre particulier. Vendu (incomplet) 52 fr. La Vallière, et en 25 cah., 21 flor. Crevenna.

Le même ouvrage, avec une introduction, et sous la date d'*Amsterdam*, 1804, in-4. fig. color., 58 fr. à Paris, en mai 1824.

VOSMER (*Mich.*). Principes Hollandiæ et Zelandiæ, domini Frisiæ, cum genuinis ipsorum iconibus. *Antuerpiæ, Plantin.*, 1578, in-fol., avec 36 portr. [25155]

Vendu 6 flor. Meerman ; 35 fr. en 1835.

Traduit en français sous ce titre :

LES VIES et alliances des comtes de Hollande et de Zélande, seigneurs de Frise. *Anvers, Chr. Plantin,* 1586, in-fol. fig. 5 flor. 25 c. Meerman.

VOSS (*J.-H.*). Sämmtliche Gedichte : Auswahl der letzten Hand. *Königsb.,* 1825 et nouv. titre, *Leipzig,* 1833, 4 vol. gr. in-12. 12 fr. — Pap. vél., 20 fr. [15588]

Les *Sämmtliche Gedichte* de Voss, qui avaient déjà été impr. à *Königsberg,* en 1802, en 7 vol. pet. in-8., ont été réimpr. en 1 seul vol. in-8., au prix de 14 fr., et à Leipzig, chez Müller, en 1850, 5 vol. in-16, portr.

— LOUISE, ein ländl. Gedicht in 3 Idyllen : Ausgabe der letzten Hand. *Königsb.,* 1826, gr. in-12, et aussi in-8. 6 et 12 fr.

— Über Götz, 1373. — Briefe, 18909. — Mythologische Briefe , 22563.

VOSSBERG (*F.-A.*). Siegel des Mittelalters, von Polen, Lithauen, Schlesien, Pommern und Preussen. *Berlin,* 1854, in-4. avec 28 pl. contenant 114 fig. 25 fr. [27858]

Tiré à 200 exemplaires, plus un sur peau VÉLIN, qui appartient au comte Dzyalinski.

— Geschichte der preussischen Münzen... , 26667.

VOSSIUS (*Ger.-Joan.*). Opera omnia. *Amstelodami, Blaeu,* 1695-1701, 6 vol. in-fol. [19024]

Vend. 80 fr. Soubise ; 51 fr. 50 c. Daunou.

— ETYMOLOGICON linguæ latinæ, et de litterarum permutatione tractatus. *Amstelodami, L. et D. Elzevirii,* 1662, in-fol. 10 à 15 fr. [10847]

Réimprimé, avec les observations d'Isaac Vossius, à *Amsterdam,* en 1695, in-fol. 12 à 15 fr., et depuis : *studio Alex.-Sim. Mazochii,* Neapoli, 1762, 2 vol. in-fol. Cette dernière édition , peu commune en France , contient des augmentations ; elle se vend de 36 à 48 fr.

— ARISTARCHUS, sive de arte grammatica libri VII, edit. 2ᵃ. *Amstelodami,* 1662, 2 vol. in-4. 10 à 12 fr. [10814]

— DE THEOLOGIA gentili et physiologia christiana lib. IX, sive de origine ac progressu idololatriæ ; edit. 2°. *Amstelodami,* 1668, 2 vol. in-fol. 15 à 18 fr. [22572]

L'édition d'*Amsterdam,* 1641, 3 vol. in-4., est moins complète.

— De studiorum ratione, 18115. — Epistolæ, 18775.
— De Historicis græcis, etc., 31763-64.

VOSSIUS (*Is.*). Voy. de POEMATUM cantu, et le n° 4652 de notre table.

VOSSOT (*Pierre*). Apologie aux rapsodeurs de la mort de tres valeureux et tres catholiques princes Loys de Lorraine, cardinal, et Henry duc de Guyse, suyvie d'une élégie et tombeaux d'iceux, par P. Vossot. *Paris, Pierre Mercier* (*sans date*), pet. in-8. de 16 pp. [23579]

Un exemplaire de cette pièce rare, auquel était joint un placard ayant en tête une vignette sur bois où est représenté l'assassinat du duc de Guyse : 50 fr. *mar. bl.* Coste.

Vossin (de). Défense du traité du pr. de Conti, 1362.

VOSTET. Almanach ou Prognostication des laboureurs, reduite selon le calendrier grégorien, avec quelques observations particulières sur l'année 1588, de si longtemps menacée, par Iean Vostet. *Paris, Iean Richer,* 1588, pet in-8. de 39 ff. chiffrés, non compris le titre et le dernier feuillet.

Porté à 18 fr. dans le Bulletin du Bibliophile, juillet 1859, p. 524, où le titre de cet almanach est accompagné d'une note curieuse signée P. L.

VOSTOKOFF (*A.*). Opissanïe rousskich i slovenskich roukopissei Roumiantzofskavo Monséouma. Description des manuscrits russes et slavons du musée Roumiantzoff. *St-Pétersb.,impr. de l'acad. des sc.,* 1842, in-4. 5 roubles. [31143]

VOSTRE (*Jean*). Vie de Saint Mathurin. Voy. ci-devant, col. 1194.

VOYAGE (le) de la saïte cite de Jerusalẽ. Auec la description des lieux, portz, villes, citez et autres passaiges fait lan mil quatre cens quatre vingtz estant le siege du grand Turc a Roddes, et regnant en france Loys unziesme de ce nom. Ladicte description dicelluy voyage faicte et compille curieusement a lhonneur de Dieu et de sa saincte passion et a lutillite et prouffit de tous crestiens qui vouldront entreprendre ledit voyage, par ung pelerin qui fist ledit voyage. A commencer depuis le partemẽt de la ville de Paris iusques au retour fait en icelle. Nouuellement imprime a Paris. Ils se vendent sur le pont nostre dame a lenscigne sainct Jehan leuangeliste ou au palais au premier pillier. (à la fin) : *Cy finist le voyage de la saincte terre et cite de ierusalem tant par mer que par terre nouuellement imprime a Paris, lan mil cinq cens et dix sept le neufuiesme iour du moys de may pour Jehan de la garde libraire,* pet. in-4. goth. de 60 ff., sign. a—k, fig. sur bois. [20536]

Le prem. f. de ce vol. rare renferme le titre, avec le privilége au verso ; le second, le prologue ; et le texte commence au 3ᵉ f., au-dessous d'une gravure sur bois par ces mots : *Le partement de Paris pour aller en la saincte cite de Ierusalem.*

Sur le verso du dernier feuillet se voit la marque suivante :

— Le Voyage d' la saincte cite de Hierusalem auec la descriptiŏ des lieux, portz,
villes, citez, et autres passaiges, fait lã
mil iiii .c. iiii. xx. estãt le siege du grant
turc a Roddes et regnãt Loys XI de ce
nŏ. — *Imprime nouuellemēt a Paris
pour Alain Lotrian* (sans date), in-8.
goth. de 68 ff. chiffrés, fig. sur bois.

Cette édition est postérieure à celle de 1517. Il y en a
une autre, *Paris, Pierre Ratoire, pour Pierre
Sergent* (sans date), pet. in-8. goth. (vers 1530).

— Le même Voyage. *Paris, Nic. Chrestien*, in-16.

Le nom de Nic. Chrestien que porte le titre de cette
édition, sans date, nous fait juger qu'elle doit être
de l'an 1540 à peu près. C'est une réimpression de
l'ouvrage ci-dessus.

VOYAGE d'Espagne, curieux, historique
et politique, fait en l'année 1655 (par F.
d'Aarsens de Sommerdyck), reueu, corrigé et augmenté en cette nouvelle édition. (*Amst., Dan. Elsevier*), 1666, pet.
in-12. 5 à 6 fr. [20139]

Cette relation fut d'abord impr. à Paris, chez de Sercy,
en 1665, in-4., dédiée à Mademoiselle, et ensuite
réimpr. dans la même ville, en 1666, in-4., augmentée de deux autres pièces dont nous aurons à
parler ci-dessous. Il s'en fit en fort peu de temps
quatre éditions en Hollande, savoir : deux sous la
date de 1666, et deux autres sous la date de 1667.
Comme ces dernières appartiennent à la collection
elsevirienne, elles conservent quelque valeur. Voici
la description de l'édition de 1666 ci-dessus : les ff.
prélimin. sont au nombre de 11, et contiennent le
titre et l'épître dédicatoire au prince d'Orange, signée P, et un avis au lecteur. Le corps du volume
a 425 pp., et on trouve ensuite la table, de longs
errata, etc. ; enfin une *Relation de Madrid*, jusqu'au f. X 3. Nous avons vu un exempl. dans lequel
cette dernière partie se termine au f. XIe du cahier
V, et n'a point l'errata. Vend. 14 fr. Desjobert ;

80 fr. 95 c. *non rogné*, Bérard. — Une autre édition, sous la même date, porte ce titre :

VOYAGE d'Espagne, contenant, entre plusieurs
particularitez de ce royaume, trois discours politiques sur les affaires du protecteur d'Angleterre, de
la reine de Suède, et du duc de Lorraine, reveu,
corrigé et augmenté sur le manuscrit, avec une relation de l'estat et gouvernement de cette monarchie ; et une relation particulière de Madrid (par
R. A. de Bonnecase). *A Cologne, chez Pierre
Marteau*, 1666, pet. in-12, *avec la Sphère*.
Elle est plus complète, mais un peu moins belle que
la précédente. En voici la description : 6 ff. prélim.
pour le titre et la table, 360 pp. de texte ; *Relation
de l'estat et gouvernement d'Espagne*, 120 pp. y
compris un titre particulier et une table ; *Relation
de Madrid*, 24 pp. Nous regardons cette édition,
datée de Cologne, comme postérieure à celle qui
ne porte point de nom de ville, parce qu'elle a 120 pp.
de plus, et qu'on n'y trouve point d'errata. Vend.
depuis 3 fr. jusqu'à 30 fr. dans différentes ventes
qui ont eu lieu à Paris depuis quarante ans.
Les deux édit. de *Cologne, chez Pierre Marteau*
(*Hollande*), 1667, pet. in-12, portent à peu près le
même titre que la précédente, mais diffèrent entre
elles en plus d'un point. La première contient :
1° 6 ff. prélim. pour le frontispice gravé, l'épître à
Son Altesse Royale Mademoiselle (signée à la main :
le comte d'Aunoy, dans un exemplaire que nous
avons eu sous les yeux), et l'avertissement au lecteur ; 2° *Voyage d'Espagne*, 360 pp. et 6 ff. de
table ; 3° *Relation de l'état et gouvernement de
l'Espagne* (attribuée au Sr de Saint-Maurice),
117 pp. y compris le titre. La table est au verso de
la p. 117 ; 4° *Relation de Madrid*, 25 pp. 10 fr.
A. Martin ; 21 fr. 50 c. Duriez, et quelquefois de 3 à
6 fr. La seconde (peut-être est-elle la première) a
6 ff. prélimin. pour le titre gravé, le titre imprimé,
l'épître à Mademoiselle et l'avertissement au lecteur ; ensuite se trouvent 1° le *Voyage* en 360 pp.,
la *Relation* datée de 1666, en 118 pp., avec un f. de
plus pour la table ; 2° *Relation de Madrid*, 24 pp.
Ainsi voici une édition de 1667 qui, aux pièces
préliminaires près, est conforme à la 2e édition de
1666, décrite ci-dessus. Quant à une historiette
un peu graveleuse, qui, selon Renouard, ne se
trouverait que dans l'édition de Cologne, 1666, elle
est également dans les autres, mais à la p. 56, mais
à la p. 43. Il existe une édition de la *Relation de
Madrid*, imprim. séparément, sous la date de 1665,
pet. in-12.

VOYAGE (le) de monsieur Lautrec faict
ceste presente annee, contenant la Prinse
du Bosque et de Pauye. Ensemble la reduction de Genes, Dalexandrie et aultres
Villes et Chasteaux, comme il appert par
la presente enuoyee a monsieur de Nor-
manuille (par J. de Forges). (*sans lieu*,
1526), in-4. goth. de 4 ff. non chiffrés.
[23451]

Bibliothèque impériale.

VOYAGE de Newport à Philadelphie, Albani, etc. *Newport, de l'imprimerie
royale de l'escadre* (1781), in-4. de
188 pp. [21045]

« On n'a tiré que 24 exemplaires de cet intéressant
ouvrage ; l'auteur, M. le chevalier de Chastellux, a
exigé de tous ceux à qui il s'est permis de le confier, de ne point le laisser sortir de leurs mains.....
La partie la plus considérable et la plus importante
de ce journal est la partie militaire. » (*Supplément
à la correspondance littéraire de Grimm*, p. 284.)
— Voilà pourquoi un exempl. de cette relation rel.
en *mar. r.* a été vendu 50 fr. en 1823, et revendu
40 fr. en 1824. Toutefois, il est bon de le faire re-

marquer, le marquis de Chastellux a publié, en 1786, un *Voyage dans l'Amérique septentrionale*, en 2 vol. in-8, qui a beaucoup diminué l'importance de l'édition in-4.

VOYAGE du Levant. Voy. DESHAYES.

VOYAGE (le) du puys sainct patrix auquel lieu on voit les peines de purgatoire. Et aussi les ioyes de paradis. — *Imprime a lyon sur le rosne par Claude nourry lan mil cinq cens et six le .xx. iour doctobre*, pet. in-4. goth. de 12 ff. sign. a, b, c, y compris le titre. [22243]

Ce livret est d'une grande rareté, et les gravures en bois fort grotesques dont il est orné, le rendent remarquable. — Voy. PURGATOIRE.

— LE MÊME Voyage. (*Paris, chez Silvestre*), 1839, pet. in-8. goth.

Tiré à 42 exempl., dont 32 en pap. de Hollande, 16 fr.; — 8 sur pap. de Chine, 20 fr., et deux sur VÉLIN. Un de ces derniers, rel. en *mar. r.* par Niedrée, 112 fr. Solar.

Cette réimpression, exécutée par les soins de MM. G. et V., d'après le seul exempl. connu, appartenant à la Bibliothèque impériale, reproduit très-exactement les lettres fleuronnées et toutes les fig. sur bois qui appartiennent à l'original.

Haym cite *Viaggio del pozzo di S. Patrizio, ecc.*, Milano, per Ramellati, in-8.

VOYAGE (le) du roy nostre sire a sa ville de la Rochelle. Les supplications des habitans des Isles, et de la dicte ville. Larrest de misericorde dōne par le dict seigneur aus dictz supplians le premier iour de ianuier mil cinq cens quarante deux. Le festin faict au Roy pâr les dictz Rochelloys. Les prinses faictes par les Normans sur les Espaignols. *M. D. XL. JJJ. On les vend a Paris en la rue de la juifrye... par Jaques Nyuerd et par Jehan Andre*, pet. in-8. de 20 ff. goth. [23465]

Pièce curieuse et rare. 49 fr. Walckenaer.

Elle ne porte pas de nom d'auteur, mais elle a été écrite par un témoin oculaire qui l'a adressée à son frère aîné, le seigneur *Ercingirom* (peut-être anagramme de Morignière). Le P. Lelong en cite une édition de 1542, qui, si elle existe, a dû paraître avant Pâques de l'année 1543. Nous en connaissons une autre sous le titre suivant : *Le Voyage du roy François Ier, en sa ville de la Rochelle en l'an 1542 ; avec l'arrest et jugement par luy donné pour la des-obeissance et rebellion que luy feirent les habitans d'icelle.* Paris, par Guil. de Nyverd imprimeur (*sans date*), pet. in-8. de 24 ff. chiffrés, avec le portrait de François Ier sur le titre. Dans cette édition, le morceau intitulé *Les prinses faictes par les Normands* a été remplacé par un *Advertissement aux manans et habitans de la Rochelle, de se reduire à l'union de l'eglise catholique*, pièce en vers où l'on rappelle aux Rochellois qu'ils furent, *depuis trente ans, du roy Francois condamnes aigrement*, ce qui indique que cette réimpression a dû paraître vers 1573, époque du siège dont on a une relation sous ce titre : *Discours et recueil du siège de La Rochelle en l'année 1573.....* Lyon, par Jean Saugrain, 1573, in-8.

VOYAGE en Islande, fait par ordre de S. M. Danoise (rédigé d'après les mémoires d'Egerhard Olafsen et Biarne

Povelsen), trad. du danois par Gaulthier de la Peyronie (les deux derniers volumes par M. Biornerod). *Pâris*, 1802, 5 vol. in-8. et atlas in-4. 15 à 20 fr., et plus en pap. vél. [20988]

L'original de ce voyage, écrit en danois, a paru à Soroë, 1772, 2 vol. in-4., sous le titre de *Reise igiennem island ;* il a été trad. en allemand, par J.-Mich. Geuss, *Copenhague*, 1774-75, en 2 vol. in-4. On peut y joindre :

OL. OLAFSEN œkonomisk Reise igiennem de norvestl. nordl. og nordostl. kanter af Island. *Copenh.*, 1780, 2 vol. in-4., ou traduit en allem., *Dresde*, 1787, 2 vol. in-4.

VOYAGE littéraire de deux religieux bénédictins de la congrégation de Saint-Maur (D. Martène et D. Durand). *Paris*, 1717 et 1724, 2 vol. in-4. [23303]

Ouvrage recherché, et dont les 2 vol. ne se trouvent pas facilement réunis. 36 fr. Coste ; 37 fr. 50 c. Busche. Le titre des deux volumes a été réimprimé en 1730, sous celui de *Voyage littéraire pour la découverte autour du monde, où l'on trouvera quantité de pièces, d'inscriptions*, etc. Ouvrage enrichi de figures, et très-utile au public ; titre bizarre, qui prouve l'ignorance ou peut-être la mauvaise foi du libraire auquel on le doit.

VOYAGE pittoresque autour du lac de Genève, avec XI vues dessinées par Weibel, et une carte. *Paris, Gide fils*, 1823, in-fol. 18 à 20 fr. [20254]

L'avertissement est signé G. D. C.

VOYAGE pittoresque au lac de Waldstetten. Voyez WETZEL.

VOYAGE pittoresque aux glaciers de Chamouni. *Paris, impr. de P. Didot l'aîné*, 1815, pet. in-fol. avec 7 pl. 28 fr. [20199]

Il y a des exemplaires avec fig. color. : 84 fr., et en Gr. Pap. fig. color., 168 fr., prix qui ne se soutiennent pas.

VOYAGE pittoresque aux lacs de Zuric, Zowerz, Egueri et Wallenstadt. *Zuric, Orell*, 1819, in-fol. oblong, avec 10 pl. color. 25 à 30 fr. [20255]

VOYAGE pittoresque dans le royaume des Pays-Bas, composé de vues et monuments lithographiés (texte rédigé par M. de Cloet). *Bruxelles, Jobard*, 1821-25, gr. in-4. pap. vél. [20266]

Publié en 33 livraisons de 6 pl., avec un feuillet de texte. Chaque livraison a coûté 1 flor. 65 c. (3 fr. 50 c.).

— CHATEAUX et monuments des Pays-Bas, faisant suite au Voyage pittoresque. *Bruxelles, Jobard*, 1825-30, gr. in-4.

Publié en 34 livraisons de 6 pl., avec 1 f. de texte. Prix de chacune, 2 flor. — Pap. de Chine, 3 flor. — L'ouvrage a été continué sous le titre d'*Album pittoresque des Pays-Bas, par Cloet*, en plusieurs livraisons.

VOYAGE pittoresque dans les ports de la France. Voyez EXCURSION.

VOYAGE pittoresque de Bâle à Bienne, par la vallée de Motiers-Grandval ; les planches dessinées par P. Birmann, le

texte par l'auteur de la course de Bâle à Bienne (M. Phil. Sirac Bridel). *Bâle*, 1802, in-fol. obl. orné de 36 estampes et d'une carte. 60 à 80 fr. [20258]

VOYAGE pittoresque de Genève à Milan, par le Simplon. *Paris, Didot l'aîné*, 1811, pet. in-fol. [20203]

.Cet ouvrage est orné de 35 vues dessinées par Lory, de Lausanne, et coloriées au pinceau : 350 fr., et en Gr. Pap., format atlantique, sur lequel on n'a tiré que 60 exemplaires, 700 fr. Vend. 265 fr. Hurtault, et la 2e édition, *Bâle*, 1819, in-fol. pl. color. 37 fr. Busche. — Pour une traduction anglaise de ce voyage, voyez Lory.

VOYAGE pittoresque (nouveau) de la France. *Paris, Ostervald*, 1817 et ann. suiv. 3 vol. gr. in-8. [23141]

Publié en 60 livraisons de 6 pl., avec texte. Prix de chaque livrais., 4 fr. ; — in-4. 6 fr. ; — avant la lettre, 12 fr. ; mais ces prix sont aujourd'hui réduits à moins du quart.

· VOYAGE pittoresque de la Grèce. Voyez Choiseul-Gouffier.

VOYAGE pittoresque de l'Oberland, ou description des vues prises dans l'Oberland, district du canton de Berne... (par Phil.-Alb. Stapfer), avec 15 pl. coloriées. *Paris, Treuttel et Würtz*, 1812, gr. in-4. 20 à 25 fr., avec des doubles gravures au trait. 25 à 30 fr. [20260]

VOYAGE pittoresque de Naples et de Sicile. Voyez Saint-Non.

VOYAGE pittoresque de Scandinavie (par Bourgevin Vialart de Saint-Moris). *Londres*, 1802, in-4. pap. vél. [20387]

Ce volume renferme 24 pl. exécutées à l'aqua-tinta par J. Mérigot, sur les dessins de L. Bélanger : 12 à 15 fr., et en Gr. Pap. vél., avec les planches retouchées au lavis, 20 à 25 fr. Il y a des exemplaires datés de *Paris*.
↓ Quelques personnes réunissent ce volume au voyage d'Acerbi (voyez Acerbi).

VOYAGE pittoresque en Bourgogne, ou description historique et vues des monuments antiques, modernes et du moyen âge, dessinés d'après nature par différents artistes. Première partie. Département de la Côte-d'Or. *Dijon, Jobard*, 1833-35, in-fol. [20119, ou 24519]

Volume orné de 62 lithographies. Un exemplaire en 2 vol. fig. sur pap. de Chine, 55 fr. Louis-Philippe.

VOYAGE pittoresque en Sicile, dédié à Mme la duchesse de Berry (par Achille-Etienne Gigault de La Salle). *Paris, Ostervald* (*imprim. de Didot aîné*), 1822-26, 2 vol. in-fol. pap. vél. fig. [20237]

Ouvrage composé de 92 pl., avec texte histor. et descriptif, publié en 24 livraisons. Il a coûté 560 fr. (160 fr. Rosny; 60 fr. Louis-Philippe; 90 fr. Busche). — Epreuves avant la lettre, 840 fr., et plus cher avec épreuves sur pap. de Chine.

VOYAGE pittoresque et historique de l'Istrie et de la Dalmatie. Voy. Lavallée.

VOYAGE pittoresque et sentimental dans plusieurs provinces occidentales de la France (par le maréchal Guil.-M.-A. Brune). *Paris, Guillaume*, an VII (1799), in-18. [20110]

Ouvrage en prose et en vers, imprimé pour la première fois à *Paris*, sous la rubrique de *Londres*, 1788, in-8. — Un exemplaire de l'édit. de l'an . VII, tiré sur pap. vél. in-8., 25 fr. Boulle. — L'édition de *Londres, Lhomme* (*Paris*), 1802, gr. in-18. pap. vél. fig. 10 fr. Pixérécourt. — Celle de *Paris, Guillaume*, 1806, in-18, pap. vél., 5 fr. Chateaugiron ; 12 fr. salle Silvestre, en 1830.

VOYAGE (le) raccourci de trois bourgeoises de Paris, avec leurs ruses et finesses, nouvellement découvertes par leurs maris. *Paris, Ve Ducarroy* (vers 1628), in-8. de 24 ff. [17164, ou dans les Facéties.]

Vendu 15 fr. *m. v.* Lambert.

VOYAGE spirituel d'un jouvenceau vers la terre de paix, qui en son voyage rencontra trois sortes de disputations, avec quelques proverbes que la vieillesse parle au jouvenceau et un dialogue spirituel ; joint aussi une danse, à laquelle s'assemblent, de tous les endroits de la terre, les désirs etniques, avec leurs pervers, débauchés et dissolus sens et pensées, tant en dissolution qu'en apparence de saincteté, dansant tous main à main, et sautant jusques en l'enfer produit par Hiel. (*sans date*), in-12. [1650]

Ce titre singulier est porté dans le catalogue de Picart (impr. en 1780), n° 100, mais sans indication de lieu ni de date ; il semble être celui d'un livre écrit à la fin du XVIe siècle. L'exempl. décrit était rel. en *mar.* et a été vendu 9 fr. 20 c. Aujourd'hui il serait plus cher.

VOYAGES de plusieurs endroits de France, et encore de la Terre Saincte, d'Espagne, d'Italie et autres pays ; les fleuves du royaume de France. *Paris, Charles Estienne*, 1552, pet. in-8. [19982]

Itinéraire des lieux où il était d'usage alors de se rendre en pèlerinage, pour obtenir quelques grâces, par l'intercession d'un saint. On l'attribue à Charles Estienne, qui, selon La Croix du Maine, est aussi l'auteur de *La guide des chemins de France* (voyez Guide). Les deux ouvrages doivent être réunis.

VOYAGES de Pythagore. Voy. Maréchal.

VOYAGES en France et autres pays, en prose et en vers, par Racine, La Fontaine, Regnard. Quatrième édition. *Paris, Lelong*, 1824, 5 vol. in-18, fig. pap. vél. 12 à 20 fr. [20106]

La première édition, donnée par La Mésangère (*Paris, an IV-1796*), 4 vol. in-18, a l'avantage de renfermer de bonnes épreuves des vignettes qui la décorent ; mais elle est moins complète que la troisième de 1818 et que la dernière.

VOYAGES historiques. Voyez MÉMOIRES historiques.

VOYAGES imaginaires, songes, visions et romans cabalistiques (recueillis par Garnier). (*Paris*), 1787-89, 39 vol. in-8. fig. 80 à 120 fr. reliés. [17323]

VOYE de Paradis. Voy. VOIE.

VRAI (le) discours sur la route et admirable desconfiture des Reistres, aduenue par la vertue et proüesse de monseigneur le duc de Guyse, sous l'authorite du rôy à Angeruille le vendredy *xxvij* de nouembre 1587 ; auec le nombre des morts, des blescez et prisonniers. *A Paris, par Charles Chevillot au Palais*, 1587, pet. in-8. [23562]

Opuscule réimprimé dans les *Variétés histor.* de M. Fournier, IX, pages 111 et suiv.

Il en existe une autre édition sous ce titre : *Le vray discours sur la route et admirable desconfiture des Reistres, aduenue a Angeruille par la prouesse de Mgr le duc de Guyse, le 27 nouembre 1587.* Lyon, Jean Pillehotte, 1587, in-8. de 16 pp. 20 fr. *non rel.* à la vente Coste, où se trouvait aussi : *Discours veritable de la defaicte des Reistres protestans a Aulneau... le 23 nouembre 1587,* Paris, Guill. Bichon, 1587, in-8. ; et *La nouuelle deffaicte et surprinse des Reistres à Auneau... le 25 nou. 1587.* Paris, Hub. Velu (sans date), in-8. Vendu 11 fr. 50 c.

VRAI (le) intérêt des princes chrétiens, depuis le changement arrivé en Angleterre par l'élévation du prince d'Orange. *La Haye, Meyndert Uytwerf*, 1689, pet. in-12. [23085]

Cet ouvrage, qui est devenu rare, fit assez de sensation au moment de sa publication, pour qu'on crût devoir le réfuter par un écrit portant le titre suivant :

LE PARAVENT de la France contre le vent du nord, ou réflexion sur un livre anonyme intitulé : *Le vrai intérêt, etc.* (par Moret de Fayolle). *Poitiers, Jean Fleuriau,* 1692, in-12.

Nous citerons ici pour mémoire :

1° LE VRAI intérêt des princes chrestiens, opposé aux faux interests qui ont été mis depuis peu en lumière. *Strasbourg, Malorat* (aussi *Cologne, P. Marteau*), 1686, in-12.

2° LES VRAIS intérêts des princes de l'Europe dans les affaires présentes, ou réflexion sur un livre venu de France sous le titre de Lettres sur les affaires du temps. *La Haye, Troyel* (aussi *Cologne, P. Marteau),* 1689, in-12.

Deux ouvrages que nous n'avons pas eu occasion de comparer avec le précédent.

Un écrivain peu estimé (Gatien de Courtilz) avait donné précédemment *Nouveaux intérêts des princes de l'Europe,* Cologne, P. Marteau (Holl.), 1685 ; — ou *revus selon l'état actuel des affaires,* ibid., 1686, pet. in-12.

VRAIE (la) cronicque d'Escoce : Pretensions des Anglois à la couronne de France : Diplome de Jacques VI, roi de la Grande-Bretagne. Drawn from the Burgondian library by major Robert Austruther. Printed for the Roxburghe Club. *London, William-Nicol*, 1857, in-4. de 29, 107 et 29 pp. titre rubriqué.

VRAIS pourtraits (les) de quelques grandes dames. Voy. ABUS du mariage.

VRAY (la) disant aduocate des dames (en vers). Pet. in-8. de 16 ff. caract. goth. [13625]

En réunissant la première lettre de chaque vers d'un acrostiche qui termine cette pièce rare, on a le nom de l'auteur, *Lavrens Belin.* L'ouvrage paraît être du commencement du XVIᵉ siècle. Vend. 36 fr. salle Silvestre, en mai 1830. La même pièce est imprimée sous le nom de Jean Marot, dans le 5ᵉ volume des OEuvres des trois Marot, données par Lenglet du Fresnoy (*La Haye*, 1731, in-12) ; mais dans cette réimpression ne se trouve point l'acrostiche.

VRAY discours, de la reduction de la ville de Marseille, en l'obeissance du roy, le samedy 17 Fevrier 1596. *a Marseille par le commandement de Messieurs,* 1596, pet. in-8. de 34 pp. suivies de 4 ff. non chiffrés.

Cette pièce anonyme est d'Étienne Bernard, président de la cour souveraine de Marseille, qui, en fin politique, y flétrit les vaincus et y glorifie les vainqueurs : elle est imprimée avec les mêmes caractères que l'édition des poésies de La Belaudière, sortie de la presse de Pierre Mascarou. On y trouve quatre sonnets en langue provençale, signés du nom de Robert Ruffi, qui, lui aussi, célèbre la gloire des prétendus héros du 17 février.

VRAY (le) Discours de la victoire merueilleuse obtenue par le Roy de France et de Nauarre Henry IV. En la bataille donnée contre les rebelles ligués pres du bourg d'Iury en la plaine Saint-André, le 14 mai 1590 : dressé et enuoyé par deça par vn des principaux officiers de sa majesté. *Londres, par T. Owrin, pour T. Man* (1590), in-4. [23610]

Édition plus rare que celles de la même relation dont nous avons parlé dans notre IIᵉ vol., col. 757, article DISCOURS véritable.

VRAY (le) Discours des grandes processions qui se font depuis les frontieres de l'Allemagne jusques à la France, dont jamais n'en fut faicte de semblable, et comme plus amplement vous sera monstre dans le discours. *Paris,* 1584, pet. in-8. [23553]

Cet opuscule a été reproduit dans les *Variétés histor.* de M. Fournier, VII, p. 347 et suiv.

VRAY (le) enfoncement des archers, tant anciens que modernes, qui visent au Papeguay. Qu chacun pense a bien tirer. *Imprime à Gennes, l'an* 1559, pet. in-8. de 7 pp. chiffrées. En vers.

Cette pièce se trouve dans la biblioth. de Zurich.

VRAY medecin, voir col. 1384.

VRAY (le) trésor de l'histoire sainte, sur le transport miraculeux de l'image de Notre-Dame de Liesse, composé par quatre pellerins faisant ce voyage en 1644 (par de Saint-Pérès). *Paris, Ant. Estienne*, 1647, pet. in-4. fig. [14104]

Ouvrage en vers, et qui est orné de quatre bonnes planches gravées d'après Stella, par Couvay et Poilly : on y trouve aussi le portrait de la princesse de Condé à laquelle le livre est dédié. Vendu 14 fr. le B. d'Heiss; 9 fr. Lamy, et quelquefois plus cher.

VRAYE (la) et brieufue declaration, en somme, commēt maintenāt en Lan Mil cccc. xxvij. le vj. iour de may, par la Rōmayne Jmperialè, et hyspaigne royalle Ma. puissante armee, a este faict, en gaignant la grande et puissante ville de Rōme S. P. Q. R. (au bas) : *La prinse de Romme* (sans lieu d'impression), pet. in-4. goth. de 8 ff. à longues lignes, au nombre de 38 sur les pages, signat. A et B. [25601]

Bulletin officiel de la prise de Rome par les armées de Charles-Quint. Il paraît avoir été imprimé en Flandre, l'année même de l'événement. Sur le titre se voit une vignette en bois, avec les mots : *Eglise, nobles. marchā, labeur*, au-dessous (Biblioth. de Sainte-Geneviève).

VRAYE histoire contenant l'inique jugement, et fausse procedure faite contre le fidele serviteur de Dieu, Anne du Bourg, conseiller pour le roy en la cour du parlement, avec sa confession de foy, son constant martyre et heureuse mort... *Genève, Jacques Bres* ou *Berthet*, 1560, pet. in-8. 28 pp. [23502]

Vendu avec l'*Oraison d'Anne du Bourg au sénat de Paris, pour la cause des chretiens, à la consolation d'iceulx; d'Anne du Bourg prisonnier pour la parole.* (sans lieu d'impression), 1560, pet. in-8. de 109 pp. 5 fr. 30 c. Méon, et annoncé comme édition originale rarissime, jusqu'à 200 fr. Perret, en 1860.

L'édition de 1561, sans nom de ville, pet. in-8. *mar. r.* 8 fr. Mac-Carthy, 23 fr. *m. v.* Bignon, et 47 fr. Coste. Il y en a une autre sous ce titre :

HISTOIRE du procès fait à Anne du Bourg, de sa condamnation et de son exécution de mort... et de l'emprisonnement de quatre autres conseillers. *Lyon, Marceau,* 1562, pet. in-8.

— L'EXEMPLAIRE et forme du procez commis, faict par les commissaires du roy contre maistre Anne de Bourg, conseiller en la cour du Parlement de Paris, luy estant detenu prisonnier pour la religion, contenant au vray les interrogatoires a luy faicts : et les responses et confession de sa foy en laquelle Dieu le veuille maintenir et fortifier. *Envers, par J. Steltius,* 1560, pet. in-8.

VRAYE (la) maniere, pour apprēdre a chiffrer τ cōpter, par plume τ geetz : selō la sciēce de algorisme en nōbre entier τ rōpu : fort facile a apprēdre a toutes gēs, tāt pour lart darismeticque q̄ par les questions τ exemples : cy dedans inseres τ corriges. On les vend a Lyon en rue merciere a la maison de Claude Veycellier. (au verso du dernier f.) : *Cy finist lart et science de Arismeticque... Nouuellemēt Jmprime a Lyon par Claude veycellier demourant*

en rue merciere, A lenseigne sainct Jehan Baptiste (sans date, mais de 1530 à 1540), pet. in-12 allongé, caract. goth., signat. A—G par 12. [7868]

Livret devenu très-rare, comme le sont tous les ouvrages anciens qui ont été à l'usage de la jeunesse. Vend. 81 fr. salle Silvestre, en 1844 ; 38 fr. *mar. r.* Coste. Ce doit être la même chose que celui dont, à l'article MANIÈRE, nous avons décrit une édition d'*Anvers*, 1529. Nous supposons que le livre anglais ci-dessous en est la traduction :

AN INTRODUCTION for to lerne to reken with the pen and with the counters, after the true cast of Arismetyke or Awgrym in hole numbers, and also in broken : newly corrected and certayne rules and ensambles added thereunto, in 1536. *Imprented* 1537, in-8. goth. signé jusqu'à Sv., avec 3 ff. blancs. Réimpr. en 1539, 1546, 1574, 1581 et 1595 (Lowndes, article ARITHMETIC).

VRAY medecin qui guarit de tous maux, et plusieurs autres, ensemble de n'avoir jamais faute d'argent, utile et proffitable à vn chascun, auec plusieurs autres receptes gentiles pour resjouyr tous esprits melancholiques, comme pourrez veoir à la page suyuante. *Paris, pour Jean de l'Astre, demeurant près du collége de Reims,* 1575, pet. in-8. de 11 ff. non chiffrés. [13981]

Cette facétie en vers, terminée par la *Medecine de Me Grimache,* avait déjà paru dans le *Plaisant jardin des receptes,* vers 1540 (voy. PLAISANT jardin); elle a été réimpr. dans le Ier vol. du *Recueil* de M. de Montaiglon.

L'édition de 1575, en *mar. bl.* par Bauzonnet, 126 fr. Veinant.

LA VRAYE medecine qui guarit de tous maux et plusieurs autres, ensemble de n'auoir iamais faute d'argent, vtile & profitable à vn chascun. *Rouen, Loys Costé,* 1602, pet. in-8. de 12 ff.

Cette édition est la seconde pièce d'un recueil qui se trouve à la Bibliothèque impériale, Y, 6118², et qui est composé d'opuscules en vers, réunis en corps de volume sous une seule série de signatures, de A — M. Voici les titres des pièces renfermées dans ce volume curieux et fort rare :

1° LES SONGES de Daniel translatez de latin en françois, 4 ff. en prose.

2° LA VRAYE MEDECINE.

3° LE CAQVET des bonnes chambrieres declarant aucunes finesses dont elles vsent vers leurs maistres et maistresses, imprimé par le commandement de leur secretaire maistre Pierre Babillet, 8 ff.

4° LE BANQVET des chambrieres fait aux estuves le ieudy gras, 8 ff. dont 1 bl.

5° DISCOVRS IOYEUX pour aduertir la nouuelle mariée de ce qu'elle doit faire la premiere nuict, 4 ff.

6° LES TENEBRES de mariage, 8 ff.

7° DISCOVRS IOYEVX de la patience des femmes obstinées contre leurs maris, 4 ff.

8° LE DISCOVRS du trespas de Vert Ianet, 8 ff.

9° LE BLASON des barbes de maintenant, chose tres ioyeuse & recreative, 4 ff.

10° DIALOGVE PLAISANT et recreatif entremeslé de plusieurs discours plaisans et facetieux, en forme de coq à l'asne, 4 ff.

11° LE PLAISANT QVAQVET et resiouyssance des femmes pource que leurs maris n'yurognent plus en la tauerne, 6 ff.

12° LE PLAISANT BOVTEHORS d'oysiueté, 24 ff.

La *Vraie medecine de maistre Grimache* a été réimprimée (*Paris, Techener,* de l'imprimerie Pinard,

1830), pet. in-8. de 32 pp. en caract. goth. Tirée à 60 exemplaires (plus 2 sur pap. de Chine et 1 sur VÉLIN). — Voy. FARCE nouvelle du musnier, et LIVRE qui guarit tous maulx.

Il a été également tiré deux exemplaires en pap. de Chine et un sur VÉLIN, de cinq autres opuscules réimpr. chez Pinard. — Voy. PLAISANT Discours. — CHAMBRIÈRES (banquets des). — MONOLOGUE nouveau. — SERMON des frappe-culs. — SERMON joyeux.

VRAYE narration et apologie des choses passées au Pays-Bas, touchant le fait de la religion, en l'an 1566, par ceux qui font profession de la religion réformée au dit pays. *Imprimée en l'an* 1567, pet. in-8. [25016]

Pièce-rare, ainsi que celles que nous allons indiquer, savoir :

REMONSTRANCE présentée à Mme la duchesse de Parme, etc., régente du Pays-Bas, par les seigneurs et nobles du dict pais, avec la réponse et réplique et autres escrits. (sans nom de ville), 1566, pet. in-8. (Catalogue de Van Hulthem, 26450), et sous le titre de *Copie de la requeste présentée à la duchesse de Parme,..... le 5e iour d'avril* 1565. *par plusieurs gentilz hommes de par deça, sur le fait de l'inquisition....* Bruxelles, 1566, in-4. (Catal. de Major, n° 6434).

REMONTRANCE et supplication de ceus de l'église réformée de Valencenes sur le mandement de son altesse, fait contre eux le 14 jour de décembre 1566. A messeigneurs les chevaliers de l'ordre. *Imprimé en l'an* 1567, in-8.

COPIE de la lettre de M. Brederode avec les confédérez : avec deux requestes des gentilz hommes et le peuple sur l'empêchement qu'on fait aux ministres de la religion, avec la réponse de son Altesse. *Bruxelles*, 1567, in-4. (Catal. de Major, n° 5486.)

CONSEIL sacré d'un gentilhomme françois aux églises de Flandre, qui peut servir d'humble exhortation aux princes protestants du Saint-Empire, et d'avertissement certain aux seigneurs des Pays-Bas. *Anvers*, 1567, pet. in-8. (La Valliere-Nyon, n° 24249).

LETTRE envoyée à la majesté du roy des Espaignes, par laquelle un sien subjet (Ant. du Corran) lui rend raison de son département du royaume d'Espaigne, et présente à S. M. la confession des principaux poincts de nostre religion chrestienne, luy monstrant les griefues persécutions qu'endurent les subjects du Pays-Bas, pour maintenir ladite religion, et le moyen duquel S. M. pourroit user pour y remédier, 1567, in-8. (*Ibid.*, 24230).

VRAYE pronostication de M. Gonin. Voy. TOURS de Me Gonin.

VREDIUS ou De Vrée (*Olivarius*). Sigilla comitum Flandriæ et inscriptiones diplomatum ab iis editorum, cum expositione historica. *Brugis-Flandr.*, 1639, in-fol. fig. = Genealogia comitum Flandriæ, a Balduino Ferreo usque ad Philippum IV, Hispaniæ regem. *Brugis-Flandr.*, 1642-43, 2 tom. en 1 vol. in-fol. fig. = Historiæ comitum Flandriæ, a. J. Cæsare ad ann. 787, libri prodromi duo. Quid Comes? Quid Flandria? (*Brugis*), 1650, in-fol. fig. [25079]

Cette collection n'a de valeur que lorsqu'elle est complète : vendue 36 fr. Soubise; 61 fr. La Serna ; 38 fr. 50 c. Borluut; 125 fr. Bigant, à Douai. Le second volume de l'*Historia comitum Flandriæ*

est en deux parties : la 1re a pour titre *Flandria ethnica;* la 2e, *Flandria christiana a Clodoveo primo, Francorum rege, usque ad annum* D. CC. LXVII *Pipini Francorum regis* XVI. Cette dernière partie, de 400 pages, impr. à Bruges, chez P. Van Pée, vers 1652, n'a pas été achevée, l'auteur étant mort pendant le cours de l'impression ; sa copie fut dispersée, et ce qui avait paru, séquestré, en sorte que ce fragment ne se trouve que difficilement. Les deux premiers ouvrages ont paru en français : la 1re partie, sous ce titre : *les Sceaux des comtes de Flandre, et inscriptions des chartes par eux publiées, trad. du latin par J. V. R.* Bruges, 1641, — et les deux autres volumes sous celuici : *La généalogie des comtes de Flandre, depuis Baudouin Bras-de-Fer jusqu'à Philippe IV, roi d'Espagne, représentée par plusieurs figures, et divisée en vingt-deux tables vérifiées par les chartes, etc., par Olivier de Wrée;* Bruges, J.-E. Vanden Kerchove, 1642-44, 2 vol. in-fol.

— OLIVIER DE WRÉE, der vermaerde oorloghstucken van den wonderdadighen veld-heer Carel de Longueval, ridder van't Gulde Vlies, grave van Busquoy, baron de Vaux. *Brugge*, 1625, pet. in-4. obl.

Volume rare, à la fin duquel se trouve : *Venus-ban, gedicht door Olivier de Wrée,* de 30 pp. 35 fr. Borluut.

VREDMANN (*Jean*), Frison. Architecture traduite du bas allemand en françois par Kemp. *Anvers*, 1577, in-fol. [9777]

Ce recueil a paru en même temps avec le texte flamand, et avec le texte trad. en français. L'exemplaire de cette traduction, qui est décrit dans le catalogue de Cicognara, n° 746, était composé ainsi : Première partie, contenant un frontispice gravé, un autre f. pour la dédicace du traducteur, suivie du.texte, à 2 col., en italique, finissant au 6e f., et 23 pl. ; seconde partie, 12 pl. précédées d'un f. de texte flamand, sous la date de 1578; autre partie, également en flamand et sous la même date, avec 18 pl. ; une dernière partie traitant de l'ordre corinthien et du composite, avec 22 pl., sous la date de 1565, qui est celle de l'édition originale de l'ouvrage de Vredmann, gravé par Jérôme Cock.

La première partie de l'Architecture de Vredmann, en 23 pl., avec le texte flamand ou hollandais, a été réimpr. à Anvers, chez Jean de Jode, en 1598, in-fol.

On cite encore du même artiste :

L'ARCHITECTURE contenant la toscane, dorique, ionique, corinthiaque et composée, faite par H. Hondius, avec quelques belles ordonnances d'architecture, mise en perspective par Jean Vredman. *Amsterdam, Jean Jansson,* 1638, in-fol. contenant 73 pl.

Volume qui se trouve quelquefois réuni à la *Perspective* de Samuel Marolois, publiée en même temps chez le même libraire. (Ce dernier ouvrage a été de nouveau revu, augmenté et corrigé par Albert Gerard, *Amsterd., J. Jansson,* 1638, in-fol. de 86 pp. avec 80 grandes pl. grav. par H. Hondius.)

— LA TRES NOBLE perspective de Jean Vredman, Frison, à savoir la théorie pratique et instruction fondamentale d'icelle, illustrée de plusieurs belles ordonnances d'architecture comme de temples, palais, galeries, jardins, marchés et rues à l'antique ou moderne, clairement expliquée par descriptions... Inventée par Jean Vredeman, Frison, et de nouveau augmentée et corrigée par Samuel Marolois. *Amsterdam, Jean d'Arnhem,* 1619, in-fol. en deux suites : la première, de 51 pl. y compris les n°s 3 et 12 qui sont répétés; la seconde, de 24 pl. La première édition porte la date de 1604.

Voici les titres de trois recueils de planches gravées sur les dessins de Vredmann :

ARÆ perspectivæ, multigenis fontibus hortulis, inventor Joan. Vridmannus frisius. *Excudebat An-*

tuerpiæ Gerardus de Jode neomagensis, 1560, in-4. obl. 30 planches.

PICTORES, statuarii, architecti, latomi et quicunque principum magnificorum virorum memoriæ eternæ inservietis, adeste. *Joan. Vredemanni frisii Hieronimus Cock excudebat*, 1563, in-4. obl. 27 pl. dont une pour le tombeau de Charles-Quint.

PANOPLIA seu armamentarium ac ornamenta cum artium ac opificiorum tum etiam exuviarum martialium, quæ spolia quoque ab aliis appellari consuevere, excusa a Gerard de Jode, *anno* 1577, in-fol. contenant 18 pl.

VREEDMAN (*Seb.*). Voy. CITHARA.

VREVIN (le P. *François*). Oraison fvnebre prononcée en l'eglise de Roven aux funerailles de tres heureuse et tres loüable memoire de Henry IIII, roy de France et de Nauarre, le 26 de may 1610. *Rouen, Romain de Beauvais (et Paris, Ramier)*, 1610, pet. in-8. de 57 pp. [23638]

VRIES. Voyages from Holland to America A. D. 1632 to 1644, by David Peterson de Vries, translated from the Dutch by Henry C. Murphy. *New-York*, 1853, gr. in-4. de 199 pp., avec un portrait de Vries. [19933]

D. P. de Vries, né à La Rochelle en 1593, passa dès son enfance en Hollande, et s'y livra à la navigation ; après avoir accompli plusieurs voyages, il en écrivit la relation en hollandais, et la publia sous ce titre :

KORTE historiael ende Journaels aenteyckeninge van verscheyden voyagiens in de vier deelen des Wereldts, van de 1618-1644, Ronds als Europa, Africa, Asia, ende Amerika gedaen, door D. David Pietersz de Vries. *T. Hoorn, vor b. P. de Vries; Tot Alkmaer by Simon Cornelisz*, 1655, pet. in-4. de 192 pp. en caract. goth. avec un portr. et 18 pl.

Ce livre, peu commun en Europe, est fort rare aux Etats-Unis d'Amérique ; cela a engagé M. James Lenox, qui en possède un exemplaire, à en faire traduire en anglais la partie qui se rapporte à l'Amérique du Nord, et à la publier à ses frais, avec une introduction et une longue note géographique et historique.

Nous allons placer ici le titre d'un ouvrage qui se rapporte aux découvertes d'un autre navigateur portant aussi le nom de Vries :

GEOGRAPHICAL and ethnographical elucidations to the discoveries of Maerten Gerrits Vries, commander of the flute Castricum, A. D. 1643; in the East and North of Japan ; to serve as a mariner's Guide in the navigation of the east coast of Japan, and to Jezo, Krafto, and the Kurils. By P.-J. von Siebold. Translated from the dutch by F.-M. Cowan. *Amsterdam, Fred. Müller*, 1859, gr. in-8. 186 pag. avec une carte des observations de Vries. 7 fr. 50 c.

VRIES (*A.* de). Éclaircissements sur l'histoire de l'invention de l'imprimerie, trad. du hollandais par J. J. F. Noordziek. *La Haye, imprim. de A.-D. Schinkel*, 1843, gr. in-8. 3 flor. 50 c. [31195]

Ce volume réunit trois morceaux, savoir : 1° *Lettre à M. Schinkel, ou réponse à la notice de M. Guichard, sur le* Speculum humanæ salvationis (voy.

à la col. 432 de ce volume) ; 2° *Dissertation sur le nom de Coster;* 3° *Recherches faites à l'occasion de la quatrième fête à Haarlem, en* 1823. Il en a été tiré huit exemplaires sur format in-fol. à 2 col. Les auteurs de cet ouvrage ont présenté d'une manière fort habile les témoignages favorables à Coster ; et nous sommes bien près d'admettre avec eux que ce citoyen d'Haarlem a fait usage de caractères mobiles pour imprimer des Donat et d'autres petits livres du même genre avant l'année 1439 ; mais ils n'ont nullement démontré que ces caractères fussent métalliques, en sorte qu'il demeure toujours assez bien établi que l'invention de la fonte des caractères et de tout ce qui se rattachait alors à l'usage des lettres mobiles fondues, c'est-à-dire la typographie proprement dite, appartient à Gutenberg ; que l'idée de ce procédé a été conçue à Strasbourg, probablement d'après l'inspection d'un Donat imprimé en Hollande, et ensuite réalisée à Mayence, vers 1450, avec le secours de Schoyffer : il resterait néanmoins au Hollandais Coster le mérite d'avoir fait une première tentative qui a pu mettre les deux Allemands sur la voie d'un meilleur procédé. Il faut réunir à ces éclaircissements l'ouvrage suivant du même auteur :

ARGUMENTS des Allemands en faveur de leur prétention à l'invention de l'imprimerie, ou examen critique de l'ouvrage de M. A.-E. Umbreit : Die Erfindung der Buchdruckerkunst, trad. du hollandais, par J.-J.-F. Noordziek. *La Haye*, 1845, gr. in-8. 5 fr. [31203]

— Der Nederd-Dichtkunst, 15615.

VRIESE (*W.-H.* de). Descriptions et figures de plantes nouvelles et rares du jardin botanique de l'université de Leide et des principaux jardins du royaume des Pays-Bas. *Leide*, 1847-52, 2 livr. in-fol. 10 pl. lith. et color. 32 fr. [5321]

— MONOGRAPHIE des Marattiacées, d'après les collections du musée impér. de Vienne, de celui de Paris, etc., suivie de recherches sur l'anatomie, l'organogénie et histogénie du genre Angiopteris ; et de considérations sur la structure des fougères en général, par W.-H. de Vriese et P. Harting. *Leide, Arnz et Cie*, 1853, in-fol. 9 pl. lith. 32 fr.

VROLIK (*Wil.*). Recherches d'anatomie comparée sur le chimpansé. *Amsterdam, Muller*, 1841, gr. in-fol. 7 pl. 50 fr. [5581 ou 5724]

— Tabulæ ad illustrandam embryogenesin hominis et mammalium, tam naturalem quam abnormem. Aussi sous le titre : Die Frucht des Menschen und der Säugethiere, abgebildet und beschrieben nach ihrer regelmässigen und unregelmässigen Entwickelung. *Amsterdam*, 1844-49 (seu *Lipsiæ, Weigel*, 1854), gr. in-4. avec 100 pl. lith. [6674]

Publié en 20 livr. 150 fr., et ensuite 100 fr.

VUES des palais.... de Venise. Voy. ITALIE illustrée.

VUES remarquables des montagnes de la Suisse. Voy. HENTZY.

VUIGNER (*Émile*). Pont sur le Rhin, à Kehl. Sur les dispositions générales et d'exécution de cet ouvrage d'art, par

---

MM. Emile Vuigner et Fleur Saint-Denis. *Paris, Dunod,* 1861, in-4. de xxiii et 157 pp., avec un Atlas de 22 pl.[8843]

VUK STEPHANOWITSCH. V. Karadschitsch. ⸱

VULCANIUS. De literis et lingua Getarum : item de notis lombardicis : quibus accesserunt specimina variarum linguarum, editore Bon. Vulcanio. *Lugduni-Batav., ex officina plantin., apud Fr. Raphelengium,* 1597, pet. in-8. de viii et 110 pp. [11466]

Ouvrage curieux d'un anonyme, et dont Vulcanius n'a été que l'éditeur. Ce traité se trouve ordinairement relié à la suite du recueil de Jornandes, etc., publié en 1597 par le même éditeur (voy. Jornandes). Vend. séparément 7 fr. Langlès. Quelques personnes l'ont attribué à Ant. Morillon, secrétaire du cardinal de Granvelle (*Biblioth. de Colomiès,* 1731, p. 223).

VULCANO (*Luigi*). Vera et nuova descrittione di tutta terra santa et peregrinaggio del sacro monte Sinai, compilata de verissimi autori dal P. frate Luigi Vulcano della Padula. *Napoli, Gio. Maria Scotto,* 1563, pet. in-8. fig.

Livre peu commun, mais qui, comme l'indique son titre, n'est qu'une simple compilation.

VULGONENSIS poeta. Ephigenia. (in line) : *Impressu; Barchinone per gabrielem Pou anno m. d. 3.* (1503), in-4. goth. de 32 ff., sign. a—diiii. [16127]

Pièce dramatique, en prose, d'une incontestable rareté, et dont le recto du second feuillet commence par ces mots : *Vulgonensis poete comici Ephigenia.* L'imprimeur Gabr. Pou exerçait à Barcelone dès la fin du xve siècle. A la col. 1298 de ce volume nous avons cité une édition de l'Enéide de Virgile, imprimée par lui. L'exemplaire de l'*Ephigenia* que nous venons de décrire se trouvait dans la collection léguée à l'Etat par le bibliophile Motteley, et qui est aujourd'hui au Musée du Louvre.

VULLERS (*Joann.-A.*). Lexicon persicolatinum etymologicum cum linguis maxime cognatis sanscrita et zendica et pehlevica comparatum, etc. Accedit appendix vocum dialecti antiquioris, zend et perzend dictæ. *Bonnæ, Marcus,* 1853-57, 2 tom. in-4. 96 fr. [11661]

— Institutiones linguæ persicæ, 11669.

VULPI (*J.-A.*). Voy. Volpi.

VULPI (*Joc.-Roc.*). Voy. Corradinus.

VULSON (*Marc* de), sieur de la Colombière. Le vray Théâtre d'honneur et de chevalerie, ou le miroir historique de la noblesse. *Paris, Aug. Courbé,* 1648, 2 vol. in-fol. fig. [28724]

Ouvrage très-curieux et fort recherché, 50 fr. 50 c. Pixérécourt, et jusqu'à 120 fr. de Martainville. Il en a été tiré des exemplaires sur Gr. Pap.

—La Science heroique, traitant de la noblesse, de l'origine des armes, etc., avec la genealogie succincte de la maison de Rosmadec en Bretagne; le tout embelly d'un grand nombre de figures en taille-douce, sur toutes ces matières. *Paris, Sebastien et Gabr. Cramoisy,* 1644, in-fol. [28775]

Il passe pour certain que Salvaing de Boissieu (voy. Boissieu) a eu une grande part à la composition de cet ouvrage et des autres traités sur le blason que Vulson de la Colombière a publiés sous son propre nom. La seconde édition de La *Science héroïque,* impr. à Paris, chez Séb. Mabre-Cramoisy, en 1669, in-fol.. est revue et augmentée des armes de plusieurs illustres maisons, mais on en a retranché la généalogie de Rosmadec. 84 fr. Tochon d'Annecy; 56 fr. *mar. r.* Giraud; 60 fr. de Martainville, et *mar. citr.* 3 liv. 5 sh. Libri.

Nous citerons encore :

RECUEIL de plusieurs pièces et figures d'armoiries omises par les auteurs qui ont traité jusqu'ici de cette science, par le même. *Paris, Tavernier,* 1639, in-fol. 75 pl. [28776]

Vendu 28 fr. 25 c. à Lyon, en 1839.

DE L'OFFICE des roys d'armes, des heraults et des poursuivans, de leur antiquité, priviléges, etc., par le même. *Paris, Pierre Lamy,* 1645, in-4. [28729]

Le corps du volume a 168 pp. suivies d'un feuillet portant les armes de l'auteur. Il y a huit feuillets prélim. contenant le titre, la figure de Montjoye Saint-Denis, roy d'armes, l'épitre dédicatoire à Henri de Lorraine, duc d'Harcourt, le portrait de ce seigneur et celui de sa femme, grav. par Daret.

LES PORTRAITS des hommes illustres françois, qui sont depeints dans la galerie du Palais Cardinal de Richelieu, avec leurs principales actions, armes, devises et éloges, desseignez et gravez par les sieurs Zacharie Heince et François Bignon... ensemble les abrégés historiques de leurs vies, composés par Vulson, sieur de la Colombière. *Paris, Sara,* ou *Edme Pepingué,* 1650, gr. in-fol. 27 portr.

Réimprimé sous ce titre :

LES VIES des hommes illustres et grands capitaines françois qui sont peints dans la gallerie du Palais-Royal. *Paris, Nic. Legras,* 1692, in-12, avec des portraits réduits d'après ceux de l'édit. in-fol. de 1650.

— Voyez Palais des curieux.

VULTEII (*Joan.*), Rhemensis, Epigrammatum libri iiii, ejusdem Xenia. *Lugduni, sub scuto basiliensi apud Michaelem Parmantarium.* (à la fin) : *Excudebat Joannes Barbous,* 1537, pet. in-8. de 282 pp. en ital., plus 2 ff. pour l'errata et la souscription. [12950]

Jean Faciot dit *Vultéius* a été l'ami de Ét. Dolet, et s'est trouvé lié avec Cl. Marot, Rabelais, et avec les plus beaux esprits de son temps, auxquels il a adressé des vers; il ne doit pas avoir été étranger à la cour, car ses poésies font connaître plusieurs anecdotes curieuses relatives à François Ier. Toutefois ses ouvrages, assez faibles sous le rapport poétique, ne sont recherchés que pour les particularités qu'ils contiennent. Les deux premiers livres de ses épigrammes avaient déjà été impr. à Lyon, chez Séb. Gryphius, en 1536, in-8 de 175 pp.

L'édition de 1537, en *mar. r.,* n'a été vendue que 7 fr. 50 c. chez Courtois, dont le catalogue ne faisait pas mention du nom de *J. Barbous;* or ce nom a fait porter à 31 fr. l'exemplaire qui s'est trouvé à la vente du président Barbou, faite à Paris, en janvier 1857.

On a encore de Vulteius :

INSCRIPTIONUM libri duo, Xeniorum libellus. (*Pa-*

risiis) *apud Sim. Colinæum*, 1538, in-16 de 48 ff.
[Les *Xenia* (Etrennes) sont différentes de celles que donne le Recueil précédent].

HENDECASYLLABORUM libri quatuor. *Ibid. et idem*, 1538, in-16 de 106 ff.

L'exempl. de ces deux part. en un vol. rel. en *mar. r.* a été donné pour 4 fr. chez Courtois; un semblable est porté à 30 fr. dans le catal. de M. Coste, de Lyon, et un autre en *v. f.* 60 fr. Solar, n° 1003, à cause de cette note : « On trouve dans ces poésies deux épigrammes sanglantes contre Diane de Poitiers, une pièce de vers de Vulteius dédiée à Grolier, et une pièce dirigée contre Rabelais, qu'il appelle le singe de Lucien. »

On trouve dans la *Biographie ardennaise* de l'abbé Boulliot, II, pp. 426 et suiv., une notice fort curieuse sur Vulteius ou Voulté, dans laquelle pourtant il s'est glissé une erreur assez grave : l'auteur y a fait deux éditions d'une seule, en en indiquant une de *Lyon, Parmentier*, 1537, et une autre de *Lyon, Barbous*, sous la même date; bien plus, dans le titre qu'il a donné d'un exemplaire au nom de Barbous, il a inscrit le nom d'Abel de Sainte-Marthe, fils de Scévole, quoique en 1537 Abel ne fût pas encore né, ce qui prouve qu'en bibliographie l'homme le plus attentif peut quelquefois se tromper.

VUYSS (*Urbanus*). Libellus vallde (*sic*) doctus, elegans et utilis, multa et varie scribendarum litèrarum genera complectens (auctore Vrbano Vuyss, tigurino). *Impressum Tigur. per Christophorum Froscoverum*, 1570, pet. in-4. obl. 15 à 20 fr. [9054]

Un exemplaire en *mar. r.*, par Duru, 79 fr.

VYASI Rishi. Voyez MAHABHARATA et VEDA.

VYASUDEVU. Prem Sagur. Voyez PREM SAGUR.

VYMPFELINGII sletstatini (*Jacobi*) Stylpho (apologia instar comœdiæ quæ statum duorum sodalium canit, circa 1494), pet. in-4. goth. de 10 ff. [16120]

Opuscule sans lieu ni date. Vendu 31 fr. Courtois; 1 liv. 11 sh. 6 d. Heber; 21 fr. 50 c. de Soleinne.

Une autre édition in-4. de 10 ff. demi-goth., annoncée comme imprimée à Venise, vers 1470, 25 fr. de Soleinne.

VYSE (*Howard*). Operations carried on at the Pyramid of Gizeh in 1837, with an account of a voyage into Upper Egypt, by colonel Howard Vyse. *London*, 1840-42, 3 vol. in-8. 8 pl. et vignettes sur bois. 3 liv. 3 sh. [20810 ou 29472]

A cet ouvrage, dont le troisième volume est un appendice, se rattache celui que M. J.-E. Perring, ingénieur employé par le colonel Vyse, a publié sous le titre suivant :

THE PYRAMIDS of Gizeh, from actual survey and admeasurement, illustrated by notes and references to the several plans by E.-J. Andrews. Part. I and II, the first, second and third, pyramids, the three smaller to the south of the third and the three to the east ward of the great pyramid. *London*, 1839-40, gr. in-fol. obl. — The Pyramids to the southward of Gizeh and at Abou-Roash; also, Campbell's tomb. *London*, gr. in-fol. Les 3 part. contiennent 59 pl. [29472] Les 3 vol. in-8. ont été payés 30 fr., et les 3 part. in-fol. 55 fr. à la vente de M. Raoul-Rochette. Cet archéologue avait donné plusieurs articles fort curieux sur ces deux ouvrages, dans le *Journal des savants*, ann. 1841 et 1844.

W

W. C. Breeden-Raedt Aende Vereenichde Nederlandsche Provintien : Gelreland, Holland, Zeeland, Wtrecht, Vriesland, Over-Yssel, Groeningen; Gemaeckt ende gestelt uyt diverse ware en waerachtige memorien door I. A. G. W. C. *Tot Antwerpen, ghedruct by Francoys van Duynen*, 1649, in-4. de 24 ff.

Le Breeden-Raedt est la première publication qui se soit occupée spécialement de la Nouvelle-Néerlande, aujourd'hui New-York; voilà pourquoi cet opuscule rare est porté à 50 thl., sous le n° 256 de la *Bibliothèque américaine*, en vente chez Brockhaus en 1861.

WACE ou Gace (*Rob.*). Le roman de Rou, et des ducs de Normandie, par Robert Wace, poëte normand du XIIe siècle,

publié pour la première fois d'après les manuscrits de France et d'Angleterre, avec des notes pour servir à l'intelligence du texte, par Fréd. Pluquet (et Auguste Le Prévost). *Rouen, Ed. Frère (Paris, del'imprim. de Crapelet)*, 1827, 2 vol. in-8. avec deux pl., au trait par E.-H. Langlois. 20 fr. [13187]

Il a été tiré 60 exempl. sur papier vélin jésus, 40 fr.; 3 sur jésus de Hollande, et 2 sur papier de Hollande un peu plus petit. Un des trois sur Gr. Pap., avec fig. coloriées et rehaussées d'or, ayant de plus les *Observations* et le *Supplément* ci-dessous, également en pap. de Hollande, 130 fr. Le Prevost, en 1857.

Première édition complète d'une des productions les plus remarquables de notre ancienne littérature ; on n'en avait encore publié que des fragments. L'ouvrage a quatre parties distinctes : la première, écrite en vers de huit syllabes, et paraissant destinée à servir d'introduction, comprend l'histoire des irruptions des premiers Normands en France et en Angleterre; la seconde, en vers alexandrins, l'histoire de Rou ou Rollon; la troisième, en vers de même mesure, l'histoire de Guillaume Longue-Epée, et une partie de celle de Richard Ier, son

---

Waagen (*G.-F.*). Manuel de l'histoire de la peinture, école allemande, flamande et hollandaise, 11081.
— Treasures of art in Great Britain, 9424. — Galleries and cabinets, 9428. — Kunstwerke, 9106.
— Hub. und Joh. Van Eyck, 31085.

fils ; la quatrième, écrite dans le même mètre que la première, et plus longue, à elle seule, que les trois autres parties, contient la fin de l'histoire de Richard Ier et celle de ses successeurs, jusqu'en 1106, sixième année du règne de Henri Ier. Dans cette édition, le poëme contient 16547 vers. Raynouard (*Journal des savants*, 1828, p. 134) en a restitué un manquant, après le 630e. Il est indispensable de joindre à ces deux volumes les opuscules suivants :

OBSERVATIONS philologiques et grammaticales sur le roman de Rou et sur quelques règles de la langue des Trouvères au XIIe siècle, par M. Raynouard. *Rouen, Ed. Frère (imprimerie de Crapelet, à Paris)*, 1829, in-8. de 140 pp.

SUPPLÉMENT aux notes sur le roman de Rou, par Auguste Le Prévost. *Rouen, Ed. Frère*, 1829, in-8. de 32 pp.

Nous citerons encore :

NOTICE sur la vie et les écrits de Robert Wace... suivie de citations extraites de ses ouvrages, pour servir à l'histoire de Normandie. *Rouen, Ed. Frère (Paris, de l'imprim. de Crapelet)*, 1824, gr. in-8. de 70 pp., avec deux gravures, 3 fr. ; — Gr. Pap. vél., 10 fr.

Morceau dont il a été tiré deux exemplaires sur VÉLIN. Avant cette publication de Fréd. Pluquet, P.-O. de Bröndsted avait déjà fait paraître des fragments du roman de Rou dans son recueil de pièces relatives à l'histoire de Danemark. *Copenhague*, 1817 et 1818, premier et second cahier.

DE ROBERTI WACII carmine quod inscribitur Brutus, dissertatio quam..... offert Lovinthus Abrahams,........ in auditorio collegii Elersiani, 31 Octobr. 1828, respondente Ern.-Fred. Christiano Boejens. *Hafniæ, Seidelin*, 1828, pet. in-8. de 126 pp.

Dissertation curieuse dont Raynouard et Depping ont rendu compte en 1830, le premier dans le *Journal des savants*, le second dans la *Revue encyclopédique*. A cette dissertation était joint un prospectus en français, dans lequel l'auteur annonçait son projet de publier une édition du poëme du Brut, d'après les manuscrits de notre Bibliothèque impériale.

MASTER WACE his chronicle of the Norman conquest from the roman de Rou : translated with notes and illustrations by Edgar Taylor. *London*, 1837, in-8. 1 liv. 5 sh.

Orné de nombreuses figures sur bois, d'après la tapisserie de Bayeux. Il a été tiré 12 exemplaires sur Gr. Pap., avec fig. color.

— **Roman de Brut, publié pour la première fois d'après les manuscrits des bibliothèques de Paris, avec un commentaire et des notes par M. Le Roux de Lincy. Rouen, Ed. Frère, 1836-38, 2 vol. in-8. avec 5 pl. fac-simile d'après les mss. [13188]**

Publication importante : 20 fr. ; — Gr. Pap. vélin, tiré à 40 exempl., 45 fr. — L'appendice contenant la description du manuscrit n'a paru qu'après le 2e volume.

Il a été tiré dix exemplaires sur pap. jésus de Hollande (79 fr. Labédoyère en 1862) ; un seul sur papier carré anglais, et 3 sur papier coquille azuré.

— **Layamon's Brut, or chronicle of Britain : a poetical semi-saxon paraphrase of the Brut of Wace, now first published from the cottonian mss. in the British Museum ; accompanied by a literal translation, notes and a grammatical glossary, by sir Fred. Madden. London, published by the Society of antiq. of London, 1847, 3 vol. gr. in-8. avec 2 fac-simile. 2 liv. 10 sh.**

Paraphrase poétique du Brut de Wace, publiée pour la première fois littéralement, traduite du saxon, et accompagnée d'un glossaire et de notes par Fréd. Maden. Dans cette édition les deux révisions de ce monument du XIIIe siècle sont reproduites *in extenso* en regard l'une de l'autre.

L'ÉTABLISSEMENT de la fête de la ·Conception Nostre-Dame, dite la fête aux Normands, par Wace... publié pour la première fois d'après les manuscrits de la Bibliothèque du roi, par MM. G. Mancel et G.-S. Trébutien. *Caen, Mancel, et Paris, Derache*, 1842, in-8. de lxx et 231 pp. 7 fr.; — Gr. Pap. de Hollande tiré à 25 exempl., 25 fr.

Complément du roman du Brut et du roman du Rou.

— LA VIE de la Vierge Marie de maître Wace, publiée d'après un manuscrit inconnu aux premiers édit., suivie de la vie de saint George, poëme inédit du même trouvère. *Tours, L. Luzarche, et Paris, Pottier* (publ. par M. Victor, 1859), in-12 de XXIV et 118 pp.

Tiré à petit nombre.·

MAISTRE Wace's St -Nicholas, ein alt französisches Gedicht des XII. Jahrhunderts, aus Oxforder Handschriften herausg. von Nic. Delius. *Bonn, H.-B. Kœnig*, 1850, in-8. de XII et 95 pp.

Ce poëme de 1534, en vers français de 8 syllabes, a été publié d'après le manuscrit, le seul connu, légué par M. Douce à la bibliothèque Bodléienne, en 1834. Monnierqué en avait déjà donné une édition gr. in-8., pour la Société des Bibliophiles françois.

WACHTENDONCK (*Joannes van*). Vita, passio et miracula S. Rumoldi archiepiscopi dublinensis, apostoli mechlinensis et martyris; J.-V. W. authore. *Mechlinæ, apud Henricum Jaye*, 1638, in-4. [22261]

Cette vie de saint Rumold se trouve rarement, et elle a une certaine valeur en Angleterre : 1 liv. 13 sh. Heber. Il en est de même d'une autre vie du saint archevêque de Dublin, donnée par Hughe Ward, sous ce titre :

SANCTI RUMOLDI martyris, incliti archiep. Dublinensis, advocati sterilium conjugium, agicolarum, piscatorum, institorum et navigantium acta, martyrium, liturgia antiqua et patria, summa fide collecta, notis illustrata, et aucta disquisitione historica, per Hugonem Vardæum : opus posthumum, nunc recens a Thoma Sirino recognitum et in nonnullis suppletum. *Lovanii, typis Petri Sasseni*, 1662, in-4. 1 liv. 16 sh. Heber. [22262]

Cette dernière est plus rare que la précédente. La *Genealogia Alexandri*, qui doit se trouver à la p. 366, manque quelquefois. Les deux vies de saint Rumold, dont nous venons de parler, sont attribuées l'une et l'autre à Hugh Ward dans la *Bibl. grenvil.*, p. 788. Cependant les lettres initiales du titre de la première semblent bien désigner Jean Van Wachtendonck, dont on a aussi *La vie, la passion et les miracles de saint Rumbold*, en flamand, ouvrage imprimé à *Malines*, 1667, in-12.

Nous remarquons dans la *Biblioth. grenvil.*, p. 205, le titre suivant, qui trouve naturellement sa place à la fin du présent article :

DOMIJNS (*Joannes*), mechlinianus. Divi archi-

***

Wachler (*L.*). Handbuch der Literatur, 30023. — Vorlesungen, 30112.

Wachsmuth (*W.*). Europäische Sittengeschichte, 21326. — Allgemeine Culturgeschichte, 21326. — Hellenische Alterthumskunde, 22841. — Das Zeitalter der Revolution, 23093.

præsulis, Christique martyris Rumoldi, Maclinien-
sium præsidis sive tutelaris eximii vita. *Bruxellæ,
apud Michaelem Hamontanum,* 1569, in-12, fig.
sur bois.

WACHTER (*Joan.-Geor.*). Glossarium
germanicum continens origines et antiquitates totius linguæ germanicæ et omnium pene vocabulor. vigentium et de-
sitorum. *Lipsiæ,* 1737, 2 vol. in-fol.
40 à 48 fr. [11222]

Ouvrage estimé et peu commun.

Vendu 2 liv. 15 sh. *cuir de Russie,* Heber. Il y a des
exemplaires en Gr. Pap.

— NATURÆ et scripturæ concordia, commentario de
literis ac numeris primævis aliisque rebus memorabilibus cum ortu literarum conjunctis, illustrata
(a J.-G. Wachtero). *Lipsiæ,* et *Hafniæ,* 1752, in-4.
fig. 8 à 12 fr. [30158]

— Archæologia, 29669.

WACKERNAGEL (*K.-H.-W.*). Altfran-
zösiche Lieder und Leiche, aus Handschriften zu Bern und Neuenburg;
mit grammatischen und literar-histori-
schen Abhandlungen, von Wilhelm Wackernagel. *Basel,* 1846, in-8. [14254]

— Das Wessobrunner Gebet, 15435. — Die altdeut-
schen Handschriften, 31412.

WACKERNAGEL (*Phil.*). Das deutsche
Kirchenlied von der ältesten Zeit bis zu
Anfang des 17. Jahrhunderts. Mit Berücksichtigung der deutschen geistlichen Liederdichtung im weiteren Sinne
und der lateinischen kirchlichen Dichtung von Hilarius bis Geo. Fabricius.
Leipzig, *Teubner,* 1862, gr. in-8.
[15433]

Cet ouvrage doit se composer de quatre volumes,
qui se publieront en 7 ou 8 livrais. chacun. C'est
une nouvelle édition très-augmentée de celui qu'a
publié l'auteur à *Stuttgart,* 1841, en 2 part. in-8.

— BIBLIOGRAPHIE zur Geschichte des deutschen Kir-
chenliedes im XVI. Jahrhundert. *Francfurt am
M., Heyder und Zimmer,* 1855, gr. in-8. de X et
718 pp. 9 fr. [31668]

Livre plein de recherches minutieuses.

— Altdeutsches Handwörterbuch, 11225. — Edel-
steine deutscher Dichtung, 15470.

WAD (*Greg.*). Fossilia ægyptiaca musei
Borgiani Velitris, descripsit Wad. *Velitris,* 1794, in-4. [4709]

Accompagné des observations de G. Zoëga.

WADDINGIUS (*Luc.*). Annales Minorum, seu historia trium ordinum a S.
Francisco institutorum; editio 2ª, studio
Jos.-Mar. Fonseca. *Romæ,* 1731-47,
22 vol. in-fol. [21816]

Collection importante : vendue (en 19 vol.) 150 fr.
Soubise ; 290 fr. Reina, 4ᵉ partie ; 140 flor. Butsch.

Le travail de l'Irlandais Wadding se termine au 16ᵉ vol.,
imprimé en 1737. Le 17ᵉ vol., imprimé en 1741, a
pour titre : *Syllabus universus Annalium minorum confectus a Jos. Mar. de Ancona.* Le 18ᵉ vol.,
aussi de 1741, continue l'histoire des franciscains,

de 1541 à 1553 ; il fut rédigé par Jean de Luca,
Vénitien, par ordre de J.-M. Fonseca ; le 19ᵉ vol.,
imprimé en 1745, est du même J.-M. de Ancona,
auquel on doit le *Syllabus.* En 1794 parurent à
Rome, *in typogr. Palearino,* le tome XX, par Gae-
tan Michelesi, continuant l'ouvrage de 1564 à 1574;
mais ce volume est devenu fort rare, parce qu'une
partie des exemplaires a été détruite dans un incendie ; le tome XXI, rédigé par le P. Stanislas Melchiorri
da Cerreto, a paru à Ancone, en 1844 ; il va jusqu'à
1580. Le tome XXII, par le même Melchiorri da
Cerreto, a été publié à Naples, en 1847 ; il va jusqu'à
l'année 1590. Le *Serapeum* (1854, pp. 49-55) a donné
un article intéressant du Dr. Ant. Ruland sur cette
grande collection. Depuis, les tomes XXIII et XXIV
ont été imprimés à *Ancône,* en 1859 et 1869 ; ils se
vendent 28 fr. chacun à Paris, chez Demichelis.

Cette seconde édition se trouve rarement complète.
La première, *Lyon,* 1625-48, et *Rome,* 1654, est en
8 vol. in-fol. Le P. Fr. Arold en a donné un abrégé
en latin, *Rome,* 1662, 2 vol. in-fol., et le P. Silvestre Castet a traduit en français cet abrégé, *Toulouse, Colomiez,* 1680-83, 8 tom. en 4 vol. in-4.

— Scriptores ordinis Minorum, quibus accedit syllabus eorum qui ex eodem ordine pro fide Christi fortiter occubue-
runt. *Romæ,* 1650, in-fol. [31616]

Cet ouvrage utile était devenu rare, mais il a été
réimprimé à Rome en 1806, in-fol., et le même
imprimeur a donné en même temps un supplément
sous ce titre :

SUPPLEMENTUM et castigatio ad scriptores trium
ordinum S. Francisci a Waddingo aliisque descrip-
tos, opus posthumum F.-Jo. Hyacinthi Sbaralæ.
*Romæ, et typographia S. Michaelis ad Ripam,
apud Linum Cotedini,* 1806, in-fol.

Déjà le P. Jean-François de Saint-Antoine avait fait
paraître à Salamanque, en 1728, un premier supplément in-4. à l'ouvrage de Wadding, que, plus tard,
il refondit, avec son supplément, dans sa *Bibliotheca universa francisc.,* Matriti, 1732-33, 3 vol.
in-fol. [31617]

VITA Joannis Duns Scoti ordinis Min. doctoris
subtilis : accessit panegyricus æternæ memoriæ et
famæ J. Duns Scoti. *Montibus, typis F. Waudræi,*
1644, in-12. (Extrait du grand ouvrage de Wadding.)

WADDINGTON. Journal of a visit to some
parts of Ethiopia, by George Waddington, and the rev. Barnard Hanbury.
London, Murray, 1822, in-4. fig. 12 à
18 fr. [20814]

Relation intéressante.

WADE (the rev. *J.*). A Vocabulary of the
Sgau Karen language. *Tavoy,* 1849, in-8.
de 1024 pp. 25 fr. [vers 11802]

— Thesaurus of Karen knowledge; comprising traditions, legends or fables,
poetry, customs, superstitions, demo-
nology, therapeutics, etc., alphabeti-
cally arranged and forming a complete
native Karen dictionary, with defini-
tion and examples, illustrating the usages of every word; written by Sau-Kau-
Too, and compiled by J. Wade. *Tavoy,*
1847-1850, 4 vol. in-8. 100 fr. [28203]

Waddington (*Geor.*). History of the Church, 21401.
Waddington-Kastus (*Ch.*). Psychologie d'Aristote,
3548. — Ramus, 30584.
Wade (*J.*). British history, 26869.

Wackenier ou Valckenier. Roma paganisans, 2118.

WADE(*Thomas-Francis*). The Hsin-Ching Lu, or book of experiments being the first of a series of contributions to the study of chinese, by T.-F. Wade, chinese secretary. *Hong Kong*, 1859, pet. in-fol. [11878]

Ouvrage composé de 3 part. pour le texte chinois (27, 7 et 8 feuillets), et de trois parties pour le texte anglais, lequel occupe 6 ff. et 86 pp., plus un f. pour les *contents*. On y réunit l'ouvrage suivant, du même auteur :

THE PEKING Syllabary, being a collection of the characters representing the dialect of Peking, arranged after a new orthography in syllabic classes, according to the four tons. *Hong Kong*, 1859, 2 ff. et 84 pp. Le tout ensemble coûte 2 liv. 5 sh. à Londres.

WAELRANT (*Ubert*). Symphonia angelica di diversi eccellentissimi musici a 4, 5 et 6 voci, nuovamente raccolta per Uberto Waelrant et data in luce. *Anvers, Ub. Waelrant et Jean Laet*, 1565, in-4. obl. [vers 10194]

Il y a des exemplaires de ce recueil dont le titre donne *Venise* pour lieu d'impression, et la même date. Une seconde édition a été imprimée par *Pierre Phaleys à Louvain*, en 1585, et une troisième, par le même, en 1594.

Ubert Waelrant fut en même temps compositeur et marchand de musique, et en partie l'auteur du *Liber nonus cantionum sacrorum*, impr. à Anvers, par Th. du Salto, en 1557, et des *Madrigali et canzoni francesi*, sortis de la même presse, en 1558 (voyez MADRIGALI) ; on a de lui divers autres recueils imprimés soit à Anvers, soit à Louvain, lesquels renferment des morceaux de sa composition. — Voy. JARDIN musiqual.

Jean Laet ou de Lait, qui paraît avoir été l'associé de Waelrant, comme éditeur de musique, avait déjà publ. seul à Anvers, en 1559, les Psaumes de David, mis en musique, en un vol. pet. in-8., sous ce titre: *Souter Liedekens, ghemaecht ter cere Gods op alle die Psalmen van David...*

WAFER (*Lionnel*). Ses Voyages contenant une description exacte de l'isthme de l'Amérique et de toute la Nouvelle-Espagne, trad. de l'anglois par de Montirat. *Paris*, 1706, in-12, fig. 5 à 6 fr. [20951]

Le texte original a paru sous ce titre : *A new voyage, and description of the isthmus of America*, London, 1699, in-8. 9 fr. Une traduction française se trouve aussi avec celle du voyage de Dampier, imprimée à *Amsterdam*, en 1705, in-12.

WAGENSEILIUS (*Joh.-Christ.*). Tela ignea Satanæ ; sive arcani et horribiles Judæorum adversus Christum Deum et christianam religionem libri anecdoti. *Altdorfi-Noricorum*, 1681, 2 vol. in-4. [2224]

Wadstrom. Etablissement de Sierra Leone, 28428.
Waehner (*A.-G.*). Antiquitates Ebræorum, 626.
Waernewyck (*M.* van). De historie van Belgis, 24973.
Wagenaar (*J.*). Vaderlandsche historie, 25146. — Beschryving van Amsterdam, 25186.
Wagenseil (*Ch.-J.*). Geschichte der Stadt Augsburg, 26625.

Vend. 12 fr. *vél.* Librairie De Bure ; 16 fr. *mar. bl.* Chardin ; 21 fr. *vél.*, 3e vente Quatremère.

Wagenseil a publié à Kœnigsberg, en 1699, un recueil in-4. avec fig. intitulé : *Belehrung der Judisch... Teuchen, etc.*, et qui contient, différentes productions poétiques des Juifs du moyen âge, et notamment : *Judischen Geschichteroman von dem grossen König Arturo in Engelland*, en patois hébraïco-allemand, imprimé en caractères hébreux, et est accompagné d'une traduction allemande, morceau qui occupe plus de 140 pp. dans le recueil. Ce vol. est porté à 2 liv. 10 sh. dans l'*Omnium* de F.-F. Molini, 1863, n° v, article 330.

— De civitate Norimbergensi, 26626. — Ulric von Hutten, 30817.

WAGLER (*J.*). Descriptiones et icones amphibiorum. *Monachii*, 1828-34, in-fol. fasc. I—III, cum tab. color. 54 fr. [5820]

On a du même auteur : *Natürl. System der Amphibien*, München, 1830, in-8. fig.

WAGNER (*J.-M.*). Bassorilievi antichi della Grecia, osia fregio del tempio de Apollo Epicurio in Arcadia, disegnato dagli originali da Gio.-Mar. Wagner ed inciso da Ferd. Ruschweyh. *Roma, Bourlié*, 1814, in-fol. obl. pap. vél. [29560]

Vingt-cinq pl., avec 4 pp. de texte. 17 fr. Hurtault.

WAGNER (*Daniel*). Pharmaceutisch-medizinische Botanik, oder Beschreibung und Abbildung aller in der k. k. Oestereich'schen Pharmacopoe vom Jahre 1820 vorkommenden Arzneipflanzen, in botanischer, pharmaceutischer, medizinischer, historischer und chemischer Beziehung, etc., mit getreuen, genau nach der Natur gezeichneten und gemalten Abbildungen. *Wien, typ. F. Ulrich*, 1828, 2 vol. in-fol. de 216 ff. avec une préface et 249 pl. color. [5554]

Publié en 21 cah., qui ont coûté plus de 500 fr.

WAGNER (*Rudolph*). Icones physiologicæ. Erläuterungstafeln zur Physiologie und Entwickelungsgeschichte ; vollständig neu bearbeitet und herausgegeben von A. Ecker. *Leipzig, Voss*, 1851, in-fol. 32 pl. 42 fr. [4863]

— ICONES zootomicæ, Handatlas zur vergleichenden Anatomie, nach fremden und eigenen Untersuchungen. *Leipzig*, 1841, in-fol. avec 35 pl. 30 fr.
— Lehrbuch der Zootomie, 5581. — Historia generationis, 6928. — Handwörterbuch der Physiologie, 6863. — Morphologie und Physiologie des menschl. Gehirns, 7005.

WAGNER (*J.-A.*). Die Säugethiere in Ab-

Wagnen (*Joh.*). Geschichte der Urwelt, 4563.
Wagner *H.*). Horatii carmina illustr., 12507.
Wagner (*C.*). Analecta Sepusii, 26531.
Wagner (*Fr.*). Hist. Leopoldi, 26452. — Historia Josephi I, 26453.
Wagner (*J.-J.*). Mythologie der alten Welt, 22555.
Wagner (*Moritz*). Travels in Persia, etc., 20622. — Reisen in Algier, 20839.
Wagner (*S.-C.*). Handbuch der in Deutschland entdeckten Alterthümer, 29278.

bildungen nach der Natur. Eine Zusammenstellung der neuesten Entdeckungen und Forschungen auf diesem Gebiete. *Leipzig, Weigel*, 1855, in-4. 51 pl. lith. 90 fr.; color. 136 fr. [5677]

WAHL (*Chr.-Abrah.*). Clavis librorum Veteris Testamenti apocryphorum philologica. *Lipsiæ, Barth*, 1853, in-4. 20 fr. [245]

WAHLENBERG (*George*). Flora lapponica, exhibens plantas in Lapponicis suecicis, necnon Lapponicis norwegicis, indigenas, et itineribus annorum 1800, 1802, 1807 et 1810 denuo investigatas. *Berolini*, 1812, in-8., avec 30 pl. 15 fr. [5211]

On réunit à cet ouvrage : *Supplementum*, *edidit* S. *Sommerfelt*, Christianiæ, 1826, in-8., avec 3 pl. color. 14 fr. En voici d'autres du même auteur :

DE VEGETATIONE et climate in Helvetia septentrionali inter flumina Rhenum et Arolam observatis et cum summo septentrionale comparatis, cum tabula montium altitudinem terminosque vegetationis ostendente, etc. *Turici, Orell*, 1813, in-8. 15 fr. [5123]

FLORA Carpatarum principalium, exhibens plantas in montibus carp. inter flumina Waagum et Dunajetz eorumque ramos Arvum et Popraedum crescentes. *Göttingæ*, *Vandenhöck*, 1814, in-8. fig. 12 fr. [5151]

FLORA upsaliensis enumerans plantas circa Upsaliam sponte nascentes, etc. *Upsaliæ*, 1820, in-8. de 495 pp. 9 fr. [5197]

FLORA suecica... post Linnæum edita. *Upsaliæ*, 1824-26, 2 part. en 1 vol. in-8. 12 fr. [5195] La nouvelle édition de cette Flore, *Upsaliæ*, *Palmblad*, 1831-33, 2 vol. in-8. de XCVII et 1134 pp., est augmentée. La précédente n'a que LXVIII et 1117 pp.

WAHRMUND Jocoserius. Wol-geschliffener Narren Spiegel, bey Wahrmund-Jocoserius. *Freystadt* (sans date), in-fol. [18612]

Ce Miroir des fous, sous un nom supposé, est orné de 115 gravures par Merian. Le bibliomane y est figuré sous le n° 1.

WAILLY (*Jos.-Noël*, dit *Natalis* de). Éléments de paléographie. *Paris, Imprim. royale*, 1838, 2 vol. gr. in-4. 60 à 80 fr. [30197]

Ouvrage fort utile, mais dont l'édition est épuisée : le second volume renferme 17 pl. de fac-similé et 20 pl. de sceaux.
— Variation de la livre tournois, 24108. — Daunou et Guerard, 30653.

WAISSELIUS. Tabulatura continens insignes et selectissimas quasque cantiones,

quatuor, quinq, et sex vocum, testudini adaptas, ut sunt : præambula, phantasiæ, canciones germanicæ, italicæ, gallicæ, et latinæ, passemesi, gagliardæ, et choreæ; in lucem edita per Matthævm Waisselivm barteinensem borussum. *Francofordiæ-ad-Viadrum, in officina Joannis Eichorn*, 1573, in-fol. de 3 ff. prélim. et 44 ff. contenant 52 *tabulæ*.

A la suite de ce volume il s'en trouve un autre du même genre, sous la même date, vendu par le même libraire, et qui a pour titre : *Tablatura continens præstantissimas et sclectissimas quasque cantiones*, *ad vsum testudinis, a Melchiore Neusydler italice inauguratas, nunc typis germanicis redditas, per Benedictum de Drusia*, en 2 livres, le premier de 4 ff. prél. et 17 ff. contenant 24 airs ; le second, 24 ff. suivis du catalogue des pièces, au nombre de 23, contenues dans ce livre. Sur le titre de chacun des livres de ces deux ouvrages est répétée une belle gravure sur bois, représentant une femme pinçant de la guitare. Les deux parties sont portées à 240 fr. sous le n° 79 du catalogue de la Librairie Tross, 1862, n° 1.

WAJYH (*Moham.*). A biographical Dictionary of Persons who knew Mohammed by Ibn Hajar, edited in arabic by Mawlawies Moham. Wajyh Abd-al-Haqq and Dr. A. Sprenger. *Calcutta*, in-8.

En 1856 il paraissait 10 cahiers de cet ouvrage, qui fait partie de la *Bibliotheca indica* (voy. BIBLIOTHECA indica).

WAKEDIUS. Libri Wakedii, de Mesopotamiæ expugnatæ historia, e cod. bibl. Götting. arabico, edita et annotatione illustrata, auctore Georg.-Henr.-Aug. Ewald. *Göttingæ*, 1827, in-4. [28034]

Vendu 13 fr. 50 c. Saint-Martin.

WAKEFIELD (*Gilbert*). Sylva critica, sive in auctores sacros profanosque commentarius philologus : concinnavit Gilb. Wakefield. *Cantabrigiæ*, seu *Londini*, 1789-95, 5 part. in-8. 25 fr. [18281]

Gilbert Wakefield, qui, malheureusement, s'est rendu peut-être encore plus célèbre par son caractère turbulent que par son érudition et par l'étendue de sa critique, a laissé des mémoires sur sa vie, en anglais, qui ont paru pour la seconde fois avec des augmentations, *London*, 1804, 2 vol. in-8., auxquels on peut réunir : *Correspondence of Gilb. Wakefield with Ch. James Fox*, *in the years* 1796-1801, *chiefly on subjects of classical literature*, London, 1813, in-8. [30929] Le même auteur a composé beaucoup d'autres écrits qu'indique Lowndes. La collection forme 18 ou 20 vol.; elle a quelquefois été vendue de 20 à 25 liv. en Angleterre. — Voyez TRAGOEDIARUM DELECTUS.

WAKEFIELD (*Edward*). An Account of Ireland, statistical and political. *London*, *Longman*, 1812, 2 vol. in-4., avec une carte. [27475]

Malgré son importance et son exactitude, cet ouvrage, dont le prix était originairement de 6 guinées, se donne maintenant pour moins de 2 liv., parce qu'il a déjà beaucoup vieilli.

Wahl (*F.-F.* de). Machines concernant l'élévation des eaux, 8161.

Wahl (*S.-F.-G.*). Allgemeine Geschichte d. morgenländ. Sprachen und Literatur, nebst Schriftgeschichte, 30148.

Wahl (*H.*). Zweihundert Hyperbelen, 15598.

Wahlenberg. Lingua francica, 11063.

Walles (*B.-L.-C.*). Agriculture and geology of the Mississipi, 28567.

Wailly (*N.-Fr.* de). Grammaire française, 10954. — Vocabulaire, 11009.

Waitz (*G.*). Deutsche Verfassungsgeschichte, 26386. — Schleswig-Holsteins Geschichte, 26665.

WAKHOUCHT (Tsarévitch). Description géographique de la Géorgie, publiée d'après l'original autographe, par M. Brosset (en géorgien, avec traduction française). *Saint-Pétersbourg*, 1841, in-4. 12 fr. [28055]

WAL (*Guil.-Eusèbe-Jos.*, baron de). Voyez ESSAI sur l'histoire de l'ordre teutonique.

WALÆUS. Compendium ethicæ aristotelicæ, ad normam veritatis christianæ revocatum ab Anton. Wallæo, etc. *Lugd.-Batav., ex officina Bonav. et Abrah. Elzev.*, 1627, pet. in-12. [3677]

Il existe une édition de ce *Compendium*, impr. par Is. Elsevier, en 1620. Celle de 1627 est quelquefois réunie à un autre ouvrage portant le titre suivant :

THEOD. SCHREVELII iambi morales, continentes totius philosophiæ moralis summa capita ac præcepta, ad methodum ethicæ aristotelicæ cujus author. D. Ant. Walæus. *Lugduni-Batavor., Bonav. et Abrah. Elzevirii*, 1629. Les deux traités ont été réimpr. ensemble, *Lugd.-Batav., ex offic. elsevir.*, 1636, et aussi dans la même imprimerie, en 1644, pet. in-12. 4 à 6 fr.

WALCH (*S.*). Recueil de 60 portraits, gravés en manière noire, d'après les dessins de Fuessli, représentant les consuls de la république de Zurich, depuis l'année 1336 jusqu'en 1742, avec un abrégé de leur vie (en allemand). *Kempten,* 1756, in-fol. [25923]

Vendu 40 fr. La Vallière.

La plupart de ces portraits ont été gravés par Val.-Dan. Preisler, sous le nom de Walch. Quant au recueil de 51 portraits des magistrats de Bâle, que nous avons indiqué dans notre troisième édition, d'après des renseignements inexacts, on nous a assuré qu'il n'existait pas.

WALCKENAER (*C.-A.*). Histoire générale des voyages, ou nouvelle collection des relations de voyages par mer et par terre, mise en ordre et complétée jusqu'à nos jours. *Paris, Lefèvre*, 1826-31, in-8., tom. I à XXI. [20779]

Cette collection, limitée à une soixantaine de volumes, comme l'annonçait le prospectus, [aurait eu du succès, mais Walckenaer n'a pas su se renfermer dans ce cadre suffisamment étendu, et les matériaux se sont tellement multipliés sous sa main, qu'arrivé lentement au 21e vol., il était encore bien loin d'avoir terminé la première série, qui ne traite que de l'Afrique. Dans cet état de choses, force a été au libraire d'interrompre une entreprise à laquelle l'auteur lui-même ne pouvait pas assigner de terme.

RECHERCHES géographiques sur l'intérieur de l'Afrique septentrionale, comprenant l'histoire des voyages entrepris ou exécutés jusqu'à ce jour pour pénétrer dans l'intérieur du Soudan..; suivies d'un appendice contenant divers itinéraires traduits de l'arabe par M. Silvestre de Sacy et M. de Laporte, etc. Ouvrage accompagné d'une carte ; par C.-A. Walckenaer. *Paris, Arth. Bertrand*, 1821, in-8. 6 fr. [20782 ou 28437]

— Géographie ancienne, historique et comparée des Gaules cisalpine et transalpine, suivie de l'analyse géographique des itinéraires anciens, par le baron Walckenaer. *Paris, Dufart,* 1839, 3 vol. in-8. et atlas in-4. de 9 cartes. 30 fr. [23114]

Une nouvelle grande carte des itinéraires et une table géographique ont été ajoutées à cet ouvrage important, après sa première publication. Il y a des exempl. en pap. de Holl.

— GÉOGRAPHIE ancienne, historique et comparée des Gaules cisalpine et transalpine, par le baron Walckenaer. *Paris, Firmin Didot*, etc., 1862, 2 vol. gr. in-18 de VII-1118 pp. 8 fr.

— ŒUVRES choisies : Lettres sur les contes des fées ; Mémoires sur les abeilles solitaires ; Notices biographiques, par C.-A. Walckenaer. *Paris, Firmin Didot*, 1862, gr. in-18. 3 fr.

Plusieurs autres ouvrages de Walckenaer sont indiqués dans notre table, savoir : Aranéides, 5916-17. — Faune parisienne, 5977. — Recherches, 19580. — Le Monde maritime, 19731. — Histoire d'Horace, 30438. — Histoire de La Fontaine, 30612. — Voy. aussi LA FONTAINE et SÉVIGNÉ.

C.-A. Walckenaer a laissé une bonne bibliothèque dont la vente s'est faite en 1853, après la publication d'un catalogue in-8. rédigé avec soin par M. L. Potier, libraire, et qui contient 6539 numéros.

WALCOURT (*Étienne*). Recueil et eslite de plusieurs belles chansons joyeuses, honnestes et amoureuses, parties non encore veües, colligées des plus excellens poëtes françoys, par I. W. *Anvers, chez Jean Waesberge,* 1576, pet. in-12, contenant 12 ff. prélim. non chiffrés, 304 ff. chiffrés, et 8 ff. pour la table et la souscription. [14275]

Vendu 2 liv. 2 sh. Heber, et serait plus cher aujourd'hui.

Le titre de ce volume porte *livre premier*, et l'on voit par le privilège que l'éditeur avait l'intention d'en donner un second : nous ignorons s'il l'a fait. Cet éditeur est o t J. Waesberge lui-même, qui a signé l'épître dédicatoire, ou bien E. de Walcourt, de qui est la table de ce recueil, et qui a mis son nom (au 3e f. prélim.) au bas d'un sonnet adressé à Pierre Heyns. Ce volume est rare, ainsi qu'un autre petit livre du même Walcourt, intitulé : *Nouvel A, B, C, contenant plusieurs sentences très utiles pour l'instruction de la jeunesse, en rimes françoises*, Anvers, H. Henricx, 1576, pet. in-8.

WALDECK (*Frédéric* de). Voyage pittoresque et archéologique dans la province d'Yucatan (Amérique centrale) pendant les années 1834 et 1836. *Paris, Bellizard*, 1838, etc., in-fol. 16 pl. et cartes, 75 fr. ; planches color. 100 fr. [21068]

WALDENSIS (*Th.*). Voyez THOMAS, col. 831.

WALDIS (*Burch.*). Esopus ganz new gemacht und in Reimen gefasst : mit sampt hundert neuwen Fabeln vormals im Druck nicht gesehen noch ausgegangen. *Frankf. am Main*, 1548, in-8. [15512]

Waldis est un des meilleurs fabulistes du XVIᵉ siècle, et il a plutôt imité que traduit Esope. Son recueil a été réimprimé plusieurs fois à Francfort. Une nouvelle édition, avec une introduction, des variantes, un vocabulaire, etc., par M. Heinr. Kurtz, forme les deux premiers volumes de la *Deutsche Biblio-thek*, Leipzig, 1863, pet. in-8. 16 fr. On doit au poëte F.-G. Zacharie des *Fables et contes à la manière de Waldis, avec un choix de ses fables originales,* nouvelle édition avec des notes par J.-J. Eschenburg, *Brunswick,* 1777, in-8., le tout en allemand.

WALDSTEIN (*Fr.* Comitis a) et Pauli Kitaibel Descriptiones et icones plantarum rariorum Hungariæ. *Viennæ, typis Schmidt,* 1802-12, 3 vol. gr. in-fol. fig. color. [5149]

Cet ouvrage a coûté plus de 800 fr., pourtant il ne s'est vendu que 250 fr. Pappenheim, en 1826, et 265 fr. de Jussieu.

Les deux premiers vol. contiennent chacun 100 pl. ; le troisième n'en renferme que 80. L'auteur dit à la fin de ce dernier qu'il est forcé d'interrompre l'ouvrage, mais qu'il le reprendra quelque jour. Il n'a pas, que nous sachions, rempli sa promesse.

WALENBURCH (*Adr.* et *Petr.*). Tractatus generales de controversiis fidei. *Coloniæ - Agripp.*, *Friès*, 1670-71, 2 vol. in-fol. [1828]

Ouvrage estimé, et dont les exemplaires ne sont pas communs. On doit trouver à la fin du second volume une partie de 40 pp. intitulée : *Regula fidei.* Vend. 26 fr. 50 c. de Boissy, et plus cher depuis.

WALEYS, Gaulois ou Wallensis(*Thomas*). Voy. tome IV, p. 282, article OVIDE.

WALHAUSEN (*Jean-Jacq.* de). Art militaire à cheval, instruction des principes et fondements de la cavalerie et de ses quatre espèces, a sçavoir : lances, corrasses, arquebus et dragons..... avec quelques nouvelles inventions de batailles, ordonnées de cavalerie... experimenté, descript et représenté par plusieurs belles figures entaillées en cuivre. *Zutphen, André d'Aelst,* 1621, in-fol. [8625]

Ouvrage curieux pour l'histoire de l'art militaire. 39 fr. Louis-Philippe. Il s'en trouve des exempl. avec un frontispice gravé portant pour adresse, *Amsterdam, Jean Jansson,* 1635.

Le texte allemand sous le titre de *Kriegskunst zu Pferdt...* a paru à Francfort-sur-le-Mein, chez Paul Jacques, successeur de J.-Théod. de Bry, en 1616 (réimpr. en 1641), in-fol. avec fig., et le même Paul Jacques en a fait paraître la traduction en 1616, in-4. sous ce titre :

L'ART DE CHÉVALERIE, contenant l'instruction de tous avantages et dexteritez nécessaires à chacun chevalier, jamais pratiqué par cy-devant : mais maintenant pratiqué, descript et représenté avec fig. 19 de Bearzi.

— L'ART MILITAIRE pour l'infanterie, auquel est montré le maniement du mousquet, de la pique, l'exercice d'une compagnie, etc. *Leeuward, Cl. Fontaine,* 1630, in-fol. fig. [18629]

Walford (*Edw.*). The country families of the United kingdom, 28934.

Autre ouvrage traduit de l'allemand. 46 fr. Louis-Philippe. Il en existe des exemplaires sous la date de 1638 : *imprimé à Franeker, par Uldrick Balck.* L'auteur a écrit en allemand plusieurs autres ouvrages relatifs à l'art militaire.

WALI (Schâh Muhammed Wali Ullah). OEuvres de Wali, publiées en hindoustani et traduites par Garcin de Tassy. *Paris, Imprim. roy.,* 1837-38, 2 part. gr. in-4. avec fac-simile de 6 mss. 25 fr. [16014]

Poëte célèbre, qui a écrit dans la seconde moitié du XVIIᵉ siècle. Le texte hindoustani a paru en 1834, et la traduction française en 1836.

WALKER (*William*). The Journal, or daily register, contayning a true manifestation and historicall declaration of the voyage, accomplished by eight shippes of Amsterdam, under the conduct of Jacob Corneliszen Neck admirall, and Wybrandt van Warwick vice-admirall, which sayled from Amsterdam the first day of march 1598. Shewing the course they kept, and what other notable matters happened unto them in the sayd voyage. *London, for Cuthebert Burby and John Flasket,* 1601, in-4.

Ce livre, qui est porté sous le nom de Will. Walker dans la *Biblioth. grenv.,* p. 846, est la traduction anglaise de la seconde partie de l'*Histoire de la navigation aux Indes orientales par les Hollandais,* dont nous avons parlé dans notre 4ᵉ volume, col. 873, article PRIMA PARS.

WALKER (*J.*). Itinerary, a select collection of interesting and picturesque views in Great Britain and Ireland, with an historical account of each. *London,* 1799, in-fol. [26747]

Volume porté à 5 guinées, dans le catal. Longman, de 1816. Lowndes n'en parle pas.

WALKER (*Joseph* Cooper). Historical memoirs of the irish Bards, interspersed with anecdotes of, and occasional observations on the music of Ireland. Also an histor. and descriptive account of the musical instruments of the ancient Irish; and an appendix containing several bibliographica and other papers, with select irish melodies. *Lond.,* 1786, in-4. fig. 12 à 15 fr. [27495]

— AN HISTORICAL essay on the dress of the ancient and modern Irish; to which is subjoined a memoir on the armour and weapons of the Irish. *Dublin,* 1788, in-4. fig. 12 à 15 fr. [27496]

Deux ouvrages fort estimés, qui ont été réimpr. à

Dublin, 1818, en 2 vol. in-8. D'autres écrits du même auteur sont portés dans notre table.

WALKER (*Alex.*). Beauty illustrated chiefly by an analysis and classification of beauty in woman; preceded by a critical view of the general hypotheses respecting beauty, by Hume, Hogarth, Burke, Knight, Alison, etc.; 2ᵈ edit. revised, illustrated by drawings from life, by Henri Howard, drawn on stone by M. Gauci and R.-J. Lane. *London, H.-G. Bohn*, 1846, gr. in-8. avec 22 pl. 42 sh. réduit à 21. [9150]

La première édition, publiée en 1836, était intitulée : *Analysis of beauty in woman*.
— WOMAN physiologically considered as to mind, morals, marriage. *London, A.-B. Baily*, 1839, in-8.

WALL (le vicomte de). Voy. PORTE-FEUILLE.

WALLACE (*Will.*). Voy. HARRY.

WALLAZKY (*Paulus*). Conspectus reipublicæ litterariæ in Hungaria, ab initiis regni ad nostra usque tempora delineatus; editio altera. *Budæ, typis Universitatis*, 1808, gr. in-8. 12 fr. [30142]

WALLER (*Edmond*). Works, in verse and prose, published by Fetton. *Lond., Tonson*, 1729, gr. in-4. fig. 12 à 15 fr. [15804]

Vend. 34 fr. m. r. dent. Mac-Carthy.
Les éditions in-8. et in-12 des mêmes œuvres ont peu de valeur.

WALLICH (*N.*). Plantæ asiaticæ rariores; or descriptions and figures of a select number of unpublished East-Indies plants. *Lond., Treuttel et Würtz*, 1829-33, 3 vol. gr. in-fol. 20 liv. [5225]

Publié en 12 cahiers de 85 pl. chacun.

— Tentamen Floræ nepalensis illustratæ, consisting of botanical description and lithographic figures of select Nipal plants. *Calcutta and Serampore, at the asiatic lithographical press*, 1824-26, in-fol. de 64 pp. avec 50 pl. [5222]

Ce sont les deux premiers cahiers d'un ouvrage qui n'a pu être terminé. Le titre impr. sur la couverture des cahiers se trouve rarement conservé.
— A NUMERICAL List of dried specimens of plants in the East-India Company Museum collected under superintendence of D. Wallich, of the Company botanic garden at Calcutta. *London*, 1 déc. 1828, in-fol. de 208 pp.
Catalogue lithographié de 7683 espèces. Les exem-

plaires en ont été offerts en présent aux plus célèbres botanistes de l'Europe.

WALLIN. Historia Josephi fabri lignarii; liber apocryphus ex cod. ms. regiæ Bibliothecæ paris. nunc primum editus, necnon versione latina et notis illustrata a Georg. Wallin, Sueco. *Lipsiæ, Andr. Zeidler*, 1722, in-4. [247]

20 fr. de Sacy. — Voir le nº 2232 de notre table.

WALLIS (*Joh.*). Opera mathematica varia et miscellanea. *Oxonii, e Theat. sheld.*, 1695-99, 3 vol. in-fol. [7814]

Collection recherchée, et aujourd'hui assez rare : le prix en varie de 40 à 60 fr. Vend. 27 flor. Meerman, et même 91 fr. Labey ; 51 fr. et 39 fr. deux exemplaires Libri, en 1857.

— A Treatise of algebra, both historical and practical, by J. Wallis. *London, Davis*, 1685, in-fol. fig. [7878]

29 fr. Libri-Carucci.
— GRAMMATICA linguæ anglicanæ, cui præfigitur de loquela, sive de sonorum omnium loquelarium formatione, etc. *Londini*, 1765, in-8. 5 à 6 fr. [11317]
Sixième édition de cette grammaire; elle reproduit, avec quelques augmentations, la cinquième, laquelle fait partie des œuvres de l'auteur. La première édition a paru à Oxford, en 1653.
— DE LOQUELA. Voyez AMMAN.

WALLIS (*John.*). The natural history and antiquities of Northumberland, and of so much of Durham as lies between the rivers Tyne and Tweed. *London*, 1769, 2 vol. in-4. fig. [4521]

Vendu 19 fr. 50 c. L'Héritier; 1 liv. 3 sh. Hibbert, et quelquefois plus.

WALMSLEY (*Edw.*). Physiognomical portraits. Voy. PHYSIOGNOMICAL.

WALPERS (*Will.-Gerh.*). Repertorium botanicæ systematicæ. *Lipsiæ, Fr. Hofmeister*, 1842-48, 6 vol. in-8. [4888]

Publié en 36 fascicules. 30 thl.
ANNALES botanices systematicæ. *Lipsiæ, Abel*, 1848-52, 3 vol. in-8. en 18 fasc. 20 thl. — Vol. IV, 1857, fasc. I à III, 4 thl.
Suite du recueil précédent, lequel peut servir de supplément au *Prodromus* de M. de Candolle.

WALPOLE (*Horatio*), earl of Orford. Works. *London*, 1798, 5 vol. gr. in-4. [19360]

Édition publiée par les soins de Rob. Berry. Elle a coûté 10 liv. 10 sh., et le double en Gr. Pap., mais on la trouve pour le quart de ces prix.
Horace Walpole, qui, dans son château de Strawberry-Hill, possédait une imprimerie particulière, au sujet de laquelle il faut consulter l'ouvrage curieux de M. John Martin (*A bibliographical cata-*

logue of books privately printed, p. 485 et suiv.), y avait commencé, vers 1770, une édit. de ses œuvres complètes, dont il n'y a eu d'imprimé que 2 vol. de 564 et 304 pp.— Il est convenable de réunir à l'édit. de 1798 les ouvrages du même auteur, qui ont paru depuis.

— Fugitive pieces, in verse and prose. *Strawberry-Hill*, 1758, in-8. de 192 pp.

Ce volume n'a été tiré qu'à 200 exemplaires, et il se vend de 10 à 30 sh. en Angleterre, quand il est bien conditionné.

— Essai sur l'art des jardins modernes, traduit en françois (le texte anglais à côté) par le duc de Nivernois. *Strawberry-Hill*, 1785, in-4. de 94 pp. [9823]

Il a été tiré 400 exemplaires de cet ouvrage, et ils ont tous été distribués en présent. 6 à 9 fr.; en mar. 1 liv. 2 sh. Sykes. On a réimprimé le texte anglais à Londres, en 1801, in-4. fig.

— The mysterious mother, a tragedy. *Strawberry-Hill*, 1768, in-8. de 120 et 10 pp. [16907]

Comme cette édition n'a été tirée qu'à 50 exempl., elle est rare, et elle s'est vendue depuis 16 sh. jusqu'à 6 liv. 16 sh. dans des ventes faites à Londres; mais l'ouvrage a été réimprimé furtivement à *Dublin*, 1771, et avec l'approbation de l'auteur, à *Londres*, 1781, in-8. par Dodsley. 9 fr.

— The Castle of Otranto, a gothic story translated by Will. Marshal, from the original italian of Onuphrio Muralto (by Horace Walpole). *Parma, Bodoni*, 1791, gr. in-8., avec fig. [17737]

Belle édition, imprimée aux frais de J. Edwards, libraire de Londres: 20 fr. Renouard; 15 fr. Lamy, et en Gr. Pap. mar. 2 liv. 7 sh. Hibbert. Il en a été tiré six exemplaires sur VÉLIN: vend. 13 liv. 2 sh. 6 d. en 1805; 9 liv. 9 sh. Junot; avec un dessin ornant le frontispice, 249 fr. Galitzin, en 1825.

La première édition de ce roman (donnée sous un nom supposé), *Lond. Th. Lownds*, 1765, in-8., n'a été tirée qu'à un très-petit nombre d'exemplaires, mais il s'en est fait une seconde à *Lond.*, même année, de format pet. in-8., à laquelle est ajouté un sonnet à *Marc Coke*, signé H. W.

— The same. *London, printed by Cooper and Graham*, 1796, in-8.

On a quelquefois confondu cette édition donnée par Jeffrey, avec la précédente (de 1791). Il en a aussi été tiré des exemplaires sur VÉLIN. Vend. 60 fr. Chardin; 55 fr. Galitzin.
— IL CASTELLO di Otranto, storia gotica, stampato sotto l'ispezione di Giov. Sivrac. *Londra, Molini*, 1795, très-gr. in-8.
Belle édition, imprimée par T. Bensley, sur beau pap. vélin, avec sept gravures: 10 à 12 fr. Un exempl. imprimé sur VÉLIN a été vendu 79 fr. Mac-Carthy; 60 fr. Chateaugiron.

— Hieroglyphick tales. *Kirgate, Strawberry-Hill*, 1785, in-8. de 50 pp. et 1 f. *post scriptum*.

Il n'a été tiré, dit-on, que sept exemplaires de cet opuscule. L'exemplaire vendu 3 liv. 5 sh. chez Baker, avait été payé 16 liv. par cet amateur, à la vente de l'imprimeur Kirgate.

— Description of the Villa of Horace Walpole at Strawberry-Hill. *Strawberry-Hill*, 1774, in-4. de 158 pp. [10019]

Une première édition de cet ouvrage, pet. in-4. de

65 pp., avait déjà paru vers l'année 1772. La seconde n'a été tirée qu'à 100 exemplaires, plus 6 en Gr. Pap. Il y en a une troisième (*Strawberry-Hill, printed by Th. Kirgate*, 1784), gr. in-4. de IV et 96 pp., laquelle est ornée de 27 pl., et a été tirée à 200 exempl. Cette dernière se paye de 30 à 40 sh. en Angleterre.

Un autre ouvrage d'H. Walpole, du même genre que celui-ci, a pour titre:

ÆDES WALPOLIANÆ: or a description of the collection of pictures at Houghton Hall in Norfolk, the seat of Rob. Walpole, earl of Orford; the second edit., with additions. *London*, 1752 (réimpr. en 1767), in-4., avec 6 portr. et autres planches. 8 à 10 fr.
— A CATALOGUE of the classic contents of Strawberry-Hill. *London*, 1842, in-4. portr. et illustr. : 15 fr.

Ajoutons à ces indications celle d'un opuscule publié par M. Baker, et qui n'a été tiré qu'à vingt exemplaires, sous le titre suivant: *A Catalogue of books, tracts, and small detached pieces, printed at Strawberry-Hill*, 1810, in-4.
— SUPPLEMENT to the historic doubts on the life and reign of king Richard III, with remarks on some answers that have been made to that work, by Dr. Hawtrey. Ce morceau de 115 pp., publié pour la première fois, fait partie du 6ᵉ vol. de la *Philobiblon Society*, et a été imprimé sur le manuscrit autographe d'Horace Walpole, comte d'Orford. Il n'a dû en être tiré à part qu'un bien petit nombre d'exemplaires. Les *Historic doubts* auxquels il fait suite ont été imprimés à Londres, en 1768, in-4. [26898] et dans les Œuvres de l'auteur.

— Catalogue of the royal and noble authors of England, Scotland, and Ireland, with lists of their works; enlarged and continued to the present time, by Thom. Park. *London*, 1806, 5 vol. gr. in-8., with 150 portr. 50 à 60 fr. [30874]

Il y a des exempl. en Gr. Pap. format in-4. (120 à 200 fr.), dont six seulement avec les portraits avant la lettre.

La première édition de cet ouvrage a été imprimée à *Strawberry - Hill*, 1758, 2 vol. in-8., et quoiqu'il en ait été tiré 300 exempl., on la trouve difficilement; mais ce qui est beaucoup plus rare, c'est un *Postscript to the royal and nobles authors*, in-8. de 18 pp., sorti des mêmes presses, en 1786 (Martin écrit 1776), au nombre de quarante exempl. Cette pièce s'est payée, à Londres, de 10 à 20 sh. Vend. avec les 2 vol. de 1758, 1 liv. 13 sh. Dent. — Le Catalogue a été réimprimé à *Londres*, chez *Dodsley*, 1759, en 2 vol. in-8., et à *Edimbourg*, 1796, 1 vol. in-8.

— Anecdotes of painting in England; with some account of the principal artists, and incidental notes on other arts, collected by George Vertue, and now digested and published from his original mss. by Horace Walpole. *Printed by Th. Farmer (and Th. Kirgate), Strawberry-Hill*, 1762-63-71; 5 vol. pet. in-4. fig. [31090]

Belle édition de cet ouvrage estimé; elle est ornée de beaux portraits, et les exemplaires complets en sont rares. Il a été tiré 300 exemplaires des 3 prem. (et du 5ᵉ) et 600 du 4ᵉ qui sert pour deux éditions. Vend. en *v. f. d. s. tr.* 172 fr. Méon (de 5 à 6 liv. en Angleterre), et jusqu'à 503 fr. *mar. r. dent.* Mac-Carthy et 455 fr. Labédoyère; en 6 vol. *v. f.*, y compris le supplément de Richardson, 130 fr. De Bure.

Une seconde édition des trois prem. vol. de ces *Anecdotes*, avec de nouv. notices, est sortie de la presse de *Strawberry-Hill*, en 1765, même format; elle contient 3 pl. supplémentaires, savoir : tome II, p. 116, Jameson ; p. 141, Petitot, et tome III, p. 136, Sevonyans. Ces trois pl. peuvent être ajoutées à la première édition, laquelle est d'ailleurs préférable à la seconde, parce qu'elle renferme les premières épreuves. Il est à remarquer que la préface du 4ᵉ vol., qui occupe 3 ff., et qui portait originairement pour date *St. Luk Day, Oct.* 18, 1773, a été remplacée par une autre toute différente, et à la date d'*Oct.* 1, 1780. L'ouvrage qui sert de 5ᵉ vol. aux deux éditions porte le titre suivant :

CATALOGUE of engravers who have been born or resided in England, digested by Horace Walpole, from the mss. of G. Vertue ; to which is added an account of the life and the works of the later. *Strawberry-Hill*, 1763 (réimpr. en 1765), pet. in-4. [31096]

On le trouve quelquefois séparément.

Les éditions des cinq vol., impr. à Londres, en 1782, en 1786, et en 1794, de format in-8., ont fort peu de valeur.

L'article ci-après est quelquefois réuni à l'édit. in-4.

ANECDOTES of painters who have resided or been born in England, with critical remarks on their productions, intended as a continuation of lord Oxford's anecdotes of painters, by Edw. Edwards. *London*, 1808, in-4. 20 fr. ; — Gr. Pap., 40 fr. [31091]

Les catalogues anglais nous fournissent encore le titre suivant :

ORFORD'S (the late lord of) illustrative supplement to Pilkington's dictionary of painters, consisting of biographical sketches, etc. *Lond.*, 1805, gr. in-4. fig. 1 liv. 7 sh. Sykes. — Voyez PILKINGTON.

— Anecdotes of painting..., with considerable additions by the rev. J. Dallaway. *London, printed by J. Major*, 1826-28, 5 vol. gr. in-8. fig. 5 liv. 5 sh. ; — fig. sur pap. de Chine, 6 liv. 6 sh.

Le cinquième volume de cette édition contient un index général. L'ouvrage renferme environ 200 portr., dont il a été tiré des épreuves avant la lettre, in-4., sur pap. de Chine. — Réimpr. avec des notes additionnelles de Raph. Wornum, *London*, 1839, 3 vol. in-8. portr. : 1 liv. 10 sh. 6 d.

— LETTERS of Horace Walpole ; new edition, including many now first published. *London*, 1840, 6 vol. in-8. — Correspondence with sir Horace Mann. 1843, 4 vol. in-8. — Correspondence with the countess of Ossory. 1846, 2 vol. — Correspondence with the rev. Mason, now first published, with notes by the rev. J. Mitford. 1851, 2 vol. in-8.

Cette suite de lettres est plus complète que dans les éditions publiées précédemment, soit in-4. soit in-8.

— LETTERS of Horace Walpole, earl of Oxford, edited by Peter Cunningham, and now first chronologically arranged. *London*, 1857-58, *Bentley*, ou *London, Bohn*, 1860, vol. I à IX. Chaque vol. 9 sh. 8 d.

— MEMOIRS of the reigns of George II and George III, (both works) edited from the original manuscripts, with a preface and notes by lord Holland and sir Denis Le Marchant. *London*, 1847-51, 7 vol. in-8.; 2 liv. 5 sh.

Le premier de ces deux ouvrages avait été déjà imprimé à Londres, 1822, en 2 part. in-4., et ensuite traduit en français par J. Cohen. *Paris, Dentu*, 1823, 2 vol. in-8.

MEMOIRS of Horace Walpole and his contemporaries, including numerous original letters, chiefly from Strawberry-Hill, by Eliot Warburton. *London*, 1851, 2 vol. in-8. portrait. — Walpoliana, 18556.

— Voyez HERBERT of Cherbury.

WALPOLE (*Rob.*). Memoirs relating to european and asiatic Turkey, edited from mss. journals (of modern travellers) by R. Walpole. *London, Longman*, 1817, (2ᵉ édit. 1819), gr. in-4. fig. [20410]

— TRAVELS in various countries of the East, being a continuation of memoirs relating to european and asiatic Turkey ; edited by R. Walpole. *London, Longman*, 1820, gr. in-4. fig. [20411]

Ces deux recueils, et surtout le second, sont fort curieux ; il en a été rendu un compte très-avantageux dans le *Journal des savants*, an. 1818, 1820 et 1821. Chaque vol. a coûté 3 liv. 3 sh. ; mais aujourd'hui on a les deux pour ce prix. — Vend. ensemble, 81 fr. *cuir de Russie*, Langlès. Le dernier, 34 fr. 50 c. Saint-Martin.

— Memoirs of the life of..., Voy. COSCE (*Will.*).

WALSH (*Th.*). Journal of the late campaign in Egypt; the 2ᵗʰ edition. *London, Cadell*, 1803, gr. in-4. [8762]

Ouvrage où sont contestés plusieurs faits avancés par Denon et d'autres écrivains français. Il est orné de pl. en noir et coloriées : 20 à 24 fr.

Il en a paru une traduction française sous le titre suivant :

JOURNAL de l'expédition anglaise en Égypte, dans l'année 1800, traduit de l'anglais du capitaine Th. Walsh, par M. A. T***, avec des notes fournies par d'anciens officiers de notre armée d'Egypte ; un appendice contenant des pièces officielles ; une introduction par M. Agoub. *Paris*, 1823, in-8. fig.

WALSH (the rev. *Rob.*). Narrative of a journey from Constantinople to England. *Lond., Westley*, 1828, pet. in-8. [20431]

Bonne relation, dont il y a une seconde édition (portant le titre de *Residence at Constantinople*). London, 1838, 2 vol. in-8. La première a été traduite en français sous le titre de *Voyage en Turquie et à Constantinople*, par MM. Vilmain et Rives. *Paris*, 1828, in-8. fig.

Le même auteur a achevé et publié l'*History of the City of Dublin, by J. Warburton and J. Whitelaw*, London, 1818, 2 vol. in-4., dont le prix était de 5 liv. 5 sh., et en Gr. Pap. de 8 liv. 8 sh. — On a encore de lui : *Notices of Brasil*, in 1828-29, London, Westley, 1830, 2 vol. in-8. 1 liv.

WALSINGHAM (*Thomas*). Historia brevis, ab Edwardo primo ad Henricum quintum. *Lond., apud H. Binneman*, 1574, in-fol. de 458 pp., plus les prélim. et la table. [26895]

— Ypodigma Neustriæ vel Normanniæ, per Th. Walsingham, ab irruptione usque ad annum VI regni Henrici quinti. *Londini, in ædibus Ioan. Dayi*, 1574, in-fol. de 199 pp., non compris l'index. [24309]

Ces deux ouvrages réunis se payent de 3 à 4 liv. en Angleterre.

— Histoire de P. Gaverston. Voy. HISTOIRE tragique.

WALTER (*William*). The amerous history

Watsch (*Edw.*). Expedition to Holland, 8757.
Walsh (le comte de). Tableau poétique, 1267.
Walsh. Constantinople and the scenery of the seven Churches, 27912.
Walter (*Ferd.*). Römisches Recht, 2433. — Droit criminel, 2558. — Deutsche Rechtsgeschichte, 3020. — Corpus juris germanici, 3020.

of Guiscarde and Sygysmunde... newly träslated out of laten into englysshe by Wyllyam Walter. — *Imprynted by Wynkyn de Worde*, M.CCCCC. xxxij, in-4.

Édition très-rare de cette traduction : vend. 54 liv. Roxburghe. — Pour l'original latin, voyez ARETI-NUS (*Leonardus*).

— History of Tytus and Gesyppus, translated out of latyn into englyshe by Wyllyam Walter. — *Enprynted at London by me Wynkyn de Worde*, in-4.

Petit poëme non moins rare que le précédent : vendu 36 liv. Roxburghe. Le texte latin de cette nouvelle a été écrit par Matth. Bandello, d'après une nouvelle de Boccace. — Voyez BANDELLO.

Un autre poëme anglais, composé sur le même sujet, porte pour titre :

ED. LEWICKE. The most wonderful and pleasant history of Titus and Gisippus..... *London, by Th. Hacket*, 1562, pet. in-8., sign. A—Ciii.

Vendu 20 liv. Sykes; 19 liv. Perry; 27 liv. Bright, en 1854.

— The spectacle of louers..... compyled by W. Walter. — *Imprynted at London..., by me Wynkyn of Worde*, in-4. [15748]

Vendu 43 liv. Roxburghe ; 15 liv. Heber. — Voyez, au sujet de ces trois ouvrages de Walter et de beaucoup d'autres anciens poëmes anglais non moins rares, les *Typogr. antiquities*, publiées par M. Dibdin, tom. II.

WALTER. Vues de l'Alsace. Voy. GRAND DIDIER.

WALTER (*J.-E.-C.*). Nordische Ornithologie, oder getreue nach der Natur eigenhändig gezeichnete, gestoch. und color. Abbildungen der dänischen, grönländ. und isländ. Vögel, nebst einigen Säugethieren, herausg. von J.-E.-C. Walter. *Kopenhagen, Gyldendal*, 1828 et ann. suiv., in-fol. [5774]

Publié par cahiers de planches coloriées, avec un texte en danois et en allemand. Prix de chaque cahier, 24 fr. Il en paraissait cinq en 1829.

WALTER et Leblanc. Métallurgie pratique du fer, ou atlas de machines, appareils et outils actuellement employés à la fabrication de la fonte et du fer, avec un texte méthodique relatif à la conduite et aux résultats des opérations. *Paris, Mathias-Augustin*, 1838, in-4., et atlas in-fol. de 60 pl. 140 fr. [4762]

WALTER (*John*). English-welsh dictionary. *London*, 1794, in-4. 2 liv. 2 sh. [11355]

WALTER (*Christ.-Theod.*). Observationes grammaticæ, quibus linguæ tamulicæ idioma vulgare illustratur. *Tran-*

gambariæ, typis missionis danicæ, 1729, in-8. [11797]

Très-rare en France : vend. 18 fr. de Tersan.— Voyez BESCHIUS.

WALTER (*Joan.-Ludolph.*). Lexicon diplomaticum, abbreviationes syllabarum et vocum in diplomatibus et codicibus a seculo VIII. ad XVI. usque occurrentes exponens, juuctis alphabetis et scripturæ speciminibus integris; studio J.-Lud. Waltheri; cum præfatione J.-D. Koeleri. *Gottingæ, apud J.-P. et J.-W. Schmidios*, 1745-47, 3 tom. en 1 vol. in-fol. [30189]

Ouvrage rare, dont il existe trois sortes d'exemplaires : 1° avec le titre et la date ci-dessus. Tome I, un titre gravé, 3 ff. de préface impr. et 55 pl. Tome II, un faux titre imprimé, portant *J.-L. Waltheri lex. dipl. Pars II*, 58 pl. et 19 ff. impr. pour la table. Le 3e tome a un titre semblable au premier, mais auquel on a ajouté, après *Waltheri*, les mots *cum præf. J.-H. Jungii*, et la date de 1747. Cette partie a 8 ff. de préface et 28 pl. gravées. — 2° Avec le frontispice gravé, portant : *Lexicon diplomaticum... Waltheri, cum præf. J.-H. Jungii*. Gottingæ, apud J.-W. Schmidium, 1752. Après ce titre se trouvent 8 ff. imprimés (pour le préface), et 28 pl.; ensuite le titre impr. de la 2e part., les 113 ff., contenant les planches impr. des deux côtés, et chiffrées 1—CCXXV (ou col. 1-459), et les 19 ff. de table. Dans ces exemplaires ne se trouvent ni la préface de J.-D. Koeler, ni le titre particulier pour la 3e partie, laquelle, comme on vient de le voir, est ici placée avant le Lexicon. — 3° Avec un titre daté : *Ulmæ, Gaun*, 1756. C'est un nouveau tirage des planches ci-dessus, avec la préface et la table réimprimées. Les premiers exemplaires, lorsque la troisième partie s'y trouve, doivent être préférés, parce qu'ils contiennent les meilleures épreuves, et qu'ils sont les plus complets, puisqu'ils renferment la préface de Koeler qui n'est pas dans les autres (*Ebert*, n° 23930). Vendu 50 fr. Soubise ; 43 fr. Millin ; 55 fr. Reina.

— LEXICON juridicum, indices utriusque juris exhibens locupletissimos. *Francof.*, 1754, in-8. 6 à 9 fr. [2441]

WALTON (*Isaac*), and Ch. Cotton. The complete Angler..... with original notes and memoirs, by sir Harris Nicolas, illustrated by engravings from designs by Th. Stothard and James Inskipp. *London, Pickering*, 1833-36, 2 part. gr. in-8. 3 liv. 3 sh. [10463]

C'est la plus belle édition de cet ouvrage célèbre. Elle est ornée de 61 pl. *illustratives*, gravées en cuivre, d'une manière supérieure et sur des dessins faits tout exprès. Les figures des poissons sont d'après les peintures d'Inskipp. Les exemplaires *Indian proofs*, 4 à 5 liv.

Les deux premières éditions du *Compleat Angler* de Walton, *London, by Th. Maxey for Rich. Marriot*, 1653 et 1655, de format in 16, sont des livres rares et fort chers en Angleterre. Dans la 5e édit., donnée par le libraire R. Marriot, à *Londres*, en 1676, in-16, on a ajouté la seconde partie par Ch. Cotton. Les deux parties ont été souvent réimprim. depuis, et parmi ces réimpressions, les plus remarquables sont celles de *Londres*, 1760, in-8. fig.,

---

Walter (*Th.*). Flora caroliniana, 5285.
Walter (*J.-W.*). Tabulæ nervorum, 6813.

Walther (*Jo.*). Apoplexia, 7285.
Waltherus(*Mich.*). Harmonia biblica, 270.

avec la vie des deux auteurs par Joh. Hawkins, —
de *Londres*, *Bagster*, 1808, in-8., avec des fig.
par Phil. Audinet, d'après les dessins de Wale. Il
en a été tiré des exemplaires en Gr. Pap. et aussi
en très Gr..Pap. in-4. fig. avant la lettre. Il faut y
joindre les nouvelles planches ajoutées dans la
2ᵉ édit. donnée par le même Bagster, en 1815, in-8.,
sous la direction d'H. Ellis, édit. dont il y a aussi du
Gr. Pap. Citons encore l'édit. de *Londres*, *John
Major*, 1823, très-pet. in-8., ornée de 77 jolies pl.
sur bois et de 14 gravures. Elle a été réimprimée en
1824, 1835 et 1842, dans le même format.

— The Lives of John Donne, H. Wotton,
R. Hooker, George Herbert, and Rob.
Sanderson, by Is. Walton, with notes
and the life of the author by Th. Zouch.
York, 1795, in-4. 1 liv. 10 sh., et plus
en Gr. Pap. [30895]

Ces biographies, qui sont fort estimées, avaient d'a-
bord été publiées séparément, à *Londres*, de 1658
à 1678, in-12 et in-8. La collection en a été réimpr.
à *York*, en 1807 et en 1817, in-8., et aussi à *Londres*, chez *J. Major*, en 1825 (aussi 1847), pet.
in-8., avec 52 pl. sur bois et 11 pl. sur cuivre, pour
faire suite au *Complete Angler*. Enfin, il a paru à
Londres, chez *Pickering*, en 1825 et 1827, deux
édit. (l'une in-48 et l'autre in-32) des ouvrages de
notre Is. Walton.

WALTON(Bryani) in Biblia polyglotta prolegomena specialia, recognovit dathia-
nisque et variorum notis suas immiscuit
Fr. Wrangham. *Cantabrigiæ*, 1828,
2 vol. in-8. 1 liv. 8 sh.

Bonne édition dont il y a du Gr. Pap. Celle de *Leipsick*, 1777, in-8., avec la préface de J.-A. Dathe, est
beaucoup moins chère. — Biblia polyglotta, voyez
tome I, col. 852.

WAMELIUS. Iconographia magni patris
Augustini, studio ac cura P. Eugenii
Wamelii Augustini edita. *S. a Bolswert
sculpsit et excudit Antuerpiæ*, 1624,
in-4. obl. 28 pièces. [22108]

32 fr. Renouard.

WANDALBERTUS diaconus. Legenda et
miracula sancti Goaris. — *Impensis Johañis gisen de Nasteden artiũ libera-
liũ magistri Legenda diui Goaris...
est Impressa Mogũcie Anno dñi. M.
cccc.lxxxix*, in-4. goth. de 28 ff. à
32 lign. par page. [22186]

Cette légende a été imprimée par P. Schoyffer, car
on reconnaît sur le titre les gros caractères des
psautiers de cet imprimeur, et dans le texte ceux
du Durand de 1459. L'auteur est nommé au commencement du prologue. La souscription est au
recto du 25ᵉ f., au verso duquel commence l'office
du saint. Vendu 30 fr. La Valliere.

WAPEN dess heiligen römischen Reichs.
Voy. AMMAN (*Jost*), t. I, col. 235.

WARACHTIGHE Fabulen. Voy. au bas
de la col. 101 de notre 1ᵉʳ vol.

WARBURTON (*Will.*). Works. *London*,
1788, 7 vol. in-4. [2003]

Édition tirée à 250 exemplaires. 8 à 10 liv., et plus en
Gr. Pap. Le Dʳ Hurd, à qui l'on en doit la publication, y a ajouté, en 1794 : *A Discourse, by way of
preface containing some account of the life... of
the author*, et depuis on a fait paraître : *Letters
from a late eminent prelat (Will. Warburton)
to the Dʳ Rich. Hurd, from the year 1749 to 1776*,
London, 1808, in-4. Un exemplaire en Gr. Pap., avec
la préface et les lettres, 17 liv. 5 sh. Williams. Ces
lettres ont aussi été réimpr. en 1809, in-8., et se
réunissent à l'édit. suivante :

— The same Works, to which is prefixed a
discourse by way of general preface, etc.,
by Rich. Hurd. *London, Cadell*, 1811,
12 vol. in-8. 5 liv.

— DIVINE legation of Moses demonstrated, in nine
books. *London*, 1766, 5 vol. in-8. 24 à 30 fr. [1791]
Une des meilleures éditions de cet ouvrage, aussi
savant que singulier et hardi : on y joint un volume
supplémentaire, imprimé en 1788, in-8., et qui renferme des pièces extraites de la grande édition in-4.
Il y en a une de *Lond.*, 1846, en 3 vol. in-8. qui
n'a coûté que 1 liv. 1 sh.—Citons encore le volume
suivant publié, selon Lowndes, par S. Parr :

TRACTS , by Warburton and a Warburtonian
(Dʳ Hurd) not admitted in to the collection of their
respective works. *London*, 1789, in-8.

— ESSAI sur les hiéroglyphes des Égyptiens, où l'on
voit l'origine et le progrès du langage et de l'écriture, l'antiquité des sciences en Égypte, etc., traduit de l'anglois de Warburton (par Léonard des
Malpeines). *Paris, Guérin*, 1744, 2 vol..in-12, fig.
[29095]
Cet ouvrage est moins recherché maintenant qu'autrefois. 6 à 9 fr.

— Union de la religion, 2004. — Dissertation, 22981.
THE LIFE of William Warburton, lord Bishop
of Gloucester from 1760-1779; with Remarks on his
Works. By the Rev. John Selby Watson. *London*,
1863, in-8. de 672 pp. 18 sh. [30925]

WARD (*Hugo*). Voy. WACHTENDONCK.

WARD (*Will.*). Account of the writings,
religion and manners of the Hindoos,
including translations from their principal works. *Serampore, at the mission-
press*, 1811, 4 vol. in-4. [28119]

Première édition de cet ouvrage intéressant (98 fr.
Langlès); elle renferme des détails sur l'intérieur
de Calcutta et sur les mœurs des Hindous, qu'on
regrette de ne pas trouver dans la seconde édition,
impr. à *Serampore*, en 2 vol. in-4., sous le titre
de *View of the history, literature and mythology of the Hindoos, including a minute description of their manners and customs*. Vend. 101 fr.
Langlès. Cette dernière, dont le premier tome est
de 1818, et le second de 1815, a été réimpr. à *Lond.*,
1817, et aussi annoncée comme *a new edition arranged according to the order of the original
work printed at Serampore*, London, Kingsbury,
1822, 3 vol. in-8. 49 fr. Klaproth.

WARD (*H.-G.*). Mexico in 1827; second
edition, revised : comprising an account
of the mining companies, and of the political events in that republic. *London,
Colburn*, 1829 (1ʳᵉ édit. 1828), 2 vol.
in-8. fig. [21064]

On joint à cet ouvrage :
SIX VIEWS of the most important towns and mi-

Warberg, et autres. Atlas du Danemark, 19710.
Warburton (*Eliot*). Conquest of Canada, 28512.

Warburton (*J.*). History of Dublin, 27526.
Ward (*R.*). History of the laws, 2322.

ning districts upon the tableland of Mexico, drawn by Mrs. H.-G. Ward and engraved by M⁣ʳ Pye, with a statistical account of each. in-4. obl. Le tout 15 à 18 fr.

WARE (*James*). Works concerning Ireland, revised and improved (by Walter Harris). *Dublin*, 1739-45, 3 tom. en 2 vol. in-fol. [27502]

Collection importante pour l'histoire d'Irlande. Elle se compose de différents ouvrages historiques, traduits du latin, et qui avaient d'abord paru séparément en cette langue, de 1626 à 1655, en différents formats. Les 2 vol. in-fol., qui font l'objet du présent article, se vendent de 8 à 12 liv. en Angleterre, et en Gr. Pap., dont il n'a été tiré, dit-on, que 6 exemplaires, 23 liv. 2 sh. Heath; 275 fr. exemplaire piqué de vers, Mac-Carthy.
L'édition de la même collection, *Dublin*, 1764, 2 vol. in-fol., n'a été vendue que 22 fr. Lamy; mais elle n'a guère moins de valeur que la précédente. Les *Antiquities and History of Ireland*, qui en font partie, ont d'abord été impr. à *Dublin*, en 1704, in-fol., et publiées avec un titre général daté de *Londres*, 1705.

WARHEIT (*Germanus*). Schola curiositatis, sive antidotarium melancholiæ jocoserium. (*absque nota*), pet. in-12. fig. [17809]

Recueil peu commun, vendu 10 fr. 95 c. Courtois. A la même vente se trouvait : *Antidotum melancholiæ jocoserium*, Francof., Bencard, 1668, pet. in-12 mar. Vend. 8 fr.

WARIN. Histoire de Foulques Fitz-Warin, publiée d'après un manuscrit du Musée britannique, par Francisque Michel. *Paris, Silvestre*, 1840, gr. in-8. de xx et 112 pp. [26895]

— The History of Fulk Fitz Warine, an outlawed baron in the reign of king John, with an english translation and explanatory and illustrative notes by Th. Wright. *London*, 1855, pet. in-8.

Publié pour le Warton Club, d'après un manuscrit du xiii⁣ᵉ siècle conservé au Musée britannique.

WARING (*Edw.* Scott). A Tour to Sheeraz by the route of Kazroon and Feerozabad, with various remarks on the manners, customs, laws, and literature of the Persians, to which is added a history of Persia from the death of Kureem Khan to the subversion of the Zund dynasty. *Bombay, october*, 1804, pet. in-4. [20617]

Édition très-rare. Vend. 151 fr. Langlès, sans avoir cette valeur.
Celle de *Lond.*, *Cadell*, 1807; gr. in-4., quoique plus belle que la précédente et ornée de 2 planches, est moins recherchée, parce que les passages persans d'Hafiz n'y sont pas imprimés correctement. 15 fr. Langlès. — Pour la traduction franç., voyez MORIER.

— History of the Mahrattas, to which is prefixed an historical sketch of the De-

can, containing a short account of the rise and fall of the Mooslim sovereignties prior to the æra of Mahratta independence (till 1773). *London, Richardson*, 1810, in-4. 12 à 15 fr. [28178]

Vendu 22 fr. Langlès.

WARING (*J.-B.*) and F. Betford. The Art Treasures of the United Kingdom, consisting of examples selected from the Manchester art treasures exhibition of 1857. *London*, 1859, gr. in-4. [10221]

Ce volume, orné de belles planches en or et en couleur, a coûté 20 liv. sterl.

WARING and Macquoid. Examples of architecture and architectural art in Italy and Spain, chiefly of the xiii⁣ᵗʰ and xiv⁣ᵗʰ centuries, illustrated in 61 plates from original drawings, with description, by Waring and Macquoid. *London*, 1850, gr. in-fol. 4 liv. [9848]

— ARCHITECTURAL, sepulchral and picturesque studies in Burgos and its neighbourhood. *London, Mc Lean*, 1852, imper. in-fol. 40 lithogr. teintées. 2 liv. 10 sh. [9952]

— THE ARTS connected with architecture, being examples of stained glasses, fresco ornaments, marble and examel inlay illustrated by examples from the xiii⁣ᵗʰ to xv⁣ᵗʰ century, with description. *London*, 1858, gr. in-fol. avec 41 pl. color. 4 liv. 4 sh. [10051]

WARNER (*Rich.*). The History of Bath. *London, Robinson*, 1801, gr. in-4. fig. [27290]

Ce beau volume, orné de 15 pl., a coûté 3 guinées, mais il se trouve pour 1 liv. ou 1 liv. 5 sh. L'auteur a publié, sur la topographie et l'histoire de diverses parties de l'Angleterre, plusieurs ouvrages dont Lowndes donne la liste. Le plus important est celui qui a pour titre :
COLLECTIONS for the history of Hampshire and the bishopric of Winchester ; including the isles of Wight, Jersey (by Fall), Guernsey, and Sarke, by D. Y., with the original Domesday of the county, and an accurate english translation, preface and introduction ; to which is added a glossary; *London* (1795), 5 tom. en 6 vol. in-4. [27179], avec des figures extraites en grande partie des *Groses's antiquities*. — Il n'en a été tiré que 225 exempl. en pap. ordin. : 3 à 5 liv., et 25 en Gr. Pap. : 12 liv. 15 sh. Dent.

— ANTIQUITATES culinariæ; or, curious tracts relating to the culinary affairs of the old english, with a preliminary discourse, notes, and illustrations, by H. Warner. *Lond.*, 1791, in-4., avec 2 pl. color. 15 à 18 fr., et plus en Gr. Pap. [10280]

Livre curieux et dont les exemplaires ne sont pas communs.

WAROQUIER (le comte *Louis-Charles* de), sieur de Méricourt, de La Motte et

---

Warden (*D.-B.*). Consular establishments, 2392. — Tableau de l'Amérique, 28491. — Etats-Unis, 28523.
Wardrop (*J.*). Anatomy of the eye, 7525.

Warmholtz (*C.-G.*). Biblioth. sueo-gothica, 31781.
Warnekros (*H.-E.*). Hebr. Alterthümer, 578.
Warner (*Ferd.*). History of Ireland, 27508.
Warnery (le général). Remarques sur la cavalerie, 8626.
Warnkœnig (*L.-A.*). Histoire des Carolingiens, 23335. — Histoire du droit français, 2590. — Histoire de Flandre, 25081.

de Combles. Etat de la noblesse, année 1782... pour servir de supplément à tous les ouvrages historiques, chronologiques, généalogiques, et de suite à la collection des Etrennes à la noblesse (par le comte de Waroquier). *Paris*, *Boucher*, 1782, 5 vol. pet. in-12, dont deux de planches. [28789]

Ouvrage devenu rare. Les tomes III à V ont un titre particulier, portant : *Armorial des principales maisons de France et étrangères et de plusieurs villes du royaume*. Les 5 vol. 71 fr. Martainville ; 51 fr. en 1863.

Les *Etrennes de la noblesse*, auxquelles fait suite l'*Etat de la noblesse*, ont été publiées par Aubert de La Chesnaye des Bois, à Paris, de 1770 à 1780, en 9 vol. pet. in-12. 46 fr. de Martainville ; on y réunit *Etat de la noblesse*, année 1781, par le même auteur, *Paris*, pet. in-12, 16 fr., même vente, où a été payé 54 fr. le *Calendrier des princes et de la noblesse*, années 1762-1769 (par La Chesnaye des Bois). *Paris, Duchesne*, 8 vol. pet. in-12.

— TRAITÉ sur les devises héraldiques, de leur origine et de leur usage, avec un recueil des armes de plus de deux mille maisons qui en portent, etc. ; ensemble un précis de leur origine et un recueil des faits qui leur sont particuliers et qui ne sont point encore connus, pour servir d'introduction à l'*Etat de la France*. *Paris*, 1784-85, 2 vol. in-12. [28789 ou 28862]

Le premier volume, sous la date de 1783, 12 fr. en 1863, et sous celle de 1784, 8 fr. 50 c. de Martainville.

— Tableau généalogique, historique, héraldique et géographique de la noblesse, enrichi de gravures, contenant : 1° l'état des vrais marquis, comtes, vicomtes et barons; 2° un traité sur les bannerets, bacheliers, écuyers et sur leur différence; 3° un traité des dignités féodales et politiques, les dignités ecclésiastiques, les dignités des vidames attachés à l'Eglise, etc.; 4° la recherche de Normandie, faite par Monfaoucq en 1453; 5° un traité de l'origine des fiefs, les francs-fiefs, nouveaux acquets et leur différence, etc.; 6° les généalogies des familles, etc..... avec l'indication de plus de cent mille titres originaux que l'auteur possède dans son cabinet. *Paris, Nyon, et chez l'auteur rue Gît-le-Cœur*, 1786-89, 9 vol. in-12, avec blasons. [28789]

On trouve rarement cet ouvrage complet, parce que les derniers volumes, qui se trouvaient au domicile de l'auteur, ont été détruits après sa mort. Un exemplaire complet a été vendu 91 fr. Martainville, un autre en 6 vol. 40 fr. même vente. Les titres des cinq premiers volumes varient en raison des matières qu'ils contiennent, mais les tomes VI à IX portent invariablement le même titre, celui dont nous avons donné ci-dessus les cinq premiers paragraphes.

On sait que le comte de Waroquier, condamné par le tribunal révolutionnaire, mourut sur l'échafaud, le 5 thermidor an II (27 juillet 1794).

— DICTIONNAIRE militaire de France contenant les noms, surnoms et qualitez des officiers au service de S. M., par le comte Waroquier de Méricourt. *Paris*, 1784, in-8. [24089]

12 fr. de Martainville.

MM. Quérard et Guigard donnent à cet ouvrage un second volume, daté de 1790.

— TABLEAU historique de la noblesse militaire, contenant les noms, surnoms et qualités, ensemble la date de toutes les grandes actions, siéges, campagnes, blessures de MM. les officiers au service de Sa Majesté, tant sur terre que sur mer. *Paris*, 1784, in-8. [24089]

Il y a des exemplaires qui portent seulement pour titre : *Tableau de la noblesse*.

— ÉTAT ,général de la France, enrichi de gravures, contenant : 1° les qualités et prérogatives du Roi, la généalogie abrégée de la maison royale, le clergé de la cour... 2° les troupes de la maison du Roi, la maison de la Reine, etc. ; 3° le clergé de France, les chapitres nobles ; 4° les duchés et pairies de France, les ordres ; 5° les maréchaux et autres officiers généraux ; 6° les conseils du Roi, les secrétaires d'Etat, les parlements, les cours supérieures, les noms de toutes les personnes présentées depuis 1779, dédié au roi par le comte de Waroquier. *Paris*, *Nyon*, 1789-90, 2 vol. in-8. [24065]

Une grande partie des exemplaires de cet ouvrage a été détruite après les premières années de la révolution de 1789, et il en a été de même de plusieurs autres ouvrages de l'auteur, qui n'avaient pas encore été vendus avant l'époque désastreuse de 1793. Nous avons été nous-même témoin de cette destruction.

Vendu 32 fr. de Martainville.

Pour les divers états de la France, antérieurs à celui-ci, consultez le *Catalogue de la bibliothèque impériale*, Histoire de France, tome IV, pp. 607 et 6077, et la *Bibliothèque héraldique* de M. Guigard, pp. 1520-1547.

— FRAGMENT généalogique de la maison de Waroquier, seigneurs du Bois, de Peclu, La Motte, Planques, Combles, Méricourt et Saint-Affrique, etc., dressé sur titres originaux, sur des jugements des cours souveraines, etc., par le comte *** (Waroquier). *Paris*, 1789, in-8. avec armoiries dans le texte. Il y a des exemplaires sur papier in-4. [28887]

On doit trouver dans ce volume : *Acte de tutelle des enfans mineurs de François de Waroquier et dame Mar. Philippe de Billy, son épouse....*, décédée le 8 janvier 1663. Opuscule in-8. de 31 pp., ou le même en 16 pages avec blasons.

— LE PARFAIT jeu d'armoiries, pour apprendre le blason... à l'usage des princes (*sans lieu ni date*), in-8., d'après M. Quérard.

WARRINGTON. History of stained glass, from the earliest period of the art to the present time, illustrated by coloured examples of entire windows, in the various styles. *London*, 1848, gr. in-fol. [9282]

Ce bel ouvrage, tiré à 200 exemplaires seulement, est orné de 24 grandes planches coloriées. Le prix, qui était d'abord de 8 liv. 8 sh., a été ensuite réduit à 4 et même à 3 liv.

WARTON (*Thomas*). The History of english poetry, from the close of the ele-

---

venth to the commencement of the eighteenth century; a new edition carefully revised, with numerous additional notes by Ritson, Dr Ashby, M. Douce, M. Park, and other eminent antiquaries, and by the editor. *London, Th. Tegg*, 1824, 4 vol. gr. in-8. portr. 2 liv. 2 sh. [15699]

Bonne édition de cet ouvrage estimé, mais qui, comme la première et malgré l'annonce du titre, s'arrête au règne d'Elisabeth. L'éditeur, M. Price, l'a enrichie d'une préface fort curieuse. Ce morceau, de près de 120 pages, est suivi de trois savantes dissertations: 1° *Of the origin of romantic fiction in Europe;* 2° *On the introduction of learning into England;* 3° *On the Gesta Romanorum.*

La première édition de cette histoire a paru à Londres, de 1774 à 1781, en 3 vol. in-4., et le premier vol. en a été réimprimé en 1775. Plus tard, on a mis sous presse le commencement d'un 4e volume. Ce fragment se trouve quelquefois joint aux trois volumes, ainsi qu'un index général, dressé par M. Th. Fillingham, et publié seulement en 1806, au prix de 10 sh. L'édition in-4. se payait fort cher avant la nouvelle édition, mais maintenant on la trouve pour moins de 3 guinées, même avec l'article suivant:

Jos. RITSON's Observations on the three first volumes of the history of english poetry. *Lond.,* 1782, in-4.; morceau dont on a fait usage dans l'édition de 1824.

Il y a une 3e édition du grand ouvrage de Warton, *Lond.,* 1840, 3 vol. in-8. avec des notes de Th. Taylor. 1 liv. 16 sh.

— Poetical Works, with his life, and notes by Rich. Mant. *London*, 1804, 2 vol. in-8. [15838]

Cinquième édition, fort augmentée, et cependant restée à bas prix, même en Gr. Pap.

Nous citerons encore du même auteur:

OBSERVATIONS on the Fairy Queen of Spencer. *London,* 1762, or 1807, 2 vol. in-8. [15760]

WARWIC (*Guy* de). Voy. GUY.

WASHINGTON. The Writings of George Washington : being his correspondence, adresses, messages and other papers, official and private; selected and published from the original manuscripts; with a life of the author, notes and illustrations, by Jared Sparks. *Boston*, 1834-37 (aussi 1842), 12 vol. in-8. [28544]

Réimprimé à Boston, 1842, aussi 1858, 8 vol. gr. in-8. portr., cartes, plans et fac-simile, 4 liv. 4 sh.

On avait déjà publié à Lond., en 1795, *G. Washington's official letters. to the american congress,* 2 vol. in-8.

— VIE, correspondance et écrits de Washington, publiés d'après l'édition américaine, et précédés d'une introduction sur l'influence sur le caractère de Washington dans la révolution des Etats-Unis de l'Amérique, par M. Guizot. *Paris, Gosselin,* 1839-40, 6 vol. in-8., et atlas in-4. de 22 pl. 90 fr.

La vie de Washington occupe les 2 premiers vol. Pour une autre biographie de cet illustre fondateur de la république des Etats-Unis, voyez MARSHALL.

— LETTERS from George Washington, president of the United States of America, to sir John Sainclair, on agricultural and other interesting topics; engraved from the original letters, so as to be an exact *fac simile* of that celebrated character. *London, the letter-press printed by W. Bulmer,* 1800, gr. in-4. pap. vél. 57 pp. 8 à 10 fr. [6328]

— WASHINGTON's Farewell Adress to the people of the United-States of America. *New-York* (by Rob. Craighead), 1850, gr. in-4. de 6 ff. prélim., 55 pp. de texte et xlix pour l'appendice; avec deux portraits de Washington. [28544]

Édition de luxe, dont toutes les pages sont entourées de bordures. Elle a été faite aux frais et par les soins de M. James Lenox, de New-York, d'après le manuscrit autographe de Washington, dont il a conservé les variantes. L'appendice se compose de documents qui prouvent que Washington est véritablement l'auteur de l'adresse et que le manuscrit est bien de sa main. Il n'a été tiré de ce livre que 54 exemplaires de format in-fol. et 175 en in-4., qui tous ont été distribués en présent par l'honorable éditeur.

WASIUS (*Casp.*). Senarius, sive de legibus et licentia veterum poetarum. *Oxonii, e Theatr. sheld.,* 1687, in-4. [12458]

Un des premiers écrits sur la métrique, où la matière soit traitée avec profondeur : 18 fr. Reina.

— Metra horatiana, or a scheme of all the lyric verses in Horace, shewing the laws of scanning and composing the several sorts. *London, Bonwick,* 1690, in-8. [12511]

Rare, même en Angleterre.

WASSAF. Geschichte Wassaf's, persisch herausgegeben und deutsch übersetzt von Hammer-Purgstall. *Wien, Braumüller,* 1856, 2 vol. in-4. 2 pl. lith. et color. 40 fr.

M. Pützmaier s'est chargé de la publication du second volume de cette histoire, dont le travail était achevé lors de la mort de M. de Hammer.

WASSEBOURG (*Richard* de). Le premier (et le second) volume des antiquités de la Gaule belgique, royaume de France, Austrasie et Lorraine, auec l'origine des duchez et comtez de l'ancien et moderne Brabant, Togre, Ardenne, Haynau, Mozelane, Tortreich, Flandres, Lorraine, Barrois, Luxembourg, Louuain, Vvaudemont, Iainuille, Namur, Chiny, et aultres principaultez extraictes soubs les vies des euesques de Verdun, ancienne cité d'icelle Gaule...... Auec plusieurs epithomes et sommaires ès vies des papes, empereurs, roys et prince dessus dietz depuis Jules Cesar jusques a present 1549. Acheué d'imprimer le 13 de nouembre. *On le vend a Paris... par Vincent Sertenas... et aussi se vendent en la cité de Verdun,* 1549, 2 tom. en 1 vol. in-fol. [24954]

Ouvrage d'un certain intérêt, et qui est assez recherché. Le premier volume a 6 ff. prélim., et le texte y finit au . 351; vient ensuite le titre du 2e vol. et la suite du texte, ff. 352 à 553 recto. Au verso de ce même feuillet commence un errata qui occupe une partie du feuillet suivant, auquel succèdent 38 ff. où sont imprimées plusieurs tables, avec cette souscription : *Jmprime a Paris par Francoys Girault... pour Richard de Wassebourg, autheur de ceste presente chronicque, & archidiacre en l'eglise de Verdun.* 30 à 36 fr. Vendu 45 fr. fr. La Valliere; 48 fr. Soubise; 36 fr. Borluut.

WATEAU (*Ant.*). Son œuvre, gravé d'après ses tableaux et dessins originaux tirez du cabinet du roy et des plus curieux de l'Europe, par les soins de Julienne. *Paris*, 2 vol. in-fol. 268 pièces. [9349]

Vendu en Gr. Pap., dont on n'a tiré que 100 exemplaires, 170 fr. La Valliere; 80 fr. de Cotte.
Cette édition ne contient que d'assez mauvaises épreuves; mais il existe un autre recueil du même artiste, différent de celui-ci et plus ancien, sous le titre d'*Etudes d'après nature de Wateau*, 2 vol. gr. in-fol., contenant 350 pièces : vendu 72 fr. La Valliere. Un exemplaire des deux recueils réunis a été porté au prix excessif de 3700 fr. dans une vente faite à Paris en novembre 1856.

WATELET de tous metiers. (*sans lieu ni date*), pet. in-8. goth. de 8 ff. [13626]

Pièce en vers de 8 syllabes, avec un bois sur le titre, un autre au verso de l'avant-dernier f., et deux sur le dernier, qui ne contient pas autre chose.

WATELET (*Chr.-Henr.*). L'Art de peindre, poëme, avec des réflexions sur les différentes parties de la peinture. *Paris*, 1760, gr. in-4. fig. 6 à 10 fr. [14129]

Belle édition, dont tous les exemplaires sont en papier fort.
— LE MÊME. *Paris*, *Delatour*, 1760, pet. in-8. fig. 3 à 4 fr.
Il y a une édition de ce poëme, faite à *Amsterdam*, 1761, in-12, dans laquelle] sont réunis l'*Art de peindre*, de Du Fresnoy, et celui de l'abbé de Marsy, en latin et en français : 3 à 4 fr.
— Dictionnaire de peinture, etc., 9115.

WATERTON (*Charles*). Wanderings in south America, the north west of the United-States, and the Antilles, in 1812, 1818, 1820 and 1824 : with original instructions for the preservation of birds, etc., for cabinets of natural history. *London*, 1825, in-4. 12 à 15 fr. [20953]

Cet ouvrage, rempli d'intérêt, a été réimprimé de format in-8. 8 à 10 fr. La 4e édit. est de 1839.

WATHEN (*James*). Journal of a voyage performed in the years 1811 and 1812 to Madras and at China, returning by the Cape of Good-Hope, St. Helena, etc. *London*, *Nichols*, 1814, gr. in-4. fig. [20022]

Volume orné de 20 belles planches coloriées. 90 fr. Langlès; 29 fr. 50 c. Klaproth, et moins cher en Angleterre.

Wastelain (*Ch.*). Gaule belgique, 24948.
Waterland (*D.*). Works, 1992.
Wathen (*H.*). A Grammar of the sindhe language, 11795.

WATSON (*Th.*). Compendium memoriæ localis, autore Thoma Watsono londinensi. J. V. studioso. (*absque anno*), pet. in-8. [9036]

Lowndes cite plusieurs ouvrages rares et précieux de Th. Watson, poëte qui vivait du temps de la reine Elisabeth, mais, dans sa première édition, il n'a rien dit de celui-ci, dont le célèbre bibliophile R. Heber n'avait pu se procurer qu'un exemplaire mutilé et incomplet dans les derniers feuillets, et sur lequel il avait écrit une note curieuse terminée ainsi : *Liber vero, Nigro Cygno rarior nullibi inveniendus neque Antonio a Wood, neque Tannero innotuit.* Cet exempl a été vendu 1 liv. 1 sh.
A la même vente (VI, n° 3880) se trouvait :
AMINTÆ gaudia, authore Th. Watsono. *Londini, impensis Gulielmi Ponsonbei*, 1592, in-4. de 42 ff., sign. A—L. Vendu 1 liv. 15 sh. [13116]

— Voyez SOPHOCLES, ci-dessus, col. 452.

WATSON (*Rob.*). History of the reign of Philip the II, king of Spain. *London*, 1777 et 1778, 2 vol. gr. in-4. [26068]

HISTORY of the reign of Philip the III, king of Spain. *London*, 1783, gr. in-4. [26080]
Deux ouvrages assez estimés et qui sont ordinairement réunis : les 3 vol. in-4. 20 à 30 fr.
Ils ont été réimprimés de format in-8., savoir : Philippe II, en 1779, en 1785, en 1803, et 7e édit., 1812, en 3 vol.; et Philippe III, avec la continuation par W. Thompson, en 1786, en 1793 et en 1808, 2 vol. Prix ordinaire. — Les deux ouvrages sont réunis dans l'édition de 1839, en 2 vol. in-8.
La traduction française de l'*Histoire de Philippe II* (par le comte de Mirabeau et Durival), *Amsterd.*, 1778, 4 vol. in-12, n'a qu'un prix ordinaire, ainsi que celle de l'*Histoire de Philippe III*, par L.-J.-A. Bonnet. *Paris*, 1809, 3 vol. in-8.

WATSON (*John*). Memoirs of the ancient earls of Warren and Surrey, and their descendants to the present time. *Warrington*, *Will. Eyres*, 1782, 2 vol. gr. in-4. fig. [28941]

Ouvrage d'un intérêt local, mais remarquable par les nombreux ornements dont il est enrichi (2 à 4 liv. Dent, Edwards et Gough). On a dit et répété, bien faussement, qu'il n'en avait été tiré que 15 exemplaires. Ce qui a donné lieu à cette supposition, c'est qu'effectivement il existe une première édition de cette généalogie, sous le titre de : *The history of the ancient earls of Warren and Surrey...*, impr. à Warrington, par Will. Eyres, en 1776, in-4. de 437 pp., dont il n'y a eu que 6 exemplaires tirés et distribués, pour obtenir de nouveaux renseignements et des corrections qui ont été employés dans l'édition de 1782. Voyez Moule, *Bibliotheca heraldica*, pp. 427 et 441-45.

WATSON (*P.-W.*). Dendrologia britannica; or trees and shrubs that will live in the open air of Britain throughout the year. *London*, *Arch*, 1825, 2 vol. gr. in-8., avec 172 pl. color. 3 liv. 3 sh. [4984]

Publié en 24 cahiers.

Watkins (*John*). Biographical dictionary, 30386.
Watkin-Tench. Expedition to Botany-Bay, 21156.
Watson (*Henry C.*). Camp fires of the Revolution, 28535.
Watson (*J.*). History of Halifax, 27347.
Watson (*Th.*). Lectures on physics, 4238.

WATT (*Robert*). Bibliotheca britannica : or a general index to british and foreign litterature, in two parts : authors and subjects. *Edinburgh, Archibald Constable,* 1824, 4 vol. gr. in-4. [31342]

La *Bibliotheca britannica,* fruit de vingt années du travail le plus opiniâtre et le plus minutieux, a été publiée après la mort de l'auteur, par son fils, et livrée aux souscripteurs en XI parties, dont les quatre premières ont paru à *Glascow,* en 1819 et . 1820, et les autres à *Édimbourg.* En mettant au jour la dernière partie, l'éditeur y a joint des titres généraux pour les quatre vol., et sous une seule date. Les deux premiers volumes renferment un dictionnaire par ordre des noms d'auteur, avec la liste sommaire des ouvrages, sans aucune note bibliographique. Les tom. III et IV forment une table alphabétique, où les ouvrages sont rangés sous le nom du sujet dont ils traitent ; ainsi au mot *Agriculture* se trouvent les titres des écrits qui traitent de cette science ; au nom d'une nation, d'une ville ou d'un grand homme, sont placés les ouvrages qui ont trait à ces objets ; et des renvois de la seconde table à la première font concorder les deux parties. Le plan de cette vaste compilation est neuf et fort bien conçu ; mais malheureusement les détails laissent beaucoup à désirer, tant sous le rapport de l'exactitude qu'à cause des omissions ; et il suffit de parcourir ces quatre volumes pour être convaincu que, non-seulement l'auteur avait entrepris là une tâche au-dessus des forces d'un seul homme, mais encore qu'en négligeant trop les secours nombreux que lui présentaient les bons ouvrages modernes analogues au sien, il n'a pas même fait tout ce qu'on peut attendre d'un compilateur intelligent ; aussi malgré l'utilité réelle dont il peut être, surtout en ce qui concerne l'Angleterre, ce livre a eu peu de succès, et le prix, qui originairement était de 11 liv. 11 sh., a été réduit à 6 liv. 6 sh.

Parmi les nombreux quiproquos que présente cette compilation, nous en choisirons deux qui sont assez singuliers peur être rapportés ici : 1° Vol. II, article MERAN (d'Ortous de), où l'imprimeur a mis *de Ortois,* on cite *Lettre au Parium,* contenant diverses questions sur *le Chimie* (sic). Or il s'agit là de la lettre au P. *Parenin* sur *la Chine,* ouvrage que Watt, en conséquence d'une première inexactitude, ne manque pas de placer au mot *Chemistry,* dans son Index des matières. 2° Dans ce même Index, article BAYLE, on cite une édition du Dictionnaire et des lettres de ce grand critique *avec des notes chef-d'œuvre d'un inconnu ;* cette grosse méprise a été occasionnée par une très-légère faute typographique qui s'aperçoit à peine dans l'Index des auteurs, où à l'article MARCHAND (*Prosper*), citant, parmi les livres dont ce savant a été l'éditeur, le Dictionnaire et les lettres de Bayle, avec des notes. — Chef-d'œuvre d'un inconnu, on a négligé de mettre une division assez marquée entre le mot notes, qui se rapporte aux ouvrages de Bayle, et le mot Chef-d'œuvre, commençant le titre d'un autre ouvrage.

Watt (*James*). Mechanical inventions, 8803.
Watterbach (*W.*). Codex diplomaticus Silesiæ, 26683.
Watterich (*L.-M.*). Pontificum romanorum vitæ, 21613.
Wattertos (*Denis*). Généalogie des comtes de Brabant, 28895.
Watteville (*A.-L.* de). Confédération helvétique, 25910.
Watteville (*Ad.* de). Administration charitable, 2928. — Statistique des établissements de bienfaisance, 4085. — Rapport sur les hôpitaux, 4086.
Wattler (le baron). Boulogne, 24256.
Wattin. Art du peintre, 10271.

WATTON ou Wotton (*Jo.*). Voy. WOTTON.

WATTS (*Isaac*). Works (edited by Dr Dav. Jennings and Dr Phil. Doddridge). *Lond.,* 1753, 6 vol. in-4. portrait. [1993]

Réimprimé à *Londres,* 1810, ou 1824, 6 vol. in-4. 4 liv. 1 sh.; — Gr. Pap., 9 liv. 9 sh.; — à *Leeds,* 1813, 9 vol. in-8. 3 liv. 10 sh.; — Gr. Pap., 4 liv. 14 sh. 6 d.

Cette collection se compose, en grande partie, d'ouvrages de théologie ; mais elle renferme aussi deux traités très-répandus, et qui ont été fort souvent réimprimés en in-8. et en in-12 : l'un intitulé : *Logick; or the right use of reason* [3528], et l'autre : *Improvement of the mind* [3529]. Ce dernier ouvrage a été traduit en français (par Daniel de Superville), sous le titre de *Culture de l'esprit,* Lausanne, 1762, ou 1782, in-12. On trouve également dans ce recueil les poésies de Watts, lesquelles ont été plusieurs fois imprimées séparément en différents formats.

WATTS (*Will.*). Seats of the nobility and gentry, in a collection of the most interesting and picturesque views. *Lond., Watts, or Boydell* (1779-86), in-4. obl. [10008]

Quatre-vingt-quatre jolies gravures, avec leurs explications, le tout publié en 21 cah. à 6 sh. chacun ; la table alphabétique des noms des personnes à qui les châteaux appartiennent termine le volume : 129 fr. Saint-Martin ; 200 fr. br. d'Ourches ; 96 fr. mar. r. Chateaugiron, et beaucoup moins cher depuis.

Les exemplaires qui portent au frontispice la date de 1779, et qui n'ont point l'adresse de *Boydell,* sont du premier tirage. Il y a des épreuves avant la lettre. — Voyez PICTURESQUE views.

Lowndes cite d'un autre Will. Watts un recueil de gravures intitulé : *Collection of coloured views in the turkish provinces, with descriptions in french and english,* 1801, 1 vol. in-fol. obl., porté à 5 liv. 12 sh. 6 d., vente du duc d'York.

WAXEL. Recueil de quelques antiquités trouvées sur les bords de la Mer Noire, appartenant à l'empire de Russie, dessinées en 1797 et 1798, par Léon de Waxel (texte en allem. et en français). *Berlin, Schuppel,* 1803, in-4. fig. [29280]

Publié en deux parties. La première partie (1801) renferme un frontispice gravé, une planche vis-à-vis du frontispice, un titre imprimé, texte, pag. 3-14, avec 14 pl. contenant 42 n°s. La seconde partie a un titre imprimé et la suite du texte, pag. 10 à 80, avec 5 pl. contenant les n°s 43 à 66. Vend. 20 fr. Langlès.

WEALE. Divers Works of early masters in ecclesiastical decoration. *London,* 1846, 2 part. in-fol. imperial. [10051]

Soixante-quinze pl. gravées par Le Keux et autres artistes. Une partie color. par Owen Jones et représentant des peintures sur verre et autres ornements qui se voient à Goude, à Liége et en Angleterre. Le prix qui était de 10 liv. 10 sh. a été réduit à 4 liv. 10 sh.

Waulde (*G.*). Vie de saint Ursmer, 22284.
Wauter. Environs de Bruxelles, 25061.
Wavrin (*Jehan*), seigneur de Forestel. Anciennes chroniques d'Angleterre, 26824.
Weale. Papers connected with the corps of roy. Engineer; and Papers on Engineering, 8847.

WEBB (*Barker*). Voy. BARKER.

WEBBE (*Will.*). Discourse of english poe-trie, together with the authors judge-ment touching the reformation of our english verse. *London, by John Charlwood*, 1586, in-4. [15702]

Livre très-rare, dont le prix a singulièrement aug-menté en Angleterre, depuis le dernier siècle : vendu 3 liv. 5 sh. Pearson ; 8 liv. 8 sh. Steevens ; 64 liv. Roxburghe ; 36 liv. 15 sh. White Knights. L'ouvrage a été réimprimé dans le recueil intitulé : *Ancient critical essays upon english poets and poesy*, London, 1815, in-4. — Dans ses *Anecdotes of literature* (I, p. 234), Beloe a donné une notice sur le *Discourse of english poetry*, et sur d'autres traités du même genre.

WEBBE (*Edw.*). The rare and most won-derfvl thinges which Edward Webbe an Englishman borne, hath seene and pas-sed in his troublesome trauailes, in the cities of Jerusalem, Dammasko, Bethe-lem and Galely; and in the landes of Jewrie, Egipt, Grecia, Russia and in the land of Prester John. *London, by Ralph Blower for Thomas Pauier* (1590), in-4. goth. de 10 ff., sign. A—C 2. [19908]

Ouvrage dédié à la reine Élisabeth. L'épître au lecteur est datée : *At Black-wall this* 19th *of may*, 1590. Vend. 13 liv. Jadis ; 14 liv. 14 sh. Nassau ; 6 liv. 2 sh. 6 d. Heber, IX, 3159.

Une autre édition, *London, by A : I : for William Barley*, in-4. goth. de 16 ff., sign. A—D 4, est dé-crite par Lowndes, première édition, p. 1916. Le portrait de l'auteur, qui se voit au 1er f., est répété au verso du feuillet D 3. — Pour une édition de Londres, *for William Wright*, 1590, in-4. goth., avec fig. sur bois, voy. la *Biblioth. grenvil.*, p. 794.

WEBBER. Views in the South Seas, from drawings by the late James Webber, from the year 1776 to 1780. *Lond., Boydell*, 1808, gr. in-fol. [19856]

Ce volume, qui peut être réuni à la collection des Voyages de Cook, renferme 16 pl. en couleur, avec leur texte explicatif : 30 à 36 fr.

WEBER (*Henry*). Metrical romances of the thirteenth, fourteenth and fifteenth centuries : published from original mss., with an introduction, notes and a glos-sary. *Edinburgh*, 1810, 3 vol. pet. in-8. 24 à 30 fr. [15719]

Nous avons déjà eu occasion d'indiquer, à l'article RITSON, un autre recueil du même genre que ce-lui-ci.

— TALES of the East : comprising the most popular romances of oriental origin ; and the best imitations by european authors : with new translations, and additional tales, never before published, to wich is prefixed an introductory dissertation, etc., by H. Weber. *Edinburgh*, 1812, 3 vol. gr. in-8. 36 à 48 fr. [17763]

Ce recueil, imprimé à deux colonnes et en petits ca-ractères, renferme les Mille et une nuits, et beau-coup d'autres ouvrages du même genre.

— POPULAR romances, consisting of imaginary voyages and travels, to which is prefixed an intro-ductory dissertation, by H. Weber. *Edinburgh*, 1812, gr. in-8. 12 à 15 fr. [17710]

Recueil imprimé d'une manière conforme au précé-dent.

— BATTLE of Flodden field, with notes and illustra-tions by H. Weber. *Edinburgh*, 1806, in-8. 6 fr.

— Voyez ILLUSTRATIONS of northern antiquities.

WEBER. Album pittoresque du Rhin : collection des plus belles vues depuis Mayence jusqu'à Cologne ; dessinées d'a-près nature par plusieurs habiles artistes, et gravées à l'aquatinte par J.-J. Weber; avec une explication de chaque planche, en allemand et en français. *Francfort-sur-le-Mein*, *Jugel*, 1830, pet. in-fol. obl. de 15 ff. 20 fr.; — avec les pl. color. 40 fr. [26565]

WEBER (*M.-J.*). Atlas anatomique du corps humain de grandeur naturelle, en 84 pl. *Dusseldorf*, 1834 (2e édit. 1848), in-fol. 100 fr. [6706]

WEBSTER (*John*). Poetical and dramatic Works, now first collected, with some account of the author and notes, by the rev. Alex. Dyce. *Lond., Pickering*, 1830 (aussi avec des notes de W. Hazlitt, 1857), 4 vol. pet. in-8. 1 liv. 10 sh., et plus en Gr. Pap. [16888]

Poëte dramatique anglais, dont les pièces ont été imprimées séparément et de format in-4., à Lon-dres, de 1612 à 1661.

— THE SAMES, edited with life and notes by A. Dyce. *London, Moxon*, 1857, gr. in-8. 13 sh. 6 d.

WEBSTER (*John-Noah.*). A Dictionary of the english language, exhibiting the ori-gin and affinity of every word, its orthogra-phy, pronunciation and accurate defini-tions : to which are prefixed an introduc-tory dissertation on the origin, history and connection of the languages of west-ern Asia and of Europe, and a concise grammar of the english language. *London, Black, Young*, 1832, 2 vol. in-4. 2 liv. 2 sh. [11330]

Ce dictionnaire, fruit de quarante années de travaux, renferme 12,000 mots de plus que les autres lexi-ques anglais publiés jusqu'alors. L'édition originale a paru à New-York, chez S. Converse, 1828, 2 vol. in-4., sous le titre d'*American dictionary of the english language ;* mais celle de Londres est faite

---

Webb (*D.*). Beauty of painting, 9230.
Weber (*Vett.*). Kriegs- und Siegslieder, 15487.
Weber (*W.-E.*). Die Æsthetik, 9132.
Weber (*Fr.-B.*). Handbuch der ökonomischen Li-teratur, 31711.

Weber (*Jos.*). Mémoires concernant Marie-Antoi-nette, 23929.
Weber (*Albrecht*). Indische Studien, 28128. — Hist. de la littérature indienne, 30153.
Weber (*G.-A.*). Effets pathogénétiques des remèdes, 7381.
Weber (*J.-C.*). Die Alpenpflanzen, 5136.
Webster (*Dan.*). Speeches, etc., 28548.
Webster (*W.-H.-B.*). Voyage, 21192.

sur un exemplaire contenant des augmentations de l'auteur. — New edition enlarged by Worcester. *London*, 1851, gr. in-8. 15 sh. Autre édition revue et augmentée par le professeur Goodrich. *London*, 1853, en un seul vol. in-4. 1 liv. 10 sh.

WECCHIETTI florentini (*Hieron.*) Opus de anno primitivo, ab exordio mundi ad annum Julianum accommodato, et de sacrorum temporum ratione libri VIII. *Augustæ-Vindelicorum*, 1621, gr. in-fol. [21208]

Ce savant ouvrage, ayant été supprimé, est devenu rare ; mais il est bien moins recherché maintenant qu'il ne l'était autrefois. C'est un volume de 433 pp., non compris 6 ff. préliminaires. On trouve de plus, dans quelques exemplaires, un f. séparé et peu important, intitulé : *Compendiaria enarratio super opus illud insigne, etc.* Vendu 139 fr. *mar. bl.* Gaignat; 45 fr. Mac-Carthy ; 42 fr. La Serna : 50 fr. *m. r.*, armes du prince Eugène de Savoie, Bearzi, et ordinairement moins cher.

WECKHERLIN (Vases de M. de). Voyez VASES.

WEDDELL (*H.-A.*). Histoire naturelle des Quinquinas, ou monographie du genre Cinchona, suivie d'une description du genre Cascarilla et de quelques autres plantes de la même tribu. *Paris, Vict. Masson*, 1849, in-fol. avec 34 pl. et une gravure représentant l'exploitation du quinquina dans les forêts du Carabaya au Pérou. 60 fr. [5466]

— Voyage dans le nord de la Bolivie, 21128.

WEERTH (*E.*). Kunstdenkmäler des christlichen Mittelalters in den Rheinlanden; I. Abtheilung, Bildnerei. *Leipzig, T.-O. Weigel*, 1857, vol. 1, gr. in-fol., texte gr. in-4. 72 fr. [9681]

WEEVER (*John*). Ancient funeral monuments within Great Britain, Ireland and the islands adiacent, with the dissolued monasteries therein contained, etc., composed by the travels and studies of John Weever. *London, Harper*, 1631, in-fol. avec le portr. de l'auteur et un frontispice gravé. [26805]

Ouvrage peu exact, mais cependant d'un certain intérêt pour l'histoire d'Angleterre. Il se paye environ 2 liv. à Londres. — Vend. en Gr. Pap. *mar.* 16 liv. 16 sh. Sykes; 26 liv. 5 sh. Williams. L'édition de *Lond.*, 1767, in-4., a reçu quelques additions par les soins de Will. Tooke : 1 liv. 1 sh.

WEGELIN (*Joan.-Reinh.*). Thesaurus rerum suevicarum, seu dissertationes selectæ de natalibus, migrationibus, etc.,

gentis suevicæ. *Lindaugiæ*, 1756-60, 4 vol. in-fol. 40 à 60 fr. [26588]

WEGELIUS (*H.*). Animadversiones nonnullæ de œconomia et moribus incolarum Laponiæ Kimiensis. *Aboæ, J. Merckell*, 1754, in-4. [27696]

Opuscule rare en France.

WEIBEL. Voy. VOYAGE pittoresque autour du lac de Genève.

WEIGEL (*Hans*). Voy. HABITUS.

WEIGEL (*Christ.*). Scriptura loquens in imaginibus. *Nuremberg* (1695), 2 part. en 1 vol. in-fol. [349]

Les planches de ce volume sont de format in-8., au nombre de 831. Le recto de chaque page en présente quatre, et l'on trouve un texte en allemand, imprimé au verso; on a tout lieu de croire que les mêmes planches ont servi pour les figures de la Bible, édition de *Francfort*, 1697, 7 vol. in-8., indiquée sous le n° 96 de la *Bibliographie instructive* de De Bure.

Il y a de ces mêmes images une édition d'*Augsbourg*, 1695, in-fol., vend. 26 fr. La Serna : c'est celle dont parle Renouard dans son catalogue, tome 1er, page 19. « Au haut de chaque planche, dit ce bibliographe, est un passage latin de la Bible, et au bas l'explication en allemand ; non pas au verso, comme le dit M. Brunet, première et deuxième édition du *Manuel.* » En faisant cette observation, M. Renouard n'a sans doute point fait attention que c'est de l'édition de *Nuremberg* que j'ai parlé, d'après le catal. de Crevenna de 1789, et d'après un exemplaire que j'ai eu sous les yeux, et non pas de l'édition d'*Augsbourg*. Cette dernière doit avoir, outre le titre principal, gravé en lettres, sept autres titres pareillement gravés, deux grandes estampes en manière noire, d'après J.-J. Sandrart, et une longue dédicace en allemand. Il y en a des exemplaires sous le titre de : *Biblia ectypa*, Augsbourg, 1695, in-fol., contenant 900 fig. sur 225 pl.

— Historiæ celebriores Veteris (et Novi) Testamenti iconibus repræsentatæ, et selectis epigrammatibus (latine et germanice) exornatæ. *Norimbergæ* (1708), 2 part. en 1 vol. in-fol. 261 fr. [350]

Ouvrage tout à fait différent du précédent; les pl., gravées par Luyken et autres, y sont en grand. Vendu 19 flor. Crevenna ; (252 pl. gravées par Luyken, 136 fr. Borluut).

Il y a des exemplaires dont le titre porte 1712. Vend. 48 fr. Gaignat ; 50 fr. Mérigot ; 41 fr. Detienne.

— PASSIO Domini nostri Jesu Christi, neo-cælatis iconibus expressa. *Augsburg*, 1693, pet. in-4.

Cent planches dessinées par Sandrart et gravées par Weigel. Cette suite rare est bien exécutée.

LA PASSIONE del N. S. Giesu Christo, con le meditazioni sopra di essa composte da un padre della Compagnia di Giesu, intagliata in rame, datta alla luce da Christoforo Weigel. *In Augusta*, 1694, pet. in-8.

Cent gravures en taille-douce d'une petite dimension.

— CENTIFOLIUM stultorum, ou Cent amateurs passionnés, 100 planches, plus frontispice et une pl. à la fin, gr. en taille-douce par Weigel. *S. l. n. d.* (*Nuremberg*, vers 1690), pet. in-4.

Wecker (*J.-J.*). De Secretis, 7680.
Weddell (*James*). Voyage towards the south pole, 21140.
Wedgwood (*H.*). Dictionary of english etymology, 11314.
Wegelin (*J.*). Histoire universelle diplomatique, 23028.

Welchert (*Aug.*). Lucii Varii vita, 30444.
Weidenbach (*A.-J.*). Calendarium historico-christianum, 21240.
Weidler (*J.-Frid.*). Historia astronomiæ, 8186.
Weidmann (*Fr.*). Biblioth. von Sanct-Gallen, 31152.

Les cent gravures ont été exécutées avec goût par un artiste qui connaissait le monde. La 3ᵉ planche représente l'amateur de médailles et de curiosités; la 10ᵉ, l'amateur de livres; la 101ᵉ, l'acheteur du volume. Chaque planche est expliquée par un sixain en allemand, également gravé.

— ETHICA naturalis, seu documenta moralia e variis rerum naturalium proprietatibus, virtutum vitiorumque symbolicis imaginibus collecta a Ch. Weigelio. *Norimbergæ* (absque anno), in-4. [18583]

Cent planches avec leurs explications en vers élégiaques : 17 fr. Morel-Vindé; 31 fr. 50 c. *mar. r.* en 1843. 18 fr. non relié, Libri.

— NEU-ERÖFFNETE Welt-Galleria, worinnen allerley Aufzug und Kleidungen unterschiedlicher Stände und Nationen... zusammengebracht von P. Abraham à S. Clara und von Chr. Weigel in Kupffer gestochen. *Nürnberg*, 1708, in-fol. 100 pl. 90 fr. 2ᵉ vente Quatremère.

WEIGEL (*Karl*). Neugriechisches-teutschital. Wörterbuch; c'est-à-dire, Dictionnaire grec moderne, allemand et italien, et dictionnaire allemand et grec moderne. *Leipzig*, 1834, 2 vol. in-8. [10748]

Vendu 21 fr. 50 c. Klaproth.

La première édition est de 1796 et 1804, aussi en 2 vol. in-8.

WEIGEL (*Rud.*). Holzschnitte berühmter Meister. Eine Auswahl von schönen, characteristischen und seltenen Original-Formschnitten oder Blättern, welche von den Erfindern, Malern und Zeichnern eigenhändig geschnitten worden sind. In treuen Copieen von bewährten Künstlern unserer Zeit und als Bildwerk zur Geschichte der Holzschneidekunst herausgegeben von Rud. Weigel. *Leipzig, Weigel*, 1851-56, 14 livr. in-fol. 70 pl. 160 fr. [9582]

— HANDZEICHNUNGEN berühmter Meister aus der Weigel'schen Kunstsammlung, in treuen in Kupfer gestochenen Nachbildungen, herausgegeben vom Besitzer derselben, Rudolph Weigel. *Leipzig*, 1855, in-fol. [9478]

En 1859, il paraissait 8 cah. de 3 pl., au prix de 4 thl. par cahier.

— Kunstcatalog. *Leipzig*, 1838 et *années suivantes*, in-8. [31742]

Répertoire utile, dont il paraît 52 parties (juillet 1863), la dernière s'arrêtant au nᵒ 24088 de la série générale. Sept parties forment un volume qui est terminé par une table alphabétique des auteurs. On doit trouver dans le t. III une table systématique des 16 premières parties (LXXXIII pp.). Cette publication a commencé en 1834, sous le titre de *Catalog der Kunstsachen und Bücher...*; en 1838, lorsque le premier volume fut terminé, elle prit le titre de *Kunstcatalog*.

WEIHE (*Karl-Ern.-Aug.*) und Christ. Gottfr. Nees von Esenbeck. Rubi germani descripti et figuris illustrati. *Bonnæ*, 1822 (*Elberfeldæ, Schön*, 1822-27), in-fol. de 116 pp. avec 60 pl. en partie color. 20 thl. [5505]

Cette description est conforme à celle de Pritzel; mais le catal. de Jussieu ne donne que 49 pl. à l'exemplaire vendu 53 fr. Voy. NEES von Esenbeck.

WEIL (*Gust.*). Geschichte der Chalifen; nach handschriftlichen, grösstentheils noch unbenutzten Quellen bearbeitet. *Mannheim, Bassermann,* 1846-51, 3 vol. in-8. 60 fr. [28012]

— Mohammed der Prophet, 28003.

WEILAND (*Pierre*). Nederduitsch taalkundig Woordenboeck. *Amsterd., Allart*, 1799-1811, 11 vol. in-8. 32 flor. [11265]

Excellent dictionnaire de la langue néerlandaise. L'auteur a donné, en 1806, une grammaire de la même langue, en 1 vol. in-8. [11262]

WEINBRENNER (*Fr.*). Architectonisches Lehrbuch. *Tübingen, Cotta*, 1810-20, in-fol. fig. 9 thl. [9780]

On a plusieurs autres ouvrages de cet architecte; le dernier a pour titre : *Ausgeführte und project. Gebäude*, Carlsr., 1825-30, 3 cah. in-fol. avec 52 pl. 5 thl.

WEINMANNUS (*Jo.-Guil.*). Voyez DIETERICH Phytanthoza.

WEINREICH (*Gaspard*). Danziger Chronik : Ein Beitrag zur Geschichte Danzigs, der Lande Preussen und Polen, der Hansabunde und der nordischen Reiche, herausgegeben und erläutert von Th. Hirsch und F.-A. Vossberg. *Berlin, J.-A. Stargardt*, 1855, in-4. de 20 feuilles, pap. vél. 4 thl. [26706]

Édition tirée à 200 exempl., plus deux sur peau VÉLIN, dont l'un appartient au roi de Prusse, et le second au libraire-éditeur.

WEIROTTER (*F.-E.*). Son œuvre, contenant près de deux cents paysages et ruines, dessinés d'après nature et gravés à l'eau-forte par lui-même. *Paris, Basan*, (1775), gr. in-fol. [9593]

Recueil de 102 pièces : 30 fr. Gomel ; 73 fr. mar. bl. Delcro; 53 fr. Lamy.

205 pièces du même, rel. en 1 vol. in-fol. mar. r. 48 fr. La Valliere.

WEIS (*Conr.*). Voy. BIBLIORUM icones.

WEISS (*J.-H.*). Atlas topographique de la Suisse, en seize cartes, sur l'échelle de près de 1/3 de ligne pour 100 toises, avec la carte générale; gravé par Guérin et Scheurman. *Arau, aux frais de J.-R. Meyer*, 1786-1802, in-fol. [19679]

Bonne carte, levée trigonométriquement. On y réunit : *Nouvelle carte hydrographique et routière de la*

Weil (*H.*) et L. Benloew. Accentuation latine, 10841.
Weinig (*C.-T.*). Briefe über Rom, 25586.
Weise (*A.*). Albrecht Dürer, 31075.
Weiske (*Benj.*). Pleonasmi, 10669.
Weiss (le colonel de). Principes philosophiques, 3482.
Weiss (*Ch.*). L'Espagne depuis Philippe II, 20070.
Weiss (*Chr.-Fel.*). Beitrag zu deutschem Theater, 16814. — Lustspiele, 16825.

Suisse, par le même ingénieur, *Strasbourg, an* VIII (1800), 60 à 72 fr.

WEISS (*Charles*). Papiers d'État du cardinal de Granvelle, voyez la col. 1710 de notre 2e vol.

Tout le monde sait que le savant éditeur de ces *Papiers* a été un des collaborateurs les plus assidus, les plus utiles de la *Biographie universelle*, connue sous le nom de Michaud. (Voyez BIOGRAPHIE.)

WEITENAUER (*Ign.*). Hexaglotton geminum, docens linguas, gallicam, italicam, hispanicam, græcam, hebraicam, chaldaicam, etc., ut intra brevissimum tempus ope lexici omnia explicare discas. *Augustæ-Vindelic.*, 1762, 2 part. in-4. [10585]

Ce recueil ne tient pas ce que promet son titre.
— Hierolexicon, 11491.

WELCKER. Sylloge epigrammatum veterum, ex marmoribus et libris collegit et illustravit Fr.-Th. Welcker; editio altera, recognita et aucta. *Bonnæ, Marcus*, 1828, in-8. de 304 et xl pp. [12288]

Cet ouvrage peut servir de supplément à l'Anthologie grecque de M. Jacobs.

WELCKER (*Fried.-Gottl.*). Griechische Götterlehren, alte Denkmäler erklärt. *Göttingen, Deuerlich*, 1849-61, 6 vol. in-8. pl. lith. 72 fr. [29135 ou 29233]

— DER EPISCHE Cyclus, oder die homerischen Dichter. *Bonn*, 1835-49, 2 vol in-8.
— Die griechischen Tragödien, 16343. — Aeschylische Trilogie, 16054-55. — Zoega's Leben und Briefe, 30975.

WELD junior (*Isaac*). Travels through the states of north America, and the provinces of upper and lower Canada, in the years 1795-1797. *London*, 1799, in-4. 16 pl. 10 à 15 fr. [21019]

Cette relation a été réimprimée (en 1800), en 2 vol. in-8. Il y en a une traduction française, *Paris*, an VIII (1800), 3 vol. in-8. fig.

ILLUSTRATIONS of the scenery of Killarney, the surrounding county, and a considerable part of the southern coast of Ireland, by Isaac Weld. *London*, 1807, gr. in-4., avec 19 pl. et cartes : 1 liv.
Il en a été tiré des épreuves sur papier de Chine.

WELLERI (*Jac.*) Grammatica græca nova; curavit Jo.-Fr. Fischerus. *Lipsiæ*, 1781, in-8. = Animadversionum ad J. Welleri Grammaticam græcam specimina tria, auct. J.-Fr. Fischer, *Lipsiæ*, 1798-1801, 4 vol. in-8. 20 à 24 fr. [10634]

La première édition de la Grammaire de Weller a paru en 1654.

WELLESLEY (*Richard* Cowley marquess of). Despatches, minutes and correspondence during his administration

in India, edited by Montgomery Martin. *London*, 1840, 5 vol. in-8., portrait et cartes. 4 liv. 4 sh. [28171]

— MEMOIRS and correspondence of marquess Wellesley, including valuable by his eminent contemporaries, edited by Pearce. *London*, 1846, 3 vol. in-8.

WELLINGTON (*Arthur* Wellesley, fieldmarechal duke of). Dispatches during his various campaigns in India, Denmark, Portugal, Spain, the Low Countries and France, edited by col. Gurwood; new and enlarged edition. *London*, 1844-47, 8 vol. gr. in-8. 6 liv. 6 sh. [27036]

La première édition, *London*, 1837-39, est en 13 vol. in-8. y compris l'index.

SUPPLEMENTARY dispatches, correspondence, and memoranda of the duke of Wellington edited by his son. *London, Murray*, 1858-60, 7 vol. in-8. 5 liv. 5 sh. — Vol. VIII. Peninsular and south France, Jun 1813, April 1814, *London*, 1861, in-8. de 700 pp. 20 sh.
— SPEECHES in Parliament; collected by col. Gurwood; edited by Hazlitt. *London*, 1854, 2 vol. gr. in-8. 1 liv. 10 sh. [12200]

Nous avons placé sous le n° 27036 de notre table les différentes biographies du duc de Wellington, par Brialmont, Maxwell, Williams, Wrigth, duke Yonge, etc.

WELLS Williams. Voyez WILLIAMS WELLS.

WELTMANN (*A.*). Opissanie novavo imperatorskavo dvortza v Kremlé moskofskom. Description du nouveau palais impérial au Kremlin de Moscou. *Moscou, Semen*, 1851, in-fol. [10030]

Avec 2 plans et 12 belles planches lithochromiques.

WEMMERS (*Jac.*). Lexicon æthiopicum, cum ejusd. linguæ institutionibus grammaticis. *Romæ, Congreg. de propaganda fide*, 1638, in-4. [11944]

Vendu 27 fr. 55 c. de Tersan; 9 fr. Quatremère.

WENDELINUS (*Gottofr.*). Leges salicæ illustratæ: illarum natale solum demonstratum, cum glossario salico vocum atuaticarum. *Antuerpiæ, ex officina plantin.*, 1649, in-fol. [2598]

Ouvrage estimé : 20 à 25 fr.

WENDELSTEIN (*Jo.*). Voyez CANONES Apostolorum, et COCLEUS.

WENDLAND (*Henr.-Ludov.*). Ericarum icones et descriptiones. *Hanoveræ*, 1798-1823, gr. in-4. fig. color. [5463]

Cet ouvrage a été publié en 27 cah. de 6 pl., à 10 fr. le cahier.

— Hortus herrenhusanus, seu plantæ rariores quæ in horto regio herrenhusano prope Hannoveram coluntur. *Hano-*

Weld (*C.-R.*), History of the royal Society, 30345.
Weller (*C.-H.*). Maladies des yeux, 7532.
Weller (*Emil*). Die maskirte Literatur der älteren und neueren Sprachen, 31598.

Welte (*Ben.*). Kirchen-Lexicon, 1150.
Welwood (*J.*). Memoirs, 26938.

veræ, 1798-1801, in-fol. fasc. i-iv, avec 24 pl. color. 40 fr. [5331]

Vendu 27 fr. Pappenheim.

— Collectio plantarum tam exoticarum quam indigenarum. *Hanoveræ, Hahn,* 1806-19, gr. in-4. 84 pl. color. [4946]

Il n'a paru de cet ouvrage que les tomes I et II, en six cahiers chacun, et les deux prem. cah. du 3ᵉ vol. Prix des 14 cah., 18 thl.

WENTZEL. Perspectiva corporum regularium. Durch Wentzel Jamnitzer, Goldtschmidt in Nurnberg. (*Frankfurt*), 1568, gr. in-fol. [8423]

Volume divisé en neuf cah. sous les lettres A—I. Les sept prem. cah. contiennent 6 pl. chacun, le huitième 4, et le dernier 3 seulement. Ces planches ont été gravées en taille-douce, sous la direction de Jost. Amman. Les plus remarquables par les ornementations sont celles qui servent de titre aux sept premières parties. 53 fr. de Bearzi, et même prix Libri, en 1857.

WENZEL (*C.*). De penitiori structura cerebri humanorum et brutor. *Tubingæ, Cotta,* 1812, in-fol., avec 30 pl.; 40 fr. — Pap. vél. 60 fr. [6805]

C'est le principal ouvrage de l'auteur.

WERBUZ (*Steph.*). Opus tripartitum consuetudinarii juris regni Hungariæ, cum additamentis Jo. Sambuci. *Viennæ-Austriæ,* 1581, in-fol. [3036]

Livre rare en France : vendu 30 fr. 50 c. Abrial. L'édition de *Vienne*, 1628, in-fol. n'a été payée que 6 fr. chez Soubise. Les bibliographes allemands, qui nomment l'auteur Werbeuz ou Werbez, citent une première édition de son ouvrage imprimée en Hongrie, en 1545, in-fol., et une autre de *Vienne*, 1678, in-fol.

CORPUS JURIS hungarici, seu decretum generale, et tripartitum opus juris consuetudinarii regni Hungariæ, auctore Steph. Werböcz. *Tyrnaviæ*, 1751, (aussi *Budæ*, 1822) 2 vol. in-fol.

Nous supposons, sauf vérification, que cet ouvrage est une nouvelle édition de celui dont nous venons de rapporter le titre.

WERKEN van de Maatschappij der Nederlandsch Letter kunde te Leiden.

Collection des publications de la Société littéraire de Leyde. Elle se compose de quatre séries, savoir : I. sous le titre ci-dessus, 1772-1788, 7 vol. in-4. II. Sous le titre de : *Verhandelingen van de Maatschappij der nederlandsche Letterkunde te Leyden.* 1ᵉ Deel, 1806; 2ᵉ Deel en 2 part., 1814-18;

3ᵉ Deel, 1819-24, 3 tomes en 5 vol. in-8. III. *Nieuwe Werken van de Maatschappij... Dordrecht* 1824-44, 6 tomes en 10 vol. in-8. IV. *Nieuwe Reeks van Werken van de Maatschappij... Leiden, S. et I. Luchtmans,* 1846-57, 10 vol. in-8. [30341]

WERLHOFIUS. Opera medica; collegit et auxit J.-E. Wichmann. *Hanoveræ,* 1775, 2 vol. in-4. [6649]

Vendu 20 fr. Le Monnier.

WERNDLY(*G.-Henr.*). Maleische Spraakkunst uit de eige Schriften der Maleiers opgemaakt... *Amsterdam, R.-G. Wetstein,* 1736, in-8. [11891]

Grammaire malaise, écrite en hollandais, et précédée d'une préface comprenant une introduction à l'ouvrage et un double supplément, offrant deux bibliothèques des livres composés en cette langue, tant par les Européens que par les Malais. 18 fr. de Sacy.

— LA MÊME Grammaire malaie, publiée par C. Van Angelbeek (en hollandais). *Batavia*, 1823, in-4. de VII et 130 pp., plus la table et l'errata.

Il y a des exemplaires avec un nouveau titre, daté de 1826, et à l'adresse des frères Van Cleef, à La Haye : 19 fr. 50 c. Rémusat.

WERNER (*Abrah.*). Oratio de confectione ejus potus, qui Germaniæ usitatus, veteri vocabulo, secundum Plinium, Cerevisia vocatur, auctore Abrahamo Wernero. *Witebergæ, Joannes Schwertel,* 1567, pet. in-8. de 23 feuillets en ital. [10276]

8 fr. mar. r. La Valliere.

WERNER (*Paul-Chr.-Frid.*). Vermium intestinalium, præsertim tæniæ humanæ, brevis expositio, cum III continuationibus. *Lipsiæ*, 1782-88, 4 part. en 1 vol. in-8., avec 18 pl. 8 à 9 fr. [6170[

WERNER (*J.-C.*). Atlas des oiseaux d'Europe. Voyez TEMMINCK. — Perroquets, voyez LE VAILLANT.

WERNSDORFIUS (*Gott.*). Brevis et nervosa de indifferentismo religionum commentatio. *Wittembergæ,* 1716, in-8. 4 à 6 fr. [2282]

WES (*Giles* du), ou Dewes. Introductorie. Voy. DU WES.

WESENBEKE. La défense de Jaques de

Wesenbeke jadis conseillier et pension-
naire de la ville d'Anvers, contre les in-
deuës et iniques citations contre luy dé-
crétées. *Imprimé en Janvier* 1569, pet.
in-8. de 48 pp. [25020]

Cette pièce est si rare, qu'à peine en connaît-on trois
exemplaires. Celui de Proli a été vendu 130 flor. à
Anvers, selon la note du catalogue Van Hulthem,
n° 26465. Le même catalogue nous fait connaître
l'opuscule suivant, qui n'est pas moins rare que
celui dont nous venons de parler :
　LA DÉFENSE de messire Antoine de Lalaing, comte
de Hochstrate, etc., chevalier de la Thoison d'or.
Imprimé l'an 1578, mois de may, pet. in-4.
Pour un autre ouvrage de Jacq. de Wesenbeke, voy.
DESCRIPTION de l'estat…, et ajoutez que l'exempl.
de Th. de Jonghe a été vendu 126 fr. 50 c. en
1860.
Il en a été fait une réimpression tirée à cent exemplaires, sous ce titre :
　LA DEFENSE *de Messire Antoine de Lalaing,
comte de Hocstrate… contre les fausses et ap-
postées accusations des cas contenus ès lettres
d'adjournement impetrées à sa charge…, augmentée de la correspondance inédite du comte
avec Marguerite de Parme, et d'une notice histor. et biographique (par M. Gachard). Mons,
Hoyois,*1838, in-8.

WESTALL (*W.*). Voy. MOULE.

WESTENRIEDER (*Laur.* de). Glossarium
germanico-latinum vocum obsoletarum
primi et medii ævi imprimis bavarica-
rum. *Monachii, Ziegler,* 1816, pet.
in-fol., avec 2 pl. Première partie, 4 thl.
[11220]

WESTERGAARD. Radices linguæ sans-
critæ ad decreta grammaticorum defini-
vit atque copia exemplorum exquisitio-
rum illustravit N.-L. Westergaard. *Bonnæ ad Rhenum,* 1841, gr. in-8. 30 fr.
[11753]

— Bundehesh liber Pehlvicus, 20968.

WESTERHOVIUS (*Arn.-Henr.*). Hiero-
glyphica of merkboelden, *c'est-à-dire,*
Hiéroglyphes, ou emblèmes des Egyp-
tiens, Chaldéens, Phéniciens, Juifs, etc.
(en hollandais), avec 63 fig. de Romain
de Hooghe. *Amsterdam,* 1735, gr. in-4.
10 à 12 fr. [29094]

Un exemplaire en très Gr. Pap., format pet. in-fol.
36 fr. salle Silvestre, en 1808.

WESTON (*Steph.*). Specimen of the con-
formity of the european languages, particularly the english, with the oriental
languages, especially the persian, in the
order of the alphabet. *London,* 1802,
in-8. [10589]

Quoiqu'il ait été vendu 45 fr. Villoison, cet ouvrage
ne vaut pas plus de 5 à 6 fr.
Lowndes donne la liste des nombreux opuscules de
Weston, tant sur la littérature orientale que sur
divers sujets.

— Voyez HERMESIANAX.

WESTPHALEN (*E.-Jo.* de). Monumenta
inedita rerum germanicarum, præcipue
cimbricarum et megapolensium. *Lipsiæ,
Martini,* 1739-45, 4 vol. in-fol. fig. 50 à
60 fr. [26649]

WESTRIK (*J.-V.*). Voyez à la fin de l'ar-
ticle ÆSCHYLUS.

WESTWOOD (*J.-O.*). Palæographia sacra
pictoria ; or select illustrations of ancient
illuminated biblical manuscripts, by
J.-O. Westwood. *London,* 1845, gr.
in-4. [9438]

Ce volume contient 50 pl. impr. en or et en couleurs,
sous la direction d'Owen Jones. 3 liv. 3 sh.
— BRITISH Butterflies and their transformations, 42 pl.
coloured by H.-N. Humphreys, with descriptions
by J.-O. Westwood. *London,* 1846 (aussi 1857),
in-4. 1 liv. 8 sh. [6082]
— BRITISH Moths and their transformations. *London,* 1846, 2 vol. in-4. avec 124 pl. color. 3 liv. 13 sh.
— CABINET of oriental entomology, a selection of the
rarer and more beautiful species of insects natives
of India. *London,* 1848, in-4. avec 42 pl. color.
1 liv. 10 sh.
— INTRODUCTION to the modern classification of the
insects, founded on the natural habits and corres-
ponding organisation of the different families.
London, 1839-40, 2 vol. in-8. 16 sh. [5951]
— Arcana entomologica, 5970.
— Insects of China, and insects of India. Voy. DO-
NOVAN.
— Index etymologicus. Voy. WOOD (*Will.*).

WETSELIUS (*J.-Ph.*). Court projet de la
doctrine de la vérité, religieusement traduit en langue chingulaise, pour servir
à l'usage des communautés des chrétiens chingulais. *Colombo, imprim. de
la compagnie des Indes orientales,*
1744, in-8.

Volume rare en France. Le titre est en hollandais, et
le texte en caractères chingulais : 25 fr. en 1808.

WETZEL ou Wezel (*Jean*). Voyage pittoresque au lac de Waldstetten ou des quatre cantons, représenté en dix vues dessinées par J. Wetzel et gravées par Fr. Hegi, coloriées et accompagnées d'un texte descriptif. *Zurich*, 1817, in-fol. 50 à 60 fr. [20263]

— Voyage pittoresque au lac de Constance, représenté en 15 vues dessinées d'après nature par J.-J. Wezel, gravées par Hegi et Suter, et accompagnées de texte. *Zurich, Orell, Füssli et Comp.*, 1830, gr. in-fol. obl. [20256]

Les mêmes artistes avaient déjà donné des voyages pittoresques *aux lacs de Zurich, Zoug, d'Egeri et Wallenstadt*, 1819, dix vues; — *au lac de Genève*, 1820, dix vues; — *au lac de Como*, 1820, 15 vues; — *aux lacs Majeur et de Lugano*, 1823, quinze vues; — *au lac de Garde*, 1824, gr. in-fol. obl.; — *aux lacs de Thoune, Brienz, Lugern et Sarnen*, 1827, avec 13 pl. assez bien exécutées; chaque planche coloriée avec soin se vendait 10 fr.

WEUGEL (*P.-J.* de). Carte générale de l'Islande, etc., levée par ordre du roi de Suède. 1776-85, 22 feuilles.

Vendu 100 fr. (avec la partie septentrionale de la Norwége, par C.-L. Pontoppidan, 1785, en 2 ff.) Méchain. Nous reproduisons cette indication sans en garantir l'exactitude.

WEYDEMEYER (*A.*). Tableaux historiques, chronologiques, géographiques et statistiques de l'empire de Russie, avec une carte généalogique. *Saint-Pétersbourg*, 1828, in-fol. de 16 feuilles. [27738]

Porté à 84 fr. dans un des catalogues de Treuttel et Würtz.

WEYERMAN (*Jac.* Campo). Voyez Houbraken (*Arnol.*).

WEYERS (*H.-L.*). Specimen criticum, exhibens locos Ibn Rhacanis de Ibn Zeidouno, ex mss. codd. bibliothecæ lugd.-bat. et gothanæ editos, latine redditos et annotationibus illustratos. *Lugd.-Batav.*, 1831, in-4. de 220 pp. 20 fr.

WHAEL(*Barthold.-G.*). Grammatica-fennica, antiquissimæ hujus ac natura sua præstantissimæ linguæ adyta, ejus peculiarem, ab aliis europæis linguis differentem genium, flexiones et conjugationes, orientalibus, primævæ imprimis, adlines illustrans. *Aboæ*, 1733, in-12. [11376]

Vendu 9 fr. Renouard, en 1804.

WHARTON (*Henr.*). Anglia sacra, sive collectio historiar. de archiepiscopis et episcop. Angliæ, a prima fidei christ. sus-

ceptione ad ann. 1540. *Londini*, 1691, 2 vol. in-fol. 60 à 80 fr. [21503]

Ouvrage assez estimé malgré les nombreuses inexactitudes que Burnet y a remarquées. Vendu en Gr. Pap. *m. r.* 120 fr. Mac-Carthy, et 5 liv. 10 sh. Williams.

WHELER (*Georges*). Voyage de Dalmatie, de Grèce et du Levant, traduit de l'anglois. *Amsterdam*, 1689, 2 vol. pet. in-8., ou *La Haye*, 1723, 2 vol. in-12, fig. 5 à 7 fr. [20435]

Wheler a été le compagnon de voyage de Spon (voy. ce nom). L'édit. originale de sa relation en anglais, *Londres*, 1682, in-fol. fig., a plus de valeur que la traduction ci-dessus : 1 liv. à 1 liv. 10 sh. vend. en Gr. Pap. 2 liv. 5 sh. Askew; 3 liv. 10 sh. Dent; 4 liv. 6 sh. *mar.* Hibbert; 30 fr. Léon Leclerc.

WHISTON (*Will.*). Primitive New-Testament in four parts, published from the manuscr. of Beza at Cambridge. *Stamford and London*, 1745, in-8. [153]

Livre rare, vendu 4 liv. 14 sh. 6 d. Hibbert; 1 liv. 9 sh. Williams.

WHITAKER (*Thomas* Dunham). An History of Richemondshire, in the north riding of Yorkshire; together with those parts of the Everwicshire of Domesday, which form the Wapentakes of Lonsdale, Ewecross, and Amunderness, in the counties of York, Lancaster, and Westmoreland. *London*, *Longman*, 1823, 2 vol. in-fol. fig. [27362]

Ce magnifique ouvrage a coûté 25 liv., et en Gr. Pap., épreuves sur papier de Chine, 50 liv.; mais on le trouve maintenant pour 15 ou 18 liv. On le réunit à l'*History and topography of Leed* de Thoresby, avec des additions par Whitaker (voyez Thoresby).

— Cathedral of Cornwall, 27140. — Manchester, etc., 27223. — Mary queen of Scots vindicated, 27441.

WHITBOURNE (*R.*). Discourse and discovery of New-Foundland, with many reasons to prove how worthy and beneficiall a plantation many there be made, after a far better manner than now it is, written by capt. R. Whitbourne of Exmouth. *London*, 1620, pet. in-4.

Ce volume est porté à 4 liv. 4 sh. dans le catalogue de Willis and Sotheran, 1862, n° 14913.

WHITE (*Gilbert*). The natural history and

Whatly. Jardins modernes, 9822.

Wheaton (*H.*). Droit international, and History of the law of nations, 2369. — Progrès du droit des gens, 2379. — Histoire des peuples du Nord, 27554.

Wheeler (*J.-T.*). Geography of Herodotus, 19578. — The Life of Herodotus, 22296.

Wheler (*R.-B.*). History of Stratford, 27325.

Whewell (*Will.*). Inductive sciences, 3287. — Elements of morality, 3772. — Astronomy and physics, 4192. — Architectural notes on german churches, etc., 9787.

Whitby (*D.*). Paraphrase on the N. T., 506.

White (*Ch.*). Regular gradation, 6914.

Wetzer et Welte (les Drs). Dictionnaire encyclop. de la théologie cathol., 1150.

Wexionius (*Mich.-Ol.*). Descriptio Sueciæ, 27627.

Wey (*Fr.*). Études et remarques sur la langue française, 10933 et 10970.

Whalley (*P.*). Northamptonshire, 27268.

antiquities of Selborne, in the county of Southampton. *London,* 1789, in-4. fig. [4523]

Très-belle édition de cet ouvrage estimé : le titre ne porte pas le nom de l'auteur. Vend. 27 fr. Morel-Vindé; 3 liv. 6 sh. Hibbert, et moins depuis. — Dans une seconde édition, *London,* 1813, in-4. fig., on a ajouté : *The naturalist's calendar, observations on various parts of nature, and poems,* du même auteur : elle est cependant moins chère que la première. Il en a été tiré 50 exemplaires en Gr. Pap., où la figure de la p. 314 est coloriée à l'imitation de la peinture originale. Vend. 4 liv. 7 sh. Sykes. — Les mêmes ouvrages ont aussi paru en 2 vol. in-8., à Londres, 1813, ou 1822, et de nouveau en 1833, in-8., avec des notes. 15 sh. — Lowndes en indique encore une édition sous ce titre :

THE WORKS in natural history... comprising the natural history of Selborne, the naturalist's calendar, and miscellaneous observations to which are added a calendar and observations by W. Markwick. *London,* 1802, 2 vol. in-8.

Ajoutons que l'*History of Selborne* a été réimpr. à *Philadelphie,* 1832, in-12, avec des additions de Will. Jardine.

WHITE (*John*). Journal of a voyage to new South Wales, in the years 1787, 88 and 89. *London,* 1790, gr. in-4., with 65 pl. 15 à 18 fr. [21157]

Vendu, avec fig. color., 56 fr. L'Héritier, et moins cher depuis.

Ce voyage a été traduit en françois par Pougens, *Paris,* 1795, in-8. fig.

— Voyage to Cochinchina, 20724.

WHITE (the lieutenant *John*). History of a voyage to the China Sea. *Boston,* 1823, in-8. [20758]

Relation curieuse.

WHITE (*Jos.*). Diatessaron, sive integra historia Jesu Christi, græce, ex IV evangeliis inter se collatis, etc., edidit J. White. *Oxonii,* 1800, pet. in-8. [233]

Réimprimé plusieurs fois. La 7e édition est d'*Oxford,* 1826, pet. in-8. 3 sh. 6 d.

— Criseos griesbachianæ in Novum Testamentum synopsis. *Oxonii,* 1811, in-8. 5 sh.

Ce livre estimé doit être joint à l'édition du Nouveau Testament grec donnée par le même savant professeur, en 1798, in-8.

— ÆGYPTIACA, or observations on the antiquities of Egypt, in two parts : pars 1, the history of Pompey's pillar elucidated ; pars II, Abdollatif's account of the antiquities of Egypt, translated into english and illustrated, with notes by W. White. *Oxford, at the University's press,* 1801, gr. in-4. [28364]

Première partie, la seule publiée : 12 à 15 fr.

— Voyez TIMOUR.

WHITE (*G.-Fr.*). Views in India, chiefly among the Himalaya mountains, by lieut. G.-Fr. White; edited by Emma Roberts. *London,* 1838, gr. in-4. [28115]

25 fr. 50 c. *mar. v.* Burnouf.

WHITE (*Rich.*). Voy. VITUS.

WHITER (*Walter*). Etymologicon magnum, or universal etymological dictionary, on a new plan, with illustrations drawn from various languages : english, gothic, saxon, german, danish, etc., greek, latin, french, italian, spanish, galic, irish welsh, bretagne, etc., the dialects of the sclavonic, and the eastern language, hebrew, arabic, persian, sanscrit, gipsey, coptic. *Cambridge, Hodson and Mackinlay,* 1800-1811, 1 vol. en 2 part. in-4. 20 à 24 fr. [11316]

L'auteur n'est point nommé sur le titre de cet ouvrage, mais il a signé la préface. La première partie finit à la p. 507, non compris l'index. La deuxième contient les pp. 521 à 1307. Elle porte le titre d'*Etymologicon universale..... in which it is shewen that languages are derived from the earth, and the operations, accidents and properties belonging to it.* Il y a des exempl. dont les deux parties sont datées de 1811.

L'édition de *Cambridge,* 1822-25, 3 vol. in-4., a coûté 6 liv. 6 sh., mais elle se donne pour 2 liv. 2 sh., et moins encore.

WHITNEY (*Geffrey*). A choice of emblemes, and other devises, for the most part gathered out of sundrie writers, englished and moralized : and divers newly devised. *Leyden, in the house of Christopher Plantin, by Fr. Raphelengius,* 1586, in-4. de x ff. prélimin. et 230 pp. fig. sur bois. [18613]

On trouve difficilement ce volume bien conservé : vend. 2 liv. 10 sh. *mar.* Sykes; 4 liv. 16 sh., et 2 liv. 12 sh. 6 d. Heber; 5 liv. 10 sh. Mitford, en 1860 ; 26 fr. 50 c. Noël, en 1841.

WHITTINGTON (Rev. *G.-D.*). An historical survey of the ecclesiastical antiquities of France; with a view to illustrate the rise and progress of gothic architecture in Europe. *London,* 1809, gr. in-8. [9852]

Ouvrage posthume, resté imparfait à cause de la mort de l'auteur. Nous l'indiquons, parce qu'il est peu connu en France. Il en a été tiré des exemplaires en Gr. Pap. format in-4.

WHITTINTON (*Robertus*). Epigrammata unacum quibusdam panegyricis. *Londini, per me Wynandum de Worde,* 1519, in-4. [13117]

Ce livre très-rare, et dont un exemplaire relié en *mar. bl.,* a été vendu 7 liv. Heber, VI, n° 3900, paraît être le même que Lowndes, première édition, p. 1941, indique sous le titre d'*Opusculum Rob. Whittintoni...* dans la liste curieuse qu'il donne des ouvrages de cet .auteur, lequel a publié sur la grammaire nombre d'opuscules écrits en latin, et impr. à *Londres,* de 1513 à 1533, in-4. — Voir la *Biblioth. heber.,* 2e part., nos 0444-04, où une collection de ces mêmes opuscules est portée à 13 liv.; voir aussi la *Biblioth. grenvil.,* p. 801.

WHITWORTH (*Charles* lord). Account of

Russia, as it was in the year 1710.
Strawberry-Hill, 1758, pet. in-8. de
158 pp. et 1 f. d'errata. [27773]

Volume peu commun, quoiqu'il ait été tiré à 700
exemplaires. La préface est d'Ilor. Walpole : 6 à
9 fr. Vendu 22 fr. *mar. r. dent.*, F. Didot, et quelquefois plus cher en Angleterre. L'ouvrage a été
réimprimé dans *Dodsley's fugitive pieces.*

WICAR. Voy. GALERIE de Florence.

WICKES'S Illustrations of spires and
towers of the mediæval churches of England, with observations on the architecture of the middle age. *London*,
1853-55, 2 vol. gr. in-fol. 52 lithographies, 3 liv. 5 sh. — Supplément, 1858-
59, gr. in-fol. 20 gr. pl. contenant
77 églises. 2 liv. 5 sh. [10000]

— MEMORIALS of english Mediæval churches, with an
essay on ancient ecclesiastical architecture. *London*, 1857, gr. in-fol. 37 pl. contenant 71 églises.
2 liv. 2 sh.
— VILLA architecture, designs for villa residences in
various styles. *London*, 1859, gr. in-4.

WICKRAM (*Jorg.*). Ein hübsch new Fast-
nacht Spil | ausz heyliger Biblischer Ge-
schrifft gezogen | der trew Eckart genant
| darin alle stend der welt begriffen wer-
den, mit schönen Figuren angezeygt. Der
trew Eckart heyss ich | Jörg. Wickram
von Colmar macht mich. — *Getruckt
zu Strasburg, bey Jacob Frölich, im
lar* M. D. XXXVIII. pet. in-8. goth.,
sign. A—Fv, fig. sur bois.

Suite de dialogues en vers. 80 fr. *v. f.* de Soleinne,
n° 4971, où il est dit que le dénoûment et la marche
de cette espèce de comédie la font entrer dans la
collection des Danses de la mort.

WICLEF (*Joan.*). Dialogorum libri IV.
(*in fine*) : *Excusum anno a Christo nato*
M.D.XXV. *die.* VII *Martis*, 1525, in-4.
de 175 ff., plus 6 ff. prélim. [1865]

Cet ouvrage a été soigneusement supprimé, et est devenu très-rare : vendu 57 fr. Soubise ; 30 flor. Crevenna ; 40 fr. *mar. bl.* Saint-Céran ; 120 fr. Mac-
Carthy ; même prix *mar. v.* Giraud ; 39 fr. Boutourlin, et quelquefois moins.
Il a été réimprimé avec quelques augmentations, par
les soins de L.-Ph. Wirth, à *Francfort*, 1753, et à
Bareuth, 1754, in-4. 6 à 9 fr.

— Wicklieffe's Wicket, faythfully over-
seene and corrected after the originall
and first copie, by M. C. (peut-être
Miles Coverdale) with the protestacion
of John Lassels and the testament of
W. Tracy, expounded by W. Tyndall
and John Frythe. (*sans l. ni d.*), in-16.

Wiarda (Til. Dothias). Altfriesisches Wörterbuch,
11252. — Ostfriesische Gedichte, 26693. (Déjà porté
par erreur à Dothi-Wiarda.)
Wichmann (*B.-H.*). Uebersicht der neuern russ.
Geschichte, 27767.
Wickham. Vestiges of old London, 27101.
Wicksteed (*T.*). Pumping cornish engines, 8140.
— Illustrations of the cornish and boulton... engi-
nes..., 8140.

Seconde édition, augmentée. La première, imprimée
sous la date de *Norenburche*, 1546, in-12, est
fort rare. Le rév. P. Pantin en a fait faire une
réimpression à *Oxford*, 1828, pet. in-4., tirée à
petit nombre.
— THE SAME, faithfully overseen and corrected...
The locke where of was cause of innumerable
and shamfull errours in the other edicion, 1552,
in-12.
Autre édition portée à 2 liv. 12 sh. 6 d. dans le catal.
de Willis et Sotheran, 1862, n° 14981.
— THE LAST AGE of the Church, by John Wyclyffe,
now first printed from a manuscript in the university library Dublin, edited with notes by James
Henthorn Todd. *Dublin*, 1840, in-8.
Pour les autres ouvrages de Wiclef écrits en anglais,
consultez Lowndes, première édition, p. 1943, et
aussi *The Life and opinion of John Wycliffe, by
Robert Vaughan*, London 1828 ou 1831, in-8., avec
un portrait par Finden.
LIFE and sufferings of John Wicliffe, with a collection of original papers by J. Lewis. *Oxford, Clarendon press*, 1820, in-8.
Réimpression de l'ouvrage dont nous avons déjà donné
le titre dans notre 3e vol., col. 1038. Il en a été tiré
des exemplaires en Gr. Pap.
JOHN DE WYCLIFFE, a monography, with an account of the Wycliffe mss. in Oxford, Cambridge,
the British Museum, Lambeth Palace and at Dublin, by Vaughan. *London*, 1853, in-8.

WICQUEFORT (*Abrah.* de). L'Ambassadeur et ses fonctions ; édition augmentée
du traité du juge compétent des ambassadeurs, trad. du latin de Bynkersoechk
par J. Barbeyrac. *La Haye*, 1724, ou
1746, 2 vol. in-4. 10 à 12 fr..[4015]

— Voyez OLEARIUS.

— Mémoires touchant les ambassadeurs, 4014. —
Lettres, 18788. — Provinces unies, 25166.

WICZAY (*Mich.* a). Musei hedervariani in
Hungaria numos antiquos græcos et latinos descripsit, anecdotos vel parum
cognitos etiam tabulis cupreis incidi
curavit C.-Mich. a Wiczay (edente Ca-
ronio). *Vindobonæ*, 1815, 2 vol. in-4.,
avec 58 pl. [29746]

Ce cabinet contient près de 18,000 médailles choisies,
dont le détail se trouve dans le Journal de la littérature étrangère, 1818, p. 28. Sestini a donné la
description d'une partie de ces médailles (voyez
SESTINI).

WIDMAN dictus Meichinger. Tractatus de
pustulis quæ vulgato nomine dicuntur
Mal de Franzos, doctoris Joannis Widman. (*absque nota*), in-4. de 10 ff. en
caract. ronds. [7252]

En tête de cet opuscule se trouve une lettre de l'auteur à Jean Nell, médecin, datée de Tubingue,
le 20 janvier 1497, par laquelle il le prie de faire
imprimer son ouvrage. A cette lettre est jointe la
réponse de Nell, qui qualifie Widman de *Præcep-
tor*, et qui lui promet de faire ce qu'il désire.
Comme cette réponse est datée de Strasbourg,
1e *Februarii* 1497, et que le titre qui la suit porte :
Editus anno 1497, on est fondé à croire que cette
édition a été faite à Strasbourg dans le courant de
la même année. — Il existe une autre édition de ce
traité, également imprimée sans indication de lieu
ni d'imprimeur, mais dont le second titre porte
aussi *Editus anno christi. MCCCC XCVII* ; elle

n'a que 8 ff. in-4., en caract. goth., et les deux lettres ci-dessus indiquées ne s'y trouvent pas.

WIDMAN (*J.*). Behëde vnd hubsche Re-·chenungauf allen kauffmanschafft. *Leipzick, Chr. Kacheloffen*, 1489, in-8. de 236 ff., selon Hain. [4179]

Édition originale et très-rare de ce traité à l'usage des marchands; on en a cité une autre de *Leipzic*, 1480, in-8., qui serait le plus ancien livre imprimé dans cette ville, mais dont l'existence n'est pas constatée. L'édit. d'*Augsburg*, *H. Stayner*, 1526, in-8., avec fig. sur bois, est décrite par Ebert, 23984. L'ouvrage est anonyme.

WIEBEKING (*Ch.-Fred.*). Traité contenant úne partie essentielle de la science de construire les ponts, avec une description de la nouvelle méthode économique de construire des ponts en arches· de charpente, inventée par l'auteur..... pour servir de complément aux œuvres de Perronet. *Munich*, 1809, in-fol. fig. 100 fr. [8836]

Le même auteur a publié à *Darmstadt* et à *Munich*, de 1798 1807, une *Architecture hydraulique*, en allemand, sous ce titre : *Allgemeine theoretisch-praktische Wasserbaukunst, etc.*, qui forme 5 vol. gr. in-4. pap. vél., avec beaucoup de gravures, et qui coûtait de 500 à 600 fr. Les pl. sont ordinairement distribuées en 5 vol. gr. in-fol., et placées sur des feuilles de papier bleu. Il a paru de cet ouvrage une seconde édition augmentée, *Munich*, 1811, 4 vol. in-4., avec 153 pl., au prix de 120 thl. [8155]

— Architecture civile, théorique et pratique, enrichie d'une histoire descriptive et analytique des édifices anciens et modernes les· plus remarquables. *Munich, Mich. Lindauer et comp.*, 1827-31, 7 vol. in-4., et atlas gr. in-fol. [9779]

Cet ouvrage, enrichi de 260 pl., est annoncé dans le Catalogue de Leipsick, sept. 1830, p. 550, aux prix de 160, 224, 274 thl., selon la qualité du papier. — Il y en a une édition avec texte allemand, sous ce titre : *Theoretisch-praktische bürgerliche Baukunde*, München, 1822-26, 4 vol. gr. in-4., avec un. atlas de 180 pl. selon Ebert. Voyez sur l'édition du texte français le *Journal de la littér. étrang.*, 1827, pp. 30 et 39.

— MÉMOIRE sur les ponts suspendus en chaînes de fer, relatif aux ponts construits dans le dernier temps en Angleterre et en Russie, et lequel servira de supplément à l'ouvrage sur l'architecture civile. *Munich*, 1832, in-4., avec 8 pl. 21 fr. [8841]

— MÉMOIRES concernant les améliorations des ports de Venise, la conservation des îles nommées Lodi, l'amélioration du cours de la Brenta, etc. *Munich*, 1810, gr. in-4. fig. pap. vél. 24 fr.

— Analyse descriptive, historique et raisonnée des monuments de l'antiquité. des édifices les plus remarquables, et des constructions hydrotechniques de l'Italie, par Ch.-Fréd. Wiebeking. *Munich*, 1838-40, 5 vol. gr. in-4., et 5 atlas in-fol. [9730]

Widmer (*M.-J. von*). Domus wittelsbachensis numismata, 26615.
Widowson (*H.*). Van Diemenland, 28333.

Bel ouvrage orné de 167 grandes planches : 800 fr. Le titre ci-dessus est celui des deux premiers volumes, mais ceux des trois derniers annoncent les travaux hydrauliques du moyen âge et des derniers temps dans différentes parties de l'Europe.

WIEDEMANN (*C.-R.-W.*). Aussereuropäische zweiflüglige Insecten. *Hamm*, 1828-30, 2 vol. in-8., avec 14 pl. 9 thl. [6036]

WIED-NEUWIED (*Maximilien de*). Voy. MAXIMILIEN.

WIELAND (*C.-M.*). Sämmtliche Werke. *Leipzig, Göschen*, 1794-1802, 36 vol. in-4. pap. vél. fig.

— Supplément. *Leipzig*, 1798, 6 vol. in-4. [19295]

Belle édition des œuvres d'un des plus célèbres polygraphes de l'Allemagne. Elle a coûté 300 thl., mais elle est beaucoup moins chère aujourd'hui.
Il a paru en même temps une édition en 42 vol. in-8., pap. vél. fig., et une édition in-12, pap. vél.

— Sämmtliche Werke; neue Ausgabe mit deutschen Lettern und erläuternden Anmerkungen, von J.-G. Gruber. *Leipzig, Göschen*, 1818-27, 53 vol. in-8., y compris la vie de l'auteur. 120 fr.; — Pap. vél., 240 fr. — La même collection a été impr. en 53 vol. in-16, et à Leipzig, 1839-40, en 36 vol. in-16. 75 fr.

— Musarion, ein Gedicht in drey Büchern. *Wien, in der Degen'schen Buchdruckerey*, 1808, in-fol. fig. [15584]

Édition de luxe, imprimée sur beau papier vélin, et cependant à bas prix. Il en a été tiré quatre exemplaires sur VÉLIN. Celui qui fut présenté à Napoléon par l'imprimeur, et qui est relié magnifiquement, se conserve maintenant dans la bibliothèque du Louvre.
La traduct. française de ce poëme, par J.-Ch. Laveaux, *Bâle*, 1780, in-8. fig., a été réimprimée plusieurs fois. Il y en a une nouvelle par A. Poupart de Wilde, *Bruxelles*, 1862, in-18.
Pour les autres traductions françaises des différents ouvrages de Wieland, consultez la *France littéraire* de M. Quérard, X, pp. 509 et suiv., et aussi les nos 15583 et 17689-93 de notre table.

WIELINGII Jurisprudentia restituta, sive index chronologicus in totum juris justinianæi corpus, ad. modum Jac. Labitti et aliorum. *Amstelodami*, 1727, 2 vol. in-8. 12 à 15 fr. [2513]

— Voyez HOMMELIUS.

WIEN (Das merkwürdige), oder Unter-·redungen von verschiedenen daselbst befindlichen Merkwürdigkeiten der Natur und Kunst. *Francfurt* und *Leipzig*, 1744, in-4. fig. [26472]

Cette description des curiosités de la ville de Vienne

Wiedemann (*Ferd.-J.*). Grammatik der tscheremissischen Sprache ; — der syrianischen Sprache ; — der wotjakischen Sprache, 11383.
Wiedemann (*F.-J.*) und E. Weber. Phanerogamische Gewächse, 5510.

est remarquable parce qu'on y trouve la description d'une machine à vapeur (*Feuer-Maschine*) inventée par le baron Fischer, et qui fonctionnait déjà en 1725 dans le palais du prince Schwarzenberg. Cette machine, tout à fait différente de celle de l'apin, brûlait sa fumée. 35 fr. Bearzi.

WIER (*Jean*). Histoires, disputes et discours des illusions et impostures des diables, etc.; le tout comprins en six livres par Wier (trad. du latin par Jac. Grévin), avec deux dialogues de Th. Erastus, touchant le pouvoir des sorcières. (*Genève*), *Pour Jacques Chouet*, 1579, in-8. [8896]

Édition plus complète que celles de *Paris*, 1567 et 1569, in-8., sous le titre de *Cinq livres de l'imposture et tromperie des diables*. Un bel exemplaire de cette dernière, *m. r. à compart.*, a été vendu 30 fr. Thierry, et 52 fr. Labédoyère; un autre, *mar. br.* 41 fr. Coislin; 55 fr. Borluut.
Les œuvres de Wier, en latin, *Amsterdam*, 1660, in-4., sont à très-bas prix.

WIGALOIS der Ritter mit dem Rade, gedichtet von Wirnt von Gravenberch, herausg. von G.-F. Benecke. *Berlin, Reimer*, 1819, in-8. 3 thl. [15476]

Première édition de ces poésies composées dans le XIIIᵉ siècle. Il existe un extrait en prose du même ouvrage, fait en 1472, et imprimé sous ce titre : *Wigoleyss vom Rade vom grafenperg*, à Augsbourg, par *Hans Schönsperger*, en 1493, in-fol., avec fig. sur bois, et réimpr. à *Strasbourg*, chez *J. Knobloch*, 1519, in-4. de 55 ff., avec fig. sur bois. — Voyez *Ebert*, nᵒˢ 23992 et suiv.
Franz Pfeiffer a publié une édition de Wigalois accompagnée d'un vocabulaire, *Leipzig*, 1847, in-8.

WIGHT (*Rob.*) and George Walker-Arnott. Illustrations of indian botany; or figures illustrative of each of the natural orders of indian plants, described in the authors Prodromus Floræ peninsulæ Indiæ occidentalis with observations on their botanical relations, economical uses and medical properties : including description of recently discovered or imperfectly know plants. *Madras, published by J.-B. Pharoah for the author*, 1838-50, 2 vol. in-4. [5323]

Le premier vol., avec 95 pl. color., et le second, avec 200 pl. 240 fr. J.-B. Baillière.
Le premier vol. du *Prodromus Floræ peninsulæ Indiæ orientalis*, Madras, and London, 1834, in-8. a XXXVII et 480 pp.

— Icones plantarum Indiæ orientalis, or figures of indian plants, by Rob. Wight. *Madras, published by J.-B. Pharoah, for the author*, 1838-53, 6 vol. in-4. pl. color.

Tome I, 318 pl.; II, 418; III, 424; IV, 459; V, part. 1 et 2, 301 pl.; le VI, pas connu. Les 6 vol. 560 fr. Baillière, et 18 liv. 18 sh. Willis, à Londres.

— Spicilegium Neilgherrense, or a selection of Neilgherry plants, drawn and coloured from nature, with brief descriptions of each; some general remarks on the geography and affinities of natural families of plants, and occasional notices of their economical properties and uses. *Madras, printed at the Athenæum press for the author*, 1846, in 4.; le tome I, avec 102 pl. color., 90 fr., et le tome II, part. 1ʳᵉ, pl. 103 à 151, 32 fr. 50 c. Bai.lière.

WIGHTWICK (*George*). The Palace of architecture, a romance of art and history. *London*, 1840, gr. in-8. 1 liv. 5 sh.; — indian proofs, 2 liv. 2 sh. [10041]

Ouvrage présentant 211 fig. gravées, les unes sur acier, par Le Keux, les autres sur bois, par Brooke.

WIGNANCOURT. Discours sur l'estat des Pays-Bas, auquel sont déduites les causes de ses troubles et calamitez, et leurs remedes, par Maximilien de Wignancourt, gentilhomme de S. M. *Arras, Guil. de La Rivière*, 1593, pet. in-8. de 111 pp. [25031]

Opuscule rare, ainsi que l'article suivant :
Emanuel-Ernest, dialogues de deux personnages sur l'estat des Pays-Bas. *Anvers, Nicolas Spore*, 1580, pet. in-8.

WILD (*Pierre*). Du docteur Pierre Wild de Ysny remede consolatoire contre la nouuelle maladie nomee sueur angloys laquelle regne a present au pays de Flandres & allemaigne & est a craindre que cy apres elle ne regne plus amplement tant aux dessusdictz pays que partout luniuersel monde. Au vertueux Senat & pour la commune vtilite de la noble cite de Wormbs. (*à la fin*): Dône le iour de saint Michel archange, 1529 (sans lieu d'impression ni nom de libraire), pet. in-4. goth. de 4 ff. non chiffrés, avec une fig. sur bois après le titre. [7192]

La Bibliothèque publique de Nîmes conserve un exemplaire de cette pièce qui se trouve reliée à la suite de deux autres impr. à Lyon en 1529 et 1530, avec les mêmes caractères.

WILD (*Ch.*). Twelve select examples of the ecclesiastical architecture of the middle ages, chiefly in France. *London, the author*, in-fol. [9852]

Ces vues, qui ont 11 pouces sur 15 pouces anglais, sont gravées en aqua-tinta et coloriées à l'imitation des dessins originaux faits sur les lieux. La collection se vendait 10 liv. 10 sh., et chaque pièce séparément 1 liv. 1 sh., savoir : le portail, la nef et le chœur de la cathédrale d'Amiens, 3. — De Reims, 2. — Le portail de la cathédrale de Chartres, 1. — Le chœur de la cathédrale de Beauvais, 1. — Vues extérieure et intérieure de l'église de Saint-Ouen, à Rouen, 2. — Le porche de la cathédrale de Rouen, 1. — Le chœur de la cathédrale de Cologne, 1. — Le portail de la cathédrale de Strasbourg, 1. Ces prix ont été réduits de plus de moitié.

— An Illustration of architecture and sculpture

---

of the cathedral church of Lincoln, comprising plans, sections, elevations, details, and perspective views, accompanied by an historical and descriptive account of the fabric. *London, the author*, 1819, in-4. [10005]

16 pl. avec un texte par John Britton. Il y a des exemplaires medium in-4., 1 liv. 15 sh.; — roy. in-4., 1 liv. 5 sh.; — atlas, in-4., 1 liv. 10 sh.; — impér. in-fol., 2 liv. 2 sh.

Vend. en Gr. Pap. 60 fr. Hurtault.

— An ILLUSTRATION of the architecture, etc., of the cathedral church of Worcester. *London, the author*, 1820 (or 1823), atlas in-4. 12 pl., avec un texte. 1 liv. 1 sh.; — India proofs, folio colombier, 6 liv. 6 sh. (réduit à 1 liv. 1 sh. et 1 liv. 16 sh.).

Lowndes cite les ouvrages suivants du même artiste :

TWELVE perspective views of the metropolitan church of Canterbury....... *London*, 1807, très-gr. in-4. avec texte. Il y a des épreuves coloriées. — Voy. WOOLNOTH.

— of the metropol. church of York. *London*, 1809, très-gr. in-4.

AN ILLUSTRATION of the architecture of the cathedral church of Chester. *Lond.*, 1813, très-gr. in-4. — of the cathedral church of Lichfield. *London*, 1813, très-gr. in-4. Les deux ensemble : 1 liv. 15 sh.

Enfin nous trouvons, dans le catal. de H.-G. Bohn, les deux recueils suivants :

ENGLISH cathedrals : specimens of the ecclesiastical architecture of the middle ages, selected from the cathedral of England, viz Henry VII Chapel, Westminster, Windsor, Cambridge, York, Norwich, Ely, Gloucester, Peterborough, Salisbury, Wells, 1828-31, gr. in-fol., contenant 12 pl. color. Réduit à 3 liv. 3 sh. [9981]

ARCHITECTURAL grandeur in Belgium, Germany, and France, a series of 24 etchings of cathedrals, palaces, castles, etc., drawn by Ch. Wild. 1837, gr. in-4., avec un texte : 1 liv. ;—sur pap. de Chine, 1 liv. 11 sh. 6 d. [9848]

WILDE. Selecta numismata antiqua ex musæo Jac. de Wilde. *Amstelod.*, 1692, in-4. fig. 5 à 6 fr. [29564]

— SIGNA antiqua e museo Jac. de Wilde, veterum poetarum carminibus illustrata, ex per Mariam filiam æri inscripta. *Amstelodami*, 1700, in-4. 5 à 6 fr. [29564]

— GEMMÆ antiquæ selectæ e museo Jac. de Wilde. *Amstelod.*, 1703, in-4. fig. 5 à 6 fr. — Vend. 10 fr. *mar. r.* de Cotte. [29599]

Les gravures de ce livre sont peu exactes, et c'est là en général le défaut des ouvrages anciens de dactyliographie.

WILHELM (*Gottl.-Tob.*). Unterhaltungen aus der Naturgeschichte. Zweite Aufl. *Augsburg, Schlosser*, in-8. vol. I à XXVII, avec 1576 pl. color. [4485]

Cette compilation sur l'histoire naturelle est annoncée dans le catalogue de Leipzig, mars 1828. La première édition, commencée en 1792 et reproduite en 1800, se compose de 25 volumes, savoir : Histoire naturelle des animaux, 12 volumes, qui ont coûté 46 thl. 16 gr. — Histoire naturelle de l'homme, 3 vol., 14 thl. — Histoire naturelle des plantes, 1817-22, 10 vol., 63 thl. 4 gr.

Wilde (*J.*). De Formica, 6068.
Wilde (*A.* de). Nederduitsch-maleischen soendasch Woordenboek, 11899.
Wildermuthe. Süd- und nordfranzös. Grammatiken, 10932.
With. Berichte über die Mittheilungen..., 6231.
Wilhelmine de Prusse. Mémoires, 26673.

WILHELMUS Malmesburiensis. Voy. WILLIAM.

WILKEN (*Fr.*). Institutiones ad fundamenta linguæ persicæ, cum chrestomathia. *Lipsiæ*, 1805. == Auctarium ad chrestomathiam persicam. *Lipsiæ*, 1805, 2 tom. en 1 vol. in-8. 12 fr. [11655]

WILKEN (*F.*). Geschichte der Kreuzzüge, nach morgenl. und abendländl. Berichten. *Leipzig, Crusius und Vogel*, 1807-32, 7 tom. en 9 vol. in-8. [23055]

Cette histoire des croisades a eu du succès. Le 7e et dernier volume, divisé en 2 parties, renferme des tables et des cartes. 43 fr. de Sacy.

— Geschichte des Tempelherrenordens, 21996.
— Res gestæ ab Alexio, 22987.—Commentatio, 23054.

WILKES (*Benj.*). English moths and butterflies together with the plants, flowers and fruits whereon they feed, and are usually found. *London* (1749), gr. in-4. with 120 pl. color. [6082]

Ouvrage bien exécuté pour le temps. Vend. 120 fr. *mar. v.* L'Héritier, et moins cher depuis.

— The same english moths, etc. *London*, 1773, gr. in-4. fig. color. 40 à 50 fr.

Édition aussi belle que la précédente. — Réimprimé en 1824, in-4.

WILKES. An Essay on woman. 1763, in-8. [15840]

Ce poëme infâme, qu'on attribue généralement au célèbre John Wilkes, est une parodie, presque vers pour vers, de l'Essai sur l'homme, de Pope. Le frontispice, gravé en taille-douce, renferme le titre du poëme, avec une figure obscène, au-dessous de laquelle se lit une inscription en grec, signifiant : *Le sauveur du monde*. Après ce poëme viennent quelques pages préliminaires, intitulées : *Advertissement and design*. Les notes ont été en grande partie fournies par M. Potter. Ce volume, imprimé en rouge, est sorti d'une presse particulière, que possédait Wilkes, et il n'en a été tiré, à ce qu'on prétend, qu'une douzaine d'exemplaires. Consultez à ce sujet les sources citées par M. J. Martin, à la page 40 de son *Catalogue of books privately printed.*

— ESSAI sur la femme, en trois épîtres, traduit de l'anglois. *Londres, imprimé pour l'auteur* (1763), in-8. de 40 pp.

Texte anglais, avec une traduction française, qui paraît être l'ouvrage d'un Anglais. Voir sur ce livre une note curieuse de M. Thomas Barbier, dans le *Dictionnaire des anonymes*, de son oncle, n° 5613. Une autre production anonyme de Wilkes, imprimée clandestinement, a pour titre : *Supplement to the miscellaneous works of Mr Gibbon*, London, 1796, in-4. Ce célèbre pamphlétaire avait une presse particulière dans *George-Street, Westminster*, où un nommé Thomas Farmer, qu'il employait aussi Horace Walpole à *Strawberry-Hill*, a imprimé plusieurs ouvrages, et entre autres le volume intitulé :

RECHERCHES sur l'origine du despotisme oriental; ouvrage posthume de Boulanger, *A Londres*, 1763, in-12 de 239 pp. — Le même ouvrage en anglais, sous la date d'*Amsterdam*, 1764, in-8., est porté dans le *Biblioth. grenvil.*, p. 802.

Wilhem (*Guillaume-Louis* Bocquillon, sous le nom de *B.*). Méthode de musique et de chant, 10193.
Wilke (*Jo.-G.-L.*). Ticemannus, 26685.

WILKES (*Ch.*). Narrative of the United States exploring expedition executed in the years 1838 to 1842 under command of Charles Wilkes, U. S. N. *Philadelphia*, 1845, 5 vol. gr. in-4. [19896]

Édition imprimée aux frais du gouvernement des États-Unis, ainsi que les différents ouvrages qui se rattachent à cette expédition, et dont nous donnons les titres ci-dessous. Une partie des exempl. des 16 volumes de cette précieuse collection ont été envoyés en cadeau aux principaux gouvernements et aux grands établissements scientifiques des deux mondes.

Une nouvelle édit. de la Relation de cette expédition a paru à Philadelphie, en 1849, en 5 vol. in-8., avec de nombreuses figures ; une autre à *New-York,* en 1852, en 5 vol. très-gr. in-8., avec 111 planches gravées sur acier, près de 300 bois, et des cartes. — Elle se vendait environ 90 fr. — Une troisième édit. in-8. s'imprimait à New-York, en 1856. Un extrait du même ouvrage, en un seul vol. in-8., a paru dans la même ville, en 1851, sous le titre suivant :

VOYAGE round the world, embracing the principal events of the Narrative of the United States exploring expedition ; avec 170 gravures.

Suites de la grande édition en 5 vol. in-4.

VI. ETHNOGRAPHY and Philology, by H. Hale. *Philadelphia*, 1846, in-4. 75 fr.

Tome Ier, traitant des langues des Iles Pacifiques et des côtes occidentales de l'Amérique.

VII. GEOLOGY, by James-D. Dana. *Ibid.*, 1849, in-4., et atlas de pl. in-fol. 130 fr.

VIII. ZOOPHYTES and corals, by the same. *Ibid.*, 1848-49, in-4. 100 fr.; — avec un atlas in-fol. de pl. color. 250 fr.

IX. THE RACE of men, and their distribution, by Charles Pickering. *Boston*, 1848, in-4. pl. color. et carte. 75 fr.

X. MAMMALOGY and Ornithology, by J. Cassin. *New-York*, 1858, in-4., et atlas in-fol. de 53 pl. 330 fr.

XII. MOLLUSCA and Shells, by Augustus-A. Gould. *Boston*, 1853, in-4. 37 fr.

XIII. CRUSTACEA, described by J.-D. Dana. *New-York*, 1853-55, 2 part. in-4., et atlas in-fol. de pl. color. 400 fr.

XIV. PHANEROGAMIA, by Asa Gray. *New-York*, 1854, in-4. 75 fr., tome Ier.

XV. THE GEOGRAPHICAL distribution of animal and man, by Ch. Pickering. *Boston*, 1854, in-4. 30 fr.

XVI. CRYPTOGAMIA. Filices : including Lycopodiaceæ and Hydropterides, by W.-D. Brackenridge. *New-York*, 1856, in-4. avec atlas in-fol. de 46 pl. 180 fr.

WILKIE. Sketches in Turkey, Syria, Egypt, Spain and Italy. *Lond.*, 1843-47, gr. in-fol.

Deux séries contenant ensemble 52 grandes lithogr. teintées. 4 liv. 4 sh.

— Wilkie Galleries, a series of 66 beautiful engravings, including his spanish and oriental sketches, with biographical and critical notes, and a biography of the painter. *London* (1853), in-4. 2 liv. 2 sh. [9367]

WILKINS (*John*). A Discovery of a new world, or a Discourse tending to prove

that' tis probable there may be another habitable world in the Moon, and mathematicall magick, or the wonder that may be performed by mechanicall geometry. *London,* 1640, in-8.

Troisième édition d'un écrit anonyme impr. d'abord en 1638, in-4., et in-12 (*London, by E. G. for Michael Sparke*). L'auteur l'a fait suivre d'un autre ouvrage, également anonyme, sous ce titre : *Discourse concerning a new planet: tending to prove that is probable our Earth is one of the planets.* London, 1640, in-8. Nous les avons l'un et l'autre dans notre langue, en 1 vol. in-8. intitulé : *Le Monde dans la lune, divisé en deux livres : le premier, prouvant que la Lune peut estre un monde ; le second, que la Terre peut estre une planette ; de la traduction du sieur de la Montagne.* Rouen, Jac. Cailloué, 1655-56, 2 part. en 1 vol. in-8. 5 à 8 fr.

Le texte de ces deux ouvrages a été réimprimé dans les *Mathematical and philosophical Works,* de l'auteur. *London*, 1708, in-8., ou *London*, 1802, 2 vol. in-8. fig. Les autres traités contenus dans ce recueil sont : 1° *Mercury, or the secret and swift messenger ; shewing how a man may with privacy and speed communicate his thoughts to a friend at distance,* imprimé d'abord à Londres, en 1641, et en 1694, in-8.; 2° Le *Mathematical magick,* Lond., 1648, plusieurs fois réimprimé ; 3° l'extrait d'un traité du même auteur, ayant pour titre :

ESSAY toward a real character and a philosophical language. *London*, 1668, in-fol. 10 à 12 fr. [10538] — Voy. DALGARNO.

L'ouvrage de ce savant évêque de Chester qui paraît avoir eu le plus de succès a pour titre : *On the principles and duties of natural religion,* Lond., 1675, in-8., avec le portrait de J. Wilkins, par R. White. Tillotson en a donné une édition en 1734, in-8., avec le portrait, et il en existe plusieurs autres.

WILKINS (*David*). Leges anglo-saxonicæ ecclesiasticæ et civiles ; accedunt leges Edvardi latinæ, Guilielmi conquestoris gallo-normanicæ, et Henrici I. latinæ. Subjungitur domini Henr. Spelmanni codex legum veterum statutorum regni Angliæ, quæ ab ingressu Guilielmi I. usque ad annum nonum Henr. III. edita sunt. Toti operi præmittitur dissertatio epistolaris D. Guil. Nicolsoni episcopi derrensis de jure feudali veterum Saxonum ; cum codd. mss. contulit, notas, versionem et glossarium adjecit David Wilkins. *Londini, typis W. Bowyer, impensis R. Gosling,* 1721, in-fol. de XXIV et 434 pp., plus 8 ff. prélimin. et 9 d'index. [3043]

Ouvrage assez important, qui n'est cependant pas fort cher : 30 à 36 fr. Vend. 1 liv. 11 sh. Heber.

— Quinque libri Mosis. Voy. PENTATEUCHUS. — Concilia magnæ Britanniæ. Voy. SPELMAN. Voy. aussi JOSEPHUS (rabb.), et TESTAMENTUM (N.) ægyptium.

WILKINS (*Charles*). A Grammar of the sanskrit language. *London, by Bulmer,* 1808, in-4. [11744]

Vendu 51 fr. Klaproth, aujourd'hui de 20 à 25 fr. — THE RADICALS of the sanskrita language (by Ch. Wilkins). *London, Cox and Baylis,* 1815, in-4. 1 liv. [11752]

— A Translation of royal grant of land by one of the ancient Rajaas of Hindostan, from the original in the sanscrit language and caracter, engraved upon a copper plate bearing date 56 years before the christian æra, and discovered at Mongueer, by Ch. Wilkins. *Calcutta,* 1781, in-4.

— The Bhagvat.-Geeta. Voy. Mahabharata; voyez aussi Hitopadesa.

WILKINS the younger, (*Will.*). The Antiquities of Magna Græcia, etc. *Cambridge at the University's press,* 1807, in-fol. max. [29373]

Livre orné de 85 belles gravures en partie copiées sur celles des ouvrages que cite l'auteur : vendu 7 liv. Drury ; 185 fr. Hurtault, et depuis 60 à 80 fr.

Le même antiquaire a publié *Atheniensia, or remarks on the buildings and topography of Athens,* 1815, in-8. fig. 15 sh., et aussi : *Propulsiones architectonicæ, or essays on subjects connected with grecian and roman architecture.* London, 1837, in-4., avec 40 pl. 1 liv. 1 sh.

— Voyez Stuart.

WILKINS (*Henry*). Suite de vues pittoresques des ruines de Pompéi, etc., dessinées par H. Wilkins, et gravées par L. Caracciolo. *Rome,* 1819, in-fol. obl. 30 pl. 30 fr. [29342]

WILKINSON (*R.*). Voy. Londina illustrata.

WILKINSON (*J. Gardener*). Manners and customs of the ancient Egyptians, derived from a comparison of the paintings, sculptures and monuments, still existing, with the accounts of ancient authors. *London,* 1837, 3 vol. gr. in-8. fig. — Second series, 1841, 3 vol. gr. in-8., dont le dernier renferme 88 pl. [29082]

On réunit à ces 6 volumes :

Manners and customs of modern Egyptians. *London,* 1836, 2 vol. in-8., dont il y a plusieurs éditions. Les 8 vol. 6 liv. 6 sh.

Popular account of the private life, manners and customs of ancient Egyptians. *London,* 1853, 2 vol. pet. in-8. avec fig. sur bois.

Abrégé des 6 vol. de Wilkinson.

— Fragments of the hieratic papyrus at Turin, containing the names of egyptian kings, published by J. Gardner Wilkinson. *Lond.,* 1851, in-8., avec onze fac-simile d'hieratic papyri. [29124] Privately printed.

— Architecture of ancient Egypt, in which the columns are arranged in order and the temples classified ; with remarks on the early progress of architecture. *London, Murray,* 1850, in-fol. 18 gr. planches, avec un texte in-8. 2 liv. 2 sh.

— Dalmatia and Montenegro, with a journey to Mostar in Herzegovina, and remarks on the slavonic nations, etc. *London, Murray,* 1848, 2 vol. in-8., avec planches teintées, et vignettes sur bois. 1 liv. 10 sh. [20218]

Avant de publier ces divers ouvrages, l'auteur avait déjà donné *Atheniensia, or remarks on the build-*

ing and topography of Athens, 1816, in-8. 15 sh. et *Topography of Thebes, and general view o Egypt,* London, 1835, in-8. fig. 1 liv.

WILKINSON (*L.*). The Gunitadhia et The Goladhia. Voy. l'article Bhascarah.

WILKS (*Mark*). Historical sketches of the south of India, in an attempt to trace the history of Mysoor, from the origin of the hindoo government of that state to the extinction of the mohammedan dynasty in 1799; funded chiefly on indian authorities collected by the author while officiating for several years as political resident at the court of Mysoor. *London, Longman,* 1810-17, 3 vol. in-4. fig. 4 liv. 4 sh. [28198]

Ouvrage important et d'une authenticité reconnue. Vendu 3 liv. 16 sh. Drury ; 140 fr. Langlès.

Le lieutenant-colonel Wilks avait déjà publié :

Report on the interior administration, resources and expenditure of the government of Mysoor. *Fort William,* 1805, in-fol.

WILLAN. Delineations of the cutaneous diseases, comprised in the classification of the late Dr Willan, being a republication of the engravings of that author in an improved state; together with a new series, which will comprehend the remainder of the system, by Thom. Bateman. *London,* 1815, gr. in-4., avec 70 pl. col. [7235]

Livre magnifique, qui coûtait 12 guinées, mais qui est beaucoup moins cher maintenant. L'ouvrage du Dr Willan a d'abord paru, en 1798, sous le titre de *Description of cutaneous diseases ;* les additions de Th. Bateman, qui le complètent, se vendaient séparément 7 liv. (voy. Bateman). — Une autre édition, sous la date de 1840, et contenant 72 pl. color, a été annoncée à 5 liv. 5 sh.

WILLDENOW (*Carolus-Ludov.*). Historia amaranthorum. *Turici,* 1790, in-fol., avec 12 fig. color. 12 fr. [5451]

Vendu 15 fr. Ventenat; 18 fr. Pappenheim.

— Hortus berolinensis, seu descriptiones et icones plantarum minus cognitarum quæ in horto botan. Berolini coluntur. *Berolini,* 1808-16, in-fol. [5329]

Il n'a paru de cet ouvrage que le 1er volume, composé de 6 fascicules, avec 72 pl. color. et 4 fascicules du second vol., en tout 108 pl. qui ont coûté 160 fr. Vend. 40 fr. Pappenheim; 45 fr. Baillière.

— Abbildungen der deutschen Holzarten. Voy. Guimpel, et aussi Linnæi species plantarum.

WILLELMUS Malesburiensis. Voy. WIL-
LIAM.

WILLEMIN (*N.-X.*). Choix de costumes
civils et militaires des peuples de l'antiquité; leurs instrumens de musique,
leurs meubles, etc. *Paris, l'auteur*,
1798-1802, 2 vol. gr. in-fol. fig. [28973]

180 planches publiées en 30 livraisons, du prix de
9 fr. (complet 63 fr. Mionnet; 51 fr. Busche). Il y
a quelques exemplaires en très Gr. Pap., qui font
suite à la collection de Piranesi (voyez PIRANESI);
mais ils sont moins chers que les autres, parce que
le texte n'y est pas joint.

— Monumens français inédits pour servir à
l'histoire des arts, des costumes, etc., rédigés et dessinés par N.-X. Willemin.
Paris, l'auteur, in-fol. [23223]

Cet ouvrage curieux, commencé en 1806, était parvenu à sa 49e livraison à la mort de l'auteur (janvier 1833). Chaque livraison coûtait 12 fr. Les
302 pl. color. qui composaient ces livraisons ont
depuis lors été classées chronologiquement, et accompagnées d'un texte historique et descriptif
par M. André Pottier. Le tout forme 2 vol. in-fol.
qui se vendent 618 fr., y compris 2 livr. de texte,
'qu'on peut se procurer séparément. Vendu, sans
le texte, 239 fr. Mionnet; avec le texte, 289 fr.
Fortia d'Urban; 290 fr. Busche.

WILLERAM. In Canticum canticorum paraphrasis gemina : prior rhythmis latinis, altera veteri lingua francica : addita
explicatio lingua belgica, et notæ quibus veterum vocum franciscarum ratio
redditur, edente P. Merula. *Lugd.-
Batav., ex officina Rapheleng.*, 1598,
pet. in-8. [148]

On réunit à ce volume l'article suivant :

FR. JUNII Observationes in Willerami francicam
paraphrasin Cantici canticor. *Amstelodami, typis
et sumptibus authoris*, 1655, in-8. [149]

Willeram ou Walram, savant religieux mort en l'an
1085, nous a laissé deux paraphrases du Cantique
des cantiques, l'une en vers hexamètres latins,
l'autre en prose, dans la langue des anciens Francs.
La paraphrase latine a été mise au jour pour la
première fois par Menrad Molther, *Hagenoæ, per
Guil. Seltz*, 7 sept. 1528, pet. in-8. de 8 ff. prélim.,
87 ff. chiffrés, et 1 f. pour la marque de l'imprimeur. C'est un volume rare, mais moins important que l'édition de 1598, et surtout que celle de
la paraphrase francique qui a paru sous ce titre :

VHRALTE verdolmetschung dess hohen Lieds Salomonis. Das Abt Walrains berühmbter Teutschen
Auslegung, die Er vor 550 Jahren darüber gestellt.
hatt, abgedruckt; von Gotthard Vögelin. *Wormbs,
J. Mayerhoffer*, 1631, in-8. de 36 ff.

A cette dernière se trouvent ordinairement réunis
d'autres opuscules, savoir : *In Willerami expositionem super Canticum canticor. notæ, variæ
lectiones, supplementa Marq. Freheri*, 1631,
in-8. de 14 ff. — *Heimonis Expositio super Canticum canticor.*, 1631, in-8. de 4 ff. prélimin. et
79 ff., ou 158 pp. — *In Otfridi evangelior. librum
emendationum Marq. Freheri editio posthuma*,
1631, in-8. de 8 ff. prélimin. et 26 pp., ou 13 ff.
Mais la meilleure édition que l'on ait eue pendant
longtemps de ces deux paraphrases, est celle qui

Willems (*J.-F.*). Monuments de la langue romane,
10908. — De la langue belgique, 11261. — Oude
vlamische ten lieder, 11611.

se trouve dans le premier volume du *Thesaurus
antiquitatum teutonicarum* de Schilter (voy. ce
nom). Depuis il a paru une autre édition du Cantique des cantiques, sous le titre suivant :

WILLIRAM'S Uebersetzung und Ausleg. des Ho-
henliedes, in doppelten Texten aus d. Breslauer und
Leidener Handschrift. herausgegeben, von H. Hoffmann von.Fallersleben. *Breslau*, 1827, in-8.

WILLES (*Richard*). Poematum liber, ad
Gulielmum Bar. Burghleium. — In suo-
rum poematum librum R. Willis scholia ad custodem, socios, atque pueros
collegii Wiccammici apud Wintoniam.
His accesserunt C. Jonsonii carmina de
vita et rebus ad ejusdem collegii funda-
tore gestis. *Londini, ex Bibliotheca
tottelliana*, 1573, 2 tom. en 1 vol. pet.
in-8. [13116]

Ces poésies sont rares et ont une certaine valeur en
Angleterre.

WILLETT (Ralph). Description de la bibliothèque de Merly dans le comté de
Dorset, en anglais et en français. *London*, 1785, gr. in-fol. 15 à 24 fr. [10019]

Ouvrage orné de 25 planches, dont plusieurs sont
doubles.

La bibliothèque de Merly n'existe plus; les livres
précieux qu'elle renfermait ont été vendus en détail à Londres, en 1813, la plupart à des prix très-
élevés. Le catalogue que l'on a publié pour la
vente, a pour titre : *Merly library : a Catalogue
of the late Ralph Willett, brought from his seat
at Merly*, London, 1813, in-8. [31573] Il se compose de 2906 articles, y compris le supplément; ce
qui a produit une somme de 13508 liv. 14 sh. Dès
1790, le propriétaire de ce trésor littéraire en avait
fait imprimer le catalogue, en 1 vol. in-8., pour
son propre usage.

— A MEMOIR on the origin of printing, addressed to
John Topham, by Ralph Willett. *Newcastle, by S.
Hodgson*, 1818, in-8. de IV et 63 pp. [31192]

Mémoire curieux déjà publié dans le XIe vol. de l'*Archæologia*; M. Brockett, qui a donné l'édit. de
1817, n'en a fait tirer que 32 exemplaires. — Une
autre édition, avec une courte préface de M. Thomas Hodgson, a été impr. en 1820, in-8., à 150
exemplaires, plus 30 exempl. en Gr. Pap. — Nous
citerons encore : *Observations on the origin of
printing ; in a letter to Owen Salisbury Brere-
ton, by R. Willett*. Newcastle, by S. Hodgson,
1819, in-8, de IV et 15 pp. publié par John Murray,
et tiré à 32 exempl. seulement.

WILLIAM of Malmsbury. The History of
the kings of England, from the arrival of
the Saxons, A. D. 449, to his own times,
1143, by William of Malmsbury, collated with mss., and translated from the
original latin, with a preface, notes and
an index, by the rev. John Sharpe.
London, 1815, gr. in-4. 2 liv. [26876]

Il a été tiré 50 exemplaires en Gr. Pap. impér., in-4.
et 12 en très Gr, Pap., format in-fol. — Le texte
latin de cette histoire fait partie des collections
d'H. Saville, de Gale, et d'Hearn. Il a été imprimé
depuis sous ce titre :

WILHELMI Malmesbiriensis, monachi, Gesta
regum Anglorum (ad annum 1143) atque historia
novella sui temporis, recensuit et notis illustravit
Thomas D. Hardy. *Londini*, 1840, 2 vol. in-8. 15 fr.,
et plus en Gr. Pap. Partie de l'*English historical
Society*. Voy. ci-dessus, col. 424.

WILLIAMS (*Guill.*). Oxonia depicta, sive collegiorum et aularum in Acad. oxoniensi ichnographica, orthographica et scenographica delineatio LXV tabulis æneis expressa a Guil. Williams : cui accedit unius cujusque collegii aulæque notitia. (1732-33), in-fol. max. [10015]

Outre les 65 pl. annoncées, ce volume renferme 3 ff. prélimin., pour le titre, la dédicace et la table. 24 fr. Soubise ; 1 liv. 17 sh. Nassau.

WILLIAMS (*Th.-H.*). Picturesque excursions in Devonshire and Cornwall. *London*, 1804, 2 part. en 1 vol. gr. in-8.. avec 28 pl. 12 à 15 fr. [27152]

WILLIAMS (*H.-W.*). Select views in Greece, engraved by the best linemanner, from drawings by H.-W. Williams. *London, Hurst*, 1824-29, 2 vol. imper. in-8. fig. 2 liv. 2 sh.; — in-4. royal, proofs on India paper, 3 liv. 3 sh. [27931]

Bel ouvrage publié en 12 livrais. Il contient 64 pl.

On a du même auteur : *Travels in Italy, Greece, and the Ionian islands*, Edinburgh, 1820, 2 vol. in-8. fig. 1 liv. 1 sh.

WILLIAMS (*Monier*). A Dictionary english and sanskrit. *London*, 1851, gr. in-4. de XII et 859 pp. 2 liv. 12 sh. 6 d. [11757]

40 fr. Burnouf.

— PRACTICAL grammar of the sanskrit language, arranged with reference to the classical language of Europe ; 2ᵈ edition. *Oxford*, 1857, gr. in-8. de XVI et 570 pp. 15 sh.

WILLIAMS (*S. Wells*). An english and chinese vocabulary in the court dialect. *Macao*, 1844, in-8. de 536 pp. 21 sh.

— Ying Wá Fan Wan' Ti üt Iŭ'. Tonic dictionary of the chinese language in the canton dialect. *Canton*, 1856, in-8. de XXXVI et 832 pp. 1 liv. 16 sh. [11877]

— THE MIDDLE Kingdom, or Survey of the geography, government, education, social life, arts, language, religion, etc., of the chinese empire and its inhabitants ; third edition. *New-York*, 1857, 2 vol. in-8. de XVIII-590 pp. et VIII-617 pp., avec une carte et des illustrations. 21 sh. [28278]

— EXPLORATIONS and adventures in Honduras, comprising schetches of travel in the gold regions of Olancho and a review of the history and general resources of central America. *New-York and London*, 1857, in-8. de XXIV et 588 pp., avec cartes et nombreuses illustrations. 18 fr. [28617]

WILLIAMS (*Benjamin*). Henrici quinti, Angliæ regis, gesta, etc. Voy. t. III, col. 231, article HISTORICI Scriptores de rebus britannicis, et ci-dessus, col. 424, article *English historical* SOCIETY.

WILLIAMSON (*Thomas*). Oriental field sports, being a complete detailed and accurate description of the wild sports of the East.... *London, Edward Orme*, 1807, gr. in-fol. obl. 1 liv. 10 sh. [5635]

Cet ouvrage contient l'histoire naturelle de l'éléphant, du rhinocéros, du tigre, du léopard, de l'ours, du cerf, etc. ; il a été rédigé sur les manuscrits et d'après les dessins du capitaine Th. Williamson. Les planches gravées par Howett, et coloriées avec soin, sont au nombre de 40.

Le même Edw. Orme a publié : *Collection of british field sports*, 1807, in-fol., avec 20 pl. grav. par Howett, et tirées en couleur. Les deux ouvrages se réunissent. Le premier seul a coûté originairement 20 guinées. Il a été reproduit avec un nouveau titre, en 1819 ; vend. sous cette dernière date, 120 fr. en 1829.

Il existe une autre édition des *Oriental field sports*, London, Edw. Orme, 1808, 2 vol. gr. in-8., 20 à 25 fr.; — avec les pl. réduites et tirées au bistre : 37 fr. Langlès.

— THE EUROPEAN in India, from the drawings of Ch. Doyley, engraved by J.-H. Clark and C. Dubourg, with a preface and copious description by capt. Th. Williamson, accompanied with a brief history of ancient and modern India... by Will. Blagdon. *London, Orme*, 1813, gr. in-4. fig. 24 à 30 fr. [28009]

Volume orné de 20 pl. color., fort médiocre ; vendu cependant 100 fr. Langlès. — Voy. BLAGDON.

WILLICHIUS. Ars magirica hoc est coquinaria de cibariis ferculis opsoniis alimentis et potibus diversis parandis, etc. Huic accedit Jac. Bifrontis de operibus lactariis epistola. *Tiguri, apud J. Gesnerum* (circa 1540), in-12. Peu commun. [10284]

WILLIS (*Browne*). A Survey of the cathedrals of York, Durham, Carlisle, Chester, Man, Lichfield, Hereford, Worcester, Gloucester and Bristol. — of Lincoln, Ely, Oxford and Peterborough. *London*, 1727-30, 3 vol. in-4. fig. [27105]

Ouvrage recherché en Angleterre, où il se paye de 5 à 6 livres, et plus cher en Gr. Pap. Il a reparu en 1742, avec de nouveaux titres, et accompagné du *Parochiale anglicanum*, London, 1733, in-4., autre ouvrage du même auteur, lequel avait déjà publié : *Surveys of the cathedrals of St. David's, Landaff, St. Asaph, Bangor*, London, 1717-18-20-21, 4 vol. in 8. fig., et *An History of the mitred parliamentary abbies and conventual cathedral churches*, London, 1718-19, 2 vol. in-8. ;

ce dernier vaut de 3 à 4 livres, et beaucoup plus en Gr. Pap.

— Notitia parliamentaria, or an history of the counties, cities and boroughs in England and Wales. *London,* 1730-16-50, 3 vol. in-8. 4 à 5 liv. [27081]

Le 1er volume, sous la date de 1730, est d'une 2e édition augmentée ; la première est de 1715.

— A Table of the gold coins of the kings of England, by B. W. *London, Bowyer,* 1733, pet. in-fol. fig. [27070]

Tiré à 200 exempl., dont une moitié en Gr. Pap.

— The History and antiquities of the town, hundred and deanry of Buckingham. *London,* 1755, in-4. 3 à 5 liv., et plus en Gr. Pap. [27121]

L'index manque souvent.

Il nous reste à indiquer un opuscule de 8 pp. in-4., tiré à petit nombre, et qui a pour titre : *Some account of Browne Willis, by Dr Ducarel,* London, 1760.

WILLIS (*R.*). Illustrations of the cutaneous diseases, a series of delineations of the skin, in their more interesting and frequent forms; with a practical summary of their symptoms, diagnosis and treatment, including appropriate formulæ. *London,* 1840, in-fol. contenant 94 pl. color. 3 liv. [7240]

WILLKOMM (*Mor.*). Icones et descriptiones plantarum novarum criticarum et rariorum Europæ austro-occidentalis, præcipue Hispaniæ. *Lipsiæ, Payne,* 1853-61, gr. in-4. 19 fasc. de 10 pl. Chaque fasc. 8 fr. [5092]

— Die Halbinsel der Pyrenäen, 4628 ; — Iberischen Halbinsch, 4628.

WILLOUGHBY (lord). Voyez WYLLUGHBY:

WILLUGHBEIUS (*Franc.*). Ornithologiæ libri tres; totum opus recognovit, digessit, supplevit Joan. Raius. *Londini, Martyn,* 1676, in-fol., avec 77 fig. [5741]

Cet ouvrage a beaucoup vieilli : 8 à 12 fr. Vendu 27 fr. Patu de Mello ; avec fig. color. 1 liv. 19 sh. Hibbert, et plus cher jadis. — La traduction anglaise par J. Ray, *Lond.,* 1678, in-fol. avec 78 pl., contient des augmentations considérables : 2 à 3 liv. — 22 fr. Huzard.

— De historia piscium libri IV; totum opus recognovit, supplevit... Joan. Raius. *Oxonii, e Theat. sheld.,* 1686, in-fol. avec 186 fig. [5863]

Ce livre, assez rare, a perdu une partie de son ancien prix : 12 à 15 fr., et plus en Gr. Pap. Vend. 40 fr. Patu de Mello.

Dans le nombre des 186 pl. que nous indiquons, et

qui sont distribuées en différentes séries, nous comprenons celles qui font partie de l'*Appendix* de 50 pp., que l'on doit trouver à la fin du volume. Le frontisp. gravé est daté de 1685. Il y a des exemplaires de la même édition auxquels on a mis un nouveau titre, daté de *Londres,* 1743; ces exemplaires contiennent, de plus que les autres, *Index piscium... cura Cromwelli Mortimeri,* pièce de 6 ff., impr. en 1740. — 9 fr. 50 c. Huzard. Un exemplaire des deux ouvrages en Gr. Pap. (fort rares de ce format) a été vendu 185 fr. Mac-Carthy.

WILLYAMS (Cooper). A Voyage up the Mediterranean in ship the Swiftsure, under the command of admiral sir Horatio Nelson, with a description of the battle of Nile, and a detail of events that occurred subsequent to the battle in various parts of the Mediterranean. *Lond., printed by Bensley,* 1802, in-4. pap. vél. avec 42 pl. 18 à 20 fr., et plus avec pl. color. [20461]

Livre assez bien exécuté. Il en a été tiré cent exemplaires en très Gr. Pap. format in-fol., un desquels s'est vendu 280 fr. *cuir de Russie,* en 1806; 3 liv. 18 sh. Sykes, et moins depuis.

A SELECTION of views in Egypt, Palestine, Rhodes, Italy, Minorca and Gibraltar, from the original drawings executed during a visit to those places, by C. Willyams; with a geographical and histor. description to each view, in english and french. *London, J. Hearne,* 1822, in-fol., avec 32 pl. en couleur, pap. vél. 20 à 24 fr.

D'une exécution médiocre.

— HISTORY of the british campaign in the West-Indies, in 1794, under sir Charles Grey and sir John Jervis. *London,* 1796, in-4. avec les pl. in-fol. à l'aqua-tinta : 20 à 24 fr. [28168]

WILMET (*Joan.*). Lexicon linguæ arabicæ in Coranum, Haririum et vitam Timuri. *Rotterodami,* 1784, in-4. 12 à 18 fr. [11623]

Ouvrage estimé.

WILSON (*George*). The Commendation of cockes and cock-fighting, wherein is shewed, that cock-fighting was before the comming of Christ. *London,* 1607. in-4. de 15 ff. en lettres goth. [17966]

Cet éloge du coq et des combats de coq a été vendu 7 liv. 7 sh. White Knights, et 8 liv. 8 sh. Stanley.

WILSON (*Rich.*). Etchings from the works of R. Wilson, with memoirs of his life by P. Hastings. *London,* 1825, in-4. contenant 40 pl. et un portr. 3 liv. [9274]

Le peintre Wilson est regardé comme le fondateur de l'école anglaise du paysage. On réunit à ses *Etchings* ses *Studies and designs done at Rome* in 1750-52. *Oxford,* 1811, in-4.

WILSON (*Rob.-Th.*). History of the british expedition to Egypt, to which is subjoined a sketch of the present state of that country and its means of defense. *Lond.*, *Egerton*, 1802, gr. in-4. 15 fr. [8760]

Cet ouvrage contient des particularités curieuses, mais pas toujours très-exactes, sur la campagne du général Bonaparte en Egypte. Il est orné de cartes et du portrait d'Abercromby. Vendu 89 fr. en mai 1806, et en Gr. Pap., 2 liv. 8 sh. Dent., et moins depuis. Il a été fait à Londres, en 1803, une nouvelle édition et aussi une traduction française de cette histoire; l'une et l'autre en 2 vol. in-8., 15 fr.
De son côté, Æneas Anderson a publié à *Londres*, en 1802, une relation de la campagne d'Egypte, sous le commandement du général Abercromby, in-4. (en anglais) : 15 à 20 fr., et plus en Gr. Pap. [8762]

WILSON (*Alex.*). American Ornithology, or the natural history of the birds of the United States. *Philadelphia, Bradford*, 1808 à 1810, or 1825, 9 vol. très-gr. in-4. avec 230 fig. color. [5785]

Dans les sept premiers volumes de ce magnifique ouvrage, l'auteur avait déjà décrit et figuré 278 espèces d'oiseaux, parmi lesquelles 56, selon lui, n'avaient encore été remarquées par aucun naturaliste. Le tome VIII a été publié après la mort de l'auteur, par M. George Ordre, qui a donné depuis un 9ᵉ volume supplémentaire, auquel il a joint une notice sur Wilson et un recueil de ses lettres. L'Ornithologie américaine a eu le plus grand succès que puisse obtenir un livre d'un prix si élevé (environ 600 fr.), puisque l'entreprise ne comptait pas moins de 440 souscripteurs.
La seconde édition de l'*American Ornithology*, New-York, 1828, 3 vol. pet. in-4., est accompagnée des planches des 7 vol. de la première, lesquelles forment un 4ᵉ vol. in-4.

— American Ornithology, or the natural history of birds inhabiting the United States not given by Wilson, with figures drawn, engraved and coloured from nature, by Charles-Lucian Bonaparte. *Philadelphia, J.-A. Mitchell*, 1825-33, 4 vol. très-gr. in-4. fig. color. 6 liv. 6 sh.

Le texte de cet ouvrage a été revu par M. Th. Say et le docteur Godman. M. Bonaparte a également publié un mémoire intitulé : *Observations on the nomenclature of Wilson's Ornithology*, Philadelphia, Ant. Finley, 1826, in-8. 1 vol. 20 pp., dans lequel il porte à 360 le nombre des espèces d'oiseaux du nouveau monde. Les treize vol., 42 liv. catalogue de H.-G. Bohn et moins depuis.

— AMERICAN Ornithology, or the natural history of the birds of the United States; by Alex. Wilson and Charles-Lucian Bonaparte, edited with notes and additions by Robert Jameson. *Edinburgh*, 1831, 4 vol. in-12. 24 sh.
Réimpression sans gravures du bel ouvrage ci-dessus. Elle forme les tomes LXVIII à LXXI de *Constable's*

miscellany of original and selected works; collection dont il paraissait déjà 76 vol. en juillet 1832, et qui a été continuée.

— AMERICAN Ornithology, or the natural history of birds of the United States, by Alex. Wilson; with a continuation by Ch.-Lucian Bonaparte, prince of Musignano, the illustrative notes, and life of Wilson, by Will. Jardine. *Lond., Longman,* and *Edinburgh, Lizars, etc.* 1832, 3 vol. in-8., avec 97 pl. représentant 363 fig. d'oiseaux. 3 liv. 3 sh.

— AMERICAN Ornithology, by Wilson, to which is added a synopsis of american birds, including those described by Bonaparte, Audubon and Richardson, *Boston*, 1840, or *New-York*, 1852, pet. in-8. de 746 pp. avec 26 pp. de planches gravées sur acier représentant environ 400 oiseaux, 2 liv. 2 sh., et avec les planches coloriées d'après nature, 12 liv.

Le même ouvrage, arrangé par T.-M. Brewer, *New-York*, 1852, pet. in-8. sans figures. 15 sh.

WILSON (*Hor.* Hayman). Dictionary in sanscrit and english; translated, amended and enlarged from an original compilation, prepared by learned natives for the college of Fort-William; by H. H. Wilson; the second edition, greatly extended, and published under the sanction of the general committee of public instruction in Bengal. *Calcutta, printed at the education press*, 1832, *sold by Parbury*, etc. London, gr. in-4. de X (8) et 932 pp. 10 liv. 10 sh. [11756]

Ouvrage très-estimé : 231 fr. Burnouf; 152 fr. Léon Leclère. La première édition, *Calcutta*, 1810, gr. in-4., est moins chère : 71 fr. Burnouf; 51 fr. Léon Leclerc.

— A DICTIONARY, sanskrit and english, extended and improved from the second edit. of the dictionary of prof. H. H. Wilson, with his sanction and concurrence; together with a supplement, grammatical appendice and an index, serving as an english-sànskrit vocabulary, by Dr. Theod. Goldstücker. *Berlin, Asher*, 1856 et ann. suiv. 2 vol. in-4.
Publié par cahiers, au prix de 2 thl. chacun.

— A Glossary of judicial and revenue terms and useful words occurring in officinal documents relating to the administration of the government of India. *London*, 1855, in-4. de IV et 728 pp. 2 liv. 2 sh. [11738]

— Ariana antiqua, a descriptive account of the antiquities and coins of Afghanistan with a memoir on the building called top, by H.-H. Wilson. *London*, 1841, in-4. fig. [29078]

44 fr. Walckenaer; 51 fr. Raoul-Rochette; 27 fr. Quatremère.

— SELECT specimens of the theatre of the Hindus, translated from the original sanscrit by Horace Hayman Wilson. *Calcutta, printed by V. Holcroft*, 1827, 3 vol. gr. in-8. 30 fr. [16921]
Ces traductions sont en vers et accompagnées d'un discours préliminaire fort curieux. Il y a six pièces entières et l'analyse de 23 autres. Elles ont été réimprimées à Londres, chez Parbury, 1835, en 2 vol. in-8.

— CHEFS-D'ŒUVRE du théâtre indien, traduits de l'original sanskrit en anglais, par H. H. Wilson, et de l'anglais en français par M. A. Langlois, accompagnés de notes et d'éclaircissements. *Paris, Don-*

dey-Dupré, 1828, 2 vol. in-8. 15 fr.; — Pap. vélin, 24 fr.

— Mackenzie collection : a descriptive catalogue of the oriental manuscripts, and other articles illustrative of the literature, history, statistics and antiquities of the south of India, collected by the late lieut.-colonel Colin Mackenzie, by H. H. Wilson. *Calcutta, asiatic press,* 1828, 2 vol. in-8. [31444]

Vendu 46 fr. 60 c. Rémusat; 39 fr. Klaproth.

— Documents illustrative of the burmese war, with an introductory sketch of the events of the war and an appendix, compiled and edited by H. H. Wilson. *Calcutta, Huttmann,* 1827, in-4. carte. [28204]

Vendu 40 fr. 50 c. Klaproth.
— Voyez CALIDASA, et l'art. VISHNU Purâna.
— Voyage dans l'Indostan, 20712. — History of british India, 28171.

WILSON (*J.*). The Parsi religion; as contained in the Zand-Avasta and propounded and defended by the Zoroastrians of India and Persia unfolded, refuted, and contrasted with Christianity. *Bombay,* 1843, in-8. [22757]

Vendu 28 fr. Burnouf, avec un opuscule du même J. Wilson, ayant pour titre :
THE DOCTRINE of Jehovah addressed to the Parsis; a sermon preached on the occasion of the baptism of two youths of that tribe in may 1839. *Bombay,* 1839, in-8. de 69 pp.

WILSON (*Jos.*). Account of mountains. Voy. RIDDELL.

WILSON (*James*). Illustrations of zoology, being representations of new, rare, or otherwise remarkable subjects of the animal kingdom, drawn and coloured after nature; with descriptive letter-press by James Wilson. *Edinburgh, Blackwood,* 1826, and foll. years, très-gr. in-4. [5608]

Ce bel ouvrage a été publié par cahiers de 4 pl. coloriées, au prix de 16 sh. chacun. Le 9e cahier, qui termine le premier volume, a paru en décembre 1832. La suite se préparait alors.

WILSON (*Lea*). Catalogue of Bibles, Testaments, Psalmes, and other books of the holy Scriptures in english, by Lea Wilson. *London, printed by C. Whittingham,* 1845, pet. in-4. [31694]

Il n'a été tiré qu'un très-petit nombre d'exemplaires de ce livre, lesquels ont été distribués en présents. Un de ces exemplaires est porté à 8 liv. 8 sh. sous le n° 5601 du catalogue de Willis and Sotheran. *Lond.,* 1857.

WILSON (*Will.*). Bryologia britannica. Voy. III, col. 300, article HOOKER.

WILTHEMIUS (*Alex.*). Luciliburgensia sive Luxemburgum romanum. Hoc est Arduennæ veteris situs, populi, loca prisca, ritus, sacra, lingua, viæ consu-

lares, castra, castella, villæ publicæ, jam inde a Cæsarum temporibus Urbis ad hæc Lùxemburgensis incunabula et incrementum investigata atque a fabula vindicata, etc. Eruderata et illustrata a R. P. Alex. Wilthemio, etc. *Luxemburgi,* 1842, in-4., 98 pl. lith. et 1 carte. 32 fr. [25109]

WILTON (the marble antiquities at). Voy. CREED. — Wilton garden. Voy. CAUS (*Isaac de*).

WIMMANNUS (*Nicolaus*). Navigationis Maris Arctoi, id est balthici, et sinus codani, descriptio. *Basileæ, Ising* (1573), in-8. [19743]

WIMMERSTEDT (*G.*). De conformatione linguarum semiticarum. *Lundæ,* 1823, in-8., partes I, II et III. [11488]

Tableau comparé des langues chaldéenne, syriaque, hébraïque et arabe. (*Journal de la littérature étrangère,* 1825, p. 116.)

WIMPHELING. De Fide concubinarum. Voy. OLEARIUS.

WINCKELMANN. Voy. WINKELMANN.

WINGBOONS (*Ph.*). OEuvres d'architecture, contenant les dessins des principaux bâtimens de la ville d'Amsterdam. *Leyde,* 1715, ou *La Haye,* 1736, 2 part. en 1 vol. in-fol. 10 à 15 fr. [9955]

WINKELMANN ou Winckelmann (*Joh.-Joachim*). Werke, herausgegeben von C.-L. Fernow, H. Mayer und J. Schulze. *Dresden,* 1808-20, 8 vol. in-8. fig. 23 thl. et plus cher en pap. fin et en pap. vél. [28964]

En 1825, le propriétaire des planches de cette bonne édition en a fait tirer des exemplaires sur pap. vél., qui se vendaient séparément. On joint à cette collection 3 vol. de lettres de Winkelmann, publiées par Fr. Forster, *Berlin,* 1824-25, in-8., sous le titre général de *Werke : Nachtrag zu der Ausgabe von H. Mayer and J. Schulze,* 7 thl. 16 gr.

— Sämmtliche Werke. Einzige vollständige Ausgabe, von Jos. Eiselein. *Donaueschingen,* 1825-29, 12 vol. in-8., avec un atlas de 40 pl. lithogr. in-fol.

Selon Ebert, c'est à tort qu'on a annoncé comme étant la seule complète cette édition dont les planches sont mauvaises.
— WERKE. *Dresden, Walther,* 1845, 2 vol. gr. in-8. fig. 30 fr.

— Opere di Winckelmann; prima edizione italiana completa. *Prato, Giacchetti,* 1831-35, 12 vol. gr. in-8.

Cette édition est accompagnée d'un atlas composé d'environ 200 pl. in-fol., qui s'est publié en 30 livraisons : elle a coûté 150 fr., mais elle est beaucoup moins chère aujourd'hui. Il y a des exempl. du texte en 3 vol. in-fol. Il avait déjà paru à Milan, en 1826, une traduction italienne des œuvres de Winkelmann, en 12 vol. in-12.

Nous citerons comme un morceau remarquable sur ce célèbre antiquaire : *Il Sepolcro di Winckelmann in Trieste, da Dom. Rossetti*, Venezia, Alvisopoli, 1823, gr. in-4. fig. C'est la réunion de plusieurs mémoires sur la vie et les ouvrages de Winckelmann écrits par différents auteurs. Il en a été tiré des exemplaires in-fol.

— **Histoire de l'art chez les anciens**, trad. de l'allemand, avec des notes historiques et critiques (par Huber, et revue par Jansen). *Paris, an* XI (1802), 3 vol. in-4. fig. 60 à 72 fr. [29229]

Bonne édition, dont les 2 prem. volumes parurent d'abord en 1793. sous le titre d'*Œuvres de Winkelmann*. Il y en a des exemplaires en pap. vél.

l'édition de *Leipzig*, 1781, 3 vol. in-4. fig. 15 à 20 fr. Vend. en Gr. Pap. 60 fr. *cuir de Russie*, Caillard. — La traduction de Krutoffer, revue par Le Blond, *Paris*, 1789, 3 vol. in-8., n'a aussi qu'un prix très-ordinaire. — Une première traduction de cette histoire par Sellius, retouchée par Robert, a paru en 1766 en 2 vol. in-8.

La première édition du texte allemand de cet ouvrage célèbre a paru à Dresde, en 1764, 2 vol. in-4. fig.; mais on préfère la seconde, donnée à Vienne, en 1776, aussi en 2 vol. in-4. fig., par Fr.-Just. Riedel. A la première se réunit: *Anmerkungen über die Geschichte der Kunst des Alterthums*, Dresde, 1767, in-4.

On recherche peu en France la traduction ital. de l'*Histoire de l'art*, imprimée à *Milan*, 1779, en 2 vol. in-4.; ou à *Rome*, 1783, en 3 vol. in-4. fig. Néanmoins cette dernière est augmentée des notes et d'une dissertation de Carlo Fea, ce qui lui donne de la valeur. Vendu 51 fr. Visconti, et quelquefois moins.

— **Monumenti antichi inediti, spiegati ed illustrati da Giov. Winckelmann.** *Roma*, 1767, 2 vol. in-fol. avec 208 pl. [29257]

Ouvrage très-recherché: 40 à 50 fr. On y ajoute quelquefois un 3e vol. in-fol. qui n'est pas de Winkelmann, mais d'Et. Raffei, et qui contient: *Ricerche sopra un Apolline della villa Albani*, Roma, 1772, de 3 ff. prélimin., 18 pp. et 3 pl. = *Saggio di osservazione sopra un bassorilievo della medesima villa; osservazioni sopra un altro bassorilievo della medesima villa*, Roma, 1773, de 56 pp. et 2 pl. = *Il Nido, canzone didascalica sopra un antico nido di marmo*, Roma, 1778, de 28 pp. et 2 pl. = *Osservazioni sopra alcuni antichi monumenti esistenti nella villa Albani*, Roma, 1779, de 64 pp. et 6 pl. = *Dissertazione sopra un singular combattimento espresso in un bassorilievo della villa Albani; Filoltete addolorato, altro bassorilievo della medesima villa*, de 28 pp. et 2 pl. Vend. avec le 3e vol. m. r. dent. 104 fr. Dutheil; 135 fr. Visconti.

—**Monumenti antichi inediti, ecc.; seconda edizione : aggiuntevi alcune erudite addizioni.** *Roma, dai torchj di Carlo Mordacchini*, 1821, 2 vol. in-fol. fig.

Les planches (chiffrées jusqu'à 180) sont les mêmes que celles de l'édition de 1767.
— RICERCHE sopra un Apolline della villa del card. Aless. Albani dissertazione (ed altre dissertazioni) da Stef. Raffei. *Roma*, 1821, -in-fol. de 164 pp. avec fig.

Ce volume, qui fait suite à l'ouvrage précédent, renferme sept dissertations de Raffei, imprimées d'abord séparément, de 1772 à 1779 (voyez ci-dessus), et réimpr. ici en un seul corps. Les 3 vol. coûtaient 120 fr., mais on les trouve pour 50 ou 60 fr.
— ANNOTAZIONI di Clemente Cardinali sulla 2e edizione de' monumenti inediti. *Roma, de' Romanis*, 1825, in-8. 2 fr.
— LES MONUMENTS inédits de l'antiquité, expliqués par Winkelmann, gravés par David et mademoiselle Sibire, avec des explications françaises par A.-F. Desodoards. *Paris*, 1809, 3 vol. in-4. fig. au bistre, 24 à 30 fr. — Pap. vél. 30 à 36 fr.

Les *Monumenti antichi* ont été traduits en allemand, par L.-F. Brunner. *Berlin*, 1791-92, ou 2e édition, 1804, 2 part. in-fol. fig.

— **Description des pierres gravées du baron de Stosch.** *Florence*, 1760, in-4. fig. [29596]

Les exemplaires de cet excellent ouvrage ne se trouvent pas facilement: 15 à 20 fr. Vend. 30 fr. Visconti.

Nous citerons encore les traductions de divers écrits du même auteur, savoir:

LETTRES familières, traduites en français (par Jansen). *Amsterdam (Paris)*, 1781, 2 vol. in-8. [18905]

REMARQUES sur l'architecture des anciens (trad. par Jansen). *Paris*, 1783, in-8. [29231]

RECUEIL de différentes pièces sur les arts (trad. par Jansen). *Paris*, 1786, in-8. [29230]

RECUEIL de lettres sur les découvertes faites à Herculanum, à Pompéi, à Stabia, etc. (trad. par Jansen). *Paris*, 1784, in-8. [29325]
— De l'Allégorie, 9179.

WINKLE. Architectural and picturesque illustrations of the english Cathedrals, by H. and B. Winkle, with descriptions by T. Moule. *London*, 1836-38, 3 vol. gr. in-8. fig. 2 liv. 5 sh. — in-4. fig. sur pap. de Chine, 4 liv. 10 sh.

Le 3e vol. contient *Manchester Cathedral*, 1842.
Les mêmes artistes ont donné:
FRENCH CATHEDRALS, 50 pl. avec leurs descriptions, 1836, in-4. 18 sh.

WINSTANLEY (*Henry*). Plans, elevations and particular prospects of Audley-End. *Engraved by H. Winstanley at Littlebury* (vers 1675), in-fol. obl. de 18 pouces anglais sur 14. [10018]

Recueil de 24 pl., non compris trois épîtres dédicatoires gravées, qui sont adressées au roi Jacques II, à Jacques, comte de Suffolk, et à Christ. Wren. Comme cette série se trouve très-difficilement, on l'a payée 17 liv., et même 17 liv. 17 sh. aux ventes Bindley et Hibbert. Cependant ces mêmes planches, à l'exception des dédicaces et des nos 5, 9 et 17, se retrouvent dans le supplément du *Nouveau théâtre de la Grande-Bretagne*, 1re édition (voyez NOUVEAU théâtre). L'exemplaire décrit dans la *Biblioth. grenvil.*, p. 807, contient de plus une presque tous les autres, un double de la planche 4 (*the royall pallace of Audley End*) en six feuilles réunies en une seule qui se plie. Lowndes rapporte que Winstanley a gravé une copie réduite des mêmes 24 pl., de format in-4., laquelle est tellement rare, qu'on n'en connaît pas d'exemplaire complet.

Winsemius (*P.*). Amores, 13076. — Sirius, 13077.
Winslow. Difference of style in ancient glass paintings, 9282.

WINTER (*Georg.-Sim.*). De re equaria tractatio nova, complectens partes tres... in usum exterarum nationum e germanico in latinum, italicum et gallicum translata a M. C. L. M. *Norimbergæ, Joan. Andrea et Wolfg. Endter*, 1672, in-fol. fig. 15 à 20 fr. [10339]

Volume orné de 34 pl.; il doit avoir deux titres, l'un latin et allemand, l'autre italien et français : 26 fr. Patu de Mello.

— Winteri Tractatio nova et auctior de re equaria..., de novo edita et tum materia, tum figurarum...... numero amplificata (germ., lat., ital. et gallice). *Nürnberg*, 1687, in-fol. fig.

Cette édition est beaucoup plus ample que celle de 1672, puisqu'elle a 223 pp. au lieu de 169. On y trouve aussi 14 planches nouvelles. De telles augmentations doivent lui faire donner la préférence sur la première, quoique celle-ci ait l'avantage de contenir de meilleures épreuves des gravures. De 48 pl. que doit renfermer ce volume, 3 sont placées dans le corps du texte, pp. 105, 112 et 124; les autres sont réunies à la fin du volume, et numérotées, à la réserve de 2; la dernière est chiffrée 34, parce qu'il y a dans les autres des numéros répétés. On trouve des exemplaires de cette même édition, avec un nouveau titre daté de 1703 : 15 à 20 fr.; 30 fr. Patu de Mello.

— Bellerophon, sive eques peritus, hoc est artis equestris accuratiss. institutio (lat. et germ.). *Norimbergæ, Endter*, 1678, in-fol. fig. [10340]

Ouvrage difficile à trouver. Il est orné de 104 et 115 pl., qui sont quelquefois reliées séparément. Il faut joindre à ce volume le traité suivant du même auteur :
HIPPIATER expertus, seu medicina equorum, absolutissima, tribus libris comprehensa (germanice et latine). *Norimbergæ*, 1678, in-fol. fig. Vend. 30 fr. de Limare ; 34 fr. Patu du Mello ; 32 fr. 50 c. Huzard.

WINTERTON (*Rad.*). Voy. POETÆ minores græci.

WIROKER (*Nigaldus*). Voy. VIGELLUS.

WIRSING. Marmora et adfines aliquos lapides coloribus suis exprimi curavit et edidit Adam.-Lud. Wirsing (germ. et lat.). *Norimbergæ*, 1775, gr. in-4. fig. color. [4767]

Les planches de cet ouvrage sont les mêmes que celles de la *Représentation des marbres*, indiquée ci-dessus, IV, col. 1243, article REPRÉSENTATION. Le texte est de Schmiedel. Les exempl. vendus 21 fr. de Limare, 28 fr. Lamy, n'étaient point complets.

— Collection des figures de nids. Voyez GUNTHER, et VOGEL.

WIRSUNG (*Marx*). Von wann vnd vmb welcher Vrsachen willen das loblich ritterspil des Turniers erdacht vnd zum ersten geübet worden. *Augsburg* (sans nom d'imprimeur), 1518, in-4. de 18 ff. [28739]

Opuscule très-rare et le premier ouvrage allemand sur les tournois qui ait été imprimé. Il a été publié par Marx Wirsung, citoyen d'Augsbourg, nommé dans la préface, et qui était intéressé dans une imprimerie établie dans sa ville par Sigismund Grimm, médecin (Panzer, *Deutsche Annalen*, p. 419).

WISE (*Fr.*). Voy. NUMMORUM catalogus.

WISMES (*Jean-Bapt.* Olivier, baron de). La Vendée historique, pittoresque et monumentale. *Nantes, Prosper Sebire* (sans date), in-fol. [24423]

Volume composé de 40 pl. lithogr. d'après les dessins de l'auteur, d'une introduction et d'un texte. Il y en a deux éditions qui se vendaient 50 fr. chacune. Dans la première, dont on a tiré quelques exemplaires sur Gr. Pap. (60 fr.) l'introduction occupe 40 pp.; la seconde n'en a que 39, mais le texte y est augmenté et sensiblement modifié.

— Le Maine et l'Anjou historiques, archéologiques et pittoresques. Recueil des sites et des monuments les plus remarquables sous le rapport de l'art et de l'histoire des départements de la Sarthe, de la Mayenne et de Maine-et-Loire, dessinés par le baron de Wismes, lithographiés par les meilleurs artistes de Paris; accompagnés d'un texte descriptif par le baron de Wismes et par MM. La Baulière, Belleuvre, Berger, le comte A. de Blois, Eug. de La Gournerie, Dom Piolin et par plusieurs autres écrivains des provinces de l'Ouest. *Nantes, impr. de Vincent Forest* (sans date), 2 vol. in-fol. contenant 108 pl. dont 2 frontispices plus 566 pp. de texte. [24423]

Cet ouvrage, terminé en 1862, a été publié en 55 livraisons au prix de 2 fr. 75 c. chacune (la 55e gratis). Le texte, tiré d'abord à 1000 exemplaires, l'a été à 1600 à partir de la 25e livr. Le texte des 24 premières livr. a été réimprimé à 600 avec de notables changements. 35 exemplaires choisis feuille à feuille sur tout le tirage, et contenant en entier le nouveau texte, sont livrés au commerce au prix de 300 fr. chacun; les pl. y ont une marque particulière. M. Morel, éditeur à Paris, a publié un choix des soixante plus belles planches architecturales des mêmes provinces sous le titre d'*Églises et châteaux de la Bretagne, du Poitou, du Maine et de l'Anjou, dessinés par le baron de Wismes et lithographiés par les premiers artistes*, in-fol., au prix de 90 fr. [9017]

WITHER (*George*). A Collection of emblemes, ancient and moderne : quicke-

---

Winter (*C.-F.*). Drie Javaansche Heldengedichten, 16021.
Winter (*M.*). Die Dach-Constructionen..., 9798.
Winterbottom (*Th.*). The native Africans, 28427.
Winther (*Ramus-Wil.-Christ.-Ferd.*). Poésies danoises, 15683.
Winthorp Sargent. Expedition against ort Du Quesne, 28512.

Wiseman (cardinal *Nic.*). Discours, 1781. — Conférences, 1844. — Essay on various subjects, 18384.
Wissmann (*D.*). Petrefacten-Kunde, 4801.
Wissowatius. Religio rationalis, 2271.
Wiszulewski (*Mich.*). Histoire de la littérature polonaise, 30145.
Witasse (*C.*). Theologia, 1153.

ned with metrical illustrations, both morall and divine : and disposed into lotteries, that instruction, and good counsell, may bee furthered by an honest and pleasant recreation ; foure bookes. *London, by A. M. for Richard Royton*, 1635, in-fol., avec un frontispice par Marshall et de nombreuses gravures de Crispin de Pas. [18614]

Ce volume est rare, et en Angleterre on en paye les beaux exemplaires de 6 à 8 liv.
— JUVENILIA. A collection of those poems which were heretofore imprented and written. *London, printed for R. Alloit*, 1633, in-12, avec un frontispice et un titre imprimé. [15777]
— HYMNES and songs of the .church. *London, printed by the Assignees of G. Wither*, 1625, in-12, avec la musique composée par Orlando Gibbuns, 1 liv. 3 sh.
Il a été fait deux réimpressions de ces hymnes, l'une avec une préface d'Egerton, Brydges, 1825, in-12, tiré à 100 exemplaires, l'autre avec une introduction par Farr, 1856, in-12., portr.
Pour les autres ouvrages de ce poëte, voyez la Biblioth. grenvil. 809 et Lowndes, article Wether. On a commencé à Londres en 1820 une réimpression de ses œuvres d'après les éditions originales, mais il n'en a paru que 3 vol. pet. in-8.

WITHERING (*Will.*) and *Jonat.* Stokes. A botanical arrangement of british plants. *London, Rivington*, 1830, 4 vol. in-8. fig. 1 liv. 1 sh. [5175]

Septième édition, corrigée et augmentée, de cet ouvrage estimé. La première, imprimée à Londres, en 1770, n'est qu'en 2 vol. ; mais la 3ᵉ de 1796, et les trois autres, de 1812, 1818, etc., sont en 4 vol. in-8.

WITSEN (*Nic.*). Noord-en Oost-Tartarye, behelzende eene beschryving... *c'est-à-dire*, La Tartarie septentrionale et orientale, coutenant une description des contrées tartares et des pays voisins, dans les parties septentrionales et orientales de l'Asie et de l'Europe, explorées depuis plusieurs années, publiées par Nic. Witsen (en hollandais). *Amsterdam, Schalekamp*, 1785, 2 part. in-fol. fig. [28270]

Quoique déjà ancien, cet ouvrage est toujours d'un grand intérêt pour la connaissance des pays qui y sont décrits. La première édit. est d'*Amsterdam*, 1692, in-fol., et la seconde d'*Amsterdam*, 1705. En 1785 il restait encore un nombre d'exemplaires de cette 2ᵉ édit. qu'on fit paraître avec un nouveau titre, en changeant la table alphabétique des matières, qui était de 16 pp., et que l'on réduisit à 14 pp. ; mais en même temps on ajouta à cette nouvelle publication une introduction par Pierre Boddaert, en 25 pp., une carte de la Russie d'Europe et d'Asie, et enfin, parmi les cartes et fig., 55 pièces en 45 numéros; ce qui a nécessité un nouvel avis au relieur pour placer ces planches. Les exemplaires datés de 1785 (75 fr. Langlès, et quelquefois moins) sont donc, comme on le voit, préférables à ceux de 1705, qui toutefois renferment de plus que les autres deux grandes planches, savoir : vue de Nertzinskoy, p. 94, et vue de Tobolsk, p. 786. Un exemplaire de l'édition de 1705 a été

Witichindus monachus. Res gestæ, etc., 26407.

vend. 16 flor. 25 c. Meerman, 40 fr. 50 c. de Sacy, et avec les 55 pl. ajoutées à l'édition de 1785, 51 fr. Klaproth.

WITSIUS (*Herman*). Miscellaneorum sacrorum lib. IV. *Amstelod.*, 1695-1700, seu *Herbornæ*, 1735, 2 vol. in-4. 8 à 9 fr. [607 ou 21404]

— ÆGYPTIACA, sive de ægyptiacorum sacrorum cum hebraicis collatione lib. III, et de decem tribubus Israelis liber, etc. *Amstelodami*, 1696, seu *Herbornæ*, 1717, in-4., 5 à 6 fr. [29086]
Il y a une édition des *Ægyptiaca*, Basileæ, 1739, in-4., avec laquelle se trouvent ordinairement les *Exercitationes sacræ in symbolum apostolicorum et in orationem dominicam* de Witsius.
Les autres ouvrages du même auteur ont encore moins de valeur pécuniaire que ceux-ci.

WITTMAN (*William*). Travels in Turkey, Asia Minor, Syria, and across the desert into Ægypt, during the years 1799-1801, in company with the turkish army and the british military mission, to which are annexed observations on the plague, and on the diseases prevalent in Turkey and a meteorological journal. *Lond., Phillips*, 1803, in-4., avec 22 pl. 15 à 20 fr. et plus en Gr. Pap. fig. color. [19925]

WITTE (*J.-J.-A.-M.* de). V. LENORMANT.

WODROEPHE (*John*). Les Heures de relache d'un soldat voyageant, ou la vraie moëlle de la langue françoise, en laquelle est naïfvement traité des neuf parties d'icelle, avec deux livres de dialogues présentés au prince de Nassau, et un excellente œuvre appellée La Fontaine de vertu et d'honneur, accompagnée de chansons pieuses, sonnets, thêmes, lettres missives et fontaines proverbiales aisées et pertinentes, etc., en anglois et en françois. *Imprimé à Dort, pour Georges Waters*, 1623, in-4. [10947]

Ouvrage rare dont le titre fait assez connaître le contenu. Nous le trouvons porté sous le n° 2296 du premier catalogue de La Vallière, impr. en 1767.
Le même livre a été réimprimé sous le titre suivant :

THE MARROW of the french tongue, containing, rules for pronunciation, an exact grammar, and dialogues in french and english. Collected and compiled by the great industry of John Wodroephe. *London, for Richard Meighen*, 1625, in-fol. (*Biblioth. Grenville, page 810*). [10947]

Witt (*J.* de). Mémoires, 25172.
Witt (*Cornelis* de). Thomas Jefferson, 25847.
Wittstein (*G.-D.*). Handwörterbuch der Chemie, 4387.
Witzleben (*Arwied* Frhr. von). Genealogie des Fürstenhauses Nassau..., 28921.
Witzleben (*K.-A.-F.* von), sous le nom de A. von Tromlitz. Schriften, 19316.
Witzleben (*A.* von). Prinz Friedrich von Coburg-Saalfeld, 26645.
Wocher (*Max.*). Allgemeine Phonologie, 10542.

WODWAR. Voy. WOODWARD.

WOEIRIOT ou Woeriot. Pinax iconicus antiquorum ac variorum in sepulturis rituum ex Lilio Gregorio (Gyraldio) excerpta (a Clemente Baldino), picturisq iuxta Hypographas exacta arte elaboratis effigiata : ad animorum utilem cognitionem, oculorum iucundam inspectionem, & operosam manus artificis imitationem. (in fine): *Lugduni, apud Clementem Baldinum,* 1556, pét. in-4. obl. de 32 ff., lettres ital. [28978]

Petit volume rare et surtout remarquable, parce que, indépendamment du frontispice gravé et du portrait de Pierre Woeiriot, il renferme neuf autres gravures sur cuivre de ce célèbre graveur. On lit au bas du portrait *Petrus Vvoeiriot lotaringius has faciebat eiconas cujus effigies hæc est anno 24 suæ ætatis.* Après cette planche se trouvent une épître dédicatoire gravée, de l'artiste à Charles de Lorraine, et une dédicace de Clemens Baldinus aux antiquaires. Le dernier feuillet est occupé par la marque de Clément Baudouin, gravée par Woeiriot, dont elle porte le monogramme (✠) et le nom ; elle représente un éléphant monté par un cavalier cuirassé et qui épargne les brebis au lieu desquelles il marche. On lit autour : *Clemens malefacere abstinet.* Nous donnons ici une autre marque de Clément Baudoin :

C'est à tort que dans la *Biogr. univ.,* tome LI, article Woeiriot, on donne ce *Pinax* comme un des premiers essais de la gravure sur cuivre qui aient été faits en France. Un exemplaire de ce petit volume relié en *mar. r.* n'a été vendu que 8 fr. chez La Valliere ; mais depuis le même livre a été payé 102 fr. *m. v.* Coste ; 101 fr. *non rel.* et ayant une pl. remontée, Robert Dumesnil. Un autre, ancienne reliure en *veau fauve* à compart., 276 fr. Solar.

— Libro d'anella d'orefici de l'inventione di Piero Woerioto di Loreno. *In Lyone appresso Guglielmo Rovillio,* 1561, pet. in-8. obl.

Ce livre, fort peu connu, est composé de 2 feuillets prélimin. et de 39 feuillets contenant les pl. num. de 2 à 40. Il y a une dédicace au poëte B. Aneau, en deux quatrains français placés dans un cartouche ovale, et un extrait du privilége du roi au verso du 2e feuillet prélimin., en français ; la préface est en italien (*Cabinet de l'Amateur,* par M. Piot, 1861, n° 2).

Pierre Woeiriot a gravé une suite d'estampes dont les sujets sont tirés de la Bible : ce sont des pièces en travers portant en largeur 217 à 220 millim. et en hauteur 190 à 195 millim. Au bas de chacune (ou au moins de plusieurs) se trouvent deux tablettes, l'une contenant quatre vers latins, l'autre quatre vers français qui sont la traduction des premiers et se rapportent au sujet représenté. Dix-huit de ces pièces sont décrites dans le VIIe vol. du *Peintre-graveur* de M. Robert Dumesnil ; il doit en exister un plus grand nombre, mais la collection complète est introuvable. On ne sera peut-être pas fâché de lire ici deux des quatrains français dont nous venons de parler. Le premier se rapporte à Noé, et le second à Lot :

Noé cuuant son vin et dormant sur la terre
Fut mocqué fut hué de Cham enuergogné
Mais ses freres honteus recouurirent leur Pere,
Lequel a son reueil les a benissonné.

Gen., chap. 9.

Lot echauffé de vin et trompé de ses filles
Incestua son sang, prit les virginités
De ses filles qu'il fit a sa honte fertilles.
Que l'amour et le vin causent de mal-heurtés.

Gen., chap. 19-20.

Un registre du trésor des chartes de Nancy, années 1560-61, constate qu'il a été payé à Pierre Woeiriot, dit de Bouzey, 100 fr. pour subvenir et fournir aux frais *à faire mettre en lumiere les histoires de la sainte Bible* (*Nouvelles Recherches de Bibliographie lorraine*, par M. Beaupré, Nancy, 1854, p. 19). Plusieurs vignettes gravées sur bois par Woeiriot se trouvent dans une version latine de l'historien Josèphe, impr. à Lyon en 1566, in-fol. Voy. nos additions, article JOSEPHUS, et l'*Essai sur l'histoire de la gravure sur bois,* par M. A.-F. Didot, p. 184.

WOIDE (*Car.-Godof.*). Voyez LACROZE, SCHOLTZ, et ci-dessus, col. 740, article TESTAMENTUM novum.

WOILLEZ (le docteur *Eugène*). Archéologie des monuments religieux de l'ancien Bèauvoisis pendant la métamorphose romane, composée d'un texte précédé d'une introduction historique, d'une carte archéologique et de 129 planches comprenant plus de 120 sujets. *Clermont* (*Oise*), *Vᵉ Dannicourt,* et *Paris, Derache,* 1839-1849. (Nouv. titre, *Paris, Dumoulin,* 1856), in-fol. 50 fr. [24206]

Un des bons ouvrages en ce genre.

WÖLCHEM an Kurtzweil thet zerrinnen. Mag wol dis Büchlin durchgründë. Er findt darin vil kluger ler. vö retersch

---

Wodrow (*R.*). Sufferings of the church of Scotland, 21525.

Wöhler (*Friedr.*). Grundriss der unorganischen und der organischen Chemie, 4401.

Woepke (*F.*). L'Algèbre des Arabes, 7798.

gedicht vnd vil nuwer mer. *Strasbourg* (*sans nom d'impr.*), 1519, in-4. de 24 ff.

Un des plus anciens recueils allemands d'énigmes ou mots subtils qui aient été imprimés. (Ebert, 24026). Panzer (*Deutsch Annaleen*, suppl., p. 25), en cite une édition de *Strasbourg*, sans date, in-4. de 22 ff.

WOLCOTT (*J.*). Voy. PINDAR (*Peter*).

WOLF (*F.-A.*). Prolegomena ad Homerum. Voy. t. III, col. 275, article HOMERUS.

WOLF (*Jean*) et Bern. Meyer. Naturgeschichte der Vögel Deutschlands. *Nürnberg,* 1805 et ann. suiv., gr. in-fol. fig. color. [5757]

Ouvrage de luxe dont il paraissait 23 livraisons de 6 pl. en 1815. (Chaque livraison, avec un texte en allem. et en franç., se payait environ 40 fr.) Ce n'est pas le même que l'Ornithologie d'Allemagne, citée précédemment à l'art. BORKHAUSEN.

— Taschenbuch der deutschen Vögelkunde. *Francfurt,* 1809-22, 3 vol. in-8., avec 74 pl. 11 thl. 12 gr.

WOLF (*Ferd.-Jos.*). Studien zur Geschichte der spanischen und portugiesischen Nationalliteratur von Ferdinand Wolf. *Berlin,* 1859, in-8. de 3 et 747 pp. 16 fr. [30109]

Ce volume renferme une grande partie des articles que l'auteur a fournis pendant plus de trente ans aux journaux littéraires allemands sur l'histoire de la littérature espagnole au moyen âge, sur les romances des Espagnols, sur l'histoire du drame en Espagne, et sur l'histoire de la littérature portugaise au moyen âge.

— UEBER DIE ROMANZENPOESIE der Spanier. *Wien,* 1847, in-8.

— BEITRÄGE zur Bibliographie der Cancioneros, etc., *Ibid.,* 1853, in-8.; — Le Brésil littéraire, 30110.

— Voy. à l'article FLORESTA de rimas, HUON de Bordeaux, et aux mots ROMANCES, et SILVA de varias romances.

WOLFF (*O.-L.-B.*). Altfranzösische Volkslieder. Recueil de vieilles chansons françaises populaires, avec des notes grammaticales et explicatives (en allemand). *Leipzig, Fleischer,* 1831, in-8. [14254]

On distingue dans ce recueil : *La vraye histoire du preu Gilion de Trasignies,* roman français écrit au XV° siècle, impr. depuis séparément (voyez GILION), et dont M. Gust. Brunet a donné une notice, *Paris,* 1839, in-8., tirée à 80 exempl.

— EGERIA. Raccolta di poesie italiane popolari, cominciata da Gulielmo Müller, dopo la morte di lui terminata e pubblicata da O.-L.-B. Wolff. *Lipsia,* E. Fleischer, 1829, pet. in-8. 9 fr. G. Duplessis. [15023]

— Poetischer Hausschatz, 15433; — Samml. histor.

Wolf (*J.*). Sketches, 20078.
Wolf (*P.-Phil.*). Gesch. Maximilians I., 26617.
Wolf (*J.-H.*). Æsthetik der Baukunst, 9702.
Wolf (*J.-W.*). Niederländische Sagen, 15617.
Wolfart (*P.*). Historia natur. Hassiæ, 4511.
Wolff (*Jens*). Runakefli, le Runic, 27545.
Wolff (*C.-F.*). Theoria generationis, 6926.
Wolff (*Odin*). Dictionnaire danois, 11292.

Volkslieder, 13509; — Encyclopädie der deutschen National-Literatur, 30793.

WOLFF (*J.-F.*). Icones cimicum descriptionibus illustratæ. *Erlangæ,* 1800-11, in-4., cum 20 tab. color. [6054]

Ouvrage publié en 5 livraisons, à 8 fr. chacune.

WOLFIUS (*Joan.*). Lectionum memorabilium et reconditarum centenarii XVI, cum indice Joan.-Jac. Linsii. *Lavingæ,* 1600-8, 2 vol. in-fol. [31813]

Ce recueil peu commun est assez recherché, mais le prix en varie singulièrement : 24 à 36 fr. Vend. 80 fr., bel exempl. en 3 vol. *v. f. d. s. tr.,* Méon. — L'*index* de *Linsius,* impr. en 1608, forme une partie séparée qui manque dans la plupart des exemplaires. L'édition de *Francfort,* 1671, 3 vol. in-fol., est moins chère que la première.

WOLFIUS (*Jo.-Christoph.*). Anecdota græca, sacra et profana, ex codd. mss. nunc primum in lucem edita, versione lat. donata et notis illustrata. *Hamburgi,* 1722-24, 4 vol. pet. in-8. 10 à 12 fr. [19376]

— Bibliotheca hebræa, seu notitia auctorum hebræor. tum scriptorum, quæ vel hebraice primum exarata vel ab aliis conversa sunt. *Hamburgi,* 1715-33, 4 vol. in-4. 40 à 50 fr. [31680]

Il faut réunir à cet ouvrage (décrit dans la bibliothèque de M. de Sacy, n° 133, et vendu 121 fr.), la *Nova Bibliotheca hebr.* de Köcher, Hamb., 29 fr. 50 c. de Sacy (voy. KOCHERUS), et aussi : *Catalogus bibliothecæ Dav. Oppenheimeri,* Hamb., 1826, in-8., où se trouvent des corrections pour les deux Bibliothèques hebr. (voy. TALMUD). — In Novum Testamentum, 502; — Historia Bogomilorum, 22390.

WOLFIUS (*Joan.-Christianus*). Sapphus poetriæ lesbiæ fragmenta et elogia, cum notis variorum, cura et stud. Jo.-Christ. Wolfii, gr. et lat. *Hamburgi,* 1733, in-4. 12 à 15 fr. [12356]

En Gr. Pap. 40 fr. mar. r. de Cotte.

— Poetriarum octo, Erynnæ, Myrus, Myrtidis, etc., fragmenta et elogia, gr. et lat., cum notis varior., cura et studio Jo.-Chr. Wolfii. *Hamburgi,* 1734, in-4. 10 à 15 fr. [12277]

En Gr. Pap. *v. f.* 30 fr. de Cotte, et avec l'ouvrage précédent (les 2 vol. Gr. Pap. *mar. bl.*), 91 fr. Mel de Saint-Céran, en 1791.

— Mulierum græcarum quæ oratione prosa usæ sunt fragmenta et elogia, gr. et lat., cum notis var., curante Jo.-Chr. Wolfio. *Gottingæ,* 1739, in-4. 10 à 15 fr., et plus en Gr. Pap. [12091]

Ces 3 vol. réunis valent ordinairement de 36 à 45 fr.; vend. en Gr. Pap. peau de truie, 130 fr. Lollière; 150 fr. mar. r. par Derome Maucune, et revendu 522 fr. Parison; autre exempl. mar. r. mais moins beau, 276 fr. Caillard.

— MONUMENTA typographica instaurata studio et labore Jo.-Ch. Wolfii. *Hamburgi,* 1740, 2 vol. in-8. [31167]

Recueil fort arriéré. 6 à 8 fr.

WOLFIUS (*Christ.*). Jus naturæ, methodo scientifica pertractatum. *Lipsiæ* et *Francofurti*, 1740-48, 8 vol. in-4. 24 à 36 fr. [2357]

A cet ouvrage, déjà si volumineux, se joint un 9e vol. intitulé :

Jus gentium methodo scientifica pertractatum. *Halæ*, 1749, in-4.

— Institutiones juris naturæ et gentium. *Halæ*, 1750 (nouv. titre, 1754), in-8. 6 à 9 fr. [2358]

Ces institutions du droit de la nature et des gens ont été traduites en français et imprimées avec le texte latin, et des notes d'Elie Luzac. *Leyde*, 1772, 6 vol. in-12, ou 2 vol. in-4. 15 à 18 fr.

— Elementa matheseos universæ. *Genevæ*, 1743-52, seu *Veronæ*, 1791-98, 5 vol. in-4. fig. à bas prix. [7762]

— Logique, 3523 ; — Psychologie, 3610.

Pour les autres ouvrages de ce savant, consultez : *Christ. Wolf' seigene Lebenbeschreibung, herausgegeben von Wutke.* Leipzig, 1841, in-8., 3e édition.

WOLFRAM von Eschenbach. Voyez Eschenbach.

WOLLASTON (*Franc.*). Specimen of a general astronomical catalogue, containing a comparative view of the mean positions of stars, etc. *London*, 1789, in-fol. [8305]

Vendu 37 fr. Méchain, et moins depuis.

Portraiture of the heavens, as they appear to the naked eye ; constructed for the use of students in astronomy, by F. Wollaston. *London*, 1811, in-fol. 1 liv. 1 sh.

Citons encore le *Fasciculus astronomicus* du même auteur, *Lond.*, 1800, in-4.

WOLLICUS (*Nic.*). Voy. Volcyre.

WOLSEY (*Th.*). Rudimenta grammatices et docendi methodus, non tam scholæ gypsuycheanæ per rever. D. Thomam cardinalem Ebor. feliciter institutæ, quam omnibus aliis totius Angliæ scholis præscripta. (*absque loco*), 1537, pet. in-8. [10808]

On suppose que cette édition a été imprimée à Anvers ou à Bâle. C'est la plus rare de cet ouvrage attribué au cardinal Wolsey, lequel, s'il n'en est pas l'auteur, a au moins écrit la dédicace adressée sous son nom, *Præceptoribus gypsuicheanæ scholæ*, dans l'édition de 1539.

Vend. 4 liv. 5 sh. Bindley, et sous la date de 1539, 4 liv. 14 sh. 6 d. Hibbert.

Lowndes cite des éditions d'*Anvers*, 1534 et 1535, pet. in-8., que nous ne connaissons pas autrement.

WONDERLYCKE. Voy. t. I, col. 1888, article Chronique de Maximilien.

WOOD (*William*). New Englands prospect :

a true, lively and experimentall description of that part of America, commonly called New England : discovering the state of that country, both as it stands to our new-come english planters ; and to the old native inhabitants. *London, by Joh. Dawson, sold by John Bellamy*, 1639, pet. in-4. avec une carte. [28571]

Volume rare, dont un exemplaire rel. en *veau doré* par Bedford, est porté à 5 liv. 15 sh. dans le catal. de Willis et Sotheran, 1862, n° 15309.

WOOD (*Ant.*). Historia et antiquitates Universitatis oxoniensis. *Oxon., e Th. sheld.*, 1674, 2 tom. en 1 vol. in-fol. de iv ff. et 450 pp. — Liber secundus, 448 pp. et 2 ff. contenant un avis au lecteur et une table, avec fig. 18 à 24 fr., et plus en Gr. Pap. [30269]

Cette édition latine, publiée sous les auspices de l'évêque Fell, n'est que la traduction du texte original écrit en anglais par Wood, lequel, après être resté longtemps inédit, fut enfin publié sous le titre ci-dessous. Dans quelques exempl. de l'édition latine se trouve une lettre de Hobbes, avec une réponse du Dr Fell.

The History and antiquities of the University of Oxford in two books by Antony à Wood, now first published in english from the original ms. in the bodleian library. *Oxford*, 1792-96, 2 tom. en 3 part. in-4.

John Gutch, éditeur de cet ouvrage, avait d'abord publié : *The History and antiquities of the colleges and halls in the University of Oxford ; by Ant. Wood, now first published in english from the original manuscript in the bodleian library, with a continuation to the present time*, Oxford, 1786, in-4, avec un appendice contenant *Fasti oxonienses* et des index, sous la date de 1790.

Les cinq parties réunies se vendent environ 5 liv.

— Athenæ oxonienses : an exact history of all the writers and bishops who have had their education in the University of Oxford, from the fifteenth year of king Henry the seventh, A. D. 1500, to 1695. *London*, 1721, 2 vol. in-fol. 24 à 36 fr. [30270]

Seconde édition de cet ouvrage estimé : elle a été donnée par le Dr Tanner, et elle contient de nombreuses augmentations. Il y a des exempl. en Gr. Pap. Vend. rel. en *cuir de Russie*, 7 liv. 17 sh. 6 d. à Londres, en 1804 ; 4 liv. Fonthill.

La première édit., 1691-92. 2 vol. in-fol., quoique plus exacte que celle-ci, a peu de valeur.

Il s'est fait de ce livre une nouvelle édition, continuée jusqu'en 1800, par Ph. Bliss, *London*, 1813-20, 4 vol. in-4. 8 à 10 liv. Il y en a 25 exempl. en pap. impérial qui se payent 15 liv. au moins.

— Lives of Leland, etc., 30894.

WOOD (*Rob.*). Essay on the original genius and writings of Homer. *London*, 1769, in-4. [12340]

Selon John Nichols (*Anecdotes of W. Bowyer*, London, 1782, in-4., p. 416), cette édition n'a été tirée qu'à 7 exemplaires : 2 liv. Bindley.

— ESSAY on the original genius and writings of Homer, with a comparative view of the ancient and present state of the Troade. *London*, 1775, gr. in-4., with maps. 12 à 15 fr.

Réimpr. à *Dublin*, en 1776, et à *Londres*, en 1824, in-8.

L'*Essai sur le génie d'Homère* a été traduit en français par Démeunier, *Paris*, 1775, in-8.

— Voyez RUINES de Balbec et de Palmyre.

WOOD (*John-George*). The principal rivers of Wales illustrated, consisting in a series of views, accompanied by descriptions. *London*, 1813, 2 vol. in-4., with 155 etchings. [27372]

Vend. en Gr. Pap. 5 liv. 5 sh. Hibbert.

WOOD (*William*). General Conchyliologie, or a description of shells arranged according to the linnæan system. *London, Murray*, 1815 (nouveau titre 1835), gr. in-8. de lxi et 246 pp., avec 60 pl. color. 24 à 30 fr., et plus en Gr. Pap.

Ce n'est qu'un premier volume dont la suite n'a pas paru.

— Index testaceologicus, or a catalogue of shells british and foreign, arranged according to the linnæan system, with the latin and english names, references to authors, and places where found : illustrated with 2300 fig. *London, the author*, 1825, in-8. 1 liv. 12 sh. 6 d.; — fig. color., 3 liv. 3 sh.; — avec fig. doubles, 4 liv. 4 sh. [6103]

On a dû réunir à cet ouvrage :

Supplement to the Index testaceologicus... illustrated with 480 fig. London, 1828, in-8. — *A List of the plates of « Index testaceologicus »* with the lamarckian names adapted to the figures in each plate. Lond., 1839, in-8.
— THE SAME INDEX, new and intirely revised edition by S. Hanley. London. *Willes*, 1856, gr. in-8. avec pl. color. 3 liv. 13 sh. 6 d.
— ILLUSTRATIONS of the linnæan genera of insects. London, 1821, in-12, avec 86 pl. color. 1 liv. [5932]

— Index entomologicus, a complete illustrated catalogue of the lepidopterous insects of Great Britain, with their synonyms, localities, etc.; new edition, continued to the present time, with extensive supplement containing all the new species of moths and butterflies, and 150 new figures, by J.-O. Westwood. *London, G. Willis*, 1854, gr. in-8. fig. color. 4 liv. 4 sh.

La première édition a paru de 1833 à 1838, et avec un titre daté de 1839.

WOODBURN (*S.*). Ecclesiastical topography, a collection of one hundred views

of churches in the environs of London, from original drawings, accompanied with descriptions. *London*, 1807, 2 part. gr. in-4. 1 liv. 10 sh. [27107]

WOODS (*Joseph*). Letters of an architect, from France, Italy, and Greece. *London, Arch*, 1828, 2 vol. in-4., avec 21 pl. en taille-douce et 73 vignettes sur bois 1 liv. 1 sh.; — prem. épreuves des pl. sur pap. de Chine, 2 liv. 2 sh. [9705]

WOODVILLE (*Will.*). Medical Botany, containing descriptions, with plates of all the medicinal plants, comprehended in the catalogues of the materia medica, who is published by the royal college of physicians of London and Edinburgh. *London*, 1790-94, 4 vol. in-4. avec 300 pl. [5544]

Vend. 3 liv. 6 sh. Hibbert.

Reproduit en 1802 et en 1811, en 4 vol. in-4., et comme troisième édition, augmentée par W. Jackson, 1832, 5 vol. gr. in-4., avec 310 pl. color. 5 liv. 5 sh. Le 5e volume ou supplément, contenant 39 pl., s'est vendu séparément 1 liv. 11 sh. 6 d.

WOODWARD (*Jean*). Géographie physique, ou essai sur l'histoire naturelle de la terre, traduit de l'anglois par Noguez, avec la réponse aux observations de Camerarius, etc., traduite par le P. Niceron. *Paris*, 1735, in-4. fig. [4561]

Le texte anglais de cet ouvrage, qu'on ne consulte guère maintenant, a paru pour la première fois à Londres, en 1695, in-8. ; il s'en est fait plusieurs éditions. C'est celle de 1726 qui a été suivie dans la traduction française ci-dessus, laquelle a été réimprimée à *Amsterdam*, 1735, in-8. fig.

La version latine, *Zurich*, 1704, ou *London*, 1714, in-8., n'a pas de valeur.

WOOLNOTH (*W.*). A graphic illustrations of the metropolitan cathedral church of Canterbury; accompanied by an history and description... by W. Woolnoth; containing twenty plates engraved by himself from drawings by T. Hastings. *London, Nichols and Cadell*, 1816, in-4. [10004]

Ce volume a coûté 3 liv. 3 sh. (80 fr. Hurtault); — en pap. impér. 5 liv. 5 sh., et plus cher encore avec les fig. sur pap. de Chine.

— Voy. BRAYLEY.

WORDSWORTH (*Will.*). Poetical Works. *London, Longman*, 1840, or *London, Moxon*, 1857, 6 vol. pet. in-8. portr. 1 liv. 10 sh.

— LES MÊMES, London, printed by Moxon, 1854, en un seul vol. gr. in-8., portr. et frontispice. 17 sh. 6 d.

L'édition de *Paris, Galignani*, 1828, in-8., portr., dont il y a des exempl. en Gr. Pap. vélin, a été faite sur celle de Lond., 1827, en 5 vol. pet. in-8., moins complète que les deux dernières.

— POEMS selected and edited by Willmott. *London*, 1859, pet. in-4., avec 100 vignettes sur bois. 17 sh. 6 d. — White Doe of Rylstone, or the fate of the Northons, poem, 1859, in-4., avec 42 vignettes sur bois. 14 sh.

MEMOIRS of W. Wordsworth, by Christopher Wordsworth. *London, Moxon*, 1851, 2 vol. in-8.

WORDSWORTH (*Christ*.). La Grèce pittoresque et historique, trad. de l'anglais par M. E. Regnault. *Paris, L. Curmer*, 1840, gr. in-8. 36 fr. [27932]

Ouvrage enrichi de 26 gravures sur acier, de 2 cartes, et d'un très-grand nombre de vignettes sur bois, tirées de l'édition anglaise publiée à Londres, en 1840, et qui a été réimprimée, *with a history of the characteristick of greek art, by G. Scharf*, London, 1858, gr. in-8. avec gravures et illustrations.

WORLIDGE (*T.*). Collection choisie de dessins tirés des pierres précieuses antiques, pour la plupart dans la possession de la grande et petite noblesse de ce royaume, gravés dans le goût de Rembrandt. *Londres, Dryden Leach*, 1768, 2 vol. gr. in-4. [29581]

Cet ouvrage, bien exécuté, est composé de 180 pl. non compris le portrait qui est en tête du prem. volume, ni la *Méduse*, placée vis-à-vis le titre du tome II, ni la dernière figure, qui représente *Hercule étouffant un lion*. Le texte est en anglais dans une partie des exemplaires, et en français dans l'autre. Vend., beaux exempl. rel. à Londres, en *mar.* 309 fr. Renouard, en 1804; 330 d'Ourches, et moins cher depuis, car ces deux vol. ne se vendent plus guère que de 2 à 3 liv. en Angleterre, surtout lorsque les planches sont du dernier tirage, comme dans l'exemplaire in-4. *mar. v.* vendu 61 fr. chez le duc de Plaisance. Un exemplaire avec les gravures tirées sur *satin*, 600 fr. le prince Galitzin, et 292 fr. Labédoyère.

Quoique datée de 1768, cette édition a été publiée après 1780; on l'a antidatée, afin de la faire passer pour l'édition originale qui avait réellement paru chez Worlidge, en 1768, mais en plus petit format et sans texte. La première édition est préférable à la seconde pour la beauté des épreuves. Vend. en 3 vol. pet. in-4., avec le texte ajouté, 140 fr. d'Ourches; 281 fr. Morel-Vindé, et quelquefois beaucoup moins.

WORMIUS (*Olaus*). Fasti danici, universam tempora computandi rationem antiquitus in Dania et vicinis regionibus observatam, libris tribus exhibentes: ex variis patriæ antiquitatibus et auctoribus fide dignis eruti ac in lucem emissi jamque aucti ab Ol. Wormio. *Hafniæ, apud Joach. Moltkenium*, 1643, in-fol. [27583]

Vendu 11 fr. Soubise.

— Danicorum monumentorum libri VI, e spissis antiquitatum tenebris et in Dania ac Norvegia extantibus ruderibus eruti. *Hafniæ, Joach. Moltken*, 1643, in-fol. fig., avec 40 pp. d'*additamenta*. [27584]

Vendu 24 fr. Soubise; 31 fr. 50 c. Trudaine; 40 fr.

Millin, et avec *Regum Daniæ series duplex, et limitum inter Daniam et Sueciam descriptio*, Hauniæ, 1642 : 15 flor. Meerman, et 25 sh. 6 d. Heber; enfin avec ce dernier article et les deux suivants : *Litteratura danica, antiquissime vulgo gothica dicta*, 1651, ibid., 1641. — *Specimen lexici runici obscuriorum quorumdam vocum, quæ in priscis occurrunt historicis et poetis, danicis enodationem exhibens : Appendix ad monumenta danica* (40 pp.), ibid., 1650, trois ouvrages du même auteur, rel. en un vol. m. citr. 60 fr. Caillard.

— Runica, seu danica litteratura antiquissima, vulgo gothica dicta, luci reddita opera Olai Wormii, cui accessit de prisca Danorum poesi dissertatio; editio secunda auctior. *Hafniæ*, 1652, in-fol. [30134]

Vendu 13 fr. Saint-Céran, et avec les *Fasti danici* et le *Lexicon runicum*, 80 fr. Chaumette.

L'ouvrage intitulé : *Musæum wormianum*, Lugd.-Batavor., 1655, in-fol. fig., se donne à très-bas prix. [6271]

— Olai Wormii et ad eum doctorum virorum epistolæ. *Hafniæ*, 1751, in-8. [18779]

C'est à J. Gramm, bibliothécaire du roi de Danemark, qu'est dû ce recueil; il l'avait fait mettre sous presse en 1728, et déjà il ne restait plus que la préface et l'index à imprimer, lorsqu'un terrible incendie détruisit la moitié des feuilles tirées; il n'échappa à ce sinistre que huit exemplaires complets, dont un a été payé jusqu'à 20 thl. à la vente de Gramm, où se trouvaient aussi les feuilles que le feu avait épargnées. Ces défets furent acquis par des membres de l'Académie royale de Danemark, qui, après avoir fait réimprimer ce qui manquait, publièrent enfin l'ouvrage entier en 1751 (Ebert, 24044).

WORSLEY (*Rich*.). History of the isle of Wigh (by R. Worsley). *London*, 1781, in-4. avec 32 pl. 24 à 30 fr. [27184]

— Museum worsleyanum, or a collection of antique bassorelievos, bustos, statues and gems, with views of places in the Levant taken on the spot, in the years 1785, 86 and 87 (by Richard Worsley). *Lond. (printed by Bulmer)*, 1794-1803, 2 vol. gr. in-fol. pap. vél. [29310]

Cet ouvrage, dont le texte est en anglais et en italien, est exécuté avec le plus grand luxe, et il surpasse en magnificence les pierres gravées de Marlborough, livre auquel il peut servir de pendant; il est orné d'environ 150 gravures, d'autant plus curieuses qu'elles ont été faites sur les originaux, par d'habiles artistes italiens et anglais. Enfin on n'estime pas à moins de 27,000 liv. sterl. la dépense occasionnée par cette publication. Il paraît que le texte de ce *Museum* a été tiré à 250 exemplaires (Dibdin et Lowndes disent seulement 200 exemplaires pour le premier vol., et 100 pour le second), mais que l'auteur ne compléta d'abord que 50 exemplaires de son premier volume, ainsi qu'il l'écrivait lui-même dans sa lettre d'envoi au chevalier d'Azara, en date du 16 juillet 1804. Ces exemplaires réservés pour des cadeaux n'entrèrent pas alors dans le commerce, ce qui fit porter à 100 guinées et plus ceux qui,

---

par hasard, passèrent dans des ventes avant la mort du chevalier. Depuis, d'autres exemplaires furent complétés et livrés au public, en sorte qu'on put se les procurer pour 40 et bientôt pour moins de 20 liv. sterl., avant même que la nouvelle édition fût publiée. L'appendice annoncé par l'auteur dans son introduction, comme devant contenir un catalogue descriptif des marbres, pierres gravées, peintures et dessins non figurés dans l'ouvrage, n'a point été imprimé. Ajoutons que plusieurs exemplaires du prem. vol. renferment une lettre des membres de l'Académie de Cambridge, en date du 3 juillet 1799, adressée à M. Worsley pour le remercier de l'exemplaire qu'il leur avait envoyé, et que cette lettre, écrite en latin, est imprimée sur un f. de VÉLIN. Les deux volumes sont amplement décrits dans les *Ædes althorpianæ*, I, p. 190.

La nouvelle édition, *London, published by Septimus Prowett. Will. Nicol, Shakspear press*, 1824, 2 vol. gr. in-4., avec le texte anglais-italien, et une épître de l'éditeur (the publisher) à Charles Anderson Pelham, lord Yarborough, a été tirée à 250 exemplaires : prix actuel, 8 liv. 10 sh. — 40 fr. seulement, Raoul-Rochette. — Papier impér., 15 liv. 5 sh. Ce dernier papier, 130 fr. Coulon.

Une édition du même ouvrage, trad. en allemand par H.-W. Eberhard et H. Schäfer, se publiait à Darmstadt, en 1827 et 1828, in-4., mais il n'en a paru que 54 pl. en six livraisons. — Une autre, avec un texte italien, a été publiée par G. Labus, à Milan, en 1834, in-4. avec 79 pl. 10 fr. Raoul-Rochette.

Citons encore : *Catalogue raisonné of the principal paintings, sculptures, drawings, etc., at Appuldurcombe House, the seat of sir R. Worsley*, London, 1804, in-4. de 55 pp., plus les titres et une vue du château. Il n'en a été tiré que 25 exemplaires. Vendu 2 liv. 11 sh. Heber.

WORTHINGTON. Portraits of the soverings of England, engraved by W.-H. Worthington. *Lond.*, 1823, in-8. [26874]

Suite de 36 portraits, depuis Guillaume le Conquérant jusqu'à George IV, y compris Marie Stuart, reine d'Écosse, et Cromwell, le protecteur : publiée à 3 liv. 12 sh. — Proofs in-4., 6 liv. 6 sh. — India proofs, 9 liv. 9 sh.

WOTTON (*Edoard.*). De Differentiis animalium libri X. *Lutetiæ-Parisiorum, apud Vascosanum*, 1552, in-fol. 6 à 8 fr. [5562]

Vend. (beaux exempl. en mar. r.) 40 fr. Soubise; 22 fr. Patu de Mello.

WOTTON (*Joannes*). Incipit liber qui vocatur speculum Xp̄ristiani. (in fine) : Explicit liber qui vocatur speculū Xp̄riani sequitur exposicio oracionis dominice cū quodam bono notabili et septē capitalia vicia cū aliquibus ramis eorū..:.. *Iste Libellus impressus est ī opulentissima Ciuitate Londinarum per me Willelmum de Machlinia ad instanciam necnon expensas Henrici Vrankenbergh mercatoris*, in-4. goth. de 116 ff. sans chiffres ni signat.

Ouvrage anonyme qu'on attribue à Jean Wotton ou Watton. Quoiqu'il soit en latin, il s'y trouve des vers et quelques morceaux de prose en anglais. L'édition, qui est très-rare, doit avoir paru peu

Wörterbuch der Kirchlich-slawonischen und russischen Sprache, 11420.

Wotton (*Th.*). English baronetage, 28927.

après l'année 1480 (voir Dibdin, *Typogr. Antiq.*, II, pp. 13-15). Vendu 31 liv. sterl. Willet; 21 liv. 10 sh. Libri, en 1859.

WOTTON (*Will.*). Short wiew of George Hickes's grammatico-critical and archeological Treasury of ancient northern languages, with some notes by a lover of the ancient northern literature..., translated into english from latin original by Maurice Shelton ; the second edition. *London, D. Browne*, 1737, in-4. [11272]

Selon M. Michel (*Bibliotheca anglo-saxonica*, p. 110), cette édition renferme deux titres, le premier que nous avons rapporté ci-dessus, le second portant : *London, printed by William Bowyer, at the charge of Richard Sare*, 1738. Elle a aussi deux dédicaces, l'une à James Reynolds, l'autre à James Bridges. 20 fr. Langlès. Pourtant il existe bien une édition de cette traduction sous le date de *Londres, D. Browne*, 1735. L'original latin a pour titre :

LINGUARUM veterum septentrionalium thesauri grammatico-critici, et archæologici, auctore Georgio Hickesio, conspectus brevis per Gul. Wottonum, cui ab antiquæ litteraturæ septentrionalis cultore, adjectæ aliquot notæ accedunt, cum appendice ad notas. *Londini. typis Gul. Bowyer sumptibus Ricardi Sare*, 1708, pet. in-8. de VIII, 74 et 85 pp.

— Cyfreithjeu Hywell Dda ac Eraill, seu Leges wallicæ ecclesiasticæ et civiles Hoeli Boni et aliorum Walliæ principum, quas ex variis codd. mss. eruit, interpretatione lat., notis ac glossario illustravit Guil. Wottonus, adjuvante Mose Guielmio, qui et appendicem adjecit. *Londini*, 1730, in-fol. 24 à 30 fr. [3094]

Un exempl. en Gr. Pap., 27 flor. 50 c. Meerman.

— Voy. TABLEAU des mœurs.

WOUVERMANS. OEuvres de Philippe Wouvermans, hollandois, gravées d'après ses meilleurs tableaux qui sont dans les plus beaux cabinets de Paris, et ailleurs, par J. Moyreau, 1737. *Paris, Moyreau*, in-fol. max. [9362]

Ce recueil se trouve plus ou moins complet, parce qu'il a été continué à différentes reprises. J. Moyreau n'a gravé que 78 pièces, dont la dernière est datée de 1754 ; mais Le Bas, Beaumont, Cochin, A. Laurent et d'autres artistes, ayant gravé jusqu'en 1780 plusieurs pièces d'après Wouvermans, on les réunit aux premières. Vend. en 129 pièces, 170 fr. La Serna ; en 97 pièces, *mar. r.* 200 fr. La Valliere; 210 fr. Huzard; Gr. Pap. *mar. r.*, 202 pl., 600 fr. Rosny.

WRANGEL (*Ferd.* von). Poutéchestvie po sévernym bérégam Sibiri, etc. Voyage aux côtes septentrionales de la Sibérie et dans la mer Glaciale, entrepris dans les années.1820-1824, sous le commandement du lieutenant de marine F. v. W. *St-Pétersb., Borodine*, 1841, 2 vol. in-8. [20778]

— Reise, 20777. — Le Nord de la Sibérie, 20778.

WRÉE (*Oliv.* de). Voy. VREDIUS.

WREN (*Chr.*). Memoirs of the life and works of sir Christopher Wren; an account of his contemporaries, and of the times in which he lived, with a view of the progress of architecture in England, from the beginning of the reign of Charles I. to the end of the 17th century; and an appendix of authentic documents; by James Elmes. *London, Priestley*, 1823, gr. in-4., un portr. et 10 gr. 20 à 30 fr. [31113]

La première édition de cet ouvrage, publiée par Jos. Ames, sous le titre de *Parentalia, or memoirs of the family of Wren*, London, 1750, in-fol., avec 4 portr. et 6 autres pl., est un livre rare qui s'est vendu jusqu'à 10 et 12 guinées, et que la réimpression a fait peu tomber de prix, puisque .nous le trouvons encore porté à 7 liv. 17 sh. dans le catal. Hibbert, et à 6 liv. 8 sh. 6 d. dans celui d'Heber.

— The Works of Christopher Wren, architect, published by John Clayton. *London*, 1848-49, gr. in-fol. 60 pl. 4 liv. 14 sh. 6 d. [9986]

WRIGHT (*Edward*). Certaine errors in navigation, arising either of the ordinarie erroneous making or vsing of the sea chart, compasse, cross staffe, and tables of declination of the sunne, and fixed starres detected and corrected. *London, by Valentin Sims*, 1599, in-4. [19749]

Cet écrit est accompagné du voyage *to the Azores*, etc., etc., par George comte de Cumberland, auquel l'ouvrage est dédié. C'est, selon une note de la *Biblioth. grenv.*, p. 815, un des livres les plus rares dans la classe des voyages. Il doit s'y trouver une carte et le plan de la ville de Fayal.

WRIGHT (*Abraham*). Historia histrionica, an historical account of the English Stage shewing the ancient use, improvement and perfection of dramatick representations in this nation : in a dialogue of plays and players. *London*, 1699, in-12. [16844]

Ce dialogue est rare et recherché.

WRIGHT (*Edward*). Some observations made in travelling through France, Italy, etc., in 1720-22. *London*, 1730 (also 1764), 2 vol. in-4. 20 à 24 fr. [20060]

WRIGHT (*Thomas*). Louthiana, or an introduction to the antiquities of Ireland, in upwards of ninety views and plans, representing with proper explanations, the principal ruins, curiosities and an-

cient dwellings of Louth. *London*, 1758, in-4. 18 à 24 fr. [27486]

Ouvrage divisé en 3 part. et contenant 66 pl., avec de courtes explications.

WRIGHT. Ireland illustrated, from original drawings, by G. Petrie, W.-H. Bartlett, and T.-M. Baynes, with descriptions by G.-N. Wright. *London, Fisher*, 1832, gr. in-4. [27479]

40 pl. contenant 80 sujets, avec un frontispice gravé et un titre imprimé. Vend. 32 fr. 50 c. salle Silvestre, en 1833, et moins depuis.

WRIGHT (*Th.*). Reliquiæ antiquæ. Scraps from ancient manuscripts, illustrating chiefly early english literature, and the english language, edited by Th. Wright and J.-Orchard Halliwell. *London, W. Pickering*, 1839-43 (aussi 1845), 2 vol. in-8. [19458]

Cet ouvrage a été publié en 13 cahiers, au prix de 3 sh. chacun. Parmi les poésies qui le composent, on en remarque un certain nombre en vieux français et d'autres en anglo-normand, et aussi plusieurs passages macaroniques.

Autres ouvrages publiés par Th. Wright.

POPULAR treatises of science written during the middle ages, in anglo-saxon, anglo-norman, and english; edited from the original manuscripts by Th. Wright. *London, printed for the historical Society of science*, 1841, in-8. de xvi et 140 pp. 8 sh.

THE POLITICAL songs of England, from the reign of John to that of Edward II, edited and translated by Th. Wright. *London, printed for the Camden Society, by J. Bowyer Nichols*, 1839, pet. in-4. [15723]

A SELECTION of latin stories from mss. of the thirteenth and fourteenth centuries. *London*, 1842, pet. in-8.

EARLY Mysteries, and other latin poems of the twelfth and thirteenth centuries. *London*, 1838, in-8.

ST. PATRICK'S Purgatory, and essay on the legend of purgatory, hell and paradise. *London*, 1844, gr. in-12.

BIOGRAPHICA britannica literaria, or Biography of literary characters of Great Britain and Ireland, arranged in chronological order. *London*, 1842-46, in-8. vol. I et II. (Anglo-Saxon and the Anglo-Norman periods). 15 sh.

ENGLAND under the house of Hanover, illustrated from the caricatures and satires of the day. *London*, 1848, 2 vol. in-8. avec de nombreuses gravures. 1 liv. 1 sh.

ANECDOTA literaria; a selection of short poems, in english, latin and french,... from manuscripts at Oxford, London, Paris and Berne. *London*, 1844, in-8. 6 sh.

ESSAYS on archæological subjects connected with the literature, popular superstitions and history of England in the middle ages. *London*, 1846, 2 vol. pet. in-8. 12 sh.

ESSAYS on archæological subjects and on various questions connected with the history of arts , science, and literature in the middle ages. *London*, 1861, 2 vol. pet. in-8. 10 sh.

NARRATIVES of sorcery and magic from the most authentic sources. *London*, 1851, 2 vol. pet. in-8. 10 sh.

A VOLUME of vocabularies from the tenth century to the fifteenth , edited from mss. in public and private collections, by Th. Wright. *Liverpool, privately printed*, 1857, in-4.

DICTIONARY of obsolete and provincial english. *London , H. Bohn* , 1862, 2 vol. pet. in-8. de 1048 pp. 10 sh. [11333]

A HISTORY of domestic manners and sentiments in England during the middle ages, with illustrations from the illuminations in contemporary manuscripts and other sources, by Th. Wright; drawn and engraved by F.-W. Fairholt. *London, Chapman*, 1860, in-8. [26813]

THE CELT, the Roman, and the Saxon, a history of the early on habitants of Britain. *London*, 1861, pet. in-8. fig. 10 sh.

— Early english poetry, 15722. — Queen Elisabeth and her times, 26932.—Littérature anglo-saxonne, 31675.

— Voy. MAPE *(Gautier)*.

WUK Stephanowitch. Voy. KARADSCHITCH, et ajoutez : — Serbische Grammatik, 11451, et Chants serviens, 15909 et 15910.

WULFEN *(Xaverius)*. De plumbo spatoso carinthiaco; ex germanico idiomate in lat. transtulit Jos. Eyerel. *Vindobonæ*, 1791, gr. in-4. fig. 8 à 12 fr. [4748]

— Descriptio helmintholiti pulcherrimi versicoloris in marmore carinthiaco. *Erlangæ*, 1794, in-4. fig. [4768]

Volume orné de 32 pl. coloriées avec soin. Il en a paru d'abord, en 1793, une édition avec texte allemand, qui coûtait 40 fr.

WÜRDTWEIN *(Steph.-Alex.)*. Subsidia diplomatica ad selecta juris ecclesiastici Germaniæ et historiarum capita elucidanda ex authenticis documentis congesta et notis illustrata. *Francofurt. et Lipsiæ* , 1772-80 , 13 vol. in-8. fig. 19 thl. 18 gr.

NOVA subsidia diplomatica. *Heidelbergæ*, 1781-91, 14 vol. in-8. 19 thl. 16 gr. [26373]

— DIPLOMATICA moguntina , pagos Rheni, Mogani, etc., illustrantia. *Moguntiæ*, 1788, in-4. 5 thl. 21 gr. [26577]

— BIBLIOTHECA moguntina libris sæculo primo typographiæ Moguntiæ impressis instructa. *Augustæ-Vindelicorum*, 1787, pet. in-4. fig. 6 à 9 fr. [31286]

— Monasticum Palatinum, 21499.

WURZBACH von Tannenberg (Dr *Constant.)* Habsburg und Habsburg-Lothringen, eine bibliographisch-genealogische Studie. *Wien, Lechner*, 1861, gr. in-8. de VIII, 505 pp., 3 tabl. d'armoiries et 14 tables généalog. [28921]

Il n'y a eu que 100 exempl. mis dans le commerce.

WÜSTENFELD *(Ferd.)*. Genealogische Tabellen der arabischen Stämme und Familien. Mit historischen und geogra-

phischen Bemerkungen in einem alphabetischen Register. Aus den Quellen zusammengestellt. *Göttingen, Dieterich*, 1852-53, 2 part. in-fol. 32 fr. [27992]

M. Wüstenfeld a donné une traduction allemande de ces chroniques, *Leipzig, Brockhaus* , 4 vol. in-8. dont le dernier est de 1861. — Voy. YAHYA.

— Geschichte und Beschreibung der Stadt Mekka von Abul-Wald Muhammed ben Abdallah-el-Azraki , nach den Handschriften zu Berlin, Gotha, Leyden, Paris und Petersburg, herausgegeben von Dr. Ferd. Wüstenfeld. *Leipzig, Brockhaus*, 1848, gr. in-4. de XXIX et 518 pp. texte arabe. 16 fr. [28013]

Premier volume du recueil intitulé *Die Chroniken der Stadt Mekka, gesammelt und auf Kosten der deutschen morgenländischen Gesellschaft herausgegeben von Ferd. Wüstenfeld.*

WYAT. Extracts from the life of the virtuous, christian and renowned queen Anne Boleigne, by George Wyat, written at the close of the XVIth century and now first printed. *(London)*, 1817, in-8. [26910]

Ce mémoire n'a été tiré qu'à vingt-sept exempl., lesquels sont ornés de portraits d'Anne Boleyn , d'Henri VIII, et de Th. Wyat. Vendu 19 sh. Boswell ; 2 liv. 10 sh. Bindley ; 1 liv. Nassau. On y joint : *An account of queen Anne Rullen, from a ms. in the hand writing of sir Roger Twysden*, London, R. and A. Taylor, 1817.

WYATT *(Digby)*. Voy. DIGBY Wyatt.

WYATVILLE (the late sir Jeffry). Illustrations of Windsor Castle. *London, Henri Ashton*, 1841, in-fol. fig. [27113]

Ce bel ouvrage se compose de 40 grandes planches qui se relient en 1 ou 2 vol. Il a été publié par Henry Ashton , architecte , successeur de Wyatville ; on y a joint une histoire *(historical Essay)* de la construction de ce vaste château, depuis sa fondation jusqu'à présent, par Ambr. Poynter. Cette partie est illustrée de planches et de bois principalement relatifs à l'état primitif de cet édifice. Le prix était de 8 liv. 8 sh. — Vendu rel. en *mar.* 99 fr. Louis-Philippe.

WYLE *(Nicolas* von). Translation oder tütschungen etlicher bücher. *(absque nota)*, in-fol. goth. de 251 ff. à 38 lign. par page, sans chiffr., récl. ni signat., avec initiales en bois.

Édition très-rare, où figurent les mêmes caract. que dans le *Stern des Meschiah*, impr. à Esslingen, par Conr. Fyner, en 1477 (voyez NIGER). Le livre commence par l'indication du contenu du recueil, lequel se compose de traductions d'Æneas Silvius, du Pogge, d'Hermelinus et de Pétrarque. La pre-

---

mière ligne est ainsi : *Item in der ersten translatze dieses buches von Eurtolo*. Au verso du 3ᵉ f. se lit une dédicace datée de Stuttgart, 5 avril 1478; le 7ᵉ f. est blanc, et le texte commence avec le 8ᵉ. Voir sur ce livre curieux, Freitag, *Adparatus*, II, pp. 1065 et suivantes, et Hain, nᵒ 16224.

L'édition des mêmes traductions, *Strasb.*, *J. Bryse*, 1510, in-fol. de 148 ff., avec fig. sur bois, n'est pas beaucoup moins rare que la première.

— Pour la traduction du *Liber de duobus amantibus*, voyez t. I, col. 70, article Æneas Silvius.

WYLLUGHBY (Peregrine, lord). Bref discours pour donner contentement, a tous ceux qui ne cognoissans la vérité, parlent indiscretement de la serenissime roine d'Angleterre, du seigneur baron de Wyllughby gouverneur general de son secours es Provinces Vnies des Pays bas et de certain placeat, du 17 Avril 1589, style nouveau, mis en lumiere par aucunes personnes particulieres, comme se dict, soubs le nom des Estats generaux legitimement assemblés. Traduit de l'anglois, 1589, in-4. Pièce rare. [26934]

WYNNE (*J.*). Alticchiero, par Mᵐᵉ J. W. C. D. R. *Padoue*, 1787, gr. in-4. de 5 ff. et 80 pp. de texte, avec un plan et 29 autres pl. [25422]

Cet opuscule français, de Mᵐᵉ Justine Wynne, comtesse des Ursins et de Rosemberg, est la description d'une *villa* située au village d'Alticchiero, auprès de Padoue, et appartenant alors au sénateur Angelo Quirini. L'auteur en avait d'abord adressé le manuscrit à M. Huber de Genève, qui en fit faire dans cette ville une édition tirée à très-petit nombre, et sans gravures. L'édition de Padoue, beaucoup plus belle et plus correcte que la première, est ornée de 29 planches représentant des monuments antiques et d'autres objets d'art, qui se voyaient dans la villa Quirini ; il s'y trouve de plus une épître dédicatoire signée par le comte *Benincasa*, et adressée à William Pelly, marquis de Lansdowne. C'est probablement cette circonstance qui aura fait attribuer au comte les ouvrages de Mᵐᵉ de Rosemberg, quoiqu'il soit dit positivement dans l'épître dédicatoire de celui-ci, que cette dame est l'auteur de la description dont il s'agit. Ce joli volume n'est pas entré dans le commerce ; cependant il n'est pas cher : 16 fr. Riva.

— Les Morlaques, par J. W. C. D. U. et R. (J. Wynne, etc.). (*en Italie*), 1788, 2 tom. en 1 vol. gr. in-8., ensemble de 358 pp. [26560]

Cet ouvrage, imprimé pour l'auteur, et dédié à Catherine II, n'a point été mis dans le commerce. Nodier en a fait un grand éloge dans ses *Mélanges tirés d'une petite bibliothèque*, p. 187. Cependant, avant lui, d'autres avaient jugé ce livre plus sévèrement. L'exemplaire vendu 52 fr. d'Ourches, et 26 fr. 50 c. Pixerécourt, nous a paru être de format in-4., parce que les pontuseaux du papier sont placés horizontalement; mais c'est véritablement un

gr. in-8., ainsi qu'un exemplaire différent, sous la même date, qui a été vendu successivement 18 fr. A. Martin ; 30 fr. Nodier, et au même prix en 1839. Il y a des exemplaires des Morlaques avec deux titres, dont l'un porte seulement les initiales des noms de l'auteur, tandis que l'autre contient la dédicace à Catherine II, avec les noms de la comtesse en toutes lettres. L'édition de *Modène, Société typographique*, in-4., a été vendue 24 fr. Eug. P., en 1862 ; elle ne coûtait que 5 fr. en Italie.

Citons encore l'ouvrage suivant :

PIÈCES morales et sentimentales de Mᵐᵉ J. W., C-T-SS. de R-S-G, écrites d'une campagne sur les rivages de la Brenta, dans l'état vénitien. *Londres*, *J. Robson*, 1785, pet. in-12.

M. le baron de *** a donné une notice curieuse sur Justine Wynne dans le *Bulletin du Bibliophile*, 1858, p. 997 et suiv.

WYNTOWN (*Andrew* of). The orygynal cronykil of Scotland; now first published with notes, a glossary, etc., by David Macpherson. *London*, 1795, 2 vol. gr. in-8. 2 liv. 2 sh. [15896]

Chronique métrique en langue écossaise : il en a été tiré 25 exemplaires de format in-4., un desquels s'est vendu 4 liv. Towneley ; 5 liv. 7 sh. 6 d. Sykes.

WYRLEY (*William*). The true use of Armories, shewed by historie and plainly proved by exemple : with two poems on the death of lord Chandos and sir John de Crahly capitall de Buz. *Imprented at London, by J. Jackson, for Gabriel Cawood*, 1592, in-4. [28803]

WYTFLIET. Histoire universelle des Indes occidentales (par Corn. Wytfliet), des Indes orientales par Ant. Magin, et de la conversion des Indiens. *Douay, Fr. Fabry*, 1607, 3 part. en 1 vol. in-fol. fig. [27944]

La première partie de ce livre est une traduction de l'ouvrage publié sous ce titre :

DESCRIPTIONIS Ptolemaicæ augmentum, sive occidentis notitia brevi commentario illustrata, et hac secunda editione magna sui parte aucta C. Wytfliet auctore. *Lovanii, typis Ger. Rivii*, 1598, in-fol. cartes. 20 fr. 50 c. Walckenaer.

Cette même édition de 1598 a reparu avec un nouveau titre : *Duaci, Fr. Fabri*, 1603. Vend. 20 fr. Walckenaer ; 37 fr. *cuir de Russie*, 4ᵉ vente Quatremère. Quant au recueil français, la première partie, impr. à Douai en 1601, a été ensuite réunie aux deux autres sous un titre général, daté de 1605 ou de 1607, ou même de 1611. L'édition de 1607 a été vendue 25 fr. Eyriès, et même prix Walckenaer ; et sous la date de 1611, 3 tom. en 1 vol. 30 fr. 4ᵉ vente Quatremère.

WYTTENBACHIUS (*Dan.*). Opuscula varii argumenti, oratoria, historica, critica, nunc primum conjunctim edita. *Lugd.-Batavor., Luchtmans, et Amst., Van den Hengst*, 1821, 2 vol. in-8. 24 fr. [18274]

Bon recueil, qui a été réimprimé sous le titre suivant :

WYTTENBACHII Opuscula selecta, edidit atque appendicis loco G.-L. Mahnii Critonem sive dialo-

---

Wylie (*A.*). Grammar of the manchu tartar language, 11882.

Wynne (*E.*). Eunomus, 3040.

Wynne (*J.*). Private library of New-York, 31593.

Wyss (*J.-R.*). Voyage dans l'Oberland, 20261.

Wyttenbach (*J.-H.*). Gesta Trevirorum, 26571.

gum de studio literarum latinarum recte colendo
et excerpta ex ejusdem epistolis sodalium socraticorum philomatiæ adjecit E.-T. Friedmann. *Brunsvigæ, Meyer,* 1825-28, 2 vol. in-8.

— Bibliotheca critica (autore Dan. Wyt-
tenbachio). *Lugduni-Batavorum,* 1779-
1809, 12 part. en 3 vol. in-8. 24 fr.
[18275]

A cet excellent recueil se réunissent les articles suivants :

Φιλομαθίας τὰ σποράδην, sive miscellaneæ doctrinæ lib. I-III. *Amstelod.,* 1809-17, in-8.

G.-L. MAHNE Epicrisis censurarum bibliothecæ
crit. vol. III, part. III. *Trajecti-ad-Rhenum,* 1808,
in-8. [18176]

BIBLIOTHECA critica nova, edentibus J. Baske,
J. Geel, H.-A. Hamaker, P. Hofman Peerlkamps.
Lugd.-Batav., 1825-31, 5 vol. in-8. 45 fr. [18277]

EPISTOLARUM selectarum fasciculi I, II et III,
editi a G.-L. Mahne. *Gandavi* et *Lugd.-Batavor.,*
1829, 1830 et 1832, in-8. 13 fr. [18808]

L'éditeur de ces lettres, M. Guill.-Léonard Mahne, a
écrit en latin une vie de Wyttenbach, imprimée à
Gand en 1823, in-8. de vii et 256 pp.

— SELECTA principum historicorum, Herodoti, Thucydidis, Xenophontis, Polybii, illustres loci, etc.,
græce ; discipulorum institutioni accommodavit
Dan. Wyttenbach. *Amstelod.,* 1808, in-8. [22788]

Bon choix, dout la première édition de 1794 a quelques notes de moins que celle-ci. — Il a été réimpr.
de nouveau à *Leyde,* 1820, in-8. 10 fr.; et avec des
augmentations, *Lipsiæ, Hartmann,* 1827, in-8.

— VITA Dav. Ruhnkenii. *Lugd.-Batav.,* 1799, in-8.
4 fr., et plus en pap. de Hollande. [30869]

Cette vie a été réimprimée et jointe à l'éloge de Tib.
Hemsterhuys, par Ruhnkenius, *Lipsiæ,* 1801, in-8.,
et mieux encore à *Leyde,* en 1824. — Voyez
RUHNKENIUS.

X

XARQUE (*Franc.*). Insignes missioneros
de la Compañia de Jesus en la provincia
del Paraguay ; estado presente de sus
missiones en Tucuman, Paraguay, y
Rio de la Plata, que comprehende su
distrito. *Pamplona,* 1687, in-4. avec
une carte géograph. du Paraguay. [21591]

XAUPI ou Chaupy (*Jos.* Capmartin). Voy.
PHILOSOPHIE des lettres, et les nos 28798
et 29450 de notre table.

XAVIER (S. *François*). Copie d'une lettre
missive envoiée des Indes par monsieur
maistre François Xavier à son prevost
monsieur Egnace de Layola. *Paris,
Jehan Corbon,* 1545, pet. in-8.

Opuscule rare.

On a un recueil des lettres de S. François Xavier,
traduit de l'espagnol et du portugais en latin, par
Hor. Tursellin et P. Poussine (*Romæ,* 1667, in-8.) ;
les dernières éditions sont celles de *Lyon,* 1682,
in-12; de *Vienne,* 1747, in-8., et enfin avec les
opuscules de cet apôtre des Indes, *Bologne,* 1795,
in-8.

C'est d'après l'édition de 1795 qu'a été faite la traduction française, sous ce titre :

LETTRES, etc., de saint François Xavier, traduites..., précédées d'une notice historique sur sa vie,
et sur l'établissement de la Compagnie de Jésus,
par A.-M. F***. *Lyon,* et *Paris,* 1828, 2 vol. in-8.

On avait déjà les *Lettres choisies de S. François
Xavier,* Varsovie, 1739, in-8.

XAVIER (*Hier.*). Historia Christi et historia S. Petri persice conscripta, simulque multis modis contaminata, a P. Hier.
Xavier latine reddita, et animadvers. notata a Lud. de Dieu. *Lugd.-Batavor.,*
1639, in-4. 6 à 9 fr. [305]

On trouve ordinairement dans le même volume :
Rudimenta linguæ persicæ, auth. L. de Dieu.

XENOCRATES. De alimento ex aquatilibus animantibus libellus, græce nunc
primum editus imperfectus ; item latine
perfectior J.-B. Rasario interprete : accedunt Conr. Gesneri scholia. (*Tiguri*),
apud Gesneros fratres, 1559, pet. in-8.
[7048]

Cette édition est ordinairement jointe à l'ouvrage intitulé : *Jani Dubravii de piscinis, et piscium qui
in eis aluntur libri quinque.* (Tiguri), 1559, pet.
in-8.

— DE ALIMENTO ex aquatilibus, gr., cum latina interpretat. J.-B. Rasarii, et scholiis Conradi Gesneri ;
nunc primum integritati restituit, varietate lectionis animadversionibusque illustravit atque glossarium adjecit Jo.-G.-Frid. Franzius. *Francof. et
Lipsiæ,* 1774 (nouveau titre, 1779), pet. in-8. 3 à
4 fr.

— DE ALIMENTO ex aquatilibus, gr., cum lat. interpret. J.-B. Rasarii, scholiis Conr. Gesneri, et notis
integris J.-B. Franzii ; accedunt novæ var. lect. et
animadvers. D. Coray, nunc primum editæ, itemque adnotationes, etc., Cajetani de Ancora. *Neapoli,
e typ. reg.,* 1794, gr. in-8. 6 à 9 fr.

Bonne édition, peu commune en France.

— XENOCRATIS et Galeni de aquatilium esu libri,
græce, edente D. Coray. *Parisiis,* 1814, in-8. 6 fr.

XENOCRATIS Axiochus. Voy. PLATO.

XENOPHANES. Voyez PHILOSOPHORUM
græcorum reliquiæ.

XENOPHON atheniensis. Cyri pedias libri
VIII; Anabassos lib. VII ; Apomnemoneumaton lib. IV; Venatoria; de equestri; de equis alendis; Lacodæmonum
resp.; Atheniensium resp.; OEconomica;
Hieron; Symposium; de Græcorum gestis lib. VII (græce, ex recensione Eu-
phrosini Bonini). *Florentiæ,* in ædib.
Phil. Juntæ, M. ·D. XVI. *Quarto cal.
Iunii,* in-fol. de 2 ff. préliminaires, 189 ff.
non chiffr., et 1 f. pour la marque de
Junte. [22800]

Première édition de cet auteur : elle est incomplète, remplie de lacunes et incorrecte. Le 144e f., ou *s.* 8, est tout blanc. Vendu 36 fr. Trudaine ; 20 fr. Chardin ; 1 liv. 2 sh. et 1 liv. 7 sh. Heber, et quelquefois moins.

— Xenophontis omnia quæ extant, græce (ex recens. Fr. Asulani). *Venetiis, in ædibus Aldi et Andr. Asulani soceri, mense Aprili,* M. D. XXV, in-fol.

Édition préférable à la précédente, sans être elle-même très-bonne : elle contient 4 ff. préliminaires, 87 ff. chiffr., 2 ff. blancs, 116 ff. imprimés non chiffr., plus, à la fin, un f. pour l'ancre ; par erreur les feuillets 84 et 85 sont cotés 85 et 86. Vendu 29 flor. Rover ; 175 fr. bel exemplaire, de Cotte ; 78 fr. Chardin ; 70 fr. Costabili ; 1 liv. 15 sh. Heber.

— Omnia quæ extant; ad hæc adjecimus Dionis opuscula quædam, græce. *Florentiæ, per heredes Phil. Juntæ, die prima decembris,* 1527, in-fol. de 212 ff.

Réimpression de l'édition de 1516, mais complétée et améliorée avec le secours de l'édition aldine ci-dessus : 18 à 24 fr. Vendu bel exemplaire *mar. r.* 48 fr. Trudaine.

— OPERA omnia, in tres partes distincta, græce. *Halæ-Suevor. (Petr. Brubach),* 1540, in-8. de 8 ff. non chiffr. et 983 ff. chiffrés.

Édition peu correcte et mal imprimée ; on y trouve une préface de Philippe Melanchthon, adressée à Du Bellai-Langei, conseiller du roi François Ier. Quoiqu'il ait été vendu 1 liv. 4 sh. chez Askew, ce livre est ordinairement à très-bas prix.

— OPERA quæ quidem extant omnia (gr.), nunc primum a Seb. Castalione a mendis quamplurimis repurgata et quam fieri potuit accuratissime recognita, his accedit græcus rerum gestarum index perquam copiosus. *Basileæ, Isingrinius,* 2 vol. in-8. de 8 ff. préliminaires, 651 et 859 ff., plus 22 ff. pour l'index.

Cette édition ne porte point de date, mais elle doit avoir paru en 1553, c'est-à-dire la même année que la version latine de Xénophon, sortie de la presse d'Isingrin, et revue par Castalion ; on y trouve, comme dans la précédente, la préface de Mélanchthon, datée de 1540, ce qui l'a fait annoncer sous cette année. Elle est bien imprimée, et plusieurs savants l'ont jugée fort correcte. Vendu 12 sh. Pinelli ; 7 flor. Rover ; 36 fr. Sencier. D'après ce que nous venons de dire, on sera sans doute un peu surpris de lire dans la *Bibliotheca masoniana,* part. I; n° 396, que l'édition de *Halle* est la même que celle de *Bâle,* et que les exemplaires avec le titre daté de cette dernière ville sont très-rares. Mais ce qui surprendra davantage encore, ce sera de trouver cette assertion fausse, répétée dans *l'Introduction to the knowledge of rare and valuable editions of the classics...,* by *Dibdin,* 1808, t. II, p. 346, et édition de 1827, p. 566. Il nous semble qu'il était facile de juger qu'une édition annoncée comme très-correcte ne pouvait pas être la même que celle que l'on dit fort incorrecte.

— Xenophontis omnia quæ extant Opera (græce), multorum veterum exemplarium ope a multis mendorum sordibus ita purgata, ut longe majore cum fructu legi multoque facilius quam antea intelligi possint : Epistolarum Xenophontis fragmenta quædam hæc editio præter alia habet : in Xenophontem annotationes Henrici Stephani.... 1561. *Excudebat Henr. Stephanus,* in-fol. de 8 ff.

prélimin., 587 pp., plus 42 pp., et 1 f. pour les *Annotationes, etc.*

Belle édition, à laquelle doit être réunie la version latine, imprimée également par H. Estienne, en 1561 : 12 à 18 fr. ; vendu en *mar. v.* 38 fr. Gouttard. — Le texte grec seul, 10 à 12 fr. ; vendu 48 fr. exemplaire du C. d'Hoym, de Cotte. — En Gr. Pap., 4 liv. 4 sh. Bridges ; 140 fr. Le Seigneur, en 1804. — Un exemplaire du texte impr. sur VÉLIN se conserve dans la bibliothèque de Sainte-Elisabeth, à Breslau.

— OMNIA quæ extant Opera (gr. et lat.), J. Lewenklajo (*sic*) interprete, cum annotationibus ejusd. et indice copioso. *Basileæ, Th. Guarinus,* 1569, in-fol.

Cette édition, accompagnée de la version latine de Leunclavius, a peu de valeur aujourd'hui. Il s'en trouve des exemplaires avec de nouveaux titres datés de 1572 et de 1595 ; mais il est à remarquer que dans ces trois sortes d'exemplaires la p. 497 est également mal cotée 597.

Dans l'édition de *Bâle, N. Brylinger,* 1568, in-fol., en grec et latin, se trouvent les notes de Brodeau, partie de 1 f. et 55 pp., imprimée séparément en 1559, et qui se joint aussi à l'édition de Xénophon donnée par le même imprimeur, en 1555.

— QUÆ EXTANT OPERA, græce ; annotations H. Stephani multum locupletatæ....... editio secunda. *Excudebat Henr. Stephanus,* 1581, in-fol. de 6 ff. prélimin., 584 pp. et 76 pp. pour les *Annotationes.*

Édition moins belle que celle de 1561, mais fort améliorée. On y trouve souvent réunie la version latine imprimée en même temps, et qui a 8 ff. prélimin., 428 pp. de texte, et 9 ff. pour l'index : 12 à 18 fr. ; vendu 54 fr. bel exempl. F. Didot. Un exempl. du texte grec en Gr. Pap. *mar. r.* aux armes de de Thou, 5 liv. 15 sh. Páris, en 1790.

— QUÆ EXTANT OPERA, in duos tomos divisa : græce multo quam antea castigatius edita......, latine tertia cura ita elucubrata, ut nova pene toga prodeant : nova insuper adpendice illustrata : opera J. Leunclavii : accesserunt Æmilii Porti notæ et index græcus... *Francofurti, heredes And. Wechel,* 1596, 2 part. en 1 vol. in-fol. 12 à 15 fr.

Les savants font cas de cette édition, et la préfèrent même à celle de 1625, qui en est une copie. Elle avait déjà paru en 1594, mais on y a mis ensuite un nouveau titre et ajouté les pages 1160 à 1213, qui contiennent les notes de Portus et un index grec, sous les sign. CCcc jusqu'à GG gg. Les notes de Portus parurent d'abord séparément (*Morgiis*) chez J. Le Preux, en 1586, in-4.

— Quæ extant Opera (ut supra, gr. et lat.). *Parisiis, typis reg.,* 1625, in-fol.

Belle édition, mais moins correcte que la précédente, qu'elle reproduit entièrement, et même jusqu'au titre : 15 à 24 fr. ; vend. 49 fr. *v. f.* en 1813 ; et en Gr. Pap., dont les exemplaires sont rares et recherchés, (beaux exemplaires en *mar. r.*) 310 fr. Gouttard ; 350 fr. de Cotte ; 185 fr. *mar. r.* Caillard ; 260 fr. F. Didot ; 6 liv. 18 sh. *mar. r.* Dent ; 6 liv. 6 sh. Hibbert ; 580 fr. reliure magnifique, en 1816.

— Eadem (græce et latine, cum variis lection. cura Edw. Wells), una cum chronologia xenophontea Cl. Dodwelli. *Oxonii, e Theatro sheld.,* 1703, 7 part. en 5 vol. in-8.

Pendant longtemps cette édition a été très-recherchée, quoiqu'elle ne soit ni belle ni fort exacte : 24 à 30 fr. ; vendu (bel exemplaire relié en 6 vol. *mar. r.*) 169 fr. de Boissy ; 45 fr. *mar. r.* Quatremère.

Il y a des exemplaires en Gr. Pap. ; mais ils sont de

la plus grande rareté. M. de Mac-Carthy en possédait un auquel il manquait les quarante derniers feuillets du 5ᵉ vol., et qui n'en a pas moins été payé 1520 fr. à sa vente. On assure qu'en Angleterre même, il n'y en a pas plus de deux exempl. parfaitement complets. Celui de Williams, formé de trois, et revêtu d'une riche reliure en *mar. r.* par J. Clark, s'est vendu 173 liv. 7 sh.

Cette édition est composée de parties séparées, imprimées en diverses années, et réunies sous un titre général, en 1703. Le 1ᵉʳ vol. contient 4 ff. prélim. pour le titre, l'épître dédicatoire et la préface; *Cyri majoris institutio*, 564 pp. — Le 2ᵉ (1696), *Cyri minoris expeditio*, 468 pp. — Le 3ᵉ (1700), *Historia hellenica*, 515 pp., et *H. Dodwelli chronologia Xenophontis*, 88 pp. — Le 4ᵉ vol., en 2 part. : la première, datée de 1690 (ou de 1693) : *Memorabilia et apologia Socratis*, 292 pp., précédées du portrait de Socrate, d'un frontispice, d'un feuillet pour les vies de Socrate et de Xénophon, et suivies des *Variæ lectiones*, 2 ff. (Lowndes décrit cette partie sous la date de 1704, et ne lui donne que 286 pp., non compris la vie de Socrate, en 2 ff. Il doit s'agir là d'une autre édition que la nôtre); la seconde partie, datée de 1693 : *Œconomicus*, 139 pp.; *Fragmenta Ciceronis*, 4 ff. — Le 5ᵉ vol., en 2 parties : la première, datée de 1691 : *De Agesilao rege, etc.*, 280 pp., et *Variæ lectiones*, 2 ff.; la seconde, 1693 : *De re equestri, etc.*, 182 ff., plus *Testimonia aliquot de Xenophonte*, 15 ff., y compris le faux titre; *Imperatorum persicor., series chronol.*, 2 ff. et un index, en 45 pp. Les différentes parties des tom. IV et V sont quelquefois placées dans un autre ordre que celui que nous venons d'indiquer. Ajoutons qu'il faut un frontispice gravé à la tête de chaque volume, de plus le portrait de Xénophon dans le 1ᵉʳ, et celui de Socrate dans la première partie du 4ᵉ. Les quatre cartes géographiques annoncées sur le premier frontispice sont placées au 1ᵉʳ vol., au 2ᵉ et au 3ᵉ (deux cartes). Dans l'exemplaire de Gr. Pap. que décrit la *Biblioth. grenvil.*, p. 818, il se trouvait une seconde édition des *Memorabilia Socratis*, sous la date de 1705.

— XENOPHONTIS Græcorum res gestæ et Agesilaus, gr. et lat., ex recensione Ed. Wells. *Glasguæ, Rob. et And. Foulis*, 1762, 4 vol. pet. in-8. — *De Cyri expeditione lib.* VII, gr. et lat., ex edit. T. Hutchinson. *Glasguæ*, 1764, 4 vol. pet. in-8. — De *Cyri institutione lib.* VIII, gr. et lat., ex edit. T. Hutchinson. *Glasguæ*, 1767, 4 vol. pet. in-8.

Jolie édition, dont les 12 vol. réunis valent de 36 à 48 fr. Vendu 160 fr. *mar. bl.* Mac-Carthy, et 140 fr. Labédoyère. La partie grecque se trouve quelquefois séparément.

Les Foulis ont aussi impr. séparément les deux ouvrages suivants :

— *De Agesilao rege oratio, gr. et lat.* Glasguæ, 1748, pet. in-8.

— *Hiero, sive de regno.* Glasguæ, 1745, pet. in-8.

Les 14 volumes, en *v. m.* 85 fr. Larcher.

— OPERA, gr. et lat., ex recensione Edw. Wells, accedunt dissertationes quædam et notæ doct. viror. cura C.-Aug. Thieme, cum præfatione J.-Aug. Ernesti. *Lipsiæ*, 1763, 4 vol. in-8. fig. 20 à 30 fr.

Réimpression de l'édition de Wells, avec des corrections; on y a ajouté trois dissertations d'Hutchinson : vend. 100 fr. pap. fin *mar. r.* Jourdan. Il y a des exemplaires avec un nouveau titre, sous la date de 1801. Comme les tomes V et VI, qui devaient contenir les notes et l'index, n'ont point été imprimés, il sera bon de les remplacer par le *Lexicon xenophonteum* de Sturz (voy. STURZIUS).

— XENOPHONTIS scripta, græce; in usum lectorum græcis litteris tinctorum, commentariis ad rerum et verborum intelligentiam illustrata a Benj. Weiske. *Lipsiæ*, 1798-1804, 6 vol. in-8. 24 à 30 fr.

Cette édition, en grec seulement, est estimée.

— XENOPHONTIS quæ extant opera, gr. et lat., ex editionibus Schneideri et Zeunii, accedit index latinus. *Edinburgi, e prælo academico*, 1811, 10 vol. pet. in-8. 30 à 40 fr.

Cette édition, dont la correction est assez bonne, fait suite à l'Hérodote en 7 vol., donné en 1807, et au Thucydide en 6 vol., publié en 1804, dans la même ville. Il y a des exemplaires du Xénophon en Gr. Pap. 3 liv. 12 sh. Drury; 4 liv. 14 sh. *mar.* Hibbert.

— XENOPHONTIS Opera, gr., edidit J.-H. Schaefer. *Lipsiæ*, 1811-14, 6 vol. in-18. 6 fr.; — pap. fin, 15 fr.

— QUÆ EXTANT (gr.), ex librorum scriptor. fide et virorum doctor. conjecturis denuo recensuit et interpretatus est Joan.-Gottl. Schneider. *Lipsiæ, Hahn*, 1815, 6 vol. in-8. 20 à 30 fr.

Édition usuelle, composée de volumes publiés séparément, et qui se réimpriment au fur et à mesure qu'ils sont épuisés. Voici les dates des éditions des différentes parties qui forment la collection, et en même temps celles des réimpressions : vol. I, *Cyropædia*, 1806, 1815, et réimpr. depuis. — II, *Anabasis*, 1800, *et edit. secunda : curavit Fr.-Aug. Bornemann; additis R. Porsoni adnotationibus integris*, 1825. — III, *Historia græca*, 1791 et 1821. — IV, *Memorabilia, etc.*, 1800, *et curante F.-A. Bornemann*, 1829. — Les tomes V et VI contiennent : *Œconomicus*, et *alia Opuscula*, 1805, 1815, et depuis.

— QUÆ EXTANT OPERA, recensuit et interpretatus est Schneider. *Oxonii, e typ clarend.*, 1810-12-13-17, 6 vol. in-8. 30 à 36 fr., et plus en Gr. Pap.

Belle réimpression du texte précédent. Les volumes se sont aussi publiés et vendus séparément. Un exemplaire en Gr. Pap. *mar.* 11 liv. 11 sh. Williams.

Plusieurs de ces volumes ont été réimprimés, savoir : *Cyropædia*, 1820, 9 sh. — Gr. Pap. 1 liv. 6 sh. — *Anabasis*, 1821, ou 1828, 7 sh. 6 d. — Gr. Pap. 1 liv. 4 sh. — *Memorabilia Socratis, etc.*, 1826, 7 sh. 6 d. — *Œconomicus, etc., etc.*, 1826, 6 sh.

— OPERA, nova editio stereotypa (cura G.-H. Schæferi). *Lipsiæ, Tauchnitz*, 1839, 6 vol. in-18. 5 fr. — Pap. fin, 6 fr.

— XENOPHONTIS Scripta quæ supersunt, gr. et lat., cum indicibus nominum et rerum locupletissimis (edente Dübner). *Paris., F. Didot*, 1838, gr. in-8. 15 fr.

Ouvrages de Xénophon imprimés séparément.

— Xenophontis Cyropædia, græce. *Lovanii (per Theodor. Martinum alostensem)*, 1527, in-4.

On peut réunir à ce vol. les trois articles suivants :

ŒCONOMICUS, græce. *Lovanii, apud Theod. Martinum alostensem*, 1527, *mense aprili*, in-4.

HIERO, sive Tyrannicus, græce. *Lovanii, apud eumdem* : 1528, *mense augusto*, in-4.

APOMNEMONEUMATON (id est commentariorum Socratis) lib. IV, græce. *Lovanii, industria et impensis Rutgeri Rescii ac Joan. Sturmii*, 1529, *mense septembri*, in-4. de 2 et 77 ff.

Ces quatre vol. de Xénophon, impr. à Louvain, se trouvent très-difficilement ensemble, et sont susceptibles d'une certaine valeur.

— XENOPHONTIS Cyri pædia libri IV priores, et libri IV posteriores (græce). *Parisiis, Chr. Wechel*, 1538 et 39, 2 part. en 1 vol. in-4.

Édition peu commune, dont Maittaire n'a cité que les quatre derniers livres. Ce bibliographe indique dans son Index : *Cyropædiæ orationes, græce*, Parisiis, apud Jacob. Bogardum, 1543, in-12.

— DE CYRI institutione libri octo, gr. et lat., cum notis variorum, cura et cum notis Th. Hutchinson. *Oxonii, e Theat. sheld.*, 1727, in-4. [22804]

— DE CYRI expeditione libri septem, de Agesilao oratio, gr. et lat., cum notis variorum, cura Th. Hutchinson. *Oxonii, e Theat. sheld.*, 1735, 2 tom. en 1 vol. in-4. [22803]

Ces deux volumes, dont on fait cas, se trouvent ordinairement réunis : 24 à 30 fr. ; vendu 48 fr. *m. r.* de Cotte; chaque volume séparément : 10 à 15 fr.
— Les deux en Gr. et beau papier : 331 fr. *mar. v.* Caillard; 150 fr. *mar. r.* F. Didot; 219 fr. Larcher.

Il y a des exemplaires en très Gr. Pap. qui sont de la plus grande rareté : vend. 13 liv. 7 sh. Askew; 42 liv. vente des doubles du duc de Devonshire; 52 liv. Grafton, et jusqu'à 2550 fr. Mac-Carthy; 49 liv. 7 sh. Dent ; 52 liv. 10 sh. Hibbert.

— DE CYRI institutione lib. VIII, gr. et lat., ex edit. Th. Hutchinson. *Londini*, 1730, in-8. 5 à 6 fr.

Ce volume a été réimprimé à *Londres*, en 1735, 1747, 1756, 1765, 1773, 1782, et à *Glascow*, en 1812 et 1821, in-8.

— CYROPÆDIA , e recensione Hutchinsoni, accessit index græcitatis; editio auctior, a Sam.-Frid.-Nat. Moro. *Lipsiæ*, 1784, in-8. 3 et 4 fr.

— CYROPÆDIA , græce; recensuit, notis crit. illustravit, atque tripl. indicem addidit J.-C. Zeunius. *Lipsiæ*, 1780, in-8. 4 fr.; — Pap. fin, 6 fr.

— DE CYRI disciplina libri octo, græce; recensuit Jo.-Got. Schneider. *Lipsiæ*, 1800, in-8. 6 à 7 fr. ; — Pap. fin, 9 à 10 fr.

Il faut joindre à cette édition le commentaire de Fischer. Voyez II, col. 1270, article FISCHER.

Pour les autres parties du Xénophon publiées par Schneider, voyez à la colonne précédente.

— CYRI disciplinam ad fidem maxime codicis guelferbytani cum selectis virorum doctorum suisque animadversionibus et indice verborum edidit E.-F. Poppo. *Lipsiæ , Schwickert,* 1821, in-8. 10 fr.

— INSTITUTIO Cyri, ex recensione et cum annotationibus Ludov. Dindorfii. *Oxonii, Parker*, 1857, in-8. 12 fr.

Le même éditeur a donné :

EXPEDITIO Cyri, ex recensione et cum annotationibus Ludov. Dindorfii. *Oxonii, Parker*, 1855, in-8. Editio II auctior et emendatior. 12 fr.

HISTORIA græca, ex recensione et cum annotationibus Ludov. Dindorfii. Edit. II auctior et emendatior. *Oxonii*, 1853, in-8. 12 fr.

— De Cyri pædia libri VIII, per Franc. Philelphum latine versi. — *Romæ, opera et impensa magistri Arnoldi de Villa, die decimo Martii* M cccc lxxiiii, gr. in-4.

Édition imprimée en lettres rondes, avec des réclames, mais sans chiffres ni signatures; les pages entières portent 32 lignes. Le volume commence par l'intitulé suivant, imprimé en lettres capitales :

> Francisci Philelphi præfatio in Xenophontis libros de Cyri pædia ad Paulum secundum pontificem maximum.

Sur le recto du 145e et dernier f., on lit une épigramme de dix vers, dont voici le premier :

> Qui cupitis populis reges dominarier æque.

Une partie des exemplaires de ce livre ne portent point à la fin la souscription indiquant le lieu et la date de l'impression; il s'y trouve seulement la date de la traduction : *Mediolani ad. xi. Kal. octobres, anno* (1467, en toutes lettres). Vendu 4 liv. 14 sh. (sans la souscription) Pinelli ; 10 fr. Boutourlin.

La description qu'a donnée Dibdin , *Ædes althorp.*, II, no 1293, d'une édition de la Cyropédie latine, in-fol. de 146 ff., sans lieu ni date, paraît

se rapporter parfaitement à celle que nous a laissée Audiffredi (*Catal. edit. rom.*, p. 443), de l'édition de 1474, ci-dessus. C'est à quoi n'a pas fait attention le bibliographe anglais. quand il a supposé que le livre dont il s'agit pourrait bien être une production des presses de *De septem arboribus*, à Padoue.

— XENOPHONTIS Cyri expeditio, gr. et lat., ex recensione et cum notis Th. Hutchinson. *Oxonii, e typ. clarend.*, 1745, in-8. 8 à 10 fr.

Cet ouvrage a été réimprimé à *Oxford*, 1772, à *Leipzig*, 1775, in-8., par les soins de Morus : 4 fr.; — Pap. fin, 6 fr., et aussi *Cantabr.*, 1777, in-8.

— DE CYRI expeditione libri VII, etc., gr. et lat., ex recensione Th. Hutchinson, cum notis ; editio quarta. *Oxonii*, 1785, in-8.

Réimpression augmentée d'une carte. Il y en a des exemplaires en Pap. fin.

N'oublions pas l'édit. de *Cambridge*, 1785, in-8., dans laquelle les *notæ breves*, p. XLI à LIX, et l'avis *Lectori : Si quis erit* sont de Porson, et les notes accompagnées de l'initiale W. sont de Walter Whiter. Il en a été tiré des exempl. in-4.

— DE CYRI minoris expeditione comment. græce, ex recens. J.-C. Zeunii. *Lipsiæ*, 1785, in-8., 4 fr., et plus en Pap. fin.

— CYRI EXPEDITIO , græce , juxta editionem Th. Hutchinson ; accedunt variantes lectiones et index græcitatis ex editione Zeunii. *Oxonii, e typogr. clarendon.*, 1805, in-8. 16 sh.; — Gr. Pap., 10 sh. Réimpr. à *Oxford*, en 1809, et à *Glascow*, en 1813, 1817 et 1822, in-8.

— DE CYRI expeditione commentarii ; recensuit, annotationibus criticis, etc., illustravit Alb. Lion, *Göttingæ, Vandenhoeck*, 1822-23, 2 part. in-8. 6 à 7 fr.

— DE CYRI expeditione libri VII (gr.) ; recognovit et illustravit C.-G. Kruger. *Halis-Saxonum, Hemmerde*, 1826, in-8. de XXIV et 560 pp. 9 fr.

— EXPEDITIO Cyri ; ad fidem optimor. libror., cum selectis virorum doctor. suisque annotandis, et indice verborum edidit E.-F. Poppo. *Lipsiæ , Schwickert*, 1827, in-8. 10 fr.

— XENOPHONTIS Historia græca : recensuit, animadversiones et indicem adjecit Sam.-Frid.-Nat. Morus : accedit in fine versio leunclaviana. *Lipsiæ*, 1778, in-8. 6 fr., et plus en pap. fin. [22802]

Édition estimable pour les notes et l'index.

— Xenophontis Omissa : quæ et græca gesta appellantur. Georgii Gemisti, qui et Plethio dicitur, ex Diodori et Plutarchi historiis de iis, quæ post pugnam ad Mantineam gesta sunt, per capita tractatio. Herodiani... historiarum lib. octo... Enarratiunculæ antiquæ et perbreves in totum Thucydidem..., græce. *Venetiis, in Aldi neacademia, mense octobri*, 1503, in-fol. [22801]

Ce volume, de 156 ff. non chiffrés, n'est pas commun : vendu 90 fr. *mar. r.* Larcher ; 75 fr. Mac-Carthy ; 20 flor. 75 c. Meerman ; 1 liv. 18 sh. Heber ; 17 sh. Butler ; 95 fr. très-bel exempl. Costabili.

Les successeurs d'Alde l'ancien avaient encore des exemplaires de ce recueil en 1525, lorsqu'ils donnèrent leur édit. des œuvres de Xénophon ; ils en retranchèrent l'*Historia græca*, et vendirent séparément le *Georgius Gemistus*, partie de 108 ff., avec un nouveau titre, au verso duquel ils expliquaient le motif de cet arrangement. La date de 1503 a été conservée à la fin du° livre, quoiqu'il n'ait paru en cet état qu'après 1525. Le *Gemistus* a été vendu 59 fr. en 1809, et relié avec le Xénophon de Junte, 1527, bel exempl., 40 flor. Röver. — Voyez GEMISTUS.

— XENOPHONTIS commentariorum libri IV, ad fidem vetusti et manuscripti codicis emendati. *Parisiis, prostant apud Jacobum Bogardum*, 1541, in-4:

Cette édition présente quelques bonnes leçons qui lui sont propres. Elle ne contient que les deux premiers livres en grec, avec la traduction latine de Bessarion. Maittaire l'indique sous la date de 1542, qui est aussi celle qu'on lui donne dans le catalogue d'Askew.

L'édition de *Paris*, *Matt. Juvenis*, 1559, in-4., a été formée sur la précédente pour les deux premiers livres du texte grec, et, à ce qu'il paraît, sur celle de Junte pour les deux autres livres. — Pour l'édition de *Louvain*, 1529, voyez ci-dessus, col. 1492.

— Xenophontis ἀπομνημονεύματα seu Socratis memorabilia, curante P. Victorio, græce. *Florentiæ, apud Juntas*, 1551, pet. in-8. 5 à 6 fr.

Édition rare. Vend. en *m. bl.* 1 liv. Heber.

— SOCRATIS apologia; ejusdem memorabilium lib. IV; Joan. Leunclavii interpretatio latina : adjectæ sunt H. Stephani, J. Leunclavii et Æmilii Porti notæ integræ. *Londini*, *typis G. Bowyer*, 1720, in-8. 5 à 7 fr. [3683]

Volume peu commun, surtout en Gr. Pap.

— XENOPHONTIS memorabilium Socratis dictorum lib. IV, gr. et lat., cum notis var., recensuit Bolton Simpson. *Oxonii*, *e Th. sheld.*, 1749, in-8. 5 à 7 fr. [3682]

En Gr. Pap. *mar.* 50 fr. Caillard; 45 fr. *mar. r.* Dutheil; 1 liv. 18 sh. Dent, et 2 liv. 8 sh. Williams.

Ce livre a été imprimé d'abord à *Oxford*, en 1741, puis réimprimé en 1759, in-8. en grand et en petit Pap. (Gr. Pap. *mar. r.* 11 sh. Dent ; 1 liv. 11 sh. Williams). On l'a fait paraître de nouveau en 1772, et en 1788, in-8., avec quelques notes de plus.

— IIDEM libri IV, græce; ad fidem mss. recensuit, emendavit, notas addidit Jo.-Aug. Ernesti : editio quinta, cui accesserunt animadvers. D. Ruhnkenii et L.-C. Valckenarii. *Lugd.-Batav.*, 1772, in-8. 6 à 9 fr.

Les quatre premières éditions de cet ouvrage, avec les notes d'Ernesti, ont paru à *Leipsick*, en 1737-42-55-63. La 5ᵉ est la meilleure, et elle a été réimprimée à *Leipsick*, en 1772, in-8.

— IIDEM libri IV; recensuit, notis illustravit, variisque lectionibus auxit Th. Edwards. *Oxonii*, *e typogr. clarend.*, 1785, in-8. 6 à 9 fr.

Cette bonne édition contient les variantes de onze manuscrits. Vend. en Gr. Pap. *mar. r.* 14 sh. Williams.

— MEMORABILIA, gr., interpretatione nova donavit et notis illustravit Gul. Benwell. *Oxonii*, 1804, in-8.

Le savant à qui est due cette édition estimée étant mort avant de l'avoir terminée, son travail s'arrête au 6ᵉ chapitre du 3ᵉ livre. Les notes et les variantes de la fin de l'ouvrage sont tirées de l'édition de Schneider. Celle de Benwell a été réimprimée à *Oxford*, 1809, et à *Cambridge*, 1813, in-8. 10 fr.

— MEMORABILIUM libri quatuor; Platonis Gorgias, græce, cum prolegom. et notis D. Coray. *Paris.*, *F. Didot*, 1825, in-8. de lxviii et 422 pp., avec un portrait de Socrate. 12 fr.

Tome XVᵉ de la Bibliothèque hellénique.

— Xenophontis Apologia Socratis, Agesilaus et Hiero, græce, ex recognitione Joannis Reuchlini, cujus ad Jo. Secer. præcedit præfatio. *Hagenoæ, ex officina Anshelmi, mense junio* MDXX, in-4.

— XENOPHONTIS oratio de Agesilao, Hiero, Lacedæ-

moniorum respublica, Atheniensium respublica, et rationes reddituum (gr. et lat.); recensuit Bolton Simpson. *Oxonii*, *e typogr. clarendon.*, 1754, in-8. 6 à 8 fr. [3912]

Cette édition est rare en Gr. Pap. : il en a été vendu un exemplaire *m. r. dent.*, 161 fr. Mac-Carthy; 1 liv. 11 sh. 6 d. Williams ; 1 liv. 9 sh. Drury.

— XENOPHONTIS Opuscula politica, equestria et venatica, cum Arriani libello de venatione, gr., recensuit et explicavit J.-Car. Zeunius. *Lipsiæ*, 1778, in-8. 4 fr., et plus en pap. fort. [3921]

— ŒEconomicus, græce. *Parisiis, in ædibus Johannis Lodoici Tiletani, via ad D. Hilarium sub signo D. Virg. Mariæ* .M. DXXXV. (in fine) : *Parisiis excudebat Joannes Lodoicus Tiletanus mense Decembri* .M. D. XXXV. in-4. [3845]

Édition citée par Maittaire, qui indique aussi : *ŒEconomicus*, *gr.* Paris., apud Jacobum Bogardum, 1544, in-4. — Sur le titre de cette dernière édition se voit la marque déjà employée par Conrad Neobar (voyez notre tome III, col. 284). — Jean-Louis Tiletan (ou de Tielt en Gueldre) a fait usage de la marque suivante. — Pour l'édit. de Louvain, 1527, voir ci-dessus, col. 1492.

— ŒECONOMICUS, gr. et lat., huic editioni accessere variæ lectiones et notæ quædam breves ex H. Stephano, Leunclavio, aliisque collectæ. *Oxonii*, *e typogr. clarend.*, 1750, in-8. 5 à 6 fr.

Un bel exempl. Gr. Pap. 42 fr. Saint-Martin; 80 fr. d'Ourches, et seulement 8 sh. Drury.

— ŒECONOMICUS, apologia Socratis, Symposium Hiero, Agesilaus, etc., græce; recensuit et Bachii suisque notis explicavit Jo.-C. Zeunius. *Lipsiæ*, 1782, in-8. 4 fr.

— ŒECONOMICUS, gr.; edidit Guil. Kosterus (id est C.-C. Reisig et A. Meineke). *Lipsiæ*, *Schwickert*, 1812, in-8. 4 fr.

— Xenophontis Symposium : compendiosa explicatio in errores Ulyssis Odysseæ homericæ, cum contemplatione morali elaborata, opera et studio Vinc. Obsopoei edita (græce). *Hagenoæ, per Johan. Secerium*, 1531, *mense julio*, in-8.

— XENOPHONTIS convivium et Socratis apologia a Xenophonte vulgo abjudicata. Recensuit et interpretatus est M. F. - A. Bornemann. Accesserunt Wielandi de convivio disputatio et Böttigeri de cap. IX excursus, itemque editoris vindiciæ apologiæ. *Lipsiæ*, *Harthmann*, 1824, in-8. 5 fr.

Traductions latines de Xénophon.

— Xenophontis opera in hoc uolumine impressa. De venatione : per Omnibonum Leonicenum Vincentinum in latinum traductus. De republica et de legibus Lacedaemoniorum : Frãciscus Philelphus e greco traduxit. Oratio de regis Agesilai Lacedaemoniorũ laudibus : p Philelfũ traducta. Apologia pro Socrate per Leonardum Aretinũ in latinum conuersa. Opusculũ de tyrannide per Leonardum Aretinum traductum. Libellus de aequiuocis. Paedia Cyri Persarum regis . (*absque nota*). In-fol.

Édition en caractères ronds, attribuée à Bernardinus de Vitalibus, imprimeur à Venise, à la fin du XVᵉ siècle. Elle a 98 ff. non chiffrés, dont le dernier est blanc, sign. *A—E, a—m* (43 lignes par page). Au verso du 97ᵉ f. se lit une souscription terminée ainsi (*Fr. Philelfus*)... *extremam imposuit manum Mediolani ad xi. cal. Octobres, Anno... Millesimo quatrigentesimo* (sic) *sexagesimo septimo*, laquelle a été mal à propos regardée par quelques bibliographes comme celle de l'imprimeur; il en a déjà été question ci-dessus, col. 1493.

Ces mêmes traductions ont été réimprim. à Bologne, chez Benedictus Hector, en 1502, in-fol., par les soins de Ph. Beroalde.

— XENOPHONTIS opera quæ quidem extant omnia, doctissimorum hominum diligentia in latinam linguam conversa. *Apud Seb. Gryphium, Lugduni,* 1551, 2 vol. in-16. Jolie édition : 4 à 5 fr.

— In hoc volumine continentur infrà scripta opera Xenophontis : Pædia Cyri Persarum regis, de venatione, de republica et de legibus Lacedæmoniorum, etc., latine. Pet. in-8.

Édition sans date, imprimée en caractères italiques, à l'instar des Alde; à *Lyon,* vers 1505 : vend. 12 fr. *mar. r.* d'Hangard, en 1812, et jusqu'à 8 liv. 2 sh. 6 d. Renouard, à Londres, et 1 liv. 10 sh. *mar. r.* Butler.

L'édition de *Lyon, expensis Bartholomei Trot,* 1511, pet. in-8. 4 sh. Butler.

Traductions françaises, italiennes, etc.

— OEuvres complètes de Xénophon, trad. en français, et accompagnées du texte grec et de la version latine (de Leunclavius), et de notes critiques par M. Gail. *Paris, an* v. (1797) à 1815, 11 tom. en 7 vol. gr. in-4. fig.

Les 11ᵗ tomes ont coûté 180 fr., mais on les trouve à des prix beaucoup moindres; il y en a 45 exemplaires en Gr. Pap. vélin avec fig. avant la lettre, qui se paiement le double: Le 5ᵉ vol. est en deux part., et le 7ᵉ en quatre. Il y a des exemplaires du 1ᵉʳ volume datés de 1814. Dans la première section (ou 2ᵉ tom.) du 7ᵉ volume se trouvent 38 pl. de spécimen d'anciens mss., et dans la 3ᵉ partie, 54 cartes. Les 2 vol. intitulés : *Observations critiques* et *Observations géographiques et militaires*, ont reparu en 1822, sous un nouveau titre portant : *Recherches histor., géographiques, etc.*

Il a été tiré deux exemplaires complets sur VÉLIN.

J.-B. Gail avait d'abord donné *La vie de Xénophon, suivie d'un extrait historique et raisonné de ses ouvrages, avec Les œuvres* (quelques ouvrages) *de Xénophon, traduites en français,* Paris, an III,

2 vol. in-8., dont il y a des exemplaires in-4. Gr. Pap. vél.

L'ancienne traduction des œuvres de Xénophon, par Pyramus de Candole, ou plutôt par S. G. S. (Simon Goulard senlisien, selon le privilège daté du 5 octobre 1612), *Cologny, Aubert,* 1613, in-fol. ou *Yverdon,* 1619, in-8., est peu estimée. Ce n'est guère qu'une collection des traductions de Seyssel et autres, retouchées par l'auteur.

— ŒUVRES complètes de Xénophon, traduct. de Dacier, Dumas, Larcher, Lévesque, Gail, etc., revues et corrigées par M. Henri Trianon. *Paris, Lefèvre,* 1842, 2 vol. gr. in-18. 6 fr.

— ŒUVRES complètes de Xénophon, traduction nouvelle, avec une introduction et des notes, par E. Talbot. *Paris, L. Hachette,* 1859, 2 vol. gr. in-16. 7 fr.

— TROIS ouvrages de Xénophon : portrait de la condition des rois, trad. par Coste; la retraite des dix mille, par Perrot d'Ablancourt, et les choses mémorables de Socrate, par Charpentier. *Amsterdam,* 1745, 2 vol. in-12.

La traduction de Perrot d'Ablancourt, qui fait partie de ce recueil, a été imprim. séparément, à *Paris,* en 1658, pet. in-8.; en 1665 et 1706, in-12, et encore depuis.

Une traduction beaucoup plus ancienne est celle que Cl. de Seyssel a faite sur une version lat. de J. Lascaris, et qui a paru sous ce titre : *Histoire du voyage que fit Cyrus à l'encontre du roy de Perse 'Artaxerces, par messire Claude de Seyssel, iadis evesque de Marseille, translaté de grec en vulgaire,* imprime a Paris par Maistre Pierre Vidoue, pour Galliot du Pre maçchant libraire. Mil cinq cens XXIX, pet. in-fol. goth.

— LES MEMOIRES de Xenophon..., traduits du grec en françois par Jean Doublet, de Dieppe. *Paris, Denys Du Val,* 1582, pet. in-8. 7 fr. 75 c. Veinant.

— DE L'EXPÉDITION de Cyrus, ou de la retraite des dix mille, ouvrage traduit du grec par M*** (de la Luzerne). *Paris,* 1786, 2 vol. in-12, fig.

— L'EXPÉDITION de Cyrus dans l'Asie supérieure et la retraite des dix mille, trad. du grec par Larcher. *Paris, De Bure,* 1778, 2 vol. in-12.

Vend. en Pap. de Hollande, 10 fr. Villoison; 19 fr. 50 c. en 1816.

— LA CYROPEDIE, de la vie et institucion de Cyrus, roi des Perses, traduite de græc en langue Francoyse par Jacques de Vintemille rhodien. *Paris, Est. Groulleau* (ou *Vincent Sertenas*), 1547, in-4.

Cette traduction est peu recherchée et n'a qu'un prix médiocre. Pourtant nous trouvons porté à 34 liv. 10 sh. dans le catalogue Libri (1859) un exemplaire de ce livre ayant appartenu à Edouard VI, roi d'Angleterre, remarquable par son ancienne reliure anglaise, portant les armes et le chiffre (E. R.) du prince, avec la rose rouge plusieurs fois répétée, et des ornements dans le genre de Grolier.

La même traduction a été réimprimée à *Lyon, chez Jean de Tournes,* en 1555, in-4.

Celle de Charpentier, *Paris, de Sommaville,* 1659, in-fol., ou 1661, in-12, a eu du succès et a été réimprimée plusieurs fois.

— LA CYROPÉDIE, ou histoire de Cyrus, trad. du grec de Xénophon par Dacier. *Paris, De Bure,* 1777, 2 vol in-12.

Vendu en pap. de Hollande, 14 fr. Larcher; 19 fr. 50 c. en 1816.

— APOLOGIE de Socrate, d'après Platon et Xénophon, avec des remarques sur le texte grec et la traduction française, par Fr. Thurot. *Paris, Firmin Didot,* 1806, in-8. 4 fr.

— La ménagerie de Xénophon; les règles de mariage de Plutarque; lettres de consolation de Plutarque à sa femme, trad. du grec en françois par Estienne de la Boëtie, ensemble quelques vers latins et françois de son invention; item un discours sur la mort dudit seigneur de la Boëtie par M. de Montaigne. *Paris, Federic Morel,* 1571, ou 1572, in-8.

On trouve difficilement ce volume complet, c'est-à-dire *avec les vers françois,* qui, bien qu'indiqués sur le titre daté de 1571, ont été imprimés à part en 1572, et réunis au volume dont on a en même temps réimprimé le titre avec la date de 1572. Vendu ainsi complet, 15 fr. d'Hangard, et 20 fr. en 1814 ; 42 fr. 50 c. Nodier.

L'édition de *Paris, Cl. Morel,* 1600, pet. in-8., sous le titre de *Mesnageries d'Aristote et de Xénophon....... traduites de grec en françois par feu Estienne de la Boëtie... et mises en lumière avec quelques vers françois et latins au dict La Boëtie par Michel sieur de Montaigne,* est une réimpression, faite page pour page, de celle de 1571-1572 ; on y a seulement ajouté 8 ff. contenant *Economique d'Aristote,* également trad. en françois par La Boëtie. Il se trouve des exemplaires de 1572 sans les vers français, d'autres sans la lettre de Montaigne, et enfin on rencontre quelquefois les vers français à part. Du reste cette édition a, comme la première, 131 ff. avec un titre particulier pour le corps du volume, et 19 ff. pour les vers français, avec un titre à part. — Voir à ce sujet : *Notice bibliographique sur Montaigne, par J.-F. Payen,* p. 6, à la note. — Fed. Morel a fait usage de la marque suivante.

Une autre traduction française du Traité de Xénophon avait déjà paru sous ce titre :

ECONOMIC de Xenophō. Cest a dire, Domestiques Institutions & Enseignemens pour bien regir sa famille , et augmēter son bien particulier. Iadis compose en Grec par Lancien Autheur Xenophon. Et translate de Grec & Latin en Langaige Francois, par Maistre Geofroy Tory de Bourges. Imprimees a Paris, A Lenseigne du Pot Casse par ledict Maistre Geofroy Tory, Marchāt, Libraire, & Imprimeur du Roy. Auec Priuilege. (à la fin) : CE PRESENT LIVRE *fut acheue dimprimer par Maistre Geofroy Tory de Bourges, le Mescredy Cinquiesme iour de Iuillet. Lan.* M. D. XXXI. *Et est a vendre a Paris deuant Lescu de Basle, Rue Sainct Iacques. Et deuant Lesglise de la Magdeleine. A leeseigne* (sic) *du Pot Casse,* pet. in-8.

Édition rare et recherchée. 60 fr. *mar. r.* en 1854, et serait plus cher aujourd'hui.

Elle porte la marque que nous avons donnée, t. I, col. 1710.

Il existe des exemplaires de ce volume sous le titre suivant :

SCIENCE *pour senrichir hōnestemēt & facilement. Intitulee , Leconomic Xenophon Nagueres trās-latee de Grec & Latī en Langaige Frācoys. Par*

Maistre Geofroy Tory de Bourges. On les vend à Paris en la rue Saïct Iaques, deuāt Lescu de Basle. Et deuāt Lesglise de la Magdeleine, A lenseigne du Pot Casse. Auec 'Priuilege. pet. in-8.

Le dernier feuillet y est occupé par la même souscription que celle que nous venons de rapporter, et au-dessous de laquelle on voit la marque donnée par M. Silvestre, sous le n° 604 ; le titre porte celle n° 931 : vendu seulement 10 fr. 50 c. Huzard, et 8 fr. Monmerqué, en 1852. Ce dernier exemplaire, après avoir été rel. en *mar.*, a été porté à 110 fr. vente Delasize, en 1863.

— LE MESNAGIER de Xenophon, plus un discours de l'excellence du mesme autheur (trad. de grec en françois par F. de Ferris, medecin de Toulouse). *Paris , Vincent Sertenas,* 1562, pet. in-8. 9 fr. Veinant, et, rel. en *mar. vert* par Capé, 40 fr. Catalogue de L. Potier, 1863.

— L'ÉCONOMIQUE de Xénophon et le projet de finance du même auteur, trad. en françois par Ph. Dumas. *Paris,* 1768, in-12.

— **Du Commandement de la cavalerie, et de l'équitation, deux livres de Xénophon, en grec et en français, traduits par un officier d'artillerie (P.-L. Courier).** *Paris, impr: d'Eberhart* (1813), in-8. 5 fr.

Il y a huit exemplaires en Gr. Pap. vélin. 19 fr. Renouard.

— LES CYNÉGÉTIQUES, ou traité de la chasse de Xénophon, avec des notes critiques et des dissertations, par J.-B. Gail. *Paris,* 1801, in-18.

— OBSERVATIONS historiques et critiques sur le traité de la chasse de Xénophon, par J.-B. Gail. *Paris,* 1809, in-8.

Pour un autre traité de la chasse , par Xénophon le jeune, voyez ARRIANUS, et ajoutez :

ARRIAN on coursing. The cynegeticus of younger Xenophon, translated from the greek, with annotations..... to which is added an appendix containing some account of the canes venatici of classical antiquity ; by a graduate of medicine (Will. Dansey). *London, Bohn,* 1831, pet. in-4. fig.

— **Le Opere di Senofonte, tradotte dal greco da Marc.-Ant. Gandini.** *Venetia, Pietro Dusinelli,* 1588, in-4.

Traduction estimée ; elle est rare de cette édition : vend. 18 fr. de Boisset ; 9 flor. Crevenna, et quelquefois de 6 à 8 fr.

— OPERE di Senofonte, trad. dal greco da Marc.-Ant. Gandini, col alcune annotazioni, ecc., e la storia di Gemisto Pletone, tradotta da D. Ant. dalla Bona, etc. *Verona,* 1735-37, 2 vol. in-4. 12 à 15 fr.

Il y a une autre traduction italienne de Xénophon (par J. Viviani). *Rome,* 1791-94, 3 vol. in-4.

— LA CIROPEDIA di Senofonte , trad. da Francesco Regis. *Milano, Sanzogno,* 1821, 2 vol. in-8. fig. 8 fr.

Bonne traduction imprimée d'abord à Turin, en 1809, 2 vol. in-8.

— LE STORIE greche volgarizzate da Marc-Antonio Gandini. *Milano,* 1821, in-8., cartes. 6 fr.

Réimpression faite sur l'édition de 1588, in-4.

— OPUSCOLI trasportati dal greco in ital. da varii. *Milano,* 1823, 2 vol. in-8. fig. 10 fr.

Ces trois articles appartiennent à la nouvelle *Collana greca.* Il en a été tiré des exemplaires in-4. qui se vendaient ensemble 55 fr.

— I QUATTRO libri dei detti memorabili di Socrate, trad. dal greco da Michelangelo Giacomelli, con prefazione e note di Alessandro Verri. *Brescia, Bettoni,* 1806, in-4. portr.

Réimprimé à *Milan,* en 1817, in-24, et à *Bressia,* en 1822, in-12.

— Las Obras de Xenofonte, trasladadas de griego en castellano por Diego Garcian; segunda edicion, en que se ha añadido el texto griego, y se ha enmendado la traducion castellana por D. Casimiro Florez Canceco. *Paris, impr. real,* 1781, 2 vol. gr. in-4.

Selon Sempere, le 3ᵉ volume, qui était sous presse en 1785, devait contenir les petits ouvrages de Xénophon ; mais je ne sache pas qu'il ait paru.
La traduction de D. Garcian a été imprimée pour la première fois, à Salamanque, par J. de Junta. 1552, in-fol.

— Sämmtliche Schriften, aus dem Griech. übers. von A.-Ch. und Conr. Borheck. *Lemgo, Meyer,* 1778-1808, 6 vol. pet. in-8. 5 thl.

Pour les traductions allemandes et les commentaires des divers ouvrages de Xénophon, consultez Engelmann, *Bibliotheca scriptorum classicor. et græcorum et latinor.,* Leipzig, 1847, et Supplément, 1853, in-8.

— CYROPEDIA, or the institution of Cyrus, translated by Maurice Ashley Cowper. *London,* 1728, or 1770, 2 vol. in-8. 10 à 12 fr.

Réimprimée à *Londres,* 1811, in-8.

— THE EXPEDITION of Cyrus into Persia, and the retreat of the ten thousand Greeks, translat., with crit. and histor. notes by Edw. Spelman ; 3ᵈ edit. *Cambridge,* 1776, 2 vol. in-8. 10 à 12 fr.

Traduction fort estimée, dont les deux premières éditions ont été imprimées à *Londres,* en 1742 et en 1749, en 2 vol. in-8. Un exemplaire de celle de 1776, Gr. Pap. mar. 3 liv. 10 sh. Williams.
Réimprimée à *Londres,* en 1811, in-8.

— HISTORY of the affairs of Greece, by the translator of Thucydides (Will. Smith). *London, White,* 1770, in-4. 8 à 10 fr.

Ce volume doit être joint à la traduction anglaise de Thucydide (voyez THUCYDIDES). Le Xénophon a été réimprimé à *Londres,* 1812, in-8.

— MINOR Works of Xenophon containing the memoirs of Socrate, transl. by Sarah Fielding ; the banquet by Jam. Welwood, Hieron, by B. Graves, and economics by Rob. Bradley. *London,* 1813, in-8.

Ce volume, joint aux trois précédents, édition de 1811 et 1812, complète la collection des traductions anglaises de Xénophon, en 4 vol. in-8. 2 liv. 2 sh.

XENOPHON Ephesius. Ephesiacorum lib. v de amoribus Anthiæ et Abrocomæ, græce, nunc primum prodeunt e vetusto codice florent., cum latina interpretatione Ant. Cocchii. *Londini, Bowyer,* 1726, in-8. 4 à 5 fr. [16976]

Cette première édition est très-fautive. Il en existe des exemplaires tirés in-4., qui sont plus communs que l'in-8.

— EPHESIACORUM lib. v, græce, acced. versio latina Ant. Cocchii, italica Ant. Salvinii, et gallica D. J. (Jourdan). *Lucæ,* 1781, in-4. 4 à 5 fr.

Édition assez belle, mais plus fautive encore que la précédente.

— EPHESIACORUM libri v, gr. et lat., recensuit, supplevit, emendavit, latine vertit, adnotationibus aliorum et suis illustravit Aloysius Emeric (Baro Locella). *Vindobonæ,* 1796, in-4. 10 à 15 fr.

Bonne édition, à laquelle feu F.-J. Bast eut beaucoup de part, puisqu'il céda à l'éditeur, M. Locella, tout son travail sur ce romancier. Il y a des exemplaires dont le titre porte : *Lipsiæ.*

Il avait déjà paru à *Vienne,* en 1793, in-8., une mauvaise édition grecque de ce roman, avec une préface dans la même langue, par Polyzois Kontou, et la traduction italienne de Salvini.

— XENOPHONTIS Ephesii de Anthia et Habrocome ephesiacorum libri v, gr. et lat. ; recensuit, adnotationibus aliorum et suis illustravit Petrus Hofman Peerlkamp. *Harlemi, vidua Adr. Loosjes,* 1818, in-4. 20 à 24 fr.

Cette édition, fruit d'un long travail de l'éditeur, reproduit la préface et les notes de Locella ; de plus, elle renferme de nombreuses notes de M. Peerlkamp, jointes à celles d'Alberti, d'Hemsterhuis, d'Abresch et de Palairet. Il y a des exemplaires en Gr. Pap.

— LES AMOURS d'Abrocome et d'Anthia, histoire éphésienne, trad. de Xénophon, par J*** (Jourdan). (*Paris*), 1748, pet. in-8. fig.

Traduction peu fidèle : 2 à 3 fr.

On a une autre traduction française anonyme de ce roman, sous le titre d'*Ephésiarques* ; Paris, 1736, ou nouveau titre, *La Haye,* 1737, pet. in-12.

— DI SENOFONTE efesio degli amori di Abrocome e d'Anzia libri cinque, tradotti dal greco da Ant.-Mar. Salvini. *Londra, Gio. Pickard,* 1723, in-12.

— Il y a du Gr. Pap.

Cette traduction, faite sur un manuscrit de l'abbaye de Florence, a, comme on le voit, été publiée avant le texte grec ; l'auteur y a ajouté une *Cicalata sopra una curiosa statuetta antica, etc.* Dans une seconde édition de cette traduction, imprimée à *Florence,* en 1757, sous la date de Londres, il se trouve une seconde *cicalata* (de Thom. Crudeli). Voyez à ce sujet, et en général sur ce qui concerne les romans grecs, une excellente notice de Chardon de La Rochette, tome II de ses *Mélanges.*

Les Éphésiaques, traduites par Salvini, ont été réimprimées à *Parme,* chez Bodoni, 1794, pet. in-8. 3 à 4 fr.

— GLI EFESIACI de Senofonte efesio volgarizzati da Ant.-Mar. Salvini. *Parigi, Renouard,* 1800, in-18, et in-12, fig. de Prud'hon.

Jolie édition complétée par le savant Visconti sur le texte grec de l'édition de 1796. Il y a deux exempl. de l'in-12, sur VÉLIN, et un sur papier rose.

— THE LOVE adventures of Abrocomas and Anthia, translat. by Rooke. *London,* 1727, in-8.

XEREZ (*Fr.* de). Conquista del Peru. Voy. OVIEDO y Valdes, et au mot CONQUISTA.

XILANDER (*Nic.*). Confession de foy de Nicolas Xilander, borussien, de Sebastian Flaschius, de Mansfelt, de Jean Brunner, de Togkembourg, jadis ministres de la confession d'Auguste, ou secte luthérienne, lesquels depuis l'adjuration de la secte, en laquelle avoyent esté nez, enseignez dès leur jeunesse, et puis dogmatisé au peuple, remonstrent par vives raisons les occasions de leur reduction, en decouvrant en outre la nature, abus et ruses des sectaires modernes masquez, comme miserablement sont seduits les simples et pauvres chrestiens. *Lyon, J. Stratius,* 1584, pet. in-8. [1832]

30 fr. Catalogue de Tross, 1862, article 1576.

XIMENES (*Fr.*). Biblia polyglotta. Voyez t. 1, col. 849, article BIBLIA.

XIMENEZ (le P. *Fr.*). Voy. HERNANDEZ (*Fr.*).

XIMENES (*Fr.*). Lo libre appellat Crestia... ordenat e compost por... Francesch Ximenez... *Valencia, por Lambert palmart Alemany... lo xxviiij dia de Giner, Any M. cccc. lxxxiij*, gr. in-fol. goth. [1605]

Ce livre, qui forme la première partie de l'ouvrage, traite de la religion chrétienne. — Voy. EXIMENES. Le second livre, sorti des mêmes presses, *lo quinzen dia de marc. Any M. cccc. lxxxiiii*, contient *Regiment de Princips e de ciutats e de la cosa publica*. Mendez les a décrits l'un et l'autre dans sa *Typographia española*, pp. 64-66.

XIMENES (*Fernando*), Arcidiano de S. Christina de Braga. Libro de la Restauracion del hombre. *Lisboa, por Pedro Crasbeeck*, 1608, in-4., avec un frontispice gravé par Byas Nuñes.

Poëme rare, dont un exemplaire avec des corrections de la main de l'auteur, et revêtu d'une ancienne reliure portugaise, a été vendu 2 liv. 10 sh. Libri, en 1859.

XIMENES (*Leon.*). Del vecchio e nuovo gnomone fiorentino, e delle osservazioni astronomiche, ecc., fatte nel verificarne la construzione lib. IV. *Firenze*, 1757, gr. in-4. fig. 8 à 12 fr. [8391]

On a encore du même auteur :

NUOVE sperienze idrauliche fatte ne' canali e ne' fiumi per verificare le principali leggi e fenomeni delle acque correnti. *Siena*, 1780, in-4. 6 à 8 fr [8142]

TEORIA e pratica delle resistenze de' solidi. *Pisa*, 1782, e *Firenze*, 1783, 2 part. in-4. fig. 8 à 10 fr. [8100]

RACCOLTA di perizie ed opuscoli idraulici, etc. *Firenze*, 1785-86, 2 vol. gr. in-4. fig. 15 à 24 fr. [8143]

XIMENO (*Vicente*). Escritores del reyno de Valencia, chronologicamente ordena-

dos desde el año 1238 hasta el de 1747. *Valencia*, 1747-49, 2 col. pet. in-fol. 24 à 30 fr. [30773]

Il faut joindre à cet ouvrage celui de Fuster, qui le complète (voy. FUSTER). Ils ont été vendus ensemble 75 fr. Pressac.

XIPHILINUS (*Joan.*). Dionis Nicæi rerum romanar. a Pompeio magno ad Alexandrum Mamææ filium epitome, authore Ioanne Xiphilino, gr. (cum latina interpretatione Guil. Blanci). *Lutetiæ, ex officina Rob. Stephani, typis regiis*, 1551, 2 tom. en 1 vol. in-4. 5 à 6 fr. [22900]

Première édition : vend. 5 fr. 60 c. Meermann.

— E DIONE excerptæ historiæ (gr. et lat.), ex interpretatione Guil. Blanci a Guil. Xilandro recognita : H. Stephani in J. Xiphilinum Spicilegium. *Excudebat H. Stephanus*, 1592, in-fol. 8 à 10 fr.

Réimprimé en partie dans le 2ᵉ vol. du Dion Cassius de Reimar. Voy. DIO.

— DION CASSIUS de Nicée, abrégé par Xiphilin, et traduit en françois par B.-G. (de Bois-Guillebert). *Paris*, 1674, 2 vol. in-12. 6 à 7 fr.

Traduction dont les exempl. sont peu communs.

— HISTOIRE romaine écrite par Xiphilin, Zonare et Zosime, trad. par Cousin. *Paris*, 1678, in-4. 5 à 6 fr., et plus cher en Gr. Pap.

L'édition de Hollande, suivant la copie imprimée à Paris, 1686, 2 vol. in-12, est plus rare et plus recherchée que l'in-4. 7 à 9 fr.

XISTUS IV. Voy. LA ROVERE (*Fr.* de).

XITIÇANÇÂVALÎCARITAM, a Chronicle of the family of Râja Krishnachandra of Navadvipa, Bengal. Edited and translated by W. Pertsch. *Berlin, Dümmler*, 1852, gr. in-8. 8 fr. [28197]

XUARES (*Fern.*). Voy. P. ARETINO.

Ximenes (*Seb.*). Concordantiæ, 2438.
Ximenes (*A.*). Monasterio del Escorial, 26133.

Xylander (*J.-K.*). Sprache der Albaneser, 10755.
Xylander (*J.*). Étude des armes, 8676.

Y

YAÇNA (le). Voy. ZOROASTRE.

YAGOUL ou Yakout. Voy. YAKOUT.

YAGUE de Salas (*Juan*). Los Amantes de Teruel, epopeya tragica : con la restauracion de España por la parte de Sobrarbe, y conquista del reyno de Valencia. *Valencia, P. Patr. Mey*, 1616, pet. in-8. [15235]

Livre très-rare. Vendu 40 fr. (exempl. trop rogné) Gohier; 19 sh. Heber.

YAHYA Al-Nawawi. Kitab Tahzib al Asma : Biographical Dictionary of illustrious men of Islamism, edited in arabic, by Dr. Wüstenfeld. 1845, in-8.

YÂJNAVALKYA'S Gesetzbuch, Sanskrit und Deutsch, herausgegeben von Adolph Friedrich Stenzler. *Berlin, Dümmler*, 1849, in-8. 11 fr.

YAJUR VEDA. Voy. VEDA.

YAKOUT. Dictionnaire géographique, historique et littéraire de la Perse et des contrées adjacentes, extrait du Mo' djem el Bouldan de Yakout, et complété à l'aide de documents arabes et persans, pour la plupart inédits, par C. Barbier de Meynard. *Paris, B. Duprat*, 1861, gr. in-8 de XXI, 640 pp. [28062]

Voyez tome II, col. 1041, article LEXICON geographicum.

YANGUAS (*Hernan Lopez* de). Voy. l'article FRONTINUS.

YANGUES (*Manuel* de). Principios y reglas de la lengua cummanagota, general en varias naciones que habitan en la provincia de Cummana en las Indias occidentales, con un Diccionario. *Burgos*, 1683, in-4. [11983]

Comme très-peu d'exempl. de cette grammaire sont restés en Europe, elle est aujourd'hui fort rare; il s'en trouvait pourtant deux dans la bibliothèque de R. Heber, lesquels se sont vendus 4 liv. chacun.

YARREL (*William*). History of british fishes. *London*, 1841, 2 vol. in-8., aussi sous la date de 1859, avec environ 500 bois. 2 liv. 10, sh. [5880]

Édition plus complète que celle de 1836, en 2 vol. pet. in-8., dont il y a des exemplaires sur papier royal et sur papier impérial.

— History of british birds. *London*, *Van Voorst*, 1856, 3 vol. in-8., avec 535 bois. 4 liv. 4 sh. [5765]

Il y a une première édition de 1837, 2 vol. in-8., à laquelle on ajoute un vol. de supplément, publié en 1856.

YATES (*Will.*). A Grammar of the sunscrit language on a plan similar to that commonly adopted in the learned languages of the West; second edition enlarged and improved. *Calcutta*, 1845, in-8. 25 fr. [11748]

La première édition, *Calcutta*, 1820, gr. in-8. de 450 pp., coûtait plus cher que celle-ci, et elle a été vendue 55 fr. Langlès; 44 fr. Rémusat; 37 fr. Kieffer.
— A SUNSCRIT vocabulary, containing the nouns, adjectives, verbs, and indeclinable articles most frequently occurring in the sunscrit language, arranged in grammatical order, with explanations in bengalee and english. *Calcutta*, *mission press*, 1820, in-8. [11756]
Vendu 18 fr. 50 c. Kieffer; 20 fr. 50 c. Klaproth.
— A DICTIONARY in sanscrit and english designed for the use of private students and of indian colleges and schools, by the late rev. W. Yates, *Calcutta*, 1846, gr. in-8. de IV et 928 pp. 55 fr.
— INTRODUCTION to the hindoostanee language, in three parts. *Calcutta*, *mission press*, 1827, in-8. [11772]
Vendu 20 fr. 50 c. Remusat.
— INTRODUCTION to the bengali language by W. Yates, edited by J. Wenger. *Calcutta*, *Baptist mission's press*, 1847, 2 vol. in-8., tome 1. de XIII et 428 pp.; tome II, de VIII et 407 pp. [11812]

— The lamentable vision of the devout hermit, translated by W. Yates. *Manchester*, 1813, in-fol.

Volume impr. en caractères goth., avec des vignettes sur bois et des fac-simile du manuscrit original. Il

Yañes (*J.*). Historia de Felipe III, 26079.
Yanguas (*José*). Diccionario de antiguedades de Navarra; et Diccionario de los fueros de Navarra, 26161.
Yart (*Ant.*). Idée de la poésie anglaise, 15703.
Yates (*W.*). New-Zealand, 21185.
Yates (*James*). Weaving among the ancient, 29013.
— The Art of weaving, 29011.

n'en a été tiré que trente exemplaires. 5 liv. 10 sh. Saunders, en 1828.

YAUVILLE (D'). Traité de vénerie. *Paris, Imprim.roy.*,1788, in-4. fig. [10423[

Ouvrage très-recherché, et dont les exemplaires se vendaient 60 fr. et plus avant la réimpression qui en a réduit le prix. Un exempl. en pap. de Hollande, et rel. en *mar. r.*, a été donné pour 25 fr. 50 c. Huzard.
TRAITÉ de vénerie d'Yauville, réimprimé par le Journal des chasseurs. *Paris, imprimerie Tinterlin*, 1859, gr. in-8. de 337 pp. lithogr. et 48 pp. de fanfares. 25 fr.

YCIAR vizcayno (*Juan* de). Arte subtilissima por la qual se enseña a escreuir perfectamente, hecho y experimentado, agora : de nueuo añadido, por Juan de Yciar. *Çaragoça, en casa de Pedro Bernuz*, 1550, pet. in-4. fig. [9050]

Un des traités les plus rares sur l'art de l'écriture, 5 flor. Crevenna; 1 liv. 2 sh. Heber. Nic. Antonio n'a point connu cette édition, mais il en cite une de *Saragosse*, 1553, in-4. Celle de 1550 se compose de 84 ff. non chiffrés, sign. A—L; elle est remplie de gravures sur bois, et le texte, imprimé en caractères mobiles, est entouré de bordures par J. de Yciar et J. Vingles.

— Arte subtilissima, por la qual se enseña a escreuir perfectamente. Hecho y experimentado por Iuan de Yciar Vizcayno. *Impresso costa de Miguel de Çapila mercader de libros. Vezino de Çaragoça. Año* M.D.LV. pet. in-4. de 70 et 22 ff. non chiffrés.

Édition non moins précieuse que la précédente. La première partie a des signatures, savoir : A par 4, B, C, D par 8, E par 6, F par 8, G par 4; elle est suivie d'*algunas receptas para hazer tintas* : A par 4, B et C par 8, et D par 4. La seconde partie a pour titre :
ARTE breve y provechoso de cueta castellana y arithmetica donde se muestra las cinco reglas *de quarismo por la cueta castellana, y reglas de memoria*. (au verso du dernier f.) : *Fue impresa en la muy noble ciudad de Çaragoca en casa de Esteua de Nagera : a costa de Miguel de Çapila mercader de libros acabose a 15 de mayo. Año de 1555.* Elle a pour signat. A, B et C par 8. Un exemplaire auquel manquaient 2 ff. de ce dernier cahier, 44 fr. Riva.
— LIBRO subtilissimo por el qual se enseña a escrevir y contar pfectamente el qual lleua el mismo orden que lleua un maestro con su discipulo. Hecho y experimentado por Juan de Yciar Viscayno. *Impreso a costas de miguel de Suelues, alias, capila in faucon mercader de libros. Año* M. D. LXVI, pet. in-4.

M. Edwin Tross, en nous communiquant la description d'un exemplaire de cette édition qui ne contient que 76 ff. et finit par les mots *Laus Deo*, nous a fait remarquer que presque toutes les planches du volume sont datées de 1547 et 1548, et portent: *J. Yciar faciebat Cæsar Augustæ* I. D. V; que les folios 45 et 46 donnent une copie de l'alphabet de la mort de Holbein, d'une hauteur et d'une largeur de 38 millimètres, et qu'au verso du 4e feuillet figure le portrait de l'auteur, avec l'inscription: *Joannes de Yciar ætatis suæ año* XXV. Nous supposons que ces observations peuvent s'appliquer aux éditions du même livre qui ont précédé celle-ci.

— Orthographia pratica. *Çaragoça*, 1548, in-4., avec des alphabets et autres fig. gr. sur bois. [11156]

Vendu 10 sh. *Biblioth. heber.*, VI, n° 3917.

48

YEPES (*Diego* de). Historia particular de la persecucion de Inglaterra, y de los martiros mas insignes que en ella ha avido, desde el año de 1570... con muchas cosas curiosas, y no publicadas hasta aora, sacadas de autores graves; recogida por el P. fray Diego de Yepes, de la orden de S. Geronimo. *Madrid, por Luis Sanchez,* 1599, in-4. [22302]

Recherché en Angleterre.
— Vida de S. Teresa, 22274.

YEPES (*Ant.* de). Coronica general de la orden de San Benito, por Antonio de Yepes, tom. I et II. *Impr. en la Universitad de N. S. de Yarche,* 1609; tom. III, *Pamplona, Nic. de Assiayn,* 1610; tom. IV, *Valladolid,* 1613; tom. V, VI et VII, *Valladolid,* 1615-17-21, in-fol. [21736]

On trouve très-difficilement ces 7 vol. réunis. Le septième a été publié après la mort de l'auteur, par Jérôme Marthones, abbé des Bénédictins de Valladolid. Vendu en 5 vol. 60 fr. Soubise, en 7, 15 fr. les Jésuites de Clermont. Le huitième vol. est resté inédit.

— CHRONIQUES générales de l'ordre de S. Benoist, composées en espagnol par D. Anthoine de Yepez, abbé de S. Benoist de Valladolid, et traduites en françois par le R. P. D. Martin Rethelois, à Toul, par Simon Belgrand et Jean Laurent, chez Jean Laurent et Jean François Laurent, et enfin par Alex. Laurent, 1647 à 1684, 7 vol. in-fol.

Ces sept volumes sont exactement décrits dans le 4e chapitre des *Nouvelles Recherches* de M. Beaupré, pp. 12 et 13. Les deux premiers, dont il existait déjà une traduction française par Olivier Mathieu, *Paris, Langlois,* 1619, 2 vol. in-4., n'ont été impr. qu'en 1674 et en 1684; le 3e est de 1647, le 4e de 1648, le 5e de 1656, le 6e de 1657, et le 7e de 1670. L'ouvrage se trouve rarement complet.

YEUDA(*R.*). Guzary libro de grande sciencia y mucha doctrina; fue compuesto en la lengua arabica por R. Yeuda, y traduzido en la lengua santa por el R. Yeuda Aben, y nuevamente del ebrayco en español, por el R. Jaacob Abendana. *Amsterdam,* 5423 (1663), in-4. [2223]

Vendu 30 fr. (marqué très-rare) Trudaine.

YEUX (les), le nez et les tetons, ouvrages curieux, galants et badins, composez pour le divertissement d'une dame de qualité, par J.-P.-N. du C. dit V. *Amsterdam, Jean Pauli,* 1734, 3 tomes en 1 vol. in-12, de 96, 117 et 132 pp., avec 3 fig. 9 à 15 fr. [18024]

Barbier attribualt ce recueil à Estienno Rogor, libraire à Amsterdam, qui en a donné la première édition partie par partie, en 1716, 1717 et 1720, pet. in-8.; il est au contraire de Jean-Pierre-Nicolas du Gommun dit *Véron,* dont les poésies diverses occupent les pp. 75-132 de la troisième partie, et dont les noms se rapportent parfaitement aux lettres initiales du frontispice. La première édition de

1716-20, et celle de 1734, sont préférables aux réimpressions de 1760,.etc. La seconde partie de ce recueil a paru séparément sous le titre suivant :

L'ÉLOGE des tétons, ouvrage curieux, galant et badin, en vers et en prose, par ***. *Francfort sur le Meyn, de la Cour,* 1746, in-8.; — et ..... *avec plusieurs pièces amusantes et la Rinomachie, ou le combat des nez,* par ***, *seconde édition.* Cologne, à l'Enclume de Vérité, 1775, in-8.

L'*Éloge du sein des femmes,* publié par Mercier de Compiègne, *Paris,* 1800 (Cat. Méon, no 2862), n'est, à ce qu'il paraît, qu'une réimpression d'une partie du recueil ci-dessus, mais augmentée de trois chapitres et de plusieurs pièces de vers sur le même sujet.

Y-KING, antiquissimus Sinarum liber, quem ex latina interpretatione P. Regis aliorumque e Societate Jesu, edidit J. Mohl. *Stuttgardiæ,* 1834-39, 2 vol. pet. in-8. [3788]

YMAG. Figura. seu Representatio. antecristi. Voy. ANTE-CHRISTUS.

YMAIGE du monde. Voyez LIVRE de Clergie.

YMMELLOOT (*Jaques*), escuier, sieur de Steenbrugghe. La France et la Flandre reformées, ou traicté enseignant la vraye methode d'une nouuelle poésie françoise et thioise harmonieuse et delectable. *Ypres, chez Jean Bellet,* 1626, pet. in-4. obl. de 70 pp. chiffrées. — Triple meslange poetique latine, françoise et thyoise. *Ipre, Jean Bellet,* in-4. obl. de 48 pp. chiffrées.

Ces deux opuscules sont fort peu connus, et ne méritent de l'être que comme productions des plus ridicules. Ils ont été vendus 74 fr. Borluut, avec un opuscule du même auteur, en langue flamande, et ayant pour titre :

KORT gheding tusschen d'Oorloghe en de Vrede, onder de naemenv an Bellona ende Astrea, vertooght aen Albert, Erestsherthoghe van Oostenryck, etc., *Tot Ipre, by Jan Bellet,* pet. in-4. obl. de 29 ff.

YNOI. Voy. AVERTISSEMENS.

YOLLAND (*W.*). Astronomical observations made with Airy's Zenith sector from 1842 to 1850 for the demonstration of the latitudes of various trigonometric stations used in the ordnances survey of the British Isles, published by capt. W. Yolland. *London,* 1852, gr. in-4. de 1009 pp. avec pl.

YORKE (*James*). The Union of Honour : containing the armes, matches and issues of the kings, dukes, marquesses and earles of England from the conquest untill this present yeare 1640; with the names of the english viscounts, and barons now being; and of the gentry of Lincolnshire : whereunto is annexed briefe of all battels which have beene

---

Ydem (*Est.*). S. Sacrement de miracle, 22338.
Yeates (*Th.*). Indian church, 21560.

Yonge (*Ch.*). Life of Arthur duke of Wellington, 27036.

fought and maintened by the english since the conquest, till the yeare 1602; by James Yorke, Black-Smith. *London, by Edward Griffin, for William Leake*, 1640, in-fol. avec un frontispice, fig. et blasons sur bois. [28923]

YORKE (*Ch.*). Les principaux monumens égyptiens du Musée britannique, et quelques autres qui se trouvent en Angleterre, expliqués d'après le système phonétique, par Ch. Yorke et le colonel Martin Leake. *Londres, Treuttel et Würtz*, 1827, in-4., avec 27 pl. lithogr., 20 fr. [29314]

YORKE (*Phil. and Ch.*). Voy. ATHENIAN Letters.

YOSY (*A.*). Switzerland, as now divided into nineteen cantons, with picturesque representations of dress and manners of the Swiss. *London, Booth*, 1815, 2 vol. in-8., avec 50 pl. color. 20 à 24 fr. [25897]

YOUNG (*Edw.*). Works of the author of the night-thoughts. *London*, 1802, 3 vol. gr. in-8. fig. 18 à 21 fr., et plus cher en Gr. Pap. [15826]

— THE POETICAL Works, night thoughts, etc., with life of the author by Milford. *London*, 1852, 2 vol. pet. in-8. 12 fr.

Il y a une édit. des Œuvres de Young en prose et en vers, avec sa vie, par le Dr Doran. *Lond.*, 1851, en 2 vol. in-12.

— The Complaint and the consolation, or night-thoughts. *London, R. Noble*, 1797, très gr. in-4. fig. [15825]

Cette édition, dont l'exécution est beaucoup plus singulière que belle, 'n'a point été terminée; elle ne contient que les quatre premières nuits. Les gravures occupent les marges latérales du texte; elles sont quelquefois coloriées. 90 fr. Hurtault.

— NIGHT THOUGHTS. *London*, 1813, gr. in-8. avec fig. d'après Stothard. 10 sh.

Cette édition peut remplacer celle de Londres, 1798, gr. in-8. fig.

— THE SAME with life of the author, critical dissertations and explanatory notes by Gilfillan. *London*, 1853, in-8.

L'édition de *Londres, J. Sharpe*, 1817 (exempl. en Gr. Pap. mar. r.) 1 liv. 16 sh. Williams, et moins depuis.

— LES NUITS d'Young, suivies des Tombeaux et des Méditations d'Hervey, etc., traduction de Letourneur. *Paris, Ledoux*, 1824, 2 vol. in-8. fig. 6 fr.; — pap. fin d'Annonay, 8 fr.

Il y a des exempl. en grand raisin vél., fig. avant la lettre et eaux-fortes, 20 fr.

Une autre édition également en 2 vol. in-8., a paru chez le même libraire, en 1827.

La première édition de cette traduction des *Night-thoughts* a été imprimée à *Paris*, 1769, en 2 vol. in-8., ou en 2 vol. in-12, et il a paru en même temps une traduction des œuvres diverses du même poëte, par Letourneur, également en 2 vol. in-8., ou in-12.

YOUNG (*Arthur*). Travels during the years 1787, 88, 89 and 90, undertaken more particularly with a view of ascertaining the cultivation, wealth, resources

and national prosperity of the kingdom of France. *London*, 1792, gr. in-4. [20109]

Il y a aussi une édition de *Bury St-Edmund's*, 1792, in-4., et une autre de *Dublin*, 1793, 2 vol. in-8.

— TRAVELS through France, Italy, etc., in the years 1787, 88 and 89. *London*, 1794, 2 vol. gr. in-4.

Le *Voyage d'Arth. Young en France* a été traduit en français par F. S. (Soulès), avec des notes par De Casaux; 2e édit. *Paris, an* II (1794), 3 vol. in-8., et nouvellement, par M. Lesage, avec une introduction par M. Léonce de Lavergne, *Paris, Guillaumin*, 2 vol. gr. in-18. 7 fr. — Le *Voyage en Italie*, du même, a été également traduit par Soulès, *Paris, an* V (1796), in-8.

— TOUR in Ireland, in the years 1776-79, with observations on the state of this kingdom (by Arthur Young). *London*, 1782, 2 vol. in-8. 10 à 12 fr. [20353]

Le même ouvrage est aussi de format in-4., sous la date de 1780. Il a été traduit en français par Millon. *Paris, an* VIII (1800), 2 vol. in-8.

— LE CULTIVATEUR anglais, ou œuvres choisies d'agriculture et d'économie rurale et politique: traduit de l'anglais par Lamarre, Benoist et Billecocq, avec des notes par Delalauze. *Paris, an* IX (1800-1801), 18 vol. in-8., fig. Bas prix. [6324]

Les ouvrages dont ce recueil renferme la traduction ont été publiés séparément sous les titres suivants :

POLITICAL arithmetic, containing observations on the present state of Great-Britain. *London*, 1774, in-8. [4068]

Traduit en français par de Fréville, *La Haye*, 1775, 2 vol. in-8., ou sous le titre de *Recueil d'ouvrages sur l'économie politique et rurale, etc.*, *Paris*, 1780.

COURSE of experimental agriculture. *London*, 1770, 2 vol. in-4.

RURAL œconomy, or essays on the practical parts of husbandry; second edition. *London*, 1773, gr. in-8.

FARMER'S letters to the people of England. *London*, 1771, 2 vol. in-8.

FARMER'S guide in hiring and stocking farms. *London*, 1770, 2 vol. gr. in-8.

A SIX MONTHS tour through the north of England. *London*, 1771, 4 vol. gr. in-8.

THE FARMER'S tour through the east of England. *London*, 1771, 4 vol. gr. in-8. fig.

SIX WEEKS tour through the southern counties of England and Wales. *London*, 1772, gr. in-8.

Ces différents écrits d'Arthur Young, qui ont eu beaucoup de succès, se payaient, il y a quelques années, de 7 à 10 fr. le vol. dans les ventes : ils sont aujourd'hui à très-bas prix.

— Annales, 6323.

YOUNG (*John*). A Series of portraits of the emperors of Turkey, from the fondation of the monarchy to the year 1815, engraved from pictures painted at Constantinople, with biographical account of each of the emperors (in english and french). *London, printed by Bulmer* (1815), gr. in-fol. [27894]

Très-bel ouvrage commencé par ordre du sultan Sélim, et terminé pour son successeur. L'édit. entière a dû être envoyée à la cour ottomane (*Bibliograph. Decameron*, tome II, page 391).

YOUNG (*Thomas*). Miscellaneous Works, including his scientific memoirs; hieroglyphical essays and correspondence, etc., with life by Dean Peacock. *London, Murray*, 1855, 4 vol. in-8. 2 liv. 10 sh.

— ACCOUNT of some recent discoveries in hieroglyphical literature and egyptian antiquities, including the author's original alphabet, as extended by Champollion, with a translation of five unpublished greek and egyptian mss. *Lond., Murray,* 1823, in-8. fig. 7 sh. 6 d. [29114]

— Hieroglyphics collected by the egyptian Society, arranged by Th. Young. *Lond.,* 1823-28, in-fol. 100 pl. 4 liv. 4 sh. [29124]

La dernière partie, ·contenant les pl. 81-98, a paru séparément.

Memoir of the life of Thomas Young..... with a catalogue of his works and essays. *London, J. and A. Arch,* 1831, in-8., fig. hiéroglyphiques.

Cet ouvrage contient un dictionnaire égyptien que la mort a empêché le docteur Young d'achever ; il est ici sous le titre de : *Rudiments of an egyptian dictionary in the ancient enchorial character.* C'est le même qui se trouve indiqué à l'article Tattam.

— Course of lectures on natural philosophy, 4237. — Theory of light, 4272. — Mechanism of the eye, 4273. — Medical literature, 6497. — Consumptive diseases, 7309.

YOUNG (*John*). A Catalogue of the pictures at Grosvenor House, London, with etchings accompanied by historical notices of the principal works. *London, Hurst,* 1820, in-4. [9430]

Les quatre catalogues suivants, par J. Young, se réunissent à celui-ci :

A Catalogue of the pictures at Leigh Court, near Bristol, the seat of P.-J. Miles; with etchings, accompanied with historical notices. *London,* 1822, in-4.

A Catalogue of collection of pictures of the late J.-J. Angerstein, containing an etching of every picture, and accompanied with historical and biographical notices. *London,* 1823, in-4.

A Catalogue of the collection of pictures of the marquess of Stafford at Cleveland House, London, containing an etching of every picture, and accompanied with historical and biographical notices. *London,* 1825, 2 vol. in-4.

A Catalogue of pictures of british artists, in the possession of sir John Fleming Leicester, with etchings, accompanied with historical and biographical notices. *London,* 1821 (aussi en 1825) in-4.

Les six volumes de cette collection se vendaient de 1 liv. à 1 liv. 5 sh. chacun et le double en grand papier, épreuves sur Chine ; mais ils sont moins chers aujourd'hui.

YOUNG (*George*). A geological survey of the Yorkshire coast, describing the strata and fossils occurring between the Humber. and the Tees, from the German Ocean to the plain of York, by the rev. George Young, assisted by John Bird, artist; 2th edition. *Whitby,* 1828, in-4. fig. 1 liv. 1 sh. [4614]

La première édition, sous la date de 1822, contient . 17 pl. color. et une carte géologique.

YRIARTE ou Iriarte (*Juan* de). Obras sueltas. *Madrid,* 1773, 2 vol. in-4. 12 à 15 fr. [19272]

Belle édition.
Cet auteur est le même que celui qui a donné le catalogue des manuscrits grecs de la Bibliothèque royale de Madrid. — Voyez Iriarte.

YRIARTE (*Th.*). La Musica, poema. *Ma-*

drid, imprenta de la gazeta, 1779, gr. in-8. fig. [15299]

Première édition, fort bien exécutée, et tirée à petit nombre d'exemplaires : 10 à 15 fr.; vend. 34 fr. mar. r. F. Didot.

La seconde édition, *Madrid, impr. real,* 1784, gr. in-8. fig., n'est guère moins belle que la première : 6 à 9 fr.; vend. 22 fr. *mar. v.* Caillard. — La troisième, *Madrid,* 1789, pet. in-4. fig. coûtait 12 fr.

Ce poëme d'Yriarte a été traduit en français par Grainville. *Paris, an* VIII (1800), in-12, avec des notes par Langlé.

— Fabulas literarias. *Madrid, imprenta real,* 1782, pet. in-4. [15300]

Belle édition : 9 à 12 fr.

Ces fables ont été traduites en français par un anonyme, *Paris,* 1805, in-12. — et par Ch. Brunet, *Paris,* 1838, in-18.

— Coleccion de obras en verso y prosa. *Madrid,* 1787, 6 vol. pet. in-8. 24 à 30 fr. [19275]

Il y a une édition de cette excellente collection : *Madrid, en la imprenta real,* 1805, 8 vol. pet. in-8. 24 à 30 fr.

YRWIN. Voy. Irwin.

YSAAC [El Abad Isach]. De religione. (in fine, recto) : *finitus hic libell' apud sanctū cucufactum vallis Aretane xxix nouēbris Anni* d. M. cccc lxxxix, pet. in-4. goth. [1214]

Quoiqu'il porte un titre latin, cet ouvrage rare est en dialecte catalan. Il y a 11 ff. prélimin. pour le prologue et la table, sous les sign. A, B. Le texte, imprimé en gros caractères, a des signatures de *a—tv.* C'est le seul livre imprimé dans le monastère de Saint-Cucufat, près Barcelone, que l'on connaisse. Vendu 20 fr. Revoil, et le même prix Rætzel. — Voy. Isaac.

YSAIE le triste, Filz Tristan de leonois, iadis cheualier de la table ronde, et de la royne Jzeut de Cornouaille. Ensemble les nobles prouesses de cheuallerie faictes par Marc lexille filz du dit Isaye. Histoyre moult plaisante et delectable, nouuellement Jmprimee a Paris. (au recto du dern. f.): *Icy finist lhystoire recreatiue z moult delectable du preulx cheualier Jsaye le triste qui fut filz de Tristan de Leonnoys et la Royne Jzeut, ensemble celle de Marc son filz reduite du viel langaige au langaige francoys et nouuellemēt imprimee a paris par maistre Pierre Vidoue pour Galliot dupre Libraire iure en luniuersite de Paris demeurant au dit lieu a lenseigne de la gallee pres la Magdelaine...* in-fol. goth. de 6 ff. prélim. et clxxii ff. chiffrés, à longues lignes. [17026]

Édition fort rare et la plus recherchée de ce roman : 95 fr. *mar. bl.* Gaignat ; 97 fr. d'Ourches; 400 fr. Duriez, et le même exemplaire, qui est fort beau, 950 fr. d'Essling; autre 15 liv. Roxburghe; 6 liv. 18 sh. exempl. médiocre, Hibbert; en *mar. r.* rel. de Duru, avec une riche dorure de Marius Michel,

Yrizar y Mova. De l'Eusquere, 11190.

Ysabellis (*Jac.-Philip.* de). Artificiosa memoria, 9033.

1499 fr. Giraud. — Autre, 43 liv. Utterson; en *veau br.*, 2000 fr. Solar.

Les pièces préliminaires de ce volume sont le titre; le privilége daté du 10 novembre 1522, dans lequel on introduit la requête de Galliot dupre, *disant puis nagueres auoir fait reduire et corriger de vieil langage en francois* (ce livre) *pour la recreation des gentilz hommes;* le proheme et la table des chapitres.

— Sensuit lhistoire de Ysaie le triste filz Tristã de leonnois iadis cheualier de la table ronde: et de la royne Jzeut de Cornouaille. Ensemble les nobles prouesses dʼ cheuallerie faictes p marc lexille filz du dit Jsaye. lxiii. On les vent a paris en la rue Sainct Jaques a Lenseigne de la Rose blanche couronnee Par Phelipe le Noir. (au recto du dern. f.): *Jcy finist lhystoire recreatiue du preux cheualier Jsaye le triste qui fut filz de Tristan de Leonnoys et de la royne Jzeut ensemble celle de marc son filz reduite du vieil langaige au langaige francoys τ nouuellement imprime a paris par Philippe le Noir libraire et lung des deux relieurs iurez en luniversite de paris. Demourant en la rue sainct iacques...* in-4. goth. de 6 ff. prélim. et cclxxiiij ff. chiffrés, plus 1 f. avec la souscription ci-dessus et la marque de Le Noir.

Édition à longues lignes, avec fig. sur bois, titre en rouge et noir. Vendu 12 fr. David; 15 liv. Heber; en *mar. v.* 255 fr. Cailhava; 195 fr. Giraud. — Nous avons déjà donné (dans ce vol., col. 41) une marque employée par Philippe le Noir, en voici une seconde:

— Lhistoire de Isaïe le triste, etc. *On les*

rend a Paris... par Jehan Bonfons, in-4. goth., siguat. aj —hiiij, seconde signat., y compris le titre et la table, fig. sur bois.

Quoique beaucoup moins précieuse que les deux précédentes, cette édition, sans date, a encore du prix et elle ne se trouve pas facilement: 250 fr. *m. v.* Bourdillon; 265 fr. *mar.* d'Essling. Du Verdier en cite une autre de *Lyon, Olivier Arhoullet,* sans date, in-4.

YSBRAND Ides. Voy. **IDES.**

YSERNIA (*Andreas* de). Voy. **ANDREAS.**

YSTORIE D' van Saladine. *Tandenaerde gheprendt,* in-4. [à placer à côté de 15608]

Volume précieux, imprimé par Arnaud de Keyser, vers 1480. C'est un roman de chevalerie en vers flamands. Selon M. Holtrop, on n'en connaîtrait que deux exemplaires: celui de la bibliothèque de la ville d'Harlem, incomplet d'un feuillet, et celui qui est porté au catal. du Dr Kloss, n° 4102, où il est annoncé sous ce titre: *Historie von Sultan Saladin, Hugo von Tiberius, und der Ritter Esawangz.* C'est d'après ce second exemplaire, auquel manque seulement un feuillet blanc, qu'a été faite la réimpression à 16 exemplaires pour les *Bibliophiles belges.* Pour plus de détails, consultez les *Recherches sur quelques impressions néerlandaises du* xve *et du* xvie *siècle,* par Du Puy de Montbrun, *Leide,* 1836, pp. 2 et suiv.

Le verso du dernier f. de l'édition originale est occupé par la marque que nous avons donnée tome II, col. 1820, et qui est suivie de la souscription.

YULE (*H.*). A Narrative of the mission sent by the governor general of India to the court of Ava in 1855, with notices of the country, government, and people, by capt. Henry Yule, with numerous illustrations. *London, Smith and C°,* 1858, très-grand in-8. de vi et 391 pp. [20716]

Volume imprimé sur beau papier, avec de jolies vignettes dans le texte, et, de plus, 29 pl. et cartes color. 2 liv. 2 sh.

YUMUN (Nufhut - Ool - Yumun). Voyez **UHMUD.**

YVER, seigneur de Plaisance (*Jaques*). Le printemps d'hiver, contenant plusieurs histoires discourues en cinq journées, en une noble compagnie au château de printemps. *Paris, Abel Langelier,* 1572, ou 3e édition, *Paris, Jean Ruelle,* 1574, in-16. [17340]

Il y a plusieurs éditions de cet ouvrage, que l'on prend indifféremment: 12 à 18 fr. Vendu, édition de 1574, bel exempl. en vél. 57 fr. Solar; d'*Anvers, Silvius,* 1575, in-12. 15 fr. *mar. v.* de Boisset, et 9 fr. Courtois; — celle de *Paris, Borel,* 1578, in-8., 8 fr. Méon; — celle de *Paris, Moreau,* 1588, in-12, est en grosses lettres; –celle de *Lyon, Rigaud,* 1582, in-16, en *mar. r.,* 1 liv. 11 sh. 6 d. Stanley; 2 liv. 3 sh. Heber, et 30 fr Nodier. —Une autre de *Lyon, Rigaud,* 1588, in-16, en petits caractères, à la biblioth. de l'Arsenal; celle de *Niort, Th. Porteau,* 1598, pet. in-12, en *mar. v.* a été

Yvaren (le D. P.). Métamorphoses de la syphilis, 7278.

vendue 26 fr. Veinant. Nous pouvons encore citer les éditions de *Paris, Nic. Bonfons,* 1580 et 1584, in-16; — de *Rouen,* 1599, et enfin l'édit. de *Rouen, Nic. Angot,* 1618, pet. in-12. 31 fr. *mar. v.* Duplessis; 42 fr. de Ch... en 1863.

Le Printemps d'Yver a été inséré dans un volume du *Panthéon littéraire,* impr. à Paris en 1841, sous ce titre :

LES VIEUX conteurs français, revus et corrigés sur les éditions originales, accompagnés de notes, etc., par Paul L. Jacob, bibliophile, et qui contient les Cent nouvelles nouvelles, les Contes de Bonaventure Desperriers, l'Heptaméron de la reine de Navarre.

Yvernois (*Fr.* d'). Voy. IVERNOIS.

YVERNAUD. Le Martyre de sainte Ursule, princesse des onze mille vierges, tragédie (5 actes, en vers). *Poictiers, Pierre Amassard* (ou *A. Massard*), 1655, pet. in-8. [vers 16444]

Cette pièce est portée dans le catal. La Valliere-Nyon, 17594. M. de Soleinne n'en avait qu'une copie manuscrite.

YVES ou Ives d'Évreux. Voyez, dans notre second volume, col. 86, article CLAUDE d'Abbeville.

YVO carnotensis, episcopus. Voy. IVONIS Opera.

Z

ZABAGLIA (*Nic.*). Castelli e ponti, con alcune ingeniose pratiche e con la descrizione del trasporto dell' obelisco vaticano e di altri, del cav. Dom. Fontana. *Roma,* 1743, gr. in-fol. fig. [8830]

Ouvrage curieux et fort recherché : il est orné de 54 planches gravées avec soin : 40 à 50 fr. Vendu 72 fr. *m. r. à comp.* Patu de Mello; 76 fr. Hurtault. Le titre latin porte : *Contignationes ac pontes.*

ZABATA (*Cristoforo*). Diporto de' viandanti, nel quale si leggono facetie, motti, burle, raccolte da diversi e gravi autori. *Pavia, Bartoli,* 1589, in-8. 9 à 12 fr. [17903]

Nous citerons encore les éditions de Pavie, *per gli eredi Bartoli,* 1591, et 1596 (vend. 8 fr. Baron); — de' Trévise, 1599, et aussi 1600, in-12, ou pet. in-8., vend. 14 fr. salle Silvestre, en 1825; — de Venise, *Lucio Spineda,* 1608, in-8., en lettres italiques.

ZABERN. Ars bene cantandi cholarem cantum in multitudine personarum laudem dei resonantium : edita per mgrm Jacobum Zabern.—Subiungitur devotus et utilis sermo de modo dicendi septem horas canonicas. (à la fin du 1er traité) : *Ars bene cantandi, nunc revisa per florentium diel Spirensem... et impressa per Fridericum hewman civem Moguntinum die 3 mensis Novembris,* 1509, 2 tom. en 1 vol. pet. in-8. [10189]

Le titre de la première partie présente la figure de S. Martin gravée sur bois; la seconde partie a une souscription particulière.

ZACAGNI. Collectanea monumentorum veterum ecclesiæ græcæ et latinæ, quæ hactenus in bibliotheca vaticana delituerunt; Laur.-Alex. Zacagnius..... nunc primum edidit, græca latina fecit, notis illustravit. *Romæ, typis Congregationis de propaganda fide,* 1698, in-4. [823]

Premier volume, et malheureusement le seul pu-

blié, d'une collection qui aurait été d'un grand intérêt pour l'histoire. Les pièces que Zacagni a mises au jour se rapportent au premier âge de l'Église chrétienne. Vendu 15 fr. Reina.

ZACAIRE (*D.*). Opuscule très excellent de la vraye philosophie des métaulx plus le traité de Bernard, comte de la Marche Trévisane. *Lyon, Ben. Rigaud,* 1574 (et aussi 1612), in-16 de 280 pp. et 2 ff. pour la table. [8951]

Il y a plusieurs éditions de cet ouvrage, qui ont toutes quelque valeur : 6 à 9 fr. Dans celle d'*Anvers, Silvius,* 1567, pet. in-8., le premier auteur est nommé Zecaire.

ZACARIA el Awam. Libro de agricultura. Voy. AWAM.

ZACCHIA (*Paulus*). Quæstiones medicolegales, edente Jo.-Dan. Horstio. *Lugd.,* 1674, seu 1726, in-fol. 10 à 12 fr. [7391]

Deux éditions qui ont été longtemps également recherchées, mais qui le sont peu maintenant.

ZACCONI. Prattica di musica divisa in quattro libri, ne i quali si tratta delle cantilene ordinarie, de' tempi de prolationi, de proportioni, de tuoni, et della convenienza di tutti gli istrumenti musicali; s'insegna à cantar tutte le compositioni antiche, si dichiara tutta la messa del Palestina (*sic*) titolo lomè armè, con altre cose d' importanza et dilettevole, e il modo di fiorir una parte con uaghi e moderni accenti; composta dal R. P. F. Lodovico Zacconi. *Venetia, Bartol. Carampello,* 1596, in-fol. de VI et 218 ff. [10150]

Ce traité est un des meilleurs ouvrages anciens de ce genre, et les exemplaires ne s'en trouvent que très-difficilement : 12 fr. Floncel; 15 fr. Boisgelou, et plus cher depuis. Il y en a une première édition sous le titre de *Prattica di musica utile et neces-*

Zacconé (*J.*). Résumé de fortification, 8656.

saria si al compositore... si anco al cantore. Venetia, Girolamo Polo, in-fol.

Nous lisons dans le Dictionnaire des musiciens de Choron, article *Zacconi*, que ce religieux augustin fit paraître, en 1622, une seconde partie de son ouvrage, où il traita, avec plus de précision encore, des éléments de la musique et des principes de la composition.

ZACH (*Fr.* baron de). Tabulæ motuum solis novæ et correctæ, ex theoria gravitatis et observationibus erutæ. *Gothæ, Becker,* 1792, in-4. fig. [8340]

— Tabulæ motuum solis, ex theoria gravitatis dom. de La Place. *Gothæ,* 1804, in-4. [8341]

Cet astronome a donné des *Tables abrégées du soleil et de la lune,* calculées pour le méridien de Paris, *Florence,* 1809, 2 vol. in-8., et il a aussi publié :

 Tabulæ speciales aberrationis et nutationis in ascensionem rectam et in declinationem, ad supputandas stellarum fixarum positiones, etc. *Gothæ,* 1806, 2 vol. in-4. [8342]

Cet ouvrage coûtait 90 fr. — Voyez les nᵒˢ 8352 et 8370 de notre table méthodique.

— Correspondance astronomique, géographique, hydrographique et statistique, de 1818 à 1826. *Gênes* et *Marseille,* 15 vol. in-8., dont le dernier en un seul numéro. [8254]

ZACHARIAS, episc. chrysopolitanus. Canones evangeliorum. — *Explicit unum ex quatuor. seu 2cordia evangelistar...* 1843 (1473), in-fol. goth. de 178 ff. à 2 col. de 52 lignes. [235]

Édition sans chiffres, récl. ni signat. Elle n'a point été imprimée avec les caractères d'Eggesteyn, mais avec ceux d'un. typographe de Strasbourg, désigné par les lettres C. W., et de qui on a : *Berchorii reductorium morale,* imprimé en 1474 (voyez Berchorius). Le volume commence par 9 ff. de table. Vendu en mar. r. 24 fr. Gaignat ; 82 fr. la Valliere ; 24 fr. Brienne-Laire.

ZACHARIAS ou Zaccaria (*Fr.* - *Ant.*). Marmora salonitana, observationibus illustrata. (*Venetiis*), 1742, in-fol. fig. [29948]

Ce volume très-mince a été vendu 17 fr. de Cotte, et 40 fr. Villoison.

— Excursus litterarii per Italiam, ab anno 1742 ad ann. 1752. *Venetiis,* 1754, in-4. (vol. I et unicum). — Iter literarium per Italiam, ab anno 1753 ad annum 1757. *Veneliis,* 1762, in-4. fig. 10 à 12 fr. [30091]

— Voyez Thesaurus theologicus.

D'autres ouvrages du P. Zaccaria sont indiqués dans notre table méthodique, savoir : l'Anti-Febronius, 3225. — Antiquitates Ecclesiæ, 21406. — Anecdota, 25555. — Instituzione, 29674 et 29898. — Historia delle proibizioni de' libri, 31600. — Bibliotheca ritualis, 31696.

ZACUTUS (*Abr.*). Almanach perpetuum coelestium motuum, traductum a lingua

---

Zachariæ (*Fr.-W.*). Poetische Schriften, 15546. — Les quatre parties du jour, 15547.
Zachariæ (*K.-S.*). Le Droit civil français, 2841. — Sylla, 22944.
Zachariæ (*H.-A.* Lingenthal). Jus græco-romanum, 2584. — Deutches Staats-und Bundesrecht, 3027.
Zacher (*Jul.*). Das gothische Alphabet Ulfilas, etc., 11271.

hebraica in latinam per Jos. Vizinum. *Leiriæ, magister Ortas,* 1496, in-4. de 156 ff. [8334]

Cet ouvrage, composé de 286 tables, est si rare, qu'on n'en connaît qu'un seul exemplaire, celui de la bibliothèque royale de Lisbonne (Ebert, 24212) : C'est probablement le même livre que cite Panzer (IV, 341) d'après Caballero, sous le titre de *Tabulæ astronomicæ,* et dont Maittaire indique une édition de *Venise,* 1496, in-4. Il en existe une édit. augmentée, *Venet., per Petrum Liechtenstein,* 1502, *die* 15 *Julii,* in-4., qui n'a pas beaucoup de valeur (Panzer, VIII, p. 356).

ZACYNTHI (de) antiquitatibus et fortuna commentarius (a Barth. Remondi). *Venetiis,* 1756, in-8. fig. [25867]

On a donné pour 1 fr. 50 c. (véritable valeur), chez Reina, cette dissertation, qui avait été payée 20 fr. chez Villoison.

ZADÈ (*Chani*). Mirat-ul abdân fi techrihi azaïl-insân. Le miroir des corps dans l'anatomie des membres de l'homme, en turc ; ou autrement les trois livres d'anatomie, de médecine et de thérapeutique, par Chani Zadè, médecin et historiographe de l'empire. *Constantinople,* 1235 de l'hég. (1820), 2 tom. en 1 vol. in-fol. fig. [6610]

Premier ouvrage d'anatomie et de médecine imprimé en turc (72 fr. Kieffer). M. T.-X. Bianchi en a donné une *Notice......* *suivie du catalogue des livres turcs, arabes et persans, imprimés à Constantinople, depuis l'introduction de l'imprimerie, en* 1726-27, *jusqu'en* 1828 (au nombre de 68 articles), *Paris,* 1821, in-8. de 40 pp., plus 6 pp. en turc et une planche gravée.

M. R. Merlin l'a décrit avec beaucoup d'exactitude (catal. de Silvestre de Sacy, II, nᵒ 1837) l'exemplaire de ce livre, qui a été vendu 34 fr., et, sous le nᵒ 1523 du même catalogue, il a également décrit un ouvrage du cheikh Zadè, sous ce titre :

 Medjma' el enhâr fy cherhh moulteqà el abhhar. · La réunion des fleuves sur l'explication du confluent des mers. *Constantinople,* 1240 (1824 et 1825), 2 part. in-fol. de 352 et 375 pp., plus à chaque partie 2 ff. de table. [3120]

Commentaire en arabe de Abderrahman ben cheïkh Mohammed ben Suleïman, connu sous le nom de cheïkh Zadè, sur le recueil de jurisprudence musulmane, intitulé *Moulteqà el abhhar.* 200 fr. de Sacy, nᵒ 1523.

Le *Moulteka el abhar,* ou le confluent des mers (par Mohaddat al Halebi), dont nous indiquons ici le commentaire, est un code universel de droit qui fait loi dans tout l'empire ottoman ; il a été impr. à Constantinople, en 1836, in-4. Il en existe une traduction turque avec un commentaire par Méhémet Mevkoufati, impr. à Boulak, en 1839, in-fol. — Voir sur ce code la *Nouvelle Biographie générale,* tome XXXV, p. 750, article Mohaddat al Halebi.

ZADE ou Zadeh (Zeini). Voyez Zeini-Zadeh.

ZAESIEN von Fürstenau. Ibrahims oder des durchleuchtigen Bassa, und der beständigen Isabellen Wundergeschichte, durch Fil. Zaesien von Fürstenau. *Amsterd., bey Ludwig Elzevieren,* 1645, pet. in-12, fig. [17169]

L'*Ibrahim* de Mᶫᶫᵉ de Scudéri, roman impr. à *Paris,*

en 1644, 4 part. in-8., est probablement la source d'où est tiré celui-ci. Nous ne parlons de ce livre allemand que parce qu'il appartient à la collection des Elsevier, et que d'ailleurs les exemplaires en sont rares. Le volume a 11 ff. prélimin., y compris le frontispice gravé, et de plus une gravure double, avec 618 pp. de texte. Vendu 50 fr. Mac-Carthy (mal annoncé sous le nom de *Baesien*) ; jusqu'à 120 fr. Chardin, et 10 fr. seulement en mai 1826.

Le même auteur a donné, sous le nom de *Ritterhold von Blauen*... un autre roman intitulé : *Adriatische Rosemund*, Amsterdam, bey Ludw. Elzevieren, 1645, pet. in-12, qui n'a été vendu que 3 fr. Bérard. [17682] — et *Der Africanischen Sophonisbe drei Theil.*, Amst., bey Ludw. Elzevieren, 1647, pet. in-12, fig. Le nom de l'auteur y est écrit *Zesen*.

ZAHN (*Joannes*). Specula physico-mathematica, seu mundi mirabilis œconomia. *Norimbergæ*, 1696, 3 vol. in-fol. [4240]

Ouvrage qui n'est aujourd'hui qu'un objet de simple curiosité ; les exemplaires n'en sont pas communs : 15 à 20 fr. Vend. 48 fr. *mar. bl.* Patu de Mello.

— OCULUS artificialis teledioptricus. *Norimbergæ*, 1702, in-fol. 6 à 9 fr. [4332]

Vendu 24 fr. Soubise. L'édition de 1685, in-fol., a moins de valeur que celle-ci.

ZAHN (*Wilh.*). Les plus beaux ornements, les tableaux les plus remarquables de Pompéi, d'Herculanum et de Sabiæ, avec quelques plans et vues d'après les dessins originaux exécutés sur les lieux. *Berlin, G. Reimer*, 1828-30, in-fol. impér. [à placer après 29347]

Bel ouvrage publié en 10 livraisons de 10 planches lithogr. chacune, dont une partie coloriée, avec un texte en allemand et en français. Prix de chaque livraison, 6 thl. ; Pap. vél. 11 thl. 12 gr. Les 10 livr. 67 fr. Raoul-Rochette.

La suite de ce beau livre a paru sous le titre suivant :

DIE SCHÖNSTEN Ornamente und merkwürdigsten Gemälde aus Pompeji, Herculanum und Stabiæ, nebst einigen Grundrissen und Ansichten. Mit deutschem und französischen Text. 2e Folge. *Berlin, D. Reiner*, 1840-45, 10 cah. gr. in-fol. 100 pl. 240 fr., et pap. vél. 450 fr. — 3e série, *Berlin, D. Reimer*, 1849-57, gr. in-fol., cah. I à VIII, avec 80 pl.

Le même artiste a publié : *Neu endeckte Wandgemälde in Pompeji*, Stuttgard, Cotta, 1828, gr. in-fol., contenant 41 planches lithographiées. 6 thl. 8 gr.

— ORNAMENTE aller klassischen Kunstepochen, nach den Originalen in ihren eigenthümlichen Farben dargestellt. *Berlin, D. Reimer*, 1853, in-fol. obl. 100 pl. 2e édition. 200 fr. [10042]

ZAIGUNG. Dye zaigung des hochlobwirdigen hailigthums der Stifft Kirchen aller hailigen zu Wittemburg. *Wittemburg* (*J. Grünenberg*), 1509, in-4. de 44 ff. non chiffrés, signat. A—L. [26648]

Ouvrage très-rare, où l'on remarque une planche gravée sur cuivre, vraisemblablement la plus ancienne de ce genre qui ait été exécutée en Saxe. Cette planche est de Luc. Cranach, artiste auquel sont attribués les dessins d'après lesquels ont été faites les 119 belles gravures sur bois qui décorent le même livre (voyez *Heller's Leben Cranach's*,

---

Zagata (*P.*). Cronica di Verona, 25427.

pp. 350 et suiv.). Trois exemplaires de ce volume, impr. sur VÉLIN, se conservent dans les bibliothèques royales de Berlin, de Munich, etc.

Dix-sept des planches de cet ouvrage se retrouvent dans un livre intitulé : *Wfg. Franzii histor. Erzählung der beiden Heiligthumen zu Wittemberg und zu Hall.*, Wittemberg, 1618, in-4. (Ebert, 24215).

ZAKARIJA Ben Muhammed-el-Cazwini's Kosmographie. Aus den Handschriften des Dr. Lee und der Bibliotheken zu Berlin, Gotha, Dresden, Hamburg und Leyden herausgegeben von F. Wüstenfeld (texte arab.). (1re part. *Die Wunder der Schöpfung* ; 2e part. *Die Denkmäler der Länder*.) *Göttingen, Dietrich*, 1847-49, 2 vol. gr. in-8. 3 pl. lith. 34 fr. [19602]

ZALUZIAN. Methodi herbariæ libri tres Adami Zaluziansky a Zaluzian. *Pragæ, in officina Georgii Dacziceni anno domini* MDXCII, in-4. de 122 ff., avec une planche qui appartient au f. 69. [4897]

Cette édition est fort rare sous ce titre, mais l'ouvrage a été reproduit *Francofurti e collegio Palthe-niano*, 1604, in-4. de 120 ff. et une planche, et il paraît que les deux sortes d'exemplaires ne diffèrent entre eux que dans les pages préliminaires. Voir à ce sujet *Pritzel*, 11395. — L'édition de 1604 6 fr. seulement de Jussieu.

ZAMACHSCHARI'S (ou Samachschari) goldene Halsbänder ; als Neujahrsgeschenk, arabisch und deutsch, von Jos. von Hammer. *Wien*, 1835, in-8. de x et 54 pp. [3778]

Cette édition du Collier d'or, ou recueil de sentences morales de Zamakhschari, a été faite avec beaucoup de négligence, ainsi que l'ont prouvé deux traducteurs allemands du même ouvrage, M. M.-H.-L. Fleischer, qui a fait imprimer sa nouvelle traduction à Leipzig, en 1835, in-8. de XII et 84 pp.; et M. Gust. Weil, qui a donné la sienne à Stuttgart, en 1836, in-8. de XVI et 158 pp. En rendant compte du travail de ces trois orientalistes dans le *Journal des Savants*, 1836, p. 715, M. Silvestre de Sacy a fait lui-même d'excellentes observations sur leurs traductions.

ZAMACOLA (*D.-J.* de). Historia de las naciones Bascas, de una y otra parte del Pireneo septentrional y costas del mar Cantabrico. *Auch*, 1818, 3 vol. in-8. [26147]

Ouvrage dont le premier volume ne se trouve que fort rarement. 43 fr. Michel.

ZAMAYANEE, The Sanskrit Epos on the adventures of Zama, translated and abridged in Hindi. (*sans lieu ni date*), in-4.

Qualifié de *très-rare* dans le catal. de H.-H. Wilson, no 1452.

Zaist (*G.-B.*). Notizie istor., 31010.
Zalaszowski (*N.*). Jus Poloniæ, 3127.
Zalikoglou (*Gr.-G.*). Diction. franç.-grec, 11035.
Zalli d'Cher (*Cas.*). Dizionario piemont., 11132.
Zaluski (*A.-C.*). Epistolæ historico-famil., 27848.

ZAMBECHARIUS (*Franciscus*). Elegiarum liber de amoribus Chrysee et Phylochrisi. — *Opusculum lepidum Bononiæ impressum p Benedictum Hectoris Bonoñ.* MIIID (1497), *octauo Kalendas Ianuarii*, in-4. de 32 ff. non chiffr., avec des signat. de A—E, caract. ronds. [12817]

Ces poésies ne sont pas sans mérite ; et l'édition que nous indiquons est belle et assez rare. Le premier feuillet contient le titre, et porte pour fleuron un écusson gravé sur bois ; vient ensuite la dédicace en prose au prince de Forli, *Pinus Ordelaphus*. Vendu seulement 1 sh. Heber.

— Editio alia. (in fine) : *Accipe lector opusculum lepidum Parrhisiis impressum per Thielmānum Keruer pridie calendas Ianuarii. Anno salutis nonagesimo octauo super millesimum quaterq3 centesimum*, pet. in-4. de 32 ff. non chiffr., signat. a—d.

Édition faite sur la précédente, et également en beaux caractères ronds. Au frontispice se voit une des marques du libraire Jean Petit. avec lès mots : *Venales reperiuntur in uico sancti Iacobi apud Leonem argenteum*. J. Petit a fait usage de différentes marques, et entre autres de celle que nous avons donnée t. II, col. 383.

Le dernier feuillet, dont le verso est tout blanc, porte au recto la marque de Thielman Kerver. Cette édition de 1498 est mal annoncée sous la date de 1598, dans le catalogue de La Valliere, où un exemplaire en *mar: bl.* n'est porté qu'à 6 fr. 55 c.

Nous reproduisons ici une des marques de Thielman Kerver, différente de celle qui est figurée t. I, col. 606.

ZAMBERTO (*Bartholomeo*). Voy. BARTHOLOMEO.

ZAMBONI (*Baldassare*). Memorie intorno alle pubbliche fabbriche più insigni della città di Brescia, raccolte da B. Zamboni. *Brescia*, 1778, gr. in-4. fig. [9903]

Vendu 22 fr. Heurtault.
— Brescia, 25404.

ZAMORA (*Alphonsus* de). Introductiones artis grammaticæ hebraicæ, nunc recenter editæ. *Excussum in Academia complutensi, expensis egregii viri Michaelis de Eguia, typice artis solertissimi, anno* 1526, pet. in-4. [11508]

Cette grammaire peu connue s'est vendue 1 liv. chez Heber. L'auteur l'a publiée pour la première fois en 1515.

ZAMORA (D. *Antonio* de). Comedias. *Madrid*, 1744, 2 vol., pet. in-4. 10 à 12 fr. [16800]

ZAMORA (*Lorenço* de), natural de Ocaña. La Saguntina, poema. *Alcala*, 1587, in-8. [15169]

Ce poëme a été réimprimé à *Madrid, per Iuan de la Cuesta*, en 1607, sous le titre de *Prima parte de la historia de Sagunto, Numancia, y Cartago*, in-8. de 8 et 244 ff., plus 8 ff. pour la table et la marque de l'imprimeur. L'auteur est moins célèbre comme poëte que comme théologien ; cependant nous nous en tenons ici à sa *Saguntina*, qui, ainsi que d'autres anciens poëmes que l'on ne réimprime pas, est devenue difficile à trouver.

ZAMORA (*Casp.* de). Concordantiæ Bibliorum latinorum. *Romæ*, 1627, in-fol. [267]

ZAMORA (*Alonso* de). Historia de la provincia de S. Antonino del nuevo reyno de Granada. *Barcelona*, 1701, in-fol. [28711]

Vendu 55 fr. Rætzel.

ZAMORENSIS (*Rodericus*). Voyez RODE-RICUS.

ZAMPINI (*Matth.*). De origine et atavis Hugonis Capeti, illorumque cum Carolo Magno, Clodoveo aque antiquis Francorum regibus agnatione et gente. *Parisiis, apud Th. Brummenium*, 1581, pet. in-8. [23358]

A la fin de ce volume se trouve *Stemata a Sancto Arnulpho ad Carolum Magnum et Hugonem Capetum*.

ZANCARUOLO (*Carlo*). Tito Tamisio, novella. (*senza data*), in-8. [17473]

Réimpression (faite à Venise, en 1830) d'une nouvelle traduite de Paul Jove, et publiée pour la première fois, en 1805, par le comte Borromeo, dans la seconde édition de sa *Notizia de' novellieri*. Il n'en a été tiré que 10 exempl. sur pap. ordin., 3 sur VÉLIN, et 1 sur pap. de Chine.

Zamboni (*J.-Fort.*). Collectio declarationum, 3214.
Zambono (*J.*). Parnassus botanicus, 12609.
Zambrini (*Fr.*). Catalogo di opere volgare, 31659.
Zampini da Recanati (*M.*). Degli Stati di Francia, 24054.
Zanardini (*J.*). Plantæ Maris Rubri, 5251.

ZANCHIUS (*Joan.-Chrysost.*). De origine Orabiorum sive Cenomanorum libri tres. *Venetiis, per Bernardum de Vitalibus*, 1531, in-8. [24392]

On a payé 60 fr. à la vente Riva, en 1857, un exemplaire auquel se trouvaient réunies les éditions originales de sept opuscules poétiques de Zanchius, non compris dans le recueil ci-dessus, et qui ont été impr. à Rome, chez Bladus, dans les cinq premiers mois de 1554, et chez *J. Braccius Venetus*, en janvier 1555, d'un format un peu moins grand que celui du volume de 1553, mais non rognés.

ZANCHIUS (*Basilius*). Poematum lib. VII. *Romæ*, 1553, in-8. 4 à 6 fr. [12818]

Édition plus complète que celle de 1550. Celle de Bâle, 1555, in-8., contient de plus 3 livres de poésies latines de Laur. Gambara. Il y en a une autre de Bergame, 1747, in-8.

ZANCLAIUS. Cittadinus maccaronice metrificatus, overum de piacevoli conversantis costumantia sermones breviuscoli trentaquinque : auctore Parthenio Zanclaio, siciliano, opus bellum et bonum ad... benevolentiam accapezzandam, etc. *Messanæ, ex typogr. Jac. Matthæi*, 1647, pet. in-8. de 128 pp. [13140]

Cette macaronée fort rare est depuis longtemps inscrite dans l'ancien Catalogue imprimé de la Bibliothèque du roi, Belles-Lettres, I, n° 1905, mais elle a été pour la première fois bien décrite dans le catal. de Riva, n° 888, où elle est portée à 54 fr. Un autre exemplaire couvert en parchemin, 39 fr. en 1860, et rel. en *mar. citr.* 2 liv. Libri, en 1862.

ZANETTI (*Ant.-Mar.*). Diversarum iconum, quæ olim non exigua fuerunt ornamenta arundelianæ collectionis, quosque ex autographis schedis Franc. Mazzuolæ parmensis pictoris ex museo suo deprompsit et monochromatos typis vulgavit Ant.-Mar. Zanetti, series prima et secunda. *Venetiis*, 1743, 2 part. pet. in-fol. [9448]

Ces deux parties contiennent 100 pièces, y compris le portrait de l'éditeur ; elles forment un recueil rare, que le comte Zanetti fit exécuter à ses frais et pour faire des présents. La première partie, datée de 1739 et contenant 50 pl., a été vendue 30 fr. Morel-Vindé. — Voir sur ce recueil : *Idée d'une collection d'estampes* de Heineken, p. 106.

— RACCOLTA di varie stampe a chiaroscuro tratte dai desegni originali di Fr. Mazzuolo detto il Parmigianino, e d'altri insigni autori. *Venezia*, 1749, 2 part. in-fol. [A placer après 9448]

Ce recueil se compose de 101 pièces, dont 71 grav. sur bois et les autres à l'eau-forte ou au burin. Il doit être encore plus rare que le précédent ; car, selon l'avis qui se lit en tête, il n'en aurait été tiré que 30 exemplaires complets, après quoi les planches auraient été brisées (*Bartsch*, XII, 160).

— Gemmæ antiquæ Anton.-Mar. Zanetti,

Zanchius (*Hier.*). Opera, 1915.
Zanelli (*J.*). Vita di C. Cignani, 31065.
Zanelli (*Domin.*). Biblioteca vaticana, 31509.
Zanetti (*G.*). Origine di alcune arti, 30232.
Zanetti (*Gius.* Viola). Architettura, 9751.
Zanetti (*G.-A.*). Mém. di Rimino, 25657.

Hieronymi filii ; Ant.-Fr. Gorius notis lat. illustravit ; ital. eas notas reddidit Hieron.-Fr. Zanetti. *Venet.*, 1750, in-fol., avec 80 fig. 12 à 15 fr. [29588]

Vendu 25 fr. *m. r.* de Cotte.

Les 80 pl. de cet ouvrage se trouvent quelquefois séparément, avec un frontispice gravé, portant le titre de *Dactyliotheca Ant.-Mar. Zanetti*, et la date de 1749.

— Voy. ANTICHE Statue.

ZANETTI (*Ant.-Mar.*) et Ant. Bongiovanni. Græca, latina et italica D. Marci bibliotheca codicum mss. per titulos digesta (præside Laur. Theupolo)..... *Venetiis*, 1740-41, 2 vol. in-fol. 15 à 20 fr. [31387]

Vendu 31 fr. Gr. Pap. *m. r.* de Cotte.

Le prem. vol. est consacré aux mss. grecs. Villoison y a fait des corrections qui sont imprimées dans ses *Anecdota græca*, II, pp. 242 et suiv.

ZANETTI. Varie pitture a fresco dei principali maestri veneziani ; ora la prima volta con le stampe pubblicate. *Venezia*, 1760, pet. in-fol. 18 à 24 fr. [9322]

Vingt-quatre planches dessinées et gravées par Ant.-Mar. Zanetti le jeune, cousin du comte de ce nom, et qui est aussi l'auteur du texte. Vend. 20 fr. Morel-Vindé, et avec fig. color. 2 liv. 7 sh. Pinelli.

— DELLA PITTURA veneziana, e delle opere pubblicate dei veneziani maestri, libri cinque. *Venezia*, 1771, in-8. [9320]

Excellent ouvrage, qui a été réimprimé en 1794.

ZANETTI (*D.-Bernardino*). Del regno de' Longobardi in Italia, memorie storicocritico - cronologiche. *Venezia*, 1753, 2 vol. in-4. 15 à 20 fr. [25269]

ZANETTI (*Girolamo-Fr.*). Lettera intorno ad alcune iscrizioni votive e militari scopertesi nella Dalmazia. *Padova, Comino*, 1764, in-4. 6 à 9 fr. [29992]

— DISCORSO di una statua disotterrata presso i bagni di Abano. *Venezia*, 1766, in-4. 5 à 6 fr. [29553]

Pour les autres ouvrages de cet antiquaire, voyez la *Biogr. univers.*, t. LII, p. 109.

ZANETTI (*Guid.-Ant.*). Nuova raccolta delle monete e zecche d' Italia. *Bologna*, 1775-89, 5 vol. pet. in-fol. fig. [25295]

Ouvrage non terminé. Vendu 31 fr. Brienne, en 1792 ; 29 fr. Millin ; 63 fr. et 29 fr. 50 c. Reina.

ZANETTI (*Giuseppe*). Studii architettonico ornamentali nei quali si comprendono riduzione di fabbricati d'ogni maniera variamente modificati, parte architettoni che decorazioni, grandi suppellettili, ecc. *Venezia, Antonelli*, 1858, in-fol. obl. contenant 48 feuilles de texte et 215 pl. 150 fr. [10045]

ZANI (*Ercole*). Relazione e viaggio della Moscovia. *Bologna*, 1690, in-12. [20391]

Cette relation, dont les exemplaires sont peu communs, est recherchée en Russie, ce qui l'a fait porter à 50 fr. dans le 58ᵉ catalogue de Asher de Berlin.

ZANI (*Pietro*). Enciclopedia metodica critico-ragionata delle belle arti. *Parma, tipografia ducale,* 1819-28, 29 vol. gr. in-8. 100 à 120 fr. [9114]

Les 19 premiers volumes de ce grand ouvrage contiennent un dictionnaire des artistes, avec des annotations; les autres, des détails relatifs aux figures de la Bible, gravées soit sur bois, soit sur cuivre, aux productions xylographiques, et aux *Biblia pauperum*, etc.
Zani avait déjà publié un ouvrage curieux, sous le titre suivant :
   MATERIALI per servire alla storia dell' origine e de' progressi dell' incisione in rame e in legno e sposizione dell' interessante scoperta d' una stampa originale del celebre Maso Finiguerra fatta..... da Pietro Zani. *Parma, Carmignani,* 1802, gr. in-8., avec une pl. 9 fr. [9508]

ZANI. Vanto del Zani, dove lui narra molte segnalate prove che lui a fatto nel magnar. (*senza luogo ed anno*), in-8. de 4 ff. fig. sur bois. [15025]

Pièce en patois bergamasque impr. vers 1550. 27 fr. *m. r.* Libri, en 1847, et seulement 6 fr. en 1855.
— Une autre édit., pet. in-8. de 4 ff., impr. au XVIᵉ siècle, 15 fr. *m. v.*, même vente.
— CAPITOLI in lode del Bocal, con un sonetto di un viaggio del Zani a Venetia. (*senza luogo ed anno*), in-8. de 4 ff. fig. sur bois.
Autre opuscule facétieux en patois bergamasque, impr. à la même époque que le précédent. 22 fr. 50 c. *m. r.* Libri, 1847.

ZANNICHELLI (*Gian.-Girol.*). Istoria delle piante che nascono ne' lidi intorno a Venezia, opera postuma accresciuta da Gio.-Giac. Zannichelli. *Venezia,* 1735, in-fol. fig. [5106]

Ouvrage orné de 311 figures, dont il y a quatre sur chaque pl. : 20 à 24 fr.; vend. jusqu'à 72 fr. Camus de Limare.

ZANNONI (*Rizzi*). Atlas des royaumes de Naples et Sicile, 1792, in-fol. [19676]

Cet atlas, exécuté sur une grande échelle, devait avoir 60 feuilles, y compris la carte hydrographique du littoral des royaumes de Naples et Sicile, en 23 ff.; mais il n'est pas encore terminé. L'atlas géographique du royaume de Naples par G.-A. Rizzi Zannoni, *Naples,* 1808, contient 31 ff. et un tableau d'assemblage.

— Carte de la Pologne, divisée par provinces et palatinats, par le même. 24 feuilles. — Plan de Varsovie, par le même, 1772, 1 feuille. [19701]

Vendu 69 fr. (*col. s. t. b. de m. r.*) Chateaugiron; 120 fr. de Cotte, et beaucoup moins depuis.

ZANNOWICH. Voir CASTRIETTO.

ZANOBI da Fiorenza (Sostegno di). Voyez SPAGNA (la).

ZANONI (*Giacomo*). Rariorum stirpium

historia, nunc C plus tabulis ex commentariis auctoris ab ejusdem nepotibus ampliata. Opus universum digessit, latine reddidit supplevitque Cajet. Montius. *Bononiæ,* 1741 et 1742, in-fol., avec 185 pl. 8 à 12 fr., et plus cher autrefois. [4908]

Publié d'abord en italien sous le titre d'*Istoria botanica,* Bologna, 1675, in-fol., avec 80 pl.

ZANOTTI-Cavazzoni (*Giampietro*). Storia dell' Accademia clementina di Bologna, 1739, 2 vol. in-4. fig. 10 à 12 fr., et plus en Gr. Pap. [A placer après 30325]

— Voyez CARRACCI (*Lodov.*) et TIBALDI.

ZANOTTI (*Franc.-Mar.*). Opere scelte. *Milano, tipogr. de' classici ital.,* 1818 (overo 1826), 2 vol. in-8., portr. 15 fr. [19231]

Bon choix de prose italienne sur différents sujets, extrait des *Opere latine e italiane* de l'auteur, publ. par Louis Palcani, à Bologne, en 1779 et ann. suiv., en 9 vol. in-4. On trouve dans l'édition en 2 vol. une vie de Zanotti par Fr. Reina. Gamba, *Serie,* nᵒˢ 2510-16, donne des détails curieux sur les principaux ouvrages du même Zanotti.

ZANOTTO. Pinacoteca dell' Accademia veneta delle belle arti, illustrata da Fr. Zanotto. *Venezia, nella tipogr. di Gius. Antonelli,* 1835 et ann. suiv. in-fol., avec 100 pl. 120 fr. [9390]

— Palazzo ducale di Venezia illustrato da Fr. Zanotto. *Venezia, Antonelli,* 1843-59, 2 vol. gr. in-4. fig. au trait. 200 fr. [9906]

En 1858 il paraissait 80 livr. de 2 ou 3 pl. chacune.
— PINACOTECA veneta, ossia raccolta dei migliori dipinti della chiesa di Venezia illustrati da Francesco Zanotto. *Venezia, Grimaldo,* in-8.
En cours de publication. Chaque cahier : 1 fr. 80 c.

ZANTANI (*Nic.*). Voir l'article DISCORSO breve, et aussi VICO (*Ænea*).

ZANTH. La Wilhelma, villa mauresque de S. M. le roi Guillaume de Wurtemberg, exécutée d'après les plans et sous la direction de Louis Zanth, 1855, in-fol. [9967]

Magnifique ouvrage exécuté en chromo-lithographie, et publié en 4 livr. au prix de 40 fr. chacune.

ZAPATA ou Çapata (D. *Luys* de). Carlo famoso, poema in octava rima. *Valencia, Juan Mey,* 1566, pet. in-4. [15141]

Poème rare en l'honneur de Charles-Quint : 1 liv., et aussi 10 sh. Heber.

ZAPEDA (*Jac.* Romero de). Voy. VILLEGAS (*Alonso* de).

ZAPF (*Georg-Wilh.*). Augsburgs Buch-

Zang (*C.-B.*). Darstellung blutiger heilkünstlerischer Operationen, 7496.
Zannoni. Degli Etruschi, 25493.
Zanotini (*Ant.*). Instit. linguæ chald., 11554. — Lexicon chald., 11557. — Lexicon syr., 11506.

Zanotti (*Fr.-M.*). Arte poetica, 14433.
Zantedeschi (*Fr.*). Magnetismo ed elettricità, 4307.
Zapater (*Mig.-R.*). Anales de Aragon, 26172.

druckergeschichte nebst Jahrbüchern derselben. I. 1468-1500. II 1501-1530. *Augsburg*, 1788-1791, 2 part. in-4., 8 grav. 10 à 12 fr. [31287]

— H. Bebel, 30818. — J. Locher, 30819. — Buchdruckerg. von Maynz, 31287. — Literatur der alten u. neuen Geschichte, 31759. — Bibliotheca historico-litteraria, 31796.

ZAPISKI Odesskavo obstchestva istorii i drevnostei. Mémoires de la Société d'histoire et d'antiquités d'Odessa. *Odessa, impr. de la ville*, 1844-1853, 3 vol. in-4. avec planches. [27797]

ZAPISKI J. Archéologitcheskavo Obstchestva. Mémoires de la Société impériale d'archéologie. *St-Pétersb., impr. des papiers d'État*, 1853-1856, 8 vol. in-8. [vers 27759]

ZAPISKI Rousskavo Géographitcheskavo Obstchestva. Mémoires de la Société géographique de Russie. *St-Pétersb., impr. de la 2e division de la chancellerie impériale*, 1846-1857, 12 vol. in-8. [19636]

Il faut réunir à ces Mémoires les 3 vol. in-8. que la section caucasienne de cette société a fait paraître à Tiflis, 1852-1855.

ZAPISKI i troudy Obstchestva istorii i drevnostei rossiskich pri J. Moskofskom Universitété. Mémoires et travaux de la Société d'histoire et d'archéologie russe, de Moscou. *Moscou, impr. de l'Université*, 1815-1837, 8 vol. in-8. [vers 27759]

ZARATE (*Augustin* de). Historia del descubrimiento y conquista del Peru, con las cosas naturales que señaladamente alli se hallan, y los successos que ha avido. *En Anvers, en casa de Martin Nucio*, 1555, pet. in-8. [28684]

Édition originale, assez rare : vendue 18 fr. La Serna ; 13 fr. Rætzel.

— Historia del descubrimiento y conquista de las provincias del Peru y de los successos que en ella ha avido, desde que se conquisto hasta que el licenciado de la Gasca obispo de Siguença bolvio in estos reynos : y de las cosas naturales que en la dicha provincia se hallan dignas de memoria, la qual escrivia Augustin de Çarate. *Imprimiosa el año de 1555 en la villa de Anveres y engora si gi torme imprima... Sevilla, Alonso Escrivano*, 1577, in-fol. de 117 ff. à 2 col., plus les préliminaires et la table.

Édition très-peu commune. 2 liv. 9 sh., et 2 liv. 19 sh. Heber.

— HISTOIRE de la découverte et de la conquête du Pérou, traduite de l'espagnol par D. C. (de Broë, seigneur de Citry et de La Guette). *Amsterdam*, 1700, et *Paris*, 1716, ou 1742, 2 vol. in-12, fig. Réimprimée à *Paris*, 1831, en 2 vol. in-8.

ZARATE (*Fr.* Lopez de). Voy. LOPEZ.

ZARBIN. Tariffe sur le desbordement ou sur le haussement de la monoye au pays de Provence, ès années 1590, 1591, 1592, 1593, avec la reduction au juste prix que doit estre payé par ceux qui ont emprunté durant ce temps ; par M. Bernard Zerbin, procureur au siege d'Aix... *A Aix, par Jean Cournaud*. CIↃ. IↃ. XCVI, pet. in-8. de 40 pp. (*Origine de l'impr. à Marseille*, par M. Bory, p. 176).

ZARLINO (*Giuseppe*). Tutte le sue Opere, cioè, istitutioni e dimostrationi di musica ; supplimenti musicali ; ed altre operette. *Venetia*, 1602, 4 tom. en 2 vol. in-fol. fig. [10151]

Les diverses parties qui composent ce recueil ont paru séparément, savoir : 1° les *Institutioni armoniche*, Venetia, Fr. dei Franceschi senese (d'abord en 1558 et en 1562, in-fol. de 6 ff. et 347 pp. Les exemplaires sous cette dernière date n'ont de changé que le titre et le 6e f., lequel n'a plus l'avis au lecteur, mais contient au recto une *errata* augmenté, et au verso le privilège qui, dans les exemplaires sous la première date, se trouve au verso du titre. — Réimpr. chez le même, en 1573 (31 fr. Libri, en 1857), et aussi en 1588, in-fol. de 6 ff. prélimin., 428 pp. et 10 ff. pour la table ; 2° *Dimostrationi*, 1571, in-fol. de 4 ff. prélimin. 312 pp., 5 ff. pour la table, et un registre sur un f. séparé (aussi sous la date de 1588) ; 3° *Supplimenti*, 1588, in-fol. de 8 ff. prélim., 330 pp. et 10 ff. pour la table (32 fr. Libri) ; 4° quatrième vol., 1589, 2 ff. et 132 pp. En cette même année, ces différentes parties ont été réunies sous le titre collectif de *Tutte le opere, di nuovo corrette, accresciute e migliorate*.

L'ouvrage entier a reparu en 1602, avec de nouveaux frontispices ; mais il n'a pas été réimprimé. Vendu 30 fr. (exemplaire daté de 1589) Boisgelou ; 36 fr. Reina, et quelquefois plus ou moins. — Voy. ARTUSI, et GALILEI (*Vinc.*).

ZASII (*Udalrici*) Vita et epistolæ ad viros suæ ætatis doctissimos, edente J.-A. Rieggero. *Ulmæ*, 1774, in-8. 4 à 5 fr. [30820]

La collection des œuvres (*Opera omnia*) de ce savant jurisconsulte du commencement du XVIe siècle, est aujourd'hui à très-bas prix : elle forme 6 part. en 3 vol. in-fol. imprimés à *Francfort*, en 1590.

— DER MARGGRAFFSCHAFFT Baden Statuten. Voyez tom. III, col. 1929, à la fin de l'article MOTIS.

ZAVA (*Fran.*). Orationes, epistolæ et carmina. *Cremonæ, Vinc. Comes*, 1569, in-4. [19001]

Zaphi, diarbechirensis. Theatrum arabico-lat., 15938.

Zappi (*Giovamb.-Felice*). Rime, 14581.

Zarnecke (*F.*). Die deutschen Universitäten im Mittelalter, et ouvrages du même sur l'Université de Leipzig, 30261.

Zastrow (*A.* de). Histoire de la fortification permanente, et fortification tenaillée, 8659.

Zatta (*Ant.*). Vita J.-D. Mansi, 30759.

Zavarroni (*Ant.*). Bibliotheca calabra, 30692.

Recueil dont les exemplaires sont peu communs ; vendu 7 flor. *mar. citr.* Crevenna.

ZAVARISIUS (*Virgilius*). Voy..Panthea actio.

ZAYAS y Sotomayor (Doña *Maria* de). Novelas amorosas y exemplares, corregidas en esta impression por Matheo de la Bastida. *Madrid, Fern. de Buendia*, 1664, pet. in-4. [17654]

Ce recueil se compose de deux parties de dix nouvelles chacune. La première partie a été d'abord publiée séparément à *Madrid*, en 1635, et réimprimée dans la même ville, et à *Saragosse*, en 1637, in-8., puis à *Barcelone*, en 1646, in-8. La seconde partie est de *Saragosse*, 1647, in-8., selon Antonio : ainsi toutes les éditions postérieures à cette date doivent réunir les deux parties. Nous citerons celles de *Madrid*, 1659, 1748, 1795 et 1814, pet. in-4., de *Barcelone*, 1705, 1752 et 1764, in-4., etc. Les nouvelles de doña Zayas sont fort intéressantes, et leur mérite n'a pas échappé à Scarron, qui s'est approprié trois de ces historiettes dans un de ses recueils, et une 4e dans son Roman comique, chap. 14e ; elles ont été réimprimées, *Paris, Baudry*, 1847, in-8.

Les Nouvelles amoureuses et exemplaires, par cette merveille de son siècle, doña Maria de Zayas y Sotomayor, traduites de l'espagnol par Ant. de Methel (d'Ouville). *Paris, de Luynes*, 1656, in-8.

Ce volume ne contient que cinq des vingt nouvelles qui sont dans l'original ; les nouvelles traduites y sont imprimées en gros caractères, et ont chacune une pagination particulière et un frontispice. L'exemplaire provenant de la bibliothèque Villenave s'est vendu 39 fr.; celui de Méon avait été donné pour 3 fr., ce qui était à peu près sa véritable valeur, car si ce livre est rare, il n'est nullement précieux, puisqu'il ne donne que le quart des nouvelles comprises dans le recueil ci-dessous.

Nouvelles de doña Maria de Zayas, traduites de l'espagnol. *Paris, Quinet*, 1680, 5 part. in-12, qui se relient ordinairement en 2 vol.

Cette traduction est anonyme. Barbier l'attribue à d'Ouville, en la confondant avec la précédente de 1656, qui porte le nom de *Le Methel*, ou de *Methel* ; mais elle est de *Vanel*, ainsi que celui-ci nous l'apprend dans la dédicace de sa traduction des *Alivios de Casandra* (les Divertissements de Cassandre), impr. à *Paris*, 1683, 3 tom. en 1 vol. in-12 (voy. Castillo). Il y a une contrefaçon de cette traduct. des nouvelles de Marie de Zayas, sous la même date et dans le même format que l'original, mais en plus petits caractères.

ZEGERS. Proverbia teutonica latinitate donata collectore et interprete Tac.-Nic. Zegero, Bruxellano, accuratius jam tertium recognita, aucta cum indice et calendario romano. *Antuerpiæ, apud Henr. Locum*, 1571, in-16.

La dédicace de ce petit volume est datée de Malines, 1550, ce qui, selon Paquot, doit être la date de la première édition.

ZEILLER (*Math.*). Topographiæ. Beschreibung und Abbildung der vornehmsten Oerter. *Francof.-ad-Mœn., Merian*, 1642-72, 30 part. en 9 ou 10 vol. in-fol., avec cartes et fig. [19656]

Quoique cette collection se trouve rarement complète,

on la recherche peu maintenant, et le prix n'en est pas fort élevé. Elle mérite cependant de conserver une place dans les grandes bibliothèques, parce que les planches de Merian, et surtout celles qui se rapportent à l'Allemagne, sont la représentation fidèle des choses telles qu'elles existaient à l'époque où l'auteur publiait son livre. Voici dans quel ordre Ebert, n° 24238, range les différentes parties de cette topographie :

1. Austria, Styria, Carinthia, Carniolia, Tyrolis, 1649, avec un appendice daté de 1656, et deux autres, sous l'année 1677. 2. Bohemia, Moravia, Silesia, 1650. 3. Bavaria, 1644; appendix, 1656. 4. Franconia (1648). 5. Suevia, 1643; append., 1654. 6. Palatinatus Rheni. 1645. 7. Hessia. *sans date* (1646 ?). et aussi 1655. 8. Archiepisc. moguntinensis, trevirensis, coloniensis, 1646. 9. Westphalia, *sans date*, 10. Saxonia inferior, 1653. 11. Ducatus brunsvic. et luneburg., 1654. 12. Saxonia superior, Thuringia, Misnia, Lusatia, 1650. 13. Electoratus brandenburg., Pomerania, Prussia, Livonia, *sans date* (1652 ?). 14. Circulus Burgundiæ, 1654, et aussi 1659. 15. Alsatia, 1644 ou 1663 ; appendix, 1654. 16. Gallia, partes 1-13, 1655-61, et avec texte hollandais, *Amsterd., Ve J. Boersze*, 1660-63, 4 vol. (la *Gallia* en 4 vol. est plus recherchée en France que les autres parties de cette collection : 50 fr. Walckenaer ; 100 fr. De Bure). 17. Helvetia, Rhætia, Valesia, 1642, et aussi 1654. 18. Index général, 1672. — Il est essentiel que cet index fasse partie de la collection de Merian, à laquelle peut aussi être réunie *Italia*, 1688, volume fait sur le même plan que les autres; mais il n'en est pas de même des ouvrages suivants qu'on a quelquefois joints à cette topographie : 1° *Germania-nova antiqua*, 1664, 2 vol.; 2° *J.-L. Gottfried Archontologia cosmica*, 1649, 4 vol. in-fol.; 3° *J.-Pet. Lotichii theatri europæo-germanici facies*, 1646, 4 vol. in-fol.

La *Topographia Germaniæ infer.* de M. Z. *Francf.*, bey Gaspar Merian (1659), in-fol., en allemand, décrite dans la *Biblioth. hulthem.*, n° 25784, ne nous paraît pas avoir été comprise dans la description donnée par Ebert.

Un exemplaire de la topographie de Merian, rel. en 20 vol., a été vendu 11 liv. 5 sh. chez R. Heber.

ZEINI-ZADÈH (Hosein). Commentaire grammatical de Hosein Zeini-Zadèh sur le traité de grammaire (arabe) intitulé Idhharou' lasrari, c'est-à-dire la manifestation des mystères de la grammaire de Birguèli. *Scutari*, 1224 (1809), in-4. de 385 pp. [11586]

15 fr. de Sacy.

Selon M. de Sacy, *Magasin encyclopédique*, 1814, I, p. 191, ce livre est une nouvelle édition du *Maribol-ihar*, autrement *Moreboul-Idhiar*, imprimé d'abord à *Scutari*, en 1218 (1803), in-4. Vendu 26 fr. Langlès, et 34 fr. Kieffer ; 16 fr. de Sacy.

Nous citerons encore le traité suivant, analogue à celui-ci :

Itali atel-izhar, supplément à l'ouvrage de Birguèli sur les révélations des secrets de la grammaire en arabe, *Constantinople*, 1233 (1818), in-4. Seconde édition, vend. 29 fr. Kieffer. — La première est de 1804.

— Kitab-el-nouharrem fi hachïet Djami, *c'est-à-dire*, Le livre consacré sur l'ouvrage composé (en arabe) par Djami pour son fils Dhia-eddin Yousouf, et qu'il a intitulé *Alfawaïd aldhiyaïyèh*. Scutari, 1226 (1811), in-4. de 757 pp.

Vend. 30 fr. Kieffer ; 16 fr. de Sacy.

L'ouvrage de Djami, que commente celui-ci, est lui-même un commentaire sur la grammaire arabe

Zedlitz (*J.-Chr.* von). Gedichte, 15605. — Dramatische Werke, 16836.
Zedlitz-Neukirch. Preussisches Adellexicon, 28921.

nommée Cafiyèh, ou *Caphiach* (impr. à *Rome*, en 1592, in-4. de 96 pp.). [11584]

— Caphiæ resolutio grammatica, auctore Zeini-Zadeh (arabice). *Constantinopoli*, 1786, pet. in-4. de 6 ff. et 748 pp. [11585]

15 fr. de Sacy. — Voyez Schnurrer, *Biblioth. arab.*, p. 86.

ZEISBERGER (*Dav.*). Essay of a delaware-indian and english spelling-book, for the use of the schools of the christian Indians on Muskingum river. *Philadelphia*, 1776, pet. in-8. [11961]

Ce volume était devenu rare, mais il a été réimprimé à Philadelphie, 1816, in-12.

— Grammar of the language of the Lenni-Lenape of Delaware Indians; translated from the german manuscript of the late rev. David Zeisberger, by Steph. Du Ponceau, with a preface and notes by the translator. *Philadelphia*, 1827, in-4.

Vendu 50 fr. (à cause des notes mss.) Rémusat.

Cette grammaire est plus complète que celle de J. Eliot, impr. à *Cambridge*, en 1666 (voy. ELIOT). C'est, selon M. Du Ponceau, le meilleur traité de ce genre qu'il ait vu en Amérique; et comme le dialecte enseigné dans ce livre passe pour un des plus curieux qui existent, on peut dire que c'est un ouvrage fort remarquable.

▪Dav. Zeisberger a laissé en manuscrit trois grammaires et un dictionnaire du dialecte iroquois, nommé *Onondago*, en 7 vol. in-4., écrit en allemand, et qui se conserve dans la biblioth. de la Société philosophique de Philadelphie. C'est cette société qui a fait imprimer à ses frais et joint à ses mémoires (*New serie*, vol. III) la grammaire dont nous venons de donner le titre, et dont il a été fait un tirage à part. Voy. *Journal des Savants*, septembre 1828 et octobre 1829.

ZEITUNG (Newe) aus hispanien und italien. *Mense Februario*, 1534, in-4. goth. de 4 ff.

Cette Gazette, datée du mois de février 1534, paraît avoir été imprimée à Nuremberg; elle donne des nouvelles de la découverte du Pérou, qui paraissent être antérieures à celles qui se trouvent dans la *Letera de la nobil cipta* (voir la col. 1021 de notre 3e vol.), laquelle est datée du xx novembre 1534.

ZEKELI (*L.-Frdr.*). Die Gasteropoden der Gosaugebilde in den nordöstlichen Alpen. *Wien, Braumüller*, 1852, in-fol. 24 pl. lith. 32 fr. [6134]

ZELADA (*Fr.-X.* cardinal. de). De Numis aliquot æreis uncialibus epistola. *Romæ*, 1778, e typographia Salomonii, gr. in-4. [29874]

Cette dissertation, ornée de 40 planches, a été tirée à un petit nombre d'exemplaires que l'auteur a donnés à ses amis. Vendu 41 fr. d'Ourches; 21 fr. Librairie De Bure; 10 fr. Boutourlin.

ZELTNER (*Joan.-Conr.*). Correctorum

in typographiis eruditorum centuria, speciminis loco collecta. *Norimbergæ*, 1716, in-8. 3 à 4 fr. [31311]

— Theatrum virorum eruditorum qui speciatim typographiis laudabilem operam præstiterunt. *Norimb.*, 1720, in-8. 4 à 5 fr. [31312]

ZENI Policola (*Ant.*). Liber de embrione; — de altera humana ætate sive infantia. *Venetiis, per Dionysium Bononiensem*, 1491, 2 tom. en 1 vol. in-4., signat. a—p. [6930]

Vendu 6 fr. Brienne-Laire, et quelquefois plus.

ZENO ou Zenus (*Demetrius*). Alexandri Magni historia. V. l'article ALEXANDER.

ZENO episc. veronensis (S.). Sermones, nunc primum, qua par erat, diligentia editi : recensuerunt et dissertationibus perpetuisque adnotationibus illustrarunt Petr. et Hier. fratres Ballerinii. *Veronæ, Caratotti*, 1739, gr. in-4. 10 à 12 fr. [988]

A cette édition se joignent : *Correctiones et animadversiones in S. Zenonis editionem, seorsim editæ*, Veronæ, in-4.

Ces sermons ont été réimprimés à *Augsbourg*, 1758, in-fol., et traduits en italien par J.-Jacques Dionisi, *Verone*, 1784, gr. in-4.

ZENO (*Caterino*). De i commentarii del viaggio in Persia di M. Caterino Zeno il K. e delle guerre fatte nell' imperio persiano, dal tempo di Vssuncassano in quà, libri due; et dello scoprimento dell' isole Frislanda, Eslanda, Engrouelanda, etc., fatto sotto il polo artico da' due fratelli Zeni, libro uno, ecc. *Venezia, Fr. Marcolini*, 1558, in-8. [20608]

Volume très-rare, à la fin duquel doit se trouver une carte gravée sur bois, intitulée : *Carta da navegar de Nic. et Ant. Zeni*..... M. CCC. LXXX. Cette carte manque à plusieurs exemplaires. Vendu avec la carte, 2 liv. 11 sh. Pinelli; 5 liv. 2 sh. 6 d. Hibbert; 7 liv. Hanrott; avec la carte habilement refaite à la plume, 80 fr. Riva, et beaucoup moins cher sans la carte.

Placide Zurla a publié à *Venise*, en 1808, un petit ouvrage in-8., intitulé : *Dissertazioni intorno ai viaggi e scoperte settentrionali di Nicolo e Antonio fratelli Zeni*, dans lequel il donne le texte original du voyage des frères Zeno, avec une copie de la carte qui y est relative. Cette même carte fait aussi partie du 10e volume des *Annales des voyages de Malte-Brun*.

ZENO (*Apostolo*). Poesie dramatiche. *Venezia, Pasquali*, 1744, 10 vol. in-8. [10723]

Édition donnée par Gasp. Gozzi. Vendue 40 fr. Floncel; 35 fr. Villoison, et plus cher en Gr. Pap.

Zeis (*Ed.*) Literatur der plastischen Chirurgie, 31729.

Zell (*C.*). Handbuch der römischen Epigraphik, 29911.

Zeltner (*G.-G.*). Vitæ theologor. altdorfin., 22462. — Historia arcana, 22463

Zemganno. Voy. Goezmann.

Zendrini (*B.*). Stato della lagune di Venezia, 25473.

Zeni et Deshays. Artillerie anglaise, 8709.

Zenker (*J.-Th.*). Quarante questions, 2236. — Manuel de bibliographie orientale, 31685.

L'édition d'*Orléans*, 1785, 11 vol. in-8., a fort peu de valeur. Il y en a une autre de *Turin*, 1795, 12 vol. in-12.

Une partie des *OEuvres dramatiques* d'Apost. Zeno ont été traduites en français par Matt.-Ant. Bouchaud, *Paris*, 1758, 2 vol. in-12.

— LETTERE, nelle quali si contengono molte notizie attenenti all' istoria letteraria de' suoi tempi, ecc. (pubblicate da Marco Forcellini, corrette ed accresciute di molte ch' erano inedite, per opera dell' abb. Jacopo Morelli). *Venezia*, 1785, 6 vol. in-8. [18891]

Bonne édition de ces lettres curieuses : 20 à 24 fr. Vendu, exemplaire imprimé sur VÉLIN, 4 liv. 4 sh. Pinelli ; 211 fr. Mac-Carthy. La première édition de *Venise*, 1752, en 3 vol. in-8., est moins complète que la seconde.

— DISSERTAZIONI vossiane, cioè giunte ed osservazioni intorno agli storici italiani che hanno scritto latinamente, rammentati dal Vossio nel III. libro de historicis latinis. *Venezia*, 1752-53, 2 vol. in-4. [31765]

Ouvrage estimé : 10 à 12 fr., et plus en Gr. Pap.

— Voyez FONTANINI.

ZENO (*Nic.*). Voy. ORIGINE (dell').

ZENOBIUS. Epitome proverbiorum Tarrhæi et Didymi (secundum ordinem alphabeti), græce. — *Impressvm Florentie: Impēsis ac Cura Phylippi de zunta (Junta) Florentini. Anno domini m. cccc. lxxxxvii*, in-4. [18435]

Édition très-rare, et regardée comme le premier livre imprimé par Philippe de Junta à *Florence* ; elle ne consiste qu'en 68 ff. non chiffrés, sign. a—θ, à 26 et 28 lignes par page. Le premier f. est blanc ; sur le second commence une épitre lat. de Benedictus Ricardinus *Ad Reuerēdũ ĩchristo dominũ Georgiũ Dathũ canonicũ florentinũ*, laquelle est suivie de corrections pour le texte grec de cet opuscule. Au recto du 5ᵉ f., signal. *ai*, se lit le titre de l'ouvrage, formant 5 lignes, en lettres capitales grecques. La souscription est au verso de l'avant-dernier f. Le dernier est tout blanc. Vendu 6 liv. 6 sh. Askew ; 34 liv. 13 sh. bel exempl. Sykes ; 16 liv. 16 sh. Heber. En 1839, M. Payne de Londres nous en a communiqué un bel exemplaire *non rogné*, qu'il avait acquis en Italie ; on y trouvait les 2 ff. bl. dépendant du premier et du dernier cahier, mais qui ne sont nullement nécessaires.

— Compendium veterum proverbiorum, ex Tarræo et Didymo collectum, græce (edente Vinc. Opsopœo). *Haganoœ, P. Brubachius*, 1535, pet. in-8.

Édition assez rare : 6 à fr.

— Voyez ADAGIA.

ZENOBIUS Pop. Traité sur la métrique, en deux livres, en grec vulgaire. *Vienne*, 1803, in-8. 13 fr. [12253]

Vendu en pap. de Holl., 27 fr. Coulon.

ZENTNER (*L.*). A select Collection of landscape (36) from the best old masters, one of each engraved by L. Zentner : to which are added portraits of the artists and short biographical account of each

(in french and english). *London*, 1791, in-fol. obl. [9290]

ZERBI veronensis (*Gabrielis*) ad Innocentium VIII. Pon. Max. Gerentocomia (*sic*) feliciter incipit. — *Impressum Romæ, per Eucharium Silber alias Franck: Anno domini M. cccc. lxxxix*, pet. in-4. [7015]

Livre rare, décrit par le P. Audiffredi, *Catal. editionum romanar.*, p. 289. Vendu 15 sh. Pinelli. Il y a à Dresde un exempl. impr. sur VÉLIN.

ZERBIN (*Gasp.*). La Perlo deys musos et coumedies prouensalos, per M. Gaspar Zerbin. *A Ays, aquo de Jean Roize*, 1655, in-16 de 4 ff. prélim. et 390 pp. [14398]

Rare et recherché. Vend. jusqu'à 122 fr. *mar. r.* Nodier, en 1844 ; 79 fr. Giraud ; 170 fr. Solar.

ZESEN. Voy. ZAESIEN.

ZETTERSTEDT (*Joh.-Wilh.*). Diptera Scandinaviæ disposita et descripta. *Lundi*, 1842-55, 12 vol. in-8. 110 fr. [6098]

— Insecta laponica, 6004.

ZETZNER (*Laz.*). Voyez THEATRUM chemicum.

ZEUSS (*J.-C.*). Grammatica celtica, e monumentis vetustis tam hibernicæ linguæ quam britannicæ dialecti cambricæ, cornicæ, armoricæ necnon gallicæ priscæ reliquiis constructa. *Berolini et Lipsiæ*, 1853, 2 vol. in-8., ensemble de lvj et 1163 pp. 30 fr. [11199]

— Traditiones possessionesque Witzenburg., 26635.

ZEVALLOS ou Cevallos. Voy. ORDOÑES.

ZEYLICKI. Bibliotheca gnomico-historico-symbolico-politica, tum SS. Patrum, philosophorum, oratorum, poetarum et historicorum sententiæ, tum apophthegmata, exempla præcipue de polona historia deprompta, similitudines et symbola ordine alphabetico collecta. *Varsoviæ*, 1742-43, 2 vol. in-4. de 799 et 699 pp. [18445]

Les exemplaires de cette compilation sont peu communs : porté à 60 fr. dans un des catalogues de Tross.

ZIEGENBALG (*Bart.*). Grammatica damulica seu malabarica, *Halæ-Saxonum*, 1716, in-4. [11796]

Vendu 13 fr. Le Marié ; 7 fr. Langlès.

ZIEGLER (*Jacobus*). Terræ sanctæ, quam

Zenocarus a Scauwenburge (*Guil.*). Vita Caroli Quinti, 26047.
Zenone da Pistoja. Pietosa fonte, 14462.

Zepernick (*C.-Fr.*). Die Münzen und Medaillen der ehemaligen... Capitel, 26399.
Zetterstedt (*Joh.-Em.*). Plantes vasculaires des Pyrénées, 5078.
Ziegelbauer (*Magd.*). Hist. litter. ordinis S. Benedicti, 31608. — Centifolium camaldul., 31620.
Ziégler (*J.*). Études céramiques, 9154.

Palæstinam nominant, Syriæ, Arabiæ, Ægypti, et Schodiæ doctissima descriptio, una cum singulis tabulis earumdem regionum topographicis, authore J. Zieglero..... Terræ sanctæ altera descriptio juxta ordinem alphabeti, authore Wolffgango Weissenburgio. *Argentorati, apud Wendelinum Rihelium*, 1536, in-fol. fig. [28026]

Ce livre est rare, et, comme on peut en juger par le titre, d'un certain intérêt. Vendu 11 sh. Heber; 21 fr. en 1859. Il en avait paru à *Strasbourg*, en 1532, une première édition in-fol. moins complète que celle-ci, sous le titre de : *Syria ad ptolomeici operis rationem, præterea Strabone, Plinio, et Antonino autoribus locupletata...* Vendu 1 liv. 19 sh. *mar.* Hanrott. L'ouvrage a été réimpr. à Francfort, en 1575 et en 1583.

ZIEGLER (*Hieronym.*). Immolatio Isaac. Ein sonder schöne comedi | ausz dem erstë buch Mosi gezogen | von der historien Abraæ | wie er seinen ainigen sun Isaac | ausz stercke seines glaubens gegen Gott | opfferen wolt. Zu trost aller hertzglaubigen menschen, Durch Hieronymum Zieglerum Rottenburgensem. *Getruckt zu Augspurg durch Philipp Ulhart* (1544), pet. in-8. goth., sign. A—E III.

En cinq actes, en vers, avec prologue. 30 fr. *v. f. tr. d.* de Soleinne.

ZIETEN (*Ch.* von). Les Pétrifications de Wurtemberg, ou représentations d'après nature des pétrifications qui se trouvent dans les collections les plus complètes, nommément dans celle de M. le docteur Hartman, avec indication des formations des roches dans lesquelles on les rencontre, et des endroits où elles ont été découvertes par C.-H. de Zieten. *Stutgart*, 1830, 2 vol. gr. in-4. dont un pour le texte en allemand et en français, l'autre pour les planches.

Cet ouvrage a été publié en 12 cahiers. Prix de chacun, fig. en noir, 15 fr.; — fig. color. 20 fr.

ZIMMERMANN(*Matth.*). Florilegium philologico-historicum aliquot myriadum titulorum, etc.; præmittitur diatriba de eruditione eleganti comparanda. *Misenæ*, 1687-89, 2 vol. in-4. fig. 10 à 12 fr. [18219]

ZIMMERMANN (*Eberh.-Aug.-Guil.*). Specimen zoologiæ geographicæ, qua-

drupedum domicilia et migrationes sistens. *Lugduni-Batavorum*, 1777, in-4., cart. 5 à 6 fr. [5659]

La traduction française de la partie de cet ouvrage qui a rapport à l'homme, a été impr. à *Cassel*, 1784, in-8.

ZIMMERMANN (*Joh.-George*). Von der Eimsamkeit (de la solitude). *Vienne, Degen*, 1803, in-fol. pap. vél. [3832]

Édition de luxe. Cet ouvrage estimé a été traduit en français par J.-B. Mercier, *Paris*, 1798, in-8., et 1817, 2 vol. in-12, et par A.-J.-L. Jourdan; *Paris, Baillière*, 1825, in-8.

Zimmermann a donné sous le même titre un ouvrage plus étendu, *Leipzig*, 1784-85, 4 vol. in-8., dont il y a des exemplaires sur pap. de Hollande, avec des vignettes.

— De l'Expérience, 6535. — Dyssenterie, 7207. — Briefe, 18609.

ZIMMERMANNUS (*J.-J.*). Voyez PHILELEUTHERUS.

ZINANNI (*Giuseppe*). Voy. GINANNI.

ZINKGRÄFF (ou Zincgreff). Teutsche Apophtegmata, das ist der Teutschen scharffinnige kluge Sprüche in zwei Theil zusammen getragen durch Julium Wilhelm Zinkgräffen; anitzo noch mit dem dritten Teill (*sic*) vermehret durch Johan Leonhard Weidnern. *Amsteldam, bey Ludwig Elzevieren*, 1653, 3 part. en 1 vol. pet. in-12. [18501]

La première partie contient XII ff. prélimin., y compris un frontispice gravé portant l'intitulé ci-dessus, et un titre imprimé, 322 pp. de texte et 20 ff. de table; la seconde, 96 pp., y compris un faux titre; la troisième, 449 pp., suivies d'un index qui occupe 31 pp. Quoique ce livre soit certainement un des plus rares de la collection des Elsevier, il n'a été vendu que 15 fr. salle Silvestre, en 1826, et 9 fr. 20 c. en 1827.

Nous n'avons vu que ces trois parties, mais le catalogue officinal de Daniel Elzevier, daté de 1675, en indique cinq (*mit dem dritten, vierd und funfften Theil vermehret durch...*).

Ebert, col. 1116, donne aussi 5 part. en 4 vol. à l'édition de 1653, et il en cite une autre de *Leyde, Heger*, 1644, en 2 vol. in-12. — Les premières éditions de ces apophthegmes ont été impr. à *Strasbourg*, en 1626 et en 1639, in-8.

ZINN(*Gottfr.*). Descriptio anatomica oculi humani. *Gottingæ*, 1755, ou 1780, in-4. fig. 5 à 6 fr. [6829]

ZIPOLI. Il Malmantile racquistato, poema di Perlone Zipoli [Lorenzo Lippi]. *Finaro [Firenze], Gio-Tommaso Rossi*, 1676, in-12 de 8 ff. prélim. et de 300 pp. de texte. [14900]

Cette édition, la première de ce poëme, est un livre assez rare et dont les exemplaires en deviennent même précieux lorsqu'il s'y trouve joint une pièce de 16 ff. intitulée *Giovanni Cinelli al cortese lettore*, et qui est une diatribe contre quelques-uns des littérateurs et des savants de l'époque. Il paraît que Cinelli n'a fait tirer qu'une cinquantaine d'exemplaires de cette épître au lecteur, et qu'il les a ensuite supprimés autant qu'il a pu le faire. L'exemplaire du *Malmantile*, avec les 16 ff. que Ch. Nodier a si bien décrits dans ses *Mélanges tirés d'une petite bibliothèque*, p. 57, a été vendu 35 fr. 95 c. Nodier ; 15 fr. Bignon, et 21 fr. en 1839 ; deux autres ont été payés 18 fr. 50 c. et 12 fr. Reina, et *non rogné*, 29 fr. Riva ; ensuite, annoncé en Gr. Pap., 2 liv. 3 sh. Libri, en 1859.

— Il Malmantile racquistato, con le note di Puccio Lamoni (Paolo Minucci). *Firenze, alla Condotta*, 1688, in-4. de 8 ff. et 545 pp. 6 à 8 fr.

— Il medesimo, colle note di Puccio Lamoni e d' altri. *Firenze, Nestenus, e Moucke*, 1731, 2 vol. in-4., portrait. 15 à 18 fr.

Cette édition, donnée par le chanoine Biscioni, renferme une vie du poëte par Baldinucci, et nombre de notes auxquelles sont ajoutées celles de A.-M. Salvini. Elle a été réimprimée à *Venise*, 1748, in-4.

— Il medesimo, colle medesime note. *Firenze, Moucke*, 1750, 2 part. gr. in-4., avec 2 portr. 18 à 20 fr., et plus cher en Gr. Pap.

Belle édition donnée par Jac. Carlieri ; elle est plus complète et plus correcte que celle de 1731. Elle a été réimprimée à *Florence, nella stamperia bonducciana*, 1788, en 2 vol. in-4., et aussi à *Prato*, en 1815, in-4. fig. L'édition de *Paris, Prault*, 1768, pet. in-12, ne reproduit pas les notes de Minucci.

ZISKA, ou le redoutable aveugle, capitaine général des Bohémiens évangéliques dans le pénultième siècle, avec l'histoire des guerres et troubles pour la religion dans le royaume de Bohême ; ensuite du supplice de Jean Huss et de Jérôme de Prague, lors du concile de Constance. *Leide, Jacq. Moukée*, 1685, pet. in-12 de 10 ff. prélim. et de 162 pp., frontispice et portrait gravé par A. Schoonebeck. 5 à 6 fr. [22460]

Cet ouvrage est de J.-B. de Rocolles (voy. ce nom). Bayle, en l'annonçant dans le cah. d'avril 1685 de ses MÉMOIRES (Nouvelles de la République des lettres), a jugé qu'il méritait d'être lu.

ZOBI (*Antonio*). Storia civile della Toscana dal 1737 al 1848, corredata di copiosi ed importanti documenti. *Firenze*, 1850-52, 5 gros vol. in-8, 60 fr. [25532]

Cet ouvrage, qui a eu beaucoup de succès, fait suite à celui de Galluzzi (voy. ce nom) auquel l'histoire de Toscane de Lor. Pignotti sert d'introduction. Les trois historiens réunis forment une histoire complète de la Toscane. Dans le dernier les documents joints à chaque vol. ont une pagination séparée.

— Memorie economico politiche, 25526.

ZOCCHI (*Giuseppe*). V. GERINI (*Andr.*), et VEDUTE.

ZOCCHIS (*Jacobi* de) Famosum utile at-

que altum caput omnis utriusque sexus de pœnitentia et remissione. — *Explicit...* (*Patavii*) *BAR. DE Valdezochio Patavinus, F. F. Martinus de septem arboribus. Prutenus*, M. CCCC. LXXII, *die xxiij Iullii*, in-fol., caract. rom. [1268]

Volume de 127 ff. à 35 lign. par page, commençant par ces mots imprimés en capitales : OMNIS VTRIVSQVE FAMOSVM ALTVM DEVOTVM... Vendu 28 fr. *mar. r.* Gaignat ; 2 liv. 2 sh. Pinelli ; 50 fr. en 1825, et quelquefois moins.

ZOËGA (*Georg.*). Numi ægyptii imperatorii, prostantes in museo borgiano Velitris. *Romæ, Fulgoni*, 1787, gr. in-4., avec 22 pl. [29766]

Vendu 15 fr. de Tersan ; 16 fr. Langlès ; 20 fr. première vente Quatremère.

— De origine et usu obeliscorum. *Romæ, Lazzarini*, 1797, gr. in-fol. [29469]

Cet ouvrage, savant et curieux, coûtait 54 fr. ; vendu 45 fr. Boutourlin ; 40 fr. première vente Quatremère.

— Li bassirilievi antichi di Roma, incisi da Tom. Piroli, colle illustrazioni di Gior. Zoëga. *Roma, Bourlié*, 1808, 2 vol. trèsgr. in-4. [29559]

Ces deux volumes, très-estimés, renferment 115 pl. avec le discours analogue ; ils ont été publiés en 19 livraisons : vend. 41 fr. Librairie De Bure ; 37 fr. Quatremère, et quelquefois plus cher.

Il y a des exemplaires en pap. vél., et aussi une traduction allemande, avec des notes de F.-G. Welcker, *Giessen*, 1812, in-fol., avec 103 pl.

— Catalogus codicum copticorum manuscriptorum qui in museo borgiano Velitris adservantur (opus posthumum), cum VII tab. æneis. *Romæ, typog. Congr. de prop. fide*, 1810, pet. in-fol. [31405]

Volume de plus de 600 pp., dont l'auteur a vu commencer l'impression, mais qu'il n'a pas pu terminer. Vendu 20 fr. Langès ; 41 fr. de Sacy.

— ABHANDLUNGEN, herausg. und mit Zusätsen begleitet, von F.-G. Welcker. *Gött., Dieterich*, 1817, in-4., avec 5 pl. 11 fr. [18371]

M. Welcker, éditeur de ces dissertations, a donné une vie de Zoëga, avec un recueil de lettres de ce savant en un jugement sur ses ouvrages (en allemand). *Stuttgart et Tubingen, Cotta*, 1819, 2 vol. in-8. 22 fr.

ZOHEIR. Voy. CAAB-BEN-ZOHEIER.

ZOLINC (*F.-Guill.*). Le duel et combat de Jésus, empereur, roi et monarque de tout l'univers et prince de lumière, à l'encontre de son ennemi Satan, prince de ténèbres, et inique usurpateur de ce monde visible. *Paris*, 1587, in-8. [1311]

Vendu 24 fr. l'abbé de Ternay, en 1787.

ZOMBI (le) du grand Pérou, ou la comtesse de Cocagne. *Nouvellement im-*

Ziska (*Fr.*). Oesterreichische Volkslieder, 15508.
Zollikofer (*G.-J.*). Predigten, 1905.

TOME V.   49

primé le quinze Février (Rouen) 1697, pet. in-12 de 145 pp., plus le titre précédé d'un faux titre et le portrait de la comtesse de Cocagne. [17212]

Ce petit roman, dont l'action se passe à la Guadeloupe, n'a rien de remarquable, si ce n'est peut-être des allusions et des personnalités, qui, toutefois, faute d'une clef, échappent au lecteur. C'est un livre peu commun, comme le sont tous ceux du même genre, tant qu'on ne les a pas réimprimés; mais nous ne le croyons pas fort rare; et même nous savons qu'il n'avait qu'un prix bien médiocre (8 sous Barré, en 1744; 4 fr. 50 c. le baron d'Hess. en 1785; 4 fr. 55 c., avec *Le véritable portrait de Henri de Nassau,* Méon, en 1803) avant que Ch. Nodier l'eût signalé aux bibliophiles dans un article fort piquant de ses *Mélanges tirés d'une petite bibliothèque,* où il le présentait comme un libelle obscène composé par Corneille Blessebois, et de la plus grande rareté. Depuis lors nous avons vu vendre ce livre, assez mal imprimé, 151 fr. (exemplaire de Nodier), en 1830; 60 fr. (même exemplaire) en 1839; 100 fr. Pixerécourt; 61 fr. dernière vente Nodier; 76 fr. Sebastiani, et jusqu'à 278 fr. *mar. r. à compart.* vente du comte de Ch., en 1863.

— LE ZOMBI du grand Pérou, ou la comtesse de Cocagne; précédé d'une notice sur la vie et les ouvrages de l'auteur, par M. Edouard Cléder. *Paris, Aubry,* 1862, pet. in-8. de 40 et 60 pp. 6 fr.

Tiré à 100 exempl., dont 90 sur pap. vergé et 10 sur pap. de Hollande.

ZOMPINI. Le Arti che vanno per via nella città di Venezia, inventate ed incise da Zompini. 1789, in-fol. de 40 pl., avec un frontispice et une table. [9634]

Ces planches, ouvrage d'un talent facile, forment un recueil rare, parce que les cuivres en ont été détruits après avoir tiré un petit nombre d'épreuves (Cicognara, n° 1829).

ZONARAS *(Johannes).* Lexicon (græcum), ex tribus codicibus manuscriptis nunc primum edidit, observationibus illustravit et instruxit J.-A.-H. Tittmann; duo tomi. = Photii Lexicon, e duobus apographis edidit G. Hermannus. *Lipsiæ,* 1808, en tout 3 vol. in-4. Prix réduit 30 fr. — Pap. fin, 40 fr. [10693]

Première édition de ces deux Lexiques.
Il faut y joindre :

LIBELLUS animadversionum ad Photii Lexicon : scripsit J.-Fried. Schleusner. *Lipsiæ,* 1810, in-4. 5 fr. — Pap. fin, 6 fr. 50 c.

CURÆ novissimæ, sive appendix notarum et emendationum in Photii Lexicon, auctore F. Schleusner. *Lipsiæ,* 1812, in-4. 10 fr. — Pap. fin, 12 fr.

Il y a quelques exemplaires de l'ouvrage en pap. vél. — Voy. PHOTIUS.

— Voyez BYZANTINA, n° 12, et dans nos additions, article MAUMONT *(Jean* de).

ZONCA *(Vittorio).* Nuovo Teatro di machine ed edificii per varie e sicure operationi. *Padoua,* 1607, ovvero 1621, in-fol. fig. [8171]

L'une ou l'autre édition : 9 à 12 fr. — Celle de 1607,

21 fr. Libri; — de 1621, 10 fr. le même. Une édit. de *Padoue,* F. Bertelli, 1656, in-fol., est portée dans le catalogue Libri de 1861, n° 7619.

ZOPPINO (Ragionamento del). Voy. t. I, col. 411, article ARETINO *(P.).*

ZORN *(Joannes).* Icones plantarum medicinalium (cum explicat., germanice et latine). *Norimbergæ,* 1779-84, 5 vol. in-8. fig. [5539]

Ouvrage contenant 500 planches. Il a coûté 68 fr., et avec planches coloriées, 200 fr.; mais il est à très-bas prix maintenant. — Il y a une seconde édition, *Ibid.,* 1784-89, qui renferme 600 planches.

ZOROASTER. Zoroastri magica oracula, græce, cum græcis Plethonis scholiis : eadem oracula, Jacobo Marthano pictaviensi interprete. *Paris., apud Joannem Lodoicum Tiletanum,* 1538-39, in-4. [2245]

Édition rare, sans être pour cela fort chère.

Il y a une édition des mêmes *Oracula,* en grec, *Paris., Fed. Morellus,* 1595, in-4. de 4 ff. On y réunit la version en vers latins, par le même Morel, autre pièce in-4. de 4 ff., imprimée en 1597.

— Voyez SIBYLLINA oracula, et l'article PATRIZI *(Franc.).*

ORACLES sentencieux des mages, traduits du grec en vers françois et dediez à Madame sœur du roy, par Anne Parent, aagée de douze ans. *Paris,* 1597, in-8. — Voy. t. III, col. 5, article HABERT *(Fr.).*

— Zend-Avesta, ouvrage de Zoroastre, traduit en françois sur l'original Zend, par Anquetil du Perron. *Paris,* 1771, 2 tom. en 3 vol. in-4. fig. 45 à 54 fr. [2244]

Ouvrage très-recherché, et qui comprend une relation du voyage du traducteur aux Indes.

Will. Jones, célèbre orientaliste anglais, a publié une critique du Zend-Avesta, sous le titre suivant :

LETTRE à M. Anquetil du Perron, dans laquelle est compris l'examen de sa traduction des livres attribués à Zoroastre. *Londres,* 1771, in-8.

— ZEND-AVESTA, Zoroasters's lebendiges Wort... (trad. du franç. en allemand par J.-Fr. Kleuker). *Riga, Hartknoch,* 1776-77, 3 vol. in-4.

Le traducteur a fait à l'ouvrage d'Anquetil des changements assez considérables. Vend. 32 fr. Langlès; 53 fr. Kieffer; 23 fr. Burnouf. Il faut joindre à cette traduction *J.-F. Kleuker's Anhang zur Zend-Avesta,* Riga, 1781-84, 2 vol. in-4. in-4., les deux articles ensemble 58 fr. Quatremère.

— ZEND-AVESTÆ (Vendidad) pars XX. adhuc superstes e codd. mss. parisinis primum edidit, varietatem lectionis adjecit Justus Olshausen. *Hamburgi, Fr. Perthes,* 1829, pet. in-4. pars I.

— AVESTA, die heiligen Schriften der Persen, aus dem Grundtext übers. mit steter Rücksicht auf die Tradition von Dr. Frdr. Spiegel. *Leipzig, Engelmann,* 1852-63, 3 vol. in-8.

Le premier volume, en 2 part., contient le *Vendidad,* et coûtait 8 thl. — Le second, 1re partie de XXIV et 545 pp., *Vispered* et *Yaçna,* 6 thl.

On peut joindre aux articles ci-dessus les deux ouvrages de Fr. Spiegel, indiqués ci-dessus, col. 489.

— ZEND-AVESTA, the religious Books of the Zoroastrians, edited and interpreted by N.-L. Westergaard. *Copenhagen,* 1852, in-4.

Zomeren *(Corn.* van). Stadt Gorinchem, 25184.   Zorilla y Moral *(José* de). Obras, 15320.

Cette édition devait être composée de 3 vol. Le premier, qui donne le texte zend, a paru en 4 part. Le 2ᵉ vol. devait contenir un dictionnaire comparatif des dialectes zend, et le 3ᵉ une traduction et un récit des antiquités iraniennes.

— ZENDASCHTA oder nicht Zendavesta (aber das slavische Eigenthum seit dreitausend Jahren), das heisst das lebenbringende Buch des Zoroaster von Ign. Petraszewski. Originaltext mit polnischer, deutscher und französischer Uebersetzung. *Berlin*, 1857, gr. in-4.

Ce livre doit être publié en six fascicules. Les deux premiers, qui contiennent XII et 315 pp., coûtent 20 thl.

— ZEND-AVESTA, oder über die Dinge des Himmels und des Jenseits. Vom Standpunkte der Naturbetrachtung, von Gust.-Fried. Fechtner. *Leipzig*, *Voss*, 1848-51, 3 vol. in-8. 24 fr.

— **Vendidad Sadé, l'un des livres de Zoroastre, publié d'après le manuscrit zend de la Bibliothèque du roi, avec un commentaire, une traduction nouvelle et un mémoire sur la langue zende, considérée dans ses rapports avec le sanscrit et les anciens idiomes de l'Europe, par Eugène Burnouf.** *Paris, imprimerie lithographique de Senefelder*, 1829-43, in-fol. [2243]

Ouvrage tiré à 100 exemplaires et publié en 10 livraisons à 12 fr. chacune.

M. Eugène Burnouf a aussi fait imprimer un *Extrait d'un commentaire et d'une traduction nouvelle du Vendidad-Sadé, l'un des livres de Zoroastre*, Paris, Imprimerie royale, 1829, in-8. de 32 pp. Le même savant a donné depuis l'ouvrage suivant :

COMMENTAIRE sur le Yaçna, l'un des livres religieux des Parses, ouvrage contenant le texte zend expliqué pour la première fois, les variantes des quatre manuscrits de la Bibliothèque royale et la version sanscrite inédite de Nériosengh. *Paris*, *Imprimerie royale*, 1833-35, in-4. [2246]

Tome 1ᵉʳ publié en 2 part. 65 fr.

La suite n'a pas paru, mais l'éditeur a réuni en 1 vol. in-8., sous le titre d'*Etudes sur la langue et sur les textes zends* (*Paris, Imprim. royale*), les articles qu'il avait donnés successivement dans le *Journal asiatique* de Paris, de 1840 à 1850, et dans lesquels il continuait son commentaire sur le Yaçna. Ce n'est qu'un premier volume, 15 fr.

VENDIDA Sadé, traduit en langue huzvaresch ou pehlewie ; texte autographié d'après les manuscrits zend-pehlewis de la Bibliothèque impériale de Paris, et publié pour la première fois par les soins de M. Jules Thonnelier. *Paris, Benj. Duprat*, 1855, in-fol.

Ce livre, destiné à faire suite au Vendida Sadé, publié en langue zende par Burnouf, devra former 15 ou 16 livraisons, au prix de 20 fr. chacune. On n'en tire que 100 exemplaires.

Le n° 2678 du catalogue d'Eugène Burnouf donne le titre suivant :

VENDIDAD SADÉ, texte zend, avec titre persan et commentaire guzarati de la première partie des livres des Parsis, autographié à Bombay par les soins de Manakchi Cursetji, d'après l'édition de M. Burnouf. L'édition n'a été tirée qu'à un très-petit nombre d'exemplaires, et l'on ne connaît, en Europe, que celui-ci, qui fut offert à M. Burnouf par Manakchi Cursetji (il appartient aujourd'hui à la Bibliothèque impériale).

— **Vendidad Sade. Die heiligen Schriften Zoroaster's Yaçna, Vispered und Vendidad. Nach der lithographirten Ausgabe von Paris und Bombay mit Index und** Glossar herausgegeben von Herm. Brockhaus. *Leipzig*, *Brockhaus*, 1850, gr. in-8. 20 fr.

— THE YAÇNA of the Parsis in the send language, but gujarati character, with a gujarati translation, paraphrase and commentary according to the traditional interpretation of the Zoroastrians, by Aspandiarji. *Bombay*, 1842, 2 vol. in-8. (catalogue Burnouf, n° 597, mais pas vendu).

— ZEND : is it an original language? by John Romer. *London*, 1855, in-8.

— ESSAI sur les livres religieux de Zoroastre, la langue dans laquelle ils sont écrits, et leur antiquité, par Sohrabji Shapourji. *Bombay*, 1859, in-8. de 198 pp. (en guzzarate).

ZOSIMUS. **Historia nova, græce, ex recens. Frid. Sylburgii, cum lat. interpretatione Jo. Leunclavii, et notis varior., accurante Christ. Cellario.** *Cizæ, Bielcke*, 1679, seu *Jenæ*, 1729, in-8. 5 à 6 fr. [22902]

L'édition de 1679 est la première de Zosime qui ait paru séparément. Le texte en est amélioré et accompagné de bonnes notes. Les deux premiers livres de cet auteur avaient déjà été imprimés avec l'Hérodien de H. Estienne, en 1581, et les 6 livres dans le 3ᵉ vol. des *Scriptores hist. rom.*, donnés par Sylburge, en 1590.

— ZOSIMI Historiæ novæ libri sex, notis illustrati, gr. et lat. (edente Th. Sparkes). *Oxonii, e Theatro sheldoniano*, 1679, in-8. 6 à 8 fr.

Assez jolie édition, publiée après celle de Cellarius, quoique dans la même année, mais qui ne la vaut pas.

— HISTORIÆ, gr. et lat. ; recensuit, notis criticis et commentario historico illustravit J.-F. Reitemeier : ad calcem subjunctæ sunt animadversiones nonnullæ Ch.-G. Heynii. *Lipsiæ*, *Weidmann*, 1784, in-8. 8 fr. — Pap. fin, 10 fr.

La meilleure édition que l'on ait encore de Zosime. Il faut y joindre l'opuscule intitulé :

C.-J.-G. Haymanni progr. continens notas quasdam ad reitmeieranam Zosimi editionem. *Fridericostad.* (*Dresdæ*), 1786, in-4.

— **Geschichte, aus dem Griech. übersetzt und mit Anmerkk., begleitet von D.-Cp. Seybold und C.-Ch. Heyler.** *Franckfurt am Main, Hermann*, 1802-4, 2 part. in-8. 7 fr.

Pour la traduction française par Cousin, voyez XIPHILINUS.

ZOSIMUS panopolitanus. **De zythorum confectione fragmentum, nunc primum gr. et lat. editum : accedit historia zythorum sive cerevisiarum quarum apud veteres mentio fit; scripsit Christ.-Gottfr. Gruner.** *Solisbaci, typis soidelianis*, 1814, in-8. de X et 118 pp. 2 fr. 50 c. [7069]

ZOVENZONIUS. **Raphaelis Zovenzonii carmen concitatorium ad principes christianos in Turcum ; = Ejusdem sapphicum carmen actum Tergestæ coram Friderico Cæs. Augusto.** (*absque anno*), pet. in-4. [12819]

Opuscule de 6 ff., à 22 lignes par page, imprimé en caract. rom., sans chiffres, récl. ni signat.

On lit à la fin les deux vers suivants :

Lector ♂ auditor ualeatis : ♂ ille magister
Artis Adam : qui me præsit in œre nouo.

Cet Adam est celui dont on a une édition de Lactance, sous la date de 1471. Vendu (exemplaire imprimé sur VÉLIN), 2 liv. 10 sh. Pinelli; 101 fr. Mac-Carthy.

ZUALLARDO. Devotissimo Viaggio di Gierusalemme fatto e descritto da Giovanni Zuallardo l'anno 1586 : aggiuntovi i varij luoghi di Terra Santa, intagliati da Natale Bonifacio. *Roma*; *Fr. Zanetti*, 1587, pet. in-4. fig. [20547]

Livre peu commun. 14 fr. Riva.

— Lo stesso, di nuovo ristampato. *Roma, Domenico Basa,* 1595, in-8. fig.

Vendu 12 fr. Chardin ; 6 fr. Langlès ; 8 fr. 50 c. en janvier 1829.

— Le très dévot voyage de Jérusalem, avec les figures des lieux saints, et plusieurs autres, tirées au naturel ; fait et décrit par Jean Zuallart. *Anvers, Van Keerbergen,* 1604, in-4.

Autre édition : *Anvers, Arnould s' Conincx,* 1608, pet. in-4. Vend. 30 fr. m. v. Morel-Vindé ; 10 fr. 60 c. salle Silvestre, en 1830, et 23 fr. 50 c. en 1839 ; 21 fr. Erdeven. Réimprimé encore à *Anvers, Van Toncheren,* 1626, in-4. fig.

ZUCCAGNI Orlandini (*Attilio*). Atlante geographico, fisico e storico della Toscana. *Firenze,* 1832, gr. in-fol. avec 20 pl. 60 fr. [25484]

— Corographia fisica, storica e statistica dell' Italia e delle suoe isole, con mappe geografiche e topografiche, e vedute illustrative. *Firenze,* 1845-50, 15 vol. gr. in-8. avec 3 vol. atl. in-fol. 500 fr. [25215]

ZUCCARI. Illustri fatti farnesiani coloriti nel real palazzo di Caprarola dai fratelli Taddeo, Fed. ed Ottav. Zuccari, disegnati ed incisi in rame da Geor.-Gasp. de Prenner. *Roma,* 1748, pet. in-fol. [9313]

Volume composé de 42 pièces, y compris le titre, le portrait, et 4 plans et vues de jardins. Vendu 80 fr. La Valliere ; 52 fr. m. r. Brienne, en 1792 ; 20 fr. Hurtault.

ZUCCARO. L'Idea de' pittori, scultori ed architetti, da Federico Zuccaro, divisa in due libri. *Torino, Agostino Disserolio,* 1607, pet. in-fol. ou gr. in-4. [9162]

Ouvrage estimé (16 fr. Libri, en 1857), et qui a été réimprimé à Rome, en 1768, in-4. 10 à 12 fr.

On a du même auteur les ouvrages suivants, qui sont rares parce qu'ils ont été tirés à petit nombre.

ORIGINE e progressi della Accademia del disegno dei pittori, scultori et architetti di Roma, con molti

discorsi e filosofici ragionamenti raccolti da Romano Alberti segretario dell' Accademia. *Pavia, Pietro Bartoli,* 1604, in-4.

Déjà publié sous ce titre :

TRATTATO della nobilità della pittura, dove si contengono molti utilissimi discorsi, e filosofici ragionamenti, ecc., recitati sotto il reggimento del cav. Federico Zuccaro, e raccolti da Romano Alberti..... *Roma, Zanetti,* 1585, in-4., selon Haym.

LETTERA a' principi e signori amatori del disegno de' pittori, scultori ed architetti di Roma del sig. Fed. Zuccaro. *Pavia, Bartoli,* 1604, in-4.

IL PASSAGIO per l'Italia colla dimora in Parma del Car. Federico Zuccara, dove si narrano le feste fatte in Mantova, e le nozze del principe Francesco de Gonzago coll' infanta Margherita di Savoja. *Bologna,* 1608, in-4.

ZUCCHELLI da Gradisca (Padre *Antonio*). Relazioni del viaggio e missione di Congo. *Venezia,* 1712, in-4. de 438 pp. [20895]

Relation curieuse, dont M. Walckenaer a donné l'analyse dans le 13e vol. de son *Histoire générale des voyages.* L'ouvrage du P. Zucchelli fait suite à la relation du P. Merolla (voyez ce nom), et à plusieurs autres du même pays.

ZUCHETTA (*Gio.-Battista*). La prima parte dell' aritmetica, con un trattato che risolve qualunque quesito bisognoso a'zecchieri, orefici, ed argieuteri. *Brescia, Sabbio,* 1600, in-fol. [7870]

Seule partie publiée : 37 et 40 fr. deux exemplaires Libri, en 1857.

ZUINGLIUS seu Zwinglius (*Huldrich*). Opera omnia in unum collecta, et apologia prævia illustrata a Rodolpho Gualthero. *Tiguri, Froschoverus,* 1545, 4 part. en 3 ou 4 vol. in-fol. [1910]

Ce recueil des ouvrages d'un des plus célèbres théologiens de la réforme est rare. L'édition de Zurich, 1581, en 4 vol. in-fol., ne l'est guère moins. Elle a été vendue 38 fr. Soubise ; 111 fr. 50 c. chez Gohier, en 1831, et en *m. citr.* 13 liv. 13 sh. Williams.

— HULDRICI Zuinglii Opera, completa editio prima, curante Melch. Schulero et Joan. Schulthessio. *Turici,* 1829-1841, 10 vol. gr. in-8.

Réunion des écrits allemands et des écrits latins de Zwingle. Pour ceux de ses ouvrages qui ont été imprimés séparément de 1522 à 1536, consultez la seconde table de Panzer, tome XI, pp. 199 et 200.

— BRIEVE et claire exposition de la foy chrestienne annoncée par Huldrich Zwingle, et par luy un peu avant sa mort escripte au Roy très chrestien, translate de latin en francoys. (sans lieu), 1539, in-8. goth.

Un exemplaire de ce rare opuscule, qui se trouvait relié avec le *Livre des Marchants,* édit. de 1534 (voy. LIVRE), 209 fr. Leprévost, en décembre 1857.

ZUMARRAGA (*Juan*). Voy. ÇUMARRAGA.

ZUMPT (*C.-Timoth.*). Annales veterum regnorum et populorum imprimis romanorum, tertium editi ab A.-W. Zumptio. *Berolini, Dümmler,* 1862, in-8. [22909]

— LATEINISCHE Grammatik. *Berolini, Dümmler,* 1860, in-8. Onzième édit. [10819]

ZUMPT (*Aug.-Wilhelm*). Commentationum epigraphicarum ad antiquitates romanas pertinentium volumina duo. *Berolini*, 1850-54, 2 vol. in-4. 32 fr. [29911]

On doit à ce savant plusieurs doctes écrits sur l'histoire et le droit des Romains. Il a aussi donné la biographie de Ch.-Timothée Zumpt, 1851, in-8. en lat., avec le portrait.

ZUÑIGA (*Fedr.* de). Voy. ÇUNIGA.

ZUÑIGA (*Martinez* de). Historia de las islas de Philipinas, compuesta por el R. P. lector Fr.-Joaquin Martinez de Zuñiga. *En Sampaloc, por Fr. Pedro Argüelles*, 1803, in-4. de 4 ff. prélim. et 687 pp. [28223]

Un exemplaire de ce livre rare s'est vendu 1 liv. 11 sh. Heber; 62 fr. en 1836; 15 fr. Chaumette; 26 fr. Libri, en 1857; 34 fr. 3e vente Quatremère. L'ouvrage a été traduit en anglais par J. Mayer, *Lond.*, 1814, 2 vol. in-8.

ZURITA. Voy. ÇURITA.

ZURLA (D. *Placido*). Il Mappamondo di fra Mauro, descritto ed illustrato. *Venezia*, 1806, pet. in-fol. fig. 10 à 12 fr. [19525]

Vendu 19 fr. 50 c. Klaproth; 9 fr. Libri, et avec la 2e part. de l'article suivant, 19 fr. 50 c. Walckenaer.

— Di Marco Polo e degli altri viaggiatori veneziani più illustri dissertazioni, con appendice sopra le antiche mappe lavorate in Venezia. *Venezia, Fuchs*, 1818, 2 part. gr. in-4. cartes. [20000]

Vendu 15 fr. Langlès; 12 fr. Klaproth; 20 fr. Libri. L'appendice s'est vendu séparément, et est joint à l'article précédent.

DEI VIAGGI e delle scoperte africane, di Alvise da Cà da Mosto, patrizio Veneto. *Venezia, Alvisopoli*, 1815, in-8. de 132 pp. 2 fr. 50 c. [20784] A l'article ZENO (*Caterino*) nous parlons d'une dissertation de Zurla sur les deux frères Zeni.

Zunggus (*J.-A.*). Historia ord. S. Augustini, 21732.
— Vita Thomæ a Kempis, 22207.
Zurita (*Ger.*). Enmiendas y advertencias a las coronicas... que escrivio Lopez de Ayala, 26020.

ZURLAUBEN (*Beat-Fidel-Antoine* de La Tour-Châtillon de). Tableaux topographiques, pittoresques, historiques, moraux et politiques de la Suisse (publiés par J.-B. de La Borde), avec la table analytique par Quétant. *Paris*, 1780-88, 4 vol. très-gr. in-fol. fig. [20243 , ou 25894]

Ouvrage recherché par rapport aux 278 gravures dont il est orné; il est quelquefois relié en 3 ou en 5 vol. : 150 à 200 fr. Vendu en *m. r.* 342 fr. Rosny; avec fig. avant la lettre (à l'exception de celles des 3 prem. livraisons, dont il n'y a eu que quelques épreuves de graveurs, tirées avant la lettre), 522 fr. en feuilles, Lamy.

On trouve assez souvent les 36 premières livraisons, c'est-à-dire les 217 premières planches, avec 2 parties de discours; mais elles n'ont que fort peu de valeur, parce que le supplément et la table, qui sont nécessaires pour les compléter, reviennent aussi cher que l'ouvrage entier quand par hasard on peut se les procurer.

L'édition en 13 vol. in-4., avec les mêmes gravures, est peu recherchée.

— Histoire militaire de la Suisse, 25918.

ZUZZERI (*Giov.-Luca*). Dissertazioni d' un' antica villa scopèrta sul dosso del Tusculo, e d' un' antico orologio a sole tra le rovine della medesima ritrovato. *Venezia*, 1746, in-4. 5 à 6 fr. [29459]

ZWICK (*H.-A.*). Grammatik der West-Mongolischen, das ist Oirad od. kalmükischen Sprache. *Königsfeld*, 1852, in-4. [11890]

— Handbuch der westmongolischen Sprache. *Donaueschingen*, 1853, in-4. de 481 pp. 20 fr.

Ces deux ouvrages sont lithographiés.

ZWIECKER (*Dan.*). Voy. IRENICUM.

ZWINGLIUS. Voy. ZUINGLIUS.

ZYL (van). Voy. VAN ZYL.

Zwahr (*J.*). Niederlausitz-wendisch-deutsches Wörterbuch, 11451.

FIN DU DICTIONNAIRE.

Marque des frères Bering, libraires à Lyon, 1545-52.

Notice

SUR LES

Heures Gothiques

Imprimées à Paris

A LA FIN DU QUINZIÈME SIÈCLE

ET DANS UNE PARTIE DU SEIZIÈME.

TABLE DES PARAGRAPHES.

———

Heures Gothiques.

—◦•◦§◦•◦—

PEU de temps après qu'Udalric Gering et ses deux associés eurent introduit à Paris l'invention miraculeuse de Gutenberg, perfectionnée par Fust et Schoyffer, et y eurent ainsi fait succéder la régularité du compositeur et l'économique célérité de la presse au travail si lent, si peu exact, et surtout si dispendieux des scribes et des rubriqueurs, les libraires de cette capitale songèrent à exploiter à leur profit un art qui, en simplifiant d'une manière si sensible la fabrication des livres, leur offrait une moisson aussi abondante que facile à recueillir. Comme ils cherchèrent d'abord à appliquer la typographie à des ouvrages d'un débit rapide, il semble qu'ils auraient dû commencer par ces livres de prières à l'usage des fidèles de toutes les classes, que plus tard ils imprimèrent sous le titre d'*Horæ* et d'*Officium,* ou sous celui d'*Heures* et d'*Office*, et qui depuis longtemps formaient la principale branche de leur commerce; mais voici la difficulté qui retarda quelque temps l'impression de ces sortes d'ouvrages. Les livres de prières dont on se servait alors étaient tous écrits sur VÉLIN, décorés d'initiales peintes en or et en couleurs, et presque tous aussi enrichis de miniatures plus ou moins nombreuses et plus ou moins bien exécutées. Au calendrier, c'était des petits sujets délicatement peints, où figuraient les travaux, les occupations et les jeux analogues à chaque mois de l'année; aux fêtes mobiles, au

49 *bis.*

propre des saints et à l'office des morts, se trouvaient de plus grandes miniatures représentant des sujets tirés de l'Écriture sainte, ou relatifs au mystère que l'on célébrait, ou à la vie du saint qu'on invoquait; on y voyait presque toujours figurer, par exemple, *le Martyre de saint Jean l'évangéliste*, *la Salutation angélique*, *la Naissance de Jésus-Christ*, *la Vision des bergers*, *l'Adoration des mages*, *la Fuite en Égypte*, *le Massacre des innocents ordonné par Hérode*, *David et Betzabée*, etc. On remarquait aussi dans une partie de ces manuscrits précieux des bordures plus ou moins variées, plus ou moins riches, qui en entouraient toutes les pages, et qui offraient ordinairement des fleurs, des oiseaux, des insectes et des arabesques gracieuses, où l'or se mariait habilement aux couleurs les plus vives. Ces riches volumes étaient avec raison considérés comme des bijoux de prix, et se transmettaient par succession dans les familles, de génération en génération. Accoutumé qu'on était alors à lire ses Heures dans des livres ainsi décorés, comment aurait-on pu accueillir de simples productions typographiques entièrement dépourvues de ces ornements devenus un accompagnement nécessaire de toute lecture pieuse? Pour réussir dans ce genre de fabrication, il fallut donc emprunter le secours de la gravure sur bois qui commençait à se perfectionner, et reproduire autant que possible les dessins répandus dans les Heures manuscrites, et en décorer les imprimées. Si jusqu'ici les bibliographes n'ont pu tomber d'accord sur la véritable date du plus ancien livre d'Heures illustré qu'ait produit la presse (1),

(1) Nous rejetons positivement la date de 1484 que donne le catalogue Capponi, p. 414, dans un titre évidemment factice et qui, par conséquent, manque d'autorité; mais nous ne saurions écarter aussi facilement celle de 1486, que, selon Panzer et d'autres après lui, porterait une édition des Heures à l'usage de Rome, imprimée par Philippe Pigouchet pour Simon Vostre, et dont nous parlerons nous-même sous le n° 13 des présentes notices, en exposant les motifs que nous avons de douter de l'exactitude de cette date. Nous doutons également de l'authenticité de celle d'une édition à l'usage de Bourges (1487) annoncée dans le catalogue de Mazoyer, en 1825. Les mêmes doutes ne sauraient exister à l'égard des *Heures à l'usage de Paris*, publiées par Antoine Verard à la date du 7 *juillet* 1487 (n° 117 de nos notices), non plus que sur les *Heures à l'u-*

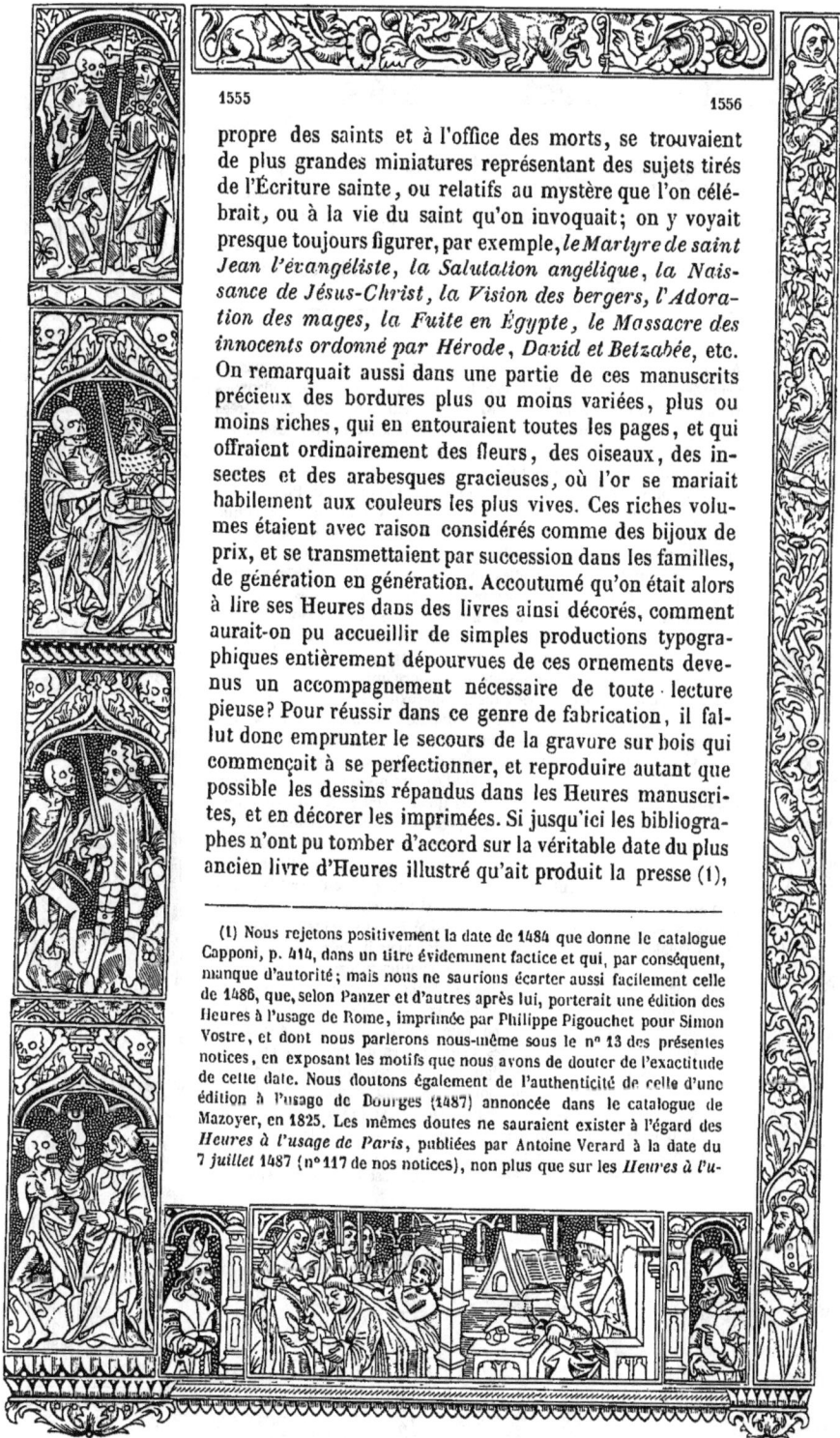

ils reconnaissent pourtant généralement que l'imprimeur Philippe Pigouchet et le libraire Simon Vostre furent les premiers à Paris qui surent allier avec succès la gravure à la typographie. Il est à croire que ces deux libraires avaient déjà pratiqué par eux-mêmes la taille sur bois, et

sage de Rome, imprimées pour Simon Vostre à la date du *xvi septembre* de l'année 1488, ni enfin pour d'autres Heures au même usage, achevées à Paris par Jean Du Pré le 14 *Fevrier* 1488. Cependant les Heures de Verard, à la date de 1487, ne peuvent guère être considérées que comme un premier essai que devaient bientôt effacer les Heures de Pigouchet elles-mêmes : mais ce fut un peu plus tard que ce genre de fabrication atteignit toute sa perfection. Nous le voyons donc successivement progresser ; et d'abord, en 1488, par l'industrie de l'imprimeur Philippe Pigouchet et celle du libraire Simon Vostre. On a remarqué que les premières Heures publiées par Pigouchet pour son propre compte et à son nom seul renferment des gravures différentes de celles qu'il a exécutées pour Vostre, et qu'elles sont d'un genre plus archaïque. Dans plusieurs de ses Heures ne se trouvent d'autres dates que celle de l'almanach ou table pascale, qui suit ordinairement le titre. Or cet almanach, qu'il ne faut pas confondre avec le calendrier, fut d'abord dressé pour vingt et une années, à partir de 1488, et reproduit sans changement plusieurs années de suite. En sorte qu'aujourd'hui la date d'un exemplaire ne peut être déterminée, même approximativement, que par la nature et le nombre des sujets qui en composent les bordures, chose que nous nous proposons de faire connaître dans nos notices. Ce que nous devons dire avant tout, c'est que la suite des sujets de la Danse des morts ne se trouve pas dans les éditions publiées les premières par les deux libraires que nous avons nommés, mais qu'on y voit à l'*Office des morts* une planche de grandeur moyenne, représentant trois personnages ayant tête de mort, et tenant en main la pioche et la pelle des fossoyeurs. Les Heures de J. Du Pré, dont on ne connait qu'une seule édition (voir le n° 156), sont, selon toute apparence, le premier essai qu'on ait fait de la gravure en relief sur cuivre. Ce procédé, si habilement pratiqué de nos jours, ne semble pas avoir beaucoup profité à son inventeur, puisqu'il ne l'a employé en grand qu'une seule fois ; mais il n'a pas tardé d'être adopté et perfectionné, au moins pour les petites pièces, par Vostre lui-même, par Verard, par Denis Meslier, et probablement encore par d'autres qui ont publié des Heures après eux. Toutefois, il faut l'avouer, c'est une chose difficile, même pour un artiste graveur, de distinguer au premier coup d'œil auquel des deux genres de gravures en relief appartiennent les planches qui figurent dans ces sortes de livres. En nous en tenant à la date du sien, nous n'avons pu nommer Jean Du Pré qu'après Vostre et Verard ; cependant, comme Du Pré a fait usage d'un procédé nouveau qui, avant d'être mis en pratique, a dû nécessiter de longs travaux et donner lieu à plus d'un essai infructueux, il ne serait pas impossible que ses premières tentatives eussent devancé celles de ses concurrents.

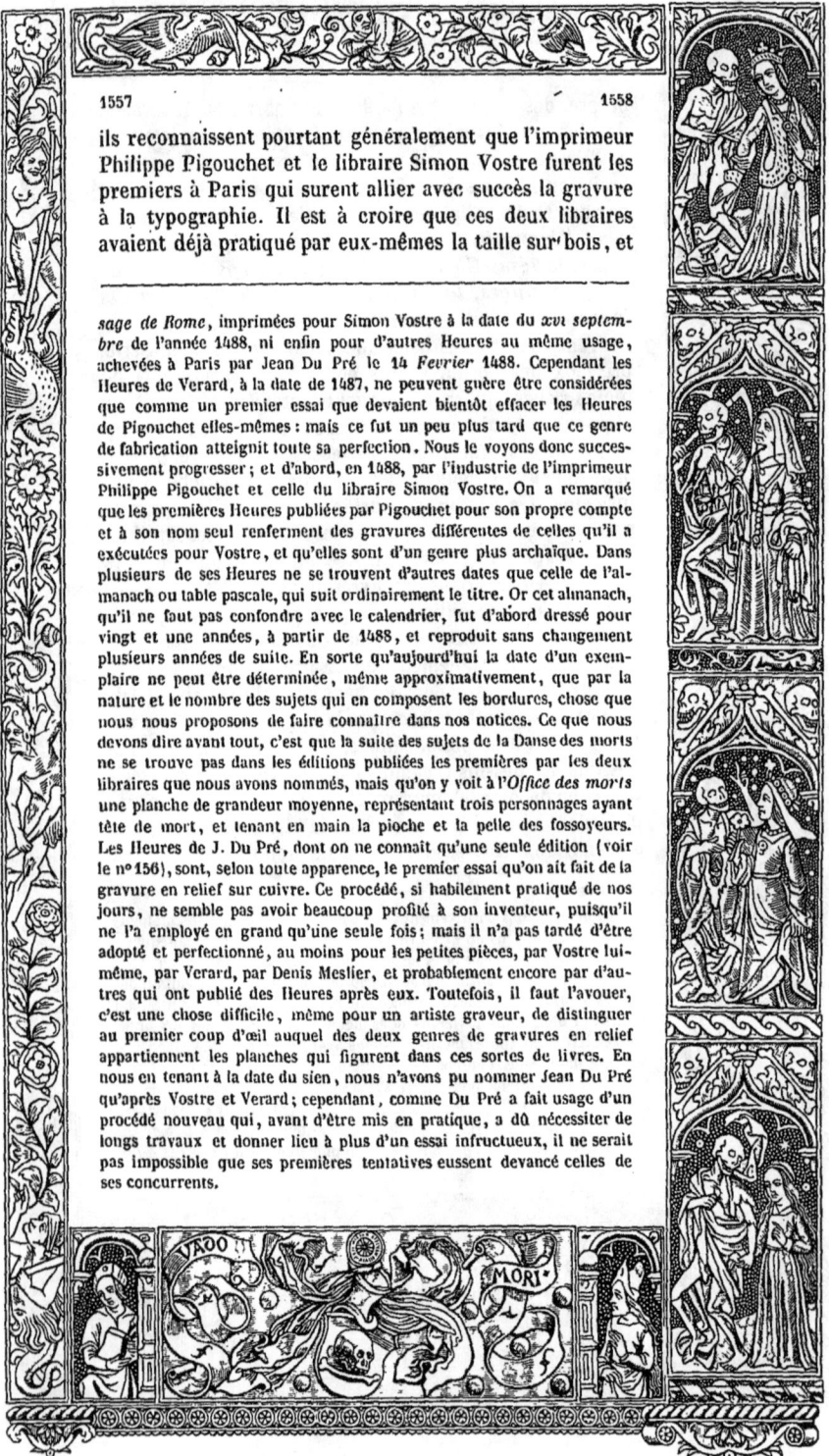

qu'ils surent s'adjoindre des tailleurs assez habiles pour donner successivement à leurs petits bois le degré de perfection auquel ils les ont portés. C'est donc à des artistes anonymes de la fin du quinzième siècle, et non pas, comme l'a prétendu Papillon, à Mercure Jollat, venu trente ans plus tard, qu'il faut attribuer la principale part dans la gravure de ces Heures si remarquables par la beauté du VÉLIN, la qualité de l'encre, et surtout par la variété des bordures, où, à des arabesques les plus agréables, à des sujets grotesques les plus singuliers, succèdent alternativement des chasses, des jeux, des sujets tirés de l'Écriture sainte, ou même de l'histoire profane et de la mythologie, et enfin ces Danses des morts, imitées de la *Danse macabre des hommes et des femmes*, qui était alors dans toute sa vogue, petites compositions dont on admire encore la piquante expression (1). Ces bordures, qui, ainsi qu'on peut en juger par les spécimens placés autour de ces pages, sont d'ailleurs plus remarquables pour le fini de la gravure que pour le dessin, se composaient de petits compartiments qui se divisaient, se changeaient, se réunissaient à volonté, selon l'étendue et le format du volume où elles devaient figurer; en sorte que, tout en employant presque toujours les mêmes pièces, il était cependant si facile de donner aux différentes éditions qu'on publiait une apparence de variété, qu'à peine en trouve-t-on deux qui se reproduisent exactement page pour page. Les grandes planches destinées à recevoir l'embellissement de la peinture sont en général moins terminées que les petites, mais on y reconnaît toujours un même faire.

---

(1) La plus ancienne édition de la Danse macabre que citent les bibliographes est celle de Paris, 1484 (voir à la col. 490 de notre 2ᵉ vol.); mais, plus d'un siècle avant cette date, des miniaturistes français avaient déjà figuré, sur les marges de plusieurs Heures manuscrites, des Danses de morts, représentées et disposées à peu près comme elles l'ont été depuis dans les livres de Simon Vostre; c'est ce que nous avons pu remarquer dans un magnifique manuscrit de la seconde moitié du quatorzième siècle, enrichi de nombreuses et admirables miniatures qui, après avoir été conservé en Angleterre dans le cabinet du docteur Mead, à qui le roi Louis XV en avait fait présent, est venu prendre place parmi les curiosités de premier ordre réunies dans celui de M. Ambr. Firmin Didot.

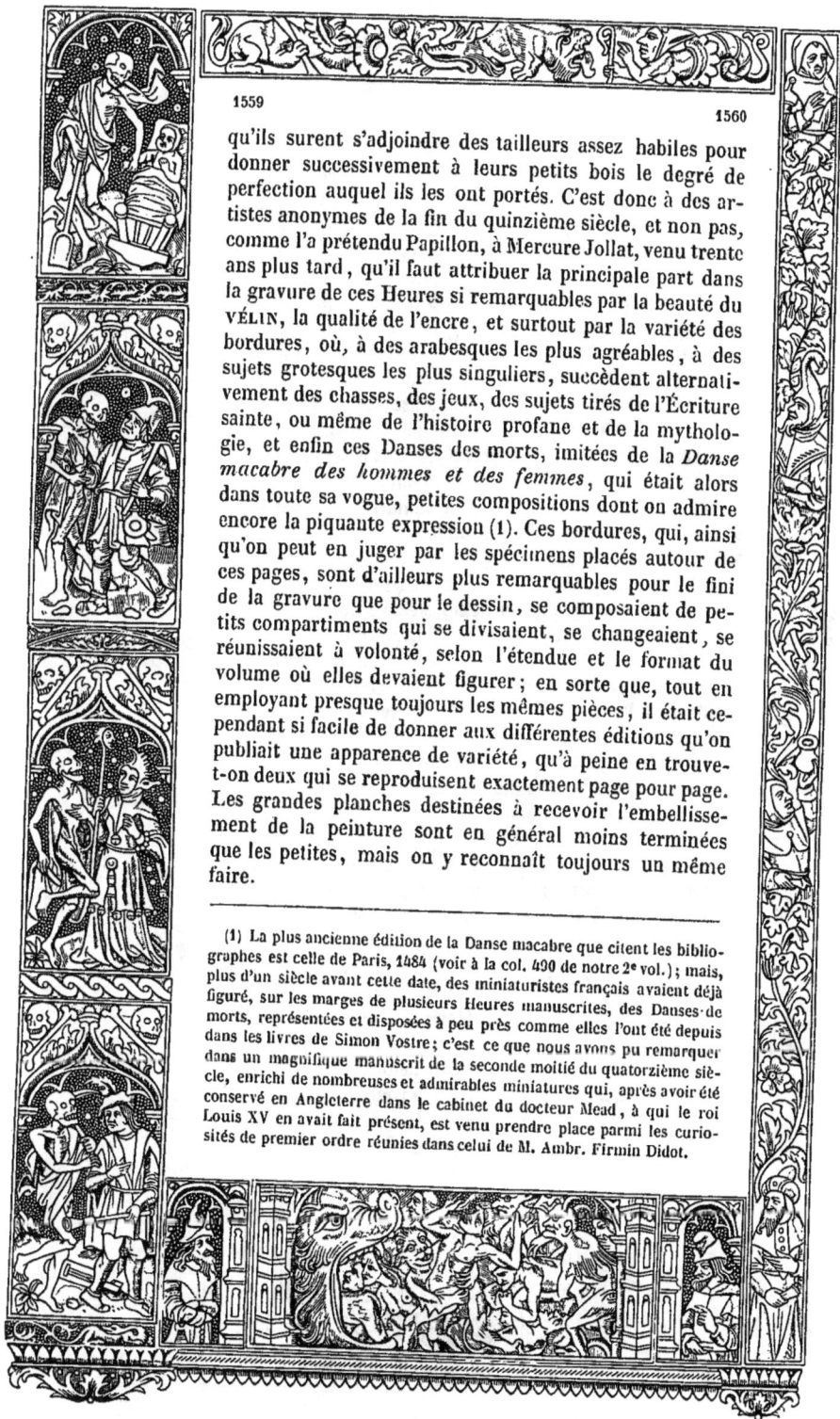

Les Heures de Simon Vostre furent bien accueillies, et ce qui le prouve, c'est que d'autres libraires cherchèrent à les imiter, et y parvinrent avec plus ou moins de bonheur. A cette époque parurent donc des productions du même genre chez *Anthoine Verard*, déjà si célèbre par la publication de ses grands volumes de chroniques, de romans de chevalerie, etc., et chez d'autres que nous aurons occasion de nommer ci-après. C'est ainsi que la fabrication des Heures devint une industrie toute parisienne, ou que du moins on ne cultiva nulle part avec autant de succès qu'à Paris; c'est ainsi que pour cet objet la France tout entière, une partie des Pays-Bas, et l'Angleterre elle-même; demeurèrent pendant assez longtemps tributaires des presses de notre capitale.

Cependant, des productions si remarquables par leurs ornements xylographiques, et où le cachet de l'époque est si bien empreint dans les poésies naïves qui les accompagnent, ont été presque entièrement négligées pendant le dix-septième et le dix-huitième siècle : devenues alors tout à fait inutiles sous le rapport liturgique, et trop répandues pour pouvoir être comptées parmi les livres rares et précieux, ce ne furent guère que les exemplaires richement décorés de peintures qui trouvèrent place dans les cabinets des curieux, et seulement parmi les curiosités du second ordre. Il ne fallait rien moins que la révolution qui depuis 1820 s'est opérée dans la littérature et dans les arts, pour ramener le public au genre gothique, et pour donner une véritable importance aux livres qui nous occupent ici. Plus recherchées, examinées avec plus de soin, et surtout mieux appréciées, ces singulières productions sont devenues un sujet d'admiration pour les artistes et pour les plus habiles connaisseurs. A l'appui de ce que nous avançons, laissons parler ici un bibliographe anglais, qui a consacré cent pages au moins du plus intéressant de ses ouvrages à décrire les anciennes Heures imprimées à Paris, et à en figurer, avec une exactitude scrupuleuse, les plus curieux ornements. Voici donc comme s'exprime T.-F. Dibdin, à la page 7 de la seconde journée de son *Bibliographical Decameron :* « Let us « however.... suppose that some spirited Collector, or a

« select committee of the Roxburghe Club, should unite
« their tastes and purses, to put forth, from the SHAKS-
« PEARE PRESS, an octavo volume of prayers from the
« liturgy, decorated in a manner similar to what we
« observe in the devotional publications just alluded
« to — do you think the attempt would be successful?
« In other words, where are the ink and vellum which
« can match with what we see in the Missals of old?
« The doubtful success of such an experiment would
« render it extremely hazardous; even were it not
« attended with, what may be called; an immensity
« of expense. Welcome therefore, again, I exclaim,
« the rich and fanciful furniture which garnishes the
« texts of early printed books of devotion.....»

Ces impressions parisiennes, dont les étrangers sont
les premiers à reconnaître toute la supériorité, devaient naturellement tenir une place un peu étendue dans un ouvrage de bibliographie consacré à toutes les curiosités typographiques, et imprimé à Paris;
nous nous en sommes occupé d'autant plus volontiers
que personne avant nous n'avait cherché à en donner
une liste tant soit peu complète. T.-F. Dibdin, dans
l'ouvrage que nous venons de citer, ne les a considérées que sous le point de vue qu'admettait son plan,
et Gab. Peignot, à qui nous devons sur le même sujet
des détails curieux consignés dans ses *Recherches sur
les danses des morts*, s'est borné à cinq ou six éditions qu'il avait sous les yeux, ou qu'il a décrites d'a-
près la notice qu'en a donnée M. Raymond dans le
Magasin encylop. (1814, tome V). Nous conviendrons
néanmoins que les deux excellents catalogues de livres imprimés sur VÉLIN, dont Joseph Van Praet a
enrichi la bibliographie, nous ont fourni un grand
nombre de renseignements exacts et curieux que nous
aurions vainement cherchés ailleurs : c'est encore,
nous aimons à le répéter, à l'extrême obligeance de
ce célèbre bibliothécaire que nous devons la commu-

nication des exemplaires nombreux et variés de ces
Heures que possède la Bibliothèque impériale : ce qui
nous a mis à même de donner à leur sujet des détails
qu'on ne trouvera peut-être pas sans utilité. Notre
travail sera divisé en autant de paragraphes qu'il y a
eu de libraires ou d'imprimeurs distingués dans ce
genre de publications, en commençant par Phil. Pigouchet ; et nous réunirons en un dernier paragraphe toutes
les Heures qui n'appartiennent à aucune des classes
précédentes, en gardant toujours l'ordre chronologique de leurs dates. Presque toutes les Heures que
nous allons décrire étant imprimées sur VÉLIN, nous
avons cru inutile de le répéter à chaque article, et il
nous a paru plus simple, au contraire, de faire remarquer celles que nous ne connaissons que sur papier.

Depuis la publication de notre quatrième édition,
il a paru sur le sujet qui nous occupe deux monographies fort remarquables, dues à la plume de feu Jules
Renouvier, artiste distingué et grand connaisseur des
produits de la gravure (1). Ces opuscules sont excellents
sous le rapport artistique ; ils donnent des détails fort

---

(1) DES GRAVURES EN BOIS dans les livres d'Anthoine Verard,
maître libraire, imprimeur, enlumineur et tailleur sur bois, 1485-
1515. *Paris, Aug. Aubry* (imprimé à Lyon par Louis Perrin), 1859,
in-8. de 50 pp. avec une gravure, tiré à 200 exemplaires, 8 fr.; papier de Hollande, 12 fr.

DES GRAVURES SUR BOIS dans les livres de Simon Vostre, libraire
d'Heures... avec un avant-propos par George Duplessis. *Paris, Auguste Aubry* (impr. à Lyon, par L. Perrin), 1862, in-8. de VII et
22 pp. avec 3 gravures, fac-simile et plusieurs vignettes; tiré à
200 exemplaires. Le libraire qui vend cet opuscule en a publié un
autre, également tiré à petit nombre, sous ce titre : *Jean de Paris,
varlet de chambre et peintre ordinaire des rois Charles VIII et
Louis XII*, précédé d'une notice sur la vie et les ouvrages de
M. Renouvier, par George Duplessis, et de la *bibliographie complète des œuvres de cet auteur*, in-8., 5 fr.; pap. de Hollande, 8 fr.

curieux sur la composition des livres d'Heures dues à Simon Vostre et à Ant. Verard, et font bien connaître les planches qui les décorent et les modifications qui ont été successivement introduites dans plusieurs de leurs éditions ; seulement il nous a paru que l'auteur y avait trop négligé les renseignements bibliographiques, qui, pour un artiste, pouvaient n'avoir qu'un intérêt secondaire, mais qui sont indispensables pour faire bien connaître en quoi une édition diffère d'une autre édition, et surtout si l'exemplaire qu'on veut acheter est bien complet. Nous avons mis à profit les recherches de J. Renouvier, ainsi que celles du même genre que contient l'*Essai sur l'histoire de la gravure en bois*, par M. A. F. Didot. L'auteur de ce dernier ouvrage, voulant contribuer d'une manière plus efficace encore à l'amélioration de nos notices et nous mettre à même d'en augmenter le nombre, a eu l'obligeance bien méritoire de nous confier tous les précieux volumes qui composent sa belle collection d'anciens livres d'Heures imprimés, laquelle forme la suite naturelle d'une autre collection plus importante encore, celle des *Heures manuscrites* de toutes les époques et de toutes les écoles, depuis le ixe siècle, que le même célèbre amateur est parvenu à réunir dans son admirable cabinet.

Nota. L'encadrement de la page 1553-1554 est tiré des Heures d'Antoine Verard de 1488 ; — ceux des pages 1555 à 1562 de diverses éditions des Heures de Simon Vostre ; — celui de la page 1563-1564 des Heures de Geofroy Tory de 1525 ; — celui de la page 1565-1566 des Heures de Guillaume Roville de 1551 ; — celui de la page 1567-1568 est un des beaux entourages employés par Jean de Tournes dès 1557 ; — enfin la lettre initiale (P), à la page 1553, est tirée de l'alphabet de la mort, dessiné par Hans Holbein. Ces différents spécimens proviennent de la collection de M. A. F. Didot.

I. Pigouchet.

Philippe Pigouchet a non-seulement imprimé presque toutes les Heures publiées par Simon Vostre de 1488 à 1502, ainsi que plusieurs autres Heures pour Pierre Regnault, libraire de Caen, et pour Guillaume Eustache, libraire de Paris, dont on trouvera plus bas l'article; mais avant d'avoir mis sa presse au service de ces trois libraires, il avait déjà publié sous son seul nom et pour son propre compte plusieurs livres d'Heures, dont l'Almanach, indiquant les dates de Pâques, commence à l'année 1488; et il est très-probable que ces premières productions ont été exécutées dans le courant de l'année 1487, antérieurement à celles qui portent le nom de Simon Vostre, et précisément à la même époque où Verard et Jean Du Pré, chacun de son côté, essayaient de perfectionner ce même genre de fabrication. Le succès des Heures de Vostre n'empêcha pourtant pas Pigouchet de continuer de vendre les siennes, soit par lui-même, soit par l'entremise de Geofroy de Marnef, de Jean Poitevin et d'autres libraires (voir l'article de Vostre à la date de 1499). Ces dernières sont aussi ornées de grandes figures et de bordures gravées sur bois, qui, quoique généralement inférieures à celles de Vostre et de Kerver, n'en sont pas moins dignes de l'attention des curieux.

1. Heures à l'usage de Rome (sur le feuillet qui sert de titre, la marque et le nom de Philippe Pigouchet, avec la figure représentant l'homme et la femme sauvages et les deux PP réunis qui sont le monogramme de Pigouchet, (voir ci-dessous). A la fin du volume :

₁₂ PHILIPPE PIGOVCHET.

Imprimees par Philippe pigou‖chet Libraire de l'uniuersite de Paris (sans date). Petit in-8. goth., feuillets non chiffrés, sign. a—o par 8 et p par 4, à 21 lignes par page, grandes initiales rubriquées. (Almanach pour 21 ans, de 1488 à 1508.)

Cette édition, une des premières qu'ait données Pigouchet, est en gros caractères. Elle a 18 grandes gravures et des bordures différentes de celles des Heures imprimées plus tard pour Simon Vostre, et elles sont plus archaïques. Le calendrier n'a pas de quatrains pour chaque mois ; les sujets des encadrements ne présentent pas ceux de la Danse des morts; mais parmi les grandes figures se trouvent *les trois vifs* et *les trois morts*. Ces deux planches, placées en regard l'une de l'autre, sont aussi dans l'édition que nous allons décrire.

2. — Autre édition imprimée par Philippe Pigouchet, dont le nom et la devise sont sur le frontispice, lequel ne porte pas de titre; l'almanach y est aussi pour 21 ans, de 1488 à 1508. Au verso du dernier f., on lit : *Ces presentes heures a l'usage de Rō‖ me ont este imprimees par Philippe py‖ gouchet Libraire de l'uniuersite de Paris ‖ demourant en la dicte uniuersite, en la Rue‖ de la herpe deuant sainct cosme.* Pet. in-8. goth. de 100 ff. non chiffrés, sign. a—n par 8, excepté k qui n'en a que 4. Les pages entières ont 24 lignes; le verso du dernier f. est tout blanc.

Cette édition, qui est en moins gros caractères que la précédente, a dans le calendrier un quatrain français pour chaque mois. On y compte 15 grandes figures, non compris le frontispice. Les sujets que présentent les bordures sont à peu près les mêmes que dans l'édition ci-dessus.

2 *bis.* — Autre édition où le caractère, le texte, les gravures et les encadrements sont les mêmes; mais la composition typographique est autre, puisque la totalité des lignes diffère. C'est donc incontestablement une autre édition. La souscription finale a été grattée dans l'exemplaire de M. A.-F. Didot, volume pet. in-8., sign. a—n de 8 feuillets, excepté k qui est de 4. M. Didot possède un exemplaire sur VÉLIN de chacune de ces trois éditions. Leurs frontispices ne font pas connaître quel usage on a suivi dans les Heures auxquelles ils appartiennent, mais la lettre R, placée au bas de la première page de chaque cahier, indique que c'est l'usage de Rome; et de même dans d'autres éditions à l'usage de Paris ou de toute autre ville, la première lettre du nom de ville est placée au bas du premier f. de chaque cahier, et même assez ordinairement aux endroits où la liturgie est spéciale à tel ou tel diocèse.

3. Heures a l'usaige de Rōme. *Paris, Philippe pygouchet,* in-8. goth., fig. et bordures.

L'Almanach, ou table des Pâques, qui suit le titre de ces Heures, commence à l'année *iiii xxviii* (1488). Un exemplaire imprimé sur VÉLIN, 38 fr. 50 c. Boutourlin.

4. (Horæ) ad vsum Parisiensem (marque de Pigouchet [voy. ci-dessous], et alma-

nach de 1488 à 1508), gr. in-8. goth.
de 91 ff., à 25 lign. à la page.

Dans l'exemplaire de cette édition que possède la Bibliothèque impériale, le second. feuillet a été remplacé par un frontispice d'*Heures a lusaige de Rome*, imprimées par Gillet Hardouyn, en 1509, au plus tôt, époque à laquelle ce libraire devint imprimeur.

Ces Heures ont 20 figures, grandes et moyennes, et des bordures à compartiments, représentant différents sujets de l'Écriture sainte, médiocrement gravés, avec des inscriptions en latin. Les bordures sont inférieures à celles des Heures de Simon Vostre. A en juger par l'almanach, qui commence en 1488, on pourrait croire que ce volume a été imprimé dans cette même année; ce ne serait cependant là qu'une preuve insuffisante, car dans les anciennes Heures le même almanach se répétait plusieurs années de suite sans changement; et en effet nous retrouvons celui-ci dans une édition datée de 1491 (*Biblioth. spencer.*, IV, p. 510), édition tellement conforme à la nôtre, que nous sommes tenté de croire que c'est la même. Elle porte également sur le titre les mots *ad vsum Parisiensem* au-dessous de la marque de Philippe Pigouchet. Elle a des signat. de A—M.iiij, ce qui forme 92 ff., dont le dernier (manquant à notre exemplaire) présente à son recto la souscription suivante :

Ces presentes heures à lusage de Paris furent acheuees le premier iour de decembre mil quatre cenlz quatre vinglz et unz par Philippes pigouchet imprimeur demeurant en la rue de la herpe deuant saint cosme en lostel du col liege de dinuille. qui en vouldra auoir il en trouuera au dit lieu et deuant saint yves a lenseigne du pellican en la rue saint iacques.

et au verso la devise de *Marnef* (*Geoffroy*). Le nom de ce dernier se trouve dans une édition des *Horæ Mariæ virginis ad usum ecclesiæ Romanæ*, in-8. à la date de 1489, qui se conserve dans la Biblioth. bodléienne (*Cotton*, *Typogr. gazetteer*, p. 196); il est aussi dans une édition des mêmes Heures de la Vierge, in-4., à la date de 1493, indiquée dans la *Biblioth. harl.*, IV, 10202.

Ajoutons que la Bibliothèque bodléienne conserve une édition de ces Heures de la Vierge, *acheuees . par Philippe pigouchet, libraire de luniuersite de paris*, 1488, in-8., et qu'elle possède aussi des Heures à l'usage de Tours, par Phil. Pigouchet, 1491, in-4. (*Cotton*, pp. 196 et 197.) Nous décrirons ci-dessous, sous le n° 339, des Heures de Troyes imprimées pour Geoffroy de Marnef, en 1493.

Pour trois éditions imprimées par Pigouchet pour Guillaume Eustace, de 1503 à 1509, voyez au paragraphe VII, l'article de ce libraire, n°ˢ 285, 286, et 288.

5. HEURES a lusaige de Rouen. *furent acheuees le* VI *iour de mars, Lan mil. cccc. quatre xx. et xij. Pour Pierre regnault libraire de luniuersite de Caen. demourant audit lieu*, pet. in-8. goth.

Cette édition porte sur le frontispice la marque de Phil. Pigouchet, et elle a un almanach pour les années 1488 à 1508. Les grandes planches et les bordures à compartiments sont dans le même genre que les précédents, mais tout à fait différentes de celles de Vostre et de Kerver.

M. Cotton cite, à la p. 197 de son *Typogr. gazetteer*, des Heures à l'usage de Baieux, *Pour Pierre regnault libraire de luniuersité de Caen*, 1497, in-8.

Pierre Regnault a fait usage de la marque suivante.

6. HEURES a lusage de Rome. (à la fin) : *Furent acheuees le xx. iour de decembre. Lan* M. CCCC. IIII. XX · et XIIII (1494) *par Philippe pigouchet libraire de luniversite de Paris*, in-8. goth. de 92 ff., fig. et bordures. (*Panzer*, II, p. 304.)

7. Heures a lusage de Paris. (à la fin) : *Furẽt acheuees Le . xv. iour de ianuier Lan Mil* cccc *iiii. xx. et xiiii. Par Philippe pigouchet*, etc., pet. in-8. goth., sign. *a—m*.

Édition ornée de 16 grandes planches en bois, et de bordures autour des pages. Sur le premier feuillet recto se voit la marque de Ph. Pigouchet, laquelle occupe la page entière; et on lit au verso du dernier feuillet une souscription dont nous avons fait le titre ci-dessus. Vendu 37 fr. 50 c. Duriez, et 34 fr. 50 c., annoncé sous la date de 1489, Bruyères-Chalabre.

8. HEURES a lusaige de Chartres. *Paris, Philippe Pigouchet*, 1498, in-8. goth., fig. sur bois.

Vend. 13 fr. Lamy, en 1808.

9. — a lusage de Rome. (à la fin) : *Furẽt acheuees Lan mil. cccc. quatre vigts.et dix neuf. le unziesme iour de Feurier. Par Philippe pigouchet libraire demourant a Paris a la rue de la herpe, deuã sainct cosme...* in-8. goth., sign. a—m. 26 lig. par page, fig.

Fossi, *Biblioth. Magliab.*, II, col. 252. Il ne dit pas que l'exemplaire soit sur VÉLIN.

10. HEURES a lusage de Liege. (à la fin): *Furent acheuees le vii. iour doctobre Lan mil cinq cens. par Philippe Pigouchet*, in-8. goth., fig. (*Maittaire*, I, 712.)

11. — a lusaige de Rôme. (marque de Phil. Pigouchet, et almanach de 1501 à 1520). (à la fin) : *Furent acheuees le .xv. iour de Juillet par Philippe pigouchet. Lan Mil cinq cent et deux*, in-8. goth. de 108 ff., fig. et bordures.

12. — a lusage de Rome, 1504, in-8. fig. sur bois.

Vend. 18 fr. Gianfilippi.

Nous citons à l'article de *Sim. Vostre*, des Heures à l'usage de Tournay, impr. par Ph. Pigouchet, avec un almanach commençant en 1502, et à l'article de *Guill. Eustace*, d'autres Heures sorties des mêmes presses, en 1503 et en 1509. Ce sont les dernières où se lise le nom de Ph. Pigouchet.

II. Simon Vostre.

Le nom de Simon Vostre, qui commence à paraître l'année 1488 au plus tard, ne se trouve plus après 1520. Ce libraire a-t-il publié quelque chose depuis cette époque? Nous l'ignorons, mais nous remarquons qu'en 1522 Nicole Vostre lui succède, *rue neuve Nostre Dame, a lenseigne sainct Jehan leuangeliste*, où il avait demeuré pendant tout le temps qu'il exerça son commerce. Vostre, dont nous allons indiquer un si grand nombre de publications pieuses, s'est servi jusqu'en 1502, au moins, des presses de *Philippe Pigouchet*, et nous voyons qu'en 1506 il fit imprimer des Heures de la Vierge chez *Wolfgang Hopyl*, et d'autres vers 1507 et 1512, par Nic. Higman (n°⁸ 70 et 73). Il n'était donc pas imprimeur dès l'année 1500, comme l'ont dit La Caille et Lottin; nous sommes même porté à croire qu'il ne l'a jamais été, car nous trouvons dans presque toutes ses éditions, jusqu'à la fin : *imprimé pour Simon Vostre*, et jamais *imprimé par*. Le missel de Paris, imprimé en 1497, in-fol., *per Udalricum Gering et Berchtoldum Renbolt*, l'a été *expensis honesti viri Simonis Vostre... librarii*. Celui de 1504, également in-fol., est sorti des presses de Wolfg. Hopyl, *impensis ac sumptibus Simonis Vostre*; et le missel romain de 1517, in-fol., a été donné par Simon Vostre, en société avec Thielman Kerver, qui était imprimeur. *L'exposition de la reigle monsieur sainct Benoist*, in-fol. de 175 ff. à 2 col., caract. goth., sans date, a été impr. par *Pierre Vidoue pour Simon Vostre* (après 1510, mais l'ouvrage a été écrit en 1480). Enfin La Caille lui-même nous apprend que Vostre a fait imprimer, en 1512, une Bible latine in-fol., chez Phil. Pigouchet (1). Par ces exemples, et par beaucoup d'autres que nous pourrions citer, on voit que Simon Vostre n'a pas borné son commerce aux seules Heures; mais c'est ce genre de publication seulement qu'il l'a emporté sur tous ses concurrents. Nous devons à son goût éclairé les charmantes bordures en arabesques qui décorent toutes ses Heures, et les jolies petites figures qu'offrent ces mêmes bordures. D'abord peu variées, mais déjà fort remarquables dans les éditions

(1) Cependant, dans une souscription qui est imprimée au verso du 104ᵉ feuillet des *Statuta synodalia olim per Reverendos Patres Tullensis ecclesie presules edita* (1515, *die x februarii*), on lit *per Symonem Uostre bibliopolam alme universitatis Parisiensis, impressa*.

données par lui vers 1488, ces bordures présentaient dès lors une suite de petits sujets, qui, peu à peu, se multiplièrent assez pour qu'il pût enfin se dispenser de répéter plusieurs fois de suite les mêmes planches, comme il avait été obligé de le faire dans l'origine, et même pour qu'il fût possible de les varier d'une édition à l'autre. Dans celles qui parurent un peu après 1488, nous remarquons *l'Histoire de J.-C. et de la Vierge, l'Histoire de Suzanne et de l'Enfant prodigue, les Quinze signes de la fin du monde, les Vertus théologales et cardinales* personnifiées, et surtout la *Danse des morts* que Vostre a employée depuis dans toutes ses éditions : *l'histoire de Joseph* et les *douze Sibylles* y furent ajoutées vers 1498, les *Miracles Nostre-dame*, vers 1506; et, à peu près dans le même temps, *l'Apocalypse* y fut réunie, ainsi que *le Triomphe de César*. C'est vers 1510 que parurent, pour la première fois, *les Accidents de l'homme*, faisant suite à la Danse des morts; enfin, deux ans plus tard, nous trouvons *la Vie de Tobie* et celle de *Judith* qui figurent encore en 1520. Toutes ces suites sont ordinairement accompagnées d'un texte fort court, en latin, ou de quelques vers français d'une naïveté remarquable, et où se lisent des mots qu'on est fort surpris de trouver dans un livre de piété, des mots qu'on n'oserait plus imprimer en toutes lettres maintenant, même dans les ouvrages les plus mondains. Voilà peut-être ce qui contribue le plus à faire rechercher aujourd'hui ces singulières productions, et ce qui en augmentera le prix à mesure que nous nous éloignerons davantage de l'époque de leur publication. Les exemplaires les plus curieux, à notre avis, sont ceux qui renferment un plus grand nombre de ces pieux quatrains, et qui réunissent la plus grande partie des petites suites que nous venons de signaler. Sous ce rapport, les éditions publiées de 1512 à 1520 méritent la préférence; mais, d'un autre côté, pour le choix des épreuves, pour la variété des arabesques, pour la beauté du tirage, les éditions données vers 1498 ou 1500 l'emportent sur les dernières (voir les n°⁸ 40 et suiv.). C'est là un avantage que ne négligeront ni les artistes ni les amateurs d'anciennes gravures sur bois, et qu'ils trouveront surtout dans les exemplaires en grand format, que nous leur conseillons de choisir non enluminés.

13. HORE intemerate virginis Marie secundum usum Romane curie. (à la fin) : *Ces presentes heures a lusaige de Rome furent acheuees par Philippe Pigouchet le cinquiesme iour de Janvier Lan de grace Mil quatre centz quatre vingtz et vi. pour Simon Vostre libraire demourant a Paris en la rue neuue nostre dame pres la grant eglize.* Gr. in-8. goth. de 78 ff., à 2 col., sign. a—k, avec des fig. et des bordures gravées sur bois.

Le sommaire latin dont on a fait le titre ci-dessus est au f. 15 verso, mais le livre commence par un calendrier occupant 8 ff.; au 9ᵉ, sign. b, *Initium evangelii secundum Iohannem*. La souscription est placée au recto du dernier feuillet, au verso duquel se lisent des vers français. Un exemplaire imprimé sur VÉLIN est décrit par Panzer, II, p. 287. Un autre se conservait dernièrement chez le conseiller Nagler, à Berlin, et doit être maintenant dans la Bibliothèque royale de la même ville.

Quoique nous conservions ici la date de 1486 que nous avons donnée précédemment à cette édition, d'après le témoignage de Panzer, de Hain et d'Ebert, nous doutons fort de son exactitude, et nous supposerions même volontiers que, comme dans les caractères gothiques les lettres *v* et *x* se ressemblent beaucoup, on aura pris l'une pour l'autre, et lu *quatre-vingt et vi* au lieu de *quatre-vingt et xi*; de même que cela est arrivé à l'égard des *Horæ beatæ Mariæ Virginis*, publiées à Paris par Pierre Le Rouge et Vincent Coinmin, sous la date *du neufiesme iour de may Mil cccc quatre-vingt xi*, lesquelles ont été annoncées sous la date de 1486, dans le catalogue du comte de Mac-Carthy Reagh ; *Paris, De Bure frères*, 1815, tome Ier, n° 300 (voir ci-après le n° 336). D'ailleurs nous ne croyons pas que Pigouchet ait imprimé pour Vostre avant l'année 1488. Ajoutons que si 'les deux dates de 2486 étaient exactes, l'impression de l'édition de Le Rouge, qui est du 9 mai (après Pâques) aurait précédé de plus de six mois celle de Pigouchet, du 5 janvier de la même année (vieux style). L'édition de Vostre dont nous parlons n'a point de frontispice, et c'est du sommaire imprimé au verso du 15° f. que l'on a fait le titre latin donné ci-dessus.

Une édition de 1484, in-4. (exemplaire sur VÉLIN), sous le titre d'*Officium beatæ virginis secundum usum Romanum...* Paris, pour Simon Vostre, *cum figuris Philippi Pigouchet in singulis paginis*, est portée dans le catalogue Capponi, p. 414 ; mais comme ce titre factice ne saurait être exact, nous ne croyons pas en devoir tenir compte.

Quant aux *Heures à l'usage de Bourges*, in-8. goth., annoncées en 1825, et portées à 20 fr. dans le catalogue de Mazoyer, où on lit : *Imprime Lan* 1487 *pour Simon Vostre*, la date n'en doit pas être exacte.

14. HEURES a lusage de Rome. Au-dessous de la marque et du nom de Pigouchet le titre suivant : *Ces presentes heures a lusage de Rome fu‖rēt acheuez le xvj. iour de septembre. Lan Mil ‖ cccc. iiii. xx et viij pour Simon vostre li ‖ braire demourant a Paris a la rue neuve nostre ‖ dame a lymage sainct Jehan leuangeliste* (avec la marque de Phil. Pigouchet, voy. à la col. 1569), gr. in-8. goth. de 95 ff., dont 2 prélim. pour l'almanach et le calendrier (de 1488 à 1508). Hauteur, 203 millimètres.

Cette édition n'a, dans le texte, que quelques gravures moyennes et petites, et les bordures sont de simples ornements en arabesques, souvent répétés. (*Biblioth. impériale.*) L'exemplaire de la bibliothèque de Parme a 96 ff.

15. — a lusage de Rome. *Ces presentes heures a lusaige de Romme furēt acheuees le* VIII *iour de Aoust. Lan* M. CCCC... *pour Simon Vostre*, pet. in-4. goth. de 88 ff. non chiffrés.

Dans l'exemplaire de cette édition qui se conserve à la Bibliothèque impériale, la fin de la date est effacée, en sorte que nous n'en pouvons marquer exactement l'année. A la vérité, l'almanach commence en 1488, mais comme il est le même dans plusieurs éditions postérieures, et notamment dans celles de 1497 et 1498, on n'en peut rien conclure de positif. Ce qu'il y a de certain, c'est que l'édition est bien préférable à la précédente. On y compte 14 grandes planches ; et les bordures à compart. présentent, indépendamment de très-jolies arabesques, une suite de petits sujets, savoir : les vertus théologales et cardinales, la vie de la Vierge, la vie et la passion de J.-C., en 57 sujets répétés, l'histoire de Suzanne, en 12 sujets, celle de l'Enfant prodigue, en 8 sujets, les 15 signes et le jugement dernier, enfin la Danse des morts, en 78 fig., dont 12 sont répétées, et avec des noms en français.

16. — Ces presentes heures a lusaige de Romme furēt ache ‖ uees le *viii. iour de*

Aoust. Lan M. CCCC. (les autres chiffres effacés) *pour Simõ vostre libraire demourāt a la rue neuue ‖ nostre dame a lenseigne sainct Jehan leuangeliste*, pet. in-8. de 90 ff. non chiffrés, sign. a—k par 8 et l par 10, goth. (sur le titre la marque et le nom de *Philippe Pigovchet*. Almanach pour 21 ans, de 1488 à 1508.)

Cette édition, datée du 8 août comme l'in-4., a 14 grandes planches, non compris le titre. Les sujets dont se composent les bordures paraissent être les mêmes que ceux dudit in-4. Il y a 78 sujets à la Danse des morts qui occupent le cahier h et les cinq premiers ff. du cahier i, et qui sont d'excellentes épreuves. Le verso du dernier f. n'a que 13 lignes.

Nous allons décrire ici deux autres éditions des Heures de Vostre, avec un almanach commençant en 1488, mais où, dans la souscription, les derniers chiffres de la date ont également été effacés.

— LES PRESENTES heures a lusaige de Rome *furent ache‖uez le xvj iour de Nouēbre lan mil* (le reste de la date effacé) *pour Simon Vostre Libraire. demourant a Pa‖ris a la rue neuue nostre dame a lenseigne saint Jehan le‖uangeliste*, pet. in-8. de 90 ff. non chiffrés, signat. a—k par 8 et l par 10 (sur le titre la marque et le nom de *Philippe Picgovchet;* almanach pour XXI ans, de 1488 à 1508), initiales rubriquées.

Au premier coup d'œil, cette édition paraît identique avec celle du VIII iour de Aoust ci-dessus. Même nombre de feuillets, même nombre de planches, sujets semblables dans les bordures. Cependant elle diffère dans le titre, dans la disposition des sujets et parmi les grandes planches, la première (*S. Jehan*), et l'*Annonciation*, sont les mêmes que dans les éditions de 1496 et 1497, et le verso du dernier f. y a 14 lignes (sur VÉLIN, dans le cabinet de M. A.-F. Didot.)

— CES PRESENTES heures a lusaige de Romme ache‖uees le XVII iour d'Auril. Lan M. CCCC (la suite de la date effacée) : *Pour Simon vostre Libraire demourāt a la rue neu‖ue a lenseigne sainct Jehan leuangeliste :* pet. in-8. de 96 ff. non chiffrés, à 26 lignes par page, figures et cadres sur bois (Bibliothèque impériale). Hauteur, 169 millimètres.

Les huit premiers ff. renferment le titre ci-dessus, précédé de la marque de Pigouchet ; un almanach pour 21 ans, commençant en 1488, et le calendrier. 10 fr. 50 c. seulement Mac-Carthy.

Nous avons eu sous les yeux deux autres éditions des anciennes Heures de Vostre, in-8., ayant également un almanach commençant en 1488, mais où les derniers chiffres de la date avaient été effacés.

Une édition in-4., sous la date de 1488, est portée dans le premier catalogue de Crevenna, I, p. 51 ; mais sous celle de 1498, et comme in-8. dans le second catalogue du même amateur, n° 350. — Voy. ci-dessous, n° 41.

17. HORE intemerate virginis marie (almanach de 1488 à 1508), gr. in-8. goth., fig. et borduros sur bois.

Dans l'exemplaire de cette édition que nous avons vu, il manque le titre qui doit porter le nom de Simon Vostre, et peut-être celui de Pigouchet et la date. Ce volume a des signat. *aij—l*, par cah. de 8 ff. et la fin un autre cah. de 8 ff. coté A, qui renferme les 7 psaumes en français. De même que dans l'édition annoncée sous la date de 1486, on trouve dans celle-ci, au 15° feuillet, le sommaire *Hore intemerate virginis marie*, dont nous avons formé le titre ci-dessus, qui, probablement, devait être *Heures a lusaige de Rome*. Ce même sommaire est placé au f. biij dans les éditions dont les préliminaires sont réduits à 5 feuillets au lieu de 8, parce que le calendrier n'y occupe que 3 feuillets au lieu de 6. Il y a 20 grandes planches et de grandes bordures où se voient les huit vertus, l'histoire de J.-C., les 15 signes (avec une courte explication en latin), les 66 sujets de la Danse des morts, et de jolies arabesques plusieurs fois répétées. — On remarque à chaque mois, dans le calendrier, un quatrain latin, et un autre en français, qui ont été reproduits dans un grand nombre d'éditions des Heures de Vostre et de Kerver. Les quatrains français sont réimpr. dans les *Mélanges d'une grande bibliothèque*, tome IX, pp. 12 à 14.

18. Les presentes heures a lusage de Romme *furent acherez le* XII *iour davril* M. CCCC. IIII. XXVIII. *pour Simon* Vostre (avec la marque de Pigouchet), fig. et encadrements sur bois, in-8. goth.

Un exemplaire imprimé sur VÉLIN, 140 fr. salle Silvestre, en novembre 1857.

Cette date du 12 avril 1488, vieux style, s'applique à l'année 1489 nouveau style. L'édition qui la porte doit être postérieure à l'édition du 16 septembre, que nous avons décrite, sous le n° 14, d'après l'exempl. de la Biblioth. impér., et également à celle dont Jules Renouvier (dans son opuscule sur Simon Vostre, publié en 1862) donne ainsi le titre: *Ces presentes Heures a lusage de Rome furent acheuees le xxiij iour de aout de lan de grace mil quatre vingts z* VIII, *pour Simon Vostre...* D'après deux exemplaires qu'il a vus, l'un à la Bibliothèque impériale, l'autre à Lyon, et qu'il décrit ainsi : Sur le premier f. la figure de *l'homme anatomique* ; la seconde planche représente le *saint Graal*, vase tenu par deux anges, et auprès duquel est agenouillé l'acteur, avec la devise *Spero lucem*. Les principaux offices sont marqués par de grands sujets encadrés de colonnettes et de cintres surbaissés à feuillages en fleurs. Ces sujets, au nombre de seize, sont : 1° *Le martyre de S. Jean*; 2° le *Baiser de Judas*; 3° la *Salutation angélique*; 4° la *Visitation*; 5° la *Nativité*; 6° l'*Annonciation aux bergers*; 6° l'*Adoration des Rois*; 7° le *Massacre des Innocents*; 8° le *Couronnement de la Vierge*; 9° le *Calvaire*; 10° la *Pentecôte*; 11° le *Roi David*; 12° et 13° *les Trois vifs et les Trois morts*; 14° l'*Enfer*; 15° la *Trinité*; 16° la *Messe de saint Grégoire*. Après avoir décrit l'édition du 22 août 1488, J. Renouvier s'occupe de celle dont les derniers chiffres de la date sont effacés, et qui est à la Biblioth. impér. (nous voulons parler de l'édit. sous la date du VIII *iour d'Aoust l'an* M. CCCC..... (n°° 15 et 16) que l'éditeur de l'opuscule a ainsi rétablie *M. CC. XXXXXX*, ce qui doit être le résultat d'une faute d'impression). Cette édition résume, selon lui, les principaux éléments de ce livre illustré, ce qu'on pourrait appeler sa première manière ou sa première formation. Mais cette description si bien détaillée et si curieuse, à laquelle nous renvoyons le lecteur, s'appliquant à une édition que plusieurs autres avaient déjà précédée, ne saurait atteindre exactement le but que se proposait son auteur, puisque effectivement les planches de cette édition à la date effacée n'ont paru qu'après celles de la véritable édition de 1488. Ces planches renouvelées, que notre auteur décrit avec complaisance et en artiste connaisseur, offrent quatorze sujets, parmi lesquels nous nommerons : *La Présentation au temple, la Fuite en Égypte, la Mort de la Vierge, le Bain de Betzabée, Lazare dans la maison du riche*, six sujets qui ne figurent pas dans les éditions bien datées de 1488, où ne se trouve pas non plus la *Danse des morts*, qui fait partie de l'édition décrite par Renouvier. Ces grandes planches sont encadrées de colonnettes feuillagées et voussures flamboyantes.

19. — Autres. (au verso du dernier feuillet) : *Ces presentes heures a lusaige de Rome furent acheuees le xxi iour Daoust. Lan Mil* CCCC. IIII *xx et* VIIIJ (1489) *pour Symon Vostre libraire*, pet. in-8. goth., fig. sur bois, sign. a—m.

A la planche du frontispice la marque et le nom de Philippe Pigouchet; au verso l'almanach pour XX ans de 1489 à 1508. Bordures en arabesques, mais point de sujets. Un exemplaire sur papier, 16 fr. 50 c. Rich. Heber, à Paris; sur VÉLIN, 34 fr. 50 c. Chalabre, en 1833.

20. HEURES a lusaige de Rome. *vingtiesme iour de Januier. Lan Mil* CCCC. IIII.XX *et* XI, *par Philippe Pigouchet pour Simon Vostre* (Almanach de 1488 à 1508), in-8. goth. de 80 ff., sign. a—k, figures et encadrements; avec la marque de Pigouchet sur le titre.

21. — Autre édition. (Au recto du dernier f.) : *Acheuees le premier iour de mars. Lan de grace Mil quatre centz quatre vingz z* XI. *pour Simon Vostre...* (avec la marque de Pigouchet) in-8. goth. de 8 et 84 ff. avec fig. et encadrements où sont les sujets de la Danse des morts (*Biblioth. de Sainte-Geneviève*).

Cette édition a 8 ff. préliminaires, comme le plus grand nombre de celles de Vostre. Les éditions in-4. en ont tantôt 5, tantôt 8.

22. — Autre édition. (Au recto du dernier feuillet) : *Ces presentes heures a lusage de Romme furent acheuees le xxii. iour de aoust. Lan mil quatre centz quatre vingz z* XIII. *pour Simon Vostre...* pet. in-4. goth. de 89 ff. fig. sur bois. (*Biblioth. impériale*.)

Pour deux éditions de 1494, voyez ci-dessus l'article *Pigouchet*.

23. Les presétes heures a lusaige de Rôme *furêt acheuees le siziesme iour doctobre. Lan Mil* CCCC. IIII. *xx et* XV. *pour Simô vostre libraire demourāt a Paris en la rue neuue nře dame a lēseigne saīct iehan leuāgeliste* (la marque et le nom de Philippe Pigouchet), gr. in-8., sign. a—i, grandes pl. et bordures (Almanach de 1488 à 1508).

Dans l'exemplaire impr. sur VÉLIN, vendu 36 fr., second catal. Reina, le cahier i avait 9 ff., mais il paraissait y manquer un 10° f.

24. — Autre édition. (a la fin) : *Acheuees le xiii iour de nouẽbre Lā* M. CCCC iiii. *xx et xv* (1495) *pour Simon Vostre...* in-8. goth. fig. sur bois.

Sur le titre, le nom et la marque de Phil. Pigouchet (calendrier de 1488 à 1508), exemplaire sur papier.

M. Didot possède un exemplaire sur VÉLIN daté du XXI jour de novembre mil.... (la date est effacée). Le calendrier est de 1488 à 1508, et les sign. vont de a—l.

25. Las horas de nuestra señora segun el uso de Roma, con otras muchas devociones en lengua castellana. — *Impressas en Paris, p. Nic. Higman por Simõ Vostre*, pet. in-8. de 96 ff.

Édition sans date, dont la première année de l'almanach remonte à 1495; on y trouve 18 vign. sur bois, mais pas de bordures. C'est probablement l'édition citée par Maittaire, I, p. 599. Nous avons vu l'exemplaire impr. sur papier, rel. en *mar. r.*, qui a été vendu 60 fr. en octobre 1847, et qu'on payerait plus cher aujourd'hui.

26. Les presentes heures a lusage de Rõme ‖ *furent acheuees le* XXII. *iour de May. Lan* ‖ *Mil.* CCCC. IIII XX τ XVI. *Pour Simon vostre libraire demourant a Paris en la* ‖ *rue neuue nostre dame a lenseigne sainct* ‖ *Iehan leuangeliste*, in-8. goth. de 95 ff. à 26 lignes par page, avec encadrements et fig. sur bois (Hain, nº 8850).

27. HEURES a lusaige de Paris.— *Acheuees le iiii. iour de juillet. Lan Mil* CCCC. IIII. XX *et* XVI *pour Simon Vostre* (la marque de Pigouchet), in-8. goth. de 132 ff. fig. (*Biblioth. de l'Institut.*)

28. HEURES a lusage de Rõme. — *Ces presentes heures a lusage de Rõme furẽt acheuees le xx iour de aoust. Lã Mil* CCCC. *quatre vingtz et xvj. pour Simon Vostre….* (marque de Pigouchet), pet. in-4. goth. sign. *a—l,* fig. et bordures, 27 lig. par page. (*Fossi,* II, col. 252.)

L'exemplaire appartenant à M. A.-F. Didot a de plus que celui-ci un cahier de huit feuillets portant en sommaire : *Sensuivent les sept pseaulmes translatez au plus pres du latin.* Ce cahier se trouve quelquefois joint à d'autres éditions des Heures de Vostre, ou même séparément.

29. Autre édition. (à la fin) : *Acheuees le* XVII *iour de septembre. Lan mil* CCCC. IIII. XX *et* XVI (1496). *Pour Simõ vostre…* (marque de Pigouchet), in-4. goth. de 69 ff.

Avec des figures et des bordures comme dans l'édition à la date effacée, décrite ci-dessus, nº 15. Mais ces bordures sont placées différemment, et, dans plusieurs sujets, des inscriptions latines remplacent certains ornements. 20 fr. Mac-Carthy; un exemplaire imprimé sur VÉLIN, 155 fr. Ch. Giraud.

30. HEURES a lusage de Rome (sur le frontispice, la marque et le nom de PHILIPPE PIGOVCHET, mais pas de titre; au verso almanach pour XXI ans, 1488 à 1508, et au verso du dernier f.): *Ces presentes heures a lusage de Rõ* ‖ *me furent acheuees le xxiij iour de jãuier* ‖ *Lan M. cccc. iiii. xx et xvi. pour Si* ‖ *mon vostre libraire demourant a la rue* ‖ *neuue a lenseigne sainct Jehã leuãgeliste*, in-8. goth. de 88 ff. non chiffrés, sign. a—l par 8, 26 lig. à la page.

Douze grandes planches, dont plusieurs sont différentes de celles des premières éditions de Pigouchet, sans date, qui ne portent pas le nom de Simon Vostre. Dans les encadrements, les sujets de la Danse des morts commencent au recto du 1ᵉʳ f. du cahier *h* et finissent au verso du 5ᵉ f. du cahier *i*.

Un exemplaire imprimé sur VÉLIN se conserve à la Bibliothèque impériale; un autre également sur VÉLIN, et revêtu d'une reliure richement ornée, 100 fr. Bruyères-Chalabre, nº 114 de son catalogue, où l'on donne au volume 92 ff.; un exemplaire sur papier chez M. Didot.

31. — a l'usage de Rome. (à la fin) : *Ces presentes heures a lusage de Rome furent acheuees le xx iour de Mars de lan M. cccc. iiii. xx. τ xvi. pour Simon vostre libraire…* pet. in-8. goth. fig. et vignettes (calendrier de 1488 à 1508).

Un exemplaire imprimé sur VÉLIN, contenant treize grandes figures et des encadrements, rel. en velours, 600 fr. catalogue de Tross, 1862, art. 1706. Un autre exemplaire en *mar. br. à compartiments*, rel. par Trautz, 520 fr. le comte H. de Ch… en 1863.

32. HEURES a lusage Dangers. (au verso du dern. feuillet) : *Ces presentes heures a lusage Dãgiers furent acheuees le xv iour de feurier. Lã Mil* CCCC. *iiii xx et xvi. pour Simõ vostre libraire…..* in-8. de 84 ff., sign. a—l.

Sur la planche du frontispice la marque et le nom de Philippe Pigouchet, au verso almanach pour XXI ans, de 1488 à 1508. Jolies bordures et plusieurs grandes planches gravées sur bois. 42 fig. de la Danse des morts (un exemplaire sur papier, 19 fr., second catalogue Reina).

La planche de l'*Adoration des Bergers*, donnée par M. Piot dans la livraison de 1861 du *Cabinet de l'Amateur*, se trouve dans une édition des Heures de Pigouchet pour Simon Vostre, sous la date de 1496, et dans plusieurs de celles qui ont été faites pour Vostre; elle a été employée dans les éditions in-4. du même Pigouchet, mais agrandie par un encadrement. Nous ne savons pas si elle se trouve dans la véritable édition de 1488, mais elle est au moins dans des éditions sans date avec l'almanach de 1488 à 1508.

33. HORE intemerate dei genitricis virginis marie secundum usum romane curie. (à la fin la souscription suivante impr. en rouge) : *Officia quotidiana sive horas btẽ marie brevi pulcherrĩoq; stilo ; atq3 ordine compositas secundũ usum Romane ecclesie : cum pluribʒ memoriis & devotissimis orationibus illis annexis finem sumpsisse cernẽs o lector deuõtissime deo & suis conregnãtibʒ gratias age. Impressorẽqʒ Nicholaũ Higmã Alemanũ lauda : qui hoc op' Parisiis… impressit impẽsis Symonĩs Vostre…* (Almanach commençant à l'année 1495), in-8. goth., lettres rouges et noires, sign. *a—t,* avec figures et bordures, 26 lignes par page.

Ces heures, entièrement différentes des précédentes, sont décrites par Fossi, *Biblioth. Magl., II,* col. 251, et par Hain, 11981, où, à ce qu'il nous semble, on a pris pour un titre et pour un feuillet final celui qui donne le titre ci-dessus, avec la marque de Simon Vostre.

34. — Autre édition. *Acheuees le xvij. iour de Auril. Lan* M. CCCC. (IIII. XX. et XVII). *Pour Simon Vostre....* (marque de Pigouchet, et almanach de 1488 à 1508), petit in-8. goth. de 96 ff.

Vend. 10 fr. 50 c. (gâté) Mac-Carthy.

Figures et bordures, à peu près, comme dans l'édition précédente, et avec 99 fig. (66 sujets) à la Danse des morts. L'exemplaire de la Bibliothèque impériale a la date effacée : nous la suppléons par celle que donne Panzer, II, p. 315, mais en faisant observer que dans l'exemplaire décrit par ce bibliographe il y a à la fin une seconde souscription datée du 28 mars 1496, laquelle ne se trouve pas dans la nôtre.

36. Ces presentes heures a lusaige de Rõme *furĕt ache ‖ vez le* IIII. *iour de Nouêbre. Lan* M. CCCC. IIII xx *et ‖* XVII. *pour Simon vostre libraire demourant a la rue ‖ neuue nostre dame a lenseigne sainct Jehan leuãgeliste* (sur ce titre la marque de PHILIPPE PIGOUCHET), pet. in-4. goth. de 68 ff. non chiffrés, à 33 lig. par page, sign. a—h par 8 et i par 4, à 33 lignes par page; hauteur 215 millimètres.

Au verso du titre de ce volume est un almanach pour 21 ans de 1488 à 1508. Au recto du 2e f. l'*homme anatomique*, et au verso le saint Graal soutenu par deux anges, et à côté l'*acteur agenouillé*. Cette figure est différente et moins belle que celle qui la remplace dans les éditions de 1498. Le texte de celle de 1497 renferme 15 grandes planches, y compris le frontispice. Les sujets que présentent les encadrements sont variés et en général fort jolis. La Danse des morts (en 45 sujets) commence au verso du 7e f. du cah. e et finit au verso du 7e f. du cah. f. Les bordures, ainsi que les grandes planches, sont les mêmes que dans l'édition de 88 ff., *à la date effacée;* mais les figures sont agrandies par de nouvelles bordures, et les anciennes bordures par de nouveaux compartiments. Le dernier f. (le 8e du cah. ll) contient 35 lignes, dont voici la dernière : *de ton precieux ventre nostre seigneur iesu christ. Amen.*

Un bel exemplaire imprimé sur VÉLIN, avec les capitales peintes en or et en couleurs, a été retiré à 450 fr. première vente Veinant, en 1855, et porté à 900 fr. seconde vente du même, en 1860 ; il est aujourd'hui chez M. Didot. Un autre également sur VÉLIN, rel. en *veau br.* 300 fr. Sauvageot ; un semblable avait été vendu successivement 24 fr. Mac-Carthy ; 81 fr. Duriez ; 83 fr. Bruyeres de Chalabre. Ainsi, on le voit, en quelques années seulement, le prix d'un même exemplaire a plus que décuplé.

37. HEURES à lusaige de Paris... *Acheuez lan* CCCC. IIII. XX. *et* XVII (1497) *le xxiij iour de Decembre, pour Simon vostre,* gr. in-8. gothique de 88 feuillets figures et bordures. (Panzer, IX, p. 267.)

38. — a lusaige de Maux. *Paris (Vostre,* 1497?), in-8. (*Bibliotheca harl.,* IV, n° 18376.)

39. LES PRESENTES HEURES a lusaige de Tours *furent ache ‖ uees le* XXVI *iour de Nouêbre. Lan mil* CCCC. iiii xx. et ‖ xvij *pour Simon vostre libraire demourant a Paris a ‖ la rue neuue nostre dame : a lenseigne sainct iehan leuange ‖ liste* (la marque et le nom de Pigouchet sur le titre et au verso l'almanach qui est pour XXI ans, de 1488 à 1508), in-8. goth., sign. a—l par 8 et m par 4.

Les 14 grandes planches de ce volume sont les mêmes que celles de l'édition in-4., moins la dernière, celle de *la Trinité.* Les encadrements présentent des sujets divers et des arabesques ; la Danse des morts y occupe depuis le verso du 8e f. du cah. *g* jusqu'au verso du cah. *i.* — Un exemplaire sur VÉLIN se conserve chez M. Ambr.-Firm. Didot.

40. HORE presentes ad vsum Sarum *impresse fuerunt Pa ‖ risius per Philippū pigouchet Anno salutis* M. CCCC. ‖ xc viii *die vero xvi Maii. pro Symone vostre, librario ‖ cōmorante ibidĕ : in vico nuncupato nouo beate Marie ‖ in intersignio sancti Johannis euangeliste,* in-8. goth., sign. a—q par 8, 26 lig. par page ; sur le titre le nom et la marque de Pigouchet. Almanach pour XXI ans, de 1488 à 1508. On trouve au calendrier un quatrain latin pour chaque mois de l'année.

Ce volume est orné de 13 grandes planches (non compris le frontispice). Les bordures sont variées et choisies parmi les plus jolies pièces de ce genre que Pigouchet et Vostre employaient dans leurs Heures à la date de celle-ci. La Danse des morts commence au recto du 8e f. du cah. *l* et finit au recto du 5e f. du cah. *o.* Les deux derniers feuillets contiennent des prières en anglais avec ce sommaire en tête : *The contentis of thys booke.* Le verso du dernier f. porte 24 lignes.

D'après le bel exemplaire imprimé sur VÉLIN que M. Ambr.-Firm. Didot a payé 50 liv. sterl. à la vente Libri, en 1862.

41. Ces presentes heures a lusaige de Noïon *furĕt acheuez le* VIII *jour de Aoust lan* M. CCCC IIIIXX *et* XVIII (1498) *pour Simon Vostre libraire demourant a Paris...* (marque de Pigouchet), in-8. de 86 ff. avec fig.

Un exemplaire imprimé sur VÉLIN. 46 fr. dans une vente faite à Bruxelles, en 1839.

Un exemplaire annoncé in-8., et sous la date du 27 août 1498, a été vend. 5 flor. Crevenna, et le même, probablement, 78 fr. fig. peintes, Mac-Carthy.

42. Ces presentes heures a lusaige de Rome *furĕt acheuez lan Mil CCCC. iiii vv τ* XVIII. *le* XXII *iour de Aoust pour Symon vostre...* (le nom et la marque de Philippe Pigouchet sur le titre), pet. in-4. goth., sign. a—i par 8, feuillets non chiffrés, 33 lignes par page.

Le verso du titre contient l'almanach de 1488 à 1508, le recto du 2e f. l'*homme anatomique,* et le verso le saint Graal différent de celui de l'édition de

1497. Il y a dans le texte 21 figures, 6 de plus que dans celle de 1497, et parmi lesquelles on remarque *l'Arbre de Jessé, le Combat où Urie fut tué, le Jugement dernier et la Messe de S. Grégoire.* Plusieurs des anciens sujets ont été refaits sur de nouveaux dessins meilleurs que les premiers. Dans les bordures qui sont aussi fort belles, on remarque *les Vertus théologales et cardinales, la Vie de J.-C.* et *de la Vierge Marie, Suzanne, l'Enfant prodigue, les 15 Signes,* 48 sujets de la Danse des morts, et divers ornements répétés. Il y a des exemplaires qui n'ont que 18 grandes planches. Les sujets de la Danse des morts occupent lès huit ff. du cahier *f.* Hauteur du volume, 225 millimètres. Un exemplaire sur VÉLIN est conservé dans le cabinet de M. Didot ; c'est peut-être le même que celui qui a été vendu 399 fr. Le Prevost, en 1857 ; un autre se trouve à la Bibliothèque impériale.

43. Ces presentes heures a lusaige de Paris ‖ sont toutes au lõg sans rien requerir. Et ‖ *furent acheuees le vɪɪj iour de septembre ‖ lan mil cccc. iiij xx et xviij. pour Simõ ‖ Vostre, libraire,* pet. in-4. goth.

Belle édition en gros caractères gothiques à longues lignes, au nombre de 26 par page, en noir et en rouge, ornée de 16 bonnes gravures sur bois d'une grandeur moyenne ; la première est répétée au verso du 8ᵉ f. du cah. *k.* Il n'y a pas de bordures, mais seulement quelques petites vignettes vers la fin du volume. Ce livre commence par le titre ci-dessus, au verso duquel se trouve l'almanach pour XI ans, de 1498 à 1508. Le premier cahier est de 4 ff., dont 3 pour le calendrier imprimé sur deux colonnes, et n'a pas de signatures ; les autres cahiers, signat. de B à N, sont de 8 ff. chacun, excepté N qui n'en a que 4. Le verso du dernier contient 27 lignes d'une prière française, terminée par les mots : *Ave Maria.*

Un exemplaire sur papier, 112 fr. Robert-Dumesnil, en décembre 1858.

44. Ces presentes heures a lusaige de Rõme *furẽt acheuez le xvj. iour de Septembre. Lan Mil CCCC. ɪɪɪ. xx et xvɪɪɪ pour Simon Vostre libraire demourant a Paris.....* (sur le titre le nom et la marque de Philippe Pigouchet, à la fin : *finis*), pet. in-4. goth., sign. a—l par 8 et A aussi par 8 (Almanach pour XXI ans, commençant en 1498) ; hauteur, près de 205 millimètres.

Cette édition datée du XVI septembre étant d'un plus petit format et en plus gros caractères que celle du XXII août, a 8 ff. de plus que cette dernière. On y trouve les mêmes grandes planches, et dans les bordures à peu près les mêmes sujets, mais autrement placés. La Danse des morts commence au recto du 8ᵉ f. du cah. *g* et finit au verso du 2ᵉ f. du cah. *i.* Sur VÉLIN, 50 fr. Bruyères-Chalabre, et 300 fr. Lechevalier, en 1857.

Le fac-simile des huit petits sujets de l'Enfant prodigue est donné d'après cette édition dans le *Bibiogr. Décameron*, I, p. 61.

45. HEURES a lusaige de Verdun *acheuez lan mil cccc ɪɪɪ xx et xvɪɪɪ, le xxvɪj iour de Octobre pour Simon Vostre* (nom et marque de Phil. Pigouchet), pet. in-8. goth. de 95 ff. (Almanach de 1488 [pour 1498] à 1508).

16 grandes planches et des bordures où figurent les

12 sibylles, l'Histoire de Joseph en 27 sujets, les Signes du jugement en 15, et la Danse des morts en 66, dont plusieurs sont répétés. (*Notice de M. Beaupré,* p. 14.)

46. — Autre édition. *Acheuees le xv. iour de Octobre. Lan* M. CCCC. IIII. XX. τ XIX (1499). *pour Simon Vostre* (marque de Phil. Pigouchet), in-8. goth. de 92 ff. fig. et bordures (Almanach de 1497 à 1510). (*Biblioth. impér.*)

Vend. 31 fr. en 1840.

Maittaire, I, 658, et Dibdin, *Decam.*, I, 91, citent une édition des Heures de Vostre à la fin de laquelle on lit : *imprimees a Paris le xv. Doctobre, mil quatre cens quatre vingt dix huit.* J. P. (Jehan Poitevin).

47. LAS HORAS DE NUESTRA SEÑORA con muchos otros oficios y oraciones. (à la fin) : *Impressas en paris fuerõ acabadas a xx dias d̃ nouiẽbre año del señor de Mill y quatrocientos τ* XCIX *años* (1499) *por Simõ Vostre...* in-4. goth. de 112 ff., avec fig. et bordures.

Edition belle et rare, avec 19 grandes planches, non compris le frontispice qui porte la marque de Pigouchet. Les figures où se voient 114 figures (66 sujets) à la Danse des morts, sont, en partie, les mêmes que dans les éditions précédentes.

48. HEURES a Lusaige de Toul. *Imprimees en* 1499, *le* 20 *Decembre pour Simon Vostre,* in-8. goth. fig. (Brienne-Laire, II, p. 249.)

Pour les Heures à l'usage de Rome, à la date du 11 février 1499, voyez l'article Pigouchet, ainsi que pour les Heures de Liége, de 1500.

49. Ces presentes heures a lusaige de Paris au long sans requerir *furent acheuees lan mil cinq cens, le xxv iour dapuril pour Symon Vostre* (à la marque de Philippe Pigouchet), in-8. goth.

19 grandes planches et encadrements. Vend. 252 fr. Sauvageot, et 200 fr. Catal. du baron Grandjean d'Atteville, 1862.

50. HEURES de Nostre dame, en françoys et en latin, imprimees a Paris nouuellement. — *Cy finissent les heures en francoys, imprimees a Paris pour Simon Vostre,* sans date (vers 1500), pet. in-8. goth., signat. a—u, sur papier.

Ces Heures sont en vers français, et avec les passages latins imités sur les marges. L'édition, qui paraît être une copie de celle de Verard (voy. ci-après n° 151), est ornée de figures sur bois assez jolies. Dans l'exemplaire de la Bibliothèque impériale, B, 339, se trouvent réunies *Les Vigilles des morts translatees de latin en francoys,* impr. aussi pour Sim. Vostre, sans date, in-8. goth., sign. A —M également en vers français, et avec les passages latins à la marge.

On nous a communiqué la notice d'Heures a lusaige de Troyes, *acheuees lan* 1500 *le 25ᵉ iour de iuin, pour S. Vostre* (marque de Pigouchet sur le titre); pet. in-8., sur papier.

51. HEURES a lusaige de Rome... *acheuez le* XXVII. *iour de septẽbre. Lan mil* *cinq cens* .1 *pour Simon Vostre* (marque de Pigouchet), in-8. goth. de 8 et 123 ff. (Almanach de 1501 à 1520).

Cette édition a 18 grandes planches, et des bordures dans lesquelles on remarque *l'Histoire de Joseph,* en 33 figures, et les figures des 12 *Sibylles,* avec des explications en latin. Il y a 111 figures (66 sujets) à la Danse des morts.

52. — Autre édition. *Acheues le* xv. *iour de Nouëbre. Lan mil cinq cens* τ *ung pour Simon Vostre* (marque de Pigouchet), in-8. goth. de 92 ff.

15 grandes planches, et dans les bordures les mêmes sujets que ci-dessus ; 81 fig. (66 sujets) à la Danse des morts.

53. Les psētes heures a lusaige de | Besenson au long sans requerir. In-8. goth. avec bordures et grandes pl. sur bois.

Sur le frontispice, le nom et la marque de *Simon Vostre* (voy. ci-dessous) ; au verso, almanach de 1501 à 1520 (46 sujets à la Danse des morts). L'exemplaire impr. sur VÉLIN, qui est porté sous le n° 90 du catal. de M. Caussin de Perceval, finissait au 8ᵉ f. du cah. S, et le reste manquait. Il a été annoncé sous la date de 1501, qui est la première année du calendrier ; mais il ne s'y trouvait pas de souscription.

SIMON VOSTRE

54. HORE ad usum Sarum. — *Imprese fuerunt Parisius per Philippum Pigouchet, anno Dñi* M. *V. C. prīo* (1501) *die vero xx Octobris. pro Symone Vostre...* in-4. goth. fig. (Maittaire, *Index,* I, 499.)

55. HORE beate marie virginis. *Parisiis, Simon Vostre* (1501), in-4. gothique figures.

Un exemplaire avec fig. peintes, 5 liv. 5 sh. Pinelli.

56. Les presētes heures a lusaige de Amiës tout ‖ au lōg sans reqre ont este faictes *pour Simō vo ‖ stre Libraire demourant a Paris a la rue neuue ‖ nostre dame, a lēseigne sainct Jehan leuāgeliste* (marque et nom de PHILIPPE PIGOUCHET sur le titre ; au verso almanach pour ẍx ans, 1501 à 1520), in-8. goth., sign. de a–r par 8.

Quinze grandes figures, et bordures jolies et variées, où la Danse des morts occupe depuis le recto du 8ᵉ f. du cah. I jusqu'au recto du f. pii. Le verso du dernier f. (r. 8) à 17 lignes et contient une oraison à Dieu le filz ; il y a ensuite un cahier de 8 ff. coté †, avec des sujets de la Danse des morts à chaque page. Un exemplaire sur VÉLIN chez M. Didot.

57. HEURES a lusaige de Romme. *acheuees le* xv. *iour de Decembre. Lan mil v. cens* τ *deux pour Simon Vostre.,* in-8. goth. fig. (Panzer, XI, p. 475.)

58. Autre édition. *Pour Simon Vostre* (almanach de 1502 à 1520), gr. in-8. goth. de 124 ff. non chiffrés ; hauteur 185 millimètres.

Dans cette édition sans date, l'Histoire de Joseph a des explications en français, et il y a 138 fig. (66 sujets) à la Danse des morts. (*Bibliothèque impériale.*)

Un exemplaire sur VÉLIN a été vendu 60 fr. Duriez, et un autre, 181 fr. Bruyères-Chalabre ; 196 fr. Pixerécourt.

59. Autre édition. *Pour Simon Vostre* (avec la marque de Pigouchet et un almanach de 1502 à 1520), in-8. goth. de 116 ff.

Avec 99 fig. (66 sujets) à la Danse des morts, et une explication en latin à l'Histoire de Joseph. Le reste à peu près comme ci-dessus (*Bibliothèque impériale*).

60. Autre édition. *Pour Simon Vostre* (avec la marque de Simon Vostre et un almanach de 1502 à 1520), in-8. goth. de 8 et 84 ff.

Il n'y a que 78 fig. à la Danse des morts ; le reste à peu près comme ci-dessus.

61. HEURES à l'usage de Tournay. *Paris, Philippe Pigouchet, pour Simon Vostre* (Almanach de 1502 à 1520), in-8. goth., figures et encadrements où l'on remarque l'Histoire de Joseph, celle de Suzanne et de l'Enfant prodigue, avec les explications rimées en français, la Danse des morts, etc.

Un exemplaire impr. sur *vélin* avec initiales peintes en or et en couleur, rel. en *mar. v. fleurdelisé,* 200 fr. Bourdillon, en 1847.

Simon Vostre a publié, si ce n'est pas positivement en 1502, au moins avec les almanachs commençant à cette date, un certain nombre de livres d'Heures in-8., savoir :

— A l'usage de Bourges (*Biblioth. harl.*, IV, 18385).
— De Chartres, 18 fr. m. r. Mac-Carthy.
— De Nantes. Vend. 6 thl. 22 gr. à Leipzig, en 1807. (*Ebert*, col. 773.)
— D'Orléans, 13 fr. Mac-Carthy.
— De Reims (*Papillon*, Traité de la gravure sur bois, I, p. 151), et Catal. Santander. Vend. 9 fr.
— De Rouen, 7 fr. 45 c. Thierry.
— De Verdun, *par Phil. Pigouchet pour Simon Vostre* (almanach de 1502 à 1520), 132 ff. goth. avec 21 figures à pleine page, et encadrements où se lisent des vers français au bas des petites fig. des Histoires de Joseph, des Sibylles, de Suzanne et de l'Enfant prodigue; il y a 153 fig. (66 sujets) à la Danse des morts. Les grandes planches ne sont pas les mêmes que dans les premières éditions de Simon Vostre.
— A l'usage de Machon. *Philippe Pigouchet, pour Simon Vostre*, pet. in-8. de 96 ff. non chiffrés. Calendrier de 1502 à 1520. Il y a 81 fig. de la Danse des morts.

62. HEURES a lusage de Lisieux... *Imprimez a Paris par Philippe Pigouchet pour Simon Vostre* (Almanach commençant en 1502), in-8. goth., figures et encadrements sur bois; les sujets de la Danse des morts y sont au nombre de 153, mais en comptant les sujets répétés. (Catal. d'Edw. Tross, 1855.)

Peut-être bien cette édition est-elle la même que celle qui est annoncée sous la date de 1500 dans le catalogue de feu M***. *Paris, Tilliard*, 1815.

63. HORÆ beate marie virginis secundum usum Trecen... *Parisiis per Wolfgangŭ Hopilŭ ĩpresse impĕsis....... Simonis Vostre.....* 1506, in-8. goth. fig. (*Bibliogr. decam.*, I, p. 72, où se voit le fac-simile de la fig. de Bethzabée au bain, qui appartient à cette édition.)

64. Les p̃sentes heures a lusage de Rome auec les figu ‖ res et signes de lapocalipse τ miracles nostre dame et au ‖ tres plusieurs nouuelles hystoires *ont este ĩprimees pour* ‖ *Symon Vostre libraire: demourãt a paris a la rue neuue* (sur le titre les deux léopards et la marque de Simon Vostre; Almanach pour xv ans, de 1506 à 1520), in-8. goth., sign. a—m par 8 et l par 10; au verso du dernier f., 25 lignes.

16 pl. de la seconde manière, plus grandes et plus belles que les premières. Dans les bordures la Danse des morts, depuis le recto du premier f. du cah. h jusqu'au verso du 5e ff. du cah. i. (Chez M. Didot.)

Vend. 38 fr. mar. à comp. Mac-Carthy.

65. HEURES a lusage de Noion, avec les fig. et signes de Lapocalipse τ miracles nostre dame τ autres plusieurs nouuelles histoires ont este *imprimees pour Symon Vostre.....* (Almanach de 1506 à 1520), in-8. goth. de 100 ff. fig. et bordures.

C'est, nous le croyons, dans les bordures des éditions de 1506, qu'ont paru pour la première fois les figures de l'Apocalypse et *les Miracles de Nostre Dame*. Dans d'autres éditions que nous avons vues, ces dernières sont tantôt au nombre de 15, tantôt au nombre de 18, avec des quatrains français au bas. L'Apocalypse est ordinairement en 48 fig., et quelquefois en 24 seulement.

66. — a lusaige de Poitiers. *Paris, Sim. Vostre,* 1506, in-8. goth., fig. et bordures.

Vendu 19 flor. Crevenna. Ebert, col. 774, en cite une édition de 1508?

67. — a lusaige de Rome. *Paris, Sim. Vostre,* 1507, in-8. goth. fig. et bordures. (Prem. catal. de La Valliere, I, no 279.)

68. HORE beate marie virginis secundum usum Romanum, cum illius miraculis unacum figuris apocalypsis post biblie figuras insertis. *Simon Vostre* (Almanach de 1507 à 1526), pet. in-8. goth. de 92 ff. fig. et bordures dans lesquelles on remarque l'Histoire de l'Ancien et du Nouveau Testament, et la Danse des morts.

Vendu 2 liv. 19 sh. Sykes. Un exemplaire imprimé sur VÉLIN dans une ancienne reliure italienne en *mar. v.* 220 fr. Gaspari en 1862, quoique l'impression des quatre derniers ff. se trouvât cachée par des griffonnages faits avec la plume.

69. Les presentes heures a lusaige de Paris au lõg sans ‖ requerir auec les hystoires de lapocalipse et les miracles ‖ nostre dame et plusieurs aultres hystoires faictes a lãtiq̃ ‖ *ont este imprimees pour Symon vostre Libraire* (Almanach pour xxI ans, de 1507 à 1527), in-8. goth. 8 ff. prél. contenant le titre avec la marque et le nom de Simon Vostre, l'almanach et le calendrier avec 4 vers français pour chaque mois, texte 128 ff. non chiffrés, y compris la table.

Cette édition contient 21 grandes planches, non compris le titre ni l'homme anatomique. Dans les bordures on remarque au-dessus des sujets tirés de l'Histoire de Joseph et de Suzanne des vers français qui les expliquent. Il y a dans la Danse des morts 30 sujets d'hommes et 36 de femmes. (D'après l'exemplaire imprimé sur VÉLIN qui a été et est peut-être encore en la possession de M. Conny, bibliothécaire et archiviste de la ville de Moulins, qui a eu la complaisance de nous en envoyer une description plus détaillée que celle que nous donnons ici.)

70. HEURES a lusaige de Outun (Autun)... *faictes pour Simon Vostre... a Paris* (alman. de 1507 à 1527), in-8. goth. de 156 ff.

Avec des vers français au bas des fig. de Suzanne, de l'Enfant prodigue et des Miracles Nostre-Dame; 132 fig. à la Danse des morts (*Biblioth. impériale*). Une autre édition de ces Heures, gr. in-8., porte le titre suivant, imprimé au bas d'une gravure encadrée, servant de frontispice : *Les presentes heures a lusaige Dautun au long sans requerir : auec les figures et signes de lapocalipse, les accidens de lhôme, les miracles Nostre dame : et plusieurs hystoires de nouueau adioustees : ont este imprimees a Paris par Nicolas Higman : pour Symõ*

Vostre libraire... Au verso du frontispice est imprimé un almanach de 1512 à 1530.

71. — a lusaige de Ausserre... avec les hystoires de lapocalipse, et plusieurs autres hystoires faictes a lantique.... *imprimees pour Symon Vostre,* in-8. goth., fig. et bordures.

Second catal. des livres imprimés sur VÉLIN, I, p. 91. La date doit être vers 1507.

72. — a lusaige de Metz... *Pour Simon Vostre.... a Paris* (Alman. de 1507 à 1527), in-8. goth. de 140 ff., fig. et bordures.

Belle édition, avec 19 grandes pl., des quatrains français, et 142 fig. à la Danse des morts. Les Miracles de Nostre-Dame n'y sont pas. Vendu seulement 12 fr. 60 c. La Valliere.

72 *bis.* — a lusaige de Nevers (1507). *Pour Sim. Vostre,* in-8. goth., fig. et bordures.

Catal. Guyon de Sardière, n° 40.

73. Ces presentes heures a lusaige d'Orleans ont ete *imprimees a Paris par Nicolas Higman pour Simon Vostre* (vers 1507), in-8. goth., fig. et encadrements.

En parlant de ces Heures d'après l'exemplaire conservé dans la bibliothèque de l'Arsenal à Paris, J. Renouvier constate un nouveau développement dans les grands sujets et dans les bordures, et un changement de gravure qui peuvent faire qualifier de troisième formation les Heures qui suivirent celles-ci. L'imitation des gravures allemandes et italiennes s'y fait remarquer.

73 *bis.* Ces presētes heures a lusaige de xaintes au ‖ long sans resquerir ont este faictes pour Simon Vostre Libraire : demourant a *Paris en la rue* ‖ *neuue nostre dame a lēseigne saīct Jehā leuan*‖*geliste.* (Almanach pour XXI ans, 1507 à 1527), pet. in-8. goth. de 120 ff. non chiffrés, sign. a, b, c par 8, d par 4, et e jusqu'à o par 8, ensuite 12 ff. sans signat., puis le cah. ē de 8 ff. et le cah. ī de 4 ff.

Cette édition contient 18 grandes figures dont plusieurs sont différentes de celles qui se trouvent ordinairement, comme par exemple l'avant-dernière qui nous paraît être une miniature faite exprès pour l'exemplaire, et qui porte cette inscription : *Gaude Barbara beata summe* ‖ *vollens in doctrina, angeli mysterio* ‖ *Gaude virgo deo grata, que bapti*-, et au-dessous le chiffre A. P. en or sur fond d'azur. Ce chiffre se voit aussi sur le titre où il remplace le nom de Vostre, de même que l'inscription M. AMATEUR : BLANDI, peinte en or, remplace le nom de l'imprimeur. C'est là une des particularités qui distinguent l'exemplaire de ces Heures imprimé sur VÉLIN, et avec figures artistement miniaturées que nous avons vu chez M. Ambroise-Firmin Didot. Dans les bordures il y a 165 sujets de la Danse des morts, y compris ceux qui sont plusieurs fois employés, et à la fin *les Miracles de Nostre-Dame,* avec les quatrains français. C'est du reste comme aux Heures de Metz ci-dessus. Un autre exemplaire sur VÉLIN, 105 fr. vente Le Hon, en 1854.

74. HEURES a lusaige de Troyes... *Pour Simon Vostre...* (Almanach de 1507 à 1527), in-8. de 152 ff. dont le dernier contient la table. (*Biblioth. impér.*)

Les bordures de cette édition présentent, de plus que les précédentes, *le Triomphe de César,* en 24 fig.; la Danse des morts en a 132.

75. — a lusaige de Paris..... avec les miracles nostre dame, ꞇ les figures de lapocalypse, ꞇ de lantique, des triumphes de Cesar. (marque de Vostre et alman. de 1508 à 1528), in-4. goth. de 8 et 82 ff., fig. et bordures. (*Biblioth. de Ste-Geneviève.*)

76. — a lusaige de Rouen... avec les miracles nostre dame et les figures de lapocalipse, de la bible, des triūphes de Cesar, et plusieurs aultres hystoires faictes a lantique. *ont este imprimees pour Symon Vostre* (Almanach de 1508 à 1528), pet. in-4. goth. de 88 ff. avec 25 grandes planches et des bordures.

Un exemplaire sur papier, 25 fr. 50 c. de La Mésangère ; 28 fr. 50 c. Bignon, et conservé dans sa première reliure en veau à compartiments de diverses couleurs, 460 fr. Sauvageot ; rel. en mar. r., compart. à mosaïque, doublé de *mar. bl.,* doré à petits fers par Marius Michel, 900 fr. Double, en 1863.

77. — a lusaige de Amiens.... avec les miracles nostre dame, les figures de lapocalipse et de la bible et des triumphes de Cesar (Almanach commençant en 1508), pet. in-4. goth., fig. et bordures.

Un exemplaire avec fig. peintes, 54 fr. le baron d'Heiss ; 181 fr. Thierry ; 170 fr. Bignon. Cette édition doit être de Simon Vostre.

78. — a lusaige de Chartres... avec les miracles (comme ci-dessus). *Sim. Vostre* (Almanach de 1508 à 1528), in-8. goth. fig. et bordures. (*Bibliothèque de l'Arsenal.*)

Un exemplaire sous la date de 1507, 27 fr. 50 c. Hérisson.

79. HEURES a lusage de Poitiers. (*P. Simon Vostre*), Almanach de 1508 à 1528, in-8. goth. fig. et bordures.

Un exempl. imprimé sur VÉLIN, rel. du XVI° siècle, en *veau fauve,* et portant sur les plats le nom de Léon Du Bret, 405 fr. vente faite par L. Potier, en mars 1859.

80. HORE christifere virginis marie secundum usum romanum.... cum illius miraculis, etc. *Simon Vostre* (Almanach de 1508 à 1528), gr. in-8. goth., fig. et bordures.

Édition décrite dans le plus grand détail, par Peignot (*Recherches sur les danses des morts,* pp. 149-63), qui a même donné de longs extraits des vers français fort singuliers qu'elle renferme. On y trouve 23 grandes pl., non compris le titre ni l'homme anatomique ; et dans les bordures, Joseph, en 27 sujets au lieu de 33 ; les Sibylles (12), les Vertus théolog. (4) ; Hist. de Marie et de J.-C. (18) ; Apocalypse (48) ; Suzanne (12) ; l'Enfant prodigue (4 au lieu de 8); les Signes de la fin du monde (11 au lieu de 15); la Danse des morts (66) ; les Vertus (8); le Triomphe de César (24); Miracles de Nostre Dame (15). Au bas de chaque page de la Danse des morts se lisent 8 vers français, que nous n'avons pas remarqués dans d'autres éditions.

81. Autre édition sous un titre un peu différent. *Simon Vostre* (Almanach de 1508
à 1528), gr. in-8. goth. de 104 ff., fig. et
bordures. (Décrite par G. Peignot à la
suite de la précédente.)

Mêmes planches, grandes et petites, que dans l'édition ci-dessus; mais les Histoires sont renfermées dans les bordures, et presque toutes en latin au lieu d'être en français ; point de huitains à la Danse des morts. 38 fr. 15 c. Duriez.

82. HORE beate Marie virginis secundum
usum Romanum cum illius miraculis
una cũ figuris apocalipsis post biblie figuras recenter insertis. *Simon Vostre.*
(Almanach de 1508 à 1528), gr. in-8.
goth. de 92 ff. non chiffrés, signat. a—l
par 8, et m. par 4.

Cette édition est différente de la précédente, ainsi que le prouve la description que M. de Cessolès nous a donnée de son propre exemplaire, et que nous rapportons ici. Les huit premiers feuillets contiennent le titre, l'almanach, l'homme anatomique et le calendrier. On trouve dans le texte 16 grandes planches, et dans les bordures, *Joseph*, 27 sujets; *l'Apocalypse*, 48; *Hist. de Marie et de J.-C.*, 68; *l'Enfant prodigue*, 8; *Suzanne*, 12; *les Signes de la fin du monde*, 17; *la Danse des morts*, 78; *les Sibylles*, 12; *le Triomphe de César*, 24; *les Vertus théologales*, 8; *Miracles de Notre Dame*, 18. La personne qui a bien voulu me communiquer cette description y a ajouté : « Je compte, dans les 78 (ou plutôt 68 figures) de l'Histoire de J.-C. 17 sujets relatifs à cette même histoire, et qui sont renfermés dans les bordures, au bas des pages, et la même chose doit s'entendre à l'égard de 6 des 17 fig. Signes de la fin du monde ; les Sacrements se retrouvent de nouveau au bas des pages qui contiennent les Vertus théologales. Les vers français de ce volume sont les quatrains de l'anatomie de l'homme ; ceux de chaque mois du calendrier, et l'explication des 18 Miracles de Notre Dame. » Ces détails peuvent s'appliquer à plusieurs autres éditions des Heures de Vostre de la même époque que celle-ci ou un peu moins anciennes.

Un exemplaire sur papier, dans son ancienne reliure en *mar. noir*, mais dans lequel manquait le f. P, 100 fr. Eug. de P. en 1862.

83. HORE. beate marie virginis secundũ
vsũ roma ‖ num cũ illius miraculis vna
cũ figuris apocal ‖ ipsis post biblie figuras insertis. (sur le titre aux deux léopards, la marque et le nom de SIMON
VOSTRE, et au verso un almanach pour
21 ans, de 1508 à 1528), in-4. goth. de
88 ff. non chiffrés, sign. a, b par 8, c
par 4, d par 8, e par 6, f, g, h et i par
8, k par 6, a et e par 8. Hauteur, 228
millimètres.

Cette édition contient 20 grandes pl. (non compris le frontispice), les mêmes, à l'exception de deux, que celles qui se trouvent dans les Heures in-4., à l'usage de Rome, imprimées pour Sim. Vostre (avec un almanach pour 16 ans, de 1515 à 1530). Les sujets des bordures sont *Joseph, les Sibylles, l'Apocalypse, l'Enfant prodigue, le Jugement dernier*,

la *Danse des morts* (du recto du 2ᵉ f. du cah. i jusqu'au verso du 4ᵉ f. du cah. k), *le Triomphe de César, les Miracles de Nostre Dame*, avec de jolies arabesques à plusieurs feuillets. Dans le calendrier il y a un quatrain latin et un quatrain français pour chaque mois. Le dernier feuillet donne la table de *ces presentes heures*, finissant par *l'oraison du saint sepulchre*. Dans l'exemplaire impr. sur VÉLIN qui appartient à M. Ambroise-Firmin Didot, les grandes planches et les initiales sont coloriées, ou pour mieux dire miniaturées avec soin et rehaussées d'or.

Quoique cette édition ait, comme les deux précédentes, un almanach pour les années 1508-1528, elle en diffère entièrement.

84. HEURES de la Vierge, à l'usage du diocèse de Lausanne, *impr. à Paris pour
Simon Vostre* en 1509.

Volume contenant 100 feuillets dont les marges extérieures, à l'exception du titre, sont entourées de vignettes sur bois très-variées. L'almanach du temps est pour 21 ans (de 1508 à 1528) ; des inscriptions en vers français accompagnent les vignettes parmi lesquelles on remarque *la Grande danse macabre*. A côté des signatures sont placées les trois premières lettres du mot *Lausanne*. Décrit dans les *Etudes sur la typographie genevoise*, p. 259, où l'on n'a pas marqué le format de ces Heures, lequel doit probablement être gr. in-8.; il n'y est pas dit non plus que l'exemplaire décrit soit sur VÉLIN.

85. HORE beate marie virginis secundũ
vsũ Romanum... (*marque de Simon
Vostre*, et almanach de 1510 à 1530),
in-8. goth. de 140 ff. (*Biblioth. impériale.*)

Cette édition n'a que 21 grandes pl., y compris le frontispice et la figure de l'homme. Les bordures sont, à peu de chose près, comme dans la précédente, et elles contiennent seulement le texte latin. Il y a 147 figures à la Danse des morts, savoir : deux fois la suite en 66 sujets, et le commencement d'une troisième suite répétée.

86. HEURES a lusage de Angers... auec
les miracles de Nostre dame, etc. (marque de Vostre, et almanach de 1510 à
1530), gr. in-8. goth. de 100 ff., avec
fig. et bordures.

Décrit par Peignot (*ut supra*), p. 164-166, qui ne dit pas si l'exemplaire est sur VÉLIN.

87. — A lusaige du Mans.... avec les miracles nostre dame... (marque de Simon
Vostre, et almanach de 1510 à 1530),
gr. in-8. goth. de 96 ff.

Cette édition a 22 grandes planches, y compris le frontispice et l'anatomie de l'homme ; plusieurs sont nouvelles, d'une grande dimension et fort belles. Les bordures, à peu près comme ci-dessus, avec les histoires en latin, excepté aux *Miracles de Nostre dame*. Il y a 66 fig. de la Danse des morts, et à chaque page un quatrième compartiment étranger au sujet (*Biblioth. impér.*) : Vend. 35 fr. de Morel-Vindé ; sur papier à la bibliothèque Mazarine.

88. HORE beate Marie ÿginis secđm vsuͻ
Romanũ cũ ‖ illiꞌ miraculis : vnacũ figuris apocalipsis post biblie ‖ figuras
insertis omnino ad longum sine requirere.
(au verso du dernier f.) : *Expliciũt
hore.... impsse parisiꞌ opera Nicolai*

higman jmpensis ho‖nesti viri Sy-monis vostre (absque anno) Almanach pro xxx (19) annis 1512-1530, in-8. goth., sign. a—q par 8 feuillets non chiffrés. 26 lignes à la page. Hauteur, 186 millim.; lettres et initiales peintes en couleur; sur le titre la marque et le nom de Simon Vostre.

Ces Heures ont 18 grandes planches portant 116 mil-limètres de hauteur, et des bordures toutes sembla-bles à celles qu'employait Vostre à la même époque. Les sujets de la Danse des morts commencent au verso du 1er feuillet du cah. k, et finissent au recto du 4e f. du cah. m. Un exemplaire imprimé sur VÉLIN, et annoncé sous la date M. D. XII, 295 fr. Bearzi; un autre sur papier, 150 fr, librairie de L. Potier, 1863, n° 142.

89. HEURES a lusage de Chalons.... avec les fig. et signes de lapocalypse; les miracles nostre-dame, les accidës de lhôme..... *a Paris pour Symõ Vostre* (alman. de 1512-30), gr. in-8. goth. de 96 ff., fig. et bordures.

Les Accidents de l'homme, annoncés dans le titre de la présente édition, sont les 26 petits sujets analo-gues à la Danse des morts et placés immédiatement après cette suite, tels qu'on les voit dans une partie des Heures de Vostre, postérieures à 1512; ce sont de petites et médiocres gravures, avec des quatrains dont voici le premier vers :

Par mon nom suis appelee mort

Un bel exemplaire de ces Heures de Châlons, an-cienne reliure en *v. br. à compartiments,* tranche gaufrée, 650 fr. Solar; un autre, annoncé in-4. et sans date, a été vendu 60 flor. Meerman.

90. — A lusage de Langre (suite du titre comme ci-dessus). *Par Symon Vostre* (1512), in-4. goth., fig. et bordures. (*Biblioth. crofts.,* n° 814.)

91. Les presentes heures a lusage de Be-sanson (*sic*) tout au long sans requerir : auec les figures et signes de lapocalypse : les miracles nostre dame, les accidens de lhomme : et plusieurs autres hys-toires de nouueau adjoutees ont este faictes a *Paris pour Simon Vostre* (al-manach de 1512 à 1530), gr. in-8. de 110 ff., avec 8 grandes planches et des bordures grav. sur bois.

Un exemplaire imprimé sur VÉLIN a été acquis en fé-vrier 1832, par M... d'après une estimation portée à 60 fr.

Dans une autre édition, également avec un almanach pour les années 1512-30, le mot *Besenson* est sans a. L'exemplaire que nous avons vu n'avait que 74 ff., mais il y manquait le propre des saints.

92. HEURES a lusaige de Lyon. *Paris, Simon Vostre* (1512), in-8. goth., fig. et bordures.

Exemplaire sur papier, vendu 5 fr. (Catal. de Lefèvre de Rouen, 1797, n° 34.)

Le titre de cette édition annonce la *Vie de Tobie* (en 34 et quelquefois 38 pièces), et celle de *Judith* (en 18 fig.), qui ne se trouvent pas ordinairement dans les Heures de Vostre antérieures à 1514.

93. HEURES a lusaige de Metz; faites a *Paris par Simon Vostre,* 1513, gr. in-8., avec de grandes planches et des bordures.

Un exemplaire sur papier, 155 fr., vente Chesnet, en 1853.

94. Les presentes heures a lusaige de Eureux toutes au long sans reqrir : auec les signes de lapocalipse : la vie du sainct home Tobie, et de la bõne dame Judic, les accidës de lhôme, le Triũphe de cesar, les miracles de nostre dame et plusieurs aultres belles hystoires ont este faites a *Paris pour Simõ Vostre, libraire : demourãt pres la grand Eglise* (Almanach pour xviij ans, 1513-30), in-4. goth. de 105 ff. avec encadre-ment et fig. sur bois. (Biblioth. d'E-vreux, selon M. Frère.)

95. LES PRESENTES HEURES a lusaige de Amiens au long sans req‖rir, auec les figures de lapocalipse : la vie de tobie : les hystoi‖res de Judic : les accidës de lhôme : le triũphe de Cesar : les ‖ mi-racles nostre dame : τ plusieurs aultres hi‖stoires : *ont este faictes a Paris . pour Simõ ‖ vostre demourãt en la rue neufue nre dame* (sur le titre le nom et le chiffre de Simon Vostre avec les deux léopards), au verso : almanach pour xviii ans (1513 à 1530); in-8. goth., sign. a, b, c par 8, d par 4, e—o par 8, et ã, ē et ĩ par 8.

A la fin de ces Heures se trouve la *table de ces pré-sentes heures,* commençant au verso de l'avant-dern. feuillet, finissant à la 20e lign. du verso du dernier. Le volume renferme 18 pl. plus grandes et presque généralement plus belles que dans les édi-tions antérieures à celle-ci. Les figures des bor-dures sont également en grande partie refaites, mais plusieurs sont inférieures aux anciennes. Les figures de la Danse des morts commencent au verso du 7e f. du cah. l, et continuent jusqu'au verso du 4e f. du cah. o. Il y en a de nouvelles qui ne valent pas les anciennes. C'est dans cette édition que pa-raissent pour la première fois les trois compositions attribuées par M. Bernard à Geofroy Tory (voy. n° 100.) (Un exempl. sur VÉLIN chez M. Didot.)

96. HEURES a lusaige de Rome... auec les figures τ signes de lapocalipse : la vie de thobie τ de iudic, les accidës de lhôme... *a Paris pour Symon Vostre* (Almanach de 1514-1530); in-8. goth., fig. et bordures.

Vend. 40 fr. bel exemplaire Duriez.

97. — A lusaige de Baieux... auec les figures de Lapocalipse : la Vie de Tobie, les hys-toires de Judic : les accidens de lhom-me, etc. *a Paris pour Simon Vostre...* (Almanach de 1515 à 1530), in-8. goth. de 120 ff. avec 24 gr. fig. et des bor-dures. (*Biblioth. impériale.*)

98. HEURES a lusaige de Nantes... auec

les figures et signes de Lapocalipse
(comme ci-dessus)... *Paris, pour Symon
Vostre* (almanach de 1515 à 1530), in-4.
goth. de 108 ff., fig. et bordures.

Panzer, XI, p. 494. Il ne dit pas que l'exemplaire soit sur VÉLIN.

99. — HEURES a lusaige de Neuers. *Paris,
Sim. Vostre* (1515), in-8. (*Biblioth.
harl.*, IV, 18348).

100. LES PRESENTES HEURES a lusaige
de Paris toutes ‖ au long sans reꝗrir :
auec les figures et signes de lapo ‖ calipse : la vie de thobie ꞇ de iudic, les accidẽs de lhõ ‖ me, le triumphe de cesar,
les miracles de nostre dame : ‖ *ont este
faictes a Paris pour Symõ Vostre libraire* ‖ *demourãt en la rue neufue
.a lẽseigne s. iehã leuangeliste* (sur le
titre le chiffre et le nom de Simon Vostre ; au verso ; almanach pour XVI ans,
de 1515 à 1530; in-8. goth., sign. a, b,
c par 8, d par 4, e et f par 8, g par 6,
h, i, k, l, m, n, o par 8, o répété par 4,
ensuite ã, ẽ, ĩ par 8.

Il y a dans ce volume 18 grandes planches, les mêmes
que dans l'édition à l'usage d'Amiens, dont le calendrier commence en 1513. Les bordures sont
aussi à peu près les mêmes. Les sujets de la Danse
des morts vont du verso du 4e feuillet du cah. m
au 8e f. verso du cah. n. La table commence au
bas du verso de l'avant-dern. feuillet, et se termine
au verso du dern. feuillet par les mots *Oraison du
sainct sepulchre* (un exemplaire sur VÉLIN chez
M. A.-Firmin Didot).

« Ces Heures (dit M. A. Bernard, p. 114 de son Tory,
en parlant d'un exemplaire appartenant alors à
M. Niel) nous offrent trois sortes de gravures bien
différentes : 1° les vieux bois gothiques (parmi lesquels il faut ranger la Danse des morts à fond criblé) qui figurent déjà dans les éditions données
par Sim. Vostre à la fin du XVe siècle ; 2° onze
grands sujets dans le genre de la renaissance qui
paraissent dans ses éditions de 1507, et qu'on pourrait attribuer à Jean Perreal, le maître de Tory ;
3° enfin les trois sujets qui ne paraissent pas avant
1513, savoir l'*Annonciation aux bergers*, signée
de la lettre G ; l'*Adoration des mages*, et la *Circoncision*, ces deux derniers signés du G et de l'F. »
Cette même édition, ou tout au moins une semblable,
est annoncée sous le titre suivant, dans le catalogue
Sépher, n° 327 :
   HEURES à lusage de Paris, au long sans rien requerir, avec les figures et signes de Lapocalipse, la
vie de Judic et de Tobie, les accidents de lhomme,
les triomphes de Cesar, les miracles Nostre dame.
Paris, Jehan Lebreton (sans date), in-8. goth.

101. Les presentes heures a lusaige de
Roanne toutes ‖ au long sans reꝗrir :
auec les figures ꞇ signes de lapo ‖ calipse :
la vie de thobie ꞇ do iudic, les accidẽs
de lhõ ‖ me, le triumphe de cesar, les
miracles nostre dame : ‖ ont este faictes
a Paris pour Simon Vostre libraire ‖
(sur le titre la marque et le nom de Simon Vostre), in-4. goth., sign. !A—C
par 8, d par 4, e—p. par 8, ã, ẽ, ĩ, õ,
ũ par 8, et aa par 4.

17 grandes planches presque toutes de la grandeur

des pages, plusieurs petites, enfin des bordures
offrant des sujets variés. La Danse des morts commence au recto du f. n ij, et se termine au recto du
f. p iii. Hauteur 230 millimètres.
Édition imprimée en gros caractères (rouge et noir),
et très-remarquable par les grandes planches qui la
décorent..On y trouve, à partir du recto du 8e f. du
cah. ẽ, différentes oraisons en français, parmi lesquelles nous remarquons *Orayson tres deuote plaisante et bien composee, en lhonneur de la royne
de pardise contient xvi copletz, et a chascũ coplet xii lignes*. Elle est terminée par une table du
contenu, laquelle commence au milieu du recto
du dern. f., et finit au bas du verso du même f. par
le mot *Finis*, en rouge. Plusieurs des oraisons indiquées dans cette table sont en vers français.
Au verso du frontisp. il y a un almanach pour 16 ans
(1515 à 1530).
C'est dans les dernières éditions de Vostre, dit J. Renouvier, qu'on aperçoit, à côté des anciennes pl.
dans la vieille manière française, qui n'ont pas
encore disparu, des planches dans les manières
italienne et allemande, des sujets traités dans un
style tout renouvelé : l'*Adoration des Bergers*,
l'*Adoration des Rois, la Circoncision*, sont composées de petites figures dans une grande scène ; le
dessin dans ses formes savantes y a repris toute sa
gentillesse, et la taille en est faite avec autant de
nombre que de soin. Ici, heureusement, ajoute
Renouvier, un monogramme nous permet d'en
faire l'attribution. C'est un G seul ou renfermant
un F inscrit sur un écu, ou un cartouche suspendu
à un branchage. On l'a revendiqué pour Geofroy
Tory, et c'est à bon droit, car la manière dont ces
planches sont faites concorde avec ce que nous
connaissons de cet excellent artiste.

102. HEURES a lusaige de Rouen (marque
de Vostre et almanach de 1515-30), in-8.
goth. de 8 et 120 ff., fig. et bordures.

18 grandes pl., et dans les bordures, Joseph, les Sibylles, les 8 Vertus, l'Apocalypse en 24 fig., Tobie,
en 38 fig., Judith, Suzanne, l'Enfant prodigue, les
15 Signes, la Danse des morts, en 66 figures, et la
suite en 26 fig.; les Triomphes de César. Dans une
partie de ces suites et au calendrier se lisent des
vers français. Les arabesques sont moins jolies que
dans les éditions plus anciennes. (*Biblioth. impér.*)

103. Les presentes heures a lusaige de Tou
(*sic*) toutes au long sans reꝗrir : auec les
figures ꞇ signes de lapocalipse : la vie
de thobie ꞇ de iudic, les accidẽs de
lhõme, le triumphe de Cesar, les miracles
nostre dame. *Ont este faictes a Paris
pour Symõ Vostre libraire demourãt
en la rue neufue a lẽscigne .s. iehã
leuãgel.* (Almanach pour XVI ans, 1515
à 1530), gr. in-8. de 100 ff., signat. a—i
et a, e, i, o.

Cette édition réunit aux grandes et aux moyennes
planches les bordures et tous les petits sujets qui,
à cette époque, décoraient les grandes heures de
Simon Vostre. Un exempl. imprimé sur VÉLIN, rel.
en velours cramoisi, avec fermoirs en vermeil ;
60 fr. 50 c. salle Silvestre, en novembre 1837, et
198 fr. en février 1843.

M. Beaupré décrit, à la p. 21 de sa *Notice sur les livres de liturgie*, une autre édition des Heures a
lusaige de Tou (*Toul*), également *faicte a Paris
pour Simõ Vostre*, sous un titre un peu différent ;
c'est un pet. in-8. de 148 ff., sign. a—s et a—e,
avec un almanach de 1513 à 1530.

104. — a lusaige de Troyes. *Paris, Sim.
Vostre* (1515), in-4. goth. fig. et bordures. (*Biblioth. de Wolfenbüttel.*)

105. — a lusaige de Verdun.... auec les figures de lapocalipse (la suite comme aux heures de Toul). *Paris, Simon Vostre* (almanach de 1515 à 1530), gr. in-8. goth., fig. et bordures, même nombre de ff. que dans les heures de Toul.

Ces Heures de Verdun ont aussi été amplement décrites par M. Beaupré, dans sa notice, pp. 24-26.

106. — a lusaige de Rome. *Paris, Sim. Vostre,* 1515, in-8. goth., fig. et bordures.

Un exemplaire sur papier, 10 fr. 50 c. catalogue Picard, n° 46.

107. Les p̃sẽtes heures a lusaige de Cõstances toutes ‖ au lõg sans reꝗrir auec les figures et signes de lapo ‖ calipse : la vie de thobie τ de iudic : les accidẽs de lhõ ‖ me : le triumphe de cęsar : les miracles nostre dame : *ont este faictes a Paris pour Symõ vostr̃e libraire ‖* (la marque et le nom de Simon Vostre sur le titre ; almanach de xij ans, de 1519 à 1530), in-4. goth., feuillets non chiffrés, sign. a, b par 8, c par 4, d à i par 8, ã, ẽ, ĩ, õ par 8, avec 21 grandes planches, plusieurs petites (sur papier chez M. Didot).

Ce livre reproduit les grandes planches et la plupart des bordures historiées de l'édition des Heures à l'usage de Romme, in-4, donnée par le même Sim. Vostre, avec almanach pour 16 ans (1515 à 1530) ; elles y sont accompagnées de plusieurs autres pl. qui ne remplissent pas des pages entières. On y a ajouté pour chaque mois de l'année, au calendrier, un quatrain latin et un quatrain français. Sur le dernier f. recto et verso : *la table de ces presentes heures,* où ne se trouve pas l'*Oraison de sainte Geneviève,* mais où sont indiquées après l'*Oraison du saint Sepulchre,* l'*Office de Nostre-Dame de Pitié, et plusieurs belles oraisons et louanges en lhonneur de la Vierge Marie, tant en latin que en frãcois,* qui ne se trouvaient pas dans des éditions plus anciennes.

108. Ces presentes heures a lusaige de Lisieux toutes au long sans requerrir : auec les figures et signes de lapocalypse, la vie de Thobie et de Judic, les accidents de lhomme, le triumphe de Cesar, les miracles de nostre dame, *ont este faictes a Paris pour Simon Vostre* (Almanach de 1519 à 1530), pet. in-4. goth., orné de 20 grandes planches et de plusieurs autres de moyenne grandeur. Les bordures contiennent, indépendamment des nouveaux sujets indiqués sur le titre, tous les anciens sujets déjà employés : ceux de la Danse des morts sont au nombre de 60, dont aucun n'est sa répété.

Un exemplaire dans sa première reliure en *veau br. tr. dor.,* 415 fr. Sauvageot.

109. — a lusaige de Rome, auec les figures et signes de lapocalipse (*ut supra*). *Paris, pour Symon Vostre,* 1520, in-8. goth., fig. et bordures. Sur papier. (Panzer, VIII, p. 60.)

110. HEURES a lusaige de Tours. *Paris, Simon Vostre* (1520), in-8. goth., fig. et bordures. (Ebert, col. 774.)

111. HORE beate virginis Marie, secundum usum sarum, cum illius miraculis.... *Impresse Parisiis, opera ac arte Nicolai Hygman, impensis Symonis Vostre* (Almanach de 1520 à 1536), gr. in-8. goth. de 120 ff., sign. a—p par 8, figures sur bois et encadrements.

Ce volume précieux renferme la plupart des grandes planches et des suites en bordures qui font ordinairement partie des dernières éditions des Heures de Simon Vostre.

Un exemplaire imprimé sur VÉLIN, mais auquel il manquait 2 ff. dans le cah. P. a été payé 1800 fr. à la vente Maufras, faite à Paris par Delion en 1852, n° 39 du catalogue. Un exemplaire sur pap., avec 118 ff. chiffrés à la plume, a été donné pour 29 fr. à la première vente Bignon, en 1837.

112. HEURES a lusaige de Clermont. *Paris, Simon Vostre* (sans date connue), in-8. goth., fig. et bordures. (*Bibliogr. Decam.,* II, p. 363.)

Un exemplaire des mêmes Heures, sous la date de 1510, et avec le nom du libraire J. Petit, est porté dans la *Biblioth. harl.,* n° 18371.

113. — a lusaige de Laon. *Paris, pour Simon Vostre* (sans date connue), in-8. goth., fig. et bordures, avec les explications en vers français.

Un exemplaire avec figures peintes et des miniatures ajoutées, 47 fr. 50 c. salle Silvestre, en mai 1826.

114. — a lusaige de Rome. *Paris, Simon Vostre* (point de date), gr. in-8. goth., fig. et bordures.

Un exemplaire relié en velours, avec des fermoirs et des coins en argent, 101 fr. Mac-Carthy.

Nicole Vostre.

115. HEURES de Nostre Dame a lusaige de Reims tout au long sans rien requerir. *Nouuellement imprimees a Paris pour hõneste femme Nicole Vostre libraire, demourant a Paris : a la rue Neufue Nostre Dame, a lenseigne de sainct Jehan levangeliste : deuant saincte Geneviefve des Ardens.* In-8. goth., avec un calendrier qui commence en 1520.

Un exempl. impr. sur VÉLIN, enrichi de lettres ornées et d'enluminures (Cabinet d'un bibliophile rémois, 1862, p. 12.)

116. Ces presentes HEURES a lusaige de Paris... *imprimees pour Nicole Vostre* (almanach de 1524 à 1533), in-8. goth. de 154 ff.

Avec de grandes et de petites figures sur bois, mais point de bordures. Un exemplaire avec les figures peintes soigneusement, 100 fr. de Morel-Vindé.

Nicole Vostre paraît avoir succédé à Simon Vostre, et c'est pour elle que Nicolas Higman imprima en 1522 une édit. in-8. des *Lunettes des Princes* de Jean-Meschinot (voy. MESCHINOT).

III. Verard.

Antoine Verard est, sans contredit, le libraire le plus célèbre de tous ceux qui ont exercé à Paris à l'époque qui nous occupe. On lui doit la publication de plus de 200 éditions d'ouvrages français, sur toutes les matières, et particulièrement de ces chroniques, de ces romans de chevalerie, de ces mystères et de ces ouvrages en vers qui sont aujourd'hui si fort recherchés des curieux, et dont le prix augmente de jour en jour. Nous avons décrit tous ces objets précieux dans le Manuel, et nous avons parlé des exemplaires imprimés sur VÉLIN, et enrichis de peintures, que Verard faisait ordinairement tirer de chacune de ses éditions. On ne sait rien de particulier sur la vie de ce grand libraire, et on ignore même l'époque positive de son établissement; car ce qu'en a dit Lottin, d'après La Caille et Maittaire, est inexact. Le plus ancien livre, avec date certaine, qui nous reste de Verard, ou du moins le plus ancien que nous connaissions, est le *Décameron de Bocace*, trad. par *Laurens du Premier fait*, vol. in-fol. portant la date du 26 novembre 1485 (I, col. 1004). Verard résidait alors *sur le Pont Nostre Dame...* qu'il continua d'habiter jusqu'à la chute du pont, à la fin de l'année 1499. A cette époque il transporta son établissement *Près le carrefour Saint Seuerin*. Nous le trouvons un peu plus tard (en septembre 1500), *Rue Saint Jacques pres petit pont*, et ensuite (en septembre 1503), *Deuant la rue Neufue Nostre Dame*, où il resta jusqu'à sa mort, c'est-à-dire jusqu'en 1513 environ. On ne trouve pas de livres publiés par lui passé l'année 1512, et il est certain qu'il n'existait plus en août 1514, ainsi que le prouve un passage du privilége qui se lit à la fin du 3e vol. des Chroniques de saint Denis, édition de Guill. Eustace, 1514 (voir le *Catal. des livres impr. sur vélin de la Biblioth. du roi*, V, p. 92).

A Antoine Verard succéda Barthélemy Verard, qui nous a laissé les *Triumphes de Pétrarque*, sous la date du 23 mai 1514, et une édition sans date de la Bible de Comestor, en français; mais ce Barthélemy ne garda pas longtemps l'établissement de son prédécesseur, car nous trouvons, dès l'année 1518, à la même adresse (toujours *Devant la rue Neufue Nostre Dame*), un second *Antoine Verard* que l'on a jusqu'ici confondu avec le premier, et qui a publié cette année-là une édition de Froissard, en société avec plusieurs autres libraires, et seul, le 25 août de l'année suivante, le *Sejour dhonneur d'Octavien de St-Gelais*. Plus tard exerçait à Paris *Germaine Guyart*, veuve d'Ant. Verard, pour laquelle Simon Dubois a imprimé, en 1527, *Senèque des mots dorés* (voir la col. 281 de notre 5e vol.).

Dans notre 4e édition nous n'avions pas assez fait ressortir le mérite des livres d'Heures publiés par Antoine Verard; un nouvel examen nous a convaincu que ce libraire, peu satisfait de la première tentative faite par lui en 1487, était bientôt parvenu à produire dans un plus grand format des Heures remarquables surtout par les grands compartiments xylographiques qui en entourent les pages. Un peu plus tard, abandonnant cette seconde manière, il s'appliqua à imiter celle de Simon Vostre, et il y réussit si bien, que ses nouvelles Heures, successivement perfectionnées, ne nous paraissent pas trop inférieures à celles qui lui servirent de modèles.

Nous avons déjà cité, ci-dessus (col. 1565-66), l'opuscule de J. Renouvier, imprimé en 1859, sous ce titre : *Des Gravures en bois dans les livres d'Anthoine Verard*. C'est un morceau fort curieux auquel il faut joindre : *Un Document inédit sur Antoine Verard, libraire et imprimeur. Renseignement sur le prix des reliures, des miniatures et des imprimés sur vélin, au XVe siècle, par Ed. Sénimaud*, Angoulême, imprimerie de A. Nadaud en Cie, 1859, in-8. de 7 pp. (extrait tiré à 100 exemplaires des *Archives du Bibliophile*, n° 17, et du *Bulletin de la Société archéologique de la Charente*, 2e semestre 1859) ; 2° *Antoine Verard et ses livres à miniatures au XVe siècle, par Aug. Bernard*. Paris, J. Techener, 1860, in-8. de 24 pp. (extrait du *Bulletin du Bibliophile*, octobre 1860).

J. Renouvier a remarqué dans les livres des Heures de Verard une amélioration successive; elles étaient, de 1487 à 1489, dans l'état purement rudimentaire; elles deviennent beaucoup meilleures dans la grande édition in-4., et elles ont un tout autre caractère dans les éditions qui ont paru immédiatement après ces premières, et toujours avec des planches plus ou moins différentes, en sorte que presque aucune de ces réimpressions, jusque vers l'année 1510, n'est une simple copie d'une autre. Ses grandes figures, peu terminées, semblent n'avoir été gravées que pour servir d'esquisses aux miniaturistes qui devaient les colorier. Les exemplaires ainsi décorés étaient jadis beaucoup plus recherchés que ceux qui sont restés en noir; mais il en est autrement aujourd'hui, et l'on préfère les gravures dans leur état primitif à celles qui sont surchargées de couleurs, à moins que ces peintures ne soient l'œuvre soignée d'un miniaturiste habile, comme ceux que Verard a employés quelquefois pour des livres destinés à des têtes couronnées.

En outre de la marque que nous donnons col. 1605, Verard a fait aussi usage de celle-ci :

117. HEURES a lusage de Paris. — *Ces heures furēt acheuees le* VIIe *ioͬ de iuilet. m. iiii. c. iiii. xx. z vii* (1487) *p̄ āthoine verard libraire demourãt a pis à lymage saīt iohā leuāgeliste sur le pōt nͬe dãe...* pet. in-8. goth. de 141 ff. à 17 lignes sur les pages, dont les 12 premiers pour le calendrier; le 13e f. commence ainsi : *Iniciũ sācti euangelii secũ* ‖ *dũ iohannem...* Hauteur, 140 millimètres.

Ces Heures n'ont ni frontispice ni bordures. Leur extrême rareté en fait le plus grand mérite. Pourtant au jugement de J. Renouvier, « cette édit. de 1487 présente beaucoup d'intérêt pour l'histoire de la gravure. Elle contient huit grandes et vingt petites planches enluminées que l'on prendrait à première vue pour des miniatures. En y regardant de près on voit qu'elles sont obtenues par impression; le trait carré, les contours des têtes, les mains, les plis ont été faits au moyen d'un moule gravé sur bois, et de patrons comme dans les cartes, et le frottoir y a laissé des traces autres que celles qu'aurait données le pinceau de l'enlumineur. Toutefois, elles ont pu être retouchées. Dans quelques points, ces planches, aussi rudimentaires que dans leur composition et leur dessin que dans leur procédé, ne prêtent pas à l'analyse. »

118. A LA LOUENGE de dieu de la tressaincte τ ‖ **glorieuse mere, et a ledification de tous bōs catholiques furent commencees ces presētes** ‖ **heures par le**

commandement du roy nostre || sire *pour*
Anthoine verard libraire demourãt ||
a paris sur le pont nostre dãe a lymage
sainct || *iehan leuangeliste, ou au pa-*
lais au premier || *pilier deuant la cha-*
pelle ou len (sic) *chante la mes* || *se de*
messeigneurs les presidens. Au-dessus
de ce titre deux stances, l'une de cinq
vers commençant : *Jesus soit en ma*
teste 3 mon entendement, et l'autre de
quatre stances : *Qui du tout son cueur*
met en dieu. Dans l'encadrement à droite
il y a trois compartiments séparés chacun par deux lignes qui doivent être
lues de suite, et complétées par les deux
lignes qui sont au-dessous du 3ᵉ compartiment ; un 4ᵉ compart. est au bas de
la page qui est signée *a.* In-4. goth.,
ff. non chiffr., à 20 lign. par page pleine.

Ces Heures, que nous désignerons ici sous le nom
de *Grandes Heures* de Verard, parce qu'elles ont
environ 23 millimètres de plus en hauteur que les
autres éditions in-4. données depuis par le même
libraire, sont remarquables par les figures et les
bordures gravées sur bois qui les décorent. Nous
en connaissons trois éditions différentes : un exemplaire de la première, imprimé sur VÉLIN et composé de 108 ff., se conserve à la Bibliothèque impériale. Le dernier f. y est terminé par la grande
marque de Verard, accompagnée du huitain commençant : *En la parfin de l'œuvre louer Dieu.*
Sa hauteur est de 250 millimètres (Catal. de Van
Praet, tome Iᵉʳ, p. 241). Une seconde, sur papier,
et à peu près aussi grande que l'autre, appartient à
la bibliothèque Mazarine. En voici la description :
Les six premiers feuillets contiennent le titre donné
ci-dessus, et au verso une grande planche représentant le Très-Haut et Jésus-Christ portant sa
croix, et au milieu la sainte Vierge présentant son
sein ; en haut le Saint-Esprit, plus bas l'acteur
(c'est-à-dire l'éditeur) agenouillé. Au-dessous de la
planche commence une oraison à la Vierge, suivie
d'une autre à Notre-Seigneur, toutes les deux en
français. Ce premier cahier, sign. *a,* n'a que 6 ff.
On y trouve le commencement du calendrier, dont
la fin tient au cah. *b.,* qui a 8 ff. Les autres cahiers
sont : A par 6, B par 8, AA jusqu'à FF par 8 ; *ã*
par 6, *ẽ* par 4 (ayant le verso du dernier f. tout
blanc) ; *p* par 8, et *ñ* par 4, ce qui fait en tout 94 ff.
dont on paraît manquer. Les grandes figures sont,
indépendamment de celle qui est au verso du titre,
au nombre de 13, savoir : 1. *la Création du monde* ;
2. *la Création de la femme (Adam et Eve)* ; 3. *Ave*
Maria gratia plena ; 4. *l'Annonciation aux ber-*
gers ; 5. *Adoration des rois* ; 6. *la Circoncision* ;
7. *le Massacre des innocents* ; 8. *Couronnement*
de la Vierge ; 9. *le Roi David à cheval et pour-*
suivi par un ange ; 10. *Pro defunctis ad vespe-*
ras : cercueil renfermé dans un treillis hérissé de
cierges, et entouré de prêtres et de pleureuses ;
11. *Domine labia mea aperies :* un roi debout, en
chemise et nu pieds porte la croix à bras le corps
au milieu de ses soldats ; 12. *Veni Sancte Spiri-*
tus : les apôtres boivent à la cuillère dans une
fontaine sur laquelle plane le Saint-Esprit ; 13. *Ad*
laudes : l'Immaculée Conception.

Les larges bordures qui entourent chaque page se
composent de quatre compartiments dont trois aux
marges latérales extérieures et un en bas à la marge
inférieure, et toujours avec les lignes de texte qui
correspondent au sujet. Plusieurs pages ont de plus
un ou deux petits sujets indépendamment des bordures, et attenant au texte. Les grandes initiales
sont rubriquées au pinceau. Les figures d'hommes
et de femmes formant les bordures ont une expres-

sion et un caractère de vérité qui n'existent pas au
même degré dans les copies réduites des mêmes
sujets, admises par Verard dans les éditions pet. in-4.
qu'il a données un peu plus tard, bien que ces copies soient exécutées avec plus de finesse, et peut-
être sur cuivre, comme dans plusieurs éditions de
Simon Vostre. Les mêmes sujets sont répétés plusieurs fois dans les bordures, ainsi que cela se pra-
tiquait alors dans les Heures illustrées. L'exemplaire
que nous venons de décrire se termine, comme
nous l'avons dit, au verso du 4ᵉ f. du cahier coté *ñ,*
mais il est accompagné d'une seconde partie commençant par ce sommaire : *Suffragia plurimorum*
sanctorum quo || *rus nos necesse est habere con-*
tinuos apud al || *tissimum intercessores incipiunt*
feliciter. Cette partie occupe 68 ff. distribués ainsi :
A par 8, B par 6, C par 8, A jusqu'à F par 8, G par
6. Au verso du dernier f. la grande marque de Verard (voir ci-dessous, col. 1605), et au-dessous le
huitain : *En la parfin de l'œuvre...* Un exemplaire, impr. sur papier, réunissant les deux parties, et ayant 162 ff. en tout, a été payé 190 fr. à la
vente Le Prevost, quoiqu'il eût des piqûres de vers.

M. Ambr. Firmin Didot possède une édition des grandes
Heures de Verard, différente des deux précédentes,
mais portant le même titre et conservant la plus
grande partie des mêmes figures et des mêmes bordures quoique autrement placées. L'exemplaire est
également sur papier, mais il n'a guère que 227 millim. de hauteur. Le vol. se compose de 15 cah. dont
les 14 premiers, cotés a, b, et de a à m, ont chacun
8 ff. A la suite du signat. m vient immédiatement
le cah. p, sans qu'il y ait de lacune apparente dans le
texte. Si ce dernier cah. était de 8 ff. comme les quatorze autres, il compléterait le nombre de 120 ff. ;
mais dans l'exemplaire décrit il n'a que 4 ff., dont le
dernier, verso, porte 25 lign. finissant par les mots
je suis ton serf, au-dessous desquels est un espace
équivalent à 4 ou 5 lignes resté en blanc, et on n'y
trouve ni la marque de Verard, ni le huitain déjà
cité. Le cah. *a,* qui n'a que 6 ff. dans les deux autres édit. (celle de la Bibliothèque impériale et celle
de la bibliothèque Mazarine) en a 8 dans celle-ci, et
au verso du quatrième se trouve un *Petit alma-*
nach pour vingt ans ou plutôt pour 21 ans, puisqu'il comprend les années 1488 à 1508. La figure de
l'Homme anatomique occupe le recto du 5ᵉ feuillet,
dont le verso présente la figure de saint Graal. Les
trois feuillets suivants sont remplis par le calendrier.
Il est à remarquer que l'almanach et les deux figures qui le suivent manquent entièrement dans le
premier cah. en 6 ff. des deux autres éditions. Dans
celle-ci, au recto du 2ᵉ f. du cah. I, commencent
les prières précédées de ce sommaire : *Sensuiuent*
plusieurs deuotes louenges || *peticions, oracions*
? reqstes qui a touts per || *sõnes ayant entende-*
ment sont necessaires a || *dire a nostre seigneur*
iesu crist. Parmi ces prières plusieurs sont en latin, mais le plus grand nombre est en français, ce
qui diffère de deux autres grandes éditions de Verard que nous supposons plus anciennes que celle-ci.

Un exemplaire d'une des éditions ci-dessus, imprimé
sur VÉLIN, avec les grandes figures, les bordures
enluminées, et relié en *mar. r.* a été acquis pour
l'Angleterre, au prix de 860 fr., plus 10 p. 100 pour
les frais, à la vente du conseiller Bigant, faite à
Douai en 1861. Voir le nᵒ 6 du catalogue de cet
amateur, où ce livre est annoncé ainsi :

« *Heures imprimées par Antoine Verard ver*s
1488, 159 ff. sur VÉLIN, in-4. goth., figures et bordures à compartiments, *mar. r. tr. d.* »

« Ce livre n'a point de frontispice et il commence par
l'office de la sainte Vierge. Au 6ᵉ f. on lit : *Sen-*
suiuent les suffrages et oraisons des saincts et
sainctes escriptz au kalendrier de ces presentes
heures procedant selon les moys et iours de lan.
Au verso du 145ᵉ f. se trouve la marque de Verard,
et au bas les huit vers commençant : *En la parfin de*
lœure louer dieu. Le 146ᵉˣf. porte : *A la louenge*
de dieu..... furent commencees ces presentes
heures, par le commandement du roy nostre

*sire, par Anthoine Verard libraire demourant
a Paris sur le pont nostre dame a lymage sainct
Jehan leuangeliste ou au palays au premier pilier deuant la chapelle...* Au verso du 149ᵉ f., un
petit almanach pour vingt ans, sans indication d'année. Le livre se termine par diverses oraisons et la
passio... secundum Johannem. Les bordures à
compartiments, et les grandes figures qui décorent
cet ouvrage sont toutes coloriées avec le plus grand
soin, et sont d'une fraîcheur remarquable. »

D'après cette description on pourrait supposer que les
4 prem. ff. du prem. cahier a, et les 8 ff. du cahier suivant, qui devaient être placés au commencement du volume, auraient été mis à la fin, et
qu'il manquerait à l'exemplaire les quatre derniers
ff. du premier cahier a, contenant, indépendamment
de l'*homme anatomique,* ayant au revers la figure
du saint Graal, les trois ff. du calendrier en 6 pp.

Un exemplaire des mêmes Heures, avec les *suffrages
des saints et saintes,* contenant 162 ff. sur papier,
avec figures et encadrements (Almanach de 1488 à
1508) a été payé 190 fr., malgré quelques piqûres
de vers, à la vente Leprevost, en 1857. Il devait
être d'une des éditions ci-dessus.

119. Hore intemerate Virginis, secundum
usum Pictavensem. **A la louange de
Dieu furent commencees ces presentes
Heures pour Antoine Verard** (*sans date*),
2 part. en 1 vol. in-4. goth., avec fig. et
bordures sur bois.

Volume dont le calendrier est pour les années 1488 à
1508; il a 139 ff. non chiffrés, sous les signat. A–P
et A–G. La seconde partie contient les *suffraiges.*
On y trouve la grande marque de Verard surmontée des armes de France, et aussi les huit vers :
En la parfin de leuure... Un bel exemplaire sur
papier, avec une partie des lettres initiales peintes
en or et en couleur, et de plus un f. de VÉLIN portant
les armes qui sont *de gueules à la fasce de sable,
au lion issant argent,* a été vendu 275 fr. Coste.
Il était d'une conservation parfaite, et revêtu d'une
belle reliure de la fin du XVIᵉ siècle, en mar. v. à
riches compartiments, avec les noms Loys Parent
sur les plats.

120. Heures a lusage de Rome (Almanach
pour XXI ans, de 1488 à 1508), in-4.
goth., grandes planches et encadrements
(chez M. Didot).

Cette édition est de Verard, mais le recto du premier
feuillet de l'exemplaire que nous avons sous les
yeux étant resté en blanc, ni le nom de l'imprimeur ni la date ne s'y trouvent. Le verso de ce
même feuillet offre la figure de l'homme anatomique. L'almanach est au recto du second feuillet
dont le verso reproduit la figure du saint Graal.
L'exemplaire décrit s'arrête au verso du 4ᵉ f. du
cah. l, où commencent les prières *ad completorium,*
mais il n'est pas complet. Il contient 16 grandes
planches déjà employées, les unes dans la grande
édit. de Verard (décrite ci-dessus); les autres, imitées de celles de Vostre. Les bordures présentent
des sujets de l'histoire sainte, des bustes de personnages de différentes conditions, et quelques arabesques; mais pas la Danse des morts. Nous la
croyons un peu moins ancienne que celles dont les
bordures offrent d'autres sujets.

121. A la louenge de dieu de sa tres
saincte et glorieuse mere, *e a l'ediſication
de tous bons ‖ catholiques furent cõme-
cees, ces presentes heu ‖ res pour Anthoine verard libraire demourãt ‖ sur
le pont nostre dame a lymage saint
Jehan ‖ leuangeliste ou au palais au
premier pilier ‖ deuant ou on chante*

*la messe de messeigneurs ‖ les presi-
dens a paris* (Almanach de 1488 à 1508),
pet. in-4. goth. de 112 ff. non chiffrés,
sign. a–n par 8, et o également par 8,
27 lignes sur les pages entières. Hauteur,
220 millimètres.

Cette édition est tout à fait différente d'une autre
sous le même titre à peu près, dont nous venons de
parler. Elle commence, à la vérité, également au
verso du premier feuillet par l'*Oraison a la vierge
Marie, de l'acteur de ces ‖ presentes Heures,*
surmontée par la figure relative à la création, déjà
employée dans la grande édit. Cette prière est suivie de l'*Oraison à Notre-Seigneur,* qui finit au
recto du 4ᵉ f. La grande fig. de la Création de la
femme est placée au verso du 7ᵉ f. du cah. b; au
5ᵉ f. se trouve la figure de l'homme, et au verso le
saint Graal. La grande marque de Verard, placée au
verso du dernier f. du cah. n, est accompagnée des
huit vers : *En la parfin de loeuure louer Dieu.*

Il y a dans le courant du volume 14 planches moyennes, et dans le texte 32 petites, indépendamment
de celles qui sont placées dans les bordures. On n'y
trouve pas la suite des sujets de la Danse des morts,
mais au verso du 2ᵉ f. du cah. h se voit, dans une
des planches moyennes, la Mort portant sur un de
ses bras un cercueil vide, et de l'autre entraînant
un pape à la suite duquel marche un empereur
suivi de trois autres personnages. La planche
moyenne, placée au commencement des psaumes
mes en français, est la même que celle qui figure
au recto du 2ᵉ f. du cahier g; les bordures présentent ordinairement 4 sujets sur la marge latérale
extérieure, et un ou deux sujets au bas des pages.
Quelques-uns de ces sujets sont tirés de l'Écriture
sainte; les autres sont des bustes de saints personnages, hommes et femmes; ils sont sur fond criblé, et séparés les uns des autres par des lignes
d'un texte soit latin, soit français, qui doivent être
lues à la suite de celles qui sont au bas des pages.
Un bel exemplaire imprimé sur VÉLIN, avec fig. et
initiales peintes avec soin, et rel. en mar. r. à
compartiments, a été acheté 32 liv. sterl., pour
M. Didot, à la vente Libri, faite en 1862. Voir le
nº 271 du catalogue, où l'édition a été mal à propos
présentée comme plus ancienne que la précédente.

122. Heures à l'usage de Paris. (Almanach de 1488 à 1508), in-8. goth. de
104 ff. non chiffrés, figures et encadrements, avec la marque de Verard au
verso du dernier feuillet.

Cette édition est portée sous le nº 240 du premier
vol. du catal. des livres impr. sur VÉLIN de la Bibliothèque impériale. D'après la description qu'en
a donnée Van Praet, elle porte exactement le même
titre que l'édit. pet. in-4. dont nous venons de
parler; seulement, dans ce titre on lirait *commen-
cescees* au lieu de *commencees,* et elle a également
33 lignes sur les pages qui sont entières. Mais la
hauteur du volume n'est que de 194 millimètres.
On n'y compte que 104 ff. au lieu de 112, parce
que le *Psautier en français* n'y est pas joint.

123. Hore beate marie virginis secundum
usum Romanum. — *A la louenge de
Dieu, de sa tres saincte et glorieuse
mere, et a ledification de tous bons
catholiques furent commencees ces
presentes heures pour Anthoyne Verard...* (avec un almanach de 1488
à...), pet. in-4. goth., fig. et bordures à
compartiments.

Un exemplaire conservant les plus grandes bordures
et en noir, mais ayant les lettres capitales peintes

en or et en couleurs, est porté sous le titre ci-dessus dans le cat. de George Hibbert (*London*, 1829), n° 4108, où il est marqué 19 liv. sterl. Cet exemplaire, dans son ancienne reliure en *mar. vert*, n'avait été payé que 121 fr. à la vente Mac-Carthy. Les catalogues de ces deux amateurs ne l'ont pas décrit avec assez de détails pour que nous ayons pu reconnaître à laquelle des éditions in-4. dont nous venons de parler il peut appartenir.

124. HEURES à lusaige de Paris. — *acheuees le* VIII *iour de feurier lan. Mil. cccc. quatre vingtz z neuf pour anthoine verard...* in-8. goth. de 8 et 92 ff.

Édition assez jolie, avec des figures différentes de l'édition de 1487 décrite sous le n° 117. L'almanach est aussi de 1488 à 1508; et comme la souscription est au verso du 88° f., lequel est suivi de quatre autres feuillets, des personnes qui ne l'ont point aperçue à la fin du volume ont pu supposer que ce livre était de 1488. (*Biblioth. impériale*.)

Les encadrements, grossièrement exécutés au trait, offrent des figures d'enfants, comme il s'en trouve plusieurs dans les premières grandes heures de Verard que nous venons de décrire. J. Renouvier a fait remarquer que dans cette édition de 1489 Verard avait substitué au frontispice qui lui était tout personnel, la figure du *saint Graal*, tenue par deux anges, sur un fond fleurdelisé. Cette figure, qui a été placée depuis parmi les pièces liminaires de plusieurs des Heures de Verard, avait déjà été employée au verso du 5° f. dans la troisième grande édition des mêmes Heures donnée par ce libraire, ainsi que nous l'avons dit ci-dessus en décrivant l'exempl. de M. Didot; elle sert de frontispice dans les édit. de 1506, de 1507, et de 1510.

Une édition in-4. sous la même date de 1489 et avec le titre d'*Heures en l'honneur de nostre seigneur Jesus Christ*, est citée dans le 2° Catal. des livres impr. sur VÉLIN, I, p. 113, n° 324, d'après la *Biblioth. thott.*, tome VII, p. 143.

125. — Autre édition. (au dernier f. verso,

après la marque de Verard reproduite ci-dessus) : *Ces heures furēt acheuees en lhonneur de nostre seigneur iesucrist... le xx iour daoust. Mil. cccc. quatrevingts z dix. Pour Antoine verard...* in-4. goth. de 106 ff., avec fig. et bordures.

Cette édition n'a point de frontispice; les 4 premiers ff. renferment un almanach pour vingt ans (ou plutôt pour 21 ans).

126. HEURES à l'usage de Paris. (au verso du dernier f.) : *Ces presentes heures a lusage de* || *paris furēt acheuees a Paris pour An*||*toine verard demourāt sur le pont de* || *nostre dame a lenseigne de saīt iehā* || *leuangeliste. le vii iour de Juillet. Lā* || *mil quatre cēs quatre vingtz et xv.* In-8. goth., feuillets non chiffrés, avec 14 grandes planches. (Communiqué par M. Romain Merlin.)

127. HORÆ beate marie virginis ad usum bisuntinensem. (à la fin) : *Les presentes heures furent acheuees a Paris le xx° iour de iuin lan mil ccco iiii xx & xvi*, pet. in-4. goth., feuillets non chiffrés. (Almanach de 1494 à 1521.)

J. Renouvier a décrit ce livre d'après l'exemplaire de la bibliothèque de l'Arsenal : il y a trouvé la manière du graveur plus soignée que dans les éditions précédentes. Les bordures, sans admettre des ornements aussi riches et une taille aussi fine que celle de Vostre, se font remarquer par de petites scènes de la Création, de la Passion, et par des représentations de Jésus-Christ et de la Vierge variées jusqu'à cinq fois dans leur composition et dans leur type. Les grandes planches, au nombre de dix-neuf, présentent sinon plus de soin, du moins plus d'invention, et quelques-unes plus de style et plus d'imagination que les premières. En voici les sujets : 1. *le Calvaire*; 2. *la Chute des anges*; 3. *le Corps de J.-C. entre les trois saintes femmes, les quatre symboles évangéliques*; 4. *le Baiser d'Anne et Joachim, et la Salutation angélique*; 5. *l'Arbre de Jessé*; 6. *la Visitation*; 7. *la Pentecôte*; 8. *la Nativité*; 9. *l'Annonciation aux bergers*; 10. *l'Adoration des rois*; 11. *la Présentation au temple*; 12. *la Fuite en Egypte*; 13. *le Couronnement de la Vierge*; 14. *David vainqueur de Goliath*; 15. *les Trois vifs*; 16. *les Trois morts*; 17. *le Paradis et l'Enfer*; 18. *le Paradis*; 19. *l'Acteur, en longue robe, agenouillé devant la Vierge, à laquelle il adresse la prière Mater Dei, memento mei.* La souscription ne porte ni le nom ni la marque de Verard, mais on reconnaît dans ce volume les caractères qu'on lui attribue et les planches employées plus tard dans des éditions à sa marque.

128. HORÆ beate marie virginis, secundum usum Romanum (avec un almanach de 1497 à 1520), pet. in-8. goth. de 92 ff.

Dans cette édition, que nous plaçons sous l'année 1497, à cause de l'almanach, mais que nous croyons cependant un peu moins ancienne, les bordures sont à compartiments et présentent 78 fig. de la Danse des morts, dont plusieurs répétée. Nous n'avons eu sous les yeux que l'exemplaire de la Bibliothèque impériale, dans lequel le titre et la souscription sont entièrement effacés : c'est donc simplement par conjecture que nous l'attribuons à Verard.

129. Heures à l'usage de Rome. (à-la fin) : *Ces presentes heures a lusage de Rome furent acheuees a Paris pour anthoine verard... le xxij. iour d'octobre. Lan mil quatre cens quatre vingtz et xviii.* in-4. goth. de 96 ff. sans frontispice, avec des fig. et des bordures.

Un exemplaire avec 14 miniatures, 155 fr. Mac-Carthy; 8 liv. 3 sh. Sykes.

On trouve dans le *Bibliographical Decameron*, I, pp. 33 et 101, plusieurs fig. de la Danse des morts et d'autres ornements tirés d'une édition in-8. des Heures, imprimée par Verard, en 1498. Les Heures de Vostre auraient fourni un meilleur modèle des mêmes sujets.

130. — a lusaige de Rome... *acheuees le second iour de may mil cinq cens par Anthoine Verard...* in-4. goth. de 96 ff., sign. a—m par 8; exemplaire avec figures peintes. (*Biblioth. Gareli à Vienne.*)

131. Hore diue Marie secundum usum turonansis (sic). — *Ces presentes heures a l'usage de..... furent acheuees le* viii *iour d'aoust mil cinq cens pour Anthoine Verard libraire...* in-4., goth.

Jos. Molini qui, à la page 119 de ses *Operette*, décrit cette édition, dit en avoir possédé un exemplaire imprimé sur vélin, avec fig. sur bois miniaturées.

132. Heures à lusage de Paris. (au recto du dernier f.) : *Ces presentes heures a lu* || *sage de Paris furent ach* || *euees le xxii. iour d'octobre.* || *Lan MCCCCC* (*Almanach pour* XXIIII *ans*, 1497 à 1520); pet. in-8. goth., 1er cah. sans signatures par 8, 2e cah. Bb par 10, ensuite a—h par 8, i par 10, k par 10, A, B, C, D par 8, avec 18 grandes planches.

Cette édition est de Verard, mais le titre de l'exempl. (imprimé sur vélin, de M. Didot) que nous avons sous les yeux n'étant pas lisible, nous n'y avons aperçu ni nom, ni marque; toutefois il est constant que les grandes fig. et les vignettes des bordures sont les mêmes que celles d'une édition in-8. de 1503 qui porte la marque de Verard. Dans celle-ci il ne se trouve que trois sujets de la Danse des morts (*le Pape, l'Empereur et le Cardinal*), mais ils y sont deux fois, savoir : au recto du 1er f. du cah. g ii, et au recto du 1er f. du cah. h ii. Les pl., grandes et petites, sont des copies de celles de Pigouchet et de Vostre, mais il faut y regarder de bien près pour distinguer les originaux des copies. La figure représentant l'arbre de Jessé est au verso du 8e f. du cah. B b; elle a dû servir de titre à d'autres éditions, car on y lit au bas : *Hore intemerate virginis Marie secun* || *dum usum* (le reste en blanc).

134. Horæ beatæ Virginis Mariæ in usum Sarum. *Parisiis, pro Ant. Verard*, 1503, in-4. goth. fig. (*Panzer*, VII, 504, d'après la *Biblioth. thott.*)

135. Heures a lusaige de Rōme sans riēs

reqrir || *Imprimees a Paris le xix iour du mois de* || *Juing Mil cinq cens et trois.* (Titre surmonté par la grande marque de Verard ; Almanach pour 24 ans, de 1497 à 1520), pet. in-4. goth., sign. a—l par 8, et m par 4; au verso du dernier f. 27 lig. et le mot *Finis*. (Sur vélin dans le cabinet de M. Ambr. F. Didot.)

Les grandes planches, au nombre de 15 (non compris celle du saint Graal, qui est au verso du 2e f.), et les petits sujets des bordures sont évidemment imités des éditions de Vostre, et sont presque aussi bien exécutés. Celles de la Danse des morts commencent au verso du prem. f. du cah. h, et finissent au verso du 7e f. du cah. i. Ces mêmes planches figurent aussi dans l'édition des *Hore beate Marie Virginis secundū usum Romanum, sine require*, qui porte la marque de Verard, et a un almanach de 1503 à 1520.

136. Ces presentes heures a lusage de Rouen sont au long sans rien recquerir avecq les heures de la Conception et plusieurs aultres suffrages. *Nouuellement imprimees a Paris pour Jean Burges, Pierre Huuin et Jacques Cousin* (Almanach de 1503-1520), in-8. goth., avec encadrement et des figures sur bois. Le dernier f. porte la marque de Verard.

Un exemplaire imprimé sur vélin est cité dans le *Bibliogr. normand*, de M. Frère, tome II, p. 80.

137. — a lusage de Rome. *Paris, Ant. Verard*, 1504, 25 sept. in-8. goth., fig.

Vendu 6 fr. Mac-Carthy.

138. — A lusage de Paris. *Acheuees le xxv iour de septēbre mil v. cēs z* IIII (1504), in-8. goth. de 91 ff., fig. sur bois. (*Biblioth. thott.*, VII, n° 463.)

139. Hore intemerate virginis marie secundum usum romanum... — *Acheuees par maistre Pierre le dru pour Anthoine verard libraire... Lan mil cinq cēs et cinq. le .xxviii iour de Janvier.* pet. in-8., fig. sur bois (avec un almanach de 1506 à 1521).

140. Heures à l'usage de Paris. *Acheuees le xxii iour Daoust Mil cinq cens z six pour Anthoine Verard*, in-8. goth. de 8 et 132 ff.

Almanach de 1503 à 1520, 12 grandes planches, bordures à compartiments, sujets divers et arabesques. Il y a 138 figures à la Danse des morts, mais ce sont seulement 42 sujets qu'on a répétés plusieurs fois.

141. — a lusage de Rome. *Acheuees le* XVIII *iour de septembre lan mil cinq cens et six, pour Anthoine Verard*, gr. in-8. goth. de 91 ff. fig.

Calendrier de 1503 à 1520; point de bordures. La souscription est au verso du 83e f. Les sept psaumes occupent les huit derniers feuillets. Vendu, avec

figures peintes, 35 fr. Mac-Carthy ; 130 fr. Duriez ;
autre exemplaire sous la même date, avec figures
et encadrements sur bois, 41 fr. 50 c. Revoil.

142. — a lusage de Paris. *Acheuees Lan
Mil cccc. x sept. pour Anthoine Verard,* in-8. goth. de 125 ff. (avec un almanach de 1503 à 1520).

Avec des bordures où se voient 48 figures de la Danse
des morts. Les grandes planches sont différentes de
celles de l'édition du 22 août 1506.

Maittaire, *Index*, I, 499, cite une édition de ces
Heures, du 30 octobre 1507.

143. — Autre édition. *le* XXI. *iour de
iuillet. Lan mil cinq cens et huyt.*
(marque de Verard), in-8. goth. de 122 ff.
(Almanach de 1503 à 1520.)

Les grandes planches sont les mêmes qu'à l'édit. précédente, mais il y a à la Danse des morts 48 sujets
répétés, au point de former 120 fig.

144. HORE beate Marie virginis scdȝ ‖
vsum Romanū sine require. (au verso du
4ᵉ f. du cah. C des *Suffragia*) : *Ces presentes heures a lusage de* ‖ *Romme furent acheuees le viii. iour doctobre.
Lan. Mil cinq cens et* ‖ *huyt. Pour
Anthoine verard libraire demourant
a Paris;* ensuite sous la sign. ă. *Sensuyuent les sept pseaulmes en francoys
‖ translatez au plus pres du latin.*
8 ff. dont le verso du dernier contient
27 lignes et le mot FINIS (sic). Pet. in-4.
goth. (Almanach pour XVIII ans, de
1503 à 1520, et dans le calendrier un
quatrain latin et un quatrain français
pour chaque mois.)

Les feuilles de ce volume ont un arrangement particulier. D'abord un cahier sous les signat. *qj* en 8 ff.
comprenant le titre avec la grande marque et le
chiffre de Verard ; ensuite les cahiers aa par 8 (pas
de bb), c, d, e, f, g, h, i par 8, et pour les *Suffragia*, les cah. A par 8, B par 7, et C par 4, enfin *les
sept pseaulmes*, en 8 ff., sign. a ; il s'y trouve
17 grandes planches, la plupart d'une composition
remarquable, mais point de bordures autour du
texte. Dans l'exempl. de M. A.-F. Didot, qui est
imprimé sur très-beau *vélin*, les planches ont été
coloriées avec soin et toutes les initiales peintes
en or et en couleurs. Quelques-uns des grands sujets avaient déjà paru dans des éditions antérieures
à celle-ci et notamment dans celle du 22 octobre
1500, et celle de 1503. Ces mêmes planches, moins
l'*Annonciation*, se retrouvent dans l'édition à l'u-
sage de Rome datée de 1510. Cette dernière a des
encadrements dans lesquels figurent les sujets de
la Danse des morts de Verard ; mais on n'y trouve
pas la translation des sept psaumes en français.

145. Les HEURES nostre dame a lusaige de
Rome sans requerir. (à la fin) : *Ces presentes heures furent acheuees le x iour
de novembre mil cinq cens et huit
pour Anthoine Verard.....* gr. in-8.
goth.

Almanach de 1503 à 1520. Quatorze grandes pl. et
encadrements. Un exempl. impr. sur VÉLIN, mais
incomplet de plusieurs feuillets, Catalogue Rebillot,
nᵒ 9, vendu cependant 119 fr. Un autre, annoncé
comme contenant 19 planches peintes, n'avait été

payé que 6 fr. 25 c. à la vente Trudaine, en 1803.
— Voir le nᵒ 153.

146. HEURES à l'usage de Paris. *Acheuees
le* XV *iour de feurier. Lan mil cinq
cens et neuf.* (marque de Verard), in-8.
goth. de 8 et 120 ff., avec fig. et bordures (même almanach).

147. — Autre édition. *Acheuees a Paris
le* XXI *iour de Juing Lan mil cinq cens
et dix pour Anthoine Verard,* in-8.
goth. de 125 ff. (même almanach).

Mêmes bordures et mêmes grandes planches qu'à
l'édit. de 1508, et probablement qu'à celle de 1509.
Un exemplaire à l'usage de Rome, et sous la date de
1510, est porté dans la *Biblioth. harl.*, IV, nᵒ 18362.

148. HEURES à l'usage de Paris. (au premier f. la figure du saint Graal, et au
bas en 8 lign. la prière : *Benedictio dei
patris*. Pas d'autre titre. Au verso :
Almanach pour XVIII ans, de 1503 à
1520). Au recto du dernier feuillet : *Ces
presentes heures furē ache* ‖ *uees a
Paris le xxi iour de Juing* ‖ *Lan mil
cinq cens et dix pour An* ‖ *thoine Verard demourāt deuant no* ‖ *stre dame
de paris;* et au verso la grande marque de Verard. In-8. de 128 ff. non
chiffrés, sign. a, *non marquée*, par 8,
b par 4, A par 12, b à k par 8, et A,
B, C, D par huit. (Les quatre derniers
cahiers sont occupés par les grands Suffrages.)

Cette édition reproduit 16 grandes planches et des
encadrements déjà employés par Verard dans de
plus anciennes éditions : mais ces planches sont ici
très-fatiguées. Il est à remarquer que, bien que ces
Heures portent la date de 1510, on y a conservé
l'almanach commençant en 1503. La Danse des
morts commence au recto du 6ᵉ f. du cah. g, et
finit au recto du 5ᵉ f. du cah. k.

Le bel exemplaire impr. sur VÉLIN de M. Didot est
très-grand de marges et porte 180 millimètres de
hauteur ; celui de la Bibliothèque impériale a 4 millimètres de moins. Un autre, également sur VÉLIN,
115 fr. Chesnet, en 1853.

149. — Autre édition. *Acheuees nouuellement pour Anthoyne Verard.......*
(Almanach commençant en 1513). Pet.
in-8. goth., fig.

Un exemplaire avec le nom de *Guillaume Godard,
libraire,* impr. sur le titre, est porté dans le
2ᵉ Catal. des livres imprimés sur VÉLIN, I, p. 118.

———

150. HEURES de Nostre Dame, en françoys
et en latin, imprimees a Paris nouuellement. — *Cy finent les heures en francoys imprimees pour Anthoine verad*
(sic).... (vers 1498), pet. in-4. de 110 ff.,
avec fig. sur bois.

En vers français avec le latin en marge. 42 fr. le baron d'Heiss. Pour l'édit. de Vostre, voy. ci-dessus.

151. Heures de nostre dame, en francoys
et en latin, imprimees a paris nouuellement. (Au-dessus de ce titre sont huit
vers en 10 lign., commençant: *Lamour
de dieu chascun bon crestien*). (à la fin,
sur un feuillet séparé): *Cy finent les
heures en francoys imprimees a Paris
pour Anthoine verard libraire demourant sur le põt nostre dame a lymage
saint Jehan leuangeliste*... in-8., sign.
A—O, fig. sur bois, 28 lign. à la page.

Ces Heures, qui ont dû paraître avant l'an 1500, sont
en vers français; le latin est en marge. Elles diffèrent des Heures de P. Gringore. Le texte commence :

> *Dieu tout puissant ouure moy
> les leures Adonc parlera
> ma bouche.*

153. Heures de Nostre-Dame a lusage du
Mans. *Paris, Anth. Verard*, 1508, in-8.
goth., avec fig. sur bois.

Vendu 24 fr. 50 c. fig. peintes, mar. r. Mac-Carthy.

Ces Heures, non plus que celles dont nous avons
parlé sous le n° 145, ne nous paraissent pas contenir la même chose que les précédentes.

———

154. Les Grans suffraiges nouuellement imprimez a *Paris pour Anthoine
Verard libraire demourãt sur le põt
nostre dame* (vers 1499), pet. in-8. goth.
de 192 ff., sans calendrier.

Ce sont des prières en l'honneur des saints, avec bordures à compartiments, et dans lesquelles les mêmes
figures sont souvent répétées.

155. Sensuiuët les suffrages et oraisons
des sainctz et sainctes escriptz au kalendrier de ces presentes heures, procedans
selon les moys et iours de l'an. (*sans
lieu ni date*), pet. in-4. goth. de 54 ff.,
avec fig.

Comme ce livre n'a point le calendrier que le titre indique, il est à croire que c'est une partie détachée
d'une édition des Heures imprimée par Verard (probablement de celle de 108 ff. vers 1488). Sur le
verso du dernier feuillet, au-dessous de la marque
de Verard, se lisent les 8 vers : *En la parfin de
loeuure louer dieu*, que nous avons déjà cités
(n° 119). Chaque page est entourée d'un large cadre
à compartiments. (*Bibliothèque impériale*.) Voir
le n° 118 ci-dessus.

IV. Jean du Pré.

L'imprimeur Jean Du Pré s'est fait connaître dès
l'année 1481 par une belle édition du Missel de Paris,
in-fol. Depuis il a imprimé un certain nombre d'ouvrages français, soit pour son compte, soit pour celui
de Verard, soit enfin pour des libraires de Rouen et
d'Abbeville (voir tome I, col. 560 et 1005 ; tome III,
col. 806 et 1764 ; tome V, col. 935). Il paraît qu'il a
continué d'imprimer jusqu'en 1501. Quelques années
plus tard un autre Jean Du Pré, imprimeur, qui était

peut-être son fils, a exercé *rue des Porees, à l'image
Saint-Sebastien* (voy. tome III, col. 449 et 1198).

156. Heures à l'usage de Rome. Les pre-
sentes heures a lusaige de rõme ont ||
este imprimees a paris p. Jehan du pre
demou||rãt en la grãt rue saint iaques
a lensaigne des deux signes (*sic*). (au
bas du verso du dernier feuillet) : *Ces
presẽtes heures a lusaige de rõe furẽt
acheuees a paris p. Jehã du pre le ||
iiii. iour de feurier en lan mil. iiii.
cccc. || iiii. xx et viii.*, très-pet. in-4.
ou in-8. carré, goth. de 104 ff., sign. a
et a double par 8, b par 4, c à i par 8,
ķ par 4, l, m et n par 8, 27 lign. à la
page. Hauteur, près de 170 millimètres.
Sur le titre la marque historiée de Jehan
du Pré, et au verso *l'homme anatomique;* sur la page suivante l'almanach
pour vingt ans (effectivement 21 ans), de
1488 à 1508, avec 20 grandes planches
et 30 petites imprimées dans le texte,
indépendamment des bordures qui enca-
drent les Heures.

Ces Heures sont d'un grand intérêt pour l'histoire
de la gravure en France, parce qu'elles constatent
l'usage qu'on a fait à Paris, dès l'année 1488, de
planches gravées en relief sur cuivre pour imprimer
les petites figures qui entourent les pages desdites Heures, et peut-être aussi une partie des grandes figures qui décorent le livre (voir la note du
n° 32). On lit en effet au verso du second feuillet
ce passage remarquable : *C'est le repertoire des
histoires ẽ figures de la || bible tant du vieil tes-
tamẽt q̃ du nouueau ate || nues dedens les vi-
gnettes de ces presentes heu||res imprimees en
cuyure. En chascune desq̃ltes || vignettes sõt con-
tenues deux figures du vieil || testamẽt signi-
flãs vraye histoire du nou|ueau.*

Ce passage confirme l'idée, qu'avant de le connaître,
avaient eue plusieurs artistes, et en particulier
MM. Passavant (*Le Peintre graveur*, Leipzig,
1860, in-8.) et Ambr. Firm. Didot, que la plupart des gravures qui décorent les anciens livres
d'Heures étaient gravées en relief sur cuivre et non
sur bois. « Ainsi s'explique, selon M. Didot (*Essai
sur la gravure sur bois*, col. 120), comment, au
moyen du polytypage, on pouvait facilement multiplier ces gravures dans les livres de Simon Vostre
et de quelques autres imprimeurs qui ont rendu si
célèbre la fabrication des Heures à Paris, puisque,
indépendamment d'une grande finesse de tailles, on
obtenait de la gravure sur cuivre en relief une reproduction beaucoup plus facile et plus exacte ;
d'ailleurs, ajoute-t-il, l'emploi répété de ces petits
sujets qui se reproduisaient presque à chaque page,
leur fréquente manutention, auraient bientôt
écorné les angles, brisé les filets et endommagé la
gravure si elle eût été sur bois ; le cuivre seul pouvait résister. C'était donc surtout les petites pièces
servant d'encadrement, et dont on alternait fréquemment l'emploi pour varier la composition des
cadres, qui étaient ainsi gravées en relief sur cuivre.
Maintenant que ce fait est avéré, il est plus facile
de reconnaître au genre d'exécution des gravures
quelles sont celles qui sont sur cuivre ou sur bois. »
Il y en a des deux sortes dans les Heures de Du
Pré, dont les gravures placées à l'entour des pages
sont remarquables par la finesse d'exécution ; et si,
en empruntant à l'artiste qu'employait cet imprimeur le procédé dont il s'agit, d'autres sont parvenus un peu plus tard à produire des ouvrages plus
achevés, toujours reste-t-il à Du Pré l'honneur d'a-

voir ouvert la voie du progrès : mais comme naturellement le public, ayant à choisir, a dû donner la préférence au travail qui lui paraissait le meilleur, les Heures de Vostre firent négliger celles de son concurrent, et il paraît que ce dernier renonça bientôt à ce genre de fabrication. De là est venue la grande rareté de ses Heures, dont nous ne connaissons d'autre exemplaire que le nôtre.

Les 20 grandes planches de l'édition que nous venons de décrire sont : 1° *la Chute des anges*; 2° *l'Ensevelissement de J.-C.*; 3° *la Salutation angélique*, accompagnée de trois autres petits sujets; 4° *la Visitation*; 5° *le Calvaire*; 6° *la Pentecôte*; 7° *la Nativité*; 8° *l'Annonciation aux bergers*; 9° *l'Adoration des mages*; 10° *la Présentation au temple*; 11° *le Massacre des innocents*; 12° *le Couronnement de la vierge*; 13° *la Bataille où périt Urie*; 14° *David et Betzabée*; 15° *la Mort promenant sa faux sur les papes, les rois et sur les hommes de tous les états*; 16° *la Trinité*; 17° *l'Acteur agenouillé implorant la vierge Marie*; 18° *Saint Christophe*; 19° *Sainte Marie-Magdelaine*; 20° *la Messe de saint Grégoire*. Ces sujets sont presque tous traités différemment que dans les autres livres d'Heures publiés à la même époque. Le saint Christophe n'est donné en grand que dans celui-ci. En comparant ces grandes planches avec celles qu'ont données Vostre et Verard, il est facile de constater les emprunts que ces libraires se sont faits réciproquement; mais, à l'égard de Du Pré, il faut reconnaître que l'exécution de son nouveau procédé a dû nécessiter des délais qui ont permis à ses rivaux de le devancer dans la publication des Heures illustrées dont il a dû être un des premiers à concevoir l'idée, lui qui, dès l'année 1481, avait déjà imprimé un grand Missel de Paris où se trouvent deux grandes planches.

157. Hore ‖ BE‖ATE MA‖RIE virginis se‖l cundum (usum) Lugdunensem. (Ce titre est en gros caractère gothique, l'H initial présente un profil humain, et l'O, qui succède à cette lettre, est beaucoup plus gros que les lettres qui le suivent.) Le verso du dernier f. n'a que quatre lignes dont les trois dernières pour la souscription ci-dessous : *Cy finissent les heures de nr̃e ‖ dame a lusage de Lyon impri‖mees a Paris.* (Almanach pour XXX ans, de 1491 à 1520), pet. in-8. goth. de 104 ff. non chiffrés, sign. a—n par 8, à 21 lign. par page, capitales rubriquées. Hauteur, 144 millimètres.

Ces Heures, dont l'imprimeur ne s'est pas nommé, sont fort rares, et elles méritent d'être connues parce qu'elles ne ressemblent à aucune autre de la même époque; elles sont ornées de 15 grandes figures dont la 6° (*Jésus en croix*) est la même que la 2°, et la 12° (*la Fuite en Égypte*) la même que celle qui la précède. Dans ces grandes planches, qui sont assez bien dessinées et soigneusement gravées, nous en avons remarqué deux qui avaient déjà été employées dans les *Heures à l'usage de Rome*, imprimées par Jehan Du Pré, en 1488 : ce sont la première (*la Chute des anges*), placée dans les deux éditions à l'Évangile de S. Jean, et la treizième (*la Mort fauchant les papes et les rois*), composition remarquable et que nous croyons gravée sur cuivre; elle est placée à l'Office des morts. Une autre planche, celle de *l'homme anatomique*, appartient également aux Heures de J. Du Pré. M. Didot, qui possède l'exemplaire sur VÉLIN que nous décrivons, est d'avis que le style archaïque des encadrements sur fond noir, imité d'anciens manuscrits, donne à ce précieux volume un caractère tout particulier. Au cah. c se lisent des vers français sur la Trinité

et sur l'Immaculée Conception, commençant par ces mots *Du haut rocher*, et où nous remarquons ce huitain :

> *Ce beau chef dœuure p̃ diuin artifice*
> *Fut en marie par grant subtilite*
> *Fait z conceu de matiere propice*
> *Sans desflorer en rien virginite*
> *Mais la parfait en son integrite*
> *Si saẽlemẽt on ne peult dire mieux*
> *Et tant quelle a par son humilite*
> *Cõprie cèt fois pl̃ q̃ nõt to᷄ les cieux.*

L'insertion dans ce volume de trois planches déjà employées par Jean Du Pré dans son édition de 1488, peut lui faire attribuer l'impression de celle-ci. C'est ce qui nous a engagé à rapprocher ici ces deux volumes; cela vient probablement de ce qu'il n'y ait pas dans les caractères qui ont servi à leur impression cette exacte conformité que nous avons trouvée entre les Heures de Vostre et de Verard, in-8. sous la date de 1488, et celles de J. Du Pré sous la même date.

Pour d'autres Heures imprimées avant 1500, par Denys Meslier, par Laurent Philippe, par Pierre le Rouge, par Anabat, etc., voy. ci-dessous, n° 335 et suiv.

V. Kerner.

Thielman Kerver, qui a commencé à publier des Heures en 1497, se servit d'abord des presses de Jean Philippe; mais il ne tarda pas à se faire lui-même imprimeur, car nous remarquons que, dès la fin de cette même année 1497, il imprima pour le compte de Jean Richard de Rouen, et pour celui de Pierre Regnault de Caen, qui, en 1492, avait employé Pigouchet (1). Il demeurait alors *sur le Pont Saint-Michel, à l'enseigne de la Licorne.* Trois ans plus tard il céda sa boutique ainsi que son enseigne à *Gillet Remacle,* cela vient probablement de ce qu'il en imprima les Heures, en 1500, en 1501, en 1502 et en 1503. Nous le trouvons, en 1506, *rue S. Jacques, ad intersignium Craticulæ,* où il mourut en 1522. Sa veuve lui succéda vers la fin de cette même année, et elle reprit alors *l'enseigne de la Licorne.* Elle continua jusqu'en septembre 1552, et même jusqu'en 1556, à publier des livres de liturgie dans tous les formats. Une chose remarquable, c'est que, les éditions en soient fort nombreuses, les Heures de Kerver se trouvent moins fréquemment que celles de Vostre et que celles des deux Hardouin : cela vient probablement de ce qu'il en aura été tiré moins d'exemplaires sur VÉLIN, et que les exemplaires sur papier ne se seront pas conservés. Au reste, parmi celles qui ont paru avant 1520, il n'y a guère que les premiers, où se trouvent des bordures autour des pages, qui méritent d'être recherchés; et ces bordures elles-mêmes ne sont recommandables que pour les arabesques, genre dans lequel il paraît qu'on excellait alors; autrement dans les sujets historiques et les Danses des morts, elles ne peuvent pas être comparées à celles de Vostre. Il est à croire aussi que Kerver employait rarement le secours de la peinture pour décorer les livres de piété qu'il débitait, car il nous en est parvenu fort peu avec ces sortes d'ornements; et ceux de ce genre qui ont passé sous nos yeux nous ont paru être d'une exécution très-médiocre, à l'exception pourtant de deux exemplaires de l'édition de 1522, que nous décrivons sous le n° 197.

Thielman Kerver Ier a été l'associé de Simon Vostre pour la publication des deux éditions du Missel romain imprimées à Paris, en 1511 et 1517, in-fol. dont

---

(1) Kerver, dans son édition du Virgile, de Badius Ascensius, imprimé à Paris, *ad decimum cal. Februarii* 1500, se qualifie de *peritissimus calcographorum.*

la souscription, donnée ici sans abréviation, porte : *in alma Parisiorum academia impensis honestorum virorum Simonis Vostre et Thielmani Kerver, hoc in opere sociorum elimatissime impressum.* La marque de Kerver, qui se trouve au verso du dernier feuillet, prouve que c'est lui qui a imprimé les deux volumes; il a aussi imprimé des Heures pour Guil. Eustace, à la date du 14 novembre (avec un almanach de 1497 à 1520), pour Hugues Pageot, libraire à Dijon, en 1499 (voir le n° 164), pour Louis Bonnet, libraire à Rouen, en 1525 (n° 199). Ses presses et celles de sa veuve et de ses deux fils, Thielman II et Jacques Kerver, ont produit un grand nombre de livres de liturgie en différents formats, et surtout des missels d'une exécution très-remarquable.

158. Hore intemerate virginis Marie secundum usum Romanum....... — *Acheuees le xv jour de Juillet. Lan* M. CCCC. IIII. XX. *et* XVII. (1497) *par Maistre Jean Philippe. pour Thielman Kerver libraire demourant a Paris sur le pont Saint Michiel,* in-8. goth. de 108 ff., avec un almanach pour xxvii ans.

Édition ornée de grandes figures et de bordures historiées, gravées sur bois. Un exemplaire sur papier, 16 fr. Heber, à Paris. Panzer, IV, p. 399, n° 428, cite un exemplaire impr. sur VÉLIN, avec le nom : *M. E. Jehannot* sur le titre.
La Bibliothèque impériale possède un exemplaire des mêmes Heures, dont le titre porte :

> *Incipiunt hore beate marie virginis*
> *M. E. Jehannot*

et avec la souscription ainsi conçue :

> *Ces presentes heures a lusage de Rô*
> *me furent acheuees le . xxi . iour*
> *de aoust lan* M. CCCC.IIII.XX *et* XVII.

C'est un volume pet. in-8. goth. de 90 ff., avec un almanach de 1487 (et non 1498) à 1508. Les pages sont entourées de bordures à compart. assez bien gravées, mais où, comme dans presque toutes les anciennes Heures imprimées, les mêmes sujets sont souvent répétés. Cet exemplaire, annoncé sous la date de 1488, a été acheté 49 fr. 50 c. salle Silvestre, en novembre 1825. Il y en a eu un, sous la date de 1497, vendu 29 fr. Boutourlin. La souscription se rapporte à celle que nous venons de donner.

159. Hore intemerate beate marie virginis : secundum usum Romanum (marque de Thielman Kerver, et almanach de 1497 à 1520), pet. in-8. goth.

Cette édition a 16 grandes planches, et des bordures à compart., dont les arabesques sont beaucoup meilleures que les sujets historiques. L'exempl. de la Bibliothèque impériale a 119 ff., mais il en manque plusieurs à la fin du volume. Ce doit être le même livre que celui qui est décrit dans la *Biblioth.* spenc., I, p. 151, et IV, p. 515.

160. Hore beate Marie ỹgis — secundũ vsum Sarum. (au verso du dernier f. r. IIII) : *Hoc presens officium... cum multis deuotis suffragiis finita sunt. Anno domini millesimo quadringentesimo nonagesimo septimo* (1497) *Pro ioanne ricardo mercatore librario rothomagi....* (almanach de 1497 à 1520), in-8. goth. fig. sur bois, sign. a—r et z, et la marque de Thielman Kerver sur le titre (voyez ci-dessous).

Décrit dans la *Biblioth.* spencer., IV, 512, d'après un exemplaire en papier.

+THIELMAN+KERVER+

161. — Ces presentes heures a lusage de Rouen furent acheuees le xxviiij iour de Octobre *par Thielman Ker (ver à Paris),* pet. in-8. goth. de 8 et 84 ff. Almanach de 1497 à 1520. (*Bibliothèque de Sainte-Geneviève.*)

C'est vraisemblablement aussi Thielman Kerver qui a imprimé les *Heures à l'usage de Bayeux, pour Pierre Regnault, libraire de l'université de Caen,* 1497, in-8., qui sont dans la biblioth. bodléienne, selon Cotton, *Typogr. gazetteer,* p. 197.

162. Hore beate virgĩs Marie scd'm usum Rõanũ... *Acheuees le .xxvi. iour de septẽbre Lan Mil cccc. iiiixx. xviii par Thyelmã Keruer libraire...* in-8. goth., sign. *a—o viij,* avec fig. sur bois et bordures. (*Biblioth. spencer.,* IV, p. 514.)

On trouve dans le *Bibliogr. decameron,* I, 63, le facsimile de la figure du martyre de saint Jean l'évangéliste, d'après cette édition.

163. Horæ intemerate virginis Marie secundum usum romanum. — Les presentes heures à l'usage de Rome *furent acheuees le* xxviii *iour doctobre mil* cccc iiii xx ꝩ xviii *par Thielman Keruer sur le pont Saint Michel...* gr. in-8. goth.

Un exemplaire imprimé sur VÉLIN, avec initiales peintes et encadrements, Catal. Brisard (Gand, 1849), n° 31 ; et 250 fr. Catal. Bearzi, n° 105.
Il existe une édition des *Hore intemerate virginis Marie,* par Thielman Kerver, à la date du 16 septembre 1499, gr. in-8., impr. sur VÉLIN.

164. Heures de la vierge a lusage de Chalons. Ces presentes heures furent *ache-*

*uees le vij jour de Octobre lan mil cccc
iiii xx et xix par Thielman Keruer
pour Hugues Pageot, libraire demourant a Dision, pet. in-4. goth., fig. sur
bois, avec encadrements.*

150 fr., Catalogue de la Librairie de J. Techener,
tome II, 1838, n° 6787.

165. — a lusaige de Paris..... avec les
heures saincte Geneuiefue, etc. (marque
de Kerver, et almanach de 1497 à 1520).
*Acheuees le xx iour de iuing Lan Mil
cccc, gr. in-8. goth. de 96 ff.*

Vendu 90 fr. St-Mauris, en 1840.

Cette édit. a des grandes et des petites figures, mais
point de bordures. Il s'en trouve des exemplaires
dont la souscription se termine avec la date, et
d'autres où il y a de plus : *Par Thielmã Keruer
pour Guillaume Eustace.* Les deux exemplaires
différents sont à la Biblioth. impér. : vend. 29 fr.
Courbonne ; un de la seconde sorte, 33 fr. Boutourlin.

166. Horæ intemerate virginis Marie secundum usum romanum. (au verso du
120e et dernier f.) : *Ces presentes heures
a lusaige de Romme furent acheuees le
.v. iour* || *de ianuier. Lan. M.CCCCC.
par* || *Thielman Keruer pour Gillet
rema* || *cle libraire demourãt sur pont
saint* || *Michel a lenseigne de la li-
corne,* in-8. goth., avec figures et entourages sur bois.

Un exemplaire imprimé sur VÉLIN, dans son ancienne reliure en *veau br.*, avec empreintes de fer
à froid et fermoirs, 380 fr. Solar.

167. Hore intemerate virginis Marie secundum usum cenomanensem. (au verso du
dernier f.) : *Ces presentes heures a lusaige du Mans furent acheuees le
xxix iour de May lan mil cinq cens
pour Thielman Keruer, pour Jehan
petit libraire demourant a Paris.... z
pour Pierre cochery libraire demourant au Mans.....* gr. in-8. goth. de
74 ff. non chiffrés, sign. A—I, avec la
marque de Thielman Kerver sur le
titre.

Belle édition ornée de bordures et de seize grandes
planches gravées sur bois. Almanach de 1497 à
1520. Un exemplaire sur papier, vendu 36 fr.
Courbonne ; sur VÉLIN, 90 fr. Salmon.

167 bis. Hore beate Marie virginis ad usum
Parisiensem..... *Acheuees le iij iour
de feurier Lã. Mil. cccc. par Thielmã
Keruer imprimeur et libraire.... pour
Gillet Remacle libraire demourãt a
Paris sur le pont Saint Michel a lenseigne de la Licorne,* in-8. goth. de
123 ff., fig. sur bois. (*Biblioth. de l'Institut.*)

168. Hore beate marie virginis ad usum
Leodiens. — *Les presentes heures a
lusaige du Lyege* (sic) *furent acheuees
le viij. iour de feurier Lan . M . CCCCC.*

par Thielman Keruer...., in-8. goth.,
avec fig. sur bois et bordures.

Cette édition est annoncée ainsi dans le premier catalogue de Crevenna, I, p. 51 ; mais, dans le second
catalogue, n° 348, on a imprimé : *ad usum Lao-
dien.* Vend. 6 flor.

169. Hore intemerate virginis marie se-
cundũ || vsum Romanũ totaliter ad longũ
sine reqre || cum pluribus orationibus
in gallico z latino (au-dessus de ce titre
la marque de G. E. [Guillaume Eustace]
et au verso du dernier f.) : *Les presentes
heures a lusaige de Rôme furêt ache-
uees le xv. iour de Mars lan mil* || *cinq
cens par Thielman Keruer,* pet. in-4.
de 116 ff. sign. a—n par 8, o par 4, et
p par 8, 26 lignes à la page (Almanach
de 1497 à 1520). Hauteur, 176 millim.

Avec 18 grandes figures. La 15e est celle de la Mort.
Ces fig. sont en grande partie les mêmes que dans l'é-
dit. impr. pour G. Eustace, à la date du 24 novembre
1497, mais on en a supprimé les encadrements.
Le texte de cette édition commence par l'Evangile
de saint Jean. Dans le calendrier, il y a pour chaque
mois 4 vers latins et 4 vers français. Un exemplaire
impr. sur très-beau VÉLIN, avec initiales peintes
en or et en couleur, appartient à M. Didot.

170. — Secundũ usum Romanũ...—*Acheuees le xv iour de mars Lan mil cinq
cens par Thielman keruer,* in-8. goth.,
fig. sur bois.

Vendu 8 fr. 50 c. Mac-Carthy.

Il y a une autre édition sous le même titre, mais
acheuee le x iour dauril, in-8. goth., bordures et
fig. sur bois. Un exemplaire impr. sur VÉLIN, et
remboîté dans son ancienne reliure en *veau*, ornée
de riches compartiments peints de diverses couleurs, 300 fr., Catalogue des livres choisis de la librairie de L. Potier, 1863, première partie, n° 137.

171. — Autre édition.—*Acheuees le xiiij.
iour de May. Lan Mil cinq cens et ung.
par Thielman Keruer..... pour Gillet
Remacle,* in-8. goth. de 96 ff., fig. sur
bois. (*Bibliothèque Sainte-Geneviève.*)

172. Hore beate marie virginis secundum
usum Rothomagensem. *Paris, Thielman Kerver,* 1501, gr. in-8., fig. en bois.

Vendu 14 fr. 50 c. Soubise, et 9 fr. Thierry, et vaut
bien davantage.

173. — Secundũ usum Romanum... —
*Acheuees le 1er Dec. 1502 (en toutes
lettres) par Thielm. Keruer... pour Gillet Remacle,* gr. in-8. goth. de 96 ff.

Volume orné de 18 grandes pl., les mêmes, en partie,
que dans l'édition sans date (1497), où il n'y en a
que 16. Les bordures sont autrement distribuées
que dans cette dernière ; mais il y a toujours l'almanach de 1497 à 1520.

174. Hore intemerate Virginis marie se-
cundũ || vsum Romanum cum pluribus
oratiõibus || tum in gallico ꝗ in latino. ||
(avec la marque et le nom de Thielman
Kerver sur le titre, au verso du dernier
feuillet) : Ces presentes heures a lusaige

de Rõme ‖ furĕt acheuees le xᵉ iour de jãuier Lan Mil ‖ cinq cẽs et troys. Par Thielman Keruer im ‖ primeur τ libraire iure de luniuersite de Paris ‖ pour Gillet Remacle, aussi libraire iure : demourant sur le pont saint Michel a lenseigne ‖ de la Licorne, in-4. de 96 ff. non chiffrés, sign. A—M par 8, 29 lignes à la page (Almanach de 1497 à 1520). Hauteur, 221 millim. (Sur VÉLIN avec initiales peintes, chez M. Didot.)

Répétition de l'édition de 1502 ; elle a 17 grandes planches et des encadrements, les mêmes que dans l'in-8. Au calendrier sont les quatrains latins et les quatrains français. Vendu 24 fr. Detienne.

175. HORE diue virginis Marie seĉd'm verum vsum Roma ‖ num cum aliis multis folio sequenti notatis : characteribus suis diligentius impresse per Thielmannũ Keruer. (la marque et le nom de Kerver sur le titre, et au verso du dernier f.) : Finit officiũ beate marie ỹgnis scđm vsuʒ ‖ Romanũ..... Ipssũ Parisiis Anno dñi Millesimo qngẽ ‖ tesimo quarto, vi Kalendas Augusti. Opera ‖ Thielmani Keruer Venaleʒ est supra pontẽ ‖ scti Michaelis in intersignio Unicornis. Pet. in-8. en lettres rondes. 104 ff. non chiffrés, sign. a—m et encore m par 8, 26 lign. par page. Almanach pour 24 ans, de 1497 (par erreur 1487) à 1520.

Cette édition est ornée de 18 grandes planches, de plusieurs petites et d'encadremens. On y trouve quatre planches qui n'ont pas été employées dans l'édit. de 1505, savoir : la Figure de la mort, aux Vigiles des morts ; celle qui est à l'office de la Conception, celle de la Trinité, avant les Suffrages, et celle qui précède les sept oraisons. Un bel exemplaire sur papier, dans une reliure vénitienne du commencement du xvıᵉ siècle, en veau noir repoussé, avec des entrelacs et compartiments chagrinés rehaussés d'or dans le style oriental, et doublé de mar. citr. à compartiments, 475 fr. Solar. Un exempl. sur VÉLIN est chez M. A.-F. Didot.

176. — Scđm verũ vsum Romanũ.... una cum figuris apocalipsis... recenter insertis. — Impressũ Parisiis Anno dñi Millesimo quĩgẽtesimo quĩto. xvi kalẽdas Januarii opera Thielmani Keruer, in-8. de 8 et 90 ff.

En lettres rondes, jolies bordures : l'Almanach va de 1497 à 1520. Vendu 9 fr. 50 c. Mac-Carthy.

177. HORE intemerate beate marie Virginis. ‖ Secundum vsum Romanum (sur le titre la marque et le nom de T. Kerver, et au verso du dernier feuillet) : Ces presentes heures a lusage de ‖ Rõme furĕt acheuees le xx iour de ‖ Octobre. Lan mil cinq cens et cinq ‖ par Thielman Keruer imprimeur et ‖ libraire de luniuersite de Paris ‖ demourãt a lenseigne du Gril ʇn la ‖ rue saĩt

Jaques. pour Gillet remacle aussi libraire iure, demourant a ‖ Paris sur le põt Saint-Michel a len ‖ seigne de la Licorne. Pet. in-8. goth. de 124 ff. non chiffrés, sign. a—p par 8, et q par 4, 22 lignes à la page ; hauteur 170 millim. (Almanach pour xxiiii ans, de 1497 [par erreur iiii vv xxxvii] à v cens xx).

Dans cette édition de 1505, la première figure, placée à l'Evangile saint Jean, est tout à fait différente de celle qui se trouve à l'édit. de 1504 ; il en est de même de plusieurs autres planches qui ont été refaites, et moins bien. Il s'y trouve 18 grandes figures, et plusieurs petites dans le texte. Les encadrements présentent des sujets de l'Ecriture sainte, des personnages religieux ou séculiers, des chasses et des arabesques dans le genre de celles des éditions de Vostre et de Verard, mais pas de Danse des morts (un exemplaire sur VÉLIN, avec. initiales peintes chez M. Didot).

178. HORE dive virginis Marie secundum usum romanum. Impressum Parisiis anno millesimo quingentesimo sexto... opera Thielmani Kerver, in-8. lettres rondes, figures et bordures sur bois.

Un exemplaire imprimé sur VÉLIN, 150 fr., Librairie de L. Potier, 1863, n° 140.

179. — Autre édition. Parisius, 1506, 27 Oct. (en toutes lettres), Thielman Kerver, in-8. de 8 et 96 ff., lettres rondes, avec fig. et bordures.

Au feuillet sign. Ii commence la Danse des morts en 32 sujets mal gravés, et qui occupe les bordures de 16 pp. Cette suite n'est pas dans les éditions précédentes, où se trouve à la place l'histoire de la Vierge, ou d'autres sujets tirés de l'Ecriture sainte : 8 fr. Mac-Carthy.

180. HEURES a lusaige de Rõme. — acheuees le xxii iour de Juing Lan 1506 (en toutes lettres), par Thielman Keruer, in-8. goth. de 124 ff., avec fig. et bordures.

181. HORE diue virginis Marie scđm verũ vsum Romanũ....... (au recto du dernier f.) : Parisius impressum Anno domini Millesimo quingentesimo septĩo dic vero .xlii. mensis septembris. opera Thielmanni Keruer......, in-8., sign. A—O, ff. non chiffrés, caract. rom., jolies bordures, sujets divers, Danse des morts, etc.

Un exempl. sur pap. 19 fr. 50 c. R. Heber, à Paris.
Réimpr. par le même Kerver, le 10 juillet 1508, in-8. 8 fr. La Vallière.

182. HORE intemerate dei genitricis virginis Marie secũdum usum Rothomagense totaliter ad longum p plurimis sanctorum sanctarumʠ deuotissimis his adiũctis orationibus et suffragiis. (au verso du dernier f.) : Ces presentes heures a lusaige de Rouen furĕt acheuees le xx iour de jãuier lan mil cinq cens et vii par Thielman Keruer imprimeur et li-

*braire iure de luniuersite de Paris,
demourant rue St Jacques a lenseigne
du Gril.* Pet. in-4. goth. avec encadre-
ments.et gravures sur bois.

Un exemplaire imprimé sur VÉLIN, Bibl. du Havre,
selon M. Frère, II, p. 80.

183. HORÆ beatæ Marie virginis. — Officia quotidiana sive horas beate marie... secundum usum romanum. *Thielman Kerver. Parisiis impressit,* 1509,
in-8. goth., fig. sur bois et bordures
variées.

Un exemplaire impr. sur VÉLIN, mais incomplet du
premier feuillet, 100 fr. vente faite par L. Potier,
en mars 1829.

184. HORÆ in vsum ordinis Carthusiensis.
Parisiis, Keruer, 1509, in-8. fig.

Un exemplaire, avec 30 figures peintes, 63 fr. Mac-
Carthy.

185. DIE GHETYDEN van onser lieuer
vrouwren met vele schoone louen ende
oracien, *Gheprent te Parijs bij Thielman Keruer,* M. CCCCC. ende neghen
(1509), in-8. goth. en rouge et noir,
avec 14 grandes planches et des bordures à chaque page.

Heures de la Vierge en hollandais : elles sont ornées
de 14 grandes planches et de bordures autour de
chaque page. Un exemplaire auquel manque le
feuillet K8 est porté à 80 fr. dans le catal. d'Edw.
Tross, 1862, article 1707.

Panzer, VIII, pp. 25 et 79, cite deux éditions des
Heures en flamand, imprimées par Thiel. Kerver,
en 1516 et 1522, in-8., avec fig. sur bois.

186. HORÆ scdm verũ vsum Romanũ...
Parisius, 1510, *die xxix mensis,*
29 *maii* (en toutes lettres), *opera Thielmani Keruer,* in-8. de 108 ff., lettres
rondes, avec 19 grandes fig. et des bordures.

Les sujets compris dans les bordures présentent
l'Histoire de la Vierge et de J.-C., l'Apocalypse avec
ses quinze signes ; enfin, la Danse des morts en
66 fig. à deux par page. Sur papier, ancienne reliure en *veau, tranche gaufrée,* 101 fr., Archinto; en 1863; sur VÉLIN, avec initiales peintes
en or et en couleur, 400 fr. Sauvageot.

187. HORE beate Marie Virginis secundum
usum Romane curie. (à la fin) : *Ces
psentes heures a lusaige de Rôme furent acheuees le vi^e iour de juing lan
mil cinq cens et xI par Thielman Keruer a Paris,* in-64. goth. rouge et noir,
figures et bordures sur bois ; 75 millim.
de hauteur. 40 fr. exemplaire trop rogné, porté dans le catal. de Tross, 1862,
art. 1710.

188. — Ad usum Sarisburiensis ecclesiæ.—
*Thielman Keruer impress. sumptibus
Wilhelmi Bretton civis et mercatoris
Londoniensis... anno millesimo quin-*

*gentesimo decimo, die quinto mensis
Septembris,* in-8.

Maittaire, *Index,* I, p. 501, où il n'est pas dit que
l'exemplaire décrit fût sur VÉLIN.

189. HORE beate Marie virginis secundum
usum romanum...... *Parisiis ꝑ Thiel-
manũ Keruer... M. cccc. xi. die xxiiij
Julii,* in-8. fig. *(Pinelli.)*

Réimpr. par le même Kerver, en 1512, 24 *febr.* ; —
en 1513, in-8. 1 liv. 6 sh. Pinelli ; — sur VÉLIN, et
rel. en *mar. r.* 135 fr. Catal. d'Edw. Tross, 1863.

190. HORE dive virginis scdm usum romanum. *Parisiis, Thielman Kerver,*
1515, in-8. lettres rondes, impr. en
rouge et noir, fig. et bordures sur bois.

Sur VÉLIN, et rel. en *mar. r.* 180 fr., vente faite par
L. Potier en mars 1859.

191. HORE ad usum romanum industria
Thielmani Kerver, sub hoc novo sculpture stilo nup (err) ime exarate *parisi'
in uico diui Jacobi ad signum cratis
ferree, Anno salutis millesimo quingentesimo decimo septimo. xxvi. Augusti,* in-16 allongé.

Édition remarquable parce qu'elle est imprimée en
lettres italiques, et dans un format singulier. Les
gravures n'en sont ni bonnes ni nombreuses. 1 liv.
2 sh. Pinelli.

192. HORE dive virginis Marie secundum
usum Romanum...... una cum figuris
biblie, apocalypsis, chorea lethi, novisque effigiebus decorate, 1517. — *Pervetusto caractere exarate sunt Parisiis per Thiel. Keruer... M.CCCCC.XVII.
die XIX mensis octobris,* in-8. fig. et
bordures.

Panzer, X, p. 12, où l'on ne dit pas si l'exemplaire
est sur VÉLIN.

Ce *pervetusto caractere exarate* opposé au *sub hoc
novo sculpture stilo nuperrime exarate* de l'édition précédente, semble prouver que le public préférait l'ancien caractère au nouveau. Voilà, sans
doute, pourquoi Kerver continua par la suite d'imprimer en caractères gothiques.

193. — Autre édition. *Paris, Kerver,*
1518, in-8.

Vend. 39 fr. (avec 62 fig. peintes) Mac-Carthy.

194. — Autre édition. *Parisiis, industria
bibliographi Thielman Kerver....*1519,
19 *Dec.* (en chiffres romains), in-8.,
lettres rondes, figures et bordures.

Un exemplaire sur papier, dans son ancienne reliure, 175 fr. Catalogue de la librairie de L. Potier, 1863, n° 145.

195. HORE deipare virginis Mariæ secundum vsum Romanum pleris᷑ figuris at᷑
chorea lethi circummanête nouis᷑ effigiebus adornate vt in septem psalmis
penitentialibus..... (in fine) : *Exarate
quidem Parisiis arte industrii bibliographi Thielmani Kerver... Anno Do-*

*mini Mil ccccc xx xxiiij mensis No-
uembris* (Almanach pour vingt ans, de
1519 à 1538), in-8. en caractère romain, rouge et noir, avec 47 gravures
de la grandeur des pages, et autour des
pages des bordures avec arabesques et
dessins variés.

Un exemplaire imprimé sur VÉLIN, avec initiales
majuscules et tirets en or en couleur, 270 fr.,
Archinto, en 1863 ; un autre en *mar. bl.*, avec
armes, est porté à 550 fr. dans un des catalogues
d'Edw. Tross, où il est dit que les dernières des
grandes planches sont des copies de la Passion d'Albert Dürer. Un exemplaire également sur VÉLIN n'a
été payé que 3 liv. 3 sh. à la vente Pinelli.

196. HORÆ beatissime virginis Marie secundum usum romanum totaliter ad longum : plerisque novis imaginibus huic
nouissime recognitioni passim insertis
adornate. (à la fin) : Cy finissent ces
presentes heures a lusaige de Rome....
auec plusieurs belles histoires nouuelles... *Nouuellement imprimees a Paris
par Thielman Kerver... et furent acheuees le x*ᵉ *iour de septembre, lan mil
cinq cens ꝛ xxii*, gr. in-8. ou pet. in-4.
goth. de 136 feuillets (Almanach de
1522 à 1536).

Cette édition du 10 septembre 1522 est probablement
la dernière qu'ait donnée Th. Kerver, qui mourut
le 24 novembre de la même année. C'est un livre
fort remarquable par les grandes planches et les
beaux encadrements qui le décorent. Ces planches sont d'abord 12 figures ovales, au calendrier,
offrant des sujets analogues aux occupations de
chaque mois de l'année. La 12ᵉ, pour décembre,
représente un homme âgé de soixante-douze ans à
son lit de mort. Une explication en vers français
est au-dessous de chaque tableau. Il en est de même
pour les 45 grandes planches placées dans les Heures. On trouve dans le catalogue de M. de Clin-
chant, *Paris, Techener*, 1860, gr. in-8., pp. 184-86,
une description détaillée et curieuse de toutes les
gravures et vignettes que contient l'exemplaire
de ces Heures que possédait cet amateur, et qui
depuis a passé dans la collection de Félix Solar.
L'exemplaire décrit est imprimé sur VÉLIN et son
frontispice, peint en or, présente un écusson aux
armes de Gourdon de Bolans. Il a été payé 535 fr.
à la vente de Félix Solar. Un exemplaire ayant
aussi les fig. peintes a été donné pour 46 fr. Duriez.
Nous plaçons à la suite de cette édition celle du 10 février 1522, vieux style, parce qu'elle est effectivement de l'année 1523, nouveau style.

197. CES PRESENTES HEURES a lusaige de
Paris toutes a long sans rien reꝗrir, auec
plusieurs belles ‖ hystoires : nouuellemēt ĩprimees (avec la marque de Thielman Kerver sur le titre, et au recto du
dernier f. des heures cette longue souscription imprimée en rouge et noir, et
en 16 lignes) : Cy finissent ces ꝑsentes
heures a lusaige de Paris nouuellement
imprimees.... auec plusieurs belles hystoires nouuelles, cest assauoir les hystoires des douze moys de lan, les hystoires des heures nostre dame... les
hystoires des heures de la croix et du

sainct Esperit, des sept psalmes, ꝛ aux
lecōs des vigiles des mortz. Item à la fin
l'office de la cōception nře dame. *Et
ont este ĩprimees a Paris, par la
veufue de feu Thielmã Keruer, demourãt au dit lieu a lenseigne de la Lycorne a la grãt rue sainct Jacques, au-
dessus des Mathurins, et furent acheuees Lan Mil. ccccxxii. le .xvi iour
de Feurier*, et au verso la gravure portant l'inscription *Redemptoris mundi
arma*, en capitales. Gr. in-8. ou in-4.
goth. de 124 ff. non chiffrés, sign. A—p
par 8, et q par 4, gros caractères, 32 lig.
sur les pages pleines. Hauteur, 210 millimètres.

A la suite des Heures se trouve un cah. de 8 ff., sign.
aa, contenant les *cōmendationes defunctorū*,
ayant au verso du dernier la souscription de l'imprimeur et la date de M. CCCCC. XXII.

Toutes les gravures et les bordures de l'édition précédente se retrouvent dans celle-ci, dont M. A.-F.
Didot possède un magnifique exemplaire imprimé
sur VÉLIN, avec des bordures peintes en or autour
de chaque page et toutes les grandes et petites
figures miniaturées avec beaucoup de soin et rehaussées d'or. Cet exemplaire porte 221 millim. de
hauteur, sur 150 millim. de largeur. Le même
amateur conserve un autre exemplaire sur papier
revêtu d'une ancienne reliure en *mar. violet*.

198. — Les mêmes heures a lusaige de Paris toutes au long... nouuellement imprimees au dict lieu auec plusieurs belles
histoires. (à la fin) : *Ces presentes heures sont imprimees a Paris par la
veufue de Thielman Kerver demourant a la grant rue sainct Jacques a
lenseigne de la licorne, ꝛ furent imprimees le 19ᵉ iour de iuing lan 1525*, gr.
in-8.; à la suite des heures les *Commendationes defunctorum*.

Cette édition, dont on trouve la description dans les
Recherches sur les danses des morts, par Peignot,
pp. 169 à 172, renferme une grande partie des
planches des deux précédentes, et notamment celles
du calendrier que la veuve de Kerver a souvent
employées avec ou sans bordures, dans la plupart
des Heures qu'elle a publiées depuis celle-ci, mais
les nombreux tirages qu'elle a fait faire de ces anciens bois ont fini par les rendre méconnaissables.
Un exemplaire de l'édit. de 1525, sur papier, revêtu d'une belle reliure du XVIᵉ siècle, en *v. f.*,
portant en lettres d'or sur les plats les noms de
Charles Eustace et *Claude Diarde*, 310 fr. Hebel-
lynck, en 1856.

199. — Les presentes heures a lusaige de
Rouē toutes au long sās riē reꝗrir. nouuellemēt imprimees Auec plusieurs
belles hystoires..... Thielman Kerver,
M. D. XXIIII. — Cy finissent ces ꝑsentes
heures a lusaige de Rouen... *Et ont este
imprimees a Paris par la veufue feu
Thielman Kerver demourãt audict lieu
a lenseigne de la Lycorne.... pour Loys
Bonnet libraire demourãt a Rouen pres
la grãt eglise... Et furent acheuees*

lan M. D. XXV, *le* II *jour de janvier ,*
pet. in-8. goth. de 132 ff. dont le 1ᵉʳ est
blanc, avec gravures sur bois.

— Autre'édition des Heures à l'usage de Rouen, *par
la* Vᵉ *de Thielman Kerver, et qui fut acheuee
lan* M. D. XXXVIII, *le* XXV *iour d'octobre,* in-12 de
156 ff. (154 chiffrés), avec gravures sur bois.

— Autre édition au même usage, *Paris, Yolande
Bonhomme, veufue de Thielman Kerver,* 1551,
pet. in-8. goth., fig. sur bois.

— Autre, *Paris, Jacq. Kerver*, 1557, pet. in-8.,
avec 59 fig. sur bois.

200. Las HORAS de nuestra señora con muchos otros officios y oraciones. — *Impressas en Paris, por Thielman Kerver*, 1527, in-8. (*Panzer,* XI, p. 491.)

201. — Autre édition (en espagnol), à la
date de 1529, in-8. fig. sur bois (sur
papier).

Vend. 10 sh. Heber, VII, 2946.

202. HORÆ beatæ Mariæ virginis. *Parisiis, Th. Kerver* (vers 1527), in-8. goth.,
figures et bordures sur bois.

On a payé 70 fr., à la vente Sauvageot, en 1860, un
exemplaire de ces Heures incomplet de plusieurs
feuillets au commencement et à la fin, mais qui portait la marque de Thielman Kerver à l'encadrement du feuillet Sııı et la date 1527 dans un autre
encadrement. Cet exemplaire renfermait 36 grandes vignettes et plusieurs petites, dont une représentant S. Dominique (feuillet Riiij) est signée de
la croix de Geofroy Tory.

203. HEURES à l'usage de Rome. *Paris,
veuve Thiel. Kerver ,* 1528, pet. in-8.,
fig. sur bois.

Un exemplaire impr. sur VÉLIN et rel. en velours,
25 fr. Thierry, en 1817.

204. HEURES a lusaige de Paris... *Imprimees a Paris par yolande bonhomme
veufue de feu Thielman Keruer... Lan
mil cinq cens .xxx. le .xxvj. dauril,*
in-8. goth., fig. sur bois.

Cette édition est sans bordures, et l'on n'en cite
point d'exemplaires sur VÉLIN; cependant nous l'indiquons ici pour faire remarquer qu'à la fin de
plusieurs exemplaires se trouvent différentes pièces assez curieuses, comme, par exemple, *Deuote
contemplation de la diuinite de nostre doulx
redempteur...* 8 ff. en vers. — *Le mirouer de la
passió* nᵗʳᵉ *seigneur,* 26 ff. prose et vers. — *La vie
de ma dame saincte Marguerite* (en vers, impr.
comme de la prose), 8 ff. ayant à la fin l'*Oraison aux
unze mille vierges.*

Nous citerons encore l'*Enchiridion preclare ecclesie
Sarum,* impr. par la Vᵉ Kerver pour Ansardt Plo-
mier, 1528, in-12, que Dibdin, *Bibliogr. Decameron,* I, 92, dit être un des plus beaux spécimens de
VÉLIN qu'il ait vus. — Les *Hore Marie Virginis
ad usum Sarum,* impr. par la même veuve pour
Jean Browte (ou Growte), libraire, de Londres, en
août 1532 (Maittaire, *Index,* II, p. 570), et enfin
The Prymer of Salisbury, pet. in-8., sorti des
mêmes presses, et aux frais du même Growte, en
1534 (*Bibliogr. Decam.,* I, 93).

205. HORE deipare virginis Marie secundum usum romanum, plerisque biblie
figuris atque chorea lethi circunsepte,

nouisque effigiebus adornate, ut in septem psalmis penitentialibus, in vigiliis
defunctorum, et in horis sancte crucis,
in horis quoque sancti spiritus videre
licebit, 1531. (à la fin) : *Exarate quidem Parisiis, opera et impensis Yolande Bonhomme vidue Thielmanni
Kerver.... Anno Dñi 1531, x Januarii,*
pet. in-8. goth., fig. et bordures sur
bois. 70 fr., quoique mouillé, en décembre 1861.

Dans cette édition, comme dans toutes celles avec
des bordures qu'a données Kerver depuis 1506 se
trouvent les 66 sujets de la Danse des morts; mais
ils sont médiocrement exécutés.

206. HORÆ beatissimæ Virginis Marie secundum usum ordinis Fontebraldensis.
*Parisiis, ex officina Iolande Bon-
homme,* 1544, in-16 goth., fig. sur bois.

Le titre de ce petit livre porte les armes de Louise de
Bourbon, qui fut abbesse de Fontevrault de 1535 à
1575. L'exemplaire rel. en mar. r. à riches compartiments, porté à 120 fr. dans le *catal. de livres choisis de L. Potier,* 1863, n° 153, réunissait aux Heures
de la Vierge quatre autres ouvrages, savoir : *Devote orationes pro sanctis monialibus,* Parisiis,
apud Iol. Bonhomme, 1544 ; — *Office de Nostre
Dame de Pitié,* Ex officina vidue Th. Kerver, 1545,
et *Psalterium cum communi secundum usum
reformationis ordinis fontisbraldi,* Ex officina J.'
Kerver, 1559.

207. HEURES a lusaige de Rome..... Thielman Kerver. M. D. xlvj. (au verso du dernier f.) : *Exarate fuerũt presentes hore
Parisiis in officina libraria Iolande
bonhomme, vidue Thielmanni Ker-
ver....* M. D. xlvj., et à la suite Commendationes defunctorũ, avec une souscription en français, datée de M. D. xliij,
in-8. de CIxxxii ff. chiffr., plus 3 pp. pour
la table et la souscription, enfin 16 ff.
aa et bb pour les *Commendations.*

Belle édition en grosses lettres goth. à 23 lig. à la
page, impression en rouge et noir. On y a employé les 12 figures du calendrier et 35 des grandes
figures du texte de l'édition de 1522, mais sans
leur encadrement et fatiguées par de nombreux
tirages. Un exemplaire chez M. Didot.

208. HORÆ in laudem beatissime virginis
Marie ad usum romanum. *Parisiis,
apud Thielmanum Keruer,* 1550, in-8.
(Voir à l'article Geofroy Tory, n°ˢ 333
et 334.)

209. HEURES de Paris, contenant plusieurs
oraisons debuotes en francoys et en latin, et confession generale. *Imprime a
Paris par Thielman Keruer, demourant rue sdint Jacques à l'enseigne du
Gril,* 1552, in-12, avec de jolies bordures.

Un exemplaire ayant appartenu à Marie des Marquets,
dont il porte plusieurs fois le nom, et à la fin duquel se lisent plusieurs vers inédits de Ronsard,
signés de lui et adressés à Marie des Marquets,
260 fr., vente d'A. Martin, en 1842.

210. Heures a lusage de Chartres.... Imprimees a Paris, auec plusieurs belles histoires tãt au calendrier, aux heures nře dame, aux heures de la croix, aux heures du saïct esprit, aux sept pseaulmes, que aux vigiles : Thielman Kerver, M. D. lvj. (au recto du dernier f.) : *A Paris chez Ioland bonhomme, rue S. Jaques a lenseigne de la licorne.* et au verso une grande gravure des attributs de la passion qu'expliquent les mots *Redemptoris mundi arma* (en capitales), pet. in-8. avec fig. sur bois au calendrier et dans les Heures ; almanach de 1556 à 1569.

Cet in-8. a des signat. de a à z et t. Il est terminé par trois opuscules, le premier en prose et en vers, sign. a-b, avec une souscription en rouge portant : *a Paris, par Ioland Bonhomme, veufue de Thielman Kerver*, et la date de M. d. lvj. Le second de 8 ff., sign. A, contient l'*Echelle de perfection* en vers ; le 3ᵉ, de 12 ff., sign. A par 8 et B par 4, pour la *Vie de sainte Marguerite*, en vers.

211. Heures de nostre dame, in-8. goth., feuillets cotés de xv à clxxxij, plus 5 pp. pour la table. D'assez bonnes gravures sur bois au calendrier et dans le courant du texte, et à la fin plusieurs opuscules dont le dernier (*Commendationes defunctorum*) a, au verso du dernier f., la grande marque de Jacques Kerver, avec une souscription datée de Paris, M.D.LX.

L'exemplaire que nous avons vu manquait de titre ; mais nous avons remarqué que les planches n'y étaient pas fatiguées comme elles le sont dans des éditions moins anciennes : ce qui prouve qu'elles ont été retouchées ou même refaites.

212. Heures de nostre dame a lusage de Rome nouuellement imprimees a Paris, avec plusieurs belles histoires, tant au calendrier, aux heures nostre dame, aux heures de la croix, aux heures du sainct esprit, aux sept psalmes qu'aux vigiles. *Paris, Jaques Kerver*, 1569, in-8. goth., sig. a—z, feuillets cotés de xvij à clxxxiij, plus un f. non chiffré pour la fin de la table et la souscription ; ensuite *La patenostre*, 8 ff.; *Devotes oraisons*, 8 ff.; *Preparations pour recevoir le saint sacrement de lautel*, sign. A et B; *Commendationes defunctorum*, sign. a et b, avec cette souscription : *imprimees a Paris par Jean le Blanc, imprimeur, pour Jacques Keruer*, M.D.LXX. *Expositions, dicts et sentences..... extraicts de plusieurs docteurs* (suivis de plusieurs morceaux en prose et en vers. Même adresse : M.D.LXX., sign. A—B, formant la seconde partie des heures.) Un exemplaire dans sa première reliure en veau estampé, 86 fr. Solar. Un exemplaire est chez M. A. F. Didot.

213. Heures de Nostre Dame a l'usage de Chartres... (le reste du titre comme dans l'édition de la veuve de Thielmau Keruer, 1556, ci-dessus), *a Paris, par Jaques Keruer*, M D. lxxj, in-8. goth., fig. sur bois.

Un exemplaire dans sa première reliure en *veau*, orné de riches compartiments à la Grolier (et à la fin duquel étaient placés *Les Quinze effusions du sang de N. Sauueur et redempteur Jesus Christ... sont aioustez les Douze Vendredis blancs.* Paris, Julien du Val, 1573, pièce de 14 ff. goth., et la *Vie de madame saincte Marguerite*, en 12 ff.), 250 fr. Duplessis, en 1856.

VI. Hardouyn.

Les Heures publiées par Gilles ou Gillet Hardouyn, et par Germain Hardouyn, son fils ou son frère, existent en aussi grand nombre que celles de Kerver ; mais nous les jugeons inférieures à ces dernières, et surtout à celles de Vostre. Les bordures qui, comme on sait, font le principal mérite de ces sortes de livres, sont ici en général médiocrement gravées, peu variées, et reproduisent rarement ces Danses des morts dont nous avons eu occasion de parler ci-dessus. Il se trouve cependant des exemplaires assez précieux, à cause des peintures et des lettres ornées qui les décorent. Il paraît que ces lettres en or et en couleur sont l'ouvrage de Germain Hardouyn, *in arte litterarie picturæ peritissimus*, ainsi que le porte la souscription des Heures de la Vierge, à la date de 1514. Nous remarquons que, dans la même souscription, Gilles prend le titre d'imprimeur, qu'il avait sans doute déjà en 1509, mais pas avant. Le nom de ce dernier figure cependant sur des Heures datées de 1503, et même dans d'autres sans date, dont l'almanach est plus ancien ; or nous allons voir que, pour ces premières productions, il avait employé les presses de Philippe Pigouchet, d'Anthoine Chappiel, et particulièrement celles de Guillaume Anabat. Avant de monter une imprimerie, Gilles Hardouyn demeurait *sur le pont au change, à l'enseigne de la Rose*, qui avait été celle de Vincent Commin, dont nous citons (sous le n° 336) des *Hore beate Marie virginis*, publiées en 1491, en société avec Pierre Le Rouge, et ce ne fut qu'en 1509 qu'il alla s'établir *au bout du pont Nostre Dame*, où il continua d'exercer jusqu'en 1521. Après cette année, son nom ne se trouve plus, et nous voyons Germain Hardouyn, qui avait été son associé pour la librairie, lui succéder en 1522, dans l'imprimerie, et occuper momentanément son domicile. Il est vrai que Germain se servit, en 1524, des presses de Pierre Vidoue, mais ensuite il imprima lui-même, et jusqu'en 1538 au moins. Sa veuve (*Catherine de Paris*) lui succéda en 1541, et peut-être avant. Ces détails, dont nous avons si péniblement acquis la connaissance, paraîtront sans doute d'un bien faible intérêt ; ils sont cependant nécessaires pour fixer la date approximative des Heures d'Hardouyn qui nous sont parvenues sans date et sans almanach.

214. Heures a lusage de Rome. *Paris, Anthoine Chappiel pour Germ. Hardouyn*, in-8. goth. fig.

Cette édition, dont l'almanach commence en 1497, est peut-être antérieure à celle de 1503 : elle n'a point de bordures. Un exemplaire avec les fig. peintes et rel. en *mar. r.* 40 fr. Duriez ; 46 fr. Bruyères-Chalabre.

215. Heures a lusaige de Rŏme.—*Impr.*

par *Guil. Anabat pour Gillet et Germ. Hardouyn* (almanach de 1500 à 1520), gr. in-8. goth. de 94 ff.

Avec des bordures et 17 grandes figures. La vignette du frontispice représente Déjanire enlevée par le centaure Nessus et secourue par Hercule, sujet répété dans une grande partie des Heures qu'ont publiées les [Hardouyn. Un exemplaire est chez M. Didot.

216. — Les mêmes. *Par Guillaume Anabat pour Germ. Hardouyn* (Almanach de 1500 à 1520), pet. in-8. de 132 ff. goth. fig. et bordures différentes des précédentes.

217. — Autre édition. (au verso du dernier feuillet) : *Les presentes heures a lusaige de Rõme... avec les figures de l'apocalipse* : *ont este imprimees a Paris par Guillaume anabat imprimeur demourant en la rue Sainct Jehan de beauuais... a lenseigne des cõnis, pour Gillet hardouin libraire demourãt au bout du pont au chãge en laseigne* (sic) *de la Rose. et pour germain hardouin libraire demourant deuãt le palais a limaige saĩte marguerite entre les deux portes*, pet. in-4. ou gr. in-8. goth. de 140 ff. non chiffrés, sign. A—R par 8, et S par 4, 22 lign. à la page. Hauteur, 175 millim. (Almanach de 1500 à 1520).

Il y a dans le volume 19 grandes figures et plusieurs

petites qui sont dans le texte. La 17ᵉ grande figure représente la Mort à cheval sur un bœuf. Les bordures sont variées, mais moins finement exécutées que celles qu'on admire dans les éditions de Simon Vostre. Dans l'exemplaire que nous avons vu chez M. A. F. Didot toutes les figures sont miniaturées avec soin, et, chose remarquable, les grandes l'ont été sur le verso des pages: on avait eu le soin de ne pas imprimer les gravures afin que le peintre pût plus commodément exécuter ces miniatures.

218. HEURES a lusaige de Paris, *par Guil. Anabat, pour Germ. Hardouyn* (Almanach de 1500 à 1520), in-8. goth. de 144 ff., fig. et bordures historiées.

219. HORÆ in laudem Virginis. *Germain Hardouyn* (Almanach commençant en 1502), in-8. fig.

220. HORÆ intemerate virginis dei genitricis Marie secundum vsum ecclesie Romane. *Impensis Germani Hardouyn... anno dñi Millesimo quingẽlesimo tertio. Die. ij. mensis Julii*, pet. in-8. de 73 ff. lettres rondes, fig. sur bois.

Le titre de l'exemplaire de la Bibliothèque impériale porte : *Parisius..... impress. per Egidium Hardouyn... in confinio pontis nostre Domine*, et l'almanach est pour les années 1513 à 1522; mais si ce titre et cet almanach n'ont pas été renouvelés, la date de la souscription finale doit être fautive.

221. Officium B. M. V. *Paris, pour Gillet Hardouyn*, 1503, *le xxvij aoust*, in-8. fig. sur bois.

Vendu 8 flor. 10 sh. Crevenna.

222. — A la louange de Dieu, de sa tres saincte et glo ‖ rieuse mere..... furẽt cõmẽcees ces presentes heures A lusai ‖ ge de Romme. Pour gillet hardouin libraire de ‖ mourãt a paris sur le pont au change aupres de la belle imaige nostre dame a lenseigne de la rose. (au dessus deux strophes de 5 et de 4 vers, et au verso du dernier f.) : *Les presentes heures a lusaige de Rom ‖ me ont este acheuees A paris le xxviiii iour de ‖ Nouembre. Lan mil cinq cens et trois*, in-8. goth. de 96 ff. non chiffrés, sign. a—m par 8 ; 31 lignes par page. Hauteur, 194 millimètres.

Belle édition ornée de 15 grandes figures et d'un certain nombre de petites pour les saints et les saintes. Un bel exemplaire imprimé sur VÉLIN avec toutes les figures et les capitales peintes et rehaussées d'or, mais sans bordures à compartiments, appartient à M. A. F. Didot. Il y a des exemplaires sous la date du XXIIIj, même mois et même année 1503, dont le format est plus grand et qui ont des bordures où sont représentés divers sujets tirés de l'Écriture sainte, et souvent répétés. L'almanach est de 1497 à 1520.

Le titre doit avoir été renouvelé.

223. — A la louange de dieu... furent commencees ces presentes heures a lusaige de Romme. Pour Gillet Hardouin, libraire, demourant a Paris sur le pont au change, au pres de la belle ymage

nostre dame, a lenseigne de la Rose.
(Au-dessus de ce titre deux strophes de
vers français, l'une de 5 vers et l'autre
de 4, la première commençant : *Jesus
soit en ma teste et mon entendement,*
et au verso : Almanach pour 24 ans, de
IIII xx xvij à v cens xx. Au verso du 8ᵉ f.
du cah. i) : *Ces presentes heures a lusaige de Rõme furent ‖ acheuees le ix
iour de januier lan mil cinq cens ꝛ
‖ quatre. Par anthoine Chappiel imprimeur demourãt ‖ a paris au college de De Triguet en la rue sainct iehã
de ‖ latran.* Pet. in-4. ou très-grand
in-8. de 84 ff., sign. a—i par 8, et A
par 4, contenant les Sept pseaulmes en
francoys, 12 figures moyennes et un
plus grand nombre de petites dans le
texte et dans l'encadrement. Hauteur,
238 millimètres.

Un exemplaire imprimé sur VÉLIN est porté à 145 fr.
dans le *Bulletin du Bibliophile*, 3ᵉ série, nº 2067 ;
un autre avec les figures moyennes et petites, miniaturées avec soin (cabinet de M. A. F. Didot).
Nous avons vu un exemplaire sur papier dont le
format allongé était celui d'un agenda. Il est à
remarquer que cette édit. du 9 janvier 1503 conserve un almanach commençant en 1487.

224. — A la louenge de dieu et de la tres
saincte ꝛ glorieuse vierge Marie et a ledification de tous bons ‖ catholiques :
ont este commencees ces presentes ‖
heures a lusaige de Romme tout au long
sans ri ‖ ens requerir Auec ung commun antiennes suf ‖ frages et oraisons de
plusieurs saintz ꝛ sainctes..... *Imprimees nouuellemẽt a Paris par Gillet
Hardoyn..... et Germain Hardoyn.....*
in-8. goth. de 88 ff., fig. sur bois (avec
un almanach pour 16 ans, commençant
en 1504). Un exemplaire sur VÉLIN se
trouve dans la bibliothèque de Parme.

225. HORE intemerate virginis marie secundũ ‖ vsum Rommanum cum pluri-
bus orationibus ‖ tam in gallico ꝗ in latino. (sur le titre le nom et la marque
de Germain Hardouin. Au verso du
dernier feuillet) : *Ces presentes heures
a lusaige de ‖ Romme furent acheuees
le pre ‖ mier iour de Octobre Lan Mil ‖
cinq cens et cinq par Guillaume Anabat Imprimeur demourant a ‖ Paris
en la rue sainct Jehan de Beauvais
pres les escolles du de ‖ cret a lenseigne des connis. Pour ‖ Germain hardouin libraire de ‖ mourant empres
la grant porte du palais a limage
saĩcte Marguerite...* pet. in-4. goth.
de 108 ff. non chiffrés, sign. a—n par 8,
et o par 4, 29 lignes à la page. (Almanach pour XVI ans, de 1505 à 1520.)
Hauteur, 202 millimètres.

15 grandes planches (non compris l'homme anatomique), plusieurs petites, et encadrements à toutes
les pages, présentant des ornements, des jolies arabesques et des petits sujets divers. Vendu seulement
12 fr. La Vallière ; autre 3 liv. 10 sh. Pinelli ; 90 fr.
Morel de Vindé.

Un bel exemplaire imprimé sur VÉLIN, avec figures
et initiales miniaturées et rehaussées d'or, appartient à M. A. F. Didot.

Un exemplaire annoncé, in-8., sur VÉLIN, avec les
figures grandes et petites peintes avec soin en or
et en couleurs, reliure ancienne en *v. f.* à compartiments et fleurdelisée, sur les plats de laquelle
sont représentés l'*Annonciation* et le *Crucifiement*,
et avec le nom : *Rose Lyon*, a été payé 520 fr. à la
vente du comte Alfred d'Auffay, en 1863. Les grandes miniatures de ces deux beaux exemplaires paraissent avoir été peintes sur des pages où les gravures n'avaient pas été imprimées.

Un autre exemplaire in-8., également sur VÉLIN,
mais ayant le titre et le dernier feuillet en partie
effacés, 120 fr. librairie Potier, 1863, nº 139.

226. — A la louenge de dieu..... ont este
commencees ces presẽtes heures a lusaige de Romme tout au long sans riens
requerir. Auec vng commun, antiẽnes,
suffrages et oraisõs de plusieurs sainctz
et sainctes selon ledit vsaige, et plusieurs autres tant en francoys que en
latin comme on verra plus aplain au
seruice. *Nouuellement imprimees a
Paris par Gillet Hardoyn imprimeur
demourant au bout du pont nostre
dame a lenseigne de la Rose deuant
sainct Denis de la chartre : pour Germain Hardoyn demourant entre les
deux portes du Palais a lenseigne
saincte Marguerite* (et au-dessous de ce
titre deux strophes l'une de 5 et l'autre de
quatre vers français, dont voici le premier : *Jesus soit en ma teste et mon
entendement.* (au verso du dernier f.) :
*Ces presentes heures..... ont este nou-
uellemẽt imprimees a Paris pour Germain Hardoyn.....* (sans date), gr.
in-8. goth. de 88 ff. non chiffrés, sign.
a—l par 8, avec 18 grandes figures et
plusieurs petites, mais sans bordures
(Almanach pour XXI ans, 1505 à 1525).
Hauteur, 208 millimètres.

Un exemplaire imprimé sur VÉLIN, avec les grandes
et les petites figures admirablement miniaturées,
se trouve chez M. Didot.

227. — A la louange de Dieu et de la tres
saincte vierge Marie ont este commencees ces presentes heures a lusaige de
Romme. (à la fin): *Paris, Germain Hardouyn* (Almanach de 1505-1525), in-8.
goth.

Un exemplaire imprimé sur VÉLIN, orné de 17 grandes
et de 27 petites figures sur bois enluminées, ainsi
que de nombreuses initiales peintes en or et en
couleur, mais les ff. C2, 18 et L2 manquant, 150 fr.
catal. de Tross, 1862, art. 1709.

228. — Ces presẽtes heures a lusaige de
Romme furẽt *acheuees le xvi iour de*

*jāuier Lan Mil .ccccc z vi par Guil-
laume Anabat imprimeur demourant
a Paris a la rue sainct Jehan de
beauuay a lenseigne des cõnis pres les
escolles de decret pour Gilles Hardouyn
libraire*... in-8., fig. (Sur VÉLIN dans la
bibliothèque du roi de Naples.)

229. — a lusaige de Rome.—*Imprimees a
Paris par Guillaume Anabat... pour
Gillet Hardouyn et Germain Hardouyn* (Almanach de 1507 à 1520), très-
gr. in-8. goth. de 113 ff., fig. et larges
bordures historiées.

Avec fig. color. m. r. 47 fr. La Vallière.

230. HEURES a lusaige de Romme. (au
verso du 5ᵉ avant-dernier feuillet)...
*Imprimees a Paris par Guillaume
Anabat... pour gillet hardouyn libraire demourãt au bout du pont au
change a lenseigne de la Rose. Et pour
Germain Hardouyn libraire demourãt être les deux portes du Palays a
lenseigne saĩcte marguerite* (Almanach
de 1508 à 1512), gr. in-8. goth. de 84 ff.

Édition ornée de figures et d'arabesques; elle a des
signatures de A à Kii et ã; cette dernière signature,
composée de 4 ff., contient *Lexamē de consciēce*.
Un exemplaire sur VÉLIN, avec fig. peintes en or
et en couleur, 200 fr. Rebillot, en 1856.

231. HORE ad vsum Romanŭ... — *a Paris par Guill. Anabat.... pour Gillet
Hardouyn* (Almanach de 1508 à 1520),
in-8. goth. de 87 ff. avec des fig.

232. — a lusaige de Rome.—*Imprimees a
paris par Gillet Hardouyn libraire*
(Almanach de 1509 à 1524), gr. in-8.
goth. de 88 ff. avec 17 grandes fig., mais
point de bordures.

Il y a des exemplaires dont la souscription diffère en
quelques mots, et, par exemple, porte : *imprimees
a Paris par Gillet Hardouyn imprimeur... pour
Germain Hardouyn.* Vendu en m. r. avec fig.
peintes, 20 fr. Mac-Carthy; autre exemplaire, fig.
peintes et rel. en velours, 25 fr. 50 c. Mac-Carthy;
60 fr. Duriez, et 80 fr. Bignon. Une édition in-24,
de 113 ff. lettres rondes, vers 1509, a été vendue
30 fr. Chardin.

233. Heures a lusaige de Romme tout au
long || sans riens (*sic*) requerir. Auec
les figures de la || vie de lhomme || et
la destruction de hierusa || lem (sur le
titre la grande pl. avec le chiffre G.-H.
et au bas la devise *Tout pour le mieulx*,
et au verso du dernier f. au bas de la
même planche qui y est reproduite) :
*Les presentes heures a lusaige de Rõ ||
me tout au long sans riens requerir.
ont || este acheuees a paris le huitiesme
iour de || Mars lan mil cinq cẽs et
neuf. Par Gil ||let hardouyn impri-
meur demourant au || bout du pont
au change a lenseigne de la Ro ||se*

au dessoubz de la belle ymage. In-4.
goth. de 92 ff. non chiffrés, sign. a—l
par 8, et m par 4, 30 lignes par page
(Almanach pour XIII ans, 1508 à 1520).

Ce volume renferme 20 grandes planches, non compris celle du frontispice répétée à la fin, ni l'*homme
anatomique*; ces planches sont assez belles,
mais plusieurs sont des copies plus ou moins
exactes de celles des Heures de Verard ou de Vostre. Il y a à côté et au bas de chaque page de
larges bordures offrant soit de jolis ornements variés, soit des sujets divers plusieurs fois répétés, et
entre autres une forteresse assiégée et trois pièces
de canon braquées contre elle. Vers la fin du volume se trouvent des petites figures attenant au
texte. Le bel exemplaire impr. sur VÉLIN, qui est
dans le cabinet de M. Didot, a 220 millimètres de
hauteur. Un autre, également sur VÉLIN, est porté
dans un catalogue rédigé par M. L. Potier, pour
une vente qu'il a faite en juin 1863.

234. — a lusaige de Rome... avec les figures
de lapocalipse et plusieurs aultres hystoires... (au dernier f.) : *Ces presentes
heures.... Ont este nouuellement imprimees a Paris par Gillet Hardouyn
Libraire demourãt au bout du pont
nostre Dame deuant saint Denis de la
chatre a lenseigne de la Rose* (Almanach de 1510 à 1530), gr. in-8. goth. de
92 ff., sous les sign. A—M, avec 19 grandes fig. sur bois et de larges bordures à
compartiments.

Il y a au moins trois éditions ou sortes différentes
d'exemplaires sous cette même date. Dans les uns
la souscription porte ou le nom de Gillet Hardouyn,
ou celui de Germain Hardouyn; et dans d'autres

les deux noms sont réunis (73 fr. Eug. de P., en 1862). Dans la première de ces trois sortes d'exemplaires on voit, sur le verso du 1er f., la fig. de Déjanire (que nous avons donnée ci-dessus, colonne 1629), et au verso du dernier f. la marque ci-contre, que l'on trouve dans quelques-unes des Heures publiées par les Hardouyn. Les Heures de 1510, en grand format, sont assez curieuses pour les gravures. Un exemplaire enluminé a été vendu 35 thl. à Leipzig, en 1806.

235. Hore dive virginis marie... *Parisius nouiter impressum : opera Egidii Hardouyn... pro Germano Hardouyn* (Almanach de 1510 à.....), pet. in-8. lettres rondes; 108 ff. avec 16 grandes fig. et nombre de petites; point de bordures.

236. Heures a lusaige de Rouen. *Nouuellement imprimees a Paris par Gillet Hardouyn.... pour Philippe Coste, Pierre Lignãs, Raoulin Gaultier et Louys Bonnet, Libraires demourans a Rouen* (Almanach de 1510 à 1530), in-8. fig.

Un exemplaire imprimé sur VÉLIN. 12 fr. Mac-Carthy; un autre, 270 fr. Borluut, n° 68.

Autres éditions des Heures à l'usage de Rouen, impr. sur VÉLIN, décrites ou citées par M. Frère, *Bibliographe normand*, II, p. 81 : *Parisiis, Gillet Hardouyn*, sans date, in-8., fig. et encadrements. — Impr. à *Paris, par Germain Hardouin*, sans date, in-12, avec toutes les majuscules peintes en or et en couleur. — Autre nouvellement impr. à *Paris, par Germain Hardoyn* (1534), pet. in-8. avec 15 fig. miniaturées et initiales peintes en or et en couleur.

237. Hore diue virginis Marie secũdum vsũ ‖ Romanũ cũ aliis multis folio sequenti nota‖tis vnacum figuris Apocalipsis & multis fi ‖ guris Biblie noviter insertis. (au recto du dernier f.) : *Parisiis nouiter impressum opera Egidii Hardoyn commorantis in confino pontis Nostre domine ante ecclesiam sãcti Dionisii de carcere ad intersignium Rose. Et Germani Hardoyn cõmorantis ante palatium ad intersignium diue Margarete* (sans date, mais avec alman. de 1513 à 1530) in-8. caractères romains, 108 ff. non chiffrés, sign. a — n. par 8, et o par 4, avec 15 grandes fig. et petits sujets aux encadrements, gravés sur bois; déjà employés par les deux Hardouyn, plus la figure du frontispice et la marque de G. Hardouyn au verso du dernier feuillet. (Sur VÉLIN, chez M. A. F. Didot.)

238. Heures de Nostre Dame a lusaige de Romme, *imprimees a Paris par Gilles Hardoyn* (Almanach de 1512 à 1523), in-16 goth. format d'agenda, fig. sur bois.

Un exemplaire imprimé sur VÉLIN, avec fig. color. et rel. en mar. r. par Thompson. 101 fr. Solar.

239. Heures a lusaige de Romme au long sans rien requerir. *Imprimees a Paris*

par Gillet Hardouyn (Almanach de 1512 à 1524), gr. in-8. fig. sur bois et bordures où sont représentées les histoires de l'A. et du N. Testament, la Danse des morts, la Destruction de Jérusalem.

Un exemplaire imprimé sur VÉLIN, orné de 18 grandes planches et 23 petites, peintes en or et en couleur, et rel. en *mar. br. à compart.*, par Trautz, 686 fr. H. de Ch..., en 1862.

240. — a lusaige de Rome...... *Imprime par Gillet Hardouyn* (Almanach de 1513 à 1530), gr. in-8. goth. de 88 ff. fig. caractères ronds. Chez M. Didot.

Avec figures peintes, 6 liv. 6 sh. Pinelli; 35 fr. (imparfait) Mac-Carthy, et 33 fr. Duriez.

241. Hore diuie ỹginis Marie.,... — *Parisius nouiter impressum. opera Egidii. Hardouyn..... et Germani Hardouyn* (Almanach de 1513 à 1527), pet. in-8. de 96 ff., lettres rondes, avec 16 grandes figures et plusieurs petites; point de bordures.

242. — a lusaige de Rome........ *Paris, Germ. Hardouyn* (Almanach de 1514 à......), pet. in-8. goth., fig. sur bois.

Vendu 16 fr. Duriez.

243. Hore diue ỹgĩs Marie... *Parisiis, impr. per Egidiũ Hardouyn.... expẽsis Germani Hardouyn... Anno dñi millesimo quingẽtesimo decimo quarto nona die mẽsis Augusti,* pet. in-8. de 110 ff., lettres rondes, avec 13 grandes fig. et plusieurs petites.

244. Heures a lusaige de Rõme tout au long sans riẽs requerir. Auec les figures de la vie de lhomme : et la destruction de Hierusalem. *Paris par Gillet Hardouyn* (Almanach de 1514 à 1529), gr. in-8. ou in-4. goth.

Encadrements et figures sur bois. Sujets tirés de l'Écriture sainte, de la Danse des morts, grotesques, et plusieurs planches de la grandeur des pages. La souscription est au recto du 8e f. du cah. L, mais elle est suivie du cah. M en 8 ff., contenant *les sept psaulmes en francoys translatez au plus pres du latin,* et d'une *Oraison tres devote a nostre dame,* en vers. 6 liv. 5 sh. *mar. r.* Libri, en 1859.

245. Heures a lusaige de Romme tout au long sans rien requerir. *Paris, par Gillet Hardouyn* (Almanach de 1515-1530), in-4. goth., encadrements et grandes planches sur bois, comme ci-dessus.

Un exemplaire sur VÉLIN, avec les figures peintes et rehaussées d'or, riche reliure française ancienne en maroquin, à compartiments dorés et peints dans le style de Grolier, 39 liv. Libri, en 1859.

Un exemplaire dont le titre a été effacé, mais dont la souscription qui est au verso du dernier f. porte aussi : *Ces presentes heures a l'usaige de Rome... imprimees a Paris par Hardoyn,* même adresse, gr. in-8., ayant 202 millimètres de hauteur. On lit au verso du 2e f. du cah. 3 : *Hore beate Marie || Virginis secundū || vsū Lemouisen* (de Limoges). Il n'y a point d'almanach et il y manque un certain nombre de feuillets. Les grandes figures ainsi que les bordures sont différentes de celles de la grande édition 1515 à 1530. La Mort y figure fréquemment.

246. — a lusaige de Rome...... *Paris, Gilles Hardouyn*, 1515, in-8. goth. fig.

Vend. 30 fr. (fig. color.) Mac-Carthy.

247. HORE intemerate virginis dei genitricis Marie : secundum usum ecclesie romane totaliter ad longum sine require : unacum pluribus aliis suffragiis, orationibus atque commodis et de nouo additis. *Parisius nouiter impressis per Egidium Hardoyn : commorantem in confino pontis nostre domine : ante ecclesiam sancti Dionysii de carcere; ad intersignium rose deaurate* (.absque anno), in-16 allongé (17·centim. sur 7 centim.). Almanach pour 16 ans, de 1515 à 1530, avec 24 vignettes sur bois.

La souscription répète en partie le titre ci-dessus. Un exemplaire sur VÉLIN, fig. enluminées, est décrit dans le *Bibliophile belge*, tome XVIII, pp. 159-60.

248. HEURES a lusaige de Rōme tout || au long sans riens reqrir. Auec les figures de la vie de l'hōme; τ plusieurs aul||tres belles figures. (au verso de ce titre : Almanach pour xiiii ans, de M. D. XVI à M.D.XXX, et au verso du dernier f.) : *Cy finissent ces p̄sentes heures a lu||saige de Rōme.... imprimees nouuellement a Paris par Gillet hardoyn libraire demourant au bout du pont Nostre dame deuant sainct Denis de la Chartre a lenseigne de la Rose dor*, gr. in-4. goth. de 64 ff. non chiffrés, sign. A par 6, B à N par 8, et O par 2, à 28 lignes par page. Hauteur, 252 millimètres.

Belle édition, ornée de 19 grandes figures et de plusieurs petites insérées dans le texte ; et autour des pages des grands cadres présentant des sujets variés, où la figure de la Mort est plusieurs fois répétée. La gravure en est moins bonne que celle des Heures de Vostre.

Dans l'exemplaire imprimé sur VÉLIN, qui appartient à M. A. F. Didot, les grandes et les petites figures sont peintes avec soin et rehaussées d'or. Les grandes n'ont pas été peintes sur l'estampe, mais sur les pages blanches où elles devaient être tirées. C'est un procédé qui a été employé plusieurs fois dans les Heures publiées par les Hardouyn.

Un autre exemplaire de cette même édition sur VÉLIN, avec fig. color., 160 fr. Delatour ; et rel. en mar. r. à compart., chiffre de Charles IX et fermoir en vermeil, 164 fr. Duriez ; un autre encore, avec les planches coloriées, mais au nombre de 15 seulement, y compris l'*homme anatomique*, 50 fr. Bruyères-Chalabre.

249. HORE ad usum romanū totaliter sine require cum multis suffragiis et orationibus. (à la fin) : *Paris., par Gil-*

let *Hardouyn, imprimeur, à l'enseigne de la Rose* (sans date), in-12 goth., format allongé.

Un exemplaire impr. sur VÉLIN, avec le frontispice en noir et 17 gravures color. 150 fr. Costabili.

250. HORE diuine virginis Marie.... una cum figuris apocalipsis. *Parisius........ opera Egydii Hardouyn... et Germani Hardouyn* (Almanach pour 15 ans, commençant en 1518), pet. in-8. de 96 ff., lettres rondes, 18 grandes fig. (un simple filet autour des pages).

251.—Autre édition. *Opera Germani Hardouyn...* (Almanach de 1518 à 1532), gr. in-8., lettres rondes, 5 et 79 ff., 15 grandes fig., avec des bordures historiées.

Deux fac-simile des figures de cette édition se voient dans le *Bibliogr. Decameron*, 1, pp. 50-51.

252. HEURES a lusaige de Romme. (à la fin) : *Ces presentes heures a lusaige de Romme ont este nouuellement imprimees a Paris par Jehan Barbier īprimeur. Pour Germain hardouyn libraire demourant au dit lieu entre les deux portes du palais a lenseigne saincte Marguerite*, in-64, demi-goth., sign. a—z (pour &), chaque cahier de 8 ff., avec des lettres initiales peintes.

Nous avons vu un exemplaire de cette édition impr. sur VÉLIN, mais il y manquait le premier f. du cah. a, qui doit contenir le titre, et au verso le commencement du calendrier. On en avait aussi enlevé plusieurs ff. qui contenaient des gravures. Ces Heures, in-64, sont les plus petites qui eussent été impr. à Paris jusqu'alors.

Jean Barbier exerçait dès 1504 et encore en 1514. Il y a eu en 1516 un Symphorien *Barbier*, peut-être le successeur du précédent. Lottin n'en parle pas.

253. HEURES a lusa||ge de Rōme. *Imprimees a Paris, || pour Germain har || douin, demourāt || entre les deux por || tes du palais a lē || seigne saīcte mar || guerite* (sans date), in-64 goth. de 128 ff., sign. a—e par 8, avec plusieurs petites vignettes sur bois, 16 lignes par page. Hauteur, 47 millimètres.

Édition non moins rare que la 'précédente. M. Louis Potier, libraire, nous en a communiqué un exemplaire imprimé sur VÉLIN, avec fig. peintes.

254. HORE divine virginis Marie || secundum usum romanum, || cum aliis multis folio sequenti notatis una cum figuris apocalipsis & destructio Hierusalem || & multis figuris biblie insertis. (au verso du dernier f.) : *Parisius nouiter impressum opera Germani Hardouyn* (Almanach de 1520 à 1532), pet. in-8. de 96 ff. en lettres rondes, avec 21 grandes fig. et des filets servant d'encadrement.

Un exemplaire imprimé sur VÉLIN, 16 fr. 95 c. La Valliere ; 1 liv. 2 sh. Pinelli ; et avec les grands sujets coloriés, mais ayant le 1er f. fatigué et la fin du dernier coupée, 90 fr. catalogue Maufras (*Paris, Delion*, 1852, n° 38). — Sur papier, *reliure du* xvie *siècle, veau à compart.*, tranches ciselées. 100 fr. Gancia. Dans l'exemplaire de M. Didot, sous la peinture des miniatures on voit reparaître l'impression. Il y a des exemplaires avec la souscription finale en français.

255. Heures a lusaige de Rome.... — *Imprime pour Germain Hardouyn* (Almanach de 1520 à...), pet. in-16, goth. de 108 ff., fig. sur bois.

Vend. 6 fr. Duriez.
Avec une souscription qui diffère de la précédente et 15 miniatures, 19 fr. La Vallière.

256: Hore beate marie virginis... — *Par Gilles Hardouyn pour Germain Hardouyn...* (Almanach de 1521 à...), pet. in-8. goth. de 104 ff. (simple filet).

Les figures sont différentes de celles de l'édition de 1520, et en moins grand nombre. — Il a été tiré des exemplaires de cette même édition en gr. in-8., avec des bordures historiées autour des pages.

257. — a lusaige de Paris... — *Imprime... par Germ. Hardouyn* (Almanach de 1522 à 1534), gr. in-8. goth. de 93 ff., avec 17 grandes fig.

Dans cette édition, l'adresse de Germ. Hardouyn est la même que celle de Gilles, c'est-à-dire *au bout du pont Nostre Dame;* mais dans toutes les autres, il indique sa demeure *devant le Palais* ou *entre les deux portes du Palais.* Nous supposons que Gilles étant mort en 1521 ou en 1522, Germain occupa momentanément son domicile.

258. — a lusaige de Rome. *Paris, Germain Hardouyn* (1522), pet. in-8., fig.

Deux exemplaires vente Mac-Carthy: l'un porté à 6 fr. et l'autre à 20 fr. 50 c.

259. A lhonneur de Dieu... cy commēcent les heures de Nře Dame a lusaige de Romme. (à la fin) : Ces pṣentes heures a lusaige de Rõme tout au long sans riens requerir ont este *nouuellement imprimees a Paris pour Germaĩ Hardoyn libraire demourant au dit lieu entre les deux portes du palais a lenseigne saincte Marguerite* (Almanach pour xv ans, 1523 à 1537), pet. in-8. allongé, lettres rondes.

Il y a des exemplaires impr. sur vÉLIN, avec initiales et vignettes peintes en or et en couleurs.

260. — Autre édition. *Paris, pour Germain Hardouyn* (Almanach de 1524 à 1537), gr. in-8. goth. de 81 ff., avec 11 fig.; point de bordures.

261. Hore diue uirginis Marie. (au recto du dernier feuillet) : *Lutecie.... impressum per M. Petrũ Vidoueũ ere & impensis Germani Hardouyn. Anno dñi millesimo quingentesimo xxiuj,* pet. in-8. de 96 ff., sign. a—m, lettres rondes. (*Biblioth. impériale.*)

Cette édition a dans le texte des grandes et des petites figures, et autour des pages des bordures en arabesques, différentes des précédentes et moins variées. Au recto du 1er f. se voit la marque suivante :

262. Ces presētes heures a lusaige de Rõme ont este imprimées a Paris pour Germain Hardouin... (au verso du dernier f.)... *Ont este nouuellement imprimees a Paris, par maistre Pierre Vidoue, pour Germain Hardouin....* m. d. xxiiii, in-16 de 8 ff. prélim. et 128 ff., lettres rondes, fig. sur bois.

Un exemplaire sur vÉLIN, avec 16 figures et initiales peintes en or et en couleur, se trouve à la Bibliothèque impériale. — Pour l'édition de 1523, voy. le n° 309.

263. — a lusaige de Paris... *Paris, Germain Hardouyn* (Almanach commençant en 1524), pet. in-8. fig.

35 fr. 55 c. fig. peintes, et rel. en *m. v.* Duriez.

264. Horæ diuine virginis Marie. *Impr. par Germ. Hardouyn* (avec un almanach pour 18 ans, commençant en 1526), pet. in-8. de 96 ff. avec fig. sur bois.

Au verso du titre se lisent 16 vers sur la sainte hostie conservée à Dijon, commençant : *Vng juif mutilant iadis.* (Sur vÉLIN, dans la Biblioth. de Parme.)
Il y a des exemplaires dont la souscription finale est en latin.

265. — Autre édition, secundum usum Parisiensem. *Paris, Germ. Hardouyn,* 1526, in-8.

Vend. 3 flor. 10 s. Crevenna; sur vÉLIN, 110 fr. salle Silvestre, en 1857.

266. HORE beate marie virginis secundũ ‖ vsum Romanum, totaliter ad longum ‖ sine require cum multis suffragiis et ‖ Orationibus de nouo additis nouiter ‖ impressis.... (au-verso du dernier f.) : *Ces presentes heures sont a lusaige ‖ de Rõme tout au long sans requerir ‖ ont este nouuellement imprimes* (sic) *a Pa ‖ ris par Germain Hardoyn Impri ‖ meur et Libraire : demourãt au dict lieu ‖ entre les deux portes du Palais : a len‖seigne Saincte Marguerite. Et ce ‖ vendent au dict lieu* (sans date, mais almanach pour xv ans, de M. D. xxvij à M. D. xli.), pet. in-4. ou gr. in-8. goth. de 112 ff. non chiffrés, sign. A—O par 8, et 24 lign. par page. Hauteur, au moins 184 millimètres.

16 grandes figures et plusieurs petites pour les saints et les saintes ; grandes bordures historiées et à sujets différents de celles des Heures de Gillet Hardouyn.
Dans l'exemplaire sur VÉLIN que possède M. A. F. Didot, toutes les figures sont peintes en or et en couleurs, ainsi que les initiales. Les grandes figures ont été miniaturées sur des pages blanches avant le tirage des autres planches.

267. HORE beate Marie virginis, secundũ vsum romanum.... cum multis suffragiis et orationibus. (à la fin) : *Ces presentes heures... ont este nouuellemẽt imprimees a Paris par Germain Hardouyn* (Almanach de 1527 à 1541), pet. in-8. goth. de 96 ff., figures et encadrements sur bois.

Un exemplaire impr. sur VÉLIN, contenant 19 grands

sujets et 19 médaillons coloriés et rehaussés d'or, 340 fr. Maufras, en 1852, n° 40 ; un autre (annoncé comme étant de format in-32), 30 fr. Chardin ; 27 fr. 50 c. Duriez.

268. Hore beate marie virginis scd'm vsum ecclesie romane totaliter ad longum cum multis suffragiis et orationibus. (au verso du dernier feuillet) : *Ces p̃sentes heures a lusage de Rõme... ont este ĩprimees a Paris par Gilles hardouyn pour Germain Hardouyn libraire demourant entre les deux portes du Palays a lẽseigne saincte marguerite* (Almanach de 1528 à 1540), in-8. goth. de 104 ff., sous les sign. A à N, fig. et bordures.

Au recto du 1er f. et au-dessus du titre se voit la marque placée à la colonne précédente sous le n° 265. Cette édition doit être plus ancienne que son almanach.

269. HORE beate Marie virginis... — *Impress. per Germanum Hardouyn* (Almanach de 1528 à 1540), pet. in-8. de 8 et 80 ff., lettres rondes, fig.

Il est à remarquer qu'Hardouyn, pour se conformer au goût des différents acquéreurs de ses Heures, les imprima alternativement en lettres rondes et en lettres gothiques : c'est ce que l'on voit encore par les éditions de 1529, 1531 (30 fr. Mac-Carthy), et de 1532 (24 fr. le même). Les éditions en lettres rondes n'ont point ordinairement de bordures : cependant celle de *Hore in laudem gloriosissime virginis* (almanach de 1534 à 1552), gr. in-8. de 9 et 82 ff., a non-seulement des grandes et des petites fig. dans le texte, mais encore des grandes bordures composées d'arabesques, de sujets historiques, allégoriques et de fantaisie, les mêmes souvent répétés, comme dans toutes les éditions avec bordures qu'ont données les Hardouyn. — Il existe aussi des éditions de ces mêmes Heures de la Vierge, de 1536 (12 fr. Mac-Carthy), de 1538 (6 fr. de Selle, en 1761), etc. Il y en a une in-12, de 84 ff., en lettres rondes, avec un almanach de 1543 à 1562, et dont la souscription porte : *in officina vidue.......* *Germani Hardouyn.*

270. Enchiridion præclaræ ecclesiæ Sarum. — *Impressum Parisiis in ædibus Germ. Hardouyn,* 1530, VI *maii* (date en toutes lettres), in-8.

271. — Autre édition, imprimée par *Germain Hardouin* (avec almanach pour 14 ans, commençant en 1532), pet. in-8. goth. de 94 ff., avec fig. sur bois. Sur VÉLIN, 15 fr. seulement Chardin, en 1823.

272. HORE beate marie virginis secundum usum Romanum.(au verso du dernier f.): *Expliciunt Parisius p̄ Egidum ardoyn commorantem in confino Pontis nostre domine ante templum diui Dionysii de carcere : ad intersignium Rose deaurate* (sans date), in-8. allongé, caractère goth., sign. a—l.

Cette édition sans figures ni bordures, mais avec toutes ses initiales et majuscules peintes en or et en couleur, est remarquable par son format. M. A. F. Didot en possède un exemplaire imprimé sur VÉLIN, dont la reliure, également en VÉLIN, a sur ses plats des compartiments à froid, avec la devise *Post tenebras lux*, et la date M. D. XXXII, qui est moins ancienne que celle qu'on peut donner au livre.

273. HEURES a lusaige de Rouen. *Paris, Germ. Hardouyn*, 1534, pet. in-8. goth., avec 19 fig.

Un bel exemplaire en *mar. r.*, avec fig. peintes, 23 fr. 95 c. Mac-Carthy ; 61 fr. Duriez.

Comme la plupart des éditions que nous venons de citer n'ont d'autre date que celle de l'almanach qui se trouve ordinairement avant le calendrier, elles sont le plus souvent annoncées dans les catalogues des livres à vendre, sans aucune date : c'est ce qui nous a empêché de porter à chaque article les prix des exemplaires vendus, dont nous ne connaissons pas la date. Nous en trouvons surtout plusieurs de ce genre dans le catalogue de Mac-Carthy, où, par exemple, le n° 269 (Heures à l'usage de Rome, *par Gilles Hardouyn*, in-8. goth., avec 46 miniatures), est marqué 84 fr., et d'autres le sont depuis 18 fr. jusqu'à 40 fr.

274. HEURES a lusaige de Rôme. — *Imprimees a Paris par Germain Hardouyn libraire iure de Luniuersite de Paris demourant audit lieu entre les deux portes du Palays a lenseigne saincte Marguerite* (Almanach de 1534 à 1546), gr. in-8. de 80 ff., sign. A—K, avec fig. mais sans bordures.

Vend. 23 fr. Crapelet, en 1842.

275. HORE beate Marie Virginis. Ces presentes heures a lusaige de Rome ont este *nouuellement imprimees a Paris par Germain Hardouyn* (Almanach de 1536 à 1546), très-pet. in-8. fig.

Sur VÉLIN, 44 fr. Eug. de P., en 1862.

276. HEURES a lusaige de Romme. — *Imprimees a Paris par G. Hardouyn* (Almanach de 1538 à 1555), pet. in-8. goth., avec 15 fig.

277. HORE beate Marie virginis secundum vsum Romanum... cum officio cōceptionis beate Marie virginis, etc. *Parisiis, ex officina G. Hardouyn sub signo diue Margarite inter januas palatii* (Almanach pour XVI années, 1539-1555), in-16 goth. avec de petites figures sur bois assez jolies, et des bordures sur lesquelles paraît plusieurs fois la figure de la Mort.

— AUTRE édition des mêmes heures de G. Hardouyn, sous la date de M. D. XL (Almanach de 1540-1555); mêmes figures et bordures.

278. HORÆ beatæ Mariæ Virginis secundum usum romanum, totaliter ad longum sino requirere. *Parisiis, Germ. Hardoyn* (Almanach de 1539 à 1554), pet. in-8., fig. et bordures sur bois. Un exemplaire en *mar. r.*, 57 fr. en 1861.

Un bel exemplaire chez M. Didot, ainsi qu'un autre même format daté de 1540 à l'*usage de Paris*. Les encadrements sont d'un beau style.

279. HORÆ beate Marie Virginis secundum vsum Romanum, totaliter ad lon-

gum sine requirere ; cum officio conceptionis, cum septem psalmis et vigiliis mortuorum, ac multis aliis suffragiis. *Parisiis, in officina Katherine de Paris vidua Germani Hardouyn*, 1541, in-8. de 104 ff., car. semi-goth., avec des bordures et 14 fig. sur bois.

Un exemplaire dans son ancienne reliure, en veau avec plaques à arabesques dorées, est porté à 225 fr. dans le *Bulletin du Bibliophile*, 1860, p. 1147-48, n° 542.

280. — Autre édition (au verso du dernier f.) : *Parisiis, in officina vidue... Germani Hardoyn* (Almanach pour vingt ans, commençant en 1543), in-12 en lettres rondes, avec figures.

L'exempl. de la Bibliothèque impériale est imprimé sur VÉLIN, comme le sont tous ceux des différentes éditions des mêmes Heures imprimées par ou pour les Hardouyn, que Van Praet a citées dans son premier catalogue. Celui-ci est décoré de 14 miniatures et d'initiales peintes en or et en couleurs.

281. HEURES de Nostre Dame, a lusage de Poitiers. *Paris, Gillet Hardouyn*, sans date, in-4., fig. sur bois.

Biblioth. harl., IV, n° 10175, où se trouve aussi sous le n° 18335 l'article suivant :
HEURES de Nostre Dame a lusaige de Rome. *Paris, Anthoine Chappiel*, sans date, in-8. fig. sur bois. Ne serait-ce pas le même livre dont nous avons parlé plus haut, sous le n° 214, à la date de 1497 ?

VII. Guillaume Eustace, libraire du roi.

Quoiqu'elles soient presque toutes dépourvues de bordures, les Heures de ce libraire sont encore justement recherchées ; le VÉLIN en est fort beau, et les figures et les lettres initiales qui les décorent nous paraissent avoir été peintes avec beaucoup plus de soin que dans la plupart des autres livres de ce genre publiés à la même époque. Guill. Eustace a employé plusieurs imprimeurs, savoir : *Thielman Kerver*, dès l'année 1497, en juger par l'almanach (voir le n° 282); *Phil. Pigouchet*, vers 1508 ; *Guil. Couteau*, en 1513 ; *Jean de La Roche*, en 1514, et *Nicolas Hygman*, en 1516.

282. HORE intemerate Virginis marie secū-dum ‖ vsum Romanū totaliter ad longū sine reqre : ‖ cum pluribus oratiōibus in gallico et latino (au-dessus de ce titre la marque et le nom de Thielman Kerver, et au-dessous cinq vers français commençant *Jesus soit en ma teste*, et au verso almanach pour xxiiii ans, de 1497 à 1520), (au verso du dernier f.) : *Ces presentes heures a lusaige de Rôme fu ‖ rent acheuees le xiiii iour de Nouembre. Par ‖ Thielman Keruer pour Guillaume eustace te ‖ nāt la boutique de-dās la grāt salle du palais ‖ du coste de la chapelle de messeigneurs les pre ‖ si-dēs ou sur les grans degrez du coste de la cō ‖ ciergerie a lymage saint Iehan leuangeliste*, avec la marque et le nom de Guillaume Eustace au-dessus ; pet. in-4. goth. de 94 ff., sign. a par 6 et b à m par 8, 32 lig. par page. Hauteur, 193 millimètres.

Ce volume commence comme les premières grandes heures de Verard (n° 118) par une *oraison à la vierge Marie de lacteur de ces presentes heures* ; il est orné de 16 grandes figures et d'un plus grand nombre de petites. La 13e grande figure est celle de la Mort ; elles ont toutes des encadrements au bas desquels sont représentés différents petits sujets. Si ces Heures ont paru pendant la première année de l'almanach (1497), ce sont les plus anciennes où le nom d'Eustace figure. Ajoutons que, par suite d'une faute d'impression, les trois premières années indiquées dans cet almanach le sont avec une unité de moins, ce qui donne 1487, 1488, et 1489, au lieu de 1497, 1498, et 1499, erreur qui a été reproduite dans l'édit. de Kerver du XV Mars 1500, et dans plusieurs autres.

Un exemplaire imprimé sur VÉLIN, avec les figures et initiales peintes, appartient à M. A. F. Didot.

283. HEURES a lusaige de Rome. (au recto du dernier f.) : *Cy fine la table de ces presentes heures impri‖mees pour Guillaume eustace libraire demourāt ‖ a Paris tenant sa bouticle* (sic) *en la grant salle du pa‖lays du coste de la chapelle de messeigneurs les‖presidens ou sur les grands degrez du coste de la cō‖ciergerie a lenseigne saint iehan leuangeliste,* in-8. goth., sign. a (non marquée) et b jusqu'à o, par 8, 29 lignes à la page. Hauteur du volume, 167 millimètres.

M. A. F. Didot a acquis un exemplaire de ces Heures sur beau VÉLIN, et dont les figures, grandes et petites, sont miniaturées, les initiales peintes en or et en couleurs. Le recto du 1er f., resté en blanc, porte au verso l'almanach pour xxiiij ans, de 1497 à 1520 ; le recto du 2e f. est également blanc. Le calendrier commence au verso, et occupe les 6 ff. suivants ; on y trouve un quatrain latin et un quatrain français à chaque mois. Le recto de l'avant-dernier feuillet du volume finit par huit vers déjà employés plusieurs fois par Verard, et dont le premier est : *En la parfin de leuvre louer dieu, etc.*

284. HEURES a lusaige de Rome. *Paris, Guill. Eustace,* 1503, in-8. goth., fig.

Un exemplaire décoré de miniatures, *Biblioth. harl.,* IV, n° 18337.

285. — a lusaige de Paris. *imprimees par Phil. Pigouchet pour Guill. Eustace,* 1507, in-8. goth., fig. sur bois.

Vendu 24 fr., avec figures peintes, salle Silvestre, en mai 1826.

286. Ces presentes heures a lusage de Rom-me sont au long sans riens requerir : *Auecques les heures de la cōception nostre dame. Les qͭnze orаysons saincte Bri-gide : ɀ plusieurs autres deuotes oray-sons, suffrages, peticions ɀ requestes.... Imprimees a Paris par Philippe pi-gouchet.... pour Guillaume eustace li-braire tenant sa boutique en la grande salle du palais au tiers pillier* (Almanach pour 20 ans commençant en 1508), in-8. goth. de 124 ff., avec fig. sur bois.

Hauteur, 189 millimètres. (*Bibliothèque impériale.*)

287. LES MÊMES... avec les figures de l'A-pocalypse et de la Bible, et plusieurs autres histoires a la mode d'Italye. *Pa-ris, Guillaume Eustace* (sous la date de 1508), in-8. goth., figures sur bois.

Un exemplaire imprimé sur VÉLIN, avec lettres initiales peintes, et relié en *mar. r.* fleurdelisé, 136 fr. de Pins-Montbrun, en 1861.

288. LES PRESENTES HEURES a lusaige de Rōme‖ au long sans requerir *ont este imprimees a‖ Paris par Philippe pigou-chet, pour Guil‖laume eustace mar-chant Libraire demou‖rant a Paris en la rue de la iuifrīe a lensai‖gne des sagittaires ou dedēs la grāde salle‖du palais au tiers pillier. Mil.* V. C. ɀ IX, in-8. goth., sign. a—q par 8 et r par 4.

Ces Heures sont ornées de 14 grandes fig. et de belles bordures où figurent des ornements nouveaux et des arabesques d'un goût remarquable ; mais on n'y a pas figuré la Danse des morts. Il faut remarquer que la plupart de ces gravures, grandes ou petites, sont des copies exécutées à rebours de celles de Phil. Pigouchet. (Un bel exemplaire imprimé sur VÉLIN appartient à M. Didot.)

289. — Ces presentes heures a lusaige de rōme‖sont toutes au long sans rien re-qͭrir auec‖ques les grans suffrages im-primees nou‖uellement pour Guillaume eustace librai‖re du roy. Et se vendent à la rue neufue no‖stre dame a Lagnus dei ou au Palais au‖troisiesme pillier (au-dessus de ce titre, la marque et le nom de Guillaume Eustace ; au verso, almanach pour xvj ans, de 1512 à 1527). (au verso du dernier f.) : *Ces presentes heures...ont este imprimees a Paris par Jehan de la roche. Lan mil cinq cēs ɀ quatorze pour Guillaume eustace li-braire du roy demourãt en lad. ville a la rue neufue nostre dame...* in-8. goth., feuillets non chiffr., sign. A par 8, b par 4, c par 8, d et e par 4, f à m par 8 et n par 4 ; ensuite A par 8, B par 4, C par 8 et D par 6, à 30 lig. par page entière.

Grandes figures, quelques petites, et quelques bor-dures. Ces figures sont différentes de celles des éditions plus anciennes.
Un exemplaire imprimé sur VÉLIN, fig. peintes, 39 fr. 50 c. (annoncé sans date), Mac-Carthy ; 50 fr. Duriez ; 64 fr. Bignon ; 400 fr. catalogue d'Edw. Tross, 1852, article 1708 ; autre également sur VÉLIN, mais rel. en *mar. br.* avec la devise de Henri III , 20 liv. 10 sh. Libri, même année. Un exemplaire sur vélin chez M. Didot.

290. — a lusaige de *Paris, Guill. Eustace* (Almanach. de 1512 à 1527), in-8. goth.

Un exemplaire *mar. v.* fig. peintes, 50 fr. Duriez ; 64 fr. Bignon ; 89 fr, 50 c. (annoncé sans date) Mac-Carthy, n° 339.

291. — a lusage de Rome...—*Ces presen-tes heures... avec les grās suffraiges*

ont este imprimees a Paris par Gilles Couteau Lan mil cinq cens et treize pour Guillaume Eustace... in-8. goth. de 118 ff., sans le frontispice.

Un exemplaire sur VÉLIN, rel. en mar. v. antiqué, avec 25 miniatures, 101 fr. Mac-Carthy.

292. — Ces presentes Heures a lusage de Chartres... auecques les grands suffraiges ont este nouellement imprimees a Paris. (à la fin) : *Imprimees a Paris par Gille Couteau lan cinq cent et treize pour Guillaume Eustace Libraire*, gr. in-8. goth. de 110 ff., avec 15 grandes fig. et 16 petites. (*Biblioth. impériale*.)

Sur le recto du 1ᵉʳ f. se voit la marque suivante :

Guillaume ✠ eustace ❀

Un exemplaire avec 17 grandes figures peintes et 14 petites, est annoncé sous la date de 1515 dans le 2ᵉ catalogue de Ch. Trudaine, et a été porté seulement à 12 fr. en 1803.

293. — a lusage de Amiens. (à la fin) : *Imprimees a Paris par Guile couteau Lan mil cinq cens et treize pour Guillaume eustace libraire*... in-8. goth. de 112 ff., avec fig. sur bois.

Un exemplaire avec figures peintes, 20 fr. vente Ch. Delamalle, en 1828.

294. HORÆ beate Virginis Marie secundum usum Romanum. Guillaume Eustace. (à la fin) : *Ces presentes heures ont ete imprimees a Paris pour Guillaume Eustace, libraire du Roi*... et *ont ete imprimees par Nicolas Hygman imprimeur de liures* (Almanach pour 16 ans, de 1516 à 1530), pet. in-8. goth., figures.

Un exemplaire imprimé sur VÉLIN, avec 12 fig. color. et rel. en mar. citr. 25 fr. 50 c. Mac-Carthy; 256 fr. Hebbelynck.

295. Horæ B. V. M. secundum usum ecclesiæ Romanæ... — *Ci finissent les Heures aux grands suffraiges : nouuellement imprimees a Paris par Nicolas Hygman... pour Guillaume Eustace. Lan mil cinq cens et XVII, xxᵉ iour de septembre*, in-8. goth., fig. 15 fr. m. r. Mac-Carthy.

Un exemplaire sous le titre d'*Heures à l'usage de Rome*, 1517, mar. r., et avec miniat., 35 fr. Mac-Carthy. Un autre sous le titre d'*Horæ beatæ Mariæ Virginis*... in-8. goth. sans date, avec 12 miniat., 25 fr. 50 c. mar. citr. Mac-Carthy.

296. HEURES a lusaige de Rome imprimees pour Guillaume Eustace, libraire du roy, M. CCCCCXVIII, gr. in-8. fig. sur bois.

Un exemplaire imprimé sur VÉLIN, avec les initiales en or et en couleurs, 500 fr. Solar.

297. Heures... *imprimees a Paris pour Guillaume Eustace* (vers 1520), in-8. goth. de 103 ff. fig. sur bois, avec la marque de Thielman Kerver.

Un bel exemplaire, dont les figures et les initiales sont peintes avec un soin particulier, se conserve à la Bibliothèque impériale. Il n'a pas de frontispice. A chaque mois, dans le calendrier, se lisent deux quatrains, l'un en latin e l'autre en français.

VIII. Guillaume Godard.

(Pour les heures de Guillaume Merlin, gendre de Godard, voyez le n° 373.)

298. HEURES a lusaige de Rome, avec les figures de la vie de l'homme, les XII Si-

GUILLAVME ✠ ✠ GODART

bylles, et la danse Macabre des hommes et des femmes. *Paris, Guillaume Godard, 1510, in-4. goth.*

Premier catalogue de La Valliere, I, p. 281.

299. Heures de nostre Dame a lusaige de Paris. — *Cy finissent ces presentes heures a lusaige de Paris tout au long sans requerir Nouuellement imprimees a Paris pour Guillaume godart libraire demourant a paris sur le pont au change deuãt lorloge du palays A lenseigne de lhomme sauluaige* (Almanach de 1513 à 1523), in-8. de 8 ff. prélimin. et 120 ff. sous les sign. A.—P, fig. sur bois, sans bordures (*Biblioth. impériale.*)

Sur le recto du 1er f. se voit la marque précédente.

C Saluons Marie pri
ant Jesus en croix
En noz côsciences espe-
rons sa paix
Jay a dieu mô ceur mis
Jespere paradis
Louenge a dieu soit

et sur le verso du dernier feuillet, le rébus ci-contre, si difficile à déchiffrer qu'il a fallu en donner l'explication en toutes lettres.

Vend. 41 fr. 50 c. Fossé-Darcosse.

Nous avons parlé (à l'article Verard, n° 149) d'une édition des Heures à l'usage de Paris, 1513, dont le titre porte le nom de Godard, et la souscription finale celui de Verard.

Ebert cite une édition de *Paris, Guill. Godard,* 1515, in-8. fig. sur bois, dont un exemplaire sur **vélin** se conserve à Berlin.

300. Heures a lusaige de Sens. (au verso du 8e f. du cah. K) : Ces presentes heures a lusaige ‖ de Sens, tout au long sans ri‖ent requerir ont este *imprimees a* ‖ *Paris Pour Guillaume godard de*‖ *mourãt a Paris au bout du pont au* ‖ *change deuant lorloge du palays A* ‖ *lenseigne de lhomme sauuaige,* in-8. goth., avec de grandes planches et de jolies bordures sur bois où l'on remarque les sujets de la Danse des morts.

Dans l'exemplaire que nous avons vu, il manque le titre et le premier f. du calendrier. Nous n'en pouvons donc pas donner la date; mais seulement nous ajouterons qu'au bas de la souscription ci-dessus on lit : *Sequuntur suffragia plurimorum sanctorum et sanctarum*, et qu'il se trouve ensuite une partie composée de 4 cahiers de 8 ff. chacun. Le 1er de ces cah. est sans signature; le 2e est coté B, et le 3e et le 4e sont l'un et l'autre cotés D. Au recto du premier f. de cette seconde partie est placée une grande planche, avec ces mots au-dessous : *Sancta trinitas vnus deus Miserere nobis.* Enfin, au verso du dernier f. du volume est reproduite la page du *rébus* ci-dessus et l'explication qui en fait partie.

301. Ces presentes heures de nostre Dame ‖ ont este nouuellement impri‖mees a Paris pour Godard (au recto du dernier feuillet) : *Ces presentes heures ont este* ‖ *imprimees a Paris pour Guillau*‖*me godard libraire demourant sur le* ‖ *pont au change A lenseigne de lhõ* ‖ *me sauuaige : deuãt lorloge du Palays* (sans date, mais avec un almanach pour les années v cens xiiii à v cens xxx), in-8, goth. de 116 ff. non chiffrés, signat. A et B; a—i par 8, k par 12, B par 8, D (deux fois de suite) par 8. Hauteur, 172 millimètres.

Le titre de cette édition présente la même fig. et le verso du dernier f. le même rébus que dans la précédente; mais elle diffère beaucoup sur d'autres points. On y compte 17 grandes figures, dont plusieurs avaient déjà été employées par les Hardouyn. Elle a de belles bordures à sujets variés. Ceux de la Danse des morts y figurent deux fois : la première, au nombre de cent onze (y compris des répétitions), depuis le verso du 2e f. du cah. h, jusqu'au verso du 4e f. du cah. k. La seconde, au nombre de 48; au second cah. B sont des répétitions des mêmes sujets. (Un exemplaire imprimé sur **vélin**, cabinet de M. A. F. Didot.)

302. Heures nouuellement imprimeés a *Paris pour Guillaume Godard....* (Almanach de 1514-30), in-8. goth. de 126 ff., avec fig. sur bois. (*Bibliothèque de Sainte-Geneviève.*)

303. HEURES a lusaige de Besançon. *Paris, Guillaume Godard* (Almanach de 1515 à 1530), gr. in-8. goth. fig. sur bois, bordures médiocres.

Un exemplaire sur papier, 114 fr. Boutourlin.

304. HEURES a lusaige de Tou (Toul) tout au long sans rien requerir avec plusieurs suffraiges et oraisons nouuellement imprimees a Paris. (à la fin) : *Cy finissent ces presentes heures a lusaige de Tou... nouuellement imprimees a Paris pour Guillaume Godard libraire demourāt sur le pont au change a lenseigne de lhōme sauuaige*, pet. in-4. goth. de 100 ff. non chiffrés, sign. A—Niij (Almanach de 1515 à 1530), avec fig. et bordures gravées sur bois.

Bien décrit par M. Beaupré, dans sa notice, pp. 29-31, d'après l'exemplaire sur papier de la bibliothèque de Nancy, auquel est joint un opuscule de 4 ff., in-4. à 2 col., sous ce titre : *Cy commence la vie de Antechrist bien utile et contemplative a veoir et a lyre avec la prophecie et dictz des douze sibilles, nouuellement imprimez a Paris pour Guillaume Godard.* Cette vie de l'Antechrist est rimée et entremêlée de figures, au nombre de quinze.

305. HEURES de nostre dame a lusaige de Romme tout au long sans riés requerir. Auecques plusieurs suffraiges et oraisons. Nouuellement imprimees. (au verso du 5ᵉ avant-dernier f.) : *Ces presentes heures a lusaige de Romme : ont este imprimees a Paris, pour Guillaume godard libraire demourant a Paris sur le pont au change deuant lorloge du Palays a lenseigne de lhomme sauuaige* (Almanach de 1515 à 1530), in-4. goth. de 88 ff. sign. a—l et A, fig. sur bois, bordures médiocres. (Se trouve sur pap., à la *Bibliothèque de l'Institut*.)

Sur le recto du premier f. se voit la marque de Guill. Godard (la même que plus haut). Les quatre dern. ff., occupés par le signat. A, contiennent aussi *la vie de Antechrist bien utile et contemplative a veoir τ a lyre.....* Les dicts τ des xii. sibilles sont ornés de 15 gravures assez jolies, et qui paraissent avoir servi à des impressions antérieures.

306. HEURES a lusage de Rome. *Paris, Guillaume Godard* (1516), gr. in-8. goth. de 80 ff.

Édition avec des bordures unies et de grandes planches gravées sur bois. L'almanach, de 1516 à 1530 (*Bibliothèque impériale*). — Une autre édit. sans date est décrite dans le *Bibliogr. Decam.*, I, 87.

307. HEURES a lusayge de Reins. — *Cy finissent ces presentes heures a lusaige de Reins, impr... a Paris pour Guill. Godard* (Almanach de 1516 à 1527), pet. in-8. goth.

Avec des figures sur bois et des bordures à compartiments assez médiocres. Les sujets de la Danse des morts n'y sont qu'au nombre de 36, mais comme on les a répétés plusieurs fois, la suite est de 129 figures.

308. HEURES de nostre dame a lusaige de Troye. — *Imprimees a Paris par Thomas Englart... pour Guill'e Godard libraire demeurant... entre les dèux portes du palais a lenseigne de limage saincte Marguerite* (Almanach commençant en 1520), in-8. de 84 ff. goth. fig. sur bois. (*Biblioth. de l'Institut*.)

Il est à remarquer que Godard, dont l'adresse ordinaire est *sur le pont au change devant lhorloge du palais, a lenseigne de lhomme sauvage,* prend dans la présente édition la même adresse et la même enseigne que Germain Hardouyn.

309. HORE in laudem beatissime virgi‖nis Marie, multis orationibus figuris‖ ᛘ no‖uiter inuentis Incipiunt feliciter. (au verso du dernier f. cette souscription en rouge) : Finiùt Hore semper benedicte virginis Ma‖rīe secūdum vsum Romanum cum venustis‖figuris circumscpte, & imaginibus exor‖nate. Vna cum Alphabeto greco,‖Oratio Dominicali, Saluta‖tioue Angelica Symbolo aposto-‖lico salue‖regina‖ca‖racte‖ribus Gre‖cis nouiter Pa‖risiis. exarate, opera‖ *industrii Bibliographi*‖Petri Vidouei, impressoris‖pertissimi, ere ac impendio Ho‖nesti *viri Guillermi Godard,* cō-mo‖rañ. ante Horologiū Palatii regii. Sub‖intersignio hominis Sylvestris. Anno a par‖tu virgineo M. cccc. xxiii. *ad calculū Rōanū* (Almanach pour 10 ans, commençant en 1524), pet. in-8. de 92 ff. non chiffrés à 36 lig. par page, avec 15 grandes figures, plusieurs petites et des encadrements sur bois.

Édition imprimée avec les jolis caractères ronds que Pierre Vidoue a employés dans plusieurs volumes publiés par Galliot du Pré. L'imprimeur y a fait usage de ses nouveaux caractères grecs. Un exemplaire imprimé sur VÉLIN, avec figures enluminées, se conserve à la Bibliothèque impériale. La date de l'impression est de 1523, selon le calendrier romain ; celle de l'almanach est de 1524, nouveau style. P. Vidoue a imprimé pour Germain Hardouin deux édit. de ces heures de la Vierge, sous la date de 1524 (voir les nᵒˢ 261 et 262), et une autre pour François Regnault, de format in-16, vers 1526 (voir le nᵒ 314).

310. HORE beate Marie virginis secundum vsum Romanum... *Venundantur apud Guillermum Godard.* (au verso du dernier f.) : Ces presentes heures... ont este *imprimees a Paris par Jehan Amazur pour Guillaume Godard... demourāt deuāt lorloge du palais a lēseigne de lhōme sauluaige* (sans date, mais avec un almanach pour les années 1534 à 1546), in-16 goth., petites figures et encadrements des pages sur bois, dans le genre de celles de plusieurs éditions de G. Hardouyn.

Un exemplaire chez M. Didot.

IX. François Regnault.

311. HEURES à l'usage de Toul... avec les grands suffraiges et plusieurs belles histoires... *Paris, veufue de Fr. Regnault,* 1516, in-8. fig. sur bois.—Voy. le n°320.

312. HEURES en allemand : Die ghetijden van onser lie || uer vřouwěmet veleschoone lo||uen ende oracien (ce titre en rouge, et au-dessus la marque et le nom de *François Regnault.* Au verso, almanach pour XIII ans, de 1518 à 1530), in-8. goth. 120 ff. non chiffrés, sign. A—P par 8, 26 lign. par page, avec 14 grandes planches et des encadrements gravés sur bois. Hauteur, 176 millim.

La plupart des planches de ces Heures en allemand avaient déjà figuré dans des Heures latines. La première, placée à l'Évangile de S. Jean, est une composition remarquable; l'avant-dernière est celle de la Messe de S. Grégoire.

313. HEURES a lusaige de Coustances toutes au long sans rien requerir. Auec les grans suffraiges, et plusieurs belles hystoires... *Paris, Francois Regnault,* 1525, in-8. goth. fig. sur bois. (Cité par M. Frère, *Manuel du bibliographe normand,* t. II, p. 70.)

314. HORÆ intactissimæ diuę virginis Marię secundum ritum.... ecclesiæ Romanæ. *Parisiis in officina Fr. Regnault.* (à la fin) : *Imprimebat Petrus Vidouxus mense Januario* (Almanach de 1526 à 1546), in-16 de 24 ff. prél. texte, feuillets j à lxxxv, avec figures sur bois.

bois, et 1 f. pour la table du contenu (*Biblioth. impériale.*)

Édition en lettres rondes. Au verso du dernier f. se voit la marque précédente.

315. HORE beatissime virginis Marie ad legitimum Sarisburiensis ecclesie ritum, cum quindecim orationibus beate Brigitte *ac multis aliis pulcherrimis orationibus, et indulgentiis cum tabula aptissima jam ultimo adjectis* 1527. *Venundantur Parisiis a Fr. Regnault... anno millesimo quingentesimo vigesimo septimo die vero x Octobris...* in-4. fig. sur bois.

Imprimé en rouge et noir, avec des bordures où se voit une Danse des morts.

316. HEURES a lusage de Chalons. *Paris, Fr. Regnault,* 1534, in-8. goth. fig. sur bois. (Catal. de La Valliere-Nyon, n° 348.)

317. HORE beatissime Virginis Marie ad legitimum Sarisburiensis Ecclesie ritum cum quindecim orationibus beate Brigitte, ac multis aliis orationibus pulcherrimis et indulgentiis. M. D. XXX. iiij. *Venundantur Parisiis a Francisco Regnault, in vico sancti Jacobi sub signo Elephantis.* In-4. goth.

Heures imprimées en rouge et noir et ornées d'une grande quantité de gravures sur bois; chaque page est entourée d'une large bordure également gravée sur bois.

Ce précieux volume contient 10 ff. préliminaires pour le titre et le calendrier, texte, feuillets chiffrés I à CXC, et 4 ff. pour la table et la souscription. Au recto du dernier les armes de Dieu. Les bordures donnent en plusieurs endroits les armes de l'Angleterre, quelquefois trois roses.

Une grande partie du texte est en anglais. Le premier quatrain du calendrier commence :

The fyrst VI yeres of mannes byrth and aege.
May wel compared to Janyvere
For in this moneth is no strenght no courage
More than in a chylde o the aege of VI yere.

L'explication des Évangiles commence :

How saynt johan dyde wryte in wyldernesse
The apocalyps and of tokens wondrous.
Whiche in the ayre he herde and sawe expresse
Whith myracles terrybles and monstrous.

(5e suite du catalogue de la librairie Tross, 1859. L'exemplaire a été vendu 1,000 fr.)

Fr. Regnault a imprimé des éditions des mêmes Heures de Salisbury en 1530 et en 1536, in-4., également décorées de belles figures sur bois, dont Dibdin a donné des fac-simile dans son *Bibliograph. Decam.,* I, pp. 46 et suiv. Il a aussi imprimé *Prymer of Salisbury,* 1538, in-4.

Lord Spencer possède un exemplaire sur VÉLIN de l'édition de 1536.

Maittaire cite une édition de ces Heures, publiée par le même Regnault, en 1537, in-12, laquelle, comme les précédentes, est fort rare, même en Angleterre, où elle conserve du prix, ainsi que toutes les éditions anciennes des livres de liturgie appartenant au même rit. Une de ces éditions imprimées par Fr. Regnault, avec un almanach pour les années 1531 à 1546, et dont le titre commence par ces mots: *This prayer of Salisbury use isse tout a long........* vol. in-8. de cLXIX ff. impr. sur VÉLIN, a été vendue 80 fr. Mac-Carthy.

Fr. Regnault a fait imprimer à Rouen par Nicolas Le Roux, en 1537 : *The Prymer of Salisbury,* in-8.

N'oublions pas de citer une édition des *Horæ B. M. V. ad usum Sarum,* impr. à Londres par Julyan Notary, 1503, in-4., et de laquelle un exemplaire sur VÉLIN a été porté à 48 liv. 6 sh. à la vente Towneley.

Aux articles de Simon Vostre et de Thielman Kerver, nous avons déjà parlé de plusieurs éditions précieuses des Heures *ad usum Sarum;* on en trouvera un plus grand nombre dans le Manuel de Lowndes, 2ᵉ édition, pp. 1111 et suiv.

318. HEURES à l'usage de Rome, avec plusieurs belles histoires. *Paris, Franc. Regnault,* 1535, in-8. figures sur bois (premier catalogue de La Valliere, I, n° 283).

Nous avons donné la marque de Fr. Regnault, t. II, col. 344.

319. HEURES a lusaige de Paris... On les vent a Paris en la rue sainct Jacqs à lëseigne de lelephant deuant les mathurins..... ont ete nouuellement imprimees a Paris. 1535. (au verso du dernier f.) : *Cy finent les grans suffrages des heures... Nouuellemēt imprimees par Francoys regnault, demourāt a Paris deuant les mathurins. Et pour Jehan mallard libraire demourāt a Rouen...,* in-8. goth. de 184 feuillets, figures sur bois.

Sur le recto du 1ᵉʳ f. se voit la marque que nous avons indiquée au précédent article. Sur le verso du même feuillet un almanach pour 14 ans, de 1535 à 1548.

Le fac-simile de deux des figures de cette édition est donné dans le *Bibliogr. Decam.;* I, pp. 62 et 63.

320. Ces presentes heures a lusaige de Tou (Toul), toutes au long sans rien requerir, avec les grans suffraiges et plusieurs belles hystoires... *On les vend a Paris en la rue saint Jacques a lenseigne de lelephant deuant les mathurins chez la veufue de Francoys Regnault,* pet. in-8. de 100 ff. non chiffrés, sign. aa—eenii et a—hiii, avec fig. sur bois.

Cette édition, dont le verso du titre offre un almanach pour les années 1547 et 1559, est bien décrite dans la notice sur les livres de liturgie, par M. Beaupré, p. 39. Il est à présumer que c'est celle que (sur le seul témoignage d'un catalogue de Chardin) Van Praet a portée sous la date de 1516 dans son 2ᵉ catalogue, I, p. 128. Autrement il faudrait compter deux veuves de Fr. Regnault.

C'est, nous le croyons, par suite d'une erreur de La Caille que Lottin a fait exercer Fr. Regnault dès l'année 1481. Nous ne trouvons pas son nom avec date certaine avant l'année 1500. Cependant, comme on a de lui une édition de l'*Ordinaire des Crestiens,* sans date, imprimée par Le Petit Laurens, et que ce dernier était déjà établi en 1491 (voir dans nos additions l'article ORDINAIRE des Chrestiens), il n'est pas impossible que notre Regnault fût déjà dans le commerce de la librairie à la fin du xvᵉ siècle. A cette époque, il demeurait rue Saint-Jacques, *à l'ymaige sainct Claude.* Il est peu probable cependant que, comme le dit La Caille, il vécût encore en 1552. L'auteur du *Catalogue des libraires de Paris* n'aurait-il pas confondu le père avec le fils, et de deux personnes

fait une seule? Dans cette hypothèse, notre Regnault, au lieu de trois fils, en aurait eu quatre.

321. HEURES de nostre dame a lusaige de Rome.... auec plusieurs belles hystoires tant au kalēdrier, aux heures nostre dame, aux heures de la croix, aux heures du saint esperit, aux sept Pseaulmes, aux vigiles, que aux grans suffreges. *On les vend a Paris en la rue sainct Jacques deuant les Mathurins,* M.D.L. Sur le titre la marque et le nom de *François Regnault,* et au verso almanach pour XIII ans, de 1549 à 1561. 2 tom. en 1 vol. in-8. goth.; la 1ʳᵉ part. de 14 ff. non chiffrés et CXXVIII ff. chiffrés, la seconde de lxxv ff. chiffrés.

Édition en gros caract. gothiques, impression rouge et noire, avec une grande figure et des vers françois à chaque mois du calendrier, et 25 grandes figures dans le courant des Heures, et dans la seconde partie 22 autres grandes figures et plusieurs petites. Ces figures. sur bois, qui offrent pour la plupart le type français, paraissent fatiguées. Quelques-unes ont le monogramme I. F. Vers la fin, on remarque des planches d'un beau style qui portent le monogramme de Hans Sprinklee, un des maîtres de la gravure sur bois allemande. Il y a, tant au commencement qu'à la fin du texte, un certain nombre de prières françaises, en prose et en vers. (Un exemplaire chez M. A. F. Didot.)

322. HEURES à l'usage d'Amyens tout au long sans rien reqrir. Auxquelles a este ajouste ung calendrier cõtenãt maïtes histoires tãt anciēnes que modernes aduenues selon les jours et années depuis la création du monde jusqu'à présent. *Imprime a Paris par Jehã Amazeur pour Magdalene Boursette, veufue de Francois Regnault* (sans date, mais avec un calendrier de 1555 à 1569), pet. in-8. goth.

Volume orné d'une soixantaine de gravures sur bois de la grandeur des pages. Dans les bordures du titre on voit en haut les trois croissants et au bas les D. D. entrelacés, emblème de Diane de Poitiers. (Catalogue de Georges de Koch, *Paris,* Edw. Tross, 1852, n° 12.)

X. Geofroy Tory et ses successeurs.

Geofroy Tory, de Bourges, auquel M. Aug. Bernard a consacré une excellente monographie (voir la colonne 898 du présent volume), s'est rendu célèbre à plus d'un titre; mais c'est seulement de ses livres d'Heures que nous devons nous occuper ici. En les examinant avec soin, on y reconnaît les produits d'un art nouveau, déjà très-remarquable dans l'édition de 1525, où se trouvent des encadrements et de grandes planches sur bois d'un genre tout particulier et fort gracieux, qui a été successivement perfectionné. surtout sous le rapport typographique, dans les éditions de 1527 et 1531. Cependant, malgré leur mérite réel, les admirables productions de cet artiste semblaient avoir été presque généralement méconnues;

et c'est seulement de nos jours qu'on a su les bien apprécier. Aujourd'hui les curieux les recherchent avec le plus grand empressement et les payent, pour ainsi dire, au poids de l'or. Ainsi, tel exemplaire de ces charmantes Heures, qu'on aurait à peine vendu 12 à 15 fr. il y a une cinquantaine d'années, trouve facilement acheteur aujourd'hui à 500 ou 600 fr., et même, comme on le verra ci-dessous, des exemplaires imprimés sur VÉLIN ont été dernièrement achetés 3000 fr.

323. HORÆ in laudem beatiss. semper ‖ virginis Mariæ secundum con ‖ suetudinem curiæ Romanæ. vbi or ‖ thographia, puncta & accentus suis ‖ locis habētur. Parisiis, apud Magistrum Go ‖ tofredum Torinū Bituricum (*sic*) Ad in ‖ signe, vasis effracti in via Iacobæa. Gallice Au pot casse, en la rue sainct Iaques. (avec la marque et la devise *Non plus*, de Tory, et au verso du dernier f. en capitales *Menti bonæ devs occvrrit*): *Excudebat Simon Coli ‖ næus Parisiis e regio ‖ ne scholarum decre ‖ torvm : anno a Chri ‖ sti Iesv nativitate* M. ‖ D. XXV. XVII cal. Febr. Pet. in-4. de 144 ff. non chiffrés, sign. A—T par 8, lettres rondes, impression rouge et noire, 33 lign. par page.

Ce volume précieux renferme 13 grandes planches au trait, savoir : 1° et 2° *La Salutation angélique*, en 2 pl. ; 3° *la Visitation de la Vierge*; 4° *la Naissance de Jésus-Christ*; 5° *l'Adoration des Bergers*; 6° *l'Adoration des mages*; 7° *la Circoncision*; 8° *la Fuite en Egypte*; 9° *le Couronnement de la Vierge*; 10° *le Crucifiement*; 11° *la Pentecôte*; 12° *la Pénitence de David*. La 13° et dernière est la figure de la Mort, dont M. Aug. Bernard a donné l'exact fac-simile à la page 128 de son *Geofroy Tory*. Il règne autour de chaque page de larges bordures présentant de charmants ornements également gravés au trait. C'est pour ces figures que Tory a obtenu un privilége du roi, daté d'Avignon le 23 septembre 1524, privilége imprimé en caractères gothiques sur le second feuillet desdites Heures.

Ainsi que l'a fait remarquer M. Aug. Bernard (p. 122), les bordures se composent de seize encadrements complets, dont chacun est répété au recto et au verso des feuillets, ce qui embrasse trente-deux pages de composition, après quoi les mêmes ornements reparaissent.

Au verso du titre se trouve un almanach (ou table des Pâques, etc.) de 1523 à 1551. Les feuillets 3 à 9 donnent le calendrier, et au 9° f. commencent les Heures. Presque tous les bois qui décorent ce volume sont signés de la croix de Tory.

M. Aug. Bernard, p. 121, décrit un exemplaire dont le titre porte la grande marque et le nom de S. de Colines, et au bas *Parisiis apud Simonem Colinæum*, M. D. XXIIII, au lieu du nom et de l'adresse de Tory qui se voient dans l'exemplaire de M. A. F. Didot que nous venons de décrire; mais, indépendamment des exemplaires dont le titre est en latin, il y en a qui ont un titre français ainsi conçu :

HEURES, a la louange de la Vierge Marie, selon l'usage de Rome. Esquelles sont contenues les quatre Passions. Le seruice commun pour le temps dapres Pasques, et pour le Caresme. Le seruice de Laduent, Et dudit Aduent Jusques a la Purification nostre Dame. Pareillement, les heures de la croix et du Sainct esperit. Les sept Pseaumes. Vespres, Vigiles, et commendances des Trespassez, auec raisonnable nombre d'Oraisons, et suffrages des saincts

et sainctes. A la fin sont les heures de la Conception nostre Dame, et le symbole de Athanase. Le tout au long, sans y requerir, est tres correcte, en bonne orthographie de poinctz, daccens, et diphthongues situez au lieu a ce requiz. Et sont a vendre, par maistre Geofroy Tory de Bourges, libraire demorant a Paris sur Petit pont, joignant lhostel Dieu a lenseigne du Pot casse; suit la devise *Menti bonæ devs occurrit* (le Pot cassé plus petit que celui qui est à la fin du livre).

Dans ces sortes d'exemplaires, les pièces formant la première feuille sont placées dans un ordre différent des autres. Au verso du titre commence le privilége en caractères romains et qui forme deux pages, et au verso du second feuillet se trouve l'almanach. A la dernière page du volume se lit la souscription suivante, dont plusieurs mots sont imprimés en rouge: *Ces presentes heures a lusage de Rome furent acheuees de imprimer le Mardy dixseptiesme iour de Ianvier Mil cinq cens vingt cinq : pour Maistre Geofroy Tory de Bourges, libraire demorant a Paris sur Petit pont, joignant lhostel Dieu a lenseigne du Pot cassé.*

Un exemplaire (avec titre français) rel. en *mar. v.* par Derome, et avec les grandes planches color., n'a été vendu que 35 fr. chez Duriez, en 1828, et revendu 68 fr. Bruyères-Chalabre, en 1830. C'était alors le prix *maximum* de ce livre qu'on avait antérieurement donné pour moins de 6 fr. à la vente Thierry, en 1817.

Un exemplaire imprimé sur VÉLIN, avec les figures soigneusement peintes, n'a obtenu que 60 fr. à la vente du baron de Heiss faite en 1785. C'est, selon toute apparence, le même qui a été payé 13 liv. 5 sh. à celle de Richard Heber. Un autre exemplaire imprimé sur VÉLIN, décoré de 19 belles miniatures tirées d'un ancien manuscrit, a atteint le prix de 450 fr. chez Mac-Carthy, à cause de ces peintures. Enfin, un 4° exemplaire sur VÉLIN, dans sa première reliure en *v. br. à compartiments en or*, a été porté à 3025 fr. à la vente de Sauvageot, faite à Paris en 1860.

324. HORÆ in laudem ‖ beatiss. virg. ‖ Mariæ ad usum ‖ Romanum ‖ venales extant Parrhisijs. ad insigne ‖ vasis effracti. (à la fin) : *Hujusmodi Horæ nuper absoluebantur ‖ a praelo Colineo, die vicesima prima ‖ Octobris Anno domini 1527, pro ‖ magistro Gotofredo Torino Biturgico ‖ Bibliopola ad insigne vasis effracti ‖ Parrhisijs commorāte, ubi venales ‖ beneuolis ōnibus amicabiliter extāt.* Pet. in-8., lettres rondes, sign. A—Z, avec un nouveau privilége pour dix ans, en date de Chenonceaux, le 5 sept. 1526.

M. Tosi, de Milan, nous a fait connaître un exemplaire de ce livre rare imprimé sur VÉLIN, avec figures enluminées. Celui que possède la bibliothèque de l'Arsenal, à Paris, renferme 16 grands sujets, dont les deux derniers ne se trouvent pas dans l'édition de 1524-25. Il y manque le premier et le dernier feuillet (voir le *Geofroy Tory* de M. Aug. Bernard, pp. 138-40).

325. HORE in laudem beatissime virgi ‖ nis Marie : secundum consuetu ‖ dinem Ecclesie Parisiensis ‖ Venales habentur Parrhisiis ‖ apud Magistrum Gotofredum Torinū ‖ Biturgicum : sub insigni vasis ‖ effracti : gallico sermone ‖ Au pot casse. (au verso du dernier f.) : Les presentes heures a lusage de Pa‖ris priuilegiees pour dix ans commēceās ‖ a la presente date de leur impression *furēt* ‖ *acheuees dimprimer le vingt deuxiesme* ‖ *iour Doctobre, Mil cinq cens vingt sept* ‖ *par maistre Simon du bois imprimeur* ‖ *pour maistre Geofroy Tori* (sic) *de Bourges* ‖ *q̃ les vend a Paris a l̄eseigne du pot casse;* et au-dessous la grande marque de Tory. In-4. goth., feuillets non chiffrés, sign. a—r par 8, et s par 4, 25 lign. par page, impression en rouge et noir. Hauteur du volume, 225 millimètres. Il a un nouveau privilége daté du 22 octobre.

On trouve dans cette édition, comme dans celle de 1524-25, treize grandes planches, mais quoique tous les sujets, sauf deux, soient les mêmes, les dessins sont différents et appropriés aux encadrements à *la moderne.* Dans la dernière grande planche la Mort est représentée à cheval. Il est fort douteux que Tory ait gravé ces bois, car ils ne portent pas sa marque.

On remarque dans les encadrements les armes de France aux trois fleurs de lis, l'F et la Salamandre couronnée, l'L également couronné, plusieurs autres armoiries, le *Pot cassé*, des fleurs, des oiseaux, particulièrement le paon, comme aussi d'autres animaux. Dans son *Bibliogr. Decam.*, vol. I, pp. 94-98, Dibdin a donné plusieurs fac-simile des gravures de cette édition, et il a reconnu que ces bordures et arabesques étaient les plus belles qu'il eût jamais vues.

Un exemplaire dans une ancienne reliure en veau à compartiments de couleurs, 565 fr. salle Silvestre, en 1857; un autre, acheté 340 fr. à la vente de Robert Du Mesnil, a été revendu 1199 fr. à celle du marquis de Martainville, en 1859, après avoir été rel. en *mar.* par Trautz-Bauzonnet.

326. Horæ in laudē ‖ Beatissimæ Virginis ‖ Mariæ secundū vsum Romanum. Au-dessous de ce titre le Pot cassé et plus bas la devise *Menti bonæ* ‖ *Deus occurit*, impr. en rouge. Au verso l'extrait du privilége : *Rex Christianiss. Sta*‖*tuit ne quis alius a* ‖ *Gotofredo Torino Biturigico, Bibliopo*‖*la Parrhisiis habitāte* ‖ *Imprimat aut im*‖*pri* ‖ *mi faciat infra Decē*‖*niū in toto Regno hu*‖*iusmodi Coronamen*‖*ta & Figuras, sub pē*‖*na graui. vt in di*‖*plomate ad hoc obtē*‖*to latissime patet;* et plus bas en rouge : *Parrhisiis*‖*Ad insigne vasis*‖*effracti.* (on lit au verso du dernier f., en rouge et noir) : *Parrhisiis, apud* ‖ *Gotofredum Torinū* ‖ *Biturgicum.* VIII ‖ *die Feb. Anno Sal.* ‖ M.D.XXIX. *Ad insigne vasis effracti.* In-16 de 176 ff., sign. A—Y par 8, à 21 lign. par page entière, impression en rouge et noir.

Volume fort rare renfermant 19 petites gravures non signées, mais bien dans la manière de Tory. M. Aug. Bernard les a décrites d'après l'exemplaire imprimé sur VÉLIN appartenant à M. Salomon Rotschild, et qui n'a que 96 millimètres de hauteur. Cet exemplaire aurait, dit-on, un ou même plusieurs feuillets habilement refaits. Celui de M. A. F. Didot,

également sur VÉLIN, porte un peu plus de 110 millimètres de hauteur, y compris les marges. Il est de la plus grande beauté et revêtu d'une excellente reliure (de Lortic) en *mar. r.* Cet exemplaire a été estimé 3000 fr.; cependant on nous en a signalé un troisième. Ajoutons pour mémoire qu'un exemplaire imprimé sur papier ne s'est vendu que 18 fr. 50 c. salle Silvestre en 1837, mais que probablement on le payerait plus de 600 fr. aujourd'hui.

327. Horæ in laudē beatiss. vir‖ginis Mariæ Advsum Romanum ‖ Parrhisijs, apud Gotofredum ‖ Torinum Biturgicum. ‖ Regium Impressorem. ‖ cum Privilegio Summi Pont. ‖ Et Regis Christianiss. ad de‖cenniū, & vltra vt in calce hu ‖ ius Operis patet. (au verso du dernier feuillet) : *Parrhisiis. Ex Officina Goto* ‖ *fredi Torini Biturgici, Regii* ‖ *Impressoris, Ad insigne Vasis* ‖*effracti. Anno Salu.* M. D. ‖ XXXI. *Die* xx. *mēsis Octo*... Pet. in-4., lettres rondes, feuillets non chiffrés, sign. A—V par 8, impression rouge et noire. Hauteur, 200 millimètres.

Les grandes figures de ces Heures sont les mêmes que celles de l'édition du 17 de février 1525, mais il y en a deux de plus, l'une pour les *Suffragia sanctorum*, l'autre aux *Horæ conceptionis.* Les entourages de chaque page sont aussi à peu près les mêmes, mais autrement disposés, et l'on n'y retrouve plus la marque de Tory, laquelle a même été enlevée sur plusieurs des grandes planches et notamment sur la première (*la Salutation angélique*).

L'exemplaire appartenant à M. A. F. Didot est revêtu d'une ancienne reliure en *veau brun* avec riche dorure sur les plats et où est figuré le *Pot cassé*, accompagné de la marque ordinaire de Tory. Les deux priviléges qui, d'après le titre, devaient être placés à la fin du livre, ne s'y trouvent pas. Un autre exemplaire relié par Capé en *mar. vert olive à compartiments*, aux armes du marquis de Pins-Montbrun, a été vendu 580 fr. à Toulouse, en 1861. L'exemplaire *non relié* qui est porté sous le n° 19 du catalogue de Libri-Carucci, Paris, 1855, a été adjugé pour 109 fr.

M. Bernard, p. 39, soupçonne l'existence d'une édition de ces Heures, que Tory aurait fait imprimer antérieurement au mois de septembre 1531; ce serait un in-8. avec encadrements du même genre que ceux de l'édition in-4., mais d'un dessin plus petit, encadrement qui aurait servi depuis dans les Heures publiées en 1541 par Olivier Mallard (voir ci-dessous le n° 329).

328. Horæ in laudem beatissime Virginis Mariæ ad vsum Rothomagensem. *Parisiis, ad insigne Vasis effracti,* 1536, pet. in-8., caractères romains, figures au trait.

Vers le milieu de l'année 1531, Olivier Mallard ou Maillard succéda à Geofroy Tory, à l'enseigne du *Pot cassé*, et employa dans ses Heures une partie des bois de son prédécesseur, en 1535. Mallard demeurait *en la rue de la tuifuerie.*

329. Horæ in laudem beatissime Virginis Marie ad usum romanum. *Parisiis apud Oliverium Mallardum sub signo vasis effracti,* 1541. (à la fin) : *Excudebat Oliverius Mallard, bibliopola regius, sub signo vasis effracti,* in-8., lettres

1661   **Geofroy Tory et ses successeurs.**   1662

rondes, sign. A—Y, avec encadrements et 18 petites gravures dont M. Bernard a indiqué les sujets à la page 163 de son *Tory*.

Édition donnée par le successeur de Geofroy Tory, qui y a employé les cadres de ce dernier et des petites gravures qui se trouvent dans l'édition in-16 de 1529 (ci-dessus).

Un exemplaire en *mar. br. à compartiments*, reliure italienne dans le genre de Maioli, 610 fr. Solar.

M. A. Bernard cite un exemplaire sur VÉLIN appartenant à M. Emilien Cabuchet, peintre.

330. HORÆ in laudem beatiss. Virginis MARIÆ, Ad usum Romanum, Officium Triplex. Parrhisiis apud Oliverium Mallard impressorem Regium... (à la dernière page) : *Parrhisiis, ex officina Oliverii Mallard, Regii impressoris, Ad insigna vasi effracti. Anno salu.* M.D. XLII. *Mense Augusti* (et les deux vers *Effracti*, etc., qui sont dans l'édit. des Heures de Tory, de 1531); au verso du titre la table des Pâques de 1542 à 1572), in-4., lettres rondes, sign. A—T.

Ce volume rare a été décrit par M. Bernard, d'après l'exemplaire que lui a communiqué M. Aertz, de Metz. Il est impr. à deux couleurs, sauf les cah. B, C, D, qui sont en noir seulement. Les gravures sont les mêmes que celles de l'édition de 1531, mais les lettres fleuries sont différentes; *la Passion*, qui commence au f. B 3 verso, est enrichie du petit Christ en croix qu'on voit dans les Heures de 1529, et que l'on a séparé des quatre sujets qui l'accompagnaient. La Croix de Tory, qui avait déjà disparu de plusieurs des grands sujets dans l'édition de 1531, a été effacée sur presque tous dans celle de 1542. On ne l'a conservée que sur *la Visitation*, sur *le Crucifiement de Jésus*, sur *la Descente du Saint-Esprit* et sur les cadres. Dans l'exemplaire décrit se trouve, avant le cah. E, une grande planche non signée d'une demi-feuille de longueur, représentant *le Triomphe de la Vierge Marie*, et ayant au bas une explication en vers français, commençant ainsi :

Les antiques Cesars triompherent par gloire
Mais par humilité (ainsi le faut-il croire)
La noble vierge va triomphante en hon heur
Du palais virginal iusque au temple d'honneur.

331. HORÆ in lav || dem beatissimæ || virginis Mariæ ad vsum || Romanum. *Parisiis, apud Simonem Colinæum*, 1543, in-4. en caractères ronds, impression rouge et noire, feuillets non chiffrés, sign. a—y par 8. Le verso du dernier f. blanc. Hauteur, 230 millimètres.

Édition dont chaque page est entourée de jolies bordures, parmi lesquelles se font surtout remarquer les noires. Elles ne portent pas la marque de Tory, mais elles sont tout à fait dignes de lui être attribuées. Plusieurs de ces bordures (par exemple celle du f. *biiii*) conservent la date de 1536. Les grandes figures y sont au nombre de 14, dont 3 seulement ont la marque de l'artiste. Les grandes initiales fleuronnées sur fond criblé sont de la plus grande beauté. (Chez M. Didot.)

M. Aug. Bernard (pp. 256-57) décrit une autre édition des mêmes Heures qui a appartenu à Renouvier, de Montpellier. Elle est de format in-8., également sous le signat. A—X (il faut peut-être lire Y);

ses pages sont ornées de cadres charmants, dont quelques-uns portent la date de 1537, et l'un d'eux le nom de Simon de Colines; les grandes planches, au nombre de 13 (M. Bernard en indique les sujets), ont un encadrement spécial.

332. HORÆ in laudem beatissimæ Virginis Mariæ, ad usum Romanum. *Parisiis, ex officina Reginaldi Calderii et Claudi ejus filii*, 1549, gr. in-4. de 176 ff. en 22 cah. de 8 ff. chacun. Impression en noir et rouge.

Ces Heures sont ornées de 14 grandes gravures, et ont toutes les pages entourées soit d'arabesques au simple trait, soit d'arabesques gravées en noir, soit enfin d'un cadre en forme de portique. On y remarque aussi des lettres majuscules à fond criblé. Tous les bois qui ont servi à l'ornementation de ce beau volume avaient déjà été employés dans une édition des mêmes Heures imprimée par Simon de Colines, en 1543 (voy. le n° 331 ci-dessus).

Un exemplaire en v. *br. à compartiments*, reliure ancienne, 525 fr. catalogue du comte H. de Ch... en 1863; et en *demi-rel.*, 275 fr. Eug. de P., en 1862.

333. HORÆ in laudem beatissi||mę virginis Marię ad vsum || Romanum. Parisiis, apud Thielmānum Keruer. M.D.L. (au verso du dernier f.) : *Excudebat Parisiis, Thielmannus Keruer in vico san||cti Iacobi sub signo cratis* || 1550, pet. in-8. de 172 ff. non chiffrés, sign. A—X par 8, et Y par 4. Lettres rondes, en rouge et noir (Almanach de 1549 à 1556).

Cette édition, médiocrement exécutée, reproduit les mêmes cadres et les mêmes sujets qui avaient déjà été employés par Olivier Mallard, successeur de Tory, dans l'édition des Heures de la Vierge donnée par lui en 1541, laquelle se termine comme celle-ci par l'*Approbatissima medicina contra pestem*. Les cadres ont été allongés à l'aide d'une addition faite aux deux montants. Un exemplaire rel. en v. *f.*, compartiments à mosaïque, 156 fr. Le Chevalier, en 1857. Un bel exemplaire également sur papier chez M. Didot.

334. HORÆ || in lavdem bea || tissimæ virgi || nis Marię ad vsum || Romanum. *Parisiis, apud Thielmanum Keruer in vi||co sancti Iacobi sub signo cratis* || 1556, pet. in-12, lettres rondes, de 130 ff. non chiffrés, sign. A—M et A—C par 12 (Almanach de 1556 à 1563).

Volume bien imprimé et sur bon papier. On y a fait usage des mêmes cadres et des mêmes petites vignettes que dans l'édition de 1550 ci-dessus. Plusieurs de ces vignettes se font remarquer par la finesse de la gravure et principalement aux feuillets C recto, Cij recto, Dv, Eij, Fiii recto, Fviii recto. (D'après l'exemplaire appartenant à M. Emile Galichon, qui a eu l'obligeance de nous le communiquer.)

Le Thielman Kerver qui a donné ces deux éditions est Thielman II; il avait repris l'*enseigne du Gril* qu'avait eue son père dans le commencement de son établissement (voy. le n° 177), et qu'en 1517 il désignait par les mots *ad signum cratis ferrei*. Ce Thielman II ne demeurait pas rue Jacob, comme l'a dit M. Aug. Bernard, mais bien rue Saint-Jacques.

XI. Heures publiées depuis l'année 1488 jusque vers la fin du seizième siècle par divers libraires de Paris, autres que ceux qui font l'objet des dix paragraphes ci-dessus.

1. *Denys Meslier*; 2. *Pierre Le Rouge*; 3. *Robin Challot*; 4. *Laurens Philippe*; 5. *Joffroy* ou *Geoffroy de Marnef*; 6. *Udalric Gering*; 7. *Jehan Pychore*; 8. *Galliot Du Pré*; 9. *Jean Poytevin* ou *Poitevin*; 10. *Narcisse Brun*; 11. *Nicole De la Barre*; 12. *Jehan Petit*; 13. *Guillaume Du Puy*; 14. *Guillaume Le Rouge*; 15. *Wolfg. Hopyl*; 16. *Anonyme de l'an* 1500; 17. *Jean Barbier*; 18. *Nicolas Vivien*; 19. *Jehan de Burges*; 20. *Jehan de Brye*, et à la suite *Claude Chevallon*; 21. *Philippe Coste*; 22. *Jehan de Marnef*; 23. *Pierre Auffray*; 24. *Simon Hadrot*; 25. *Jac. Gazellus*; 26. *Jehan de Roigny*; 27. *Ambroise Girault*; 28. *Guillaume Merlin*; 29. *Michel Vascosan*; 30. *Nicolas Chesneau*; 31. *Guillaume de La Noue*.

335. HEURES à l'usage de Bourges (sans titre, mais avec cette souscription au verso du 5ᵉ feuillet du cahier ee) : *Ces presentes heures a lusaige de Bourgis* (sic) || *furent acheuees le viii iour du moys de may par denys Meslier Libraire demourant a pis (sic pour Paris)* || *en la rue de la herpe, a lenseigne du pilie vert* (Almanach de 1488 à 1508), pet. in-4. goth. de 70 ff. non chiffrés, à 28 lig. par page, sign. A par 6, autre A par 8, B deux fois, par 8, et *a* jusqu'à ee par 8. Capitales rubriquées.

Edition fort rare dans laquelle se trouvent 14 figures généralement bien composées occupant les deux tiers de la page; la 12ᵉ planche représente *les Trois morts et les Trois vifs*. Les bordures qui entourent chaque page paraissent avoir été gravées en relief sur cuivre, tant elles sont bien exécutées; elles offrent des figures de religieux, de religieuses et d'autres personnages des deux sexes, et aussi quelques sujets de l'histoire sainte. Les figures des personnages sont remarquables par l'expression de leur physionomie. L'exemplaire imprimé sur VÉLIN que possède M. Didot, le seul que nous ayons vu, semble n'être pas complet, car on y lit sur le dernier feuillet, après la 28ᵉ ligne : *Sequuntur suffragia*. La marque de Denys Meslier ou Mellier se trouve à la col. 1190 de notre 5ᵉ volume.

336. HORE beate ma||rie virginis ad || vsum ecclesie || roma || ne.

Qui en veult auoir on en treuue
A tres grant marche et bon pris
A la Rose en la rue neuue
De nostre dame de Paris.

(au verso du dernier f. la souscription

suivante, sur 2 col., accompagnée de la marque de P. Le Rouge, que nous avons donnée dans notre 1ᵉʳ vol., col. 1233) : *Ces pñtes heures* || *a lusaige de rome furēt* || *acheuees le neufuies||me iour de may mil cccc quatre vîgt z XI. pour pierre lerou* || *ge libraire du roy pour* || *vincent cōmin a la rose en la rue* || *neufue deuant nostre* || *dame de paris*, gr. in-8. goth. de 93 ff. non chiffrés, à 2 col. de 28 lig. Hauteur, 203 millimètres.

Un exemplaire de cette édition imprimé sur VÉLIN et orné de 58 fig. sur bois color. a été acquis au prix de 14 fr. seulement à la vente Mac-Carthy pour la Bibliothèque impér. Il est inexactement annoncé dans le catalogue de cet amateur (tome I, p. 49, n° 300) sous la date de 1486; mais Jos. Van Praet (1ᵉʳ catal., vol. I, p. 104, n° 119) a rétabli sa véritable date. C'est cependant encore sous celle de 1486 que le même livre est annoncé dans le catalogue de M. Van Hoovebeke, Gand, 1822, in-8., n° 45. Nous croyons que c'est aussi pour avoir mal lu la date des Heures imprimées par Pigouchet, pour Simon Vostre, en 1491, qu'on les a annoncées sous celle de 1486 (voy. le n° 13).

337. HEURES a lusage de Rome. achevees le deuxieme jour de juillet, lan de grace 1492, *pour Robin Challot, libraire, demeurant a Paris, en la rue neuve Nostre Dame, a l'enseigne S. Yves, pres la grande Eglise*, in-8.

Cette édition, citée par Papillon, I, p. 112, a un almanach pour 21 ans, de 1487 à 1507. Chaque page est entourée d'un cadre, où sont représentées des figures grotesques, des animaux et des fleurs, le tout très-mal dessiné, de même que plusieurs sujets du Nouveau Testament. Papillon en trouve la gravure fort délicate, et ajoute qu'elle a certainement été faite sur bois, mais que les planches avaient beaucoup tiré, car les filets des cadres sont usés et écrasés à plusieurs endroits. Il est probable, en effet, que ces planches servaient dès l'année 1487, puisque cette date est la première de l'almanach.

338. HORE intemerate beate marie || virginis secundum usum Ro||mane curie incipiũt feliciter. || Par Laurens phelippe (sic), (ce titre se trouve imprimé au verso du 8ᵉ f. du cah. B. Au verso du dernier f. on lit) : *Imprimees a Paris furent* || *ces presentes heures a lusaige de Rome* || *par Laurēs philippe demourant en* || *la rue de Galande deuãt sainct blai||se le dixieme iour de iullet mil cccc.* || *quatre vingz et treze*, pet. in-4. ou gr. in-8. de 96 ff. non chiffrés, sign. ai—niii, 23 lign. à la page, initiales et capitales rubriquées, vignettes de moyenne grandeur.

Ces Heures ont des bordures à compartiments autrement composées, mais moins belles que celles qu'ont employées d'autres libraires à la même époque. L'exemplaire impr. sur VÉLIN, avec fig. color. et capitales rehaussées d'or appartenant à M. A. F. Didot, a 190 millimètres de hauteur, mais il est en seconde reliure. Un autre exemplaire, conservé dans son ancienne reliure en maroquin, 350 fr.

(Catalogue de la librairie de L. Potier, 1863, 1re partie, n° 136.)

339. Hore ad vsum trecensem. (au recto du dern. feuillet) : *Ces presentes heures a lusaige de troyes ont este acheuees le* xiii *iour daoust, lan mil quatre cens quatre vingtz et* xiii *pour Joffroy de marnef libraire demourant a Paris en la grāt rue saint Iaques a lenseigne du pellican*, in-4, goth., sign. a—m.

Exemplaire imprimé sur vélin, avec des bordures et des grandes planches gravées sur bois, mais assez médiocres. Les bordures sont peu variées. Le titre porte la marque de Geofroy de Marnef. L'almanach est pour lés années 1489 à 1508.

340. Horæ ad usum Romanæ curiæ. *Paris, a lenseigne du pelican (de Marnef*, vers 1500), in-4, goth., fig. sur bois.

Un exemplaire imprimé sur vélin, mar. bl., 26 fr. Morel-Vindé.

340 *bis.* Hore ad usum Andegaueñ.(1493), in-8. Voyez le n° 392.

341. Hore beate Marie virginis ad usum Parisiēsem totaliter ad lōgū sine reqre. — *Impressū Parisius... opa vdalrici gerīg τ magistri Berchtoldi Renbolt... anno dñi millesimo cccc xcviij* (1498) *die vero septimo Marcij*, pet. in-8. de 136 ff., avec quelques figures sur bois.

Au recto du premier feuillet de ce volume se voit la marque déjà reproduite dans notre tome III, col. 1764.

Un exemplaire imprimé sur vélin, avec les planches et les bordures peintes, 92 fr. Bignon.

342. — Autre édition par les mêmes imprimeurs. 1502, pet. in-8. de 152 ff., fig.

Un exemplaire de la première de ces deux éditions, imprimé sur vélin, se conserve à la Bibliothèque impériale, et un semblable de la seconde à la Bibliothèque de l'Institut.

Selon le second Catalogue de Van Praet, IV, p. 21, n° 307 ter, une édition de ces mêmes Heures, imprimée par Gering et Renbolt, à la date de 1494 (in-12 de 152 ff. sur vélin), se trouve à la bibliothèque royale de Munich.

343. Heures a lusage de Rome. — *Ces presentes heures... ont este imprimees A paris le cīquiesme iour dapuril. lā mil cinq cēs τ trois. Par Iehā pychore : τ Remy de laistre : demourāt au croissāt en la grāt rue des carmes dess' la place maubert* (Almanach de 1497 à 1520), in-4. goth. de 96 ff., sign. a—m, fig. sur bois et encadrements. (Sur papier, à la *Biblioth. de l'Institut.*)

Ces Heures, où l'on retrouve une partie des jolis encadrements déjà employés par Simon Vostre, portent sur le recto du 1er f. la marque de Jehan Pychore et Remy de Laistre ; cette marque ne diffère de celle de Guill. Eustace (voy. n° 292), que par ces deux noms substitués à celui de ce dernier, et par le monogramme ci-dessous substitué dans l'écusson à celui du même libraire.

TOME V.

Un exemplaire impr. sur vélin, 28 fr. Mac-Carthy ; 41 fr. 50 c. Revoil ; 63 fr. en 1841 et sur papier 41 fr. Gianfilippi. — Ebert cite une édition de 1504, par les mêmes libraires ; c'est un in-8. goth. fig. sur bois, dont un exemplaire sur vélin se conservait à Berlin dans la collection du conseiller Nagler.

L'édit. de *Paris, Jehan Barbier*, 1504, in-8. goth., exemplaire imprimé sur vélin, avec 81 figures peintes, mais gâtées, 22 fr. 50 c. Mac-Carthy.

344. Heures de Paris (*sans lieu ni date, mais avec un almanach pour vingt ans commençant à l'année 1498*), pet. in-8. goth. de 148 ff., 21 lig. par page, figures sur bois et encadrement sur toutes les pages ; hauteur, 135 millimètres.

La Bibliothèque impériale possède un exemplaire de ces Heures imprimé sur vélin et portant la marque de Galliot du Pré ; mais, comme ce libraire n'a pas exercé avant l'année 1512, il est probable que cette marque aura été ajoutée au livre plusieurs années après l'impression.

345. Heures a lusaige de Rome. *Imprimees a Paris (par Jehan Poytevin)*, 1498, in-8. goth.

Un exemplaire imprimé sur vélin, avec de grandes fig. color. et des bordures en noir, mais incomplet de trois feuillets, est annoncé sous le n° 19 d'un catalogue publié par L. Potier pour une vente qui a commencé le 11 juin 1863.

346. Horæ B. M. V. — *Ces presentes heures a lusage de Rome furent acheuees a Paris le* viii *iour de mars lan mil. cccc. iiii* xx. xix. (1499) *pour Jehan Poyteuin, libraire demourant a Paris en la rue neufue nostre dame,* in-8. goth. (*Biblioth. du roi de Naples.*)

Deux éditions des mêmes Heures, par J. Poytevin, l'une in-4. et l'autre in-8., toutes les deux imprimées sur vélin, à la date de 1498, se voient dans la Bibliothèque bodléienne, à Oxford, selon M. Cotton, *Typogr. gazetteer*, p. 196. Voyez l'article Vostre, à la date 1499, n° 46.

347. Heures latines et françoises (à l'usage de Rome). *Imprimé en* 1500 (ou 1503), in-4. de 208 pp.

Un exemplaire imprimé sur vélin, avec les bordures et les grandes planches peintes, ce qui forme plus de 1000 miniatures, a été successivement vendu 54 fr. le baron d'Heiss, en 1785 ; 190 fr. Thierry, et 120 fr. Duriez.

348. Hore intemerate virginis marie... (*Paris*), *Jehan Poiteuin* (Almanach de 1503 à 1520), gr. in-8. goth., fig. et bordures.

Les bordures de cette édition sont d'une exécution

très-médiocre ; on y trouve à la vérité 78 figures de la Danse des morts, mais plusieurs sujets y sont répétés. Vend. 27 fr. Duriez.

349. Heures a lusage de Paris. *Paris, J. Poiteuin*, 1518, in-8. goth.

16 fig. peintes, 12 fr. 60 Mac-Carthy.

350. Horas de nossa sñora segundo costume romaão con as horas do spirito sancto. (à la fin) : Trestadado todo d' latin ē linguoajē purtuges : visto et emēdado põ reuerēdo frei Johā, claro pourtuges doctor..... *foy todo ē Paris ēpremjdo por mestre Narciscus Brun, elemāo, a. xiii dias do mes d' fiureiro Era do sñor d' mil et quinhētos annos* (1500), in-8. goth.

Volume composé de 124 ff. ornés de grandes et petites figures. Chaque page est entourée de bordures, sujets bibliques, danses de morts, etc., gravés sur bois. (Catal. des livres de M. Joseph Paelinck, *Bruxelles*, 1860, 1ᵉ partie, n° 127.)

351. Heures a lusaige || de Langres auecq̄s || recomādance et plus||ieures belles oraisōs. Almanach pro xv annis (1506 à 1520). (au verso du dernier feuillet) : *Les presentes heures a lusai||ge de Langres furent imprimees || a Paris par maistre Nicole de || la barre demourāt au grāt saul||mon en la rue sainct Jacques pour || le dict de la barre z Martin ale||xandre libraire demourāt en la || croix de boys pres sainct yues.* In-24 allongé de 72 ff., sign. a—j par 8, 35 lign. à la page, caractères gothiques.

Nicolas de la Barre a imprimé à Paris, dès l'année 1497, une édition de *Robert le Diable*. Il demeurait alors *rue de la Harpe, devant l'escu de France* (voir t. IV, col. 1328). Il a demeuré depuis *rue des Carmes, à l'enseigne sainct Jehan Baptiste* (voir t. IV, col. 135). Nous avons donné sa marque t. V, col. 100.

352. Heures a lusage de Paris. *Paris, Jehan Petit*, sans date, in-8. goth., fig.

Un exemplaire décoré de figures coloriées et revêtu d'une reliure en *mar.*, avec des fermoirs en argent, 66 fr. de la Mésangère, en 1831.

Le nom de Jean Petit se trouve dans plusieurs livres d'Heures imprimés à Paris, au commencement du xvιᵉ siècle, par différents imprimeurs et pour d'autres libraires. Voyez la col. 1751 de notre 2ᵉ vol.

352 bis. Heures a l'usage de Rome. (à la fin on lit) : *Les p̄sentes heures a l'usaige de Rōme furēt acheuees le viii iour d'octobre. Lā mil cinq cens z quatre. Pour Guillaume du Puy Libraire demourāt a Paris en la Rue saīt Iacques a lenseigne de la Croix blanche au dessoubz de saint Benoist.* In-8. goth., sign. A—I.

Dix gravures, indépendamment du titre et des bordures, occupent la presque totalité de la page.

Guillaume du Puy est un des plus anciens libraires

de Paris resté inconnu à Maittaire, à Lottin et à Silvestre. Nous donnons ici sa marque, au-dessus de laquelle, dans l'exemplaire appartenant à M. F. Didot, on lit, en gros caractères semi-gothiques, les mots *Heures de Rome*, imprimés en rouge.

353. Heures a lusaige de Romme. *Ces heures ont este imprimees a Paris par Jehan Barbier... pour Guillaume le Rouge, lan* M D IX, pet. in-8. goth.

Un exemplaire imprimé sur vélin, avec 82 petites vignettes peintes en or et en couleurs, mais le premier feuillet manquant, 71 fr. Saint-Mauris, en 1848.

Guillaume le Rouge n'était pas encore imprimeur en 1509, mais l'a été depuis, ainsi que le prouve l'article suivant.

354. Hore virginis intemerate secūdum vsum || Romane ecclesie. (au-dessous de ce titre *Spes mea devs*, une fleur de lis, la marque de Guillaume Le Rouge, le tout imprimé en rouge, et au bas du recto du dernier f.) : *Apud Parrhisios per Guillermū le Rouge* (sans date), pet. in-8. de 109 ff. non chiffrés, sign. a—g par 8, h par 7 (peut-être y avait-il un 8ᵉ f. tout blanc), et A—F par 8.

Édition remarquable à plus d'un titre, et d'abord par les caractères du texte qui sont un semi-italique dans le genre de celui des Juntes et avec des initiales petites et grandes, les unes romaines, les autres gothiques, et semblables à celles que l'on voit au commencement de chaque ligne du Lucain, imprimé en 1512 par le même Guillaume Le Rouge (tome III, col. 1198), et la plupart tirées en rouge, comme le sont le haut des pages, les sommaires, etc. On y peut aussi remarquer plusieurs lettres majuscules historiées sur fond criblé. Il y a à chaque mois du calendrier une vignette sur bois analogue à la saison. Sur la planche du mois de dé-

cembre figure la Mort devant un malade, au lit, et
deux femmes prosternées. En outre, il se trouve
dans le courant du volume 41 autres planches plus
ou moins grandes et assez curieuses. Le bel exemplaire imprimé sur VÉLIN appartenant a M A.-F.
Didot a 163 millimètres de hauteur. Celui de M. Hebbelynck a été vendu 199 fr. en 1856.

355. HEURES de la vierge, en flamand
(Getyden van onse lieve Vrouwe). *Paris,*
1510, 10 *sept., imprim. par Wolfg.*
Hopyl, in-8. goth.

Orné de 15 grandes figures sur bois et de plusieurs
petites assez belles. Un exemplaire sur VÉLIN,
10 fr. de Servais.

356. HEURES a l'usage de Rouen. *Paris,*
Jean Burges, Pierre Huuin et Jacques
Cousin (1503), in-8. (*Biblioth. harl.,*
IV, n° 18368.)

357. Ces presentes heures a || lusaige de
Paris au long sans requerir ont este imprimees *pour Nicolas viuien libraire*
demourant || *a Paris en la rue neufue*
nostre dame: a la courône... (Almanach
de 1503 à 1520), in-8. goth. de 124 ff.,
y compris la table. (*Bibliothèque im-*
périale.)

Les bordures de cette édition sont mal gravées et
n'ont de passable que les arabesques ; on n'y a pas
introduit la Danse des morts.

358. — Autre édition. *Acheuez le xii*
doctobre 1517 *pour Nic. Viuien,* in-8.
goth. sans figures.

Le même libraire a publié des Heures à l'usage de
Rome ; *Paris,* 1511, in-8. Vend. 9 fr. Mac-Carthy.

359. HEURES a lusaige de Paris au long
hystories (*sic*), la Passion et Resurrection auec Les hystoires de Dauid nouuellement imprimees a Paris. (au bas
du verso du 8ᵉ f. de la sign. O) : *Ces*
presentes heures..... ont este impri-
mees par Jehan bignô pour Jehā de
brye libraire demourāt a la rue saîct
Jaques a lenseigne de la Limace (Almanach de 1512 à 1523), in-8. goth. de
120 ff. (*Bibliothèque impériale.*)

Édition imprimée en rouge et noir. Sur le recto du
premier f. se voit la marque que nous donnons ci-
contre, et au-dessous de cette marque ce rébus :

Les 8 dern. ff., sous la signature A (placée plus au
milieu de la marge) sont occupés par un *Examen*
(de conscience), suivi de *Oratio ad beatam virgi-*
nem mariam et alia oratio deuota ad beatã
Mariaȝ et sanctum iohannem euangelistam.

360. — Autres, à lusage de Rome. *Jean de*
Brie (1512), in-8. sur VÉLIN, fig. peintes.
(*Biblioth. harl.,* IV, n° 18353.)

361. HEURES à l'usage de Paris, toutes au
long sans requerir. *Nouuellement im-*
primees a Paris par Nicolas Hygman
pour Jehan de Brie, 1516, in-8. goth.,
fig. sur bois.

Sur papier 163 fr. de Pins-Montbrun, à Toulouse,
en 1861.

362. HEURES a lusaige de Rôme au long
auec aucunes histoires de lapocalipse et
aucuns des miracles de nře dame... —
Imprimees a Paris ꝑ Simphorian bar-
bier pour Jehan de Brie......(Almanach
de 1516 à 1527), in-8. goth. de 8 et
100 ff., fig. sur bois. (*Biblioth. Sainte-*
Geneviève.)

363. HEURES nouuellement imprimees a
lu || saige de Rôme au long auec plu-
sieurs belles || hystoyres nouuellement im-
primees a Paris || par Jehan bignon im-
primeur pour Jehā de || brie libraire de-
mourāt en la rue sainct Jacȷs || pressainct
yues a lenseigne de la lymace. (au verso
du dernier f.) : *Ces presentes heures a*
lusaige || *de Rôme, au lõg sans riens*
requerir || *auec l'office de la conceptiõ*

nr̃e dame ‖ z plusieurs aultres suffrages nouuel ‖ lemẽt adioustes ont este imprimees ‖ par Jehan Bignon imprimeur : pour ‖ Jehan de brie libraire... (Sur le titre la marque et le nom de Jehan de Brie, et au verso almanach pour xij ans (de 1516 à 1527), pet. in-4. goth. de 112 ff. non chiffrés, sign. A—O, capitales rubriquées ; avec 14 grandes figures et encadrements gravés sur bois, fort inférieurs à ceux des Heures de Vostre. (Sur papier, chez M. Didot.)

Une édition des mêmes Heures, imprimées pour Jehan de Brie, avec un almanach de 1517 à 1527, in-8. goth. de 112 ff. avec fig. sur bois, est décrite par Panzer, XI, p. 497. Il s'y trouve des vers français et le rébus ci-dessous.

364.—Autre édition, avec les apparissions de la resurrection de nostre seigneur Jesus Christ, et plusieurs histoires de lapocalypse. *Paris, Nic. Hygman pour Jean de Brie* (Almanach de 1521 à...), in-4. goth., fig. sur bois.

365. HEURES nouuellement imprimees a lusaige de Meaulx au long auec plusieurs belles hystoires (Almanach de 1521-1530). *Paris, pour Jean de Brie*, in-8. goth. avec grandes et petites figures, et bordures.

Un exemplaire dans son ancienne reliure en *v. auve*, avec riches compartiments en or, en couleurs, dans le genre de Grolier, 350 fr. Catalogue de la Librairie de J. Techener, 2ᵉ vol. 1858, n° 6786, et vendu 20 liv. Libri, en 1859. Il s'y trouvait joint à la fin *La Vie Madame saincte Marguerite vierge et martyre, auec son Oraison*, sans date, in-8. en caractères goth., avec un bois sur le titre, et au verso du dernier f. la figure de Notre-Dame de Lorette.

Un autre livre d'heures à l'usage de Chartres, avec plusieurs histoires nouvelles, *Paris, Jehan de Brie*, sans date, in-8. goth., est porté dans le catalogue de De Selle (1761), n° 91.

366. HEURES à l'usage de Paris. *Imprimées par la veuve de Jean de Brye*, 1548, in-8. goth. imprimé en rouge et en noir.

En citant cette édition dans son livre sur Geofroy Tory, p. 93, M. Aug. Bernard dit que toutes les gravures dont il est orné sont marquées de la Croix de Lorraine et des lettres L. R., et il ajoute que ces gravures sont la copie améliorée d'autres gravures non signées appartenant à l'imprimeur Thielman Kerver ou à sa veuve, Iolande Bonhomme, en 1522 au moins. Lottin n'a pas porté la veuve de Jean de Brye ou Debrye dans son catalogue des libraires de Paris.

366 *bis.* HORE beate Marie ad usum Roma. hist. *Parisiis impressum, in vico Jacobi per Claudium Chevallon, impensis Ludovici Royer, librarii Parisiensis in eodem vico commorantis, ad insigne vulgariter dictum* LA LYMACE (s. d.), in-12 goth. en rouge et noir.

Sur le titre de ces heures est placée la marque de Jean de Brye, prédécesseur de L. Royer, lequel de

Brye exerçait encore après 1521. Claude Chevallon n'est mort qu'en 1542. Le volume décrit renferme de nombreuses gravures sur bois, jolies et souvent singulières, signées des lettres L. R., ce qui pourrait indiquer que le libraire L. Royer les aurait gravées. Sur le dernier f. est un rébus très-compliqué. Un exemplaire a été vendu 99 fr. 50 c. (Catalogue de livres anciens, *Paris, Potier*, 1859, n° 15.)

367. — Autres. *Paris, Phil. Coste*, sans date, in-8.

Vendu sur VÉLIN 13 fr. Detienne.

Ce doit être la même édition que celle de 1510, par Gillet Hardouin, dont nous avons déjà parlé sous le n° 236.

368. HEURES à l'usage de Paris. *Paris, Pierre Auffray*, 1524, in-4., fig. sur bois.

Un exemplaire impr. sur VÉLIN est porté à 14 liv. dans un des catal. de Longman, selon Ebert, n° 9651.

369. OFFICIUM beate Marie virginis ad vsum cisterciense. (à la fin) : *Impresse Parisius, opera ac arte Nicolai Higman, impensis Johannis de marnef, Bibliopole* (Almanach de 1520-1536), pet. in-8. goth. de 104 ff., sign. A—N, fig. et bordures sur bois.

80 fr. exempl. fatigué Catal. Tross, 1862, article 1711.

370. HEURES a lusaige de Paris... auec les figures z sigues de lapocalyse : la vie de Thobie z de Judic : les accidés de lhôme : le triũphe de Cesar : les miracles de nostre dame : ont este faictes a Paris pour Simõ hadrot libraire demourãt en la rue neufue : a lẽsei. s. Jehã leuãge (Almanach de 1525 à 1545), pet. in-4. goth. de 98 ff., sign. a—k et ã—õ, fig. et encadrements. (Sur papier, à la *Biblioth. de l'Institut*.)

Sur le recto du prem. f. de ce volume se voit la marque de Pierre Roffet, laquelle, on peut le remarquer, ne diffère de celle de Simon Vostre (voyez le n° 53) que dans le nom de *Pierre Roffet*, substitué à celui de *Simon Vostre*, et dans le monogramme ci-dessous, substitué dans l'écusson à celui du même libraire.

Cette conformité entre les deux marques semble prouver que Pierre Roffet (et peut-être avant lui Simon Hadrot) a succédé à la veuve de Simon Vostre, dont, en effet, on retrouve dans ces Heures une partie des encadrements, et particulièrement les figures de la Danse des morts.

371. HEURES de la Vierge à l'usage de Rome (en grec et en latin). *Paris, Jehan*

de Roigny, 1550, in-16, impression rouge et noire.

Selon M. Aug. Bernard, une des gravures du f. 113 de ces Heures représentent le sacrifice de David est signée de la croix de Tory.

Citons encore : *Horæ in laudem beatæ Virginis Mariæ, secundum consuetudinem Romanæ curiæ, græce et latine.* Parisiis, Jac. Gazellus, 1544, in-16.

372. Officiũ beate Marie virginis ad vsum ‖ Cistercieñ cum pluribus deuotis orationibus et ‖ contẽplacionibus ac figuris nouiter additis. Venundãtur parisiis in vico sancti Jacobi‖sub signo Pellicani, M.D. xlvi. (sur le titre le chiffre et le nom d'Ambroise Girault ; au verso du dernier f.) : *Impresse Parisii opera joannis Kaerbrian al's Huguelin impressoris Impẽsis ỹo honesti viri Ambrosii Girault ad signũ Pelicano* (sic) *Bibliopolæ sub signo Diui ludovici*, pet. in-8. goth. de 108 ff. non chiffrés, sign. a—n par 8, et o par 4 ; avec 14 fig. et des bordures.

La grande figure et les bordures historiées de ce volume sont fatiguées et paraissent avoir servi à des éditions plus anciennes que celle-ci. Un exempl. chez M. Didot.

373. Heures en françois a lusaige de Rome, *nouuellement imprimees a Paris pour Guillaume Merlin.* M.D.xlviij, in-8. goth. ; impression rouge et noire, figures sur bois, dont une partie porte pour monogramme la double croix de Geofroy Tory.

Un exemplaire rel. en *mar. r.*, aux armes des comtes de Wolckenstein, 180 fr. Catal. de Tross, 1862, article 1712. Guillaume Merlin, gendre de Guillaume Godard (col. 1648), a probablement été son successeur.

374. Heures a l'vsaige de Rome, imprimées a la Requeste et devotion de messire Claude Gouffier, cheualier de l'ordre du roy, comte de Carauas et de Mauleurier, seigneur de Boysi, grand Escuyer de France, etc. *Paris, par Michel Vascosan*, M. D. LVIII, pet. in-8., lettres rondes, texte f. ɪ à clxiiij.

La Bibliothèque impériale conserve un exemplaire de ces Heures impr. sur VÉLIN, avec initiales peintes en or et en couleurs, et 4 miniatures au bas desquelles sont les armes de Claude de Gouffier, pour qui cette édition a été faite.

375. Heures de Nostre Dame, à l'usage de Rome. *On les vend a Paris en la rue sainct Jaques a lenseigne de la limace* (Almanach de 1571 à 1582), in-8. goth., fig. sur bois.

Dans ce volume, à la suite des Heures, se trouvent les *Suffragia*, sign. A—D ; *Petite instruction et manière de bien vivre pour une femme seculiere...*, sign. a—c ; *Plusieurs deuotes oraisons*, sign. A—C ; *Extraict de plusieurs saincts docteurs...*, sign. A et B. Un exempl. chez M. Didot. L'enseigne de la Limace a été celle de Louis Royer,

dont Lottin ne parle pas, et antérieurement celle de Jean de Brye. (Voy. le n° 366 *bis* ci-dessus.)

376. Heures de Nostre Dame a lusage du Mans... latin et frãçois : auèc une instruction chrestienne en forme de catechisme, ɀ plusieurs autres instructions spirituelles et catholiques, par M. P. V. (Pierre Viel), docteur de la faculté de Paris..... *Paris, Nicolas Chesneau*, 1575, in-8., 8 ff. prél., 144 pp. pour les Instructions chrestiennes, 423 pp. pour les Heures.

A la suite de la seconde partie se trouvent, sous la signat. AA—EE, une suite de 87 pp. (table comprise), contenant les *Méditations de Saincte Brigide, réduictes en quinze oraisons et traduictes en françois par François Grandin* ; plus le *Chappelet de Jesus* et diverses pièces en prose et en vers, et enfin la *Vie saincte Marguerite, vierge et martyre, purgée de plusieurs propos apochryphes, qui n'estoient contenus en aucun autheur*, par *François Grandin*. Les gravures sur bois qui décorent ces Heures portent la marque de François Chesneau, qui était à la fois imprimeur et graveur. (Un exemplaire chez M. Didot.)

377. Heures de Nostre Dame a lusage de Nantes au long sans rien requerir, auec plusieurs oraisons et instructions chrestiennes tant en latin qu'en françois, remises en meilleur ordre qu'auparauant. *Paris, chez Nicolas Chesneau, rue Sᵗ Jaques au chesne verd*, 1582, in-8. goth. avec de grandes vignettes sur bois à chaque mois de l'année et aux principales fêtes, et aussi quelques petites vignettes.

Les bois employés dans ce volume paraissent avoir déjà beaucoup servi.

378. Heures de nře Dame a lusage de Romme nouuellement imprimees a Paris chez Guillaume de la Noue, rue S. Jacques, au nom de Jesus M.D.L.XXX. vjjjj. (au verso du dernier f.) : *Imprime a Paris, par Martin Jaquin, le x Mars* (même date), in-8. goth., impression en rouge et noir, 112 ff. chiffrés depuis xvij, grandes et petites figures sur bois fort médiocres, et qui paraissent avoir déjà beaucoup servi.

L'exemplaire desdites Heures que possède M. A. F. Didot est accompagné des opuscules suivants, que vendait également Guillaume de la Noue, et qui sont imprimés avec le même caractère gothique. 1° *Sensuiuent les suffrages, antiennes, oraisons de saints ɀ sainctes*, sign. A—Ii ; 2° Extraict de plusieurs saincts docteurs, etc., avec *Maniere de bien viure deuotemẽt ensemble salutairement pour hommes et femmes de moyen estat compose par maistre Jean Cantin*, et *Cy commence une petite instruction et maniere de viure pour une femme seculiere* (ces 3 part. sign. A—L) ; 3° *Les quinze effusions du sang de Nostre Seigneur ɀ redempteur Jesus Christ que chacune personne doit dire deuotement*, 8 ff. avec de petites fig. sur bois ; 4° *La Vie de Madame saincte Marguerite, vierge et martyre, avec son antienne et oraison*. Cet exemplaire a été payé 95 fr. à la vente faite sous le nom de Francisque Michel.

XII. Heures imprimées en différentes villes de France.

Sans aucun doute, plusieurs des villes de France autres que celles qui sont nommées ici ont produit des livres d'Heures imprimés avant la fin du XVIe siècle; mais nous n'avons voulu parler que de celles que recommandent les gravures qui les décorent, ou au moins leur ancienneté.

379. HEURES de Goupilleres : *Ces presentes heures furent ĩpri ‖ mees a goupilleres le viii iour de ‖ may lan mil quatre cens quatre ‖ vings z vnze : par honorable hõme ‖ messire Michel ãdrieu prestre,* in-8. goth.

44 ff. divers et incomplets trouvés récemment à la Bibliothèque Impériale, dans une vieille reliure. Il n'y a en français que les 4 ff. fragments du calendrier, le *Nostre Pere* et la salutation angélique qui précèdent la souscription. Goupillières est un village du département de l'Eure, dont le nom apparaît pour la première fois comme lieu d'impression, ainsi que celui de Michel Andrieu comme imprimeur.

380. OFFICIUM B. Virginis Mariæ. (à la fin): Explicit officium beate Marie virginis cum multis laudibus et deuotissimis orationibus. (à la fin): *Impressum Lugduni impensis Bonini de Boninis dalmatini anno domini* M. CCCC. LXXXXIX *die xx martis,* pet. in-8. goth., à 22 lig. par page, impression rouge et noire, initiales rubriquées ou peintes.

Ces Heures sont fort rares, et les gravures sur bois (ou peut-être en partie sur cuivre) qui les décorent les rendent très-curieuses. Ce sont d'abord quelques planches de moyenne grandeur et bien composées, et surtout autour de chaque page des encadrements imités des Heures de Paris, mais autrement conçus. Les sujets placés au bas des pages ont une plus grande dimension que dans la plupart des édit. parisiennes du même format que celle-ci. Ceux de la Danse de la mort sont d'un autre dessin, et rangés dans un autre ordre que dans les livres de Pigouchet ou de Simon Vostre. Ajoutons que dans toutes ces compositions le goût italien se fait plus ou moins remarquer. M. Louis Potier nous a communiqué un exemplaire complet de ce livre précieux, imprimé sur VÉLIN, et qui a 24 ff. préliminaires, sans signatures, pour le calendrier (sans *almanach*), l'Evangile de S. Jean, etc. Le corps du volume se compose des cahiers A-T par huit; le verso du dernier f. est blanc. (Cet exemplaire fait partie de la collection de M. Didot.) L'imprimeur Bonino de Boninis a donné une seconde édition de son *Officium B. Marie Virginis,* sous la date du 26 août 1501 (pas 1500), et qui n'est pas moins rare que la première. Nous avons déjà parlé de l'une et de l'autre (IV, col. 168), mais nous ajoutons ici des détails plus exacts que les premiers.

381. HORE bte Marie Virginis secundũ usuȝ hierosolymitanuȝ. (à la fin): Expliciunt hore in ũm ordinis frm̃ gloriose virgĩs Marie de mõte Carmeli : excerpte et extracte de approbato usu dñici se-

pulchri hierosolymitani sancte ecclesie. in cuius finibus dictorũ fratrũ Religio sumpsit exordium. *Impresse Lugduni anno domini (de St Basignana Gorgoni)* M. CCCC XVI *die xviij mensis maij,* pet. in-8. goth. de 96 ff. non chiffrés, titre rouge et noir.

Ce volume commence par un calendrier, et contient, indépendamment de 16 grandes planches, 196 autres un peu moins grandes, qui occupent le bas des pages, et une multitude de petites figures, assez remarquables par leur jolie composition, mais dont plusieurs se répètent. Un exemplaire revêtu d'une reliure ancienne en *mar. avec compartiments dorés,* 106 fr. A. Martin, en 1847.

382. Heures en francoys et latin a l'usaige de Romme, corrigees et augmentees de plusieurs suffrages et oraisons. *Lyon, Guillaume Rouille,* 1549, in-8., fig. et encadrements sur bois.

110 fr. Leprevost, en décembre 1857.

383. HORÆ in laudem beatissimæ virginis Mariæ ad usum Romanum. *Lugduni, apud Guillielmum Rouillum,* 1550, in-8., fig. et encadrements sur bois.

Un exemplaire revêtu d'une reliure lyonnaise du XVIe siècle, en *v. f. à riches compartim. dorés et peints, tranches ciselées,* 275 fr. Eug. de P. en 1862.

384. LAS HORAS de nuestra señora segũ el vso romano en las quales son añadidas muchas oraciones muy deuotas. y de nueuo el rosario de nuestra señora : y son ad longũ é sin require. *En Lyon por Guilielmo Rouillio,* 1551. (au verso du dernier f.): *Fueron impressas las presentes horas en la ciudad de Leon de Francia en casa de Mathias Bonhomme,* gr. in-8. de 8 ff. prélim. et CCIII ff. chiffrés. Imprimé en lettres rondes, avec encadrement à chaque page et plusieurs grandes et petites fig. sur bois.

385. HEURES en francoys et latin à l'usage de Rome. *Lyon, chez Mace Bonhomme,* 1558, in-8. en lettres rondes, avec fig. sur bois et bordures variées. (Almanach de 1558 à 1574.)

40 fr. catal. de Claudin, 1856, n° 899, et 1 liv. 5 sh. Libri, en 1859.

386. HORÆ in laudem beatissimæ virginis Mariæ ad usum Romanum. *Lugduni, Robert Granjon,* 1558, in-16.

Joli petit volume en caractères de civilité, imprimé en rouge et noir, et contenant plusieurs pièces en vers français. Un exemplaire en *mar. br.* par Bedford, 8 liv. 8 sh. Libri, en 1862.

387. Las Horas de nuestra señora segun el uso Romano. En Lyon por los herederos de Iacobo Iunty, 1560. (au verso du dernier f.) : *Las presentes horas fueron impressas en Lyon de Fran-*

cia, en casa de Pedro Fradin, M.D. LX,
pet. in-16 de 34 pp. suivies des pp. 35 à
223; impression rouge et noire avec de
petites vignettes sur bois au calendrier,
et de plus grandes dans le courant du
volume.

388. HORÆ ad usum Metensis ecclesiæ.
— *Acheuees le* VIII. *iour de nouembre
lan mil* CCCC. *iiii xx. xviii* (1498) *pour
maistre Jehan magdalene, demourant
en la dicte ville de Metz,* in-8. goth.
de 108 ff., sign. ai—p2.

Il est fort douteux que ces Heures aient été impr.
à Metz, car la même figure de la *Salutation angélique,* dont M. Teissier a donné un fac-simile à la
p. 24 de son *Essai sur la typographie de Metz*
se trouve dans plusieurs éditions des Heures imprimées à Paris pour Simon Vostre, et notamment
dans des Heures de Troyes, sorties des presses de
Wolfg. Hopyl, à Paris, en 1506; elle est aussi dans
un Missel de Salisbury, imprimé à Paris, par Olivier, en 1519. Voir *Bibliogr. Decameron,* I, 48. Un
exempl. de l'édition de 1498, imprimé sur VÉLIN,
avec fig. et cadres gravés sur bois, 11 fr. Santander.
Il se vendrait 20 ou 30 fois plus cher aujourd'hui.

Nous avons parlé dans notre vol. (col. 965)
des *Hore virginis Marie ad usum tullensis ecclesie,* imprimées par Pierre Jacobi, prêtre à Saint-Nicolas-du-Port, en 1503. Ces heures sont bien décrites,
d'après l'exempl. de la bibliothèque de Nancy, dans
les *Recherches sur les commencements et les
progrès de l'imprimerie dans le duché de Lorraine, etc.,* par M. Beaupré, de Nancy, p. 34 et
suiv. C'est, dit ce savant magistrat, un pet. in-4.
impr. en lettres gothiques, rouges et noires, sans
chiffres ni réclames, et composé de 15 cahiers de
8 ff. chacun, à l'exception du cah. f., qui n'en a
que 6. Les signat. vont de a—SIII, mais les trois
dern. cah. portent les lettres q, r, s, au lieu de n,
o, p. Le texte renferme sept gravures sur bois très-
légèrement ombrées, et dont la médiocrité con-
traste avec le mérite de l'exécution typographique.

Les *Recherches* dont il s'agit forment un volume
pet. in-8. de 168 pp., imprimé à *Nancy,* de 1841
à 1843 : il n'en a été tiré que 47 exemplaires. Indépendamment de cet opuscule, nous devons à
M. Beaupré :

NOTICE bibliographique sur les livres de liturgie
des diocèses de Toul et de Verdun, imprimés au
XV⁰ siècle et dans la première moitié du XVI⁰,
Nancy, imprimerie de Raybois, 1843, pet. in-8.

Voyez aussi le n⁰ 24895 de notre table méthodique.

C'est encore M. Beaupré qui nous a fait connaître
l'*Officium beatæ Mennæ Virginis,* imprimé à Mi-
recourt, en 1616, et que nous avons décrit dans
notre 4⁰ vol., col. 169.

389. HEURES de Nostre Dame, latin et
français, a l'vsage de Rome. *A Metz,
par Abraham Faber,* 1599, in-8. de
688 pp. non chiffrées, sign. A—VV,
avec fig. sur bois, et au calendrier une
gravure et un quatrain pour chaque
mois.

Édition fort bien exécutée, en noir et en rouge. Au
milieu du titre se trouve l'effigie de la Vierge voi-
lée, en buste; et au bas de cette taille-douce le monogramme lié (P. V. B.) du graveur Pierre Woeriot,
avec la date 1596 (pas 1599), qui semble prouver
que cet artiste travaillait encore à cette époque.
(Tessier, *Essai sur les commencements de la typographie à Metz,* p. 255.)

390. HEURES à l'usage de Nantes. — *Imprimees par Estienne de Larchier demeurant en la susdite ville de Nantes...
acheuees le xxvij jour de Janvier mil
iiii. xx. xviij* (1498), in-8.

Édition fort rare et très-précieuse. (Second catalogue
de Jos. Van Praet, tome IV, page 20.)

391. A LHONNEUR de dieu ɀ louã ‖ ge de
la glorieuse vierge ‖ Marie : ɀ de mõ-
sieu saïct Hylaire sont imprimees nouel ‖ lement ces pñtes heures tout ‖ au
long sans requerir Auec les ‖ vespres
canonialles ; Hymnes ‖ suffraiges mis p
ordres auec ‖ vng Almanach perpetuel
po˞ trouuer Pasques. p. J. C. Et ‖ sont
a vendre au Pellican et a la bouticq de
Jacq̃s bouchet deuant les cordeliers.
‖ A lusaige de Poictiers. (au verso du
112⁰ f.) : *Imprimees a poictiers par
Iehan‖Coussot imprimeur demourant
pres ‖ sainct Gregoire pour Iacques
bouchet ‖ demourãt a la Celle, ɀ pour
Ni ‖ colas pelletier demourãt a lenseigne ‖ du Pellican pres le palays. le
xx. iour de Decembre. Lan Mil.* CCCC.
XXV, in-4. goth. de 120 ff. non chiffrés,
avec signatures et rubriques en rouge,
à 25 lig. par page, fig. sur bois. Les 8
derniers ff. sont occupés par des oraisons en vers français.

Un exemplaire imprimé sur VÉLIN, avec figures
peintes, appartient à la Bibliothèque impériale.
(Premier catalogue in-8. de Van Praet, tome I,
n⁰ 259.)

392. HORE ad usum Andegaueñ. (1493),
in-8.

Le frontispice de ces Heures porte le titre ci-dessus,
placé au-dessous de la devise de l'imprimeur, laquelle est surmontée des armes de France. Au
centre est un arbre, avec ces mots : *ung Dieu, ung
roy, une foy, une loy,* et les initiales J. S. A.; le
tout renfermé dans une bordure où se lit *Laus honor virtus et gloria;* ce qui se rapporte parfaitement à la marque que nous avons donnée au bas de
la col. 363 de notre tome II, et qui est celle de Jehan Alexandre, libraire d'Angers, pour qui imprimait Martin Morin, à Rouen. Au verso du frontisp.
il y a un almanach pour 17 ans, commençant en
1493. Toutes les pages sont entourées de bordures
gravées sur bois, et le volume se termine par les
mots : *Expliciunt suffragia.*

Un exemplaire imprimé sur VÉLIN est décrit dans la
Biblioth. spencer., 1, p. 150.

393. HEURES a lusage de Lisieux. (au
verso du dern. feuillet) : *Ces presentes
heures a lusage de ‖ Lisieux ont este
imprimees a Rouen ‖ par Jaques le
forestier demourant au ‖ dit lieu en
la grãt rue saint martin du ‖ pont
pres le fardel. et furent acheuees le
quart iour doctobre. Lan. Mil.* CCCC. ‖
quatre vings et xiiii, pet. in-8. goth.,
fig. en bois; tous les feuillets sont en-

tourés de cadres à compart., contenant de petits sujets médiocrement gravés.

Nous avons donné tome II, col. 1132, la marque de Jacques Le Forestier.

394. A lhonneur de dieu et de la vierge Marie et de toute la court celeste de paradis, cy commēcent les heures de nostre dame a lusage de Baieux au long sans req̃rir nouuellemēt īprimees auec plusieurs deuotes peticions, oraysons et requestes. tāt en francois que en latin cõme il appert par la table ensuyuante. (au verso du dernier f.) : *Cy finissent les heures nostre dame a lusage de Baieux... imprimees a Rouen deuant saint Lo par maistre Martin morin. pour Robinet mace libraire de luniuersite de Caen* (sans date, mais en tête du volume Almanach de 1503-1510), pet. in-8. goth. de 152 ff., sign. A—T par 8, avec initiales peintes à la main.

Un exempl. imprimé sur VÉLIN, et rel. en *mar. vert* par Duru : 250 fr. vente de M. Grangier de La Marinière, en mars 1854.

Pour des Heures à l'usage de Rouen, imprimées à Paris, avec almanach de 1503 à 1520 et la marque de Verard, voy. le n° 136.

395. Ces presentes heures ont este nouuellement imprimees a Paris par Guillaume Anabat, demeurant sur petit pont a lenseigne de la Licorne. (à la fin) : *Ces presentes heures a lusage de Evreux.... ont estees imprimees a Rouen pour Pierre Regnault, libraire de luniuersite de Caen. On en trouvera a Rouen, en la rue Ganterie, aux trois fers a cheval, en parchemin et en papier, et a Caen, en la maison dudit Regnault, en la Froide rue,* in-8. goth. de 88 ff. ornés d'encadrements et de 19 grandes figures sur bois.

Ces Heures ne portent pas de date, mais elles ont un almanach pour les années 1508 à 1520. Guillaume Anabat a imprimé plusieurs Heures pour Germain Hardouyn, à Paris. Voir les n°ˢ 215 et 216.

Un exemplaire sur papier, dans sa première reliure en veau gaufré, 172 fr. Le Chevalier, en 1857.

395 *bis.* A lhonneur de Dieu et de la glorieuse vierge Marie et de mōsieur saint Romain cy cõmēcent les heures nostre dame a lusage de Rouen tout au lõg sans req̃rir auec plusieurs oraisons tant en latin que en frācois, etc. — *Cy finent les heures nostre dame a lusage de Rouen....... Imprimees au dit lieu par maistre Martin morin Et appartien* nēt ces *d heures a*   *demourāt a* , in-12 ou pet. in-8. goth., fig. (Almanach commençant en 1518.)

Un exemplaire imprimé sur VÉLIN, avec initiales et vignettes coloriées, se conserve dans la Biblioth.

publique de Rouen. La marque de l'imprimeur, tirée en rouge, est au-dessous de la souscription. (Frère, *De l'imprimerie à Rouen*, p. 58.) C'est la même marque que nous avons reproduite tome II, col. 363.

396. HEURES nře dame a lusaige de Roüe tout au long sãs riẽs req̃rir. *Nouuellement imprimees audit lieu par Jehan du moulin* (almanach commençant en 1519), pet. in-4. goth.

Édition ornée de bordures en arabesques, fort médiocres; sur VÉLIN, 8 fr. 60 c. Mac-Carthy.

Au-dessous de la souscription se voit la marque que nous donnons ci-après.

397. A lhonneur de dieu et de la vierge Marie et de saint Romain, cy comēcēt les heures nostre dame a lusage de roüe au long sans rien requerir. *Imprimees a Roüe deuāt Saĩt Lo par maistre Martin Morĩ demourāt a lenseigne S. Eustace* (sans date, vers 1519), pet. in-4. sur VÉLIN. (Frère, t. II, p. 80.)

308. This prymer of Salisbury vie is let, out a long ony serchyng, with many prayers, and goodly pyctures in te kalēder, in the matyns of our lady, in the hours of the crosse, in the vij. psalmes, and in the dyryge. And be newly reprynted at Rowen. м. cccc. xxx viij. (à la fin) : *Rothomagi per Nicolaum le Roux, impēsis honesti Frācisci Regnault Parisiis in vico sancti jacobi,* pet. in-8. goth. avec fig. sur bois.

399. HEURES à l'usage de Rouen. *Historiees tout au long, Rouen, Jehan Mallard,* 1541, in-8. goth., fig. sur bois, impr. sur VÉLIN.

—AUTRES. *Imprimees à Rouen par Nicolas le roux,*

. pour *Guillaume Bauent, demourât audict lieu,*
M. D. xliij, in-12, fig. sur bois également impr. sur
VÉLIN.

— HEURES à lusaige de Cōstēces, hystoriees toutes
au long. *Rouen, Robert Valentin,* 1552, in-8. fig.
sur bois.

Robert Valentin était à la fois libraire et graveur. Les
planches de ce volume signées des initiales R. S.
sont de lui. (Frère, t. II, p. 79.)

Les mêmes planches signées R. V. ont été reproduites
dans une édition des *Heures à l'usaige de Rouen,*
pet. in-8. goth. imprimées dans cette ville *par
Jehan de Noyers,* vers la fin du XVIe siècle, et qui
se vendait au même lieu *par Jehan Crevel li-
braire.* (Frère, t. II, p. 82.)

400. Ces presentes heures a lusaige de
Baieux tout au long sans rien requerir
auec les granz suffraiges et plusieurs
belles hystoires tant au kalendrier qu'aux
heures de la croix, de nostre dame et
aux vigilles, nouuellement imprimees *a
Rouen,* 1541. *On les vend a Rouen chez
Jehan Molard, au portail des libraires,*
in-8. goth. avec gravures sur bois. (Pluquet, *Notice sur les anciens livres
d'heures,* p. 121.)

Le libraire nommé ici Jehan Molard est probablement le même que Jehan Mallard cité sous le
n° 319.

401. HEURES a lusage de Troyes, sans
rien requerir, auec loffice de la vierge.
Troyes, Jean Lecoq (sans date, mais
avec un almanach pour 26 ans, commençant à l'année 1511), in-16 goth.,
feuillets non chiffrés, sign. A—K, avec
24 vignettes sur bois, et à la suite des
heures : *Hore de trinitate pro dominica,* sign. A—C.

L'exemplaire imprimé sur VÉLIN, avec les figures
grossièrement enluminées, qui avait été payé 9 fr.
chez le comte de Mac-Carthy, par M. Bélu, a été
porté à 279 fr. à la vente de ce dernier. Or, M. Corrard de Breban, en bon Troyen, dit de ce petit
livre, dans ses *Recherches sur l'imprimerie à
Troyes,* p. 44 : « Sa charmante exécution, ses
lettres initiales rouges et bleues, ses vignettes coloriées, en font un véritable bijou, qui n'a pas été
payé trop cher. » Pourtant, il faut bien dire, ce
bijou nous a paru n'être qu'un petit bouquin de
la plus piètre apparence. M. Comparot de Berce-
nay a été l'heureux possesseur d'un second exemplaire des mêmes Heures, également imprimé sur
VÉLIN.

M. Corrard de Breban fait mention de *Jolies heures
à l'usage de Troyes* (sans date, mais avec un almanach commençant à l'année 1514), in-12, caract.
gothiques très-élégants, tirés en rouge et en noir,
initiales peintes et rehaussées d'or, ainsi que l'emblème de Lecoq, et il ajoute qu'il y en a au moins
deux exemplaires sur VÉLIN.

402. HEURES a lusaige de Bezenson : au
long sans requerir.—*Imprime a Troyes,
Au petit Coq par Pierre Hadrot en la
grant rue deuāt Sainct Jehan* (sans
date, mais de 1539), pet. in-12 allongé,

144 ff. non chiffrés, sign. a—l, A et B,
titre en rouge.

Petit volume imprimé en caractères gothiques et
orné de jolies figures sur bois et de la marque
que nous donnons ci-dessous. Il est fort rare. (Ce
livre fait partie de la bibliothèque de M. Yémeniz,
à Lyon.)

Nous avons décrit, sous le n° 370, des Heures que
vendait à Paris *Simon Hadrot,* libraire, qui probablement était le frère de Pierre Hadrot, établi dans
la ville de Troyes en 1539.

403. HEURES à l'usage de Troyes tout au
long. *Imprimé à Troyes, chez Jehan
Lecoq* (calendrier de 1545 à 1566), in-16
goth. de 160 ff., sign. A—Riiij et
A—Ciiiij, fig. sur bois.

Un exemplaire revêtu d'une reliure du XVIe siècle,
en *v. f.,* avec de riches compart. en couleur, à la
Grolier, a été vendu 405 fr. chez J.-J. de Bure,
quoiqu'il fût simplement sur papier. M. Corrard de
Breban indique des Heures à l'usage de Troyes,
impr. par Lecoq (Jean II), en 1550, in-8. et aussi
des *Heures à l'usage de Rome, nouuellement reformées selon le calendrier nouueau,* in-8. goth.
avec un calendrier pour dix ans, commençant en
1580, et au recto des Heures une *Petite instruction
pour une femme seculiere.*

404. HEURES a lusage ‖ de Lengres, au
long ‖ sans rien requerir (sur le titre la
marque et le nom de Jehan le coq, et
plus bas) : Imprime a Troyes chez Jean
le coq. (Au verso du dernier f.) : *Imprime a Troyes chez Jean Le coq.* Pet.
in-12 allongé, caract. goth., initiales et
sommaires rouges, vignettes sur bois,
aux principales fêtes... Au verso du titre :
*Almanach pour xxvij ans, de m v
lxxv am di cens* (1601) ; 99 ff. non chiffrés, mais avec des signatures.

M. Corrard de Breban cite, d'après un catalogue de
Colomb de Batines, des *Heures à l'usage de Lan-*

gres, *nouuellement reformees selon le kalendrier romain*, impr. à *Troyes*, par le même Lecoq, vers 1589, in-8. goth. de 200 ff. non chiffrés, avec fig. sur bois.

Pour plus amples renseignements consultez l'ouvrage ayant pour titre :

LIVRES liturgiques du diocèse de Troyes imprimés au quinzième et au seizième siècle, par Alexis Socard et Alexandre Assier. *Paris, Aug. Aubry*, 1863, in-8. illustré de 86 gravures originales. Tiré à 200 exemplaires numérotés.

Pour d'autres livres d'Heures dont il est fait mention dans notre Dictionnaire, voy. tome III, col. 148 et 304, articles HEURES et HORÆ ; tome IV, col. 166 et suiv., aux articles OFFICES et OFFICIUM.

ADDITIONS IMPORTANTES

A FAIRE

à la Notice sur les Heures.

Col. 1614. Il faudrait porter ici les Heures publiées par Geoffroy de Marnef en 1492 et depuis, qui sont sous les n°s 339 et suiv.

21 *bis.* HEURES a lusaige de Rome..... *Acheuees le huitieme iour de mai, lan mil cccc. llll xx ꞇ xII pour Symon Vostre* (marque de Philippe Pigouchet sur le titre), pet. in-8. goth. de 92 ff., sign. a—o ; figures et encadrements sur bois. Almanach de 1488 à 1508. Vendu 67 fr. catal. Ponce, Paris, Techener, 1845, n° 16.

60 *bis.* CES PRESENTES HEURES a lusaige de Lion au long sans ‖ requerir ont este faictes pour Simon Vostre ; Libraire de‖mourant a Paris : a la rue neuue nostre dame a lenseigne ‖ sainct Jehan leuangeliste, pet. in-8., goth., sign. a—l par huit, et m par quatre. Sur le titre, la marque et le nom de *Philippe Pigouchet,* et au verso *Almanach pour xx ans* (de 1502 à 1520, ce qui ne fait cependant que 19 ans), 14 figures et bordures sur bois, comme dans les éditions ci-dessus.

Un exempl. sur VÉLIN chez M. Ambr. Didot.

86. HEURES a lusaige de Chalons.

L'exemplaire sur VÉLIN que possède M. Didot ne paraît pas être gr. in-8. parce qu'il est fort rogné. Il ne porte pas le titre donné par Peignot, mais seulement cet autre titre, au bas du nom de Simon Vostre : *Ces presentes heures a lusaige ‖ Dägiers sont au lõg sans requerir.* Il a des signatures de a—o, et ensuite ã, ē, ĩ, le tout par huit. Le dernier f. contient la table qui finit à la 20e ligne du verso.

89 *bis.* LES PRESENTES heures à l'usaige Dautun au ‖ long sans requerir. auec

les figures ꞇ signes de ‖ lapocalipse, les accidens de lhõme, les miracles ‖ nostre dame : ꞇ plusieurs hystoires de nouueau ‖ adioustees : ont esté imprimees à *Paris par Ni‖colas Higmã pour Symõ Vostre libraire*..... In-4. goth., avec figures et bordures sur bois. Almanach pour xIx ans (1512 à 1530), Les fig. et bordures sont à peu près comme dans l'édition à l'usage de Châlons. (Sur VÉLIN, chez M. Ambr. Didot.)

93. LES PRESENTES HEURES a lusaige de Metz toutes au long sans reqrir..... *a Paris pour Symõ vostre libraire* (1513), gr. in-8. goth. Ajoutez :

Un exemplaire imprimé sur VÉLIN, mais incomplet du 92e f. (après lequel le texte est entièrement effacé), et peut-être de deux feuillets à la fin, 330 fr. Aerts de Metz, en 1864. Le texte de ce volume paraît être exactement le même, au nom de *Metz* près, que ceux des Heures à l'usage d'Amiens ou à l'usage d'Evreux, impr. en gr. in-8.

132 *bis.* HEURES a lusage de ... *Acheuees le ix iour de Feurier mil cinq cens pour Anthoine Verard libraire de‖môurant a Paris près le carrefour Saint Severin,* in-4. goth. de 94 ff., sign. a—h et a—dd.

Un exemplaire avec les figures et les initiales très-bien peintes, mais incomplet du 1er et du 11e f. vente Silvestre, du 1er mars 1847, n° 32.

156 *bis.* HORÆ ad usum romanum. *Jo. de Prato* (Almanach de 1488 à 1508), pet. in-8. goth., avec 23 grandes grav. sur bois, et des bordures au simple trait, représentant des fleurs, des oiseaux, des monstres, etc.

Un exemplaire sur papier de cette édition jusqu'alors inconnue, coté 40 thal., sous le n° 1107 d'un catalogue à prix marqués du libraire T. O. Weigel, sans date (vers novembre 1863), et comprenant 1943 n°s ; il a été vendu pour l'Angleterre.

157 *bis.* HORÆ in-8. goth., ou pet. in-4., à 21 lign. par page, les huit feuillets prélimin. n'ont pas de signatures et contiennent l'almanach et le calendrier. Le corps du vol. porte des signatures de a—n par 8, et o par 4. Au verso du 1er f., dont le recto est blanc dans l'exemplaire, se trouve l'*Almanach pour xIIII an.* (1495 à 1508.)

Édition en gros caractères gothiques, sans nom de ville ni d'imprimeur, mais qui a certainement été imprimée en France, pour quelque personnage de la famille royale, ainsi que le prouvent les nombreuses fleurs de lis répétées dans presque toutes les bordures. Le verso du dernier f. ne porte que onze lignes dont la dernière est ainsi : *lon Amē. Pater nr̄ Aue maria.* Toutes les pages sont entourées de larges bordures, richement ornées. Dans le calendrier sont représentés de petits sujets analogues à chaque mois. Les grandes figures sont au nombre de 17, et il se trouve, dans les *Suffragia sanctorum,* un certain nombre de petites figures de saints et de saintes. L'exemplaire imprimé sur VÉLIN que nous décrivons appartient à M. Ambr. Didot. Toutes les gravures, tant grandes que petites, et les initiales, y sont peintes en miniature avec un soin tout particulier, et l'on peut dire que plusieurs des grands sujets, et même des petits, sont des miniatures parfaites.

176 *bis*. Horæ sacrosancte Virginis Marie scdm. usum Romanum. *Ces presentes heures a lusage de Rome furent acheuees le 9ᵉ iour de feurier lan 1505 par Thielman Keruer, demourant en la rue Saint jacque a lenseigne du Gril, pour Gillet Remacle,* in-16 étroit de 72 ff.

Un exemplaire imprimé sur VÉLIN, avec initiales peintes, mais sans vignettes, est coté dans le catal. de Ch. Pieters, 1864, nº 965. Il a été vendu 206 fr. et, la même année, porté à 280 fr. dans un catalogue d'Olivier de Bruxelles.

199. Au lieu de Loys *Bonnet,* lisez Loys Bouuet. La même correction est à faire au nº 236.

202 *bis*. Heures a l'usage de Quimpercorentin, in-8. goth.

M. Ambroise Didot possède un exemplaire sur VÉLIN d'une de ces édit. de Kerver, in-8., avec les grav. que nous avons décrites ; il paraît avoir été disposé à l'usage de *Quimpercorentin,* parce qu'on y lit, au bas du 1ᵉʳ f. de chaque cahier : Corisoꝑ. et, au bas du f. lxvᵉ des *Suffragia sanctorum,* au commencement de la table : *Festa immobilia in curia officialatus corisopitensis observata.* L'exemplaire, auquel il manque le titre et un f. de la signat. *ee,* est ainsi composé : 1º une partie non chiffrée sous la signature *aa,* qui devait être de 8 ff., *bb, cc, dd,* de 8 ff. chacun, et *ee,* réduit à 3 ff. Cette première série contient l'*Anatomie de l'homme,* et le calendrier avec les mêmes gravures que dans plusieurs éditions de Kerver postérieures à 1522, avec des quatrains en latin et des quatrains en français ; ensuite *les jours de la sepmaine moralisez,* en vers français ; *la maniere de bien vivre, l'Examen de conscience, le testament du pelerin, oraison a bien dire au matin,* et autres pièces en français, suivies de *la passion de nostre seigneur,* en latin ; 2º *les Horæ,* f. i à lxxij ; 3º *Horæ sanctorum,* etc., feuillets cotés de 1 à lxv, plus 3 ff. non chiffrés pour la fin de la table. Les gravures sur bois sont au nombre de 62, y compris celles du calendrier.

202 *ter*. Hore beate Marie virginis ad usum fratrum predicatorum ordinis sancti dominici. — *Parisiis, ex edibus vidue spectabilis viri Thielman Kerver,* 1529, in-8. goth., figures et bordures sur bois. (Catal. Paelinck, Bruxelles, 1860, nº 119. Sous le nº 120 du même catalogue sont portées des Heures *beate marie Virginis, ad usum fratrum predicatorum... imprimees a Paris par la veufue de Thielman Kerver lan mil cinq cens quarante deux,* in-8. goth., fig. et bordures grav. sur bois.)

203 *bis*. Sensuiuent les heures de nostre dame a lusaige Dangiers tout au long

sans requerir, nouuellement imprimées a Paris, auec plusieurs belles histoires ... (au verso du dernier f. de la table) : *Cy finissent ces presentes heures... Et ont este imprimees a Paris par la veufue de Thielman Keruer... pour sir Jehan varice libraire de luniversite Dägers demourant a la chaussee sainct pierre. Et furēt acheuees le x. iour de januier* M. D. xxx, pet. in-8. goth., ff. chiffrés jusqu'à clxxvii, et 3 ff. pour la fin de la table, avec une partie des grav. sur bois qui sont dans les éditions précédentes. (Sur VÉLIN chez M. Ambr. Didot.)

234 *bis*. A lhōneur de dieu et de la vierge ma‖rie de monseigneur Sainct hylai‖re et de Sainct pierre et de toute la ‖ court de paradis. Cy cōmencent les ‖ Heures nře dame a lusaige de Poi‖tiers auec vng cōmun antiennes τ ‖ oraisōs de plusieurs sainctz τ sain‖ctes aussi y sōt les ‖ xv oraisons saincte brigide : et plu‖sieurs autres oraisōs. *Jmprimees ‖ a Paris par Gillet Hardouyn im‖ primeur demourant audit lieu au ‖ bout du pont nostre dame deuant ‖ sainct denis de la chartre a lēseigne ‖ de la Rose.* Tout pour le mieulx, in-4. goth. feuillets non chiffrés, mais avec signat. *aa,* ensuite *aa, A, x ; y* et *z* par 8, avec 7 grandes planches, et à toutes les pages des grandes bordures sur bois, offrant différents sujets souvent répétés, et des figures de la mort.

Le bel exemplaire de ce livre, imprimé sur VÉLIN, que nous avons sous les yeux, appartient à la bibliothèque Mazarine. Le premier f. porte le titre ci-dessus, qui n'a d'autre gravure que celles de la bordure, et qui n'est pas accompagné d'un almanach ; il n'a de date ni sur le titre ni dans la souscription placée au verso du dernier f. du cah. K, mais nous supposons que ces heures ont été impr. vers l'année 1509 ou 1510. (Le cah. *z* manque.)

Cette édition paraît être, pour le fond, la même chose qu'un autre exemplaire également sur VÉLIN, que possède M. Ambr. Didot, mais qui est à l'usage de Rome, et porte, au lieu du titre ci-dessus, celui qui représente Déjanire. Dans ce dernier il n'y a pas non plus d'almanach, mais il s'y trouve 7 ff. au cah. *z,* qui devait être de 8 ff., le dernier desquels porte la souscription suivante : *Ces presentes heures a lusaige ‖ de Rome cidessut au Long sans ri‖ens requerir ont este Jmprimees a Paris par Gillet Har ‖ douyn Jmprimeur demourant dessus le Pont au change a Lenseigne ‖ de la Rose.*

236 *bis*. Heures à lusaige de Lymoges, gr. in-8. goth. impr. en rouge et noir, texte encadré, fig. sur bois. (à la fin des heures) : Ces presentes heures a lusaige ‖ de Lymoges tout au long sans ri‖ens requerir ont este *nouuellement Jmprimees a Paris par Gillet Har‖doyn Jmprimeur demourant dessus le Pont*

au change a Lenseigne de la Rose,
pet. in-4.

Le corps du vol. a des signat. de a–k. Sur le titre, la
figure de l'enlèvement de Déjanire, avec la marque
de G. Hardoyn. A la suite de la souscription viennent un cahier de 4 ff., sign. A, contenant la passion de J.-C. selon saint Jean, en lat.; un autre
cah., signat. aa, renfermant une *Oraison tres devote, plaisante, etc.*, en français, enfin, 2 cahiers
signés, ayant également chacun 23 lignes à la page,
en latin et en français, et finissant ainsi : *Amen—
Laus deo*. (Décrit dans la *Bibliographie limou-
sine* de M. Payet, page 22 à 33.)

239 bis. HORE ad usum romanum. — *Les
presentes heures a lusaige de Rome furent acheuées le vii iour de Feurier*
1492 *pour Joffroy de Marnef par
Jean Maurand*, in-8. goth., avec fig.
et encadrements sur bois. Édition qui
s'est trouvée dans une vente faite par
M. Delion, le 26 novembre 1853. Peut-
être la date de l'année y est-elle en
toutes lettres comme dans l'édition de
1493.

A cause de sa date, cette édition, imprimée pour
Geoffroy de Marnef, et les autres Heures publ. par le
même libraire, auraient dû être portées ci-dessus,
col. 1614, et comme paragraphe V, avant celles de
Kerver, parce qu'elles sont plus anciennes. On
peut ajouter aussi qu'elles sont plus rares que ces
dernières.

246 bis. HEURES a lusaige de Romme,
tout au long sans riens requerir, auec
la destruction de Jerusalē : et les figures
de la vie de lhoṁe et plusieurs autres
belles figures. (à la fin) : *Imprimees a
Paris par Gillet Hardoyn demourant
au bout du põt nostre dame* (almanach
de 1515 à 1530), gr. in-8. de 88 ff.,
sign. A–L, fig. sur bois. D'après
l'exemplaire sur VÉLIN, vendu 50 fr.
Mac-Carthy.

254 bis. HEURES a lusaige de Rome, avec
les figures de lapocalypse et plusieurs
autres hystoires. (à la fin) : *Nouuellement imprimees a Paris par Gillet
Hardoyn* (almanach de 1520 à 1530),
gr. in-8. de 92 ff., figures et encadrements sur bois, avec la marque de Germain Hardoyn sur le titre.

Un exemplaire imprimé sur VÉLIN, 220 fr. vente
Techener, du 25 janvier 1847.

263 bis. HORÆ diuę virginis marię, secun‖
dum ritum ac cõsuetudinem ‖ insignis
ecclesię Romanę ‖ totaliter ɔd longum.
(au verso du dernier f.) : *Finis. Horę…
Impresse ꝑ Parisiis per Petrũ vidoue
impensis honesti viri Germani hardouin*. MDXXV, in-16, sign. A—M par
8, avec 15 gravures moyennes sur bois
en haut des pages, et plusieurs petites à
la fin. Almanach pour 12 ans, commençant en 1525.

Très-jolie édition en lettres rondes. Un exemplaire
impr. sur VÉLIN, avec figures et lettres initiales
peintes chez M. Ambroise Didot.

284. LES PRESENTES heures a lusaige de
Paris ‖ sont toutes au long sans riẽs
requerir aueq ‖ les heures saincte geneuiefue et la cõmemo ‖ ration saint
Marcel et de saint Germain. *Guillaume
eustace*. (au verso du dernier f.) : *Les
p̃sentes heures a lusaige de Paris furent acheuees le xx. iour de iuing
Lan Mil. CCCCC. par Thielmã Keruer pour Guillaume eustace tenant
sa boutique dedens la grant salle
du palais..... a lymaige sainct Jehan
leuangeliste*, in-8. goth., sign. a—m
par 8; 17 grandes gravures, mais point
de bordures. Un exemplaire imprimé
sur VÉLIN, avec des filets d'or autour
des pages, et toutes les initiales peintes,
chez M. Ambroise Didot.

307 bis. HEURES a lusaige de Rome tout
au long sans riens requerir. *Imprime a
Paris par Nicolas Higman pour Guillaume Godard*. (Almanach de 1517 à
1527), in-8. goth., figures et encadrements sur bois, dans lesquels on remarque la Danse de la mort. Au verso du
dernier f. est reproduit le rébus que
nous avons figuré à la col. 1649 de cè
volume, sous le nᵘ 299. Vendu 100 fr.
catalogue Lambert, 1848, nᵒ 14.

339. HORÆ a usum trecensem… Ajoutez
à la note (col. 1665) :

Sur le titre une bordure autour de laquelle on lit :
Sit nomen domini benedictum. Au-dessous, le
Pelican, et, plus bas, la marque et le nom de *De-
marnef*, et au verso, *Almanach pro tredecim
annis*. Au bas du verso du cahier i : *Sequuntur
suffragia sanctorum et sanctarum, et primo de
sanctissima trinitati*, puis un feuillet blanc, 3 ff.
sign. aii, et les cah. k, l, m. par huit; le dern. f. est
tout blanc. Les grandes planches sont au nombre
de 17, et presque toutes contiennent deux sujets.
La figure des trois morts est placée au recto du
dernier f. du cah. *h*. Les petits sujets, qui forment
les bordures, sont nombreux et assez variés. Toutes
ces compositions diffèrent de celles que présentent
les Heures de Vostre, celles de Verard et de Kerver. Les dates de l'almanach (1489 à 1508) font
supposer que de Marnef a donné des heures avant
celles de 1492, les plus anciennes que nous connaissions positivement ici.

356. Au lieu de *Huain*, lisez Huuin, et
notez que cet article fait double emploi
avec le nᵒ 136.

357 bis. Ces presentes heures a lusaige de
Roṁe au long sans requerir *ont este
imprimees a Paris par Maturin le
Mire imprimeur pour Nicolas Vivian
libraire demourant a Paris en la
rue neufue nostredame a lenseigne
de la couronne. Et furent acheuees*

le *xvj iour de Feurier lan de grace
mil cinq cens et treize* (Almanach de
1508 à 1525), in-8. goth. de 116 ff.,
avec fig. et encadrements sur bois.
44 fr. vente Bouret, en 1841.

357 *ter*. Ces presentes heubes a lusa‖
ge De rŏme au long sans requerir ont
este impri‖mees pour Nicolas Viuian
Libraire demourăt a ‖ Paris en la
rue neufue nostre dame en la courŏne.
(au verso du dernier feuillet) : *Ces presentes heures... ont esté imprimees a
Paris par Jehan de la roche imprimeur
pour Nicolas Viuiă... Et furent acheuees le xxiii iour de feurier lan mil
cinq cens et quatorze,* in-8. goth. A—M
et ă, ē par 8 et ī par 4. Almanach pour
xiij ans (1513 à 1525). Mêmes planches
que dans l'édit. portée sous le n° 357.
Un exemplaire gr. in-8. sur vélin est
annoncé dans le catalogue Paelinck
(Bruxelles, 1860), n° 122. Il en existe
un autre sur papier chez M. Didot.

364 *bis*. Hore ad vsum Roma‖nū totaliter
ad lōgum. (au verso du dern. f.) : *Ces
presentes heures a lusai‖ge de Rŏme
sŏt impmees nou‖uellemĕt a Paris
par maistre ‖ Pierre vidoue pour
Jehan de brye libraire et doreur de-
mou‖rant a la Rue sainct jacques ‖*

deuant *sainct Yves a l'ēseigne de la
lymace.* (au verso du titre la *tabula
pascalis* de 1520 à 1531), in-12 allongé en goth. rouge et noir, avec de
petites fig. sur bois. Toutes les pages,
entourées de bordures, offrent des arabesques, etc.

364 *ter*. Les presentes heures a lusaige de Rŏme ‖ toutes au long sans
requerir : auec aucŭs des miracles de
nostre dame, et de la creation du ‖
monde, et du soleil et de la lune, et
plusieurs ‖ aultres belles hystoires, Nouuellemĕt impri‖mees a paris par Nicolas hygman, pour la ‖ veufue Jehă de
brie demourăt en la rue saĭct ‖ Jacꝗs
pres saĭt yues a lēseigne de la limaec (*sic*).
(au verso du dernier f.) : *Les presētes
heures a lusaige de Rŏme ont ‖ este
nouuellemĕt īprimees a Paris ꝑ Nicolas hig‖man, pour Loys royer libraire demourant audit lieu en la rue
sainct Jacques pres sainct yues a ‖
lenseigne de la Lymace* (sans date), mais
au verso de l'almanach : *Tabula ad
inueniendum mobilia festa* ccccc xxiii
a ccccc xxxiii. In-4. goth., sign. a—kiii
et ă, ē, ī, ŏ. Jolies bordures et grandes
figures sur bois. Sur le titre la marque
de Jehan de Brye. (Sur papier chez
M. Didot.)

Vſusme Genuil.

Marque des frères *Melchior* et *Gaspard* TRECHSEL,
libraires et imprimeurs à Lyon, 1532-1542.

Marque de *Jean* TEMPORAL, libraire à Lyon, 1550-1559.

LISTE ALPHABÉTIQUE

LIBRAIRES ET IMPRIMEURS

DONT LES MARQUES TYPOGRAPHIQUES (*)

SONT FIGURÉES DANS CETTE CINQUIÈME ÉDITION DU MANUEL DU LIBRAIRE ET DE L'AMATEUR DE LIVRES.

———◦◦◦———

N. B. Le chiffre romain indique le volume, et le chiffre arabe la colonne où se trouve la marque du libraire ou de l'imprimeur cité.

ALABAT ou ANABAT, marchand de Bourges. III, 1977.

Avec ces mots : *Spes mea devs.*

ALEXANDRE (*Jean*), libraire à Angers. II, 363.

ANDRÉ (*Jehan*), libraire à Paris. III, 1958.

Avec cette devise : *Christvs. Horvm maior : charitas.*

ANGIER (*Michel*), imprimeur à Rouen. III, 1192.

Avec cette devise : *Bonû est spare in domino.*

AUZOULT (*Richard*), libraire à Rouen. III, 893.

BADE (*Josse*), libraire et imprimeur à Paris. I, 64, 814, et IV, 1025.

BADE (*Conrad*), libraire et imprimeur à Paris et à Genève. I, 151.

Avec ces mots : *En la sveir de ton visage tv mangeras ton pain.*

— I, 152.

— I, 1503.

Avec ce distique :

Des creux manoirs et plets d'obscurite
Dieu par le temps retire verite.

BALAND (*Étienne*), imprimeur à Lyon. III, 962.

BALIGAULT (*Félix*), imprimeur à Paris. III, 893.

BALSARIN (*Guillaume*), libraire et imprimeur à Lyon. III, 1176.

BARBIER (*Iehan*), libraire à Paris. V, 1191.

Avec cette devise : *Tout par honeur.*

BAUDIN (*Clément*), libraire à Lyon. V, 1469.

BELLESCULÉE (*Pierres*) et JOSSES, imprimeurs à Rennes. II, 361.

BELLOT (*Jean*), imprimeur à Genève. II, 204.

BELON (*Jehan*), imprimeur à Valence. V, 606.

BERING frères, libraires à Lyon, V, 1547.

BERTON (*Barthélemy*), imprimeur à La Rochelle. IV, 319.

BICHON (*G.*), libraire et imprimeur à Paris. IV, 319.

BIGNON (*Jean*), libraire et imprimeur à Paris. III, 1454.

Avec cette devise : *Repos sans fin, sans fin repos.*

(*) C'est à M. L.-C. Silvestre, éditeur de la quatrième édition du *Manuel*, que l'on doit l'introduction dans cet ouvrage des marques de libraires et d'imprimeurs français ou qui ont imprimé en français. Il a depuis continué ses recherches et en a fait usage dans une intéressante publication spéciale (Voir notre tome V, col. 389). Pour nous, nous avions réuni un plus grand nombre de marques que celui dont nous donnons ici le relevé; mais, comme nous aurions voulu les rattacher aux ouvrages mêmes sur lesquels elles figurent, il nous a fallu les laisser sans emploi, les livres où elles se trouvent n'ayant pas été admis dans la cinquième édition du *Manuel*.

BOCARD (*André*), libraire et imprimeur à Paris. IV, 214.

Autour de cette marque se lit le quatrain suivant :

> Honnevr av roy et a la covrt,
> salvt a lvniversite
> dont nře bien procede et sourt ;
> dieu gart de paris la cyte.

BONFONS (*Jehan*), libraire à Paris. Petit module, II, 356; grand module, III, 1983.

Autour de la marque se lit cette devise : *Estote prvdentes sicvt serpentes : et simplices sicvt colombes.*

BONFONS (*Nicolas*), libraire à Paris, I, 1631.

Avec cette devise : *Proba me devs et scito cor mevm.*

BONHOMME (*Macé*), libraire et imprimeur à Lyon. IV, 1373.

BOUCHET (*Guillaume*). — Voyez BOUYER (*Jehan*).

BOUDEVILLE (*Guyon*), imprimeur à Toulouse. V, 113.

Avec ces mots : *Si tost lvng qve lavtre.*

BOULLION (*Martin*), libraire à Lyon. III, 508.

Avec cette devise : *Devm time, pavperes sustine, memento finis.*

BOUNYN (*Benoist*), imprimeur à Lyon. V, 1221.

Autour de sa marque on lit : *Labores manvvm tvarvm qvia mandvcabis : Beatvs es, et bene tibi erit.*

BOURGEOIS (*Jacques*), imprimeur à Genève. I, 1501.

BOUYER (*Jehan*) et BOUCHET (*Guillaume*), libraires et imprimeurs à Paris. V, 515.

Le quatrain suivant se lit autour de sa marque :

> En la parfin de levure lover dieu
> chacvn de novs doit povr avoir sa grace
> a lvy dōcōs povrce ōl lvy a plev
> novs donner tēps de ce faire et espace.

BRETON (*Richard*), libraire et imprimeur à Paris. V, 1475.

BURGES le jeune (*Jehan*), libraire à Rouen. II, 1481.

CAILLAUT (*Antoine*), imprimeur à Paris. III, 1301.

CALVARIN (Prigent), libraire et imprimeur à Paris. II, 1629.

Sa devise est : *Devm time, pavperes svstine, finem respice.*

CALVEZ (*Jean*), imprimeur à Tréguier. I, 554.

CAVELLAT (*Guillaume*), libraire à Paris. I, 1073, et II, 1338.

Avec ces mots : *In Pingvi Gallina.*

CAXTON (*William*), imprimeur à Londres. I, 1561. Voyez WYNKYN DE WORDE.

CEPHALEUS (*Wolfius*), imprimeur à Strasbourg. I, 862.

CESARIS (*Arnould*).— Voyez DE KEYSERE.

CHAERIUS. — Voyez VAN DEN KEERE.

CHAUDIÈRE (*Regnault*), libraire à Paris. II, 1439.

CHAUSSART (*Bernabé*). — Voyez MARESCHAL (*Pierre*).

COLOMIÈS (*Jacques*), imprimeur à Toulouse. II, 251.

CONSTANTIN (*Anthoine*), libraire à Lyon. II, 54; III, 1455.

Avec cette devise : *Adversis constantia durat.*

CORDIER (*Guillaume*), imprimeur, à Binch, en Hainaut. V, 1201.

Cette marque ayant en entourage sur le titre du livre : *D. Joannes de Lanoy Abbas Alnen.*, et l'épître dédicatoire se terminant de la manière suivante : *De nře monastere Daulne.........*, pourrait bien aussi représenter, ou les armes du monastère d'Aulne, ou celles de Jean de Lanoy, abbé d'Aulne ? (L.-C. S.)

CORROZET (*Gilles*), libraire à Paris. I, 132.

Cette épigraphe se lit dans sa marque : *In corde prvdentis reqviescit sapientia.* (Proverbiorvm 14.)

— II, 302.

Avec cette devise : *Labore conscendimus in altum.*

— V, 722.

Avec la même épigraphe que I, 132.

COUTEAU (*Gilles* ou *Gillet*), libraire et imprimeur à Paris. II, 4.

Avec cette devise : *Du grant aux petis.*

CRÈS (*Jean*), imprimeur à Lantenac. II, 782.

Nous avons cherché inutilement cette marque dans toutes les bibliothèques publiques de Paris ; nous en devons la communication à feu De Bure l'aîné, qui a bien voulu nous en laisser prendre le calque. (L.-C. S.)

CRUSE. — Voyez GUERBIN.

CYANÈUS (*Louis*), libraire et imprimeur à Paris. V, 280.

Avec ces mots : *Tecvm habita.*

DALLIER (*Jean*), libraire à Paris. II, 998.

D'AULNE (le monastère). — Voyez CORDIER (*Guillaume*).

DE BRYE (*Jehan*). V, 1669.

—Rébus à la suite de la marque de Jehan De Brye. V, 1670.

Il se traduit ainsi : *In vivo sancti Jacobi à la limace, cy me vend et achate.*

DE CAMPIS ou DES CHAMPS. — Voyez MORRHY.

DE CHANNEY (*Jehan*), imprimeur à Avignon. II, 1616.

DE COLINES (*Simon*), libraire et imprimeur à Paris. I, 665.

Avec cette devise : *Hanc aciem sola retvndit virtvs.*

— V, 582.

DE GOURMONT (*Gilles*). — Voyez GOUR-
MONT (*Gilles* de).

DE HARSY (*Denys*), imprimeur à Lyon. II,
658.

DE HARSY (*Olivier*), libraire et imprimeur
à Paris. V, 1707.

Avec cette devise : *Evertit et æqvat.*

DE KEYSERE (*Arnaud*), en latin CESARIS,
en français LEMPEREUR, imprimeur à
Audenarde, puis à Gand. II, 1820; IV,
1006.

DE LA BARRE (*Nicole*), imprimeur à Paris. V, 100.

Avec cette sentence : *Benedicte et nolite male di-
cere, hec dicit Dominus.*

DE LA GARDE (*Jehan*), libraire à Paris.
V, 1375.

DE LAISTRE (*Remy*). — Voyez PYCHORE
(*Jehan*).

DE LANOY (*Jean*), abbé d'Aulne. — Voy.
CORDIER (*Guillaume*).

DE LA PLACE (*Iehan*), imprimeur à Lyon.
II, 733.

DE LA PORTE (*Jean*), libraire à Paris. V,
1085.

DE LIESVELDT (*Jaques*), imprimeur à Anvers. V, 748.

Avec cette devise : *Fortitudo mea deus.*

DE MARNEF (*Geoffroy*), imprimeur à Paris. I, 810.

Cette marque porte les initiales de *Geoffroy,* de *Iean*
et d'*Enguilbert.*
— Contrefaçon de cette marque ayant comme initiales les lettres G. et O. I, 810.

DE MARNEF (*Iehan* et *Enguilbert*), imprimeurs à Poitiers. I, 1162.

Avec ces mots : *Eximii amoris typus.*

DENIS (*Toussains*), libraire à Paris. V,
900.

DENYS (*Jehan*), libraire à Paris. II, 1373.

Autour de sa marque on lit le quatrain suivant :

> Enseigne moy mon dieu
> Que ton vovloir ie face
> Tat que av celeste lieu
> Je puisse veoir ta face.

Pierre Sergent, le successeur de Jehan Denys, a fait
usage de la même marque.

DES CHAMPS. — Voyez MORRHY (*Gérard*).

DES CHAMPS (*Ianot*), ou DE CAMPIS, imprimeur à Lyon. I, 1242.

Avec ces mots : *C'est tovt mõ plai. et Vnc sculc
me console.*

DE TOURNES (*Jean*), libraire et imprimeur à Lyon. I, 518.

Dans cette marque se lisent les deux devises suivantes : *Qvod tibi fieri non vis, alteri ne feceris,
— virvm de mille vnvm reperi* (Eccles., VII).

— III, 290.

Avec ces devises : *A chacvn son tovr. — Vertv ne
pevlt cheoir.*

— V, 584.

Avec ces mots : *Son art en dieu.*

— I, 95.

Avec cette devise : *Nescit labi virtvs.*

— et *Guillaume* GAZEAU, libraires et
imprimeurs à Lyon. I, 364; III, 874.

Avec cette devise, aussi employée par Jean de Tournes : *Qvod tibi fieri non vis, alteri ne feceris.*

DE VINGLE (*Jehan*), imprimeur à Lyon.
IV, 1000.

DOLET (*Estienne*), libraire et imprimeur
à Lyon. II, 58 et 794.

Avec ces devises qui l'une ou l'autre entourent la
marque : *Preserve moy, ò Seigneur, des calvm-
nies des hommes. — Scabra, et impolita adamussim dolo, atque perpolio.*

— II, 797.

Avec la devise : *Scabra et impolita....*

— II, 1043.

Avec cette devise : *Scabra dolo.*

DUBOYS (*Michel*), à Lyon. III, 1463.

DUGORT (*Iean*), libraire à Rouen. II, 999.

DU MONT (*Guillaume*), imprimeur à Anvers. III, 1452.

DU MOULIN (*Jehan*), imprimeur à Rouen.
V, 1680.

DU PRÉ (Galliot), libraire à Paris. II, 1368.

— I, 1148.

Avec cette devise : *Vogue lu guallée.*

DU PRÉ (*Jehan*), libraire et imprimeur à
Paris. III, 1666.

DU PRÉ (*Jehan*), imprimeur à Lyon. III,
1640.

DU PUY (*Guillaume*), libraire à Paris. V,
1668.

ELSEVIER (*Bonaventure* et *Abraham*).
V, 1708.

Avec ces mots : *Non solus.*

ELSEVIER (*Daniel*). I, 1654.

Avec ces mots : *Ne extra oleas.*

ESTIENNE (*Robert*), libraire et imprimeur
à Paris. I, 612, 711.

— II, 1070.

— V, 713.

Ces quatre marques avec la même devise : *Noli altvm
sapere.*

ESTIENNE (*François*), libraire et imprimeur à Paris, puis à Genève. I, 1508.

Avec ces mots : *Defracti sunt rami ut ego inserer.*

ESTIENNE (*François*), V, 713.
Avec ces deux devises :

Πλέον ἐλαίου ἢ οἴνου
Plus olei quam vini.

ESTIENNE (*Charles*), imprimeur à Paris.
I, 1508.
Avec la devise : *Noli altum sapere.*

EUSTACHE (*Guillaume*), libraire à Paris.
I, 1155, et V, 1647.

EVE (*Nicolas*), libraire à Paris. I, 989.

FEZANDAT (*Michel*), libraire et imprimeur
à Paris. V, 880.

— III, 4.

FEZANDAT (*Michel*) et GRANJON (*Robert*),
libraires et imprimeurs à Paris. IV,
1052.
Avec ces mots : *Ne la mort, ne le venin.*

FRADIN (*Constantin*), libraire à Lyon,
III, 842.
Cette devise se lit dans sa marque : *Cōstātine in hoc
✝ signo vīces.*

FRELLON (*Jehan*), libraire à Lyon. III,
256.
Dans l'écusson le mot *Matvra.*

FUST (*Iean*), imprimeur à Mayence. I,
870.

GAULTHEROT (*Vivant*), libraire à Paris.
IV, 284.

GAULTIER (*Raulin*), libraire à Paris. I,
171.

GAULTIER (*Claude*), libraire à Paris. I,
441.

GAZEAU (*Guillaume*). — Voyez DE TOUR-
NES (*Jean*).

GAZEAU (*Jacques*), imprimeur à Paris. V,
1329.
Cette épigraphe se lit au bas et en dehors de la marque : *Sic perniciosis voluptatibus abstine.*

GERLIER (*Durand*), libraire à Paris. I,
1733.

GIRARD (*Jean*), libraire à Genève. I, 1507.
Avec ces deux devises : *Non veni pacem mittere, sed
gladium.* Matt. X.
        Veni ignem mittere. Lvc. XII.

GIRAULT (*Ambroise*), libraire à Paris. III,
461.

GODARD (*Guillaume*), libraire et imprimeur à Paris. V, 1648.

— Rébus employé dans ses Heures. V,
1649.

GORMONTIUS (*Benedictus*), Dionysiæ. I,
346.
Avec le monogramme H. D. G.

GOURMONT (*Gilles* de), libraire et imprimeur à Paris. II, 903.
Avec ce distique :

*Tot ou tard, pres ou loing
a le fort dv feble besoing.*

— I, 198.

GOURMONT (*Robert*), libraire et imprimeur
à Paris. V, 1084.

GRANDIN (*Louis*), libraire et imprimeur à
Paris. III, 1462.

GRANJON (*Robert*), libraire et imprimeur
à Paris. — Voyez FEZANDAT (*Michel*).

GRANJON (*Robert*), imprimeur à Lyon.
II, 642.
Avec cette devise : *Ex eqvitate et prvdentia, honos.*

GROMORS (*Pierre*), imprimeur à Paris.
II, 1243.

GRYPHE (*Sébastien*), imprimeur à Lyon.
II, 795.

— V, 85.
Ces deux marques sont accompagnées de la devise :
Virtvte dvce, comite fortvna.

— V, 246.
Cette marque et la suivante se trouvent souvent à la
fin des volumes imprimés par Sébastien Gryphe.

— II, 795.

GUERBIN (*Loys*) alias Cruse, imprimeur à
Genève. IV, 1435.

GUYART (*Jehan*), imprimeur à Bordeaux.
II, 1756.
L'identité de la marque employée par Jehan Guyart
avec celle de Gaspard Philippe ne laisse aucun
doute que le premier n'ait été le successeur du second ; nous disons le successeur, car primitivement
cette marque portait le nom de *Gaspard Philippe*, et celui de *Jehan Guyart*, qui lui a été
substitué, est en caractères mobiles. (L.-C. S.)

HADROT (*Pierre*), imprimeur à Troyes. V,
1682.

HARDOUYN (*Gilles* ou *Gillet* et *Germain*),
libraires et imprimeurs à Paris. V, 1640.

— V, 1641.

— Figure souvent employée sur le premier feuillet de leurs Heures. V, 1629.

— Armes de Portugal souvent employées
sur le dernier feuillet de leurs Heures.
V, 1634.

HAVART (*Martin*), imprimeur à Lyon. II,
551.

HÉROUF (*Jehan*), libraire à Paris. IV, 1329.

HONORAT (*Barthélemy*), libraire à Lyon.
V, 1041.

— I, 1903.
Sur l'une et l'autre marque se lit la devise *Poco a
Poco.*

HUGUETAN (*Jaques*), libraire à Lyon. V, 266.

HUSZ (*Mathieu*), imprimeur à Lyon. III, 520.

— V, 481.

HYLLAIRE (*Laurens*), libraire à Lyon. II, 639.

JACOBI (*Pierre*), imprimeur à S.-Nicolas-du-Port. V, 1170.

Cet imprimeur a aussi exercé à Toul.

JANOT (*Denys*), libraire et imprimeur à Paris. II, 53 et 435.

Avec cette devise : *Nul ne s'y frotte.*

— I, 1857.

Cette seconde marque porte la devise : *Tovt par amovr, amovr par tovt, par tovt amovr, en tovt bien.*

— II, 301.

Avec ces deux devises :

> *Patere aut abstine*
> *Nul ne s'y frotte.*

— II, 305.

Cette quatrième marque, outre la devise ci-dessus, porte encore celle-ci :

> *Amor dei omnia vincit.*

JANOT (*Jehan*), libraire et imprimeur à Paris, d'abord associé à la veuve de Jehan Trepperel. II, 264.

— IV, 33.

JEHANNOT (*Jehan*). — Voyez JANOT (*Jehan*).

JOSSES. — Voy. BELLESCULÉE (*Pierres*).

JUSTE (*François*), libraire à Lyon. IV, 1042.

— III, 1262.

KEERE (VAN DEN). — Voyez VAN DEN KEERE.

KERVER (*Jaques*), libraire à Paris. I, 259.

— III, 1779.

KERVER (*Thielman*), libraire et imprimeur à Paris. I, 606, 1616, et autre 1521.

LAMBERT (*Jehan*), libraire et imprimeur. II, 545.

Autour de la marque se lit : *Jehan Lambert a espoir en Dieu.*

LAURENS (Le Petit), imprimeur à Paris. III, 1667.

Le distique suivant se lit dans sa marque :

> *Chascun soit content de ses biens*
> *qui na sufisance na riens.*

LE BOURGEOIS (*Jehan*), imprimeur à Rouen. II, 1129.

Autour de sa marque on lit : *Sit nomen Domini benedictvm.*

LE BRET (*Guillaume*), libraire à Paris. V, 720.

LE BRODEULX (*Pierre*), libraire à Paris. V, 1053.

On lit autour de sa marque : *Lege cvm prvdentia, stvde cvm sapientia, metve cvm pacientia.*

LE CARON (*Pierre*), libraire et imprimeur à Paris. I, 967.

Avec le mot *Franboys* dans la marque.

LECOQ (*Jehan*), imprimeur à Troyes. II, 393.

LEDRU (*Pierre*), imprimeur à Paris. II, 1747.

LEEU (*Gérard*), imprimeur à Gouwe. II, 676.

— IV, 164.

Cette seconde marque accompagne les impressions de Gérard Lœu, faites à Anvers.

LE FORESTIER (*Jaques*), imprimeur à Rouen. II, 1132.

On lit autour de sa marque : *Benedicamvs patrem et filivm cvm sãcto spv lavdemvs z svp exalteĩ evĩ secvla.*

LEMPEREUR (*Arnould*). — Voyez DE KEYSERE.

LEMPEREUR (*Martin*), imprimeur à Anvers. II, 1043.

Avec cette devise : *Sola fides sufficit.*

LE NOBLE (*Iean*), imprimeur à Troyes. I, 1560.

LE NOIR (*Michel*), libraire et imprimeur à Paris. I, 1857.

— I, 1093.

Cette marque est entourée par ce quatrain :

> *Cest mon desir*
> *de dieu servir*
> *povr acqverir*
> *son dovlz plaisir.*

Cette marque a aussi été employée par *Philippe Le Noir*, fils de Michel. L'édition du *Sainct Greaal* de 1523 en fournit un exemple. (L.-C. S.)

— V, 956.

Cette marque est entourée par ce quatrain :

> *C'est mon desir*
> *de dieu servir*
> *pour aqverir*
> *son bon plaisir.*

LE NOIR (*Philippe*), libraire et imprimeur à Paris. V, 41.

Cette marque est entourée par ce quatrain :

> *Cest mon desir*
> *a dieu servir*
> *povr acqverir*
> *son dovlx plaisir.*

— V, 1513.

Le Prince. — Voyez Sainte-Lucie (*Pierre*).

Le Rouge (*Pierre*), libraire et imprimeur à Paris. I, 1233.

Les Angeliers frères, libraires à Paris. I, 224.

— III, 1979.

Avec cette devise : *Dung amovr vertvevx laliance immortelle. — Pax vobis. — Les anges tiers.*

Le Talleur (*Guillaume*), imprimeur à Rouen. I, 1872.

Levet (*Pierre*), libraire et imprimeur à Paris. V, 1245.

Longis (*Jehan*), libraire à Paris. II, 1597.

— I, 1671.

Avec le monogramme F.

Lotrian (*Alain*), libraire à Paris. II, 1744.

On y lit cette devise : *Nvllvy ne pevt Iesvs Christ decepvoir.*

— Voyez Trepperel (*Jehan*).

Louis (*Jean*) Tiletan ou de Tielt en Gueldre, libraire à Paris. V, 1496.

Lud (*Gautier*), imprimeur à Saint-Dié. II, 316.

Macé (*Richard*), libraire à Rouen. III, 1656.

Macé (*Robinet*), libraire à Rouen. II, 782.

Avec cette devise : *Vng dieu, vng roy, vne foy, vne loy.*

— III, 1669.

Mansion (*Colard*), imprimeur à Bruges, en Flandre. I, 1035.

Marchant. — Voyez Palier (*Jehan*).

Marchant (*Guiot*), libraire et imprimeur. II, 403.

— IV, 1313.

Ces deux marques contiennent ce rébus : *Sola fides sufficit.*

Mareschal (*Pierre*) et *Bernabé* Chaussart, imprimeurs à Lyon. II, 244.

Maurin (*Anthoine*), libraire à Toulouse. I, 336.

Mellier (*Denis*), imprimeur à Paris. V, 1190.

Millanges (*Simon*), libraire et imprimeur à Bordeaux. I, 537.

Mittelhus (*Georges*), imprimeur à Paris. III, 1355.

Moerart (*Jacob*), libraire à Paris. V, 1083.

— V, 1084.

Autour de cette seconde marque on lit : *Dieu soit a mon commenchement et a ma fin.*

Morel (*Guillaume*), libraire et imprimeur à Paris. V, 782.

— V, 1336.

Morel (*Fédéric*), libraire et imprimeur à Paris. V, 1499.

Avec cette devise : Πᾶν δένδρον ἀγαθὸν καρποὺς καλοὺς ποιεῖ.

Morin (*Martin*), imprimeur à Rouen. II, 363.

Morrhy (*Gérard*), ou De Campis, ou Des Champs, imprimeur à Paris. III, 177.

Avec ces devises :

> Μήτ' ἐμοὶ μέλι μήτε μέλιττα.
> *Nocet empta dolore voluptas.*

— V, 561.

Néobar (*Conrad*), imprimeur à Paris. I, 47 ; III, 284.

Nivelle (*Sébastien*), libraire et imprimeur à Paris. IV, 500.

Nory (*Claude*), imprimeur à Lyon. V, 1186.

C'est sans doute le même imprimeur que le suivant.

Nourry (*Claude*), imprimeur à Lyon. I, 969 ; IV, 172.

Avec cette épigraphe : *Cor contritvm et hvmiliatvm devs non despicies.* (Psalmo 50.)

Nyverd (*Guillaume*), libraire et imprimeur à Paris. II, 1707.

A l'entour de cette marque se lisent les cinq vers suivants :

> *Tout ainsi q̃ descend en la fleur la rosee*
> *la face au mirouer, et au coeur la pensee*
> *le soleil en voirriere sans estre entamec*
> *la voix en la maisõ sans estre defformee*
> *entra le filz de dieu en la vierge honorec.*

Et dans l'intérieur : *In te dñe speraut non confundar in eternũ.*

Olivelli (*Louis*), libraire à Valence. IV, 1318.

Avec cette devise : *Spes alit agricolas.*

Pacquier. — Voyez Pissart.

Palier (*Jehan*), dit Marchant, imprimeur à Metz. V, 1205.

Panthoul (*Macé*), libraire à Troyes. II, 551.

Paris (*Nicole*), imprimeur à La Rivou. I, 1375.

Avec ces mots : *Et colligam.* Cet imprimeur a aussi exercé à Troyes.

PELUTI (*Jehan*), libraire à Metz. V, 1205.

PESNOT (*Loys*) et ROY (*Maurice*), libraires à Lyon. V, 1039.

Avec cette devise : *Virtvti sic cedit invidia.*

PETIT (*Jehan*), libraire (et ensuite imprimeur) à Paris. II, 383.

— V, 44.

PETIT (*Oudin*), libraire à Paris. V, 1286.

PHILIPPE (*Gaspard*), imprimeur à Paris. I, 274.

— IV, 856.

Sa marque est identique avec celle de Jehan Guyart, imprimeur à Bordeaux. Voyez GUYART (*Jehan*). (L.-C. S.)

PIGOUCHET (*Philippe*), libraire et imprimeur à Paris. II, 382.

— V, 1569.

PISSART (Pacquier), libraire à Anvers ? V, 944.

Avec cette sentence : *Arcta est via quæ ducit ad vitam.*

PLANTIN (*Christophe*), libraire et imprimeur à Anvers. I, 762.

Avec ces mots : *Exerce imperia ramos compesce fluentes.*

— II, 1800.

Avec ces mots : *Christvs vera vitis.*

PORTONARIIS (*Vincent* de), libraire à Lyon. IV, 722.

PORTUGAL (Armes de). — Voyez HARDOUYN.

PYCHORE (*Jehan*) et DE LAISTRE (*Remy*), imprimeurs à Paris. V, 1666.

Nous n'avons donné que le monogramme de cette marque, qui d'ailleurs est semblable à celle de Guillaume Eustace (voyez V, 1647).

REGNAULT (*François*), libraire et imprimeur à Paris. IV, 1441.

— II, 344.

REGNAULT (*Pierre*), libraire à Caen. V, 1572.

On lit autour de sa marque : En tête : *Faire et taire,* et des deux côtés : *Qvi qvid agas memori mente teneto, Mori.*

REMBOLT (*Berthold*), libraire et imprimeur à Paris. III, 1764.

— IV, 942.

ROCE (*Denys*), libraire à Paris. III, 1199.

Avec cette devise : *A laventvre tovt vient a point qvi pevt atendre*

ROFFET (*Jaques*), libraire à Paris. II, 997.

ROFFET (*Pierre*), libraire à Paris. II, 153.

— III, 1445.

— V, 1672.

Nous n'avons donné que le monogramme de cette marque, qui est d'ailleurs exactement la même que celle de Simon Vostre (voyez V, 1585).

ROFFET (*André*), libraire et imprimeur. I, 1799.

ROFFET (*Estienne*), libraire à Paris. II, 1795.

ROSE (*Germain*), libraire à Lyon. I, 969 ; IV, 1470.

ROVILLE (*Guillaume*), imprimeur à Lyon. II, 996.

ROY (*Maurice*). — Voy. PESNOT (*Loys*).

SAINCTE-LUCIE (*Pierre* de), dit Le Prince, imprimeur à Lyon. III, 524.

Avec cette épigraphe : *Ocvli mei semper ad dominvm.* (Psal. 24.)

SAVOIE (Écu de). II, 919.

A aussi été employé par Jacques Vivian, imprimeur à Genève. III, 1700.

SERGENT (*Pierre*). — Voy. DENYS (*Jehan*).

SERTENAS (*Vincent*), libraire à Paris. III, 1157.

Avec cette épigraphe : *Vincenti non victo gloria datvr.*

SOQUAND (*Guichard*), libraire et imprimeur à Paris. II, 422.

TEMPORAL (*Jean*), libraire à Lyon. II, 606.

— V, 645.

Avec cette devise : *Ex tempore prvdentia.*

— V, 1691-92.

Avec cette devise autour :
     Et fvgit interea fvgit irreparabile tempvs.

Et dans l'intérieur :
     ΓΝΩΘΙ ΚΑΙΡΟΝ.

TILETAN. — Voyez LOUIS.

TOPIE (*Michel*), imprimeur à Lyon. I, 1251.

TORY (*Geofroy*), de Bourges, libraire et imprimeur à Paris. I, 1710.

Avec cette devise : *Non plus.*

— V, 898.

TRECHSEL frères (*Melchior* et *Gaspard*), libraires et imprimeurs à Lyon. V, 1691-92.

Avec ces mots : *Vsus me genuit,* et cette devise :
     ΓΝΩΘΙ ΣΕΑΥΤΟΝ.

TRECHSEL (*Jean*), imprimeur à Lyon. III, 413.

TREPPEREL (*Jehan*), libraire et imprimeur à Paris. II, 265.

Autour de sa marque se lit ce distique :

En provocant ta grant misericorde
otroye nous charite et concorde.

— IV, 1231.

Cette seconde marque a aussi été employée par la veuve de J. Trepperel, et par Alain Lotrian, successeur de la veuve de J. Trepperel.

VAN DEN KEERE (*Henri*), en latin CHAERIUS, en français DUTOUR, imprimeur à Gand. II, 924.

Avec ces mots : *Regarde la fin du tour.*

VASCOSAN (*Michel*), libraire et imprimeur à Paris. I, 814 ; IV, 1025.

VERARD (*Antoine*), libraire à Paris. I, 511.

— V, 1605.

Autour de sa marque on lit le quatrain suivant :

Po^r provocqver ih's ta grāt misericorde
de tovs pechevrs faire grace et pardon
anthoine verad humblemēt te recorde
ce qvil a il tient de toi par don.

— V, 1600.

VIDOUE (*Pierre*), imprimeur à Paris. I, 1374.

— II, 1369.

— V, 1653.

Dans l'une et l'autre marques se lit la devise *Avdentes ivvo.*

VINCENT (*Symon*), libraire à Lyon. I, 1591.

Avec les lettres P. V.

— IV, 1289.

Avec cette sentence : *Memento finis.*

— IV, 1290.

Avec ces mots : *Salve sancta facies.*

VIVIAN (*Jacques*), imprimeur à Genève. — Voyez SAVOIE.

VIVIAN (*Mathieu*), imprimeur à Orléaus. III, 1857.

VORSTERMAN (*Guillaume*), imprimeur à Anvers. IV, 86.

VOSTRE (*Simon*), libraire à Paris. V, 1585.

WECHEL (*Chrestien*), libraire et imprimeur à Paris. II, 913.

WECHEL (*André*), libraire et imprimeur à Paris. III, 1578.

WOLF (*Georges*), imprimeur à Paris. V, 1303.

WYNKYN DE WORDE, imprimeur à Londres. II, 1167, avec le nom.

— I, 1561, sans le nom.

Marques qui nous sont inconnues.

I, 181.

Avec cette devise : *Vng dieu, vng roy, vngne loy, vngne foy.*

I, 1092.

II, 299 ; III, 1486.

Avec cette devise : *Ne hault, ne bas, médiocrement.*

II, 361.

II, 384.

III, 1450.

III, 1486. Voyez ci-dessus, II, 299.

IV, 284. Voyez GAULTHEROT.

V, 435.

Avec les mots : *Virgula divina.*

V, 1279.

Marque d'*Olivier* DE HARSY, libraire et imprimeur à Paris, 1556-1584.

Marque de *Bonaventure et Abraham* ELSEVIER, imprimeurs à Leyde.

NOTICE DE LA COLLECTION

DES

AUTEURS LATINS, FRANÇAIS ET ITALIENS

IMPRIMÉS EN PETITS FORMATS

PAR

LES ELSEVIER (*).

━━━━━◆━━━━━

L y a déjà bien longtemps que les éditions des Elsevier tiennent un rang distingué dans les cabinets des curieux, et forment une collection à part; mais on s'était borné d'abord à recueillir celles de ces éditions, en petit format, qui se font remarquer à la fois par le mérite du contenu et par l'élégance de la typographie : voilà pourquoi De Bure n'a admis dans sa Bibliographie qu'un très-petit nombre de ces sortes de livres. A la vérité ce bibliographe s'est un peu trop circonscrit dans le choix qu'il a fait, mais du moins sa liste ne renferme-t-elle aucun livre qu'un homme de goût ne puisse avouer. Après lui les bibliophiles ont cru pouvoir ajouter aux ouvrages indiqués dans la *Bibliographie* plusieurs autres livres qui méritaient à juste titre d'y être réunis ; et comme le tout ensemble ne formait encore qu'une collection trop peu étendue pour fournir longtemps un aliment à leur

ardeur pour les recherches, ils ont insensiblement réuni à tous les petits volumes qui portent le nom d'Elsevier, nombre d'éditions qui n'ont point ce nom célèbre, mais qui paraissent pourtant être sorties des presses de ces imprimeurs hollandais. Enfin, d'autres personnes, plus faciles encore, ont voulu reconnaître les Elsevier dans toutes les petites éditions imprimées dans les Pays-Bas de 1640 à 1681 ; en sorte que, dans leur système, tout petit in-12 avec le nom de Foppens, de Migeot, de Frick (trois libraires et imprimeurs de Bruxelles), avec celui de Wolfgang, de Jacques Le Jeune, de Sambix, de Michiels et de plusieurs autres libraires véritables ou supposés, tout livre présentant quelques fleurons analogues à ceux qu'ont employés les Elsevier, ou dont le titre porte la sphère, appartiendrait indubitablement à la collection elsevirienne. Par ce moyen une suite, qui originairement n'avait pas 80 vol., a été portée à 1500 et plus, lesquels, on peut bien le croire, sont fort loin d'avoir un égal mérite. Sans présenter ici une liste à beaucoup près aussi nombreuse, j'ai cru devoir étendre

(*) Des recherches récentes sur la famille des Elzevier ou Elsevier ont constaté d'une manière positive que, depuis 1580 jusqu'en 1712, quatorze membres de cette illustre famille ont exercé en Hollande, soit le commerce de la librairie seulement, soit la profession d'imprimeur jointe à celle de libraire. Voici dans quel ordre il convient de les ranger :

1. Louis Ier, libraire à Leyde, et aussi à La Haye, a publié, dès l'année 1583 : Dausii *Ebraicarum quæstionum, sive quæstionum ac responsionum, libri duo, videlicet secundus et tertius,* In Academia Lugdunensi, MDLXXXIII, in-8.: volume de 126 pp., non compris un dernier f. séparé, qui contient l'errata, et au bas cette souscription : *Veneunt Lugduni Batauorum apud Ludouicum Elseuirium e regione scholæ nouæ.* Ce livre, ainsi que le prouve la date ci-dessus, a précédé de neuf années l'*Eutropius* de 1592, regardé jusqu'ici comme le premier où figure le nom d'Elsevier. Louis Ier paraît avoir cessé son commerce en 1607, mais il ne mourut qu'en 1617.

2. Matthieu ou Matthys, fils de Louis Ier, libraire à Leyde dès 1591, le fut jusqu'en 1622, et il mourut le 6 décem-

bre 1640. Il est connu par deux ouvrages de Stevin, imprimés à Leyden, en 1618, et où son nom se trouve suivi de celui de Bonaventure Elsevier, son fils.

3. Louis II, fils de Louis Ier, a exercé la librairie à Leyde, et également à La Haye, depuis environ 1600 jusque vers 1621, époque de sa mort. C'est à lui qu'on attribue les livres publiés à cette époque-là, avec l'adresse de Louis Elsevier.

4. Gilles (*Ægidius*), autre fils de Louis Ier, et également libraire. Son nom se lit sur le titre des Navigations de Linschot, en latin, impr. à La Haye, en 1599, in-fol. Il mourut en 1651.

5. Joost ou Juste, autre fils de Louis Ier, a exercé la librairie à Utrecht, au moins de 1603 à 1607 ; mais on ne connaît pas de livres qui portent son nom.

6. Bonaventure, 6e fils de Louis Ier, après avoir été momentanément associé à son frère Matthieu (en 1618), exerça seul jusqu'en 1626, époque à laquelle il s'associa à Abraham, son neveu. Plusieurs des livres publiés par lui avant cette nouvelle asso-

considérablement celle qui fait partie de la seconde édition de mon Manuel, mise au jour en 1814. Je commence toujours par les éditions en petit format qui portent le nom d'Elsevier; mais cette partie de mon travail est augmentée de toutes celles des éditions qui y manquaient, et que je suis parvenu à me procurer, ou sur lesquelles j'ai pu avoir des renseignements exacts. J'ai donné une description détaillée du matériel des volumes les plus recherchés et les plus rares; ce qui servira autant pour collationner les exemplaires qu'on aura entre les mains, que pour faire distinguer les volumes précieux de ceux qui ne le sont pas. La classe des éditions sans le nom d'Elsevier renferme, avec une grande partie des livres de ce genre que j'ai été à portée d'examiner, et où j'ai reconnu l'impression elsevirienne, plusieurs ouvrages qui n'appartiennent certainement à aux mêmes presses, mais qui, vu leur mérite et leur belle exécution, peuvent très-bien figurer dans une collection faite avec goût.

Je ne répéterai pas les détails que j'ai déjà donnés dans mes premiers volumes en parlant de plusieurs éditions qui font aussi partie de la présente notice; mais je profiterai de l'occasion pour rectifier et pour étendre quelques-unes de ces mêmes notes : c'est pourquoi j'engage les personnes qui se serviront de mon ouvrage, pour ce qui regarde les petites éditions des Elsevier, à consulter cette Notice avant de chercher dans le Dictionnaire l'objet sur lequel elles veulent avoir des renseignements; je les engage aussi à ne pas oublier que les exemplaires de ces sortes de livres n'ont la valeur fixée dans ce Manuel, qu'autant qu'ils sont sans taches, sans notes manuscrites, et que les marges, surtout, en ont été peu rognées; car autrement ils rentrent dans la classe des livres ordinaires. Ainsi, pour citer un exemple, l'Horace de Jean Bond, de 1676, se paie 36 à 48 fr., quand il est très-beau, et il en a été vendu un exemplaire broché jusqu'à 200 fr. chez M. Firmin Didot; cependant des exemplaires inférieurs se donnent ordinairement pour 12 ou 15 fr., et quelquefois pour moins encore, lorsqu'ils sont extraordinairement rognés ou très-défectueux.

Pour se faire une idée juste de ce qu'il faut entendre ici par de belles marges, il est essentiel de savoir que, dans leurs éditions pet. in-12, imprimées jusqu'en 1639 à peu près, les Elsevier de Leyde ont fait usage d'un papier un peu plus petit que celui qu'ils ont employé plus tard. En sorte que, par exemple, le Quinte-Curce de 1633, le Salluste et le Tite-Live de 1634, le Pline, le César et le Térence de 1635, le Virgile de 1636, le Florus de 1638, et le Velleius Paterculus de 1639, n'ont jamais plus de 130 à 133 mill. (4 pouces 10 à 11 lign. de hauteur, ancien pied de roi), tandis

que les éditions données par les mêmes imprimeurs depuis 1639, à commencer par le Sénèque, ont de 135 à 137 mill. (5 pouces à 5 pouces 1 ligne), quand les marges en sont entières. C'est aussi cette dernière mesure que présentent les petits in-12 des Elsevier d'Amsterdam. Ainsi, à quelques exceptions près, on peut donner comme règle générale 129 à 133 mill. (4 pouces 9 lignes à 4 pouces 11 lignes), pour les éditions antérieures au Sénèque, de 1639-40, et 133 à 138 mill. (4 pouces 11 lignes à 5 pouces 1 ligne) pour les autres. Les exceptions portent particulièrement sur l'Horace et l'Ovide de 1629, qui sont de format in-16; ensuite sur les volumes qui, comme le Montaigne de Foppens, le Boccace de 1665 ou le Tite-Live de 1678, sont beaucoup plus grands que les autres, et enfin sur les éditions in-24, qui sont beaucoup plus petites.

Indépendamment de leurs éditions en petit format, les seules dont les curieux réunissent la collection, les Elsevier, et notamment la maison de Bonaventure et Abraham, à Leyde, et celle de Louis et Daniel, à Amsterdam, ont imprimé un assez grand nombre de volumes dans les formats in-8., in-4. et in-fol., qui non-seulement ne le cèdent en rien à ceux que nous allons décrire, mais encore ont une importance typographique peut-être plus réelle, à cause de la variété de caractères qu'ils présentent. On conçoit, d'après cela, qu'un catalogue raisonné et complet des productions sorties des presses elseviriennes peut avoir de l'intérêt. Le P. Adry, ancien bibliothécaire de l'Oratoire, l'avait entrepris, et même son travail, qui devait former trois volumes in-8., était fort avancé au moment de sa mort. Toutefois le manuscrit qu'a laissé ce savant (*) ne nous a paru ni aussi complet, ni aussi exact qu'on pourrait le désirer, quoiqu'il renferme un certain nombre de documents curieux sur les Elsevier et leurs éditions. C'est de cette source, cependant, que le P. Adry a tiré la notice qu'il a publiée en 1806, dans le Magasin encyclopédique, et aussi à part, sous ce titre : Notice sur les imprimeurs de la famille des Elsevirs, faisant partie de l'introduction au catalogue raisonné de toutes les éditions qu'ils ont données; par un ancien bibliothécaire, Paris, Delance, in-8. de 60 pp. Ce morceau, que Bérard a reproduit en grande partie dans son Essai bibliographique, impr. en 1822, était alors ce qu'on avait de meilleur sur cette famille, mais depuis les ouvrages plus ou moins remarquables dont nous donnons ci-dessous les titres sont venus répandre un nouveau jour sur la typographie elsevirienne et sur ses nombreuses productions.

1° Remarques (sur Louis Elsevier 1er et Louis Elsevier II) que M. Dodt van Flensberg, attaché à la Bibliothèque d'Utrecht, a fait paraître, en 1841, dans un journal statistique de cette province, écrit en hollandais.

---

ciation ont certainement été imprimés par Isaac, son neveu, le premier du nom d'Elsevier qui ait possédé un établissement typographique.

7. Abraham, associé à son oncle Bonaventure pour l'exploitation de l'imprimerie et de la librairie fondées par eux, à Leyde, en 1626, et qu'ils ont gérées avec tant de succès jusqu'à l'année 1652, dans le courant de laquelle ils moururent l'un et l'autre. Ce sont surtout ces deux associés qui, par leurs admirables éditions des classiques latins et de quelques jolis volumes français en petit format, ont donné au nom d'Elsevier cette illustration qui s'est conservée jusqu'à nos jours.

8. Isaac, deuxième fils de Matthieu, imprima à Leyde de 1617 à 1625.

9. Jacob, troisième fils de Matthieu, a fait imprimer par Isaac, à Leyde, en 1625, Dan. Heinsii Homilia, et il a publié à La Haye, et comme libraire, les tables des sinus d'Albert Girard, sous la date de 1626, et aussi sous celle de 1629.

10. Louis III, fils d'Isaac, imprima seul à Amsterdam, de 1639 à 1655, et depuis cette époque jusqu'en juillet 1663 ou 1664, et il mourut en mai 1670.

11. Daniel, fils de Bonaventure. Il imprima à Leyde, en société avec Jean, de 1652 à 1654, puis à Amsterdam, en société avec Louis, de 1655 à 1662; enfin seul, depuis cette époque jusqu'à sa mort, arrivée le 13 septembre 1680; sa veuve, qui a continué momentanément le commerce, n'a survécu que de quelques mois à son mari.

12. Jean, fils d'Abraham, imprima à Leyde, en société avec

Daniel, en 1652, 1653 et 1654, et seul, de 1655 à 1661. Après sa mort, arrivée en cette dernière année, son établissement a été continué jusqu'en 1681, sous le nom de la veuve et des héritiers de Jean Elsevier. Cette veuve, nommée Eva Alphen, a survécu jusqu'au 19 mars 1693.

13. Pierre, petit-fils de Matthieu, par Pierre et Arnout, a exercé à Utrecht, de 1667 à 1675. Quant au Pierre Elsevier, nommé sur le titre des Mélanges historiques de P. C. (Paul Colomiez), Utrecht, 1692, pet. in-12, le P. Adry pensait que ce devait être un fils du précédent.

14. Abraham II, fils de Jean, qui probablement avait déjà été l'associé de sa mère (voyez l'article 12), a exercé sous son propre nom, et avec le titre du typographe de l'Académie de Leyde, depuis 1681. On ne connaît de lui que des oraisons funèbres, des thèses et des dissertations académiques. Il a pourtant imprimé le Paradisus batavus de Paul Hermann (voir t. III, col. 114), au sujet duquel un titre inexactement rendu (impensis viduæ) nous avait fait supposer une veuve d'Abraham Elsevier, tandis qu'il s'agit de la veuve de l'auteur de l'ouvrage.

(*) Lorsque l'on fit la vente du P. Adry, ce manuscrit fut acquis par M. Sensier, mais cet amateur ayant vendu sa bibliothèque, en 1828, le même manuscrit passa dans le cabinet de M. Bignon, moyennant 307 fr., et à la vente de ce dernier, Ch. Pieters, de Gand, en devint l'heureux possesseur

2° Notices bibliographiques, en français, sur les deux mêmes imprimeurs, par M. Jacob, libraire à La Haye, qui les a insérées dans son Annuaire de la librairie hollandaise pour 1843, in-12, pp. 73 et suiv., à la suite d'une lettre curieuse de Simon Moinet, correcteur à l'imprimerie des Elsevier, lettre adressée à Nic. Heinsius, sous la date d'Amsterdam, le 6 janvier 1661. M. Jacob avait déjà donné, dans le *Jaar-Boeckje van den boekhandel* de 1839 et 1841, quelques renseignements sur les productions typographiques des Elsevier.

3° ANALYSE des matériaux les plus utiles pour de futures annales de l'imprimerie des Elsevier (par Ch. Pieters); imprimée en mars 1843, chez C. Annoot-Braeckman, à Gand, gr. in-8. de IV et 46 pp., avec deux tableaux généalogiques des Elsevier, et leurs armes coloriées. L'auteur y a joint depuis 8 pp. d'additions. Cet opuscule n'a été tiré qu'à 50 exemplaires, qui ont été distribués. (Refondu dans les *Annales*, article 7 ci-dessous.)

4° Uitkomsten van een onderzoek omtrent de Elseviers, meer bepaaldelijk met opzigt tot derzelver genealogie, door W.-J.-C. Rammelman Elsevier. *Utrecht*, 1845, in-8.

5° RECHERCHES historiques, généalogiques et bibliographiques sur les Elsevier, par A. de Reume. *Bruxelles*, 1847, gr. in-8., avec portrait, armoiries, vignettes et fac-simile, dont il a été tiré quelques exemplaires sur du papier vélin couleur abricot, un desquels a été payé 31 fr. à la vente Pieters.

6° APERÇU sur les erreurs de la bibliographie spéciale des Elsevier et de leurs annexes, avec quelques découvertes curieuses sur la typographie hollandaise et belge du XVII° siècle, par le bibliophile M. (Motteley). *Paris, Panckoucke*, 1847, in-12 de 40 pp. Il y a 15 exemplaires tirés sur papier bleu.

Ch. Motteley a fait, en même temps que Pieters, une étude particulière sur certaines éditions pseudonymes des Elsevier et sur les nombreuses éditions impr. à Bruxelles par Foppens et par Eug.-Henri Frix, qui portent leur nom. En les comparant avec d'autres, où ces imprimeurs flamands ne sont pas nommés, mais qui reproduisent leurs caractères et leurs fleurons ordinaires, ces deux bibliophiles ont reconnu qu'elles étaient également sorties des presses de Bruxelles, et qu'on les avait attribuées faussement aux Elsevier, dont plusieurs imitent à s'y tromper leurs plus jolies productions. D'après cela nous avons cru devoir retirer la qualité de *vrai Elsevir* que, dans nos précédentes éditions, nous avions donnée à plusieurs volumes auxquels ne doit plus s'appliquer cette attribution, mais qui n'en sont pas moins dignes de l'attention des bibliophiles.

7° ANNALES de l'imprimerie des Elsevier, ou histoire de leur famille et de leurs éditions, par Charles Pieters; seconde édition revue et augmentée. *Gand, C. Annoot-Braeckman*, 1858, gr. in-8.

A la col. 649 de notre quatrième volume nous avons décrit les deux éditions de cet excellent ouvrage. L'auteur est mort à Gand, en 1863, et dès l'année suivante sa précieuse collection a été mise en vente dans la même ville sous la direction du libraire F. Heussner, de Bruxelles, après la publication d'un catalogue en 2 part. in-8. Les personnes qui ont suivi cette vente ont remarqué qu'à l'exception de quelques livres français rares et fort recherchés qui y ont atteint des prix très-élevés, les autres éditions elseviriennes, surtout les latines, y ont été généralement adjugées à des prix inférieurs à ceux qu'ils auraient obtenus il y a quelques années. Ce qui prouve que l'ardeur des bibliophiles pour ces curiosités de second ordre que ne recommandent pas de grandes marges et d'anciennes reliures en maroquin, bien faites et parfaitement conservées, s'est un peu refroidie.

La possession des *Annales* de Ch. Pieters ne rend pas tout à fait inutiles les deux catalogues suivants imprimés à Saint-Pétersbourg.

8° Les ELZEVIR de la Bibliothèque impériale de Saint-Pétersbourg. *Saint-Pétersbourg*, 1862, in-8. carré de XIV et 233 pp.

Ce catalogue a été rédigé par le comte André Rostoptchine, et publié par M. Minzloff, un des conservateurs de la bibliothèque de Saint-Pétersbourg, lequel l'a fait précéder d'une lettre qui l'explique et lui sert de supplément. Néanmoins il est fort incomplet, rempli d'erreurs et de fautes typographiques, ainsi que l'a démontré M. Walther dans un volume pet. in-8. carré de XXIV et 332 pp. ayant pour titre :

Les ELZEVIR de la bibliothèque impériale publique de Saint-Pétersbourg, catalogue bibliographique et raisonné publié sous les auspices et aux frais du prince Nicolas Youssoupoff, et rédigé par Ch.-F. Walther, bibliothécaire supérieur de la Bibl. imp. publ. *Saint-Pétersbourg, chez S. Dufour, libraire*. 1864.

Ce dernier catalogue contient : I, *les éditions avec le nom des Elsevier omises dans le catalogue de M. le comte Rostoptchine*. — II, *les éditions déguisées omises dans le même catalogue*. — III, *les éditions nouvellement recueillies*. — IV, *Corrections des erreurs du catalogue de M. le comte Rostoptchine*. C'est un travail curieux et qui paraît être fort exact; il nous apprend que la bibliothèque de Saint-Pétersbourg possède 1818 ouvrages (formant 2070 volumes, tant in-fol. qu'in-4., in-8., in-12, etc.) imprimés par les Elsevier, ou à leur imitation, et ou outre 1330 dissertations académiques, décrites en partie dans le *Bulletin du bibliophile belge*, 1861 et 1862, tom. XVII et XVIII, sous le titre de *Catalogue méthodique des dissertations ou thèses académiques imprimées par les Elsevirs de 1616 à 1712* (lisez 1712), recueillies pour la première fois dans la bibliothèque impériale publique à Saint-Pétersbourg et décrites par le bibliothécaire Dr. Ch.-Fr. Walther. *Supplément aux Annales de l'imprimerie des Elsevier publiées par M. Charles Pieters*, à Gand, suivi de quelques autres additions et remarques sur ce dernier ouvrage.

Après la publication de ces trois ouvrages nous avons eu l'idée de supprimer le catalogue des éditions elseviriennes en petit format que nous avions donné pour la première fois, avec une certaine étendue, en 1814, dans la seconde édition de notre Manuel, et que nous avons successivement augmenté depuis ; cependant nous l'avons conservé, parce qu'il a l'avantage de réunir en trois catégories seulement ce qui, dans les Annales de Ch. Pieters, a dû selon son plan en former plus de vingt-cinq, ce qui, pour les recherches, rend nécessaire le recours à la table, laquelle n'est pas assez développée dans ses renvois. D'ailleurs nous sommes ici le premier en date, puisque notre notice a précédé de plus de vingt ans le travail de M. Pieters, qui s'en est servi fréquemment, ainsi qu'il l'a lui-même reconnu.

Éditions avec le nom des Elsevier.

La vie du roy Almansor, écrite par le capitaine Aly ABENÇUFIAN (trad. en françois par Fr. d'Obeilh). *Amsterdam, Daniel Elsevier*, 1671, pet. in-12.

Edition en gros caractères : 6 ff. prélimin., y compris le titre, 202 pp. de texte, plus 1 f. séparé, qui contient l'extrait du privilège du roi de France, accordé au R. P. D., et cédé par celui-ci à Dan. Elsevier.

Medulla oratoria, voy. ci-après PETR-ADOLPHUS.

Brevis replicatio reposita explicationi mentis humanæ sive animæ rationalis D. Henrici Regii, notis Car-tesii in programma ejusdem argumenti firmandis, veritatique magis illustrandæ a Tobia ANDREÆ. *Amstel., typ. Ludov.* (**), 1653, pet. in-12, 6 ff. prélim., 320 pp. et 1 f. d'errata.

ADRIATISCHE Rosemund. Voyez ci-après ZESEN.

APHTHONII progymnasmata, partim a Rod. Agricola, partim a Joh.-Maria Catanæo, latinitate donata, cum scholiis Lorichii. *Amstelod., Ludov.*, 1642, 1645 (frontispice gravé, 1642), 1649, seu *apud Lu-*

(**) Pour éviter la répétition trop fréquente du nom d'*Elsevier*, je me suis borné à marquer les prénoms.

dov. et Danielem, 1655 (frontispice gravé, 1649), seu 1665, pet. in-12.

Avec un frontispice gravé et un titre imprimé. L'édition de 1649, dont le titre porte *editio nova superioribus emendatior*, est la plus belle des cinq. Il existe des exemplaires de l'édit. de 1655 dans lesquels on a placé entre l'*index progymnasmatum* et l'*index rerum* un *auctarium, continens variationem translationis fabularum et chreiarum* qui, indépendamment de son feuillet de faux-titre, occupe les pages chiffrées 387 à 441.

Doctrina politica in genuinam methodum, quæ est Aristotelis, reducta, et ex probatissimis quibusque philosophis, etc., breviter comportata et explicata ab Henningo Arnisæo. *Amstel., Ludovic.*, 1643, seu 1651, pet. in-12.

Avec un frontispice gravé et un titre imprimé. L'édit. de 1643 a 6 ff. prélim., 610 pp. et 19 ff. d'index. celle de 1651 a 58½ pp., y compris les deux titres et 70 ff. d'index.

D. Aurelii AUGUSTINI libri XIII confessionum ad mss. exempl. emendati, opera et studio H. Sommalii. *Lugduni (Batav.), apud Danielem*, 1675, pet. in-12.

334 pp., y compris le titre gravé, plus 9 ff. d'index.

Fr. BACONIS de Verulamio scripta in naturali et universali philosophia. *Amstel., apud Ludov.*, 1653, pet in-12 (titre gravé et titre imprimé). Autre édition, *Amstel., ex officina elzevir.*, 1662, pet. in-12 de 8 ff., 252 pp. et 8 ff. d'index.

— Ejusdem Sylva sylvarum, et nova Atlantis. *Amst., Ludov.*, 1648, seu *ex offic. elzev.*, 1661, pet. in-12.

L'édit. de 1648 a 18 ff. prélim., 612 pp., 24 ff. d'index, plus 87 pp. pour l'*Atlantis*. L'édit. de 1661 a 12 ff. prél., 5½9 pp. de texte, 39 pp. d'index non chiffrées, plus 86 pp. pour l'*Atlantis*.

— Ejusdem Sermones fideles ethici, etc. *Amstel., ex offic. elzev.*, 1662, pet. in-12 de 12 ff. prél. et 669 pp.

— Ejusdem Historia regni Henrici septimi Angliæ regis. *Amstel., ex offic. elzev.*, 1662, pet. in-12 de 403 pp., y compris le titre et 5 pp. d'index.

— Ejusdem Historia naturalis et experimentalis de ventis. *Amstel., ex offic. elzev.*, 1662, pet. in-12 de 8 ff. prélim., y compris le titre gravé, 232 pp. et 8 ff. d'index.

Pour les autres ouvrages de Bacon, imprimés dans le même format, mais non pas par les Elsevier, voyez notre article Bacon, tom. I, col. 604.

Œuvres diverses de BALZAC, augmentées de plusieurs pièces. *Leyde, chez les Elsevier*, 1651 (8 ff. prél. et 389 pp.; (deux éditions sous la même date); ou *Jean*, 1658; ou *Amsterdam, Daniel*, 1664, pet. in-12.

Le *Discours à la reyne régente* et *Le Barbon*, pièces datées de 1651, ou 1659, manquent quelquefois dans les exemplaires de l'édition de 1651, qui n'ont alors que 298 pp. de texte, au lieu de 389.

Aristippe, ou de la cour, par le même. *Leyde, Jean*, 1658, ou *Amstel., Daniel*, 1664, pet. in-12.

Il y a deux édit. sous la date de 1658 : l'une de 239 pp. et 24 pp. de table; l'autre de 272, non compris la table, et les limin.

Les entretiens du même (publiés par Girard). *Leyde, Jean*, 1659, pet. in-12 de 396 pp., y compris le frontispice gravé; à la fin, 5 ff. pour la table; ou *Amsterd., Louis et Daniel*, 1663, pet. in-12 de 388 pp. et 9 ff.

Lettres choisies de BALZAC. *Suivant la copie imprimée à Paris (Leide, les Elsevier)*, 1648 (12 ff. y compris le titre et 440 pp.), ou *Leyden, chez les Elsevier*, 1652,—*Amsterd., chez les Elsevier*, 1656 12 ff. et 404 pp.), et *Daniel*, 1678, pet. in-12.)

Lettres familières de BALZAC à Chapelain (publiées par Girard). *Leide, Jean*, 1656 (de 333 pp. en tout), ou *Amsterd., Louis et Daniel*, 1661, pet. in-12 de 332 pp. en tout dont les 16 premières ne sont pas chiffrées.

Lettres de BALZAC à Conrart (publiées par Girard). *Leyde, Jean*, 1659, ou *Amsterd., chez les Else-*

viers, 1664, pet. in-12 de 424 pp., y compris le frontisp. gravé; à la fin, 2 ff. pour la table.

Une édition de *Leyde, Jean*, 1656, est citée dans le *Dictionnaire bibliographique* d'Ebert.

On ajoute à ces six volumes le suivant :

SOCRATE chrétien, par Balzac, et autres œuvres du mesme auteur. *Amsterd., Joost Pluymier*, 1662, pet. in-12 de 271 et 126 pp., plus la table.

Jo. BARCLAII Argenis, editio novissima, cum clavi, hoc est nominum propriorum elucidatione, hactenus nundum edita. *Lugd. - Batav., ex officina elzeviriana*, 1627, pet. in-12 de 791 pp., plus un *Elenchus præcipuorum fictorum nominum*.

Jo. Barclaii Argenis, cum clave. *Lugd.-Batavor., ex offic. elzevir.*, 1630, pet. in-12.

Les pièces liminaires forment 20 ff., y compris le titre gravé; il y a ensuite 705 pp. de texte, 3 pp. de table, 4 ff. d'index. et la souscription de l'imprimeur sur un feuillet séparé.

Il y a deux éditions sous la même date (voir t. I, col. 651), aussi une édition d'*Amsterd., apud Ludovicum*, 1655; une de 1659, *Amst., ex offic. etc.*, et enfin une autre, *Amstelod., apud Danielem*, 1671, pet. in-12.

Euphormionis Lusinini, sive Jo. BARCLAII satyricon partes quinque, cum clavi : accessit conspiratio anglicana. *Lugd.-Batav., apud Elzevirios*, 1637, pet. in-12 de 717 pp., y compris le frontispice.

Il y a sous la même date deux éditions également médiocres, et qui se correspondent ligne pour ligne; celle que nous regardons comme la première se reconnaît aux pp. 207 et 209 qui sont cotées 107 et 109.

Nous citerons encore l'édition de 1655, *Lugd.-Batavor., apud Elzevirios*, et celle d'*Amstelod., ex officina elzeviriana*, 1658, pet. in-12.

Casp. BARLÆI poematum editio nova, priore castigatior et altera parte auctior. *Lugd.-Batav., ex offic. elzevir.*, 1631, pet. in-12 de 8 ff. prélim. et 511 pp.

Au verso du dernier f. se lit un privilége des Etats des Pays-Bas, où Bonav. et Abrah. Elsevier sont qualifiés d'imprimeurs de l'Académie de Leide.

Dom. BAUDII amores, edente P. Scriverio. *Amstel., apud. Ludov.*, 1638, in-12.

Voyez la note relative à cette édit., tom. I, col. 703 ; le volume a 6 ff. liminaires, titre compris, 518 pp. et la souscription de l'imprimeur sur un feuillet séparé.

Dom. BAUDII moralis et civilis sapientiæ monita, libris IV, comprehensa. — Ejusdem carmen heroicum dictum Jacobi I, Magnæ Britanniæ regis honori. *Leydæ in Batav., typis Joan. Balduini, prostat apud Ludov. Elzevirium*, 1611, 2 tom. en 1 vol. pet. in-12, le second de 36 pp.

— Ejusdem Induciarum belli belgici libri tres; editio tertia. *Lugd.-Batav., ex offic. elzevir.*, 1629, pet. in-12 de 14 ff. et 468 pages.

— Ejusdem Epistolæ semicenturia auctæ; lacunis aliquot suppletis, accedunt ejusd. orationes et libellus de fœnore. *Amstelod., typis Ludov.*, 1654, seu *typis Ludov., sumptibus societatis*, 1662, pet. in-12.

Dans l'édition de 1654, qui a 12 ff. limin. et 659 pp., l'épître dédicatoire de L. Elsevier est datée de 1649.

Traité de la peste avec ses préservatifs, par Louis de BEAUFORT, parisien. 1655, 2 part. en 1 vol. in-12. La première partie a 63 pp. Son titre porte, avec la marque, *Non solus, à Leyden, chez Jean Elsevier*; la seconde, de 87 pp., est impr. en plus gros caractères, et a pour adresse *à Leyden, chez Guillaume Chrétien*, l'an 1655.

G. BECKHERI orator extemporaneus, seu artis oratoriæ breviarium bipartitum. *Amstelod., Ludov.*, 1650, pet. in-12 de 8 ff. prél., 473 pp. et 27 ff.

Joh. BEVEROVICII de calculo renum et vesicæ liber singularis; cum epistolis et consultationibus magnorum virorum. *Lugd.-Batavor., ex offic. elzevir.*, 1638, pet. in-12 de 8 ff., 306 pp. et 7 ff. d'index.

— Ejusdem exercitatio in Hippocratis aphorismum de calculo, ad N. V. Claudium Salmasium : accedunt ejusdem argumenti doctorum epistolæ. *Ibid.*, 1641, pet. in-12 de 285 pp. en tout.

Theod. BEZÆ de pestis contagio et fuga dissertatio. Accessit Andreæ Riveti ejusdem argumenti epistola. *Lugd.-Batav., ex officina Elzeviriorum*, 1636, pet. in-12 de 6 ff., 154 pp. et 1 f. d'errata; gros caractères.

Il y a une autre édition sous ce titre : *Variorum... tractatus theologici de peste*, Lugd.-Batav., apud Johannem, 1655. Cette dernière, qui a 380 pp., est beaucoup plus complète que la précédente, car elle renferme, outre les traités de de Bèze et de Rivet, deux ouvrages de Gisb. Voet et de J. Hoornbeeck.

Augustini Alsteni BLOEMERTII singularis liber de nobilis et studiosæ juventutis institutione, ad Theodoricum de Wassenaer. *Amstelod., apud Ludovicum*, 1653, pet. in-12 de 6 ff. prélimin., 344 pp. et 1 f. d'errata.

A la page 277 commence une pièce en vers intitulée seulement *Drama*. Les personnages sont : *Impietas, Machiavellus, Chorus bacchicus, Atheus , Machiavelista , Convivæ quatuor, fares duo, famuli, mortuus.*

Traiani BOCCALINI Lapis Lydius politicus, latinitate donavit Ern.-Joan. Creutz. *Amsterod., apud Ludov.*, 1640, pet. in-12 de 4 ff. et 196 pp. — Pour le texte italien, voyez ci-après la liste des éditions pseudonymes des Elsevier.

Jac. BONGARSII epistolæ ad Joach. Camerarium scriptæ, et historicis ac politicis documentis instructæ. *Lugd.-Batavor., ex offic. elzev.*, 1647, pet. in-12 de 6 ff. et 444 pp.

L'homme irréprochable en la conversation, divisé en trois parties, en chacune desquelles est traitée la manière de parler en sorte que dans les compagnies l'intérêt de Dieu n'y soit blessé, notre propre conscience intéressée, ni enfin notre prochain offensé, par Ch. BONNEFILLE. *Leyde, J. Elzevier*, 1661, pet. in-12 de 413 pp. et le titre.

Tentamina quædam physiologica, conscripta a Rob. BOYLE, cum ejusdem historia fluiditatis et firmitatis, ex anglico in latinum sermonem translata. *Amstelod., apud Danielem*, 1667, pet. in-12 de 4 ff. et 424 pp.

Ev. BRONGHORST in titulum digestorum de diversis regulis juris antiqui enarrationes. *Lugd.-Batavor., ex offic. elzevir.*, 1641 *chez Bonav. et Abr.*, aussi 1648, pet. in-12 de 12 ff., 355 pp. et 5 pp. d'index.

Geor. BUCHANANI poemata quæ extant. *Lugd.-Batavor., ex offic. elzevir.*, 1628, 2 part. en 1 vol. in-24.

Il y a deux éditions sous la même date ; le choix en est indifférent : l'une a 511 pp., y compris le frontispice gravé, plus 14 pp. pour les notes ; l'autre, 561 pp. sans les notes.

Nous avons vu une autre édition : *Amstelod., apud Danielem*, 1676, in-24 de 531 pp. et 5 ff.

Paraphrasis psalmorum Davidis poetica , auctore Geor. BUCHANANO. *Lugd.-Batavor., typis Isaaci*, 1621, in-16 de 421 pp. 10 fr. Pieters.

Idea philosophiæ moralis, sive compendiosa institutio, auctore Francone BURGERSDICIO. Editio postrema, multis in locis emendata. *Lugd.-Batavor., ex offic. elzevir.*, 1644, pet. in-12.

Il y a une longue épître dédicatoire de l'auteur datée de Leide, 1629. On cite de cet ouvrage une première édit., *Lugd.-Batavor., ex officina elzevir.*, 1623, in-12 de 6 ff. prélimin. et 318 pp., et une de 1629, de 8 ff., 258 pp. et 1 f. de table ; une autre, sous la date de 1635, une autre enfin sous la date de 1640, qui a le même nombre de feuillets que celle de 1644 ci-dessus, c'est-à-dire 8 ff. limin. et texte pp. 17 à 261, plus 2 pp. d'index.

Collegium physicum, disputationibus XXXII absolutum; totam naturalem philosophiam compendiose proponens ; auctore M. Francone BURGERSDICIO ; cum syllabo disputationum, respondentium nomina exprimente ; editio secunda, auctoris manu aucta. *Lugd.-Batavor., ex officina Elzeviriorum*, 1642, pet. in-12 de 2 ff., 353 pp. et 3 pp. d'index. — Il y a une édition de 1637.

A. Gislenii BUSBEQUII omnia quæ exstant, *Lugd.-*

Batav., ex offic. elsevir., 1633, in-24 de 575 pp., y compris le frontispice gravé, plus 23 pp. pour l'index.

L'édition d'*Amstelod.*, Ludov. et Daniel., 1660, in-24, est moins jolie que celle-ci.

C. Julii CÆSARIS quæ extant, ex emendatione Jos. Scaligeri. *Lugd.-Batav., ex offic. elzevir.*, 1635, pet. in-12.

12 ff. liminaires, y compris le titre gravé ; 561 pp. pour le corps du vol.; l'index commence au verso de la p. 561, et continue jusqu'au feuillet qui suit la signat. Dd 3 ; il y a de plus trois petites cartes géographiques, savoir : *Romanum imperium, Gallia*, et *Hispania.*

Il existe trois édit. sous la même date. La première se reconnaît aux pp. 149 et mal cotées 153 et 345, encore au fleuron à la tête de buffle , au commencement de l'épître dédicatoire : la seconde édit. a été faite sur pap. un peu plus grand que celui de la première, aussi les pages y portent 37 lignes. au lieu de 35. La p. 149 y est bien cotée ; le fleuron de l'épître n'a pas la tête de buffle, et enfin l'index est impr. en caract. romains , tandis que dans l'édit. originale et dans la seconde réimpression, il est en italique. Dans la seconde réimpression, pour laquelle on n'a pas fait usage du fleuron à la tête de buffle, le mot *generoso*, à la fin de l'épître dédicatoire, est divisé en deux parties. (C'est d'après Bérard que nous décrivons ces deux réimpressions.)

Isaac Elsevier a donné à Leyde, en 1619, une édition de César, pet. in-8. Il en existe une autre : *Lugd.-Batavor., ex officina elzevir.*, 1661, pet. in-12 de 4 ff., 526 pp., 22 ff. d'index et 3 cartes; aussi une de 1650, par Louis, et une autre de 1664, par Daniel, in-24. Quant à l'édition de 1606, in-8., qu'Adry attribue à L. Elsevier, je suppose que c'est celle dont le titre porte : *Ex nova et accurata viri docti Jos. Scaligeri recognitione*, Lugd.-Batavor., apud Raphelengium. M. Adry (p. 16 de sa notice) cite aussi une édition de 1626, *ex officina elzevir.*, etc., in-12, qui aurait été imprimée ou publiée par Matthieu.

Philippus CÆSIUS. Voir ZESEN.

Matth. CAMPANI horologium solo naturæ motu atque ingenio dimetiens et numerans momenta temporis constantissime æqualia, etc. *Amstelod., apud Danielem*, 1678, pet. in-12 de 65 pp. en tout.

Ludovici CAPELLI diatriba de veris et antiquis Ebræorum literis, opposita D. Joh. Buxtorfii, de eodem argumento, dissertationi ; item Jos. Scaligeri, adversus ejusdem reprehensiones, defensio et ad obscurum Zoharis locum illustrandum brevis exercitatio. *Amster., apud Ludov.*, 1645, pet. in-12 de 336 pp., y compris le titre.

Hier. CARDANI arcana politica, sive de prudentia civili liber singularis. *Lugd.-Batavor., ex offic. elzevir.*, 1635, in-24 de 12 ff. et 767 pp.

Cet ouvrage a d'abord paru sous le titre suivant ;

PROXENETA, seu de prudentia civili liber. *Lugd.-Batavor., ex officina elzevir.*, 1627, in-16 de 8 ff. et 608 pp.

La préface de la première édition n'a pas été conservée dans la seconde.

CATALOGUS librorum officinæ Johannis Elzevirii. *Lugd.-Batavor., ex typogr. Johannis*, 1655, pet. in-12.

Nous n'avons dû porter ici que les catalogues elseviriens imprimés de format pet. in-12; mais il en existe plusieurs autres imprimés dans les formats in-8, et in-4., savoir : ceux que nous avons indiqués col. 1653-54 de notre premier volume, et les quatre suivants :

CATALOGUS librorum qui in bibliopolio elzeviriano venales extant. *Lugd.-Batavor., ex officina elzevir.*, 1634, in-4. de 80 et 30 pp. à 2 col.

CATALOGUS librorum officinæ Elzevirianæ, designans libros, tam eorum typis et impensis prodierunt, quam quorum alias copia ipsis suppetit. *Lugd.-Batav. ex officina elzeviriana*, 1638, in-8. de 16 pp. (Bibl. de Saint-Pétersbourg.)

CATALOGUS variorum et insignium in quavis facultate, materia et lingua librorum Bonaventuræ et Abrahami Elzevirii, quorum auctio habebitur Lugduni Batavorum in officina defunctorum ad diem 16 Aprillis stilo novo et sequentibus. 1653, in-4. de 113 pp. à 2 col.

Ce doit être le catal. des livres d'assortiment de Bonaventure et Abraham.

CATALOGUS variorum et rariorum in omne facultate et lingua librorum, tam compactorum quam non compactorum officinæ Johannis Elzevirii, Acad. typographi, quorum auctio habebitur ad diem 10 Februarii 1659, stylo novo. *Leyde*, 1659, in-4. de 107 pp. à longues lignes.

Autre catalogue de livres d'assortiment.

CATALOGUS librorum ofticinæ Lud. et Dan. Elzeviriorum. 1661, pet. in-8. de 10 ff. (Rangé par ordre alphabétique.)

CATALOGUS librorum qui in bibliopolio Danielis Elzevirii venales extant. *Amstelod., ex officina elzevir.*, 1674, pet. in-12.

Ce catalogue doit renfermer sept parties, savoir : *Libri theologici*, 176 pp. — *Libri juridici*, 86 pp. — *Libri medicinæ*, 60 pp. — *Libri miscellanei*, 200 pp. — *Livres françois*, 120 pp. — *Livres italiens, espagnols et anglois*. 24 pp. — *Livres allemauds*, 103 pp. Les ouvrages imprimés par les Elsevier ne sont pas distingués des autres.

CATALOGUS librorum officinæ Danielis Elzevirii, designans libros, qui ejus typis et impensis prodierunt, aut quorum alias magna ipsi copia suppetit. *Amstelodami, apud Danielem*, 1675, pet. in-12.

Ce catalogue, qui n'a que 19 ff., est curieux, parce qu'il indique les livres du fonds de Dan. Elsevier, avec les prix. Le *Corpus juris civilis*, avec les notes de Godefroy, en 2 vol. in-fol., y est porté à 20 flor. de Holl. — Le même livre, édit. de 1664, 2 vol. in-8., seulement à 6 flor. 10 s. — Le lexique arabe de Golius, in-fol., à 30 flor. — Le Cicéron de Schrevelius, in-4., à 8 flor. — L'Homère de Schrevelius, en 2 vol. in-4., à 8 flor. — Le Sénèque variorum, 1672, 3 vol. in-8., à 17 flor. 10 s. — Le Tacite variorum, de 1672, 2 vol. in-8., à 13 flor. 4 s. — Le Decameron de Boccace, en italien, in-12, à 2 flor. 5 s. — Les volumes de Balzac, à 1 flor. ou 1 flor. 6 s. chacun. — La Sagesse de Charron, de 1662, à 1 flor. 18 s. — Les comédies de Molière, 1675, 5 vol., à 7 flor. — Le Henry IV. de 1664, à 1 flor. 14 s. — L'Anatomie de la messe, à 18 s. — Le Pastissier françois, à 13 s. — Les satyres de Régnier, à 10 s., etc. — Un catalogue, en 36 pp., pet. in-12, sous le même titre que ci-dessus, mais à la date de 1674, est indiqué dans la *Biogr. univers.*, tom. XIII, p. 109.

CATALOGUS librorum qui in bibliopolio Danielis Elzevirii venales extant, et quorum auctio habebitur in ædibus defuncti (4 Augusti 1681). *Amstelod.*, 1681, pet. in-12 de 491 pp., plus les livres italiens, espagnols et anglais, 22 pp., les livres allemands, 80 ff., et les livres hollandais, 12 ff. Le tout par ordre alphabétique.

CATALOGUS librorum officinæ Danielis Elzevirii ; designans libros qui ejus typis et impensis prodierunt, aut quorum alias copia ipsi suppetit, et quorum auctio habebitur. *Amstelod.*, 1681, pet. in-12 de 20 ff.

Jacobi CATSEN Sebst-streit auss dem Nider-ins Hochdeutsch ubergesätzt durch John Burger, etc. *Amsterd., by Ludw. Elzeviern*, 1648, in-16 obl., 12 ff. limin., y compris le frontispice gravé et le titre impr., 203 pp. de texte.

CATULLUS, Tibullus et Propertius, cum Corn. Galli fragmentis. *Amstelodami, typis Ludovici*, 1651, in-24 de 260 pp., y compris le titre gravé.

C. Corn. CELSI de medicina libri octo, ex recognitione Jo.-Ant. vander Linden. *Lugd.-Batavor., apud Johannem*, 1657, pet. in-12.

12 ff. prélim., y compris le frontisp. gravé et le titre ; 558 pp. de texte et 1 f. de *Corrigenda*.

Armetzar, ou les amis ennemis, tragi-comédie (par CHAPPUZEAU). *Leide, Jean*, 1658 , pet. in-12 de 102 pp., y compris le frontisp. gravé.

De la sagesse, trois livres, par Pierre CHARRON. *Leyde, chez les Elseviers*, 1646, pet. in-12.

12 ff. prélim., savoir : le titre gravé, le faux titre imprimé, explication de la figure, dédicace au prince Maximilien de Bourgogne, préface et table du contenu ; texte, 663 pp.; table des matières, 8 pp. Il est à remarquer que le faux titre imprimé qui suit le frontispice gravé porte dans une partie des exemplaires, *Leyde, chez les Elzeviers*, 1646.

— Autre édition. *Leyde, Jean*, 1656, pet. in-12.

12 ff. prélim., savoir : titre gravé, faux titre imprimé, dédicace à Maximilien de Bourgogne, préface, explication de la figure et table du contenu ; texte, 621 pp.; table des matières, 12 pp.

— Autre édition. *Leide, Jean*, sans date (vers 1658), pet. in-12.

12 ff. préliminaires, savoir : titre gravé, faux titre imprimé, dédicace à MM. du conseil de la Cour provinciale de Hollande, etc.; explication de la figure, préface, table du contenu ;

texte, 621 pp., table des matières, 12 pp. Un exemplaire rel. en *mar. vert doublé de mar. r. en mosaique*, et mesurant 134 millim. (11 lignes 2/3 de hauteur), 180 fr. J. Chenu. Il y en a qui ont une ligne de plus.

Voyez, sur ces deux dernières éditions de Charron, notre premier volume, col. 1810.

— Autre édition. *Amsterdam, Louys et Daniel*, 1662, pet. in-12.

8 ff. prélimin. pour le frontispice gravé, le titre imprimé, l'explication de la figure, la préface et la table du contenu ; texte, 622 pp.; table des matières, 8 pp.

Græco-barbara Novi Testamenti quæ orienti originem debent. Selegit, congessit, notis illustravit Mart. Petr. CHEITOMÆUS. *Amstel., apud Ludov.*, 1649, pet. in-12 de 173 pp., dont les 12 premières non chiffrées.

M. Tullii CICERONIS opera, cum optimis exemplaribus accurate collata. *Lugd.-Batavor., ex offic. elzevir.*, 1642, 10 vol. pet. in-12.

Edition faite d'après le texte de celles de Janus Gulielmius et de Gruter. — Voyez, pour le 9e vol. (*de officiis*), la note que nous avons insérée dans notre tom. II, col. 9.

Les pièces préliminaires du premier volume (*Rhetorica*) sont un titre gravé, le portrait de Cicéron. 10 ff. non chiffrés pour l'épitre dédicatoire des Elsevier à G. Borelius, la table des 10 vol., les *Testimonia*, la préface et la table du volume, lequel volume a 768 pp. Les tom. II, III et IV contiennent : les *Orationes*, dont le premier tome a 614 pp., le second, 550 , le troisième, 560 ; — tome V, *Epistolæ ad familiares*, 8 ff. prélimin. et 506 pp.; — tome VI, *Epistolæ ad Atticum*, 6 ff. préliminaires et 685 pp.; — tom. VII et VIII, *Opera philosophica*, 486 pp. et 386 pp.; — tome IX, *De officiis*, 301 pp.; — tome X, *Fragmenta*, 318 pp. et 5 ff. d'index.

M. T. CICERONIS de officiis libri tres, Cato major, vel de senectute ; Lælius, vel de amicitia ; Paradoxa stoicorum sex ; somnium Scipionis, cum optimis ac postremis exemplaribus accurate collati. *Amstelodami, ex officina elseviriana*, 1656, pet. in-12 de 234 pp., y compris le frontispice gravé.

Copie de l'édition de 1642. Il y a une réimpression de 1664 et une autre de 1677, où l'on a suivi, ligne pour ligne, celle de 1656 ; le frontispice gravé est le même que dans cette dernière, à la date près.

Arn. CLAPMARII nobile studiorum triennium, itemque Christ. Coleri de ordinando studio politico epistola. *Lugd.-Batavor., ex officina elzevir.*, 1640, in-24 ou in-32 de 232 pp.

Arn. CLAPMARII de arcanis rerum publicar. libri sex, illustrati a Joan. Corvino : accessit Chr. Besoldi de eadem materia discursus. *Amsterod., apud Ludov.*, 1641, pet. in-12, 20 ff. prélimin., dont un titre gravé et un titre imprimé ; 340 pp. pour premier ouvrage de Clapmarius ; 1 f. avec faux titre et 53 pp. pour celui de Besoldus, et 29 pp. d'index.

On réunit à ce volume *Ant. Clapmarii, Francisci Rosetti et Volfgangi Henrici Ruprechti, Conclusiones de jure publico*, partie séparée de 120 pp., avec un titre particulier. Il y a une réimpression : *Amstelod., apud Ludovicum*, 1644, pet. in-12, dans laquelle les *Conclusiones* (qui manquent quelquefois) n'ont que 114 pp.

Joh. CLAUBERGII logica vetus et nova, modum inveniendæ ac tradendæ veritatis, in Genesi simul et analysi, facili methodo exhibens : editio secunda mille locis emendata, novisque prolegomenis aucta. *Amst., ex offic. elzevir.*, 1658, pet. in-12 de 4 ff. prélim., 463 pp., et 23 pp. d'index.

La première édition, sous le titre de *Logica vetus et nova quadripartita*, Amstelodami, apud Ludovicum, 1654, est moins complète que celle de 1658 ; elle n'a que 413 pp. de texte et 18 d'index.

Joh. CLAUBERGII defensio cartesiana, adversus Jacobum Revium et Cyriacum Lentulum : Pars prior exoterica , in qua Renati Cartesii dissertatio de methodo vindicatur, simul illustria cartesianæ logicæ et philosophiæ specimina exhibentur. *Amstelod., apud Ludovicum*, 1652, pet. in-12 de 6 ff. prélimin. et 631 pp.

Cl. CLAUDIANI quæ extant, Nic. Heinsius recensuit ac notas addidit. *Lugd.-Batav., ex offic. elzevir.*, 1650, 2 tom. en 1 vol. pet. in-12.

12 ff. préliminaires, y compris le titre gravé : texte, 270 pp.;

Ileinsii notæ, 276 pp., y compris un titre imprimé ; à la fin
les errata sur un feuillet séparé.

Cl. CLAUDIANI quæ extant : ex emendatione Nic.
Ileinsii. *Amstelod., typis Ludovici*, 1650, in-24 de
260 pp., y compris le frontispice.

Il y a une autre édition sous le même titre : *Amstelod., apud
Danielem*, 1677, in-24.

Jo. CLOPPENBURGII sacrificiorum patriarchalium
schola sacra , in qua examinatur sacrificiorum
antiquitas, usus, etc., cum spicilegio. *Lugd.-Ba-
tavor., ex offic. elsevir'.*, 1637, pet. in-12 de 4 ff.,
240 pp. et 8 ff. d'index.

Ph. CLUVERII introductionis in universam geographiam libri VI ; accedit P. Bertii breviarium orbis
terrarum. *Lugd.-Batav., apud Elzevirios*, 1641,
pet. in-12 de 6 ff. prél., 355 pp. et 81 pp. non
chiffr., pour la table, etc. (Elle n'a pas été impr.
par les Elsevier, quoiqu'elle porte leur nom.)

Il y a plusieurs autres éditions de ce livre impr. par les Elsevier,
savoir : *Amstelod., apud Ludov.*, 1651. — *Amstelod., apud
Ludov. et Dan.*, 1661 et 1672, pet. in-12.

Indépendamment de ces éditions de Cluvier, de format pet.
in-12, les Elsevier de Leyde en ont donné deux in-24, en
1627 et 1629, une in-16, en 1641 ; et les Elsevier d'Amsterdam,
deux in-24 ou in-16, en 1659 et 1677.

Summa doctrina de fœdere et testamento Dei explicata a Jo. COCCEIO. *Lugd.-Batavor., ex offic.
elzevir.*, 1654, pet. in-12 de 12 ff. et 544 pp.

Jo. COCCEII sanctæ scripturæ potentia demonstrata.
Lugd.-Batav., apud Johannem, 1655, pet. in-12.
de 12 ff., 828 pp. et 24 ff. non chiffrés pour l'index.

Il y a de ce livre une édit. 1660, *ex officina Woorn*, à laquelle
est ajouté *Panegyricus de regno Dei* du même auteur. A la fin
de l'index un titre *typis Elzevirianis*.

Jo. COCCEII admonitio de principio ecclesiæ refor-
matæ. *Lugd.-Batav., apud Johannem*, 1657, pet.
in-12.

Jo. COCCEII de ecclesia et Babylone disquisitio.
Lugd.-Batav., apud Johannem, 1658, pet. in-12.

Il y a une édition de 1658.

Indagatio naturæ sabbati et quietis Novi Testamenti,
auctore Johanne COCCEIO : accedunt veterum et
recentiorum testimonia. *Lugd.-Batavorum, apud
Johannem*, 1658, pet. in-12 de 4 ff. et 269 pp.

La vie de Messire Gaspar de COLLIGNY, seigneur de
Chastillon , admiral de France , à laquelle sont ad-
iouté ses mémoires sur ce qui se passa au siége
de Saint-Quentin. *Leyde, Bonav. et Abrah.*, 1643,
pet. in-12.

4 ff. pour le titre et la dédicace ; texte de la vie de Coligny,
143 pp. ; Mémoires, 88 pp.

Voyez la note sur cette édition, tom. V, col. 1204.

Analysis paraphrastica institutionum theologicarum
Joh. Calvini disputationibus XLI contexta, auctore
Daniele COLONIO. *Lugd.-Batav., ex officina elze-
viriana*, 1636, pet. in-12 de 950 pp. et 4 ff. prél.
(Sous la date de 1638 dans le catal. de Desjobert,
nº 67.)

J.-A. COMENII Janua aurea linguarum, cum adjuncta
græca versione , autore Theod. Simonio. *Amstel.,
apud Ludovicum*, 1642, et 1649, pet. in-12.

J.-A. COMENII pansophiæ diatyposis, iconographica
et orthographica delineatione totius futuri operis
amplitudinem , etc., adumbrans. *Amstelodami,
apud Ludov.*, 1645, pet. in-12 de 212 pp.

Les mémoires de Ph. de COMMINES. *Leide, chez les
Elzeviers*, 1648, pet. in-12.

12 ff. prélimin., y compris le titre gravé ; texte, 765 pp., indice des chapitres, 19 pp. Pour une contrefaçon sous la date
de 1649, voyez t. II, col. 191.

CONCIONES et orationes , ex historicis latinis excerptæ. *Lugd.-Batavor., ex offic. elzevir.*, 1649,
pet. in-12.

6 ff. prélimin., y compris le frontispice gravé et le titre impr.,
411 pp. de texte, et 8 pp. d'index.

— Autre édition. *Amstelod., apud Ludov.*, 1652,
pet. in-12.

6 ff. prélimin., non compris le frontispice gravé, daté de 1653
ni le titre imprimé ; texte 420 pp., et 6 ff. d'index.

— Autre édition. *Amstelod., ex offic. elzevir.*, 1662,
pet. in-12.

6 ff. prélimin., y compris le frontispice gravé et le titre impr.,
382 pp. de texte et 6 ff. d'index.

Il y a une édition de 1672, *apud Danielem*, avec le même titre
gravé, daté de 1662, et dans laquelle, au verso du dernier f.
prélimin., se lit un avis de l'imprimeur, au sujet des changements faits à cette réimpression.

CORONA virtutum principe dignarum, cui adjuncta
sunt de vita et virtutibus duorum Antoninorum
Pii et Marci maxime memorabilia , editio tertia
emendatior et auctior. *Lugd.-Batavor., ex offic.
elzevir.*, 1634, in-24 de 8 ff. et 242 pp.

L'épître dédicatoire est signée Gualterus Quinnus.

Joh.-Arn. CORVINI enchiridium, seu institutiones
imperiales , insertis latioribus materiis, theorice
ac practice digestæ, et explicatæ per erotemata.
Amstelod., apud Ludov., 1640, 1644 et 1649, seu
apud Ludov. et Dan., 1657, seu *apud Dan.*, 1664,
pet. in-12.

Joh.-Arn. CORVINI elementa juris civilis juxta ordinem institutionum imperialium erotematice exposita; additis Germani Cousinii receptarum
utriusque juris regularum partitionibus. *Amstelodami, apud Ludovicum*, 1645, pet. in-12.

12 ff. prélimin., dont le frontispice gravé et le titre imprimé ;
248 pp. de texte : *Regularum partitiones*, 53 pp., plus l'index, en 5 ff.

— Editio alia. *Amstelod., apud Danielem*, 1664,
pet. in-12 de 6 ff. limin., 233 et 92 pp., plus l'index en 5 ff.

Arn. CORVINI Posthumus Pacianus , seu definitiones
juris utriusque Cl.-Jul. Pacii. *Amstelodami, apud
Ludov.*, 1643 , seu *apud Ludov. et Danielem*,
1659, pet. in-12.

— Ejusdem digesta per aphorismos explicata. *Amstelod., apud Ludov.*, 1642, seu 1649 et 1656; seu
apud Dan., 1664, pet. in-12.

Joh. CORVINI jurisprudentia romana H. Vulteii con-
tracta. *Amsterod., apud Ludovicum*, 1644, seu
apud Ludov. et Dan., 1658, pet. in-12.

— Ejusdem jus canonicum, per aphorismos strictim
explicatum. *Amstelod., apud Ludovicum*, 1648 ,
aussi 1651, et *ex officina elzeviriana*, 1663, pet.
in-12.

Il y a une édition de 1669, et une de 1672, avec le titre gravé
de 1663.

— Ejusdem jus feudale per aphorismos strictim explicatum. *Amstelod. , ex officina elzevir.*, 1660
(aussi 1661), in-12 de 6 ff. prélim. et 216 pp. — Idem,
editio tertia. *Amstel., ex officina elzevir.*, 1680 ,
pet. in-12.

CRAS credo, hodie nihil, sive modus tandem sit
ineptiarum, satyra menippea. *Lugd. Batav., apud
Elzevirium*, et à la fin : *typis Isaaci Elzevir.*,
1621, pet. in-12 de 8 ff. et 101 pp.

Cet ouvrage est réimpr. avec *Laus asini*, édition de 1629.

Cæsar CREMONINUS centensis de calido innato et
semine, pro Aristotele adversus Galenum. *Lugd.-
Batavor., ex officina elzevir.*, 1634, in-24 de
384 pp.

Q. CURTII Rufi historiarum libri. *Lugd.-Batavor.,
ex officina elzeviriana*, 1633, pet. in-12.

6 ff. prélimin., y compris le titre gravé ; corps du vol., 364 pp.,
index, 12 ff.; de plus, une carte de l'expédition d'Alexandre.
— Voyez la note, tom. II, col. 449, où sont citées les autres
éditions elseviriennes de cet historien.

Les éditions, *Lugd.-Batav., ex offic. elzevir.*, 1622 et 1625, pet.
in-12, sont mal imprimées.

Liebes-beschreibung Lysanders und Kalisten.(aus dem
Franze von H. DAUDIGUIER, bey Ph. von Zesen).
Amsterd., Ludwig, 1650, pet. in-12 de 6 ff.,

437 pp. avec 16 grav. — Voir la col. 531 de notre
2ᵉ volume.

Une traduction hollandaise du même roman, également impr.
par Louis Elsevier, en 1650, pet. in-12, est portée dans le
Catalogue Mac-Carthy, n° 3428.

Psalterium DAVIDIS, ad exemplar vaticanum anni
1592. Lugd. (Batav.), apud Johan. et Danielem,
1653, pet. in-12 de 381 pp., y compris le titre gravé.

— Les Psaumes de DAVID, mis en vers françois,
par Clément MAROT et Théodore de Beze. Leyde,
chez Louis, 1606, très-pet. in-8. (Voir notre t. III,
col. 1464.) L'exemplaire cité, qui était rel. en mar.
n. par Duru, a été vendu 52 fr.

Alexandri DEODATI valetudinarium, seu observationum, curationum, et consiliorum medicinalium
satura. Lugd.-Batav., ex officina Johan., 1660,
pet. in-12 de 8 ff. prélim., 402 pp. et 1 f. d'index.

Les passions de l'âme, par R. DESCARTES. Amsterd.,
Louis, 1650, pet. in-12.

24 ff. préliminaires, y compris le titre, 272 pp. de texte, 7 ff.
d'index. Parmi les pièces préliminaires se lit un privilége du
roi de France, en date du 4 mai 1637, très-remarquable par
la permission qui y est donnée à l'auteur de faire imprimer
ses ouvrages en telle part que bon lui semblera, dedans et
dehors nostre obéissance, par telle personne qu'il voudra choisir de nos sujets ou autres. Pour l'édition pet. in-8., voyez
notre tom. II, col. 611, et ajoutez qu'il existe des exempl. de
cette même édition, pet. in-8., sous la date de 1649, et d'autres avec un titre portant : A Amsterdam, et se vendent à
Paris, chez Thom Joly, 1651.

Passiones animæ per R. DESCARTES, gallice ab ipso
conscriptæ, nunc latinæ civitate donatæ ab H. D. M.
Amstelod., apud Ludov., 1650, pet. in-12.

28 ff. prélimin., y compris le titre imprimé, 242 pp. de texte,
et 7 ff. d'index.

R. DESCARTES meditationes de prima philosophia,
in quibus Dei existentia, et animæ humanæ a corpore distinctio, demonstrantur : his adjunctæ sunt
variæ objectiones doctorum virorum in istas de
Deo et anima demonstrationes; cum responsionibus authoris. Secunda editio, septimis objectionibus
antehac non visis aucta. Amstelod., apud Ludov.,
1642, pet. in-12.

10 ff. prélimin., y compris un titre imprimé; texte, 496 pp.
Les Objectiones forment une partie séparée de 212 pp., y
compris un titre particulier.

— Notæ in programma quoddam sub fine anni
1647 in Belgio editum cum hoc titulo : Explicatio mentis humanæ sive animæ rationalis, ubi
explicatur quid sit et quid esse possit. Amstelod.,
ex officina Ludovici, 1648, pet. in-12 de 63 pp. en
tout. 18 fr. Pieters.

La Brevis refutatio de Tobie André, dont nous avons donné ci-
dessus le titre, est une réponse à ces Notæ.

— Epistola ad Gisb. Voetium, in qua examinantur
duo libri, nuper pro Voetio simul editi, unus de
confraternitate mariana, alter de philosophia cartesiana. Amstelod., apud Ludov., 1643, pet. in-12
de 6 ff. prélimin. et 282 pp.

Clovis, ou la France chrétienne, poëme héroïque,
par J. DESMARETS. Leyde, par les Elseviers, 1657,
in-12 de 17 ff. et 296 pp. Édition mal imprimée.

Ariana des heren Des Marets (aus dem Franz.).
Amsterd., Ludw. und Daniel, 1659, 2 tom. en
1 vol. pet. in-12, fig. 10 fr. Pieters.

Les mêmes imprimeurs avaient déjà donné, en 1658, une traduction hollandaise du même roman, en 2 vol. pet. in-12, fig.

Dickenson (Joan). Voir ci-dessous : Speculum tragicum.

De usu et authoritate juris civilis Romanorum in
dominiis principum christianorum, libri duo, authore Arthuro DUCK. Lugd.-Batav., ex officina
elzevir., 1654, pet. in-12 de 24 ff., 474 pp. de
texte et 57 pp. d'index.

DISPUTATIO de finito et infinito, in qua defenditur
sententia Cartesii de motu, spatio et corpore (au-

tore L. Velthuysen). Amstelod., apud Ludovicum,
1651, pet. in-12 de 4 ff. et 80 pp.

Cet opuscule se relie avec Epistolica dissertatio, ci-après.

Dissertation sur les principes des mixtes naturels,
faite en 1677, par DU CLOS. Amsterd., Daniel,
1680, in-12 de 103 pp. 8 fr. Pieters.

Epitome dictionum quarumdam æquivocarum et
ambiguarum in lingua gallica, in usum studiosæ
juventutis collecta a Nathanaele DUESIO..., cum
breviusculis quibusdam formulis, quæ venuste in
albis amicorum adhiberi poterunt. Lugd.-Batav.,
ex offic. elzevir., 1651, pet. in-12 de 144 pp. Rare.

Traicté de la cour, ou instruction des courtisans,
par M. DU REFUGE. Leyde, les Elzevier, 1649,
pet. in-12 de 4 ff. prél., 377 pp. et 23 pp. non
cotées pour la table. — Aussi, Amsterd., chez les
Elzevier, 1656, pet. in-12. 4 ff. prél., 350 pp. et
13 ff. de table.

Les ELÉGANCES françoises accommodées au langage
du temps, par N. N. cy-devant non imprimées.
Amsterd., chez Louys Elsevier, 1641, pet. in-12
de 72 pp. Au verso du titre se lit un avertissement
signé : De Courselles.

Cet opuscule se trouve assez ordinairement joint au Secrétaire
à la mode... par de la Serre, sous la même date. Il a été
réimpr. sous le titre suivant :

Les COMPLIMENS de la langue françoise, par N. N., seconde
édition revue et corrigée. A Amsterdam, chez Louis Elsevier, 1644, pet. in-12 de 86 pp. Doit se trouver à la suite du
Secrétaire à la mode, édit. de 1645.

ENTRETIEN du sage ministre d'état sur l'égalité de
sa conduitte en faveur et en disgrâce (par Edmond
Breuché de la Croix, sous le nom d'Ergaste). Leyden, chez les Elzevier, 1645 et 1652, pet. in-12 de
2 ff. lim. et 103 pp.

Deux éditions qui se correspondent ligne pour ligne.

EPISTOLICA dissertatio de principiis justi et decori,
continens apologiam pro tractatu claris. Hobbæi de
cive (a Velthuysen). Amstelod., apud Ludov.,
1651, pet. in-12 de 8 ff., 269 pp. de texte, et 2 pp.
de table. — Voir, ci-dessus, DISPUTATIO.

Des. ERASMI colloquia, nunc emendatiora. Lugd.-Ba-
tav., ex officina elzevir., 1636, pet. in-12.

12 ff. prélim., y compris le titre gravé; texte, 672 pp.; Coronis
apologetica, etc., 44 pp.

— Autre édition. Lugd.-Batav., 1643, pet. in-12.

Page pour page et ligne pour ligne, comme l'édition précédente, mais avec une autre épître dédicatoire.

— ERASMI colloquia. Amstelod., ex offic. elzevir.,
1655, pet. in-12 de 10 ff. prélim., y compris le
frontispice gravé, et 672 pp. de texte.

— ERASMI colloquia. Amstelod., ex offic. elzevir.,
1662, aussi 1679, pet. in-12.

Nous citerons trois autres éditions : Amsterd., typis Ludovici,
1650. — ex offic. elzevir., 1668. — typis Danielis, 1677.

Adagiorum D. ERASMI epitome, editio novissima; ab
infinitis fere mendis, quibus cæteræ scatebant, repurgata; nonnullisque in locis adaucta..., cum
triplici indice locupletissimo. Amstel., apud Ludov., 1650, pet. in-12.

L'édition d'Amsterdam, ex offic. elzevir., 1663, pet. in-12, est
à peu près aussi belle que celle de 1650, qu'elle reproduit
page pour page et ligne pour ligne.

13 ff. prélim., y compris le titre imprimé; texte, 692 pp.;
index depuis le 12ᵉ f. de la feuille Ce jusqu'au 11ᵉ de la
feuille Ff.

Vincentii FABRICII poematum juvenilium libri III;
ad calcem adjectæ sunt epistolæ aliquot seriæ et
jocosæ. Lugd.-Batav., ex offic. Elzeviriorum,
1633, pet. in-12 de 12 ff. prélim. et 108 pp.

— Jer. FELBINGER griechisch deutsches Lexicon
darinnen alle wörter dess neuen Testaments... Zu
Leyden, bey Joh. Elsev., 1657, pet. in-12 de 5 ff.
et 180 pp.

— Nouvelle grammaire espagnole, avec un ample

vocabulaire des choses les plus communes et usitées dans le discours familier, par Ferrus. *Amsterdam, chez Dan. Elsevier, et se vend à Lyon chez Jean Theoly*, 1680, in-12. (Faux elsevier impr. à Lyon.)

De viribus imaginationis tractatus, authore Thoma Fieno, editio postrema. *Lugd.-Batavor., ex offic. elzevir.*, 1635, in-24 de 384 pp., y compris le titre et l'index.

Pieters, 2e édit., I, p. 323, cite de ce traité, *editio nova, Londini, ex.officina Rogeri Danielis*, 1657, pet. in-12 de 324 pp. et 11 pp. d'index, avec la *Minerve* et le *Ne extra oleas;* il la qualifie de véritable Elsevier d'Amsterdam, imprimé sur l'in-24 de 1635 ci-dessus.

L. Annæus Florus. Cl. Salmasius addidit Lucium Ampelium. *Lugd.-Batav., apud Elzevirios*, 1638, pet. in-12.

4 ff. prélimin., y compris le titre gravé ; texte, 336 pp., dont la dernière porte 536 (dans plusieurs exempl.); 8 ff. d'index.
Sur les deux éditions faites sous cette même date, voyez notre 2e volume, col. 1311.

L. Annæus Florus. Cl. Salmasius addidit Lucium Ampelium. *Lugd.-Batav., apud Johannem*, 1657, seu *Amstelod., apud Danielem*, 1664, pet. in-12.

L'édition de 1657 a été copiée, page pour page, sur la précédente de 1638, et avec le même frontispice gravé, dont on a changé le bas. L'épître dédicatoire seule est différente.

Auli Gellii noctes atticæ. *Amstel., apud Ludov.*, 1651, pet. in-12.

24 ff. prélimin., y compris le titre gravé ; 498 pp. de texte, différents index, occupant 41 ff. non chiffrés ; 20 autres ff. non chiffrés qui renferment *Interpretatio græcarum dictionum*, et *Conjecturæ*.
L'édition d'*Amstelod., apud Danielem*, 1665, pet. in-12 de 24 ff., 482 pp. et 62 ff. non chiffrés pour l'index, est une copie peu élégante de celle de 1651.

Johannis Gerhardi meditationes sacræ, editio postrema, prioribus emendatior. *Lugd.-Batavor., ex offic. elzevir.*, 1627, in-24 de 320 pp. et 2 ff. — ou nouv. édition, 1629, in-24 de 382 pp. et 1 f. d'index.

Exercitium pietatis quotidianum quadripartitum, studio J. Gerhardi. *Lugd.-Batav., ex offic. elzevir.*, 1630, in-24 de 200 pp. et 4 ff. d'index.

La sainte chorographie, par P. Geslin. Voir, ci-après, Relation de l'estat de la religion, par Edwin Sandis.

Compendium geographicum, succincta methodo adornatum, opera et studio Abrah. Gölnitz. *Amstelod., apud Ludovicum*, 1643, pet. in-12 de 10 ff., 278 pp., 54 ff. d'index et 5 tableaux, et aussi 1649, pet. in-12.

Abrah. Golnitzii Ulysses belgico-gallicus. *Lugd.-Batav.*, 1631, in-16 de 4 ff., 672 pp. et 20 ff. pour l'index, et aussi *Amstelod., ex offic. elzevir.*, 1655, pet. in-12 de 4 ff., 605 pp. et 27 ff. d'index. On nous signale une édition en 605 pp., au bas du titre de laquelle il y a : *Lugduni Batavorum, apud Franciscum Hackium*, ɔlɔ. lɔɔ. lv.

Princeps ex C. Tacito curata opera deformatus, ab Abr. Golnitz. *Lugd.-Batav., ex offic. elzevir.*, 1636, pet. in-12.

Hugo Grotius de veritate religionis christianæ. Editio novissima in qua ejusdem annotationes suis quæque paragraphis ad faciliorem usum subjectæ sunt. *Amstel., ex offic. elzevir.*, 1640, 1662, seu 1669, seu 1675, seu 1680, pet. in-12.

La seconde de ces cinq éditions est la plus belle ; elle a 6 ff. et 408 pp.

— Ejusdem de mare libero, et P. Merula de maribus. *Lugd.-Bat., ex offic. elzevir.*, 1633, et 1635, in-24.

Il y a deux édit. sous la date de 1633 ; l'une de 267 pp., l'autre de 308, plus 8 ff. prélimin., y compris le titre gravé. Elles sont également belles.

Philosophorum sententiæ de fato, et de eo quod in nostra est potestate, collectæ partim, et de græco versæ per H. Grotium. *Amstelod., apud Ludov.*, 1648, pet. in-12 de 4 ff. et 384 pp.

H. Grotii epistolæ ad Gallos, nunc primum editæ. *Lugd.-Batav., ex offic. elzevir.*, 1648, pet. in-12 de 12 ff. et 501 pp., ou secunda editio priore auctior et emendatior, 1650, pet. in-12 de 472 pp. et 1 f. non coté.

H. Grotii et aliorum dissertationes de studiis instituendis. *Amstelod., apud Ludov.*, 1645, pet. in-12 de 4 ff. et 688 pp.

Hug. Grotii quædam hactenus inedita, aliaque ex belgice editis latine versa, argumenti theologici, juridici, politici. *Amstelod., apud Ludov.*, 1652, pet. in-12 de 6 ff., 556 pp. et 1 f. d'errata, gros caractères.

Il pastor fido, del cavalier Battista Guarini. *Amst., apresso Lodovico*, 1640, in-24 de 285 pp. avec 5 fig., lettres italiques. Rare. (Sous la date de 1642, dans le dernier Catalogue de Chardin.)

Il pastor fido, del Guarini. *Leida, Giovanni*, 1659, pet. in-12, avec 6 pl.

263 pp., non compris le titre gravé ni le premier f. de l'épître dédicatoire.

Exercitationes de generatione animalium : quibus accedunt quædam de partu, membranis ac humoribus uteri, et de conceptione ; autore Guilielmo Harveo anglo. *Amstelod., apud Ludov.*, 1651, pet. in-12 de 568 pp., y compris le frontisp. gravé et le titre imprimé, plus 3 ff. d'index.

Abrahami Heidani, de sabbato et die dominica disputatio II, quæ est apologetica primæ. *Lugduni-Batavorum, apud Joh. Elzevirium*, 1658 ; prostant apud Fr. Morandum, pet. in-12 de 57 pp., la dernière cotée 37. — La même *Disputatio*, accedit Joh. Prideaux tractatus de sabbato, editio 2a. *Lugd.-Batav., apud Henricum Verbiest*, 1658, pet. in-12 de 134 pp. Mêmes caractères dans les deux éditions.

Dan. Heinsii Homelia in locum Johannis, cap. xvii, vers. 9, in qua de electione, et quæ ab ea pendent quinque articulorum doctrina, deque ejus quæ in ecclesiis recepta est, usu ac ædificatione agitur. *Lugd.-Batavor., sumptibus Jacobi Elsevirii*, 1625, pet. in-12 de 96 pp. Non rogné, et rel. en mar. bl. 22 fr. Pieters.

Dan. Heinsii poematum editio nova : accedunt præter alia, libri de contemptu mortis antehac una non editi. *Lugd.-Batav., sumptib. Elzeviriorum et Johannis Mairii*, 1621, 2 tom. en 1 vol. in-16, ou pet. in-8.

Première partie, 4 ff. prélim.; texte, 474 pp.; deuxième partie, *De contemptu mortis libri IV*, avec un titre particulier portant : *ex officina elzeviriana*, 1621 ; 4 ff. prélim., y compris le titre ; 167 pp. de texte, et 18 pp. de table; à la fin : *Lugduni Batavorum typis Isaaci Elzevirii jurati Academiæ typographi.* Voyez notre 3e volume, col. 83.

— Ejusdem orationes, editio nova ; auctior atque ita emendata, ut alia videri possit. Accedunt dissertationes aliquot, nec unius argumenti. *Lugd.-Batavor., ex officina elzevir.*, 1642, pet. in-12 de 8 ff., et 748 pp., dont les quatre dernières sont cotées 729-732, plus un f. à la fin. — Autre édit., *Amst., apud Lud. et Dan.*, 1657, pet. in-12, 10 ff., 576 pp. et 1 f. non chiffré.

— Ejusdem de tragœdiæ constitutione liber, in quo, inter cætera, tota de hac Aristotelis sententia delucide explicatur : editio auctior, cui et Aristotelis de poetica libellus, cum ejusdem (Heinsii) notis et interpretatione accedit. *Lugd.-Batav., ex offic. elzevir.*, 1643, pet. in-12 de 6 ff. prélim. et 368 pp.

Laus asini, tertia parte auctior (a D. Heinsio), cum aliis festivis opusculis. *Lugd.-Batav., ex offic. elzevir.*, 1629, in-24 de 438 pp. et 10 ff. prélimin., y compris le titre gravé.

Nic. Heinsii Dan. fil. poemata, accedunt Joan. Rutgersii quæ quidem colligi potuerunt. *Lugd.-Bat., ex offic. Elzeviriorum*, 1653, pet. in-12 de 12 ff. et 256 pp.

HIPPOCRATIS aphorismi (gr. et lat.) ex recognitione A. Vorstii. *Lugd.-Batav.*, *ex offic. elzevir.*, 1628, in-32.

231 pp., plus le frontispice gravé et un seul f. de préface. Il y a deux édit. sous la même date : dans la première le verso de la préface a 24 lign., il n'y en a que 21 dans la réimpression.

— Ejusdem coacæ prænotiones, gr. et lat., opus divinum ; cum versione Anutii Foesii, et notis Joh. Jonstoni. *Amstel.*, *ex offic. elzev.*, 1660, pet. in-12.

6 ff. prélim., y compris le titre ; 577 pp. pour le corps du vol., et 107 pp. non chiffrées pour l'index.

— Ejusdem liber de aëribus, aquis et locis, gr. et lat. *Lugd.-Batavor.*, *apud Joannem*, 1658, pet. in-12 de 94 pp. et un errata.

— Hippocratis de medicamentis purgantibus libellus, gr. et lat. *Lugduni-Batavor.*, *apud Joannem*, 1661, pet. in-12 de 11 pp.

Fragment cité sous le n° 311 du Catal. des Elzevier de Saint-Pétersbourg, de M. Walther.

HISTORIA ludicra de amoribus Amoenæ et Amandi. Voyez SCHÄFFEREY.

Th. Hobbes elementa philosophica de cive. *Amstelod.*, *apud Ludov.*, 1647, seu *apud Ludov. et Dan.*, 1657, seu *apud Danielem*, 1669, pet. in-12.

Il existe trois éditions de ce volume sous la même date, mais tout à fait distinctes : 1° une dont le titre gravé représente la récompense du juste et la punition du méchant, se compose de 19 ff. limin., titre compris, et de 408 pp. de texte : une 2° dont le titre gravé offre une figure qui tient une croix, contient 24 ff. lim., titre compris, et seulement 403 pp. de texte ; une 3° dont le titre gravé offre la même figure tenant une croix, mais au verso de ce titre sont imprimés des vers *in effigiem Thom. Hobbii et in librum de cive*, lesquels occupent le recto du 2° f. dont le verso est rempli par le portrait gravé de T. Hobbes ; suivent 6 ff. contenant la dédicace, et 10 autres ff. pour la préface, l'index et l'errata. Il y a ensuite 408 pp. de texte comme dans l'édition décrite la première. On connaît une autre édition du livre *De cive*, *apud Ludovicum*, 1650, pet. in-12 : deux éditions, *apud Ludov. et Dan.*, l'une de 1657, qui a 403 pp., précédées de 18 de limin., l'autre de 1660, et enfin une dernière avec la date de 1669, et dont la pagination est la même que dans l'édit. de 1657. C'est, selon Pieters, de qui nous empruntons cette note, l'édit. de 1669 que les amateurs préfèrent à toutes les autres. Au reste aucune d'elles ne se vend guère au-delà de 2 ou 3 fr.

Des éditions de 1650 et 1660 sont portées dans plusieurs catalogues, mais nous ne les avons pas vues.

Le corps politique, ou les élémens de la loy morale et civile, avec des réflexions sur la loy de nature, sur les sermens, les pacts, et les diverses sortes de gouvernemens, leurs changemens, et leurs révolutions, par Thomas HOBBES (trad. de l'anglois par Sam. Sorbière). *Leyde, Jean et Daniel*, 1653, pet. in-12.

3 ff. prélimin., y compris le titre imprimé ; 231 pp. de texte. L'édition de 1652 est placée parmi les *Elzevier* sans nom d'imprimeur.

Corn. ab HOGELANDE cogitationes, quibus Dei existentia ; item animæ spiritualitas, et possibilis cum corpore unio, demonstrantur : necnon brevis historia œconomiæ corporis animalis proponitur, atque mechanice explicatur. *Amstelodami, apud Ludovicum*, 1646, pet. in-12 de 14 ff. prélim., 296 pp. et 11 ff. d'index.

Corn. ab HOGELANDE. De divina prædestinatione liberaque hominis agendi potestate dissertatio, inserendum post cogitationum pag. 20. *Amstelod.*, *apud Lud. Elzevir.*, 1653, pet. in-12 de 44 pp.

Cet opuscule devrait être nécessairement réuni au volume précédent, mais on l'y trouve rarement joint.

Theophili HOGERSII poemata juvenilia : accedunt Jo. Hogersii posthuma et P.-D. Huetii funus Cl. Salmasii, etc. — Th. Hogersii orationes tres. *Amstelodami, apud Danielem*, 1672, 2 tom. en 1 vol. pet. in-12 de 92 et 84 pp., et une page d'errata.

Q. HORATIUS Flaccus, accedunt nunc Dan. Heinsii de satyra horatiana libri duo..., cum ejusdem in omnia poetæ animadversionibus. *Lugd.-Batav.*, *ex offic. elzevir.*, 1629, 3 tom. en 1 vol. in-16.

Un titre gravé ; dédicace de D. Heinsius, 6 ff.; ode du même, suivie des *Veterum judicia*, 3 ff.; *Vita Horatii*, 3 ff.; avis. *Amice lector*, 3 autres ff.; texte, 239 pp., y compris le titre impr., daté de 1628, qui n'y est pas toujours ; *Dan. Heinsii animadversiones*, 250 pp., y compris le titre ; *De satyra horatiana*, 286 pp., dont la dernière est cotée 296.

Il se trouve des exemplaires du texte seul, avec un titre daté de 1653. Voir la col. 317 de notre troisième volume.

Q. HORATIUS, Dan. Heinsius recensuit. *Amstelod.*, *apud Danielem*, 1676, in-16 de 213 pp., y compris le frontispice gravé.

Q. HORATII poemata, scholiis, sive annotationibus instar commentarii illustrata a Joan. Bond. *Amstelod.*, *apud Danielem*, 1676, in-12.

234 pp., y compris le frontispice gravé ; à la fin : *Vita Horatii*, et les *Testimonia*, ensemble 2 ff.

Annæ Ovenæ HOYERS geistliche und weltliche poemata. *Amsteldam, bey Ludwig Elzevieren*, 1650, pet. in-12.

Très-jolie édition de ces poésies allemandes, impr. en caract. allemands ; elle a 304 pp., sans compter ni le titre gravé ni la table.

Non-ens præadamiticum ; sive confutatio vani cujusdam somnii, quo sacræ scripturæ prætextu incautioribus nuper imponere conatus est quidam anonymus, fingens, ante Adamum primum fuisse homines in mundo ; authore Ant. HULSIO. *Lugd.-Batav.*, *apud Johan.*, 1656, in-12 de 6 ff. et 107 pp. Quelquefois relié avec *Responsio exetastica* de Pythius. (Voyez ci-après.)

De jure regni diacepsis, auctore Alexandro IRVINO scoto. *Lugd.-Batav.*, *ex officina elzevir.*, 1627, in-24 de 239 pp. et la table des chapitres.

Primæ philosophiæ, sive institutionum metaphysicarum libri sex, auctore Gilb. JACCHÆO. Editio postrema priore correctior. *Lugd.-Batav.*, *prostant apud Elzevirios*, 1640, pet. in-12 de 6 ff. et 391 pp.

Cette édition se vendait chez les Elsevier, mais il ne paraît pas qu'elle soit sortie de leurs presses.

Il en avait déjà paru une : *Lugd.-Batav.*, *apud Elzevirios*, 1631, pet. in-12.

Gilb. JACCHÆI institutiones physicæ. *Amstelod.*, *apud Ludovicum*, 1644 (aussi 1649), pet. in-12 de 356 pp.

Joh. JONSTONI historia civilis et ecclesiastica, ab orbe condito ad annum 1633. *Amstelod.*, *apud Ludov.*, 1641, in-24 de 8 et 309 pp.

Johan. JONSTONI enchiridium ethicum ex sententiosissimis dictis concinnatum, et in libros tres distinctum. *Lugd.-Batavor.*, *ex officina elzevir.*, 1634, in-24 de 2 ff. prélimin. et 228 pp.

Idea universæ medicinæ practicæ libris VIII absoluta, Joh. JONSTONUS concinnavit. *Amstel.*, *apud Ludov.*, 1644, pet. in-12 de 6 ff. prélim., 759 pp. et 1 f. d'errata.

De communione veteris ecclesiæ syntagma, ex bibliotheca Joh. JONSTONI, doct. medici. *Amstel.*, *ex offic. elzevir.*, 1658, pet. in-12 de 235 pp.

JUSTINI historiarum ex Trogo Pompeio libri XLIV, cum notis Is. Vossii. *Lugd.-Batavor.*, *ex officina elzevir.*, 1640, pet. in-12.

8 ff. prélimin., y compris le titre gravé : corps du volume, 294 pp.; notes, 39 pp.; index, 54 pp. non chiffrées.

Il existe deux éditions sous cette même date ; l'une avec une épître dédicatoire à Thuron Bielke, l'autre sans cette épître. La première est la plus belle ; elle n'a que 278 pp. de texte, mais on y trouve les notes et 54 pp. d'index ; la seconde en a 294, parce qu'on y a ajouté les sommaires des chapitres au commencement de chaque livre. Au surplus, ces sommaires sont pour ainsi dire un double emploi, car il s'en trouve d'autres à la suite du texte, pag. 295 à 310.

— Editio alia. *Amstel.*, *typis Ludovici*, 1650, in-24. — Editio alia. *Amstelod.*, *Ludov.*, 1656, pet. in-12. 1671, in-24.

Il y a une édit. d'*Amsterd.*, *ex offic. elzevir.*, 1673, pet. in-12.

JUSTINIANI institutiones, typis variæ, rubris nucleum exhibentibus; accesserunt ex digestis tituli de verb. signif. et reg. juris. *Amstelod., apud Ludovicum*, 1654, in-16 de 4 ff. prélim., y compris les deux titres, 391 pp. de texte, et à la fin 102 pp. non chiffrées; *seu apud Danielem*, 1664 et 1676, in-16 ou in-24.

Il y a des exempl., avec la date de 1676, qui sont imprimés en noir seulement.

— Ejusdem institutionum libri IV, notis perpetuis illustrati cura et studio Arn. Vinnii. *Amstelodami, apud Ludov.*, 1646, pet. in-12 de 12 ff. et 637 pp., *seu Amstel., apud Ludov.*, 1652; — autre, *ex offic. elzevir.*, 1658, 1663, et 1669, pet. in-12.

Nous avons vu un exemplaire de l'édition de 1646, dont le frontispice gravé portait les noms de Fr. Hackius et de Louis Elzevir, tandis que le titre imprimé n'avait que le nom d'Hackius. Nous avons vu aussi l'édition de 1669, avec un titre gravé daté de 1679.

D. Junii JUVENALIS et Auli Persii Flacci satyræ. *Amstelod., typis Ludov., sumptibus societatis*, 1651, et 1671, in-24; mal imprimé.

Thomæ a Kempis de IMITATIONE Christi libri IV. *Lugduni (Batavor.), apud Joh. et Dan.* (circa 1653), pet. in-12 de 257 pp., y compris le titre gravé.

— Autre édition. *Lugduni (Batavor.), ex offic. elzevir.*, 1658, pet. in-12.

261 pp., y compris le titre gravé, qui est plus joli que celui de l'édition sans date.

— De imitatione Christi libri quatuor. *Leidæ, et veneunt Parisiis, apud C. Angot* (circa 1660), in-24 ou in-32, avec frontispice gravé. (Voir t. III, col. 415.)

Pieters est d'avis que cette petite édition, ainsi que celles de 1658 et 1679, appartient aux presses elseviriennes d'Amsterdam, ce que semble contredire, au moins pour la première, le mot *Leidæ* que porte son titre.

— Autre édition. *Amstel., ex offic. elzevir.*, 1679, pet. in-12 de 261 pp., y compris le titre gravé.

— De l'imitation de Jésus-Christ, traduction nouvelle par le sieur de Beuil (Le Maistre de Sacy), dernière édition. *Amsterdam, chez Dan. Elzevier, imprimeur et marchand libraire, avec approbation des docteurs de Paris*, 1668, pet. in-12.

Cette édition, imprimée à Paris sous la rubrique d'Amsterdam et avec le nom d'Elzevier, est assez belle et fort rare.

Sermons de piété pour réveiller l'âme à son salut; par Fabrice de LA BASSECOUR. *Amsterd., chez Louis*, 1645, pet. in-12 de 8 ff. et 312 pp.

Une édition d'*Amsterdam*, 1652, pet. in-12, est portée dans les Catalogues de 1674 et 1681, ainsi que l'ouvrage suivant du même auteur:

Piété de l'âme fidèle, 1649, pet. in-12.

Hub. LANGUETI epistolæ politicæ et historicæ ad Philippum Sydnæum. *Lugd.-Batavor., ex offic. elzevir.*, 1646, pet. in-12 de 8 ff. et 477 pp.

Du droict usage de la philosophie morale avec la doctrine chrétienne, par Messire Pierre de LA PLACE, premier président en la cour des Aydes à Paris. *A Leyde, chez Jean*, 1658, pet. in-12 de 6 ff. et 212 pp.

La première édition de cet ouvrage est de *Paris, Fed. Morel*, 1562, in-8. J. Elzevier a ajouté à la sienne une épître dédicatoire à Fr. de La Place, petit-fils de l'auteur.

Le secrétaire à la mode, par le sieur de LA SERRE, augmenté d'une instruction d'escrire des lettres, cy-devant non imprimée, plus d'un recueil de lettres morales des plus beaux esprits de ce temps et des complimens de la langue françoise. *Amsterdam, chez Louys*, 1645, pet. in-12 de 48, 323 et 86 pp., y compris trois titres, de plus 4 ff. de table. Les complimens (86 pp.) ont un titre séparé qui porte la date de 1644.

Louis Elsevier a donné en 1646 une autre édit. dont la pagination est la même que ci-dessus. Au titre gravé, il n'y a de changé que la date, et l'Anne gravé de la Minerve est remplacée par la Sphère. Le même imprimeur a reproduit ce livre, toujours avec les compliments, en 1650, pet. in-12 de

412 pp., y compris les titres et 4 ff. de table. Il existe trois autres édit. de ce même livre, *Amsterd., chez Louis et Daniel*, pet. in-12, sous la date de 1655, 1657 et 1662. Le titre gravé de la dernière porte 1663. Pieters, 2e édit., p. 371, décrit une édit. in-24 de 428 pages, y compris le titre gravé, daté de *Leyde, chez Bonaventure*, 1668, et le titre imprimé (*jouxte la copie à Paris*) et ayant aussi 4 ff. à la fin, mais qui ne ressemble en rien à une édit. elsevirienne.

La gallerie des femmes fortes, par le P. Pierre LE MOYNE. *Leiden, chez Jean*, 1660, pet. in-12, fig.

Un frontispice gravé et un titre imprimé; 34 ff. préliminaires, contenant une épître et une ode à la reine, la préface, deux odes intitulées la *Femme forte*, la table des peintures, etc.; 452 pp. de texte, suivies de 12 ff. pour la table des matières. Quant aux gravures, elles comptent dans l'ordre des pages, et elles sont d'ailleurs indiquées à la table des peintures. — Voyez notre tom. III, col. 974.

Cyriaci LENTULI Augustus, sive de convertenda in monarchiam republica; juxta ductum ac mentem Taciti. *Amstelod., apud Ludov.*, 1645, pet. in-12 de 366 pp., sans la dédicace ni la préface.

Justi LIPSII de constantia libri duo, qui alloquium præcipue continent in publicis malis. *Amstel., apud Ludov.*, 1652, in-24 de 121 pp. et 11 ff.

— Lipsii de constantia libri duo... editio ultima et optime correcta. *Amstelodami, typis Lud. Elseviril, sumptibus societatis*, 1652, pet. in-12 de 6 ff., y compris le titre, 143 pp. et 5 pp. non chiffrées. Impression sur mauvais papier, ce qui fait douter que l'édition sorte des presses de L. Elsevier. Il y a des exemplaires dont le titre porte, au lieu de *sumptibus societatis : veneunt Lovanii, apud Æ. Denique.*

T. LIVII historiarum libri, ex recensione heinsiana. *Lugd.-Batavor., ex offic. elzevir.*, 1634, 3 vol. pet. in-12.

Tom. I, 12 ff. prélimin. pour le titre gravé, l'épître dédicat., les *Elogia*, etc.; 726 pp. de texte, suivies de 8 ff. d'index, — tom. II, 848 pp., y compris le titre, ensuite 8 ff. d'index; — tom. III, 796 pp., y compris le titre; de plus 7 ff. d'index.

— Historiarum libri, ex recensione J.-F. Gronovii. *Lugd.-Batavor., ex offic. elzevir.*, 1645, 3 vol. pet. in-12.

Tom. I, 12 ff. liminaires, y compris le frontispice gravé; texte, 675 pp.; index. 16 pp. — tom. II, 751 pp., y compris le titre; 14 pp. d'index; — tom. III, 774 pp., y compris le titre, 14 pp. d'index.

Joh.-Frid. Gronovii ad T. Livii libros superstites notæ. *Lugd.-Batavor., ex offic. elzevir.*, 1645, pet. in-12.

14 ff. prélim., dont le titre fait partie; texte, 808 pp., 3 pp. d'errata.

T. LIVII historiarum libri. *Lugd.-Batav., ex offic. elzevir.*, 1653, 3 vol. pet. in-12.

On trouve quelquefois réuni à ces éditions de T. Live, le volume intitulé : *Supplementorum livianorum decas , auctore J. Freinshemio*, Holmiæ, Joh. Jansson., pet. in-12.

T. LIVII historiarum quod extat, ex recensione J.-F. Gronovii. *Amstel., apud Danielem*, 1678, in-12 de 788 pp. et le titre gravé. (Voir t. III, col. 1107.)

Clavis et fundamenta græcæ linguæ, duabus partibus distincta : quarum I, Vocabula latino-græca ; II, omnes totius linguæ græcæ voces primogeniæ, in vulgari lexico occurrentes alphabetice disponuntur ; necnon earundem derivata præcipua subjunguntur. Opusculum apprime utile, et maxime accomodum iis, qui græcæ linguæ studio capiuntur; authore Eilhardo LUBINO : editio nova ; præ cæteris omnibus multam partem correctior in lucem edita, opera et studio I. K. *Amstelodami, apud Danielem*, 1654, pet. in-12.

Cette édition doit être plus complète que celle d'Amsterdam, *apud Ludovicum*, 1651, pet. in-12; elle a 4 ff. prélim., dont le frontispice gravé et le titre imprimé, et 448 pp. de texte.

L'édition pet. in-12, dont le titre porte : *Lugduni-Batavorum, apud Franciscum Hegerum*, 1644, ressemble beaucoup à celles des Elsevier ; elle en a les vignettes et les culs de lampe, mais pas le fleuron du frontispice.

LUCANI Pharsalia, sive de bello civili Cæsaris et Pom-

peii libri X, ex emendatione Hug. Grotii, cum
ejusdem notis. *Amstelod., typis Ludovici, sump-
libus societatis*, 1651 (seu 1657), in-24 de 6 ff. et
273 pp.

Dan. Elsevier a donné, en 1671, une édition in-24 de Lucain.

La Pharsale de LUCAIN, ou les guerres civiles de César et de Pompée, en vers françois, par de Brebeuf.
Leide, Jean, 1658, pet. in-12.

417 pp., y compris le titre imprimé ; il y a de plus un frontispice gravé.

Lysandre et Caliste. Voyez D'AUDIGUIER.

Traité de la nature et de la grâce, par MALEBRANCHE.
Amsterdam, chez Daniel, 1680, in-12 de 3 ff. et
268 pp., gros caractères.

Eclaircissement, ou la suite du traité de la nature de
la grâce, par le P. MALEBRANCHE. *Amsterdam,
chez la veuve de D niel*, 1681, in-12 de 68 pp. en
tout.

Virgilii MALVEZZI marchionis Princeps, ejusque arcana, in vita Romuli repræsentata ; latinitate donavit Joh. Krauss. *Lugd.-Batavor., apud Elsevirios*, 1636, 2 tom. en 1 vol. pet. in-12.

La première partie a 13 pp. prélimin., y compris le titre gravé,
et 139 pp. de texte ; la seconde, 183 pp., précédées de 16 pp.
prélimin., y compris le titre gravé, ainsi conçu : *Virgilii
Malvezzi marchionis Tyrannus, ejusque arcana in vita Tarqui-
nii superbi repræsentata, latinitate donavit Joh. Krauss...*

A ces deux traités il s'en trouve quelquefois joint un troisième
du même auteur, sous ce titre :

VIRGILII MALVEZZI Persecutio Davidis politice tractata,
nunc latinitate donata. *Lugd.-Batavor.. apud Justum Livium*
(absque anno), pet. in-12 de VIII ff. et 136 pp., plus 11 ff.
de table (impr. en plus petits caractères que les deux autres
traités).

Le catalogue de M. de Wlassoff, imprimé à Moscou, en 1819,
fait mention d'un exemplaire du *Tyrannus* imprimé sur
VÉLIN.

Nous trouvons une édition du *Princeps*, Lugd.-Batav., apud
Johannem, 1657, in-12, portée dans plusieurs catalogues.

Supplication a la requette (*sic*) à l'Empereur, aux
Roys, Princes, Estats, Republiques et Magistrats
chrestiens, sur les causes d'assembler un concile
général contre Paul cinquiesme, dressée par Nicole
de MARBAIS, doct. en théologie... sieur de Coiny,
sur le subject d'une autre petite (*sic*, pour pièce),
en latin, dediée particulierement nagueres au sereniss. Roy de la gr. Bret. *A Leyde, chez Loys*,
1613, pet. in-12 de 18 ff. et 295 pp.

M. Val. MARTIALIS, ex museo Petri Scriverii. *Amst-
tel., typis Ludovici*, 1650, et *typis Danielis*, 1664,
in-24.

Deux éditions médiocres.

Historia Alexandri Magni, sive prodromus quatuor
monarchiarum, in lucem emissus a Christiano
MATTHIA. *Amstelod., apud Lud.*, 1645, pet. in-12
de 168 pp. en tout.

Institutiones aulicæ, nunquam editæ, ex C. Tacito,
cum primis sed et aliis historicis, ab auctore incerto traditæ et jam ab Eusebio MEISNERO publico
donatæ. *Amstelod., apud Ludovicum*, 1642, in-24
de 16 ff. prélim., y compris le titre et 5 pp. bl.,
196 pp. de texte et 35 d'index. Il y a des exemplaires avec un faux titre gravé, et d'autres avec
un titre imprimé autrement conçu que le premier.

Même ouvrage que l'*Aulicus inculpatus* de Pastorius, ci-après.
(Voir Barbier, *Dictionnaire des anonymes*, III, n°s 19816
et 20634.)

MÉMOIRES de la guerre de Transilvanie et de Hongrie, entre l'empereur Léopold I et le grand seigneur Mehemet IV, Georges Ragotski et les autres
successeurs, princes de Transilvanie (par Ascagne
Centorio degli Hortensi). *Amsterdam, chez Daniel*, 1680, 2 tom. en 1 vol. pet. in-12, le 1er de 2 ff.
et 130 pp., le 2e de 150 pp.

Aegidii MENAGII poemata, quarta editio, auctior et
emendatior. *Amstelod., in offic. elsevir.*, 1663,
pet. in-12.

4 ff. prélimin., y compris le titre imprimé : 327 pp. de texte,
et à la fin, *Ad Julium Mazarinum elegia*, 3 pp. qui paraissent
avoir été ajoutées après coup pour y retrancher trois vers
qui avaient fait traduire l'auteur au Parlement.

Joan. MEURSII Theophrastus, sive de illius libris, qui
injuria temporis interciderunt, liber singularis :
accedit theophrastearum lectionum libellus. *Lugd.-
Batav., ex offic. elsevir.*, in-12 de
111 pp., titre compris, plus 5 pp. d'index et 7 ff.
cotés séparément, pour une lettre d'Adolphe Vors-
tius.

Le malade imaginaire, comédie en trois actes mêlez
de danse et de musique (par MOLIÈRE). *Amsterd.,
chez Daniel*, 1674, pet. in-12.

106 pp.; à la fin un prologue, en 6 pp. — Au commencement
le divertissement, en 40 pp.

Quoiqu'il porte le nom de Dan. Elsevier, ce volume paraît avoir
été imprimé en France. Voir la col. 1807 de notre 3e vol.

Lud. MOLINÆI morum exemplar, seu characteres.
Lugd.-Batav., apud Johannem et Danielem,
1654, pet. in-12 de 6 ff. et 251 pp.

Il y a des exemplaires avec un titre imprimé au nom d'Adrien
Vlacq de La Haye, et à la date 1662. On y a conservé le frontispice gravé de 1654.

Petri MOLINÆI de cognitione Dei tractatus. *Lugd.-
Batav., ex officina elseviriana*, 1625, in-24 de
3 ff. et 144 pp.

Anatomie de la messe, où est montré par l'Écriture
Sainte, etc. que la messe est contraire à la parole
de Dieu, par Pierre DU MOULIN. *Leyde, Bonaventure et Abraham*, 1638, pet. in-12.

6 ff. préliminaires, y compris le titre ; 324 pp. de texte.

Thomæ MORI dissertatio epistolica de aliquot sui temporis theologastrorum ineptiis ; deque correctione
translationis vulgatæ N. Testamenti. *Lugduni-Batavorum, ex officina elseviriana*, 1625, pet. in-12
de 14 ff. et 125 pp.

Réflexions, sentences, ou maximes royales et politiques, traduites de l'espagnol par le révérend père
d'OBEILH, de la Compagnie de Jésus. *Amsterdam,
chez Daniel*, 1671, pet. in-12 de 8 ff. et 156 pp.

Réflexions prudentes, pensées morales, maximes
stoïciennes, traduites de l'espagnol par le P. d'O-
BEILH. *Amst., chez Daniel*, 1671, pet. in-12, 6 ff.,
200 pp. et 1 f. d'errata.

L'aimable mère de Jésus. Traité contenant les divers
motifs qui peuvent nous inspirer du respect, de la
dévotion et de l'amour pour la très-sainte Vierge.
Traduit de l'espagnol (du P. Eusèbe Nieremberg),
par le R. Père d'OBEILH. *Amsterdam, chez Daniel*, 1671, pet. in-12. Voir tome IV, col. 143.

P. OVIDII Nasonis opera, Dan. Heinsius textum recensuit ; accedunt breves notæ ex collatione codd.
Scaligeri et Palatinis Jani Gruteri. *Lugd.-Batav.,
ex offic. elzevir.*, 1629, 3 vol. in-16.

Tom. I, 12 ff. prélim., y compris le titre gravé ; texte, 344 pp.
Tom. II, 8 ff. prélim., y compris le titre imprimé ; texte,
444 pp. Tom. III, 6 ff. prélim., en comptant le titre impr. ;
corps du vol., 410 pp., dont la dernière est cotée 430.

P. OVIDII Nasonis opera. *Amstelod., typis Ludov.*,
1652, seu *typis Danielis*, 1664, et 1676, 3 vol. in-
24. Très-médiocres.

Operum P. OVIDII editio nova ; Nic. Heinsius recensuit et notas addidit. *Amstelodami, ex offic. elzevir.*, 1658-61, 3 vol. pet. in-12.

Voyez, au sujet de cette édition, la note que nous avons donnée tom. IV, col. 272.

Epigrammatum Joannis OWEN editio postrema. *Lugd.-
Batav., ex offic. elzevir.*, 1628, in-24.

Cette édition d'Owen est moins belle que la suivante ; elle a
250 pp., y compris le frontispice gravé.

Epigrammatum Joan. OWENI editio postrema, cor-
rectissima et posthumis quibusdam aducta. *Amstelod., apud Ludovicum*, 1647, in-24.

Edition jolie et en très-petits caractères ; elle se compose de

212 pp. de texte, précédées d'un titre gravé et du portrait d'Owen. Il y a trois éditions distinctes sous la même date, et également bonnes; elles sont de format in-18 et non in-24. L'édition d'*Amsterd., apud Elzevirium*, 1679, pet. in-12, en plus gros caractères que celle de 1647, n'est point belle, mais elle contient de plus que les deux précédentes : *Alberti Ines acroamatum epigrammaticorum caxtis verecundisque salibus.*

PALÆPHATI de incredibilibus (gr.), Corn. Tollius in latinum sermonem vertit, et notis illustravit. *Amstelod., apud Ludovicum*, 1649, pet. in-12.

18 ff. prélim., en comptant le titre imprimé; 233 pp. de texte; 8 pp. pour l'*Elenchus* et l'index; à la fin les errata.

Speculum boni principis Alphonsus rex Aragoniæ; hoc est dicta et facta Alphonsi regis Aragoniæ, primum IV libris confuse descripta ab Antonio PANORMITA : sed nunc in certos titulos et canones, maxime ethicos et politicos, digesta; similibus quoque quibusdam, et dissimilibus, ex Æneæ Sylvii commentariis, necnon chronologia vitæ et rerum gestarum ejusdem Alphonsi aucta. Sic digessit et auxit Johannes Santes, cognomento Santenus. *Amstelod., apud Ludovic.*, 1646, pet. in-12, 12 ff., 270 pp., 26 ff. d'index et 1 page d'errata.

PASCASII (*Justi*) de alea libri duo. *Amstelod., apud Ludovicum*, 1642, in-24 de 30 ff., y compris le titre gravé, 213 pp. et 43 pp. d'index non chiffrées.

Legatus, opus Car. PASCHALII. *Amstelod., apud Ludovicum*, 1645, pet. in-12, 8 ff. prél., dont 1 blanc, 543 pp. de texte et 18 pp. pour l'index.

Manuale græcarum vocum N. Testamenti, cui accessit index anomalorum et difficiliorum vocabulorum, etc., auctore Georg. PASORE. *Lugd.-Batav., ex officina elzevir.*, 1634, pet. in-12 de 523 pp., y compris le titre gravé, 28 pp. pour l'index, 44 pp. pour le *Libellus de accentibus*, et 1 f. à la fin. Autre édition, 1640, 4 ff., 526 pp. de texte, 15 ff. d'index et 47 pp. pour le *Libellus;* et sous le titre de : *G. Pasoris Manuale Novi Testamenti, auctum vocibus... auctore C. Scotano*, Amstelod., apud Ludov., 1654, pet. in-12 de 8 ff., 686 pp. de texte, 13 ff. non chiffrés et 35 pp. pour le *Libellus;* autre, *ex officina elzevir.*, 1664 et 1672, pet. in-12.

LE PASTISSIER françois, où est enseigné la manière de faire toute sorte de pâtisserie, très-utile à toute sorte de personnes. Ensemble le moyen d'apprester toutes sortes d'œufs pour les jours maigres, et autres en plus de soixante façons. *Amsterd., chez Louis et Daniel*, 1655, pet. in-12.

6 ff. prélimin. pour le frontispice gravé, le titre impr., l'avis au lecteur et la table; 252 pp. de texte, mauvais caractères. En *mar.* v., 350 fr., Pieters, 212 fr. Arlzen.

Aulicus inculpatus, e gallico auctoris anonymi (Marconnet) in lat. versus a Joach. PASTORIO. *Amstel.*, 1644, in-18 de 6 ff., 204 pp. et 18 ff. pour l'index.

Voyez à la page précédente, col. 1731, ce que nous venons de dire des *Institutiones aulicæ*, publiées par Eus. Meisner.

Introduction à la connaissance des médailles, par Ch. PATIN. *De l'impression d'Elzevir, et se vend à Paris, chez J. Du Bray*, 1667, in-12 de 12 ff. et 261 pp.

Histoire du roi Henry le Grand, composée par Hardouin de PÉRÉFIXE. *Amsterdam, chez Louis et Daniel*, 1661, pet. in-12.

6 ff. prélimin., y compris le frontispice gravé et le titre impr.; 522 pp. de texte.

— La même histoire, reveue, corrigée et augmentée par l'auteur. *Amsterd., Daniel*, 1664, pet. in-12.

6 ff. prélimin., pour le frontispice gravé, le titre imprimé, la dédicace et l'avis au lecteur; 566 pp., y compris un *Recueil de quelques belles actions et paroles mémorables du roi Henry le Grand*, qui occupe les pp. 523-566; ensuite 10 ff. pour *Henry le Grand*, poëme de Cassagne.

— La même histoire. *Amsterdam, Daniel*, 1678-79, pet. in-12.

Voyez, sur ces trois éditions, notre tome IV, col. 491.

Bérard dit, à la page 107 de son *Essai;* à l'occasion de cette

histoire de Henri IV : « Cet ouvrage avait déjà été imprimé en 1661, chez les Elzevirs : ils en avaient même donné deux éditions distinctes cette année, l'une sous le nom d'Antoine Michiels, et l'autre sous ceux de Louis et Daniel Elzevier. Il est fort probable qu'ils avaient commencé par imprimer cette histoire pour Michiels, libraire d'Amsterdam, pour qui ils ont souvent travaillé, et que le succès de son édition les détermina à l'imprimer pour leur propre compte. » Le titre imprimé de l'édition de Michiels porte la date de 1662, quoique le frontispice gravé en ait une de 1661. De plus, ce même Michiels a encore donné, à Amsterdam en 1666, une édition du même livre, copiée sur l'elsevirienne de 1664; ce qui annonce plutôt une sorte de rivalité entre les deux maisons de commerce qu'une liaison habituelle d'affaires.

Ant. PEREZII institutiones imperiales erotematibus distinctæ, atque ex ipsis principiis regulisque juris passim insertis, explicatæ : editio sexta. *Amstelod., apud Ludov.*, 1647, de 8 ff., 603 pp. de texte et 5 pp. d'index; seu 1652, seu *apud Ludov. et Dan.*, 1657, seu *apud Danielem*, 1669 et 1673 (11e édition), pet. in-12.

Ant. PEREZII jus publicum, quo arcana et jura principiis exponuntur. *Amstelod., Lud. et Dan.*, 1657, pet. in-12 de 8 ff. et 338 pp.

PERSIUS enucleatus, sive commentarius exactissimus et maxime perspicuus in Persium, studio Davidis Wedderburni. *Amstel., apud Danielem*, 1664, pet. in-12 de 106 pp., y compris le titre et un avis au lecteur.

Medulla oratoria, continens omnium transitionum formulas, quibus ornari possit oratio rhetorica, in gratiam studiosorum eloquentiæ, ex variis oratoribus collecta ab Ivaro PETR-ADOLPHO, Norvegio. *Amstelodami, ex officina elzeviriana*, 1656, pet. in-12 de 12 ff. et 280 pp. L'épître dédicatoire à Petr-Adolphus, père de l'auteur, est datée de Leide, 1646.

Petri PICHERELLI opuscula theologica quæ reperiri potuerunt, partim antea, partim nunc primum edita. *Lugd.-Batav., ex officina elzevir.*, 1629, pet. in-12 de 6 ff. et 368 pp.

Carolus PISO enucleatus, sive observationes medicæ Pisonis, studio ac opera Bernhardi Langvvedelii. *Lugd.-Batav., ex officina Elzeviriorum*, 1639, pet. in-12 de 159 pp., plus 9 pp. d'index.

B. PLATINÆ opus de vitis ac gestis Summorum Pontificum ad Sixtum IV deductum... Accessit, præter B. Platinæ vitas, brevis quidem, sed utilissimus Romanorum pontificum catalogus. (*Sine loco*), 1645, pet. in-12 de 25 ff. et 794 pp. Édition elzevirienne.

M. Accii PLAUTI comœdiæ superstites XX. *Amstel., typis Ludovici*, 1652, in-16 de 715 pp. et 5 pp. non chiffrées.

Pieters décrit deux éditions sous cette date, avec le même titre gravé, mais d'ailleurs bien distinctes l'une de l'autre. La première porte en tête du texte, p. 3, une vignette et à la fin du volume un fleuron employés par les Elsevier. La seconde n'a pas cette vignette, et présente à la fin un fleuron dont ont fait usage d'autres imprimeurs. Elle est moins belle que l'édition originale.

C. PLINII secundi historiæ naturalis libri XXXVII. *Lugd.-Batavor., ex officina elzevir.*, 1635, 3 vol. pet. in-12.

Tome I, 12 ff. prélimin., titre gravé compris; texte. 654 pp.; index, 9 ff. — Tome II, 631 pp., y compris le titre impr., plus 16 pp. d'index. — Tome III, 582 pp. et 9 ff. d'index.

C. PLINII Cæcilii secundi epistolarum libri X, et panegyricus; accedunt variantes lectiones. *Lugd.-Batav., ex officina elzevir.*, 1640, pet. in-12.

12 ff. prélim., y compris le titre impr., 414 pp., 14 ff. d'index.

— Ejusdem editio nova; Marcus Zuerius Boxhornius recensuit et passim emendavit. *Lugd.-Batavor., apud Joan. et Daniel.*, 1653, seu *Amstelodami, ex offic. elzevir.*, 1659, pet. in-12.

L'édition de 1653 est plus correcte, mais moins belle, que la précédente; les pièces liminaires sont différentes, quoiqu'elles soient toujours 12 ff.; le texte et les index même, copiées page pour page et ligne pour ligne sur la première édition, n'ont pourtant ici que 404 pp. au lieu de 414. Cela vient de ce que dans l'édition de 1640 les chiffres des pages sautent de 289 à 300.

Joannis PREVOTII artem componendi medicamenta genuinæ restitutam integritati exhibet Adolphus Storck. *Amstelod., apud Danielem*, 1665, pet. in-12 de 4 ff. et 184 pp.

PRINCIPUM et illustrium virorum epistolæ, ex præcipuis scriptoribus, tam antiquis, quam recentioribus collectæ (ab Hier. Donzellino). *Amstel., apua Ludovicum*, 1644, pet. in-12 de 4 ff. prél., y compris le titre gravé, 432 pp. et 8 ff. d'index.

Aurelii PRUDENTII Clementis quæ extant. Nic. Heinsius Dan. fil. ex vetustissimis exemplaribus recensuit, et animadversiones adjecit. *Amstel., apud Danielem*, 1667, 2 tom. en 1 vol. pet. in-12.

12 ff. prélimin., y compris le titre, 327 pp. de texte; *Heinsii adnotata*, 167 pp.; index, 17 pp.

Erycii PUTEANI suada attica, sive orationum selectarum syntagma; item palæstra bonæ mentis, prorsus innovata. *Amstelod., apud Ludovicum*, 1644, pet. in-12 de 12 ff., 620 pp., la dernière non chiffrée.

Dissertationes de induciis belli belgici, in quibus : I. Er. PUTEANI de induciis belgicis dissertatio politica ; II. ejusdem statera belli et pacis ; III. Justi Lipsii epistola, qua suadet bellum, pacem, inducias regi hispano cum Gallo, Anglo, Batavis ; IV. in eam notæ seu stricturæ politicæ. *Lugd.-Batavor., ex officina elzeviriana*, 1633, pet. in-12 de 213 pp.

Responsio exetastica ad tractatum, incerto auctore nuper editum, cui titulus Præadamitæ, libri duo, auctore J. PYTHIO. *Lugd.-Batavor., apud Johannem*, 1656, pet. in-12 de 8 ff. et 414 pp.

Pour le traité d'Ant. Hulsius auquel répond celui-ci, voy. ci-dessus, col. 1728.

Les satyres et autres œuvres de REGNIER. *Selon la copie impr. à Paris (Leyde, les Elsevier)*, 1642, pet. in-12.

4 ff. prélim., y compris le titre; 166 pp. de texte; 2 ff. de table.

— Les mêmes, augmentées de diverses pièces ci-devant non imprimées. *Leiden, Jean et Daniel*, 1652, pet. in-12.

4 ff. prélimin., y compris le titre; 202 pp. de texte, et 2 ff. de table.

Ecclesiarum belgicarum confessio (gr. et lat.), interprete Jacobo REVIO ; et catechesis quæ in ecclesiis et scholiis belgicarum provinciarum traditur (gr. et lat.), interprete Frid. Sylburgio. *Lugd.-Batavor., ex officina elzevir.*, 1635, pet. in-12 de 182 pp., plus le titre et un f. pour l'avertissement.

Dans le Catal. de A.-A. Renouard, tom. I, p. 113, est annoncée une édition de 1623, absolument sous le même titre que celle-ci.

Pieters, 2e édit., p. 211, cite une édition de cet ouvrage, *Amstelod., apud Joh. Ravenstein*, 1661, pet. in-12 de 2 ff. et 189 pp., qu'il dit imprimée avec les mêmes caractères que celle de 1635, qu'elle reproduit page pour page; il décrit aussi comme Elsevier pseudonyme un volume petit in-12 de Jac. Revius, intitulé : *Libertas christiana circa usum Capillitii defensa*, Lugd.-Batav., A. Wyngarden, 1647.

Sermon sur la nativité et la résurrection de Jésus-Christ, par André RIVET. *Leiden, en l'imprimerie des Elzeviers*, 1625, in-24.

Exhortations à repentance et recognoissance : faites au subjet du siége et de la reddition de Maestricht, l'onzième et XXIV Aoust, en l'Eglise françoise de la Haye. Item, à perseverance en la profession de la vérité de Christ ; par André RIVET, D. et prof. en théol. et ministre de la parole de Dieu. *A Leyde, de l'imprimerie des Elzevirs* (sic), 1632, in-24 de 288 pp. en tout. 54 fr., *mar. v.* Pieters.

Instruction préparatoire à la saincte cene, avec cinq prédications convenables à la matière, par André

RIVET. *A Leyde, de l'imprimerie des Elseviers, l'an 1634*, in-24 de 288 pp. en tout.

Ces trois volumes de Rivet sont fort rares.

Voyage du duc de ROHAN, faict en l'an 1600, en Italie, Allemaigne, Pays-bas uni, Angleterre et Escosse. *Amsterdam, chez Louys*, 1646, pet. in-12 de 256 pp. en tout.

On trouve ordinairement relié avec ce voyage les deux volumes suivants, sans lieu, mais avec la Sphère : *Discours politiques du duc de Rohan, faits en divers temps sur les affaires qui se passoient, cy-devant non imprimés*, pet. in-12 de 146 et 135 pp. tout compris ; — *Véritable discours de ce qui s'est passé en l'assemblée politique des églises réformées de France, tenue à Saumur par la permission du Roy, l'an 1611, servant de supplément aux Mémoires du duc de Rohan*, 1646, pet. in-12 de 133 et 126 pp. en tout.

And. RUTCOVII cteticæ, id est de modis acquirendi libri duo. *Amstelodami, apud Ludovicum*, 1650, pet. in-12 de 204 pp. et 3 pp. d'index.

La ville et la république de Venise, par T. L. E. M. S. de SAINT DISDIER, troisième édition, revue et corrigée par l'auteur. *Amsterdam, Daniel*, 1680, in-12. Voir à la col. 37 de notre tome V.

C. SALLUSTIUS Crispus, cum veterum historicorum fragmentis. *Lugd.-Batav., ex officina elzevir.*, 1634, pet. in-12.

12 ff. prélim., y compris le titre gravé ; 310 pp.; *Florilegium* et index, 19 ff.

Nous avons parlé, tome V, col. 86, de deux réimpressions du Salluste, faites par les Elsevier, sous la date de 1634.

L'édition d'Amsterdam, *ex offic. elzevir.*, 1658, pet. in-12, est moins belle que celle de 1634, dont elle est une copie.

Relation de l'estat de la religion, et par quels desseins et artifices elle a esté forgée et gouvernée en divers estats de ces parties occidentales du monde, tirée de l'anglais du chevalier Edwin SANDIS, avec des additions notables. *Amsterd., Louys*, 1641, pet. in-12 de 419 pp., plus 6 pp. de table.

Il se trouve ordinairement à la fin de ce volume une petite partie intitulée : *La sainte chorographie, ou description des lieux où réside chrétienne partout l'univers, par P. Gestin*, Amsterdam, chez Louys, 1641, de 101 pp., y compris le titre.

SATYRÆ duæ : Hercules tuam fidem, sive Munsterus hypobolymæus. Et virgula divina, cum brevib. annotatiunculis quibus nonnulla in rudiorum gratiam illustrantur (a Dan. Heinsio). Accessit his accurata burdonum fabulæ confutatio (per Jo. Rutgersium) ; quibus alia nonnulla hac editione accedunt. *Lugd.-Batav., apud Ludovicum*, 1617, pet. in-12.

12 ff. prélim. et 638 pp., dont les 19 dernières ne sont pas chiffrées. A la fin, sur un feuillet séparé : *Lugduni Batavorum, typis Isaaci Elzevirii, anno cIɔ Iɔ cxvII*. On remarque, entre les pag. 509 et 613, une lacune qui n'est remplie que par un faux titre, mais il ne manque rien.

SCHÄFFEREY (jüngst erbawete) oder Keusche Liebesbeschreibung von der verliebten Nimfen Amoena und dem Lobwürdigen Schäffer Amandus ; übersetzet durch A. S. D. D. *Amstel., Ludwich und Daniel*, 1659, in-12.

Déjà imprimé à Leyde, chez Fr. Heger, en 1645, pet. in-12.

Rob. Herm. SCHELII domini Venebruggæ et Welbergii, etc., de jure imperii liber posthumus, editus cura Theophili Hogersii. *Amstelodami, apud Danielem*, 1671, pet. in-12 de 34 ff. prél. et 360 pp. y compris l'errata.

Frederici SCHERELII Sacrarium Minervæ, in quo de natura, ordine et tractatione omnium artium et scienciarum nova exercitatio, cum notis philologicis et moralibus. *Lugd.-Batav., ex offic. elzevir.*, 1662, pet. in-12 de 18 ff., 68 pp. de texte, avec une gravure double à la 44e, et une page d'errata. 11 fr. Pieters.

Georgii SCHONBORNERI politicorum libri septem. *Amstelod., apud Ludovicum*, 1642, pet. in-12 de 36 ff., 542 pp. et 16 ff. à la fin, — seu 1650, et 1660, pet. in-12.

Bernh. SCHOTANI examen juridicum quo fundamenta jurisprudentiæ..... explicantur. *Lugd.-Batavor., apud Johannem*, 1657, pet. in-12 de 6 ff., 636 pp., et 11 ff. d'index.

Theod. SCHREVELII iambi morales. Voir l'article WALÆUS.

Joan. SELDENI de successionibus ad leges Ebræorum in bona defunctorum liber singularis : in pontificatum libri duo. *Lugd.-Batav., ex offic. elzevir.*, 1638, pet. in-12 de 30 ff. et 528 pp., dont la dernière est cotée 428.

De l'usage des passions, par le P. J.-F. SENAULT. *Leyde, chez Jean*, 1658, pet. in-12 de 18 ff. et 559 pp.

Pour l'édition de 1643, voyez, ci-après, parmi les éditions qui ne portent pas le nom d'Elsevier.

L.'Horoscope de Mgr le Dauphin, par le R.'P. J. F. Senault... ensemble diverses pièces de poésie sur sa naissance. *Amsterd., chez Louis et Dan. Elsevier*, 1662, pet. in-12 de 8 ff. et 80 pp.

C'est un faux Elsevier, probablement exécuté en France antérieurement à la date qu'il porte.

L. Annæi SENECÆ philosophi opera omnia, ex ult. J. Lipsii emendatione, et M. Annæi Senecæ rhetoris quæ extant, ex Andr. Schotti recens. *Lugd.-Batav., apud Elzevirios*, 1640, 3 vol. pet. in-12.

Tom. I, 12 ff. prélim., y compris le titre gravé; texte, 522 pp. Tome II, 718 pp., y compris le titre daté de 1639. Tome III, 442 pp., y compris le titre; à la fin un index, depuis le 6° f. de la signature T jusqu'au 10° f. du cahier Bb.

— Autre édition. *Lugd.-Batav., apud Elzevirios*, 1649, 3 vol. pet. in-12.

Copiée ligne pour ligne et page pour page sur l'édition précédente, à l'exception des pièces prélimin. du tome premier, qui occupent 24 pp., au lieu de 12, à cause d'une longue épître dedicatoire de J.-Fréd. Gronovius à Christine, reine de Suède. Le frontispice gravé est le même, à la date près.

Joh.-Fred. Gronovii ad L. et M. Annæos Senecas notæ. *Lugd.-Batav., ex officina elzevir.*, 1649, pet. in-12.

12 ff. prélimin., titre compris; texte, 429 pp.; *index et corrigenda*, 22 pp. non chiffrées.

La réimpression de ce volume, *Amstelod., apud Lud. et Dan.*, 1658, pet. in-12, se joint à l'édition des œuvres de Sénèque, sortie des mêmes presses, en 1659, 3 vol. pet. in-12.

L. Annæi SENECÆ philosophi flores, sive sententiæ insigniores excerptæ per D. Erasmum, item L. A. Senecæ tragici sententiæ. *Amsterd., apud Ludovicum*, 1642, seu 1648, pet. in-12 de 236 pp., y compris le titre gravé.

L. et M. SENECÆ tragœdiæ, cum notis Th. Farnabii. *Amstelod., apud Danielem*, 1678, in-24 de 428 pp., y compris le titre gravé.

Sulpitii SEVERI historia sacra. *Lugd.-Batavor., ex offic. elzevir.*, 1635, pet. in-12.

— Opera omnia quæ extant. *Lugd.-Batav., ex officina elzevir.*, 1643, pet. in-12 de 5 ff. et 329 pp.

— Autre édition. *Amstelod., ex offic. elzevir.*, 1656, pet. in-12.

Sur ces trois édit. de Sulpice Sévère, voyez notre cinquième volume, col. 321-22.

Joh. SLEIDANI de quatuor summis imperiis libri tres. *Lugd.-Batav., ex officina elzeviriana*, 1624, pet. in-12. — Aussi, *Lugd.-Batav.*, 1631, in-24. — *Amstelodami, apud Ludov.*, 1654, in-24, ou *apud Danielem*, 1678, in-16.

SPANHEMII laudatio funebris Fred.-Henrici, Arosionensium principis. *Lugd.-Batavor., ex offic. elzeviriana*, 1647, pet. in-12 de 2 ff. limin., 97 pp. de texte, et, à la fin, 3 pp. d'épitaphe.

Lettre à un amy (par Frédéric SPANHEIM), où l'on rend compte d'un livre qui a pour titre : Histoire critique du Vieux Testament publié à Paris en 1678

(par Rich. Simon). *Amsterd., Daniel*, 1679, in-12 de 216 pp., non compris le titre.

On joint à ce volume : *Réponse à la lettre de M. Spanheim*, ou Lettre d'un théologien de la Faculté de Paris, qui rend compte à un de ses amis de l'Histoire critique du Vieux Testament du P. Simon de l'Oratoire. *Amsterdam, chez Dan. Elsevier*, 1680, in-12 de 123 pp. en tout, avec une sphère qui n'est pas celle des Elsevier.

SPECULUM tragicum, Regum, Principum et Magnatum superioris sæculi celebriorum ruinas exitusque calamitosas breviter complectens : in quo et judicia divina et imbecillitas humana insignibus exemplis declarantur : accesserunt alia quædam opuscula. Auctore J. D. (Joanne Dickensono). Editio quinta, auctior. *Leydæ in Batav., apud Ludovicum*, 1611, in-12, contenant 305 pp. et *Paradoxa historica*, 80, plus index, 8 pp. non cotées.

Édition mal imprimée mais très-rare, décrite dans le catalogue des Elsevier de la bibliothèque publique de Saint-Pétersbourg, par M. Walther (1864), n° 364, ainsi que la première édition du même ouvrage (*Delphis Batavorum, Jacobus Fœnicottius*, 1601, in-8.), qui a 3 ff. prél., 127 pp. chiffrées et 11 non chiffrées, et qui est mieux imprimée que les éditions de 1602, de 1603 et 1605 (avec le nom de Louis Elsevier), in-8., décrites par M. Pieters, 2° édit., p. 35.

Andr. SPIGELII isagoges in rem herbariam libri duo. *Lugd.-Batavor., ex officina elzeviriana*, 1633, in-16, de 272 pp. et 8 ff. d'index.

P. Papinii STATII opera, ex recensione et cum notis J.-Fred. Gronovii. *Amstel., typis Ludovici*, 1653, in-24 de 4 ff. et 424 pp.

SUETONIUS, cum annotationibus diversorum. *Amst., typis Ludovici*, 1650, seu *typis Danielis*, 1671, in-24 de 369 pp. et 13 pp. d'index.

SUÉTONE des vies des douze Césars romains, de la traduction de M. Du Teil. *Amsterd., chez Louis et Daniel*, 1663, pet. in-12 de XII et 589 pp.

Il est fort douteux que ce volume ait véritablement été imprimé chez les Elsevier.

Bernh. SUTHOLT dissertationes undeviginti, quibus universum jus institutionum ex principiis explicatur; edtio secunda, priori emendatior. *Lugd.-Batav., ex offic. elzevir.*, 1633, pet. in-12 de 501 pp.

C. Cornelius TACITUS, ex J. Lipsii accuratissima editione. *Lugd.-Batav., ex offic. elzevir.*, 1634, pet. in-12.

10 ff. prélim., y compris le frontispice gravé; texte, 786 pp., et 15 ff. d'index. Le volume se partage à la p. 433.

— Idem, cum not. et emend. H. Grotii. *Lugd.-Bat., ex officina elzeviriana*, 1640, 2 tom. pet. in-12.

8 ff. prélim., y compris le titre gravé; texte, 746 pp.; index, 8 ff. On doit trouver, après la page 400, un tableau intitulé : *Stemma Augustæ domus*; ensuite un titre imprimé pour les histoires.

Nous citons dans notre cinquième volume, col. 635, une édition de Tacite, in-16, dont le titre porte : *Lugd.-Batavor., ex officina elzeviriana*, 1621. Il y en a trois autres d'*Amsterd., typis Elzevirii*, 1649, 1665 et 1678, in-24.

H. Savilius in TACITI histor. Agricolæ vitam, et commentar. de militia romana. *Amstel., apud Ludov.*, 1649, pet. in-12.

10 ff. prélim., 472 pp., et 2 ff. pour la liste des auteurs cités.

— Œuvres de Tacite de la traduction de Nic. Perrot S^r d'Ablancourt, avec ses remarques, dernière édition reveue et corrigée. *Amsterdam, de l'impr. de Louis Elsevier*, 1663, 3 vol. pet. in-12.

Faux Elsevier, impr. à Rouen, mais qui est assez rare, 26 fr. v. f. t. d. Pieters.

Doctrinæ Jesu Christi Ἀκολουθία... concinnata per Eliam TADDEL. *Amstelodami, apud Ludovicum*, 1648, pet. in-12.

Aminta, favola boscareccia di Torquato TASSO. *Leida, presso Giovanni*, 1656, pet. in-12.

11 ff. prélim., y compris le titre imprimé, 84 pp. de texte. Une édition de la *Gerusalemme liberata*, de 1652, est indiquée, ci-après, dans la seconde liste des Elsevier, et une autre de 1678, à la fin de la présente liste.

Pub. TERENTII comœdiæ sex, ex recensione heinsiana. *Lugd.-Batavor.*, *ex officina elzevir.*, 1635, pet. in-12.

24 ff. prélim., y compris le titre gravé, 304 pp. de texte, et 8 pp. d'index.

Voyez, dans notre tome V, col. 715, la note relative à cette édition et aux deux réimpressions qui en ont été faites sous la même date.

— Autre édition. *Amstelodami, ex officina elzevir.*, 1661, pet. in-12 de 24 ff. liminaires, 504 pp. et 4 ff. d'index.

— Terentius, ex recensione heinsiana. *Amstelod.*, *typis Ludovici*, 1651 , in-24, seu *typis Danielis*, 1665, in-24.

Novum TESTAMENTUM , græce. *Lugd.-Batavor.*, *ex offic. elzevir.*, 1624, pet. in-12.

6 ff. prélim., y compris le titre ; 863 pp. de texte, point de table. Il y a des exempl. avec un titre en noir et en rouge, et qui portent pour nom de ville *Lugduni ;* d'autres ont un titre en noir seulement, et avec les mots *Lugduni-Batavorum.*

— Idem, ex regiis aliisque optimis editionibus hac nova expressum. *Lugd.-Batav.*, *ex offic. elzevir.*, 1633, pet. in-12.

8 ff. prélim. pour le titre, l'avis de l'imprimeur, etc.; 861 pp. de texte, et 34 ff. non chiffrés pour la table, etc.

— Idem. *Lugd.-Batavor.*, *ex offic. elzevir.*, 1641, pet. in-12.

8 ff. préliminn., 746 pp. de texte, et 15 ff. de table.

— Idem, græce, ex regiis aliisque optimis editionibus cum cura impressum. *Amstelod.*, *ex offic. elzeviriana*, 1656, in-24 de 8 ff. et 703 pp.

Réimprimé par L. et D. Elsevier dans le même format et sous le même titre, en 1662, 1670 et 1678. Même nombre de pages.

— Idem, editio nova : in qua diligentius quam antea variantes lectiones et parallela scripturæ loca annotata sunt, studio et labore Steph. Curcellæi. *Amstelod.*, *ex officina elzevir.*, 1658, 2 part. en 1 vol. in-12. La 1re partie a 6 ff., 323 pp., et 6 ff. de variantes. La 2e partie a 377 pp. et 25 pp. de variantes.

— Idem, gr., studio Steph. Curcellæi. *Amstelod.*, *apud Danielem*, 1675, pet. in-12. La 1re partie, de 6 ff. et 420 pp. ; la 2e, de 4 pp. non cotées et 312 pp.

Posteritati J.-Aug. THUANI poematium , in quo argutias quorumdam importunorum criticorum in ipsius historias propalatas refellit. Opus huc usque fere sepultum, nunc redivivum notisque perpetuis illustratum opera atque studio J. Melanchtonis. *Amstelodami, apud Danielem*, 1678, in-12 de 6 ff. prélimin. et 74 pp. de texte.

L'histoire de THUCYDIDE de la guerre de Péloponèse, de la traduction de Perrot d'Ablancourt. *Amsterd.*, *chez Jean et Daniel*, 1662 , 3 vol. pet. in-12. T. I, 24 ff. liminaires et 430 pp.; t. II, un titre et les pp. 431 à 768, et 141 pp. de remarques, etc.; t. III, de 432 pp. de texte et 84 pp. de remarques.

Quoique cette édition porte le nom des Elsevier, elle est si mal imprimée que l'on la croyons sortie des presses rouennaises. 26 fr. v. t. d. Pieters.

Roma illustrata , sive antiquitatum romanar. breviarium, ex recens. Ant. TYSII. Accessit Georgii Fabricii chemnicensis veteris Romæ cum nova collatio. *Amstelod.*, *Lud. et Dan.*, 1657, in-12.

VALERII Maximi dictorum factorumque memorabilium libri IX. *Amstelod.*, *typis Ludovici*, 1650, pet. in-12 de 4 ff. et 328 pp.; et *typis Danielis*, 1671, in-24, même nombre de pages.

— Valerii Maximi dictorum memorabilium libri IX. *Amstelodami, apud Ludovici Elzevirii sumptibus* (sic), pet. in-12 de 12 ff. prél., 554 pp. de texte, et 13 ff. d'index.

Impression médiocre exécutée en Hollande, avec un titre qui sort d'une autre presse que l'édition. L'épître dédicatoire est datée de Rotterdam, 1662.

Geographia generalis, autore Bern. VARENIO. *Amst.*, *apud Ludov.*, 1650, seu *apud Daniel.*, 1664, et aussi 1671, in-12 de 22 ff. limin., et 786 pp. et 3 pl.

M. VELLEIUS Paterculus, cum notis Ger. Vossii. *Lugd.-Batav.*, *ex offic. elzevir.*, 1639, pet. in-12.

6 ff. prélimin., y compris le frontispice gravé : texte, 116 pp.; index, 14 ff.; *Ger. Vossii notæ*, 123 pp.; *Addenda* et *Erratum*, 1 f.

— Editio alia. *Amstelod.*, *ex officina elzevir.*, 1664, pet. in-12. Copie de l'édition de 1639, 6 ff. prélim., 116 pp. de texte, 14 ff. d'index, notæ, 128 pp., la dernière cotée 182, plus addenda, 1 f.

C. Velleii Paterculi quæ supersunt. Nicol. Heinsius recensuit, et castigationum libellum addidit. *Amst.*, *ex offic. elzevir.*, 1678, pet. in-12.

12 ff. prélim., 115 pp. de texte ; 29 pp. d'index : *Nicolai Heinsii Dan. fil. velleianarum castigationum liber*, 108 pp.; *Addenda castigationibus*, 7 pp.; *Index castigationum*, 5 pp.

Polydori VERGILII de inventoribus rerum libri VIII, et de prodigiis libri III. *Amstelodami, apud Danielem*, 1671, pet. in-12.

20 ff. prélimin., y compris le titre gravé et le titre imprimé : *De inventoribus*, 511 pp.; *De prodigiis*, 100 pp.; index, depuis le 8e f. de la signature Cc jusqu'à Gg 5.

Joan.-Bapt. VERI rerum venetarum libri IV. *Amst.*, *apud Ludovicum*, 1644, pet. in-12 de 8 ff. et 458 pp.

VERITAS pacifica, seu articulorum fidei christianæ delineatio. *Amstelod.*, *apud Ludovicum*, 1651 , pet. in-12.

La VIE du P. Paul (Sarpi) de l'ordre des serviteurs de la Vierge, traduite de l'italien (de Fra Fulgentio) par F. G. C. A. P. D. B. (François Graverol , conseiller au parlement de Bordeaux). *Leyde, Jean*, 1661, pet. in-12 de 12 ff., dont le 1er blanc, 391 pp. de texte et 3 de catalogue.

Arn. VINNIUS de pactis. *Lugd.-Batav.*, *ex officina elzevir.*, 1646, pet. in-12 de 6 ff., 313 pp. de texte et 10 d'index.

VIRGILII opera, accessit animadvers. liber. *Lugd.-Batav.*, *apud Abrahamum*, 1622, pet. in-12. 25 fr. Pieters.

P. Virgilii Maronis opera, nunc emendatiora. *Lugd.-Batav.*, *ex offic. elzevir.*, 1636, pet. in-12.

20 ff. prélimin., y compris le frontispice gravé ; 411 pp. pour le corps du volume, et 43 pp. non chiffrées pour l'index. A la page 92 est une carte géographique. Voyez, sur cette édition, la note, tome V, col. 1289.

Virgilii opera, Nic. Heinsius recensuit. *Amstelod.*, *ex officina elzevir.*, 1676, pet. in-12.

24 ff. prélim., y compris le titre gravé ; 387 pp. de texte ; 29 pp. d'index.

Virgilius nunc emendatior. *Amstelodami, typis Lud. Elzevirii*, 1649, sumptibus societatis, in-16 de 359 pp.

La première et la meilleure des quatre éditions données par les Elsevier d'Amsterdam , dans le même format et ayant le même nombre de pages. Elle est assez jolie. L'édit. de 1658 a été payée 31 fr. à la vente Pieters, mais ne vaut pas plus de 3 à 5 fr., comme celles de 1664 et de 1670 qui sont médiocres.

Jani VLITII venatio novantiqua. *Ex offic. elzevir.* (*Lugd.-Batav.*), 1645, pet. in-12.

12 ff. prélim., contenant un titre gravé, la dédicace à Guillaume de Nassau : *Encomia venationis, in Gratii de venatione poema, etc.;* texte, 491 pp.; index, 11 pp.; *Errata et Addenda*, 5 pp.

Auctores rei venaticæ antiqui, cum commentariis Jani Vlitii. *Lugd.-Batav.*, *apud Elzevirium*, 1653 , pet. in-12.

Même édition que la précédente, avec des différences dans les 12 ff. liminaires et à la fin. Les 12 ff. prélimin. contiennent : un titre gravé, la dédicace à Christine, reine de Suède, une épître de Janus Vlitius à Nic. Heinsius, *Encomia venationis*, avec des changements, et différentes pièces de vers. Le texte et l'index sont comme ci-dessus, mais l'*Errata* n'a plus que

2 pp., et il y a ensuite une partie de 48 pp., intitulée : *Jani Vlitii ad rei venaticæ auctores antiquos curæ secundæ.*

Les œuvres de M. de VOITURE; nouvelle édition, corrigée. *Amsterdam, chez Daniel Elzevier,* 1679, in-12 de 12 ff., 406 pp. de texte, et 5 de table. (Faux elsevier d'une exécution très-médiocre.)

Catalogus plantarum horti academici Lugduno Batavi quibus instructus erat anno 1635, præfecto ejusdem horti D. Adolfo VORSTIO : accedit index plantarum indigenarum quæ prope Lugdunum in Batavis nascuntur. *Lugd.-Bat., ex offic. elzevir.,* 1636, in-24 de 66 pp., y compris l'index en italique. Réimpr. en 1643, et encore depuis.

Compendium ethicæ aristotelicæ ad normam veritatis christianæ revocatum, ab Antonio WALÆO. *Lugd.-Batavor., apud Isaacum Elzevierium (sic), Academiæ typographum,* 1620, pet. in-12 de 12 ff. et 261 pp.

— Compendium ethicæ aristotelicæ. *Lugd.-Batav., ex offic. Bonav. et Abrah.,* 1627, pet. in-12.

Avec ce traité se trouve ordinairement relié l'ouvrage suivant : THEOD. SCHREVELII iambi morales, continentes totius philosophiæ moralis summa capita ac præcepta, ad methodum ethicæ aristotelicæ. *Même date.*

Les deux ouvrages ont été réimprimés : *Lugd.-Batav., ex offic. elzevir.,* 1636, et de nouveau, 1644, pet. in-12.

L'édit. de 1636 a 190 pp., y compris le titre, plus 2 ff. non cotés, 63 pp. cotées et 26 qui ne le sont pas.

WASSENBERGS (Eberhard) der Ernewerter Teutscher Florus mit animadversionen, aditionen und correctionen deren in vorigen emgeruckten, ungleichen Historien widerum in velen durch-auss verbesert, der warheid restituirt und bis anno 1647 continuirt. *Amst., bey Ludwich Elseviern,* 1647, pet. in-12 de 4 ff. y compris les deux titres, 729 pp., et 2 pp. de tables. Edition ornée de 62 portr. En *mar. bl.* 16 fr. Pieters.

Marci-Friderici WENDELINI christianæ theologiæ libri II. *Lugd.-Batavor., apud Joannem,* 1656, pet. in-12 de 18 ff. prél. et 875 pp.

Il y a des exemplaires dont le titre porte *Lugd.-Batav., apud Abrahamum a Gerevliet,* 1658, et qui ont de plus que les autres un index, en 15 ff. non chiffrés.

Pathologiæ cerebri et nervosi generis specimen in quo agitur de morbis convulsivis, et de scorbuto; studio Thomæ WILLIS. *Amstelod., apud Danielem,* 1668 (ou *Londini, apud Jacobum Allestry,* 1668), et réimpr. en 1670, pet. in-12 de 6 ff. et 338 pp. de texte, 17 ff. de tables et un *d'emendanda,* et l'*Elenchus rerum,* 19 pp.

Dissertationes duæ quarum prior de S. Scripturæ in rebus philosophicis abusu examinat, etc.; altera dispositionem et ordinem totius universi et principalium ejus corporum tradit, etc.; conscriptæ a Christ. WITTICHIO. *Amstelod., apud Ludovicum,* 1653, pet. in-12 de 8 ff. et 306 pp.

Ibrahims oder des durchlauchtigen Bassa, und der bestandigen Isabellen Wunder-Geschichte, durch Fil. ZAESIEN von Fürstenau. *Amsteldam, bey Ludwig,* 1645, 4 tom. en 2 vol. pet. in-12.

Le premier vol. a 11 ff., y compris le titre qui est gravé, plus une planche double; il finit à la page 318. Le second commence à la page 319, et finit à la page 618. Le troisième a 369 pp., et le quatrième contient les pages 371 à 666. Les tomes II, III et IV ont des titres impr. avec la marque *Ne extra oleas,* et tous les quatre sont ornés de gravures.

Ritterhold's von Blauen (Ph. von Zesen ou ZAESIEN) adriatische Rosemund. *Amsteldam, bey Ludwig,* 1645, pet. in-12 de VIII ff. et 368 pp., avec 12 gravures. 25 fr. Pieters.

Der africanischen Sophonisbe drei Theile, von Fil. ZAESIEN. *Amsteldam, bey Ludwig,* 1647, pet. in-12, figures.

Emblemata ofte Sinnebeelden met Dichten verciert, door Jacobus ZEVECOTIUS. Item · noch andere dichten van den selven. *Lugd.-Batavor., ex officina elzeviriana,* 1626, pet. in-12 obl. de 301 pp., y compris le frontispice et 72 fig. grav. dans le texte.

Phil. Cæsii a ZESEN leo belgicus, hoc est, succincta, ac dilucida narratio exordii, progressus, ac denique ad summam perfectionem redacti stabiliminis, et interioris formæ, ac status reipublicæ fœderatarum Belgii regionum; cui accesserunt et additamenta. *Amstel., Lud. et Dan.,* 1660, pet. in-12 de 12 ff. limin., 346 pp. de texte, 17 ff. de table et 1 f. *d'emendanda.*

Teutsche Apophthegmata, das ist der teutschen scharffsinnige Kluge sprüche in zwei Teil zuzammen getragen durch Julium Wilhelm ZINKGRÄFEN. Anitzo noch mit dem dritten Teill (sic) vermehret durch Johan Leonhard Weidnern. *Amsteldam, bey Ludwig,* 1653-55, 5 part. en 2 vol. pet. in-12. — Voir notre tome V, col. 1536.

Rich. ZOUCHEI elementa jurisprudentiæ, definitionibus, regulis et sententiis selectioribus juris civilis illustrata : accesserunt descriptiones juris et judicii sacri, militaris et maritimi. *Lugd.-Batav., apud Johannem et Danielem,* 1652, pet. in-12.

———

Filli di Sciro, favola pastorale del conte Guidubaldo de' Bonarelli. *In Amsterdam, nella stamperia del S. D. Elsevier, et in Parigi si vende appresso Thomaso Jolly,* 1678, in-24.

168 pp., y compris le frontispice gravé et le titre imprimé; les gravures de la pièce sont au nombre de six.

Il pastor fido, tragicomedia pastorale del Sig. Batt. Guarini, con una nuova aggiunta. *Amsterd., etc.,* 1678, in-24.

256 pp., y compris le titre imprimé; les gravures sont au nombre de sept, en comptant le frontispice.

Il Goffredo, overo Gierusalemme liberata, poema heroico del Sig. Torquato Tasso, con l' allegoria universale dell' istesso, et con gli argomenti del Sig. Horatio Ariosti, et di bellissime figure adornato. *Amsterd., etc.,* 1678, 2 vol. in-24.

Tome I, 271 pp. chiffrées depuis 37; les premières pages, qui renferment le titre et les pièces luminaires, ne sont pas chiffrées. — Tome II, 285 pp., titre compris; il y a en tout vingt-deux gravures, savoir · le frontispice, le portrait, et une planche à chaque chant.

Aminta, favola boscareccia di Torquato Tasso. *Amsterdam, etc.,* 1678, in-24 de 85 pp., avec 7 gravures.

L'Adone, poema heroico del C. Marino, con gli argomenti del conte Sanvitale, e l' allegorie di Don Lorenzo Scoto, aggiuntovi la tavola delle cose notabili : di nuovo ricorreto, e di figure ornato. *Amsterdam, etc.,* 1678, 4 vol. in-24.

Tome I, 375 pp., y compris le frontispice gravé et le titre impr. — Tome II, 304 pp. — Tome III, 357 pp. — Tome IV, 310 pp. et 13 ff. de table; vingt et une gravures en tout.

———

Choix d'éditions imprimées en petit format, auxquelles les Elsevier n'ont pas mis leur nom, mais qui sont sorties de leurs presses, ou qui peuvent être annexées à leur collection.

ABRÉGÉ de la vie de M. de Turenne, ou réflexions sur quelques affaires du temps. *Ville-Franche, chez Charles de la verite,* 1676, pet. in-12 de 156 pp. et 2 ff. On trouve assez ordinairement relié avec ce livre : *Relation de la campagne de l'année 1675 en Allemagne jusqu'à la mort de M. de Turenne.* Cologne, Pierre Marteau, 1676, pet. in-12 de 140 pp. y compris le titre : ce sont 2 vol. impr. à Bruxelles. 11 fr. Pieters.

ADELAIDE de Champagne (par Pierre D'Ortigue de Vaumoriere). *Suivant la copie imprim. à Paris*

(*Amsterdam, Daniel*), 1680, 4 part. en 1 vol. de 165 et 176 pp., pet. in-12. (A la sphère.)

L'édition de *Paris, Barbin*, 1680, est en 4 parties.

ADVERSUS novos pro KAINOΔOΞIA conatus nova quærimonia, 1664. (*Amstelodami*), pet. in-12 de 189 pp. en tout. (A la sphère.)

ADVIS fidelle aux véritables Hollandois, touchant ce qui s'est passé dans les villages de Bodegrave et Swammerdam, et les cruautés inouïes que les François y ont exercées : avec un mémoire de la dernière marche des armées du roy de France en Brabant et en Flandre (par de Wicquefort). 1672 (*Amsterdam, à la sphère*), pet. in-12 de 298 pp. et le titre.

Les AFFAIRES qui sont aujourd'huy entre les maisons de France et d'Autriche, 1649, pet. in-12 de 384 pp. (Elsevier d'Amsterdam.)

L'édition est plus belle qu'une autre de 1648, qui a le même nombre de pages. Il y en a une troisième de 1662 (à la Sphère) et qui a également 384 pp.

Les délices de la France, avec une description des provinces et des villes du royaume, enrichies de plans des principales villes de cet estat, par Fr. Savinien d'ALQUIÉ. *Amsterd., Gasp. Commelin*, 1670, pet. in-12 de 9 ff. et 631 pp., avec 44 cartes, vues et plans. 10 fr. Pieters. — Autre édition, *Amsterd., Jean-Maximil. Lucas*, 1677, pet. in-12, même nombre de pages, etc.

Histoire du gouvernement de Venise et examen de sa liberté, par AMELOT de La Houssaye. *Sur la copie, à Paris, chez Fred. Léonard*, 1677, pet. in-12, frontispice gravé, 2 titres impr., 10 ff. liminaires, 550 pp. de texte et 19 ff. de tables. — Supplément. *Sur la copie, à Paris*, 1677, pet. in-12 de 237 pp. de texte et 3 pp. de table.

AMOURS des dames illustres de nostre siècle. *Cologne, chez Jean Leblanc*, 1680, pet. in-12. (Voir la col. 244 de notre tome I.)

ANNIBAL et Scipion, ou les grands capitaines ; avec les ordres et plans de batailles, et les annotations, discours et remarques politiques et militaires de M. le comte de Nassau, auquel on a ajouté un autre traité de remarques politiques (par Al. C. de Maistre). *La Haye, Jean et Dan. Steucker*, 1675, in-12, fig., de 4 ff. et 208 pp.

Lettres de M. ARNAULD d'Andilly ; édition nouvelle. *Jouxte la copie, à Paris, chez Pierre le Petit* (*Bruxelles, Fr. Foppens*), 1662, pet. in-12 de 8 ff. et 547 pp. 8 fr. 50 c. Pieters.

ART de parler (par le P. Lamy). *Suivant la copie imprimée à Paris*, 1676 (et autre édition, 1679), pet. in-12 de 6 ff. limin., 336 pp. et 10 pp. de table.

Ces deux éditions se placent dans la collection des Elsevier de préférence à celle de *La Haye, Mortjens*, 1685, pet. in-12.

Les *Entretiens sur les sciences*, par le P. Lamy, *suivant la copie imprimée à Paris*, 1684, pet. in-12, s'annexent à la même collection.

L'ART de régner, ou le sage gouverneur, tragi-comédie (par Gillet de La Tessonnerie). *Suivant la copie imprimée à Paris*, 1649, pet. in-12. Véritable elsevier ; avec le Desniaisé, du même auteur, 14 fr. Pieters.

Histoire du cardinal duc de Richelieu, par le sieur AUBERY. *Cologne, chez Pierre Marteau*, 1666, ou 1667, 2 vol. pet. in 12. Tome 1er, 12 ff., 64 pp. et 25 ff. de table ; tome IIe, 4 ff., 482 pp. de texte, la dernière cotée 842, et 13 ff. de table.

Mémoires pour l'histoire du cardinal de Richelieu, recueillis par AUBERY. *Cologne, chez P. Marteau*, 1667, 5 vol. pet. in-12 de 624, 528, 790, 773 et 595 pp., plus à chaque volume la table des pièces qu'il contient, et à la fin du 5e la table des personnes et des familles.

Voyez la note, col. 544 de notre tome I.

Des justes prétentions du roy sur l'empire, par le sieur AUBERY. *Suivant la copie imprim. à Paris*, 1667, pet. in-12, avec la sphère, 182 pp. et 1 f. de table.

Pieters cite un exemplaire qui contient une deuxième partie de 48 pp. fort rare et dont voici le titre : *Chimera Gallicana, continens axiomata politica imperii Gallicani, deducta ex tractatu* : Des justes prétentions du roy sur l'empire, par le sieur Aubery ; *Imprimé avec privilège du roy, à Paris, chez Ant. Bertier*, 1667. Cette suite n'est pas d'impression française, mais elle a été impr. soit en Hollande, soit à Bruxelles, et l'indication de Paris et le privilège ne sont là que dans le but de favoriser l'introduction en France de l'opuscule.

Si l'on admet ce volume dans la collection des Elsevier, il faut y joindre le volume suivant :

LA VÉRITÉ défendue des sophismes de la France, et réponse à l'autheur des prétentions du roy très-chrestien sur les estats du roy catholique, traduit de l'italien. 1668, 2 tom. en 1 vol. pet. in-12, avec la sphère.

Deux éditions sous la même date, l'une en 3 parties, de 183, 160 et 92 pp., plus la table ; l'autre, en 2 parties seulement, de 168 pp., 1 f. de table, 242 pp., et un autre f. de table.

Voir, ci-après, TRAITTÉ des droits de la reine.

Traduction du livre de S. AUGUSTIN, des mœurs de l'Eglise catholique avec des sommaires de la Doctrine contenue, par Antoine Arnauld. — Traduction du livre du même, de la correction et de la grâce, avec des sommaires. *Bruxelles, chez Eugène-Henry Fricx*, 1675, 2 tom. en 1 vol. pet. in-12. Le 1er de 7 ff. et 125 pp. ; le 2e de 127 pp. en tout. 18 fr. Pieters.

Très-jolie édition ainsi que celle des trois autres volumes de S. Augustin, sortis de la même presse. — 1° *Le livre de la véritable religion, trad. par Ant. Arnauld*, 1675, pet. in-12. — 2° *Livre de S. Augustin, de la foy, de l'espérance et de la charité, trad. par Ant. Arnauld*, 1680, pet. in-12. — 3° *Les soliloques, le manuel et les méditations, traduction nouvelle par le sieur D. L. C. C.* (*De la Croix-Christ*), 1676, pet. in-12 ; en mar. n., 23 fr. Pieters.

Nous citerons une autre traduction des trois mêmes écrits de S. Augustin, par De Cerisiers. *Bruxelles, Fr. Foppens*, 1661, pet. in-12 de 12 ff. et 438 pp.

La semplicità ingannata di Galerana BARATOTTI (Archangela Tarabotti). *Leida, Gio. Sambix*, 1654, pet. in-12.

Mémoires du maréchal de BASSOMPIERRE. *Cologne, P. du Marteau*, 1665, 2 vol. pet. in-12.

Tome I, 5 ff. prélimin., y compris le titre imprimé ; texte, 564 pp. — Tome II, le titre et 824 pp.

Ambassades du même en Suisse (en Espagne et en Angleterre). *Cologne, P. du Marteau*, 1668, 4 tom. en 2 vol. pet. in-12.

Ambassade en Suisse, première partie, le titre et 388 pp. ; seconde partie, 269 pp., titre compris. — Ambassade en Espagne, le titre et 163 pp. — Negociations en Angleterre, le titre et 316 pp.

Pour les réimpressions de ces deux ouvrages de Bassompierre, voyez notre tome I, col. 695.

Histoire de la cour du roy de la Chine, par le sieur Michel BAUDIER, de Languedoc. *Paris, Estienne Limoysin*, 1668, pet. in-12 de 111 pp. en tout.

Le Catalogue de A.-A. Renouard attribue l'impression de ce volume à D. Elsevier, mais il a été imprimé à Bruxelles.

Il y a une autre édition, *Jouxte la copie impr. à Paris*, 1669.

Mémoires du marquis de B*** (BEAUVEAU), concernant ce qui s'est passé de plus mémorable sous le règne de Charles IV, duc de Lorraine et de Bar. (*sans date*, vers 1686), pet. in-12.

Ce livre ne nous parait pas être sorti des presses des Elsevier. Il faut y joindre une deuxième partie, laquelle porte le nom de Beauveau, et est datée de *Cologne*, 1688. — Voir notre tome I, col. 725.

BÉRALD, princesse de Savoye. *Suivant la copie de Paris, chez Barbin* (*Amsterd., Daniel*), 1672, 2 tom. en 1 vol. pet. in-12.

Œuvres satyriques de Corneille BLESSEBOIS. *Leyde*, 1676, pet. in-12. Voyez tome I, col. 972.

Le lion d'Angelie, histoire amoureuse et tragique, par Pierre Corneille BLESSEBOIS. *Cologne, chez Simon l'Africain*, 1676, pet. in-12. Ibid.

Lupanie, histoire amoureuse de ce temps. 1668, pet. in-12 de 94 pp., avec la sphère.

Cette histoire, attribuée à Blessebois, a été réimprimée au commencement du volume intitulé : *Amours des dames illustres*, 1680, sous le titre d'*Aloise, ou les amours de madame de M. T. P.* Voy. l'art. LUPANIE, au Dictionnaire.

Il Decameron di Messer Giov. BOCCACCI. *Amsterd.*, 1665, in-12.

12 ff. prélimin., titre compris; 744 pp. de texte.

Dans la plupart des exempl. que l'on trouve de cette édition, la *Prefazione dello stampatore a' lettori* commence ainsi : *Gl' amatori della lingua Toscana, che tanti sono, quanti intendono aver più pazienza, che con una nuova, e perfetta edizione si restituisse ormai alla sua vera lettura il Decamerone di Messer Boccacci...* Dans d'autres exempl. cette préface est différente, et commence de cette manière : *Eccovi, gentilissimi Signori Lettori, il vostro Decameron di Messer Giovanni Boccaccio tal qual fu messo alle stampe da' signori Giunti*, 1527. Gamba croit que cette dernière préface est celle qui a paru avec les premiers exempl. du livre, et qu'ensuite elle a été changée pour qu'on pût annoncer comme une nouvelle édition les exemplaires qui restaient chez l'imprimeur.

Pietra del paragone politico, di Trajano BOCCALINI. *Cosmopoli*, 1640, 1652, ovvero 1671, in-24, fig.

Au sujet de ces trois éditions, voyez notre tome I, col. 1019

Satyres (9) du sieur D*** (BOILEAU Despréaux). *Amsterd., Isaac van Dyck*, 1669, pet. in-12. Véritable.

78 pp., non compris 2 ff. pour l'avis du libraire; à la fin se trouve la *Satyre contre les gens d'église*, 4 pp. séparées.

Œuvres diverses du sieur D*** (BOILEAU Despréaux), avec le traité du sublime ou du merveilleux, traduit du grec de Longin. *Suivant la copie imprimée à Paris*, 1675, in-12, avec la sphère. Véritable.

188 pp., y compris le frontispice gravé et le titre imprimé : ce qui renferme neuf satires et neuf épîtres, l'art poétique, et quatre chants du Lutrin, avec une gravure à la page 173; *Traité du sublime*, 121 pp. et la table.

La conduite du ciel, où renferme l'esprit des saints Pères et des anciens philosophes ; traduit du latin de D. Jean BONA du Mont-Royal, etc., par un ecclésiastique; nouvelle édition. *Bruxelles, Fr. Foppens*, 1665, pet. in-12 de 8 ff., 240 pp. et le privilége.

Les principes et règles de la vie chrétienne, traité composé en latin par le cardinal Bona, et trad. en françois par M. Cousin. *Suivant la copie imprimée à Paris*, 1676, pet. in-12, avec la sphère. Véritable.

Joan. BONEFONII Basia : Imitation du latin de J. Bonnefons, avec autres gayetez amoureuses. *Lugd.-Batavor., ex typographia Nic. Hercules*, 1659, 2 tom. en 1 vol. pet. in-12. Jolie édition, qui se joint aux Elsevier.

Exposition de la doctrine de l'Église catholique sur les matières de controverses, par messire Jacques-Benigne BOSSUET..., avec un avertissement sur cette nouvelle édition. *Suivant la copie imprimée à Paris, et se vend à Bruxelles, chez Henry Frick*, 1681, pet. in-12 de 88 et 98 pp., non compris 2 ff. de table.

Jolie édition faite sur celle de Dan., 1679; si elle n'est pas de Dan. Elsevier, elle ressemble beaucoup, du moins, aux productions de cet imprimeur. J'en ai vu deux exemplaires à la suite desquels était relié un autre ouvrage ayant pour titre :
     RÉPONSE au livre de M. de Condom, intitulé : Exposition de la doctrine de l'Église catholique......, par M. de Brueys, avocat de Montpellier. *Suivant la copie imprimée à Amsterdam, chez Abraham Wolfgank*, 1682, de 264 pp.

BOUCLIER d'estat et de justice, contre le dessein manifestement découvert de la monarchie universelle sous le vain prétexte des prétentions de la reyne de France (par le baron de Lisola), nouv. édition. (*Amsterdam*), 1667, pet. in-12.

Trois éditions sous la même date. Celle-ci de 358 pp., plus un errata; une autre de 360 pp., dont le titre porte *seconde édition corrigée et augmentée*; et la troisième de 251 pp. Cette dernière, en plus petits caractères, et plus jolie que les deux autres, peut bien être sortie des presses d'un Elsevier.

Les entretiens d'Ariste et d'Eugène, par le P. BOUHOURS. *Amsterdam, Jacq. Le Jeune*, 1671, pet. in-12, avec la sphère.

5 ff. prélim., y compris le frontispice gravé et le titre imprimé : 438 pp. de texte, et 5 ff. de table.

Il faut joindre à ce volume : *Sentimens de Cléante sur les entretiens d'Ariste et d'Eugène*, 3e édition (par Barbier d'Aucourt); *Suivant la copie imprimée à Paris, chez Pierre Monnier*, 1672, 2 part. en 1 vol. pet. in-12 de 143 pp., 2 ff. et 170 pp. A la suite de ces deux parties se trouve quelquefois : *De la délicatesse (par l'abbé de Villars), seconde édition....*, Amsterd., Jacques Le Jeune, 1672, pet. in-12 de 119 pp., y compris le titre.

Les trois parties sont imprimées avec les mêmes caractères, lesquels ressemblent beaucoup à ceux des Elsevier.

LA MANIÈRE de bien penser dans les ouvrages d'esprit, par le P. BOUHOURS. *Amsterd., Wolfgank*, 1688, pet. in-12.

Le BOURGUIGNON intéressé. Concordia res parvæ crescunt, discordia magnæ dilabuntur. *Cologne, Pierre ab Egmont*, pet. in-12, avec la sphère.

Caractères d'Elsevier d'Amsterdam, vers 1670.

Ne pas croire ce qu'on void, histoire espagnole (par Edme BOURSAULT). *Suivant la copie imprimée à Paris*, 1673, pet. in-12, 2 livres ou parties, ensemble 288 pp. : le 1er livre, au *Quærendo*; le 2e, à la sphère. 21 fr. Pieters.

Les amours de Jupiter et de Semelé, tragédie du sieur BOYER, *sur l'imprimé à Paris, se vend à Amsterdam*, 1666, pet. in-12 de 87 pp.

Mémoires de Pierre de Bourdeille, seigneur de BRANTOME, contenant les dames illustres, les dames galantes, les vies des grands capitaines françois et étrangers. *Leyde, Jean Sambix*, 1665-66, 9 vol. pet. in-12. — Anecdotes touchant les duels, 1722, pet. in-12.

Les neuf volumes, qui portent le nom de *Sambix*, ne sont pas tous imprimés avec les mêmes caractères; et il n'est pas bien certain qu'ils proviennent des presses des Elsevier. Voir la col. 1211 de notre tome I.

Les œuvres galantes de Mme la comtesse de B. *Leyde, chez Antoine du Val*, 1666, pet. in-12.

Ce recueil est de madame de BREGY, nommée dans la table. Les caractères ressemblent à ceux des Elsevier. — Voir la col. 1220 de notre tome I.

Histoire amoureuse des Gaules (par BUSSY Rabutin). *Liège*, 1665, pet. in-12.

C'est peut-être la plus ancienne des éditions de cet ouvrage qui se rapport à la collection des Elsevier. Voyez tome I, col. 1422-23.

Comédie galante de M. de B. (BUSSY Rabutin). *Cologne, P. Marteau (Hollande)*, 1667, pet. in-12.

Carte géographique de la cour et autres galanteries, par Rabutin. *Cologne, P. Marteau (Holl.)*, 1668, pet. in-12. Voir tome I, col. 1423.

CABINET satyrique, ou recueil parfait des vers piquans et gaillards de ce temps, tirés des secrets cabinets des sieurs de Sigognes, Regnier, Motin, Berthelot, Maynard, et autres des plus signalés poëtes de ce siècle. Dernière édition, revue, corrigée, et de beaucoup augmentée. 1666, 2 vol. pet. in-12.

Tome I, 351 pp., y compris le titre (avec la sphère) et l'avis de l'imprimeur; de plus 9 pp. de table. — Tome II, 343 pp., y compris le titre, plus 5 pp. de table.

La fortune des gens de qualité, et des gentilshommes, par de CALLIERE. *Jouxte la copie de Paris, chez Est. Loyson (Bruxelles)* 1663 (aussi 1665), pet. in-12 de 8 ff. et 291 pp. 22 fr. mar. doubl. de mar. Pieters.

CAMPAGNE royale, ou le triumphe des armes de sa majesté ès années 1667 et 1668 (par Dalicourt). *Jouxte la copie imprimée à Paris chez la veuve Gervais Alliot (Amsterd., Daniel*, 1668), pet. in-12 de 8 ff. et 160 pp. Véritable.

CAMPAGNES de la reyne, ou lettres galantes écrites à des dames de la cour du Dauphin. *Cologne, P. Michel (Holl.*, 1669), pet. in-12, à la sphère.

Il CARDINALISMO di santa chiesa diviso in tre parti. (*Amsterdam*), 1668, 3 vol. pet. in-12, avec la sphère. Véritable.

Ouvrage attribué à Gregorio Leti. Tome I, 292 pp., dont les 14 premières ne sont pas chiffrées. — T. II, 394 pp. et 9 de table. — T. III, 391 pp. en tout.

CASIMIR, roy de Pologne (par M. Rousseau). *Suivant la copie imprimée à Paris, chez Barbin,* 1679, 2 vol. pet. in-12 de 207 et 248 pp. Jolie édition attribuée aux Hacks de Leyde.

CATÉCHISME des partisans, composé par Colbert. *Cologne, P. Marteau (Hollande, sans date),* pet. in-12, à la sphère.

Je crois ce volume postérieur à 1680. Voir tome I, col. 1656.

CATÉCHISME des courtisans, ou les questions de la cour et autres galanteries. *Cologne, P. du Marteau (Hollande),* 1669, pet. in-12. (Voir tome I, même col.)

CÉLESTE divorce, ou la séparation de J.-C. d'avec l'Eglise romaine, son épouse, à cause de ses dissolutions, trad. de l'italien (de Ferrante Pallavicino) en françois. (*Hollande*), 1644, pet. in-12.

Pour une édit. de Villefranche, 1649, sous le titre de *Divorce céleste*, voir notre tome II, col. 774.

Histoire de l'admirable don Quichotte de la Manche, trad. de l'espagnol de Mich. CERVANTES. *Suivant la copie de Paris, Cl. Barbin,* 1681, 4 vol. pet. in-12, fig. (Dans le genre des édit. elseviriennes.)

Tome I, 6 ff. prél. et 380 pp. — T. II, 405 pp. et le titre. — T. III, 4 ff. et 400 pp. — T. IV, 6 ff. et 456 pp.

Les commentaires de CÉSAR, de la traduction de N. Perrot, sieur d'Ablancourt. *A Rouen, et se vend à Paris, chez Louis Billaine,* 1665, pet. in-12.

Cette édition ressemble beaucoup à celles des Elsevier d'Amsterdam, et plus encore à celles de Wolfgang. Voyez notre tome I, col. 1360.

La Pucelle, ou la France délivrée, poëme héroïque, par CHAPELAIN. *Suivant la copie imprimée à Paris,* 1656, pet. in-12 de 24 ff. prél., 362 pp., 15 ff. de table, plus 12 gravures.

OEconomia animalis, novis in medicina hypothesibus superstructa et mechanice explicata, auctore Gualtero CHARLETON. *Londini, typis R. Danielis et J. Redman,* 1659, pet. in-12 de 8 ff. et 292 pp. Caractères des Elseviers, avec la Minerve et la devise *Ne extra oleas* sur le titre.

Mémoires d'estat, sous les règnes de Henri III et Henri IV, par de CHEVERNY. *La Haye, J. et D. Steucker,* 1669, 2 vol. pet. in-12 de 4 ff., 404 et 434 pp. (Dans le genre des éditions elseviriennes.)

Le CHIEN de Boulogne, ou l'amant fidelle. *Cologne,* 1669, pet. in-12.

Attribué à D. Elsevier, dans le Catalogue de Renouard.

CLITIE, nouvelle. (*Amsterd., Daniel*), 1680, pet. in-12.

La COEFFEUSE à la mode, comédie (par Le Metel d'Ouville). *Suivant la copie imprimée à Paris,* 1649, pet. in-12 de 80 pp. 8 fr. 50 c. Pieters.

Les mémoires de Mme la princesse Marie Mancini COLONNE, grande connétable du royaume de Naples. *Cologne, P. Marteau,* 1677, pet. in-12 de 140 pp.

Le fleuron du titre est la *Méduse* des Elsevier.

CONCLAVE nel quale fù eletto Fabio Chiggi detto Alessandro VII. (*Amsterdam*), 1664, pet. in-12 de 162 pp. en tout.

Lettres du R. P. Charles de CONDREN, second supérieur général de l'Oratoire de Jésus-Christ, nostre seigneur. Edition nouvelle. *Bruxelles, chez Fr. Foppens,* 1655, pet. in-12 de 4 ff., 519 pp., 5 ff. de table et 1 page pour l'approbation. 11 fr. Pieters.

Histoire de la réunion du royaume de Portugal à la couronne de Castille, traduite de l'italien de Jér. CONESTAGE. *Suivant la copie à Paris, chez Cl.*

Barbin (*Amsterd., Daniel*), 1680, 2 tom. en 1 vol. pet. in-12.

CONGÉ des troupes de Hollande, par le sieur ***, avec la réfutation dudit congé; par le colonel de Pierson, baron de Courval. *Cologne, P. du Marteau (Amsterd.),* 1679, pet. in-12 de 48 pp., 5 ff. et 26 pp. (en vers).

Le CONSEILLER d'estat, ou recueil des plus générales considérations servant au maniement des affaires publiques; divisé en deux parties : en la première est traicté de l'establissement d'un estat; en la seconde des moyens de le conserver et l'accroistre (par Ph. de Béthune). *Suivant la copie imprimée à Paris,* 1645, pet. in-12, avec la sphère, 19 ff. prélimin., et 539 pp.

Semblable aux Elsevier de Leyde.

CONSTITUTIONS du monastère du Port-Royal du St Sacrement. *Mons, chez Gaspard Migeot,* 1663, pet. in-12 de 9 ff. prél., y compris le titre, 528 pp. de texte et 1 f. d'errata. Se place ordinairement dans la collection elsevirienne.

L'illustre théâtre de Monsr CORNEILLE (contenant le Cid, Horace, Cinna, la Mort de Pompée, Polyeucte). *Suivant la copie imprimée à Paris,* 1644, 5 part. en 1 vol. pet. in-12.

Ce volume est certainement sorti des presses des Elsevier de Leyde, ainsi que les pièces suivantes de P. Corneille qu'on y réunit : *le Menteur,* 1645 et 1647; *la Suite du Menteur,* 1645, 1647 et 1648; *Héraclius,* 1647; *D. Sanche d'Aragon,* comédie héroïque, 1650 et 1656; *Nicomède,* Leyde, Jean Sambix, 1652. D'autres pièces du même poëte ont sans doute été également imprimées par les Elsevier; mais nous n'avons vu que celles que nous venons de citer (voir t. II, col. 283). Nous parlerons, ci-dessous, à l'article d'*Abr. Wolfgank,* des éditions des œuvres de P. et T. Corneille, attribuées sans fondement à Dan. Elsevier.

L'imitation de Jésus-Christ, trad. en vers françois par P. CORNEILLE, livre premier. *Leide, Jean Sambix,* 1653, pet. in-12, et sous la date de 1652, pet. in-12 de 71 pp., y compris le titre et les liminaires. 105 fr. mar. par *Duru,* Pieters.

L'édition de *Leyde, Jean Sambix,* 1657, 2 tom. en 1 vol. pet. in-12, aussi rare que la précédente, est complète, et le texte est impr. en regard de la traduction. La prem. partie, de 144 ff. y compris 10 ff. prélimin., renferme les livres 1 et 2. La seconde partie, de 272 ff., contient les livres 3 et 4. Chaque livre y a une pagination particulière, tandis que dans la première partie les deux livres n'ont qu'une seule pagination. (Article communiqué.)

Polyeucte, martyr, tragédie de Mr CORNEILLE. *Suivant la copie imprimée à Paris (Leyde, Elsevier),* 1656, pet. in-12 de 94 pp. 17 fr., mar. Pieters.

D. Bertrand de Cigarral, comédie par le sieur (Thomas) CORNEILLE. *Leyde, Jean Sambix,* 1652, pet. in-12 de 113 pp.

— Le Geolier de soy-mesme, comédie de Th. Corneille. *Suivant la copie imprimée à Paris,* 1657, pet. in-12 de 96 pp. en tout. En mar. r., 17 fr. Pieters.

— Timocrate, tragédie, par M. Th. Corneille. *Suivant la copie imprimée à Paris,* pet. in-12 de 95 pp., y compris le titre et 6 ff. liminaires non cotés. Deux véritables elzeviers, à la sphère.

— Le Feint astrologue, comédie par le sieur Corneille. *Bruxelles, chez Fr. Foppens,* 1654, pet. in-12 de 92 pp., plus le privilége.

Lucii CORNELII Europæi (Melch. Inchoffer vel Julii Clementis Scoti) monarchia Solipsorum ad virum clarissimum Leonem Allatium, cui nuperrime accessit clavis onomastica. *Juxta exemplar venetum (Amstelod., L. Elzevir* ou *Jansson*), 1648, pet. in-12, 162 pp., y compris la clef.

Relazione della corte romana, fatta l'anno 1661, dal sig. Angelo CORRARO. *Leyde, Almarigo Lorens,* 1663, pet. in-12 de 6 ff. et 105 pp.

Par Charles de Ferrare du Tot, conseiller au parlement de Rouen. L'impression est attribuée aux Elsevier.

Relation de la cour de Rome, faite l'an 1661 au conseil du Pregadi, par l'excellentissime seigneur Angelo Corraro, ambassadeur de........ Venise auprès du pape Alexandre VII. *Leyde, Almarigo Lorens,* 1663, pet. in-12 de 4 ff. et 136 pp., avec la sphère.

Deux édit. sous la même date ; l'une jolie et l'autre mauvaise.

La Ménagerie et quelques autres pièces curieuses, par l'abbé COTIN. *La Haye, P. Dubos,* 1666, pet. in-12, à la sphère. Voir notre tome II, col. 328.

Amours de Lysandre et de Caliste, par Henri D'AUDIGUIER. *Amsterdam, J. de Ravesteyn,* 1657 et 1663, pet. in-12.

Ces éditions se joignent à la collection des Elsevier, ainsi que celle de *Leyde, P. Leffen,* 1650, pet. in-12.

Les psaumes de DAVID, mis en rimes françoises par Clément Marot et Théod. de Beze. *La Haye, chez Jean et Daniel Steucker,* 1664, in-12, avec la musique notée.

Cette édition est semblable au Nouveau Testament sous la même date auquel il est ordinairement réunie (voir ci-dessous).

Psaumes de DAVID, traduction selon l'hébreu et la vulgate (par MM. de Port-Royal). *Suivant la copie impr. à Paris chez P. le Petit (Amsterd.),* 1668, in-12 à 3 col.

DEFENSIO regia pro Carolo I. ad serenissimum Magnæ Britanniæ regem Carolum II filium natu majorem, heredem et successorem legitissimum. *Sumptibus regiis,* anno 1649, pet. in-12 de 720 pp., non compris le titre.

L'ouvrage est de Claude Saumaise, et l'édition des Elsevier de Leyde. Il y en a une de 1650, *typis regiis,* pet. in-12 de 472 pp., non compris la préface ; mais on n'y retrouve pas les caractères des Elsevier avec lesquels paraît avoir été imprimée l'édit. de 1652, pet in-12 de 499 pp., titre compris. (Voir notre tome III, col. 1734.)

Les DÉLICES de la campagne, suitte du Jardinier françois, où est enseigné à préparer pour l'usage de la vie tout ce qui croist sur la terre et dans les cieux : dédié aux dames mesnageres ; seconde édition augmentée par l'autheur. *Amsterdam, Jean Blaeu,* 1661, pet. in-12 de 10 ff., y compris les 2 titres, et 350 pp., avec 3 gravures. En mar. r. par Duru. 72 fr. Pieters.

Recueil de mémoires et conférences sur les arts et les sciences, etc., par Jean-Baptiste DENIS. *Amsterdam, Pierre Le Grand,* 1673, pet. in-12 de 332 et 116 pp., plus 3 ff. non chiffrés.

DESCRIPTION de la ville de Paris, en vers burlesques, contenant toutes les galanteries du Palais ; la chicane des plaideurs ; l'éloquence des harangues de la halle ; l'adresse des servantes qui serrent la mulle ; l'inventaire de la friperie ; le haut stille des secrétaires de S. Innocent, et plusieurs autres choses de cette nature. *Jouxte la copie, à Paris, chez la veuve Guillaume Loyson,* 1654, pet. in-12 de 62 pp.

L'ouvrage est de Berthaud, et l'édition des Elsevier de Leyde.

Ouverture du théâtre du Palais Cardinal : Mirame, tragi-comédie (par DESMARETS). *Jouxte la copie impr. à Paris (Leyde, les Elsevier),* 1642, pet. in-12 de 3 ff. et 82 pp. — Voir notre tome II, col. 633.

— L'Ariane de Monsieur Desmarets, de nouveau reveue et augmentée de plusieurs histoires par l'auteur, et enrichie de plusieurs figures. *A Leyden, chez François de Hegher,* 1644, 2 vol. pet. in-12 ; le 1er de 6 ff., y compris le titre, qui est gravé, et la vignette, 488 pp. de texte, y compris 6 vignettes ; le 2e, qui n'a qu'un faux-titre, de 565 pp. en tout, y compris 9 vignettes. 10 fr. Pieters.

Les visionnaires, comédie (par DESMARETS). *Suivant la copie imprimée à Paris (Leyde),* 1648, pet. in-12.

La DEVINERESSE, ou les faux enchantemens, comédie (par De Visé et Th. Corneille). *Suivant la copie, etc.,* 1680, pet. in-12.

DISSERTATION sur les pensions, selon les libertez de l'église gallicane. *Paris, veuve Charles Savreux (Amsterdam, Daniel),* 1676, pet. in-12 de 168 et 54 pp.

DISSERTATIONUM ludicrarum et amœnitatum scriptores varii. *Lugd.-Batavor., apud Franciscum Hegerum,* 1644, pet. in-12. (Voir II, col. 762.)

Le DUC d'Alençon. *Suivant la copie de Paris (Amst., Daniel),* 1680, pet. in-12.

Thémistocle, tragédie de M. DU RYER. *Suivant la copie, etc. (Leyde),* 1649, pet. in-12 de 78 pp.

Nitocris, reine de Babylone, tragi-comédie de M. DU RYER. *Suivant la copie, etc. (Leyde),* 1650, pet. in-12 de 70 pp. en tout.

Scevole, tragédie de M. DU RYER. *Jouxte la copie, à Paris, etc. (Leyde),* 1654, pet. in-12 de 3 ff. et 66 pp.

Alcinoée, ou le combat de l'amour et de l'honneur, tragédie, par P. DU RYER. *Paris, chez Antoine de Sommaville (Leyde),* 1655, pet. in-12.

Ces quatre pièces sont sorties des presses des Elsevier.

ELOMIRE (c'est à dire Molière) hypocondre, ou les médecins vengez, comédie (par Le Boulanger de Chalussay). *Suivant la copie imprimée à Paris (Amst., Daniel),* 1671, pet. in-12, à la sphère.

Les colloques d'ERASME, fort curieusement traduicts de latin en françois à l'usage des amateurs de la langue. *Leyde, Adrien Vingart,* 1653, pet. in-12 de 6 ff. prél., 360 pp. et 6 ff. de table. Volume qui peut être annexé aux éditions elseviriennes.

Codicille d'or, ou petit recueil tiré de l'institution du prince chrestien, composé par ERASME, mis en françois, avec d'autres pièces (par Cl. Joly). 1665, pet. in-12, à la sphère.

Deux éditions sous la même date. L'une de 187 pp., plus corrections et additions, 2 pp. ; l'autre en 189 pp. — Réimprimé sous les dates de 1666 et 1667, pet. in-12, avec la sphère.

Jani Nicii ERYTHRÆI Eudemiæ libri VIII. *Anno christi salvatoris,* 1637, pet. in-12 de 311 pp.

Édition des Elsevier de Leyde : le titre est imprimé en noir et rouge, et porte une sphère pour fleuron.

L'ESCHOLE de Salerne, en vers burlesques (par Martin), etc. (comme dans notre tome V, col. 1231). *Suivant la copie impr. à Paris,* 1651, pet. in-12.

139 pp., y compris 12 ff. préliminaires, parmi lesquels en est un tout blanc. Il y a dans cette édition une épître dédicatoire à M. Patin, doyen de la Faculté de médecine de Paris, datée de Leide, ce 12 décembre 1650, et signée *Simon Moynet, patisien,* laquelle commence ainsi : « Nos messieurs (les Elsevier) auroient bien *rimprimé* (sic) ce livre en l'estat qu'il « sort des presses de Paris, c'est-à-dire, avec la même epistre « dédicatoire qui vous y est vouée ; *mais s'étant remis à moy « de la correction de partie de leurs impressions, et entière« ment des françoises,* ils m'ont dit de vous y témoigner de « leur part l'estime qu'ils faisoient de votre personne. »

L'ESCOLE des princes, ou Alexandre le Grand comblé de gloire et de malheurs. *Amsterd., chez Jacques Le Jeune,* 1671, pet. in-12 de 8 ff. et 233 pp. 160 fr. (exemplaire haut de 130 millimètres) Pieters.

Ce volume est imprimé en gros caractères ; le titre porte la sphère, et l'épître dédicatoire est signée D. Je crois ce livre impr. par Dan. Elsevier ; il est d'ailleurs compris dans le petit catalogue donné par cet imprimeur, en 1675.

ESPRIT politique, ou l'histoire en abrégé de la vie et des actions de Guillaume III de Nassau, roy de la Grande Bretagne. *Amsterdam, chez les frères Elsevier, au Grand Guillaume,* 1695, pet. in-12, de 2 ff. et 242 pp., avec les armes d'Angleterre sur le titre.

Cette édition paraît avoir été imprimée en France.

ESTAT de la France, comme elle estoit gouvernée l'an 1648, où sont contenues diverses remarques et particularités de nostre temps. *(Sans nom de lieu),* 1649, pet. in-12 de 188 pp., à la sphère.

EXAMEN de la liberté originaire de Venise (attribué à Marcus Velserus), trad. de l'italien (par Amelot de la Houssaye), avec une harangue de Louis Hélian, etc. *Ratisbonne, Jean Aubri (Amsterd., Elsevier)*, 1677, pet. in-12, 6 ff. prél., 211 pp. et 2 pp. non chiffrées.

Se joint à l'ouvrage d'*Amelot de La Houssaye*, ci-dessus, colonne 1743.

FACÉTIEUX réveil-matin des esprits mélancoliques. *Leyde, David Lopez de Haro*, 1643, pet. in-12. Voir notre tome II, col. 1158.

La FAUSSE Clélie, histoire françoise, galante et comique (par Subligny). *Amsterdam, Jacques Wagenaer*, 1671, pet. in-12, à la sphère; 4 ff. liminaires, 322 pp. et 3 ff. de table; frontispice grav. par Romain de Hooghe. 31 fr. *mar. r.* Pieters.

Attribué à D. Elsevier dans le Catalogue de Renouard, mais sans fondement.

Adraste, tragédie, par le sieur FERRIER (de la Martinière). *Suivant la copie imprimée à Paris*, à la sphère, 1681, pet. in-12 de 62 pp.

Testament, ou conseils fidèles d'un bon père à ses enfants; où sont contenus plusieurs raisonnemens chrétiens, moraux et politiques, par P. FORTIN, sʳ de La Hoguette. *Leide, chez Jean Sambix*, 1653, pet. in-12 de 16 ff. et 320 pp., à la sphère.

Véritable Elsevier de Leyde. Il y a une édition sous la date de 1655.

Recueil des défenses de Mʳ FOUQUET, 1665 (*Amsterdam*), 5 tom. pet. in-12 : le 1ᵉʳ, de 8 ff. et 270 pp.; le 2ᵉ, de 408 pp.; le 3ᵉ, de 432 pp.; le 4ᵉ, de 396 pp., et le 5ᵉ de 304 pp., non compris les titres. — Suite du recueil des défenses de M. Fouquet, 1667 (*Amsterd.*), 7 tom. pet. in-12 : le 1ᵉʳ, de 3 ff. et 240 pp.; le 2ᵉ, de 379 pp. et le titre; le 3ᵉ, de 350 pp. et le titre daté de 1666; le 4ᵉ, du titre et de 311 pp.; le 5ᵉ, de 268 pp.; le 6ᵉ, de 480 pp., et le 7ᵉ de 270 pp., non compris le titre. — Conclusion de la défense de M. Fouquet, contenant son interrogatoire..... et sa sentence de bannissement. (*Amsterd.*), 1668, pet. in-12 de 356 pp. et 2 ff., y compris le titre.

Pieters a prouvé que ces 13 vol. appartenaient à la collection des Elsevier, mais que les deux suivants qu'on y réunit avaient été impr. par Fr. Foppens. En voici les titres : *Factum de M. Fouquet pour servir de réponse aux objections, etc.*, pet. in-12, un faux titre avec la date de 1666 et 323 pp. — *Observations sur un manuscrit intitulé* : Traité du Péculat (par *Roland Le Vayer de Boutigny*), 1666, pet. in-12 de 6 ff. limin., y compris le titre et 288 pp.

LA FRANCE démasquée, ou ses irrégularités dans ses maximes et sa conduite, troisième édition augmentée, avec des réflexions curieuses. *La Haye, J. Laurent*, 1671, pet. in-12, à la sphère.

Les deux premières éditions (de 91 ff. en tout) sont de 1670.

LA FRANCE intriguante, ou réponse aux manifestes de quelques princes, sur l'état présent de l'Allemagne. *Villefranche, Jean Petit (Hollande)*, 1676, pet. in-12 de 2 ff., 102 pp., et 1 f. pour la table.

LA FRANCE politique, ou ses desseins exécutez et à exécuter sur le plan des passez; projettez en pleine paix contre l'Espagne au Pays-Bas et ailleurs. *Charleville (Hollande)*, 1671, pet. in-12 de 8 ff. et 525 pp., avec la sphère.

Ces trois pamphlets, qui, peut-être, ont été impr. à Bruxelles, se joignent aux Elsevier.

FRÉDÉRIC de Sicile (par Mˡˡᵉ Bernard, âgée de dix-sept ans). *Suivant la copie à Paris, chez Jean Ribou (Hollande)*, 1680, 3 part. en 1 vol. pet. in-12. (Douteux.)

FUORA Villaco, c'est-à-dire, la liberté du Portugal, auquel se montre le droit chemin et vrais moyens de résister à l'effort du Castillan... trad. de la langue castillane en françois. *Imprimé nouvellement (Hollande)*, 1641, pet. in-12 de 6 ff. prélim., y compris le titre, 206 pp. et 5 ff. non chiffr. à la fin.

La tyrannie heureuse, ou Cromwel politique, avec ses artifices et intrigues dans tout le cour (*sic*) de sa conduite, par le sieur de GALARDI. *Leyde, chez*

Jean Pauwels, 1671, pet. in-12 de 108 pp., plus 8 ff. prélim., y compris le frontispice gravé et le titre imprimé. Sur ce dernier se voit la sphère.

Le séjour de Londres, ou solitude de cour, par de GALARDI. *Cologne, chez Jacques Fontaine*, 1671, pet. in-12 de 4 ff. et 184 pp., avec la sphère.

Ces deux volumes ressemblent beaucoup aux éditions des Elsevier. On a du même Galardi plusieurs ouvrages relatifs à la politique de l'Espagne et du Portugal, impr. en Hollande, de 1665 à 1672, mais que nous ne regardons pas comme des productions des presses d'Elsevier.

Les Amours de Diane et d'Endimion, tragédie par M. GILBERT. *Suivant la copie imprimée à Paris*, 1657, pet. in-12 de 80 pp. en tout.

L'art de plaire (poëme), par le même. *Jouxte la copie imprimée à Paris, chez Guillaume de Luyne*, 1656, pet. in-12 de 83 pp.

Le desniaisé, comédie (par GILLET de La Tessonnerie). *Suivant la copie imprimée à Paris*, 1649, pet. in-12. Véritable. — Voyez ART de régner.

Les tableaux de la pénitence, par messire Antoine GODEAU, évêque de Vence. *Jouxte la copie, à Paris, chez Ant.-Thomas Jolly*, 1665, pet. in-12 de 13 ff. et 347 pp. de texte, plus 21 fig.

Le plaisir des dames; dédiez à la reyne de la Grande-Bretagne, par M. de GRENAILLE. *Jouxte la copie imprimée à Paris*, 1643, in-12 de 7 ff., 361 pp. de texte et 10 de table.

Histoire de donna Olimpia Maldachini (qui a gouverné l'Eglise durant le pontificat d'Innocent X, depuis 1644 jusqu'en 1665), trad. de l'italien de l'abbé GUALDI. *Leyde, Jean du Val*, 1666, pet. in-12, avec la sphère.

Trois éditions sous la même date : 1° en 212 pp.; 2° en 213 pp.; 3° aussi en 213 pp., mais avec le nom du libraire *Du Val*, écrit avec un *u* à la place du *v*.

Il pastor fido, de GUARINI, traduit de l'italien en vers françois. *Paris, Cl. Barbin (Amsterdam, Daniel)*, ou *Bruxelles, Foppens*, 1665, pet. in-12. Jolie édition, avec la sphère.

Le berger fidelle, traduit de l'italien de GUARINI, en vers françois (par l'abbé de Torche). *Cologne, chez Pierre du Marteau*, 1671, pet. in-12, avec la sphère.

Très-jolie édition qui renferme le texte italien; elle a 12 ff. prélim., y compris le frontispice gravé et le titre imprimé; 573 pp. de texte. Les grav. qui sont à chaque acte comptent dans l'ordre des pages.

L'édition de *Cologne, chez Pierre du Marteau*, 1677, pet. in-12, est une copie de celle de 1671; mais elle est moins belle, et nous doutons qu'elle appartienne aux presses des Elsevier. Il y a des exemplaires sans texte italien.

Les mémoires du duc de GUISE. *Cologne, Pierre de La Place*, 1668, 2 vol. pet. in-12, à la sphère.

4 ff. prélimin. et 458 pp.; deuxième partie, 283 pp., y compris le titre.

Gotfr. HEGENITII itinerarium Frisio-Hollandicum et Abr. Ortelii itinerarium Gallo-Brabanticum, in quibus quæ visu, quæ lectu digna. Accedit Georgii Loysii C. V. Pervigilium Mercurii, in quo agitur de præstantissimis peregrinantis virtutibus. *Lugd.-Batavor., apud Henricum Verbiest*, 1661, pet. in-12 de 4 ff. limin., 251 pp., et 5 pp. d'index.

L'édit. donnée à Leyde, par les Elsevier, en 1630, in-24, fait partie de la collection des républiques. Celle-ci appartient aux presses elseviriennes de Leyde, ainsi que celle de 1667, pet. in-12 de 283 pp., imprimé par la veuve et les héritiers de Jean, et qui se vendait *apud viduam Henrici Verbiest*.

HELIODORUS. *Lugd.-Batavor., excudebat Georgius Vander Marse*, 1637, pet. in-12, titre gravé, 12 ff. et 548 pp.

On reconnaît dans cette édition les caractères et les fleurons des Elseviers de Leyde; cependant *Vander Marse* n'est pas un nom supposé.

L'HÉROINE mousquetaire, histoire véritable de la vie de Christine, comtesse de Meyrac (par de Préchac). *Amsterdam, chez Jacques Le Jeune (Daniel El-*

sevier), 1677-78 (aussi 1680), 4 part. en 1 vol. pet. in-12 de 110 pp., liminaires compris, 99 pp., non compris 2 ff. limin., 95 et 96 pp., limin. compris. 18 fr. mar. r. Pieters.

HISTOIRE d'aucuns favoris, par feu M. P. D. P. *Amsterd.*, *Ant. Michiels*, 1660, pet. in-12, 336 pp., y compris le titre à la sphère.

Extrait de l'ouvrage de P. Du Puy (voir notre t. III, col. 197). Il est douteux que ce soit une édition des Elsevier.

HISTOIRE de la vie de la reyne Christine de Suède, avec un véritable récit du séjour de la reyne à Rome, et la défense du marquis Monaldeschi contre la reyne de Suède. *Stockholm, Jean Pleyn de Courage*, 1667, pet. in-12.

Bérard décrit une édit. de 77 (1677), pet. in-12 de 212 pp., y compris le titre et le portrait. — Voir tome IV, col. 1155.

HISTOIRE des amours de Henry IV, avec diverses lettres écrites à ses maîtresses. *Leyde, Jean Sambix*, 1663 (aussi 1668), pet. in-12.

142 pp., titre compris; à la fin, *Recueil de quelques belles actions, et paroles mémorables du roy Henry le Grand*, 46 pp. L'édition de *Leyde, chez Jean Sambix*, 1664, pet. in-12, est également belle et digne des presses des Elsevier, quoiqu'on la donne à Foppens; elle a 144 pp., y compris le titre imprimé, avec la sphère, et de plus 4e pp.

HISTOIRE des amours de Lysandre et de Caliste. (Voy. t. II, col. 531, article D'AUDIGUIER.)

HISTOIRE du ministère d'Armand Jean du Plessis, cardinal-duc de Richelieu, sous le règne de Louys le Juste, XIII du nom, roy de France et de Navarre; avec des réflexions politiques, et diverses lettres, contenants les négociations des affaires de Piedmont et du Montferrat; divisée en IV tomes, corrigée en cette édition, et mise en meilleur ordre (par Ch. Vialart). *Paris*, 1650, 2 vol. pet. in-12.

Jolie édition des Elsevier de Leyde.
Tome I, 12 ff. prélimin., y compris le frontispice gravé et le titre imprimé, 760 pp. de texte. A partir de la signature Q, on lit au bas du premier feuillet de chaque cahier *Tome 2*. — Seconde partie, 645 pp., y compris le titre; plus, *Affaires d'Italie de l'année* 1639, 92 pp. et 1 f. de table. Les cahiers, jusqu'à F, portent *Tome 3*, et depuis G *Tome IV*.
Il y a aussi une édition de *Leyde, Jean Sambix*, 1652, 2 vol. pet. in-12. Fort jolie.

HISTOIRE du traitté de la paix conclue sur la frontière d'Espagne et de France entre les deux couronnes, en l'an 1659 (par Galeazzo Gualdo Priorato, trad. par Hon. Courtin). *Cologne* (*Bruxelles*), *Pierre La Place*, 1665, pet. in-12 de 4 ff., 228 et 68 pp.

— La même......, enrichie d'un plan de l'isle de la Conférence. *Ibid.*, 1667, pet. in-12.

Cette seconde édition est précédée d'un faux titre portant: *Recueil de diverses matières concernant le sieur duc de Lorraine*, pièce qui n'est pas dans l'édition du texte italien cidessous :
IL TRATTATO della pace conclusa frà le due corone nell anno 1659, con quanto ha havuto connessione con la medesima descritta del conte Galeazzo Gualdo, Priorato. *In Bremen, appresso Nicolas Kock*, 1664, pet. in-12 de 4 ff., y compris les deux titres, dont celui qui est gravé est un joli portrait du comte d'Oldenbourg à qui ce livre est dédié; 128 pp. de texte et 4 ff. de table.

HISTORIA del ministerio del cardinale Giulio Mazarino, primo ministro della corona di Francia, descritta dal conte Galeazzo Gualdo Priorato. *In Colonia*, 1669, 3 vol. pet. in-12.

Cet ouvrage ne va que jusqu'en 1655; aussi n'est-ce qu'un tome I en 3 part.; la suite n'a point paru. Quoique l'impression soit hollandaise, je ne la crois pas d'Elsevier : j'en dirai autant de la traduction française en trois parties, pet. in-12, dont les titres portent :
HISTOIRE du ministère du cardinal Mazarin. .... *Amsterd.*, *chez Henry* et *Théodore Boom*, 1671, 1re partie, 6 ff. prél., y compris le portrait de Mazarin, 386 pp. et 17 ff. de table; 2e partie, 284 pp. et 10 ff.; 3e partie, 399 pp. (pas 499) de texte et 30 pp. de table.

Le corps politique..., par Th. HOBBES, traduit de l'anglois par un de ses amis, 1652, pet. in-12. — Voyez ci-dessus, col. 1727.

4 ff. prélimin., y compris la gravure et le titre imprimé; texte, 180 pp. Ce n'est point une édition de Hollande.

Friderici HOFFMANNI Silesii poeticum cum musis colludium, sive lusum epigrammaticorum centuriæ, editio secunda altera parte auctior. *Amstelod., apud Johannem Janssonium a Waesberge et Elizeum Weyerstraten*, 1665, pet. in-12.

Cette édition porte les mêmes noms de libraires que le *Nostradamus* de 1668, et comme ce dernier ouvrage, elle peut être ajoutée à la collection d'Elsevier.

L'Odyssée d'HOMÈRE, ou les aventures d'Ulysse en vers burlesques (par II. de Picou). *Leyde, Jean Sambix* (*Elsevier*), 1653, pet. in-12 de 68 pp.

Les odes d'HORACE, en vers burlesques (par le même). *Leyde, Jean Sambix*, 1653, pet. in-12 de 72 pp., y compris le titre et la table. 160 fr. Pieters.

Georgii HORNII Orbis politicus. *Lugd.-Batavor., apud Felicem Lopes de Haro et Corn. Driehuysen*, 1667, pet. in-12. Titre gravé, et 11 autres ff. limin., 154, 142, 156 et 98 pp. chiffrées, plus 15 ff. d'index.

Tout à fait dans le genre des Elsevier, ainsi que l'ouvrage suivant du même auteur : *Orbis imperans*. Lugd.-Batavor., apud Fel. Lopes de Haro, 1668, pet. in-12 de 2 ff., 344 pp. de texte et 31 de table.

Discours prononcez à l'Académie françoise, le xiij aoust 1674, à la réception de M. l'abbé HUET, avec quelques ouvrages de poésie qui y furent leus et récitez. *Paris, P. le Petit*, 1674, in-12.

Dans son Catalogue, tom. II, p. 116, Renouard dit que ce vol. rare est certainement sorti des presses de D. Elsevier; néanmoins un exemplaire relié en *mar.* a été donné pour 3 fr. 65 c. dans une des ventes de ce célèbre amateur.

INTÉRÊTS et maximes des princes et des estats souverains. *Cologne, Jean du Pais*, 1666, pet. in-12 de 4 ff. prélimin. et 248 pp., avec la sphère.

Ce livre a été composé d'après l'ouvrage du duc de Rohan, intitulé : *De l'interest des princes et estats de la chrestienté*. On y réunit une seconde partie de 245 pp. en tout, qui porte ce titre :
MAXIMES des princes et estats souverains. *Cologne*, 1666 (aussi 1667), pet. in-12, avec la sphère.
Il y a une édition des deux mêmes volumes, sous la date de 1665; une autre : *Sur l'imprimé à Cologne*, 1666, 2 part. pet. in-12, mal exécutée; et enfin une de *Cologne, J. du Pais*, 1670, 2 tom. en 1 vol. pet. in-12.

JARDIN des âmes chrestiennes, dressé par la pratique de la vie spirituelle des plus belles maximes de l'Escriture et de quelques Saints Peres, specialement du bienheureux François de Sales. *Bruxelles, Fr. Foppens*, 1666, pet. in-12 de 5 ff. prélim., 212 pp. et 2 ff. non chiffrés. Joli volume.

Le JARDINIER françois, qui enseigne a cultiver les arbres et les fruits potagères, avec la maniere de conserver les fruicts et faire toutes sortes de confitures, conserves et massepans. Dedié aux dames; 5e édition revue par l'autheur (Nicolas de Bonnefond). *A Amsterdam, chez Jean Blaeu*, 1654 (aussi 1660), pet. in-12 de 12 ff. prélim., y compris le titre imprimé et le frontispice gravé, 343 pp. de texte et 5 pp. de table.

55 fr. *mar. r.* Pieters.

Négociations de M. le président JEANNIN. *Jouxte la copie, à Paris, chez Pierre Le Petit*, 1659, 2 vol. in-12.

Tome I, titre imprimé et portrait, 15 ff. liminaires pour l'éloge de Jeannin, etc., texte, 944 pp.; à la fin la réclame *Propos*. — Tome II, 713 pp., non compris 18 pp. de table. Il commence par un faux titre qui compte pour les deux premières pages.

Les JÉSUITES mis sur l'eschafaut, pour plusieurs crimes capitaux par eux commis dans la province de Guienne, avec la réponse aux calomnies de Jacques Beaufés, par le sieur Pierre Jarrige, ci-devant Jésuite. 1649, pet. in-12 de 102 et 112 pp.

Impression hollandaise attribuée aux Elsevier, sans beaucoup de fondement, ainsi que celle de 1677 (*sans lieu*), pet. in-12 de 309 pp., titre compris.

Description de la ville d'Amsterdam, en vers burlesques, selon la visite des six jours d'une semaine, par Pierre Le JOLLE. *Amsterdam, Jacq. Le Cu-rieux*, 1666, pet. in-12 de 8 ff. et 317 pp.

JOURNAL amoureux d'Espagne. *Paris, Cl. Barbin (Hollande)*, 1675, pet. in-12, avec la sphère.

JOURNAL de M. le cardinal de Richelieu, durant le grand orage de la cour, en 1630 et 1631, tiré des mémoires écrits de sa main... 1648, pet. in-12.

Il y a deux éditions sous la même date. (Voir notre tome III, col. 579.) L'édition de 1664 est rapportée ci-dessous parmi les éditions de Wolfgang.

JOURNAL des sçavans, depuis l'année 1665 jusqu'à l'an-née 1679, inclusivement. (*Amsterdam, Elsevier*), 1671 à 1680, pet. in-12.

Quoique ces 7 vol. soient une des productions les plus rares des presses elseviriennes d'Amsterdam, l'exempl. en *mar. r.* de Pieters n'a été vendu que 41 fr.

JUBILEUM sive speculum jesuiticum exhibens præci-pua Jesuitarum scelera, molitiones, innovationes, fraudes, imposturas et mendacia, contra statum ecclesiasticum politicumque, in et extra Europæum orbem primo hoc centenario confirmati illius ordi-nis, instituta et perpetrata ; ex variis historiis impri-mis vero pontificiis collecta, cum mantissis aliquot et indici rerum; opera et studio I. I.. W. O. P. *Anno* 1643 (*sine loco*), pet. in-12 de 4 ff., 240 pp. et 14 ff. pour l'index.

ELIXIR Jesuiticum, sive quinta essentia jesuitarum ex va-riis imprimis pontificiis, authoribus alembico veritatis ex-tracta, mundi theatro exhibetur... collectore Gratiano Leo-sthene Saliceto, anno primi Jubilæi jesuitici. Loco Jesuitis minus repleto, sed melioribus mentibus dedicato. *Anno Do-mini* 1645 (*sine loco*), pet. in-12 de 427 pp., y compris le frontispice gravé et le litre imprimé.
Ce libelle paraît être sorti de la même plume que l'article pré-cédent, dont l'auteur est pseudonyme. L'un et l'autre sont rares. On en attribue l'impression aux Elsevier de Leyde.

Le JUSTIN moderne, ou le détail des affaires de ce temps, fidèlement tiré de son histoire, avec des réflexions curieuses sur ce qui se passe à présent dans l'Europe. *A Ville-Franche, chez Pierre Le Petit*, 1677, petit in-12 de 4 ff. et 95 pp., avec la sphère.

KORNMANNUS. Sibylla Trig. Andriana seu de virgi-nitate, virginum statu et jure tractatus novus et jucundus... per Henricum Kornmannum : cui ac-cedunt ejusdem authoris tractatus duo de linea amoris et de annulo usitato, sponsalitio et signa-torio ; editio ultima prioribus emendatior. *Hagæ-Comitum, ex typogr. Adriani Vlacq*, 1654, pet. in-12.

Jolie édition dans le genre des Elsevier. 12 ff. prélim. et 214 pp. pour le 1er traité ; 117 pp. avec un titre et 3 pp. non cotées pour le second ; 69 pp. avec un 3e titre, et 3 pp. d'index pour le troisième. 12 fr. mar. Pieters.

Les caractères des passions, par le sieur de LA CHAMBRE. *Amsterdam, Ant. Michel*, 1658-62-63, 4 vol. pet. in-12.

Tome I, 12 ff. prélimin., y compris le frontispice gravé ; texte, 236 pp. — Tome II, un faux titre et les pp. 239 à 599. — Tome III, dont le titre porte vol. *III* et *IV* ; 4 ff. liminaires et 397 pp. — Tome IV, dont le titre, avec la sphère, porte *dernier volume* ; 323 pp., y compris 3 ff. préliminaires.

L'art de connaître les hommes, par le même. *Ams-terd., Jacq. Le Jeune*, 1660, pet. in-12.

6 ff. liminaires, y compris le titre gravé ; 278 pp. de texte, et 4 ff. de table.

Les amours de Catulle, par M. de LA CHAPELLE. *Sui-vant la copie imprimée à Paris (Amsterdam, Daniel)*, 1680, pet. in-12.

La princesse de Clèves (par Mme de LA FAYETTE). 4 tom. en 2 part. pet. in-12, 2 ff., dont un titre gravé, 203 et 197 pp.

Cette édition, imprimée en cicéro, présente les vignettes et un fleuron des Elsevier. A la fin se lit le privilège du roi de France, en date de l'année 1678.

Zayda, histoire espagnole, par M. de Segrais (Mme de Lafayette). *Sur la copie à Paris (au Quærendo)*, 1671, pet. in-8. (Voir tome III, col. 743.)

Contes et nouvelles de M. de LA FONTAINE. *Sur l'im-primé à Paris, chez Cl. Barbin*, 1665, pet. in-12.

Petit volume fort rare, impr. par les Elsevier ; il ne renferme que dix contes et quatre pièces de vers.

Contes et nouvelles, en vers, de M. de La Fontaine. *Leyde, Jean Sambix*, 1669, pet. in-12 de 218 pp. et 1 f. de table.

Pour l'édition de 1668, voi notre tome III, col. 757.

Recueil de contes du sieur de La Fontaine, les sa-tyres de Boileau, et autres pièces curieuses. *Ams-terdam, chez Jean Verhoeven*, 1669, pet. in-12 de 286 pp., y compris le titre et la table.

Le titre de cette édition porte la sphère. Les caractères sont ceux de Dan. Elsevier. Les contes, au nombre de vingt-sept seulement (non compris trois pièces, pag. 78 à 86, étrangères aux contes), sont rangés dans un autre ordre que dans les éditions ordinaires : plusieurs même portent des titres diffé-rents de ceux que l'on a adoptés depuis. Il y a aussi une édi-tion de 1668, avec le même nom de libraire.

La doctrine militaire, ou le parfait général d'armée, par de LA FONTAINE. *Jouxte la copie imprimée à Paris (Amsterdam, Daniel)*, 1671, pet. in-12 de 190 pp.

Les fonctions de tous les officiers de l'infanterie, et du capitaine de cavalerie, par de LA MONT. *Jouxte la copie de Paris (Amsterdam, Daniel)*, 1671, pet. in-12 de 202 pp. et 1 f. de table.

Dans le même volume :
MAXIMES et pratiques de la guerre..., par le chevalier de La Vallière, 1671, de 190 pp.
Les fonctions ont été réimprimées en 1675.
On y réunit à ces deux ouvrages : *Fonctions du capitaine de ca-valerie, par le sieur B... Jouxte la copie à Paris* (Amsterd.). 1671, pet. in-12 de 150 pp. en tout.

Le parfait ambassadeur, traduit de l'espagnol en fran-çois par le sieur LANCELOT. *Jouxte la copie im-primée à Paris*, 1642, pet. in-12, avec la sphère ; 3 ff. prélimin., 602 pp. (la dernière cotée 502), 6 ff. de table.

Joli Elsevier de Leyde.

Dissertatio de ratione status in imperio nostro ro-mano germanico, auctore Hippol. à LAPIDE. *Freis-tadii (Lugd.-Batavor.)*, 1647, pet. in-12.

J'ai vu quatre éditions de ce livre sous le même titre, et avec la même date. La plus belle a 583 pp. de texte, une autre, un peu moins belle, a le même nombre de pages, mais la dernière page (583) n'y est pas chiffrée. La troisième, infé-rieure à la seconde, a aussi 583 pp., mais la p. 229 y est co-tée 339. La quatrième, assez jolie, n'a que 576 pp. de texte.

Réflexions ou sentences et maximes morales (par le duc de LA ROCHEFOUCAULD). *Suivant la copie impr. à Paris*, 1679, pet. in-12. (T. III, col. 845).

Mémoires de M. D. L. R. (de La ROCHEFOUCAULD) sur les brigues, à la mort de Louis XIII, etc. *Co-logne, Pierre van Dyck*, 1662, 1663, 1664, ou 1665, pet. in-12.

Il y a une contrefaçon de l'édition de 1662, mais elle est beau-coup moins belle que l'original : aussi on la reconnaît au premier coup d'œil. La seconde page de l'*Avis au lecteur* y a 30 lignes, au lieu de 29. — Voir la col. 848 de notre tome III.

Madrigaux de M. D. L. S. (de LA SABLIÈRE). *Sur la copie imprimée à Paris, chez Cl. Barbin* (Ams-terd.), 1680, pet. in-12, avec la sphère. (Voir t. III, col. 854.)

Recueil de pièces galantes, en prose et en vers, de Mme la comtesse de LA SUZE, d'une autre dame et de M. Pelisson.... *Sur la copie à Paris, Gabr. Quinet*, 1673, 3 part. en un seul vol. pet. in-12 de 617 pp., à la sphère.

Il est probable que ce volume a été imprimé en Hollande : aussi quelques personnes le font entrer dans la collection des Elsevier.

Le cuisinier françois, enseignant la manière de bien apprester et assaisonner toutes sortes de viandes, par le sieur de LA VARENNE, escuyer... dernière édition, augmentée et corrigée. *La Haye, Adr. Vlacq*, 1656, pet. in-12, en mar. r., 115 fr. Pieters. — Voy. t. III, col. 686, et ajoutez que l'édit. de 1664 ne diffère de celle-ci que par les liminaires, qui occupent 6 ff. au lieu de 2.

La Virginie romaine, tragédie, par LECLERC. *Suivant la copie imprimée à Paris*, 1645, pet. in-12 de 63 pp.

Elsevier de Leyde, 38 fr. *mar.*, par Bauzonnet, Pieters.

Amitiez, amours, et amourettes, par M. LE PAYS. *Suivant la copie de Paris (Amsterdam)*, 1664, pet. in-12 de 12 ff., 486 pp. et 9 ff.

Portrait de l'auteur des amitiez, amours et amourettes (LE PAYS). *Suivant la copie de Paris, se vend à Amsterdam, chez Jacob Zetter*, 1665, pet. in-12 de 36 pp.

Zelotyde, histoire galante, par M. LE PAYS. *Cologne, Pierre Michel (Amsterd., Daniel)*, 1666, pet. in-12. — Voir ci-après, dans la collection de Wolfgang, au mot LE PAYS.

La chronique scandaleuse, ou Paris ridicule, de C. LE PETIT. *Cologne, P. de La Place (Hollande)*, 1668, pet. in-12 de 47 pp. — Voir t. III, col. 991.

L'intrigue des filous, comédie, par de L'ESTOILE. *Suivant la copie, etc.*, 1649, pet. in-12 de 83 pp.

LETTRES (cinq) d'amour d'une religieuse, escrites au chevalier C., officier françois en Portugal. *Cologne, Pierre du Marteau*, 1669, pet. in-12.

Pour les différentes éditions elseviriennes de ces lettres, voir notre tome III, col. 1030.

Mémoires de monsieur de LYONNE au roy, interceptez par ceux de la garnison de Lille, le sieur Héron, courier du cabinet, les portant de l'armée à Paris. 1668, 2 ff. et 76 pp. = Remarques sur le procédé de la France touchant la négociation de la paix, 56 pp. = Suite des fausses démarches de la France, 92 pp. = Conférence sur les intérêts de l'estat présent de l'Angleterre, touchant les desseins de la France. (*Bruxelles, Foppens*), 1668, 4 tomes en 1 vol. pet. in-12.

La dernière partie ne se trouve que dans quelques exemplaires. Elle a 58 pp., et de plus une *Lettre touchant l'état présent de la négociation de la paix entre les couronnes de France et d'Espagne, etc.*, 1668, 43 pp.

MAGICA de spectris et apparitionibus spiritum, de vaticiniis, divinationibus, etc. *Lugd.-Batav., apud Franciscum Hackium*, 1656, pet. in-12 de 12 ff. prélimin., y compris le frontispice gravé. 636 pp. de texte et 29 d'index. 6 fr. 50 c. Pieters.

Le mariage d'Oroondate et de Statira, ou la conclusion de Cassandre, tragi-comédie (par Jean MAGNON). *Suivant la copie imprimée à Paris*, 1640, pet. in-12 de 88 pp. Véritable Elsevier de Leyde.

Alcoran de MAHOMET, translaté d'arabe en françois par (André) Du Ryer. *Suivant la copie imprimée à Paris, chez Antoine de Sommaville*, 1649, pet. in-12.

Voyez tome III, col. 1309, la note relative à deux éditions de ce livre sous la même date.

— Le même. *Sur la copie de Paris*, 1672, pet. in-12.

Histoire du luthéranisme, par le P. Louis de MAIMBOURG; 2ᵉ édition. *Suivant la copie imprimée à Paris*, 1681, 2 vol. pet. in-12; le 1ᵉʳ avec le titre gravé, 304 pp., et le 2ᵉ 268 pp. de texte et 14 de table.

Pieters qui, sur le témoignage du comte G. de Nedonchel, dit que ces deux volumes appartiennent aux presses de Daniel Elsevier, ne donne pas la même origine aux autres ouvrages du P. de Maimbourg également impr. en Hollande, en petit format, car il ne les cite pas.

De la recherche de la vérité... (par le P. MALEBRANCHE). *Suivant la copie imprimée à Paris (Hollande)*, 1678-79, 3 vol. in-12.

Illustrissimi atque reverendissimi Petri de MARCA, parisiensis archiepiscopi dissertationes posthumæ, sacræ et ecclesiasticæ, quarum quædam gallica lingua; nunc ex ipso authoris autographo primum in lucem editæ opera et studio Pauli de Faget...

qui vitam authoris etiam scripsit et adjunxit. Accesserunt tres epistolæ D. Baluzii, occasione harum dissertationum scriptæ, cum responsis D. Faget ad easdem. Editio nova non mutilata, juxta primam editionem parisiensem. 1669, pet. in-12.

12 ff. prélimin., y compris le titre. *Vita P. de Marca*, 120 pp. *Dissertationes*, 240 pp. *Index*, 24 pp. *Traité du sacrement de l'Eucharistie, etc.*, 83 pp., avec 11 pp. de table. *Lettres de Baluze et réponse*, 60 pp.

Véritable elsevier; il est dans le catalogue de 1681.

Mémoires de la reyne MARGUERITE. *Jouxte la copie, à Paris*, 1658, pet. in-12 de 197 pp. Véritable elsevier.

L'édition de *Goude, Guillaume de Hoeve*, 1649, pet. in-12, est jolie aussi; elle a 144 pp., en très-petits caractères.

L'édition de *Bruxelles, Fr. Foppens*, 1658, pet. in-12 de 197 pp., n'est pas d'Elsevier; mais celle de *Bruxelles, François Foppens*, 1659, pet. in-12, même nombre de pages, a bien les caractères et les vignettes de ces imprimeurs célèbres. A la fin se voit la figure d'un coq.

MARIE Stuart, reyne d'Écosse, nouvelle historique (par Le Pesant de Boisguilbert). *Suivant la copie imprimée à Paris (Hollande)*, 1675, 3 part. en 1 vol. pet. in-12.

Lettres de M. (Jacq. Le Charpentier) de MARIGNY. *La Haye, Antoine Lafaille*, 1658, pet. in-12 de 54 pp.

« Elsevier véritable s'il en fut jamais » dit Ch. Nodier en parlant de ce livre, sous le n. 1093 de son deuxième Catalogue. Nous ne sommes pas là-dessus du même avis que ce spirituel bibliophile.

L'Adone, poema del cavalier MARINO, con gli argomenti del conte Fortuniano Sanvitale, e l' allegorie di don Lorenzo Scoto. 1651, *in Amsterdam*, 2 vol. in-12.

Tome I, 7 ff. prélimin., y compris le frontispice gravé et le titre impr.; 660 pp. de texte, et *Lettere del cavalier Marino*, 35 pp. — Tome II, 688 pp., y compris le titre.

Quoique cette édition se place dans la collection des Elsevier, je ne la crois pas sortie des presses de ces imprimeurs.

L'Apocalypse de MÉLITON, ou relation des mystères cénobitiques par Méliton (Cl. Pithoys). *A Saint-Léger, chez Noel et Jacques Chartier*, 1662, pet. in-12.

Vignettes et fleurons des Elsevier d'Amsterdam.
Réimpr. sous la date de 1668, et sous celle de 1668. Ces dernières éditions ne sont pas elseviriennes.

MÉMOIRES de M. L. D. M. (Mᵐᵉ la duchesse de Mazarin). *Cologne, P. du Marteau*, 1676, pet. in-12 de 144 pp., titre compris.

MÉMOIRES de Hollande. *Suivant la copie imprimée à Paris, chez Estienne Michallet (Amsterdam, Daniel)*, 1678, pet. in-12 de 2 ff. et 244 pp.

Une autre édit. sous la même date, mais en plus petits caractères, n'a que 211 pp.

MÉMOIRES de la vie de Mᵐᵉ de Ravezan. *Suivant la copie à Paris, chez Cl. Barbin (Hollande)*, 1679, 4 part. en 1 vol. pet. in-12, avec la sphère.

MÉMOIRES d'un favory de S. A. R. monsieur le duc d'Orléans (par Bois-d'Almay, et non d'Annemets). *Leyde, Jean Sambix le jeune, à la sphère*, 1668, pet. in-12 de 239 pp. et 2 ff. pour le titre et l'avis au lecteur.

MÉMOIRES et instructions pour servir dans les négociations et affaires concernant les droits du roy de France. *Amsterdam, chez Antoine Michel*, 1665, pet. in-12, avec la sphère. (Edition de Bruxelles.)

MÉMORIAL historique de ce qui s'est passé depuis l'année 1647 jusqu'à l'an 1653, touchant les cinq propositions, tant à Paris qu'à Rome. *Cologne, Pierre Marteau (Hollande)*, 1676, pet. in-12 de 93 pp.

MÉMORIAL présenté au roy d'Espagne, pour la deffense de la réputation, de la dignité, et de la personne de... dom Bernardino de Cardenas, évesque de Paraguay dans les Indes... contre les religieux de la Compagnie de Jésus, et pour répondre aux mémoriaux présentés à sa dite majesté, par le P. Julien de Pédraça, procureur général des jésuites dans les Indes : traduit fidellement sur l'imprimé espagnol. (*Hollande*), 1662, pet. in-12 de 320 pp., avec la sphère.

Poésies françoises de M. de MÉNAGE. *Paris, Aug. Courbé* (*Bruxelles*), 1656, pet. in-12 de 40 pp., lettres italiques.

Observations de M. de MÉNAGE sur la langue françoise. *Cologne, Pierre du Marteau* (*Hollande*), 1673, pet. in-12.

Le MERCURE galant, contenant plusieurs histoires véritables, et tout ce qui s'est passé depuis le premier janvier 1672 jusques au retour du roy. *Suivant la copie impr. à Paris, chez Cl. Barbin* (*Hollande*), 1673, 3 vol. pet. in-12.

Selon Bérard, Daniel Elsevier n'aurait imprimé que ces trois parties du *Mercure galant*; cependant il y en a quatre d'indiquées, et sous la date de 1674, dans le Catalogue de cet imprimeur, donné en 1674.

La MESSE trouvée dans l'Écriture (par Lucas Jansse). *Cologne* (*Hollande*), 1672, pet. in-12. Voir à la page 373 de notre tome III.

Joan. MEURSII fil. Majestas veneta, sive serenissimæ venetorum Reip. cum in Creta, tum in Cypro, titulo regio, bono jure vindicato, contra Anonymum dissertatio. *Lugd.-Batav., ex offic. Jacobi Marci*, 1640, pet. in-12 de 46 pp. en tout.

Opuscule probablement exécuté par les Elsevier de Leyde.

Joan. MILTONI pro populo anglicano defensio, contra Claudii anonymi, alias Salmasii, defensionem regiam. *Lond., typis du Gardianis*, 1651, pet. in-12 de 200 pp. et 6 ff. pour la table.

Ce livre n'a pas été imprimé par les Elsevier, mais il faut le joindre à l'ouvrage de Saumaise, *Defensio regia*, ci-dessus, col. 1749. La Défense de Milton a été réfutée dans le livre suivant :

Pro REGE et populo anglicano apologia, contra Joh. Polypragmatici, alias Miltoni, defensionem (authore Joh. Bramhall). *Antuerpiæ*, 1652, pet. in-12 de 8 ff. prél. et 175 pp. Caractères d'Elsevier. — Voir la col. 1734 de notre tome III.

Litteræ pseudo-senatus anglicani, Cromwellii, reliquorumque perduellium nomina ac jussu conscriptæ à Joanne MILTON. *Impressæ anno* 1676 (*Hollande*), pet. in-12 de 2 ff. et 234 pp.

Les œuvres de monsieur MOLIÈRE. *Amsterd., Jacques le Jeune*, 1675, 5 vol. pet. in-12, fig. — Voir sur cette édition et sur celle de 1679-84, en 6 vol., les col. 1795-96 de notre t. III.

Un exemplaire de cette édition de 1675, en 5 vol. *non rogné*, et rel. par Niedrée, en *mar.fr.* doublé de *mar.* bl. *larges dentelles à petits fers*, a été vendu 4,700 fr. plus 10 p. 100 pour les frais, Pieters, n. 422 de son catalogue, où il est l'objet d'une note ainsi conçue : *Exemplaire précieux et unique, tant par la conservation extraordinaire de toutes ses marges que par la date des pièces qui le composent, toutes antérieures à l'année* 1675. Sur les vingt-six pièces, vingt sont datées de 1674, une de 1673, une de 1671, deux de 1669 et deux de 1662, dont une est la *Cocue imaginaire* (comédie de Donneau de Vise). Le titre de ces deux pièces porte le *Quærendo*, marque d'Abraham Wolfgang.

Les PRÉCIEUSES ridicules, comédie de Molière. *Suivant la copie imprimée à Paris*, 1660, pet. in-12.

Édition elsevirienne, probablement imprimée à Amsterdam, chez Louis ou chez Daniel, comme la plupart des pièces ci-dessous, savoir :

Le Dépit amoureux, comédie. *Suiv. la copie imprimée à Paris*, 1663, pet. in-12 de 91 pp., en tout, avec la sphère. — *L'École des femmes*, comédie. *Suivant la copie, etc.*, 1663, pet. in-12 de 88 pp., en tout, à la sphère.

Dans cette édition se trouve une dédicace à Madame, signée Molière, que n'ont pas deux réimpressions elseviriennes de la même pièce, faites en 1674 et 1679, en 84 pp. titre compris.

— La Critique de l'Escole des femmes, comédie par J.-B. P. MOLIÈRE. *Suivant la copie...*, 1663, pet. in-12 de 68 pp. 6 fr. 50 c. Pieters. — *L'Estourdy ou les Contre-temps*, comédie, représentée sur le théâtre du Palais royal, par J.-B. P. Molière. *Suivant la copie, etc.*, 1663, pet. in-12 de 104 pp. 8 fr. 50 c. Pieters. — *Le Médecin malgré luy*, comédie, par J.-B. P. Molière. *Sur la copie....*, 1667, pet. in-12. — *Amphitryon*, comédie. *Suivant la copie imprimée à Paris*, 1669, pet. in-12 de 84 pp., y compris le titre et 2 ff. non chiffrés. — *George Dandin ou le Mary confondu*, comédie, par le même. *Suivant la copie...* 1669, pet. in-12 de 60 pp., y compris le titre. — *L'Imposteur ou le Tartuffe*, comédie du même. *Suivant la copie...*, 1669, pet. in-12 de 84 pp., titre compris. — *Monsieur de Pourceaugnac*, comédie faite à Chambord pour le divertissement du roy, par Molière. *Suivant la copie...* 1670, pet. in-12. — *Le Bourgeois gentilhomme*, comédie-ballet, faite à Chambord pour le divertissement du roy, par Molière. *Suivant la copie...* 1671, pet. in-12 de 108 pp. en tout. — *Les Fourberies de Scapin*, comédie. *Suivant la copie*, 1671, pet. in-12 de 82 pp., titre compris. — *Psiché*, tragédie-ballet. *Suivant la copie...*, 1671, pet. in-12 de 82 pp. en tout. — *L'Amour médecin... Sur l'imprimé à Paris, se vend à Amsterdam*, 1673, pet. in-12 de 48 pp. — *Le Malade imaginaire*, comédie meslée de musique et de danse, représentée sur le théâtre du Palais royal, par feu de Molière. *Suivant la copie...* 1675, pet. in-12 de 36 pp. Cette dernière pièce est imprimée avec les mêmes caractères que l'*Amour médecin*, lesquels sont un peu plus gros que dans les pièces précédentes, ce qui fait douter que ce soit ceux de Daniel Elsevier; elle ne contient que le prologue et les trois intermèdes.

Les Essais de Michel de MONTAIGNE. *Amsterdam, Anthoine Michiels*, ou *Bruxelles, Fr. Foppens*, 1659, 3 vol. pet. in-12.

Tome I, un frontispice gravé, sur lequel est le portrait de Montaigne; le titre imprimé; 24 ff. prélimin. pour l'avertissement, l'épître de mademoiselle de Gournay, la préface, la vie de Montaigne et la table des chapitres; 468 pp. de texte. — Tome II, 2 ff. pour le titre et la table des chapitres; 708 pp. de texte. — Tome III, 2 ff. pour le titre et la table des chapitres; texte, 510 pp.; table des matières, 39 ff. sign. Y 4 à D 6. Il ne paraît pas que cette édit. ait été imprimée par les Elsevier. — Voir la col. 1838 de notre tome III.

Les charmes de Felicie, tirés de la Diana de Montemaior, pastorale par de MONTAUBAN. *Suivant la copie imprimée à Paris* (à la sphère), 1657, pet. in-12 de 98 pp. en tout, dont les 8 premières ne sont pas cotées et les 5 dernières sont blanches. 12 fr. Pieters.

Mémoires de monsieur de MONTRESOR. Diverses pièces durant le ministère du cardinal de Richelieu. Relation de monsieur de Fontrailles. Affaires de messieurs le comte de Soissons, ducs de Guise et de Bouillon, etc. *Leyde, chez Jean Sambix*, 1665, 2 vol. pet. in-12, avec la sphère. Tome I, 2 ff. et 431 pp.; tome II, 4 ff. et 385 pp.

Il y a une édition sous la date de 1663, et une autre du prem. vol. sous celle de 1664, 436 pp. de texte, et 2 ff. pour le titre et la table.

L'Estat de l'empire d'Allemagne, de MONZAMBANE, traduit par le sieur Fr. S. d'Alquié. *Amsterd., chez Jean J. Schipper*, 1669, pet. in-12 de 6 ff. prélim., y compris le frontispice et le titre à la sphère, texte 392 pp.

Il y a de cet ouvrage une édition latine avec le même frontispice et dont le titre (à la sphère) porte : *Severini de Monzambano Veronensis de statu imperii Germanici... liber unus; editio nova, emendata et aucta*. Verona, apud Fr. Giulium, 1668; c'est un pet. in-12 de 12 ff. et 375 pp. qui paraît aussi avoir été impr. en Hollande.

La MORALE des Jésuites, extraite fidèlement de leurs livres imprimez avec la permission et l'approbation des supérieurs de leur compagnie, par un docteur de Sorbonne (Nic. Perrault). *Suivant la copie imprimée à Mons, chez la veuve Waudret*, 1669, 3 vol. pet. in-12.

Livre bien imprimé, et qui est porté dans le catalogue de 1675. Tome I, 25 ff. prélim., 446 pp. de texte et 4 ff. de table. — II; un titre, 540 pp. et 5 ff. de table. — III, un titre, 410 pp. et 4 ff. de table.

La MORALE pratique des Jésuites, représentée en plusieurs histoires arrivées dans toutes les parties du monde, extraitte, ou de livres très-autorisez et fidellement traduits, ou de mémoires très seurs et indubitables. *Cologne, Gervinus Quentel*, 1669, pet. in-12 de 11 ff., 44 et 287 pp. de texte.

Cet ouvrage est différent du précédent, dont il est fait mention dans la préface de celui-ci. Il est porté à 8 vol. dans l'édition de *Cologne*, 1689 ; mais le Catalogue de Dan. Elsevier, de 1675, n'indique qu'un seul volume. Barbier attribue les deux premiers volumes à Séb.-Jos. du Cambout de Pont-Château, et la suite à Ant. Arnauld.

MORALE galante, ou l'art de bien aimer (par Le Boulanger). *Paris, chez Claude Barbin*, 1669, 2 part. en 1 vol. pet. in-12, avec la sphère.

Mal imprimé et sur mauvais papier, mais avec les vignettes des Elsevier. Il paraît que plusieurs exemplaires portent au bas du titre : *Suivant la copie imprimée à Paris...* La première partie a 172 pp., y compris le frontispice gravé et le titre imprimé ; la deuxième, 97 pp., avec un titre imprimé.

La vraye histoire comique de Francion, composée par Nicolas de MOULINET, sieur du Parc (Ch. Sorel). Soigneusement reveue et corrigée par Nathanaël Duëz. *Leyde, chez les Hackes*, 1668, 2 vol. pet. in-12, fig.

Cette édition est assez jolie, et peut être réunie à la collection des Elsevier. Tome I, 8 ff. prél., y compris le frontispice gravé et le titre, 368 pp.; T. II, frontispice gravé et 454 pp., à chaque livre, excepté le 7e, une gravure impr. au verso du texte.

Le MOYEN de parvenir (par Fr. Béroalde de Verville). *Imprimé cette année*, pet. in-12 de 439 pp.

Pour les différentes éditions de ce livre, qui s'ajoutent à la collection des Elsevier, voyez notre tome I, col. 806.

Considérations politiques sur les coups d'estat, par Gabriel NAUDÉ. *Sur la copie de Rome*, 1667, pet. in-12, avec la sphère ; 2 ff. prélimin. et 344 pp., y compris la table.

Recueil de diverses pièces choisies d'Horace, d'Ovide, Catulle, Martial et Anacréon ; aussi la traduction du premier chant de l'Adonis du chevalier Marin, par M. le président NICOLE. *Jouxte la copie imprimée à Paris, chez Charles, de Sercy*, 1666, pet. in-12 de 144 et 66 pp.

J'ai vu deux exemplaires de ce livre ; l'un avec le nom de l'auteur, et l'autre sans le nom.

Les imaginaires (et les visionnaires), ou lettres sur l'hérésie imaginaire, par le Sr de Damvilliers (P. NICOLE). *Liège, Alph. Beyers*, 1667, 2 vol. pet. in-12.

Tome I, 14 ff. prélim. et 430 pp., avec 1 f. de table. — Tome II, 495 pp. et 1 ff. de table ; avec la sphère, mais douteux.

Essais de morale, contenus en divers traitez sur plusieurs devoirs importans, volume premier, nouvelle édition revue et corrigée (par P. NICOLE). *Suivant la copie imprimée à Paris, chez la veuve Charles Savreux*, 1672, pet. in-12, avec la sphère.

Indépendamment de ce volume qu'indique le Catal. de 1675, et qui a 12 ff. prél. et 329 pp., il y en a un second sous la date de 1677 (4 ff. et 332 pp.), un troisième (de 4 ff. et 352 pp.), et un quatrième de 1678 (10 ff. et 364 pp.). La réimpression du tome I n'a que 322 pp. de texte. Les deux premiers volumes ont été réimprimés en 1678, le troisième en 1680.

Aug. NIPHUS, de pulchro et de amore libri. *Lugd.-Batav., Lopez de Haro*, 1641, 2 part. en 1 vol. pet. in-12 de 6 ff. prélim., 160 pp., index 4 ff., et dans la 2e part., 4 ff. prélimin., 342 pp., index 4 ff.

— Ejusdem Veneres et cupidines venales, accedit Babtista Platina de remedio amoris. *Ibid.*, 1646, pet. in-12 de 2 ff. prélimin. et 42 pp.

Deux vol. qu'on a quelquefois attribués aux Elsevier de Leyde, associés de Lopez de Haro, quoiqu'il y ait à la fin de la prem. part. du prem. vol. *Typis Wilhelmi Christiani*.

Il NIPOTISMO di Roma, o vero relatione delle raggioni che muovono i pontefici all' aggrandimento de' nipoti ; del bene, e male che hanno portato alla

chiesa doppo Sisto IV. sino al presente. Delle difficoltà che incontrano i ministri de' principi nel trattare con loro, et insieme col rimedio opportuno per liberarsi da tali difficoltà. E della causa perche le famiglie de' pontefici non sono durate lungo tempo in grandezza. 1667, 2 part. pet. in-12 de 12 ff. prélimin., 208 et 248 pp., plus 12 ff. de table.

Édition bien imprimée et qui est portée dans le catal. de 1675.

La traduction française, sous le titre de *Le népotisme de Rome, etc.*, 1669, 2 part. pet. in-12, avec la sphère, est beaucoup moins bien imprimée que le texte italien ; cependant elle se place dans la collection des Elsevier. Elle a 14 ff. limin., 224 et 264 pp. de texte et 12 ff. de table. L'ouvrage est attribué à Gregorio Leti.

Les vrayes centuries et prophéties de maistre Michel NOSTRADAMUS. *Amsterd., Jean Jansson à Waesberge, etc.*, 1668, pet. in-12.

16 ff. prélimin., qui contiennent un frontispice gravé, le titre imprimé, l'avertissement, le portrait de Nostradamus, la vie du même, la dédicace à Henry II ; 158 pp. de texte.

Bérard dit, au sujet de ces Prophéties : cette édition qui ne porte pas le nom des Elzevir, est cependant *certainement* imprimée par eux. Nous n'avons pas la preuve positive de ce contraire ; mais ce qu'a dit Bérard du Nostradamus, n'aurions-nous pas pu le dire également (en nous en tenant à un premier coup d'œil) du *Polybe* et de l'*Appien variorum*, in-8., deux édit. publiées chez le même Jansson à Waesberge, et qui assez conformes entre elles, sous le rapport typographique, ressemblent aussi beaucoup aux *Variorum*, in-8., imprim. par Dan. Elsevier ; cependant on lit à la fin de l'Appien : *Harderovici, ex typographia Vander Hoto* ; et à la fin du Polybe : *Lugduni-Batavorum, typis Severini Matthiæ*. Or, qui pourrait assurer que l'un de ces deux imprimeurs n'a pas imprimé le Nostradamus ? Les exemples que nous citons prouvent qu'il est prudent de s'abstenir d'attribuer aux Elzevier, avec autant d'assurance que le font certains spéculateurs, les éditions qui ne portent pas leur nom, ou qui n'offrent pas incontestablement le cachet de leur typographie.

NOUVEAU traité de la civilité qui se pratique en France parmi les honnestes gens (par Ant. de Courtin). Seconde édition, corrigée et augmentée. *Amsterdam, chez Jacques le Jeune*, 1672, pet. in-12, avec la sphère ; 6 ff. prélimin. et 276 pp., y compris la table.

Cette édition me paraît bien être de Dan. Elsevier, et elle est portée dans le Catal. de ce dernier. Il y a une réimpression de 1679, avec le même nom de libraire, et une autre de *Bruxelles, Philippe Vleugart*, 1675, pet. in-12 de 8 ff. et 224 pp.

NOUVELLE allégorique, ou histoire des derniers troubles arrivez au royaume d'éloquence (par Furetière). *Suivant la copie imprimée à Paris, chez Guill. de Luynes*, 1658, pet. in-12 de 152 pp., avec une carte.

Édition elsevirienne devenue rare.

NOUVELLE description des Pays-Bas et de toutes les villes des dix-sept provinces, leurs situations, fortifications, rivières, écluses...; troisième édition. *Bruxelles, chez Philippe Vleugart, imprimeur*, 1673, pet. in-12 de 290 pp., avec un frontispice gravé. Jolie édition. Un exemplaire en *mar. violet* par *Duru*, 52 fr. Pieters.

NOUVELLES amoureuses et galantes. *Paris, G. Quinet (Hollande)*, 1679, pet. in-12, avec la sphère.

NOUVELLES d'Elisabeth, reyne d'Angleterre. *Suivant la copie impr. à Paris, chez Cl. Barbin (Amsterd., Daniel)*, 1680, 2 part. en 1 vol. pet. in-12.

NOUVELLES galantes, comiques et tragiques. *Sur la copie, à Paris*, 1680, 2 tom. en 1 vol. pet. in-12 de 120 et 114 pp.

Les NOUVELLES lumières politiques pour le gouvernement de l'Eglise, ou l'évangile nouveau du cardinal Palavicin, revelé par luy dans son histoire du concile de Trente (par Jean Le Noir). *Suivant la copie imprimée à Paris, chez Jean Martel*, 1676, pet. in-12 de 6 ff. et 264 pp., avec la sphère.

Véritable Elsevier, et très-beau. Renouard a fait observer que les exemplaires datés de Cologne, 1687, sont de cette même édition, avec les douze premières pages réimprimées.

Pour les différents titres de cet ouvrage, voyez le *Dictionnaire des anonymes*, deuxième édition , nos 6110, 12823, 14440 et 14459.

OBSERVATIONES politicæ, super nuperis Galliæ motibus. (*Absque loco*), 1649, pet. in-12 de 110 pp. en caractère italique. Elsevier d'Amsterdam.

Vinc. OBSOPÆI de arte bibendi. *Lugd.-Batavor.*, 1648, pet in-12.

ORDONNANCE de Louis XIV, roy de France et de Navarre, donnée à S. Germain-en-Lays au mois d'avril 1667. *Jouxte la copie à Paris chez les associez*, 1667, in-24, 16 ff. prél., 248 pp. de texte et la table. Caractères des Elsevier.

ORDONNANCES de Louis XIV..... sur le commerce des négociants et marchands, données à S. Germain-en-Lays au mois de mars 1673. *Jouxte la copie à Paris, chez les associés*, 1673, in-24.

Bien imprimé, mais moins dans le genre des Elsevier que le précédent.

L'ORIGINE des cardinaux du Saint-Siége, et particulièrement des François, avec deux traittez curieux des légats a latere, et une relation exacte de leurs réceptions, et des vérifications faites au parlement de Paris, faites sous les rois Louis XII, François I, Henry II et Charles IX; où l'on a joint le traitté de. Pise, etc. Nouvelle édition, revue, corrigée et augmentée de la relation du succès de l'insulte des Corses contre le duc de Créqui (par Guil. du Peyrat). *A Cologne, chez Pierre Le Pain*, 1670, pet. in-12 de 437 pp.

Imprimé dans le genre des Elsevier. L'édition de *Cologne, Pierre ab Egmont* (*Bruxelles, Foppens*), 1665, 3 part. en 1 vol. pet. in-12, sous le titre de *Traitté de l'origine des cardinaux*, est moins complète, mais plus belle.

L'éducation héroïque, dédiée à Son Altesse sérénissime, recueillie d'un manuscrit et mise en lumière par J.-J. OTTONIS, chanoine de la cathédrale de Gand. *Bruxelles, chez Fr. Foppens*, 1655, pet. in-12 de 8 ff., 132 pp. et 3 ff. pour la table. Un exemplaire, rel. en *mar.* par Duru, et *non rogné*, 41 fr. Pieters.

La coefeuse à la mode, comédie (par d'OUVILLE). Voir ci-dessus, col. 1747.

L'OVIDE en belle humeur de M. d'Assoucy. *Suivant la copie imprimée à Paris*, 1651, pet. in-12,'94 pp., y compris le titre. 55 fr. Pieters.

Métamorphoses d'OVIDE en rondeaux (par Benserade). *Jouxte la copie imprimée, Paris, de l'Imprimerie royale* (*Amsterdam*), 1677, pet. in-12, avec la sphère.

Édition dans le genre des Elsevier. Un frontispice gravé copié sur l'édition in-4.; 6 ff. prél., 236 pp. et une table en 4 pp.

Opere scelte di Ferrante PALLAVICINO, cioè, il divortio celeste, il corriero sualiggiato (sic); la bacinata; dialogo trà due soldati del duca di Parma; la rete di Vulcano; l' anima. Di nuovo ristampato, corretto, et aggiuntovi la vita dell' autore, e la continuatione del corriero. *In Villafranca*, 1666, pet. in-12, avec la sphère.

Édition imprimée par D. Elsevier; elle est plus belle, mais moins complète que la suivante. En voici le contenu : 6 ff. prélim. pour le titre et la vie de l'auteur; *Il divortio celeste*, 8 ff. prélim., y compris un titre particulier, 70 pp. de texte et 1 f. de table : *Il corriero svaligato* (sic), avec un titre particulier, 69 pp. Dans le surplus du volume les chiffres des pages se suivent depuis le titre de la *Continuazione del corriero*, qui compte pour la page 69, jusqu'à la page 588 et dernière. L'édit. de 1671 (*in Villafranca*), pet. in-12, également imprimée avec des caractères elsevirieus, a le même nombre de pages que celle de 1666.

Opere scelte di Ferrante PALLAVICINO, cioè, la pudicitia schernita, la rettorica delle puttane; il divortio celeste; il corriero sualigiato; la baccinata; dialogo tra due soldati del duca di Parma; la disgratia del conte d'Olivarez; la rete di Vulcano; l' anima; vigilia 1ᵃ et 2ᵃ. Di nuovo ristampato... *In Villa-Franca*, 1673, pet. in-12, avec la sphère.

Quoique médiocrement imprimé, ce volume paraît provenir des presses de D. Elsevier. 6 ff. prélimin. pour le litre et la vie de l'auteur; *La pudicitia*, 76 pp., y compris le litre; *La rettorica*, 124 pp., y compris le titre ; *Il divortio*, 6 ff. prélimin.,

y compris le titre daté de 1671, 70 pp. de texte et 1 f. de tf. table; *Il corriero*, 208 pp., y compris le titre daté de 1671, ff et la table (la continuation commence à la p. 69); le surplus du volume, p. 209 à 588.

La taliclea di Ferrante PALLAVICINO. *Amsterdam* (*Elsevier*), 1653, in-24 de 4 ff. prélim. et 541 pp.

Il y a deux autres éditions elseviriennes de cet ouvrage, l'une sous la date de *Venetia. Boccafranco*, 1653 ; l'autre sous la date de 1656, et avec cette adresse *e si vende in Parigi, appresso Tomaso Jolly*.

Les délices de la Hollande, avec un traité du gouvernement, et un abrégé de ce qui s'est passé de plus mémorable jusqu'à l'an de grâce 1661. Ouvrage reveu, corrigé, changé et fort augmenté par J. de PARIVAL. *Leide, chez Pierre Didier*, 1662, pet. in-12 de 4 ff., 420 pp. et 2 ff. pour la table.

Cette édition paraît avoir été imprimée par les Elsevier d'Amsterdam ainsi que celle de *Leyde, chez Charles Gestecoren*, 1660, pet. in-12, qui ne va que jusqu'en 1660, et a 4 ff. prél., 419 pp. de texte et 5 pp. de table; pour les autres éditions de cet ouvrage, voy. t. IV, col. 374-75.

Il PARLATORIO delle monache. *Nella stamparia di Pasquino*, 1650, pet. in-12 de 67 pp.

Attribué aux Elsevier dans le Catal. de Ch. Nodier, publié en 1829, et par cette raison vendu 37 fr.

Les provinciales, ou lettres écrites par Louis de Montalte (Bl. PASCAL). *Cologne, chés Pierre de La Vallée*, 1657, pet. in-12.

Il y a deux éditions des *Provinciales* sous la date de 1657, et toutes les deux imprimées par les Elsevier : la plus belle, que je regarde comme la première, a 12 ff. préliminaires, y compris le titre : 367 pp. de texte ; le verso du dernier f. de cette partie est blanc. Ensuite, dans la plus grande partie des exempl., se trouve une dix-huitième lettre, pag. 369 à 398, et, dans tous, *Advis de messieurs les curez de Paris*, et autres pièces, 111 pp. Ce qui me fait croire que cette édition est la première, c'est, d'abord, que la dix-huitième lettre y est tout à fait séparée des autres, et semble avoir été ajoutée après coup, tandis que dans l'édition que je nomme la seconde, cette dix-huitième lettre suit immédiatement celle qui la précède, sans qu'il y ait de page blanche. Ensuite le texte des deux éditions diffère en plusieurs endroits, comme par exemple à la page première de la troisième lettre , ligne 13, à compter du bas, où se lit, dans l'édition originale, *la Faculté de Paris* , au lieu de *la Faculté de Théologie de Paris*, et au haut de la p. 3, où l'on a mis *Moines mandians*, au lieu de *Religieux mandians*. Dans la seconde édition le texte n'a que 396 pp., au lieu de 398, et l'*Advis des curez* 108 pp., au lieu de 111.

Pensées de M. Pascal sur la religion et sur quelques autres sujets, qui ont esté trouvées après sa mort parmy ses papiers. Nouvelle édition augmentée de plusieurs pensées du même auteur. *Suivant la copie imprimée à Paris*, 1679, pet. in-12 de 24 ff. et 382 pp.

Cette édition, où figurent les vignettes elseviriennes, est moins belle que celles de *Wolfganck*, 1672 et 1677, mais ces dernières n'appartiennent pas à la collection des Elsevier (voyez ci-dessous, dans les éditions de *Wolfgang*). Avant la p. 281 se trouve un titre particulier et un avertissement pour le *Discours sur les pensées de Pascal*.

Les Voyages de M. PAYEN, lieutenant-général de Meaux, où sont contenues les descriptions d'Angleterre, de Flandre, de Brabant et Hollande, de Danemarc, de Suède, d'Allemagne, de Pologne et d'Italie..., dernière édition, augmentée de quelques aventures arrivées à l'auteur ; avec une table nécessaire pour la commodité des voyageurs. *Amsterdam, chez Pierre Le Grand*, 1668, pet. in-12 de 6 ff. prélim., 228 pp. de texte et 8 de table.

Cette édition doit être une réimpression de celle de *Paris, chez Estienne Loyson*, 1667, in-12, que Pieters regardait comme impr. à Bruxelles, par Fr. Foppens.

Relation contenant l'histoire de l'Académie françoise, par M. P. (PELLISSON), seconde édition. *Jouxte la copie imprim. à Paris, chez Augustin Courbé*, 1671, pet. in-12 de 254 pp. non compris le titre. Attribué à Daniel Elsevier.

PENSÉES d'un gentil-homme qui a passé la plus grande partie de sa vie dans la cour et dans la guerre (par de Bourdonné). *Jouxté la copie à Paris, chez Ant. Vitré* (*Bruxelles, Foppens*), 1665, pet. in-12 de 8 ff. prélim. et 366 pp.

Carminum puerilium et juvenilium libri quatuor Vincentii PLACII. *Amstelodami, apud Petrum Le Grand*, 1668, pet. in-12 de 12 ff. lim. et 492 pp. Véritable elsevier.

B. PLATINÆ de vitis ac gestis Summorum Pontificum ad Sextum IV deductum, fideliter a litera ad literam denuo impressum, secundum duo exemplaria quorum unum fuit, vivente auctore, anni 1479, alterum anni 1529. Accessit, præter B. Platinæ vitam, brevis quidem, Roman. Pontificum, etc., Catalogus. (*Sine loco*), 1645, pet. in-12 de 794 pp. de texte et de 25 ff. non chiffrés, pour le titre, le catalogue et la préface.

Édition elsevirienne d'Amsterdam, elle est plus belle que celle de 1664, pet. in-12 de 24 ff. et 672 pp., qu'on classe parmi les productions elseviriennes. Voir plus haut, col. 1734.

POÉSIES facétieuses, par les beaux esprits de ce temps. (*Hollande*), 1668, pet. in-12 de 93 pp.

La POLITIQUE civile et militaire des Vénitiens (par de La Haye). *Cologne, Pierre Michel (Holl.)*, 1669, pet. in-12, avec la sphère, de 12 ff. et 134 pp.

La POLITIQUE de la maison d'Autriche (par Varillas), avec un discours sur la conjoncture présente des affaires d'Allemagne. De l'élection et couronnement des Empereurs et des Roys des Romains, par le sieur de Bonair. *Suivant la copie imprimée à Paris, chez Ant. de Sommaville (Leyde, Elsevier)*, 1658, pet. in-12 de 233 pp. en tout pour la Politique, et 130 pp. pour le Discours, y compris le titre, mais non compris 3 ff. limin. et 3 pp. non chiffrées à la fin.

Le POLITIQUE très-chrétien, ou discours politique sur les actions principales de la vie du card. duc de Richelieu (traduit de l'espagnol d'Emanuel Fernandez de Villaréal, par de Grenaille de Chantonnière). *Paris*, 1645, pet. in-12.

Véritable Elsevier de Leyde. — 14 ff. préliminaires, dont un frontispice gravé et un titre impr.; 308 pp. de texte. L'édition dont le titre porte : *Paris*, 1647, a été également imprimée par les Elsevier.

Los dichos y hechos del rey Phelippe II, llamado con justa razon, el Prudente, por el licenciado POR-RENO... al fin deste librito se pone una breve descripcion del Pays-Baxo. *En Brusselas, por Fr. Foppens*, 1666, pet. in-12 de 4 ff. prélim., 352 et 82 pp. de texte, et une page de table. 20 fr. Pieters.

Une édition de 1671, pet. in-12, a été citée par Motteley dans son Catalogue de 1844. Il y a des exemplaires qui diffèrent des autres par le titre; le nom de Porreno ne s'y trouve pas, et l'épître dédicatoire n'est pas signée, comme dans les autres, D. Pedro Fer. Gatardi.

La noble vénitienne, ou le jeu de la bassette, par de PRÉCHAC. *Suivant la copie de Paris, chez Cl. Barbin (Hollande)*, 1679, pet. in-12 de 7 ff. prél. et 127 pp.

Voir, ci-devant, l'*Héroïne mousquetaire*, col. 1752.

L'Illustre parisienne (par de PRÉCHAC). *Suivant la copie de Paris (Amsterd., Daniel)*, 1679, 2 part. en 1 vol. pet. in-12. Attribué à Mme de Villedieu. (Voir ci-après, col. 1775.)

Dans le Catalogue de Renouard cette édition est attribuée à D. Elsevier.

Mémoires de Pierre-François PRODEZ, de Béragrem, marquis d'Almacheu, contenant ses voyages et tout ce qui lui est arrivé de plus remarquable dans sa vie, le tout fait par lui-même. *Amsterd., Léonard le jeune*, 1677, 2 vol. pet. in-12.

Cet ouvrage est un roman. Les titres portent la sphère, et les caractères sont ceux de D. Elsevier. Tome I, 4 ff. et 266 pp. — Tome II, 164 pp. en tout.
Bérard suppose que le nom de Beragrem est l'anagramme de celui d'Arenberg; mais on ne sait trop sur quoi il s'est fondé. Dans le Catal. du savant Lancelot, rédigé par lui-même (n° 5241), il est dit qu'Almacheu est l'anagramme de La Chaume, ce qui paraît plus exact.

PSAUMES de David, voy. ci-dessus DAVID, col. 1749.

Le PUTANISME de Rome, ou le conclave général des putains de cette cour, pour l'élection d'un nouveau pontife, traduction libre de l'italien. *A Cologne*, pet. in-12, avec la sphère.

Cette édition sans date est belle, et appartient bien à la collection des Elsevier; elle a 4 ff. prélim. et 132 pp. de texte.

Le PUTANISME, ou la confrérie des putains de Rome, assemblées en conclave pour l'élection d'un nouveau pape; avec un dialogue de Pasquin et de Marforio sur le même sujet. Satyre comique de Baltasar Sultanini Bressan, revue et corrigée de nouveau, traduit de l'italien. *A Cologne*, 1670, pet. in-12.

Cette traduction contient de plus que l'original, et que l'édit. précédente, une épître dédicatoire à *Mesdames les femmes d'honneur, et aux nonains qui sont filles de bien*. Elle a 6 ff. prélimin. et 144 pp. de texte. L'édition est médiocre, et il est douteux que ce soit un elsevier.

Il PUTTANISMO romano : ovvero conclave generale delle puttane della corte ; per l'ellettione del nuovo pontifice. 1688, pet in-12 de 130 pp.

Cet ouvrage, attribué à Gregorio Leti, a certainement été imprimé en Hollande, mais je doute qu'il sorte des presses elseviriennes.
Il y a deux éditions sous la même date: l'une est assez belle, l'autre mal exécutée.

L'amant indiscret, ou le maistre estourdi, comédie par le Sr QUINAULT. *Suivant la copie imprimée à Paris*, 1657, pet. in-12 de 103 pp. Voir plus loin, col. 1783.

Les rivalles, comédie (par Quinault). *Suivant la copie impr. à Paris*, 1657, pet. in-12 de 92 pp.

Le fantosme amoureux, tragi-comédie, par M. Quinault. *Suivant la copie impr. à Paris (Leyde)*, 1658, pet. in-12 de 96 pp. tout compris. 8 fr. Pieters.

La généreuse ingratitude, tragi-comédie pastorale, du sieur Quinault. *Suivant la copie impr. à Paris*, 1658, pet in-12 de 93 pp. en tout.

Amalasonte, tragi-comédie, par le (sic) M. Quinault. *Suivant la copie imprimée à Paris*, 1660, in-12.

Pour les Œuvres de Quinault, voyez, ci-après, les éditions de Wolfgang.

Les œuvres de M. François RABELAIS, docteur en médecine, dont le contenu se voit à la page suivante. Augmentées de la vie de l'auteur et de quelques remarques sur sa vie et sur l'histoire, avec l'explication de tous les mots difficiles. 1663, 2 vol. pet. in-12.

Tome I, 12 ff. prélimin. pour le titre imprimé, l'avis de l'imprimeur au lecteur, la vie de Rabelais, et le prologue de l'auteur, 488 pp. de texte, et 4 ff. de table. — Tome II, titre et suite du texte, pag. 489 à 948, 4 ff. de table.
On place aussi dans la collection des Elsevier l'édition de 1666, pet. in-12, laquelle est moins belle que celle de 1663. Il y a des exemplaires de la seconde qui ont le titre du premier volume tiré en rouge, comme la première.

RACCONTO dell' accidente occorso in Roma, fra la famiglia del signor duca di Crequi e la militia corsa nel 1662. *In Monte-Chiaro, appresso Gio.-Batt. Vero (Holl.)*, 1671, pet. in-12 de 336 pp.

ŒUVRES de RACINE. Voyez, ci-dessous, l'article des éditions de Wolfgang, col. 1783.

Ren. RAPINI Soc. Jesu hortorum libri IIII. *Lugd.-Batavor., ex officina Arnoldi Doude*, 1668 (aussi 1672), in-12 de 12 ff. prélim. y compris le frontispice gravé, 100 pp. de texte, et 6 ff. d'index.

Joli volume qui mérite d'être placé dans la collection elsevirienne. Arn. Doudé l'a réimprimé en 1672.

Le RAPPEL des jésuites en France. *Cologne, Jean Le Blanc (Hollande)*, 1678, pet. in-12 de 2 ff. et 164 pp. (Douteux.)

RECHERCHES politiques très-curieuses tirées de toutes les histoires tant anciennes que modernes (par François Savinien d'Alquié). *Amsterdam, Casparus Commelin*, 1669, pet. in-12 de 6 ff. prélim., 435 pp. de texte, et 8 pp. pour la table. (Attribué à Dan. Elsevier.)

RECUEIL des diverses poésies des plus célèbres auteurs de ce temps. *Leyde, Jean Sambix,* 1652 et 1653, 2 vol. pet. in-12 de 81 et 153 pp.

RECUEIL de diverses pièces curieuses, pour servir à l'histoire. *Cologne, Jean du Castel,* 1664, pet. in-12. — Voir t. IV, col. 1144.

RECUEIL historique, contenant diverses pièces curieuses de ce temps. *Cologne, Christ. van Dyck (Bruxelles, Fr. Foppens),* 1666, pet. in-12.

Ce recueil fait suite au précédent (de 1664). Il y a deux éditions sous la même date ; la plus belle n'a rien au bas du titre *sur l'imprimé à Cologne,* comme l'autre, mais seulement *à Cologne.* Nous citerons encore un troisième recueil du même genre, sous le titre suivant :

RECUEIL de plusieurs pièces servant à l'histoire moderne. *Cologne,* etc., 1663, pet. in-12.

RECUEIL de diverses pièces faites par plusieurs personnes illustres. *La Haye, J. et D. Steucker,* 1669, 3 part. en 1 vol. pet. in-12. (Voir notre tome IV, col. 1145.)

RECUEIL de diverses pièces, servant à l'histoire de Henry III, roi de France. *Cologne, Pierre du Marteau,* 1663, 2 tom. en 1 vol. pet. in-12.

— Autre édition. *Cologne, P. du Marteau,* 1666, pet. in-12.

Voir, au sujet de ces éditions, notre tome IV, col. 1145-46. On trouve quelquefois séparément le *Discours merveilleux,* sous la date de 1663 ou de 1666. Voir t. IV, même col.

RECUEIL de maximes véritables et importantes pour l'institution du roy contre la fausse et pernicieuse politique du cardinal Mazarin, prétendu sur-intendant de l'éducation de sa majesté (par Cl. Joly), avec deux lettres apologétiques pour le dit recueil contre l'extrait du S. N. avocat du roy au Châtelet. *Paris,* 1663, pet. in-12 ; 12 ff. prélimin., 586 pp., y compris la table ; plus 65 pp. pour les deux lettres.

Quoique daté de Paris, ce volume a été impr. par les Elsevier d'Amsterdam ; on y remarque un *Discours en vers de Michel de l'Hospital sur le sacre de François II,* contenant une instruction comme un roi doit gouverner son estat.

RECUEIL de diverses pièces comiques, gaillardes et amoureuses. *Suivant la copie imprimée à Paris, chez Jean-Baptiste Loyson,* 1671, pet. in-12 de 2 ff. et 286 pp.

Imprimé en petits caractères ; le titre porte le même fleuron que le Parnasse satyrique de 1660 (voir notre tome IV, colonne 384).

RECUEIL de quelques pièces curieuses servant à l'éclaircissement de l'histoire de la vie de la reyne Christine... *Cologne, Pierre Marteau (Hollande, à la sphère),* 1668, pet. in-12. (Voir notre tome IV, col. 1155.)

RECUEIL de quelques pièces nouvelles et galantes en vers et en prose (Voyage de Chapelle et Bachaumont, quelques satires de Boileau, etc.). *Cologne, P. Marteau,* 1667, 2 tom. en 1 vol. pet. in-12 de 180 et 232 pp., non compris les 4 ff. prélimin. de la 2ᵉ partie.

L'édition de la première partie, *Cologne, chez Pierre Marteau,* 1663, pet. in-12, avec la sphère, est beaucoup plus belle que celles de 1664 et 1667, c'est un véritable elzevier.

RECUEIL des actions mémorables de Philippe second, roy d'Espagne, surnommé le prudent, traduit de l'espagnol. *Cologne, Pierre Marteau (Hollande),* 1671, pet. in-12 de 4 ff. prélimin. et 340 pp. Voir ci-dessus au mot PORRENO.

REGULÆ societatis Jesu. *Juxta exemplar impressum Lugduni,* 1606, pet. in-12, avec la sphère ; 4 ff. prélimin. et 400 pp., y compris l'index.

Ce volume paraît être sorti des presses des Elsevier d'Amsterdam, vers 1660.

RELATION de ce qui s'est passé en Espagne à la disgrâce du comte duc d'Olivarès, traduite de l'italien en françois. *Amsterd., Ant. Michiels,* 1660, pet. in-12 de 116 pp., avec la sphère.

C'est avec beaucoup de vraisemblance qu'on attribue l'impression de ce volume aux Elsevier.

RELATION des différens arrivez en Espagne entre D. Jean d'Autriche et le cardinal Nitard (trad. de l'espagnol, par le chevalier de Sainte-Colombe, aidé de M. de La Touche-Paquerais). *Cologne, P. Marteau,* 1677, 2 part. en 1 vol. pet. in-12 de 190 et 170 pp., avec la sphère.

Ce volume est beaucoup moins bien imprimé que le précédent : on y réunit le livre intitulé :

SUITE des particularités arrivées à la cour d'Espagne depuis le 16 novembre de l'année 1675. *Cologne, P. Marteau,* 1678, pet. in-12 de 176 pp., avec la sphère.

RELATION de la captivité et liberté du sieur Emanuel d'Aranda, iadis esclave à Alger, où se trouvent plusieurs particularités de l'Afrique. Nouvelle édition augmentée d'une troisième partie. *Leyde, Jean Pauwels,* 1671, 2 tom. en 1 vol. pet. in-12. (Se joint aux Elsevier.) Voir notre premier volume, col. 374.

RELATION de la conduite présente de la cour de France..., trad. de l'italien. *Leyde, Ant. Du Val,* 1665, pet. in-12 de 1 f. et 106 pp.

Édition elsevirienne (avec la sphère). Celle de *Fribourg, Simon-le-Franc,* 1666, copiée, ligne pour ligne, sur la précédente, n'est pas sortie des mêmes presses.

RELATION de tout ce qui se passa entre Alexandre VII et le roy de France au sujet de l'insulte que les Papelins firent au duc de Créqui l'an 1662, traduit de l'italien. *Cologne, P. Le Pain (Hollande),* 1670, pet. in-12 de 146 pp., y compris le titre et une page d'errata. C'est la même chose que la troisième partie du *Traitté de l'origine des Cardinaux.* — Voir ci-dessus l'article RACCONTO, et ci-après les RISÉES de Pasquin.

RELATION des troubles arrivez dans la cour de Portugal en l'année 1667 et en l'année 1668 (par Blouin de La Piquetière). *Amsterdam, suivant la copie,* 1674, pet. in-12 de 272 pp., non compris le titre, avec la sphère.

La conjuration du comte Jean-Louis de Fiesque (par le cardinal de RETZ). *Cologne,* 1665, pet. in-12 de 136 pp., y compris le titre, avec la sphère. Elsevier d'Amsterdam.

Dionysii RIKEL, carthusiani, De vita et moribus canonicorum liber. Accessit ordo ad recipiendum canonicum ex antiquis cartulariis et registris capituli ecclesiæ parisiensis. *Coloniæ-Agrippinæ, sumptibus Cornelii (Amstelodami),* 1670, pet. in-12 de 17 ff. prélim. et 190 pp.

Les RISÉES de Pasquin, ou l'histoire de ce qui s'est passé à Rome entre le pape et la France, dans l'ambassade de M. de Créqui, etc. *Cologne (Hollande),* 1674, pet. in-12. (Voir notre tome IV, col. 1313.)

Mémoires du duc de ROHAN, sur les choses advenues en France depuis la mort de Henry-le-Grand, etc., seconde édition. 1646, pet. in-12.

Pour les différentes éditions de ce volume qui appartiennent à la collection des Elsevier, voyez notre tome IV, col. 1354.

Histoire de Henry, duc de Rohan, pair de France. *Suivant la copie impr. à Paris,* 1667, pet. in-12 de 12 ff. et 191 pp.

Le parfait capitaine, autrement l'abrégé des guerres, des commentaires de César ; augmenté d'un traicté de l'intérêt des princes et estats de la chrestienté (par H. de ROHAN). *Jouxte la copie imprimée à Paris,* 1639, et 1641, pet. in-12.

Pour l'édit. de 1648, voir la col. 1355 de notre tome IV.

De l'interest des princes et estats de la chrestienté à monsieur le cardinal de Richelieu. Dernière édition (par H. de ROHAN). *Jouxte la copie impr. à Paris,* 1641, pet. in-12, avec la sphère.

Cet ouvrage fait partie du livre précédent, mais il est ici augmenté d'une longue préface qui occupe 102 pp.

Traité de physique par Jacques ROHAULT. *Amsterdam, Jacques Le Jeune,* 1672, 2 vol. pet. in-12, fig., avec la sphère.

ROMA piangente, o dialogi tra'l Tevere e Roma (da Gregorio Leti). *Leida, Battista Vero, 1666.* = ROME pleurante, ou les entretiens du Tibre et de Rome, trad. de l'italien par M. B. A. *Leyde, Henry et Pierre de Lorme, 1666.* = La Rome ridicule, par le sieur de Saint-Amant (avec la traduction italienne). Pet. in-12.

J'ai vu ces trois pièces réunies en un seul volume, mais elles ne doivent pas nécessairement se trouver ensemble. La première a 58 pp., avec la sphère; la seconde, 68; et la troisième, 103. Une édition elsevirienne de la *Rome ridicule,* sous la date de 1649, est portée dans le Catal. de M. Bérard, n. 680.

Venceslas, tragi-comédie de ROTROU. *Suivant la copie, etc.,* 1649, pet. in-12 de 81 pp. en tout, avec la sphère.

Cosroès, tragédie de ROTROU. *La Haye,* 1649, pet. in-12 de 69 pp., à la sphère.

Amarillis, pastorale, par de ROTROU. *Jouxte la copie à Paris, chez Ant. de Sommaville,* 1654, pet. in-12 de 72 pp., avec la sphère.

Le prince chrétien et politique, trad. de l'espagnol de D. Diego SAAVEDRA Faxardo, par J. Rou. *Suivant la copie imprimée à Paris (Amsterdam),* 1669, 2 part. en 1 vol. pet. in-12 de 423 et 432 pp., fig.

Se joint à la collection elsevirienne, ainsi que le texte latin du même ouvrage, imprimé à *Amsterdam,* en 1669, pet. in-12.

Moyse sauvé, idyle héroïque du sieur de SAINT-AMANT. *Leyde, Jean Sambix,* 1654, pet. in-12, avec la sphère.

Véritable elsevier : 18 ff. prélimin., y compris le frontispice gravé et le titre imprimé ; 188 pp. de texte et 6 ff. de table. Il y a sous la même date une contrefaçon très-mal imprimée.

— Le même. *Amsterdam, chez Pierre le Grand,* 1661, pet. in-12.

Jolie copie de l'édition précédente. J'en ai vu un exemplaire avec un titre imprimé, portant : *Amsterdam, chez Jean Malherbe,* 1700. On y avait laissé le frontispice daté de 1664.

La Rome ridicule du sieur de SAINT-AMANT. Roma contrafatta del signore di Saint-Amant. *(Sans lieu ni date),* Hollande, pet. in-12 de 103 pp., avec l'italien en regard du français.

Histoire des négociations de Nimègue, par le sieur de SAINT-DISDIER. *Suivant la copie à Paris, chez Cl. Barbin,* 1680, pet. in-12 de 10 ff. limin., 330 pp. et 10 ff. non chiffrés.

Dom Carlos, nouvelle historique (par SAINT-RÉAL). *Paris, chez Pierre Michel,* 1673, pet. in-12 de 183 pp., à la sphère.

Édition imprimée en Hollande, et dans le genre des Elsevier. On trouve ordinairement dans le même volume : *Sentimens d'un homme d'esprit sur la nouvelle intitulée D. Carlos,* 1673. Nous trouvons citée une édition de 1672.

SATYRE ménippée de la vertu du catholicon d'Espagne et de la tenue des estats de Paris. 1649, pet. in-12 de 206 pp.

Édition en petits caractères, sans figures, mais avec une préface qui n'est pas dans la suivante. Elle a certainement été imprimée en Hollande, et probablement par les Elsevier d'Amsterdam.

SATYRE ménippée de la vertu du catholicon d'Espagne, etc. *Ratisbonne, Mathias Kerner,* 1664, pet. in-12 de 4 ff. lim., 336 pp. de texte et 3 fig.—Voyez notre tome V, col. 145.

La même SATYRE ménippée... *Ratisbonne, Mathias Kerner,* 1677, pet. in-12.

Édition de D. Elsevier, réimpr., page pour page, sur l'édition de 1664. Il y a trois gravures : le *Charlatan espagnol,* à la page 4, le *Charlatan lorrain,* à la page 13, et la figure de la procession.

La SAUCE au Verjus. *Strasbourg (Amsterd., Daniel),* 1674, pet. in-12 de 83 pp. (Voir notre t. V, col. 147.)

Le Virgile travesti en vers burlesques de monsieur SCARRON. *Suivant lo copie imprimée à Paris,*

1648, pet. in-12 de 170 pp. et 10 ff. prélimin. Véritable elsevier de Leyde.

Cette édition ne renferme que les deux premiers livres, lesquels ont été reproduits par les mêmes imprimeurs : *suivant la copie imprimée à Paris,* 1651, pet. in-12 de 10 ff. prélim. et 170 pp. avec la sphère. A cette dernière édition sont joints : le troisième livre, avec un titre daté de 1650, 72 pp.; le quatrième livre daté de 1650, 91 : p.; le cinquième livre, également daté de 1650, 95 pp. On voit que ces trois derniers livres peuvent aussi faire suite à l'édition de 1648.

Une troisième édition : *suivant la copie de Paris,* 1652, pet. in-12, renferme huit livres.

Le romant comique par le sieur SCARRON. *Leide, Jean Sambix,* 1655, pet. in-12 de 4 ff. et 400 pp.

Recueil des œuvres burlesques de M. SCARRON. *Jouxte la copie, à Paris, Toussainct Quinet,* 1655, pet. in-12. Lettres italiques ; attribué à Foppens.

12 ff. prélimin., y compris le frontispice gravé, sous la date de 1654, et le titre imprimé, à la date de 1655 ; 334 pp. de texte.

Le Jodelet, ou le maître valet, comédie de SCARRON. *Suivant la copie, etc.,* 1648, pet. in-12.

Les trois Dorotées, ou Jodelet soufflété, comédie de SCARRON. *Suivant la copie, etc.,* 1648, pet. in-12 de 90 pp.

Dans d'autres éditions cette pièce porte le titre de *Jodelet duéliste.*

L'héritière ridicule, ou la dame intéressée, comédie de SCARRON. *Suivant la copie,* 1650, pet. in-12 de 88 pp. — Autre édition, 1656, pet. in-12 de 93 pp.

Ces trois pièces sortent des presses des Elsevier de Leyde. Nous indiquons ci dessous, col. 1784, parmi les édit. de *Wolfgang,* plusieurs ouvrages du même auteur.

Le Marquis ridicule ou la comtesse faite à la haste, comédie par M. Scarron. *Sur la copie imprimée à Paris,* 1656, pet. in-12.

L'Escolier de Salamanque ou les généreux ennemis, tragi-comédie de M. Scarron. *Suivant la copie impr. à Paris,* 1657, pet. in-12.

Deux éditions sorties des presses de Jean Elsevier de Leyde, vend. ensemble, rel. en *mar. bl.* par Schavye, à Bruxelles, 40 fr. Pieters.

Alaric, ou Rome vaincue, poëme héroïque dédié à la serenissine reine de Suède par monsieur de SCUDERY, gouverneur de Notre-Dame-de-la-Garde. *Imprimé à Bruxelles, et se vend à Paris, chez Augustin Courbé,* 1656, in-12, fig.

Les caractères de cette édition ressemblent beaucoup plus à ceux du Montaigne de 1659 qu'à ceux des Elsevier. Cependant on réunit ordinairement ce volume à la collection. Il s'en trouve des exemplaires dont le titre porte *Jouxte la copie à Paris, chez Aug. Courbé,* 1655. Il y a 21 ff. prélimin., contenant le titre gravé, le titre imprimé, le portrait de Christine, reine de Suède, l'épître dédicatoire à cette reine, et la préface ; 380 pp. de texte, avec une gravure à chacun des dix livres ; plus 8 ff. de table et le privilège. Vendu 25 fr. Sensier : 25 fr. 50 c. mar. r. Bérard. (Voy. la col. 743 de notre tome III.)

Joannis SELDENI mare clausum, sive de dominio maris libri duo. *Juxta exemplar londinense Will. Stanesbeii pro Richardo Meighen,* 1636, pet. in-12 de 12 ff. et 567 pp., avec deux cartes géographiques.

Véritable elsevier de Leyde ; le titre porte le fleuron avec la devise *non solus.*

De l'usage des passions, par le R. P. J.-F. SENAULT, prestre de l'oratoire, dernière édition. *Suivant la copie imprimée à Paris,* 1643, pet. in-12 de 559 pp. et 18 ff. prélimin., y compris le titre gravé. Véritable. Reproduit avec un nouveau titre en 1658 ; voir ci-dessus col. 1737.

L'Homme chrestien, ou la réparation de la nature par la grace, par le R. P. Jean-François SENAULT. ..... *Amsterdam, Pierre le Grand,* 1665, 2 tom. en 1 vol. pet. in-12.

Petits caractères, très-jolis, et assez semblables à ceux de Elsevier d'Amsterdam, 11 ff. et 732 pp.

L'Homme criminel, ou la corruption de la nature par le péché, par le R. P. SENAULT. *Amsterdam,*

Pierre le Grand, 1665, pet. in-12 de 11 ff. prélimin. et 732 pp.

SENTIMENS de Cléante sur les entretiens d'Ariste et d'Eugène. Voir, ci-dessus, col. 1746, *Entretiens d'Ariste et d'Eugène.*

Le ministre d'estat, avec le véritable usage de la politique moderne, par de SILHON. *Jouxte la copie impr. à Paris*, 1641-43, 2 vol. pet. in-12.

Edition des Elsevier de Leyde. Ces imprimeurs ont publié séparément le premier volume de cet ouvrage : *Jouxte la copie*, 1639 et 1648, pet. in-12. Le troisième volume, *Ant. Michiels*, 1662 (pas 1663), qui se joint aux deux autres, n'a été impr. qu'une seule fois. Il y a une édition des deux premiers : *Suivant la copie imprimée à Paris*, 1661, ou *Amsterdam, Michiels*, 1664 (tome V, col. 381).

Eclaircissement de quelques difficultés touchant l'administration du cardinal Mazarin, par le sieur de SILHON. *Jouxte la copie à Paris, de l'imprimerie royale*, 1651, pet. in-12 de 12 ff. et 311 pp. Véritable. Première partie, la seule publiée.

Les véritables prétieuses, comédie (par Baudeau de SOMAIZE). *Suivant la copie imprimée à Paris, chez Jean Ribou (Amsterdam, Elzevier)*, 1660, pet. in-12 de 56 pp.

Relation d'un voyage en Angleterre, où sont touchées plusieurs choses qui regardent l'estat des sciences, et de la religion, et autres matières curieuses, par le sieur de SORBIÈRE. *Cologne, Pierre Michel*, 1666, pet. in-12, avec la sphère.

Pour les différentes éditions, voyez notre tome V, col. 455.

L'Othoman, ou l'abrégé des vies des Empereurs turcs, depuis Othoman I jusqu'à Mahomet IV à présent regnant, par Vincent de STOCHOVE, esc., sieur de S. Catherine. *Amsterdam, chez Jean Schipper*, 1665, pet. in-12 de 8 ff. et 149 pp. 10 fr. Pieters.

Mémoires des sages et royales œconomies d'Estat, domestiques, politiques et militaires de Henry le Grand... Et des servitudes et utiles, obeissances convenables et administrations royales des Maximilien de Bethune (duc de SULLY)... Dediez à la France, à tous les bons soldats et tous peuples françois. *Jouxte la coppie imprimée à Amstelredam* (sic), 1652, 4 vol. pet. in-12 ; le 1er, de 18 ff. prélimin. et 713 pp. ; le 2e, de 500 pp., y compris le faux titre et 21 pp. non cotées pour la table ; le 3e, de 10 ff. prélimin. et 675 pp. ; et le 4e, de 625 pp., y compris un faux titre et 45 pp. non chiffrées de table.

On annexe ces 4 vol. aux éditions des Elsevier, quoiqu'ils n'appartiennent pas à ces imprimeurs, et ne sortent pas des presses hollandaises. Il faut y réunir : *Mémoires ou économie royale d'estat..... de Henry le Grand, par Maximilien de Béthune duc de Sully* (3e et 4e parties), *imprimé à Rouen, et se vendent à Paris chez Augustin Courbé*, 1662, 4 vol. in-12. Les quatre derniers vol. ont à peu près 12 mill. de plus en hauteur que les 4 premiers. Voir la col. 590 de notre tome V.

Le SYNDICAT du pape Alexandre VII, avec son voyage en l'autre monde, traduit de l'italien. 1669, pet. in-12 ; 5 ff. prélimin. ; texte, p. 5 à 282, et 1 f. d'errata.

Cette édit. est beaucoup plus conforme à celles de D. Elsevier que le texte italien du même ouvrage publié sous le titre suivant : *Il sindicato di Alexandro VII, con il suo viaggio nell' altro mondo*, 1668, pet. in-12 de 333 pp.

Il Goffredo, ovvero Gerusalemme liberata, di Torq. TASSO, con gli argomenti del Horatio Ariosto ; aggiuntovi i cinque canti delle Camillo Camilli. *Amsterdamo, gli Cumbi e la None*, 1652, 2 vol. in-24, le 1er de 456 pp. ; le 2e, de 239 et 186 pp.

Pieters, 2e édit., p. 321, attribue l'impression de ces 2 vol. ainsi que celle de plusieurs autres livres italiens, à un imprimeur de Leyde, qui a mis sur la dernière page d'une de ses productions : *Lugd. Batavor., excudebat Severynus Matthaei*, 1653.

Les six voyages de J.-B. TAVERNIER, en Turquie, en Perse et aux Indes. *Suivant la copie imprimée à Paris*, 1678, 2 vol. pet. in-12, fig. (Le frontispice gravé est à l'adresse de *Johannes van Someren*.)

On joint à ces deux volumes :
NOUVELLE relation du serrail du grand seigneur, par le même. *Amsterd., Joannes van Someren*, 1678, petit in-12.
Il est douteux que ces trois vol. aient été impr. par D. Elsevier (voir t. V, col. 681).

Le Nouveau TESTAMENT, c'est-à-dire la nouvelle alliance de N. S. Jésus-Christ (trad. par Rob. Pierre Olivetan) : Les Psaumes mis en rime françoise par Clément Marot et Théod. de Bèze (avec la musique). *La Haye, J. et Dan. Steucker*, 1664, in-12 ; 2 ff., non compris le frontispice gravé, et 272 pp. pour le N. T. et pour les Psaumes, 2 ff. et 252 pp., plus 26 ff. non cotés.

Le titre porte le fleuron des Elsevier de Leyde, avec la devise *non solus*. Les Psaumes se trouvent séparément.

Le Nouveau TESTAMENT de nostre seigneur Jésus-Christ, trad. en françois selon l'édition vulgate, avec les différences du grec. *Mons, Gaspard Migeot*, 1667, 2 vol. pet. in-8.

Première édition de cette célèbre traduction du Nouveau Testament, dite de Port-Royal. Voir notre tome V, col. 749-51.

TESTAMENT du défunct cardinal Juli Mazarini, duc de Nivernois, etc., premier ministre du roy de France. *Jouxte la copie à Paris*, 1663, pet. in-12 de 52 pp., avec la sphère.

Gros caractères des Elsevier d'Amsterdam ou de Foppens.

Le Parnasse satyrique du sieur THÉOPHILE. 1660, pet. in-12 de 321 pp. Voir t. IV, col. 384.

Nouvelles œuvres de feu Mr THÉOPHILE, composées d'excellentes lettres latines et françoises, soigneusement recueillies, mises en ordre par Mr Meyret. *Jouxte la copie imprimée à Paris, chez A. de Sommaville (Bruxelles, Foppens)*, 1656, pet. in-12 de 8 ff. et 210 pp., plus, 6 ff. de table.

Jo. TILEMANNUS, alias Schenck, Dissertatio de successionibus ascendentium tam in allodialibus quam in feudis. *Lud.-Batavor., ex officina Dav. Lopez de Haro*, 1663, pet. in-12, avec la marque elsevirienne : *Concordia res parvæ crescunt.*

Vita di Cesare Borgia, detto il duca Valentino, descritta da Tomaso TOMASI. *Monte Chiaro, apresso Gio.-Batista Vero*, 1671, pet. in-12, 423 pp. en tout. Véritable.

Vie de César Borgia, trad. de l'italien..... *Imprimé à Monte-Chiaro, chez Jean-Baptiste Vero*, 1671, pet. in-12 de 495 pp. en tout.

TRAITÉ curieux sur l'enlèvement du prince de Furstenberg, avec des exemples et des réflexions importantes touchant l'immunité des ambassadeurs. *Villefranche, chez Charles de la Vérité (Bruxelles)*, 1676, pet. in-12 de 2 ff., 127 pp. et une p. de sommaire.

TRAITTÉ de la politique de France, par monsieur P. (Paul) H. (Hay) marquis de C. (Chastelet). *Cologne, chez Pierre du Marteau*, 1669, pet. in-12 de 264 pp., avec la sphère. Véritable.

Il y a sous la même date une édition qui n'a que 8 et 166 pp.
On peut réunir à ces deux éditions : une seconde partie, *Cologne, Pierre du Marteau*, 1670, pet. in-12 de 65 pp.
Pour l'édition d'*Utrecht, P. Elsevier*, 1670, pet. in-12 de 296 et 65 pp., voyez à la page suivante, première colonne.
Une autre édition elsevirienne de ce Traité, *Cologne*, 1877, pet. in-12, renferme de plus des *Réflexions sur les deuxième et troisième chapitres*, par de L'Ormegregny, partie de 165 pp. et 2 pp. non chiffrées. (Voir notre tome V, col. 918.)

TRAITÉ des droicts de la reyne très-chrestienne sur divers estats de la monarchie d'Espagne. *Suivant la copie de l'Imprimerie royale à Paris*, 1667, pet. in-12 de 318 pp., dont les 6 prem. pp. non chiffrées. Véritable.

On réunit à ce volume les pièces suivantes qui pourtant ne sont pas d'impression elsévirienne :
DIALOGUE sur les droits de la reyne très-chrestienne, etc. 1667, 68 pp. — Suite du dialogue sur les droits de la reyne très-chrestienne, 1668, 232 pp. La date est à la fin, l'ouvrage

est dirigé contre les prétentions de la France sur les Pays-Bas.

Remarques pour servir de réponse à deux écrits imprimés à Bruxelles contre les droits de la reine sur le Brabant, etc. *Suivant la copie imprim. à Paris*, 1667, pet. in-12 de 113 pp. — Voir ci-dessus, col. 1743-44, *Des justes prétentions....*, par Aubery.

Traité des restitutions des grands, précédé d'une lettre touchant quelques points de la morale chrétienne (par Cl. Joly). 1665, pet. in-12 de 96 et 228 pp.

Il existe deux et même trois éditions sous la même date. Dans l'une le texte finit à la p. 228, par deux lignes pleines; dans l'autre cette page n'a qu'une ligne et la fin d'un mot sur une seconde ligne. La première de ces éditions est de Daniel Elsevier; les deux autres appartiennent à Fr. Foppens.

La Mariamne, tragédie du sieur de Tristan l'Hermite. *Jouxte la copie à Paris, chez Augustin Courbé*, 1655 (aussi 1676), pet. in-12 de 70 pp.

Varillas. Voy. Politique de la maison d'Autriche.

Remarques sur la langue françoise, utiles à ceux qui veulent bien parler et bien écrire, par M. Vaugelas. *Amsterd., chez Jean de Ravestein*, 1665, pet. in-12, 27 ff. prél., y compris le titre gravé, 368 pp. de texte, et à la fin 11 ff. non chiffrés.

Jolie édit., en très-petits caractères. Elle n'est pas des Elsevier, mais elle est digne de figurer dans la collection de ces imprimeurs.

Francisci Vavasseur e Societate Jesu theurgicon, sive de miraculis Christi, libri IV. *Paris., sumptibus Petri Le Petit*, 1645, pet. in-12 de VIII ff. prélimin. et 152 pp., avec la sphère. (Elsevier de Leyde.)

Cinq dialogues faits à l'imitation des anciens, par Oratius Tubero (La Mothe le Vayer). *Mons, Paul de La Flèche*, 1671, pet. in-12 de 232 pp.

Hexameron rustique, ou les six journées passées à la campagne entre des personnes studieuses (par La Mothe le Vayer). *Amsterdam, chez Jacq. Le Jeune*, 1671, pet. in-12 de 176 pp. et la table, avec la sphère.

Histoire de l'empereur Charles V, par don Jean-Ant. de Vera et Figueroa, comte de la Roca, etc., trad. de l'espagnol en françois par du Perron Le Hayer, etc., reveüe et corrigée par A. F. D. en M. et Ch. de Wal. *Bruxelles, Franç. Foppens*, 1663 (et aussi 1667), pet. in-12 de 7 ff., y compris le titre, et 355 pp.

On ne saurait douter que ces éditions n'aient été imprimées par Fr. Foppens, dont elles portent le nom; cependant elles ont beaucoup d'analogie avec les éditions des Elsevier, tant pour les caractères que pour les vignettes et les fleurons.

La Vérité défendue. Voir ci-dessus, col. 1744.

La Vie de François de Lorraine, duc de Guise (par du Trousset de Valincourt). *Suivant la copie imprimée à Paris, chez Sébastien Mabre Cramoisy*, 1681, pet. in-12 de 139 pp., à la sphère. 22 fr. mar. r. par Capé, Pieters.

La Vie et les actions mémorables du sieur Michel de Ruyter, duc, chevalier, et lieutenant-amiral général des Provinces-Unies (avec une seconde partie, contenant ce qu'il a fait depuis l'an 1672 jusqu'à sa mort). *Amsterdam, Henry et Théodore Boom*, 1677, 2 part. en 1 vol. pet. in-12 de 12 ff. limin., y compris le titre impr., un frontispice gravé et un portrait; 480 et 256 pp. de texte, et 7 ff. pour la table. Jolie édition. 12 fr. mar. Pieters.

La Vie et les faits mémorables de Christofle Bernard Van Galen, évêque de Munster, tirez d'excellens manuscrits et de quelques autres originaux, par M. G. *Leide, chez Jean Mortier*, 1679, pet. in-12 de 8 ff. prél., y compris le titre, un frontispice gravé et le portrait de Van Galen; plus 248 pp. de texte et une planche. 20 fr. Pieters.

Il y a sous la même date une édition pet. in-12 avec l'adresse : *Cologne, chez Pierre le jeune*.

Le comte de Gabalis, ou entretiens sur les sciences secrètes (par l'abbé de Villars). *Amsterdam, Jacques Le Jeune*, 1671, pet. in-12 de 228 pp., y compris le titre, avec la sphère. Douteux.

Le titre d'une autre édition porte : *Sur la copie imprimée à Paris*, 1671.

De la charge des gouverneurs des places, par Ant. de Ville, dernière édition. *Jouxte la copie imprimée à Paris*, 1640, pet. in-12 de 6 ff., 662 pp. de texte et 11 ff. de table. Vis-à-vis le frontispice est une gravure qui représente des armoiries. Elsevier de Leyde.

Vindiciæ gallicæ, adversus Alexandrum patricium armacanum theologum (Corn. Jansenium, a Daniele de Priezac). *Juxta exemplar parisiense*, 1638, pet. in-12 de 3 ff. et 297 pp., avec la sphère. Elsevier de Leyde.

Vita del padre Paolo (Sarpi) dell' ordine de' Servi e teologo della serenissima republ. di Venetia. *Leida*, 1646, pet. in-12.

Le fleuron du titre porte la devise : *æternitas*, comme dans les *Bandii amores*. D'ailleurs, ce volume est tout semblable à l'*Heliodorus* de Vander Marse, daté de 1637, dont nous avons parlé ci-dessus. L'édition est beaucoup plus belle que celle dont le titre porte : *in Venetia*, 1658, et que l'on fait aussi entrer dans la collection des Elsevier.

Les lettres de M. de Voiture. *Jouxte la copie imprimée à Paris*, 1654, pet. in-12. Titre gravé, 496 pp. de texte et 4 ff. de table.

Jolie édition en très-petits caractères : les poésies sont en lettres italiques.

— Les lettres de M. de Voiture. *Jouxte la copie imprimée à Paris*, 1654 (le titre est gravé, et un second titre porte : *Jouxte la copie à Paris, chez Augustin Courbé*, 1656), pet. in-12 de 638 pp. de texte, indépendamment des deux titres et du portrait, plus 10 pp. de table. Edition imprimée à Bruxelles, chez Fr. Foppens.

— Lettres de M. de Voiture. *Amsterdam, chez Jean Ravesteyn*, 1657. — Seconde partie, ou suite des nouvelles œuvres et lettres de M. de Voiture. *Amsterdam, Jean Ravesteyn*, 1659, 2 tom. en 1 vol. pet. in-12.

La première partie de 11 ff. limin., le portrait, 592 pp. de texte et 8 de table; deuxième partie, 130 pp. titre compris, et 2 pp. de table. Voir notre cinquième volume, col. 1347, article Voiture. 15 fr. Pieters.

— Lettres de M. de Voiture. *Nimègue, chez André Hogen Hayer, anno* 1660, pet. in-12 de 12 ff. prél., y compris le frontispice gravé et un portr. de Voiture, 652 pp. de texte et 13 pp. de table.

Edition imprimée par les Elsevier de Leyde, pour le libraire nommé sur le titre.

Voyage d'Espagne curieux, historique et politique, fait en l'année 1655, reveu, corrigé, et augmenté en cette édition. 1666, pet. in-12, avec la sphère. Véritable Elsevier.

Pour les différentes éditions elseviriennes de ce voyage, voyez notre tome V, col. 1378, article Voyage.

Mémoires touchant les ambassadeurs et les ministres publics, par L. M. P. (le ministre prisonnier, Abr. de Wicquefort). *Cologne, du Marteau*, 1676, et 1679, 2 vol. pet. in-12.

Première part., 2 ff. prélim. et 627 pp. Seconde part., 466 pp. de texte et 30 ff. de table. La première partie a été réimpr. en 1677 et en 1679, mais on préfère l'édition de 1676, comme étant la plus belle. Il se trouve quelquefois, à la suite de la réimpression, une pièce intitulée : *Réflexions sur les mémoires pour les ambassadeurs, et réponse au ministre prisonnier*, 190 pp. en tout (attribué à *Gatardi*). Cette pièce est même annoncée sur le titre d'une partie des exemplaires de l'édition de 1677.

Casp. Ziegleri circa regicidium Anglorum exercitationes ; accedit Jacobi Schalleri dissertatio ad loca quædam Miltoni. *Lugd.-Batavor., apud Sambix*, 1653, pet. in-12 de 12 ff. et 262 pp.

Éditions elseviriennes des Romans de madame de Villedieu.

JOURNAL amoureux (de la cour de Henri II). *Amsterdam*, 1670, pet. in-12.

AMOURS des grands hommes. *Suivant la copie de Paris, chez Cl. Barbin (Amsterd.)*, 1671, 2 tom. en 1 vol. pet. in-12 de 4 ff. prél., 112 et 120 pp., y compris le titre du tome II. 16 fr. Pieters.

LES AVANTURES, ou mémoires de la vie de Henriette Sylvie de Molière. *Suivant la copie imprimée à Paris (Amsterd., Wolfgang)*, 1672-74, 6 parties, ou 3 tom. en 1 vol. pet. in-12. Les 2 prem. part. ensemble 168 pp., les 2 suivantes 164 pp., et les dernières 192 pp.; chaque partie avec un titre particulier. (Voir notre tome I, col. 580.)

LES GALANTERIES grenadines. *Paris, Cl. Barbin (Bruxelles)*, 1673, 2 tom. en 1 vol. pet. in-12 de 3 ff. prél., 131 pp. pour la 1re partie, et 116 pour la 2e part.

LES EXILEZ de la cour d'Auguste. *Suivant la copie de Paris, chez Cl. Barbin (Amsterdam)*, 1675, pet. in-12.

LES DÉSORDRES de l'amour. *Paris, Cl. Barbin, au palais (Bruxelles)*, 1679, 4 part. en 1 vol. de 88, 82, 72 et 64 pp., avec un titre à chaque partie. 15 fr. Pieters.

LES AMOURS d'Alcibiade. *Ibid.*, 1680, pet. in-12.

Voir ci-dessus, col. 1765, *L'Illustre parisienne*, par de PRÉCHAC.

MANLIUS, tragi-comédie, par mademoiselle des Jardins (depuis madame de Villedieu). *Suivant la copie imprimée à Paris (au Quærendo)*, 1662, pet. in-12 de 62 pp.

———

Tables des sinus, tangentes et sectantes selon le raid de 100000 parties, avec la trigonométrie, etc., par Albert Girard. *La Haye, Jacob Elsevier*, 1629, pet. in-12.

Le même livre existe, avec le titre suivant : *Tabulæ sinuum, tangentium, et sectantium ad radium* 100000. *Meet een nieuwe, etc. Alles door Albert Girard, in s'Gravenhage, by Jacob Elsevier, anno* 1629. (Voir t. V, col. 1612.)

Benj. Prioli ab excessu Ludovici XIII de rebus gallicis historiarum libri XII. *Ultrajecti, ex officina elzeviriana,* 1569 (pour 1669), pet. in-12, 16 ff. prél., y compris le titre gravé, le texte impr., et un f. blanc, 508 pp. de texte et à la fin 5 ff. non chiffrés.

Le titre imprimé porte le fleuron des Elsevier d'Amsterdam, avec la devise : *Ne extra oleas.*

La même édition a reparu avec le même frontispice et ces seuls changements au titre gravé : *Amsterd., apud J. Max. Lucas,* 1677, et au titre imprimé : *Nova editio, apud Joh. Max Lucas,* 1677.

Pauli COLOMESII opuscula. *Ultraj., apud Petrum,* 1669, pet. in-12 de 6 ff. et 276 pp.

Journal du journal, ou censure de la censure (par Tanneguy Lefevre). *Utrech* (sic), *Pierre*, 1670, pet. in-12 de 76 pp. (Voir notre tome III, col. 579.)

Traité de la politique de France, par M. P. H. (Paul Hay), marquis de C. (Chastelet), revu, corrigé et augmenté d'une seconde partie. *Utrecht, P. Elzevier,* 1670, 2 part. en 1 vol. pet. in-12 de 296 pp. en tout pour la 1re part., et 65 pour la 2e.

Nous avons parlé ci-dessus, col. 1772, de l'édition de *Cologne, P. du Marteau*, 1669.

PRIMA SCALIGERANA, nusquam antehac edita, cum præfatione T. Fabri. *Ultrajecti, apud Petrum Elsevirium*, 1670, pet. in-8. de 5 ff. pour le titre et la préface, 101 pp. de texte et une page blanche. 7 fr. 50 c. vente Pieters, où l'édition pet. in-12 en *mar. r.* a été donnée pour 4 fr. 50 c.

Prima scaligerana, editio altera priore emendatior. *Ultrajecti, apud Petrum,* 1671, pet. in-12 de 6 ff. et 140 pp.

Cette édition n'a pas été imprimée en Hollande, car elle n'a point de réclame au bas de chaque feuillet. Toutefois Adry s'est trompé en disant que le nom de Pierre Elsevier ne se voyait plus après 1671, puisqu'on le trouve encore sur le titre d'un in-4. intitulé :

ANT. MATHÆI commentarius ad institutiones SS. principis Justiniani, in quo illustratur etiam jus hodiernum quo utimur. *Traj.-ad-Rhen.*, 1672, in-4. (*Biblioth. impér.*, F. 165.)

Quant au Pierre Elsevier nommé sur le titre des *Mélanges historiques de P. C.* (Paul Colomiez), *Utrecht*, 1692, pet. in-12, Adry pensait que ce devait être un fils du précédent. Nous croyons, nous, que l'édit. n'est pas elsevirienne.

Histoire d'Olivier Cromwell (par Raguenet). *Utrecht, chez Pierre Elsevier,* 1691, 2 vol. pet. in-12, avec portr.

Édition médiocre imp. en France, et qu'il faut classer parmi les faux elseviers. Le premier volume avec portr. a 12 ff. et 381 pp.; le deuxième, 293 pp. et 35 de table. Il existe une autre édition du même ouvrage, sous la date de 1693 et en 2 vol. in-12, mais d'un format plus grand que celui de la première.

Respublicæ variæ. 62 vol. in-24.

(Les articles marqués d'une étoile ne sont point imprimés par les Elsevier.)

* J. Ang. Werdenhagen introductio in omnes respublicas. *Amstelod.*, 1632, 1 vol.

De imperiis IV summis, a Jo. Sleidano. *Lugd.-Batav.*, 1624. in-12, ou 1631, 1 vol.

* Respublica Achæorum et Veientium, a Schoockio. *Traj.-ad-Rhen.*, 1664, 1 vol.

Africa, a J. Leone africano. *Lugd.-Batavor.*, 1632, 2 tom. en 1 vol.

— Anglorum, a Th. Smith. *Lugd.-Batavor.*, 1630, seu 1641, 1 vol. (L'édition de 1641 est la plus complète.)

* Arabia, a Gabr. Sionita, etc. *Amstelod.*, 1635, 1 vol. Préférable à l'édition de 1633.

* Respublica argentoratensis. *Argentorati*, 1673, 1 vol.

Respublica Atheniensium, a Guil. Postel. *Lugd.-Batavor.*, 1621, seu 1645, 1 vol.

* Historia barbarica, ab Erycio Puteano. *Antuerp.*, 1634, 1 vol.

Belgii confœderati resp. *Lugd.-Batav.*, 1630, 1 vol. Il y a trois éditions sous la même date.

* Compendium historiæ batavicæ, a Thysio. *Lugd.-Batavor.*, 1652, 1 vol.

Golnitzii itinerarium belgico-gallicum. *Lugduni-Batavorum*, 1631, 1 vol.

Bojema resp. a P. Stranskio. *Lugd.-Batav.*, 1643, 1 vol.

De Bosphoro Thracio, a P. Gyllio. *Lugd.-Batavor.*, 1632, 1 vol.

Chinensis regni descriptio. *Lugd.-Batavor.*, 1639, 1 vol.

De Constantinopoleos topographia libri IV, a P. Gyllio. *Lugd.-Batav.*, 1632, 1 vol.

Dania, Norvegia, etc., Rutgeri Hermandiæ. *Lugd.-Batavor.*, 1629, 1 vol.

* Respublica Ebræorum, a Bon. Corn. Bertramo. *Lugd.-Batavor.*, 1641, seu 1651, 1 vol.

Eadem a P. Cunæo. *Lugd.-Batavor.*, 1632, seu *Amstelodami*, 1666, 1 vol.

* Hebræorum respublica scholastica, a Jac. Alting. *Amstelodami*, 1652, 1 vol.

Itinerarium frisico-hollandicum. *Lugd.-Batavor.*, 1630, 1 vol.

Respublica, sive status regni Galliæ, diversorum auctorum. *Lugd.-Batavor.*, 1626, 1 vol.

Gallia, a J. de Laet. *Lugd.-Batav.*, 1629, 1 vol.

Germanica respublica et status imp. romano-germanici. *Lugd.-Batavor.*, 1634 (aussi 1640), 2 vol.

* Tractatus de constitutione imperii romano-german. a Jac. Lampadio. *Lugd. - Batavor.*, 1634, 1 vol.

* Status particularis regiminis Ferdinandi II, 1637, 1 vol.

Græcorum respp. ab Ubbone Emmio. *Lugd.-Batav.*, 1632, 2 vol. Réimpr. en 1632 et 1644.

Hanseaticæ respublicæ, a Werdenhagen. *Lugduni-Batavorum*, 1631, 4 vol.

Helvetiorum respublica. *Lugd.-Batav.*, 1627, 1 vol. (Trois éditions sous la même date.)

Hispania, a J. de Laet. *Lugd.-Batav.*, 1629, 1 vol.

Monarchia hispanica, a Th. Campanella. *Amstelodami*, seu 1641, seu 1653, 1 vol. in-16.

Respublica Hollandiæ. *Amstelod.*, 1630, 1 vol.

Il y a trois éditions sous la même date.

— Hungariæ. *Amstelod.*, 1634, 1 vol.

— Italiæ, a Th. Segheto. *Amstel.*, 1628, seu 1631, 1 vol.

— Japoniæ, a Bern. Varenio. *Amstel.*, 1649, 1 vol.

Itinerarium Benjaminis, lat. redditum. *Lugd.-Batav.*, 1633, 1 vol.

Ph. Cæsii a Zezen Leo belgicus. *Amstelod.*, 1660, 1 vol.

*Respublica leodiensis. *Amstelod.*, 1633, seu *Leidæ*, 1663, 1 vol.

*Resp. lutzenburgensis, etc., *Amstel.*, 1633, 1 vol.

H. Grotii mare liberum, etc. *Lugd-Batavor.*, 1633, 1 vol.

— Massiliæ descriptio, a P. Hendreich. *Argentor.*, 1652, ou 1658, 1 vol.

De Mogolis imperio, a J. de Laet. *Lugd.-Batavor.*, 1631, 1 vol.

*Moscoviæ resp. a M. Zuerio Boxhornio. *Lugd.-Batav.*, 1630, 1 vol.

Moscovia et Tartaria. *Lugd.-Batav.*, 1630, 1 vol.

Persia, a J. de Laet. *Lugd.-Batav.*, 1633, ou avec des additions, 1647, 1 vol.

Polonia, etc. *Lugd.-Batav.*, 1627, seu 1642, 1 vol.

Portugallia. *Lugd.-Batav.*, 1641 et 1644, 1 vol.

Rhætia, a Fort. Sprechero. *Lugd.-Bat.*, 1633, 1 vol.

Respublica romana, a P. Scriverio. *Lugd.-Batav.*, 1626 et 1629, 1 vol.

— Sabaudiæ. *Lugd.-Batav.*, 1627, seu 1634, 1 vol.

— Scotiæ et Hiberniæ. *Lugd.-Batav.*, 1627, seu 1630, 1 vol.

— Sueciæ. *Lugd.-Batav.*, 1631, seu 1633, 1 vol.

*P. Bapt. Burgi de bello suecico comment. *Leod.*, 1639, 1 vol.

Turcici imperii status. *Lugd.-Batav.*, 1630, 1 vol.

Valesiæ et Alpium descriptio. *Lugd.-Batav.*, 1633, 1 vol.

Joan. Bapt. Veri respublica Venetorum. *Lugd.-Batav.*, 1626, seu 1628, 1 vol., seu *Amstelod.*, 1644, pet. in-12.

Eadem, a Donatu Jannotio, etc. *Lugd.-Batavor.*, 1631, seu 1642, 1 vol.

Cette collection, difficile à trouver complète, a été recherchée autrefois, mais elle l'est fort peu maintenant; on y réunit quelquefois beaucoup d'autres ouvrages politiques et géographiques, imprimés en Hollande, à la même époque, et au sujet desquels on peut consulter le Catalogue qu'un sieur De La Faye a communiqué à Sallengre et que celui-ci a inséré dans ses *Mémoires de littérature*, tome II, pp. 149-191. Ce Catalogue, réduit à peu près aux éditions elséviriennes, a été réimprimé avec des rectifications et des remarques nombreuses, par les soins de Jules Chenu, correcteur de l'imprimerie Panckoucke, *Paris*, 1842, in-24 de 48 pp. (tiré à 125 exemplaires), et de nouveau, *Paris, L. Potier*, 1854, pet. in-12. On trouve dans cette réimpression des détails curieux que nous n'avons pas cru devoir reproduire ici, parce qu'ils ne s'appliquent qu'à des livres sans valeur. Il a été tiré de cette dernière édit. deux exemplaires sur *vélin*, dont un rel. en *mar. r.* a été payé 132 fr. à la vente de l'auteur.

ÉDITIONS D'ABRAHAM WOLFGANG

QU'ON PEUT JOINDRE A CELLES DES ELSEVIER.

Depuis quelques années il est d'usage de réunir à la collection des Elsevier les jolies éditions en petit format, dont les titres portent la vignette qui représente un renard cherchant à découvrir des rayons de miel dans le creux d'un arbre. Cette vignette, où se lit la devise *Quærendo*, n'est pourtant pas une des marques qu'ont employées les Elsevier; elle appartient à *Abraham Wolfgang*, ou *Wolfgank* et *Wolfganck*, imprimeur qui a exercé avec distinction depuis l'année 1662, au plus tard, jusqu'à l'année 1693 inclusivement, et elle a été adoptée par ses successeurs. Wolfgang a mis son nom à un grand nombre d'éditions où se trouvent presque toujours et le *Quærendo* et plusieurs fleurons remarquables qui offrent des renards, des oiseaux et d'autres animaux. Or, ce *Quærendo* et ces fleurons ne sont dans aucune édition avec le nom d'Elsevier, et s'ils figurent dans plusieurs livres qui, vu l'époque de leur publication, et surtout à cause de la forme des caractères et de quelques vignettes, ont pu facilement être attribués aux Elsevier d'Amsterdam, on les voit aussi dans un grand nombre d'autres livres d'une date postérieure à la mort de Daniel Elsevier, et qui ont l'adresse de Wolfgang. Ainsi on ne saurait douter que celui-ci ait publié, du vivant de Daniel et après sa mort, une suite de jolies éditions où l'on rencontre presque toujours des vignettes et des fleurons qui n'appartiennent à aucun autre imprimeur contemporain. Mais ce qui prouve qu'il était non-seulement libraire éditeur, mais aussi imprimeur, c'est qu'il a signé l'avis de *L'imprimeur au lecteur*, morceau placé à la tête du Théâtre de P. Corneille, édition de 1664; et que dans une épître dédicatoire, mise par lui au devant du *Théâtre de Quinault*, édition de 1663, il dit, en propres termes : « *Ce sont les Oeuvres de M*ᵉ. *Quinault que je vous offre, en qualité de celuy qui*

« *les a ramassez & imprimez* ». Ajoutons qu'aucun livre (si ce n'est peut-être la Logique de Port-Royal, édition de 1675), avec le nom de Wolfgang, ne se trouve dans le petit Catalogue des livres de fonds de D. Elsevier, daté de 1675, dans lequel on remarque cependant plus d'une édition aux noms de Jacques le Jeune, de Sambix, etc.

Ce que nous venons de dire ici, au sujet de Wolfgang, et qui n'est que la reproduction de l'opinion déjà émise par nous dans notre troisième édition, a été qualifié d'*erreur grave* par Bérard, à la page 16 de son *Essai bibliographique sur les éditions des Elzévirs*, (voir la col. 781 de notre tome I⁰ʳ), où il soutient que les éditions données sous le nom de Wolfgang ont été imprimées par Dan. Elsevier ; mais les arguments dont il cherche à étayer son système, et qu'il oppose aux nôtres, nous ont paru si faibles, que nous croyons devoir ne nous arrêter qu'à un seul, celui que notre adversaire tire d'un passage du privilége accordé par les états de Hollande, pour l'*Abrégé* de Mezeray, imprimé à Amsterdam, de 1673 à 1674. Or, en lisant dans son entier ce privilége, présenté par Bérard comme une pièce tout à fait décisive, mais dont il s'est borné à transcrire les passages qu'il voulait nous opposer, nous voyons que Wolfgang, *marchand libraire à Amsterdam*, avait résolu de *rimprimer* (sic), dans cette ville, l'*Abrégé* de Mezeray ; qu'il demande aux états de Hollande la permission de *pouvoir lui seul faire imprimer, débiter et vendre le susdit abrégé* ; qu'en conséquence les états décident qu'*il pourra lui seul imprimer, débiter et vendre le susdit livre*. Ainsi Wolfgang avait résolu de *rimprimer*, et on lui a permis d'*imprimer*. Cela prouve-t-il qu'il ne fût pas imprimeur ? Mais veut-on quelque chose de plus explicite encore, qu'on lise le nouveau privilége en date du 1⁰ʳ décembre 1688, inséré dans les deux édit. de l'*Avant Clovis de Mezeray*, de 1688 et 1692 : on y trouvera relaté celui de 1674, dans lequel, est-il dit, Wolfgang *aurait obtenu la permission de pouvoir imprimer, faire imprimer et débiter l'Abrégé chronologique*, et on y lira un peu plus loin, que le suppliant avait *rimprimé* ledit ouvrage. Or, ce libraire, qui avait obtenu l'autorisation d'*imprimer* ou de *faire imprimer*, a préféré *imprimer* et *réimprimer* lui-même ; donc il était imprimeur. Cependant, nous dira M. B., il résulte toujours du premier de ces deux priviléges, que Wolfgang y est simplement qualifié de *marchand libraire*, et qu'il demande à faire imprimer. A cela nous pourrions répondre qu'à la date de ce privilége (du 10 décembre 1674), les six volumes (de 1673 et 1674) étaient déjà imprimés, et que c'était comme libraire, et seulement pour avoir la faculté de débiter son livre, sans crainte de procès, que Wolfgang s'adressait aux états. Mais sans nous arrêter à cette objection, qui pourtant est ici de quelque poids, nous pouvons prouver par des exemples irrécusables que souvent les imprimeurs n'ont reçu d'autre qualité que celle de

libraire, dans les priviléges qui leur ont été accordés ; et cela parce que ces sortes de pièces sont ordinairement dressées d'après des formules préparées à l'avance et qu'on ne fait guère qu'y substituer un nom à un autre nom. Ainsi, dans le privilége accordé par l'empereur pour la vente exclusive dans ses États du *Corpus juris civilis*, édit. d'Amsterdam, 1664, en 2 vol. in-8., les Elsevier, Blaeu et Hack, ne sont qualifiés que de libraires (*bibliopolæ*) ; et nous avons sous la main un livre (*La chronique historique des curés de S. Benoist*) imprimé à Paris, en 1752, par *Guillaume Desprez, imprimeur du roi et du clergé*, avec un privilége portant : notre amé Guillaume Desprez, libraire à Paris, *nous a fait exposer qu'il désirait faire imprimer, et donner au public un ouvrage... à ces causes nous lui avons permis de faire imprimer ledit ouvrage*. A ces témoignages, que nous pourrions multiplier à l'infini, nous ajouterons celui que nous fournit la Vie de Bayle, par Des Maiseaux (p. XXXVI de l'édition placée au commencement du Dictionnaire de Bayle, imprimée en 1740), où il est dit, en parlant du *Commentaire philosophique sur ces paroles de Jésus-Christ : contrains-le d'entrer*, « le livre s'imprimait à Amsterdam, chez Wolfgang, qui avait imprimé la *France toute catholique*. » En voilà assez, sans nul doute, pour trancher une question assez futile en elle-même, et à laquelle nous ne nous sommes arrêté un instant que par amour pour la vérité. A notre avis, il importe peu d'ailleurs que les éditions dont il s'agit soient sorties des presses de Wolfgang ou de celles d'Elsevier. Si, en effet, elles ont quelque mérite réel, ce n'est pas le nom de leur imprimeur qui le leur donne : si elles n'en ont pas, ce nom ne saurait leur en donner. Or, il est constant que ces éditions, assez agréables à l'œil, et même souvent aussi belles que celles des Elsevier, sont en général très-incorrectes, et qu'aucune d'elles ne vaut celles des mêmes ouvrages qui ont été faites depuis en France, et que cependant on a peu remarquées. Ce que nous disons ici des éditions de Wolfgang peut s'appliquer jusqu'à un certain point à celles de Fr. Foppens et de Henri Fricx, tous deux imprimeurs à Bruxelles, et qui, quoi qu'en ait dit Bérard, ont imprimé les livres qui portent leurs noms (*).

Puisque nous avons démontré que les éditions avec le *Quærendo* n'appartiennent pas aux Elsevier, nous nous dispenserons d'en donner ici la liste complète ; et nous nous contenterons d'indiquer celles de ces éditions qui nous paraissent particulièrement dignes de figurer à la suite de la collection précédente.

(*) Quand à la p. 211 de son *Essai*, Bérard a dit, en parlant de l'*Histoire des Juifs, de Josèphe*, édit. de 1676 (*Bruxelles, chez Eugène Henry Fricx*), en 5 vol. pet. in-8., *cette jolie édition est incontestablement sortie des presses des Elzevirs*, il n'avait probablement pas aperçu le privilége joint à cette édition, lequel octroye à Eugène Henry Fricx *le livre*, défendant bien à *tout autre imprimeur et libraire de le contrefaire*. Fricx prenait le titre d'*imprimeur du roi d'Espagne*.

ACTES et Mémoires des négociations de la paix de Nimègue ; seconde édition, revue, corrigée et augmentée. *Amsterdam, chez Abraham Wolfgang, et à La Haye, chez Adr. Moetjens*, 1680, 4 vol. in-12.

Tome I, 10 ff. prélimin., 781 pp. cotées et 15 non cotées pour une 2e table ; II, 16 ff. prélim., 771 pp. cotées et 16 qui ne le sont pas ; III, 6 ff. limin., 582 pp. cotées et 16 non cotées ; IV, 8 ff. limin., 743 pp. cotées et 16 non cotées. L'édition de 1679 ne contient que les deux premiers volumes.

AVENTURES ou mémoires de la vie de Henriette Sylvie de Molière, voir ci-dessus, col. 1775.

ŒUVRES diverses du sieur D*** (BOILEAU Despréaux)... *Suivant la copie à Paris, à Amsterd., chez Abr. Wolfgang*, 1677, in-12. — Voir la col. 1056 de notre tome I⁰ʳ.

La princesse de Monferrat, nouvelle contenant son histoire et ses amours du comte de Saluces, par le sieur S. BREMOND. *Amsterdam, chez Abr. Wolfgang*, 1676, pet. in-12 de 336 pp., à la sphère.

La véritable religion des Hollandois, avec une apologie pour la religion des Etats Généraux des Provinces-Unies, contre le libelle qui a pour titre : *La religion des Hollandois*, par Jean BRUN : cy est joint le conseil d'extorsion, ou la volerie des François, exercée en la ville de Nimègue, par le commissaire Methelet & ses suppôts. *Amsterdam, Abr. Wolfgang*, 1675, pet. in-12 de 20 ff. prélimin., 392 et 197 pp.

Réponse à l'ouvrage intitulé :
LA RELIGION des Hollandois, représentée en plusieurs lettres écrites par un officier de l'armée du roi (par P. Stoupe

ou Stouppa). *Cologne*, *P. Marteau (Hollande)*, 1673, pet. in-12.
Deux écrits politiques.

Histoire des grands visirs Mahomet Coprogli Pacha et Achmet Coprogli Pacha ; celles des trois derniers grands seigneurs, de leurs sultanes et principales favorites ; avec les plus secrettes intrigues du sérail, etc. (par de CHASSEPOL). *Amsterdam, Abraham Wolfgank*, 1676, in-12 de 251 pp., y compris le titre. A la fin, 3 ff. non chiffr. Il y a une figure après le frontispice, et dans le volume se trouve le plan de la bataille de Cotzchin.

La COCUE imaginaire, comédie (de Donneau de Visé). *Suivant la copie imprimée à Paris (Amsterdam, au Quærendo)*, 1662, pet. in-12 de 5 ff., y compris le titre, et 26 pp. — Sganarelle ou le Cocu imaginaire, comédie de Molière, avec les argumens de chaque scène. *Suivant la copie*, 1662, pet. in-12 de 4 ff. et 40 pp. (Au *Quærendo*.)

Le théâtre de P. CORNEILLE, reveu et corrigé, et augmenté de diverses pièces nouvelles. *Suivant la copie imprimée à Paris*, 1664, 5 vol. pet. in-12. Sur les titres le *Quærendo*.

Première partie. Un frontispice gravé représentant le buste de Corneille, auquel Melpomène et Thalie présentent une double couronne avec ce titre : *Le Théâtre de P. Corneille* ; vis-à-vis se voit un joli portrait de P. Corneille, sans nom de graveur ; ensuite un avis de *L'imprimeur au lecteur*, sur cette édition des œuvres de P. et Th. Corneille : cet avis, signé A. W. (Abraham Wolfgang), contient 5 ff., et l'on y donne la liste des pièces renfermées dans les quatre premiers volumes du théâtre de Pierre, et dans les trois premiers de celui de Thomas ; le titre imprimé que nous avons rapporté ci-dessus ; et au verso de ce titre la liste des poëmes contenus dans cette première partie, savoir : *Mélite, Clitandre, La Veuve, La Galerie du Palais, La Suivante, La Place royale, Médée, L'Illusion comique*. Il y a avant Mélite une partie de 74 ff., laquelle renferme le *Discours de l'utilité et des parties du poëme dramatique*, suivi de l'examen des pièces contenues dans la première partie, toutes datées de 1664.
Deuxième partie. Un titre gravé et un titre imprimé ; *Discours de la Tragédie*, et *Examen des pièces contenues dans le volume*, 92 pp. Le *Cid, Horace, Cinna, Polyeucte, Pompée, Théodore, Le Menteur, La Suite du Menteur* ; toutes pièces datées de 1683, quoique sous un titre général de 1664.
Troisième partie. Un titre gravé et un titre imprimé ; *Discours des trois unitez*, et *Examen des pièces contenues dans le volume*, 68 pp. *Rodogune, Héraclius, Andromède, D. Sanche d'Arragon, Nicomède, Pertharite, OEdipe ;* toutes pièces également datées de 1663.
Quatrième partie. Titre gravé et titre imprimé ; *Sertorius*, 1664, *La Toison d'or*, 1662, *Sophonisbe*, 1663, *Othon*, 1665.
Chacune des pièces de ces quatre parties a un titre gravé et un titre imprimé particulier.
Le cinquième volume se compose de cinq pièces, savoir : *Agésilas*, 1666, *Attila*, 1667, *Tite et Bérénice*, 1671, *Pulchérie*, 1673, *Suréna*, 1676. Les exemplaires de cette dernière partie qui ont passé sous nos yeux n'ont point de titre général.

Les tragédies et comédies de Th. Corneille, revues, corrigées et augmentées de diverses pièces nouvelles. *Suivant la copie imprimée à Paris*, 1665, 5 vol. pet. in-12.

Première partie, 1665. Titre gravé et titre imprimé, avec le *Quærendo, Les Engagements du hasard*, 1662, *Le feint Astrologue, D. Bertrand de Cigarrat, L'Amour à la mode, Le Berger extravagant*, 1663, *Le Charme de la voix*, 1662.
Deuxième partie, 1665. Titre gravé et titre imprimé ; *Le Geolier de soy-mesme, Les illustres Ennemis*, 1662, *Bérénice*, 1662, *Timocrate*, 1662, *la Mort de l'empereur Commode*, 1662, *Darius, tragédie*, 1662.
Troisième partie, 1665. Titre gravé et titre imprimé ; *Stilicon*, 1661, *Le Galand double*, 1662, *Camma*, 1662, *Maximian*, 1662, *Persée, Pyrrhus*. Ces deux dernières pièces sont de 1666 ; il n'en est pas fait mention dans la table qui est au verso du frontispice général du volume.
Quatrième partie. Titre gravé et titre imprimé, daté de 1676. Il y en a à la date de 1670 : mais, à cette époque, ne paraissaient pas encore toutes les pièces qui sont dans le volume, savoir : *Antiochus*, 1666, *Laodice*, 1668, *Le Baron d'Albikrac*, 1670, *La Comtesse d'Orgueil*, 1671, *Théodat*, 1673, *La Mort d'Annibal*, 1673.
Cinquième partie (frontispice général), 1678). Les pièces qu'elle renferme sont : *Ariane*, 1673, *La Mort d'Achille*, 1676, *D. César d'Avalos*, 1676, *Circé*, 1676, *L'Inconnu*, 1678, *Le Comte d'Essex*, 1678. Pour compléter le théâtre de Th. Corneille, il faudrait encore :
La Devineresse, représentée en 1679, *La Dame vengée*, re-

présentée en 1682, *Bradamante*, représentée en 1695, et *Le Triomphe des Dames*, représenté en 1678. Nous ignorons si ces quatre dernières pièces ont aussi été imprimées par Wolfgang.

DON SÉBASTIEN, roy de Portugal. *Suivant la copie imprimée à Paris, chez Cl. Barbin (Amsterdam)*, 1680, 3 part. en 1 vol. pet. in-12 de 288 pp., avec le *Quærendo*.

Instruction morale d'un père à son fils qui part pour un long voyage, ou manière de former un jeune homme à toute sorte de vertus....., par Sylvestre DU FOUR. *Suivant la copie, Amsterdam, Abr. Wolfgang*, 1679 (aussi 1680), pet. in-12 de 12 ff. et 115 pp. 17 fr. Pieters.

— Cinquante pseaumes de David, mis en vers françois par Mr GILBERT ; 2ᵉ édition, revue et corrigée sur les mémoires de l'auteur après sa mort, et augmentée du Decalogue et du *Cantique* de Simeon. *Amsterd., chez Abraham Wolfgang*, 1681, pet. in-12 de 8 ff. et 145 pp., avec la première strophe de chaque pseaume notée en musique..... jolie édition, 13 fr. Pieters.

HISTOIRE du ministère d'Armand Jean du Plessis, cardinal duc de Richelieu, sous le règne de Louys le Juste, XIII du nom, roy de France et de Navarre ; avec des réflexions politiques, et diverses lettres, contenant les négociations des affaires de Piémont et du Montferrat ; corrigée en cette édition, et mise en meilleur ordre (par Ch. Vialart). *A Amsterd., chez Abrah. Wolfganck*, 1664, 3 vol. pet. in-12.

— La JALOUSE d'elle-même, comédie (de Boisrobert). *Suivant la copie impr. à Paris*, 1662, pet. in-12 de 80 pp., y compris le titre au *Quærendo*.

JOURNAL de Monsieur le cardinal duc de Richelieu, qu'il a fait durant le grand orage de la cour, ès années 1630 et 1631, tiré des mémoires écrits de sa main : avec diverses autres pièces remarquables, concernant les affaires de son temps : divisé en deux parties. *Amsterd., chez Abrah. Wolfgank*, 1664, 2 tom. en 1 vol. pet. in-12 de 264 et 290 pp., non compris les titres, les liminaires, la table, et un portrait.

Traité de l'esprit de l'homme, de ses facultés ou fonctions, et de son union avec le corps, suivant les principes de René Descartes, par Louis de LA FORGE, docteur en médecine, demeurant à Saumur. *Amsterdam, chez Abraham Wolfgang* (vers 1670), pet. in-12.

Nouvelles œuvres de Monsieur LE PAYS. *Amsterd., Abraham Wolfgank*, 1674, 2 tom. en 1 vol. pet. in-12 de 8 ff. prélimin., 215 pp., 4 ff. prélim. et 238 pp. Réimpr. sous la date de 1677.

Amitiez, amours et amourettes, par le même (et aussi le portrait de l'auteur, en 39 pp.). *Sur la copie de Paris, se vend à Amsterdam, chez Abraham Wolfgang*, 1678, pet. in-12. — Voir, ci-dessus, col. 1757.

La LOGIQUE, ou l'art de penser, contenant, outre les règles communes, plusieurs observations nouvelles, propres à former le jugement (par Arnauld et Nicole). *Amsterd., Abr. Wolfgank*, 1675, pet. in-12 de 556 pp., y compris le titre, et 4 ff. de table.

MADRIGAUX de M. D. L. S. (La Sablière). *Suivant la copie impr. à Paris (Amsterd., Wolfgang)*, 1680, pet. in-12 de 84 pp., avec le *Quærendo*. Voir ci-dessus, col. 1756.

Le Gentil homme de Beauce, comédie, par A.-J. MONT-FLEURY. *Suivant la copie impr. à Paris (Amsterd., Wolfgang)*, 1670, in-12, avec une fig., et sur le titre le *Quærendo*.

La *Femme juge et partie*, du même auteur, a été imprimée en Hollande, en 1669, pet. in-12 de 72 ff., y compris le titre.

— Si la torture est un moyen seur à vérifier les crimes secrets, dissertation morale et juridique, par laquelle il est amplement traité des abus qui se commettent partout en l'instruction des procès criminels et particulièrement en la recherche du sortilége, par Augustin NICOLAS. *Amsterd., Abr. Wolfgang*, 1681, gr. in-12 de 224 pp., titre et liminaires compris, plus 4 ff. pour la table. 21 fr. 25 c. Pieters.

Métamorphoses d'OVIDE en rondeaux (par Benserade). *Amsterdam, Wolfgang*, 1679, in-12, fig.; 6 ff., 462 pp. et 6 pp. pour la table.

Pensées de M. PASCAL sur la religion et sur quelques autres sujets. *Amsterd., Abraham Wolfganck*, 1672 et 1677, pet. in-12. (Voir t. IV, col. 398-99.)

Mémoires du sieur PONTIS, officier des armées du roy, contenant plusieurs circonstances des guerres et du gouvernement sous les règnes des roys Henri IV, Louis XIII et Louis XIV : divisez en deux tomes. *Amsterdam, Abraham Wolfgang*, 1678, 2 vol. pet. in-12 de 439 et 348 pp., titres compris. 30 fr. vél. Pieters.

Œuvres de PRADON. *Suivant la copie imprimée à Paris, Amsterd., Ant. Schelte*, 1695, pet. in-12, avec le *Quærendo*.

Six pièces séparées, imprimées de 1674 à 1688. Voir notre tome IV, col. 853.

Le théâtre de M. QUINAULT. *Suivant la copie impr. à Paris*, 1663, 2 vol. pet. in-12, fig.; avec le *Quærendo*.

Voyez, sur cette édition, et sur les pièces à y réunir, tome IV, col. 1019, et ajoutez *Bellerophon*, sous la date de 1671.

Œuvres de RACINE. *Suivant la copie imprimée à Paris*, 1678, 2 vol. pet. in-12, avec le *Quærendo*.

Tome I, 6 ff. prélimin., savoir : un frontispice gravé, le titre impr.; *Le libraire au lecteur, La Thébaïde*, 69 pp.; *Alexandre*, 70 pp.; *Andromaque*, 71 pp.; *Britannicus*, 82 pp.; *Les Plaideurs*, 67 pp. — Tome II, frontispice gravé et titre imprimé : *Bérénice*, 70 pp.; *Bajazet*, 83 pp.; *Mithridate*, 72 pp.; *Iphigénie*, 82 pp.; *Phèdre*, 72 pp. Chaque pièce a un titre particulier et une gravure, qui comptent dans le nombre des pages. Il faut joindre à ces deux vol. les pièces suivantes imprimées pour y faire suite : *Esther*, 1689, 70 pp., y compris la grav. et le titre; *Athalie*, 1691, 68 pp., non compris 8 ff. de prélimin., dont la gravure et le titre font partie. — Voir notre tome IV, col. 1077.

Histoire de l'état présent de l'Empire Ottoman, contenant les maximes politiques des Turcs; les principaux points de la religion mahométane, ses sectes, ses hérésies, et ses diverses sortes de religieux ; leur discipline militaire, avec une supputation exacte de leurs forces par mer et par terre, et du revenu de l'état; traduite de l'anglais de

M. RICAUT..., par M. Briot. *Amst., Abraham Wolfgank*, 1670 et 1671, aussi 1672, pet. in-12, fig. — Voir notre tome IV, col. 1275.

Histoire du grand Tamerlan, tirée d'un excellent manuscrit et de quelques autres originaux, très propres à former un grand capitaine; par le sieur de SAINCTYON. *Amsterdam, Abr. Wolfgang*, 1678, pet. in-12 de 394 pp., y compris la table.

Le Rommant comique de Mr SCARRON. *Suivant la copie imprimée à Paris*, 1662 et 1663, 2 parties pet. in-12.

Première partie, 4 ff. prélim., y compris le titre gravé et le titre imprimé, avec le *Quærendo*. 279 pp.
Seconde partie, 1663, 3 ff. prélim. et 256 pp. Moyen caractère usé. Point d'autre vignette que le *Quærendo*.

Le Romant comique de Mr Scarron. *Suivant la copie imprimée à Paris*, 1678 et 1680, 3 tom. pet. in-12, avec le *Quærendo*.

Tome I, 3 ff. prélim., y compris le titre gravé, le titre impr., avec le *Quærendo*, 216 pp., dont la dernière cotée 118 : 1 f. de table. — Tome II, 2 ff. préliminaires, y compris le titre. 196 pp. et 1 f. de table. — Tome III, 4 ff. prélim., y compris le titre, 157 pp., y compris la table.

Le Virgile travesty en vers burlesques, par Monsieur Scarron, reveu et corrigé. *Suivant la copie imprimée à Paris*, 1668, 2 part. pet. in-12, avec le *Quærendo*.

8 ff. prélimin., y compris le titre gravé et le titre imprimé : texte, pag. 19 à 372. — Tome II, 307 pp. Il y a à chaque livre une gravure qui compte dans le nombre des pages.
Nous avons donné, dans le cinquième volume de notre Dictionnaire, à l'article Scarron, la liste des ouvrages de cet auteur, qui ont été imprimés dans le même genre que la présente édition du Virgile travesti.

TRAITÉ de la guerre, ou politique militaire (par P. Hay de Chastelet). *Amsterdam, Abr. Volfgang* (sans date), in-12.

D'après l'édition de *Paris, Girard*, 1668, in-12.

TRAITÉ de la paresse, ou l'art de bien employer le temps, en forme d'entretiens (par Courtin). *Amst., Abraham Wolfgang, suivant la copie imprimée à Paris*, 1674, pet. in-12 de 5 ff. et 171 pp. (ou 190 selon M. Walther).

De la charge des gouverneurs des places, par Ant. de VILLE. *Amsterdam, Abr. Wolfgang*, 1674, pet. in-12. de 6 ff.; 504 pp. et 12 ff. de table.

Pour une édition elsevirienne de 1640, voir ci-dessus, col. 1774.

DIVERSES COLLECTIONS.

COLLECTION

*Des Auteurs latins, avec des interpréta-
tions et des notes, imprimés (à Paris)*
ad usum Delphini.

Lucii Apuleii opera Jul. Florido. 1688, 2 vol. in-4.
Auli Gellii noctes atticæ, a Jac. Proust. 1681, in-4.
Aurelii Victoris historiæ romanæ breviarium, ab
    Anna Tanaq. Fabri filia. 1681, in-4.
Ausonii opera quæ extant, a Joan.-Bapt. Souchay,
    1730, in-4.
Anicii-Torq.-Sev. Boetii de consolatione philosophiæ
    libri V, a Petro Callyo. 1680, seu 1695, in-4.
Caii-Julii Cæsaris commentarii, a Joan. Goduino.
    1678, in-4.
Callimachi hymni, epigrammata, etc., gr. et lat., ab
    Anna Tanaq. Fabri filia. 1675, in-4.
Catulli, Tibulli et Propertii opera, a Philippo Silvio.
    1685, 3 part. en 1 vol. in-4.
Mar.-Tul. Ciceronis omnes qui ad artem oratoriam
    pertinent lib., a Jac. Proust. 1687, 2 vol. in-4.
Ejusdem orationes, a Carolo de Merouville. 1684,
    3 vol. in-4.
— Ejusdem epistolæ ad familiares, a Phil. Quartier.
    1685, in-4.
— Ejusdem operum philosophicorum tomus 1, a
    Francisco l'Honoré. 1689, in-4.
Volume très-rare. Voy. la note tome II, col. 16.
Claudii Claudiani opera, a Guil. Pyrrhone. 1677, in-4.
Cornelii Nepotis vitæ excellentium imperatorum, a
    Nic. Courtin. 1675, in-4.
Quintii Curtii de rebus gestis Alexandri magni libri,
    a Michaele Le Tellier. 1678, in-4.
Petri Danetii dictionarium antiquitatum romanarum
    et græcarum. 1698, in-4.
Dictys cretensis et Dares phrygius, ab Anna Tanaq.
    Fabri filia. in-4. Rare.
Eutropii breviarium historiæ romanæ, ab Anna Ta-
    naq. Fabri filia. 1683, seu 1726, in-4.
Lucii-Annæi Flori historia romana, ab Anna Tanaq.
    Fabri filia. 1674, in-4.
Quintii Horatii Flacci opera, a Ludov. Desprez. 1691,
    1 tome en 2 vol. in-4.
Justini historiæ, a Pet.-Jos. Cantel. 1677, in-4.
D.-Junii Juvenalis et Auli Persii Flacci satyræ, a Lud.
    Desprez. 1684, in-4.
Titi Livii historiarum libri qui extant, a Johan. Dou-
    jatio. 1679, 5 tom. en 6 vol. in-4.

Titi Lucretii Cari de rerum natura libri VI, a Mich.
    Dufay, 1680, in-4.
Valerii Martialis epigrammata, a Vinc. Colessone.
    1680, in-4.
Marci Manilii astronomicon libri, a Mich.' Dufay et
    P. D. Huetio, 1679, in-4.
Publii Ovidii Nasonis opera, a D. Crispino. *Lugd.*,
    1686-89, 4 vol. in-4.
Panegyrici veteres, a Jac. de La Baune. 1676, in-4.
Caii-Velleii Paterculi historia romana, a Rob. Riguez.
    1675, in-4.
Phædri fabulæ, a Pet. Danetio. 1675, in-4.
M.-Accii Plauti comœdiæ, a Jac. Operario. 1679,
    2 vol. in-4.
Caii Plinii secundi historiæ naturalis libri XXXVII,
    a Joan. Harduino. 1685, 5 vol. in-4.
Sexti Pompeii Festi et Marci Verrii Flacci de verbo-
    rum significatione libri, ab Andr. Dacerio. 1681,
    seu 1692, in-4.
— Eorumdem nova editio auctior notis Jos.-Justi
    Scaligeri, Fulvii Ursini et Ant. Augustini. *Amst.*,
    1699, in-4.
Ces deux éditions doivent entrer dans la collection des *ad
usum* : la première, parce qu'elle est imprimée à Paris; la
seconde, parce qu'elle est la plus ample.

Aurelii Prudentii opera, a Steph. Chamillard. 1687,
    in-4. Rare.
Caii-Crispi Sallustii opera, a Dan. Crispino, 1674, in-4.
Publii Papinii Statii opera, a Claudio Beraldo. 1685,
    2 vol. in-4. Très-rare.
Caii Suetonii Tranquilli opera, ab Aug. Babelonio.
    1684, in-4.
Cornelii Taciti opera, a Jul. Pichon. 1682, 4 vol. in-4.
Publii Terentii comœdiæ, a Nic. Camus. 1675, in-4.
Valerii Maximi exemplorum memorabilium libri IX,
    a Pet.-Jos. Cantel. 1679, in-4.
Publii Virgilii Maronis opera, a Car. Ruæo. 1682,
    seu 1722, in-4.
Les 64 volumes de cette collection se trouvent rarement réunis
et reliés uniformément, mais on les recherche beaucoup
moins maintenant qu'on ne le faisait il y a quarante ou
cinquante ans : 1200 à 1500 fr.
Vend. 2306 fr. (exemplaire de' reliures différentes, mais avec
quelques volumes doubles), Saint-Céran, en 1791; 3250 fr.
relié en *mar. r.* Mirabeau; 2700 fr. *m. r.* salle Silvestre, en
janvier 1805; un exempl. en 67 vol. *m r.* 505 liv. Roxburghe.
Les exemplaires dans lesquels les œuvres philosophiques de
Cicéron ne sont pas de l'édition originale, valent 300 ou
400 fr. de moins que les autres.
La collection des auteurs classiques latins *in usum Delphini* a
été réimprimée à Londres, de 1819 à 1830, en 185 vol. in-8.,
par les soins de A.-J. Valpy. (Voir à la col. 139 de notre
tome II.)

Des éditions in-8. des Auteurs grecs et latins, qui composent l'ancienne Collection dite cum notis Variorum.

L'ancienne collection de *Variorum* se formait de la réunion d'une grande partie des auteurs classiques latins et de quelques auteurs grecs imprimés soit en Hollande, soit en Angleterre, pendant tout le xviie siècle et la première moitié du xviiie. Les volumes dont se compose cette suite sont en général bien imprimés, et le papier en est excellent; mais si les textes latins y sont assez corrects, les notes qui les accompagnent laissent beaucoup à désirer; et quant aux éditions grecques elles sont pour la plupart fort médiocres. Malgré ces imperfections les *Variorum* ont longtemps conservé dans toutes les bonnes bibliothèques une place distinguée, que, depuis, ils ont dû successivement céder à des éditions sinon plus belles, du moins plus savantes. Aujourd'hui on ne recherche plus guère de cette collection que les parties qui n'ont pas été refaites, ou qui ne l'ont été que mal. Toutefois les exemplaires reliés en maroquin par les excellents relieurs français de la fin du siècle de Louis XIV, et par leurs successeurs les plus habiles, ont acquis une grande valeur chez nous et en Angleterre, ainsi qu'on pourra s'en convaincre par les prix que nous citons dans le courant de notre Manuel, aux articles concernant quelques-uns des principaux classiques.

La *Bibliothèque classique latine* publiée par Lemaire (voir la col. 931 de notre tome 1er), laquelle est une nouvelle collection *variorum*, a beaucoup contribué à faire tomber le prix de l'ancienne, sans que néanmoins elle ait jusqu'ici pu conserver entièrement le sien.

Auteurs classiques, grecs et latins, dits cum notis diversorum, in-4.

Ce que nous avons dit de la collection des *variorum* in-8. peut s'appliquer également à la collection in-4., où se trouvent cependant, et surtout parmi les auteurs latins, des éditions qui n'ont pas encore été remplacées par de meilleures. Comme toutes les éditions qui composaient ces deux collections sont décrites dans notre Dictionnaire, nous avons cru inutile d'en reproduire ici la nomenclature.

Auteurs latins anciens, revus par Maittaire, et imprimés à Londres, par Jac. Tonson et Jean Watts, 27 vol. in-12.

Ces éditions passent pour très-correctes, et sont remarquables par les index qui les accompagnent; les exemplaires en Gr. Pap. ne se trouvent que très-difficilement.

Cæsar. 1715, 1 vol.
Catullus, Tibullus et Propertius. 1715, 1 vol.
Cornelius Nepos. 1715, 1 vol.
Q. Curtius. 1716, 1 vol.
Florus. 1715, 1 vol.
Horatius. 1715, 1 vol.
Justinus. 1713, 1 vol.
Juvenalis et Persius. 1716, 1 vol.
Lucanus. 1719, 1 vol.
Lucretius. 1713, 1 vol.
Martialis. 1716, 1 vol.
Ovidius. 1715, 3 vol.
Velleius Paterculus 1713, 1 vol.
Phædri fabulæ. 1713, 1 vol.
Plinii epistolæ. 1722, 1 vol.
Sallustius. 1713, 1 vol.
Terentius. 1713, 1 vol.
Virgilius. 1715, 1 vol.
On annexe à cette collection :
Novum Testamentum, græce. 1714, seu 1730, 1 vol.
T. Livius. 1722, 6 vol. in-12.
Ce dernier article n'a pas été publié par Maittaire.

Auteurs latins imprimés à Paris, chez Coustelier, Barbou, etc., de format in-12.

Les éditions citées sont celles qu'il est préférable de choisir.

Amœnitates poeticæ. 1757, sive 1779, 1 vol.
Cæsaris opera. 1755, 2 vol.
Premier auteur latin imprimé par Barbou.
Catullus, Tibullus et Propertius. 1743, ou 1754, 1 vol.
Ciceronis opera. 1768, 14 vol.
Cornelius Nepos. 1767, 1 vol.
L'édition de 1745, imprimée par Simon, est plus
Q. Curtius. 1757, 1 vol.
Fr.-Jos. Desbillons fabulæ. 1769, et 1778, 1 vol.
Erasmi encomium moriæ. = Th. Mori utopia. 1777, 2 tom. en 1 vol.
Eutropius. 1754, 1 vol.
Même édition que celle de Delatour, 1746.
La réimpression de 1793 est moins belle, mais elle contient de plus Aurélius Victor.
Q. Horatius Flaccus. 1775, 1 vol.
Cette édition, publiée par Lallemant, est meilleure que celle de 1763, donnée par Valart.
Justinus. 1770, 1 vol.
D.-J. Juvenalis et A. Persius Flaccus. 1754, 1 vol.
Même édition que celle de 1746; celle de 1776 est bonne aussi.
Th. a Kempis de imitatione Christi lib. IV, recens. Valart. 1758, seu 1764, seu 1773, 1 vol.
L'édition de 1789, publiée par Beauzée, se prend de préférence à celles de Valart.
L'imitation de J.-C., trad. par Valart. 1759, ou 1780, 1 vol.
La traduction de Beauzée, 1787 ou 1801, est meilleure que celle de Valart.
T. Livius. 1775, 7 vol.
M.-Ann. Lucanus. 1767, 1 vol.
T. Lucretius Carus. 1745, seu 1754, 1 vol.
Martialis epigrammata. 1754, 2 vol.
Il y a des exemplaires aux noms de *Robustel* et de *Le Loup*.
P. Ovidius Naso. 1762, 3 vol.
Réimprimé en 1793.
Velleius Paterculus. 1777. = Florus. 1776, 2 tom. en 1 vol.
Velleius Paterculus a été imprimé séparément en 1746, et la même édition a reparu avec un nouveau titre en 1784.
Phædri fabulæ. 1754, 1 vol.
Même édition que celle de 1747.
Phædri fabulæ, cum supplementis Gabr. Brotier. 1783, 1 vol.
Plauti comœdiæ. 1759, 3 vol.
Plinii historia naturalis. 1779, 6 vol.
Plinii epistolæ. 1769, 1 vol.
Réimprimé en 1788.
Ren. Rapini hortorum lib. IV. 1780, 1 vol.
Sarcotis, carmen (a Jac. Masenio), 1757 seu 1771, 1 vol.
Sarbievii carmina. 1759, seu 1791, 1 vol.
Sallustius. 1754, 1 vol.
Même édition que celle de 1744; les réimpressions de 1761 et 1774 sont également bonnes.
Selecta Senecæ philos. opera. 1761, seu 1790, 1 vol.
Corn. Tacitus. 1760, 3 vol. in-12.
P. Terentius. Le Loup, 1753, 2 vol.
Novum J. C. Testamentum. 1767, seu 1785, 1 vol.

Jac. Vanierii prædium rusticum. 1786, 1 vol.

On trouve dans cette édition la vie de Vanière, qui n'est pas dans l'édition de 1774, pet. in-8.

P. Virgilius Maro. 1754, 3 vol.

Même édition que celle de Coustelier, 1746.

Idem. 1767, 2 vol.
Idem. 1790, 2 vol. Bonne édition.

On ajoute à cette collection :

Meursii elegantiæ latini sermonis. 1757, 2 tomes en
   1 vol. in-8.

Les 71 volumes in-12 réunis et reliés en *v. d. s. tr.* se paient d
200 à 250 fr. dans les ventes; ils étaient plus chers il y a
cinquante ans.

Un exemplaire en Pap. de Hollande et *br.* a été vendu 540 fr.
salle Silvestre, en 1808.

*Auteurs latins imprimés à Londres, chez
Brindley, 24 vol. in-18, savoir :*

J. Cæsar. 1744, 2 vol.
Catullus, Tibullus et Propertius. 1749, 1 vol.
Cornelius Nepos. 1744, 1 vol.
Q. Curtius. 1746, 2 vol.
Horatius Flaccus. 1744, 1 vol.
Juvenalis et Persius. 1744, 1 vol.
Lucanus. 1751. 2 vol.
Lucretius. 1749, 1 vol.
Ovidius. 1745, 5 vol.
Phædri fabulæ. 1750, 1 vol.
Sallustius. 1744, 1 vol.
Tacitus. 1760, 4 vol.
Terentius. 1744, 1 vol.
Virgilius. 1744, 1 vol.

*Auteurs latins imprimés à Birmingham,
par Jean Baskerville, 7 vol. in-4.,
savoir :*

Catullus, Tibullus et Propertius. 1772, 1 vol.
Horatius. 1770, 1 vol.
Juvenalis et Persius. 1761, 1 vol.
Lucretius. 1772, 1 vol.
Sallustius. 1773, 1 vol.
Terentius. 1772, 1 vol.
Virgilius. 1757, 1 vol. (Voyez dans le Dictionnaire,
   tome V, col. 1292, la note relative à cette édition.)

A ces sept volumes on peut joindre l'article suivant :

Novum Testamentum, græce. *Oxonii*, 1763, in-4.

Les six volumes ci-après indiqués sont aussi imprimés par Baskerville :

Catullus, Tibullus et Propertius. 1772, in-8.
Horatius. 1762, in-12.
Lucretius. 1773, in-8.
Sallustius. 1774, in-8.
Terentius. 1772, in-8.
Virgilius. 1766, in-8.

*Ouvrages imprimés par François-Am-
broise Didot l'aîné et Pierre Didot, son
fils aîné, pour l'éducation du Dauphin.*

Format in-4., 32 volumes.

Biblia sacra. 1785, 2 vol.
Œuvres de Boileau. 1789, 2 vol.
Discours sur l'histoire universelle, par Bossuet. 1784,
   1 vol.
Théâtre de P. Corneille. 1795, 10 vol.

Télémaque, par Fénelon. 1783, 2 vol.
Fables de La Fontaine. 1788, 1 vol.
Pensées et maximes de La Rochefoucauld. 1796
   1 vol.
Poésies de Malherbe. 1797, 1 vol.
Petit Carême de Massillon. 1789, 1 vol.
Œuvres de Molière. 1791, 6 vol.
Œuvres de J. Racine. 1783, 3 vol.
J.-B. Rousseau. 1790, 1 vol.
La Henriade de Voltaire. 1790, 1 vol.

Cette collection et les deux suivantes, qui avaient été pendant
quelques années injustement négligées, ont repris faveur, et
on en recherche les exemplaires, ou entièrement non rognés,
ou revêtus de bonnes reliures en maroquin ; une partie des
in-4., antérieurs à 1791, et la plupart des vol. in-8. et in-18,
ont été reliés par Derome le jeune.

Corneille, Molière, La Rochefoucauld et Malherbe n'ont point
les armes du Dauphin.

Format in-8., 17 volumes.

Biblia sacra. 1785, 8 vol.
Discours sur l'histoire universelle, par Bossuet. 1786,
   2 vol.
Télémaque, par Fénelon. 1784, 2 vol.
Fables de La Fontaine. 1789, 2 vol.
Œuvres de Racine. 1784, 3 vol.

Il a été tiré sur vélin plusieurs exemplaires de ces 17 volumes.

Format in-18, 18 volumes.

Œuvres de Boileau. 1788, 3 vol.
Discours sur l'histoire universelle de Bossuet. 1784,
   4 vol.
Fables de La Fontaine. 1787, 2 vol.
Télémaque, par Fénelon. 1783, 4 vol.
Œuvres de Racine. 1784, 5 vol.

On y réunit la Henriade de Voltaire, 1792, in-18.

Pour les in-fol., imprimés par P. Didot, voyez nos articles Boileau, La Fontaine, Racine, Voltaire (la Henriade).

*Collection des meilleurs Ouvrages de la
langue française, dédiée aux amateurs
de l'art typographique. Paris, imprimerie de Pierre Didot, et ensuite de
Jules Didot son fils; 75 vol. in-8.*

Les exemplaires de cette collection sont en papier vélin, en
papier fin et en papier ordinaire. Chaque volume en papier
vélin, qui est fort beau, a coûté 15 fr. Il a été tiré deux
exemplaires sur vélin. Les volumes ont été publiés dans
l'ordre suivant :

Petit Carême de Massillon. 1812, 1 vol.
Fables de La Fontaine. 1813, 2 vol.
Les caractères de La Bruyère. 1813, 2 vol.
Œuvres de J. Racine. 1813, 5 vol.
Discours sur l'histoire universelle, par Bossuet. 1814,
   2 vol.
Chefs-d'œuvre de P. Corneille. 1814, 3 vol.
Aventures de Télémaque de Fénelon. 1814, 2 vol.
La Henriade. 1814, 1 vol.
Oraisons funèbres de Bossuet. 1814, 1 vol.
Grandeur des Romains, de Montesquieu. 1814, 1 vol.
Poésies de Malherbe. 1815, 1 vol.
Maximes de La Rochefoucauld. 1815, 1 vol.
Œuvres de Boileau. 1815, 3 vol.
Les Provinciales, de Pascal. 1816, 2 vol.
Pensées de Pascal. 1817, 2 vol.
Œuvres de Molière. 1817, 7 vol.
Histoire de Charles XII, par Voltaire. 1817, 1 vol.
Œuvres de Crébillon. 1818, 2 vol.
Œuvres choisies de J.-B. Rousseau. 1818, 2 vol.
L'Esprit du grand Corneille. 1819, 2 vol.

Dialogues des morts, par Fénelon. 1819, 1 vol.
OEuvres de Regnard. 1819, 4 vol.
Histoire de Gil-Blas, par Le Sage. 1819, 3 vol.
Lettres persanes, par Montesquieu. 1820, 3 vol.
De l'esprit des lois, par le même. 1820, 4 vol.
La religion, etc., par L. Racine. 1821, 1 vol.
Siècle de Louis XIV et de Louis XV, par Voltaire.
    1821, 4 vol.
Romans et contes, par le même. 1821, 3 vol.
Poésies diverses, par le même. 1823, 5 vol.
Oraisons funèbres de Fléchier. 1824, 1 vol.
Nouvelle Héloïse, par J.-J. Rousseau. 1825, 3 vol.

*Classiques français, avec les notes de
tous les commentateurs, imprimés par
Jules Didot pour Lefèvre, libraire à
Paris; 73 vol. in-8., papier cavalier
vélin.*

Boileau, avec un commentaire, par Amar. 1824,
    4 vol.
Bossuet. Discours sur l'histoire universelle. 1825,
    2 vol.
— Oraisons funèbres. 1825, 1 vol.
Corneille (P.). 1821, 12 vol,
Crébillon. 1828, 2 vol.
. Fénelon. Aventures de Télémaque. 1824, 2 vol.
— OEuvres diverses. 1824, 1 vol.
Fléchier et Mascaron. Oraisons funèbres. 1826, 1 vol.
La Bruyère. 1824 (réimpr. en 1828), 2 vol.
La Fontaine. 1826-27. 6 vol.
La Rochefoucauld. 1827, 1 vol.
Le Sage. Gil Blas. 1825, 3 vol.
Malherbe. 1824, 2 vol.
Massillon. Petit Carême, etc. 1826, 1 vol.
Molière. 1825, 8 vol.
Montaigne. 1825-28, 5 vol.
Montesquieu. 1826, 8 vol.
Pascal. Provinciales. 1826, 1 vol.
— Pensées. 1826, 1 vol.
Racine. 1825, 7 vol. (réimpr. en 1843-44, en 6 vol.
    in-8., avec des augmentations et des figures.)
Rousseau (J.-B.). 1824, 2 vol.

Parny. OEuvres choisies. 1827, 1 vol.
Le Brun. OEuvres choisies, édition de Janet et Cotelle. 1829, 1 vol.

Cette belle collection est fort recherchée, et plusieurs des ouvrages qui la composent sont devenus rares. Il y a des exemplaires en papier nom de Jésus, qu'on ne trouve plus que difficilement. Ils se vendaient ordinairement de 18 à 21 fr. par
volume, mais on les paye plus cher aujourd'hui, surtout quand
ils sont revêtus d'une belle reliure en maroquin faite par un
de nos premiers relieurs. Les OEuvres de Voltaire, édition
donnée par M. Beuchot, se réunissent aux Classiques français.
Voyez notre tome V, col. 1357.

*Éditions des Classiques italiens, impri-
mées par la Société typographique, à
Milan, 251 vol. in-8.*

Cette Collection, dont toutes les parties n'ont pas été également
soignées, a coûté 1000 fr. environ.

Alamanni (Luigi). La coltivazione, e Rucellai, le Api.
    1804, 1 vol.
Alberti (Leon Battista). Trattato della pittura e scultura. 1804, 1 vol. fig.

Anguillara (Gio.-Andrea). Le metamorfosi di Ovidio,
    ecc. 1805, 3 vol.
Ariosto (Lod.). Orlando furioso. 1812, 5 vol.
Baldinucci (Filippo). Arte dell' intagliare in rame. —
    Vocabolario dell' arte del disegno. — Lezione nel
    l' Accad. della Crusca. — Notizie de' professori del
    disegno. 1808, 14 vol.
Bartolommeo da S. Concordio. Volgarizzamento degli
    Ammaestramenti degli antichi. 1808, 1 vol.
Bembo (Pietro). Opere. 1808, 12 vol.
Bentivoglio cardinale. Opere storiche. 1806, 5 vol.
Berni (Francesco). L' Orlando innamorato, e le rime
    burlesche. 1806, 5 vol.
Boccaccio (Giovanni). Il Decamerone, e Vita di Dante.
    1803, 4 vol.
Borghini (Raffaello). Il riposo. 1807, 3 vol.
Borghini (Vincenzo). Discorsi. 1808, 4 vol.
Bracciolini (Francesco). Lo scherno degli Dei. 1804,
    1 vol.
Buommattei (Benedetto). Due libri della lingua tos-
cana. 1807, 2 vol.
Caro (Annibale). Le lettere. 1807, 8 vol.
Casa (della). Opere. 1806, 4 vol.
Castiglione. Il libro del cortegiano. 1803, 2 vol.
Cavalcanti (Bartolommeo). Degli ottimi reggimenti
    delle repubbliche, ecc. 1805, 1 vol.
Cellini (Benven.). Opere. 1806, 3 vol.
Chiabrera (Gabr.). Rime, ecc. 1807, 3 vol.
Cinonio. Osservazioni della lingua italiana, illustrate
    ed accresciute da Luigi Lamberti. 1809, 4 vol.
Costanzo (Angelo di). Storia del regno di Napoli.
    1805, 3 vol.
Crescenzi (Pietro de). Dell' agricoltura. 1805, 3 vol.
Dante. La divina comedia. 1804, 3 vol.
Dati (Carlo). Vite de' pittori antichi. 1806, 1 vol.
Davanzati (Bernardo). Scisma d' Inghilterra, ed altre
    operette. 1807, 1 vol.
Davila (Arrigo Caterino). Storia di Francia. 1807,
    6 vol.
Erizzo (Sebastiano). Le sei giornate. 1805, 1 vol.
Firenzuola (Agnolo). Opere complete. 1802, 5 vol.
Fortiguerri. Ricciardetto, tratto da uno nuovo ms.
    colle varianti ed alcuni capitoli inediti. 3 vol.
Galileo Galilei. Opere varie. 1808, 13 vol.
Gelli (Gio.-Battista). Opere. 1804, 3 vol.
Giovanni Fiorentino. Il Pecorone. 1804, 2 vol.
Grazzini (Antonfrancesco), detto il Lasca. La prima
    e la seconda cena, novelle. 1810, 1 vol.
Guarini (Gio.-Batt.). Il pastor fido. 1807, 1 vol.
Guicciardini (Francesco). Storia d' Italia. 1803, 10 vol.
Lippi (Lor.). Il malmantile. 1807, 1 vol.
Lucrezio. Della natura delle cose libri VI, trad. da
    Marchetti. 1813, 1 vol.
Macchiavelli (Nicolò). Opere. 1804, 10 vol.
Maffei. Storia dell' Indie, tradotta dal Serdonati. 1806,
    3 vol.
Magalotti (Lorenzo). Opere. 1806, 2 vol.
Menzini (Benedetto). Satire, ecc. 1808, 1 vol.
Molza (Fr.-Maria). Opere. 1808, 1 vol.
Pandolfini. Trattato del governo della famiglia. 1802,
    1 vol.
Passavanti (Jacopo). Specchio di penitenza. 1808,
    2 vol.
Petrarca. Rime, illustrate con note del P. Fr. Soave.
    1805, 2 vol.
Poliziano (Angelo). Le stanze e l' Orfeo. 1808, 1 vol.
Pulci (Lodovico). Morgante maggiore. 1806, 3 vol.
Raccolta de' migliori lirici. 1808, 1 vol.
— de' migliori satirici. 1808, 1 vol.
— di didascalici. 1 vol.
— di novelle. 1804, 3 vol.
— d' orazioni e lettere de' migliori prosatori. 1808,
    3 vol.
— di pastorali e rusticali. 1808, 1 vol.

Redi (Francesco). Opere varie. 1809, 9 vol.
Sacchetti (Franco). Novelle. 1804, 3 vol.
Salviati (Lionardo). Avvertimenti della lingua, dialogo dell' amicizia, ecc. 1809, 5 vol.
Sanazzaro (Jacopo). L' Arcadia. 1806, 1 vol.
Segni (Bernardo). Storie fiorentine. 1805, 3 vol.
Tasso (Torq.). Opere scelte. 1822-25, 5 vol.
Tassoni (Alessandro). La secchia rapita. 1806, 1 vol.
Teatro scelto d' ogni secolo. 1808, 10 vol.
Valvasone (Erasmo di). La caccia, poema. 1808, 1 vol.
Varchi (Benedetto). La storia, e l'Ercolano. 1803 , 7 vol.
Vasari (Giorgio). Vite de' più eccellenti pittori e scultori. 1807, 16 vol.
Vettori (Pietro). Coltivazione degli ulivi, e Soderini, Coltivazione delle viti. 1806, 1 vol.
Villani (Giov., Matth., Fil.). Istorie fiorentine. 1802, 8 vol.
Vinci (Leonardo da). Trattato della pittura, ecc., colle memorie storiche del medesimo, scritte dall' ab. Amoretti, con rami. 1804, 1 vol.
Bibliografia od elenco ragionato delle opere contenute nella collezione de' Classici italiani. 1814, 1 vol. — Tiré en grande partie de Gamba.

Supplément imprimé à Pise, chez Capurro, de 1818 à 1825, 26 vol. in-8. .

Armenini (Giambatt.). Precetti della pittura. 1823, 1 vol.
Bellori (Giov.-Petro). Vite de' pittori, scultori ed architetti. 1826, 3 vol.
Capecelatro (Franc.). Storia di Napoli. 1820-21, 4 vol.
Compagni (Dino). Cronaca fiorentina. 1818, 1 vol.
Condivi (Ascanio). Vita di Michelagnolo Buonarroti. 1823, 1 vol.
Giambullari (Pier Francesco). Storia d'Europa. 1822, 2 vol.
Gianotti (Donato). Opere. 1819, 3 vol.
Goselini (Giuliano). Vita di Ferrando Gonzaga. 1821, 1 vol.
Guicciardini (Franc.). Legazione di Spagna, ecc. 1825, 1 vol.
Manucci (Aldo). Vita di Cosimo de' Medici. 1823, 1 vol.
— Le azioni di Castruccio Castracani. 1820, 1 vol.
Nardi (Iacopo). Vita di Lorenzo Giacomini. 1818 , 1 vol.
Nini (Ettore). Tragedie di Seneca, trasportate in verso sciolto. 1822, 2 vol.
Porzio (Camillo). Congiura de' baroni di Napoli. 1818, 1 vol.
Remigio fiorentino. Epistole di Ovidio volgarizzate. 1818, 1 vol.
Savonarola (Girolamo). Del reggimento degli stati. 1818, 1 vol.
Vasari (Giorg.). Ragionamenti sopra le invenzioni dipinte in Firenze. 1823, 1 vol.

Classiques italiens du XVIIIe siècle, imprimés par la Société typographique, à Milan, de 1818 à 1838, 153 vol. in-8.

Alfieri (Vittorio). Opere scelte. 1818, 4 vol.
Algarotti (Francesco). Opere scelte. 1823, 3 vol.
Baretti (Giuseppe). Opere, 1838, 4 vol.
Beccaria (Cesare). Opere, 1821-22, 2 vol.
Bentivoglio (Cornelio). La Tebaide, di Stazio. 1821, 1 vol.
Cesarotti (Melchior). Opere scelte. 1820, 4 vol.
Cocchi (Antonio). Opere. 1824, 3 vol.

Denina (Carlo). Rivoluzioni d' Italia. 1820, 3 vol.
Filangieri (Gaetano). La scienza della legislazione. 1822, 6 vol.
Genovesi (Antonio). Lezioni di commercio o sia d'economia civile. 1824-25, 2 vol.
Gerdil (card. Giacinto). Opere scelte. 1836, 3 vol.
Giannone (Pietro). Opere. 1823-24, 14 vol.
Goldoni (Carlo). Commedie scelte. 1821, 4 vol.
Gozzi (Gasparo). Opere scelte. 1821-32, 5 vol.
Gravina (Gio.-Vincenzo). Opere scelte. 1819, 1 vol.
Guglielmini (Domenico). Trattato della natura de fiumi. 1821, 2 vol.
Lanzi (Luigi). Storia pittorica dell' Italia. 1824-25, 4 vol.
Maffei (Scipione). Verona illustrata. 1825-26, 5 vol.
Metastasio (Pietro). Opere scelte. 1820, 5 vol.
Muratori (Lodovico-Antonio). Annali d' Italia. 1818-21, 18 vol.
— Della perfetta poesia italiana. 1821, 4 vol.
Parini (Giuseppe). Opere scelte. 1825, 2 vol.
Raccolta di apologhi. 1827, 1 vol.
— di commedie. 1827, 2 vol.
— di lettere inedite, 1 vol.
— di melodrammi giocosi. 1826, 1 vol.
— di melodrammi serii. 1822, 1 vol.
— di operette filosofiche e filologiche. 1832, 2 vol.
— di poemi didascalici e di poemetti varii. 1828, 1 vol.
— di poesie liriche. 1832, 1 vol.
— di poesie satiriche. 1827, 1 vol.
— di prose e lettere. 1829-30, 3 vol.
— di tragedie. 1825, 2 vol.
Spallanzani (Lazzaro). Opere. 1825-26, 6 vol.
Tiraboschi (Girolamo). Storia della letteratura italiana. 1822-26, 16 vol.
Varano (Alfonso). Opere scelte. 1818, 1 vol.
Verri (Pietro). Storia di Milano. 1824-25, 4 vol.
Verri (Alessandro). Opere scelte. 1822, 2 vol.
Vico (Giambat.). Opere. 1835-37, 6 vol.
Zanotti (Eustachio). Trattato di prospettiva. 1825, 1 vol.
Zanotti (Francesco-Maria). Opere scelte. 1818, 2 vol.

Documents inédits sur l'Histoire de France, publiés par les soins du ministre de l'instruction publique, depuis 1835 jusqu'en 1864.

Chaque volume in-4. se vend 12 fr., à l'exception de ceux dont nous donnerons les prix particuliers. Comme les titres de chaque ouvrage dont se compose cette importante collection sont portés soit dans notre Dictionnaire, soit dans le 6e volume qui renferme la Table, nous ne les donnerons ici qu'en abrégé et en suivant l'ordre alphabétique.

Dans le catalogue de la maison F. Didot et Cie, chargée de la vente des *Documents historiques*, ces ouvrages sont classés dans un ordre qui diffère un peu de celui que nous donnons ici et qui n'est autre que celui qu'indique le titre des ouvrages. La liste officielle sommaire publiée en juillet 1863 par le ministre de l'instruction publique dans les impressions budgétaires, est encore dans un autre ordre.

PREMIÈRE SÉRIE. (Histoire politique, Archives et Cartulaires.)

Archives de la ville de Reims, par P. Varin. 1839, 6 vol. en 8 tom., savoir : *Archives administratives*, 3 tom. en 2 vol. ; *Archives législatives*, 1re partie, Coutumes, 1 vol. ; 2e partie, Statuts, 2 vol., plus 1 vol. de table.
Captivité de François Ier, par Aimé Champollion-Figeac. 1847, 1 vol.
Collection des Cartulaires de France, publiés par Guérard. 1840 et ann. suiv., savoir : Tomes I-II, *Cartulaire de l'abbaye de Saint-Père de Char-*

tres. III, — *de Saint-Bertin.* IV à VII, — *de Notre-Dame de Paris.* — VIII, IX, *de l'abbaye de Saint-Victor, de Marseille.*

Cartulaire de Savigny et d'Ainay, par Aug. Bernard. 1853, 1 vol. en 2 tomes.

— de l'abbaye de Beaulieu, par M. Deloche. 1859, 1 vol.

— de l'abbaye de Redon, par M. de Courson. 1860, 1 vol. avec cartes et fac-simile.

Chronique de Bertrand Du Guesclin, par Cuvelier, publiée par M. Charrière. 1839, 2 vol.

Chronique des ducs de Normandie, par Benoît, publiée par Francisque Michel. 1836-44, 3 vol.

Chronique du religieux de Saint-Denis, texte et traduction, par L. Bellaguet. 1839, 6 vol. in-4.

Correspondance administrative sous Louis XIV, recueillie par G.-B. Depping. 1855, 4 vol.

Correspondance d'Henri d'Escoubleau de Sourdis, avec l'état de la marine sous le cardinal de Richelieu, publiée par Eugène Sue. 1839, 3 vol.

Éléments de paléographie, par M. Natalis de Wailly. 1838, 2 vol. gr. in-4. fig. Epuisé.

Histoire de la croisade contre les hérétiques albigeois, écrite en vers provençaux, traduite et publiée par E.-F. Fauriel. 1837, 1 vol.

Histoire de la guerre de Navarre, publiée par M. Francisque Michel. 1857, 1 vol.

Journal de Lefèvre d'Ormesson, par M. Chéruel. 1860, 2 vol.

Journal des états généraux de France tenus à Tours en 1484, par Jehan Masselin, publ. et trad. par A. Bernier, 1836, 1 vol.

Lettres de rois, reines et autres personnages des cours de France et d'Angleterre, publiées par Champollion-Figeac. 1839, 2 vol.

Lettres de Henri IV, publiées par Berger de Xivrey, 1843, t. I à VII.

Lettres, instructions diplomatiques et papiers d'Etat du cardinal de Richelieu, publiés par M. Avenel. 1853-63, tom. I à V.

Livre de justice et de plet, par Rapetti, avec un glossaire par Chabaille. 1850, 1 vol.

Mémoires de Nic. Jos. Foncault, publiés par F. Baudry. 1862, 1 vol.

— de Claude Haton, publiés par Félix Bourquelot. 1857, 2 vol.

Mémoires militaires relatifs à la succession d'Espagne sous Louis XIV, publiés par le général Pelet et autres. 1835 et ann. suiv., 11 vol. in-4. de texte, et 11 livraisons de planches.

Le Mistère du siége d'Orléans, publié d'après le manuscrit du Vatican, par MM. Guessard et de Certain. 1862, 1 vol.

Négociations de la France dans le Levant, publiées par E. Charrière. 1853-60, t. I à III.

— entre la France et la Toscane. 1859-60, t. I et II.

— entre la France et l'Autriche au commencement du XVIe siècle, par M. Le Glay. 1845, 2 vol. in-4.

Négociations, lettres et pièces diverses relatives au règne de François II, tirées du portefeuille de Sébast. d'Aubespine, et publiées par M. Louis Paris. 1841, 1 vol.

Négociations, lettres et pièces relatives à la conférence de Loudun, par M. Bouchitté. 1863, 1 vol.

Négociations relatives à la succession d'Espagne, par M. Mignet. 1836, tom. I à IV. Il devait y en avoir 6. (Les premiers volumes sont épuisés.)

Les Olim, publiés par M. Beugnot, 1839 et ann. suiv. Tom. I et II à 24 fr. chacun, et tome III, en 2 part., 24 fr.

Papiers d'Etat du cardinal de Granvelle, publiés par M. Ch. Weiss. 1841 et ann. suiv., tom. I à IX. Il devait y en avoir 13.

Paris sous Philippe le Bel, d'après des documents originaux publiés par H. Géraud. 1857, 1 vol.

Les privilèges accordés à la couronne de France par le Saint-Siège. 1855, 1 vol.

Procès des Templiers, par M. Michelet. 1841, 2 vol.

Procès-verbaux du Conseil de régence sous Charles VIII, publiés par A. Bernier. 1836, 1 vol.

Procès-verbaux des états généraux de 1593, publiés par M. Aug. Bernard. 1842, 1 vol.

Recueil des monuments inédits de l'histoire du tiers état en France, par Augustin Thierry. 1850, t. I à III.

Règlements sur les arts et métiers de Paris, rédigés au XIIIe siècle, connus sous le nom de Livre des métiers d'Etienne Boileau, publiés par G.-B. Depping. 1837, 1 vol.

Relations des ambassadeurs vénitiens sur les affaires de France au XIIIe siècle, recueillies et trad. par M.-N. Tommaseo. 1838, 2 vol.

DEUXIÈME SÉRIE. (Histoire des lettres et des sciences.)

Les quatre livres des rois, en français du XIIe siècle, publiés par M. Le Roux de Lincy. 1842, 1 vol.

Ouvrages inédits d'Abélard, publiés par M. Victor Cousin. 1836, 1 vol.

Les Esclaircissemens de la langue française, par maistre Jehan Palsgrave, publiés par Fr. Genin. 1852, 1 vol. 24 fr.

Li livres dou Tresor, de Brunetto Latini, publié par Chabaille. 1863, 1 vol.

TROISIÈME SÉRIE. (Archéologie et mélanges historiques.)

Documents historiques extraits des bibliothèques et des Archives, par Champollion-Figeac. 1841, 1 vol.

Instructions du comité historique des arts et monuments, 1837-1849, savoir :

Architecture gallo-romaine et architecture du moyen âge, par MM. Mérimée, Albert Lenoir, Aug. Leprévost et Lenormant. — Instructions sur la musique, par M. Bottée de Toulmon. 1857, in-4. de 243 p. et 7 pl. (C'est un nouveau tirage avec une pagination unique.)

Architecture militaire, par MM. Mérimée et Albert Lenoir. 1857, in-4. de 85 pp. (Nouveau tirage. Beaucoup d'exemplaires sont incomplets des pages 81 et suiv.)

Histoire de Dieu, par M. Didron. 1843, in-4. de 624 pp. avec 150 grav. s. b. dans le texte.

Architecture monastique, par M. Albert Lenoir. 1852-56, 3 part. en 2 vol. in-4. de XIX, 403 et 562 pp., avec gr. s. bois dans le texte.

Monographie de la cathédrale de Chartres, par Lassus et Amaury Duval, le texte par M. Didron, commencée en 1842, gr. in-fol. Livraisons publiées : 1 à 7, à 16 fr. chacune ; la 7e avec chromolithographie, 24 fr. (Il y aura au moins 12 livraisons.)

Monographie de Notre-Dame de Noyon, dessinée par M. Daniel Ramée, texte de M. Vitet. 1845, in-4. et atlas in-fol. 60 fr.

Peintures à fresque de Saint-Savin, texte de M. Mérimée, dessins par M. Gérard Seguin. 1845, gr. infol., avec 42 pl. 100 fr.

Statistique monumentale de Paris, par M. Albert Lenoir. 1846 et ann. suiv., gr. in-fol., avec texte. En 1864 il ne paraissait encore que 33 livr., mais il y en aura 40. Prix de chacune : 12 fr.

Comptes des dépenses de la construction du château de Gaillon, par M. Achille Deville. 1850, in-4., et atlas in-fol. 50 fr.

Un certain nombre d'exemplaires de ces différents ouvrages ont été distribués en présents par le ministre de l'instruction publique, mais plusieurs de ceux qui en ont été gratifiés les ayant mis dans le commerce, cela en a fait baisser le prix pour quelques-uns.

NOTICE *sommaire sur les principaux clubs et les autres sociétés de bibliophiles anglais qui ont pour but la publication d'ouvrages inédits ou la réimpression d'anciens livres anglais devenus rares, ou enfin des ouvrages d'un genre spécial.*

(Pour la notice des publications de la Société des bibliophiles françois, voir au mot MÉLANGES, t. III, col. 1584.)

Nous commencerons par le *Roxburghe Club,* à l'instar duquel les autres se sont établis ; ensuite nous dirons quelques mots de ces derniers , en suivant l'ordre alphabétique de leurs noms.

La société formée sous le nom de *Roxburghe Club* a été instituée à Londres, en 1812, en mémoire de la vente de la riche bibliothèque du duc John Roxburghe (voir la col. 61 de notre IVe vol.). Aux termes de son règlement, cette société était composée d'abord de 31 membres seulement, et plus tard de 40 ; chaque sociétaire, à son tour, était tenu de présenter, le 17 juin, au banquet anniversaire, la réimpression de quelque ancien livre devenu très-rare, et dont il ne devait être tiré qu'un nombre d'exemplaires égal à celui des membres du club. Cependant le premier volume, publié en 1814, l'a été à 60 exemplaires, et le tirage des volumes suivants a varié de 32 à 50 exemplaires, non compris, pour plusieurs de ces volumes, un ou deux exemplaires sur VÉLIN. Ces réimpressions, qui pendant plusieurs années avaient été faites alternativement aux frais d'un seul membre, ont fini par être exécutées aux dépens de la société entière. En 1864, le nombre de ces curieuses publications a atteint le chiffre de 76, non compris les 7 vol. qui se rapportent à certains ouvrages de la collection. Elles sont in-4., à l'exception de six, imprimées dans les formats in-12 et in-18. Nous donnons le titre du n° 76, qui nous a paru devoir être rapporté ici :

SEYNT GRAAL, or the Sank royal : the history of the holy Graal, partly in english verse by Henry Lonelich Skynner (temp. Henr. VI), 1422-1461 ; and wholly in French prose by Sires Robiers de Borron, about 1180-1200. Edited from mss. in the libraries of Corpus Christi College, Cambridge, by F. Frederick J. Furnival, esq. With a note on the early Byrons and Robert de Burun, by Charles H. Pearson, esq., also a preparatory Essay on Arthur, by the late Herbert Coleridge, 1863-64, 2 vol.

ABBOTSFORD Club instituted at Edinburgh, 1835, in-4. Cette société, composée de 50 membres, s'est dissoute en 1859, après avoir publié 31 articles, dont plusieurs sont devenus rares. Voir la col. 7 de notre tome Ier.

BANNATYNE Club. (Voir la col. 641 de notre Ier vol.) Le catalogue des publications faites par le Bannatyne Club, donné dans l'Appendix du *Manual* de Lowndes, 1864, p. 8 et suiv., en porte le nombre à 120, y compris les trois volumes qui étaient alors sous presse. Il faut y ajouter la série des 8 publications de format in-8. faites pour le même club, y compris la Correspondance diplomatique de Fénelon, en 7 vol. in-8. [Voir *Fénelon* (*Bertrand de Salignac*), etc., n° 24117 de notre Table.] Le même catalogue cite :

Bannatyne Garlands, en 10 part. in-8., caract. goth., tirés à 40 exempl. seulement, aux dépens du club. Le nombre des membres de cette société a été porté à 100, mais il était moindre dans l'origine, car le tirage de ses premières publications ne donnait que de 52 à 72 exemplaires, non compris un ou plusieurs sur VÉLIN, ainsi que cela se trouve suffisamment expliqué dans l'*Index* de Lowndes, auquel nous renvoyons. Nous ajouterons seulement ici le *Bannatyne Miscellany, edi-*

ted by M. David Laing, dont nous avions connu seulement le 1er vol., en 2 part., sous la date de 1827, et qui en a un 2e, impr. en 1836, et un 3e, de 1855. N'oublions pas de citer le *Catalogue of the Bannatyne Club publications, with a chronological list of the members since the institution of the club in 1823, to march 1846,* Edinburgh.

CAMDEN Society, instituted in London, 1838. (Voir la col. 1512 de notre premier vol.) En 1863, cette société avait déjà publié 86 vol. pet. in-4., et elle en avait 4 autres sous presse. Nous citerons particulièrement *The Camden Miscellany,* en 4 vol., qui forment les n°s 39, 55, 61 et 73 de la collection, qui se composent de pièces séparées.

Descriptive Catalogue of the works of the Camdem Society, stating the nature of their principal contents, the periods of time to which they relate, the dates of their composition, their manuscript sources, authors, and editors, accompanied by a classified arrangement and index, by John Gough Nichols. *Westminster,* 1862, in-4.

CHETHAM Society, for the publication of historical and literary remains connected with the counties of Lancaster and Chester ; instituted at Manchester, 1843. Cette société, composée de 350 membres, a publié de 1844 à 1863 60 vol. pet. in-4., plus un index général des 30 premiers vol.

ENGLISH historical society. Voyez notre tome V, col. 424.

HAKLUYT Society, for the publication of rare and valuable voyages, travels, and geographical records, instituted in London, 1846, in-8. Il en paraissait 31 vol. en 1863.

IRISH archæological Society, instituted at Dublin, 1841. *Dublin,* 1841-53, 18 vol. pet. in-4. Les tomes XVI, XVII et XVIII de cette collection ont pour titre : *Cambrensis eversus,* or refutation of the authority of Giraldus Cambrensis on the history of Ireland, by John Lynch (1662) ; edited with translation and notes, by the rev. Matthew Kelly. *Dublin.* Ils ont été publiés par la *Celtic Society ,* en 1853 , époque à laquelle cette société (qui, de 1847 à 1853, avait déjà publié sous son nom trois volumes, indépendamment du *Cambrensis eversus,* 3 vol.), fut réunie avec l'*Archæological Society,* qui prit alors le titre d'*Irish archæological and celtic Society,* et publia de 1855 à 1864 7 autres volumes, y compris *Life of St. Columba by Adamnan,* 1857, 2 part. en 1 vol. avec cartes et fac-simile, et dont il a été tiré des exemplaires en grand papier pour le *Bannatyne Club.*

ORIENTAL translation fund, instituted in London, 1828-1855, et *Paris,* 1857-61, in-4. et in-8., 71 articles. Les exemplaires imprimés pour les membres de cette société sont en grand papier et portent le nom du sociétaire sur le titre gravé ; les autres sont sur petit papier.

SOCIETY for the publication of ORIENTAL texts, instituted in London, 1841, in-4. et gr. in-8. ; elle a été dissoute en 1850, après avoir publié 2 vol. en syriaque, 4 en arabe, 3 en sanscrit et 4 en persan.

PARKER Society, instituted at Cambridge, 1840. Cette société s'est dissoute en 1853, après avoir publié 53 vol. in-8. et in-12 de théologie et d'histoire ecclésiastique, et un *General index* de ses publications, par Henry Gough, *Cambridge,* 1855.

PERCY Society, instituted in London, 1840, pet. in-8. Cette société, qui se composait de 500 membres, a été dissoute en 1852, après avoir publié 94 vol.

PHILOBIBLON Society, instituted in London, 1853, by R. Monckton Milnes (lord Houghton) et M. Sylvain Van de Weyer. *London,* 1854-63, pet. in-4. Le nombre des membres de cette société, qui n'était d'abord que de 35, a été porté à 40 en 1857. Chaque membre a droit à deux exemplaires des volumes publiés aux dépens du club, mais à un seul de ceux qui l'ont été aux frais particuliers des associés. Les sept premiers vol. publiés de 1854 à 1863 et tirés à 100 exemplaires, ont pour titre : *Miscellanies of the Philobiblon society ;* ils se composent chacun d'un certain nombre de pièces séparées. On y réunit : 1° *The expedition to the Isle of Re, by Edward, lord Herbert* ; 2° *Inventaire de tous les meubles du cardinal Mazarin*, offert au club par M. le duc d'Aumale, un de ses membres; 3° *Mémoires de la cour d'Espagne..., par le marquis de Villars;* 4° *The biography and bibliography of Shakespeare,* par H. G. Bohn ; 5° *Rules of the Philobiblon Society and list of members,* 1854; et aussi *Analyse des travaux de la société des Philobiblon de Londres, par Octave Delepierre,* Londres, Trübner, 1862, in-8.

RAY Society for the publication of works on natural history, instituted in London, 1844, in-4. et in-8. De 1844 à 1862, cette société a publié 23 ouvrages, la plupart ornés de planches, et dont le principal est : *A monograph of the british nudibranchiate Mollusca, by Alder and Hancock,* en 7 part. gr. in-4., qui coûtent 9 liv. 12 sh.

SPALDING Club, for the printing of the historical, ecclesiastical, genealogical, topographical, and literary remains of the north-eastern counties of Scotland, instituted at Aberdeen in 1839. *Aberdeen,* 1841-63, 31 vol. in-4., et avec *Sculptured stones of Scotland,* 1856, in-fol., 138 pl.

SURTEES Society, instituted at Durham in 1834, and edited by Dr Raine and others. *Durham,* 1835-64, 44 vol. in-8., qui ont coûté de 15 à 18 fr. chacun, mais dont plusieurs sont plus chers aujourd'hui, parce que l'édition en est épuisée. Le nombre des membres de cette société est de 350.

SYDENHAM Society for reprinting standard English works in medical literature, and for the translations of foreign authors, with notes ; instituted at London, 1843, in-8. Société dissoute en 1857, après avoir fait imprimer 29 ouvrages, y compris *Hunter, On the gravid uterus,* 1850, in-fol., contenant 34 pl. avec un texte descriptif. La *New Sydenham Society,* qui lui a succédé en 1858, compte 3250 souscripteurs. En 1863, les publications faites pour son compte étaient déjà au nombre de 23, y compris les trois premiers fascicules de l'*Atlas of portraits of skin diseases,* 1860-62, in-fol. et in-4., ouvrage dont le 4e fascicule était sous presse en 1864.

DERNIER AVIS DE L'AUTEUR.

J'avais eu le dessein de placer à la fin de ce 5e volume les corrections et les additions que j'aurais pu recueillir jusqu'au moment de sa publication; mais, pour remplir le premier objet (la confection d'un errata), il m'aurait fallu faire une nouvelle révision de toutes mes feuilles, ce que la faiblesse de ma vue rendait impossible, ou bien me borner aux rares corrections que quelques-uns de mes lecteurs ont bien voulu me proposer. Or, peu de ces corrections m'ont paru être véritablement essentielles, et celles qui le sont eussent demandé des développements que ne comporte pas un simple errata. Quant aux additions que j'ai déjà réunies, elles sont nombreuses et assez étendues pour remplir de 150 à 200 pages, sans toutefois être aussi complètes qu'il l'eût fallu. Toutes réflexions faites, j'ai donc cru convenable de les réserver pour un Supplément qui, après trois ou quatre années de travail, pourrait mettre l'ouvrage au courant des publications nouvelles et réparer les omissions les plus regrettables que j'y aurais commises à l'égard des livres anciens. Par malheur, arrivé à l'âge de quatre-vingt-cinq ans, et privé de l'usage de mes jambes, je n'ai pas l'espoir de publier moi-même ce Supplément, mais du moins je tâcherai de laisser en assez bon ordre mes nouvelles notes pour que, à mon défaut, un autre puisse les employer utilement. Cependant, c'est avec un vif regret que je me vois forcé d'ajourner la publication d'un certain nombre de rectifications essentielles, et surtout des notices dues à l'obligeance de plusieurs de mes honorables correspondants, au nombre desquels je suis heureux de compter M. Joachim Garcia Ycazbalceta, savant mexicain qui m'a communiqué des renseignements précieux et jusqu'alors inconnus aux bibliographes sur les premières productions des presses du Mexique.

Au moment de mettre sous presse cet Avis, je reçois de New-York une lettre en date du 22 novembre 1864, dans laquelle M. James Lenox, bibliophile bien connu, et dont le nom a été plusieurs fois cité dans ce Manuel, me transmet le fac-simile du commencement et de la fin du texte espagnol d'une lettre de Christophe Colomb, adressée des îles Canaries *xv de febrero Mill 2 quatrocientos 2 nouenta y tres años,* à Luis de Santangrel. Cette pièce rarissime est un petit in-4. de 4 feuilles impr. en caractères semi-goth. (c'est-à-dire un mélange de lettres de gothique et de romain). Le texte commence au recto du premier feuillet sans aucun titre (de cette manière : *Señor por se que aureis plazer de la grand ‖ victoria......* la lettre majuscule S est de la hauteur des cinq premières lignes du texte), et il occupe 7 pages entières de 32 lignes chacune, plus à la 8e 11 lignes, suivies d'un *Anyma* ou post-scriptum en 14 lignes, sous la date du *xiiij. dias de marco.* Le fac-simile dont nous venons de parler est imprimé dans le 8e volume de *Historical Magazine,* feuille 37, où l'on donne une ample description de cette lettre et où on rapporte les variantes qu'elle offre avec le texte donné par *Navarrete* (tome I, pages 167 à 175), d'après le manuscrit des archives de Semancas. Le seul exemplaire connu de l'imprimé se conserve à la Bibliothèque ambrosienne ; il faisait partie d'une collection de livres, laquelle, il y a une douzaine d'années, a été donnée à cette bibliothèque par le baron Pietro Costodi.

Achevé d'imprimer le 31 janvier 1865.

www.ingramcontent.com/pod-product-compliance
Lightning Source LLC
Chambersburg PA
CBHW060533280326
41932CB00011B/1274